中華人民共和國國務院批准的重大文化出版工程
國家文化發展規劃綱要的重點出版工程項目
新聞出版總署列爲「十一五」國家重大工程出版規劃之首
國家出版基金重點支持項目

ISBN 978-7-5495-6387-6

中華大典

文獻目録典

廣西師範大學出版社集團有限公司

《中華大典》工作委員會

主　任：柳斌傑　金人慶

副主任：李　彥　于永湛　鄔書林　張少春　李衛紅
周和平　陳金泉　李静海

委　員：張小影　伍　傑　朱新均　吳尚之　孫　明
王家新　徐維凡　劉小琴　毛群安　遲　計
曹清堯　彭常新　王志勇　潘教峰　姜文明
王　正　石立英　安平秋　陳祖武　詹福瑞
戴龍基　宋焕起　孫　顒　陳　昕　魏同賢
王建輝　朱建綱　高紀言　莫世行　段志洪
李　維　何學惠　甄樹聲　馮俊科　譚　躍
羅小衛　王兆成

《中華大典》編纂委員會

總主編： 任繼愈

副主編： 席澤宗　程千帆　戴　逸　吳文俊　柯　俊
傅熹年

編　委： 卞孝萱　任繼愈　李明富　余瀛鰲　林仲湘
郁賢皓　馬繼興　袁世碩　席澤宗　陳美東
黃永年　章培恒　張永言　張晋藩　葛劍雄
董治安　程千帆　傅世垣　曾棗莊　龐　樸
趙振鐸　劉家和　潘吉星　錢伯城　戴　逸
楊寄林　穆祥桐　吳文俊　金正耀　戴念祖
柯　俊　金維諾　白化文　汪子春　周少川
孫培青　朱祖延　傅熹年　李　申　郭書春
熊月之　柴劍虹　吳子勇　寧　可　江曉原
鄭國光　吳征鎰　尹偉倫　魏明孔

《中華大典》前言

《中華大典》是運用我國歷代漢文古籍編纂的一部大型工具書。其目的是爲學術界及願意瞭解中國古代珍貴文化典籍的人士提供準確詳實、便於檢索的漢文古籍分類資料。

中國是世界文明古國之一，幾千年來纂寫和聚集的文化典籍浩如烟海。我國歷代都有編纂類書的優良傳統，具有代表性的《永樂大典》等大多已佚失，現存《古今圖書集成》編就距今也已數百年。爲了適應今天和以後研究和檢索的需要，一九八八年海内外三百多位專家學者和各古籍出版社同仁倡議，在已有類書的基礎上，用現代科學方法編纂一部新的類書《中華大典》。

國務院在關於編纂《中華大典》問題的批覆中指出，編纂《中華大典》「是我國建國以來最大的一項文化出版工程」。本書所收漢文古籍上起先秦，下迄清末，約三萬種，達七億多字，分爲二十四個典，近百個分典，内容廣博，規模宏大，前所未有。

《中華大典》的編纂工作堅持科學態度和百花齊放、百家争鳴方針。儘量採用古精校精刻本，優先採用我國建國後文獻學和考古學的優秀成果。對傳統文化中重要的不同學派的資料，兼收並蓄。運用現代圖書分類的方法，對收集到的資料，精選、精編，力求便於檢索、準確可信。

這項工作從開始起就受到中共中央、國務院和有關部門的重視和支持。國家主席江澤民、國務院總理李鵬分别爲《中華大典》題詞。江澤民的題詞是：「同心同德群策群力認真編好中華大典爲建設有中國特色的社會主義服務」。李鵬的題詞是：「繼承和弘揚民族優秀傳統文化」。全國政協主席李瑞環、國務委員李鐵映也作了重要指示，要求抓緊辦理。一九九零年五月，國務院批准《中華大典》

爲國家重點古籍整理項目。一九九二年九月，正式成立了《中華大典》工作委員會和《中華大典》編纂委員會，召開了《中華大典》工作、編纂會議。自此，《中華大典》的編纂工作由試點轉入正式啓動，逐步鋪開。

編纂《中華大典》，學術性很强，工作量很大，工程十分艱巨，全賴廣大專家學者和全國各有關高等院校、科研院所、圖書館、出版單位的鼎力支持與積極參與。大家本着弘揚中華民族優秀文化的心願，發揚奉獻精神，克服各種困難，團結協作，給這部巨大類書的出版提供了根本保證。在此謹表示誠摯的謝意。

對本書的批評與建議，我們將十分歡迎。

《中華大典》編纂委員會

一九九七年四月

二〇〇六年十一月修訂

《中華大典》編纂通則

一、性質：《中華大典》（以下簡稱《大典》）是對漢文古籍（含已翻譯成漢文的少數民族古籍）進行全面的、系統的、科學的分類整理和匯編總結的新型類書，是在繼承歷代類書優良傳統、考慮漢文古籍固有特點的基礎上，借鑒和參照近代編纂百科全書的經驗和方法編纂而成。編纂《大典》的目的，是爲學術界及願意瞭解中國古代珍貴文化典籍的人士提供各種分門別類的、準確詳細的古代漢文專題資料。

二、規模和體例：《大典》所收古籍的時限，上自先秦，下迄辛亥革命。全書共收各類漢文古籍三萬餘種，七億多字。全書體例，着重汲取清代《古今圖書集成》所採用的經目和緯目相交織這一統一框架結構的模式，同時參照現代科學的學科、目錄分類方法，並根據各類學科內容的實際情況，一般將每一大類學科輯爲一典，也有將幾個相關學科共輯爲一典的。對各典名稱，均以現代學科命名，對於所收入的各種古籍資料，亦儘可能納入現代科學分類體系之中。

三、經目：大典共分二十四個典，即哲學典、宗教典、政治典、軍事典、經濟典、法律典、教育典、語言文字典、文學典、藝術典、歷史典、歷史地理典、民俗典、數學典、物理化學典、天文典、地學典、生物學典、醫藥衛生典、農業典、林業典、工業典、交通運輸典、文獻目錄典。典以下以分典、總部、部、分部分級，分部之下的標目根據各學科特點由各典自行擬定。

四、緯目：共設置九項緯目，用以包容各級經目的具體內容：

①題解：對有關學科的名稱、概念、涵義、特點等作總體介紹的資料。

②論説：有關理論部份的資料。

③綜述：有關學科或事物的系統性資料，凡有關學科或事物的性狀、制度、範疇、特點及學科地位、發展情況等具體內容均編入此緯目中。

④傳記：有關人物的傳記資料。

⑤紀事：有關學科或事物的具體活動或事例的資料。

⑥著錄：重要人物或文獻的有關著作資料，如專集介紹、序跋、藏書題記，以及有關著作的成書經過、版本源流等。

⑦藝文：有關屬於文學欣賞性的散文或韵文。

⑧雜錄：凡未收入以上各緯目，而又有較高參考價值的資料，均入雜錄。

⑨圖表：根據有關經目的内容需要，圖與表附於相關專題之下，或集中匯總於某級經目之後。

《大典》以内容分類安排各級緯目，各級緯目的正文，一般以原書爲單位，按時代順序排列。每一條資料前標明出處，包括書名或作者名、篇名或卷次，以利讀者核對原書。

五、書目：每分典後附有該分典所收書之書目，書目包括書名、作者、時(年)代、版本等内容。時代以成書時代爲準，成書時代不詳者，以作者主要活動時代爲準，並遵從歷史習慣。

六、版本：《大典》在選用版本時儘量採用古人的精校精刻本，亦採用學術界通用的近現代整理圈點本及現代學者校點整理本。

七、校點：爲儘可能保存古籍原貌，《大典》祇對底本中明顯的脱、訛、衍、倒進行勘正。古本中的避諱字一般不作改動，祇對缺筆字補足筆畫。後人刻書時避當朝人諱而改動的字，據古本改回。《大典》採用新式標點法。

一九九六年八月

二〇〇六年十一月修訂

《中華大典·文獻目録典》編纂委員會

顧　　問： 劉家和　安平秋　傅璇琮　陳祖武

主　　編： 周少川

副 主 編： 鄧瑞全

編　　委： 閻崇東　楊寄林　諸偉奇　楊燕起　王錦貴　汪高鑫
周延良　鄧瑞全　楊　健　張　濤　張　升　王記録
周少川　邵永忠　向燕南　鄭振峰　駱繼光

《中華大典·文獻目録典》序

中國古籍素以浩如烟海、汗牛充棟而著稱。浩瀚的中華典籍哺育了世世代代的炎黄子孫，既是中華文明綿延五千年從不中斷的歷史標志，又是當今弘揚民族精神和時代精神，建設社會主義文化强國的重要資源。

整理研究古代文化典籍，在我國有悠久的歷史。從孔子整理「六經」開始，歷代學者爲了更好地認識和利用典籍，嬗遞文化傳統，非常重視對傳世典籍的考辨整理。他們或校勘異同、訂正訛誤，或訓釋箋注、闡幽發微，或編目著録、考鏡源流，或審定版本、辨别真僞。在整理典籍的長期實踐中，積累了豐富的經驗和資料，編纂出數逾千計的書目著作，逐漸形成了涵蓋目録、版本、校勘、注釋、辨僞、輯佚等專學的文獻校讎之學，並於二十世紀，最終確立了具有民族特色和現代科學體系的中國文獻學。

二十世紀八十年代以來，爲了推進社會主義文化的建設，黨中央多次號召加强古籍整理工作，指出「整理古籍是一件大事，得搞上百年」。古籍整理和文獻學研究的工作任重而道遠。在《中華大典》這項古籍整理的重大文化工程中，工委會和編委會於二十四典中特别設立了《文獻目録典》。其任務是分類彙集古代書目資料和文獻學資料，全面反映中國古代典籍編纂和典籍整理的豐富成果，以促進古籍整理和文獻學的持久發展。因此，《中華大典·文獻目録典》既是古籍整理實踐的産物，又肩負著爲今後古籍整理與文獻學研究的深入開展建設信息庫的歷史使命。

《文獻目録典》的編纂工作自二〇〇六年啓動，歷時六年而完成。全書約三千五百萬字，下設《文獻學分典》和《古籍目録分典》。本典的内容具有以下學術價值和特點：

一、《文獻目録典》推陳出新，規模宏大，是迄今爲止，首創類編文獻學與書目資料的大型工具書。在中國類書編纂史上，也曾有彙編前代評述典籍資料的類書，如南宋王應麟的《玉海·藝文》和清代官修類書《古今圖書集成》中的《理學彙編·經籍典》，然二者皆忽略對典籍整理資料的收集和類編。本典從繼承傳統又超越前賢的目標出發，彙編先秦至清末古籍中有關文獻校讎的重要資料，以及歷代古籍目録著録典籍的重要資料，彌補了古代類書編纂的不足；在規模和體制上，也大大超過了

以往相同領域的文獻類編。

二、《文獻目録典》兼具資料類編與書目兩大功能，既是中國文獻學的資料大全，又是中國存佚古籍的解題全目。本典的《文獻學分典》彙集古代學者對目録、版本、校勘、注釋、辨僞、輯佚等各專學相關概念、術語、涵義、地位及淵源流别的論述，收録古代學者運用各專學考辨文獻的方法與實例，以及對他們考校典籍的具體事蹟和成果的記載，爲專業人員和其他學科的研究者提供古代文獻學豐富的史料，也可作爲高等院校文獻學教學的參考素材，從而適應了我國文獻學學科建設和古籍整理發展的需要。

本典的《古籍目録分典》則汲取南宋文獻學家鄭樵「紀百代之有無，廣古今而無遺」的目録學思想，廣採古今公私古籍目録，對産生於一九一一年以前的中國古籍，不論存佚，皆予著録。從一定意義上講，它是第一部反映我國古代文化典籍全貌的中國古籍解題全目，其中有關亡佚古籍的豐富材料，必將在全面發掘我國古代文化遺産，深入開展中國文化史研究的進程中顯示其重要的價值。

三、《文獻目録典》的框架體例體現了高度的科學性、系統的完整性和清晰的條理性。本典採用現代科學分類的方法，並吸收當今文獻學研究和古籍分類的最新成果，對我國古籍的傳統分類加以改造，形成了由典、分典、總部、部、分部、專題等六級經目及若干緯目相互交織的框架結構，用以容納豐富的資料。同時也展現了我國文獻學完整、清晰的學科體系和對古籍的科學分類。這種按學術内容分類統轄、依時間順序排列資料的邏輯體系，不僅有利於揭示典籍文獻的本質屬性和内容上的相互關係，而且有助於反映我國古代各門學術形成發展的淵源脉絡，發揮「辨章學術，考鏡源流」的作用。本典所設計的文獻學框架和對古籍分類體系的改造，也將有益於進一步規範我國文獻學的學科體系和完善古籍目録的分類方法。

四、《文獻目録典》的編纂確保了資料的廣泛性、文獻選編的實用性和校勘標點的準確性。本典的資料採編、整理堅持網羅宏富和質量第一的原則。收録資料的範圍包括傳世典籍、出土文獻和域外漢籍，普查典籍文獻達一萬四千餘種，其中查閲的書目文獻則遍及古今各種古籍目録；採録資料選用典籍較好的版本，並充分利用二十世紀以來古籍整理的優秀成果。文獻採選則注意去粗取精，既選用有代表性和稀見的資料，又兼收不同流派、不同觀點的材料，以求客觀地反映古代學術的面貌。類編文獻務求歸類恰當，並標明出處，配以詳細的《引用書目》，以利使用。由於本典編纂人員是來自國內文獻學界的專家和中青年學者，富有古籍整理的經驗，因而校點工作力求準確規範，在整理資料過程中還改正了以往古籍點校中的一些錯誤。

《中華大典・文獻目録典》在長達六年的編纂工作中，來自北京師範大學、内蒙古師範大學、河北師範大學、安徽大學、河南師範大學、内蒙古大學、南開大學、天津師範大學、雲南大學的近百名專家學者，以嚴謹認真的科學態度，團結協作，甘於奉獻，付出了大量辛勤的勞動。本典的編纂工作自始至終得到《中華大典》工委會、編委會和大典辦公室的悉心指導，得到廣西師範大學出版社的大力支持和密切配合，得到上述高校各級領導的關心支持，以及國家圖書館、有關省級圖書館和高校圖書館的熱情幫助。謹此表示衷心的感謝。並懇望海内外學術界和讀者諸君對本典存在的失誤不吝賜教。

《中華大典・文獻目録典》編纂委員會

二〇一二年一月三十日

《中華大典·文獻目録典》凡例

《文獻目録典》是《中華大典》二十四個典之一。本典以《中華大典》工作總則等條例爲依據，並結合本典内容的實際情況作個别變通，形成以下編纂體例。

一、本典由《文獻學分典》和《古籍目録分典》組成。分典下設總部，《文獻學分典》包括《文獻總論總部》、《目録總部》、《版本總部》、《校勘總部》、《注釋總部》、《辨僞總部》、《輯佚總部》、《典藏總部》、《流通總部》；《古籍目録分典》包括《經總部》、《史總部》、《子總部》、《集總部》、《叢書總部》、《譯著總部》。總部下設部，部之下按需要再立分部、專題，由此構成典、分典、總部、部、分部、專題等六級經目。

二、各總部及其所轄經目之下設緯目，用以羅織相關材料。緯目設置視所據資料的情況而定，有則設之，無則不設。本典所設緯目有七項。論述：收録有關論述所屬經目的概念、涵義、特點、分類依據、發展源流的資料。綜述：全面、系統地收録對相關學術、事物或典籍作記述、評介或例證的資料。傳記：收録有關人物的具有代表性的傳記資料。紀事：收録對相關活動的具體記載和史實。藝文：收録吟誦相關事物或人物的韻文或散文。雜録：收録未採用於上述緯目，而又具有較高參考價值的資料。圖表：收録對相關事物作形象描述或簡明表述的圖表。

三、本典的《文獻學分典》彙編先秦至清末有關文獻產生發展、收藏流通及文獻學各門專學的重要資料。《古籍目録分典》彙編古今各種古籍目録的重要資料，用以著録一九一一年以前產生的所有中國古籍的狀況。收録典籍資料的範圍包括傳世典籍、出土文獻和域外漢籍。

四、在所引資料前標明出處，常用而熟知的古籍如先秦典籍、《十三經》、《二十四史》可不標作者姓名，其他引書標注則均標明作者、書名、卷次或篇名。

五、爲避免不必要的文字重複，一些書名和篇名在引書標示時採用通行的簡稱，如《資治通鑑》簡稱《通鑑》，《漢書·藝文

志》簡稱《漢志》，《四庫全書總目提要》簡稱《四庫提要》，書名簡稱所對應的全稱在《引用書目》中説明。在同一部典籍的不同部分引用兩段以上材料而又排列相連時，可用「又」字代替與前文重複的引書標示。

六、所引資料如在一段之中有省略之處，用【略】標明。

七、所引資料的正文中如有注疏文字，則按古籍原貌隨文夾注，並以大小字型區分正文與注疏文字。有的資料中注疏文字較多，形式繁雜，容易混淆，爲方便利用，則以方括號標注注疏者姓名及注疏方式，如[鄭玄注]。

八、校勘只對引書底本明顯的訛、脱、衍、倒進行勘正，不出校記。採用圓括號標署訛字、衍字和倒文，方括號標署正字、順文和增補的脱字。

九、引書底本的古今字、通假字，一般不作改動。不用簡化字。避諱字多一仍其舊，但因避諱而缺筆者，則補足筆畫，空字者補字。

十、採用新式標點符號標點資料原文。

十一、採用中文數字，不用阿拉伯數字。引書標示中對古籍卷次的標示，僅用一、二、三、四、五、六、七、八、九、〇，不用十、百、千、萬。

十二、各分典附《引用書目》，書目包括書名、作者、時代、版本等項內容。本典從實用出發，對一部典籍的引用不限於一種版本，擇善而從。

《中華大典·文獻目録典》編纂委員會

二〇一二年一月三十一日

中華大典·文獻目録典

總目

古籍目録分典

經總部
史總部
子總部
集總部
叢書總部
譯著總部

文獻學分典

文獻總論總部
目録總部
版本總部
校勘總部
注釋總部
辨僞總部
輯佚總部
典藏總部
流通總部

主編：闇崇東

中華大典·文獻目録典

文獻學分典

《文獻學分典》編纂委員會

主　編：閻崇東

編委會委員：閻崇東　楊燕起　汪高鑫　周延良　鄧瑞全
楊　健　張　濤　張　升　王記録　魏訓田

《文獻學分典》編纂説明

一、本分典爲《中華大典·文獻目録典》兩個分典之一。

二、本分典的編纂，希望通過各級經目的科學設計，覆蓋文獻學各門專學的各個領域，提供一個代表當前文獻學研究最新水平的學科體系；通過各類緯目廣輯資料，以反映文獻學各門專學的概念、術語和方法，文獻考辨的實例，以及古代文獻學家的重要事蹟和主要成果。

三、全面系統地彙編古代文獻學資料是本分典之首創，它集文獻學各門專學之大成，力圖爲本專業工作者和相關研究人員提供豐富、系統的資料和便利檢索條件，爲傳統學術研究和發展古籍整理事業奠定堅實的基礎。

四、本分典所轄九個總部，分别爲文獻總論、目録、版本、校勘、注釋、辨僞、輯佚、典藏、流通等。文獻總論總部下設文獻概念、文獻載體材料、文獻生産技術、文獻功用等四部；目録總部下設總論、國家目録、史志目録、私藏目録、知見目録、地方目録、專科目録、特種目録等八部；版本總部下設總論、書册制度、歷代圖書刊行、版本類型與特徵、版本鑒别實例等五部；校勘總部下設總論、校勘內容、校勘方法、校勘原則、校勘名著等五部；注釋總部下設總論、注釋體例、注釋內容、注釋名著等四部；辨僞總部下設總論、僞書成因、僞書類型、考辨僞書、辨僞名篇名著等五部；輯佚總部下設總論、佚書類型、輯佚方法、輯佚名著等四部；典藏總部下設總論、收藏、典藏制度方法、藏書樓、藏書家等五部；流通總部下設總論、文獻流散、流通方式、中外文獻流通等四部。有的部之下還列有分部。在每個部或分部之下，設有論述、綜述、雜録、傳記、紀事、藝文、圖表等不同的緯目。

五、本分典輯録資料範圍總的原則是上起先秦，下迄一九一一年。輯録時在儘量利用善本的前提下，盡可能地選用版本價值較高的通行本古籍，也充分利用今人整理點校的新版古籍。

六、本分典附《引用書目》，按著作撰成年代先後順序排列，年代不詳者，排列於相關朝代之後。

《中華大典·文獻目録典·文獻學分典》編委會

二〇一二年二月十二日

目録總部

主编：周延良
閻崇東

《目録總部》編纂人員

主　編：周延良
　　　　閻崇東

編纂者：（按姓氏筆畫排序）

王維臨　李　政　李曉明　周延良　郝豔華

姜麗菲　員　苗　郭曉妍　孫海橋　楊洪濤

賈豔紅　翟雙萍　劉大鵬　閻崇東　魏訓田

《目録總部》提要

一、《目録總部》是《文獻目録典·文獻學分典》九個總部之一，分類輯録有關古代目録學與書目工作的各種史料。本總部下分爲八部：總論部、國家目録部、史志目録部、私藏目録部、知見目録部、地方目録部、專科目録部、特種目録部。

二、「總論部」下設三個分部：目録概念分部、典籍分類分部、著録方法分部。各分部下設兩個緯目：「論述」，收録有關總體論述目録的概念、書目功用、典籍分類、書目著録方法的理論性資料。「雜録」，收録有關體現書目功用，貫徹分類、著録方法的典型事例。

三、「國家目録部」下設三個緯目：「綜述」，收録有關國家目録的總序、他人對此目録所作的序跋和評論資料。「傳記」，收録各國家目録作者的傳記資料。「紀事」，收録記載各國家目録編纂過程的具體史料。

四、「史志目録部」下設三個緯目：「綜述」，收録有關史志目録，包括正史目録、國史目録、專史目録、補史目録的總序，他人的序跋及評論。「傳記」，收録各史志目録作者的傳記資料。「紀事」，收録記載各史志目録編寫過程的史料。

五、「私藏目録部」下設兩個緯目：「綜述」，收録有關私藏目録的總序，他人對此目録所作的序跋和評論資料。「紀事」，收録有關編撰各私藏目録的具體事例。

六、「知見目録部」下設三個緯目：「綜述」，收録有關知見目録的總序，他人對此目録所作的序跋和評論資料。「傳記」，收録各知見目録作者的傳記資料。「紀事」，收録有關編撰各知見目録的具體事例。

七、「地方目録部」下設三個緯目：「綜述」，收録各地方目録的總序，他人對此目録所作的序跋和評論資料。「傳記」，收録各地方目録作者的傳記資料。「紀事」，收録有關編撰各地方目録的具體事例。

八、「專科目録部」下設六個分部：經學目録分部、小學目録分部、史學目録分部、子學目録分部、宗教目録分部、集部目録分部。各部下設二或三個緯目：「綜述」，收録各專科目録中他人所作的序跋和評論資料。「傳記」，收録各專科目録作者的傳記資料。「紀事」，收録有關編撰各專科目録的具體事例。

九、「特種目録部」下設六個分部：舉要目録分部、叢書目録分部、禁燬目録分部、版本目録分部、書院目録分部、寺觀目録分部。各分部下

設三個緯目：「綜述」，收録各特種目録的總序，他人對此目録所作的序跋和評論資料。「傳記」，收録各特種目録作者的傳記資料。「紀事」，收録有關編撰各特種目録的具體事例。

十、古代有關目録學的論著很多，但由于編纂者的水平和資料有限，肯定會有許多不全面甚至錯誤的地方，望專家學者不吝批評指正。

編　者

二〇一三年十二月六日

目次

總論部

目録概念分部

論述

《説文・目部》 目，人眼，象形。

《釋名・釋形體》 目，默也，默而内識也。

《小爾雅・廣詁》 目，要也。

《廣雅・釋詁一》 目，視也。

《篇海類編・身體類・目部》 目，名號也，名目也。

《正字通・目部》 目，意有所使而顧之曰目。

《説文・录部》 录，刻木录录也。

又《金部》 録，金色也。

《廣雅・釋詁三》 録，具也。

《玉篇・金部》 録，具文也。

《集韻・燭韻》 録，采也。

《篇海類編・珍寶類・金部》 録，收拾也。

《字彙・金部》 録，檢束也。

《正字通・金部》 録，謄寫曰録。

俞樾《兒笘録》 《説文・金部》：「録，金色也。从金，录聲。」樾謂：録爲金色，於古無徵。許君蓋依「緑」字説之。緑，从糸，爲帛，青黄色，故録从金，爲金色，金之色亦在青黄之間也。然恐非字之本義。今按，録者，录之或體也。《录部》：「录，刻木录录也。」刻本必用刀，故或从金。《周官・職幣》曰：「皆辨其物而奠其録。」杜子春曰：「定其録籍也。」隱十年《公羊傳》曰：「《春秋》録内而略外。」蓋古人文字，著在方策，故謂之録，即從刻木之義而引申之也。其字或作「箓」、作「籙」。《廣雅・釋器》曰：「箓、籙，箭也。」箓、籙竝篦之或體，古以聲同而叚借耳。許書篦、箓下重文，有「箓」，無「籙」，其實一字也。箓，从竹从录。籙，从竹从録，箓、籙同字，則录、録亦同字矣。《文選・永明十一年策秀才文》曰：「朕秉籙御天。」注曰：「籙與録同。」今圖録字皆作籙，不作箓，蓋由録行而录廢，故籙行而箓廢也。「録」與「慮」古音相近，故「録囚」亦謂之「慮囚」。《金部》：「鑢，錯銅鐵也。从金，慮聲。」錯銅鐵謂之鑢，刻木謂之録，蓋聲近而義可通矣。

劉歆《七略》 《尚書》有青絲編目録。

班固《漢書・藝文志總序》 每一書已，向輒條其篇目，撮其指意，録而奏之。

又《叙傳》 劉向司籍，九流以别，爰著目録，略序洪烈。

王充《論衡・案書》 六略之録，萬三千篇，雖不盡見，指趣可知。

《隋書・經籍志・史部・簿録序》 古者史官既司典籍，蓋有目録，以爲綱紀，體制堙滅，不可復知。孔子删書，别爲之序，各陳作者所由。韓、毛二《詩》，亦皆相類。漢時劉向《别録》、劉歆《七略》，剖析條流，各有其部，推尋事迹，疑則古之制也。自是之後，不能辨其流别，但記書名而已。博覽之士，疾其渾漫，故王儉作《七志》，阮孝緒作《七録》，並皆别行。大體雖準向、歆，而遠不逮矣。其先代目録，亦多散亡。今總其見存，編爲簿録篇。

毌煚《古今書録序》 竊以經墳浩廣，史圖紛博，尋覽者莫之能徧，司總者常苦其多，何暇重屋複牀，更繁其説？若先王有闕典，上聖有遺事，邦政所急，儒訓是先，宜垂教以作程，當闡規而開典，則不遑啓處，何獲宴寧。曩之所修，誠惟此義，然禮有未惬，追怨良深。于時祕書省經書，實多亡闕，諸司墳籍，不暇討論。此則事有未周，一也。其後周覽人間，頗覩闕文，新集記貞觀之前，永徽已來不取；近書採長安之上，神龍已來未録。此則理有未弘，二也。書閲不徧，事復未周，或不詳名氏，或未知部伍。此則體有未通，三也。書多闕目，空張第數，既無篇題，實乖標榜。此則例有所虧，四也。所用書序，咸取魏文貞；所分書類，皆據《隋經籍志》，理有未允，體有不通，此則事實未安，五也。昔馬談作《史記》，班彪作《漢書》，皆兩葉而僅成；劉歆作《七略》，王儉作《七志》，踰二紀而方就。孰有四萬卷目，二千部書，名目首尾，三年便令終竟，欲求精悉，不其難乎？所以常有遺恨，竊思追雪。乃與類同契，積思潛心，審正舊疑，詳開新制。永徽新集，神龍近書，則釋而附也；未詳名氏，不知部伍，則論而補也。空張之目，則檢獲便增；未允之序，則詳宜别作。紕繆咸正，混雜必刊。改舊傳之失者，三百餘條；加新書之目者，六千餘

卷。凡經録十二家，五百七十五部，六千二百四十一卷。史録十三家，八百四十部，一萬七千九百四十六卷。子録十七家，七百五十三部，一萬五千六百三十七卷。集録三家，八百九十二部，一萬二千二十八卷。凡四部之録四十五家，都管三千六十部，五萬一千八百五十二卷，成《書録》四十卷。其外有釋氏經律論疏，道家經戒符籙，凡二千五百餘部，九千五百餘卷。亦具翻譯名氏，序述指歸，又勒成目録十卷，名曰《開元内外經録》。若夫先王祕傳，列代奧文，自古之粹籍靈符，絶域之神經怪牒，盡載於此二書矣。夫經籍者，開物成務，垂教作程，聖哲之能事，帝王之達典。而去聖已久，開鑿遂多，苟不剖判條源，甄明科部，則先賢遺事，有卒代而不聞，大國經書，遂終年而空泯。使學者孤舟泳海，弱羽憑天，銜石填溟，倚杖追日，莫聞名目，豈詳家代？不亦勞乎！不亦弊乎！將使書千帙於掌眸，披萬函於年祀，覽録而知旨，觀目而悉詞，經墳之精術盡探，賢哲之睿思咸識，不見古人之面，而見古人之心，以傳後來，不其愈已！

釋智昇《開元釋教録》卷一　夫目録之興也，蓋所以别真僞，明是非，記人代之古今，標卷部之多少，摭拾遺漏，删夷駢贅，欲使正教綸理，金言有緒，提綱舉要，歷然可觀也。

王欽若等《册府元龜・學校部・目録序》　夫四科之設，所趣不同。六藝之端，爲學亦異。自微言既絶，説郛遂多。諸子玄興，群儒紛糾。兵農雜説，其徒實繁。然而學者斯勤，述者彌衆。廣搜竝購，既顯於好文；强學專門，頗患於寡要。故前之達者，分其例類，使有條不紊，求者可以俯觀也。

蘇頌《魏公譚訓》卷四　祖父謁王原叔，因論政事。仲至侍側，原叔令檢書史。指之曰：「此兒有目録之學。」

朱彝尊《經義考・著録》　按：班固《漢書》依《七略》作《藝文志》，誠良史用心，而史家體例之不可少者也，其後惟袁山松撰《後漢書》亦有《藝文志》，顧不傳。他若晉有荀勖《中經簿》、元帝《書目》，義熙《祕閣目》，宋有殷淳《四部》、王儉《七志》，齊有永明《祕閣新録》，梁有《文德殿》、《尚書閣》、《華林園》諸書，任昉所部，劉孝標所校。殷鈞、祖暅、阮孝緒所撰《名録》，乃自晉以下國史皆無述焉，至《隋書》始勒成《經籍志》，附著《七録》之目於下經，典籍是略存，而劉知幾反訕之謂「騁其繁富」，凡撰《志》者宜除此篇，抑何見之褊乎！

又　按：《宗文總目》當時撰定諸儒，皆有論説。凡一書大義，必舉其綱，法至善也，其後若《郡齋讀書志》、《書録解題》等編，咸取法於此，故雖書有亡失，而後之學者覽其目録，猶可想見全書之本末焉。乃夾漈鄭氏持論，謂《崇文目録》每書之下必著説，據標類自見，何用更爲之説，又何用一一强爲之説，使人意怠於是。紹興中改定此書，僅存六十六卷之目，悉去論説，書之散佚者，學者遂無由知撰述之本旨矣。幸而尚存其概者，則鄱陽馬氏之功也。

王鳴盛《十七史商榷》卷一《史記集解分八十卷》　目録之學，學中第一緊要事，必從此問塗，方能得其門而入，然此事非苦學精究，質之良師，未易明也。

又卷七《漢書叙例》　今人家《漢書》多常熟毛氏汲古閣刻本，字密行多，篇帙縮減，誠簡便可喜，予亦用之，但前明南監板有顔師古《敘例》，此削去不存，則來歷不明。凡讀書最切要者目録之學，目録明方可讀書，不可終是亂讀。

章學誠《校讎通義・自序》　敍曰：校讎之義，蓋自劉向父子部次條别，將以辨章學術，考鏡源流，非深明於道術精微，群言得失之故者，不足與此。後世部次甲乙，紀録經史者，代有其人，而求能推闡大義，條别學術異同，使人由委溯源，以想見於墳籍之初者，千百之中不十一焉。鄭樵生千載而後，慨然有會於向、歆討論之旨，因取歷朝著録，略其魚魯豕亥之細，而特以部次條别，疏通倫類，考其得失之故而爲之校讎，蓋自石渠、天禄以還，學者所未嘗窺見者也。顧樵生南宋之世，去古已遠，劉氏所謂《七略》、《别録》之書，久已失傳，《唐志》尚存，《宋志》已逸，嗣是不復見矣。所可推者，獨班固《藝文》一志。而樵書首譏班固，凡所推論，有涉於班氏之業者，皆過爲貶駁之辭。蓋樵爲通史而固則斷代爲書，兩家宗旨，自昔殊異，所謂道不同不相爲謀，無足怪也。獨《藝文》爲校讎之所必究，而樵不能平氣以求劉氏之微旨，則於古人大體，終似有所未窺。又其議論過於駿利，隋唐史志，甲乙部目，亦略涉其藩，而未能推闡向、歆術業，以究悉其是非得失之所在。故其自爲《通志》、《藝文》、《金石》、《圖譜》諸略，牴牾錯出，與其所譏前人著録之謬，未始徑庭，此不揣本而齊末者之效也。又其論求書之法，校書之業，既詳且備，然亦未究求書以前，文字如何治察；校書以後，圖籍如何法守。凡此皆鄭氏所未遑暇。蓋其涉獵者博，又非專門之精，鉅編鴻製，不能無所疎漏，亦其勢也。今爲折衷諸家，究其源委，作《校讎通義》，總若干篇，勒成一家，庶於學術淵源，有所釐别，知言君子，或有取於斯焉。

又《原道第一》　古無文字，結繩之治，易之書契，聖人明其用，曰：「百官以治，萬民以察。」夫爲治爲察，所以宣幽隱而達形名，蓋不得已而爲之，其用足以若是焉斯已矣。理大物博，不可殫也，聖人爲之立官分守，而文字亦從而紀焉。有官

斯有法，故法具於官；有法斯有書，故官守其書；有書斯有學，故師傳其學；有學斯有業，故弟子習其業。官守學業皆出於一，而天下以同文爲治，故私門無著述文字。私門無著述文字，則官守之分職，即群書之部次，不復別有著録之法也。後世文字，必溯源於六藝。六藝非孔氏之書，乃《周官》之舊典也。《易》掌太卜，《書》藏外史，《禮》在宗伯，《樂》隸司樂，《詩》領於太師，《春秋》存乎國史。夫子自謂「述而不作」，明乎官司失守，而師弟子之傳業，於是判焉。秦人禁偶語《詩》、《書》，而云「欲學法令者，以吏爲師」。其棄《詩》、《書》非也；其曰「以吏爲師」，則猶官守學業合一之謂也。由秦人「以吏爲師」之言，想見三代盛時，《禮》以宗伯爲師，《樂》以司樂爲師，《詩》以太師爲師，《書》以外史爲師，《三易》、《春秋》亦若是則已矣，又安有私門之著述哉？劉歆《七略》，班固删其《輯略》而存其六。顏師古曰：「《輯略》謂諸書之總要。」蓋劉氏討論群書之旨也。此最爲明道之要，惜乎其文不傳。今可見者，唯總計部目之後，條辨流別數語耳。即此數語窺之，劉歆蓋深明乎古人官師合一之道，而有以知乎私門初無著述之故也。何則？其敍六藝而後，次及諸子百家，必云某家者流，蓋出古者某官之掌，其流而爲某氏之學，失而爲某氏之弊。其云某官之掌，即法具於官，官守其書之義也；其云流而爲某家之學，即官司失職，而師弟傳業主義也；其云失而爲某氏之弊，即孟子所謂「生心發政，作政害事」，辨而別之，蓋欲庶幾於知言之學者也。由劉氏之旨以博求古今之載籍，則著録部次，辨章流別，將以折衷六藝，宣明大道，不徒爲甲乙紀數之需，亦已明矣。

江藩《師鄭堂集》 目録者，本以定其書之優劣，開後學之先路，使人人知其書可讀，則爲易學而功且速矣。吾故嘗語人曰：目録之學，讀書入門之學也。

葉名澧《橋西雜記・藏書求善本》 邵君蕙西居京師，購書甚富，拳拳于版本及鈔法。【略】名澧嘗見邵蕙西案頭，置《簡明目録》一部，所見宋元舊刻本、叢書本及單行刻本、鈔本，手記于各書之下，可以備他日校勘之資。

朱一新《無邪堂答問・讀漢書藝文志》 評曰：九流之學，皆有微言存焉。班氏之次於六藝者，以此周秦諸子書，精理名言，紬繹不盡，故其言足以惑人。惟縱橫家理不足，乃多爲傾險之辭，然亦未嘗不明於事勢。墨家則尤言之成理者，周末漢初，至以孔、墨並稱，信乎，孟子之功不在禹下也。【略】又評曰：劉中壘父子成《七略》一書，爲後世校讐之祖。班《志》掇其精要，以著於篇後。惟鄭漁仲、章實齋能窺斯旨，商榷學術，洞徹源流，不獨九流諸子各有精義，即詞賦、方技，亦復小道可觀。目録校讐之學，所以可貴，非專以審訂文字異同爲校讐也。而國朝諸儒，則於此獨有偏勝，其風盛於乾嘉以後。其最精者，若高郵王氏父子之於經，【略】嘉定錢氏兄弟之於史，皆淩跨前人。竹汀史學絶精，即偶有疏誤，視西莊輩，固遠勝之。第此爲讀史之始，事史之大端，不盡於此也。王文肅、文簡之治經，亦然。其精審無匹，視盧召弓輩亦遠勝之。顧往往據類書以改本書，則通人之蔽，若《北堂書鈔》、《太平御覽》之類，世無善本。又其書初非爲經訓而作。事出衆手，其來歷已不可恃，而以改數千年，諸儒斷斷考定之本，不亦慎乎？【略】大抵爲此學者，於己甚勞，而爲人則甚忠。竭畢生之精力，皆以供後人之取擕，爲惠大矣！故此學終古不廢，亦不可不從事其間。第以此爲登峰造極之事，遽欲傲宋、元、明儒者，則所見甚陋。漢學家訶佛罵祖，不但離文與行而二之，直欲離經與道而二之，斯其所以爲蔽，若舍其短而專取其長，庸非三代小學之遺法乎？【略】校讐之學，此其大者。中壘遺法，本如是。世徒以審訂文字爲校讐，而校讐之途隘；以甲乙簿爲目録，而目録之學轉爲無用。多識書名，辨別板本。一書估優爲之，何待學者乎？若夫舍經史而言義理，古來無此讀書之法，漢儒固不爾，宋儒亦豈其然也？

雜録

《禮記・檀弓下》 銘，明旌也。以死者爲不可別已，故以其旗識之，愛之，斯録之矣。敬之，斯盡其道焉耳。

《春秋公羊傳・僖公五年》 諸侯何以不序？一事而再見者，前目而後凡也。

《論語・顏淵》 顏淵問仁，子曰：「克己復禮爲仁。一日克己復禮，天下歸仁焉。」【略】顏淵曰：「請問其目。」包曰：「知其必有條目，故請問之。」子曰：「非禮勿視，非禮勿聽，非禮勿言，非禮勿動。」鄭曰：「此四者，克己復禮之目。」

《國語・吳語》 ［晉］乃令董褐請事曰：「兩君偃兵接好，日中爲期。今大國越録，録，第也。而造於弊邑之軍壘，敢請亂政。」

董仲舒《春秋繁露・深察名號》 目者，徧辨其事也；凡者，獨舉其大事也。

揚雄《方言》附《劉歆與揚雄書》 詔問三代周秦軒車使者、遒人使者，以歲八月巡路，求代語、僮謠、歌戲，欲頗得其最目。因從事郝隆求之有日，篇中但有其目，無見文者。

典籍分類分部

論述

《漢書·劉向傳》 ［成帝］詔向領校中《五經》祕書。向見《尚書·洪範》，箕子爲武王陳五行陰陽休咎之應。向乃集合上古以來歷春秋六國至秦漢符瑞災異之記，推迹行事，連傳禍福，著其占驗，比類相從，各有條目，凡十一篇，號曰《洪範五行傳論》，奏之。

又《劉歆傳》 歆字子駿，少以通《詩》、《書》能屬文召，見成帝，待詔宦者署，爲黄門郎。河平中，受詔與父向領校祕書，講六藝傳記，諸子、詩賦、數術、方技，無所不究。向死後，歆復爲中壘校尉。哀帝初即位，大司馬王莽舉歆宗室有材行，爲侍中太中大夫，遷騎都尉、奉車光禄大夫，貴幸。復領《五經》，卒父前業。歆乃集六藝群書，種别爲《七略》。語在《藝文志》。

阮孝緒《七録序》 昔司馬子長，記數千年事，先哲愍其勤，雖復稱爲良史，猶有捃拾之責。況總括群書，四萬餘卷，皆討論研覈，標判宗旨。才愧疎通，學慚博達。靡班嗣之賜書，微黄香之東觀。儻欲尋檢，内寡卷軸，如有疑滯，傍無沃啓，其爲紕繆，不亦多乎！將恐後之罪予者，豈不在於斯録。如有刊正，請俟君子。昔劉向校書，輒爲一録，論其指歸，辨其訛謬，隨竟奏上，皆載在本書。時又别集衆録，謂之「别録」，即今之《别録》是也。子歆撮其指要，著爲《七略》，其一篇即六篇之總最。故以《輯略》爲名，次《六藝略》，次《諸子略》，次《詩賦略》，次《兵書略》，次《數術略》，次《方伎略》。王儉《七志》，改「六藝」爲「經典」，次諸子，次詩賦爲文翰，次兵書爲軍書，次數術爲陰陽，次方伎爲術藝。以向、歆雖云《七略》，實有六條，故别立《圖譜》一志，以全七限。其外又條《七略》及二漢《藝文志》中經簿所闕之書，并方外之經，佛經、道經各爲一録，雖繼《七志》之後，而不在其數。今所撰《七録》，斟酌王、劉。王以六藝之稱，不足標牓經目，改爲經典。今則從之，故序《經典録》爲内篇第一。劉、王並以衆史合于《春秋》，劉氏之世，史書甚寡，附見《春秋》，誠得其例。今衆家記傳，倍於經典，猶從此志，實爲繁蕪。且《七略》詩賦不從六藝詩部，蓋由其書既多，所以别爲一略。今依擬斯例，分出衆史，序《記傳録》爲内篇第二。諸子之稱，劉、王竝同。又劉有《兵書略》，王以「兵」字淺薄，「軍」言深廣，故改「兵」爲「軍」。竊謂古有兵革、兵戎、治兵、用兵之言，斯則武事之總名也，所以還改「軍」從「兵」。兵書既少，不足别録，今附于子末，總以子兵爲稱，故序《子兵録》爲内篇第三。王以詩賦之名，不兼餘制，故改爲「文翰」。竊以頃世文詞，總謂之「集」，變「翰」爲「集」，於名尤顯，故序《文集録》爲内篇第四。王以數術之稱，有繁雜之嫌，故改爲陰陽，方伎之言，事無典據，又改爲藝術。竊以陰陽偏有所繫，不如數術之該通。術藝，則濫六藝與數術，不逮方伎之要顯，故還依劉氏，各守本名。但房中、神仙，既入仙道，醫經、經方不足别創。故合「術伎」之稱，以名一録，爲内篇第五。王氏《圖譜》一志，劉略所無。劉《數術》中雖有《曆譜》，而與今譜有異。竊以圖畫之篇，宜從所圖爲部，故隨其名題，各附本録。譜既注記之類，宜與史體相糸，故載于記傳之末。自斯已上，皆内篇也。釋氏之教，實被中土，講説諷味，方軌孔籍。王氏雖載于篇，而不在志限。即理求事，未是所安。故序《佛法録》爲外篇第一。仙道之書，由來尚矣，劉氏神仙，陳於方伎之末，王氏道經，書於《七志》之外。今合序《仙道録》爲外篇第二。王則先道而後佛，今則先佛而後道，蓋所宗有不同，亦由其教有淺深也。凡内、外兩篇，合爲《七録》，天下之遺書秘記，庶幾窮於是矣。有梁普通四年，歲維單閼仲春十有七日，於建康禁中里宅始述此書。通人平原劉杳從余遊，因説其事，杳有志積久，未獲操筆，聞余已先著鞭，欣然會意。凡所抄集，盡以相與，廣其聞見，實有力焉。斯亦康成之於傳釋，盡歸子慎之書也。

《梁書·殷鈞傳》 天監初，拜駙馬都尉，起家秘書郎，太子舍人，司徒主簿，秘書丞。鈞在職，啓校定秘閣四部書，更爲目録。又受詔料檢西省法書古迹，别爲品目。

又《處士傳·阮孝緒》 ［孝緒］所著《七録》等書二百五十卷，行於世。

《晉書·荀勖傳》 ［勖］俄領秘書監，與中書令張華依劉向《别録》，整理記籍。**【略】**及得汲郡冢中古文竹書，詔勖撰次之，以爲《中經》，列在秘書。

又《文苑傳·李充》 于時典籍混亂，充删除煩重，以類相從，分作四部，甚有條貫，秘閣以爲永制。

徐堅《初學記》卷一二引王隱《晉書》 ［鄭默］删省舊文，除其浮穢，著《魏中經簿》，中書令虞松謂默曰：「而今而後，朱紫别矣。」

王欽若等《册府元龜》卷六〇八《學校部・目録》 夫四科之設，所趣不同；六藝之端，爲學亦異。自微言既絶，説郛遂多，諸子玄興，群儒紛糾，兵農雜説，其徒寔繁。然而學者斯勤，述者彌衆，廣搜并購，既顯於好文；强學專門，頗患於寡要。故前之達者，分其例類，使有條不紊，求者可以俯觀也。漢司馬遷爲太史令，撰《史記目録》一卷。劉向撰《七略別録》二十卷，元帝時擢爲散騎宗正給事中。劉歆，向子也。哀帝初即位，遷騎都尉光禄大夫，總括群書篇，撮其指要，著爲《七略》：一曰《經略》，二曰《集略》，三曰《諸子略》，四曰《詩賦略》，五曰《兵書略》，六曰《術數略》，七曰《方伎略》，大凡萬三千九十卷。後漢班固、傅毅並爲校書郎。自光武中興，明、章繼軌，於東觀及仁壽閣集新書，固、毅等典掌焉。並依《七略》而爲書部。固又編之，則以爲《漢書・藝文志》。鄭默爲秘書郎，始制《中經》。荀勖爲秘書監。因《中經》更著《新簿》，分爲四部，總括群書。一曰甲部，紀六藝及小學等書。二曰乙部，有古諸子家、近世子家、兵書家、術數家。三曰丙部，有史記、舊事、皇覽簿、雜事。四曰丁部，有詩賦、圖贊、《汲冢書》。大凡四部合二萬九千九百四十五卷一云勖撰《中經簿》十四卷，撰《文章家集序》十卷。晉摯虞爲太常卿，撰《文章志》三卷，丘深之撰義熙以來《雜集目録》三卷。宋傅亮爲中書監、尚書令，撰《續文章志》三卷。謝靈運爲秘書監，造《四部目録》，大凡四千五百八十二卷。文帝撰《江左文章志》五卷。殷淳爲秘書丞，在秘書之閣撰《大四部書目》，凡四十卷，行於世。南齊王儉爲秘書丞，撰《四部書目》四卷，大凡一萬五千七十四卷。又撰《今書七志》，一曰《經典志》，紀六藝、小學、史記、雜傳；二曰《諸子志》，紀今古諸子；三曰《文翰志》，紀詩賦；四曰《軍書志》，紀兵書；五曰《陰陽志》，紀陰陽圖緯；六曰《術藝志》，紀方技；七曰《圖譜志》，紀地域及圖書，其道、佛附見。合九條，賀踪補。梁王儉，永明中爲秘書丞。與監謝朏又造《四部目》，大凡一萬八千一十卷。阮孝緒不應徵辟，篤好墳史。博採宋齊以來王公之家凡有書記，參校官簿，更作《七録》。一曰《經典録》，紀六藝。二曰《史籍録》，紀記傳。三曰《子兵録》，紀子書。四曰《文集録》，紀詩賦。五曰《技術録》，紀數術。六曰《佛録》。七曰《道録》。其分部題目，頗有次序。任昉爲秘書監，於文德内殿列藏衆書，華林園内總集釋典，大凡二萬三千一百六卷。自齊永元以來，秘閣四部，篇卷紛雜，昉手自讎校，由是篇目定焉。丘賓卿撰《天監四年書目》四卷，殷鈞撰《天監六年四部書目》，後授散騎常侍，國子祭酒。祖暅爲奉朝請，以梁有秘書監任昉、殷鈞《四部目録》，又《文德殿目録》，其術數之書，更爲四部，使暅撰其名，故梁有《五部目録》。楊松玠撰《史目》三卷。沈約，永明二年兼著作郎，撰《宋氏文章志》二卷。劉遵撰《東宫四部目録》四卷。劉孝標，安成王引爲荆州户曹參軍，撰梁文德殿《四部目録》四卷。陳沈文阿爲散騎常侍，兼國子博士，撰《經典玄儒大義序録》二卷。後魏裴景融領著作，時撰《四部要略》，令景融專典。高道穆爲給事黄門侍郎，莊帝詔曰：「秘書圖籍所在，内典書又加繕寫，緗素委積，蓋有年載，出内繁蕪，多致零落，可令道穆總集帳目，並牒儒學之士編比次第。」後周樊深撰《七經異同説》三卷、《義綱略論并目録》三十卷，並行於世，後爲中大夫，加開府儀同三司。隋牛弘爲光禄大夫，撰《開皇四年書目》四卷。王邵爲散騎侍郎，修《起居注》，撰《開皇二十年書目》四卷。《隋書》又有《魏闕書目》一卷，《陳秘閣圖書法目録》一卷，《陳天嘉六年壽安殿四部目録》四卷，《陳五經省四部目録》四卷，《陳承香殿五經史記目録》二卷，《開皇八年四部書目録》四卷，《香厨四部目録》四卷，《隋大業正御書目録》九卷，《法書目録》六卷，《雜儀注目録》四卷，《書品》二卷，《名手畫録》一卷，《正流論》一卷，並無撰人姓名。許善心，開皇中爲秘書丞。於時秘藏圖籍尚多淆亂，善心仿阮孝緒《七録》，更制《七林》，各爲總叙冠於篇首，又於部録之下，明作者之意，區分其類例焉。唐馬懷素爲秘書監，兼昭文館學士。是時，秘書省典籍散落，條流無叙。懷素上疏曰：「南齊已前，墳籍舊編，王儉《七志》已後，著述其數盈多，《隋志》所書，亦未詳悉。或古書近出，前志闕而未編，或近人相傳，浮詞鄙而猶記，著無編録，難辯淄澠。望括簡近書篇目，并前志所遺者，續王儉《七志》，藏之秘府。」帝於是召學涉之士，國子博士尹知章等分部撰録，并刊正經史，粗創首尾，會懷素病卒。元行沖爲太子賓客，弘文館學士，累封常山郡公。先是，秘書監馬懷素集學者續王儉今書《七志》，左散騎常侍褚無量於麗正殿校寫《四部書》，事未就而懷素、無量卒館，行沖總代其職。於是行沖表請通撰古今書目，名爲《群書目録》。命學士鄠縣尉毋煚、櫟陽尉韋述、曹州司法參軍殷踐猷、太學助教余欽等，分部修檢，歲餘書成。奏上之。開元七年，詔曰：「比來書籍缺亡，後多錯亂者，良由籍歷不明，綱維失序，或須披閲，難可簡尋。令麗正殿寫四庫書，各於本庫每部別爲目録。其與《四庫目》不類者，依劉歆《七略》排爲《七志》，其經史子集及天文，以時代爲先後，以品秩爲次第。其《三教珠英》既有缺落，宜依書目隨次修補，朕當披覽，無使闕遺」。韋述爲櫟陽尉。秘書監馬懷素受詔編次圖書，乃奏用左散騎常侍元行沖、左庶子齊澣、秘書少監王珣、衛尉少卿吴兢並述等二十六人，同於秘閣詳録四部書。懷素尋卒，行沖代掌其事，五年而成，其總目二百卷。

歐陽修《歐陽文忠公集》卷一二四《崇文總目叙釋》 易類：前史謂秦焚三代

之書，《易》以卜筮而得不焚。及漢募群書，類多散逸，而《易》以故最完。及學者傳之，遂分爲三：一曰田何之《易》，始自子夏，傳之孔子，《卦》、《象》、《爻》、《彖》與《文言》、《説卦》等離爲十一篇，而説者自爲章句，《易》之本經也。二曰焦贛之《易》，無所師授，自言得之隱者，第述陰陽災異之言，不類聖人之經。三曰費直之《易》，亦無師授，專以《彖》、《象》、《文言》等參解卦一作易。爻。凡以《彖》、《象》、《文言》雜入卦中者，自費氏始。田何之學，施、孟、梁丘之徒最盛。費氏初微，止傳民間。至後漢時，陳元、鄭衆、康成之徒，皆學費氏，費氏興而田學遂息。古十二篇之《易》遂亡其本。及王弼爲注，亦用《卦》、一作彖。《象》相雜之經。自晉已後，弼學獨行，遂傳至今。然《易》比《五經》，其來最遠，自伏羲畫卦，下更三代，別爲三《易》，其變卦五十有六，命名皆一作甚。殊。至於七八九六筮占之法，亦異。周之末世，夏商之《易》已亡。漢初雖有《歸藏》，已非古經，今書三篇莫可究矣。獨有《周易》，時更三聖，世歷三古，雖説者各自名家，而聖人法天地之緼，則具存焉。

書類：《書》原於號令而本之史官，孔子刪爲百篇，斷堯訖一作迄。秦，序其作意。遭秦之故，孔子末孫惠與濟南伏勝各藏其本于家。楚漢之際，勝失其所藏，但口以傳授。勝既耄昏，乃繆合二十四篇爲二十九，歐陽夏侯之徒皆學之，寫以漢世文字，號《今文尚書》。至武帝時，孔惠之書始出屋壁，百篇皆在，而半已磨滅，又皆科斗文字。惠孫安國以隸古定之，得五十八篇，爲之作傳，號《古文尚書》。至陳、隋之間，伏生之學廢絶，而孔傳獨行。先是，一作時。孔傳亡其《舜典》，東晉梅頤一作賾。乃以王肅所注伏生《舜典》足其篇。至唐孝明，不喜隸古，始更以今文行于一作於。世。

詩類：昔孔子刪古詩三千餘篇，取其三百一十一篇著于經，秦楚之際亡其六。漢興，《詩》分爲四：一曰魯人申公作訓詁，號《魯詩》。二曰齊人轅固生作傳，號《齊詩》。三曰燕人韓嬰作内外傳，號《韓詩》。四曰河間人毛公作故一作詁。訓傳，號《毛詩》，三家並立學官。而毛以後出，至平一作章。帝時始列于學。其後馬融、賈逵、鄭衆、康成之徒皆發明毛氏，其學遂盛。魏晉之間，齊、魯之《詩》廢絶，《韓詩》雖在而益微，故毛氏獨行，遂傳至今。韓嬰之書至唐猶在，今其存者十篇而已。《漢志》嬰書五十篇，今但存其《外傳》，非嬰傳《詩》之詳者，而其遺説時見於他書，與毛之義絶異，而人亦不信。去聖既遠，誦習各殊，至於考風雅之變正，以知王政之興衰，其善惡美刺，不可不察焉。

禮類：禮樂之制，盛于三代，而大備於周。三代之興，皆數百年，而周最久。始武王、周公修太平之業，晝天下以爲九服，上自天子至于一作於。庶人，皆有法度。方其郊祀天地，開明堂以會諸侯，其車旗服器文章爛然，何其盛哉！一作也。及幽厲之亂，周室衰微，其後諸侯漸大。然齊桓賜胙而拜，晉文不敢必請隧，以禮維持又二百餘年，禮之功亦大矣。下更戰國，禮樂殆絶。漢興，禮出淹中后，戴諸儒，共爲補綴，得百餘篇。三鄭、王肅之徒，皆精其學，而説或不同。夫禮極天地，朝廷宗廟，凡人之大倫，可謂廣矣。雖二一作百。家殊説，豈不博哉？自漢以來，沿革之制，有司之傳，著于書者，可以覽焉。

樂類：三代禮樂，自周之末，其失一作亡。已多，又經秦世滅學之暴。然《書》及《論語》、《孝經》得藏孔氏一作子。之家，《易》以卜筮不禁，而《詩》本諷誦，不專在於竹帛，人得口以傳之。故獨《禮》之於六經，其亡最甚。而《樂》又有聲器，尤易爲壞失。及漢興考求典籍，而《樂》最缺一作闕。絶，學者不能自立，遂并其説於禮家書爲《五經》，流別爲六藝。夫《樂》所以達天地之和而飭化萬物，要之感格人神，象見功德。記曰：五帝殊時，不相沿樂。所以王者有因時制作之盛，何必區區求古遺缺。一作闕。至於律吕鍾石，聖人之法，雖更萬世，可以考也。自漢以來，《樂》之沿革惟見史官之志，其書不備。隋、唐所録，今著其存者云。

春秋類：昔周法壞而諸侯亂，平王以後不復雅而下同列國。吳、楚、徐夷並僭稱王，天下之人不禀周命久矣。孔子生其一作於。末世，欲推明王道以扶一作捄。周。乃聘諸侯，極陳君臣之理，一作禮。諸侯無能用者。退而歸魯，即其舊史，考諸行事，加以王法，正其是非。凡其所書，一用周《禮》，爲《春秋》十二篇，以示後世。後世學者，傳習既久，其説遂殊。公羊高、穀梁赤、左丘明、鄒氏、夾氏分爲五家。鄒、夾最微，自漢世已廢，而三家盛行。當漢之時，《易》與《論語》分爲三，《詩》今爲四，《禮》分爲二，及學者散亡，僅存其一，而餘家皆廢。獨《春秋》三傳並行至今。初，孔子大修六經之文，獨於《春秋》欲以禮法繩諸侯，故其辭尤謹約而義微隱，學者不能極其説。故三家之傳，於聖人之旨各有得焉。太史公曰「爲人君者不可不知《春秋》」，豈非王者之法具在乎！

論語類：《論語》者，蓋孔子相與弟子時人講問應答之言也。孔子卒，群弟子論次其言而撰之。漢興，傳者三家：魯人傳之謂之《魯論》，齊人傳之謂之《齊論》，而《齊論》增《問王》、《知道》二篇，今文無之。出於孔子壁中者，則曰《古論》，有兩《子張》。是三家者，篇第先後皆所不同。考今之次，即所謂《魯論》者也。

小學類：古者教學之法，八歲而入小學，以習六甲四方、書數之藝。至於成

童，而後授經。儒者究極天地人神事物之理，無所不通，故其學有次第，而後大成焉。《爾雅》出於漢世，正名命物，講説者資之，於是有訓詁之學。文字之興，隨世轉易，務趨便省，久後乃或亡其本七字一作「省」或「去其本」。三蒼之説，始志字法。而許慎作《説文》，於是有偏傍之學，五聲異律，清濁相生。而孫炎始作字音，於是有音韻之學。篆、隸、古文，爲體各異。秦漢以來，學者務極其能，於是有字書之學。先儒之立學，其初爲法未始不詳而明，而後世猶或訛失，二字一作失之。故雖小學不可闕焉。

正史類：昔孔子删《書》，上斷《堯典》，下訖《秦誓》，著爲百篇。觀其堯舜之際，君臣相與，吁俞和諧於朝，而天下治。三代已下，約束賞罰，而民莫敢違。考其典誥誓命之文，純深簡質，丁寧委曲，爲體不同。周衰史廢，《春秋》所書尤謹密矣。非惟史有詳略，抑由時君功德薄厚，異世而殊文哉！自司馬氏，上採黄帝，迄于漢武，始成《史記》之一家，由漢以來，千有餘歲，其君臣善惡之迹，史氏詳焉。雖其文質不同，要其治亂興廢之本，可以考焉。

編年類：昔春秋之後，繼以戰國，諸侯交一作皆。亂，而史官廢失，策書所載，紀次不完。司馬遷始爲紀、傳、表、志之體，網羅千載，馳騁其文，其後史官悉用其法。《春秋》之義，書元最謹，一時無事，猶空書其首月，以謂四時不具，則不足成年。所以上尊天紀，下二字一作時紀。正人事。自晉荀悦爲《漢紀》，始復編年之體，學徒稱之，後世作者，皆與正史並行云。

實録類：實録起於唐世，自高祖至于一作於。武宗。其後兵盗相交，史不暇録，而賈緯始作補録，十或得其二三。五代之際，尤多故矣，天下乖隔，號令並出，傳記之士，一作事。訛謬尤多。幸而中國之君實録，粗備其盛衰，善惡之迹較然，而著者不可泯矣。

雜史類：《周禮》：天子諸侯皆有史官，晉之乘，楚之檮杌。考其紀事，爲法不同。至于周衰，七國交侵，各尊其主，是非多異，尋亦磨一作靡。滅，其存無幾。若乃史官失職，畏怯回隱，則游談處士，亦必各記其説，以伸所懷。然自司馬遷之多聞，當其作《史記》，必上採《帝繫》、《世本》，旁及《戰國》，荀卿所録以成其書，則諸家之説可不備存乎？

僞史類：周室之季，吴、楚可謂彊矣，而仲尼脩《春秋》，書荆以狄之，雖其屢進，不過子爵，所以抑黜僭亂，而使後世知懼。三代之弊也，亂極于七雄並主；漢之弊也，亂極于三國；魏晉之弊也，亂極于永嘉以來；隋唐之弊也，亂極于五代一又有五代字。之際。天下分爲十三四，而私竊名號者七國。及大宋受命，王師四征，其係纍負質，請死不暇，九服遂歸于有德。歷考前世僭竊之邦，雖一有甚字。因時苟偷，自彊一方，然卒歸于二字一作於。禍敗，故録于一作於。篇，以爲賊亂之戒云。

職官類：堯舜三代，建官名數不同，而周之六官備矣。然漢、唐之興，皆因秦、隋官號而損益之，足以致治興化。由此而言，在一作存。乎舉職勤，一無此字。事代天，治物二字作工一而已。至於車服印綬，爵秩俸廩，因時爲制，著于有司。一有焉字。《書》曰「無曠庶官」，又曰「允釐百工」。夫百官象物，秦職恭位，此虞舜一有之字。所以端拱無爲而化成天下，可不重哉！

儀注類：昔漢諸儒得古禮十七篇，以爲《儀禮》，而《大射》之篇獨曰「儀」。蓋射主於容，升降揖讓不可以失。記曰：禮之末節，有司掌之。凡爲天下國家者，莫不講乎三代之制。其采章文物，邦國之典，存乎禮官，秦漢以來，世有損益。至於一作于。車旗服器，有司所記，遺文故事，凡可録者，皆附于一作於。史官云。

刑法類：刑者，聖人所以愛民之具也。其禁暴止殺之意，必本乎至仁。然而執梃刃刑人而不疑者，審得其當也。故法家之説，務原人情，極其真僞，必使有司不得銖寸輕重出入。則其爲書，不得不備。歷世之治，因時制法。緣民之情，損益不常。故凡法令之要，皆著于篇。

地理類：昔禹去水害，定民居，而别九州之名，記之《禹貢》。及周之興，畫爲九畿，而宅其中。内建五等之封，外撫四荒之表，《職方》之述備矣。及其衰也，諸侯並争，二字一作兼并。并一作争。吞削奪。秦漢以來，郡國州縣，一作邦國郡縣。廢興治亂，割裂分屬，更易不常。至於日月所照，要荒附叛，山川風俗，五方不同。行師用兵，順民施政，考於圖諜，可以覽焉。

氏族類：昔黄帝之子二十五人，得姓命氏，由其德之薄厚。自堯、舜、夏、商、周之先，皆同出於黄帝，而姓氏不同。其後世封爲諸侯者，或以國爲姓。至於一作于。公子、公孫、官邑、謚族，遂因而命氏。其源流次序，《帝系》、《世本》言之甚詳。秦漢以來，官邑謚族不自别而爲姓，又無賜族之禮。至于近世，遷徙不常，則其得姓之因，與夫祖宗世次人倫之記，尤不可以不考焉。

歲時類：《詩》曰「民生在勤，勤則不匱」，故堯舜南面而治。考星之中，以授人時，秋成春作，教民無失。《周禮》六官，亦因天、地、四時分其典職。然則天時者，聖人之所重也。自夏有《小正》，周公始作時訓，日星、氣節、七十二候。凡國家之

政，生民之業，皆取則焉。孔子曰：吾不如老圃。至於山翁野夫，耕桑樹藝，四時之説，其可遺哉！

傳記類：古者史官其書有法，大事書之策，小事載之簡牘。至於風俗之舊，耆老所傳，遺言逸行，一作迹。史不及書。則傳記之説，或有取焉。然自六經之文，諸家異學，説或不同。況乎幽人處士，聞見各異，或詳一時之所得，或發史官之所諱，參求考質，可以備多聞焉。

儒家類：仲尼之業，垂之六經，其道閎博，君人治物，百王之用，微是無以爲法。故自孟軻、揚雄、荀況一作卿。之徒，又駕其説，扶而大一作本。之。歷世諸子，轉相祖述，自名一家，異端其言，或破碎於大道。然訂其作者之意，要之孔氏不有殊焉。

道家類：道家者流，本清虚去健羨，泊然自守。故曰「我無爲而民自化，我好静而民自正。雖聖人南面之術，一作治。不可易也。」至或不究其本，棄去仁義而歸之自然，以因循爲用，則儒者病之。一有云字。

法家類：法家者流，以法繩天下，使一本於其術。商君、申、韓之徒，乃推而大之，挾其説以干世主，收取功名。至其尊君抑臣，辨職分輔禮制，於王治不爲無益。然或狃細苛，持刻深，一作深刻。不可不察者也。

名家類：名家者流，所以辨覈名實，流別一作源流。等威，使上下之分不相踰也。仲尼有云「必也正名乎」，言爲政之大本，不可不正者也。

墨家類：墨家者流，其言貴儉，兼愛、尊賢、右鬼、非命、上一作尚。同，此墨家之所行也。孟子之時，墨與楊其道塞路，軻以墨子之術儉而難遵，兼愛而不知親疏，故辭而闢之。然其彊本嗇用之説，有足取焉。

縱横家類：春秋之際，王政不明，而諸侯交亂，談説之士出於其間，各挾其術，以千時君。其因時適一作遇。變，當權事而制宜，有足取焉。

雜家類：雜家者流，取儒、墨、名、法合而兼之。其言貫穿衆説，無所不通。然亦有補於治理，一作道。不可廢焉。一作也。

農家類：農家者流，衣食之本一作大。原也。四民之業，其次曰「農稷播百穀」，勤勞天下，功炳後世，著見書史。孟子聘列國，陳王道，未始不究一作論。耕桑之勤。漢興劭農勉人爲之著令，今集其樹藝之説，庶取法焉。

小説類：《書》曰：狂夫之言，聖人擇焉。又曰：詢于芻蕘。是小説之不可廢也。古者懼下情之壅於上聞，故每歲孟春以木鐸徇于路，採其風謡而觀之，至於俚言巷語，亦足取也。今特列而存之。

兵家類：《周禮·夏官》：司馬掌軍戎，以九伐之法正邦國。書之《洪範》「八曰師」，《易》之《繫辭》取諸睽，此兵之所由始也。湯武之時，勝以仁義。春秋戰國，出奇狃變，其術無窮。自田齊，始著司馬之法。漢興，張、韓之徒，序次其書。武帝之世，楊僕又捃摭之，謂之《紀奏》。孝成命任宏，乃以權謀、形勢、陰陽、技巧析爲四種。繇是兵家之文，既修列矣。然而司馬之法，本之禮讓，後世莫行焉。惟孫武之書，法術大詳，考今之列，非特四種，又雜以卜筮、刑政之説，存諸篇云。

鄭樵《通志略·校讎略第一·編次必謹類例論六篇》 學之不專者，爲書之不明也；書之不明者，爲類例之不分也。有專門之書，則有專門之學；有專門之學，則有世守之能。人守其學，學守其書，書守其類。人有存没，而學不息；世有變故，而書不亡。以今之書，校古之書，百無一存，其故何哉？士卒之亡者，由部伍之法不明也；書籍之亡者，由類例之法不分也。類例分，則百家九流各有條理，雖亡而不能亡也。巫醫之學，亦經存没，而學不息；釋老之書，亦經變故，而書常存。觀漢之《易》書甚多，今不傳，惟卜筮之《易》傳。法家之書亦多，今不傳，惟釋、老之書傳。彼異端之學能全其書者，專之謂矣。

十二野者，所以分天之綱，即十二野不可以明天；九州者，所以分地之紀，即九州不可以明地；《七略》者，所以分書之次，即《七略》不可以明書。欲明天者，在於明推步；欲明地者，在於明遠邇；欲明書者，在於明類例。噫，類例不明，圖書失紀，有自來矣。臣於是總古今有無之書爲之區別。凡十二類：經類第一，禮類第二，樂類第三，小學類第四，史類第五，諸子類第六，星數類第七，五行類第八，藝術類第九，醫方類第十，類書類第十一，文類第十二。經一類分九家，九家有八十八種書，以八十八種書而總爲九種書可乎。禮一類分七家，七家有五十四種書，以五十四種書而總爲七種書可乎。樂一類爲一家，書十一種。小學一類爲一家，書八種。史一類分十三家，十三家爲書九十種。朝代之書，則以朝代分。非朝代書，則以類聚分。諸子一類分十一家，其八家爲書八種。道、釋、兵三家書差多，爲四十種。星數一類分三家，三家爲書十五種。五行一類分三十家，三十家爲書三十三種。藝術一類爲一家，書十七種。醫方一類爲一家，書二十六種。類書一類爲一家，分上下二種。文類一類分二家，二十二種。別集一家爲十九種書，餘二十一家二十一種書而已。總十二類，百家，四百二十二種，朱紫分矣。散四百二十二種書，可以窮百家之學，斂百家之學，可以明十二類之所歸。

《易》本一類也，以數不可合於圖，圖不可合於音，讖緯不可合於傳注，故分爲十六種。《詩》本一類也，以圖不可合於音，音不可合於譜，名物不可合於詁訓，故分爲十二種。《禮》雖一類，而有七種，以《儀禮》雜於《周官》，可乎？《春秋》雖一類，而有五家，以啖、趙雜於公、穀，可乎？《樂》雖主於音聲，而歌曲與管絃異事。小學雖主於文字，而字書與韻書背馳。編年一家，而有先後。文集一家，而有合離。日月星辰，豈可與風雲氣候同爲天文之學？三命、元辰，豈可與九宫、太一同爲五行之書？以此觀之，《七略》所分，自爲苟簡。四庫所部，無乃荒唐。

類書猶持軍也，若有條理，雖多而治；若無條理，雖寡而紛。類例不患其多也，患處多之無術耳。

今所紀者，欲以紀百代之有無。然漢、晉之書，最爲希闊，故稍略。隋唐之書，於今爲近，故差詳。崇文、四庫，及民間之藏，乃近代之書，所當一一載也。

類例既分，學術自明，以其先後本末具在。觀圖譜者，可以知圖譜之所始；觀名數者，可以知名數之相承。讖緯之學，盛於東都；音韻之書，傳於江左。傳注起於漢魏，義疏成於隋唐，覩其書，可以知其學之源流。或舊無其書而有其學者，是爲新出之學，非古道也。

胡應麟《少室山房筆叢》卷二《經籍會通二》 經、史、子、集區分爲四，九流、百氏咸類附焉，一定之體也。第時代盛衰，製作繁簡，分門建例往往各殊，唐、宋以還始定於一。今稍掇拾諸家，撮其大略以著於篇。述類例第二。

夏、商以前，經即史也，《尚書》、《春秋》是已，至漢而人不任經矣，於是乎作史繼之，魏、晉其業浸微而其書浸盛，史遂析而别於經，而經之名禪於佛、老矣。周、秦之際，子即集也，孟軻、荀況是已，至漢而人不專子矣，於是乎有集繼之，唐、宋其體愈備而其製愈繁，子遂析而入於集，而子之體夷於詩、騷矣。《尚書》，經之史也；《春秋》，史之經也。《中庸》、孟氏，子也，而其理經，故陟而經也；《道德》、《沖虛》，經也，而其理子，故降而子也。三者皆可以互名，惟其實也，集則迥不同矣。春秋之前，史之體遠矣，董狐、南史其人也，晉《乘》、楚《檮》其撰也，然而弗傳焉。春秋之前，左、國《國語》、《國策》三家而已。集之名昉於楚乎？屈、宋、唐、景皆楚也，非騷賦無以有集。

屢朝書目，若謝客、王亮、謝朏、任昉諸人，史但言纂修而不録其類例，其大數尚存也，至李充、殷鈞、祖暅、蕭繹輩，則并其卷數皆不得而知矣。惟劉氏《七略》大概存《漢書》中，荀勖、王儉、阮孝緒類例并載諸史。差可考焉。觀其類例，而四部之盛衰始末亦可以概見矣。

劉歆《七略》，一曰六藝、一曰諸子、一曰詩賦、一曰兵書、一曰術數、一曰方技，而首之「輯略」以總集諸書之要，則分列品題實六略耳。班固《藝文志》增入五家而省其十家，共三十八種、五百九十六家、萬三千二百六十九卷。歆原數三萬三千九十卷，固節其猥冗，僅得十之三四。大概新莽之亂，焚軼之餘故也。然《七略》原書二十卷，班氏《藝文》僅一卷者，固但存其目耳。向、歆每校一書，則撮其指意録而奏之，近世所傳《列禦寇》、《戰國策》皆向題辭，餘可概見。因以論奏之言附載各書之下，若馬氏《通考》之類，以故篇帙頗繁，惜今漫無所考。詳其義例，六藝經也，諸子、兵書、術數、方技四略皆子也，詩賦一略則集之名所由昉，而司馬氏書尚附《春秋》之末。此時史籍甚微，未足成類也。鄭以《史記》不當入經，蓋未深考此耳。

王儉《七志》，一經典、二諸子、三文翰、四軍書、五陰陽、六術藝、七圖譜。前六志咸本劉氏六略，但易其名，而益以圖譜及佛、道二家，名雖曰七，實九志也。然不述作者之意，但於書名之下每立一傳，而又作九篇條例編於卷首，蓋亦「輯略」之意。按，經不曰六藝而曰經典，則史固漸備矣。《隋志》謂其文義淺近，遠非歆、向倫。余謂儉齊相佐命，百事填委，故無暇此，浮剽其名耳。

阮孝緒《七録》，一經典、二紀傳、三子兵、四文集、五技術、六佛、七道。又本王氏而加紀傳，并諸子、兵書爲子兵，陰陽、術藝爲技術，又益以佛、道二家。史書至是漸盛，與經、子并列，而佛、道二家之言大行中國矣。

書之分四部也，實魏荀勖始之。一曰甲部，紀六藝、小學等書；一曰乙部，紀諸子、兵術等書；一曰丙部，紀《史記》、《皇覽》等書；一曰丁部，紀詩賦、圖讚等書。此時史、集二部尚希，故王、阮二目更從劉氏分七類，至唐大盛，於是史居子上次經，佛、老附子次史，而終之以集，定爲四部。宋氏以還，遞相沿襲，而作者之意未有所明，馬氏始倣劉向前規，論其大旨，體製駸駸備矣。

《馬懷素傳》云：開元中，祕書省典籍散落，條流無叙，懷素上疏曰：「南齊已前墳籍舊編王儉《七志》，已後著述其數盈多，《隋志》所書亦未詳悉。或古書近出，前志闕而未編；或近人相傳，浮詞鄙而猶記。若無編録，難辨淄澠。望括檢近書篇目并前志所遺，續王儉《七志》，藏之祕府。」上於是召學涉之士尹知章等分部撰録。又《褚無量傳》云：無量以內庫舊書自高宗代即藏在宮中，漸致遺逸，奏請繕

寫刊校，以弘經籍之道。玄宗令於東都乾元殿前施架排次，大加搜寫，廣采天下異本。數年間，四部充備，仍引公卿已下入殿前，令縱觀焉。開元六年駕還，又敕無量於麗正殿以續前功。又《元行沖傳》云：祕書監馬懷素集學者續王儉《七志》，左散騎常侍褚無量於麗正殿校寫四部書，事未就而懷素、無量卒，詔行沖總代其職。於是行沖表請通撰古今書目，名爲《群書四録》，命學士毋煚、韋述、殷踐猷、余欽等分部修檢，歲餘書成，奏上之。右三則俱《舊唐書》、《通考》所未載。夫以一目録之微，更三賢之手，積十載之勤始就，豈易易哉！其類例諸傳不載，考唐《藝文志》皆以經、史、子、集爲次云。

前史所述魏晉諸家書目，條流僅舉。銓次靡詳，惟阮氏《七録》始末備載《弘明集》中。余覩其分門創義損益前規，綜核之功勤且力矣，隋、唐志率沿此，因節録之。

經典録，一易、二書、三詩、四禮、五樂、六春秋、七論語、八孝經、九小學凡四千七百一十卷。紀傳録，一國史、二注曆、三舊事、四職官、五儀典、六法制、七僞史、八雜傳、九鬼神、十土地、十一譜狀、十二簿録凡一萬四千八百八十八卷。子兵録，一儒、二道、三陰陽、四法、五名、六墨、七縱横、八雜、九農家、十小説、十一兵家凡三千八百九十四卷。文集録，一楚辭、二别集、三總集、四雜文凡萬七百五十五卷。術伎録，一天文、二讖緯、三曆算、四五行、五卜筮、六雜占、七刑法、八醫經、九經方、十雜藝凡三千七百五十六卷。佛法録，一戒律、二禪定、三智慧、四疑似、五論記凡五千四百卷。仙道録，一經戒、二服餌、三房中、四符圖凡一千一百三十八卷。

右分類大概與《通考》合，惟析技術置四部外，而兵家尚半諸子。蓋秦、漢軍書最盛，故劉、王特列兵家，而術數、方技條流繁衍，至析爲二。梁世稍減，因以兵子同條，術數共貫。唐、宋以後益微，遂皆統於子矣。隋、唐、宋志概諸史中，不詳録。

宋世諸家雖咸有書目，載於《文獻通考》，其類例悉不能詳。即《通考》亦第據晁、陳二志，未必盡自端臨也。惟邯鄲之李、莆田之鄭二家類例大略可考，并識下方。

李淑獻臣《邯鄲圖書志》，載其家所藏圖書五十七類，經、史、子、集通計一千八百三十六部，二萬三千三百八十六卷，其外又有藝術志、道書志、書志、畫志，通爲八目，十卷，號「圖書十志」。案，李氏類例於四部之外更列四目，亦阮氏外篇之意。然書畫一類分爲二門，有道書而無釋典，不可曉也。

《鄭氏書目》七卷，莆田鄭寅子敬列所藏書爲七録，曰經、曰史、曰子、曰藝、曰方伎、曰文、曰類。案，唐以後不分四部而仍《七録》之名，惟鄭氏一家，然伎術阮氏已合而鄭仍分之。大率李、鄭二家，但據所藏多寡爲類，不求合前人也。宋公垂、葉少藴并篤好而無書目，蓋皆聚而弗讀，葉於經學最精博，此外未聞。

尤延之《遂初堂書目》，凡經九類、史十八類、子十二類、集六類，今全載陶宗儀《説郛》。晁、陳、馬氏三家義例大抵同此，第尤時失之疏而三家較精密耳。晁《讀書志》、陳《書録解題》并全載馬《通考》中，持論各有可觀。

鄭漁仲《藝文略》凡十二類，一經類，九家、八十八種；二禮類，七家、五十四種；三樂類，十一種；四小學，十二種；五史類，十三家、九十種；六諸子，十一家、四十八種；七星數，三家、十五種；八五行，三十家、三十三種；九藝術，一家、十七種；十醫方，一家、二十六種；十一類書，一家、二種；十二文，三家、六十六種，共一百家，四百二十二種，一十二萬餘卷。案，鄭之析類頗極苦心，第自唐以後四部卷數相當，總之經、史、子、集而細分之，乃爲得體，今藝術等書僅數百卷亦爲一類，可乎？

馬氏《經籍考》，經、史、子、集仍分四部，經十三類，一易、二書、三詩、四禮、五春秋、六論語、七孟子、八孝經、九樂、十讖緯、十一儀注按，儀注後有謚法、十二小學；史十三類，一正史、二編年、三起居注、四雜史、五傳記、六故事、七職官、八地理、九刑法、十時令、十一譜録、十二史鈔、十三史評；子二十類，一儒家、二道家、三法家、四名家、五墨家、六縱横家、七雜家、八小説家、九農家、十天文家、十一曆算家、十二五行、十三占筮、十四刑法、十五兵書、十六醫家按，醫家後有房中、十七神仙、十八佛家、十九類書、二十雜藝；集四類，一别集、二詩集、三歌集、四總集。

陸文裕藏書目序云：余家學時喜收書，然覼覼屑屑，不能舉群有也。壯游兩都，多見載籍，然限於力，不能舉群聚也。間有殘本不售者，往往廉取之，故余之書多斷闕，闕少者或手自補綴，多者幸他日之偶完而未可知也。正德戊辰夏六月寓安福里，宿疴新起，命僮出曝，既乃次第於寓樓，數年之積與一時長老朋舊近遺歷歷在目，顧而樂焉。余四方人也，又慮放失，是故録而存之，各繫所得。儻後益焉，將以類續入焉。深識。

夫書莫尚於經，經，聖人之書也，後有作焉，凡切於經咸得附矣，故録經第一。理性之書倡於宋而盛之，然經之流亞也，故録理性第二。詁曰「經載

道，史載事」，故録史第三。書作於經史間而非經史可附者，概曰古書，故録古書第四。聖輶既逝，諸子競馳，故録諸子第五。質漸趨華而文集興焉，故録文集第六。四《詩》既删，體裁益衍，案厥世代，考高下焉，故録詩集第七。山包海匯，各適厥用，然妍媸錯焉，類書之謂也，故録類書第八。紀見聞、次時事而掌不在官，通謂之史可也，故録雜史第九。山經、地志，具險易、叙貢賦、寓王政矣，故録諸志第十。聲音之道，與天地通而禮樂所由出也，故録韻書第十一。不幼教者不懋成，不早醫者不速起，其道一也，故録小學醫藥第十二。方藝、伎術，故有成書者，孔子曰「雖小道，必有可觀者焉」，故録雜流第十三。聖作物覩，一代彰矣，宣聖從周，遵一統故也，特爲一録以次宸章、令甲，示不敢瀆云，目曰制書。陸所類書，諸家略備，惟不及二典，豈類置諸子中邪？考文裕目，雜史尚別正史，決不以二典置諸子中，或此時尚未得故也。

案，子淵之目亦以經、史、子、集爲次，而特尊本朝聖製，分門另敘，亦似合宜。但宋世理、性之書自有儒術類列於子家，諸志皆史也，雜技皆子也，韻書即經也，似不應更焉類。小學即韻類也，醫學即技類也，二者絶不相蒙，尤不應混列一塗。惜余生晚，不獲起前輩而質之，惟類書另録最當，與余《山房書目》同。子淵別録古書，不過三墳、汲冢之流，當析而附之經、史、子下，真者以作之時爲次，僞者以出之時爲次，似不必別類也。余生平好鳩集經、子，而限於力，收殘綴軼，大類子淵序中所云。文裕，貴人也，且猶若是，況余寒士哉？然良工苦心，非同好不易識也。

《陰符》之文高簡，非先秦、漢人莫能爲也；三墳之文淺陋，非晚唐、宋人莫能爲也。鄭氏以三墳列六籍之首固大可笑，諸家以《陰符》李筌出之而列於唐，則亦不詳其體矣。況《陰符》言或類兵、或類道，三墳體或類《易》、或類《書》，尤難定例。余意欲取此類及緯候等書，亢倉、鶡冠等子，總爲僞書一類，另附四部之末，亦千古經籍家一快。第前人絶無此目，恐好古之士或不免於顧惜耳。《逸周書》、《穆天子》等雖多誇誕，然文字殊古，且未嘗有所依託，自當入傳注中。《穆傳》舊列起居注中。

凡著述最忌成心，成心著於胸中則顛倒是非，雖丘山之鉅、目睫之近，有蔽不自知者。鄭漁仲平生不喜班固，其論已過，不已則訾其《古今人表》可矣，至謂其胸中全無倫類，不當取揚雄《太玄》、《法言》、《樂箴》三書總列儒家。余考固《藝文志》，雄之前劉向六十七篇，則《七略》舊目也，下注《新序》、《世説》、《説苑》、《列女傳》四家，亦不分析，固正沿其舊耳，乃以固步趨劉氏尚可，攙入《七略》所無便失之。然則向書《新序》、《説苑》子類也，《世説》、《列女》史類也，必訾其失，當歸於歆，固何與邪？

凡經籍緣起皆至簡也，而其卒歸於至繁。經解昉自毛、韓，馬融、鄭玄浸盛，至梁武《三禮質疑》一千卷極矣。編年昉自《春秋》，荀悦、袁宏浸盛，至李燾《長編》一千六十三卷極矣。世史昉自《尚書》，司馬、班固浸盛，至脱脱《宋史》五百卷極矣。寶録昉自周穆，魏、晉浸盛，至《開元起居注》三千六百八十二卷極矣。譜牒昉自《世本》，梁、唐浸盛，至王僧孺《十八州譜》七百十二卷極矣。地志昉自《山海》，陸澄、任昉浸盛，至蕭德言等五百五十五卷極矣。字學昉自《三蒼》，許慎、周研浸盛，至顔真卿《字海鏡源》三百六十五卷極矣。字法昉自《四體》晉衛恒撰，周越、袁昂浸盛，至唐文皇《晉人書蹟》一千五百一十卷極矣。方書昉自張機，葛洪、褚澄浸盛，至隋煬帝《類聚方》二千六百卷極矣。文選昉自摯虞，孔逭、虞綽浸盛，至許敬宗《文館詞林》一千卷極矣。文集昉自屈原，蕭衍、沈約浸盛，至樊宗師《總集》二百九十三卷極矣。小説昉自《燕丹》，東方朔、郭憲浸盛，至洪邁《夷堅志》四百二十卷極矣。類書昉自《皇覽》，歐陽、虞氏浸盛，至孟利貞《碧玉芳林》四千五十卷極矣。孟書《舊唐志》作四百五十爲近，今從《通志》。然《三教珠英》同時，亦一千三百也。

凡道家之書，始於周，盛於漢，極於晉、唐；凡釋氏之書，始於漢，盛於梁，極於隋、唐，而皆少殺於宋之南渡，而釋氏之教復極盛於元，道亦庶焉，至明又皆左次矣。劉歆《七略》無所謂釋氏，王儉、任昉釋典皆自爲類，阮孝緒《七録》亦另録釋、道二家，《隋志》略同，惟《新唐志》附子家末，《通考》因之。蓋以道家本列九流，釋典不宜更出。余意二藏篇帙既多，且本方外之説，分門另録似無不可，第如《唐志》、《通考》亦未爲不宜也。《舊唐書》釋典不録。

唐開元中《道藏》共三千七百四十四卷，其後殘缺，宋王欽若等刊補，洞真部六百二十卷、洞元部一千一十三卷、洞神部一百七十二卷、太真部一千四百七卷、太平部一百九十二卷、太清部五百七十六卷、正一部三百七十卷，凡四千三百五十九卷。六部三百一十一帙。

釋藏，唐開元中五千四十八卷，嗣後屢增，幾千餘卷。陸子淵謂今藏不應尚仍舊數，蓋其間或有所裒益也。然以西天經目較之，才千百之一耳。第《隋志》六千餘卷，今反數減於前，足徵釋教盛於六朝，至唐、宋間禪説勝而經典稍左次矣。二藏余所無，僅單行釋、道書數千卷，因《通考》例附子家末，子淵書目亦

似未得二書。

古今書籍盛衰絶不侔，班氏所録九流曰儒、曰道、曰墨、曰名、曰法、曰雜、曰農、曰陰陽、曰縱横、曰小説，而道家外别出神仙、房中，陰陽外别出天文、五行，縱横外别出兵家，而兵家又自分四類，蓋漢時數家極盛致然，實則一也。後世雜家及神仙、小説日繁，故神仙自與釋典并列，小説、雜家幾半九流，儒、道二家遞相增減，不失舊物，兵家漸寡，遂合於縱横，視舊不能十三，陰陽與五行、天文并合於伎術，視舊不能什七，名、法間見一二，墨遂絶矣。

神仙本道家，似不應别出，然《老》、《關》、《莊》、《列》皆譚理之書，自張道陵、寇謙之、杜光庭輩盛演其教，欲與釋藏相抗，故以柱下爲道君，又創立元始天尊而姓之曰樂，名之曰静信，亡論太始以前，即漢、秦間姓名絶少此類，蓋魏、晉、六朝假託宛然。今讀《度人》、《大洞》、《靈寶》、《太清》等經，大概規模釋氏之形骸以誕誑流俗，玄旨眇論邈如也。《道德》、《沖虚》、《南華》而外，言煉養服食，《黄庭》、《參同》足充案俎，他如稚川、貞白尚難盡信，況謙之、光庭輩邪？

爲典章經制之學者，唐杜氏、宋鄭氏、元馬氏三書皆與經、史相出入，非他類書比也。然《通典》僅唐以前，未爲詳備。《通志》殊有絶到而持論過當，力不副言。《通考》既該且覈，規模、意制足稱完書，而掛漏出入時或不免，世代遠、涉獵廣，良未易也，作者固自苦心。

鄭《藝文略》外另有圖譜一略，蓋因王儉《七志》而廣之。其論亦精到可喜，謂隋家書籍富於古今，而圖譜無所係，遂至蕩然。圖譜自難傳，非以無所係也，宋世一二尚存，今漫無可考矣。馬氏《通考》以譜録入子類，圖存者間亦係焉，似未爲不可也。

鄭漁仲誚班孟堅漢武以前盡竊司馬遷書，不以爲慚。此不足爲班病，子長於《左傳》、《國策》固有全録舊文者，要在各成厥體耳。鄭作《通志》，《禮略》全襲《通典》，《藝文略》率本《唐書》，亦以來後人之訕，第中間考索精到處，真有漢、唐議論未及者，不可誣也。

《通考》譏漁仲鈔謄杜氏原書，而唐中葉後事不復增入。案，宋初李宗諤等嘗奉旨續此書二百卷，起唐至德，止周顯德末，《通志》尚有此目，今不傳。杜、鄭、馬三書或以列典故類，然音韻、經籍等皆類書也。《通典》鄭以入類書，馬以入典故，陳同。

鄭漁仲於文史考核最精，《經籍略》後别著《校讎略》一卷，皆前人未發，後學當熟參者。然其失往往多自蹈之，如詩集類，崔曙以盛唐置之晚唐，許渾以晚唐置初唐，此例不一。又段成式《酉陽雜俎》有《玉格》一卷，所記鬼神祥異而類之譜録中，蓋以爲品玉之書；元撰《樹萱録》一卷入草木類，蓋以爲種樹之書，皆可絶倒。其過在概録前志，原文不復精核故爾。端臨《通考》雖多襲晁、陳，而持論折衷，咸自中的，間有重出或類例未精，然大體得之，篇首會萃諸録統論尤詳密可喜也。

晏子，墨之宗也，而劉氏《七略》列於儒之首；董子，儒之傑也，而鄭氏《通志》列於墨之終，皆類例之大病也。又《通志》有崔光《百國詩》四十三卷，檢光傳乃知光答李彪《百三郡國詩》，國爲一卷，《通志》書名、卷數皆誤，此或因仍前史，然光傳失考亦鄭之疏也。

鄭又有《群書會記》三十六卷，今不傳。陳振孫云：「《會記》大略世間所有之書，非必盡出其家。」余以爲或即《藝文略》草本，則宋世亦未必皆有也。如子書儒家一類，《唐志》僅存《曾子》、《子思》、《公孫尼》，而《通志》仍有《宓子》等可見。

宋王堯臣《崇文總目》今世當有傳本，余求之尚未獲。第觀黄長睿辨駁一十七條，如張萬福中唐名將，陸修静東晉高流，德山青原冢嫡、臨濟同時，皆灼灼世人覩記，《總目》至謂不詳何人。又以《文選》李善注在五臣後，其疏淺不學幾於王侍書題閣帖矣。然長睿所駁亦有可議，葛仙公道家舊稱葛玄，非稚川明甚，黄正駁之可也，乃自狐疑其説，豈二子稱謂尚未洞然邪？謂蔡融、來鵬皆唐人，見《丹陽集》，案，二子俱晚唐人，融集見《通志略》，鵬集今世尚傳，《丹陽集》殷璠所輯一十八人皆盛唐高、岑先後，編次之時二子蓋未生也，長睿書家者流，詩人譜系故非所悉。第茲僅數十條耳，餘考證碑帖甚夥，雖辨論多美，未必一一中程也。黄又謂酈炎集不當置後，余嘗閲鄭《通志》，見五代有酈炎集一卷，大謂鄭誤，然漢人集中又有酈炎三卷，或五代姓名同者不可知。又五代王仁裕有《西江集》百卷，鄭志及《通考》俱不收，見陸子淵《外集》，今仁裕所著《玉堂閒話》等又間載其詩，雖卑弱，頗自清旨，陸謂《西江集》詩萬首，古今恐無此盛，惟宋陸放翁亦然。

書之有目，體制雖同，詳厥品流，實分三種。吴、尤諸氏，但録一家之藏者也；隋、唐諸史，通志一代之有者也；《古今書録》、《群書會記》，并收往籍之遺者也。薦紳雅士鳩集以廣見聞，館閣詞臣讎校以存故實，目録之纂，例不可無。第中祕盡籠天下之書，故匪一家之力，而故家上世之傳、帳中之祕亦往往内府所無，其目可以互稽，難於偏舉。鄭氏古今并載，本屬大觀，而讀者眩於名實，代之有無、家之藏畜反不可知，然亦各有長也。

鄭氏《通志》概徵往籍，而昔人著作之旨亡所發明；馬氏《通考》獨紀存書，而異時闕逸之篇靡從考究，且自勝國而後未之及也。余自總丱之歲溺志斯途，南北

東西訪求餘二十載，經、史、子、集類次贏三萬編，誦讀滋深，犂然有會，間以暇日，會萃二書并四代《藝文》、諸家目録，以及儒先月旦、文士雌黄，續附勝國；皇朝製作，稍以己意列其指歸，析類分門，總爲一集。庶千載簡帙之廢興、百氏編摩之得失，一日可以盡其大都，而卷軸繁猥，殆至百數，尚未能脱藁云。

《二酉山房記》，王長公爲余藏書室作者，今附録此，云：余友人胡元瑞，性嗜古書籍，少從其父憲使君京師。君故宦薄，而元瑞以嗜書故，有所購訪，時時乞月俸，不給則脱婦簪珥而酬之，又不給則解衣以繼之。元瑞之橐無所不罄，而獨其載書，陸則惠子，水則米生，蓋十餘歲而盡毁其家以爲書，録其餘貲以治屋而藏焉。屋凡三楹，上固而下隆其阯使避濕，而四敞之可就日。爲庋二十又四，高皆麗棟，尺度若一。所藏之書爲部四，其四部之一曰經，爲類十三、爲家三百七十、爲卷三千六百六十；二曰史，爲類十、爲家八百二十、爲卷萬一千二百四十四；三曰子，爲類二十二、爲家一千四百五十、爲卷一萬二千四百；四曰集，爲類十四、爲家一千三百四十六、爲卷一萬五千八十，合之四萬二千三百八十四卷。元瑞自言於他無所嗜，所嗜獨書，饑以當食，渴以當飲，誦之可以當韶濩，覽之可以當夷施，憂藉以釋，忿藉以平，病藉以起色。而是三楹者無他貯，所貯亦獨書，書之外，一榻、一几、一博山、一蒲團、一筆、一研、一丹鉛之缶而已。性既畏客，客亦見畏，門屏之間剥啄都盡。亭午深夜，坐榻隱几，焚香展卷，就筆於研，取丹鉛而讎之，倦則鼓琴以抒其思，如是而已。故人黎惟敬以古隸扁其楣，曰「二酉藏書山房」，而屬余爲之記。案，古所稱小酉山上石穴中有書千卷，相傳秦人於此學，因留之，故梁湘東王文有云「訪酉陽之逸典」，見《荆州記》甚詳。一曰藏書之所，有大酉、小酉二山在楚、蜀間，今宣撫之所由名，而段成式之著書謂之《酉陽雜俎》者也。惟敬之所標，當亦云是。余因以慨夫七雄之前，蓋不惟周之藏史爲老聃之所掌者，而名山奥窟如宛委、石簣、禹穴、洞庭之類，其靈文祕檢往往有之，第既爲造物之所慳惜，而人間之蹟困於漆書、竹簡而未易廣。蓋自七雄而後，一燼於秦火，再潰於莽，三燹於卓、傕，四燬於湘東，五佚於巢，六竄於宣和，雖隨散隨聚，而周之藏史其所餘能幾何？況闤闠之淺而責之守，匹夫之力而望之致也。夫以劉向之《七略》僅三萬六千卷，任昉又減其三之一，隋之嘉則殿名爲三十七萬餘卷，而正本亦僅三萬七千而止耳，開元之際最爲極盛，至八萬卷，然亦多一時之所著，而宋崇文之目又減其大半，後之益者，積數十年而增募不過萬卷。今元瑞以匹夫之致而闤闠之守，僅十餘年而至四萬二千三百八十四卷，不亦難哉！雖然，世有勤於聚而倦於讀者，即所聚窮天下書猶亡聚也；有侈於讀而儉於辭者，即所讀窮天下書猶亡讀也。元瑞既負高世之才，竭三餘之晷，窮四部之籍，以勒成乎一家之言，上而皇帝王霸之猷、賢哲聖神之藴，下及乎九流百氏，亡所不討覈，以藏之乎名山大川，間以餘力游刃發之乎詩若文，又以紙貴乎通邑大都，不脛而馳乎四裔之内，其爲力之難，殆不啻百倍於前代之藏書者。蓋必如元瑞而後可謂之聚，如元瑞而後可謂之讀也。噫！元瑞於書，聚而讀之幾盡矣，屠龍之伎彈而世亦無所用子矣，盍亦舍而從我遊乎？玉京、人鳥，須彌之頂，有祖龍之火不能燔，而仲尼之博，姑存之弗論者，吾將發其一二以窺子焉，即二酉之藏與子讀，於二酉之所得皆糟粕矣。弇州老友王世貞撰。

又卷二七《九流緒論上》　劉向《七略》敘諸子凡十家，班氏取其有補世道者九而詘其一小説家，九流之名所自昉也。統曰諸子，所以别於六經，亦以六經所述古先哲皇大道，歷世咸備，學業源流撰諸一孔，非一偏之見、一曲之書。周室既衰，横義塞路，春秋、戰國諸子各負雋才，過絶於人而弗獲自試，於是紛紛著書，人以其言顯暴於世而九流之術興焉。其言雖歧趣殊尚，推原本始各有所承，意皆將舉其術措之家國天下，故班氏謂使遇明王折衷輔拂，悉股肱之材。非如後世文人藝士，苟依托空談，亡裨實用者也。今讀諸家之書，若儒、若墨、名法、縱横亡論，至道家習尚玄虚，蔑棄禮教，陰陽、農圃淺機僻數，人所易窺，而道則以濡弱謙下附於堯之克讓，清静恬漠合於舜之無爲，陰陽則《泰素》以五行稱黄帝，田圃則許行以并耕稱神農，當時九家者流其旨概如此。第自儒術而外以概六經，皆一偏一曲，大道弗由鈞也。班氏以儒出司徒、道出史官，未嘗不若《隋志》以出《周官》九兩曰師、曰儒也。

秦、漢前諸子，向、歆類次其繁簡固適中，以今較之，殊有不合者。夫兵書、術數、方技皆子也，當時三家至衆，殆四百餘部，而九流若儒、若雜多者不過數十編，故兵書、術伎，向、歆俱别爲一録，視《七略》幾半之，後世三家雖代有其書，而《七略》中存者十亡一二，九流則名、墨、縱横業皆澌泯，陰陽、農圃事率淺猥，而儒及雜家漸增，小説、神仙、釋梵卷以千計，敘子書者猶以昔九流概之，其類次既多遺失，如兵、刑一也，而兵不列九流；道、釋一也，而釋未入中國，皆當補。其繁簡又絶懸殊，如名、墨、縱横書傳僅三數種，今又無習之者，不當獨爲家。余竊病焉。暇日紬閲諸家，輒據所見聞參酌今古，稍以臆見更定其間，所損五，曰墨、曰名、曰法、曰陰陽、曰縱横，其説浸微、術浸滅，故總而類之於前，示弗能儒抗也；所益五，曰兵、曰術、曰技、曰道書、神仙并入。曰釋典，其徒日廣、教日蕃，故别而類之於後，示弗敢儒抗也。首吾道以彰顯大源，繼諸氏以溯洄末學，終方外以窮極異端，其家逾百，其篇溢萬，其流

仍九，附諸孟堅。於戲！後世考文之士有若阮孝緒輩，覈繁簡之衷以悉類次之當，必以余言爲隗始夫。

余所更定九流，一曰儒，二曰雜，總名、法諸家爲一，故曰雜，古雜家亦附焉。三曰兵，四曰農，五曰術，六曰藝，七曰説，八曰道，九曰釋。儒主傳統翼教而碩士名賢之訓附之，雜主飾治救偏而傍蹊末學之談附之，兵主法制、權略而縱横、占候之籍附之，農主稼穡、蠶桑而飲饌、藥餌之方附之，術主蓍龜、曆算而禽星、宅相諸技附之，藝主書計、射御而博弈、繪畫諸工附之，説主風刺箴規而浮誕怪迂之録附之，道主衝退恬愉而房中、爐火、符籙、章醮附之，釋主經典、禪觀而論宗、戒律、梵唄、機緣附之。夫上聖哲王之治亡尚六經，故首之以儒，崇大道也；異端衰世之觀咸徇一曲，故次之以雜，覈支流也；國所重在戎，故次兵以審大機；民所天在食，故次農以植大命；術雖淺數，神智工巧之規寓焉，故次術；藝雖末流，弛張遊息之務存焉，故次藝；説出稗官，其言淫詭而失實，至時用以洽見聞，有足采也，故次説；道本柱下，其言放蕩而難遵，至齊物我、達死生不可易也，故次道；釋本西方，其言荒忽而亡據，至明心性、破塵幻不可誣也，故次釋，而九流之事終焉。

祁承㸁《澹生堂藏書約·藏書訓略·鑒書》 區別品流，始於《七略》，嗣此而後，代有作者。王儉之《七志》，多本劉氏，特易詩賦爲文翰，易術數爲陰陽，易方技爲術藝，無輯略而有圖譜，及益以佛、道二書，名雖七而實九也。阮孝緒之《七録》，又本王反而加以紀傳，史書之盛，始與經子竝列矣。四部之分，實始荀勖，以甲部紀六藝、小學等書，以乙部紀諸子、兵術等書，以丙部紀史記、皇覽等書，以丁部紀詩賦、圖籍等書。然史固宜居子上，孝緒之以紀傳次經典，得矣。若歷朝正史志藝文經籍者，惟班氏規模《七略》，劉昫沿襲《隋書》，《新唐》校益《舊唐》，《宋史》多因《崇文》四庫。《隋志》簡編，雖多散佚，而類次可觀。《舊唐》之録，本朝多缺，而《新書》褒益，頗自精詳。《宋志》紊亂，元人製作，無足深求。然總之可深惜者，劉、王、荀、阮僅存其標目，竟軼其全書。即史志所載，簡編在列，然而湮軼者十九，其閒存十一於千百者，亦非尋常可得寓目，是亦畫龍之類耳。若謝客、王亮、任昉諸人，雖有纂脩，而類列不傳。如《崇文》、《四庫》、《中興》、《館閣》，即有書目，而世不易得。學者所可考覽，獨有鄭漁仲之《藝文略》十有二類，馬貴與之《經籍考》七十六卷，王伯厚之《玉海·藝文》二十八卷。原作《藝文玉海》，從零拾本乙。及焦弱侯太史《經籍志》六卷，王憲副所編續《經籍考》十二卷，鄧元錫《經籍志》一卷，此其所載，皆班班可考。然焦氏之志，國史也，是宜簡嚴，不及著書之纖悉，是矣。鄭氏《通志》，槩徵往籍，而昔人著作之旨，無所發明。王伯厚之《纂述》，大都爲應宏詞博學之用，故略存梗概，而無所折衷。且既以御製之文自爲一類，則承詔撰述，宜綴其後，而復列于別集，殊不可解。《鄧志》之議論頗詳，而書目未備。《續通考》之收羅未廣，而編輯尚淆。至于條貫燦然，始末畢具，莫精于馬氏之一書。其爲經者十三類，爲史者十三類，爲子者二十一類，爲集者四類。一一準中壘父子校書之法，撮其指意而列于下，即所據者多晁氏、陳氏之遺言，然而其編摩採輯之功，精且詳矣。余每遇嗜書之癖發不可遏，即取《通考》翻閲一過，亦覺快然，庶幾所謂過屠門而大嚼者乎。但其所載者皆當時見行之書，而古人遺軼者無從考究耳。總而言之，書有定例，而見不盡同，且亦有無敢于同者。如王伯厚以聖文冠經籍，陸文裕倣之，而焦氏亦首列制書。余以國史一代之典章，自宜尊王，而家籍一人之私藏，不妨服聖，仍以六經冠之群書，而特以文由聖翰，事關昭代者，每列于各類之首，則既不失四部之體，而亦足表尊周之心，是亦一見也。宋儒理學之言，槩收於子，似矣。然强半皆解經語也，漢之訓詁，何以列于經而獨宋儒之子乎！零拾本作子之乎。如《正蒙》、《皇極》及《程朱語録》、《近思》、《傳習》之類。余欲倣小學之例，而別類以理學，是又一見也。禮樂之從六籍，固也。但後世之所謂禮者，多儀注之類耳。叔孫通之綿蕞，其可以言經乎！且胡笳、羯鼓、教坊、雜録之類，直小説耳，槩以言樂，非淺儒之所能識也。余謂一代之禮樂，猶一代刑政，從典故儀注之後，而附之史，是亦一見也。又如《汴水滔天録》言朱温篡弒事甚悉，雖小説而實史也。如《灌畦暇語》等書，漫述前人，雖似子而實小説也，各宜從其類者也。又如《厚德録》、《自警編》、《顔氏家訓》之類，雖列於子，而實垂訓者也。余欲別纂訓爲一類，而附于小學之後，是又一見也。古之詞命，所以通上下者也。自以奏疏爲對君之體，而與書記分。夫奏疏既以列于集之外，書記何以獨混于集之中？余以爲宜倣奏疏之例，別以書記一類附文集後，是又一見也。夫類書之收于子也，不知其何故，豈以包宇宙而羅萬有乎？然而類固不可以槩言也。如《山堂考索》，六經之源委纖備詳明，是類而經者也。杜氏《通典》、馬氏《通考》、鄭氏《通志》，歷朝令甲，古今故典，實在於此，是類而史者也。又如《藝文類聚》之備載詞賦，《合璧事類》之詳引詩文，是皆類而集矣。又如一人一時，偶以見聞雜筆成書，無門類可分，無次第可據。如《野客叢談》、戴氏《鼠璞》、《夢溪筆談》、丹鉛諸録、學圃《藼蘇》、焦氏《筆乘》之類，既不同於小説，亦難目以類書，此正如王元美所謂騷與詩賦，若竹與草木，自爲一類者也。余謂宜名以雜纂，而與類書另附四部之後，是又一見也。要以一人之聞見有限，既

不能窮覽載籍，一時之意見難憑，又未必盡當古今，即不欲同矮人之觀場，亦終似盲者之説日。爾輩能知品別甚難，博詢大方，參考同異，使井井不謬於前人，亦聚書一快事也。

已上五則，雖總歸識鑒，而別品類爲難，別品類于史則尤難。蓋正史之外有偏記，有小録，有逸事，有瑣言，有郡書，有家史，有別傳，有雜記，有地理，有都邑簿。如陸賈之《楚漢春秋》，樂資之《山陽載記》，王韶之《晉安陸紀》，姚梁之《後略》，是謂偏記。戴逵之《竹林名士》，王粲之《漢末英雄》，蕭世誠之《懷舊志》，盧志行之《知己傳》，是謂小録。乃有好奇之士，樂爲補亡，如和嶠《汲冢記年》，葛洪《西京雜記》，顧協《瑣語》，謝綽《拾遺》，此之謂逸事。又如劉義慶之《世説》，裴榮期之《語林》，孔思商之《語録》，陽松玠之《談藪》，此之謂瑣言。若夫鄉人學士之所編記，如圈稱之《陳留耆舊》，周斐之《汝南先賢》，陳壽之《益都耆舊》，虞預之《會稽典録》，此之謂郡書。如揚雄《家譜》，殷敬《世傳》，孫氏《譜記》，陸氏《宗系曆》，此皆出其子孫，以顯先烈，所謂家史者也。如劉向之録《列女》，梁鴻之録《逸民》，趙採之録《忠臣》，採，零拾本作「采」。徐廣之録《孝子》，此皆博採前史，稍加新言，所謂別傳者也。若《志怪》之述於祖台之，《搜神》之著於干寶，劉義慶之《幽明》，劉敬叔之《異苑》，皆屬雜記。若盛弘之記《荆州》，常璩之志《華陽》，辛氏《三秦》，羅含《湘中》，皆地里之書也。里，零拾本作「理」。潘岳《關中》，陸機《洛陽》，《三輔黄圖》，《建業宮殿》，皆都邑之簿也。夫偏記小録，大抵筆時事于見聞，恒多實録，然詞旨不文，而事無倫次，則其短也。逸事皆前史之所遺，非不可補撰述之未備，然事取奇異，而語多搆虚，則不足憑也。瑣言以莞爾之塵談，每不乏穀然之孤史，然而至於褻狎鄙猥，出自牀第，則有傷于風教矣。郡書行于一方，家史行于一家，易世之後，便多湮没。別傳可以興弔古之思，雜記足以新耳目之玩，然而摭實行于古人，杜末流之好怪，則君子惟正史之取裁耳。地里之述風物于一時，里，零拾本作「理」。都邑之備制度于前代，雖史之不可闕者，而欲其言皆雅正，事無侈張，則古今不多見焉。夫史之流派，類約十端，而類之支分，更且千百，故曰別品類于史則尤難也。余是以取陸文裕《流品》之論，存其梗槩，而并示以鑒書之所急焉。

章學誠《校讎通義》卷一《宗劉第二》 《七略》之流而爲四部，如篆隸之流而爲行楷，皆勢之所不容已者也。史部日繁，不能悉隸以《春秋》家學，四部之不能返《七略》者一。名墨諸家，後世不復有其支別，四部之不能返《七略》者二。文集熾盛，不能定百家九流之名目，四部之不能返《七略》者三。鈔輯之體，既非叢書，又非類書，四部之不能返《七略》者四。評點詩文，亦有似別集而實非別集，似總集而又非總集者，四部之不能返《七略》者五。凡一切古無今有、古有今無之書，其勢判如霄壤，又安得執《七略》之成法以部次近日之文章乎？然家法不明，著作之所以日下也；部次不精，學術之所以日散也。就四部之成法，而能討論流別，以使之恍然於古人官師合一之故，則文章之病，可以稍救，而《七略》之要旨，其亦可以有補於古人矣。二十三史，皆《春秋》家學也。本紀爲經，而志、表、傳録，亦如《左氏傳》例之與爲終始發明耳。故劉歆次《太史公》百三十篇於《春秋》之後，而班固《敘例》亦云「作《春秋考紀》十二篇」，明乎其繼《春秋》而作也。他如儀注乃《儀禮》之支流，職官乃《周官》之族屬，則史而經矣；譜牒通於曆數，紀傳合乎小説，則史而子矣。凡此類者，即於史部敍録申明其旨，可使六藝不爲虚器，而諸子得其統宗，則《春秋》家學，雖謂今日不泯可也。名家者流，後世不傳，得辨名正物之意，則顔氏《匡謬》、邱氏《兼明》之類，經解中有名家矣。墨家者流，自漢無傳，得尚儉兼愛之意，則老氏貴嗇、釋氏普度之類，二氏中有墨家矣。討論作述宗旨，不可不知其流別者也。漢魏六朝著述，略有專門之意，至唐宋詩文之集，則浩如烟海矣。今即世俗所謂唐宋大家之集論之：如韓愈之儒家，柳宗元之名家，蘇洵之兵家，蘇軾之縱横家，王安石之法家，皆以生平所得見於文字，旨無旁出，即古人之所以自成一子者也。其體既謂之集，自不得强列以諸子部次矣。因集部之目録而推論其要旨，以見古人所謂言有物而行有恒者，編於著録之下，則一切無實之華言，牽率之文集，亦可因是而治之，庶幾辨章學術之一端矣。類書自不可稱爲一子，隋唐以來之編次皆非也。然類書之體亦有二：其有源委者如《文獻通考》之類，當附史部故事之後；其無源委者如《藝文類聚》之類，當附集部總集之後，總不得與子部相混淆。或擇其近似者，附其説於雜家之後可矣。鈔書始於葛稚川。然其體未雜，後人易識別也。唐後史家無專門別識，鈔撮前人史籍，不能自擅名家，故《宋志藝文》史部，創爲史鈔一條，亦不得已也。嗣後學術日趨苟簡，無論治經業史，皆有簡約鈔撮之工。其始不過便一時之記憶，初非有意留青。後乃父子授受，師弟傳習，流別既廣，巧法滋多。其書既不能悉畀丙丁，惟有强編甲乙，弊至近日流傳之殘本《説郛》而極矣。其書有經有史，其文或墨或儒，若還其部次，則篇目不全；若自爲一書，則義類難附。凡若此者，當自立書鈔名目，附之史鈔之後可矣。則有評無點，且自出心裁，發揮道妙。又且離詩與文而別自爲書，信哉其能成一家言矣！自學者因陋就簡，即古人之詩文而漫爲點識批評，庶幾便於揣摩誦習。而後人嗣起，囿

於見聞，不能自具心裁，深窺古人全體、作者精微，以致相習成風，幾忘其爲尚有本書者，末流之弊，至此極矣！然其書具在，亦不得而盡廢之也。且如《史記》百三十篇，正史已登於録矣；明茅坤、歸有光輩，復加點識批評，是所重不在百三十篇而在點識批評矣，豈可復歸正史類乎？謝枋得之《檀弓》，蘇洵之《孟子》，孫鑛之《毛詩》，豈可復歸經部乎？凡若此者，皆是論文之末流，品藻之下乘，豈復有通經習史之意乎？編書至此，不必更問經史部次，子集偏全，約略篇章，附於文史評之下，庶乎不失論辨流别之義耳。凡四部之所以不能復《七略》者，不出以上所云；然則四部之與《七略》，亦勢之不容兩立者也。《七略》之古法終不可復，而四部之體質又不可改，則四部之中，附以辨章流别之義，以見文字之必有源委，亦治書之要法。而鄭樵顧删去《崇文》叙録，乃使觀者如閲甲乙簿注，而更不識其討論流别之義焉，烏乎可哉！

又《互著第三》 古人著録，不徒爲甲乙部次計。如徒爲甲乙部次計，則一掌故令史足矣，何用父子世業，閲年二紀，僅乃卒業乎？蓋部次流别，申明大道，敘列九流百氏之學，使之繩貫珠聯，無少缺逸，欲人即類求書，因書究學。至理有互通，書有兩用者，未嘗不兼收並載，初不以重複爲嫌，其於甲乙部次之下，但加互注，以便稽檢而已。古人最重家學，敘列一家之書，凡有涉此一家之學者，無不窮源至委，竟其流别，所謂著作之標準，群言之折衷也。如避重複而不載，則一書本有兩用而僅登一録，於本書之體既有所不全；一家本有是書而缺而不載，於一家之學亦有所不備矣。劉歆《七略》亡矣，其義例之可見者，班固《藝文志》注而已。班固自注，非顔注也。《七略》於兵書權謀家有伊尹、太公、管子、荀卿子、《漢書》作孫卿子。鶡冠子、蘇子、蒯通、陸賈、淮南王九家之書，而儒家復有荀卿子、陸賈二家之書，道家復有伊尹、太公、管子、鶡冠子四家之書，縱横家復有蘇子、蒯通二家之書，雜家復有淮南王一家之書；兵書技巧家有墨子，而墨家復有墨子之書。惜此外之重複互見者，不盡見於著録，容有散逸失傳之文。然即此之十家一書兩載，則古人之申明流别，獨重家學，而不避重複著録明矣。自班固併省部次，而後人不復知有家法，乃始以著録之業，專爲甲乙部次之需爾。鄭樵能譏班固之胸無倫次，而不能申明劉氏之家法，以故《校讎》一略，工訶古人而拙於自用，即矛陷盾，樵又無詞以自解也。著録之創爲《金石》、《圖譜》二略，與《藝文》並列而爲三，自鄭樵始也。就三略而論之，如《藝文》經部有《三字石經》、《一字石經》、《今字石經易篆》、《（今字）石經鄭玄尚書》之屬，凡若干種，而《金石略》中無石經，豈可特著《金石》一略而無石經乎？諸經史部内所收圖譜，與《圖譜略》中互相出入，全無倫次，以謂鉅編鴻製，不免牴牾，抑亦可矣；如《藝文傳記》中之祥異一條，所有《地動圖》、《瑞應翎毛圖》之類，名士一條之《文翁學堂圖》，忠烈一條之《忠烈圖》等類，俱詳載《藝文》而不入《圖譜》，此何説也？蓋不知重複互注之法，則遇兩歧牽掣之處，自不覺其牴牾錯雜，百弊叢生，非特不能希蹤古人，即僅求寡過，亦已難矣！若就書之易淆者言之：經部易家與子部之五行陰陽家相出入；樂家與集部之樂府、子部之藝術相出入；小學家之書法與金石之法帖相出入；史部之職官與故事相出入；譜牒與傳記相出入；故事與集部之詔誥奏議相出入；集部之詞曲與史部之小説相出入；子部之儒家與經部之經解相出入；史部之食貨與子部之農家相出入；非特如鄭樵之所謂傳記、雜家、小説、雜史、故事五類，與詩話、文史之二類易相紊亂已也。若就書之相資者而論：《爾雅》與本草之書相資爲用；地理與兵家之書相資爲用；譜牒與曆律之書相資爲用；不特如鄭樵之所謂性命之書求之道家，小學之書求之釋家，《周易》藏於卜筮，《洪範》藏於五行已也。書之易混者，非重複互注之法，無以免後學之牴牾；書之相資者，非重複互注之法，無以究古人之源委。一隅三反，其類蓋亦廣矣。别類敘書，如列人爲傳，重在義類，不重名目也。班、馬列傳家法，人事有兩關者則詳略互載之。如子貢在《仲尼弟子》爲正傳，其入《貨殖》則互見也；《儒林傳》之董仲舒、王吉、韋賢，既次於經師之篇，而别有專傳，蓋以事義標篇，人名離合其閒，取其發明而已。部次群書，標目之下，亦不可使其類有所闕，故詳略互載，使後人溯家學者可以求之無弗得，以是爲著録之義而已。自列傳互詳之旨不顯，而著録亦無復有互注之條，以至《元史》之一人兩傳，諸史《藝文志》之一書兩出，則弊固有所開也。

又卷四《史考釋例》 著録之書，肇自劉氏《七略》，班氏因之而述《藝文》，自是荀《簿》、阮《録》、隋《籍》、唐《藝》，公私迭有撰記，不可更僕數矣！其因著録而爲考訂，則劉向《别録》以下未有繼者。宋晁氏公武、陳氏振孫始有專書，而馬氏《文獻通考》遂因之以著《經籍》，學者便之。然皆據所存書加詳悉耳，至於專門考求，無論書之存亡，但有見於古今著録，或群書所稱引，苟有名目著見，無不收録考次，博綜貫串，勒爲一家，則古人所無，實創始於朱氏彝尊《經義存亡考》也。《經義考》之原名也，乃朱氏著書本旨。今《史考》一依《經考》起義，蓋亦創始之書也。凡創始者功倍而效不能全，朱氏《經考》後人往往究其未至，其前車也；況《史考》又倍難於經，雖黽勉加功，而牴牾疏漏，良亦不敢自保。然明知創始之難，不敢避難而務爲

之，則以經經必須史緯，著述之林，實爲不可不補之缺典也。讀者諒其難而有以益其所未盡，幸矣！

考訂與著録事雖相貫，而用力不同。著録貴明類例，求於書之面目者也；考訂貴詳端委，求於書之精要者也。就劉氏父子之業而論，世人但知其《經籍》、《藝文》所祖而已，不知劉歆部次《七略》爲漢、隋諸志所祖，而世有其傳耳；至劉向所爲「條其篇目，撮其旨意，録而奏上」之言，劉歆部《七略》時所稱爲《别録》者，乃考訂群書之鼻祖，而後世鮮有述焉者也。觀於經禮諸記，孔《疏》所引《鄭氏目録》，與劉向不同，則同一治經而各爲目録，即各有家法，非考訂不爲功也。觀於唐人《十三代史目》，而宗諫略止三卷，殷仲茂詳至十卷，則同一考史而各爲著録，即各成學業也。是知考訂與著録之功，似同而異，學者混於一例而不能析也。鄭樵《通志》雖疏，其論《校讎》之例甚精，然猶不能分别兩家之同異，故其論書有「名亡實不亡」，曰：「《三禮目録》雖亡可取諸《三禮》，《十三代史目》雖亡可取諸《十三代史》。」噫！孔《疏》明著劉、鄭禮目不同，《唐志》明著宗、殷卷次不合，正著録諸家各有考訂之明證，而樵乃但欲取諸本書，便可謂目録耶？是故明乎向、歆術業之異同，而後知考訂與著録之難易；知考訂之難於著録，而後知朱氏創爲存亡兼考，是益爲其難；知經部之兼考存亡已爲其難，則知史籍之存亡大倍於《經考》之難矣！

古無史學，其以史見長者，大抵深於《春秋》者也。陸賈、史遷諸書，劉、班部於《春秋》家學，得其本矣。古人書簡而例約，雖治史者之法《春秋》，猶未若後世治經學者之説《春秋》繁而不可勝也。故《春秋》之義行，而名史皆能自得於不言之表焉。馬、班、陳氏不作而史學衰，於是史書有專部；而所部之書轉有不盡出於史學者矣。蓋學術歧而人事亦異於古，固江河之勢也。史離經而子集又自爲部次，於是史於群籍畫分三隅之一焉，此其言乎統合爲著録也。若專門考訂爲一家書，則史部所通，不可拘於三隅之一也；史不拘三隅之一，固爲類例之所通，然由其類例深思相通之故，亦可隱識古人未至史部之初意焉。蓋史有《律憲志》，而卦氣通於律憲，則《易》之支流通於史矣。史有《藝文志》，而詩書篇序爲校讎目録所宗，則《詩》、《書》支流通於史矣。《禹貢》天文、《洪範》五行、《雅》《頌》入樂，姑勿具論。史有《職官志》而《周官》可通；有《禮儀志》而《禮》、《樂》二經可通。後儒攻《春秋》於講義者不通於史，若《春秋》地理國名之考，長曆災變之推，世族卿聯之譜，則天文、地理、五行、譜牒何非史部之所通乎？故六經流别，爲史部所不得不收者也。

自夫子有知我罪我之言，明《春秋》之所作，而戰國諸子遂以《春秋》爲著書獨斷之總名，不必盡拘於編年紀月，而命名亦曰《春秋》，此載籍之一大變也。然年月縱不可拘，而獨斷必憑事實，於是亦自摭其所見、所聞、所傳聞者筆之於書，若史遷所敘，鐸椒、虞卿、吕不韋之所撰述，雖曰諸子家言，實亦史之流别矣。又如隋唐而後，子部列有類家，而會要典故之書，其例實通於史；法家子部之有律令史部。兵家子部。之有武備史部。説家即小説家。亦隸於子部之有聞見史部。譜録古人所無。《遂初堂書目》所創，亦隸於子部。之有名數史部。是子庫之通於史者什之九也。

文集仿於東京，至魏晉而漸廣，至今則浩如煙海矣！然自唐以前，子史著述專家，故立言入子與記事入史之文不入於集，辭章詩賦所以擅集之稱也。自唐以後，子不專家而文集有論議，史不專家而文集有傳記，亦著述之一大變也。彼雖自命曰文，而君子以爲是即集中之史矣。指傳記言。況内制外制，王言通於典謨；表狀章疏，藎臣亦希訓誥，是别集之通乎史矣。至於總集，尤爲同苔異岑。人知漢晉《樂志》分别郊廟房中，而不知《樂府》之集實備諸志之全；人知金石著録創於歐、趙諸目，而不知梁、元《碑集》已爲宋賢開創，是則集部之書又與史家互出入也。

蓋史庫畫三之一，而三家多與史相通，混而合之則不清，拘而守之則已隘；是則抉擇去取，不無搔首苦心，《史考》之牽連，不如《經考》之截然劃界也。自隋唐諸志，分别史爲四庫之乙，其大綱矣。史部條目，如正史、編年、職官、儀注之屬，少者不過十一二門隋唐，多者不過十七八門，焦氏《經籍志》、黄氏《千頃堂》。蓋爲四分之一，大略不過如此，非爲簡也。今既擴充類例，上援甲而下合丙丁，則區區專門舊目，勢不足以窮其變也。是則創條發例，今分十二綱，析五十七目。不無損益折衷。畢宫保原稿分一百十二子目，以其太繁，今爲併省。《史考》之裁制，不如《經考》之依經爲部，不勞分合也。

制書弁首，冠履之義也。朱氏《經考》蓋分御制、敕撰，今用其例。史宬金匱之藏，外廷無由得窺，史部不同經籍者也。一以欽定《四庫》書入史部者爲主；不見於《四庫》著録，不敢登也。入《四庫》之著録而不隸於史部者，亦不敢登，義取於專部也。不敢妄分類例，謹照書成年月，先後恭編，猶史之本紀，所以致謹嚴之意。仍注《四庫》部次於下，所從受也。

古史必先編年，而今以紀傳首編年者，編年自馬、班而下，《隋志》即以紀傳爲正史，而編年則稱爲古史矣。其實馬、班皆法《春秋》，命其本紀謂之《春秋考紀》，而著録家未之察也。《唐志》知編年之書後世亦未嘗絶，故改《隋志》古史之稱而直題爲編年類，事理固得其實，然未盡也。《隋志》題古史，猶示編年之體之本爲正

也。《唐志》以紀傳爲正史，而直以編年爲編年，乃是别出編年爲非正史矣。是以宋人論史，乃惜孫盛、鑿齒之倫不爲正史，幾於名實爲倒置也。夫劉氏二體以班荀爲不祧之祖，紀傳、編年，古人未有軒輊焉。自唐以後，皆沿《唐志》之稱，於義實爲未安，故《史考》以紀傳、編年分部，示平等也。不以正史與編年對待，則平等矣。

或問紀傳、編年同列，是矣，何紀傳之中又立正史子目耶？答曰：此功令也。自史氏專官失傳而家自爲學，後漢、六朝，一代必有數家之史是也。同一朝代，同一紀傳，而家學殊焉。此史學之初變也。然諸家林立，皆稱正史，其傳久與否，存乎人之精力所至，抑或有數存焉。自唐立史科，而取前史定著爲十三家，則史頒學校而爲功令所範圍，益爲十四而不能，損爲十二而不可矣。故家自爲學之風息，而一代之興，必集衆以修前代之史，則史學之再變也。自是之後，紀傳之史皆稱功令。宋人之《十七史》，明人之《二十一史》，草野不敢議增減也。故《史考》於紀傳家史，自唐以前，雖一代數家，皆歸正史；自唐以後，雖間有紀傳之書，亦歸别史子目而隸雜史焉。雖蕭常、郝經之《後漢書》，義例未嘗不正，而必以陳壽爲正史，不敢更列蕭郝者，其道然也。

正史一門，畢宫保原稿但稱紀傳，而紀傳中又分通史、《史記》是也，又附入梁武《通史》、鄭樵《通志》，今應改入别史。斷代、班范以下是也。集史、南北史是也。國别，《三國志》是也。不免繁碎。今以學校頒分二十四史爲主，題爲正史，應將原稿改正。而馮商、褚少孫、班叔皮諸家之續《史記》者，附《史記》後；華嶠、謝承、袁山松諸家之《後漢書》，與范氏《後漢書》依先後時代編次；何法盛、謝靈運、臧榮緒諸家之《晉書》，與唐太宗御撰《晉書》依先後時代編次。六朝諸史皆仿此。蓋書傳有幸有不幸，其初皆正史故也，魏吴諸書之於陳《志》亦然。若唐宋以後，正史自有一定，無出入矣。國史從無流傳之書，而史志著録與諸書所稱引者，歷有可考，要以後漢班固與陳宗、尹敏諸人修《世祖紀》與《新市平林諸傳載紀》爲最顯著。自後依代編纂，與編年部之實録、記注，可以參互，皆本朝臣子修現行事例也。

史稿向不著録，今從諸書記載采取而成，乃屬創始之事，若無憑籍，尚恐不免遺漏，蓋前人於此皆不經意故也。但古人作史，專門名家，史成不問稿也。自東觀集衆修書而後，同局之中，人才優劣敏鈍，判若天淵；一書之中，利病雜見，若不考求草稿所出，則功罪誰分？竊謂集衆修書，必當記其分曹授簡，且詳識其草創潤色，别爲一編，附於本書之後，則史官知所激勸，今之搜輯史稿，正欲使觀者感興也。但宋、元以來，文史浩繁，耳目恐有未周，姑立此門。以爲權輿。如有好學專搜此事，自爲一書，亦佳事也。

編年之中，原分實録、記注二門，今以日曆、時政、聖政等記均合於實録，而以記注標部。蓋此等皆是史宬備削稿資，例不頒行於外，於義得相合爲部次也。若專記一事，則當入傳記部之記事門；若特加纂録，如《貞觀政要》之類。則入雜史。

編年之書出於《春秋》，本正史也。乃馬、班之學盛，而史志著録皆不以編年爲正史。然如荀悦、袁宏以後，魏晉即有《春秋》，六朝往往繼出，自應入於編年。但其書不盡傳，如《隋志》所標古史、雜史，其中多編年書，不知盡屬編年否也？今以義例可推者，入於編年斷代之下；其著録不甚分别而義例不可强推者，概入於雜史云。

圖表專家，年曆經緯，便於稽考世代之用，故亦附編年爲部。其年號之書，無類可歸，雖非圖表，亦以義例而類附焉。

古人史學，口授心傳，而無成書；其有成書，即其所著之史是也。馬遷父子再世，班固兄妹三修，當顯肅之際，人文蔚然盛矣；而班固既卒，《漢書》未成，豈舉朝之士不能贊襄漢業，而必使其女弟曹昭就東觀而成之，抑何故哉？正以專門家學，書不盡言，言不盡意，必須口耳傳授，非筆墨所能罄，馬遷所謂藏名山而傳之必於其人者也。自史學亡而始有史學之名。蓋史之家法失傳，而後人攻取前人之史以爲學，異乎古人以學著爲史也。史學之書，附於本史之後，其合諸史或一二家之史以爲學者，别爲史學之部焉耳。

史學專部，分爲考訂、刊誤之類義例、《史通》之類。評論、《管見》之類。蒙求鑑略之類。四門，自應各爲次第。若專攻一書之史學，已附入本書後者，不復分類，但照時代後先，編入本門部次，足矣。

雜史一門，原分外紀、《軒轅本紀》之類。别裁、《路史》、《繹史》之類。史纂、自爲門類，如《十七史纂》、《宋史新編》、《宏簡録》之類。史鈔、隨文删節，如《史記節要》之類。政治、如《貞觀政要》之類。本末、紀事本末、《北盟會編》、《宏簡録》之類。國别、《國語》、《國策》、《十六國春秋》之類。共爲七門。今恐瓜析太過，轉滋紛擾，合併雜史一門，較爲包括；而原分名目，仍標其説於部目之下，則覽者不致訝其不倫。

割據與霸國之書，初分二門，今合爲一，亦謂如《越絶書》、《吴越春秋》，下至南唐諸家皆是也。惟《華陽國志》、《隋志》入於霸史，後人多仍其目，或入地理。按此書上起魚鳧蠶叢，中包漢中、公孫述、二劉、蜀漢，下及李氏父子，非爲一國紀載，又非地志圖經，入於霸國固非，而入於地理尤非，斯乃雜史支流限於方隅者耳，如《建

康實録》、《滇載記》、《炎徼紀聞》，皆是選也。此例前人未開，緣種類無多，均强附霸史或地記耳。今創斯條，將後有類此者，可准例焉。故名雜史方記。暗分子目，與地理志方隅之記，名同而實異也。

星曆四門：天文記天象，非關推步；曆律記曆制，非關算術；五行記災祥，非關占候；時令記授時政令，非爲景物，此則《史考》當收之義，不然則混於術數諸家矣。但嫌介疑似，亦有在術數與史例之間者，姑量取之，寧稍寬，無缺漏也。此等著録，部目多在子家；而史家志篇目，實不能闕，可以識互通之義矣。

譜牒有專家，總類之不同，專則一家之書，總則彙萃之書，而家傳、家訓、內訓、家範、家禮皆附入專譜門中，以其行於家者然也。但自宋以來有鄉約之書，名似爲一鄉設，其實皆推家範、家禮之意，欲一切鄉黨爲之效法，非專爲所居之鄉設也。施縱可偏天下，語實出於一家，既不可上附國典，又不可下入方志，故附之也。

譜學古人所重，世家鉅族，國家所與爲休戚者也。封建罷而門第流品之法又不行，故後世之譜學輕；如謂後世不須譜學，則幾於汩彝倫矣。律令：人户以籍爲定，良賤不相婚姻。何嘗無流品哉？廕襲任子雖不通行，而科第崛起之中，亦有名門鉅族，簪纓世胄，爲國家所休戚者皆運數也。但禮不下於庶人，原不能盡取齊民户籍入《史考》也。且其書不掌於官，僅能耳目聞見，載籍論次之所及，而於源委實有所考者，則編次之。耳目未周，不能偏及也。

地理門類極廣，畢宮保原稿爲二十二門，分：荒遠、總載、沿革、形勢、水道、都邑、方隅、方言、宫苑、古蹟、書院、道場、陵墓、寺觀、山川、名勝、圖經、行程、雜記、邊徼、外裔、風物二十有二，不免繁碎。今暗分子目，統於五條之下，一曰總載、二曰分載、三曰方志、四曰水道、五曰外裔。其暗分子目，以類相從，觀者可自得也。

方志自前明以來，猥濫已甚，與齊民家譜，同一不可攬擷。今亦取其著録有徵，及載籍論次所及，則編次之；其餘不勝録也。

水道之書與地志等，但記自然沿革者方入地理。其治河、導江、漕渠、水利等類施人力者，概入於故事部工書條下。

外國自有專書，如《高麗圖經》、《安南志》之專部，《職貢圖》、《北荒君長録》之總載，則入地理外裔之部；如《奉使琉球録》及《星槎勝覽》，凡册使自記行事者，雖間及外國見聞，而其意究以記行爲重，則皆入傳記部中記事條下。

故事原分一十六門，今併合爲十門。出君上者爲訓典，臣下者爲章奏，統該一切制度者爲典要。專門制度之書，則分吏、户、禮、兵、刑、工六科，其例最爲明顯，而其嫌介疑似之跡，無門不與傳記相混。其詳辨見傳記。惟確守現行者爲故事，規於事前與誌於事後爲傳記，則判然矣。官曹次於六書之後，亦故事之書也，名似與吏書相近，而其實亦易辨。吏書所部，乃銓敍官人，申明職守之書；官曹乃即其官守而備盡一官之掌故也。古者官守其法，法具於書，天下本無私門，故無著録之事也。官私分而著述盛，於是設官校録而部次之，今之著録皆從此起也。官曹之書，則猶有守官述職之意，故以是殿六曹之後焉。

目録一門，不過簿録名目之書，原無深義，而充類以求，則亦浩汗難罄。合而爲七略四部，分而爲經史百家，副而爲釋道二藏，其易言耶？且如詩文之目，則有摯虞之《文章志》；鍾嶸之《詩品》，亦目録也。而《詩話》、《文心》，凡涉論文之事，皆如《詩》、《書》小序之例，與《詩》、《書》相爲發明，則亦當收矣。圖書之目，則《書評》、《畫鑒》得以入之；金石之目，則《博古》、《琳瑯》諸籍得以入之。故曰學問貴知類，知類而又能充之，無往而不得其義也。

傳記門目，自來最易繁雜，其志創於《隋志》雜傳，而《隋志》部次，已甚混淆。蓋非專門正史，與編年紀傳顯然有别者，凡有記載，皆可混稱傳記。著録苟無精鑒，則一切無類可歸者，皆恃傳記爲龍蛇沮也。畢宮保原稿本分傳記子目一十有七，斟酌增減，定著十門，亦不得已也。

小説始於《漢志》，今存什一，而委巷叢脞之書，大雅所不屑道。《續文獻通考》載元人《水滸演義》，未爲無意，而通人鄙之，以此諸家著録多不收稗乘也。今亦取其前人所著録而差近雅馴者，分爲瑣語、異聞兩目，以示不廢芻蕘之意。

朱氏《經考》體例，先分四柱，今仍用之。首著書名，名下注其人名，次行列其著録卷數，三行判其「存」、「佚」及「闕」與「未見」也。惟著録卷數，間有不注所出，今則必標出處，視朱爲稍密矣。如漢、隋、唐志並有，則以最先之書著録；其兩三史志並有而篇卷不同者，則著其可徵之數，而以他録同異注其下；或史志及官私著録所無而旁。見他書記載者，必著其説於下曰：「見某書，不著録。」又有見於他書所稱述而并無其篇卷者，則必著「無篇目」字，此朱氏未有之例也。所以明其信而有徵也。或全書之中，摘取數篇，别有當署之名目，如歐、蘇等集内之外制及奏疏，又如歐集内之《歸田録》，韓集内之《順宗實録》。則必著現在某書。如但於文集傳誌類中敍其人生平著有某書，而他著録所無，則必著云「見某篇所引」。惟近代人，其書現存而未著録者，始用朱氏不載出處之例。朱氏引書皆現存者。惟阮孝緒《七録》已佚，而僅見於《隋・經籍志》注文稱「梁有某某書，卷若干」者，朱氏皆直書《七録》，一似

《七録》至今存者，引古之例，似有未合。然據法應著「《隋志》注引《七録》文」云云，方合於例。而其文繁累無取，且此事本亦人所共知，朱氏不爲欺人，是以今仍其例。

存佚必實見而著「存」，知其必不復存而著「佚」，然亦有未經目見而見者稱述其書，確鑿可信，則亦判「存」。又有其書久不著録，而言者有徵，則判「未見」。如《後漢》謝承之書，宋後不復録，而傅山謂其家有藏本，曾據以考《曹全碑》，雖琴川毛氏疑之，然未可全以爲非，則亦判爲「未見」，所以志矜慎也。又如古書已亡，或叢書刻其畸篇殘帙，本非完物，則核其著録而判「闕」；亦有其書情理必當尚存，而實無的據，則亦判爲「未見」。他皆仿此。

此書爲鎮洋贈宫保畢公所創稿，遺編敗麓，斷亂無緒。予既爲朱氏補《經考》，因思廣朱之義，久有斯志。聞宫保既已爲之，故輟筆以俟觀厥成焉。及宫保下世，遺緒未竟，實爲藝林缺典。因就其家訪得殘餘，重訂凡例，半藉原文，增加潤飾，爲成其志，不敢掩前人創始之勤也。

雜録

《周禮・天官冢宰》 大宰之職，掌建邦之六典，以佐王治邦國：一曰治典，以經邦國，以治官府，以紀萬民；二曰教典，以安邦國，以教官府，以擾萬民；三曰禮典，以和邦國，以統百官，以諧萬民；四曰政典，以平邦國，以正百官，以均萬民；五曰刑典，以詰邦國，以刑百官，以糾萬民；六曰事典，以富邦國，以任百官，以生萬民。

又《春官宗伯》 大史掌建邦之六典，以逆邦國之治，掌灋以逆官府之治，掌則以逆都鄙之治。【略】小史掌邦國之志，奠繫世，辨昭穆。若有事，則詔王之忌諱。【略】内史掌王之八枋之灋，以詔王治。【略】外史掌書外令，掌四方之志，掌三皇五帝之書。

《左傳・昭公三年》 王出，復語。左史倚相趨過。王曰：「是良史也，子善視之。是能讀《三墳》、《五典》、《八索》、《九丘》。」

又《哀公三年》 夏五月辛卯，司鐸火。火踰公宫，桓、僖災。救火者皆曰：「顧府。」南宫敬叔至，命周人出御書，俟於宫，曰：「庀女而不在，死。」子服景伯至，命宰人出禮書，以待命，命不共，有常刑。

《論語・先進》 德行：顔淵，閔子騫，冉伯牛，仲弓。言語：宰我，子貢。政事：冉有，季路。文學：子游，子夏。

《孟子・盡心下》 孟子曰：「逃墨必歸於楊，逃楊必歸於儒。歸，斯受之而已矣。今之與楊、墨辯者，如追放豚，既入其苙，又從而招之。」

《史記・太史公自序》 太史公學天官於唐都，受《易》於楊何，習道論於黄子。太史公仕於建元元封之閒，愍學者之不達其意而師悖，乃論六家之要指曰：

《易大傳》：「天下一致而百慮，同歸而殊塗。」夫陰陽、儒、墨、名、法、道德，此務爲治者也，直所從言之異路，有省不省耳。嘗竊觀陰陽之術，大祥而衆忌諱，使人拘而多所畏；然其序四時之大順，不可失也。儒者博而寡要，勞而少功，是以其事難盡從；然其序君臣父子之禮，列夫婦長幼之别，不可易也。墨者儉而難遵，是以其事不可偏循；然其彊本節用，不可廢也。法家嚴而少恩；然其正君臣上下之分，不可改矣。名家使人儉而善失真；然其正名實，不可不察也。道家使人精神專一，動合無形，贍足萬物。其爲術也，因陰陽之大順，采儒墨之善，撮名法之要，與時遷移，應物變化，立俗施事，無所不宜，指約而易操，事少而功多。儒者則不然。以爲人主天下之儀表也，主倡而臣和，主先而臣隨。如此則主勞而臣逸。至於大道之要，去健羡，絀聰明，釋此而任術。夫神大用則竭，形大勞則敝。形神騷動，欲與天地長久，非所聞也。

夫陰陽四時、八位、十二度、二十四節各有教令，順之者昌，逆之者不死則亡。未必然也，故曰「使人拘而多畏」。夫春生夏長，秋收冬藏，此天道之大經也，弗順則無以爲天下綱紀，故曰「四時之大順，不可失也」。

夫儒者以《六藝》爲法。《六藝》經傳以千萬數，累世不能通其學，當年不能究其禮，故曰「博而寡要，勞而少功」。若夫列君臣父子之禮，序夫婦長幼之别，雖百家弗能易也。

墨者亦尚堯舜道，言其德行曰：「堂高三尺，土階三等，茅茨不翦，采椽不刮。食土簋，啜土刑，糲粱之食，藜藿之羹。夏日葛衣，冬日鹿裘。」其送死，桐棺三寸，舉音不盡其哀。教喪禮，必以此爲萬民之率。使天下法若此，則尊卑無别也。夫世異時移，事業不必同，故曰「儉而難遵」。要曰彊本節用，則人給家足之道也。此墨子之所長，雖百家弗能廢也。

法家不別親疏，不殊貴賤，一斷於法，則親親尊尊之恩絶矣。可以行一時之計，而不可長用也，故曰「嚴而少恩」。若尊主卑臣，明分職不得相踰越，雖百家弗能改也。

名家苛察繳繞，使人不得反其意，專決於名而失人情，故曰「使人儉而善失真」。若夫控名責實，參伍不失，此不可不察也。

道家無爲，又曰無不爲，其實易行，其辭難知。其術以虚無爲本，以因循爲用。無成勢，無常形，故能究萬物之情。不爲物先，不爲物後，故能爲萬物主。有法無法，因時爲業；有度無度，因物與合。故曰「聖人不朽，時變是守。虚者道之常也，因者君之綱」也。群臣並至，使各自明也。其實中其聲者謂之端，實不中其聲者謂之窾。窾言不聽，姦乃不生，賢不肖自分，白黑乃形。在所欲用耳，何事不成。乃合大道，混混冥冥。光燿天下，復反無名。凡人所生者神也，所託者形也。神大用則竭，形大勞則敝，形神離則死。死者不可復生，離者不可復反，故聖人重之。由是觀之，神者生之本也，形者生之具也。不先定其神〔形〕，而曰「我有以治天下」，何由哉？

孔安國《尚書序》 古者伏犧氏之王天下也，始畫八卦，造書契，以代結繩之政，由是文籍生焉。伏犧、神農、黄帝之書，謂之「三墳」，言大道也。少昊、顓頊、高辛、唐、虞之書，謂之「五典」，言常道也。至于夏、商、周之書，雖設教不倫，雅誥奥義，其歸一揆。是故歷代寶之，以爲大訓。八卦之説，謂之「八索」，求其義也。九州之志，謂之「九丘」。丘，聚也。言九州所有，土地所生，風氣所宜，皆聚此書也。《春秋左氏傳》曰，楚左史倚相「能讀三墳、五典、八索、九丘」，即謂上世帝王遺書也。先君孔子，生于周末，覩史籍之煩文，懼覽之者不一，遂乃定《禮》、《樂》，明舊章，删《詩》爲三百篇，約史記而修《春秋》，讚《易》道以黜「八索」，述《職方》以除「九丘」。討論「墳」、「典」，斷自唐虞以下，訖于周。芟夷煩亂，翦截浮辭，舉其宏綱，撮其機要，足以垂世立教，典、謨、訓、誥、誓、命之文凡百篇。所以恢弘至道，示人主以軌範也。帝王之制，坦然明白，可舉而行，三千之徒並受其義。

《漢書・藝文志・易類序》 《易》曰：「宓戲氏仰觀象於天，俯觀法於地，觀鳥獸之文，與地之宜，近取諸身，遠取諸物，於是始作八卦，以通神明之德，以類萬物之情。」至於殷、周之際，紂在上位，逆天暴物，文王以諸侯順命而行道，天人之占可得而効，於是重《易》六爻，作上下篇。孔氏爲之《彖》、《象》、《繫辭》、《文言》、《序卦》之屬十篇。故曰《易》道深矣，人更三聖，世歷三古。及秦燔書，而《易》爲筮卜之事，傳者不絶。漢興，田(和)〔何〕傳之。訖于宣、元，有施、孟、梁丘、京氏列於學官，而民間有費、高二家之説。劉向以中《古文易經》校施、孟、梁丘經，或脱去「無咎」、「悔亡」，唯費氏經與古文同。

又《書類序》 《易》曰：「河出圖，雒出書，聖人則之。」故《書》之所起遠矣，至孔子纂焉，上斷於堯，下訖于秦，凡百篇，而爲之序，言其作意。秦燔書禁學，濟南伏生獨壁藏之。漢興亡失，求得二十九篇，以教齊魯之間。訖孝宣世，有《歐陽》、《大小夏侯氏》，立於學官。《古文尚書》者，出孔子壁中。武帝末，魯共王壞孔子宅，欲以廣其宫，而得《古文尚書》及《禮記》、《論語》、《孝經》凡數十篇，皆古字也。共王往入其宅，聞鼓琴瑟鍾磬之音，於是懼，乃止不壞。孔安國者，孔子後也，悉得其書，以考二十九篇，得多十六篇。安國獻之。遭巫蠱事，未列于學官。劉向以中古文校歐陽、大小夏侯三家經文，《酒誥》脱簡一，《召誥》脱簡二。率簡二十五字者，脱亦二十五字，簡二十二字者，脱亦二十二字，文字異者七百有餘，脱字數十。《書》者，古之號令，號令於衆，其言不立具，則聽受施行者弗曉。古文讀應爾雅，故解古今語而可知也。

又《詩類序》 《書》曰：「詩言志，(哥)〔歌〕詠言。」故哀樂之心感，而(哥)〔歌〕詠之聲發。誦其言謂之詩，詠其聲謂之(哥)〔歌〕。故古有采詩之官，王者所以觀風俗，知得失，自考正也。孔子純取周詩，上采殷，下取魯，凡三百五篇，遭秦而全者，以其諷誦，不獨在竹帛故也。漢興，魯申公爲《詩》訓故，而齊轅固，燕韓生皆爲之傳。或取《春秋》，采雜説，咸非其本義。與不得已，魯最爲近之。三家皆列於學官。又有毛公之學，自謂子夏所傳，而河間獻王好之，未得立。

又《禮類序》 《易》曰：「有夫婦父子君臣上下，禮義有所錯。」而帝王質文世有損益，至周曲爲之防，事爲之制，故曰：「禮經三百，威儀三千。」及周之衰，諸侯將踰法度，惡其害己，皆滅去其籍，自孔子時而不具，至秦大壞。漢興，魯高堂生傳《士禮》十七篇。訖孝宣世，后倉最明。戴德、戴聖、慶普皆其弟子，三家立於學官。《禮古經》者，出於魯淹中及孔氏，(學七十)〔與十七〕篇文相似，多三十九篇。及《明堂陰陽》、《王史氏記》所見，多天子諸侯卿大夫之制，雖不能備，猶瘉倉等推《士禮》而致於天子之説。

又《樂類序》 《易》曰：「先王作樂崇德，殷薦之上帝，以享祖考。」故自黄帝下至三代，樂各有名。孔子曰：「安上治民，莫善於禮；移風易俗，莫善於樂。」二者相與並行。周衰俱壞，樂尤微眇，以音律爲節，又爲鄭衛所亂，故無遺法。漢興，

制氏以雅樂聲律，世在樂官，頗能紀其鏗鏘鼓舞，而不能言其義。六國之君，魏文侯最爲好古，孝文時得其樂人竇公，獻其書，乃《周官》《大宗伯》之《大司樂》章也。武帝時，河間獻王好儒，與毛生等共采《周官》及諸子言樂事者，以作《樂記》，獻八佾之舞，與制氏不相遠。其内史丞王定傳之，以授常山王禹。禹，成帝時爲謁者，數言其義，獻二十四卷記。劉向校書，得《樂記》二十三篇，與禹不同，其道寖以益微。

又《春秋類序》 古之王者世有史官，君舉必書，所以慎言行，昭法式也。左史記言，右史記事，事爲《春秋》，言爲《尚書》，帝王靡不同之。周室既微，載籍殘缺，仲尼思存前聖之業，乃稱曰：「夏禮吾能言之，杞不足徵也；殷禮吾能言之，宋不足徵也。文獻不足故也，足則吾能徵之矣。」以魯周公之國，禮文備物，史官有法，故與左丘明觀其史記，據行事，仍人道，因興以立功，就敗以成罰，假日月以定曆數，藉朝聘以正禮樂。有所褒諱貶損，不可書見，口授弟子，弟子退而異言。丘明恐弟子各安其意，以失其真，故論本事而作傳，明夫子不以空言説經也。《春秋》所貶損大人當世君臣，有威權勢力，其事實皆形於傳，是以隱其書而不宣，所以免時難也。及末世口説流行，故有《公羊》、《穀梁》、《鄒》、《夾》之《傳》。四家之中，《公羊》、《穀梁》立於學官，鄒氏無師，夾氏未有書。

又《論語類序》 《論語》者，孔子應答弟子時人及弟子相與言而接聞於夫子之語也。當時弟子各有所記。夫子既卒，門人相與輯而論篹，故謂之《論語》。漢興，有齊、魯之説。傳《齊論》者，昌邑中尉王吉、少府宋畸、御史大夫貢禹、尚書令五鹿充宗、膠東庸生，唯王陽名家。傳《魯論語》者，常山都尉龔奮、長信少府夏侯勝、丞相韋賢、魯扶卿、前將軍蕭望之、安昌侯張禹，皆名家。張氏最後而行於世。

又《孝經類序》 《孝經》者，孔子爲曾子陳孝道也。夫孝，天之經，地之義，民之行也。舉大者言，故曰《孝經》。漢興，長孫氏、博士江翁、少府后倉、諫大夫翼奉、安昌侯張禹傳之，各自名家。經文皆同，唯孔氏壁中古文爲異。「父母生之，續莫大焉」，「故親生之膝下」，諸家説不安處，古文字讀皆異。

又《小學類序》 《易》曰：「上古結繩以治，後世聖人易之以書契，百官以治，萬民以察，蓋取諸《夬》。」「夬，揚於王庭」，言其宣揚於王者朝廷，其用最大也。古者八歲入小學，故《周官》保氏掌養國子，教之六書，謂象形、象事、象意、象聲、轉注、假借，造字之本也。漢興，蕭何草律，亦著其法，曰：「太史試學童，能諷書九千字以上，乃得爲史。又以六體試之，課最者以爲尚書、御史、史書令史。吏民上書，字或不正，輒舉劾。」六體者，古文、奇字、篆書、隸書、繆篆、蟲書，皆所以通知古今文字，摹印章，書幡信也。古制，書必同文，不知則闕，問諸故老，至於衰世，是非無正，人用其私。故孔子曰：「吾猶及史之闕文也，今亡矣夫！」蓋傷其寖不正。《史籀篇》者，周時史官教學童書也，與孔氏壁中古文異體。《蒼頡》七章者，秦丞相李斯所作也；《爰歷》六章者，車府令趙高所作也；《博學》七章者，太史令胡母敬所作也：文字多取《史籀篇》，而篆體復頗異，所謂秦篆者也。是時始造隸書矣，起於官獄多事，苟趨省易，施之於徒隸也。漢（書）〔興〕，閭里書師合《蒼頡》、《爰歷》、《博學》三篇，斷六十字以爲一章，凡五十五章，并爲《蒼頡篇》。武帝時司馬相如作《凡將篇》，無復字。元帝時黄門令史游作《急就篇》，成帝時將作大匠李長作《元尚篇》，皆《蒼頡》中正字也。《凡將》則頗有出矣。至元始中，徵天下通小學者以百數，各令記字於庭中。揚雄取其有用者以作《訓纂篇》，順續《蒼頡》，又易《蒼頡》中重復之字，凡八十九章。臣復續揚雄作十（二）〔三〕章，凡一百二章，無復字，六藝群書所載略備矣。《蒼頡》多古字，俗師失其讀，宣帝時徵齊人能正讀者，張敞從受之，傳至外孫之子杜林，爲作訓故，并列焉。

又《六藝略序》 六藝之文：《樂》以和神，仁之表也；《詩》以正言，義之用也；《禮》以明體，明者著見，故無訓也；《書》以廣聽，知之術也；《春秋》以斷事，信之符也。五者，蓋五常之道，相須而備，而《易》爲之原。故曰「《易》不可見，則乾坤或幾乎息矣」，言與天地爲終始也。至於五學，世有變改，猶五行之更用事焉。古之學者耕且養，三年而通一藝，存其大體，玩經文而已，是故用日少而畜德多，三十而五經立也。後世經傳既已乖離，博學者又不思多聞闕疑之義，而務碎義逃難，便辭巧説，破壞形體；説五字之文，至於二三萬言。後進彌以馳逐，故幼童而守一藝，白首而後能言；安其所習，毁所不見，終以自蔽。此學者之大患也。序六藝爲九種。

又《儒家類序》 儒家者流，蓋出於司徒之官，助人君順陰陽明教化者也。游文於六經之中，留意於仁義之際，祖述堯舜，憲章文武，宗師仲尼，以重其言，於道最爲高。孔子曰：「如有所譽，其有所試。」唐虞之隆，殷周之盛，仲尼之業，已試之效者也。然惑者既失精微，而辟者又隨時抑揚，違離道本，苟以譁衆取寵。後進循之，是以《五經》乖析，儒學寖衰，此辟儒之患。

又《道家類序》 道家者流，蓋出於史官，歷記成敗存亡禍福古今之道，然後知秉要執本，清虚以自守，卑弱以自持，此君人南面之術也。合於堯之克攘，《易》

之嗛嗛，一謙而四益，此其所長也。及放者爲之，則欲絶去禮學，兼棄仁義，曰獨任清虚可以爲治。

又《陰陽家類序》 陰陽家者流，蓋出於羲和之官，敬順昊天，歷象日月星辰，敬授民時，此其所長也。及拘者爲之，則牽於禁忌，泥於小數，舍人事而任鬼神。

又《法家類序》 法家者流，蓋出於理官，信賞必罰，以輔禮制。《易》曰「先王以明罰飭法」，此其所長也。及刻者爲之，則無教化，去仁愛，專任刑法而欲以致治，至於殘害至親，傷恩薄厚。

又《名家類序》 名家者流，蓋出於禮官。古者名位不同，禮亦異數。孔子曰：「必也正名乎！名不正則言不順，言不順則事不成。」此其所長也。及警者爲之，則苟鉤(鈲)〔釽〕析亂而已。

又《墨家類序》 墨家者流，蓋出於清廟之守。茅屋采椽，是以貴儉；養三老五更，是以兼愛；選士大射，是以上賢；宗祀嚴父，是以右鬼；順四時而行，是以非命；以孝視天下，是以上同：此其所長也。及蔽者爲之，見儉之利，因以非禮，推兼愛之意，而不知别親疏。

又《縱横家類序》 從横家者流，蓋出於行人之官。孔子曰：「誦《詩》三百，使於四方，不能專對，雖多亦奚以爲？」又曰：「使乎，使乎！」言其當權事制宜，受命而不受辭，此其所長也。及邪人爲之，則上詐諼而棄其信。

又《雜家類序》 雜家者流，蓋出於議官。兼儒、墨，合名、法，知國體之有此，見王治之無不貫，此其所長也。及盪者爲之，則漫羨而無所歸心。

又《農家類序》 農家者流，蓋出於農稷之官。播百穀，勸耕桑，以足衣食，故八政一曰食，二曰貨。孔子曰「所重民食」，此其所長也。及鄙者爲之，以爲無所事聖王，欲使君臣並耕，誖上下之序。

又《小説家類序》 小説家者流，蓋出於稗官。街談巷語，道聽塗説者之所造也。孔子曰：「雖小道，必有可觀者焉，致遠恐泥，是以君子弗爲也。」然亦弗滅也。閭里小知者之所及，亦使綴而不忘。如或一言可采，此亦芻蕘狂夫之議也。

又《諸子略序》 諸子十家，其可觀者九家而已。皆起於王道既微，諸侯力政，時君世主，好惡殊方，是以九家之(説)〔術〕蠭出並作，各引一端，崇其所善，以此馳説，取合諸侯。其言雖殊，辟猶水火，相滅亦相生也。仁之與義，敬之與和，相反而皆相成也。《易》曰：「天下同歸而殊塗，一致而百慮。」今異家者各推所長，窮知究慮，以明其指，雖有蔽短，合其要歸，亦《六經》之支與流裔。使其人遭明王聖主，得其所折中，皆股肱之材已。仲尼有言：「禮失而求諸野。」方今去聖久遠，道術缺廢，無所更索，彼九家者，不猶瘉於野乎？若能修六藝之術，而觀此九家之言，舍短取長，則可以通萬方之略矣。

又《詩賦略序》 傳曰：「不歌而誦謂之賦，登高能賦可以爲大夫。」言感物造耑，材知深美，可與圖事，故可以爲列大夫也。古者諸侯卿大夫交接鄰國，以微言相感，當揖讓之時，必稱《詩》以諭其志，蓋以别賢不肖而觀盛衰焉。故孔子曰「不學《詩》，無以言」也。春秋之後，周道寖壞，聘問歌詠不行於列國，學《詩》之士逸在布衣，而賢人失志之賦作矣。大儒孫卿及楚臣屈原離讒憂國，皆作賦以風，咸有惻隱古詩之義。其後宋玉、唐勒，漢興枚乘、司馬相如，下及揚子雲，競爲侈麗閎衍之詞，没其風諭之義。是以揚子悔之，曰：「詩人之賦麗以則，辭人之賦麗以淫。如孔氏之門人用賦也，則賈誼登堂，相如入室矣，如其不用何！」自孝武立樂府而采歌謡，於是有代趙之謳，秦楚之風，皆感於哀樂，緣事而發，亦可以觀風俗，知薄厚云。〔序〕詩賦爲五種。

又《權謀類序》 權謀者，以正守國，以奇用兵，先計而後戰，兼形勢，包陰陽，用技巧者也。

又《形勢類序》 形勢者，靁動風舉，後發而先至，離合背鄉，變化無常，以輕疾制敵者也。

又《陰陽類序》 陰陽者，順時而發，推刑德，隨斗擊，因五勝，假鬼神而爲助者也。

又《技巧類序》 技巧者，習手足，便器械，積機關，以立攻守之勝者也。

又《兵家類序》 兵家者，蓋出古司馬之職，王官之武備也。《洪範》八政，八曰師。孔子曰爲國者「足食足兵」，「以不教民戰，是謂棄之」，明兵之重也。《易》曰「古者弦木爲弧，剡木爲矢，弧矢之利，以威天下」，其用上矣。後世燿金爲刃，割革爲甲，器械甚備。下及湯武受命，以師克亂而濟百姓，動之以仁義，行之以禮讓，《司馬法》是其遺事也。自春秋至於戰國，出奇設伏，變詐之兵並作。漢興，張良、韓信序次兵法，凡百八十二家，删取要用，定著三十五家。諸吕用事而盜取之。武帝時，軍政楊僕捃摭遺逸，紀奏兵録，猶未能備。至于孝成，命任宏論次兵書爲四種。

又《天文類序》 天文者，序二十八宿，步五星日月，以紀吉凶之象，聖王所以參政也。《易》曰：「觀乎天文，以察時變。」然星事殉悍，非湛密者弗能由也。夫觀

景以讁形，非明王亦不能服聽也。以不能由之臣，諫不能聽之王，此所以兩有患也。

又《曆譜類序》 曆譜者，序四時之位，正分至之節，會日月五星之辰，以考寒暑殺生之實。故聖王必正曆數，以定三統服色之制，又以探知五星日月之會。凶阨之患，吉隆之喜，其術皆出焉。此聖人知命之術也，非天下之至材，其孰與焉！道之亂也，患出於小人而强欲知天道者，壞大以爲小，削遠以爲近，是以道術破碎而難知也。

又《五行類序》 五行者，五常之形氣也。《書》云「初一曰五行，次二曰羞用五事」，言進用五事以順五行也。貌、言、視、聽、思心失，而五行之序亂，五星之變作，皆出於律曆之數而分爲一者也。其法亦起五德終始，推其極則無不至。而小數家因此以爲吉凶，而行於世，寖以相亂。

又《蓍龜類序》 蓍龜者，聖人之所用也。《書》曰：「女則有大疑，謀及卜筮。」《易》曰：「定天下之吉凶，成天下之亹亹者，莫善於蓍龜。」「是故君子將有爲也，將有行也，問焉而以言，其受命也如嚮，無有遠近幽深，遂知來物。非天下之至精，其孰能與於此！」及至衰世，解於齊戒，而婁煩卜筮，神明不應。故筮瀆不告，《易》以爲忌；龜厭不告，《詩》以爲刺。

又《雜占類序》 雜占者，紀百事之象，候善惡之徵。《易》曰：「占事知來。」衆占非一，而夢爲大，故周有其官。而《詩》載熊羆虺蛇衆魚旐旟之夢，著明大人之占，以考吉凶，蓋參卜筮。《春秋》之説訞也，曰：「人之所忌，其氣炎以取之，訞由人興也。人失常則訞興，人無釁焉，訞不自作。」故曰：「德勝不祥，義厭不惠。」桑穀共生，大戊以興；鴝雉登鼎，武丁爲宗。然惑者不稽諸躬，而忌訞之見，是以《詩》刺「召彼故老，訊之占夢」，傷其舍本而憂末，不能勝凶咎也。

又《形法類序》 形法者，大舉九州之勢以立城郭室舍形，人及六畜骨法之度數、器物之形容以求其聲氣貴賤吉凶。猶律有長短，而各徵其聲，非有鬼神，數自然也。然形與氣相首尾，亦有有其形而無其氣，有其氣而無其形，此精微之獨異也。

又《數術略序》 數術者，皆明堂羲和史卜之職也。史官之廢久矣，其書既不能具，雖有其書而無其人。《易》曰：「苟非其人，道不虚行。」春秋時魯有梓慎，鄭有裨竈，晉有卜偃，宋有子韋。六國時楚有甘公，魏有石申夫。漢有唐都，庶得麤觕。蓋有因而成易，無因而成難，故因舊書以序數術爲六種。

又《醫經類序》 醫經者，原人血脈經(絡)〔落〕骨髓陰陽表裏，以起百病之本，死生之分，而用度箴石湯火所施，調百藥齊和之所宜。至齊之得，猶慈石取鐵，以物相使。拙者失理，以瘉爲劇，(以死爲生)〔以生爲死〕。

又《經方類序》 經方者，本草石之寒温，量疾病之淺深，假藥味之滋，因氣感之宜，辯五苦六辛，致水火之齊，以通閉解結，反之於平。及失其宜者，以熱益熱，以寒增寒，精氣内傷，不見於外，是所獨失也。故諺曰：「有病不治，常得中醫。」

又《房中類序》 房中者，(性情)〔情性〕之極，至道之際，是以聖王制外樂以禁内情，而爲之節文。傳曰：「先王之作樂，所以節百事也。」樂而有節，則和平壽考。及迷者弗顧，以生疾而隕性命。

又《神僊類序》 神僊者，所以保性命之真，而游求於其外者也。聊以盪意平心，同死生之域，而無怵惕於胸中。然而或者專以爲務，則誕欺怪迂之文彌以益多，非聖王之所以教也。孔子曰：「索隱行怪，後世有述焉，吾不爲之矣。」

又《方技略序》 方技者，皆生生之具，王官之一守也。太古有岐伯、俞拊，中世有扁鵲、秦和，蓋論病以及國，原診以知政。漢興有倉公。今其技術晻昧，故論其書，以序方技爲四種。

阮孝緒《古今書最》（《廣弘明集》卷三） 《七略》：書三十八種，六百三家，一萬三千二百一十九卷。五百七十二家亡，三十一家存。《漢書·藝文志》：書三十八種，五百九十六家，一萬三千三百六十九卷。五百五十二家亡，四十四家存。《後漢·藝文志》：書若(于)〔干〕卷，八十七家亡。《晉中經簿》：四部書一千八百八十五部，二萬九百三十五卷，其中十六卷佛經，書簿少二卷，不詳所載多少。一千一百一十九部亡，七百六十六部存。《晉元帝書目》：四部三百五帙，三千一十四卷。晉義熙四年《秘閣四部目録》。宋元嘉八年《秘閣四部目録》：一千五百六十有四帙，一萬四千五百八十二卷。五十五帙，四百三十八卷佛經。宋元徽元年《秘閣四部書目録》：二千二十帙，一萬五千七十四卷。齊永明元年《秘閣四部目録》五千，新足合二千三百三十二帙，一萬八千一十卷。梁天監四年《文德正御四部及《術數書目録》：合二千九百六十八帙，二萬三千一百六卷。秘書丞殷鈞撰《秘閣四部書》少於文德故書，不録其數也。新集七録内外篇》：圖書凡五十五部，六千二百八十八種，八千五百四十七帙，四萬四千五百二十六卷。六千七十八種，八千二百八十四帙，四萬三千六百二十四卷。經書二百三種，二百六十三帙，八百七十九卷圖符。《内篇》五録：四十六部，三千四百五十三種，五千四百九十三帙，三萬七千九百八十三

卷。三千三百一十八種，五千三百六帙，三萬七千一百八卷。經書一百三十五種，一百八十七帙，七百七十五卷圖也。《外篇》二録：九部二千八百三十五種，三千五十四帙，六千五百三十八卷。二千七百五十九種，五千九百七十八帙，六千四百三十四卷。經書七十六種，七十八帙，一百卷符圖。

又《七録目録》 《經典録》内篇一：《易部》本四種，九十六帙，五百九十卷。《尚書部》二十七種，二十八帙，一百九十卷。《詩部》五十二種，六十一帙，三百九十八卷。《禮部》一百四十種，二百一十一帙，一千五百七十卷。《樂部》五種，五帙，二十五卷。《春秋部》一百一十一種，一百三十九帙，一千一百五十三卷。《論語部》五十一種，五十二帙，四百一十六卷。《孝經部》五十九種，五十九帙，一百四十四卷。《小學部》七十二種，七十二帙，三百一十三卷。右九部，五百九十一種，七百一十帙，四千七百一十卷。

《記傳録》内篇二：《國史部》二百一十六種，五百九帙，四千五百九十六卷。《注曆部》五十九種，一百六十七帙，一千二百二十一卷。《舊事部》八十七種，一百二十七帙，一千三十八卷。《職官部》八十一種，一百四帙，八百一卷。《儀典部》八十種，二百五十二帙，二千二百五十六卷。《法制部》四十七種，九十五帙，八百八十六卷。《僞史部》二十六種，二十七帙，一百六十一卷。《雜傳部》二百四十一種，二百八十九帙，一千四百四十六卷。《鬼神部》二十九種，三十四帙，二百五卷。《土地部》七十三種，一百七十一帙，八百六十九卷。《譜狀部》四十二種，四百二十三帙，一千六十四卷。《簿録部》三十六種，六十二帙，三百三十八卷。右十二部，一千二十種，二千二百四十八帙，一萬四千八百八十八卷。

《子兵録》内篇三：《儒部》六十六種，七十五帙，六百四十卷。《道部》六十九種，七十六帙，四百三十一卷。《陰陽部》一種，一帙，一卷。《法部》十三種，十五帙，一百一十八卷。《名部》九種，九帙，二十三卷。《墨部》四種，四帙，一十九卷。《縱横部》二種，二帙，五卷。《雜部》五十七種，二百九十七帙，二千三百三十八卷。《農部》一種，一帙，三卷。《小説部》十種，十二帙，六十三卷。《兵部》五十八種，六十一帙，二百四十五卷。右一十一部，二百九十種，五百五十三帙，三千八百九十四卷。

《文集録》内篇四：《楚辭部》五種，五帙，二十七卷。《别集部》七百六十八種，八百五十八帙，六千四百九十七卷。《總集部》十六種，六十四帙，六百四十九卷。《雜文部》二百七十三種，四百五十一帙，三千五百八十七卷。右四部一千四十二種，一千三百七十五帙，一萬七百五十五卷。

《術伎録》内篇五：《天文部》四十九種，六十七帙，五百二十八卷。《緯讖部》三十二種，四十七帙，二百五十四卷。《曆算部》五十種，五十帙，二百一十九卷。《五行部》八十四種，九十三帙，六百一十五卷。《卜筮部》五十種，六十帙，三百九十卷。《雜占部》十七種，十七帙，四十五卷。《刑法部》四十七種，六十一帙，三百七卷。《醫經部》八種，八帙，五十卷。《經方部》一百四十種，一百八十帙，一千二百五十九卷。《雜藝部》十五種，十八帙，六十六卷。右十部，五百五種，六百六帙，三千七百三十六卷。

《佛法録》三卷外篇一：《戒律部》七十一種，八十八帙，三百二十九卷。《禪定部》一百四種，一百八帙，一百七十六卷。《智慧部》二千七十七種，二千一百九十帙，三千六百七十七卷。《疑似部》四十六種，四十六帙，六十卷。《論記部》一百一十二種，一百六十四帙，一千一百五十八卷。右五部，二千四百一十種，二千五百九十五帙，五千四百卷。

《仙道録》外篇二：《經戒部》二百九十種，三百一十八帙，八百二十八卷。《服餌部》四十八種，五十二帙，一百六十七卷。《房中部》十三種，十三帙，三十八卷。《符圖部》七十種，七十六帙，一百三卷。右四部，四百二十五種，四百五十九帙，一千一百三十八卷。《文字集略》一帙，三卷。《序録》一卷。《正史删繁》十四帙，一百三十五卷，《序録》一卷。《高隱傳》一帙，十卷，《序例》一卷。《古今世代録》一帙，七卷。《序録》二帙，一十一卷。《雜文》一帙，十卷。《聲緯》一帙，一卷。右七種，二十一帙，一百八十一卷，阮孝緒撰。不足編諸前録，而載於此。

《隋書・經籍志・易類序》 昔宓羲氏始畫八卦，以通神明之德，以類萬物之情，蓋因而重之，爲六十四卦。及乎三代，實爲三《易》：夏曰《連山》；殷曰《歸藏》；周文王作卦辭，謂之《周易》。周公又作《爻辭》，孔子爲《彖》、《象》、《繫辭》、《文言》、《序卦》、《説卦》、《雜卦》，而子夏爲之傳。及秦焚書，《周易》獨以卜筮得存，唯失《説卦》三篇。後河内女子得之。漢初，傳《易》者有田何，何授丁寬，寬授田王孫，王孫授沛人施讎、東海孟喜、琅邪梁丘賀。由是有施、孟、梁丘之學。又有東郡京房，自云受《易》於梁國焦延壽，别爲京氏學。嘗立，後罷。後漢施、孟、梁丘、京氏，凡四家並立，而傳者甚衆。漢初又有東萊費直傳《易》，其本皆古字，號曰《古文易》。以授琅邪王璜，璜授沛人高相，相以授子康及蘭陵毋將永。故有費氏之學，行於人間，而未得立。後漢陳元、鄭衆，皆傳費氏之學。馬融又爲其傳，以授

鄭玄。玄作《易注》，荀爽又作《易傳》。魏代王肅、王弼，並爲之注。自是費氏大興，高氏遂衰。梁丘、施氏、高氏，亡於西晉。孟氏、京氏，有書無師。梁、陳鄭玄、王弼二注，列於國學。齊代唯傳鄭義。至隋，王注盛行，鄭學浸微，今殆絶矣。《歸藏》，漢初已亡，案晉《中經》有之，唯載卜筮，不似聖人之旨。以本卦尚存，故取貫於《周易》之首，以備《殷易》之缺。

又《書類序》　《書》之所興，蓋與文字俱起。孔子觀《書》周室，得虞、夏、商、周四代之典，删其善者，上自虞，下至周，爲百篇，編而序之。遭秦滅學，至漢，唯濟南伏生口傳二十八篇。又河内女子得《泰誓》一篇，獻之。伏生作《尚書傳》四十一篇，以授同郡張生，張生授千乘歐陽生，歐陽生授同郡兒寬，寬授歐陽生之子，世世傳之，至曾孫歐陽高，謂之《尚書》歐陽之學。又有夏侯都尉，受業於張生，以授族子始昌，始昌傳族子勝，爲大夏侯之學。勝傳從子建，别爲小夏侯之學。故有歐陽、大、小夏侯，三家並立。訖漢東京，相傳不絶，而歐陽最盛。初漢武帝時，魯恭王壞孔子舊宅，得其末孫惠所藏之書，字皆古文。孔安國以今文校之，得二十五篇。其《泰誓》與河内女子所獻不同。又濟南伏生所誦，有五篇相合。安國並依古文，開其篇第，以隸古字寫之，合成五十八篇。其餘篇簡錯亂，不可復讀，並送之官府。安國又爲五十八篇作傳，會巫蠱事起，不得奏上，私傳其業於都尉朝，朝授膠東庸生，謂之《尚書古文》之學，而未得立。後漢扶風杜林，傳《古文尚書》，同郡賈逵爲之作訓，馬融作傳，鄭玄亦爲之注。然其所傳，唯二十九篇，又雜以今文，非孔舊本。自餘絶無師説。

晉世祕府所存，有《古文尚書》經文，今無有傳者。及永嘉之亂，歐陽、大、小夏侯《尚書》並亡。濟南伏生之傳，唯劉向父子所著《五行傳》，是其本法，而又多乖戾。至東晉，豫章内史梅賾，始得安國之傳，奏之，時又闕《舜典》一篇。齊建武中，吴姚方興，於大桁市得其書，奏上，比馬、鄭所注，多二十八字，於是始列國學。梁、陳所講，有孔、鄭二家，齊代唯傳鄭義。至隋，孔、鄭並行，而鄭氏甚微。自餘所存，無復師説。又有《尚書逸篇》，出於齊、梁之間，考其篇目，似孔壁中書之殘缺者，故附《尚書》之末。

又《詩類序》　《詩》者，所以導達心靈，歌詠情志者也。故曰：「在心爲志，發言爲詩。」上古人淳俗樸，情志未惑。其後君尊於上，臣卑於下，面稱爲諂，目諫爲謗，故誦美譏惡，以諷刺之。初但歌詠而已，後之君子，因被管絃，以存勸戒。夏、殷已上，詩多不存。周氏始自后稷，而公劉克篤前烈，太王肇基王迹，文王光昭前緒，武王克平殷亂，成王、周公化至太平，誦美盛德，踵武相繼。幽、厲板蕩，怨刺並興。其後王澤竭而詩亡，魯太師摯次而録之。孔子删詩，上采商，下取魯，凡三百篇。至秦，獨以爲諷誦，不滅。漢初，有魯人申公，受《詩》於浮丘伯，作詁訓，是爲《魯詩》。齊人轅固生亦傳《詩》，是爲《齊詩》。燕人韓嬰亦傳《詩》，是爲《韓詩》。終于後漢，三家並立。漢初又有趙人毛萇善《詩》，自云子夏所傳，作《詁訓傳》，是爲「《毛詩》古學」，而未得立。後漢有九江謝曼卿，善《毛詩》，又爲之訓。東海衛敬仲，受學於曼卿。先儒相承，謂之《毛詩》。序，子夏所創，毛公及敬仲又加潤益。鄭衆、賈逵、馬融，並作《毛詩傳》，鄭玄作《毛詩箋》。《齊詩》，魏代已亡；《魯詩》亡於西晉；《韓詩》雖存，無傳之者。唯《毛詩鄭箋》，至今獨立。又有《業詩》，奉朝請業遵所注，立義多異，世所不行。

又《禮類序》　自大道既隱，天下爲家，先王制其夫婦、父子、君臣、上下、親疎之節。至于三代，損益不同。周衰，諸侯僭忒，惡其害己，多被焚削。自孔子時，已不能具，至秦而頓滅。漢初，有高堂生傳《十七篇》，又有古經，出於淹中，而河間獻王，好古愛學，收集餘燼，得而獻之，合五十六篇，並威儀之事。而又得《司馬穰苴兵法》一百五十五篇，及《明堂陰陽》之記，並無敢傳之者。唯古經十七篇，與高堂生所傳不殊，而字多異。自高堂生，至宣帝時后蒼，最明其業，乃爲《曲臺記》。蒼授梁人戴德，及德從兄子聖，沛人慶普，於是有大戴、小戴、慶氏，三家並立。後漢唯曹元傳慶氏，以授其子褒。然三家雖存並微，相傳不絶。漢末，鄭玄傳小戴之學，後以古經校之，取其於義長者作注，爲鄭氏學。其《喪服》一篇，子夏先傳之，諸儒多爲注解，今又别行。而漢時有李氏得《周官》。《周官》蓋周公所制官政之法，上於河間獻主，獨闕《冬官》一篇。獻王購以千金不得，遂取《考工記》以補其處，合成六篇奏之。至王莽時，劉歆始置博士，以行於世。河南緱氏及杜子春受業於歆，因以教授。是後馬融作《周官傳》，以授鄭玄，玄作《周官注》。漢初，河間獻王又得仲尼弟子及後學者所記一百三十一篇獻之，時亦無傳之者。至劉向考校經籍，檢得一百三十篇，向因第而敘之。而又得《明堂陰陽記》三十三篇、《孔子三朝記》七篇、《王史氏記》二十一篇、《樂記》二十三篇，凡五種，合二百十四篇。戴德删其煩重，合而記之，爲八十五篇，謂之《大戴記》。而戴聖又删大戴之書，爲四十六篇，謂之《小戴記》。漢末馬融，遂傳小戴之學。融又定《月令》一篇、《明堂位》一篇、《樂記》一篇，合四十九篇；而鄭玄受業於融，又爲之注。今《周官》六篇、古經十七篇、《小戴記》四十九篇，凡三種。唯《鄭注》立於國學，其餘並多

散亡，又無師説。

又《樂類序》　樂者，先王所以致神祇，和邦國，諧萬姓，安賓客，悦遠人，所從來久矣。周人存六代之樂，曰《雲門》、《咸池》、《大韶》、《大夏》、《大護》、《大武》。其後衰微崩壞，及秦而頓滅。漢初，制氏雖紀其鏗鏘鼓儛，而不能通其義。其後竇公、河間獻王、常山王、張禹，咸獻《樂書》。魏、晉已後，雖加損益，去正轉遠，事在《聲樂志》。今録其見書，以補樂章之闕。

又《春秋類序》　《春秋》者，魯史策書之名。昔成周微弱，典章淪廢，魯以周公之故，遺制尚存。仲尼因其舊史，裁而正之，或婉而成章，以存大順，或直書其事，以示首惡。故有求名而亡，欲蓋而彰，亂臣賊子，於是大懼。其所褒貶，不可具書，皆口授弟子。弟子退而異説，左丘明恐失其真，乃爲之傳。遭秦滅學，口説尚存。漢初，有公羊、穀梁、鄒氏、夾氏，四家並行。王莽之亂，鄒氏無師，夾氏亡。初齊人胡母子都，傳《公羊春秋》，授東海嬴公。嬴公授東海孟卿，孟卿授魯人眭孟，眭孟授東海嚴彭祖、魯人顔安樂。故後漢《公羊》有嚴氏、顔氏之學，與穀梁三家並立。漢末，何休又作《公羊解説》。而《左氏》，漢初出於張蒼之家，本無傳者。至文帝時，梁太傅賈誼爲訓詁，授趙人貫公。其後劉歆典校經籍，考而正之，欲立於學，諸儒莫應。至建武中，尚書令韓歆請立而未行。時陳元最明《左傳》，又上書訟之。於是乃以魏郡李封爲《左氏》博士。後群儒蔽固者，數廷爭之。及封卒，遂罷。然諸儒傳《左氏》者甚衆。永平中，能爲《左氏》者，擢高第爲講郎。其後賈逵、服虔並爲訓解。至魏，遂行於世。晉時，杜預又爲《經傳集解》。《穀梁》范甯注、《公羊》何休注、《左氏》服虔、杜預注，俱立國學。然《公羊》、《穀梁》，但試讀文，而不能通其義。後學三傳通講，而《左氏》唯傳服義。至隋，杜氏盛行，服義及《公羊》、《穀梁》浸微，今殆無師説。

又《孝經類序》　夫孝者，天之經，地之義，人之行。自天子達於庶人，雖尊卑有差，及乎行孝，其義一也。先王因之以治國家，化天下，故能不嚴而順，不肅而成。斯實生靈之至德，王者之要道。孔子既敍六經，題目不同，指意差別，恐斯道離散，故作《孝經》，以總會之，明其枝流雖分，本萌於孝者也。遭秦焚書，爲河間人顔芝所藏。漢初，芝子貞出之，凡十八章，而長孫氏、博士江翁、少府后蒼、諫議大夫翼奉、安昌侯張禹，皆名其學。又有《古文孝經》與《古文尚書》同出，而長孫有《閨門》一章，其餘經文，大較相似，篇簡缺解，又有衍出三章，并前合爲二十二章，孔安國爲之傳。至劉向典校經籍，以顔本比古文，除其繁惑，以十八章爲定。鄭衆、馬融，並爲之注。又有鄭氏注，相傳或云鄭玄，其立義與玄所注餘書不同，故疑之。梁代，安國及鄭氏二家，並立國學，而安國之本，亡於梁亂。陳及周、齊，唯傳鄭氏。至隋，祕書監王劭於京師訪得《孔傳》，送至河間劉炫。炫因序其得喪，述其議疏，講于人間，漸聞朝廷，後遂著令，與鄭氏並立。儒者諠諠，皆云炫自作之，非孔舊本，而祕府又先無其書。又云魏氏遷洛，未達華語，孝文帝命侯伏侯可悉陵，以夷言譯《孝經》之旨，教于國人，謂之《國語孝經》。今取以附此篇之末。

又《論語類序》　《論語》者，孔子弟子所録。孔子既敍六經，講於洙、泗之上，門徒三千，達者七十。其與夫子應答，及私相講肄，言合於道，或書之於紳，或事之無厭。仲尼既没，遂緝而論之，謂之《論語》。漢初，有齊、魯之説。其齊人傳者，二十二篇；魯人傳者，二十篇。齊則昌邑中尉王吉、少府宗畸、御史大夫貢禹、尚書令五鹿充宗、膠東庸生。魯則常山都尉龔奮、長信少府夏侯勝、韋丞相節侯父子、魯扶卿、前將軍蕭望之、安昌侯張禹，並名其學。張禹本授《魯論》，晚講《齊論》，後遂合而考之，删其煩惑。除去《齊論·問王》、《知道》二篇，從《魯論》二十篇爲定，號《張侯論》，當世重之。周氏、包氏，爲之章句，馬融又爲之訓。又有古《論語》，與《古文尚書》同出，章句煩省，與《魯論》不異，唯分《子張》爲二篇，故有二十一篇。孔安國爲之傳。漢末，鄭玄以《張侯論》爲本，參考《齊論》、《古論》而爲之注。魏司空陳群、太常王肅、博士周生烈，皆爲義説。吏部尚書何晏，又爲集解。是後諸儒多爲之注，《齊論》遂亡。《古論》先無師説，梁、陳之時，唯鄭玄、何晏立於國學，而鄭氏甚微。周、齊，鄭學獨立。至隋，何、鄭並行，鄭氏盛於人間。其《孔叢》、《家語》，並孔氏所傳仲尼之旨。《爾雅》諸書，解古今之意，并五經總義，附于此篇。

又《六經類序》　《易》曰：「河出圖，洛出書。」然則聖人之受命也，必因積德累業，豐功厚利，誠著天地，澤被生人，萬物之所歸往，神明之所福饗，則有天命之應。蓋龜龍銜負，出於河、洛，以紀易代之徵，其理幽昧，究極神道。先王恐其惑人，祕而不傳。説者又云，孔子既敍六經，以明天人之道，知後世不能稽同其意，故別立緯及讖，以遺來世。其書出於前漢，有《河圖》九篇，《洛書》六篇，云自黄帝至周文王所受本文。又別有三十篇，云自初起至于孔子，九聖之所增演，以廣其意。又有《七經緯》三十六篇，並云孔子所作，并前合爲八十一篇。而又有《尚書中候》、《洛罪級》、《五行傳》、《詩推度災》、《氾曆樞》、《含神務》、《孝經勾命決》、《援神契》、《雜讖》等書。漢代有郗氏、袁氏説。漢末，郎中郗萌，集圖緯讖雜占爲五十篇，謂之《春秋災異》。宋均、鄭玄，並爲讖律之注。然其文辭淺俗，顛倒舛謬，不類聖人

之旨。相傳疑世人造爲之後，或者又加點竄，非其實録。起王莽好符命，光武以圖讖興，遂盛行於世。漢時，又詔東平王蒼，正五經章句，皆命從讖。俗儒趨時，益爲其學，篇卷第目，轉加增廣。言五經者，皆憑讖爲説。唯孔安國、毛公、王璜、賈逵之徒獨非之，相承以爲妖妄，亂中庸之典。故因漢魯恭王、河間獻王所得古文，參而考之，以成其義，謂之「古學」。當世之儒，又非毁之，竟不得行。魏代王肅，推引古學，以難其義。王弼、杜預，從而明之，自是古學稍立。至宋大明中，始禁圖讖，梁天監已後，又重其制。及高祖受禪，禁之踰切。煬帝即位，乃發使四出，搜天下書籍與讖緯相涉者，皆焚之，爲吏所糾者至死。自是無復其學，祕府之内，亦多散亡。今録其見存，列于六經之下，以備異説。

又《小學類序》　孔子曰：「必也正名乎？」名謂書字。「名不正則言不順，言不順則事不成。」説者以爲書之所起，起自黄帝蒼頡。比類象形謂之文，形聲相益謂之字，著於竹帛謂之書。故有象形、諧聲、會意、轉注、假借、處事六義之别。古者童子示而不誑，六年教之數與方名。十歲入小學，學書計。二十而冠，始習先王之道，故能成其德而任事。然自蒼頡訖于漢初，書經五變：一曰古文，即蒼頡所作。二曰大篆，周宣王時史籀所作。三曰小篆，秦時李斯所作。四曰隸書，程邈所作。五曰草書，漢初作。秦世既廢古文，始用八體，有大篆、小篆、刻符、摹印、蟲書、署書、殳書、隸書。漢時以六體教學童，有古文、奇字、篆書、隸書、繆篆、蟲鳥，并藁書、楷書、懸針、垂露、飛白等二十餘種之勢，皆出於上六書，因事生變也。魏世又有八分書，其字義訓讀，有《史籀篇》、《蒼頡篇》、《三蒼》、《埤蒼》、《廣蒼》等諸篇章，訓詁、《説文》、《字林》、音義、聲韻、體勢等諸書。自後漢佛法行於中國，又得西域胡書，能以十四字貫一切音，文省而義廣，謂之婆羅門書。與八體六文之義殊别。今取以附體勢之下。又後魏初定中原，軍容號令，皆以夷語。後染華俗，多不能通，故録其本言，相傳教習，謂之「國語」。今取以附音韻之末。又後漢鐫刻七經，著於石碑，皆蔡邕所書。魏正始中，又立三字石經，相承以爲七經正字。後魏之末，齊神武執政，自洛陽徙于鄴都，行至河陽，值岸崩，遂没于水。其得至鄴者，不盈太半。至隋開皇六年，又自鄴京載入長安，置于祕書内省，議欲補緝，立于國學。尋屬隋亂，事遂寢廢，營造之司，因用爲柱礎。貞觀初，祕書監臣魏徵，始收聚之，十不存一。其相承傳拓之本，猶在祕府，并秦帝刻石，附於此篇，以備小學。

又《經部序》　《傳》曰：「玉不琢，不成器，人不學，不知道。」古之君子，多識而不窮，畜疑以待問；學不踰等，教不陵節；言約而易曉，師逸而功倍；且耕且養，三年而成一藝。自孔子没而微言絶，七十子喪而大義乖，學者離群索居，各爲異説。至于戰國，典文遺棄，六經之儒，不能究其宗旨，多立小數，一經至數百萬言。致令學者難曉，虚誦問答，脣腐齒落而不知益。且先王設教，以防人欲，必本於人事，折之中道。上天之命，略而罕言，方外之理，固所未説。至後漢好圖讖，晉世重玄言，穿鑿妄作，日以滋生。先王正典，雜之以妖妄，大雅之論，汩之以放誕。陵夷至于近代，去正轉疎，無復師資之法。學不心解，專以浮華相尚，豫造雜難，擬爲讎對，遂有芟角、反對、互從等諸翻競之説。馳騁煩言，以紊彝敘，譊譊成俗，而不知變，此學者之蔽也。班固列六藝爲九種，或以緯書解經，合爲十種。

又《正史類序》　古者天子諸侯，必有國史，以紀言行，後世多務，其道彌繁。夏殷已上，左史記言，右史記事，周則太史、小史、内史、外史、御史，分掌其事，而諸侯之國，亦置史官。又《春秋國語》引周志、鄭書之説，推尋事迹，似當時記事，各有職司，後又合而撰之，總成書記。其後陵夷衰亂，史官放絶，秦滅先王之典，遺制莫存。至漢武帝時，始置太史公，命司馬談爲之，以掌其職。時天下計書，皆先上太史，副上丞相，遺文古事，靡不畢臻。談乃據《左氏》、《國語》、《世本》、《戰國策》、《楚漢春秋》，接其後事，成一家之言。談卒，其子遷又爲太史令，嗣成其志。上自黄帝，訖于炎漢，合十二本紀、十表、八書、三十世家、七十列傳，謂之《史記》。遷卒以後，好事者亦頗著述，然多鄙淺，不足相繼。至後漢扶風班彪，綴後傳數十篇，并譏正前失。彪卒，明帝命其子固，續成其志。以爲唐、虞、三代，世有典籍，史遷所記，乃以漢氏繼於百王之末，非其義也。故斷自高祖，終於孝平、王莽之誅，爲十二紀、八表、十志、六十九傳，潛心積思，二十餘年。建初中，始奏表及紀傳；其十志竟不能就。固卒後，始命曹大家續成之。先是明帝召固爲蘭臺令史，與諸先輩陳宗、尹敏、孟冀等，共成《光武本紀》。擢固爲郎，典校祕書。固撰後漢事，作《列傳載記》二十八篇。其後劉珍、劉毅、劉陶、伏無忌等，相次著述東觀，謂之《漢記》。及三國鼎峙，魏氏及吴，並有史官。晉時，巴西陳壽删集三國之事，唯魏帝爲紀，其功臣及吴、蜀之主，並皆爲傳，仍各依其國，部類相從，謂之《三國志》。壽卒後，梁州大中正范頵表奏其事，帝詔河南尹、洛陽令，就壽家寫之。自是世有著述，皆擬班、馬，以爲正史，作者尤廣。一代之史，至數十家。唯《史記》、《漢書》，師法相傳，並有解釋。《三國志》及范曄《後漢》，雖有音注，既近世之作，並讀之可知。梁時，明《漢書》有劉顯、韋稜，陳時有姚察，隋代有包愷、蕭該，並爲名家。《史記》傳者甚微。今依其世代，聚而編之，以備正史。

又《古史類序》　自史官放絶，作者相承，皆以班、馬爲準。起漢獻帝，雅好典籍，以班固《漢書》文繁難省，命潁川荀悦作《春秋左傳》之體，爲《漢紀》三十篇。言約而事詳，辯論多美，大行於世。至晉太康元年，汲郡人發魏襄王冢，得古竹簡書，字皆科斗。發冢者不以爲意，往往散亂。帝命中書監荀勖、令和嶠，撰次爲十五部，八十七卷。多雜碎怪妄，不可訓知，唯《周易》、《紀年》，最爲分了。其《周易》上下篇，與今正同。《紀年》皆用夏正建寅之月爲歲首，起自夏、殷、周三代王事，無諸侯國別。唯特記晉國，起自殤叔，次文侯、昭侯，以至曲沃莊伯，盡晉國滅。獨記魏事，下至魏哀王，謂之「今王」。蓋魏國之史記也。其著書皆編年相次，文意大似《春秋經》。諸所記事，多與《春秋》、《左氏》扶同。學者因之，以爲《春秋》則古史記之正法，有所著述，多依《春秋》之體。今依其世代，編而敍之，以見作者之别，謂之古史。

又《雜史類序》　自秦撥去古文，篇籍遺散。漢初，得《戰國策》，蓋戰國遊士記其策謀。其後陸賈作《楚漢春秋》，以述誅鋤秦、項之事。又有《越絶》，相承以爲子貢所作。後漢趙曄，又爲《吴越春秋》。其屬辭比事，皆不與《春秋》、《史記》、《漢書》相似，蓋率爾而作，非史策之正也。靈、獻之世，天下大亂，史官失其常守。博達之士，愍其廢絶，各記聞見，以備遺亡。是後群才景慕，作者甚衆。又自後漢已來，學者多鈔撮舊史，自爲一書，或起自人皇，或斷之近代，亦各其志，而體制不經。又有委巷之説，迂怪妄誕，真虚莫測。然其大抵皆帝王之事，通人君子，必博采廣覽，以酌其要，故備而存之，謂之雜史。

又《霸史類序》　《傳》曰：「不有君子，其能國乎？」自晉永嘉之亂，皇綱失馭，九州君長，據有中原者甚衆。或推奉正朔，或假名竊號，然其君臣忠義之節，經國字民之務，蓋亦勤矣。而當時臣子，亦各記録。後魏克平諸國，據有嵩、華，始命司徒崔浩，博采舊聞，綴述國史。諸國記注，盡集祕閣。尒朱之亂，並皆散亡。今舉其見在，謂之霸史。

又《起居注類序》　起居注者，録紀人君言行動止之事。《春秋傳》曰：「君舉必書，書而不法，後嗣何觀？」《周官》，内史掌王之命，遂書其副而藏之，是其職也。漢武帝有《禁中起居注》，後漢明德馬后撰《明帝起居注》，然則漢時起居，似在宫中，爲女史之職。然皆零落，不可復知。今之存者，有漢獻帝及晉代已來《起居注》，皆近侍之臣所録。晉時，又得《汲冢書》，有《穆天子傳》，體制與今起居正同，蓋周時内史所記王命之副也。近代已來，别有其職，事在《百官志》，今依其先後，編而次之。其僞國起居，唯《南燕》一卷，不可别出，附之於此。

又《職官類序》　古之仕者，名書於所臣之策，各有分職，以相統治。《周官》，冢宰掌建邦之六典，而御史數凡從正者。然則冢宰總六卿之屬，以治其政，御史掌其在位名數，先後之次焉。今《漢書百官表》列衆職之事，記在位之次，蓋亦古之制也。漢末，王隆、應劭等，以《百官表》不具，乃作《漢官解詁》、《漢官儀》等書。是後相因，正史表志，無復百僚在官之名矣。搢紳之徒，或取官曹名品之書，撰而録之，别行於世。宋、齊已後，其書益繁，而篇卷零疊，易爲亡散；又多瑣細，不足可紀，故删。其見存可觀者，編爲職官篇。

又《儀注類序》　儀注之興，其所由來久矣。自君臣父子，六親九族，各有上下親疏之别。養生送死，弔恤賀慶，則有進止威儀之數。唐、虞已上，分之爲三，在周因而爲五。《周官》，宗伯所掌吉、凶、賓、軍、嘉，以佐王安邦國，親萬民，而太史執書以協事之類是也。是時典章皆具，可履而行。周衰，諸侯削除其籍。至秦，又焚而去之。漢興，叔孫通定朝儀，武帝時始祀汾陰后土，成帝時初定南北之郊，節文漸具。後漢又使曹褒定漢儀，是後相承，世有制作。然猶以舊章殘缺，各遵所見，彼此紛争，盈篇滿牘。而後世多故，事在通變，或一時之制，非長久之道，載筆之士，删其大綱，編于忠志。而或傷於淺近，或失於未達，不能盡其旨要。遺文餘事，亦多散亡。今聚其見存，以爲儀注篇。

又《刑法類序》　刑法者，先王所以懲罪惡，齊不軌者也。《書》述唐、虞之世，五刑有服，而夏后氏正刑有五，科條三千。《周官》，司寇掌三典以刑邦國；司刑掌五刑之法，麗萬民之罪；太史又以典法逆于邦國；内史執國法以考政事。《春秋傳》曰：「在九刑不忘。」然則刑書之作久矣。蓋藏于官府，懼人之知争端，而輕於犯。及其末也，肆情越法，刑罰僭濫。至秦，重之以苛虐，先王之正刑滅矣。漢初，蕭何定律九章，其後漸更增益，令甲已下，盈溢架藏。晉初，賈充、杜預，删而定之。有律，有令，有故事。梁時，又取故事之宜於時者爲《梁科》。後齊武成帝時，又於麟趾殿删正刑典，謂之《麟趾格》。後周太祖，又命蘇綽撰《大統式》。隋則律令格式並行。自律已下，世有改作，事在《刑法志》。《漢律》久亡，故事駁議，又多零失。今録其見存可觀者，編爲刑法篇。

又《雜傳類序》　古之史官，必廣其所記，非獨人君之舉。《周官》，外史掌四方之志，則諸侯史記，兼而有之。《春秋傳》曰：「虢仲、虢叔，王季之穆，勳在王室，藏於盟府。」臧紇之叛，季孫命太史召掌惡臣而盟之。《周官》，司寇凡大盟約，涖其

盟書，登于天府。太史、內史、司會，六官皆受其貳而藏之。是則王者誅賞，具録其事，昭告神明，百官史臣，皆藏其書。故自公卿諸侯，至于群士，善惡之迹，畢集史職。而又閭胥之政，凡聚衆庶，書其敬敏任卹者，族師每月書其孝悌睦婣有學者，黨正歲書其德行道藝者，而入之於鄉大夫。鄉大夫三年大比，考其德行道藝，舉其賢者能者，而獻其書。王再拜受之，登于天府，內史貳之。是以窮居側陋之士，言行必達，皆有史傳。自史官曠絶，其道廢壞，漢初，始有丹書之約，白馬之盟。武帝從董仲舒之言，始舉賢良文學。天下計書，先上太史，善惡之事，靡不畢集。司馬遷、班固，撰而成之，股肱輔弼之臣，扶義俶儻之士，皆有記録。而操行高潔，不涉於世者，《史記》獨傳夷齊，《漢書》但述楊王孫之儔，其餘皆略而不説。又漢時，阮倉作《列仙圖》，劉向典校經籍，始作《列仙》、《列士》、《列女》之傳，皆因其志尚，率爾而作，不在正史。後漢光武，始詔南陽，撰作風俗，故沛、三輔有耆舊節士之序，魯、廬江有名德先賢之讚。郡國之書，由是而作。魏文帝又作《列異》，以序鬼物奇怪之事，嵇康作《高士傳》，以敘聖賢之風。因其事類，相繼而作者甚衆，名目轉廣，而又雜以虛誕怪妄之説。推其本源，蓋亦史官之末事也。載筆之士，删採其要焉。魯、沛、三輔，序贊並亡，後之作者，亦多零失。今取其見存，部而類之，謂之雜傳。

又《地理類序》 昔者先王之化民也，以五方土地，風氣所生，剛柔輕重，飲食衣服，各有其性，不可遷變。是故疆理天下，物其土宜，知其利害，達其志而通其欲，齊其政而修其教。故曰廣谷大川異制，人居其間異俗。《書》録禹別九州，定其山川，分其圻界，條其物産，辨其貢賦，斯之謂也。周則夏官司險，掌建九州之圖，周知山林川澤之阻，達其道路。地官誦訓，掌方志以詔觀事，以知地俗。春官保章，以星土辨九州之地，所封之域，以觀祅祥。夏官職方，掌天下之圖地，辨四夷八蠻九貉五戎六狄之人，與其財用九穀六畜之數，周知利害，辨九州之國，使同其貫。司徒掌邦之土地之圖，與其人民之教，以佐王擾邦國，周知九州之域，廣輪之數，辨其山林川澤丘陵墳衍原隰之名物，及土會之法。然則其事分在衆職，而冢宰掌建邦之六典，實總其事。太史以典逆冢宰之治，其書蓋亦總爲史官之職。漢初，蕭何得秦圖書，故知天下要害。後又得《山海經》，相傳以爲夏禹所記。武帝時，計書既上太史，郡國地志，固亦在焉。而史遷所記，但述河渠而已。其後劉向略言地域，丞相張禹使屬朱貢條記風俗，班固因之作《地理志》。其州國郡縣山川夷險時俗之異，經星之分，風氣所生，區域之廣，户口之數，各有攸敘，與古《禹貢》、《周官》所記相埒。是後載筆之士，管窺末學，不能及遠，但記州郡之名而已。晉世，摯虞依《禹貢》、《周官》，作《畿服經》，其州郡及縣分野封略事業，國邑山陵水泉，鄉亭城道里土田，民物風俗，先賢舊好，靡不具悉，凡一百七十卷，今亡。而學者因其經歷，並有記載，然不能成一家之體。齊時，陸澄聚一百六十家之説，依其前後遠近，編而爲部，謂之《地理書》。任昉又增陸澄之書八十四家，謂之《地記》。陳時，顧野王抄撰衆家之言，作《輿地志》。隋大業中，普詔天下諸郡，條其風俗物産地圖，上于尚書。故隋代有《諸郡物産土俗記》一百五十一卷，《區宇圖志》一百二十九卷，《諸州圖經集》一百卷。其餘記注甚衆。今任、陸二家所記之内而又別行者，各録在其書之上，自餘次之於下，以備地理之記焉。

又《譜系類序》 氏姓之書，其所由來遠矣。《書》稱：「別生分類。」《傳》曰：「天子建德，因生以賜姓。」周家小史定系世，辨昭穆，則亦史之職也。秦兼天下，剗除舊迹，公侯子孫，失其本系。漢初，得《世本》，敘黄帝已來祖世所出。而漢又有《帝王年譜》，後漢有《鄧氏官譜》。晉世，摯虞作《族姓昭穆記》十卷，齊、梁之間，其書轉廣。後魏遷洛，有八氏十姓，咸出帝族。又有三十六族，則諸國之從魏者；九十二姓，世爲部落大人者，並爲河南洛陽人。其中國士人，則第其門閥，有四海大姓、郡姓、州姓、縣姓。及周太祖入關，諸姓子孫有功者，並令爲其宗長，仍撰譜録，紀其所承。又以關内諸州，爲其本望。其《鄧氏官譜》及《族姓昭穆記》，晉亂已亡。自餘亦多遺失。今録其見存者，以爲譜系篇。

又《簿録類序》 古者史官既司典籍，蓋有目録，以爲綱紀，體制堙滅，不可復知。孔子删書，別爲之序，各陳作者所由。韓、毛二《詩》，亦皆相類。漢時劉向《別録》、劉歆《七略》，剖析條流，各有其部，推尋事迹，疑則古之制也。自是之後，不能辨其流別，但記書名而已。博覽之士，疾其渾漫，故王儉作《七志》，阮孝緒作《七録》，並皆別行。大體雖準向、歆，而遠不逮矣。其先代目録，亦多散亡。今總其見存，編爲簿録篇。

又《史部序》 夫史官者，必求博聞强識，疏通知遠之士，使居其位，百官衆職，咸所貳焉。是故前言往行，無不識也；天文地理，無不察也；人事之紀，無不達也。内掌八柄，以詔王治，外執六典，以逆官政。書美以彰善，記惡以垂戒，範圍神化，昭明令德，窮聖人之至賾，詳一代之亹亹。自史官廢絶久矣，漢氏頗循其舊，班、馬因之。魏、晉已來，其道逾替。南、董之位，以禄貴遊，班、駿之司，罕因才授。故梁世諺曰：「上車不落則著作，體中何如則祕書。」於是尸素之儔，盱衡延閣之上，立言之士，揮翰蓬茨之下。一代之記，至數十家，傳説不同，聞見舛駁，理失中

庸，辭乖體要。致令允恭之德，有闕於典墳，忠肅之才，不傳於簡策。斯所以爲蔽也。班固以《史記》附《春秋》，今開其事類，凡十三種，別爲史部。」

又《儒家類序》　儒者，所以助人君明教化者也。聖人之教，非家至而户説，故有儒者宣而明之。其大抵本於仁義及五常之道，黄帝、堯、舜、禹、湯、文、武，咸由此則。《周官》，太宰以九兩繫邦國之人，其四曰儒，是也。其後陵夷衰亂，儒道廢闕。仲尼祖述前代，修正六經，三千之徒，並受其義。至于戰國，孟軻、子思、荀卿之流，宗而師之，各有著述，發明其指。所謂中庸之教，百王不易者也。俗儒爲之，不顧其本，苟欲譁衆，多設問難，便辭巧説，亂其大體，致令學者難曉，故曰「博而寡要」。

又《道家類序》　道者，蓋爲萬物之奥，聖人之至賾也。《易》曰：「一陰一陽之謂道。」又曰：「仁者見之謂之仁，智者見之謂之智，百姓日用而不知。」夫陰陽者，天地之謂也。天地變化，萬物蠢生，則有經營之迹。至於道者，精微淳粹，而莫知其體，處陰與陰爲一，在陽與陽不二。仁者資道以成仁，道非仁之謂也；智者資道以爲智，道非智之謂也；百姓資道而日月，而不知其用也。聖人體道成性，清虚自守，爲而不恃，長而不宰，故能不勞聰明而人自化，不假修營而功自成。其玄德深遠，言象不測。先王懼人之惑，置于方外，六經之義，是所罕言。《周官》九兩，其三曰師，蓋近之矣。然自黄帝以下，聖哲之士，所言道者，傳之其人，世無師説。漢時，曹參始薦蓋公能言黄老，文帝宗之。自是相傳，道學衆矣。下士爲之，不推其本，苟以異俗爲高，狂狷爲尚，迂誕譎怪而失其真。

又《法家類序》　法者，人君所以禁淫慝，齊不軌，而輔於治者也。《易》著「先王明罰飭法」，《書》美「明于五刑，以弼五教」。《周官》，司寇「掌建國之三典，以佐王刑邦國，詰四方」；司刑「以五刑之法，麗萬民之罪」，是也。刻者爲之，則杜哀矜，絶仁愛，欲以威劫爲化，殘忍爲治，乃至傷恩害親。

又《名家類序》　名者，所以正百物，叙尊卑，列貴賤，各控名而責實，無相僭濫者也。《春秋傳》曰：「古者名位不同，節文異數。」孔子曰：「名不正則言不順，言不順則事不成。」《周官》，宗伯「以九儀之命，正邦國之位，辨其名物之類」，是也。拘者爲之，則苛察繳繞，滯於析辭而失大體。

又《墨家類序》　墨者，強本節用之術也。上述堯、舜、夏禹之行，茅茨不翦，糲粱之食，桐棺三寸，貴儉兼愛，嚴父上德，以孝示天下，右鬼神而非命。《漢書》以爲本出清廟之守。然則《周官》宗伯「掌建邦之天神地祇人鬼」，肆師「掌立國祀及兆中廟中之禁令」，是其職也。愚者爲之，則守於節儉，不達時變，推心兼愛，而混於親疎也。

又《縱横家類序》　從横者，所以明辯説，善辭令，以通上下之志者也。《漢書》以爲本出行人之官，受命出疆，臨事而制。故曰：「誦《詩》三百，使于四方，不能專對，雖多亦奚以爲？」《周官》，掌交「以節與幣，巡邦國之諸侯及萬姓之聚，導王之德意志慮，使辟行之，而和諸侯之好，達萬民之説；諭以九稅之利，九儀之親，九牧之維，九禁之難，九戎之威」，是也。佞人爲之，則便辭利口，傾危變詐，至於賊害忠信，覆邦亂家。

又《雜家類序》　雜者，兼儒、墨之道，通衆家之意，以見王者之化，無所不冠者也。古者，司史歷記前言往行，禍福存亡之道。然則雜者，蓋出史官之職也。放者爲之，不求其本，材少而多學，言非而博，是以雜錯漫羨，而無所指歸。

又《農家類序》　農者，所以播五穀，藝桑麻，以供衣食者也。《書》叙八政，其一曰食，二曰貨。孔子曰：「所重民食。」《周官》，冢宰「以九職任萬民」，其一曰「三農生九穀」；地官司稼「掌巡邦野之稼，而辨穜稑之種，周知其名與其所宜地，以爲法而懸于邑閭」，是也。鄙者爲之，則棄君臣之義，徇耕稼之利，而亂上下之序。

又《小説家類序》　小説者，街説巷語之説也。《傳》載輿人之誦，《詩》美詢于芻蕘。古者聖人在上，史爲書，瞽爲詩，工誦箴諫，大夫規誨，士傳言而庶人謗。孟春，徇木鐸以求歌謡，巡省觀人詩，以知風俗。過則正之，失則改之，道聽塗説，靡不畢紀。《周官》，誦訓「掌道方志以詔觀事，道方慝以詔辟忌，以知地俗」；而訓方氏「掌道四方之政事，與其上下之志，誦四方之傳道而觀衣物」，是也。孔子曰：「雖小道，必有可觀者焉，致遠恐泥。」

又《兵家類序》　兵者，所以禁暴静亂者也。《易》曰：「古者弦木爲弧，剡木爲矢，弧矢之利，以威天下。」孔子曰：「不教人戰，是謂棄之。」《周官》，大司馬「掌九法九伐，以正邦國」，是也。然皆動之以仁，行之以義，故能誅暴静亂，以濟百姓。下至三季，恣情逞欲，争伐尋常，不撫其人，設變詐而滅仁義，至乃百姓離叛，以致於亂。

又《天文類序》　天文者，所以察星辰之變，而參於政者也。《易》曰：「天垂象，見吉凶。」《書》稱：「天視自我人視，天聽自我人聽。」故曰：「王政不修，謫見于天，日爲之蝕。后德不修，謫見于天，月爲之蝕。」其餘孛彗飛流，見伏陵犯，各有其應。《周官》，馮相「掌十有二歲、十有二月、十有二辰、十日、二十有八星之位，辨其

叙事，以會天位」，是也。小人爲之，則指凶爲吉，謂惡爲善，是以數術錯亂而難明。

又《曆數類序》 曆數者，所以揆天道，察昬明，以定時日，以處百事，以辨三統，以知阨會，吉隆終始，窮理盡性，而至於命者也。《易》曰：「先王以治曆明時。」《書》叙：「朞，三百有六旬有六日，以閏月定四時，成歲。」《春秋傳》曰：「先王之正時也，履端於始，舉正於中，歸餘於終。」又曰：「閏以正時，時以序事，事以厚生，生民之道。」其在《周官》，則亦太史之職。小人爲之，則壞大爲小，削遠爲近，是以道術破碎而難知。

又《五行類序》 五行者，金、木、水、火、土，五常之形氣者也。在天爲五星，在人爲五藏，在目爲五色，在耳爲五音，在口爲五味，在鼻爲五臭。在上則出氣施變，在下則養人不倦。故《傳》曰：「天生五材，廢一不可。」是以聖人推其終始，以通神明之變，爲卜筮以考其吉凶，占百事以觀於來物，覩形法以辨其貴賤。《周官》則分在保章、馮相、卜師、筮人、占夢、眡祲，而太史之職，實司總之。小數者纔得其十觕，便以細事相亂，以惑於世。

又《醫方類序》 醫方者，所以除疾疢，保性命之術者也。天有陰陽風雨晦明之氣，人有喜怒哀樂好惡之情。節而行之，則和平調理；專壹其情，則溺而生疢。是以聖人原血脉之本，因鍼石之用，假藥物之滋，調中養氣，通滯解結，而反之於素。其善者，則原脉以知政，推疾以及國。《周官》醫師之職「掌聚諸藥物，凡有疾者治之」，是其事也。鄙者爲之，則反本傷性。故曰：「有疾不治，恒得中醫。」

又《子部序》 《易》曰：「天下同歸而殊塗，一致而百慮。」儒、道、小説，聖人之教也，而有所偏。兵及醫方，聖人之政也，所施各異。世之治也，列在衆職，下至衰亂，官失其守。或以其業遊説諸侯，各崇所習，分鑣並騖。若使總而不遺，折之中道，亦可以興化致治者矣。《漢書》有諸子、兵書、數術、方伎之略，今合而叙之，爲十四種，謂之子部。

又《楚辭類序》 《楚辭》者，屈原之所作也。自周室衰亂，詩人寢息，諂佞之道興，諷刺之辭廢。楚有賢臣屈原，被讒放逐，乃著《離騷》八篇，言己離别愁思，申杼其心，自明無罪，因以諷諫，冀君覺悟，卒不省察，遂赴汨羅死焉。弟子宋玉，痛惜其師，傷而和之。其後，賈誼、東方朔、劉向、揚雄，嘉其文彩，擬之而作。蓋以原楚人也，謂之「楚辭」。然其氣質高麗，雅致清遠，後之文人，咸不能逮。始漢武帝命淮南王爲之章句，旦受詔，食時而奏之，其書今亡。後漢校書郎王逸，集屈原已下，迄於劉向，逸又自爲一篇，并叙而注之，今行於世。隋時有釋道騫，善讀之，能爲楚聲，音韻清切，至今傳《楚辭》者，皆祖騫公之音。

又《别集類序》 别集之名，蓋漢東京之所創也。自靈均已降，屬文之士衆矣，然其志尚不同，風流殊别。後之君子，欲觀其體勢，而見其心靈，故别聚焉，名之爲集。辭人景慕，並自記載，以成書部。年代遷徙，亦頗遺散。其高唱絶俗者，略皆具存，今依其先後，次之於此。

又《總集類序》 總集者，以建安之後，辭賦轉繁，衆家之集，日以滋廣，晉代摯虞，苦覽者之勞倦，於是採擿孔翠，芟剪繁蕪，自詩賦下，各爲條貫，合而編之，謂爲「流别」。是後文集總鈔，作者繼軌，屬辭之士，以爲覃奥，而取則焉。今次其前後，併解釋評論，總於此篇。

又《集部序》 文者，所以明言也。古者登高能賦，山川能祭，師旅能誓，喪紀能誄，作器能銘，則可以爲大夫。言其因物騁辭，情靈無擁者也。唐歌、虞詠，商頌、周雅，叙事緣情，紛綸相襲，自斯已降，其道彌繁。世有澆淳，時移治亂，文體遷變，邪正或殊。宋玉、屈原，激清風於南楚，嚴、鄒、枚、馬，陳盛藻於西京，平子豔發於東都，王粲獨步於漳、滏。爰逮晉氏，見稱潘、陸，並黼藻相輝，宫商間起，清辭潤乎金石，精義薄乎雲天。永嘉已後，玄風既扇，辭多平淡，文寡風力。降及江東，不勝其弊。宋、齊之世，下逮梁初，靈運高致之奇，延年錯綜之美，謝玄暉之藻麗，沈休文之富溢，煇焕斌蔚，辭義可觀。梁簡文之在東宫，亦好篇什，清辭巧製，止乎衽席之間，雕琢蔓藻，思極閨闈之内。後生好事，遞相放習，朝野紛紛，號爲宫體。流宕不已，訖于喪亡。陳氏因之，未能全變。其中原則兵亂積年，文章道盡。後魏文帝，頗效屬辭，未能變俗，例皆淳古。齊宅漳濱，辭人間起，高言累句，紛紜絡繹，清辭雅致，是所未聞。後周草創，干戈不戢，君臣戮力，專事經營，風流文雅，我則未暇。其後南平漢、沔，東定河朔，訖于有隋，四海一統，采荆南之杞梓，收會稽之箭竹，辭人才士，總萃京師。屬以高祖少文，煬帝多忌，當路執權，逮相擯壓。於是握靈蛇之珠，韞荆山之玉，轉死溝壑之内者，不可勝數，草澤怨刺，於是興焉。古者陳詩觀風，斯亦所以關乎盛衰者也。班固有《詩賦略》，凡五種，今引而伸之，合爲三種，謂之集部。

又《道經類序》 經戒三百一部，九百八卷。餌服四十六部，一百六十七卷。房中十三部，三十八卷。符録十七部，一百三卷。

右三百七十七部，一千二百一十六卷。

道經者，云有元始天尊，生於太元之先，禀自然之氣，沖虚凝遠，莫知其極。所

以説天地淪壞，劫數終盡，略與佛經同。以爲天尊之體，常存不滅。每至天地初開，或在玉京之上，或在窮桑之野，授以祕道，謂之開劫度人。然其開劫，非一度矣，故有延康、赤明、龍漢、開皇，是其年號。其間相去經四十一億萬載。所度皆諸天仙上品，有太上老君、太上丈人、天真皇人、五方天帝及諸仙官，轉共承受，世人莫之豫也。所説之經，亦稟元一之氣，自然而有，非所造爲，亦與天尊常在不滅。天地不壞，則蘊而莫傳，劫運若開，其文自見。凡八字，蓋道體之奥，謂之天書。字方一丈，八角垂芒，光輝照耀，驚心眩目，雖諸天仙，不能省視。天尊之開劫也，乃命天真皇人，改轉天音而辯析之。自天真以下，至于諸仙，展轉節級，以次相授。諸仙得之，始授世人。然以天尊經歷年載，始一開劫，受法之人，得而寶祕，亦有年限，方始傳授。上品則年久，下品則年近。故今授道者，經四十九年，始得授人。推其大旨，蓋亦歸於仁愛清静，積而修習，漸致長生，自然神化，或白日登仙，與道合體。其受道之法，初受《五千文籙》，次受《三洞籙》，次受《洞玄籙》，次受《上清籙》。籙皆素書，紀諸天曹官屬佐吏之名有多少，又有諸符，錯在其間，文章詭怪，世所不識。受者必先潔齋，然後齎金環一，并諸贄幣，以見於師。師受其贄，以籙授之，仍剖金環，各持其半，云以爲約。弟子得籙，緘而佩之。其潔齋之法，有黄籙、玉籙、金籙、塗炭等齋。爲壇三成，每成皆置緜蕝，以爲限域。傍各開門，皆有法象。齋者亦有人數之限，以次入于緜蕝之中，魚貫面縛，陳説愆咎，告白神祇，晝夜不息，或一二七日而止。其齋數之外有人者，並在緜蕝之外，謂之齋客，但拜謝而已，不面縛焉。而又有諸消災度厄之法，依陰陽五行數術，推人年命書之，如章表之儀，并具贄幣，燒香陳讀。云奏上天曹，請爲除厄，謂之上章。夜中，於星辰之下，陳設酒脯餅餌幣物，歷祀天皇太一，祀五星列宿，爲書如上章之儀以奏之，名之爲醮。又以木爲印，刻星辰日月於其上，吸氣執之，以印疾病，多有愈者。又能登刀入火而焚勑之，使刃不能割，火不能熱。而又有諸服餌、辟穀、金丹、玉漿、雲英，蠲除滓穢之法，不可殫記。云自上古黄帝、帝嚳、夏禹之儔，並遇神人，咸受道籙，年代既遠，經史無聞焉。推尋事迹，漢時諸子，道書之流有三十七家，大旨皆去健羡，處沖虚而已，無上天官符籙之事。其《黄帝》四篇，《老子》二篇，最得深旨。故言陶弘景者，隱於句容，好陰陽五行，風角星算，修辟穀導引之法，受道經符籙，武帝素與之遊。及禪代之際，弘景取圖讖之文，合成「景梁」字以獻之，由是恩遇甚厚。又撰《登真隱訣》，以證古有神仙之事；又言神丹可成，服之則能長生，與天地永畢。帝令弘景試合神丹，竟不能就，乃言中原隔絶，藥物不精故也。帝以爲然，敬之尤甚。然武帝弱年好事，先受道法，及即位，猶自上章，朝士受道者衆。三吴及邊海之際，信之踰甚。陳武世居吴興，故亦奉焉。後魏之世，嵩山道士寇謙之，自云嘗遇真人成公興，後遇太上老君，授謙之爲天師，而又賜之《雲中音誦科誡》二十卷。又使玉女授其服氣導引之法，遂得辟穀，氣盛體輕，顔色鮮麗。弟子十餘人，皆得其術。其後又遇神人李譜，云是老君玄孫，授其圖籙真經，劾召百神，六十餘卷，及銷鍊金丹雲英八石玉漿之法。太武始光之初，奉其書而獻之。帝使謁者，奉玉帛牲牢，祀嵩岳，迎致其餘弟子，於代都東南起壇宇，給道士百二十餘人，顯揚其法，宣布天下。太武親備法駕，而受符籙焉。自是道業大行，每帝即位，必受符籙，以爲故事，刻天尊及諸仙之象，而供養焉。遷洛已後，置道場於南郊之傍，方二百步。正月、十月之十五日，並有道士哥人百六人，拜而祠焉。後齊武帝遷鄴，遂罷之。文襄之世，更置館宇，選其精至者使居焉。後周承魏，崇奉道法，每帝受籙，如魏之舊，尋與佛法俱滅。開皇初又興，高祖雅信佛法，於道士蔑如也。大業中，道士以術進者甚衆。其所以講經，由以《老子》爲本，次講《莊子》及《靈寶》、《昇玄》之屬。其餘衆經，或言傳之神人，篇卷非一。自云天尊姓樂名静信，例皆淺俗，故世甚疑之。其術業優者，行諸符禁，往往神驗。而金丹玉液長生之事，歷代糜費，不可勝紀，竟無效焉。今考其經目之數，附之於此。

又《佛經類序》 大乘經六百一十七部，二千七十六卷。五百五十八部，一千六百九十七卷，經。五十九部，三百七十九卷，疏。小乘經四百八十七部，八百五十二卷。雜經三百八十部，七百一十六卷。雜經目殘缺甚，見數如此。雜疑經一百七十二部，三百三十六卷。大乘律五十二部，九十一卷。小乘律八十部，四百七十二卷。七十七部，四百九十卷，律。二部，二十三卷，講疏。雜律二十七部，四十六卷。大乘論三十五部，一百四十一卷。三十部，九十四卷，論。十五部，四十七卷，疏。

小乘論四十一部，五百六十七卷。二十一部，四百九十一卷，論。十部，七十六卷，講疏。雜論五十一部，四百三十七卷。三十二部，二百九十九卷，論。九部，一百三十八卷，講疏。記二十部，四百六十四卷。

右一千九百五十部，六千一百九十八卷。

佛經者，西域天竺之迦維衛國净飯王太子釋迦牟尼所説。釋迦當周莊王之九年四月八日，自母右脅而生，姿貌奇異，有三十二相，八十二好。捨太子位，出家學道，勤行精進，覺悟一切種智，而謂之佛，亦曰佛陀，亦曰浮屠，皆胡言也。華言譯之爲净覺。其所説云，人身雖有生死之異，至於精神，則恒不滅。此身之前，則

經無量身矣。積而修習，精神清净，則成佛道。天地之外，四維上下，更有天地，亦無終極，然皆有成有敗。一成一敗，謂之一劫。自此天地已前，則有無量劫矣。每劫必有諸佛得道，出世教化，其數不同。今此劫中，當有千佛。自初至于釋迦，已七佛矣。其次當有彌勒出世，必經三會，演説法藏，開度衆生。由其道者，有四等之果。一曰須陁洹，二曰斯陁含，三曰阿那含，四曰阿羅漢。至羅漢者，則出入生死，去來隱顯，而不爲累。阿羅漢已上，至菩薩者，深見佛性，以至成道。每佛滅度，遺法相傳，有正、象、末三等淳醨之異。年歲遠近，亦各不同。末法已後，衆生愚鈍，無復佛教，而業行轉惡，年壽漸短，經數百千載間，乃至朝生夕死。然後有大水、大火、大風之災，一切除去之，而更立生人，又歸淳朴，謂之小劫。每一小劫，則一佛出世。初天竺中多諸外道，並事水火毒龍，而善諸變幻。釋迦之苦行也，是諸邪道，並來嬲惱，以亂其心，而不能得。及佛道成，盡皆摧伏，並爲弟子。弟子，男曰桑門，譯言息心，而總曰僧，譯言行乞。女曰比丘尼。皆剃落鬚髪，釋累辭家，相與和居，治心修净，行乞以自資，而防心攝行。僧至二百五十戒，尼五百戒。俗人信憑佛法者，男曰優婆塞，女曰優婆夷，皆去殺、盗、淫、妄言、飲酒，是爲五誡。釋迦在世教化四十九年，乃至天龍人鬼並來聽法，弟子得道，以百千萬億數。然後於拘尸那城娑羅雙樹間，以二月十五日，入般涅槃。涅槃亦曰泥洹，譯言滅度，亦言常樂我净。初釋迦説法，以人之性識根業各差，故有大乘小乘之説。至是謝世，弟子大迦葉與阿難等五百人，追共撰述，綴以文字，集載爲十二部。後數百年，有羅漢菩薩，相繼著論，贊明其義。然佛所説，我滅度後，正法五百年，像法一千年，末法三千年，其義如此。推尋典籍，自漢已上，中國未傳。或云久以流布，遭秦之世，所以堙滅。其後張騫使西域，蓋聞有浮屠之教。哀帝時，博士弟子秦景使伊存口授浮屠經，中土聞之，未之信也。後漢明帝，夜夢金人飛行殿庭，以問於朝，而傅毅以佛對。帝遣郎中蔡愔及秦景使天竺求之，得《佛經四十二章》及釋迦立像。并與沙門攝摩騰、竺法蘭東還。愔之來也，以白馬負經，因立白馬寺於洛城雍門西以處之。其經緘于蘭臺石室，而又畫像於清凉臺及顯節陵上。章帝時，楚王英以崇敬佛法聞，西域沙門，齎佛經而至者甚衆。永平中，法蘭又譯《十住經》。其餘傳譯，多未能通。至桓帝時，有安息國沙門安静，齎經至洛，翻譯最爲通解。靈帝時，有月支沙門支讖、天竺沙門竺佛朔等，並翻佛經。而支讖所譯《泥洹經》二卷，學者以爲大得本旨。漢末，太守竺融，亦崇佛法。三國時，有西域沙門康僧會，齎佛經至吴譯之，吴主孫權，甚大敬信。魏黄初中，中國人始依佛戒，剃髪爲僧。先是西域沙門來此，譯《小品經》，首尾乖舛，未能通解。甘露中，有朱仕行者，往西域，至于闐國，得經九十章，晉元康中，至鄴譯之，題曰《放光般若經》。太始中，有月支沙門竺法護，西遊諸國，大得佛經，至洛翻譯，部數甚多。佛教東流，自此而盛。石勒時，常山沙門衛道安，性聰敏，誦經日至萬餘言。以胡僧所譯《維摩》、《法華》，未盡深旨，精思十年，心了神悟，乃正其乖舛，宣揚解釋。時中國紛擾，四方隔絶，道安乃率門徒，南遊新野，欲令玄宗所在流布，分遣弟子，各趨諸方。法性詣揚州，法和入蜀，道安與慧遠之襄陽。後至長安，苻堅甚敬之。道安素聞天竺沙門鳩摩羅什，思通法門，勸堅致之。什亦聞安令問，遥拜致敬。姚萇弘始二年，羅什至長安，時道安卒後已二十載矣，什深慨恨。什之來也，大譯經論，道安所正，與什所譯，義如一，初無乖舛。初，晉元熙中，新豐沙門智猛，策杖西行，到華氏城，得《泥洹經》及《僧祇律》，東至高昌，譯《泥洹》爲二十卷。後有天竺沙門曇摩羅讖復齎胡本，來至河西。沮渠蒙遜遣使至高昌取猛本，欲相參驗，未還而蒙遜破滅。姚萇弘始十年，猛本始至長安，譯爲三十卷。曇摩羅讖又譯《金光明》等經。時胡僧至長安者數十輩，惟鳩摩羅什才德最優。其所譯則《維摩》、《法華》、《成實論》等諸經，及曇無懺所譯《金光明》，曇摩羅懺所譯《泥洹》等經，並爲大乘之學。而什又譯《十誦律》，天竺沙門佛陀耶舍譯《長阿含經》及《四方律》，兜佉勒沙門曇摩難提譯《增一阿含經》，曇摩耶舍譯《阿毗曇論》，並爲小乘之學。其餘經論，不可勝記。自是佛法流通，極於四海矣。東晉隆安中，又有罽賓沙門僧伽提婆譯《增一阿含經》及《中阿含經》。義熙中，沙門支法領，從于闐國得《華嚴經》三萬六千偈，至金陵宣譯。又有沙門法顯，自長安遊天竺，經三十餘國。隨有經律之處，學其書語，譯而寫之。還至金陵，與天竺禪師跋羅，參共辩定，謂《僧祇律》，學者傳之。齊梁及陳，並有外國沙門。然所宣譯，無大名部可爲法門者。梁武大崇佛法，於華林園中，總集釋氏經典，凡五千四百卷。沙門寶唱，撰《經目録》。又後魏時，太武帝西征長安，以沙門多違佛律，群聚穢亂，乃詔有司，盡坑殺之，焚破佛像。長安僧徒，一時殲滅。自餘征鎮，豫聞詔書，亡匿得免者十一二。文成之世，又使修復。熙平中，遣沙門慧生使西域，采諸經律，得一百七十部。永平中，又有天竺沙門菩提留支，大譯佛經，與羅什相埒。其《地持》、《十地論》，並爲大乘學者所重。後齊遷鄴，佛法不改。至周武帝時，蜀郡沙門衛元嵩上書，稱僧徒猥濫，武帝出詔，一切廢毁。開皇元年，高祖普詔天下，任聽出家，仍令計口出錢，營造經像。而京師及并州、相州、洛州等諸大都邑之處，並官寫一切經，置于寺内；而又別寫，藏于祕閣。天下之人，從風而靡，

竟相景慕，民間佛經，多於六經數十百倍。大業時，又令沙門智果，於東都内道場，撰諸經目，分别條貫，以佛所説經爲三部：一曰大乘，二曰小乘，三曰雜經。其餘似後人假託爲之者，别爲一部，謂之疑經。又有菩薩及諸深解奥義、贊明佛理者，名之爲論，及戒律並有大、小及中三部之别。又所學者，録其當時行事，名之爲記。凡十一種。今舉其大數，列於此篇。

右道、佛經二千三百二十九部，七千四百一十四卷。

道、佛者，方外之教，聖人之遠致也。俗士爲之，不通其指，多離以迂怪，假託變幻亂於世，斯所以爲弊也。故中庸之教，是所罕言，然亦不可誣也。故録其大綱，附于四部之末。大凡經傳存亡及道、佛，六千五百二十部，五萬六千八百八十一卷。

李林甫等《唐六典・秘書省》 秘書郎掌四部之圖籍，分庫以藏之，以甲、乙、景、丁爲之部目。甲部爲經，其類有十：一曰易，以紀陰陽變化；二曰書，以紀帝王遺範；三曰詩，以紀興衰誦嘆；四曰禮，以紀文物體制；五曰樂，以紀聲容律度；六曰春秋，以紀行事褒貶；七曰孝經，以紀天經地義；八曰論語，以紀先聖微言；九曰圖緯，以紀六經讖候；十曰小學，以紀字體聲韻。乙部爲史，其類一十有三：一曰正史，以紀紀傳表志；二曰古史，以紀編年繫事；三曰雜史，以紀異體雜記；四曰霸史，以紀僞朝國史；五曰起居注，以紀人君動止；六曰舊事，以紀朝廷政令；七曰職官，以紀班序品秩；八曰儀注，以紀吉凶行事；九曰刑法，以紀律令格式；十曰雜傳，以紀先賢人物；十一曰地理，以紀山川郡國；十二曰譜系，以紀氏族繼序；十三曰略録，以紀史策條目。景部爲子，其類一十有四：一曰儒家，以紀仁義教化；二曰道家，以紀清净無爲；三曰法家，以紀刑法典制；四曰名家，以紀循名責實；五曰墨家，以紀强本節用；六曰從横家，以紀辨説譎詐；七曰雜家，以紀兼敘衆説；八曰農家，以紀播植種藝；九曰小説家，以紀芻辭輿誦；十曰兵法，以紀權謀制變；十一曰天文，以紀星辰象緯；十二曰曆數，以紀推步氣朔；十三曰五行，以紀卜筮占候；十四曰醫方，以紀藥餌鍼灸。丁部爲集，其類有三：一曰楚詞，以紀騷人怨刺；二曰别集，以紀詞賦雜論；三曰總集，以紀類分文章。校書郎正字掌讎校典籍，刊正文字，皆辨其紕繆，以正四庫之圖史焉。

《舊唐書・經籍志總序》 四部者，甲、乙、丙、丁之次也。甲部爲經，其類十二：一曰易，以紀陰陽變化。二曰書，以紀帝王遺範。三曰詩，以紀興衰誦嘆。四曰禮，以紀文物體制。五曰樂，以紀聲容律度。六曰春秋，以紀行事褒貶。七曰孝經，以紀天經地義。八曰論語，以紀先聖微言。九曰圖緯，以紀六經讖候。十曰經解，以紀六經讖候。十一曰詁訓，以紀六經讖候。十二曰小學，以紀字體聲韻。乙部爲史，其類十有三：一曰正史，以紀紀傳表志。二曰古史，以紀編年繫事。三曰雜史，以紀異體雜紀。四曰霸史，以紀僞朝國史。五曰起居注，以紀人君言動。六曰舊事，以紀朝廷政令。七曰職官，以紀班序品秩。八曰儀注，以紀吉凶行事。九曰刑法，以紀律令格式。十曰雜傳，以紀先聖人物。十一曰地理，以紀山川郡國。十二曰譜系，以紀世族繼序。十三曰略録，以紀史策條目。丙部爲子，其類一十有四：一曰儒家，以紀仁義教化。二曰道家，以紀清净無爲。三曰法家，以紀刑法典制。四曰名家，以紀循名責實。五曰墨家，以紀强本節用。六曰縱横家，以紀辯説詭詐。七曰雜家，以紀兼敘衆説。八曰農家，以紀播植種藝。九曰小説家，以紀芻辭輿誦。十曰兵法，以紀權謀制度。十一曰天文，以紀星辰象緯。十二曰曆數，以紀推步氣朔。十三曰五行，以紀卜筮占候。十四曰醫方，以紀藥餌針灸。丁部爲集，其類有三：一曰楚詞，以紀騷人怨刺。二曰别集，以紀詞賦雜論。三曰總集，以紀文章事類。【略】煚等《四部目》及《釋道目》，並有小序及注撰人姓氏，卷軸繁多，今並略之，但紀篇部，以表我朝文物之大。其《釋道録目》附本書，今亦不取，據開元經籍爲之志。天寶已後，名公各著文章，儒者多有撰述，或記禮法之沿革，或裁國史之繁略，皆張部類，其徒實繁。臣以後出之書，在開元四部之外，不欲雜其本部，今據所聞，附撰人等傳。其諸公文集，亦見本傳，此並不録。

《新唐書・藝文志・甲部序》 甲部經録，其類十一：一曰易類，二曰書類，三曰詩類，四曰禮類，五曰樂類，六曰春秋類，七曰孝經類，八曰論語類，九曰讖緯類，十曰經解類，十一曰小學類。凡著録四百四十家，五百九十七部，六千一百四十五卷。不著録一百一十七家，三千三百六十卷。

又《乙部序》 乙部史録，其類十三：一曰正史類，二曰編年類，三曰僞史類，四曰雜史類，五曰起居注類，六曰故事類，七曰職官類，八曰雜傳記類，九曰儀注類，十曰刑法類，十一曰目録類，十二曰譜牒類，十三曰地理類。凡著録五百七十一家，八百五十七部，一萬六千八百七十四卷；不著録三百五十八家，一萬二千三百二十七卷。

又《丙部序》 丙部子録，其類十七：一曰儒家類，二曰道家類，三曰法家類，四曰名家類，五曰墨家類，六曰縱横家類，七曰雜家類，八曰農家類，九曰小説類，十曰天文類，十一曰曆算類，十二曰兵書類，十三曰五行類，十四曰雜藝術類，十五

曰類書類，十六曰明堂經脉類，十七曰醫術類。凡著録六百九家，九百六十七部，一萬七千一百五十二卷；不著録五百七家，五千六百一十五卷。

又《丁部序》 丁部集録，其類三：一曰楚辭類，二曰別集類，三曰總集類。凡著録八百一十八家，八百五十六部，一萬一千九百二十三卷；不著録四百八家，五千八百二十五卷。

馬端臨《文獻通考・經籍考・集》 吴氏曰：漢時，未以集名書，故《漢・藝文志》載賦頌歌詩一百家，皆不曰「集」。晉荀勗分書爲四部，其四曰「丁部」。宋王儉撰《七志》，其三曰「文翰志」皆無「集」名。至梁阮孝緒爲《七録》始有「文集録」，《隋・經籍志》遂以荀況等賦皆謂之「集」，而又有「別集」，史官謂，「別集」之名，漢東京所創。按閔馬父論《商頌》之輯曰：韋昭注，輯，成也。蓋東京「別集」之名，實本於劉歆之「輯略」，而「輯略」又本於「商頌」之輯云。

《宋史・藝文志・經類》 經類十：一曰易類，二曰書類，三曰詩類，四曰禮類，五曰樂類，六曰春秋類，七曰孝經類，八曰論語類，九曰經解類，十曰小學類。

又《史類》 史類十三：一曰正史類，二曰編年類，三曰別史類，四曰史鈔類，五曰故事類，六曰職官類，七曰傳記類，八曰儀注類，九曰刑法類，十曰目録類，十一曰譜牒類，十二曰地理類，十三曰霸史類。

又《子類》 子類十七：一曰儒家類，二曰道家類，釋氏及神仙附。三曰法家類，四曰名家類，五曰墨家類，六曰縱横家類，七曰農家類，八曰雜家類，九曰小説家類，十曰天文類，十一曰五行類，十二曰蓍龜類，十三曰曆算類，十四曰兵書類，十五曰雜藝術類，十六曰類事類，十七曰醫書類。

又《集類》 集類四：一曰楚辭類，二曰別集類，三曰總集類，四曰文史類。

方以智《通雅・釋詁》卷三 《七略》、《七志》、《七録》相因，荀勖始爲四部，而後因之。劉歆《七略》，首曰「輯略」，曰「六藝」，曰「諸子」，曰「詩賦」，曰「兵書」，曰「術數」，曰「方術」。王儉《七志》：一「經典」，二「諸子」，三「文翰」，四「軍書」，五「陰陽」，六「術藝」，七「圖譜」及「佛」、「道」二家，名「七」而「九」，又作「九篇條列」。阮孝緒《七録》：一「經典」，二「紀傳」，三「子兵」，四「文集」，五「伎術」，六「佛」，七「道」。魏荀勖始因鄭默《中經》爲《新簿》，分四部：甲「六藝」、「小學」；乙「諸子」、「兵術」；丙「史記」、「皇覽」；丁「詩賦」、「圖讚」。至唐而「史」居「子」上，次「經」，「佛」、「老」附子，而終之以「集」，定爲四庫。元載當國，增爲十二庫，仍四部也。宋相沿襲，景德二年，龍圖閣下列六閣，則四部加「天文圖畫」也。鄭氏《通志・略》十二類：一「經」，二「禮」，三「樂」，四「小學」，五「史」，六「子」，七「星數」，八「五行」，九「藝術」，十「醫」，十一「類書」，十二「文」。又總天下古今書籍爲《群玉會記》三十卷，又作《求書闕記》七卷，《外記》十卷。今馬氏《通考》，竝遺此數名。馬氏於經籍分四部：「經」十二類：一易，二書，三詩，四禮，五春秋，六論語，七孟子，八孝經，九樂，十讖緯，十一儀注，十二小學。史十三類：一正史，二編年，三起居，四雜史，五傳記，六故事，七職官，八地理，九刑法，十時令，十一譜録，十二史鈔，十三史評。子二十類：一儒，二道，三法，四名，五墨，六縱横，七雜家，八小説，九農，十天文，十一曆算，十二五行，十三占筮，十四刑法，十五兵，十六醫，十七神仙，十八佛，十九類書，二十雜藝。集四類：一別，二詩，三歌，四總集。藏書家皆四部法，而獻臣《邯鄲圖書志》，於四部外又增四焉，共成「十志」。莆田鄭寅仍爲「七録」。又按陸子淵《目》：一曰經，二曰性理書，三曰史，四曰古書，五曰子，六曰文，七曰詩，八曰類書，九曰雜史，十曰諸志，十一曰韻書，十二曰小學、醫藥，十三曰雜流。又特爲一録，以次「宸章目」曰「制書」。

朱彝尊《經義考・著録》 梁阮孝緒《七録序略》曰：「孝緒少愛墳籍，長而弗倦，遺文隱記，頗好搜集。自宋、齊以來，王公搢紳之館，苟能蓄聚墳籍，必思致其名簿，凡在所遇，若見若聞，校之官目，多所遺漏，送總集衆家，更爲新録。其方内經史至於術伎，合爲五録，謂之内篇，方外佛道各爲一録，謂之外篇，凡爲録有七，故名《七録》。昔劉向校書，子歆撮其指要，著爲《七略》，有《六藝略》，今以六藝之稱不足標榜，經目改爲經典，故序《經典録》爲内篇第一：《易》部五百九十卷，《尚書》部一百九十卷，《詩》部三百九十八卷，《禮》部一千五百七十卷，《樂》部二十五卷，《春秋》部一千一百五十三卷，《論語》部四百一十六卷，《孝經》部一百四十四卷，小學部三百一十三卷，内見於《隋志注》者，《爾雅》一十七卷，石經四十二卷。統計四千七百一十卷，又《術伎録》緯纖部一百五十四卷。」【略】

《長編》：「景祐元年閏六月辛酉，命翰林院學士張觀、知制誥李淑、宋祁編《三館祕閣書目》，仍命判館閣盛度、章得象、石中立、林仲容覆視之。」「慶曆元年十二月己丑，翰林學士王堯臣等上《新修崇文總目》六十卷。先是景祐初，以三館祕閣所藏書，其閒亦有謬濫及不完者，命官定其存廢，因倣開元《四部録爲總目》，至是上之。所藏書凡三萬六百六十九卷，然或相重，亦有可取而誤棄不録者。」

《崇文總目》：「《易》一十八部，一百七十一卷；《書》七部，八十一卷；《詩》八部，一百一十五卷；《禮》三十三部，一千九十七卷；《樂》四十八部，一百八十一

卷；《春秋》三十三部，三百九十六卷；《孝經》五部，九卷；《論語》一十三部，二百一十卷；小學二十八部，三百卷。」

按：《崇文總目》當時撰定諸儒，皆有論説。凡一書大義，必舉其綱，法至善也。其後若《郡齋讀書志》、《書録解題》等編，咸取法於此，故雖書有亡失，而後之學者覽其目録，猶可想見全書之本末焉。乃夾漈鄭氏持論，謂《崇文目録》每書之下必著説，據標類自見，何用更爲之説，又何用一一强爲之説，使人意怠於是。紹興中改定此書，僅存六十六卷之目，悉去論説，書之散佚者，學者遂無由知撰述之本旨矣。幸而尚存其概者，則鄱陽馬氏之功也。

《宋兩朝志》：仁宗、英宗。「《易》十一部，七十三卷；《書》二部，一十三卷；《詩》一部，一卷；《禮》三部，五十二卷；內一部儀注。《春秋》十七部，一百一十四卷；《論語》二部，二十卷；《孝經》一部，一卷；經解二家，七十九卷；小學二十部，六百四十二卷。」

《宋四朝志》：神宗、哲宗、徽宗、欽宗。「《易》三十七部，二百一十九卷；《書》一十二部，一百二十卷；《詩》二十一部，三百二十八卷；《禮》二十五部，三百六十七卷；內一部儀注。《春秋》三十六部，三百七十五卷；《論語》十三部，七十八卷；《孟子》九家，九十二卷；《孝經》六部，五卷；經解四家，一百九十五卷；小學二十二部，二百七十七卷。」

《宋中興志》：「《易》一百四十家，一百八十四部，一千三百六十六卷；《書》四十二家，五十一部，七百一十六卷；《詩》五十三家，六十四部，八百七十一卷；《禮》六十四家，九十一部，一千二百六十五卷；《春秋》一百二十九家，一百七十四部，二千二百七十一卷；《論語》五十五家，六十三部，四百九十八卷；《孟子》二十二部，二百八十五卷；《孝經》二十一家，二十一部，二十九卷；經解二十二家，一百四十九卷；讖緯三家，五部，十二卷；小學一百三十八家，一百五十五部，一千一百一十三卷。」

《紹興中祕書省續編到四庫闕書目》：「《易》三百三十七卷，《書》四十二卷，《詩》一百六十二卷，《禮》四百六十六卷，《春秋》一百三十三卷，《孝經》一十四卷，《論語》九十九卷。」

《宋史藝文志》：「始太祖、太宗、真宗三朝，次仁、英兩朝，次神、哲、徽、欽四朝，三朝所録，則兩朝不復登載，而録其所未有者，四朝於兩朝亦然。自太祖至寧宗，爲書凡四，志藝文者，前後部帙有亡，增損互有異同，今删其重複，合爲一志。《易》二百十三部，一千七百四十卷；不著録十九部，一百八十六卷。《書》六十部，八百二卷；不著録十三部，二百四十四卷。《詩》八十二部，一千一百二十卷；不著録十四部，二百四十五卷。《禮》一百十三部，一千三百九十九卷；不著録二十六部，四百六十九卷。《春秋》二百四十部，二千七百九十九卷；不著録二十三部，四百八十八卷。《孝經》二十六部，三十五卷；不著録二部，六卷。《論語》七十三部，五百七十九卷；不著録八部，八十二卷。經解五十八部，七百五十三卷；不著録九部，一百四十六卷。《爾雅》十五部，九十九卷。又儒家類《孟子》三十部，三百一十四卷。」柯維騏《宋史新編藝文志》：「《易》二百三十一部，一千八百四卷；《書》七十三部，一千一十五卷；《詩》一百部，一千三百三十四卷；《禮》一百三十三部，二千卷；《春秋》二百六十三部，三千二百六十五卷；《孝經》二十八部，四十二卷；《論語》八十二部，六百五十一卷；《孟子》二十八部，三百九卷；《爾雅》九部，五十四卷；經解五十二部，七百六十八卷。」鄭樵《通志略》：「《易》二百四十一部，一千八百九十卷；《書》八十部，五百九十八卷；《詩》九十部，九百四十二卷；《春秋》二百四十六部，一千三百三十三卷，又《外傳》九部，一百三十二卷；《孝經》六十一部，一百六十一卷；《論語》六十五部，四百八十二卷；《爾雅》二十四部，一百三卷；經解五十八部，七百四十四卷；《周官》二十一部，二百六十五卷；《儀禮》十五部，一百一十八卷；《喪服傳》八十八部，三百四十七卷；《禮記》四十九部，八百一十八卷；《月令》十七部，五十六卷；《三禮》及圖十六部，三百九十卷；《參同契》十九部，三十一卷；《孟子》九部，五十卷。」

按：夾漈鄭氏疑《詩序》之非古，而所輯《六藝略》反信僞《三墳》書爲真，未免多學而寡識也。

馬端臨《經籍考》：「《易》一百七家，一千七十六卷；《書》四十四家，五百五十卷；《詩》三十五家，四百八十九卷；《禮》六十一家，一千八十四卷；《春秋》九十六家，一千五百二十八卷；《孝經》十四家，一十八卷；《論語》四十三家，四百二十八卷；《孟子》二十七家，二百七十一卷；《爾雅》十一家，七十六卷。」

元《祕書志》：「至正二年五月簿録在庫書，先次送庫經六部，一百一十三册；後次發下經書二百四十四部，二千一百四十五册；續發下經一百六十六部，一千九百四十六册。」

按：元《祕書志》十一卷，至正二年著作郎王士點、著作佐郎商企翁同編，統計經類四百一十六部，四千三百四册，而史子集不與焉。元之儲藏富

矣，惜不分著其目，而洪武初修《元史》，命吕復、歐陽佑等采書北平，當時若一一闕取則諸書具在，以撰《藝文志》無難，顧《元史》闕焉，不能不致憾於宋、王諸公也。

明《文淵閣書目》：「《易》七百六册，《書》二百八十二册，《詩》三百八十八册，《春秋》一千一百四十一册，《禮》一千四百二十九册，經解二百七十四册，《四書》八百五十册。」

按：古書著録，未有不詳其篇卷及撰人姓氏者，故其卷帙寧詳無略，殷淳《四部書目》三十九卷，毋煚《古今書録》四十卷，王拱辰等《崇文總目》六十六卷，陳騤《中興館閣書目》七十卷，而殷踐猷等《群書四録》多至二百卷，昔之人豈好騁其繁富哉，蓋以述作者之意，俾論世者知其槩焉爾。迨明正統六年，少師楊士奇、學士馬愉、侍講曹鼐編定《文淵閣書目》，有册無卷，兼多不著撰人姓氏，致覽者茫然自失，其後藏書之家往往效之。雖以葉文莊之該洽，而《菉竹堂目》都不分卷，鄞縣范氏《天一閣目》亦然，惟涿州高氏《百川書志》、連江陳氏《一齋書目》、山陰祁氏《澹生堂藏書》、周藩西亭宗正《聚樂堂藝文目録》皆詳列篇卷、姓名，而祁氏於類書、説部、文集中遇有經解，悉行列出，差足法也。

《萬曆重編内閣書目》：「《易》一十九册，《書》五十册，《詩》七十二册，《春秋》七百一十九册，《禮》一千三百二十五册，《孝經》一十九册，《論語》一百册，《孟子》六十七册，《爾雅》四十九册，經解二百四十五册，《四書》三百九十一册。」

按：宋靖康二年，金人索祕書監文籍，節次解發，見丁特起《孤臣泣血録》，而洪《容齋隨筆》亦云：「宣和殿、太清樓、龍圖閣所儲書籍，靖康蕩析之餘，盡歸於燕。」迨元之平金也，楊中書惟中於軍前次伊、洛諸書載送燕都。及平宋，王承旨構首請輦宋三館圖籍，至元中，又徙平陽經籍所於京師，且括西江諸郡書板，又遣使杭州，悉取在官書籍板刻至大都。明永樂閒，勑翰林院凡南内所儲書各取一部，於時修撰陳循督舟十艘，載書百櫝送北京，又嘗命禮部尚書鄭賜擇通知典籍者，四出購求遺書，皆儲之文淵閣，相傳雕本十三，抄本十七，蓋不特合宋、金、元之所遺而匯於一，且奉使者復命，必納書於庫，縹緗之富，古未有也，惟因著録者不詳篇卷、不著撰人，故遠遜《崇文》、《中興館閣》諸目。考唐、宋、元藏書咸極其慎重，獻書有賚，儲書有庫，勘書有員，曝書有會，至明以百萬卷祕書顧責之典籍一官守視，其人皆貲生，不知愛重，而又設科專尚帖括，《四子書》、《易》、《詩》第宗朱子，《書》遵蔡氏，《春秋》用胡氏，《禮》主陳氏，其有稍别於學官所頒者，輒獲罪戾，以是愛博者窺《大全》而止，不敢旁及諸家，祕省所藏，土苴視之，盜竊聽之，百年之後，無完書矣。迄萬曆乙巳，輔臣諭内閣勑房辨事大理寺左寺副孫能傳、中書舍人張萱、秦焜、郭安民、吴大山校理遺籍，惟地志僅存，經典散失，寥寥無幾，萱等略述作者之旨，較《正統書目》大爲過之，惜已殘闕無足觀，有識者惟有撫卷浩歎而已。

王圻《續文獻通考》：「《易》一百七十四家，《書》八十七家，《詩》六十二家，《春秋》一百二十八家，《禮》九十六家，《論語》五十六家，《孟子》二十一家，《四書》六十二家，《孝經》一十二家，經解四十三家。」

按：王氏《續通考》本以續鄱陽馬氏之書，乃中閒有卷帙者，僅十之一二而已，兼之世次之後先紊亂，名字之稱謂錯雜，典籍之篇目重複，其牽率爲已甚矣。亡友嘉定陸元輔翼王，毅然欲别撰《續經籍考》一書，以洗王氏之陋，窮年抄撮，積至數十册，未經删定而殁，然元、明遺籍索隱抉微不少；又晉江黄虞稷俞邰在明史館分撰《藝文志》，摭采特詳，二子皆功崇稽古者也。

朱睦㮮《授經圖》：「諸儒經解，周、漢而上至金、元，作者凡一千一百三十二人，國朝三十九人，經解凡一千七百九十八部，二萬一千七十一卷。」

按：西亭王孫《授經圖》原本所載如右，錢塘龔御史翔麟未仕時刊於白門，俾黄徵君虞稷增益之，凡增入古今作者二百五十五人，經解凡七百四十一部，六千二百一十八卷。

焦竑《國史經籍志》：「《易》二千二百一十八卷，《書》一千二百四十九卷，《詩》一千五百七十八卷，《春秋》三千二百五十九卷，《三禮》四千一百三十九卷，《孝經》一百九十九卷，《論語》一千三百七十四卷，《孟子》四百三十九卷，《爾雅》三百九卷，《群經》一千一百六十三卷，《四書》六百五十一卷。」

按：焦氏《經籍志》，萬曆中分撰《明史》而作，故曰《國史經籍志》，既非據見存之書，而歷代史所載又重複録，且考證未詳，方諸鄭氏《通志》，又遜之矣。

《明史·藝文志一》 經類十：一曰易類，二曰書類，三曰詩類，四曰禮類，五曰樂類，六曰春秋類，七曰孝經類，八曰諸經類，九曰四書類，十曰小學類。

又《藝文志二》 史類十：一曰正史類，編年在内。二曰雜史類，三曰史鈔類，四曰故事類，五曰職官類，六曰儀注類，七曰刑法類，八曰傳記類，九曰地理類，十曰譜牒類。

又《藝文志三》 子類十二：一曰儒家類，二曰雜家類，前代藝文志列名法諸家，然寥寥無幾，備數而已。今總附雜家。三曰農家類，四曰小説家類，五曰兵書類，六曰天文類，七曰曆數類，八曰五行類，九曰藝術類，醫書附。十曰類書類，十一曰道家類，十二曰釋家類。

又《藝文志四》 集類三：一曰别集類，二曰總集類，三曰文史類。

著録方法分部

論述

鄭樵《通志·校讎略·編次必記亡書論三篇》 古人編書，皆記其亡闕，所以仲尼定《書》，逸篇具載。王儉作《七志》已，又條劉氏《七略》，及二漢《藝文志》、《魏中經簿》所闕之書爲一志。阮孝緒作《七録》已，亦條劉氏《七略》，及班固《漢志》、袁山松《後漢志》、魏《中經》、《晉四部》所亡之書爲一録。隋朝又記梁之亡書。自唐以前，書籍之富者，爲亡闕之書有所系，故可以本所系而求。所以書或亡於前而備於後，不出於彼而出於此。及唐人收書，只記其有，不記其無，是致後人失其名系。所以《崇文》、《四庫》之書，比於隋唐，亡書甚多，而古書之亡尤甚焉。

古人亡書有記，故本所記而求之。魏人求書，有闕目録一卷，唐人求書，有搜訪圖書目一卷，所以得書之多也。□□□□下詔並書目一卷，惜乎行之不遠。一卷之目，亦無傳焉。臣今所作《群書會紀》，不惟簡别類例，亦所以廣古今而無遺也。

古人編書，必究本末，上有源流，下有沿襲，故學者亦易學，求者亦易求。謂如隋人於「歷」一家，最爲詳明。凡作「歷」者幾人，或先或後，有因有革，存則俱存，亡則俱亡。唐人不能記亡書，然猶紀其當代作者之先後，必使具在而後已。及《崇文》、《四庫》，有則書，無則否。不惟古書難求，雖今代憲章亦不備。

又《書有名亡實不亡論一篇》 書有亡者，有雖亡而不亡者，有不可以不求者，有不可求者。《文言》、《略例》雖亡，而《周易》具在。漢、魏、吴、晉鼓吹曲雖亡，而《樂府》具在。《三禮目録》雖亡，可取諸《三禮》。《十三代史目録》雖亡，可取諸《十三代史》。常鼎寶《文選》著作人名目録雖亡，可取諸《文選》。孫玉汝《唐列聖實録》雖亡，可取諸《唐實録》。《開元禮目録》雖亡，可取諸《開元禮》。《名醫别録》雖亡，陶隱居已收入《本草》。《李氏本草》雖亡，唐慎微已收入《證類》。《春秋括甲子》雖亡，不過起隱公至哀公甲子耳。韋嘉《年號録》雖亡，不過起漢後元至唐中和年號耳。《續唐歷》雖亡，不過起續柳芳所作。至唐之末年，亦猶《續通典》，續杜佑所作至宋初也。《毛書蟲魚草木圖》，蓋本陸機疏而爲圖，今雖亡，有陸機疏在，則其圖可圖也。《爾雅》圖蓋本郭璞注而爲圖，今雖亡，有郭璞注在，則其圖可圖也。張頻《禮粹》，出於崔靈恩《三禮義宗》，有崔靈恩《三禮義宗》，則張頻《禮粹》爲不亡。《五服志》出於《開元禮》，有《開元禮》，則《五服志》爲不亡。有杜預《春秋公子譜》，無顧啓期《大夫譜》可也。有《洪範五行傳》，無《春秋災異應録》可也。丁副《春秋三傳同異字》，可見於杜預《釋例》。陸淳《纂例》，京相璠《春秋土地名》，可見於杜預《地名譜》。桑欽《水經》，李騰《説文字源》，不離《説文》。《經典分毫正字》，不離《佩觿》。李舟《切韻》，乃取《説文》而分聲。《天寶切韻》，即《開元文字》而爲韻。《内外轉歸字圖》、《内外傳鈐指歸圖》、《切韻樞》之類，無不見於《韻海鏡源》。《書評》、《書論》、《書品》、《書訣》之類，無不見於《法書苑》、《墨藪》。唐人小説，多見於《語林》。近代小説，多見於《集説》。天文横圖圓圖、分野圖、紫微圖、象度圖，但一圖可該。《大象賦》、《小象賦》、《周髀星述》、《四七長短經》、《劉石甘巫占》，但一書可備。《開元占經》、《象應驗録》之類，即《古今通占鑑乾象新書》可以見矣。李氏《本草拾遺》、《删繁本草》、徐之才《藥對》、南海《藥譜》、《藥林藥論》、《藥忌》之書，《證類本草》收之矣。《肘後方》、《鬼遺方》、《獨行方》、《一致方》，及諸古方之書，《外臺祕要》、《太平聖惠方》中盡收之矣。紀元之書，亡者甚多，不過紀運圖、歷代圖可見其略。編年紀事之書，亡者甚多，不過《通歷》、《帝王歷數圖》可見其略。凡此之類，名雖亡而實不亡者也。

又《編次失書論五篇》 書之易亡，亦由校讎之人失職故也。蓋編次之時，失其名帙，名帙既失，書安得不亡也。按《唐志》於天文類有星書，無日月風雲氣候之書，豈有唐朝而無風雲氣候之書乎？編次之時失之矣。按《崇文目》有風雲氣候書，無日月之書，豈有宋朝而無日月之書乎？編次之時失之矣。《四庫》書目，並無此等書，而以星禽洞微之書列於天文，且星禽洞微，五行之書也，何與於天文？

射覆一家，於漢有之，世有其書，《唐志》《崇文目》並無，何也？

軌革一家，其來舊矣，世有其書，《唐志》《崇文目》並無，《四庫》始收入五行類。

醫方類目，有炮炙一家書，而唐、隋二志並無，何也？

人倫之書極多，《唐志》只有袁天綱七卷而已。婚書極多，《唐志》只有一部，《崇文》只有一卷而已，《四書》全不收。

又《見名不見書論二篇》 編書之家，多是苟且。有見名不見書者，有看前不看後者。《尉繚子》，兵書也，班固以爲諸子類，寘於雜家，此之謂見名不見書，隋唐因之，至《崇文目》，始入兵書類。顏師古作《刊謬正俗》，乃雜記經史，惟第一篇説《論語》，而《崇文目》以爲論語類，此之謂看前不看後。應知《崇文》所釋，不看全書，多只看帙前數行，率意以釋之耳。按《刊謬正俗》，當入經解類。

按《漢朝駮議》、《諸王奏事》、《魏臣奏事》、《魏臺詔議》、《南臺奏事》之類，隋人編入刑法者，以隋人見其書也。若不見其書，即其名以求之，安得有刑法意乎？按《唐志》見其名爲奏事，直以爲故事也，編入故事類。況古之所謂故事者，即漢之章程也，異乎近人所謂故事者矣。是之謂見名不見書。按《周易參同契》三卷，《周易五相類》一卷，爐火之書也，《唐志》以其取名於《周易》，則以爲卜筮之書，故入周易卜筮類，此亦謂見名不見書。

又《收書之多論一篇》 臣嘗見鄉人方氏望壺樓書籍頗多，問其家，乃云先人守無爲軍，日就一道士傳之，尚不能盡其書也，如唐人文集無不備。又嘗見浮屠慧邃收古人簡牘，宋朝自開國至崇觀間，凡是名臣及高僧筆迹，無不備。以一道士，能備一唐朝之文集；以一僧，能備一宋朝之筆迹，況於堂堂天府而不能盡天下之圖書乎！患不求耳。然觀國家向日文物全盛之時，猶有遺書，民間所有，祕府所無者甚多，是求之道未至耳。

又《闕書備於後世論一篇》 古之書籍，有不足於前朝，而足於後世者。觀《唐志》所得舊書，盡《梁書》卷帙，而多於隋。蓋《梁書》至隋，所失已多，而卷帙不全者又多。唐人按王儉《七志》、阮孝緒《七録》，搜訪圖書，所以卷帙多於隋，而復有多於梁者。如《陶潛集》梁有五卷，隋有九卷，唐乃有二十卷，諸書如此者甚多。孰謂前代亡書不可備於後代乎？

又《亡書出於後世論一篇》 古之書籍，有不出於當時，而出於後代者。按蕭何律令、張蒼章程，漢之大典也，劉氏《七略》、班固《漢志》全不收。按晉之故事，即漢章程也，有《漢朝駮議》三十卷，《漢名臣奏議》三十卷，並爲章程之書，至隋唐猶存。奈何闕於漢乎？刑統之書，本於蕭何律令，歷代增修，不失故典，豈可闕於當時乎？又況兵家一類，任宏所編，有韓信《軍法》三篇、《廣武》一篇，豈有韓信《軍法》猶在，而蕭何律令、張蒼章程則無之？此劉氏、班氏之過也。孔安國《舜典》，不出於漢，而出於晉，連山之《易》，不出於隋，而出於唐。應知書籍之亡者，皆校讎之官失職矣。

又《亡書出於民間論一篇》 古之書籍，有上代所無，而出於今民間者。《古文尚書音》，唐世與宋朝並無，今出於漳州之吴氏。陸機《正訓》，隋、唐二志並無，今出於荆州之田氏。《三墳》自是一種古書，至熙、豐間始出於野堂村校。按漳州《吴氏書目》，算術一家有數件古書，皆三館、四庫所無者，臣已收入求書類矣。又《師春》二卷，《甘氏星經》三卷，《漢官典義》十卷，京房《易鈔》一卷，今世之所傳者，皆出吴氏。應知古書散落人間者，可勝計哉！求之之道未至耳。

又《求書遺使校書久任論一篇》 求書之官，不可不遣；校書之任，不可不專。漢除挾書之律，開獻書之路久矣。至成帝時，遣謁者陳農求遺書於天下，遂有《七略》之藏。隋開皇間，奇章公請分遣使人搜訪異本，後嘉則殿藏書三十七萬卷。禄山之變，尺簡無存，乃命苗發等使江淮括訪，至文宗朝遂有十二庫之書。唐之季年，猶遣監察御史諸道搜求遺書，知古人求書欲廣，必遣官焉，然後山林藪澤，可以無遺。司馬遷世爲史官，劉向父子，校讎天禄，虞世南、顏師古相繼爲祕書監，令狐德棻，三朝當修史之任，孔穎達一生不離學校之官。若欲圖書之備，文物之興，則校讎之官豈可不久其任哉！

又《求書之道有八論九篇》 求書之道有八：一曰即類以求，二曰旁類以求，三曰因地以求，四曰因家以求，五曰求之公，六曰求之私，七曰因人以求，八曰因代以求。當不一於所求也。

凡星曆之書，求之靈臺郎。樂律之書，求之太常樂工。靈臺所無，然後訪民間之知星曆者；太常所無，然後訪民間之知音律者。眼目之方多，眼科家或有之；疽瘍之方多，外醫家或有之。紫堂之書多亡，世有傳紫堂之學者；九曜之書多亡，世有傳九星之學者。列仙傳之類，《道藏》可求。此之謂即類以求。

凡性命道德之書，可以求之道家。小學文字之書，可以求之釋氏。如《素履子》、《玄真子》、《尹子》、《鬻子》之類，道家皆有。如《蒼頡篇》、《龍龕手鑑》、《郭迻音訣圖》字母之類，釋氏皆有。《周易》之書，多藏於卜筮家。《洪範》之書，多藏於五行家。且如邢璹《周易略例正義》，今《道藏》有之。京房《周易飛伏例》，卜筮家有之。此之謂旁類以求。

《孟少主實録》，蜀中必有。《王審知傳》，閩中必有。《零陵先賢傳》，零陵必有。《桂陽先賢贊》，桂陽必有。《京口記》者，潤州記也。《東陽記》者，婺州記也。《茅山記》，必見於茅山觀。《神光聖迹》，必見於神光寺。如此之類，可因地以求。

《錢氏慶系圖》，可求於忠懿王之家。《章氏家譜》，可求於申公之後。黄君俞《尚書關言》雖亡，君俞之家在。興化王棐《春秋講義》雖亡，棐之家在臨漳。徐寅《文賦》，今莆田有之，以其家在莆田。《潘佑文集》，今長樂有之，以其後居長樂。如此之類，可因家以求。

禮儀之書，祠祀之書，斷獄之書，官制之書，版圖之書，今官府有不經兵火處，其書必有存者。此謂求之公，書不存於祕府，而出於民間者甚多。如漳州吴氏，其家甚微，其官甚卑，然一生文字間，至老不休。故所得之書，多蓬山所無者。兼藏書之家，例有兩目録，所以示人者，未嘗載異書。若非與人盡誠盡禮，彼肯出其所祕乎！此謂求之私。

鄉人李氏，曾守和州，其家或有沈氏之書，前年所進《褚方回清慎帖》，蒙賜百匹兩，此則沈家舊物也。鄉人陳氏，嘗爲湖北監司，其家或有田氏之書，臣嘗見其有《荆州田氏目録》。若迹其官守，知所由來容或有焉。此謂因人以來。

胡旦作《演聖通論》，余靖作《三史刊誤》，此等書卷帙雖多，然流行於一時。實近代之所作書之難求者，爲其久遠而不可迹也。若出近代人之手，何不可求之有。此謂因代以求。

又《編次之訛論十五篇》 《隋志》所類，無不當理，然亦有錯收者。《謚法》三部，已見經解類矣，而汝南君《謚議》又見儀注，何也？後人更不考其錯誤，而復因之。按《唐志》經解類已有《謚法》，復於儀注類出《魏晉謚議》，蓋本《隋志》。

一類之書，當集在一處，不可有所間也。按《唐志》謚法見於經解一類，而分爲兩處置。《四庫書目》以入禮類，亦分爲兩也。

《唐志》於儀注類中有《玉璽》、《國寶》之書矣，而於傳記類中復出此二書。《四庫書目》既立命書類，而三命五命之書復入五行卜筮類。

遁甲，一種書耳，《四庫書目》分而爲四類：兵書見之，五行卜筮又見之，壬課又見之，命書又見之。既立壬課類，則遁甲書當隸壬課類中。

月令，乃禮家之一類，以其書之多，故爲專類。不知《四庫書目》如何見於禮類，又見於兵家，又見於農家，又見於月鑑，按此宜在歲時類。

《太玄經》以諱故，《崇文》改爲《太真》，今《四庫書目》分《太玄》、《太真》爲兩家書。

貨泉之書，農家類也。《唐志》以顧烜《錢譜》列於農，至於封演《錢譜》，又列於小説家，此何義哉？亦恐是誤耳。《崇文》、《四庫》因之，並以貨泉爲小説家書。正猶班固以《太玄》爲揚雄所作，而列於儒家，後人因之，遂以《太玄》一家之書爲儒家類。是故君子重始作，若始作之訛，則後人不復能反正也。

有曆學，有算學，《隋志》以曆數爲主，而附以算法，雖不别條，自成兩類，後人始分曆數爲兩家。不知《唐志》如何以曆與算二種之書相濫爲一？雖曰曆算同歸乎數，各自名家。

李延壽《南北史》，《唐志》類於集史，是。《崇文》類於雜史，非。《吴紀》九卷，《唐志》類於編年，是。《隋志》類於正史，非。《海宇亂離志》，《唐志》類於雜史，是。《隋志》類於編年，非。

《唐藝文志》與《崇文總目》，既以外丹煆法爲道家書矣，奈何《藝文》又於醫術中見《太清神丹經》《諸丹藥》數條，《崇文》又於醫書中見《伏火丹砂》《通玄祕訣》數條？大抵爐火與服餌兩種，向來道家與醫家雜出，不獨《藝文》與《崇文》，雖《隋志》亦如此。臣今分爲兩類，列於道家，庶無雜糅。

歲時自一家書，如《歲時廣記》百十二卷，《崇文總目》不列於歲時，而列於類書，何也？類書者，謂總衆類不可分也，若可分之書，當入别類。且如天文有類書，自當列天文類。職官有類書，自當列職官類。豈可以爲類書而總入類書類乎？

諫疏時政論與君臣之事，隋唐《志》並入雜家，臣今析出。按此當入儒家，大抵隋唐《志》於儒、雜二家不分。

古今編書，所不能分者五：一曰傳記，二曰雜家，三曰小説，四曰雜史，五曰故事。凡此五類之書，足相紊亂。又如文史與詩話，亦能相濫。

凡編書每一類成，必計卷帙于其後，如何《唐志》於集史計卷，而正史不計卷？實録與詔令計卷，而起居注不計卷？凡書計卷帙皆有空别，《唐志》無空别，多爲抄寫所移。

《隋志》最可信，緣分類不考，故亦有重複者。《嘉瑞記》、《祥瑞記》二書，既出雜傳，又出五行。《諸葛武侯集》、《誡衆賢誡》、曹大家《女誡》、《正順志》、《娣姒訓女誡》、《女訓》，凡數種書，既出儒類，又出總集。《衆僧傳》、《高僧傳》、《梁皇大捨記》、《法藏目録》、《玄門寶海》等書，既出雜傳，又出雜家。如此三種，實由分類不明，是致差互。若迺陶弘景《天儀説要》，天文類中兩出。趙政《甲寅元歷序》，曆數

中兩出。《黄帝飛鳥曆》與《海中仙人占災祥》書，五行類中兩出。庾季才《地形志》，地里類中兩出。凡此五書，是不校勘之過也。以《隋志》尚且如此，後來編書，出於衆手，不經校勘者，可勝道哉！於是作書目不訛。

又《崇文明於兩類論一篇》　《崇文總目》，衆手爲之，其間有兩類極有條理，古人不及，後來無以復加也。道書一類有九節，九節相屬，而無雜糅。又雜史一類，雖不標別，然分上下二卷，即爲二家，不勝冗濫。及覩《崇文》九節，正所謂大熱而濯以清風也。雜史一類，隋、唐二《志》，皆不成條理。今觀《崇文》之作，賢於二志遠矣。此二類往往是一手所編，惜乎當時不盡以其書屬之也。

又《泛釋無義論一篇》　古之編書，但標類而已，未嘗注解其著注者人之姓名耳。蓋經入經類，何必更言經；史入史類，何必更言史。但隨其凡目，則其書自顯。惟《隋志》於疑晦者則釋之，無疑晦者則以類舉。今《崇文總目》出新意，每書之下，必著説焉。據標類自見，何用更爲之説？且爲之説也，已自繁矣，何用一一説焉？至於無説者，或後書與前書不殊者，則强爲之説，使人意怠。且《太平廣記》者，乃《太平御覽》别出《廣記》一書，專記異事。奈何《崇文》之目所説。不及此意，但以謂博採群書，以類分門。凡是類書，皆可博採群書，以類分門，不知《御覽》之與《廣記》又何異？《崇文》所釋，大槩如此，舉此一條，可見其他。

又《書有不應釋論三篇》　實録自出於當代。按《崇文總目》有《唐實録》十八部，既謂《唐實録》，得非出於唐人之手，何須一一釋云唐人撰？

凡編書皆欲成類，取簡而易曉。如文集之作甚多，唐人所作，自是一類。宋朝人所作，自是一類，但記姓名可也，何須一一言唐人撰，一一言宋朝人撰。然《崇文》之作，所以爲衍文者，不知其爲幾何，此非不達理也。著書之時，元不經心耳。

有應釋者，有不應釋者。《崇文總目》必欲一一爲之釋，間有見名知義者，亦彊爲之釋。如鄭景岫作《南中四時攝生論》，其名自可見，何用釋哉？如陳昌胤作《百中傷寒論》，其名亦可見，何必曰「百中者取其必愈」乎！

又《書有應釋論一篇》　《隋志》於他類只注人姓名，不注義説，可以睹類而知義也。如史家一類，正史、編年各隨朝代易明，不言自顯。至於雜史，容有錯雜其間，故爲之注釋，其易知者則否。惟霸史一類，紛紛如也，故一一具注。蓋有應釋者，有不應釋者，不可執一槩之論。按《唐志》有應釋者而一槩不釋，謂之簡。《崇文》有不應釋者而一槩釋之，謂之繁。今當觀其可不可。

又《不類書而類人論三篇》　古之編書，以人類書，何嘗以書類人哉？人則於書之下注姓名耳。《唐志》一例，削注一例。大書遂以書類人，且如别集類自是一類，總集自是一類，奏集自是一類。《令狐楚集》百三十卷，當入别集類，《表奏》十卷，當入奏集類。如何取類於令狐楚，而别集與奏集不分？皮日休《文數》十卷，當入總集類，《文集》十八卷，當入别集類。如何取類於皮日休，而總集與别集無别？詩自一類，賦自一類。陸龜蒙有《詩》十卷，《賦》六卷，如何不分詩賦，而取類於陸龜蒙？

按《隋志》於書，則以所作之人，或所解之人，注其姓名於書之下。文集則大書其名於上，曰「某人文集」，不著注焉。《唐志》因《隋志》係人於文集之上，遂以他書一槩如是。且《春秋》一類之學，當附《春秋》以顯，如曰劉向，有何義？《易》一類之學，當附《易》以顯，如曰王弼，有何義？

《唐志》以人寘於書之上，而不著注，大有相妨。如管辰作《管輅傳》三卷，唐省文例去「作」字，則當曰「管辰管輅傳」，是二人共傳也。如李邕作《狄仁傑傳》三卷，當去「作」字，則當曰「李邕狄仁傑傳」，是二人共傳也。又如李翰作《張巡姚誾傳》三卷，當去「作」字，則當曰「李翰張巡姚誾傳」，是三人共傳也。若文集置人於上，則無相妨，曰「某人文集」可也。即無某人作某人文集之理，所志惟文集置人於上，可以去「作」字，可以不著注，而於義無妨也。又如盧槩佐作《孝子傳》三卷，又作《高士傳》二卷。「高士」與「孝子」自殊，如何因所作之人而合爲一？似此類極多。《炙轂子雜録注解》五卷，乃王叡撰。若從《唐志》之例，則當曰《王叡炙轂子雜録注解》五卷，是王叡復爲注解之人矣。若用《隋志》例，以其人之姓名著注於其下，無有不安之理。

又《編書不明分類論三篇》　《七略》惟《兵家》一略，任宏所校，分權謀、形勢、陰陽、技巧爲四種書。又有圖四十三卷，與書參焉。觀其類例，亦可知兵，況見其事乎。其次則尹咸校《數術》，李柱國校《方技》，亦有條理。惟劉向父子所校《經傳》、《諸子》、《詩賦》，冗雜不明，盡採語言，不存圖譜。緣劉氏章句之儒，胸中元無倫類。班固不知其失，是故後世亡書多，而學者不知源别。凡編書惟細分難，非用心精微，則不能也。《兵家》一略極明，若他略皆如此，何憂乎斯文之喪也。

史家本於孟堅，孟堅初無獨斷之學，惟依緣他人，以成門户。紀、志、傳，則追司馬之蹤；律、曆、藝文，則躡劉氏之迹。惟《地里志》與《古今人物表》，是其胸臆。《地里》一學，後代少有名家者，由班固修書之無功耳。《古今人物表》又不足言也。

古者脩書出於一人之手，成於一家之學，班、馬之徒是也。至唐人始用衆手，《晉》、《隋》二書是矣。然亦皆隨其學術所長者而授之，未嘗奪人之所能，而彊人之所不及。如李淳風、于志寧之徒，則授之以志；如顔師古、孔穎達之徒，則授之紀傳。以顔、孔博通古今，于、李明天文、地里、圖籍之學。所以《晉》、《隋》二志高於古今，而《隋志》尤詳明也。

又《編次有敘論二篇》 《隋志》每於一書而有數種學者，雖不標别，然亦有次第。如《春秋》三傳，雖不分爲三家，而有先後之列，先左氏，次公羊，次穀梁，次《國語》，可以次求類。《唐志》不然，三傳、《國語》可以渾而雜出，四家之學，猶方圓冰炭也。不知《國語》之文，可以同於《公》、《穀》，《公》、《穀》之義，可以同於《左氏》者乎。

《隋志》於禮類有《喪服》一種，雖不别出，而於《儀禮》之後，自成一類。以《喪服》者，《儀禮》之一篇也。後之議《禮》者，因而講究，遂成一家之書，尤多於《三禮》。故爲之别異，可以見先後之次，可以見因革之宜，而無所紊濫。今《唐志》與《三禮》雜出，可乎？

又《編次不明論七篇》 班固《藝文志》，出於《七略》者也。《七略》雖疎而不濫，若班氏步步趨趨，不離於《七略》，未見其失也。間有《七略》所無，而班氏雜出者，則躓矣。揚雄所作之書，劉氏蓋未收，而班氏始出。若之何以《太玄》、《法言》、《樂箴》三書合爲一？總謂之揚雄所序三十八篇，入於儒家類。按儒者舊有五十二種，固新出一種，則揚雄之三書也。且《太玄》，易類也。《法言》，諸子也。《樂箴》，雜家也。奈何合而爲一家？是知班固胸中元無倫類。

舊類有道家，有道書。道家，則老、莊是也。有法家，有刑法。法家，則申、韓是也。以道家爲先，法家次之。至於刑法、道書，别出條例。刑法，則律令也。道書，則法術也。豈可以法術與老莊同條？律令與申、韓共貫乎？不得不分也。《唐志》則併道家、道書、釋氏三類爲一類，命以道家，可乎？凡條例之書，古人草昧，後世詳明者有之。未有棄古人之詳明，從後人之紊濫也。其意謂釋氏之書難爲，在名、墨、兵、農之上，故以合於道家。殊不知凡目之書，只要明曉，不如此論高卑。況釋、道二家之書，自是矛盾，豈可同一家乎？

《漢志》於醫術類，有經方，有醫經於道術類，有房中，有神仙，亦自微有分別。奈何後之人更不本此，同爲醫方，同爲道家者乎？足見後人之苟且也。

《唐志》别出明堂經脈一條，而《崇文總目》合爲醫書。據明堂一類，亦有數家，以爲一條，已自踈矣。況合於醫書，而其類又不相附，可乎？

《漢志》以《司馬法》爲禮經，以《太公兵法》爲道家，此何義也？疑此二條非任氏、劉氏所收，蓋出班固之意，亦如以《太玄》、《樂箴》爲儒家類也。

《漢志》以《世本》、《戰國策》、《秦大臣奏事》、《漢著記》爲春秋類，此何義也？

《唐志》以《選舉志》入職官類，是。《崇文總目》以《選舉志》入傳記，非。

又《圖譜略·索象》 河出圖，天地有自然之象；洛出書，天地有自然之理。天地出此二物，以示聖人，使百代憲章必本於此，而不可偏廢者也。圖，經也；書，緯也；一經一緯，相錯而成文。圖，植物也；書，動物也。一動一植，相須而成變化。見書不見圖，聞其聲不見其形；見圖不見書，見其人不聞其語。圖至約也，書至博也，即圖而求易，即書而求難。古之學者爲學有要，置圖於左，置書於右，索象於圖，索理於書，故人亦易爲學，學亦易爲功。舉而措之，如執左契。後之學者，離圖即書，尚辭務説，故人亦難爲學，學亦難爲功。雖平日胸中有千章萬卷，及寘之行事之間，則茫茫然不知所向。秦人雖棄儒學，亦未嘗棄圖書。誠以爲國之具，不可一日無也。蕭何知取天下易，守天下難，當衆人争取之時，何則入咸陽，先取秦圖書，以爲守計。一旦干戈既定，文物悉張。故蕭何定律令而刑罰清，韓信申軍法而號令明，張蒼定章程而典故有倫，叔孫通制禮儀而名分有別。且高祖以馬上得之，一時間武夫役徒，知詩書爲何物？而此數公，又非老師宿儒博通古今者，若非圖書有在，指掌可明見，則一代之典，未易舉也。然是時挾書之律未除，屋壁之藏不啓，所謂書者有幾，無非按圖之效也。後世書籍既多，儒生接武，及乎議一典禮，有如聚訟，玩歲愒日，紛紛紜紜。縱有所獲，披一斛而得一粒，所得不償勞矣。何爲其然哉？歆、向之罪，上通於天。漢初典籍無紀，劉氏創意，總括群書，分爲七略，只收書不收圖。藝文之目，遞相因習，故天禄、蘭臺三館，四庫内外之藏，但聞有書而已。蕭何之圖，自此委地。後之人將慕劉、班之不暇，故圖消而書日盛。惟任宏校兵書，一類分爲四種，有書五十三家，有圖四十三卷，載在《七略》，獨異於他。宋、齊之間，群書失次，王儉於是作《七志》，以爲之紀，六志收書，一志專收圖譜，謂之《圖譜志》，不意末學而有此作也，且有專門之書，則有專門之學。有專門之學，則其學必傳，而書亦不失。任宏之略，劉歆不能廣之；王儉之志，阮孝緒不能續之。孝緒作《七録》，散圖而歸部録，雜譜而歸記注。蓋積書猶調兵也，聚則易固，散則易亡。積書猶賦粟也，聚則易贏，散則易乏。按任宏之圖，與書幾相等。王儉之志，自當七之一。孝緒之録，雖不專收，猶有總記。《内篇》有圖七百七十

卷，《外篇》有圖百卷，未知譜之如何耳。隋家藏書，富於古今，然圖譜無所繫，自此以來，蕩然無紀。至今虞、夏、商、周、秦、漢上代之書具在，而圖無傳焉。圖既無傳，書復日多，茲學者之難成也。天下之事，不務行而務説，不用圖譜可也。若欲成天下之事業，未有無圖譜而可行於世者。作《圖譜略》。

章如愚《群書考索・聖翰門・書目類》卷一八 國朝《崇文總目》，王堯臣等撰也。其書之總數凡三萬六百六十九卷，自太祖平定四方，天下之書悉歸藏室。太宗、真宗，訪求遺逸，起祕閣以貯禁中之籍。至景祐中，仁宗始詔群儒校定，修爲總目。嘉祐，搜訪闕書目首載。嘉祐六年六月，訪求遺書詔書，蓋《崇文總目》書成。後仁宗患祕府所藏，遺逸尚多，於是開獻書之路，下諸道求訪。皇朝祕閣書目，不知作者，以類分二十九門，總六千七百九卷。史館新定書目，不知作者，載皇祐史館所藏書，其目分經、史、子、集四部，總一萬四千四百九卷。國子監書目，熙寧中，國子監書庫鬻書之數總一百二十五部。祕書省書目，不知作者，録祕閣書目，凡一萬四千九百餘卷。高宗中興，紹興初，再改定《崇文總目》與《祕書省續編到四庫闕書》。至淳熙中，陳騤等復定《中興館閣書目》，與《崇文總目》並行。參會衆見，輯成書目七十卷，等例一卷，凡五十二門，計見在書四萬四千四百八十六卷，較之《崇文》所載，實多一萬三千八百一十七卷，復參三朝所志，多八千二百九十卷，兩朝所志，多三萬五千九百九十二卷。自三代以迄秦、漢、隋、唐、五代，古文籀篆，分隸諸家之字書，莫不皆有序卷帖次第，無時世後先者，蓋隨其所得録之耳。

孫慶增《藏書記要・編目》 藏書四庫，編目最難，非明於典籍者不能爲之。大凡收藏家編書目有四則，不致錯混顛倒，遺漏草率，檢閲清楚，門類分晰，有條有理，乃爲善於編目者：一、編大總目録，分經、史、子、集，照古今收藏家書目行款。或照《經籍考》、連江《陳氏書目》，俱爲最好，可謂條分縷晰，精嚴者矣。前後用序跋，每一種書分一類寫，某書若干卷，某朝人作，該寫著者、編者、述者、撰者、録者、注者、解者、集者、纂者，各各寫清，不可混書。係宋板、元板、明板、時刻、宋元鈔、舊鈔、明人鈔本、新鈔本，一一記清。校過者寫某人校本，下寫幾本或幾册，有套無套。一種門類寫完後，存白頁，零拾本「存」上衍「有」字。以備增寫新得之書。編成一部，末後記書若干部，共若干册總數於後，以便查閲有無。將來即爲流傳之本，其分年代不能全定，因得書先後不一，就其現在而録之可也。釋、道二氏之經典語録附於後，寫清裝成藏於家。二、編宋元刻本鈔本目録，亦照前行款式寫，但要寫明北宋、南宋、宋印、元印、明印本，收藏跋記圖章姓名，有缺無缺，校與未校，元板亦然。另貯一櫃，照式行款寫之，櫃用封鎖，不許擅開。精鈔、舊鈔、宋元人鈔本、祕本書目，亦照前行款式寫，但要寫明何人鈔本，記跋圖章姓名，有缺無缺。不借本、印宋鈔本，有板無板。校過者書某人校本，或底本臨本，録成一册，雖目録亦不可輕放，恐人借觀遺失。非常行書籍皆罕有之至寶，收藏者慎之寶之。三、編分類書櫃目録一部，以便檢查而易取閲。先將書櫃分編定號，櫃内分三隔，櫃門背左實貼書單三張，分上、中、下，各照櫃隔寫書目本數於上，以便查取。右門背貼書數目，亦分三張上、下、中，另寫一長條於傍，記書總數目。而所編之書目，照櫃字號亦分寫上、中、下三隔，先寫經部某字號櫃内上隔某一部若干卷，某人作，某板，共幾册，上隔共書若干部，共若干本。二三隔照寫。一櫃則結總數，都寫完，則寫大總結數於末行後頁。如有人取閲借鈔，即填明書目上，某年某月某日某人借或取閲。一月一查，取討原書，即入原櫃，銷去前注。借者更要留心，若一月不還，當使催歸原櫃，不致遺失。此本書目，最爲要緊，須託誠實君子經管，庶可無弊。四、編書房架上書籍目録，及未訂之書，在外裝訂之書，鈔補批閲之書，各另立一目，候有可入收藏者，即歸入櫃，增上前行各款書目内可也。寫書根用長方桌一隻，坐身處桌面中挖一塊板，中空五本書厚縫一條，挾書於中，紮緊，書與桌平，照書名行款卷數，要簡而明。細楷書寫之，用墨筆畫匀細清朗，乃爲第一。虞山孫姓行二者，寫書根最精，一手持書，一手寫小楷極工，今亦罕有能者。書上挂簽，用礬紙或細絹，摺一寸闊，照書長短，夾簽於首册内，挂下一二寸，依書厚薄爲之。上寫書卷名數，角用小圖章。已上書目，如此編寫，可以無遺而有條目矣。

錢侗《崇文總目輯釋・小引》 《崇文總目》六十六卷，宋翰林學士王堯臣等奉諭仿《開元四部録》爲之。諸儒皆有論議，《通志・校讎略》嘗譏其每書之下據標類自見，不必一一彊爲之説，使人意怠。朱錫鬯撰《經義考》，及集中《總目跋》，遂斷爲紹興中，因鄭漁仲之言删去叙釋。近人杭大宗《跋》頗辨之，謂馬貴與、王伯厚，生後庎滐百餘年，而其書皆引證其説。嘉定時，蔡驥刻《列女傳》，首簡亦引之，則知此書宋時原未有闕，後世傳鈔者因其繁重删去。侗按，此論誠是，然《郡齋讀書志》、《直齋書録解題》著録，已止一卷。陳伯玉所藏，且題曰：「紹興改定」，則二説皆未得矣。考紹興十二年權發遣盱眙軍向子固言，乞下本省，以《唐・藝文志》及《崇文總目》所闕之書注「闕」字于其下，付諸州軍照應搜訪。見于《續宋會要》。播諸蓋因書中著説有云「闕某卷、某篇」或「闕若干卷、若干篇」，散見《解題》中者。民間，殊費尋閲，因僅録六十六卷之目。或注「闕」字，以便按籍而求。于是，南宋

時，流傳遂有二本，晁子止、陳伯玉所見，即今世傳本，紹興中從向子固言改定者也。馬貴輿、王伯原所見，乃當時原本，而佚其後半帙者也。錫鬯《跋》又謂《總目叙釋》，《歐陽子集》尚具大凡，私欲鈔爲一，以復舊觀。大宗亦云，兩書之外，餘無所考。以今觀之，《歐陽集》一百三卷，具録經、史、子三部原叙，《文獻通考》多半採總目之文，獨集部全未稱引，子部又加略耳。餘如《玉海》各類，其述《崇文目》尤多，而《歐陽全集》、《南豐文集》、《東觀餘論》、《讀書志》、《書録解題》、《通志・校讐》《藝文》二略、《孟子疏》、《輿地碑目》、《雲谷雜記》、《困學紀聞》、《三家詩考》、《漢藝文志考證》、《宋史藝文志》、《陝西通志》、《經義考》諸書暨宋、元人叢書敘跋，間一及之，皆足以資考訂，亦不僅如朱、杭二跋所云也。侗家舊藏四明范氏天一閣鈔本，止載卷數。時或標注撰人，然惟經部十有一二，其餘不過因書名相仿，始加注以別之，此外，別無所見，讀者病焉。秦君照若，偶見是書，詫爲秘笈，欲受而付之梓人。因偕伯兄既勤、仲兄以成、金柜和姊倩凡五人，區類搜採，其引見古今載籍者，輯而綴之，猶錫鬯之志也。讐校方半，又屬友人于文淵閣中借鈔四庫館新定之本，互勘異同，總得原敘三十篇，原釋九百八十條，引證四百二十條。或原釋無從考見，乃爲博稽史志，補釋撰人。其中標卷參差，稱名錯雜，以暨闕漏之字，譌舛之文，傳諸來茲，易滋疑義，則仿趙君錫《考異》，隨齋批注。王伯原考證之例，間爲一二商榷語。而陳君令華，亦時與參校其間，所益益夥矣。至原本書共三千四百四十五部，三萬六百六十九卷。較諸今本，多寡懸殊。蓋七百餘年來，轉輾傳鈔，未免脱佚，故有群書所引，而今無其目者，侗又別爲補遺，附著卷後。凡閱半載而事竣。命曰《輯釋》，釐卷以五。經部，爲伯兄輯；史部，爲仲兄輯；子部下，爲柜和輯；集部，爲照若輯；其子部之下，則侗所輯也。博雅君子諒而教之。時己未歲嘉慶四年二月，嘉定錢侗書。

章學誠《文史通義・内篇三・繁稱》 嘗讀《左氏春秋》，而苦其書人名字不爲成法也。夫幼名，冠字，五十以伯仲，死謚，周道也。此則稱於禮文之言也，非史文述事之例也。左氏則隨意雜舉而無義例，且名、字、謚、行以外，更及官爵、封邑焉，一篇之中錯出互見，苟非注釋相傳，有受授至今不復識爲何如人也。是以後世史文莫不鑽仰左氏，而獨於此事不復相師也。史遷創列傳之體。列之爲言，排列諸人爲首尾，所以標異編年之傳也。然而列人名目亦有不齊者，或爵，淮陰侯之類。或官，李將軍之類。或直書名，雖非左氏之錯出，究爲義例不純也。或曰：「遷有微意焉。」夫據事直書，善惡自見，《春秋》之意也。必標目以示褒貶，何怪沈約、魏收諸書，直以標題爲戲哉！況七十列傳，稱官爵者偶一見之，餘並直書姓名，而又非例之所當貶，則史遷創始之初不能無失云爾。必從而爲之辭，則害於道矣，唐末五代之風詭矣，稱人不名不姓，多爲諧隱寓言，觀者乍覽其文，不知何許人也。如李曰「隴西」。王標「琅琊」，雖頗乖忤，猶曰著郡望也；莊姓則稱「漆園」，牛姓乃稱「太牢」，則詼嘲諧劇，不復成文理矣。凡斯等類，始於駢麗華詞，漸於赤牘小説；而無識文人，乃用之以記事。宜乎試牘之文流於茁軋，而文章一道入混沌矣。自歐、曾諸君擴清唐末五季之詭僻，而宋、元三數百年，文辭雖有高下，氣體皆尚清真，斯是尚矣。而宋人又自開其纖詭之門者，則盡人而有號，一號不止而且三數未已也。夫上古淳質，人止有名而已。周道尚文，幼名冠字，故卑行之於尊者，多避名而稱字，故曰字以表德。至表德不足而加之以號，則何説也？流及近世，風俗日靡，始則去名而稱字，漸則去字而稱號，於是卑行之於所尊，不但諱名，且諱其字，以爲觸犯，豈不諂且瀆乎！孔子曰：「名不正則言不順。」稱號諱字，其不正不順之尤者乎！號之原起不始於宋也，春秋、戰國蓋已兆其端矣。陶朱、鴟夷子皮，有所托而逃焉者也；鶡冠、鬼谷諸子自隱姓名，人則因其所服所居而加之號也。皆非無故而云然也。唐開元間，宗尚道教，則有真人賜號，南華、沖虚之類。法師賜號，葉靖法師之類。女冠賜號，太真玉妃之類。僧伽賜號，三藏法師之類。三藏在太宗時，不始開元，今以類舉及之。此則二氏之徒所標榜，後乃逮於隱逸，陳摶、林逋之類。則播及於士流矣。然出朝廷所賜，雖非典要，猶非本人自號也。度當日所以榮寵之意，已死者同於謚法，未死者同於頭銜，蓋以空言相賞而已矣。自號之繁，仿於郡望，而沿失於末流之已甚者也。蓋自六朝門第爭標郡望，凡稱名者，不用其人所居之本貫，而惟以族姓著望冠於題名，此劉子玄之所以反見笑於史官也。沿之既久，則以郡望爲當時之文語而已矣。既以文語相與鮮新，則爭奇吊詭，各隨其意，自爲標榜。故別號之始，多從山泉林藪以得名，此足征爲郡望之變，而因托於所居之地者然也。漸乃易爲堂軒亭苑，則因居地之變而反托於所居之室者然也。初則因其地，而後乃不必有其地者造私臆之山川矣；初或有其室，而後乃不必有其室者構空中之樓閣矣。識者但知人心之尚詭，而不知始於郡望之濫觴，是以君子惡夫作俑也。峰、泉、溪、橋、樓、亭、軒、館，亦既繁複而可厭矣，乃又有出於諧聲隱語，此則宋、元人之所未及開，而其風實熾於前明至近日也。或取字之同音者爲號，或取字形離合者爲號。夫盜賊自爲號者，將以惑衆也；赤眉、黄巾，其類甚多。娼優自爲號者，將以媚客也；燕、鶯、娟、素之類甚多。而士大夫乃反不安其名字而紛紛稱號焉，其亦不思而

已矣。逸因多改名，懼人知也；出婢必更名，易新主也。故屢逸之囚，轉賣之婢，其名必多，所謂無如何也。文人既已架字而立號，苟有寓意，不得不然，一已足矣。顧一號不足，而至於三且五焉。噫！可謂不憚煩矣！古人著書，往往不標篇名，後人較讎，即以篇首字句名篇；不標書名，後世較讎，即以其人名書，此見古人無意爲標榜也。其有篇名書名者，皆明白易曉，未嘗有意爲吊詭也。然而一書兩名，先後文質，未能一定，則皆較讎諸家易名著録，相沿不察，遂開歧異，初非著書之人自尚新奇爲吊詭也。有本名質而著録從文者，有本名文而著録從質者，有書本全而爲人偏舉者，有書本偏而爲人全稱者，學者不可不知也。本名質而著録從文者，《老子》本無經名而書尊《道德》，《莊子》本以人名而書著《南華》之類是也；漢稱《莊子》，唐則敕尊《南華真經》，存開元時，《隋志》已有《南華》之目。本名文而著録從質者，劉安之書本名《鴻烈解》，而《漢志》但著《淮南》內外，蒯通之書本名《雋永》，而《漢志》但著《蒯通》本名之類是也；《雋永》八十一首見本傳，與志不符。書名本全而爲人偏舉者，《呂氏春秋》有十二紀、八覽、六論，而後人或稱《呂覽》，《屈原》二十五篇，《離騷》特其首篇，而後世竟稱《騷賦》之類是也；劉向名之《楚辭》，後世遂爲專部。書名本偏而爲人全稱者，《史記》爲書策紀載總名，而後人專名《太史公書》，孫武八十餘篇有圖有書，而後人即十三篇稱爲《孫子》之類是也。此皆較讎著録之家所當留意。已詳《校讎通義》。雖亦質文升降，時會有然，而著録之家不爲別白，則其流弊，無異別號稱名之吊詭矣。子史之書，名實同異，誠有流傳而不能免者矣。集部之興，皆出後人綴集，故因人立名以示志別，東京訖於初唐，無他歧也。中葉文人自定文集，往往標識集名，《會昌一品》，元、白《長慶》之類，抑亦支矣。然稱舉年代，猶之可也。或以地名，杜牧《樊川集》，獨孤及《毘陵集》之類。或以官名，韓偓《翰林集》。猶有所取。至於詼諧嘲弄，信意標名，如《錦囊》李松、《忘筌》楊懷玉、《披沙》李咸用、《屠龍》熊皦、《聱書》沈顏、《漫編》元結，紛紛標目，而大雅之風不可復作矣。子史之書，因其實而立之名，蓋有不得已焉耳。集則傳文之散著者也。篇什散著，則皆因事而發，各有標題，初無不辨宗旨之患也。故集詩集文，因其散而類爲一人之書，則即人以名集，足以識矣。上焉者，文雖散而宗旨出於一，是固子史專家之遺範也。次焉者，文墨之佳而萃爲一，則亦雕龍技曲之一得也。其文與詩，既以各具標名，則固無庸取其會集之詩文而別名之也。人心好異而競爲標題，固已侈矣。至於一名不足，而分輯前後，離析篇章，或取歷官資格，或取游歷程途，富貴則奢張榮顯，卑微則醞釀寒酸，巧立名目·横分字號。遂使一人詩文，集名無數，標題之録，靡於文辭，篇卷不可得而齊，著録不可從而約；而問其宗旨，核其文筆，黄茅白葦，毫髮無殊。是宜概付丙丁，豈可猥塵甲乙者乎！歐、蘇諸集，已欠簡要，猶取文足重也。近代文集，逐狂更甚，則無理取鬧矣。

又《匡謬》 書之有序，所以明作書之旨也，非以爲觀美也。序其篇者，所以明一篇之旨也。至於篇第相承，先後次序，古人蓋有取於義例者焉，亦有無所取於義例者焉，約其書之旨而爲之，無所容勉强也。《周易・序卦》二篇，次序六十四卦相承之義，《乾》、《坤》、《屯》、《蒙》而下，承受各有説焉。《易》義雖不盡此，此亦《易》義所自具，而非强以相加也。吾觀後人之序書，則不得其解焉。書之本旨，初無篇第相仍之義例，觀於古人而有慕，則亦爲之篇序焉。猥填泛語，强結韵言，以爲故作某篇第一，故述某篇第二，自謂淮南、太史、班固、揚雄，何其惑耶！夫作之述之，誠聞命矣；故一故二，其説又安在哉？且如《序卦》，《屯》次《乾》、《坤》，必有其義。盈天地間惟萬物，《屯》次《乾》、《坤》之義也。故受之以《屯》者，蓋言不可受以《需》、《訟》諸卦而必受以《屯》之故也。《蒙》、《需》以下，亦若是焉而已矣。此《序卦》之所以稱次第也。後人序篇，不過言斯篇之不可不作耳。必於甲前乙後，强以聯綴爲文，豈有不可互易之理如《屯》、《蒙》之相次乎？是則摹《易》序者，不如序《詩》、《書》之爲得也。《詩》、《書》篇次，豈盡無義例哉？然必某篇若何而承某篇，則無是也。《六藝》垂教，其揆一也，何必優於《易》序而歉於《詩》、《書》之序乎！趙岐《孟子篇序》，尤爲穿鑿無取。夫書爲象數而作者，其篇章可以象數求也；其書初不關乎象數者，必求象數以實之，則鑿矣。《易》有兩儀四象，八八相生，其卦六十有四，皆出天理之自然也。《太玄》九九爲八十一，《潛虚》五五爲二十五，擬《易》之書，其數先定而後摛文，故其篇章同於兵法之部伍，可約而計也。司馬遷著百三十篇，自謂紹名世而繼《春秋》，信哉三代以後之絶作矣！然其自擬，則亦有過焉者也。本紀十二，隱法《春秋》之十二公也。《秦紀》分割莊襄以前別爲一卷，而末終漢武之世，爲作《今上本紀》，明欲分占篇幅，欲副十二之數也。夫子《春秋》，文成法立，紀元十二，時世適然，初非十三已盈，十一則歉也。漢儒求古多拘於迹，識如史遷猶未能免，此類是也。然亦本紀而已，他篇未必皆有意耳。而治遷書者之紛紛好附會也，則曰十二本紀法十二月也，八書法八風，十表法十干，三十世家法一月三十日，七十列傳法七十二候，百三十篇法一歲加閏，此則支離而難喻者矣。就如其説，則表法十干，紀當法十二支，豈帝紀反用地數而王侯用天數乎？歲未及三，何以象閏？七十二候，何以缺二？循名責實，觸處皆矛盾矣。然而子史諸

家多沿其說，或取陰陽奇偶，或取五行生成；少則並於三五，多或配至百十，寧使續鳧斷鶴，要必象數相符。孟氏七篇，必依七政；屈原《九歌》，難合九章。近如鄧氏《函史》之老陽少陽，《景岳全書》之八方八陣，則亦幾何其不爲兒戲耶！古人著書命篇，取辯甲乙，非有深意也。《六藝》之文，今具可識矣。蓋有一定之名與無定之名，要皆取辨甲乙，非有深意也。一定之名，典、謨、貢、範之屬是也；《帝典》、《皋陶謨》、《禹貢》、《洪範》，皆古經定名；他如《多方》、《多士》、《梓材》之類，皆非定名。無定之名，風《詩》、《雅》、《頌》之屬是也。皆以章首二字爲名。諸子傳記之書，亦有一定之名與無定之名，隨文起例，不可勝舉。其取辨甲乙而無深意，則大略相同也。象數之書，不在其例。夫子没而微言絶，《論語》二十篇，固《六藝》之奧區矣。然《學而》、《爲政》諸篇目，皆取章首字句標名，無他意也。《孟子》七篇，或云萬章之徒所記，或云孟子自著，要亦誦法《論語》之書也。《梁惠王》與《公孫丑》之篇名，則亦章首字句，取以標名，豈有他哉？説者不求篇内之義理而過求篇外之標題，則於義爲鑿也。師弟問答，自是常事；偶居章首而取以名篇，何足異哉！説者以爲衛靈公與季氏，乃當世之諸侯大夫，孔子道德爲王者師，故取以名篇，與《公冶》《雍也》諸篇等於弟子之列爾；《孟子》篇名有《梁惠王》、《滕文公》，皆當世之諸侯，而與《萬章》、《公孫丑》篇同列，亦此例也。此則可謂穿鑿而無理者矣。就如其説，則《論語》篇有《泰伯》，古聖賢也；《堯曰》，古聖帝也，豈亦將推夫子爲堯與泰伯之師乎？微子，孔子祖也；《微子》名篇，豈將以先祖爲弟子乎？且諸侯之中，如齊桓、晉文，豈不賢於衛靈？弟子自是據同時者而言，則魯哀與齊景亦較衛靈爲賢，不應取此也。晏嬰、蘧瑗，豈不賢於季氏？同在章中，何不升爲篇首，而顧去彼取此乎？孟子之於告子，蓋卑之不足道矣，乃與公孫、萬章躋之同列，則無是非之心矣。執此義以説書，無怪後世著書，妄擬古人而不得其意者，滔滔未已也。或曰：附會篇名，强爲標榜，蓋漢儒説經，求其説而不免太過者也。然漢儒所以爲此，豈竟全無所見而率然自伸其臆歟？余曰：此恐週末賤儒已有開其端矣。著書之盛，莫甚於戰國；以著書而取給爲干禄之資，蓋亦始於戰國也。故屈平之草稿，上官欲奪，而《國策》多有爲人上書，則文章重而著書開假借之端矣。《五蠹》、《孤憤》之篇，秦王見之，至恨不與同生，則下以是干，上亦以是取矣。求取者多，則矜榜起而飾僞之風亦開。余覽漢《藝文志》儒家者流，則有《魏文侯》與《平原君》書，讀者不察，以謂戰國諸侯公子何以入於儒家？不知著書之人自托儒家，而述諸侯公子請業質疑，因以所問之人名篇居首。其書不傳，後人誤於標題之名，遂謂文侯、平原所自著也。夫一時逐風會而著書者，豈有道德可謂人師，而諸侯卿相漫無擇決，概焉相從而請業哉？必有無其事而托於貴顯之交以欺世者矣。《國策》一書，多記當時策士智謀；然亦時有奇謀詭計一時未用，而著書之士愛不能割，假設主臣問難以快其意，如蘇子之於薛公及楚太子事，其明征也。然則貧賤而托顯貴交言，愚陋而附高明爲伍，策士夸詐之風，又值言辭相矜之際，天下風靡久矣。而説經者目見當日時事如此，遂謂聖賢道德之隆，必藉諸侯卿相相與師尊，而後有以出一世之上也。嗚呼！此則囿於風氣之所自也。假設問答以著書，於古有之乎？曰：有從實而虚者，《莊》、《列》寓言稱述堯、舜、孔、顔之問答，望而知其爲寓也；有從虚而實者，屈賦所稱漁父、詹尹，本無其人，而入以屈子所自言，是彼無而屈子固有也，亦可望而知其爲寓也。有從文而假者，楚太子與吴客，烏有先生與子虚也；有從質而假者，《公》、《穀》傳經，設爲問難而不著人名是也。後世之士，摛詞挨藻，率多詭托，知讀者之不泥迹也。考質疑難，必著其名；不得其人而以意推之，則稱或問，恐其以虚構之言誤後人也。近世著述之書，余不能無惑矣。理之易見者，不言可也。必欲言之，直筆於書，其亦可也。作者必欲設問，則已迂矣，必欲設問，或托甲乙，抑稱或問，皆可爲也。必著人以實之，則何説也？且所托者，又必取同時相與周旋而少有聲望者也，否則不足以標榜也。至取其所著而還詰問之，其人初不知也，不亦誣乎！且問答之體，問者必淺而答者必深，問者有非而答者必是。今僞托於問答，是常以深且是者自予，而以淺且非者予人也，不亦薄乎？君子之於著述，苟足顯其義而折是非之中，雖果有其人，猶將隱其姓名而存忠厚，況本無是説而强坐於人乎？誣人以取名，與劫人以求利，何以異乎？且文有起伏，往往假於義有問答，是則在於文勢則然，初不關於義有伏匿也。倘於此而猶須問焉，是必愚而至陋者也。今乃坐人愚陋而以供己文之起伏焉，則是假推官以葉韵也。昔有居下僚而吟詩謗上官者，上官召之，適與某推官者同見，上官詰之，其人復吟詩以自解，而結語云「問某推官」，推官初不知也，惶懼無以自白，退而詰其何爲見誣，答曰：「非有他也，借君銜以叶韵爾。」問難之體，必屈問而申答，故非義理有至要，君子不欲著屈者之姓氏也。孟子拒楊、墨，必取楊、墨之説而辟之，則不惟其人而惟其學。故引楊、墨之言，但明楊、墨之家學，而不必專指楊朱、墨翟之人也，是其拒之之深，欲痛盡其支裔也。蓋以彼我不兩立，不如是不足以明先王之大道也。彼異學之視吾儒，何獨不然哉！韓非治刑名之説，則儒、墨皆在所擯矣。墨者之言少，而儒則《詩》、《書》、《六藝》，皆爲儒者所稱述，故其歷詆堯、舜、文、周之行事，必藉儒者之言以辨之。

故諸《難》之篇，多標儒者以爲習射之的焉，此則在彼不得不然也，君子之所不屑較也。然而其文華而辨，其意刻而深，後世文章之士多好觀之，惟其文而不惟其人，則亦未始不可參取也。王充《論衡》，則效諸難之文而爲之。效其文者，非由其學也，乃亦標儒者而詰難之。且其所詰，傳記錯雜，亦不盡出儒者也。强坐儒説而爲志射之的焉，王充與儒何仇乎？且其《問孔》、《刺孟》諸篇之辨難，以爲儒説之非也，其文有似韓非矣。韓非絀儒，將以申刑名也。王充之意，將亦何申乎？觀其深斥韓非鹿馬之喻以尊儒，且其自叙，辨别流俗傳訛，欲正人心風俗，此則儒者之宗旨也。然則王充以儒者而拒儒者乎？韓非宗旨，固有在矣。其文之隽，不在能斥儒也。王充泥於其文，以爲不斥儒則文不隽乎？凡人相詬，多反其言以詬之，情也；斥名而詬，則反詬者必易其名，勢也。今王充之斥儒，是彼斥反詬而仍用己之名也。

又《内篇六・篇卷》 《易》曰：「良其輔，言有序。」《詩》曰：「出言有章。」古人之於言，求其有章有序而已矣。著之於書，則有簡策標其起訖，是曰篇章。孟子曰：「吾於《武成》，取二三策而已矣。」是連策爲篇之证也；《易・大傳》曰：「二篇之策，萬有一千五百二十。」是首尾爲篇之证也；左氏引《詩》，舉其篇名而次第引之，則曰某章云云，是篇爲大成而章爲分闋之证也。要在文以足言，成章有序，取其行遠可達而已，篇章簡策，非所計也。後世文字繁多，爰有較讎之學，而向、歆著録，多以篇卷爲計。大約篇從竹簡，卷從縑素，因物定名，無他義也。而縑素爲書，後於竹簡，故周、秦稱篇，入漢始有卷也。第彼時竹素並行，而名篇必有起訖，卷無起訖之稱，往往因篇以爲之卷，故《漢志》所著幾篇，即爲後世幾卷，其大較也。然《詩經》爲篇三百，而爲卷不過二十有八；《尚書》、《禮經》，亦皆卷少篇多，則又知彼時書入縑素，亦稱爲篇。篇之爲名，專主文義起訖，而卷則系乎綴帛短長，此無他義，蓋取篇之名書，古於卷也，故異篇可以同卷，而分卷不聞用以標起訖也。考班氏《五行》之志，《元後》之傳，篇長卷短，則分子卷，是篇不可易而卷可分合也。嗣是以後，訖於隋、唐，書之計卷者多，計篇者少。著述諸家所謂一卷，往往即古人之所謂一篇，則事隨時變，人亦出於不自知也。惟司馬彪《續後漢志》八篇之書，分卷三十，割篇徇卷，大變班書子卷之法，作俑唐、宋史傳，失古人之義矣。《史》、《漢》之書，十二本紀、七十列傳、八書、十志之類，但舉篇數，全書自了然也；《五行志》分子卷五，《王莽傳》分子卷三，而篇目仍合爲一，總卷之數仍與相符，是以篇之起訖爲主，不因卷帙繁重而苟分也。自司馬彪以八志爲三十卷，遂開割篇徇卷之例，篇卷混淆，而名實亦不正矣。歐陽《唐志》五十，其實十三志也，年表十五，其實止四表也；《宋史》列傳二百五十有五，《后妃》以一爲二，《宗室》以一爲四，李綱一人，傳分二卷，再並《道學》、《儒林》以至《外國》、《蠻夷》之同名異卷，凡五十餘卷，其實不過一百九十餘卷耳。至於其間名小異而實不異者，道書稱弓，即卷之别名也，元人《説郛》用之；蒯通《隽永》稱首，則章之别名也，梁人《文選》用之。此則標新著異，名實故無傷也。唐、宋以來，卷軸之書，又變而爲紙册，則成書之易，較之古人，蓋不啻倍蓰已也。古人所謂簡帙繁重，不可合爲一篇者，分上中下之類。今則再倍其書而不難載之同册矣。故自唐以前，分卷甚短，六朝及唐人文集所爲十卷，今人不過三四卷也。自宋以來，分卷遂長。以古人卷從捲軸，勢自不能過長；後人紙册爲書，不過存卷之名，則隨其意之所至，不難巨册以載也。以紙册而存縑素爲卷之名，亦猶漢人以縑素而存竹簡爲篇之名，理本同也。然篇既用以計文之起訖矣，是終古不可改易，雖謂不從竹簡起義可也。卷則限於軸之長短而並無一定起訖之例，今既不用縑素而用紙册，自當量紙册之能勝而爲之界。其好古而標卷爲名，從質而標册爲名，自無不可；不當又取卷數與册本故作參差，使人因卷尋篇，又復使人挾册求卷，徒滋擾也。夫文之繁省起訖，不可執定，而方策之重，今又不行，古人寂寥短篇，亦可自爲一書，孤行於世，蓋方策體重，不如後世片紙難爲一書也。則篇自不能孤立，必依卷以連編，勢也；卷非一定而不可易，既欲包篇以合之，又欲破册而分之，使人多一檢索於離合之外，又無關於義例焉，不亦擾擾多事乎？故著書但當論篇，不當計卷；卷不關於文之本數，篇則因文計數者也。故以篇爲計，自不憂其有闕卷，以卷爲計，不能保其無闕篇也。必欲計卷，聽其量册短長而爲銓配可也。不計所載之册而銖銖分卷，以爲題籤著録之美觀，皆是泥古而忘實者也。《崇文》、《宋志》，間有著册而不詳卷者；明代《文淵閣目》，則但計册而無卷矣；是雖著録之闕典，然使卷册苟無參差，何至有此弊也！古人已成之書，自不宜强改。

又《外篇一・論修史籍考要略》 較讎著録，自古爲難。二十一家之書，志典籍者僅有漢、隋、唐、宋四家，餘則闕如。《明史》止録有明一代著述，不録前代留遺。非故爲闕略也，蓋無專門著録名家，勒爲成書，以作憑藉也，史志篇幅有限，故止記部目，且亦不免錯訛。私家記載，間有考訂，僅就耳目所見，不能悉覽無遺。朱竹垞氏《經義》一考，爲功甚巨，既辨經籍存亡，且採群書叙録，間爲案斷，以折其衷。後人溯經藝者，所攸賴矣。第類例間有未盡，則創始之難；而所收止於經部，則史籍浩繁，一人之力不能兼盡，勢固不能無待於後人也。今擬修《史籍考》，一仿朱氏成法，少加變通，蔚爲巨部，以存經緯相宜之意。一曰古逸宜存。史之部次後

於經，而史之原起，實先於經。《周官》外史，掌三皇五帝之書，蒼頡嘗爲黄帝之史，則經名未立，而先有史矣。後世著録，惟以《史》、《漢》爲首，則《尚書》、《春秋》，尊爲經訓故也。今作《史考》，宜具原委，凡六經、《左》、《國》，周、秦諸子，所引古史逸文，如《左傳》所稱《軍志》、《周志》，《大戴》所稱丹書、青史之類，略仿《玉海》、《藝文》之意，首標古逸一門以討其原。二曰家法宜辨。較讎之學，與著録相爲表裏，較讎類例不清，著録終無原委。舊例以二十一家之言，同列正史，其實類例不清。馬遷，乃通史也，梁武《通史》，鄭樵《通志》之類屬之；班固，斷代專門之書也，華、謝、范、沈諸家屬之；陳《志》，分國之書也，《十六國春秋》、《九國志》之類屬之；南、北《史》，斷取數代之書也，歐、薛《五代》諸史屬之；《晉書》、《唐書》，集衆官修之書也，宋、遼、金、元諸史屬之。家法分明，庶幾條理可貫，而究史學者，可以溯源流矣。他若編年故事，職官儀注之類，折衷歷代藝文史部子目，以次區分可也。三曰剪裁宜法。史部之書，倍於經部，卷帙多寡，約略計之，僅與朱氏《經考》相去不遠。蓋一書之中，但取精要數語，足以該括全書足矣。篇目有可考者，自宜備載，其序論題跋，文辭浮泛，與意義復沓者，概從删節，但記作序作跋年月銜名，以備參考而已。按語亦取簡而易明，無庸多事敷衍，庶幾文無虚飾，書歸有用。四曰逸篇宜采。古逸之史，已詳首條，若兩漢以下，至於隋代，史氏家學，尚未盡泯，亡逸之史，載在傳志，崖略尚有可考。其遺篇逸句，散見群書，稱引亦可寶貴。自隋以前，古書存者無多，耳目易於周遍，可仿王伯厚氏采輯鄭氏《書》、《易》，《三家詩訓》之例，備録本書之下，亦朱竹垞氏採録緯候逸文之成法也。此於史學所補，實非淺鮮。五曰嫌名宜辨。《史記》之名，起於後世，當時止稱《司馬遷書》。《漢書》因東京而横加前漢，固俗稱也。五代之書，薛氏稱《五代史》，歐陽則稱《新五代史記》。至於《漢記》之有《東觀》，異乎劉、賈之所叙録。曹氏自有《魏書》，異於陳子之分子目。古人之書，或一書歧名，或異書同名者多矣。皆於標題之下，注明同異名目，以便稽檢。仍取諸書名目，仿《佩文韵府》之例，依韵先編檔簿，以俟檢核，庶幾編次之時，乃無遺漏復叠之患。六曰經部宜通。古無經史之别，六藝皆掌之史官，不特《尚書》與《春秋》也。今六藝以聖訓而尊，初非以其體用不入史也。而經部之所以浩繁，則因訓詁解義音訓而多，若六藝本書，即是諸史根源，豈可離哉！今如《易》部之《乾》、《坤》鑿度，《書》部之《逸周》諸解，《春秋》之《外傳》、《後語》，韓氏傳《詩》，戴氏記《禮》，俱與古昔史記相爲出入，雖云已入朱氏《經考》，不能不於《史考》溯其淵源，乃使人曉然於殊途同歸之義。然彼詳此略，彼全此偏，主賓輕重，又自有權衡也。七曰子部宜擇。諸子之書，多與史部相爲表裏，如《周官》典法，多見於《管子》、《吕覽》，列國瑣事，多見於《晏子》、《韓非》。若使鈎章鈲句，附會史裁，固非作書體要，但如《官圖》、《月令》、《地圓》諸篇之鴻文鉅典，《儲説》、《諫篇》之排列記載，實於史部例有專門，自宜擇取要删，入於篇次，乃使求史事者無遺憾矣。八曰集部宜裁。漢、魏、六朝史學，必取專門，文人之集，不過銘、箴、頌、誄、詩、賦、書、表、文檄諸作而已。唐人文集，間有紀事，蓋史學至唐而盡失也。及宋、元以來，文人之集，傳記漸多，史學文才，混而爲一，於是古人專門之業，不可問矣。然人之聰明智力，必有所近，耳聞目見，備急應求，則有傳記志狀之撰，書事紀述之文，其所取用，反較古人文集征實爲多，此乃史裁本體，因無專門家學，失陷文集之中，亦可惜也。是宜取其連篇累卷入史例者，分别登書，此亦朱氏取《洪范五行傳》於曾、王文集之故事也。九曰方志宜選。既作《史考》，凡關史學之書，自宜巨細無遺，備登於録矣。乃有不得不去取者，府州縣志是也。其書計數盈千，又兼新舊雜揉，不下三十餘種，而淺俗不典，迂謬可怪，油俚不根，猬劣可憎者，殆過半焉，若胥吏簿書，經生策括，猶足稱爲彼善於此者矣。是以言及方志，搢紳先生每難言之。又其書散在天下，非一時人力所能匯聚，是宜僅就見聞所及，有可取者，稍爲叙述。無可取者，僅著名目。不及見者，亦無庸過爲搜尋，後人亦得以量其所不及也。十曰譜牒宜略。方志在官之書，猶多庸劣，家譜私門之記，其弊較之方志，殆又甚焉。古者譜牒掌於官，而後世人自爲書，不復領於郎令史故也。其征求之難，甚於方志，是亦不可得而强索者矣。惟於統譜類譜，匯合爲編，而專家之譜，但取一時理法名家，世宦鉅族，力之所能及者，以次列之。仍著所以不能遍及之故，以待後人之别擇可耳。十一曰考異宜精。史籍成編，取精用宏，其功包經子集，而其用同《經義考》矣。然比類既多，不能無所牴牾，參差同異，勢不能免。隨時編次之際，取其分歧互見之説，賅而存之，俟成書之後，别爲考異一編，庶几無罅漏矣。十二曰板刻宜詳。朱氏《經義考》，後有刊板一條，不過記載刊木原委，而惜其未盡善者，未載刊本之異同也。金石刻畫，自歐、趙、洪、薛以來，詳哉其言之矣。板刻之書，流傳既廣，訛失亦多，其所據何本，較訂何人，出於誰氏，刻於何年，款識何若，有誰題跋，孰爲序引，板存何處，有無缺訛，一書曾經幾刻，諸刻有何異同，惜未嘗有人仿前人《金石録》例，而爲之專書者也。如其有之，則按録求書，不迷所向，嘉惠後學，豈不遠勝《金石録》乎？如有餘力所及，則當補朱氏《經考》之遺，《史考》亦可以例仿也。十三曰制書宜尊。列聖寶訓，五朝實録，巡幸盛典，蕩平方略，一切

尊藏史宬者，不分類例，但照年月先後，恭編卷首。十四曰禁例宜明。凡違礙書籍，或銷燬全書，或摘抽摘毀，其摘抽而尚聽存留本書者，仍分别著録，如全書銷燬者，著其違礙應禁之故，不分類例，另編卷末，以昭功令。十五曰採摭宜詳。現有之書，鈔録叙目凡例，亡逸之書，搜剔群書紀載，以及聞見所及，理宜先作長編。序跋評論之類，鈔録不厭其詳，長編既定，及至纂輯之時，删繁就簡，考訂易於爲力，仍照朱氏《經考》之例，分别存軼闕與未見四門，以見征信。

又《校讎通義·别裁第四》　《管子》道家之言也，劉歆裁其《弟子職》篇入小學；七十子所記百三十一篇，《禮經》所部也，劉歆裁其《三朝記》篇入《論語》。蓋古人著書，有採取成説，襲用故事者，如《弟子職》必非管子自撰，《月令》必非吕不韋自撰，皆所謂採取成説也。其所採之書，别有本旨，或歷時已久，不知所出；又或所著之篇，於全書之内自爲一類者，並得裁其篇章，補苴部次，别出門類，以辨著述源流。至其全書，篇次具存，無所更易，隸於本類，亦自兩不相妨。蓋權於賓主重輕之間，知其無庸互見者，而始有裁篇别出之法耳。《夏小正》在《戴記》之先，而《大戴記》收之，則時令而入於禮矣；《小爾雅》在《孔叢子》之外，而《孔叢子》合之，則小學而入於子矣。然《隋書》未嘗不别出《小爾雅》以附論語，《文獻通考》未嘗不别出《夏小正》以入時令，而《孔叢子》、《大戴記》之書，又未嘗不兼收而並録也。然此特後人之幸而偶中，或《爾雅》、《小正》之篇有别出行世之本，故亦從而别載之爾，非真有見於學問流别而爲之裁制也。不然，何以本篇之下不標子注，申明篇第之所自也哉！

又《辨嫌名第五》　部次有當重複者，有不當重複者。《漢志》以後，既無互注之例，則著録之重複，大都不關義類，全是編次之錯謬爾。篇（編）次錯謬之弊有二：一則門類疑似，一書兩入也；一則一書兩名，誤認二家也。欲免一書兩入之弊，但須先作長編，取著書之人與書之標名，按韻編之，詳注一書源委於其韻下，至分部别類之時，但須按韻稽之，雖百人共事，千卷雷同，可使疑似之書一無犯複矣。至一書兩名誤認二家之弊，則當深究載籍，詳考史傳，並當歷究著録之家，求其所以同異兩稱之故而筆之於書，然後可以有功古人，而有光來學耳。《太史公》百三十篇今名《史記》，《戰國策》三十三篇初名《短長語》，《老子》之稱《道德經》，《莊子》之稱《南華經》，《屈原賦》之稱《楚詞》，蓋古人稱名樸而後人入於華也。自漢以後，異名同實，文人稱引，相爲弔詭者，蓋不少矣。《白虎通德論》删去「德論」二字，《風俗通義》删去「義」字，《世説新語》删去「新語」二字，《淮南鴻烈解》删去「鴻烈解」而但曰《淮南子》，《吕氏春秋》有《十二紀》、《八覽》、《六論》，不稱《吕春秋》而但曰《吕覽》，蓋書名本全而援引者從簡略也。此亦足以疑誤後學者已。鄭樵精於校儀，然《藝文》一略，既有《班昭集》而復有《曹大家集》，則一人而誤爲二人矣；晁公武善於考據，然《郡齋》一志，張君房《脞説》而題爲張唐英，則二人而誤爲一人矣。此則人名字號之不一，亦開歧誤之端也。然則校書（讎）著録，其一書數名者，必當歷注互名於卷帙之下；一人而有多字號者，亦當歷注其字號於姓名之下，庶乎無嫌名歧出之弊矣。

又《補鄭第六》　鄭樵論《書有名亡實不亡》，其見甚卓。然亦有發言太易者，如云鄭玄《三禮目録》雖亡，可取諸《三禮》，則今按以《三禮正義》，其援引《鄭氏目録》多與劉向篇次不同，是當日必有説矣，而今不得見也，豈可曰取之《三禮》乎？又曰《十三代史目》雖亡，可取諸《十三代史》，考《藝文》所載《十三代史目》，有唐宗諫及殷仲茂兩家，宗諫之書凡十卷，仲茂之書止三卷，詳略如此不同，其中亦必有説，豈可曰取之《十三代史》而已乎！其餘所論，多不出此。若求之於古而不得，無可如何，而旁求於今有之書，則可矣。如云古書雖亡而實不亡，談何容易耶？若求之於古而不得，無可如何而求之今有之書，則又有采輯補綴之成法，不特如鄭樵所論已也。昔王應麟以《易》學獨傳王弼，《尚書》止存《僞孔傳》，乃采鄭玄《易注》、《書注》之見於群書者爲鄭氏《周易》、鄭氏《尚書注》；又以四家之《詩》獨《毛傳》不亡，乃采三家詩説之見於群書者爲《三家詩考》。嗣後好古之士踵其成法，往往綴輯逸文，搜羅略遍。今按緯候之書，往往見於《毛詩》、《禮記注疏》及《後漢書注》；漢魏雜史，往往見於《三國志注》；摯虞《流别》及《文章志》，往往見於《文選注》；六朝詩文集，多見採於《北堂書鈔》、《藝文類聚》；唐人載籍，多見採於《太平御覽》、《文苑英華》。一隅三反，充類求之，古逸之可採者多矣。鄭樵論「書有不足於前朝而足於後世者」，以爲《唐志》所得舊書，盡梁書卷帙，而多於隋，謂唐人能按王儉《七志》、阮孝緒《七録》以求之之功，是則然矣。但竟以卷帙之多寡定古書之全缺，則恐不可盡信也。且如應劭《風俗通義》，劭自序實止十卷，《隋書》亦然，至《唐志》乃有三十卷，又非有疏解家爲之離析篇第，其書安所得有三倍之多乎？然今世所傳《風俗通義》乃屬不全之書，豈可遽以卷帙多寡定書之全不全乎？

又《著録殘逸第八》　凡著録之書，有當時遺漏失載者，有著録殘逸不全者。《漢書·藝文志》注卷次部目，與本志不符，顔師古已云「歲月久遠，無由詳知」矣。今觀蕭何《律令》，叔孫《朝儀》，張霸《尚書》，尹更始《春秋》之類，皆顯著紀傳而本

志不收，此非當時之遺漏，必其本志有殘逸不全者矣。《舊唐書·經籍志》集部内，無韓愈、柳宗元、李翱、孫樵之文，又無杜甫、李白、王維、白居易之詩，此亦非當時之遺漏，必其本志有殘逸不全者矣。校讎家所當歷稽載籍，補於藝文之略者也。

雜録

鄭樵《通志略·圖譜略·記有》 楊佺期《唐洛陽京城圖》、《唐長安京城圖》、呂大防《唐長安京城圖》、《唐太極宫圖》、《唐大明宫圖》、《唐興慶宫圖》、《三宫合爲一圖》、《洛陽宫闕圖》、《宋朝宫闕圖》、《汴京圖》、《唐九嵕山昭陵建陵合爲一圖》、梁元帝《二十八國職貢圖》、閻立本《西域諸國風物圖》、《大遼對境圖》、《大金接境圖》、《契丹地里圖》、《西夏賀蘭山圖》、《山海經圖》、《勃海圖》、《三輔黄圖》、《天文横圖》、《隔子横圖》、《天文圓圖》、《隔子圓圖》、《紫薇天心圖》、《璇璣圖》、《日食圖》、《月暈圖》、《分野圖》、《七曜災祥圖》、《七曜歷文圖》、《刻漏圖》、《九江刻漏圖》、《氣象圖》、《雲氣圖》、《日出長短圖》、《海潮時刻四應圖》、《華夷圖》、《守令圖》、《百川源委圖》、《灣閘圖》、《交廣圖》、《諸路至京驛程圖》、《江行備用圖》、《禹穴圖經》、《春秋世系圖》、《春秋機要圖》、《春秋盟會圖》、《春秋列國圖》、《春秋十二國年曆》、《杜預釋例地名譜》、《杜預小公子譜》、《春秋明例總括圖》、《荆定易圖》、《先天圖》、《漢上易圖》、《八卦小成圖》、《乾生歸一圖》、《龍圖》、《伏羲俯仰畫卦圖》、《陳希夷易圖》、《劉牧鈎隱圖》、《稽覽圖》、《尚書治要圖》、《鄭康成詩圖》、《小戎圖》、《王制井田圖》、《方田圖》、《鄉遂圖》、《封建圖》、《律吕圖》、《聶崇義三禮圖》、《博古圖》、《考古圖》、《釋奠祭器圖》、《考正禮器圖》、《鄉飲禮圖》、《五服年月圖》、《大宗小宗圖》、《宫架圖》、《舞鑑圖》、《琴式尚象圖》、《景祐大樂圖》、《三樂圖》、《衙鼓格》、《投壺格》、《樗蒱格》、《象戲格》、《聲韻圖》、《指歸圖》、《僧守温三十六字母圖》、《定韻清濁鈐》、《内外轉歸字圖》、《徐浩書譜》、《筆陣圖》、《國相成名圖》、《歷代君臣圖》、《古今類聚年號圖》、《帝王年代圖》、《五運歷年紀》、劉恕《十國年表》、《閩中王氏啓運圖》、《唐孟冬祫饗于太廟禮科帝系圖》、《唐貞元孟冬祫祭圖》、《唐朝功臣配享圖》、《唐貞元孟夏禘饗圖》、《司馬温公歷年圖》、《宋氏紹宗圖》、《仙源積慶圖》、《衣冠盛事圖》、《太廟圖》、《治平八廟圖》、《熙寧廟圖》、《大宋配享功臣圖》、《文武合班圖》、《朔日視朝儀注圖》、《正冬大慶殿朝會立班圖》、《大慶殿再坐上壽立班圖》、《垂拱殿五日一次起居門外敍班圖》、《文德殿常朝朝堂敍班圖》、《文德殿常朝立班圖》、《東上閤門拜表立班圖》、《賀祥瑞勝捷紫宸殿外敍班圖》、《同天節紫宸殿上壽圖》、《集英殿大宴坐次圖》、《大禮尚書省受誓戒圖》、《大禮大慶殿奏請致齋立班圖》、《正冬御殿朝賀上壽垂拱殿樞密使以下稱賀圖》、《紫宸殿上壽賜宴圖》、《紫宸殿當朝起居圖》、《垂拱殿常朝起居圖》、《集英殿大宴門外立班圖》、《集英殿大宴樞密使以下起居圖》、《唐宰相表》、《唐官品圖》、《武侯八陣圖》、《攻守器械圖》、《五陣圖》、《文教圖》、《閻立本歷代帝王圖》、《歷代聖賢圖》、《銅人俞穴鍼灸圖》、《仙人水鑑圖》、《明堂偃側人圖》、《難經圖》、《素問氣圖》、《金丹圖》、《煙蘿圖》、《含象鑑圖》、《黄庭五藏圖》、《黄庭五藏道引圖》、《六氣道引圖》、《道源宗師圖》、《仙班朝會圖》、《告元圖》、《内外二景圖》、《上清天關二圖經》、《上清混合變化圖》、《三五含景圖》、《五常雜修行圖》、《河圖寶録》、《結璘奔日月圖》、《九宫紫房圖》、《長生寶鑑圖》、《八道祕言圖》、《五嶽真形神仙圖》、《古今五嶽真形圖》、《嶽瀆名山圖》、《大洞九天圖》、《山水穴實圖》、《萬靈朝真圖》、《三皇真形圖》、《列宿朝真圖》、《攝生日令圖》、《伏承圖》(《藝文略》作「永」此作「承」，當考)、《狐剛子粉圖》、《三才定位圖》、《三十四鼎鑪圖》、《黄帝鼎圖》、《西傳宗派圖》、《聲鐘圖》、《趙少保辨才法師繫念圖》、《六想圖》、《重元圖》、《綱格圖》、《北齊六學士勘書圖》、《慶曆彩選圖》、《秦府十八學士圖》、《明皇擊桐圖》(「桐」字當考)、《明皇試馬圖》、《王維春社圖》、《王維輞川圖》、《蓮社圖》、顧凱之《列女圖》、《月令圖》、《郭子儀宴魚朝恩圖》、《選日立成圖》、《三元遁甲圖》、《九宫八門圖》、《山形總載圖》、《寶星圖》、《鬼谷子觀氣色出相圖》、《勑律指掌圖》、《姓氏譜》、《錢譜》。

又《記無》 地里：《地域方丈圖》、《地域方尺圖》、《僧道安江圖》、《賈耽地圖》、《裴矩西域圖》、《華夷列國入貢圖》、《馬寔諸道行》、《程血脈圖》、《開元分野圖》、《冀州圖》、《十七路轉運圖》、《河北四十四郡圖》、《十七路圖》、《蜀程圖》、《沈括使北圖》、《洞庭譜》、《嶽瀆福地圖》、《蔣炳西山圖》。會要：《南卓唐朝綱領圖》、《王彦威古額圖》、《孫結大唐國照圖》、《大唐國要圖》、《曹臻國照》、《夏侯頔鹽鐵轉運圖》。紀運：《王氏五運圖》、《廣五運圖》、《年歷圖》、《帝王正閏五運圖》、《路惟衡帝王歷數圖》、《薛璿唐聖運圖》、《劉恕年略譜》、《魏森古今通系圖》、《侯利建視古圖》、《劉軻唐年曆》、《龔穎運歷圖》、《徐鍇歷年年譜》、《古今年表》、《帝王接受圖》、盧元福《共和以來甲乙紀》、《帝王真僞圖》、徐整《三五歷記》、《國朝年表》。百官：《唐宰輔譜》、柳芳《大唐宰相表》、萬當世《文武百官圖》、《牧圖》。易：唐一行

《太衍玄圖》、范謣昌《易源流圖》。詩：《成伯璵毛詩圖》、《草木蟲魚圖》。禮：賀循《喪服圖》、《子游喪服圖》、蔡謨《喪服圖》、張薦《五服圖》、仲陵子《五服圖》、夏侯伏明《三禮圖》、張鎰《三禮圖》、梁正《三禮圖》、紀僧真《玉璽譜》、袁郊《二儀實録衣服名義圖》、《鹵簿圖》、《南郊圖》、《唐志凶儀圖》、《梁隱列國祖廟式》。樂：《十二律譜》、《唐郊祀樂章譜》、呂渭《廣陵正息譜》、王大力《琴聲律譜》、李良輔《廣陵正息譜》、陳康士《琴譜》、《離騷譜》、李約東《杓引譜》、《琴式譜》、《阮咸譜》、《琴指圖》、《鬵栗格》、沈括《樂律圖》。春秋：嚴彭祖《春秋圖》、張傑《春秋圖》、顧啓期《大夫圖》、《春秋車服圖》、《春秋宗族名氏圖》、《演左傳氏族圖》、《春秋名號歸一圖》、《春秋圖鑑》、《春秋手鑑圖》。孝經：《應瑞圖》。論語：《井田義圖》、《論語世譜》。經學：《授經圖》、韋表微《九經歸授譜》。小學：《郭璞爾雅圖》、《辨字圖》。刑法：路仁恕《五刑旁通圖》。天文：張衡《靈憲圖》、高文弘《天文横圖》、《孝經内記星圖》、《周易八野星圖》、《太白會運逆兆通代記圖》、《大象列星圖》、《長慶算五星所在宿度圖》、《南陽化元玄黄十二次分野圖》。時令：《王涯月令圖》。算數：《劉徽九章重差圖》。陰陽：《三陰圖》、《二宅圖》、《五行家國通用圖》、《大一游圖》、《五符圖》、《八曜圖》、《五虎圖》、《古墓圖》、《氣神隨日用局圖》、《揲蓍圖》、《皮日休支干定命圖》、《遁甲天目圖》、《占氣色要訣圖》。道家：《二十八宿真形圖》、《正一真人二十四治圖》、《正一氣化圖》、《五帝修行圖》、《四氣攝生圖》、《參同契大丹圖》、《太易陰陽手鑑圖》、《鈆汞五行圖》、《八卦真形圖》、《掌訣圖》、《八仙圖》、《元化圖》、《五禽道引圖》、《大象握機圖》、《皇人三一圖》、《存五星圖》、《火鑑周天圖》。釋氏：《法界僧圖》、《道綽行圖》、《古今譯圖》。符瑞：《玉芝瑞草圖》、《靈芝圖》、《侯亶祥瑞圖》、《孫之柔瑞應圖》、《顧野王符瑞圖》、《張掖郡玄石圖》、《上黨十九瑞圖》、《貫怪圖》。兵家：《解忠鯁龍武元兵圖》、《神機靈祕圖》、《五行陣圖》。藝術：《欹器圖》、《射鑑九圖》、《禮圖等雜書》、《董萼畫盤車圖》、《曹元廓畫後周北齊梁陳隋武德貞觀永徽等朝臣圖》、《韓幹畫龍朔功臣圖》、《王象畫鹵簿圖》、《竇師綸畫内庫瑞錦對雉鬭羊翔鳳游麟圖》、《八駿圖》、《辨馬圖》。食貨：《于公甫古今泉貨圖》。醫藥：《孔穴蝦蟆圖》、《黄帝明堂五藏圖》、《秦承祖明堂圖》、《明堂人形圖》、《指難圖》、《王惟一鍼灸圖》、《五藏攝養明鑑圖》、《崔知悌産圖》、《安濟圖》、《侍膳圖》、《原平仲靈秀本草圖》、《藥圖》。世系：《帝系之譜》、《皇帝之譜》、《戚里之譜》、《百官族姓之譜》、《諸家譜》。

姚振宗《後漢藝文志敘録》　阮孝緒《七録敘目》曰：「及後漢蘭臺，猶爲《書部》，又于東觀及仁壽闥譔集《新記》。校書郎班固、傅毅並典祕籍。」《隋書・經籍志敘》曰：「光武中興，篤好文雅。明章繼軌，尤重經術。四方鴻生鉅儒，負袠自遠而至者，不可勝算。石室蘭臺，彌以充積。又於東觀及仁壽閣集新書，校書郎班固、傅毅等典掌焉，並依《七略》而爲《書部》。」按：《七録》及《隋志》所云，則東京亦嘗依《七略》編集東觀仁壽闥所有書，名《蘭臺書部》、《東觀新記》、《仁壽闥新記》，其書亡於董卓之亂。嚴可均《全後漢文編》曰，「按《蔡邕傳》，邕上書，自陳奏其所著《十意》。案：文有《律曆意》、《禮意》、《樂意》、《郊祀意》、《天文意》、《朝會意》、《車服意》、《五行意》，僅有『八意』，其餘『二意』無考，葢『地理、藝文』也。」按：嚴氏謂蔡中郎《十志》中有《藝文志》，其稿悉燬於董卓、李傕、郭汜之亂，當時諱「志」，故稱「意」。《七録序目》又曰：「其後有著述者，袁山松亦録在其書。」又曰：「王儉《七志》條《七略》及二漢《藝文志》所闕之書。」按：此云「二漢」者，謂班氏《漢書・藝文志》袁山松《後漢書・藝文志》也。袁志亡於唐末五代之亂。劉昭《注補續漢書八志序》：「沈、松因循，尤鮮功創。時改見句，非更搜求。加藝文以矯前棄，流書品采自近録。初平、永嘉，圖籍焚喪，塵消煙滅焉。識其限，借南晉之新，虚爲東漢之故實。是以，學者亦無取焉。」按：晉祠部郎謝沈有《後漢書》，在袁山松之前，見隋、唐《經籍》、《藝文志》。謝書中之志，篇目無考。又曰：「范曄《後漢》，良史，誠跨衆民。序或未周，志遂全闕。尋本書，當作《禮樂志》。其天文、五行、百官、車服，爲名則同。此外諸篇，不著紀傳，律曆、郡國，必依往式。曄遺書《自序》，應編作諸志。前漢有志，悉欲備製卷中，發論以正得失。書雖未明其大旨也，曾臺雲構，所闕過乎榱桷。爲山霞高，不終踰乎一壤，鬱絶斯作，吁可痛哉！」按：范《書・十志》中必有藝文，自蠟以覆車之後，并草創，殘文亦不復見矣。鄭樵《通志・校讐略》曰：「王儉作《七志》，已又條劉氏《七略》及二漢《藝文志》所闕之書爲一志。阮孝緒作《七録》；已亦條劉氏《七略》及班固《漢志》、袁山松《後漢志》所亡之書爲一録。」按，阮氏所條袁《志》亡書，今惟見序目所載一則，其書名泯没無聞。嘉定錢師璟《錢氏藝文志略》曰：「《補續漢書藝文志》二卷，錢大昭，字晦之，號可廬撰。」按：錢氏是書，《書目答問》亦云二卷，未刊。今廣雅書局新彫本止一卷，二十餘葉。上及西漢，下包三國。類例既極草率，而不免重複誤收，漫無裁制。且與《錢氏藝文志》及《書目答問》所云二卷不相合，似非其手訂本。番禺侯康君謨《補後漢書藝文志》四卷，道光庚戌，南海伍崇曜栞入《嶺南遺書》，跋云：「原本無卷數，兹釐爲四卷，校訂以付梓人。」按：侯氏是書，略依《隋經籍志》四部之體，至子部小説

家而止，而子部編目如兵家、曆算、五行、醫方、雜藝五類，無一書。集部與佛、道二録，則皆未嘗措手焉。蓋其編輯未竣之初，稾非爲完書。今所輯稱《侯志》者，即是其本。《新編後漢藝文志》四卷，因覽錢、侯《二志》之敓略不完，故別自爲編，不云「補」者，不自以爲補舊史之闕也。其人物譔著，悉以獻帝遜位之年爲斷。其卒在是年之前，則無論。乃心魏室如王粲、陳琳，盡事吴朝如張紘、陸績皆比之。諸侯王官屬不以漢之統系，豫假於魏、吴，故亦闌入《三國志》所載。非牽合時代，漫無限斷，其門類則以書之有無爲斷。如經部之《五經總義》，史部之《載記》、《史鈔》、《史評》，子部之《雜藝術》，集部之《文史》，皆後起之目，而東都人士實有其書，故立此數類以著。其朔亦非雜糅古今，漫無區別焉。綜四部爲類。四十有二，附以佛、道，凡四十四類。光緒己丑歲，孟夏之月，山陰姚振宗漫識。

丁國鈞《補晉書藝文志・例略》 四部分目，權輿《中經》，唐修《隋志》變通益善。後賢譏彈雖多，莫能外也。《晉書》之成，與《隋書》相先後，故斯志軌轍，一準《隋志》伐柯取則，無事求遠。劉《略》班《志》非所敢知。斷代著録，首嚴棄取。茲志於三國諸人，凡及太始初者，胥加徵采。義熙一朝，作者雖衆，苟易代猶存，即無預斯録。至嵇康、阮籍，二人卒於魏末。陶潛、徐廣二人卒於宋初。諸著述，一例掇列，似失限斷則，以本書各有專傳故也。釋、道二家，《隋志》退厠卷末，遠祖《七志》，允稱無間。茲於其徒撰著標目録附至傳譯、經戒，卷目灝汗。以《大唐内典目録》核之，凡四百五十部，七百七十七卷。一不攔入，小異繩墨，無傷大同。撰著各家，身入宋魏者，既不入録矣。然有成書尚在晉時者，劉昺諸人是也；有譌書流布，濫入各史志、各家書録者，郭璞諸人書是也。至於書名、撰人缺譌舛複，疑不能證明者，尤難僂指，凡斯之類，區以存疑，黜僞二目，退列附録用備稽考。是志所録，資《隋唐志》者十之六，凡一千七十餘種。群籍十之四，凡六百八十餘種。左右采獲，既懼昧所從出。更訂歧譌，以意進退，尤非言詮弗明。兒子隅坐，時助搜討。爰命條注所出，略及考證。羅氏《路史》遠有徵猷，遺軌未湮，不嫌唐突。

國家目録部

綜述

胡應麟《少室山房筆叢》卷一《經籍會通一》 墳籍之始，肇自羲、黄，盛於周、漢，衍於梁、晉，極於隋、唐。一燼於秦，再厄於莽，三災於繹，四蕩於巢。宋氏徵求，力倍功半；元人裔夷，事軼言湮。聚散廢興，概可覩矣。述源流第一。六經删修尼父，授受孔門，卷軸篇章類崇簡要，三墳、丘、索湮没不傳，以大《易》、《尚書》較之，其體制居可識也。蓋古文峻潔，迥異浮靡，聖筆淵玄，亡資藻飾，故卷之不盈篋笥而擴之函冒乾坤。春秋而降，諸子百家興而道術離；楚、漢以還，騷人才士作而文學盛，此其盈縮之大都也。然泰山封禪，文字萬家，合雒、禪通，沿洄十紀。概徵此例，則古人文籍不必盡減今時，顧世類弗傳者，良由洪荒始判，褚墨未遑，竹簡韋編既非易致，靈文祕檢又率難窺，重以祖龍烈焰，煨燼之中僅存如綫，漢世諸儒稍加綴拾，劉氏《七略》遂至三萬餘卷，考諸班氏《藝文》，西京製作纔十二三耳。世以臯、夔、稷、契何書可讀，然乎否邪？【略】歷朝諸史，志藝文者五家，《前漢》也、《舊唐》也、《新唐》也、《隋》也、《宋》也。班氏規模《七略》，劉昫沿襲《隋書》，《新唐》校益《舊唐》，而《宋史》所因則《崇文》、《四庫》等目也。中壘父子奕葉青緗，紀例編摩，故應邃密，第遺書絶寡，考訂靡從。《隋志》簡編亦多散佚，而類次可觀，論辯多美。《舊唐》之録本朝，大爲疏略，新書間增所缺，頗自精詳。歐陽《宋志》紊亂錯雜，元人製作亡足深譏。大率史氏精神全寓紀傳，論序次之，表、志之流便落二義，至於經籍尤匪所先，且人靡博極，業謝專門，聊具故事而已。自餘正史之外，奉命纂修，類例足徵，卷軸可考。若劉歆之略、荀勖之部、王儉之志、孝緒之録，并軼不傳。宋自慶曆、淳熙、嘉定諸目外，薦紳文士，宋、尤、李、葉并富青緗，今惟文簡目存，亦多闕漏。鄭氏《藝文》一略該括甚鉅，剖核彌精，良堪省閲，第通志前朝，失標本代，有無多寡混爲一途。番陽《通考》以四部分門，實因舊史，而支流派别條理井然，且究極旨歸、推明得失，百代墳籍燁如指掌。倘更因當時所有，例及亡篇，咸著品題，稍存故實，則庶幾盡善矣。歷朝墳籍，畜聚之多亡如隋世，篇目之盛僅見唐時。案向、歆《七略》卷三萬餘，班氏東京僅覩其半，莽、卓之亂尺簡不存，晉荀勖、李充洊加鳩集，宋元嘉中謝靈運校讎，至六萬卷，齊王儉、王亮、謝朏，梁殷鈞、任昉、阮孝緒等，繼造目録，率不過三萬卷。蓋宋初祕閣所藏重複相揉，靈運概加裒録，諸人頗事芟除，雖其數僅半於前，或其實反增於舊。隋文父子篤尚斯文，訪輯蒐求不遺餘力，名山奥壁捆載盈庭，嘉則殿書遂至三十七萬餘卷，書契以來特爲浩瀚，尋其正本亦止三萬七千。《隋志》近九萬卷。至開元帝，累葉承平，異書間出，一時纂集及唐學者自著八萬餘卷，古今藏書莫盛於此。趙宋諸帝雅意文墨，慶曆間《崇文總目》所載三萬餘卷，累朝增益，卷不盈萬，宣和北狩，散亡略盡，至淳熙、嘉定間書目乃得五萬餘卷。蓋歷代帝王圖籍興廢聚散之由，大都具矣。夫以萬乘南面之尊，石渠、東觀之富，通都大邑之購求，故家野老之獻納，而古今輯録不過如此，蓋後人述作日益繁興，則前代流傳寖微寖滅，增減乘除，適得此數，理勢之自然也。《舊唐書・經籍志》序云：貞觀中，令狐德棻、魏徵相次爲祕書監，上言經籍亡逸，請行購募，并奏引學士校定，群書大備。開元三年，左散騎常侍褚無量、馬懷素侍宴，言及經籍，玄宗曰：「内庫皆是太宗、高宗先代舊書，常令宫人主掌，所有殘缺未遑補緝，篇卷錯亂，難於檢閲，卿試爲朕整比之。」至七年，詔公卿、士庶之家所有異書，官借繕寫。及四部書成，上令百官入乾元殿東廊觀之，無不駭其廣。九年十一月，殷踐猷、王愜、韋述、余欽、毋煚、劉彦貞、王灣、劉仲等重修，成《群書四部録》二百卷，右散騎常侍元行沖奏上之。自後毋煚又略爲四十卷，名爲《古今書録》，大凡五萬一千八百五十二卷。禄山之亂，兩都覆没，乾元舊籍亡散殆盡。肅宗、代宗崇重儒術，屢詔購募。文宗時鄭覃侍講禁中，以經籍道喪，屢以爲言，詔令祕閣搜訪遺文，四部書至五萬六千四百七十六卷。及廣明初，黄巢干紀，尺簡無存。昭宗即位，志弘文雅，收合餘燼，尚二萬餘。遷都洛陽，遂靡孑遺。右劉昫所紀唐經籍事頗詳，以端臨《通考》不載，節録於此。《龍城録》云：開元文籍最盛，至七萬卷。當時司典籍者，學士四十七人，張説、鄭譚、裴煜之、侯行成、康子玄皆與焉。太宗初即位，即置弘文館，聚書二十餘萬卷，選天下文學之士虞世南、褚亮、姚思廉、歐陽詢、蔡允恭、蕭德言等以本官兼學士，更日宿直，至夜分乃罷，又取三品以上子孫充弘文館學生。據是時尚未改武德年號也，太宗甫定内難即留意經籍如此，而馬氏《通考》獨逸兹事，故詳載之。案，弘文館書至二十萬卷，則自隋三十七萬外僅再覩耳。唐《藝文志》序稱武德中收隋遺書僅八萬卷，餘蓋一時裒益之書，校其正本，當兵火殷勤之後決不能過三萬也。此條載《資治通鑑》，陸氏所序亦不收，蓋但據《經籍考》也。文皇初年亦似留意經籍，貞觀中魏徵、虞世南、顔師古繼爲祕監，請購天下書，選五品

以上子孫工書者繕寫，藏於內庫，俾宮人掌之。以文皇總之於上，虞、魏董之於下，應者宜響，然迄貞觀中未聞增益，諸臣亦絕無目録之修，何也？蓋太宗所騁志文詞，所鍾嗜翰墨，於經籍蓋浮慕焉，未必如隋、宋之竭力蒐訪也，故貞觀中百事超越前代，此反愧焉。《文思博要》至千二百卷，歐、虞又各自有類書，而祕府二王之迹獨冠千古，當時君臣所用力者可見矣。續考新書《元行沖傳》，虞、魏等竟編緝未成，顯慶中諸員役并罷去云。《舊唐書》志後序云：三代之書，經秦殆盡。漢武帝、河間王始重儒術，於灰燼之餘拾纂亡散，篇卷僅而復存。劉歆《七略》在漢《藝文志》者纔三萬三千九百卷，後漢蘭臺、石室、東觀、南宮諸儒撰集，部帙漸增。董卓遷都，載舟西上，因罹寇盜，沉之於河，存者數船而已。及魏武父子採掇遺亡，至晉總括群書，纔二萬七千九百四十五卷。及永嘉之亂，洛都覆没，靡有孑遺，江表所存官書凡三千一十四卷。至宋謝靈運造《四部書目録》，凡四千五百八十二卷。其後王儉復造書目，凡五千七十四卷。南齊王亮、謝朏《四部書目》，凡一萬八千一十卷。齊、宋兵火延燒祕閣，書籍煨燼，梁元帝克平侯景，收公私經籍歸於江陵，凡七萬餘卷，蓋佛、老之書雜於其間。及周師入郢，咸自焚蕩。周武保定之中纔盈萬卷，平齊所得數止五千。及隋氏平陳，南北一統，祕書監牛弘奏請搜訪遺逸，著定書目，凡三萬餘卷。案，此序記累世藏書卷軸，多與《隋書》不同，概當從此爲正。《通考》於諸史藝文序目纂輯靡遺，獨此不録，蓋《舊唐書》或宋末少傳，端臨所未覩也。《通考》諸部之首亦但録《漢》、《隋》、《新唐》，俱不及《舊唐》。雲間陸子淵家多藏書，所著別集中有《統論》一則云：自古典籍興廢，隋牛弘謂仲尼之後凡有五厄，大約謂秦火爲一厄、王莽之亂爲一厄、漢末爲一厄、永嘉南渡爲一厄、周師入郢爲一厄。雖然，經史具存，與孔壁、汲冢之復出，見於劉向父子之所輯略者爲書凡三萬三千九十卷，孔氏之舊蓋未嘗亡也。至隋嘉則殿乃有書三十七萬卷，可謂富矣。柳顧言等之所校定，才七萬七千餘卷，則是重複猥雜，張其數耳，《七略》之外所增才倍之，而諸史群撰具焉。南朝盛時，梁武之世，公私典籍七萬餘卷，尚有重本，則傳世之書惟存舊數而已，散亡之極猶不失萬卷。唐世分爲四庫，開元著録者五萬三千九百一十五卷，魏、晉所增與釋、老之編雜出其間，亦不過三萬餘卷，而唐之學者自爲之書又二萬八千四百二十九卷，自是日有所益矣。安史亂後備加搜採，而四庫之書復完。黃巢之禍，兩京蕩然。宋建隆初三館有書萬二千餘卷，自後削平諸國，盡收圖籍，重以購募，太平興國初六庫書籍正副本凡八萬卷，固半實爾。慶曆《崇文總目》之書三萬六百六十九卷，校之《七略》顧有不及，參互乘除，所亡益者何等書邪？洪容齋謂《御覽》引用一千六百九十種書，十亡八九，而姚鉉所類文集亦多不存，因以爲嘆。然經史子集之舊，宋亦未嘗闕焉。宣和訪求，一日之內三詔並下，四方奇書由此間出，見於著録者溢出二萬五千二百五十四卷，以充館閣。高宗渡江，書籍散逸，加意訪求，淳熙間類次見書凡四萬四千四百八十六卷，其數雖過於《崇文》而新籍兼之。至於紹定之災，而書復闕矣。右子淵所紀古今書籍梗概，頗爲簡明，大都本馬氏《通考》所載而節略之。然隋書三十七萬，柳顧言等除去猥複止得三萬七千，見《通考》甚詳，而此以爲七萬餘卷。梁任昉、阮孝緒等目録大約不過三萬，雖云釋典在外，要不過二萬餘，元帝收集煨燼乃得七萬，未必無重複也。《唐志》開元書著録者五萬三千九百一十五卷，唐學者自爲二萬八千四百六十九卷，共八萬餘。陸所言釋、老之編雜出者三萬餘，迄不詳何所指，考新、舊《唐書》咸不合。宋嘉定中續得一萬八千餘卷，陸亦未及載也。漫識其後。牛弘所論五厄，皆六代前事。隋開皇之盛極矣，未幾皆燼於廣陵；唐開元之盛極矣，俄頃悉灰於安、史。肅、代二宗洊加鳩集，黃巢之亂復致蕩然。宋世圖史一盛於慶曆，再盛於宣和，而女真之禍成矣；三盛於淳熙，四盛於嘉定，而蒙古之師至矣。然則書自六朝之後復有五厄，大業一也、天寶二也、廣明三也、靖康四也、紹定五也，通前爲十厄矣。廣陵事見《通考》葉少蘊所引杜寶《大業幸江都記》，此外他無所考。等而論之，則古今書籍盛聚之時、大厄之會各有八焉，春秋也、西漢也、蕭梁也、隋文也、開元也、太和也、慶曆也、淳熙也，皆盛聚之時也；祖龍也、新莽也、蕭繹也、隋煬也、安史也、黃巢也、女真也、蒙古也，皆大厄之會也。東京之季，纂輯無聞；班志率西漢，東京甚希，他無校集者。魏、晉之間，採摭未備；卓、曜諸兇，摧頹餘燼，於聚於厄俱未足云。古今墳籍之厄，秦固誅首，莽即次之。蓋秦所焚率三代上書，西漢稍稍鳩集，莽又繼之，故靡尺簡也。唐之厄厄於叛賊，宋之厄厄於裔夷，彼非有意於焚，兵燼所經，玉石俱燬，況書宜火物也，獨湘東以文士甘心焉，罪浮政矣。煬雖雅尚，卒以不道禍延，薄乎云爾。大抵歷朝墳籍，自唐以前概見《隋志》，宋興而後《通考》爲詳。第其卷帙之數往往異同，緣諸家輯録或但紀當時、或通志一代，或因仍重複、或節略猥凡，故劉、班接迹繁簡頓殊，三謝并興多寡懸絕，即博洽之流勤於論覈，而疑似之迹未易精詳。今紬繹群言，旁參各代，推尋事勢，考定異同，録其灼然者於左。

西漢三萬三千九十卷　劉歆《七略》總目。《舊唐書》「九十」作「九百」，非是。據班志所省十家三百餘篇，而所增又數十篇，僅得後數，與此不合，然他無可考。

東漢一萬三千二百六十九卷　班固《藝文志》總目。本劉氏《七略》，

入劉向、揚雄等儒術三家，此據原注，然尚有杜林并《蹴鞠》二、三家。省《伊尹》、《墨子》兵類十家，亦據原注，然所省又有劉向、太史公及淮南王數家。東漢無增者。晉二萬九千九百四十五卷　荀勖《四部總目》。書不存，見《隋志》序。《舊唐書》作「二萬七千九百五十四卷」。東晉三千一十四卷　李充校定止此，惠、懷之亂故也。東晉孝武增益三萬餘卷　徐廣校定，見《崇文總目》序。宋萬四千五百八十二卷　謝靈運所校，《隋志》以爲六萬。案六代間書尚難得，晉渡江才得三千，孝武時三萬恐亦重複，宋初何遽能爾？當以《舊唐書》爲正。阮氏《七録》數同。齊萬五千七十四卷　王儉校修，《隋志》作「一萬五千七百四卷」。阮作宋元徽目，與《舊唐書》齊目正同。齊永明增益一萬八千一十卷　謝朏、王亮修，諸家皆同。梁二萬三千一百六卷　任昉部集，凡釋氏書不與。梁普通增集三萬餘卷　阮孝緒《七録》總目。蓋梁世薦紳家藏併在其中，祕書則或因任昉之舊，然釋、道二典并存其間，則所增亦才數千，而梁世之書盡此矣。此據《隋志》。案阮本録四萬四千五百二十六卷，釋、道與焉，然亦非七萬也，見《弘明集》。隋初一萬五千餘卷　見牛弘進書表。此時合正、副本僅三萬餘，湘東煨燼所存并平陳所得也。隋大業中三萬七千餘卷　柳䛒等校定。總三十七萬卷，正本進御僅此，然隋志總目八萬九千餘卷，蓋柳氏校定之後或有所增，或唐諸人據前代舊目，芟除猥雜會爲此編也。諸史《藝文》皆草草，惟《隋志》盛欲備一家言，追劉、王、阮氏諸書，序意可見大都。唐開元中八萬二千三百八十四卷　《新唐書》序。總《舊唐書》止五萬六千四百七十六卷，蓋釋、道二家不與，及唐人自著不全入也。唐開成中五萬六千四百七十六卷　《舊唐志》序所載。是時搜録未必如前之盛，蓋釋、道、本朝具録矣。宋慶曆中三萬六百六十九卷　王堯臣《崇文總目》。後屢增益，至四萬餘卷。宋淳熙中四萬四千八十六卷　陳騤等《四庫書目》。後屢增益，至五萬九十餘卷。

考諸史《藝文志》，往往與當時書目相左，隋三萬七千而志八萬九千六百六十六卷，唐八萬二千而《舊唐》後序十二萬五千九百六卷，宋《崇文目》四萬，《中興目》五萬而史十一萬九千九百七十二卷。蓋史或會萃一代，志但紀録一時，故不無異同，而《宋史》則深可疑也。前代書但計卷帙重複未分者，隋嘉則殿三十七萬，唐弘文館二十萬，開元中一十二萬，唐武德初、宋興國初各八萬，梁湘東王所收七萬，宋謝康樂所校六萬，薦紳先生惟葉少蘊稱十萬，餘則皆爲實録矣。阮氏《古今書最》記漢《藝文志》書五百九十六家，僅四十四家存。據今傳漢以前書大約五十餘家，然《鶡冠子》等後世僞撰雜其中不下十餘，則所存之數政與阮合。蓋漢以前書盡喪於東京之末，梁後未嘗亡也。阮録又有後漢《藝文志》目若干卷，第云「八十七家亡」而不著存數。按范志無《藝文》一類，蓋謝承書也。晉《中經簿》一千百十九家，僅七百六十家存，亡三之一。至宋以後書不紀亡數，蓋世近大概存也。凡書，唐以前皆爲卷軸，蓋今所謂一卷即古之一軸。至裝輯成帙，疑皆出於雕板之後，然六朝已有之，阮孝緒《七録》大抵五卷以上爲一帙，前代書帙之製僅此足徵，因録於左。雖頗無關涉，亦博雅所必知也。

經典録七百三十帙，紀傳録二千二百四十八帙，子兵録五百五十三帙，文集録一千三百七十五帙，伎術録六百六帙，佛法録二千五百九十五帙，仙道録四百五十九帙，共八千五百四十七帙、四萬四千五百餘卷。阮自著書二十一帙、一百八十二卷，附《七録》末，今無一傳，惜其用力之勤，并識此。餘見《隋志》，詳具《弘明集》中。《文字集略》、《正史削繁》、《高隱傳》、《古今世代録》、《雜文》、《聲緯》并諸序録、序例共七種，合所編《七録》共八種。

古今書籍，人知其厄於火而不知其厄於水者，二焉。隋嘉則殿書，寇亂亡軼，武德初尚八萬卷，王世充平，命司農少卿宋遵貴以舟載之，行經砥柱漂没風浪，十僅二三，見《隋志》及《舊唐書·經籍志》後序，俱云存者無幾，《新唐志》以盡亡其書，蓋信筆不考之過也。次則漢蘭臺、石室諸書，董卓遷都，載舟西上，因罹寇盜，沉溺河中，僅數船存，此一事他書不載，獨《舊唐·經籍志》後序記此。考光武遷都，書籍二千餘兩，諸家以爲三倍於前，固非實録，而時無纂輯，尺簡不傳，惜哉！凡前代書籍之厄，史皆備書，獨隋世篇籍最盛，而諸志不言所終。考隋世諸書咸在東都，煬幸廣陵，東都守禦獨完，自王世充降唐，唐盡收其圖史，僅八萬卷，中間未嘗被火，向之藏蓄之盛竟何在邪？惟杜寶《大業江都記》云隋書籍三十七萬悉焚於廣陵，當是實録。蓋隋煬酷嗜經典，既欲徙都廣陵，必盡載諸書自從，洛陽八萬意當時副本耳。宋書籍紹、定間復災，所存者尚衆，德祐航海，蒙古之難，又蕩然矣。觀此則圖籍廢興大概關係國家氣運，豈小小哉！世共傳劉氏《七略》，王儉《七志》，阮孝緒《七録》，荀、謝、任、殷四部外，諸史《藝文》所載，又有晉《義熙已來新集目録》三卷、梁《天監六年四部書目》四卷、梁《東宮四部目録》四卷、梁《文德殿四部目録》四卷、陳《天嘉六年壽安殿四部目録》四卷、陳《德教殿四部目録》四卷、陳《承香殿五經史記目録》二卷、隋《開皇四年四部目録》四卷、《開皇八年四部目録》四卷、《開皇二十年書目》四卷、《香廚四部目録》四卷、隋《大業正御書目録》九卷、唐《群

書四録》二百卷、《古今書録》四十卷、唐《集賢書目》一卷、唐《四庫搜訪圖書目》一卷、《開元四庫書目》四十卷、唐《祕閣書目》四卷、僞蜀《王建書目》一卷、《紫微樓書目》一卷、《崇文總目》六十六卷、《祕閣四庫書目》十卷、《史館書目》二卷、《太學書目》一卷。據此則前代目録甚都，不止盛唐一二，今并不傳，然前史所載，惟謝、王、任、阮諸録尚存全數，其餘多寡概不可得詳矣。前代懸購遺書，咸著條目，隋有《闕書録》、唐有《訪書録》、宋有《求書録》，異時人主留意若此。隋文父子所以能致三十七萬於一時者，蓋民間獻書無所不納也。書目第記書名卷軸，概不能廣，唐《群書四録》乃至二百餘卷，何以浩繁若此？蓋各書之下必有論列，若歆、向所編者。宋王堯臣《總目》六十六卷亦然，然但經、史二部，子、集則闕如也。

又卷二《經籍會通二》 劉歆《七略》，一曰六藝，一曰諸子，一曰詩賦，一曰兵書，一曰術數，一曰方技。而首之《輯略》，以總集諸書之要，則分列品題，實六略耳。班固《藝文志》增入五家，而省其十家，共三十八種，五百九十六家，萬三千二百六十九卷。歆原數三萬三千九十卷，固節其猥冗，僅得十之三四，大概新莽之亂，焚軼之餘故也。然《七略》原書二十卷，班氏《藝文》僅一卷者，固但存其目耳。向、歆每校一書，則撮其指意，録而奏之。近世所傳《列禦寇》、《戰國策》，皆向題辭，餘可概見。

姚振宗《七略別録佚文叙》 叙《七略》《別録》本末第一：凡一十八條。《漢書·成帝本紀》：「河平三年秋八月，光禄大夫劉向校中秘書。謁者陳農使，使求遺書于天下。」

又《楚元王附傳》：「向字子政，本名更生。年十二，以父德任爲輦郎。弱冠，擢諫大夫。元帝初，爲散騎宗正給事中。以石顯等誣陷，中廢十餘年。成帝即位，石顯等伏辜，更生乃復進用，更名向。向以故九卿召拜爲中郎，使領護三輔都水。遷光禄大夫。上方進於《詩》、《書》，觀古文，詔向領校中《五經》秘書。向乃集合《洪範五行傳論》，奏之。序次《列女傳》，以戒天子。及采傳記行事，著《新序》、《説苑》各若干篇。數上疏言得失，陳法戒。書數十上，以助觀覽，補遺缺。上嘉其言，常嗟歎之。以向爲中壘校尉。向爲人簡易，無威儀，廉靖樂道，不交接世俗，耑積思於經術，晝誦書傳，夜觀星宿，或不寐達旦。年七十二卒。卒後十三歲而王氏代漢。向三子皆好學：長子伋，以《易》教授，官至郡守；中子賜，九卿丞，早卒；少子歆，最知名。」

又《藝文志》：「成帝時，以書頗散亡，使謁者陳農求遺書於天下。詔光禄大夫劉向校經傳諸子詩賦，步兵校尉任宏校兵書，太平令尹咸校數術，侍醫李柱國校方技。每一書已，向輒條其篇目，撮其指意，録而奏之。」

荀悦《漢紀》：「孝成皇帝河平三年八月，光禄大夫劉向校中祕書。謁者陳農使，使求遺書於天下。故典籍益博矣。」

後漢應劭《風俗通義佚文》曰：「劉向爲孝成皇帝典校書籍二十餘年，皆先書竹，爲易刊定，可繕寫者以上素也。今東觀書竹素也。」《宋書·百官志》曰：「昔漢武帝建藏書之册，置寫書之官，於是天下文籍皆在天禄、石渠、延閣、廣内、秘府之室，謂之祕書。至成、哀世，使劉向父子以本官典其事。至於後漢，則圖籍在東觀，有校書郎，碩學達官，往往典校祕書，如向、歆故事。」

《吴志·韋曜傳》：「孫休踐阼，爲中書郎、博士祭酒。命曜依劉向故事校定衆書。」

《晉書·荀勖傳》：「勖領祕書監，與中書令張華依劉向《別録》，整理記籍。」

梁阮孝緒《七録·序目》曰：「孝成之世，命光禄大夫劉向及子俊、歆等讎校篇籍。每一篇已，輒録而奏之。」孫氏平津館《續古文苑》校文曰：「『俊』當作『伋』，向本傳云：長子伋，以《易》教授，官至郡(首)守。不『云受詔校書』。阮此言疑出《別録》、《七略》也。又曰：「昔劉向校書，輒爲一録，論其指歸，辨其訛謬，隨竟奏上，皆載在本書。時又別集衆録，謂之《別録》，即今之《別録》是也。」

又曰：「劉氏之世，史書甚寡，附見《春秋》，誠得其例。」

又曰：「詩賦不從六藝詩部，蓋由其書既多，所以別爲一略。」

又曰：「宋祕書丞王儉，依《別録》之體，撰爲《七志》。」

《北齊書·樊遜傳》：「天保七年，遜議刊定祕府書籍。曰：『漢中壘校尉劉向受詔校書，每一書竟，表上，輒言：臣向書、長水校尉臣參書，太史書、太常博士書、中外書合若干本以相比校，然後殺青。』又曰：『向之故事，見存府閣。』」

《隋書·牛弘傳》：「弘上表，請開獻書之路，曰：漢興，建藏書之策，置校書之官。至孝成之世，遣謁者陳農求遺書於天下，詔劉向父子讎校篇籍。漢之典文，於斯爲盛。」

《隋書·經籍志·簿録篇》：「《七略別録》二十卷，劉向撰。」

《唐書·經籍志·目録類》：「《七略別録》二十卷，劉向撰。」

《唐書·藝文志·目録類》：「劉向《七略別録》二十卷。」

叙《七略別録》輯本第二：凡五條。

《別録》自唐《藝文》著録之後，後史無傳焉。雖(爾)亦見於《通志·藝文略》、焦氏《經籍志》，皆虛列其目，非寔有其書。蓋亡於唐末五代之亂，宋初人已不及見矣。

《孫祀書目》載有洪頤煊輯本一卷，今未得見。近有嚴氏可均《全漢文編》、馬氏國翰《玉函山房輯本》各一卷。又有漢州張選青《受經堂叢書》本與馬氏本同。馬本分著篇目，較爲明析，今從其例。

顔監引《別録》有未足據爲佚文者，如《藝文志·詩賦略》中驃騎將軍朱宇賦三篇，師古曰：劉向《別録》云：「驃騎將軍史朱宇。」《志》以宇在驃騎府，故総言驃騎將軍。劉奉世曰：「其寔唯脱一史字耳。」按：顔注頗謬，劉説是也。此條實不足爲《別録》佚文。二家輯本皆取之，今删入劉歆《七略》中。

《藝文類聚》八十二云：尹都尉有《種葱書》，曹公既與先生言，細人覘之，見其拔葱。按先生當爲先主，此魏武與劉先主事。《蜀志·先主傳》注引胡沖《吴歷》云云，即其事也。豈《別録》佚文乎？二家輯本皆取之，今删除又《孔子三朝記》條下，亦誤。采後人語，詳見本條。

《水經·河水·砥柱》注引劉向敘《晏子春秋》云：古冶子曰「吾嘗濟於河，黿銜左驂」云云。按此即「二桃殺三士」故事，見《晏子》内篇第二卷。蓋謂劉向敘《晏子春秋》之文，非《晏子敘録》中語也。馬本取之，今删除。諸書引《別録》，有但舉者名，別無他(名)語者，如嚴本所載「芊子」二字，馬本所載《商君》二十九篇《慎子》四十一篇、《魏公子兵法》二十一篇、《圖》七卷、《逢門射法》二篇、《風后孤虛》二十卷。又以《漢志·兵技巧家》班氏有「省墨子」之注，遂以「墨子」二字亦列爲一條。此類今並入劉歆《七略》此不録。

敘新編《七略別録》第三：凡十一條。

劉中壘卒年，史無(名)明文。惟云「卒後十三歲而王氏代漢。」以王莽簒位之年計之，蓋卒於成帝綏和二年。上溯河平三年受詔校書，首尾凡二十年。典校既未及竣事，則《別録》亦無由成書。相傳二十卷殆子駿奏進《七略》之時勒成之。其曰《七略別録》者，謂《七略》之外別有此一録，當時似未嘗奏御者也。

荀悦《漢紀》稱劉向典校經傳，考集異名，云「《易》始自魯商瞿子木受於孔子以下」云云，並與《漢書·儒林傳》釋文《敘録》相同，而與劉中壘敘奏之文頗不相合。反覆推求，知爲《別録》中《輯略》之文。荀氏節取而爲紀，班氏取以爲《儒林傳》，陸氏取以爲《敘録》，各有所取，亦各有詳略，而其爲《輯略》之文審矣。二家輯本，皆置不録。今校補缺遺，分條排比，還《輯略》之舊。雖不能全，猶瘉乎已。

《七略》首一篇，阮氏云即六篇之総最，故以《輯略》爲名。顔氏《藝文志》注亦云「輯」與「集」同，謂諸書之總要，蓋六略分門別類之總要也。荀《紀》引文有云「分爲九家，有儒家、道家、陰陽家、法家、名家、墨家、從横家、襍家、農家，又有小説家。」此即所謂《諸子略》之總最也。《初學記·政治門》引劉歆《七略》曰：「論方技爲四家：有醫經家，有方家，有房中家，有神仙家。」此其《方技略》之總最也。《六略》中總最可考見者，惟此二事，其餘四略可想而知。大抵六藝傳記則上溯於孔子，諸子以下各詳記其官守，皆一一言師承之授受，學術之源流，襍而不越，各有攸歸。《釋文·敘録》所載七經流別，蓋倣其體而小變之者也。由是推尋，知荀《紀》所引，確爲總最之大略。

《別録》佚文有言「校讎」、言「殺青」二事，似例言，又似注文，於六略諸書中無可繫屬。嚴本列於六藝之末，義未安也。馬本列卷首標目曰《輯略》，以爲《輯略》佚文，庶幾近似，今從其例，録附於《輯略》之末。

《別録》中敘奏全文，今僅存《戰國策》、《晏子》、《孫卿子》、《管子》、《列子》、《韓非子》、《鄧析子》及劉秀《上山海經表》，凡八篇。而《晏子》、《孫卿子》、《列子》三書敘奏之前，具載篇目。《藝文志》所謂條其篇目，撮其旨意，其原書體製蓋如此，尤爲不可多得之鴻寶。又有《關尹子》、《子華子》、《於陵子》敘各一篇，後人僞託。《關尹子》見《七略·道家》。《子華子》、《於陵子》、《七略》併無其書，何有於敘？前人論定久矣，今並不取。

《別録》中亦有附記之文在奏上諸書之外者，如言《易》家有救氏之注，《禮》家有《古文記》二百四篇，皆不見著於録。又載同時人《小戴記》篇目以爲他家書拾撰所取載。後起者揚雄《太玄經》篇目并及雄子童烏參與玄文事，而其時《太玄》尚未成書。又載東方朔詩文篇目如別集之體，而《詩賦略》中亦無東方朔。凡斯之類，皆與六略中諸書無涉。今約略分繫各條，不得不附識數語以發明之。諸所引劉向引《別録》無涉、佚文可采者，仍嚴氏舊例，低一字寫録，各就各事，附録於其次。

《七録·敘目》云「別集衆録，謂之《別録》」，即今之《別録》是也。其語極爲明顯。然則今存八篇之文，皆《別録》所當有，而嚴、馬二本皆不載，反取諸書所引殘文斷簡以實之，舍完善而聚剥蝕，由未得文貞處士之一證爾。今録全文，二家所收《管子》、《列子》、《鄧析子》三條，置不復録。惟《晏子》一條，引文大異，録附於全文之後。

《藝文志》所載書名、篇數、卷數本，諸《七略》本、諸《別録》(七略)，無大異也。嚴輯本不標書名，間有以小字注出者，亦多未備，亦有先後失次之處。馬本依《漢志》分篇標目，頗得體裁，而與輯文連屬不分，別於簿録之體，未合，亦使讀者無頭緒可尋。今據《漢志》一一標目於佚文之前，別行抬寫，爲之綱領，無佚文者，不虛列也。《藝文志》班氏注亦本諸《七略》，《七略》本諸《別録》，總不出《録》、《略》二書之外。今取其與輯文相關涉者，仍以小字注出，使略有本末可見。

二家輯本久行於世，今兹所録，但注嚴本、馬本，不復具記所出，以省繁重。其續有所得，在二家之外者，則仍注條下，俾可覆核。

二家輯本，蒐集略備，特於本書體製未盡得耳。余既輯《漢志》，條理及拾補竄見端緒，又得荀《紀》、阮録二證，故釐訂爲是帙，合《七略》爲二卷。諸所引《別録》稱劉向者，今皆曰「臣向」。此本書通例，非關改竄，其引文大異者，并録存之，單詞隻語不可解者，略注而引申之，數易稿，而後定可繕寫。

《隋書·牛弘傳》 魏文代漢，更集經典，皆藏在秘書、内外三閣，遣秘書郎鄭默删定舊文。時之論者，美其朱紫有別。晉氏承之，文籍尤廣。晉秘書監荀勖定魏《内經》，更著《新簿》。雖古文舊簡，猶云有缺，新章後録，鳩集已多，足得恢弘正道，訓範當世。

李林甫《唐六典》卷一〇《秘書省》 秘書郎四人，從六品上；【略】《魏志》云王伯輿、鍾會、何楨、鄭默並起家拜祕書郎中，而默在祕書掌中外三閣，删省繁文，除其浮穢，始制《中經》。時，虞松爲中書令，謂默曰：「而今而後，朱紫別矣。」

王欽若等《册府元龜·學校部·目録》 荀勗爲秘書監，因《中經》更著《新簿》，分爲四部，總括群書。一曰甲部，紀六藝及小學等書；二曰乙部，有古諸子家、近世子家、兵書家、術數家；三曰丙部，有史記、舊事、皇覽簿、雜事；四曰丁部，有詩賦、圖讚、汲冢書。大凡四部合二萬九千九百四十五卷一云勗撰《中經簿》十四卷，撰《文章家集序》十卷。

阮孝緒《七録序》(釋道宣《廣弘明集》) 著作佐郎李充始加删正，因荀勗舊簿四部之法，而换其乙丙之書，没略衆篇之名，總以甲乙爲次。自時厥後，世相祖述。

《隋書·經籍志總序》 東晉之初，漸更鳩聚。著作郎李充，以勖舊簿校之，其見存者，但有三千一十四卷。充遂總没衆篇之名，但以甲乙爲次。自爾因循，無所變革。其後中朝遺書，稍流江左。

又 宋元嘉八年，祕書監謝靈運造《四部目録》，大凡六萬四千五百八十二卷。

《舊唐書·經籍志·後序》 及魏武父子，採掇遺亡，至晉總括群書，裁二萬九千九百四十五卷。及永嘉之亂，洛都覆没，靡有孑遺。江表所存官書，凡三千一十四卷。至宋謝靈運造《四部書目録》，凡四千五百八十二卷。

顏之推《顏氏家訓》卷六《書證》 《易》有蜀才注，江南學士，遂不知是何人。王儉《四部目録》不言姓名，題云：「王弼後人。」

《隋書·經籍志·總序》 元徽元年，祕書丞王儉又造《目録》，大凡一萬五千七百四卷。

又 齊永明中，祕書丞王亮、監謝朏，又造《四部書目》，大凡一萬八千一十卷。齊末兵火，延燒祕閣，經籍遺散。梁初，祕書監任昉，躬加部集，又於文德殿内列藏衆書，華林園中總集釋典，大凡二萬三千一百六卷，而釋氏不豫焉。梁有祕書監任昉、殷鈞《四部目録》，又《文德殿目録》。其術數之言，更爲一部，使奉朝請祖暅撰其名。故梁有《五部目録》。

又 隋開皇三年，祕書監牛弘，表請分遣使人，搜訪異本。每書一卷，賞絹一匹，校寫既定，本即歸主。於是民間異書，往往間出。及平陳已後，經籍漸備。檢其所得，多太建時書，紙墨不精，書亦拙惡。於是總集編次，存爲古本。召天下工書之士，京兆韋霈、南陽杜頵等，於祕書内補續殘缺，爲正副二本，藏於宫中，其餘以實祕書内、外之閣，凡三萬餘卷。

《舊唐書·經籍志後序》 及隋氏平陳，南北一統，祕書監牛弘奏請搜訪遺逸，著定書目，凡三萬餘卷。

《舊唐書·經籍志序》 開元三年，左散騎常侍褚无量、馬懷素侍宴，言及經籍，玄宗曰：「内庫皆是太宗、高宗先代舊書，常令宫人主掌，所有殘缺，未遑補緝，篇卷錯亂，難於檢閱。卿試爲朕整比之。」至七年，詔公卿士庶之家，所有異書，官借繕寫。及四部書成，上令百官入乾元殿東廊觀之，無不駭其廣。九年十一月，殷踐猷、王愜、韋述、余欽、毋煚、劉彦真、王灣、劉仲等重修成《群書四部録》二百卷，右散騎常侍元行沖奏上之。

王溥《唐會要》卷三六《修撰》 ［開元］九年十一月十三日，左散騎常侍元行沖上《群書四部録》二百卷，藏之内府。凡二千六百五十五部，四萬八千一百六十

九卷。分爲經、史、子、集四部。經庫是殷踐猷、王恢編；史庫韋述余欽；子庫毋照、劉彦直；集庫王灣、劉仲；其序例，韋述撰。其後毋照又略爲四十卷，爲《古今書録》。

《宋史·藝文志序》 宋初，有書萬餘卷。其後削平諸國，收其圖籍，及下詔遣使購求散亡，三館之書，稍復增益。太宗始於左昇龍門北建崇文院，而徙三館之書以實之。又分三館書萬餘卷，别爲書庫，目曰「祕閣」。閣成，親臨幸觀書，賜從臣及直館宴。又命近習侍衛之臣，縱觀群書。真宗時，命三館寫四部書二本，置禁中之龍圖閣及後苑之太清樓，而玉宸殿、四門殿亦各有書萬餘卷。又以祕閣地隘，分内藏西庫以廣之，其右文之意，亦云至矣。已而王宫火，延及崇文、祕閣，書多煨燼。其僅存者，遷于右掖門外，謂之崇文外院，命重寫書籍，選官詳覆校勘，常以參知政事一人領之，書成，歸于太清樓。仁宗既新作崇文院，命翰林學士張觀等編四庫書，倣《開元四部録》爲《崇文總目》，書凡三萬六百六十九卷。神宗改官制，遂廢館職，以崇文院爲祕書省，祕閣經籍圖書書祕書郎主之，編輯校定，正其脱誤，則主于校書郎。徽宗時，更《崇文總目》之號爲《祕書總目》。詔購求士民藏書，其有所祕未見之書足備觀采者，仍命以官。且以三館書多逸遺，命建局以補全校正爲名，設官總理，募工繕寫。一置宣和殿，一置太清樓，一置祕閣。自熙寧以來，搜訪補輯，至是爲盛矣。嘗歷考之，始太祖、太宗、真宗三朝，三千三百二十七部，三萬九千一百四十二卷。次仁、英兩朝，一千四百七十二部，八千四百四十六卷。次神、哲、徽、欽四朝，一千九百六部，二萬六千二百八十九卷。三朝所録，則兩朝不復登載，而録其所未有者。四朝於兩朝亦然。最其當時之目，爲部六千七百有五，爲卷七萬三千八百七十有七焉。迨夫靖康之難，而宣和、館閣之儲，蕩然靡遺。高宗移蹕臨安，乃建祕書省於國史院之右，搜訪遺闕，屢優獻書之賞，於是四方之藏，稍稍復出，而館閣編輯，日益以富矣。當時類次書目，得四萬四千四百八十六卷。至寧宗時續書目，又得一萬四千九百四十三卷，視《崇文總目》，又有加焉。自是而後，迄於終祚，國步艱難，軍旅之事，日不暇給，而君臣上下，未嘗頃刻不以文學爲務，大而朝廷，微而草野，其所製作、講説、紀述、賦詠，動成卷帙，絫而數之，有非前代之所及也。雖其間鉥裂大道，疣贅聖謨，幽怪恍惚，瑣碎支離，有所不免，然而瑕瑜相形，雅鄭各趣，譬之萬派歸海，四瀆可分，繁星麗天，五緯可識，求約於博，則有要存焉。

晁公武《郡齋讀書志》卷九 《崇文總目》一卷，右皇朝崇文院書目也。隋嘉則殿書三十六萬卷，至唐散失已多，崇文書比之唐十得二三而已。自經丙午之亂，存者無幾矣。

又 《崇文總目》六十四卷，右皇朝王堯臣等撰。景祐中，詔張觀、李若谷、宋庠取昭文、史館、集賢、秘閣書，刊正譌謬，條次之，凡四十六類，計三萬六百六十九卷。康定三年書成。堯臣及提舉官聶冠卿、郭稹加階邑，編修官吕公綽、王洙、刁約、歐陽修、楊儀、陳經各進秩有差。《國史》謂「書録自劉向至毋煚所著皆不存，由是古書難考。」故此書多所謬誤。

馬端臨《文獻通考·經籍考》 《崇文總目》六十四卷。晁氏曰：皇朝王堯臣等撰。景祐中，詔張觀、李若谷、宋庠取昭文史館集賢祕閣書刊正譌謬條次之，凡四十六類，計三萬六百六十九卷。康定三年書成，堯臣及提舉官聶冠卿、郭稹加階邑，編修官吕公綽、王洙、刁約、歐陽修、楊儀、陳經各進秩有差。國史謂書録自劉向至毋煚所著皆不存，由是古書難考，故此書多所謬誤。陳氏曰：時撰定諸儒皆有論議，《歐公文集》頗見數條。今此惟六十六卷之目耳，題云紹興改定。

夾漈鄭氏曰：《崇文總目》，衆手爲之。其間有兩類極有條理，古人不及，後來無以復加也。道書一類有九節，九節相屬而無雜揉。又雜史一類，雖不標别，然分上下二卷，即爲二家，不勝冗濫，及覩《崇文》九節，正所謂大熱而濯以清風也。雜史一家，《隋》《唐》二志皆不成條理，今觀《崇文》之作，賢於二志遠矣。此二類，往往是一手所編，惜乎當時不盡以其書屬之也。

又曰：《崇文總目》出新意，每書之下，必著説焉。據標類自見，何用更爲之説？且爲之説也，已自繁矣，何用一一説焉？至於無説者，或後書與前書不殊者，則强爲之説，使人意怠。且《太平廣記》者，乃《太平御覽》别出。《廣記》一書，專記異事。柰何《崇文》之目所説不及此意，但以謂博采群書，以類分門。凡是類書，皆可博採群書，以類分門，不如《御覽》之與《廣記》又何異？《崇文》所釋，大槩如此，舉此一條，可見其他。

朱彝尊《曝書亭集》卷四四《崇文書目跋》 《崇文總目》六十六卷，予求之四十年不獲。歸田之後，聞四明范氏天一閣有藏本，以語黄岡張學使。按部之日，傳抄寄予，展卷讀之，祇有其目，當日之敍釋，無一存焉。樂平馬氏《經籍考》，述鄭漁仲之言，以排比諸儒，每書之下，必出新意著説，嫌其繁無用。然則是書因漁仲之言，紹興中從而去其序釋也。書籍自劉《略》、荀《簿》、王《志》、阮《録》以來，不僅條其篇目而已，必稍述作者之旨，以詔後學。故贊《七略》者，或美其剖判藝文，或稱

其略序洪烈。其後殷淳則有序録，李肇則有釋題，必如是而大綱粗舉。若盡去之，是猶存虎豹之鞟，與羊犬何別歟？《唐志》十九家，《宋志》六十八部，今存者幾希。賴有是書，學者獲覩典籍之舊觀。歐陽子集收《總目敍釋》一卷，餘則馬氏《志》間引之，辭不費，而每書之本末具見，法至善矣。漁仲徒恃已長，不爲下學後覺之地，此謂君子一言，以爲不知者也。

朱彝尊《經義考》卷二九四 《崇文總目》：「《易》一十八部，一百七十一卷；《書》七部，八十一卷；《詩》八部，一百一十五卷；《禮》三十三部，一千九十七卷；《樂》四十八部，一百八十一卷；《春秋》三十三部，三百九十六卷；《孝經》五部，九卷；《論語》一十三部，二百一十卷；小學二十八部，三百卷。」

按：《崇文總目》當時撰定諸儒，皆有論説。凡一書大義，必舉其綱，法至善也；其後若《郡齋讀書志》、《書録解題》等編，咸取法於此，故雖書有亡失，而後之學者覽其目録，猶可想見全書之本末焉。乃夾漈鄭氏持論，謂《崇文目録》每書之下必著説，據標類自見，何用更爲之説，又何用一一强爲之説，使人意怠於是。紹興中改定此書，僅存六十六卷之目，悉去論説，書之散佚者，學者遂無由知撰述之本旨矣。幸而尚存其概者，則鄱陽馬氏之功也。

杭世駿《道古堂文集》卷二六《崇文總目跋》 《崇文總目》凡六十六卷，其序乃當時諸臣分撰。《歐公居士集》中祗二十三類，餘則無可考矣。竹垞檢討謂删去解題，始於鄭夾漈作《通志略》，非也。馬貴與撰《通考》，王伯厚著《玉海》，生後夾漈百餘年，其書皆引證其説。嘉定七年，武夷蔡驥刻《列女傳》，首簡亦引此書，則知此書在宋時原未有闕，後世傳鈔者畏其繁重，乃率意删去耳。

《四庫提要・史部四一・目録類》 《崇文總目》十二卷，永樂大典本。宋王堯臣等奉敕撰，蓋以四館書併合著録者也。宋制：以昭文、史館、集賢爲三館。太平興國三年，於左升龍門東北建崇文院，謂之「三館新修書院」。端拱元年，詔分三館之書萬餘卷，别爲書庫，名曰「祕閣」，以别貯禁中之籍，與三館合稱四館。景祐元年閏六月，以三館及祕閣所藏或謬濫不全，命翰林學士張觀，知制誥李淑、宋祁等看詳，定其存廢。譌謬者删去，差漏者補寫。因詔翰林學士王堯臣、史館檢討王洙、館閣校勘歐陽修等校正條目，討論撰次，定著三萬六百六十九卷。分類編目，總成六十六卷。於慶曆元年十二月己丑上之，賜名曰《崇文總目》。後神宗改崇文院曰祕書省，徽宗時因改是書曰《祕書總目》。然自南宋以來，諸書援引，仍謂之《崇文總目》，從其朔也。李燾《續通鑑長編》云，《崇文總目》六十卷，《麟臺故事》亦同。《中興書目》云六十六卷，江少虞《事實類苑》則云六十七卷，《文獻通考》則云六十四卷，《宋史・藝文志》則據《中興書目》作六十六卷。其説參差不一。考原本於每條之下具有論説，逮南宋時鄭樵作《通志》，始謂其文繁無用，紹興中遂從而去其序釋，故晁公武《讀書志》、陳振孫《書録解題》著録皆云一卷。是刊除序釋之後，全本已不甚行。南宋諸家，或不見其原書，故所記卷數各異也。考《漢書・藝文志》本劉歆《七略》而作，班固已有自注。《隋書・經籍志》參考《七録》，互注存佚，亦沿其例。《唐書》於作者姓名不見紀傳者，尚間有注文，以資考核。後來得略見古書之崖略，實緣於此，不可謂之繁文。鄭樵作《通志》二十略，務欲凌跨前人，而《藝文》一略，非目睹其書則不能詳究原委。自揣海濱寒畯，不能窺中祕之全，無以駕乎其上，遂惡其害己而去之。此宋人忌刻之故智，非出公心。厥後托克托等案：托克托原作脱脱，今改正。作《宋史・藝文志》，紕漏顛倒，瑕隙百出，於諸史志中最爲叢脞。是即高宗誤用樵言，删除序釋之流弊也。宋人官私書目，存於今者四家。晁氏、陳氏二目，諸家藉爲考證之資。而尤袤《遂初堂書目》及此書則若存若亡，幾希湮滅。是亦有説無説之明效矣。此本爲范欽天一閣所藏，朱彝尊鈔而傳之，始稍見於世，亦無序釋。彝尊《曝書亭集》有康熙庚辰九月作是書跋，謂欲從《六一居士集》暨《文獻通考》所載，别鈔一本以補之。然是時彝尊年七十二矣，竟未能辦也。今以其言考之，其每類之序，見於《歐陽修集》者，祇經、史二類及子類之半。馬端臨《文獻通考》所載論説亦然。晁公武《讀書志》、陳振孫《書録解題》皆在《通考》之前，惟晁公武所見多《通考》一條。陳氏則但見六十六卷之目，題曰「紹興改定」者而已。《永樂大典》所引，亦即從晁、陳二家目中採出，無所增益，已不能復睹其全。然蒐輯排比，尚可得十之三四，是亦較勝於無矣。謹依其原次，以類補入，釐爲一十二卷。其六十六卷之原次，仍注于各類之下。又《續宋會要》載，大觀四年五月，祕書監何志同言：「慶曆間，集四庫爲籍，今案籍求之，十纔六七。宜頒其名類於天下，《總目》之外，别有異事，並借傳寫。」紹興十二年十二月，權發遣盱眙軍向子固言：「乞下本省，以《唐藝文志》及《崇文總目》所闕之書，注闕字於其下，付諸州軍，照應搜訪」云云。今所傳本，每書之下多注闕字，蓋由於此。今亦仍之。王應麟《玉海》稱，當時國史，謂《總目》序録，多所謬誤。黄伯思《東觀餘論》有校正《崇文總目》十七條。鄭樵《通志・校讎略》則全爲攻擊此書而作，李燾《長編》亦云《總目》或有相重，亦有可取而誤棄不録者。今觀其書，載籍浩繁，牴牾誠所難保。然數千年著作之目，總匯於斯。百世而下，藉以驗存佚、辨真贗、核同異，固不

失爲册府之驪淵、藝林之玉圃也。

《四庫全書簡明目録》卷八　《崇文總目》十二卷，宋王堯臣等奉敕撰。舊本佚其解題，今從《永樂大典》補輯。其書以四庫分編，所録凡三萬六百六十九卷。篇帙既多，牴牾難保。諸家時有糾正。鄭樵《通志》至專作《校讎略》攻之，亦有切中其失者。然平心而論，終在樵所作《藝文略》上十倍也。

錢大昕《十駕齋養新録》卷一四《崇文總目》　《崇文總目》一册，予友汪炤少山游浙東，從范氏天一閣鈔得之。其書有目而無叙釋，每書之下，多注闕字，陳直齋所見，蓋即此本。題云「紹興改定」。今不復見題字，或後人傳鈔去之耳。朱錫鬯跋是書，謂因鄭漁仲之言，紹興中從而去其注釋。今考《續宋會要》，載紹興十二年十二月，權發遣盱眙軍向子堅言「乞下本省，以《唐藝文志》及《崇文總目》所闕之書，注闕字於其下，付諸州軍照應搜訪」。是今所傳者，即紹興中頒下諸州軍搜訪之本。有目無釋，取其便於尋檢耳，豈因漁仲之言而有意删之哉！且漁仲以薦入官，在紹興之末，未登館閣，旋即物故，名位卑下，未能傾動一時。若紹興十二年，漁仲一閩中布衣耳，誰復傳其言者！朱氏一時揣度，未及研究歲月，聊爲辨正，以解後來之惑。

錢侗《崇文總目輯釋小引》　《崇文總目》六十六卷，宋翰林學士王堯臣等奉訪，仿《開元四部録》爲之，諸儒皆有論議。《通志・校讐略》嘗譏其每書之下據標類自見，不必一一彊爲之説，使人意怠。朱錫鬯撰《經義考》及集中《總目跋》，遂斷爲紹興中因鄭漁仲之言删去《敘釋》。近人杭大宗《跋》頗辨之，謂馬貴與、王伯厚生後夾漈百餘年，而其書皆引證其説。嘉定時蔡驥刻《列女傳》，首簡亦引之，則知此書宋時原未有闕，後世傳鈔者因其繁重，删去。侗按：此論誠是。然《郡齋讀書志》、《直齋書録解題》著録已止一卷。陳伯玉所藏且題曰「紹興改定」，則二説皆未得矣。考紹興十二年，權發遣盱眙軍向子固言：「乞下本省，以《唐藝文志》及《崇文總目》所闕之書，注『闕』字于其下，付諸州軍，照應搜訪。」見于《續宋會要》。蓋因書中著説有云闕某卷某篇，或闕若干卷若干篇，散見解題中者，播諸民間，殊費尋閲，因僅録六十六卷之目。或注「闕」字以便按籍而求。于是南宋時流傳遂有二本。晁子止、陳伯玉所見，即今世傳本，紹興中從向子固言改定者也。馬貴與、王伯原所見，乃當時原本而佚其後半帙者也。錫鬯《跋》又謂《總目・敘釋》，《歐陽子集》尚具。大凡私欲鈔爲，一以復舊觀。大宗亦云：兩書之外，餘無所考。以今觀之，《歐陽集》一百三卷，具録經、史、子三部。原敘《文獻通考》多半採《總目》之文，獨集部全未稱引，子部又加略耳。餘如《玉海》各類，其述《崇文目》尤多。而《歐陽全集》、《南豐文集》、《東觀餘論》、《讀書志》、《書録解題》、《通志》、《校讐》、《藝文》二略、《孟子疏》、《輿地碑目》、《雲谷雜記》、《困學紀聞》、《三家詩考》、《漢藝文志考證》、《宋史・藝文志》、《陜西通志》、《經義考》諸書，暨宋、元人叢書敘跋，間一及之，皆足以資考訂，亦不僅如朱、杭二跋所云也。侗家舊藏四明范氏天一閣鈔本，止載卷數，時或標注撰人。然惟經部十有一二，其餘不過因書名相仿，始加注以別之。此外別無所見，讀者病焉。秦君照若偶見是書，叱爲秘笈，欲受而付之梓人。因偕伯兄既勤、仲兄以成、金秬和、姊倩凡五人，區類搜採，其引見古今載籍者，輯而綴之，猶錫鬯之志也。讐校方半，又屬友人于文淵閣中借鈔四庫館新定之本，互勘異同，總得原敘三十篇，原釋九百八十條，引證四百二十條。或原釋無從考見，乃爲博稽史志，補釋撰人。其中標卷參差，稱名錯雜，以暨闕漏之字，譌舛之文，傳諸來兹，易滋疑義，則仿趙君錫《考異》，隨齋批注。王伯原考證之例，間爲一二商榷語。而陳君令華，亦時與參校，其間所益益夥矣。至原本書共三千四百四十五部，三萬六百六十九卷，較諸今本多寡懸殊。蓋七百餘年來轉輾傳鈔，未免脱佚，故有群書所引而今無其目者。侗又別爲補遺，附著卷後。凡閲半載而事竣，命曰「輯釋」，釐卷以五。經部爲伯兄輯，史部爲仲兄輯，子部下爲秬和輯，集部爲照若輯，其子部之上則侗所輯也。博雅君子，諒而教之。時己未歲，嘉慶四年二月，嘉定錢侗書。

錢東垣《崇文總目輯釋原敘》　東晉三千一十四卷，李充校。孝武增益三萬餘卷，徐度校。見《通雅》。錢釋案：方密之引《崇文總目・敘》云云，考諸家著録，並不云《總目》有敘。即後人援引，亦罕有及之者。然宋時儒臣審定之書皆有敘録，即如曾子固等校勘敘文，具載《南豐文集》。此書乃當時奉敕編次，豈奏上之時竟無一敘耶？但明代所存總目已無解題，即天一閣鈔本亦未見有敘，不知方氏所據何書？今審此文，其爲敘中語無疑，故仍弁録卷首。

李慈銘《越縵堂讀書記》一一　《崇文總目輯釋》，清錢侗撰。閲錢同人等《崇文總目輯釋》凡五卷，《補遺》一卷，《附録》一卷。前有錢同人序。卷一經部，同人伯兄既勤東垣所輯；卷二史部，同人仲兄以成繹所輯；卷三子部上，同人所輯；卷四子部下，同人姊壻桐鄉金秬和錫鬯所輯；卷五集部，嘉定秦鑒照若所輯；補遺及附録，則皆同人所蒐集也。此書自宋南渡後止存目録一卷，而亡其敘釋，同人等據范氏天一閣鈔本，間或標注撰人，因本朱竹垞之説，取《歐陽文忠集》中所存經

史子三部原敍，更蒐采馬氏《通考》及《玉海》諸書所載原釋，零文斷句，一一補綴；又取各史藝文志爲之參證，附以案語，正其闕失，其用力可謂勤矣。秦氏刻入《汗筠齋叢書》。同人名侗，嘉定諸生，可廬孝廉之子。同治癸酉六月初六日。

李心傳《建炎以來朝野雜記》申集卷四《中興館閣書目》 《中興館閣書目》者，孝宗淳熙中所修也。高宗始渡江，書籍散佚。紹興初，有言賀方回子孫鬻其故書於道者，上命有司悉市之。時洪玉父爲少蓬，建言蕪湖縣僧有蔡京所寄書籍，因取之以實三館。劉季高爲宰相掾，又請以重賞訪求之。五年九月，大理評事諸葛行仁獻書萬卷於朝。詔官一子。十三年，初建祕閣，又命即紹興府借故直祕閣陸寘家書繕藏之。寘，農師子也。十五年，遂以秦伯陽提舉祕書省，掌求遺書、圖畫及先賢墨迹。時朝廷既右文，四方多來獻者。至是數十年，祕府所藏益充牣，乃命館職爲《書目》，其綱例皆倣《崇文總目》焉。《書目》凡七十卷。祕書監陳騤領其事，五年六月上之。

陳振孫《直齋書録解題》卷八 《中興館閣書目》三十卷，祕書監臨海陳騤叔進等撰，淳熙五年上之。中興以來庶事草創，網羅遺逸，中祕所藏，視前世獨無歉焉，殆且過之。大凡著録四萬四千四百八十六卷，蓋亦盛矣。其間考究疏謬，亦不免焉。

朱彝尊《曝書亭集》卷四四《跋中興館閣録續録》 《中興館閣録》十卷，分九門。一沿革，二省舍，三儲藏，四修纂，五撰述，六故實，七官聯，八廩禄，九職掌。淳熙四年秋，祕書監天台陳騤叔進所撰，序之者，丹稜李燾心父也。《續録》亦十卷，則嘉定三年，館閣重行編次，後人次第補録，迄于咸淳者。二録予抄自上元焦氏，惜非完書，然官聯尚存，以之續洪氏群書，下及王氏、商氏之《祕書志》，黄氏之《翰林記》。先正入官之倫序，庶可紀述，無憂文獻之不足徵序。

陳振孫《直齋書録解題》卷八 《館閣續書目》三十卷，祕書丞吴郡張攀從龍等撰。嘉定十三年上。以淳熙後所得書，纂續前録，草率尤甚。凡一萬四千九百四十三卷。

朱彝尊《曝書亭集》卷四四《文淵閣書目跋》 《文淵閣書目》編自正統六年六月，著録者少師兵部尚書兼華蓋殿大學士楊士奇、翰林院侍講學士馬愉、侍講曹鼒也。其目不詳撰人姓氏，又不分卷。俾觀者漫無考稽。此牽率之甚者已。按：宋靖康二年，金人索祕書監文籍，節次解發，見丁特起《孤臣泣血録》。而洪《容齋隨筆》亦云「宣和殿、太清樓、龍圖閣所儲書籍，靖康蕩析之餘，盡歸于燕。」元之平金也，楊中書惟中于軍前收伊洛諸書，載送燕都。及平宋，王承旨構，首請輦送三館圖籍。至元中又徙平陽經籍所于京師。且括江西諸郡書板，又遣使杭州，悉取在官書籍板刻至大都。明永樂間，勅翰林院，凡南内所儲書，各取一部。于時修撰陳循，督舟十艘，載書百櫝，送北京。又嘗命禮部尚書鄭賜，擇通知典籍者四出購求遺書，皆儲之文淵閣内。相傳雕本十三，抄本十七，蓋合宋金元之所儲而匯于一，縹緗之富，古未有也。考唐宋元藏書，皆極其慎重，獻書有賚，儲書有庫，勘書有人，曝書有會。至明以百萬卷祕書，顧責之典籍一官守視，其人皆貲生，不知愛重。而又設科專尚帖括，《四子書》、《易》、《詩》，第宗朱子；《書》遵蔡氏；《春秋》用胡氏；《禮》主陳氏。愛博者，窺《大全》而止，不敢旁及諸家。祕省所藏，土苴視之，盜竊聽之，百年之後，無完書矣。迨萬曆乙巳，輔臣諭内閣勅房辦事大理寺左寺副孫能傳，中書舍人張萱、秦焜、郭安民、吴大山校理遺籍，惟地志僅存，亦皆嘉隆後書，初非舊本，經典散失，寥寥無幾。萱等稍述作者之旨，較正統書目，大爲過之。惜已無足觀，徒爲有識者歎惜而已。

朱彝尊《經義考》卷二九四 明《文淵閣書目》：「《易》七百六册，《書》二百八十二册，《詩》三百八十八册，《春秋》一千一百四十一册，《禮》一千四百二十九册，經解二百七十四册，《四書》八百五十册。」按：古書著録，未有不詳其篇卷及撰人姓氏者，故其卷帙寧詳無略，殷淳《四部書目》三十九卷，毋煚《古今書録》四十卷，王拱辰等《崇文總目》六十六卷，陳騤《中興館閣書目》七十卷，而殷踐猷等《群書四録》多至二百卷，昔之人豈好騁其繁富哉，蓋以述作者之意，俾論世者知其槩焉爾。迨明正統六年，少師楊士奇、學士馬愉、侍講曹鼒編定《文淵閣書目》，有册無卷，兼多不著撰人姓名，致覽者茫然自失，其後藏書之家往往效之。雖以葉文莊之該洽，而《菉竹堂目》都不分卷，鄞縣范氏《天一閣目》亦然，惟涿州高氏《百川書志》、連江陳氏《一齋書目》、山陰祁氏《澹生堂藏書》、周藩西亭宗正《聚樂堂藝文目録》皆詳列篇卷、姓名，而祁氏於類書、説部、文集中遇有經解，悉行列出，差足法也。

錢大昕《潛研堂文集》卷二九《跋文淵閣書目》 《文淵閣書目》，編號凡二十，每號分數厨貯之，凡七千二百五十六部。首御製、實録，次六經、性理、經濟，次史家，次子家，次詩文集，次類書、韻書、姓氏、法帖、圖畫，次政、刑、兵法、算術、陰陽、醫方、農圃，次道書、佛書，而以古今地志終焉。其中或一書而數部，又不著卷數；于撰述人姓名、時代亦多缺略。故秀水朱氏譏其牽率已甚。予考卷首載正統六年題本，稱「永樂十九年自南京取回書籍，向於左順門北廊收貯。近奉聖旨移貯於文

淵閣、東閣。臣等逐一打點清切，編置字號，寫完一本，名曰《文淵閣書目》。請用『廣運之寶』鈐識，永遠備照，庶無遺失」，則此目不過内閣之簿帳，初非勒爲一書，如《中經簿》、《崇文總目》之比。必以撰述之體責之，未免失之苛矣。

《四庫提要·史部四一·目録類》 臣等謹案《文淵閣書目》四卷，明楊士奇等編。前有正統六年題本一通，稱「各書自永樂十九年南京取來，一向於左順門北廊收貯，未有完整書目。近奉旨移貯文淵閣，臣等逐一打點清切，編置字號，寫完一本，總名《文淵閣書目》。請用『廣運之寶』鈐識備照，庶無遺失。」蓋本當時閣中存記册籍，故所載書多不著撰人姓氏。又有册數而無卷數，惟略記若干部爲一厨，若干厨爲一號而已。考明自永樂間取南京藏書送北京，又命禮部尚書鄭賜四出購求。所謂録板十三，抄本十七者，正統時尚完善無缺。此書以《千字文》排次，自「天」字至「往」字凡得二十號，五十厨。今以《永樂大典》對勘，其所收之書，世無傳本者，往往見於此目，亦可知其厨庋之富。士奇等承詔編録，不能考訂撰次，勒爲成書，而徒草率以塞責。較劉向之編《七略》、荀勖之敘《中經》，誠爲有愧。然考王肎堂《鬱岡齋筆麈》，書在明代已殘缺不完。王士禎《古夫于亭雜録》亦載。國初曹貞吉爲内閣典籍，文淵閣書散失殆盡。貞吉檢閲，見宋槧歐陽修《居士集》八部，無一完者。今閲百載，已放失無餘。惟籍此編之存，尚得略見一代祕書之名數，則亦考古所不廢也。舊本不分卷數。黄虞稷《千頃堂書目》作十四卷，不知所據何本，殆傳寫者以意分析。今釐定爲四卷云。乾隆五十一年九月恭校上。

彭元瑞《知聖道齋讀書跋》卷一《文淵閣書目》 自元史不立《藝文志》，明史僅載明朝人譔述，於是五百餘年古經籍在官存亡之可見者，惟此目而已。焦氏《國史經籍志》校以是編，似尚未窺中祕者，不足信也。穀城于慎行《筆麈》中載文淵閣書散佚，檢討彭肯亭典其事，多取以歸。肯亭爲余高伯祖，今子孫家無一卷，先人亦無言公藏書者，《筆麈》蓋覆言。至明神宗三十三年，重編《内閣書目》，此著録者，十失其九，文淵閣僅存其名。今則册府鴻開，寶函麇集，《四庫全書》三萬六千卷，充牣閣中，多此目所未見。信乎稽古右文，度越前代，爲萬世一時之嘉會矣！

周中厚《鄭堂讀書記》卷三二 《文淵閣書目》二十卷，讀畫齋叢書本。明楊士奇編。士奇名寓，以字行，泰和人。建文初，以薦入翰林，正統中，官至少師、兵部尚書、華蓋殿大學士，謚文貞。《四庫全書》著録作四卷，焦氏《經籍志》、《千頃堂書目》俱作十四卷，疑「十」字誤衍。此本即從官本校刊，則以帙小葉繁，因依充編字號而分之，故有二十卷也。其書以千字文排次，自「天」字至「往」字，凡二十號，五十厨，共貯七千二百九十七種。每種但著書名册數，而無撰人、卷數，甚至於「往」字三厨之新志，大半並其册數而不著，致覽者茫然自失，如此著録，從來官撰私著所未有也。其後藏書之家往往效之。雖以葉氏《菉竹堂書目》、范氏《天一閣書目》都不分卷，皆是書爲之作俑也。前有東里等題本，《明史·藝文志》敘亦采之。後有鮑渌飲跋，稱官本較舊藏本爲完善，中惟「日」字號第三厨缺宋朝文集二百餘種，藉塾本補全云。

葉德輝《重刻明南雍經籍考敘》 明《南雍志》中《經籍考》二卷。余丙申還朝，從劉笏雲學正鈔得之。明時監本，多從宋、元板補修。近日藏書家群相推重，而當時收藏之原委，補刻之名姓，問之，問茫然不知，則以此書見者甚少故也。書中司編校者爲梅鷟，鷟曾著《古文尚書考異》以攻「僞孔」，各經下臚舉注疏家得失，及箸書人宗旨、是非，不謬於前賢。《尚書》下駮正《隋志》敘録、《尚書》傳授之訛，文句之失，使毛西河一輩不能以尊經藉口，顛倒是非，尤爲有功經傳不小。宜其箸述名家，雄視勝代，而爲乾、嘉漢學諸儒所倚重矣。《南雍志》屢經修纂，此二卷已湮滅無存，幸有監中孤本流傳，俾余寓目，又幸劉君嗜古同志，手校相貽，若不壽之棗梨，將使前明列帝右文之盛心，宋、元二代刻書之美業，無以昭示于來兹，不有負劉君之雅意乎？爰命梓人刊成之，距鈔此，時已七年矣。傳書之難，有如此。光緒二十有八年壬寅歲嘉平朔葉德輝敘。

黄佐等《南廱志·經籍考序》 先民有言，皋、夔、稷、契，何書可讀？愚竊以爲，非通論也。後啓誓師，徵於政典，《説命》告君，學於古訓。而《周官》三皇五帝之書，掌於外史，何爲者邪？孔門謂何？必讀書，然後爲學。則學在於讀書，亦可見矣。删述以來，天之牖民，繄書是賴，其可廢邪？然《春秋》絶筆，而遷、固諸史作，日入於贅矣；孟軻云亡，而荀、揚諸子作，日入於駁矣。論、説、辭、序，則《易》統其首；詔、策、章、奏，則《書》發其源；賦、頌、歌、讚，則《詩》立其本；銘、誄、箴、祝，則《禮》總其端。韓、歐不作，而諸家之文日以支離矣。至於類書以文，韻書以字，圖本、石刻之屬，何以紛紛也？及《太極》、《西銘》定性，與夫通鑑之書出，而朱子集其大成，孔孟之道，復明於世。皇明聖神繼作，形諸堯言，渾渾灝灝，與典誥相表裏，萬世之所誦法者，皆於胄監乎頒焉，奚可無紀邪？夫漢不患無蘭臺，而患無劉中壘；唐不患無芸閣，而患無顔祕書；宋不患無石室、金匱，而患無宋集賢。然則，去取之當，校讐之精，亦存乎其人焉爾。今依舊志，以官書爲上篇，梓刻爲下

篇，系之曰《經籍考》。

張鈞衡《內閣藏書目録跋》 右《內閣書目》八卷，明孫能傳、張萱等撰。卷一聖製部、典制部，卷二經、史、子三部，卷三集部，卷四總集、類書、金石、圖經部，卷五樂律、字學、理學、奏疏部，卷六傳記、技藝部，卷七志乘部，卷八雜部。略注撰人姓名、官職、書之完闕，而部類參差，殊鮮端緒。末葉記云：萬曆三十三年，歲在乙巳，內閣敕房辦事大理寺左寺副孫能傳，中書舍人張萱、秦焜、郭安民、吴大山奉中堂諭校理并纂輯考。明自永樂間，取南京藏書送北京，又命禮部尚書鄭賜四出購求，十九年移貯文淵閣，所謂「録板十三，鈔本十七」者。正統時尚完善無闕，以千字文排次，自「天」字至「往」字，凡得二十號，五十櫥。今以《永樂大典》對勘。其所收之書世無傳本者，往往見於此目，亦可知其儲庋之富。書目四卷，雖無解題，而名目尚存至萬曆三十三年。已閱一百六十四年，方命能傳等重編此目，較正統書目十不一存。又加入歷朝編撰之書，書後略記撰人姓氏，原始亦不詳備，比宋之《崇文總目》、本朝之《四庫提要》殊爲減色。提要引《古夫于亭雜録》云：國初，曹貞吉爲內閣典籍，文淵閣書散失殆盡。貞吉檢閱，見宋槧、歐陽修《居士集》八部，無一完者。今閱百載，已散失無餘。宣統己酉，內閣修葺大庫，發出閣內舊藏二萬餘册，書本完缺，與兹目尚堪印證。《歐陽》宋本八部同，無一全者亦同。內兩部爲明洪武本頗似宋刻，似曹未細閱。如國初及修《四庫全書》時，能即通體檢查，當不至缺爛若此。前人疏闊，於此可慨！此書四庫不收，罕見刻本。今得人月雙清閣、持靜齋兩鈔本，梓以行世，以見明代藏書大略云。癸丑重九，烏程張鈞衡跋。

朱彝尊《曝書亭集》卷四四《跋重編內閣書目》 《內閣重編書目》八卷，萬曆三十三年，大理寺副孫能傳、中書舍人張萱、秦焜、郭安民、吴大山，奉內閣諭令校理。能傳等稍疏諸書大略，合乎晁氏、陳氏之旨。今以正統六年目録對勘，四部之書，十亡其九，惟地志差詳。然宋、元圖經舊本，並不登載。著于録者，悉成弘以後所編。是則內閣藏書，至萬曆年已不可聞。餘編之目，殆取諸刑部行人司所儲，録之以塞責爾。嗚呼！設一典籍掌十萬册之書，立法苟且已甚，以楊士奇之得君，且奉詔編書目，可以言而不言，其罪尚可逭哉！

又《經義考》卷二九四 《萬曆重編內閣書目》：「《易》一十九册，《書》五十册，《詩》七十二册，《春秋》七百一十九册，《禮》一千三百二十五册，《孝經》一十九册，《論語》一百册，《孟子》六十七册，《爾雅》四十九册，經解二百四十五册，《四書》三百九十一册。」按：宋靖康二年，金人索祕書監文籍，節次解發，見丁特起《孤臣泣血録》，而洪《容齋隨筆》亦云：「宣和殿、太清樓、龍圖閣所儲書籍，靖康蕩析之餘，盡歸於燕。」迨元之平金也，楊中書惟中於軍前次伊、洛諸書載送燕都。及平宋，王承旨構首請輦宋三館圖籍，至元中，又徙平陽經籍所於京師，且括西江諸郡書板，又遣使杭州，悉取在官書籍板刻至大都。明永樂間，勅翰林院凡南內所儲書各取一部，於時修撰陳循督舟十艘，載書百櫝送北京，又嘗命禮部尚書鄭賜擇通知典籍者，四出購求遺書，皆儲之文淵閣，相傳雕本十三，抄本十七，蓋不特合宋、金、元之所遺而匯於一，且奉使者復命，心納書於庫，縹緗之富，古未有也，惟因著録者不詳篇卷、不著撰人，故遠遜《崇文》、《中興館閣》諸目。考唐、宋、元藏書咸極其慎重，獻書有賚，儲書有庫，勘書有員，曝書有會，至明以百萬卷祕書顧責之典籍一官守視，其人皆貲生，不知愛重，而又設科專尚帖括，《四子書》、《易》、《詩》第宗朱子，《書》遵蔡氏，《春秋》用胡氏，《禮》主陳氏，其有稍別於學官所頒者，輒獲罪戾，以是愛博者窺《大全》而止，不敢旁及諸家，祕省所藏，土苴視之，盗竊聽之，百年之後，無完書矣。迄萬曆乙巳，輔臣諭內閣勅房辦事大理寺左寺副孫能傳、中書舍人張萱、秦焜、郭安民、吴大山校理遺籍，惟地志僅存，經典散失，寥寥無幾，萱等略述作者之旨，較《正統書目》大爲過之，惜已殘闕無足觀，有識者惟有撫卷浩歎而已。

賀燦然《行人司重刻書目序》 使署多藏書，所從來矣。先是怡堂黄公曾梓《書目》一編，稿三易而後就，其臚列其具，迄今七閱歲于兹矣。前書不無一二散佚者，新貯書亦漸富。時明宇徐公以薦史移視篆謀，與諸同寅共檢之，而屬不佞系凡例如左，分部析類，稿不啻三易云。然余竊有感焉：昔我夫子，稱學優仕，仕優學，言學匪直，童而習之，即服官不輟也。輓近世，不然，士方家食時工帖括云爾，非古所謂學也。當其仕也，居官稱職，即號曰「能彼乘公餘孳孳誦讀者。」緊曰：「無人，然可多有哉？」兹固去古風邈，良以一登仕版，各有職掌，自非校書東觀案牘之勞，刑名錢穀之繁紛，拏鞅掌日有不暇給耳。然則仕而優，宜莫如使署矣。使臣奉宣綸綍，驅馳道路，咨諏詢度，每懷靡及至不遑，將父將母不可謂閒適也。然采風問俗，登山臨川，探幽弔古，皆問學之助。迨還朝，益優閒無職掌，得從容沉濡載籍，即東觀不過已故。昔署中先達有詩會，有講學。會有讀律，會所稱仕優，而學非耶。余謂學貴經世，要在通今。昔我夫子學夏學殷，而識大識小，于《周禮》獨惓惓焉。其所重，固有在也。夫出入騷雅，極才人之致；高譚性命，標理學之宗，詎不謂學？然或浮華是競，實用則疎，名理雖超，經術罔効。君子奚取焉！則當世之務，胡可不亟講也？士君子將處爲鴻儒，出其名，佐其宏，覽昭代遐綜，往昔詎可偏

廢乎哉！顧方其嚴修也。大都博古之學多，而通今之學少。即未能旁通諸子，兼總百家，六經、諸史寧有不置目者乎？曾未離蔬釋屩，而欲通達國體，盡如賈洛陽，恐未易多得耳。蓋經史家傳而户誦之，至國朝典章，無論其它，即會典律令，未必家藏有之也。即欲熟典故而通國體，奚繇焉？兹幸鳴珂清署，且積有藏書，失今不講于當世之務，後且不暇矣。于是同寅二三君子相與共訂。先爲讀律之會，已取會典而洞究之，已取各衙門職掌而參互之，已取國朝諸史而博綜之，已取名臣諸奏議而遍讀之，已取郡縣邊鎮諸圖志而披閱之。舉典部所藏書務通其條貫而挈其要領，令它日薄効一官，以至肩鴻任鉅其經綸擘畫，若按諸掌也，詎不愉快其哉！如是而有餘閒，不妨出騷入雅，以鼓吹休明，至所稱性命之學，要在心體躬行之耳。此則經、史、子、文、雜五部所藏書足讀也。學山學海，惟意所適而已。昔先達嘗有言，方居使署時，不知其美也，既遷去而後知無若使署者。夫以使署之凉凉也，而先達多豔以爲美，得非以仕最優，閒有藏書足讀耶！此亦諸同寅相與檢書之意也。刻目成，僭題而弁諸首。吏部文選清吏司主事前行人司行人賀燦然識。

徐圖《行人司書目敍》 昔人云：臯、夔、稷、契無書可讀。夫臯、夔、稷、契所爲寅亮展采者，無一不可筆之於書。而後世有能舉其空言見諸行事，斯所謂窮二酉之藏者也。我朝唯館職讀中祕書，備左右，顧問其它，敭歷内外。自一邑而上，皆有政焉，案牘簿書不暇，即胸中八九雲夢，半以勞騷奪之，又安盡取古圖書檢校爲也！唯行人索莫長安邸中，升散後而孔相對，諧語之，則詃不敢出也；莊語之，則上下數千年陵牝鑿牡口角依稀聞耳，卒不得授簡一印可者。圖籍不備，真一大闕事也。於是署中著爲令：凡乘使車事竣報命，無不購書數種，爲公贄贄，即留署中。蓋歷幾時幾何，人異書畢集，儼然鄴架。諸君子又以索莫故得，肆力卒業焉。先後名公鉅卿縷縷不絶，而擔當世務，寅亮展采，逎合臯、夔、稷、契之心法，無亦預有所儗，而三隅相合，靡所疑亂者哉！浸久緗帙不無散佚，又輒相假，假則歸不歸都不可知。故與諸君子商之，彙分爲目，付之殺青。夫署中書以無所事事，而集既有事矣。又以無所鄭重而散，則莊語之謂何諸君子不念臯、夔、稷、契也耶，其以此爲一酉乎哉！萬曆壬寅九月之吉，東萊徐圖書。

任弘道《行人司書目跋》 徐先生所次書目一編付梓，蓋惟恐書之散佚也，故序言三致意焉。愚謂後之君子果能好古讀書，則不待徐先生言而惜不啻家珍矣。不然，彼且不能視架上裝焉，能取徐先生之序架上者而視之哉？然愚以試視徐先生言，而有不奮然于架上裝者非夫也！不佞以使事行，不獲竣編次，聊書跋語如此。右司副洛中任弘道跋。

吴中偉《行人司書目跋》 署中舊有藏書，先是某公梓目一編。今按而檢之，大半烏有，究其故，僉曰：借閲者多，或不返。良可嘆也。明宇先生握篆復檢所存梓爲目，永貽典守。不佞謂列亡書於中，而查注某某假去，冀久假者知歸。乃先生笑曰：返者自必返，不返者自必不返，梓不梓等何益哉！不佞唯唯。既而思曰：我輩居蓬蒿時，得斷簡殘編，輒把玩不忍釋。至於巨麗難構，未有不掮膺扼腕者。今此萬卷爛然，特一壯署中架上觀耳，求其拂塵編窺管斑，曾未得以日計，殆深媿藏書意矣。嗟乎！彼久假不返者，其果有嗜古癖乎，抑亦以難構之故而取爲架上觀也！不佞竊嘆之矣。右司副鹽官吴中偉跋。

劉若愚《酌中志》卷之十八《内板經書紀略》 凡司禮監經廠庫内所藏祖宗累朝傳遺秘書典籍，皆提督總其事，而掌司、監工分其細也。自神廟静攝年久，講幄塵封，右文不終，官如傳舍，遂多被匠夫廚役偷出貨賣。柘黄之帙，公然羅列於市肆中，而有寶圖書，再無人敢詰其來自何處者。或占空地爲圃，以致板無晒處，濕損模糊，甚或劈經板以禦寒，去其字以改作。即庫中見貯之書，屋漏浥損，鼠嚙蟲巢，有蛀如玲瓏板者，有塵黴如泥片者，放失虧缺，日甚一日。若以萬曆初年較，蓋已什減六七矣。既無多學博洽之官綜核齊理，又無簿籍數目可考以憑銷算。蓋内官發跡，本不由此，而貧富升沉，又全不關乎貪廉勤惰。是以居官經管者，多長於避事，而鮮諳大體，故無怪乎泥沙視之也。然既屬内廷庫藏，在外之儒臣又不敢越俎條陳，曾不思難得易失者，世惟書籍爲最甚也。昔周武滅商，《洪範》訪自箕子；晉韓起聘魯，見《易象》、《春秋》曰：周禮盡在魯矣。今將有用圖書，盡擲無用之地，豈我祖宗求遺書於天下，垂典則於萬世之至意乎？想在天之靈，不知如何其惘然，如何其太息也。今上天縱英明，右文圖治，倘一旦清問祖宗歷來所存書籍幾何？或聖駕親臨庫際一覽視之，亦聖道幸也。惜哉！當局者未肯思及此耳。祖宗設内書堂，原欲於此陶鑄真才，冀得實用。按《古文真寶》、《古文精粹》二書皆出於老學究所選。曩臣欲求大方於明白上水頭古文選爲入門，再將宏肆上水頭古文選爲極則。起自《檀弓》、《左》、《國》、《史》、《漢》、諸子共什七八，唐、宋什二三爲一種。再將洪武以來程墨垂世之稿，亦選出一半爲入門，一半爲極則，亦爲一種。四者同成二帙，以範後之内臣。奏知聖主，發司禮監刊行，用示永久，不知上天肯假之歲月，令其遂志否也。皇城中内相學問，讀《四書》、《書經》、《詩經》，看《性理》、《通鑑節要》、《千家詩》、《唐賢三體詩》，習書柬活套，習作對聯，再加以《古文真

寶》、《古文精粹》，盡之矣。十分聰明有志者，看《大學衍義》、《貞觀政要》、《聖學心法》、《綱目》，盡之矣。《説苑》、《新序》亦間及之。《五經大全》、《文獻通考》涉獵者亦寡也。此皆内府有板之書也。先年有讀等韻、海篇部頭，以便撿查難字。凡有不知典故難字，必自己搜查，不憚疲苦。其後，多鹵莽粗浮、懶於講究，葢緣心氣驕滿，勉强拱高，而無虚己受善之風也。《三國志通俗演義》、《韻府群玉》皆樂看愛買者也。至於《周禮》、《左傳》、《國語》、《國策》、《史》、《漢》，一則内府無板，一則繩於陋習，概不好焉。除古本、抄本、雜書不能開徧外，按現今有板者，譜列於後，即内府之經書則例也。《五倫書》六十二本，一千七百一葉。《詩傳大全》十二本，九百九葉。《書經大全》十本，七百六十三葉。《周易大全》十二本，一千一百十八葉。《春秋大全》十八本，一千四百五十九葉。《禮記大全》十八本，一千二百九十九葉。《易傳》六本，五百八十二葉。《書傳》六本，五百八十三葉。《詩傳》六本，六百三十五葉。《春秋傳》四本，一千零六十一葉。《禮記》八本，一千六十一葉。《四書大全》二十本，一千五百八十九葉。《四書集注》十本，八百二十葉。《性理大全》三十本，二千一百六十九葉。《資治通鑑綱目》四十本，四千一百葉。《續資治通鑑綱目》十四本，一千一百二十二葉。《少微通鑑節要》廿本，四千四百廿八葉。《通鑑節要續編》二十本，一千六百八十三葉。《晏宏通鑑綱目》三十本，四千二十葉。《文獻通考》一百本，一萬八百三十六葉。《歷代名臣奏議》百五十本，九千七百二十葉。《歷代通鑑纂要》六十本，三千六百三十葉。《大明會典》一百四十本，六千五百九十葉。《事文類聚》一百三十本，八千三百六十葉。《大明一統志》四十本，三千一百五十葉。《明倫大典》廿四本，七百廿葉。《大明集禮》三十六本，一千四百七十二葉。《大學衍義》二十本，一千三百八十二葉。《大學衍義補》四十本，三千六百葉。《對類》十二本，八百七十三葉。《諸司職掌》三本，四百二十八葉。《大明官制》二本，三百七十葉。《御製大誥》四本，二百五十三葉。《大明律》二本，一百七葉。《洪武正韻》五本，五百葉。《韻府群玉》十本，一千四十葉。《御製文集》八本，七百十三葉。《經史海篇直音》五本，五百十二葉。《廣韻》二本，二百五十五葉。《玉篇》二本，三百十五葉。《御製詩集》二本，八十四葉。《經書音釋》二本，一百七葉。《詩韻釋義》二本，一百五十八葉。《四書白文》六本，三百十二葉。《詩學大成》十四本，一千葉。《爾雅埤雅》四本，三百九十七葉。《許氏説文》八本，六百五十葉。《呂真人文集》二本，二百四十葉。《孔子家語》三本，一百四十四葉。《通書大全》八本，九百九十葉。《列女傳》三本，一百三十五葉。《神課金口訣》二本，二百四十葉。《仁孝皇后勸善書》十本，八百七十六葉。《臞山肘後神樞》二本，一百七十八葉。《選擇曆書》二本，二百五十六葉。《雍熙樂府》二十本，一千七百九十三葉。《三國志通俗演義》廿四本，一千一百五十葉。《歷代臣鑒》十本，五百六十葉。《貞觀政要》八本，三百七十葉。《居家必用》十本，八百八十葉。《聖學心法》四本，三百十五葉。《釋文三注》千字文，七十一葉。胡曾詩，九十九葉。蒙求，一百四十四葉。《飲膳正要》三本，七百七十五葉。《唐賢三體詩》二本，一百七十二葉。《古文精粹》二本，二百五十六葉。《李白詩》四本，三百六葉。《選詩補注》三本，三百十三葉。《唐詩鼓吹》五本，二百六十六葉。《高皇后傳》一本，四十七葉。《女訓》一本，四十九葉。《内訓》一本，五十葉。《尚書》、《孝經》、《大學》、《中庸》五本，三百三十六葉。《周易占法》二本，二百四十葉。《草堂詩餘》二本，一百九十葉。《恩紀含春堂詩》二本，一百十五葉。《擊壤集》四本，三百五十葉。《勸忍百箴》四本，三百葉。《古文真寶》四本，三百九十一葉。《醫要集覽》六本，二百八十葉。《草韻辨體》六本，二百七十葉。《增定華夷譯語》十一本，一千七百八葉。《評史心見》六本，三百五十葉。《通鑑博論》三本，二百九十葉。《重刻證類本草》十本，一千三百四十五葉。《養生類纂》五本，一百九十七葉。《釋氏源流應化事蹟》四本，四百四十葉。《皇明祖訓》一本，五十葉。《洪武禮制》一本，八十二葉。《稽古定制》一本，八十二葉。《鄭氏女孝經》一本，四十二葉。《祖訓條章》一本，十二葉。《曹大家女訓》一本，十六葉。《女誡直解》一本，四十八葉。《劉向説苑》五本，三百二十五葉。《皇明典禮》一本，九十五葉。《内則詩》一本，六十二葉。《内令》一本，十二葉。《昭鑒録》一本，一百五十二葉。《御製洪範篇序》一本，三十六葉。《勤政要典》一本，七十三葉。《外戚事鑒》一本，六十八葉。《山居四要》一本，八十三葉。《慈聖皇太后女鑒》一本，六十九葉。《女訓内訓》同前。《臞仙肘後經》一本，一百十二葉。《玉匣記》一本，八十二葉。《省躬録》一本，七十二葉。《祥異賦》一本，四十九葉。《步天歌》一本，八葉。《傳心妙訣》一本，四十五葉。《詳明算法》一本，一百十葉。《草字碎金》一本，九十二葉。《真字碎金》一本，九十二葉。《千家姓》一本，五十九葉。《孝順事實》一本，二百九十二葉。《爲善陰隲》一本，三百七十二葉。《小學書解》一本，一百六葉。《忠經》一本，四十二葉。《孝經大義》一本，四十二葉。《歷代紀年》一本，三十六葉。《四時歌曲》一本，十二葉。《隨機應化録》一本，六十葉。《高皇帝道德經注解》一本，六十九葉。《達達字孝經》一本，四十二葉。《醫按書》一本，三十二葉。《蒙求白文》一本，十九葉。《山歌》一本，四葉。《華夷譯語》一本，八十八葉。《古字便覽》一本，五十二葉。《八行遺事集》一本，二十八葉。《警世篇》一本，三十一葉。《忠經直解》一本，十六葉。《太上感應篇》一本，九十二葉。《憲綱》一本，五十葉。《百家姓》一本，十葉。《大學》一本，三十六葉。《千字文》一本，十七葉。《孝經》一本，十六葉。《中庸》一本，五十六葉。《千家詩》一本，四十四葉。《四書雜字》一本，十二葉。《七言雜字》

一本，十三葉。《三字經》一本，二十六葉。《啓蒙集》一本，四十葉。《啓蒙書法》（即《永字八法》）一本，二十一葉。《草訣百韻》一本，十四葉。《草訣百韻歌》三本，四十葉。《八行圖書》一本，四十葉。《孝經直解》一本，三十六葉。《解夢書大全》二本，七十葉。《四書直解》二十五本，一千零四十二葉。《書經直解》十三本，八百二十葉。《通鑑直解》二十五本，一千四十二葉。《帝鑑圖説》六本，三百五十六葉。《劉向新序》三本，一百四十二葉。《洪武正韻玉鍵》二本，一百三十葉。《佛經一藏》，計六百七十八函，十八萬八十二葉。共用白連四紙四萬五千二十三張，藍絹二百五十三匹七尺四寸，黄絹廿六匹二丈四尺一寸，已上每匹長三丈二尺，黄毛邊紙五百七十張，藍毛邊紙四千九百十二張，黄連四紙三百四十七張，白户油紙一萬八千九十五張，黑墨二百八十六斤八兩，白麪一千二百二十五斤，白礬四十五斤。《道經一藏》，計五百十二函，十二萬二千五百八十九葉。共用白連四紙三萬八百九十七張，黄連四紙一百七十六張，藍毛邊紙三千十八張，黄毛邊紙五百二紙，藍絹一百八十二匹一丈八尺六寸，黄絹二十四一丈六尺，白户油紙八千三百七張，黑墨一百六十斤八兩，白麪七百五十斤，明礬二十五斤。《番經一藏》，計一百四十七函，十五萬七十四葉。共用腰子白鹿紙一萬三千六百四十張。《大五大部經》：《華嚴經》八十二本。《大涅槃經》四十一本。《報恩經》七本。《金光明經》十本。《心地觀經》八本。《小五大部經》：《法華經》七本。《楞嚴經》十本。《佛母大孔雀經》三本。《地藏經》三本。《梁皇懺》十本。又《五般經》：《圓覺經》二本。《彌陀經》一本。《諸品經咒》。《金剛經注解》一本，一百四十七葉。《華嚴小鈔》一百十七本。《諸真寶懺》十二本。《小道經》一本。纍臣若愚曾聞成祖勅儒臣纂修《永樂大典》一部，係湖廣王洪等編輯，時號召四方文墨之士，累十餘年而就。計二萬二千八百七十卷，一萬一千九十五本。因卷帙浩繁，未遑刻板。其寫册原本，至孝廟弘治朝以大典金匱秘方外人所未見者，乃親灑宸翰，識以御寶，賜太醫院使臣王、聖濟殿内臣寵，蓋欲推之以福海内也。閣臣王文恪鏊恭撰頌以揄揚盛美。相傳至嘉靖年間，於文樓安置。偶遭回禄之變，世廟亟命挪救，幸未至焚。遂勅閣臣徐文貞階，復令儒臣照式摹抄一部。當時供謄寫官生一百八名，每人日抄三葉。自嘉靖四十一年起，至隆慶元年始克告成，凡二萬二千九百餘卷。及萬曆年間兩宫三殿復遭回禄，不知此二部，今又見貯藏於何處也。又纍臣曾見《車駕幸第録》所載，正德十五年閏八月内，武廟南征回如鎮江，幸大學士楊一清第，曾進抄本《册府元龜》一部，共一千卷，計二百零二本。纍臣曾向韓提督世禄言及，幸有一部，然舛錯頗多，至不能句，似非楊宅所獻之書。李永貞遂僱人借抄一部，仍將原本交還。而抄本一部，聞丁卯冬丁紹吕已獻於王體乾，爲自己呈身之贄矣！可嘆也。至崇禎己卯夏，體乾没産，又不知落何人手也。又江陵張文忠公在閣時，曾具書與張中翰後湖曰：先年張文簡公曾得内閣所藏《册府元龜》一部。其後文簡公卒於京邸，其僕即將此書於部前貨賣，令先翁識其爲閣本也，贖而藏之於家。嘗語區區曰：吾欲將此書仍送歸内閣，以完先代之寶，何如？僕時起賀曰：幸甚！此義舉也。無何而令先翁亦逝，竟勿克踐其言。今憶此書必無恙也，僕欲倍價奉贖，仍歸閣中，以卒令先翁之志。惟執事其幸許之。夫此一書也，文簡得之，令先翁贖之，至僕而還之，三更張氏，皆楚人也。將以媲於古之左史倚相能讀墳典邱索，不亦美乎？云云。然詳味江陵此舉，則必實踐其言者，但未知後湖果曾割付此書否？又不知今尚存内閣否也？承平日久，處處光景與先年不同，則此書之存與不存，與《永樂大典》之存貯何庫，又有誰敢饒舌問及也哉！嗟嗟，難言矣！

愛新覺羅・弘曆《上諭》　乾隆三十七年正月初四日，内閣奉上諭：朕稽古右文，聿資治理幾餘，典學日有孜孜。因思策府縹緗，載籍極博，其鉅者羽翼經訓，垂範方來，固足稱千秋法鑒。即在識小之徒，專門撰述，細及名物象數，兼綜條貫，各自成家，亦莫不有所發明，可爲游藝養心之一助。是以御極之初，即詔中外搜訪遺書，並命儒臣校勘《十三經》、《二十一史》，徧布黌宫，嘉惠後學。復開館修纂《綱目三編》、《通鑑輯覽》及《三通》諸書。凡藝林承學之士，所當户誦家絃者，既以薈萃略備。第念讀書固在得其要領，而多識前言往行，以畜其德。惟蒐羅益廣，則研討愈精。如康熙年間所修《圖書集成》，全部兼收並録，極方策之大觀，引用諸編，率屬因類取裁，勢不能悉載全文，使閲者沿流溯源，一一徵其來處。今内府藏書，插架不爲不富，然古今來著作之手，無慮千百家，或逸在名山，未登柱史，正宜及時採集，彙送京師，以彰千古同文之盛。其令直省督撫，會同學政等，通飭所屬，加意購訪。除坊肆所售舉業時文，及民間無用之族譜、尺牘、屏幛、壽言等類，又其人本無實學，不過嫁名馳騖，編刻酬倡、詩文瑣碎無當者，均毋庸採取外，其歷代流傳舊書，内有闡明性學治法、關係世道人心者，自當首先購覓。至若發揮傳注、考覈典章、旁暨九流百家之言，有裨實用者，亦應備爲甄擇。又如歷代名人，洎本朝士林宿望，向有詩文專集及近時沉潛經史，原本風雅，如顧棟高、陳祖范、任啓運、沈德潛輩，亦各著成編，並非勦説卮言可比，均應概行查明。在坊肆者，或量爲給價；家藏者，或官爲裝印；其有未經鐫刊、祇係抄本存留者，不妨繕録副本，仍將原書

給還。並嚴飭所屬一切善爲經理，毋使吏胥藉端滋擾。但各省蒐輯之書，卷帙必多，若不加之鑑別，悉令呈送，煩複皆所不免。著該督撫等，先將各書敘列目録，注明某朝某人所著、書中要指何在，簡明開載，具摺奏聞，候彙齊後，令廷臣校覈。有堪備閲者，再開單行知取進。庶幾副在石渠，用儲乙覽。從此四庫、《七略》益昭美備，稱朕意焉。欽此。

又《上諭》 乾隆三十八年閏三月初一日，内閣奉上諭：前經降旨，令各督撫等訪求遺書，彙登册府。近允廷臣所議，以翰林院舊藏《永樂大典》詳加別擇，校勘其世不經見之書，多至三四百種，將擇其醇備者付梓流傳，餘亦録存彙輯，與各省所採及武英殿所有官刻諸書，統按經、史、子、集編定目録，爲《四庫全書》，俾古今圖籍薈萃無遺，永昭藝林盛軌。乃各省奏到書單，寥寥無幾，且不過近人解經論學詩文私集數種，聊以塞白。其實係唐宋以來名家著作，或舊版僅存，或副稿略具卓然可傳者，竟不概見。當此文治光昭之日，名山藏弆，何可使之隱而弗彰？此必督撫等視爲具文，地方官亦第奉以故習，所謂上以實求，下以名應，殊非體朕殷殷諮訪之意。且此事並非難辦，尚爾率略若此，其他尚可問乎？況初次降旨時，惟恐有司辦理不善，藉端擾累。曾諭令凡民間所有藏書，無論刻本、寫本，皆官爲借抄，仍將原本給還。揆之事理，人情並無阻碍，何觀望不前，一至於此？必係督撫等因遺編著述，非出一人，疑其中或有違背忌諱字面，恐涉手干碍預存，寧略毋濫之。見藏書家因而窺其意指，一切秘而不宣，甚無謂也。文人著書立説，各抒所長，或傳聞互異，或紀載失實，固所不免。果其略有可觀，原不妨兼收並蓄，即或字義觸碍，如南、北《史》之互相抵毁，此乃前人偏見，與近時無涉，又何必過於畏首畏尾耶！朕辦事光明正大，可以共信於天下，豈有下詔訪求遺籍，預於書中尋摘瑕疵罪及收藏之人乎！若此番明切宣諭後，仍似從前疑畏，不肯將所藏書名開報，聽地方官購借，將來或别有破露違碍之處，則是其人有意隱匿收存，其取戾轉不小矣。且江浙諸大省，著名藏書之家指不勝屈，即或其家散佚，仍不過轉落人手，聞之蘇湖間，書賈書船皆能知其底裏，更無難於物色。督撫等果實力訪覓，何遽終湮？惟當嚴飭地方官，勿假手吏胥藉名滋擾，衆人自無不踴躍樂從。即有收藏吝惜之人，泥於借書一癡俗説，在友朋則然。今明旨徵求，借後仍還，故物於彼毫無所損，又豈可獨抱秘文不欲公之同好乎！再各省聚書最富者，原不盡皆本地人之撰著，祗論其書有可採，更不必計及非其地產，則搜緝之途更寬，方不致多有遺逸。著再傳諭各督撫等，予以半年之限，即遵朕旨，實力速爲妥辦。俟得有若干部，即陸續奏報，不必先行檢閲。若再似從前之因循搪塞，惟該將督撫是問，將併一並通諭中外知之。欽此。

又《上諭》 乾隆三十八年五月二十五日，内閣奉上諭：前經降旨，博訪遺編，彙爲《四庫全書》，用昭石渠美備，並以嘉惠藝林。旋據江浙督撫及兩淮鹽政等奏到購求呈送之書，已不下四五千種，並有稱藏書家愿將所有舊書呈獻者，固屬踴躍奉公，尚未能深喻朕意。方今文治光昭，典籍大備，恐名山石室儲蓄尚多，用是廣爲蒐羅，俾無遺佚，冀以闡微補闕。所有進到各書，並交總裁等，同《永樂大典》内現有各種，詳加核勘，分别刊抄，擇其中罕見之書，有益於世道人心，壽之梨棗，以廣流傳。餘則選派謄録，彙繕成編，陳之册府。其有俚淺訛謬者，止存書名，彙入總目，以彰右文之盛，此採輯《四庫全書》本旨也。今外省進到之書，大小短長，參差不一，既無當於編列縹緗，而業已或刻或抄，其原書又何必復留内府。且伊等將珍藏善本應詔彙交，深可嘉尚，若因此收存不發，轉使耽書明理之人不得保其世守，於理未爲公允，朕豈肯爲之！所有各家進到之書，俟核辦完竣之日，仍行給還原獻之家。但現在各省所進書籍已屬不少，向後自必陸續加多，其如何分别標記，俾還本人，不致混淆遺失之處，著該總裁等妥議具奏，仍將此通諭知之。欽此。

又《上諭》 乾隆三十九年五月十四日，内閣奉上諭：國家當文治修明之會，所有古今載籍，宜及時蒐羅大備，以光策府而裨藝林。因降旨，命各督撫加意採訪，彙上于朝。旋據各省陸續奏進，而江浙兩省藏書家呈獻者種數尤多，廷臣中亦有紛紛奏進者。因命詞臣分别校勘，應刊應録以廣流傳。其進書百種以上者，並命擇其中精醇之本進呈乙覽。朕幾餘親爲評詠，題識簡端。復命將進到各書，于篇首用翰林院印，並加鈐記，載明年月、姓名于面頁，俟將來辦竣後，仍給還各本家，自行收藏。其已經題詠諸本，並令書館先行録副，將原書發還，俾收藏之人益增榮幸。今閲進到各家書目，其最多者，如浙江之鮑士恭、范懋柱、汪啓淑，兩淮之馬裕四家，爲數至五六七百種，皆其累世弆藏，子孫克守其業，甚可嘉尚。因思内府所有《古今圖書集成》爲書城鉅觀，人間罕覯，此等世守陳編之家，宜俾專藏勿失，以補留貽。鮑士恭、范懋柱、汪啓淑、馬裕四家，著賞《古今圖書集成》各一部，以爲好古之勸。又如進書一百種以上之江蘇周厚堉、蔣曾瑩，浙江吴玉墀、孫仰曾、汪汝瑮及朝紳中黄登賢、紀昀、勵守謙、汪如藻等，亦俱藏書舊家，並著每人賞給内府初印之《佩文韻府》各一部，俾亦珍爲世守，以示嘉奬。以上應賞之書，其外省各家，著該督撫鹽政派員赴武英殿領回分給，其在京各員，即令其親赴武英殿祗

領，仍將此通諭知之。欽此。

沈初《浙江採集遺書總録序》 乾隆壬辰之歲，天子緝熙典學，發明詔下各直省徵訪遺書。於是浙前撫臣富勒渾、署撫臣熊學鵬、今撫臣三寶，會同學臣王杰暨臣王亶望奉命愨恭，設法開局，移諸監司、郡守，各諭所部徵書上送。延致在籍侍講臣沈初總其事，遴取教官之有學識黄璋、張羲年、朱休度、范鐸等，日夕分校。其中隨所得叙目以進，繼以故家之長篇鉅牘，山林之偏見僻論，懼有所觸忤懷阻而弗克殫也。用廑聖懷，屢降温旨。而縉紳士尤踴躍争先，善本四出。浙中藏書之家夙所著稱，首鄞縣范氏天一閣，至今猶克世守。餘若越中祁氏、鈕氏，禾中項氏、朱氏、曹氏，錢塘趙氏，其間不無輾轉剖散而流落人手，尚多可稽。近當文治久長，好學嗜古之士輩出，若杭城之吴玉墀、鮑士恭、汪啓淑、汪汝瑮、孫仰曾，慈谿鄭大節，續皆儲貯篇籍，頗有可觀。凡是諸家欣值表章，盛際鼓舞，奮興各願，整比所藏，稽首上獻。即寒俊士一編一册，或有世不習見，亦不敢抱爲秘文，挾策而至者，源源不絶，措頓列室，常充牣乎其間。校閲諸員日益淬厲，乃心黽勉，求稱盛意，薈萃檢理，除還複重，一一條其篇目，據其指意，自壬辰秋訖甲午之夏，作十二次綜録奏進。統計之，凡爲書四千五百二十三種，爲卷凡五萬六千九百五十五，不分卷者二千九十二册。一方之書浩穰若是，將合天下而譔次之盛美，可想見矣！臣備位浙藩，獲與董督之末，親見夫獻納輸送之勤，未嘗不嘆古人之遺人搜括爲未善經理也。事既竣，僚屬謀以所條目録謹遵《四庫》成例，略爲次序刊刻，以備浙中掌故。臣竊唯蒐得故書，往往爲臣等所未經見，祇奉明訓，不復先行檢別。其中文義純駁，流傳真僞，刊寫訛正，應不免於參差。且僅以一省所採，雖不拘計地産，而究屬一偏之藏，未能通徧外臺，中秘翰墨成林，斤斤焉詡爲異本，欲藉以展芹曝之忱者，又未必非策府所先備。他時九有畢彙，編摩自鴻碩廷臣之手，呈斷宸衷，勒成一代鉅典。所謂昭鴻運垂休光者，方于是乎在，而此特瑣細者耳。然天聲和于上，而大地之一水一木悉應于下，風動之休不嫌于推廣也。況國家良法美政，凡直省所經奉行，大小悉具簿録登載，俾後來有可考，豈於稽古右文大典而不爲垂示乎？爰據各教官類次之本，謹加釐正，捐貲以付諸梓。乾隆三十九年歲次甲午四月上浣日，浙江布政使司布政使加三級臣王亶望謹序。

周中孚《鄭堂讀書記》卷三二 《浙江采集遺書總録》，無卷數。杭州刊本。乾隆三十九年浙江巡撫三寶等監修。三寶，滿洲人，官至東閣大學士。乾隆三十七年，四庫全書館既開，詔下各直省徵訪遺書，於是浙江開局徵書，延平湖沈雲椒初總其事，隨時所得，敘目以進，因以所條目録，略爲次序，以十干分爲十集：凡經部三集，史部二集，子部二集，集部三集。每部分門别類，則參用史志、《通考》及晁、陳二家書目體例，博考而慎取之。每書詳其卷帙、爵里，並摘敘著述大指，如序文跋語可以略見本書之梗概，並其書之，刊刻歲月亦誌之。更於書名、卷帙下遇所希罕之本，别載某氏所藏刊本、鈔本，或宋刊本、元刊本、影宋鈔本，以見古書流傳有自，所以備浙中之掌故也。所載書凡四千五百二十三種，爲卷凡五萬六千九百五十五，不分卷者九十二册。前有聖諭四道，纂録職名一篇，布政使王亶望序一篇，凡例八條。

傳記

《漢書・劉向傳》 向字子政，本名更生。年十二，以父德任爲輦郎。既冠，以行修飭擢爲諫大夫。是時，宣帝循武帝故事，招選名儒俊材置左右。更生以通達能屬文辭，與王褒、張子僑等並進對，獻賦頌凡數十篇。上復興神僊方術之事，而淮南有《枕中鴻寶苑祕書》。書言神僊使鬼物爲金之術，及鄒衍重道延命方，世人莫見，而更生父德武帝時治淮南獄得其書。更生幼而讀誦，以爲奇，獻之，言黄金可成。上令典尚方鑄作事，費甚多，方不驗。上乃下更生吏，吏劾更生鑄僞黄金，繫當死。更生兄陽城侯安民上書，入國户半，贖更生罪。上亦奇其材，得踰冬減死論。會初立《穀梁春秋》，徵更生受《穀梁》，講論《五經》於石渠。復拜爲郎中給事黄門，遷散騎諫大夫給事中。元帝初即位，太傅蕭望之爲前將軍，少傅周堪爲諸吏光禄大夫，皆領尚書事，甚見尊任。更生年少於望之、堪，然二人重之，薦更生宗室忠直，明經有行，擢爲散騎宗正給事中，與侍中金敞拾遺於左右。四人同心輔政，患苦外戚許、史在位放縱，而中書宦官弘恭、石顯弄權。望之、堪、更生議，欲白罷退之。未白而語泄，遂爲許、史及恭、顯所譖愬，堪、更生下獄，及望之皆免官。語在《望之傳》。其春地震，夏，客星見昴、卷舌間。上感悟，下詔賜望之爵關内侯，奉朝請。秋，徵堪、向，欲以爲諫大夫，恭、顯白皆爲中郎。冬，地復震。時恭、顯、許、史子弟侍中諸曹，皆側目於望之等，更生懼焉，乃使其外親上變事。【略】書奏，恭、顯疑其更生所爲，白請考姦詐。辭果服，遂逮更生繫獄，下太傅韋玄成、諫大夫貢禹，與廷尉雜考。劾更生前爲九卿，坐與望之、堪謀排車騎將軍高、許、史氏侍中

者，毁離親戚，欲退去之，而獨專權。爲臣不忠，幸不伏誅，復蒙恩徵用，不悔前過，而教令人言變事，誣罔不道。更生坐免爲庶人。而望之亦坐使子上書自冤前事，恭、顯白令詣獄置對。望之自殺。天子甚悼恨之，乃擢周堪爲光禄勳，堪弟子張猛光禄大夫，給事中，大見信任。恭、顯憚之，數譖毁焉。更生見堪、猛在位，幾已得復進，懼其傾危，乃上封事諫。【略】恭、顯見其書，愈與許、史比而怨更生等。堪性公方，自見孤立，遂直道而不曲。是歲夏寒，日青無光，恭、顯及許、史皆言堪、猛用事之咎。上内重堪，又患衆口之寖潤，無所取信。時長安令楊興以材能幸，常稱譽堪。上欲以爲助，乃見問興：「朝臣齗齗不可光禄勳，何(也)〔邪〕？」興者傾巧士，謂上疑堪，因順指曰：「堪非獨不可於朝廷，自州里亦不可也。臣見衆人聞堪前與劉更生等謀毁骨肉，以爲當誅，故臣前言堪不可誅傷，爲國養恩也。」上曰：「然此何罪而誅？今宜奈何？」興曰：「臣愚以爲可賜爵關内侯，食邑三百户，勿令典事。明主不失師傅之恩，此最策之得者也。」上於是疑。會城門校尉諸葛豐亦言堪、猛短，上因發怒免豐。語在其傳。又曰：「豐言堪、猛貞信不立，朕閔而不治，又惜其材能未有所効，其左遷堪爲河東太守，猛槐里令。」顯等專權日甚。後三歲餘，孝宣廟闕災，其晦，日有蝕之。於是上召諸前言日變在堪、猛者責問，皆稽首謝。乃因下詔曰：「河東太守堪，先帝賢之，命而傅朕。資質淑茂，道術通明，論議正直，秉心有常，發憤悃愊，信有憂國之心。以不能阿尊事貴，孤特寡助，抑厭遂退，卒不克明。往者衆臣見異，不務自修，深惟其故，而反晻昧説天，託咎此人。朕不得已，出而試之，以彰其材。堪出之後，大變仍臻，衆亦嘿然。堪治未期年，而三老官屬有識之士詠頌其美，使者過郡，靡人不稱。此固足以彰先帝之知人，而朕有以自明也。俗人乃造端作基，非議詆欺，或引幽隱，非所宜明，意疑以類，欲以陷之，朕亦不取也。朕迫于俗，不得專心，乃者天著大異，朕甚懼焉。今堪年衰歲暮，恐不得自信，排於異人，將安究之哉？其徵堪詣行在所。」拜爲光禄大夫，秩中二千石，領尚書事。猛復爲太中大夫給事中。顯幹尚書〔事〕，尚書五人，皆其黨也。堪希得見，常因顯白事，事決顯口。會堪疾瘖，不能言而卒。顯誣譖猛，令自殺於公車。更生傷之，乃著《疾讒》、《擿要》、《救危》及《世頌》，凡八篇，依興古事，悼己及同類也，遂廢十餘年。成帝即位，顯等伏辜，更生乃復進用，更名向。向以故九卿召拜爲中郎，使領護三輔都水。數奏封事，遷光禄大夫。是時帝元舅陽平侯王鳳爲大將軍秉政，倚太后，專國權，兄弟七人皆封爲列侯。時數有大異，向以爲外戚貴盛，鳳兄弟用事之咎。而上方精於《詩》《書》，觀古文，詔向領校中《五經》祕書。向見《尚書・洪範》，箕子爲武王陳五行陰陽休咎之應。向乃集合上古以來歷春秋六國至秦漢符瑞災異之記，推迹行事，連傳禍福，著其占驗，比類相從，各有條目，凡十一篇，號曰《洪範五行傳論》，奏之。天子心知向忠精，故爲鳳兄弟起此論也，然終不能奪王氏權。久之，營起昌陵，數年不成，復還歸延陵，制度泰奢。向上疏諫。【略】書奏，上甚感向言，而不能從其計。向睹俗彌奢淫，而趙、衛之屬起微賤，踰禮制。向以爲王教由内及外，自近者始。故採取《詩》《書》所載賢妃貞婦，興國顯家可法則，及孽嬖亂亡者，序次爲《列女傳》，凡八篇，以戒天子。及采傳記行事，著《新序》、《説苑》凡五十篇奏之。數上疏言得失，陳法戒。書數十上，以助觀覽，補遺闕。上雖不能盡用，然内嘉其言，常嗟歎之。時上無繼嗣，政由王氏出，災異浸甚。向雅奇陳湯智謀，與相親友，獨謂湯曰：「災異如此，而外家日(甚)〔盛〕，其漸必危劉氏。吾幸得同姓末屬，絫世蒙漢厚恩，身爲宗室遺老，歷事三主。上以我先帝舊臣，每進見常加優禮，吾而不言，孰當言者？」向遂上封事極諫。【略】書奏，天子召見向，歎息悲傷其意，謂曰：「君且休矣，吾將思之。」以向爲中壘校尉。向爲人簡易無威儀，廉靖樂道，不交接世俗，專積思於經術，晝誦書傳，夜觀星宿，或不寐達旦。元延中，星孛東井，蜀郡岷山崩雍江。向惡此異，語在《五行志》。懷不能已，復上奏。【略】上輒入之，然終不能用也。向每召見，數言公族者國之枝葉，枝葉落則本根無所庇廕；方今同姓疏遠，母黨專政，禄去公室，權在外家，非所以彊漢宗，卑私門，保守社稷，安固後嗣也。向自見得信於上，故常顯訟宗室，譏刺王氏及在位大臣，其言多痛切，發於至誠。上數欲用向爲九卿，輒不爲王氏居位者及丞相御史所持，故終不遷。居列大夫官前後三十餘年，年七十二卒。卒後十三歲而王氏代漢。向三子皆好學：長子伋，以《易》教授，官至郡守；中子賜，九卿丞，蚤卒；少子歆，最知名。

又《劉歆傳》 歆字子駿，少以通《詩》《書》能屬文召見成帝，待詔宦者署，爲黄門郎。河平中，受詔與父向領校祕書，講六藝傳記，諸子、詩賦、數術、方技，無所不究。向死後，歆復爲中壘校尉。哀帝初即位，大司馬王莽舉歆宗室有材行，爲侍中太中大夫，遷騎都尉、奉車光禄大夫，貴幸。復領《五經》，卒父前業。歆乃集六藝群書，種別爲《七略》。語在《藝文志》。歆及向始皆治《易》，宣帝時，詔向受《穀梁春秋》十餘年，大明習。及歆校祕書，見古文《春秋左氏傳》，歆大好之。時丞相史尹咸以能治《左氏》，與歆共校經傳。歆略從咸及丞相翟方進受，質問大義。初《左氏傳》多古字古言，學者傳訓故而已，及歆治《左氏》，引傳文以解經，轉相發明，

由是章句義理備焉。歆亦湛靖有謀，父子俱好古，博見彊志，過絶於人。歆以爲左丘明好惡與聖人同，親見夫子，而公羊、穀梁在七十子後，傳聞之與親見之，其詳略不同。歆數以難向，向不能非間也，然猶自持其《穀梁》義。及歆親近，欲建立《左氏春秋》及《毛詩》、《逸禮》、《古文尚書》皆列於學官。哀帝令歆與《五經》博士講論其義，諸博士或不肯置對，歆因移書太常博士，責讓之。【略】其言甚切，諸儒皆怨恨。是時名儒光禄大夫龔勝以歆移書上疏深自罪責，願乞骸骨罷。及儒者師丹爲大司空，亦大怒，奏歆改亂舊章，非毁先帝所立。上曰：「歆欲廣道術，亦何以爲非毁哉？」歆由是忤執政大臣，爲衆儒所訕，懼誅，求出補吏，爲河内太守。以宗室不宜典三河，徙守五原，後復轉在涿郡，歷三郡守。數年，以病免官，起家復爲安定屬國都尉。會哀帝崩，王莽持政，莽少與歆俱爲黄門郎，重之，白太后。太后留歆爲右曹太中大夫，遷中壘校尉，羲和，京兆尹，使治明堂辟雍，封紅休侯。典儒林史卜之官，考定律曆，著《三統曆譜》。初，歆以建平元年改名秀，字穎叔云。及王莽篡位，歆爲國師，後事皆在《莽傳》。

又《王莽傳》 初，甄豐、劉歆、王舜爲莽腹心，倡導在位，襃揚功德；「安漢」、「宰衡」之號及封莽母、兩子、兄子，皆豐等所共謀，而豐、舜、歆亦受其賜，並富貴矣，非復欲令莽居攝也。居攝之萌，出於泉陵侯劉慶、前煇光謝囂、長安令田終術。莽羽翼已成，意欲稱攝。豐等承順其意，莽輒復封舜、歆兩子及豐孫。豐等爵位已盛，心意既滿，又實畏漢宗室、天下豪傑。而疏遠欲進者，並作符命，莽遂據以即真，舜、歆内懼而已。豐素剛强，莽覺其不説，故徙大阿、右拂、大司空豐，託符命文，爲更始將軍，與賣餅兒王盛同列。豐父子默默。時子尋爲侍中京兆大尹茂德侯，即作符命，言新室當分陜，立二伯，以豐爲右伯，太傅平晏爲左伯，如周召故事。莽即從之，拜豐爲右伯。當述職西出，未行，尋復作符命，言故漢氏平帝后黄皇室主爲尋之妻。莽以詐立，心疑大臣怨謗，欲震威以懼下，因是發怒曰：「黄皇室主天下母，此何謂也！」收捕尋。尋亡，豐自殺。尋隨方士入華山，歲餘捕得，辭連國師公歆子侍中東通靈將、五司大夫隆威侯棻，棻弟右曹長水校尉伐虜侯泳，大司空邑弟左(關)〔闕〕將軍(堂)〔掌〕威侯奇，及歆門人侍中騎都尉丁隆等，牽引公卿黨親列侯以下，死者數百人。尋手理有「天子」字，莽解其臂入視之，曰：「此一大子也，或曰一六子也。六者，戮也。明尋父子當戮死也。」乃流棻于幽州，放尋于三危，殛隆于羽山，皆驛車載其屍傳致云。【略】先是，衛將軍王涉素養道士西門君惠。君惠好天文讖記，爲涉言：「星孛掃宫室，劉氏當復興，國師公姓名是也。」涉信其言，以語大司馬董忠，數俱至國師殿中廬道語星宿，國師不應。後涉特往，對歆涕泣言：「誠欲與公共安宗族，奈何不信涉也！」歆因爲言天文人事，東方必成。涉曰：「新都哀侯小被病，功顯君素耆酒，疑帝本非我家子也。董公主中軍精兵，涉領宫衛，伊休侯主殿中，如同心合謀，共劫持帝，東降南陽天子，可以全宗族；不者，俱夷滅矣！」伊休侯者，歆長子也，爲侍中五官中郎將，莽素愛之。歆怨莽殺其三子，又畏大禍至，遂與涉、忠謀，欲發。歆曰：「當待太白星出，乃可。」忠以司中大贅起武侯孫伋亦主兵，復與伋謀。伋歸家，顔色變，不能食。妻怪問之，語其狀。妻以告弟雲陽陳邯，邯欲告之。七月，伋與邯俱告，莽遣使者分召忠等。時忠方講兵都肄，護軍王咸謂忠謀久不發，恐漏泄，不如遂斬使者，勒兵入。忠不聽，遂與歆、涉會省户下。莽令豐惲責問，皆服。中黄門各拔刃將忠等送廬，忠拔劍欲自刎，侍中王望傳言大司馬反，黄門持劍共格殺之。省中相驚傳，勒兵至郎署，皆拔刃張弩。更始將軍史諶行諸署，告郎吏曰：「大司馬有狂病，發，已誅。」皆令弛兵。莽欲以厭凶，使虎賁以斬馬劍挫忠，盛以竹器，傳曰「反虜出」。下書赦大司馬官屬吏士爲忠所詿誤，謀反未發覺者。收忠宗族，以醇醯毒藥、尺白刃叢(㯳)〔棘〕并一坎而埋之。劉歆、王涉皆自殺。莽以二人骨肉舊臣，惡其内潰，故隱其誅。伊休侯疊又以素謹，歆訖不告，但免侍中中郎將，更爲中散大夫。

《晉書・鄭默傳》 默字思元。起家祕書郎，考覈舊文，删省浮穢。中書令虞松謂曰：「而今而後，朱紫别矣。」轉尚書考功郎，專典伐蜀事，封關内侯，遷司徒左長史。武帝受禪，與太原郭奕俱爲中庶子。朝廷以太子官屬宜稱陪臣，默上言：「皇太子體皇極之尊，無私於天下。宫臣皆受命天朝，不得同之藩國。」事遂施行。出爲東郡太守，值歲荒人饑，默輒開倉振給，乃舍都亭，自表待罪。朝廷嘉默憂國，詔書褒歎，比之汲黯。班告天下，若郡縣有此比者，皆聽出給。入爲散騎常侍。初，帝以貴公子當品，鄉里莫敢與爲輩，求之州内，于是十二郡中正僉共舉默。文帝與袁書曰：「小兒得廁賢子之流，愧有竊賢之累。」及武帝出祀南郊，詔使默驂乘，因謂默曰：「卿知何以得驂乘乎？昔州里舉卿相輩，常愧有累清談。」遂問政事，對曰：「勸穡務農，爲國之基。選人得才，濟世之道。居官久職，政事之宜。明慎黜陟，勸戒之由。崇尚儒素，化導之本。如此而已矣。」帝善之。後以父喪去官，尋起爲廷尉。是時鬲令袁毅坐交通貨賂，大興刑獄。在朝多見引逮，唯默兄弟以潔慎不染其流。遷太常。時僕射山濤欲舉一親親爲博士，謂默曰：「卿似尹翁歸，令吾不敢復言。」默爲人敦重，柔而能整，皆此類也。及齊王攸當之國，下禮官議崇

錫典制。博士祭酒曹志等並立異議，默容過其事，坐免。尋拜大鴻臚。遭母喪，舊制，既葬還職，默自陳懇至，久而見許。遂改法定令，聽大臣終喪，自默始也。服闋，爲大司農，轉光禄勳。

太康元年卒，時年六十八，謚曰成。尚書令衛瓘奏：「默才行名望，宜居論道，五升九卿，位未稱德，宜贈三司。」而后父楊駿先欲以女妻默子豫，默曰：「吾每讀《雋不疑傳》，常想其人。畏遠權貴，奕世所守。」遂辭之。駿深爲恨。至此，駿議不同，遂不施行。默寬沖博愛，謙虚温謹，不以才地矜物，事上以禮，遇下以和，雖僮豎厮養不加聲色，而猶有嫌怨，故士君子以爲居世之難。子球。

又《荀勖傳》 荀勖字公曾，潁川潁陰人，漢司空爽曾孫也。祖棐，射聲校尉。父肸，早亡。勖依于舅氏。岐嶷夙成，年十餘歲能屬文。從外祖魏太傅鍾繇曰：「此兒當及其曾祖。」既長，遂博學，達於從政。仕魏，辟大將軍曹爽掾，遷中書通事郎。爽誅，門生故吏無敢往者，勖獨臨赴，衆乃從之。爲安陽令，轉驃騎從事中郎。勖有遺愛，安陽生爲立祠。遷廷尉正，參文帝大將軍軍事，賜爵關内侯，轉從事中郎，領記室。高貴鄉公欲爲變時，大將軍掾孫佑等守閶闔門。帝弟安陽侯榦聞難欲入，佑謂榦曰：「未有入者，可從東掖門。」及榦至，帝遲之，榦以狀白，帝欲族誅佑。勖諫曰：「孫佑不納安陽，誠宜深責。然事有逆順，用刑不可以喜怒爲輕重。今成倅刑止其身，佑乃族誅，恐義士私議。」乃免佑爲庶人。時官騎路遺求爲刺客入蜀，勖言於帝曰：「明公以至公宰天下，宜杖正義以伐違貳。而名以刺客除賊，非所謂刑于四海，以德服遠也。」帝稱善。及鍾會謀反，審問未至，而外人先告之。帝待會素厚，未之信也。勖曰：「會雖受恩，然其性未可許以見得思義，不可不速爲之備。」帝即出鎮長安，主簿郭奕、參軍王深以勖是會從甥，少長舅氏，勸帝斥出之。帝不納，而使勖陪乘，待之如初。先是，勖啓「伐蜀，宜以衛瓘爲監軍」。及蜀中亂，賴瓘以濟。會平，還洛，與裴秀、羊祜共管機密。時將發使聘吴，並遣當時文士作書與孫皓，帝用勖所作。皓既報命和親，帝謂勖曰：「君前作書，使吴思順，勝十萬之衆也。」帝即晉王位，以勖爲侍中，封安陽子，邑千户。武帝受禪，改封濟北郡公。勖以羊祜讓，乃固辭爲侯。拜中書監，加侍中，領著作，與賈充共定律令。充將鎮關右也，勖謂馮紞曰：「賈公遠放，吾等失勢。太子婚尚未定，若使充女得爲妃，則不留而自停矣。」勖與紞伺帝間並稱：「充女才色絶世，若納東宫，必能輔佐君子，有《關雎》后妃之德。」遂成婚。當時甚爲正直者所疾，而獲佞媚之譏焉。久之，進位光禄大夫。既掌樂事，又修律吕，並行於世。初，勖於路逢趙賈人牛鐸，識其聲。及掌樂，音韵未調，乃曰：「得趙之牛鐸則諧矣。」遂下郡國，悉送牛鐸，果得諧者。又嘗在帝坐進飯，謂在坐人曰：「此是勞薪所炊。」咸未之信。帝遣問膳夫，乃云：「實用故車脚。」舉世伏其明識。俄領祕書監，與中書令張華依劉向《别録》，整理記籍。又立書博士，置弟子教習，以鍾、胡爲法。咸寧初，與石苞等並爲佐命功臣，列於銘饗。及王濬表請伐吴，勖與賈充固諫不可，帝不從，而吴果滅。以專典詔命，論功封子一人爲亭侯，邑一千户，賜絹千匹。又封孫顯爲潁陽亭侯。及得汲郡冢中古文竹書，詔勖撰次之，以爲《中經》，列在祕書。時議遣王公之國，帝以問勖，勖對曰：「諸王公已爲都督，而使之國，則廢方任。又分割郡縣，人心戀本，必用嗷嗷。國皆置軍，官兵還當給國，而闕邊守。」帝重使勖思之，勖又陳曰：「如詔準古方伯選才，使軍國各隨方面爲都督，誠如明旨。至於割正封疆，使親疏不同，誠爲佳矣。然分裂舊土，猶懼多所摇動，必使人心恖擾，思惟竊宜如前。若於事不得不時有所轉封，而不至分割土域，有所損奪者，可隨宜節度。其五等體國經遠，實不成制度。然但虚名，其於實事，略與舊郡縣鄉亭無異。若造次改奪，恐不能不以爲恨。今方了其大者，以爲五等可須後裁度。凡事雖有久而益善者，若臨時或有不解，亦不可忽。」帝以勖言爲允，多從其意。時又議省州郡縣半吏以赴農功，勖議以爲：「省吏不如省官，省官不如省事，省事不如清心。昔蕭曹相漢，載其清静，致畫一之歌，此清心之本也。漢文垂拱，幾致刑措，此省事也。光武并合吏員，縣官國邑裁置十一，此省官也。魏太和中，遣王人四出，減天下吏員，正始中亦并合郡縣，此省吏也。今必欲求之於本，則宜以省事爲先。凡居位者，使務思蕭曹之心，以翼佐大化。篤義行，崇敦睦，使昧寵忘本者不得容，而僞行自息，浮華者懼矣。重敬讓，尚止足，令賤不妨貴，少不陵長，遠不間親，親不間舊，小不加大，淫不破義，則上下相安，遠近相信矣。位不可以進趣得，譽不可以朋黨求，則是非不妄而明，官人不惑於聽矣。去奇技，抑異説，好變舊以徼非常之利者必加其誅，則官業有常，人心不遷矣。事留則政稽，政稽則功廢。處位者而孜孜不怠，奉職司者而夙夜不懈，則雖在挈瓶而守不假器矣。使信若金石，小失不害大政，忍忿悁以容之。簡文案，略細苛，令之所施，必使人易視聽。願之如陽春，畏之如雷震。勿使微文煩撓，爲百吏所黷，二三之命，爲百姓所饜，則吏竭其誠，下悦上命矣。設官分職，委事責成。君子心競而不力争，量能受任，思不出位，則官無異業，政典不奸矣。凡此皆愚心謂省事之本也。苟無此愆，雖不省吏，天下必謂之省矣。若欲省官，私謂九寺可并於尚書，蘭臺宜省付三府。然施行歷代，世之所習，是以久抱愚

懷而不敢言。至於省事，實以爲善。若直作大例，皆減其半，恐文武衆官郡國職業，及事之興廢，不得皆同。凡發號施令，典而當則安，儻有駁者，或致壅否。凡職所臨履，先精其得失。使忠信之官，明察之長，各裁其中，先條上言之。然後混齊大體，詳宜所省，則令下必行，不可摇動。如其不爾，恐適惑人聽。比前行所省，皆須臾輒復，或激而滋繁，亦不可不重。」勖論議損益多此類。太康中詔曰：「勖明哲聰達，經識天序，有佐命之功，兼博洽之才。久典内任，著勳弘茂，詢事考言，謀猷允誠。宜登大位，毗贊朝政。今以勖爲光禄大夫、儀同三司、開府辟召，守中書監、侍中、侯如故。」時太尉賈充、司徒李胤並薨，太子太傅又缺。勖表陳：「三公保傅，宜得其人。若使楊珧參輔東宫，必當仰稱聖意。尚書令衞瓘、吏部尚書山濤皆可爲司徒。若以瓘新爲令未出者，濤即其人。」帝並從之。明年秋，諸州郡大水，兖土尤甚。勖陳宜立都水使者。其後門下啓通事令史伊羡、趙咸爲舍人，對掌文法。詔以問勖，勖曰：「今天下幸賴陛下聖德，六合爲一，望道化隆洽，垂之將來。而門下上稱程咸、張惲，下稱此等，欲以文法爲政，皆愚臣所未達者。昔張釋之諫漢文，謂獸圈嗇夫不宜見用；邴吉住車，明調和陰陽之本。此二人豈不知小吏之惠，誠重惜大化也。昔魏武帝使中軍司荀攸典刑獄，明帝時猶以付内常侍。以臣所聞，明帝時唯有通事劉泰等官，不過與殿中同號耳。又頃言論者皆云省官減事，而求益吏者相尋矣。多云尚書郎太令史不親文書，乃委付書令史及幹，誠吏多則相倚也。增置文法之職，適恐更耗擾臺閣，臣竊謂不可。」時帝素知太子闇弱，恐後亂國，遣勖及和嶠往觀之。勖還盛稱太子之德，而嶠云太子如初。於是天下貴嶠而賤勖。帝將廢賈妃，勖與馮紞等諫請，故得不廢，時議以勖傾國害時，孫資、劉放之匹。然性慎密，每有詔令大事，雖已宣布，然終不言，不欲使人知己豫聞也。族弟良曾勸勖曰：「公大失物情，有所進益者自可語之，則懷恩多矣。」其壻武統亦説勖「宜有所營置，令有歸戴者」。勖並默然不應，退而語諸子曰：「人臣不密則失身，樹私則背公，是大戒也。汝等亦當宦達人間，宜識吾此意。」久之，以勖守尚書令。勖久在中書，專管機事。及失之，甚罔罔悵恨。或有賀之者，勖曰：「奪我鳳皇池，諸君賀我邪！」及在尚書，課試令史以下，覈其才能，有闇於文法，不能決疑處事者，即時遣出。帝嘗謂曰：「魏武帝言『荀文若之進善，不進不止；荀公達之退惡，不退不休』。二令君之美，亦望於君也。」居職月餘，以母憂上還印綬，帝不許。遣常侍周恢喻旨，勖乃奉詔視職。勖久管機密，有才思，探得人主微旨，不犯顔迕争，故得始終全其寵禄。太康十年卒，詔贈司徒，賜東園祕器、朝服一具、錢五十萬、布百匹。遣兼御史持節護喪，謚曰成。勖有十子，其達者輯、藩、組。輯嗣，官至衞尉。卒，謚曰簡。子畯嗣。卒，謚曰烈。無適子，以弟息識爲嗣。輯子綽。綽字彦舒，博學有才能，撰《晉後書》十五篇，傳於世。永嘉末，爲司空從事中郎，没於石勒，爲勒參軍。

又《張華傳》　張華字茂先，范陽方城人也。父平，魏漁陽郡守。華少孤貧，自牧羊，同郡盧欽見而器之。鄉人劉放亦奇其才，以女妻焉。華學業優博，辭藻温麗，朗贍多通，圖緯方伎之書莫不詳覽。少自修謹，造次必以禮度。勇於赴義，篤於周急。器識弘曠，時人罕能測之。初未知名，著《鷦鷯賦》以自寄。【略】陳留阮籍見之，歎曰：「王佐之才也！」由是聲名始著。【略】華名重一世，衆所推服，晉史及儀禮憲章並屬於華，多所損益，當時詔誥皆所草定，聲譽益盛，有台輔之望焉。而荀勖自以大族，恃帝恩深，憎疾之，每伺間隙，欲出華外鎮。會帝問華：「誰可託寄後事者？」對曰：「明德至親，莫如齊王攸。」既非上意所在，微爲忤旨，間言遂行。乃出華爲持節、都督幽州諸軍事、領護烏桓校尉、安北將軍。撫納新舊，戎夏懷之。東夷馬韓、新彌諸國依山帶海，去州四千餘里，歷世未附者二十餘國，並遣使朝獻。於是遠夷賓服，四境無虞，頻歲豐稔，士馬强盛。【略】賈謐與后共謀，以華庶族，儒雅有籌略，進無逼上之嫌，退爲衆望所依，欲倚以朝綱，訪以政事。疑而未決，以問裴頠，頠素重華，深贊其事。華遂盡忠匡輔，彌縫補闕，雖當闇主虐后之朝，而海内晏然，華之功也。華懼后族之盛，作《女史箴》以爲諷。賈后雖凶妒，而知敬重華。久之，論前後忠勳，進封壯武郡公。華十餘讓，中詔敦譬，乃受。數年，代下邳王晃爲司空，領著作。【略】初，華所封壯武郡有桑化爲柏，識者以爲不祥。又華第舍及監省數有妖怪。少子韙以中台星坼，勸華遜位。華不從，曰：「天道玄遠，惟修德以應之耳。不如静以待之，以俟天命。」及倫、秀將廢賈后，秀使司馬雅夜告華曰：「今社稷將危，趙王欲與公共匡朝廷，爲霸者之事。」華知秀等必成篡奪，乃距之。雅怒曰：「刃將加頸，而吐言如此！」不顧而出。華方晝卧，忽夢見屋壞，覺而惡之。是夜難作，詐稱詔召華，遂與裴頠俱被收。華將死，謂張林曰：「卿欲害忠臣耶？」林稱詔詰之曰：「卿爲宰相，任天下事，太子之廢，不能死節，何也？」華曰：「式乾之議，臣諫事具存，非不諫也。」林曰：「諫若不從，何不去位？」華不能答。須臾，使者至曰：「詔斬公。」華曰：「臣先帝老臣，中心如丹。臣不愛死，懼王室之難，禍不可測也。」遂害之於前殿馬道南，夷三族，朝野莫不悲痛之。時年六十九。華性好人物，誘進不倦，至於窮賤候門之士有一介之善者，便咨嗟稱

詠，爲之延譽。雅愛書籍，身死之日，家無餘財，惟有文史溢于機篋。嘗徙居，載書三十乘。祕書監摯虞撰定官書，皆資華之本以取正焉。天下奇祕，世所希有者，悉在華所。由是博物洽聞，世無與比。【略】初，吴之未滅也，斗牛之間常有紫氣，道術者皆以吴方强盛，未可圖也，惟華以爲不然。及吴平之後，紫氣愈明。華聞豫章人雷煥妙達緯象，乃要煥宿，屏人曰：「可共尋天文，知將來吉凶。」因登樓仰觀。煥曰：「僕察之久矣，惟斗牛之間頗有異氣。」華曰：「是何祥也？」煥曰：「寶劍之精，上徹於天耳。」華曰：「君言得之。吾少時有相者言，吾年出六十，位登三事，當得寶劍佩之。斯言豈效與！」因問曰：「在何郡？」煥曰：「在豫章豐城。」華曰：「欲屈君爲宰，密共尋之，可乎？」煥許之。華大喜，即補煥爲豐城令。煥到縣，掘獄屋基，入地四丈餘，得一石函，光氣非常，中有雙劍，並刻題，一曰龍泉，一曰太阿。其夕，斗牛間氣不復見焉。煥以南昌西山北巖下土以拭劍，光芒艷發。大盆盛水，置劍其上，視之者精芒炫目。遣使送一劍並土與華，留一自佩。或謂煥曰：「得兩送一，張公豈可欺乎？」煥曰：「本朝將亂，張公當受其禍。此劍當繫徐君墓樹耳。靈異之物，終當化去，不永爲人服也。」華得劍，寶愛之，常置坐側。華以南昌土不如華陰赤土，報煥書曰：「詳觀劍文，乃干將也，莫邪何復不至？雖然，天生神物，終當合耳。」因以華陰土一斤致煥。煥更以拭劍，倍益精明。華誅，失劍所在。煥卒，子華爲州從事，持劍行經延平津，劍忽於腰間躍出墮水。使人没水取之，不見劍，但見兩龍各長數丈，蟠縈有文章，没者懼而反。須臾光彩照水，波浪驚沸，於是失劍。華歎曰：「先君化去之言，張公終合之論，此其驗乎！」華之博物多此類，不可詳載焉。後倫、秀伏誅，齊王冏輔政，摯虞致箋於冏曰：「間於張華没後入中書省，得華先帝時答詔本草。先帝問華可以輔政持重付以後事者，華答：『明德至親，莫如先王，宜留以爲社稷之鎮。』其忠良之謀，款誠之言，信於幽冥，没而後彰，與苟且隨時者不可同世而論也。議者有責華以愍懷太子之事不抗節廷爭。當此之時，諫者必得違命之死。先聖之教，死而無益者，不以責人。故晏嬰，齊之正卿，不死崔杼之難；季札，吴之宗臣，不争逆順之理。理盡而無所施者，固聖教之所不責也。」冏於是奏曰：「臣聞興微繼絶，聖王之高政；貶惡嘉善，《春秋》之美義。是以武王封比干之墓，表商容之閭，誠幽明之故有以相通也。孫秀逆亂，滅佐命之國，誅骨鯁之臣，以斲喪王室；肆其虐戾，功臣之後，多見泯滅。張華、裴頠各以見憚取誅於時，解系、解結同以羔羊並被其害，歐陽建等無罪而死，百姓憐之。今陛下更日月之光，布維新之命，然此等諸族未蒙恩理。昔欒郤降在皁隸，而《春秋》傳其違；幽王絶功臣之後，棄賢者子孫，而詩人以爲刺。臣備忝在職，思納愚誠。若合聖意，可令群官通議。」議者各有所執，而多稱其冤。壯武國臣竺道又詣長沙王，求復華爵位，依違者久之。太安二年，詔曰：「夫愛惡相攻，佞邪醜正，自古而有。故司空、壯武公華竭其忠貞，思翼朝政，謀謨之勳，每事賴之。前以華弼濟之功，宜同封建，而華固讓至于八九，深陳大制不可得爾，終有顛敗危辱之慮，辭義懇誠，足勸遠近。華之至心，誓於神明。華以伐吴之勳，受爵於先帝。後封既非國體，又不宜以小功踰前大賞。華之見害，俱以姦逆圖亂，濫被枉賊。其復華侍中、中書監、司空、公、廣武侯及所没財物與印綬符策，遣使弔祭之。」初，陸機兄弟志氣高爽，自以吴之名家，初入洛，不推中國人士，見華一面如舊，欽華德範，如師資之禮焉。華誅後，作誄，又爲《詠德賦》以悼之。華著《博物志》十篇，及文章並行于世。二子：禕、韙。

又《李充傳》 李充字弘度，江夏人。父矩，江州刺史。充少孤，其父墓中柏樹嘗爲盜賊所斫，充手刃之，由是知名。善楷書，妙參鍾索，世咸重之。辟丞相王導掾，轉記室參軍。幼好刑名之學，深抑虚浮之士，嘗著《學箴》，稱：《老子》云：「絶仁棄義，家復孝慈。」豈仁義之道絶，然後孝慈乃生哉？蓋患乎情仁義者寡而利仁義者衆也。道德喪而仁義彰，仁義彰而名利作，禮教之弊，直在兹也。先王以道德之不行，故以仁義化之，行仁義之不篤，故以禮律檢之；檢之彌繁，而僞亦愈廣，老莊是乃明無爲之益，塞争欲之門。夫極靈智之妙、總會通之和者，莫尚乎聖人。革一代之弘制，垂千載之遺風，則非聖不立。然則聖人之在世，吐言則爲訓辭，莅事則爲物軌，運通則與時隆，理喪則與世弊矣。是以大爲之論以標其旨。物必有宗，事必有主，寄責於聖人而遺累乎陳迹也。故化之以絶聖棄智，鎮之以無名之樸。聖教救其末，老莊明其本，本末之塗殊而爲教一也。人之迷也，其日久矣！見形者衆，及道者尠，不覿千仞之門而逐適物之迹，逐迹逾篤，離本逾遠，遂使華端與薄俗俱興，妙緒與淳風並絶，所以聖人長潛而迹未嘗滅矣。懼後進惑其如此，將越禮棄學而希無爲之風，見義教之殺而不觀其隆矣，略言所懷，以補其闕。引道家之弘旨，會世教之適當，義之違本，言不流放，庶以祛困蒙之蔽，悟一往之惑乎！其辭曰：【略】征北將軍褚裒又引爲參軍，充以家貧，苦求外出。裒將許之爲縣，試問之，充曰：「窮猨投林，豈暇擇木！」乃除剡縣令。遭母憂。服闋，爲大著作郎。于時典籍混亂，充删除煩重，以類相從，分作四部，甚有條貫，祕閣以爲永制。累遷中書侍郎，卒官。充注《尚書》及《周易旨》六篇、《釋莊論》上下二篇、詩賦表頌等雜文

二百四十首，行於世。子顒，亦有文義，多所述作，郡舉孝廉。充從兄式以平隱著稱，善楷隸。中興初，仕至侍中。

又《徐廣傳》 徐廣字野民，東莞姑幕人也。父藻，都水使者。兄邈，太子前衛率。家世好學，至廣尤精，百家數術，無不研覽。謝玄爲州，辟廣從事西曹。又譙王司馬恬鎮北參軍。晉孝武帝以廣博學，除爲祕書郎，校書祕閣，增置職僚。轉員外散騎侍郎，領校書如故。隆安中，尚書令王珣舉爲祠部郎。李太后薨，廣議服曰：「太皇太后名位允正，體同皇極，理制備盡，情禮彌申。《陽秋》之義，母以子貴，既稱夫人，禮服從正，故成風顯夫人之號，文公服三年之喪。子於父之所生，體尊義重。且禮祖不厭孫，固宜遂服無屈。而緣情立制，若嫌明文不存，則疑斯從重。謂應同於爲祖母後，齊衰三年。」時從其議。時會稽王世子元顯録尚書，欲使百僚致敬，臺內使廣立議，由是內外並執下官禮，廣常爲愧恨焉。元顯引爲中軍參軍，遷領軍長史。桓玄輔政，以爲大將軍文學祭酒。義熙初，高祖使撰《車服儀注》，乃除鎮軍諮議參軍，領記室，封樂成縣五等侯，轉員外散騎常侍，領著作郎。二年，尚書奏曰：「臣聞左史述言，右官書事，《乘》、《志》顯於晉、鄭，《陽秋》著乎魯史。自皇代有造，中興晉祀，道風帝典，焕乎史策。而太和以降，世歷三朝，玄風聖迹，倏爲疇古。臣等參詳，宜敕著作郎徐廣撰成國史。」詔曰：「先朝至德光被，未著方策，宜流風緬代，永貽將來者也。便敕撰集。」六年，遷散騎常侍，又領徐州大中正，轉正員常侍。時有風雹爲災，廣獻書高祖曰：「風雹變未必爲災，古之聖賢輒懼而修己，所以興政化而隆德教也。嘗忝服事，宿眷未忘，思竭塵露，率誠于習。明公初建義旗，匡復宗社，神武應運，信宿平夷。且恭謙儉約，虛心匪懈，來蘇之化，功用若神。頃事故既多，刑德並用，戰功殷積，報敍難盡，萬機繁湊，固應難速，且小細煩密，群下多懼。又穀帛豐賤，而民情不勸，禁司互設，而劫盜多有，誠由俗弊未易整，而望深未易炳。追思義熙之始，如有不同，何者？好安願逸，萬物之大趣，習舊駭新，凡識所不免。要當俯順群情，抑揚隨俗，則朝野歡泰，具瞻允康矣。言無可採，願矜其愚款之志。」又轉大司農，領著作郎皆如故。十二年，《晉紀》成，凡四十六卷，表上之。遷祕書監。初，桓玄篡位，安帝出宮，廣陪列悲慟，哀動左右。及高祖受禪，恭帝遜位，廣又哀感，涕泗交流。謝晦見之，謂之曰：「徐公將無小過？」廣收淚答曰：「身與君不同。君佐命興王，逢千載嘉運；身世荷晉德，實眷戀故主。」因更歔欷。永初元年，詔曰：「祕書監徐廣，學優行謹，歷位恭肅，可中散大夫。」廣上表曰：「臣年時衰耄，朝敬永闕，端居都邑，徒增替怠。臣墳墓在晉陵，臣又生長京口，戀舊懷遠，每感暮心。息道玄謬荷朝恩，忝宰此邑，乞相隨之官，歸終桑梓，微志獲申，殞没無恨。」許之，贈賜甚厚。性好讀書，老猶不倦。元嘉二年，卒，時年七十四。《答禮問》百餘條，用於今世。廣兄子豁，在《良吏傳》。

又《王謐傳》 謐字稚遠。少有美譽，與譙國桓胤、太原王綏齊名。拜祕書郎，襲父爵，遷祕書丞，歷中軍長史、黄門郎、侍中。及桓玄舉兵，詔謐銜命詣玄，玄深敬昵焉。拜建威將軍、吴國內史，未至郡，玄以爲中書令、領軍將軍、吏部尚書，遷中書監，加散騎常侍，領司徒。及玄將篡，以謐兼太保，奉璽册詣玄。玄篡，封武昌縣開國公，加班劍二十人。初，劉裕爲布衣，衆未之識也，惟謐獨奇貴之，嘗謂裕曰：「卿當爲一代英雄。」及裕破桓玄，謐以本官加侍中，領揚州刺史、録尚書事。謐既受寵桓氏，常不自安。護軍將軍劉毅嘗問謐曰：「璽綬何在？」謐益懼。會王綏以桓氏甥自疑，謀反，父子兄弟皆伏誅。謐從弟諶，少驍果輕俠，欲誘謐還吴，起兵爲亂，乃説謐曰：「王綏無罪，而義旗誅之，是除時望也。兄少立名譽，加位地如此，欲不危，得乎！」謐懼而出奔。劉裕牋詣大將軍、武陵王遵，遣人追躡。謐既還，委任如先，加謐班劍二十人。義熙三年卒，時年四十八。追贈侍中、司徒，謚曰文恭。三子：瓘、球、琇。入宋，皆至大官。

《南史・謝靈運》 謝靈運，安西將軍弈之曾孫而方明從子也。祖玄，晉車騎將軍。父瑍，生而不慧，位祕書郎，早亡。靈運幼便穎悟，玄甚異之。謂親知曰：「我乃生瑍，瑍兒何爲不及我。」靈運少好學，博覽群書，文章之美，與顔延之爲江左第一。縱横俊發過於延之，深密則不如也。從叔混特知愛之。襲封康樂公，以國公例除員外散騎侍郎，不就。爲琅邪王大司馬行參軍。性豪侈，車服鮮麗，衣物多改舊形制，世共宗之，咸稱謝康樂也。累遷祕書丞，坐事免。宋武帝在長安，靈運爲世子中軍諮議、黄門侍郎，奉使慰勞武帝於彭城，作《撰征賦》。後爲相國從事中郎，世子左衛率，坐輒殺門生免官。宋受命，降公爵爲侯，又爲太子左衛率。靈運多愆禮度，朝廷唯以文義處之，不以應實相許。自謂才能宜參權要，既不見知，常懷憤惋。廬陵王義真少好文籍，與靈運情款異常。少帝即位，權在大臣，靈運構扇異同，非毀執政，司徒徐羨之等患之，出爲永嘉太守。郡有名山水，靈運素所愛好。出守既不得志，遂肆意遊遨，偏歷諸縣，動踰旬朔。理人聽訟，不復關懷，所至輒爲詩詠以致其意。在郡一周，稱疾去職，從弟晦、曜、弘微等並與書止之，不從。靈運父祖並葬始寧縣，并有故宅及墅，遂移籍會稽，修營舊業。傍山帶江，盡幽居之美。與隱士王弘之、孔淳之等放蕩爲娱，有終焉之志。每有一首詩至都下，貴賤莫不競

寫，宿昔間士庶皆徧，名動都下。作《山居賦》，并自注以言其事。文帝誅徐羡之等，徵爲祕書監，再召不起。使光禄大夫范泰與書敦奬，乃出。使整祕閣書遺闕，又令撰《晉書》，粗立條流，書竟不就。尋遷侍中，賞遇甚厚。靈運詩書皆兼獨絶，每文竟，手自寫之，文帝稱爲二寶。既自以名輩，應參時政，至是唯以文義見接，每侍上宴，談賞而已。王曇首、王華、殷景仁等名位素不踰之，並見任遇，意既不平，多稱疾不朝直。穿池植援，種竹樹果，驅課公役，無復期度。出郭遊行，或一百六七十里，經旬不歸。既無表聞，又不請急。上不欲傷大臣，諷旨令自解。靈運表陳疾，賜假東歸。將行，上書勸伐河北。而游娱宴集，以夜續晝。復爲御史中丞傅隆奏免官，是歲，元嘉五年也。靈運既東，與族弟惠連、東海何長瑜、潁川荀雍、泰山羊璿之以文章賞會，共爲山澤之游，時人謂之四友。惠連幼有奇才，不爲父方明所知。靈運去永嘉還始寧，時方明爲會稽，靈運造方明，遇惠連，大相知賞。靈運性無所推，唯重惠連，與爲刎頸交。時何長瑜教惠連讀書，亦在郡内，靈運又以爲絶倫。謂方明曰：「阿連才悟如此，而尊作常兒遇之；長瑜當今仲宣，而飴以下客之食。尊既不能禮賢，宜以長瑜還靈連。」載之而去。荀雍字道雍，官至員外散騎郎。璿之字曜璠，爲臨川内史，被司空竟陵王誕所遇，誕敗坐誅。長瑜才亞惠連，雍、璿之不及也。臨川王義慶招集文士，長瑜自國侍郎至平西記室參軍。嘗於江陵寄書與宗人何勖，以韻語序義慶州府僚佐云：「陸展染白髮，欲以媚側室，青青不解久，星星行復出。」如此者五六句。而輕薄少年遂演之，凡人士並爲題目，皆加劇言苦句，其文流行。義慶大怒，白文帝，除廣州所統曾城令。及義慶薨，朝士並詣第敍哀，何勖謂袁淑曰：「長瑜便可還也。」淑曰：「國新喪宗英，未宜以流人爲念。」廬陵王紹鎮尋陽，以長瑜爲南中郎行參軍，掌書記之任。行至板橋，遇暴風溺死。靈運因祖父之資，生業甚厚，奴僮既衆，義故門生數百，鑿山浚湖，功役無已。尋山陟嶺，必造幽峻，巖嶂數十重，莫不備盡。登躡常著木屐，上山則去其前齒，下山去其後齒。嘗自始寧南山伐木開徑，直至臨海，從者數百。臨海太守王琇驚駭，謂爲山賊，末知靈運乃安。又要琇更進，琇不肯。靈運贈琇詩曰：「邦君難地嶮，旅客易山行。」在會稽亦多從衆，驚動縣邑。太守孟顗事佛精懇，而爲靈運所輕，嘗謂顗曰：「得道應須慧業，丈人生天當在靈運前，成佛必在靈運後。」顗深恨此言。又與王弘之諸人出千秋亭飲酒，倮身大呼，顗深不堪，遣信相聞。靈運大怒曰：「身自大呼，何關癡人事。」會稽東郭有回踵湖，靈運求決以爲田，文帝令州郡履行。此湖去郭近，水物所出，百姓惜之，顗堅執不與。靈運既不得回踵，又求始寧休崲湖爲田，顗又固執。靈運謂顗非存利人，政慮決湖多害生命，言論傷之。與顗遂隙。因靈運横恣，表其異志，發兵自防，露板上言。靈運馳詣闕上表，自陳本末。文帝知其見誣，不罪也。不欲復使東歸，以爲臨川内史。在郡游放，不異永嘉，爲有司所糾。司徒遣使隨州從事鄭望生收靈運。靈運興兵叛逸，遂有逆志。爲詩曰：「韓亡子房奮，秦帝魯連恥，本自江海人，忠義感君子。」追討禽之，送廷尉，廷尉論正斬刑。上愛其才，欲免官而已。彭城王義康堅執，謂不宜恕。詔以「謝玄勳參微管，宜宥及後嗣，降死徙廣州。」後秦郡府將宋齊受使至涂口，行達桃墟村，見有七人下路聚語，疑非常人，還告郡縣，遣兵隨齊掩討禽之。其一人姓趙名欽，云「同村薛道雙先與靈運共事，道雙因同村成國報欽云：『靈運犯事徙廣州，給錢令買弓箭刀楯等物，使道雙要合鄉里健兒於三江口篡之。若得志如意後，功勞是同。遂合部黨要謝不得，及還饑饉，緣路爲劫。』」有司奏收之，文帝詔於廣州棄市。臨死作詩曰：「龔勝無餘生，李業有終盡，嵇公理既迫，霍生命亦殞。」所稱龔勝、李業，猶前詩子房、魯連之意也。時元嘉十年，年四十九。所著文章傳於世。

《宋書・殷淳傳》 殷淳字粹遠，陳郡長平人也。曾祖融，祖允，並晉太常。父穆，以和謹致稱，歷顯官，自五兵尚書爲高祖相國左長史。及受禪，轉散騎常侍，國子祭酒，復爲五兵尚書，吴郡太守。太祖即位，爲金紫光禄大夫，領竟陵王師，遷護軍，又遷特進、右光禄大夫，領始興王師。元嘉十五年卒官，時年六十，謚曰元子。淳少好學，有美名。少帝景平初，爲祕書郎、衡陽王文學、祕書丞、中書黄門侍郎。淳居黄門爲清切，下直應留下省，以父老特聽還家。高簡寡慾，早有清尚，愛好文義，未嘗違捨。在祕書閣撰《四部書目》凡四十卷，行於世。元嘉十一年卒，時年三十二，朝廷痛惜之。

《宋書・丘淵之》 淵之字思玄，吴興烏程人也。太祖從高祖北伐，留彭城，爲冠軍將軍、徐州刺史，淵之爲長史。太祖即位，以舊恩歷顯官，侍中，都官尚書，吴郡太守。卒於太常，追贈光禄大夫。

《南史・祖沖之傳附暅之》 沖之解鍾律博塞，當時獨絶，莫能對者。以諸葛亮有木牛流馬，乃造一器，不因風水，施機自運，不勞人力。又造千里船，於新亭江試之，日行百餘里。於樂游苑造水碓磨，武帝親自臨視。又特善算。永元二年卒，年七十二。著《易老莊義》，釋《論語》、《孝經》，注《九章》，造《綴述》數十篇。子暅之。暅之字景爍，少傳家業，究極精微，亦有巧思。入神之妙，般、倕無以過也。當其詣微之時，雷霆不能入。嘗行遇僕射徐勉，以頭觸之，勉呼乃悟。父所改何承天

歷時尚未行，梁天監初，暅之更修之，於是始行焉。位至太舟卿。

又《謝朏傳》 謝朏字敬冲，陳郡陽夏人也。祖弘微，宋太常卿，父莊，右光禄大夫，並有名前代。朏幼聰慧，莊器之，常置左右。年十歲，能屬文。莊遊土山賦詩，使朏命篇，朏攬筆便就。琅邪王景文謂莊曰：「賢子足稱神童，復爲後來特達。」莊笑，因撫朏背曰：「真吾家千金。」孝武帝遊姑孰，勑莊攜朏從駕，詔使爲《洞井贊》於坐奏之。帝曰：「雖小，奇童也。」起家撫軍法曹行參軍，遷太子舍人，以父憂去職。服闋，復爲舍人，歷中書郎，衛將軍袁粲長史。粲性簡峻，罕通賓客，時人方之李膺。朏謁既退，粲曰：「謝令不死。」尋遷給事黄門侍郎。出爲臨川内史，以賄見劾，案經袁粲，粲寢之。【略】建武四年，詔徵爲侍中、中書令，遂抗表不應召。遣諸子還京師，獨與母留，築室郡之西郭。明帝下詔曰：「夫超然榮觀，風流自遠；蹈彼幽人，英華罕值。故長揖楚相，見稱南國；高謝漢臣，取貴良史。新除侍中、中書令朏，早藉羽儀，夙標清尚，登朝樹績，出守馳聲。遂斂跡康衢，拂衣林沚，抱箕穎之餘芳，甘顛頓而無悶。撫事懷人，載留欽想。宜加優禮，用旌素概。可賜牀帳褥席，俸以卿禄，常出在所。」時國子祭酒廬江何胤亦抗表還會稽。永元二年，詔徵朏爲散騎常侍、中書監，胤爲散騎常侍、太常卿，並不屈。三年，又詔徵朏爲侍中、太子少傅，胤散騎常侍、太子詹事。時東昏皆下在所，使迫遣之，值義師已近，故並得不到。及高祖平京邑，進位相國，表請朏、胤曰：「夫窮則獨善，達以兼濟。雖出處之道，其揆不同，用捨惟時，賢哲是蹈。前新除侍中、太子少傅朏，前新除散騎常侍、太子詹事、都亭侯胤，羽儀世胄，徽猷冠冕，道業德聲，康濟雅俗。昔居朝列，素無宦情，賓客簡通，公卿罕預，簪紱未褫，而風塵擺落。且文宗儒肆，互居其長；清規雅裁，兼擅其美。並達照深識，預覩亂萌，見庸質之如初，知貽厥之無寄。拂衣東山，眇絶塵軌。雖解組昌運，實避昏時。家膺鼎食，而甘兹橡艾；世襲青紫，而安此懸鶉。自澆風肇扇，用南成俗，淳流素軌，餘烈頗存。誰其激貪，功歸有道，康俗振民，朝野一致。雖在江海，而勳同魏闕。今泰運甫開，賤貧爲恥；況乎久藴瑚璉，暫厭承明，而可得求志海隅，永追松子。臣負荷殊重，參贊萬機，寔賴群才，共成棟幹。思挹清源，取鏡止水。愚欲屈居僚首，朝夕諮諏，庶足以翼宣寡薄，式是王度。請並補臣府軍諮祭酒，朏加後將軍。」並不至。高祖踐阼，徵朏爲侍中、左光禄大夫、開府儀同三司，胤散騎常侍、特進、右光禄大夫，又並不屈。仍遣領軍司馬王果宣旨敦譬。明年六月，朏輕舟出，詣闕自陳。既至，詔以爲侍中、司徒、尚書令。朏辭脚疾不堪拜謁，乃角巾肩輿，詣雲龍門謝。詔見於華林園，乘小車就席。明旦，輿駕出幸朏宅，醼語盡歡。朏固陳本志，不許；因請自還東迎母，乃許之。臨發，輿駕復臨幸，賦詩餞別。王人送迎，相望於道。到京師，勑材官起府於舊宅，高祖臨軒，遣謁者於府拜授，詔停諸公事及朔望朝謁。三年元會，詔朏乘小輿升殿。其年，遭母憂，尋有詔攝職如故。後五年，改授中書監、司徒、衛將軍，並固讓不受。遣謁者敦授，乃拜受焉。是冬薨於府，時年六十六。輿駕出臨哭，詔給東園祕器，朝服一具，衣一襲，錢十萬，布百匹，蠟百斤。贈侍中、司徒。謚曰靖孝。朏所著書及文章，並行於世。

《南齊書·王儉傳》 王儉字仲寶，琅琊臨沂人也。祖曇首，宋右光禄。父僧綽，金紫光禄大夫。儉生而僧綽遇害，爲叔父僧虔所養。數歲，襲爵豫(章)〔寧〕侯，拜受茅土，流涕嗚咽。幼有神彩，專心篤學，手不釋卷。丹陽尹袁粲聞其名，言之於明帝，尚陽羨公主，拜駙馬都尉。帝以儉嫡母武康公主同太初巫蠱事，不可以爲婦姑，欲開塚離葬，儉因人自陳，密以死請，故事不行。解褐祕書郎，太子舍人，超遷祕書丞。上表求校墳籍，依《七略》撰《七志》四十卷，上表獻之，表辭甚典。又撰定《元徽四部書目》。母憂，服闋爲司徒右長史。《晉令》，公府長史著朝服，宋大明以來著朱衣。儉上〔言〕宜復舊，時議不許。蒼梧暴虐，儉憂懼，告袁粲求出，引晉新安主婿王獻之爲吴興例，補義興太守。還爲黄門郎，轉吏部郎。昇明二年，遷長兼侍中，以父終此職，固讓。儉察太祖雄異，先於領府衣裾，太祖爲太尉，引爲右長史，恩禮隆密，專見任用。轉左長史。及太傅之授，儉所唱也。少有宰相之志，物議咸相推許。時大典將行，儉爲佐命，禮儀詔策，皆出於儉，褚淵唯爲禪詔文，使儉參治之。齊臺建，遷右僕射，領吏部，時年二十八。太祖從容謂儉曰：「我今日以青溪爲鴻溝。」對曰：「天應民從，庶無楚、漢之事。」建元元年，改封南昌縣公，食邑二千户。明年，轉左僕射，領選如故。上壞宋明帝紫極殿，以材柱起宣陽門。儉與褚淵及叔父僧虔連名上表諫曰：「臣聞德者身之基，儉者德之輿。春臺將立，晉卿秉議，北宮肇構，漢臣盡規。彼二君者，或列國常侯，或守文中主，尚使諫諍在義即悦，況陛下聖哲應期，臣等職司隆重，敢藉前誥，竊乃有心。陛下登庸宰物，節省之教既昭，龍衮旋極，簡約之訓彌遠。乾華外構，采椽不斲，紫極故材，爲宣陽門，臣等未譬也。大移心疾於股肱，非良醫之美；畏影迹而馳騖，豈静處之方？且又三農在日，千畛咸事，輟望歲之勤，興土木之役，非所以宣昭大猷，光示遐邇。若以門居宮南，重陽所屬，年月稍久，漸就淪胥，自可隨宜脩理而合度，改作之煩，於是乎息。所啓謬合，請付外施行。」上手詔酬納。宋世外六門設竹籬，是年初，有發白

虎樽者，言「白門三重門，竹籬穿不完」。上感其言，改立都墻。儉又諫，上答曰：「吾欲令後世無以加也。」朝廷初基，制度草創，儉識舊事，間無不答。上歎曰：「《詩》云：『維嶽降神，生甫及申。』今亦天爲我生儉也。」其年，儉固請解選，表曰：「臣遠尋終古，近察身事，邀恩幸藉，未見其倫。何者？子房之遇漢后，公達之逢魏君，史籍以爲美談，君子稱其高義。二臣才堪王佐，理非曲私，兩主專杖威武，有傷寬裕，豈與庸流之人，憑含弘之澤者，同年而語哉？預在有心，胡寧無感。如使傾宗殞元，有益塵露，猶當畢志驅馳，仰訓萬一，豈容稍在形飾，以徇常事。九流任要，風猷所先，玉石朱素，由斯而定。臣亦不謂文案之閒都無微解，至於品裁臧否，特所未閑。雖存自勖，識不副意，兼竊而任，彼此俱壅，專情本官，庶幾髣髴。且前代掌選，未必其在代來，何爲於今，非臣不可。傾心奉國，匪復退讓之與，預同休戚，寧俟位任爲親。陛下若不以此理賜期，豈仰望於殊眷。頻冒嚴威，分甘尤戾。」見許。加侍中，固讓，復散騎常侍。上曲宴群臣數人，各使効伎藝，褚淵彈琵琶，王僧虔彈琴，沈文季歌《子夜》，張敬兒舞，王敬則拍張。儉曰：「臣無所解，唯知誦書。」因跪上前誦相如《封禪書》。上笑曰：「此盛德之事，吾何以堪之。」後上使陸澄誦《孝經》，自「仲尼居」而起。儉曰：「澄所謂博而寡要，臣請誦之。」乃誦《君子之事上》章。上曰：「善！張子布更覺非奇也。」尋以本官領太子詹事，加兵二百人。上崩，遺詔以儉爲侍中、尚書〔令〕、(左)鎮軍將軍。世祖即位，給班劒二十人。永明元年，進號衛軍將軍，參掌選事。二年，領國子祭酒、丹陽尹，本官如故。給鼓吹一部。三年，領國子祭酒。叔父僧虔亡，儉表解職，不許。又領太子少傅，本州中正，解丹陽尹。舊太子敬二傅同，至是朝議接少傅以賓友之禮。是歲，省總明觀，於儉宅開學士館，悉以四部書充儉家，又詔儉以家爲府。四年，以本官領吏部。儉長禮學，諳究朝儀，每博議，證引先儒，罕有其例。八坐丞郎，無能異者。令史諮事，賓客滿席，儉應接銓序，傍無留滯。十日一還學，監試諸生，巾卷在庭，劒衛令史儀容甚盛。作解散髻，斜插幘簪，朝野慕之，相與放効。儉常謂人曰：「江左風流宰相，唯有謝安。」蓋自比也。世祖深委仗之，士流選用，奏無不可。五年，即本號開府儀同三司，固讓。六年，重申前命。先是詔儉三日一還朝，尚書令史出外諮事，上以往來煩數，復詔儉還尚書下省，月聽十日出外。儉啓求解選，不許。七年，乃上表曰：「臣比年辭選，具簡天明，款言彰於侍接，丹誠布於朝野，物議不以爲非，聖心未垂矜納。臣聞知慧不如明時，求之微躬，實允斯義。妄庸之人，沈浮無取，命偶休泰，遂踐康衢。秋葉辭條，不假風飆之力；太陽躋景，無俟螢爝之暉。晦往明來，五德遞運，聖不獨治，八元亮采。臣逢其時，而叨其位，常總端右，亟管銓衡。事涉兩朝，歲綿一紀。盛年已老，孫孺巾冠。人物徂遷，逝者將半。三考無聞，九流寂寞。能官之詠，輟響於當時；《大車》之刺，方興於來日。若夫珥貂衣衮之貴，四輔六教之華，誠知匪服，職務差簡，端揆雖重，猶可勉勵。至於品藻之任，尤懼其阻。夙宵罄竭，屢試無庸。歲月之久，近世罕比。非唯悔吝在身，故乃惟塵及國。方今多士盈朝，群才競爽，選衆而授，古亦何人。冒陳微翰，必希天照。至敬無文，不敢煩黷。」見許。改領中書監，參掌選事。其年疾，上親臨視，薨，年三十八。吏部尚書王晏啓及儉喪，上答曰：「儉年德富盛，志用方隆，豈意暴疾，不展救護，便爲異世，奄忽如此，痛酷彌深。其契闊艱運，義重常懷，言尋悲切，不能自勝。痛矣奈何！往矣奈何！」詔衛軍文武及臺所兵仗可悉停待葬。又詔曰：「慎終追遠，列代通規，褒德紀勳，彌峻恒策。故侍中、中書令、太子少傅、領國子祭酒、衛軍將軍、開府儀同三司南昌公儉，體道秉哲，風宇淵曠。肇自弱齡，清猷自遠。登朝應務，民望斯屬。草昧皇基，協隆鼎祚；宏謨盛烈，載銘彝篆。及贊朕躬，徽績光茂。忠圖令範，造次必彰。四門允穆，百揆時序。宗臣之重，情寄兼常。方正位論道，永釐袞職，弼茲景化，以贊隆平。天不慭遺，奄焉薨逝，朕用震慟于厥心。可追贈太尉，侍中、中書監、公如故。給節，加羽葆鼓吹，增班劒爲六十人。葬禮依故太宰文簡公褚淵故事。冢墓材官營辦。謚文憲公。」儉寡嗜慾，唯以經國爲務，車服塵素，家無遺財。手筆典裁，爲當時所重。少撰《古今喪服集記》并文集，並行於世。今上受禪，下詔爲儉立碑，降爵爲侯，千户。儉弟遜，昇明中，爲丹陽丞，告劉秉事，不蒙封賞。建元初，爲晉陵太守，有怨言，儉慮爲禍，因褚淵啓聞。中丞陸澄依事舉奏。詔曰：「儉門世載德，竭誠佐命，特降刑書，宥遜以遠。」徙永嘉郡，道伏誅。

《梁書・王亮傳》 王亮字奉叔，琅邪臨沂人，晉丞相導之六世孫也。祖偃，宋右光禄大夫、開府儀同三司。父攸，給事黄門侍郎。亮以名家子，宋末選尚公主，拜駙馬都尉、祕書郎，累遷桂陽王文學，南郡王友，祕書丞。齊竟陵王子良開西邸，延才俊以爲士林館，使工圖畫其像，亮亦預焉。遷中書侍郎、大司馬從事中郎，出爲衡陽太守。以南土卑濕，辭不之官，遷給事黄門侍郎。尋拜晉陵太守，在職清公有美政。時齊明帝作相，聞而嘉之，引爲領軍長史，甚見賞納。及即位，累遷太子中庶子，尚書吏部郎，詮序著稱，遷侍中。建武末，爲吏部尚書。是時尚書右僕射江祏管朝政，多所進拔，爲士子所歸。亮自以身居選部，每持異議。始亮未爲吏

部郎時，以祏帝之内弟，故深友祏，祏爲之延譽，益爲帝所器重；至是與祏情好攜薄，祏昵之如初。及祏遇誅，群小放命，凡所除拜，悉由内寵，亮更弗能止。外若詳審，内無明鑒，其所選用，拘資次而已，當世不謂爲能。頻加通直散騎常侍、太子右衛率，爲尚書右僕射、中護軍。既而東昏肆虐，淫刑已逞，亮傾側取容，竟以免戮。義師至新林，内外百僚皆道迎，其未能拔者，亦間路送誠款，亮獨不遣。及城内既定，獨推亮爲首。亮出見高祖，高祖曰：「顛而不扶，安用彼相。」而弗之罪也。霸府開，以爲大司馬長史、撫軍將軍、琅邪清河二郡太守。梁臺建，授侍中、尚書令，固讓不拜，乃爲侍中、中書監，兼尚書令。高祖受禪，遷侍中、尚書令、中軍將軍，引參佐命，封豫寧縣公，邑二千户。天監二年，轉左光禄大夫，侍中、中軍如故。元日朝會萬國，亮辭疾不登殿，設饌别省，而語笑自若。數日，詔公卿問訊，亮無疾色，御史中丞樂藹奏大不敬，論棄市刑。詔削爵廢爲庶人。四年夏，高祖讌於華光殿，謂群臣曰：「朕日昃聽政，思聞得失。卿等可謂多士，宜各盡獻替。」尚書左丞范縝起曰：「司徒謝朏本有虚名，陛下擢之如此，前尚書令王亮頗有治實，陛下棄之如彼，是愚臣所不知。」高祖變色曰：「卿可更餘言。」縝固執不已，高祖不悦。御史中丞任昉因奏曰：【略】詔聞可。璽書詰縝曰：「亮少乏才能，無聞時輩，昔經冒入群英，相與豈薄，晚節謟事江祏，爲吏部，末協附梅蟲兒、茹法珍，遂執昏政。比屋罹禍，盡家塗炭，四海沸騰，天下横潰，此誰之咎！食亂君之禄，不死於治世。亮協固凶黨，作威作福，靡衣玉食，女樂盈房，勢危事逼，自相吞噬。建石首題，啓靡請罪。朕録其白旗之來，貰其既往之咎。亮反覆不忠，姦賄彰暴，有何可論，妄相談述？具以狀對。」所詰十條，縝答支離而已。亮因屏居閉掃，不通賓客。遭母憂，居喪盡禮。八年，詔起爲祕書監，俄加通直散騎常侍，數日遷太常卿。九年，轉中書監，加散騎常侍。其年卒。詔賻錢三萬，布五十匹。謚曰煬子。

《魏書·孫惠蔚傳》　孫惠蔚，字叔炳，武邑武遂人也，小字陀羅。自言六世祖道恭爲晉長秋卿，自道恭至惠蔚世以儒學相傳。惠蔚年十三，粗通《詩》、《書》及《孝經》、《論語》；十八，師董道季講《易》；十九，師程玄讀《禮經》及《春秋》三《傳》。周流儒肆，有名於冀方。太和初，郡舉孝廉，對策於中書省。時中書監高閭宿聞惠蔚，稱其英辯，因相談，薦爲中書博士。轉皇宗博士。閭被敕理定雅樂，惠蔚參其事。及樂成，閭上疏請集朝貴於太樂，共研是非。祕書令李彪自以才辯，立難於其間，閭命惠蔚與彪抗論，彪不能屈。黄門侍郎張彝常與遊處，每表疏論事，多參訪焉。十七年，高祖南征，上議告類之禮。及太師馮熙薨，惠蔚監其喪禮，上書令熙未冠之子皆服成人之服。惠蔚與李彪以儒學相知，及彪位至尚書，惠蔚仍太廟令。高祖曾從容言曰：「道固既登龍門而孫蔚猶沉涓澮，朕常以爲負矣。」雖久滯小官，深體通塞，無孜孜之望，儒者以是尚焉。二十二年，侍讀東宫。先是七廟以平文爲太祖，高祖議定祖宗，以道武爲太祖。祖宗雖定，然昭穆未改。及高祖崩，祔神主於廟，時侍中崔光兼太常卿，以太祖既改，昭穆以次而易。兼御史中尉、黄門侍郎邢巒以爲太祖雖改，昭穆仍不應易，乃立彈草欲按奏光。光謂惠蔚曰：「此乃禮也，而執法欲見彈劾，思獲助於碩學。」惠蔚曰：「此深得禮變。」尋爲書以與光，讚明其事。光以惠蔚書呈宰輔，乃召惠蔚與巒廷議得失，尚書令王肅又助巒，而巒理終屈，彈事遂寢。世宗即位之後，仍在左右敷訓經典，自冗從僕射遷祕書丞、武邑郡中正。惠蔚既入東觀，見典籍未周，乃上疏曰：「臣聞聖皇之御世也，必幽贊人經，參天二地，憲章典故，述遵鴻猷。故《易》曰：『觀乎天文以察時變，觀乎人文以化成天下。』然則《六經》、百氏，圖書祕籍，乃承天之正術，治人之貞範。是以温柔疏遠，《詩》、《書》之教；恭儉易良，《禮》、《樂》之道。爻象以精微爲神，《春秋》以屬辭爲化。故大訓炳於東序，藝文光於麟閣。斯實太平之樞宗，勝殘之要道，有國之靈基，帝王之盛業。安上靖民，敦風美俗，其在兹乎？及秦棄學術，《禮經》泯絶。漢興求訪，典文載舉，先王遺訓，燦然復存。暨光武撥亂，日不暇給，而入洛之書二千餘兩。魏晉之世，尤重典墳，收亡集逸，九流咸備。觀其鳩閱史篇，訪購經論，紙竹所載，略盡無遺。臣學闕通儒，思不及遠，徒循章句，片義無立。而慈造曲覃，厠班祕省，忝官承乏，唯書是司。而觀、閣舊典，先無定目，新故雜糅，首尾不全。有者累帙數十，無者曠年不寫。或篇第褫落，始末淪殘；或文壞字誤，謬爛相屬。篇目雖多，全定者少。臣今依前丞臣盧昶所撰《甲乙新録》，欲裨殘補闕，損并有無，校練句讀，以爲定本，次第均寫，永爲常式。其省先無本者，廣加推尋，搜求令足。然經記浩博，諸子紛綸，部帙既多，章篇紕繆，當非一二校書，歲月可了。今求令四門博士及在京儒生四十人，在祕書省專精校考，參定字義。如蒙聽許，則典文允正，群書大集。」詔許之。又兼黄門侍郎，遷中散大夫，仍兼黄門。久之，正黄門侍郎，代崔光爲著作郎，才非文史，無所撰著，唯自披其傳注數行而已。遷國子祭酒、祕書監，仍知史事。延昌二年，追賞侍講之勞，封棗强縣開國男，食邑二百户。肅宗初，出爲平東將軍、濟州刺史。還京，除光禄大夫。魏初已來，儒生寒宦，惠蔚最爲顯達。先單名蔚，正始中，侍講禁内，夜論佛經，有愜帝旨，詔使加「惠」，號惠蔚法師焉。神龜元年卒于官，時年六十七。賜帛五百匹，贈大將

軍、瀛州刺史，謚曰戴。子伯禮，襲封。伯禮善隸書。拜奉朝請、員外散騎侍郎、寧朔將軍、步兵校尉、國子博士。卒，贈輔國將軍、巴州刺史。子産同，襲。少有才學，早亡，時人惜之。

《魏書・盧昶傳》 敏弟昶，字叔達，小字師顔，學涉經史，早有時譽。太和初，爲太子中舍人、兼員外散騎常侍，使於蕭昭業。高祖詔昶曰：「卿便至彼，勿存彼我。密邇江揚，不早當晚，會是朕物。卿等欲言，便無相疑難。」又敕副使王清石曰：「卿莫以本是南人，言語致慮。若彼先有所知所識，欲見便見，須論即論。盧昶正是寬柔君子，無多文才，或主客命卿作詩，可率卿所知，莫以昶不作，便復罷也。凡使人之體，以和爲貴，勿遞相矜誇，見於色貌，失將命之體。卿等各率所知，以相規誨。」及昶至彼，值蕭鸞僭立，於是高祖南討之，昶兄淵爲别道將。而蕭鸞以朝廷加兵，遂酷遇昶等。昶本非骨鯁，聞南人云兄既作將，弟爲使者。乃大恐怖，淚汗交横。鸞以腐米臭魚莝豆供之。而謁者張思寧辭氣謇諤，曾不屈撓，遂以壯烈死於館中。昶還，高祖責之曰：「銜命之禮，有死無辱，雖流放海隅，猶宜抱節致殞。卿不能長纓羈首，已是可恨。何乃俛眉飲啄，自同犬馬。有生必死，修短幾何。卿若殺身成名，貽之竹素，何如甘彼芻菽，以辱君父乎？縱不遠慚蘇武，寧不近愧思寧！」昶對曰：「臣器乏陸、隨，忝使閩越。屬蕭鸞昏狂，誅戮無道。恐不得仰奉明時，歸養老母，苟存尺蠖，屈以求伸。負辱朝命，罪宜萬死，乞歸司寇，伏聽斧鉞。」遂見罷黜。久之，復除彭城王友，轉祕書丞。景明初，除中書侍郎，遷給事黄門侍郎、本州大中正。昶請外禄，世宗不許。遷散騎常侍，兼尚書。【略】出除鎮東將軍、徐州刺史。永平四年夏，昶表曰：「蕭衍琅邪郡民王萬壽等款誠内結，潛來詣臣，云朐山戍今將交换，有可圖之機。臣即許以旌賞，遣其還入。至三月二十四夜，萬壽等奬率同盟，攻掩朐城，斬衍輔國將軍，琅邪、東莞二郡太守，帶朐山戍主劉晣并將士四十餘人，傳首至州。臣即遣兼郯城戍副張天惠率驍勇二百，徑往赴之。琅邪諸戍絡繹繼援，而衍郁洲已遣二軍以拒天惠。天惠與萬壽等内外齊擊，俘斬數百，便即據城。」詔昶曰：「彭宋地接邊疆，勢連淮海，威禦之術，功在不易。朐山險塞，寇之要防，水陸交湊，揚、郁路衝，畜聚凶徒，虔劉邊鄙，青、光、齊、兖每罹其患。卿妙算既敷，克城殄衆，展疆闢土，何善如之。庸勳之懋，朕用嘉止。故遣左右直長閻遵業具宣往懷。此戍郁洲之本，存亡所繫。今既失守，有不存之心；彼見扼喉，將圖救援之計。今水雨盛行，宜須防守。卿可深思擬捍之規，攘敵之略，使還具聞。」昶又表：「蕭衍將張稷、馬仙琕、陰虔和等各領精兵，分屯諸堰；昌義之、張惠紹、王神念、王茂光承彼傳信，續發建鄴。自存之計，并歸於此。量力準寇，事恐不輕。何者？此兵九千，賊衆四萬，名將健士，遠近畢集，邀憑雨熱，決死來戰，藉衆乘凶，希固巢穴。所以傾國而舉，非爲朐山，將恐王師固六里，據湖衝，南截淮浦，勢崩難測，海利鹽物，交闕常貢。所慮在大，有必争之心。若皇家經略，方有所討，必須簡將增兵，加益糧仗，與之亢擬。相持至秋，天麾一動，開拓爲易。圖南之計，事本在今，請增兵六千、米十萬石；如其不也，伏聽朝議。」昶又表：「賊徒大集，衆旅强盛，置栅朐山，屯守門井，并圍固城，晝夜連戰。恐狡勢既强，後難除揃。輒欲令征虜將軍趙遐率勒見兵，與之决勝。遐慮衆少不敵，若一舉失利，則衆心挫怯，求待大衆俱至，奮鋭擊之。竊謂此謀，非爲孟浪。且臣本奉朝規，令相拒守，以待涼月。今歲已云秋，高風漸舉，經算大圖，時事既至。且鮑口以東，陸運無閡，朐、固之間，本無停潦，宜時掩擊邊陲。而賊自夏以來，貫甲不歇，從六里以北，城栅相連，役使兵人，便已疲殆。若大衆臨之，必可禽捷。一城退潰，衆壘土崩，乘勝圖之，易於振朽。脱兵不速至，長彼熾心，軍士憂惶，自生異議。請速簡配，以及事機。」詔曰：「克獲朐山，計本於昶，乘勝之規，終宜有寄。是以起兵之始，即委處分，前機經略，一以任之。今既請兵，理宜速遂。可遣冀、定、瀛、相四州中品羽林、虎賁四千人赴之。」又詔昶曰：「朐山之克，實由於卿，開疆拓土，實爲長策。然經討未服，非卿而誰？而蟻徒送死，規侵王略，天亡小賊，數在無遠。故前者命卿親臨指授，尋以卿疾未瘳，且待消息。今既痊復，宜遵前旨，秉戈揮鋭，殄寇爲懷。已發虎旅五萬，應機電赴，指辰而至，遂卿本請。截彼東南，亮委高算。」又詔昶曰：「取朐置戍，並是卿計，始終成敗，悉歸於卿。卿以兵少請益，今已遂卿本意。如聞東唐陸道甚狹，一軌之外，皆是大水。彼必據之，以斷軍路。若已如此，更設何策？其軍奇兵變，遽以表聞。又聞衍軍將帥，每有流言，云魏博淮陽、宿豫，乃是兩宜。若實有此，卿可量朐山薪水得支幾時。脱事容往返，馳驛速聞。如薪水少急，即可量計。若理不可爾，亦將軍裁決。」昶既儒生，本少將略，又羊祉子燮爲昶司馬，專任戎事，掩昶耳目，將士怨之。朐山戍主傅文驥糧樵俱罄，以城降衍。昶見城降，於是先走退。諸軍相尋奔遁，遇大寒雪，軍人凍死及落手足者三分而二。自國家經略江左，唯有中山王英敗於鍾離，昶於朐山失利，最爲甚焉。世宗遣黄門甄琛馳驛鎖昶，窮其敗狀。詔曰：「朐山之敗，傷損實深，推始究末，罪鍾元帥。雖經大宥，輕重宜别，昶一人可以免官論坐，自餘將統以下悉聽依赦復任。」未幾，拜太常卿，仍除安西將軍、雍州刺史，又進號鎮西將軍，加散騎常侍。熙平元年

卒於官。贈征北將軍、冀州刺史，謚曰穆。昶寬和矜恕，善於綏撫，其在徐州，戍兵疾，親自檢恤。至番兵年滿不歸，容充後役，終昶一政，然後始還。人庶稱之。

《梁書・任昉傳》 任昉字彦昇，樂安博昌人，漢御史大夫敖之後也。父遥，齊中散大夫。遥妻裴氏，嘗晝寢，夢有彩旗蓋四角懸鈴，自天而墜，其一鈴落入裴懷中，心悸動，既而有娠，生昉。身長七尺五寸。幼而好學，早知名。宋丹陽尹劉秉辟爲主簿。時昉年十六，以氣忤秉子。久之，爲奉朝請，舉兖州秀才，拜太常博士，遷征北行參軍。永明初，衛將軍王儉領丹陽尹，復引爲主簿。儉雅欽重昉，以爲當時無輩。遷司徒刑獄參軍事，入爲尚書殿中郎，轉司徒竟陵王記室參軍，以父憂去職。性至孝，居喪盡禮。服闋，續遭母憂，常廬于墓側，哭泣之地，草爲不生。服除，拜太子步兵校尉、管東宮書記。初，齊明帝既廢鬱林王，始爲侍中、中書監、驃騎大將軍、開府儀同三司、揚州刺史、録尚書事，封宣城郡公，加兵五千，使昉具表草。其辭曰：「臣本庸才，智力淺短。太祖高皇帝篤猶子之愛，降家人之慈；世祖武皇帝情等布衣，寄深同氣。武皇大漸，實奉詔言。雖自見之明，庸近所蔽，愚夫一至，偶識量己，實不忍自固於綴衣之辰，拒違於玉几之側，遂荷顧託，導揚末命。雖嗣君棄常，獲罪宣德，王室不造，職臣之由。何者？親則東牟，任惟博陸，徒懷子孟社稷之對，何救昌邑爭臣之譏。四海之議，於何逃責。陵土未乾，訓誓在耳，家國之事，一至於斯，非臣之尤，誰任其咎！將何以肅拜高寢，虔奉武園？悼心失圖，泣血待旦。寧容復徼榮於家恥，宴安於國危。驃騎上將之元勳，神州儀刑之列岳，尚書是稱司會，中書實管王言。且虚飾寵章，委成禦侮，臣知不惬，物誰謂宜。但命輕鴻毛，責重山岳，存没同歸，毁譽一貫。辭一官不減身累，增一職已黷朝經。便當自同體國，不爲飾讓。至於功均一匡，賞同千室，光宅近甸，奄有全邦，殞越爲期，不敢聞命，亦願曲留降鑒，即垂聽許。鉅平之懇誠必固，永昌之丹慊獲申，乃知君臣之道，綽有餘裕，苟曰易昭，敢守難奪。」帝惡其辭斥，甚愠，昉由是終建武中，位不過列校。昉雅善屬文，尤長載筆，才思無窮，當世王公表奏，莫不請焉。昉起草即成，不加點竄。沈約一代詞宗，深所推挹。明帝崩，遷中書侍郎。永元末，爲司徒右長史。高祖克京邑，霸府初開，以昉爲驃騎記室參軍。始高祖與昉遇竟陵王西邸，從容謂昉曰：「我登三府，當以卿爲記室。」昉亦戲高祖曰：「我若登三事，當以卿爲騎兵。」謂高祖善騎也。至是，故引昉符昔言焉。昉奉牋曰：「伏承以今月令辰，肅膺典策，德顯功高，光副四海，含生之倫，庇身有地；況昉受教君子，將二十年，咳唾爲恩，眄睞成飾，小人懷惠，顧知死所。昔承清宴，屬有緒言，提挈之旨，形乎善謔，豈謂多幸，斯言不渝。雖情謬先覺，而迹淪驕餌，湯沐具而非弔，大厦構而相驩。明公道冠二儀，勳超邃古，將使伊周奉轡，桓文扶轂，神功無紀，化物何稱。府朝初建，俊賢驤首，惟此魚目，唐突璵璠。顧己循涯，寔知塵忝，千載一逢，再造難答。雖則殞越，且知非報。」梁臺建，禪讓文誥，多昉所具。高祖踐阼，拜黄門侍郎，遷吏部郎中，尋以本官掌著作。天監二年，出爲義興太守。在任清潔，兒妾食麥而已。友人彭城到溉，溉弟洽，從昉共爲山澤游。及被代登舟，止有米五斛。既至無衣，鎮軍將軍沈約遣裙衫迎之。重除吏部郎中，參掌大選，居職不稱。尋轉御史中丞，祕書監，領前軍將軍。自齊永元以來，祕閣四部，篇卷紛雜，昉手自讎校，由是篇目定焉。六年春，出爲寧朔將軍、新安太守。在郡不事邊幅，率然曳杖，徒行邑郭，民通辭訟者，就路決焉。爲政清省，吏民便之。視事朞歲，卒於官舍，時年四十九。闔境痛惜，百姓共立祠堂於城南。高祖聞問，即日舉哀，哭之甚慟。追贈太常卿，謚曰敬子。昉好交結，獎進士友，得其延譽者，率多升擢，故衣冠貴遊，莫不争與交好，坐上賓客，恒有數十。時人慕之，號曰任君，言如漢之三君也。陳郡殷芸與建安太守到溉書曰：「哲人云亡，儀表長謝。元龜何寄？指南誰託？」其爲士友所推如此。昉不治生産，至乃居無室宅。世或譏其多乞貸，亦隨復散之親故。昉常歎曰：「知我亦以叔則，不知我亦以叔則。」昉墳籍無所不見，家雖貧，聚書至萬餘卷，率多異本。昉卒後，高祖使學士賀縱共沈約勘其書目，官所無者，就昉家取之。昉所著文章數十萬言，盛行於世。初，昉立於士大夫間，多所汲引，有善己者則厚其聲名。及卒，諸子皆幼，人罕贍卹之。平原劉孝標爲著論曰：【略】昉撰《雜傳》二百四十七卷，《地記》二百五十二卷，文章三十三卷。昉第四子東里，頗有父風，官至尚書外兵郎。

《梁書・劉峻傳》 劉峻字孝標，平原平原人。父珽，宋始興內史。峻生期月，母攜還鄉里。宋泰始初，青州陷魏，峻年八歲，爲人所略至中山，中山富人劉實愍峻，以束帛贖之，教以書學。魏人聞其江南有戚屬，更從之桑乾。峻好學，家貧，寄人廡下，自課讀書，常燎麻炬，從夕達旦，時或昏睡，爇其髮，既覺復讀，終夜不寐，其精力如此。齊永明中，從桑乾得還，自謂所見不博，更求異書，聞京師有者，必往祈借，清河崔慰祖謂之「書淫」。時竟陵王子良博招學士，峻因人求爲子良國職，吏部尚書徐孝嗣抑而不許，用爲南海王侍郎，不就。至明帝時，蕭遥欣爲豫州爲府刑獄，禮遇甚厚。遥欣尋卒，久之不調。天監初，召入西省，與學士賀蹤典校祕書。峻兄孝慶，時爲青州刺史，峻請假省之，坐私載禁物，爲有司所奏，免官。安

成王秀好峻學，及遷荆州，引爲户曹參軍，給其書籍，使抄録事類，名曰《類苑》，未及成，復以疾去，因遊東陽紫巖山，築室居焉。爲《山栖志》，其文甚美。高祖招文學之士，有高才者，多被引進，擢以不次。峻率性而動，不能隨衆沉浮，高祖頗嫌之，故不任用。峻乃著《辨命論》以寄其懷曰：【略】論成，中山劉沼致書以難之，凡再反，峻並爲申析以答之。會沼卒，不見峻後報者，峻乃爲書以序之曰：「劉侯既有斯難，值余有天倫之慼，竟未之致也。尋而此君長逝，化爲異物，緒言餘論，蘊而莫傳。或有自其家得而示余者，悲其音徽未沬，而其人已亡；青簡尚新，而宿草將列，泫然不知涕之無從。雖隙駟不留，尺波電謝，而秋菊春蘭，英華靡絶，故存其梗概，更酬其旨。若使墨翟之言無爽，宣室之談有徵。冀東平之樹，望咸陽而西靡；蓋山之泉，聞弦歌而赴節。但懸劍空壟，有恨如何！」其論文多不載。峻又嘗爲《自序》，其略曰：「余自比馮敬通，而有同之者三，異之者四。何則？敬通雄才冠世，志剛金石；余雖不及之，而節亮慷慨，此一同也。敬通值中興明君，而終不試用；余逢命世英主，亦擯斥當年，此二同也。敬通有忌妻，至於身操井臼；余有悍室，亦令家道轗軻，此三同也。敬通當更始之世，手握兵符，躍馬食肉；余自少迄長，戚戚無歡，此一異也。敬通有一子仲文，官成名立；余禍同伯道，永無血胤，此二異也。敬通膂力方剛，老而益壯；余有犬馬之疾，溘死無時，此三異也。敬通雖芝殘蕙焚，終填溝壑，而爲名賢所慕，其風流郁烈芬芳，久而彌盛；余聲塵寂漠，世不吾知，魂魄一去，將同秋草，此四異也。所以自力爲敍，遺之好事云。」峻居東陽，吴、會人士多從其學。普通二年，卒，時年六十。門人謚曰玄靖先生。

《梁書・殷鈞傳》 殷鈞字季和，陳郡長平人也。晉太常融八世孫。父叡，有才辯，知名齊世，歷官司徒從事中郎。叡妻王奂女。奂爲雍州刺史、鎮北將軍，乃言於朝，以叡爲鎮北長史、河南太守。奂誅，叡並見害。鈞時年九歲，以孝聞。及長，恬静簡交遊，好學有思理。善隸書，爲當時楷法，南鄉范雲、樂安任昉並稱賞之。高祖與叡少舊故，以女妻鈞，即永興公主也。天監初，拜駙馬都尉，起家祕書郎、太子舍人、司徒主簿、祕書丞。鈞在職，啓校定祕閣四部書，更爲《目録》。又受詔料檢西省法書古迹，別爲品目。遷驃騎從事中郎，中書郎，太子家令，掌東宫書記。頃之，遷給事黄門侍郎，中庶子，尚書吏部郎，司徒左長史，侍中。東宫置學士，復以鈞爲之。公事免。復爲中庶子，領國子博士、左驍騎將軍，博士如故。出爲明威將軍、臨川内史。鈞體羸多疾，閉閤臥治，而百姓化其德，劫盜皆奔出境。嘗禽劫帥，不加考掠，但和言誚責。劫帥稽顙乞改過，鈞便命遣之，後遂爲善人。郡舊多山瘧，更暑必動，自鈞在任，郡境無復瘧疾。母憂去職，居喪過禮，昭明太子憂之，手書誡喻曰：「知比諸德，哀頓爲過，又所進殆無一溢，甚以酸耿。迥然一身，宗奠是寄，毁而滅性，聖教所不許。宜微自遣割，俯存禮制，饘粥果蔬，少加勉强。憂懷既深，指故有及，並令繆道臻口具。」鈞答曰：「奉賜手令，並繆道臻宣旨，伏讀感咽，肝心塗地。小人無情，動不及禮，但稟生尫劣，假推年歲，罪戾所鍾，復加横疾。頃者綿微，守盡晷漏，目亂玄黄，心迷哀樂，惟救危苦，未能以遠理自制。蕫桂之滋，實聞前典，不避粱肉，復忝今慈，臣亦何人，降此憂愍。謹當循復聖言，思自補續，如脱申延，實由亭造。」服闋，遷五兵尚書，猶以頓瘵經時，不堪拜受，乃更授散騎常侍，領步兵校尉，侍東宫。尋改領中庶子。昭明太子薨，官屬罷，又領右遊擊，除國子祭酒，常侍如故。中大通四年，卒，時年四十九。謚曰貞子。二子：構，渥。

《梁書・劉遵傳》 遵字孝陵。少清雅，有學行，工屬文。起家著作郎，太子舍人，累遷晉安王宣惠、雲麾二府記室，甚見賓禮，轉南徐州治中。王後爲雍州，復引爲安北諮議參軍、帶邵縣令。中大通二年，王立爲皇太子，仍除中庶子。遵自隨藩及在東宫，以舊恩，偏蒙寵遇，同時莫及。大同元年，卒官。皇太子深悼惜之，與遵從兄陽羨令孝儀令曰：「賢從中庶，奄至殞逝，痛可言乎！其孝友淳深，立身貞固，内含玉潤，外表瀾清。美譽嘉聲，流於士友，言行相符，終始如一。文史該富，琬琰爲心，辭章博贍，玄黄成采。既以鳴謙表性，又以難進自居，未嘗造請公卿，締交榮利，是以新沓莫之舉，杜武弗之知。自阮放之官，野王之職，栖遲門下，已踰五載，同僚已陟，後進多升，而怡然清静，不以少多爲念，確爾之志，亦何易得。西河觀寶，東江獨步，書籍所載，必不是過。吾昔在漢南，連翩書記，及忝朱方，從容坐首。良辰美景，清風月夜，鷁舟乍動，朱鷺徐鳴，未嘗一日而不追隨，一時而不會遇。酒闌耳熱，言志賦詩，校覆忠賢，榷揚文史，益者三友，此實其人。及弘道下邑，未申善政，而能使民結去思，野多馴雉，此亦威鳳一羽，足以驗其五德。比在春坊，載獲申晤，博望無通賓之務，司成多節文之科，所賴故人時相媲偶；而此子溘然，實可嗟痛。『惟與善人』，此爲虚説；天之報施，豈若此乎！想卿痛悼之誠，亦當何已。往矣奈何，投筆惻愴。吾昨欲爲誌銘，並爲撰集。吾之劣薄，其生也不能揄揚吹歔，使得騁其才用，今者爲銘爲集，何益既往？故爲痛惜之情，不能已已耳。」

《隋書・柳䛒傳》 柳䛒字顧言，本河東人也，永嘉之亂，徙家襄陽。祖惔，梁

侍中。父暉，都官尚書。䜣少聰敏，解屬文，好讀書，所覽將萬卷。仕梁，釋褐著作佐郎。後蕭詧據荆州，以爲侍中，領國子祭酒、吏部尚書。及梁國廢，拜開府、通直散騎常侍，尋遷内史侍郎。以無吏幹去職，轉晉王諮議參軍。王好文雅，招引才學之士諸葛潁、虞世南、王胄、朱瑒等百餘人以充學士。而䜣爲之冠，王以師友處之，每有文什，必令其潤色，然後示人。嘗朝京師還，作《歸藩賦》，命䜣爲序，詞甚典麗。初，王屬文，爲庾信體，及見䜣已後，文體遂變。仁壽初，引䜣爲東宫學士，加通直散騎常侍，檢校洗馬。甚見親待，每召入卧内，與之宴謔。䜣尤俊辯，多在侍從，有所顧問，應答如響。性又嗜酒，言雜誹諧，由是彌爲太子之所親狎。以其好内典，令撰《法華玄宗》，爲二十卷，奏之。太子覽而大悦，賞賜優洽，儕輩莫與爲比。煬帝嗣位，拜秘書監，封漢南縣公。帝退朝之後，便命入閤，言宴諷讀，終日而罷。帝每與嬪后對酒，時逢興會，輒遣命之至，與同榻共席，恩若友朋。帝猶恨不能夜召，於是命匠刻木偶人，施機關，能坐起拜伏，以像於䜣。帝每在月下對酒，輒令宫人置之於座，與相酬酢，而爲歡笑。從幸揚州，遇疾卒，年六十九。帝傷惜者久之，贈大將軍，謚曰康。撰《晉王北伐記》十五卷，有集十卷，行於世。

《隋書・牛弘傳》　牛弘字里仁，安定鶉觚人也，本姓尞氏。祖熾，郡中正。父允，魏侍中、工部尚書、臨涇公，賜姓爲牛氏。弘初在襁褓，有相者見之，謂其父曰：「此兒當貴，善愛養之。」及長，鬚貌甚偉，性寛裕，好學博聞。在周，起家中外府記室、内史上士。俄轉納言上士，專掌文翰，甚有美稱。加威烈將軍、員外散騎侍郎，修起居注。其後襲封臨涇公。宣政元年，轉内史下大夫，進位使持節、大將軍、儀同三司。開皇初，遷授散騎常侍、秘書監。弘以典籍遺逸，上表請開獻書之路，曰：「經籍所興，由來尚矣。爻畫肇於庖羲，文字生於蒼頡，聖人所以弘宣教導，博通古今，揚於王庭，肆於時夏。故堯稱至聖，猶考古道而言，舜其大智，尚觀古人之象。《周官》，外史掌三皇五帝之書，及四方之志。武王問黄帝、顓頊之道，太公曰：『在《丹書》。』是知握符御曆，有國有家者，曷嘗不以《詩》、《書》而爲教，因禮樂而成功也。昔周德既衰，舊經紊棄。孔子以大聖之才，開素王之業，憲章祖述，制《禮》刊《詩》，正五始而修《春秋》，闡《十翼》而弘《易》道。治國立身，作範垂法。及秦皇馭宇，吞滅諸侯，任用威力，事不師古，始下焚書之令，行偶語之刑。先王墳籍，掃地皆盡。本既先亡，從而顛覆。臣以圖讖言之，經典盛衰，信有徵數。此則書之一厄也。漢興，改秦之弊，敦尚儒術，建藏書之策，置校書之官，屋壁山巖，往往間出。外有太常、太史之藏，内有延閣、秘書之府。至孝成之世，亡逸尚多，遣謁者陳農求遺書於天下，詔劉向父子讎校篇籍。漢之典文，於斯爲盛。及王莽之末，長安兵起，宫室圖書，並從焚燼。此則書之二厄也。光武嗣興，尤重經誥，未及下車，先求文雅。於是鴻生鉅儒，繼踵而集，懷經負帙，不遠斯至。肅宗親臨講肆，和帝數幸書林，其蘭臺、石室，鴻都、東觀，秘牒填委，更倍於前。及孝獻移都，吏民擾亂，圖書縑帛，皆取爲帷囊。所收而西，裁七十餘乘，屬西京大亂，一時燔蕩。此則書之三厄也。魏文代漢，更集經典，皆藏在秘書、内外三閣，遣秘書郎鄭默删定舊文。時之論者，美其朱紫有别。晉氏承之，文籍尤廣。晉秘書監荀勖定魏《内經》，更著《新簿》。雖古文舊簡，猶云有缺，新章後録，鳩集已多，足得恢弘正道，訓範當世。屬劉、石憑陵，京華覆滅，朝章國典，從而失墜。此則書之四厄也。永嘉之後，寇竊競興，因河據洛，跨秦帶趙。論其建國立家，雖傳名號，憲章禮樂，寂滅無聞。劉裕平姚，收其圖籍，五經子史，纔四千卷，皆赤軸青紙，文字古拙。僭僞之盛，莫過二秦，以此而論，足可明矣。故知衣冠軌物，圖畫記注，播遷之餘，皆歸江左。晉、宋之際，學藝爲多，齊、梁之間，經史彌盛。宋秘書丞王儉，依劉氏《七略》，撰爲《七志》。梁人阮孝緒，亦爲《七録》。總其書數，三萬餘卷。及侯景渡江，破滅梁室，秘省經籍，雖從兵火，其文德殿内書史，宛然猶存。蕭繹據有江陵，遣將破平侯景，收文德之書，及公私典籍，重本七萬餘卷，悉送荆州。故江表圖書，因斯盡萃於繹矣。及周師入郢，繹悉焚之於外城，所收十纔一二。此則書之五厄也。後魏爰自幽方，遷宅伊、洛，日不暇給，經籍闕如。周氏創基關右，戎車未息。保定之始，書止八千，後加收集，方盈萬卷。高氏據有山東，初亦採訪，驗其本目，殘缺猶多。及東夏初平，獲其經史，四部重雜，三萬餘卷。所益舊書，五千而已。今御書單本，合一萬五千餘卷，部帙之間，仍有殘缺。比梁之舊目，止有其半。至於陰陽河洛之篇，醫方圖譜之説，彌復爲少。臣以經書，自仲尼已後，迄于當今，年踰千載，數遭五厄，興集之期，屬膺聖世。伏惟陛下受天明命，君臨區宇，功無與二，德冠往初。自華夏分離，彝倫攸斁，其間雖霸王遞起，而世難未夷，欲崇儒業，時或未可。今土宇邁於三王，民黎盛於兩漢，有人有時，正在今日。方當大弘文教，納俗升平，而天下圖書尚有遺逸，非所以仰協聖情，流訓無窮者也。臣史籍是司，寢興懷懼。昔陸賈奏漢祖云『天下不可馬上治之』，故知經邦立政，在於典謨矣。爲國之本，莫此攸先。今秘藏見書，亦足披覽，但一時載籍，須令大備。不可王府所無，私家乃有。然士民殷雜，求訪難知，縱有知者，多懷吝惜，必須勒之以天威，引之以微利。若猥發明詔，兼開購賞，則異典必臻，觀閣斯積，重道之風，超於

前世，不亦善乎！伏願天監，少垂照察。」上納之，於是下詔，獻書一卷，賚縑一匹。一二年間，篇籍稍備。進爵奇章郡公，邑千五百户。三年，拜禮部尚書，奉勑修撰《五禮》，勒成百卷，行於當世。弘請依古制修立明堂，上議曰：【略】上以時事草創，未遑制作，竟寢不行。六年，除太常卿。九年，詔改定雅樂，又作樂府歌詞，撰定圓丘五帝凱樂，并議樂事。弘上議云：【略】上甚善其議，詔弘與姚察、許善心、何妥、虞世基等正定新樂，事在《音律志》。是後議置明堂，詔弘條上故事，議其得失，事在《禮志》。上甚敬重之。時楊素恃才矜貴，輕侮朝臣，唯見弘未嘗不改容自肅。素將擊突厥，詣太常與弘言别。弘送素至中門而止，素謂弘曰：「大將出征，故來叙别，何相送之近也？」弘遂揖而退。素笑曰：「奇章公可謂其智可及，其愚不可及也。」亦不以屑懷。尋授大將軍，拜吏部尚書。時高祖又令弘與楊素、蘇威、薛道衡、許善心、虞世基、崔子發等并召諸儒，論新禮降殺輕重。弘所立議，衆咸推服之。仁壽二年，獻皇后崩，三公已下不能定其儀注。楊素謂弘曰：「公舊學，時賢所仰，今日之事，決在於公。」弘了不辭讓，斯須之間，儀注悉備，皆有故實。素歎曰：「衣冠禮樂盡在此矣，非吾所及也！」弘以三年之喪，祥禫具有降殺，朞服十一月而練者，無所象法，以聞於高祖，高祖納焉。下詔除朞練之禮，自弘始也。弘在吏部，其選舉先德行而後文才，務在審慎。雖致停緩，所有進用，並多稱職。吏部侍郎高孝基，鑒賞機晤，清慎絶倫，然爽俊有餘，迹似輕薄，時宰多以此疑之。唯弘深識其真，推心委任。隋之選舉，於斯爲最。時論彌服弘識度之遠。煬帝之在東宫也，數有詩書遺弘，弘亦有答。及嗣位之後，嘗賜弘詩曰：「晉家山吏部，魏世盧尚書，莫言先哲異，奇才並佐余。學行敦時俗，道素乃沖虚，納言雲閣上，禮儀皇運初。彝倫欣有叙，垂拱事端居。」其同被賜詩者，至於文詞贊揚，無如弘美。大業二年，進位上大將軍。三年，改爲右光禄大夫。從拜恒岳，壇場珪幣，墠時牲牢，並弘所定。還下太行，煬帝嘗引入内帳，對皇后賜以同席飲食。其禮遇親重如此。弘謂其諸子曰：「吾受非常之遇，荷恩深重。汝等子孫，宜以誠敬自立，以答恩遇之隆也。」六年，從幸江都。其年十一月，卒於江都郡，時年六十六。帝傷惜之，賵贈甚厚。歸葬安定，贈開府儀同三司、光禄大夫、文安侯，謚曰憲。弘榮寵當世，而車服卑儉，事上盡禮，待下以仁，訥於言而敏於行。上嘗令其宣勑，弘至階下，不能言，退還拜謝，云：「並忘之。」上曰：「傳語小辯，故非宰臣任也。」愈稱其質直。大業之世，委遇彌隆。性寬厚，篤志於學，雖職務繁雜，書不釋手。隋室舊臣，始終信任，悔吝不及，唯弘一人而已。有弟曰弼，好酒而酗，嘗因醉，射殺弘駕車牛。弘來還宅，其妻迎謂之曰：「叔射殺牛矣。」弘聞之，無所怪問，直答云：「作脯。」坐定，其妻又曰：「叔忽射殺牛，大是異事！」弘曰：「已知之矣。」顔色自若，讀書不輟。其寬和如此。有《文集》十三卷行於世。長子方大，亦有學業，官至内史舍人。次子方裕，性凶險，無人心，從幸江都，與裴虔通等同謀弑逆，事見《司馬德戡傳》。

《隋書・王劭傳》 王劭字君懋，太原晉陽人也。父松年，齊通直散騎侍郎。劭少沈默，好讀書。弱冠，齊尚書僕射魏收辟參開府軍事，累遷太子舍人，待詔文林館。時祖孝徵、魏收、陽休之等嘗論古事，有所遺忘，討閲不能得，因呼劭問之。劭具論所出，取書驗之，一無舛誤。自是大爲時人所許，稱其博物。後遷中書舍人。齊滅，入周，不得調。高祖受禪，授著作佐郎。以母憂去職，在家著《齊書》。時制禁私撰史，爲内史侍郎李元操所奏。上怒，遣使收其書，覽而悦之。於是起爲員外散騎侍郎，修起居注。劭以古有鑽燧改火之義，近代廢絶，於是上表請變火，曰：「臣謹案《周官》，四時變火，以救時疾。明火不數變，時疾必興。聖人作法，豈徒然也！在晉時，有以洛陽火渡江者，代代事之，相續不滅，火色變青。昔師曠食飯，云是勞薪所爨。晉平公使視之，果然車輞。今温酒及炙肉，用石炭、柴火、竹火、草火、麻荄火，氣味各不同。以此推之，新火舊火，理應有異。伏願遠遵先聖，於五時取五木以變火，用功甚少，救益方大。縱使百姓習久，未能頓同，尚食内厨及東宫諸主食厨，不可不依古法。」上從之。劭又言上有龍顔戴干之表，指示群臣。上大悦，賜物數百段。拜著作郎。劭上表言符命曰：【略】時有人於黄鳳泉浴，得二白石，頗有文理，遂附致其文以爲字，復言有諸物象而上奏曰：「其大玉有日月星辰，八卦五嶽，及二麟雙鳳，青龍朱雀，騶驉玄武，各當其方位。又有五行、十日、十二辰之名，凡二十七字。又有『天門地户人門鬼門閉』九字。又有却非及二鳥，其鳥皆人面，則《抱朴子》所謂『千秋萬歲』也。其小玉亦有五嶽、却非、虯、犀之象。二玉俱有仙人玉女乘雲控鶴之象。别有異狀諸神，不可盡識，蓋是風伯、雨師、山精、海若之類。又有天皇大帝、皇帝及四帝坐，鈎陳、北斗、三公、天將軍、土司空、老人、天倉、南河、北河、五星、二十八宿，凡四十五官。諸字本無行伍，然往往偶對。於大玉則有皇帝姓名，並臨南面，與日字正鼎足。復有老人星，蓋明南面象日而長壽也。皇后二字在西，上有月形，蓋明象月也。於次玉則皇帝名與九千字次比，兩『楊』字與『萬年』字次比，『隋』與『吉』字正並，蓋明長久吉慶也。」劭復迴互其字，作詩二百八十篇奏之。上以爲誠，賜帛千匹。劭於是採民間歌謡，引圖書讖緯，依約符命，捃摭佛經，撰爲《皇隋靈感誌》，合三十卷，奏之。上令宣示天下。劭

集諸州朝集使，洗手焚香，閉目而讀之，曲折其聲，有如歌詠。經涉旬朔，徧而後罷。上益喜，賞賜優洽。仁壽中，文獻皇后崩，劭復上言曰：「佛説人應生天上，及上品上生無量壽國之時，天佛放大光明，以香花妓樂來迎之。如來以明星出時入涅槃。伏惟大行皇后聖德仁慈，福善禎符，備諸祕記，皆云是妙善菩薩。臣謹案：八月二十二日，仁壽宮内再雨金銀之花。二十三日，大寶殿後夜有神光。二十四日卯時，永安宮北有自然種種音樂，震滿虚空。至夜五更中，奄然如寐，便即升遐，與經文所説，事皆符驗。臣又以愚意思之，皇后遷化，不在仁壽、大興宮者，蓋避至尊常居正處也。在永安宮者，象京師之永安門，平生所出入也。后升遐後二日，苑内夜有鍾聲三百餘處，此則生天之應顯然也。」上覽而且悲且喜。時蜀王秀以罪廢，上顧謂劭曰：「嗟乎！吾有五子，三子不才。」劭進曰：「自古聖帝明王，皆不能移不肖之子。黄帝有二十五子，同姓者二，餘各異德。堯十子，舜九子，皆不肖。夏有五觀，周有三監。」上然其言。其後上夢欲上高山而不能得，崔彭捧脚，李盛扶肘得上，因謂彭曰：「死生當與爾俱。」劭曰：「此夢大吉。上高山者，明高崇大安，永如山也。彭猶彭祖，李猶李老，二人扶侍，實爲長壽之徵。」上聞之，喜見容色。其年，上崩。未幾，崔彭亦卒。煬帝嗣位，漢王諒作亂，帝不忍加誅。劭上書曰：「臣聞黄帝滅炎，蓋云母弟，周公誅管，信亦天倫。叔向戮叔魚，仲尼謂之遺直，石碏殺石厚，丘明以爲大義。此皆經籍明文，帝王常法。今陛下置此逆賊，度越前聖，含弘寬大，未有以謝天下。謹案賊諒毒被生民者也。是知古者同德則同姓，異德則異姓，故黄帝有二十五子，其得姓者十有四人，唯青陽、夷鼓，與黄帝同爲姬姓。諒既自絶，請改其氏。」劭以此求媚，帝依違不從。遷祕書少監，數載，卒官。劭在著作，將二十年，專典國史，撰《隋書》八十卷。多録口勑，又採迂怪不經之語及委巷之言，以類相從，爲其題目，辭義繁雜，無足稱者，遂使隋代文武名臣列將善惡之迹，堙没無聞。初撰《齊誌》，爲編年體，二十卷，復爲《齊書》紀傳一百卷，及《平賊記》三卷。或文詞鄙野，或不軌不物，駭人視聽，大爲有識所嗤鄙。然其採擿經史謬誤，爲《讀書記》三十卷，時人服其精博。爰自志學，暨乎暮齒，篤好經史，遺落世事。用思既專，性頗恍忽，每至對食，閉目凝思，盤中之肉，輒爲僕從所噉。劭弗之覺，唯責肉少，數罰厨人。厨人以情白劭，劭依前閉目，伺而獲之，厨人方免笞辱。其專固如此。

《舊唐書・元行沖傳》 元行沖，河南人，後魏常山王素連之後也。少孤，爲外祖司農卿韋機所養。博學多通，尤善音律及詁訓之書。舉進士，累轉通事舍人，納言狄仁傑甚重之。行沖性不阿順，多進規誡，嘗謂仁傑曰：「下之事上，亦猶蓄聚以自資也。譬貴家儲積，則脯腊膎胰以供滋膳，參术芝桂以防痾疾。伏想門下賓客，堪充旨味者多，願以小人備一藥物。」仁傑笑而謂人曰：「此吾藥籠中物，何可一日無也！」九遷至陝州刺史，兼隴右、關内兩道按察使，未行，拜太常少卿。行沖以本族出於後魏，而未有編年之史，乃撰《魏典》三十卷，事詳文簡，爲學者所稱。初魏明帝時，河西柳谷瑞石有牛繼馬後之象，魏收舊史以爲晉元帝是牛氏之子，冒姓司馬，以應石文。行沖推尋事跡，以後魏昭成帝名犍，繼晉受命，考校謡讖，特著論以明之。開元初，自太子詹事出爲岐州刺史，又充關内道按察使。行沖自以書生不堪搏擊之任，固辭按察，乃以寧州刺史崔琬代焉。俄復入爲右散騎常侍、東都副留守。時嗣彭王志暕庶兄志謙被人誣告謀反，考訊自誣，繫獄待報，連坐十數人，行沖察其冤濫，並奏原之。四遷大理卿。時揚州長史李傑爲侍御史王旭所陷，詔下大理結罪，行沖以傑歷政清貞，不宜枉爲讒邪所構，又奏請從輕條出之。當時雖不見從，深爲時論所美。俄又固辭刑獄之官，求爲散職。七年，復轉左散騎常侍。九遷國子祭酒，月餘，拜太子賓客、弘文館學士。累封常山郡公。先是，祕書監馬懷素集學者續王儉《今書七志》，左散騎常侍褚无量於麗正殿校寫四部書，事未就而懷素、无量卒，詔行沖總代其職。於是行沖表請通撰古今書目，名爲《群書四録》，命學士鄠縣尉毋煚、櫟陽尉韋述、曹州司法參軍殷踐猷、太學助教余欽等分部修檢，歲餘書成，奏上之。上又特令行沖撰御所注《孝經》疏義，列於學官。尋以衰老罷知麗正殿校寫書事。初，有左衛率府長史魏光乘奏請行用魏徵所注《類禮》，上遽令行沖集學者撰《義疏》，將立學官。行沖於是引國子博士范行恭、四門助教施敬本檢討刊削，勒成五十卷，十四年八月奏上之。尚書左丞相張説駁奏曰：「今之《禮記》，是前漢戴德、戴聖所編録，歷代傳習，已向千年，著爲經教，不可刊削。至魏孫炎始改舊本，以類相比，有同抄書，先儒所非，竟不行用。貞觀中，魏徵因孫炎所修，更加整比，兼爲之注，先朝雖厚加賞錫，其書竟亦不行。今行沖等解徵所注，勒成一家，然與先儒第乖，章句隔絶，若欲行用，竊恐未可。」上然其奏，於是賜行沖等絹二百匹，留其書貯於内府，竟不得立於學官。行沖恚諸儒排己，退而著論以自釋，名曰《釋疑》。其詞曰：

客問主人曰：「小戴之學，行之已久；康成銓注，見列學官。傳聞魏公，乃有刊易；又承制旨，造疏將頒。未悉二經，孰爲優劣？」主人答曰：「小戴之禮，行於漢末，馬融注之，時所未覩。盧植分合二十九篇而爲説解，代不傳習。鄭因子幹，

師於季長。屬黨錮獄起，師門道喪，康成於竄伏之中，理紛拏之典，志存探究，靡所諮謀。而猶緝述忘疲，聞義能徙，具於《鄭志》，向有百科。章句之徒，曾不窺覽，猶遵覆轍，頗類刻舟。王肅因之，重茲開釋，或多改駮，仍按本篇。又鄭學之徒，有孫炎者，雖扶玄義，乃易前編。自後條例支分，箴石間起。馬伷增革，向踰百篇；葉遵刪修，僅全十二。魏公病群言之錯雜，紬衆説之精深。經文不同，未敢刊正；注理睽誤，寧不芟礱。成畢上聞，太宗嘉賞，賚縑千匹，録賜儲藩。將期頒宣，未有疏義。聖皇纂業，耽古崇儒，高曾規矩，宜所修襲，乃制昏愚，甄分舊義。其有注移往説，理變新文，務加搜窮，積稔方畢。具録呈進，敕付群儒，庶能斟詳，以課疏密。豈悟章句之士，堅持昔言，特嫌知新，欲仍舊貫，沉疑多月，擯壓不申。優劣短長，定於通識，手成口答，安敢銓量。」

客曰：「當局稱迷，傍觀見審，累朝銓定，故是周詳，何所爲疑，不爲申列？」答曰：「是何言歟？談豈容易！昔孔安國注壁中書，會巫蠱事，經籍道息。族兄臧與之書曰：『相如常忿俗儒淫詞冒義，欲撥亂反正而未能果。然雅達通博，不代而生；浮學守株，比肩皆是。衆非難正，自古而然。誠恐此道未申，而以獨智爲議也。』則知變易章句，其難一矣。

「漢有孔季産者，專於古學；有孔扶者，隨俗浮沉。扶謂産云：『今朝廷皆爲章句内學，而君獨修古義，修古義則非章句内學，非章句内學則危身之道也。獨善不容於代，必將貽患禍乎！』則知變易章句，其難二矣。

「劉歆以通書屬文，待詔官署，見《左氏傳》而大好之，後蒙親近，欲建斯業。哀帝欣納，令其討論，各遷延推辭，不肯置對。劉歆移書責讓，其言甚切，諸博士等皆忿恨之。名儒龔勝，時爲光禄，見歆此議，乃乞骸骨；司空師丹，因大發怒，奏歆改亂前志，非毁先朝所立。帝曰：『此廣道術，何爲毁耶？』由是犯忤大臣，懼誅，求出爲河南太守，宗室不典三河，又徙五原太守。以君賓之著名好學，仲公之深博守道，猶迫同門朋黨之議，卒令子駿負謗於時。則知變易章句，其難三矣。

「子雍規玄數十百件，守鄭學者，時有中郎馬昭，上書以爲肅繆。詔王學之輩，占答以聞。又遣博士張融案經論詰，融登召集，分别推處，理之是非，具《聖證論》。王肅酬對，疲於歲時。則知變易章句，其難四矣。

「卜商疑聖，納誚於曾輿；木賜近賢，貽嗤於武叔。自此之後，唯推鄭公。王粲稱伊、洛已東，淮、漢之北，一人而已，莫不宗焉。咸云先儒多闕，鄭氏道備，粲竊嗟怪，因求其學。得《尚書注》，退而思之，以盡其意，意皆盡矣。所疑之者，猶未喻焉。凡有兩卷，列於其集。又王肅改鄭六十八條，張融覈之，將定臧否。融稱玄注泉深廣博，兩漢四百餘年，未有偉於玄者。然二郊之祭，殊天之祀，此玄誤也。其如皇天祖所自出之帝，亦玄慮之失也。及服虔釋《傳》，未免差違，後代言之，思弘聖意，非謂揚己之善，掩人之名也。何者？君子用心，願聞其過，故仲尼曰『過也人皆見之，更也人皆仰之』是也。而專門之徒，恕己及物，或攻先師之誤，如聞父母之名，將謂亡者之德言而見壓於重壤也。故王劭《史論》曰：『魏、晉浮華，古道夷替，洎王肅、杜預，更開門户。歷載三百，士大夫恥爲章句。唯草野生以專經自許，不能究覽異義，擇從其善。徒欲父康成，兄子慎，寧道孔聖誤，諱聞鄭、服非。然於鄭、服甚憒憒，鄭、服之外皆讎也。』則知變易章句，其難五也。

「伏以安國《尚書》、劉歆《左傳》，悉遭擯於曩葉，咸見重於來今。故知二人之鑒，高於漢廷遠矣。孔季産云：『物極則變。比及百年外，當有明直君子，恨不與吾同代者。』於戲！道之行廢，必有其時者歟！僕非專經，罕習章句，高名不著，易受輕誣。頃者修撰，殆淹年月，賴諸賢輩能左右之，免致愆尤，仍叨賞賚，内省昏朽，其榮已多。何遽持一己之區區，抗群情之噂喈，捨勿矜之美，成自我之私，觸近名之誡，興犯衆之禍？一舉四失，中材不爲，是用韜聲，甘此沉默也。」行沖俄又累表請致仕，制許之。十七年卒，年七十七，贈禮部尚書，謚曰獻。

《新唐書・殷踐猷傳》 殷踐猷字伯起，陳給事中不害五世從孫。博學，尤通氏族、曆數、醫方。與賀知章、陸象先、韋述最善，知章嘗號爲「五總龜」，謂龜千年五聚，問無不知也。初爲杭州參軍，舉文儒異等科，授祕書省學士，用曹州司法參軍，兼麗正殿學士。以叔父喪，哀慟歐血而卒，年四十八。

《新唐書・韋述傳》 韋述，弘機曾孫。家廚書二千卷，述爲兒時，誦憶略徧。父景駿，景龍中爲肥鄉令，述從到官。元行沖，景駿姑子也，爲時儒宗，常載書數車自隨。述入其室觀書，不知寢食，行沖異之，試與語前世事，孰復詳諦，如指掌然。使屬文，受紙輒就。行沖曰：「外家之寶也。」舉進士，時述方少，儀質陋侻，考功員外郎宋之問曰：「童子何業？」述曰：「性嗜書，所撰《唐春秋》三十篇，恨未畢，它唯命。」之問曰：「本求茂才，乃得遷、固。」遂上第。開元初，爲櫟陽尉。祕書監馬懷素奏述與諸儒即祕書續《七志》，五年而成。述好譜學，見柳沖所撰《姓族系録》，每私寫懷之，還舍則又繕録，故於百氏源派爲詳，乃更撰《開元譜》二十篇。累除右補闕。張説既領集賢院，薦述爲直學士，遷起居舍人。從封太山，奏《東封記》，有詔褒美。先是，詔脩《六典》，徐堅構意歲餘，歎曰：「吾更脩七書，而《六典》歷年未

有所適。」及蕭嵩引述撰定，述始摹周六官領其屬，事歸於職，規制遂定。初，令狐德棻、吴兢等譔武德以來國史，皆不能成。述因二家參以後事，遂分紀、傳，又爲例一篇。嵩欲蚤就，復奏起居舍人賈登、著作佐郎李鋭助述紬績。逮成，文約事詳，蕭穎士以爲譙周、陳壽之流。改國子司業，充集賢學士，累遷工部侍郎，封方城縣侯。述典掌圖書，餘四十年，任史官二十年，澹榮利，爲人純厚長者，當世宗之。接士無貴賤與均。蓄書二萬卷，皆手校定，黄墨精謹，内祕書不逮也。古草隸帖、祕書、古器圖譜無不備。安禄山亂，剽失皆盡，述獨抱國史藏南山。身陷賊，污僞官。賊平，流渝州，爲刺史薛舒所困，不食死。廣德初，甥蕭直爲李光弼判官，詣闕奏事稱旨。因理述「蒼卒奔逼，能存國史，賊平，盡送史官于休烈，以功補過，宜蒙恩宥」。有詔贈右散騎常侍。韋氏之顯者，孝友、詞學則承慶、嗣立，邃音樂有萬石，達禮儀則叔夏，史才博識有述。所著書二百餘篇行於時。弟逌、迪，學業亦亞述。與逌對爲學士，與迪並禮官，搢紳高之。時趙冬曦兄弟亦各有名。張説嘗曰「韋、趙兄弟，人之杞梓」云。

《舊唐書・張説傳》　張説字道濟，其先范陽人，代居河東，近又徙家河南之洛陽。弱冠應詔舉，對策乙第，授太子校書，累轉右補闕，預修《三教珠英》。【略】長安初，修《三教珠英》畢，遷右史、内供奉，兼知考功貢舉事，擢拜鳳閣舍人。時麟臺監張易之與其弟昌宗構陷御史大夫魏元忠，稱其謀反，引説令證其事。説至御前，揚言元忠實不反，此是易之誣構耳。元忠由是免誅，説坐忤旨配流欽州。在嶺外歲餘。中宗即位，召拜兵部員外郎，累轉工部侍郎。景龍中，丁母憂去職，起復授黄門侍郎，累表固辭，言甚切至，優詔方許之。是時風教頹紊，多以起復爲榮，而説固節懇辭，竟終其喪制，大爲識者所稱。服終，復爲工部侍郎，俄拜兵部侍郎，加弘文館學士。【略】九年四月，胡賊康待賓率衆反，據長泉縣，自稱葉護，攻陷蘭池等六州。詔王晙率兵討之，仍令説相知經略。時叛胡與党項連結，攻銀城、連谷，以據倉糧，説統馬步萬人出合河關掩擊，大破之。追至駱駝堰，胡及党項自相殺，阻夜，胡乃西遁入鐵建山，餘黨潰散。説招集党項，復其居業。副使史獻請因此誅党項，絶其翻動之計，説曰：「先王之道，推亡固存，如盡誅之，是逆天道也。」因奏置麟州，以安置党項餘燼。其年，拜兵部尚書、同中書門下三品，仍依舊修國史。【略】是歲，玄宗將還京，而便幸并州，説進言曰：「太原是國家王業所起，陛下行幸，振威耀武，并建碑紀德，以申永思之意。若便入京，路由河東，有漢武脽上后土之祀，此禮久闕，歷代莫能行之。願陛下紹斯墜典，以爲三農祈穀，此誠萬姓之福也。」上從其言。及祀后土禮畢，説代張嘉貞爲中書令。夏四月，玄宗親爲詔曰：「動惟直道，累聞獻替之誠；言則不諛，自得謀猷之體。政令必俟其增損，圖書又藉其刊削，才望兼著，理合褒升。考中上。」説又首建封禪之議。十三年，受詔與右散騎常侍徐堅、太常少卿韋縚等撰東封儀注。舊儀不便者，説多所裁正，語在《禮志》。玄宗尋召説及禮官學士等賜宴於集仙殿，謂説曰：「今與卿等賢才同宴於此，宜改名爲集賢殿。」因下制改麗正書院爲集賢殿書院，授説集賢院學士，知院事。及將東封，授説爲右丞相兼中書令，源乾曜爲左丞相兼侍中，蓋勒成岱宗，以明宰相佐成王化也。説又撰《封禪壇頌》以紀聖德。初，源乾曜本意不欲封禪，而説固贊其事，由是頗不相平。及登山，説引所親攝供奉官及主事等從升，加階超入五品，其餘官多不得上。又行從兵士，惟加勳，不得賜物，由是頗爲内外所怨。先是，御史中丞宇文融獻策，請括天下逃户及籍外剩田，置十道勸農使，分往檢察；説嫌其擾人不便，數建議違之。及東封還，融又密奏分吏部置十銓，融與禮部尚書蘇頲等分掌選事。融等每有奏請，皆爲説所抑，由是銓綜失敘。融乃與御史大夫崔隱甫、中丞李林甫奏彈説引術士夜解及受贓等狀，敕宰臣源乾曜、刑部尚書韋抗、大理少卿胡珪、御史大夫崔隱甫就尚書省鞫問。説兄左庶子光詣朝堂割耳稱冤。時中書主事張觀、左衛長史范堯臣並依倚説勢，詐假納賂，又私度僧王慶則往來與説占卜吉凶，爲隱甫等所鞫伏罪。説經兩宿，玄宗使中官高力士視之，迴奏：「説坐於草上，於瓦器中食，蓬首垢面，自罰憂懼之甚。」玄宗憫之。力士奏曰：「説曾爲侍讀，又於國有功。」玄宗然其奏，由是停兼中書令，觀及慶則決杖而死，連坐遷貶者十餘人。隱甫及融等恐説復用爲己患，又密奏毁之。明年，詔説致仕，仍令在家修史。初，説爲相時，玄宗意欲討吐蕃，説密奏許其通和，以息邊境，玄宗不從。及瓜州失守，王君㚟死，説因獲嶲州鬬羊，上表獻之，以申諷諭。其表：「臣聞勇士冠雞，武夫戴鶡，推情舉類，獲此鬬羊。遠生越嶲，蓄性剛決，敵不避强，戰不顧死，雖爲微物，志不可挫。伏惟陛下選良家於六郡，求猛士於四方，鳥不遁才，獸不藏伎。如蒙効奇靈囿，角力天場，却鼓怒以作氣，前躑躅以奮擊。趹若奔雲之交觸，碎如轉石之相叩，裂骨賭勝，濺血争雄，敢殺見而衝冠，鷙狠聞而擊節。冀將少助明主市駿骨、揖怒蛙之意也。若使羊能言，必將曰『若鬬不解，立有死者』。所賴至仁無殘，量力取勸焉。臣緣損足，未堪履地，謹遣男詣金明門奉進。」玄宗深悟其意，賜絹及雜綵一千匹。十七年，復拜尚書左丞相、集賢院學士，尋代源乾曜爲尚書左丞相。視事之日，上敕所司供帳，設音樂，内出酒食，御製詩一篇以敍其事。

尋以修謁陵儀注功，加開府儀同三司。時長子均爲中書舍人，次子垍尚寧親公主，拜駙馬都尉，又特授説兄慶王傅光爲銀青光禄大夫。當時榮寵，莫與爲比。十八年，遇疾，玄宗每日令中使問疾，并手寫藥方賜之。十二月薨，時年六十四。上憯惻久之，遽於光順門舉哀，因罷十九年元正朝會，詔曰：「弘濟艱難，參其功者時傑；經緯禮樂，贊其道者人師。式瞻而百度允釐，既往而千載貽範。台衡軒鼎，垂黼藻於當今；徽策寵章，播芳蕤於後葉。故開府儀同三司、尚書左丞相、集賢院學士知院事、上柱國、燕國公張説，辰象降靈，雲龍合契。元和體其冲粹，妙有釋其至賾。挹而莫測，仰之彌高。精義探繫表之微，英辭鼓天下之動。昔侍春誦，綢繆歲華。含春容之聲，叩而盡應；蘊泉源之智，啓而斯沃。授命興國，則天衢以通；濟用和民，則朝政惟允。司鈞總六官之紀，端揆爲萬邦之式。方弘風緯俗，返本於上古之初；而邁德振仁，不臻於中壽之福。于嗟不憖，既喪斯文。宣室餘談，泠然在耳；王殿遺草，宛留其蹟。言念忠賢，良深震悼。是使當寧撫几，臨樂徹懸，罷稱觴之儀，遵往襚之禮。可贈太師，賜物五百段。」

《舊唐書・徐堅傳》 徐堅，西臺舍人齊聃子也。少好學，偏覽經史，性寬厚長者。進士舉，累授太子文學。聖曆中，車駕在三陽宮，御史大夫楊再思、太子左庶子王方慶爲東都留守，引堅爲判官，表奏專以委之。方慶善《三禮》之學，每有疑滯，常就堅質問，堅必能徵舊説，訓釋詳明，方慶深善之。又賞其文章典實，常稱曰：「掌綸誥之選也。」再思亦曰：「此鳳閣舍人樣，如此才識，走避不得。」堅又與給事中徐彦伯、定王府倉曹劉知幾、右補闕張説同修《三教珠英》。時麟臺監張昌宗及成均祭酒李嶠總領其事，廣引文詞之士，日夕談論，賦詩聚會，歷年未能下筆。堅獨與説構意撰録，以《文思博要》爲本，更加《姓氏》、《親族》二部，漸有條流。諸人依堅等規制，俄而書成，遷司封員外郎。則天又令堅删改《唐史》，會則天遜位而止。神龍初，再遷給事中。時雍州人韋月將上書告武三思不臣之跡，反爲三思所陷，中宗即令殺之。時方盛夏，堅上表曰：「月將誣構良善，故違制命，準其情狀，誠合嚴誅。但今朱夏在辰，天道生長，即從明戮，有乖時令。謹按《月令》：『夏行秋令，則丘隰水潦，禾稼不熟。』陛下誕膺靈命，中興聖圖，將弘羲、軒之風，以光史策之美，豈可非時行戮，致傷和氣哉！君舉必書，將何以訓？伏願詳依國典，許至秋分，則知恤刑之規，冠於千載；哀矜之惠，洽乎四海。」中宗納堅所奏，遂令決杖，配流嶺表。睿宗即位，堅自刑部侍郎加銀青光禄大夫，拜左散騎常侍，俄轉黄門侍郎。時監察御史李知古請兵以擊姚州西貳河蠻，既降附，又請築城，重征税之。堅以蠻夷生梗，可以羈縻屬之，未得同華夏之制，勞師涉遠，所損不補所獲，獨建議以爲不便。睿宗不從，令知古發劍南兵往築城，將以列置州縣。知古因是欲誅其豪傑，没子女以爲奴婢。蠻衆恐懼，乃殺知古，相率反叛，役徒奔潰，姚、嶲路由是歷年不通。堅妻即侍中岑羲之妹，堅以與羲近親，固辭機密，乃轉太子詹事，謂人曰：「非敢求高，蓋避難也。」及羲誅，堅竟免深累。出爲絳州刺史，五轉復入爲秘書監。開元十三年，再遷左散騎常侍。其年，玄宗改麗正書院爲集賢院，以堅爲學士，副張説知院事，累封東海郡公。以修東封儀注及從升太山之功，特加光禄大夫。堅多識典故，前後修撰格式、氏族及國史等，凡七入書府，時論美之。十七年卒，年七十餘。上深悼惜之，遣中使就家弔，内出絹布以賵之，贈太子少保，謚曰文。堅長姑爲太宗充容，次姑爲高宗婕妤，並有文藻。堅父子以詞學著聞，議者方之漢世班氏。

《新唐書・陳京傳》 陳京字慶復，陳宜都王叔明五世孫。父兼，爲右補闕、翰林學士。京善文辭，裳衮稱之，妻以兄子。擢進士第，遷累太常博士。德宗在奉天，聞段秀實爲賊所害，七日不朝。宰相以爲「方多難時，不宜壅萬機，天下其謂何」？京曰：「丞相之言非也。夫褒大節，卹賢臣，天下所以安，況卓卓特異者乎？」帝曰「善」。還京師，擢左補闕。帝以盧杞爲饒州刺史，京與趙需、裴佶、宇文炫、盧景亮、張薦共劾：「杞輔政要位，大臣踰時月不得對，百官懍懍常若兵在頸。陛下復用之，姦賊唾掌復興。」帝不聽。京等争尤確，帝大怒，左右辟易，諫者稍引郤。京正色曰：「需等毋遽退！」極道不可，以死請，杞遂廢。帝之立，迎訪太后，久不得，意且怠。京密白：「弟遣使物色以求。」帝大悟，終代不敢置。【略】京自博士獻議，彌二十年乃決，諸儒無後言。帝賜京緋衣、銀魚。昭陵寢占山上，宦侍憚輓汲乏，請更其所，宰相未能抗。京曰：「此太宗之廟，其儉足以爲後世法，不可改。」議者多附宦人，帝曰：「京議善。」卒不從。帝器京，謂有宰相才，欲用之。會病狂易，自刺弗殊，又言中書舍人崔邠、御史中丞李汶訕己，帝使詰辨無狀，然猶自考功員外再遷給事中，皆兼集賢殿學士。帝疑京爲忌者中傷，中人問賚相繼。後對延英，帝諭遣，京沮駭走出，罷爲秘書少監，卒。初，帝討李希烈，財用屈，京與户部侍郎趙贊請税民屋架，籍賈人貲力，以率貸之。憲宗嘗問宰相李吉甫：「我在藩邸，聞德宗播遷梁、漢，久乃復，誰實召亂，爲我言之。」對曰：「德宗始即位，躬行慈儉，引崔祐甫輔政，四方企望至治。祐甫殁，宰相非其人，姦佞營蠱，謂河北叛臣可以力服，甘語先入，主聽惑焉。而陳京、趙贊爲帝税屋架，貣賈緡，内怨外忿，身及

大亂。咎興信宵人，剥下佐上，賴天之靈，敗不抵亡。」帝恨惋曰：「京與贊，真賊臣。」京無子，以從子褒嗣。褒孫伯宣，辭著作佐郎不拜。

《舊唐書·鄭覃傳》 鄭覃，故相珣瑜之子。以父蔭補弘文校理，歷拾遺、補闕，考功員外郎，刑部郎中。元和十四年二月，遷諫議大夫。憲宗用内官五人爲京西北和糴使，覃上疏論罷。穆宗不恤政事，喜遊宴，即位之始，吐蕃寇邊。覃與同職崔玄亮等廷奏曰：「陛下即位已來，宴樂過多，畋遊無度。今蕃寇在境，緩急奏報，不知乘輿所在。臣等忝備諫官，不勝憂惕，伏願稍減遊縱，留心政道。伏聞陛下晨夜昵狎倡優，近習之徒，賞賜太厚。凡金銀貨幣，皆出自生靈膏血，不可使無功之人，濫霑賜與。縱内藏有餘，亦乞用之有節，如邊上警急，即支用無闕。免令有司重斂百姓，實天下幸甚。」帝初不悦其言，顧宰相蕭俛曰：「此輩何人？」俛對曰：「諫官也。」帝意稍解，乃曰：「朕之過失，臣下盡規，忠也。」乃謂覃曰：「閤中奏事，殊不從容。今後有事面陳，朕與卿延英相見。」時久無閤中奏事，覃等抗論，人皆相賀。鎮冀節度使王承宗死，其弟承元聽朝旨，移授鄭滑節度。鎮之三軍留承元，以難不能赴鎮，承元乞重臣宣諭，乃以覃爲宣諭使，起居舍人王璠副之。初，鎮卒辭語不遜，覃至宣詔，諭以大義，軍人釋然聽命。長慶元年十一月，轉給事中。四年，遷御史中丞。十一月，權知工部侍郎。寶曆元年，拜京兆尹。文宗即位，改左散騎常侍。三年，以本官充翰林侍講學士。四年四月，拜工部侍郎。覃長於經學，稽古守正，帝尤重之。覃從容奏曰：「經籍訛謬，博士相沿，難爲改正。請召宿儒奥學，校定六籍，準後漢故事，勒石於太學，永代作則，以正其闕。」從之。五年，李宗閔、牛僧孺輔政，宗閔以覃與李德裕相善，薄之。時德裕自浙西入朝，復爲閔、孺所排，出鎮蜀州，宗閔惡覃禁中言事，奏爲工部尚書，罷侍講學士。文宗好經義，心頗思之。六年二月，復召爲侍講學士。七年春，德裕作相。五月，以覃爲御史大夫。文宗嘗於延英謂宰相曰：「殷侑通經學，爲人頗似鄭覃。」宗閔曰：「覃、侑誠有經學，於議論不足聽覽。」李德裕對曰：「殷、鄭之言，他人不欲聞，唯陛下切欲聞之。」覃嘗嫉人朋黨，爲宗閔所薄故也。八年，遷户部尚書。其年，德裕罷相，宗閔復知政，與李訓、鄭注同排斥李德裕、李紳。二人貶黜，覃亦左授祕書監。九年六月，楊虞卿、李宗閔得罪長流，復以覃爲刑部尚書。十月，遷尚書右僕射，兼判國子祭酒。訓、注伏誅，召覃入禁中草制敕，明日以本官同平章事，封滎陽郡公，食邑二千户。覃雖精經義，不能爲文，嫉進士浮華，開成初，奏禮部貢院宜罷進士科。初，紫宸對，上語及選士，覃曰：「南北朝多用文華，所以不治。士以才堪即用，何必文辭？」帝曰：「進士及第人已曾爲州縣官者，方鎮奏署即可之，餘即否。」覃曰：「此科率多輕薄，不必盡用。」帝曰：「輕薄敦厚，色色有之，未必獨在進士。此科置已二百年，亦不可遽改。」覃曰：「亦不可過有崇樹。」帝嘗謂宰臣曰：「百司弛慢，要重條舉。」因指前香爐曰：「此爐始亦華好，用之既久，乃無光彩。若不加飾，何由復初？」覃對曰：「不變風俗，當考實效。自三十年已來，多不務實，取於顔情。如嵇、阮之流，不攝職事。」李石云：「此本因治平，人人無事，安逸所致。今之人俗亦慕王夷甫，恥不能及之。」上曰：「卿等輔朕，在振舉法度而已。」時太學勒石經，覃奏起居郎周墀、水部員外郎崔球、監察御史張次宗、禮部員外郎温業等校定《九經》文字，旋令上石。加門下侍郎、弘文館大學士，監修國史。上嘗於延英論古今詩句工拙，覃曰：「孔子所删，三百篇是也。降此五言七言，辭非雅正，不足帝王賞詠。夫《詩》之《雅》、《頌》，皆下剌上所爲，非上化下而作。王者採詩，以考風俗得失。仲尼删定，以爲世規。近代陳後主、隋煬帝皆能章句，不知王者大端，終有季年之失。章句小道，願陛下不取也。」覃以宰相兼判國子祭酒，奏太學置五經博士各一人，緣無職田，請依王府官例，賜禄粟，從之。又進《石壁九經》一百六十卷。其年，李固言復爲宰相。固言與李宗閔、楊嗣復善，覃憎之。因起居郎闕，固言奏曰：「周敬復、崔球、張次宗等三人，皆堪此任。」覃曰：「崔球遊宗閔之門，且赤墀下秉筆，爲千古法，不可朋黨。如裴中孺、李讓夷，臣不敢有纖芥異論。」乃止。三年，楊嗣復自西川入拜平章事，與覃尤相矛盾，加之以固言、李珏，入對之際，是非蜂起。二月，覃進位太子太師。文宗以旱放繫囚，出宫人劉好奴等五百餘人，送兩街寺觀，任歸親戚。紫宸對，李珏曰：「陛下放宫女數多，德邁千古。漢制，八月選人，晉武平吴，亦多採擇。仲尼所謂『未見好德如好色』。今陛下以爲無益放之，微臣敢賀。」覃曰：「晉武帝以採擇之失，中原化爲左衽，陛下以爲殷鑒，放去攸宜。」其年十二月，三上章求罷，詔落太子太師，餘如故。仍三五日一入中書，商量政事。四年五月，罷相，守左僕射。武宗即位，李德裕用事，欲援爲宰相，固以足疾不任朝謁。會昌二年，守司徒致仕，卒。子裔綽，以蔭授渭南尉，直弘文館。覃少清苦貞退，不造次與人款狎。位至相國，所居未嘗增飾，纔庇風雨。家無媵妾，人皆仰其素風。然嫉惡太過，多所不容，衆憚而惡之。覃弟朗、潛。

《宋史·杜鎬傳》 杜鎬字文周，常州無錫人。父昌業，南唐虞部員外郎。鎬幼好學，博貫經史。兄爲法官，嘗有子毁父畫像，爲旁親所訟，疑其法不能决。鎬曰：「僧道毁天尊、佛像，可比也。」兄甚奇之。舉明經，解褐集賢校理，入直澄心

堂。江南平，授千乘縣主簿。太宗即位，江左舊儒多薦其能，改國子監丞、崇文院檢討。會將祀南郊，彗星見，宰相趙普召鎬問之。鎬曰：「當祭而日食，猶廢，況謫見如此乎？」普言于上，即罷其禮。翌日，遷著作佐郎，改太子左贊善大夫，賜緋魚。歷殿中丞、國子博士，加祕閣校理。太宗觀書祕閣，詢鎬經義，進對稱旨，即日改虞部員外郎，加賜金帛。又問：「西漢賜與悉用黄金，而近代爲難得之貨，何也？」鎬曰：「當是時，佛事未興，故金價甚賤。」又嘗召問天寶梨園事，敷奏詳悉。再遷駕部員外郎，判太常禮院，與朱昂、劉承珪編次館閣書籍，虞部郎中，事畢，賜金紫，改直祕閣。會修《太祖實録》，命鎬檢討故事，以備訪問。景德初，置龍圖閣待制，因以命錫鎬，加都官郎中。從幸澶淵，遇懿德皇后忌日，疑軍中鼓吹之禮，時鎬先還備儀仗，命馳騎問之。鎬以武王載木主伐紂，前歌後舞爲對。預修《册府元龜》，改司封郎中。四年，拜右諫議大夫、龍圖閣直學士，賜襲衣、金帶，班在樞密直學士下。時特置此職，儒者榮之。大中祥符中，同詳定東封儀注，遷給事中。三年，又置本閣學士，遷鎬工部侍郎，充其職。上日，賜宴秘閣，上作詩賜之，進秩禮部侍郎。六年冬，卒，年七十六。録其子渥爲大理寺丞及三孫官。鎬博聞强記，凡所檢閱，必戒書吏云：「某事，某書在某卷、幾行。」覆之，一無差誤。每得異書，多召問之，鎬必手疏本末以聞，顧遇甚厚。士大夫有所著撰，多訪以古事，雖晚輩、卑品請益，應答無倦。年踰五十，猶日治經史數十卷，或寓直館中，四鼓則起誦《春秋》。所居僻陋，僅庇風雨，處之二十載，不遷徙。燕居暇日，多挈醪饌以待賓友。性和易，清素有懿行，士類推重之。

《宋史・張觀傳》 張觀字思正，絳州絳縣人。少謹愿好學，有鄉曲名。中服勤辭學科，擢爲第一，授將作監丞、通判解州。會鹽池吏以贓敗，坐失舉劾，降監河中府税。復通判果州，改祕書省祕書郎。仁宗即位，遷太常丞，擢右正言、直史館，爲三司度支判官，同修起居注，改右司諫、知制誥，判登聞檢院，出知杭州。還判國子監，權發遣開封府事，進爲翰林學士、知審官院，累遷左司郎中，以給事中權御史中丞。時星流、地震、雷發正月，詔求直言。觀謂：「承平日久，政寬法慢，用度漸侈，風俗漸薄，以致災異。」因上四事：一曰知人，二曰嚴禁，三曰尚質，四曰節用。河北大雨水，又條七事，曰：導積水以廣播種，緩催欠以省禁錮，寬刑罰以振淹獄，收逃田以募歸復，罷工役以先急務，止配率以阜民財，通商旅以濟艱食。復知審官院，遂拜同知樞密院事。康定中，西兵失利，因議點鄉兵，久之不決，遂與王鬷、陳執中俱罷，以資政殿學士、尚書禮部侍郎知相州。徙澶州。河壞孫陳埽及浮梁，州人大恐，或請趍北原以避水患。觀曰：「太守獨去，如州民何？」乃躬率卒徒增築之，隄完，水亦退。徙鄆州。舊法，京東通安邑鹽，而瀕海之地禁私煮。觀上言：「利之所在，百姓趨之，雖日殺于市，恐不能止，請弛禁以便民。」歲免黥配者不可勝計。歷知應天府、孟州、河南府，以吏部侍郎兼御史中丞。以父居業高年多病，請便郡，以觀文殿學士知許州。月餘，拜左丞。丁父憂，哀毀過人，既練而卒。贈吏部尚書，謚文孝。觀性至孝，初爲祕書郎，其父方爲州從事，因上書願以官授父。真宗嘉之，以居業爲京官。及觀貴，居業繇恩至太府卿。居業嘗過洛，嘉其山川風物，曰：「吾得老于此足矣。」觀於是買田宅、營林榭，以適其意，蚤起奉藥、膳，然後出視事，未嘗一日廢也。趣尚恬曠，持廉少欲，平生書必爲楷字，無一行草，類其爲人。仁宗飛白書「清」字賜觀，以賞其節。然於吏事非所長，知開封府，民犯夜禁，觀詰之曰：「有人見否？」衆傳以爲笑。

《宋史・李若谷傳》 李若谷字子淵，徐州豐人。少孤游學，依姻家趙況於洛下，遂葬父母緱氏。舉進士，補長社縣尉。州葺兵營，課民輸木，檄尉受之，而吏以不中程，多退斥，欲苛苦輸者，因以取賕；若谷度材，別其長短、大小爲程，置庭中，使民自輸。改大理寺丞、知宜興縣。官市湖洑茶，歲約户税爲多少，率取足貧下，若谷始置籍備勾檢。茶惡者舊没官，若谷使歸之民，許轉貿以償其數。知連州。真宗將朝謁太清宫，選通判亳州。累遷度支員外郎、權三司户部判官，出爲京東轉運使。會河決白馬，調取芻楗，同列盧士倫協三司意，趣刻擾州縣，而若谷寬之。士倫不悦，構于朝，徙知陝州。盜聚青灰山久不散，遣牙吏持榜招諭之，盜殺其黨與自歸。改梓州。天聖初，判三司户部勾院。使契丹，陛辭，不俟垂簾請對，迺遽詣長春殿奏事，罷知荆南。士族元甲恃蔭屢犯法，若谷杖之，曰：「吾代若父兄訓之爾。」王蒙正爲駐泊都監，挾太后姻横肆，若谷繩以法。監司右蒙正，奏徙若谷潭州。洞庭賊數邀商人船殺人，輒投屍水中。嘗捕獲，以屍無驗，每貸死，隸他州。既而逃歸，復攻劫，若谷擒致之，磔于市。自是寇稍息。累遷太常少卿、集賢殿修撰、知滑州。河齧韓村堤，夜馳往，督兵爲大埽，至旦堤完。以右諫議大夫知延州。州有東西兩城夾河，秋、夏水溢，岸輒圮，役費不可勝紀。若谷乃制石版爲岸，押以巨木，後雖暴水，不復壞。官倉依山而貯穀少，若谷使作露囷，囷可貯二萬斛，他郡多取法焉。遷給事中、知壽州。豪右多分占芍陂，陂皆美田，夏雨溢壞田，輒盜決。若谷擿冒占田者逐之，每決，輒調瀕陂諸豪，使塞堤，盜決乃止。加集賢院學士、知江寧府。卒挽舟過境，寒瘠甚者，留養視之，須春温遣去。民丐于道者，以分隸諸

僧寺，助給春爨。還，勾當三班院，進龍圖閣直學士、知河南府。貴人多葬洛陽，敕使須索煩擾，若谷奏令鴻臚預約所調移府，逆爲營辦。改樞密直學士、知并州。民貧失婚姻者，若谷出私錢助其嫁娶。贅婿、亡賴委妻去，爲立期，不還，許更嫁。并多降人，喜盜竊，籍累犯者，以三人爲保，有犯，并坐之，悛者削去籍名。進尚書工部侍郎、龍圖閣學士、知開封府，拜參知政事。建言：「風俗媮惡，在上之人作而新之。君子小人，各有其類，今一目以朋黨，恐正人無以自立矣。」帝悟，爲下詔諭中外。以耳疾，累上章辭位，罷爲資政殿大學士、吏部侍郎、提舉會靈觀事。以太子少傅致仕，卒，年八十。贈太子太傅，謚康靖。若谷性資端重，在政府，論議常近寬厚。治民多智慮，愷悌愛人，其去，多見思。少時與韓億爲友，及貴顯，婚姻不絶焉。子淑。

《宋史·宋庠傳》 宋庠字公序，安州安陸人，後徙開封之雍丘。父玘，嘗爲九江掾，與其妻鍾禱于廬阜。鍾夢道士授以書曰：「以遺爾子。」視之，《小戴禮》也，已而庠生。他日見許真君像，即夢中見者。庠，天聖初舉進士，開封、試禮部皆第一，擢大理評事、同判襄州。召試，遷太子中允、直史館，歷三司户部判官，同修起居注，再遷左正言。郭皇后廢，庠與御史伏閤争論，坐罰金。久之，知制誥。時親策賢良、茂才等科，而命與武舉人雜視。庠言：「非所以待天下士，宜如本朝故事，命有司設次具飲膳，斥武舉人令別試。」詔從之。兼史館修撰、知審刑院。密州豪王澥私釀酒，鄰人往捕之，澥紿奴曰：「盜也。」盡使殺其父子四人。州論奴以法，澥獨不死。宰相陳堯佐右澥，庠力争，卒抵澥死。改權判吏部流内銓，遷尚書刑部員外郎。仁宗欲以爲右諫議大夫、同知樞密院事，中書言故事無自知制誥除執政者，乃詔爲翰林學士。帝遇庠厚，行且大用矣。庠初名郊，李淑恐其先己，以奇中之，言曰：「宋，受命之號；郊，交也。合姓名言之爲不祥。」帝弗爲意，他日以諭之，因改名庠。寶元中，以右諫議大夫參知政事。庠爲相儒雅，練習故事，自執政，遇事輒分別是非。嘗從容論及唐入閤儀，庠退而上奏曰：「入閤，乃有唐隻日於紫宸殿受常朝之儀也。唐有大内，又有大明宮，宮在大内之東北，世謂之東内，高宗以後，天子多在。大明宮之正南門曰丹鳳門，門内第一殿曰含元殿，大朝會則御之；第二殿曰宣政殿，謂之正衙，朔望大册拜則御之；第三殿曰紫宸殿，謂之上閤，亦曰内衙，隻日常朝則御之。天子坐朝，須立仗於正衙殿，或乘輿止御紫宸，即唤仗自宣政殿兩門入，是謂東、西上閤門也。以本朝宫殿視之：宣德門，唐丹鳳門也；大慶殿，唐含元殿也；文德殿，唐宣政殿也；紫宸殿，唐紫宸殿也。今欲求入閤本意，施於儀典，須先立仗文德庭，如天子止御紫宸，即唤仗自東、西閤門入，如此則差與舊儀合。但今之諸殿，比於唐制南北不相對爾。又按唐自中葉以還，雙日及非時大臣奏事，别開延英殿，若今假日御崇政、延和是也。乃知唐制每遇坐朝日，即爲入閤，其後正衙立仗因而遂廢，甚非禮也。」庠與宰相吕夷簡論數不同，凡庠與善者，夷簡皆指爲朋黨，如鄭戩、葉清臣等悉出之，乃以庠知揚州。未幾，以資政殿學士徙鄆州，進給事中。參知政事范仲淹去位，帝問宰相章得象，誰可代仲淹者，得象薦宋祁。帝雅意在庠，復召爲參知政事。慶曆七年春，旱，用漢災異策免三公故事，罷宰相賈昌朝，輔臣皆削一官，以庠爲右諫議大夫。帝嘗召二府對資政殿，出手詔策以時事，庠曰：「兩漢對策，本延巖穴草萊之士，今備位政府而比諸生，非所以尊朝廷，請至中書合議條奏。」時陳執中爲相，不學少文，故夏竦爲帝畫此謀，意欲困執中也。論者以庠爲知體。明年，除尚書工部侍郎，充樞密使。皇祐中，拜兵部侍郎、同中書門下平章事、集賢殿大學士。享明堂，遷工部尚書。嘗請復群臣家廟，曰：「慶曆元年赦書，許文武官立家廟，而有司終不能推述先典，因循顧望，使王公薦享，下同委巷，衣冠昭穆，雜用家人，緣偷襲弊，甚可嗟也。請下有司論定施行。」而議者不一，卒不果復。三年，祁子與越國夫人曹氏客張彦方遊。而彦方僞造敕牒，爲人補官，論死。諫官包拯奏庠不戢子弟，又言庠在政府無所建明，庠亦請去。乃以刑部尚書、觀文殿大學士知河南府，後徙許州，又徙河陽，再遷兵部尚書。入覲，詔綴中書門下班，出入視其儀物。以檢校太尉、同平章事充樞密使，封莒國公。數言：「國家當慎固根本，畿輔宿兵常盈四十萬，羨則出補更戍，祖宗初謀也，不苟輕改。」既而與副使程戡不協，戡罷，而御史言庠昏惰，乃以河陽三城節度、同平章事，判鄭州，徙相州。以疾召還。英宗即位，移鎮武寧軍，改封鄭國公。庠在相州，即上章請老，至是請猶未已。帝以大臣故，未忍遽從，乃出判亳州。庠前後所至，以慎静爲治，及再登用，遂沉浮自安。晚愛信幼子，多與小人遊，不謹。御史吕誨請敕庠不得以二子隨，帝曰：「庠老矣，奈何不使其子從之。」至亳，請老益堅，以司空致仕。卒，贈太尉兼侍中，謚元獻。帝爲篆其墓碑曰「忠規德範之碑」。庠自應舉時，與祁俱以文學名擅天下，儉約不好聲色，讀書至老不倦。善正訛謬，嘗校定《國語》，撰《補音》三卷。又輯《紀年通譜》，區別正閏，爲十二卷。《掖垣叢志》三卷，《尊號録》一卷，《别集》四十卷。天資忠厚，嘗曰：「逆詐恃明，殘人矜才，吾終身弗爲也。」沈邈嘗爲京東轉運使，數以事侵庠。及庠在洛，邈子監麴院，因出借縣人負物，杖之，道死實以他疾。而邈子爲府屬所惡，欲痛治之以法，庠

獨不肯，曰：「是安足罪也！」人以此益稱其長者。弟祁。

《宋史·王洙傳》 王洙字原叔，應天宋城人。少聰悟博學，記問過人。初舉進士，與郭稹同保。人有告稹冒祖母禫，主司欲脱洙連坐之法，召謂曰：「不保，可易也。」洙曰：「保之，不願易。」遂與稹俱罷。再舉，中甲科，補舒城縣尉。坐覆縣民鍾元殺妻不實免官。後調富川縣主簿。晏殊留守南京，厚遇之，薦爲府學教授。召爲國子監説書，改直講。校《史記》、《漢書》，擢史館檢討、同知太常禮院，爲天章閣侍講。專讀寶訓、要言於邇英閣。累遷太常博士、同管勾國子監，預修《崇文總目》成，遷尚書工部員外郎。修《國朝會要》，加直龍圖閣、權同判太常寺。坐赴進奏院賽神與女妓雜坐，爲御史劾奏，黜知濠州，徙襄州。會貝卒叛，州郡皆恟恟，襄佐史請罷教閲士，不聽。又請毋給真兵，洙曰：「此正使人不安也。」命給庫兵，教閲如常日，人無敢譁者。徙徐州。時京東饑，朝廷議塞商胡，賦楗薪，輸半而罷塞。洙命更其餘爲穀粟，誘願輸者以餔流民，因募其壯者爲兵，得千餘人，盜賊衰息。有司上其最，爲京東第一，徙亳州。復爲天章閣侍講、史館檢討。帝將祀明堂，宋祁言：「明堂制度久不講，洙有《禮》學，願得同具其儀。」詔還洙太常，再遷兵部員外郎，命撰《大饗明堂記》。除史館修撰，遷知制誥。詔諸儒定雅樂，久未決。洙與胡瑗更造鐘磬，而無形制容受之别。皇祐五年，有事于南郊，勸上用新樂，既而議者多非之，卒不復用。夏竦卒，賜謚文獻。洙當草制，封還其目曰：「臣下不當與僖祖同謚。」因言：「前有司謚王溥爲文獻，章得象爲文憲，字雖異而音同，皆當改。」於是太常更謚竦文莊，而溥、得象皆易謚。嘗使契丹，至韡淀。契丹令劉六符來伴宴，且言耶律防善畫，向持禮南朝，寫聖容以歸，欲持至館中。洙曰：「此非瞻拜之地也。」六符言恐未得其真，欲遣防再往傳繪，洙力拒之。

王明清《揮麈録》前録卷之四 郭稹，字仲微，仕至龍圖閣學士，權知開封府。幼孤，母邊更嫁王氏，既而母亡，稹解官服喪。知禮院宋祁言稹服喪爲過禮，請下有司博議，因馮元等奏，聽解官。申心喪始此。

《宋史·宋祁傳》 祁字子京，與兄庠同時舉進士，禮部奏祁第一，庠第三。章獻太后不欲以弟先兄，乃擢庠第一，而置祁第十。人呼曰「二宋」，以大小别之。釋褐復州軍事推官。孫奭薦之，改大理寺丞、國子監直講。召試，授直史館，再遷太常博士、同知禮儀院。有司言太常舊樂數增損，其聲不和。詔祁同按試。李照定新樂，胡瑗鑄鍾磬，祁皆典之，事見《樂志》。預修《廣業記》成，遷尚書工部員外郎、同修起居注、權三司度支判官。方陝西用兵，調費日蹙，上疏曰：【略】徙判鹽鐵句院，同修禮書。次當知制誥，而庠方參知政事，乃以爲天章閣待制，判太常禮院、國子監，改判太常寺。庠罷，祁亦出知壽州，徙陳州。還知制誥、權同判流內銓，以龍圖閣直學士知杭州，留爲翰林學士。提舉諸司庫務，數釐正弊事，增置勾當公事官，其屬言利害者，皆使先稟度可否，而後議於三司，遂著爲令。徙知審官院兼侍讀學士。庠復知政事，罷祁翰林學士，改龍圖學士、史館修撰，修《唐書》。累遷右諫議大夫，充群牧使。庠爲樞密使，祁復爲翰林學士。景祐中，詔求直言，祁奏：「人主不斷是名亂。《春秋》書：『殞霜，不殺菽。』天威暫廢，不能殺小草，猶人主不斷，不能制臣下。」又謂：「與賢人謀而與不肖者斷，重選大臣而輕任之，大事不圖而小事急，是謂三患。」其意主於彊君威，别邪正，急先務，皆切中時病。會進温成皇后爲貴妃。故事，命妃皆發册，妃辭則罷册禮。然告在有司，必俟旨而後進。又凡制詞，既授閤門宣讀，學士院受而書之，送中書，結三省銜，官告院用印，乃進内。祁適當制，不俟旨，寫告不送中書，徑取官告院印用之，亟封以進。后方愛幸，覬行册禮，得告大怒，擲于地。祁坐是出知許州。甫數月，復召爲侍讀學士、史館修撰。祀明堂，遷給事中兼龍圖閣學士。坐其子從張彦方游，出知亳州。兼集賢殿修撰。歲餘，徙知成德軍，遷尚書禮部侍郎。請弛河東、陝西馬禁，又請復唐馱幕之制。居三月，徙定州，又上言：【略】又上《禦戎論》七篇。加端明殿學士，特遷吏部侍郎、知益州。尋除三司使。右司諫吳及嘗言祁在定州不治，縱家人貸公使錢數千緡，在蜀奢侈過度。既而御史中丞包拯亦言祁益部多游燕，且其兄方執政，不可任三司。乃加龍圖閣學士、知鄭州。《唐書》成，遷左丞，進工部尚書。以羸疾請便醫藥，入判尚書都省。踰月，拜翰林學士承旨，詔遇入直許一子主湯藥。復爲群牧使，尋卒。遺奏曰：「陛下享國四十年，東宫虚位，天下係望，人心未安。爲社稷深計，莫若擇宗室賢材，進爵親王，爲匕鬯之主。若六宫有就館之慶，聖嗣蕃衍，則宗子降封郡王，以避正嫡，此定人心、防禍患之大計也。」又自爲誌銘及《治戒》以授其子：「三日斂，三月葬，慎無爲流俗陰陽拘忌也。棺用雜木，漆其四會，三塗即止，使數十年足以腊吾骸、朽衣巾而已。毋以金銅雜物置冢中。且吾學不名家，文章僅及中人，不足垂後。爲吏在良二千石下，勿請謚，勿受贈典。冢上植五株柏，墳高三尺，石翁仲他獸不得用。若等不可違命。若等兄弟十四人，惟二孺兒未仕，以此諉莒公。莒公在，若等不孤矣。」後贈尚書。祁兄弟皆以文學顯，而祁尤能文，善議論，然清約莊重不及庠，論者以祁不至公輔，亦以此云。修《唐書》十餘年，自守亳州，出入内外嘗以稿自隨，爲列傳百五十卷。預修《籍田記》、

《集韻》。又撰《大樂圖》二卷，文集百卷。祁所至，治事明峻，好作條教。其子遵《治戒》不請謚，久之，學士承旨張方平言祁法應得謚，謚曰景文。

《宋史·王堯臣傳》 王堯臣字伯庸，應天府虞城人。舉進士第一，授將作監丞、通判湖州。召試，改祕書省著作郎、直集賢院。會從父沖坐事，出堯臣知光州。父喪，服除，爲三司度支判官，再遷右司諫。郭皇后薨，議者歸罪内侍都知閻文應，堯臣請窮治左右侍醫者，不報。時上元節，有司張燈，堯臣俟乘輿出，即上言：「后已復位號，今方在殯，不當遊幸。」帝爲罷張燈。擢知制誥、同知通進銀臺司、提舉諸司庫務，知審刑院，入翰林爲學士、知審官院。陝西用兵，爲體量安撫使。將行，請曰：「故事，使者所至，稱詔存問官吏將校，而不及於民。自元昊反，三年于今，關中之民凋弊爲甚，請以詔勞來，仍諭以賊平蠲租賦二年。」仁宗從之。【略】又論：「延州、鎮戎軍、渭州山外三敗之由，皆爲賊先據勝地，誘致我師，將帥不能據險擊歸，而多倍道趨利。兵方疲頓，乃與生羌合戰；賊始縱鐵騎衝我軍，繼以步奚挽彊注射，鋒不可當，遂致掩覆，此主帥不思應變以懲前失之咎也。願敕邊吏，常遠斥候，遇賊至，度遠近立營砦，然後量敵奮擊，毋得輕出。」詔以其言戒邊吏。時韓琦坐好水川兵敗徙秦州，范仲淹亦以擅復元昊書降耀州。堯臣言：「二人者，皆忠義智勇，不當置之散地。又薦种世衡、狄青有將帥才。明年，賊果自鎮戎軍、原州入寇，敗葛懷敏，乘勝掠平凉、潘原，關中震恐，自邠、涇以東，皆閉壘自守。仲淹自將慶州兵捍賊，賊引去。仁宗思其言，乃復以琦、仲淹爲招討使，置府涇州，益屯兵三萬人，而使堯臣再安撫涇原。初，曹瑋開山外地，置籠竿等四砦，募弓箭手，給田使耕戰自守。其後將帥失撫御，稍侵奪之，衆怨怒，遂刼德勝砦將姚貴，閉城畔。堯臣適過境上，作書射城中，諭以禍福，衆遂出降。乃爲申明約束如舊而去。既還，上言：「自陝西用兵，夏竦、陳執中並以兩府舊臣，爲陝西經略、安撫、招討使，韓琦、范仲淹止爲經略、安撫副使。既而張存知延州，王沿知渭州，張奎知慶州，俱是學士、待制之職，亦止管勾本路總管司事。及竦、執中罷，四路置帥，遂各帶都總管及經略、安撫、招討等使，因而武臣副總管亦爲副使。今琦、仲淹、龐籍既爲陝西四路都總管、緣邊經略安撫招討等使，四路當稟節制，而尚帶經略使名者九人，各置司行事。名號不異，而所稟非一。今請逐路都總管、副總管並罷經略，只充緣邊安撫使。」既而滕宗諒亦以爲請，遂罷之。又言：「鄜延、環慶路，其地皆險固而易以守；惟涇原自漢、唐以來，爲衝要之地。自鎮戎軍至渭州，沿涇河大川直抵涇、邠，略無險阻。雖有城砦據平地，賊徑交屬，難以捍防，如郭子儀、渾瑊，常宿重兵守之。自元昊叛命數年，由此三入寇。朝廷置帥府於涇州，爲控扼關、陝之會，誠合事機。然頻經敗覆，邊地空虚，士氣不振。願深監近弊，精擇將佐；其新集之兵，未經訓練，宜易以舊人。儻一路兵力完實，則賊不敢長驅入寇矣。」因論沿邊城砦、控扼要害、賊徑通屬及備禦輕重之策爲五事上之。又請涇、原五州營田，益置弓箭手，及請徹潼關樓櫓，皆報可。以户部郎中權三司使，辟張昷之、杜杞等十餘人爲副使、判官。時入内都知張永和建議，收民僦舍錢十之三以助軍費。堯臣入對曰：「此衰世之事，召怨而攜民，唐德宗所以致朱泚之亂也。」度支副使林濰畏永和，附會其説，堯臣奏黜濰，議乃定。夔州轉運使請增鹽井歲課十餘萬緡，堯臣以爲上恩未嘗及遠人，而反牟取厚利，適足以斂怨，罷之。遷翰林學士承旨兼端明殿學士，爲群牧使。丁母喪，服除，轉右諫議大夫。初，學士蘇易簡、丁度皆自郎中進中書舍人充承旨，及堯臣爲承旨，不遷官，意宰相賈昌朝所抑。及是，文彦博爲相，因其歲滿，遂優遷之。大享明堂，加給事中。與三司更議茶法，較天下每歲財賦出入，上其數，遂拜樞密副使。會儂智高反，請析廣西宜、容、邕州爲三路，以融、柳、象隸宜州，白、高、竇、雷、化、鬱林、儀、藤、梧、龔、瓊隸容州，欽、賓、廉、横、潯、貴隸邕州；遇蠻入寇，三路會支郡兵掩擊，令經略、安撫使守桂州以統制焉；益募澄海、忠敢土軍分屯，運全、永、道三州米以餉之，罷遣北兵遠戍。時狄青經制嶺南，詔青審議，以爲便。居樞密三年，務裁抑徼倖，於是有鏤匿名書以布京城，然仁宗不以爲疑也。以户部侍郎參知政事。久之，帝欲以爲樞密使，而當制學士胡宿固抑之，乃進吏部侍郎。卒，贈尚書左僕射，謚文安。堯臣以文學進，典内外制十餘年，其爲文辭温麗。執政時，嘗與宰相文彦博、富弼、劉沆勸帝蚤立嗣，且言英宗嘗養宫中，宜爲後，爲詔草挾以進，未果立。元豐三年，子同老進遺稿論父功，帝以訪文彦博，具奏本末，遂加贈太師、中書令，改謚文忠。

《宋史·歐陽修傳》 歐陽修字永叔，廬陵人。四歲而孤，母鄭，守節自誓，親誨之學，家貧，至以荻畫地學書。幼敏悟過人，讀書輒成誦。及冠，嶷然有聲。宋興且百年，而文章體裁，猶仍五季餘習。鎪刻駢偶，淟涊弗振，士因陋守舊，論卑氣弱。蘇舜元舜欽、柳開、穆修輩，咸有意作而張之，而力不足。修游隨，得唐韓愈遺稿於廢書簏中，讀而心慕焉。苦志探賾，至忘寢食，必欲并轡絶馳而追與之並。舉進士，試南宫第一，擢甲科，調西京推官。始從尹洙游，爲古文，議論當世事，迭相師友，與梅堯臣游，爲歌詩相倡和，遂以文章名冠天下。入朝，爲館閣校勘。范仲淹以言事貶，在廷多論救，司諫高若訥獨以爲當黜。修貽書責之，謂其不復知人間

有羞恥事。若訥上其書，坐貶夷陵令，稍徙乾德令、武成節度判官。仲淹使陝西，辟掌書記。修笑而辭曰：「昔者之舉，豈以爲己利哉？同其退不同其進可也。」久之，復校勘，進集賢校理。慶曆三年，知諫院。【略】知嘉祐二年貢舉。時士子尚爲險怪奇澀之文，號「太學體」，修痛排抑之，凡如是者輒黜。畢事，向之囂薄者伺修出，聚譟於馬首，街邏不能制；然場屋之習，從是遂變。加龍圖閣學士、知開封府，承包拯威嚴之後，簡易循理，不求赫赫名，京師亦治。旬月，改群牧使。《唐書》成，拜禮部侍郎兼翰林侍讀學士。修在翰林八年，知無不言。河決商胡，北京留守賈昌朝欲開横壠故道，回河使東流。有李仲昌者，欲導入六塔河，議者莫知所從。修以爲：「河水重濁，理無不淤，下流既淤，上流必決。以近事驗之，決河非不能力塞，故道非不能力復，但勢不能久耳。横壠功大難成，雖成將復決。六塔狹小，而以全河注之，濱、棣、德、博必被其害。不若因水所趨，增隄峻防，疏其下流，縱使入海，此數十年之利也。」宰相陳執中主昌朝，文彦博主仲昌，竟爲河北患。【略】修以風節自持，既數被汙衊，年六十，即連乞謝事，帝輒優詔弗許。及守青州，又以請止散青苗錢，爲安石所詆，故求歸愈切。熙寧四年，以太子少師致仕。五年，卒，贈太子太師，謚曰文忠。修始在滁州，號醉翁，晚更號六一居士。天資剛勁，見義勇爲，雖機穽在前，觸發之不顧。放逐流離，至于再三，志氣自若也。方貶夷陵時，無以自遣，因取舊案反覆觀之，見其枉直乖錯不可勝數，於是仰天歎曰：「以荒遠小邑，且如此，天下固可知。」自爾，遇事不敢忽也。學者求見，所與言，未嘗及文章，惟談吏事，謂文章止於潤身，政事可以及物。凡歷數郡，不見治迹，不求聲譽，寬簡而不擾，故所至民便之。或問：「爲政寬簡，而事不弛廢，何也？」曰：「以縱爲寬，以略爲簡，則政事弛廢，而民受其弊。吾所謂寬者，不爲苛急；簡者，不爲繁碎耳。」修幼失父，母嘗謂曰：「汝父爲吏，常夜燭治官書，屢廢而歎。吾問之，則曰：『死獄也，我求其生，不得爾。』吾曰：『生可求乎？』曰：『求其生而不得，則死者與我皆無恨。夫常求其生，猶失之死，而世常求其死也。』其平居教他子弟，常用此語，吾耳熟焉。」修聞而服之終身。爲文天才自然，豐約中度。其言簡而明，信而通，引物連類，折之於至理，以服人心。超然獨騖，衆莫能及，故天下翕然師尊之。奬引後進，如恐不及，賞識之下，率爲聞人。曾鞏、王安石、蘇洵，洵子軾、轍，布衣屏處，未爲人知，修即游其聲譽，謂必顯於世。篤於朋友，生則振掖之，死則調護其家。好古嗜學，凡周、漢以降金石遺文、斷編殘簡，一切掇拾，研稽異同，立説於左，的的可表證，謂之《集古録》。奉詔修《唐書》紀、志、表，自撰《五代史記》，法嚴詞約，多取《春秋》遺旨。蘇軾敍其文曰：「論大道似韓愈，論事似陸贄，記事似司馬遷，詩賦似李白。」識者以爲知言。

《宋史·汪藻傳》 汪藻字彦章，饒州德興人。幼穎異，入太學，中進士第。調婺州觀察推官，改宣州教授，稍遷江西提舉學事司幹當公事。徽宗親製《君臣慶會閣詩》，群臣皆賡進，惟藻和篇，衆莫能及。時胡伸亦以文名，人爲之語曰：「江左二寶，胡伸、汪藻。」尋除《九域圖志》所編修官，再遷著作佐郎。時相王黼與藻同舍，素不咸，出通判宣州，提點江州太平觀，投閒凡八年，終黼之世不得用。欽宗即位，召爲屯田員外郎，再遷太常少卿、起居舍人。高宗踐祚，召試中書舍人。時次揚州，藻多論奏，宰相黄潛善惡之，遂假他事，免爲集英殿修撰、提舉太平觀。明年，復召爲中書舍人兼直學士院，擢給事中，遷兵部侍郎兼侍講，拜翰林學士。帝以所御白團扇，親書「紫誥仍兼綰，黄麻似《六經》」十字以賜，搢紳豔之。屬時多事，詔令類出其手。嘗論諸大將擁重兵，寖成外重之勢，且陳所以待將帥者三事，後十年卒如其策。又言：「崇、觀以來，皆結權倖，奴事閹宦，與開邊誤國，得職名自觀文殿大學士而下直祕閣，官至銀青光禄大夫者，近稍鐫褫，而建炎恩宥，又當甄復，盍依國初法，止中大夫。」紹興元年，除龍圖閣直學士、知湖州，以顔真卿盡忠唐室，嘗守是邦，乞表章之，詔賜廟忠烈。又言：「古者有國必有史，故書榻前議論之辭，則有時政記，録柱下見聞之實，則有起居注，類而次之，謂之日曆，修而成之，謂之實録。今踰三十年，無復日曆，何以示來世？乞即臣所領州，許臣訪尋故家文書，纂集元符庚辰以來詔旨，爲日曆之備。」制可。史館既開，修撰綦崇禮言不必别設外局，乃已。郡人顔經投匭愬其斂糴軍食，遂貶秩停官。起知撫州，御史張致遠又論之，予祠。六年，修撰范沖言：「日曆，國之大典，比詔藻纂修，事復中止，恐遂散逸，宜令就閒復卒前業。」詔賜史館修撰餐錢，聽辟屬編類。八年，上所修書，自元符庚辰至宣和乙巳詔旨，凡六百六十有五卷，藻再進官，其屬鮑延祖、孟處義咸增秩有差。藻升顯謨閣學士，遣使賜茶藥。尋知徽州，逾年徙宣州。言者論其嘗爲蔡京、王黼之客，奪職居永州，累赦不宥。二十四年，卒。秦檜死，復職，官其二子。二十八年，《徽宗實録》成書，右僕射湯思退言藻嘗纂集詔旨，比修實録，所取十蓋七八，深有力於斯文。詔贈端明殿學士。藻通顯三十年，無屋廬以居。博極群書，老不釋卷，尤喜讀《春秋左氏傳》及《西漢書》。工儷語，多著述，所爲制詞，人多傳誦。子六人，恬、恪、憺、恂、懔、愭。

《宋史·文苑傳六·倪濤》 倪濤字巨濟，廣德軍人。丱角能屬文，博學强

記。年十五，試太學第一，遂擢進士，調廬陵尉、信陽軍教授。入爲太學正，祕書省校書郎、著作佐郎，司勳、左司員外郎。朝廷議有事燕雲，大臣争先決策，爲固位計，皆心知不可，無敢一出口，濤獨言其非。且曰：「景德以來，遼守約不犯邊，盟誓固在，不可渝也。天下久平，士不習戰，軍儲又屈，毋輕議以詒後患。」王黼怒曰：「君敢沮軍事邪！」於是言者論其鼓唱撰造，貶監朝城縣酒税，再徙茶陵船場。卒，年三十九。死之明年，金人犯闕，朝廷憶濤言，官其一子。有《雲陽集》傳於世。

《宋史·聶冠卿傳》 聶冠卿字長孺，歙州新安人。五世祖師道，楊行密版奏，號問政先生，鴻臚卿。冠卿舉進士，授連州軍事推官。楊億愛其文章，於是大臣交薦，召試學士院，校勘館閣書籍。遷大理寺丞，爲集賢校理、通判蘄州。坐嘗校《十代興亡論》謬誤落職。再遷太常博士，復集賢校理。言：「天下旬奏獄，雖笞、杖並覆，而徒、流不繫獄者迺不以聞，非所以矜慎刑罰之意。請自今罷覆笞、杖罪，自徒以上雖不繫獄，亦奏覆。」從之。判登聞鼓院，歷開封府判官、三司鹽鐵度支判官，同修起居注。累遷尚書工部郎中。初，翰林侍講學士馮元修大樂，命冠卿檢閱事迹。又預撰《景祐廣樂記》，特遷刑部郎中、直集賢院。以兵部郎中、知制誥判太常禮院，糾察刑獄。奉使契丹，其主謂曰：「君家先世奉道，子孫固有昌者。」嘗觀所著《蘄春集》，詞極清麗，因自擊毬縱飲，命冠卿賦詩，禮遇甚厚。還，同知通進銀臺司、審刑院，入翰林爲學士。母亡，起復，判昭文館。未幾，兼侍讀學士。冠卿每進讀《左氏春秋》，必引尊王黜霸之義以諷。一日，墜笏上前，帝憫冠卿喪毁羸瘠，既退，賜禁中湯劑。未幾，告歸葬親，至揚州卒。詔以其弟太常博士世卿通判宣州。初，世卿監延豐倉，掘地得古磚，有隸書字，半漫滅。其可辨者云：「公先世餌霞棲雲，高尚不仕，累石於江濱。」又云：「昭王大丞相聶。」又云：「水龍夜號，夕雞駭飛。其年九月十二日卒，年五十有五。」冠卿始見而惡之，至是，校所卒歲月及其享年，無少異者。冠卿嗜學好古，手未嘗釋卷，尤工詩，有《蘄春集》十卷。

《宋史·李淑傳》 淑字獻臣，年十二，真宗幸亳，獻文行在所。真宗奇之，命賦詩，賜童子出身。試祕書省校書郎，寇準薦之，授校書郎、館閣校勘。乾興初，遷大理評事。修《真宗實録》，爲檢討官。書成，改光禄寺丞、集賢校理，爲國史院編修官。召試，賜進士及第，改祕書郎，進太常丞、直集賢院、同判太常寺，擢史館修撰，再遷尚書禮部員外郎，上時政十議。改知制誥、勾當三班院，爲翰林學士，進吏部員外郎。會若谷參知政事，改侍讀學士，加端明殿學士。若谷罷，進本曹郎中，典豫王府章奏。以右諫議大夫知許州。歲饑，取民所食五種上之，帝惻然，爲蠲其賦。權知開封府，復爲翰林學士、中書舍人。言者指其在開封多褻近吏人，改給事中、知鄭州。徙河陽，轉尚書禮部侍郎，復爲翰林學士。罷端明殿學士，判流内銓，復加端明殿學士。初，在鄭州，作《周陵詩》。國子博士陳求古以私隙訟其譏訕朝廷，除龍圖閣學士，出知應天府。累表論辨，不報，乃請侍養。明年，復端明、侍讀二學士，判太常寺。父喪免官，終喪起復，再爲翰林學士。諫官包拯、吴奎等言淑性姦邪，又嘗請侍養父而不及其母，罷翰林學士，以端明、龍圖閣學士奉朝請。丁母憂，服除，爲端明、侍讀二學士。遷户部侍郎，復爲翰林學士，而御史中丞張昪等又論奏之，不拜，除兼龍圖閣學士。由是壹鬱不得志，出知河中府，暴感風眩，卒。贈尚書右丞。淑警慧過人，博習諸書，詳練朝廷典故，凡有沿革，帝多諮訪。制作誥命，爲時所稱。其他文多裁取古語，務爲奇險，時人不許也。初，宋郊有學行，淑恐其先用，因密言曰：「『宋』，國姓；而『郊』者交，非善應也。」又宋祁作《張貴妃制》，故事，妃當册命，祁疑進告身非是，以淑明典故問之，淑心知其誤，謂祁曰：「君第進，何疑邪？」祁遂得罪去，其傾側險陂類此。嘗修《國朝會要》、《三朝訓鑒圖》、《閤門儀制》、《康定行軍賞罰格》，又獻《繫訓》三篇，所著别集百餘卷。子壽朋、復圭。

陸心源《宋史翼》卷六《刁約傳》 刁約，字景純，丹徒人。少有盛名，擢天聖八年進士第，爲諸王宫教授。時南班之制未立，宗子非遇殊恩無遷官法。景祐中，宗室欲緣大禮，推恩命，約草表。丞相王曾愛其文詞，遂得旨，有南班之授。宗室酬以千縑，謝辭不受。寶元中，入爲館閣校勘。慶曆初，與歐陽修同知太常禮院，其冬又與修等並爲集賢校理，管當三館、秘閣。四年，坐蘇舜欽進奏院祠神飲酒事，出通判海州，奉親以行，作戲綵亭，邦人榮之。李清臣賦詩所謂「傳聞綵服朱延客，已作金章白髮翁」，蓋以屬約。皇祐中，仍以校理權吏部南曹。尋爲開封府推官。至和中，温成皇后上仙，約以厚葬爲非，未疏奏，爲内臣所白，出提點京西刑獄。時知太常禮院校理吴充、鞠真卿，皆以議温成事黜，時論然之。太常丞直集賢院馮京上言，三人者不當去，亦坐落同修起居注。嘉祐初，使北，歸塗戲用契丹疋裂貔貍等爲詩，雖一時諧謔，亦爲當世傳誦。還判度支院假太常少卿直史館。四年，出爲兩浙運使還判三司鹽鐵院出提點，梓州路刑獄。八年，再判鹽鐵院還户部。治平中，出知揚州，移宣州。熙寧初，判太常寺議講讀官，當賜坐，與吕公著等合，後雖不行，識者是之。約性殷勤篤至，急人之急甚於己私。在京師，賓客無貴賤、少長，有謁必報，日不足繼之以夜，故館中頗有走馬多羅之誚，而約實未嘗一登

權要之門。故同時輩流躐進驟遷，而約獨四十年周旋館學，天下士皆稱之，曰「刁學士」。前後如范仲淹、歐陽修、司馬光、王安石、王存、蘇軾皆愛敬之。其告老而歸，存以詩送之，比其死也，軾哭之以詩，安石祭之以文。約家世簪纓，故所居頗有園池之勝，至約更葺爲一園曰「藏春塢」。塢西臨流，爲屋曰「逸老堂」。又西有山阜植松其上，曰「萬松崗」，凡當代名流皆有詩。從容里閈年八十餘。元豐五六年間，卒。兄繹擢天聖二年進士第，授太常博士，歷仕楚蜀，最後通判揚州卒。王安石時簽書淮南節度判官廳公事，有祭文。弟紓，字公綽，即約出使北回，寄南徐二弟詩中所謂「族推公綽最温良」者。紡字經臣，以父蔭入官，由户掾歷佐幕府。范仲淹、歐陽修皆有贈送之詩。《京口耆舊傳》。

《宋史・陳騤傳》 陳騤字叔進，台州臨海人。紹興二十四年，試春官第一，秦檜當國，以秦塤居其上。累官遷將作少監、守祕書少監兼太子諭德。太子尹臨安，騤謂：「儲宮下親細務，不得專于學，非所以毓德也。」太子矍然，亟辭。崔淵以外戚張説進，除祕書郎兼金部郎，騤封還詞頭。未幾，出知贛州，易秀州。召還，首言：「陛下鋭意圖治，群下急於自媒，争獻彊兵理財之計，及畀以職，報效蔑聞。宜杜邪諂之路。」再歸故官，遷祕書監兼崇政殿説書。淳熙五年，試中書舍人兼侍講、同修國史。上欲采晉、宋以下興亡理亂之大端，約爲一書，謂騤曰：「惟卿與周必大可任此事。」言者忌而攻之，上留章不下，授提舉太平興國宫。起知寧國府，改知太平州，加集英殿修撰。以言者罷。起知袁州。光宗受禪，召試吏部侍郎。紹熙元年，同知貢舉兼侍講。二年春，雷雪，詔陳時政得失，騤疏三十條，如宫闈之分不嚴，則權柄移；内謁之漸不杜，則明斷息；謀臺諫於當路，則私黨植；咨將帥於近習，則賄賂行；不求讜論，則過失彰；不謹舊章，則取舍錯；宴飲不時，則精神昏；賜予無節，則財用竭。皆切於時病。三年三月，權禮部尚書。六月，同知樞密院事。四年二月，參知政事。光宗以疾不朝重華宫，會慶節稱壽又不果往。騤三入奏，廷臣上疏者以百數，上感悟，以冬至日朝重華。五年正月朔旦，稱壽于慈福宫。孝宗崩，光宗以疾未臨喪，騤請正儲位以安人心。七月，攝行三省事。寧宗即位，知樞密院事兼參知政事。趙汝愚爲右丞相，騤素所不快，未嘗同堂語。汝愚擬除劉光祖侍御史，騤奏曰：「劉光祖舊與臣有隙，光祖入臺，臣請避之。」汝愚愕而止。時韓侂胄恃傳言之勞，潛竊國柄。吏部侍郎彭龜年論侂胄將爲國患，不報。於是龜年、侂胄俱請祠，騤曰：「以閤門去經筵，何以示天下？」龜年竟外補。侂胄語人曰：「彭侍郎不貪好官，固也，元樞亦欲爲好人耶？」遂以資政殿大學士與郡，辭，詔提舉洞霄宫。慶元二年，知婺州。告老，授觀文殿學士、提舉洞霄宫。嘉泰三年卒，年七十六。贈少傅，謚文簡。

孫應時《重修琴川志》卷八 張攀，字從龍，由太學登淳熙十一年進士第。初調四明之鄞縣尉；楚州教授，知建康府溧水縣，嚴州倅監，登聞鼓院慶元倅知興國軍，除將作監丞、太府寺丞、祕書丞。詮次《中興館閣書目》，凡萬四千九百四十三卷，上之。兼權右曹郎官，除尚右郎官，改尚左軍器監，同日再命拜殿中侍御史兼侍講。在憲府凡兩年，除起居郎，兼崇政殿説書。卒，年七十，贈通議大夫、集英殿修撰，時嘉定十六年也。攀寬厚易直，遇事開心見誠，無一毫矯飾。幼年郡試，即不肯隨衆減年爲欺，家世清白，持之益堅。仕州縣以循良稱，在朝廷以靖共著，類稱爲端人淑士云。有《益齋集》、《奏議》、《漢唐論》共若干卷。

《明史・楊士奇傳》 楊士奇，名寓，以字行，泰和人。早孤，隨母適羅氏，已而復宗。貧甚。力學，授徒自給。多游湖、湘間，館江夏最久。建文初，集諸儒修《太祖實録》，士奇已用薦徵授教授當行，王叔英復以史才薦。遂召入翰林，充編纂官。尋命吏部考第史館諸儒。尚書張紞得士奇策，曰：「此非經生言也。」奏第一。授吴王府審理副，仍供館職。成祖即位，改編修。已，簡入内閣，典機務，數月進侍講。永樂二年選宫僚，以士奇爲左中允。五年進左諭德。士奇奉職甚謹，私居不言公事，雖至親厚不得聞。在帝前，舉止恭慎，善應對，言事輒中。人有小過，嘗爲揜覆之。廣東布政使徐奇載嶺南土物饋廷臣，或得其目籍以進。帝閲無士奇名，召問。對曰：「奇赴廣時，群臣作詩文贈行，臣適病弗預，以故獨不及。今受否未可知，且物微，當無他意。」帝遽命燬籍。【略】十四年，帝還京師，微聞漢王奪嫡謀及諸不軌狀，以問蹇義。義不對，乃問士奇。對曰：「臣與義俱侍東宫，外人無敢爲臣兩人言漢王事者。然漢王兩遣就藩，皆不肯行。今知陛下將徙都，輒請留守南京。惟陛下熟察其意。」帝默然，起還宫。居數日，帝盡得漢王事，削兩護衛，處之樂安。明年進士奇翰林學士，兼故官。十九年改左春坊大學士，仍兼學士。明年復坐輔導有闕，下錦衣衛獄，旬日而釋。【略】時有上書頌太平者，帝以示諸大臣，皆以爲然。士奇獨曰：「陛下雖澤被天下，然流徙尚未歸，瘡痍尚未復，民尚艱食。更休息數年，庶幾太平可期。」帝曰：「然。」因顧蹇義等曰：「朕待卿等以至誠，望匡弼。惟士奇曾五上章，卿等皆無一言。豈果朝無闕政，天下太平耶？」諸臣慚謝。是年四月，帝賜士奇璽書曰：「往者朕膺監國之命，卿侍左右，同心合德，徇國忘身，屢歷艱虞，曾不易志。及朕嗣位以來，嘉謨入告，期予於治，正固不二，

簡在朕心。兹創制『楊貞一印』賜卿，尚克交修，以成明良之譽。」尋修《太宗實録》，與黄淮、金幼孜、楊溥俱充總裁官。未幾，帝不豫，召士奇與蹇義、黄淮、楊榮至思善門，命士奇書敕召太子於南京。宣宗即位，修《仁宗實録》，仍充總裁。宣德元年，漢王高煦反。帝親征，平之。師還，次獻縣之單家橋，侍郎陳山迎謁，言漢、趙二王實同心，請乘勢襲彰德執趙王。榮力贊決。士奇曰：「事當有實，天地鬼神可欺乎？」榮厲聲曰：「汝欲撓大計耶！今逆黨言趙實與謀，何謂無辭？」士奇曰：「太宗皇帝三子，今上惟兩叔父。有罪者不可赦，其無罪者宜厚待之，疑則防之，使無虞而已。何遽加兵，傷皇祖在天意乎？」時惟楊溥與士奇合。將入諫，榮先入，士奇繼之，閽者不納。尋召義、原吉入。二人以士奇言白帝。帝初無罪趙意，移兵事得寢。比還京，帝思士奇言，謂曰：「今議者多言趙王事，奈何？」士奇曰：「趙最親，陛下當保全之，毋惑群言。」帝曰：「吾欲封群臣章示王，令自處何如？」士奇曰：「善，更得一璽書幸甚。」於是發使奉書至趙。趙王得書大喜。泣曰：「吾生矣。」即上表謝，且獻護衛，言者始息。帝待趙王日益親而薄陳山。謂士奇曰：「趙王所以全，卿力也。」賜金幣。【略】宣宗崩，英宗即位，方九齡，軍國大政關白太皇太后。太后推心任士奇、榮、溥三人，有事遣中使詣閣諮議，然後裁決。三人者亦自信，侃侃行意。士奇首請練士卒，嚴邊防，設南京參贊機務大臣，分遣文武鎮撫江西、湖廣、河南、山東，罷偵事校尉。又請以次蠲租税，慎刑獄，嚴覈百司。皆允行。正統之初，朝政清明，士奇等之力也。三年，《宣宗實録》成，進少師。四年乞致仕。不允。敕歸省墓。未幾，還。是時中官王振有寵於帝，漸預外庭事，導帝以嚴御下，大臣往往下獄。靖江王佐敬私饋榮金。榮先省墓，歸不之知。振欲借以傾榮，士奇力解之，得已。榮尋卒，士奇、溥益孤。其明年遂大興師征麓川，帑藏耗費，士馬物故者數萬。又明年，太皇太后崩，振勢益盛，大作威福，百官小有牴牾，輒執而繫之。廷臣人人惴恐，士奇亦弗能制也。士奇既耄，子稷傲很，嘗侵暴殺人。言官交章劾稷。朝議不即加法，封其狀示士奇。復有人發稷横虐數十事，遂下之理。士奇以老疾在告。天子恐傷士奇意，降詔慰勉。士奇感泣，憂不能起。九年三月卒，年八十。贈太師，謚文貞。有司乃論殺稷。初，正統初，士奇言瓦剌漸强，將爲邊患，而邊軍缺馬，恐不能禦。請於附近太僕寺關領，西番貢馬亦悉給之。士奇殁未幾，也先果入寇，有土木之難，識者思其言。又雅善知人，好推轂寒士，所薦達有初未識面者。而于謙、周忱、況鍾之屬，皆用士奇薦，居官至一二十年，廉能冠天下，爲世名臣云。

又《馬愉傳》 馬愉，字性和，臨朐人。宣德二年進士第一。授翰林修撰。九年秋特簡史官及庶吉士三十七人進學文淵閣，以愉爲首。正統元年充經筵講官，再遷至侍讀學士。時王振用事，一日，語楊士奇、榮曰：「朝廷事久勞公等，公等皆高年，倦矣。」士奇曰：「老臣盡瘁報國，死而後已。」榮曰：「吾輩衰殘，無以効力，當擇後生可任者，報聖恩耳。」振喜而退。士奇咎榮失言。榮曰：「彼厭吾輩矣，一旦内中出片紙令某人入閣，且奈何？及此時進一二賢者，同心協力，尚可爲也。」士奇以爲然。翼日，遂列侍讀學士苗衷、侍講曹鼐及愉名以進。由是愉被擢用。五年詔以本官入内閣，參預機務，尋進禮部右侍郎。十二年卒。贈尚書兼學士。贈官兼職，自愉始。愉端重簡默，門無私謁。論事務寬厚。嘗奏天下獄久者多瘐死，宜簡使者分道決遣。帝納焉。邊警，方命將，而别部使至，衆議執之。愉言：「賞善罰惡，爲治之本。波及於善，非法。乘人之來執之，不武。」帝然之，厚遣其使。

又《黄佐傳》 黄佐，字才伯，香山人。祖瑜，長樂知縣，以學行聞。正德中，佐舉鄉試第一。世宗嗣位，始成進士，選庶吉士。嘉靖初，授編修，陳初政要務，又請修舉新政，疏皆留中。尋省親歸，便道謁王守仁，與論知行合一之旨，數相辨難，守仁亦稱其直諒。還朝，會出諸翰林爲外僚，除江西僉事。旋改督廣西學校，聞母病，引疾乞休，不俟報竟去，下巡撫林富逮問。富言佐誠有罪，第爲親受過，於情可原，乃令致仕。家居九年，簡宫僚，命以編修兼司諫，尋進侍讀，掌南京翰林院。召爲右諭德，擢南京國子祭酒。母憂除服，起少詹事。謁大學士夏言，與論河套事不合。會吏部缺左侍郎，所司推禮部右侍郎崔桐及佐。給事中徐霈、御史艾朴言：「桐與左侍郎許成名競進，至相詬詈；而佐及同官王用賓亦争覬望，惟恐或先之，宜皆止勿用。」言從中主之，遂皆賜罷。佐學以程、朱爲宗，惟理氣之説，獨持一論。平生譔述至二百六十餘卷。所著《樂典》，自謂洩造化之秘。年七十七卒。穆宗詔贈禮部右侍郎，謚文裕。佐弟子多以行業自飭，而梁有譽、歐大任、黎民表詩名最著云。

陳昌齊《廣東通志》卷二九一 張萱，字孟奇，博羅人。政熙長子。萬曆壬午，以春秋魁鄉試。肄業南雍，受知大司成趙志皐，推爲諸生都講。丁父憂歸，柴立蹐踊，禫服外猶欒欒如也。屢上春官不第，考中内閣制勅房中書，纂修正史，侍經筵，得發秘閣所藏書讀之，著《秘閣藏書録》四卷。時與馮夢正諸名流結社賦詩，往來莫逆。甫一載，念母，予告歸，母强還朝。因修《玉牒》稱旨，轉北户部主事，署

奏曹諸所條上，皆爲屬草。差榷滸墅關，迎母就禄。極意寬商，諸爲關政蠹者，芟剔無毫匿。值三吴歲饑，捐賑關門，并諸庠貧士。且脩董公堤、滸墅先師廟、城隍廟、虎邱寺、灌山廟，重建義倉。大學士王某譔《榷政碑》頌其德。陞本部郎中，差滿，奉母還里，乞終養。擢貴州平越守，未任，以蜚語中考功令，聞之欣然。爲園榕溪之西，不入城市，海内稱爲西園公。母喪，白頭作孺子泣，徒步扶葬。弟萃蚤世，撫其子如己出。繕父祠塋，皆獨力經營。立仁粟倉，以濟族里。歲捐數十百鍾，每遇荒歉，煮粥濟饑，多所全活。野有露胔，必捐槥掩之。外祖謝仁，以清白吏祀鄉賢不數傳，有欲鬻其先廬者，捐金贖還，復封其墓。購負郭田百畝，佐魚菽館穀，其裔秀者延師，誨之郡邑。有興革當事，必式閭諮訪，披衷商酌，略無私狥。篤故舊，常立師友二祠，春秋致祭。臨池，真草篆隸皆工，尤善丹青。生平無他嗜，獨癖書，老而彌篤。藏萬卷，丹鉛無不遍者。自天地、陰陽，以及兵、農、禮、樂、元乘、韜鈐，無不探討淹貫。所著述已梓行者，《西園存稿》、《彙雅前後編》、《古韻》、《疑耀》、《彙史》、《史餘》、《聞見録》、《六書故》、《雲笈七籤》、《唐撫言》、《三朝政要》、《北雅心口語》、《蘇文忠寓惠録》、《八宅周書》、《陰宅四書》、《大惑》。具體未梓行者，《西園類林》、《五經一貫》、《古文奇字》、《西園類説》。當道屢疏薦於朝，高卧不起。年八十四，無疾端坐而逝。順治十三年，公舉從祀鄉賢，長子元炳，字伯虎，善居繼母喪，友愛諸弟，弱冠受餼于庠，後以父春秋高，朝夕承歡，遂上書去博士籍。

《惠州志》

《明史・宦官傳・劉若愚》　時有劉若愚者，故隸陳矩名下。善書，好學有文。天啓初，李永貞取入内直房，主筆札。永貞多密謀，若愚心識之，不敢與外廷通。忠賢敗，若愚爲楊維垣所劾，充孝陵凈軍。已，御史劉重慶以李實誣高攀龍等七人事劾實。實疏辨言係空印紙，乃忠賢逼取之，令永貞填書者。帝驗疏，墨在朱上，遂誅永貞，坐若愚大辟。久之，得釋。若愚當忠賢時，禄賜未嘗一及，既幽囚，痛己之冤，而恨體乾、文輔輩之得漏網也，作《酌中志》以自明，凡四卷，見者憐之。

《四庫提要・史部三九・政書類存目》　《謚法纂》十卷，浙江汪啓淑家藏本。明孫能傳撰。能傳字一之，寧波人。萬曆丙辰進士，官至工部員外郎。即嘗與張萱同編《内閣書目》者。此書詳考易名之制，首功令，次謚法，次尊謚，次臣謚，而以議論終焉。大抵據内閣册籍鈔録成書，其例頗與葉秉敬謚考相同，而不及其精密。

《清史列傳・沈初傳》　沈初，浙江平湖人。乾隆二十七年，聖駕南巡，召試一等，賜舉人，授内閣中書。二十八年，一甲第二名進士，授編修。三十一年，散館一等。三十二年，入直懋勤殿，命寫經爲孝聖憲皇后祝釐。旋充日講起居注官。三十三年四月，御試翰詹等官。諭曰：「編修沈初，學問優長。因内廷有承辦事件，未得一體考試，著加一級。」十二月，擢侍講。三十四年八月，丁本生母憂。三十五年十二月，服闋，仍直懋勤殿。諭曰：「向來候補人員，例不食俸。至内廷行走之員，雖未得缺，應准支俸，以資贍給。候補侍讀沈初著加恩食俸。」三十六年六月，入直南書房。九月，提督河南學政。未赴任，丁祖母承重憂。三十九年，服闋，仍直南書房，一體食俸。旋擢右春坊右庶子，仍充日講起居注官。四十年正月，遷侍講學士，尋轉侍讀學士。十二月，擢詹事府少詹事。四十一年正月，擢詹事。六月，擢禮部右侍郎，充《四庫全書》館副總裁。四十二年，提督福建學政。四十四年，丁本生父憂。四十五年，服闋，授兵部右侍郎，仍直南書房。四十六年，充《三通》館副總裁。三月，充會試副考官。六月，以母疾篤，請假回籍省視。四十七年五月，請終養，許之。十月，丁母憂。五十年五月，服闋，補兵部右侍郎，仍直南書房。八月，提督順天學政。五十一年九月，調江蘇學政。五十二年，轉兵部左侍郎。五十三年十二月，奏曰：「臣試松江時，已值納漕之期。向有生監以醜米混交之弊，臣出示禁約，並開列人名，交與各學教官嚴加管束。旋聞有江陰生監在倉與書役争鬧，臣即令教官到倉確查，係生員楊大緒不肯將米篩颺所致。臣即取米細驗，果係不純，因令篩颺交納。時有幫同争鬧之監生吴柏、生員吴昆，臣即斥革衣頂，並出示各學生監，毋或效尤，自蹈覆轍，以冀士風整飭，知所懲儆。」報聞。五十四年，還京，仍直南書房，充經筵講官，署禮部左侍郎。四月，充殿試讀卷官。七月，調吏部右侍郎。八月，充《萬壽盛典》總裁。五十六年，命閲廷試翰詹等官等。復命續編《石渠寶笈》、《祕殿珠林》二書。十一月，諭曰：「前蔣衡進手書《十三經》，宜刻石列於太學，用垂永久。著沈初隨同校勘。」五十七年八月，提督江西學政。五十九年，轉吏部左侍郎。六十年六月，江蘇拔貢程桂芳考不入等。以初前任江蘇學政時，遴才未精，議降一級調用，詔改革職留任。是年十月，還京，仍直南書房。十二月，以初失察江西阜役之子焦模泰冒考，罰學政養廉三年。嘉慶元年正月，與千叟宴於皇極殿。二月，充會試知貢舉。四月，充殿試讀卷官。六月，擢都察院左都御史。十月，命在軍機處行走。尋遷兵部尚書。二年三月，轉吏部尚書。八月，調户部尚書，仍兼吏部尚書。三年正月，京察，以初勤慎稱職，飭部甄敘。尋議加一級。八月，充順天鄉試正考官。九月，四川官軍生擒首逆王三槐。奏捷，上以初趨直軍機處，下部優敘。旋議軍功加三級。四年正月，詔以初年老，

退出軍機處。尋命紫禁城騎馬，復免直南書房。二月，充實録館副總裁。三月初一日卒。遺疏聞，諭曰：「户部尚書沈初，内廷行走有年，襄辦部務，供職勤慎。今因病溘逝，殊堪軫惜。應得卹典，該部察例具奏。其任内降罰處分，准其開復。」尋賜祭葬如例。謚文恪，入祀鄉賢祠。子二：長蘭生，以正二品廕生，現官户部額外主事；次蓮生，由監生遵衡工例捐納鹽運使運判，分發長蘆試用。

紀事

阮孝緒《七録序》（《廣弘明集》卷三） 日月貞明，匪光景不能垂照；嵩華載育，非風雲無以懸感。大聖挺生，應期命世，所以匡濟風俗，矯正彝倫，非夫《丘》《素》《墳》《典》、《詩》《書》《禮》《樂》，何以成穆穆之功，致蕩蕩之化也哉！故洪荒道喪，帝昊興其爻畫，結繩義隱，皇頡肇其文字。自斯已往，沿襲異宜，功成治定，各有方册。正宗既殄，樂崩禮壞，先聖之法，有若綴旒。故仲尼歎曰：大道之行也，與三代之英，丘未逮也。而有志焉，夫有志以爲古文猶好也。故自衛反魯，始立素王於是。删《詩》《書》，定《禮》《樂》，列五始於《春秋》，興《十翼》於《易》道。夫子既亡，微言殆絶；七十並喪，大義遂乖。逮於戰國，殊俗政異，百家競起，九流互作。嬴政嫉之，故有坑焚之禍。至漢惠四年，始除挾書之律。其後外有太常、太史、博士之藏，内有延閣、廣内、秘室之府。開獻書之路，置寫書之官。至孝成之世，頗有亡逸，乃使謁者陳農求遺書於天下，命光禄大夫劉向及子俊歆等讐校篇籍。每一篇已，輒録而奏之。會向亡喪，帝使歆嗣其前業，乃徙温室中書於天禄閣上，歆遂總括群篇，奏其《七略》。及後漢蘭臺，猶爲書部，又於東觀及仁壽闥撰集新記。校書郎班固、傅毅並典秘籍。固乃因《七略》之辭，爲《漢書·藝文志》。其後有著述者，袁山松亦録在其書。魏晉之世，文籍逾廣，皆藏在秘書、中、外三閣。魏秘書郎鄭默，删定舊文，時之論者，謂爲朱紫有别。晉領秘書監荀勖，因魏《中經》，更著《新簿》，雖分爲十有餘卷，而總以四部别之。惠、懷之亂，其書略盡，江左草創，十不一存，後雖鳩集，淆亂已甚。及著作佐郎李充，始加删正，因荀勖舊簿四部之法而换其乙丙之書，没略衆篇之名，總以甲乙爲次。自時厥後，世相祖述。宋秘書監謝靈運、丞王儉、齊秘書丞王亮、監謝朏等，並有新進，更撰目録。宋秘書殷淳撰大四部目，儉又依《别録》之體，撰爲《七志》，其中朝遺書收集稍廣，然所亡者猶太半焉。齊末兵火，延及秘閣。有梁之初，缺亡甚衆。爰命秘書監任昉，躬加部集。又於文德殿内别藏衆書，使學士劉孝標等，重加校進，乃分數術之文更爲一部。使奉朝請祖暅撰其名録，其尚書閣内别藏經史雜書，華林園又集釋氏經論。自江左篇章之盛，未有踰於當今者也。

《魏書·儒林傳·孫惠蔚》 世宗即位之後，仍在左右敷訓經典，自冗從僕射遷祕書丞、武邑郡中正。惠蔚既入東觀，見典籍未周，乃上疏曰：「臣聞聖皇之御世也，必幽贊人經，參天二地，憲章典故，述遵鴻猷。故《易》曰：『觀乎天文以察時變，觀乎人文以化成天下。』然則《六經》、百氏，圖書祕籍，乃承天之正術，治人之貞範。是以温柔疏遠，《詩書》之教；恭儉易良，《禮樂》之道。爻彖以精微爲神，《春秋》以屬辭爲化。故大訓炳於東序，藝文光於麟閣。斯實太平之樞宗，勝殘之要道，有國之靈基，帝王之盛業。安上靖民，敦風美俗，其在兹乎？及秦棄學術，《禮經》泯絶。漢興求訪，典文載舉，先王遺訓，燦然復存。暨光武撥亂，日不暇給，而入洛之書二千餘兩。魏晉之世，尤重典墳，收亡集逸，九流咸備。觀其鳩閲史篇，訪購經論，紙竹所載，略盡無遺。臣學闕通儒，思不及遠，徒循章句，片義無立。而慈造曲覃，厠班祕省，忝官承之，唯書是司。而觀、閣舊典，先無定目，新故雜糅，首尾不全。有者累帙數十，無者曠年不寫。或篇第褫落，始末淪殘；或文壞字誤，謬爛相屬。篇目雖多，全定者少。臣今依前丞臣盧昶所撰《甲乙新録》，欲裨殘補闕，損併有無，校練句讀，以爲定本，次第均寫，永爲常式。其省先無本者，廣加推尋，搜求令足。然經記浩博，諸子紛綸，部帙既多，章篇紕繆，當非一二校書，歲月可了。今求令四門博士及在京儒生四十人，在祕書省專精校考，參定字義。如蒙聽許，則典文允正，群書大集。」詔許之。

程俱《麟臺故事》卷二 慶曆元年十二月，翰林學士王堯臣等上新修《崇文院總目》六十卷。景祐中，以三館祕閣所藏書，其間亦有謬濫及不完之書，命官定其存廢，因倣《開元四部録》，著爲《總目》而上之。庚寅，詔提舉修《總目》官資政殿學士尚書禮部侍郎張觀、右諫議大夫宋庠、翰林學士兼龍圖閣學士尚書兵部員外郎知制誥判集賢院王堯臣、翰林學士兼侍讀學士起復尚書兵部郎中知制誥判昭文館聶冠卿，尚書兵部員外郎知制誥郭稹，竝加階及食邑有差；編修官太常博士直集賢院吕公綽爲尚書工部員外郎，殿中丞天章閣侍講史館檢討王洙爲太常博士，館閣校勘殿中丞刁約、太子中允歐陽修、祕書省著作佐郎楊儀、大理評事陳經竝爲集賢校理；管勾三館祕閣内殿承制王從禮爲供備庫副使，入内東頭供奉官裴滋候御

藥院滿日優與改官，高班楊安顯爲高品。張觀、宋庠雖在外，以嘗典領，亦預之。

又 景祐元年閏六月，命翰林學士張觀、知制誥李淑、宋郊編排三館祕閣書籍，仍命判館閣盛度、章得象、石中立、李仲容覆視之。三年十月甲寅，以知制誥王舉正看詳編排三館祕閣書籍，自是常於内外制中選官充是職。嘉祐四年正月，右正言祕閣校理吴及言：「祖宗更五代之弊，設文館以待四方之士，而公相率繇此而進，故號令風采，不減漢、唐。近年用内臣監館閣書庫，借出書籍，亡失已多，又簡編脱落，書吏補寫不精，非國家崇鄉儒學之意。請選館職三兩人，分館閣吏人編寫書籍，其私借出若借之者，並以法坐之。仍請求訪所遺之書。」上乃命置館閣編定書籍官，以祕閣校理蔡抗、陳襄、集賢校理蘇頌、館閣校勘陳繹等四人，分昭文、史館、集賢、祕閣書而編定之，令不兼他局，二年一代。其後又置編校官四人，以《崇文總目》收聚遺逸，刊正訛謬而補寫之，又以黄紙寫别本以絶蠹敗。至嘉祐六年，三館、祕閣上所寫黄本書六千四百九十六卷，補白本書二千九百五十四卷。上賜兩府及館閣官燕於崇文院，宰相韓琦等刻石記於院之西壁。

王明清《揮麈録》前録卷之一《皇朝列聖搜訪書籍》 國朝承五代搶攘之後，三館有書僅萬二千卷。乾德以後，平諸國，所得浸廣。太宗鄉儒學，下詔搜訪民間，以開元四部爲目，館中所闕及三百已上卷者，與一子出身。端拱元年，分三館之書，别爲書庫，目曰祕閣。真宗咸平三年，詔中外臣庶家，有收得三館所少書籍，每納一卷，給千錢。〔送〕判館看詳，委是所少書數，及卷秩别無差誤，方許收納。其所進書及三百卷以上，量才試問，與出身。又令三館寫四部書二本，一置禁中龍圖閣，一置後苑之太清樓，以便觀覽。八年，榮王宫火，延燔三館，焚爇殆遍。於是出禁中本，就館閣傳寫，且命儒臣編類讎校。校勘、校理之官，始於此也。嘉祐五年，又詔中外士庶，許上所闕書，每卷支絹一疋；及五百卷，特與文資。元豐中，〔建〕祕書省，三館併歸省中，書亦隨從。元祐中，重寫御前書籍，又置校對黄本，以館職資淺者爲之。又置重修晋書局。不久皆罷去。宣和初，蔡攸提舉祕書省，建言置補〔完〕御前書籍所，再訪天下異書，以資校對，以侍臣拾人爲參詳官，餘爲校勘，又以進士白衣充檢閲者數人，及年皆命以官。未畢而國家多故，靖康之變，諸書悉不存。太上警蹕南渡，屢下搜訪之詔，獻書補官者凡數人。秦熺提舉祕書省，奏請命天下專委守臣，又有旨録會稽陸氏所藏書上之。今中祕所藏之書，亦良備矣。

李心傳《建炎以來朝野雜記》卷四 《中興館閣書目》者，孝宗淳熙中所修也。高宗始渡江，書籍散佚。紹興初，有言賀方回子孫鬻其故書於道者，上命有司悉市之。時洪玉父爲少蓬，建言蕪湖縣僧有蔡京所寄書籍，因取之以實三館。劉季高爲宰相掾，又請以重賞訪求之。五年九月，大理評事諸葛行仁獻書萬卷於朝，詔官一子。十三年，初建祕閣，又命即紹興府借故直祕閣陸寘家書繕藏之。寘，農師子也。十五年，遂以秦伯陽提舉祕書省，掌求遺書、圖畫及先賢墨迹。時朝廷既右文，四方多來獻者。至是數十年，祕府所藏益充牣，乃命館職爲《書目》，其綱例皆倣《崇文總目》焉。《書目》凡七十卷。祕書監陳騤領其事，五年六月上之。

黄丕烈《蕘圃藏書題識》卷三 《中興館閣録》九卷《續録》九卷。校宋舊鈔本。全書借顧抱沖小讀書堆影宋鈔本手校，内正、續官聯有倒置者。此照影宋鈔本補脱，照舊校宋刻本正誤。宋廛一翁記，丙子季秋。此書向藏宋刻，曾借小讀書堆影宋本勘之，惟《續録》文誤訂入《前録》中者三葉，影宋時承其錯簡而混厠《前録》中，并擅改版心，妄填名目，以致正續不分，賴有宋刻正之，詳見所撰《所見古書録》中。近宋刻已歸他姓，復購得一鈔本，其原或出聚珍本，由《永樂大典》掇拾者，所誤三葉，以空白闕疑，兹據影宋本補其文，據宋刻正其誤，其餘《續録》官聯，兹覆校始知尚有錯簡，惜當時宋刻未暇正也。復翁。此鈔本余得諸五柳居，實嘉善人家物也。聞其家有一進士，故多藏書，是必能讀書者。是書不詳所由來，行款全非舊本，意從《永樂大典》本出，而未敢必也。余今手校此影宋本，又依向所親見宋刻之勝於影宋鈔者手證其誤，此本居然善本矣。因思此等書籍視之無甚緊要，而欲考究一朝典實，非但館閣制度可於此見，即其中人材輩出、姓氏、籍貫、科第，犁然在目。孰謂非一緊要書耶？余故不憚借本讐校若此也。復翁。

又 《中興館閣録》十卷、《續録》十卷。宋槧本。《中興館閣録》十卷，《續録》十卷，見於《直齋書録解題》及《文獻通考》。《通考》載陳氏之言，并巽巖李氏之序，亦可謂詳悉矣。而分門有九，始沿革，終職掌，又詳於《曝書亭集》跋語中。然竹垞所藏，已爲鈔本，且僅云惜非完書，并未著所缺何處。今予得宋刻本《中興館閣録》，缺《沿革門》、《續録》缺《廪禄門》，其餘闕葉未可悉誌。李燾之序，僅存半葉，其首云「《中興館閣録》十卷，淳熙四年秋天台陳騤叔晉與其僚所共編集也」，此二十六字《通考》未載。「上世官修其方」已下，至「斯可傳久」與《通考》所載文同，後云「彼狡焉，棄滅典籍，縱意自如，幸能行」，此十四字與《通考》所載「六龍駐蹕」云云大異。惜乎朱刻殘闕，不能定其是非也。此書外間傳播多屬鈔本，近顧抱沖家借得

影宋鈔本，與宋刻不差毫髮。惟《續録》卷七「提舉編修國朝會要」云云，宋刻此葉板心明係《館閣續録》卷第七，誤訂入《前録》中卷第七，而影鈔者逕改去「續録」字樣。混則《前録》中，殊爲謬妄。且《續録》中有「提舉編修國朝會要」八字刻入版心者，兩葉正當接於「提舉編修國朝會要」一葉後，因宋刻誤訂，故失次爾，殊不思慶元以後三人，京鏜、余端禮、謝深甫文本聯屬，而顧改《館閣續録》卷第七爲《中興館閣録》卷第七，何耶？且有「提舉祕書省提綱史事」兩葉，係《續録》卷七之文，因板心無字，混將補《前録》中缺葉，而亦填入「中興館閣録」云云，竟似《前録》本文，殊不思所引官聯，俱在淳熙四年以後耶。宋刻之妙，即此已足正鈔本之訛。後之讀是書者，勿以世有傳録之本而忽視之。乾隆甲寅歲五月夏至日，古吴黄丕烈識。

宋刻有原刻補刻之異，故版刻字跡迥别。至每卷排比葉數，原刻數目本可循序以稽，自有補刻之葉添入，則數目不同，無從稽考矣。矧經妄人點竄，更覺糊塗。今悉据本書文義序次，統補刊空白之葉，於每卷注明每葉數目，填於旁紙，庶無紊亂之虞焉。若宋刻原本序次顛倒，又得嘉定錢竹汀、海鹽家椒升兩家舊藏鈔本悉心對勘，俾免舛錯。内有文字同而重出者一葉，未識當時是否錯簡，反致衍文，不敢删削，仍舊並存，信以傳信，疑吕傳疑，吾於古書亦守斯訓爾。蕘圃又識。

李燾《續資治通鑑長編・慶曆元年》 ［十二月］己丑，翰林學士王堯臣等上新修《崇文總目》六十卷。景祐初，以三館、祕閣所藏書，其間亦有謬濫及不完者，命官定其存廢，因倣《開元四部録》爲《總目》，至是上之。所藏書凡三萬六百六十九卷，然或相重，亦有可取而誤棄不録者。

江少虞《宋朝事實類苑》卷三一 景祐初元，詔群儒即書府盡啓先帝所藏校定條目，翰林學士王堯臣、史館檢討王洙、館閣校勘歐陽修等，咸被其選。詩論譔次，其僞濫者删去之，遺缺者補緝之。摘其重複，刊其訛舛，集其書之總數，凡三萬六百六十九卷。以類分門，爲目成六十七卷。初，書府之制，廢于五代。太平興國之初，始建崇文院，合聚昭文、史館、集賢之書。又起祕閣，則貯禁中之籍。逮茲著録，故賜名曰：「崇文總目。」崇文總目，係以三館祕閣書籍併合著録。京師藏書之家，惟故相王溥爲多，官嘗借本傳寫。丁謂家書亦多，收入祕府。三館祕閣所藏之書，皆分經史子集四類，昭文館三萬八千二百九十一卷，史館四萬一千五百五十三千餘字，録爲六卷以進，賜刁衎。器幣等有差。然今所行者，止是淳化中所校，後雖覆校，即已刻版，刊改殊少。

章如愚《群書考索》卷一八 國朝《崇文總目》，王堯臣等撰也。其書之總數凡三萬六百六十九卷。自太祖平定四方，天下之書悉歸藏室。太宗、真宗訪求遺逸，起祕閣，以貯禁中之籍。至景祐中，仁宗始詔群儒校定，修爲《總目》。《嘉祐搜訪闕書目》首載嘉祐六年六月訪求遺書詔書。蓋《崇文總目》書成後，仁宗患祕府所藏遺逸尚多，於是開獻書之路，下諸道求訪。《皇朝祕閣書目》，不知作者，以類分二十九門，總六千七百九卷。《史館新定書目》，不知作者，載皇祐史館所藏書。其目分經、史、子、集四部，總一萬四千四百九卷。《國子監書目》：熙寧中，國子監書庫鬻書之數，總一百二十五部。《祕書省書目》，不知作者，録祕閣書目，凡一萬四千九百餘卷。高宗中興，紹興初再改定《崇文總目》與《祕書省續編到四庫闕書》。至淳熙中，陳騤等復定《中興館閣書目》，與《崇文總目》並行，參會衆見，輯成《書目》七十卷，《等例》一卷。凡五十二門，計見在書四萬四千四百八十六卷，較之《崇文》所載，實多一萬三千八百一十七卷；復參三朝所志，多八千二百九十卷；兩朝所志，多三萬五千九百九十二卷。

錢大昕《十駕齋養新録》卷十四 《崇文總目》一册，予友汪炤少山游浙東，從范氏天一閣鈔得之。其書有目而無敘釋，每書之下多注闕字，陳直齋所見，蓋即此本，題云紹興改定，今不復見題字，或後人傳鈔去之耳。朱錫鬯跋是書，謂因鄭漁仲之言，紹興中從而去其注釋。今考《續宋會要》，載紹興十二年十二月，權發遣盱眙軍向子堅言，乞下本省，以《唐藝文志》及《崇文總目》所闕之書，注闕字於其下，付諸州軍照應搜訪。是今所傳者，即紹興中頒下諸州軍搜訪之本。有目無釋，取其便於尋檢耳。豈因漁仲之言而有意删之哉？且漁仲以薦入官，在紹興之末，未登館閣，旋即物故，名位卑下，未能傾動一時。若紹興十二年，漁仲一閩中布衣耳，誰復傳其言者？朱氏一時揣度，未及研究歲月，聊爲辨正，以解後來之惑。

徐松《宋會要輯稿・職官十八》 是月，祕書省言：「《崇文總目》内書籍是將四館分書併合著録，自來逐館分書多少不等，每處未有全依得《總目》内數目者。今既先用黄紙書一本充祕閣收藏，即自嘉祐中編校，後來所寫書本尚猶未能足數，即今見行添補。欲將祕閣先退下舊白本及諸館分舊書或兼本者，亦依《崇文總目》編次一本，充史館收藏，其餘接續編次集賢、昭文。内集賢一本充諸處借取外，其餘更不得借出。又江南、西川、荆南、兩浙等書並是祖宗初平僭僞收取入館，可惜散失將盡，今欲不拘全與不全，並於下庫收貯。内有唐朝零碎舊書，仍乞别藏祕

閣。又近世書并家籍等多是一時獻到，送付祕閣，乞別作一帳收係。内有名賢著述，亦別謄寫，其餘即於空閑庫分收管。」從之。【略】十一月十四日，祕書省校書郎孫覿奏：「太宗建崇文院，爲藏書之所。景祐中，仁宗詔儒臣即祕書省所藏編次條目，所得書以類分門，賜名《崇文總目》。神宗始以崇文院爲祕書省，釐正官名，獨四庫書尚循《崇文》舊目。頃因臣僚建言，訪求遺書。今累年所得，《總目》之外凡數百家，幾萬餘卷，乞依景祐故事，詔祕書省官以所訪遺書討論譔次，增入《總目》，合爲一卷。乞別製美名，以更《崇文》之號。」從之。仍命覿及著作郎倪濤、校官郎汪藻、劉彦適譔次，曰《祕書總目》。【略】四年二月，置館閣編定書籍官。九月，詔以内藏西庫地還崇文院。六年十二月二十三日，賜輔臣、兩制、館閣官宴于崇文院，宰臣韓琦以下刻石記于院之西壁。先是，詔置編定編校一員，據崇文院《總目》刊正補寫。至是寫校畢，凡黄本六千四百九十六卷，白本二千九百五十四卷，上之。

汪琬《堯峰文抄》卷二五《遠志之苗序》 前明御馬監、太監劉若愚，直隸延慶州左衛人。崇禎初，以魏忠賢黨下獄，若愚自辨頗力，在獄中纂此書。所述妖書及客魏始末最悉。卷首曰《寺人小草》，又曰《遠志之苗》，與《酌中志略》大同小異，此蓋其槀本也。予借諸文氏，筆畫譌謬，且襍以行草，遂別加繕録而序之。

史志目録部

綜述

《漢書・藝文志總序》 昔仲尼没而微言絶，七十子喪而大義乖。故《春秋》分爲五，《詩》分爲四，《易》有數家之傳。戰國從衡，真僞分争，諸子之言紛然殽亂。至秦患之，乃燔滅文章，以愚黔首。漢興，改秦之敗，大收篇籍，廣開獻書之路。迄孝武世，書缺簡脱，禮壞樂崩，聖上喟然而稱曰：「朕甚閔焉！」於是建藏書之策，置寫書之官，下及諸子傳説，皆充祕府。至成帝時，以書頗散亡，使謁者陳農求遺書於天下。詔光禄大夫劉向校經傳諸子詩賦，步兵校尉任宏校兵書，太史令尹咸校數術，侍醫李柱國校方技。每一書已，向輒條其篇目，撮其指意，録而奏之。會向卒，哀帝復使向子侍中奉車都尉歆卒父業。歆於是總群書而奏其《七略》，故有《輯略》，有《六藝略》，有《諸子略》，有《詩賦略》，有《兵書略》，有《術數略》，有《方技略》。今删其要，以備篇籍。

劉知幾《史通》卷三《書志》 伏羲已降，文籍始備；逮於戰國，其書五車，傳之無窮，是曰不朽。夫古之所制，我有何力，而班《漢》定其流别，編爲《藝文志》。論其妄載，事等上篇。謂《天文志》。《續漢》已還，祖述不暇。夫前志已録，而後志仍書，篇目如舊，頻煩互出，何异以水濟水，誰能飲之者乎？且《漢書》之志天文、藝文也，蓋欲廣列篇名，示存書體而已；文字既少，披閲易周，故雖乖節文，而未甚穢累。既而後來繼述，其流日廣。天文則星占、月會、渾圖、周髀之流，藝文則四部、《七録》、《中經》、秘閣之輩，莫不各逾三篋，自成一家。史臣所書，宜其輟簡。而近世有著《隋書》者，乃廣包衆作，勒成二志，騁其繁富，百倍前修。非唯循覆車而重軌，亦復加闊眉以半額者矣。但自史之立志，非復一門，其理有不安，多從沿革。唯藝文一體，古今是同，詳求厥義，未見其可。愚謂凡撰志者，宜除此篇；必不能去，當變其體。近者宋孝王《關東風俗傳》亦有《墳籍志》，其所録皆鄴下文儒之士，讎校之司。所列書名，唯取當時撰者。習兹楷則，庶免譏嫌。語曰：「雖有絲麻，無棄菅蒯。」於宋王得之矣。已上《藝文志》。

焦竑《國史經籍志糾繆》 《周書》入尚書，非，改雜史。《議奏》入尚書，非，改入集。《司馬法》入禮，非，改兵家。《戰國策》入春秋，非，改縱横家。《五經雜議》入孝經，非，改經解。《爾雅》、《小爾雅》入孝經，非，改小學。《弟子職》入孝經，非，還《管子》。《晏子》入儒家，非，改墨家。《高祖傳》、《孝文傳》入儒，非，改制詔。《管子》入道家，非，改法家。《尉繚子》入雜家，非，改兵家。《山海經》入形家，非，改地理。陰陽、五行、龜、雜占、形法，數術漢五出，今總入五行。右《漢藝文志》。

錢大昕《廿二史考異》卷七《漢書藝文志》 《記》百三十一篇，七十子後學所記也。按：鄭康成《六藝論》云：戴德傳《記》八十五篇，戴聖傳《記》四十九篇。此云「百三十一篇」者，合大小戴所傳而言。《小戴記》四十九篇，《曲禮》、《檀弓》、《雜記》皆以簡策重多，分爲上下，實止四十六篇，合大戴之八十五篇，正協百卅一之數。《隋志》謂《月令》、《明堂位》、《樂記》三篇，爲馬融所足，蓋以《明堂陰陽》三十三篇、《樂記》二十三篇别見《藝文志》，故疑爲東漢人附益，不知劉向《别録》已有四十九篇矣。《月令》三篇，小戴入之《禮記》，而《明堂陰陽》與《樂記》仍各自爲書，亦猶《三年問》出於《荀子》，《中庸》、《緇衣》出於《子思子》，其本書無妨單行也。《記》本七十子之徒所作，後人通儒各有損益，河間獻王得之，大小戴各傳其學，鄭氏《六藝論》言之當矣。謂大戴删《古禮》二百四篇爲八十五篇，小戴又删爲四十九篇，其説始於晉司空長史陳邵，而陸德明引之，《隋志》又附益之，然《漢書》無其事，不足信也。或謂《漢書》不及《禮記》，考：河間獻王所得書，《禮記》居其一，而《郊祀志》引《禮記》：「燔柴於太壇，祭天也；瘞薶於太折，祭地也。」又引《禮記》：「天子祭天地及山川歲遍。」又引《禮記》：「天子籍田千畝以事天墬。」又引《禮記祀典》：即祭法也，《律曆志》謂之祭典。「功施於民則祀之。天文，日月星辰，所昭仰也；地理，山川海澤，所生殖也。」又引《禮記》：「唯祭宗廟社稷，爲越紼而行事。」《梅福傳》引《禮記》：「孔子曰：某，殷人也。」《韋玄成傳》亦引《禮記王制》、《禮記祀典》之文，皆在四十九篇之内。《志》不别出記四十九篇者，統於百三十一篇也。《春秋古經》十二篇。謂《左氏經》也。《劉歆傳》：「歆校秘書，見古文《春秋左氏傳》。」又云：「《左氏傳》多古字古言。」許慎《五經異義》言：「今《春秋公羊》説，古《春秋左氏》説。」合於堯之克攘。注：攘，古讓字。按：《説文》：「揖攘字从手，責讓字从言，敚奪字从攴。」《易》之嗛嗛，一謙而四益。注：「嗛字與謙同。」古書「言」旁字與「口」旁字往往相通，故「謙」或爲「嗛」。《五子胥》八篇。「五」，古「伍」字。《呂氏春秋》：「五員亡荆。」《古今人表》「伍參」亦作「五參」，非文之訛。《陳涉傳》「銍人五逢」，《史記》作「伍徐」。凡數術百九十家。「十」字衍。

章學誠《校讎通義》卷二《補校漢藝文志第十》 鄭樵校讎諸論，於《漢志》尤所疏略，蓋樵不取班氏之學故也。然班、劉異同，樵亦未嘗深考，但譏班固續入揚雄一家，不分倫類而已，其劉氏遺法，樵固未嘗討論，而班氏得失，樵議亦未得其平允。夫劉《略》、班《志》，乃千古著録之淵源，而樵著《校讎》之略，不免疏忽如是，蓋創始者難爲功爾。今欲較正諸家著録，當自劉《略》、班《志》志爲權輿也。鄭樵以蕭何《律令》、張蒼《章程》，劉《略》、班《志》不收，以爲劉、班之過。此劉氏之過，非班氏之過也。劉向校書之時，自領六藝、諸子、詩賦三略，蓋出中秘之所藏也。至於兵法、數術、方技，皆分領於專官，則兵、術、技之三略，不盡出於中秘之藏，其書各存專官典守，是以劉氏無從而部録之也。惟是申、韓家言，次於諸子，《仲舒治獄》，附於《春秋》，不知《律令》藏於理官，《章程》存於掌故，而當時不責成於專官典守，校定篇次，是《七略》之遺憾也。班氏謹守劉《略》遺法，惟出劉氏之後者，閒爲補綴一二。其餘劉氏所不録者，東京未必盡存，藝文佚而不載，何足病哉？《漢志》最重學術源流，似有得於太史《叙傳》及莊周《天下篇》、荀卿《非十子》之意。韓嬰《詩傳》引荀卿《非十子》，並無譏子思、孟子之文。此叙述著録所以有關於明道之要，而非後世僅計部目者之所及也。然立法創始不免於疏，亦其勢耳。如《封禪》、《群祀》入禮經，《太史公書》入《春秋》，較之後世别立儀注正史專門者爲知本矣。詩賦篇帙繁多，不入《詩經》而自爲一略，則叙例尚少發明其故，亦一病也。諸子推本古人官守，當矣；六藝各有專官而不與發明，豈爲博士之業所誤耶？形而上者謂之道，形而下者謂之器。」善法具舉，徒善徒法，皆一偏也。本末兼該，部次相從，有倫有脊，使求書者可以即器而明道，會偏而得全，則任宏之校兵書，李柱國之校方技，庶幾近之。其他四略，未能稱是，故劉《略》、班《志》不免貽人以口實也。夫兵書略中孫、吴諸書，與方技略中内、外諸經，即諸子略中一家之言，所謂形而上之道也；兵書略中形勢陰、陽、技巧三條，與方技略中經方、房中、神仙三條，皆著法術名數，所謂形而下之器也。任、李二家，部次先後，體用分明，能使不知其學者，觀其部録，亦可瞭然而窺其統要，此專官守書之明效也。充類求之，則後世之儀注當附禮經爲部次，《史記》當附《春秋》爲部次。縱使篇帙繁多，别出門類，亦當申明叙例，俾承學之士得考源流，庶幾無憾。而劉、班承用未精，後世著録又未嘗探索其意，此部録之所以多舛也。或曰：兵書方技之部次，既以專官而能精矣；數術亦領於專官，而謂不如彼二略，豈太史、尹咸之學術，不逮任宏、李柱國耶？答曰：此爲劉氏所誤也。數術一略，分統七條，則天文、曆譜、陰陽、五行、蓍龜、雜占、形法是也。以道器合一求之：則陰、陽、蓍龜、雜占三條，當附《易經》爲部次；曆譜當附《春秋》爲部次；五行當附《尚書》爲部次。縱使書部浩繁，或如詩賦浩繁，離《詩經》而别自爲略，亦當申明源委於叙録之後也。乃劉氏既校六藝，不復謀之數術諸家，故尹咸無從溯源流也。至於天文形法，則後世天文地理之專門書也。自立門類，别分道法，大綱既立，細目標分，豈不整齊而有當乎！天文則宣夜、周髀、渾天諸家，下逮安天之論，談天之説，或正或奇，條而列之，辨明識職，所謂道也；《漢志》所録《泰一》、《五殘》、《變星》之屬，附條别次，所謂器也。地理則形家之言，專門立説，所謂道也；《漢志》所録《山海經》之屬，附條别次，所謂器也。以此二類，專門部勒，自有經緯，而尹咸概收數術之篇，則條理不審之咎也。《山海經》與《相人》書爲類，《漢志》之授人口實處也。地理形家之言，若主山川險易，關塞邊防，則與兵書形勢之條相出入矣；若主陰陽虚旺，宅墓休咎，則與《尚書》五行相出入矣。部次門類，既不可缺，而著述源流，務要於全，則又重複互注之條，不可不講者也。任宏兵書一略，鄭樵稱其最優。今觀劉《略》，重複之書僅止十家，皆出兵略，他部絶無其例，是則互注之法，劉氏具未能深究，僅因任宏而稍存其意耳。班氏不知而删併之，可勝惜哉？後世法律之書甚多，不特蕭何所次《律令》而已也。就諸子中掇取申、韓議法家言，部於首條，所謂道也，其承用律令格式之屬，附條别次，所謂器也。後世故事之書甚多，不特張蒼所次《章程》而已也。就諸子中掇取論治之書，若《吕氏春秋》，《漢志》入於儒家，非也；其每月之令文，正是政令典章，後世《會典》、《會要》之屬。賈誼、董仲舒治安之奏，天人之策，皆論治體，《漢志》入於儒家，泛矣。諸家之言，部於首條，所謂道也；其相沿典章故事之屬，附條别次，所謂器也。例以義起，斟酌損益，惟用所宜。豈有讀著録部次而不能考索學術源流者乎！或曰：《漢志》失載《律令》、《章程》，固無論矣；假令當日必載《律令》、《章程》，就劉、班之《七略》類例，宜如何歸附歟？答曰：《太史公書》之附《春秋》，《封禪》、《群祀》之附禮經，其遺法也。《律令》自可附於法家之後。《章程》本當别立政治一門，《漢志》無其門類，然《高祖傳》十三篇，《孝文傳》十一篇，班固自注，高祖與大臣述古語及詔策也。皆屬故事之書，而劉、班次於諸子儒家，則《章程》亦必附於此矣。大抵《漢志》疏略，由於書類不全，勉强依附。至於虚論其理與實紀其蹟者，不使體用相資，則是《漢志》偶疏之處，禮經、春秋、兵書、方技，便無此病。而後世之言著録者，不復知其微意矣。鄭樵議《章程》、《律令》之不載《漢志》，以爲劉、班之疏漏；然班氏不必遽見西京之全書，或可委過於劉《略》也。若劉歆《七略》，則班氏方據以爲《藝文》之要删，豈得謂之

不見其書耶！此乃後世目録之鼻祖，當時更無其門類，獨不可附於諸子名家之末乎？名家之叙録曰：「名不正則言不順，言不順則事不成。」著録之爲道也，即於文章典籍之中，得其辨名正物之意，此《七略》之所以長也。又云：「謷者爲之，則苟鉤鈲析亂而已。」此又後世著録紛拏不一之弊也。然則凡以名治之書，固有所以附矣。後世目録繁多，即可自爲門類。

又《鄭樵誤校漢志第十一》 鄭樵譏班固叙列儒家，混入《太玄》、《法言》、《樂箴》三書爲一，總謂《揚雄所叙》三十八篇，謂其胸無倫類，是樵之論篤矣。至謂《太玄》當歸《易》類，《法言》當歸諸子，其説良是。然班固自注，《太玄》十九，《法言》十三，《樂》四，《箴》二，是《樂》與《箴》本二書也，樵誤以爲一書，又謂《樂》、《箴》當歸雜家，是樵直未識其爲何物，而强爲之歸類矣。以此譏正班固，所謂楚失而齊亦未爲得也。按《樂》四未詳，《箴》則《官箴》是也，在後人宜入職官，而《漢志》無其門類，則附官禮之後可矣。鄭樵云：「《漢志》於醫術類，有經方，有醫經，道術類有房中，有神仙，亦自微有分别。」因譏後人更不本此。今按《漢志》方技略，醫經第一，經方第二，房中第三，神仙第四，未嘗别有所謂道術類，止有道家。且以房中、神仙屬之也。如謂今本編次失叙，則叙例明云「序方技爲四種」，不知樵因何所見聞而爲此説也！若云一類之中節次相承，則文法猶欠明析。鄭樵譏《漢志》以《司馬法》入禮經，以《太公兵法》入道家，疑謂非任宏、劉歆所收，班固妄竄入也。鄭樵深惡班固，故爲是不近人情之論。凡意有不可者，不爲推尋本末，有意增删遷就，强坐班氏之過，此獄吏鍛鍊之法，亦如以《漢志》書爲班彪、曹昭所終始，而《古今人表》則謂固所自爲者惟此。蓋心不平者，不可與論古也。按《司馬法》百五十五篇，今所存者非故物矣。班固自注，出之兵、權謀中而入於禮，樵固無庸存疑似之説也。第班《志》叙録稱《軍禮司馬法》，鄭樵删去「軍禮」二字，謂其入體之非，不知《司馬法》乃周官職掌，如《考工》之記，本非官禮，亦以司空職掌，附著《周官》。此等叙録，最爲知本之學，班氏他處未能如是，而獨於此處能具别裁，樵顧深以爲譏，此何説也！第班氏入於禮經，似也；其出於兵家，不復著録，未盡善也。當用劉向互見之例，庶幾禮家不爲空衍儀文，而兵家又見先王之制，乃兩全之道耳。《太公》二百三十七篇，亦與今本不同，班氏僅稱《太公》，並無「兵法」二字，而鄭樵又增益之，謂其入於道家之非，不觀班固自注「尚父本有道者」，又於兵權謀下注云：「省伊尹、太公諸家」，則劉氏《七略》，本屬兩載，而班固不過爲之删省重複而已。非故出於兵而强收於道也。注省者，劉氏本有而班省去也。注出入者，劉録於此而班録於彼也。如《司馬法》，劉氏不載於禮而班氏入之，則於禮經之下注云：「入《司馬》。」今道家不注入字，而兵家乃注省字，是劉《略》既載於道又載於兵之明徵，非班擅改也。且兵刑權術皆本於道，先儒論之備矣。劉《略》重複互載，猶司馬遷《老莊申韓列傳》意也。發明學術源流之意。況二百三十七篇之書，今既不可得見，鄭樵何所見聞而增删題目，以謂止有兵法，更無關於道家之學術耶？鄭樵譏《漢志》以《世本》、《戰國策》、秦大臣《奏事》、《漢著記》爲《春秋》類，是鄭樵未嘗知《春秋》之家學也。《漢志》不立史部，以史家之言皆得《春秋》之一體，故四書從而附入也。且如後世以紀傳一家列之正史，而編年自爲一類，附諸正史之後。今《太史公書》列於《春秋》，樵固不得而譏之矣。至於國别之書，後世如《三國》、《十六國》、《九國》、《十國》之類，纂尋分别部次以清類例。《漢志》書部無多，附著《春秋》，最爲知所原本。又《國語》亦爲國别之書，同隸《春秋》，樵未嘗譏正《國語》而但譏《國策》，是則所謂知一十而不知二五者也。《漢著記》則後世《起居注》之類，當時未有專部，附而次之，亦其宜也。秦大臣《奏事》，在後史當歸故事，而《漢志》亦無專門，附之《春秋》，稍失其旨。而《世本》則當入於曆譜，《漢志》既有曆譜專門，不當猶附《春秋》耳。然曆譜之源，本與《春秋》相出入者也。以劉歆、任宏重複著録之理推之，《戰國策》一書，當與兵書之權謀條、諸子之縱横家重複互注，乃得盡其條理。秦大臣《奏事》，當與《漢高祖傳》、《孝文傳》注稱論述册詔諸書同入《尚書》部次。蓋君上詔誥，臣下章奏，皆《尚書》訓誥之遺，後世以之攙入集部者，非也。凡典章故事，皆當視此。

又《焦竑誤校漢志第十二》 自劉、班而後，藝文著録，僅知甲乙部次，用備稽檢而已。鄭樵氏興，始爲辨章學術，考鏡源流，於是特著《校讎》之略，雖其説不能盡當，要爲略見大意，爲著録家所不可廢矣。樵《志》以後，史家積習相沿，舛訛雜出，著録之書，校樵以前，其失更甚，此則無人繼起爲之申明家學之咎也。明焦竑撰《國史經籍志》，其書之得失，别具論次於後。特其《糾繆》一卷，譏正前代著録之誤，雖其識力不逮鄭樵，而整齊有法，去汰裁甚，要亦有可節取者焉。其糾《漢志》一十三條，似亦不爲無見，特竑未悉古今學術源流，不於離合異同之間深求其故，而觀其所議，乃是僅求甲乙部次，苟無違越而已。此則可謂簿記守成法，而不可爲校讎家議著作也。今即其所舉，各爲推論，以進於古人之法度焉。焦竑以《漢志》《周書》入「尚書」爲非，因改入於雜史類。其意雖欲尊經，而實則不知古人類例。按劉向云：「周時誥誓號令，孔子所論百篇之餘。」則《周書》即《尚書》也。劉氏《史通》述《尚書》家，則孔衍《漢魏尚書》、王邵《隋書》，皆次《尚書》之部。蓋類有相仍，

學有所本，六藝本非虛器，典籍各有源流，豈可尊麒麟而遂謂馬牛不隸走部，尊鳳凰而遂謂燕雀不隸飛部耶？焦竑以《漢志》「尚書」類中《議奏》四十二篇入《尚書》爲非，因改入於集部，按《議奏》之不當入集，已别具論，此不復論矣。考《議奏》之下，班固自注，謂宣帝時石渠論也。韋昭謂石渠爲閣名，於此論書。是則此處之所謂《議奏》，乃是漢孝宣時，於石渠閣大集諸儒討論經旨同異，帝爲稱制臨決之篇，而非廷臣章奏封事之屬也。以其奏御之篇，故名《議奏》，其實與疏解講義之體相類，劉、班附之《尚書》，宜矣。焦竑不察，而妄附於後世之文集，何其不思之甚邪！秦大臣《奏事》附於《春秋》，此爲劉、班之遺法也。焦竑以《漢志》《司馬法》入禮爲非，因改入於兵家，此未見班固自注，本隸兵家，經班固改易者也。説已見前，不復置論。焦竑以《漢志》《戰國策》入《春秋》爲非，因改入於縱横家，此論得失參半。説已見前，不復置論。焦竑以《漢志》《五經雜議》入《孝經》爲非，因改入於經解，其説良允。然《漢志》無經解門類，入於諸子儒家，亦其倫也。焦竑以《漢志》《爾雅》、《小爾雅》入《孝經》爲非，因改入於小學，其説亦不可易。《漢志》於此一門，本無義理，殆後世流傳錯誤也。蓋《孝經》本與小學部次相連，或繕書者誤合之耳。《五經雜議》與《爾雅》之屬，皆緣經起義，類從互注，則益善矣。經解，小學，儒家三類。焦竑以《漢志》《弟子職》入《孝經》爲非，因歸還於《管子》，是不知古人裁篇别出之法。其説已見於前，不復置論。惟是《弟子》之職，必非管子所撰，或古人流傳成法，輯《管子》者採入其書。前人著作，此類甚多。今以見於《管子》而不復使其别見專門，則《小爾雅》亦已見於《孔叢子》，而焦氏不還《孔叢》，改歸小學，又何説耶？然《弟子職》篇，劉、班本意，附於《孝經》與附於小學，不可知矣。要其别出義類，重複互注，則二類皆有可通。至於六藝略中《論語》、《孝經》、小學三門，不入六藝之本數，則標名六藝而别種九類，乃是經傳輕重之權衡也。裁篇别出之法，《漢志》僅存，見於此篇，及《孔子三朝篇》之出《禮記》而已。充類而求，則欲明學術源委而使會通於大道，舍是莫由焉。且如叙天文之書，當取《周官保章》、《爾雅釋天》、鄒衍《言天》、《淮南天象》諸篇，裁列天文部首，而後專門天文之書以次列爲類焉，則求天文者無遺憾矣。叙時令之書，當取《大戴禮夏小正》篇、《小戴記月令》篇、《周書時訓解》詩篇，裁列時令部首，而後專門時令之書以次列爲類焉；叙地理之書，當取《禹貢職方》、《管子地圓》、《淮南·地形》諸史地志諸篇，裁列地理部首，而後專門地理之書以次列爲類焉，則後人求其學術源流，皆可無遺憾矣。《漢志》存其意而未能充其量，然賴有紀微意焉。而焦氏乃反糾之以爲謬，必欲歸之《管子》而後已焉，甚矣校讎之難也！或曰：裁篇别出之法行，則一書之内，取裁甚多，紛然割裂，恐其破碎支離而無當也。答曰：學貴專家，旨存統要。顯著專篇，明標義類者，專門之要，學所必究。乃掇取於全書之中焉，章而釽之，句而釐之，牽率名義，紛然依附，則是類書纂輯之所爲，而非著録源流之所貴也。且如韓非子《五蠹》、《説林》，董子之《玉杯》、《竹林》，當時並以篇名見行於當世；今皆薈萃於全書之中，則古人著書，或離或合，校讎編次，本無一定之規也。《月令》之於《吕氏春秋》，《三年問》、《樂記》、《經解》之於荀子，尤其顯焉者也。然則裁篇别出之法，何爲而不可以著録乎！焦竑以《漢志》《晏子》入儒家爲非，因改入於墨家。此用柳宗元之説，以爲墨子之徒有齊人者，爲之歸其書於墨家，非以晏子爲墨者也。其説良是。部次群書，所以貴有知言之學，否則狗於其名而不考其實矣。《檀弓》名篇，非檀弓所著；《孟子》篇名有《梁惠王》，亦豈以梁惠王爲儒者哉？焦竑以《漢志》《高祖》、《孝文》二傳入儒家爲非，因改入於制誥，此説似矣。顧制誥與表章之類，當歸故事而附次於《尚書》，焦氏以之歸入集部，則全非也。焦竑以《漢志》《管子》入道家爲非，因改入於法家，其説良允。又以《尉繚子》入雜家爲非，因改入於兵家，則鄭樵先有是説，竑更申之。按《漢志》，《尉繚》本在兵形勢家，書凡三十一篇；其雜家之《尉繚子》，書止二十九篇，班固又不著重複併省，疑本非一書也。焦竑以《漢志》《山海經》入形法家爲非，因改入於地理，其言似矣。然《漢志》無地理專門，以故類例無所附耳。竊疑蕭何收秦圖籍，西京未亡，劉歆自可訪之掌故，乃亦缺而不載，得非疏歟？且班固創《地理志》，其自注郡縣之下，或云秦作某地某名，即秦圖籍文也。西京奕世及新莽之時，地名累有更易，見於《志》注，當日必有其書，而史逸之矣。至地理與形法家言相爲經緯，説已見前，不復置論。焦竑以《漢志》陰陽、五行、蓍龜、雜占、形法凡五出爲非，因總入於五行，不知五行本之《尚書》，而陰陽蓍龜本之於《周易》也。凡術數之學，各有師承，龜卜蓍筮，長短不同，《志》並列之，已嫌其未析也。焦氏不達，概部之以五行，豈有當哉！

又卷三《漢志六藝第十三》 六經之名，起於後世，然而亦有所本也。《荀子》曰：「夫學始乎誦經，終乎讀禮。」《莊子》曰：「丘治《詩》、《書》、《禮》、《樂》、《易》、《春秋》六經。」荀、莊皆孔氏再傳門人，二子皆子夏氏門人，去聖未遠。其書明著六經之目，則《經解》之出於《禮記》，不得遂謂勦説於荀卿也。孔子曰：「述而不作。」又曰：「蓋有不知而作之者，我無是也。」六經之文，皆周公之舊典，以其出於官守而皆爲憲章，故述之而無所用作；以其官守失傳而師儒習業，故尊奉而稱經。聖人

之徒，豈有私意標目，强配經名，以炫後人之耳目哉？故經之有六，著於《禮記》，標於《莊子》。損爲五而不可，增爲七而不能，所以爲常道也。至於《論語》、《孝經》、《爾雅》，則非六經之本體也。學者崇聖人之緒餘而尊以經名，其實皆傳體也，非周公舊典，官司典常。可以與六經相表裏，而不可以與六經爲並列也。蓋官司典常爲經，而師儒講習爲傳，其體判然有别，非謂聖人之書有優有劣也。是以劉歆《七略》、班固《藝文》，叙列六藝之名，實爲九種，蓋經爲主而傳爲附，不易之理也。後世著録之法，無復規矩準繩，或稱七經，或稱九經，或稱十三經，紛紛不一。若紀甲乙部次，固無傷也；乃標題命義，自爲著作，而亦狥流俗稱謂，可謂不知本矣。計書幾部爲幾經可也。劉敞《七經小傳》，黄敏《九經餘義》，本非計部之數，而不依六藝之名，不知本也。《孝經》本以經名者也。樂部有傳無經者也。然《樂記》自列經科，而《孝經》止依傳例，則劉、班之特識也。蓋《樂經》亡而其記猶存，則樂之位次，固在經部，非若《孝經》之出於聖門自著也。古者諸侯大夫失其配，則貴妾攝主而行事。子婦居嫡，固非攝主之名也。然而溯昭穆者，不能躋婦於舅妾之列，亦其分有當然也。然則六藝之名，實爲《七略》之綱領，學者不可不知其義也。讀六藝略者，必參觀於《儒林列傳》，猶之讀諸子略，必參觀於《孟荀》、《管晏》、《老莊申韓列傳》也。詩賦略之《鄒陽》、《枚乘》、《相如》、《楊雄》等傳，兵書略之《孫吳》、《穰苴》等傳，數術略之《龜筴》、《日者》等傳，方技略之《扁鵲倉公》等傳，無不皆然。孟子曰：「誦其詩，讀其書，不知其人，可乎？」《藝文》雖始於班固，而司馬遷之列傳實討論之。觀其叙述戰國秦漢之間，著書諸人之列傳，未嘗不偏差學術淵源，文詞流别，反復而論次焉。劉向、劉歆，蓋知其意矣。故其校書諸叙論，既審定其篇次，又推論其生平。以書而言，謂之叙録可也；以人而言，謂之列傳可也。史家存其部目於《藝文》，載其行事於列傳，所以爲詳略互見之例也。是以諸子、詩賦、兵書諸略，凡遇史有列傳者，必注有列傳字於其下，所以使人參互而觀也。《藝文》據籍而紀，其於現書部目之外，不能越界而書，固其勢也。古人師授淵源，口耳傳習，不著竹帛者，實爲後代群籍所由起。蓋參觀於列傳而後知其深微也。且如田何授《易》於王同、周王孫、丁寬三人，《藝文》既載三家《易傳》矣，其云商瞿受《易》於孔子，五傳而至田何，漢之《易》家蓋自田何始，何而上未嘗有書。然則所謂五傳之際，豈無口耳受授之學乎？是《藝文》《易》家之宗祖也。不觀《儒林》之傳，何由知三家《易傳》，其先固有所受乎？費、高二家之《易》，《漢志》不著於録，後人以爲不立學官故也。然孔氏《古文尚書》、毛氏《詩傳》、左氏《春秋》皆不列於學官，《漢志》未嘗不並著也。不觀《儒林》之傳，何由知二家並無章句，直以口授弟子，猶夫田何以上之傳授也。按列傳云「費直以《彖》、《象》、《繫辭》、《文言》十篇解説《上下經》」，此不爲章句之明徵也。晁氏考定古《易》，則以《彖》、《象》、《文言》雜入卦中自費直始，因罪費直之變古；不觀《藝文》後序以謂劉向校施、孟、梁邱諸家經文，惟《費氏易》與古文同，是費直本無變亂古經之事也。由是推之，則古學淵源，師儒傳授，承學流别，皆可考矣。《藝文》一志，實爲學術之宗，明道之要，而列傳之與爲表裏發明，此則用史翼經之明驗也。而後人著録乃用之爲甲乙計數而已矣，則校讎失職之故也。易部《古五子》，注云：「自甲子至壬子，説《易》陰陽。」其書當互見於數術略之陰陽類災異。《孟氏》、《京房》當互見於數術略之雜占或五行類。書部劉向、許商二家各有《五行傳記》，當互見於五行類。夫《書》非專爲五行也，五行專家則本之於《書》也。故必互見乃得原委，猶《司馬法》入《周官》之微意也。詩部韓嬰《詩外傳》，其文雜記春秋時事，與《詩》意相去甚遠，蓋爲比興六義博其趣也。當互見於《春秋》類，與虞卿、鐸椒之書相比次可也。孟子曰：「《詩》亡然後《春秋》作。」《春秋》與《詩》相表裏，其旨可自得於韓氏之《外傳》，史家學《春秋》者，必深於《詩》，若司馬遷百三十篇是也。《屈賈》、《孟荀》諸傳尤近。詩部又當互通於《樂》。禮部《中庸説》，當互見諸子略之儒家類。諸記本非一家之言，可用裁篇别出之法，而文不盡傳。今存大小戴二家之記，亦文繁不可悉舉也。大約取劉向所定，分屬制度者，可歸故事而附《尚書》之部；分屬通論者，可歸儒家而入諸子之部。總持大禮，不爲鉤釽割裂，則互見之書，各有攸當矣。樂部《雅樂歌詩》四篇，當互見於《詩》部及詩賦略之雜歌詩。春秋部之《董仲舒治獄》，當互見於法家與律令之書。同部分門，説已見前，不復置論。論語部之《孔子三朝》七篇，今《大戴記》有其一篇。考劉向《别録》七篇，具出大戴之記，而劉、班未著所出，遂使裁篇與互注之意俱不可以蹤蹟焉，惜哉！孝經部《古今字》與《小爾雅》爲一類。按《爾雅》，訓詁類也，主於義理；《古今字》，篆隸類也，主於形體，則《古今字》必當依《史籀》、《蒼頡》諸篇爲類，而不當與《爾雅》爲類矣。其二書不當入於《孝經》，已别具論次，不復置議焉。樂部舊有淮南、劉向等《琴頌》七篇，班固以爲重而删之。今考之詩賦略而不見，豈《志》文之亡逸邪？春秋部注「省《太史公》四篇」，其篇名既不可知。按《太史公》百三十篇，本隸《春秋》之部，豈同歸一略之中，猶有重複著録及裁篇别出之例邪？

又《漢志諸子第十四》 儒家部《周史六弢》六篇，兵家之書也。劉恕以謂《漢志》列於儒家，恐非兵書，今亦不可考矣。觀班固自注「或曰孔子問焉」，則固先已

有所不安，而附著其説，以見劉部次於儒家之義耳。雖然，書當求其名實，不以人名分部次也。太公之書有武王問，不得因武王而出其書於兵家也。《内經》之篇有黄帝問，不得因黄帝而出其書於方技也。假使《六弢》果有夫子之問，問在兵書，安得遂歸儒家部次邪？儒家部有《周政》六篇，《周法》九篇，其書不傳。班固注《周政》云「周時法度政教」，注《周法》云「法天地，立百官」，則二書蓋《官禮》之遺也，附之禮經之下爲宜，入於儒家非也。大抵《漢志》不立史部，凡遇職官、故事、章程、法度之書，不入六藝部次，則歸儒、雜二家，故二家之書，類附率多牽混，惜不能盡見其書校正之也。夫儒之職業，誦法先王之道以侍後之學者，因以所得自成一家之言，孟、荀諸子是也。若職官、故事、章程、法度，則當世之實蹟，非一家之立言，附於儒家，其義安取！故《高祖》、《孝文》諸篇之入儒，前人議其非是也。儒家《虞氏春秋》十五篇，司馬遷《十二諸侯年表》序作八篇，或初止八篇，而劉向校書爲之分析篇次，未可知也。然其書以《春秋》標題，而撰著文，則又上采春秋，下觀近世，而定著爲書，抑亦《春秋》之支別也，法當附著《春秋》而互見於諸子，班《志》又僅著於儒家，惜其未習於史遷之《叙例》爾。司馬遷之叙載籍也，疏而理；班因之志《藝文》也，密而舛；蓋遷能溯源，固惟辨蹟故也。遷於《十二諸侯表》叙推《春秋》爲主，則左邱、鐸椒、虞卿、呂不韋諸家以次，論其體例，則《春秋》之支系也。至於孟、荀、公孫固、韓非諸書，命意各殊，與《春秋》之部不相附麗；然論辨紀述，多及春秋時事，則約略紀之，蓋《春秋》之旁證也。張蒼曆譜五德，董仲舒推《春秋》義，乃《春秋》之流別，故終篇推衍及之，則觀斯表者，求《春秋》之折衷，無遺憾矣。至於著書之人，學有專長；所著之書，義非一概，則自有專篇列傳別爲表明，亦猶劉向、任宏於校讎部次重複爲之互注例也。班氏拘拘於法度之内，此其所以類例難精而動多掣肘歟！《賈誼》五十八篇，收於儒家，似矣；然與法家當互見也。考《賈誼傳》，初以通諸家書，召爲博士，又出河南守吴公門下。吴公嘗學事李斯，以治行第一，召爲廷尉，乃薦賈誼。誼所上書，稱説改正朔，易服色制度，定官名，興禮樂，草具儀法，文帝謙讓未遑。然諸法令所更定及列侯就國，其説皆自誼發之。又司馬遷曰：「賈生、晁錯明申、商。」今其書尚可考見，宗旨雖出於儒，而作用實本於法也。《漢志叙録》云：「法家者流，出於理官。」蓋法制禁令，《周官》之刑典也。「名家者流，出於禮官。」蓋名物度數，《周官》之禮典也。古者刑法禮制，相爲損益，故禮儀三百，威儀三千，而五刑之屬三千，條繁文密，其數適相等也。是故聖王教民以禮而禁之以刑，出於禮者即入於刑，勢無中立，故民日遷善而不知所以自致也。儒家者流，總約刑禮而折衷於道，蓋懼斯民泥於刑禮之蹟而忘其性所固有也。孟子曰：「徒善不足以爲政，徒法不能以自行。」夫法則禮刑條目，有節度者皆是也；善則欽明文思，允恭克讓，無形體者皆是也。程子曰：「有《關雎》、《麟趾》之心，而後可以行《周官》之法度。」所謂《關雎》、《麟趾》，仁義是也；所謂《周官》法度，刑禮之屬皆是也。然則儒與名、法，其原皆出於一，非若異端釋、老屏去民彝物則而自爲一端者比也。商鞅、韓非之法，未嘗不本聖人之法，而所以制而用者非也；鄧析、公孫龍之名，不得自外於聖人之名，而所以持而辨者非也。儒分爲八，墨分爲三，則儒亦有不合聖人之道者矣。此其所以著録之書，貴知原委而又當善條其流別也。賈生之言王道，深識本原，推論三代，其爲儒效不待言矣。然其立法創制，條列禁令，則是法家之實。其書互見法家，正以明其體用所備，儒固未足爲榮名，法亦不足爲隱諱也。後世不知家學流別之義，相率而爭於無益之空名。其有列於儒家者，不勝其榮，而次以名法者，不勝其辱。豈知同出聖人之道，而品第高下又各有其得失，但求名實相副爲得其宜，不必有所選擇而後其學始爲貴也。《漢志》始別九流，而儒雜二家已多淆亂。後世著録之人，更無別出心裁，紛然以儒、雜二家爲蛇龍之菹焉。凡於諸家著述，不能遽定意指之所歸，愛之則附於儒，輕之則推於雜。夫儒、雜分家之本旨，豈如是取！《董仲舒》百二十三篇，部於儒家，是矣。然仲舒所著，皆明經術之意，至於説《春秋》事，得失閒舉，所謂《玉杯》、《繁露》、《清明》、《竹林》之屬，則當互見《春秋》部次者也。桓寬《鹽鐵論》六十篇，部於儒家，此亦良允。第鹽鐵之議，乃孝昭之時政，其事見《食貨志》；桓寬撰輯一時所謂文學賢良對議，乃具當代之舊事，不盡爲儒門見風節也。法當互見於故事，而《漢志》無故事之專門，亦可附於《尚書》之後也。劉向所叙六十七篇，部於儒家，則《世説》、《新序》、《説苑》、《列女傳頌圖》四種書也。此劉歆《七略》所收，全無倫類；班固從而效之，因有揚雄所叙三十七篇不分《太玄》、《法言》、《樂》、《箴》四種之弊也。鄭樵譏班固之混收揚雄一家爲無倫類，而謂班氏不能學《七略》之徵，不知班氏固效劉歆也。乃於劉歆之創爲者，則故縱之；班固之因仍者，則酷斷之；甚矣，人心不可有偏惡也！按《説苑》、《新序》雜舉春秋時事，當互見於《春秋》之篇。《世説》今不可詳，本傳所謂《疾讒》、《摘要》、《救危》及《世頌》諸篇，依歸古事，悼己及同類也，似亦可以互見《春秋》矣。惟《列女傳》本採《詩》、《書》所載婦德可垂法戒之事，以之諷諫宫闈，則是史家傳記之書，而《漢志》未有傳記專門，亦當附次《春秋》鑒之後可矣。至其引《風》綴《雅》，託興六義，又與《韓詩外傳》相爲出入，則互注偏差

《詩經》部次，庶幾相合，總非諸子儒家書也。道家部《老子鄰氏經傳》四篇，《傳氏經説》三十七篇，《徐氏經説》六篇。按《老子》本書，今傳《道德》上下二篇，共八十一章，《漢志》不載本書篇次，則劉、班之疏也。凡書有傳注解義，諸家離析篇次，則著録者必以本書篇章原數登於首條，使讀之者可以考其源委，如《漢志》六藝各略之諸經篇目，是其義矣。或疑伊尹、太公皆古聖賢，何以遂爲道家所宗，以是疑爲後人假託，其説亦自合理。惟是古人著書，援引稱説，不拘於方。道家源委，《莊子天下篇》所叙述者，略可見矣。是則伊尹、太公，莊、老之徒未必引以爲祖，意其著書稱述，以及假説問對，偶及其人，而後人不辨，則以爲其人自著。及察其不類，又以爲後人依託。今其書不存，殆亦難以考正也。且如儒家之《魏文侯》、《平原君》，未必非儒者之徒篇名偶用其人，如《孟子》之有《梁惠王》、《滕文公》之類耳。不然，則劉、班篇次雖疏，何至以戰國諸侯公子稱爲儒家之書歟？陰陽二十一家，與兵書陰陽十六家，同名異術，偏全各有所主，叙例發明其同異之故，抑亦可矣。今乃缺而不詳，失之疏耳。第諸子陰陽之本叙，以謂出於羲和之官。數術七種之總叙，又云「皆明堂、羲和、史卜之職也」。今觀陰陽部次所叙列，本與數術中之天文、五行不相入，是則劉、班叙例之不明，不免後學之疑惑矣。蓋諸子略中陰陽家，乃鄒衍談天、鄒奭雕龍之類，空論其理而不徵其數者也；數術略之天文曆譜諸家，乃《泰一》、《五殘》、《日月星氣》，以及《黄帝》、《顓頊》、《日月宿曆》之類，顯徵度數而不衍空文者也。其分門別類，固無可議。惟於叙例，亦似鮮所發明爾。然道器合一，理數同符，劉向父子校讎諸子，而不以陰陽諸篇付之太史尹咸，以爲七種之綱領，固已失矣。叙例皆引羲和爲官守，是又不精之咎也。莊周《天下》之篇，叙列古今學術，其於諸家流別，皆折衷於道要。首章稱述六藝，則云「《易》以道陰陽」，是《易》爲陰陽諸書之宗主也。使劉、班著略，於諸子陰陽之下著云「源出於《易》」，於《易》部之下著云「古者掌於太卜」，則官守師承之離合，不可因是而考其得失歟！至於羲和之官，則當特著於天文曆譜之下，而不可兼引於諸子陰陽之叙也。劉氏父子精於曆數，而校書猶失其次第，又況後世著録，大率偏於文史之儒乎！或曰：奭、衍之淡天雕龍，大道之破碎也。今曰其源出於大易，豈不荒經而蔑古乎？答曰：此流別之義也。官司失其典守，則私門之書，推原古人憲典以定其離合；師儒失其傳授，則遊談之書，推原前聖經傳以折其是非。其官無典守而師無傳習者，則是不根之妄言，屏而絶之，不得通於著録焉；其有幸而獲傳者，附於本類之下，而明著其遐悖焉。是由著録之義，固所以明大道而治百家也，何爲荒經蔑古乎。今爲陰陽諸家作叙例，當云陰陽家者流，其原蓋出於《易》。《易大傳》曰：「一陰一陽之謂道。」又曰：「《易》有太極，是生兩儀。」此天地陰陽之所由著也。星曆司於保章，卜筮存乎官守。聖人因事而明道，於是爲之演《易》而繫辭。後世官司失守而聖教不得其傳，則有談天雕龍之説，破碎支離，去道愈遠，是其弊也。其書傳者有某甲乙，得失如何，則陰陽之原委明矣。今存叙例，乃云「敬順昊天，曆象日月星辰，敬授人時」。此乃數術曆譜之叙例，於衍、奭諸家何涉歟！陰陽家《公檮生終始》十四篇，在《鄒子終姓》五十六篇之前，而班固注云「公檮傳鄒奭《始終》書」，豈可使創書之人居傳書之人後乎？又《鄒子終始》五十六篇之下，注云「鄒衍所説」，而公檮下注「鄒奭《始終》」，名既互易，而以「終始」爲「始終」，亦必有錯訛也。又《閭丘子》十三篇，《將鉅子》五篇，班固俱注云「在南公前」，而其書俱列《南公》三十一篇之後，亦似不可解也。觀終始五德之運，則以爲始終誤也。《五曹官制》五篇，列陰陽家，其書今不可考。然觀班固注云：「漢制，似賈誼所條。」按《誼傳》，誼以爲當改正朔，易服色制度，定官名，興禮樂，草具其儀法，色尚黄，數用五爲官名，此其所以爲《五曹官制》歟？如此則當入於《官禮》，今附入陰陽家言，豈有當耶？大約此類皆因終始五德之意，故附於陰陽。然則周官六典取象天地四時，亦可入於曆譜家矣。于長《天下忠臣》九篇，入陰陽家，前人已有議其非者。或曰：其書今已不傳，無由知其義例。然劉向《別録》云「傳天下忠臣」，則其書亦可以想見矣。縱使其中參入陰陽家言，亦宜別出互見，而使觀者得明其類例，何劉、班之無所區別耶？蓋《七略》未立史部，而傳記一門之撰著，惟有劉向《列女》與此二書耳。附於《春秋》而別爲之説，猶愈於攙入陰陽家言也。法家《申子》六篇，其書今失傳矣。按劉向《別録》：「申子學號刑名，以名責實，尊君卑臣，崇上抑下。」荀卿子曰：「申子蔽於勢而不知智。」韓非子曰：「申不害徒術而無法。」是則申子爲名家者流，而《漢志》部於法家，失其旨矣。商君《開塞》、《耕戰》諸篇，可互見於兵書之權謀條；韓非《解老》、《喻老》諸篇，可互見於道家之《老子經》。其裁篇別出之説，已見於前，不復置論。名家之書，當叙於法家之前，而今列於後，失事理之倫叙矣。蓋名家論其理，而法家又詳於事也。雖曰二家各有所本，其中亦有相通之源委也。名家之言，分爲三科：一曰命物之名，方圓黑白是也；二曰毀譽之名，善惡貴賤是也；三曰況謂之名，賢愚愛憎是也。尹文之言云爾。然而命物之名，其體也；毀譽、況謂之名，其用也。名家言治道，大率綜核毀譽，整齊況謂，所謂循名責實之義爾。命物之名，其源實本於《爾雅》。後世經解家言，辨名正物，蓋亦名家之支別也。由此溯之，名

之得失可辨矣。凡曲學支言，淫辭邪説，其初莫不有所本。著録之家，見其體分用異，而離析其部次，甚且拒絶而不使相通，則流遠而源不可尋，雖欲不泛濫而横溢也，不可得矣。孟子曰：「詖辭知其所蔽，淫辭知其有陷，邪辭知其所離，遁辭知其所窮。」夫謂之知其所者，從大道而溯其遠近離合之故也。不曰淫、詖、邪、遁之絶其途，而曰淫、詖、邪、遁之知其所者，蓋百家之言，亦大道之散著也。奉經典而臨治之，則收百家之用；忘本源而釐析之，則失道體之全。墨家《隨巢子》六篇，《胡非子》三篇，班固俱注「墨翟弟子」，而叙書在墨子之前；《我子》一篇，劉向《别録》云「爲墨子之學」，其時更在後矣，叙書在《隨巢》之前，此理之不可解者，或當日必有錯誤也。道家祖老子而先有《伊尹》、《太公》、《鬻子》、《管子》之書，墨家祖墨翟而先有《尹佚》、《田俅子》之書，此豈著録諸家窮源之論耶？今按《管子》當入法家，著録部次之未審也。至於《伊尹》、《太公》、《鬻子》，乃道家者流稱述古人，因以其人命書，非必盡出僞託，亦非以伊尹太公之人爲道家也。《尹佚》之於墨家，意其亦若是焉而已。然則鄭樵所云「看名不看書」，誠有難於編次者矣。否則班、劉著録，豈竟全無區别耶？第《七略》於道家叙《黄帝》諸書，於《老萊》、《鶡冠》諸子之後，爲其後人依託，不以所託之人叙時代也，而《伊尹》、《尹佚》諸書，顧冠道墨之首，豈誠以謂本所自著耶？其書今既不傳，附以存疑之説可矣。六藝之書與儒家之言，固當參觀於《儒林列傳》，道家、名家、墨家之書，則列傳而外，又當參觀於莊周《天下》之篇也。蓋司馬遷《叙傳》所推六藝宗旨，尚未窮其流别，而莊周《天下》一篇，實爲諸家學術之權衡，著録諸家宜取法也。觀其首章列叙舊法世傳之史與《詩》、《書》六藝之文，則後世經史之大原也。其後叙及墨翟、禽滑釐之學，則墨支、墨翟弟子。墨别、相里勤以下諸人。墨言、禹湮洪水以下是也。墨經，苦獲、已齒、鄧陵子之屬，皆誦墨經是也。具有經緯條貫，較之劉、班著録，源委尤爲秩然，不啻《儒林列傳》之於六藝略也。宋鈃、尹文、田駢、慎到、關尹、老聃以至惠施、公孫龍之屬，皆諸子略中道家、名家所互見。然則古人著書苟欲推明大道，未有不辨諸家學術源流。著録雖始於劉、班，而義法實本於前古也。縱横者，詞説之總名也。蘇秦合六國爲縱，張儀爲秦散六國爲横，同術而異用，所以爲戰國事也。既無戰國，則無縱横矣。而其學具存，則以兵法權謀所參互，而抵掌談説所取資也。是以蘇、張諸家可互見於兵書，《七略》以《蘇秦》、《蒯通》入兵書。而鄒陽、嚴、徐諸家又爲後世詞命之祖也。蒯通之書，自號《雋永》，今著録止稱《蒯子》，且傳云「自序其説八十一首」，而著録僅稱五篇，不爲注語以别白之，則劉、班之疏也。積句成章，積章成篇，擬之於樂，則篇爲大成而章爲一闋也。《漢志》計書，多以篇名，閒有計及章數者，小學叙例之稱《倉頡》諸書也。至於叙次目録而以章計者，惟儒家《公孫固》一篇注十八章，《羊子》四篇注百章而已。其如何詳略，恐劉班當日亦未有深意也。至於以首計者，獨見蒯通之傳。不知首之爲章計與，爲篇計與？《志》存五篇之數而不詳其所由，此傳志之所以當互考也。雜家《子晚子》三十五篇，注云「好議兵，似《司馬法》」，何以不入兵家耶？《尉繚子》之當入兵家，已爲鄭樵糾正，不復置論。《尸子》二十篇，書既不傳，既云商鞅師之，恐亦法家之言矣。如云尸子非爲法者，則商鞅師其何術，亦當而著之。今不置一説，部次雜家，恐有誤也。《吕氏春秋》，亦《春秋》家言而兼存典章者也。當互見於《春秋》、《尚書》，而猥次於雜家，亦錯誤也。古者《春秋》家言，體例未有一定，自孔子有知我罪我之説，而諸家著書，往往以《春秋》爲獨見心裁之總名。然而左氏而外，鐸椒、虞卿、吕不韋之書，雖非依經爲文，而宗仰獲麟之意，觀司馬遷叙《十二諸侯年表》而後曉然也。吕氏之書，蓋司馬遷之所取法也。《十二本紀》倣其《十二月紀》，《八書》倣其《八覽》，《七十列傳》倣其《六論》，則亦微有所以折衷之也。四時錯舉，名曰《春秋》，則吕氏猶較虞卿《晏子春秋》爲合度也。劉知幾譏其本非史書而冒稱春秋，失其旨矣。其合於《章程》，已具論次，不復置論。《淮南内》二十一篇，本名爲《鴻烈解》，而止稱《淮南》，則不知爲地名與，人名、書名與？此著録之苟簡也，其書則當互見於道家，《志》僅列於雜家，非也。外篇不傳，不復置論。道家《黄帝銘》六篇，與雜家《荆軻論》五篇，其書今既不可見矣。考《皇覽》黄帝《金人器銘》及《皇王大紀》，所謂《輿几》之箴、《巾几》之銘，則六篇之旨可想見也。《荆軻論》下注「司馬相如等論之」，而《文心雕龍》則云「相如屬詞，始讚荆軻」。是五篇之旨，大抵史讚之類也。銘箴頌讚，有韻之文，例當互見於詩賦，與詩賦門之《孝景皇帝頌》同類編次者也。《孔甲盤盂》二十六篇，亦是其類。農家託始神農，遺教緒言，或有得其一二，未可知也。《書》之《無逸》，《詩》之《豳風》，《大戴記》之《夏小正》，《小戴記》之《月令》，《爾雅》之《釋草》，《管子》之《牧民篇》，《吕氏春秋任地》諸篇，俱當用裁篇别出之法，冠於農家之首者也。《神農》、《野老》之書，既難憑信，故經言不得不詳。小説家之《周考》七十六篇，《青史子》五十七篇，其書雖不可知，然班固注《周考》云「考周事也」，注《青史子》云「古史官記事也」，則其書非《尚書》所部，即《春秋》所次矣。觀《大戴禮保傳篇》引青史氏之記，則其書亦不儕於小説也。

又《漢志詩賦第十五》

《漢志》分《藝文》爲六略，每略又各别爲數種，每種始叙列爲諸家，猶如《太玄》之經，方州部家，大綱細目，互相維繫，法至善也；每略各

有總叙，論辨流别，義至詳也。惟詩賦一略，區爲五種，而每種之後更無叙論，不知劉、班之所遺耶，抑流傳之脱簡耶？今觀《屈原賦》二十五篇以下共二十家爲一種，《陸賈賦》三篇以下共二十一家爲一種，《孫卿賦》十篇以下共二十五家爲一種，名類相同而區種有别，當日必有其義例。今諸家之賦，十逸八九，而叙論之説，闕焉無聞。非著録之遺憾與！若雜賦與雜歌詩二種，則署名既異，觀者猶可辨别，第不如五略之有叙録，更得詳其源委耳。古之賦家者流，原本《詩》、《騷》，出入戰國諸子：假設問對，莊、列寓言之遺也；恢廓聲勢，蘇、張縱横之體也；排比諧隱，《韓非》儲説之屬也；徵材聚事，《吕覽》類輯之義也。雖其文逐聲韻，旨存比興，而深探本源，實能自成一子之學，與夫專門之書初無差别，故其叙列諸家之所撰述，多或數十，少僅一篇，列於文林，義不多讓，爲此志也。然則三種之賦，亦如諸子之各别爲家，而當時不能盡歸一例者耳。豈若後世詩賦之家，裒然成集，使人無從辨别者哉！賦者，古詩之流，劉勰所謂「六義附庸，蔚成大國」者是也。義當列詩於前而叙賦於後，乃得文章承變之次第。劉、班顧以賦居詩前，則標略之稱詩賦，豈非顛倒與？每怪蕭梁《文選》賦冠詩前，絶無義理，而後人競效法之爲不可解，今知劉、班著録已啓之矣。又詩賦本《詩經》支系，説已見前，不復置議。詩賦前三種之分家，不可考矣；其與後二種之别類，甚曉然也。三種之賦，人自爲篇，後世别集之體也；雜賦一種，不列專名而類叙爲篇，後世總集之體也；歌詩一種，則詩之與賦，固當分體者也。就其例而論之，則第一種之《淮南王群臣賦》四十四篇及第三種之《秦時雜賦》九篇，當隸雜賦條下，而猥厠專門之家，何所取耶？揆其所以附麗之故，則以《淮南王賦》列第一種，而以群臣之作附於其下，所謂以人次也；《秦時雜賦》列於《荀卿賦》後，志作孫卿。所謂以時次也。夫著録之例，先明家學，同列一家之中，或從人次，或從時次，可也。豈有類列不通，源流迴異，概以意爲出入者哉！《上所自造賦》二篇，顔師古注：「武帝所作。」按劉向爲成帝時人，其去孝武之世遠矣。武帝著作，當稱孝武皇帝，乃使後人得以考定。今曰「上所自造」，何其標目之不明與！臣工稱當代之君，則曰上也，否則摛文紀事，上文已署某宗某帝，承上文而言之，亦可稱爲上也。竊意「上所自造」四字，必武帝時人標目，劉向從而著之，不與審定稱謂，則談《七略》者疑爲成帝賦矣。班氏録以入志，則上又從班固所稱，若無師古之注，則讀《志》者又疑後漢肅宗所作賦矣。《荀卿賦》十篇居第三種之首，當日必有取義也。按：荀卿之書有《賦篇》，列於三十二篇之内，不知所謂「賦十篇」者，取其《賦篇》與否，曾用裁篇别出之法與否，著録不爲明析，亦其疏也。《孝景皇帝頌》十五篇，次於第三種賦内，其旨不可强爲之解矣。按：六藝流别，賦爲最廣，比興之義，皆冒賦名。風詩無徵，存於謡諺，則雅頌之體，實與賦類同源異流者也。縱使篇第傳流，多寡不敵，有如漢代而後，濟水入河，不復别出，亦當叙入詩歌總部之後，别而次之；或與銘、箴、贊、誄通爲部録，抑亦可矣。何至雜入賦篇，漫無區别耶！《成相雜辭》十一篇，《隱書》十八篇，次於雜賦之後，未爲得也。按：楊倞注《荀子》，《成相》蓋亦賦之流也。朱子以爲雜陳古今治亂興亡之效，託之風詩，以諷時君，命曰雜辭，非竟賦也。《隱書》注引劉向《别録》，謂「疑其言以相問對，通以思慮，可以無不喻。」是則二書之體，乃是戰國諸子流别，後代連珠韻語之濫觴也。法當隸於諸子雜家，互見其名，爲説而附於歌詩之後可也。《漢志》詳賦而略詩，豈其時尚使然與？帝王之作，有高祖《大風》、《鴻鵠》之篇，而無武帝《瓠子》、《秋風》之什。或云《秋風》即在《上所自造賦》内。臣工之作，有《黄門倡車忠等歌詩》，而無蘇、李河梁之篇。或云雜家有《主名詩》十篇，或有蘇、李之作。然漢廷主名詩，豈止十篇而已乎！詩歌一門，雜亂無叙，如《吴楚汝南歌詩》、《燕代謳》、《齊鄭歌詩》之類，風之屬也；《出行巡狩及游歌詩》與《漢興以來兵所誅滅歌詞》，雅之屬也；《宗廟歌詩》、《諸神歌詩》、《送迎靈頌歌詩》，頌之屬也。不爲詮次類别，六義之遺法蕩然，不可爲蹤蹟矣。

又《漢志兵書第十六》 《孫武兵法》八十二篇，注「圖九卷」，此兵書權謀之首條也。按《孫武傳》：「闔閭謂孫武曰：『子之十三篇，吾盡觀之矣。』」阮孝緒《七録》，《孫子兵法》三卷，十三篇爲上卷，又有中、下二卷。然則杜牧謂魏武削其數十萬言爲十三篇者非也。蓋十三篇爲經語，故進之於闔閭，其餘當是法度名數，有如形勢、陰陽、技巧之類，不盡通於議論文詞，故編次於中、下，而爲後世亡逸者也。十三篇之自爲一書，在闔閭時已然，而《漢志》僅記八十二篇之總數，此其所以益滋後人之惑矣。大抵《漢志》之疏，由於以人類書，不能以書類人也。《太玄》、《法言》、《樂》、《箴》四書，類於《揚雄所叙》三十八篇；《新序》、《説苑》、《世説》、《列女傳》四書，類於《劉向所叙》六十七篇，尤其顯而易見者也。《孫子》八十二篇，用同而書體有異，則當别而次之。縱欲以人類書，亦當如《太公》之二百三十七篇，已列總目，其下分析《謀》八十一篇，《言》七十一篇，《兵》八十五篇之例可也。任宏部次不精，遂滋後人之惑，臻謂十三篇非孫武之完書，則校讎不精之咎也。八十二篇之僅存十三，非後人之删削也。大抵文辭易傳而度數難久，即如同一兵書，而權謀之家尚有存文，若形勢、陰陽、技巧三門，百不能得一矣；同一方技，而醫經一家尚有

存文，若經方、房中、神仙三門，百不能得一矣。蓋文辭人皆誦習，而制度則非專門不傳，此其所以有存逸之別歟！然則校書之於形名制度，萬宜加之意也。即如《孫武》、《孫臏》書列權謀之家，而《孫武》有圖九卷，《孫臏》有圖四卷，書篇類次，猶之可也；圖則斷非權謀之篇所用者矣，不爲形勢之需，必爲技巧之用，理易見也。而任宏、劉、班之徒，但知出於其人，即附其書之下。然則以人類書之弊，誠不可以爲訓者也。按阮孝緒《七録》有《孫武八陣圖》一卷，是即《漢志》九卷之圖與否，未可知也。然圖必有名，《八陣》之取以名圖，亦猶《始計》之取以名篇。今書有其名而圖無其目，蓋篇名合於諸子之總稱，例如是也，圖亦附於其下而不著其名，則後人不知圖之何所用矣。鄭樵言任宏部次有法，今可考而知也：權謀，人也；形勢，地也；陰陽，天也。孟子曰：「天時不如地利，地利不如人和。」此三書之次第也；權謀，道也；技巧，藝也。以道爲本，以藝爲末，此始末之部秩也。然《周官》大司馬之職掌與軍禮之《司馬法》諸條，當先列爲經言，別次部首，使習兵事者知聖王之遺意焉。任宏以《司馬法》入權謀篇，班固始移於《經禮》。夫《司馬》之法，豈可以爲權謀乎！宜班固之出此而入彼也。惜班固不知互見之法，與別出部首尊爲經言之例耳。書有同名而異實者，必著其同異之故而辨別其疑似焉，則與重複互注裁篇別出之法，可以並行而不悖矣。兵形勢家之《尉繚》三十一篇，與雜家之《尉繚子》二十九篇同名；兵陰陽家之《孟子》一篇，與儒家之《孟子》十一篇同名，《師曠》八篇，與小説家之《師曠》六篇同名，《力牧》十五篇，與道家之《力牧》二十二篇同名；兵技巧家之《伍子胥》十篇，與雜家之《伍子胥》八篇同名；著録之家，皆當別白而條著者也。若兵書之《公孫鞅》二十七篇，與法家之《商君》二十九篇，名號雖異而實爲一人，亦當著其是否一書也。鄭樵痛詆劉、班著録，收書而不收圖，以爲圖譜之亡，由於不爲專門著録始也。因於《七略》之中獨取任宏《兵書略》，爲其書列七百九十篇，而圖至四十三卷也。然任宏兵略具在，而按録以徵，亡逸之圖又安在哉！夫著録之道，不係存亡而係於考證耳。存其部目，可以旁證遠搜，此《逸詩》、《逸書》之所以貴存《小序》也。任宏收圖，不能詳分部次，收而猶之未收也。誠欲廣圖之用，則當別爲部次，表名圖目，如《八陣圖》之類。而於本人本書之下更爲重複互注，庶幾得其倫叙歟！

又《漢志數術第十七》　數術諸書，多以圖著，如天文之《泰一雜子星》、《五殘雜變星》，書雖不傳，而世傳《甘石星經》，未著於録。則有星圖可證者也。《漢日旁氣行事占驗》不傳，而《隋志》《魏氏日旁氣圖》一卷可證；《海中星占驗》不傳，而《隋志》《海中星圖》一卷可證。《圖書秘記》十七篇，著於天文之録；《耿昌月行帛圖》，著於曆譜之録。《後漢曆志》，賈逵論引甘露二年大司農丞耿壽昌奏以圖儀度日月行，考驗天運，則諸書之有圖，蓋指不可勝屈矣。尹咸校數術書，非特不能釐別圖書，標目家學，即僅如任宏之兵書條例，但注有圖於本書之下，亦不能也，此其所以難究索歟！五行家之《鍾律災應》當與六藝略樂經諸書互注；《鍾律叢辰日苑》、《鍾律消息》、《黄鍾》三書亦同。《五音奇胲用兵》二十三卷，《刑德》二十一卷，當與兵書陰陽家互注。其五行之本《尚書》，蓍龜之本《周易》，已具論次，不復置議。

又《漢志方技第十八》　方技之書，大要有四，經、脈、方、藥而已。經闡其道，脈運其術，方臻其功，藥辨其性，四者備而方技之事備矣。今李柱國所校四種，則有醫經、經方二種而已。脈書、藥書，竟缺其目。其房中、神仙，則事兼道術，非復方技之正宗矣。宜乎叙方技者，至今猶昧昧於四部相承之義焉。按司馬遷《扁鵲倉公傳》，公乘陽慶傳黄帝、扁鵲之脈書，是西京未嘗無脈書也。又按班固《郊祀志》，成帝初有本草待詔，《樓護傳》「少誦醫經本草方術」，是西京未嘗無藥書也。李柱國專官典校，而書有缺遺，類例不盡，著録家法，豈易言哉！

張裕釗《濂亭文集》卷一《書藝文志後》　余讀班固《藝文志》，甚高其辭，與班氏它所爲文異甚。後讀司馬貞《史記索隱》引劉向《別録》語，則班氏《志》所有者往往而在，然後知爲向之辭，而固取之者也。固爲《漢書》，所取司馬遷、楊惲、馮商、揚雄、劉向父子甚衆。今亶知太初以前本司馬遷，三統曆本劉歆而已，其它並已不可見，而是篇傑然出於班氏之書，考求而乃知其出於劉向甚矣。文高下不可假也。固之文於東漢人最爲崛出，而與司馬遷、相如、劉向、揚雄較，則不逮遠甚。其中時有其辭之高而非固所能爲者，雖於今不可考，然可以意而知也。烏乎！非夫昔之人所謂好學深思心知其意者，彼且不以爲妄言乎哉！

又《再書藝文志後》　余既辨班氏《藝文志》爲劉向書，又歎向之文至深懿，於西漢季稱爲最，然於今可見者，若《説苑》、《新序》、《列女傳》皆雜引往事，無過傳記之書。其所爲文，獨有所校書目録序及班氏與楚詞所録數篇存耳。它亡者甚多。余尤惜焉。烏乎！古書之亡者衆矣。班氏《志》著古以來作者不可數，其辭必皆遠出於今之人，而十不獲存一二。且余又觀儒者治經，《易》、《春秋》尤穿鑿乖異。所以然者，《易》以卜筮人之書亡而象亡；《春秋》則昔人所謂不得魯史策書聖人褒譏筆削之意，終無由知者是也。使是二者存，則聖人之意豈不可見哉？嗟乎！《尚

書》獨存二十九篇，歐陽氏至，乃慨慕於日本殊域之僞册，其自漢氏以來，經師儒者捃拾蒐討，竭蹶補苴，反覆鉤考，卒判離缺，略疑莫能定者，不可勝數也。六經，聖人經世之志而諸多不具。自茲以後，窮千萬歲，更不可復得。讀班氏書獨茫然以縣其慕思於百世之上也。又不暇爲諸爲書者悲已。

陸心源《儀顧堂續跋》卷六《元槧漢書藝文志考證跋》 《漢書藝文志考證》十卷。題浚儀王應麟伯厚甫。每葉二十行，每行二十字，小字雙行字數同。版心刊「志考幾」，有字數及刊工名。慶元路附刊《玉海》十三種之一也。其書雖名《漢藝文志考證》，而于《藝文志》著録未加考證者甚多，不著録者轉有所增。前無序，後無跋，恐亦未定稿本。（兒子）樹藩近頗留心目録之學，擬爲續補，亦樂觀其成也。後有「張寛德宏之印」朱文方印、「張任文房之印」朱文圓印。

劉光蕡《前漢書藝文志注序》 藝文以載道也。古聖王以道經世，道大明於天下，則藝文其陳述也，可不必重。自周公後，六百餘歲，無聖王，大道散佚不明。孔子生而不得位，不能行其道於天下，以師任道統之傳，不得不以簡策爲傳道之資。此孔子所以删述，而六經所以垂世如日月也。其他載籍皆以羽翼之，經籍遂爲綱紀。斯世最要之端，班史以爲史志之一，其見卓矣。

康有爲《新學僞經考》第三上《漢書藝文志辨僞》 劉歆僞撰古經，由於總校書之任，故得託名中書，恣其竄亂。東漢主張古學，若賈逵、班固、馬融、張衡、許慎之倫，皆校書東觀者，其守古學彌篤，蓋皆親見中古文經，故惑之彌甚。通學之徒，皆已服膺其風滅天下，力固宜然。故原僞經所能創，考古學所以行，皆由《七略》也。《漢書》爲歆所作，人不盡知，《藝文志》即《七略》原文，人皆知之。

又第三下《漢書藝文志辨僞》 《六藝略》之作僞，其大端有五罪焉：一、顛倒六經之序。《詩》、《書》、《禮》、《樂》、《易》、《春秋》之序，孔子手定，孔門舊本，自《經解》、《莊子》、史遷無不以《詩》爲首、《書》次之，《易》後於《詩》、《書》、《禮》、《樂》，而先於《春秋》，靡有異説。而歆以《易》爲首，《書》次之，《詩》又次之，後人無識，咸以爲法。自是《釋文》、《隋志》宗之，至今以爲定制。倒亂孔子六經之序，其罪一。二、西漢以前，但有博士之經，即秦火不焚之本，孔氏世傳不絶之書，無闕文亦無異本也。歆僞作古文以竄易《六藝》，或增或改，諸經皆徧，以其僞古經文加於孔子今文經之上。如《易經》本上下二篇，而云「《易經》十二篇」，此歆所增改者也。「《尚書古文》經四十六卷，經二十九卷」。上古文經者，歆作也。下經者，博士傳孔子之經也。《春秋古經》十二篇，經十一卷，上《古經》，歆僞也，下《經》博士傳孔子之經也。「《論語》古二十一篇，齊二十二篇，魯二十篇」，《論語》古，歆僞也；齊、魯《論》者，七十子所傳也。「《孝經古孔氏》一篇，《孝經》一篇」。古孔氏者，歆僞定也；《孝經》者，博士所傳孔門之舊也。以己僞經加孔子真經上，悖謬已極，其罪二。博士傳孔子學者，《詩》止齊、魯、韓三家。《禮》止高堂生十七篇。《樂》止制氏。《春秋》止公、穀二家。歆僞爲《毛詩》、《逸禮》、《周官大司樂章》及《樂記》、《左氏傳》。於是，論議之間，斥三家《詩》「取雜説非本義」；「士禮不備，倉等推而致於天子」；「制氏《樂》僅知其鏗鏘鼓舞而不能言其義」；「公、穀二家口説失真」，詆之唯恐不至，而盛稱其僞作之書。後人無識，竟爲所惑。孔子真經微而幾亡。僞經盛行。其誣毁纂聖，大罪三。六經皆孔子筆削，包括天人，至尊無並，雖以《論語》、《孝經》之美，《王制》、《經解》、《學記》、《莊子》、《史記》不以並稱。至於小學，尤爲文史之末技，更無可與經並列者。歆僞作古文以寫僞經，創爲訓詁，以易經義。於是以《論語》、《孝經》列六藝，又以僞作之《爾雅》、《小爾雅》，厠孝經家。自是六經微言大義之學亡，孔子制作教養之文絶。自後漢以來，訓詁形聲之學偏天下，塗塞學者之耳目，滅没大道，其罪四。《六經》筆削於孔子。《禮》、《樂》制作於孔子。天下皆孔子之學，孔子之教也。歆思奪之，於《易》則以爲文王作上下篇，於《周官》、《爾雅》，以爲周公作。舉文王、周公者，猶許行之託神農，墨子之託禹，其實爲奪孔子之席計。非聖無法，大罪五。歆作僞經，定《七略》，其罪如此，不知天下後世猶甘尊信之否乎。

章炳麟《太炎文録初編・文録卷一・説于長書》 《漢藝文志》有于長《天下忠臣》九篇，入陰陽家。自王應麟始發難，章學誠故笁信《七略》，猶纚纚爲異論，不覩其書，則伊尹、周公在道家，務成子在小説，尚不可知，獨是書耶？若徵驗他書，承意逆志，故確然昭晰也！古者言忠孝，傳諸五行。《淮南王・泰族訓》曰：「澄列金、木、水、火、土之性，故立父子之親而成家。」斯既然矣。河間獻王問温城董君曰：「《孝經》曰：夫孝，地之義，何謂也？對曰：地出雲爲雨，起氣爲風，風雨者，地之所爲。地不敢有其功名，必上之于天，命若從天氣者，故曰：天風天雨也，莫曰地風地雨也。勤勞在地，名一歸于天，非至有義，其孰能行此？故下事上，如地事天也，可謂大忠矣。土者，火之子也，五行莫貴于土。土于四時無所命者，不與火分功名，木名春，火名夏，金名秋，水名冬，忠臣之義，孝子之行，取之土。土者，五行最貴者也，其義不可以加矣。五聲莫貴于宫，五味莫美于甘，五色莫盛于黄，此謂孝者，地之義也。」《繁露・五行對》篇。董生又曰：「木已生而火養之，金已死而

水藏之，火樂木而養以陽，水剋金而喪以陰，土之事天竭其忠。故五行者，乃孝子忠臣之行也。五行之爲言也，猶五行歟？是故以得辭也。聖人知之，故多其愛而少嚴，厚養生而謹送終，就天之制也。以子而迎成養，如火之樂木也；喪父，如水之剋金也；事君，若土之敬天也。可謂有行人矣。」（《繁露・五行之義》篇。）自騶衍以陰陽消息，止乎君臣上下六親之施，漢興益著。至董生則比傅經義，以五行説忠臣。今于長書雖放失，擬儀其旨，以是爲根株，故入陰陽家，無所惑也！輓近若莊存與、劉逢禄、宋翔鳳諸儒，多熹宗董生，排劉子駿，浸益謏讙。如于長所述者，非通觀于董、劉勿能諭。諸淺見寡聞，率其胸臆者，則幾于結舌矣！

孫德謙《漢書藝文志舉例・删要例》 吾嘗求班氏所以删要之故，而不能得其解。及今思之，知史家作志異於專家目録者在此：專家目録於一書也，不憚反覆推詳；若史家者，其於此書之義理，衹示人以崖略，在乎要言而不煩。是故以劉氏之《輯略》雖提綱挈要，猶取其至要之言，其餘則毅然删之而無所顧惜。嘗讀馬貴與《文獻通考》矣，其《經籍》一考，羅列晁、陳諸氏之説，搜采不可謂不勤。然昔人以類書視之，豈非以誇多務得，虚占篇幅，未達史家有删要之例乎？自馬氏不達删要之例，後之爲郡縣志者，則猶往往沿其誤。吾見郡縣志中，載《四庫全書》而不敢增損者多矣。不知郡縣志者，一方之史，爲國史之具體，即以《四庫》爲憑藉，亦可擇要而書。其辨别是非之語，不妨由我删之。初非謂《四庫》之辨别是非，不足甄采也。蓋彼爲專家之學，言乎史體，討論得失，不必在書目之下。（《漢志》辨章得失，在後論中，下有專條，可參觀。）因而删之，又復何疑。

又《一書之下挈大旨例》 目録之學，有藏書家焉，有讀書家焉，向謂此二家足以盡之。今觀於班志，則知又有史家也。試言其分别之故：藏書家編纂目録，於其書之爲宋爲元，或批或校，皆著明之，甚者篇葉之行款、收藏之圖記，亦纖悉無遺。至一書之宗旨，則不之辨也。蓋彼以典籍爲玩好之具而已。讀書家者，加以考據，斯固善矣。如晁公武《讀書志》、陳直齋《書録解題》，每一書下各有論説，使承學之士藉以曉此書之得失，未嘗不可。然即謂其宗旨如此，猶未足奉爲定評者也。若史家則何如史家者，凡一類之中，是非異同，别爲議論，以發明之。其於一書之下，則但挈大旨可耳。

又《辨章得失見後論例》 《漢志》於一書之下，不過略述大旨，或僅記姓名。其辨章得失，則於後論中見之。何哉？史以記事爲主，秉筆之時，胥關於朝章國典，可以考見一代之治亂興衰。志藝文者，亦用以探討學術，不徒沾沾爲一書得失計也。

又《分類不盡立子目例》 《漢志》詩賦一略，其别有五。雜賦、歌詩二類，則標立子目。至屈原以下二十家、陸賈以下二十一家、孫卿以下二十五家，並不有所論説。初不知何以爲之區分，且其賦亡者甚多，亦無以考其剖析之故。吾謂此正班氏之不規規於盡立子目也。試再以《文選》言之。《文選》於賦體中，若《京都》、《郊祀》且不必論，其他《幽通》、《思玄》則稱之曰「志」，《高唐》、《神女》則稱之曰「情」，可謂其細已甚矣，豈作爲藝文而可同其繁碎乎？即如列傳一體，文苑、逸民後史屢有增益，而班氏無之，可見撰史者不在紛立名目已也。此三家之賦，在當日各爲分類，班氏必能辨别體裁，其不復如雜賦、歌詩再立子目者，已爲門類既分。唐勒諸賦，自從屈原而出；枚皋諸賦，自從陸賈而出；秦時雜賦諸賦，自從孫卿而出，吾但使之類聚相處，子目固無容設立也。不然，雜賦之中禽獸六畜昆蟲賦、器械草木賦，將亦如《文選》之物色、鳥獸，重爲編目乎？是則非復史書，將成文集，必爲知幾所誚矣，夫何可哉？要之藝文一志，其於子目也，可分則分之，若不知學問之流别而强爲分合之，則非慎言之道也。（盧文弨《補宋史藝文志》以名法諸家總附雜家，此當分不分，實失之。）

又《稱出入例》 《論語》曰：「大德不踰閑，小德出入可也。」吾觀班氏《藝文志》，其於劉歆《七略》，則頗有出入矣。書家云入劉向《稽疑》一篇；禮家云入《司馬法》一家，百五十五篇；樂家云出淮南、劉向等《琴頌》七篇；小學家云入揚雄、杜林二家三篇；儒家又云入揚雄一家三十八篇；雜家云入兵法；賦家云入揚雄八篇；兵權謀家云出《司馬法》入禮也；兵技巧家云入《蹴鞠》也。而於每略總數後，又重言以申明之。在班氏亦可謂不憚煩矣。然班氏既有此例，可知依據他書，而其編次未盡得宜者，不妨由我出入之。如《四庫提要》，豈不爲後來修史者作志之準則？顧其中《論語》、《爾雅》不列爲經；名、墨、縱横，爲諸子專家之業，則概入雜家。要不得不重加釐訂，何可拘守成法，而不爲之出彼入此，以求其變通盡利乎？

又《稱並時例》 編《藝文志》者，於其人所生時世，必爲詳考之。苟無可考，則付之闕疑可也。《漢志》於農家宰氏、尹都尉、趙氏、王氏四家，注云不知何世，是其義也。其間又有雖無可考，而取一人與之同時者爲之論定，則並時之例生焉。《漢志》道家文子云與孔子並時，老萊子云與孔子同時，名家鄧析云與子産並時，成公生云與黄公等同時，惠子云與莊子同時，賦家宋玉云與唐勒並時、在屈原後，張

子僑云與王褒同時也，莊忽奇云枚皋同時。觀其所稱並時，或變文言同時，皆據世所共知者，以定著書之人。孟子曰：「誦其詩，讀其書，不知其人可乎？是以論其世也。」夫時世不明，則作者所言將無以窺其命意矣。故班氏稱並時者，實知人論世之資也。援此爲例，其人不見于紀載，書中叙録或僅題甲子，無年月之可稽，吾謂詩文別集，可將集中投贈篇什，擇其爲世稱述者以著録之。如是，則時代先後，可得排比之法，而不相雜厠矣。

又《稱省例》 《漢志》之於劉《略》，凡稱出入者，前篇已論之矣，其中又有稱「省」者，再爲條舉之。春秋家云省《太史公》四篇，兵權謀家云省《伊尹》、《太公》、《管子》、《孫卿子》、《鶡冠子》、《蘇子》、《蒯通》、《陸賈》、《淮南王》三百五十九種，兵技巧家云省《墨子》重。則書爲劉氏兩載者，班氏從而省去之也。夫一人之著述，扼其宗旨，録之於此，復可録之於彼，是不妨重復互見；苟於全書之內，又足自成一類，更不妨裁篇別出。別裁互著説本會稽章實齋先生，下有兩篇專論之。蓋不如此，則學術流別無由發明。然則班氏何以省去之？吾嘗推求其故，殆以伊尹、別太公諸書已入專家之內，並有重見於他家者，不必過事分析乎。乃復注出「省」字者，可知孟堅之意，蓋欲使讀者知兵家之中雖不登其目，伊尹諸賢其學實兼長於兵耳。否則竟删削之可也，則謂之爲省者，亦《漢志》之一例矣。惟《太史公書》本爲百三十篇，今於春秋家亦以是著録，所省者四篇不言是何篇名，吾不敢强爲之説，然班氏編纂之例又有稱省者，此不可不知者也。惟班氏祗憑劉《略》，故凡異同之處，若出入也、省也，皆須注明。後人編藝文，引書或多，則不必沿此例。

又《稱所加例》 《班志》道家《太公》二百三十七篇，注云或有近世，又以爲太公術者所增加也。小説家《鬻子》十九篇，注云後世有所加。則書爲後人加入者，必標明之，蓋可知矣。惟此類至多，故不可殫述。吾今取《唐書・藝文志》證之。正史類：高峻《高氏小史》一百二十卷，其下則云：「初六十卷，其子迥釐益之。」據是以觀，非即循《漢志》之例乎？

又《此書與彼書同稱相似例》 一書有一書之宗旨，彼此必不相同，往往有共引一事而用意各別者，此古人所以有專家之學也。然亦有相似者，何以言其然，徵之《漢志》而可見矣。《漢志》於道家《黄帝君臣》云「起六國時，與《老子》相似」；雜家《子晚子》云「齊人，好議兵，與《司馬法》相似」。則此兩書者，班氏不明言其相似乎？夫老子爲道家之祖，其原出於黄帝，故後世並稱之曰黄老。今《黄帝君臣》雖不傳，有老子《道德經》在，其宗旨可概見。若《子晚子》者，書亦散佚久矣，然《司馬法》者，古之軍禮也。以《司馬法》之爲軍禮，則《子晚子》之宗旨必亦詳於軍禮明矣。且雜家之中，若《伍子胥》、若《尉繚》、若《吴子》，皆互見兵家。「子晚子」者，以「子墨子」證之，蓋兵家大師也。列之雜家者，以其學術博通，而所長則在兵耳。由是以觀，此書與彼書宗旨相似，編藝文者不可不表出之。蓋一經表出，而後讀其書者，較易領悟也。

又《尊師承例》 漢儒傳經，最重師承。班氏蓋審知之，不特儒林一傳叙經學之授受，以見詩、禮諸家俱有師法也。即以列傳中，凡其人師事某某，亦必記載之。今觀《藝文志》，如易家蔡公云事周王孫。禮家《記》百三十一篇，云七十子後學者所記也；王史氏云七十子後學者。儒家曾子云孔子弟子；宓子云孔子弟子；景子云説宓子語，似其弟子；世子云七十子之弟子；李克云子夏弟子；公孫尼子云七十子之弟子；孟子云子思弟子。道家則於文子、蜎子皆云老子弟子。墨家則於隨巢子、胡非子，皆云墨翟弟子。於此知孟堅撰述此志，蓋尊崇師承之至矣。後之志藝文者，於其人學有師承，不當注之曰爲某氏弟子乎？誠以史家目録，須明乎學術源流，固不徒專司簿籍已也。當考之《書録解題》而得其證焉：易類《易證墜簡》，范諤昌撰。世言劉牧之學出於諤昌，諤昌之學亦出种放。又《周易言象外傳》，王洙原叔撰。其序言學《易》於處士趙期。又《易解》，皇甫泌撰。其學得於常山抱犢山人，而莆陽游中傳之。又《太極傳》，晁説之以道撰。其學本之邵康節。又《皇極經世》，邵雍堯夫撰。其學出於李之才挺之，之才受之穆修伯長，修受之种放明逸，放受之陳搏。又沙隨《易章句》，程迥可久撰。嘗從玉泉喻樗子才學。即以一類言之，如陳氏者，非猶知師承之可貴乎？

又《書爲後人編定者可並載例》 《漢志》春秋家《國語》二十一篇，其下並載《新國語》五十四篇，注云劉向分《國語》。書雖不可見，是《新國語》者，爲劉向分析篇目，重行編定之書可知矣。

又《書名與篇數可從後人所定著録例》 昔劉向校書中秘，凡書之名目，皆爲其更定。《別録》云：「所校讐中《易》傳《淮南九師道訓》，除復重，定著十二篇。淮南王聘善爲《易》者九人，從之采獲，故中書著曰《淮南九師書》。」見王應麟《漢書藝文志考證》一。是《漢志》之易家《淮南道訓》本名《淮南九師書》，由向所定也。又《戰國策書録》云：「中書本號或曰《國策》，或曰《國事》，或曰《事語》，或曰《長書》，或曰《修書》。臣向以爲戰國時游士輔所用之國，爲之筴謀，宜爲《戰國策》。」是《漢志》之春秋家《戰國策》亦由向所定也。抑不惟書名爲然，以言篇數，何獨不然？不

觀《晏子春秋》乎？其書録云：「所校中書《晏子》十一篇，臣向謹與長社尉臣參校讎，太史書五篇、臣向書一篇、參書十三篇，凡中外書三十篇，爲八百三十八章，除復重二十二篇，六百三十八章，定著八篇，二百一十五章。」則《漢志》儒家之《晏子》八篇，其篇數爲向所定也。且其下復云：「其書六篇，皆忠諫其君。文章可觀，義理可法，皆閤六經之義。又有復重，文辭頗異，不敢遺失，復列以爲一篇。又有頗不合經術，似非晏子言，疑後世辯士所爲者，故亦不敢失，復以爲一篇。」若是，六篇以外，其兩篇者，一則以文辭頗異，一則以不閤經術，退置於下。則排比前後，亦由向所定也。今班書著録，直書之曰《淮南道訓》、《戰國策》、《晏子》八篇，可見書名與篇數，志藝文者，可從後人所定著録矣。

又《學派不同者可並列一類例》 余治諸子學久矣，見諸子中，不但百家異術，即一家之内，其流派亦不同，如孟、荀儒家也，孟子法先王，荀子法後王；孟子言性善，荀子言性惡，非不同之一證乎？《吕氏春秋》曰：「老聃貴柔，關尹貴清，子列子貴虚。」若老、若關、若列皆道家也，而不同又若此。其他申子、商君，同爲法家，乃一則言法，一則言術。《韓非子・定法篇》：「申不害言法，公孫鞅言術。」蘇秦、張儀同爲縱横家，乃一則爲縱，一則爲横。劉向《戰國策書録》：「蘇秦爲縱，張儀爲横。」非又爲道之不同乎？《易》曰：「天下同歸而殊塗，一致而百慮。」誠以凡爲學者，固自有其派别也。今觀班志，孟、荀則並列儒家，老、關、列子則並列道家，申、商則並列法家，蘇、張則並列縱横家，可知如班志例，學派不同者，要可並列一類也。

又《書無撰人定名可言似例》 書有撰人者，則直署其姓名。若無撰人定名，而知其必出於某，非他人所能爲者。以《漢志》考之，則有言似之一例也。其言似者有二：儒家《河間周制》十八篇，注曰「似河間獻王所述也」；陰陽家《五曹官制》五篇，注曰「漢制，似賈誼所條」。此二書今已不傳，然獻王好儒，嘗與毛生等共采周官及諸子言樂事者以作《樂記》。見六藝略樂類。則是明於周制者也。若賈誼者，本傳謂誼以爲宜改正朔，易服色制度，定官名，興禮樂。迺草具其儀法，色尚黄，數用五，爲官名，悉更奏之。則官名用五，誼曾擬議及此矣。今謂之爲似，知孟堅雖不定爲撰人，實諦審而後乃敢言也。後之志藝文者，於其書無撰人姓氏，苟能細辨文字，以意窺測之，則亦可言似某氏所作矣。《書録解題》《金國志》一卷，不著名氏，曰似節略張棣書。雖爲用不同，而其言似則一也。

又《一人之書得連舉不分類例》 叢書之名，始於唐陸龜蒙。如《笠澤叢書》是其後人一著述，彙成一編，因亦有叢書之目，實則班志儒家。劉向所序六十七篇，揚雄所序三十八篇，雖無叢書之類，已具叢書之體也。何以明其然哉？劉向之《新序》、《説苑》，史部古史類也；《世説》者，子部小説類也；《列女傳》者，史部傳記類也。揚雄之《太玄》，子部術數類也；《法言》，子部儒家類也；《樂》則不入經部樂類，當入子部藝術類；《箴》則集部總集類也。今班氏於劉向，但注云《新序》、《説苑》、《世説》、《列女傳頌圖》也。於揚雄但注云《太玄》十九、《法言》十三、《樂》四、《箴》二。雖《漢志》無史、集兩部，而子部又不立藝術，然總題之曰「所序」，是一人之書，得連舉不分類，其爲叢書無疑矣。

又《别裁例》 《中庸》者，今《禮記》之一篇，《漢志》於禮家載《中庸説》二篇。《孔子三朝記》者，今《大戴禮》之一篇，《漢志》，《孔子三朝記》七篇，則載之於論語家。《弟子職》者，爲管子作，今即在其書中，《漢志》以此一篇於孝經家又載之。是皆裁篇别出之例也。

又《互著例》 《漢志》兵書略云「省十三家，二百七十一篇重」。蓋如《伊尹》、《太公》諸書，本重列兵家，今爲班氏省去之。或謂自班氏删併劉《略》，後人遂不知有互著之法，其説是矣，要亦不盡然也。今考之班志，儒家有景子、公孫尼子、孟子，而雜家亦有公孫尼，兵家亦有景子、孟子；道家有伊尹、鬻子、力牧、孫子，而小説家亦有伊尹、鬻子，兵家亦有力牧、孫子；法家有李子、商君，而兵家亦有李子、公孫鞅；縱横家有龐煖，而兵家亦有龐煖；雜家有伍子胥、尉繚、吴子，而兵家亦有伍子胥、尉繚、吴起；小説家有師曠，而兵家亦有師曠，此其重復互見。班氏雖於六略中，以其分析太甚，或有稱省者，説見前。然於諸家之學術兼通，仍不廢互著之例。若是編藝文者，苟知一人所著書，可互載他類，則宜率而行之矣。夫書之貴互著，猶列傳之貴互見也。《史記》以子貢入《仲尼弟子》，於《貨殖傳》中則又列其名，不可心知其意乎？要之藝文一志，苟不違互著之例，凡書可兩通者，將有舉此遺彼之患，夫何可哉？

又《其書後出言依託之例》 古人學術以口耳相授受，不盡著之竹帛。至周末而其書始出，非取以欺世盜名也，蓋攻其業者據所聞以筆之於書耳。《漢志》道家文子云老子弟子，與孔子並時，而稱周平王問，似依託者也。又力牧云六國時所作，託之力牧。農家神農云六國時諸子疾時怠于農業，道耕農事，託之神農。小説家師曠云見《春秋》，其言淺薄，本與此同，似因託也。又天乙云，天乙謂湯，其言非殷時，皆依託也。又黄帝説云迂誕，依託。兵家封胡、風后、力牧、鬼容區則皆云黄

帝臣，依託。觀其明言依託，不直斥爲僞者，以上世初無著述，此晚出之書，乃後人所依託者也。然必辨明之者，何哉？史家目録，原不徒分别部居，使之不相雜厠而已，諸家之書爲後世依託，使默然不言，不將疑其真出於文子諸賢乎？且於師曠則但曰淺薄，黄帝説則但曰迂誕，止加此一二字，不復反覆討論者，又可見史家之尚簡。尚簡之説出《史通》。而於是非得失，所以别爲後論也。雖然，自漢以降，如《連山》、《三墳書》之僞造者多矣。以凡例推之，凡經僞造者，尤必辨明之也。

又《不知何世例》 夫釐訂藝文，亦綦難矣。一類之中，即排比先後，苟於其人所生何世無從考覈，必至混然殽亂矣。昔聖人有言：「知之爲知之，不知爲不知。」則有所不知亦勢之莫可如何者也。故《漢志》於莫可如何之中，既立一並時之例。説見前。其於農家宰氏、尹都尉、趙氏、王氏，則直云不知何世而已矣。亦有明知其朝代，而無由决定者。如儒家之周史六弢，班氏云惠襄之間，或曰顯王時，或曰孔子問焉，則備引異説，用以存疑。墨家之尹佚，班氏云周臣，在成康時也，則又兼兩朝，以渾言之。凡此皆可見考古之難也。

又《傳言例》 《漢志》稱傳言者凡兩見。其一雅琴師氏云傳言師曠後，蓋謂師曠以知音聞，此師中者能傳其家學也。其一雜家《大命》云傳言禹所作，其文似後世語，則謂文非夏禹所造。其書名「大命」者，乃是傳言如是也。吾觀古書中有相傳爲某氏作，不能不據以著録而其實可疑者多矣。試舉《讀書志》證之：易類《易乾鑿度》云「舊題倉頡修古籀文」，《坤鑿度》云「題包羲氏先文，軒轅氏演，古籀文，蒼頡修」，《卜子夏易》云「舊題卜子夏傳」，春秋類《帝王曆記譜》云「題曰秦相荀卿撰」。此數書者，或稱舊題，或省文爲題，即《漢志》傳言之例也。

王國維《觀堂别集後編・漢書藝文志舉例跋》 丙辰春，予自日本歸上海，卜居松江之側。閉户讀書，輒兼旬不出。所以談學問者，除一二老輩外，同輩惟錢塘張君孟劬，又從孟劬交元和孫君隘庵。二君所居，距予居不數百步。後遂時相過從。二君爲學，皆得法於會稽章實齋先生。讀書綜大略，不爲章句破碎之學。孟劬有《史微》。隘庵有《諸子通考》，既籍甚學者間。丁巳秋，隘庵復出所撰《漢書藝文志舉例》，索予一言。予謂君書精矣、密矣，其示後人以史法者備矣。所舉各例，本爲修史志編目録者言，故不憚纖悉詳盡。其中稱出入稱省二例，乃洞見劉《略》與班《志》之異同，自來讀《漢志》者，均未頌言及此。竊歎世之善讀書殆未有過於君者也。顧曩讀《漢志》，有未達者數事，因感君書而輒陳之，以發疑起問，願與君及讀是書者共解之。《漢志》本以中秘書目爲國史書目。中秘書有不入《漢志》者，如《六藝略》，《書》有《古文經》四十六卷，《春秋》有《古經》十二篇，《論語》有古二十一篇，《孝經》有《古孔氏》一篇，皆冠於諸家經之首。惟《易》、《詩》無古文經。然《志》言劉向以中古文《易經》校施、孟、梁丘《經》，或脱去《無咎》、《悔亡》。惟費氏經與古文同。是中書確有古文《易經》，而《志》僅録施、孟、梁丘三家經十二篇，與《書》、《禮》、《春秋》異例。此未達者一也。又《别録》有與《漢志》歧出者，《志》稱劉向校書，每一書已，輒條其篇目，録而奏之。今世所傳《戰國策》、《晏子》、《荀子》、《管子》、《列子》，各有劉向《録》一篇。《山海經》有劉歆《録》一篇。（此外如《關尹子》、《子華子》、《於陵子》，皆有向《録》，《鄧析子》，有歆《録》。皆僞不數。）所謂《别録》是也。其《略》出之目，乃謂之《略》。是《録》與《略》，本不應有異。荀卿《書録》云三十二篇，而《志》云三十三篇。此或字誤。至《山海經》，《録》云十八篇。而《志》僅十三篇。是非《録》與《略》異，則《録》與《志》異也。又王逸《楚辭章句序》云：「劉向典校經書，分《楚辭》爲十六卷。」舊本《楚辭》亦題護左都水使者光禄大夫臣劉向集，校書郎臣王逸章句。此當亦王逸所題。逸去劉向未遠，其言當有所據。乃《志》不獨無《楚辭》，亦無景差、東方朔賦。《東方朔傳》具述劉向所録朔書。亦無《七諫》。此未達者二也。君書舉出入及省二例，知班《志》於劉《略》頗有損益。其稱入者如《司馬法》、《蹴鞠》二書。不過出此入彼。至書家之劉向《稽疑》一篇，小學之揚雄、杜林三篇，儒家之揚雄所序三十八篇，賦家揚雄八篇，皆班氏所新入也。然班氏所見《七略》未録之書，固不止此。如《律曆志》之劉歆《鍾曆書》、《三統曆》、《天文志》之《甘氏經》、《石氏經》、《夏氏日月傳》、《星傳》、《五行志》之劉歆《洪範五行傳》，皆班氏修書時所據者也。叔孫通《漢儀》十二篇，又班氏所親上者也。既有新入之例，而或入或不入，其取舍之故如何，此未達者三也。此三事久蓄于心，故舉以質君。以自附於起予助我之列。以君之善於讀書，必有以發千載之覆者。雖然，君書固爲修史志編目録者言，而疑義相析，或亦君所樂許也。不揣弇陋，遂以書君書之後云。海寧王國維。

劉師培《左盦集》卷八《漢書藝文志書後》 《班志》敘詩賦爲五種，賦析四類，區析之故，班無明文。校讐之家亦鮮討論。今觀《主客賦》十二家，皆爲總集，萃衆作爲一編，故姓氏未標，餘均别集。其區爲三類者，蓋屈平以下二十家，均緣情託興之作也。體兼比興，情爲裏而物爲表。陸賈以下二十一家，均騁詞之作也。聚事徵材，旨詭而詞肆。荀卿以下二十五家，均指物類情之作也。侔色揣稱，品物畢圖，捨文而從質，此古賦區類之大略也。《班志》所析，蓋本二劉。自《昭明文選》析

賦、騷爲二體，所選之賦緣題標類，迥非孟堅之旨也。

《隋書經籍志總序》　夫經籍也者，機神之妙旨，聖哲之能事，所以經天地，緯陰陽，正紀綱，弘道德，顯仁足以利物，藏用足以獨善，學之者將殖焉，不學者將落焉。大業崇之，則成欽明之德，匹夫克念，則有王公之重。其王者之所以樹風聲，流顯號，美教化，移風俗，何莫由乎斯道？故曰：「其爲人也，温柔敦厚，《詩》教也；疏通知遠，《書》教也；廣博易良，《樂》教也；潔静精微，《易》教也；恭儉莊敬，《禮》教也；屬辭比事，《春秋》教也。」遭時制宜，質文迭用，應之以通變，通變之以中庸。中庸則可久，通變則可大，其教有適，其用無窮，實仁義之陶鈞，誠道德之橐籥也。其爲用大矣，隨時之義深矣，言無得而稱焉。故曰：「不疾而速，不行而至。」今之所以知古，後之所以知今，其斯之謂也。是以大道方行，俯龜象而設卦，後聖有作，仰鳥跡以成文。書契已傳，繩木棄而不用，史官既立，經籍於是興焉。夫經籍也者，先聖據龍圖，握鳳紀，南面以君天下者，咸有史官，以紀言行。言則左史書之，動則右史書之。故曰「君舉必書」，懲勸斯在。考之前載，則《三墳》、《五典》、《八索》、《九丘》之類是也。下逮殷、周，史官尤備，紀言書事，靡有闕遺，則《周禮》所稱：太史掌建邦之六典、八法、八則，以詔王治；小史掌邦國之志，定世系，辨昭穆；内史掌王之八柄，策命而貳之；外史掌王之外令及四方之志，三皇、五帝之書；御史掌邦國都鄙萬民之治令，以贊冢宰。此則天子之史，凡有五焉。諸侯亦各有國史，分掌其職。則《春秋傳》，晉趙穿弑靈公，太史董狐書曰「趙盾殺其君」，以示於朝。宣子曰：「不然。」對曰：「子爲正卿，亡不越境，反不討賊，非子而誰？」齊崔杼弑莊公，太史書曰「崔杼弑其君」，崔子殺之。其弟嗣書，死者二人。其弟又書，乃舍之。南史聞太史盡死，執簡以往，聞既書矣，乃還。楚靈王與右尹子革語，左史倚相趨而過。王曰：「此良史也，能讀《三墳》、《五典》、《八索》、《九丘》。」然則諸侯史官，亦非一人而已，皆以記言書事，太史總而裁之，以成國家之典。不虚美，不隱惡，故得有所懲勸，遺文可觀，則《左傳》稱《周志》，《國語》有《鄭書》之類是也。暨夫周室道衰，紀綱散亂，國異政，家殊俗，褒貶失實，隳紊舊章。孔丘以大聖之才，當傾頹之運，歎鳳鳥之不至，惜將墜於斯文，乃述《易》道而删《詩》、《書》，修《春秋》而正雅、頌。壞禮崩樂，咸得其所。自哲人萎而微言絶，七十子散而大義乖，戰國縱横，真僞莫辨，諸子之言，紛然淆亂。聖人之至德喪矣，先王之要道亡矣，陵夷踳駁，以至于秦。秦政奮豺狼之心，剗先代之迹，焚《詩》、《書》，坑儒士，以刀筆吏爲師，制挾書之令。學者逃難，竄伏山林，或失本經，口以傳說。漢氏誅除秦、項，未及下車，先命叔孫通草綿蕝之儀，救擊柱之弊。其後張蒼治律曆，陸賈撰《新語》，曹參薦蓋公言黄老，惠帝除挾書之律，儒者始以其業行於民間。猶以去聖既遠，經籍散逸，簡札錯亂，傳説紕繆，遂使《書》分爲二，《詩》分爲三，《論語》有齊、魯之殊，《春秋》有數家之傳。其餘互有踳駁，不可勝言。此其所以博而寡要，勞而少功者也。武帝置太史公，命天下計書，先上太史，副上丞相，開獻書之路，置寫書之官，外有太常、太史、博士之藏，内有延閣、廣内、祕室之府。司馬談父子，世居太史，探采前代，斷自軒皇，逮于孝武，作《史記》一百三十篇。詳其體制，蓋史官之舊也。至於孝成，祕藏之書，頗有亡散，乃使謁者陳農，求遺書於天下。命光禄大夫劉向校經傳諸子詩賦，步兵校尉任宏校兵書，太史令尹咸校數術，太醫監李柱國校方技。每一書就，向輒撰爲一録，論其指歸，辨其訛謬，敘而奏之。向卒後，哀帝使其子歆嗣父之業。乃徙温室中書於天禄閣上。歆遂總括群篇，撮其指要，著爲《七略》：一曰《集略》，二曰《六藝略》，三曰《諸子略》，四曰《詩賦略》，五曰《兵書略》，六曰《術數略》，七曰《方技略》。大凡三萬三千九十卷。王莽之末，又被焚燒。光武中興，篤好文雅，明、章繼軌，尤重經術。四方鴻生鉅儒，負裘自遠而至者，不可勝算。石室、蘭臺，彌以充積。又於東觀及仁壽閣集新書，校書郎班固、傅毅等典掌焉。並依《七略》而爲書部，固又編之，以爲《漢書藝文志》。董卓之亂，獻帝西遷，圖書縑帛，軍人皆取爲帷囊。所收而西，猶七十餘載。兩京大亂，掃地皆盡。魏氏代漢，采掇遺亡，藏在祕書、中、外三閣。魏祕書郎鄭默，始制《中經》，祕書監荀勖，又因《中經》，更著《新簿》，分爲四部，總括群書。一曰甲部，紀六藝及小學等書；二曰乙部，有古諸子家、近世子家、兵書、兵家、術數；三曰丙部，有史記、舊事、皇覽簿、雜事；四曰丁部，有詩賦、圖讚、《汲冢書》，大凡四部合二萬九千九百四十五卷。但録題及言，盛以縹囊，書用緗素。至於作者之意，無所論辯。惠、懷之亂，京華蕩覆，渠閣文籍，靡有孑遺。東晉之初，漸更鳩聚。著作郎李充，以勖舊簿校之，其見存者，但有三千一十四卷。充遂總没衆篇之名，但以甲乙爲次。自爾因循，無所變革。其後中朝遺書，稍流江左。宋元嘉八年，祕書監謝靈運造《四部目録》，大凡六萬四千五百八十二卷。元徽元年，祕書丞王儉又造《目録》，大凡一萬五千七百四卷。儉又别撰《七志》：一曰《經典志》，紀六藝、小學、史記、雜傳；二曰《諸子志》，紀今古諸子；三曰《文翰志》，紀詩賦；四曰《軍書志》，紀兵書；五曰《陰陽志》，紀陰陽圖緯；六曰《術藝志》，紀方技；七曰《圖譜志》，紀地域及圖書。其道、佛附見，合九條。然亦不述作者之意，但於書名之下，每立一傳，而

又作九篇條例，編乎首卷之中。文義淺近，未爲典則。齊永明中，祕書丞王亮、監謝朏，又造《四部書目》，大凡一萬八千一十卷。齊末兵火，延燒祕閣，經籍遺散。梁初，祕書監任昉，躬加部集，又於文德殿内列藏衆書，華林園中總集釋典，大凡二萬三千一百六卷，而釋氏不豫焉。梁有祕書監任昉、殷鈞《四部目録》，又《文德殿目録》。其術數之書，更爲一部，使奉朝請祖暅撰其名。故梁有《五部目録》。普通中，有處士阮孝緒，沉静寡慾，篤好墳史，博采宋、齊已來，王公之家凡有書記，參校官簿，更爲《七録》：一曰《經典録》，紀六藝；二曰《記傳録》，紀史傳；三曰《子兵録》，紀子書、兵書；四曰《文集録》，紀詩賦；五曰《技術録》，紀數術；六曰《佛録》；七曰《道録》。其分部題目，頗有次序，割析辭義，淺薄不經。梁武敦悦詩書，下化其上，四境之内，家有文史。元帝克平侯景，收文德之書及公私經籍，歸于江陵，大凡七萬餘卷。周師入郢，咸自焚之。陳天嘉中，又更鳩集，考其篇目，遺闕尚多。其中原則戰争相尋，干戈是務，文教之盛，苻、姚而已。宋武入關，收其圖籍，府藏所有，纔四千卷。赤軸青紙，文字古拙。後魏始都燕、代，南略中原，粗收經史，未能全具。孝文徙都洛邑，借書於齊，祕府之中，稍以充實。暨於尒朱之亂，散落人間。後齊遷鄴，頗更搜聚，迄於天統、武平，校寫不輟。後周始基關右，外逼强隣，戎馬生郊，日不暇給。保定之始，書止八千，後稍加增，方盈萬卷。周武平齊，先封書府，所加舊本，纔至五千。隋開皇三年，祕書監牛弘，表請分遣使人，搜訪異本。每書一卷，賞絹一匹，校寫既定，本即歸主。於是民間異書，往往間出。及平陳已後，經籍漸備。檢其所得，多太建時書，紙墨不精，書亦拙惡。於是總集編次，存爲古本。召天下工書之士，京兆韋霈、南陽杜頵等，於祕書内補續殘缺，爲正副二本，藏于宫中，其餘以實祕書内、外之閣，凡三萬餘卷。煬帝即位，祕閣之書，限寫五十副本，分爲三品：上品紅瑠璃軸，中品紺瑠璃軸，下品漆軸。於東都觀文殿東西廂構屋以貯之，東屋藏甲乙，西屋藏丙丁。又聚魏已來古跡名畫，於殿後起二臺，東曰妙楷臺，藏古跡；西曰寶蹟臺，藏古畫。又於内道場集道、佛經，别撰目録。大唐武德五年，克平僞鄭，盡收其圖書及古跡焉。命司農少卿宋遵貴載之以船，泝河西上，將致京師。行經底柱，多被漂没，其所存者，十不一二。其《目録》亦爲所漸濡，時有殘缺。今考見存，分爲四部，合條爲一萬四千四百六十六部，有八萬九千六百六十六卷。其舊録所取，文義淺俗、無益教理者，並删去之。其舊録所遺，辭義可采，有所弘益者，咸附入之。遠覽馬《史》、班《書》，近觀王、阮《志》、《録》，挹其風流體制，削其浮雜鄙俚，離其疏遠，合其近密，約文緒義，凡五十五篇，各列本條之下，以備《經籍志》。雖未能研幾探賾，窮極幽隱，庶乎弘道設教，可以無遺闕焉。夫仁義禮智，所以治國也，方技數術，所以治身也；諸子爲經籍之鼓吹，文章乃政化之黼黻，皆爲治之具也。故列之於此志云。

焦竑《國史經籍志糾繆》　《夏小正》入禮，非，改時令。梁武帝《革牲大義》入禮，非，今削。《爾雅》十一種入論語，非，改小學。《五經正名》等二十九種入論語，非，改經解。《謚法》三種入論語，非，附儀注。《江都集禮》入論語，非，改儀注。《東觀奏記》入正史，非，改雜史。《吴記》入正史，非，改編年。《漢紀》等三十三種入古史，非，改編年。《淮海亂離志》入古史，非，改雜史。《戰國策》入雜史，非，改縱横家。《梁皇實録》入雜史，非，附起居注。《洞紀》等十一種入雜史，非，改通史。王子年《拾遺記》入雜史，非，改傳記。《後周太祖號令》入起居注，非，改制詔。庚秀才《地形志》，地理兩出。《海岱志》入雜傳，非，改地理。《竹譜》、《錢譜》入譜系，非，改食貨。《畫品》、《畫録》入簿録，非，改藝術。《玉燭寶典》、《四時録》入雜家，非，改時令。《皇覽》入雜，非，改儒家。《釋氏譜》、《内典博要》、《净住因果記》、《歷代三寶記》、《真言要集》、《感應傳》、《衆僧傳》、《高僧傳》，以上雜傳，雜家兩出，今改釋家。《嘉瑞記》、《祥瑞記》，雜傳、五行兩出，今入傳記。《元門寶海》，雜傳、雜家兩出，改道家。《古今藝術》入小説，非，改藝術。《欹器圖》、《器準圖》入小説，非，改食貨。《天儀説要》，天文兩出；《甲寅元歷序》，歷數兩出；《海中仙人》占災祥書，五行兩出；《地形志》五行兩出。《棋勢》等二十四種，入兵家，非，改藝術。《香方》三種入醫方，非，改食貨。《食經》五種入醫方，非，改食貨。《金匱録》等五十種，入醫方，非，改道家。《集誡》等七種，儒家、總集兩出，今入儒。右隋《經籍志》。

錢大昕《廿二史考異》卷三四《隋書二・經藉志一》　《周易》二卷，魏文侯師卜子夏傳，殘缺。梁六卷。按：阮孝緒《七録》撰於梁普通中，《志》所云梁者，阮氏書也。梁有魏司農卿董遇注《周易》十卷。按：漢、魏至宋、齊，九卿官名皆不繫以「卿」字，至梁，乃有司農卿、少府卿之稱。此《志》載魏司農卿董遇、吴太常卿徐整、晉少府卿華嶠、魏衛尉卿應璩、晉衛尉卿石崇、晉太常卿潘尼、晉太僕卿王嶠、宋太常卿蔡廓之類，皆史臣不諳官制，以意增之。《詩神泉》一卷。本名《神淵》，見《後漢書》，趙長君撰，唐人避諱改。《毛詩義疏》二十九卷，沈重撰。《周書・儒林傳》作二十八卷。《周官禮義疏》四十卷，沈重撰。《周書・儒林傳》作三十一卷。《喪服疑問》一卷，樊氏撰。按：《周書・樊深傳》，《喪服問疑》一卷，蓋即此書。《禮記義

疏》四十卷，沈重撰。《周書・儒林傳》作三十卷。《禮記文外大義》二卷，秘書學士褚暉撰。按：《儒林傳》，吴郡褚輝（與「暉」同），煬帝時爲太學博士，撰《禮疏》一百卷。與此互異。《王氏史氏記》二十一篇。《漢書》作王史氏。王史，複姓也。漢有新豐令王史音，見《廣韵》。此衍一「氏」字。《春秋土地名》三卷，晋裴秀客京相璠等撰。按：《志》中一書而重出者，如京相璠《春秋土地名》三卷，一見《春秋類》，一見《地理類》；李槩《戰國春秋》二十卷，一見《古史類》，一見《霸史類》；裴子野《衆僧傳》二十卷，一見《雜傳類》，一見《雜家類》；《諸葛武侯集誡》二卷（《總集》作一卷）、衆賢誡十三卷（《總集》作十卷）、《女鑒》一卷、《婦人訓誡集》十一卷、《娣姒訓》一卷、曹大家《女誡》一卷、《貞順志》一卷，俱一見《儒家類》，一見《總集類》。又如服虔《春秋漢議駁》二卷，兩收於《春秋類》；趙敺《甲寅元曆序》一卷，兩收於《曆數類》；庾季才《地形志》，兩收於《五行類》，而前云八十七卷，後云八十卷（《本傳》作八十七卷），皆史臣粗疏之失。唐、宋而後，志藝文者，重複益甚矣。梁有漢劉歆，犍爲文學、中黄門李巡《爾雅》各三卷。蓋其人姓舍名人。犍爲文學即舍人也。陸德明云，犍爲郡文學卒史臣舍人，漢武帝時待詔。《白虎通》六卷。《禮儀志》引《白武通》，蓋唐初史臣避諱，改「虎」爲「武」。此《志》亦當作「武」，後來校書者輒改。《七經義綱》二十九卷，樊文深撰。《七經論》三卷，樊太深撰。《質疑》五卷，樊文深撰。按：《周書・儒林傳》，深撰「《七經異同説》三卷、《義經略論》并《目録》三十一卷」。與此《志》名目互異。《江都集禮》一百二十六卷。按：潘徽序此書云，凡十二帙、一百二十卷。此衍六字，且此書本爲《議禮》而作，乃不入《禮家》，又不入《儀注》，而附於《論語》之末，亦失其倫。而又有《尚書中候》、《洛罪級》、《五行傳》、《詩推度災》、《汜曆樞》、《含神務》、《孝經勾命决》（「勾」與「鉤」同）、《援神契》、《雜讖》等書。按：《詩推度災》以下五篇，即在《七經緯》三十六篇之内，《五行傳》乃伏生《尚書大傳》中之一篇，非緯書也。《洛罪級》之名，它書未見。孔子曰：「必也正名乎！」名謂書字。鄭康成《論語注》云：正名謂正書字也。古者曰名，今世曰字。《禮記》曰：百名以上，則書之於策。孔子見時教不行，故欲正其文字之誤。《後魏書》，世祖始光二年，初造新字千餘，詔書引孔子「名不正則事不成」之語。江式《論書表》亦引孔子曰：「必也正名乎！」此漢儒相承之詁訓。許氏《説文》序云：「於其所不知，蓋闕如也」。則亦以正名爲正文字矣。許君在鄭之前，知其説不始於鄭氏也。《北齊書・李鉉傳》：「鉉以去聖久遠，文字多有乖謬，感孔子『必也正名之言』。」自後漢佛法行於中國，又得西域胡書，能以十四字貫一切音，文省而義廣，謂之婆羅門書。按：華嚴字母之法，蓋濫觴於此。其初本十四音，後乃益爲四十二也。凡六藝經緯六百二十七部。按：孔穎達《詩正義序》稱全緩、劉軌思、劉醜、劉焯俱有《義疏》。《春秋正義》引衛冀隆《難》、杜秦道静《釋》、蘇寬《義疏》、劉炫《規過》，賈公彦《儀禮疏》引黄慶、李孟悊二家《章疏》，陸德明《經典釋文》有周宏正《周禮音》，已上諸書，唐初儒者皆見之，而《隋志》不載，并不在亡書之數，何也？又沈重《毛詩音》二卷、《周禮音》一卷、《儀禮音》一卷、《禮記音》二卷、《儀禮義》三十五卷、《喪服經義》五卷、樊深《孝經問疑》一卷、熊安生《周禮義疏》廿卷、《禮記義疏》四十卷、《孝經義疏》一卷，見於《周書》；明克讓《孝經義疏》、劉焯《五經述議》、劉炫《春秋攻昧》十卷、何妥《孝經義疏》三卷、辛德源《集注春秋三傳》三十卷、張沖《孝經義》三卷、劉善經《四聲指歸》一卷，見於《隋書》，而《志》皆遺之。或謂《志》所録者，僅唐初所收東都圖籍，漂没之餘，固宜漏落，然史臣自言於舊録之外，更有附入，則有附有否，難辭絓漏之咎矣。

又《經籍志二》 《史記音義》十二卷，宋中散大夫徐野民撰。即徐廣也。隋人避諱，因稱其字。然廣又有《晋紀》四十五卷、《車服雜注》一卷，亦在本卷内，却稱名不稱字，蓋唐時修史不出一手，故多駁文。又如「民」字避唐諱，例當作人，而《農家類》或云《四人月令》，或云《齊民要術》，《春秋類》有「尚書左人郎荀訥」，此徐野民仍用本字，則由後來校書者妄改，又不能盡改也。《漢書續訓》三卷，梁北平諮議參軍韋稜撰。北平當作平北。《梁史》五十三卷，陳領軍大著作郎許亨撰。今以《許善心傳》考之，此書目録凡百卷，撰成上秘閣者僅六帙五十八卷，蓋未成之書。然卷數亦不合。《淮海亂雜志》四卷，蕭世怡撰。按：《北史》，蕭圓肅撰《淮海亂離志》，不云世怡所撰，劉知幾又以爲蕭大圜作，未審孰是。世怡本名泰，鄱陽王恢之子。圓肅者，武陵王紀之子。大圜則簡文子也。《古今注》八卷，伏無忌撰。章懷注《後漢書》屢引之，所謂伏侯《古今注》也。《托跋凉録》十卷。不著撰人，當是紀南凉事。禿髮即托跋聲之轉也。《梁舊事》三十卷，内史侍郎蕭大環撰。「環」當作「圜」。《汝南君諱議》二卷。按：《三國志・張昭傳》注云：「汝南主簿應劭議宜爲舊君諱，論者互有異同。」張昭箸論非之，漢人以郡守爲君也。《道人善道開傳》一卷。「善」當作「單」。《齊諧記》七卷，宋散騎侍郎東陽元疑撰。「元」當作「无」。《廣韵》，東陽無疑撰《齊諧記》。《洛陽圖》一卷，晋懷州刺史楊佺期撰。按：晋無懷州，當是雍州之訛。《京口記》二卷，宋太常卿劉損撰。《唐志》作劉損之。《隋王入沔記》六卷。「隋」當作「隨」，此校書人妄改。《湘州記》一卷，郭仲彦撰。《唐志》

「彦」作「産」。《宋武北征記》一卷，戴氏撰。戴名延之，見《水經注》。《北伐記》七卷，諸葛潁撰。《巡撫揚州記》七卷，諸葛潁撰。按：《潁傳》云，撰《鑾駕北巡記》三卷，《幸江都道里記》一卷。蓋即此兩書。而書名卷數俱不合。《隋區宇圖志》一百二十九卷。按：《崔賾傳》：「大業五年，受詔與諸儒撰《區宇圖志》二百五十卷，奏之。帝不善之，更令虞世基、許善心衍爲六百卷。」是此書曾經再修，然皆非百廿九卷也。凡史之所記，八百一十七部。按：《史部》之見於列傳者，如于仲文《漢書刊繁》三十卷，張沖《前漢書義》十二卷，許善心《梁書》七十卷，榮建緒《齊紀》三十卷，杜臺卿《齊紀》廿卷，王劭《齊書紀傳》一百卷、《平賊記》三卷，《皇隋靈感志》三十卷，柳䛒《晉王北伐記》十五卷，明克讓《古今帝代記》一卷、《續名僧記》一卷，宇文愷《東都圖記》廿卷、《明堂圖議》二卷，劉善經《酬德傳》三十卷、《諸劉譜》三十卷，諸葛潁《洛陽古今記》一卷，《志》皆遺之。

又《經籍志三》 《正論》六卷，漢大尚書崔寔撰。按：《後漢書》，崔寔作《政論》，亦無大尚書之名。此《志》大尚書崔寔，凡再見《正訓》二十卷、《内訓》二十卷。《志》皆不著撰人，蓋辛德源所撰也。《本傳》「正」作「政」。《長洲玉鏡》二百三十八卷。大業初，秘書館學士虞綽、秘書郎虞世南、著作佐郎庾自直等奉詔撰，見《虞綽傳》。《太公六韜》五卷，周文王師姜望撰。按：三代以前，男子無稱姓者，稱太公望曰姜望，此魏、晉以後俚俗之言。《金韜》十卷。《志》不著撰人，蓋劉祐所撰，見《藝術傳》。《陰策》二十二卷，大都督劉祐撰。《本傳》作二十二卷。按：《志》、《傳》卷數互異者，如蕭吉《樂譜集》二十卷，《傳》作十二卷。《傳》無「集」字。張沖《論語義疏》二卷，《傳》作十卷。《傳》無「疏」字。王劭《齊志》十卷，《傳》作廿卷。魏彦深《後魏書》一百卷，《傳》作九十二卷。庾季才《靈臺秘苑》一百一十五卷，《傳》作一百二十卷。蕭吉《相經要録》二卷，《傳》作一卷。《薛道衡集》三十卷，《傳》作七十卷。《李元操集》十卷，《傳》作廿卷。《魏彦深集》三卷，《傳》作三十卷。《諸葛潁集》十四卷，《傳》作廿卷。《李德林集》十卷，《傳》作五十卷。《柳䛒集》五卷，《傳》作十卷。《辛德源集》三十卷，《傳》作廿卷。《蕭欣集》十卷，《周書本傳》作三十卷。《録軌象以頌其章》一卷。此不似書名，疑有訛。《垂象志》一百四十八卷。《志》不著撰人，蓋庾季才所撰。《本傳》作一百四十二卷。《綴術》六卷。《志》不著撰人，當是祖冲之撰。《五經算術》一卷。《志》不著撰人，蓋甄鸞所撰。《八會堪餘》一卷。按：《周禮疏》引《堪輿》大會有八，小會有八，即此書也。「輿」「餘」音同。《産乳書》二卷。《志》不著撰人。《藝術傳》「劉祐著《産乳志》三卷」。疑即此。《地動圖》一卷。《志》不著撰人。《藝術傳》，「臨孝恭著《地動銅儀經》一卷。」《黄帝素問》八卷，全元越注。袁廷檮曰：「越」當作「起」。凡諸子，合八百五十三部。按：《子部》見於列傳者，如何妥《莊子義疏》四卷，辛德源注揚子《法言》廿三卷，張煚《道言》五十二篇，王劭《讀書記》三十卷，柳䛒《法華玄宗》廿卷，劉焯《稽極》十卷、《曆書》十卷，諸葛潁《馬名録》二卷，來和《相經》四十卷，耿詢《鳥情占》一卷，蕭吉《宅經》八卷、《葬經》六卷、《相手板要決》一卷、《太一立成》一卷，臨孝恭《欹器圖》三卷、《九宫五墓》一卷、《遁甲月令》十卷、《元辰經》十卷、《元辰厄》一百九卷、《百怪書》十八卷、《禄命書》二十卷、《九宫龜經》一百一十卷、《太一式經》三十卷、《孔子馬頭易卜書》一卷，劉祐《觀臺飛候》六卷、《玄象要記》五卷、《律曆術文》一卷、《婚姻志》三卷、《式經》四卷、《四時立成法》一卷、《安曆志》十二卷、《歸正易》十卷，《志》皆遺之。

又《經籍志四》 晉太傅《郭象集》二卷。袁廷檮曰：「太傅」下脱「主簿」二字。益陽令《吴商集》五卷。按：《禮類》有晉益壽令吴商《禮難》十二卷。益陽，縣名，屬衡陽郡，作益壽者，誤。宋徵士《宗景集》十六卷。宗炳字少文，避諱改爲「景」。玄真處士《劉許集》一卷。「許」當作「訏」。《文海》五十卷。《志》不著撰人。按：《北史》，蕭圓肅撰時人詩筆，爲《文海》四十卷。即此。《百賦音》十卷，宋御史褚詮之撰。按：宋子京校《漢書》揚雄三賦，屢引諸詮《音》，蓋即此書，訛「褚」爲「諸」，又脱「之」字耳。子京未必親見此書，蓋采諸蕭該《漢書音義》也。《顔氏家訓・勉學篇》云：「習賦誦者，信褚詮而忽吕忱。」亦指此書而言。《大隋封禪書》一卷。《志》不著撰人，蓋何妥所撰。見《儒林傳》。《西府新文》十一卷，梁蕭淑撰。按：《顔氏家訓・文章篇》，梁元帝在藩邸時，撰《西府新文紀》。《志》云蕭淑者，當是元帝幕僚奉命撰集者。凡集五百五十四部。按：《集部》見於列傳者，如李文博《治道集》十卷，《明克讓集》廿卷，《劉臻集》十卷，《庾自直集》十卷，《孫萬壽集》十卷，《志》皆遺之。

錢大昕《十駕齋養新録》卷六《臣瓚晉灼集解》 《隋書經籍志》：「《漢書集解音義》二十四卷，應劭撰。」按顔氏《漢書敘例》云：「有臣瓚者，莫知氏族，考其時代亦在晉初，總集諸家《音義》，稍以己之所見續厠其末，凡二十四卷，分爲兩帙，今之《集解音義》則是其書，而後人見者不知臣瓚所作，乃謂之應劭等《集解》，王氏《七志》、阮氏《七略》并題云然，斯不審耳。」依小顔説知《隋志》所載即臣瓚所集，非出于應劭一人。《隋志》多承阮《録》舊文，則應劭下當有「等」字，殆傳寫失之也。晉

灼《集解》十四卷不載于《隋志》，則師古所謂「東晉迄于梁、陳，南方學者皆未之見」，王阮既未著録，故《隋志》亦遺之也。

《舊唐書・經籍志總序》 夫龜文成象，肇八卦於庖犧；鳥跡分形，創六書於蒼頡。聖作明述，同源異流。《墳》、《典》起之於前，《詩》、《書》繼之於後，先王陳迹，後王準繩。《易》曰：「觀乎人文以化成天下。」《禮》曰：「君子如欲化民成俗，其必由學乎！」學者非他，方策之謂也。琢玉成器，觀古知今，歷代哲王，莫不崇尚。自仲尼没而微言絶，七十子喪而大義乖。嬴氏坑焚，以愚黔首。漢興學校，復創石渠。雄、向校讎於前，馬、鄭討論於後，兩京載籍，由是粲然。及漢末還都，焚溺過半。爰自魏、晉，迄于周、隋，而好事之君，慕古之士，亦未嘗不以圖籍爲意也。然河北江南，未能混一，偏方購輯，卷帙未弘。而荀勖、李充、王儉、任昉、祖暅，皆達學多聞，歷世整比，群分類聚，遞相祖述。或爲七録，或爲四部，言其部類，多有所遺。及隋氏建邦，寰區一統，煬皇好學，喜聚逸書，而隋世簡編，最爲博洽。及大業之季，喪失者多。貞觀中，令狐德棻、魏徵相次爲祕書監，上言經籍亡逸，請行購募，并奏引學士校定，群書大備。

開元三年，左散騎常侍褚无量、馬懷素侍宴，言及經籍。玄宗曰：「内庫皆是太宗、高宗先代舊書，常令宫人主掌，所有殘缺，未遑補緝，篇卷錯亂，難於檢閲。卿試爲朕整比之。」至七年，詔公卿士庶之家，所有異書，官借繕寫。及四部書成，上令百官入乾元殿東廊觀之，無不駭其廣。九年十一月，殷踐猷、王愜、韋述、余欽、毋煚、劉彦真、王灣、劉仲等重修成《群書四部録》二百卷，右散騎常侍元行沖奏上之。自後毋煚又略爲四十卷，名爲《古今書録》，大凡五萬一千八百五十二卷。文宗時，鄭覃侍講禁中，以經籍道喪，屢以爲言。詔令祕閣搜訪遺文，日令添寫。開成初，四部書至五萬六千四百七十六卷。及廣明初，黄巢干紀，再陷兩京，宫廟寺署，焚蕩殆盡，曩時遺籍，尺簡無存。及行在朝諸儒購輯，所傳無幾。昭宗即位，志弘文雅。祕書省奏曰：「當省元掌四部御書十二庫，共七萬餘卷。廣明之亂，一時散失。後來省司購募，尚及二萬餘卷。及先朝再幸山南，尚存一萬八千卷。竊知京城制置使孫惟晟收在本軍，其御書祕閣見充教坊及諸軍人占住。伏以典籍國之大經，祕府校讎之地，其書籍並望付當省校其殘缺，漸令補輯，樂人乞移他所。」並從之。及遷都洛陽，又喪其半。平時載籍，世莫得聞。今録開元盛時四部諸書，以表藝文之盛。

四部者，甲、乙、丙、丁之次也。

甲部爲經，其類十二：一曰易，以紀陰陽變化。二曰書，以紀帝王遺範。三曰詩，以紀興衰誦嘆。四曰禮，以紀文物體制。五曰樂，以紀聲容律度。六曰春秋，以紀行事褒貶。七曰孝經，以紀天經地義。八曰論語，以紀先聖微言。九曰圖緯，以紀六經讖候。十曰經解，以紀六經讖候。十一曰詁訓，以紀六經讖候。十二曰小學，以紀字體聲韻。

乙部爲史，其類十有三：一曰正史，以紀紀傳表志。二曰古史，以紀編年繫事。三曰雜史，以紀異體雜紀。四曰霸史，以紀僞朝國史。五曰起居注，以紀人君言動。六曰舊事，以紀朝廷政令。七曰職官，以紀班序品秩。八曰儀注，以紀吉凶行事。九曰刑法，以紀律令格式。十曰雜傳，以紀先聖人物。十一曰地理，以紀山川郡國。十二曰譜系，以紀世族繼序。十三曰略録，以紀史策條目。

丙部爲子，其類一十有四：一曰儒家，以紀仁義教化。二曰道家，以紀清净無爲。三曰法家，以紀刑法典制。四曰名家，以紀循名責實。五曰墨家，以紀强本節用。六曰縱横家，以紀辯説譎詐。七曰雜家，以紀兼敘衆説。八曰農家，以紀播植種藝。九曰小説家，以紀芻辭輿誦。十曰兵法，以紀權謀制度。十一曰天文，以紀星辰象緯。十二曰曆數，以紀推步氣朔。十三曰五行，以紀卜筮占候。十四曰醫方，以紀藥餌針灸。

丁部爲集，其類有三：一曰楚詞，以紀騷人怨刺。二曰別集，以紀詞賦雜論。三曰總集，以紀文章事類。

煚等撰集，依班固《藝文志》體例，諸書隨部皆有小序，發明其指。近史官撰《隋書・經籍志》，其例亦然。竊以紀録簡編異題，卷部相沿，序述無出前修。今之殺青，亦所不取，但紀部帙而已。而煚等所序四部都録以明新修之旨，今略載之：

竊以經墳浩廣，史圖紛博，尋覽者莫之能偏，司總者常苦其多，何暇重屋複牀，更繁其説？若先王有闕典，上聖有遺事，邦政所急，儒訓是先，宜垂教以作程，當闡規而開典，則不遑啓處，何獲宴寧。曩之所修，誠惟此義，然禮有未恆，追怨良深。于時祕書省經書，實多亡闕，諸司墳籍，不暇討論。此則事有未周，一也。其後周覽人間，頗覩闕文，新集記貞觀之前，永徽已來不取；近書採長安之上，神龍已來未録。此則理有未弘，二也。書閲不偏，事復未周，或不詳名氏，或未知部伍。此則體有未通，三也。書多闕目，空張第數，既無篇題，實乖標榜。此則例有所虧，四也。所用書序，咸取魏文貞；所分書類，

皆據《隋經籍志》。理有未允，體有不通。此則事實未安，五也。昔馬談作《史記》，班彪作《漢書》，皆兩葉而僅成；劉歆作《七略》，王儉作《七志》，踰二紀而方就。孰有四萬卷目，二千部書，名目首尾，三年便令終竟，欲求精悉，不其難乎？所以常有遺恨，竊思追雪。乃與類同契，積思潛心，審正舊疑，詳開新制。永徽新集，神龍近書，則釋而附也；未詳名氏，不知部伍，則論而補也。空張之目，則檢獲便增；未允之序，則詳宜別作。紕繆咸正，混雜必刊。改舊傳之失者，三百餘條；加新書之目者，六千餘卷。凡經録十二家，五百七十五部，六千二百四十一卷；史録十三家，八百四十部，一萬七千九百四十六卷；子録十七家，七百五十三部，一萬五千六百三十七卷；集録三家，八百九十二部，一萬二千二十八卷。凡四部之録四十五家，都管三千六十部，五萬一千八百五十二卷，成《書録》四十卷。其外有釋氏經律論疏，道家經戒符籙，凡二千五百餘部，九千五百餘卷。亦具翻譯名氏，序述指歸，又勒成目録十卷，名曰《開元内外經録》。若夫先王祕傳，列代奥文，自古之粹籍靈符，絶域之神經怪牒，盡載於此二書矣。

夫經籍者，開物成務，垂教作程，聖哲之能事，帝王之達典。而去聖已久，開鑿遂多，苟不剖判條源，甄明科部，則先賢遺事，有卒代而不聞，大國經書，遂終年而空泯。使學者孤舟泳海，弱羽憑天，銜石填溟，倚杖追日，莫聞名目，豈詳家代？不亦勞乎！不亦弊乎！將使書千帙於掌眸，披萬函於年祀，覽録而知旨，觀目而悉詞，經墳之精術盡探，賢哲之睿思咸識，不見古人之面，而見古人之心，以傳後來，不其愈已！

其序如此。

煚等《四部目》及《釋道目》，並有小序及注撰人姓氏，卷軸繁多，今並略之，但紀篇部，以表我朝文物之大。其《釋道録目》附本書，今亦不取，據開元經籍爲之志。天寶已後，名公各著文章，儒者多有撰述，或記禮法之沿革，或裁國史之繁略，皆張部類，其徒實繁。臣以後出之書，在開元四部之外，不欲雜其本部，今據所聞，附撰人等傳。其諸公文集，亦見本傳，此並不録。四部區分，詳之于下。

《新唐書・藝文志總序》 自《六經》焚於秦而復出於漢，其師傳之道中絶，而簡編脱亂訛缺，學者莫得其本真，於是諸儒章句之學興焉。其後傳注、箋解、義疏之流，轉相講述，而聖道粗明，然其爲説固已不勝其繁矣。至於上古三皇五帝以來世次，國家興滅終始，僭竊僞亂，史官備矣。而傳記、小説，外暨方言、地理、職官、氏族，皆出於史官之流也。自孔子在時，方脩明聖經以絀繆異，而老子著書論道德。接乎周衰，戰國游談放蕩之士，田駢、慎到、列、莊之徒，各極其辯；而孟軻、荀卿始專脩孔氏，以折異端。然諸子之論，各成一家，自前世皆存而不絶也。夫王迹熄而《詩》亡，《離騷》作而文辭之士興。歷代盛衰，文章與時高下。然其變態百出，不可窮極，何其多也。自漢以來，史官列其名氏篇第，以爲六藝、九種、七略；至唐始分爲四類，曰經、史、子、集。而藏書之盛，莫盛於開元，其著録者，五萬三千九百一十五卷，而唐之學者自爲之書者，又二萬八千四百六十九卷。嗚呼，可謂盛矣！《六經》之道，簡嚴易直而天人備，故其愈久而益明。其餘作者衆矣，質之聖人，或離或合。然其精深閎博，各盡其術，而怪奇偉麗，往往震發於其間，此所以使好奇博愛者不能忘也。然凋零磨滅，亦不可勝數，豈其華文少實，不足以行遠歟？而俚言俗説，猥有存者，亦其有幸不幸者歟？今著于篇，有其名而亡其書者，十蓋五六也，可不惜哉。初，隋嘉則殿書三十七萬卷，至武德初，有書八萬卷，重複相糅。王世充平，得隋舊書八千餘卷，太府卿宋遵貴監運東都，浮舟泝河，西致京師，經砥柱，舟覆，盡亡其書。貞觀中，魏徵、虞世南、顏師古繼爲祕書監，請購天下書，選五品以上子孫工書者爲書手，繕寫藏于内庫，以宫人掌之。玄宗命左散騎常侍、昭文館學士馬懷素爲脩圖書使，與右散騎常侍、崇文館學士褚无量整比。會幸東都，乃就乾元殿東序檢校。无量建議：御書以宰相宋璟、蘇頲同署，如貞觀故事。又借民間異本傳録。及還京師，遷書東宫麗正殿，置修書院於著作院。其後大明宫光順門外、東都明福門外，皆創集賢書院，學士通籍出入。既而太府月給蜀郡麻紙五千番，季給上谷墨三百三十六丸，歲給河間、景城、清河、博平四郡兔千五百皮爲筆材。兩都各聚書四部，以甲、乙、丙、丁爲次，列經、史、子、集四庫。其本有正有副，軸帶帙籤皆異色以別之。安禄山之亂，尺簡不藏。元載爲相，奏以千錢購書一卷，又命拾遺苗發等使江淮括訪。至文宗時，鄭覃侍講，進言經籍未備，因詔祕閣搜採，於是四庫之書復完，分藏于十二庫。黄巢之亂，存者蓋尠。昭宗播遷，京城制置使孫惟晟斂書本軍，寓教坊於祕閣，有詔還其書，命監察御史韋昌範等諸道求購，及徙洛陽，蕩然無遺矣。

焦竑《國史經籍志糾繆・唐書藝文志》 《謚法》五種入經解，非，改附儀注。《武德貞觀兩朝史》入正史，非。葛洪《史記鈔》、《兩漢書鈔》，張緬《後漢書略》、《晉書鈔》、《後漢書纘》六種入雜史，非，改附正史。張温《三史要略》、阮孝緒《正史削繁》、王廷秀《史要》、蕭肅《合史》、王蔑《史漢要集》六種入雜史，非，改附正史。虞

溥《江表傳》，雜史、傳記兩出，改霸史。《關東風俗傳》入雜史，非，改地理。《唐宰輔録》入雜史，非，改傳記。《凌煙功臣傳》入雜史，非，改傳記。《十八學士傳》入雜史，非，改傳記。《詔令》十一種入雜史，非，改制詔。《春坊舊事》、《春坊要録》入雜史，非，改職官。馬總《唐年小録》入故事，非，改雜史。《列藩正論》，傳記、儒家兩出。李襲譽《江東記》入傳記，非，改地理。《王氏訓誡》入傳記，非，改儒家。李筌《中台志》入傳記，非，改職官。《朝野僉載》入傳記，非，改雜史。《封氏聞見記》入傳記，非，改雜史。韋機《西征記》、韓琬《南征記》、陸贄《遺使録》、裴肅《平戎記》、房千里《段荒雜録》五種入傳記，非，改地理。徐景《玉璽正録》，雜傳、儀注兩出。《國寶傳》入傳記，非，附儀注。許康佐《九鼎記》入傳記，非，改食貨。《異域歸忠傳》、《西番會盟記》、《西戎記》入傳記，非，改地理。《西京雜記》，故事、地理兩出。釋家入道家，非，今別出。《尉繚子》入雜，非。孟儀《子林》、薛克搆《子林》、沈約《子鈔》、庾仲容《子鈔》入雜，非，附子。徐陵《文府》入雜，非，改總集。王方慶《續世説》入雜，非，改小説。王範《續蒙求》、白延翰《唐蒙求》、李伉《系蒙》入雜，非，改小學。《參同契》入卜筮，非，改道家。《月令》十二種入農，非，改時令。錢普《相貝經》入農，非，改食貨。《續錢譜》入小説，非，改食貨。《茶經》二種，入小説，非，改食貨。《甄異傳》等二十二種入小説，非，改儒家。《太清神丹經》入醫，非，改道家。杜佑《通典》、《會要》係典制書，入類家，非。右《唐藝文志》。

繆荃孫《藝風堂文漫存》卷四《唐書藝文志跋》 《唐書藝文志》四卷，宋十行十九字本。從南宋閩中魏氏刻《唐書》抽出。高六寸五分，廣四寸三分，黑綫口單邊，無大小字及刻工姓名。而字畫之勁，紙墨之精，並無補葉，在宋本中亦屬甲等。宋諱栢、朗、玄、朒、廓、貞、禎、徵、讓、慎、胤、朂、構、敬、惇、敦，作字不成，是理宗時刻本。廬陵改《舊唐書·經籍》爲《藝文》。經部增一百十七家，三千三百六十卷。史部增三百五十八家。一萬二千三百二十七卷。子部增五百一家，五千六百一十五卷。集部增四百八家，五千八百二十五卷。然編次雜糅，不如舊書。自《漢藝文志》原本《七略》，最有條理。次《隋經籍》，已不能如《漢書》之整齊。次《舊唐經籍》亦有可觀。廬陵搜羅尚廣，編次甚亂，後人無所適從。不能爲廬陵諱，且有舛錯。如易類何安講疏，疑是何妥。《周易正義》，國子祭酒孔穎達、顔師古等奉詔撰。「詔」當作「敕」。僞史類蕭方等《三十國春秋》，無「等」字。《母丘儉記》，「母」當作「毋」。綦母邃《列女傳》，「綦母」當作「毋」。法家類高頻等《隋律》，「頻」當作「熲」。毋煚《古今書録》四十卷，「毋」當作「母」。《開元後格》十卷，吏部侍郎兼侍中朱琛。「琛」當作「璟」。醫類《楊氏産乳集驗方》三卷，注揚歸厚。「揚」當作「楊」。《鄭汪藥方》一卷，「汪」當作「注」。總集類顔峻《婦人集》，「峻」當作「竣」。又有重複。如小學類蔡邕《今字石經論語》二卷，一類兩見。正史類李喜《漢書辨惑》三十卷。《舊志》作「李善」，一類兩見。僞史類劉昞《燉煌實録》十卷，又見雜傳記類。雜史類虞溥《江表傳》五卷，又見雜傳記類。故事類葛洪《西京雜記》二卷，又見地理類。雜傳記類圈稱《陳留風俗傳》三卷，又見地理類。唐臨《冥搜記》二卷，又見小説類。此本亦略有訛字。序給上谷墨三百三十六丸。「丸」誤「九」。兔千五百皮，「兔」誤「免」。春秋類高貴鄉公，「鄉公」誤「卿」。小學類小注二百四十卷，「百」誤「千」。起居注類《泰始起居注》，「泰」誤「秦」。職官類《六典》注余欽，「欽」誤「敘」。傳記類《三輔決録》摯虞注，「摯」誤「摰」。張景宗注冀州南宫人，「宫」誤「官」。姓氏類《大唐皇室新譜》，「大」誤「太」。諸子類《正書》袁準撰，「袁」誤「表」。道家類楊衒之《洛陽伽藍記》，「楊」誤「陽」。慧休《雜心玄章鈔疏》注瀛州人，「瀛」誤「嬴」。小説類趙自勤定命論道書《定命録》，注作「自勸」，殿本均作「自勸」。醫家類《喻義纂療癰疽要訣》，「疽」誤「疸」，殿本作「疸」。江承宗注《鳳翔節度要籍》，「籍」誤「藉」。別集庾肩吾，「肩」誤「扃」。《竇叔向集》，注溧水令。「溧」誤「漂」。道家類總一百三十四家，一百七十四部，下接《管子》不提行。法家類十五家十五部，一百六十六部，下接《鄧析》不提行。然佳處勝於南北監本、汲古本者甚多。讀者當自知之。

趙士煒《宋國史藝文志輯本序》 國史藝文志者，宋世所修國史之藝文志也。宋世屢修國史，或成或輟，《宋史藝文志》著録者凡六：王旦等之《國史》一百二十卷，太祖、太宗兩朝。吕夷簡等《三朝國史》一百五十卷，太祖、太宗、真宗三朝。王珪《兩朝國史》一百二十卷，仁宗、英宗兩朝。鄧洵武《神宗正史》一百二十卷，王孝迪《哲宗正史》一百五十卷，李燾《四朝國史》三百五十卷，神宗、哲宗、徽宗、欽宗四朝。未著録者有淳祐間所修《中興四朝國史》，高宗、孝宗、光宗、寧宗四朝。《神哲兩史》，紹興初以褒貶失實，廢而不用，王旦之書則南渡時已不傳，語見洪邁《容齋隨筆》。餘四者，《玉海》、《通考》並曾引用，《宋史》亦據以損益成書，是元世尚存也。且宋之國史，當時非厪祕在中内，亦有副本流傳民間，觀晁公武《讀書志》、陳振孫《書録解題》，均曾著録。足徵私家亦得藏國史，而迄今無一卷貽留，寧非憾事。嘗疑在元代曾遭禁燬，否則當不至如是。元以異族入主中華，其史官學識淺陋，故《宋史》疏略，而《藝文志》尤紕繆，重複顛倒不可校數，《四庫》識其爲諸史志中最叢脞者，上元倪氏有《宋藝文志補》一卷，功厪拾遺補闕，未曾是正訛舛。清世治史學者，考經

籍者，均未顧及，余嘗欲爲之整比疏理，别爲新編，用徵一朝文獻，而彌兹闕陷；唯欲求董理，則宋人書録首資佐證。考宋人書録十亡八九，存者晁《志》陳《録》，及《遂初堂書目》而已。至官録尤爲重要，蓋《宋志》所自出，今《崇文》雖有輯本，惜考覈不精；《中興》並輯本亦無。余乃從事網輯。纂録成書，《崇文目》亦重加校定，更以《玉海》、《通考》中稱引國史志甚夥，復以餘暇從而輯之，雖僅得二百餘條，然亦可想見一般。至其體例可略得言，昔班氏漢史，因《七略》以至《藝文》，事出創作，故通記古今，後有纂修，自以斷代爲宜。譬之太史公書上起軒轅，下迄孝武，班氏續作，則斷自漢高，隋唐史官不明此誼，妄爲倣擬，前志已有，後志仍收，頻繁互出，頗病重叠，子元之譏，固其宜矣。夫以斷代之史，而有通記之志於體於義，均爲未得。國史志於此未能改正其失，與隋唐《志》同，國史志每類有小序，每書有解題，此異於歷朝史志者。竊以爲史貴簡潔，藝文志難比書録，苟有不明，如《唐志》略加注釋可已，若並具解題，殊嫌蕪穢，且自輯得者考之，多失於空疏敷衍，是其意祇在取盈卷帙，實非史志正體，謂爲其失，固無不可。考三朝志似本之《咸平館閣書目》，兩朝志本之《崇文總目》見《兩朝志序》。四朝志似本之《政和祕書總目》，按《四朝志序》云：「今見於著録往往多非曩時所訪求者。」然則亦非書本於《秘書總目》也。《中興志》乃以《館閣書目續書目》銓次而成。《宋志》云：三朝所録則兩朝不復登載，而録其所未有者，四朝於兩朝亦然。又云：今删其重複。蓋《中興志》乃記南渡後重收圖籍，故有重複也。又《玉海》所引，多曰《國史志》未有，區别不悉其爲《三朝志》抑《兩朝志》，故今所輯録合前三志爲一編，統曰《國史志》，其已明言某朝志者，亦予注明，庶便觀覽。《中興志》别析爲一卷，其次略用《宋志》，其例已具所輯《中興館閣書目》。疏漏舛謬，自知不免，海内明哲，幸教正之。

《中興國史藝文志序》（《文獻通考》卷一七四序引） 高宗渡江，書籍散佚，獻書有賞，或以官故家藏者，或命就録鬻者悉市之。乃詔分經史子集四庫，仍分官日校。又内降詔，其略曰：國家用武開基，右文致治，藏書之盛，視古爲多。艱難以來，網羅散失，而十不得其四五。令監司郡守，各諭所部，悉上送官，多者優賞。又復置補寫所，令秘書省提舉，掌求遺書。詔定獻書賞格。自是多來獻者。淳熙四年，秘書少監陳騤等言中興館閣藏書，前後搜訪，部帙漸廣，乞倣《崇文總目》類次。五年書目成，計現在書四萬四千四百八十六卷，較《崇文總目》所載，實多一萬三千八百一十七卷。復參三朝所志，多八千二百九十卷，兩朝所志多三萬五千九百九十二卷。嘉定十三年，以四庫之外，書復充斥，詔秘書丞張攀等續《書目》，又得一萬四千九百四十三卷。而太常太史博士之藏，諸郡諸路刻板而未及獻者不預焉。蓋自紹興至嘉定，承平百載，遺書十出八九，著書立言之士，又益衆，往往多充秘府。紹定辛卯火災，書多闕。今據《書目》、《續書目》及搜訪所得嘉定以前書詮校而志之。

鄭樵《通志總序》 百川異趨，必會于海，然後九州無浸淫之患；萬國殊途，必通諸夏，然後八荒無壅滯之憂。會通之義大矣哉！自書契以來，立言者雖多，惟仲尼以天縱之聖，故總《詩》、《書》、《禮》、《樂》而會于一手，然後能同天下之文，貫二帝三王而通爲一家，然後能極古今之變。是以其道光明，百世之上、百世之下不能及。仲尼既没，百家諸子興焉，各效《論語》以空言著書，《論語》，門徒集仲尼語。至於歷代實蹟，無所紀繫。迨漢建元、元封之後，司馬氏父子出焉。司馬氏世司典籍，工於制作，故能上稽仲尼之意，會《詩》、《書》、《左傳》、《國語》、《世本》、《戰國策》、《楚漢春秋》之言，通黄帝、堯、舜至于秦、漢之世，勒成一書，分爲五體：「本紀」紀年，「世家」傳代，「表」以正歷，「書」以類事，「傳」以著人，使百代而下，史官不能易其法，學者不能舍其書。六經之後，惟有此作！故謂「周公五百歲而有孔子，孔子五百歲而在斯乎！」是其所以自待者已不淺。然大著述者，必深於博雅，而盡見天下之書，然後無遺恨。當遷之時，挾書之律初除，得書之路未廣，亘三千年之史籍，而跼蹐於七八種書，所可爲遷恨者，博不足也。凡著書者，雖采前人之書，必自成一家言。左氏，楚人也，所見多矣，而其書盡楚人之辭；公羊，齊人也，所聞多矣，而其書皆齊人之語。今遷書全用舊文，間以俚語，良由采摭未備，筆削不遑，故曰：「予不敢墮先人之言，乃述故事，整齊其傳，非所謂作也。」劉知幾亦譏其多聚舊記，時插雜言。所可爲遷恨者，雅不足也。大抵開基之人不免草創，全屬繼志之士爲之彌縫。晉之《乘》，楚之《檮杌》，魯之《春秋》，其實一也。《乘》、《檮杌》無善後之人，故其書不行。《春秋》得仲尼挽之於前，左氏推之於後，故其書與日月並傳。不然，則一卷事目，安能行於世！自《春秋》之後，惟《史記》擅制作之規模，不幸班固非其人，遂失會通之旨，司馬氏之門户自此衰矣！

班固者，浮華之士也，全無學術，專事剽竊。肅宗問以制禮作樂之事，固對以在京諸儒必能知之。儻臣鄰皆如此，則顧問何取焉！及諸儒各有所陳，固惟竊叔孫通十二篇之儀，以塞白而已。儻臣鄰皆如此，則奏議何取焉！肅宗知其淺陋，故語竇憲曰：「公愛班固而忽崔駰，此葉公之好龍也。」固於當時，已有定價，如此人材，將何著述！《史記》一書，功在十表，猶衣裳之有冠冕，木水之有本原，班固不通

旁行邪上，以古今人物彊立差等。且謂漢紹堯運，自當繼堯，非遷作《史記》廁於秦、項，此則無稽之談也。由其斷漢爲書，是致周、秦不相因，古今成間隔。自高祖至武帝，凡六世之前，盡竊遷書，不以爲慚。自昭帝至平帝，凡六世，資於賈逵、劉歆，復不以爲恥。況又有曹大家終篇，則固之自爲書也幾希！往往出固之胷中者，《古今人表》耳，他人無此謬也。後世衆手修書，道傍築室，掠人之文，竊鐘掩耳，皆固之作俑也。固之事業如此，後來史家奔走班固之不暇，何能測其淺深！遷之於固，如龍之於猪，柰何諸史棄遷而用固，劉知幾之徒尊班而抑馬！且善學司馬遷者，莫如班彪。彪續遷書，自孝武至于後漢，欲令後人之續己，如己之續遷，既無衍文，又無絶緒，世世相承，如出一手，善乎其繼志也！其書不可得而見，所可見者，元、成二帝贊耳。皆於本紀之外，别記所聞，可謂深入太史公之閫奥矣！凡左氏之有「君子曰」者，皆經之新意。《史記》之有「太史公曰」者，皆史之外事，不爲襃貶也。間有及襃貶者，褚先生之徒雜之耳。且紀傳之中，既載善惡，足爲鑒戒，何必於紀傳之後更加襃貶！此乃諸生決科之文，安可施於著述，殆非遷、彪之意。況謂爲贊，豈有貶辭。後之史家，或謂之「論」，或謂之「序」，或謂之「銓」，或謂之「評」，皆效班固，臣不得不劇論固也。司馬談有其書，而司馬遷能成其父志。班彪有其業，而班固不能讀父之書。固爲彪之子，既不能保其身，又不能傳其業，又不能教其子，爲人如此，安在乎言爲天下法！范曄、陳壽之徒繼踵，率皆輕薄無行，以速罪辜，安在乎筆削而爲信史也！

孔子曰：「殷因於夏禮，所損益可知也；周因於殷禮，所損益可知也。」此言相因也。自班固以斷代爲史，無復相因之義。雖有仲尼之聖，亦莫知其損益。會通之道，自此失矣！語其同也，則紀而復紀，一帝而有數紀；傳而復傳，一人而有數傳。天文者，千古不易之象，而世世作天文志；《洪範五行》者，一家之書，而世世序五行傳。如此之類，豈勝繁文！語其異也，則前王不列于後王，後事不接於前事；郡縣各爲區域，而昧遷革之源；禮樂自爲更張，遂成殊俗之政。如此之類，豈勝斷綆！曹魏指吴、蜀爲寇，北朝指東晉爲僭，南謂北爲索虜，北謂南爲島夷。《齊史》稱梁軍爲義軍，謀人之國可以爲義乎！《隋書》稱唐兵爲義兵，伐人之君可以爲義乎！房玄齡董史册，故房彦謙擅美名；虞世南預修書，故虞荔、虞寄有嘉傳。甚者，桀犬吠堯，吠非其主。《晉史》黨晉而不有魏，凡忠於魏者，目爲叛臣，王淩、諸葛誕、毋丘儉之徒抱屈黄壤；《齊史》黨齊而不有宋，凡忠於宋者，目爲逆黨，袁粲、劉秉、沈攸之之徒含寃九泉。噫！天日在上，安可如斯！似此之類，歷世有之。傷風敗義，莫大乎此！遷法既失，固弊日深，自東都至江左，無一人能覺其非。惟梁武帝爲此慨然，乃命吴均作《通史》，上自太初，下終齊室，書未成而均卒。隋楊素又奏令陸從典續《史記》，訖于隋，書未成而免官。豈天之靳斯文而不傳與？抑非其人而不祐之與？自唐之後，又莫覺其非。凡秉史筆者，皆準《春秋》，專事襃貶。夫《春秋》以約文見義，若無傳釋，則善惡難明。史册以詳文該事，善惡已彰，無待美刺。讀蕭、曹之行事，豈不知其忠良；見莽、卓之所爲，豈不知其兇逆。夫史者，國之大典也；而當職之人，不知留意於憲章，徒相尚於言語。正猶當家之婦，不事饔飧，專鼓唇舌，縱然得勝，豈能肥家！此臣之所深恥也！

江淹有言：修史之難，無出於志。誠以志者，憲章之所繫，非老於典故者，不能爲也。不比紀傳，紀則以年包事，傳則以事繫人，儒學之士皆能爲之。惟有志難，其次莫如表。所以范曄、陳壽之徒能爲紀傳而不敢作表、志。志之大原起於《爾雅》。司馬遷曰「書」，班固曰「志」，蔡邕曰「意」，華嶠曰「典」，張勃曰「録」，何法盛曰「説」。餘史並承班固，謂之「志」，皆詳於浮言，略於事實，不足以盡《爾雅》之義。臣今總天下之大學術而條其綱目，名之曰「略」。凡二十略，百代之憲章、學者之能事盡於此矣。其五略，漢、唐諸儒所得而聞；其十五略，漢、唐諸儒所不得而聞也。

生民之本，在於姓氏；帝王之制，各有區分。男子稱氏，所以别貴賤；女子稱姓，所以别婚姻，不相紊濫。秦并六國，姓氏混而爲一。自漢至唐，歷世有其書，而皆不能明姓氏。原此一家之學，倡於左氏，因生賜姓，胙土命氏。又以字、以謚、以官，以邑命氏，邑亦土也。左氏所言，惟兹五者。臣今所推，有三十二類，左氏不得而聞，故作《氏族略》。

書契之本，見於文字。獨體爲文，合體爲字。文有子母，主類爲母，從類爲子。凡爲字書者，皆不識子母。文字之本，出於六書。象形、指事，文也；會意、諧聲、轉注，字也；假借者，文與字也。原此一家之學，亦倡於左氏。然止戈爲武，不識諧聲；反正爲乏，又昧象形。左氏既不别其源，後人何能别其流！是致小學一家，皆成鹵莽。經旨不明，穿鑿蠭起，盡由於此。臣於是驅天下文字盡歸六書，軍律既明，士乃用命，故作《六書略》。

天籟之本，自成經緯。縱有四聲以成經，横有七音以成緯。皇頡制字，深達此機；江左四聲，反没其旨。凡爲韻書者，皆有經無緯。字書眼學，韻書耳學。眼學以母爲主，耳學以子爲主。母主形，子主聲，二家俱失所主。今欲明七音之本，擴

六合之情，然後能宣仲尼之教，以及人間之俗，使裔夷之俘皆知禮義，故作《七音略》。

天文之家，在於圖象。民事必本於時，時序必本於天。爲天文志者，有義無象，莫能知天。臣今取隋丹元子《步天歌》，句中有圖，言下成象；靈臺所用，可以仰觀。不取甘、石本經，惑人以妖妄，速人於罪累。故作《天文略》。

地理之家在於封圻，而封圻之要在於山川。《禹貢》九州，皆以山川定其經界。九州有時而移，山川千古不易，是故《禹貢》之圖至今可別。班固《地理》主於郡國，無所底止，雖有其書，不如無也。後之史氏，正以方隅；郡國併遷，方隅顛錯。皆因司馬遷無地理書，班固爲之創始，致此一家，俱成謬舉。臣今準《禹貢》之書而理川源，本《開元十道圖》以續今古，故作《地理略》。

都邑之本，金湯之業，史氏不書，《黄圖》難考。臣上稽三皇、五帝之形勢，遠探四夷、八蠻之巢穴。仍以梁汴者，四朝舊都，爲痛定之戒；南陽者，疑若可爲中原之新宅。故作《都邑略》。

謚法一家，國之大典。史氏無其書，奉常失其旨。周人以諱事神，謚法之所由起也。古之帝王，存亡皆用名。自堯、舜、禹、湯至于桀、紂，皆名也。周公制禮，不忍名其先君。武王受命之後，乃追謚太王、王季、文王，此謚法所由立也。本無其書，後世僞作《周公謚法》，欲以生前之善惡爲死後之勸懲。且周公之意，既不忍稱其名，豈忍稱其惡！如是，則《春秋》爲尊者諱，爲親者諱，不可行乎周公矣。此不道之言也。幽、厲、桓、靈之字，本無兇義。謚法欲名其惡，則引辭以遷就其意。何爲皇頡制字，使字與義合，而周公作法，使字與義離？臣今所纂，並以一字見義，削去引辭，而除其曲説，故作《謚略》。

祭器者，古人飲食之器也。今之祭器出於《禮圖》，徒務説義，不思適用。形制既乖，豈便歆享！夫祭器尚象者，古之道也。器之大者莫如罍，故取諸雲、山；其次莫如尊，故取諸牛、象；其次莫如彝，故取諸雞、鳳；最小者莫如爵，故取諸雀。其制皆象其形，鑿項及背以出内酒。惟劉杳能知此義，故引魯郡地中所得齊子尾送女器有「犧尊」及齊景公冢中所得「牛尊」「象尊」以爲證，其義甚明，世莫能用。故作《器服略》。

樂以詩爲本，詩以聲爲用。風土之音曰「風」，朝廷之音曰「雅」，宗廟之音曰「頌」。仲尼編《詩》，爲正樂也。以風、雅、頌之歌，爲燕享祭祀之樂。工歌《鹿鳴》之三，笙吹《南陔》之三，歌間《魚麗》之三，笙間《崇邱》之三，此大合樂之道也。古者絲竹有譜無辭，所以六笙但存其名。序《詩》之人，不知此理，謂之有其義而亡其辭。良由漢立齊、魯、韓、毛四家博士，各以義言《詩》，遂使聲歌之道日微。至後漢之末，《詩》三百僅能傳《鹿鳴》、《騶虞》、《伐檀》、《文王》四篇之聲而已。太和末，又失其三。至于晉室，《鹿鳴》一篇又無傳。自《鹿鳴》不傳，後世不復聞《詩》。然詩者，人心之樂也，不以世之興衰而存亡。繼風、雅之作者，樂府也。史家不明仲尼之意，棄樂府不收，乃取工伎之作以爲志。臣舊作系聲樂府以集漢、魏之辭，正爲此也。今取篇目以爲次，曰樂府正聲者，所以明風、雅；曰祀享正聲者，所以明頌。又以琴操明絲竹，以遺聲準逸詩。語曰：「『韶』盡美矣，又盡善也；『武』盡美矣，未盡善也。」此仲尼所以正舞也。「韶」即文舞，「武」即武舞。古樂甚希，而文、武二舞猶傳於後世。良由有節而無辭，不爲義説家所惑，故得全仲尼之意。五聲、八音、十二律者，樂之制也。故作《樂略》。

學術之苟且，由源流之不分；書籍之散亡，由編次之無紀。《易》雖一書，而有十六種學：有傳學，有注學，有章句學，有圖學，有數學，有讖緯學，安得總言《易》類乎！《詩》雖一書，而有十二種學：有詁訓學，有傳學，有注學，有圖學，有譜學，有名物學，安得總言《詩》類乎！道家則有道書，有道經，有科儀，有符籙，有吐納内丹，有爐火外丹，凡二十五種，皆道家，而渾爲一家，可乎？醫方則有脈經，有灸經，有本草，有方書，有炮炙，有病源，有婦人，有小兒，凡二十六種，皆醫家，而渾爲一家，可乎？故作《藝文略》。

册府之藏，不患無書；校讎之司，未聞其法。欲三館無素餐之人，四庫無蠹魚之簡；千章萬卷，日見流通；故作《校讎略》。

河出圖，天地有自然之象，圖譜之學由此而興；洛出書，天地有自然之文，書籍之學由此而出。圖成經，書成緯；一經一緯，錯綜而成文。古之學者，左圖右書，不可偏廢。劉氏作《七略》，收書不收圖，班固即其書爲《藝文志》。自此以還，圖譜日亡，書籍日冗，所以困後學而隳良材者，皆由於此。何哉？即圖而求，易；即書而求，難。舍易從難，成功者少。臣乃立爲二記：一曰記有，記今之所有者，不可不聚；二曰記無，記今之所無者，不可不求。故作《圖譜略》。

方册者，古人之言語；款識者，古人之面貌。方册所載，經數千萬傳；款識所勒，猶存其舊。蓋金石之功，寒暑不變，以茲稽古，庶不失真。今藝文有志，而金石無紀。臣於是采三皇五帝之泉幣，三王之鼎彝，秦人石鼓，漢魏豐碑，上自蒼頡石室之文，下逮唐人之書，各列其人而名其地。故作《金石略》。

《洪範五行傳》者，巫瞽之學也，歷代史官皆本之以作五行志。天地之間，災祥萬種；人間禍福，冥不可知；若之何一蟲之妖、一物之戾皆繩之以五行！又若之何晉厲公一視之遠、周單子一言之徐而能關於五行之沴乎！晉申生一衣之偏、鄭子臧一冠之異而能關於五行之沴乎！董仲舒以陰陽之學倡爲此説，本於《春秋》，牽合附會。歷世史官，自愚其心目，俛首以受籠罩而欺天下。臣故削去五行，而作《災祥略》。

語言之理易推，名物之狀難識。農圃之人識田野之物，而不達《詩》、《書》之旨；儒生達《詩》、《書》之旨，而不識田野之物。五方之名本殊，萬物之形不一：必廣覽動植，洞見幽潛；通鳥獸之情狀，察草木之精神；然後參之載籍，明其品彙。故作《昆蟲草木略》。

凡十五略，出臣胸臆，不涉漢、唐諸儒議論。《禮略》所以敘五禮，《職官略》所以秩百官，《選舉略》言掄材之方，《刑法略》言用刑之術，《食貨略》言財貨之源流。凡兹五略，雖本前人之典，亦非諸史之文也。

古者記事之史謂之志。《書大傳》曰：「天子有問無以對，責之疑；有志而不志，責之丞。」是以宋、鄭之史，皆謂之志。太史公更志爲記。今謂之志，本其舊也。桓君山曰：「太史公《三代世表》旁行邪上，並效周譜。」古者紀年別繫之書謂之譜，太史公改而爲表。今復表爲譜，率從舊也。然西周經幽王之亂，記載無傳，故《春秋》編年以東周爲始。自皇甫謐作《帝王世紀》及《年歷》，上極三皇；譙周、陶弘景之徒，皆有其書。學者疑之，而以太史公編年爲正，故其年始於共和。然共和之名已不可據，況其年乎！仲尼著書斷自唐、虞，而紀年始於魯隱，以西周之年無所考也。今之所譜，自《春秋》之前，稱世謂之世譜；《春秋》之後，稱年謂之年譜。太史公紀年以六甲，後之紀年者以六十甲，或不用六十甲而用歲陽、歲陰之名。今之所譜，即太史公法，既簡且明，循環無滯。禮言臨文不諱，謂私諱不可施之於公也；若廟諱則無所不避。自漢至唐，史官皆避諱，惟《新唐書》無所避。臣今所修，準舊史例；間有不得而避者，如謚法之類，改易本字，則其義不行，故亦準唐舊。漢景帝名啓，改啓爲開；安帝名慶，改慶爲賀；唐太祖名虎，改虎爲武；高祖名淵，改淵爲水。若章懷太子注《後漢書》，則濯龍淵不得而諱；杜佑作《通典》，則虎賁不得而諱。

夫學術超詣，本乎心識；如人入海，一入一深。臣之二十略，皆臣自有所得，不用舊史之文。紀傳者，編年紀事之實蹟，自有成規，不爲智而增，不爲愚而減，故於紀傳即其舊文，從而損益。若紀有制詔之辭，傳有書疏之章，入之正書，則據實事；寘之別録，則見類例。《唐書》、《五代史》，皆本朝大臣所修，微臣所不敢議，故紀傳訖隋。若禮樂政刑，務存因革，故引而至唐云。

嗚呼！酒醴之末，自然澆漓。學術之末，自然淺近。九流設教，至末皆弊。然他教之弊，微有典刑。惟儒家一家，去本太遠。此理何由？班固有言：「自武帝立五經博士，開弟子員，設科射策，勸以官禄。訖于元始，百有餘年。傳業者寖盛，枝葉繁滋，一經説至百餘萬言，大師衆至千餘人，蓋禄利之途使然也！」且百年之間，其患至此；千載之後，弊將若何！況禄利之路，必由科目。科目之設，必由乎文辭。三百篇之《詩》盡在聲歌，自置《詩》博士以來，學者不聞一篇之《詩》；六十四卦之《易》該於象數，自置《易》博士以來，學者不見一卦之《易》。皇頡制字，盡由六書。漢立小學，凡文字之家，不明一字之宗。伶倫制律，盡本七音。江左置聲韻，凡音律之家，不達一音之旨。經既苟且，史又荒唐，如此流離，何時返本！道之汙隆存乎時，時之通塞存乎數。儒學之弊，至此而極！寒極則暑至，否極則泰來，此自然之道也。臣蒲柳之質，無復餘齡；葵藿之心，惟期盛世！謹序。

焦竑《國史經籍志・糾繆・通志藝文略》 《周易口訣》，唐史證撰，云魏徵，非。《論語韓愈解》，兩出。陳祥道《禮書》入禮圖，非。《小學篇》，兩出。荆浩《筆法記》論畫，入法書，非。《絶越書》袁康、吴君平作，具篇末隱語云子貢，非。《三十國春秋》，梁湘東王世子蕭方等撰，方等字實相，用内典語作蕭方，非。《桓元僭僞事》、《司馬陶公故事》、《魏文貞事迹》、《澎公故事》、《張九齡事迹》，以上入故事，非，改傳記。《方物志》三種，當入後方物中。《净住子》論釋理作，入道家，非。《素履子》，儒、道兩出。《淮南子》，道家、雜家兩出。《净土論》入道家，非，改釋。羅隱《兩同書》入道家，非，改雜。《吴興人物志》、《河西人物志》入名家，非，改地理。《董子戰國》，董無心闢學墨子而作，入墨，非。《子鈔》五種入雜，非，附子。《諭蒙》六種入雜，非，附小學。《玉堂閒話》，雜史、小説兩出。《鬼料竅要》即《步天歌》，兩出，入六壬，又非。有《班昭集》，復出《曹大家集》，誤作二人。右鄭樵《藝文略》。

馬端臨《文獻通考・經籍考・總序》 伏犧氏始畫八卦，造書契，書者，文字；契者，刻木而書其側。故曰：書契也。一云：以書契約其事也。鄭玄以書畫木邊言其事，刻之木，謂之書契也。以代結繩之政，由是文籍生焉。伏犧、神農、黄帝之書，謂之《三墳》，墳，大也。言大道也。少昊、顓頊、高辛、唐、虞之書，謂之《五典》，言常道也。至於夏、商、周之書，雖設教不倫，雅誥奥義，其歸一揆，是故歷代寶之，以爲大訓。八卦之説，謂之《八索》。索，求也。求其義也。九州之志，謂之《九丘》。丘，聚也。

言九州所有，土地所生，風氣所宜，皆聚此書也。

按：古書之流傳於今者，惟六經。六經之前，則《三墳》、《五典》、《八索》、《九丘》是已。《周官》「外史掌三皇五帝之書」，則國家之所職掌者，此也。楚左史倚相能讀《三墳》、《五典》、《八索》、《九丘》，則學士大夫之所誦習者，此也。今其書亡，而其義則略見於孔氏《尚書》之序，故録之以爲經籍之始。《索隱·史記三皇紀》言：「《春秋緯》稱自開闢至於獲麟，凡三百二十七萬六千歲，分爲十紀，凡世七萬六百年。一曰九頭紀，二曰五龍紀，三曰攝提紀，四曰合雒紀，五曰連通紀，六曰序命紀，七曰脩飛紀，八曰回提紀，九曰禪通紀，十曰流訖紀。」則上古之書蓋不可勝計，然其説荒誕，故無取焉。

《周官》太史掌建邦之六典，以逆邦國之治；掌八法，以逆官府之治；八則，以逆都鄙之治。太史，日官也。凡辨法者考焉，不信者刑之。凡邦國、都鄙及萬民之有約劑者藏焉，以貳六官。六官各有一通，此太史亦副寫一通，故云「以貳六官。」小史掌邦國之志，奠系世，辨昭穆。志，猶記也。《春秋傳》所謂《周志》，《國語》所謂《鄭書》之屬是也。史官主書，故韓宣子聘於魯，觀書太史氏。系世，謂《帝系》、《世本》之屬是也。小史主定之。內史掌王之八枋之法以詔王治，執國法及國令之貳，以考政事，以逆會計；國法：六典、八法、八則。掌敘事之法受納訪，以詔王聽治。敘，六敘也。納訪，納謀於王也。六敘六曰：以敘聽其情。凡命諸侯及孤卿大夫則策命之，如《春秋》王命內史興父策命晉侯之類。凡四方之事書內史讀之，若今尚書入省事。王制禄則贊爲之，以方出之，贊爲之，爲之辭也。以方版書而出之。賞賜亦如之。內史掌書王命，遂貳之。副寫藏之。外史掌書外令，王令下畿外。掌四方之志，志，記也。謂若魯之《春秋》，晉之《乘》。掌三皇、五帝之書，掌達書名於四方。若謂《堯典》、《禹貢》，達此名使知之。若以書使於四方，則書其令。書王令以授使者。御史掌邦國都鄙及萬民之治令，以贊冢宰。王所以治之，令冢宰掌王治。凡治者受法令焉。爲書寫其治之法。小行人掌五物者，謂國札喪、兇荒、師役、福事、裁禍，共五者。及其萬民之利害爲一書，其禮俗、政事、教治、刑禁之逆順爲一書，其悖逆、暴亂、作慝、猶犯令者爲一書，其札喪、兇荒、厄貧爲一書，其康樂、和親、安平爲一書。凡此五物者，每國辨異之以反命於王，以周知天下之故。

按：成周之時，自太史以至小行人，皆掌官府之典籍者也，其名數亦多。今除《寶訓》及《太平六典》之外，亦無可考者矣。

孔子生於周末，覩史籍之繁文，懼覽之者不一，遂乃定禮樂，明舊章，删詩爲三百篇，約史記而修《春秋》，讚易道以黜《八索》，述職方以除《九丘》，討論《墳》、《典》，斷自唐、虞以下訖於周。

程子曰：所謂大道若性與天道之説，聖人豈得而去之哉？若言陰陽、四時、七政、五行之道，亦必至要之理，非如後世之繁衍末術也，固亦常道，聖人所以不去也。或者所謂羲、農之書，乃後人稱述當時之事，失其義理，如許行爲神農之言，及陰陽、權變、醫方，稱黄帝之説耳，此聖人所以去之也。《五典》既皆常道，又去其三，蓋上古已有文字，而制立法度，爲治有迹，得以紀載，有史官以識其事，自堯始耳。

九峰蔡氏曰：今按《周禮》，外史掌三皇、五帝之書，周公所録，必非僞妄，而春秋時《三墳》、《五典》、《八索》、《九丘》之書，猶有存者，若果全備，孔子亦不應悉删去之；或其簡編脱落，不可通曉，或是孔子所見，止自唐、虞，以下不可知耳，今亦不必深究其説也。

《禮記經解》：孔子曰：入其國，其教可知也。觀其風俗，則知其所以教。其爲人也温柔敦厚，《詩》教也；疏通知遠，《書》教也；廣博易良，《樂》教也；絜静精微，《易》教也；恭儉莊敬，《禮》教也；屬辭比事，《春秋》教也。屬，猶合也。《春秋》多記諸侯朝聘會同，有相接之辭，争辨之事。故《詩》之失，愚；《書》之失，誣；《樂》之失，奢；《易》之失，賊；《禮》之失，煩；《春秋》之失，亂。失，謂不能節其教也。《詩》，敦厚，近愚；《書》，知遠，近誣；《易》，精微，愛惡相攻，遠近相取，則不能容人，近於傷害；《春秋》，習戰争之事，近亂。其爲人也，温柔教厚而不愚，則深於《詩》者也；疏通知遠而不誣，則深於《書》者也；廣博易良而不奢，則深於《樂》者也；絜静精微而不賊，深於《易》者也；恭儉莊敬而不煩，深於《禮》者也；屬辭比事而不亂，則深於《春秋》者也。言深者，既能以教，又防其失也。疏皇氏云《解》者，分析之名；此篇分析六經，體教不同，故名曰《經解》也。六經，其教雖異，總以禮爲本，故紀者録入於《禮》。

長樂劉氏曰：此經言周衰之時，諸侯之國雖不能逮文、武之時，猶能各通一經，以化其民，故孔子歷聘之時，入其國而其教可知。

山陰陸氏曰：不言「失之」而言「之失」者，六經無失也，學者之失而已。

金華應氏曰：醇厚者未必深察情僞，故失之愚；通達者未必篤確誠實，故失之誣；寬博者未必嚴立繩檢，故失之奢。沉潛思索，多自耗蠹，且或害道；弄筆褒貶，易紊是非，且或召亂。樂正崇四術以訓士，則先王之《詩》、《書》、《禮》、《樂》，其設教固已久。《易》雖用於卜筮，而精微之理非初學所可

語。《春秋》雖公其紀載，而策書亦非民庶所得盡窺。故《易象》、《春秋》，韓宣子適魯始得見之，則諸國之教未必盡備六者。蓋自夫子刪定讚繫筆削之餘，而後傳習滋廣，經術流行。夫子既廣其傳而又慮其所敝，故有此言。然人其國即知其教，非見遠察微者不能也；觀其教即防其失，非慮遠防微者不能也。

《莊子·天下篇》：古之人其備乎！配神明，醇天地，育萬物，和天下，澤及百姓，明於本教，係於末度，六通四辟，小大精粗，其運無乎不在。其明而在數度者，舊法世傳之史尚多有之。其在於《詩》、《書》、《禮》、《樂》者，鄒、魯之士，搢紳先生多能明之。《詩》以道志，《書》以道事，《禮》以道行，《樂》以道和，《易》以道陰陽，《春秋》以道名分。其數散於天下而設於中國者，百家之學時或稱而道之。天下大亂，賢聖不明，道德不一，天下多得一察焉以自好。譬如耳目鼻口，皆有所明，不能相通。猶百家衆技也，皆有所長，時有所用。雖然，不該不徧，一曲之士也。判天下之美，析萬物之理，察古人之全，寡能備於天地之美，稱神明之容。是故內聖外王之道，闇而不明，鬱而不發，天下之人各爲其所欲焉以自爲方。悲夫！百家往而不反，必不合矣！後世之學者，不幸不見天地之純，古人之大體，道術將爲天下裂。

按：莊生之時，六籍未經秦火，其書具在也，而諸子百家，各以其説舛馳而淆亂之，是以有闇而不明，鬱而不發之憂。周以荒唐謬悠之言著書，蓋亦百家之一也，而此段議論誠醇正，無異聖賢之格言。東坡謂莊子蓋助孔子者，於此見之。所謂「後之學者，不幸不見天地之純，古人之大體，道術將爲天下裂」。似逆知將有坑焚之禍，而深悲之矣。嗚呼！

秦始皇三十四年，丞相李斯上書曰：「異時諸侯並争，厚招游學。今天下已定，法令出一，百姓當家，則力農工，士則學習法令。今諸生不師今而學古，以非當世，惑亂黔首，相與非法教。人聞令下，則各以其學議之，人則心非，出則巷議，誇主以爲名，異趣以爲高，率群臣以造謗。如此弗禁，則主勢降乎上，黨與成乎下。禁之便。臣請史官非秦《記》皆燒之。非博士官所職，天下有藏《詩》、《書》、百家語者，皆詣守尉雜燒之。有敢偶語《詩》、《書》棄市。以古非今者族。吏見知而不舉，與同罪。令下三十日不燒，黥爲城旦。所不去者，醫藥、卜筮、種樹之書。若欲學法令，則以吏爲師」。制曰：「可」。

魏人陳餘謂孔鮒曰：「秦將滅先王之籍，而子爲書籍之主，其危哉！」子魚曰：「吾爲無用之學，知吾者惟友。秦非吾友，吾何危哉？吾將藏之以待其求，求至無患矣」。

夾漈鄭氏曰：陸賈，秦之巨儒也。酈食其，秦之儒生也。叔孫通，秦時以文學召待詔博士。數歲，陳勝起，二世召博士、諸儒生三十餘人而問其故，皆引《春秋》之義以對。是則秦時未嘗不用儒生與經學也。況叔孫通降漢時，自有弟子百餘人，齊、魯之風亦未嘗替。故項羽既亡之後，而魯爲守節禮義之國。則知秦時未嘗廢儒，而始皇所坑者，蓋一時議論不合者耳。又曰：蕭何入咸陽，收秦律令圖書，則秦亦未嘗無書籍也。其所焚者，一時間事耳！後世不明經者，皆歸之秦火，使學者不覩全書，未免乎疑以傳疑。然則《易》固爲全書矣，何嘗見後世有明《易》之人哉！臣向謂秦人焚書而書存，諸儒窮經而經絶，蓋爲此發也。《詩》有六亡篇，乃「六笙」。《詩》本無辭，《書》有逸篇，仲尼之時已無矣，皆不因秦火。自漢以來書籍，至於今日，百不存一二，非秦人亡之也，學者自亡之耳。

按：秦雖出自於西戎，然自非子、秦仲以來，有國於豐、岐者數百年。春秋之時，盟會聘享接於諸侯，《秦誓》紀於《書》，《車鄰》、《小戎》之屬列於《詩》，其聲名文物蓋藹然先王之遺風矣。今下令焚《詩》、《書》，而曰史官非秦記皆燒之，則《秦誓》、《秦風》，亦秦記也，獨非《詩》、《書》乎？李斯者，襲流血刻骨之故智，而佐之以人頭畜鳴之僞辯，固世所羞稱者。然斯學於荀卿，卿之道，蓋祖述六經，憲章仲尼者也，是其初亦自儒者法門中來。然則始皇既非聲教不通之編夷而驟有中華，李斯亦非椎朴少文之俗物而盲處高位。今乃以焚滅經籍，坑戮儒生爲經國之遠猷者，其説有二：曰愧，曰畏。愧則愧其議己也，畏則畏其害己也。自載籍以來，《詩》、《書》所稱桀有暴德而天下歸殷，紂有暴德而天下歸周，幽、厲有暴德而周室東遷，寖微寖滅。五霸迭興，七雄分據，始皇既已習聞其説矣。今雖誇曰：德兼三皇，功過五帝，而其所行，則襲桀、紂、幽、厲之跡耳，夫豈不自知之？而儒者記纂，明以語人曰：如是而興，如是而亡，不啻燭照、數計、龜卜而示後來以軌範。蓋始皇之所愧而畏者此也。自夫子歷聘列國，孟氏以儒術游於諸侯，思濟天下之溺，而引時君於當道者，至拳拳也；雖不肯枉道以求售，然思濟天下之溺，至拳拳也。繼而蘇、張之徒，專以口舌干時君，雖其所持者詭遇之術，妾婦之道，與孔、孟之學，如黑白薰蕕之相反，然其汲汲皇皇，求以用世之意則類也。而范雎之於魏冉，蔡澤之於范雎，皆逞其辯口，扼其吭而奪之位。於是上生斯時，皆以讀書游説爲可

以得志而取高位，李斯亦以説客進身者也。故韓非入秦，以策干始皇，則忌而誅之。天下豈無尚如非者欲睨其後乎？蓋李斯之所愧而畏者此也。《詩》、《書》百家語之在人間者焚之，其在博士官者存之，蓋亦知其本不可廢也。罷侯置守者，私其土地於己也；焚書而獨存博士官者，又欲私其經術於己也。主相之心，務欲滅經籍以愚天下，峻法律以威天下，而使之「莫予毒」，以爲鞏固不拔之計。然陳勝、項梁、項籍、劉季之徒，本非有祖述湯、武，弘濟蒼生之夙志；俱以罹於禁網，遁迹亡命，出萬死不顧一生之計，奮梃而起，以成土崩瓦解之勢。趙高熏腐小醜，亦非有文墨詞辯，足以傾動上聽，徒以少習深文，依於忮忍，故陷扶蘇、蒙恬，戮諸公子，夷李斯，如出一律。蓋犯法而作亂者，陳、吴、劉、項也，倚法而作姦者，趙高也。然則隳秦七廟而具斯五刑者，非《詩》、《書》也，乃秦之法律也。秦以儒者爲博士，每國家有大事，則下博士議之。然因淳于越進議封建，而下焚書之令，因盧生輩竊議時事，而下坑儒之令。蓋此二事者，皆激於博士之正論。然則其所進用者，必皆得面諛順指如周青臣、叔孫通輩，然後能持禄苟免耳。稍引古義持正論，則批逆鱗、觸奇禍。是書雖存而實亡，博士官雖設而實廢矣。又按，《史記》言始皇聞盧生竊議亡去，大怒曰：「吾前收天下書不中用者盡去之。悉召文學方術士甚衆，欲以興太平，求奇藥。今聞韓衆去不報，徐市等費以巨萬計，終不得藥，徒姦利相告日聞。」然則始皇所謂不中用者，所焚之六籍是也；所謂召文學、方術士求奇藥者，所存之醫藥、卜筮等書是也。然六籍雖厄於煨燼，而得之口耳所傳，屋壁所藏者，猶足以垂世立教千載如一日也。醫藥、卜筮、種樹之書，當時雖未嘗廢錮，而並未嘗有一卷流傳於後世者。以此見聖經賢傳，終古不朽，而小道異端，雖存必亡，初不以世主之好惡而爲之興廢也。

《西漢書·儒林傳》序曰：秦始皇兼天下，燔《詩》、《書》，殺術士，六學從此闕矣。陳涉之王也，魯諸儒持孔子禮器往歸之，於是孔甲爲涉博士，卒與俱死。師古曰：《孔光傳》云：「鮒爲陳涉博士，死陳下。」今此云孔甲，將名鮒而字甲也。陳涉起匹夫，敺適戍以立號，師古曰：敺，與驅同。適，讀曰謫。不滿歲而滅亡，其事至微淺，然而搢紳先生負禮器往委質爲臣者，何也？以秦禁其業，積怨而發憤於陳王也。及高皇帝誅項籍，引兵圍魯，魯中諸儒尚講誦習禮，弦歌之音不絶，豈非聖人遺化好學之國哉？於是諸儒始得修其經學，講習大射、鄉飲之禮。叔孫通作漢禮儀，因爲奉常諸弟子共定者，咸爲選首，然後喟然興於學。然尚有干戈平定四海，師古曰：言陳豨、盧綰、韓信、黥布之徒相次反叛征伐也。亦未遑庠序之事也。孝惠、高后時，公卿皆武力功臣，孝文時頗登用，師古曰：言少用文學之士。然孝文本好刑、名之言；及至孝景，不任儒；竇太后又好黄、老術，故諸博士具官待問，未有進者。師古曰：具官，謂備員而已。漢興，言《易》，自淄川田生；言《書》，自濟南伏生；言《詩》，於魯則申培公，於齊則轅固生，師古曰：培、固者，其人名；生者，其號也。他皆類此。培，音陪。燕則韓太傅；師古曰：名嬰也。言《禮》，則魯高堂生；言《春秋》，於齊則胡母生，於趙則董仲舒。及竇太后崩，武安君田蚡爲丞相，黜黄、老刑名百家之言，延文學儒者以百數，而公孫弘以治《春秋》爲丞相，封侯，天下學士靡然鄉風矣。

《西漢書·藝文志》序曰：昔仲尼没而微言絶，李奇曰：微，不顯之言也。師古曰：精微要妙之言耳。七十子喪而大義乖。師古曰：七十子，謂弟子達者七十二人，舉其成數，故言七十。故《春秋》分爲五，韋昭曰：謂《左氏》、《公羊》、《穀梁》、《鄒氏》、《夾氏》也。《詩》分爲四，韋昭曰：謂毛氏、齊、魯、韓。《易》有數家之傳。戰國從衡，真僞分爭，從，音子容反。諸子之言，紛然殽亂。至秦患之，乃燔滅文章，以愚黔首。漢興，改秦之敗，大收篇籍，廣開獻書之路。迄孝武世，書缺簡脱，禮壞樂崩，師古曰：編絶散落，故簡脱。脱，音吐活反。聖上喟然而稱曰：「朕甚閔焉！」於是建藏書之策，如淳曰：劉歆《七略》曰「外則有太常太史，博士之藏，内則有延閣、廣内、祕室之府」。置寫書之官，下及諸子傳説，皆充祕府。至成帝時，以書頗散亡，使謁者陳農求遺書於天下，詔光禄大夫劉向校經、傳、諸子、詩賦，步兵校尉任宏校兵書，太史令尹咸校數術，師古曰：占卜之書。侍醫李柱國校方技。師古曰：醫藥之書也。每一書已，師古曰：已，畢也。向輒條其篇目，撮其指意，録而奏之。師古曰：撮，總取也，音千括反。會向卒，哀帝復使向子侍中奉車都尉歆卒父業。師古曰：卒，終也。歆於是總群書而奏其《七略》，故有《輯略》，師古曰：輯，與集同，謂諸書之總要。有《六藝略》，六藝，六經也。有《諸子略》，有《詩賦略》，有《兵書略》，有《數術略》，有《方技略》。今删其要以備篇籍。師古曰：删去浮冗，取其指要也。其每所條家及篇數，有與總凡不同者，轉寫脱誤，年代久遠，無以詳知。

夾漈鄭氏曰：班固《藝文志》出於《七略》者也。《七略》雖疎而不濫，若班氏步步趨趨，不離於《七略》，未見其失也；間有《七略》所無，而班氏雜出者，則蹟矣。揚雄所作之書，劉氏蓋未收，而班氏始出，若之何以《太玄》、《法言》、《樂箴》三書合爲一，總謂之揚雄所序三十八篇，入於儒家類？按儒者舊有五

十二種，固新出一種，則揚雄之三書也。且《太玄》，《易》類也；《法言》，諸子；《樂箴》，雜家也；奈何合而爲一家？是知班固胸中元無倫類。

劉歆爲侍中，遷光禄大夫，領五經，卒父前業，欲建立《左氏春秋》及《毛詩》、《逸禮》、《古文尚書》皆列於學官。哀帝令歆與五經博士講論其義，諸博士或不肯置對。師古云：並不與歆意同，故不肯立其學也。置對，置辭以對也。歆因移書太常博士，責讓之曰：昔唐、虞既衰，而三代迭興，師古曰：迭，互也，音大結反。聖帝明王，累起相襲，其道甚著。周室既微，而禮樂不正，道之難全也如此。是故孔子憂道之不行，歷國應聘，自衛反魯，然後樂正，《雅》、《頌》乃得其所；修《易》，序《書》，制作《春秋》，以紀帝王之道。及夫子没而微言絶，七十子終而大義乖，重遭戰國，棄籩豆之禮，理軍旅之陳，孔氏之道抑，而孫、吴之術興。陵夷至於暴秦，燔經書，殺儒士，設挾書之法，行是古之罪，師古曰：以古事爲是者，即罪之。道術由是遂滅。漢興，去聖帝明王遐遠，仲尼之道又絶，法度無所因襲。時獨有一叔孫通，略定禮儀，天下唯有《易》卜，未有他書。至孝惠之世，乃除挾書之律，然公卿大臣絳、灌之屬，咸介胄武夫，莫以爲意。至孝文皇帝，始使掌故晁錯，從伏生受《尚書》。《尚書》初出於屋壁，朽折散絶，今其書見在，時師傳讀而已。《詩》始萌芽。天下衆書，往往頗出，皆諸子傳説，猶廣立於學官，爲置博士。在漢朝之儒，唯賈生而已。至孝武皇帝，然後鄒、魯、梁、趙頗有《詩》、《禮》、《春秋》先師，師古曰：前學之師也。皆起於建元之間。當此之時，一人亦能獨盡其經，或爲《雅》，或爲《頌》，相合而成。《泰誓》後得，博士集而讀之。故詔書稱曰：「禮壞樂崩，書缺簡脱，朕甚閔焉！」時漢興已七、八十年，離於全經，固已遠矣。師古曰：言廢絶已久，不可得其遺也。及魯恭王壞孔子宅，欲以爲宫，而得古文於壞壁之中，《逸禮》有三十九，《書》十六篇。天漢之後，孔安國獻之，遭巫蠱倉卒之難，未及施行。及《春秋》左氏丘明所修，皆古文舊書，多者二十餘通，藏於祕府，伏而未發。孝成皇帝閔學殘文缺，稍離其真，乃陳發祕藏，校理舊文，得此三事，以考學官所傳，經或脱簡，傳或間編，師古曰：脱簡，遺失也。間編，謂舊編爛絶，就更次之，前後錯亂也。間，音古莧反。傳問民間，則有魯國桓公、趙國貫公、膠東庸生之遺學，與此同抑而未施。此乃有識者之所惜閔，七君子之所嗟痛也。往者綴學之士，不思廢絶之闕，苟因陋就寡，分文析字，煩言碎辭，學者罷老且不能究其一藝。師古曰：罷，讀曰疲。究，竟也。信口説而背傳記，是末師而非往古。至於國家將有大事，若立辟雍、封禪、巡狩之儀，則幽冥而莫知其原。師古曰：幽冥，猶暗昧也。猶欲保殘守缺，挾恐見破之私意，而無從善服義之公心。或懷妒嫉，不考情實，雷同相從，隨聲是非，抑此三學，以《尚書》爲備，蘇林曰：備之而已。臣瓚曰：當時學者謂《尚書》唯有二十八篇，不知本有百篇也。師古曰：瓚説是也。謂《左氏》爲不傳《春秋》，豈不哀哉！今聖上德通神明，繼統揚業，亦閔文學錯亂，學士若兹，雖昭其情，猶依違謙讓，師古曰：依違，言不專決也。樂與士君子同之。故下明詔，試《左氏》可立不，遣近臣奉指銜命，將以輔弱扶微，與二三君子比意同力，冀得廢遺。師古曰：比，合也。經藝有廢遺者，冀得興立之也。比，音頻寐反。今則不然，深閉固拒而不肯試，猥以不誦絶之，師古曰：猥，苟也。苟不誦習之，而欲絶去此學。欲以杜塞餘道，絶滅微學。夫可與樂成，難與慮始，此乃衆庶之所爲耳，非所望於士君子也。且此數家之事，皆先帝所親論，今上所考視，其古文舊書皆有徵驗，外内相應，豈苟而已哉！夫禮失求之於野，古文不猶愈於野乎？往者博士《書》有歐陽，《春秋》公羊，《易》則施孟，然孝宣皇帝猶廣立穀梁《春秋》，梁丘《易》，大小夏侯《尚書》，義雖相反，猶並置之。何則？與其過而廢之也，寧過而立之。《傳》曰：「文、武之道未墜於地，在人；賢者志其大者，不賢者志其小者」。今此數家之言，所以兼包大小之義，豈可偏絶哉？若必專己守殘，師古曰：專執己所偏見，苟守殘缺之文也。黨同門，妒道真，師古曰：黨同師之學，妒道藝之真也。違明詔，失聖意，以陷於文吏之議，甚爲二三君子不取也。

劉歆總群書，著《七略》，大凡三萬三千九十卷，王莽之亂，焚燒無遺。

程氏《演繁露》曰：漢世藏書，舊知有禁中、外臺之别。今讀劉向敍載所定《列子》之書，而知中書之外，又有太常太史，與中祕而三也。向言所校三藏本篇章，大率中書多，外書少，知漢留意中祕，故比他本特備也。史遷紬金匱石室以成《史記》，豈嘗許其稽閲中祕邪？或太史所藏，於漢家事實則金匱石室以加嚴邪？然不知正在何地也。

光武中興，篤好文雅，明、章繼軌，尤重經術。四方鴻生鉅儒，負帙自遠至者，不可勝算，石室蘭臺，彌以充積。又於東觀及仁壽閣集新書，校書郎班固、傅毅等典掌焉，並依《七略》，而爲書部。明帝幸三雍，尊養三老五更。饗射禮畢，帝正坐自講，諸儒執經問難於前，冠帶搢紳之人，圜橋門而觀聽者，蓋億萬計。建初中，大會諸儒於白虎觀，考詳同異，連月乃罷。肅宗親臨稱制臨決，如石渠故事，前書甘露二年，詔諸儒講五經同異，蕭望之等平奏其議，上親制臨決焉。又曰：施讎甘露中論五經於石渠閣。《三輔故事》曰：石渠閣在未央殿北，藏祕書之所。顧命史臣，著爲《通議》。即《白虎通議》是。孝和亦數幸東觀，覽閲書林。靈帝熹平時，詔諸儒正定《五經》，刊於石

碑，爲古文、篆、隸三體書法，以相參檢，樹之學門，古文，謂孔子壁中書。篆，秦始皇使程邈所作也。隸書，亦程邈所獻也。主於徒隸從簡易。謝承書曰：碑立太學門外，瓦屋覆之，四面欄障，開門於南。河南郡設吏卒視之。揚龍驤《洛陽記》載朱超石與兄書云：石經文都似碑高一丈許，廣四尺，駢羅相接。使天下咸取則焉。初，光武遷還洛陽，其經牒祕書，載之二千餘兩。自此以後，參陪於前。及董卓移都之際，吏民擾亂，自辟雍、東觀、蘭臺、石室、宣明、鴻都諸藏典策文章，競共剖散。其縑帛圖書，大則連爲帷蓋，小乃制爲縢囊。縢，亦幐也。音徒恒反。《説文》曰：幐，囊也。及王允所收而西者，裁七十餘乘，道路艱遠，復棄其半矣。後長安之亂，一時焚蕩，莫不泯盡焉。

魏氏代漢，采掇遺亡，藏在祕書中外三閣。魏祕書郎鄭默，始制《中經》。祕書監荀勖，又因《中經》更著《新簿》，分爲四部，總括群書。一曰甲部：紀六藝及小學等書；二曰乙部：有古諸子家、近世子家、兵書、兵家、術數；三曰丙部：有史記、舊事、皇覽簿、雜事；四曰丁部：有詩賦、圖贊、《汲冢書》。大凡四部，合二萬九千九百四十五卷。但録題，及言盛以縹囊，書用緗素，至於作者之意，無所論辯。

晉惠、懷之亂，京華蕩覆，石渠閣文籍，靡有孑遺。

東晉之初，漸更鳩聚。著作郎李充以勖舊簿校之，其見存者，但爲三千一十四卷。充遂總没衆篇之名，但以甲乙爲次，自爾因循，無所變革。其後中朝遺書，稍流江左。宋武帝入關，收其圖籍，府藏所有，纔四千卷，赤軸青紙，文字古拙。文帝元嘉八年，祕書監謝靈運造《四部目録》，大凡六萬四千五百八十二卷。元徽元年，祕書丞王儉又造目録，大凡萬五千七百四卷。儉又别撰《七志》：一曰《經典志》，紀六藝、小學、史記、雜傳；二曰《諸子志》，紀今古諸子；三曰《文翰志》，紀詩賦；四曰《軍書志》，紀兵書；五曰《陰陽志》，紀陰陽圖緯；六曰《術藝志》，紀方技；七曰《圖譜志》，紀地域及圖書。其道、佛附見，合九條。然亦不述作者之意，但於書名之下，每立一傳，而又作九篇條例，編乎首卷之中，文義淺近，未爲典則。

齊永明中，祕書丞王亮、監謝朏，又造《四部書目》，大凡一萬八千一十卷。齊末兵火，延燒祕閣，經籍遺散。

梁初，祕書監任昉，躬加部集，又於文德殿内，列藏衆書，華林園中，總集釋典，大凡二萬三千一百六卷，而釋氏不與焉。梁有祕書監任昉、殷鈞《四部目録》，又《文德殿目録》。其術數之書，更爲一部，使奉朝請祖暅譔其名，故梁有《五部目録》。普通中，有處士阮孝緒，沉静寡慾，篤好墳史，博采宋、齊已來王公之家凡有書記，參校官簿，更爲《七録》：一曰《經典録》，紀六藝；二曰《記傳録》，紀史傳；三曰《子兵録》，紀子書、兵書；四曰《文集録》，紀詩賦；五曰《技術録》，紀數術；六曰《佛録》；七曰《道録》。其分部題目，頗有次序，割析辭義，淺薄不經。梁武敦説詩書，下化其上，四境之内，家有文史。元帝克平侯景，收文德之書及公私經籍，歸於江陵，大凡七萬餘卷，周師入郢，咸自焚之。

陳天嘉中，又更鳩集，考其篇目，遺闕尚多。

後魏始都燕、代，南略中原，粗收經史，未能全具。道武嘗問博士李先曰：「天下何物最善，可以益人神智？」對曰：「莫若書籍。」帝曰：「書籍凡有幾何？如何可集？」對曰：「自書契以來，世有滋益，以至於今，不可勝計。苟人主所好，何憂不集！」乃命郡縣大收書籍，悉送平城。孝文徙都洛邑，借書於齊，祕府之中，稍以充實。暨於爾朱之亂，散落人間。

後齊遷鄴，頗更搜聚，迄於天統、武平，校寫不輟。

後周始基關右，外通强鄰，戎馬生郊，日不暇給。保定之始，書止八千，後稍加增，方盈萬卷。武帝平齊，先封書府，所加舊本，纔至五千。

隋文帝開皇三年，祕書監牛弘表請分遣使人，搜訪異本。每書一卷，賞絹一疋，校寫既定，本即歸主。於是民間異書，往往間出。

牛弘上表，請開獻書之路。曰：「昔周德既衰，舊經紊棄。孔子以大聖之才，開素王之業。憲章祖述，制《禮》刊《詩》。正五始而脩《春秋》，闡《十翼》而弘《易》道。及秦皇馭宇，吞滅諸侯，先王墳籍，掃地皆盡。此則書之一厄也。漢興，建藏書之策，置校書之官。至孝成之代，遣謁者陳農，求遺書於天下，詔劉向父子，讎校篇籍。漢之典文，於斯爲盛。及王莽之末，並從焚燼。此則書之二厄也。光武嗣興，尤重經誥，未及下車，先求文雅。至肅宗親臨講肄，和帝數幸書林。其蘭臺、石室、鴻都、東觀，祕牒填委，更倍於前。及孝獻移都，吏人擾亂，圖畫縑帛，皆取爲帷囊，所收而西，纔七十餘乘，屬西京大亂，一時燔蕩。此則書之三厄也。魏文代漢，更集典，皆藏在祕書、内外三閣，遣書郎鄭默，刪定舊文。論者美其朱紫有别。晉氏承之，文籍尤廣。晉祕書監荀勖，定魏《内經》，更著《新簿》，屬劉、石馮陵，從而失墜。此則書之四厄也。永嘉之後，寇竊競興，其建國立家，雖傳名號，憲章禮樂，寂滅無聞。劉裕平姚，收其圖籍，五經、子、史，纔四千卷，皆赤軸青紙，文字古拙，並歸江左。宋祕書丞王儉，依劉氏《七略》，撰爲《七志》，梁人阮孝緒，亦爲《七録》，總其書數三萬餘卷。及侯景渡江，破滅梁室，祕省經籍，雖從兵火，其文德殿内書史，宛然猶存。蕭繹據有江陵，遣將破平侯

景，收文德之書及公私典籍重本七萬餘卷，悉送荆州。及周師入郢，繹悉焚之於外城，所收十纔一二。此則書之五厄也。後魏爰自幽方，遷宅伊、洛，日不暇給，經籍闕如。周氏創基關右，戎車未息，保定之始，書止八千，後加收集，方盈萬卷。高氏據有山東，初亦採訪，驗其本目，殘闕猶多。及東夏初平，獲其經史，四部重雜，三萬餘卷，所益舊書，五千而已。今御出單本，合一萬五千餘卷，部帙之間，仍有殘缺，比梁之舊目，止有其半。至於陰陽《河》、《洛》之篇，醫方圖譜之説，彌復爲少。臣以經書自仲尼迄今，數遭五厄，興集之期，屬膺聖代。今祕藏見書，亦足披覽，但一時載籍，須令大備，不可王府所無，私家乃有。若猥發明詔，兼開購賞，則異典必致，觀閣斯積。」上納之。

漢世，鄭玄並爲衆經注解，服虔、何休各有所説。玄《易》、《詩》、《書》、《禮》、《論語》、《孝經》，虔《左氏春秋》，休《公羊傳》，大行於河北；王肅《易》亦間行焉。晉世，杜預注《左氏》。預玄孫坦，坦弟驥，於宋朝並爲青州刺史，傳其家業，故齊地多習之。自魏末大儒徐遵明門下講鄭玄所注《周易》，遵明以傳盧景裕及清河崔瑾。景裕傳權會、郭茂。權會早入鄴都，郭茂恒在門下教授。其後能言《易》者，多出郭茂之門。河南及青、齊之間，儒生多講王輔嗣所注，師訓蓋寡。齊時儒士，罕傳《尚書》之業，徐遵明兼通之。遵明受業於屯留王聰，傳授浮陽李周仁及勃海張文敬、李鉉、河間權會，並鄭康成所注，非古文也。下里諸生，略不見孔氏注解。武平末，劉光伯、劉士元始得費甝《義疏》，乃留意焉。其《詩》、《禮》、《春秋》，尤爲當時所尚，諸生多兼通之。《三禮》並出遵明之門，徐傳業於李鉉、祖雋、田元鳳、馮偉、紀顯敬、吕黄龍、夏懷敬。李鉉又傳授刁柔、張買奴、鮑季詳、邢峙、劉晝、熊安生。安生又傳孫靈暉、郭仲堅、丁恃德。其後生能通《禮經》者，多是安生門人。諸生盡通《小戴禮》，於《周》、《儀禮》兼通者，十二三焉。通《毛詩》者，多出於魏朝劉獻之。獻之傳李周仁，周仁傳董令度、程歸則，歸則傳劉敬和、張思伯、劉軌思。其後能言《詩》者，多出於二劉之門。河北諸儒能通《春秋》者，並服子慎所注，亦出徐生之門。張買奴、馬敬德、邢峙、張思伯、張奉禮、張雕、劉晝、鮑長宣、王元則並得服氏之精微。又有衛覬、陳達、潘叔虔，雖不傳徐氏之門，亦爲通解。又有姚文安、秦道静，初亦學服氏，後兼更請杜元凱所注。其河外儒生，俱服膺杜氏。其《公羊》、《穀梁》二傳，儒者多不厝懷。《論語》、《孝經》，諸學徒莫不通講。諸儒如權會、李欽、刁柔、熊安生、劉軌思、馬敬德之徒，多自出義疏，雖曰專門，亦皆相祖習也。大抵南北所爲章句，好尚互有不同。江左：《周易》則王輔嗣，《尚書》則孔安國，《左傳》則杜元凱；河洛：《左傳》則服虔子慎，《尚書》、《周易》則鄭康成，《詩》則並主於毛公，《禮》則同遵於鄭氏。南人約簡，得其英華；北學深蕪，窮其枝葉。考其終始，要其會歸，其立身成名，殊方同致矣。

右《北史・儒林傳》序，言南北諸儒明經傳授學術之詳，最爲明備，故録於此。

隋平陳已後，經籍漸備。檢其所得，多太建時書，紙墨不精，書亦拙惡。於是總集編次，存爲古本。召天下工書之士，京兆韋霈、南陽杜頵等，於祕書内補續殘缺，爲正副二本，藏於宫中，其餘以實祕書内外之閣，凡三萬卷。煬帝即位，增祕書省官百二十員，並以學士補之。帝好讀書著述，自爲揚州總管，置王府學士至百人，常令修撰，以至爲帝前後近二十載，修撰未嘗暫停。自經術文章、兵農地理、醫卜釋道，乃至捕搏鷹狗，皆爲新書，無不精洽，共成三十一部，萬七千卷。初，西京嘉則殿有書三十七萬卷，帝命祕書監柳顧言等詮次，除其複重猥雜，得正御本三萬七千餘卷，納於東都修文殿。又寫五十副本，分爲三品：上品紅琉璃軸，中品紺琉璃軸，下品漆軸，於東都觀文殿東西廂構屋以貯之。東屋藏甲、乙，西屋藏丙、丁。又聚魏以來古迹名畫，於殿後起二臺：東曰妙楷臺，藏古迹；西曰寶臺，藏古畫。又於内道場集道、佛經，别撰目録。其正御書，皆裝翦華净，寶軸錦標，於觀文殿前爲書室十四間，窗户、牀褥、廚幔，咸極珍麗。每三間開方户，垂錦幔，上有二飛僊，户外地中施機發。帝幸書室，有宫人執香爐前行，踐機則飛僊下，收幔而上，户扉及廚扉皆自啓。帝出，則復閉如故。

唐分書爲四類，曰：經、史、子、集，而藏書之盛，莫盛於開元。其著録者，五萬三千九百一十五卷，而唐之學者自爲之書者，又二萬八千四百六十九卷。嗚呼！可謂盛矣。六經之道，簡嚴易直而天人備，故其愈久而愈明。其餘作者衆矣，質之聖人，或離或合，然其精深閎博，各盡其術，而怪奇偉麗，往往震發於其間，此所以使好奇博愛者不能忘也。然凋零磨滅，亦不可勝數，豈其華文少實，不足以行遠歟？而俚言俗説，猥有存者，亦其有幸不幸者歟？今著於篇，其有名而亡其書者，十蓋五六也，可不惜哉！初，隋嘉則殿書三十七萬卷。至武德初，有書八萬卷，重複相糅。王世充平，得隋舊書八千餘卷。太府卿宋遵貴監運東都，浮舟泝河，西致京師，經砥柱，舟覆，盡亡其書。貞觀中，魏徵、虞世南、顔師古繼爲祕書監，請購天下書，選五品以上子孫工爲書者，手繕寫，藏於内庫，以宫人掌之。玄宗命左散騎

常侍，昭文館學士馬懷素爲修圖書使，與右散騎常侍、崇文館學士褚無量整比。會幸東都，乃就乾元殿東序檢校。無量建議御書以宰相宋璟、蘇頲同署，如貞觀故事。又借民間異本傳録。及還京師，遷書東宫麗正殿，置修書院於著作院。其後大明宫光順門外、東都永福門外，皆創集賢書院，學士通籍出入。既而太府月給蜀郡麻紙五千番，季給上谷墨三百三十六丸，歲給河間、景城、清河、博平四郡兔千五百皮爲筆材。兩都各聚書四部，以甲、乙、丙、丁爲次，列經、史、子、集四庫。其本有正有副，軸帶帙籤，皆異色以别之。安禄山之亂，尺簡不藏，元載爲相，奏以千錢購書一卷，又命拾遺苗發等使江、淮括訪。至文宗時，鄭覃侍講，進言經籍未備，因詔祕閣搜採，於是四庫之書復完，分藏於十二庫。黄巢之亂，存者蓋尠。昭宗播遷，京城制置使孫惟晟斂書本軍，寓教坊於祕閣，有詔還其書，命監察御史韋昌範等諸道求購，及徙洛陽，蕩然無遺矣。

後唐莊宗同光中，募民獻書，及三百卷，授以試銜。其選調之官，每百卷減一選。天成中，遣都官郎中庾傳美訪圖書於蜀，得九朝《實録》及雜書千餘卷而已。明宗長興三年初，令國子監校定九經，雕印賣之。

石林葉氏曰：唐以前凡書籍皆寫本，未有摹印之法，人以藏書爲貴，人不多有，而藏者精於讎對，故往往皆有善本。學者以傳録之艱，故其誦讀亦精詳。五代時，馮道始奏請官鏤板印行。國朝淳化中，復以《史記》、前、後《漢》付有司摹印，自是書籍刊鏤者益多，士大夫不復以藏書爲意。學者易於得書，其誦讀亦因滅裂。然板本初不是正，不無訛誤，世既一以板本爲正，而藏本日亡，其訛謬者遂不可正，甚可惜也。余襄公靖爲祕書，嘗言《前漢書》本謬甚，詔與王原叔同取祕閣古本參校，遂爲刊誤三十卷。其後劉原父兄弟兩《漢》皆有刊誤。余在許昌，得宋景文用監本手校西《漢》一部，末題用十三本校，中間有脱兩行者，惜乎今亡之矣！

又曰：世言雕板印書始馮道，此不然。但監本五經板，道爲之爾。柳玭《訓》序言，其在蜀時，嘗閲書肆，云"字書、小學率雕板印紙"，則唐固有之矣，但恐不如今之工。今天下印書，以杭州爲上，蜀本次之，福建最下。京師比歲印板，殆不減杭州，但紙不佳。蜀與福建，多以柔木刻之，取其易成而速售，故不能工。福建本幾徧天下，正以其易成故也。

致堂胡氏曰：《易》、《書》、《詩》、《春秋》，全經也。先賢以之配皇帝王霸，言世之變，道之用，不出乎是矣。《論語》、《孟子》，聖賢之微言，諸經之管轄也。《孝經》非曾子所爲，蓋其門人纘所聞而成之，故整比章指，又未免有淺近者，不可以經名也。《禮記》多出於孔氏弟子，然必去呂不韋之《月令》，及漢儒之《王制》，仍傳集名儒，擇冠、婚、喪、祭、燕饗、相見之經與《曲禮》，以類相從，然後可以爲一書。若《大學》、《中庸》，則《孟子》之倫也，不可附之《禮》篇。至於《學記》、《樂記》、《閒居》、《燕居》、《緇衣》、《表記》格言，甚多非《經解》、《儒行》之比，當以爲《大學》、《中庸》之次也。《禮運》、《禮器》、《玉藻》、《郊特牲》之類，又其次也。若《周官》則決不出於周公，不當立博士使學者傳習，姑置之足矣。古有經而無數，逮孔子删定繫作，然後《易》、《詩》、《書》、《春秋》成焉。然孔、孟之門，經無五六之稱，其後世分《禮》、《樂》爲二，與四經爲六歟？抑合《禮》、《樂》爲一，與四經爲五歟？廢仲尼親筆所注之《春秋》，而取劉歆所附益之《周禮》，列之學官，於是六經名實益亂矣。有天下國家，必以經術示教化，不意五季之君，夷、狄之人，而知所先務，可不謂賢乎！雖然，命國子監以木本行，所以一文義，去舛訛，使人不迷於所習，善矣。頒之可也，鬻之非也。或曰：天下學者甚衆，安得人人而頒之？曰：以監本爲正，俾郡邑皆傳刻焉，何患於不給？國家浮費，不可勝計，而獨靳於此哉！此馮道、趙鳳之失也。

後漢乾祐中，禮部郎司徒詡請開獻書之路。凡儒學之士，衣冠舊族，有以三館亡書來上者，計其卷帙，賜之金帛，數多者授以官秩。時戎虜猾夏之後，官族轉徙，書籍罕存。詔下，鮮有應者。

周世宗以史館書籍尚少，鋭意求訪。凡獻書者，悉加優賜以誘致之。而民間之書，傳寫舛誤，乃選常參官三十人，校讎刊正，令於卷末署其名銜焉。自諸國分據，皆聚典籍，惟吴、蜀爲多，而江左頗爲精真，亦多修述。

宋建隆初，三館有書萬二千餘卷。乾德元年，平荆南，盡收其圖書，以實三館。三年，平蜀，遣右拾遺孫逢吉往收其圖籍，凡得書萬三千卷。四年，下詔購募亡書。《三禮》涉弼、《三傳》彭幹、學究朱載等，皆詣闕獻書，合千二百二十八卷。詔分置書府，弼等並賜以科名。閏八月，詔史館：凡吏民有以書籍來獻，當視其篇目，館中所無者收之，獻書人送學士院試問吏理，堪任職官者，具以名聞。開寶八年冬平江南，明年春，遣太子洗馬吕龜祥，就金陵籍其圖書，得二萬餘卷，悉送史館，自是群書漸備。兩浙錢俶歸朝，又收其書籍。先是朱梁都汴，正明中，始以今右長慶門東北廬舍十數間，列爲三館。湫隘卑庳，纔蔽風雨。周廬徼道，出於其側。衛士騶卒，朝夕喧雜，歷代以來，未遑改作。每諸儒受詔有所論撰，即移於他所，始能成

之。太平興國初，太宗因幸三館，顧左右曰：「若此之陋，豈可以蓄天下圖籍，延四方之士邪！」即詔經度左昇龍門東北舊車路院，別建三館，命中使督其役，棟宇之制，皆親所規畫。三年二月書院成，詔曰：「國家聿新崇構，大集群書，宜錫嘉名，以光策府。其三館新修書院，宜目爲崇文院」。自經始至於畢功，臨幸者再，輪奂壯麗，甲於内庭。西序啓便門，以備行幸，於是盡遷舊館之書以實之。院之東廊爲昭文書庫，南廊爲集賢書庫，西廊有四庫，分經、史、子、集四部，爲史館書庫。六庫書籍正副本，凡八萬卷，策府之文，焕乎一變矣。九年正月詔曰：「國家宣明憲度，恢張政治，敦崇儒術，啓迪化源，國典朝章，咸從振舉，遺編墜簡，當務詢求，眷言經濟，無以加此。宜令三館以開元四部書目，閲館中所闕者，具列其名，詔中外購募。有以亡書來上，及三百卷，當議甄録酬奬，餘第卷帙之數，等級優賜。不願送官者，借本寫畢還之」。自是四方書籍，往往間出。端拱元年，詔分三館之書萬餘，別爲書庫，目曰祕閣。以禮部侍郎李至，兼祕書監、右司諫直史館宋泌兼直祕閣，右贊善大夫、史館檢討杜鎬爲校理。淳化二年五月，以史館所藏天文、曆算、陰陽、術數、兵法之書，凡五千十二卷，天文圖畫一百十四卷，悉付祕閣。八月，賜宴於祕閣。右僕射李昉、吏部尚書宋琪、左散騎常侍徐鉉及翰林學士，諸曹侍郎、給事中、諫議舍人等皆預焉。大陳圖籍，令觀之。翌日，又詔御史中丞王化基及直館並賜宴，復令觀書。是歲李至等上言曰：「王者藏書之府，自漢置未央宮，則有麒麟、天禄閣，命劉向、揚雄典校其書，皆在禁中，謂之中書，即内庫書也。後漢之東觀，亦禁中也。至桓帝始置祕書監，掌禁中圖書祕記，謂之祕書。及魏文帝分祕書，立中書，而祕書監專掌藝文圖籍之事。後以祕書屬少府，王肅爲祕書監，表論曰：『魏之祕書，即漢之東觀也。』由是不屬少府，而蘭臺亦藏書，故薛夏云：『蘭臺爲外臺，祕書爲内閣』。然則祕閣之書，藏之於内明矣。晉、宋以還，皆有祕閣之號。故晉孝武好覽文藝，勑祕書郎徐廣料祕閣四部書三萬餘卷；宋謝靈運爲祕書監，補祕閣之遺逸；齊末，兵火延燒祕閣，經籍遺散；梁江子一亦請歸祕閣觀書；隋煬帝寫祕閣之書，分爲三品，於觀文殿東西廊貯之。然則祕閣之設，其來久矣。及唐開元中，繕寫四部書以充内庫，命散騎常侍褚無量、祕書監馬懷素總其事，事成列於乾元殿之東廊。然則祕閣之書，皆置之於内也。自唐室陵夷，中原多故，經史文籍，蕩然流離，僅及百年，斯道幾廢。國家承衰敝之季，開政治之源，三館之書，購求漸廣，經籍之道，於是復興。陛下運獨見之明，下惟新之詔，復建祕閣，以藏奇書，總群經之博要，資乙夜之觀覽，斯實出於宸心，非因群下之建議也。況睿藻神翰，盈溢編帙，其所崇重，非復與群司爲比。然自創置之後，載離寒暑，而官司所處，未有定制。望降明詔，令與三館並列，敘其先後，著爲永式。其祕書省既無籍，元隸百司，請如舊制。」詔可其奏，列祕閣次於三館。三年八月，館閣成，上製贊親書，並篆額勒石，立於閣前。

容齋洪氏《隨筆》曰：國初承五季亂離之後，所在書籍，印板至少，宜其焚蕩，了無孑遺。然太平興國中，編次《御覽》，引用一千六百九十種，其綱目並載於首卷，而雜書、古詩賦又不及具録，以今考之，無傳者十之七八矣，則是承平百七十年，翻不若極亂之世。姚鉉以大中祥符四年，集《唐文粹》，其序有云：「況今歷代墳籍，略無亡逸。」觀鉉所類文集，蓋亦多不存，誠爲可歎！

祖宗藏書之所，曰三館祕閣，在左昇龍門北，是爲崇文院。自建隆至大中祥符，著録總三萬六千二百八十卷。八年，館閣火，移寓右掖門外，謂之崇文外院。借太清樓本補寫，既多損蠹，更命繕還。天聖三年，成萬七千六百卷，歸於太清。九年冬，新作崇文院，館閣復而外院廢。時已增募寫書史，專事完緝。景祐初，命翰林學士張觀，知制誥李淑、宋郊，編四庫書，判館閣官覆視録校。二年，上經、史八千四百二十五卷。明年，上子、集萬二千三百六十六卷。差賜官吏器幣就宴，輔臣兩制館閣官進管勾，内侍官一等。詔購求逸書，復以書有謬濫不完，始命定其存廢，因倣《開元四部録》爲《崇文總目》。慶曆初，成書，凡三萬六百六十九卷。然或相重，亦有可取而誤棄不録者。嘉祐四年，右正言祕閣校理吴及，言内臣監館閣久不更，書多亡失，補寫不精。請選館職，分吏編寫，重借書法，求訪所遺事，並施用。令陳襄、蔡抗、蘇頌、陳繹編定四館書，不兼他局，二年一代。遂用黃紙寫印正本，以防蠹敗。又選京朝官、州縣官四人編校，二年遷館職，闕即隨補。歲餘，詔曰，國初承五代之後，簡編散落，三館聚書僅纔萬卷。其後平定列國，先收圖籍，亦嘗分遣使人，屢下詔令，訪募異本，校定篇目，聽政之暇，無廢覽觀。然比開元，遺逸尚衆，宜加購賞，以廣獻書。中外士庶，並許上館閣闕書，卷支絹一疋，五百卷與文資官。明年冬，奏黃本書六千四百九十六卷，補白本二千九百五十四卷，賜宴如景祐，自是編寫不絶。收獻書二百一十七部，千三百六十八卷，合《崇文總目》除前志所載，删去重複訛謬，定注一千四百七十四部，八千四百九十四卷。熙寧四年，集賢院學士史館修撰宋敏求言：「前代崇建策府，廣收典籍，所以備人君覽觀，以成化天下。今三館祕閣各有四部書，外經、史、子、集，其書類多訛舛，累加校正，尚無善本。蓋逐館幾四萬卷，校讎之時，務存速畢，每帙止用元寫本一册校正而已，更

無兼本照對，第數既多，難得精密，故藏書雖富，未及前代。欲乞先以《前漢・書藝文志》所載者，廣求其本，令在館供職官重複校正，校正既畢，然後校後漢時諸書。竊緣戰國以後，及於兩漢，皆是古書，文義簡奥，多有脱誤，須得他本參定。乞依昨來《十七史》例，於京師及下諸路藏書之家，借本謄寫送官，俟其已精，方及魏、晉，次及宋、齊，至唐則分爲數等，取其堪傳者，則校正，庶幾祕府文籍，得以全善」。事雖不行，然補寫校定，訪求闕遺，未嘗廢也。七年，命三館祕閣編校所看詳成都府進士郭有直及其子大亨所獻書三千七百七十九卷，得祕閣所無者五百三卷。詔官大亨爲將作監主簿。自是中外以書來上，凡增四百四十部，六千九百三十九卷。元豐三年，改官制，廢館職，以崇文院爲祕書省。刊寫分貯集賢院、史館、昭文館、祕閣。經籍圖書，以祕書郎主之。編緝校定，正其脱誤，則校書郎，正字主之。歲於仲夏曝書，則給酒食費，諫官、御史及待制以上官畢赴。元祐中，詔祕書省見校對黄本書籍，可添一員，以選人秦觀充。黄本書，即嘉祐中寫印正本。紹聖初，罷不復置。崇寧中，詔兩浙、成都府路有民間鏤板奇書，令漕司取索，上祕書省。大觀二年，詔大司成分委國子監、太學、辟雍等官，校本監書籍，候畢，令禮部覆校。四年，祕書監何志同言：「漢著《七略》，凡爲書三萬三千九百卷，隋所藏至三十七萬卷，唐開元間八萬九千六百卷。慶曆間，嘗命儒臣集四庫爲籍，名曰《崇文總目》，凡三萬六百六十九卷。慶曆距今未遠也，按籍而求之，十纔六七，號爲全本者，不過二萬餘卷，而脱簡斷編，亡散缺逸之數浸多。謂宜及今有所搜採，視舊録有未備者，頒其名數於天下，選文學博雅之士，求訪《總目》之外，別有異書，並借傳寫或官給劄，即其家傳之，就加校正，上之策府」。即從其請。政和七年，校書郎孫覿言：「太宗皇帝建崇文殿爲藏書之所。景祐中，仁宗皇帝詔儒臣即祕書所藏編次條目所得書，以類分門，賜名《崇文總目》。神宗皇帝以崇文院爲祕書省，釐正官名，獨四庫書尚循《崇文》舊目。頃因臣僚建言訪求遺書，今累年所得總目之外，凡數百家，幾萬餘卷。乞依景祐故事，詔祕書省官，以所訪遺書，討論撰次，增入《總目》，合爲一書。乞別製美名，以更《崇文》之號」。迺命覿及著作佐郎倪濤、校書郎汪藻、劉彦通撰次，名曰《祕書總目》。宣和初。提舉祕書省官建言，置補寫御前書籍所於祕書省，稍訪天下之書，以資校對。以侍從官十人爲參詳官，餘官爲校勘官。進士以白衣充檢閲者數人，及年，皆命以官。四年四月詔曰：「朕惟太宗皇帝底寧區宇，作新斯文，屢下詔書，訪求亡逸。策府四部之藏，庶幾乎古，歷歲浸久，有司玩習，多致散缺，私室所閟，世或不傳。可令郡縣諭旨訪求，許士民以家藏書在所自陳，不以卷帙多寡，先具篇目，申提舉祕書省以聞，聽旨遞進，可備收録，當優與支賜。或有所祕未見之書，有足觀采，即命以官，議加崇獎，其書録竟給還。若率先奉行，訪求最多州縣，亦具名聞，庶稱朕表章闡繹之意」。又詔曰：「三館圖書之富，歷歲滋久，簡編脱落，字畫訛舛，校其卷帙，尚多逸遺，甚非所以示崇儒右文之意」。乃命建局，以補全校正文籍爲名，設官總理，募工繕寫，一置宣和殿，一置太清樓，一置祕閣，俾提舉祕書省官兼領。「凡所資用，悉出内帑，毋費有司，庶成一代之典。」三詔同日而下，四方奇書，自是間出。五年二月，提舉祕書省言：「有司搜訪士民家藏書籍，悉上送官，參校有無，募工繕寫，藏之御府。近與三館參校榮州助教張頤所進二百二十一卷，李東一百六十二卷，皆係闕遺，乞加褒賞。」詔頤賜進士出身，東補迪功郎。七年，提舉祕書省又言：「取索到王闡、張宿等家藏書，以三館、祕閣書目比對所無者，凡六百五十八部，二千四百一十七卷，及集省官校勘悉善本，比前後所進書數稍多。」詔闡補承務郎，宿補迪功郎。然自熙寧以來，搜訪補緝，至宣和盛矣。至靖康之變，散失莫考。今見於著録，往往多非曩時所訪求者，凡一千四百四十三部，二萬五千二百五十四卷。高宗渡江，書籍散佚。獻書有賞或以官，故家藏者或命就録，鬻者悉市之。乃詔分經、史、子、集四庫，仍分官日校。又内降詔，其略曰：「國家用武開基，右文致治。藏書之盛，視古爲多。艱難以來，網羅散失，而十不得其四五。令監司郡守，各諭所部，悉上送官，多者優賞。」又復置補寫所，令祕書省提舉，掌求遺書，詔定獻書賞格，自是多來獻者。淳熙四年，祕書少監陳騤等言：「中興館閣藏書，前後搜訪，部帙漸廣，乞倣《崇文總目》類次。」五年，書目成。計見在書四萬四千四百八十六卷。較《崇文》所載，實多一萬三千八百一十七卷。復參三朝所志，多八千二百九十卷。兩朝所志，多三萬五千九百九十二卷。嘉定十三年，以四庫之外書復充斥，詔祕書丞張攀等續書目，又得一萬四千九百四十三卷，而太常太史、博士之藏，諸郡諸路刻板而未及獻者不預焉。蓋自紹興至嘉定，承平百載，遺書十出八九，著書立言之士又益衆，往往多充祕府。紹定辛卯火災，書多闕。今據《書目》、《續書目》及搜訪所得嘉定以前書，詮校而志之。

葉氏《過庭録》曰：前世大亂之後，書籍散亡，時君多用意搜求。自漢成帝遣謁者陳農求遺書於天下，而命劉向等校之。至隋煬帝設二臺，募以金帛。開元後，元載當國，亦命拾遺苗發等爲江、淮括圖書使。每以千錢易書一卷，故人以嗜利僞作争獻。時無劉向輩論考，即並藏之，但以卷帙多爲貴。往承

平時，三館歲曝書，吾每預其間。凡世所不傳者，類冗陋鄙淺無足觀，及唐末五代書尤甚。然好奇者或得其一，争以誇人，不復更考是非，此亦藏書一僻也。漢武帝時，河間獻王以樂書來獻，乃《周官・大司樂章》。當時六經猶未盡出，其誤固無足怪。齊高帝時，雍州發古冢，得十餘簡，以示王僧虔，云是蝌蚪書《考工記》《周官》所闕文。世既無此書，僧虔何從證之乎？此亦好奇以欺衆爾！本朝公卿家藏書，惟宋宣獻最精好而不多。蓋凡無用與不足觀者，皆不取，故吾書每以爲法也。

又曰：古書自唐以後，以甲、乙、丙、丁略分爲經、史、子、集四類。承平時，三館所藏不滿十萬卷，《崇文總目》所載是也。公卿名藏書家如宋宣獻、李邯鄲，四方士民如亳州祁氏、饒州吴氏、荆州田氏等，吾皆見其目，多止四萬許卷，其間頗有不必觀者。惟宋宣獻家擇之甚精，止二萬許卷，而校讎詳密，皆勝諸家。吾舊所藏，僅與宋氏等，而宋氏好書，人所未見者，吾不能盡得也。自六經、諸史與諸子之善者，通有三千餘卷。讀之固不可限以數，以二十年計之，日讀一卷，亦可以再周，其餘一讀足矣。惟六經不可一日去手。吾自登科後，每以五月以後，天氣漸暑，不能泛及他書，即日專誦六經一卷，至中秋時畢，謂之「夏課」，守之甚堅。宣和後始稍廢，歲亦必一周也。每讀不唯頗得新意前所未達者，其先日差誤所獲亦不少，故吾於六經似不甚滅裂。《南史》記徐盛年過八十，猶歲讀五經一偏，吾殆不愧此。前輩説劉原父初爲窮經之學，寢食坐卧，雖謁客未嘗不以六經自隨。蠅頭細書爲一編，置夾袋中，人或效之。後傭書者遂爲雕板，世傳「夾袋六經」是也。今人但隨好惡，苟誦一家之説，便自立門户，以爲通經。内不求之己，外不求之古，可乎？後生稔習聞見所以日趨於淺陋也。

王氏《揮塵録》曰：承平時，士大夫家如南都戚氏、歷陽沈氏、廬山李氏、九江陳氏、鄱陽吴氏，俱有藏書之名，今皆散逸。近年所至郡府，多刊文籍，且易得本傳録。仕宦稍顯者，家必有書數千卷，然多失於讎校也。吴明可帥會稽，百廢具舉，獨不傳書。明清嘗啓其故，云「此事當官極易辦。但僕既簿書期會，賓客應接，無暇自校；子弟又方令爲程文，不欲以此散其功；委之他人，孰肯盡心？漫盈箱篋，以誤後人，不若已也。」又曰：唐著作郎杜寶《大業幸江都記》云：煬帝聚書至三十七萬卷，皆焚於廣陵，其目中蓋無一帙傳於後代。靖康俶擾，中祕所藏與士大夫家者，悉爲烏有。南渡後，惟葉少藴少年貴盛，平生好收書，逾十萬卷，寘之霅川弁山山居，建書樓以處之，極爲華焕。丁卯年，其宅與書俱蕩一燎。李泰發家舊有萬餘卷，亦以是歲火。豈厄會自有時邪？

東坡作《李氏山房藏書記》曰：象犀、珠玉、怪珍之物，有悦於人之耳目，而不適於用；金石、草木、絲麻、五穀、六材，有適於用，而用之則敝，取之則竭。悦於人之耳目而適於用，用之而不敝，取之而不竭，賢不肖之所得各因其才，仁智之所見各隨其分，才分不同而求無不獲者，惟書乎？自孔子聖人，其學必始於觀書。當是時，惟周之柱下史聃爲多書。韓宣子適魯，然後見《易象》與魯《春秋》；季札聘於上國，然後聞《詩》之《風》、《雅》、《頌》；而楚獨有左史倚相，能讀《三墳》、《五典》、《八索》、《九丘》。士之生於是時，得見六經者蓋無幾，其學可謂難矣！而皆習於禮樂，深於道德，非後世君子所及。自秦、漢已來，作者益衆，紙與字畫日趨於簡便，而書益多，世莫不有，然學者益以苟簡何哉？余猶及見老儒先生，自言其少時欲求《史記》、《漢書》而不可得。幸而得之，皆手自書，日夜誦讀，惟恐不及。近歲，市人轉相摹刻諸子百家之書，日轉萬紙。學者之於書，多且易致如此，其文詞學術，當倍蓰於昔人，而後生科舉之士，皆束書不觀，遊談無根，此又何也？余友李公擇，少時讀書於廬山五老峰下白石庵之僧舍。公擇既去，而山中之人思之，指其所居爲李氏山房，藏書凡九千餘卷。公擇既已涉其流，探其源，採剥其華實，而咀嚼其膏味，以爲己有，發於文詞，見於行事，以聞名於當世矣。而書固自如也，未嘗少損，將以遺來者，供有無窮之求，而各足其才分之所當得。是以不藏於家，而藏於其故所居之僧舍，此仁者之心也。余既衰且病，無所用於世，惟得數年之閑，盡讀其所未見之書，而廬山固所願遊而不得者，蓋將老焉，盡發公擇之藏，拾其餘棄以自補，庶有益乎！而公擇求余文以爲記，乃爲一言，使來者知昔之君子見書之難，而今之學者有書而不讀爲可惜也。

右歷代收書之數，藏書之所，備見前志；而葉氏、王氏所言，又近代士大夫藏書之大概也。坡翁一記，可以警蓄書而不讀者，故併載焉。

焦竑《國史經籍志糾繆・馬端臨〈經籍考〉》 《易軌》，蒲乾貫術數書，入經，非。《先天易鈐》、《太極寶局》，術數書，入經，非。《考古圖》、《博古圖》、《宣和博古圖》、《鐘鼎款識》入禮，非，改小學。《唐藏經音義》入小學，非，改釋家。《河洛行年記》入編年，非，改雜史。《丁未録》、《思陵大事記》、《阜陵大事記》、《建炎繫年要

記》四種，入編年，非，改起居注。《皇朝編年舉要》入編年，非，改起居注。《兩漢詔令》、《宋大詔令》、《玉堂制草》、《元符詔旨》、《中興制草》、《續中興制草》、《綸言二集》九種，入起居注，非，改制詔。《祖宗獨斷》入雜史，非，改故事。《龍飛日曆》、《景命萬年録》、《藝祖受禪録》，入雜史，非，改起居注。《建炎中興記》、《建炎日曆》，入雜史，非，改起居。《宰輔拜罷録》、《白官公卿表》入傳記，非，改職官。《夏國樞要》、《西域志》、《鷄林志》、《海外使程廣記》、《高麗圖經》、《南詔録》、《雲南行記》、《雲南志》、《平蠻記》、《南蠻録》十種，入霸史，非，改地理。《秦傳玉璽譜》、《國璽傳》、《傳國璽記》、《玉璽雜記》、《楚寶傳》、《八寶記》六種，入故事，非，改附儀注。《三朝聖政録》、《三朝寶訓》、《兩朝寶訓》入故事，非，改起居注。《官制局紀事》入故事，非，改職官。《錢譜》、《續錢譜》、《泉志》、《浸銅要略》、《冶金録》五種，入故事，非，改食貨。《廣川書跋》、《畫跋》入目録，非。又《畫跋》，目録，藝術兩出。《忘筌書》，潘植撰，儒、雜家兩出。茶酒果木花卉四十三種入農家，非，改食貨。《同姓名録》、《小名録》、《異號録》，入類家，非，改傳記。《古今刀劍録》、《古鏡記》，入類家，非。《墨譜》、《硯譜》、《鼎録》、《刀劍録》、《印格》、《香譜》二十一種，入藝術，非，改食貨。又《刀劍録》，兩出。《算經》、《算法》六種入藝術，非，改小學。

王禖《讀書引》卷八《經籍考序》 昔秦燔經籍，而獨存醫藥、卜筮、種樹之書，學者抱恨終古。然以今考之。《易》與《春秋》二經首末俱存。《詩》亡其六篇。或以爲《笙詩》元無其辭，是《詩》亦未嘗亡也。《禮》本無成書，《戴記》雜出漢儒所編。《儀禮》十七篇及《六典》最晚出，《六典》僅亡《冬官》，然其書純駁相半，其存亡未足爲經之疵也。獨虞夏商周之書，亡其四十六篇耳。然則秦所燔，除書之外俱未嘗亡也。若醫藥、卜筮、種樹之書，當時雖未嘗廢錮，而並無一卷流傳至今者。以此見聖經賢傳終古不朽，而小道異端，雖存必亡，初不以世主之好惡爲之興廢也。漢、隋、唐、宋之史，俱有《藝文志》。然《漢志》所載之書，以《隋志》考之，十已亡其六七；以《宋志》考之，隋唐亦復如是。豈亦秦爲之厄哉？昌黎公所謂「爲之也易，則其傳之也不遠」。豈不信然？夫書之傳者已鮮，傳而能蓄者加鮮，蓄而能閲者尤加鮮焉。宋皇祐時，命名儒王堯臣等作《崇文總目》，記館閣所儲之書，而論列於其下方。然止及經史而亦多缺略，子集則但有其名目而已。近世昭德晁氏公武有《讀書記》，直齋陳氏振孫有《書録解題》，皆聚其家藏之書而評之。今所録先以四代史志列其目，其存於近世而可考者，則採諸家書目所評，并旁搜史傳、文集、雜説、詩話，凡議論所及，可以紀其著作之本末，考其流傳之真僞，訂其文理之純駁者，則具載焉。俾覽之者如入群王之府，而閲木天之藏。不特有其書者，稍加研窮，即可以洞究旨趣。雖無其書者，味兹題品，亦可粗窺端倪，蓋殫見洽聞之一也。作《經籍考》第十八，經之類十有三，史之類十有四，子之類二十有二，集之類六，凡七十六卷。

耿文光《萬卷精華樓藏書記·目録類二》 馬氏《經籍考》七十六卷，元馬端臨撰。抄本。前有馬端臨《自序》。經類十三：曰易，曰書，曰詩，曰禮，曰春秋，曰論語，曰孟子，曰孝經，曰經解，曰樂，曰儀注，曰謚法，曰鐵緯，曰小學。史類十四：曰正史，曰編年，曰起居注，曰雜史，曰傳記，曰僞史，曰霸史，曰史評，曰史抄，曰故事，曰職官，曰刑法，曰地理，曰時令，曰譜牒，曰目録。子類二十二：曰儒家，曰道家，曰法家，曰名家，曰墨家，曰從横家，曰雜家，曰小説家，曰農家，曰天文，曰歷算，曰五行，曰占筮，曰形法，曰兵書，曰醫家，曰房中，曰神仙家，曰釋氏，曰類書，曰雜藝術。集類六：曰賦詩，曰别集，曰詩集，曰歌詞，曰章奏，曰總集，曰文史。《總敘》第一段言《三墳》、《五典》、《八索》、《九邱》；第二段言《周官》自太史至小行人，皆掌官府之典籍。第三段言孔子删《詩》、《書》，定禮樂。第四段言《禮記經解》，又引《莊子·天下篇》一段以爲議論，純正無異聖賢格言。第五段言秦皇焚書，引及班書《儒林傳》及《藝文志》。第六段言劉歆《七略》。第七段言光武中興，東觀、蘭臺多藏典策。第八段以下爲魏、晉、隋、唐、五代藏書。末段言宋代藏書，迄於嘉定以前。通共二十四段，有大字注、小字注，每類各有小序，序後記漢、隋、唐、宋三朝、兩朝、四朝、中興七《志》各若干部、若干卷。每目之下或先本傳，或先序，或先《崇文目》次晁《志》，次陳《録》，次諸家。

馬氏《自序》曰，昔秦燔經籍，而獨存醫藥、卜筮、種樹之書，學者抱恨終古。然以今考之，《易》與《春秋》二經首末具存，《詩》亡其六篇，或以爲《笙詩》元無其辭，是《詩》亦未嘗亡也。《禮》本無成書，《戴記》雜出，漢儒所編《儀禮》十七篇及《六典》最晚出。《六典》僅亡《冬官》，然其書純駁相半，其存亡未足爲經之疵也。獨虞夏、商周之書亡其四十六篇耳。然則秦所燔除《書》之外，俱未嘗亡也。若醫藥、卜筮、種樹之書，當時雖未嘗廢銅，而並無一卷流傳至今者。以此見聖經、賢傳終古不朽，而小道、異端雖存必亡。初不以世主之好惡爲之興廢也。漢、隋、唐、宋之史俱有《藝文志》。然《漢志》所載之書以《隋志》考之，十已亡其六七；以《宋志》考之，隋、唐亦復如是。豈亦秦爲之厄哉！昌黎公所謂「爲之也易，則其傳之也不遠」。豈不信然。夫書之傳者已鮮，傳而能蓄者加鮮，蓄而能閲者尤加鮮焉。宋皇

祐時，命名儒王堯臣等作《崇文總目》，記館閣所儲之書，而論列於其下方。然止及經、史，而亦多缺略。子、集則但有其名目而已近世昭德。晁氏公武有《讀書記》，直齋陳氏振孫有《書録解題》，皆聚其家藏之書而評之。今所録先以四代《史志》列其目，其存於近世而可考者，則採諸書目所評，并旁搜史傳、文集、雜説、詩話，凡議論所及可以紀其著作之本末，考其流傳之真僞，定其文理之純駁者，則具載焉。俾覽之者如入群玉之府，而閲木天之藏，不特有其書者，稍加研窮，即可以洞悉旨趣；雖無其書者，味兹題品，亦可粗窺端倪，蓋殫見洽聞之一也。作《經籍考》凡七十六卷。

大凡傳古人書，必先細看一過，然後發雕，方得無錯。不得刻成之後，始覺其誤，爲之伸縮遷就，以省更换之煩也。至於欵式高下疏密，一切當仍其舊。必灼然知其爲誤，然後易之。此書門類題目亦有紛更，舊凡數書各自爲行，又或作兩排者，今皆改作蟬連而下，僅空一格。其一人數書，舊本直接者，今又離開，空一格。此真所謂庸人自擾也。嘗見宋本舊雕本字有誤衍者，刊去遂作空白，字有遺脱，作小字夾寫，雖參差不適觀，而讀者尚得見其原本，今必爲之彌縫整齊，不憚增捐本書，使泯然無復痕迹，而真本因之遂失矣。此今勢之巧於古人處，正今人之遠不及古人也。因書之以爲戒。録於《舊稿》。

《五經字樣》即《九經字樣》，不當分爲兩條，「五」或是誤字。《玉臺新詠》誤作「録」，與下《玉臺後集》見十三卷，又見總集類。《長編》李燾上言旁采異同，至豐功盛德三十五字，求之本書，無此語。《渚宫故事》即《渚宫舊事》，置兩處，誤。《海外使程廣記》以下三書皆重出。《斷金集》兩見。仝上。

盧氏曰，馬氏《經籍》一門，採諸史志、傳及宋朝館閣書目并諸家序跋，而於《晁志》、《陳録》兩書幾於備戰，無遺。此兩家各據所見之書，其卷數或與史志不合，即兩家亦不能盡同。今此二書各有專本行世，陳氏所刻《晁志》乃蜀本，《通考》所載乃衢本，故陳刻與《通考》多不合。馬氏爲此書自當加以裁剪，今第舉其脱漏者，補之；訛謬甚者，正之。其他小疵，不能備舉也。録於《群書拾補》。

錢氏曰，馬貴與《經籍考》有重出者。陸氏《釋文》見經解類，又見小學類。《春明退朝録》見故事，又見小説。《樂府詩集》見樂類，又見總集。《資暇集》雜家類兩見。《大觀本草》、《證類本草》，一書而分爲二。著作之家多不免此病，彼此相笑自昔然矣。録於《養新録》。

孫氏曰，《經籍考》七十六卷，題翻陽馬端臨貴與著。此即《文獻通考》中之一門，後人别刻單行。審其紙板，當出於明代嘉隆以前。黑口，板每葉二十行，行十九字。收藏有「吴門王獻臣家藏書印」朱文長方印，「詩禮傳家」朱文方長印，「王氏圖書子子孫孫永寶之」朱文方印，「虞性堂書畫印」朱文長印。録於《平津館鑒藏書籍記》。

文光案：馬氏《經籍考》，明何喬新從《通考》中抄出，刊板别行，有序，孫氏不知其名。當即此本。余從官本《通考》中録出，間有脱誤。以《四庫全書考証》，是書正官本《通考》之誤。凡三卷。《經籍志》之誤共二百八十條。及明官私《通考》二本並《晁志》、《陳録》互相校勘，以成是本。又得《通志》殘本數種，抽其《經籍》一門，合爲一書，如百衲《史記》亦足七十六卷，而採其未備者注於上下四旁。《馬志》所採晁公武《讀書志》爲二十卷之本，與四卷之本不同，《直齋書録》祇有聚珍本，籍此可以互參。高似孫之説，今不能備見。此志所收甚多，尤足珍也。大抵目録之學宜廣搜書目，其書目之有總序、分序者，更宜細讀。其所分之類，亦不可忽。

周中孚《鄭堂讀書記》卷三二　《漢藝文志考證》十卷，《玉海》附刊本。宋王應麟撰。應麟仕履見詩類。《四庫全書》著録。《宋志・職官類》及《宋志補》俱載之。是書不載全文，惟摘書名爲綱，而考證於其下，所采掇亦甚博雅，但此志以經爲要，考得漢人傳經源流，説經家法明析，且分别其是非美惡，方爲能事，而厚齋未能也。於《易》亦知推尊象數，然未能標舉孟喜、京房爲宗，又未能將馬、鄭、荀、虞諸家與孟、京異流同源處發揮之。於《書》則全不知漢人真古文，反信陸、孔妄説，以爲張霸僞作，至於朱子以《書序》爲非孔子作，胡氏以《康誥》爲武王命康叔，亦竟信而收載之。於《詩》不專尊毛氏，反拳拳於齊、魯、韓三家，亦不得其要領，至采及李氏説，詆鄭《箋》繁塞，而其失愈多。鄭長禮學，以禮訓《詩》，是按迹而議性情。如此妄説，取之奚爲？其於本原之地，未曾究通，則博雅乃皮毛耳。蓋南宋道學方熾，無人能讀古書，厚齋亦限於時風衆勢，一齊衆咻，遂至茫無定見。然能意求切實，於宋季朋輩中究爲碩果僅存，不謂之能讀漢《藝文志》不可也。

耿文光《萬卷精華樓藏書記》卷六五　《漢藝文志考證》十卷，宋王應麟撰。康氏本。合河康基田校刊，附《玉海》後。

《簡明目録》曰，《漢書藝文志》間有班固自注，然不甚詳。顔師古注，間有附論，亦僅辨證其數條，不能賅備。應麟始捃拾舊文，爲之補注。不載《漢志》全文，惟以有考訂者摘録爲綱，略如《經典釋文》之例。持論皆有根據，惟古書不載於《漢志》者增入二十六種，真僞相雜，頗爲蛇足。

王氏曰,《考證》所采亦甚博雅,但此志以經爲要,考得漢人傳經原流,説經家法明析,且分别其是非美惡,俾後學識取途徑,方盡其能事,此則未能也。於《易》亦知推尊象數,然未能標舉孟喜、京房爲宗,又未能將後漢之鄭康成、荀爽,吴之虞翻三家與孟京異流同原處發揮之。於《書》則全不知漢人真古文,反信孔穎達、陸德明妄説,以爲張霸僞作,至於朱文公以《書序》爲非孔子作,胡五峰以《康誥》爲武王命康叔此等亦竟信而收載,之於《詩》不專尊毛氏,反拳拳於魯、齊、韓,亦不得其要領。至采及所謂李氏説,詆《鄭箋》繁蕪,而其説愈多。鄭長禮學,以禮訓詩,是按迹而議性情。如此妄談,取之奚爲?其於本原之地未曾究通,則博雅乃皮毛耳。歙縣金修撰榜語予曰,不通《漢藝文志》不可以讀天下書。《藝文志》者,學問之眉目,著述之門户也。修撰經術甚深,故能爲此言,予深暵服。自唐高宗、武后以下,詞藻繁興,經業遂以凋喪。宋以道學矯之,義理雖明,而古書則愈無人讀矣。王氏亦限於時風衆勢,一齊衆咻,遂致茫無定見,要意求切實,於宋季朋輩中,究爲碩果僅存。若某鉅公者,於禮古經下所云「《記》一百三十一篇」等,本《禮記》也,而以爲《儀禮》;於《后蒼曲臺記》戴德、戴聖慶普及曹褒父子之學,皆《儀禮》也,而反以爲《禮記》;於左氏《春秋》經則戴之於《公羊》、《穀梁》,不知其别自有經,遂删去之。何異眯目而道異白者乎!此其病痛正坐不善讀《藝文志》耳。又不如應麟遠矣。録於《十七史商榷》。

文光案:陸氏《經典釋文》、朱氏《授經圖》、朱氏《經義考》、《玉海書目》皆可考見傳經源流,安得漢學家一一訂正之,斯大可觀矣。

《宋史·藝文志總序》 《易》曰:「觀乎天文,以察時變;觀乎人文,以化成天下。」文之有關於世運,尚矣。然書契以來,文字多而世代日降;秦火而後,文字多而世教日興,其故何哉?蓋世道升降,人心習俗之致然,非徒文字之所爲也。然去古既遠,苟無斯文以範防之,則愈趨而愈下矣。故由秦而降,每以斯文之盛衰,占斯世之治忽焉。宋有天下,先後三百餘年。考其治化之污隆,風氣之離合,雖不足以擬倫三代,然其時君汲汲於道藝,輔治之臣莫不以經術爲先務,學士搢紳先生,談道德性命之學,不絶于口,豈不彬彬乎進於周之文哉!宋之不競,或以爲文勝之弊,遂歸咎焉,此以功利爲言,未必知道者之論也。歷代之書籍,莫厄於秦,莫富於隋、唐。隋嘉則殿書三十七萬卷。而唐之藏書,開元最盛,爲卷八萬有奇。其間唐人所自爲書,幾三萬卷,則舊書之傳者,至是蓋亦鮮矣。陵遲逮于五季,干戈相尋,海寓鼎沸,斯民不復見《詩》、《書》、《禮》、《樂》之化。周顯德中,始有經籍刻板,學者無筆札之勞,獲覩古人全書。然亂離以來,編帙散佚,幸而存者,百無二三。宋初,有書萬餘卷。其後削平諸國,收其圖籍,及下詔遣使購求散亡,三館之書,稍復增益。太宗始於左昇龍門北建崇文院,而徙三館之書以實之。又分三館書萬餘卷,别爲書庫,目曰「祕閣」。閣成,親臨幸觀書,賜從臣及直館宴。又命近習侍衛之臣,縱觀群書。真宗時,命三館寫四部書二本,置禁中之龍圖閣及後苑之太清樓,而玉宸殿、四門殿亦各有書萬餘卷。又以祕閣地隘,分内藏西庫以廣之,其右文之意,亦云至矣。已而王宫火,延及崇文、祕閣,書多煨燼。其僅存者,遷于右掖門外,謂之崇文外院,命重寫書籍,選官詳覆校勘,常以參知政事一人領之,書成,歸于太清樓。仁宗既新作崇文院,命翰林學士張觀等編四庫書,倣《開元四部録》爲《崇文總目》,書凡三萬六百六十九卷。神宗改官制,遂廢館職,以崇文院爲祕書省,祕閣經籍圖書以祕書郎主之,編輯校定,正其脱誤,則主于校書郎。徽宗時,更《崇文總目》之號爲《祕書總目》。詔購求士民藏書,其有所祕未見之書足備觀采者,仍命以官。且以三館書多逸遺,命建局以補全校正爲名,設官總理,募工繕寫。一置宣和殿,一置太清樓,一置祕閣。自熙寧以來,搜訪補輯,至是爲盛矣。嘗歷考之,始太祖、太宗、真宗三朝,三千三百二十七部,三萬九千一百四十二卷。次仁、英兩朝,一千四百七十二部,八千四百四十六卷。次神、哲、徽、欽四朝,一千九百六部,二萬六千二百八十九卷。三朝所録,則兩朝不復登載,而録其所未有者。四朝於兩朝亦然。最其當時之目,爲部六千七百有五,爲卷七萬三千八百七十有七焉。迨夫靖康之難,而宣和、館閣之儲,蕩然靡遺。高宗移蹕臨安,乃建祕書省於國史院之右,搜訪遺闕,屢優獻書之賞,於是四方之藏,稍稍復出,而館閣編輯,日益以富矣。當時類次書目,得四萬四千四百八十六卷。至寧宗時續書目,又得一萬四千九百四十三卷,視《崇文總目》,又有加焉。自是而後,迄於終祚,國步艱難,軍旅之事,日不暇給,而君臣上下,未嘗頃刻不以文學爲務,大而朝廷,微而草野,其所製作、講説、紀述、賦詠,動成卷帙,參而數之,有非前代之所及也。雖其間鈲裂大道,疣贅聖謨,幽怪恍惚,瑣碎支離,有所不免,然而瑕瑜相形,雅鄭各趣,譬之萬派歸海,四瀆可分,繁星麗天,五緯可識,求約於博,則有要存焉。宋舊史,自太祖至寧宗,爲書凡四。志藝文者,前後部帙,有亡增損,互有異同。今删其重復,合爲一志,蓋以寧宗以後史之所未録者,倣前史分經、史、子、集四類而條列之,大凡爲書九千八百十九部,十一萬九千九百七十二卷云。

焦竑《國史經籍志糾繆·宋史藝文志》 《謚法》十一種入經解,非,附儀注。

《鼎録》入小學，非。《玉璽譜并記》入小學，非。荆浩《筆法》小學、藝術兩出。《宋名臣録》、《勳得傳》、《兩朝名臣傳》、《咸平諸臣録》、《熙寧諸臣傳》、張唐英《名臣傳》、葛炳奎《名臣敘傳》入正史，非，改傳記。起居注、實録、日曆入編年，今别出。《聖政實訓》，編年、别史、故事三出，《通鑑地理通釋》入職官，非，改編年。《藝文志考證》入職官，非，附正史。《漢志考》入職官，非，改故事。《誡子》、《拾遺》入傳記，非，附儒家。《河洛春秋》入傳記，非，附雜史。李涪《刊誤》入傳記，非，改小説。《水記》、《名山記》、《郡城記》、《會稽録》、《天泉河記》、《交趾録》六種入傳記，非，改地理。《三楚新録》入傳記，非，改雜史。《泉志》、《浸銅要録》入傳記，非，改食貨。《廣中台記》入傳記，非，改職官。《唐休録》入傳記，非，改史。《學士年表》入傳記，非，改職官。《歸田録》入傳記，非，改小説。王通《元經》，編年、傳記兩出，改儒。《五龍祕法》入地理，非，改五行。《糾繆正俗》入儒，非，改經解。《老子藏室纂微》，陳景元集，云不知名。《老子指略例》，王弼作，云不知名。李士表《莊列十論》作莊子，誤。《德山集》，仰山、溈山《語録》，三人皆唐僧，云不知何時人。《壇經》云慧能注，非。《禪源諸詮集》百卷作二卷，非，《永嘉集》三出。《法苑珠林》百卷作一卷，非。《宋杲語録》三十卷作五卷，非。《達磨存想法》、《達磨胎息訣》二種入釋，非，附道家。顧協《錢譜》入小説，非。房千里《南方異物志》入小説，非，改地理。陳致雍《晉安海物異名記》入小説，非，改食貨。《鬻子注》入小説，非。《戰國策》入兵家，非。《會要》、《通典》、《類要》入類家，非，改故事。《蒙求》諸書入類家，非，改小學。

錢大昕《十駕齋養新録》卷七《藝文志脱漏》 《宋史・藝文志》重複訛舛較前史爲甚，予于《廿二史考異》言之詳矣。而宋人撰述不見于《志》者，又復不勝枚舉，姑以予淺學所曾寓目略言之。如：曾鞏《隆平集》二十卷，熊方《後漢書年表》十卷，王偁《東都事略》一百三十卷，徐夢莘《三朝北盟會編》二百五十卷，劉時舉《中興編年資治通鑑》十五卷，葉隆禮《契丹志》廿七卷，宇文懋昭《大金國志》四十卷，王明清《揮麈録》四卷、《後録》十一卷、《第三録》三卷、《餘話》二卷，王應麟《玉海》一百卷，王楙《野客叢書》廿卷，王象之《輿地紀勝》二百卷，阮閲《詩話總龜》一百卷，趙汝愚《名臣奏議》一百五十卷，洪邁《萬首唐人絶句》一百卷，袁説友《成都文類》五十卷，杜大圭《名臣琬炎集》一百七卷，劉克莊《千家詩選》廿二卷，孟元老《東京夢華録》十卷，朋九萬《烏臺詩案》一卷，倪思經《鉏堂雜志》八卷，戴埴《鼠璞》一卷，真德秀《文章正宗》二十卷，羅願《爾雅翼》三十二卷，陳思《寶刻叢編》二十卷，曾宏父《石刻鋪敘》一卷，祝穆《事文類聚前集》六十卷、《後集》五十卷、《新集》三十六卷、《别集》三十二卷、《續集》二十八卷、《外集》十五卷、《遺集》十五卷，潘自牧《紀纂淵海》一百九十五卷，陳景沂《全芳備祖前集》二十七卷、《後集》三十一卷，劉克莊《後邨居士集》五十卷、《後邨大全集》二百卷，祝穆《方輿勝覽》七十卷，張淏《會稽續志》八卷，羅濬《四明志》二十一卷，梅應發劉錫《四明續志》十二卷，鄭瑶方仁榮《新定續志》十卷，周應合《景定建康志》五十卷，潛説友《咸淳臨安志》一百卷，史能之《咸淳毗陵志》三十卷，高似孫《剡録》十卷，鮑廉琴《川志》十五卷，凌萬頃《邊寶玉峰志》□卷、《邊實玉峰續志》□卷，常棠澉《川志》八卷，魏仲舉《五百家注音辨昌黎先生集》四十卷、《五百家注音辨柳先生文集》二十一卷，王十朋《集注東坡詩》三十二卷，施元之《注東坡詩》四十二卷，李壁《注王荆公詩》五十卷，任淵《注山谷詩内集》二十卷，史容《注山谷詩外集》十七卷，史季温《注山谷詩别集》二卷，任淵《注陳後山詩》十二卷，寇宗奭《本草衍義》二十卷，皆大部通行，閲今四五百年尚存，而元時史臣轉未著録，真可怪也。

秦鳴夏《宋史質序》 或問：史貴詳乎？曰：夫史，昭往詔來者也。是故，述廢興，正統紀，審沿革，明功罪，上下數百年間於簡册焉，盡之。夫惡得弗詳？然則，病簡乎？曰：天下殊途而同歸，百慮而一致。是故，事不提其要，雖該洽，其何裨？言不鉤其玄，徒猥冗而可厭，上下數百年間於簡册焉，盡之。夫惡得弗簡？予嘗愛班固書，敘漢二百四十年事，僅僅八十萬言。其間人聚物叢，巨昨細眲，至今一展卷間，赫赫若前日事。此其故何哉？及觀范曄贊曰：「贍而不穢，詳而有體。」乃知作者之難，而史固未可以易言也。《宋史》成於元臣之手，其間有紀、有傳、有志、有表，燁然稱一代成書。顧其爲卷凡四百九十有奇，其爲言殆不下數百萬，豈紀宋事者獨宜詳與？抑所謂「不穢而有體」者，未之盡也。一江王子，溺志「典、墳」，蓋嘗有槩乎是。比致政家，食則悉取而芟夷翦截之，逾十載而書成。計其簡帙，存舊十二，而典章文[原闕]出，夫庸知館閣諸公不有采而獻之，以塞明詔者乎？書凡一百卷，曰《史質》者，著不浮也。是爲敘。嘉靖庚戌歲春王正月賜進士出身、右春坊、右中允兼翰林院脩撰、經筵固史官，臨海秦鳴夏謹序。

王洙《宋史質・藝文志序》 秦宋而後，書籍莫富於隋、唐。隋嘉則殿書三十七萬卷，唐開元爲卷八萬有奇，宋初有書萬餘卷，其后削平諸國，收其圖籍及下詔遣使購求散亡，三館之書，稍復增益。太宗建崇文院，又别爲書庫，目曰秘閣。真宗置籠圖閣、太清樓、王宸殿、四門殿，亦各有書萬餘卷。仁宗編四庫書，倣《開元

四部録》，爲《崇文總目》。神宗改秘書省，徽宗更《崇文總目》爲《秘書總目》。自熙寧以來，搜訪補輯，至是爲盛矣。嘗歷考之，始太祖、太宗、真宗三朝，三千一百二十七部，三萬九千一百四十二卷。次仁、英兩朝，二千四百七十二部，八千四百四十六卷。次神、哲、徽、欽四朝，一千九百六部，二萬六千二百八十九卷。撮其當時之目，爲部六千七百有五，爲卷七萬二千八百七十有七。迨夫靖康之難，而宣和館閣之儲，蕩然靡遺。高宗移蹕臨安，乃建秘書省於國史院之右，搜訪遺闕，屢優獻書之賞，於是四方之藏，稍稍復出，而館閣編輯，日益以富矣。當時，類次書目，得四萬四千四百八十六卷。至寧宗時，續目又得一萬四千九百四十三卷，視《崇文總目》，又有加焉。雖其間鈲裂大道，疣贅□□，函恠恍惚，瑣碎支離，有所不免。然而瑕瑜相形，□□各趣。譬之萬派歸海，四瀆可分。繁星麗天，五緯可識。求約於博，則有要存焉。爲書九千八百十九部，十一萬九千九百七十二卷云。

《四庫提要・史部六・別史類存目》 《宋史質》一百卷，衍聖公孔昭焕家藏本。明王洙撰。洙字一江，臨海人，正德辛巳進士，其仕履未詳。是編因《宋史》而重修之。自以臆見，別刱義例，大旨欲以明繼宋，非惟遼、金，兩朝皆列於外國。即元一代年號，亦盡削之。而於宋益王之末，即以明太祖之高祖追稱德祖。元皇帝者，承宋統，大德三年，以太祖之曾祖追稱懿祖，恒皇帝者繼之。延祐四年，以太祖之祖追稱熙祖，裕皇帝者繼之。後至元五年，以太祖之父追稱仁祖，淳皇帝者繼之，至正十一年，即以爲明之元年，且於瀛國公降元以後歲，歲書帝在某地云云。仿《春秋》書公在乾侯、《綱目》書帝在房州之例，荒唐悖謬，縷指難窮。自有史籍以來，未有病狂喪心如此人者。其書可焚，其板可斧，其目本不宜存。然自明以來，印本已多，恐其或存於世，熒無識者之聽，爲世道人心之害，故辭而闢之，俾人人知此書爲狂吠，庶邪說，不至於誣民焉。

黄佐《宋史新編序》 宋舊《史》成於元至正己酉，丞相脱脱爲都總裁，契丹、女真亦各爲史，與宋竝稱，帝謂之宋、遼、金三史云。是時纂脩者，大半虜人，以故，是非不公，冠屨莫辨。景泰間，翰林學士吉水周公敘嘗疏于朝，自任筆削。齎於職務，書竟弗成。今吾友莆田柯子維騏，以癸未進士，筮仕户曹，輒謝病歸，蓋未始一日居乎其位也。養高林壑，覃思博考，乃能會通三史，以宋爲正，删其繁猥，釐其錯亂，復參諸家紀載可傳信者，補其闕遺，歷二十寒暑，始克成書，合二百卷，而三百二十年行事粲然悉備，名之曰《宋史新編》，示不沿舊也。本紀，則正大綱而存孤危；志、表，則略細務，而舉要領；列傳，則崇勳德，而誅亂賊，先道學，而後吏治。遼、金與夏，皆列外國傳，等諸四裔焉。於是，《春秋》大義始昭著於萬世。而論贊之文，竝非因襲。簡而詳，贍而精，嚴而不刻，直而有體。南董之筆，西漢之書，不得專美於前矣。予竊喜，是編行則三史廢。稽天運，陳人紀者，其誰舍諸？乃言曰：天下之道，立於本而行於文。夏、商而後，文莫盛於周；漢、唐而後，文莫盛於宋，制禮作樂以致隆平。而六經，成周之文也。表章學庸以錫多士，而道學興，宋之文也。然植本發源，則不能以亡異。跡宋之先，瑣瑣禄仕，逮事柴氏，殊罔駿功。太祖受禪，仁不勝力。太宗襲位，友愛亦虧。眡周之得天下，寔大相遠。詩曰：「后稷肇祀，庶無罪悔，以迄于今。」言世德綦隆也。廓除北漢，則僭僞盡矣。向使藉隆平之基，而致天保「采薇」之治，則契丹賓服，燕、雲自歸。顧乃勤其驕兵，倉皇取敗。詩曰：「於鑠王師，遵養時晦」，當如是邪。澶淵之役，歲幣之輸，其弱已甚。雪恥除兇，豈無長策？而天書聖祖之降，肆爲矯誣，可謂昧矣。繼以仁宗之令，主猶不能除厲階而遏西賊，況值女真作難，馮陵昧弱，寧復振乎？詩曰「執競武王，無競維烈。不顯成康，上帝是皇」。法乾剛也。不能畜威以自强，此其最異於周者也。乃若厲王以好利用榮夷公，神宗以興利用王安石，載誦《板》、《蕩》、《桑柔》而三不足之說，有足徵焉。蓋亂之生也，讒邪比周，猶思用賢，故其詩曰：維此惠君，民人所瞻。秉心宣猶，考慎其相。」亂之成也。耆壽後，罔憖遺，而思舊章之不愆，故其詩曰：「雖無老成人，尚有典刑，曾是莫聽，大命以傾。」祖宗罔紹，猶思畏天，故其詩曰：「敬天之怒，無敢戲豫，敬天之渝，無敢馳驅。」天變罔畏，猶思恤言，故其詩曰：辭之輯矣，民之洽矣。辭之懌矣，民之莫矣。」監謗禁黨，瞶禍戩哉，又何其同也？大都宋之南渡，弗逮周之東遷。藩城屏翰，曾無一焉。而且，斮東澈，殲岳飛，至於廢竑立昀。黠妻奸相，劓其家法，不待逢厓，先自亡也已。本源既壞，枝流可知。文弊而僿，膠戾乖刺。舊史所謂，聲容盛而武備衰，論建多而成效少，非不韙也。詩亦有之曰：「殷鑒不遠，在夏后氏之世。」於戲，觀是編者，尚永鑒之哉。嘉靖三十四年歲次乙卯季冬下澣，賜進士出身、中順大夫詹事府少詹事兼翰林院侍讀學士、前南京國子祭酒、經筵講官、同脩國史玉牒泰泉黄佐撰。

李義壯《宋史新編序》 《宋史新編》，遼、金二《史》附焉不書，獨書《宋史》者何？尊正統也。何以尊正統也？蓋中國帝王所自立，必聖賢之君而後可以統之也。夷狄而主中國，則其統有時而變矣。況未必能一天下者乎？予嘗讀《宋史》本紀、志、表、列傳、世家，爲帙總四百九十有二，而病其太繁。又嘗讀遼、金二《史》本紀、志、表、列傳、論、贊，例于《宋史》並列爲三，而病其太僭，皆出元丞相脱脱、阿魯

圖、翰林學士承旨歐陽玄等一時之所載筆。夫遼與金特宋一外夷，如西夏云耳。乃今進與宋等，何也？進遼、金，所以進元也。何以進元也？元與遼、金一黨也，此元臣之詭謀也。豈孔子《春秋》之旨哉？《春秋》者，正名分而作者也。上上下下，内内外外，如天冠地履，不可踰焉者也。當周之衰，諸侯寖盛，土宇甲兵，不及吴、楚，然而必曰天王，天王，吴、楚雖已稱王，與周無異，而斥之則曰人、曰子，往往抑彼進此者何？尊正統也。尊正統者何？爲天下後世慮焉耳。宋視遼、金何以異？賢者比作史者，輙乃進而同之。其亦不察乎《春秋》之旨，而忘其身之爲夷也已？賢者之慮事，嘗先於衆人而預憂於後世，使其可繼。使後世有聖人出，則將在所進乎，在所抑乎。吾同年柯户部希齋氏，暇日合三《史》而釐正之，創爲此編。獨揭宋爲正統，而遼、金則因事附見，如所謂西夏然者。且删其蕪累，補其闕遺。或核實以稽疑，或闡幽以微顯，或究終以明始，或擊異以統同。綱舉目隨，事詳文省，是誠賢者之慮而《春秋》之旨也。其所以立爲天下後世之防者功，豈其微哉？侍御我渡陳公出按吾廣，偶得善本，屬左轄杜晴江氏翻刊之。大司馬自湖吴公以巡撫，侍御青田陳公以巡按繼至，又令博士林文豪氏校正，而問序於子，子謂，自古帝王所自立爲中國而尊且貴焉者，以其有名分之等，異於狄夷也。無名分則入於夷狄，入夷狄則與禽獸奚擇焉？子朱子有憂之，因温公《資治通鑑》而創爲《綱目》，瓊臺丘文莊公因《綱目》而創爲《世史正綱》，希齋又因《史綱》而創爲此編，嗚呼，其皆憂世之志乎？宋至淳熙，國非其國矣。遼亡金興，金亡元興，雖與宋相爲終始，然卒不與之統，而獨一統於宋，君臣華夷之辯，凜凜乎若不肯少假借焉者何？所以正名分，尊正統，而立天下後世之防焉耳。夫豈以其跡之强弱大小論哉？如以其跡而已矣，則遼、金可加於宋，吴、楚可加於周，此管敬仲、魯仲連之所不爲也，而謂賢者爲之乎？諸公翻刊之心，蓋先有得乎此。其所慮天下後世之防者遠且切矣，豈但嘉惠後學已哉，是舉也，右轄陳闇窓氏、大參陳六溪氏、郭華溪氏、少參許水東氏、陳羽泉氏、曹嵩峯氏，聿觀厥成，故並書之云。嘉靖四十三年甲子中秋日，南海三洲李義壯稚大甫撰。

柯維騏《宋史新編・藝文志序》 自庖羲作，而八卦畫，更唐、虞三代君臣之陳述，孔門師弟子之删脩講授，而藝文備矣。後世君國者，憲其謨蓄德者，淑其教飾治者，敷其華應務者，涉其博脩辭者，規其製，誠致理之蓍龜，志學之標的歟！秦不師古，并百家之書燔滅之。漢興，始購民間充祕府。雖衘謡巷語，有可採者，咸不廢也。兼以世儒之經箋，史纂、論議、詩歌，各表見其所長，歷代相沿，迄于宋彌彬彬盛矣。宋初貯書有三館，太宗有崇文院，有祕閣，真宗有太清樓，神宗有祕書省，仁宗嘗命儒臣倣《開元》類編爲四部，號《崇文總目》，凡三萬卷有奇，逮徽宗《祕書總目》倍之。靖康之難，悉亡于金。南渡仍建祕書，搜訪補輯，十得五六。嗣是世，遘虜患戎，事方殷，而其君猶留意經術，不替家法。其臣，暨草野之士亦孜孜習以成俗，故一代述作，前莫之與侔。舊史所列，合古今書蓋九千八百十九部，十二萬卷云。嗚乎，右文之效，累朝熙洽徵矣！道君而下，或溺異教，或斥正學，或累多欲，是皆飾名而遺實，庸益于治乎？然則，宋之不競，雖文勝之弊，要未可一槩論也。

《四庫提要・史部六・别史類存目》 《宋史新編》二百卷，浙江孫仰曾家藏本。明柯維騏撰。維騏，字奇純，莆田人。嘉靖癸未進士，授南京户部主事，未任事而歸，事迹具《明史・文苑傳》。史稱其家居三十載，乃成是書。沈德符《敝帚軒剩語》稱，其作是書，時至於發憤自宫，以專思慮，可謂精勤之至。凡成《本紀》十四卷，《志》四十卷，《表》四卷，《列傳》一百四十二卷，糾謬補遺亦頗有所考訂，然托克托等作《宋史》，其最無理者莫過於道學、儒林之分傳，其最有理者莫過於本紀終瀛國公，而不録二王及遼、金兩朝，各自爲史，而不用島夷索虜互相附録之例，蓋古之聖賢，亦不過儒者而已，無所謂道學者也。如以爲儒者有悖於道，則悖道之人，何必爲之立傳？如以爲儒者雖不悖道，而儒之名不足以盡道，則孔子之詔子夏，其誤示以取法乎下耶？安生分别，徒滋門户，且《太平御覽》五百十卷中，嘗引《道學傳》二條，一爲欒鉅，一爲孔總，乃清净棲逸之士，襲其舊目，亦屬未安。此必宜改者也，而維騏仍之，至於元破臨安，宋統已絶，二王崎嶇海島，建號於斷檣壞櫓之間，偷息於魚鼈黿鼉之窟，此而以帝統歸之，則淳維遠遁以後，武庚搆亂之初，彼獨非夏、商嫡冢神明之胄乎？何以三代以來，序正統者不及也？他如遼起滑鹽，金興肅慎，並受天明命，跨有中原，必似元經帝魏，盡黜南朝，固屬一偏，若夫南北分史，則李延壽之例，雖朱子生於南宋，其作《通鑑綱目》亦沿其舊軌，未以爲非。元人《三史》並修，誠定論也。而維騏强援蜀、漢，增以景炎、祥興，又以遼、金二朝置之外國，與西夏、高麗同列，又豈公論乎？大綱之謬如是，則區區補苴之功，其亦不足道也已。

焦竑《國史經籍志序》 自書契以來，靡不以稽古右文爲盛節，見於方策可考已。我太祖高皇帝圍燕，首命大將軍收秘書監圖書及太常法服、祭器、儀象、版籍，即定燕，復詔求四方遺書。永樂移都北平，命學士陳循輦文淵閣書以從。且輶軒

之使，四出搜討。其時睿藻辰章，既懸象魏，而延閣、廣内之藏，如觸目琳琅，莫可注視，何其盛也。累朝通集庫、皇史宬在所充牣，而宣德以來，世際昇平，篤意文雅，廣寒、清暑二殿及東西瓊島，游觀所至，悉置墳典。迨雞林、土蕃遣使求書，文教遠播，直與奎壁日月激衛光明，而委宛羽陵之有方之蔑如矣。繇此觀之，運殂則鉛槧息，治盛則典策興。蓋不獨人主風尚繫之，而世道亦往往以爲候，可無志哉？劉歆《七略》類例精已，荀勖乃更著《新録》，析爲四部，合兵書、術數、方伎於諸子；《春秋》之内，别出《史記》；經子文賦，一仍其舊。繇近世史籍猥衆，若循《七略》，多寡不均，故謝靈運、任昉悉以勖例銓書，良謂此也。今以所録，亦準勖例，以當代見存之書，統於四部，而御製諸書冠其首焉。史官焦竑序。

伍崇曜《國史經籍志跋》 古《國史經籍志》六卷，明焦竑撰。按弱侯《焦氏筆乘》，已重刻。是書《四庫提要》亦著録附存目中。《明史稿》本傳，稱大學士陳于陛建議修國史，欲竑專領其事。竑遜謝，乃先撰《經籍志》，其他率無所撰，館亦竟罷云。厲樊榭等《南宋雜事詩》，自注焦氏所載《高宗實録》五百卷，《孝宗實録》五百卷，《光宗實録》一百卷，《甯宗實録》三百卷。此據《宋史藝文志》而列之，未必有完書也。惟陳均《中興編年舉要》，見於諸簿録者可考云云。蓋歷朝修經籍藝文志，大都如是，未可專以訴焦氏一人也。末卷《糾謬》，有駁正《漢書》、《隋書》、《唐書》、《宋史》諸藝文志。以至馬端臨、晁公武諸家分門之誤。而章學誠《校讐通義》，有焦竑誤校《漢志》十五條，謂其整齊有法，有可節取。而未悉古今學術源流，不於離合異同之間，深求其故，乃僅求甲乙部次，苟無違越。今即其所舉，各爲推論，以進於古人之法度云云。然錢辛楣一代通儒，撰《元史藝文志》，亦謂於是書采獲頗多。揭傒記於《十駕齋養新録》者，若以移剌楚材與耶律楚材，周權與周衡，俱爲二人。揭傒斯與揭曼碩重出，趙孟堅入元人，則無取耳。亦未嘗不足爲讀史者考鏡之資也。此玉生廣文舊藏鈔本，特重梓之。道光辛亥重陽後十日。南海伍崇曜謹跋。

《四庫提要・史部四三・目録類存目》 《國史經籍志》六卷，兩江總督採進本。明焦竑撰。竑有《易筌》，已著録。是書首列制書類，凡御制及中宫著作、記注時政、敕修諸書皆附焉。餘分經、史、子、集四部，末附糾繆一卷，則駁正《漢書》、《隋書》、《唐書》、《宋史》諸藝文志，及《四庫書目》、《崇文總目》、鄭樵《藝文略》、馬端臨《經籍志》、晁公武《讀書志》諸家分門之誤。蓋萬曆閒陳于陛議修國史，引竑專領其事，書未成而罷，僅成此志，故仍以國史爲名。顧其書叢鈔舊目，無所考核，不論存亡，率爾濫載。古來目録，惟是書最不足憑。世以竑負博物之名，莫之敢詰，往往貽誤後生，其譎詞炫世，又甚於楊慎之《丹鉛録》矣。

王圻《續文獻通考・經籍考序》 臣等謹案：馬端臨以經史子集分部彙目爲《經籍考》。其所采録，悉本歷代史志以及王堯臣《崇文總目》，而評論則以晁公武《讀書志》、陳振孫《書録解題》爲宗，又復旁參衆説折以己見，凡著作之本末，流傳之真贋，文理之純駁，約略皆有考焉。若王圻《續通考》，不論書之存佚，一切捃摭汎濫無徵，則大失端臨矜慎之初指矣。今臣等奉命續纂《通考》經籍一門，謹從端臨之例，經史子集各就見存以求編次。伏惟我皇上右文稽古，近敕儒臣采輯并訪求遺佚，編爲《四庫全書》，凡《總目》所載，宋代遺編多有端臨未及著録者，今皆一一補入。而遼、金、元、明四代之書，亦悉據《四庫全書》按次編録。至端臨於每數之前各載史志部卷總數，蓋以館閣書之存佚不可知，姑録之以備考也。今亦依宋明史志，總數列前。其遼、金、元三史不立《藝文志》，散見各紀傳中，亦即於卷首標識焉。又每類之中或删其目，或易其名，皆參諸《四庫全書》，而於馬稍爲變通以歸允當。其間議論自宋元明諸儒外，近世則采自顧炎武、王士正、朱彝尊諸人爲多，其他論説之有當者，亦俱載之。至若書之見解，或有異同，人之出處不無謁舛，謹加案語辨證於後。凡歷代儲藏采訪之規，與其編纂繕録之事，宋則斷自理宗以後，與遼、金、元、明四代列爲總敘一篇，以冠卷首，亦如端臨之例云。

王圻《續文獻通考・經籍考總敘》 宋理宗涫祐元年八月，詔求遺書。涫祐十一年六月，詔求遺書，并山林之士有著述者並許上進。

祕書省上言，乞辟校勘檢閲等官，仍行下諸路漕司所部州縣應有印本書籍解赴册府，以補四庫之闕。及故家巨族，必有遺書，山林名儒豈無著述？可令投進，照格推賞。從之。

臣等謹案：《馬考》稱，涫熙四年，祕書少監陳騤等以中興館閣藏書前後搜訪，部帙漸廣，爰仿《崇文總目》類次書目，計見在書四萬四千四百八十六卷。嘉定十三年，詔祕書丞張攀等續修書目，又得一萬四千九百四十三卷。較之《崇文》所載，均有加焉。又稱諸郡諸路刻板而未及獻者不預，此理宗時所以汲汲求書不已也。然自是以後，書目亦不復修，其卷帙多寡，不可考矣。

《宋史・藝文志・序》曰，宋舊史，自太祖至寧宗，爲書凡四。志《藝文》者，前後部帙，有無增損，互有異同。今删其重複，合爲一志，大凡爲書九千八百十九部，十一萬九千九百七十二卷。

臣等謹按：《馬考》止取嘉定以前書，銓而誌之。其時，宋之全史未出，搜

采不能無遺。今核《宋史・藝文志》所載，併有嘉定以前之書而《馬考》未著録者，其總數雖具於正史，而書已散佚，各目徒存，不皆可考云。

遼太宗大同元年三月，取晉圖籍、曆象、石經，悉送上京。

《遼史・文學傳序》曰，遼起松漠。太宗以兵經略方内，禮文之事，多所未備。及入汴，取晉圖書、禮器而北，然後制度漸以修舉。

聖宗開泰元年八月，那沙國乞賜儒書，詔賜《易》、《詩》、《書》、《春秋》、《禮記》各一部。興宗重熙十三年六月，詔編集國朝上世以來事蹟等書。

命罕嘉努與耶律庶成録納尼汗至重熙以來事蹟，集爲二十卷，進之。十五年，復命罕嘉努曰，古之爲治者，明禮義，正法度。我朝之興，世有明德，雖中外嚮化，然禮書未作，無以示後世。汝可與庶成酌古準今制爲禮典。罕嘉努即被詔，博考經籍，自天子達於庶人，情文制度可行於世者，撰成三卷，進之。

臣等謹按：罕嘉努本傳又稱，詔譯諸書。罕嘉努譯《通歷》、《貞觀政要》、《五代史》以進，蓋重熙十五年以後事也。

二十三年十月，幸新建祕書監。

臣等謹按：《遼史》稱興宗於是年十月幸新建祕書監。王圻《續通考》但云新建祕書監，而不言幸，悞也。

道宗清寧元年十二月，詔設學頒五經傳疏。六年五月，監修國史。耶律自請編次御製詩賦，仍命自爲序。十年十一月，詔求乾文閣所闕經籍，命諸儒臣校讎。

臣等謹按：王圻《續通考》作「八年十一月」，今據《本紀》改正。

咸雍十年十月，詔有司頒行《史記》、《漢書》。

臣等謹案：道宗崇尚經籍，史不一書。《本紀》又稱大安二年正月，召權翰林學士趙孝嚴、知制誥王師儒等，講五經大義。四年四月，西幸。召樞密直學士耶律儼講《尚書・洪範》。五月，命燕國王延禧寫《尚書・五子之歌》。謹附識於此。

金太祖天輔五年十一月，詔克遼中京，以禮樂儀仗圖書文籍，先次津發赴闕。太宗天會五年四月，以宋圖書與大軍北還。世宗大定二十三年八月，以女直字《孝經》千部付點檢司，分賜護衛親軍。九月，譯經所進所譯《易》、《書》、《論語》、《孟子》、《揚子》、《文中子》、《劉子》及《新唐書》，命頒行之。

帝諭宰臣曰，朕所以令譯五經者，正欲使女直人知仁義道德所在耳。

臣等謹案：王圻《續通考》作「二十四年九月」，今據《本紀》改正。

二十六年三月，制明安穆昆皆先讀女直字經史，然後承襲。

從親軍完顔奇納言也。因曰，但令稍通古今，則不敢爲非爾。

章宗明昌二年四月，學士院進唐杜甫、韓愈、劉禹錫、杜牧、賈島、王建，宋王禹偁、歐陽修、王安石、蘇軾、張耒、秦觀等集二十六部。五年正月，詔求遺書。

凡《崇文總目》内外闕書籍，悉購之。尋又置宏文院，譯寫經書。

泰和元年十月，敕有司購遺書。

敕曰，宜償其價以廣搜訪。藏書之家，有珍惜不願送官者，官爲謄寫，畢復還之，仍量給其直之半。是年又定祕書郎爲二員，掌經籍所書。

四年十月，詔親軍三十五以下習《孝經》、《論語》。

元太宗八年六月，立編修所於燕京，經籍所於平陽，編集經史。

從中書令耶律楚材請也。召儒士梁涉充長官，以王萬慶、趙著副之。

世祖至元元年二月，敕選儒士編修國史，譯寫經書。起館舍，給俸以贍之。四年二月，改經籍所爲宏文院。五年十月，敕從臣托果斯等録《毛詩》、《孟子》、《論語》。六年九月，徙平陽經籍所于京師。十年正月，立祕書監，掌圖書經籍。十二年九月，以伊實特穆爾爲御史大夫，括江南諸郡書板及臨安祕書省書籍。

祕書監上言，本監應收經籍圖書書畫等物，見數不教失落。又言，江南諸郡多有經史書籍，文板俱令收拾，見數不教失散。

十三年二月，詔收宋臨安圖籍典故文字。

是時，宋初奉表降詔諭臨安，凡祕書省圖籍典故文字，悉仰收拾。又命宣慰使焦友直收拾宋祕書省圖籍，尋以江南運到經史子集文字書畫等物，俱付祕書監收掌。遇有檢閲，於祕書監關取，用畢還監。

十五年四月，以集賢大學士許衡言，遣使取杭州等處凡在官書籍板刻至京師。二十七年正月，復立興文署，掌經籍板。

臣等謹案：王士點等《祕書監志》稱，至元十一年，以興文署隸祕書監，掌雕印文書。又稱，三十年，以興文署併入翰林院。《元史・本紀》及《百官志》俱未載，惟紀其復立興文署，屬集賢院，而始建中廢，以及改隸年月，均未詳考。今據《祕書監志》輯其大略如此。

成宗大德七年三月，布哷齊岳鉉等進《一統志》。

先是，至元二十二年，命大集萬方圖志而一之，以示皇元疆理無外之大。詔大臣近侍提其綱，立局置屬編纂，凡九年而成書。續得雲南、遼陽等書，又纂

修九年，至是繕寫始就，總計六百册一千三百卷，進呈，藏之祕府。

臣等謹案：元所修《大一統志》最爲繁博。明焦竑《國史經籍志》惟載其目，今已散佚無存。

十一年八月，時武宗已即位。中書右丞博囉特穆爾以國字譯《孝經》進，命刻板摹印，諸王以下咸賜之。

詔曰，此乃孔子之微言，自王公逮於庶民，皆當由是而行。

武宗至大四年六月，時仁宗已即位。刊行《貞觀政要》。

帝覽《貞觀政要》，諭翰林侍讀阿琳特穆爾曰，此書有益於國家，其譯以國語刊行，俾蒙古、色目人誦習之。

仁宗延祐四年四月，以《大學衍義》譯國語。

先是，帝爲太子時，有進《大學衍義》者，命詹事王約等節而譯之。帝曰，治天下，此一書足矣。因命與《圖象孝經》、《列女傳》並刊以賜臣下。至是，翰林學士承旨和搭拉都里默色、劉賡寺譯《大學衍義》以進，帝復令翰林學士阿琳特穆爾譯以國語。五年八月，復以江浙省所印《大學衍義》五十部賜朝臣。

五年十一月，鋟行唐陸淳所著《春秋纂例》等書。

集賢大學士庫春言，唐陸淳著《春秋纂例》、《辨疑》、《微旨》三書，有益後學，請令江西行省鋟梓，以廣其傳。從之。

文宗天曆二年二月，立奎章閣學士院，命儒臣進經史。

是年立藝文監，隸奎章閣學士院，專以國語敷譯儒書，及儒書之合校讎者，俾兼治之。又立藝林庫，專一收貯書籍，廣成局，專一印行祖宗聖訓。凡國制等書，皆隸藝文監。

臣等謹案：《本紀》但云是年立藝文監，及藝林庫、廣成局，其職掌之制未詳。今參以陶宗儀《輟耕録》所載，較爲詳晰。

九月，敕翰林圖史院官同奎章閣學士采輯本朝典故，準《唐宋會要》，著爲《經世大典》。

繼又命趙世延、趙世安領纂修《經世大典》事。至至順二年四月，纂修成，凡八百八十卷，《目録》十二卷。

臣等謹案：元修《經世大典》，今已散佚無存。

《元祕書監志》曰，至正二年五月，準監丞王道闗奏，竊謂古之書庫有目，圖畫有題，所以謹儲藏而便披玩也。伏覩本監所藏，多係金宋流傳，及四方購納，古書名畫不爲少矣，專以祗備御覽也。然自至元迄今，庫無定數，題目簡帙寧無紊亂，應預將經史子集及歷代圖畫隨時分科品類成號，他時奉旨庶乎供奉有倫，因得盡其職也。合無行下祕書庫，依上編類成號置簿繕寫，凡在庫書經一百二十一部一千二十三册，史七十九部一千七百二十四册，集五十七部一千七百二十四册，道書三百三部四百二册，醫書一十四部一百七十一册，方書八部一百五十二册。先次送庫書十二部四百七十八册，經六部一百一十三册，史四部七十五册，集二部一百九十册。後次發下書一千一百五十四部一萬六百三十四册，經二百四十四部二千一百四十五册，史一百三十二部一千八百四十三册，子一百一十二部七百一十二册，集四百六十三部五千九百二十四册，法帖四十二部三百一十七册。續發下書六百四十二部七千五百一十册，經一百六十六部一千九百四十六册，史四十六部一千二百七十册，子二十六部七十三册，集一百二十部二千五十三册，類書九十六部九百三十一册，小學六十八部二百二十八册，志書三十三部三百三十册，醫書五十一部四百六十二册，陰陽書二十五部一百三十册，農書一十二部三十七册，兵書五部二十一册，釋道書三部二十二册，法帖一部一十册。

臣等謹案：元代藏書可考者，此《祕書監志書目》一卷，今撮録於此。陶宗儀《輟耕録》曰，元至正六年，朝廷開局修宋、遼、金三史，詔求遺書。有以書獻者，予一官。江南藏書多者，止三家，莊蓼唐其一也。繼命危學士樸特來選取，其家慮恐兵遁圖讖干犯禁條，悉付祝融氏。及收拾燼餘，存者又無幾矣。蓼唐嘗爲宋祕書小史，其家蓄書數萬卷，且多手鈔者。經史子集、山經、地志、醫卜、方技、稗官、小説，靡所不具，書目以甲乙分十門。陸深《金臺紀聞》曰，元時，州縣皆有學田，所入謂之學租，以供師生廩餼，餘則刻書。工大者，合數處爲之，故讎校刻畫頗有精者。

明太祖洪武元年八月，大將軍徐達入元都，收圖籍。十三年七月，以翰林院典籍司藏書。

初，洪武三年，設祕書監丞，典司經籍。至是，從吏部之請，罷之，而以其職歸之翰林院典籍。至十五年，又設司經局，屬詹事院，掌經史子集、制典、圖書刊輯之事。立正本、副本、貯本，以備進覽。又有古今通集庫，亦以藏書。

十四年三月，頒《五經四書》於北方學校。成祖永樂四年四月，遣使購遺書。

帝御便殿閲書史，問文淵閣文書，解縉對以尚多闕略。帝曰，士庶家倘有餘貲，尚欲積書，況朝廷乎？遂命禮部尚書鄭賜遣使訪購，唯其所欲與之，勿較。

五年十一月，詔編《永樂大典》成。

先是，命解縉纂集類書爲《文獻大成》。已而，嫌其未備，乃命姚廣孝等重修。至是告成，凡二萬二千九百三十七卷，賜名《永樂大典》。

臣等謹案：明修是書，最爲浩博。永樂六年，詔令繕寫一部，未完而輟。至嘉靖中，乃續繕成之。今原册尚存，所缺僅什之一。其中誠多世不經見之書，第依韻綴字踳駁，不倫無當，於柱下之藏也。乾隆四十八年，我皇上特命儒臣詳加校勘。完繕者存之，散見者裒之，芟蕪除謬，區别至精。凡書佳者，悉已繕録彙入《四庫》，次則標存名目，列於書末，真是編之大幸矣。

十七年三月，遣使取南京文淵閣書，運至北京。

帝在北京遣侍講陳敬宗至南京，起取文淵閣所貯自今書籍。自一部至百部以上，各取一部北上。皇太子乃遣修撰陳循如數齎送得一百櫃，督舟十艘，載以赴京。

宣宗宣德四年十月，幸文淵閣。與楊士奇等討論經史，因賜士奇等詩。

時祕閣貯書約二萬餘部，近百萬卷，刻本十三，抄本十七。

臣等謹案：焦竑《經籍志》稱，宣德以來，世際昇平，篤意文雅，廣寒、清暑二殿及東西瓊島，游觀所至，悉置典墳，蓋是時嘗命繕録書籍，分貯各殿以備觀覽也。

英宗正統六年六月，詔編《文淵閣書目》。

楊士奇等上言，文淵閣見貯書籍，有祖宗御製文集，及古今經史子集之書，自永樂中南京取來，向於左順門外北廊收貯，未有完整書目。近奉旨移貯於文淵閣東閣，臣等逐一點勘，編置字號，輯成《文淵閣書目》，請用廣運之寶鈐識，仍藏於文淵閣，永遠備照，庶無遺失。制曰，可。

朱彝尊曰，宋靖康二年，金人索祕書監文籍，節次解發，見丁特起《孤臣泣血録》。而洪容齋《隨筆》亦云，宣和殿、太清樓、龍圖閣所儲書籍，靖康蕩析之餘，盡歸於燕。元之平金也，楊中書惟中於軍前收集伊洛諸書，載送燕都。及平宋，王承旨構首請輦宋三館圖籍。宋之《實録》、正史皆完。當時，敕平章政事太原張易兼領祕書，有詔許京朝官隨時假觀。由是言之，文淵閣藏書，乃合宋、金、元所儲而匯於一，加以明永樂閒南都所運百櫃。考正統六年編定目録，凡四萬三千二百餘册，若《永樂大典》一書多至二萬二千九百三十七卷，皆藏諸皇史宬不與焉。縹緗之富，古所未有。其後典守不嚴，歲久被竊。萬曆三十三年，內閣制敕房辦事，大理寺左寺副孫能傳、中書舍人張萱等奉閣諭校理纂修書目，則并累朝續添書籍入焉。然大半殘闕，較之正統目録，則十僅存二三爾。崇禎甲申之變，散佚轉多矣。

臣等謹案：《文淵閣書目》蓋本當時內閣中存記册籍，故所載多不著撰人名字，又有册數而無卷數，惟略記若干部爲一厨，若干厨爲一號，以《千字文》排次，自天字至往字，凡得二十號五十橱。今以《永樂大典》對勘，其所收之書世無傳本者，往往見於此目，亦可知其儲庋之富。第士奇等承詔編録，不能考訂撰次，俾觀者漫無考稽，牽率殊甚，獨籍此編之存，略見一代祕書之名數耳。至於朱彝尊所論，蓋深惜其典守非人，致多散佚，且以奉詔編目，可以言而不言，爲士奇罪也。又首敘金元開國收集圖書，并具述有明一代藏書始末，均可與正史參證，故備録之。

武宗正德十年十一月，命修補藏書。

大學士梁儲等請檢內閣并東閣藏書。殘闕者，令中書胡煦、典籍劉偉及原管主事李繼先等次第修補。從之。

謝肇淛《五雜俎》曰，內府祕閣所藏書皆倒摺，四周外向，雖遭蟲鼠嚙，而中未損，但文淵閣制既卑狹而牖復暗黑，抽閱者必秉炬以登內閣，老臣無暇留心及此，徒付管鑰於中翰涓人之手，漸以汩没，良可嘆也。

王肯堂《鬱岡齋筆麈》曰，文淵閣藏書皆宋元祕閣所遺，雖不甚精，然無不宋元板者。典籍既不知愛重，閣老亦漫不檢省，往往爲人竊去，今所存僅千百之一矣。

世宗嘉靖十一年七月，南京國子監刊修二十一史成。

初，南京國子監祭酒張邦奇等請校刻史書，欲差官購索民間古本。部議恐滋煩擾，帝命將監中十七史舊板考對修補，仍取廣東《宋史》板付監。案：《宋史》爲成化十六年兩廣總督朱英所刻。遼、金二史原無板者，購求善本翻刻，至是以成，祭酒林文俊等表進。

顧炎武曰，宋時止有十七史，明則并宋、遼、金、元四史，爲二十一史。遼、金二史，向無刻本。南北齊、梁、陳、周書，人間傳者亦罕。故前人引書多用南北史及《通鑑》，而不及諸書，亦不復采遼金者，以行世之本少也。

臣等謹案：《元史》則洪武三年已有刊本，故是時議詳及之。又萬曆中，北監刻十三經、二十一史，其板視南稍工，而校勘未精，訛舛彌甚，且有不知而妄改者，詳見顧炎武《日知録》中。

《明史·藝文志·序》曰，明御製書文，内府鏤板，而儒臣奉敕修纂之書及象魏布告之訓，卷帙既夥，文藻復優，當時頒行天下。外此名公卿之論撰，騷人墨客一家之言，其工者深醇大雅，卓卓可傳，即有怪奇駁雜出乎其間，亦足以考風氣之正變，辨古學之源流，識大識小，掌故備焉。挹其華實，無讓前徽，可不謂文運之盛與。前史兼録古今載籍，以爲皆其時柱下之所有也。明萬曆中，修撰焦竑修國史，輯《經籍志》，號稱詳博。然延閣廣内之藏，竑亦無從徧覽，而賡書錯列，徒滋僞舛。故今第就二百七十年各家著述，稍爲釐次，勒成一卷。凡卷數莫考、疑信未定者，寧闕而不詳云。

臣等謹案：焦竑《國史經籍志》書雖詳博，然但據古人著録，未嘗目見本書，多有唐宋所逸而竑反采録，略無欠缺者，此未足徵信也。至於有明一代藝文著述，則固詳具正史焉。

周家棟《續文獻通考敘》 不佞誦法孔子，孔子當周敬王之時，去夏殷未遠，文獻何寥寥也。《孟子》曰：「諸侯惡其害己也，而皆去其籍。」非獨害己之以也。當時國各有史，則史立權散而不能合。并爲十二，又并爲七，則史立國合而國之史未必合。籍令夫子非剡子，則不能問官；伯陽非柱下史，恐亦不能盡考禮。蓋澂古若斯之難也。然試以世論周千八百國之君界，在梁、冀諸州者十九，而玉關未闢，王會猶未圖也。赤、白之狄，玁狁、莘有之戎，與中國語言不通，文教亦蔑焉，非有謾書，歲繒亂華，竊國并竊我仁義聖智之法也。夏、商官倍周官，三百六十屬，刑政尚簡不繁，非有車載斗量遞更而遞變也。晉之大也，而不得觀《易象》、《春秋》；吴之强也，而不得觀六代禮樂。非有今日之家六籍而户百家，以及雲笈貝葉之夥也。繇兹以譚，有能上下今古兼收並蓄，以爲後世考禮準繩也者，信足術矣。余師洪洲王公，雲間博雅君子也，懸車之暇，乃取馬氏《通考》而續之。余觀其書，大都禘《通典》而祖貴與。且既已搜三史羅二氏，而獨於道統三致志焉。遡源綴系，激洛之統視，典制不倫。乃余謂貴與而非明禮則，可貴與而誠明禮也。禮直文質，三顯闡幽，以暨節孝忠憤之流，裒然備矣。説者謂貴與以明禮也，幽閨巆穴與闒閭瀌統已哉！《尚書》，古史也，精一執中，千古以爲鼻祖。《易》談天人，《春秋》懼亂賊，而韓宣子乃曰《周禮》則禮，固有在哉！且貴與不云乎經史傳紀，吾以謂文；奏疏品評，吾以謂獻。夫使蘩談瑣説并收，方簡而紹明聖，緒幽貞節憤之英，顧且逸焉。是貴言所言之獻，而棄獻所獻之獻也，豈不悖哉！兹役也，洵可謂貴與忠臣矣，抑余猶有疑焉。夏商之禮，夫子能言，則胸中有完禮矣。何籍文獻？而必欲澂之文獻，無徵其所能言者，何物也？周之文獻澂矣，乃不曰「言周」，而曰「從周」，何也？今王公遠規黄虞，近纘嘉定，凡國家功令中秘典故，靡不捆載，無論包舉夏商。即生今之世以言今者，又何易焉。夫聖人以其精而印之文獻，故取其徵；後世以其粗而求之文獻，故取其備。且聖人之言之也，以用之也。四代禮樂發于爲邦，乃不得已而託微詞。於定、哀之世，以爲見諸行事，可以觀矣。王公之續《考》也，抑豈徒闘惠施之五車，侈鄴侯之萬架，掩美馬杜蘄以爲考古者筏乎！夫亦未用之藴蟠欝磅礴，藉此以抒其蔵耳。入五都之市者，各厭所欲而去，鄧林之木，棟梁宋桷，惟所取裁焉。然則公雖不盡用其用，於天下後世遠矣。萬曆壬寅歲季夏朔，賜進士第巡按浙江等處文林郎監察御史楚黄周家棟撰。

温純《續文獻通考序》 治天下有道，因是已。夫因未易言也，有不可不因之迹。若禮樂、制度、文章爲前人所已損益，以遺後世之章程者是也。又有不可不因之心，若精神、心術之微，以主宰於禮樂、制度、文章之間。得之則以王道而成王化，不則權謀功利雖一匡，亦仲尼之徒，不道是也。然其迹與心，譬則樹木，然必培其根而後枝茂；又譬則導川，然必濬其源而後流長。故仲尼論世，不廢損益而因先之。子輿則單言「因」，曰「因先王之道，若爲高之因丘陵，爲下之因川澤然。豈故若氷炭之不相投，枘鑿之不相入，我知之矣」。仲尼懼道不行，故詳言因與損益以言政。子輿懼襲義者紛如，故合不忍人之心與政以言仁。總之道不離因而因不離心者，近是。宋儒馬貴與以杜氏《通典》僅自上古迄唐天寶，采經史百家爲文，名臣奏議及先儒評讚爲獻，上下數千年，終宋嘉定亦核矣。而生丁宋末，故略嘉定以後不及金元。我明高皇帝開天啓運，列聖肇述宏脩，諸賢翊贊，其禮樂、制度、文章之精，軼唐虞，陋宋元，郁郁乎盛矣。昭代文獻又烏可無稽此雲間？王元翰《文獻通考》所由續也，元翰故同余舉進士，又同應召。余給事禁中，元翰爲西臺御史，日相與聚談今昔典故。乃元翰則慨仲尼説禮，憂杞宋無徵由文獻不足以不大用於世，益肆力搜羅且四十年，遂成此《考》示余，余卒業而抵掌快之。蓋輯遼、金、元與國朝典故，併詳嘉定以後，而增《節義》、《氏族》、《六書》、《謚法》、《道統》、《方外》諸考。其以《節義》附《學校》，《氏族》附《封建》，《六書》附《經籍》，《謚法》附《王禮》。考黄河、太湖河渠，附《水利》，海運附《漕運》之末，蓋各有深義。若曰「此枝也，而非根也；流也，而非源也；所損益之迹也，而非可因之心也。故所重於道統尤詳。」夫道統關世運隆替，係理亂興亡之故，前考未載，後有述者第詳堯、舜、禹、湯、文武，而以宋儒直接漢代，漢、唐以降無及焉。然漢、唐表章講論之功，亦豈容泯！

故以《道統》附《帝系》，以《書院》附《學校》。又以《仙釋》附《四裔》，令不與吾道角，庶幾道統之傳與帝系不朽，得其根而枝可茂也，得其源而流可長也，得其心而迹可宰也。然則元翰衛道爲天下之意，將令後之君子從巍乎煥乎之成功，文章而遡蕩蕩無能名之精。以《關雎》《麟趾》之意而考《周官》之法度也，寧苦於無可因也乎哉？《易》畫「損」、「益」二卦，而其指乃在自上下，下天施地生堯，雖無能名，而史贊其「仁如天」。夫非仲尼、子輿所欲因者耶？故曰「治天下有道因是已」。《考》凡二百五十四卷，授諸剞劂者，督撫南畿曹公時聘按吳直指前何君熊祥，今馬君從聘趙君之翰周君家棟，而監督經營則知郡事許君維新也。元翰名圻，嘉靖乙丑進士，提督湖廣學校按察司僉事。萬曆癸卯孟春上浣之吉，侍經筵資德大夫正治上卿都察院掌院事左都御史關西温純序。

傅維鱗《明書·經籍志序》 史官論曰：夫經籍者，譜微言，繹大義，所以繼絶業於往哲，啓方悟於將來也。其於王事，經緯天地，奠麗陳常，使日月久其照，剛柔得其正。觀文以化成天下，恒必由之。故大訓陳于東序，藏書掌於柱下，籍氏以名其官，執秩以修其令。若《易》象《春秋》之觀不備，《墳》、《典》、《邱》、《索》之史不良，則王道不亢矣。昔漢懲秦灰，往往開獻書之路，置寫書之官。石渠天禄之藏，使諸儒較論同異，天子親臨觀，稱制決之，彬彬盛矣。沿及魏、晉，代有右文。劉之《七略》，荀之《四部》，其最著也。若夫篇第甲乙，筆分斑玉，縹囊螭軸，踵事增華，珉篆牙籤，載書競飾；於萩苑均爲干城，在聖道不無小補。要以六藝之作，興壞在人，盛衰在天。雖石室金縢之固，一盈一虚，如壑舟焉。惟一代好文之主，手煥天章，如漢祖之躬受《新書》，唐宗之親裁《帝鑑》，而又推情與下，樂道不勌。或賜會稽千卷，或送皇甫一車，使漆書復出於人間，壁簡載傳於伏女。此則上好下甚，觀文以化成天下者也。明興，太祖有《御製文集》、《大誥》誥民，《寶訓》訓子孫。而制作鴻備，遠邁前代。至彙輯《大典》、表章《性理大全》諸書，尤在太宗。宣、世之間，更多裒集。其餘列局編纂，職在史官，賜書獻納，載諸國乘。雖負《圖》訪《範》之代，何以加焉。而天府所珍，實稱雄富，爰誌其梗概，以憲來禩。至於家握靈蛇，人矜繡虎，著成一氏，藏之名山，及列之市肆者，充棟汗牛，莫可紀極，兹不具贅焉。作《經籍志》。

太祖於未即位時，即命有司訪求古今書籍，藏之祕府，以資覽閲。因謂侍臣詹同曰：三皇五帝之書，不盡傳於世，後鮮知其行事。漢武帝購求遺書，六經始出，唐、虞、三代之治，可得而見。如此表章六經，開闡聖學，實有功後世。吾每無事，輒觀孔子之言，如節用愛人，使民以時，真治國之良規，萬世之師法也。洪武元年，命工畫古孝行及身所歷經艱難起家戰伐之事，爲圖以示子孫。已命學士朱昇等修《女誡》。二年，上以祭祀爲國大事，乃命禮官及儒臣編集郊祀等儀，及歷代帝王祭祀感應祥異可爲鑒戒者，爲書曰《存心録》。二月，詔修《元史》，以宋濂等主其事。上諭之曰：自古有天下者，行事見於當時，是非公於後世。故一代興衰，必有一代之史載之。元主中國，殆將百年。其初君臣樸厚，政事簡略，與民休息，時號小康。然昧於先王之道，酣溺故胡之俗，制度疏闕，禮樂無聞。至季世嗣君荒淫，權臣跋扈，干戈四起，民命顛危。雖間有賢臣，言不見用，以至土崩。其間君臣行事，有善有否，賢人君子。或隱或顯，凡有可述，詳著於篇。毋溢美，毋隱惡，務合公論，以垂鑒戒。而元統及至正三十六年事尚闕，乃遣儒士歐陽佑等，於北平等處訪求之。八月，《元史》成。其明年二月，復續修《元史》。已詔中書編《祖訓録》及《禮書》。三年，《大明集禮》書成。凡朝會燕享、樂舞升降、儀節制度、名數悉備，計五十卷頒行之。十一月，《大明志書》成。以儒士魏俊民等編類天下州郡地理形勢，及降附始末成，皆授以官。四年，御史臺《憲綱》成，上親爲删定。七月，上覽《存心録》，復命贊善劉三吾等編類漢、唐以來災異之應於臣下者，爲書曰《省躬録》。五年，禮尚書陶凱言：漢、唐、宋皆有《會要》，記載時政，以資稽考。今起居注及奏事簿籍，宜依《會要》，編類成書，使議事者有所稽考，從之。六年春，命孔克長等，取諸經要言，以恒言釋之，使人皆得通其説，而知聖賢意旨。乃親釋二章以爲準，成，名曰《群經類要》。已命陶凱等，采摘漢、唐以來藩王善惡可爲勸戒者，爲書曰《昭鑒録》，以賜諸王。四月，命天下州郡繪《山川險易圖》以進。五月，《祖訓録》成。上謂侍臣曰：朕爲此書，蓋所以垂訓子孫。朕創業艱難，常憂子孫不知所守，日夜以思，具悉周至，紬繹六年，始克成編。後世守之，則永保天禄；苟作聰明，亂舊章，違祖訓，亡無日矣。其目十有三：曰《箴戒》、《持守》、《嚴祭祀》、《謹出入》、《慎國政》、《禮儀》、《法律》、《内令》、《内官》、《職制》、《兵衛》、《營繕》、《供用》，親爲序。七月，詔宋濂搜萃歷代奸臣之蹟，編爲《辨姦録》，頒太子諸王。是年，承旨詹同等請編《大明日曆》，明年五月成。自上起兵至即位，及六年癸丑十二月，凡征伐次第，禮樂沿革，刑政施設，群臣功過，四夷朝貢之類，莫不具詳，合一百卷。而宋濂又請如唐《貞觀政要》，分類更輯聖政，爲書以傳於天下後世。上從之。於是分四十類，自敬天以至制夷爲五卷，曰《皇明寶訓》。自是後，凡有出政，史官日録續之。冬，《孝慈録》成，詳定喪服之制。已《御製道德經注》成。上謂儒臣曰：

「朕觀《老子》所謂五色令人目盲，五音令人耳聾，與聖人去甚去奢去泰之類，於養生治國之道，大有所助。但諸家之注，各有異見，朕因注之，以發其義。」是年，詔禁四六文詞，因取柳宗元《代柳公綽謝表》及韓愈《賀雨表》，頒爲天下式。八年，學士濂取上所行關於政要者，成書曰《洪武聖政記》。三月，《洪武正韻》成，上以舊韻起於江左，多失正音，命學士樂韶鳳等以中原雅音校正之。其時有陝州人獻天書，斬之。御製《資世通訓》成書，凡十四章。其一君道章，次臣道，次士用、民用、商用等十一章，皆申戒之意，詔刊頒之。十二年，《春秋本末》成。先是，上以《春秋》本諸魯史，而列國之事錯見間出，欲究其終始，難於考索，乃命文學傅藻等分列國而類聚，附以《左氏傳》，首周次魯，秩然有序。十三年，胡惟庸敗，上命翰林史官纂録歷代諸侯王以下悖逆不道者，凡二百十二人，備其行事，以類書之，成，命名《臣戒録》，頒布中外之臣，使知所警。是年，《寰宇通志》成書，以天下道里分方輿，爲目凡八。十六年，上將享太廟，致齋於武英殿，召吴沈等謂之曰：朕閲古聖賢書，其垂訓立教，大要有三：曰敬天，曰忠君，曰孝親，三者盡而人道至矣；第其言散在經傳，未易會其要領，爾等以類編輯，庶便省覽。書成，上大悦，賜名《精誠録》。十七年，《大明清類天文分野書》成。是時有盱眙人獻天書，命斬之。十八年，編《書傳》，會《尚書》陳氏、蔡氏二傳，並古注疏，彙爲一書。《御製大誥》成，示天下。先是元綱大紊，上每歎曰：華風淪没，彝道傾頹，自即位以來，制禮樂，定法制，改衣冠，別章服，正綱常，明上下，盡復先王之舊，使民曉然知有禮義，莫敢犯分而撓法，乃著爲《大誥》示天下。又曰：忠君孝親，治人修己，盡在此矣。能者養之以福，不能者敗以取禍，頒之臣民，永以爲訓。十九年，《大誥續編》成，又作《大誥三編》，皆頒布中外。命儒臣修《志戒録》，以補《臣戒録》之遺。二十年，御注《洪範》成。語劉三吾曰：朕觀《洪範》，所以敘彝倫，立皇極，保萬民，敘四時，成百穀，原於天道，驗於人事，帝王爲治之道也。朕疏其旨，以便省觀。三吾頓首曰：皇上明聖道以福生民，爲萬世開太平，在此注矣。頒《武臣大誥》，令其子弟誦習之。已命禮尚書李原名等編《禮儀定式》，明臣僚尊卑之宜。成，頒行天下。二十一年，頒《武士訓戒録》。二十三年，詔刊《韻會定正》，時《洪武正韻》頒行已久，上以其字義音切有未當者，命官復訂前太常博士孫吾與韻書本、宋黄公紹《古今韻會》本刊行之，曰《定正》。冬，命禮部遣使購天下遺書善本，令書坊刻行。二十五年，頒《醒貪要録》於諸司。取文武大小官歲給禄米之數，以米計穀，以穀計田，與其用力多寡，爲書頒布中外，使食禄者知所以恤民。冬，《永鑑録》及《世名總禄》成。二十六年，上以諸司職有崇卑，政有大小，無方册以著成法。恐後之莅官，罔知職任政事施設之詳。乃命吏部同翰林儒臣倣《周禮》作書，曰《諸司職掌》。是時藍玉敗，籍其家。上見其服舍器用多僭踰，乃召翰林稽考前代功臣封爵人民邑之多寡，及名號之虚實等，編輯爲書，曰《稽制禄》。上親爲之序，以頒示功臣，用遏其侈心云。二十七年，詔訂正蔡氏《書傳》。凡蔡氏傳，得者存之，失者正之。又集諸家之説，足其未備，賜名曰《書傳會選》。命士子肄以應舉。而永樂中刊《大全》後，此書竟不行。是年，修《寰宇通志》。時陝西一士人上《仁政書》，上覽之，謂侍臣曰：既曰仁政，則必當愛民，何故所言皆勞民傷財之事，自相悖戾。彼山林儒生，不深究事體。然立意可嘉，不必指瑕，以杜言路，賞而遣之。有道士以丹書獻，上卻之，侍臣請留觀。上曰：彼所獻者，非存神固氣之道，即煉丹燒藥之説，朕焉用此。朕所用者聖賢之道，所需者政治之術，將躋天下生民於仁壽，豈獨一己之長生耶。若受之，則迂怪者爭進矣，故卻之，毋爲所惑。二十八年，頒《祖訓條章》於内外文武諸司。敕曰：自古國家建立法制，皆在始受命之君。以後子孫，不過遵守成法，以安天下。蓋創業之君，起自側微，備歷世故艱難，周知人情善惡。恐後世守成之君，生長深宫，未諳山林，初出之士，自矜已長。至有奸賊之臣，徇權利，作聰明，上不能察而信任之。變更祖法，以敗亂國家，貽害天下。故日夜精思，立法垂後，永爲不刊之典。如漢高刑白馬誓曰：非劉氏不王。以後諸吕用事，盡改其法，遂至國家大亂，劉氏幾亡。此可爲深戒者。朕少遭亂離，賴皇天眷命，翦除群雄，混一天下。即位以來，勞神焦思，定制立法，革胡元弊政。至於開導後世，復爲《祖訓》一編，立爲家法，俾子孫世世守之。爾禮部其以朕《祖訓》頒行天下諸司，使知朕立法垂後之意，永爲遵守。後世敢有言更改祖法者，即以奸臣論無赦。已命儒臣編《禮制集要》。又編《洪武志》，其書述山川都邑，宫闕壇廟甚詳。三十年，《大明律》告成。又頒所輯《爲政要録》。

建文即位，尤急儒修。購遺書，申舊典，日惟汲汲不遑逸。元年正月，命禮侍郎董倫等爲總裁官，修《太祖高皇帝實録》。方成而燕兵起，太宗入金川，覽之。以知府葉仲惠纂修處有指斥燕事爲逆，論死，籍其家。乃復以曹公李景隆等重修《太祖實録》。九年，復命姚廣孝等三修《太祖實録》，極詆建文君臣之非。及成，賞予倍厚。元年，分遣廷臣分詣天下軍民之家，有收藏太祖御製者，皆送官録進。既裒集成書，曰《太祖御製文集》。已命解縉等修《古今列女傳》。二年，命儒臣編自古來嘉言善行有益於太子者，曰《文華寶鑑》。二月，命修補國子監經書板。十一月，

解縉進所纂韻書，賜名《文獻大典》。三年，仁孝皇后《内訓》成。書凡七十八册。又著《夢感物説》。又著《希有大功德經》八十七卷。四年，遣使四出購求遺書。諭之曰：書籍不可較價直，惟其所欲與之，庶所得者多。五年，《永樂大典》成。先是令解縉等於天下古今事物，散在諸書，備輯自書契以來，經史子集百家之書爲一書。上覽之，多有未備者，乃復命姚廣孝等纂修及繕寫者殆三千人，歷四載而成。計二萬二千九百卷，一萬一千一百本。十二年，上謂侍臣曰：五經四書，皆聖賢精義要道。傳注之外，諸儒議論，有發明餘藴者，爾等采其切當之言，增附於下。其周、程、張、朱諸君子性理之言，如《太極》、《通書》、《西銘》、《正蒙》之數，皆六經之羽翼。然各自爲書，未有統會，爾等亦聚類成編。二書務極精備，庶垂後世。乃命胡廣等開館於東華門外，光禄給饌。明年，書成，命名《五經四書大全》。十四年，編輯《歷代名臣奏議書》。十五年，仁宗在東宫，卜筮專用揲蓍，而斷以《周易》。因命楊士奇纂朱氏《本義》要旨爲一編。既進，因名《周易直旨》。既而士奇又曰：《周易》雖爲卜筮書，而文王、周、孔義象十翼之辭。凡修齊治平，爲君爲臣之道悉具，請編輯以進。踰年，上之，賜名曰《周易大義》。是時徐好古進《尚書直旨》，金幼孜進《春秋直旨》，仁宗皆命留覽。十六年，纂修天下郡縣志。十七年，《爲善陰騭》書成，書列百五十六人事。十八年，《孝順事實》書成，書列二百七人。皆頒行天下。帝自製《務本之訓》，以予皇孫。已命群臣輯《神仙傳》。十九年，楊榮撰《皇都大一統賦》以進。洪熙元年，敕修《太宗實録》，注《天元玉歷賦》。

宣宗即位。時御製如《憂民吟》、《酒諭》、《猗蘭》、《南有嘉魚詩》、《憫農詩》、《捕蝗詩》、《招隱詩》、《招隱歌》之類，不可勝紀。匪念切民依，則君臣相悦。文章之治，獨此稱優。元年閏七月，詔修《仁宗實録》，以英公張輔等董其事。諭之曰：國史貴詳，卿等宜盡心。五年，成《太宗實録》一百三十卷，《寶訓》十五卷，《仁宗實録》十卷，《寶訓》六卷。御製《帝訓》，自君德至藥餌，共二十五篇。時有獻《歷代紀年圖》者，上覽既。顧侍臣曰：唐之後不五十年，天下五易主，生民之禍極矣。周世宗英武，觀其進取之略，制治之心，足以平天下，而亦享年不永，何也？侍臣對曰：帝王之興，自有天命，非人謀所及。上曰：國家創垂，貴有根本，三代以下，若漢高帝掃除秦苛，以濟蒼生，唐太宗革隋弊政，以致太平。其規模皆宏遠，所以傳之子孫，皆長久。若後周之主，稱兵爲逆，劫掠京城，曾無匡濟之功，室家先覆。而世宗以養子繼之，欲其宗祀長久，得乎？宋太祖陳橋之變，一號令之間，秋毫無犯，拯生民於淪溺，革叔季之兵禍，子孫享國與漢、唐同久者，蓋有仁厚爲之根本。豈偶然哉！侍臣皆頓首服。七年，御製《官箴》，自都督至儒學箴，凡三十五篇。已，上又以載籍所記前代外戚及臣下善惡，足爲鑒戒，乃采其事爲《外戚事鑒》、《歷代臣鑒》、《頒賜群臣》。

正統三年，《宣宗章皇帝實録》成，四年，刊布憲綱於中外。十三年，《五倫書》成。先是宣宗嘗親采經傳百家嘉言善行之有關於五倫者，類分爲六十二卷，命曰《五倫書》。至是上追承其志，乃成之。副都御史吳訥進《性理群書補注》，納之。

景泰中，敕儒臣纂修宋元綱目。復命禮部纂修天下地理志。吏部侍郎李賢取《君鑒》中二十一件事最切要者，集爲《鑒古録》上之。上覽之，問内侍王誠曰：此奏欲何爲？對曰：欲陛下學此數耳。上頷之。

天順二年，敕翰林官修《大明一統志》。先是《永樂》中修天下郡縣志未成。景泰中修《寰宇通志》，成而未刻。至上復辟，乃合二書而成之，凡九十卷。時漳州布衣陳真晟詣闕上程朱《正學纂要》，不報。

成化初，進英宗《睿皇帝實録》，附郕戾王。九年，命儒臣校訂朱熹《通鑑綱目》，梓之以傳。已復命大學士彭時等復纂宋元綱目。侍讀尹直請萃聖朝儀文法制爲合編，從之。十五年，禮侍郎周洪謨進所纂《疑辨録》，言四書五經，雖經朱熹注釋，亦有仍漢、唐諸儒之誤者。乞再考訂。上曰：昔太宗時已有大全，諸士誦習已久，不必更。十八年，御製《文華大訓》成。其書綱凡四：曰進學，曰養德，曰厚倫，曰明治。目凡二十四，以授皇太子。已，命太監杜福友於江南民段銓取《截江網》古書一部，及廬岐僧院取刻絲《觀音羅漢像》。尚書王恕諫，不聽。二十年，無錫處士陳公懋删改朱子《四書集注》來進，上以狂妄罪之。二十三年，掌國子監禮部侍郎邱濬進所著《大學衍義補》，上覽之，大喜曰：是書考據精詳，論述該博，有補政治，朕甚嘉之。賜金幣，進尚書，掌詹事府。

弘治改元，敕修《憲宗純皇帝實録》，四年，成。十年命修《大明會典》。上以累朝典制散見疊出，未會於一，乃敕大學士徐溥等修之。以本朝官職制度爲綱，事物名數儀文等級爲目，類以頒降群書，附以歷年事例，使官各領其屬，而事皆歸於職，以備一代之制。十六年，命翰林官修《歷代通鑑纂要》，前兵部郎中婁性上所編《皇明政要》，留覽。

正德元年，敕大學士劉健等修孝宗敬皇帝《實録》，四年，成。其時劉瑾專政，以弘治中纂修《會典》，壞祖宗制，書雜以新例，悉毀之。貶修者官有差。

嘉靖改元，令修《武宗毅皇帝實録》，乃撿正德間留中不報疏八百六十餘本付

史館，明年，成。四年，御注《周書·伊訓篇》、《無逸篇》，並太祖所注《洪範篇》，令儒臣復通加詳釋，曰《書經三要》。大學士費宏請修獻皇帝《實録》，遂取長史張景明、日録趙銘等各存嘉言善行録，及部存謝恩存心諸疏，宣付史館。及成，宏等推遜不受賞，以爲皆興邸太監張佐等日紀之功，乃各予世職酬其勞。五年，時福建建陽書坊刊刻多訛，巡按御史楊瑞等請差官校勘，上命侍讀江佃行往校。已編修孫承恩編《尚書》善惡事，爲詩上之，賜名《鑒古韻語》。十月，頒獻皇帝《恩紀詩集》，乃受命分封之國，咸孝宗錫予之恩而紀之，凡七卷。又《含春堂稿》，則未之國之詩，凡五卷。六年，命重刊《大學衍義》，上親製序文。工部尚書張璁上《大禮要略》。先是上諭禮部曰：獻皇帝尊號已定，世廟已成，所議典禮，不可無全書。特命儒臣重加編纂，以成一定之典。璁遂自纂《大禮要略》二卷以進，上命付史館彙述。初上命張璁、桂蕚等纂修《大禮全書》，既成，名曰《明倫大典》。十月，重修《大明會典》。先是《會典》廢，上謂侍臣曰：《會典》或有錯誤，朕覽不能無疑，恐不復則後無所考，宜會官修復，以成一代之制。七年，命編纂御書文禮。如《貞觀政要》、《洪武聖政記》例，曰《嘉靖政要》，以張璁領其事。上允錦衣衛千户沈麟請，校勘歷代史書，頒布天下。六月，《明倫大典》成，刊行天下。南吏部侍郎湛若水進所撰《聖學格物通》一百卷，上嘉賞之。後又進《二禮經傳測》。學士許誥上所撰《通鑑綱目前編》、《圖書管見》、《太極圖論》，詔留覽。八年，重校《大明集禮》刊行之。同安縣儒士李如玉纂集《周禮會注》十五卷，令其子詣闕進。上命有司以禮獎勸，給官帶，復其家。太僕寺丞陳雲章進所著《書傳》、《大學疑》、《中庸疑》、《夜思録》，上以其謬言淆亂經傳，斥之。初太僕寺丞何淵進《太廟世室説》，希進用。及《大典》削而不録，淵乃集其説爲五卷上之。上怒其瀆，降永州衛經歷。十一年，重刊二十一史。前國子監原無《金史》、《遼史》，上命購求善本刊行之。十三年，太康儒士安都進所著《十九史節略》四百七十卷，上以狂妄，命毁之。十五年，命集列聖寶訓。二十年，都督陳寅進所編《皇考聖母御製事蹟》，上喜賚之。命承天府督工尚書顧璘聘文學纂修《興都志》。山西遼州同知李文察進樂書，報留覽。二十三年，上命刊頒獻皇帝躬集《醫方選要》。四十年，詔重刊《衛生方》。四十一年，命重録《永樂大典》。四十五年，史館進《承天大誌》。上以先爲太常少卿邱宻所請，至是書成。進禮部右侍郎，餘賞賚有差。

隆慶元年，敕修《世宗肅皇帝實録》及《寶訓》，纂集御製文集詩集。給事中王之垣進《承天基命記録事實》三十卷，上留覽。三年，東莞陳建私輯《皇明資治通紀》，給事中李貴參其謬誤，上命焚燬之，俾史館勿採。命頒示藩條例於諸王府。重修史部員外郎李默所撰《大明輿地圖》。總河尚書翁大立上五患十二圖書，上留覽。

萬曆元年，詔修《穆宗莊皇帝實録》。明年，成。大學士張居正進《帝鑑圖説》。四年，重修《大明會典》。六年，《宗藩事例》、《宗藩要例》書成，頒示各王府。十六年，命經筵勿講《貞觀政要》。上曰：太宗多慚德，此書何足垂訓。時國子司業王祖嫡請復建文年號，改正《景皇帝實録》，上允行。二十二年，給事中楊東明進《饑民圖》。四十五年，纂修玉牒成。

熹宗即位，詔修神宗、光宗《實録》。頒行欽定考格。二年十月，重修玉牒成。四年，詔儒臣校訂《大學衍義補》以進。五年，命各省搜購誌傳奏疏文集等書，附進表朝覲官齎進，以備省採。命纂《宗藩限録》，書成。六年，進《三朝要典》副稿、神宗、光宗《實録》副本。六月，進《三朝要典》書，詳列挺擊移宫紅丸緣由及章疏甚悉。命藏皇史宬，刊布天下。命毁廣西副使費學佺所纂《野史紀略》，爲與《要典》相反。七年，神、光二宗《實録》成。

崇禎元年，詔修《熹宗悊皇帝實録》。二年，頒欽定逆案書於天下。三年，命增修《大明會典》。四年，命重刊《天下賦役全書》，命儒臣修六字格言。九年，命大學士徐光啓同西儒修正曆法成，名《崇禎曆書》。

《明史·藝文志·總序》 明太祖定元都，大將軍收圖籍致之南京，復詔求四方遺書，設秘書監丞，尋改翰林典籍以掌之。永樂四年，帝御便殿閱書史，問文淵閣藏書。解縉對以尚多闕略。帝曰：「士庶家稍有餘資，尚欲積書，况朝廷乎？」遂命禮部尚書鄭賜遣使訪購，惟其所欲與之，勿較值。北京既建，詔修撰陳循取文淵閣書一部至百部，各擇其一，得百櫃，運致北京。宣宗嘗臨視文淵閣，親披閱經史，與少傅楊士奇等討論，因賜士奇等詩。是時，秘閣貯書約二萬餘部，近百萬卷，刻本十三，抄本十七。正統間，士奇等言：「文淵閣所貯書籍，有祖宗御製文集及古今經史子集之書，向貯左順門北廊，今移於文淵閣、東閣，臣等逐一點勘，編成書目，請用寶鈐識，永久藏弆。」制曰「可」。正德十年，大學士梁儲等請檢内閣并東閣藏書殘闕者，令原管主事李繼先等次第修補。先是，秘閣書籍皆宋、元所遺，無不精美，裝用倒摺，四周外向，蟲鼠不能損。迄流賊之亂，宋刻元鐫胥歸殘闕。至明御製詩文，内府鏤板，而儒臣奉敕修纂之書及象魏布告之訓，卷帙既夥，文藻復優，當時頒行天下。外此則名公卿之論撰，騷人墨客一家之言，其工者深醇大雅，卓卓

可傳，即有怪奇駁雜出乎其間，亦足以考風氣之正變，辨古學之源流，識大識小，掌故備焉。挹其華實，無讓前徽，可不謂文運之盛歟。

四部之目，昉自荀勖，晉、宋以來因之。前史兼録古今載籍，以爲皆其時柱下之所有也。明萬曆中，修撰焦竑修國史，輯《經籍志》，號稱詳博。然延閣廣内之藏，竑亦無從徧覽，則前代陳編，何憑記録，區區掇拾遺聞，冀以上承《隋志》，而贋書錯列，徒滋譌舛。故今第就二百七十年各家著述，稍爲釐次，勒成一志。凡卷數莫考、疑信未定者，寧闕而不詳云。

倪燦《明史藝文志序》 歷代史之志藝文也，尚矣。以之經緯天地，則足以宏建樹而致治功；以之淑善身心，則足以端秉彝而貞末俗。昔人所云，大業崇之，則成欽明之德；匹夫克念，則有王公之重，良非虚也。自孔子删述以來，六籍始大顯於世。遭秦廢學，若存若亡。漢興，掇拾殘缺，《周易》而外，無復全經。然六藝初不以不完而晦。數千年來，儒者講求精義奥旨，愈久愈出，正如日月在天，雖遭刓觸而不改其光明，未嘗以缺軼而不傳也。支流所及，爲史，爲子，下逮騷賦、詞章，雖不可與六藝抗行，然皆得道之一端。紀事、紀言，則《尚書》、《春秋》之具體；典章、圖志，則職方、王會之流亞；卜筮、五行，則出於疇範卦爻；曆象、經方，則出於烈山軒帝；三百而後，變而爲屈宋；漢魏淹中以下，盛而有度數，儀文雖殊途異軌，而一道同歸。其閒亦多宏深奥衍之論，藻雅卓犖之詞，有志聖學者，閒亦有取，此經史子集四部所由名已。始劉向爲《七略》，班固因之而志《藝文》，王儉、阮孝緒爲《七志》、《七録》，魏徵因之而著《經籍》。四部之名至唐而始定，曰甲部，經典小學諸書；曰乙部，史家編年紀傳等類；曰丙部，諸子百家在焉；曰丁部，騷賦别集係焉。下逮有宋，亦沿其制。而歷朝列辟崇文右儒，若兩漢之孝武、孝宣、光武、明、章諸帝；其表表者，乃若成、靈二帝，或遣使求遺書，或詔刊定五經於石，斯非中主亦足稱焉。其聚書多者，則梁元之江陵十萬卷，隋嘉則殿之正本八萬餘卷，最爲富有。兩更喪亂，存者無幾。唐武德、開元，再加裒集，復還舊觀。天寶之後，湮没殆盡。元載爲相，奏以千錢購書一卷，又命拾遺苗發等括訪江淮。文宗時，鄭覃復請搜採，而四庫之書復完。及昭宗播遷，又蕩然無遺矣。宋初，三館之書不過萬餘卷。嗣平荆南，克李煜，吴越歸命，各有所得，然猶未備。於是，募人獻書。來獻者賜以科名，知吏治者即授以職。太宗以後，遂大備焉。於是，改建崇文院，著其目録，讎校勘定亦如漢代。然古書雖閒出，而世祀悠邈，簡帙多亡，存者鮮矣。其後汴京既破，三館圖籍歸於有金。高宗南渡，搜訪遺闕，臨安之有不減東都。迨伯顔南下，試朱清張瑄海運之議，皆載而之北，故元奎章、崇文之積，不下於歷朝。其尤可嘉尚者，郡邑儒生之著述，多由本路進呈，下翰林看詳。可傳者，命江浙行省或所在各路儒學刊行。故何、王、金、許之書多賴以傳，鄱陽馬氏之《通考》且出於羽流之薦達。其他或命以官，或給以禄，亦古今來所未有，蓋自姚樞得趙復，江漢之傳、紫陽之學盛行於北，大儒許衡輩挺生其閒，故文雅彬郁度越遼金以前諸代。惜明初修《元史》者，不爲特志，殊足憾焉。明太祖既克建康，龍鳳丙午，即命有司訪求古今書籍。元都既定，大將軍徐達盡收奎章、崇文祕書圖籍，及太常法服、祭器、儀象、版籍，歸之於南。先是洪武初設祕書監丞，仍元制。十三年，從吏部之請，罷之，而以其職歸之於翰林典籍。明年，以北方自經喪亂，經籍殘缺，命頒《四書五經》於各學校。又明年，諭禮部曰，古先聖賢以教後世，所存者書而已。朕每觀書，自覺有益。嘗以諭徐達，達亦好學，親儒生，囊書自隨。蓋讀書窮理於日用事物間自然見，理明而所行當。書之有益者，此也。今國子監藏板殘缺，其命諸儒考補，工部督脩之。至二十四年，再命頒國子監子史等書於北方學校，而帝於《洪範》有注，《書傳》有選，其他編類諸書尤多。帝初奮起隴畝，未嘗學問。即位而後，揮毫染翰，聖藻葩流，甲乙之集，流傳人世。雖曰天縱其資於經籍者，蓋不淺矣。其時，典籍皆在南京。迨成祖即位四年，命禮部遣使購求遺書。及建都北平，命脩撰陳循取文淵閣所貯書籍，自一部以至百部之多者，各取其一，置於燕都。連艫匱載而遷，之南者復改而之北。帝武功既成，頗脩文事。命儒臣輯《五經》、《四子》、《性理大全》，頒之郡邑學宫以訓生徒，復選天下耆儒宿士、釋道之人，輯《永樂大典》，多至二萬餘卷，蓋欲倣宋太宗《太平御覽》等三書，然其書龐雜煩重，僅藏弆禁掖，未能如三書之流通也。仁、宣二主，世既承平，文物益盛。宣宗始命楊士奇等輯《文淵閣書目》，第有篇名而無卷帙，姓氏稱缺略焉。宣德八年，命少傅楊士奇、楊榮於館閣中擇能書數十人，取《五經》、《四子》及《説苑》之類，各録數本，分貯廣寒、清暑二殿及瓊花島以備觀覽。當是之時，典籍最盛。而通集庫、皇史宬以貯金匱石室之藏者，又不與焉。其後太平既久，文治益隆，翰林館閣、兩京冑監、部署郎曹，各有所貯。下至郡邑諸學、鄉士大夫，或捐所有，或益所無，雖未能盡括天下之典籍，然亦稱略備矣。弘治中，大學士邱濬言：「經籍圖書皆自古帝王精神心術所寓，今世賴之以知古，後世賴之以知今者也。是以自古帝王莫不以是爲重，我朝館閣祕藏不減前代，然藏書雖多，不無雜亂；積歷年久，不無鼠蠹；經該人衆，不無散失。乞勅内閣臣計議，專委學士及講讀以下官數員，督同典籍等官，將書目一

一比校有無全欠，分爲經史子集四部，及雜書、類書二種，每類若干部，部若干卷，各類總數若干，識校次歲時職官於簡末備考，仍令内閣查。「查」字不典，而官府文書通行此字，姑仍之。見存書有副本者，各分其一，送兩京國子監，并勑南京守備諸臣會同南禮部、翰林院官查《永樂》中原留南内書籍奏知。或止有一本者，將本發國子監，選監生善書者謄録，付各堂校對送兩監掌管。如此，則一書有數本，永無散失矣。其内閣諸書，或有缺本，則行各直省訪求有者，借官鈔録，以增未備。」疏入，上納之，而究未能行。其後，内閣諸書典司者，半係貲郎，於四部之旨懵如，且秩卑品下，館閣之臣假閲者，往往不歸原帙，值世廟而後，諸主多不好文，不復留意查覈，内閣之儲，遂缺軼過半。萬曆閒，中書舍人張萱始請於閣臣躬自編類，更著目録，則視前所録十無二三。所增益者，僅近代文集、地志，其他唐宋遺編，悉歸子虚烏有。迄乎崇禎之末，大盜移國，鍾虡爲墟，縑緗卷軸，又可知矣。第有明一代以來，君臣崇尚文雅，列聖之著述，内府咸有開板；而一時作者，亦自彬彬。崇正學者，多以濂洛爲宗；尚詞藻者，亦以班揚爲志。迨夫博雅淹通之士，著述尤夥，故其篇帙繁富，遠過前人。雖不無蕪蔓，然亦有可採。前代史志皆録古今之書，以其爲中祕所藏，著一代之所有。今文淵之目既不可憑，且其書僅及元季三百年，作者缺焉，此亦未足稱紀載也。故特更其例，去前代之陳編，紀一朝之著述。《元史》既無《藝文》，《宋志》咸淳以後多缺，今並取二季以補其後，而附以遼金之僅存者，萃爲一編，列之四部，用傳來兹。諸書既非官所簿録，多採之私家，故卷帙或有不詳，要欲使名卿大夫之崇論閎議，文儒學士之懃志苦心，雖不克盡見其書，而得窺標目，以著一代之盛云爾。

周中孚《鄭堂讀書記》卷三二《明史藝文志》《明史藝文志藁》五卷。原藁本。國朝尤侗編。《四庫全書存目》凡經、史、子每部各一卷，集部二卷，即其在《明史》館時分纂之底藁。添注塗改，頗費苦心。然於古書爲明人所刻，即署其人爲之收入，恐明一代之刊本，不勝其收矣。又往往不著撰人卷數，則討論亦未周到也。後刻《西堂全集》，止載分纂《列傳》及《外國傳》，而不及是《志》，則悔菴亦自知其不堪矣。所以欽定《明史》不用此藁，重加編定也。又按：當日派修《藝文志》，既有倪閣公撰志藁，何以復派西堂别成是志。余蓄此疑久矣，竟無從以證明之。

耿文光《萬卷精華樓藏書記・目録類五》《明藝文志》五卷。國朝尤侗撰。原本。此纂修《明史》之志稿也。凡經部十類，曰易，曰書，曰詩，曰禮，曰樂，曰春秋，曰孝經，曰諸經，曰四書，曰小學；史部六類，曰正史，曰稗史，曰傳記，曰典故，曰地理，曰譜系；子部九類，曰儒家，曰道家，曰釋家，曰農家，曰法家，曰兵家，曰小説，曰五行，曰藝術；集部三類，曰奏議，曰詩文，曰選纂，共二十八類七千一百四十一種。其例惟載有明一代著作，而宋、元人書爲明人所刻者，亦載之。甚至袁安書評收及南齊之人，又題黄省曾《兩漢紀》、趙用賢《管子》、《韓子》。某人所刻即署某人，書目中無是例也。其用意與《千頃堂書目》同，而荒謬特甚，不足依據也。

《四庫提要・史部四三・目録類存目》明藝文志五卷，兵部侍郎紀昀家藏本。國朝尤侗撰。侗字展成，號悔菴，又稱艮齋，又號西堂，長洲人。由拔貢生任永平府推官。康熙己未，召試博學鴻詞，授翰林院檢討，官至侍講。是編即其初入翰林纂修明史之志稾也。凡易類二百六十八部，書類一百五部，詩類九十部，禮類一百六十一部，樂類八十四部，春秋類一百五十七部，孝經類三十部，諸經類八十二部，四書類一百七十七部，小學類一百八十三部，正史類四百七十一部，稗史類一百十部，傳記類二百五十部，典故類二百四十六部，地理類五百九十一部，譜系類一百四部，儒家類五百十一部，道家類一百十部，釋家類二百二十部，農家類八十七部，法家類五十一部，兵家類六十六部，小説類三百七十一部，五行類八十二部，藝術類二百十三部，奏議類二百九十八部，詩文類一千六百四十五部，選纂類三百七十八部。所摭拾既多挂漏，又往往不載卷數及撰人姓名。其例惟載有明一代著作，而前史所載則不録，蓋用劉知幾之説。然如朱鑑《朱子易説》、薛季宣《書古文訓》、案原本作薛士龍，即季宣之字也。鄭敷文《書説》、段昌武《毛詩集解》、張虙《月令解》、傅崧卿《夏小正解》、余允文《尊孟辨》、楊伯嵒《九經韻補》、案原本誤作楊嵒，蓋偶脱一字。徐子光《蒙求補注》、胡舜陟《孔子編年》、陳埴《木鍾集》、案原本誤作陳植。邱濬《牡丹榮辱志》、案此邱濬，與明大學上邱濬同姓名，故侗誤以爲明人。陳思《海棠譜》、龐元英《談藪》、陳郁《藏一話腴》、陳應行《吟窻雜録》、潘用牧《記纂淵海》、蕭恭文《錦欑萬花谷》、章如愚《山堂考索》，皆灼然宋人。朱公遷《詩傳疏義》、《四書通旨》、史伯璿《四書管窺》、毛應龍《周禮集傳》、程端禮《程氏家塾讀書分年日程》、陸輔之《吴中舊事》、王惲《中堂紀事》、《玉堂嘉話》、潘昂霄《河源志》、案原本誤作潘昂。王楨《農書》、張養浩《三事忠告》、盛如梓《老學叢談》、李冶《測圓海鏡》、危亦林《得效方》、范梈《木天禁語》，以及周伯琦、楊允孚、季存、吴海、陳基諸集，皆灼然元人。甚至袁昂書評收及南齊之人，而荀悦《漢紀》、袁宏《後漢記》爲黄省曾所刻，《管子》、《韓子》爲趙用賢所刻，皆但有刊版之功，竝無注書之事。而以爲黄省曾《兩漢

紀》、趙用賢《管子》、《韓子》，是某人所刊，即署某人，恐有明一代之書版，志不勝收矣。諸史之志，惟《宋史》蕪雜荒謬，不足爲憑，此志又出《宋志》之下。後來欽定《明史》，削侗此稾，重加編定，固至允之鑒也。

盧文弨《補遼金元史藝文志序》 三史皆無《藝文志》。遼、金篇籍無多，不足分列，故合元以爲一編。海寧諸生張錦雲，字繼才，有《元史藝文志補》。此兼採之。

周中孚《鄭堂讀書記》卷三二《補遼金元藝文志》 《宋史藝文志補》一卷、《補遼金元藝文志》一卷，《群書拾補》本。國朝倪燦撰。燦，字闇公，上元人。康熙己未，召試博學鴻詞，授翰林院檢討。《宋史》本有《藝文志》，咸淳以來尚多闕略。至遼、金、元三史，則俱不志《藝文》。康熙中，議修《明史》。時，闇公派修《藝文志》，因仿《隋志》兼及五代之例，爲之補入四代，合爲一志。今所訂黄俞邰《千頃堂書目》，即取闇公底本而稍增訂之者也。盧抱經就闇公底本，合之吴兔牀校本，互相訂正，分爲《宋志補》一卷、《補遼金元志》一卷，刊附《群書拾補》，並載倪序於首，使後人知其初意如此。宋有《志》而補之，遼、金、元無《志》，故分爲二。惜倪本明一代書目，不爲校刊，無以訂正黄本之失。近錢竹汀復有《元史藝文志》之刻，但衹上及遼、金，而不補及《宋志》，似尚不及倪本之周密也。

盧文弨《宋史藝文志補序》 《宋史》本有《藝文志》，咸淳以來，尚多闕略，至遼、金、元三史，則并不志《藝文》。本朝康熙年閒議修《明史》時，史官有欲仿《隋書》兼五代史志之例而爲之補者，余得其底稿，乃上元倪燦闇公所纂輯也。今俗閒傳有温陵黄虞稷俞部《千頃堂書目》本，搜採雖富，而體例似不及倪本之正。近則《書目》又爲坊賈鈔胥紛亂删落，更無足觀。今略爲訂正，且合之余友海寧吴騫槎客校本，庶爲完善，亟爲傳之，以補四代史志之闕。具載倪序於首，使後人知其初意如此。宋有志而補之，遼、金、元本無志，故今所録各自爲編云。

郭磐等《明太學經籍志序》 《明太學經籍志》，《皇明太學志》卷二《典制》下《經籍門》。國書發天地之精，方册布文武之政。畜德諸并多識學古，乃以入官。周公百篇，孔子三絶。古之聖哲，曷嘗不載籍之求哉？以道，則考諸經；以事，則訂諸史；以率典章，則探當代之載；以存隱賾，則兼百氏之言。士之致用，鮮不由此。國家於太學設掌籍之官，所貯之書；或取之四方，或頒於秘府。宸文御册，動賁環林，板刻修藏，屢廑詔命右文作士，焕乎盛矣。讀之者，知踐修之實；守之者，謹散逸之防。其庶乎，不負盛明之典哉。洪武六年秋八月甲申，博士趙俶等朝於奉天殿，上召至御前，命之曰：「爾等一以孔子所定經書，誨諸生。若蘇秦、張儀，繇戰國尚詐，故得行其術，宜戒勿讀。」俶等頓首受命而退。十四年夏四月丙辰朔，命國子生兼讀劉向《説苑》及律令。十五年冬十一月壬戌，上命禮部官修治國子監舊藏書版，諭之曰「古先聖賢立言以教後世，所存者，書而已。朕每觀書，自覺有益。嘗以諭徐達，達以好學親儒生，囊書自隨。蓋讀書窮理於日用事物之間。自然見得道理，分明所行，不至差謬。書之所以有益於人也如此。今國子監所藏舊書版，多殘缺。其令諸儒考補，命工部督匠修治之，庶有資於學者。」十九年春正月，以《御製大誥》頒賜監生。二十八年春正月，頒趙麟《誹謗榜册》及《警愚》、《輔教》二録於國子監。永樂二年二月，命工部修補國子監經籍版。以上俱在南京國子監。六月，頒《古今列女傳》書版於國子監。十三年，頒賜《五經》、《四書》、《性理大全》於國子監。十四年夏四月，頒賜《大字千文法帖》於國子監。十七年三月，頒賜《御製爲善陰隲書》於國子監。十八年六月，頒賜《御製孝順事實》於國子監。正統十五年，南監祭酒陳敬宗奏請：頒給《御製五倫書》於太學。從之。弘治十五年，頒賜《大誥》、《歷代名臣奏議》於國子監。嘉靖七年，頒賜《明倫大典》於國子監。九年，頒賜《大明集禮》於國子監。

按本監書籍，自頒賜者則出御府，其餘諸書，則取自南廱及來自四方者也。其各書版刻，亦多由四方移集。本監閒有自刻者，但年久朽蠹殘缺者多，搜補不宜，後舊志載。弘治十四年，始置五廚於載道所。中藏制書，而以經、史、子、集列庋之書版，則别廚以藏。至嘉靖三十六年，重修五廚，復增置五架，而書籍版刻，庶無散逸之虞矣。

張均衡《五代史補考藝文考跋》 《五代史補考》二十四卷，徐炯撰。炯字章仲，崑山人，徐健庵尚書之子，官直隸巡道。曾與兄樹穀同注庾子山《哀江南賦》，學富才贍，有烏衣子弟之目。因歐《史》止《司天》、《職方》兩考，遂采各書補之，曰五行，曰百官，曰選舉，曰食貨，曰賦役，曰征榷，曰禮樂，曰刑法，曰軍旅，曰藝文，凡十類。歐氏《司天》二卷，《職方》一卷，故以《五行》爲第三，取《會要》及各書補之。采取有識，編纂得法，當與《五代史補注》並傳。歲在柔兆執徐壯月，吴興張鈞衡跋。

金門詔《補三史藝文志序》 粤自墳索既興，典章代備。剏自羲皇，顯于姬室，彬彬郁郁，盛蔑加矣。洎乎道湮迹熄，文獻無徵，異端邪説，百家混淆，宣聖懼焉。爲之繫《易》，删《書》，訂《禮》，正《樂》，修《春秋》，著《孝經》，燦然如日月之經

天，照耀萬古矣。雖秦火暫延，而斯文未喪。迄於漢代，除挾書之律，開獻書之路。自孝武至成帝，訪求數世，充積祕府，爰命劉向校書天禄，子歆繼軌，撰爲《七略》。後漢班固因之以作《藝文志》，誠千古文苑之津梁，而爲藏書者之鴻寶也。迨至魏祕書郎鄭默，始制《中經》。祕書監荀勖又因《中經》，更著《新簿》，分爲甲乙丙丁，而四部之名由茲以起。然甲經、乙子，史次子後，詎爲確然。宋祕書監謝靈運造《四部目録》，祕書丞王儉又造目録，别撰《七志》，齊祕書丞王亮、監謝朏、梁祕書監任昉及殷鈞復有《四部目録》，阮孝緒乃更爲《七録》。唐興，長孫無忌等奉敕撰《隋書》，綴緝藝文，更名經籍。所云遠覽《馬史》、《班書》，近觀王、阮《志》、《録》，約文緒義，凡五十五篇，各列小序於本條之下，而首經次史，然後繼之以子，終之以集，條理森然，義既精密，而經籍之名，方諸藝文，彌稱體要。蓋自有書契以來，依類參稽，展卷瞭如，邁漢志多矣。降兹以還，唐宋皆分四庫，而甲乙丙丁載於志者，仍因四部之名，復追藝文之號。縱序説不及《隋書》周詳，而隋以後之著作，藉以參稽，亦非細故也。近者焦太史竑，竊取鄭樵《通志》之例，仍依《隋書》，名以經籍，上下數千年繁蕪充棟，類聚群分，燦然明備，厥功偉矣。獨惜其於遼、金、元三朝之書，缺略爲多。統覽今古，於兹未備，不無遺憾焉。遼有耶律庶成、蕭韓家奴之徒，以文學著。金有虞仲文、徒單鎰、張行簡、楊雲翼、趙秉文之輩，以經術顯，元則郝經、許衡、吴澂、齊履謙、元明善、黄溍、吴萊、金履祥、許謙、陳櫟、胡一桂、黄澤、吴師道之屬，幾于接踵歐曾，嗣音濂洛矣。雖片簡隻字，所當珍惜而不可失者也，可無稽乎？竊不自揆，乃取三史所載，并旁搜博採，合爲一志，以當拾遺補闕之一助云。

《四庫全書簡明目録》卷八《史部·政書類》 《欽定八旗通志》二百五十卷。雍正五年奉勅撰，乾隆四年告成。凡志之目八，表之目八，傳之目八。以《兵志》爲根柢，而一切典章、爵秩、人物、藝文皆條分臚載，體例極爲詳悉。乾隆五十一年，又奉勅續輯，益爲賅備。

《八旗通志·藝文志序》 謹案，《儒林列傳》始自馬遷，所録皆傳經之士也。范蔚宗作《後漢書》，增立《文苑》一傳，於是訓詁之學與詞賦之學歧爲兩家。諸史相沿，雖稱名互異，而大旨不殊。元托克托等案「托克托」原作「脱脱」，今陵正。作《宋史》，又於儒林之外增立《道學》一傳，而道學之中，又分新安、金谿之兩宗。於是，門户益堅，朋黨競作，而是非囂然蠭起矣。沿及明季，東林、復社之禍蔓延，遂及於宗社。殷鑒不遠，可不慎乎！我世祖章皇帝，定鼎中原，撫有函夏，朝政修於上，而士習正於下。義璘照耀，海宇澄明。邪説詖行，漸以澌滅。我聖祖仁皇帝，表章經籍，培植儒風。正學昌明，炳馬争光於三代。我世宗憲皇帝，肅振紀綱，蔓除蕭艾邪僞之徒，如屈大均、吕留良輩，並示顯戮於身後，以正人心。我皇上聖學高深，鑒周萬象。凡古今之學術，無一不辨其純駁；古今之撰述，無一不究其得失。聖論煌煌，釐正文體者，至再至三。而《御製詩文》、品隲《四庫》諸書者，无深。以聚徒講學爲前代致亂之本，斷非盛世所宜有，是以，百餘年來天下之學術，翕然一歸於正。天下之撰述，粹然一返於醇。所謂上行下效，騐如影響者也。況乎八旗人士，風尚原淳，又加以聖朝之教育，故能以篤實之心，研乎學問；以雄直之氣，發爲文章。雖所造深淺不同，而均不博講壇虛僞之名，不涉詩社浮華之習。凡所著述，具有古人之典型，雖天性敦樸，不屑屑與文士争名，而子孫藏於家，刊刻行於世，傳寫於親戚朋友之手者，班班具在，可以指名而數也。舊志規仿前史，立有《文苑》、《儒林》二傳，然紀載寥寥，較以今日之見聞，殊多疏略。且分隸不根於國史，甄别未禀於睿裁。率爾區分，未足傳信。又從輿記之例，立《藝文》一門，篇章寥寥，挂一漏萬，尤未足盡其所長，均難依據。今以《四庫》所著録《存目》爲主，而益以通行之刊本與諸家之藏本，以經、史、子、集分隸，每書各敘其大凡，用《崇文總目》例撰人已入《人物志》者，注「見《人物志》」，或《人物志》所未載者，則詳敘仕履，因書以存其人。用《新唐書·藝文志》例。至其孰爲儒林，孰爲文苑，孰爲道學，原書具在，讀者自有定評，今不復臆爲分别，以杜門户之漸焉。

厲鶚《補遼史經籍志序》 鶚案：諸簿録家所載遼人撰著，大率多本《遼史》紀傳。間有出於史外者，不多得也。予作《補經籍志》，聊備其目而已。傳於今者，亦寥寥無幾矣。

嵇璜等《續通志·藝文略序》 臣等謹按：《鄭志·藝文略》有十二類，類各分門，門各標目。自敘以爲經籍之散亡，由於編次之無紀。《易》雖一書，而學有十六種；《詩》雖一書，而學有十二種。非可渾爲一家説，誠韙矣。顧其所標細目失之太繁。且如《圖譜》既有專略，又見於《藝文略》中，重複之譏，殆不免焉。今輯自朱迄明之藝文，謹遵欽定《四庫全書》例，以著録、存目分編。凡宋代諸書已登《鄭志》者，不復載入所標總類，仍依《鄭志》爲十二，每門細目則以《四庫全書》爲準云。

《四庫提要·史部三五·職官類》 臣等謹按，《欽定國子監志》六十二卷，乾隆四十三年，户部尚書臣梁國治等奉勅修纂。先是，監臣輯有《太學志》而援及唐宋以前故實，殊失限斷，乃詔重爲改定，所誌緣起，斷自元、明，蓋本朝國子監及文廟皆因前代遺址，其締搆實始於元初也。是編所載《聖諭》二卷，以紀褒崇先聖，訓

示儒林之大法。《御製詩文》七卷，備録列朝聖文，皇上宸翰。《詣學》二卷，紀親祀、臨雍之禮。《廟制》二卷，前列圖説，後誌建葺年月、規制。《祀位》二卷。詳載殿廡及崇聖祠諸位號。《禮》七卷，分記釋奠、釋菜、釋褐、獻功、告祭諸儀及祭器圖説。《樂》六卷，分記樂制、樂章、律吕、舞節二表及禮樂諸器圖説。《監制》一卷，子目與《廟制》同。《官師》五卷，載設官、典守、儀制、銓除、題名表。《生徒》七卷，員額、考校、甄用及外藩入學者，具見焉。《經費》四卷，恩賚、歲支、俸給備載焉。《金石》五卷，首以欽頒彝器圖説、御碑，次及每科題名、古今碑刻，而殿以《石鼓圖説》、《經籍》二卷，具載賜書及板刻之目。《藝文》二卷，則列諸臣章奏、應制、詩文及諸論著、詩賦。《識餘》二卷，曰紀事，曰綴聞。於是，識大，識小，罔不備賅。而我朝重道崇文，作人訓俗之盛，臚實誌美，足以彪炳萬古矣。乾隆四十六年閏五月恭校上。

梁國治等《欽定國子監志・經籍志序》 臣等謹案，教冑以通經致用。經者，群籍之權輿，由經而史、子、集，皆以發明經傳。國家崇尚經術，《易》、《書》、《詩》、《春秋》、《三禮》以及日講解義。《四書》、《五經》俱經御批。勅纂折衷至當，載籍精博，振古未有。刊於武英殿者，謂之殿本；刊於國學者，謂之監本。謹列書目，備載於篇。其鏤板所存，别序於後，爲《經籍門》。

錢大昕《元史藝文志・元史不立藝文志》 國朝晉江黄氏、上元倪氏因承修《明史》，并搜訪宋、元載籍，欲裨前代之闕。終格於限斷，不得附正史以行。大昕向在館閣，留心舊典，以洪武所葺《元史》冗雜漏落潦草尤甚，擬仿范蔚宗、歐陽永叔之例，别爲編次，更定目録，或删或補。次第屬草，未及就緒。歸田以後，此事遂廢。唯《世系表》、《藝文志》二稿尚留篋中。吴門黄君蕘圃家多藏書，每有善本，輒共賞析。見此志而善之，并爲糾其踳駁，證其同異，且將刻以問世。若劉子駿父子親校秘文，故能成《别録》、《七略》之作，今之著斯録者，果盡出目睹乎？前人之失當者，我得而改之；後之笑我者，方日出而未有已也。從吾所好，老而不券。彈射之集，亦無懵焉。嘉慶庚申十二月大昕記。

又《十駕齋養新録》卷一四《元藝文志》 予補撰《元藝文志》，所見元、明諸家文集、志乘、小説無慮數百種，而於焦氏《經籍志》、黄氏《千頃堂書目》、倪氏《補金元藝文》、陸氏《續經籍考》，朱氏《經義考》，采獲頗多，其中亦多訛踳不可據者，略舉數事，以例其餘，非敢指前人之瑕疵，或者别裁苦心，偶有一得耳。郝經《玉衡貞觀》，黄、倪兩家俱入故事類，此書有自序，見《陵川集》。《山西通志》列於天文類，今從之。祝君澤《古賦辨體》十卷，錢遵王以爲宋人。按祝堯字君澤，延祐五年進士，官無錫州同知，其爲元人無疑。王圻《續文獻通考》，以石一鰲《五言總論》入集類。考《黄文獻公集》有《石先生墓表》云：「晚而覃思於易，著《互言總論》十卷。」朱錫鬯亦收入《經義考》易類，王誤互爲五，非也。鄭起潛《聲律關鍵》八卷，黄、倪俱以爲元人。按起潛南宋人，淳祐中直學士院，不當在元人之列。倪氏多以宋賢誤列元人，如計有功仕於紹興朝，其所撰《唐詩紀事》刻於嘉定中，今汲古閣重刊本前載舊序甚明。趙順孫宋季執政，未仕元而卒，《黄溍集》有《格齋先生阡表》，稱卒於至元十三年，實宋少主德祐二年，即宋亡之歲。晉卿元臣，不敢用宋紀年耳。倪氏俱以爲元人誤矣。王厚之，宋孝宗時人，葉隆禮，宋理宗時人，倪皆誤以爲元人。《倪志》醫方類有竇默《瘡瘍經驗全書》十二卷，又有竇漢卿《瘡瘍經驗全書》十二卷，漢卿即默字，倪不考而兩收之，或以漢卿爲宋人，亦誤。王元傑《春秋讞義》十二卷，前有千文傳序，元杰吴江人，與文傳同郡。黄氏於春秋類别有千文傳《春秋讞義》十二卷，顯係重出。《蘇州府志・藝文》亦承黄氏之誤。胡天游《傲軒吟稿》，天游本貫岳州之平江，而蘇州府志藝文門亦收之，此以地名偶同而誤者也。俞遠《學詩管見》一卷，《江南通志》一入經部，一入小説部。此書今已失傳，姑列之文史，當考。朱氏《經義考》亦云未見。程魚門家藏程復心《孔子論語年譜》、《孟子年譜》各一卷，不見於前人著録，或是好事僞記，今不收。《來鶴亭詩》、《既白軒稿》、《竹洲歸田稿》皆吕誠作，今《蘇州府志》誤以爲吴肅。胡方平《易學啓蒙通釋》二卷，前載淳熙十三年序，乃朱文公《啓蒙》之序也。《經義考》誤仞爲方平自序而載之，則方平爲淳熙中人矣。考《元史儒學傳》，饒州沈貴寶受《易》於董夢程，夢程受朱熹之《易》於黄幹，而方平及從貴寶、夢程學，則方平爲考亭三傳弟子。焦竑《志》以移剌楚材與耶律楚材爲二人，周權與周衡亦爲二人，揭徯斯與揭曼碩亦重出。倪志之重出者，如滕賓《萬邦一覽集》見史鈔類，又見地理類，而張宗説《紀古滇説集》一卷，見霸史類。張宗道《紀古滇説集》一卷，又見地理類。其人實名道宗，不特非宗説，亦非宗道也。李廷興字繼本，亦分爲二人，吕誠一名肅，亦誤分爲二。錢遵王《敏求記》有《天文主管釋義》，以爲李泰所葺，未審泰何時人。今據鄭明《德僑吴集》，定爲岳熙載撰，遵王所見或别是一書。焦、黄皆以趙孟堅入元，蓋傳聞子固有譏松雪事而不知非其真也。子固實卒於宋世，與元代無涉，今不取。《倪志》小學類有程端蒙《大爾雅》。按：端蒙與朱文公同時，不當在元人之列，又易類有林光世《水村易鏡》一卷，春秋類有章樵《補春秋繁露》，編年類有劉時舉《續宋中興編

年》，光世、樵、時舉，俱宋人。黄倪二目於醫類載《聖濟總録》二百卷，此宋政和中太醫局所修書也。元大德四年嘗命集賢學士焦惠等校刊，遂誤以爲元人撰，今不取。朱氏《經義考》有何夢中等《周禮義》一卷，引王圻説，謂元東陽内舍生何夢中與弟參知政事夢然所作。按三舍法行於宋世，元時未之有也。夢然參知政事在宋景定二年，亦非元所授官。此王氏《續通考》之誤，竹垞未及辨正耳。宋以《周禮》試士，此必弟兄科舉之文，不當溷入經義也。黄氏、倪氏史類有尹起莘《綱目發明》五十卷，按趙希弁《讀書附志》載此書，云建康布衣尹起莘所著，别之傑帥金陵進其書於朝，魏了翁爲之序，則非元人矣。趙《志》云「建康布衣」，而黄以爲遂安人，當考。《倪志》有孔元祚《孔氏續録》五册，注云：孔子五十一代孫。予嘗見元初刻本名《孔庭廣記》十二卷，乃孔子五十一代襲封衍聖公元措所撰，蓋即是書改措爲祚，音之訛耳。其書實五册，王鶚《汝南遺事》雜史也，而《倪志》列於地理。曾堅《詩疑大鳴集》，黄目列於明人，云吴江人，仕元爲禮部員外郎。徐達克元都，堅出降，仍原官，宣德初歷官雲南左布政使。此大誤也。按四朝詩，堅字子白，臨川人，至正甲午進士，官至翰林直學士，元以經疑取士，此云「詩疑大鳴」者，當是科舉所用。黄以吴江同姓名者當之，失之遠矣。朱氏《經義考》禮類有葉起《喪禮會記》，又有《喪禮會經》，蓋一書而重出也。據虞伯生序當作記，今删一。黄、倪二家制舉類有陳悦道《書義斷法》六卷，按其書首帙自題鄒次陳悦道。鄒其姓，次陳其名，悦道則其字也。次陳，宜黄人，其字悦道見於《吴草廬集》，證據分明。今乃以陳爲姓，悦道爲名，豈其然乎？次陳一字周弼，有《史抄》十卷，見《倪志》史鈔類，又有《遺安集》十八卷，見《草廬》序。尤侗撰《明史藝文志稿》，收朱公遷、史伯璿、程端禮、王惲、楊允孚、王楨、張養浩、李冶、范椁、周伯琦、陸輔之、李存、吴海，皆以爲明人。潘昂霄《河源志》誤作潘昂。

周中孚《鄭堂讀書記》卷三二《元史藝文志》 《元史藝文志》四卷，通行本。國朝錢大昕撰。大昕仕履見傳記類。蓋以補《元史》之闕。前有自記，謂《元史》不立《藝文志》，國朝晉江黄氏、上元倪氏因承修《明史》，並搜訪宋、元載籍，欲裨前代之闕。終格於限斷，不得附正史以行。大昕向以洪武所葺《元史》，宂雜漏落，擬别爲編次。未及就緒，唯《世系表》、《藝文志》二藁，尚留篋中。黄君蕘圃並爲糾其踳駁，證其同異，刻以問世云云。然則此爲蕘圃所校刊也。案：晉江黄氏爲黄俞邰虞稷，所著《千頃堂書目》，《四庫全書》著録。上元倪氏爲倪闇公燦，所著《明史藝文志》，其中宋、遼、金、元書目，盧抱經文弨刊刻，附入《群書拾補》。今取兩本合是編考之，大都詳略各異，後之人欲考遼、金、元藝文，當合三書求之，庶無掛漏之失。其兼遼、金者，用《隋書志》兼補前代之例，借其未及追補《宋志》所遺，尚不及倪、黄兩家用意之周匝也。又案：虞部蓋佐闇公修《藝文志》者，後知史館不用倪藁，因取底本加以增訂，别改其標題爲一書，並非承修《明史》者，竹汀誤也。今附訂於此。

錢大昕《補元史藝文志序》 自劉子駿校理祕文，分群書爲六略，曰六藝者經部也，詩賦者集部也，諸子、兵書、術數、方技皆子部也，《世本》、《戰國策》、《楚漢春秋》、《太史公書》、《漢著紀》則入春秋類，《古封禪群祀》、《封禪議對》、《漢封禪群祀》入之禮類，《高祖傳》、《孝文傳》入之儒家類，是時固無四部之名，而史家亦未别爲一類也。晉荀勖撰《中經簿》始分甲乙丙丁四部，而子猶先於史，至李充爲著作郎，重分四部，五經爲甲部，史記爲乙部，諸子爲丙部，詩賦爲丁部，而經史子集之次始定。厥後王亮、謝朏、任昉、殷鈞撰書目，皆循四部之名。雖王儉、阮孝緒析而爲七，祖暅别而爲五，然隋唐以來，志經籍、藝文者，大率用李充部敘而已。宋時三館圖籍，號稱大備，汴京既破，輦歸金源氏。高宗南渡，復建祕書省，搜訪遺厥，優獻書之賞，館閣儲藏，不減東都盛時。元起朔漠，未遑文事，太宗八年，始用耶律楚材言立經籍所於平陽，編集經史，世祖至元四年，徙置京師，改名宏文院，九年置祕書監，掌歷代圖籍竝陰陽禁書。及大兵南伐，命焦友直括宋祕書省禁書圖籍，伯顔入臨安，遣郎中孟祺籍宋祕書省、國子監、國史院、學士院圖書，由海道舟運至大都。祕書所藏，彬彬可觀矣。唐以前藏書皆出鈔寫，五代始有印板，至宋而公私板本流布海内。自國子監祕閣刊校外，則有浙本、蜀本、閩本、江西本，或學官詳校，或書坊私刊，士大夫往往以插架相誇。世祖用許衡言，遣使取杭州在官書籍板，及江西諸郡書板，立興文署以掌之。諸路儒生著述，輒由本路官呈進，下翰林看詳。可傳者，命各行省檄所在儒學及書院，以係官錢刊行，鄱陽馬氏《文獻通考》且出於羽流之呈進，亦一時嘉話也。至正儒臣撰《祕書監志》，僅記先後送庫若干部、若干册，而不列書名。明初修史，又不列藝文之科，遂使石渠、東觀所儲，漫無稽考。兹但取當時文士撰述，録其都目，以補前史之闕，而遼、金作者亦附見焉。檮昧鮮聞，諒多漏落，部分雜厠，亦恐不免，拾遺糾繆，以俟君子。

《清通志・藝文略序》 臣等謹案：《鄭志・藝文略》分十二類，於每類之中又各自分門，搜羅亦云廣矣。我朝文治光昭，載籍明備。列聖御纂，皇上欽定諸書，流播藝林，嘉惠來學，至海内操觚之家，著作成書，可資甄録者，亦復不少。近

奉詔，發天府之藏，並蒐訪天下經籍，勒成《四庫全書》，爲右文之極盛。今纂《藝文略》，亦就經史子集分爲十二總類，以符《鄭志》原例。至原書所分各子目，則隨宜酌併，無庸復仍其舊。又如《圖譜》既別爲專門，而《鄭志・藝文略》内復多互載，今俱歸入《圖譜略》内，以省繁複。其雖屬畫圖、系譜，而爲附見之書，則仍列於本書之下。若經類《周易》一門，有《辨論圖》，書名爲圖説，而實未嘗作圖者，亦仍列此，略以從其實焉。

魏源《元史新編・擬進呈元史新編表》 賜進士出身江蘇高郵州知州臣魏源擬稿。臣源恭讀《欽定四庫全書提要》云：「《元史》二百十卷，成於明初。承前代文獻不足之餘，加以纂修官宋濂、王禕皆係文士，疏於考訂，昧於衮鉞，有史才而無史學史識，八月成書，是以疏舛四出。或開國元勳而無傳，或一人而兩傳。順帝一朝之事，雖經采補，亦復不詳。至其餘諸志刑法、倉貨、百官，全同案牘。在諸史中，最爲荒蕪。」臣源考武英殿、國子監頒行《廿三史》有《舊唐書》復有《新唐書》，有《舊五代史》復有《新五代史》，皆於舊史之外重加整理，往往後勝於前。國朝康熙、乾隆間，詹事府詹事臣邵遠平、臣錢大昕，皆有重修《元史》之事。錢大昕惟成《氏族表》、《經籍志》，邵遠平《元史類編》襲鄭樵《通志》之重儓，以天王宰輔、庶官分題，已大偭史法，且有紀傳無表志，於一代經制闕略未詳，故《欽定四庫全書》置之別史。臣源於修《海國圖志》之時，知元代西域遠徼，皆西北接鄂羅斯，西南連五印度與今西洋夷接壤。自國朝以前，疆域未有廓於元者，而史書之蕪蔓疏陋，亦未有甚於元者。爰發憤重修，采四庫書中元代各家著述百餘種竝旁搜《元祕史》、《元典章》、《元文類》各書，參訂舊史，成《元史》《本紀》十二、《列傳》□□、《表》□、《志》□□，凡□□卷。敢敬敍其端曰：元有天下，其疆域之袤，海漕之富，兵力、物力之雄，廓過於漢、唐。自塞外三帝，中原七帝，皆英武踵立，無一童昏暴繆之主。而又内無宫闈奄宦之蠱，外無苛政强臣夷狄之擾。又有四怯辥之子孫，世爲良相，與國同休。其肅清寬厚，亦過於漢、唐。而末造一朝，偶爾失馭，曾未至幽、厲、桓、靈之甚，遂至魚爛河潰，不可救者，何哉？大道之行，天下爲公。公則中外一家，不公則南北瓦裂。古聖人以紱冕當天之喜，斧鉞當天之怒。命討威福，一奉天道出之，而不敢私焉。明人好訾前代，每謂元起朔方，混一中夏，創制顯庸，以遼、金新附者爲漢人，以宋人爲南人。以此用人行政，皆分内外三等。内色目而疏中原，内北人而外漢人。南士事爲之制，曲爲之防。其用人則臺省要官皆據於世族，漢人南人百無一二。中葉以後，破格知遇者，官至集賢翰林院大學士而止，從無入相秉樞之事。以臣觀之，殆不盡然。方太祖、太宗開刱之初，即以耶律楚材爲相，其所舉用，立賢無方。世祖混一南北，復相史天澤，而劉秉忠參贊大計，已同内相。其餘如趙璧、宋子貞、張文謙、姚樞、許衡、葉李等竝入中書輔政，初無内蒙古、色目，外漢人、南人之見。惟中葉以後，始分畛域。凡臺省長官，皆用蒙古舊人。及其判署不諳文誼，不得已，始取漢人、南士佐之。其如順帝之相賀太平者，十無一二焉。中書政以賄成臺憲官，皆議價得之，出而分巡，競漁獵以償債。帥不復知紀綱爲何物。至於進士科舉，置自元初，中葉屢舉屢輟，動爲色目人所掎摭。順帝末年，始一大舉行，而國將亡矣。兼之中原財賦耗於僧寺佛事者十之三，耗於藩封勳戚者十之二。是以，膏澤之潤，罕及於南，滲漉之恩，悉歸於北。界鴻溝於大宅，自以爲得親邇疏逖之道，致韓山童僞檄有「貧極江南，富歸塞北」之怨。天道循環，物極必反。不及百年，向之混一者，復成輻裂。乘除勝負，理勢固然哉。且元恃其取天下之易，既定江南并大理，遂欲包有六合。日本、瓜哇，皆覆海師於數萬里外，又不度中外形勢，經畫鹵莽，外置嶺北、嶺西諸行省，動輒疆域數千里，馬行八九十日方至；内置江、浙、湖、廣各行省，舉唐、宋分道、分路之制，盡蕩覆之。旁通廣闢，務爲侈闊。鞭長駕遠，控馭不及。於是，阿里不哥海都諸王叛於北，乃顔合丹諸王叛於東，安南、緬甸八百諸蠻叛於南。窮年遠討，虚敝中國。如外彊中乾之人，軀幹龐然，一朝痿木，於是，黄河潰於北，海漕梗於南。盜賊起於東。大盜則一招再招，官至極品。空名宣敕，逢人即授。屯膏吝賞於未熾之初，而曲奉驕子於燎原之後。人心愈渙，天命靡常。二三豪傑魁壘，忠義之士亦冥冥中輒自相蚌鷸，潛被顛倒，而莫爲之所。若天意，若人事焉？嗚呼，孰使之然哉？人知《元史》成於明初諸臣潦草之手，不知其載籍掌故之荒陋疏舛，諱莫如深者，皆元人自取之。兵籍之多寡，非勳戚典樞密之臣一二預知，外無一人能知其數者。拖布赤顔一書譯言，聖武開天記紀，開國武功，自當宣付史館。乃中葉修《太祖實録》，請之而不肯出，天麻修《經世大典》，再請之而不肯出。故《元史》國初三朝本紀，顛倒重複，僅據傳聞。國初，平定部落數萬，里如墮雲霧。而《經世大典》於西北藩封之疆域、録籍、兵馬，皆僅虚列篇名，以《金匱石室》進呈。乙覽之書，而視同陰謀，深閉固拒若是。是以，《元一統志》亦僅載内地各行省而藩封及漠北、遼東、西域皆不詳，又何怪文獻無徵之異代哉？是以疆域雖廣，與無疆同；武功雖雄，與無功同。加以明史館臣不諳繙譯，遂至重紕疊繆，幾等負塗。不有更新，曷徵文獻？臣源伏思，周監二代，成斯文之郁郁彬彬；書紀三科，存前朝之渾渾噩噩。敢以文章靖獻，上報屢朝養

士之恩，竊比柱下潛修整齊一代簡書之舊，託浙撫之淵源，隨奏疏而上進。無上下古今之識，特文省而事增於山海崇深之中。聊管窺而蠡測，無任戰栗隕越之至。

魏光燾《元史新編敘》 秀水朱竹垞先生嘗論，唐以後國史成於官局，未若成於一人一家者之專官，書萃衆分撰，彼此不相貫注，其不免於紛歧複襲，理固然也。明初，修《元史》，前後集三十史官，迫於速成。總裁宋、王諸公，殆多未經閲視，其中如列傳重出者多至數篇。此豈難辨？而亦不加察，其他可知已。在列史中，最爲草率。近世嘉定錢氏、大興徐氏，皆有志重修，竝未卒業。先族祖默深先生，自幼力學，通究古今。期於經世致用，著述脱稾者，先後二十餘種。《聖武記》、《海國圖志》尤爲士大夫考掌故議邊防者之資，久已栞傳海内。晚，復從事《元史》，刱定體例，獨出己裁。其所徵據，則元代官私之所紀録，明初諸臣遺老之所記載。遼、金、宋、明諸史之所出入與夫佚事遺聞，見於近人及泰西各家之説，元元本本，殫見洽聞，載於各卷所注，凡例所引者，可按視也。其書之特出於新增者，則以開國啓宇，遠軼漢、唐西北所亙沿革，當章立太祖三朝平服各國傳。中葉正朔，不逾金山。蕭墻内鬩，盛衰攸關，立東北《叛藩傳》。至宫闈内治垂化之淑慝，備書宗子《維城傳》。嗣之榮枯，悉譜聖武佐命，補録其元勳。泰定承宗，特紀其良輔，申《春秋》之義。而書亡宋降臣，慨宗社之墟，而記末年群盜。其制度之不沿前代者，《禮志》廣帳殿、陵寢之篇，版圖之原，掌職方者地志辨和林阿母之域，此皆詳舊史之所未詳也。列傳分類相從，以袪侏儷名字之惑，則又列史之變例已。本紀自世祖而下，襲用邵氏《類編·蓺文志》、《氏族表》全取之錢詹事，擇善而從，不必己出，固史家之常歟？其餘就三十史官之辭而損益之，義歸謹嚴，事求詳核。論次略就而殁。稾落仁和龔氏，已而復入於莫君祥芝。光燾承乏新疆，聞王益吾祭酒言，亟寓書索還。值國家多故，鞅掌不遑，弆存久之。歲丁酉，始屬歐陽輔之、鄒改之兩茂才校栞，凡八閲寒暑。徐克蕆事先族祖自敘篇末，明言，託時賢奏進，而桑榆景疾卒薶藴弗果。幸名流爲之珍襲，不燼於兵燹。迄今五十年，藉同里一二諸生，從散佚後，勉成完帙，不可謂非神物呵護之功也。原稿係刱成有目無書者，亦不止一處。昔之良史所傳，其非全書者多矣，抑古人有言，非史官不應爲人作傳，推之帝紀實録，更非私家所得爲。然此特爲當代言之，若修古史，則義所不拘，列史之不出於史官，或曾爲史官，而其書實出於私修者，不知凡幾。《史記》、《三國志》、《南北史》、《新五代史》竝非敕譔，而皆以正史著於《欽定四庫全書目録》，即如康熙中邵戒三學士《元史類編》亦成於退休之日，會聖祖南巡進皇，此尤盛代近事之可援附者。光燾慮歲遠遺稾就湮，及時鋟梓，倘當世大君子爲加鑒定，上呈乙覽，俾得與新舊《唐書》、新舊《五代史》同列正史，以傳之天下後世，是則先族祖神留柱下，及余小子拳拳二紀抱守殘闕，惟恐失墜之志也夫。光緒三十一年秋七月，邵陽魏光燾敘。

魏源《元史新編·藝文志序》 自劉子駿校理祕文，分群書爲「六略」，曰「六蓺」者，經部也；詩賦者，集部也；諸子、兵書、術數、方技，皆子部也。《世本》、《戰國策》、《楚漢春秋》、《太史公書》、《漢著紀》，則入之春秋類；古封禪、群祀、封禪議對、漢封禪、群祀，入之禮類；《高祖傳》、《孝文傳》，入之儒家類。是時，固無四部之名，而史家亦未別爲一類也。晉荀勖撰《中經簿》，始分甲、乙、丙、丁四部，而「子」猶先於「史」。至李充爲著作郎，重分四部，五經爲甲部，史記爲乙部，諸子爲丙部，詩賦爲丁部，而經、史、子、集之次始定。厥後，王亮、謝朏、任昉、殷鈞撰書目，皆循四部之名。雖王儉、阮孝緒析而爲七，祖暅別而爲五，然隋、唐以來，志經籍、蓺文者，大率用李充部敘而已。宋時三館圖籍，號稱大備。汴京既破，輦歸金源氏。高宗南渡，復建祕書省。搜訪遺闕，優獻書之賞。館閣儲藏，不減東都盛時。元起朔漠，未遑文事。太宗八年，始用耶律楚材言，立經籍所於平陽，編集經史。世祖至元四年，徙置京師，改名宏文院。九年，置祕書監，掌歷代圖籍并陰陽禁書。及大兵南伐，命焦友直括宋祕書省禁書、圖籍。伯顔入臨安，遣郎中孟祺籍宋祕書省、國子監、國史院、學士院圖書由海道舟運至大都。祕書所藏，彬彬可觀矣。唐以前藏書，皆出抄寫。五代始有印版，至宋而公私版本流布海内，自國子監、祕閣刊校外，則有浙本、蜀本、閩本、江西本，或學官詳校，或書坊私刊，士大夫往往以插架相誇。世祖用許衡言，遣使取杭州在官書籍版及江西諸郡書版，立興文署以掌之。諸路儒生著述，輒由本路官呈進，下翰林看詳可傳者，命各行省檄所在儒學及書院以係官錢刊行。鄱陽馬氏《文獻通考》且出於羽流之呈進，亦一時之嘉話也。至正儒臣撰《祕書監志》，僅紀先後送庫若干部、若干册，而不列書名。明初修史，又不列蓺文之科，遂使石渠、東觀所儲，漫無稽考。茲但取當時文士撰述，録其都目，以補前史之闕，而遼、金作者，亦附見焉。檮昧尠聞，諒多漏落。部分雜厠，亦恐不免。拾遺糾繆，以俟君子。

伍崇曜《補後漢書藝文志跋》 右《補後漢書藝文志》四卷，國朝番禺侯康君謨撰。案顧寧人《日知録》謂二漢文人所著絶少，又謂東都之文多於西京，而文衰矣，而正不必然也。顧班史有《藝文志》，而范史無之，所宜亟補已。是書剌取群

籍，凡諸書見本傳及《隋》、《唐》、《宋志》、《釋文・敘録》，皆不著所出，其采自他書或附傳者則著之，而他書復有可考證者，亦備録焉。然如《困學紀聞》「《律章句》，馬、鄭諸儒十有餘家。范蜀公曰：『律之例有八：以、准、皆、各、其、及、即、若。若《春秋》之凡。』宋莒公曰：『應從而違，堪供而缺，此六經之亞文也。』」一條、「崔寔《四民月令》，朱文公謂見當時風俗，及其治家整齊，即以嚴致平之意」一條、「崔寔《政論》諺曰：『一歲再赦，好兒喑啞。』唐太宗之言，蓋出於此」一條，以無關考證，亦未録入，最見矜慎。又如班固《漢書》、《西京雜記》稱「劉子政著《漢書》一百卷，傳之劉歆，歆撰《漢書》，未及而亡。班固所作全用劉書，小異耳」。據此，則班史不但襲司馬矣。然古今良史大都如此，即司馬何嘗不襲昔人也，録之反覺無謂，亦不采入。又如楊終删《太史公書》、《因樹屋書影》稱「然則《史記》曾經删定，非本書矣，更不知删去何等。或删本與原本並行，後世獨行原本耶」一條，然究無確證，均未采入。又如桓譚《新論》、《抱朴子》稱其未備而終，班固爲成之，而《因樹屋書影》則謂班固惟續成《琴道》一篇，疑以傳疑，故董襄撰次仲長統《昌言》則采之，而此獨缺，均《抱朴子》之言也，至如《高齋漫録》稱郭林宗撰《玉管通神》，有云「貴賤視其眉宇，安否察其皮毛，苦樂觀其手足，貧富觀其頤頰」，此贋書也，正如《林宗別傳》，范蔚宗謂後之好事者附益增張者也，缺之宜矣。與《補三國藝文志》均無卷數，並各釐爲四卷，校訂以付梓人。庚戌中元令節，南海伍崇曜謹跋。

蔣國榜《補後漢書藝文志跋》 右《補後漢書藝文志》十卷，顧秋碧先生未定本也。無凡例，無序跋，引書篇名或注或否，或詳或略，甚至互訛。傳鈔者之過與？抑殺青未竟與？其師承類有「上」字，而今未見下卷；小學已見卷三，或移易次第，未及删「上」字；其別集上末葉有「諸帝詔令及諸臣上書等別編作一卷」語，今亦無之，則又似未曾卒業矣。明月之珠不能無纇，固不害其爲瓌寶也。稿本舊藏魯通甫先生家，其文孫子剛明經攜之金陵，翁鐵梅丈假以録副，仍以原本歸之。今年從事校印，見此編頗有訛脱，乞魯氏藏本以備讎校，則遺失久矣。副本幸存，彌足珍惜。先生此書有數善焉：一曰通今。班氏志《藝文》詳載若干篇若干卷，皆以載籍見存。今從數千年後掇拾遺文，則不復能依其例。四部之名始於荀勖，東漢尚無此稱，然今人習慣分別部居，《太史公書》百三十篇，非編年體，而班《志》附春秋家，其時史未成家也。今烏得不稱之曰史。《楚辭》，班《志》入詩賦，《通志》列別集前，茲編從之，是曰通今。一曰信古。七家《後漢書》，自范書盛行，諸家遂微，然史家載筆不諱潤色，毀譽愛憎或失其真，諸家并在范前，見聞爲近，殘篇斷簡，皆可寶貴。諸書既佚，復從類書中轉録而出，《書鈔》出一人之手，徵引即有異同，《御覽》集衆人所成，增減亦分優劣。此編取舍皆有斟酌，且有合併參用者，蓋有著述之意，不專以考證爲主。既廣異聞，亦求定論，是曰信古。一曰正名。蔚宗作《後漢書》，自謂體大思精，於《三國志》中如孔融諸人抽出另作列傳，可謂有識。然未爲曹瞞作傳，則以劉宋之於晉，與曹魏之於漢，如出一轍，未能直筆。司馬文正之書武侯「入寇」，皆有不得已之苦衷，先生此編於別集類大書曰「鎮東將軍費亭侯曹操集」，削追謚之陋。於蜀漢之人引而近之，魏吳之人低一格，以示區別，可謂誅姦諛於既往，發潛德之幽光。先生維持世教深矣，是曰正名。一曰紀實。一代之書必依一代之事實，《貨殖》、《游俠》，前漢所有，范《書》删之，無者不能虛懸其目也。《黨錮》、《逸民》、《獨行》，前漢所無，范《書》增之，有者不能遽掩其真也。圖讖之學，桓譚非之，諸儒或且目爲内學，康成至據以釋經，《通志》以讖緯附正經之下，此編別爲一類，列之末卷，所以存當年之偏尚，祛後世之大惑也。道家遠在釋家之前，然張道陵崇於孝和之世，佛教則自孝明時入中國，其書在前可知，故移佛於前。《爾雅》，班《志》附孝經家，《通志》入經類，然班氏以《小爾雅》一篇、《古今字》一卷、《弟子職》一篇連類書之其下，即爲小學家，是《爾雅》爲群經之功臣，爲小學之初祖。此編移冠小學，所以顯釋經之用，此皆實事求是，不苟從衆，是曰紀實。乃先生之用心，則又有度越尋常者。乾嘉中，崇尚考據，一時風會所趨，大抵負其博學者，濟以雄辨，務以攻人之短，斷斷相争，沾沾自喜，自所著書，徵引必詳注出處，如訟者之求，直唯恐不勝而人亦別尋佐證以難之，亦文人相輕之陋習。先生無汲汲近名之心，於數千年之吉光片羽博採旁搜，並世作者所著論，有足發明，亦見甄采，可謂大雅，卓爾不群矣。第先生著書時，如《説文》則據大徐，《書鈔》則據陳本、俞本，《經典釋文》則未見盧校本，《水經注》則未見戴校本，此時代限之，不足爲失。讀此編者須以原書參考，亦即先生之功臣已。甲寅秋七月鄉後學蔣國榜跋。

曾樸《補後漢書藝文志并考自序》 昔劉知幾譏班固《藝文志》古今雜糅，失斷代之體，欲變其例，倣宋孝王《墳籍志》，但紀當時著述。國朝史學家多非之，謂此例行而古書存亡之蹟從此泯矣。樸以爲此誠非作史之通言，然若以後人補前史之不及，倣錢文子《補漢兵志》、熊方《補後漢年表》之例，推之以補歷代史之無藝文志者，則此例大可用也。夙挾此懷，未敢語人。光緒己丑之歲，來游京師，聞當世通人有爲補《晉書藝文志》及《南北史藝文志》者，詢其體例，悉依劉氏，頗自喜所見不謬，又竊怪諸君子何用力之勤，而所施之不擇其要也。夫學術之盛，莫盛於我

朝，而我朝之學尤莫盛於經史。然觀其師法之所出，《易》則虞氏，《書》則馬、鄭，《詩》、《禮》則鄭氏，《春秋左氏》則賈、服，《公羊》則何氏，小學則許氏。至史注、史考之流，亦自延篤、胡廣、服虔、應劭等開之。雖間有一二僻傲之士，厭故取新，伸西漢以壓古學，而其大致則不出後漢諸人之範圍也。夫數典者不忘其祖，循流者必溯其源。然則後漢一代之文籍，乃我朝學術之關鍵也。蔚宗《後漢書》志既已蠲車軸矣，司馬彪《書》有志而不志藝文，《七録》言袁山松《書》有藝文志，今已亡佚。奈何有志之士無一人起而網羅之、總括之，以補前史之不逮乎？其秋，自京師歸，方事帖括，未遑從事。明年庚寅春，始於治經之餘，取《後漢書》本傳、《隋書・經籍志》、《經典釋文・敘録》凡涉後漢者寫出之，繼乃博考群書，兼及二藏。越五月，而共得書五百餘部，遂迺創立部目，斟酌出入，分爲七志，篇別內、外，蓋已裒然成袟矣。方欲仿朱氏《經義考》之例，徵其指義，網其散失。或告之曰：「子見錢可廬大昭之書乎？」曰：「未也。」「洪孟慈飴孫、勞桄叔頍、侯君謨康諸家之作見之乎？」曰：「均未之見也。」「若是，則寧少待，必盡見四家之書，補其漏略，糾其謬誤，然後書成，可傳不朽也。」樸韙其言，輟而不作。辛卯之秋，得侯氏書讀之，見其分部悉依《隋志》，且闕集部，出入之間，亦多淩亂，心頗少之。及與樸書對校，則樸書增多者一百八十六部，稍稍自喜。然猶以可廬先生之書在前，未敢輕作也。其時，粵省廣雅書局方刻《史學叢書》，其中有錢氏《補志》，因購得之。其例與侯氏相仿，而得書較侯氏尤少，且無考證。洪氏、勞氏，雖未見其書，然洪氏書據《授經堂書目》，僅一卷。勞氏書據錢泰吉《甘泉鄉人稿》所言，亦僅以錢氏分部不古，因爲改從《漢志》。錢氏方欲其繼王伯厚《漢志考證》，而詳博稽之，則其書之不甚詳博可知。樸乃大喜曰：「此前人之留以有待也。」遂發故篋，壹志於此。其年，成《六藝志考》二卷。壬辰夏，又續二卷。癸巳春，先成《文翰志考》一卷，《數術》、《方伎》二志考共一卷。甲午歲，自秋徂冬，成《記傳志》二卷。乙未春，乃作《子兵志》、《道佛志》。至夏五月，各成《考》一卷，又作前、後兩《録》及《存疑》、《敘録》、《凡例》等。六月甲申之日，而全書告成。嗚呼！歷六年之久，成十卷之書，無論與錢、侯、洪、勞四家高下若何，而搜羅之功、考核之志，不可謂非勤且苦也。雖然，是惡足自多哉。若世有上通下達之士，取劉氏斷代之例，自上古以迄於今，每代各爲一志，分別部居，準時移易，不爲古牖，不受俗蒙，使學術升降之原，文籍存亡之數，明白軒豁，昭若日星，不誠盡讐校之能事，成目録之大觀哉！則樸之是書，特其先導焉耳。樸自幼入塾，家大人即課以經史之學，此書之始，亦本庭聞，其中考證大篇，均經呈覽，而後敢定。壬辰，入都，又以初稿請益於外舅汪郎亭先生、座主李穆齋先生，咸蒙許可，多所是正。此外，同志之友如唐蔚之文治、曹夔一元忠、丁秉衡國鈞、孫師鄭同康、張映南鴻、蔣子範元慶、胡夐修炳益、沈誦棠鵬、楊辛孟觀元、潘毅遠任、翁又申炯孫，皆獲討論之益，誼不敢没，謹附識之。光緒二十一年歲次乙未夏六月丁亥，常熟孟樸曾樸序。

又《補後漢書藝文志敘録》 時之義大矣哉，溺時者鄙，偭時者愚，得時者通。皇王治人，師儒治士，胥由此術。即讐校家之治書也，何獨不然？昔仲尼没而微言絶，七十子喪而大義乖，百家馳騖，群言龐雜，不務官守而騁家言，於是荀卿《非十二子》之篇、蒙莊《人間世》之論出焉。並能總括源流，判別宗旨，然部居次弟，略而不究，此讐校家之鴻荒也。漢興，開獻書之路，建藏書之策，外則有太常、太史、博士之藏，內則有延閣、廣內、祕室之府，經傳、諸子充仞填溢，紛綸而無所歸。於是劉向父子以通博之才，總校書之任，敘黃帝以來聖智奇詭華樸褊小之言，而進之退之分之合之，造篇目，撮義指，録《七略》而奏之，班固著之《漢書》，由是群言大定焉，此讐校家之昇平也。迨至後世，魏有鄭默，晉有荀勖、張華、李充，宋有邱淵之、王儉、殷淳，梁有殷鈞、劉遵、劉孝標、阮孝緒，隋有牛弘、王劭，以及歷代史志、各家私目，孰不欲追鏡劉、班，齊駕《録》、《略》。而群言孳乳，部族日豐，如一家之中祖而父，父而子而孫而曾而玄而雲而礽，禪及百年，而曾、玄、雲、礽亦各自爲祖，而蔚爲大族，勢不得不別立名號，加其部類，或標甲乙，或分四部，繁雜泛濫，得失參半，此讐校家之衰世也。雖然，此非讐校家之鴻荒之昇平之衰世之也。蓋時有升降，學即因之，學有疏密，讐校家亦因之。悖時而行，雖模仿昇平猶失也；順時而施，即安乎衰世無害也；此殆天意，非人力也。然則後漢一代，蓋由昇平而轉衰世之樞也。作之志者，使如侯氏之例，分部立目，悉仿《隋志》，彼出此入，漫無古心，是則以魏、晉之尺而量商、周之鐘，以鄭、衛之器而奏《蕭》、《韶》之樂，其爲乖戾，固不待言，此所謂溺時者鄙也。勞頍謂錢大昭書分四部，司馬紹統時無此例，改從前志分七略，此則稽古之懿言而亦非通時之核論也。夫天下大勢，十年一小變，百年一大變。自前漢王莽之亂，迄于後漢孝獻之終，二百餘年中，方聞瑰瑋之士各出其學，震爍一世。其引申而曼衍者，實非二劉、班氏之例所可囿鑰。使沿而不變，是猶使軒轅强祀其黈冕而鉄鑾，蒼頡重棄其書契而結繩也，牽合割析，弊在必然，此所謂緬時者愚也。恫懞乎溺鄙緬愚之失，斟酌乎昇平衰世之間，可仍者仍之，宜變者變之，毋虛造，毋雜厠。樸蓋有志而未逮也，今特著其改革之故，出入之由，列之

於左，以俟世之博雅君子考而正之。若曰能通，則我豈敢。凡從《漢志》無疑義者，例中不贅論，疑則論之。

漢時史家流派，大略粗具，惟椎輪之始，作者尚尠，不能自立蔀類，故班氏《志》分隸《尚書》、《春秋》各類。如春秋家《世本》十五篇、《太史公》百三十篇，此即正史也；《太古以來年紀》二篇、《漢大年紀》五篇，此即古史也；《楚漢春秋》九篇、儒家《高祖傳》十三篇、《孝文傳》十一篇、小説家《周考》七十六篇，固自注：「考周事。」此即雜史也；春秋家《漢著記》百九十卷，此即起居注也；儒家《周法》九篇，固自注：「法天地立百官。」此即職官也；禮家《古封禪群祀》二十二篇、《封禪議對》十九篇、《漢封禪群祀》三十六篇、儒家《河間獻王對上下三雍宫》三篇，此即儀注也；陰陽家《五曹官制》五篇，此即刑法也；儒家劉向所序有《列女傳》、《世説》，陰陽家于長《天下忠臣》九篇，《别録》云：「傳天下忠臣。」此即雜傳也；兵家《地典》六篇、形法家《山海經》十三篇，此即地理也。至後漢而史家大盛，自成專門。如肆仁、晉馮、班固、劉珍等之正史，何英、荀悦、劉艾等之古史，馬皇后、杜撫等之起居注，吴君高、周樹、侯瑾等之雜史，王隆、胡廣等之職官，衛宏、曹褒等之儀注，陳寵、應劭等之律令，趙岐、袁湯等之雜傳，楊終、班勇、盧植等之地理，各就一端，互相祖述，卷帙繁重，勢難分隸。茲特别立一志，次之經後，依阮孝緒《七録》之例，曰《記傳志》。

漢張良、韓信，敘次兵法，凡百八十二家，删取要用，定著三十五家。武帝時，楊僕射捃摭遺逸，紀奏《兵録》。成帝又詔任宏校兵書，故《七略》兵書别立一略，《漢志》因之。王儉《七志》亦有《軍書志》紀兵書。此《志》兵書祇有楊由一家，不能自立一志，若附之他類，殊失古法。茲特次于諸子之後，存其目，依《七録》之例，曰《子兵志》。

《七略》有《詩賦略》，《漢志》因之，分爲四類，皆不紀雜文。《中經》丁部有詩賦圖讚。後漢重文，文士往往自裒所著，凡詩賦雜文，合爲一袟，已開後代别集之端，故《隋志》曰别集，東京所創也。若仍題詩賦，未免名實不符，直題文集，則後漢究無集名，觀范《書》諸列傳，載其人平生文章，但曰所著某某若干篇，不曰文集若干卷可知。茲斟酌二者之中，依王儉《七志》之例，曰《文翰志》。

道家之學，尚清虚，尊柔弱，一變而爲導引服餌，再變而爲金石爐火。至後漢張道陵、宫崇、戴孟等，始以符籙齋醮之術，號召天下，僞造神書，則道經之出，蓋自後漢始。佛家先不行於中國，明帝感夢，廼令郎中蔡愔、博士弟子秦景等，使于天竺，遇釋摩騰，乃要還漢地，譯《四十二章經》一卷，明帝甚重其書，緘之蘭臺石室。自後，竺法蘭、安世高、支讖等，俱自其國來漢，繙繹佛經。至桓、靈之代，佛經譯出數百部，是中國之有佛經亦自後漢始。志之以昭世變也，依《七録》之例，曰《道佛志》。又依王儉《七志》道佛附見之例，名之曰《外篇》。以上論諸志大目。

《六藝志》子目，悉遵《漢志》。惟緯候之學，後漢獨盛，光武即位，中元元年，即宣圖讖於天下。明、章二帝，祖述此意，故後世争習圖緯，謂之内學，曹褒以之定禮，樊儵取之正經，引堯後之言而《左氏》以行，據名余之説而樂章以改。鄭興忤之而見疏，桓譚非之而遠貶。蓋當時尊信過於六經，使如王儉《七志》之例，入之陰陽，不足以昭時尚也。特升之六藝之末，依《隋志》之例，名爲緯候。

史部子目，《中經》曰史記、舊事、皇覽簿、雜事；《七志》曰史記、雜傳，而地域入之《圖譜志》；《七録》曰史傳；《隋志》曰正史、古史、雜史、霸史、起居注、舊事、職官、儀注、刑法、雜傳、地理、譜系、簿録。茲并正史、古史、起居注爲一，《漢志》三類並附春秋，餘則散歸各類。從《中經簿》之例，曰史記。史者，時王詔定；記者，近侍所録也。各家私述古今者，則從《隋志》之例，曰雜史。職官、儀注、刑法，皆國家之舊事也，從《中經》之例，總曰舊事，而仍分爲三類，曰舊事職官、舊事禮制、舊事律令，蓋竊取《漢志》兵家、詩賦之例也。記一方之先賢，傳一人之逸事者，從《七志》、《隋志》之例，曰雜傳。地域亦史官之職，王儉入之《圖譜》，失之。茲以殿記傳也。

《子兵志》中陰陽、名、墨三家，皆無其書。茲存其目，以俟能者補之。以上論子目。

《周官經》，古聖人設官分職之書也。至儀法度數，所謂「禮經三百」者，則《儀禮》乃其本經。韋昭以《禮經》屬《周官》，此不知本也，當從臣瓚説。《隋志》《周官》先《儀禮》，失之。茲從《漢志》。

鄭衆《婚禮》、何休《冠禮約制》、鄭玄《五宗圖》、劉表《新定禮》，皆《儀禮》之流裔也。《冠禮約制》、《新定禮》，參酌古今，非禮家專學，原其義類，近儀注也，然非時王所頒行，悉隸《儀禮》之後。

曹褒《演經雜論》，鄭玄《禮議》、《魯禮禘祫志》，俱雜論禮事，有類《禮記》，次《禮記》後。

劉熙《謚法注》，蓋《大戴禮》也。大戴本有《謚法篇》，《白虎通》嘗稱之《書鈔》九十三引《大戴謚法》。《御覽》五百六十二引《大戴禮》曰：「周公旦、太師望相嗣王，作《謚法》。」故《七録》熙《注》附之《大戴禮》之後，《隋志》禮類小注引「梁有劉熙《謚法》」，蓋《七録》入禮類也。《隋志》隸入論語類，非是。茲仍隸禮家。

古之小學，形聲訓故而已。其論點畫之疏密，結構之純雜，則道而近乎藝矣。然後漢之時，曹喜、崔瑗、張芝、蔡邕之倫，並以此術擅名一時，著爲論説，以啓後學，雖無關宏旨，亦小學之支流別派，不可廢也。茲仍隸之小學家。

《春秋》，編年家之鼻祖也。《世本》，紀傳家之權輿也。《世本》有紀，以闡五德之運，見《左傳・襄二十一年正義》及《路史》注。紀傳家法之以爲本紀。有譜，以章治忽久暫之序，《隋志》有《世本王侯大夫譜》，《史記・三代世表》「余讀牒記，黄帝以來皆有年數」云云，皆可徵《世本》之有譜。紀傳家法之以爲表。有世家及傳，以明人道善惡之故，紀傳家法之爲世家、列傳。故簿録記傳，當以《世本》爲首。《漢志》列之《太史公》之上，班氏知此意也。後來目録家多隸譜系，失其指矣。茲録宋衷《世本注》四卷，升居史記之首。

劉艾《漢帝傳》，《隋志》入雜史類。然裴松之《三國志注》引此書多首列年號。尋其體例，蓋編年史也。《唐志》入編年，不誤。茲入史記家。何英《漢德春秋》，蓋法《楚漢春秋》而作，亦編年史。茲入史記。

《伏侯古今注》，紀古今之事，上自黄帝，下盡漢質。《唐志》入之子部，非其義類。茲從《隋志》入雜史。

《牟子》二卷，據今《道藏》所存《牟子理惑論》三十七篇，則係牟子博傳，非太尉融作也，其言蓋以道家爲宗，略引聖賢之言證解之。《隋志》列於儒家，誤。茲從《唐志》入道家。

梁鴻通《禮》、《詩》、《書》、《春秋》，郅惲理《韓詩》、《嚴氏春秋》。周黨動必以禮，赤眉避其邑里。梁竦闔門著書，孟堅比之《春秋》。並恂恂儒者也。其所著述，定符其學。侯氏入之雜家，恐非其倫，茲改隸儒家。

《華陽國志》稱馮顥修黄老，作《刺奢説》，則其書乃道家清静之旨也，侯氏入儒家，茲改隸道家。

王充、李尤《政務》二書，皆與崔寔《政論》相似。侯氏隸雜家，茲改隸法家。

仲長統《昌言》，其所陳説，意尚刻削，則近於法；長於辯説，則近縱横；疾奢尚儉，則近於墨；而儒理亦往往雜出其間，蓋雜家言也。《新唐志》改入儒家，非。茲從《隋志》、《舊唐志》入雜家。

明帝《五家要説章句》，蓋亦五行占候之屬，故《册府元龜》注曰：「五家，五行之家也。」侯氏誤爲《洪範五行》，入尚書，茲改隸五行家。

郗萌《春秋災異》、《秦災異》，皆占候之書，諸書所引，統稱郗萌占可證也。《隋志》入《春秋災異》於緯候，入《秦災異》於五行，此條《隋志》注引「梁有」，蓋《七録》入五行，《隋志》因之耳。茲均隸之五行家。

《墨子》上、下經，多言變化之道，後世五行家多依託之。《隋志》五行家有《墨子枕中五行要記》、《五行墨子變化》二書。劉根之書，亦其類耳，故隸之五行家。

《漢志》形法末有《相六畜》三十八卷，蓋形法之學，大而九州之勢，中而城郭宫室人相，小而六畜器物，均以形容聲氣以辨貴賤吉凶，至精微也。《隋志》無形法家，《相馬經》等，並入五行，《唐志》亦然。茲從《漢志》，別出馬援《銅馬相法》爲形法家，以存一家之學。以上論諸書出入。

《六藝志》書之次弟，悉分家數，每家之中，仍以時代先後爲次，家數無考，則附於末。如易類景注，施氏《易》也；袁樊，孟氏《易》也；馬、鄭、荀、宋，皆費氏也；馮、袁則家數無考者也。餘志則一以時代爲次，目下小注，或紀字里爵位，或撮書中大旨，蓋倣班氏自注之例也。惟作者范《書》有傳，則字里爵位，概從闕如，其書現存及無考者，亦不撮括旨義。

古書著之簡册者爲篇，寫之絹素者爲卷，《漢志》録書，篇卷並存。裴松之《三國志・蜀志・秦宓傳》注引《中經簿》：《孔子三朝紀》八卷、《目録》一卷，餘者所謂七篇。范書《方術傳》注引今書《七志》有《武王須臾》一卷、《師曠》六篇。據此，則《中經》、《七志》亦皆有篇有卷。至《七録》而後始有卷無篇。茲志篇卷，悉從稱引最先者。最先稱篇，則亦稱篇，稱卷亦稱卷，卷數多寡，亦同其例。其篇卷無考者，則注「卷數佚」三字於旁。

《隋志》述《七志》、《七録》，每曰某某志紀某某，此蓋其書體例，茲從其例。

《漢志》每部每志，總計書數，稱凡若干家若干卷。《廣弘明集》載《七録》則稱凡若干部若干卷，《隋志》仿之，茲亦依其例。

補志與作志不同。作志者當群書完備之時，篇卷均無闕佚，故每部總計書數，可直稱凡若干部若干卷。補志則不然，書既亡多而存少，偶存目録，篇卷可稽者，十不四五，故茲特變例，於總計書數凡若干部之下，加卷數可考者，或稱篇卷數可考者，或稱章篇卷數可考者數語，其卷數無考者不列。以上論雜例。

姚振宗《漢書藝文志條理敘録》 《史記・儒林傳》：自孔子卒後，七十子之徒散遊諸侯，大者爲師傅卿相，小者友教士大夫，或隱而不見。故子路居衛，子張居陳，澹臺子羽居楚，子夏居西河，子贛終于齊。如田子方、段干木、吴起、禽滑釐之屬，皆受業于子夏之倫，爲王者師。是時獨魏文侯好學。威、宣之際，孟子、荀卿

之列，咸遵夫子業而潤色之，以學顯于當世。及至秦之季世，焚《詩》、《書》，阬術士，六藝從此缺焉。

本書《高帝紀》：初，高祖不修文學，而性明達，好謀，能聽。初順民心作三章之約。天下既定，命蕭何次律令，韓信申軍法，張蒼定章程，叔孫通制禮儀，陸賈造《新語》。又與功臣剖符作誓，丹書鐵券，金匱石室，藏之宗廟。雖日不暇給，而規摹弘遠矣。

本書《惠帝紀》：四年三月，除挾書律。應劭曰：「挾，藏也。」張晏曰：「秦律敢有挾書者族。」

本書《劉歆傳》：歆移書太常博士，曰：「漢興，去聖帝明王遐遠，仲尼之道又絕，法度無所因襲。時獨有一叔孫通略定禮儀，天下唯有《易》卜，未有他書。至孝惠之世，乃除挾書之律，然公卿大臣絳、灌之屬咸介胄武夫，莫以爲意。至孝文皇帝，始使掌故晁錯從伏生受《尚書》。《尚書》初出于屋壁，朽折散絕。《詩》始萌芽。天下衆書往往頗出，皆諸子傳説，猶廣立于學官，爲置博士。在漢朝之儒，唯賈生而已。」

按：《漢舊儀》曰：「孝文皇帝時，博士七十餘人。」

後漢趙岐《孟子題辭》曰：「漢興，開延道德。孝文皇帝欲廣游學之路，《論語》、《孝經》、《孟子》、《爾雅》皆置博士，後罷傳記博士，獨立五經而已。」

按：此則文、景兩朝皆有傳記博士，所謂具官待問而已。至武帝即位五年，乃罷傳記，立五經，史但著其大者及久遠者，故于《武紀》書置五經博士，其前所立非定制，故略之也。

本書《外戚傳》：竇太后好黃帝、老子言，景帝及諸竇不得不讀《老子》，尊其術。

按：史又言文帝本好刑名之言，景帝不任儒，而劉歆言諸子傳説廣立學官，意文、景時亦嘗有法家、名家、道家博士也。

本書《儒林傳》：漢興，言《易》自淄川田生；言《書》自濟南伏生；言《詩》，于魯則申培公，于齊則轅固生，燕則韓太傅；言《禮》，則魯高堂生；言《春秋》，于齊則胡母生，于趙則董仲舒。本書《武帝紀》：建元元年冬十月，詔丞相、御史、列侯、中二千石、二千石、諸侯相舉賢良方正直言極諫之士。丞相綰奏：「所舉賢良，或治申、商、韓非、蘇秦、張儀之言，亂國政，請皆罷。」奏可。

按：丞相綰，顔注云「衛綰也」。長洲何焯《義門讀書記》曰：「自此乃一于儒術，士始尚經學，不可謂非衛綰之功也。」

又《武紀》：建元五年春，置五經博士。元光元年五月，詔賢良對策，于是董仲舒、公孫弘等出焉。元朔五年夏六月，詔曰：「蓋聞導之以禮，風之以樂，今禮壞樂崩，朕甚閔焉。故詳延天下方聞之士，咸薦諸朝。其令禮官勸學，講議洽聞，舉遺興禮，以爲天下先。太常其議予博士弟子，崇鄉黨之化，以厲賢材焉。」丞相弘請爲博士置弟子員，學者益廣。

按：丞相弘，顔注「公孫弘也」。《儒林傳》：置弟子員五十人。昭帝時，增員滿百人，宣帝末增倍之。元帝設員千人。成帝末，增弟子員三千人。歲餘，復如故。又《武帝本紀》贊曰：「卓然罷黜百家，表章六經。」

《史記·儒林傳》又曰：「及今上即位，趙綰、王臧之屬明儒學，而上亦鄉之，于是招方正賢良文學之士。及竇太后崩，武安侯田蚡爲丞相，絀黃老、刑名百家之言，延文學儒者數百人，而公孫弘以《春秋》白衣爲天子三公，封以平津侯。天下之學士靡然鄉風矣。」

按：本書《嚴助傳》，助拜會稽太守。數年，不聞問。賜書曰：「君厭承明之廬，勞侍從之事，懷故土，出爲郡吏。間者，闊焉久不聞問，具以《春秋》對，毋以蘇秦從横。」知其時習從横家言者多矣，武帝責以《春秋》對，亦罷斥百家之一事也。

本書《劉歆傳》：歆移書又曰：「至孝武皇帝，然後鄒、魯、梁、趙頗有《詩》、《禮》、《春秋》先師，皆起于建元之間。當此之時，一人不能獨盡其經，或爲《雅》，或爲《頌》，相合而成。《泰誓》後得，博士集而讀之。故詔書曰：『禮壞樂崩，書缺簡脱，朕甚閔焉。』」《漢武故事》：上少好學，招求天下遺書，親自省校，使莊助、司馬相如等以類分別之。

本書《宣帝紀》：甘露三年三月，詔諸儒講五經同異，太子太傅蕭望之等平奏其議，上親稱制臨決焉。迺立梁丘《易》、大、小夏侯《尚書》、《穀梁春秋》博士。

本書《劉歆傳》：歆移書又曰：「往者博士《書》有歐陽，《春秋》公羊，《易》則施、孟，然孝宣皇帝猶復廣立《穀梁春秋》、梁丘《易》、大、小夏侯《尚書》，義雖相反，猶並置之。何則？與其過而廢之也，寧過而立之。」

本書《成帝紀》：河平二年秋八月，光禄大夫劉向校中祕書。謁者陳農使，使求遺書于天下。師古曰：「言令陳農爲使，而使之求遺書也。」

按：何義門《讀書記》曰：「劉向校中祕書，孟堅大書于帝紀，尊經籍也。」

按：此亦以爲有漢一代之創制，故特書。

劉歆《七略》曰：「孝武皇帝敕公孫弘廣開獻書之路，百年之間，書積如邱山。故外則有太常、太史、博士之藏，内則有延閣、廣内、祕室之府。」

按：此條即《七略》首一篇《輯略》中之文。

《三輔黄圖》：「未央宫有承明殿，著述之所也。」又曰：「未央宫有石渠閣，蕭何所造。其下礱石爲渠，若今御溝，因爲閣名，藏入關所得秦之圖籍。又成帝于此藏祕書焉。」又曰：「未央宫有麒麟閣藏祕書，即揚雄校書處。」又曰：「天禄閣，藏典籍之所。」

按：《廣韻》「閣」字注：《漢宫殿疏》曰：「天禄閣、麒麟閣，蕭何造以藏祕書，處賢才焉。」《通典》：御史中丞掌蘭臺祕書及麒麟、天禄二閣，有石室以藏祕書、圖讖之屬。

本書《劉歆傳》：歆爲黄門郎，河平中，受詔與父向領校祕書，講六藝傳記，諸子、詩賦、數術、方技，無所不究。向死後，歆復爲中壘校尉。哀帝初即位，大司馬王莽舉歆宗室有材行，爲侍中太中大夫，遷騎都尉、奉車光禄大夫，貴幸。復領五經，卒父前業。歆乃集六藝群書，種别爲《七略》。語在《藝文志》。又傳贊曰：「劉氏《七略》，剖判藝文，總百家之緒，有意其推本之也。」師古曰：「言其究極根本，深有意也。」

按：《劉向傳》，上方精于《詩》、《書》，觀古文，詔向領校中五經祕書。時歆始以待詔宦者署，爲黄門郎，與父同受詔校書。至哀帝初，始獨領其事。

本書《儒林傳》贊：自武帝立五經博士，開弟子員，設科射策，勸以官禄，訖于元始，百有餘年，傳業寖盛，支葉蕃滋，一經説至百餘萬言，大師衆至千餘人，蓋禄利之路然也。初，《書》唯有歐陽，《禮》后，《易》楊，《春秋》公羊而已。至孝宣世，復立大、小夏侯《尚書》，大、小《戴禮》，施、孟、梁邱《易》，《穀梁春秋》。至元帝世，復立京氏《易》。平帝時，又立《左氏春秋》、《毛詩》、《逸禮》、《古文尚書》，所以罔羅遺失，兼而存之，是在其中矣。

按：《詩》有魯、齊、韓三家立于學官，此不之及，蓋偶遺也。

荀悦《漢紀》曰：「劉向卒，上復使向子歆繼卒父業，而歆遂撰群書而奏《七略》，有《輯略》，有《詩賦略》，有《六藝略》，有《諸子略》，有《兵書略》，有《術數略》，有《方技略》，凡萬三千二百六十九卷，自是以來稍稍復增集。」

按：此以《詩賦》列《六藝》之前，以《數術》爲《術數》，並轉寫之誤。云「稍稍復增集」者，指班氏《藝文志》及後漢東觀、仁壽闥撰集新記，依《七略》而爲書部者也。

《宋書・志》序曰：「漢興，接秦坑儒之後，典墳殘缺，耆生碩老，常以亡逸爲慮。劉歆《七略》，固之《藝文》，蓋爲此也。」

按：沈休文此數語必有所自，《儒林傳》贊云「所以罔羅遺失，兼而存之」，本志序云「今删其要，以備篇籍」，亦此意也。

梁阮孝緒《七録・序目》曰：「後漢校書郎班固因《七略》之辭爲《漢書・藝文志》。」又曰：「劉氏之世，史書甚寡，附見《春秋》，誠得其例。」又曰：「《七略》詩賦不從《六藝》詩部，蓋由其書既多，所以别爲一略。」又《古今書最》曰：「《七略》書三十八種，六百三家，一萬三千二百一十九卷，五百七十二家亡，三十一家存。《漢書・藝文志》書三十八種，五百九十六家，一萬三千三百六十九卷，五百五十二家亡，四十四家存。」

《隋書・經籍志》序曰：「光武中興，明、章繼軌，校書郎班固、傅毅等，並依《七略》而爲書部，固又編之以爲《漢書・藝文志》。」又史部簿録篇曰：「古者史官既司典籍，蓋有目録以爲綱紀，體制堙滅，不可復知。孔子删書，别爲之序，各陳作者所由。韓、毛二《詩》，亦皆相類。漢時劉向《别録》、劉歆《七略》，剖析條流，各有其部，推尋事迹，疑則古之制也。王儉作《七志》，阮孝緒作《七録》，大體雖準向、歆，而遠不逮矣。」又史部總序曰：「班固以《史記》附《春秋》，今開其事類，凡十三種，别爲史部。」

《唐書・藝文志》序曰：「自六經焚于秦而復出于漢，其師傳之道中絶，而簡編脱亂譌闕，學者莫得其本真，于是諸儒章句之學興焉。自漢以來，史官列其名氏篇第，以爲六藝、九種、七略，至唐始分爲四類，曰經、史、子、集。」

按：四部體製始于曹魏之鄭默，成于東晉之李充，至唐初修五代史志，用以爲《經籍志》，而始入于史。

唐顔師古《漢書集注》曰：「《藝文志》每略所條家及篇數，有與總凡不同者，傳寫脱誤，年代久遠，無以詳知。」

唐劉知幾《史通・書志篇》：伏羲已降，文籍始備，逮于戰國，其書五車，傳之無窮，是曰不朽。夫古之所制，我有何力？而班《漢》定其流别，編爲《藝文》。《續漢》以還，祖述不暇。夫前志已録，而後志仍書，篇目如舊，頻煩互出，何異以水濟水，誰能飲之者乎？且《漢書》之志藝文也，蓋欲廣列篇名，示存書體而已。文字既少，披閲易周，故雖乖節文，而未甚穢累。既而後來繼述，其流日廣。騁其繁富，百

倍前修。非唯循覆車而重軌，亦復加闊眉以半額者矣。但自史之立志，非復一門，其理有不安，多從沿革。唯藝文一志，古今是同，詳求厥義，未見其可。愚謂凡譔志者，宜除此篇。

按：藝文、經籍之可貴，貴其紀實有存佚，新舊之可稽，篇卷異同之可考，何謂頻煩互出，以水濟水？是直于是志體要未嘗詳究者。至謂藝文一體，古今是同，亦必無是。事其同者，必其書之未亡者也，然而不同者多矣。

宋鄭樵《校讎略》曰：「《七略》兵家，任宏所校，其次則尹咸校數術，李柱國校方技，亦有條理。唯劉向父子所校經傳、諸子、詩賦，冗雜不明，盡采語言，不存圖譜，緣劉氏章句之儒，胸中元無倫類。」

按：此以爲冗雜不明者，由于不肯盡心細讀故也。且六藝、諸子之中亦非不存圖譜，其顯見者如《易》家有《神輪圖》一篇，《論語》家有《孔子徒人圖法》二卷，儒家有《列女傳頌圖》。又《禮》家明堂陰陽中有《明堂圖》、《明堂大圖》，見《隋書·牛弘傳》，道家《伊尹》書中有《九主圖》，畫其形見。《七略》、《别録》非圖譜之類歟？至謂劉氏胸中無倫類，是何言也？鄭之菲薄前人乃至如此。其《圖譜略》有云「歆、向之罪，上通于天」，謂其不收圖譜，使後世圖亡而書存也，其措詞之謬又如此。

又曰：「史家本于孟堅。孟堅初無獨斷之學，唯依緣他人以成門户，紀、志、傳則追司馬之蹤，律曆、藝文則躡劉氏之跡。」

按：所謂志者，志當代之文物典章。《七略》爲當時詔譔，《藝文》一志，不躡迹于此，將何取乎？豈必别爲類例，如所作之《藝文略》，方爲體要乎？恐亦無此史法也。

又曰：「班固《藝文志》出于《七略》者也。《七略》雖疏而不濫，若班氏步步趨趨，不離于《七略》，未見其失也。間有《七略》所無而班氏雜出者，則躓矣。揚雄所作之書，劉氏蓋未收，而班氏始出。若之何以《太玄》、《法言》、《樂箴》三書合爲一，總謂之揚雄所序三十八篇，入于儒家。按儒家舊有五十二種，固新出一種，則揚雄之三書也。且《太玄》，易類也；《法言》，諸子也；《樂箴》，雜家也。奈何合而爲一家？是知班固胸中元無倫類。」

按：前以劉氏胸中無倫類，此又以班氏胸中亦無倫類，不知已之所言乃真無倫類耳。班氏此一條注明云樂四、箴二。宋時傳本不應有異，乃以四書爲三書，以「樂箴」爲一書，又以爲雜家。揚雄本傳云：「箴莫善于《虞箴》，作《州箴》。」宋《中興書目》尚有揚雄《二十四箴》一卷，觀于此亦可以悟「樂箴」非一書矣。儒家舊有止五十一家，亦非五十二家，即此數語之中其謬誤已如此，尚欲詆呵古人乎？稱揚雄所序者，承《七略》上文劉向所序之例，就其重者而言，並入儒家亦未始不可也。

又曰：「《漢志》以《司馬法》爲禮經，以《太公兵法》爲道家，此可義也？疑此二條非任氏、劉氏所收，蓋出于班固之意，亦如以《太玄》、《樂箴》爲儒家類。」

按：此兩書班氏已分别注明，鄭豈真未之見耶？《軍禮司馬法》次《周官傳》之後，班氏亦何嘗以爲經？太公之書二百數十篇，其中有謀，有言，有兵，不僅兵法一端。舊時既合爲一袠，故劉氏不復分析，從其大而著録于道，亦未爲失也。

又曰：「《漢志》以《世本》、《戰國策》、《秦大臣奏事》、《漢著紀》爲《春秋》類，此何義也？」

按：此于阮孝緒《七録》序目亦未嘗繙閱。

元馬端臨《文獻·經籍考》史部總序曰：「班孟堅《藝文志》無史類，以《世本》以下諸書附于《六藝》《春秋》之後，蓋《春秋》即古史，而《春秋》之後唯秦漢之事，編帙不多，故不必特立史部。」

按：此與阮氏之説略同，鄭漁仲見不到此。

明焦竑《國史經籍志·漢藝文志糾繆》曰：「《周書》入《尚書》，非，改雜史；議奏入《尚書》，非，改入集；《司馬法》入《禮》，非，改兵家；《戰國策》入《春秋》，非，改縱横家；《五經雜議》入《孝經》，非，改經解；《爾雅》、《小爾雅》入《孝經》，非，改小學；《弟子職》入《孝經》，非，改《管子》；《晏子》入儒家，非，改墨家；《高祖傳》、《孝文傳》入儒，非，改制詔；《管子》入道家，非，改法家；《尉繚子》入雜家，非，改兵家；《山海經》入形法，非，改地里；陰陽、五行、蓍龜、雜占、形法、數術，漢互出，今總入五行。」

按：《七略》體例自成一家，爲千古首出之作，實無所謂非也。若雜史、集部、經解、制詔、地里五類，並後來四部之例，漢時所無，以此糾《漢志》之繆，不自知其繆也。他如《戰國策》改縱横，晁志之例也；《爾雅》改小學，《舊唐志》之例也；《晏子》改墨家，柳子厚之言也；《尉繚》改兵家，而不知兵形勢家亦有《尉繚》，《隋志》猶分别著録，實不可以改也；陰陽等五門改五行，《隋志》之例也，皆非其所心得。亦如所作《國史志》抄襲鄭氏《藝文略》，而稍稍附益，

于明代内府所藏全不相涉，是真《史通》所謂頻煩互出者，皆不足與之辯也。

秀水朱彝尊《經義考·著録篇》曰：「班固《漢書》依《七略》作《藝文志》，誠良史之用心，而史家體例之不可少者也。而劉知幾《史通》反訕之，謂騁其繁富，凡撰志者宜除此篇，抑何見之褊乎？」

《四庫提要》曰：「《漢書藝文志考證》十卷，宋王應麟撰。《藝文志》因劉向《七略》而修。凡句下之注不題姓氏者，皆班固原文；其標某某曰，則顔師古所集諸家之説。然師古注班固全書，《藝文》特八志之一，故僅略疏姓名、時代，所考證者不過三五條而止。應麟始捃摭舊文，各爲補注。不載《漢志》全文，惟以有所辨論者摘録爲綱，如《經典釋文》之例。其傳記有此書名而《漢志》不載者，亦以類附入，凡二十六部。各疏其所注于下，而以不著録字别之，其間如《子夏易傳》、《鬼谷子》皆依託顯然，而一概泛載，不能割愛。又庾信《哀江南賦》稱『栩陽亭有離别之賦』，實由誤記《藝文志》，與所用『桂華馮馮』誤讀《郊祀志》者相等。應麟乃因而附會，以栩陽爲漢代亭名，亦未免間失之嗜奇。然論其該洽，究非他家之所及也。」

《四庫簡明目録》曰：「《漢書·藝文志》間有班固自注，然不甚詳。顔師古注間有討論，亦僅辯證數條，不能該備。應麟乃捃拾舊文爲之補注，持論皆有根據，惟古書不載于《漢志》者增入二十六種，真僞相雜，頗爲蛇足。」

嘉定王鳴盛《十七史商榷》曰：「王應麟《漢藝文志考證》十卷，所采掇亦甚博雅。但此志以經爲要，考得漢人傳經原流，説經家法明析，俾後學識取途徑，方盡其能事，此則未能也。其于本原之地，未曾究通，多不得其要領，則博雅乃皮毛耳。歙縣金修撰榜語予曰：『不通《漢·藝文志》，不可以讀天下書。《藝文志》者，學問之眉目，著述之門户也。』修撰經術甚深，故能爲此言。予深歎服。自唐高宗、武后以下，詞藻繁興，經業遂以凋喪。宋以道學矯之，義理雖明，而古書則愈無人讀矣。王氏亦限于時風衆勢，一齊衆咻，遂致茫無定見，要意求切實，于宋季朋輩中究爲碩果僅存。」

按：此言不得要領，及限于時風衆勢，茫無定見云云，皆碻不可易。觀其亟引宋人議論，間有與《漢志》隔膜者，又若不取道學家之説，不足以自立者，以是知此言非爲苛論。

又按：其書考證本文者二百七十六條，考證篇敘者七十八條，考證本志所不著録者二十七條。即就所作《玉海》觀之，似乎所得不止于此，反覆詳勘，似其未成之作。樂家、春秋家、道家皆注云「當考」，是其未定之詞也。

會稽章學誠《校讎通義》曰：「劉歆《七略》，班固删其《輯略》而存其六。顔師古曰：『《輯略》謂諸書之總最。』蓋劉氏討論群書之旨也。此最爲明道之要，惜乎其不傳。今可見者，唯總計部目之後，條辨流别數語耳。」

按：條辨流别數語即《輯略》之文，班氏散附于諸篇之後者，何以明之？《七略》本于《别録》。今考荀悦《漢紀》，成帝三年，劉向典校經傳，考集異同云，名家者流，蓋出于禮官。名位不同，禮亦異數，故正名也。又《史記·太史公自序》索隱引劉向《别録》云，名家者流，出于禮官。古者名位不同，禮亦異數。孔子曰：「必也正名乎！」此兩處所引並與本志名家篇敘相同，知班氏取《輯略》之文次之于此，而《七略》取《别録》之文著于《輯略》者也。蓋《别録》首一篇亦有《輯略》，故名《七略别録》。《隋志》「《七略别録》二十卷，劉向撰」。劉歆删取其要，每略各爲一卷，故《隋志》又云「《七略》七卷，劉歆撰」。方之《四庫全書》，《别録》爲《總目提要》，《七略》則《簡明目録》也。

又班氏既取《七略》以爲《藝文志》，又取《别録》以爲《儒林傳》。考《漢紀》又言劉向典校經傳，考集異同《易》始自魯商瞿子木，受于孔子，以授魯橋庇子庸。云云，與《儒林傳》之文悉合，知《儒林傳》亦本劉氏父子之《輯略》而接記其後事，終于孝平。故《史通·采撰篇》云「班固《漢書》全同太史。太初已後，雜引劉氏《新序》、《説苑》、《七略》之辭」。今考《新序》、《説苑》載漢事無多，知所取于《七略》、《别録》者不少也。

又按：《輯略》之體，大抵如《釋文·敘録》，陸元朗未必不師其意。《儒林傳》依功令但載五經，至《春秋》家而止。其樂家及《論語》、《孝經》、小學唯見《藝文志》，此四類篇敘備述師弟授受，與他篇微有不同，而《論語》、《孝經》篇敘不及《釋文·敘録》之詳密，知班氏、陸氏皆取《輯略》之文以爲説，故彼此互有詳略焉。

又曰：「《漢書·藝文志》注卷次部目與本志不符，顔師古已云『歲月久遠，無由詳知』。今觀蕭何律令、叔孫朝儀、張霸《尚書》、尹更始《春秋》之類，皆顯著紀傳，而本志不收。此非當時之遺漏，必其本志有殘佚不全者矣。」

按：本志不載之書見于傳記可考者，有三百餘部，予已别輯《拾補》六卷，詳見《拾補·敘録》中。

又曰：「鄭樵《校讎》諸論，于《漢志》尤所疎略，蓋樵不取班氏之學故也。然班、劉異同，樵亦未嘗深考。夫劉《略》、班《志》乃千古著録之淵海，而樵譏班固敘儒家，

混入《太玄》、《法言》、《樂箴》三書，總謂之揚雄所序三十八篇，謂其胸無倫次。然
班固自注『《太玄》十九，《法言》十三，《樂》四，《箴》二』，是《樂》與《箴》本二書也，樵
誤以爲一書，又謂《樂箴》當歸雜家，是樵直未識其爲何物，而强爲之歸類矣。以此
譏正班固，所謂楚失而齊亦未爲得也。」

按：楚實未見其失，齊則失之于鹵莽。

又曰：「劉向所敘六十七篇部于儒家，此劉歆《七略》所收，班固因而效之，因有揚
雄所序三十八篇。樵譏班固混收揚雄爲無倫類，而謂班氏不能學《七略》之證，不
知班氏固效劉歆也。乃于歆之創爲者則故縱之，固之因仍者則酷斷之甚矣，人心
不可有偏惡也。」

又曰：「鄭樵譏《漢志》以《司馬法》入禮經，以《太公兵法》入道家，疑爲非任宏、劉
歆所收，班固妄竄入也。鄭樵深惡班固，故爲是不近人情之論。凡意有不可者，不
爲推尋本末，有意增删遷就，强坐班氏之過。按《司馬法》，班固自注，出之兵權謀
中而入于禮，樵固無庸存疑似之説。又班《志》稱《軍禮司馬法》，樵删去『軍禮』二
字，謂其入禮之非，不知《司馬法》乃《周官》職掌。此等敘録，最爲知本之學，班氏
獨于此處能具别裁。樵顧深以爲譏，此何説也！又班氏《志》僅稱《太公》，並無『兵
法』二字，按此條有兵八十五篇，故樵得以稱兵法以快其説。而樵又增益之，謂其入于道
家之非；不觀班固自注『尚父本有道者』，又于兵權謀下注『省《伊尹》、《太公》』諸
家，則劉氏《七略》本屬兩載，班固不過爲之删省重複而已，非故出于兵而强收于道
也。且兵刑權術皆本于道，先儒論之備矣。況二百三十七篇之書，今既不可得見，
樵何所見聞而增删題目，以謂止有兵法，更無關于道家之學術耶？」

按：此謂班氏删省重複，非故出于兵而强收于道，最爲切實之論。按班
氏删省兵書凡十家，《伊尹》、《太公》、《管子》、《鶡冠子》重複于道家，《孫卿
子》、《陸賈》重複于儒家，《蘇子》、《蒯通》重複于縱横家，《淮南王》重複于雜
家，《墨子》重複于墨家。

又曰：「鄭樵譏《漢志》以《世本》、《戰國策》、《秦大臣奏事》、《漢著記》爲《春秋》類，
是樵未嘗知《春秋》之家學也。《漢志》不立史部，以史家之言皆得《春秋》之一體，
附著《春秋》，最爲知所原本。又《國語》亦爲國别之書，同隸《春秋》，樵未嘗譏正
《國語》而但譏《國策》，是則所謂知一十而不知二五者也。」

按：樵之意不及《國語》者，以《國語》有《春秋外傳》之名，又見《隋》、《唐
志》皆入《春秋》類故也。

又曰：「焦竑撰《國史經籍志》，其《糾繆》一卷譏正前代著録之誤，其糾《漢志》一十
三條，似亦不爲無見。特竑未悉古今學術源流，不于離合異同之間深求其故；而
觀其所議，乃是僅求甲乙部次，苟無違越而已。如以《周書》入《尚書》爲非，改入雜
史之類。其意蓋欲尊經，而實則不知古人類例。」

按：此言不爲無見，意在尊經皆非也，云不知古人類例則確中其病。

又曰：「讀《六藝略》者必參觀于《儒林列傳》，猶之讀《諸子略》必參觀于《孟荀》、
《管晏》、《老莊申韓列傳》也。他如《詩賦略》之鄒陽、枚乘、相如、揚雄等傳，《兵書
略》之孫吴、穰苴等傳，《術數略》之龜生筴、日者等傳，《方技略》之扁鵲、倉公等傳，
無不皆然。史家存其部目于《藝文》，載其行事于列傳，所以爲詳略互見之例也。
《藝文》一志，實爲學術之宗，明道之要，而列傳之與爲表裏發明。」

按：此特言其大略耳，論其發明則列傳之外紀、志、書、表皆有可以互證
之處。若其隱僻之書，則雖求之諸子百家亦有所不能盡。數術、五行家多前
人所未言，則難之尤難者。又《諸子》、《兵書》、《數術》三略中之書多散見于
《吕氏春秋》、《淮南子》，特無從辯析耳。

又曰：「陰陽家《公檮生終始》十四篇在《鄒子終始》五十六篇之前，而班固注云『公
檮傳鄒奭《始終》書』，豈可使創書之人居傳書之人後乎？」

按：鄒奭非創書之人，本注「鄒奭」二字實「黄帝」之誤，詳見本條。

又曰：「陰陽家《閭邱子》十三篇，《將鉅子》五篇，班固俱注云『在南公前』，而其書
俱列《南公》三十一篇之後，亦似不可解也。」

按：古人之書多不出本人之手，皆門弟子傳其學者所輯録，《七略》據其
成書之先後爲次，故有似乎雜亂，實則倫貫有敘也。

又曰：「墨家《隨巢子》六篇，《胡非子》三篇，班固俱注墨翟弟子，而敘書在《墨子》
之前。《我子》一篇，劉向《别録》云爲《墨子》之學，其時更在後矣。敘書在《隨巢
子》之前，此亦理之不可解者，或當日必有錯誤也。」

按：《墨子》書中稱「子墨子」，亦墨氏之徒所録。其徒衆幾徧天下，增長
附益其書者不知凡幾，至其成書之時，已在《隨巢》、《胡非》、《我子》之後，故
《七略》以之爲墨家之殿。

又曰：「《漢志》分藝文爲六略，每略又各别爲數種，每種始敘列爲諸家，大綱細目，
互相維繫，法至善也。每略各有總序，論辨流别，義至詳也。唯《詩賦》一略，區爲
五種，而每種之後更無敘論，不知劉、班之所遺耶？抑流傳之脱簡耶？今觀屈原賦

以下二十家爲一種，陸賈賦以下二十一家爲一種，孫卿賦以下二十五家爲一種，名類相同而區種有别，當日必有其義例。今諸家之賦，十逸八九，而叙録之説，闕焉無聞，非著録之遺憾歟？若雜賦與雜歌詩二種，則署名既異，觀者猶可辨别，第不如五略之有叙録更得詳其源委耳。」

按：《詩賦》各分以體無大義例，故《録》、《略》不爲小序，而班氏因之，不盡由于疏漏也。當班氏時《别録》、《七略》二十七卷之書殺青未久，傳寫殆遍，亦既家喻户曉矣。其入史者，唯力求簡要，存其大端，初不自以爲義盡于此也。

又曰：「《詩賦》前三種之分家，不可考矣。其與後二種之别類，甚曉然也。三種之賦，人自爲篇，後世别集之體也。雜賦一種，不列專名，而類聚爲篇，後世總集之體也。歌詩一種，則詩之與賦，固當分體者也。就其例而論之，則第一種之淮南王群臣賦及第三種之秦時雜賦當隸雜賦條下，而猥廁專門之家，何所取耶？揆其所以附麗之故，則以淮南王賦列第一種，而以群臣之作附于其下，所謂以人次也；秦時雜賦列于荀卿賦後，孝景皇帝頌前，所謂以時次也。夫著録之例，先明家學，同列一家之中，或從人次，或從時次，可也。」

按：《詩賦》前三種各以體分，非竟不可曉也，詳見本篇。

又曰：「書有同名而異實者，必著其同異之故，而辨别其疑似焉。兵形勢之《尉繚》與雜家之《尉繚》同名，兵陰陽之《孟子》與儒家之《孟子》同名，《師曠》與小説家之《師曠》同名，《力牧》與道家之《力牧》同名，技巧之《伍子胥》與雜家之《伍子胥》同名，著録之家皆當别白而條著者也。若兵書之《公孫鞅》與法家之《商君》，名號雖異而實爲一人，亦當著其是否一書。」

按：此皆以力求簡略，故有所不暇及，又以有《别録》、《七略》二書在，故亦有所不必詳。

按：章氏之書大旨以官師法守之説，欲使古今典籍溯其根源，而悉從其類其例，謂之重複互注、裁篇别出。如謂《易》部《古五子》當互見《術數》之五行類，《災異孟氏京房》當互見《術數》之雜占類，《書》部劉向、許商《五行傳記》當互見五行，詩部《韓詩外傳》當互見《春秋》，禮部《中庸説》當互見儒家，樂部《雅歌詩》當互見《詩》部，《春秋董仲舒治獄》當互見法家，此重複互注之法也。謂《書》之《無逸》、《詩》之《豳風》、《大戴記》之《夏小正》、《小戴記》之《月令》、《爾雅》之《釋草》、《管子》之《牧民》、《吕氏春秋》之《任地》諸篇俱當冠于農家之首，此裁篇别出之法也。又謂儒家《周政》、《周法》附之禮經，《高祖傳》、《孝文傳》、《鹽鐵論》附《尚書》，《虞氏》、《吕氏春秋》，于長《天下忠臣》，劉向《新序》、《説苑》、《世説》、《列女傳頌圖》附《春秋》，其意蓋欲于簿録之中兼用類書之體，使其自著一書，則發凡起例無所不可。若以例班氏之《志》，則支離破碎，多見其煩瑣無當者矣。其書議論多，而考證少，今取其于是志相發明者録十四條如右。

又《新譔條理敘例》 自《别録》、《七略》、東觀、仁壽閣《新記》亡而《藝文志》之書不可考，自魏《中經》、晋《新簿》、齊《七志》、梁《七録》亡，非特《藝文志》書不可考，即欲求魏晋六朝人之依仿論述循流而作者，亦渺不可稽矣。鄭默、荀勖、王儉、阮孝緒四家之書，皆本《七略》之例小變之。嗚呼！班氏之志藝文也，在當日不過節《七略》之要，爲史家立其門户，初不自以爲詳且盡也。今欲求周秦學術之淵源，古昔典籍之綱紀，舍是志無由津逮焉。宋以來考證是志者，唯王深寧氏所得爲多。然其學非顓門，例多駁雜，誠如西莊王氏所謂本源之地未曾究通不得要領者，其于全書僅得十之三四耳。然使後之人尋流溯源，引伸觸類，未始不以其書爲先聲之導，則其有功于是志亦何可輕也。我朝講求漢學，實事求是，乾嘉碩彦著作如林，考據之家于斯爲盛。然于是志大率不過數條而止，未有爲全書解釋者。余喜讀是志，苦于急索解人不得時，欲爲之疏通證明也久矣。昔年爲《藝文拾補》之輯，因而推求義例，窺見端緒，每有關涉，即便疏記，罔羅既久，薈萃稍多，于是經營草創，條分縷析，左右采獲，部署後先，亦既犄具頭角，略有眉目矣。然而欲見之書每懷靡及，失考之處多所未安，知不免于得失參半，難以言夫毫髮無憾者已。夫劉、班作述，創製體裁：《六藝》具有師承，率由不越；《諸子》非無塗徑緣起可推；《詩賦》五種之分篇，略可知其類例；《兵書》十家之從省，乃除去其複重；《數術》多端，唯五行一門尤難尋究；《方技》四體，而房中一術自昔棄捐。記載之文或多或少，考訂之説亦有亦無，大抵流傳素著者，雖千萬言不能窮，泯没無聞者，即一二語不可得。故昔人于此亦以無從取證，頗多疑似之辭，非好爲望文生解，亦非所謂嚮壁虛造也。蓋既不得其旨歸，而存其近似，有所商榷，庶幾後人觸發旁通，得以反覆而證明之，總勝于不著一字，使人無迹可尋也。或以是爲不能闕疑，則事非校經改字，大負昔人微顯闡幽之旨矣。班氏文注根據《七略》，此所録一字不遺。他如顔氏《集注》、王氏《考證》則不能不有所取裁。先以撰人始末，次及本書源流。無可徵引者，或自爲之説；有所心得者，則附著于篇；所不解者十之一二，而求其切理饜

心；稿不可易者，率不過十之六七而已。是志也，一篇之中各有章段，不善讀者莫不以爲雜亂。其實部次井然，皆有條理。班氏立法，善之善者也。其後《隋・經籍志》類中分類，未嘗不師資于此。《隋志》于四部之中略仿《漢志》之體，故最見古雅。此史法之權輿，亦簿録家之圭臬。或者不察，多致譏訕，咸不得其本意。今即以《條理》名者，爲分條董理，還其本來自有之條理云爾，是爲序。

今本分條實多荒謬，班氏舊例不如是也。今已流傳日久，不復更張，悉依其所分條數爲之解釋，而各疏其分析割裂之誤。其有一條誤連數家之書者，則依次先敘撰人，而後又依次及其本書。

班氏注文或爲大字，或爲小字，其例不一，此亦後來校刊者之失，非其本然也。武進莊氏《載籍足徵録》皆一律改爲大字，頗得體要，今從之，以醒眉目。《玉燭寶典》、《開元占經》、《初學記》、《藝文類聚》、《太平御覽》諸書凡所引述，皆直著書名于各條之首，此古法如是，今從其例，分注條下者，乃輯書之法，非通例也。

諸所引書分條排比，或以時代先後爲次，或以事類聯貫爲次，不一例，低一字者皆是也。蒙説及附案皆低二字，以此爲別。諸書有見于《釋文・敘録》及隋、唐、宋史志者，是爲碩果僅存，不可多得，故備録于篇。《隋志》所載猶近乎古，其天文、五行、醫方三類與本志數術、方技髣髴同其流別，因並取以爲旁證。

《世本》及劉向《別録》、劉歆《七略》、桓譚《新論》、鄭康成《三禮目録》、《六藝論》、應劭《風俗通・姓氏篇》、皇甫謐《帝王世紀》之類，皆有諸家輯本行世，輯本猶之殘本，與本書無甚異，凡所引據，不復著其所出。

廣徵博采，累牘連篇，祇益紛繁，無關實際，是編屏祛浮冗，節存精要，而篇葉已如許。初欲以每略爲卷，今《六藝》、《諸子》二略卷袠過重，乃析爲上下卷。其下四略各爲一卷，綜八卷，釐爲六册，凡《六藝》二册，《諸子》二册，《詩賦》、《兵書》一册，《數術》、《方技》一册。

本書著録之外見于經史、諸子、傳記者，王深寧氏但略存二十七部附入《考證》，《提要》詆爲蛇足，且亦多所遺漏，未爲詳盡。今輯自周秦以來，迄于王莽，凡三百一十七部，依六略編次爲六卷，先已成編，與是編撰人始末不無重複，然亦各有關涉之處，不嫌詳略互見焉，是爲例。光緒壬辰歲孟夏之月山陰姚振宗學。

又《後漢藝文志敘録》 阮孝緒《七録・敘目》曰：「及後漢蘭臺，猶爲書部，又于東觀及仁壽闥譔集新記，校書郎班固、傅毅並典祕籍。」

《隋書・經籍志》敘曰：「光武中興，篤好文雅，明章繼軌，尤重經術。四方鴻生鉅儒負袠自遠而至者，不可勝算。石室、蘭臺彌以充積，又於東觀及仁壽閣集新書，校書郎班固、傅毅等典掌焉。並依《七略》而爲書部。」

按：《七録》及《隋志》所云，則東京亦嘗依《七略》編集東觀、仁壽闥所有書名。蘭臺書部、東觀新記、仁壽闥新記，其書亡於董卓之亂。

嚴可均《全後漢文編》曰：「按《蔡邕傳》，邕上書自陳奏其所著十意。案文有《律曆意》、《禮意》、《樂意》、《郊祀意》、《天文意》、《朝會意》、《車服意》、《五行意》，僅有八意。其餘二意無考，蓋《地理》、《藝文》也。」

按：嚴氏謂蔡中郎十志中有《藝文志》，其稿悉燬於董卓、李傕、郭汜之亂。當時諱志，故稱意。

《七録・序目》又曰：「其後有著述者，袁山松亦録在其書。」又曰：「王儉《七志》條《七略》及二漢《藝文志》所闕之書。」

按：此云二漢者，謂班氏《漢書・藝文志》、袁山松《後漢書・藝文志》也。袁《志》亡於唐末五代之亂。

劉昭注補《續漢書》八志序：「沈松因循，尤鮮功創。時改見句，非更搜求。加藝文以矯前棄，流書品采自近録。初平、永嘉圖籍焚喪，塵消煙滅，焉識其限？借南晉之新虛，爲東漢之故實。是以學者亦無取焉。」

按：晉祠部郎謝沈有《後漢書》，在袁山松之前，見隋、唐《經籍》、《藝文志》。謝書中之志，篇目無考。

又曰：「范曄，《後漢》良史，誠跨衆氏，序或未周，志遂全闕。尋本書當作《禮樂志》，其《天文》、《五行》、《百官》、《車服》爲名則同。此外諸篇，不著紀傳，《律曆》、《郡國》，必依往式。曄遺書自序，應編作諸志，《前漢》有者，悉欲備製，卷中發論，以正得失。書雖未明，其大旨也。曾臺雲構，所闕過乎榱桷；爲山霞高，不終踰乎一壝。鬱絶斯作，吁可痛哉！」

按：范書十志中必有《藝文》，自蠟以覆車之後，并草創殘文，亦不復見矣。

鄭樵《通志・校讎略》曰：「王儉作《七志》已，又條劉氏《七略》及二漢《藝文志》所闕之書爲一志。阮孝緒作《七録》已，亦條劉氏《七略》及班固《漢志》、袁山松《後漢志》所亡之書爲一録。」

按：阮氏所條袁《志》亡書，今惟見《序目》所載一則，其書名泯没無聞。

嘉定錢師璟《錢氏藝文志略》曰：「《補續漢書藝文志》二卷，錢大昭字晦之號

可廬撰。」

按：錢氏是書，《書目答問》亦云二卷，未刊。今廣雅書局新彫本止一卷，二十餘葉，上及西漢，下包三國，類例既極草率，而不免重複誤收，漫無裁制。如《漢記》及《中興以來名臣烈士傳》皆在《東觀漢記》中，而別出其目。又後魏甄叔遵《七曜本起》三卷，見《隋·經籍志》，而誤以爲曹魏。且與錢氏《藝文志》及《書目答問》所云二卷不相合，似非其手訂本。

番禺侯康君謨《補後漢書藝文志》四卷，道光庚戌南海伍崇曜栞入《嶺南遺書》。跋云：「原本無卷數，茲釐爲四卷，校訂以付梓人。」

按：侯氏是書，略依《隋·經籍志》四部之體，至子部小説家而止。而子部編目，如兵家、曆算、五行、醫方、雜藝五類無一書。集部與佛道二録，則皆未嘗措手焉。蓋其編輯未竣之初槀，非爲完書。今所輯稱侯《志》者，即是其本。

新編《後漢藝文志》四卷。因覽錢、侯二《志》之攷略不完，故別自爲編。不云補者，不自以爲補舊史之闕也。其人物譔著，悉以獻帝遜位之年爲斷。其卒在是年之前，則無論乃心魏室，如王粲、陳琳；盡事吴朝，如張紘、陸績，皆比之諸侯王官屬，不以漢之統系豫假於魏、吴，故亦闌入。《三國志》所載，非牽合時代，漫無限斷。其門類則以書之有無爲斷，如經部之五經總義，史部之載記、史鈔、史評，子部之雜藝術，集部之文史，皆後起之目，而東都人士實有其書，故立此數類，以著其朔，亦非雜糅古今，漫無區別焉。綜四部，爲類四十有二，附以佛、道，凡四十四類。光緒己丑歲孟夏之月，山陰姚振宗漫識。

張鈞衡《三國藝文志跋》 《補後漢藝文志》四卷，《三國藝文志》四卷，姚振宗撰。振宗字海槎，山陰人。諸生。所居山深水複，即放翁快閣故阯也。隱居讀書，不與人事，望之如神仙中人，尤同光閒罕覯者。博極群書，於目録之學實能貫通今古。越中向推章實齋、章逢之二家，振宗生百有餘年之後，實足紹二家之傳。著《漢藝文志》、《隋經籍志考證》，又訂逢之之失，無不實事求是。《後漢》志未成，《三國》無《志》。補《後漢》者，嘉定錢大昭可廬二卷，脱漏甚多，似非完書。番禺侯康君謨四卷，考證尚精，門類不備。江寧顧櫰三秋碧十二卷，又與輯書不分。三家均未爲完璧。《三國》只君謨一種，亦與《後漢》同病。海槎之書，局面博大，考證細密，於斷代尤爲謹嚴。後附釋、道二家之書，亦有確據。海槎殁，子三人寶持遺書，借讀不吝，亦佳子弟也。謹刊兩書以惠學者，藉以慰海槎好古敏求之盛心矣。歲在柔兆執徐八月，吴興張鈞衡跋。

姚振宗《隋書經籍志考證·敘録》 王隱《晉書》曰：鄭默字思元，爲祕書郎，删省舊文，除其浮穢，著魏《中經簿》。中書令虞松謂默曰：而今而後，朱紫別矣。《初學記·職官部》。

梁阮孝緒《七録·敘目》曰：魏晉之世，文籍逾廣，皆藏在祕書中外三閣。祕書郎鄭默删定舊文時之論者，謂爲「朱紫有別」。晉領祕書監荀勖因魏《中經》更著《新簿》，雖分爲十有餘卷，而總以四部別之。

本志《序》曰：魏氏代漢，采掇遺亡，藏在祕書中外三閣。魏祕書郎鄭默始制《中經》，祕書監荀勖又因《中經》更著《新簿》，分爲四部，總括群書：一曰甲部，紀六藝及小學等書；二曰乙部，有古諸子家、近世子家、兵書、兵家、術數；三曰丙部，有史記、舊事、皇覽簿、雜事；四曰丁部，有詩賦、圖贊、汲冢書。

按：鄭默撰魏《中經》，荀勖因之著《新簿》，名之曰《中經新簿》，蓋沿用鄭默舊名也。然則四部之體發端於鄭，而論定於荀。荀、鄭同時人，二人所撰先後相去十餘年，其時唯以甲、乙、丙、丁爲部，尚未有經、史、子、集之名，鄭默見《晉書·鄭袤傳》，荀勖《中經簿》別詳史部《簿録》篇。

齊臧榮緒《晉書》曰：李充字弘度，爲著作郎，時典籍混亂，充删除煩重，以類相從，分爲四部，甚有條貫，祕閣以爲永制。五經爲甲部，史記爲乙部，諸子爲丙部，詩賦爲丁部。《文選·王文憲集·序》注：唐修《晉書·文苑李充傳》，削去後四語。

《七録·敘目》又曰：江左草創，十不一存，後雖鳩集，淆亂已甚。及著作佐郎李充始加删正，因荀勖舊簿四部之法而換其乙丙之書，没略衆篇之名，總以甲乙爲次，自是厥後，世相祖述。又《古今書最》曰：《晉元帝書目》四部三百五袠，三千一十四卷。

本志《序》又曰：東晉之初，著作郎李充以勖《舊簿》校之，其見存者但有三千一十四卷，充遂總没衆篇之名，但以甲乙爲次，自爾因循，無所變革。

按：《七録·敘目》所載，《晉元帝書目》即李充所編，充以典籍無多，不能分別門類，故但以經、史、子、集提其綱。

宋晁公武《郡齋讀書志·序》曰：劉歆始著《七略》，至荀勖更著《新簿》，其後歷代所編書目，如王儉、阮孝緒之徒咸從歆例，謝靈運、任昉之徒咸從勖例。唐之分經、史、子、集藏於四庫，是亦祖述勖而加詳焉。歐陽公謂其始於開元，誤矣。

按：《唐書·藝文志·序》云至唐始分爲四類，曰經、史、子、集，此説非

是。《晁志》稱「歐陽公云云」者，即指此事。

嘉定錢大昕《元史・藝文志・序》曰：晉荀勖撰《中經簿》始分甲、乙、丙、丁四部，而子猶先於史，至李充爲著作郎重分四部，而經、史、子、集之次始定。厥後王亮、謝朏、任昉、殷鈞撰書目，皆循四部之名。雖王儉、阮孝緒分而爲七，祖暅別而爲五，然隋唐以來志經籍藝文者，大率用李充部署而已。

按：《晁志》言四部本末固善矣，而錢氏發前人所未發，尤爲精覈。四部之體，不始於本志而四部之書之存於世者，則唯本志爲最古矣，以上敘四部源流第一。

唐李延壽《南北史・敘傳》曰：貞觀十七年，尚書右僕射褚遂良時以諫議大夫奉勅修《隋書》十志，復準勅召延壽撰録。

又李延壽《上南北史表》曰：梁、陳、齊、周、隋五書，是貞觀中勅撰，以十志未奏本，猶未出，然其書及志始未是臣所修。

《舊唐書・令狐德棻附傳》：李延壽者，本隴西著姓，世居相州，貞觀中累補太子典膳丞、崇賢館學士，嘗受詔與著作佐郎敬播同修《五代史志》。

唐劉知幾《史通・正史篇》：初太宗以梁、陳及齊、周、隋氏並未有書，乃命學士分修，書成，下於史閣，唯有十志斷爲三十卷，尋擬續奏，未有其文。又詔左僕射于志寧、太史令李淳風、著作郎韋安仁、符璽郎李延壽同撰，其先撰史人唯令狐德棻重預其事。太宗崩後刊勒始成，其篇第雖編入《隋書》，其實別行俗呼爲《五代史志》。

按：此以成書在後，故有似乎別行，其實不盡然。他不具論，第觀本志於隋人書，皆不著隋字，與前朝分別時代，各冠以漢、魏、吴、晉等字者，其例迥殊。是當屬稿之初，已議定編入《隋書》矣。若意在別行，不與紀傳相屬，則亦當一律冠以「隋」字也，此亦一明證焉。

《唐書・藝文志》：姚思廉《梁書》五十六卷，《陳書》三十六卷，皆魏徵等同撰。李百藥《北齊書》五十卷，令狐德棻《後周書》五十卷，《隋書》八十五卷，《志》三十卷，顔師古、孔穎達、于志寧、李淳風、韋安仁、李延壽與德棻、敬播、趙弘志、魏徵等譔。

《四庫提要》曰：貞觀十五年，又詔脩梁、陳、齊、周、隋五代史志。顯慶元年，長孫無忌上進。案：宋刻《隋書》之後，有天聖中校正舊跋，稱舊本每卷分題十志內，惟《經籍志》題侍中鄭國公魏徵撰，今從衆本所載紀傳，題以「徵志題無忌」云云，是此書每卷所題撰人姓名，至天聖中重刊，始定以領修者爲主，分題徵及無忌也。

按：本志天聖以前本題「唐侍中鄭國公臣魏徵等撰」，今本題「唐太尉揚州都督監修國史上柱國趙國公臣長孫無忌等撰」。按：李延壽《上表》言十志是臣所修，此斷非虛語。《舊唐書》言延壽受詔與敬播同修，亦斷非虛事。《史通》云：太宗使魏徵總知其務，凡有贊論徵多預焉。此言五史紀傳之論贊與本志或不相涉，至唐《經籍志》言開元三年整比內庫書籍所用書序，咸取魏文貞所分書類，皆據《隋經籍志》，斯則明言魏文貞撰書序矣。書序者，即本志大小序四十八篇猶紀傳之有論贊也。大抵是志初修於李延壽、敬播，有網羅彙聚之功，删訂於魏鄭公，有披荆翦棘之實。撰人可考見者凡三人，舊本題魏徵等撰，徵實可信也。以上敘本志撰人第二。

本志《總序》曰：今考見存分爲四部，合條爲一萬四千四百六十六部，有八萬九千六百六十六卷。其舊録所取文義淺俗無益教理者，並删去之；其舊録所遺辭義可采有所弘益者，咸附入之。遠覽《馬史》、《班書》，近觀王、阮《志》、《録》，挹其風流體制，削其浮雜鄙俚，離其疏遠，合其近密，約文緒義，凡五十五篇，各列本條之下，以備《經籍志》。雖未能研幾探賾，窮極幽隱，庶乎弘道設教，可以無遺闕焉。

按：此言五十五篇者，凡經部十篇史，部十三篇，子部十四篇，集部三篇，合四十篇，附以道經四篇，佛經十一篇，綜凡五十五篇也。

又按：五十五篇各列本條之下者，謂所作篇序也。今考道、佛二録但條舉大綱而繫以序各一篇，實無所謂五十五篇者。以意推尋，殆先朝舊録道、佛十五篇，篇各有序，初意欲附存其目删存其序，與四十篇之例一律。庶幾與《七録》之例亦略從同，既而四部正文已滿四卷，不欲再加卷袠，以此二録本在四部之外，可以從省。故但附總最以畢其事，不及追改總序之文歟。今所存卷首總序一篇，四部後序四篇，分類小序四十篇，道、佛序二篇，又後序一篇，實止於四十八篇。

本志《經部敘》曰：班固列六藝爲九種，或以緯書解經，合爲十種。

按：《唐六典》曰：祕書郎掌四部之圖籍，分庫以藏之，以甲、乙、景、丁爲之部。甲部爲經，其類有十：一曰易，以紀陰陽變化。二曰書，以紀帝王遺範。三曰詩，以紀興衰誦歎。四曰禮，以紀文物體制。五曰樂，以紀聲容律度。六曰春秋，以紀行事褒貶。七曰孝經，以紀天經地義。八曰論語，以紀先

聖微言。九曰圖緯，以紀六經讖候。十曰小學，以紀字體聲韻。

本志《史部敘》曰：班固以《史記》附《春秋》，今開其事凡三十種，别爲史部。

按：三十種爲十三種之寫誤。

按：《唐六典》曰：乙部爲史，其類一十有三：一曰正史，以紀紀傳表志。二曰古史，以紀編年繫事。三曰雜史，以紀異體雜記。四曰霸史，以紀僞朝國史。五曰起居注，以紀人君動止。六曰舊事，以紀朝廷政令。七曰職官，以紀班序品秩。八曰儀注，以紀吉凶行事。九曰刑法，以紀律令格式。十曰雜傳，以紀先賢人物。十一曰地理，以紀山川郡國。十二曰譜系，以紀氏族繼序。十三曰略録，以紀史策條目。

本志《子部敘》曰：《漢書》有《諸子》、《兵書》、《數術》、《方伎》之略，今合而敘之爲十四種，謂之子部。

按：《唐六典》曰：景部爲子，其類一十有四：一曰儒家，以紀仁義教化。二曰道家，以紀清净無爲。三曰法家，以紀刑法典制。四曰名家，以紀循名責實。五曰墨家，以紀强本節用。六曰從横家，以紀辯説譎詐。七曰雜家，以紀兼敘衆説。八曰農家，以紀播植種藝。九曰小説家，以紀芻辭輿誦。十曰兵法，以紀權謀制變。十一曰天文，以紀星辰象緯。十二曰曆數，以紀推步氣朔。十三曰五行，以紀卜筮占候。十四曰醫方，以紀藥餌鍼灸。

本志《集部敘》曰：班固有《詩賦略》，凡五種，今引而伸之合爲三種，謂之集部。

按：《唐六典》曰：丁部爲集，其類有三：一曰楚辭，以紀騷人怨刺。二曰别集，以紀辭賦雜論。三曰總集，以紀類分文章。凡《六典》所載四部門類，並與本志篇目相同。惟經部第九「圖緯」，本志作「異説」。史部第十三「略録」，本志作「簿録」，爲小異耳。唐人諱丙，故改丙部爲景部。

本志道、佛篇《敘》曰：道、佛者，方外之教，聖人之遠致也。俗士爲之不通其指，多雜以迂怪，假託變幻亂於世，斯所以爲弊也。故中庸之教是所罕言，然亦不可誣也。故録其大綱，附於四部之末。

按：道經大綱分類凡四：曰經戒，曰餌服，曰房中，曰符籙。佛經大綱分類十有一：曰大乘經，曰小乘經，曰雜經，曰雜疑經，曰大乘律，曰小乘律，曰雜律，曰大乘論，曰小乘論，曰雜論，曰記。大業中有《寶臺法藏目録》及《玄門寶海》，别詳子部雜家，即此道、佛二録之所由來也。

《唐書經籍志序》曰：毋煚等撰集《群書四録》，依班固《漢書・藝文志》體例，諸書隨部皆有小序，發明其指。近史官撰《隋書經籍志》，其例亦然。又曰：開元三年詔左散騎常侍褚无量、馬懷素整比内庫經籍，所用書序或取魏文貞所分書類，皆據《隋經籍志》。

按：晉宋以來爲四部書目者多矣，至唐初而總覈會歸定爲四十篇，名之曰「經籍志」，以《七録》敘目校之，唯史部之正史、古史、雜史、起居注四篇不用阮例，餘或合并篇目，或移易次第，大略相同。當時極重其書，至著於令，爲祕書省所有事祕書郎職掌之，并取其事類著之於《六典》，雖爲前代志經籍，亦即爲當代立法程，蓋亦唐一代之故事也。毋煚既與脩《六典》，又與脩《群書四部録》，皆悉遵是志而無所違越。《群書四録》不可見。見於《唐經籍志》其於經部分出經解、訓詁二類，又於子部分出藝術、類事、經脈三類，其餘雖分合或不同，大致略無所異。是唐之官師法守由來久矣。縱後世遞有變通，亦範圍不過也。以上敘本志體製第三。

《隋書・牛弘傳》：開皇初，授祕書監弘以典籍遺逸上表請開獻書之路，於是下詔獻書一卷，賚縑一匹，一二年間篇籍稍備。

按：弘上表言秦火以來書遭五厄，爲考古者所依據，後之論者稱其有功典籍，不讓王儉、阮孝緒，有《開皇四年四部書目》四卷。詳見《簿録篇》，即其爲祕書監時之職業也。亦即爲本志藍本之一。弘有文集，詳《别集類》。

《北史・儒林劉炫傳》：炫除殿内將軍時，牛弘奏請購求天下遺逸之書，炫遂僞造書百餘卷，題爲《連山易》、《魯史記》等，録上送官取賞而去。後有人訟之，經赦免死，坐除名。

按：宋傅崧卿《夏小正戴氏傳・序》曰：隋懸重賞以求逸書，進書者多離析篇目以邀賞帛，有司受之不加辯，作志者亦不復考云云。傅氏疑本志禮類《夏小正》一卷，隋時從《大戴記》析出也。今按一人之書有分爲二三部者，易類蕭子政《周易義疏》一書既别出《繫辭義疏》三卷，又别有《繫辭義疏》二卷。禮類徐廣《禮論答問》一書，既著録八卷，又别出十三卷。樂類蕭吉《樂譜集》一書，又别出《樂論》一卷。春秋類干寶、崔靈恩、劉炫三家之書，皆與序分别著録。若此者，雖或由本志從諸家書目節抄入，亦未始非當時離析篇目之所致。傅氏之言，或有所受劉氏僞造之書，又有《孝經孔氏傳》。詳見本條。

《史通・書志篇》曰：《漢書》之志藝文也，蓋欲廣列篇名，示存書體而已。文

字既少，披閲易周，故雖乖節文，而未甚穢累。既而後來繼述其流日廣，《四部》、《七録》、《中經》、《祕閣》之輩，莫不各踰三篋，自成一家。而近世有著《隋書》者，乃廣包衆作，勒成一志，騁其繇富，百倍前修，非惟循覆車而重軌，亦復加闊眉以半額者矣。但自史之立志非復一門，其理有不安，多從沿革。唯藝文一體，古今是同，詳求厥義，未見其可愚。謂凡撰志者，宜除此篇。

按：劉氏於《藝文》一志，未嘗詳究其體用，故其言如此。《經義考》及《四庫提要》，皆糾之詳，見後方。

又《因習篇》曰：當晉宅江淮，實膺正朔，嫉彼群雄，稱爲僭盜。故阮氏《七録》以田、范、裴、段諸記，劉、石、苻、姚等書別刱一名，題爲僞史。及隋氏受命，海内爲家國，靡愛憎人，無彼我，而世有撰《隋書經籍志》者，其流別群書，還依阮《録》。案國之有僞，其來尚矣，如杜宇作帝，句踐稱王，孫權建鼎峙之業，蕭詧爲附庸之主，而揚雄撰《蜀記》，子貢著《越絶》，虞傳《江表》蔡述《後梁》，考斯衆作，咸是僞書，自可類聚相從，何止取東晉一世十有六家而已乎！

按：本志史部《霸史篇》所載，有《吐谷渾記》，宋人撰又有《天啓記》，梁陳時人撰又附載梁有翟《遼書》，皆在十六國之外，實不止東晉一代十六家之書。

宋鄭樵《通志・校讎略》曰：《隋志》於禮類有《喪服》一種，雖不別出，而於儀禮之後自成一類，以喪服者，儀禮之一篇也。後之議禮者，因而講究，遂成一家之書，尤多於《三禮》，故爲之別異。可以見先後之次，可以見因革之宜，而無所紊濫。

又曰：《隋志》每於一書而有數種學者，雖不標別，然亦有次第。如《春秋三傳》雖不分爲三家，而有先後之列，先《左氏》，次《公羊》，次《穀梁》，次《國語》，可以次類求。

按：本志於此等處皆據《七録》而取則《班書》，遠有所受者也。

又曰：《隋志》於他類，祇注人姓名，不注義説，可以覩類而知義也。如史家一類，正史、編年各隨朝代，朝代易明不言自顯。至於雜史容有錯雜其間，故爲之注釋，其易知者則否。惟霸史一類紛紛如也，故一一具注，蓋有應釋者有不應釋者，不可執一概之論。

按：本志正史、古史二類，亦略有所釋，非如此所云云也。

又曰：《隋志》所類，無不當理，然亦有錯收者。謚法三部已見經解類矣，而汝南君《謚議》又見儀注，何也？

按：本志何嘗有經解一類，唯《論語篇》敘云并五經總義附於此篇，雖後人改爲經解，而本書實無經解之目。當云《論語》或《五經》。又《儀注篇》所載爲汝南君「諱議」，非「謚議」，當是魏晉謚議之誤爾。

又曰：《隋志》分類不考，故亦有重複者，《嘉瑞記》、《祥瑞記》二書既出雜傳，又出五行。《諸葛武侯集》、《誡衆賢誡》、曹大家《女誡》、正順志《娣姒訓》、《女誡》、《女訓》，凡數種書，既出儒家，又出總集。《衆僧傳》、《高僧傳》、《梁王大捨記》、《法藏目録》、《玄門寶海》等書，既出雜傳，又出雜家。

如此三種，實由分類不明，是致錯誤。若乃陶弘景《天儀説要》，天文類中兩出，趙敺《甲寅元曆序》，曆數類中兩出。黄帝《飛鳥曆》與《海中仙人占》災祥書五行類中兩出。庾季才《地形志》，地理類中兩出。凡此五書，是不校勘之過也。

按：本志五行家無《嘉瑞記》，儒家亦無《女訓》，《法藏目録》、《玄門寶海》，亦雜傳篇所無。《地形志》乃兩見於五行，非地理。

又曰：古之編書以人類書，何嘗以書類人哉？人則於書之下注姓名耳。《唐志》一例削注，一例大書，遂以書類人，大有相妨。若用《隋志》例，以其人之姓名著注於其下，無有不安之理。

按：是説切中《新唐書》之病，以書類人則書之部居亂，《三禮》、《三傳》最易部署，本志倫貫有緒，《新志》則棼如亂絲矣。

宋高似孫《子略》曰：隋代群書始開皇三年，牛弘表請搜訪，於是異書間出。平陳後，經籍稍備。《隋志》之作，盡出瀛洲學士之手，可謂極一時史筆之妙，而志甚淆雜，乏詮彙之工。

明焦竑《隋經籍志糾繆》曰：《夏小正》入禮，非，改時令。《五經正名》等二十九種入《論語》，非，改經解。《洞紀》等十一種入雜史，非，改通史。後周《太祖號令》入起居注，非，改制詔。《竹譜》、《錢譜》入譜系，非，改食貨。《畫品》、《畫録》入簿録，非，改藝術。《皇覽》、《類苑》、《華林遍略》入雜，非，改類家。《衆僧傳》、《高僧傳》入雜，非，改釋家。

按：此附所作《國史經籍志》之後者，所云時令、經解、通史、制詔、食貨、藝術、類家、釋家八名目，皆非本志所有，以後來雜出之目例之，前史未見其然。《夏小正》本志次《大戴記》之後，猶《喪服》之次《儀禮》而以爲非，是不足與辯。《五經正名》等書，本志篇敘已明言，并《五經總義》附於此篇矣。《洞紀》等書，篇敘亦明言，抄撮舊史備而存之矣。是皆類中分類，無所爲非也。

章氏《校讎通義》謂焦某不知古人類例，碻中其病，其所條甚多，大抵以《通志

・藝文略》爲不傳之祕，皆虚浮無當，故不具。

秀水朱彝尊《經義考・著録篇》曰：班固《漢書》依《七略》作《藝文志》，誠良史用心而史家體例之不可少者也。其後唯袁山松撰《後漢書》有藝文志，顧不傳，自晉以下國史皆無述焉。至《隋書》始勒成《經籍志》附著《七録》之目。於下經典藉是略存，而劉知幾《史通》反訕之，謂「騁其緐富，凡撰志者宜除此篇」，抑何見之褊乎！

《四庫提要》曰：《周禮》太史掌國之六典，小史掌邦國之志，則史官兼司掌故，古之制也。子元之意惟以褒貶爲宗，餘事皆視爲枝贅，故《表》、《曆書志》兩篇於班馬以來之舊例一一排斥，多欲删除，尤乖古法。史部史評類《史通》條。

又曰：《經籍志》編次無法，述經學源流每多乖誤。如以《尚書》二十八篇爲伏生口傳，而不知伏生自有書教齊魯間；以《詩序》爲衛宏潤益，而不知傳自毛亨；以《小戴記》有《月令》、《明堂位》、《樂記》三篇爲馬融所增益，而不知劉向《别録》、《禮記》已載。此三篇在《十志》中爲最下，然後漢以來之藝文惟藉是以考見源流，辨别真僞，亦不以小疵爲病矣。史部正史類《隋書》條。

謹按：《提要》所指三事，皆書類、詩類、禮類篇敘中之文，其禮類篇敘有云「戴聖删大戴之書爲四十六篇，謂之《小戴記》，漢末馬融遂傳小戴之學。融又足《月令》一篇、《明堂位》一篇、《樂記》一篇，合四十九篇。按《通典》禮類序引此文「足」字，實「定」字之誤。謂馬氏於《小戴》所定四十六篇，則仍其舊。唯此三篇，不從《小戴》所取，故又重定其本，仍合爲四十九篇。推其意，似欲分别言之，然總不當，云四十六篇也。至其編次無法，類皆有之，詳見諸篇。

又曰：《漢書藝文志》本劉歆《七略》而作，班固已有自注。《隋書經籍志》參考《七録》，互注存佚，亦沿其例。《唐書》於作者姓名不見紀傳者，尚間有注文以資考核。後來得見古書之崖略，實緣於此。史部目録類《崇文總目》條。

又曰：《隋志》著録，凡於全經之内專説一篇者，如易類之《繫辭》注乾坤義，書類之《洪範》、《五行》傳古文《舜典》，禮類之《夏小正》、《月令章句》、《中庸傳》等，皆與説全經者通敘先後，俾條貫易明。前類《經義考》條。

謹按：此亦據《七録》，皆《漢藝文》舊例，班氏本之《七略》者也。

又曰：《漢藝文志》無史名，《戰國策》、《史記》均附見於《春秋》，厥後著作漸緐，《隋志》乃分正史、古史、霸史諸目。然梁武帝《元帝實録》列諸雜史，義未安也。史部别史類小序。

又曰：雜史之目，肇於《隋書》，蓋載籍既繁，難於條析，義取乎兼包衆體，宏括殊名。故《汲冢》、《瑣語》、王嘉《拾遺記》得與魏尚書《梁實録》並列，不爲嫌也。史部雜史類小序。

又曰：史鈔至《宋志》始自立門，然《隋志》雜史類中有《史要》十卷，漢桂陽太守衛颯撰，約《史記》要言以類相從。又有《三史略》，吴張温撰。自後專鈔一史者，有葛洪《漢書抄》，張緬《晉書抄》。合抄衆史者，有阮孝緒《正史削繁》各若干卷，則其來已古矣。史部史鈔類小序。

謹按：本志雜史類自衛颯《史要》以下二十九種書，皆抄撮舊史之屬，篇敘言之甚明，詳見本篇。是即後史之史鈔提要，已顯揭之矣。

又曰：五馬南浮，中原雲擾，偏方割據，各設史官，其事蹟亦不容泯滅。故阮孝緒作《七録》，僞史立焉，《隋志》改稱霸史。史部載記類小序。

又曰：古書無以數人之書合爲一編而别題以總名者，惟《隋志》載《地理書》一百四十九卷，録一卷，注云「陸澄合《山海經》以來一百六十家以爲此書」。又載《地記》二百五十二卷，注曰梁任昉增陸澄之書八十四家以爲此記，是爲叢書之祖。然猶一家言也。子部雜家類雜編案語。

謹按：本志地理類之前已有陸、任二家雜傳各若干卷，皆不注所集家數，與地理類例不畫一。此二類編次無法，實拘泥二家之書之故也。詳見本條。

又曰：《隋志》以秦會稽刻石及諸石經皆入小學，又曰《隋志》以法書名畫列入目録，又曰《隋志》欹器圖猶附小説，象經棊勢猶附兵家，又曰譜系本陳族姓，而末載竹譜、錢圖。是皆明知其不安而限於無類可歸，又復窮而不變，故支離顛舛，遂至於斯。史部目録類案語，子部雜家案語，譜録類小序。又曰：《隋志》集部以楚辭别爲一類，歷代因之。蓋漢魏以下賦體既變無全集，皆作此體者。他集不與楚辭類，楚辭亦不與他集類，體例既異，理不得不分著也。集部楚辭類小序。

又曰：集始於東漢荀況諸集，後人追題也。其自製名者始於張融《玉海》集，其區分部帙，則江淹有前集，有後集。梁武帝有詩賦集，有文集，有别集。梁元帝有集，有小集。謝朓有集，有逸集，與王筠之一官一集，沈約之正集百卷，又别選《集略》三十卷者，其體例均始於齊梁，蓋集之盛自是始也。然隋、唐《志》所著録，宋志已十不存一。集部别集類小序。

又曰：梁阮孝緒作《七録》以二氏之文别録於末，《隋書》遵用其例，亦附於志

末，有部數卷數而無書名。子部釋家類小序。

嘉定錢大昕《隋書考異》曰：《經籍志》經部孔穎達《詩正義・序》稱全綴劉軌思、劉醜、劉焯俱有義疏，《春秋正義》引衛冀隆《難杜》、秦道静《釋》、蘇寬《義疏》、劉炫《規過》、賈公彦《儀禮疏》稱黄慶、李孟悊二家章疏，陸德明《經典釋文》有周宏正《周禮音》。已上諸書，唐初儒者皆見之，而《隋志》不載，并不在亡書之數，何也？又沈重《毛詩音》二卷、《周禮音》一卷、《儀禮音》一卷、《禮記音》二卷、《儀禮義》三十五卷、《喪服經義》五卷，樊深《孝經問疑》一卷，熊安生《周禮義疏》廿卷、《禮記義疏》四十卷、《孝經義疏》一卷見於《周書》。明克讓《孝經義疏》、劉焯《五經述議》、劉炫《春秋攻昧》十卷，何妥《孝經義疏》三卷，辛德源《集注春秋三傳》三十卷，張沖《孝經義》三卷，劉善經《四聲指歸》一卷，見於《隋書》，而志皆遺之。或謂志所録者，僅唐初所收，東都圖籍湮没之餘，固宜漏落。然史臣自言於舊録之外更有附入，則有附有否，難辭掛漏之咎矣。

按：劉善經《四聲指歸》一卷，本志小學家著録於沈約《四聲》之前，錢氏蓋偶未見也。唐初所收圖籍在《唐經籍志》不在本志，本志所録據隋人見存書目，非一一見其書而著之也。詳見後序。

又曰：史部之見於列傳者，如于仲文《漢書刊繁》三十卷，張沖《前漢書音義》十二卷，許善心《梁書》七十卷，榮建緒《齊紀》三十卷，杜臺卿《齊紀》廿卷，王卲《齊書紀傳》百卷、《平賊記》三卷、《皇隋靈感志》三十卷，柳䛒《晉王北伐記》十五卷，明克讓《古今帝代記》一卷、《續名僧記》一卷，宇文愷《東都圖記》廿卷、《明堂圖議》二卷，劉善經《酬德傳》三十卷、《諸劉譜》三十卷，諸葛穎《洛陽古今記》一卷，志皆遺之。

又曰：子部之見於列傳者，如何妥《莊子義疏》三卷，辛德源注《揚子法言》廿三卷，張煚《道言》五十二篇，王卲《讀書記》三十卷，柳䛒《法華元宗》廿卷，劉焯《稽極》十卷、《曆書》十卷，諸葛穎《馬名録》二卷，來和《相經》四十卷，耿詢《鳥情占》一卷，蕭吉《宅經》八卷、《葬經》六卷、《相手版要決》一卷、《太一立成》一卷，臨孝恭《欹器圖》三卷、《九宮五墓》一卷、《遁甲月令》十卷、《元辰經》十卷、《元辰厄》一百九卷、《百怪書》十八卷、《禄命書》二十卷、《九宮龜經》一百十卷、《太一式經》三十卷、《孔子馬頭易卜書》一卷，劉祐《觀臺飛候》六卷、《元象要記》五卷、《律曆術文》一卷、《婚姻志》三卷、《式經》四卷、《四時立成法》一卷、《安曆志》十二卷、《歸正易》十卷，志皆遺之。

按：張煚父羨，周太祖賜姓叱羅氏，故亦稱叱羅羨，所著《道言》五十二篇，本志著録子部雜家，詳見本條。羨之事蹟，《隋書》附見其子煚傳首，故錢氏以爲張煚，其實非也。

又曰：集部之見於列傳者，如李文博《治道集》十卷、《明克讓集》廿卷、《劉臻集》十卷、《庾自直集》十卷、《孫萬壽集》十卷，志皆遺之。

按：本志總集類有《政道集》十卷，不著撰人，蓋即李文博之《治道集》，詳見本條。

又按：本志《總序》、《篇序》每云「今據見存」，所謂「見存」者，據隋人見存，官私書目或亦據唐初人見存書目。觀其載及陸德明《周易并注音》、《周易大義》，江漼《爾雅音》，曹憲《廣雅音》，皇甫遵《吴越春秋傳》、《參解楚辭》，裴矩《開業平陳記》，蔡元恭《并州入朝道里記》，虞世南《北堂書鈔》，孫思邈《龜上五兆動摇決》、《五兆算經》，甄權甄立言《兄弟醫書本草》，宋俠《經心録》，則并及唐初近時人，或亦見隋人書目，或由史官别自采入，猶班氏録及東漢杜林之《倉頡訓》故也。錢氏所舉四部遺漏，但就周、隋二史約略言之耳，若合五史紀傳之所載，則所遺不知凡幾。

又曰：志中一書而重出者，如京相璠《春秋土地名》三卷，一見春秋類，一見地理類。李概《戰國春秋》二十卷，一見古史，一見霸史。裴子野《衆僧傳》一見雜傳，一見雜家。《諸葛武侯集誡》等七書，俱一見儒家，一見總集。又如服虔《春秋漢議駁》，兩收於春秋類。趙𢾺《甲寅元曆序》，兩收於曆數類。庾季才《地形志》，兩收於五行類。皆史臣觕疏之失，唐、宋而後志藝文者重複益甚矣。

按：重出之書，鄭氏錢氏所舉之外，又有無名氏《周易玄品》，既見易家，又見五行。無名氏《新舊傳》、王延秀《感應傳》，既見雜傳，又見雜家。無名氏《正流論》，既見簿録，又見總集。又如《鄭氏駁何氏漢議》，春秋類中兩見。顧夷《吴郡記》、戴祚《西征記》，地理類中兩見。至於五行家、遁甲一類之書，分前後兩起，類皆重複。醫家後半篇自全元起《素問》注本之後重複尤夥，悉數之不能盡。又所注「梁有亡書」，往往見於他類著録，亡而不亡，並詳見於各條。

又曰：阮孝緒《七録》撰於梁普通中，志所云「梁者，阮氏書也」。

按：《七録》序目題普通四年别詳史部《簿録篇》，志中所注稱「梁武帝、簡文帝、梁元帝之謚」，必非《七録》本文，自是後人追改。他如朱异、蕭子顯、陶

弘景、何胤、劉敲、劉潛諸家，皆並時之人，或卒於阮氏之後，而志皆附載其書，亦曰「梁有」。以《七録》序目從横家驗之，知其采宋、齊、梁、陳四代書目，而亦注「梁有」。《春秋三傳》類中，尚存有「宋有」一條。以《五代史志》託始於梁也，不盡是《七録》也。詳見子部從横家類末。大抵宋齊書目所有者，梁代諸家書目無不有之，故概以梁有括之也。

又曰：漢魏至宋齊，九卿官名皆不繫以「卿」字，至梁乃有司農卿、少府卿之稱。此志載魏司農卿董遇、吴太常卿徐整、晉少府卿華嶠、魏衛尉卿應璩、晉衛尉卿石崇、晉太常卿潘尼、晉太僕卿王嶠、宋太常卿蔡廓之類，皆史臣不諳官制以意增之。

按：梁武帝按四時置十二卿，始於天監七年，見《隋書百官志》，錢氏之意謂南朝人是年之後方可繫以「卿」字，雖世俗或有是稱，未可形之於史文也。

又《十駕齋養新録》曰：《隋書經籍志》遺漏晉灼《漢書集解》十四卷，宋孝王《關東風俗傳》。又曰：晉灼《集解》十四卷，不載於《隋志》。顔師古所謂東晉迄於梁陳，南方學者皆未之見，王、阮既未著録，故《隋志》遺之也。

按：本志正史類《漢書集注》十三卷，晉灼撰，錢氏一再言遺漏，非也。宋孝王《關東風俗傳》六十三卷，志實遺之。

又按：本志所遺如任孝恭《古文尚書大義》二十卷，王儉《尚書音義》四卷、《公羊音》二卷，陸德明《經典釋文》三十卷，張揖《三倉訓詁》三卷，諸葛穎《桂苑珠叢》一百卷，葛洪《要字苑》一卷，王愔《文字志》三卷，崔浩《漢書音義》二卷，顔游《秦漢書決疑》十二卷，孔衍《漢尚書》十卷、《後漢尚書》六卷、《魏尚書》十四卷，《漢春秋》十卷、《後漢春秋》六卷、《後魏春秋》九卷、《春秋時國語》十卷、《春秋後國語》十卷，本志唯有《魏尚書》八卷，《漢魏春秋》九卷，似皆非其原編。鄧粲《晉陽秋》三十二卷，蔡允恭《後梁春秋》十卷，鮑衡卿《宋春秋》二十卷，胡沖《吴朝人士品秩狀》八卷、《吴曆》六卷，虞溥《江表傳》五卷，裴矩《鄴都故事》十卷，吴均《吴郡錢塘先賢傳》五卷，陽休之《幽州古今人物志》三十卷，梁武帝《孝子傳》三十卷，袁淑《真隱傳》二卷，宗躬《止足傳》十卷，齊竟陵王子良《止足傳》十卷，似即宗躬書其官屬也。宗躬《齊永明律》八卷、《北齊麟趾格》四卷、《晉太康土地記》十卷、《鄭郡縣名》五卷，梁元帝《職貢圖》一卷，王範《交廣二州記》一卷，邱賓卿《梁天監四年書目》四卷，殷淳《四部書敘録》三十九卷，劉杳《古今四部書目》五卷，王劭《隋開皇二十年四部書目》四卷，顔之推《家訓》七卷，范望注《太玄經》十二卷，衛元嵩《齊三教論》七卷，陸士衡《要覽》三卷、《范子計然》十五卷、《尹都尉書》三卷，嵇含《南方草木狀》三卷，宗懍《荆楚歲時記》一卷，杜公瞻《荆楚歲時記》二卷，諸葛穎《種植法》七十七卷，又《相馬經》六十卷，侯白《啓顔録》十卷，裴子野《類林》三卷，張華《列異傳》一卷，虞荔《鼎録》一卷，陶弘景《刀劍録》一卷，任昉《述異記》二卷，顔協《晉仙傳》五卷，魏武《兵書》十三卷，亦稱新書。杜公瞻《編珠》一卷，宋祖沖之《大明術》，梁虞劇《大同曆》，北魏孫僧化《永安曆》，隋張胄元《開皇曆》、《大業曆》，隋劉焯《皇極曆》，崔篆《易林》十六卷，管輅《周易林》四卷，伏曼容《周易集林》十二卷，蕭吉《五行大義》五卷，柳彦詢《龜經》三卷，柳世隆《龜經祕要》二卷，《梁文帝集》十八卷，武帝之父，見《梁書》、《南史》本紀。《傅昭集》十卷，《袁昂集》二十卷，《周興嗣集》十卷，後魏《薛孝通集》六卷，《魏孝景集》一卷，常是「委景」之誤。北齊《陽休之集》二卷，《新唐志》三十卷。後周《王衡集》三卷，陳《沈不害集》十卷、《顧越集》二卷、《顧覽集》五卷、《姚察集》二十卷，隋《殷英童集》三十卷、《尹式集》五卷、《虞茂世集》五卷、《劉與宗集》三卷、《李播集》三卷，道士《江旻集》三十卷，庾自直《類文》三百七十七卷，虞綽等《類集》一百十三卷。凡此皆見於唐、宋《志》、《玉海》藝文及諸書所引。近時相傳最著聞者，其他小録短書尚不盡於此。此豈盡梁、隋書目所遺者乎？以史部《簿録篇》覈之，知草率絓漏在所不免。以上敘諸家評論第四。【略】

上元朱緒曾述之《開有益齋讀書志》曰：余於孫淵如觀察文集中知會稽章孝廉宗源編輯勤苦，思求其書。既宰孝豐章廣文炳奎，其族裔也，廣文云：孝廉著述甚富，没後多零落，有《隋書經籍志考證》最詳核。余好爲目録之學，常以王伯厚《漢書藝文志考證》極博且精，惟增入二十六種，羼雜贋鼎，至漢人著作仍有出於伯厚所載之外者。若《隋書經籍志》，則余素所措意者也，屢欲爲之考證，恨見書少又不能專心從事。聞孝廉有是作，爲之躍然。廣文許索諸其家不可得。余牧海昌錢警石學博云：全書未見，若史部考證則有之，《隋志》所載今佚者，必詳載體例及諸家評論。如干寶《晉紀》，則列劉彦和《文心雕龍》，劉子元《史通》之議。又如《司徒儀》則列《北堂書鈔·設官部》從事中郎之職，《太平御覽·職官部》右長史之職以備其説。至史部爲《太平御覽》目録所引隋以前書。凡《經籍志》未載者，悉取以補之。《御覽》雖修於宋初，然以《修文殿御覽》爲藍本，故可據也。此外如《初學記》、《北堂書鈔》、《藝文類聚》、《通典》、《通考》、《玉海》、《白帖》之類，皆旁摭其佚

文。隋以前乙部殆無遺珠矣。余假鈔副本至經、子、集考證，未知有收藏者否。

章氏《隋書經籍志考證》十三卷，道光二十八年嘉興錢泰吉題識，曰：嘉慶戊寅吾兄衎石自京師歸篋中攜此書，謂鈔自何夢華元錫，藏書家未有也。余乃鈔録副本，惜僅有史部。三十年來訪求全書無知之者。道光丁未冬日朱述之明府假鈔一本，乃從述翁假孫氏《五松園文集》録《章君傳》於册首，此書名與王氏《漢書藝文志》同，而編次則異。

按：章氏是書，光緒三年湖北崇文書局始刊入叢書，卷首有孫氏傳，錢氏識，知即從錢本傳録書。凡十三篇，其目曰正史、曰古史、曰雜史、曰霸史、曰起居注、曰地理、曰譜系、曰簿録、曰舊事、曰職官、曰儀注、曰刑法、曰雜傳。其先後次第自起居注以下皆不從本志篇中，部居亦復有所移易。又，本志所有而失載者，自劉顯《漢書音》以下，凡一百七十九部，分見史部十三篇篇末。本志所無標不著録者，自延篤《史記音義》以下，雜出六百一十一部，蓋極意規仿王氏《漢書藝文志》，其於著録之書不求甚備，而篇敘之文反有所考；於撰人始末不必甚悉，而傳注、類書所引諸佚文則獨致其詳，皆王氏書之例，而所謂不著録者，亦王氏之例，《四庫提要》詆爲蛇足是也。其本意因輯書而爲是志，皆從輯本中約略録出，故其書如此。名爲《經籍志考證》，實與經籍志在離合之間。其族後學有章小雅者，嘗謂此書本名「史籍考」，今題《經籍志考證》，好事者爲之也。豈信然耶？莫得而詳已。以上敘章氏考證第五。

又《隋書經籍志考證後序》　《隋書》十志，皆包括梁、陳、齊、周、隋五代，其纂脩《經籍志》也，以隋代官私書目所謂見存者，類次爲長編，附以梁代之所有。其四部總序之末，皆援據《漢書藝文志》爲説，知其師範班書。而漢魏以下典籍莫備，于梁代欲綜括梁以來所有爲一志，以繼班氏之墜，緒矯前史之未備焉。其篇敘每云「今據見存」。案見存書目不一家，如牛弘、王劭之所撰，及本志簿録篇所載，《開皇八年書目》、《香廚四部目録》、《大業正御書目》之類皆是也。所注梁有亦不止《七録》一家，如丘賓卿《天監四年書目》，殷鈞《天監六年書目》，劉遵《東宮書目》，劉孝標《文德殿書目》之類，亦是也。或以爲梁有諸書皆《七録》，不盡然也。詳見《子部・從横家》篇末。卷首總敘云：今考見存分爲四部，合條爲一萬四千四百六十六部，有八萬九千六百六十六卷。此即其所鈔長編之數，領其事者，即就此數删除其複重，寫爲定本。而删除不盡，仍不免於重復者，則以但見書目，不見本書疑爲別本，不妨互見故也。校書有本書可見，修志唯書目是從，各爲一事，亦各異其職。故史志與書目似同而實異，未可一例論。然書目門類各不相同，書名題目亦多別異，修志者于門目類例既不甚明曉，于書名同異又多所拘掔，故其中有見於前復出於後，著於此復注於彼者。而注文不與本文相維繫，率意比附，於撰人時代每多離合失次，章法亦未能盡善。其於《七録》所載之書，亦多有删棄。《總集》篇注云：梁有魏晉宋雜祖餞讌會詩集二十一部，凡如千卷，今略其數，知所略二十一部皆此之類，是則删繁就簡，得事要矣。而史部舊事、職官、儀注、刑法、雜傳、譜系、簿録七篇，以《七録》敘目校之，略其所載之書，幾及三百種，皆不言所略部數，自亂其例。以《簿録》篇略去諸書覈之，非皆不足，紀實草率了事也。四部之中，經部根據《七録》，大純小疵，史部前九篇著録無多，有條不紊，《雜傳》、《地理》兩篇，爲陸澄、任昉兩書所淆奪，編次無法，殊失體裁。子部《五行》及《醫家》之後半篇，收載最多，紊如亂絲，此四篇爲全書之疵累。集部《別集》一類有時代可循，易於部署。《總集》一類，則各按文體排比，本易故節次，而下亦有條理。統觀大致，經、集兩部爲優，史、子兩部瑕不掩瑜，大抵長篇累牘，記載繁富，夾雜于見存《七録》者，皆未能範我馳驅，首尾一貫。類例不熟，故分隸不清，動爲他家書目所束縛，而遷就依違，茫無把握。知當日與修是志者，非專門之學，不能如李淳風之於《律曆》、《五行》而勝任愉快也。此本志緣起事理及四部純駁之大略也。四部所載存佚併計綜四千七百五十餘部，散見於傳記，有著其本事者，有言其命意者，有稱道其美詆諆其短者，有載其文字而録存其序目者，自《史》、《漢》、《三國》以迄李延壽南北朝十五史之中，不知其幾百千條也。其見於諸子、雜家、類書、小説、文集中者，亦略相等。而自古迄今，未有罔羅薈萃爲一家言者，亦未有注釋校勘起而修治之者。夫以略而不詳之撰人，亡而不見之書名，茫無可考之體例，亂無可理之頭緒，與夫門類節次之殊，古今存佚之數，寫失刊誤之處，避諱改芟之故，舉凡急索解人不得者，一旦疏通證明，使之原原本本、粲然盈矚，豈非一大快事哉！前哲既未有成書，説部中有考論，是志者僅數條，或數十條而止。予故樂爲之而不疲也。夫考證之學，至無窮盡，識大識小，或得或失，各就其心目之所致。吾于此書多心得之言，爲前人所未發，亦有駁前人舊説之未安者。當其危疑莫釋，堙没無徵，有累日尋思不得忽開悟於俄頃之間；有一時委曲未詳而轉輾得數事之證，思之思之，鬼神通之；有不期然而然者，亦莫之爲而爲也。一書之中凡本事可考及命意所在者，靡不著于篇。其或疑信參半，亦姑過而存之。撰人始末，必求其詳盡。如漢之劉歆，魏之崔浩，皆一代聞人。而歆之後事，本傳不具，散見於翟義《王莽傳》；浩之死難，千古痛酷，別見於《史通》

及《高允傳》。凡斯之類，欲略見其梗概，故不覺其曼衍，儻亦所謂知人論世之一助乎！劉歆有《爾雅注》，崔浩有《周易注》，並見經部小學類、易類。取裁安處之間，幾經審慎，而始定訂正疑異之處，數易稿草而後成，《世本》一書，史部譜系篇所載，凡三部，自來著録之家所言皆誤，今分別是正，至四易稿而定，其他類是者，亦間有焉。力摒繁宂不切之言，務存簡要覈實之語。其節引《四庫提要》、《簡明目録》及近人序跋者，則其書尚傳于世可知也。引諸家輯本序録及《孫祠書目》、《書目答問》者，則其書皆亡，亦或因善本、足本而舉出者也。又自古甄録詩文者，莫如《文選》；自古評論詩文、今存于世者，莫如鍾嶸《詩品》、劉勰《文心雕龍》；而蒐聚詩文之遺篇佚句、近而可徵者，則惟馮氏《詩紀》、《嚴氏文編》爲備。故于《別集類》皆引述之以見大凡，而佚文有無多寡之數，亦于此可見也，唯恐不出于人不得已而始謀諸己。大抵四部之中可考見者，十之八九，其不可知者多無足重輕之書，故前人置不復道，亦不引用也。昔顔監集注《班書》，謂蔡謨以來之注本大率意浮功淺，吾於此書不能詳稽遠攬，功誠淺矣，而彌縫闕失，積累餖飣，意則自信其不浮也。雖然，豈無憾哉！吾家自先贈公以來，聚書至數萬卷，不爲寒儉矣。而唐許嵩《建康實録》二十卷，四庫別史類著録，昭文張海鵬亦刻之，與原本書鈔《續高僧傳》等書，求之累年不獲，皆所未睹。又昔年嘗見明修宋版《隋書》，今復不可得，無以諟證。故篇中失考之處，每不能自已，此新撰考證未盡之例之大略也。隋唐相去不遠，故二代著録亦略相同。隋代亡書，唐時復出，著於《群書四録》者，不知凡幾，即唐書《經籍》、《藝文》二志之所載是也。本志所有見於二志者，亦十有八九，往往于本志疑滯不解之處尋求，二志互相證驗，則涣然冰釋，得其本原，蓋標題詳略之間，雖一二字之異同增減，足以祛疑釋滯而有餘。故書中於唐、宋《志》著録之文，必分析條舉以見其概，不以爲煩瑣而省略之。而《經籍志》全鈔《群書四録》于本志，尤近其爲裨益胡可勝言！《舊志》據毋煚等所撰，故條理井井；《新志》欲駕而上之，多所更易，反形其拙。若無此二志，則沈霾黯昧，不幾面墻，而無從措手乎。予既從二志參互考訂，頗得端緒。又從《七録·敘目》反覆勘驗，并得脩纂取裁之所以然，故于是志頗能見其會通條例節目約略可言、著見於篇中者，時或有焉。《通志·藝文略》紕繆多端不能辨隋、唐三志之異同，故類多重複，疑誤，後學。已于子部「雜家博覽」條下發之，又略見史部《譜系類》中。與夫高氏之《子略》割裂挂漏，略見子部《道家老子類》中，又《曆譜家》後魏甄叔遵「七曜本起條」。皆顔監所謂意浮功淺、流俗短書，唯關於考證者間一及之焦氏《經籍志》更妄誕不經、無所取材焉。《宋史藝文志》、《崇文總目》、《晁志》、《陳録》、《玉海》、《通考》、《經義考》、《小學考》時有采獲，而《玉海》區分類別，事事徵實，賴以觸發者尤多。此外如章氏《考證》，雖止乙部十三篇，馬氏《輯本》，亦唯經子之什一，藉以取證，亦頗可觀。而新雕嚴氏《文編》，則收録之富，考據之密，尤沾溉不窮焉。嚴氏深于目録考證之學，所輯之書舊在《四録堂類集》傳刻者止十二種，見《鐵橋漫稾》自編《四録堂總目》。後輯文編多彙次於其中，雖曰「總集」，而兼包四部，于子部之書所輯尤多，集部則佚文皆在，實爲考據淵藪。所次撰人小傳，多有不見於史而皆有援據，無一字無來歷。其書始事于嘉慶十三年，致力九年而粗定，又致力十八年而竣事。後五十五年，光緒癸巳九月刊成于粤東會垣之廣雅書局，名曰《全上古三代秦漢三國六朝文》，作者三千四百九十七人，分代編次爲十五集七百四十六卷。其序例目録亦見所著《鐵橋漫稾》中，而《漫稾》所載輯本序跋有在文編之外者，尤足以備采擷焉。《文編》未刻之前，其鄉人蔣壑慮其亡散，爲編次目録，蔣之友會稽教諭汪曰楨序而刊行之。予昔時所采獲者，皆其目也。其中輯本自《歸藏》以下，不知若干種，皆有自序題識，于是志甚有益，故并記于此，此又新撰考證推尋事理得所藉手之大略也。始事於癸巳四月，至明年歲除而稿具，逾年正月接寫清本時復輟業。迄丁酉六月，完畢首尾，凡四年有半云。昔歲暮春，予寫清本至子部《雜家》，吾友陶大令文沖以常熟曾君樸新撰《補後漢書藝文志》十卷見貽，越數日陶國學守次又以常熟丁君國鈞《晉書藝文志》二册見眎。二君之學與予有同志，近在數百里，惜不得見之，其書亦各有心得之語，因復剌取若干條於各類中，出其姓名舊例，於今人不著名氏，或云避標榜之嫌耳，予惟擇善而從不知其他。

邵晉涵《補續漢書藝文志序》 班孟堅《漢書》因劉子駿《七略》作《藝文志》，西京書籍略見其梗概矣。後代史家遞相祖述，《隋書》、《舊唐書》、《文獻通考》作「經籍」，宋孝王《關東風俗傳》作「墳籍」，其名不同，其書一也。范氏《後漢書》本未及撰志，司馬彪《續漢書》有《律曆》、《禮儀》、《祭祀》、《天文》、《五行》、《郡國》、《百官》、《輿服》八志，而不及《蓺文》，東京諸儒撰述泯焉無聞，良可深惜。嘉定錢可廬先生精通經史，其説經之書，實事求是，得未曾有。其於兩漢三國，有《辨疑》一書，王光禄稱賞不置，以爲突過三劉。今復有《補續漢書蓺文志》二卷，予受而讀之，蓋取蔚宗本史所載，及書之見存於今代，引證於古書，著録於別史，暨藏書家所録者，輯爲此編，以補司馬氏之闕漏。部分條析，悉依前書。於一代著述，固已搜采無遺，洋洋美備矣。不登上古之書者，依劉知幾之説，斷代爲史，例不當載古人，且東

漢時，古書之存亡，亦非幾千百年以下所能審知也。乾隆五十三年三月，餘姚邵晉涵序。

伍崇曜《補三國藝文志跋》 右《補三國藝文志》四卷，國朝番禺侯康君謨撰。按是書義例與《補後漢書藝文志》同。三國人文不減於東漢，是亦宜亟補者也。裴松之注《三國志》已極詳贍，杭大宗補之，孝廉復補其闕，録爲一卷，《學海堂二集》刻之，洵史才也。鄭氏《孝經注》、《補後漢志》已定爲鄭康成撰，而是書又屬之小同，似作騎墻之見，然案語已云「姑備一説」矣。又如《困學紀聞》稱「謝承父嬰，爲尚書侍郎，每讀高祖及光武之後將相名臣策文通訓，條在南宫，祕於省閣，惟臺郎升複道取急，因得開覽。漢尚書作詔文。尚書郎乃今中書舍人」一條，則謝承撰《後漢書》所本也。又稱「學如牛毛，成如麟角，出《蔣子萬機論》」，集證《萬機論》宋末猶存二卷，今佚。又按《北史·文苑傳》序：「及明皇御曆，文雅大盛，學者如牛毛，成者如麟角。」《抱朴子·極言篇》：「爲者如牛毛，獲者如麟角。」皆本《萬機論》一條，均未採入。又陳承祚原以魏爲正統，故首魏次蜀次吴，則傳志宜亦同。乃是書易類，則李譔書先於王朗，猶人臣也；春秋類，則李譔先於高貴鄉公；刑法類，則諸葛亮先於魏主；雜傳類，則諸葛亮、陳術先於文帝、明帝；儒家類，則諸葛亮、李譔、譙周先於文帝；兵家類，則諸葛亮先於武帝，或孝廉微旨歟？至《曹瞞傳》載《列女傳》、《先賢傳》後，則書出敵人之口，於曹操奸惡備載無遺，益無所用，其推崇者矣。道光庚戌中秋前二日，南海伍崇曜謹跋。

李慈銘《越縵堂讀書記·目録類》 《補三國志藝文志》，清侯康撰。閲侯君謨《補三國志藝文志》，凡四卷，體例一與《補後漢書藝文志》同。皆考證謹嚴，引據晐洽，當時佚文墜簡，多藉以存其梗槩，洵爲不可少之書，非僅諸家補志比。所惜其書皆未成，兩志子部皆缺曆算、五行、醫方、雜藝四門，集部皆無有也。

謙士牧《補晉書藝文志序》 史之有志，所以存一代典章制度。其體與紀傳相表裏，而尤要於紀傳。治乙部者不精研諸志，未足與語史學也。藝文特史志中一體，而上自帝王公卿、儒林文學，下及山林隱逸、釋道士女，畢生精神所寄，胥在此數卷中。然則徵羅群籍，萃之一編，非作史者當務之急哉。唐以前史志具藝文者，首班史，次隋史，餘俱闕。如此，史家之大失不能無待後人補苴者也。中國吴郡常熟丁先生秉衡鋭意爲《晉書》注，以其暇補《藝文志》四卷，軌轍一準《隋志》。別出《附録》一卷，以受不入録諸書。謹嚴匝備，洵無間然。往於友人處見侯康《補後漢》及《三國藝文》二種，驚爲盛業。今又獲覩是稿，中國史學之盛，彬彬莫與京矣。侯康之書，皆大字自注，蓋懼於無徵不信，然裁以史法，猶留遺憾。先生是《志》，注皆出其令子手，詳簡精要，家學之美，令人歎羡。觀其徵引各書，如《甄正論》、原本《北堂書鈔》、靈佑宫《道藏目録》，皆希世秘笈。體例之善，搜采之博，較侯康二《志》，殆有謂詔謂武之判，必傳於後無疑也。余夙矢禹域之游，斯願果遂，當首訪先生喬梓，親炙言論，訂異地之交，先生其不我遐棄乎？輒贅數言，以當息壤。日本市邨謙士牧序。

楊守敬《續群書拾補·補晉書藝文志校勘札記》 嘗病鄭夾漈之《通志·藝文略》、焦竑之《國史經籍志》疏舛奪漏，不注存佚。欲爲《歷代經籍存佚考》，茲事體大，汗青無日，獨學無侶，每思得一二如此學者助成之，卒不可得。讀丁君此書，知其尋檢之功不少。流覽所及，爲校正補録若干條，聞丁君將重刊此書，或不無裨益也。光緒乙未閏月守敬記。

秦榮光《補晉書藝文志序》 魏文代漢，更集經典，皆藏在祕書内、外三閣。晉氏承之，文籍尤廣，晉祕書監荀勖定《魏中經》，更著《新簿》，雖古文舊簡，猶云有缺，新章後録，鳩集已足，屬劉石憑陵，京華覆滅，朝章國典從而失墜。永嘉之後，寇竊競興，論其建國立家，雖傳名號，憲章禮樂，寂滅無聞。劉裕平姚，收其圖籍，五經子史，纔四千卷，皆赤軸青紙，文字古拙。僭僞之盛，莫過二秦，以此而論，是可明矣。故知衣冠軌物，圖畫記注，播遷之後，皆歸江左。《隋書·牛弘傳》開皇初《請開獻書之路表》。魏氏代漢，采掇遺亡，藏在祕書中、外三閣。魏祕書郎鄭默始制《中經》。案此處脱「晉」字。祕書監荀勖又因《中經》，更著《新簿》，分爲四部，總括群書。一曰甲部，紀六藝及小學等書；二曰乙部，有古諸子家、近世子家、兵書、兵家、案《玉海》引無「兵家」二字。術數；三曰景部，案唐諱丙，作「景」。有史部、案《玉海》引作「記」。舊事、皇覽簿、雜事；四曰丁部，有詩賦、圖讚、汲冢書。大凡四部合二萬九千案《舊唐書藝文志》作「七千」。九百四十五卷，但録題及言，盛以縹囊，書用緗素。至於作者之意，無所論辨。惠、懷之亂，京華蕩覆，渠閣文籍，靡有孑遺。東晉之初，漸及鳩聚。著作郎李充以勖舊《簿》校之，其見存者，但有三千一十四卷。充遂總沒衆篇之名，但以甲乙爲次。自爾因循，無所變革。其後中朝遺書，稍流江左。其中原則戰爭相尋，干戈是務，文教之盛，苻、姚而已。宋武入關，收其圖籍，府藏所有，纔四千卷，赤軸青紙，文字古拙。後魏始都燕、代，南略中原，粗收經史，未能全具。《隋書·經籍志》。王者藏書之府，薛夏云：「蘭臺爲外臺，祕閣爲内閣。」晉、宋以還，皆有祕閣之號，故晉孝武好覽文藝，勑祕書郎徐廣料檢祕閣四部書，凡三

萬餘卷。馬氏《文獻通考》宋淳化二年李玉等上言。漢桓帝延熹三年，置祕書監，《初學記》：「掌圖書祕記，故曰祕書。」後省。魏武爲魏王，置祕書令丞。《初學記》：「典尚書奏事，即中書之任也，亦兼掌圖書祕記之事。」及文帝黄初初，置中書令，典尚書奏事，而祕書改令爲監，《初學記》：「別掌文籍事。」以何禎案「禎」當作「楨」，説詳別集類。爲祕書丞，而祕書先自有丞，乃以禎爲祕書右丞。及晉受命，武帝以祕書并中書省，其祕書著作之局不廢。惠帝永平中，復置祕書監，其屬官有丞、有郎，并統著作省。著作郎，周左史之任也。漢東京圖籍在東觀，故使名儒著作東觀，有其名而未有其官。魏明帝太和中，詔置著作郎，於此始有其官，隸中書省。及晉元康二年，詔曰：著作舊屬中書，而祕書既《初學記》、《北堂書鈔》並有「別」字。典文籍，今改中書著作，《初學記》、《北堂書鈔》並有「郎」字。下同。爲祕書著作。於是改隸祕書省，後別自置省而猶隸祕書。洗馬八人，職如祕書，掌圖籍。釋奠講經則掌其事。本書《職官志》。永平元年二月戊寅，復置祕書監官。本書《惠帝紀》。永平元年，詔云：「祕書監綜理經籍，考校古今，課試署吏，領有四百人，宜專其事。」《初學記》職官部引王隱《晉書》。晉惠帝復別置祕書監，并統著作局，掌三閣圖書，自是祕書之府始居於外。其監，銅印墨綬，進賢兩梁冠，絳朝服，佩水蒼玉。祕書丞，銅印墨綬，進賢一梁冠，絳朝服。祕書郎掌中、外三閣經書，校閱脱誤。進賢一梁冠，絳朝服，亦謂之郎中。武帝分祕書圖籍列爲甲、乙、丙、丁四部，使祕書郎四人各掌其一。著作郎，進賢兩梁冠，介幘，絳朝服。王隱待詔著作，單衣介幘，月朔詣於著作省。佐著作郎八人，進賢一梁冠，絳朝服，祕書監自調補之。鄭氏《通志·職官略》。祕書郎掌中、外三閣經書，覆校闕遺，正定脱誤。《太平御覽》職官部引《晉令》。《易》梁邱、施氏、高氏亡於西晉，孟氏、京氏有書無師。晉世祕府所存有《古文尚書》經文。及永嘉之亂，歐陽、大、小夏侯《尚書》並亡。東晉豫章内史梅賾，案「賾」當作「頤」，説詳書類。始得安國之傳奏之，又闕《舜典》一篇。《魯詩》亡於西晉。《韓詩》雖存，無傳之者。惟《毛詩》鄭箋，至今獨立。《隋書·經籍志》。張華與荀勖共整理記籍，又立《書》博士，置弟子教習，以鍾、胡爲法。《太平廣記》書部引《書斷》。盛書有緗袠、青緗袠、布袠、絹袠。《御覽》文部引《晉中經簿》。咸甯五年冬十月，汲郡人不準案《太平廣記》引《尚書故實》云：「《汲冢書》，蓋汲郡耕人于古冢中得之，耕人姓不。」原注：「不字呼作彪，其名曰淮。出《春秋後序》、《文選注》。」考《正字通》云：「不姓之不，轉注古音，音彪是也。『準』俗作『准』」，《廣記》注之『淮』，疑『准』之譌。掘魏襄王冢，得竹簡小篆古書十餘萬言，藏于祕府。本書《武帝紀》。初太康二年，案《玉海》云：「王隱《晉書·束晳傳》作太康元年。」汲郡人不準，盜發魏襄王墓，或云安釐王冢，得竹書數十車，案《御覽》禮儀部：「王隱《晉書》：太康元年，汲郡民盜發魏安釐王冢，得竹書漆字。」其《紀年》十三篇、案下文云「大凡七十五篇」，核計《易經》等共三十七篇、雜書十九篇、不識名題七篇，則《紀年》止合得十二篇，不當有十三篇。考《隋書經籍志》、《春秋》孔正義，並云《紀年》十二卷，據此，「三」疑「二」之譌。《易經》二篇、《易繇陰陽卦》二篇、《卦下易經》一篇、《公孫段》二篇、《國語》三篇、《名》三篇、《師春》一篇、《瑣語》十一篇、《梁邱藏》一篇、《繳書》二篇、《生封》一篇、《大曆》二篇、《穆天子傳》五篇、《圖詩》一篇，又雜書十九篇，大凡七十五篇。七篇簡書折壞，不識名題。漆書皆科斗字。初，發冢者燒策照取寶物。及官收之，多燼簡斷札，文既殘缺，不復詮次。武帝以其書付祕書校綴次第，尋考指歸，而以今文寫之。本書《束晳傳》。太康元年，汲縣人盜發魏襄王冢，得策書十餘萬言。本書《衛恒傳》《四體書勢》。太康二年，汲縣民不准盜發古冢，得書皆竹簡素絲編。以臣勖前所考定古尺度，其簡長二尺四寸，以墨書，一簡四十字。汲郡收書不謹，多毁落殘缺，雖其言不典，皆是古書，頗可觀覽，謹以二尺黄紙寫上，請事平以本簡書及所新寫並付祕書繕寫，藏之中經，副在三閣。荀勖《穆天子傳敘》。太康元年，汲郡得古書，始者藏在祕府，余晚得見之，所記大凡七十五卷，多雜碎怪妄，不可訓知。《周易》及《紀年》最爲分了。杜預《左傳後序》。荀勖領祕書監，與中書令張華，依劉向《別録》，整理記籍，又立《書》博士，置弟子教習，以鍾、胡爲法。及得汲郡冢中古文竹書，詔勖撰次之，列在祕書。本書《荀勖傳》。荀勖領祕書監，太康二年，汲郡冢中得竹書，勖躬自撰次注寫，以爲《中經》，列於祕書。經傳缺文，多所證明。《初學記》職官部引傅暢《晉諸公讚》。閻氏《困學紀聞注》曰：「同一《束晳傳》，王隱撰者曰太康元年，房喬修者曰太康二年，當以目擊之言爲據。《晉武帝紀》本起居注，杜預爲《左傳後序》，皆目擊者也。冢發於咸甯五年冬十月，官輒聞知，明年太康改元，三月吴平，預始得知。又二年親見其書，故《序》曰『初藏祕府，余晚獲見之』。」案《汲冢書》之得，杜預《左傳後序》作「太康元年三月」，與衛恒《四體書勢》、《隋·經籍志》、《春秋正義》並合。而荀勖《穆天子傳敘》作「太康二年」，汲縣太康十年《齊太公呂望表》亦稱「太康二年，縣西偏盜發冢，得竹策書」，與本書《束晳傳》又合。然皆不合於本書《武帝紀》，竊疑《武紀》咸甯五年冬十月，實竹書出冢之期；太康元年三月，乃竹書付祕監之候；太康二年，則祕監校定竹書奏上之時焉。范平，家世好學，有書七千餘卷，遠近來讀者，恒有百餘人。本書傳。皇甫謐，武帝頻下詔敦逼，並不起。自表就帝借書，帝送一車書與之。本書傳。張華，家無餘財，唯有文史溢於機篋。嘗徙居，載書三十乘。祕書監摯虞撰定官書，皆資華之本以取正焉。天下奇祕，世所希有者，悉在華所。本書傳。裴頠，惠帝即位，遷侍中。時天下暫甯，頒奏脩國學，刻石寫經。本書傳。裴頠

爲國子祭酒，奏立國子太學，起講堂，築門闕，刻石寫五經。《唐六典》注引《晉諸公讚》。建興初，張寔遣督護王該獻經史圖籍于京師。本書傳。應詹與陶侃破杜弢於長沙，賊中金寶溢目，詹一無所取，唯收圖書。本書傳。中興草創，未置史官。王導始啓立，于是圖籍頗具。本書傳。石勒簿王浚官寮親屬，皆貲至巨萬。唯裴憲與荀綽，家有書百餘袠而已。本書傳。元帝踐阼，荀崧轉太常，上疏曰：「世祖武皇帝，應運登禪，崇儒興學。西閣東序，河圖祕書禁籍。臺省有宗廟太府金墉故事，太學有石經古文，先儒典訓。」本書傳。李充爲大著作郎，于時典籍混亂，充删除煩重，以類相從，分作四部。五經爲甲，史記爲乙，諸子爲丙，詩賦爲丁，甚有條貫，祕書以爲永制。本書傳。孝武甯康案當作「太元」。十六年，詔著作郎徐廣校祕閣四部，見書凡三萬六千卷。《玉海》引《續晉陽秋》。太元十八年，王謐爲祕書丞，乃表前尚書殷允、中書郎張敞、太子後率郗儉之、故太常桓石秀是多書之家，請祕書郎分局采借。《御覽》職官部引檀道鸞《晉陽秋》。祕書丞桓石綏啓校定四部之書，詔遣郎中四人，各掌一部。《初學記》職官部引《晉太康起居注》。案「康」應作「元」。皇天塲北，古時陶穴，晉時有人逐狐入穴，行十里許，得書二千餘卷。《御覽》文部引伏滔《北征記》。范甯教曰：「籍官之大信，而比散在衆曹，此不可也。可令作十五籍廚，一縣一廚。」《御覽》服用部。金行纂極，文雅斯盛。張載擅銘山之美，陸機挺焚研之奇，潘夏連輝，頡頏名輩，並綜採繁縟，杼軸清英，窮廣内之青編，緝平臺之麗曲，嘉聲茂迹，陳諸別傳。至于吉甫、太沖，江右之才傑；曹毗、庾闡，中興之時秀。信乃金相玉潤，林薈川沖，埒美前脩，垂裕來葉。今撰其鴻筆之彦，著之《文苑》云。本書《文苑傳》。爰逮晉氏，見稱潘、陸，並黼藻相輝，宫商間起，清辭潤乎金石，精義薄乎雲天。永嘉已後，玄風競扇，辭多平淡，文寡風力。降及江左，不勝其弊。《隋書經籍志》集類。石季龍雖昏虐無道，而頗慕經學，遣國子博士詣洛陽寫石經，校《中經》于祕書。國子祭酒聶熊注《穀梁春秋》，列于學官。本書《石季龍載記》。皇甫真爲典書令，從慕容評攻拔鄴都，珍貨充溢，真一無所取，唯收圖籍而已。本書載記真傳。苻堅嘗幸太學，問博士經典，乃憫禮樂遺闕。時博士盧壺對曰：「廢學既久，書傳零落，比年綴撰，正經粗集。」本書《列女・韋逞母宋氏傳》。李先案先本名犍，史避魏高祖諱改。遷博士，太祖問先曰：「天下何書最可益人神智？」先對曰：「唯有經書。三皇五帝，治化之典，可以補王者神智。」又問曰：「天下書籍，凡有幾何？朕欲集之，加何可備？」對曰：「伏羲創制，帝王相承，以至於今，世傳國記天文祕緯，不可計數。陛下誠欲集之，嚴制天下諸州郡縣搜索，備送主之所好，集亦不難。」太祖於是班制天下，經籍

稍集。《魏書・李先傳》。隆安三年，魏主珪命郡縣大索書籍，送至平城。《通鑑》。李暠好尚文典，書史穿落者，親自補治，劉昞侍側，前請代暠。暠曰：「躬自執者，欲人重此典籍。」《魏書・劉昞傳》。沮渠蒙遜甚重闞駰，拜祕書，考課郎中，給文史三十人典校經籍，刊定諸子三千餘卷。《魏書・闞駰傳》。

晉世祕書監：羊祜　摯虞案本書《張華傳》。　何劭據本書《華嶠傳》。　繆徵同上。　張敏據《魏書・儒林・張偉傳》。　劉智　荀勖　董綏據《三國志・董遇傳》注引《世語》。　虞濬據《初學記》職官部引王隱《晉書》。　盧浮據《國志・盧毓傳》注引《晉諸公贊》。　賈謐　潘尼　華嶠　王敦據本書《王舒傳》。　劉宏據《世説・賞譽篇》注。案宏字終嘏，沛國人。劉粹弟。　庾峻據《初學記》職官部引傅暢《晉諸公讚》。　荀崧據《初學記》職官部。温嶠。　高密王略　阮腆　華譚　彭城王紘　周閔　王嶠　褚歆據本書《褚裒傳》。案《世説・識鑒篇》注作「褚韶」。　傅暢　袁山松　滕演案上三人並據《隋書・經籍志》。案《南史・傅亮傳》，演字彦將，南陽西鄂人。　汝南王統　武陵王晞　孫盛　江灌　王殉　何澄據本書《何準傳》。　吴隱之　徐廣　徐欽之據《宋書・徐湛之傳》。　陶範據《世説・方正篇》注引《陶侃別傳》。　王操之《初學記》中宫部引王隱《晉書》。　温敬林據《太平廣記》畜獸部引《幽明録》。案《廣記》書部引《名書録》，滎陽姊暢，晉祕書令，善八分。晉無祕書令，疑「監」之誤，附記於此。　徐光案在石趙時，據本書載記。　聶熊案在慕容儁時，見本書載記《韓恒》傳。　王颺案在苻生時，據本書載記。　朱肜案在苻堅時，據本書載記。《通鑑》作「朱彤」。　杜嶷案在慕容垂時，據《魏書・杜銓傳》。　崔逞案在慕容垂時，見《魏書》逞傳。　李先案在慕容永時，見《通鑑》太元十九年。　賈彝案在屈丐時，見《魏書》彝傳。　卞承之案在桓玄時，見本書《桓玄傳》。　郎敷案在慕容盛時，據本書載記。

晉世祕書丞：嵇紹　司馬彪　成公綏　衛恒　傅宣　傅暢　庾峻據《初學記》職官部引王隱《晉書》。　虞預　王謐　荀羨　桓石綏據《初學記》職官部引《晉太康起居注》。案「康」當作「元」。　何澄見祕書監。　王恭　謝靈運據《宋書》傳。　劉湛據《宋書》傳。

晉世祕書郎：司馬彪　成公綏　張協　氾毓　左思　張璠據陸氏《經典釋文・敘録》。　張委據《隋書・經籍志》。　桓祕　江績　王謐　徐豁據本書《徐邈傳》。　何澄見祕書監。　徐廣　謝琰據《宋書・謝靈運傳》。　荀猗據《宋書・荀伯子傳》。　西郭陽據《通志・氏族略》。　趙整案苻堅時祕書侍郎，見《通鑑》孝武帝甯康二年，胡三省注：以祕書郎内侍左右，故曰侍郎。　杜詮案在慕容儁時，據《御覽》偏霸部引崔鴻《前燕録》。　劉昞　闞駰案上二人並在沮渠蒙遜時，並據《魏書》本傳。　崔浩據《魏書》本傳。大興中，給事祕書，轉著作郎。案「大」當作「天」，天興起晉隆安二年。

席闓運《補晉書藝文志跋》　旃蒙赤奮若之歲冬十月庚申，潛廬先生卒。卒之前二日，闓運知不起，以刊行《補晉書藝文志》請先生，徐曰：「姑俟之。」闓運又以請，時先生已不能言，殆亦不聞人言，乃書以進，先生强視頷之。嗚呼！先生草是書幾四十年，自桂林歸，杜門絶人事，覃思博涉，又復强記，心有所憶，輒筆於書，所損益既多，則棄而更寫，凡成帙者數十，迨卒之歲猶第録一通，即今以爲定本是也。始先生之東歸也，人人以謂獨於幾先，先生顧鬱鬱不自得，有疾每不欲療治，終莫敢測其旨。及疾革，神志無擾，語不及他事，惟長號二親而已。嘗預爲終制，慮家人不從，顧謂從子智周曰：「我死，棺不得過三十金。」蓋少貧居親喪，不得盡禮，示不敢踰也。居恒，雖鬻文，然不苟作，必於其人，以此屢不自給。及爲故人刊遺書，賙匱乏，又若自忘其困。然闓運生拙且惰，於先生學誼末由窺見萬一，顧平生事行大要，已詳黄蘪森、宇逵兩先生所爲《志銘》及《傳》中。即是書之成，亦第以爲補舊聞，羅放佚而已，詎足以盡先生哉！明年，闓運將剞劂是書，慮日久或不能畢，乃編活字印之，逾年而成，凡四卷。又先生手校《碧山樂府》一卷，所爲《聯語》二卷，皆待續印。其已行世者，爲《文集》六卷云。彊圉單閼之歲冬十二月，弟子席闓運謹識。

吴承志《補晉書經籍志序》　自倪闇公纂修《明史》，創補南宋、遼、金、元四代史志之説，厲太鴻、錢曉徵因之，成《遼經籍》、《元藝文》二志。踵其事者，遞相甄益，於是東漢有錢晦之、洪孟慈、侯君謨三家之書，魏、蜀、三國有君謨書，梁、陳二代有湯誼卿書，後梁、五代有顧秋碧書，既各鳴一家矣。家絅齋編修病《晉書》之闕而未具也，復賡續爲之。一日，出其稿示余於都門。余讀之，事覈而文備，擇而能精，裁而有要，與曉徵書並傳無疑。惟余抑有説者，班書是篇緣掌故而作，楚元王之《詩》，賈子之《春秋左氏傳訓故》，劉子駿之《尚書五行傳説》、《左傳注》、《三統曆譜》，俱别具本傳，或《儒林傳》及《五行》、《律曆》諸志，以私家撰著，非官書也。費、高、京氏之《易》，慶氏之《禮》，皆立學校，置博士矣，而秘府無其藏，亦從闕録附之類例。其餘出入，大率可知。闇公所爲志稿，乃雜用王元翰《續文獻通考·經籍考》之例。晦之、孟慈諸書自完一代，其名本之劉子玄《史通》，其實出自宋生《闕東風俗傳·墳籍志》。《風俗傳》郡書，《通考》類書，焉得云史學哉。晉世晚出書籍，前有汲郡古文，後有豫章所上之《尚書》經傳，皆舊目所無，條而次焉，舍班法無可附麗。竊謂宜倣歐陽公《司天》、《職方考》例，於今所輯當代諸儒著述之外，别采《晉中經簿》、《義熙録》佚文，參合《隋志》所載漢、魏舊籍，爲《晉書藝文考》，與是編相輔而行，庶幾掌故與考據兩家之郵通達爲一。而全紹衣所云「根稽存佚，推究異同」者，亦於此微存厓略。編修力追古作，能不河漢斯言乎。常熟丁君秉衡曾事纂輯，與編修此著互有詳略異同，齊軫並驅，均堪不朽。編修家世治學，近復與名父同官藏山之業，固當上方彪固，豈獨肩隨曉徵已也。南歸，輒書所見，用寄遠懷。光緒二十一年夏六月，吴承志序於平陽學舍。

陳鱣《續唐書經籍志序》　自班書志藝文，而後各史皆不志藝文。唐于志寧等同修《五代史志》，於是有《經籍志》，分經、史、子、集四部。考晉秘書監荀勖《中經簿》，一甲部，紀六藝及小學等書；二乙部，有古諸子家、近世子家、兵書家、術數家。三丙部，有史記、舊事、皇覽部、雜事。四丁部，有詩賦、圖讚、汲冢書。其例較劉歆之《七略》、王儉之《七志》、阮孝緒之《七録》爲近理。然以諸子家爲先史記，而詩賦等下列汲冢書，次序未爲盡善，故《經籍志》依用之而復變通之。《五代史志》三十卷，本屬别行，故《經籍志》中云：「梁有若干卷。」後又編第入《隋書》，而世人但稱爲《隋志》耳。《唐書經籍志》、《新唐書藝文志》並仍其例，惟是《舊》、《新》二志，皆兼列唐以前之書，其篇目雖覺美富可觀，而實按之，則係一代收藏之書，而非一代著作之書，殊乖斷代爲史之義。至於《舊五代史》不志經籍一門，《新修五代史記》並不作志。雖爾時歷年甚少，又當兵戈擾攘之際，作者寥寥，然如明宗之好文，及南唐主之風雅，其臣下亦有工於著述，斐然可觀者，倘竟使文獻無徵，寧非缺典？因網羅散失，補志經籍。同光中，募民獻書及三百卷，授以試銜。其選調之官，每百卷減一選。天成中，遣都官郎中庾傳美訪圖書於蜀，得《九朝實録》，及雜書千餘卷而已。長興三年初，令國子監校九經，雕印賣之。長興三年春二月，中書門下奏請依石經文字刻九經印版，敕令國子監集博士儒徒，將西京石經本，各依所業本經句度，鈔寫注出，子細看讀。然後雇實能雕字匠人，各部隨帙刻印敕本，不得更使雜本交錯。其年四月，敕差太子賓客馬鎬、太常丞陳觀、太常博士段顒、路航、屯田員外郎田敏，充詳勘官。兼委國子監於諸色選人中，召能書人，端楷寫出，旋付匠人雕刻。每五百紙與減一選，如無選可減，等第俱與改轉官資。又敕：近以編注石經，雕刻印版，委國學每經差專知業博士儒徒五六人勘讀并注，今更於朝官內，别差五人，充詳勘官。太子賓客馬鎬、太常丞陳觀、太常博士段顒、路航、屯田員外郎田敏等，朕以正經事大，不同諸書，雖以委國學差官勘注，蓋緣文事極多，尚恐偶有差誤。馬鎬以下，皆是碩儒，各專經業，更令詳勘，貴必經研。兼宜國子監於諸色選人中，召能書人，謹楷寫出，旋付匠人鏤刻。每五百紙，與減一選。

所減等第，優與遷轉官資。時宰相馮道，與同列李愚，委學官等取西京鄭覃所刻石經，雕爲印版，流布天下，後進賴之。保大二年，蜀廣政七年，其相毋昭裔按雍都舊本九經，命平泉令張德釗書而刻諸石，蜀帥尚書右丞胡宗愈作堂以貯石經。《周易》十卷，經二萬四千五十二字，注四萬一千七百九十二字，共六萬五千八百四十四字，將仕郎守國子助教臣楊鈞、朝議郎守國子《毛詩》博士上柱國臣孫逢吉書。廣政十四年，歲次辛亥五月二十日書。《尚書》十二卷，經二萬六千二百八十六字，注四萬八千九百八十二字，并《序》共八萬一千九百四十四字，將仕郎試秘書郎臣周德貞書，鐫玉册官陳德超鐫。經文有「祥」字，皆缺其畫。亦缺「民」字之類，蓋孟氏未判唐時所刊也。《毛詩》二十卷，經四萬一千二十一字，注十萬五千七百一十九字，共一十四萬六千七百四十字，將仕郎試秘書省校書郎孫朋吉書。經文「淵」、「民」、「察」三字缺畫，「察」爲孟知祥祖諱。《周禮》十二卷，經五萬五百八字，注十一萬二千五百九十五字，共一十六萬三千一百三字，將仕郎試秘書省校書郎孫朋吉書。《儀禮》十七卷，經五萬二千八百二字，注七萬七千八百九十一字，共一十三萬六百九十三字，將仕郎試秘書省校書郎張紹文書。《禮記》二十卷，經九萬八千五百四十五字，注一十萬六千四十九字，共二十萬四千五百九十四字，將仕郎試秘書省校書郎張紹文書。卷首題曰「御删定禮記月令第一，集賢院學士尚書右僕射兼右相吏部尚書修國史上柱國晉國公臣林甫奉敕注」，《曲禮》爲第二，蓋唐明皇删定之本也。《春秋經傳集解》三十卷，《序》一千六百一十七字，經、傳一十九萬七千二百六十五字，注一十四萬六千九百六十二字，共二十四萬五千八百四十四字，不題所書人姓名，亦無年月。按：文不缺唐諱而缺「祥」字，當是孟知祥僭位後刊石也。《公羊傳》十二卷，傳四萬四千七百三十八字，注七萬七千三十七字，共一十二萬一千七百七十五字，不題所書人姓名。《穀梁傳》十二卷，傳四萬一千八百九十字，注三萬九千七百三十字，共八萬一千六百二十字，不題所書人姓名。《論語》十卷，《序》三百七十二字，經一萬五千九百十三字，注一萬九千四百五十四字，共三萬五千七百三十九字，將仕郎前守簡州平泉令兼殿中侍御史賜緋魚袋張德釗書，潁川郡陳德謙鐫字，廣政七年四月九日校勘。《孝經》一卷，《序》四百三十九字，經一千七百九十八字，注二千七百四十八字，共四千九百八十五字，簡州平泉令張德釗書，潁川郡陳德謙鐫字，廣政七年書。《爾雅》三卷，不題經注字數，將仕郎前守簡州平泉令賜緋魚袋張德釗書，武令昇鐫，廣政七年書。以上諸經，皆蜀相毋昭裔捐俸依太和舊本琢石於學宫。蓋《論語》、《孝經》、《爾雅》先成，故題廣政七年。而《周易》等在後，故題廣政十四年。凡歷八年，其石千數。昭裔獨辦之，固已可嘉。又能按雍都舊本，命能書者寫之而刻諸石，尤偉績也。惟《公羊》、《穀梁》二傳，乃後代補完耳。保大六年，漢乾祐元年閏五月，國子監奏雕印版九經內，有《周禮》、《儀禮》、《公羊》、《穀梁》四經，未有印版，今欲集賢官校勘四經文字鏤版。從之。是時禮部司徒調請開獻書之路，凡儒學之士，衣冠舊族，有以三館亡書來上者，計其卷帙，賜之金帛，數多者授以官秩。時戎虜猾夏之後，官族轉徙，書籍罕存，詔下，鮮有應者。保大十四年，周廣順三年夏六月，尚書左丞兼判國子監事田敏進印版九經《五經文字》、《九經字樣》各二部，一百三十册。奏曰：「臣等自長興三年，校勘雕印九經書籍，經注繁多，年代殊遠，傳寫紕繆，漸失根原。臣守官膠庠，職司校定。旁求援據，上備雕鐫。幸遇聖明，克終盛事。播文德於有截，傳世教於無窮。謹具陳進。」先是，後唐宰相馮道、李愚重經學，因言漢時崇儒，有《三字石經》，唐時亦於國學刊刻。今朝廷日不暇給，無能別有刊立。常見吳、蜀之人，鬻印版文字，色類甚多，終不及經典。如經典校定，雕摹流行，深益於文教矣，乃奏聞，敕下儒官田敏等考校經注。敏於經注，長於《詩》、《傳》，考訂刊正，援引證據，聯爲篇卷，先經奏定而後雕刻。乃分政事堂廚錢，及諸司公用錢，又納及第舉人禮錢，以給工人。賜敏襲衣繒綵銀器，并賜司業趙銖襲衣繒彩。時樊倫爲國子司業，田敏判國子監，獻印版九經書流行，而儒官數多是非論，掇拾舛誤，訟於執政。又言敏擅用賣書錢千萬，請下吏訊詰。樞密使王峻素聞敏大儒，左右之，密訊其事搆致無狀。然於其書，至今是非未悉。保大十八年，周顯德二年春二月，中書門下奏，國子監祭酒尹拙狀稱，準敕校勘《經典釋文》三十卷，雕造印版。欲請兵部尚書張昭、太常卿田敏同校勘。敕：《經典釋文》已經本監官員校勘外，宜差張昭、田敏詳校。是時以史館書籍尚少，鋭意求訪，凡獻書者，悉加優賜，以誘致之。而民間之書，傳寫舛誤，乃選常參官三十人，校讎刊正，令於卷末，署其名銜焉。自諸國分據，皆聚典籍，惟吳、蜀爲多，而江左頗爲精真，亦多修述。後主二年，宋乾德元年，平荆南，盡收其圖書，以實三館。後二年，平蜀，遣右拾遺孫逢吉往收其圖籍，凡得書萬三千卷。又明年，下詔購募亡書，三禮涉弼、三傳彭幹、學究朱載等，皆詣闕獻書，合千二百二十八卷，詔分置書府，弼等並賜以科名。閏八月，詔史館，凡吏民有以書籍來獻，當視其篇目，館中無者收之，獻書人送學士院試問吏理。堪任職官者，具名以聞。開寶八年，平江南，遣太子洗馬吕龜祥就金陵籍其圖書，得二萬餘卷，悉送史館。

宋祖駿《補五代史藝文志序》 學校者，國家之矩範，人倫之基址也。唐末大亂，干戈相尋，海寓鼎沸，斯民不復見《詩》、《書》、《禮》、《樂》之化，而橋門璧水，鞠爲茂草。一時稱王稱帝者，狗偷鼠竊，負乘致戎，何暇馳驅藝文之林，攬轡道德之府，彬彬鬱鬱，久道化成乎？蓋圖書之厄，至此極矣。天祐斯文，不絶如縷，其時深心好古之士，摧鋒幕府，對揚王庭，莫不截楮晨鈔，然脂瞑誦。蜀毋昭裔創爲鏤板，遂有《九經》、《文選》之刻。而楚天策學士彭玕，亦遣人入洛訪求石經。天成中，仿唐石經製作印板於國子監。其後屢下購書之令。至廣順中，而板本流布，經籍盛行，俾學者無筆札之勞，獲觀古人全書。雖衰朝之創興，實萬世之良法也。竊謂文章之盛衰，可以卜世運之興替。南唐跨有江淮，鳩集墳典。後主開弘文館，置《詩》、《易》博士，於秦淮設國子監，横經齒胄者千餘人。後復置廬山國學，所統州縣亦往往立學。方是時，廢立如吴越，殺逆如南漢，叛親如閩、楚，而南唐兄弟輯睦，君臣乂安，衣冠文物甲於中原，不可謂非好文之效也。宋乾德元年，平荆南，詔收高氏圖籍，以實三館。三年，命右拾遺孫逢吉往西川取蜀法物圖籍，得書萬三千卷。開寶九年，平江南，命太子洗馬吕龜祥就金陵籍圖書，得書十餘萬卷，分配三館及學士舍人院。其書校讎精審，編帙完具，與他國書不同。而趙元考家藏有澄心堂書三千卷，上有建業文房之印。錢俶歸朝，遣使收其圖籍，悉送館閣。凡此皆五代圖籍之可考者也。然迄今觀《崇文總目》及《宋史》所載，無從區别爲五代諸國所藏之書，今僅據五代人所自爲書，廣爲搜輯，倣前史經、史、子、集例，分類而條列之，名曰《藝文志》云爾。

汪之昌《補南唐書藝文志序》 五代時，十國並稱，而宋人撰《南唐書》者兩家，非以記載具備，綴緝差易，迥異於並時諸國哉？然所撰《南唐書》，於史家表、志從略。近見顧懷三《補五代史蓺文志》一書，搜輯頗廣，其序言：「南唐跨有江淮，鳩集墳典，後主開宏文館，置《詩》、《易》博士，於秦淮設國子監。後復置廬山國學，所統州縣亦往往立學。」極言南唐之好文。又云：「開寶九年平江南，命太子洗馬吕龜祥，就金陵籍圖書，得書十餘萬卷，分配三館及學士舍人院。其書校讎精審，編帙完具，與他國書不同。而趙元考家藏有澄心堂書三千卷，上有建業文房之印。」即此見收藏蓺文在同時諸國中，固必以南唐爲巨擘焉。當夫國勢完盛，曾否撰有簿録不可知。顧序以《崇文總目》及《宋史》所載，無從區别爲五代諸國所藏書，而顧氏《補志》亦不盡注明作者爲何國人，則以所補者五代史志，所志者五代時藝文，南唐在所不遺，要亦無取乎偏重。特南唐建國，夙稱盛文史之地，其人率崇尚乎文雅，斐然具著作之材，以視五代若别國，舉動懸殊。間就顧氏所志蓺文，確係南唐者别出之，未著録者補入之，分别部居，仍顧氏仿前史經、史、子、集例，其諸舛訛脱漏，則俟專家之訂補。姑以補作《南唐書》者之未備云爾。顧《志》彭玕嘗募求西京石經，厚賜以金，揚州爲之語曰：「十金易一筆，百金易一經。」是必揚州備有石經，玕遣使募求，故州人有此語，而揚州時屬南唐，爰以開成石經、刻本十二經冠首。

王仁俊《遼史藝文志補證序》 考遼人著述者如倪燦《補遼金元藝文志》，厲鶚《補經籍志》，錢大昕《元藝文志》附見遼金，金門詔《三史藝文志》，近繆小珊先生輯補志附遼文以行。俊於諸家所有悉皆標注，又補三十餘種，統加考證以見梗概焉。吴縣王仁俊。

黄任恒《補遼史藝文志小敘》 史志經籍，學術攸關。《遼史》闕如，實爲憾事。因搜紀傳，旁及雜書。四部分編，例嚴去取。較視近輯，矜慎倍加。近人倪氏燦、金氏門詔皆補《遼》、《金》、《元》三史《藝文志》，錢氏大昕《補元史志》而附以遼、金，厲氏鶚《遼史拾遺》内亦有補志，然諸家之采録，或略或濫，未臻完善也。但寡見聞，待匡不逮。光緒三十一年二月，南海黄任恒識。

鄭文焯《金史補藝文志敘》 完顔有國百一十七年，以天驕雄長中原，文明之統幾絶。開國諸臣又皆起自龍朔，功在馬上，秀業亡聞。迨天眷、天德已來，覿文匿武，始駸駸有尊經術、崇儒雅之風。取士以詞賦爲正科，翰林有應奉之文字。人材政治，斐然可觀；左右儒臣，咸居清要。其時文學近侍，多屬遼、宋累遺。燕雲僑舊，見江南衣冠文物而慕之。藝風染被，誤述斯宏。貞祐南遷，竝從燔蕩，公私典籍，本目無徵。元相脱脱纂修史志，既闕藝文；宇文懋昭别乘所傳，又多羼奪。其堇存什一者，惟元遺山《中州集》之小傳。綜其要實，零詻疏遺，不可悉究，詎足爲金源文獻之徵邪？今無棣吴公仲懌侍郎既刊《滏水》、《明秀》二集行于世，更思大索旁搜，都爲金人著作叢編。蓋其鑒區夏之不競，憂吾道之大孤，悄然有深義焉。嗟嗟！方趙宋當兩河三鎮淪覆之餘，士大夫轉徙流離，南北狂走，大懼蒙焉，異類愍焉，不可終食。金律至斷多藏南朝圖籍爲反具。天下脊脊，捄死且不暇，而乃跌宕文史，著書滿家，將毋天之未墜斯文，必有英絶領袖之者，可悲也已！余不揆寡闇，搜獵前載，總括代終，裁勒百年之遺，標存一代之籍。跡其篇部可得而名者，尚二百數十家。爰恉爲區目，冀補史闕。局於識覽，未皇自綴其漏也。茲謹露條如左。光緒三十一年歲次乙巳二月甲辰朔十七日庚申，高密鄭文焯叔問記。

龔顯曾《金藝文志補録序》 金源魁儒碩士，文雅風流。殊不減江以南人物，如虞仲文、徒單鎰、張行簡、楊雲翼、趙秉文、王若虛、元好問輩，或以經術顯，或以詞章著，一代制作，能自樹立；而《金史》藝文志闕如，可不爲之斠補而表章之歟？暇日閲《御定全金詩》、《四庫書目提要》、《中州集》、《歸潛志》、焦氏《經籍志》、朱氏《經義考》、《愛日精廬藏書志》諸書，摭録金人撰述，都目鳌爲一紙。復從藏書家叚出錢氏大昕、倪氏璠、金氏門詔《補遼金元三史藝文志》，旁證互稽，間有詳略違異，亦時參以蒙管，訂其楂溢，補其漏落，非敢與諸家競淹博也。

李慈銘《越縵堂讀書記・目録類》 《隋書經籍志考證》，清章宗源撰。閲章氏《隋書經籍志考證》，自史部正史類史記至雜傳類顔之推《冤魂志》止，其經子集三部皆已亡，即史部亦不載每篇敘録之文，而移地理、譜系、簿録三類本居末者爲第六第七第八，在舊事之前，或章氏有意改定，或槀本傳寫偶亂，皆不可知。前有錢警石《識語》，謂嘉慶末其從兄衎石鈔自何夢華家，今因以得傳也。其中引證極爲詳博，遠非王伯厚《漢藝文志考證》之比，間亦列志未著録之書，則仍王氏例也。光緒戊寅四月十三日。

葉德輝《郎園四部書敘録・隋書經籍志考證》 《隋書經籍志考證》未分卷。稿佚。《隋書經籍志考證》，章宗源僅成史部，然不免於挂漏。吾師嘗取近人所輯四部中佚書録爲長編，更取原引之書爲之補闕訂訛，以爲網羅散失之大著作。其集部則取材於嚴可均所輯《歷代古文》。於目録之中存隋以前之載籍，卷帙浩博，早有成書，其表章幽潛之功，較之僅刻前人遺書，其爲用宏，其立體大矣。

朱緒曾《開有益齋讀書志》卷三《隋書經籍志考證》 余於孫淵如觀察文集中，知會稽章孝廉宗源編輯勤苦，思求其書。既宰孝豐，章廣文炳奎，其族裔也。廣文云，孝廉著述甚富，歿後多零落，有《隋書經籍志考證》最詳核。余好爲目録之學，常以王伯厚《漢書藝文志考證》極博且精，惟增入二十六種，羼雜贋鼎，至漢人著作仍有出於伯厚所載之外者。若《隋書經籍志》，則余素所措意者也。屢欲爲之考證，恨見書少，又不能專心從事。聞孝廉有是作，爲之躍然。廣文許索諸其家，不可得。余攝牧海昌錢警石學博，云全書未見，若史部考證則有之。《隋志》所載今佚者，必詳載體例及諸家評論。如干寶《晉紀》則列劉彦和《文心雕龍》、劉子元《史通》之議。又如司徒儀，則列《北堂書鈔・設官部》從事中郎之職，《太平御覽・職官部》右長史之職，以備其説。至史部爲《太平御覽目録》所引隋以前書，凡《經籍志》未載者，悉取以補之。《御覽》雖修於宋初，然以《修文殿御覽》爲藍本，故可據也。此外，如《初學記》、《北堂書鈔》、《藝文類聚》、《通典》、《通考》、《玉海》、《白帖》之類，皆旁摭其佚文。隋以前乙部殆無遺珠矣。余假鈔副本，至經子集考證，未知有收藏者否。

張鵬一《隋書經籍志補序》 《隋・經籍志》聚梁、陳、齊、周、隋五代諸人著作，爲《志》二卷，爲書八萬九千六百六十六卷，而兩漢、魏、晉之書並列其中。至後魏、齊、周諸人所著，見於各傳暨《北史》、《唐志》者，《隋志》類多逸漏。夫後魏諸朝，立國北土，雖修短不同，其時人物，若劉芳、徐遵明、熊安生、樂遜之經學，宋顯、劉昞、楊休之、辛彦之之史志，張淵、信都芳、劉焯、何妥之曆算；其文辭一門，若後魏之高閭、李彪、袁翻、常景、祖瑩、楊謙之，北齊之樊遜、李廣、盧詢祖，北周之柳弘、薛慎，隋之王貞、杜臺卿、辛德源，皆才擅專長，名高當世。唐初修史時，諸家之書或副本未傳，或公論未彰，貴遠賤近，收録遂寡。抑知《大戴》作注，景裕始發其凡。七曜推步，劉焯咸悉其奥。遵明爲北學大宗，安生乃三《禮》專家。六藝嫺習，延明學著於敦煌。緯候博通，業興名高於上黨。杜輔玄善談名理，蘇景順才抗山東。治道一集，見重蜀王。正藏百篇，爲世文軌。其人皆當時無兩，其書深慨乎不傳。今據諸人本傳所載，得經説九十二部，史録六十部，子類五十五部，專集七十二家，雜文三十篇。編目既録，姓字益彰。爰依《隋志》分類補入，有論證者悉爲寫録。佚文搜輯，請俟異日。光緒甲辰冬月張鵬一識。

姚明煇《漢書藝文志注解》卷一《藝文志》 《藝文志》，《漢書》之一篇也。賈誼《六術篇》：「先王爲天下設教，以興《詩》、《書》、《易》、《春秋》、《禮》、樂六者之術，以爲大義，謂之六藝，令人緣之以自修。」《史記・孔子世家》載，孔子追跡三代之禮，序《書》序《易》，删詩正樂，因史記作《春秋》，以備王道，以成六藝。又贊曰：「中國言六藝者折中於夫子。」又《滑稽列傳》引孔子曰：「六藝之於治一也。《禮》以節人，樂以發和，《書》以道事，《詩》以達意，《易》以神化，《春秋》以道義。」本書《河間獻王傳》：「其學舉六藝。」師古注：「此六藝謂六經。」鄭康成《六藝論》：「孔子以六藝題目不同，指意殊别，故作《孝經》以總會之。」漢以後所稱六經，古謂之六藝也。漢成帝時，劉向校書祕府，其子歆繼成父業，著《七略》，有《六藝略》。至東漢時，班固校書東觀及仁壽閣，乃本《七略》作此志。夫爲學首宜明源流本末，言中國文學源流者，《藝文志》爲最古。

劉錦藻《清朝續文獻通考・經籍考序》 臣謹案：乾隆四十七年《四庫全書》告成，凡《皇朝通考》中所編《經籍》一門，大約《四庫》所已備。惟是乾嘉以後名儒

碩彦接踵而起於四部之學，各有著述。其義理淺陋、議論偏僻者固不敢謬加蒐采，致乖體例。其宗旨純正、堪以繼續乾嘉學派者，自應遵照成法，次第叙録。而略有變通者，約計數端，前考於著者籍貫，僅列縣名而無省名。縣名重複者不少，若不冠省，易致混淆，故概增省名以便稽考，此其一。前考於著者科第如係鼎甲，僅注進士第一、第二、第三，原以賜進士及第，後已授職修撰、編修，無庸標舉狀元、榜眼、探花諸目。但國家有此榮名，相沿既久，且進士第一與會元無别，故概注狀元諸目，俾昭隆重，此其二。前考於《子部・雜家類》不録叢書，深慮采取糅雜，或有其他窒礙，亦見當時之審慎。比歲叢書日富，未可付諸闕如，因擇大體無疵者量加甄録。即乾嘉以前諸叢書足以補前考之未備者，亦概編入，詳叙各書細目，分注作者姓名，以歸一律，此其三。至於《續考・凡例》，原定截至宣統三年爲止，後者不復羼入。然如沈家本、王先謙、葉昌熾、梁鼎芬、繆荃孫、震鈞、勞乃宣、沈曾植、胡思敬、吴慶坻、張錫恭、王國維、馮煦等，其人雖殁於三年以後，而其著述皆成於三年以前，若棄而不收，恐無以饜觀者之心而彰我朝文學之盛。因此兩端再三斟酌，凡宣統三年以前所著與三年後所刻之各籍，均分類附載。此非自亂定例，蓋有惓惓不能自已者爾。至分目編次與前考間有出入，均加案語以明宗旨，亦猶《前考》之於《馬考》也。

傳記

《後漢書・班固傳》 固字孟堅。年九歲，能屬文誦詩賦，及長，遂博貫載籍，九流百家之言，無不窮究。所學無常師，不爲章句，舉大義而已。性寛和容衆，不以才能高人，諸儒以此慕之。永平初，東平王蒼以至戚爲驃騎將軍輔政，開東閣，延英雄。時固始弱冠，奏記説蒼。【略】父彪卒，歸鄉里。固以彪所續前史未詳，乃潛精研思，欲就其業。既而有人上書顯宗，告固私改作國史者，有詔下郡，收固繫京兆獄，盡取其家書。先是扶風人蘇朗僞言圖讖事，下獄死。固弟超恐固爲郡所覈考，不能自明，乃馳詣闕上書，得召見，具言固所著述意，而郡亦上其書。顯宗甚奇之，召詣校書部，除蘭臺令史，與前睢陽令陳宗、長陵令尹敏、司隸從事孟異共成《世祖本紀》。遷爲郎，典校祕書。固又撰功臣、平林、新市、公孫述事，作列傳、載記二十八篇，奏之。帝乃復使終成前所著書。固以爲漢紹堯運，以建帝業，至於六世，史臣乃追述功德，私作本紀，編於百王之末，厠於秦、項之列，太初以後，闕而不録，故探撰前記，綴集所聞，以爲《漢書》。起元高祖，終于孝平王莽之誅，十有二世，二百三十年，綜其行事，傍貫《五經》，上下洽通，爲《春秋》考紀、表、志、傳凡百篇。固自永平中始受詔，潛精積思二十餘年，至建初中乃成。當世甚重其書，學者莫不諷誦焉。【略】固不教學諸子，諸子多不遵法度，吏人苦之。初，洛陽令种兢嘗行，固奴干其車騎，吏椎呼之，奴醉駡，兢大怒，畏憲不敢發，心銜之。及竇氏賓客皆逮考，兢因此捕繫固，遂死獄中。時年六十一。詔以譴責兢，抵主者吏罪。固所著《典引》、《賓戲》、《應譏》、詩、賦、銘、誄、頌、書、文、記、論、議、六言，在者凡四十一篇。論曰：司馬遷、班固父子，其言史官載籍之作，大義粲然著矣。議者咸稱二子有良史之才。遷文直而事覈，固文贍而事詳。若固之序事，不激詭，不抑抗，贍而不穢，詳而有體，使讀之者亹亹而不猒，信哉其能成名也。彪、固譏遷，以爲是非頗謬於聖人。然其論議常排死節，否正直，而不叙殺身成仁之爲美，則輕仁義，賤守節愈矣。固傷遷博物洽聞，不能以智免極刑；然亦身陷大戮，智及之而不能守之。嗚呼，古人所以致論於目睫也！

《舊唐書・魏徵傳》 魏徵字玄成，鉅鹿曲城人也。父長賢，北齊屯留令。徵少孤貧，落拓有大志，不事生業，出家爲道士。好讀書，多所通涉，見天下漸亂，尤屬意縱横之説。【略】貞觀二年，遷秘書監，參預朝政。徵以喪亂之後，典章紛雜，奏引學者校定四部書。數年之間，秘府圖籍，粲然畢備。【略】初，有詔遣令狐德棻、岑文本撰《周史》，孔穎達、許敬宗撰《隋史》，姚思廉撰《梁》、《陳史》，李百藥撰《齊史》。徵受詔總加撰定，多所損益，務存簡正。《隋史》序論，皆徵所作，《梁》、《陳》、《齊》各爲總論，時稱良史。史成，加左光禄大夫，進封鄭國公，賜物二千段。【略】徵以戴聖《禮記》編次不倫，遂爲《類禮》二十卷，以類相從，削其重復，採先儒訓注，擇善從之，研精覃思，數年而畢。太宗覽而善之，賜物一千段，録數本以賜太子及諸王，仍藏之祕府。【略】史臣曰：臣嘗讀漢史《劉更生傳》，見其上書論王氏擅權，恐移運祚，漢成不悟，更生徘徊伊鬱，極言而不顧禍患，何匡益忠藎也如此！當更生時，諫者甚多。如谷永、楊興之上言，圖爲姦利，與賊臣爲鄉導；梅福、王吉之言，雖近古道，未切事情。則納諫任賢，詎宜容易！臣嘗閲《魏公故事》，與文皇討論政術，往復應對，凡數十萬言。其匡過弼違，能近取譬，博約連類，皆前代諍臣之不至者。其實根於道義，發爲律度，身正而心勁，上不負時主，下不阿權幸，中不侈親族，外不爲朋黨，不以逢時改節，不以圖位賣忠。所載章疏四篇，可爲萬代王

者法。雖漢之劉向、魏之徐邈、晉之山濤、宋之謝朏，才則才矣，比文貞之雅道，不有遺行乎！前代諍臣，一人而已。贊曰：智者不諫，諫或不智。智者盡言，國家之利。鄭公達節，才周經濟。太宗用之，子孫長世。

《晉書・劉昫傳》 劉昫，字耀遠，涿州歸義人也。祖乘，幽府左司馬；父因，幽州巡官。昫神彩秀拔，文學優贍，與兄暄、弟皡，俱有鄉曲之譽。唐天祐中，契丹陷其郡，昫被俘至新州，逃而獲免。後居上國大寧山，與呂夢奇、張麟結庵共處，以吟誦自娱。會定州連帥王處直以其子都爲易州刺史，署昫爲軍事衙推。及都去任，乞假還鄉，都招昫至中山。會其兄暄自本郡至，都薦於其父，尋署爲節度衙推，不踰歲，命爲觀察推官。歷二年，都篡父位。時都有客和少微素嫉暄，搆而殺之，昫越境而去，寓居浮陽，節度使李存審辟爲從事。莊宗即位，授太常博士，尋擢爲翰林學士，繼改膳部員外郎，賜緋；比部郎中，賜紫。丁母憂，服闋，授庫部郎中，依舊充職。明宗即位，拜中書舍人，歷户部侍郎、案《歐陽史》作兵部侍郎。案：《薛史・唐明宗紀》作兵部侍郎，與此傳異。《歐陽史》從《薛史》本紀。（《舊五代史考異》）端明殿學士。明宗重其風儀，愛其温厚，長興中，拜中書侍郎兼刑部尚書、平章事。時昫入謝，遇大祠，明宗不御中興殿，閤門白：「舊禮，宰相謝恩，須正殿通喚，請候來日。」樞密使趙延壽曰：「命相之制，下已數日，中謝無宜後時。」因即奏之，遂謝於端明殿。昫自端明殿學士拜相，而謝於本殿，士子榮之。清泰初，兼判三司，加吏部尚書、門下侍郎，監修國史。時與同列李愚不協，動至忿爭，時論非之。未幾，俱罷知政事，昫守右僕射，以張延朗代判三司。初，唐末帝自鳳翔至，切於軍用，時王玫判三司，詔問錢穀，玫具奏其數，及命賞軍，甚愆於素。案《通鑑》云：帝問王玫以府庫之實，對有數百萬在。既而閲實，金帛不過三萬兩匹。（《舊五代史考異》）末帝怒，用昫代玫，昫乃搜索簿書，命判官高延賞計窮詰勾，及積年殘租，或場務販負，皆虚係賬籍，條奏其事，請可徵者急督之，無以償官者蠲除之。案《通鑑》清泰元年八月，免諸道逋租三百三十八萬。（《舊五代史考異》）吏民相與歌詠，唯主典怨沮。及罷相之日，群吏相賀，昫歸，無一人從之者，蓋憎其太察故也。天福初，張從賓作亂於洛陽，害皇子重乂，詔爲東都留守，判河南府事，尋以本官判鹽鐵。未幾，奉使入契丹，還遷太子太保兼左僕射，封譙國公，俄改太子太傅。開運初，授司空、平章事，監修國史，復判三司。契丹主至，不改其職。昫以眼疾乞休致，契丹主降僞命授昫守太保。案：《歐陽史》作罷爲太保。（《舊五代史考異》）契丹主北去，留於東京。其年夏，以病卒，年六十。漢高祖登極，贈太保。初，昫避難河朔，匿於北山蘭若，有賈少瑜者爲僧，輟衾袍以温燠之。及昫官達，致少瑜進士及第，拜監察御史，聞者義之。《永樂大典》卷九千九十八。

《宋史・吕夷簡傳》 吕夷簡字坦夫，先世萊州人。祖龜祥知壽州，子孫遂爲壽州人。夷簡進士及第，補絳州軍事推官，稍遷大理寺丞。祥符中，試材識兼茂明於體用科，或言六科所以求闕政，今封禪告成，何闕政之求，罷之。通判通州，徙濠州，再遷太常博士。【略】仁宗即位，進右諫議大夫。雷允恭擅徙永定陵地，夷簡與魯宗道驗治，允恭誅，以給事中參知政事，因請以祥符天書内之方中。真宗祔廟，太后欲具平生服玩如宫中，以銀罩覆神主。夷簡言：「此未足以報先帝。今天下之政在兩宫，惟太后遠姦邪，獎忠直，輔成聖德，所以報先帝者，宜莫若此也。」故事，郊祠畢，輔臣遷官，夷簡與同列皆辭之，後爲例。遷尚書禮部侍郎、修國史，進户部，拜同中書門下平章事、集賢殿大學士、景靈宫使。玉清昭應宫災，太后泣謂大臣曰：「先帝尊道奉天而爲此，今何以稱遺旨哉。」夷簡意其將復營構也，乃推《洪範》災異以諫，太后默然。因奏罷二府兼宫觀使。進吏部，拜昭文館大學士、監修國史，史成，辭進官。【略】未幾，感風眩，詔拜司空、平章軍國重事。疾稍間，命數日一至中書，裁決可否。夷簡力辭，復降手詔曰：「古謂髭可療疾，今翦以賜卿。」三年春，帝御延和殿召見，敕乘馬至殿門，命内侍取兀子輿以前。夷簡引避久之，詔給扶毋拜。乃授司徒、監修國史，軍國大事與中書、樞密同議。固請老，以太尉致仕，朝朔望。既薨，帝見群臣，涕下，曰：「安得憂國忘身如夷簡者！」贈太師、中書令，謚文靖。自仁宗初立，太后臨朝十餘年，天下晏然，夷簡之力爲多。其後元昊反，四方久不用兵，師出數敗；契丹乘之，遣使求關南地。頗賴夷簡計畫，選一時名臣報使契丹、經略西夏，二邊以寧。然建募萬勝軍，雜市井小人，浮脆不任戰鬥。用宗室補環衛官，驟增奉賜，又加遺契丹歲繒金二十萬，當時不深計之，其後費大而不可止。郭后廢，孔道輔等伏閤進諫，而夷簡謂伏閤非太平事，且逐道輔。其後范仲淹屢言事，獻《百官圖》論遷除之敝，夷簡指爲狂肆，斥于外。時論以此少之。夷簡當國柄最久，雖數爲言者所詆，帝眷倚不衰。然所斥士，旋復收用，亦不終廢。其於天下事，屈伸舒卷，動有操術。後配食仁宗廟，爲世名相。始，王旦奇夷簡，謂王曾曰：「君其善交之。」卒與曾並相。後曾家請御篆墓碑，帝因慘然思夷簡，書「懷忠之碑」四字以賜之。有集二十卷。

又《歐陽修傳》 歐陽修字永叔，廬陵人。四歲而孤，母鄭，守節自誓，親誨之學，家貧，至以荻畫地學書。幼敏悟過人，讀書輒成誦。及冠，嶷然有聲。宋興且

百年，而文章體裁，猶仍五季餘習。鎪刻駢偶，淟涊弗振，士因陋守舊，論卑氣弱。蘇舜元、舜欽、柳開、穆修輩，咸有意作而張之，而力不足。修游隨，得唐韓愈遺稿於廢書簏中，讀而心慕焉。苦志探賾，至忘寢食，必欲并轡絶馳而追與之並。舉進士，試南宫第一，擢甲科，調西京推官。始從尹洙游，爲古文，議論當世事，迭相師友，與梅堯臣游，爲歌詩相倡和，遂以文章名冠天下。入朝，爲館閣校勘。【略】奉使河東。使還，會保州兵亂，以爲龍圖閣直學士、河北都轉運使。【略】左遷知制誥，知滁州。居二年，徙揚州、潁州。復學士，留守南京，以母憂去。服除，召判流内銓，時在外十一年矣。帝見其髮白，問勞甚至。小人畏修復用，有詐爲修奏，乞澄汰内侍爲姦利者。其群皆怨怒，譖之，出知同州，帝納吴充言而止。遷翰林學士，俾修《唐書》。【略】知嘉祐二年貢舉。時士子尚爲險怪奇澀之文，號「太學體」，修痛排抑之，凡如是者輒黜。畢事，向之囂薄者伺修出，聚譟於馬首，街邏不能制；然場屋之習，從是遂變。加龍圖閣學士、知開封府，承包拯威嚴之後，簡易循理，不求赫赫名，京師亦治。旬月，改群牧使。《唐書》成，拜禮部侍郎兼翰林侍讀學士。修在翰林八年，知無不言。【略】修以風節自持，既數被汙衊，年六十，即連乞謝事，帝輒優詔弗許。及守青州，又以請止散青苗錢，爲安石所詆，故求歸愈切。熙寧四年，以太子少師致仕。五年，卒，贈太子太師，謚曰文忠。【略】爲文天才自然，豐約中度。其言簡而明，信而通，引物連類，折之於至理，以服人心。超然獨騖，衆莫能及，故天下翕然師尊之。奬引後進，如恐不及，賞識之下，率爲聞人。曾鞏、王安石、蘇洵、洵子軾、轍，布衣屏處，未爲人知，修即游其聲譽，謂必顯於世。篤於朋友，生則振掖之，死則調護其家。好古嗜學，凡周、漢以降金石遺文、斷編殘簡，一切掇拾，研稽異同，立説於左，的的可表證，謂之《集古録》。奉詔修《唐書》紀、志、表，自撰《五代史記》，法嚴詞約，多取《春秋》遺旨。蘇軾叙其文曰：「論大道似韓愈，論事似陸贄，記事似司馬遷，詩賦似李白。」識者以爲知言。【略】論曰：三代而降，薄乎秦、漢，文章雖與時盛衰，而藹如其言，曄如其光，皦如其音，蓋均有先王之遺烈。涉晉、魏而弊，至唐韓愈氏振起之。唐之文，涉五季而弊，至宋歐陽修又振起之。挽百川之頽波，息千古之邪説，使斯文之正氣，可以羽翼大道，扶持人心，此兩人之力也。愈不獲用，修用矣，亦弗克究其所爲，可爲世道惜也哉！

又《鄭樵傳》　鄭樵字漁仲，興化軍莆田人。好著書，不爲文章，自負不下劉向、楊雄。居夾漈山，謝絶人事。久之，乃游名山大川，搜奇訪古，遇藏書家，必借留讀盡乃去。趙鼎、張浚而下皆器之。初爲經旨，禮樂、文字、天文、地理、蟲魚、草木、方書之學，皆有論辨，紹興十九年上之，詔藏祕府。樵歸益厲所學，從者二百餘人。以侍講王綸、賀允中薦，得召對，因言班固以來歷代爲史之非。帝曰：「聞卿名久矣，敷陳古學，自成一家，何相見之晚耶？」授右迪功郎、禮兵倍架閣。以御史葉義問劾之，改監潭州南嶽廟，給札歸抄所著《通志》。書成，入爲樞密院編修官，尋兼攝檢詳諸房文字。請修金正隆官制，比附中國秩序，因求入祕書省繙閱書籍。未幾，又坐言者寢其事。金人之犯邊也，樵言歲星分在宋，金主將自斃，後果然。高宗幸建康，命以《通志》進，會病卒，年五十九，學者稱夾漈先生。樵好爲考證倫類之學，成書雖多，大抵博學而寡要。平生甘枯淡，樂施與，獨切於仕進，識者以是少之。

又《王珪傳》　王珪字禹玉，成都華陽人，後徙舒。曾祖永，事太宗爲右補闕。吴越納土，受命往均賦，至則悉除無名之算，民皆感泣。使還，或言其多弛賦租。帝詰之，對曰：「使新附之邦，蒙天子仁恩，臣雖得罪，死不恨。」帝大悦。珪弱歲奇警，出語驚人。從兄琪讀其所賦，喟曰：「騏驥方生，已有千里之志，但蘭筋未就耳。」舉進士甲科，通判揚州。吏民皆少珪，有大校嫚不謹，捽置之法。王倫犯淮南，珪議出郊掩擊之，賊遁去。召直集賢院，爲鹽鐵判官，修起居注。接伴契丹使，北使過魏，舊皆盛服入。至是，欲便服，妄云衣冠在後乘。珪命取授之，使者愧謝。遂爲賀正旦使。進知制誥、知審官院，爲翰林學士、知開封府。遭母憂，除喪，復爲學士，兼侍讀學士。先是，三聖並侑南郊，而温成廟享獻同太室。珪言：「三后並配，所以致孝也，而瀆乎饗帝。後宫有廟，所以廣恩也，而僭乎饗親。」於是專以太祖侑于郊，而改温成廟爲祠殿。嘉祐立皇子，中書召珪作詔，珪曰：「此大事也，非面受旨不可。」明日請對，曰：「海内望此舉久矣，果出自聖意乎？」仁宗曰：「朕意決矣。」珪再拜賀，始退而草詔。歐陽修聞而歎曰：「真學士也。」帝宴寶文閣，作飛白書分侍臣，命珪識歲月姓名。再宴群玉，又使爲序，以所御筆、墨、牋、硯賜之。英宗立，當撰先帝謚，珪言：「古者賤不誄貴，幼不誄長，故天子稱天以誄之，制謚於郊，若云受之於天者。近制，唯詞臣撰議，庶僚不得參聞，頗違稱天之義。請令兩制共議。」從之。【略】八年，帝有疾，珪白皇太后，請立延安郡王爲太子。太子立，是爲哲宗。進珪金紫光禄大夫，封岐國公。五月，卒於位，年六十七。特輟朝五日，賻金帛五千，贈太師，謚曰文恭。賜壽昌甲第。珪以文學進，流輩咸共推許。其文閎侈瓌麗，自成一家，朝廷大典策，多出其手，詞林稱之。然自執政至宰相，凡十六年，無所建明，率道諛將順。當時目爲「三旨相公」，以其上殿進呈，云「取聖

旨」；上可否訖，云「領聖旨」；退諭稟事者，云「已得聖旨」也。紹聖中，邢恕謗起，黄履、葉祖洽、劉拯交論珪元豐末命事，以爲當時兩府大臣，嘗議奏請建儲，珪輒語李清臣云：「他自家事，外庭不當管。」怒又誘教高遵裕子士京上奏，言珪欲立雍王，遣士京故兄士充，傳道言語於禁中。珪由是得罪，追貶萬安軍司户參軍，削諸子籍。徽宗即位，還其官封。蔡京秉政，復奪贈謚。政和中，又復之。

又《李燾傳》 李燾字仁甫，眉州丹稜人，唐宗室曹王之後也。父中登第，知仙井監。燾甫冠，憤金讎未報，著《反正議》十四篇，皆救時大務。紹興八年，擢進士第。調華陽簿，再調雅州推官。改秩，知雙流縣。仕族張氏子居喪而争産，燾曰：「若忍墜先訓乎？盍歸思之。」三日復來，迄悔艾無訟。又有不白其母而鬻産者，燾置之理，豪强斂迹。於是以餘暇力學。燾恥讀王氏書，獨博極載籍，搜羅百氏，慨然以史自任，本朝典故尤悉力研覈。倣司馬光《資治通鑑》例，斷自建隆，迄于靖康，爲編年一書，名曰《長編》，浩大未畢，仍效光體爲《百官公卿表》。史官以聞，詔給札來上。制置王剛中辟幹辦公事。知榮州。榮因溪爲隍，夏秋率苦水潦，燾築防捍之。除潼川府路轉運判官，入境，劾守令不職者四人。縣多聚斂，燾括一路財賦額，通有無，酌三年中數，定爲科約，上之朝，頒之州縣。乾道三年，召對，首舉藝祖治身、治家、治官、治吏典故，以爲恢復之法，乞增置諫官，許六察言事，請練兵，毋增兵，杜諸將私獻，覈軍中虚籍。除兵部員外郎兼禮部郎中。會慶節上壽，在郊禮散齋内，議權作樂，燾言：「漢、唐祀天地，散齋四日，致齋三日，建隆初郊亦然。自崇寧、大觀法《周禮》祭天地，故前十日受誓戒。今既合祭，宜復漢、唐及建隆舊制，庶幾兩得。」詔垂拱上壽止樂，正殿爲北使權用。正除禮部郎中，言中興祭禮未備，請以《開寶通禮》、《嘉祐因革禮》、《政和新儀》令太常寺參校同異，修成祭法。四年，上《續通鑑長編》，自建隆至治平，凡一百八卷。時《乾道新曆》成，燾言：「曆不差不改，不驗不用。未差無以知其失，未驗無以知其是。舊曆多差，不容不改，而新曆亦未有大驗，乞申飭曆官討論。」五年，遷祕書少監兼權起居舍人，尋兼實録院檢討官。【略】燾及都門，乞祠，除江西運副，且許臨遣。或勸以方被讒，無及時事。燾曰：「聖主全度如此，竭忠所以爲報。」遂奏：「日食、地震皆陰盛，主敵國小人，不可不慮。」且申「無變古、無欲速」兩言，又上《快箴》，引太祖罷朝悔乘快決事以諫，上曰：「朕當揭之座右。」進祕閣修撰、權同修國史、權實録院同修撰。燾爲左史時，嘗乞復行明堂禮，謂「南郊、明堂初無隆殺，合視圜壇，特免出郊浮費。」至是申言之，詔集議，嬖幸沮止。其後周必大爲禮部尚書，申其説，始克行。權禮部侍郎。七月壬戌，雷震太祖廟柱，壞鴟尾，有司旋加修繕。燾奏非所以畏天變，當應以實。上諭大臣：「燾愛朕，屢進讜言。」賜金紫。嘗請正太祖東向之位。四年，駕幸太學，以執經特轉一官。燾論兩學釋奠：從祀孔子，當升范仲淹、歐陽脩、司馬光、蘇軾，黜王安石父子；從祀武成王，當黜李勣。衆議不叶，止黜王雱而已。真拜侍郎，仍兼工部。《徽宗實録》置院已久，趣上奏篇，燾薦吕祖謙學識之明，召爲祕書郎兼檢討官。夜直宣引，奏：「近者蒙氣蔽日，厥占不肖者禄，股肱耳目宜謹厥與。」賜坐。欲起，又留賜飲、賜茶。尋詔監視太史測驗天文。【略】七年，《長編》全書成，上之，詔藏祕閣。燾自謂此書寧失之繁，無失之略，故一祖八宗之事凡九百七十八卷，卷第總目五卷。依熙寧修《三經》例，損益修换四千四百餘事，上謂其書無愧司馬遷。燾嘗舉漢石渠、白虎故事，請上稱制臨決，又請冠序，上許之，竟不克就。又奏：「陛下即位二十餘年，志在富强，而兵弱財匱，與『教民七年可以即戎者』異矣。」一日，召對延和殿，講臣方讀《陸贄奏議》，燾因言：「贄雖相德宗，其實不遇。今遇陛下，可謂千載一時。」遂舉贄所言切於今可舉而行者數十事，勸上力行之。上有功業不足之歎，燾曰：「功業見乎變通，人事既修，天應乃至。」進敷文閣直學士，提舉佑神觀兼侍講、同修國史。薦尤袤、劉清之十人爲史官。【略】十一年春，乞致仕，優詔不允。上數問其疾增損，給事中宇文价傳上旨，燾曰：「臣子戀闕，非老病，忍乞骸骨。」因叩价時事，勉以忠藎。又聞四川乞減酒課額，猶手劄贊廟堂行之。病革，除敷文閣學士，致仕。命下，喜曰：「事了矣。」口占遺表云：「臣年七十，死不爲夭，所恨報國缺然。願陛下經遠以藝祖爲師，用人以昭陵爲則。」辭氣舒徐，乃卒，年七十。上聞嗟悼，贈光禄大夫。他日謂宇文价曰：「朕嘗許燾大書『續資治通鑑長編』七字，且用神宗賜司馬光故事，爲序冠篇，不謂其止此。」燾性剛大，特立獨行。早著書，檜尚當路，檜死始聞于朝。暨在從列，每正色以訂國論。張栻嘗曰：「李仁甫如霜松雪柏。」無嗜好，無姬侍，不殖産。平生生死文字間，《長編》一書用力四十年，葉適以爲《春秋》以後纔有此書。有《易學》五卷，《春秋學》十卷，《五經傳授》、《尚書百篇圖》、《大傳雜説》、《七十二子名籍》各一卷，《文集》五十卷，《奏議》三十卷，《四朝史藁》五十卷，《通論》十卷，《南北攻守録》三十卷，《七十二候圖》、《陶潛新傳》并《詩譜》各三卷，《歷代宰相年表》、《唐宰相譜》、《江左方鎮年表》、《晉司馬氏本支》、《齊梁本支》、《王謝世表》、《五代將帥年表》合爲四十一卷。謚文簡，累贈太師、温國公。子垕、坖、塾、壁、𡒄。垕著作郎，坖夔州路提點刑獄，壁、𡒄皆執政，别有傳。

又《儒林傳八・王應麟》 王應麟字伯厚，慶元府人。九歲通《六經》，淳祐元年舉進士，從王埜受學。調西安主簿，民以年少易視之，輸賦後時。應麟白郡守，繩以法，遂立辦。諸校欲爲亂，知縣事翁甫倉皇計不知所出，應麟以禮諭服之。差監平江百萬東倉。調浙西提舉常平茶鹽主管帳司，部使者鄭霖異待之。丁父憂，服除，調揚州教授。初，應麟登第，言曰：「今之事舉子業者，沽名譽，得則一切委棄，制度典故漫不省，非國家所望於通儒。」於是閉門發憤，誓以博學宏辭科自見，假館閣書讀之。寶祐四年中是科。應麟與弟應鳳同日生，開慶元年亦中是科，詔褒諭之，添差浙西安撫司幹辦公事。帝御集英殿策士，召應麟覆考。考第既上，帝欲易第七卷置其首。應麟讀之，乃頓首曰：「是卷古誼若龜鏡，忠肝如鐵石，臣敢爲得士賀。」遂以第七卷爲首選。及唱名，乃文天祥也。遷主管三省、樞密院架閣文字。遷國子録，進武學博士，疏言：「陛下閱理多，願治久。當事勢之艱，輿圖蹙於外患，人才乏而民力殫，宜强爲善，增修德，無自沮怠；恢弘士氣，下情畢達，操綱紀而明委任，謹左右而防壅蔽，求哲人以輔後嗣。」既對，帝問其父名，曰：「爾父以陳善爲忠，可謂繼美。」丁大全欲致應麟，不可得。遷太常寺主簿，面對，言：「淮戍方警，蜀道孔艱，海表上流皆有藩籬唇齒之憂。軍功未集而吝賞，民力既困而重斂，非修攘計也。陛下勿以宴安自逸，勿以容悦之言自寬。」帝愀然曰：「邊事甚可憂。」應麟言：「無事深憂，臨事不懼。願汲汲預防，毋爲壅蔽所欺。」時大全諱言邊事，於是應麟罷。未幾，大全敗，起應麟通判台州。召爲太常博士，擢秘書郎，俄兼沂靖惠王府教授。彗星見，應詔極論執政、侍從、臺諫之罪，積私財、行公田之害。又言：「應天變莫先回人心，回人心莫先受直言。箝天下之口，沮直臣之氣，如應天何？」時直言者多迕權臣意，故應麟及之。遷著作佐郎。度宗即位，攝禮部郎官，草百官表。舊制，請聽政，四表已上；一夕入臨，宰臣諭旨增撰三表，應麟操筆立就。丞相總護還，辭位表三道，使者立以俟，應麟從容授之。丞相驚服，即授兼禮部郎官、兼直學士院。馬廷鸞知貢舉，詔應麟兼權直，俄兼崇政殿説書。遷著作郎，守軍器少監。經筵值人日雪，帝問有何故事，應麟以唐李嶠、李乂等應制詩對。因奏：「春雪過多，民生飢寒，方寸仁愛，宜謹感召。」遷將作監。帝視朝，謂應麟曰：「爲學要灼見古人之心。」應麟對曰：「嚴恭寅畏，不敢怠皇，克勤克儉，無自縱逸，强以馭下，制事以斷，此古人之心。然操舍易忽於眇綿，兢業每忘於游衍。」帝嘉納之。既而轉對，言：「人君防未萌之欲，存不已之誠。」擢兼侍立修注官，升權直學士院，遷秘書少監兼侍講。上疏論市舶，不報。會賈似道拜平章事，葉夢鼎、江萬里各求去，似道亦求去。應麟奏，孝宗朝闕相者亦逾年，帝亟取以諭之。似道聞應麟言，大惡之，語包恢曰：「我去朝士若王伯厚者多矣，但此人素著文學名，不欲使天下謂我棄士。彼盍思少自貶！」恢以告，應麟笑曰：「迕相之患小，負君之罪大。」遷起居舍人，兼權中書舍人。冬雷，應麟言：「十月之雷，惟東漢數見。命令不專，姦衺並進，卑踰尊，外陵内之象。當清天君，謹天命，體天德，以回天心。守成必法祖宗，御治必總威福。」似道聞之，斥逐之意決矣。應麟牒閤門直前奏對，謂用人莫先察君子小人。方袖疏待班，臺臣亟疏駁之，由是二史直前之制遂廢。以秘閣修撰主管崇禧觀。久之，起知徽州。其父撝嘗守是郡，父老皆曰：「此清白太守子也。」摧豪右，省租賦，民大悦。召爲秘書監，權中書舍人，力辭，不許。兼國史編修、實録檢討兼侍講。遷起居郎兼權吏部侍郎，指陳成敗逆順之説，且曰：「國家所恃者大江，襄、樊其喉舌，議不容緩。朝廷方從容如常時，事幾一失，豈能自安？」朝臣無以邊事言者，帝不懌。似道復謀斥逐，適應麟以母憂去。及似道潰師江上，授中書舍人兼直學士院，即引疏陳十事，急征討、明政刑、厲廉恥、通下情、求將材、練軍實、備糧餉、舉實材、擇牧守、防海道，其目也。且言：「圖大患者必略細故，求實效者必去虚文。」因請集諸路勤王之師，有能率先而至者，宜厚賞以作勇敢之氣，并力進戰，惟能戰斯可守。進兼同修國史、實録院同修撰兼侍讀，遷禮部侍郎兼中書舍人。日食，應詔論答天戒五事，陳備禦十策，皆不及用。尋轉尚書兼給事中。左丞相留夢炎用徐囊爲御史，擢江西制置使黄萬石等，應麟繳奏曰：「囊與夢炎同鄉，有私人之嫌；萬石麤戾無學，南昌失守，誤國罪大。今方欲引以自助，善類爲所搏噬者，必攜持而去。吴浚貪墨輕躁，豈宜用之？況夢炎舛令慢諫，讜言弗敢告，今之賣降者，多其任用之士。」疏再上，不報。出關俟命，再奏曰：「因危急而紊紀綱，以偏見而咈公議，臣封駁不行，與大臣異論，勢不當留。」疏入，又不報，遂東歸。詔中使譚純德以翰林學士召，識者以爲奪其要路，寵以清秩，非所以待賢者。應麟亦力辭。後二十年卒。所著有《深寧集》一百卷、《玉堂類藁》二十三卷、《掖垣類藁》二十二卷、《詩考》五卷、《詩地理考》五卷、《漢藝文志考證》十卷、《通鑑地理考》一百卷、《通鑑地理通釋》十六卷、《通鑑答問》四卷、《困學紀聞》二十卷、《蒙訓》七十卷、《集解踐阼篇》、《補注急就篇》六卷、《補注王會篇》、《小學紺珠》十卷、《玉海》二百卷、《詞學指南》四卷、《詞學題苑》四十卷、《筆海》四十卷、《姓氏急就篇》六卷、《漢制考》四卷、《六經天文編》六卷、《小學諷詠》四卷。

柯劭忞《新元史・馬端臨傳》 馬端臨，字貴與，江西樂平人。父廷鸞，宋右

丞相。時休甯曹涇深於朱子之學，端臨從之游，以廕補承事郎。宋亡，隱居不仕，著《文獻通考》以補杜佑《通典》之闕，二十餘年而後成書。延祐四年，遣真人王壽衍訪求有道之士。至饒州路，録其書上進。詔官爲鏤板，以廣其傳。仍令端臨親齎稿本，赴本路校勘。初，留夢炎與廷鸞同相。及夢炎降召致端臨，欲用之，以親老辭。後爲慈湖、柯山二書院山長，台州教授。三月，謝病歸，卒於家。

《元史·脱脱傳》　脱脱字大用，生而岐嶷，異於常兒。及就學，請於其師浦江吴直方曰：「使脱脱終日危坐讀書，不若日記古人嘉言善行服之終身耳。」稍長，膂力過人，能挽弓一石。年十五，爲皇太子怯憐口怯薛官。天曆元年，襲授成製提舉司達魯花赤。二年，入覲，文宗見之，悦曰：「此子後必可大用。」遷内宰司丞，兼前職。五月，命爲府正司丞。至順二年，授虎符、忠翊侍衛親軍都指揮使。元統二年，同知宣政院事，兼前職。五月，遷中政使。六月，遷同知樞密院事。【略】至正元年，遂命脱脱爲中書右丞相、録軍國重事，詔天下。脱脱乃悉更伯顔舊政，復科舉取士法，復行太廟四時祭，雪郯王徹徹秃之冤，召還宣讓、威順二王，使居舊藩，以阿魯圖正親王之位，開馬禁，減鹽額，蠲負逋，又開經筵，遴選儒臣以勸講，而脱脱實領經筵事。中外翕然稱爲賢相。二年五月，用參議孛羅〔帖木兒〕等言，於都城外開河置閘，放金口水，欲引通州船至麗正門，役丁夫數萬，訖無成功。事見《河渠志》。三年，詔修遼、金、宋三史，命脱脱爲都總裁官。又請修《至正條格》頒天下。帝嘗御宣文閣，脱脱前奏曰：「陛下臨御以來，天下無事，宜留心聖學。頗聞左右多沮撓者，設使經史不足觀，世祖豈以是教裕皇哉？」即祕書監取裕宗所授書以進，帝大悦。【略】脱脱儀狀雄偉，頎然出於千百人中，而器宏識遠，莫測其藴。功施社稷而不伐，位極人臣而不驕，輕貨財，遠聲色，好賢禮士，皆出於天性。至於事君之際，始終不失臣節，雖古之有道大臣，何以過之。惟其惑於群小，急復私讎，君子譏焉。

《明史·文苑傳三·柯維騏》　柯維騏，字奇純，莆田人。高祖潛，翰林學士。父英，徽州知府。維騏舉嘉靖二年進士，授南京户部主事，未赴，輒引疾歸。張孚敬用事，創新制，京朝官，病滿三年者，概罷免。維騏亦在罷中，自是，謝賓客，專心讀書，久之，門人日進，先後四百餘人。維騏引掖靡倦，慨近世學者樂徑易，而憚積累，竊二氏之説，以文其固陋也，作左右二銘。訓學者務實，以辨心術。端趨向爲實志以存。敬畏密操，履爲實功，而其極則以宰理人物成能天地爲實用，作《講義》二卷。《宋史》與《遼、金》二史舊分三書，維騏乃合之爲一，以遼、金附之，而列二王於本紀，獨出己見，自爲一書，閲二十年而始成，名之曰《宋史新編》。又著《史記考要》、《續莆陽文獻志》及所作《詩文集》並行於世。維騏登第五十載，未嘗一日服官。中更倭亂，故廬焚燬，家困甚，終不妄取，世味無所嗜，惟嗜讀書。撫按監司，時有論薦，不復起。隆慶初，廷臣復薦，所司以維騏年高，但授承德郎，致仕。卒，年七十有八。

又《文苑傳二·王圻》　同邑有王圻者，字元翰。嘉靖四十四年進士。除清江知縣，調萬安。擢御史，忤時相，出爲福建按察僉事，謫邛州判官。兩知進賢、曹縣，遷開州知州。歷官陝西布政參議，乞養歸，築室淞江之濱，種梅萬樹，目曰梅花源。以著書爲事，年踰耄耋，猶篝燈帳中，丙夜不輟。所撰《續文獻通考》諸書行世。初，圻以奏議爲趙貞吉所推。張居正與貞吉交惡，諷圻攻之，不應。高拱爲圻座主，時方修隙徐階，又以圻爲私其鄉人不助己，不能無恚，遂摭拾之。

又《焦竑傳》　焦竑，字弱侯，江寧人。爲諸生，有盛名。從督學御史耿定向學，復質疑於羅汝芳。舉嘉靖四十三年鄉試，下第還。定向遴十四郡名士讀書崇正書院，以竑爲之長。及定向里居，復往從之。萬曆十七年，始以殿試第一人官翰林修撰，益討習國朝典章。二十二年，大學士陳于陛建議修國史，欲竑專領其事，竑遜謝，乃先撰《經籍志》，其他率無所撰，館亦竟罷。翰林教小内侍書者，衆視爲具文，竑獨曰：「此曹他日在帝左右，安得忽之。」取古奄人善惡，時與論説。皇長子出閣，竑爲講官。故事，講官進講罕有問者。竑講畢，徐曰：「博學審問，功用維均，敷陳或未盡，惟殿下賜明問。」皇長子稱善，然無所質難也。一日，竑復進曰：「殿下言不易發，得毋諱其誤耶？解則有誤，問復何誤？古人不恥下問，願以爲法。」皇長子復稱善，亦竟無所問。竑乃與同列謀先啓其端，適講《舜典》，竑舉「稽於衆，舍己從人」爲問。皇長子曰：「稽者，考也。考集衆思，然後舍己之短，從人之長。」又一日，舉「上帝降衷，若有恒性」。皇長子曰：「此無他，即天命之謂性也。」時方十三齡，答問無滯，竑亦竭誠啓迪。嘗講次，群鳥飛鳴，皇長子仰視，竑輟講肅立。皇長子斂容聽，乃復講如初。竑嘗採古儲君事可爲法戒者爲《養正圖説》，擬進之。同官郭正域輩惡其不相聞，目爲賈譽，竑遂止。竑既負重名，性復疎直，時事有不可，輒形之言論，政府亦惡之，張位尤甚。二十五年主順天鄉試，舉子曹蕃等九人文多險誕語，竑被劾，謫福寧州同知。歲餘大計，復鐫秩，竑遂不出。竑博極群書，自經史至稗官、雜説，無不淹貫。善爲古文，典正馴雅，卓然名家。集名《澹園》，竑所自號也。講學以汝芳爲宗，而善定向兄弟及李贄，時頗以禪學譏之。

萬曆四十八年卒，年八十。熹宗時，以先朝講讀恩，復官，贈諭德，賜祭廕子。福王時，追謚文端。

李桓《國朝耆獻類徵初編》卷四五《傅維鱗傳》 傅維鱗，直隸靈壽人。世祖章皇帝順治三年進士。由庶吉士授編修。五年，充江南鄉試正考官。九年，遷中允。十年，御試翰林，命維鱗外轉，授山東東昌道。時八旗兵駐防臨清，又由水程赴湖南等省出征，派民夫曳船，日以千計。維鱗議，照勘合等定數，毋許苛索濫，應其牽挽民夫，量給工食報銷。總督李蔭祖如其言入奏，得旨允行。十二年九月，諭吏部曰：「朕以京官習知法度，外官諳練民情。内外敭歷，方見真才，故將翰林官酌量外轉。今東昌道傅維鱗，愛民有治行，且學問素裕，仍以原官用。」十月，授大理寺少卿，尋洊遷太僕寺卿、通政使、副都御史。十四年三月，疏言御史巡方期滿，復命宜令，自行條荅八事以嚴考覈。【略】康熙五年六月，以病乞假歸。六年五月，卒於家。賜祭葬如例。

《大清一統志・正定府・人物・本朝》 傅維鱗，字掌雷，靈壽人。順治丙戌進士，選庶吉士，授編修，出爲東昌兵備道，治行第一。歷遷左副都御史，上《勸學疏》數百言，語極剴切。累遷工部尚書，加太子太保。所著《明書》三百卷以及《歗齋説書》、《四思堂文集》。

李衛等《畿輔通志・名臣・正定府》 傅維霖，字掌雷，靈壽人。順治丙戌進士，選庶吉士，授編修，出爲東昌兵備道，會大饑，多方設賑，全活甚衆。又奏除屯田以便民，修城垣以資保障而民不擾，治行稱最。召爲大理卿，遷左副都御史，上《勸學疏》，纚纚數百言，意極忠懇。遷户部侍郎，晉工部尚書，加太子少保。以病歸，卒，欽賜祭葬。所著，有《明書》三百卷及《歗齋説書》、《四思堂文集》等書行世。崇祀鄉賢。

《清史列傳・文苑傳二・尤侗》 尤侗，字展成，江蘇長洲人。少博聞强記。弱冠補諸生，才名籍甚。歷試於鄉，不售，以貢謁選，除直隸永平府推官。吏治精敏，不畏强禦，怙勢梗法者，逮治無所縱。坐撻旗丁，鐫級歸。康熙十八年，召試博學鴻儒，授翰林院檢討，分修《明史》，撰志傳多至三百篇。居三年，告歸。先是，侗所作詩文，流傳禁中，世祖章皇帝以「才子」目之。後入翰林，聖祖仁皇帝稱爲「老名士」，天下羡其榮遇，比於唐李白云。三十八年，聖駕南巡，至蘇州，侗獻《平朔頌》、《萬壽詩》，上嘉焉，賜御書「鶴棲堂」扁額。四十二年，駕復幸吴，賜御書一幅，即家授侍講，蓋異數也。侗性寬和，與物無忤，汲引後進，一才一藝，奬借不容口。兄弟七人，友愛無間，白首如垂髫。四十三年，卒，年八十七。其詩詞古文，才既富贍，復多新警之思，體物言情，精切流麗。每一篇出，傳誦徧人口。著述甚富，《全集》五十卷、《餘集》七十卷、《鶴棲堂集》十卷。子珍。

又《文苑傳二・黄虞稷》 黄虞稷，字俞邰，原福建晉江籍。父居中，明季爲南京國子監監丞，甲申聞變，不食死。虞稷遂家上元，爲上元人。諸生。七歲能詩，號神童。康熙十八年，舉博學鴻儒，遭母喪不與試。既，左都御史徐元文薦修《明史》，召入史館，食七品俸，分纂列傳及《藝文志》。二十三年，充《一統志》纂修官。二十八年，總裁徐元文假歸，特詔攜志稾於家編輯，元文奏言虞稷學問淵博，健文筆，乞隨相助，許之。至包山書局，刻苦搜討，逾年力疾竣事。竟以勞卒，年六十有三。虞稷篤内行，持己矜廉而勇於義。王士禎、毛奇齡、吴雯咸稱其詩。家世藏書，凡八萬卷，與江左諸名士約爲經史會，以資流覽。及來京師，輦下士大夫輒就之借閲，無虚日。著《千頃堂書目》三十二卷，自題曰閩人者，不忘本也。所録有明一代之書，最爲詳備，其史部分十八門，《簿録》一門，用尤袤《遂初堂書目》之例，以收《錢譜》、《蟹録》之屬，又有《楮園雜志》、《我貴軒》、《朝爽閣》、《蟬窠》諸集。

又《儒林傳下一・萬斯同》 斯同，字季野。生而異敏。年十四五，取家藏書徧讀之，皆得其大意。從黄宗羲得聞蕺山劉氏之學，以慎獨爲主，以聖賢爲必可及。寧波有五經會，斯同年最少，遇疑義，輒以片言析之。尚書徐乾學撰《讀禮通考》，斯同與參定焉。博通諸史，尤熟於明代掌故，嘗作《明開國以後至唐桂王功臣將相内外諸大臣年表》，以備采擇。康熙十八年，薦博學鴻儒科，辭不就。會詔修《明史》，大學士徐元文爲總裁，欲薦斯同入館局，斯同復辭，乃延主其家，以刊修委之。元文罷，繼之者大學士張玉書、陳廷敬，尚書王鴻緒，皆延之。乾隆初，大學士張廷玉等奉詔刊定《明史》，依據鴻緒稾本而增損之。鴻緒稾實出斯同手。嘗病唐以後設局分修之失，謂：「一代治亂賢奸之迹，當具其表裏。吾少館於某氏家，其家有列朝實録，吾讀而詳識之。長游四方，就故家長老求遺書，考問往事，旁及郡志邑乘、雜家誌傳之文，靡不網羅參伍，而要以實録爲指歸。蓋實録者直載其事與言，而無所增飾者也。凡實録之難詳者，吾以他書證之；他書之誣且濫者，吾以實録裁之。雖不敢自謂可信，而是非之枉於人者鮮矣。昔人於《宋史》已病其繁蕪，而吾所述倍焉。非不知簡之爲貴也，吾恐後之人務博而不知所裁，故先爲之極，使知吾所取者有可損，而所不取者必非其事與言之真而不可益也。」建文一朝無實録，野史因有遜國出亡之説，斯同斷之曰：「紫禁城無水關，無可出之理，鬼門亦無

其地。《成祖實録》稱建文闔宫自焚，上望見宫中煙起，急遣中使往救，至已不及。中使出其屍於火中，還白上。所謂中使者，乃成祖之内監也。安肯以后屍誑其主？而清宫之日，中涓嬪御爲建文所屬意者，逐一刑訊，苟無自焚實據，豈肯不行大索令耶？且建文登極二三年，削奪親藩，曾無寬假，以至燕王稱兵犯闕，逼迫自殞。即使出亡，亦是勢窮力盡，謂之遜國可乎？」由是建文之書法遂定。斯同性不樂榮利，見人惟以讀書勵名節相切劘。康熙四十一年，卒，年六十。所著有《歷代史表》六十卷、《儒林宗派》八卷、《喪禮辨疑》四卷、《廟制折衷》四卷、《廟制圖考》四卷、《石經考》二卷、《周正彙考》八卷、《紀元彙考》四卷、《歷代宰輔彙考》八卷、《宋季忠義録》十六卷、《南宋六陵遺事》一卷、《庚申君遺事》一卷、《群書疑辨》十二卷、《書學彙編》二十二卷、《崑崙河源考》二卷、《河渠考》十二卷、《石園詩文集》二十卷。其《歷代史表》稽考列朝掌故，端緒釐然，有助史學。又創《宦者侯表》、《大事年表》二例，爲列史所無；儒林宗派，自孔子以下，漢後唐前傳經之儒，及兩宋、周、程、朱、陸各派，一一具列，其持論獨爲平允焉。

又《大臣畫一傳檔正編十一·張廷玉》 張廷玉，安徽桐城人，大學士英次子。康熙三十九年進士，改庶吉士。四十二年，授檢討。四十三年，命入直南書房，尋充日講起居注官。四十七年，丁母憂，尋丁父憂。五十一年，遷司經局洗馬。五十四年，遷右庶子，尋授侍講學士。五十五年，擢内閣學士。五十六年，充經筵講官。五十九年，授刑部右侍郎。六十年二月，山東鹽販王美公等糾衆不法，巡撫李樹德獲奏，命廷玉同都統託賴、學士登德往會撫鎮嚴訊，分别定罪如例。六月，調吏部左侍郎。六十一年十一月，世宗憲皇帝御極，命廷玉協同翰林院學士阿克敦、勵廷儀等辦事，賜一品，廕生。十二月，擢禮部尚書，恭纂《聖祖仁皇帝實録》充副總裁。雍正元年正月，入直南書房。四月，充順天鄉試副考官。五月，上嘉廷玉偕正考官朱軾衡文公慎，議叙，加太子太保。七月，充《明史》總裁官。八月，兼翰林院掌院學士，御製詩一章賜之，詩曰：「峻望三台近，崇班八座遵。棟梁材不忝，葵藿志常存。大政資經畫，訏謨待討論。還期作霖雨，爲國沛殊恩。」九月，充會試正考官。調户部尚書。十月，充國史館總裁。二年五月，充《會典》總裁。尋疏言：「浙江之衢州，江西之廣信、贛州等府，毘連閩、廣，無藉之徒流移失業，入山種麻，搭棚居住，號曰『棚民』。歲月既久，生息日繁，懦者或守本業，悍者輒結爲匪。近西崖有搶劫之事，皆棚民倡首。請敕督撫題補廉能州縣，曉諭約束，編入户口册籍；若居住未久，踪跡莫定者，取具五家連環保結稽核，毋許遺漏。中有膂力技勇及讀書向學之人，查明具詳，分别考驗録用。庶生聚教訓，初無歧視，而一時失業之徒，不致陷於罪戾，亦屬靖地安良之一法。」下督撫議行。八月，充會試正考官。三年二月，充《治河方略》副總裁。七月，署理大學士事。四年，授文淵閣大學士，仍兼户部、翰林院事。五年，晉文華殿大學士。六年正月，疏言：「内閣部院奉旨事件，俱交起居注登記檔案；惟八旗事件，向例不交起居注，無從記載。請自雍正五年始，亦照閣部送館，以便纂入記注。」從之。三月，晉保和殿大學士。十月，兼署吏部尚書。七年，晉少保。八年十月，諭曰：「大學士馬爾賽、張廷玉、蔣廷錫自簡任綸扉以來，祇遵朕訓，仰體朕心，懋著忠勤，恪恭奉職。今年夏秋之間，朕躬偶爾違和，馬爾賽、張廷玉、蔣廷錫贊襄機務，公正無私，慎重周詳，事事妥協。數月之中，朕躬得以静養調攝者，實伊等翊贊之力也。今朕躬已經全愈，宜加恩錫，以褒良佐，以勵臣工。著各賞給一等輕車都尉世職，仍各加二級。其世職或帶於本身，或給與伊子，聽其自便。」廷玉奏准以長子編修若靄承襲。十一年三月，條奏「慎刑二事：一、各省人犯，罪重收禁，罪輕取保。獨刑部遇各衙門送犯，不論情事大小、罪犯首從，俱收禁，致累無辜。請敕議送部人犯，分别收禁、取保，定例遵行；一、刑部引用律例，往往删去前後文，止摘中間數語，即以所斷之罪承之；甚有求其彷彿，比照定擬者，高下其手，率由此起。都察院、大理寺同爲法司衙門，若刑部引例不確，應令院寺駁正，不改即行題參；如院寺扶同朦混，草率從事，一併處分。」疏入，命九卿議行。九月，諭祭賢良祠大學士張英於本籍，准廷玉馳驛回籍，舉行典禮，賜帑金萬兩，爲祠宇祭祀費，並賜冠帶、衣裘及貂皮、人參等物，頒内府書籍五十二種於其家。十二月，廷玉奏言：「臣行經直隸州縣，近河窪地遭水，已蒙賑濟，其中尚有災重之處，積潦未消，難以種麥，明歲青黄不接，民食倍艱。請敕督臣確查，加賑一月，再查該地方應修工程，酌議舉行，俾窮民得傭工餬口。」得旨允行。是月，《會典》告成，議叙加二級。十二年二月，廷玉回京，上遣内大臣、户部侍郎海望迎勞於盧溝橋，頒賜酒膳。十三年正月，充《皇清文穎》館總裁。八月，今上御極，命廷玉同莊親王允禄等總理事務。九月，賞給一等輕車都尉，併前世職爲三等子，仍以其子若靄襲。十月，恭纂《世宗憲皇帝實録》，充總裁官。嗣以廷玉所領事多，不必兼管翰林院事。乾隆元年，充纂修《玉牒》總裁。七月，充《三禮》館總裁。九月，《明史》告竣，議叙加二級。十月，命仍兼管翰林院事。十一月，充經筵講官。二年三月，充會試正考官。【略】[乾隆]二十年三月，卒。遺疏入，諭曰：「致仕大學士張廷玉歷事三朝，宣力年久，勤勞夙著，受恩最深。前以其年届八旬，

精神衰憊，特加體恤，准令退休，實朕優念老臣本懷。至於配享太廟一事，係奉皇考世宗憲皇帝遺詔遵行，而恩禮攸隆，則非爲臣子者可以要請。及朕賜詩爲券，又不親赴宫門謝恩，自不得不示以薄譴，用申大義。今張廷玉患病溘逝，要請之愆雖由自取，皇考之命朕何忍違！且張廷玉在皇考時，勤慎贊襄，小心書諭，原屬舊臣，宜加優卹，應仍謹遵遺詔，配享太廟，以彰我國家酬奬勤勞之盛典。」尋賜祭葬如例，謚文和。

又《大臣畫一傳檔正編十一·鄂爾泰》 鄂爾泰，滿洲鑲藍旗人，姓西林覺羅氏，世居汪欽。高祖屯泰，國初率族來歸，授佐領。曾祖圖捫，天聰五年，從征明大凌河，力戰陣殁，授騎都尉世職。雍正三年，入祀昭忠祠。祖圖彦圖，襲世職，官户部郎中。父鄂拜，國子監祭酒。鄂爾泰由舉人於康熙四十二年襲佐領，授三等侍衛。五十五年，遷内務府員外郎。雍正元年，充雲南鄉試副考官，特擢江蘇布政使。八月，授廣西巡撫。【略】［雍正十年］時大軍剿準噶爾，七月，命督巡陜甘，經略軍務。九月，奏報：「我兵敗北路賊於額爾得尼昭，賊遁必由畢蹐一路，中有衮塔馬哈戈壁，係要隘，咨行署寧遠大將軍張廣泗選將弁堵截，並令廣泗繼進，以壯聲援。」得旨嘉奬。又奏：「屯田事宜：一、總理屯田大員，頒給關防；一、客民首報地畝，分别給工價，其夫役等工價口糧外，加賞衣帽銀；一、夫役在甘、涼、肅雇募，地方官出結，以免逃逸，沿途給口食，並築土堡客居；一、屯田諸務，令所在有司協理；一、各項支用銀，令總理屯田大臣奏報，在軍需銀内支者，另行報銷。」十一年五月，奏言：「明歲大兵前進阿勒台，應先將特斯台、錫里二處所駐兵，令秋後至科布多水草佳處，并於札卜堪察罕鄂羅木築堡規守臺站運路；又於塔木託羅海、額克阿喇勒、默爾根西納所在各駐兵四千，俟進剿時，即前至科布多候調遣。」俱從之。六月，還京，仍兼兵部事。十月，充《八旗志》館總裁，兼署吏部。十二年二月，奏參兵部堂司官造册朦混，冒銷驛站錢糧，上以鄂爾泰實心任事，議叙加一級。七月，署鑲黄旗滿洲都統。十三年正月，充《皇清文穎》館總裁。【略】八月，今上御極，命同莊親王允禄、果親王允禮及大學士張廷玉總理事務。十二月，詔授一等輕車都尉，並前男爵爲一等子。乾隆元年二月，充會試正考官。七月，充《三禮義疏》總裁。二年五月，充《農書》總裁。八月，查直隸河道。九月，奏言：「永定河上游無分洩，下游不得暢達，以致爲患。請於半截河隄北開新河，即以北隄爲南隄，沿之東下，入六道口經三角淀，北至青沽，西入大河。更作洩潮埝數段，俾沙停埝外，水歸河中，則下口無阻。再於上游河身自半截河以上，挑濬深通，南北岸分建滚水石壩四，各開引河一，合清隔濁，補救無難。」又言：「千里長隄爲數十州縣保障，隸霸州、保定、文安、大城境者最險要，今年風浪摧壞，擬於淀口出口處至陶官營築培隄工，照底闊頂窄法修成坦坡形，龍堂灣轉角處補築月隄，以資重障。疏大隄對岸支河淤淺，禁攔河疊道，俾得暢達。」又言：「静海縣北至獨流，内受淀水，外當河道，亦最險處。請於東岸建滚水壩，開引河，注之中塘窪，疏通下口達海，建閘防潮。」下王大臣議行。【略】［乾隆］十年正月，以疾請解任調理，上慰留。三月，加太傅。四月，卒。遺疏入，得旨：「大學士伯鄂爾泰公忠體國，直諒持躬。久任邊疆，茂著惠績。簡領機務，思日贊襄。才裕經綸，學有根柢。不愧國家之柱石，允爲文武之儀型。嚮用方殷，倚毗正切。昨冬忽嬰痰疾，朕心厪念，選醫調理，存問日頒。今春病勢有加，朕往看視，加銜太傅，冀其獲痊。不意竟至不起，朕心深爲震悼！親臨祭奠，輟朝二日。披覽遺疏，具見忠君愛國之悃忱，尤爲追念不置。昔皇考有配享太廟遺詔，著該部遵奉舉行。並入賢良祠，加祭二次。」尋予祭葬，謚文端。

又《文苑傳二·厲鶚》 厲鶚，字太鴻，浙江錢塘人。康熙五十九年舉人。少貧，性孤峭，不苟合。始學爲詩，即有佳句，於書無所不窺，所得皆用之於詩，故時多異聞軼事。内閣學士李紱典浙江試，闈中得鶚卷，閲其謝表，曰：「此必詩人也。」亟録之。計偕至京，尤以詩見賞於侍郎湯右曾。試禮部，報罷，右曾欲止而授之館，比遣迎之，則已襆被出都矣。十餘年間，再上公車。乾隆元年，浙江總督程元章薦應博學鴻詞科，試日，誤寫論在詩前，又報罷，而年亦且老。值部銓期近，思得薄禄養親，復入京，行次天津，舊友查爲仁留之水西莊，同撰周密《絶妙好詞箋》，遂不就選而歸。十八年，卒，年六十二。鶚搜奇嗜博，館於揚州馬曰琯小玲瓏山館者數年，肆意探討，所見宋人集最多，而又求之詩話、説部、山經、地志，爲《宋詩紀事》一百卷，《南宋院畫録》八卷。又著《遼史拾遺》，採摭群書至三百餘種，常自比裴松之《三國志注》。又著《秋林琴雅》、《東城雜記》、《湖船録》諸書，皆博洽詳贍。先世本《慈谿》，徙居錢塘，故仍以四明山樊榭名其居。所著《樊榭山房集》二十卷，幽新雋妙，刻琢研鍊，尤工五言，取法陶、謝及王、孟、韋、柳，而别有自得之趣。同時以博學鴻詞徵者，有胡天游、全祖望，論者謂鶚之詩，天游之文，祖望之考證，求之近代，罕有其比。其詩餘，尤擅南宋諸家之勝。鶚無子，殁後，栗主委榛莽中。何琪見之，取送黄山谷祠，洒埽一室供之。侍郎王昶囑同人於忌日薦酒脯焉。

又《大臣畫一傳檔正編十八·嵇璜》 嵇璜，江蘇無錫人。父大學士曾筠，自有傳。璜於雍正七年欽賜舉人。八年，中式進士，改庶吉士，散館授編修。十二年，擢右中允。十三年，轉左諭德，充山西鄉試正考官。乾隆元年，充陝西鄉試正考官，命南書房行走。三年，丁父憂。六年，服闋。七年，擢左庶子，充日講起居注官，尋遷翰林院侍讀學士。八年三月，轉通政司副使。七月，遷都察院左僉都御史。【略】十二年正月，遷大理寺卿。十三年四月，授都察院左副都御史。六月，擢工部右侍郎。十四年十二月，調户部右侍郎，尋轉左，充經筵講官。【略】二十六年，來京恭祝皇太后萬壽。二十九年十二月，丁母憂。三十二年，服闋，署禮部尚書，五月，實授。七月，授河東河道總督。八月，奏：「楊橋大壩爲豫省第一要工，稭料堵閉，時虞滲漏。北岸河灘順直，既不能挑引河以分溜，大壩迤東又偏地飛沙，不能建越隄，惟有將壩身裏戧培厚，以當重門保障。又從前堵築楊橋漫口，係就鄭中越隄頭盤築壩臺進埽合龍，遂改越隄爲臨河大隄。該處土性純沙，實難恃以無恐，應選擇淤土幫築裏戧。」諭曰：「自應如是矣。但期帑歸實用，久資鞏固可也。」尋奏：「回空糧船已過濟寧南下，月内可全出東省境。其濟寧以上之蜀山、南旺、馬蹋、馬場等湖水櫃，應及時收蓄。現將出水斗門閘座，槩行堵閉儲水，以備灌輸。至濟寧上下運河東岸獨山湖十八水口，亦次第堵築，不使涓滴外洩。再微山湖現深一丈二尺一寸，較奏定水誌多尺許，來春濟運，甚爲寬裕。」得旨：「覽奏俱悉。」三十三年五月，諭曰：「前因彰寶擢奏，有運河水勢較小之語，而嵇璜亦曾奏及，當即傳諭該總河，令其查明覆奏。隨據奏到，四月初旬得雨五寸，各幫已銜尾遄行。乃今日倉場侍郎等具奏，又稱濟寧等處糧艘過津，前後脱幫，自一二日至四五日不等，情形迥不相符。此實近年希有之事。運河糧艘全賴諸湖水櫃啓閉應時，以利浮送，而先期酌量調濟，尤係河臣專責。前此李清時經管有年，辦理妥協，從未聞以湖水淺澀，致轉漕或有濡滯。至春末夏初，雨水較少，亦北方常事。況今春已得雨數次，而糧艘脱幫，轉致多稽時日若此。此豈藉口雨澤稀少，遂可以爲卸責之計？況嵇璜到任以來，於瀦蓄宣洩事宜，既已辦理不善於前，及降旨詢問，又復自行掩覆於後，是何意見，著嵇璜明白回奏。」尋奏糧艘脱幫，因員弁催儧不力，得旨交部察議。九月，授工部尚書。十一月，諭：「嵇璜現在來京，著專辦工部事務，不必在南書房行走。」三十四年正月，因河東總督任内，未甄别佐雜，諭曰：「河東佐雜額缸，多至八十九員。嵇璜在任已及年餘，理應悉心澄汰，何至甄别無一人？明係膜視察吏，姑容瞻徇。嵇璜著交部嚴加議處。」部議降三級調用，補都察院左副都御史。五月，以會讞時刑部錯擬罪名，隨同畫諾，降一級留任。三十六年，遷工部右侍郎。三十八年五月，擢工部尚書。八月，調兵部尚書。十二月，充經筵講官。三十九年，充《四庫全書》館正總裁。四十年三月，充會試正考官。四月，出闈，未赴香山行宫候召見，部議降三級調用，得旨從寬留任。十一月，賜紫禁城騎馬。【略】四十二年，京察，議叙加一級。四十四年十二月，兼翰林院掌院學士。尋調吏部尚書、協辦大學士。四十五年，京察，議叙加一級。六月，教習庶吉士。九月，授文淵閣領閣事，兼國史館正總裁。四十六年二月，充《三通》館正總裁。十二月，命管理稽察欽奉上諭事件處。尋諭曰：「本日據阿桂、李奉翰、韓鑅覆奏，嵇璜前奏令黄河北流，仍歸山東故道，其事必不可行。各摺已批交該部知道矣。此事前據嵇璜在熱河面奏，朕揣度形勢，以爲其事勢難行，是以遲回久之。更翻治河諸書，以博訪衆論，皆稱黄河南徙，自北宋以來至今已閲數百年，未可輕議更張。即以現在青龍岡漫口情形而論，其泛溢之水，由趙王河歸大清河入海者，止有二分；其南由南陽、昭陽等湖匯流南下，歸入正河，仍有八分。豈能力挽全河之水使之北注？此事勢之顯而易見者。從前孫嘉淦亦曾有此議，究以形勢隔礙難行，其説遂寢。今因漫口復決，是以降旨詢問，阿桂等令各就所見據實覆奏，俱稱揣時度勢，斷不能行。其詞若合一轍。且稱『始而南流八分者，今則全歸江南，地形北高南低，水性就下，惟應補偏救弊，以復其安流順軌之常。山東地高於江南，若導河北注，揆之地勢之高下，水性之順逆，斷無是理』等語。或阿桂等揣合朕意，故爲此奏，而嵇璜尚爲素悉河務之人，其前奏使河流仍歸山東故道之語，亦必中有所見，即使其事難行，而其言爲要工起見，究屬因公。且治河之策，本應集思廣益，正不妨博採周諮，以期詢謀僉同，折衷至當。著大學士、九卿、科道等再行悉心妥協會議具奏。」尋議上，寢其事。四十七年八月，加太子太保。十月，命在上書房總師傅上行走。四十八年，京察，議叙加一級。賜詩曰：「遣暇《石渠》舊蹟披，《西清》廣和綣然思。率登鬼籙嗟前後，祇賸嵇山不動移。四句六如真弗舛，電光石火訝如斯。得存碩果喻君子，較彼韋平似勝之。」四十九年，璜子承豫官雲南劍川州知州，以承辦軍米遲誤革職，奉旨交部帶領引見。尋諭曰：「該員係大學士嵇璜之子，念嵇璜年老，嵇承豫著加恩以主事用，令其就近侍養，毋庸再行引見。」九月，諭令每冬日出後進朝，詳《伍彌泰傳》。十一月，賜黑狐端罩。尋因《河源紀略》成，議叙加二級。五十年正月，入千叟宴。三月，《四庫全書》成，議叙加二級。五十一年，京察，議叙加一級。時璜以精力衰乞休，賜詩曰：「願老何須以老悲，古稀猶此

日孜孜。旰宵未倦依然興，爾我同庚可不思。一去已憐一爲甚，再隨應識再非宜。漢家災異三公免，君合臣綱我弗爲。」五月，上幸避暑山莊，命留京辦事。十月，有疾，上遣御醫診視。尋愈。賜詩曰：「邇日籌瀛髮率宣，重臣掄俊統軍先。採薪喜愈談前席，碩果權休稱避賢。同閣四中今獨在，懸車一發漫頻連。卻云慶八旬乞返，首肯同卿待戌年。」五十四年，京察，議叙加一級。三月，以上書房行走諸臣曠班，諭曰：「書房設有總師傅，並不專司訓課，其責專在稽察，與總諳達之於衆諳達無異。師傅内有怠惰不到者，總師傅自應隨時糾劾，方爲無忝厥職。今該師傅等竟相率不到至七日之久，無一人入書房，其過甚大，而總師傅復置若罔聞，又安用伊等爲耶？此而不嚴加懲創，又復何以示儆？嵇璜年老衰邁，王杰兼軍機處行走，情尚可原，著從寬交部議處，劉墉等俱著交部嚴加議處。」部議降二級調用，命改爲降三級，從寬留任。五十五年四月，諭曰：「大學士嵇璜係雍正庚戌科進士，服官有年，精神矍鑠。兹當庚戌會試已届周甲之期，與新進士先後同年，實係人文盛事。著照從前史貽直之例，重預恩榮筵宴，以爲藝林佳話。」復賜詩曰：「木天希遇兩恩榮，戌茂前庚逮後庚。祖節昔同唐真果，身階今似漢韋平。可知襲慶緣修德，所喜力行不務名。黄閣重逢錫袞什，絲綸盛事紀皇清。」復諭曰：「内外文武大臣特恩賞紫禁城内騎馬，用資代步，但年老足疾之人，上馬亦覺艱難。如大學士嵇璜雖經賞馬，仍恐難於乘騎，嗣後已經賞馬之大臣，因有足疾艱於步履者，仍加恩准令乘坐小椅，旁縛短杆，用兩人舁行入直，以示朕眷念大臣恩加體恤至意。」八月，上以嵇璜年届八十，賜詩曰：「誕日原當六月初，後移稱慶實謙虚。還鄉未可便從爾，戀闕依然尚惘予。賜馬賜輿堪贊閣，曰來曰使未懸車。同庚待我歸政後，南北應同林下居。」再賜「韋平錫慶」額，賜聯云：「綸閣恩榮聯後甲，杖朝風采耀長庚。」五十六年十二月，賜肩輿入直。五十七年，京察，議叙加一級。十月，諭曰：「嵇璜年逾八旬，精力不能兼顧，翰林院掌院學士事務，著彭元瑞管理。」五十九年四月，諭曰：「據福寧奏保舉堪勝知府之武定府同知嵇承群、曹州府同知陳文駿二員，並聲明『嵇承群係大學士嵇璜之子』等語。外省保舉，自應簡拔寒畯，況前降諭旨，令督撫等各保舉一二員送部引見，如該撫因一時乏人，即保薦一人，有何不可？且該省同知、直隸州知州不下十餘員，其中豈無一二才具堪膺方面之選者，而必須將嵇璜之子嵇承群登諸薦剡，殊屬非是。大學士之子，朕所素知，如果才堪任使，原可量加酌用。即如阿桂之子阿迪斯現任侍郎，和珅之弟和琳前因辦理糧餉軍務，認真出力，洊擢尚書。然此皆朕特加簡擢，並非因人保薦，始行用至卿貳也。朕臨御五十九年，因材器使，一秉至公，大學士子弟從不准臣工等互相保薦，致啓黨援之漸。今福寧輒將嵇承群保奏，雖於摺尾聲明，究不免瞻徇情面。福寧著交部議處，嵇承群不准送部引見。」七月，卒。諭曰：「大學士嵇璜老成端謹，歷練有年。簡任綸扉，齒逾八秩。方冀長承恩眷，用資倚任。前因患病告假，即命皇八子帶領御醫親往診視。兹遽聞溘逝，深爲軫惜！著賞給經被，以昭飾終令典。加恩晉贈太子太師。派皇八子帶領侍衛十員，前往奠醊，並賞給銀一千兩辦理喪事。其從前降革處分，悉予開復。所有應得卹典，該部察例具奏。至伊家屬扶柩南歸，並著加恩照例遣官一員護送回籍，以示優眷。」尋賜祭葬如例，謚文恭。子承謙，官翰林院侍讀，先卒；承豫，現任兵部郎中；承閑，現任廣東廣州府同知；承群，前任山東武定府同知，丁憂起復，仍赴山東，今借補泰安府通判。

又《儒林傳下一・盧文弨》 盧文弨，字弨弓，浙江餘姚人。父存心，乾隆初舉博學鴻詞科。文弨，乾隆十七年一甲三名進士，授翰林院編修，上書房行走。歷官左春坊左中允、翰林院侍讀學士。三十年，充廣東鄉試正考官。三十一年，充湖南學政，以條陳學政事宜不當，部議降三級用。三十三年，乞養歸。文弨孝謹篤厚，潛心漢學，與戴震、段玉裁友善。好校書，所校《逸周書》、《孟子音義》、《荀子》、《吕氏春秋》、《賈誼新書》、《韓詩外傳》、《春秋繁露》、《方言》、《白虎通》、《獨斷》、《經典釋文》諸善本，鏤板惠學者。又苦鏤板難多，則合經史子集三十八種，而名之曰《群書拾補》。所自著有《抱經堂集》三十四卷、《儀禮注疏詳校》十七卷、《鍾山劄記》四卷、《龍城劄記》三卷、《廣雅釋天以下注》二卷，皆能使學者諟正積非，蓄疑渙釋。其言曰：「唐人之爲義疏也，本單行，不與經注合。單行經注，唐以後尚多善本，自宋後附疏於經注，而所附之經注，非必孔、賈諸人所據之本也，則兩相齟齬矣。南宋後又附《經典釋文》於注疏間，而陸氏所據之經注，又非孔、賈諸人所據也，則齟齬更多矣。淺人必比而同之，則彼此互改，多失其真。幸有改之不盡，以滋其齟齬，啓人考覈者，故注《釋文》，合刻似便，而非古法也。」其特識多類此。文弨嘗歷主江浙各書院講席，以經術導士。六十年，卒，年七十九。同時江陰趙曦明，字敬夫，諸生。文弨校讎諸籍，資曦明之力爲多。曦明著有《讀書一得》六十卷，其體例與黄東發《日鈔》相近；又有《顔氏家訓注》七卷、《桑梓見聞録》八卷。

又《大臣畫一傳檔正編十八・梁國治》 梁國治，浙江會稽人。乾隆六年舉人。七年，考取内閣中書。十三年一甲一名進士，授修撰。十七年，充日講起居注官。十九年十一月，遷國子監司業。二十一年五月，充廣東鄉試正考官。十一月，

揀發廣東以道員用。二十二年三月，補惠嘉潮道。二十五年十月，署糧驛道。二十六年十一月，卓異引見，命署理都察院左副都御史。二十七年六月，充江西鄉試正考官。九月，提督安徽學政。十一月，擢吏部左侍郎，仍留學政任。三十年正月，調江蘇學政。九月，兩廣總督楊廷璋、巡撫明山參奏糧道王槩浮收倉米，國治署任内亦有情弊，奉旨革職，並管倉家人一併解粵質審。嗣審係失察家人舞弊，已革職，毋庸議。三十一年二月，特授山西冀寧道。三十二年十月，擢湖南按察使。三十三年九月，擢江寧布政使。三十四年四月，以失察署潁州府知府明福畏罪自縊，部議降一級調用，諭從寬留任。五月，奏：「外省督、撫、提、鎮、藩、臬等，凡有奏事之責者，新舊交代，全憑文案。惟廷寄諭旨，事須謹密者，皆由内署密辦，向不移交後任，無憑查核。請嗣後毋論正署，逐任交代。」下部議行。上以江寧等屬錢糧未清各款尚多，諭令梁國治查奏。旋覆奏：「江寧之山陽、阜寧、清河、安東、銅山五縣節年積欠三萬至八萬，爲數較多。計自乾隆十一年起至三十二年止，未完積欠正雜款銀共四十五萬餘兩，三十三年未完正雜款銀十萬一千餘兩。緣自乾隆二十六年江寧分設藩司，節年均有偏災，雖屢蒙恩蠲緩，其應徵蠲賸，及熟田正雜銀，因附近災地民力未能充裕，或儘完本年新糧，積欠帶完無多；或兼徵口糧籽種，舊欠未能併輸。即如三十三年分奏銷核計徵完積欠銀十八萬七千餘兩，正雜項款又有未完銀十萬一千餘兩。臣擬於三十四年秋成起，按各屬舊欠多寡，酌量年歲情形，分年分限，設法帶徵，務期逐漸清楚，仍專立稽查積欠印册，按款按限隨時稽查；督摧交代時，仍將查辦印册面交後任接辦。」得旨俞允。【略】[三十八年]十一月，奉旨：「梁國治著來京，在軍機處行走。」十二月，署禮部侍郎。三十九年正月，入直南書房。二月，命纂辦《日下舊聞考》。六月，補户部右侍郎，辭免管理錢法堂事，八月，轉左侍郎，十月，賜第一所。十二月，署經筵講官。四十年四月，充殿試讀卷官。四十一年十月，命紫禁城騎馬。十一月，賜青狐端罩。十二月，充經筵講官。四十二年二月，充《四庫全書》館副總裁。三月，京察，加一級。八月，充順天鄉試正考官。十一月，擢户部尚書。四十五年三月，京察，加一級。四月，叙平定金川功，得旨：「梁國治著加三級。」四十六年五月，教習庶吉士。四十七年二月，以定擬鎮迪道巴彦岱收受餽送罪錯謬，部議降三級，諭從寬留任。八月，加太子少傅。四十八年四月，京察，加一級。七月，協辦大學士。四十九年七月，上以底店賊匪剿辦净盡，梁國治等承旨繕寫，鉅細無遺，交部議叙。尋部議軍功，加三級。五十年，與千叟宴聯句，賞賚。五月，晉東閣大學士，兼户部尚書。五十一年二月，京察，加一級。十二月，卒。諭曰：「梁國治學品端醇，小心勤慎。敭歷中外，簡直内廷，襄理機務。洊擢綸扉，方資倚毗。前以感患痰喘，屢遣御醫診視，並派御前侍衛豐紳濟倫前往傳旨存問，令其安心調治，以冀速痊。兹聞溘逝，深爲軫惜！著晉贈太子太保。派皇十七子帶領散秩大臣一員、侍衛十員，前往奠醊。仍賞給銀一千兩，俾治喪事。其任内降革、罰俸處分，均予開復。所有應得卹典，該部查例具奏。」尋賜祭葬如例，謚文定。

又《儒林傳下一・錢大昕》 錢大昕，字曉徵，江蘇嘉定人。乾隆十六年，召試舉人，授内閣中書。十九年進士，改翰林院庶吉士，二十二年，散館授編修。二十三年，大考二等一名，擢右春坊右贊善。二十四年，充山東鄉試正考官。二十五年，充會試同考官。二十七年，充湖南鄉試正考官。二十八年，大考一等三名，擢翰林院侍講學士。三十年，充浙江鄉試副考官。三十二年，乞假歸。三十四年，補原官，入直上書房，遷詹事府少詹事。三十九年，充河南鄉試正考官，尋提督廣東學政。四十年，丁父艱，服闋，又丁母艱。病不復出，主講鍾山、婁東、紫陽書院。嘉慶九年，卒，年七十七。大昕幼慧，善讀書。時元和惠棟、吴江沈彤以經術稱，其學求之《十三經注疏》及唐以前子史小學諸書。大昕推而廣之，錯綜貫串，發古人所未發。任中書時，與吴烺、褚寅亮同習梅氏算術及歐羅巴測量弧三角諸法。入翰林，禮部尚書何國宗世業天文，年已老，聞其善算，先往見之，曰：「今同館諸公談此道者鮮矣。」大昕於中西兩法剖析無遺，用以觀史，自太初《三統》四分中至大衍，下迄《授時》，朔望薄蝕，淩犯進退，抉摘無遺。漢《三統》爲七十餘家之權輿，訛文粤義，無能正之者。大昕衍之，據班《志》以闡劉歆之説，裁《志》文之訛，二千年已絶之學，昭然若發蒙。大昕又謂：「古法歲陰與太歲不同，《淮南天文訓》攝提以下十二名，皆謂歲陰所在，《史記》太初元年年名焉逢攝提格者，歲陰非太歲也。東漢後不用歲陰紀年，又不知太歲超辰之法，乃以太初九年爲丁丑歲，則與《史漢》之文皆悖矣。」又謂《尚書》緯四遊升降之説，即西法日躔最高卑之説。又宋楊忠輔《統天術》以距差乘躔差減氣汎積爲定積，梅文鼎謂郭守敬加減歲餘法出於此。但《統天》求汎積必先減氣差十九日有奇，與郭又異。文鼎不能言，大昕推之，曰：「凡步氣朔必以甲子日起算，今《統天》上元冬至，乃戊子日不值甲子，依授時法，當加氣應二十四日有奇，乃得從甲子起。今減去氣差，是以上元冬至後甲子日起算也。既如此當減氣應三十五日有奇，今減十九日有奇者，去躔差之數不算也。求天正經朔又減閏差者，經朔當從合朔起算，今推得《統天》上元冬至後第一朔，乃乙

丑戌初二刻弱，故必減閏差而後以朔實除之，即《授時》之朔應也。」大昕始以辭章名，沈德潛《吳中七子詩選》，大昕居一。既乃研精經史，蔚爲著述，於經義之聚訟難決者，皆剖析源流，文字、音韻、訓詁、天算、地理、氏族、金石，以及古人爵里、事實、年齒，瞭如指掌。古人賢姦是非，疑似難明者，皆有確見。惟不喜二氏書，嘗曰：「立德、立功、立言，吾儒之不朽也。先儒言釋氏近於墨，予以爲釋氏亦終於楊氏爲己而已。彼棄父母而學道，是視己重於父母也。」大昕在館時，嘗與修《音韻述微》、《續文獻通考》、《續通志》、《一統志》、《天球圖》諸書。所著有《唐石經考異》一卷、《經典文字考異》三卷、《聲類》四卷、《二十二史考異》一百卷、《唐書史臣表》一卷、《唐五代學士年表》二卷、《宋學士年表》一卷、《元史氏族表》三卷、《元史藝文志》四卷、《三史拾遺》五卷、《諸史拾遺》五卷、《通鑑注辨證》三卷、《四史朔閏考》四卷、《南北史雋》一卷、《三統術衍》三卷、《術鈐》三卷、《風俗通義逸文》二卷、《吳興舊德録》四卷、《先德録》四卷、《洪文惠年譜》一卷、《洪文敏年譜》一卷、《王伯厚年譜》一卷、《王弇州年譜》一卷、《疑年録》三卷、《潛揅堂文集》五十卷、《詩集》二十卷、《詞垣集》四卷、《潛揅堂金石文跋尾》二十五卷、《金石文字目録》九卷、《天一閣碑目》二卷、《養新録》二十三卷、《恒言録》六卷、《竹汀日記鈔》三卷。族子塘、坫，能傳其學。

又《儒林傳下一・邵晉涵》　邵晉涵，字二雲，浙江餘姚人。乾隆三十六年進士，歸班銓選，會開《四庫》館，特詔徵晉涵及歷城周永年、休寧戴震等，入館編纂，改翰林院庶吉士，授編修。四十五年，充廣西鄉試正考官。五十六年，大考，遷左中允，洊擢侍講學士，充文淵閣直閣事，日講起居注官。晉涵左目眚，清羸。善讀書，四部七録，靡不研究。嘗謂《爾雅》者六藝之津梁，而邢《疏》淺陋不稱，乃爲《正義》二十卷，以郭璞爲宗，而兼采舍人樊、劉、李、孫諸家，郭有未詳者，摭他書附之。自是承學之士，多舍邢而從邵。尤長於史，以生長浙東，習聞劉宗周、黄宗羲諸緒論說明季事，往往出於正史之外。在書館時，見《永樂大典》采薛居正《舊五代史》，乃薈萃編次，得十之八九；復采《册府元龜》、《太平御覽》諸書，以補其缺；並參考《通鑑長編》諸史及宋人說部碑碣，辨證條繫，悉符原書一百五十卷之舊。書成，呈御覽，館臣請仿劉昫《舊唐書》之例，列於二十三史，刊布學宫，詔從之。由是薛《史》與歐陽《史》並傳矣。嘗謂《宋史》自南渡後多謬，慶元之間褒貶失實，不如東都有王偁《事略》。欲先輯《南都事略》，使條貫粗具，詞簡事增；又欲爲趙宋一代之志，俱未卒業。其後鎮洋畢沅爲《續宋元通鑑》，囑晉涵删補考定，故其緒餘稍見於審正《續通鑑》中。

晉涵性狷介，不爲要人屈。嘗與會稽章學誠論修《宋史》宗旨，晉涵曰：「宋人門户之習，《語録》庸陋之風，誠可鄙也。然其立身制行，出於倫常日用，何可廢耶？士大夫博學工文，雄出當世，而於辭受取與、出處進退之間，不能無簞豆萬鍾之擇。本心既失，其他又何議乎？此著《宋史》之宗旨也。」學誠聞而聳然。他著有《孟子述義》、《穀梁正義》、《韓詩内傳考》，並足正趙岐、范寧及王應麟之失，而補其所遺。又有《皇朝大臣謚迹録》、《方輿金石編目》、《輶軒日記》、《南江詩文稿》。嘉慶元年，卒，年五十四。

又《儒林傳下二・陳鱣》　陳鱣，字仲魚，浙江海寧人。父璘，字昆玉，諸生。嘗著《許氏說文正義》，未成而殁。鱣博學好古，彊於記誦，尤專心訓詁之學。時同州人吳騫《拜經樓》多藏書，鱣亦喜聚書，得善本，互相鈔藏。以故海昌藏書家，推吳氏、陳氏。嘉慶元年，舉孝廉方正。督學阮元稱浙中經學，鱣爲最深，手摹漢隸「孝廉」二字，以顔其居；復爲書「士鄉」堂額以贈。三年，中式舉人。在公車時，與嘉定錢大昕、大興翁方綱、金壇段玉裁質疑問難；後客吳門，與黄丕烈定交，取所藏異本，往復異校。鱣學宗許鄭，嘗繼其父志，取《說文》九千言聲爲經，偏旁爲緯，竭數十年之心力，成《說文正義》一書。又以鄭康成注《孝經》，見於范《書》本傳，鄭《志》目録無之；《中經簿》但稱鄭氏解而不書其名，或曰是其孫小同所作。然鄭《六藝論》序《孝經》、序《春秋》，皆云玄又爲之注。鄭注《春秋》未成，後與服子慎，遂爲服氏《注》。故從來列鄭《注》無及《春秋》者，竊以其注《孝經》亦未寫定，小同追録成之，故不敢載入目録，《中經簿》所題，蓋要其終；范《書》所紀，則原其始也。因綴拾遺文，爲《孝經鄭注》一卷。又以《六藝論》未見輯本，廣爲蒐討，成一卷。又著《鄭康成年譜》一卷，又著《論語古訓》十卷，凡漢人之注及皇疏無不采取。玉裁見所著諸書，歎其精覈。晚築講舍於紫薇山麓，寢處其中，一意撰述。有《石經說》六卷、《聲類拾存》一卷、《埤蒼拾存》一卷、《經籍跋文》一卷、《續唐書》七十卷、《恒言廣證》六卷、《綴文》六卷、《對策》六卷、《詩人考》三卷、《詩集》十卷。二十二年，卒，年六十五。

又《文苑傳一・倪燦》　倪燦，字闇公，江蘇上元人。康熙十六年舉人。十八年，召試博學鴻儒，列一等二名，授翰林院檢討，卒於宫。著有《雁園》諸集。燦爲諸生，以淹雅著名。既官檢討，與修《明史》，所爲《藝文志序》，窮流溯源，與姜宸英《刑法志序》並稱傑作。書法詩格，亦秀絶一時云。

又《儒林傳下二・魏源》 魏源，字默深，湖南邵陽人。道光二年，順天舉人。試卷進呈，宣廟手批嘉賞，名籍甚。入貲爲内閣中書，改知州。二十四年，成進士，發江蘇以知州用，權東臺、興化縣事。二十九年，大水，河督將啓閘，源力争不能得，則躬赴制府擊鼓，總督陸建瀛聞報，立往勘，始得免啓。七州縣士民皆德之。未幾，補高郵州，坐驛遞遲誤，免。尋以緝獲梟匪功，副都御史袁甲三奏復其官。咸豐六年，卒，年六十三。

源經術湛深，讀書精博。初崇尚宋儒理學，後發明西漢人之誼，於《書》則專申《史記》、伏生《大傳》及《漢書》所載歐陽、夏侯、劉向遺説，以難馬、鄭，撰《書古微》十二卷；於《詩》則謂《毛詩》晚出，顧炎武、閻若璩、胡渭、戴震皆致疑於毛學，而尚知據三家古義，以證其源，因表章魯、韓墜緒，以匡傳箋，撰《詩古微》二十二卷；於《春秋》則謂《漢書・儒林傳》言董生與胡毋生同業治《春秋》，而何休《注》但依胡毋生條例，於董生無一言及。近日曲阜孔廣森、武進劉逢禄皆《公羊》專家，亦止爲何氏拾遺補缺，而董生之書未之詳焉。若謂董生疏通大義，不列經文，不足頡頏何氏，則其書三科九旨燦然大備，且宏通精淼，内聖而外王，蟠天際地，遠在胡毋生、何休章句之上，撰《董子春秋發微》七卷。他所著有《庸易通義》、《説文儗雅》、《兩漢經師今古文家法考》、《論語孟子類篇》、《孟子小記》、《小學古經》、《大學古本》、《孝經集傳》、《曾子章句》、《明代食兵二政録》、《老子本義》、《孫子集注》、《元史新編》，多未成，其例目見集中。

性兀傲，高自標樹。惟論古今成敗、國家利病、學術本末，反復辨論不少衰，四座皆屈。嘗謂禹分天下爲九州，外薄四海，咸建五長，而朔南所暨，説者謂北距大漠，不能越乎其外。至我朝而龍沙、雁海之國，萬潼億毳之民，獨峯駝無尾羊之部，奔走萬里，臣妾一家，因借觀史館祕閣官書，參以士大夫私家著述，故老傳聞，排比經緯，馳騁往復，成《聖武記》十四卷，統四十餘萬言。又喜談經濟，其論河務，謂宜改復北行故道。咸豐五年銅瓦廂之決，河復北流，由大清河入海，適與所論相合。又作《籌鹺篇》，上兩江總督陶澍，謂鹺政之要，不出化私爲官，而緝私不與焉。自古有緝場私之法，無緝鄰私之法。鄰私惟有減價敵之而已，非減價何以敵私？非輕本曷以敵減價？非裁費曷以輕本？非變法曷以裁費？迨陸建瀛當漢岸火災之後，始力主行之，晚遭夷變，謂籌夷事必知夷情，知夷情必知夷形，因據粵督林則徐所譯西夷之《四洲志》，及歷代史志、明以來島志、近日夷圖夷語，成《海國圖志》一百卷。番禺陳澧常歎以爲奇書，又謂其調客兵不如練士兵，及裁兵併糧，水師將弁用舵工、礮手出身諸條爲最善。惟《議攻篇》以夷攻夷之説，尚有可議。後源至粵聞其説大悦，因定交焉。其虛心受善如此。所自著有《古微堂文内集》三卷、《外集》七卷、《詩集》六卷，而賀長齡所著《皇朝經世文編》，亦源襄輯之力居多。

又《儒林傳下二・侯康》 侯康，字君謨，亦番禺人。道光十五年舉人。少孤，事母孝。家貧，欲買書，母稱貸得錢，買《十七史》讀之，卷帙皆敝，遂通史學。及長，精研注疏，湛深經術，時人比之孔廣森、汪中。與同里陳澧交最久，澧嚴事之，在師友之間。嘗謂：「《漢志》載《春秋古經》十二篇者，左經也，經十一卷者，公、穀經也。今以三傳參校之，大要古經爲優，《穀梁》出最先，其誤尚寡；《公羊》出最晚，其誤滋甚。」乃取其義意可尋者，疏通證明之，著《春秋古經説》二卷。又治《穀梁》以證《三禮》，以《公羊》雜出衆師，時多偏駁，排詆獨多，著《穀梁禮證》，未完帙，僅成二卷。又以《左氏傳注》，近儒多尊賈服而排杜，然杜固有勝賈服者，欲著一書以持其平，亦未成。其餘群經小學皆有論説，多前人所未發。又欲倣裴松之注《三國志》例，盡注隋以前諸史，嘗曰：「注古史與近史異，注近史者群書大備；注古史者遺籍罕存，當日爲唾棄之餘，今日皆見聞之助，宜過而存之。」因爲《後漢書補注續》一卷、《三國志補注》一卷。後漢稱「續」者，以有惠棟補注；《三國志》，杭世駿注未完善，故不稱續也。又以隋以前古書多亡，著書者多湮没不彰，補撰《後漢》、《三國》、《晉》、《宋》、《齊》、《梁》、《陳》、《魏》、《北齊》、《周》十書《藝文志》，而自注之。《後漢》、《三國》成經、史、子三部，各四卷，餘未成。又考漢魏六朝禮儀，貫串《三禮》，著書數十篇。澧嘗歎以爲精深浩博。初擅詩名，又愛南北朝諸史所載文章，爲文輒效其體，爲粵督阮元所賞。體羸弱而讀書恒至夜深，以此致疾，十七年，卒，年四十。弟度。

又《儒林傳下一・錢大昭》 錢大昭，字晦之，江蘇嘉定人。太學生，大昕弟也。大昕深於經史，一門群從，皆治古學，能文章。大昭少於大昕者二十年，事兄如嚴師，得其指授，時有兩蘇之比。壯歲游京師，嘗代友人校録《四庫全書》，人間未見之祕，皆得縱觀。由是學益浩博。又善於決擇，其説經及小學之書，能直入漢儒閫奥。嘗欲從事《爾雅》，大昕與書，謂「《六經》皆以明道，未有不通訓詁而能知道者。欲窮《六經》之旨，必自《爾雅》始。」大昭乃著《爾雅釋文補》三卷，及《廣雅疏義》二十卷。又著《説文統釋》六十卷，其例有十：一曰疏證，以佐古義，凡經典古義與許合者，在所必收；二曰音切，以復古音，以徐鉉、徐鍇等不知古音，往往誤讀，又許君言讀若某者，即有某音，今並補正，又《説文》本有舊音，《隋書經籍志》有

《説文音隱》、《顔氏家訓》引之，唐以前傳注家多稱《説文》音某，今並採附本字之下；三曰考異，以復古本，凡古本暨古書所引，有異同者，悉取以折中；四曰辨俗，以正譌字，凡經典相承俗字，及徐氏新補新附字，皆辨證詳明，別爲一卷附後；五曰通義，以明互借，凡經典之同物同音，於古本是通用者，皆引經證之；六曰從母，以明孳乳。如完、刓、髡、軏等字，皆於元下注云從此；七曰別體，以廣異義，凡重文中之籀、篆、古文奇字，皆有所從，其許未言者，亦略釋之，經典兩用者，則引而證焉；八曰正譌，以訂刊誤，凡許君不收之字，注中不應有，又字畫脱誤者，並校正之；九曰崇古，以知古字，如鵬、鳴、鷄、鴟之類，經典有不從鳥者，此古今字，今注曰古用某；十曰補字，以免漏略，如由、希、免、畾等三十九字，從此得聲者甚多，而書中脱落，有子無母，非許例，今酌補之，亦別爲一卷附後。

大昭於正史尤精兩漢，嘗謂注史與注經不同，注經以明理爲宗，理寓於訓詁，訓詁明而理自見；注史以達事爲主，事不明，訓詁雖精，無益也。每怪服虔、應劭之於《漢書》，裴駰、徐廣之於《史記》，其時去古未遠，稗官、載記、碑刻尚多，不能會而通之，考異質疑，徒戔戔於訓詁，乃著《兩漢書辨疑》四十卷。於地理官制，皆有所得，又仿其例，著《三國志辨疑》三卷。又以宋熊方所補《後漢書年表》祗取材范《書》、陳《志》，乃於正史外，兼取山經、地志、金石、子集，其體例依班氏之舊而略變通之，著《後漢書補表》八卷，計所補王侯，多於熊書百三十人。論者謂視萬斯同《歷代史表》有過之無不及。他著有《詩古訓》十二卷、《經説》十卷、《補續漢書藝文志》二卷、《後漢郡國令長考》一卷、《邇言》二卷、《嘉定金石文字記》四卷。生平不嗜榮利，名其讀書之所曰可廬，欲斬至於古之隨遇自足者。嘉慶元年，詔舉孝廉方正之士，江南大吏以大昭應徵，賜六品頂戴。十八年，卒，年七十。子東垣、繹、侗。

支偉成《清代樸學大師列傳》卷一五《顧懷三傳》 顧懷三字秋碧，江蘇江寧人。少孤貧，母以十指課之讀，弗給，或丐食於鄰焉，用是讀益苦。稍長，以敏捷稱，才名滿江南北。嘗一日中爲長幅駢儷文三四首，洋洋數千言，華贍工整。至制舉文，一日更毋慮八九首。補歲貢生。治經通訓詁，尤擅長於史學。以司馬氏范氏書恒不志藝文，説者每引爲憾，乃竭十數年之力，旁搜博采，成《補後漢書藝文志》三十一卷，分二十九類，既逐條疏其出處，而如《詩》小序，《書》古文，鄭賈服諸儒所撰著之犖犖大者，辨證加詳；凡群書佚文有可考見，亦復輯載無遺。末附《經學師承》及《明習讖緯》兩門，較《儒林傳》所載尤多倍蓰，迥非錢侯姚等《補志》所能望其項背。清河王氏獲手稿，亟排印於《小方壺齋叢書》。別有《補五代史藝文志》僅一卷，且考釋無多，或非其定本也。其他著述甚衆。子聯鑣避亂走淮上，依丁柘塘，全稿爲所剽竊，取出者止十一二。王氏復刊其輯《通俗文佚文》一卷、《風俗通義佚文》一卷。而《然松閣賦鈔》、《詩鈔》若干卷，則收入《金陵叢書》。悽聲鬱旨，恒冠絶一時儕輩云。

朱汝珍《詞林輯略・龔顯曾》 龔顯曾。字詠樵，福建晉江人。散館授編修，在籍辦團練，瘁歿，贈贊善。

李放《皇清書史・龔顯曾》 龔顯曾，號莔孫，一號詠樵，晉江人。同治二年進士。官贊善。陳慶鏞曰：「生而慧，未齔能提腕作大字。」（《籀經堂集》）

易宗夔《新世説・文學・文廷式》 文芸閣，才思敏捷，下筆千言。光緒朝有珍妃者，幼從文讀，頗通書史，屢爲帝言之。甲午大考翰詹，帝以公卷授閱卷大臣，拔置第一，擢侍讀學士，駸駸有大用意。尋爲忌者劾罷，歸而著書。有《晉書藝文志補注》、《純常子支語》及《雲起軒詞鈔》各若干卷。文名廷式，江西萍鄉人。庚寅年進士。以第二人及第。楊崇伊以交通内監劾之。

金天羽《大鶴山人傳》（《天放樓文言遺集》卷三） 山人諱文焯，字叔問，小坡其號也。世籍高密，爲康成裔，至明、清交，以從龍入關，編正黄旗漢軍籍，而山人之父瑛棨，巡撫河南，山人以光緒乙亥，中式舉人，應春官試，始請冠本姓曰鄭。少而從宦南北，精習藝事；長而服官中書，凡當世鴻生巨年，通才佳俠，傾蓋接席，咸驚嘆以爲國士。先嘗夢游石藝崦，見素鶴栖於雲窟，迹之而見向在西湖夢中所得之句，懸諸石室，因自署大鶴山人，志夙果焉。山人蔭席勛階，膏沐圖史，姿致軼俗，行能卓伍，該涉而能精，通方而多才，年登弱冠，聲譽流聞。既遘巡撫公之喪，江蘇撫軍吴元炳以聘幣邀入幕府，遂乃卜居吴會，入掌書翰。出則拏舟理屐於支硎、鄧尉之間，觴咏歌嘯，辨音析律。蓋山人夙擅樂府，又得浦城琴師祝鳳喈弟子李廷璧之傳，思心杳渺契靈樂祖弦數管色，獨具神指，而小試其識斷於宋張炎《詞源》，爲之斠律，自爲叙曰：「周禮教樂，先之以六詩弦誦者，古學子之顓業也。其後詩亡而樂亦亡，雅樂傳至漢左延年時，惟《鹿鳴》一篇，《小雅》首《鹿鳴》，燕禮工者歌於堂上，燕樂之稱，所由昉也。至晉而《鹿鳴》無傳，梁武帝作十二雅，郊祀與燕饗合奏，人鬼雜施，而樂紀大墜。隋用龜茲胡伎，鄭譯以意別爲雅、俗二部。唐以先王之樂爲雅樂，合胡部者爲燕樂，而名用稍分。自宋而元，迄不知燕樂之原於雅矣。顧漢世燕群臣，用黄門鼓吹，知當時雖緣飾雅樂，已不能被之管弦，而劉歆、京房輩，益執管寸之數，以求無聲之樂，末由見諸施行，鄭樵所謂樂失於漢者，其此

乎！世儒不察，動欲假治歷候氣之説，累黍吹葭，冥索律本，至以近世管制參差其孔，窮推聲數，不如今笛尚不能應燕樂七宫，而謂古樂可復，亦傎矣哉！夫器數變古人聲在今樂府之遺，風雅攸托，漢、魏之歌謡，隋、唐之長短句，南、北宋之詞，皆能興於微言，以相風動，可誦可弦，其始蓋出入變風小雅之間，而流濫於燕樂。自元曲盛行，而燕樂一變，聲音之道浸衰。故燕樂亡而議者率求諸虚數虚器，太常有設而不作者矣。國朝凌次仲著《燕樂考原》，論列二十八調，博據精解，自謂頗取證於《詞源》，視近今曆算家之言，有裨實用。但凌氏以燕樂出於蘇祇婆琵琶，謂四弦適當宫、商、角、羽四均，而絲度不能盡合，且於樂色亦略焉。余惟諸史樂志著者，多非其人，又失載圖譜，語雖詳而擇不精。今《詞源》所録，於燕樂條理，多所考見，足與史志相發明。間嘗稽撰，以申凌氏之説，剃其繁複，而演贊其未備，能者從之審聲知音，將由燕樂而進於雅，歌詞而達於聲詩，咸於是編導其源。庶後之覽者，無敢等諸方伎，而自外於弦誦之士也。」夫山人於樂律之外，兼長許氏書，及金石書畫醫方經籍版本古器，要其尤精至者，厥爲倚聲，同時與山人并爲詞者王佑遐、朱孝臧，皆含宫咀徵，矜高地望，顧於山人，類顛倒折節，以爲庶幾白石、玉田之嗣音焉。而漢壽易中實叙山人詞，以爲追揮兩宋，精辨七始，抉微睇奥，梳節披奏，聽於無聲，眇忽成律。使樂官比响，不異於咏歌；文士擒華，靡淆於弦笛。審律如此，其力足以破造物之所靳，其才足以興舉世之所廢矣。山人居吴下垂四十年，撫吴使者十九人，咸禮聘爲上客。朝市既改，鬱伊悲憤，壹寓於詞。先生却清史館、京師大學堂之聘，忍饑弦誦，聲滿大澤，行醫作畫，贍生無鬷。洎其殁，而平生金石文字之友南海康有爲來吊，乃捆載其精校之書籍及骨董數事以去，爲文表墓，微致嘲諷。越十年，康氏殂，諸所豪攫，等於財賄，流入廠肆，觸手以盡。山人生咸豐六年丙辰七月，卒民國七年戊午夏正二月，春秋六十有三。葬鄧尉梅花林。配張宜人，有才德。女茂韶。子復培。孫汝銘、汝鑒。山人所著書，詳年譜，不備録。

贊曰：辛亥之秋，余以江鄉大水，賃廡於蘇，去山人之居，半里而弱，每過吴小城之旁通德之里，未嘗一投刺焉。知山人方抱宗社之痛，慮論及當世事，觸發其胸懷，而滋之戚也。而今山人之婿戴亮吉，始以手編之年譜視余，余亦時時見山人所跋之金石及丹青書札，匪徒嘆藝事之精，而峻節高致，隱隱出於豪楮之間。詩曰「自古在昔，先民有作」，蓋不勝低徊誦嘆之情矣。

黃山麓森《黃木父君傳》 君名逢元，字少雲，木父其自號，湖南故善化縣人。世爲儒門，而君父漢章早孤，赭寇之亂，貧不克竟讀，入營伍，司軍遞，常隨文書賫達往來，間關數千里，不失期會，謹約勤幹，爲主者所倚，積勞得官。寇亂既平，人輕武職，又自恥無戰功，乃棄歸，以微資營度給朝夕，未嘗取贏。懲其早荒，益厲諸子於學，卒年八十四，猶及見諸子名成也。子三，君居長，少與弟思衍、可度皆挺特有志，爲學自成。思衍學不拘方，而才思清曠，詩文能盡情致，善畫山水，以諸生再娶，無子，前卒。可度不娶，約己自好，早棄帖括，致力於詩，忻戚一於詩寓之，而名以起。君於書無所不觀，旁及金石文字，比次考訂，獨喜緣間鉤沈，發經史之蔽，尤亟治史。適然有得，輒自擊案，翢絶快慰，至忘寢饋。然非反覆無憾，不以視人，人益服其精。能雅好辭章，工爲儷體，已乃上規兩漢，通其法於古文，别釐體裁，業存綜述，不肯苟投人好。受知張尚書亨嘉，爲弟子員，以高材牒送兩湖書院，益讀所未見書。居兩年，月試常最。一日，試討蝗檄，分校某謂蝗害稼，當用官書程式。君憤且笑曰：「是捕蝗令耶。」即謁病歸，食餼。後嘗客永州，過祁陽，訪柳文惠三吾故蹟。繼復薄游江左、右，弔古感事，每有造述。光緒癸卯，始舉於鄉，一赴會試，科舉驟罷，從支提學恒榮游日本，返國，同儕多張所聞見誇人，君顧默然。丙午，循新例赴禮部試官，在都得家書，子病卒，遂不試，歸。宣統庚戌，試得知縣，發廣西，以弟思衍卒未葬，復歸。辛亥，葬弟畢，乃之廣西繳憑。巡撫同縣某，本相知名，故以逾部限相詰難，君不爲屈，布政使意賢君，爲依限報部，事訖，仍謁病歸。歸三閲月，清廷外遜，君年甫四十九，竟不復出，旁羅群籍，以考訂自娱。法斆綱淪，異説蠭起，聖人之道熄，争以故書爲詬病，甚欲廢絶中國文字，倣西人讀音。大師宿儒日益藎落，君與二三同志，撰述古義，講論文藝，力持其敝。間爲文表章幽隱，非所心許，雖厚匄之，不爲執筆。門牆高峻弟子，惟東安席闓運終得事君，君亦妻主其家，病乃移歸，卒年六十三。所作詩文，僅卒前二年自删存文七十餘首，付梓，顔曰《怡雲室文集》，並簡其弟思衍《湘蘅館遺文》廿餘首，附刻集後。所箸書有《補晉書藝文志》及《碧山樂府鈔》，皆手自寫定，病革，以付闓運，餘皆未就。妻李氏，生五子，殤其三。長駿極，溺苦於學，甫冠以瘵卒，君傷之，乃俾叔子錫極棄書習商，已娶，亦卒，婦史氏守節，有志行，君乃立族孫炳蔚爲孫，使子之。女二，長在室卒，次適吕。前年，余自杭歸，卧疾，君來問，貽以所刻文集。昨秋九月，晤君席氏，更出所寫定書視余，謂將再詳審之，踰月而君卒矣。可度既乞黃君兆枚銘君墓，復屬余爲之傳。黃山曰：余交木父君，蓋餘四十年。其始皆幼少，才知學，即過從相商榷。常得見君尊父，深衣緩帶，貌恭而安，喜道咸、同來勛舊鉅公軼事，並記其言之可法者及詩歌，以爲時值阽危，而諸公思艱圖大，其丰采言論，顧整暇有

餘，聽者意遠。而君卞急難容物，終身落落無所合，家國多故，强自振厲，心彌苦矣，卒老書叢，惜哉！然世極於此，雖通侻，將何爲乎？今君學猶足傳，君抑幸也。

邵鏡人《同光風雲録·宋祖駿》 李記：（同，一三，五，四。）宋偉度名祖駿，長洲人，有詩名，山東知縣，近至京。又：（光，三，六，三。）宋偉度邀飲熙春，懃懃相訂，且言在坐惟紱丈秋蓤。又言此席專爲紱丈與余而設，午後赴之，坐有洪修撰鈞，日昳而散。修撰固邀再飲韓潭，半道驅車歸。

徐世昌《清儒學案小傳·王先生仁俊》 王仁俊，字扞鄭，吴縣人。光緒壬辰進士，改庶吉士，散館授吏部主事。秉性穎悟。自幼喜治經、小學。既長，肆力考據。肄業學古堂，學以大進。張文襄公招之入幕，改湖北知府，歷署宜昌、黄州。文襄創存古學堂，羅致高材生，補史箋經，列爲日程，以爲教務長。蘇州學古堂改建存古學堂，奏調回籍主其事。又調充學部圖書局副局長，兼大學堂教習。其治經宗許、鄭，尤以保存國粹，尊經衛道爲己任。中年以後，邃於金石、文字。所著《格致古微》六卷，進呈乙覽，有「好學深思，周知時事」之褒。殁於京寓，年四十有八。著有《群經講義》三卷、《孔子集語補遺》一卷、《毛詩草木今名釋》一卷、《爾雅疑義》一卷、《倉頡篇輯補斠證》一卷、《説文引漢律令考》二卷《附録》二卷、《説文一家學》一卷、《説文獨字成部考》一卷、《漢書許注輯證》一卷、《周秦諸子叙録》一卷、《淮南子萬畢術輯證》一卷、《正學篇》三卷、《闢謬篇》二卷、《遼文萃》七卷，又《藝文志補證》一卷、《西夏文綴》二卷，又《藝文志》一卷、《存古學堂叢刻》四卷、《感應篇儒義》六卷，又《古本考》一卷、《學堂歌箋》六卷，皆手自編訂，先後刊行。其屬草已定，尚待理董者，有《孔子經解》、《兩漢傳經表》、《通經表》、《訂補吴郡漢學師承表》、《吴郡著述考》、《群經漢注輯證》、《玉函山房續編》、《春秋左氏傳學》、《爾雅讀》、《爾雅大字本校勘記》、《説文考異》、《纂小學鉤沈》、《補續釋名》、《補校白虎通義》、《補校三代教育史》、《大學堂文學研究法》、《周秦學術源流考》、《古今中外文字考》、《管子訓纂》、《商君書微》、《白虎通義引書表》、《鶡冠子閒詁》、《老子正誼》、《淮南子許注異同》、《三詁淮南子》、《揚榷墨子經説疏》、《諸子札記》、《意林周注訂》、《景佑六壬神定經纂佚》、《祕府略箋》、《漢書藝文志校補》、《隋書經籍志校補》、《古類書輯録存佚表》、《許學》、《鄭學》、《武廟祀典考》、《西遼書》、《三代吉金跋》、《秦權衡度量考》、《滎陽鄭氏石刻考》、《歷朝石刻跋》、《金石萃編補跋》、《金石續編補跋》、《金石萃編三續》、《匋齋金石文録》、《金石通考》、《寰宇吉金録》、《寰宇訪碑録》、《三續新墨緣彙觀》、《聖哲辯誣録》、《鄭鄦辯誣録》、《小畜集考證》、《王氏文獻録》、《正學堂集》、《正學堂筆記》、《軍歌箋》、《吴諺證》、《籀鄦簃文集》等，累百餘卷，藏於家。參《傳略》。

孫星衍《章宗源傳》 章宗源，字逢之，浙江山陰人。以兄編修宗瀛官京師，遂以大興籍中式乾隆丙午科舉人。少聰穎，不喜爲時文，以對策博贍發科，益好學，積十餘年，采獲經史群籍傳注，輯録唐宋以來亡佚古書，盈數笈。自言欲撰《隋書經籍志考證》，書成後，此皆糟粕，可鬻之。然編次成帙，悉枕中祕本也。又言輯書雖不由性靈，而學問日以進。吾爲此事久之，亦能爲古文，爲駢體文矣。又以今世所存古書版本，多經宋明人删改，嘗恨曩時輯録已佚之書，不録見存諸書訂正異同文字，當補成之。其已輯各書，編次成帙，皆爲之叙，通知作者體例曲折，詞旨明暢。古書多亡於北宋，故輯書始於王應麟。近代惠徵君棟踵爲之，《四庫全書》用其法，多從《永樂大典》寫録編次，刊布甚夥。至於宗源，則無書不具焉。時都門廣慧寺有妖僧明心者，誑人以符籙降鬼挾仙，凡言禍福，又賄客僕從，刺探隱事，面發之，示神驗。京朝官之佞佛者大爲扇惑，争饋貽之。僧益豪横，或占人墳塋作廟基，或權子母取重利。事敗，僧以罪遣歸南中。宗源等以事佛與牽連，罷斥，不能復與會試。僧人潛出，游齊魯間，就大吏之不潔者。網賄遺，易姓名，捐職丞倅，出入詭秘甚，而宗源等猶信之，持長齋，且寓書屬予去所爲《三教論》者。予著《三教論》時，京朝官惑於妖僧日甚，因以曉譬之。大吏某曾倚上官勢，屬予去其文，不得。及得宗源書，戲云：「君以生平輯録書付我，我即去此文。君必祕愛不忍割，是色空之説不足恃也。」然宗源好學之志終不衰，性恬澹，不肯干謁，亦異乎世之所謂禪鑽者。以嘉慶五年月日疾，卒於京邸。撰《隋書經籍志》及雜文若干卷。

舊史氏曰：惜哉！章君之好學，而惑於釋氏也。既輯録三代、先秦古書，豈不知佛書出東漢、六朝之不足貴，并非西域浮屠之所秉筆耶？及爲妖僧詿誤，猶以素食終身，年未五十而溘逝，釋氏之效安在？或言章君死時，神清明，無所苦，此何益且反常也？孔子大聖，寢疾七日。曾子大賢，反簀未安。徂殁之痛，達人不諱。儒者身備四氣，哀樂反常，豈發皆中節之學乎？《傳》曰：「未知生，焉知死？」又曰：「大哉，死乎！君子息焉，小人休焉。」儒通天人，勿可尚已。

嘉慶戊寅，吾兄衎石自京師歸，篋中攜此書，謂鈔自何夢華元錫，藏書家未有也。余乃囑表兄懷豫堂鈔録副本，以期迫，金岱峰囑其友相助謄寫，逾月而畢。惜僅有史部，三十年來，訪求全書，無知之者。道光丁未冬日，朱述之明府假鈔一本，乃從述翁假孫氏《五松園文集》録《章君傳》於册首。此書名與王氏《漢書藝文志》

同，而編次則異。然纂輯古書，實昉於王氏也。戊申三月既望，嘉禾甘泉鄉人錢泰吉識於海昌學舍。

紀　事

《續文獻通考・經籍考・史部・雜史類》　王洙《宋史質》一百卷。洙，字一江，臨海人，正德進士。臣等謹案，洙是書因《宋史》而重編之，自以臆見，別創義例，荒唐悖謬，僂指難窮。今《四庫全書》列爲《存目》，以其自明以來印本已多，恐或存於世熒無識者之聽，爲世道人心之害，故辭而闢之云。

柯維騏《宋史新編凡例》　一、宋接帝王正統，契丹女真相繼起西北與宋抗衡，雖各建號，享國二百年，不過如西夏元昊之屬，均爲邊夷。宋《國史》有契丹、女真傳，實因前史舊法。元人修《宋史》，削遼、金各自爲「史」，稱帝書崩，與宋竝，時號《三史》，蓋主議者，以帝王之統在遼、金也。按金楊興宗當宋南渡著《龍南集》，明正統所在，元楊維禎聞修《三史》，作《正統辨》，謂遼、金不得與斯，足徵脱脱等纂輯之謬矣。今會《三史》爲一，而以宋爲正，遼、金與宋之交聘，交兵，及其卒，其立，附載本紀仍詳君臣行事爲傳，列於外國，與西夏同，庶幾《春秋》外夷狄之義云。

一、宋帝㬎降元，元封帝爲瀛國公。端宗帝昰，相繼即帝位於閩、廣。未幾國亡，元人修《宋史》竝削去帝號，不入本紀。揆以《春秋》之義，三帝之統，何可没也？今改定按帝㬎號曰「孝恭懿聖」，非廟謚也，只依《續通鑑綱目》稱帝㬎，若端宗謚曰「裕文昭武愍孝」，蓋據《廣志》。

一、舊史《叛臣傳》，多降金之臣也。按酈瓊等事同劉豫，而宋末降元帥臣，如劉整等，視豫、瓊尤甚。留夢炎以宰相仕元，視杜充何殊？乃瓊等只載《金史》，整、夢炎德其助已，皆爲之諱，《春秋》之大義滅矣。今各纂其事列而暴之，無令亂臣賊子幸免惡名於後世也。

一、舊史先循吏而後道學，似失本末之序。今以道學居首，次儒林，次循吏，次文苑，倣孔門四科，亦漢史例也。

一、史有紀、志、表、傳，肇自兩漢，義主勸戒耳矣。宋舊史立公主傳，前史無之。宗室年表，乃襲《新唐書》，均非關勸戒也。今削去。公主事有大者，則附載各傳。

一、舊史本紀，不載詔令，蓋襲《新唐書》之失也。我朝洪武大臣修《元史・本紀》準兩漢體，可爲修史者之法，今依之。

一、舊史《天文志》，紀變異，削事應，謂以歐陽《五代史》爲法。《五行志》又主漢儒存事應，且謂歐陽《唐書》有采焉，何其相矛盾邪？今按宋國史《東都天文志》及《中興天文志》録其占測合時事者，庶不失《宋史》之舊，亦於《五行志》例同。若皇祐、宣和儀象，其制與累朝殊，又刻漏以正辰，刻與渾儀相表裏，竝不宜分載《律曆志》。今參詳而類附之，以備一代制作云。

一、舊史年表缺，景炎、祥興及文天祥、陸秀夫二相，今增入。按舊史紀傳竝以文天祥爲丞相，《續通鑑綱目》只稱樞密使，蓋據《填海》、《指南》二録耳。又端宗母楊淑妃，舊史云「改元景炎，册楊淑妃爲太后，同聽政。」《續綱目》與《世史正綱》則云：「册爲皇太妃」，亦據《填海録》，然皆未可盡信也。今姑從舊史，亦傳疑云。

一、舊史列傳編次多失當。【略】

一、舊史事跡逸漏者多。【略】

一、舊史文多訛誤。【略】

一、舊史多引用野史，間失實。【略】

一、舊史《諸臣列傳》凡乏聲名及勳業者，一槩書年若干。【略】

一、金國本號女真，至宋仁宗時避遼主宗真諱曰「女直」。按唐人避太宗世民諱，隸書《孝經》及摹鍾繇《薦季直表》民字竝去畫爲民，然則改真爲直乃去下點，其讀仍曰真。且在異代，自當復初。我朝大臣修《續通鑑綱目》改正曰「女真」，今依之。

柯維騏《宋史新編・藝文志部類》　經類十：曰易類，曰書類，曰詩類，曰禮類，曰樂類，曰春秋類，曰孝經類，曰論語類，曰經解類，曰小學類。【略】史類十三：曰正史類，曰編年類，曰別史類，曰史鈔類，曰故事類，曰職官類，曰傳記類，曰儀注類，曰刑法類，曰目録類，曰譜牒類，曰地理類，曰霸史類。【略】子類十七：曰儒家類，曰道家類，釋氏及神仙附。曰法家類，曰名家類，曰墨家類，曰縱横家類，曰農家類，曰雜家類，曰小説家類，曰天文類，曰五行類，曰蓍龜類，曰曆算類，曰兵書類，曰雜藝術類，曰類事類，曰醫書類。【略】集類四：曰楚辭類，曰別集類，曰總集類，曰文史類。

汪沆《小眠齋讀書日札・國史經籍志》　《國史經籍志》五卷，《附録》一卷。

明焦竑輯經史文集，共一萬六千四百七十六部。凡漢、唐、宋《藝文志》、《隋經籍志》、唐《四庫書目》、宋《崇文總目》、鄭樵《藝文略》、晁氏《讀書志》諸書所載，四部附麗未善者，以類相從，悉爲釐正。

王圻《續文獻通考引》　余之續《通考》也，蓋有感於宣聖之説禮也。夫宣聖生知而其説二代之禮，猶以文獻不足爲歎，則文與獻皆歷朝典章所寄，可缺一也與哉？貴與氏之作《通考》，窮蒐典籍以言乎文則備矣。而上下數千年，忠臣、孝子、節義之流及理學名儒類皆不載，則詳于文而獻則略。後之説禮者能無杞宋之悲哉！余既輯遼金元暨國朝典故以續其後，而又增節義、書院、氏族、六書、謚法、道統、方外諸考以補其遺，俾往昔賢哲舉得因事以見姓名，而援古據今之士不至溟涬無稽。故總名之曰《續文獻通考》，而其詳則備誌於《凡例》云。王圻謹識。

又《續文獻通考凡例》　一、馬貴與所著《通考》絶筆於宋，然自嘉定以後什不得一矣，胡元典故闕焉未備。余用搜輯史乘及名家文集諸書，悉依貴與目録編次成帙第，恨藏書未廣，遺漏尚多，方有望於同志者。

一、宋真以後，遼金事蹟十居六七，舊考削而不入，豈貴與乃宋相廷鸞子故不樂叙其事，抑宋末播遷之際，二國文獻不足故偶缺耶！然輿圖之沿革，祥異之昭垂及政事美惡之可爲戒法者，惡可盡棄弗録！余故摭其大節補入各目下，事則取之史乘序則附之宋末。

一、唐虞三代以及宋元文獻幾乎備矣，國朝禮樂制度軼唐虞而陋，宋元可獨闕乎！金匱石室之藏，雖或不能盡覩，余嘗從臺臣之後，凡六曹文牒暨諸先賢奏牘咸口誦手録，得什一于千百，遂即貴與欵以類附入，俾考古者得以證，今幸成一代完書。

一、水利乃國家大政，而水利之最鉅者，在北莫如黄河，在南莫如震澤。前考皆未備，今别述黄河、太湖二考，附水利田之後，俾在事者得以按蹟而圖揆。

一、前述水利田不過略載興革事蹟，其海瀆江湖流經各郡縣境，或資灌溉，或通漕輓，或作地險，不可漫無紀録。因作《河渠考》以附《黄河》、《太湖考》之後。

一、忠、孝、節、義，綱常所關，史家亦往往爲立傳，而舊考未載。余故别刱《節義》一目，附《學校考》之後，非止爲往者揚其芳，亦欲令來者繼其躅忠，止録其處變者，死生之際猶難言耳。

一、書院、義塾，原考不載，此乃道學淵源所係，故增附《學校考》之末，或朝廷額設，或先賢刱置，凡有功于講習者悉爲蒐入。

一、氏族有志，古人用以别生分類，寔維世大端也。舊考未載，今摭取經史諸書及尚古類氏等書，作《氏族考》，以附《封建考》之末。

一、六書之制，前代列于學官，專置博士，蓋以察官方而稽民治，不可一日弗講者。故摭拾群籍作《六書考》，附《經籍考》後，以補貴與氏之未備。

一、謚法肇自成周，迄于累代遵行罔缺，蓋定褒貶于身後，垂勸戒于方來，亦國家至鉅典也。前考未及，今搜輯遺書作《謚法考》，附《王禮考》末，庶足爲彰善癉惡之一助。

一、舊考止載漕運，而海運一事紀述未詳。今查歷代沿革始末，彙成一帙，附《漕運考》之後，俾司國計者稽焉，庶足以備不虞。

一、道統有關于世教大矣，前考未載而後有述者，在上則止于堯舜禹湯文武，在下則以宋儒直接漢代諸儒，而漢唐以降全無及焉。然或爲表章於上，以興起斯文；或爲講論於下，以駁正同異。則漢唐君臣似亦未可盡泯，余因作《道統考》以附《帝系考》之後。

一、原考不載仙釋，意在黜異端也。然如欒大文「成五利」諸事，具見往牒，非取其足垂監戒耶！余故增刱《仙釋》一目，附《四裔考》之末。

一、目録條内注「續」字者，前考已著，今續編也。注「增」字者，前考全無，今增刱也。

一、是書所載國朝事蹟如王禮等考，擡頭太多，今止照俗例空寫一字，以便觀覽。若經生學士引用，自當遵奉頒降則式，高擡不可以此爲據。

一、當代典故秖據往牒及奏疏等書，據事節録並不敢以己意褒貶一字，其野史稗説亦不敢混入，以至失真，故掛一漏萬之罪，知不免焉。

萬曆歲次丙戌春正月朔，上海王圻書。

梁國治等《欽定國子監志・經籍・板片書目總附・明》　《太學志》載書籍板片名目：經部易類有《易經大全》、《易經本義》、《周易音訓》；書類有《書經大全》、《書經集注》、《書經白文》、《尚書會選》；詩類有《詩經大全》、《詩經集注》、《詩樂圖譜》；春秋類有《春秋大全》、《春秋胡傳》；禮類有《禮記大全》、《禮記集注》、《儀禮》、《周禮》、《儀禮圖解》、《喪禮》、《祭禮》；四書類有《四書大全》、《四書集注》、《四書集義》、《大學或問》、《中庸或問》、《論語集注》、《論語小字》、《論語白文》、《孟子集注》、《孟子小字》、《孟子節文》、《四子抄釋》、《孝經》；小學類有《孝經紅籤字帖》、《白籤字帖》、《千家文體押韻》、《西林字書》、《字苑撮要》、《韻略》；經

解類有《大學講章》。

史部正史類有《史記》、《漢書》、《後漢書》、《三國志》、《晉書》、《宋書》、《南齊書》、《梁書》、《魏書》、《北齊書》、《後周書》、《南史》、《北史》、《五代史》、《元史》；編年類有《資治通鑑》、《通鑑綱目》、《世史正綱》、《綱目前編》、《通鑑正誤》；雜史類有《漢詔》、《蜀漢本末》、《古史》、《宋遼金正統》；故事類有《大明會典》、《敕諭監規》、《國子監通志・續志》、《臨雍録》、《監規發明》、《春季考録會約》、《申明監規》、《臨雍録》、隆慶二年《春季考録》、萬曆四年《臨雍録》、《東厢條約》、《西厢條約》、《辟雍紀略》；儀注類有《大明集禮》、《侯伯習禮》、《新官到任須知》、《太學儀注》、《禮生儀注》、《朱子家禮》；刑法類有《大誥》、《大明律》；地理類有《山海經》；類書類有《文獻通考》。

子部儒家類有《爲善陰隲》、《孝順事實》、《五倫書》、《明倫大典》、《性理大全》、《法言》、《太玄》、《太玄索隱》、《觀物篇》、《進修録》、《大學衍義》、《小學》、《朱子語録》、《讀書録》、《經世籍》、司馬温公《心箴》、《我箴》、《學的》、《官箴》；道家類有《老子》、《列子》；兵家類有《尉繚子》；方技類有《藥性》、《珍珠囊》、《四十氣侯圖》、《本草》、《幼小方》；雜家類有《務本直言》；小説類有《類林雜説》；集部别集類有《楚詞》、《東萊集》、《臨川集》、《出師表》、《淮海文集》、《樊川集》、《孟四元賦》；總集類有《歷代名臣奏議》、《青雲梯賦》、《詩苑珍珠囊》、《唐詩》。

又，《憲宗幸學儀注》一卷，《國子監規》一卷，邢讓《國子監志》二十二卷，謝鐸《國子監續志》十一卷，崔銑《國子監條例類編》六卷，虞上銘《辟雍紀事》十五卷，世宗御製《敬一箴》一卷，《注程子四箴》、范浚《心箴》共二卷《太學志》。

又，《侯伯習禮》二十五板，《臨雍録》五十四板，隆慶元年《臨雍録》四十九板，萬曆四年《臨雍録》四十三板，《太學儀注》十九板，《禮生儀注》五板，《監規發明》十六板，《春季考録》三十三板，《會約》十二板，《申明監規》十二板，《東厢條約》十板，《西厢條約》七板，隆慶二年《春季考録》二十三板，《辟雍紀略》二十板，《太學講章》三十八板。

謹案，以上所載書籍，板片，或有書無板，或有板無書，皆殘物也。且經部缺注疏，史部缺《唐書》及宋、遼、金史三種，當時儲書闕略，大概可知。又《太學志》所記板片、書本，或缺或重，不可别白，故綜列其目，併附板片之後，以備參考。

梁國治等《欽定國子監志》卷五一《經籍》　《欽定八旗通志》二百五十卷，世宗憲皇帝命諸臣纂輯，書成於乾隆四年。

又卷五二《板片》　清文《八旗通志》板一萬二千五百零一面，乾隆四年刊。漢文《八旗通志》板七千三百六十三面，乾隆四年刊。

《清文獻通考》卷二二二《經籍考・史部・政書類》　《欽定八旗通志初集》二百五十卷，雍正五年，大學士鄂爾泰、張廷玉等奉敕撰。

嵇璜等《續通志凡例》　一、皇太子、皇子、諸王例入《宗室傳》。其追尊帝號者，舊史俱不爲區别。魏收以景、穆入「帝紀」，後人譏之。《鄭志》統列「宗室」，體例較嚴，但其門有史分而志合者，有史闕而志補者，有史繫之「列傳」而志入「宗室」者，自唐而下，互有異同。今悉依例彙輯於以傳繫事之中，仍不失以表系世之意。

一、《通志》所載名目，凡諸史不立此傳者，皆從列傳，采取以類相從。如《史記》不立《隱逸傳》，則采伯夷四皓諸人補之。《三國志》不立《忠義傳》，則取典韋諸人入之。《史記》無「方技」之名，而以司馬季主扁鵲、倉公傳移入「藝術」。《後漢書》無「孝友」之名，而以毛義、江革諸人移入「孝友」是也。今《續通志》即循此例。如《元史》之伯勒格台六人入《宗室傳》，托音色辰等三人補《外戚傳》，《宋史》之周三臣入《忠義》，《五代史》之馬重績、趙延義入《藝術》，唐之張昌宗、張易之入《佞倖》，均依類改輯。其有本無專傳而無可補入者，仍從其闕。

一、《鄭志》有《孔子列傳》，今考自唐以後孔氏歷有襲封，我朝於《明史》特立《衍聖公傳》表章聖裔，甚盛典也。兹采唐以下史傳，參之闕里文獻，考諸書，分列嫡嗣支庶，按次彙輯爲《孔氏後裔傳》。

一、《鄭志》有《年譜》、《異姓世家》二門，皆仿於《史記》。按《史記》年表，即本紀中詳著之文，故《班史》以後不襲其體，無妨闕如。《五代》、《宋史》雖各有世家，其所載南唐、吴越、前後蜀、南北漢諸國，皆係偏隅分據，非封建諸侯比也。《鄭志》本《晉書》之例，於前涼、西涼以及後梁、蕭氏别稱「載記」，體例最精。今統歸載記，不復更列世家之目。又《鄭志》有《游俠》、《刺客》、《滑稽》、《貨殖》四門，亦本《史記》，唐以後無可載，並宜從闕。

一、列傳未備名目，應爲增修國史，剏立《貳臣傳》，出自睿裁於旌别淑慝之中，寓扶植綱常之義，允昭褒貶之至公，實爲古今之通義。今亦恪遵聖訓，於前代别立此門，較諸原書體例實詳且核焉。至《唐書》之《姦臣》、《叛臣》、《逆臣傳》，皆唐以前諸史所無，而其目實不可易。今悉考核事迹，增立《姦臣》、《叛臣》、《逆臣》三門，列於《貳臣》之後。

一、有一人而兩史竝爲立傳者，如裴矩、李密、王世充，已見《隋書》，而《唐書》亦載之。王倫、宇文虚中、張邦昌、劉豫，《宋》、《金》兩史俱有傳，張特立《金》、《元》兩史俱有傳。亦有一史之内一人而重傳者，有父子兄弟分傳而彼此互複者，名不勝數，均删併折衷以歸一是。

一、續纂諸略，自五代始禮樂、器服、職官、選舉之屬皆與史志相表裏。今采取正史各志，按代續編，而《鄭志》、《食貨》、《刑法》、《災祥》諸略於唐事亦多未備，竝采新、舊《唐書》諸志以補其闕。

一、遼金元三朝氏族未有專書，今詳加蒐輯，如遼之三耶律氏、二審密氏，金之白號、黑號諸姓，元之蒙古七十二族，色目三十一種備著於篇。

一、遼金元三朝文字，史家所録未有志書法之書，故六書鮮有徵據。《契丹國志》稱遼太祖以隸書之半增損作字，金則有女真大字、女真小字，今皆不傳。元蒙古字之制見於著述者，有陶宗儀《書史會要》所載蒙古字母，朱伯顔所載《蒙古字韻》，其中譌誤相沿，不一而足。我皇上欽定《同文韻統》，綜以國書於蒙古字音字體無不賅備，詳見《皇朝通志六書》。兹就三朝史册所見者，撮其大略，以次叙述。

一、《鄭志》、《天文略》祇載丹元子《步天歌》，而不詳推步之法。《七音略》祇用字母内轉外轉諸圖，而不詳合聲切音之法。今續纂各爲詳載。

一、《鄭志·藝文略》止載群書目録，未具撰人爵里。撰述之家有姓名同而著書復同者，如顔師古稱「兩京房皆治易」之類，每易混淆，今所續纂謹遵欽定《四庫全書》例，以著録、存目分編於各書之下，備載撰人姓名。凡宋代諸書已登《鄭志》者，不復列入其總類，仍依《鄭志》爲十二門，每門細目則以《四庫全書》爲準。

一、《圖譜略》，《鄭志》首《索象原學》，明用三篇以辨其源流，次自周秦迄於北宋，分辨「記有」、「記無」二篇，以考其存佚。但樵局於見聞，周秦圖譜至宋鮮有存者。故「記有篇」祇總爲一門，而「記無篇」多至二十六門。我皇上稽古右文，圖書大備，又復蒐羅海内藏書親加釐定，自南宋而下圖譜孰有孰無，瞭如指掌。今於「記有」、「記無」中，各區爲經學、史乘、天文、地理、政典、學術、藝事、物類八門，各門之下再爲分晰名目，斷自淳熙至於明季。博采史志，旁及畫譜、書目，按類增輯。若夫文人遊藝涉筆成圖，與夫私家譜牒偶見存留者，無裨實學，槩不綴録。

《清文獻通考·經籍考·史部·職官類》 《欽定國子監志》六十二卷，乾隆四十三年，户部尚書梁國治等奉敕撰。臣等謹按，本朝國子監及文廟締搆，實始于元，時，國子祭酒陸宗楷等嘗輯《太學志》一書，所述沿革，兼及唐、宋以前，殊失限斷。仰承訓示，重爲校正，斷自元初，輯成此帙。

魏源《元史新編·藝文志四部分類》 經類十有二：曰易，曰書，曰詩，曰禮，曰樂，曰春秋，曰孝經，曰論語，曰孟子，曰經解，曰小學，曰譯語。【略】史類十有四：曰正史，曰實録，曰編年，曰雜史，曰古史，曰史鈔，曰故事，曰職官，曰儀注，曰刑法，曰傳記，曰譜牒，曰簿録，曰地理。【略】子類十有四：曰儒家，曰道家，曰經濟，曰農家，曰雜家，曰小説家，曰類事，曰天文，曰算術，曰五行，曰兵家，曰醫方，曰雜藝，曰釋，道。【略】集類八：曰别集，曰總集，曰騷賦，曰制誥，曰科舉，曰文史，曰評注，曰詞曲。

曾樸《補後漢書藝文志考凡例》 一、樸既爲《補後漢書藝文志》畢，慨然曰：「振綱挈領者，通儒之旨也；搜殘孴闕者，樸學之責也。使篇章卷袟，備哉燦爛，而遺文斷句，聽其湮沉，斯亦職古之羞乎。遠之伯厚考孟堅之《志》，近之逢之緝長孫之書，前型具在，後步可循。」於是雜取史傳、簿録、類書、文集、碑版之屬，以及佛、道二藏，考其同異，辨其是非，復成《補後漢書藝文志考》十卷。或疑之曰：「昔《詩》、《書》既成，而毛、鄭立傳；《史》、《漢》行世，而應、服作注，並以今語釋彼古言。王、章之書，亦同是例。蓋考者即注之變體，但有言、事之分，裴松之《三國志注》，劉昭《續漢志》注皆考事，亦名注。兹分言、事，言其大略耳。其於辨疑釋滯則一也。今子乃自作之而自考之，殆非古之制乎？」應之曰：「陋哉！客也，何讀書之少乎！《漢書·地理》便列子注，《蜀志》傳贊，亦下細書。蔡邕《勸學》，諸書引《勸學篇》皆勸學之言，編爲韻語，惟《一切經音義》引兩條，《釋文》一條，皆訓釋之語，蓋自注也。《易正義》晉卦引與《釋文》同，正作《勸學篇》注，可證。譙周《古史》、《史通·模擬篇》引《古史》書李斯棄市云「秦殺其大夫李斯」，蓋仿《春秋》者也。而《史記索隱》所引不窋處父等事，詞意多主辯駁，蓋其自注也。董巴《輿服》之志，《御覽》六百八十二引巴《志》佩綬采組之制，有注文徵引《漢官儀》。巴以魏人及見胡公、應劭之書，故秦御史服楚官一事，巴稱太傅胡公説，則知注文乃巴自作。孔衍《春秋》之語，《御覽》引孔衍《春秋後語》六十餘事，皆有注文，既徵同異，復釋詞旨。周處之《陽羨風土》，見《史通》。又《史記·司馬相如傳索隱》、《初學》卷三、卷四、《御覽》卷二十九、三十一、三十三，皆引《陽羨風土記》注文。宗懍之《荆楚歲時》，現存。蕭大圜《淮海離亂志》、羊衒之《洛陽伽藍記》、孝王之傳《關東》、君懋之志《北齊》；並見《史通·補注篇》；注中列注，則道元之《水經》；父託之子，則羅泌之《路史》。並現存。斯並史傳成規，記載恒例。即詩賦小技，詞章末學，如王逸《九思》與《楚辭》而並釋，靈運《山居》效經生而作詁。古之自作自注，更僕難終，子何見之少乎？雖

然，此皆文史之舊聞，而非目録之通論也，則更爲子述讐校之例、箸録之志可乎？昔劉向校書，每一書已，輒條其篇目，撮其指義，名爲《别録》，爲卷二十。歆卒父業，又纂《七略》，蓋《七略》即其標目，而《别録》乃其解題也。諸書引之都並稱《七略别録》，《隋志》標目亦如是，可見《七略》是其總目，《别録》乃其考證，二書皆向所欲作，未成而卒，故歆補成。觀《漢書》「卒父前業」一語可知。今觀諸書稱引《别録》之文，敘《禮記》，則詳述其篇目；見鄭康成《三禮目録》。箸《儀禮》，則具言其次第；見《儀禮疏》。鄒子《終始》，則考五德之運；《文選・長門賦》注。趙氏《雅琴》，則下禁正之訓。《文選・長門賦》注。至如《曲臺》之記、《文選・竟陵王行狀》注。《盤盂》之書、《文選・刻漏銘》注。九師之《道訓》，《文選・竟陵王行狀》注。逢門之《射法》，《史記・龜策傳》正義注。或徵氏里，或言體例，務極翔實，不憚考稽，撏撦殘文，隱約可覩。迨後鄭默《中經》、荀勖《新簿》，並以不置論斷見譏通雅。然如述周生之名烈，《三國志・魏志》注。説《計然》之有録，《漢書・貨殖傳》注。未始不言作者之意也。王儉作《志》，體仍鄭、荀，而於書名之下每立一傳，阮氏《七録》，無改斯例。穀梁名俶，字元始；《經典・敘録》。文逸姓唐，官侍中；同上。甘公，楚人；石申，魏産；《史記正義》。孟喜《章句》無《旅》至《節》，無上《繫》；《經典・敘録》。孔氏《書傳》缺「粵若稽」至「於帝」。《書正義》。凡此所引，皆其考訂之逸文，訓釋之碎義也。由斯而談，則既編目録，復加考辨，正讐校之定體而箸録之宗旨。我方矻矻焉古之是規，而子乃以變古疑之，豈不陋哉！豈不陋哉！」於是客慚而退。爰書其語，以冠條例之首。

一、古人引書，單詞隻語，足伸己説而已，從未有不分朱紫，列若案牘，然後辨其異同，斷其然否也。自石渠箸論，群儒務博，必先列衆説，後加折衷。其後班固《白虎通義》、許慎《五經異義》互相祖述，益復詳備。然目録之家，猶鮮此例。自宋馬貴與著《文獻通考》，其《經籍》一志，全效其體，惟前人論説，則高一字，自下案斷則低一字，此爲小異耳。自是朱彝尊之《經義考》、謝啓昆之《小學考》，並沿用之。樸謂斯體實便學者省讀，通人考核，茲用其例。若其不引論説者，則必其書無考；不加案斷者，則必其説已定者也。

一、凡引前人論説，空言泛論則不引，郢書燕説則不引，神奇怪誕則不引，家知户曉則不引。如《詩序》，石經一字、三字之類。然文籍實廣，採摭難徧，景伯著書，季長猶譏其不博；劉芳考古，李玉未許其多聞。搜羅無漏，古今所艱。世有河東文學，來助謝該釋經；延陵後裔，能正宋祁新史。則補其遺漏，糾其繆誤，樸之本心實所深望。若採其捐棄，指爲闕略，此知幾所謂「捃吐核，拾藥滓」，則作者不任咎也。

一、凡范《書》本傳每記所著，往往但存其目，不條厥旨，凡屬此類，悉不贅登。若其採引，則有六例。讐校通恉，務述源流。經生説經，恒重家法，如洼丹《通論》衍孟喜之《傳》，樊英《章句》守京房之學。不採范《書》，傳授莫著，其例一。更生録書，撮其旨義。文憲緝志，各立小傳。蔚宗生典策完備之時，述作者纂輯之意，如子瑜皇德，謂權興中興；仲瑗輯序，謂論著季漢。不採范《書》，大指奚聞？其例二。他若杜撫傳《詩題約義》，劉攽疑爲奪文；趙煜傳《詩細歷淵》，《隋志》正其譌字。盧植注《禮》，有三禮、一其游、夏撰定之語是也。至文字之異同，本讐校之專責。《尚書》則中文之與今文，異者七百；《孝經》則孔氏之校江氏，多出四章，並著在《緝略》，記於《漢志》。茲依其例，異同必舉。如高密《易注》，舉其俞滕熇陽之異；司農《詩傳》，舉其卹鬱決佽之文是也。此例《六藝志》最多。其異義者倣此。《漢志》云：「劉向校書，每一書已，輒條其篇目。」蓋篇目者，誠造述之機括而考索之鍵鑰也。故通論制度分列《戴記》之篇，見鄭康成《三禮目録》引《别録》。《爰歷》、《博學》備敘《蒼頡》之目。見《漢書》注引《别録》。茲依其例，篇目悉著。如《五經異義》著其《天號》、《罍制》，《漢官儀注》著其《名秩》、《鹵簿》是也。至於《勸學》韻語，偶雜自注之文，《陳留風俗》定爲邑志之祖，平子《渾天儀圖》上有注，叔堅《戰國策注》而近論。若此之類，作者不言其體裁，書傳莫著其恉例，而排比殘闕，可悟涯略，則體例必考也。若夫薛君章句，漢夏異論；劉氏《釋名》，珍、熙各録；盧植之禮，兼注其三；蔡邕之經，祇刊其七；應劭《人紀》，不繫《漢官》之篇；許慎《淮南》，并入《道藏》之本。凡斯糾葛，悉爲整齊，則謬誤必辨也。亦有兩人著述，異代同名，如袁、圈、蘇、江，並有《陳留》之傳；楊、陳、曹、薛各著《異物》之志；《十三州志》，應、闞並傳；《兗州先賢》，統、穀同志，群書所引，誰何莫分。茲特取其首列姓名者，始加徵録，則稱名必標也。昔方興獻《舜典》之逸字，季長記《泰誓》之殘文，拾此斷珪，寶若周鼎，況此書之志在網散失，存殘缺乎？故孤文隻義，斷句零章，必據録全文，不遺一字，則單辭必存也。凡此七端，均其大略。雖然，刻舟求劍，通人所戒，言惟其是，體各有宜，小有變通，不復縷覼焉。

一、昔郭象注《莊》，盜向秀之説；法盛作史，奪郗紹之書。志禮之辨，蔡邕刊經，有五經、六經之異。不採范《書》，考證曷明？其例三。其有作者行事，寥落無聞，偶於他傳牽率而及。如注《爾雅》之李巡附於《吕强傳》，首傳《穀梁》之段肅見於班固奏言。不採范《書》，姓名曷考？其例四。官家著述，作非一人，而著録之

例，但舉其首。如《東觀漢記》創於班固，終於楊彪，而但以班固統之；《建武注記》先有杜撫，後有馬嚴，而僅以杜撫括之。不採范《書》，事理曷備？其例五。至於《臨邑》之頌，著於永平之際；《平望》之論，獻於元初之年。不採范《書》，歲月曷見？其例六。凡書不著所出者，皆採自范《書》。

一、凡現存完備之書，謹遵《欽定四庫全書提要》照録全文，不敢增損。原書表文有云：「原原本本，總歸聖主之持衡；是是非非，盡掃迂儒之膠柱。」洵推定論，萬世爲昭。即館閣殘缺之篇，臣士纂緝之本，亦但補其篇目，拾其殘零。至於黑白之分，進退之辨，仍秉宸斷，無待贅言焉。

一、《隋志》目下每稱「梁有，今亡」，或稱「宋有，今亡」。梁者《七録》，宋者《七志》，並羅陳卷數，以考異同。兹依其例，凡稱篇稱卷，或多或寡，悉次時代，概行編列。大約以《漢》、《隋》、兩《唐》、《宋》志爲主，餘如原出之書，私家之目，但有稱述，無不登載。若夫馬融《易注》，分傳解之異；孔奇《春秋》，有删詁之歧；延篤《策論》，或稱《音義》；太尉《牟子》，別名《理惑》，一書兩名，亦附注之。考中凡《隋志》稱「梁有」者，皆題《七録》。

一、凡案語之例，亦有數端，試括大指，揚榷陳之。夫書之有序，始於《書》、《詩》，古文十六篇佚而序不删，《南陔》三篇詞無而敘亦録，誠欲藉此小文，存其大義。兹依其例，序文必録。如敬仲《訓旨》，録其伏、鼂傳授之言；康成《論注》，録在藏山，行同胠篋，傳爲口實，適資渠軒。兹《志》前有錢、洪，後有勞、侯，洪、勞未見其本，錢氏本無所論。惟君謨之《志》，考證略具，知自信鈎稽，可謂勤苦。而謬版盈尺，削之而不盡；謫言在牘，檢之而愈多。此則駕馬負輈，祇許跼步；狶膏棘軸，不能運方。限於材識，徒費研鑽，震聵發聾，静俟魁碩。

姚振宗《漢書藝文志拾補例言》 後漢泰山太守汝南應劭仲遠譔《風俗通義》三十二篇，其《氏族》一篇久已亡散，今佚文猶可見。洎隋陸法言《廣韻》、唐林寶《元和姓纂》、宋邵思《姓解》、鄧名世《古今姓氏書辨證》、鄭樵《通志·氏族略》諸書，多稱周秦諸子，如壺丘子、將閭子、纏子、室中周書，並云《漢·藝文志》所有，而今本《漢志》實無之，豈有所佚敚歟？抑併合諸子書中，史文簡略，而未分析言之歟？諸子之書，大抵多亡於董卓、傕、汜之亂，唯應仲遠得見之。其著録於《氏族篇》中者，或約略其說，不復詳述其所由，今殆不可考。陸法言以下諸家輾轉援引，要皆本諸《氏族篇》，今一一據以録存之。

《氏族篇》以下諸氏姓書，又有《根牟子》、《屋廬子》、《相里子》、《鄧陵子》、《立如子》、《坤年子》、《戚子》、《時子》、《公行子》、《室孫子》、《接昕子》、《司鴻荀書》、《須朐氏書》、《白鹿先生書》、《無妻先生書》，凡二十餘家，並云著書，而皆不見於《漢》、《隋》、《唐》之志，或代遠年湮，流亡星散，或附見諸子，未有專書。原其始，則皆是著書立說者也。其附入諸子，後人爲之也，今亦據以録存之。

《汲冢竹書》藏自周代，《金石録》載晉太公碑曰：「太康二年，得竹書。」書藏之年，當秦坑儒之前八十六歲，是暴秦所不及焚，漢儒所不及見，皆六國時所有之書。使出於西京明盛之時，劉中壘父子必著於《録》、《略》。《史通·申左篇》引束皙云：「若使此書出於漢世，劉歆不作五原太守矣。」蓋歆因争《左氏傳》，忤執政大臣，求出補吏，由侍中光禄大夫徙守五原也。今據束廣微所次篇目，凡一十四種，分著於篇。

讖緯之書，起於周秦六國，漢時所有而《七略》所無。按《七略》惟録中祕書自温室徙之天禄閣者，乃得以論次之。若夫蘭臺石室之儲，故府録藏之籍，民間傳習之本，博士章句之書，當時不勝枚舉，故皆未嘗徧及也。按王莽奏讖書藏蘭臺，楊彪稱讖書包石室，按范書本傳彪曰：「石包室讖妖邪之書。」石包室即蘭臺之石室也。與夫禮儀律令，舊皆録藏於理官行祠，甘泉宫有其注曰《鹵簿》，張倉作章程，魏相奏故事。民間有費、高二家之《易》，元王之《詩》。博士有大小戴、慶氏之《記》，疎氏之《春秋》。斯皆在中祕書之外，《七略》所未嘗注意者也。《倉頡篇》云：「讖，祕密書也。」以其祕密，故藏於石室。既爲哀、平間所盛行，則自不容略。今據《漢書》、《隋志》所載，及王莽符命之類，并録附於《六藝》之末。

王莽之書，如地理、百官改名，班孟堅嘗附著於史，其《大誥》一篇則載之《翟義傳》中，劉子駿之《鍾律書》亦爲莽作也，則祛其僞辭，譔爲《律志》，蓋實事求是，不惟其人，惟其言。當中興之世，猶不以爲嫌，況在千百年之後，更何所容其避忌。史言劉歆典文章，歆子棻及甄尋、崔發、陳崇，皆以材能幸於莽，皆文學士也，則亦未必盡出其手。其元始中所作《誡》八篇，詔下郡國學官教授，時在篡位之前六年。是書終莽之世行凡廿一年。此六年中，猶是漢家功令，天下吏民得與於選舉者，不知凡幾，是亦漢末之故事，不可略也。此外所作，亦多與漢末相關涉，故充其類，并取其他書，分録各門。

班氏有言曰：「武、宣之世，崇禮官，考文章，言語侍從之臣，若司馬相如、虞丘壽王、東方朔、枚皋、王褒、劉向之屬，朝夕論思，日月獻納；公卿大夫，御史大夫倪寬、太常孔臧、太中大夫董仲舒、宗正劉德、太子太傅蕭望之等，時時間作。」孝成之

世，論而録之，蓋奏御者千有餘篇，即《漢志・詩賦略》所載是也。其中無東方朔。皆論定奏御之文，其私家譔述諸篇，皆未之及，如枚皋辭賦已録百二十篇矣，其外又有數十篇。《七略》録揚雄四賦，班氏續入八篇，爲十二篇矣。其外又有《解嘲》、《解難》、《劇秦美新》等諸雜文。以是知《漢志》所録，多非其全。《隋志》載六國以來西漢人詩文集凡二十九家，皆合一人所作爲一集，故《司馬相如集》載有《自序》，《劉向集》載有《誡子書》。此類非一，與《漢志》所録實不相同。既爲别本，自不容略，今并補輯所未備，類從於《詩賦略》中。

《通志・藝文略》以後，諸家簿録載三代秦漢人道家、兵家、術數家、神仙家之書尚多，皆依托，不録。依托之書限以時代，其實出漢人，如《百兩篇》、《東方朔别傳》、《李陵别傳》、《黄石公紀》之類，亦具列之，其他附見各類篇末。亦有見於篇中，如六國儀、秦儀，盍、毛《論語》，劉向稱《外戚傳》，匡衡、王鳳奏《桃左春秋》之類，及孔子之前之書，讖緯家諸書不計焉。

篇卷數目各從其是，舊史所無者則闕。撰人始末各具端倪，無可考見者則闕。諸書見於《釋文・叙録》及《隋》、《唐》、《宋史》志者，詳著之。見於諸簿録家有關考證者，略述之。焦氏《經籍志》勦襲《藝文略》，最無謂，故不取。諸家輯本叙録有資探索者，節存之。輯本行世者頗多，故今所引用不復詳其所出，如劉向《别録》、劉歆《七略》、桓譚《新論》、皇甫謐《帝王世紀》、《世本》之類，皆是也。

姚振宗《三國藝文志叙例》 三國自魏黄初辛丑以迄吴天紀庚子之歲，首尾凡六十年，其閒争戰紛紜，人文輩出，尋繹舊史，亦有可觀者焉。凡所撰著，陳承祚皆附見於本志，而記注弗詳。證以《五代史志》及諸傳記，其所遺漏者多矣。當承祚時，魏《中經》已具有成編，晉《新簿》則始完。《汗簡》以爲此之所略，可取證於彼。至裴氏注書，詳述事蹟，而於此亦從其略，有云歷注經傳，頗傳於世。餘所著述見晉武帝《中經簿》而不舉書名者，見《魏志・王肅傳》及注。初不意此二書後將散佚，而無從取證也。今可考見者，惟《經典叙録》、《隋》、《唐志》數書。番禺侯康君謨嘗撰《補三國藝文志》，南海伍氏釐爲四卷，刊入《嶺南遺書》。其書至子部小説家而止，而農家、曆算、五行、醫方、雜藝五類有録無書。農家本無書，故今亦不具。集部則未嘗措手，敚略甚多，蓋亦如所輯《後漢志》，並草創未就之藁，非完書也。余既輯《後漢志》訖事，因續加采獲，并成是志。爰舉其例，約有數端。侯氏隸書皆先以蜀人，次魏人，次吴人。此本東晉習鑿齒《漢晉春秋》、南宋紫陽《綱目》争正閏之説也。彼以時際偏安，故各寓微意，以示尊大。今但録存遺籍，於當時之是非曲直，初無容論其短長，亦奚事過爲軒輊？故悉仍陳《志》原編舊第，以魏、蜀、吴爲先後，閒有書宜在前者，則不拘此例。如易類以吴虞翻爲首，詩類以蜀杜瓊爲首，春秋類以吴士燮爲首之類是也。又侯氏《志》以人類書，今依《隋志》之例以書類人。蓋傳記之體以人爲重，簿録之體自當以書爲重也。魏人以卒於黄初改元之後、咸熙禪晉之前爲斷，蜀人以卒於章武之後、炎興之前爲斷，吴人以卒於黄武之後、天紀之前爲斷。其前當歸後漢，其後則宜入晉代。然如王粲、張紘並卒於獻帝遜位之前，而粲之《樂歌》、紘之《紀頌》皆爲魏、吴兩朝之故實。故録其他書入後漢，而此數袠不能不録之於此。見經部樂類、史部雜史類。又如鄭默、楊偉皆身入晉代，實爲晉臣，而默之《魏中經》、偉之《景初曆》則爲魏一代典章，亦不能不列之於此。見史部簿録、子部曆算兩類中。至如蜀之譙周、郤正，吴之薛瑩，皆入晉未久而卒，而陳《志》爲立傳，并載其書，則自不容略。又如劉徽入晉，卒年不可考，而相承稱爲魏人。吴之遺老若范望、閔鴻、楊泉諸人，亦不容遐棄。是皆變通其例，不可以人代拘繫焉。是歲孟冬之月，姚振宗又記。

黄逢元《補晉書藝文志序例》 晉史立志，不撰藝文。今采本書紀傳、各家目録、《隋》、《唐》諸志、鄭、馬二《通》，旁及金石遺文、類鈔古本，竊補闕略，以成此編。凡四十家，一千二百八十八部，一萬一千九百九十三卷，卷數無考者二百七十九家，依類坿末，而有晉一代藝文，庶幾乎備是矣。迺序之曰：嗚呼！文章之升降，其亦係夫國運之盛衰乎。晉開基洛陽，中興江左，荀勖分《中經》，始創四部之目，李充校舊簿，總没衆篇之名，甲乙改觀，存亡異數，唐釋道宣《廣弘明集》卷三《七録序》云：「《中經簿》二萬九千三十五卷，《元帝目》三千一十四卷。」此則古籍可無贅言。若夫當代英才，兩京文獻，入《儒林》有十八家，列《文苑》凡十七子，以外作者，實繁有徒，郁郁彬彬，亦云盛矣。然通計一百五十六年中，道家學倡清談誤國，經生術陋，贋撰亂真，史官筆繁，僞體異正，辭章彙雜，流别殊名，風會一移，變態百出，其弊可勝言哉！因斯以談經，以闡聖，惟漢蔚爲大宗。文以起衰，至唐輿復古學。晉則上承正始之玄風，下開六代之波靡，殆其一樞紐也歟。至於黄帝子孫，神禹疆域，禮樂明備，車書大同，歷世相承，一王而已。獨司馬代魏，再傳以後，人雜羌夷之族，學殊南北之宗，天喪斯文，地分中夏，竊據僭争，垂三百年而莫之統一，厲階戎首，是又其椎輪也，吁可慨已！雖然典午往矣，其運固厄，以今準之，而又加酷。中邦雲擾，亂華不止五胡；異學日新，焚書將及六籍。劉氏歆曰：「夫子没而微言絶，

七十子終而大義乖。」痛哉斯言，先我而發，有感於心，因撰此志。嗚呼！藝文之幸不幸，獨晉云乎哉？晉分《中經》，創立四部，有甲、乙、丙、丁之目。唐因四部，別立門户，有經、史、子、集之目。兹本《隋志》定法，以次晉代遺文，近宗唐賢，亦遠師荀氏。《關東》立傳志曰：「墳籍惟取當代，不録先朝。」劉氏《史通》申明此旨，《明史》依據，即以代斷。兹所采録，故限典午。雖汲冢諸祕顯於咸寧，據《晉書·武帝紀》云咸寧五年，《束皙傳》作「太康二年」。而撰非晉人，概不羼入。惟各家注釋之篇，則依類存目。嵇康、阮籍，仕本曹魏，徐廣、陶潛，卒在劉宋，《晉書》雖立專傳，本志代斷，其撰著皆不收録，遵《隋志》也。惟《隋志》集部有宣帝、文帝兩集，首次晉代，夷考兩帝，卒皆在魏；陳壽，本朝臣子，《魏志》礙難立傳，唐修《晉書》，補冠本紀。是《隋志》既誤於前，而《晉書》復承其後。本志無可出入，亦未敢删省，仍存《隋志》舊觀。江左以還，僭竊十六，事各異主，作者亦多。本志采録遺書，悉援《隋志》，坿諸有晉一代。同文同軌，王土王臣，分而合之，以大一統。自注，班法也。本志采録《隋》、《唐》、《宋志》各書卷目以次，自加案語，異同別之，譌謬正之，脱漏補之，爵里姓字有可考者詳之。《隋志》不詳里字。惟已見前篇，再有他撰，則文從省約，署名而已。陸氏《釋文》已開先例，各書引用，均亦如之。《隋書經籍志》省云《隋志》，他書同。後人著書，竊名前賢，以相倚重，班志藝文，注明依託。凡此類者，本志録存，亦援據班書，別識贋鼎。秦以前曰篇，其用竹簡；漢以後曰卷，其用縑素。故班志藝文，篇、卷互見，統而核之，篇悉卷計。本志一準此例，以總成數。本志大略，固依《隋志》，其中部目卷次，篇第甲乙，《隋志》有未安者，則援班《志》出入劉《略》之例，輔以兩《唐志》通其變，又參以宋、明諸家及國朝《四庫目》濟其窮，小有所異，大無不同，則古遵王，勿敢創制。一類之書，或別出他部；一書之目，或互見別家。通官聯事，《周禮》則然，故劉《略》如之。兹本班法，省歸於一。《隋志》所複，則互注於下，不於別類再次篇目。注解，經類也；傳記述志，史類也；論説，子類也。晉人此撰，有爲《隋》、《唐》各志所遺，而見引於《國志》、《世説》、《文選》等注，《書鈔》、《藝文類聚》、《初學記》、《御覽》、《通典》諸書者，但存篇名，不言卷數。兹特并録，依類坿末。至詩賦箴銘頌誄之屬，則集類也，或又他見，文統於集，無事複存，集即不傳，亦難采入，碎金片羽，多不勝收，志在搜遺，此有餘恨。唐、宋各《志》，鈔胥相仍，并不核實。惟《隋志》體例，大書記存，細注記亡，阮孝緒《七録》亡，注云「梁有」即《七録》，本志仍引稱《七録》。顯示區別，覽者了然。本志於未亡之書，注云「今存」。已亡之書，或有輯佚，注云「某氏輯存」。如無輯本，注云「某書某卷引存」。

至篇逸無考，則存目而已。《隋》、《唐》、《宋志》所録之書，撰人名氏、篇目卷數均相符合，則引諸《志》見之最先者，注明所出，餘不悉載。諸《志》互異，亦本其最先者標目，餘則臚注以備參考。誦詩讀書，尤貴知人。班《志》各書撰人，《史記》有列傳者，間亦注明，本志準之。凡《晉書》已立傳者，或坿見於某傳，及舊《晉書》有傳而見引於他書者，於首先著録之書下一并標識。因傳知人，因人知書，互證參觀，書即亡佚，學術文流亦見厓略。班志藝文，圖皆細注。《隋》、《唐》各志，一律編目。《通志·圖譜略》云：「王儉《七志》，一志專收圖譜，阮孝緒散圖而歸部録，雜譜而歸記注。」案《隋》、《唐志》即阮法。本志如衛協《毛詩圖》，譙周、崔游《喪服圖》，郭璞《爾雅圖》，則入經部。如《晉鹵簿圖》，裴秀《禹貢地域圖》，孫結《太康國照圖》，顧凱之《夏禹治水圖》，又《古列女傳圖》，楊佺期《洛陽京城圖》，則入史部。以外人物故事，此墨戲也，畫史收録，古志采入，而本志不必强同。子部雖立藝術一門，概不存目。佛法、仙道，阮《録》立部已列外篇，《隋志》坿末，不標子目，總計卷帙，例尤嚴謹。本志依據《隋志》，故不録二氏經典。又推廣《隋》例，並不存兩家部目。

楊守敬《晦明軒稿·隋書經籍志補證稿本記》 自班氏撰《藝文志》，網羅三代、秦、漢之籍，至爲精審。然已有遺漏，如《素問》之類。不得謂後出者皆僞書也。至《隋書經籍志》合阮氏《七録》，以爲書燦然大備，而梁有今亡者已多，不第《漢志》所載半從俄空也。然以裴松之、劉昭、酈道元之所徵引，不見於《隋志》者，何可勝數！李唐而下，撰述愈紛，新、舊兩《唐志》尤爲不備，即其所録存者，未必盡可據，觀《崇文總目》所載，則已十不得二三矣。於是鄭夾漈有《通志·藝文略》，通歷代而録之，不著存佚，大抵即多本史志，未遑博採。明代焦弱侯復爲《國史經籍志》，亦因沿鄭書，未見翔實。國朝章宗源始斷代爲《隋書經籍志考證》，惜原稿散佚，僅存「史部」一類，亦疑有殘缺，以不載袁宏《後漢書》之類是也。近聞南海林氏亦有「史部」逸書稿本，而亦未刊布。余少好綴緝，涉獵所及，罔不甄録，歲月侵尋，積稿已多，而兹事體大，斯之未信。五十以後，專力於地志之書，此事遂庋高閣，尚未知壽命何如，能償斯願否？光緒己亥五月，宜都楊守敬記。

又《隋書經籍志考證》十三卷 此書湖北書局所刊，首有錢謷石記，又載孫淵如所撰《章宗源傳》。章氏鈔輯古逸書，無書不具。其撰《隋書經籍志》，當必四部并録。今僅傳其「史部」，或本有全書而失之者，或當日先從「史部」起草，未及成書，而章氏遂因妖僧詿誤。或云宗源没後，其所輯佚書稿本皆在淵如處。今山東馬國翰所刊《玉函山房》，相傳即宗源之本。淵如没後，其子幼，所藏書皆爲他人攫

去，則馬氏之書爲攘竊，亦情事所有。不然，馬君輯書至二百七十部，生前絶不聞於世，何耶？今馬氏書唯「史部」最少，或因宗源方撰《隋志考證》，「史部」類庋閣他所，故馬氏不得與。此書仿王伯厚《漢藝文志考證》，而難倍之。其原書所有而不録者，當以無考證故然。如古史類録荀悦《漢紀》，而不録袁宏《後漢紀》，其原書不著録，據兩《唐志》、《文選注》及諸類書補入者甚多。然臣瓚《漢書注》乃遺之，亦所謂失於目睫之前者。其他不當删而删，當補而未補，亦有一書兩見而未訂正合併者，尤難縷舉。良由此非章氏定本，故致此參錯。余撰《歷代經籍存佚考》，欲以成章氏未竟之志。顧已及頭白，未能汗青，稿本他日不爲章氏之續否？附記於此。

劉錦藻《清朝續文獻通考凡例》 我朝文治光昌，經學、史學均勝前明，惟掌故之學頗覺不逮，匪特如鄭端簡、王弇州無其人，即王元翰輩亦不多覯。錦藻愨焉思之，續纂《皇朝文獻通考》，曾呈乙覽，渥荷温綸。初以光緒三十年爲限，辛亥以後蟄處海濱復輯三十一年至宣統三年，雖歲月無多，而新政適起，事例夥頤，擬合前書彙爲一編，物换星移不無損益。昔宋臣司馬光撰《資治通鑑》，既經進御，復知牴牾，未敢輒改。兹則蕲一朝之政治無缺，故於前之疏漏者重行增補。本屬草創，有待討論，不敢妄希涑水也。謹訂凡例如左：

一、《皇朝通考》初與《續通考》併於一編，乾隆二十六年命自開國以後自爲一書，館臣依以排纂，訖乾隆五十年而止。此次續纂起五十一年，訖宣統三年，凡百二十有六年。值中原之多故，自秉筆之特繁，仿記載之彙編，步遺山之野史，理而董之，是在達者。

一、《馬考》共二十四門，前考於《宗廟考》内分立《群廟》，《郊社考》内分立《群祀》，合爲二十六門。《續編》悉仍舊貫第。時局既日新而月異，則制度亦歲盛而年更有爲。乾隆五十年以前所未見者，於《前考》各門無可附麗，不得已增《外交》、《郵傳》、《實業》、《憲政》四門，共成三十門，都四百卷。

一、《前考》於各門子目多所更定，如《征榷考》併鐵於坑冶，而標名《鹽法》。今續增《釐金》、《洋藥》，《國用考》，續增《銀行》、《海運》，《選舉考》，續增《貲選》、《學校考》，添《八旗官學》。今續增《書院》、《圖書》、《學堂》，《王禮考》，續增《歸政》、《訓政》、《親政》、《典學》。《兵考》原删《車戰》，續增《長江水師》、《海陸軍》、《船政職官考》。因官制全更，難沿舊例，略舉始末，用備鉤稽，亦當世得失之林焉。

一、前考於《經籍》，泰半採自《欽定四庫全書》，故博收約取，較易爲力，辱在草茅未窺中祕，不得不藉私家著述以資撏撦。今四庫書續修所纂各編楚璞燕砆，容有純駁不一者，且旁行斜上，時尚所宗，式是古訓，未忍淪澌。見聞所及過而存之，不載生存，稍示限制。

一、《前考》謂「封建不能行諸三代」，以後自唐宋訖本朝，大都皆有封無建爲萬禩不易之常法。識者韙之，顧所紀封爵之制既詳五等，復别世系遞者，玉牒屢修，瓜瓞繁衍，編摩所及僅能以年爲斷，非敢絓漏懼蹈失實之愆爾。

一、《前考》於《輿地》東三省、十八省以外，正西境外至於流沙，其時天山南北路已拓提封，未開行省，因取漢史沿稱「西域」。咸豐之季，髮捻不靖，回衆蹈瑕，跳梁夜郎自大。穆宗毅皇帝命將出師，誓光先烈。德宗景皇帝宸謨廣運埽穴犂庭。俄羅斯遠讋威棱，亦復還我伊犂，畫疆互市。光緒十有一年，西域設新疆省，於是築城列署，興學明農，雄甲金方，比於内地。《續考》爰改「西域」爲「新疆省」，「盛京」亦改爲「奉天」，吉林、黑龍江三行省今制所有悉記其實。至臺灣罷郡，雖慨陸沈，而故籍未湮，仍應編次，六州鑄錯，豈在莒之能忘；九世復仇，誓歸祊而後已。藉兹掌故，聊繫人心云爾。

一、《前考》於《四裔門》詳述琉球、朝鮮、安南、緬甸諸國，當日朝貢，以時薄來厚往，喁喁向化，爲翰爲屏。迨光緒以來，琉球、朝鮮夷於日本，安南、緬甸亦爲英法所併。荒服衣冠，久稽貢享，顧念世盟帶礪，重譯來賓。今屬土雖亡，事實具在，依舊縷陳，用資考鏡。

一、乾隆五十年以前，有名臣閎議，魁士抗言，爲《前考》所未收。而事故翔實，有關遠大者，間亦甄采一二。至近時述作，擇取其犖犖者，並備參稽，依《前考》低二格書。若諭旨奏疏悉行頂格，章程則例概低一格，遇應擡字樣謹遵王先謙《十朝東華録》例，均空一格。因陋就簡，深懼舛訛，糾謬拾遺，敬俟來哲。

一、所引原文有篇幅過長，其首尾格套及中間無甚關係，或摘取條段者，胥就字句節删，罔敢增易。惟節删及章段者，則曰「略」稱，用示區別。

一、典志之與《通考》體例雖或互異，事實什九從同《通考》。兼編年紀事以爲文，類别門分，尤爲雅贍，續編《通考》已苞，典志而有之矣。惟《續三通》及《皇朝三通》均屬官書，復經睿定，似非下士所敢貂續。況實録、會典史宬具有專司，章奏、公文籍氏猶能數典貿焉？越俎僭妄，奚辭然？足則能徵，不賢識小，從安國以問，故免師丹之善忘。雖曰《續考》，初非定本，大雅宏達，庶其鑒諸。

私藏目録部

綜述

林希逸《竹溪鬳齋十一藁續集·學記》 以國家《崇文總目》、《史館書目》較之民間之藏，凡奇圖異書，民間所有，而國家所無者亦多。民間如《吴氏西齋書目》、一卷，唐人吴競家藏。《新集書目》。一卷，唐人蔣彧家藏。已上二目並見《崇文總目》第二十二卷。

馬端臨《文獻通考·經籍考·目録》 《吴氏西齋書目》一卷。鼂氏曰：唐吴兢，録其家藏書，凡一萬三千四百六十八卷。兢自撰書，附於正史之末。又有續抄書，列於後。

《新唐書·藝文志·目録類》 杜信《東齋籍》二十卷。字立言，元和國子司業。

鄭樵《通志·藝文略·目録·家藏總目》 《新集書目》一卷，唐蔣彧撰。

又 《東齋集籍》二十卷。唐杜信撰。

《陝西通志》卷七四《經籍》 京兆《杜氏家譜》一卷，《史略》三十卷，《東齋籍》二十卷，《閒居録》三十卷。俱太子賓客京兆杜信撰。

鄭獬《江氏書目記》 舊藏江氏書數百卷，缺落不甚完。余凡三歸安陸，大爲搜訪，殘帙墜編，往往得之閭巷間，無遺矣，僅獲五百十卷，通舊藏凡千一百卷，江氏遺書具此矣。江氏名正，字元叔，江南人。太祖時，同樊若水獻策取李氏，仕至比部郎中。嘗爲越州刺史，越有錢氏時書，正借本謄寫，遂並其本有之。及破江南，又得其逸書。兼吴越所得，殆數萬卷。老爲安陸刺史，遂家焉。及葺其書，築室貯之。正既殁，子孫不能守，悉散落於民間，火燔水溺，鼠蟲嚙棄，並奴仆盗去市人，裂之以藉物。有張氏者，所購最多，其貧，乃用以爲爨，凡一篋書爲一炊飯，江氏書至窮也。然余家之所有，幸而僅存者，蓋自吾祖田曹始蓄之，至余三世也。然余則固能保有之，於其後則非余所知也。然物亦有數，或存或亡，安知異日終不亡哉！故記盛衰之迹，俾子孫知其所自，庶乎或有能保之者矣。書多用油拳紙，方册如笏頭，青縑爲褾，字體工拙不一，《史記》、《晉書》，或爲行書，筆墨尤勁，其末用越州觀察使印，亦有江氏所題。余在杭州，命善書者補其缺，未具也。

周必大《平園續稿》卷八《跋江氏舊書》 右安陸江氏書一卷，頗有誤字。首印《江元叔書籍記》，末用「越州管内觀察使」之印，不知元叔守越時録本或錢氏舊書也。子孫不能守，多入鄉人翰林學士鄭獬毅夫家。贛州興國主簿余鏞，得此以遺余，乃録毅夫《鄖溪集》所載記文於後。慶元戊午歲戊午月戊午日。

李淑《邯鄲圖書十志序》 儒籍肇劉《略》、荀《簿》、王《志》、阮《録》，汔元毋迺備。士大夫藏家者，唯吴齋著目。唐季兵燬，墳典散落。帝宋戢戈講道，薦紳靡然，編摩校輯，歲月相踵。予家高曾以還，力弦誦馬蹄間，重明尚文，素風不衰。肆中山公，奮蕤舒光，翊宣通謨。涓者賴清白之傳，冠而並班傳遊，載筆兩朝，禁清圖史，號令策牘，吁俞演暢，伊延閣廣内，幽經祕篇，固殫見悉索之。中敕辨次，甫事靡去。大抵官書三萬六千二百八卷，訂開元見目，什不五六。《崇文目》剟去五千餘，猶淺末。摽剽名臣舊族間，所獲或東觀之闕。繇是知世書尚存，購寫弗競。豐社舊藴，斷巘不倫，中山官南，始復論補。逮于刊綴，彌三十載。會請養玉堂，抉私褚外内經合道釋書盡得若干，離十志，五十七類，總八目。几槴題衺，參准昔模，緗素枕籍，點兼古語。有貳本者，分貯旁格，柳氏長行後學之别歟！噫，予門從著作、水部、贊善、洪州，四世而及中山，鄙夫承之，施爾朋、圭、芻、泊、彙、蒙、謙輩，冠蓋八葉，緊汝曹善承之，肆守之，毋爲勢奪，毋爲賄遷。書用二印，取朋篆，所以記封國，詔世代。東都永寧有館第，西都履道有園齋，爲退居佔畢之玩。既志之序之，識迂拙耽賞之自。後日紬續，追紀左方。

蘇過《東門蔡氏藏書目敘》 自書契三代以來，禮樂文章播在方册，皆藏於王府。老聃爲柱下史，實主其藏，雖列國諸侯，莫得而興。當世學士大夫，蓋得觀其書者鮮矣。故韓宣子適魯，見《易象》與《魯春秋》，曰：周禮盡在魯矣。楚左史倚相，能讀《三墳》、《五典》、《八索》、《九丘》，則國人皆尊之。孔子，聖人也，然猶問禮於老聃，學官名於郯子。季札，蠻夷也，聘於齊、魯，然後獲觀先王之樂，而聞大國之風。嗚呼！讀其書，論其世，想見其人，凜然於千載之上，修身立言，可以垂訓於百世之後。豈有不因載籍之有考乎？是以有國有家者，嘗刻意於此。而孝悌忠信，必由是而出。古之人躬行不逮者多矣，余不復論。比遊京師，有爲余言：吾里有蔡致君，隱居以求志，好古而博雅，閉門讀書，不交當世之公卿，類有道者也。余矍然異之。一日，造其門，見其子從容請交焉。其子爲余言：吾世大梁人，業爲儒，吾祖吾父，皆不事科舉，不樂仕宦，獨喜收古今之書，空四壁捐千金以購之，常若飢渴然，盡求善工良紙，手校而積藏之，凡五十年，經史百家，離騷風雅，儒墨道

德，陰陽卜筮技術之書，莫不兼收而竝取，今二萬卷矣。且吾父有德不耀，常畏人知，棄冠冕而遺世故久矣，必不能從子游。余悵然自失，悠然而返。予惟古之逸民，未嘗以一藝自名於世，雖不求人知，而人自知之，以其所踐履者，絶乎流俗故也。龐德公隱於鹿門，妻子躬耕，或疑其不仕，以爲何以遺子孫也。龐公曰：我遺子孫以安，不爲無所遺也。今居士口不談世之爵禄，身不問家之有無，所付子孫者獨書耳。龐公之意，殆無以過此。居士之子，敏而文，學日富，人不知其所以然者。抑所謂不見異人，必得異書，中郎爲有子矣，余將負笈而請觀焉。乃持其總目三卷，爲敍而歸之。庶幾附託於斯，與藏書者終始。

葉適《石菴藏書目序》 石菴書若干卷，承奉郎蔡君瑞藏之。始，蔡君之伯父曰居士，葬母，因其地爲廬居。紹興十九年，大旱饑，穀石五千二百足錢。居士將以所餘穀散之，而患無名。時菴傍有石，冒土而奮，如蟠根叢萌，欲發而尚鬱者。遂爲萬夫傭，使出之。高二丈，廣可三之。石温潤如玉質，故名石菴云。蔡君念族人多貧，不盡能學，始買書寘石菴。增其屋爲便房，願讀者處焉，買田百畝助之食。嗚呼！蔡君可謂能教矣！富者知損其贏，以益市書與田，而收卹其族人，則無富之過；貧者隨聰明之小大，以書自業，而不苟恃衣食，則無貧之患。教成義立，而族多材賢，則玉石之祥，其遂酬乎！君之從孫武學諭鎬，與余同寮，以請而序之。淳熙十五年三月　日。

晁公武《衢本昭德先生郡齋讀書志序》 杜鄴從張京兆之子學問，王粲爲蔡中郎所奇，皆盡得其家書，故鄴以多聞稱而粲以博物顯。下逮國朝，宋宣獻公亦得畢文簡、楊文莊家書，故所藏之富，與秘閣等，而常山公以贍博聞於時。夫世之書多矣，顧非一人之力所能聚；設令篤好而能聚之，亦將老至而耄且及，豈暇讀哉！然則，二三子所以能博聞者，蓋自少時已得先達所藏故也。公武家自文元公來，以翰墨爲業者七世，故家多書，至於是正之功，世無與讓焉。然自中原無事時，已有火厄，乃兵戈之後，尺素不存也。公武仕宦連蹇，久益窮空，雖心志未衰，而無書可讀，每恨之。南陽公天資好書，自知興元府至領四川轉運使，常以俸之半傳録。時巴、蜀獨不被兵，人間多有異本，聞之未嘗不力求，必得而後已。歷二十年，所有甚富。既罷，載以舟，即廬山之下居焉，宿與公武厚。一日，貽書曰：「某老且死，有平生所藏書，甚秘惜之。顧子孫稚弱，不自樹立。若其心愛名，則爲貴者所奪；若其心好利，則爲富者所售，恐不能保也。今舉以付子，他日其間有好學者，歸焉。不然，則子自取之。」公武惕然從其命。書凡五十篋，合吾家舊藏，除其複重，得二萬四千五百卷有奇。今三榮僻左少事，日夕躬以朱黄，讎校舛誤。終篇，輒撮其大旨論之。豈敢效二三子之博聞，所期者不墜家聲而已。書則固自若也。倘遇其子孫之賢者，當如約。

又《袁本昭德先生郡齋讀書志序》 魏王粲爲蔡中郎所奇，盡得其家書籍文章，故能博物多識，問無不對。國朝宋宣獻公亦得畢文簡、楊文莊家書，故藏書之富，與秘閣等，而常山公以贍博聞于時。夫世之書多矣，顧非一人之力所能聚；設令篤好而能聚之，亦老將至而耄且及，豈暇讀哉！然則，王、宋所以能博者，蓋自少時已得先達所藏故也。余家自文元公來，以翰墨顯者七世，故家多書，至於是正之功，世無與讓。然自中原無事時，已有火厄，及兵戈之後，尺素不存也。余仕宦連蹇，久益窮空，雖心志未衰，而無書可讀，每恨之。南陽井公天資好書，自知興元府、領四川轉運使，常以俸之半傳録。時巴蜀獨不被兵，人間多有異本，聞之未嘗不力求，必得而後已。歷十餘年，所有甚富。既罷，載以舟，即廬山之下居焉。與余厚，一日，貽余書曰：「度老且死，有平生所藏書，甚祕惜之。顧子孫稚弱，不自樹立。若其心愛名，則爲貴者所有；若其心好利，則爲富者所有，恐不能保也。今舉以付子，他日其間有好學者而後歸焉。不然，則子自取之。」余惕然從其命。凡得書若干部，計若干卷。今三榮僻左少事，日夕躬以朱黄讎校舛誤。每終篇，輒撮其大指論之。豈敢効王、宋之博，所期者家聲是繼而已。其書則固自若也，儻遇井氏之賢，當如約。

游鈞《郡齋讀書志後敘》 昭德晁公侍郎，僑居蜀嘉定之峨眉，平生著書有《易》、《詩》、《書》、《春秋解》，考其異同甚詳，又作《讀書志》，皆鋟版。大父及嚴君喜藏書，在嘉定時，嘗摹而藏之，及南來不能悉與俱，今併他所藏燬矣。《讀書志》偶在篋中，鈞謹刻置信安郡齋，不惟使晁氏平生之功得以表見，而觀者按其目而訪求焉，庶亦可使古書之不泯云。淳祐己酉夏五郡守南充游鈞識。

《四庫提要・史部四・目録類一》 《郡齋讀書志》四卷，《後志》二卷，《考異》一卷，《附志》一卷。兩江總督採進本。《郡齋讀書志》四卷，宋晁公武撰。《後志》二卷，亦公武所撰。趙希弁重編《附志》一卷，則希弁所續輯也。公武，字子止，鉅野人，沖之之子。官至敷文閣直學士、臨安少尹。岳珂《桯史》記隆興二年湯思退罷相，洪适草制作平語，侍御史晁公武擊之，則亦骨鯁之士。希弁，袁州人，宋宗室子，自題稱江西漕貢進士祕書省校勘，以輩行推之，蓋太祖之九世孫也。始，南陽井憲孟爲四川轉運使，家多藏書，悉舉以贈公武。乃躬自讎校，疏其大略，爲此書。

以時方守榮州，故名《郡齋讀書志》。後書散佚而志獨存。淳祐己酉，鄱陽黎安朝守袁州，因令希弁即其家所藏書目，參校删其重複，摭所未有益爲《附志》一卷而重刻之，是爲袁本。時南充游鈞守衢州，亦取公武門人姚應績所編蜀本刊傳，是爲衢本。當時二書竝行於世，惟衢本分析至二十卷，增加書目甚多，卷首公武自序一篇文亦互有詳略。希弁以衢本所增乃公武晚年續哀之書，而非所得井氏之舊，因别摘出爲《後志》二卷，又以袁、衢二本異同别爲《考異》一卷，附之編末。蓋《原志》四卷爲井氏書，《後志》二卷爲晁氏書，竝至南渡而止；《附志》一卷，則希弁家書，故兼及於慶元以後也。馬端臨作《經籍考》，全以是書及陳氏《書録解題》爲據。然以此本與《經籍考》互校，往往乖迕不合。如《京房易傳》，此本僅注三十餘字，而馬氏所引其文多至十倍。又如《宋太祖實録》、《太宗實録》、《建康實録》、《汲冢周書》之類，此志本僅述其撰人、時代及卷數而止，而馬氏所引尚有考據議論凡數十言。其餘文之多寡，詞之增損，互異者不可勝數。又希弁《考異》稱袁本《毗陵易傳》，衢本作《東坡易傳》，袁本《芸閣先生易解》，衢本作《吕氏章句》，今《經籍考》所題竝同衢本，似馬端臨原據衢本採掇。然如《晉公談録》、《六祖壇經》之類，希弁《考異》稱袁本所載而衢本所遺者，今《經籍考》實竝引晁氏之説，則當時亦兼用袁本。疑此書已經後人删削，不特衢本不可復見，即袁本亦非盡舊文，故與馬氏所引不能一一符合歟？又《前志》子部序録稱：九曰小説類，十曰天文曆算類，十一曰兵家類，十二曰刑家類，十三曰雜藝類，十四曰醫家類，十五曰神仙類，十六曰釋家類，而志中所列小説類《雞跖集》後即爲《群仙會真記》、《王氏神仙傳》、葛洪《神仙傳》三種，是天文曆算等五類全佚，而神仙類亦脱其標目，則其他類之殘闕，蓋可例推矣。然書雖非舊，而梗概仍存，終爲考證者所取資也。

阮元《揅經室外集》卷二　衢州本《郡齋讀書志》二十卷。宋晁公武撰，姚應績編。應績，公武門人。此書在宋時已兩本並行，淳祐庚戌，鄱陽黎安朝守袁州所刻，謂之袁本。《四庫全書》已著録。是編淳祐己酉，南充游鈞知衢州時所刻，其所收書較之袁本幾倍之。馬端臨作《經籍考》全據是册，如《京房易傳》、《宋太祖實録》、《太宗實録》、《建康實録》之類，悉與之合，其文亦多至數倍。伏讀《四庫全書提要》，云衢本不可復見。此從舊鈔依樣影寫，經凡十類，史凡十三類，子凡十八類，集凡四類，次序有法，足爲考核之資。

周中孚《鄭堂讀書記》卷三二史部八《目録類一・經籍》　《郡齋讀書志》二十卷原注：吴門汪氏藝芸書舍刊本，陳氏作清豐人。宋晁公武撰。原注：公武，字子止，彭門人。官至敷文閣直學士。世稱昭德先生。按《晁氏讀書志》，向有袁州、三衢二本。《宋志》目録類所載之四卷，爲袁本；傳記類所載之二十卷，爲衢本。《書録解題》、《通考》並稱二十卷者，亦即衢本。《通考》所採，皆據此本。今世行者，惟海寧陳氏所刊袁州本，較衢本幾缺其半。此蓋晁氏初藁，趙希弁取以付鐫，後復得衢本，因取其爲袁本所無者，别編《後志》二卷，以附其後。然仍有脱落，並論説多所删削，非晁氏之本真矣。余曾見盧抱經手校之三衢寫本，詫爲祕册。今吴門汪閬原購得鈔白衢本，屬黄蕘圃、李薌沚細爲校注，付諸梓人，以廣流傳，殊遠勝於盧校之本云云。蓋是校之爲三衢定本，其證有三：考之趙氏所編《後志》後有《考異》七條，無不印合，一也；考之《通考》所載晁氏各條，絶無出入，二也；考之盧本所附《補遺》，僅從袁本《晁志》割鈔三十一葉，又摘鈔二十一種，皆是刻所有，其所無者，即趙氏所謂衢本所遺也，三也。然即盧校之本，即稱爲三衢之初藁，亦無不可，故不别爲記云。是刻上當詳本書部分。前有紹興辛未晁氏原序及蕘圃序、薌沚跋，末有淳祐己酉游鈞後叙并閬原跋。

錢泰吉《曝書雜記》卷下　「晁子止《昭德文集》」條：晁子止《郡齋讀書志》，爲宋以來著録家之首。「《郡齋讀書志》袁本、衢本」條：《郡齋讀書志》有二本。鄱陽黎安朝刊於宜春郡齋者分四卷，益以趙希弁家藏爲《附志》一卷，（原注繫於四卷之後第五上第五下）其後趙氏從三衢本摘補四百餘部，爲《後志》二卷，世所通行謂袁州本也。三衢本爲姚應績所編，南充游鈞刻於信安郡齋，分二十卷，《文獻通考》所據本也，世所罕見。嘉慶己卯，吴門汪士鍾閬原得舊鈔本，屬吾鄉李香子明經詳校刊行。頃讀《顧澗薲集》，知瞿木夫有《衢志考辨》，論袁本之失，明衢本之得，惜未見傳刻。余於兩本異同，未暇細校。偶檢《麟臺故事》條下，衢本有「予所藏書，斷自南渡之前，獨此書以載官制後事爲詳，故録之」云云，此晁氏著録大凡也，袁本無之，亦優絀之端也。汪氏所刻衢本小學類，澗薲謂有錯簡，當據以正之。「南陽井公」條：衢本《讀書志》序文，於贈書之人，但稱南陽公，不著其姓。陳氏《書録解題》謂「南陽公，未知何人，或云井度憲孟也」，則所見《讀書志》亦衢本也。袁本序文作南陽井公，趙氏希弁《後志》序明言井、晁二家，蓋袁本晚出，馬氏、陳氏皆不及見，故《文獻通考》於《附志》未嘗采録。晁氏於「宋書」條下云：「嘉祐中，以《宋》、《齊》、《梁》、《陳》、《魏》、《北齊》、《周書》舛謬亡闕，始詔館職讎校，曾鞏等以祕閣所藏多誤，不足憑以是正，請詔天下藏書之家悉上異本，久之，始集。治平中，鞏校定《南齊》、《梁》、《陳》三書上之，劉恕等上《後魏書》，王安國上《周書》。政和

中，始皆畢，頒之學宮，民閒傳者尚少。未幾，遭靖康丙午之亂，中原淪陷，此書幾亡。紹興十四年，井憲孟爲四川漕，始檄諸州學官求當日所頒本。時四川五十餘州，皆不被兵，書頗有在者，然往往亡闕不全，收合補綴，獨少《後魏書》十許卷，最後得宇文季蒙家本偶有所少者，於是《七史》遂全，因命眉山刊行焉。」讀此一條，知井公收刊史籍之功亦甚巨，録之以見雖館閣校定之書，頒行學宮，亦易闕失，必賴傳録收集之人也。　「讀書志杜鵬舉序」條：趙氏希弁《後志》序謂衢本缺杜鵬舉序。余所藏陳氏傳刻袁本，亦無杜序。昨歲，胡澄齋贈余舊鈔本有之，得補録焉。大略謂：先生校井氏書爲《讀書志》，凡四卷。鵬舉作邑峨下，望先生滄洲之居，雞犬相聞，暇即問奇字於古松流水之間。一日叩以此書，忻然相付因廣其傳云云。結銜稱「門人承議郎、奏辟通判茂州軍州事賜緋杜鵬舉序。」

瞿鏞《鐵琴銅劍樓藏書目録》卷一二　《昭德先生郡齋讀書志》四卷《後志》二卷《考異》一卷《附志》一卷。舊鈔本。《讀書志》四卷，宋晁公武撰。《後志》一卷，亦公武撰，趙希弁編。《附志》一卷，則希弁續輯。世所謂袁本《讀書志》是也。有公武自序，杜鵬舉、黎安朝序，又希弁《後志》序。海寧陳氏有刻本，字句多舛譌，如《胡先生易傳》條中：「或云門人阮天隱所纂。」天隱爲阮逸字。陳本「阮」誤「倪」。是本出義門何氏朱筆點校，加以考證，卷末有題記，云：「康熙丁亥春，得粗校一過。」又有陽城張古餘跋，云：「此舊鈔袁本，較海寧陳氏所刻，首多二十卷目録，而字句間每勝。其卷二小説類《雞跖集》後《幕府燕閒録》起，至神仙類《天隱子》止，共廿翻，陳刻俱錯入《後志》第二卷中，今得以正之，洵爲善矣。」每卷首有「何焯之印」、「屺瞻」二朱記。

陸心源《儀顧堂題跋》卷五　《衢本郡齋讀書志跋》：《昭德先生郡齋讀書志》二十卷，題曰「門人姚應績編」，前有晁公武自序，舊鈔本。案公武字子止，鉅鹿人，紹興進士。見《四川通志》。爲四川轉運使井度屬官。紹興十四年，階、成、岷、鳳四州并屬利州路，爲經略使者，有旨：令安撫使倣雄州安撫司例措置，申樞密院，一府愕眙，莫知其原，公武言：「此景德二年故事，顧與今事不類？」宣撫司鄭剛中即用其言，奏析利州路爲東、西。由此益重之。趙不棄總領四川宣撫使錢糧，辟爲主管文字。十七年，以左朝奉郎通判潼川府，以趙不棄薦知恭州。見《繫年要録》一百五十六。移知榮州。見自序。又知合州。見《四川通志·清華樓記》。轉潼川路轉運判官，二十七年，爲侍御史王珪劾罷。見《繫年要録》一百七十八。以金安節薦，爲侍御史，隆興二年，湯思退罷相，洪适草制作平語，公武擊之。見《金安節傳》及岳珂《桯史》。乾道四年，以敷文閣待制爲四川安撫制置使。見《宋史孝宗紀》。時米價騰貴，公武以錢三百萬緡，糴米六萬石賑糶，民賴之。見《四川通志》。五年，知興元府，請以屯田三年所收最高一年爲額，等第均數，召佃收兵及保甲以護邊，從之。復爲四川制置使。六年，雅州沙平蠻寇邊，焚碉門砦，公武調兵討之，失利，又與王炎不協，罷。見《宋史·孝宗紀》、《食貨志》。七年，以敷文閣直學士、左朝議大夫爲臨安少尹。明年，罷。見《臨安志》。謂嘉定之符文鎮山川風物近似洛陽，因家焉。見《輿地紀勝》。著有《易詁訓傳》、《尚書故訓傳》、《詩詁訓傳》、《中庸大傳》、《春秋故訓傳》、《稽古後録》、《昭德堂藁》、《嵩高樵唱》及此書。見《宋史藝文志》。

又《郡齋讀書志跋二》　衢本《郡齋讀書志》卷四：「《字説偏旁音釋》一卷、《字説疊解備檢》一卷，不見撰人名姓。」愚案：《老學庵筆記》：「《字説》甚行時，有唐博士耜、韓博士兼，皆作《字説解》數十卷。又有劉全美者，作《字説偏旁音釋》一卷、《字説備檢》一卷，又以類相從，爲《字會》二十卷。」此則《偏旁》、《備檢》二書，皆全美所著也。

又《衢本郡齋讀書志跋三》　《讀書志》卷十四：「《印格》一卷。皇朝晁克一撰，張文潛甥也。文潛嘗爲之敘，略曰：克一既好古印章，其父補之愛之尤篤。悉録古今印璽之法，謂之《圖書譜》。」袁本《讀書後志》同。愚案：克一，姓楊，名吉老。文潛嘗云，吾甥楊吉老本不好畫竹，一旦頓解，便有作者風行。《晁無咎集》有《贈文潛甥克一學與可畫竹》詩，又見鄧椿《畫繼》。父補之，歷官鄂州支使，見《宛邱集》卷二十六。《讀書志》所引文潛序略，見《宛邱集》五十六。原本《讀書志》必作楊克一，校者見有「其父補之」四字，心中習知有晁補之而不知有楊補之，遂改「楊」爲「晁」，不知晁補之娶户部侍郎杜純之女，二子，長公爲，次公似，見宛邱所撰墓志，安得爲文潛甥乎？汪士鍾刻《讀書志》跋曰，與吳縣黄丈蕘圃互相商榷，增補缺失，一字訂訛，往來之書日再三返。乃克一姓楊非晁，《宛邱集》、《畫繼》非僻書，屢屢可證，而妄更其姓，真有不如不刻之歎矣。

丁丙《善本書室藏書志》卷一四　衢本《昭德先生郡齋讀書志》二十卷，錢遵王鈔本。門人姚應績編。《四庫》著録者，凡《志》四卷，《後志》二卷，皆公武撰，《考異》一卷，《附志》一卷，爲趙希弁續輯。公武，姓晁氏，字子止，鉅野人，官敷文閣直學士。希弁，袁州人，宋宗室子，江西漕貢進士，秘書省校勘。始，南陽井憲孟爲四川轉運使，家多藏書，悉舉以贈，公武乃躬自讐校，疏其大略。時方守榮州，故名《郡

齋讀書志》。後書散《志》存，淳祐間，鄱陽黎安朝守袁州，因令希弁即其家所藏書目删校，益以《附志》而重刻之，是爲袁州本也。此二十卷本，較袁本收書倍之，解題亦多至數倍。乃公武門人姚應績所編，南充游鈞守衢州時所刊傳也。前亦列公武自序兩篇，並有杜鵬舉、黎安朝二序，後有淳祐己酉游鈞刻置信安郡齋小記。白紙墨格，楷書清整，洵述古堂舊籍。有「錢曾之印」「遵王」兩印。

《四庫提要・史部四一・目録類一》 《直齋書録解題》二十二卷，《永樂大典》本。宋陳振孫撰。振孫字伯玉，號直齋，安吉人。厲鶚《宋詩紀事》稱其端平中仕爲浙西提舉，改知嘉興府。考周密《癸辛雜識》莆田陽氏子婦一條，稱陳伯玉振孫時以倅攝郡；又，陳周士一條，稱周士直齋侍郎振孫之長子。則振孫始仕州郡，終官侍郎，不止浙江提舉，鶚蓋考之未詳也。《癸辛雜識》又稱近年惟直齋陳氏書最多，蓋嘗仕於莆，傳録夾漈鄭氏、方氏、林氏、吴氏舊書，至五萬一千一百八十餘卷，且仿《讀書志》作解題，極其精詳云云。則振孫此書，在宋末已爲世所重矣。其例以歷代典籍分爲五十三類，各詳其卷帙多少、撰人名氏而品題其得失，故曰「解題」。雖不標經、史、子、集之目，而核其所列，經之類凡十，史之類凡十六，子之類凡二十，集之類凡七，實仍不外乎四部之説也。馬端臨《經籍考》惟據此書及《讀書志》成編。然《讀書志》今有刻本，而此書久佚，《永樂大典》尚載其完帙。惟當時編輯潦草，譌脱宏多，又卷帙割裂，全失其舊，謹詳加校訂，定爲二十二卷。方今聖天子稽古右文，蒐羅遺籍，列於《四庫》之中者浩如煙海，此區區一家之書，誠不足以當萬一，然古書之不傳於今者，得藉是以求其崖略；其傳於今者，得藉是以辨其真僞，核其異同，亦考證之所必資，不可廢也。原本間於解題之後，附以隨齋批注，隨齋不知何許人。然補闕拾遺，於本書頗有所裨，今亦仍其舊焉。

盧文弨《新訂直齋書録解題跋》 直齋陳氏《書録解題》二十二卷，四庫館新從《永樂大典》中鈔出以行。其持論甚正，如《顔氏家訓》，以其崇尚釋氏之故，不列於儒家；又以前志取《樂府》、《教坊》、《琵琶》、《羯鼓》等書，皆充樂類，與聖經并列爲非，當入於子録雜藝之前；又言「白玉蟾輩，何可使及吾門」，其人殆棱棱嶽嶽，識見大有過人者，不獨甄綜之富，考訂之勤也。陳氏名振孫，字伯玉，湖之安吉縣人，嘗爲鄞之校官，宰南城，倅莆田，守嘉興、台州。端平中爲浙東提舉，治會稽，是書中一一可考見。馬貴與既取其書以入《通考》，而不用其言，《顔氏家訓》仍列儒家，《樂府雜録》、《羯鼓録》仍列經部，而目録一門，又不將陳氏此書載入，其能免於紕漏之譏乎！乾隆己卯，余讀禮家居，友人見示此書，僅自楚辭別集以下，而其他咸缺焉，乃秀水朱氏曝書亭鈔本也。今距曩時十八年而始見全書，殊爲晚年之幸。館閣校勘精矣，《大典》中有失載者，以《通考》所引補入之，舊所有隨齋批注，亦附録焉。然所補入者，亦尚有漏誤，而所附録與其所加案語，頗似有可省者。蓋陳氏未嘗入館閣，僅録其所有以爲是書，故卷數或多或少，不必盡合於國史。又，晁氏《讀書志》有袁本、衢本之異，《通考》所載乃衢本，而海寧陳氏所梓者乃袁本。又，《通考》有元至大間本，本朝有武英殿本，兩者皆勝他本。今校者似但據俗間本而議其未合，毋仍千慮之一失與？大抵官中校勘，不出一手，而又迫以期限，其勢固無如之何也。余客居鍾山，幸以課讀餘閒，檢尋是正，疏爲若干條，不足別行。倘有學者相助，爲鈔此書，即依余之所增删者，使夫後之人並觀而有得焉，不其善乎！乾隆四十一年十一月盧文弨書。

又《書新訂直齋書録解題後》 此書外間無全本久矣。四庫館新從《永樂大典》中鈔出，分爲二十二卷。余既識其後矣，丁酉王正，復得此書子集數門元本於知不足齋主人所，乃更取而細訂之，知此書唯別集分三卷，詩集分兩卷，而其餘每類各自爲卷，雖篇幅最少者，亦不相爲聯屬，余得據之定爲五十六卷。元第詩集之後，然後次以總集，又章奏，又歌詞，而以文史終焉。其他次第，並與館本無不同者。其雜藝一類，較館本獨爲完善，余遂稍加訂正而更鈔之。余自己卯先見集部元本，越十九年而更見子部中數門，則安知將來不更有并得經史諸類者乎？取以證吾所鈔者，庶有以明吾之不妄爲紛更也已。乾隆四十三年正月二十九日東里盧文弨書。

沈叔埏《書直齋書録解題後》（《頤綵堂文集》卷八） 《直齋書録解題》與《郡齋讀書志》，並爲鄱陽馬氏《經籍考》所採取，全本散佚，今從《大典》内纂出二十二卷。嘗考《齊東野語》、《吴興備志》及王、張、栗、程舊志，陳振孫，字伯玉，安吉人。性勤敏，博通古今，藏書最多。宋理宗嘉熙四年爲溧水教授，累遷浙西提舉，改知嘉興府，一意卹民，舉行藥萬户，停廢醋庫，邦人德之。管攝興化纂，折獄平允，時皆服其得法外意焉。淳祐九年，以侍郎致仕家居，修《吴興人物志》，討摭舊事頗詳。其仕於莆也，傳録夾漈鄭氏、方氏、林氏、吴氏舊書，至五萬一千一百八十餘卷，仿晁氏《志》各爲解題，讐勘精詳。諸書所述如此，其守禾治行，郡志遺之。乾隆乙未，余客京師，寓裘文達公賜第，銅梁王榕軒檢討贈余是書，蓋聚珍版也。録中附有隨齋批注，一時纂修諸公未詳其人。余按：卷三鄭樵《石鼓文考》批注有「先文簡」字，宋龍圖閣學士吏部尚書新安程泰之大昌，謚文簡，曾孫榮，字儀甫，號

隨齋，元時人。周益公作《文簡墓志》云：「公自宦遊去鄉里，樂吴興溪山之勝而卜居焉。晚得安吉梅溪鄉邸閣山，規營塋域，卒葬其地。子四人，準、新、本、阜；孫三人：端復、端節、端履。」文簡自歙遷湖，子孫貫安吉，與直齋同時同里，而批注所云：「樵以秦斤、秦權有『丞』『殹』兩字，遂以石鼓爲秦物，先文簡論而非之，其說具載《演繁露》。」則隨齋之爲棨，確然無疑矣。又，録中《論語意原》不知作者。余考之，乃青田宋侍郎東谷鄭汝諧所撰。吾鄉婁彦發參政謚忠簡，《宋史》本傳及樓攻媿所撰《神道碑》并闕焉，亦見批注。此則其後人亦莫之知也。

陳鱣《簡莊綴文》卷三《直齋書録解題跋》 近客吴中，從書賈購得《書録解題》，係聚珍本，間有朱筆校語，初不知爲何人，及閲卷之十二上有標題云：「借同鄉陳進士熷所藏海寧吴葵里鈔本殘帙校。」始知吾鄉槎客明經曾有舊鈔以遺秀水家效曾進士，而此君復轉録于此本者也。惜乎僅題年月，不著姓名，觀其書法秀麗，精心好古，定屬雅人。會余歸里，攜示槎客，一見心喜，如逢故人。既爲重録于盧抱經學士手校本上，余復借盧校本傳寫對勘一過，又改正數百字，并從《文獻通考》補得十餘條，凡黄筆者皆是。今而後庶幾可爲善本。因念抱經學士已歸道山，效曾進士久患心疾，而槎客之年亦七十三矣，余得挾書往來，賞奇析義，能不欣感交至哉！按陳振孫《宋史》無傳，《癸辛雜識》別集載徐元杰一條，知振孫于淳祐四年官國子司業，又《會稽續志》浙東提舉題名有陳振孫，端平三年二月初六日，以朝散大夫知台州兼權，八月正除，十月二十六日到任。嘉熙元年改知嘉興府。是振孫由浙東提舉改知府，厲太鴻徵君《宋詩紀事》作浙西提舉，誤也。今《四庫全書總目》又引《癸辛雜識》莆田陽氏子婦一條，偁陳伯玉振孫時以倅攝郡；又陳周士一條，偁周士，直齋侍郎之長子。謂振孫始仕州郡，終官侍郎，不止浙西提舉。然檢毛氏汲古閣所刊《癸辛雜識》無此二條，未知《總目》所據何本？且云浙西提舉，亦承厲氏之誤耳。此書有隨齋批注，不書姓名，錢詹事《養新録》云元時有楊益，字友直，洛陽人，官至撫州路總管，著有《隨齋詩集》，或即其人。因勘校是本，附書于後。嘉慶十年秋日。

丁丙《善本書室藏書志》卷一四 《直齋書録解題》二十二卷，盧抱經校藏巾箱本。宋陳振孫撰。振孫，字伯玉，號直齋，安吉人。嘉定四年爲溧水教授，歷官侍郎，致仕家居，修《呈興志》，討摭頗詳。子造，嘉興通判。直齋嘗仕於莆，傳録夾漈鄭氏、方氏、林氏、吴氏舊書，至五萬一千一百八十餘卷，且倣《讀書志》作解題。《湖録》云，聞朱氏竹垞言《書録解題》常熟毛氏藏有半部宋槧本，亟訪之，託言轉售玉峯，不獲見。惜哉！竊從《通考》彙鈔之，亦裒然二册，大約馬氏收羅殆盡，未必有所遺棄。四庫館輯自《大典》，卷一《易》類，卷二《書》類，《詩》類，《禮》類，卷三《春秋》、《孝經》、《語孟》、經解、讖緯、小學類，卷四正史、別史、編年、起居注類，卷五詔令僞史、雜史、典故諸類，卷六職官、禮注、時令諸類，卷七傳記、法令二類，卷八譜牒、目録、地理諸類，卷九儒家、道家類，卷十法家、名家、墨家、縱横家、農家、雜家類，卷十一小説家類，卷十二神仙、釋氏兵書、曆象、陰陽家、卜筮、刑法類，卷十三醫家類，卷十四音樂、雜藝、類書類，卷十五楚辭、總集類，卷十六、七、八別集上、中、下類，卷十九、二十詩集上、下類，卷二十一歌詞類，卷二十二章奏、文史類，凡五十有六類。各詳其卷帙多少，撰人名氏，且爲品題其得失云。有「盧文弨弓父手校」印。

王先謙《虚受堂書札》卷一 又與筱珊：尊藏《書録解題》鈔本校畢奉上。各卷次第分合與《大典》本不符，而卷數或有或無，類書、雜藝、音樂、神仙、釋氏、兵書、曆象、醫書、卜筮應在「子」而入「集」，蓋鈔書者糅亂任意，非原本誤也。與《大典》本互勘，字句頗多殊異、增省之處。雜藝類《唐朝名畫録》一卷，原別爲一條，《大典》本據《通考》録入，合之於《書斷》，賴此本猶見原書面目。音樂類亦有數條爲《大典》本所無，惜經、史全缺，子部少陰陽家一類，然張氏《讀書志》所藏不及此本之多，已云希有，則此本之可貴當何如邪！僕慮籤黏易脱，校注上方，又以文繁眼眊，既無別本攙雜其間，意趨簡略，不復出「《大典》本」三字。史席餘閒，請自增之。

繆荃孫《藝風堂藏書記》卷五 《直齋書録解題》二十卷，舊鈔本。原書久佚。館臣從《大典》輯出，以原分五十三類，定爲二十二卷。此鈔帙雖不全，尚是陳氏原書。存楚辭類一卷，總集類一卷，詩集類二卷，別集類三卷，類書類一卷，雜藝類一卷，音樂類一卷，章奏類一卷，歌辭類一卷，文史類一卷，神仙類一卷，釋氏類一卷，兵書類一卷，曆象類一卷，醫書類一卷，卜筮類一卷，刑法類一卷。原書惟別集分三卷，詩集分兩卷，每類各自爲卷，全書當分五十六卷。與《大典》本相校，釋氏類多二條，雜藝類七條，類書類二條，其餘字句亦多同異。荃孫另撰《考證》。收藏有「穌松庵」白文長方印，「筠」字朱文圓印，「宋氏蘭揮藏書善本」白文長方印。

葉盛《菉竹堂書目序》 葉氏書目六卷，敘列大率本鄱易馬氏。其不同之大者，經、史、子、集外，「制」特先之，曰「尊朝廷，且賜書所在也」。吾葉氏書獨以爲後録終其卷，是吾一家之書，不可以先人退遜之義，共亦可以觀視吾後人也。吾書之

積也，吾後之人不可以不知也。吾先世轉徙淪落之餘，誥書圖譜尚爾無存，書其可知也。然吾猶及事先曾大父。童兒時所見吾曾大父家塾所藏大字《書傳》、《禮記》等書，今所存幾何？先參政尤好治書教子，南京聽受宣諭畢，即解衣買書而回，所以爲子孫計也。此等書，當時皆有印識，今所存幾何？吾與爾後之人，蓋不能無責焉。于其閒也，或出或處，公私多故，性好之或不同，顧慮之所不及，風雨蟲鼠之不相爲容，書焉得而不廢且失也，吾固不能無遺憾于斯也。夫天地閒物，以余觀之，難聚而易散者，莫書若也，如余昔日之所遇皆是也。今吾書之所以爲目，此也，吾後之人不可以不知也。昔之人有謂名臣子孫不識字爲喜，又或以子孫未必能讀書，此可爲不幸者言。吾固不欲爲爾後之人願之也，而亦以告焉：吾後之人不可以不知也，書積矣，徒能讀之，而不能知其孰爲醇疵得失，懵無所得于其心，不知孰爲善而可行，孰爲不善而不可行，非書也；得之而不能體之於身，不能見之於行，非書也。或者志于衣服飲食之末，貧則至于鬻書而爲之，又甚而或假讀書之名，以益其輕薄浮誇之過，使人見之曰「此故讀書家不肖子弟，爲書之累大矣」，是又不若不識字，不能讀書者之爲愈也。彼借非其人，置非其所，與夫所謂聚焉而散，散焉而不復留意者，皆過也，亦不可以不戒也。書爲册四千六百有奇，爲卷二萬二千七百有奇，續有所得，未已也。書目之成，吾晨子録之，因書以告晨，亦通以爲吾家子弟告也。

伍崇曜《菉竹堂書目跋》 右《菉竹堂書目》六卷，明葉盛撰。按：盛字與中，崑山人，正統乙丑進士，官至吏部侍郎，卒謚文莊。著有《葉文莊奏議》、《涇東稿》，事蹟具《明史》本傳。是書《四庫提要》著録，附《存目》中。考錢辛楣《十駕齋養新録》，稱「今稱傳者，文莊五世孫恭焕所録」，云「得之周玉菴家」。以文莊《自序》證之，非文莊手定之本也。蓋文莊本意，欲依《文獻通考》例，每書記其卷數，而以葉氏書爲後録。既未克成，而《序》幸傳文集中，今所傳之目，則平時簿録所藏，矗分門類，將有事於刊正而未定之本也。文莊既歿，好事者從其家得此稿傳之，故與《序》不相應。而六世孫國華《跋》，謂此目「依鄱陽馬氏」，爲失考矣。幸楣所見，殆即此册。朱竹垞《静志居詩話》，稱文莊中外敭歷，不遑甯居，而見異書，雖殘編蠹簡，必依格繕寫，儲藏之目，爲卷止二萬餘。然奇祕者多亟於册府。二百年來，子姓蕃衍，瓜分豆剖，難以復聚。今披《菉竹堂書目》，譬諸商槃泗鼎，要非近代物，惜不可得而覩矣，則亦久經散佚已。然潛邱《劄記》，稱曾見文莊書目。《元一統志》與《經世大典》並列，厲樊榭等《南宋襍事詩》自注，稱《菉竹堂書目》有《中興目録》，則是書久爲通人所重。此册舊鈔本，向藏曾冕士學博面城樓，甚珍惜之。第一葉鈐印章三：曰惠棟之印、曰定宇、曰紅豆書屋，殆曾經惠氏所藏也。原無卷數，特釐爲六卷刻焉。咸豐甲寅清明後五日，南海伍崇曜謹跋。

《四庫提要·史部四三·目録類存目》 《菉竹堂書目》六卷，兩淮鹽政採進本。明葉盛撰。盛有《葉文莊奏議》，已著録。此其家藏書之目。首卷曰「制」，用官頒各書及賜書、賜勅之類。中爲經、史、子、集各一卷，末卷曰「後録」，則其家所刊及自著書。前有成化七年《自序》，謂先之以「制」，尊朝廷也。葉氏書獨以爲「後録」，是吾一家之書也。其敘列體例，大率本之馬端臨《經籍考》，然如集部别出「舉業類」，亦略有所增改。所載，凡爲册者，四千六百有奇；爲卷者，二萬二千七百有奇。在儲藏家稱極富，故於舊書著録爲多。獨其不載撰人姓名，頗傷闕略。又别有《新書目》一卷附於後，中載夏言、王守仁諸人集，皆不與盛同時，蓋其子孫所續入也。

陸心源《儀顧堂題跋》卷五《粤雅堂刻僞箓竹堂書目跋》 《菉竹堂書目》六卷，粤東武氏刊本。前有文莊自序，與《文莊集》涇東稿所載合；後有五世孫恭焕、七世孫國華跋。校以明《文淵閣書目》，書名、分類、册數，一一皆同，惟卷首「聖製類」删去祖訓、文集、實録、官制、法令等書數百種，卷末删舊志、新志兩類，古今志一類則删《島夷志》以下數十種而已。閣目每書皆載數部，注明全缺；此則每書祇録一部，不注全缺，但取閣目册數最多者録之。文莊原序，爲卷二萬有奇，册四千六百有奇；今册計二萬三百有奇，浮于原序五倍，卷雖無考，以《書録解題》、《千頃書目》所載，約計當在二十萬外，浮于原序十倍。伏讀《四庫提要》，《菉竹堂書目》六卷，經、史、子、集各一卷，卷首曰制，乃官頒各書及賜書、賜敕之類，末卷曰後録，則其家所刊及自著書。有成化七年自序，大率本之馬氏《經籍考》。别出舉業類，而無詩集，亦略有增損。又别有新書目一卷附于後，中載夏言、王守仁諸人集，蓋其子孫所編云云。案：此本卷首雖有聖製，而不曰制，又無後録，亦無附目，卷中有詩集而無舉業，序末亦無成化記年，證與文莊自序固多牴牾，與《提要》尤無一合。蓋書賈抄撮《文淵閣目》，改頭换面，以售其欺，决非館臣所見兩淮經進之本也。恭焕及國華跋，恐亦非真。《粤雅叢書》，世頗風行，恐誤後學，不可以不辨。

陸深《江東藏書目録小序》 余家學時喜收書，然覼覼屑屑，不能舉群有也。壯游兩都，多見載籍，然限於力，不能舉群聚也。間有殘本不售者，往往廉取之。故余之書多斷闕，闕少者或手自補綴，多者幸他日之偶完而未可知也。正德戊辰

夏六月，寓安福里，宿痾新起，命僮出曝，既乃次第於寓樓。數年之積，與一時長老朋舊所遺，歷歷在目，顧而樂焉。余四方人也，又慮放失，是故録而存之，各繫所得，儻后益焉，將以類續入。是月六日，史官江東陸深識。

《四庫提要・史部四三・目録類存目》 《寶文堂分類書目》三卷，編修程晉芳家藏本。明晁瑮撰。瑮，字君石，號春陵，開州人。宋太子太傅迥之後。嘉靖辛丑進士。官至國子監司業。其子東吴，字叔權，嘉靖癸丑進士。選翰林院庶吉士。父子皆喜儲藏，嘗刊行諸書。有「飮月圃百忍堂」諸板，此本以御製爲首。上卷分總經、五經、四書、性理、史、子、文集、詩詞等十二目。中卷分類書、子雜、樂府、四六、經濟、舉業等六目。下卷分韻書、政書、兵書、刑書、陰陽、醫書、農圃、藝譜、算法、圖誌、年譜、姓氏、佛藏、道藏、法帖等十五目。其著録極富。雖不能盡屬古本，而每書下間爲注明某刻，亦足以考見明人板本源流。特其編次無法，類目叢襍，複見錯出者不一而足，殊妨簡閲。蓋愛博而未能精者也。

趙萬里《跋晁氏寶文堂書目》 右明鈔本《寶文堂分類書目》三卷，明晁瑮撰。瑮字君石，號春陵，開州人，宋太子太傅迥之後。嘉靖辛丑進士，官至國子監司業。其子東吴，字叔權，嘉靖癸丑進士，選翰林院庶吉士。父子皆喜藏書，今所傳嘉靖刊《法藏碎金録》、《具茨集》，版心上方有「寶文堂」三字者，皆晁氏所刻也。此目以御製諸書冠首，上卷分總經、五經、四書、性理、史、子、文集、詩詞等十二目。中卷分類書、子雜、樂府、四六、經濟、舉業六目，下卷分韵書、政書、兵書、刑書、陰陽、醫書、農圃、藝譜、算法、圖誌、年譜、姓氏、佛藏、道藏、法帖等十五目。其中子雜、樂府二門，所收元明話本、小説、雜劇、傳奇至多，爲明代書目中所僅見，至可貴也。此本舊爲貴池劉氏藏書，有「大明貴池劉氏藏書」、「餾城鑑藏」二印，城字伯宗，明季諸生，入清不仕，著有《嶧桐集》。萬里記。

朱睦㮮《萬卷堂家藏藝文自記》 余宅西，乃游息之所，建堂五楹，以所儲書，環例其中。倣唐人法，分經、史、子、集，用各色牙籤識别。經類凡十一：易、書、詩、春秋、禮、樂、孝經、論語、孟子、經解、小學，凡六百八十部，凡六千一百二十卷；史類凡十二：正史、編年、雜史、制書、傳記、職官、儀注、刑法、譜牒、目録、地志、雜志，凡九百三十部，凡一萬八千卷；子類凡十：儒、道、釋、農、兵、醫、卜、藝、小説、五行家，凡一千二百部，凡六千七十卷；集類凡三：楚辭、别集、總集，凡一千五百部，凡一萬二千五百六十卷。編爲四部，人代、姓名，各具撰述之下。東陂子曰：余垂髫時，即喜收書。然無四方之緣，不能多見多致。大梁又自金、元以來，屢經兵燹，藏書之家甚少。即有，亦皆近代之刻。求唐以前，則希矣。閒或假之中吴、兩浙、東郡、耀州、澶淵、應山諸處，或寫録，或補綴，蓋亦有年，所得僅此，信積書之難也。隆慶庚午秋日，余多暇，值積雨初霽，命童出曝，因取而觀其内，或有丹鉛圈點，或有校勘題評，平生心跡，歷歷在目，亦足以自鏡矣。本余所好，或資紀述。若云蓄德，則吾豈敢？庚午八月中秋日，東陂居士睦㮮書。

葉德輝《刊〈萬卷堂書目〉序》 明宗室朱睦㮮，藏書最富，有《萬卷堂書目》傳世。「官庫」未收，亦未入《存目》，蓋彼時各直省未經採進故也。陳景雲注《絳雲樓書目》，於此目下注云：六卷，凡一萬二千五百六十卷。又引朱竹垞先生云：世所傳《萬卷堂書目》，不列卷數、撰人，非故籍也。予家藏有《聚樂堂藝文志》四册，俱詳列卷數、撰人，係陂上鈔本。今按此本後序，卷數與陳注同，而其分經、史、子、集爲四部，又詳載卷數、撰人，則與朱氏所云同。惟名稱萬卷堂而通連四部爲一册，則與朱云《聚樂堂藝文志》及陳云六卷者異，殆别又一傳本與？目中所載諸書，無人間罕見之本。惟集部於明人詩文各集多有焦氏《國史經籍志》、祁氏《淡生堂》、黄氏《千頃堂》、錢氏《絳雲樓》、《明史藝文志》所未載者，録之，可以補《明志》之缺，是不可不亟謀梓行，公之同好者矣。余就四部分爲四卷，於字之顯然謬誤者，隨手校改，其他缺文與字在疑似閒，無從據正者，悉仍其舊。思誤書爲一適，是有待於後賢云爾。光緒癸卯八月中秋後三日，長沙葉德輝序。

《四庫提要・集部二五・别集類》 臣等謹案，《讀書後》八卷，明王世貞撰。世貞有《四部稿》别著録。此書初止四卷，爲世貞《四部稿》及《續稿》所未載，遂至散佚。其姪士騏得殘本于賣餳者，乃録而刊之，名曰《附集》。後吴江許恭又採《四部稿》中書後之文爲一卷，《續稿》中讀佛經之文爲一卷，讀道經之文爲二卷，併爲八卷重刊之。而陳繼儒爲之序，周亮工《書影》記世貞初不喜蘇文，晚乃嗜之，臨没之時，牀頭尚有蘇文一部。今觀是編，往往與蘇軾辨難，而其文反覆條暢，亦皆類軾，無復摹秦仿漢之習。其跋《李東陽樂府》與《歸有光集》，心平氣和，亦與其生平持論不同。世貞嘗爲有光像贊曰：「風行水上涣爲文章，風定波息與水相忘。千載惟公繼韓、歐陽，余豈異趨？」久而自傷，其深自悔責，與此書合。然則，此書爲晚年進境，以少許勝多多矣。其第五卷爲《四部稿》中題跋二十五篇。其中如《讀亢倉子》不知爲王士元作，則未考《孟浩然集序》；讀《三墳》以爲劉炫作，則未考《隋書經籍志》；讀《元命苞》一篇，所言皆衛嵩之《元苞》，尤爲荒謬，則猶早年盛氣，不及檢校之作也。是編雖雜論古書，而究爲雜著，非目録之比，無類可附，姑仍

著録於集部焉。乾隆四十三年三月恭校上。

葉德輝《校刻百川書志序》 明涿州高儒富藏書，撰《百川書志》二十卷，新城王文簡士禎《居易録》嘗稱引之，黄虞稷、周在浚等徵刻《唐宋祕本書目略》亦列其名，可知此書久爲當時士大夫所推重也。迨乾隆時，纂修《四庫全書》，已不箸於目。其時，上距王、黄諸公不過百年，而傳本希見如此。今又百餘年矣，中更兵燹、水火之厄，幸而獲存，是豈可再聽其湮没乎？余家舊藏朱彝尊《曝書亭》寫本，得之縣人袁芳瑛卧雪廬。二十卷之尾，損失十許葉，以未見别本，不克補抄。江陰繆氏藝風堂藏有舊抄，不知出自誰氏。取校朱本文，不及其詳，且脱簡訛字以及顛倒錯亂之處逐卷有之，意端原本，未必精抄，且決其非廬山真面。余屢謀付刊，作而忽止者，此也。甲寅五月，避寇都門，晤吴印臣鈐轄昌綬出示二本：一爲舊抄，一即繆本。舊抄無收藏家名印，而多與朱本相同。竭五日之力，校補繆本之脱誤，歸家再取朱本細勘，夫而後是書簡篇完善，非復曩日之殘缺難讀矣。吴藏書抄二十卷末，亦不全。自馮海粟《梅花百詠》以下八十餘條，誤以八卷。小説家之《麟臺野乘》以下九條，羼入接鐵崖先生《復古詩》之後。疑此舊抄，亦從朱本傳録，而裝訂時，卷葉互錯，故尚沿其誤耳。繆本卷十四、卷十五，唐宋人詩集前後倒置不倫，朱本則猶未亂。至卷二十馮海粟《梅花百詠》以後十許葉，繆本獨爲完全，余取以補之，遂成完帙。諸本於明人箸作省稱曰「明某人」或省去爵里，朱本則概加詳，或稱「大明」，或稱「皇明」，或稱「皇朝」、「國朝」，確知爲編志時文法。雖其體例不一，而意義自可推求。如稱「國朝」者多統同之辭，稱「大明」者，多就原書元號上所標題者稱之，大抵出於勅纂官修之書。近是其稱「皇明」、「皇朝」者，臣民私撰序刻，或冠于官銜之上，或加于地名之前，隨手題稱，未暇畫一。後人傳録，省稱曰「明」，非明人箸書，宜爾也。今從朱本，以定一尊，庶乎得作者之意。朱抄《集部》類下列多附載集名，或記卷數，或不記卷數，蓋必當時存目待訪之書。吴藏抄本同，而繆本不載，是可証吴抄之出于朱本，不獨末卷殘缺相同而已。明時武人喜藏書者，惟高儒與陳第二人。陳藏不如高氏之多，而其《世善堂書目》，鮑廷博已刻入《知不足齋叢書》，久爲藏書家枕祕，獨此目世閲兩朝，不登於天府，不行於坊肆，遲遲三百年乃得傳之梨棗，是又不幸中之一幸也。簿録之學，所以考一代典籍之存亡；私家之藏，所以補一朝館閣之闕略。譬如入五侯之厨，雖不得遍嘗其鯖膳，而覽其食譜，不猶愈於過屠門而大嚼乎？此余於目録之書所以終身好之而未有已也。甲寅夏正八月中秋，長沙葉德輝序。

鮑廷博《世善堂藏書目録跋》 右《世善堂書目》，明萬曆間，連江陳第手自編定，而其子若孫時時增益其閒者也。第，字季立，號一齋，起家京營，歷官游擊將軍。同時大帥如俞、戚輩，俱以名將期之。居薊鎮者十年，慨然有長驅遠略之志，卒爲督府所忌，不得稍展其才。角巾歸里，以著述老焉。平生游歷，幾徧天下。所至市書，不遺餘力。其閒，枕函帳祕，借抄於金陵焦氏、宣州沈氏者尤多。藏弆二百餘年，後嗣不復能守。乾隆初年，錢塘趙谷林先生昱，齎多金往購，則已散佚無遺矣。目録一册，即其家元本。予從趙氏匄得之，内經谷林先生圈出，所稱斷種祕册者，約三百餘種。予按其目求之，積四十年，一無所得。則當時散落，誠可惜也！特刊其目附《叢書》以行，庶與海内藏書家共留意焉。乾隆六十年五月十二日，歙西鮑廷博識。

耿文光《萬卷精華樓藏書記》卷六六《目録類》 《世善堂藏書目録》二卷，明陳第撰。《知不足齋本》前有萬曆丙辰陳第《自序》，自號「温麻山農」，後有乾隆六十年鮑廷博跋。是目一經部，二四書部，三子部，四史部，五集部，六各家部。上卷四部，下卷二部。陳氏所著有《伏羲圖讚》二卷、《尚書疏衍》四卷、《毛詩古音考》無卷數，《屈宋古音義》四卷、《東番記》一卷、《蘇門兵事》無卷數，凡六種，皆見於本書旁注。一齋公，蓋其後人所增益也。

殷念萱《重刻校本南濠居士文跋序》 都元敬先生，生明之中葉，與唐祝齊名，而顯達過之。平生博極群書，箸有《南濠文跋》四卷，而流傳絶少。第一二卷皆古書之不經見者，第三四卷皆書畫之可寶貴者，一一加以品題，蓋先生生當隆盛，而其時士大夫家皆富於收藏，故其所見博而精也。數百年來，屢經兵燹，古籍之經清初諸老校正者，有遠過於所見之本，而唐、宋名人之真迹，則已散佚大半。讀先生書，殊令人爲之神往不置云。今文學山房主人以吴兔牀校本重印供世，屬予爲序，爰書數語以應之。甲子仲夏，江東老銕殷念萱序。

黄丕烈《蕘圃藏書題識・史部・目録類》 《得月樓書目》一卷。鈔本。江陰李氏《得月樓書目》，各家簿録未載。江陰近在同省，亦未知李氏爲誰何？余自古泉山館借得，傳寫一本，以備披覽。此目雖云「摘録」，然中多罕有之書，是可珍也。原本誤及可疑處，用朱筆識。傳寫誤，以墨筆改之。蕘翁記。

江陰李氏《得月樓》，不知其誰何？頃見東澗手録陶九成《草莽私乘》謂借自江上李如一。并言如一好書獨專，甚至減先人産，收買圖籍，而不惜其他。性情、意氣，無非愛惜之至。此云「江陰李氏」，殆即所云「江上李如一」乎？余友海虞陳君子準云：東澗相好，有江陰李貫之。殆即其人，見聞孤陋，不識如一、貫之是否一

人？以此日證之。約略近是，湖估借此目録副還書三日。因書近日見聞如此。道光甲申秋，閏月十三日冬。蕘翁記於學耕堂。

繆荃孫《得月樓書目跋》 右《得月樓書目》一卷。得月樓，爲明李鶚翀如一藏書之所。如一爲李詡戒庵之孫，藏書最富，與文文起、錢受之相友善，世所謂赤岸李氏者也。其孫成之《跋戒庵漫筆》云「乙丙易代之際，土賊四起，書倉煨燼，獨其目幸存於家，李將俟刻之，聊志先大父彙集之苦心」云。蔡澍《江陰志列傳》云「如一倣宋《晁氏目録》發凡起例，自爲詮次」，是如一本有書目，而今亦不傳。此目止百九十餘種，雖云「摘録」，然世間已佚之書如李廉《春秋諸傳會通》廿四卷，陳伯宣《史記注》八十七卷，劉攽《東漢刊誤》一卷，汪應辰《唐書列傳辨證》二十卷，吕祖謙《新唐書略》三十五卷，李德裕《大和辨謗略》三卷，歐陽靖《聖宋掇遺》一卷，蔣之奇《魏公逸史》二十卷，倪思《正齋台諫論》二卷，《中興集議名臣言行録》三十卷，吕東萊《觀史類編》五卷，胡恢《南唐書》十卷，劉恕《十國紀年》四十二卷，宋敏求《河南志》二十卷，周淙《臨安志》十五卷，趙抃《成都古今記》三十卷，楊侃《職林》二十卷，張著《翰林盛事》一卷，白太素《續通典》二百卷，万俟卨《紹興貢舉考法》五十卷，丁謂《景德會計録》六卷，顧烜《錢譜》十卷，陶岳《貨錢録》一卷，董逌《續錢譜》十卷，陳繹《山堂遺集》十卷、續八卷，《文苑摘粹》十卷，共二十七種。王文簡《居易録》云，陸雲士令江陰云有胡恢《南唐書》，今見此目方知陸所云者即李氏所藏，而書久佚。荃孫从汪郎亭前輩所假得，爲黄蕘圃舊藏，與述古堂、《傳是樓宋元本目》各爲一帙，喜爲録存，并録副贈金君溎生。溎生即梓入《粟香室叢書》，特苦其編次無法，又複出《十國紀年》、《文苑纂要辨證》兩種。辛卯，自京旋里，又從赤岸故家覓得鈔本一帙，較爲完善，復爲梓行。江陰藏書家，前明推朱君子儋、李君如一。今，子儋僅有《存餘堂詩話》及以愛妾易《宋本漢書》一事，又不如如一尚有此目存也。光緒乙未十二月，江陰繆荃孫跋。

孫毓修《脈望館書目跋》 《脈望館書目》不分卷，明趙琦美撰。按，琦美字元度，號清常道人，文毅公用賢冢子，以蔭官刑部郎中。志欲網羅古今載籍，甲乙詮次，以待後之賢者。損衣削食，假借繕寫，梯航訪求，朱黄讐校，移日分夜，錢收齋稱爲近古所未有。歿後，其書盡歸絳雲樓，乃至武康山中，白晝鬼哭。錢遵王嘆其嗜書之精爽若是者也。此目即記其家藏書，并及書畫、碑帖、古玩，分厨標類，條理秩如。所儲異本，實已不少不全。舊宋、元本，另列一類，實開近世箸録殘宋、元本之先。例有注「大官人」、「二官人」者，「大官人」即清常。「二官人」，謂際美，字文度。由刑部郎中出知敍州府，清常同懷弟也。觀此，則是目當出於趙氏門僕之手。舊藏鈔本《傳是樓書目》亦有「太老爺」之稱，毛子晉家僮盡能鈔書，清門舊族即僕隸亦皆能文，黄蕘圃家之張泰，又不足奇矣。此本有「平江貝氏手校」、「平江貝墉珍藏祕書」印諸記。審其字跡，尚是千墨菴主人手寫本也。戊午八月，無錫孫毓修跋。

張宗泰《跋祁承㸁澹生堂藏書約》（《魯巖所學集》卷一一） 《澹生堂藏書約》一册，爲山陰密士祁承㸁所著。前有《自序》一篇，以下分《讀書訓》、《聚書訓》、《購書訓》、《鑒書訓》四類，而《讀書訓》、《聚書訓》前又各有小序一篇，末後附曹溶《流通古書約》一篇。《讀書》、《聚書》兩類，各摘取古人好學事，類次爲編，全書精粹則在《購書》、《鑒書》兩類。《購書》謂眼界欲寬，精神欲注。心思欲巧，持論宏闊，足當博古通今之目；《鑒書》謂在審輕重，辨真僞，覈名實，而權緩急，而於四部之書，歸重讀史，於書目之學，最取《通考》之《藝文略》，持論俱當平人心。惟《讀書》、《聚書》編中所引前人故事，咸不著出某書，而亦不分朝代先後，至以范文正公列朱穆之前，宋綬爲宋次道之父，而子前父後，未免編次草率。又荀爽幼而好學，潁川爲之語曰，荀氏八龍，慈明無雙。以龍與雙爲韻，《漢書》中此類品評甚多，無不用韻者。此易作慈明爲最，更誤之甚矣。

又《三跋澹生堂藏書約》 《明詩綜》卷五十九，祁承㸁，字爾光，紹興山陰人。萬曆甲辰進士，授寧陽知縣，調長洲，遷南刑部主事，轉兵部，歷員外郎中，出知吉安府，京察謫沂州同知，稍遷宿州知州，入爲兵部員外，歷河南按察僉事副使，江西右參政。有《澹生堂集》、《静志居詩話》謂參政富於藏書，將亂，其家悉載至雲門山寺。其手録群書目八册，今存古林曹氏。所儲已盡流轉於姚江禦兒鄉矣。雖書籍之爲物，終無聚而不散之時。而以參政儲藏之富，鑒别之精，一生心力所萃，盡付之不知誰何之手，不亦重可惜哉！又按祁氏之在明季，門材最盛，祁彪佳以故應天巡撫殉國難。又祁駿佳精小楷，弟豸佳書畫摹董文敏逼真。又彪佳子理孫、班孫，兄子鴻孫，亦竝有聞於時，則詩書之澤長矣。《明詩綜》卷六十九。祁熊佳，崇禎庚辰進士，官南平知縣。

徐𤊹《紅雨樓書目序》 予少也賤，性喜博覽，閒嘗取父書讀之，覺津津有味。然未知載籍無盡，而學者耳目難周也。既長，稍費編摩，始知訪輯。然室如懸磬，又不能力舉群有也。會壬辰、乙未、辛丑，三爲吴越之遊。庚子又有書林之役，乃撮其要者購之，因其未備者補之。更有罕睹難得之書，或即類以求，或因人而乞，

或有朋舊見貽，或借故家鈔録。積之十年，合先君子、先伯兄所儲，可盈五萬三千餘卷，存之小樓。堆牀充棟，頗有甲乙次第，銘槧暇日，遂倣鄭氏《藝文略》、馬氏《經籍考》之例，分經史子集四部。部分衆類，著爲書目四卷，以備稽覽。客有譏予者曰：「子之蓄書，拮据勞瘁，書愈富而囊愈空，不幾於成癖成淫乎。如書之勞，不若不好之爲逸也。」予曰：「否否！昔宋尤延之積書數萬卷，嘗自謂飢讀之以當肉，寒讀之以當裘，孤寂讀之以當朋友，幽憂讀之以當金石琴瑟。予生平無他嗜好，所嗜惟書，雖未能效古人下幃穿榻閉户杜門之苦，然四體不勤，此心難恕。豈敢安於逸豫，怠於鑽研者耶。至於發書簏之誚，蒙武庫之譽，非予之所可幾也，亦非予之所敢望也。」客曰：「美哉！徐仲子之言，唯唯而退。」萬曆壬寅初秋，三山徐𤊹興公序。

繆荃孫《重編紅雨樓題跋・跋》 明閩縣徐興公，夙負才名，所著有《筆精》、《榕陰新檢》，又有《紅雨樓書目》。讀《自序》云：「予少也賤，性喜博覽。嘗取父書讀之，覺津津有味。既長，稍知訪輯，然室如懸罄，力不能舉群有也。會壬辰、乙未、辛丑，三爲吴越之游。庚子，又有書林之役。迺撮其要者購之，因其未備者補之；更有罕覯難得之書，或即類以求，或因人而乞，或有朋舊見遺，或借故家鈔録，積之十年，合先君子、先伯兄所儲，可盈五萬三千餘卷。存之小樓，堆牀充棟，頗有甲乙次第。鉛槧暇日，遂倣鄭氏《藝文略》、馬氏《經籍考》之例爲《書目》四卷。」可見儲藏之富。惟《文集》未曾付梓。順治己亥，林吉人手鈔《題跋》一百四十餘條，並識緣起，裝成四大册，藏費莫丈文治庵所，荃孫録副藏篋中，三十年矣。時時檢閲，奉爲導師。光緒丙午十二月，吾友況君夔生，於金陵市中得注韓居刻《紅雨樓題跋》一册，荃孫借校所刻，僅八十七條。鄭君昌英輯而序之，不但與林輯不同，並不知吉人曾鈔行之者。荃孫因取兩册，分類合編，共成上下二卷，二百二十二條。雖非全集，然所藏美富，略見一斑。荃孫前得《筆精》，後得《紅雨樓書目》，今又得《題跋》一卷，合之林鈔，彙編成帙，與興公洵有宿緣矣。吉人，名佶，號鹿原，康熙三十八年舉於鄉，五十一年欽賜進士，授内閣中書。家多藏書，徐乾學録《通志堂經解》，朱彝尊選《明詩綜》，皆就傳鈔。有《樸學齋集》，集中《上御史某公書》：「某海陬，賤士荒學無狀。年來，過不自量，購求儒先集録，毋慮數千卷，幾及鼇峯、徐氏之舊，而家亦緣是愈貧，荔水莊池，半屬他姓。」又有「青兒得鼇峯、徐氏遺書五十種，録其目與跋，至京邸，喜而有作詩。」昌英，名杰，侯官人，乾隆貢士。其藏書之所曰「注韓居」，藏書數萬卷，分二十厨貯之，以「東壁圖書府，西園翰墨林。誦詩聞國政，講《易》見天心」爲誌。並刻《注韓居叢書》，此《跋》即編入《叢書》二集。臘鼓聲中校核同異，編目既畢，晨雞早唱，亦守歲一佳話也。光緒丁未元日，繆荃孫跋於叢鈔堂。

葉德輝《郋園讀書志》卷四 《絳雲樓書目》二册，不分卷，舊鈔本。《絳雲樓書目》世所傳者詳略不同。《孫氏祠堂書目・外編》作一册，吴氏《拜經樓藏書題跋記》作不分卷上下二册，黄氏《士禮居藏書題跋記》作一卷一册，伍氏粵雅堂刻本有陳景雲注者又作四卷。黄記云《絳雲樓書目》有二本，一無倦圃序，不附《静惕堂書目》，詮次亦多不同，似所注宋、元版字樣較多云云。伍刻跋云：「陳景雲注，注作硃書，蠅頭行草。」又載吴翌鳳原跋，稱癸巳秋日得少章閲本，愛其博洽，爰鈔録于右云云。據此則伍刻所據即詳本也。往讀丁禹生中丞《持静齋書目》有《絳雲樓書目》七十四卷，不知卷帙何以如此之多，亦即蓄疑有年矣。今年中丞喆嗣叔雅茂才賫書至都，出以見示，裝池雅潔，朱墨爛然，審爲陳少章手注原本，即伍刻所自出。所謂七十四卷，亦非多於伍本，特一類一卷，分析言之耳。伍本小注，即此本硃書。伍本間有節删，無關要義。惟此有《補遺》一卷，又《静惕堂書目》二卷，則伍本所無也。牧翁《初學集》有《絳雲樓上梁以詩代文八首》，其第三首有句云：「曾樓新樹絳雲題。」自注：「紫微夫人詩：『秉飇侍衾寢，齊牢攜絳雲。』故以『絳雲』名樓。」其第四首有句云：「風月重窺新柳眼，海山未老舊花枝。」似指河東君而言，其詩編年在崇禎癸未，去國亡一年耳。《欽定天禄琳琅書目》宋本《漢書》有錢跋云：「庚寅之冬，吾家藏書盡爲六丁下取。此書却在人間。」瞿氏《鐵琴銅劍樓書目》明刻《宋史》亦有錢跋云：「庚寅十月初三夜半野堂火時，方雷電交作，大雨傾盆，後樓前堂，片刻灰燼，真異災也。」然則絳雲樓建于崇禎癸未，燬于國朝庚寅，八年之間，傾城名士，國破家亡。故宫禾黍之悲，身世滄桑之感，胥于此寄焉，豈僅雲煙過眼，供後人之流覽也哉！舊作《丁氏持静齋所藏陳景雲批注絳雲樓書目跋》一則。

此《絳雲樓書目》二册，爲吴枚庵翌鳳手録陳少章批本。後有吴跋，謂爲張伯華所藏，蓋即《粵雅堂叢書》據刻之本。余取校二本，大小字無一不同，特彼爲張藏本，此爲吴録本，傳世各異耳。《絳雲樓書目》原有詳略二本，一分七十四卷，後附曹倦圃《静惕堂宋元人集書目》，黄蕘圃見之，説詳《士禮居題跋記》。今揭陽丁氏持静齋有其本，即禹生中丞所得汲古閣本也。世兄叔雅茂才，同寓都門，出以見示。余以《粵雅》本校之，所謂七十四卷，即上下二卷甲之七十三類，并非卷帙多于此本，小注宋元字樣及作者姓名尚不及此之詳盡。惟多七十四《補遺》一卷，《静惕

堂宋元人集書目》一卷，爲《粤雅堂》本所無。余手録，還之，爲之跋後，以爲世間更無他本相耀矣。頃書友持此册求售，亟取閲之，乃知爲吾鄉袁漱六先生舊藏，視叔雅藏本鈔手特爲工繕，又得袁先生批校，益可見古書源流。因録前爲丁氏所撰跋附于卷末，俾見者知私家目録重本不妨多藏，一則爲校勘之資，一則供多識之用，不必晁《志》、陳《録》而後可入插架也。余别有《牧齋書目》一册，亦係舊鈔，曾爲之跋，與此無涉，故不具録云。光緒二十七年辛丑歲十月廿日夜漏二鼓。

又《絳雲樓書目補遺序》 《絳雲樓書目》七十四卷，後附《静惕堂書目》二卷，共四册，丁氏持静齋所藏鈔本也。舊爲上海郁氏宜稼堂物，卷首有「曾在上海郁泰峯家」八字，朱文長方印。同治初元，郁氏藏書散出，丁禹生中丞，日昌盡收得之，此其一也。近伍氏粤雅堂刻本悉與之合，伍本爲吴枚庵翌鳳所藏，析爲四卷，悉如鈔本四册之數。通計七十三類，與鈔本卷數亦合，特鈔本多《補遺》一卷。即第七十四卷。及《静惕堂書目》二卷，期足異耳。鈔本第三册《醫説》十卷下云「張景撰」，上有朱筆校，云：丕烈案：此書張杲季明撰，非張景也。《静惕堂書目》「晁旡咎《雞肋集》七十卷」下云「姚孝錫集亦名『惟肋』，北宋末人也」。又莊季裕有「《誰肋編》，雜記時事，南宋人也，名綽，上有朱筆校語」云。丕烈案惟、誰皆雞之誤。丕烈者，吴門黄蕘圃主事也，則其書固蕘翁所寓目者。《士禮居藏書題跋記》云《絳雲樓書目》有二本：一無倦圃序，不附《静惕堂書目》，詮次亦多不同，似所注宋元版字樣較多，久欲參校，柰二本皆屬鈔本，未敢輕改。頃五柳居主人以此本見遺，寫手極工雅，知是何仲老鈔本，爰手校一過，并屬澗蘋補其空行云云。今鈔本空行處並未補寫，伍本空行處皆接寫。與《題跋記》所載不合，則又一别本也。中丞嗣君叔雅寓都門，出藏本屬題，因取伍本對勘，知兩本同出一源，鈔本小注閒有節删，而多載四庫卷數，此則後來校者所增，非陳氏原注也。今從鈔本鈔出《補遺》一卷、《静惕堂書目》二卷，均伍本所缺者。異日授之梓人，與伍本并傳，當亦目録家所亟欲快覩者已。丙申秋九月展重陽日，長沙葉德輝識於都門宣武門外庫堆胡同瀏陽館寓齋。此序作于都門，今刊不復改易。

陳繼儒《隱湖題跋叙》 吾友毛子晉，負嫓古之癖。凡人有未見書，百方購訪，如縋海鑿山，以求寶藏。得即手自鈔寫，糾訛謬，補遺亡。即蛛絲鼠壤、風雨潤濕之所糜敗者，一一整頓之。雕板流通，附以小跋，種種當行，非杜撰判斷。硬加差排於古人者，蓋胸中有全書，故本末具有脈絡，眼中有真鑒，故真贋不爽秋毫。無論寒膚嗛腹之儒，駭未曾有。雖士大夫藏書家，李邯鄲、宋宣獻復生，無不侈其博而服其鑒也，故敍而行之。眉道人陳繼儒題於頑仙廬，崇禎仲春二十日燈下。

李毅《隱湖題跋叙》 敍題跋書，昔人每游戲取勝，如蘇長公、黄涪翁、劉後村諸公，妙處多見於題跋，然不過襲詞賦風流之一派耳。子晉不盡然也。子晉自甲子以來，校刻經、史、子、集及唐宋、元名人詩詞，凡二百餘種。每刻必求宋元善本而折衷焉，或争勝於前哲，或兼俟之後人。輒跋數語於篇終，俾讀者考其世知其人，非僅僅清言泠語逞詞翰之機鋒已也。予讀其書，必録其跋，積有若干則，山居寡歡，輒以披對，如親串。昔太史公作《史記》，著有論贊，讀論贊而紀傳之意備矣。予謂不及讀汲古全書者，請讀其跋語可乎。然即其所刻種類之後先爲纂集，略無詮次也。海内氣類有同予好者，於此可以窺子晉之一斑矣。崇禎癸酉春拂水山樵李毅識。

王象晉《隱湖題跋引》 此海虞毛生諸刻跋詞也。生於書無所不窺，聞一奇書，旁搜冥採，不限近遠，期必得之爲快。然不以祕帳中而以懸國門，必手自讐較，親爲題評，無憾於心而始行於世。今觀其跋，或剔前人之隱，或揭後人之鑒，或單詞片句，扼要而標奇，或明目張膽，核謡而黜謬，平章千古，會萃百家，用意良已勤矣。倘所謂鶩書成淫，好奇成癖者非耶。每一披閲，擊節賞歎，嘖嘖不忍捨去，因爲題數語而弁之簡端。濟南王象晉題於海虞公署之恒足堂。

摩訶衍人正止《隱湖題跋引》 文章家取要言不煩以少爲貴者，立三格，曰「贊」、曰「銘」、曰「跋」，皆具體而微。譬諸蝘蜓以分寸之身，頭角四肢，宛然屈信，變化與神龍無異，非所謂小之可以敵大也。夫「贊」與「銘」祇擬一人拈一事面乎，形勢出我剸裁，惟行止自如而已。至若文「跋」者，則士生千百世之後而誦讀千百世以前之書，乃神與之游，意與之接，聲心皆與之應和。欲寥寥數語，通部會歸，偶揭一端從來未發，是非手眼明快，胸次玲瓏，必不能置喙瑜瑕而苴補缺陷。儼當時作者留此餘地，以俟後人成之。不然，何樂贅疣爲也。麟之仁物也，於趾則全麟在趾。麈之引群也，於尾則全麈在尾。典籍之斡旋也，於跋則全經在跋。宋之蘇長公山谷老人陸放翁，每每擅斯勝場，我明則鳳洲先生有讀書後，近屬吾友毛子晉焉。子晉家類積書巖，凡遘善本而海内所寡者，必梓之，以公同好。既授梓矣，嘗搜剔古人不刊之祕旨，不罄之剩義，綴諸末簡，標如月星，耀若珠貝，令人弗掩卷而興嗟，誠快心矣。漢高帝之撼秦若項也，韓彭蕭曹，亦無不偉，然奏績列坐分功，獨婁敬以都關中一節爲喫緊，故不勞弓刀血戰，而賜姓班爵與諸將埒，何也？敬蓋籌之熟矣。子晉跋書，嘗賤此術，其二十一史中之婁敬也。人其妬之否，謹敍。天台

摩訶衍人正止撰於寶月堂。

張鈞衡《千頃堂書目後跋》　右《千頃堂書目》三十二卷，黄虞稷撰。虞稷字俞邰，先世泉州人。其父居中，字明立，官南京國子監丞，遂居南京户部街，有《千頃齋集》。少好讀書，老而彌篤，千頃齋中藏書亦萬餘卷。俞邰博雅好學古，時值南都傾覆，天府之寶藏，故家之插架，盡力搜羅以益之。此《目》所録，皆有明一代之書，經部十二門：爲易，爲書，爲詩，爲三禮，爲禮樂，爲春秋，爲孝經，爲論語，爲孟子，爲經解，爲四書，爲小學。史部十八門：爲國史，爲正史，爲通史，爲編年，爲別史，爲霸史，爲史學，爲史鈔，爲地理，爲職官，爲典故，爲時令，爲食貨，爲儀注，爲政刑，爲傳記，爲譜系，爲簿録。子部十二門：爲儒家，爲雜家，爲小説家，爲兵家，爲天文家，爲曆數家，爲五行家，爲醫家，爲藝術家，爲類書，爲釋家，爲道家。集部八門：爲別集，爲制誥，爲表奏，爲騷賦，爲詞曲，爲制舉，爲總集，爲文史也。意欲成明一代藝文志。《提要》以集部分八門，其別集以朝代科分爲先後，無科分者則酌附於各朝之末。視唐宋二志之糅亂，特爲清晰，體例可云最善。後本朝修《明史·藝文》一志，以此書作根柢而潤色之，則其賅贍可知矣。每類之末，各附以宋金元人之書。俞邰以《宋志》漏略，《元史》又無藝文，意援宋隋志例，補録遺逸。金陵朱氏《家集》云：南仲公朱廷佐入吴郡庠，與周忠介友善，南渡後面折馬阮，不求仕進，手寫古今書目，爲黄俞邰、龔蘅圃所得，以備史料。《千頃堂書目》，蓋即參取南仲公書目而成。然錢受之采明詩，從俞邰借書，得盡閲所未見。又爲作《千頃齋藏書記》，是俞邰實有是書，並非悉據舊目。或桑海之際，朱氏之書與目，均爲俞邰所得與？此書從無刻本，今以十萬卷樓、漢唐齋兩鈔本互補刻之。癸丑重九烏程張鈞衡跋。

又《適園藏書志》卷五　《千頃堂書目》三十二卷，舊鈔本。黄虞稷撰。虞稷字俞邰，先世泉州人，久居金陵，少好讀書，收藏不倦。是書所録，皆有明一代之書，爲《明·藝文志》張本。附《宋志》不收之書與遼、金、元之作，殆欲補三史藝文之缺與。漢唐齋舊藏本，今刻入《適園叢書》第二集。

又《千頃堂書目補遺》　黄俞邰《千頃堂書目》，向無刻本，余既據十萬卷樓、漢唐齋兩鈔本互補刻之，以廣其傳。今又得吴兔牀先生手校本，硃墨纍纍，視各傳鈔本特詳，以之勘對前刻，增多五百四十餘條，彙録成卷，梓附編末。既便省覽，亦以見各家遺逸尚多耳。蓋吴所據者杭堇浦先生道古堂藏本也，復借盧抱經先生金陵新校本勘補，書既加詳。間又取諸家書目續爲增添，拾遺補缺，期以復還舊觀。拜經真俞邰之知己矣。較輯既竟，因書卷末，以志墨緣。時庚申三月上巳修禊辰也，吴興張鈞衡又跋。

杭世駿《千頃堂書目跋》　右《千頃堂書目》，金陵黄俞邰所輯。俞邰徵修《明史》，爲此書以備《藝文志》採用。横雲山人删去宋、遼、金、元四朝，取其中十之六七爲史志。史館重修，仍而不改，失俞邰初志矣。元修三史，獨闕藝文，全在《明史》罔羅，如後漢、晉、五代不列此志，《隋書》特補其闕，不必定在一朝也。歲在辛亥，從曝書亭朱氏購得此本，亟録出以箴史官之失，説者得無笑其迂乎？戊辰六月一日，舊史杭世駿。

盧文弨《題明史藝文志稿》（《抱經堂文集》）　此志稿傳是温陵黄虞稷俞邰氏所纂輯。今以頒行《明史》校之，所分門類，多有删併移易之處。史於書不甚著及無卷數者俱削之，黄志中小注，爲史所採入者亦無幾耳。志稿自南宋及遼、金、元之書，俱搜輯殆遍，此即晉隋史志兼備五代之遺則，而今以斷代爲限，亦俱削之已。安得有力者將此四代書目別梓之以傳，亦學者之幸也！外間傳有《千頃堂書目》與此志大致相同，而亦間有移易。堂名「千頃」，固黄氏所以志也。然今之書，直是書賈所爲。郡縣志幾於無所不載，別集各就其科第之年以爲先後，取便於檢尋耳。《宗藩》與《宗室》離而爲二，俱失體裁。而小注又爲鈔胥任意删減，益失黄志之舊。但此志稿別集類，於《羽流》、《外國》亦俱缺如，篇第亦間或顛倒，恐此尚有脱簡。余先鈔得書目，後從朱君文游借得此本，力不能重寫，但取以校書目，改正不少，既畢校，遂書其前以還之。以志稿乃康熙時史官倪燦闇公所著，非黄氏也。

吴騫《重校千頃堂書目跋》（《愚谷文存》）　《千頃堂書目》三十有二卷，晉江黄俞邰先生所輯也。先生家多藏書，博聞洽記，嘗以諸生預修明史，食七品俸。先是其父明立監丞有《千頃齋書目》六卷，俞邰稍增廣之。及入史館，乃益加裒集，詳爲注釋，故又有《明史藝文志》之目，蓋以前之名，紹承先緒，而後此云者，欲自盡其職志也，雖不必如向、歆之叙略，蘭臺之授受。要其遐蒐廣攬，亦已勤矣。惜當時不盡見用，唯朱竹垞檢討雅重之，其輯《經義存亡考》往往徵引其説。至於《明詩綜》則凡爵里姓氏以及序次先後，壹皆依之，其篤信如此。俞邰既没，遺書散佚，此稿又未經授梓，是以流傳絶少，予屬鮑君以文物色之。數年，始從苕估購得，審視則堇浦先生道古堂藏本也，有其手跋。它日面質之，先生亦不自知其所以然。蓋堇浦晚歲雙足恒不良於行，侍史往往竊架上書以賣。不意此本展轉流傳，仍爲我

輩所得，信昔人所謂有翰墨緣者矣。然堇浦本尚多漏略，疑爲俞邰初稿，復借錢塘盧抱經先生金陵新校本勘補，書既加詳，且多序、目，似是史局增修之本。未幾讀道古堂遺文，又得黄氏書録序一篇，遂亟録之。顧序中言《地理》一門，黄氏尚多掛漏。已因取内閣書目爲之增補，而予還閲此書，又不如所云，其理殊不可解。豈此外别有一本耶？竊不自揆，間取諸家書目續爲增訂，拾遺補闕，愧非其才，聊以備四庫之實録耳。堇浦季年，復輯歷代藝文志，惜乎卒業未幾，奄捐館舍，每欲從之借鈔，訖以弗果。中郎遺籍，不知終歸誰氏之手，爲之閣筆三歎。乾隆乙未重陽日兔牀吴騫題於拜經樓。是日得瞿稼軒先生所藏沈石田連山夾澗圖真蹟，并識。

《四庫提要・史部四一・目録類一》 《千頃堂書目》三十二卷，國朝黄虞稷撰。虞稷字俞邰，先世泉州人，崇禎末流寓上元，書首自題曰「閩人」，不忘本也。所録皆明一代之書，經部分十一門，既以《四書》爲一類，又以《論語》、《孟子》各爲一類。又以説《大學》、《中庸》者入於《三禮》類中，蓋欲略存古例，用意頗深。然明人所説《大學》、《中庸》，皆爲《四書》而解，非爲《禮記》而解，即《論語》、《孟子》，亦因《四書》而説，非若古人之别爲一經，專門授受，其分合殊爲不當。《樂經》雖亡，而不置此門，則律吕諸書無所附，其删除亦未允也。史部分十八門，其《簿録》一門，用尤袤《遂初堂書目》之例，以收錢譜、蟹録之屬。古來無類可歸者，最爲允協。至於典故以外，又立《食貨》、《刑政》二門，則贅甚矣。子部分十二門，其墨家、名家、法家、縱横家併爲一類，總名「雜家」，雖亦簡括，然名家、墨家、縱横家傳述者稀，遺編無幾，併之可也。併法家删之，不太簡乎。集部分八門，其别集以朝代科分爲先後，無科分者則酌附於各朝之末，視唐、宋二志之糅亂，特爲清晰，體例可云最善。惟《制舉》一門，可以不立。明以八比取士，工是技者，隸首不能窮其數，即一日之中，伸紙搦管而作者，不知其幾億萬篇，其不久而化爲故紙敗燼者，又不知其幾億萬篇。其生其滅，如烟雲之變現，泡沫之聚散，虞稷乃徒據所見而列之，不亦傎耶？每類之末，各附以宋、金、元人之書，既不賅備，又不及於五代以前。其體例特異，亦不可解。然焦竑《國史經籍志》既誕妄不足爲憑，傅維鱗《明書經籍志》、尤侗《明史・藝文志稿》尤冗雜無緒。考明一代著作者，終以是書爲可據，所以欽定《明史・藝文志》頗採録之，略其舛駁，而取其賅贍可也。

錢曾《述古堂藏書目自序》 己酉清和，詮次家藏書目告竣，放筆而歎。蓋歎乎聚之艱而散之易也。竭予二十餘年心力，食不重味，衣不完采，摒擋家貲，悉藏典籍中。如蟲之負版，鼠之搬薑，甲乙部居，粗有條理。憶年驅烏時，從先生長者游，得聞緒論經史經緯，知讀書法。逮壯，有志藏弆，始次第訪求，問津知塗，幸免於冥行擿埴。然生平所酷嗜者，宋槧本爲最。友人馮定遠每戲予曰：「昔人佞佛，子佞宋刻乎？」相與一笑，而終不能已於佞也。丙午、丁未之交，胸中茫茫然，意中惘惘然，舉家藏宋刻之重複者，折閲售之泰興季氏，殆將塞聰蔽明，仍爲七日以前之混沌歟？抑亦天公憐予佞宋之癖，假手滄葦以破予之惑歟？穆參軍賣書相國寺中，逢人輒曰：有能讀得韓柳文成句者，便以一部相贈。人知其爲伯長，皆引去。予之賣書，不及伯長之高，而聊以解嘲者，在夫已氏之豕肉喻也。夫已氏曰：「知味者謂擗龍脯不能果腹，不如豕肉足口，放箸得以一飽。今子所去之宋刻，龍脯也；所藏之善本，豕肉也。老饕差足自慰，又何用過屠門而大嚼乎？」予曰：固矣，更有進焉者。椎埋洗削之夫，盤列市中豚蹄，操刀而割，甘其味，以爲太羹弗若也，易牙過而笑其失飪矣。今予雖愛豕肉，不正不食，凛然有聖訓存焉，又何龍脯之足以荒其志乎？嗟嗟，好書者不少概見，而真好與真知也實難其人，是必知之真而後好之始真，然好之真而不造乎真知者，未之見也。癸卯冬，予過雲上軒，見架上列張以寧《春王正月考》一書，援據詳洽，牧翁嘆其絶佳。少間走札往借，已混亂帙中，老人懶於檢覓而止，耿耿挂胸臆間者五六年。去秋初度，有人插標以數册書來售，而此書儼然在焉。得之如獲拱璧，因感墨汁因緣艱於榮名利禄。然世界聚散何常，百六焱迴，絳雲一燼，圖史之厄，等於秦灰。今吾家所藏，不過一毛片羽，焉知他年不爲有力者捆載而去？抑或散於餅肆麪坊，論秤而盡，俱未可料。總之不滿達人之一哂耳。江湖散人云：「所藏皆正定可傳。」予之書，咸手自點勘疑譌，後有識者，細心繙閲，始知其苦志。若謂藏書多繕寫本子，未足援據，此乃假好書之名，而無真好之樂之者，竟謂之不知書不足與言可也。佛日前七日，籛後人曾遵王述。

又《述古堂書目後序》 諸家經籍志，惟焦氏詳而有法。予每思悉舉所載，編纂目録。自慚四庫單疏，區類詮次，登之簿録，未免有挂一漏萬之議，緣是卒卒中止。今年春，止宿隱湖，燒燭檢書，快談至夜分，倦而思寢。毛子誘而使之言，意將窮予所藏而後已。予嘉其志，遂條悉以對，胸中祕而久不欲宣於人者，竟如猩猩血縷縷而出矣。毛子復誘予寫書目，時敕先在旁，目笑我兩人，間或出一二語以相慫恿。予歸，遂發興聚書於堂，四部臚列，援毫次第，顯效焦氏體例，稍以己意參之，釐爲十卷，浹辰始畢。然終不敢謂已成一家之書目也。唯是聊且録之，如甲乙帳簿，命侍史備遺忘，便檢覓，以應毛子之請，不煩借書一瓻可耳。吴門錢功甫，高士

也。老屋三間，藏書充棟。牧翁釋褐後，與之交，時時過從，即出看囊錢市糕餌，相對共噉。一日語翁：「吾老矣，藏書多人間罕有本子。明日來，當作蔡邕之贈。我欲閲，轉就公借。他年以屬纊事累公，藉此爲償博，何如？」牧翁甚喜，質明往。其意色闇嘿，竟不復踐宿諾矣。嗟乎，讀書種子習氣未除，斤斤護惜，蓋非獨一功甫然也。其書後竟散爲雲煙。此一段佳話，至今猶在人口。牧翁語予，功甫有《李師師外傳》一卷，即荃翁云道君在五國城所作，從榷場中來者。功甫殁，此書不知歸諸何人。今雖懸百金購求，豈可復見。趙玄度初得李誡《營造法式》，中缺十餘卷。偏訪藏書家，少有蓄者。後於留院得殘本三册，又借得閣本參考，而閣本亦缺六、七數卷。先後搜訪，竭二十餘年之力，始爲完書。圖樣界畫，最爲難事，用五十千命長安良工始能措手。今人眼如鍼孔，溝澮易盈，焉知一書之難得如此。玄度藏書一生，二酉五車，聯架塞屋，臨老忽發無書之歎，非無書也，即挂一漏萬之意也，旨哉！我欲以此一言，贈世之藏書家哆然自足者。佛生前三日，遵王再題。

王存善《傳是樓書目序》 《傳是樓書目》八册，不分卷，東武劉燕庭方伯藏鈔本也。書末有方伯題識四則，言嘗借漢陽葉氏平安館鈔本，又得謝氏書影樓鈔本與此相校。葉本以千文分格，謝本亦然，書之多少大略相同。惟三本集部皆自明嘉靖起，似以前别集均有闕佚，俟再訪求藏書家鈔補。是方伯終未見明嘉靖前别集目也。存善幸從張菊生京卿假得馬氏玉堂鈔藏殘本，其以千文分格，與葉、謝同。而自漢至明初之别集，則巋然獨存。且書下有注，進上、進東宫及送人等字書，亦較他本爲多，是馬本實最後之足本也，惜殘闕僅存三帙矣。劉本誤字頗多，且有極離奇可笑者。其史、子兩部已用馬本校正，經部、集部則馬書已佚。又大都四庫所未收，更無别本可校。自慚儉陋，與其臆改而轉誤不若誤而未改，仍是原書面目也。合劉、馬二本，加之羅氏玉簡堂所刻《傳是樓宋元本書目》，司寇藏書大略具備，衹闕總集一類耳。又《培林堂書目》三册，司寇介弟果亭侍郎藏書目也，世鮮傳本，乃合二徐書目而併印之，以餉同嗜大雅宏達。其有以藏本見示衆糾正誤字者，此則存善所馨香禱祀以求之者也。校印既竣，述其緣起，如此甲寅十一月仁和王存善。

葛元煦《漁洋書跋序》 新城尚書，一代作者。於書無所不讀，讀則必有所題。久而久之，自然成帙。此《書跋》二卷，所由昉也。識者謂，雖短篇尺幅，味外酸鹹，仿彿坡公小品，誠知言哉！近從包子丹廣文處覓得原本，適余方重刊尚書《古夫于亭雜録》既成，爰再將此本踵而刊之，諒亦有目者所共賞也。時在光緒四年歲次戊寅季冬月，仁和葛元煦理齋氏識。

陸漻《佳趣堂置書述略》 予年九歲，偶於篋中得蠅頭細書一册，乃先大父手鈔歷朝名文，後書：「予幼時，無書可讀，借於人鈔録而讀者。今人有書而不思讀，哀哉！」讀之悚然。自十五歲，家貧失學，喜借書晝夜鈔寫。嚴寒乏炭，屈足腹下，冷暖交换，見者匿笑。鈔書一葉，於古書肆易刻者五葉。購書歸，端貯几上，揖而後藏。年二十，得顧仲瑛《玉山雅集》元刻，蓋衡山文待詔舊藏也。萊陽姜友偶聞之於檇李曹秋岳侍郎，侍郎云：「陸兄有此，或典或售，無所不可，不然當致慕中丞、丁方伯轉借。」予謂：「此非禁本，不介意。」堅卻之。於是，侍郎來覓晤，歡若舊識。過吴艤舟，方定身先垂訪。每謂山陰人曰：「陸生有隱操，吴門第一流也。」甲子歲，以魏仲先《鉅鹿東觀集》、孫奕《示兒編》皆宋梓善本見贈焉。歲辛酉，秀水朱竹垞檢討典試江南，亦造門訂交。晚選《詩綜》，有闕來借。二先生往來尺牘，不下四五十番。義門何庶常見而喜，跋其後云：「倦圃、竹垞兩先生晚年家居，力不能多致。聞人家有未見難得致之本，汲汲借鈔。或計卷帙多寡，互出以相易，往來白下與吾郡，精神所注，惟此一事。著述中，尤留意尺牘，尋所與其清陸君諸手筆，辭氣蕭然，似宋代名流，尤可愛翫。好事者若合并刻之，故是一段佳語爾。」夔州唐鑄萬亦曰：「陸氏之後子孫觀侍郎之手蹟，守祖父之遺書，黽勉誦習，必有以文章經術顯於世者。」此其清貽後之深心也。典籍内間有宋元刻本、宋元人鈔本、明賢録本、名賢藁本，出自閎閣公卿家者，郡城故族舊所收藏者，皆傳流有自，而與坊本迥異。餘則手鈔，倩人鈔。借書僦金，三四星一種，方得入手。典衣節食，寒暑無間。竭六十餘年之心血，雖不敢自謂成一家之書目，實生平志之所屬，故至老而不倦也。後之子孫，覩兹卷帙，尚其博覽之，寶貴之。至鈔謄藻飾，捆載遠遊，當思唐杜暹有「鬻及借人爲不孝」之語，并「有書而不思讀」之祖訓。若能擴增一二，則啓後承先，是余所深望也已。丁酉端陽後十日，書於清目處，平原陸漻。時年七十有四。

葉啓勳《佳趣堂書目序》 陸其清漻《佳趣堂書目》，大伯父吏部君從錫出孫星如先生毓修假得潄六樓鈔本，蓋上海郁氏宜稼堂故物也。原書首列置書年歲，始于康熙十四年，終于雍正八年，以一生精力搜羅，宋、元舊刻、精鈔、名校，悉具斯目。各書目下，或注某年所收。其有朱竹垞檢討彝尊、曹秋岳侍郎溶所贈，及已所贈于人者，亦皆于書下注明。觀其《自序》云：「典衣節食，或手自鈔録，或倩人代鈔，六十餘年，無一日之間，則其好書之癖，可謂深入膏肓矣。」今檢此目，有空白一二行者，有空白至十餘行者，意蓋求其書而不得，故留餘行，以待填補。然則，以陸

氏好之之勤，四部之書，猶恨不備，則聚書誠大難矣。王文簡士禛《居易録》謂，竹垞說：「吴門陸醫士其清家有洪炎《玉父集》、元人稅與權《易啓蒙小傳》、顧阿瑛《玉山雅集》，又阿瑛選《張伯雨詩》，皆毛氏刻十元人所不載。」當時，何義門學士焯，亦推重之。是其名動公卿，實以身繫文獻之故，非虚聲能盜也。其清既與竹垞、倦圃先後訂交，而竹垞晚選《明詩綜》，猶賴陸氏藏書得以補生平所未見，故陸氏足迹，不出里巷，名乃達于京朝。其視王蓮涇、金孝章諸人，固同爲隱君子中第一流矣。書目向無刻本，而收藏家重其書，如何校毛鈔，豈非其精神有以傳之久遠哉？大伯父方校刻諸家目録之書，而以此目命勳校讎付之剞劂，氏空缺，悉仍原本，以存其真，庶毋失其編次之本旨云爾。己未孟秋，葉啓勳記于拾經樓。

劉涵《讀書蕞殘序》　《讀書蕞殘》一卷，北海任菴王太夫子讀《漢魏叢書》之所爲作也。篇益少，論益精，且夫自漢魏以來，讀是書者，代不數人。尠見寡聞者，不知是書爲何物，自安固陋者，束之高閣，以爲無用。其讀者，餖飣捃拾，資組織爲詞章，藻繪而已，則玩物喪志，不可以讀是書。且是書龐雜支離，意義博奥，或謂不求甚解則鹵莽蔑裂，又不能讀是書。是書之僅存，蓋非但後人之不幸矣。今太夫子以貫穿經、史之才之識，出其緒餘衡論是書，一折衷之以聖賢之義理，是曰是，非曰非，真曰真，僞曰僞，微獨使後之學者不受是書之惑，且使是書之真者，是者不爲非僞所淆，自有此編而人人可讀是書，亦人人能讀是書矣。至書中之有關人倫風化，學問文章者，又必爲之推原其所以著書立説之故，使前人制作之精心共白於後人而可傳，可久，既以嘉惠後學而復以表章前哲。其功甚鉅，其志願甚廣大，又不第區區才識之足云。涵不文，夙昔問字於夫子，一旦淵源所自得。讀是編，如挹水於河，取火於燧；又如入山采玉，入水采珠，隨其所之，無不自得。太夫子之教澤，於是乎深長矣。庚辰秋杪，卒業於維揚郡署。夫子命載筆志崖末，因直述所見如此依然游夏，不能贊一辭也。康熙庚辰陽月之朔，受業晚生劉涵頓首謹題於維揚官閣。

王兆符《讀書蕞殘序》　初諸城中允汝敬先生，與先君子同譜相善，今粵西方伯中允弟也。喜先君子所爲文詞，聞兆符傳餘緒於先君子，以太翁任菴先生《讀書蕞殘》郵寄，屬爲之較刊。兆符既卒業，作而歎曰，於戲！先生讀書可謂勤矣。夫不得其指歸，雖博涉經、史，窮極幽渺瑰奇，仍惟立言者之説耳。章句經生之學，不盲於目，而盲於心也。奚爲哉？夫自《十三經》、秦、漢子、史而後，人各爲言，家各爲說，以及紀其見見聞聞者，且不可窮究。其間幽恠支誕，不揆於義者，亦不知其幾。然蒙昧於其說，而未之究，曾謂無一言之可揆於義也。夫聖人之爲經，斷非後人能贊一詞矣。而田何、丁寬之儔，爲之傳述，逮乎宋、元、明以來，諸儒之解，且人異其言，必不皆合於聖人之旨，然於聖人之經，未嘗不參悟冥會，各有一話一言之得。後之人讀其書，又求其一話一言之所以合於聖人，聖人之旨益明，我之所以讀其書，即上窮夫聖人之微言，以博求其旨，乃知聖人之經且有待於諸儒之發明，我又發明諸儒之未發，乃貴我之讀諸儒之書以上求夫聖人之經也。本是説以旁究千數百年以來之著述，又可蒙昧焉。而謂無一言之當於義耶，且明其不揆於義即義也。先生是集，分上、中、下三卷。上卷，讀漢諸家傳經及諸子書；中、下二卷，讀有明諸家著書。其於天人之大，神鬼之幽，綱常之要，經世之務，性命之微，休咎之變，君子之持身，小人之中禍，術藝之分流，二氏之誣妄，無不詳究悉辨，以端其軌。而諸家所言之得與失，或括其大旨，或摘其數言，或徵之一名一象，以散見萬殊者萃之以歸其全於聖人、賢人之旨。即千數百年異說之紛紜，斷之以義，而同其指歸可也。若窮極於方言幽渺而曰博記也，豈與於讀書之勤也哉？先生爲瑯琊首族。中允及方伯皆以文章名世，而先生讀書破萬卷，以上下千古之識爲庭訓，固宜其子若孫，傑出一時也。攻其堅而殘之，其義始出，博采其說而會歸之；其義始精，是集所由名也。先生著書，不下數十卷。其間讀唐、宋諸書，未及彙全藁，先刊此三卷，以行世云。大興宗後學兆符謹序。雍正元年，歲次癸卯孟秋穀旦。

葉啓崟《跋孝慈堂書目》　今春，校刻黄蕘圃主事丕烈《求古居宋本書目》、朱竹垞太史彝尊《潛采堂宋金元人集目》方竣，伯父又命以舊藏鈔本，王聞遠《孝慈堂書目》校正付梓。聞遠，字聲宏，號蓮涇，吾郡人也。喜藏書，多祕本名鈔。遇宋本，必手校。乾嘉時，黄蕘圃士禮居儲藏之富，甲于一郡，大半得之王氏。《士禮居題跋記續録》云「余所收王蓮涇家書最多，就中有《孝慈堂書目》，分門編類，敘次頗詳。以之求蓮涇所藏雖久散之本，按其册數多寡，幾如析符復合」云云。是蓮涇所藏，雖散猶聚，其書目之足傳，亦在是矣。蓮涇，名不顯於通人，然同時好書，如朱竹垞每得祕籍，必互相借鈔。又觀所作《金石契言敘》，知交七十餘人，固非僻陋尠聞者比。宜其藏書，當時爲人珍貴，書目至今爲人傳鈔，較之藏家無目及身而遺書星散，名姓翳如者，不誠爲幸事耶？顧鈔本傳寫，每有脱訛。撰人姓名，間有缺略。因取黄氏《題跋記》中所有者，逐一校勘。黄書散後，又歸聊城楊以增海源閣、常熟瞿鏞鐵琴銅劍樓、歸安陸心源皕宋樓、錢唐丁丙善本書室，按之諸家書目，其蛛絲馬跡，尚可檢尋。此外，則取證于《四庫全書總目提要》、仁和邵懿辰《評注四

庫書目》、獨山莫友芝《知見傳本書目》，益以家藏書籍，互相參考，補闕正訛，其在疑似之間，莫知所出者，則仍其舊，不敢遽改，雖不能毫無遺恨，然固十得八九矣。校畢寄呈伯父鑒定，伯父以爲善，遂付之梓，而識其緣始于此。己未伏末，吴郡後學葉啓崟識於願學齋。

彭元瑞《知聖道齋讀書跋序》 一領文淵，再校天禄，善和千卷，尚未能讀。幼即焚膏，老猶炳燭，有見輒書，瑑綴末福。過此以往，庶幾日續。南州彭元瑞。

阮元《寧波范氏天一閣書目序》 海内藏書之家最久者，今惟寧波范氏天一閣巋然獨存。其藏書在閣之上，閣通六間爲一，而以書厨間之。其下乃分六間，取「天一生水，地六成之」之義。乾隆間詔建七閣，參用其式，且多寫其書入《四庫》，賜以《圖書集成》，亦至顯榮矣。余自督學至今，數至閣中，繙所藏書。其金石榻本當錢辛楣先生修《鄞縣志》時，即編之爲目，惜書目未編。余於嘉慶八九年間，命范氏後人登閣，分厨寫編之，成目録一十卷。十三年秋，以督水師復來寧波，與寧紹台道陳君廷傑言及之。陳君請觀其目，遂屬府學汪教授本校其《書目》、《金石目》並刻之。刻既成，請序焉。余聞明范司馬所藏書，本之于豐氏熙、坊。此閣構于月湖之西，宅之東，墻圃周迴，林木蔭翳。閣前略有池石，與闤闠相遠，寬閒静閟，不使持烟火者入其中，其能久一也。又司馬没後，封閉甚嚴，繼乃子孫各房相約爲例：凡閣厨鎖鑰分房掌之。禁以書下閣梯，非各房子孫齊至不開鎖。子孫無故開門入閣者，罰不與祭三次。私領親友入閣及擅開厨者，罰不與祭一年。擅將書借出者，罰不與祭三年。因而典鬻者，永擯逐不與祭。其例嚴密如此，所以能久二也。夫祖父非積德則不能大其族，族大矣，而不能守禮讀書，則不肖者多出其間。今范氏以書爲教，自明至今，子孫繁衍，其讀書在科目學校者，彬彬然，以不與祭爲辱，以天一閣後人爲榮。每學使者按部，必求其後人優待之。自奉詔旨之褒，而閣乃永垂不朽矣。其所以能久者三也。觀察刻《目録》既成，即以板畀其後人庋閣下，甚盛舉也。余更有望者，此閣所藏五萬三千餘卷，皆明天啓以前舊本，若明末暨國朝之書概闕焉。范氏子孫若有能繼先業而嗜典籍者，以哀藏繼之，則書益以富矣。且閣不甚高敞，木亦漸朽，新而增之，不益禕歟？又案《甬上耆舊傳》曰：「范欽字堯卿，嘉靖十一年進士。知隨州，有治行，遷工部員外郎。時大工頻起，武定侯郭勛爲督，勢張甚。欽以事忤之，勛譖于帝，下獄廷杖。知袁州。大學士嚴嵩，其郡人也。嵩之子世蕃，欲取宣化公宇。欽不可。世蕃怒，欲斥之。嵩曰：『是抗郭武定者，蹈之適高其名。』遂得寢。稍遷按察副使，備兵九江。歷遷副都御史，巡撫南贛，擒劇賊李文彪，平其穴。疏請築城程鄉之濠居村，設一通判，以消豫章、閩、粵之奸。復攻大盜馮天爵，斬之。遷兵部右侍郎，解組歸。張時徹、屠大山亦里居，人稱爲東海三司馬。欽築居在月湖深處，林木翳然。性喜藏書，起天一閣，購海内異本，列爲四部。尤善收説經諸書及先輩詩文集未傳世者。浙東藏書家，以天一閣爲第一。卒年八十三。」因並録之，以見司馬事實。又黄梨洲先生有《天一閣藏書記》，亦録而刻之於卷首。嘉慶十三年冬至日撫浙使者揚州阮元序。

范彭壽《天一閣見存書目跋》 吾范氏自明嘉靖閒，先司馬東明府君搆閣藏書，及國朝，先吏部潞公府君復續有所藏，迄今三百餘年矣。乾隆間，四庫館開，吾范氏進呈之書多至六百餘種，賜書褒美，海内榮之。咸豐辛酉，粵匪踞郡城，閣既殘破，書亦散亡。於時，先府君（諱邦綏，咸豐丙辰進士，四川即用知縣。）方避地山中，得訊大驚，即間關至江北岸。聞書爲洋人傳教者所得，或賣諸奉化唐嶴造紙者之家，急借貲贖回。寇退，又偕宗老多方購求，不遺餘力，而書始稍稍復歸。其有散在他邑不聽贖取者，則賴郡守任邱邊公葆誠移文提贖，還藏閣中。及上元宗公源瀚來守吾郡，乃延慈溪何明經松編次《見存書目》。草創未就，而宗公以憂去官。適今出使大臣無錫薛公觀察浙東，修學好士，有加無已。公餘之暇，登閣觀書，慨然憫遺籍之缺亡，念續購之不易，思整比而編輯之。乃爲訂定體例，斠分部目，而屬諸歸安錢念劬明經。錢君就閣校録，凡再歷寒暑，三易稾而書成。今而後，求閣藏見存書者，可於此得其要矣。昔黄梨洲先生嘗歎藏書久而不散之難，今吾閣中之書，乃洊經喪亂而巍然獨存。復得先後官斯土者，數賢大夫，爲之屢捐廉俸修葺棟宇，編刻目録，俾吾子孫抱殘守缺，世世永寶。則此見存之目，固吾先人手澤之留遺，抑四明文獻所取徵焉者也。而尤願繼此而購藏，以復觀而傳來葉也。光緒己丑仲夏司馬公十世孫彭壽謹跋。

錢泰吉《拜經樓藏書題跋記序》 客有問於余曰：「昔錢遵王成《讀書敏求記》，秘不示人，蓋慮異本著聞，則巧偷豪奪，日無已時，不遂所求，或且召釁也。今蔣生沐刻《拜經樓題跋記》，廣傳於世，是豈樓主人累世保守遺書之意乎？」余曰：「不然。叢殘之帙，雖古香馣薆，非若金玉玩好之足以娱俗也。同此嗜好者，大都博物君子，豈忍攘人累世之藏以自私篋衍哉？況兔床先生生平得一異本，必傳示知交，共相鈔校，非私爲己有者。其所題記，正訛糾謬，既詳備矣。世之君子得讀其文，已如目覩舊本，獲益神智，何必私有其書而後快然自足耶？」客既去，生沐屬爲序文，乃録問答之語以告世之讀此書者，且冀吴氏後人皆如蘇閣父子之善承先

志，保護舊籍，勿損於蟲蟻，勿奪於豪勢，擇人通假，責歸如期，則拜經樓當與四明范氏天一閣並峙而爲浙東西宛委之藏也。道光丁未九秋既望，甘泉鄉人錢泰吉識於可讀書齋。

蔣光煦《拜經樓藏書題跋記跋》　光煦少孤，先人手澤，半爲蠹魚所蝕。顧自幼即好購藏，三吳間販書者皆苕人，來則持書。入白太安人，請市焉。輒歎曰：「昔人有言，積金未必能守，積書未必能讀，若能讀，即爲若市。」以故架上書日益積。稍長，欲得舊刻舊鈔本，而苕賈射利之術，往往索時下諸刻與易而益之金，則輾轉貿易，所獲倍蓰。未幾，凡余家舊藏世所恒有之書易且盡矣。今計先後裒集者蓋得四五萬卷，露鈔雪購，其值已不貲。而舊刻舊鈔本之中，苕賈弊更百出：剗首尾，易序目，剔畫以就諱，刓字以易名，染色以僞舊。卷有缺，劖他版以雜之。本既亡，録別種以代之。反覆變幻，殆不可枚舉。故必假舊家藏本，悉心讐勘，然後可安。而吾邑藏書家近數陳簡莊徵君士鄉堂、吴兔床明經拜經樓。顧余生也晚，均不獲接其緒論。徵君没，書籍亦亡失。惟吴氏猶世守之，洎與其孫鱸鄉茂才交，乃得假拜經樓善本以校所藏之缺失焉。歲丙午，鱸鄉下世，吴氏所藏亦不若曩時之易於借觀矣。而是書爲鱸鄉尊人蘇閣先生所記述，鱸鄉曾手録其稿以見遺，因授之梓，而附其父子詩文若干首於後，以廣其傳，并著平日所閲歷，以見購藏之不易。苟非若兔床先生之精於鑒別，雖擁書數萬卷，未足傲南面百城也。道光丁未九月朔，蔣光煦識。

管庭芬《拜經樓藏書題跋記跋》　國初吾邑東南藏書家首推道古樓馬氏、得樹樓查氏，蓋兩家插架多宋刻元鈔，而於甲乙兩部積有異本，其珍守已逾數世，不僅爲充棟計也。兔床先生祖籍休寧，流寓尖山之陽百有餘年矣，世以文章經術著稱。先生博綜好古，纂述宏富，值馬氏、查氏遺書散布人間，先生偶得其殘帙，流連景慕，每繫跋語，以寄其慨。迨後搜討益勤，兼於吴門、武林諸藏書家互相鈔校，并與同邑周松靄大令、陳簡莊徵君賞奇析疑，獲一秘册，則共爲題識，歌詩以紀其事。故拜經樓之藏弆足與道古、得樹二家後先鼎峙。嘉慶癸酉，先生年八十一下世，次君蘇閣明經彙録藏書跋語，析爲五卷。秘之篋衍，不以示人。歲己亥，余客硤川蔣氏之別下齋，時明經没已數年，哲嗣鱸鄉茂才出示遺墨，其中辨誤析疑，兼及藏書之印記，書版之行款，鈔書之歲月，莫不詳識。海昌遺老之載籍，世鮮傳本，並爲著録。其留心桑梓，不僅汲古之深心矣。生沐廣文讀而稱善，鈔藏其副。乙巳之秋，鱸鄉謝世，遺書塵封，問奇無自。生沐廣文謂《拜經題跋》實勝《讀書敏求記》，欲廣其傳，乃屬庭芬偕許君光清校寫付梓，并輯蘇閣明經父子詩文一卷附之。余嘗見寒中、初白二先生收藏之本，皆有跋尾，惜無人搜輯以傳。兔床先生鉛槧之餘，得存此五帙，視道古、得樹二家爲無憾矣。而蘇閣父子保守遺籍，累世不怠，亦自來藏書家所難能也。此書傳，蘇閣父子之苦心亦可告慰矣。道光丁未重九前一日，鄉後學管庭芬謹跋。

陸心源《儀顧堂題跋・史部・目録類》　《拜經樓藏書題跋記》四卷，海寧吴壽暘虞臣纂。壽暘，海寧人。父騫，號兔牀。好學嗜書，收藏之富，與同里馬寒中道古樓、陳仲魚士鄉堂埒。壽暘輯騫所題記者爲是書，頗爲江浙好事家所重。余觀其書，鑒別未甚精審。如校刻《宋史全文》之游明，乃正統六年進士，而以爲元時坊刻；徐達左，吴人，輯有《傳道四子書》。《曾子》乃四子中之一種。既不知《傳道四子》爲何書，亦不知達左之姓徐；《性理群書句解後編》三十三卷，宋熊節編，熊剛大注，前爲朱子《近思録》，後爲蔡節齋《近思續録・別録》。既不知爲熊節所編，剛大所注，並没《群書句解》之名，而題爲「《近思正續録》」；黄鶴注杜，與高楚芳《千家杜詩》，截然爲二，而誤爲一；至正六年，江右肅政廉訪使夏臺鏴伯温所刻《道園學古録》，乃大字本。見景泰本《學古録》，葉盛《跋》，兔牀所藏，每葉二十六行者，正景泰本也。書賈割去葉《跋》，兔牀亦認爲元刻，皆疏謬之大者。此外，以明刻爲元刻，元刻爲宋刻者，亦復不少。壽暘僻處海澨，見聞寡陋，原無足怪，獨怪耳食者流，奉爲金科玉律，殊可笑耳！

陳宗彝《廉石居藏書記序》　丙申二月，訪陽湖孫公子竹庡於五松園，假歸《廉石居藏書記》一卷，爲其先淵如先生遺書也。取《孫祠書目》刊本勘校，乃先生於所藏宋元槧本及舊鈔諸善本，多《四庫》所未得之秘。録其刊刻年代、人名、前後序跋，視宋晁氏《讀書志》、陳氏《書録解題》更爲精確，洵爲可據之書。惜無類次，蓋隨得隨記，後人綴録，未經排編者。先生官山東糧儲時，有《平津館鑒藏書記》四卷，例以刊版宋、元、明及景舊鈔爲類次，未經刊行。此題廉石居，五松園額也。曩偕陽城張公子小餘，觀冶城山館樓上藏書五楹，册首各有手書題記。今竹庡昆仲，分藏虎邱一榭園、金陵五松祠，間有散佚。屢從藏書家見先生手記，尚有檢此卷所無者，或此記所輯有遺也，乃即《書目》内外編，分類排次，成二卷，當與《鑒藏記》并傳。先生考据博而精，《記》中於漢、宋學之分，儒、釋教之界，絶之必力，深得立言之旨。予服膺先生教，未親受業，茲獲讀遺書，竊幸附名簡末，以識私淑云爾。道光十有六年歲丙申立夏，江寧後學陳宗彝仲虎謹序於倉山廬次。

孫廷鑢《廉石居藏書記跋》 此書爲後學之津梁，稽古者所不可不閲者也。苦於無力刊行，亦當亟寫一様本，以待將來可耳。後人寶之，不可拋失。道光戊子二月二十六日，雨窗廷鑢敬記於廉卉堂。

孫星衍《孫氏祠堂書目序》 家大人少孤貧，好聚書，易衣物購之，積數櫃。旋以北試入都。予生四五齡時，既就傅歸，竊視櫃中書，心好之，年逾志學。侍親之任句曲，因按日讀學舍官書、《十三經注疏》及諸史，朱墨點勘凡數過，幾廢科舉之業。既而西入關，校書于畢督部節署。畢氏藏書甲海内，資給予，使得竟其學。嘗傭書都門，適開四庫館，所見書益宏多。又數年，釋褐入玉堂，充中祕詳校官，並獲覩翰林院所存《永樂大典》，回翔省闥者九年。所交士大夫，皆當代好學名儒，海内奇文祕籍或寫或購，盡在予處。又流覽釋、道兩藏，有子書古本及字書、醫學、陰陽、術數家言，取其足証儒書者寫存書麓。及官東魯，由監司權臬事往來曹南歷下，防河折獄，所頓亭傳不廢披覽。遭母憂南旋，倉皇捆載，卷帙狼籍。時河漫南陽湖，遇風沈舟，損失大半。歸里後負米吴越，貧不自存，猶時時購補數十種。嘉慶甲子歲，再官東省，始從運道載古書校，以宋元善本書稍完具如初，或有創獲。蓋藏書之難，而聚書之不能免於戹者如是。予始購書，先來先秦三代古籍，次及漢魏六朝隋唐，次及宋元明之最精要者。餘力不能備具，故爲内外編，略具各家之學，僅以教課宗族子弟，俾循序誦習。分部十二，以應歲周之數：曰經學第一。漢魏人説經出於七十子，謂之師傳，亦曰家法，六朝唐人疏義守之不失。以及近代仿王氏應麟輯録古注，皆遺經佚説之僅存者，學有淵原可資誦法。至宋明近代説經之書，各參臆見，詞有枝葉，不合訓詁。或有疑經非議周漢先儒，疑誤後學，宜別存之以供取舍。曰小學第二。先以字書，次及聲韻。六義不明，則説經不能通貫，或且望文生義。文字之變，隸楷遞改，滋生日多。既集漢魏字書亦及後世以盡其變。聲音、反切雖起，六朝或推本讀若舊音而作，且引古字書足資校證，亦宜兼列。曰諸子第三。九流區分，互有改易，《班書》、《隋志》部分最當，依此爲類，庶非臆見。僞《六韜》舊入於儒，《管子》還列於道。周秦述作之才，幾於聖哲，或多古韻古字。僞書後出，判然可知。唐宋依托前人，號爲子書，文多膚淺，入録甚少。曰天文第四。黄帝、巫咸、甘石之學，是有五官分野。按五行以占吉凶，出於保章。左史其書最古，謂之天部。九章、五曹之書，惟知轉算，不必長於觀象，謂之算法。遁甲、六壬其術，亦古不可中廢，合以命書算法，謂之陰陽三者，俱屬天文，各有專門，後世或不能別，僅傳算學。曰地理第五。先以統志，次以分志，或總紀區宇，或各志封域。《禹貢》古文説及周地圖之言存於列代，地志及《水經注》、《括地志》諸書、宋元方志多引古説，証經注史，得所依据，宜存舊説。地名更易，今古殊目，兼載今志以資博考。曰醫律第六。先以醫學，次以律學。醫、律二學，代有傳書，竝設博士。生人殺人，所關甚重。經稱十全爲上醫，不三世不服其藥。史稱郭鎮、陳寵世傳法律，此學古書未火於秦，歷代流傳，尤不可絶。醫則祛其後出偏見者，律則今代損益盡善，欲悉源流，兼載古時令甲云。曰史學第七。先以正史，次以雜史，次以政書。古今成敗得失，一張一弛，施之於政，厥有典則存乎！正史，史臣爲國曲諱，或有牴牾，尤賴雜史以廣異聞。朝章國典，著作淵藪，舉而措之，若指諸掌，則政書尤要云。曰金石第八。金石之學始自宋代，其書日增，遂成一家之學。鐘鼎碑刻，近代出土彌多，足考山川有裨史事，古今兼列，無所删除。曰類書第九。先以事類，次以姓類，次以書目。古書亡佚，獨賴唐宋人採録存其十五，非獨獺祭詞章，實亦羽儀經史，謂之事類譜學之傳，自東晉板蕩，南宋播遷，周秦世系不可復尋，或多僞託唐宋字石，專家傳書幸在，故爲姓類流傳書籍，自有淵源，証以各家著録。僞書缺帙，不能妄託，宜存其目。曰詞賦第十。先以總集，次以別集，漢魏六朝唐人之文足資考古。多有舊章，美惡兼存，自宋以下人自爲集。取其優者入於書目，餘則略之。曰書畫第十一。先以總譜，次以分譜，六朝以來以行、楷争奇，存乎絹素。或摹繪山川故事，以傳往迹。書畫小技，不絶於今，宜考其真贋。鑑賞之學，游藝及之，所謂賢於博奕。曰小説第十二。稗官野史，其傳有自。宋以前所載，皆有出典，或寓難言之隱。今則矯誣鬼神，憑虚臆造，竝失虞初志怪之意。擇而取之，餘同自鄶焉。昔之聚書者，或贈知音，或遭兵燹，或以破家散失，或爲子孫售賣。高明所在，鬼神瞰之。予故置之家祠，不爲己有。既經水患，卷帙叢殘，知免天灾豪奪之咎。但捨之，作宦不能多攜，懼爲蠹簡，是切遂初之志。因刊目録，略述淵源，以教家塾。非敢問世其有續得，列爲後編云。孫星衍撰。此序作于嘉慶五年，後刊書目，又有更正，部分與序或有不合，略改而存之，不復重作。

孫星衍《平津館鑒藏書籍記序》 《平津館鑒藏記書記》三卷，洪明經頤煊助予寫録成帙。凡刊刻年代、人名、前後序跋、收藏圖印悉具於册。余參藩東省，駐節安德，與江左一水相通，因擇要用書籍，攜載行笈。每年轉粟東歸，公事多暇，輒與同舍諸名士校訂撰述，以銷永日。於家園藏書纔十之四五耳。曩余游蘇杭及官京師時，所見秘府及市肆舊本甚多，既不能購寫。及官外臺，歲秩優厚，又以地僻無所得。先後從翰林院存貯底本及浙江文匯閣寫録難得之書。或友人遠致古籍，

酬以重值，頗有善本及秘府未收之本。阮撫部既補採四庫遺書，進呈乙覽，蒙御題「宛委別藏」以貯之。或從余寫録世間未有古書以圖續進。念古今藏書家率閲數十年一二世而散佚。獨范氏天一閣傳最久，亦未全備。伏讀《天禄琳琅書目》，知捐金藏珠之盛世，惟以稽古右文爲寶。監司不貢方物，無階附呈。異時擬以善本及難得本彙請名大府進御。存其賸本，藏於家祠。不爲已有，庶永其傳。復恐後人無所稽核，故爲之目。又爲《鑒藏記書記》以備考。至此外家藏舊版尚有可觀，俟歸里後續記爲後編。或疑其好古之僻，則非知我者。太歲戊辰四月七日，孫星衍撰於河西務舟次。

陳宗彝《平津館鑒藏書籍記跋》 此書標目題「平津館鑒藏記書籍卷一」，則書籍蓋鑒藏之一類。平津館收藏碑版，宇内號稱富有。《平津館讀碑記》，洪詒孫已有專書。至書畫數跋，録《遺稿》中，意其時必欲次弟編之而未逮也。敘言此書撰於參藩東省，駐節安德時，家園藏書才十之四五，爲《記》以備考，則前三卷也。言擬以善本及難得本彙請名大府進御，存其賸本，藏於家祠，不爲已有，則編録以佐稽古右文之治，固猶不忘太史之職也。惜身後善本悉爲狡獪之徒多方賺去，幸此記稿本尚存其家。曩歲丙申，從公子竹庡假歸録存，冀異日刊版以傳，且與海内藏書家據此考證古籍，而此輯録之深心不致泯滅云。道光歲三豕九月中旬，金陵後學陳宗彝校畢記於獨抱廬。

劉承幹《鄭堂讀書記跋》 《鄭堂讀書記》七十一卷，烏程周信之先生著。先生名中孚，信之其字，别字鄭堂。嘉慶辛酉選拔貢生，癸酉復舉副貢。先生幼有孝行，力學負文望，與弟聯奎齊名，並爲詁經精舍翹材生，與修《經籍纂詁》。見《四庫書總目》，謂爲學之涂徑在是，於是徧求諸史藝文志，博考自漢迄唐存佚各書，鉤玄提要，爲《四庫》之輔，是編其職志也。先生北游燕，南游粤，撰著頗富，並爲人訂正，而不尸其名，卒後，所著復散佚。是編初歸朱椒堂侍郎，藁本百餘册，後歸洪鷺汀觀察，觀察復以歸予，僅存七十一卷，似從椒堂侍郎所藏本傳鈔而有脱佚者，非先生之舊也。本多漫漶，復假王雪岑廉訪廣雅書局本校之。昔張文襄刻《廣雅叢書》，欲入是編而未果，原鈔遂留廉訪許，予故假得之。唯是編既取法《四庫》，而經部則首《孝經》，次五經總，而《三禮》，而樂，而《詩》、《書》、《春秋》，獨不及《易》。小學部只音均而無他二家。經列樂書，子列天算，而雜家中復有樂書及《樂律全書》，又《梅氏叢書》似宜合而爲一。集部只本朝二卷，以前别集皆未及，則亦非足本也。目録之學，始於趙宋晁公武之《讀書記》、陳振孫之《書録解題》，實爲初祖。本朝右文，其風益煽，前有毛子晉、錢遵王諸老，後有黄蕘圃、顧千里諸老，收藏既富，考證亦精，遂開目録家一派。並世之士，繆藝風參議、葉鞠裳侍講，如泰、華並峙，莫能兩大。聞其風者，相與求祕本，羅佳刻，蘄占目録家一席。然其所齗齗者，年代先後，板式高卑，行字寬狹疎密，考之極其精，辨之極其確，而於書中之精義秘文與得失利病則漫不訾省，以是翹然自鳴曰目録家，世亦以目録家歸之。於戲，若而人者，剽竊目次，鈞弋聲譽，皆先生之罪人也。先生所著，是編而外尚有《孝經集解》、《逸周書注補正》、《顧職方年譜》、《子書考》、《金石識小録》、《鄭堂札記》諸書，殊鮮傳本。惟《札記》藏其外孫戴子高許，趙悲庵據以刻入《叢書》，餘無所見。天既厄先生之遇，並其畢生心力所注者亦澌滅以盡，可謂窮已。刻既竟，爰綴言於末簡，既悼先生之不幸，且爲承學之士捐本登枝者風焉。辛酉荷花生日，吴興劉承幹跋。

汪璐《藏書題識序》 書籍流傳，藉乎刊刻。大江南北，不乏好古之人。昔時珍秘之本，近日頗多精槧，固不患傳布之難矣。第昔人意見所到，常于流覽之餘，信筆而書，散漫不復收拾。其議論之卓絶，往往無由傳述。即或感慨時事，紀述景光，短幅長篇，皆從卷軸中醖釀而出。後人讀之，借資不淺，顧可任其飄零散失已哉。昔竹垞先生輯《明詩綜》，搜羅評跋，刊入者凡二十五家，亦云富矣。顧此外豈無遺佚，且繼出之筆墨又不知凡幾。今人刻書，不能一一輯入，書中手蹟，輾轉流傳，終歸灰燼，傷何如之。余家藏弆無多言，家鄉前輩所儲，傳歸架上者，簡端册尾，朱墨猶新。爰於繙閲之時，鈔寫成帙。即已刻者，亦間列一二，用誌珍惜之懷。其中已失之書，據朱朗齋所訂《書録》録之。而朗齋跋語則低一字書于後，以其昔年編録，頗費苦心，且于書多所正定也。若夫旁搜遠采，侈示大觀，則力有未逮，姑就所有而彙録之，稍資考證之一助云。嘉慶甲子臘月二九日春園汪璐記。

阮元《五桂樓藏書目序》 自「制義」興而天下讀書之人遂少。凡登金門上玉堂者，往往并《文選》不能讀，於他書何有？而古書遂日即於淪亡。今浙東藏書之家，以甯波范氏爲最。余既編寫其目録，既又序而刻之，誠以簡編飄零，欲藉此以維持之，亦振起斯文之意歟？餘姚黄君石泉，僻處深山之中。木石之與居，牧童、樵豎之與往來，獨有志津逮縹囊緗袠，搜羅至五六萬卷，建樓儲之，以貽子孫，可謂有志者矣。余又聞，黄君居鄉，增置祭産。每歲臘殘，各給升斗，以資卒歲。嘗手著《姚江書畫傳》、《西明耆舊傳》等書。其敦睦宗族，奮興鄉里，所謂隱君子者如黄君非歟！好學之士，誠能造廬而讀其書，規其行，爲異日賡颺之具，勿囿於「制義」

焉。是余之所深望也！揚州阮元。

徐用儀《五桂樓藏書目跋》 曩余官京師，與餘姚朱肯甫太史友善。肯甫沈酣經籍，因言其鄉人黄石泉先生，插架甚富。櫱溪先生繼之積書至六萬餘卷，爲越中藏書最。余心竊慕之。去年銜恤家居，石泉先生之曾孫芝生茂才以《五桂樓藏書目録》寄眎，展閲一過，如入瑯嬛。慨自粤匪之亂，吾浙藏書家如范氏天一閣、陳氏湖海樓，俱遭兵火，而五桂樓獨存書籍，間有散佚，芝生復搜補而整理之，得還舊觀，豈非有數存耶？近時，歸安陸氏儀顧堂藏書亦復不少，且多宋本書，爲阮文達《揅經室外集》所未載，足與玆相頡頏云。光緒二年歲在丙子春三月，海鹽徐用儀跋。

王甲榮《姚江黄氏五桂樓藏書跋》 曩予嶺表歸道滬上，聞人嘖嘖稱黄君芝生觀察官華洋同知，能庇民不爲夷酋屈，上臺雖心善之，而弗能袒也，乃徙君權他篆。予其時固已欣慕焉，而以不得見爲憾。後十年，予佐邵中丞於臺灣，觀察已先數年移官於此，謂可以見矣。而觀察以憂去官，又不即見。今年秋，觀察復來，一見如平生懽。知其家祖遺五桂樓藏書六萬卷，遭兵燹，間有散佚者。其先人復搜補之，依然完好。旋示予《書目》四卷，經、史、子、集部居别白，皆觀察手編也。然後知觀察能舉其職有異乎尋常俗吏之所爲者，蓋寢饋於此，非一日矣。予獨愧夫奔走衣食，數去其鄉，竟不知五桂樓藏書若此之富。往年舟過姚江，不得披帷縱覽，失之眉睫之間。又愧吾家涉園藏書三萬卷，盡爲兵火所毁，不能如觀察之克承先業，輒令予掩卷有餘慕已！光緒十八年壬辰十月中澣，嘉興王甲榮拜跋。

管庭芬《曝書雜記跋》 學師錢警石先生，稟承舊德，少喜聚書。插架數萬卷，丹黄粲然，而於《兩漢書》、《元文類》校勘尤詳審。道光戊戌，偶著《曝書雜記》二卷，以史漢之類例，爲晁、陳之品評，分之則百餘條，合之則自首至尾，脈絡灌輸，爲自來説部之創格，而著録之變體也。蓋先生於古文義法極嚴，雖隨筆記纂，亦體裁不苟如此。其中敘述家訓，感念故人，皆至情至性之所係，豈獨妙義微言，啓迪來學哉？庭芬從遊有年，竊謂粗知先生者，爰贅數語於後。管庭芬謹跋於硤川蔣氏之慎習堂。

李慈銘《越縵堂讀書記》卷一一《綜合性筆記》 《曝書雜記》，清錢泰吉撰。閲錢警石先生泰吉《曝書雜記》。先生字輔宜，嘉興人，衎石先生逵吉之弟，官海甯州學正。此書共二卷，雜識古今書籍，尤詳於古刻源流，及收藏傳寫之始末，間附考證，于漢宋之學，兼有取裁。其書中每及持身保家藏書讀書之法，親切可味。而嘉慶道光間吴浙經師，多藉以考見姓名行事。末有管庭芬一跋，謂爲説部之創格，著録之變體，其中叙述家訓，感念故人，皆至情至性之所係，真確評也。

楊蟠《文瑞樓藏書目録序》 婁東金明經星軺先生，自幼嗜古好蓄異書，築文瑞樓以貯之。此書目十二卷，皆其所藏也。明經，籍隸桐鄉，徙宅于婁東。其於桑梓之文獻，罔弗留意。康熙己亥，校刊《貝清江集》四十卷、《程異隱集》四卷，後又訪購鮑徵士《西溪集》而不得，每以爲憾，此風雅可想見矣。今世所傳《高青丘詩集注》亦出自明經。以其藏書之富如是，宜注釋之甚易，然亦四易寒暑而後成也。此目録鈔自明經之從孫鄂岩比部，爲桐華館訂正之本。比部博雅好古，可繼明經之流風。曾以訂本屬鮑叟渌飲剞劂，旋又中止，且軼其跋語。今年春，叟轉贈蕘厓顧君，刻入叢書，而蟠爲述其緣起于卷首。至於編次有法，凡宋明人諸集，分以時代，尤易檢閲，則有識者所共賞也。辛未初夏，小長蘆楊蟠。

金錫鬯《文瑞樓藏書目録跋》 右《文瑞樓書目》，先曾叔祖星軺先生所訂也。先生博學嗜古，於書無所不蒐。晚年，徙宅吴門之桃花塢，得書益富。嘗校刊《貝清江集》四十卷，《程異隱集》四卷，又爲《高青丘詩集注》，即今世所傳刻本。箋釋精博，爲士林寶貴，蓋得力於家藏之書居多云。《書目》十二卷，編次有法，條理秩然。予家向有寫本，遭事散失，復借録於婁東陸君遠湖處。近地好事家，亦閒有藏本，然流傳殊未廣也。此册抄自家叔比部鄂巖先生，爲桐花館訂正之本。比部曾屬鮑丈渌飲剞劂，旋又中止，且軼其跋語。今春，鮑丈轉以贈之顧君蕘厓，刻入叢書中。錫鬯適至桐鄉，緑厓屬爲參校，遂書其緣起如此。嘉慶辛未秋日，金錫鬯敬書。

管庭芬《破鐵網跋》 林泉樂事，惟讀書論古，足以怡志明心。吾輩身處寒素，兼爲帖括所縛，敢望作平地神仙？每閲前人藏書之記，賞鑒之論，莫不心契孔殷，如身入寶山，而終徒手以返也。鄉居往來，惟胡子蕉窗爲密邇。蕉窗向厚於貲，縹囊錦軸及鐘鼎金石，濟美一樓。然性情疏放，不問家人產，晚遂中落。年來，書估、骨董到門，有所悦而力不能從者，輒攢眉相告，大有「嫏嬛福地，張茂先不能再窺」之思。一日，出此編見示，顔曰：「破鐵網」，蓋寓「網破無策，可以求珊瑚也。」其寄慨亦深矣。後之覽者，當作雲煙過眼録觀。時道光辛巳嘉平上浣六日，芷湘管庭芬跋於桂林一枝軒。

宋翔鳳《鐵琴銅劍樓藏書目録序》 自目録之學興，而古今載籍存亡之數，可

得而參稽，凡師儒學術衰盛之源，亦有所考鏡，蓋始於漢京向、歆父子。子政爲《別録》於前，子駿成《七略》於後，起自黄虞，及於當代，條流派別，靡有闕遺。班氏《藝文》因斯而就，曹魏繼之，有《中經簿》，遂分四部。宋、齊、梁、隋，代有簒録，然皆祕閣所藏，監令所掌。就其存者，以成簿籍。惟梁處士阮孝緒，博采王公之家，凡有書記，參校官簿，更爲《七録》，由是，人間始有私行之目録。《隨經籍志》所據爲存亡者，皆《七録》也。唐之中祕，惟開元中有《群書四部録》，久而無傳。宋有《崇文總目》亦多闕失，轉不能逮晁氏《讀書志》、陳氏《書録解題》詳明曲暢，以啓來者。蓋古書之先，始爲篇策，繼以縹緗，乃成卷軸，書必手寫，貴重煩難。後唐、後周、孟蜀，始以《九經》鐫板，有宋以來，徧及群籍，遂可家置一編，風行四海，雖有放失，易於網羅，萬卷不足多，千古如一日也。宋人近古，分行數墨，猶仍舊式。有明之代，傳刻日多。尨改錯訛，妄删舊注。讀者苦之，遂寶宋本。近百餘年，并元板而重之，并影宋本而重之，但校宋刻，亦有傳訛。聊舉數事。宋板《周禮少宗伯》注引鄭司農云：四望，三王五帝，九皇六十四民，咸祀之。其「三王」誤作「三皇」，疏亦同。案此本《春秋繁露》，三王，肅當代之王及二王後，同時各行其正朔，用其禮樂，以通三統。封五帝後爲小國，以備五德之運，九皇之後則爲附。九皇以前無封國，列於齊民，故云六十四民，皆在同時。考之《左氏》，亦多密合。世逾遠而逾微。賈公彦不得其説，【略】遂改注文，疏又引《史記》云，九皇氏没，六十四民興。以六十四民在九皇之後。《史記》並無此語，出於虚造。宋板則承唐人之疎謬，而不欲輕改，亦其慎也。又宋板《管子·形勢篇》「抱蜀不言」卷尾綴音云：蜀，音「猶」。校「猶」字顯係「獨」字之誤，則「抱蜀」爲「抱獨」，即老氏之「抱一」。宋板尚存猶字之音，遂可申明其義。明人刻《管子》，則併猶音删去不存。又《韓非子·二柄篇》「易牙蒸其首子而進之」，證以《墨子》及《漢書·元后傳》，則「首子」爲是，宋板《韓非》作「子首」爲非，是又不能以宋本而改今本也。再明代間有精刻，如震澤王氏重刻《史記》，寒山趙氏重刻《玉臺新詠》，與宋板無毫髮異。以少詹事錢先生之精審，猶以趙刻之《玉臺》爲宋板。又王光禄尚書，後案據訛本《白虎通》引《書·無逸篇》曰「厥兆天子爵」爲《書·無逸篇》之佚文，謂其家所藏宋本《白虎通》如是，然今尚有宋板大字小字二本及元大德本，但作《書逸篇》，則光禄所藏，正是明刻。蓋有收藏之家自詫爲珍奇，坊賈之技，僞託以求售，變幻百出，難可勝窮，惟在明者能辨之也。明季，虞山錢氏絳雲樓藏書，爲備錢遵王作《讀書敏求記》排次篇目，就其宋本，皆有識別，然寥寥無幾。同時，邑中毛氏汲古閣刻經、史諸書，始以宋本對校，已洗有明一代刻書之陋。然毛氏未見宋刻十行本注疏，故《禮記注疏》闕文未補，分卷亦異。近代則有吴門周君漪塘、黄君蕘圃兩家，收宋、元本最富。周君無所簒録，黄君重刊《國語》、《國策》，皆顧君澗薲爲之手定。澗薲以絶人之資，爲校讎之學。其重刊之精妙，有過於宋本者。如鄱陽胡氏刻《文選》、《資治通鑑》，陽城張氏刻《禮記》鄭注，陽湖孫氏刻《説文解字》、《唐律疏義》，全椒吴氏刻《韓非子》，最後吴門汪氏刻單疏本《儀禮》，款識字體，全摹宋本，皆出澗薲手。余歸田時，澗薲久謝世，兩家之書，亦既無存，爲之太息！今兹秋杪胡君心耘自虞山回郡，言虞山一邑，好古好學之士，不殊曩昔，因出《鐵琴銅劍樓藏書目録》一編，則邑之明經瞿君子雍之所簒録也。鐵琴銅劍樓者，則其先人學博君所搆藏書之室也。蓋其所收藏，皆宋、元舊刻，暨舊鈔之本，至明而止。則從邑中及郡城故家展轉搜羅，卷逾十萬，擁書之多，近未有過之者也。既列其目，而每書之後，必載其行款，陳其同異，以見宋、元本之至善，教子孫以長守此，其意甚切，而其志甚遠也。明經君即世，令子鏡之、濬之、融之昆季，更承先志，旁搜博采，日累月積，相與編摩，已歷三世。遠追古人，近比毛氏，將益盛焉，無不及也。且世有籍貪婪之巨貲，或逐倍蓰之近利，遂不久而易失。聞瞿氏之所藏，皆出於耕養之餘，成其學業之餓，所由辛苦而致之，斯能緜遠而有之，余故樂爲之序，而又不能不竊竊然深望於其後賢也。咸豐七年，蒼龍在丁巳，十有二月十九日，長洲八十一叟宋翔鳳拜序。

馮登府《馬君二槎藏書記》　書之有鋟本，實始於唐元相序《白太傅集》，有市井模勒衒賣之説。司空表聖《一鳴集》有東都《敬愛寺化募雕刻律疏》，則謂起於五代者，非也。唐以前書，多藏於官府，唐本亦罕有傳者。至宋本盛行於世，如蜀本、趙本、岳珂本、余仁仲本、世綵堂本、雪窗書院本、興國、建寧、淳化、淳熙諸本，今已不可多見。明之閩監本、北監本、南雍本，尚爲近古。至坊刻出而沿譌遂不可問矣！余嘗據漢、魏、唐、蜀、兩宋石經訂正經文，知俗學之失。又嘗得宋本《毛詩集傳》，其經注分卷，都與今異，足爲朱子辨誣，古書之可貴如此。昔司馬温公藏書萬卷遺子公休數語，等於賈藏之寶惜，杜暹題每卷後以墜鬻爲不孝，古人之慎重愛護，若是其至也。馬君二槎，嗜古媚學，每得一帙，舌耕肘書，必手自斠勘，積數十年，搜脊之勤，藏不必富，而惟精之是求。若東萊《吕氏書説》，爲徐健庵藏本；《重言重意周禮》，爲季滄葦藏本；《晉書》爲王鳳洲、宋牧仲藏本；《本草衍義》、《活人書》、《卻掃編》爲黄蕘圃藏本，皆宋槧之最著者。其他若《咸淳臨安志》爲盧抱經、錢竹汀校抄本，較竹垞所見增多兩卷，《統輿圖》爲述古堂抄本，錢遵王跋之，見《敏

求記》，餘亦類多汲古閣、萬卷樓、曝書亭祕笈。縹緗鏉縫，排嗽一室，昕夕坐擁其中，客至，則設茗椀香鉦，相與道古，某書之沿革，某卷之增損，某氏、某代之聚散離合，莫不條入葉貫，沿波討源焉。二槎固雄於貲，不牙籌金埒錢癖穀堆之愛，而孳孳矻矻，日披尋於螢乾魚蠹之餘，可不謂多文爲富歟！他日者，積之逾富，將仿晁氏《讀書志》、陳氏《書目解題》，著録以傳，其勝於黄紙赤軸之誇耀者，多矣。余不敏，田居孏窟，百念都息，惟此讀書分年之願，久而彌篤，行當懷餅借抄，訪君於青燈竹屋間，君其許我醉一瓻否？是爲記。小長蘆舊史馮登府。

顧千里《愛日精廬藏書志序》 書之難聚而易散，自古云然矣。以予目驗，前者先從兄抱冲小讀書堆，我友袁壽皆五硯樓，秘笈不少。方欲一傳，而片紙不能守。滋蘭堂主人朱文游晚失厥嗣，手斥萬籤。較販鬻家一出一入，詭得詭失，遂覺同歸於盡。後者有常熟陳子凖、張月霄二君，於書好同、聚同、能讀同，十年以來，名在人口。予頻歲出游，不及與之賞奇析疑，而僂指識面，所以深期之者未有艾。日月幾何，聞子凖夭，無子，半生心血所收，徒供族人一賣。月霄家落，責負者傾囊倒篋，捆載以去。於是屬望之素，方且爲之嗒然矣。忽一日，月霄跡予於里中，出巨册盈尺置几上，謂曰：「此所刻書目、續目也，刻纔成而書散。書散可惜，刻成可喜。願爲我序之。」予曰唯唯。今夫書之有目，其塗每殊。凡流傳共見者，固無待論。若夫月霄之目，乃非猶夫人之目也。觀其某書，必列某本舊新之優劣，鈔刻之異同。展卷具在，若指諸掌。其開聚書之門徑也歟。備載各家之序跋，原委粲然，復略敘校讐、考證、訓詁，簿録彙萃之，所得各發解題。其標讀書之脈絡也歟。世之欲藏書讀書者，苟循是而求焉，不事半功倍歟。然則此一目也，豈非插架所不可無，而子樂爲之序者哉。予又念抱冲之存，嘗爲《讀書志》，徘徊矜慎，汔未具藁。予擬擷所見諸藏書家菁華匯著一録，而亦牽率以老，有願莫酬。以視月霄之汗青告成，才何其敏，力何其勤，殆弗可及也已。設使書於月霄不限之以散，而進之以聚，或五六年，或四三年必再續，不一續，不盡泄天地間之秘不止，而豈唯是四十卷哉。此予所以爲月霄序，而含豪掩卷，重爲之三歎也夫。道光七年，歲在丁亥秋九月，元和顧千里撰於邗江寓次。

張金吾《愛日精廬藏書志舊序》 目録之名自康成始。其有序釋則《七略》、《別録》所由昉也。然目録之存於今者，自晁、陳兩家外，惟《讀書敏求記》略述源流，故儲藏家每艷稱之。然巵言、小説、術數、方伎居其大半，下至食經、卧法、鶻譜、鴿論以及象戲之局，少林之棍、種樹之書，與夫雷神紀事之荒誕，《孟姜女集》之無稽，兼收博采，並登簿録，雖小道可觀，恐難語乎擇焉而精矣。若傳注之羽翼，經訓史籍之紀載，朝章及有關學術政治之大者，則寥寥數種，半屬習見，心竊惑之。金吾年二十始有志儲藏。更十年，合舊藏新得以卷計者不下八萬。今夏略加詮次，爲目録一十卷，繼又擇傳本較稀及宋元明初刊本暨傳寫文瀾閣本另爲一編，凡萬二千卷，非有裨學問、藉資考鏡者不與焉。若有明及時賢著述，時代既近，搜羅較易，故亦從略。其前此逸在名山，爲世所不經見者，則間附數言，以識流別，名之曰《愛日精廬藏書志》。方今文治休明，典籍賅備，海内操觚之士亦既家握隨珠，人懷和璧，是區區者又奚足道？抱殘守闕，掛一漏萬，大懼無以塞侈然自足之譏。然大以成大，小以成小，如鼠銜薑，如蟲負版，心有餘而力不足也。至採録之旨，別擇之意，視《敏求記》義例不無少殊，孰得孰失，必有能辨之者。若夫矜宋刻之精，標鈔帙之富，則吾豈敢。嘉慶庚辰仲夏昭文張金吾識。

又《愛日精廬藏書志自序》 人有愚智賢不肖之異者無他，學不學之所致也。然欲致力於學者必先讀書，欲讀書者必先藏書，藏書者誦讀之資而學問之本也。漢、唐以來，書皆傳寫，後唐始有鏤板，自是厥後，書日益多，至於今輦數千金至市，可立致萬卷，則當今日而言，藏書亦何足貴？然而藏書不易言矣。著録貴乎秘，秘籍不盡可珍；槧本貴乎宋，宋槧不盡可寶。要在乎審擇之而已。夫所謂審擇之者，何也？宋、元舊槧，有關經史實學而世鮮傳本者上也。書雖習見，或宋元刊本，或舊寫本，或前賢手校本，可與今本考證異同者次也。書不經見而出於近時傳寫者，又其次也。而要以有裨學術治道者爲之斷。此金吾別擇之旨，不無少異於諸家者也。庚辰夏編《藏書志》四卷，以活字印行。六七年來，增益頗多，乃重加編次，附入原書序跋，釐爲三十六卷，仍其名曰《愛日精廬藏書志》。竊嘗論之，藏書而不知讀書，猶弗藏也。讀書而不知研精覃思，隨性分所，近成專門絶業，猶弗讀也。金吾少學爲詩，稍長讀書照曠閣，與校《太平御覽》諸書，爲校讐之學者有年。其後汎濫六籍，爲考證之學者有年。又其後究心經術，尊漢學，申古義，爲聲音訓詁之學者又有年。繼而講求古籍，考核源流，則雜以簿録之學；纂集經説，采輯金文，則雜以彙萃之學。迄今年垂四十，學問無聞，蓋藏而不讀，讀而不專之過也。然尊聞行知，含英咀實，廣以觀萬，約以守一，視世之玩物喪志者似有間矣。宋黄庭堅有言曰：「士大夫家子弟不可令讀書種子斷絶，有才氣者出便名世矣。」丁顗有言曰：「吾聚書多矣。必有好學者爲吾子孫。」是則金吾藏書之意也夫。道光丙戌春三月昭文張金吾識。

樊鎮《鳴野山房書目題識》　余生平篤嗜典籍，於軍事之餘，頻詣孫康侯師、吴絅齋丈齋，考古質疑，縱譚文藝，因得識楊見心舍人，時相過從。舍人温文爾雅，藹然可親，守其先公雪漁翰編之業，青氈一片，不改儒素，其藏書之所曰豐華堂，插架充棟，都人士艷稱之。余自丙辰以來，重雕先諫議公七家注本，蒐采有關《緜詩》、《絳記》之書，因類而求，忘其寢食。屢向舍人作一瓻之借，舍人無有遴嗇，且不以爲煩瑣也。庚申冬，得井研胡相國世安《句解樊子》二卷，爲鳴野山房舊藏，《鳴野書目》八卷，舍人有焉，因得借觀。案鳴野山房爲吾鄉沈氏復粲藏書之所。間嘗讀宗滌樓先生《躬恥齋文集》中所著沈霞西《越中金石廣記序》及《沈霞西墓表》，於霞西事蹟甚詳。今讀其目，多罕見之本，而獨無《胡注樊子》，殆得於輯是目之後歟？因焚膏繼晷，手自鈔訖，原書仍畀於舍人珍藏。考霞西之書，近代藏書家俱有其舊本，而丁氏八千卷樓所蓄較多，今已歸於江南圖書館保存云。壬戌秋日，古越樊鎮漱圃謹識。

馬國翰《玉函山房藏書簿録序》　余性嗜書，聞友人家有奇編秘籍，每以一瓻乞假，手自抄録。遇諸市肆，不惜重直購之。爲諸生，日硯田所獲，半供書價，或有時典質衣裘，室人以書癡誚余，弗顧也。比筮仕西秦，前後十四年，中間家居者五年，廣搜博訪，細大不捐，乃積書五萬七千五百餘卷。夫古人之著作不一，其體秉經立訓者淵懿卓爍，懸日月以不刊粹儒之言。布帛菽粟，淡而彌永。其他百家撰述未能盡醇，而持之有故，言之成理，亦自獨有千古。至於脞説小品，羅羅清疎，各饒風致。李邯鄲謂，書有三味，取喻良切矣。余每得一書，必深求一書之用意。暇日排比，依晁公武《郡齋讀書志》、陳振孫《直齋書録解題》之式分列部居，撮記要旨，爲《藏書簿録》二十六卷。就架上現有之書編次，其有所遺漏及後更新得者，再爲續編，以補之焉。道光二十九年三月，歷城馬國翰竹吾甫。

楊文蓀《思適齋集序》　嘉慶辛酉，儀徵相國撫浙，延元和顧君澗薲及武進臧君拜經、錢唐何君夢華同輯《十三經校勘記》，林之紫陽别墅。余始與顧君訂交，自時厥後，於邗江、於金陵、於吴門，時復相見，三十餘年中，聚散不常，蹤跡若疏若密。迨余移家來吴，則君歸道山數載矣。君學問淵深，辨證精博。校刻各書，如黄氏之《周禮》、《儀禮》、《國語》、《戰國策》、《易林》，孫氏之《唐律疏義》、《抱朴子》、《古文苑》，吴氏之《韓非子》、《列子》，胡氏之《通鑑》、《文選》，張氏之撫本《禮記》，秦氏之駱賓王、李元賓、吕衡州諸集，皆精審不苟，舉世珍若珙璧，獨文稾未嘗流播，無繇得見。道光丙午，始就其孫瑞清訪得之，亟爲編排卷帙，寫録清本，仍以原稾歸諸瑞清，俾世守弗失。屢約同人謀壽之棃棗，尟有應者。己酉初夏，上海徐紫珊寓書於余，慨然請任剞劂之事，古誼肫然，求之近世，殆未易多遘，感歎者久之。乃校訂誤字，以授梓人。始事於閏四月，蕆工於十一月。合詩詞、賦、雜文，總十八卷，生平校讎之學之深，備見集中，惜儀徵相國客冬騎箕天上，不及見是集之成，爲可痛耳！尚有許氏《説文考異》有待參訂，未能並刻。瑞清克守家學，異日必將悉登諸板，以永厥傳，是則余所厚望也夫。道光二十九年己酉冬十一月，海甯楊文蓀序。

林達泉《百蘭山館藏書目録序》　雨翁都轉，博雅好古，藏書富甚。暇日盡出所藏，屬某編爲目録。因仿《四庫全書》例，分爲經、史、子、集四部，每部復約分數類，以便檢查。其類無可歸，或叢殘零本，及一本二本自爲部者，統歸「雜集」一類。按部按類查檢不獲，於「雜集」檢之無不獲也。自兵燹以來，大江南北，兩浙東西，所謂文宗、文匯、文瀾三閣，庋置秘本都已化爲灰燼，無有存者。都轉乃蒐羅薈萃，收拾於委棄瓦礫之餘，購集之多，幾及三四萬卷。洵所謂壹其所好，好之而有力者也。都轉從政之暇，日手一編，清俸所入，盡以購集圖史，故得蔚爲大觀。某窶人也，屠門大嚼，亦且快意，編校之餘，援筆爲誌其緣起云。

莫友芝《持静齋藏書記要序》　同治丁卯秋末，友芝浙游，還及吴門，禹生中丞命爲檢理持静齋藏書三百有若干匣，散記其撰述人代，卷帙刊鈔。逾兩月粗一周，未及次序。明年春，開書局，董校旁午。夏秋間暫還金陵，略以四部别之，旋輟去。己巳開歲，局事少減，乃舉官本《簡明目録》，悉齋中所有，注當條下。《庫目》未收，或成書在後者，約略時代，條記于上下端，用助朝夕檢覽。東南文籍，夙稱美備，鎮、揚、杭三閣又得副天府儲藏。軍興以來，散亡殆盡。吾中丞鋭意時艱，力振頹弊，而敷政餘閑，即典册不去手。計十年蒐集，除複重可十萬卷。其中宋元善刻及舊鈔，大部小編，罩祕無行本者，且居十之三四。於虖，富哉！猶自以爲未備，不欲泛濫編録，因舉傳本希見，指述大略爲《記要》二卷存之，以諗好古之士。二月庚午獨山莫友芝。

管庭芬《花近樓叢書序》　歲在庚申春仲，武林失守，雖旋即克復，而紛紛避兵者，仍北走。時，胡君榮甫、汪君子義俱挈眷來奔。閏三月中，金陵統帥張殿臣因經略和春不給餉，至大營潰散，張全家殉節，寇兵長驅，而南、蘇、常至禾郡俱震動，蔣生沐亦自硤川避居予家。一時，文酒之會，頗極朋游之樂。入秋以來，風鶴日警，生沐復遷避桐木港及澉水山中。余亦奉母遠遁鄉曲，其廬僅破樓一間，聊蔽

風雨，遥見烽火燭天，砲聲殷地，憂從中來，日藉筆硯以消鬱壘。笈携小品，盡手録之，不足復於村塾，及鄰近告借以續之。頃予雖旋里，舊巢幸存，而遍地干戈，出門荆棘，且井邑蕭條。友朋星散，無可問奇。至故家典籍，又大半燬於劫火，深爲天喪斯文之歎。因彙萃所存，得七十餘種，署之曰《花近樓叢書》，蓋取杜少陵「花近高樓傷客心」之意也。竊念國家承平日久，民不知兵。守土者文恬武嬉，惟聲色貨利之是好。一旦巨寇猝發，始則議撫而不議剿，繼則議守而不議戰。然兵皆空籍，募四方之勇以實之，不知勇即賊也，賊即勇也。勇去則賊來，賊去則勇來，互相淫殺焚掠。設繩之以法，潰散無遺。且勾賊以爲内應，故雖有堅城，終歸淪陷，使民血偏膏於草野，而漠然不救者，誰之罪歟？余際垂暮之年，值此流離之境，即中興有日，靖逆有期，安能挽日以待止戈哉！因録是書而痛及之，臨穎不禁於邑。時，咸豐辛酉秋仲，芷翁序年六十有五。

管元耀《花近樓叢書跋》 族曾祖芷湘老人，嗜書成癖。生平手鈔手校，不下數十百種。中年爲同邑蔣生沐廣文校勘《别下齋叢書》，其書海内重之。當咸豐十年，公六十有四矣。粤寇大熾，金陵早破，大營已潰，蔓延蘇、杭間。烽火連天，殺戮甚慘。老人避難鄉曲，日以鈔書爲事，以度此妖氛饑饉之歲月。其鎮定沈静之功，人所罕及。兩載所鈔小品，約有七十餘種，即名《花近樓叢書》，取杜少陵「花近高樓傷客心」之句，蓋寓傷亂感懷之意。後又續輯《花近樓叢書補遺》二十一卷附訂於末，共裝十四册。迄今數十年，已爲他人攫去，轉輾流徙，不知飄零何所。予生也晚，僅知《花近樓叢書》之名，而未識所輯爲何品。今幸得公之日記數十册，詳載其書目，卷葉及作者姓氏，又每種各系以跋語，并自作前後兩序。謹録成册，聊識先人之手澤云。時，宣統三年歲在辛亥暮春上巳前一日，渟溪小漁族曾孫元耀振志甫謹跋於南林廡齋。

丁丙《繡谷亭薰習録後記》 吾杭吴尺鳧先生焯，家富藏書，手自校讐，仿晁、陳二氏之例，著《繡谷亭薰習録》。是二册，從瞿氏清吟閣劫餘散出，起《楚辭》終元、明諸集，摘敘源流，旁有改字，疑樊榭老人筆。中有稱「家志上」者，志上，爲吴君允嘉之字，則此爲吴氏所輯之《薰習録》無疑。《清吟閣書目》亦藏余家，中有「《繡谷亭薰習録》藁本八册」一條，更可符證。惟以上之經、史、子三部六册，不知流落何處。幸此集部一類，尚完好，足爲書苑掌故云。同治八年十二月初六日，八千卷樓主人記。

劉壽曾《開有益齋讀書志後跋》 上元朱述之先生，起家巍科，服官兩浙，以研經博物聞名東南。所著《開有益齋集》都十餘萬言，佚於兵火。此《讀書志》六卷，《金石文字記》一卷，蓋全集三之一，嘉興王君春漁福祥，得於甯波，以致先生喆嗣崇嶧桂模，别題今名者也。崇嶧之言曰：「先君子藏書至富，每遇祕笈，尤喜傳鈔。金石刻之佳者，亦多儲庋。咸豐癸丑，粤寇陷江甯，先君子方官浙中，慨收藏之灰燼，因取旅次所存數十篋，日夕闚覽，掇其大旨，若考證之詞，筆於别簡，其叚自友朋者，亦爲題記。」嘗曰：「吾集序跋最夥，與甘泉鄉人稿相類，無空言也。汝其志之。」辛酉，浙中寇亂，所謂數十篋者，與生平箸述并佚。今序跋之文佚而復顯，會有天幸，抑先君子精神所憑依歟？乞子編次將寫定付槧氏。壽曾曰此先生之志也。《隋志》之贊《别録》、《七略》曰，剖析條流，推尋事迹，目録家之繫於乙部。其體蓋最尊。其傳於今者二十餘家而已。而廑記書名，别無解題者，强半焉。辨版本之良窳，覈傳印之早晚，當别屬鑒賞家言者，又强半焉。先生四庫在匈，言成典則。其敍録宗旨，以表微扶佚。爲先大者，在經訓儒術，典章法制。次者，亦多識前言往行，爲徵文考獻之資。旁涉校讐，亦多精審。方駕晁、陳，殆有過之，誠有得於目録家之原者。其以金石之文推證史傳，亦與近儒王氏、錢氏、畢氏、阮氏相近，可謂大雅閎達之選矣。既依類排比，並取先生自箸書序附各類後。復於崇嶧而志其緣起如此。先生著書滿家，已刊行者有《山北集》、《梅里詩輯》，未刊行而手稿尚完者有《曹子建集考異》、《昌國典詠》、《金陵詩徵》，其湮佚者又五六種，尤以未能盡見爲憾也。光緒元年夏五月，後學儀徵劉壽曾謹識。

潘祖蔭《稽瑞樓書目序》 吾鄉藏書家，以常熟爲最。常熟有二派：一、專收宋槧，始於錢氏絳雲樓、毛氏汲古閣，而席玉照殿之；一、專收精鈔，亦始於毛氏、錢氏遵王、陸孟鳧，而曹彬侯殿之。乾、嘉年間，滋蘭堂主人朱文游，白隄書賈錢聽默，能視裝潢線訂即知爲某氏藏本。嘉慶年間，陳子準先生，及張氏金吾，並以藏書稱。張氏書及身而散，陳子準無子，殁後書亦盡散。吾師翁文端公，與子準厚。既卹其身後，以重值收其藏本，僅得三四，散失者已不少矣。今《稽瑞樓書目》，蔭從翁叔平假得刊之，庶可與張氏《愛日精廬藏書志》並傳。今常熟藏書家，惟叔平及瞿君敬之，瞿氏所藏宋、元槧尤富。叔平與蔭爲昆弟交，其銘心絶品，恆得見之，而瞿氏之書，遠隔三千里，末由一見也。能無神往也哉？光緒丁丑六月，吴縣潘祖蔭識。

于會文《共讀樓書目後序》 典籍之流傳，今古公也。至滙汗牛充棟之編而藏之，似於公有礙矣。不知以藏爲藏者，礙於公。若以不藏爲藏，非第不礙於公，

且於公大有裨益焉。吉林國公，滿洲世胄，敏而好學，筮仕後經邦濟世，治績卓著。公餘輒搜羅典墳，購以清俸，歷年多而卷帙富。聞者曰：「是將以詩書貽燕翼謀者。」未幾，以養疴退居，鳩工庀材，構藏書樓於家塾，顔曰「共讀」。噫！「共」之云者，非僅謀燕翼，實以兼收並蓄，作寒儒之荒年穀耳。公也，非私也。不願夫一書之借，難如荆州也。憶自雨粟以來，人多著述，結繩而後，代有篇章。余布衣，見聞未廣。而粵稽古昔，若鄴侯之架，曹氏之倉，輔明之窟，弆藏未必不倍於斯。即洪北江《詩話》，亦稱藏書家有數等：曰考訂，曰校讐，曰收藏，曰賞鑒。士君子究心策府，讀未見書尚已然，讀則有之，共者誰與？安得夫處世無私，達觀齊物，可以假館如古春明坊者。公之「共讀樓」，其殆庶幾乎！庚辰秋，書目成。余於參校之暇，見公之居。今稽古，必以用世爲先務，非徒規規以章句爲。且博覽之餘，兼嗜武經，有《重刊武經七書彙解》一編，附於書目子部，以公諸同人，欲共讀者盡窮經致用之修。即以膺干城腹心之選，意何深哉！猗歟！公而忘私，可以風矣。山左于會文謹識。

毛鳳枝《五萬卷閣書目記敍》 余生平無他好，顧獨嗜書。及今行年五十，性既不能强識，學又不能加益，記所謂時過後學，勤苦難成者也。然非脩書鮮暇及身有疾病，或犇走酬酢洎大醉之後，未嘗一日廢書不觀。家人常弞之曰，君尚欲應舉乎？輒笑而不荅。夫前人箸書，非爲應舉設也。後人以經術取士，特其一端耳。是必待應舉而後讀書，則其識隘已，荆卿游俠也。而深沈好書，河閒獻王，藩輔也，而修學好古，彼豈爲應舉計乎？蓋自漢、唐以來，設爲制科甲第一，時賢士大夫多由此途以進，而士之不求聞達，好學深思，心知其意者，固代不乏賢也。人之心思，必有所寄。先主好結髦，嵇康好鍜，阮孚好蠟，屐以極不可愛之事樂之，且終身不猒而況於書乎？明窗净几，良日佳辰，翛然一室，妻孥熙熙，雞犬閑閑，無索逋之人，鮮酬應之事，盎有餘糧，甕有美醖。爇名、香瀹、佳茗，取架上卷帙，縱觀之心，神爲之一怡，天地爲之一曠。其樂，三公不易也。吁豈易得哉？余友李雲生藏書富有，博覽不倦，與余有同好。覽其書目，則余之所有，若小巫之見大巫矣。既服其搜訪之勤，復羡其藏弆之美，因題其説於簡端。光緒十年歲在甲申涂月上浣，揚州甘泉毛鳳枝撰。

嚴玉森《五萬卷閣書目記敍》 蘇文忠公《李氏藏書記》備言讀書之益。國朝康熙、乾隆年閒，特開鴻博科。嘉慶己未，會試得士最多。時人擬是科，以鴻博山川清淑之氣發爲人文，歷二百餘年，士皆向學，雖經咸、同閒之大亂，而學者益盛，不僅以科第顯也。玉森嘗游岱、華、嵩、衡而深慕范、馬、湯、曾之爲人。蘇文忠自蜀至京師，從韓富、歐陽游，深以不及見范公爲憾。今潞河李君由蜀至都，宦游關中，與賢士大夫交，習聞古今儒臣莊士，德業有成，必皆由於讀書，節衣食而富藏儲，其志可謂壯矣。又深知近四十年中，林、駱、曾、胡六七鉅公輔相裁成之，素抱慨然，思有濟於民物，又能習勤韜光，若在事外，德業未可量，豈止以收藏震海内哉？博觀而約取，厚積而薄發，蘇文忠屢言此義於同時之秀傑。世有知君藏書用心之所在，必能知讀書之益無窮也，在勤積之而已。君行蹤半天下，近又思游東南名山水。年未五十，縱游之期，必易得而藏儲既富一室，猶萬里也，何必登臨始拓心胸哉？光緒辛卯十二月廿七日，儀徵嚴玉森叙。

端方《五萬卷閣書目記跋》 李氏世多藏書，長源公擇其最著也。予謂藏書非難，藏書而能識别之爲難，能識别而後若者經世，若者明道，凡有益於身心性命者，乃可以羅致而悉有無害，其不廣也？潞河李大令雲生藏書五萬二千餘卷，皆經世、明道若帛粟之不可少者。手其目以示予，富哉！其諸物聚於所好，而又力能得之者歟？夫雲生游滇而蜀而秦，足跡所至，不遠萬里。其閒，生者、植者、飛者、走者，若琥珀、丹青、江珠、瑕英、金沙、銀礫、石青、牛黄、孔翠、麝香、木蘭、梫桂、椶枒、楔樅，朋生輩作，穴宅巢宿，皆滇、蜀所富有，而又足爲世玩好。雲生卒棄不顧，而惟書是求。夫今之藏書者，予則知之矣。必求《四庫》所未録，《七略》所不著，是奮語非典墳，尊盲師，卑仲尼，得三家村學究之説寶之。若球圖比者，異學争鳴，隱怪詭僻之行，中於人心，而廢爲詖論。士之務新奇，而棄樸學者，不惜千金購諸坊肆，亦復汗牛充棟，詡詡然自謂其坐擁百城，是猶乞兒之富。敝絮盈篋衍，敗醬皮缾鉢，土銼蕪亂甕。米不滿掬，而謂吾困可指也。其足當雲生一吷乎哉？雲生所藏，吾不知其於長源公擇何如，顧與予同官於秦，政聲洋洋，疊書上考，其發於事業，元元本本，吾固知其來有自。然則，玉局所憫古人得書之難，而惜後世士之束書不觀者，雲生其無慮此已。光緒庚子十月，浭陽端方跋。

趙烈文《國朝著述未刊書目敍》 漢武帝大合天下之書，詔禮官舉遺説者，謂搜求遺逸之書也。時，尚簡略，厥稱無聞於世。劉《略》、班《志》以降，目録之學代興，率著存編而已。國朝朱氏《經義考》乃列「佚、闕、未見」之名，網羅散失，其用心益厚。初，余知鄭君未問劬學名，今年夏，過黄子壽布政齋中，見君手録《未栞書目》一卷，四部，凡若干種，已墜之文獻，略具。夫學者，邁志古昔，非周、秦書不讀；士生昌明學術之世，名作充棟，而旁求不暇，殆所謂學不厭者非邪。余道、咸

間，得以通家子從東南諸耆宿游。迨壯，四方知交，若日照許君印林、南豐吴君子序、獨山莫君子偲、仁和邵君位西、龔君孝拱輩，咸富庋藏，而善鉤索。當是時，士夫好重風義，不以財賄視典籍。家有善本，喜示人。或披論，終日不倦，無傾身障簏意。故余於佚存諸書，類君所録者，往往得以知見而居貧，轉徙繼困，簡牘不皇甄寫。視君之勤勤，不足愧哉，不足愧哉！顧諸書每非定本，或已刊後毁，間亦有之。余於君才，觀其書而益信不勝大。願異日推而廣之，遠追炎漢舉遺之典，近紹朱氏闡微之心。海内承學之士，當驤首以竢之矣。光緒戊子孟冬，陽湖趙烈文敘。

曼殊夢蜨生《追來堂偶存書目自敍》 余質鈍而性好書，生長邊荒，見聞譾陋。居金城十五稔，始積得百餘種，又苦無善本，可存者寥寥。光緒庚辰，侍宦山左，己卯、戊寅二年之間，入都兩次。壬午秋，復往應京兆試，偶步坊間，每見有舊版者，必購之歸，雖重價，不惜也。茲因埽除書舍爲禦寒計，遂檢架上所有者共若干部，筆之於簡，記其數目，俾免遺失，分類爲四，鼔書殿焉。以得書之先後爲序，故不拘時代，而首列欽定諸籍，以昭敬慎，用朱竹垞先生《經義考》例也。其或殘闕者，昔有而今無者，以及制藝試帖之類，概從割愛。有續得者，各於其類後書之。録畢，特叙其崖略如此。時，光緒甲申九月立冬後五日，曼殊夢蜨生并識於沸南古名士軒。晴日滿牕，竹影上下。握管之際，覺心曠神怡，寵辱皆忘。人生行樂耳。余將三復斯言也。

繆荃孫《積學齋藏書記序》 南陵徐積餘觀察，德行純竺，問學淹雅，收藏富有，冠冕皖南。所刻有《積學齋》、《鄦齋》兩叢書，又刻《閨秀詞》、百家仿宋元刻曰《隨庵叢書》，前後兩集，風行海内，儒者宗之。今編藏書記，高有尺許，謂余曰：「余之蓄書，初自弱冠，今年五十，無地無時，見即收穫。自媿力薄，止有此數。分類編纂，僅僅成編。子其爲我敍之。」余與積餘，戊子秋間晤於琉璃廠書肆。談及經籍目録，如瓶瀉水，余心佩焉。因以訂交，迄今卅年。何敢以不文辭？夫目録之學，始於向、歆，以私家著録，屹立於天壤者，以昭德晁氏與安吉陳氏爲最。國朝以來，錢遵王《敏求記》爲人所重，然鈔刻不分，宋、元無別，往往空論，猶沿明人習氣。若《也是園書目》、《汲古》、《滄葦》僅存一名，更無論已。積積餘此記其書，必列某本舊新之優劣，鈔刻之異同，宋、元本行數、字數、高廣若干、白口、黑口、魚尾、旁耳，展卷具在，若指諸掌，其開聚書之門徑也。備載各家之序、跋原委，粲然復略。敘校讐、考證、訓詁、簿録彙萃之所得，各發解題兼及收藏家圖書，其標讀書之脈絡也。世之欲藏書、讀書者，循是而求覽一書，而精神形式無不具在，不勝於《敏求記》倍蓰乎？積餘爲此記，時，浼余三子僧保助之讐校。余得以盡窺全豹，而知其非夸也。而所收國初及乾嘉時之善本尤多。以時近不入記，荃孫得國朝人文集千種，以比積餘所藏，猶小巫也。昔，阮宫保耳順之年，龔定庵爲《年譜》弟一序即以稱祝。今積餘年方五十，余亦爲《藏書記》弟一序稱祝如之。他日，年愈尊，搜羅愈廣，爲編續記，再爲序之。書此以當息壤。歲在强圉大淵獻長至日，江陰繆荃孫序。

孫峻《八千卷樓書目・敘一》 明初以來，吾浙藏書之家曰：范氏天一閣，項氏天籟閣，鈕氏世學樓，祁氏澹生堂。入國朝，若曹氏倦圃，朱氏曝書亭，馬氏道古樓，趙氏小山堂，俱盛傳於世。然再傳而後，往往散佚無存，獨天一范氏猶巋然如魯殿焉。乾隆壬辰，詔開四庫徵天下遺書。吾杭之進書者，若鮑氏知不足齋，汪氏開萬樓，吴氏瓶花齋，汪氏振綺堂與吾家壽松堂，得五家焉。其進呈善本既沐宸題，復拜《圖書集成》《佩文韻府》之賜，蓺林至今榮之。先通議公所進之書，多小山藏本，小山之書多澹生藏本。蓋通議之考娶於趙氏，二林之考娶於祁氏，兩家書散，半爲館甥所得也。咸豐辛酉，寇烽再熾，寒家所藏圖籍盡付雲烟。峻生也晚，不獲覩當時珍祕，但聞諸家君所詔而已。同治癸酉，峻方六齡，家君得殿本《四庫總目》。峻竊讀之，見四部中每書之下載杭州孫某家藏本，觸處皆是，因訂小册潛於鐙下，録之不數月，積成厚帙，寘於案頭。執友松生丁丈過敝廬，見而語家君曰：「此子年未成童，即好簿録，異日其助吾歟！」越六年，光緒己卯，重建文瀾閣，丈出所藏之本與寇亂時所蒐閣本，繕成二目，命考其異同，識其存佚。有庫書非足本而藏本完善者，庫書傳録於近代而藏本爲宋元所槧或舊鈔精校者，一經標注，動爲丈所激賞。繇是八千卷樓所藏幾無不目諗而心維也。乙未春，丈有《善本藏書志》之作，約峻辰集酉散，日撰解題二十部。峻常登樓擇其尤者六七十種，供三日之編纂。每晨趣正修堂，丈危坐以待，及開卷檢閲，靡不參伍錯綜，博引旁徵。峻述之，而丈書之。閲三年畢事，丈欲重加覆審，而病已甚矣。峻嘗謂丈猶意林徵君賢兄竹舟，丈猶谷林徵君也。丈病不及復審，而得猶子修甫孝廉之助，修甫猶誠夫也。先是，丈之王父掌六隱君慕先世名顗者，藏書八千卷。其言曰：余藏書多矣，必有好學者爲吾子孫爰築小樓於梅東里。梁山舟學士題其額曰「八千卷樓」。考洛耆觀察能讀父書，往來南北，輒得祕籍以歸。兩丈晨鈔夕寫，補其未備，插架益雄。同時若瞿氏清吟閣，勞氏丹鉛精舍，相與競美。若朱氏結一廬，吴氏清來堂猶不足以肩隨矣。咸豐辛酉，杭垣再陷，兩丈室家遭毁，其與身俱免者，隱君所熟翫

之《周易本義》而已。孟仲既出罟罭，亟趣西溪，爲觀察公負土。見閣書横弃道側，俯拾即是，遂深夜潛身詣閣，負而藏諸僻處。始避居海上，亂定逿里，移庋郡庠尊經閣，依類編目，綜一萬餘册。陳諸疆吏文襄左公見而動容，爲題《書庫抱殘圖》以張之。兩丈以諸家所蓄蕩焉泯焉，謂斯文墜地。耆舊云：「亡將何以徵文考獻乎？」於是棄車服之榮，樂琅環之業，惡衣惡食，朝訪夕求。凡齊楚燕趙吴越秦晉之間，聞有善本，輒郵筒往復，期必得而後已。內而祕殿所儲，外而島夷所蓄力之能至，尠不徵求。歷三十餘年，幾及萬種，而於鄉賢遺著尤所究心，因刊武林往哲遺著五十種。同里吴退庵學博仲耘制軍有《國朝杭郡詩輯續》，輯得三千家，兩丈既重梓，而又三輯之，蒐采姓氏，增於兩輯。又編栞《武林掌故叢書》二十六集，半爲罕傳之本。於戲！其用心可謂勤且摯矣。光緒五年，茶陵譚公來撫吾浙，謂「振興文教莫若建復文瀾」。遂咨松丈董厥閣工，踰年閣成，丈奉遺書歸閣，事聞于朝，有「文瀾閣毁於兵燹，其散佚書籍經丁申、丁丙購求，藏弆漸復，舊觀洵足，嘉惠藝林」之諭。兩丈既還其書，因舉家藏，著録四庫之書，構堂以儲之。額曰「嘉惠」，識天語拜君恩也。其存目之書暨未經四庫著録者，則藏於八千卷樓，志彝訓，述舊德也。編目二十卷，命和甫孝廉録之。峻重有感焉，因起而言曰吾聞世之藏書者，樓誇皕宋，架侈千元，富逾三館，吝借一瓻，不蘄流布，於人間一若目之爲玩物，從未有身居草莽境處流離，抱百折不回之志，握兩浙文運之樞，卒使宏願果償，成斯盛業，宜茶陵有敦本篤行之薦也。兩丈學問兼通四部，修甫、和甫又能繼述先志，承其家學。以視峻之抱殘守闕，無以復先世之所藏，媿負多矣。謹記其事以序於目。光緒己亥七月暴書日，仁和孫峻拜撰。

羅榘《八千卷樓書目・叙二》 光緒辛巳，榘以吾師寅伯張先生得交丁修甫中翰，中翰爲寅師入室弟子，先榘十餘年而受業焉。旋中翰延榘課其子，上左舄弟授經於梅溪書屋。時中翰尊公竹舟從父、松生兩先生，正編刊《國朝杭郡詩三輯》，繼又梓《武林掌故叢編》、《武林往哲遺著》、《善本書室藏書志》，爲種數百，爲卷及千。凡登棃棗，靡不助其校讎。丁亥冬，竹舟先生歸道山，松生先生欷歔絫息，思有以竟其兄志。爰率中翰構嘉惠堂，以識天恩；起八千卷樓，以紹祖德舉。重寫文瀾閣書之底本暨所藏群籍四十萬卷有奇，分別部居，按甲乙丙丁而庋之，命哲嗣和甫孝廉編纂書目二十卷。其編目之例，頂格者爲文淵閣著録，低一格者爲四庫附存，低二格者爲四庫未收。每書若干卷及某朝某人撰，一準諸家之例。其板本不同者，則備載之。由此而讀《善本藏書志》，不翅尋落葉於故根，導渤海於黄河也。孝廉以榘校勘有年，宲知藏書故事，屬記其崖略。於目一鐙風雨俯仰，今昔不覺動人琴之感矣。光緒己亥中秋，仁和羅榘。

葉德輝《結一廬書目序》 咸豐時，東南士大夫藏書有名者三人：一、仁和朱修伯侍郎學勤；一、豐順丁禹生中丞日昌；一、吾邑袁漱六太守芳瑛。朱書多得之長洲顧氏藝海樓、仁和勞氏丹鉛精舍；丁書多得之上海郁氏宜稼堂；袁書得之蘭陵孫氏祠堂者十之三，得之杭郡故家者十之二，得之官編修時者十之四五。今，朱書轉歸豐潤張氏，袁書爲其子折閲售之德化李氏，惟丁中丞有子能守楹書。余在京師，與其次君叔雅茂才訂交，爲余言，某書爲宋刻，某書爲元槧，某書爲某家所鈔，某書爲某人所校，原原本本，如數家珍。因歎藏書家後人如茂才者，正不多覯矣。丁氏有《持静齋書目》行世，余又别録其宋元鈔本目刻之，袁書散後，目竟無聞。朱氏有《結一廬書目》四卷，編次極精。每書下注明板刻、年月、鈔藏姓名，惜祇傳鈔本，不能與海内共讀也。余因再三校閲，付之手民，並以江建霞太史所録宋元目數紙手書附後，俾侍郎一生心血，得以有託而傳。異日聚散分合，談藏書者亦得有所稽考云。光緒辛丑夏五五日，湘潭葉德輝序。

葉德輝《竹崦庵傳鈔書自序》 此仁和趙晉齋所藏抄本書目也。晉齋以金石之學名家，阮文達撰《積古齋鐘鼎彝器款識》，王德甫撰《金石萃編》皆援引推重，采録甚多。初，未知其藏書如此之富也。吾宗人鞠裳編修昌熾著《藏書紀事詩》，網羅佚聞，表章潛德，亦未載及其姓名，蓋一人之精神，聚於此則散於彼，而其名之見稱與否，則視乎其精神之聚散以爲衡。晉齋殆爲金石之名所掩，故此目之傳，若存若亡，然本目中載有《竹崦庵金石目》十卷，亦并不傳，則又有幸有不幸耳。凡目録家派别，或專紀宋元舊本，如《欽定天禄琳瑯》、錢遵王《讀書敏求記》、張金吾《愛日精廬藏書志》、黄蕘翁《士禮居題跋記》之類是也。或依四部分列，録爲一編，如家文莊《菉竹堂書目》、黄俞邰《千頃堂書目》、倪迂存《江上雲林閣書目》之類是也。或自成著作，損益劉、班，如孫淵如《祠堂書目》、近張孝達制軍《書目答問》之類是也。顧未有以傳抄本獨爲一目者，此目正經正史、諸子、別集有刻本者，皆未箸録，惟傳抄之本，并載葉數。其中所列之書，近世多已傳刻，而當時則皆石渠孤本，祕笈奇文，足見晉齋好書之癖，同於其好金石，而此目固可於目録中別樹一幟矣。《粤雅堂刻墨緣彙觀》，題松泉老人撰，伍崇耀跋不知誰何。楊紹和《楹書隅録》四，北宋本《孟東野集後跋》云「安岐，字儀周，麓村，其別號亦號松泉老人。著有《墨緣彙觀》」云云。亦未引其説之所自出。今檢此目《墨緣彙觀》下題云安儀周撰，是亦

可爲楊跋之旁證，否則，安書傳而名不傳矣。其有係於文獻若此類者，約有數事，故亟爲刊播，俟藏書家按目搜訪焉。原抄首葉有「守之勿失」、「蔡氏藏書」兩朱文方印，「學然後知不足」曰文方印，尾葉有朱文「西河小長」方印，朱白文「蔡瀕連珠」方印。書中誤字，悉以朱筆校之。意即蔡氏之蹟，其人必好書者，惜不得其籍里、事實附箸於編。然則，海内儲藏家幾湮没而不傳，如晉齋者正復何限？後顧茫茫，不禁有同慨矣。時光緒甲辰秋七夕，葉德輝序。

繆荃孫《古泉山館題跋跋》　右《古泉山館題跋殘藁》一卷，嘉定瞿中溶撰。中溶，字萇生，另字木夫，錢星楣少詹之女夫。閎通淹雅，著書宏富。由庠生官湖南布政司理。問時翁鳳西元圻、吴荷屋榮光、左念宛輔，先後爲湘南大吏，均敬禮之。承修《湖南通志・金石》一門，最爲賅備，則先生所長也。晚境迍邅，撰述甚多，刊行甚少。此册共四十二跋，皆考證明及國朝人翻雕宋板之書。近來藏書家，刊行書目，臚陳宋刊、元槧，間及舊鈔，歸安陸氏，始收明初人文集，錢塘丁氏，所收尤多，至收及國朝刻本。陳仲魚《經籍跋文》，載殿板《四書》，尚作疑辭，而木夫此册，則國朝刻本，居其大半，是在書目中又開一例。其實，國朝影宋本，雕鏤工細，考訂精審。顧千里所謂「縮宋本于今日」也。近日傳鈔新書，東瀛刊本，大半入録，兩者相較，不有新舊之别耶？況國初及乾、嘉以前，近者百年，遠者至二百餘年。如明中葉仰企天水，洊經兵燹，不易流傳，而價值之貴，亦與毛、季諸公購宋、元無異，安得以新刻薄之乎？宣統庚戌六月大暑日，江陰繆荃孫跋。

紀事

陳振孫《直齋書録解題・目録類》　《邯鄲書目》十卷。學士河南李淑獻臣撰，號《圖書十志》。皇祐己丑，自作序，以示子孫，曰朋、圭、芻者，其子壽朋、復圭、德芻也。

晁公武《郡齋讀書志》卷九《書目類》　《田氏書目》六卷。右皇朝田鎬撰，田偉居荆南，家藏書幾三萬卷。鎬，偉之子也，因成此目。元祐中，袁默爲之序。

陳振孫《直齋書録解題》卷八《目録類》　《晁氏讀書志》二十卷。昭德晁公武子止撰。其序言得南陽公書五十篋，合其家舊藏，得二萬四千五百卷。其守榮州，日夕讎校，每終篇輒論其大指，時紹興二十一年也。其所發明，有足觀者。南陽公，未知何人，或云井度憲孟也。四庫館臣按：井度，《文獻通考》作兀度。

王應麟《玉海》卷五二《藝文部・書目門》　晁公武《讀書志》四卷。初，南陽井氏度傳録蜀中書甚富，舉以與公武，公武分爲四部：經類十，史類十三，子類十六，集類三。每讀一書，撮其大旨論之。紹興二十一年自序。

汪璐《藏書題識》卷一　《昭德先生讀書後志》二卷、《附志》上下二卷。録吴焯《後志跋》，曰：昭德晁氏既校井氏所藏書目，作《讀書志》四卷，復收録未備，作《後志》二卷，此編是也。淳祐中，三衢游鈞始彙集，併《附志》，衍爲二十卷。番陽黎安朝鋟以傳世。《前志》杜鵬舉序，黎氏刻時已失之，僅存昭德自序，今世行《讀書志》，此後序亦在焉。第此編既單行，插架不可不備，亦以見昭德冥搜遐索之苦心。且此編盡採入《文獻通考》，以今校之，頗有牴牾，讀《通考》者當留意焉。戊戌三春，從石倉先生假此本傳録，誤字甚多，余本已爲校正，仍歸石倉，校之都成善本。春盡日，焯手識。又録吴允嘉《後志跋》，曰：戊戌首夏廿有一日，往古蕩祝楊老姊八十壽，舟中與繡谷本參校，譌闕者，俱以硃筆增改，稱善本也。石倉自記。又録吴焯《附志跋》，曰：此踵晁氏《讀書後志》而作，故併《後志》爲五卷。内閣書目稱《前志》别爲一刻，而此二志係七卷。以今考之，第五卷分上、下帙耳，實無七卷也。昭德之門人姚應績將《後志》併入《前志》中，衍爲二十卷。馬氏盡採入《通考》，不同者，蓋當時槧様各别，流傳互異，學者未可尊馬氏而略趙氏也。書以質之石倉先生。戊戌清和繡谷焯記。

錢大昕《十駕齋養新録》卷一四　鼂公武《郡齋讀書志》，宋時有兩本。袁州本僅四卷。淳祐庚戌番陽黎安朝知袁州刊之郡齋，又取趙希弁家藏書續之謂之《附志》。衢州本二十卷，則晁之門人姚應績所編。淳祐己酉，南充游鈞知衢州所刊。兩書卷數不同，所收書則衢本幾倍之。其後希弁得衢本，參校爲《後志》二卷，以補其闕；其與希弁同者，不復重刊，蓋已非完書矣。馬氏《經籍考》所引晁説，皆據衢本，不用袁本，當時兩本並行，而優劣自判。今世通行本，皆依袁本翻刻，予壻瞿生中溶購得鈔白衢本，惜無好事者刊行之。

《四庫全書簡明目録・史部・目録類》　《直齋書録解題》二十二卷，宋陳振孫撰。原本久佚，今從《永樂大典》録出。其書以歷代典籍分爲五十三類，而不立經、史、子、集之名。然核其次第，實仍以四部爲先後也。其解題與晁氏相類。馬端臨作《經籍考》，以《讀書志》及此編爲藍本，則其典核可知矣。

瞿鏞《鐵琴銅劍樓書目》卷一二　《直齋書録解題》，舊鈔殘本。宋陳振孫撰。

此出文淵閣所鈔，即秀水朱氏、抱經盧氏所見本也。僅存楚辭類一卷，別集類三卷。核與今館本同，惟字句差有小異。盧氏又得子部數門於鮑氏。知此書原本惟別集分三卷，詩集分兩卷，其餘各類各自爲卷。全書當分五十六卷。詩集後次以總集、章奏、歌辭，而以文史終焉。其餘次第與館本同。卷首有「文淵閣」、「季振宜藏書」、「汲古閣」、「曝書亭珍藏」、「朱彝尊印」諸印記。

吳壽暘《拜經樓藏書題跋記》卷三《菉竹堂書目》　葉文莊公《菉竹堂書目》，鈔本二册。前有公《自序》，係從《涇東稾》録出，間有缺字。後有五世孫恭焕、七世孫國華二跋。每書不記卷數，但書幾册。《自序》謂，葉氏書目六卷，今此本不分卷。序後附《書厨銘》，云：「讀必謹，鎖必牢，收必審，閣必高，子孫子，惟學斆，借非其人，亦不孝！」可爲世守藏書者之善則。

周中孚《鄭堂讀書記·目録類·經籍之屬》　《百川書志》二十卷，寫本。明高儒撰。儒字子醇，自號百川，係涿州人。官武弁。焦氏《經籍志》著録。是編以自所藏書，分編爲目，凡分經、史、子、集四志，細列九十三門，書不備者，蓋聚多而未已也。間有注崖略者，亦皆習見之文。其條目尚屬明晰，然以道學編入經志，以傳奇爲外史，瑣語爲小史，俱編入史志，可乎？儒家外別分從行、崇正二家，亦太叢雜不倫矣。前有嘉靖庚子《自序》，及目録後《自跋》。

丁丙《善本書室藏書志·目録類·經籍之屬》　《百川書志》二十卷，蕭山王氏手鈔本。前有嘉靖庚子夏五自序，題「百川子古涿高儒子醇撰於志道堂」，又識云：「追思先訓曰，讀書三世，經籍難於大備，亦無大闕。爾勉成世業，勿自取面牆之歎。予對曰，小子謹書紳。至今音容迴隔，遺言猶在。愈勵先志，鋭意訪求。數年間連牀插架，難於檢閱。間中次第部帙，大分四部，細列九十三門，裁訂二十卷」云云。每書之下，略敍簡要，不冗不漏，可爲成法。王漁洋《居易録》曰：「高儒者，武弁也。家多藏書，有《百川書目》。」黄俞邰、周雪客《徵刻祕本書目》「高儒《百川書志》二十卷」注云：「儒，涿州人，志其家藏書，如晁公武之例。」其歷爲名家所稱道如此，有「端履手鈔」印。

繆荃孫《藝風藏書續記》卷五　江陰李氏《得月樓書目》摘鈔一册。明李鶚翀撰。從黄蕘圃鈔本傳録。黄本與《傳是樓宋板書目》、《述古堂書目》合訂。是目先刻入《粟香館叢書》重編次本，又刻入《常州先哲遺書》。

又《澹生堂藏書約跋》　右《澹生堂藏書約》一卷，明祁承㸁撰。按承㸁字爾光，浙江山陰人。萬曆甲辰進士，歷官江西右參政，晚號曠翁，有《澹生堂集》，喜聚書，「澹生堂」，其藏書之庫也。子忠敏公彪佳，亦喜聚書。嘗以朱紅小榻數十張，頓放縹碧諸函，牙籤如玉，風過有聲鏗然，今流傳書目八卷。其藏書章曰「子孫永珍」、曰「曠翁手識」，又有藏書銘一印，其文曰：「澹生堂中儲經籍，主人手校無朝夕。讀之欣然忘飲食，典衣市書恆不給。後人但念阿翁癖，子孫益之永弗失。」其好書可謂至矣。此約刻入長塘鮑氏《知不足齋叢書》，分子目四，曰「讀書訓」、曰「聚書訓」、曰「購書訓」、曰「鑒書訓」，約簡而明，足爲藏書者法。後遭喪亂，其家悉載至雲門山化鹿寺，因之遂散。黄太冲先生入山檢點三晝夜，載十捆而出，其精華悉歸之，其奇零者歸於石門呂莊生。莊生有詩云：「阿翁銘識墨猶新，大擔論斤換直銀。説與癡兒休笑倒，難尋幾世好書人。宣綾包角藏經箋，不抵當年裝釘錢。豈是父書渠不惜？祗緣參透達磨禪。」祖父積累有年，一入子孫之手，無不煙銷灰滅，凡收藏家類然，不但澹生堂也。光緒丙申十月，江陰繆荃孫跋。

祁承㸁《手啓一通》　藏書事宜書付二郎四郎奉行：我一生功名富貴，皆不能如人。而獨於藏書一事，頗不忝七八代之簪纓。此番在中州所録書，皆京内藏書家所少，不但坊間所無者也，而内中有極珍極重大之書，今俱收備。即海内之藏書者不可知，若以兩浙論，恐定無逾於我者。以此稱文獻世家，似爲不愧。只是藏書第一在好兒孫，第二在好屋宇。必須另構一樓，迥然與住房書室不相接聯，自爲一境方好。但地僻且遠，則照管又難。只可在密園之内外，裁度其地。汝輩可從長酌定一處來。我意若起樓五間，便覺太費。而三間又不能容蓄。今欲分作兩層。下一層離基地二尺許，用閣栅地板，濕蒸或不能上。只三間便有六間之用矣。前面只用透地風窗，以便受日色之曬，惟後用翻軒一帶，可爲別室檢書之處。然亦永不許在此歇宿，恐有燈燭之入也。樓上用七架，又後一退居。退居之中，即肖我一像。每月朔日，子孫瞻禮我像，即可周視藏書之封鎖何如。而此樓之制，既欲其堅固，又欲其透風。須我與匠人自以巧心成之。但汝輩定此一處，可分付築基也。發回書共八夾。内有《河南全省志書》二夾，不甚貴重，此外皆好書也。有一夾特於陝西三十八叔印來者。若我近所抄録之書，約一百三四十種，共兩大卷箱，此是至寶，自家隨身攜之回也。我仕途宦況，遺汝輩者雖少，而積書已在二千餘金之外，汝輩不知耳。只如十餘年來所抄録之書，約以二千餘本。每本只約用工食紙張二三錢，亦便是五六百金矣。又況大半非坊間書，即有銀亦無可買處。故汝輩不但以體父之心，所當珍重謹守，即以物力計，非竭我二十年之心力，捐二十年之

餘貲，不易致也。今暫將發回之書，俱且放在大樓上，或東間、正間皆可，待我回，親手入架，不可亂動一本。仍照我大樓兩面厨式，共做六個。只用一面開，一面做定，不必兩面皆門。高、大、闊皆與舊厨一樣，可以合式擺放。惟止安一本書，即深止二尺可矣。如有尋乾燥木料，即可動工做，蓋做完又須加漆，待我回日可以整書也。此事全委在四郎料理。即動我新置五八舅内田租可也。要緊要緊！其後面新造側樓，並船坊上樓板，皆須盤釘。而新門臺及門柱之類，皆用灰布重油，使其焕然可觀。而東西兩面披水窗門，皆用兩度黑油。此二事委在二郎專任之。其應用工料，四郎於自置田租内支用可也。此二項，俱須在十一月之内完。倘旦暮得幸轉，急欲爲收拾書籍之務。今各書安頓未得其所，真令人夢寐不能忘懷耳。俱毋得遲誤，切囑，切囑！八月十一日　父手示書橱定用在十一月以前做完漆好，俟一回便要整書。其木料必須堅而乾，切囑，切囑。

錢謙益《列朝詩集》丁集第一五《徐舉人熥布衣𤊹》　熥字惟和，𤊹字惟起，又字興公，閩縣人，永寧令棉之子也。兄弟皆擅才名，惟和舉萬曆戊子鄉薦，十餘年不第，風流吐納，居然名士。其詩爲張幼于、王百穀所推許，有《幔亭集》，屠長卿序之。興公博學工文，善草隸書，萬曆間與曹能始狎，主閩中詞盟，後進皆稱「興公詩派」。嗜古學，家多藏書，著《筆精》、《榕陰新檢》等書，以博洽稱於時。崇禎己卯，偕其子訪余山中，約以暇日互搜所藏書，討求放失，復尤遂初、葉與中兩家書目之舊。能始聞之，欣然願與同事。遭時喪亂，興公、能始俱謝世，而余頽然一老，無志於斯文矣。興公之子延壽，能讀父書。林茂之云：刦灰之後，興公鰲峯藏書，尚無恙也。

劉燕庭《手跋三山徐興公紅雨樓書目》　道光丁亥七月，大興徐星伯知余訪各家書目，出所藏明萬曆間徐興公家藏《書目》六册見眎。云去歲客濟南時，得自周書倉永年家，攜歸即過録校藏，並輯《閩志》、《明詩綜》各書所載興公事蹟，撰小傳書於右。七夕曝書，偶檢《胡仲子集》，有「晉安徐興公藏書印」，《吴道南集》有「閩中徐惟起藏書印」。余既得此《目》，而《目》中著録之書散在人間，竟有爲余所得者，亦奇觀也。因撫二印於簡端，以志巧合。此《目》諸書皆未著録，惟《千頃堂書目》有之，作七卷，興公書齋名紅雨樓，余即以題其書目云。七夕燈下，東武劉燕庭識于味經書屋。

吴翌鳳《絳雲樓書目後記》　此册爲張子白華所藏，子嘗借閲。癸巳秋日，得陳丈少章閲本，愛其博洽，爰抄録如右。張子疑予有藏匿不返之意，索取甚急，幾至面赤不顧。因録置別本，亟將此册還之。張子博雅多聞，獨於書斤斤護惜，古人所謂讀書種子，習氣未除。然即此，知張子能謹守勿替者矣。丙申秋七月二十四日燈下枚菴漫士吴翌鳳記。

楊紹和《楹書隅録・續編》卷二　舊鈔本《絳雲樓書目》一卷，一册。小山氏手鈔本。在卷首。案，《絳雲樓書目》有二本，一無倦圃序，不附《静惕堂書目》，詮次亦多不同，似所注宋元版字樣較多。久欲參校，奈二本皆屬鈔本，未敢輕改，姑各仍其舊。頃五柳主人以此本見遺，手寫極工雅，知是何仲老鈔本，較昔長孫從坊間得者遠勝。爰手校一過，并囑澗蘋補其空行，俾爲完本云。癸未歲杪老蕘記。

予齋藏錢氏絳雲、季氏延令、徐氏傳是各《書目》，皆鈔本。惟此目與《菉竹堂書目》亟佳，且爲前賢手定，尤足珍愛。特著於録，以見藏書家淵源云。同治紀元仲冬，海源閣主人跋。有「小山煌印」、「千里顧廣圻審定」、「蕘圃手校」、「士禮居書魔」各印。

朱緒曾《開有益齋讀書志》卷三　《千頃堂書目》三十二卷，上元黄虞稷俞邰徵君所輯。俞邰父居中，字明立，世稱海鶴先生，閩籍，萬曆乙酉舉人，官上海教諭，遷南國子監丞。轉黄平知州，不赴。築千頃堂，藏書數萬卷。年八十三，聞北京陷，北向一慟而卒，今西華門外馬路街是其遺居也。虞稷爲海鶴之次子，能讀父書，薦修《明史》、《一統志》。此書自序略云：明初修《元史》者，藝文不爲特志，明《文淵閣書目》僅及元季，三百年作者闕焉。故更其例，記一朝之著述。《元史》既無藝文，《宋志》咸淳以後多闕，今並取二季以補其後，而附以遼、金之僅存者。萃爲一編，列之四部，此其體例也。修《明史》者，取此書明人著作爲《藝文志》。倪闇公、錢辛楣補《元史藝文志》，遞相增益。杭大宗云：千頃堂載宋人著作，皆《宋史藝文志》所遺，非複出也。余見此書凡數部，若《地志》及《制義》，獨此本爲完備。余好搜尋桑梓文獻，此書載金陵人著作亦最詳，然此書所載，余獲見者，不及十之四五，余所見而此書未載者亦十之二三。甚哉載籍之浩博難窮也！

莫伯驥《五十萬卷樓藏書目録初稿》卷八　《千頃堂書目》三十二卷，舊鈔本，有校筆，明黄虞稷撰。前題温陵黄虞稷俞邰彙輯，蓋俞邰本閩人，後乃寓上元耳，温陵固舊籍也。所録皆前明著作，經部十一類：曰易，曰書，曰詩，曰三禮，曰春秋，曰孝經，曰論語，曰孟子，曰經解，曰四書，曰小學。史部十八門：曰國史，曰正史，曰通史，曰編年，曰別史，曰霸史，曰史學，曰史鈔，曰地理，曰職官，曰典故，曰時令，曰食貨，曰儀注，曰政刑，曰傳記，曰譜系，曰簿録。子部十二門：則儒家、雜

家、農家、小説家、兵家、天文家、厤數家、五行家、醫家、藝術家、類書、釋家、道家。集部八門：則别集、制誥、表奏、騷賦、詞曲、制舉、總集、文史也。每類後附宋、金、遼、元人之書，意欲補三史藝文之闕略，五代以前撰著，則不及也。前清大學士張廷玉等奉詔撰《明史》，而《藝文志》多采録是書，其詳備可想。俞邰承其父明立之遺，家富藏書，《静志居詩話》所謂歲增月益，太倉之米五升，文館之燭一把，曉夜孳孳，不廢讎勘者也。其父有《千頃齋集》，故錢牧齋爲虞稷作齋記，亦題「千頃齋」，而此目則名「千頃堂」，何時改易，不可考矣。金陵《朱氏家集》云：南仲公朱廷佐入吴郡庠，與周忠介友善，南渡後面折馬、阮，不求仕進，手寫古今書目，爲黄虞邰、龔蘅圃所得，以備史料，《千頃堂書目》蓋即參取南仲公書目而成。公之原書，不可得見。是此目或即以朱氏本重編，亦未可定。然别無他證也。各家著録此書，多是鈔本。近年適園張氏刻之，是爲刻本之始。此爲舊寫本，前後有杭氏世駿序跋，序見於《道古堂集》，而後跋則集中似未見。跋云：「右《千頃堂書目》，俞邰徵修《明史》，爲此書以備《藝文志》采用，横雲山人删去宋、遼、金、元四朝，刺取其中十之七八爲史志，史館重修，仍而不改，失俞邰初旨矣。元修三史，獨闕藝文，全在明史網羅。如後漢、晉、五代不列此志，《隋書》特補其闕，不必定在一朝也。歲在辛亥，從曝書亭購得此書，亟録出以箴史官之失，説者得無笑其迂乎！戊辰六月一日舊史杭世駿。」全書有前人朱筆點勘，條籤句注，字小如蟣，極爲詳贍，不知何人手筆。行間曾有「駒案」二字，亦不審其爲誰某也。清康熙間史官燦闇公有《明史藝文志稿》，與《千頃堂書目》相出入，當其時長洲尤侗亦有述作。黄氏、倪氏以《宋志》自咸淳後缺略不具，而遼、金、元三史又無藝文志，頗欲補述於《明史》，惟尤氏則堅持斷自朱明。史館諸公韙其説，傳以黄、倪所著，就西堂之稿，重爲編修，今《明史藝文志》是也。尤氏撰志稿，收朱公遷、史伯璿、程端禮、王惲、楊元孚、王楨、張養浩、李冶、范梈、周伯琦、陸輔之、李存、吴海諸作，皆以爲明人。潘昂霄《河源志》誤作「潘昂」，其後經館臣舉誤焉。陳簡章《隨筆》又稱堇浦先生輯歷代藝文志，用數十年之功，搜羅記注，誠鉅觀也。稿存於家，其子以半部質於維陽馬氏玉玲瓏館，半部質於武林孫氏壽松堂。今馬氏藏書俱散，不知歸誰何云云。此志今未見傳本，不審尚在人間否也。濟寧李氏鈔本《礪墨亭叢書》，有《千頃堂書目》三十二卷，前有乾隆乙未吴騫序，杭氏序跋皆全。此書見存江安傅氏家。

王文進《文禄堂訪書記》卷二　《千頃堂書目》三十二卷，清黄虞稷輯。吴兔牀校鈔本，附《四朝經籍志補》，不分卷。《明史藝文志序》末題曰：吴查客用盧抱經本校補用硃筆，甲午八月以後補者用緑筆。

乾隆辛卯十月朔，鮑氏知不足齋收藏，其值六金，朱筆隸書一行。杭氏手跋曰：右《千頃堂目》，金陵黄虞邰所輯。俞邰徵修《明史》，爲此書以備《藝文志》採用，横雲山人删去宋、遼、金、元四朝，刺取其中十之六七爲史志，史館重修，仍而不改，失俞邰初旨矣。元修三史，獨缺藝文，全在《明史》網羅，如後漢、晉不列此志，《隋書》特補其缺，不必定在一朝也。歲在辛亥，從曝書亭朱氏購得此本，亟録出以箴史官之失，説者得無笑其迂乎！戊辰六月一日舊史杭世駿。其中宋人著作係《宋史藝文志》所遺，非複出也。

吴氏手跋曰：右《千頃堂書目》三十二卷，晉江黄俞邰先生所輯也。先生家多藏書，博聞洽記，嘗以諸生預修《明史》，食七品俸。先是其父明立監丞，有《千頃齋書目》六卷，俞邰稍增廣之。及入史館，乃益加裒集，詳爲注釋，故又有《明史藝文志》之目。蓋以前之名，紹承先緒，而後此云者，欲自盡其職志也。雖不必如向、歆之叙述，蘭臺之授受，要其遐蒐廣攬，亦已勤矣。惜當時不盡見用，惟秀水朱竹垞檢討雅重之，其輯《經義存亡考》，多徵引其説。至於《明詩綜》則凡爵里姓氏以及序次先後，一皆依之，其篤信如此。俞邰既没，遺書散失，此稿又未經授梓，是以流傳絶少。余屬鮑君以文物色之，數年，始從苕估購得，審視則堇浦先生道古堂藏本也。有其手跋，它日面詢之，先生亦不自知其所以然。蓋堇浦晚歲雙足恒不良於行，侍者往往竊架上書以賣，不意此本展轉流傳，仍爲我輩所得，洵昔人所稱有翰墨緣者矣。然堇浦本尚多漏略，疑爲俞邰初稿，復借錢塘盧抱經先生金陵新校本勘補，書既加詳，且多序目，似是史局增修之本。未幾讀《道古堂遺文》，又得黄氏書録序一篇，遂亟録之。顧序中言《地理》一門，黄氏尚多挂漏，已因取内閣書目爲之增補。而予還閲此書，又不如所云，其理殊不可解。豈此本别有一本耶？竊不自揆，間取諸家書目續爲增補，管窺蠡測，未必有裨萬一。藏之家塾，以俟世有王、阮者重爲印正焉耳。堇浦季年，復輯歷代藝文志，惜乎卒業未幾，奄捐館舍，每欲從之借鈔，訖以弗果。中郎遺集，散佚殆盡，此書不知終歸誰氏之手，爲之閣筆三歎。乾隆乙未重陽日，兔牀吴騫題於拜經樓。

又《述古堂宋刻書跋》　辛丑暮春，過遵王述古堂，觀所藏宋刻書。縹青朱介，裝潢精緻，殆可當我絳雲樓之什三。縱目流覽，如見故物。任意漁獵，不煩借書一瓻，良可喜也。吴兒窮眼，登汲古閣，相顧愕眙，如入群玉之府。今得覩述古堂藏書，又復如何？遵王請予題跋，乃就所見，各書數語歸之。

黄丕烈《蕘圃藏書題識》卷三　《傳是樓宋板書目》一卷，鈔本。《傳是樓書目》裒然大帙，約有數本。兹題崑山徐氏《傳是樓宋板書目》，未知即是《小樓書目》否？蓋傳聞《小樓書目》專在宋板也。兹本亦從古泉山館借來，原與《延令季氏宋板書目》、《江陰李氏得月樓書目》摘録合裝，題曰《三家宋板書目》。余因《延令季氏宋板書目》先有鈔本，故第傳録兩家，命閣人張泰手鈔。張泰曾在京師傭書，故字跡頗不惡云。癸亥二月八日，蕘翁記。

周中孚《鄭堂讀書記》卷三二　《傳是樓藏書目》，無卷數，三册，寫本。不著編輯者名氏，乃國朝崑山徐健菴乾學家藏書目。以千字文編號，一字爲一厨。自天字至光字止，凡五十六厨。厨分四格，略以四部庋置。雲字厨以後，下亦不盡然。大凡三千九百餘種，每種上記卷數，下記册數，頗與曹氏《楝亭書目》相同，皆後人所當取法者也。

吴壽暘《拜經樓藏書題跋記》卷三　《傳是樓宋元版書目》《傳是樓宋元版書目》一册，先君子手寫本。後有黄棃洲先生《傳是樓藏書記》，汪鈍翁、邵青門二先生《傳是樓記》。

《傳是樓書目》　《傳是樓書目》三册，不分卷，無序。首册總目，分四部，以周興嗣千文編號，内有黄筆、墨筆補記處。先君子書後云：「《傳是樓書目》二册，雖蝨簡塵編，然上下旁行之注，猶是東海手筆也，勿易視之。兔牀記。」又鈔出六册，亦不分卷。知不足齋主人所贈，係緑飲先生手録。

周中孚《鄭堂讀書記・史部・目録類》　《漁洋書籍跋尾》二卷。《説部精華》坿刊本。國朝劉堅編，堅，無錫人。王漁洋嗜書之癖，老而不衰。每獲一編，或題其前，或跋其後，其文散見諸《説部》及文集者甚多。堅既參考《説部》所載各條，爲載籍二卷，入之所編《説部精華》中。又復取文集中書籍題跋，彙爲是帙，凡一百有九篇，以補焦氏《經籍志》之遺。前有堅序，稱其文之短篇尺幅，味非酸鹹，彷彿坡公小品云。

朱彝尊《池北書庫記》　池北書庫者，今少詹事新城王先生聚書之室也。新城王氏，門望甲齊東。先世遺書不少矣，然兵火後，散佚者半。先生自始仕迄今，目耕肘書，借觀輒録其副。每以月之朔望，詣慈仁寺，日中集俸錢所入，悉以購書，蓋三十年而書庫尚未充也。自唐以前，書多藏之于官，劉歆之《七略》、鄭默、荀勖之《中經新簿》。其後四部七録，代有消長，民間所藏，賜書之外無多焉爾。自雕本盛行，而書籍易得，民間鏤版，未貢天府者，且十之九，由是官書反不若民間之多。古之擁萬卷者，自詡比南面百城，今則操一囊金，入江浙之市，萬卷可立致。然自博覽者觀之，若無所覩也。夫宋元雕本，日就泯滅，幸而僅存于水火劫奪之餘，藉鈔本流傳，顧士之勤于鈔寫，百人之中一二人而已。習舉子業者，誦四子書，治一經，不過四五十卷，可立取科第。而賈人牟利，亦惟近乎舉子業者是求，非是則不顧，至以覆醬裹麪糊蠶箔。古之人竭心力爲之者，今人全不之惜，任其湮没，此士君子蠹傷于心。而先生書庫之設，藏之惟恐不亟也。彝尊經亂，先世之遺書莫有存者，及壯，餬口四方，經過都市，殘編斷帙，至典衣予置，積之二十年矣。以驗藏書家目録，則僅有其十之二三焉，然未嘗無出于藏書家目録之外者。譬之於海，九川四瀆無不趨焉，而滮池瀾汋之水，聚而勿涸，鳥見之飲啄，魚得之泳游，亦可自樂其樂，而忘其身世之窮焉。明年歸矣，將尋先生之書庫，借鈔所未有者。奉先生之命，遂爲先生記之。

繆荃孫《藝風藏書續記》卷五　《孝慈堂書目》一大册，傳鈔本。王聞遠編。聞遠，字聲宏，一字叔子，居吴郡之采蓮涇，別字蓮涇。此目分門編類，序次頗詳，以之求蓮涇之書，按其册數之多寡，紙色之黄白，幾同析符之脗合。黄蕘圃亟稱之。荃孫所得數種，按之此目，覺蕘翁之言彌信。

全祖望《天一閣藏書記》　南雷黄先生記《天一閣書目》，自數生平所見四庫，落落如寘諸掌，予更何以益之。但是閣肇始於明嘉靖間，而閣中之書不自嘉靖始，固城西豐氏萬卷樓舊物也。豐氏爲清敏公之裔，吾鄉南宋四姓之一，而名德以豐爲最。清敏之子安常，安常子治，監倉揚州，死於金難，高宗錫以恩卹。治子誼，官吏部，有文名。誼子有俊，以講學與象山、慈湖最相善，亦官吏部。有俊子雲昭，官廣西經略。雲昭子稌，稌子昌傳，并以學行爲師表。而雲昭群從曰芑、曰茝，皆有名。蓋萬卷樓之儲，實自元祐以來啓之。自吏部以後，遷居紹興。其後，至庚六遷，居奉化，庚子茂四遷居定海。茂孫寅初，明建文中官教諭。寅初子慶，睠念先疇，欲歸葬父於鄞，而歲久，其祖塋無知者，旁皇甬上。或告之曰城西大卿橋以南紫清觀，吉地也。慶乃卜之，遇豐之革，私自喜曰：「符吾姓矣。」是日，適讀元延祐《四明志》曰：「紫清觀者，宋豐尚書故園也。」慶大喜，即呈於官，請贖之。并爲訪觀中舊籍，得其附觀圃地三十餘畝，爲鄰近所據者，盡清出之。遂葬其親，而以其餘治宅。慶喜三百年故居之無恙也，作十詠以志之而。於是，元祐以來之圖書，由甬上而紹興、而奉化、而定海者，復歸甬上。慶官河南布政。慶子耘官教授。耘子熙官學士，即以諫大禮拜杖遺戍者也。豐氏自清敏後，代有聞人，故其聚書之多，

亦莫與比。迨熙子道生，晚得心疾，潦倒於書淫墨癖之中，喪失其家殆盡。而樓上之書，凡宋槧與寫本，爲門生輩竊去者，幾十之六。其後又遭大火，所存無幾。范侍郎欽素好購書，先時嘗從道生鈔書，且求其作藏書記。至是，以其幸存之餘歸於是閣。又稍從弇州互鈔，以增益之。雖未能復豐氏之舊，然亦雄視浙東矣。初，道生自以家有儲書，故謬作《河圖》石本、《魯詩》石本、《大學》石本，則以爲清敏得之秘府。謬作朝鮮《尚書》、日本《尚書》，則以爲慶得之譯館。貽笑儒林，欺罔後學，皆此數萬卷書爲之厲也。然則讀書而不善，反不如專己守陋之徒，尚可帖然相安於無事。吾每登是閣，披覽之餘，不禁重有感也。吾聞侍郎二子方析産時，以爲書不可分，乃別出萬金，欲書者受書，否則受金。其次子欣然受金而去。今金已盡，而書尚存，其優劣何如也。自易代以來，亦稍有闕佚，然猶存其十之八。四方好事，時來借鈔。閩人林佶嘗見其目，而嫌其不博，不知是固豐氏之餘耳。且以吾所聞，林佶之博，亦僅矣。臨川李侍郎穆堂云：「吉人蓋曾見其同里連江陳氏書目，故爲此大言。」

周中孚《鄭堂讀書記・史部・目録類》《天一閣書目》十卷，揚州阮氏文選樓刊本。國朝范懋柱編。懋柱，字□□，鄞縣人，明范欽之後裔也。海内藏書之家最久者，今惟寧波范氏天一閣巋然獨存。其藏書，在閣之上。當時，范堯卿欽，本有《書目》二卷，焦氏《經籍志》作《四明范氏書目》。朱竹垞彝尊稱其但著册數而無卷數，撫浙時，命懋柱登閣，分厨寫編，成《目録》十卷刻之，即以投畀，其後人庋閣下。其書冠以《聖諭》五道。卷一之一，恭載御賜《古今圖書集成總目》、御題魏了翁《周易要義》、馬總《意林》各詩，御賜《平定回部得勝圖》、《平定兩金川戰圖》各目並進呈《書目》。卷一之二爲經部，卷二之一二爲史部，卷三之一二爲子部，卷四之一至卷四之四爲集部。附以補遺及范氏著作，凡已見進呈書目者，四部内不重載。四部内所載者，俱詳其撰人、卷數及刊本、鈔本之別。又大半節録原序，以存崖略。頗便於循覽。雖不及錢氏《讀書敏求記》能自鑄偉詞，成一家之説，然以視尋常藏書目録但著其撰人、卷數者，則倜然遠矣。前載黄梨洲《天一閣藏書記》及吾師《書目序》。

阮元《定香亭筆談》范氏天一閣，自明至今數百年，海内藏書之家，惟此巋然獨存。余兩登此閣。閣不甚大，地頗卑溼，而書籍乾燥，無蟲蝕，是可異也。閱其書目，龐雜無次序，因手訂體例，遴范氏子弟能文者六七人，分日登樓編成書目。屬知鄞縣事張許給以筆札。閣中舊版書極多，因修案疑手誤録其序跋及收藏家題識、印記，以資考證焉。《天一閣金石目録》乃錢辛楣宫詹大昕修《鄞縣志》時所編。天下樂石以岐陽石鼓文爲最古，石鼓文脱本以浙東天一閣所藏松雪齋北宋本爲最古，海鹽張芑堂燕昌曾雙鉤刻石於家。余細審天一閣本，並參以明初諸本，屬芑堂以油素書丹，被之十碣，命海鹽吴厚生刻之。至於刀鑿所施，運以意匠，精神形蹟，渾而愈全，則揚州江墨君德地所爲也。刻既成，置之杭州郡庠明倫堂壁閒，使諸生究心史籀古文者有所法焉。

陸以湉《冷廬雜識》卷七《天一閣》寧波范氏天一閣藏書，凡五萬三千餘卷。閣在月湖之西、宅之東。牆圃周迴，林木蓊翳，與闤闠相遠。明嘉靖中，堯卿少司馬欽歸田後，搆以藏書。其異本得之豐氏熙坊者爲多。書藏閣之上，通六閒爲一，而以書厨閒之，其下仍分六閒，取「天一生水，地六成之」之義。司馬歿後，子孫各房相約爲例：凡閣厨鎖鑰，分房掌之，禁以書下閣梯，非各房子孫齊至不開鎖。子孫無故開門入閣者，罰不與祭三次。私領親友入閣及擅開厨者，罰不與祭一年。擅以書借出者，罰不與祭三年。典鬻者，永擯逐不與祭。乾隆閒詔建七閣，參用其式，且多寫其書入《四庫》，賜以《圖書集成》。嘉慶閒，阮文達公巡撫浙江，命范氏後人編成目録，並金石目録刻之。自明嘉靖迄今三百餘年，遺籍常存，固由於遭遇之盛，抑亦其立法嚴密，克保世澤於勿替。宜名垂不朽，爲海内藏書第一家也。案華亭王文珪《聽鶯仙館隨筆》所記，本之陸氏，無大異同，今不採入。

徐時棟《煙嶼樓筆記》古今藏書之家，無不厄於兵火。如江元叔、宋宣獻、晁文元、宋綬、周密，前人記之詳矣。王仲言云：「葉少藴藏書於霅川，丁卯與宅俱焚，而李泰發家書亦是歲火。同歲罹劫，亦可怪也。」余自弱冠即好購書，二十餘年，亦將十萬卷。咸豐十一年，遭粤寇，在煙嶼樓者，盡爲人竊掠。其在城西草堂者，尚五六萬卷。同治二年十一月二十九日，草堂焚如，皆灰燼矣。而奉化人有於亂後出數千金買天一閣書，別爲屋藏之，亦以十一月此旬中被火。旁舍無恙，惟書屋獨燬，與吾家先後才數日耳，異哉。

黄家鼎《天一閣藏書顛末考》天一閣在郡治月湖之西，與闤闠相遠，舍徑窅曲，牆圃周迴，林木翳然。又西數十步，即范侍郎私宅也。侍郎名欽，字堯卿，前明嘉靖間進士。以少司馬解組歸，乃構是閣。遇海内異本即購，尤喜收説經諸書及先輩詩文集未傳世者。同時有豐考功坊，家多宋槧，侍郎嘗詣借鈔，並匄考功爲藏書記。張東沙尚書亦有文紀其事。又傳嚴分宜鈐山堂所藏籍没時，亦爲侍郎刺取，以是善本冠兩浙。侍郎有二子，方析産時，以爲書不可分，乃別出萬金，欲書者

受書，不則受金，其次子欣然受金而去。故書得仍聚。侍郎殁後，遺命嚴閉。繼乃子孫相約，凡閣厨鎖鑰分年輪值，非子孫齊集不得開鎖登閣，且有書不下閣，不使持烟火者入。其中之禁違者，罰不與祭。有敢典鬻者，永擯逐。此其所以聚而能久也。國初，黄太冲破例一登，有記載《南雷集》。萬徵君季野、馮處士南耕、錢宫詹竹汀，先後踵接。他如全吉士謝山三登，學使阮文達數登。又崑山徐閣學以修《明史》、海寧陳詹事奉纂《歷代賦彙》，時時遣胥就閣鈔書。封閉之禁，由是大寬。閣通六間爲一，而以書厨間之，其下乃分六間。面鑿一池，廣僅數弓。文達云：「當取天一生水，地六成之之義。」謝山有曰：「將署名時，侍郎搜碑版，得吴道士龍虎山天一池石刻，實出元揭文安書，碑陰有記。侍郎喜，遂以名閣。」又嘗輯刊秘本，《元包數總義》、《乾坤鑿度》等二十種，校勘精善，世竟罕有知之者。迨乾隆中奉旨採書，其裔孫秀才懋柱進書六百二種，邀賜《古今圖書集成》一部、《平定回部得勝圖》十六幅、《平定兩金川戰圖》十二幅。御題其所藏書二種。又簡織造使詣閣，看其房間制造之法，並書架款式、丈尺呈宸覽，可謂顯榮至矣。閣書有目，始於太冲登閣時草創。凡坊間易得，及時人之集，三式之書皆未及。侍郎礽孫左垣，乃鈔補足之。閩人林佶嘗見其目，而嫌其不博，不知是固豐氏之餘耳。嘉慶八九年間，阮文達按試來鄞，命范氏後人分厨編寫成目録十卷。越五年，巡道陳廷杰校而刻之，文達爲之序。其時，書綜四千九十四種，五萬三千七百九十九卷。其藏弆碑刻，自三代訖宋元，凡七百二十餘通。如《石鼓文》、《秦泰山石刻》，皆北宋搨本，《漢西嶽華山碑》乃未裁割者，碑額兩旁有李贊皇題名二道，碑文空處亦有宋人題名，金石家皆未之見也。乾隆某年，侍郎八世孫懋敏編目一卷，有錢宫詹序曰：「明代好金石者，惟都元敬、楊用修、郭允伯、趙子函四家，較其目録，皆不及范氏之富。若于司直輩道聽塗説，徒供覆瓿耳。此書出，將與歐、趙、洪、陳並傳焉。」今之所傳《書目》、《碑目》者，即此本也。道光辛丑，英吉利擾浙。英兵踞郡城者數月，劫灰横飛，不及於閣，殆有神物呵護。咸豐辛酉，粤寇陷郡，閣書驟遭土匪搬取。相傳有奉化唐嶴，人以賤值收之，用穢物湅紙。亂定，其後人畢力披尋，返者十或七八，完全者十不二三。近年，無錫薛叔耘觀察浙東，延郡人董明府沛編爲《見存書目》六卷，碎珠殘璧，朗若列眉，范氏賢裔，固得按目訪求。世有好事者，亦可據目代搜於叢殘中，趙璧楚弓，或亦有望。雖然書多不完，惟一卷一帙，均歷浩劫而不能磨滅者，斯閣斯書，洵海内魯靈光也。邦之君子，宜如何珍重而善衛之耶。

繆荃孫《天一閣始末記》 自明中葉以來，海内藏書家，莫不以四明天一閣爲巨擘。黄梨洲表彰之，全謝山爲之記，阮文達公爲之編書目，學士文人，心中均有一天一閣矣。初，范堯卿司馬素好購書，與豐道生善，先在萬卷樓鈔書，且求道生作藏書記。值道生得心疾，樓上之書爲門生輩竊去不少，又遭火患，以其幸存之餘歸於范氏。司馬又稍從弇州互鈔，以增益之，遂雄視浙東焉。閣之初建也，鑿一池於其下，環植竹木，然尚未署名。及搜碑版，忽得吴道士龍虎山天一池石刻，元揭文安公所書，而有記於其陰。大喜，以爲適與是閣鑿池之意相合，因即移以名閣。司馬二子方析産時，以爲書不可分，乃別出萬金，欲書者受書，否則受金。其次子忻然受金而去，今金已盡而書尚存，其優劣爲何如？此閣構於月湖之西、宅之東。牆圃周圍，林木蔭翳，閣前略有池石，與闤闠相遠，寬閒静閟，不使持烟火者入其中。其能久一也。司馬没後，封閉甚嚴。繼起子孫相約爲例：凡閣厨鎖鑰分房掌之，禁以書下閣梯，非各房子孫齊至不開鎖。子孫無故開門入閣者，罰不與祭三次。私領親友入閣及擅開厨者，罰不與祭一年。擅將書借出者，罰不與祭三年。因而典鬻者，逐不與祭。其例嚴密如此，所以能久二也。黄梨洲後，萬季野徵君、馮南耕處士繼往，崑山徐健庵司寇聞而來鈔。而海寧陳廣陵詹事纂《賦彙》，亦嘗求之閣中。全謝山爲小玲瓏館馬氏亦往鈔之。迨四庫館開，范氏進呈書六百三十八部，爲藏書家之冠。詔建七閣，專人往浙繪閣圖，仿其式以造，亦至顯榮矣。乾隆癸丑阮文達公督浙學，數至閣下，命范氏後人分厨編定《書目》、《碑目》刊行。道光庚子，英人破寧波，登閣周視，僅取《一統志》及輿地書數種而去。咸豐辛酉，粤匪之亂，閣既殘破，書亦星散。范氏後人四川知縣邦綏避地山中，得訊大驚，即間關至江北岸搜訪。聞書爲洋人傳教者所得，或賣諸奉化唐嶴造紙者之家，急借貲贖回。寇退，又偕宗老多方購求，書稍稍復歸。其有散在他邑不聽贖取者，則賴郡守任丘邊公葆誠移文，提贖還藏閣中。後寧波太守江寧宗湘文延慈溪何明經松重編書目，未就去任。光緒己丑，無錫薛觀察福成，復屬歸安錢念劬明經編成四卷，己丑刊行。體例勝於前編，惜書止存十分之二。光緒三十四年，内兄夏閏枝守寧波，余欲登閣觀書。閏枝於八月間，與范氏訂約，至次年始得復（司馬後人一百有二家，須均允，乃得登。舊例也。）定期三月十八日。余於十三日自江寧赴之，十五日到鄞，十八日到閣。范氏派二庠生衣冠迎太守。（一字渭生，一字秋圃。）茶畢登閣，約不攜星火。閣甚庳隘，然樸素堅固，明制宛然。閣上「寶書樓」，明嘉靖時題。閣下長聯云：「承梅澗柳汀以後清節衣冠世澤永四明司馬，比南雷東磵之奇圖書泉石高樓仰百尺元龍。」阮文達撰。又有「天一閣書藏」，亦文達筆。梅叔跋云：「天一閣

藏原有之書。另辟一藏，專收後來之藏」云云。惜范氏子孫不能體文達之意也。厨用散木，兩面開門，界而爲五。每厨門標每類。例須范氏子孫檢閱。余攜《現存書目》細閱，應抽閱者付之范氏子。開厨但見書帙亂疊，水溼破爛，零篇散帙，鼠嚙蟲穿，迥非阮文達公所云。（《定香亭筆談》：「余兩登此閣，地甚卑溼，而列匱書乾燥無蠹蝕，大可異。」）范氏子見書而不能檢，余告之，乃抽出。再檢再閱，范氏子挽余自抽，蓋目不知書者。余笑曰：「肯破例耶。」相與一笑。列厨分類，每類止數十本，然皆嘉靖前書，刻本無方體字。鈔本藍格、綿紙，令人不忍釋手。囑鈔宋《刑統》、正德《江陰志》而出，聊慰生平素願。然所見殊不逮所聞矣。閏枝歸，謂余曰：「再閱百年，遺書盡入蟲腹，天一閣其泯滅乎。」閏枝赴湖州，本任只鈔得《刑統》，而《江陰志》未來。癸丑，余避難僑滬，忽聞閣書大批出售，余友石銘得宋刻《書經注疏》、《歐陽集》六十四卷本。又見明刻、明鈔書五六百本，及明登科録百十本。意其子孫居然肯賣，後知滬上姦商挽賊往偷，迨知覺已去大半。鳴官究治，止定獲到二賊罪名，書仍不能還閣，近日有司之新律也。閣書止存三分，又去其二，並不能待入之蟲腹。近日，浙西陸氏皕宋樓、丁氏八千卷樓、姚氏咫進齋、朱氏結一廬均已四散，並天一閣亦不能保存，可謂文運之厄矣。

李調元《萬卷樓藏書約》 余奉先大夫石亭公訓：嗣後族衆丁繁，子孫有願析産而居者，除將田宅均分外，所有萬卷樓家藏四十櫥，分經、史、子、集四部，每部十櫥，皆簽記書名。有書目三十卷，名曰「西川李氏藏書簿」。子四人共管看守，不許分析，仍時添買，續登書目，補注于後。如衆房有愛書佳子弟，亦許自備紙札，就樓寫讀，不得擅攜一紙下樓。誠以各書，皆累代前人，或手自鈔録，或得於重價，聚之甚難，散則甚易也。余題樓聯有句云「科第冠三巴」，是祖父忠厚所貽，已經三世，書香留百代。願子孫謹嚴封鑰，無失一篇，職是故也。凡諸子看守此書，亦應傳戒丁寧，毋令風飄雨滲，蟲蠹鼠嚙。每開樓時，尤須小心烟燭。遇六月六日曝書畢，即仍照經、史、子、集四部，依次安放樓上四十櫥中，毋得錯亂，方不負祖父付託苦心。倘傳之久遠，或偶遇不肖子孫欲分書籍，及擅借與人，甚則或因家貧將書擅賣一本與人，此則非吾子孫也。許衆房子孫聲明家長，即執此約，鳴官究治。願後來各老公祖父臺，垂憫其祖父鈔購之苦，以重懲之。感且不朽，亦願吾子孫世守此訓，毋辱祖先，以招哂笑也。戒之！戒之！

胡芹《五桂樓藏書目録記》 石泉目其所藏書種：計者，若干册；計者，若干卷；計者，若干録。而請余曰：「曷記曰記目也，目曷記曰記書也？家之一物一器，號列件分，纖屑記注，備遺忘也。書目亦然。」余曰：「嘻，是誠然矣。有目矣，有書矣；記目矣，記書矣。不遺忘於目，而遺忘於心，可奈何？凡人，少見則情疎，慣見則情親，倘有目矣，有書矣，曰某人某書，某書某人，從目求書，從書而求讀其書，因而得一書，添一目。即讀一書而十而百而千而萬，記於目者，記於心，是亦博聞强識之一助也。豈獨不遺忘而已。若夫綜覽而貫串之，則又存乎其人。」石泉曰：「若是，則書目之所係者大矣。」請書之爲記。嘉慶十五年歲在庚午夏六月，白水山人胡芹。

黄石泉《五桂樓藏書目録自記》 今世藏書之家，惟甯波天一閣爲最久。其制厨門，樓鑰，子孫分房掌之，非齊至，不得開。禁以書下樓梯，及私引親友擅升，皆罰不與祭。故歷久而書不零落。余既搆樓三間，以藏此書。益欲子姓守之，後世能讀。楹書可登樓展視，或海内好事願窺秘册者，聽偕登焉。嘗見世之謀子孫者，求田問舍，計非不周，至然數傳之後，不免窶貧，重念籯金之教，此余藏書之本意也。嘉慶辛未春仲，石泉識。黄氏經籍，子孫是教。鬻與假人，即爲不孝。石泉又識。

諸允治《黄氏五桂樓藏書記後》 《涑水》有言，積書以貽子孫，子孫未必能守。能守，未必能讀。然亦顧其子孫之賢何如耳。子孫誠賢，非惟能守，且能讀，能使子孫之友無力能讀者亦使之讀。爲子孫之友者縱未能讀，而使之時一披閱，數萬卷縱横其前，眉睫間矐焉如電，胸次淵然浩然，是則先人之澤長矣。五桂樓者，鄉先輩石泉黄先生藏書處也。先生歸道山久，後生小子未及執贄其下，而猶得交其孫方軒先生并方軒喆嗣明經芝生、茂才蓉生，皆素車笠雅好。然欲登斯樓窺嫏嬛之祕，探璧府之藏，顧以青衫憔悴，殘杯冷炙，到處依人，未遑償願也。夫不讀五千卷，不得入崔儦之室。末學膚受，何敢妄言秘籍？然而淛東自黔匪東訌，藏書家如傳是樓、賜書堂、天一閣、鮚埼亭，暨高梁鄭氏、九沙萬氏、祁氏、毛氏、商氏卷軸皆散亡略盡，樓獨巋然聳峙，高出雲霞之表。四明鹿亭樊榭，諸峰萬點飛嵐，迴帶棟楣藻井，不可謂非彼蒼之陰相也，不可謂非鬼神之呵護也，是石泉先生之澤長也，是方軒先生之蔭厚也，是明經兄弟之能守而又能讀也，是能使無力能讀者而使之讀也，是誠子孫之賢也。夫允何能，讀先世手澤，俱付兵燹，間存一二？以不能忍餓易米矣，旋以代薪矣。而徒西抹東塗，剽盜稗販，益滋思焉。今年夏，克登斯樓，忻愧交并。茂才以序見囑，夫允何能讀且何敢言讀？竊喜登斯樓之上，隨明經茂才之後，有餘華矣。謹記私願如右，若夫經籍淆亂制度，文章靡雜秦、漢，宋儒魏

了翁記李氏言之綦詳與。夫毛西河言藏劉誠意手札諸弊，明經諸昆季諒久稔此，無煩贅述也已。同治閼逢閹茂且月，後學諸允治謹識。

蔣光煦《東湖叢記・馬二槎藏書》 吾鄉陳仲魚徵君鱣向山閣藏書，大半歸馬二槎上舍瀛。上舍，余中表行也。時得借觀其《唫香仙館書目》，多世所未見之本。有宋本《漢書》、《晉書》，因以漢晉名其齋。《晉書》爲天籟閣故物，有王弇州手鈔補闕之卷，真書林瓌寶也！余曾假得《劉子注》十卷，後有各跋，録之以見珍祕。「晁氏《讀書志》云：『齊劉晝孔昭撰，唐袁孝政注，凡五十五篇。言修心治身之道，而辭頗薄俗，或以爲劉勰，或以爲劉孝標，未知孰是。』庚午巳月晦日，葉子寅讀識。」「此書丁丑冬得之梅花館，越宿即取去，庚辰秋再見之南樓，如逢故人，亟攜之歸，内鈔録多誤，朱筆已較正，至《劉子》姓氏，南陽先生雖言之，而終無的據，當以俟知者。世無刻本，可勿珍諸！康熙庚寅中秋十八日，許心扆識。」「舊鈔本前葉有此二跋，後跋旁注云：『辛卯夏五月十日晨窗見太翁外舅圖記。此册有外舅圖記，内子補印圖記』云云。《葉跋》下有『葉子印』、『春玉圃人』二印。又有『葉豹文』、『葉國華』二印。《許跋》下有『丹臣』印，又有『歸高陽葉氏』印。卷首有『葉氏菉竹堂藏書』印。卷末有『楙印』、『南陽閨秀』二印，蓋葉文莊公舊藏也。鱣記。」「此五硯樓書也，因舊鈔檢得之，不令隨他書去。卷端題『劉子卷下』，又有無一至無十字號，其爲《藏》本出無疑。惜五硯主人在日，未取《藏》本勘之，爲一恨事，而《藏》本早售去，兹無從借校，又一恨矣。我友周丈香巖，家多祕書，向假得活字本校如右，其朱、墨兩筆，舊校者多合。余前校活字本，是者存之，非者不贅焉。讀是書者，以舊鈔爲主，活字參之可耳。嘉慶庚午五月一日校畢，時在支硎道中，復翁。」「此書世鮮刻本，惟程榮《漢魏叢書》本有之，然脱誤甚多，不可據也。是舊鈔以他書《道藏》本證之，每葉二十行，行十七字，其自《藏》本出無疑，不知何故正文與注，或錯出；或訛舛，舊校而外，又賴活字本校正無算，可知書非宋刻，可據者十不一二也。余向從萃古齋見一小匡子細字本，主人云，是宋刻，惜亦不全。後聞爲陽湖孫伯淵售去，當致書山左，向彼借校，一破群疑。讀書在廣見博聞，余謂藏書之道亦然，藏而能讀，非見聞廣博，不足以奏其功焉。庚午五月十三燒燭重檢。復翁又記。」「《劉子》十卷，《隋書》不著録，《唐志》作梁劉勰譔，《郡齋讀書志》、《直齋書録解題》俱作劉晝、孔昭譔。《直齋》引唐播州録事參軍袁孝政序略云：『晝傷己不遇，天下陵遲，播遷江表，故作此書。』時人莫知，謂爲劉勰及孝標。《梁書》、《南史》，俱無明文，且當時崇佛，而是書末篇歸心道教，故《道藏》收之《太厺部無字號》中，其非勰及孝標之書明甚。又是書《激通篇》偁班超憤而習武，卒建西域之績，又安得謂劉歆作乎？惟《北齊書儒林傳》云：『劉晝字孔昭，渤海城阜人。少孤貧，愛學，恣意披覽，晝夜不息。舉秀才不第，譔《高才不遇傳》三篇。又頻上書，言亦切直，多非世要，終不見收。自謂博物奇才，言好矜大，每云使我數十卷書行於後世，不易齊景之千駟也。』傳雖不云有此書，然於書中大意相合，或疑袁孝政所作，非也。然孝政之注，雖不能備詳典故，亦不可少，自明以來，刊本注甚無幾，而本文脱誤，竟不可讀。吴中袁氏五硯樓，向得舊鈔本，藍格綿紙，尚是明中葉時人從《道藏》本録出。又周氏香巖家藏活字本，亦係明時舊本。黄君蕘圃，既得袁氏所藏舊鈔本，乃假周氏活字本校於其上。余復屬蕘圃以厚價雇人摹鈔活字本以歸，而以舊鈔本校之，夫而後《劉書袁注》，差覺完善可觀，而世間通行程榮、何允中等刻，俱堪廢矣。活字本第八卷中，原缺一葉，余手録補入，而並録蕘圃二跋於後，至所校活字本題誤者，朱書於旁，或兩可者，則標於上。嗟乎！聚書固難，校書亦復非易，蓋惟深歷此中甘苦者知之耳！嘉慶十五年秋，郭海陳鱣記。」

莫友芝《影山草堂書目》 《影山草堂書目》，但以箱計号，别有分類目録。

張鈞衡《後記》 《花近樓叢書》十四册，爲渟溪芷湘老人手自鈔輯之藁，尚未授梓。余訪求有年，知已鬻諸梅里，轉爲苕賈，持至都下矣。惟存《叢書序跋記》二卷，係芷翁族曾孫振志茂才據日記以録寄者。計所羅書有七十三種，補遺二十種，未窺全豹，讀此亦見一斑。辛亥三月中澣，烏程張鈞衡識後。

陸心源《聞有益齋讀書志跋》(《儀顧堂題跋・史部・目録類》) 《聞有益齋讀書志》六卷，上元朱述之先生所箸也。先生諱緒曾，道光初舉人。一目十行，無書不覽，藏書甲于江浙。累官浙江秀水孝豐知縣，有循聲。其書仿《郡齋讀書志》之例，而精核過之，惟《古今分門類事》一條謂爲宋如璋之父所箸，不免千慮一失。謹案：卷八「先大夫《龍泉夢記》云：『如璋不才，虚服靈夢，誠不敢忘。謹鑱于石，以報神貺。政和七年三月日，宋如璋記。』」是如璋自記其夢之辭也。曰「先大夫」者，子述其父之辭也，與下文蒲教授《荆山夢記》即採蒲咸臨之文同。若非其子所箸，當曰宋大夫《龍泉夢記》矣。如璋，眉州人。崇寧五年進士。見《四川通志・進士表》。是書成于乾道己丑，上距崇寧五年，六十四年。即使如璋早達，亦將九十歲人矣。其爲如璋之子所述無疑也。

羅振常《周氏傳忠堂書目・重訂例言》 一、此書原乃周氏藏書簿册，非已編定之書目，故僅粗分四部。有書名、册數、板本，而無卷數、撰人。門類既未全

分，析每類之中，亦多無次第。其後以全書歸蔣氏，遂並此簿付之，俾據簿檢書，初未以爲書目定本也。今重校付印，凡此闕失，均爲補正。

一、原本卷數、撰人，蔣氏曾加添注，而未竟其功，僅開卷易、書二類將次注全。宋、元人集部所注較多，其餘各門注者甚少，所注亦有在書眉者，云「四庫作若干卷，某人撰，費君所謂眉上、行間皆香翁筆是也」眉上評注，今皆移注本書之下，加「蔣目」二字别之。合其所注，不及全書十之二三。今按，周氏所藏，不乏冷僻之品，其中一部份，得之陳氏帶經堂，約居十之二三。而蔣氏得書後，又編有《秦漢十印齋書目》，與周目同者十之六七。今先據陳、蔣二目補注，約得十之五，因兩目有重複者。其餘據《四庫總目》，四庫所無者，參據他書。暫未檢得者，闕之以俟續考。惟蔣目乃傳抄本多誤字，所注亦有誤者，凡無名氏之作，四庫、陳目均無撰人，蔣目往往有之，核其體例，大率前一種有撰人名氏，後一種即屬之其人，實乃大誤。凡此均不以蔣目爲憑。

一、原本分類，未盡諦當。今於一書，兩類可入，雖向來入之甲類，而彼入乙類者，仍舊不改。其顯然不能入此類者，爲改移他類中。

一、原本於一類中之次第，大率前半有條理，而後半紛亂，知其前半曾經編排，其後續得隨時增入，未加條理。分類之誤，亦多在後半，兹重事排比，惟未見原書，有不能定其先後者，仍依原次。

一、古人藏書目，本爲簿籍。有書皆收，不論板本佳否。近人編目，必取善本，恒見者汰之。此例，實今優於古，習見通行之本，不足珍異，亦無關考證，列之徒亂耳目也。周氏以所藏全部歸蔣，故近代新刻新著，均列其中。今悉爲删除。其近著之少見常刻有批校者，仍留之，每類後均注明「原有若干部，汰去若干部」以存其原數。

一、周氏爲晚近藏書名家，今檢他書所載，有關周氏事實及藏書源流者數則，附録於後，用供讀者參考。

國英《共讀樓藏書條規引》 共讀樓之藏書，非嗜古也，祇以備寒畯鈔讀。視夫藏書嗜古，非宋、元之板不收者，誠遜謝不如。今將大略次序述之：清文在前，次則經、史、子、集，次則石刊各帖，又其次則《欽定古今圖書集成總目》、《欽定四庫全書總目》、《永樂大典總目》，末則補藏各書帖。所藏無論新舊，且卷帙亦不甚多，特一小書齋，敢與古之藏書家相頡頏哉！溯自魏、晉之世，藏書者數十家，其名未詳考。迨唐有《吴氏西齋》，宋有《百川學海》，元有《説郛》，明有《祕笈稗海》及《漢魏叢書》、《唐宋叢書》。此外，又有鄞縣范氏之天一閣、錢塘吴氏之瓶花齋、崑山徐氏之傳是樓、虞山宗伯之絳雲樓、錢遵王之述古堂、葉文莊之菉竹堂、尤延之之遂初堂，諸家藏書甚夥。其初藏無不費盡苦心，後或零星失散，或灰燼無餘，是果犯造物忌耶？抑亦弃藏之不慎，以致此耶？予今竭廿餘年之心力，搜羅積聚，始克有此數篋書，唯望後世永不亂。所定規條，或可少保久遠。倘有不肖子孫擅將書私攜出樓，則散亡必速，汝等亦當體吾聚藏之艱難耳！庚辰年小陽望日。

《條規》：

一、自光緒七年三月十三日起，除臘、正兩月不計外，每月逢三、八日巳正開樓，至申正鎖閉。所有一切書籍，概不準出樓。看書者，當依時幸臨，入樓取看，過時不候。

一、樓下設有桌凳，諸隣友入樓後，即比次而坐，不得竟行上樓。言明鈔某書，查某書，自有執事者代爲檢取送閲，但每位祇可查看一二種，多則恐應接不暇。閲畢，仍交執事者，歸還原處，妥爲安放。

一、諸隣友欲來看書，前期，須同相識友先到本宅説清姓號、共若干位，本宅付給圖章條一紙，到塾，家人見條方請入樓，無則阻攔，莫責不恭。

一、三、八日開樓，凡諸隣友到塾看書，至多請二十位入樓，恐人衆擁擠，勢必紊亂。此次不得入樓者，下次再約。

一、鄉會試年分，各省諸友來者必夥，擬鄉場自七月二十五日至八月初五日，連開樓十日。會場自二月二十五日至三月初五日，連開樓十日，仍是每日請二十位入樓，且須有同鄉保結，到宅先取圖章條，以符定規。

一、本家塾中設有杏倚、竹虚兩書齋，延師二位如兩齋。有須鈔讀之書，當往樓内鈔讀，即余自看，亦在樓内，以符「書不出樓」定章。

一、每逢開樓日期，必有本家主人看守。如不得閒，請兩齋夫子代爲照料。

一、諸隣友入樓看書，倘有心浮手粗，致書頁損壞，永遠不約入樓。余非吝惜書帖，定此苛刻章程，實欲長留爲寒儒鈔讀起見，同志者自不罪責。

一、兩齋及宅内夫子並崇正義塾諸位夫子，查點書籍，無論何時，皆許同家塾夫子開樓。惟未取有圖章條，不許約外人入樓。

一、家人看守樓門，須謹慎小心。倘非開樓日期，又無本宅圖章條，有人徑欲入樓，家人不即攔阻，擅行私開，一經查出，坐罪。家人輕者罰工食一個月，重者逐出。

一、每年三、四、六、七、八共五個月，每月曬書二次。須擇天朗氣清之日，仔細按次序運出晾曬。曬畢，仍按次序收好，毋得凌亂，以致安插錯誤。

一、無論何人，倘有違背條規，必貼條樓柱，宣其錯失。加重者，半月不約入樓。有心者，永遠不約入樓。

以上各條嚴定章程者，因所藏之書原以濟寒儒鈔讀，倘若任意查看，損失必速。損失速，則無以垂永久，豈非有濟寒儒之虚名而不能收實效乎？此則余癡愚之見耳。

吴昌綬《唐棲勞氏三君傳》 勞氏三君：長檢，初名金檢，字梁甫，一字青主；次權，字平甫，一字巽卿，自號蟫隱，亦稱飲香詞隱；次格，字保艾，一字季言。家唐棲，籍仁和。亾爲諸生。父經原，字笙士，嘗從武進臧在東游。學有根柢，好收書，與歸安嚴修能、德清徐新田，爲問難之友。修能歿，刻所箸《爾雅匡名》二十卷，爲之序。尤熟唐代典制，箸《折衝府考》，未及寫定，季言校補成書。巽卿、季言皆精校讐之學，季言少受業於同邑朱進士以升，一時名宿，咸傾衿相契。趙鉞星甫譔《唐郎官石柱》、《御史臺精舍題名》二考，屬稾垂半，自顧年近衰暮，俾季言續成之。又嘗箸《登科記》，聞大興徐星伯已有成書，遂中輟。以宋尤延之《洪文安洪文敏全集》久佚，舊輯未備，重爲蒐補，得《梁溪漫稾》一卷，《文安小隱集》一卷，《文敏集》八卷。所校有《元和姓纂》、《大唐郊祀録》、《北堂書鈔》、《蔡中郎集》、《文苑英華》，其他諸史及宋、元人集，或爲訂誤，或爲摭遺，靡不詳核。道、咸之間名鈔舊槧，往往尚存，凡所援据，多世不經見之本，藉傳至今，有功於古書甚鉅。平居讀書，置空册於案，間遇疑義，輒筆疋之，反覆互證，期至精寀而後已。鐫一印曰「實事是正，多聞闕疑」。凡校本，必鈐卷耑蓋，其爲學職志也。巽卿手鈔書尤富，兼工倚聲。校輯宋、元詞集數十家，其藏書之所曰「學林堂」、曰「鉛槧齋」、曰「丹鉛精舍」、曰「拂塵掃葉之樓」。所居，有燕喜堂、木夫容館、秋井草堂、漚喜亭、玉參差館、雙聲閣，流風餘韻猶可想見。咸豐壬戌癸亥間，寇氛益熾，唐棲當孔道，不遑甯處。青主與巽卿、季言倉卒扁舟至雙溪，就友人歸安丁寶書，僦一室居。所箸在行篋，間雖流離遷徙，猶薈萃手寫不輟。俄警至，又偕之吴江之同里。季言憂傷致疾，同治三年甲子，卒，年四十五，昌綬案，以季言卒年推之，生於嘉慶二十五年庚辰。巽卿有咸豐丁巳八月廿一日手跋云：是日初度，當生於嘉慶戊寅，比季言長二歲。其卒年在五十以外。無子，以手稾付寶書。閲十年，寶書爲編定《讀書雜識》十二卷、《唐郎官石柱題名考》二十四卷、《唐御史臺精舍題名考》三卷。光緒戊寅栞成，即今月湖精舍本也。巽卿後季言數年卒。箸述散佚，昌綬從《皕宋樓》、《善本書室》兩藏書志録其手跋十餘事。丁未，來京師，與武進董京卿康互有采獲，并輯季言條記在《讀書雜識》外者亾存之。仿雷甘谿刻《劉悉階遺書》例，目曰《勞氏碎金》。青主文字不概見，丁君謂其素不治生。經亂，家益落拮据，謀刻貲俾傳季言書，友愛之笁，亦可偁也。故就所譔季言《事略》删益之，爲三君傳云。

述曰：昌綬自少，憙爲斠訂之學。比歲，復媷意，盡搜宋、金、元詞人別集，與勞君兄弟辱同志。又同里恨生差晚，不獲奉手請益，循覽遺箸，有餘慕焉。方海内承平，士夫家多蓄舊籍，諳故事。父子兄弟相爲師友，賓朋文酒，從容商榷，吾鄉如小山瓶花以降，蓋未易僂數。巽卿、季言，被服儒素，孤秀自馨。其淹貫群菽風恉，在抱經、潛揅諸老間。文章爾雅，旁嫺聲律，一一有流派可尋。惜夫，遭逢喪亂，顛頷即世，顧所造已絶異如此。單門藎落，裔緒莪聞。盧志棐采，録有不盡詳，故綜其學行，敘而論之，且以致深慨也！

李嘉績《五萬卷閣書日記自記》 嘉績髫年喜書翰，先曾王父遺書，皆散佚滇、蜀，尟善本。弱冠後，盡讀外家知價宬藏書，而自儲無幾也。歲丁丑年，三十四游濟南，得數十種。入都寓永興寺，曰游廠肆，貸金得百餘種。次年，返西安，奉母恭人諱以墜綫資，得二百餘種。辛巳，旋蜀，再至青門，廣援選，至數百種。藏廚五十有二。宋、元槧不易得，皆明代及國朝乾、嘉以前栞本，多單行挍本，而少類書、䉼書。鯫生不攻帖括，徑以戎功博官，虚費廪禄，藏書何爲與？其徵逐豪華，何若流觀卷軸？潞河李嘉績記。

王韜《弢園醵貲刻書啟》 嗚呼，余冥冥將爲泉下人矣！年來，老病頽唐日，非一日，然未有若今歲之甚者也。因思，生爲走肉行尸，死遂草亡木卒，有負天地生成之德，父母誕育之恩。清夜自思，何以爲人？豹隱霧中，尚留文采；鳥鳴原上，自惜羽毛。生平亦嘗有意於述作矣。少即致力詞章，壯乃妄談經濟，中間，旅東粤，泛西歐，攬轡錫蘭，濯足扶桑，作七萬里之壯游，探五千年之軼事。目所見，耳所聞，心所得，意所至，輙命筆志之，前後所有箸述，凡三十六種，已付剞劂者十有二種，散編於他書者五種。然則，刊以問世者，僅得其半耳。今年，擬第次授梓。蓋余自山左歸來，驟患腸紅，服藥百裹，終罔見效。醫者謂，由食後驟車顛簸所致。因是，飲食鋭減於前，幾於枯瘠無人理。精神意興，迥不如昔。即使載酒看花，亦了無樂趣，知距死境不遠矣。夫死生猶旦暮耳，犬馬之齒，六十有二，於人世初何所戀？所可惜者，區區箸述，皆從昔年憂患困苦中來。一旦溘然，身後無人，同化

烟雲而消滅，欲求爲世人覆瓿餬窗且不可得。劉孝標所謂「魂魄一去，同歸秋草」。每思此語，輒自悲也。顧思交游滿海内，世間當不乏好事者流與我同志。余向者曾爲友人刊刻書籍，冀以傳世，如寶山蔣劍人茂才之《歗古堂詩集》、《芬陀利室詞集》、《詞話》，嘉應黄公度觀察之《日本雜事詩》，元和許壬瓠主政之《珊瑚舌雕談》皆是重刻，前賢已燬之板，未録之書如溧陽史悟岡教授之《西青散記》、《華陽散稿》，歸安嚴久能上舍之《娱親雅言》，吳縣馮景亭宫允之《校邠廬抗議》皆是，蓋不下十有餘種。余書雖不逮諸君子之萬一，然中如《洋務近聞》皆關時局，亦有心世道者之所不廢也。惟此各書專恃一人之力欲刊之而不足，而藉衆人之助，當舉之而有餘。獨是募刻詩文妄希丐貸，實以飽其囊橐，此時下名士積習，久爲當道所齒冷，余固不欲爲，亦不屑爲也。今擬設立弢園書局，醵貲刊印。如有諸友願助以刻貲者，皆作股分核算，每股二十五圓，自一股至二十股，各隨其意，即書坊夥友有願出貲得書者亦可入股。凡預分者，照例先給股單。每印一書，蕆事必分饋入股諸友一二部不等，或視股分若干爲饋書之多寡。在股諸友有欲取書者，必照極廉之價，其值即於股單積算扣除。或有不願得書而欲取還股價者，即按每次售書所入，照股均派，每書一種。排印以一千部爲率，自分饋出售，皆有清單作據，分毫無所私也。余印書之舉，業已從事。先於美華書館以活字板排印《春秋朔閏至日考》、《春秋日食辨正》，不日竣工，即可貽贈同人。無論襄助之有無，刻貲之集否，鄙意已決，事在必行。所以靦顔爲此者，特恐顧而無繼，故作將伯之呼耳。若蒙海内名流謬加賞識，或名公鉅卿，或文人才士，分以廉泉，惠以仁粟，譬諸集腋，庶可成裘。有賴衆擎，藉能舉鼎。俾成此役，感且不朽。今將已刻未刻書目臚列如下，未刻者，固宜急畀手民；已刻者，亦將有事於重訂。他日刻成，冀世或有知我者，未可知也。若欲作一家言，則吾豈敢？光緒己丑七月下澣，天南遯叟王韜書於滬北淞隱廬。

丁仁《八千卷樓書目後跋》 往余髫齔時，先子嘗詔仁曰：咸豐辛酉，寇再陷杭，余家藏書傳自祖庭者悉遭勦劫。爾王父、爾從祖父幸出穽窞，回溯所藏，未嘗一日去諸于懷。同治壬戌夏四月，爾從祖父由甯波至上海，復溯江赴如皋、泰州，偶過冷攤，輒有所獲。閏八月，仍返滬舊。兩周，匯西書賈也，將回杭營葬爾從祖父，命其假惜字之舉，寓搜書之計。寇知書之得直也，遂捆載而來，零亂叢殘，如人之蕩析離居，而未由完合也。間關至滬，值暇釐整，埽塵拂垢，見故家之儲蓄耆舊之校讎片羽吉光，益堪珍祕。甲子四月，航載回杭，自後爾王父、爾從祖父節衣損食，歲獲縹緗，視近世諸家所藏無多讓焉。光緒己卯，撫部譚公有建復文瀾閣之舉，爾從祖父爲之考工。越一載，工蕆舉，亂時所蒐閣本還之于閣。其燬失者，以吾家藏本按照《四庫總目》悉爲補録。事徹上聽，蒙頒匾額，爾王父並沐加四品秩。論者謂乾隆間詔開四庫，汪、孫、吳諸家同邀異數，先後如出一轍焉。戊子冬，爾從祖父拓基於正修堂之西北隅，築嘉惠堂五楹，堂之上爲八千卷樓，堂之後室五楹，額曰「其書滿家」。上爲後八千卷樓，後闢一室於西，曰「善本書室」，樓曰「小八千卷樓」。樓三楹，中藏宋元刊本二百餘種，擇明刊之精者，舊鈔之佳者，及著述稿本校讎祕册，合計二千餘種附儲左右，若文淵著録之書，則藏諸八千卷樓，分排次第，悉遵《四庫總目》，綜三千五百餘部。復以《圖書集成》、《全唐文》附其後，遵定制也。凡四庫附存者，已得一千五百餘種，分藏於樓之兩廂。至四庫未採者，則藏於後八千卷樓，以甲乙丙丁標其目，綜計八千種有奇。前後二樓書廚，凡一百六十分類儲藏，以後續有所得，則依類編入。宣統初，余家賜晦爲司筦者，不慎負公私帑至五億之多，因舉所藏以逯江南圖書館，鄉鄙惜之。然較諸皕宋之書納諸東瀛巖碕文庫，猶覺此愈於彼也。乃日月不居星霜，十易書雖亡，而目尚存，不及此而梓之，必澌滅而不傳也。因仿聚珍本式校印以行之。先子在天之靈其或許我乎！癸亥夏，丁仁謹跋。

繆荃孫《藝風藏書續記》卷五 《結一廬書目》一册，傳鈔本，朱澂撰。澂字子清，江蘇候補道，仁和人。太常卿脩伯先生長子也。脩丈官京師時，正值庚申之變。舊刻名鈔散落廠肆，不惜重值，所得獨多。子清家學涵濡，嗜古尤篤。即此一編，高出尋常收藏家萬萬，爲光緒庚辰吾友黄再同所貽。己丑冬間，相遇滬瀆。子清曾言續有所得，出此目者幾及一倍。近代書目以恬裕齋爲佳，宜仿爲之，并有代編書目之約。別去未久，子清即歸道山，書亦盡歸張幼樵前輩。辛亥金陵失守，革黨踞張氏園，書籍狼藉。流出東洋猶其幸者，餘不免襯馬足當樵蘇耳。長恩不佑，感慨系之。

知見目録部

綜　述

周廣業《四部寓眼録自序》　叢書者，叢雜之書也。自説經論史以及秘書小説，凡世所欲見而未見者，約卷帙多寡，彙爲一集。知不足齋主人，事此有年，已得十八集。富矣，而猶未已也。余性嗜書，家無藏弆，客授所得俸，奉親贍家外，視力所能有者，悉以付書賈。其長編巨册，則從戚友借觀，説部如《百川學海》、陶氏《説郛》、《漢魏叢書》、《唐宋叢書》、《稗海》之類，皆已流覽。間有所得，輒爲論列。亦有急手翻過者，條其目以備遺忘，所謂目治偶鈔也。鮑氏書紙貴一時，且各集先後踵出，非積年不能全。余既不能買，又艱於借，偶窺一斑而已。癸卯秋薦後，謁邱芷房師，謀所以報知己者，緑飲慨然見贈一部，凡十集。師得之甚喜，余實未嘗寓目也。丙午春，館北平查氏，乃從邱師借閲一過。去秋携懋兒應試武林，聞緑飲寓西湖沈莊，監梓《四庫書目録提要》。走訪之，將購全部，遺方伯周眉亭師，以方伯甚愛此書，久欲覓買也。十月印就，託吴君兔牀交來，故卷末有兔床《經眼圖書》。會歲晚不果赴皖，攜庋桐川書院，初鹿鹿未暇讀。歸時，將納諸橱，始抽閲數集，有月日可稽。今年夏孟下澣，抵院，陰雨悶人，體常小不佳。六月初，始通閲一過，十集以前，如遇故人。自十一至十八集，則新知居半，應接不暇，雖終日揮汗不恤矣。甫終卷，適鶴村王君入皖，即綑寄方伯。蓋前後十四年，兩得異書，而皆不能有，非忍割愛也。兩師所居，滇南燕北也。好尚同余，其欲得之也甚於余，持贈不亦得人乎？雖然，竊有感焉。譬之良友，其始聞聲思慕，恨相見晚。幸而晤對一室，樂矣，又心知其必不能久留。窮日夜竭肺腑相告語，已竟別去，中惘惘若有所失，夢寐縈擾，無以自釋。因取其贈言，反復尋繹之，庶幾如見其人。古人所以謂贈人以財，不若以言也。兹之叢書，贈我多矣。爰信筆記録於紙，令甥孫陳鵬繕爲一册，題二十字云。「嗜古老成癖，知音報不遲。寶山曾入眼，空手亦何辭？」嘉慶元年丙辰七月初五立秋日，耕厓子識於復初書院。

又《四部寓眼録・後記》　右從事校讎所録，起甲辰仲夏，訖乙巳季冬。合官書及友人惠借，共若干部，於四部僅百之一耳。嘗謂書之於人猶飲食，然一日不得飲食則饑，一日不得書則俗。甚者心放軼，無所歸否，亦冥冥無所覺悟，其害蓋甚於飢，顧得書矣。而境遇有豐嗇之殊，姿賦有敏鈍之殊。豐且敏者，縹囊緗帙，坐擁百城，净几明窗，朗吟默會，日盡數寸也。可日記一事也，可既歷歷于心目，追其出之，如就釀室，惟所斟酌，顧郇廚，羅珍羞，咄嗟立辦，故其事逸而爲功多。若嗇與鈍，則反是。羈旅犇走，瘁其體；　離索困乏，擾其胸。幸獲書本，無擇恒奇而刻寫。動有紛歧，閲繳限以時日。抹改，手生胝；　諷念，口流涎。昕夕孜孜，掩卷盡失。譬猶使目短之人，驟馬花叢，衹覺白白朱朱，疲于應接。問以白者云何，朱者云何，卒茫無以應。非不欲審諦，力限之也。特視并此不得者，差免俗耳。古云「愚夫千慮，必有一得」。雖偶見瞥觀，每書大意不可不知。因撮録之，取蘇文忠詩中「寓眼」字名之，庶異日披覽，當屠門之嚼焉。丙午二月望日，周廣業耕厓甫識于聽雨樓之北小書室。

羅振常《四部寓眼録補跋》　此書乃自稿本傳鈔，原題爲《知不足齋叢書提要》，題下及書口均有「四部寓眼録」五字。案此所記，雖僅限鮑氏《叢書》，不及他種，然實其寓眼録中之一部，故易其位置，題爲《四部寓眼録補遺》而注《叢書提要》之名，於下鮑氏《叢書》共三十集，周氏所見祇十八集，蓋其時後十二集尚未刻也。可周氏謂《叢書》以《孝經孔傳》冠首，今本則以《唐闕史》冠首，《孝經》退居第二。可見，初印者首爲《孝經》，其後方改移也。羅振常記。

葉德輝《重刊古今書刻序》　《古今書刻》上、下編，二卷，明周弘祖撰。弘祖，湖廣麻城人，嘉靖三十八年進士，除吉安推官，徵授御史，出督屯田馬政。隆慶改元司禮，中貴及藩邸近侍廕錦衣指揮以下至二十餘人，弘祖馳疏請止賞金帛，停世襲。後屢言事，遷福建提學副使。大學士高拱惡之，謫安順判官。事蹟具《明史》本傳。此書上編載各直省所刊書籍，下編録各直省所存石刻。其書《明史藝文志》及各家藏書目均不著録，葉氏此言有誤，《國史經籍志》曾著録，私家藏書則黄虞稷錢謙益並有其書。《四庫》未經采入，亦未《存目》，殆由傳本甚少耳。日本駐湘領事井原真澄君，曾以島田翰君所著《古文舊書考》贈，余後附刻此書上編，而下編未刻。適白岩龍平君來湘，又贈余以島田君所刻《宋本寒山拾得詩》、《薩天錫詩集補遺》，因爲余言君板刻之學之精，家中藏書之富，遂託其介紹，相假重刊。去未一月，而郵書來，古色斑爛，如覩琅嬛秘笈。書中偶有誤字，如上編内府下《步天歌》，「歌」誤作「高」；　都察院下《五音海篇》，「五」誤作「玉」；　大名府下《王太傅詩選》，「傅」誤作「傳」；　淮安府下《世説新語》，「語」誤作「話」；　弋陽王府下《文章歐冶》，「治」

誤作「治」；下編蘇州府下《米友仁書》，「米」誤作「宋」；西安府下《朝邑縣北》，「北」誤作「此」。皆顯然訛誤。今一仍其舊，以明無所擅改。至常州府下《錢氏三華集》「華」書作「華」；池州下《九華山志》，「華」亦作「華」。或疑刻時筆誤，然以余所見宋本書「華」字多如此書，乃知非手民之訛，蓋宋時别體有此書法也。總之，書式行格，一無所迻，則此等處當并存其真。俾讀者如見四百年前古物，抒懷舊之蓄念，發思古之幽情，井原、白岩、島田三君，當引余爲同志也。光緒三十有二年丙午閏四月長沙葉德輝序并書。

董康《郘亭知見傳本書目序》 我朝校讐簿録之學絶勝於前代，近賢治之尤勤，故書雅記，賴以不墜。其版刻之同異，鈔校之源流，散見於諸家録目，獨未有攟摭薈萃，都爲一編者。道、咸間，仁和邵户部懿辰官京師，案頭長寘《四庫目》，遇善本輒疏記其上，是爲《半巖廬書目》。同治初，軍事甫平，曾文正督兩江，獨山莫徵君友芝領書局，承檄搜訪文宗、文匯、文瀾三閣遺籍，往來江浙間。收藏家恒出舊本相質證，又盡見上海郁氏、豐順丁氏之書，考論詳覈。公子繩孫既寫栞宋元本書經眼録書衣筆識，又綴輯箋記諸條，凡十六卷，是爲《郘亭知見傳本書目》。兩家遺帙，世競傳鈔，通儒博識，互益增附，其主名已不可悉辨。莫氏晚出，於邵説采録略具。顧距今又四十載，佚編秘笈，多老輩所未及見。乾、嘉以來，名鈔善校，一字之存，率資掌故。乃若明代刻書，昔人不甚厝意。然流弊極於晚季，嘉靖以前，風尚近古，往往有佳本可徵，閱歲寖久，遺存葢寡，固當與宋元並重。康夙抱願，欲盡取各家書目，參斠撰定，牽於人事，卒卒未暇。日本田中慶太郎劬書耆古，雅有同志，從南中獲《郘亭目》，就所經見，散標簡端，謂宜先付印行，更竢補輯。始事於戊申之冬，經三月告成，請爲之序。康維遂初尤氏多存别本，寶文晁氏兼詳某刻，例自古開。邵、莫二先生記問淹貫，别擇精宷，蔚爲盛業。惜此本屢更迻寫，訛奪頗甚。儻能一一勘正，無使後來致疑，則田中君有功古籍尤非尟已。宣統紀元，歲在己酉，正月，武進董康。

莫棠《郘亭知見傳本書目跋》 伯父郘亭徵君生平於所見所知四部書籍傳本，輒隨時箋記於《四庫簡明目録》之欄外上下端，間及《存目》。又采取仁和邵位西先生《經籍筆記》入焉。伯父既没，先後兄仲武觀察繩孫乃依手迹寫爲四册，分十六卷。以當日特爲便省覽，非欲勒書行世，故無畫一體例。光緒辛卯，棠向兄迻録，爲言如此。棠得本後，偶遇所得，亦稍稍補記。湖州坊客吴申甫曾假以浙中勞季言格所批《簡目》，竭半日力擇録還之。字極草率，亦未及標明孰爲勞氏語。時蘇州書友侯駝子念椿者，年七十餘，再四乞過録一部。言業書六十載，遠見黄蕘圃，近見袁漱六。咸、同兵燹，古籍日堙，不圖垂暮覩此鈔刻板本薈萃之書，倘能朝守一編，夕死可也。余鑒其誠，閔其老，允之。無何而侯死，其本遂爲都中收書估人所得，互相傳鈔，以售重價。余方流滯嶺南，不及知也。戊申歲，廣東提學沈子封廉訪曾桐忽視余以日本人排印本，審之，即從余本出，余所添注者亦亂而爲一，謬誤滿紙。蓋余書有未真之字，遞經轉寫，遂至不可解釋。高雷道王雪澂觀察秉恩亦有新本，因假余本校正。未幾，余重管廣雅書局，擬以付刊。提學贊從，因更假原本，爲審定刻例，用是余本留提學許。辛亥正月，余渡瓊臺。二月，提學遷雲南提法。余啟賀索書，迄未得報。其年冬，余遘提學滬上，言書櫝悉致京師，不及檢還。迨余甲寅入都，則謂粤裝倉卒，既而遍求不可得。從此余本絶歸來之望，所幸者，誤本正有流傳，雪澂先生所校猶無恙也。當書局議刊之初，余寓書仲武兄，求所編初本。只鄭重致粤，故今尚謹藏篋中。日本排印本余亦有之，爲楊星吾廣文守敬借觀未還。此本上海某氏據以重印，其中補案云云，即其人所加，而奪誤終不能改。癸丑，傅沅叔太史增湘借余初本以校所得新鈔，後以鉛本印行，字體較大，視此爲勝矣。從來大亂之世，毁棄典籍有如糞土，今則反是，舊書之值遠倍承平時。光、宣之際，古書出世已有在乾隆朝求書之外者，如敦煌之石室，内閣之大庫，海東之流入，比比皆是。辛亥以後，宫府之藏，故家之守，流落散見者，更不可以勝計。奇編祕籍，日益有聞。兼以舟輿利通，豪强競取，因利聞風者無間於偏鄉僻壤。上海、京師實爲聚處，而估客之分道搜集者，復窮其所往，計取巧偷。寧波之天一閣、抱經樓且以構訟。故凡家有尺書而欲售者，但是紙墨渝敝，無論爲何，即索千百，視昔所詠「宣綾包角藏經箋，不敵當時裝訂錢」者，固夐乎異矣。溯其稱貴之由，殆緣日本之購皕宋樓書，法人之囊括石室古本，其他東西求書之使更交錯都邑，國人乃憬悟譁趨，翔貴遂至於今日。然而三綱則墮敗，五禮則銷亡，亘古以來未有甚於此時者，抑又何也？豈天心未厭，知喪亂之未可遽終，而又不忍聖人之道、文化之原絶於中國，特聳亂世人心之所好，假强有力者以保守之，不必其人之能述能作也。不然，辛、壬之交，横流放決，挾其凶梟猛悍之性，佐之以兵革，禍有烈於秦火者。充其所至，安能使人間尚有充棟列架之事哉。顧收書之人正不一類，讀者之與賞鑑論久著矣。夫昔之賞鑑家固文采煥然也，今乃有識字不必多而不吝數萬金收宋槧書將百本者，豈非鬼神誘之作典守乎。十餘年中，訪書者視此目爲津梁，售書者挾此目爲軒輊，而新見之書，溢於此者，正復未已。余嘗爲雪澂

先生、沅叔太史言，宜本此編，增廣附益，著明續録，不相淆雜，校訂刊木以傳。合之葉鞠裳太史《藏書紀事詩》、葉奂彬吏部《書林清話》，頃以印樣見示。則古今典册流轉之緒，刊鈔存佚之源，皆可貫穿而得，在目録一家之言足稱淵藪。而由此求之，數千年名教學術不至絶滅於變亂之餘，留以待景祚昌明之會者，所關繫甚鉅也。獨余窮老，無能爲役，先代世學，遂以失墜，記此書第覺媿戾增重爾。己未九月十二日，獨山莫棠。

葉德輝《郘亭知見傳本書目序》 三十年前官京曹時，同朝如常熟翁師相同龢、吴縣潘文勤公祖蔭、順德李若農侍郎文田、宗室伯羲祭酒盛昱、福山王文敏公懿榮、貴築黄再同編修國瑾，皆好藏書，講求板本之學。其衆推爲領袖者則江陰繆筱珊學丞荃孫。然其祕以爲枕中鴻寶者，則人各抄仁和邵位西先生詳注《四庫全書簡明目録》一書，日夕置之案頭而已。於時聊城楊氏海源閣、常熟瞿氏鐵琴銅劍樓、歸安陸氏皕宋樓、仁和丁氏善本書室諸家書目或未刊出，或未通行，邵注《簡目》外，則獨山莫郘亭先生《宋元舊本書經眼録》亦家有一編，與邵書相驂駟，顧皆不知先生尚有《知見傳本書目》也。先生與位西先生生同時，同爲曾文正講學之友，其平生好書之癖亦正相同。是時文正之女舅袁漱六太守芳瑛以收藏書籍著稱，余得其散出之書，中有錢牧齋《絳雲樓書目》兩巨帙，行間太守手書朱校，或曰「此書今在余所」，或曰「余有此書」，其搜訪又與諸先生同志而異趨。要其流風餘韻之傳聞，遂爲目録家別開一蹊徑。故在今日道喪文敝之世，讀書者日見其少，好書者猶見其多，則數先生提倡之功爲不小矣。此目向無刻本。宣統初元，有日本田中(玉)〔慶〕太郎以活字排印，按其語句，間有先生身後事，因知爲他人參校，印者未敢擅删。然數百部之書，一時售之罄盡。旋有南潯張氏以小字排印於上海，其本甚劣，而亦風行。最後則吾友傅沅叔同年亦以活字印行，字大悦目，視田、張二本爲精，然其孰爲正文，孰爲他人語，亦不能分別釐剔也。即如書中每云「静持室」，此揭陽丁禹生中丞書齋名，其後刻書目乃名「持静齋」。今各卷「静持」均改「持静」，又改「室」爲「齋」，是知其一不知其二也。中丞喜藏書，每得一書，必請先生鑒別，故《經眼録》中所載大半丁氏所藏書。余方詫先生既刻《經眼録》，何不并刻此書。近年寓蘇，獲交先生從子楚生觀察，出示原稿，乃知參附之語出自觀察隨時標注者爲多。當時先生不急急以此目付刊，亦有深意。蓋先生以爲宋元舊刻傳世日稀，既已見已知，不妨詳示後人，俾他日展轉流傳，得者益知珍襲寶貴。若宋元以外之刻本，日新月異，即竭畢生搜訪之力，終恐有所漏遺，故此目存稿未刻者，意蓋有所待也。余因詢及此目傳出之由，則一佞姓書估從觀察借鈔藏之，久之物故，其書散失，流入京師，於是好事者争相迻抄，亦如當日之抄邵注《簡目》者。然田中(玉)〔慶〕太郎乃以活字印行，其中訛誤甚多，彼固不知原稿具在，可以取校也。先生是目雖與邵注同時，而見聞各別。蓋邵官樞曹，居恒在北，先生則往來蘇、揚、滬、瀆，值粤匪亂後，江浙間藏書散出，先生寓目頗多。南北收藏，各以地限，兩目所載，正可互證參稽。今邵注已經其嗣孫伯絅太史刊行，而此目真本人尚未見，余亟慫恿觀察付之手民，庶與邵注並轡而馳，同爲津逮來學之盛舉。觀察曰諾，請爲之序。余不敢辭，謹述此目晚出因由，以告世之談版本者，而余得附名簡端，尤有榮幸矣。壬戌雨水節，後學南陽葉德輝謹序。

潘承弼《郘亭知見傳本書目稿本跋》 弱冠時治目録版片之學，讀張文襄《書目答問》，苦其疏漏，未能愜意。旋於坊肆得《郘亭知見傳本書目》，讀之，真如山海珍錯，取之無盡，始壹意致力此書。惜通行本魯魚亥豕，殊拂人意。聞是書傳刻頻繁，有宣統間日本田中(玉)〔慶〕太郎活字本，又有南潯張氏細字排印本，最後則有江安傅氏大字排印本。予求之數年，盡有其本，於是參稽同異，彙成一帙，便省覽焉。丁、戊之際，莫氏書散，此稿本四册流入飛凫人之手，斥二百金得之。全書雖非郘亭先生手筆，而朱墨燦然，審爲先生父子群從遞校之稿。書用皮紙，版心有「通鑑索隱」及「文選」等字，疑先生於兩書容有撰述，故繕寫時偶用其紙耳。取校各本，時有出入，洵乎原稿之可貴。予雖彙校各本，得此所謂千羊之裘不如一狐之腋矣。稿附南陽葉焕彬氏手跋，詳及此書源流，然此稿莫氏實未付梓耳。十年前考論版片之學者，咸奉先生此書及邵位西先生《四庫簡目標注》爲金科玉律。竊謂兩書悉遵四庫體例，庫本以外，屏而不録。方今海舶珍本日出無已，而深山窮谷奇書屢見，禁燬絶滅之餘，不減天水、蒙古之珍，求之前録，書缺有間。然繼述之書，闃然無人。安得好事者廣爲搜輯，拾遺補闕，蔚爲盛業，庶先生椎輪大略之功爲不負矣。戊寅六月十四日病起偶識於滬濱斜橋寓廬，吴縣潘承弼。

李慈銘《越縵堂讀書記》一一 《宋元舊本書經眼録》，清莫友芝撰。閱《宋元舊本書經眼録》，同治癸酉子偲次子繩孫所輯録者也，凡三卷，又附録二卷，共五卷。卷一爲宋槧，自《毛詩要義》至《萬寶詩山》，共四十六種，卷二爲元槧及明槧，自《書傳輯録纂疏》至《崇古文訣》，共四十六種，卷三爲舊鈔本，自明卓爾康《易學》至《金石三例》共三十八種，間收近人著述，如朱右曾《吉金古文釋》(阮文達積古齋款識底本)、周信之《鄭堂讀書日記》之類。信之名中孚。烏程人，阮文達弟子，著書甚多，皆未刻。此乃其所讀書之解題，每一

書爲一篇，條其得失，凡三十四册七十一卷。於經佚其易及爾雅小學諸書，集止國朝二卷，所佚多矣。附録卷一爲書衣題識，自《吕氏家塾讀詩記》至《貴陽潘氏八世詩集》，共四十三種，皆其家藏佳本及希見之書，繩孫從所題書衣中録出者，故曰書衣筆識。卷二爲金石筆識，自秦之罘刻石摹本至宋達州進奉大禮銀鋌共五十一種，鋌爲同治元年皖南鎮總兵官唐義訓發休寧黄氏窖銀所得，重五十兩（款識原文），準今庫平止少一兩四錢，漕平四錢。上有款識三行，因拓存其文。金石而及藏鏹，且文至五十九字。中有權達州事任隆祖結銜，亦異聞矣。其書備載行式及收藏印記，間録序跋，時亦有所考訂。子偲本績學之士，頗得祕籍，又備見上海郁氏及豐順錢唐兩丁氏日昌松生新得之本，故褎然可觀。二丁皆俗吏傖夫，必不能久有，他日可因地因人以求之者也。光緒戊寅十一月十九日。

莫氏《經眼録》云：海甯查氏藏宋本《九經直音》十五卷，共百一葉。廬陵孫奕撰，四庫收元刻明州本排字《九經直音》二卷，知爲宋人所著，而不知出於季昭，以未見此本也。元王楨《農書》二十二卷，每卷題集之一集之二，集之一下附説云，古之文字皆用竹帛，逮後漢始紙爲之，乃成卷軸，以其可以舒卷也。至五代後唐明宗長興二年，詔九經版行於世，俱作集册，今宜改案爲集。案周秦以竹作簡册，漢以縑帛作卷。嘉靖中山東所刊，至萬曆後刊者删併爲十卷。四庫本約用王氏原卷第重編爲二十二卷。案《四庫》據《永樂大典》所載已併爲八卷，乃更依原序條目，用《讀書敏求記》卷數，編爲廿二卷。亦未見此本也。丙寅六月上海市出一宋本《江文通集》十卷目録一卷，第一二卷賦，三四卷詩，五卷傳書奏記牋表，六卷爲始安王建平王章表教啟行狀，七卷敕爲朝賢作書及尚書符慰勞雍州文，爲蕭驃騎諸表啟教，八九卷爲蕭太尉太傅齊公齊王表啟章受禪後諸詔，第十卷誄志祭咒諸文及頌讚雜言騷辭，終以自序一篇，有云未嘗著書，惟集十卷。編次極有條理。《四庫》本四卷，特據明人鈔集者，亦未見此本也。皆足以廣見聞。又宋治平二年歐陽修等撰進《太常因革禮》一百卷，寫本依道光中錢唐羅以智本過録，備載羅氏一跋，考證甚詳。羅氏即著《七十二候表》者，此書四庫未著録，嘉慶中阮文達得舊鈔本進呈，中缺卷五十一至六十七凡十七卷，當時編纂者項城令姚闢、文安縣主簿蘇洵也。《揅經室外集》、《四庫未收書提要》止括其例目，不及羅氏備覈其得失。又此書明載晁氏《讀書志》，而阮氏謂晁陳皆未著録，可謂疏矣。二十四日。

《經眼録》言同治戊辰於金陵訪獲梁石七八事，皆在孫伯淵氏《訪碑録》以外，有梁文帝武帝父建陵石闕正刻反刻二石，安成康王蕭秀東碑西碑額各一、西碑陰字尚存，在江寧太平門東二十七里甘家巷。始興忠武王蕭憺碑、在安成碑西一里，地名黄城村。吴平忠侯蕭景神道石柱題額、在始興碑西南三里，地名花林村。案二事諸家多已著録。臨川惠王蕭宏神道二石柱題額、在上元北鄉張庫村，東柱順讀，西柱逆讀。兩楊州牧楊字皆从木，足證唐以後从手之誤。南康簡王蕭績神道二石柱題額、在句容縣候家邊。建安敏侯蕭正立石柱二、在上元淳化鎮西鳳城鄉。案正立即宏子，暎即憺子，其謚敏謚寬，與《南史》合，梁書皆不載。新渝寬侯蕭暎西闕，在句容。其蕭憺碑全載其文，較《金石萃編》增繹出千二百二十字，正其誤者十六事。又《萃編》所載蕭憺碑陰，實蕭秀西碑陰，蓋述菴未親至碑所，遂誤合兩爲一耳。二十五日。

繆荃孫《四庫簡明目録標注序》 同治甲戌，南皮師相督四川學，諸生好古者，來問應讀何書，書以何者爲善，謀所以嘉惠蜀士，並以普及天下學人，於是有《書目答問》之編。荃孫時館吴勤惠公督署，隨同助理，談次偶及位西先生是書，師相推爲淹雅閎通，如數家珍。當時惜未傳録，否則出諸篋中，按圖索驥，數日事耳。不似如今考及兩月，尚未愜心貴當也。光緒丙子赴計車，見諸黄再同同年所，大喜捧歸，覓人録副，小小訛脱，見即訂正。並就所見書目，添注眉頭，藏諸篋中，以作枕祕。光緒戊申八月，胡幼嘉觀察持鈔書十鉅册見示，則位西先生之孫伯絅同學思刊行其書。索余弁言，余應之曰：是書也，荃孫寢饋其中，四十年矣。是書之命意，在分別本之存佚，與刻之善否。《四庫》所儲，有不應收而收者，有應收而不收者；有所收之本，不及未收之本者；有所收據《大典》，而原書尚有舊刻舊鈔者；有無宋元舊刻，止有明刻爲祖本者，明與本朝，先後幾刻；有足有不足，有佳與不佳，而《四庫》未收之本，後出之書，以類相從，夾注于後。近來外間頗有鈔本流傳，而舛訛亦益甚。伯絅詳校發刊，有一定本，豈不甚快！使學者家置一編，隨時就所見加注於上，前人爲之甚難，後人據之甚便。不即與南皮師相嘉惠學人之願，同一轍乎？當先生在都時，若曾滌生、梅伯言、朱脩伯、葉潤臣，往還最密。《橋西雜記》所云：位西居京師，購書甚富，案頭置《簡明目録》一部，所見宋元舊刻本、鈔本，手記于各書之下，以備校勘之資，即指此書而言。朱脩伯校語甚多，想見京秩甚閒，同志搜討之樂，令人神往。幼嘉此册，鈔自董君綬金，書眉又撮録周季貺、黄仲弢、王茀卿、孫仲容諸人加考，均與荃孫同志。今再同、季貺、茀卿，墓有宿草；仲弢、仲容，近亦淹忽。荃孫獨行踽踽，質疑無門。幸得綬金、幼嘉，相與商榷。即伯絅同學相距較遠，意氣精神，均稱同調。于滄海横流，斯文闃寂之候，深幸吾道之不孤。此書通行後，何啻得千百導師于家塾！而保全舊學，不致湮没于塵埃，流失於外域。舊學絶續之交，豈非絶大關繫之事哉！光緒戊申江陰繆荃孫序。

邵章《四庫簡明目録標注後序》 謹按先王父刑部公平生讀書，務求大義，而

記覽精博，巨細不遺，一時交遊，又多方聞贍學之士，隨所見載籍，必疏導源流，詳考其義例之得失，板本之優劣，就《四庫簡明目録》中寫之。久之徧滿上下方，幾無隙紙，先王父殁後，家藏群籍，蕩然一空。先是瑞安項几山傅霖先生假鈔是書未還。同治己巳，先君子晉公宦遊江南，適孫丈仲容侍養琴西太僕鹽驛道署，與先君爲石交，孫與項，姻也。爲言是書具存無恙，先君聞之大喜，介孫丈索歸，寫定副本，流傳都下。癸卯冬，章以廷試南旋，薄遊吴下，胡右階觀察持書目十鉅册見示，云録自董授經康比部所，蓋即流傳副本之一也。眉端加注甚夥，如孫丈仲容、黄丈仲弢紹箕、周君季貺星詒、王丈茀卿頌蔚輩，皆同光朝藏書名宿。章即借歸詳校，復就正於繆筱珊、沈子封前輩，其體例一仍原書之舊，而仿東萊標注三蘇文集，迂齋標注崇古文訣之例，定名爲《四庫簡明目録標注》。又仿陳氏《解題》、《隨齋批注》之例，附録諸家詮釋於各題之下。其不知名者曰某氏，都二十卷，付諸手民，經營彌載，始克告成。竊維先王父年方弱冠，即館瞿氏良玉世瑛清吟閣，爲校刻《帝王經世圖譜》、《東萊左氏博議》，計偕入都，復館韓氏小亭泰華玉雨堂，而與結一廬朱氏脩伯學勤交尤摯，是皆吾鄉藏書家也。逮官樞曹，日與海内學士大夫遊，其中藏書多者，如盩厔路氏小洲慎莊、漢陽葉氏潤臣名澧、湘潭袁氏漱六芳瑛、貴筑黄氏子壽彭年，恒以治事之暇，各齎所得，互相訂正，晚年罷職家居，則與海寧蔣生沐光煦、寅昉光焴兩先生，嘉興錢警石泰吉先生，郵簡商榷，月凡數匝。維時杭中收藏舊姓，瞿氏而外，尚有汪氏振綺堂、許氏鑑止水齋諸家，故左右采獲，所得益閎，章不幸少孤。先世之訓，未能備稔，通籍走四方，得諸故老傳聞，及劫餘遺墨，僅獲考其厓略，而性嗜簡編，清俸所餘，輒易書册，冀復半巖廬庋藏之舊，尤欲網羅咸豐後嗣出諸書。爲標注續録，而天性鈍拙，卒卒未遑也。嘗讀先王父辛酉致蔣寅昉札云，《書目》几山允於歲前寄還，此書得不湮没，頗以自慰。烏虖，孰知未幾而生平箸述，隨之以燼，是書猶賴故人未還而存。又得孫丈仲容疏理録副，今始獲據以斠刊，成一完善書目，用慰先王父於地下，固吾宗之大幸，抑亦樸學將興之萌朕也乎。宣統三年辛亥孟冬孫男章謹識于瀋陽學署。

陸爾穀《行素堂目覩書目序》 嗚呼！典籍之散亡久矣。自洪、楊倡亂，蔓延數省，東南糜爛。一二鴻儒碩彦，遷徙遠迹，而藏書之府、積軸之家，並遭奇禍，蕩焉無存。如文宗、文瀾、文匯三閣，及范氏天一閣、馬氏玲瓏山館之類，至不可勝數也。吾以爲載籍之菁英，著述者之所憑藉，其光芒氣燄，類能常自發見，雖遭亂離，而必有呵護於冥漠不可知之中者。又以爲稽古之士、積學之儒，雖當困阨流離，猶有搜訪遺文、博綜舊典、釐訂於風霜兵燹之後者，然何所見者之少也。今東南大定且十餘年，天子方稽古右文，嚮意儒術，而一時名公鉅卿又能宣上德以振士氣。書局之建，凡有六所，校讐既竟，定以殺青。海内士民先覩爲快，而古籍秘册頗出於灰燼殘闕之餘。好古者往往搜奇探異，坐擁百城，下逮坊肆，亦間有隱君子托業於是，頗事蒐羅，兼綜博涉，且爲目録以益多聞。如朱君者，非其選歟！此以見典籍之聚散，實與國家運會相關，而抱殘補闕之，必待乎其人也。朱君名記榮，字懋之，一號槐廬，蘇州吴縣人。時光緒元年十月陽湖陸爾穀撰。

陳其榮《行素堂目睹書目序》 自來通才碩學，箸作如林。或爲總集，或爲分編。歷年既久，往往有散亡闕佚者，賴有好古家裒集，刊之以爲叢書，而名山奥篇，故家遺簡，藉以流傳於世。並求諸宋元舊版，名人校本，爲之是正，以考見古人之真誠盛心也。以我朝内府《四庫》之編，盛於前代，而聚珍之刻，更於大典中蒐輯遺亡，重爲流布。且於外省建閣，分藏以便四方觀覽，意至厚矣。自被兵燹，閣書蕩然無存，殿版旋毁於火，而鄉邦中之藏書家幸而保全者，亦云無幾。各大吏奏請開局，補刊於經史之大者。及今略具，間及諸子，亦其最著者耳。而近世集刻之叢書，流傳尤夥，尚能於煨燼之餘捜尋得之。且時下好事者彙集新刊，亦復日出，豈非前人箸作之菁英有不可湮没者在與？朱君槐廬留心收采，就目睹者補輯爲目，以續顧氏之書，俾有志搜討者，案册而求，得以博觀綜取，則是編之成，亦未必無裨益云爾。光緒丁丑夏五月嘉興陳其榮譔。

朱記榮《行素堂目睹書目自序》 能藏書者最有益，而購求者最爲難。知有是而無力購求，一難也；力足以求之，而所好不在是，二難也；知好之而求之矣，而必欲較值之多寡，遂致坐失於一時，不能復購於異日，三難也；不能搜之於坊閒，不能求之於舊家，四難也；但能近求，而無從遠購，五難也；不知鑒真僞，檢卷數，辯字刻，所得每多缺軼，終無善本，六難也。有是六難，以故雖有愛書之人，而能藏書者鮮矣。夫藏書者，人世之至寶，而我獨得之，豈非一大幸事乎！且能職古本今本之書籍者，并能道其源流，辯原板翻板之不同，知某書之久不刷印，某書之止有鈔本，某書之向係佚亡殘缺者，或訪於坊友素識者，論古今書籍之存亡，無意中得一最難得之書，不惜重價得之。其得之也，勝於拱璧裝訂之餘置之案頭，手燒妙香，口啜苦茗。然後開卷讀之，豈非人閒一大樂事乎！夫藏書而不知鑒別，猶瞽之於聲，聾之於音，雖其心未嘗不好，而目不足以辨之，徒爲有識者所嗤，甚無謂也。須於各家收藏目録、類書總目、讀書志、敏求記、經籍考證、文苑志、藏

書志、各史藝文志、名人詩文集、各家私鈔雜誌内考覈明確，然後四方之善本、秘本可致也。宋有刻者數種：蜀本、太平本、臨安書棚本、書院本、仕紳請刻本、各家私刻本、御刻本、麻沙本、茶陵本、鹽茶本、釋道二藏本、銅字刻本、活字本。諸刻本之中，維蜀本、臨安本、御刻本爲最精。又有元翻宋刻本、金遼刻本、元初刻本，與宋刻本稍遜。而西吴等人，又將明藩本、明蜀本、明翻宋刻本，假刻序跋、染紙色挖補作僞，宋刻真贋雜亂不可辯。而洪武、永樂間，所刻之書尚有古意，自此以後板刻遠不及矣。况明代刻本甚繁，自南北監板、御刻等本、各省撫按刻本，及閩浙廣蜀刻本，亦有善可取，然所刻好醜不一耳。汲古閣精者亦僅數種，國朝所刻之書有御刻精本可與宋刊並傳，售者往往藉索重直，得書家不識真僞，又何論殘缺乎？顧氏《彙刻書目》所輯不少，乾隆間日本又有《彙刻外集》，而蒐羅尚恐不博，并附小唱閑書以益之。近來古本書籍日少，今本日多，每有删刻或不全刻者。余素喜繙閲，對核不符，輒重惜舊本之少也。閑餘，即就博雅諸君子考究古今，有意重輯類書目録，即依顧君《彙刻》之例，採訪數載，編成十册，均經目覩，並及借鈔，成帙之書，名曰《目覩書録》，略爲部分類次，冀將補録付梓。惟有識者，教以不逮，則幸甚矣。光緒紀元乙亥春三月，吴縣朱記榮序於槐廬家塾。

徐承祖《經籍訪古志序》 目録之學，自劉歆《七略》始，《漢書藝文志》因之，隋、唐諸史沿襲其例。宋以來私家著録者尤夥，晁公武《讀書志》，陳振孫《書録解題》，其卓卓者也。學古之士藉以驗存佚，辨真贋，核同異，爲益匪尠。然如《通志・藝文略》，標舉名目無所詮釋，別開尤袤《遂初堂》一派，讀者病其太簡焉。日本與我同文，海程甚近，以故秘書珍帙往往流傳。日人藤佐世嘗著《見在書目》，距今百年。書皆散佚，不可復問。近澀江全善森立之復作《經籍訪古志》繼之，分經、史、子、集四部，醫書別爲部坿於後。凡七卷，大抵論繕寫刊刻之工，拙於考證不甚留意。然海東群籍總匯於斯，固集古者所取資，采風者所必録也。予銜命東來，公暇訪蒐古籍，姚君子梁爲道此書獲之深喜，亟命以聚珍版印行，公諸世之同好者。工既竟，爰書緣起於簡端。旹大清光緒十一年歲在旃蒙作噩病月上澣六合徐承祖序。

李希聖《雁影齋題跋自序》 巴陵方柳橋觀察，官廣東四十年。好書有奇癖，聞人家善本，必多方鈎致之。不可得則展轉傳鈔，期於必備。光緒初元，日本方一意變法，視舊籍如土苴。觀察則遣人走海外，輒以賤價購之，所謂佐伯文庫之書，大都歸觀察，故所得秘笈尤多。訖於晚年，最其所藏，爲卷幾盈五十萬，而京師、上海諸書賈，不遠數千里，奔走其門者，猶無虚日。觀察屢權府事，榷鹽金嶺海，故膏腴聞天下，所入頗不貲，乃盡耗於書。及其下世，則生計蕭然，於是其文孫湘賓大令盡輦其書至京師。余以辛卯鄉試與湘賓爲舊交，又值戊戌八月，余方持婦服，姬人陳氏復相繼天亡，幽憂獨居，庭樹哀蟬助余愁寂。時余寓北半截胡同，湘賓賃屋沙土園，頗宏敞，而無車馬之喧，迺請予館其家，爲定書目。於是所謂五十萬卷者，余皆得見之。遇舊槧精鈔，隨意記録，間加考證，以備遺忘。坐擁百城，往往經旬不出，幾忘其身之在京師人海中也。惟鄭叔進編修、童子諒郎中、蔡皋門觀察、方厚卿舍人、李筠菴大令，時時相過從。暝寫晨鈔，至廢眠食，自謂天下之至樂矣。迨庚子夏五，紅巾難作，湘賓倉卒南歸，書亦稍稍爲人售去。余所記，蓋不及百種，於方氏藏書，不過九牛之一毛而已。每書皆記其行數、字數，藉以存古書面目，且亦錢竹汀、黄蕘圃、莫子偲諸公舊例。或頗疑記印識太詳，余曰此《四庫總目》例也。《總目》於魏了翁《尚書要義》，記「曠翁手識」印、「山陰祁氏藏書」印、「澹生堂經籍」印，《東萊博議》記董文敏及朱竹垞印，李士實《世史積疑》記文衡山及「天籟閣」印，曾宏父《石刻鋪敘》記「朱彝尊」名字二印，唐《蕭茂挺文集》記「曹溶」名字二印，宋劉一止《苕溪集》記「曝書亭」印，元侯充中《艮齋詩集》記「毛晉私印」，方回《桐江續集》記「玉蘭堂」及「季滄葦」印。集部存目内《斜川集》記「虞山汲古閣毛子晉圖書」僞印。《簡明目録》元方瀾《叔淵遺稿》亦記「顧嗣立」名印。故余因仍之，且亦以考見聚散源流，不爲無益也。癸卯十一月以寫本示王書衡同年，書衡勸付排印，一依舊稿，不復分别部居。時湘賓已死，叔進、子諒、皋門、厚卿、筠菴皆分散四方。京師更大亂，公私塗炭，書籍散亡，文武道盡，重以死生離合之感，家國身世之憂，棖觸前塵，恍如夢寐。遂徇書衡之意，略序緣起，爲他日作《洛陽伽藍記》、《東京夢華録》者添一故事也。自惟廢學失時，耳目寡淺，大雅宏達，殫見洽聞，覽而陋之，固其宜矣。十一日燈下，湘鄉李希聖自序。

傳記

趙宏恩等《江南通志》卷一六六《人物志・文苑・明》 錢溥，字原溥，華亭人，正統己未進士。御試《薔薇露詩》，大見稱賞，特授檢討，歷官吏部尚書。卒，謚「文通」。溥，文章贍蔚，至老不衰，四方求請者相屬，凡五典文衡。弟博，字原博，

正統乙丑進士，仕至四川按察使，亦有文名，善書。博子岡，博學好古。

《明史·周弘祖傳》 周弘祖，麻城人。嘉靖三十八年進士。除吉安推官。徵授御史，出督屯田、馬政。隆慶改元，司禮中貴及藩邸近侍廕錦衣指揮以下至二十餘人。弘祖馳疏請止賚金幣，或停世襲，且言：「高皇帝定制，宦侍止給奔走掃除，不關政事。孝宗召對大臣，宦侍必退去百餘武，非惟不使之預，亦且不使之聞。願陛下勿與謀議，假以嚬笑，則彼無亂政之階，而聖德媲太祖、孝宗矣。臣又聞先帝初載，欲廕太監張欽義子錦衣，兵部尚書彭澤執奏再四。今趙炳然居澤位，不能效澤忠，無所逃罪。」報聞。已，請汰内府監局、錦衣衛、光禄寺、文思院宂員，復嘉靖初年之舊，又請倣行古社倉制。詔皆從之。明年春，言：「近四方地震，土裂成渠，旂竿數火，天鼓再鳴，隕星旋風，天雨黑豆，此皆陰盛之徵也。陛下嗣位二年，未嘗接見大臣，咨訪治道。邊患孔棘，備禦無方。事涉内庭，輒見撓沮，如閲馬、核庫，詔出復停。皇莊則親收子粒，太和則榷取香錢，織造之使累遣，糾劾之疏留中。内臣爵賞謝辭，温旨遠出六卿上，尤祖宗朝所絶無者。」疏入，不報。其冬詔市珍寶，魏時亮等争，不聽。弘祖復切諫。尋遷福建提學副使。大學士高拱掌吏部，考察言官，惡弘祖及岑用賓等，謫弘祖安順判官，用賓宜川縣丞。

《清史列傳·文苑傳四·朱彝尊》 朱彝尊，字錫鬯，浙江秀水人。明大學士國祚曾孫。康熙十八年，詔舉博學鴻儒科，以布衣試入選者，富平李因篤、吴江潘耒、無錫嚴繩孫及彝尊四人，皆除翰林院檢討，與所擢五十人同纂修《明史》。二十年，充日講起居注官。是年秋，充江南鄉試副考官。二十二年，入直南書房。命紫禁城騎馬，賜居禁垣東，數與内庭宴，被文綺時果之賚。二十三年元日，南書房宴歸，聖祖仁皇帝以肴果賜其家人，彝尊皆恭紀以詩。是時彝尊方輯《瀛洲道古録》，私以《小胥録》四方經進書，爲學士牛鈕所劾，降一級。二十九年，補原官。尋乞假歸。仁皇帝南巡江浙，彝尊屢迎駕於無錫，召見行殿，進所著《經義考》，温諭褒奬，賜御書「研經博物」匾額。彝尊自少時以詩古文辭見知於江左之耆儒遺老，又博通書籍，顧炎武、閻若璩皆極稱之。年逾五十，以布衣入翰林，數被恩遇。主江南試時，作《告江神文》、《貢院誓神文》以自勵。所撰《經義考》共三百卷，倣鄱陽馬氏《經籍考》而推廣之，自周迄本朝，各疏其大略，分存、佚、闕、未見四門，於十四經外，附以逸經、毖緯，擬經家學，承師宣講，立學刊石，書壁鏤版、著録，而以通説終焉。乾隆四十二年高宗純皇帝親製詩篇題識卷首，命浙江巡撫三寶刊行，世以爲榮。彝尊之在史館也，凡七上總裁書，論定凡例，訪遺書，請寬其期，毋如《元史》之迫於時日，多所乖謬。辨從亡致身録之不足信；謂方孝孺之友宋中珩、王孟緼、鄭叔度、林公輔諸人咸不及於難，則文皇當日無并其弟子友朋爲一族戮之之事，其所謂九族者本宗一族也；謂東林多君子而不皆君子，異乎東林者亦不皆小人。作史者不可先存門户之見，而以同異分邪正、賢不肖。世皆以爲有識。彝尊又嘗慨明詩自萬曆後作者，散而無統，作《明詩綜》百卷，於公安、竟陵之前，銓次稍詳；若啟禎死事諸臣，復社文章之士，亦力爲表揚之。其自序云：「或因詩而存其人，或因人而存其詩，間綴以詩話，述其本事，期不失作者之旨。」彝尊詩不名一格，少時規橅王孟，未盡所長；中年以後，學問愈博，風骨愈壯，長篇險韻，出奇無窮。益都趙執信論國朝之詩，以彝尊及王士禎爲大家，謂王之才高而學足以副之；朱之學博而才足以運之。彝尊又好爲詞，其體近姜白石、張玉田，而加恢宏焉。所著《詞綜》三十四卷、《日下舊聞》四十二卷、《曝書亭集》八十卷。《歐陽子五代史注》、《瀛洲道古録》，則其所草創未成者。四十八年，卒，年八十一。子昆田。

又《儒林傳下一·周廣業》 周廣業，字耕崖，浙江海寧人。乾隆四十八年舉人。廣業深研古學，著《孟子四考》四卷：一逸文，二異本，三古注，四出處時地，末附辨明王世貞論《孟子》用於齊必敗，闢楊墨非功之説。又著《經史避名彙考》四十六卷、《廣德州志》。

又《大臣傳續編一·阮元》 阮元，江蘇儀徵人。乾隆五十四年進士，改翰林院庶吉士，充《萬壽盛典》纂修。五十五年，散館授編修。五十六年二月，大考一等第一名，超擢詹事府少詹事，入直南書房，充《石渠寶笈》協修、日講起居注官。十月，遷詹事，充文淵閣直閣事。十一月，詔充石經校勘官。五十八年，提督山東學政。六十年八月，調任浙江學政。九月，擢内閣學士，兼禮部侍郎銜。嘉慶三年八月，陞兵部右侍郎，旋調禮部右侍郎，仍留學政任。九月，任滿回京，仍入直南書房。四年正月，轉左侍郎，署兵部左侍郎。三月，充經筵講官，尋調户部左侍郎，充會試副考官。七月，兼署禮部左侍郎。九月，兼管國子監算學。【略】〔十四年〕時御史陸言奏參浙江學政劉鳳誥代辦監臨舞弊，上諭元曰：「朕聞劉鳳誥沉湎於酒，任性妄爲，罵詈教官生員，以致下人肆行亂法等事。汝係巡撫，又係伊同榜，必應嚴參，以示大公於天下。若意存徇庇，恐汝不能當此重咎。」尋奏劉鳳誥實無使酒諸事，惟代辦文闈，監臨場規從嚴，士子懷恨，致滋物議。得旨，所奏皆非確事，命侍郎托津、周兆基，光禄寺少卿盧蔭溥赴浙按問。八月，奏覆劉鳳誥代辦監臨時印用聯號屬實，附參元查訪不確，含混覆奏。上以元袒庇同年，不顧公議，交部嚴加

議處。尋議上，得旨：「阮元止知友誼，罔顧君恩，輕重倒置，即著革職。」九月，上五旬萬壽，覃敷愷澤，以元官聲尚好，學問素優，賞給編修，在文穎館行走。十五年四月，擢侍講。九月，充日講起居注官。十六年七月，擢詹事府少詹事。十二月，擢内閣學士，兼禮部侍郎銜。十七年四月，命偕内閣學士文孚赴山西，鞫汾陽商人郭常新控巡撫衡齡案，坐郭常新妄控；又議吉蘭泰鹽務章程以聞。語詳《文孚傳》。五月，擢工部右侍郎，兼管錢法堂事務，命赴河南按林縣劉鳳翱控告知縣李道謙新收漕糧事，讞定，治如律。八月，授漕運總督。十八年二月，會同兩江總督百齡奏添海州、揚州官兵俸餉，令鹽商捐辦，有旨嚴飭，斷不可行，仍交部議處，旋降二級留任。又奏微山湖水淺，不敷濟運，請加隄閘，從之。五月，全漕渡黄，以盤查迅速，下部議敘。又請修邳、宿一帶河閘，諭曰：「阮元奏請添閘，所論甚爲通暢。邳、宿一帶，每年因水淺加築草壩，臨時多購土方，事後又聽坍卸。下年所挑之土，即上年所築之壩，官員利每年開銷。一經建閘，水蓄舟行，無可藉口，遂多阻撓。其實添建一二閘，所費無多，而年年轉可節省，此事不可再有因循。」七月，上以江、廣各幫趲行較遲，敕元督運，事竣不必陛見，即督飭幫船迅速南旋，趕兑新運。十九年閏二月，《全唐文》告成，以元前在文穎館行走，議敘，加二級。【略】十八年三月，上恭謁西陵，復命留京辦事。五月，以老病請致仕，諭曰：「大學士阮元由翰林洊陟封圻，敭歷中外。經朕簡任綸扉，綜理部務，盡心職守，清慎持躬。前因病請假，復經具摺籲懇解職，朕疊予假期，俾資調養。兹復奏稱老病日增，醫治未能速效，力請開缺，情詞肫切。若再慰留，伊心恐曠官，轉難調攝，非所以示體恤。阮元著准其開缺，以大學士致仕，加恩賞給半俸，用示朕優待耆臣至意。」八月，奏回籍日期，諭曰：「大學士阮元敭歷中外，宣力五十年，清慎持躬，克盡職守。前以年邁多病，再三懇請解職，已俯如所請，准其致仕，在家支食半俸。兹據奏明擇定行期，朕心彌深眷注。著加恩晉加太子太保銜，從兹怡志林泉，善自静攝。俟辛丑年，朕六旬萬壽慶辰，屆時身體康健，即行來京祝嘏，以慰廑念。」二十三年，元八十生辰，御書「頤性延齡」額，「敭歷宣勤嘉茂績，優遊養福錫蕃釐」聯，及壽佛如意諸珍物頒賜之。二十六年，舉行丙午科鄉試，元以乾隆丙午科舉人，至是重逢鄉榜，諭曰：「大學士阮元品端學醇，勳勤懋著。現在年逾八秩，重遇鹿鳴筵宴，熙朝盛事。著加恩晉賞太傅銜，准其重赴鹿鳴筵宴，並在籍支食全俸。」七月，具摺謝恩，得旨：「覽奏，均悉。願福壽日增，以待三賦鹿鳴之盛事也。」二十九年，卒。遺疏入，諭曰：「致仕大學士阮元由翰林洊躋卿職，久任封圻。朕御極以來，優加倚任，特畀綸扉。宣力中外，五十餘年。學裕識優，勤勞懋著。道光十八年，以老疾乞休，因其年逾七旬，曲加體恤，准其致仕，並在籍食俸。丙午科重遇鹿鳴筵宴，晉加太傅。方期恩施疊沐，永享遐齡，兹聞溘逝，殊堪悼惜！阮元著加恩照大學士例賜卹。所有任内一切處分，悉予開復。伊子候選知府阮祜，著俟服闋後遇有知府缺出，即行選用；廕生阮孔厚及伊孫舉人阮恩海，均著俟服闋後，交部帶領引見，候朕施恩，用示朕篤念藎臣、優加飾典至意。」尋賜祭葬，予謚文達。咸豐二年三月，入祀鄉賢祠，九月，入祀浙江名宦祠。元淹貫群書，長於考證。嘉慶十二年，奏進恭注《御製味餘書室隨筆》二册。所著有《經籍纂詁》、《十三經校勘記》、《山左金石志》、《兩浙金石志》、《石渠隨筆》、《疇人傳》、《小滄浪筆談》、《定香亭筆談》、《廣陵詩事》、《揅經室集》，又編輯《皇清經解》一千四百卷。子常生，直隸清河道；福，甘肅平涼府知府；祜，候補知府；孔厚，一品廕生，引見以員外郎用。孫恩海，舉人，以主事用。

又《錢泰吉》 泰吉，字警石。儀吉從弟，兄弟常以純儒相勉。自弱冠後，遠近已盛稱「嘉興二石」。少孤，丁母憂，執喪盡禮，爲文述二親行事，樸實悽愴，族人見之皆感歎。家貧，節布糲，置書四萬卷，雖甚煩困，不廢。好校古書，假人善本及先輩評點之册，寫而注之眉端，如《史記》、《前後漢書》、《晉書》、《集韻》、《元文類》、《禮記集説》等編，皆勘校數周，一字之舛，旁求衆證。嘗著《曝書雜記》以發其凡，其與兄儀吉書問往來，皆咨詢學術，或獻一疑而詰難十返，或尚論前哲，評騭時流，窮極理趣，動逾數千言。與友人論文，其要必本於性情之真，養之以正，不爲偏雜，故氣和而體醇。以廩貢生，官海寧訓導者近三十年。大府計吏將以知縣薦，力辭。然於民生利病，講求深至，常舉民所不便者，齗齗爲州牧言之。謹身教，整士習，臨去，爲州人攀留。後避粤寇，卒於安慶，年七十有三。著有《海昌學職禾人考》、《海昌備志》、《甘泉鄉人詩文稿》二十四卷。儀吉子寶惠，泰吉子炳森，皆能以學世其家。

又《忠義傳・邵懿辰》 邵懿辰，浙江仁和人。由舉人於道光二十一年考取内閣中書，尋補官。二十五年，充軍機章京。二十六年，陞起居注主事。二十八年，由軍機處奏保，以員外郎陞用，分刑部，尋補官。二十九年，捐備本籍賑需，下部議敘。咸豐三年二月，命發往東河，交河道總督福濟差委，並諭以到工後隨同福濟巡查黄河口岸。時粤匪由江蘇分竄河南。三月，懿辰偕詹事府少詹事王履謙分駐河干，辦理防務。六月，歸德府失守。諭曰：「邵懿辰係朕特派之員，並傳諭實

力嚴防，該員於歸德失陷時，將劉家口船隻收歸北岸，尚未疏防。惟於燒燬船隻後，輒離防守，咎實難辭。著交部議處。」尋降二級調用。九年，以在籍辦理團練操防出力，經巡撫胡興仁保奏，開復原官。十一年，粵匪再陷杭州省城，懿辰死之。同治四年，浙江巡撫馬新貽奏言：「自粵逆再犯杭城，懿辰方丁憂家居，與前撫臣王有齡共籌守禦。會賊氛益熾，圍城數十重，糧盡援絶。懿辰方著《禮經通論》未成，日食半菽，猶重加編訂。城外礮聲如雷，火光徹夜，處之坦然。語其子順年曰：『曩有謂我無死事責者。不知死分也！命也！讀聖賢書，所學何事？今日之事，潰敗如此。與其求免而辱，何如一死殉城，猶爲心之所安乎？』其子知義不可奪，亦不敢言去。如是者經月，遂給其妻子，乘間出走，曰：『無以細弱累我。』及城陷，懿辰被執，賊酋訪知其爲杭州宿望，迫令從逆。懿辰仰天大笑曰：『我固早拚一死，速殺我！尚何言？』賊不忍加害，環守甚密。懿辰罵愈厲，賊怒甚，以巨杵擊碎頭顱，加刃於胸，遂遭慘害。時距城陷後三日耳。此上年杭州克復後，順年訪諸其舊鄰居梓人羅占魁自賊中逸出，備述當日目擊之情形也。懿辰方年未冠時，即期以著述傳世。讀書目數行下。博覽群籍，研究義理。每謂漢、宋諸儒學問，不可偏廢。尤諳練國朝掌故，洞悉源流。前直軍機處，凡遇大典禮，頒發詔諭，每屬稿上，必稱旨。旋以防河因公罣誤，杜門不出，著書自娱。咸豐十年，杭城初次被圍時，懿辰母猶在堂，乃於圍城中取間道奉母避居紹興。迨十一年，母殁歸葬，即守制舊居，矢志不復出。每曰：『前此之避亂他徙，以有母在也。自此不求幸免矣。』孰意遭時多難，嬰城喋血，竟以身殉，良堪痛惜！臣下車之始，訪諸里人，均無異詞。旋據邵順年稟陳顛末，並准兩江督臣曾國藩咨請具奏。查懿辰學問淵深，志趣卓越。昔在京邸，與曾國藩爲道義交。逮曾國藩駐師祁門，懿辰以故舊相訪，縱論兵事，有意見不合處，持論弗爲苟同。故曾國藩屢稱之，而臣亦習聞之。兹復廉得其死事情狀，真有先儒之範，而兼烈士之風。惜手纂遺書，多遭兵燹，而其慷慨就義，大節懍然，自足千古。應請照陣亡例從優議卹。」疏入，諭曰：「前任刑部員外郎邵懿辰，於杭城失陷時，罵賊被害，實屬慷慨就義，大節懍然！著照陣亡例從優議卹，從祀杭州本籍昭忠祠。其生平事實，著宣付國史館立傳，以表宿學而褒忠節。其子媳邵順年之妻伊氏投井殉難，孝節兼全，著交部照例旌表。」尋賜卹如例，贈道銜，賞雲騎尉世職，襲次完時，以恩騎尉世襲罔替。

又《儒林傳下二・莫友芝》 友芝，字子偲。道光十一年舉人。咸豐八年，截取知縣，且選官，意不樂，棄去。同治初，中外大臣密薦學問之士，詔徵十四人，友芝其一也。朋好争勸出仕，謝不就。友芝少承先訓，通會漢宋兩學，於蒼雅故訓、六經名物制度，靡不探討，旁及金石目録家之説。遇人無貴賤，一接以和，而中故介然，有以自守。黔自有明開省，文獻乃稍可述。與儔有《貴州置省以來建學記》，以見黔文興起之所由。又蒐采黔人詩歌，斷自明代，成《黔詩紀略》三十二卷。同治十年，卒，年六十有一。著有《經説》、《詩文集》，又《聲韻考略》四卷、《過庭碎録》十二卷、《樗繭譜注》一卷、《唐本説文本部箋異》一卷、《宋元舊本書經眼録》三卷、《附録》二卷、《遵義府志》四十八卷。

紀　事

馮登甫《全唐詩未備書目後記》 先生與曹通政寅書云「曩承面諭補綴《全唐詩》第十一函第七册，孫元晏以下至張元正共十四開無考，今查出四十三人官爵似宜注明。又李譚口六詩七首，又聯句三首，似宜補入，但業經進呈，成事不説，留此以見愚者千慮之一得耳」云云。此目疑爲同時録補者，時方脩《兩淮鹽筴志》，先生已望八，而端楷無一筆之率，如此可敬也。馮登甫記。

又《明詩綜采摭書目後記》 《明詩綜采摭書目》，不知何人手鈔，乃先生所改定者，亦係老年筆也。《明詩綜》開琱於白蓮涇，鏤版極精，而未刻此目，安得好事者補成之。此版昔爲桐鄉金氏所得，今不知在何所矣。道光乙未重午里後學馮登甫裝治成册并記。

又《兩淮鹽筴書引證書目後記》 《先生年譜》，康熙乙酉秋之揚城訪曹通政寅爲輯《兩淮鹽筴志》，至戊子八月告成，共二十卷。此稿當爲成書時手草，先生年八十歲矣，書法老境，有自得之意，抑足徵醧舫藏書之富，裝治成册。後之人勿視爲故紙堆中物也。道光乙未重午後學馮登甫記於甬上。

柳東《兩淮鹽筴書引證書目跋》 中有「曝書亭説證」，當爲先生手著，未之見也。柳東記。此稿與《全唐詩》、《明詩綜》書目藏篋，衍已二十年，恐爲乾魚饑鼠所飽，後人且視爲補袍蠟車之具，特裝成册，可以久遠，不知此中有真意在耳。柳東又跋。

馮登府《竹垞行笈書目後記》 《曝書亭目録》，先生手定，然未見全本，各家鈔本互有同異。此册以「心事數莖白髮，生涯一片青山。空林有雪相待，古道無人

獨還」二十四字編目，不分四部，殆行笈之記號也，爲先生親筆，與《石樓詩稿》同裝一套，子孫其寶藏之。道光庚寅校於四明，癸巳殘冬書後拜竹生。

《四庫提要・史部・目録類》 《祕閣書目》，無卷數，兩淮鹽政採進本。明錢溥撰。溥有《使交録》，已著録。是編前有自序，蓋其致仕歸里後所作。稱自選入東閣爲史官，日閲中祕書，凡五十餘大廚，因録其目，藏以待考。近兒子山自京授職回，又録未收書目，芟其重複，併爲一集。所載書祇有册數而無卷數，大抵多與《文淵閣書目》相出入。正統六年楊士奇等奏疏一篇，亦附於後。黄虞稷《千頃堂書目》載此書爲馬愉撰，而溥别有《内閣書目》一卷。然溥序實載此書卷首，疑虞稷所記誤也。

葉德輝《郋園讀書志》卷四《古今書刻二卷影寫明刻本》 此《古今書刻》上下編，二卷，明人周弘祖所撰，《明史・藝文志》不載，我朝《四庫全書》亦未著録，蓋其書不傳于中國久矣。日本島田翰君著有《古文舊書考》，自隋唐卷子以及宋元以後綫裝書，考核異同，精博無匹，其書後附刻此編上卷，孤本僅存，頗以未得窺見全豹爲恨。白岩龍平君爲介紹由彼國郵寄來湘，影寫一部，督手民仿雕之。行格字體，與原書無異，從此流播海内，如獲分身術，如服返魂丹，遂使四百年來不傳之祕書，得以家藏人習。此固島田君存古之巨功，抑亦白岩君傳古之素志。余雖與島田未獲謀面，縞紵論交，而蓬瀛方丈間，固時時令人神往也。光緒三十有二年丙午歲閏四月小盡日麗樓主人葉德輝識于長沙洪家井寓宅之觀古堂。

阮福《揅經室經進書録原引》 家大人在浙時曾購得《四庫》未收古書，進呈内府。每進一書，必仿《四庫提要》之式奏進《提要》一篇，凡所考論，皆從采訪之處先查此書原委，繼而又屬鮑廷博、何元錫諸君子參互審訂，家大人親加改定、纂寫而後奏之。十數年久，進書一百數十部。此《提要》散藏於揚州及大兄京邸。福因偕弟祐孔厚校刻《揅經室集》，請録刊《提要》於集内。家大人諭，此篇半不出於已筆，即一篇之中，創改亦復居半文，不必存而書，應存，可别而題之曰《外集》。道光二年，阮福謹記。

楊守敬《日本訪書志緣起》 余生僻陬，家尠藏書，目録之學，素無淵源。庚辰東來日本，念歐陽公「百篇尚存」之語，頗有搜羅放佚之志，茫然無津涯，未知佚而存者爲何本。乃日遊市上，凡板已毁壞者皆購之，不一年遂有三萬餘卷。其中雖無秦火不焚之籍，實有奝然未獻之書。因以諸家譜録參互考訂，凡有異同及罕見者，皆甄録之。夫以其所不見，遂謂人之所不見，此遼豕所以貽譏。然亦惝有秘文墜簡，經余表章而出者，不可謂非採風之一助也！

日本舊有鈔本《經籍訪古志》七卷，近時澁江道純森立之同撰，所載今頗有不可踪跡者。然余之所得爲此志之所遺正復不少，今不相沿襲，凡非目覩者别爲《待訪録》。

《訪古志》所録明刊本，彼以爲罕見而實我國通行者。如劉節之《藝文類聚》、安國徐守銘之《初學記》、馬元調之《元白集》之類，今並不載。亦有彼國習見而中土今罕遇者，又有彼國翻刻舊本而未西渡者，兹一一録入。

《經義考》每書載序跋，體例最善。《愛日精廬藏書志》遂沿之。兹凡《四庫》未著録者，宋元以上並載序跋，明本則擇有考證者載之，行款匡廓亦詳於宋、元，而略於明本。

日本古鈔本以經部爲最，經部之中又以《易》、《論語》爲多，大抵根原於李唐，或傳鈔於北宋。是皆我國所未聞。其見於《七經孟子考文》者，每經不過一二種，實未足概彼國古籍之全。

《考文》一書山井鼎校之於前，物觀又奉勑校之於後，宜若彼國古本不復有遺漏，不知《考文》刊於享保中，當我康熙末，其時彼國好古之士亦始萌芽故。故所傳《易》單疏本、《尚書》單疏本、《毛詩》黄唐本、《左傳》古抄卷子本，皆爲《考文》所未見，其他遺漏何怪焉。

日本古鈔本經注多有虚字，阮氏《校刊記》疑是彼國人妄增。今通觀其鈔本，乃知實沿於隋唐之遺。即其原於北宋者，尚未盡删削。今合校數本，其漸次剷除之迹，猶可尋阮氏所見經注本，大抵皆出於南宋，故不信彼爲唐本。

日本文事盛於延喜、天平，當唐之中葉。厥後日尋干戈，至明啟禎間德川氏秉政，始偃武修文。故自德川氏以前，可信其無僞作之弊。《古文孝經》固非真孔傳，然亦必司馬貞、劉子元所共議之本。《提要》疑是宋以後人僞作，未悉彼國情事也。

日本氣候，固無我江南之多霉爛，亦不如我河北之少蠹蝕。何以唐人之迹存於今者不可勝計，蓋其國有力之家皆有土藏，故雖屢經火災而不燬。至於鈔本皆用彼國繭紙，堅紉勝於布帛，故歷千年而不碎。

日本收藏家除足利官學外，以金澤文庫爲最古，當我元明之間。今日流傳宋本，大半是其所遺。次則養安院，當明之季世，亦多宋、元本，且有朝鮮古本。此下則以近世狩谷望之求古樓爲最富，雖其楓山官庫、昌平官學所儲，亦不及也。又有市野光彦、澁江道純、小島尚質及森立之，皆儲藏之有名者。余之所得，大抵諸家

之遺。

日本醫員多博學，藏書亦醫員爲多。喜多村氏、多紀氏、澁江氏、小島氏、森氏，皆醫員也，故醫籍尤收羅靡遺。《躋壽館目録》所載，今著録家不及者不下百種，今只就余收得者録之。

日本崇尚佛法，凡有兵戈例不燬壞古刹，故高山寺、法隆寺二藏所儲唐經生書佛經不下萬卷，即經、史古本，亦多出其中。今兹所録仿《舊唐書藝文志》之例，收諸家之爲釋氏而作者，其一切經雖精妙絶倫，皆别記之。

日本頗多朝鮮古刻本，皆明時平秀吉之役所掠而來，如《姓解草堂詩箋》等書。余詢之朝鮮使臣，並稱無傳，且云秀吉之亂其國，典籍爲之一空。然則求朝鮮逸書者，此地當得半矣。

日本維新之際，頗欲廢漢學，故家舊藏，幾於論斤估值。爾時販鬻於我土者，不下數千萬卷。猶憶前數年有蔡姓者，載書一船，道出宜昌，友人饒季音得南宋板《吕氏讀詩記》一部。據云宋元槧甚多，意必有祕笈孤本錯雜於其中，未知流落得所否。今余收拾於殘賸之後，不能不爲來遲恨，亦不能不爲書恨也。

余之初來也，書肆於舊板尚不甚珍重。及余購求不已，其國之好事者遂亦往往出重值而争之，於是舊本日稀，書估得一嘉靖本，亦視爲祕笈，而余力竭矣。然以余一人好尚之篤，使彼國已棄之肉復登於俎，自今以往，諒不至拉雜而摧燒之矣。則彼之視爲奇貨，固余所厚望也。

日本學者於四部皆有撰述，朝事丹鉛，暮懸國門，頗沿明季之風。然亦有通材樸學卓然可傳者，反多未授梓人。擬别爲日本著述提要，故兹皆不録入。其有采録古書不參彼國人論議者，如《醫心方》和《名類聚》之類，皆千年以上舊籍，尤爲校訂之資，故變例收之。至若朝鮮爲我外藩，《桂苑筆耕集》已見於《唐志》，今兹亦隨類載入醫方類聚。日本有活字本，亦醫籍之淵藪也。

皇侃《論語疏》、《群書治要》及《佚存叢書》久已傳於中土，此録似勿庸贅述。然皇疏有改古式之失，《治要》有鈔本活字二種他如《古文孝經》、《唐才子傳》、《臣軌文館詞林》、《難經集注》，彼國亦别本互出，異同疊見，則亦何可略之。

日本收藏家余之所交者，森立之、向山黄村、島田重禮三人嗜好略與余等，其有絶特之本，此録亦多采之。唯此三人之外，余罕所晋接，想必有驚人祕笈什襲於金匱石室中者，幸出以示我，當隨時補入録中，亦此邦珍重古籍之雅談也。

志中急宜刊布者，經部之《易》單疏、《書》單疏，萬卷堂之《穀梁傳》、十卷本之《論語疏》，小學類之蜀本《爾雅》，顧野王原本《玉篇》、宋本《隸釋》，子部之台州本《荀子》，類書之杜臺卿《玉燭寶典》，邵思《姓解》，醫家之李英公新修《本草》、楊上善之《太素經》，集部之《文館詞林》十卷。是皆我久佚之籍，亦藝林最要之書，使彙刻爲叢書，恐不在士禮居、平津館下也。若釋慧琳《一切經音義》百卷，釋希麟《續一切音義》十卷，此小學之淵藪，一部傳而漢唐文字音韻之書皆得以見崖略。顧卷佚浩繁，力不能贍。世之高瞻遠矚者，或亦有取於斯。

前人譜録之書多尚簡要，《敏求記》唯録宋本，《天禄琳琅》、《愛日精廬》、《拜經樓藏書》則兼采明本，時代不同故也，而張金吾論説尤詳。余之此書，又詳於張氏，似頗傷繁冗。然余著録於兵燹之後，又收拾於瀛海之外，則非唯其時不同，且其地亦不同。苟不詳書，將有疑其爲郢書燕説者。且録中之書，他日未必一一能傳，則存此崖略，亦好古者所樂觀也。

凡習見之書，不載撰人名氏，其罕見之品，則詳録姓氏，間考爵里。

古鈔本及翻刻本，多載彼國題記。其紀元名目甚繁，若必一一與中土年號比較詳注，則不勝其冗，今别爲一表，以便考校。

光緒辛巳二月宜都楊守敬記。

森立之《經籍訪古志附言》 是書編録發端於狩谷掖翁在日，凡辨鈔刻之源委、流别得之其指授者爲多。厥後小島君寶素又屢加搜討而仍未完，丹波茝庭先生深慨古本之日就湮晦，督促余二人者俾亟從事于斯。復獲寶素君嗣子抱冲君以其所得庭聞，互相考覈，用功精密，每倍蓰余二人者，以故不久就緒。又有伊澤磐安以所聞其先人蘭軒先生相商榷，既成，就正於海保鄉老點訂之，可以得而傳焉。諸所考證，一作按語以置後，各家之説不復識别。蓋前後凡三易稿，始釐爲六卷，其讎校之勞，則堀川未濟與有力焉。其題曰《經籍訪古志》者，茝庭先生所命云。書中所收，概以元以上爲斷。而凡皆止其見存者，間有出于傳聞非目睹者，亦附記之。若明清諸本，必審擇其絶佳者載之。

凡所臚列舊鈔舊刻，每必先標其時代，次注儲藏之家，缺筆、舊藏印記等，逐一録之。蓋全書體例一遵依《天禄琳琅書目》及《愛日精廬藏書志》。云官庫所儲祕笈浩浩如煙海，非人間所得。而窺今据前人所記，恭爲登録，蓋所以表章列代好學之一班，亦庶乎足以鳴今日右文之治。或者以爲官書不宜暴著於人間，或者又以爲官本與私書同列爲不倫，此皆私見不足語昌代如海之大也。近世以藏書名者，前佐伯毛利氏、紅栗齊浪華木世、肅孔恭蒹葭堂，後京師有福井榕亭崇蘭館，最後

有新見賀州君賜蘆文庫。此録所載各古本，大抵諸家儲藏之功也。木氏之藏早獻之昌平學近日毛利氏，亦獻之官，今皆現存。但木氏醫書獻醫庠者，燼于丙寅之火。榕亭之藏，亦罹甲寅之災。聞新見氏之藏，亦漸就散佚，均可爲浩歎。從來著録家，於醫書多略，而是編比他家殊詳者，我邦所傳醫籍最稱繁富，而櫟窻丹波先生竭力收集。柳沜、茝庭二先生，皆能繼其志，儲蓄益夥。而柳沜先生著有《醫籍考》一書，其於醫家一類靡不網羅。此録之成，其嗣曉湖君孫棠邊君爲之綿蕝，更有寶素、酌源二藏並録入之。而茝庭先生又加之訂正，是以所記獨爲完全也。但體例既異，則别爲一類，以置於後焉。凡所收録各古本，係目睹者詳影寫，前後頁數行及印記等爲數巨册。取《河間獻王傳》語，題曰《留真譜》，庶乎學者一瞥乃得知古本面目！近日書估具鑒識者，前有慶元堂泉莊，後有萬笈堂英遵，每獲古本，必携行以鬻與好古之士。諸家藏書之富，二人之力居多焉。茲連綴書之，欲不没其功也。

地方目録部

綜述

劉知幾《史通·書志》 但自史之立志，非復一門，其理有不安，多從沿革。唯《藝文》一體，古今是同，詳求厥義，未見其可。愚謂凡撰志者，宜除此篇；必不能去，當變其體。近者宋孝王《關東風俗傳》亦有《墳籍志》，其所録皆鄴下文儒之士，讎校之司。所列書名，唯取當時撰者。習兹楷則，庶免譏嫌。語曰：「雖有絲麻，無棄管蒯。」於宋生得之矣。

又《補注》 亦有躬爲史臣，手自刊削，雖志存該博，而才闕倫敘，除煩則意有所怪，畢載則言有所妨，遂乃定彼榛楛，列爲子注。若蕭大圜《淮海亂雜志》，楊衒之《洛陽伽藍記》，宋孝王《關東風俗傳》，王邵《齊志》之類是也。

又《言語》 唯王、宋著書，敘元、高時也。王謂王邵也。宋謂宋孝王也。邵撰《齊志》，孝王撰《關東風俗傳》也。抗詞正筆，務存直道，方言世語，由此畢彰。而今之學者，皆尤二子，以言多滓穢，語傷淺俗。夫本質如此，而推過史臣，猶鑑者見嫫姆多媸，而歸罪於明鏡也。

又《直書》 次有宋孝王《風俗傳》、王邵《齊志》，其敘述當時，亦務在審實。按于時河朔王公，箕裘未隕；鄴城將相，薪構仍存。而二子書其所諱，曾無憚色。剛亦不吐，其斯人歟？

又《雜説下》 夫所謂直筆者，不掩惡，不虚美，書之有益於褒貶，不書無損於勸誡。但舉其宏綱，存其大體而已。非謂絲毫必録，瑣細無遺者也。如宋孝王、王劭之徒，其所記也，喜論人帷薄不修，言貌鄙事，訐以爲直，吾無取焉。

周嬰《巵林》卷二《贊劉》 夫史以直書爲正，以詳贍爲美。如子玄所謂，即宋王蓋兼之矣。而李舍人《北齊書》云：「廣平宋孝王，好臧否人物，時論甚疾之。爲北平王文學，求入文林館不遂，因非毁朝士，撰《别録》二十卷。會平齊，改爲《關東風俗傳》，更廣見聞，勒成三十卷，言多謬妄，篇第冗雜，無著述體。」【略】按魏李之評，則宋王遺編直穢史耳。劉之美言既綢繆，史之貶詞復契闊。惜二書已亡，不得審其梗概也。蓋末世史臣，諂媚者謂之隱惡，依違者謂之微詞。徒貴華文，無關實録，在昔尼父已致慨於勝質矣。且五行掇拾細瑣，皆委巷之談也。禮志援引鬼神，皆詭怪之説也。見人之細過，迷已之大疵，類如斯矣。《公羊》語半青齊，事多鄙累，漢世尊爲六經。列學宫，置博士。若以魏、李之旨推之，《公羊》之可廢久矣。夫蘭臺載筆之臣，未有不掎摭前史之謬者也。班氏不滿於司馬，蔚宗亦有憾於孟堅。豈獨魏、李之譏宋王哉！

高似孫《剡録序》 山陰蘭亭褉，剡雪舟，一時清風，萬古冰雪。王謝抱經濟具，二戴深經學奈何？純曰：高逸也。嗚呼！山川顯晦，人也。人隱顯，天也。天下多奇山川，而一褉一雪，致有爽氣，可謂人矣！江左人物如此，然二戴剡，王謝亦剡，孫阮輩又剡，非天乎？漢迨晉永和六百餘年，右軍諸人乃識剡。永和至皇宋嘉定幾千年，史君尹剡，訪似孫，録剡事，剡始有史。桑欽《水經》酈道元注。道元，魏人，先儒辨其北事詳，南事略。似孫，鄮人也，如其精覈，俟剡人。宋嘉定甲戌，高似孫序。

史安之《剡録序》 剡在漢爲縣，在唐爲嵊州，未幾復爲縣。本朝宣和間，以剡爲兩火一刀不利於邑，故更今名。邑舊有鄉四十，後分十有三，别爲新昌縣，今所存纔二十七鄉耳。夫州縣之名雖數變更，然山川之靈蓋自若也。使剡古而有志，則歷代因革廢興之典，百世可知也。予懼夫後之視今，亦猶今之視昔，故爲《剡録》十卷。録皆高氏所作，凡山川、城池、版圖、官治、人傑、地靈、佛廬、仙館、詩、經、畫、史、草木禽魚，無所不載。度此版可支百年。後之人毋以印刓而輒廢斯書也。宋嘉定八年歲次乙亥，縣令鄞人史安之序。

《四庫提要·史部二四·地理類一》 《剡録》十卷，江蘇巡撫採進本。宋高似孫撰。似孫字續古，號疎寮，餘姚人。淳熙十一年進士，歷官校書郎，出倅徽州，遷守處州。陳振孫《書録解題》稱似孫爲館職時，上《韓侂胄生日詩》九首，每首皆暗用錫字，寓「九錫」之意，爲清議所不齒。知處州尤貪酷，其讀書以奥僻爲博，以怪澀爲奇，至有甚可笑者。就中詩猶可觀。周密《癸辛雜識》亦記其守處州日，私挾官妓洪渠事，其人品蓋無足道。其詩有《疎寮小集》，尚傳於世，而文則不少槩見。此書乃其所作《嵊縣志》也。嵊爲漢剡縣地，故名曰《剡録》。前有嘉定甲戌似孫自序，及嘉定乙亥嵊縣令史之安序，蓋成於甲戌，而刊於乙亥，故所題前後差一年。其書首爲縣紀年，次爲城境圖；次爲官治志，附以令丞簿尉題名；次爲社志、學志，附以進士題名；次爲寮驛、樓亭、放生池、版圖、兵籍；次爲山水志；次爲先賢傳；次爲古奇跡、古阡；次爲書；次爲文；次爲詩；次爲畫；次爲紙；次爲古

物；次爲物外記；次爲草木禽魚。徵引極爲該洽，唐以前佚事遺文，頗賴以存。其先賢傳，每事必注其所據之書，可爲地志紀人物之法。其山水記，仿酈道元《水經注》例，脈絡井然，而風景如覩，亦可爲地志紀山水之法。統核全書，皆序述有法，簡潔古雅，迥在後來武功諸志之上，殊不見其怪澀可笑。陳振孫云云，殆不可解。豈其他文奇僻，又異於此書歟？

錢大昕《潛研堂文集》卷二九《跋剡録》 此録述《先賢傳》而不及宋代人物，其所録王、謝諸公，游迹雖嘗至剡，亦非剡産，金庭丹水間人物，可傳者蓋寥寥矣。疏寮未通前代官制，援引史傳，偶有刊落，便成痍痏。如謝幼度初爲征西將軍桓豁司馬，以叔父安舉徵還，拜建武將軍、兖州刺史、領廣陵相、監江北諸軍事，此《晉書》所載也。幼度本爲征西府司馬，其時任征西將軍者爲桓豁，幼度特豁之幕僚爾。今删去「桓豁司馬」四字，則似幼度先已爲征西將軍矣，豈非大誤乎！幼度以太傅特薦始得專閫，所加建武軍號，班次尚在征西之下，豈容初年便承重任，此事之顯然者。若依史家省文，但可云「征西司馬」而已。書中屢稱先公翰林，蓋似孫爲文虎之子，其稱袁虎爲袁彪，亦是避其家諱也。

厲鶚《宋詩記事》卷六二 〔史〕安之字子田，浩之孫。嘉定初，知嵊縣，求高似孫作《剡録》，邑之文獻，藉以不墜。

錢泰吉《曝書雜記》卷二 宋高疎寮《剡録》，《四庫提要》謂「序次有法，簡潔古雅，出武功諸志上」。疎寮所著《子略》、《騷略》，刻入《百川學海》。《緯略》未得見。《剡録》則道光八年嵊縣知縣合肥李君式圃從山陰杜氏得鈔本，屬山陰朱太史渌校正付梓。友人秀水葛君星垣時爲其縣教諭，以新刊本寄贈。《子略》乃子部之著録。《騷略》爲自撰擬騷之文。合之《剡録》，則疎寮文筆，大略可見矣。《緯略》，《四庫提要》在雜家類雜説之屬，謂勝楊氏《丹鉛》諸録。尚有《經略》、《史略》、《集略》，世鮮傳本。

繆荃孫等《嘉業堂藏書志》卷二 《剡録》十卷，舊鈔本，宋高似孫撰。似孫字續古，號疏寮，餘姚人，淳熙十一年進士，官至處州守。此書即嵊縣志。嵊爲漢剡縣地，故名曰《剡録》。徵引極爲該洽，唐以前事頗賴以存。首有嘉定甲戌續古自序，又嘉定乙亥嵊縣令史安之序。

俞希魯《至順鎮江志・書籍序》 宋教官費埴置經、史、子、集分爲六厨。取禮樂、射御、書數揭于上，貯于成德堂之西。景定初，教授趙孟迴增其未備，列爲十厨，而藏之三鱣堂之閣。上歸附後，散軼甚多。所存者不及什二三耳。經五十部，二百二十冊。【略】書板舊刊甚富，閉置暗室，歲久朽蠹，無復修補。今所存，止二十八種，五千四百四十七板。惟棠陰比事則教授朱天珍之所增也。

《四庫提要・史部二九・地理類存目二》 《寧波府簡要志》五卷，兩淮馬裕家藏本。明黄潤玉撰。潤玉有《四明文獻録》，已著録。是編以舊志太冗，乃删除繁贅，定爲是編。體例簡潔，亦康海《武功志》之亞。然《武功志》藝文，散入各類中，此則僅存其篇題而文皆不録，則欲矯志乘濫載之失，而未免太簡矣。

袁銛《建陽縣志序》 邑有志以記其事，古制也。予邑志景泰間刻板，迄今踰五十載，板已湮没，書亦鮮存。夫以予邑山川之勝，人物之盛，財賦之多，非他邑比。乏志足徵，亦一大缺典也，予嘗憾焉。弘治癸亥，東廣番禺區公，以名進士來宰是邑，適邑多事，蓋緣近年數易長官，奸弊百出，財賦之違納，獄訟之淹滯，不可勝計。兼值重編圖籍，訟諜無虚日。邑稱難治。此其時乎區公牛刀小試，剸繁治劇，日漸就緒。未幾一歲，賦足訟平，化洽民安，始得雅重斯文，垂情典籍、書林，古典缺板，悉令重刊，嘉惠四方學者，尤注意邑志。以舊板無存，欲翻刻傳示。會間，屬予續所未載。予惟《建寧郡志》邇者纂脩，撰及茲邑，取而續之，可也。遂以郡志、邑志參閲互考，或前失載者補之，或後未載者續之，間亦以己意一二補其未備，別爲一編，以附于後。於是，予邑比來凡創建之廢興，貢賦之登，耗人才之繼出，紀載略備，庶幾邑事可一覽而得矣。集成將鋟諸梓，區公謂宜序，予愧空踈，弗敢以序任。謹述公用意之美，置之編端，俾覽者知所自云。弘治甲子秋月，鄉進士邑人袁銛識。

《四庫提要・史部二九・地理類存目二》 《建陽縣志》四卷、《雜誌》三卷、《續志》一卷，兩淮馬裕家藏本。明黄璿撰。璿，建陽人。是書成於景泰庚午。卷首於輿圖之外，增以先賢畫像十二，傳刻失真，殆可不必。《雜誌》三卷，亦璿所作，而題曰：「知非子黄景衡集。」景衡，即璿之字，見前《志》劉章《目録序》中，蓋其書乃修志之餘，摭拾佚事，自同於小説家流，故署其號也。《續志》一卷，乃宏治甲子，邑人袁銛所撰。名繼前志，實則體例各殊。

陳相《赤城新志序》 台爲文獻之邦，舊矣。蓋兩浙諸郡，恒莫之先焉。弘治甲寅秋，予出守茲土，每欲索郡志以考文獻，不可得。訪諸父老，咸曰：「昔宋嘉定時，郡有《赤城志》，乃國子司業陳篔窗先生手編也。事實詳明，顛末備具。千百年之文獻，一覽可知。柰何宋季涉元，書與板刻，委之刼灰。間有存者，亦多殘缺，無足考據。自嘉定至今，又幾三百年矣。其間，或作而未成，或置而不問，遂成缺

典。」予憮然曰：「是誰之過歟？守之過也。」於是，汲汲圖欲修之。復訪諸監丞陳公旅、長史應公璧，僉謂「司成謝先生鐸，昔官翰林，兩修國史，文章炳炳在天下。今致仕家居，杜門不出。欲修郡志，唯斯人爲宜。」予曰：「公論也。」遂飭禮容，率同僚，拉儒宿，遠造其門。先生慨然曰：「吾素有志於是，第未能借力有司以成之耳。」又曰：「筆削不敢不公，去取不敢不當，唯在子堅定厥志，不爲衆論所惑，以底于成，固一郡之幸也。」予曰：「敢不如命？」既退，聚吏書人役於方岩書院，以給繕録。先生遂以舊謄閣本證以僅存殘篇，爲《赤城舊志》，自嘉定歷元、明，旁搜遠紹，賢哲無遺。掇拾節要，典章悉具，爲《赤城新志》。删則誕漫，蒐羅精英，爲《赤城前後集》。累閲月，而始告成焉。噫繼篔窗之功，於幾墜之餘，著文獻之懿，爲垂遠之計。使官守有所戒，士夫有所勸，風俗有所勵。而一郡之文獻不致泯滅者，先生之功也。其有功於台，豈小補哉？先生命余序之，余愧不能文，又重違其命，故强述一二，以紀歲月云。弘治十年歲次丁巳菊月朔，賜進士出身、中憲大夫知台州府事、前南京户部郎中，海陵陳相序。

毛术《補刻赤城志引》（重補刻）　《志》有舊、新二本，舊本刻自宋嘉定癸未，新本刻自明弘治丁巳，計相去餘三百年，即丁巳迄今逾六甲云。頃木至台，見山川縈峭，人文炳蔚。閭閻熙熙，有禮讓風。竊嘆曰：「是必有開其先者。」比覽二《志》，載奕朝文章，志節甲諸州。知風氣所鍾，非偶然者。惜其編漫漶，板多蠧腐。兵火中，搢紳家亦鮮完帙。尋於民間，得善本，亟命工鋟補，板凡二百六十有奇。或謂郡多名流，七十年沿革廢置，宦績民風，宜有續；或謂嘉定之刻，更尤、唐、李、黄四守，至青社齊侯碩始屬筆於陳公篔窗。弘治之刻，因循於劉、馬二守。至海陵陳侯相始就緒於謝公方后，豈遇也？嘻，其難哉？兹未論秉筆即术不逮齊、陳，矧承兵荒未暇也。姑增録一二節孝，完其舊，以俟後之君子。旹嘉靖四十四年乙丑冬十一月吉，賜進士出身中憲大夫知台州府事、前户部貴州司郎中邢陽毛术識。

李傑《常熟縣志序》　姑蘇爲南都輔郡，而常熟其屬邑也。倚虞山以爲城，環江海以爲池，寔東吴要害之地。其土膏腴，其田平衍，其物産殷盛，若稉、秫、布、枲、魚、鹽、蔬果、水陸之珎奇，所以供國賦而給民用者，充然有餘而不資外助。自闔閭、夫差雄據一方，虎視諸夏，而俗尚豪侈。自泰伯子游禮讓風行，文學化洽，而人材彙出，是固江南名區，非特爲一郡六邑之冠而已。惜前《志》毀于宋紹興兵燹。自吴通上國以來，二千餘年，故實茫無紀載，良可慨也！慶元間，縣令孫應時始一修之。元至正間，知州盧鎮又復修之，然文獻無徵，遺軼不少，若人物一類，自漢迄唐，寂寥無聞，他可知已。弘治丙辰，慈谿楊侯來尹兹邑，莅政之初，百廢具舉，以邑志久不修，輯廢無甚焉者，迺旁搜典記，近取見聞，詢遺老以正舛訛，委文士以司考校。於是，山經水志之所述，陳庋敗篋之所藏，殘碑斷簡之所寓，幾無留良矣。編裒既成，謂予爲邑人，宜有言以志顛末。夫三代盛時，九州山川記於《禹貢》，天下圖籍掌於職方，後世因之。而郡國有書，寰宇有志，坤元有録，風土有記，皆所以存古證今，以爲考求治具損益事宜之張本，其於從政者，不爲無助。而乃困於簿書期會之繁，顧視此爲不急之務，宜吾邑廢典必有待於通才卓識，如楊侯者而後成也。侯名子器，字名父，成化丁未進士，歷任崑山、高平二縣，皆有異政。兹以當道論薦，更任常熟，其嚮用未易量也。賜進士出身中順大夫太常少卿兼翰林侍讀學士、經筵講官兼東宫講讀官同修國史會典副總裁、前南京國子祭酒邑人李傑序。

余珊《安慶府志後序》　《安慶志》十有六卷，我郡侯可泉胡先生之所撰次者也。其例類：爲記，爲表，爲志，爲傳。其體裁或放諸《周禮》，或放諸《史記》，或放諸《漢書》，或放諸《山海經》，或放諸《爾雅》，或放諸《綱目》，或仍乎舊而不爲同，或創乎新而不爲異。其事核，其文簡。單辭片語，往往含有餘不盡意，讀者亹亹忘倦焉。夫志者，記也。今郡縣志多載美，不載惡。然司馬氏之《記》，班氏之《書》，實百代之良史，一臧一否，斷乎其有不可掩焉者。郡之志，獨不可以寄善惡於其間乎？今觀先生之作斯志，網羅放失，會萃諸家之所長而一之，蓋筆不筆，則有善惡存焉；詳不詳，則有疑信存焉；略不略，則有去取存焉。志遠而憂深，見高而識大。一洗近代繁蕪之陋而空之，讀者以史法觀之，庶乎其爲知可泉者，且今世之爲吏者，槩以簿書期會爲急官家之事一了，則此外無復繫心者。若公操鉛槧於鈎考之餘，稽載籍於推鞫之暇。謙勤下問，細大不遺。政事文學，兩無所廢。而使一方之文獻，有徵焉。此又古人之所重，而今世之所難，其賢於操三尺律，若束濕，若跖盩者，又何如邪？愚不敏，竊嘗披誦而得其槩，敬書此於末簡，然不敢自謂爲不知可泉者。同志觀之，當必以愚言爲不妄矣。嘉靖元年春正月望，賜同進士出身、江西提刑按察司僉事、前監察御史，郡人余珊序。

王崇慶《跋安慶志》　《安慶志》者，同年舊太史胡可泉之所撰也。可泉志成，而衆美具君子曰，完書也，信而徵矣。夫以可泉補外凡幾年，而力學好古，猶夫初也。及其守是也，獨郡志焉，先可不謂難哉？是故其文則婉而章，其事則慱而約，其義則溫而直，古之遺史也，可以訓矣。他日，四方評郡縣志，從而上之國史，誰復舍此？嗚呼，固知可泉諒吾言哉！作後跋，嘉靖癸未閏四月十九日，開州端溪子王

崇慶跋。

《四庫提要·史部二九·地理類存目三》 《(嘉靖)安慶府志》三十卷，兩淮鹽政採進本。明胡纘宗撰。纘宗，字世甫，自號鳥鼠山人，泰安人。正德戊辰進士，官至左副都御史，巡撫河南，事蹟附見《明史·劉訒傳》。是編乃嘉靖元年，纘宗爲安慶知府時所作。爲記二、表二、志十二、傳十二，不分細目。其門人王漢序之曰："今郡縣志分門立類，撮要標目，爲類書之體，而非史之例。是志一循古文，無復分門立類，規規也。"然第四卷已作《職官表》，第七卷又作《職官志》，則於例亦頗不純。又顧炎武《日知録》曰："胡纘宗作《安慶府志》於正德中，劉七事大書曰，七年閏五月，賊七來寇江境。而分注於賊七之下曰："姓劉氏。"舉以示人，無不笑之。不知近日之學爲秦漢文者，皆賊七之類也。是亦好古之過矣。

楊慎《四川通志·藝文志序》 余嘗讀左太冲賦蜀都云："江漢炳靈，世載其英，蔚若相如，皭若君平。王褒韡韡而秀發，揚雄含章而挺生。"自漢而下，文章之盛，無出於四子矣。然豈徒四海考僞游談爲譽哉？文之傳，事之傳也。去今千七百年而談漢事如昨日，緊四子之文也。文乎！文乎！其可諼乎？若夫陳子昂懸文宗之正鵠，李太白曜風雅之絶麟，東坡雄辨則孟氏之鋒距，邵庵詩律比漢廷之老吏，繼炳靈而躡蹤，感揆藻而騁轡，與爲多矣。況子安、少陵薄遊徧乎三巴，石湖、放翁篇詠洎乎百濮，其原本山川極命草木，亦楚材晉用，秦渠韓利矣。先君子在館閣日，嘗取袁説友所著《成都文類》、李光所編《固陵文類》及《成都丙丁兩記》、《輿地紀勝》一書，上下旁搜，左右采獲，欲纂爲《蜀文獻志》，而未果也。悼手澤之如新，悵往志之未紹，罪讁南裔十有八年，辛丑之春，值捧戎檄，暫過故都，大中丞東阜劉公禮聘舊史氏玉壘王君舜卿、方洲楊君實卿，編録全志，而謬以藝文一局委之慎，乃檢故篋、探行篋，參之近志，復采諸家，擇其菁華，褫其煩重，拾其遺逸，翦彼稂稗，支郡列邑各以乘上，又得漢大守樊敏碑於蘆山，漢孝廉栁莊敏碑於黔江，文無銷訛，刻猶古劄。東阜公喜曰："漢碑之傳於今，中原亦掃跡矣，乃今得兹於遠邦，不謂斯舉之獲乎？唐宋以下，遺文墜翰，駢出横陳，實繁有旴，乃博選而約載之，爲卷尚盈七十。中間凡名宦、遊士篇詠關於蜀者載之，若蜀人作僅一篇傳者，非關於蜀亦得載焉，用程篁墩新安之《文獻志》例也。諸家全集如杜與蘇盛行於世者，祇載百一，從吕成公《文鑑》例也。同時年近諸大老之作皆不敢録，以避去取之嫌，循海虞吴敏德《文章辨體》例也。開局於静居寺，宋方二公祠，始事以八月乙卯日，竣事以九月甲申，自角匝軫，廿八日以畢。食時而成，既愧劉安之捷；懸金以市，又乏《吕覽》之精，乃屬鄉進士劉大昌、周遜校正而付之梓人。昔漢代文治興之者文翁，禮殿之圖，後世建學倣焉。七十子之名，馬遷之立傳徵焉。當時號爲西南齊魯，岷峨洙泗，文之有關於道，若此文翁之功不可誣也。繼文翁而作者，今之阜翁歟？獨愧慎華顛白紛，舊植荒落，不足以揚四子之芬，而成一邦之史也。恕其不敏，補其未備，尚有冀吾黨之助焉。

《四庫提要·集部·總集類四》 《全蜀藝文志》六十四卷，兩淮馬裕家藏本。明周復俊編。復俊有《東吴名賢記》，已著録。初，宋慶元中，四川安撫使袁説友，屬知雲安縣程遇孫等八人，裒《成都文類》五十卷，中間尚有所未備。嘉靖中，復俊官四川按察司副使，復博採漢、魏以降詩文之有關於蜀者，彙爲此書，包括網羅，極爲賅洽。所載如宋羅泌《姓氏譜》、元費著《古器譜》諸書，多不傳於今。又如李商隱《重陽亭銘》，爲《文苑英華》所不録，其本集亦失載，徐炯、徐樹穀《箋注義山文集》，即據此書以補入。如斯之類，皆足以資考核。諸篇之後，復俊間附案語。如漢初平五年，《周公禮殿記》載洪适《隸釋》，竝載史子堅《隸格》，詳略異同，彼此互見，亦頗有所辨證。其中若曹丕《告益州文》與魏人《檄蜀文》，僞詞虚煽，顛倒是非，於理可以不録。然此志蒐羅故實，例主全收，非同編録總集，有所去取，善惡竝載，亦未足爲復俊病。惟篇末不著駁正之詞，以申公義，是則義例之疎耳。

《四庫提要·集部·總集類二》 《成都文類》，上起西漢，下迄孝宗淳熙間，凡一千篇有奇，分爲十有一門，各以文體相從，故曰《文類》。每類之中，又各有子目，頗傷繁碎。然《昭明文選》已創是例，宋人編杜甫、蘇軾詩，亦往往如斯。當時風尚使然，不足怪也。以周復俊《全蜀藝文志》校之，所載不免於挂漏，然創始者難工，踵事者易密，固不能一例視之。且使先無此書，則逸篇遺什，復俊必有不能盡考者。其蒐輯之功，亦何可盡没乎。

《四庫提要·集部·總集類五》 《粤西詩載》，體例明整，所録碑版題咏，多採諸金石遺刻，【略】以視《全蜀藝文志》，雖博贍不及，而體要殆爲勝之。

傅增湘《藏園群書題記》卷一七《萬曆本楊升庵集跋》 升庵博學閎才，高視一代，於李、何諸子外別樹一帙，胡元瑞稱其掇六朝之秀，薛考功至躋之四傑之倫，固非過譽。第才氣横溢，時有騁博嗜奇之過。沈歸愚以其過於穠麗，失穆如清風之旨，亦屬平情之論。文則體格彬雅，猶存古法，蓋含濡典籍，澤古功深，如王謝子弟，哺啜風流，與當時險僻艱澀之流而侈言復古者固有間矣。升庵博聞强識，有明一代罕與抗手。其輯《全蜀藝文志》以二十八日而成，蒐采鴻富，蔚然鉅觀。余仿

其例編兩宋蜀文，垂及十年而尚不克就，乃歎公之才固非常人所及也。或謂其恃才騁辯，考證疏舛，致來陳耀文《正楊》之譏。然公久謫蠻荒，地僻少書，誤記自所不免，偶然差失，寧可過爲苛責耶！余披觀大略，略事亭平，固非爲鄉賢左袒也。

《四庫提要・子部四四・雜家類存目一一》　《鹽邑志林》六十二卷，浙江巡撫採進本。明樊維城編。維城，黄岡人。萬曆丙辰進士，崇禎中以福建按察司副使家居。張獻忠陷黄州，抗節死。事蹟附見《明史・樊玉衡傳》。是編乃維城官海鹽縣知縣時輯。海鹽歷朝著作，共爲一集，凡三國三種，晉二種，陳一種，唐一種，五代一種，宋三種，元一種，明二十九種。其中如陸績《易解》之類，多出鈔合，明人所著，又頗刪節，大抵近《説郛》之例。其最舛誤者，莫如顧野王之《玉篇廣韻直音》。《玉篇》自唐上元中經孫强增加，宋人又有大廣益會之本，久非原帙。舉今本歸諸野王，已爲失考。又《玉篇》自《玉篇》，《廣韻》自《廣韻》，乃併爲一書，尤爲舛謬。且《玉篇》音用翻切，竝無直音之説，忽以直音加之野王，更不知其何説。考首卷訂閲姓名，列姚士粦、鄭端允、劉祖鍾三人。士粦固當時勝流，號爲博洽者也，何其誤乃至於是哉！

《四庫提要・史部二九・地理類存目二》　《浦江志略》八卷，浙江汪啟淑家藏本。明毛鳳韶撰。鳳韶，字瑞成，麻城人，正德辛巳進士，官至雲南按察司僉事。是編乃嘉靖丙戌，鳳韶爲浦江知縣時所作。分疆域、民物、官守、城社、財賦、學校、人物、雜志八門，又分子目四十有五。較他志頗爲簡質，而大旨欲仿《通鑑綱目》，以名字爵謚爲褒貶。又仿尹起《莘例》，自爲發明而散署邑人之名，已非志體。至於正傳之外，間有附録自云仿《春秋大全》。不知《春秋大全》何與志書之例？蓋明之中葉士大夫已如是之陋矣。

《四庫提要・史部二九・地理類存目二》　《山東通志》四十卷，兩淮鹽政採進本。明陸釴撰。按明有兩陸釴，其一崑山人，見《明史・文苑傳》。此陸釴，字舉之，號少石子，鄞縣人。正德辛巳進士，官至山東提學副使，與其兄銓，並附見《明史・王慎中傳》。是編，在地志之中，號爲佳本。體例不務新奇，而詳核有法。惟《海市常變圖》稍嫌枝蔓幻化，無定之形，豈繪畫所可該括耶？

張璧《河間府志序》　郜君相之守河間也，敷政境内，百度聿新。慨郡志之廢缺，乃託諸司諫樊君深爰修次焉。志成，復託司諫韓君威問序於璧，璧觀之書，凡二十八卷，蕞彙放逸，法象人文，美哉淵乎；其言也亦時有所異發云。夫天官錯跱，各有逌屬，而幽州故占尾箕。戰國之紛紜，諸侯率不保定其域土，朝夕易主，至不可詰也。今日當屬趙兼占大梁。是又嘗屬齊，故復以娵訾占乎。志稱曰：地，故顓頊之國，而《九域》、《寰宇》并《圖經》等浚儀，乃有高陽城。孤棘、商丘，又皆以爲顓頊之墟。顓頊者，高陽氏也。今摽其地曰顓頊，豈非取一高水名高陽乎？義莫之惑矣。其書頗稱唐、晉、邢地。按《詩・唐譜》所箋疏，唐乃在太原晉陽，寔堯墟也。地有晉水，成王封叔虞焉，而子燮因以晉號。今河間以東陽稱，亦必同一晉哉。邢治龍岡，本秦信都，莽襄國，蓋梁所謂保義者，而勢縈紆，昔與河間接。《山海經》，炎帝生鉅封。《人物表》：鉅封，蓋黄帝師而已，不明爲何所人。許繇者，諸侯也。見重於堯耳。斯則係之河間，是必有足徵者相參驗，而事可稽乎。至州支、縮高之類及它所傳聞，多核直其徵於天人者，豈不閎博哉？此亦其小者，不必序。序其大者慨焉。始余讀《周官》書，職方、保章之屬，未嘗不歎而廢書，曰，彼於天人之際，何其競競也。豈以是作無益侈譚説哉？將以經世務，而行王道也。是故，物土者，知其利害，詔其辟忌，誦其傳道，於是乎正。歲布之四方，而觀新物，以爲未足也。表次舍，軌躔運，而察妖祥焉。登之方册，上之人握，其手實而屢省之，乃有所裁成輔相矣。古昔，先民繇此其選，率而上之，以爲法，若是者，可謂之徒文具爾乎。予爲太史氏竊觀往事，我國朝嘗三致意，及予適四方，見天有遺警，地有遺飭，民有失職，於所利病矣。彼豈皆無文獻足徵耶？一切之法，惟期會之爲急。而裁成輔相之政，縣不以言州，州不以言府，府不以言大府。即言之，上下之間，外一膜，皆兩疑其跡。上以其籍爲譸張，而下因謂之無益于事。其有惕然而警於心者，蓋不能盈什一焉。其甚者，又或并其籍而去之，曰害已，嘻，弊也極矣。郜守涖治未幾，乃慨然有志於是，則夫仰觀俯察，鑒古昭今，易俗更化，孜孜以求民瘼者，有足徵矣。賢不是在乎？予故爲之序，俾後之觀志者得以考信云爾。嘉靖庚子仲秋日，賜進士出身南京禮部尚書、前翰林院學士兼太子少詹事、經筵日講官奉勑管録累朝御文、國史，南郡張璧撰。

郜相《河間府志序》　竊謂，河間密邇帝畿，即古屏翰之國。後雖建革有殊，而馭民物以藩王室者，其事同也。古有列國之史，而今有一方之志，是雖名謂有殊，而核名實以記時事者，其義同也。邇予承乏河間，恪守郡事。凡訪治問俗，救偏補敝，亦嘗用心於此矣。但恐事有淪没而不知情，有散漫而不達則，詎敢以己之所行者爲已至耶？苟得記事之書，如郡志者，按圖册而考之，庶可得其一二。而今乃廢缺，莫稽焉，是可憂也。毋聞司諫樊公，素嘗留心於斯者，今有年矣。盍往謀之，遂乃勞其編定，命梓成書。然後，往事，予可得而知也；時事，予可得而傳也；

善者，予可得而法也；賢者，予可得而禮也；財物，予可得而通融也；風俗，予可得而損益也。其於願治之心，不有助耶？後凡涖民者，酌古準今，將有所據，則是書不但有益於已也。嘉靖庚子孟春望旦，中憲大夫知河間府事，澤州郜相謹識。

樊深《河間府志自序》 西田樊深曰：志者，郡邑之史也。古以來，恒有之而于今爲重。蓋《周禮》有小史，以掌邦國之志，有外史，以掌四方之志，而又有職方氏，以掌天下之圖。是以，此焉不得猶求之他？無足慮也。矧今史乏日記，漫無足徵，而纂實録，采民風，猶於郡邑是稽，此其爲志也，詎可緩乎？河間，今王畿重地，其在遼、金及勝國戎馬馳突，文獻滅裂，識者慨焉。後雖有程氏舊刻，亦僅成而未備。鄭氏家集，每欲備而未成。廢缺相循，卒爲墜典。邇者，龍山郜公守河間，百度俱新，治益閑暇，乃偕諸僚友西泉童公、豫齋徐公、益泉畢公、錫巖顧公、中湖彭公，造予而屬以是焉。予曰，瀛而無志，猶無瀛也。志而不工，猶無志也。嗟予踈陋，何以堪此？然文懼夫機會難逢，時焉易失，恐後之慨今，無異於今之慨昔也。遂敢稽諸墳典，質諸譜牒，參之舊輯，摭以新聞。析事類而條理秩焉，肆採擇而遺闕補焉，加刪存而褒貶寓焉，原利病而民性資焉。爲綱十有六，爲目六十有一，列卷二十有八，凡一方之山川，境土，習俗，往蹟，予咸蒐輯而罔遺矣。若夫述恠誕以表奇特，著事應以實祥異，增仙釋以備觀覽，固名教之所禁者。予皆得而略云。

《四庫提要・史部三〇・地理類存目三》 《（嘉靖）河間府志》二十八卷，兩淮鹽政採進本。明樊深撰。深號西田，河間人。嘉靖壬辰進士，官至通政司通政使，事迹附見《明史・楊思忠傳》，其以深爲大同人，則因深以軍籍登第也。是編成於嘉靖庚子，凡十六門，分子目六十有一。是時，天津衛未分爲府，興濟縣亦尚未廢。河間所屬，凡州二，縣十六，故今天津、滄州、静海、青縣、鹽山、慶雲、南皮，皆併載《志》中。深《自序》稱，一方之山川、墳土、習俗、往蹟，咸蒐輯罔遺，若夫述恠誕以表奇特，著事應以實祥異，增仙釋以備觀覽，名教之所禁者，皆得而略焉。其體例頗謹嚴，而採掇古事不免貪多，假借附會均所不免，仍不出明人地志之積習也。

《四庫提要・史部三〇・地理類存目三》 《（嘉靖）仁和縣志》十四卷，浙江巡撫採進本。明沈朝宣撰。朝宣，字三吾，仁和人，官江陵知縣。此志撰於嘉靖己酉。凡例謂，義類悉依《洪武府志》。案，《西湖游覽志》云：「洪武初，徐一夔著《杭州府志》，頗稱簡明。」則所據者，一夔本也。體例頗謹嚴，勝他地志之冗濫。其稱《杭州府舊志》備載詔赦，蓋用咸淳《臨安志》例。不知其時臨安爲都城，所以備録，明代已非都城，即爲贅文，其説最協。至於碑刻之文，衹載其目，使後世無從考證，則失之太簡。又引用諸書，或足以己意，皆不著其所出，則益啟杜撰之門矣。其書舊未刊板，萬曆中，諸生鄭圭有抄本，爲邑令周宗建攜去。國朝順治丁酉，錢塘知縣沈某於宗建家求得之，邑人朱之浩始爲傳寫，之浩跋稱，其時贅細注略，而不詳尚需增輯云。

胡宗憲等《浙江通志・藝文志・四部分類》 經之類九：一曰易，二曰書，三曰詩，四曰春秋，五曰禮，六曰孝經，七曰四書，八曰經解，九曰小學。【略】史之類十一：一曰正史，二曰編年，三曰別史，四曰史鈔，五曰故事，六曰圖誌，七曰雜傳記，八曰儀注，九曰形法，十曰譜牒，十一曰職官。【略】子之類十二：曰儒家，曰諸子，曰雜家，曰醫家，曰農家，曰天文，曰五行，曰兵書，曰樂律，曰類書，曰雜藝術，曰仙釋。【略】集録之類七：一曰制誥，二曰章奏，三曰文集，四曰詩集，五曰賦，六曰歌詞，七曰選集。

徐獻忠《吴興掌故集引》 余自嘉靖丁亥，遊於吴興，樂其土風，晏然安之也。爲作《掌故集》自正史至稗子諸書與舊録所具，或至放失及余膚臆之見，凡可備誌家之采拾者，咸録焉。吴興，在澤國上游。其俗素樸厚，絶無技巧淫靡之習。自漢以來，流寓及宋南渡諸賢，類多居此，蓋有自也夫。其本俗儉嗇，加以君子之遺風，故至於今以尚禮節稱焉。顧余以筆扎之役，自效其私而衰遲湔薄，實多慚負，聊附於野史之家而已。山空日永，灌園采藥之暇，以其成録。對之几案，千數百年故實，一舉目可盡，則固山家一種樂事也。因序而藏焉。雲間徐獻忠識。

《四庫提要・史部三〇・地理類存目三》 《吴興掌故集》十七卷，兩淮鹽政採進本。明徐獻忠撰。獻忠，字伯臣，一號長谷，華亭人。嘉靖乙酉舉人，官奉化縣知縣。《明史・文苑傳》附見《文徵明傳》中。是編，乃其寓居湖州時所作。分類十三：曰宦業，曰鄉賢，曰遊寓，曰著述，曰金石刻，曰藝文，曰名園，曰古蹟，曰山墟，曰水利，曰風土，曰物産，曰雜考。考訂多未詳審，如所載寓賢，以作《漁隱叢話》之胡仔列入明代，尤爲舛誤也。

谷九鼎《書草創〈豐潤縣志〉後》 豐潤爲天子畿邑，自古迄今，顧無志者，以古淪于□，今艱于遇耳。鼎嘗慨其爲缺典，竊有志于志，而未逮也。迨歷隆慶己巳，始遇王侯鋭意倡修，未竟，以憂去。再遇余侯相繼，以成志之修也，固自有時哉，而乘時促修，恐失其會。又家君之美意，鼎承命，感希奇之遇，忻忻然蚤夜草創，而忘寢食，以得諸家君后公之遺稿者，輯爲古《志》。以新收者舊、諸友之傳聞

者，編爲今《志》。復搜抉史籍，參稽碑牒，綴以已見，增以論叙，頊頊盡愚，固將順其美，亦竟成其志而已。未及，遍質鄉雋侯即梓以傳。第恐遷轉不常，難乎其繼也。間事迹未備，文字不工，寔限于資學，抑成于欲速也。向非諸公之考訂筆削，其何以觀？於戲，有今可觀猶愈于無失，今不修，後愈湮晦，雖際盛遇，欲修何繇哉？是刻也，存羊爾已。若夫矜其創始摭拾之艱，汰冗補缺，定爲信籍。以續國史之遺，則敬望後之君子。隆慶歲在庚午冬十一月朔，後學谷九鼎謹書。

《四庫提要·史部三〇·地理類存目三》 《豐潤縣志》十三卷，兩淮馬裕家藏本。明石邦政撰。邦政，豐潤人。其書成於隆慶庚午。門目冗雜，絶無義例，且於歷代帝王妄爲區别，以行欵高下示其予奪，尤爲無理。

《四庫提要·史部三〇·地理類存目三》 《（隆慶）永州府志》十七卷，兩淮鹽政採進本。明史朝富、陳良珍同撰。朝富，晉江人，嘉靖癸丑進士，官永州府知府。良珍，南海人，官永州府推官。《永州志》編於成化，續於嘉靖。朝富謂：「《前志》核而簡，《後志》詳而雜。」因斟酌其間，以爲此志，成於隆慶庚午。凡圖經一、紀一、表三、志七、傳五。惟既作《郡邑紀》，復作《郡邑表》，殊爲繁複。又《人物表》一卷，自漢訖明，第其差等，雖宗《漢書》之例，亦非志書之體。

熊子臣《栝蒼彙紀序》 栝郡，古不甚著，著自我高皇帝起江南取天下。而劉文成公晝策居多，若章中丞葉營田，皆猋飛景附，雲煜有聲於草昧之初，二百年來，人士益稟於經術，而矯矯然多慨慷凌厲之風。協氣横流，彬彬稱上國矣。余承乏兹土，考覽圖牒，則見所謂舊《志》者作於成化間，距今且百年，人文國典，恐久而漸逸，余甚懼焉。適督學喬公得請於開府，直指二使者下郡國，各事蒐補。於是，不佞偕諸縣大夫，詣賓巖何先生，請屬筆焉。蓋先生經明行脩，負海内之望。其所論著，言天下事甚當，矧栝之爲郡，又先生必恭敬止者。有能紹明世紀往迹，曉將來以無廢郡國之史文，非先生而誰？於是，先生亦娓娓忘倦，凡閲八月而志成，屬余序諸首簡。余惟郡國之志，其來尚矣。即《禹貢》所書，《爾雅》所釋，可得而覶記焉。東遷之後，采詩之官未廢也。秦武王之時，周之削也滋甚。而張儀欲窺三川，按九鼎，致圖籍，則職方所掌，猶夫故矣。是以，季子聞歌列國之風，而識善敗。蘇武安用《周書》以事揣摩，緩頰而談地勢之險阨，兵甲之弱强，犂然有當於時君之心。由是觀之，古者，史氏雖或失職而圖籍居然有裨於實用。後世之志雖詳，皆務爲詞繪之工，以求侘於鄙縣而已。國家制郡國户口之數，凡十歲一上於大司徒，而志不領於有司。嘉、隆以來，學士大夫始留意於圖籍，各有論著。然其所闕略者尚多也。今栝志雖不過止於一郡，然讀之，簡而文，核而當，詳而有體。異日，即詔問，臣所以治栝狀，臣得稽首而薦之，主上視栝如在户牖間矣。且曰，此相我高皇帝取天下劉先生之鄉也。今豈無若人乎？其令有司以聞，則是志也豈惟不敏籍？是以，無忝於守土之吏，而實於栝有光矣。余不佞，敬書之以俟。萬曆七年季春望日，賜同進士出身中順大夫、知處州府事，新昌應川熊子臣書。

何鏜《栝蒼彙紀序》 余郡栝蒼，自漢始元，肇域回浦以來，幾二千年所矣。宋以前，故無輯志，往事蓋莫詳焉。紹興間，始爲《處州圖經》。嘉泰初，郡人陳百朋始爲《栝蒼志》。至勝國皇慶，凡再修輯，皆湮没無可考見。惟成化壬寅，郡侯肥鄉郭君令訓導劉宣編采頗悉，刊庋郡齋，今所稱舊《志》是也。然邑爲一編，冠以郡帙，殊無當於倫類。又自成化至今，殆百餘年，人文治典，蓋闕如也。于是，關中喬公視學，往來浙東西，慨文獻之無徵，上記大中丞府監察院，檄行諸郡，賓禮其郡之鄉大夫與其雋士，稽輯故實，蒐羅遺逸，以爲後事師鑒，意蓋蒸蒸茂也。乃以余郡十邑事見屬，而郡守新昌熊君，偕諸邑令長，協規盛美，開館于夏四月。分彙爲紀，邑以彙萃統之以府。以是經理凡八月已，于事而竣，以命梓人。明年春三月，梓成。余爲序，其所以序曰，體國經野，考形審勢，聚米懸象，以詔地事，紀輿圖第一；畫井分疆，爰辨都鄙，四隩是宅，慎乃封守，紀沿制第二；建正立貳，設參傅伍，帥屬施濩，以典待治，紀秩統第三；星廬周列，森森堂陛，以治以教，小人所視，紀次舍第四；承流宣化，實惟師帥，富之教之，臧否攸賴，表官師第五；深山大澤，龍蛇所藏，雲蒸豹變，觀國之光，表選舉第六；應運宣猷，祇承寵利，帶礪河山，爰及苗裔，表封爵第七；山鎮澤藪，貨財是生，亦有害利，視厥裁成，紀地理第八；食土之毛，用民之力，受藏追胥，好用是式，紀食貨第九；紹天之明，以質無疑，執事有恪，報德受釐，紀禋祀第十；地利人和，用戒不虞，守險豫圖，孰敢侮？予紀保圉第十一；畏壘尸祝，亦惟懷德，宜民宜人；來爲口實，紀治行第十二；雖無老成，尚有典刑，先民有作，其則不遠，紀往哲第十三；惟民秉彝，亦章婦順，之死靡他，天植其性，紀閨操第十四；匠心自得，追琢爲章，芹曝之美，亦露其藏，紀藝文第十五；殷鑒不遠，式遏亂略，滔滔江河，折衝蟻穴，紀大事第十六；茫茫堪輿，何所不有，六合之外，存而不論，紀雜事第十七。勒成十五卷，總之爲三十餘萬言，題曰《栝蒼彙紀》以歸郡閣。其所詮次舛戾，以俟博物君子。萬曆七年嘉月幾望，郡人賓巖何鏜譔。

《四庫提要·史部三〇·地理類存目三》 《括蒼彙紀》十五卷，兩淮鹽政採進

本。明何鏜撰。鏜字振卿，號賓巖，處州衛人。嘉靖丁未進士，官至江西提學僉事。鏜以處州舊《志》十邑，各爲一編，體例不當，又自成化以後，記載闕如，因彙爲是編。考隋代始置處州治，括蒼縣本以括蒼山得名。今爲處州。全府之志，不應以一縣冠一郡，又不應以一山該一境，名實相乖，於義未允。然宋無吴郡，而范成大爲《吴郡志》，則訛誤相沿，亦不自鏜輩始矣。

王世貞《通州志序》 古益部有通州，而幽、揚部無通州。自揚部之通州出，與幽部之通南北對峙而兩。而益部之通廢，揚部之通，其始僅一鹽官地，稍稍進爲州，復降爲邑。至元而始定，屬揚部。以逮我明二百年來，鹽鹽之利，衣食江南北，而其設險置兵，控扼吴、楚，屹然一重鎮矣。地靈啟而人傑輩出，冠帶履舄之盛，蓋殷殷焉。通，故領邑二：曰海門，曰崇明。崇明，越在海中央，以故，通失之而改隸吾蘇之太倉。而海門之隸通如故。自宋孫昭先之爲《通志》十卷，明通守嚴敦大、孫徽等，後先凡六修，其卷自一以至六，其書或存或不存。而海門之爲「志」，則前尹璽而後崔桐，亦不能與《通志》合。萬曆之三年，閩林君雲程，自南刑曹郎出守通，凡三載。政脩人和，乃以其間考古圖籍，作而歎曰：「志，其可以已也夫？」謂顧君養謙、陳君大科，「其州人可取證也，得無有所避乎！」謂沈子明臣，「史材也而遠，無避也。」於是，聘沈，而屬之以顧、陳輔焉。僅及歲而志成，爲卷八，卷之爲圖者一，表者二，志者二十六，傳者十二，遺事者一。謂世貞曙於文，以書介，沈而請序焉。覽之，燦如也，乃又秩如也已。竊謂，今志，猶古史也。古者，千乘之國，與附庸之邦，皆有史官，以掌記時事，第不過君、卿、大夫言動之一端。而所謂山川、土田、民物、風俗、兵防之類，意別有圖籍，以主之志，則無所不備録矣。是故，古史之失在略，而今志之得在詳也。然史之大綱在不虛孅，不隱惡，以故世子之隆崇，卿相之威靈而執簡者侃然而擬其後。今州邑之薦紳將舉筆，而其人非邦君即先故，蓋有所不得不避矣。是故，古史之得，在直；而今志之失，在諛也。沈子之爲《通志》，毋論其皙體、裁挈、綱目，博采精辨，文辭瑰麗而已。乃至官邪風慝，凜乎霜鉞之加，有餘畏焉。夫何下太史公傳「酷吏」、「佞倖」哉？是志也，豈惟在「通」？以俟他郡，國有餘裁也，以俟一代有餘采也。故因林君之請而爲之敘。賜進士出身嘉議大夫、前都察院右副都御史、兩京大理大僕寺卿，吴郡王世貞撰。

《四庫提要·史部三〇·地理類存目三》 《通州志》八卷，兩淮馬裕家藏本。明沈明臣撰。明臣，字嘉則，鄞縣人，嘉靖中諸生常與徐渭同參胡宗憲幕府。《明史·文苑傳》附見《徐渭傳》中。明南直隸、北直隸皆有「通州」。此編《南通州志》也。書成於萬曆丁丑。其秩官、科第諸門，皆括之以表，於例頗善。

張元忭《紹興府志序》 紹興，古稱荒服。自禹會諸侯，勾踐以伯迨建炎駐蹕衣冠，從而徙者，多賢聖之裔。明興，人文益盛，斌斌焉軼鄒、魯而冠東南矣。郡有志，在宋嘉泰間，至於今，餘四百年無繼其響者。弘、嘉之際，戴訓南守而嘗輯之，而卒不就，以去。先大夫既纂邑志，廼屬意於郡兩公遺草，嘗購而藏之笥中，他所采擷頗衆。余小子趨庭之暇，竊與聞之，同年友宛陵蕭侯以萬曆癸未來守郡，下車詢掌故，知志久闕，狀訝然咨嗟。明年甲申，會余宅，憂亟以謀於余。余謝不敏。又明年乙酉，孫太常文融亦以太夫人之憂歸。蕭侯曰：「太常與太史皆廬居，時豈偶耶？」遂申前請益勤，余與文融辭，弗獲，則取八邑志若諸史傳稍纂次之，而文融執禮不入郡，延各就廬中有事焉。蕭侯又曰：「事不分任，且久而罔功。」於是，以疆域諸志屬之文融，以職官、選舉若人物志屬之余，而又互相參訂。併志殫精不輟，寒燠閲一歲而書成。爲卷凡五十有奇，揔之爲綱凡十有六：曰疆域，曰城池，曰署廨，曰山川，曰古蹟，曰土産，曰風俗，曰災祥，曰田賦，曰水利，曰學校，曰祠祀，曰武備，曰職官，曰選舉，曰人物，而以《序志》終焉。夫志，猶史也。自昔爲史者，皆雜出於衆手，而取裁於一人。惟《新唐書》作於歐、宋，廼分任之而間，多枝梧，詒譏後世。今，茲志分任類之，而余與文融不狥迹而逆心必考衷而求是。蓋文不敢比於歐、宋，而所謂枝梧者，或寡矣。余又惟茲志之成有二得，亦有二失焉。夫先此名太守寧詎渭南若羅、戴、魯、游皆嘗謀之，而卒無成者，何也？人衆則議論雜齊，時久則機會易失。廼今任專而成速，是其所以得也。然而蒐羅之未廣，楊榷之未精，則亦惟人寡而時促焉耳。即操筆者且不能自厭於心，而況於旁觀者乎？嗚呼，志者，一郡之公也，亦千百世之公也，敢以余二人私之所望於大雅君子，討其闕，攻其瑕，而彌縫潤澤之，是廼所以贊其得而匡其失也？豈余二人是賴？寔吾郡有大賴哉！廼其詳具《序志》中者，余不復著。萬曆丙戌秋日，賜進士及第、翰林院修撰、儒林郎直起居館、經筵官、管理誥勑、纂修會典，郡人張元忭撰。

蕭良幹《紹興府志後序》 紹興，蓋古會稽郡云。至我明而隸浙爲府。浙之爲府者十有一，而毋敢與紹興並者，毋論科名冠帶之盛，名臣烈士之勳，彪炳史册，甲于海内，即吾堯舜以来相傳之道統，寖昌于宋儒幾晦于訓詁，而大明于文成王先生。王先生，紹興人也。榦生于先生之後，私淑其道，而竊慕其邦，以爲其山川土風，必有異于他處，而故老之所傳述，簡帙之所編摩，文必有識大識小而布在方策者。奉命來守是邦，亟索府志讀之，無有也，與諸僚扼腕而嘆，以爲國家當文盛之

時，千家之邑，一署之司，靡不有籍，而紹興爲海内名郡，又吾、文成先生倡道之鄉，柰何歷數百餘年而無志乎？諸僚更代不常，獨司理陳君與余周旋四年之間，乃謀之陳君，陳君曰，志未易言也。前是而戴公、南公，不常爲之乎？戴爲而弗就，南就而弗傳，何以故？夫志，史也。史而經，無如夫子之《春秋》，《春秋》紀一王之事，備列國之蹟，而托之魯，夫子謂吾魯人，悉魯事耳。故杞、宋之事，夫子傷焉，而曰文獻不足徵也。甚矣，史之貴于徵也。今守相若令，即久于其任，五六年止耳，吾以五六年之耳目而欲圖其山川，書其風俗，見以爲弗核也，志出，而掩口咲矣。以五六年之耳目，而進退其所謂賢而祀者于宦徹有所入，見以爲濫。于鄉微有所執，見以爲刻也，志出而反脣誚矣。吾不得其人而謀之，謀之彌衆而不成，名曰聚訟之家。得其人矣，任之不專，則圖之彌久而不成，號爲道旁之舍。向所爲弗就、弗傳，意在斯乎？然則，盍就其鄉之所謂賢大夫者而謀焉？而會太史張公、太常孫公，相繼廬居，余則亟往請焉，復上其事于三臺監司諸公，咸報曰可。于是，開館于稽山，即文成先生所爲記尊經閣者也。而更聘郡人某某司分校之責，兩公執禮不入城，予則命諸生挾册而就之。余與陳君亦數數往復訂焉。朞年而志成，爲綱若干，爲目若干，爲卷若干，詳兩公序及《序志》中，蓋志成而别駕葛君、卜君先後至，予乃得與諸僚授簡而讀而喜可知也。嗟乎，文成之道，未墜于地，譬之《周禮》在魯。而兩君子者皆聖人之徒，而文成之所寄心者也。且其先人若文恪、文宗皆掌絲綸而典著述，有談、遷、彪、固之業焉。斯所謂文獻足徵者乎？斯志也，其必傳無疑也。假令兩君子不憂居？而陳君不予贊也，猶然廢也，幸而就，猶然南公之續也。今豈惟斯志之幸，成曠典而終夙志，余不佞亦永有籍哉？若夫考民風而出治，慕先哲而景行，後必有賢守表揚而光大之。余姑書而竢焉！萬曆丁亥秋七月告旦，賜進士出身，中順大夫、知紹興府事，宛陵蕭良榦撰。

《四庫提要·史部三〇·地理類存目三》 《紹興府志》五十卷，兩淮馬裕家藏本。明張元忭、孫鑛同撰。元忭，字子藎，山陰人，隆慶辛未進士，官至左諭德，事迹具《明史·儒林傳》。鑛，有《月峯評經》，已著録。是《志》，分十八門，每門以圖列於書後，較他志易於循覽，體例頗善。末爲《序志》一卷。凡紹興地志諸書，自《越絶書》、《吴越春秋》以下，一一考核其源流得失，亦爲創格。

《四庫提要·史部三〇·地理類存目三》 《安邱縣志》二十八卷，兵部侍郎紀昀家藏本。明馬文煒撰。文煒，字仲韜，號定宇，安邱人。嘉靖壬戌進士，官至右都御史，巡撫江西。是志，成於萬曆己丑。體例頗爲謹嚴，其沿革、封建、秩官、貢舉、貤封，俱列爲表。藝文惟列古人著述，較他志亦爲清省。惟典禮、雅樂，國家通制，非安邱所獨有，而各爲一「考」，此劉知幾所論天文諸志，誤學《史記》者也，《史記》括黄帝以來，故可立《天官》一書，至歷代非各有一天，無庸複志其説。具史通表志篇中。藝文之末附詩二十首，文九篇，可謂删除冗濫矣。然何不用范成大《吴郡志》例，散載各條之下乎？總記二篇，尤多泛濫。漢惠帝七年，日食于危，文帝七年，水土合于危，後七年，有星孛于西方，其末指虚，此果爲安邱垂象耶？漢封劉常爲安邱侯，此就國者也，於法當書。唐封張説爲安邱侯，此與安邱風馬牛矣，可入説傳，不必入安邱志也。蓋雖稍廓清地志之惡習，而猶未能免俗云。

《四庫提要·史部三〇·地理類存目三》 《（萬曆）廣東通志》七十二卷，兩淮鹽政採進本。明郭棐、王學曾、袁昌祚同撰。棐，南海人，嘉靖壬戌進士，官至布政使加光禄寺卿。學曾，履貫未詳，官光禄寺丞。昌祚，東莞人，隆慶辛未進士，官布政司參議。是書成於萬曆壬寅，凡爲《藩省志》十三卷，《郡縣志》四十九卷，《藝文志》三卷，《外志》七卷。其《藩省志》輿圖之後，即列《事紀》五卷。茫無端緒，惟仙、釋、寺、觀列之《外志》，較他志體例爲協。又增「罪放」、「貪酷」二門，以示譏貶，則彷彿嘉靖《江西志》例也。

《四庫提要·史部三〇·地理類存目三》 《（萬曆）嘉定縣志》二十卷，兩淮鹽政採進本。明韓浚撰。浚，字邃之，淄川人，官嘉定縣知縣。元至元中，秦輔之始創縣志。明，自洪熙至嘉靖，凡經四修。浚於萬曆乙巳，復續爲是編。頗勝他志之鄙陋，然亦時有踳舛，如以水利列於人物之後，已覺不倫。以古蹟及寺、觀敘於雜記門中，更爲非例。又如《疆域考》，稱自宋分崑山之東境以置縣。不知《南畿志》載宋割崑山、安亭等五鄉於練祁市置縣。《輿地考》載嘉定縣，原名疁城鄉也。

湯日昭《温州府志序》 東甌爲郡，内錯萬山，外連大海。重崗複嶺，蓊薈盤鬱。而風濤迅速，倏忽千里。海上諸夷，若在門户。戎心叵測，桴鼓時聞。甌雖僻在一隅，寔當東南要害。其牽綴彈壓，關係十倍它州也。歷觀往牒，東甌君長七，閩、南越皆據有疆土南面稱孤，宋季播遷，於焉駐蹕，遂議遷都事，雖不果，而地重可知已。且也林、木蒭、粟、魚、鱉之饒，牢盤之利，甲於他郡。【略】余不佞，嚮守是邦，帳舊志之闕佚，而思一編輯之鞅掌簿書，不遑咨訪，則貽書王宣州若其弟憲副君，請受簡，無何，不佞遷秩浙西。則又貽書守劉君、若林君，請決筴，無何，而不佞以右轄復治兵東甌矣。于時，王君適謝宣州，憲副亦以入蜀還里。於是，守陳君繼至，既然董其事。相與分局編摩，殫心校核，而宣州君寔載筆於茲。朞年而告成

事，弘治以來，九十餘年之蔀覆，一朝具發，不惟觀法備，而諸所沿革悉陳鴻鉅並列，足稱信史，真千載之一時矣！按，郡故有志，然或詳於民事而略於兵，或分志於五邑而略於郡。不佞卒業是編，則輿地幅幀之廣狹，建置祠事之廢興，户口食貨之登耗，官師文獻之汙隆，犂然具焉。【略】余不佞，職在疆埸，故於此篇三致意焉。後之人求折衝於樽俎，則方策具在矣。是役也，郡邑大夫及鄉搢紳僉謂不佞實始終之，若天假其會也。而屬余序諸首簡，余惟採摭筆削，實三太守及鄉先生之力爲多，余何敢獨掠然？予從事玆土前後十許年，經畫兵民，粗有緒理，不敢矯附削草之聲，而自托於趙營，平不嫌伐勞之義，其亦可藉以少報塞乎？則不敢讓。因諾而爲之序。萬曆三十二年夏四月上澣之吉，賜進士出身、通奉大夫、浙江布政使司右布政使兼按察使僉事，奉勅整飭浙東兵備，前知温州府事，丹陽湯日昭撰。

《四庫提要・史部三〇・地理類存目三》 《萬曆温州府志》十八卷，兩淮鹽政採進本。明王光藴撰。光藴，字季宣，温州人，官至寧國府同知。是編成於萬曆丁巳，凡爲類十二，爲目七十四，頗多舛略，如《形勝門》，衹略敘舊《志》數行，而梁邱遲《永嘉郡教》所稱，控山帶海云云，祝穆《方輿勝覽》所稱，郡當甌越之衝云云，皆未之載。此皆失諸眉睫之前。《學校門》衹載梅溪、鴈山兩書院，而永嘉書院之建於宋時，載於王圻《續文獻通考》者，亦不及詳。其掛漏可想，又《治行志》中分郡良吏、邑良吏爲二門。體例亦嫌繁碎也。

《四庫提要・史部三二・地理類存目五》 《嵩書》二十二卷，兩江總督採進本。明傅梅撰。梅，字元鼎，邢臺人，萬曆辛卯舉人，由登封縣知縣擢刑部主事與員外郎。陸夢龍力爭梃擊一案，鄭氏之黨中，以察典罷官。後起爲台州府知府，崇禎中，解職家居。大兵下順德，抗節死。贈太常寺少卿。事迹附見《明史・張問達傳》。乾隆乙未，賜謚「忠節」。是編乃其官登封知縣時所作。分星政、峙勝、卜營、宸望、嶽生、官履、巖棲、黄裔、竺業、物華、靈緒、顔始、章成，爲十三篇。立名頗嫌塗飾，全書意在廣搜，亦殊多駁襍。

劉承幹《吴興備志跋》 《吴興備志》三十二卷，明董斯張遐周撰。遐周，烏程人，清羸善病，獨行孤嘯，自號瘦居士。獨嗜書，手録不下百帙。泛覽群書，商榷著述，留心吴興掌故。是編輯録故事，分二十六徵。曰帝胄，曰宫闈，曰封爵，曰官師，曰人物，曰笄幃，曰寓公，曰象緯，曰建置，曰巖壑，曰田賦，曰水利，曰選舉，曰戰守，曰振恤，曰祥孽，曰經籍，曰遺書，曰金石，曰書畫，曰清閟，曰方物，曰瑣，曰詭，曰匡籍。采摭極富，每門皆全録古書，載其原文。有所考正，則附著於下。體例最善，屢引《談志》，是曾見原書者。遐周没於崇禎元年，則《談志》明末猶存也。今與《掌故集》三書同刻。談吾湖故實者，實爲淵藪矣。歲次甲寅正月穀日，吴興劉承幹跋。

董熅《吴興備志跋》 先高叔祖遐周先生，博雅嗜古，家有藏書，朝夕穿穴，所著書極富，皆刊行於世。晚與同郡閔康侯、子京兄弟共纂。《吴興備志》三十二卷，凡帝胄、宫闈、封爵、官師、人物、笄幃、寓公、象緯、建置、巖壑、田賦、水利、選舉、戰守、振恤、祥孽、經籍、遺書、金石、書畫、清閟、方物、瑣、譌之類，皆有「徵」，而以匡籍譌終焉。其采擷博而裁削嚴，誠上掩顔清臣、談鑰之疏略矣。此書成於天啟中，而遐周先生即世，草稾麤具，幾於失次。從父迎年先生爲整齊而手録之，可謂賢矣。頃熅乃得請而讀之，愛玩如拱璧。顧亦疑其采書雖博，而不及《寰宇記》、《元和郡國志》、《九域志》、《方輿勝覽》諸書，於「巖澤徵」尚有未備。從父早棄場屋，游心載籍，盍於藏書家借鈔地志，以補其闕乎？因還其書，而謹識其後。丁酉冬十月既望，熅記。

近讀《匡籍譌》一卷，於古今人書關涉吴興者，原其來歷，辯其異同，裁其舛錯，一字一句，毫不假借，則知全志之所徵考皆實録也。惜乎！後之修志者，用罔承譌，皆不足信。而此書未有刊行之者。然旃檀一株，香聞四十里。豈與劫外之寒灰而俱盡乎？後九日又書。

《四庫提要・史部二四・地理類一》 《吴興備志》三十二卷，兩淮鹽政採進本。明董斯張撰。斯張字遐周，烏程人。是編輯録湖州故事，分二十六徵。曰帝胄，曰宫闈，曰封爵，曰官師，曰人物，曰笄褘，曰寓公，曰象緯，曰建置，曰巖壑，曰田賦，曰水利，曰選舉，曰戰守，曰賑恤，曰祥孽，曰經籍，曰遺書，曰金石，曰書畫，曰清閟，曰方物，曰瑣，曰詭，曰匡籍。採摭極富，於吴興一郡遺聞瑣事，徵引略備。每門皆全録古書，載其原文。有所考正則附著於下。蓋張鳴鳳《桂故》、《桂勝》體例如是，而斯張因之。雖意主博奥，不無以泛濫爲嫌。然當時著書家影響附會之談，剽竊撏撦之習，實能一舉而空之。故所摘録，類皆典雅確核，足資考據。明季諸書，此猶爲差有實際。黄茅白葦之中，可以謂之翹楚矣。

又《史部二六・地理類三・桂勝》 《桂勝》以山水標目，各引證諸書，敘述於前，即以歷代詩文附本條下。而於石刻題名之類，搜采尤詳。又隨事附以考證，多所訂正。後董斯張《吴興備志》、朱彝尊《日下舊聞》即全仿其體例，於地志之中最爲典雅。

又《子部二三・藝術類二・御定佩文齋書畫譜》 [該書]分門列目，徵事考言。所引書凡一千八百四十四種，每條之下，各注所出。用張鳴鳳《桂故》、《桂勝》、董斯張《吴興備志》之例，使一字一句，必有所徵。而前後條貫，無所重複，亦無所牴牾。又似吕祖謙《家塾讀詩記》，裒合衆説，各别姓名，而鎔貫翦裁，如出一手。

《四庫全書簡明目録》卷七《史部一一・地理類》 《吴興備志》三十二卷。明董斯張撰。分二十六門，皆徵引古書，録其原文。有所考證，則附著於下。蓋用張鳴鳳《桂勝》之例。後朱彝尊《日下舊聞》亦沿用之。皆明其信而有徵也。

《四庫提要・集部四六・總集類存目三》 《吴興藝文補》四十八卷，浙江巡撫採進本。明董斯張、閔元衢、韓千秋同編，而韓昌箕爲校録刊刻。斯張有《吴興備志》，元衢有《歐餘漫筆》，皆已著録。千秋字聖開，昌箕字仲弓，竝烏程人。是書採録自漢至明藝文之有關湖州者，彙爲一編，以補舊志所未備。其自唐以前爲斯張手輯，宋、元以後，則元衢、千秋諸人共成之。所採録前代頗詳，而明代則漸濫，亦志乘之通病也。

秦鏞《清江縣志序》 丁丑之冬，鏞謁典銓得清邑，心念知之弗明，處之曷當，即晉謁機部楊先生，求邑志讀之。先生曰：「無之。此吾清三百年缺典也，盍補其缺？」鏞謹受教，既莅清，方值多事。餉檄如火，郵如水，災祲相繼，民色如土。竭蹶支吾，日不暇給，何暇問筆墨事？然長安數語，未嘗不耿耿在胸。於是，五年以來，或晤對先哲，則訪其舊；或驅車田間，别謀諸野；或道逢碑碣，則摩其字；或惠投編帙，則書。倘惠邀邑之先生長者，爰取而更定之，以貽後之君子，俾有所折衷焉。庶猶存什一於千百也，是則鏞之苦心也。抑聚散離合，凡人之情。鏞視清猶家也，視清人猶父子兄弟也。一旦罷去，念我清人思之，不置何以自慰？庶幾手此一編，相對如履其地，如見其人，不猶愈於托之夢想乎？是則鏞之微情也。夫心所默念與情所自致，則雖以其事之甚難與非所急也，而遂罷棄不爲，則固有所不可也。若曰以文事飾吏治而僭，竊自附於述作之事，則鏞豈敢？崇禎壬午九月既望，知清江縣事，無錫秦鏞撰。

《四庫提要・史部三〇・地理類存目三》 《清江縣志》八卷，兩淮馬裕家藏本。明秦鏞撰。鏞無錫人，崇禎丁丑進士，官清江縣知縣。清江向無志，崇禎壬午，鏞始創修，凡分八目，視他志稍爲簡明。

《四庫提要・史部三〇・地理類存目三》 《海昌外志》，無卷數，浙江巡撫採進本。國朝談遷撰。遷，字孺木，一字仲木，海寧人。是志題曰《海昌》，以海寧爲吴海昌郡，從古名也。書不分卷帙，所列凡輿地、食貨、職官、建置、選舉、人物、叢談、藝文八門。以篇頁計之，當爲八卷，偶未標題耳。遷學頗博涉，較舊《志》多所考證，而人物瑣分門類，典籍不詳卷帙，猶沿地志之積習。

《四庫提要・史部二四・地理類一》 臣等謹案，《江南通志》二百卷，國朝兵部尚書、兩江總督趙宏恩等監修。先是，康熙二十二年，總督于成龍與江蘇巡撫余國柱、安徽巡撫徐國相等奉部檄創脩《通志》凡七十六卷。雍正七年，署兩江總督尹繼善等承詔重修，乃於九年之冬開局江寧，以原任中允黄之雋等司其事。因舊《志》討論潤色，刊除踳駁，補苴罅漏，凡閲五載，至乾隆元年書成。督臣宏恩及江蘇撫臣顧琮、安徽撫臣趙國麟等，具表上之。卷首恭録上諭及御製詩文以尊謨典，次輿地，次河渠，次食貨，次學校，次武備，次職官，次選舉，次人物，次藝文，次雜類，發凡起例，較舊《志》頗有體裁。惟纂輯不出一手，微有牴牾。黄之雋《唐堂集》中嘗稱是書，刻本與原稿多有舛互，如灊山在六安州之霍山而仍謂即元時所置之潛山縣。黄積、程元時俱東晉時新安守，而誤入西晉。其他遺漏重複者甚多，皆之雋離局以後爲他人所竄改者也。司馬光修《資治通鑑》以《史記》以下屬劉攽，三國以下屬劉恕，唐以下屬范祖禹，始終不易，其知此意歟？乾隆四十四年十一月恭校上。

劉承幹《湖録經籍考跋》 《湖録經籍考》六卷，吾鄉鄭芷畦先生所箸也。先生幼淹雅，通經史大義，覃思箸述，恥爲無用。毛西河、朱竹垞、胡朏明並折行輩交之。箸書等身，而尤孜孜於《湖録》一編。蓋本爲郡志也。懷握鉛槧，周歷七邑。咨故老，甄遺籍。竭十數年之力，稿凡六易，成書百卷。官斯土者，屢欲刻之而不果。先生懼其久而湮没也，乃易名《湖録》，著爲一家之作。其力彌艱，其志彌苦矣。唯稿雖六易，似尚未爲定本。蓋原書本百卷，今僅存《經籍考》。則《湖録》中之一部分也。考分四部，今僅存集部，則又《經籍考》中之一部分也。且此爲集部，而以奏議冠首，則史部之支流也，應歸史部。卷二《宋人集》既列姜夔《白石叢稿》十卷，後又列姜夔《白石道人詩集》三卷，此當相次爲目，不當離而爲二。且白石雖留吴興久，然實爲鄱陽人。其他非湖人而采其所箸入考者亦多。如《唐人集》中之顧雲，《宋人集》中之陳與義之屬是也。且有只録書名而不詳其爵里，如卷三張偉《其懷集》、沈喬《焚餘集》、沈菽《畝庵集》、陳騶《檀廬文集》、陳子英《天山堂集》之屬是也。凡此差池，均難索解，殆爲最初之長編而非最後之定稿。與抑亦以多爲

貴，遂不惜借才異地，與敢質所疑，俟鄉之大雅君子裁正之。抑又聞之昔徐星伯太守以善治西北地里名，而其所箸則吾鄉沈子敦先生贊助爲多。傅澤洪氏以善治河名，而《行水金鑑》一編則又出先生之手。蓋吾鄉先輩殫心箸述，只蘄其學之足傳與否，而無一豪名之見存。如李申耆氏所謂不尸其名而資益於世者，若先生則尤爲難能也。庚申仲夏甯晲節吴興劉承幹跋。

王士禛《杞紀題辭》 杞園張先生居杞城別墅，作《杞紀》。自星土、輿地、山川、人物而外有封建、年表、世次、原古、分國、系家、苗裔、春秋經傳、經傳別解，凡二十二卷，引書踰四百種。余讀一過，曰異哉，可謂體大而思精矣。或曰，昔范曄集謝承、華嶠、袁山松、司馬彪諸家之作爲《後漢書》，自謂體大思精，人或未之許也。今所紀杞瘠國一隅，而楊詡之如此，不已過乎？余曰，不然。杞、宋無徵，古已歎之。今立乎二千年之下，以指乎成周春秋之世，且自今杞而溯之東樓、西樓公始封之杞，又溯淳于，湖州，溯斟尋，以旁逮夫羿，浞之篡立，夏臣靡滅，有窮立少康，而夏后氏之興亡，備見於是，可補太史公帝相帝杼以下之闕文。按之則皆在杞城百里封域之内，可不謂體大而思精乎？或乃謝曰，微先生言，幾以《杞紀》爲志乘之流，今而後知其良史才也。余曰，然，乃書之編首。康熙庚寅上冬資政大夫、經筵講官、刑部尚書、前都察院掌院事左都御史，年家眷同學弟新城王士禛製。

《四庫提要・史部三〇・地理類存目三》 《杞紀》二十二卷，河南巡撫採進本。國朝張貞撰。貞，字起元，號杞園，安邱人。康熙壬子拔貢，官翰林院孔目。是書以安邱東北界接高昌諸邑爲杞國舊地，爰採史傳之有關於杞者，綜其條目，曰圖考，曰星土，曰輿地，曰山川，曰繫年，曰沿革，曰封建，曰年表，曰世次，曰原古，曰分國，曰系家，案，司馬貞《史記索隱》改「世家」爲「系家」，乃避唐諱，此悮襲其名。曰苗裔，曰春秋經傳，曰經傳別解，曰人物，曰遺書，曰藝林，曰雜綴。王士禎序稱，其有良史才。以安邱一隅，上溯太康、斟鄩之故居。下迄國朝，數千年事蹟所採之書凡四百餘種，可謂勤矣。然以爲杞之故墟，既於繫年録《春秋》經文之載杞事者，復爲年表、世次、系家不幾於疊床架屋乎？且又全録《春秋》經傳及經傳別解爲四卷，不更贅乎？於《遺書》録《夏小正》，於《人物》收姮娥，其泛濫抑又甚矣。《藝林》内録《齊風》「汶水湯湯」之詩，則以徐州入濟之汶爲青州入濰之汶，至如「振鷺有鼞」、顧炎武《大禹陵詩》皆一例採入，尤不免地志之錮習也。

又 《揚州府志》四十卷，兩淮鹽政採進本。國朝張萬壽撰。萬壽，字鶴秋，浮山人，康熙中，官揚州府知府。《揚州府志》，自明成化至萬壽，凡經五修而益繁蕪。考書首載萬曆中楊洵《舊志序》，歷敘門目，其端緒尚爲清整。萬壽多所增益，其體例轉不及原書也。

李明睿《麻姑山志序》 天下高山大川，皆仙、佛主之，五嶽仙多于佛，四大名山，佛多于僊。然二氏之學，今日覺禪轉盛，而山衝，則游賞題咏者必多；山僻則游賞題咏者必少，此大凡也。乃好奇之士復取五嶽諸名山而多其故。余謂，其志皆可略，蓋山川名勝，各郡邑業志矣。而此不幾複乎。或曰，非複也。郡邑志貢賦、沿革、編户、人物、土産之倫，事甚顆頤，豈能遍載？各山川之詞賦，而題詠因有遺者，故必各山各水自爲之志，且禪、玄二氏，其理奥博淵微，可盡遺乎？余曰，是固然矣。三代而上，未有書籍之先，即國史亦甚簡括。典墳所載，提其大綱，而節目自見。若必事事而詳之，物物而悉之，其細已甚。故有名山大川之載，而其餘可略。有郡邑志，而山川之志又可略。雖謂學者于名理物象當無所不知，山川之勝，賞題詠紀載，此所爲宏攬博物之一助也。而不知道書所稱福地洞天之最，光怪其所自有，我烏容以傳之而就中輶轄所至有不能已于懷者，如麻姑一志，首繪事、次考、次表、次志、次紀，詳哉！□余來訪道于此，相與蕭孝廉韻，參互考訂，志事遂成。【略】雖然，麻姑之山，僊山也；麻姑之人，仙人也。非麻姑之人不以名此山，非麻姑之山不能成此仙人，可以不學仙乎，僊可以不居山乎，山又可以少此人乎？余于是乎有感。嗚呼噫嘻，野夫樵子，或能言之而不能知之，冠劍百族或能知之而未必能記之。約齋子能知之復能游之，今又纂而修之，知之而言之以傳後人，李子又從而紀之。嗚呼盛哉！閬園居士，南昌李明睿撰。

蕭韻《麻姑山丹霞洞天志・藏書紀後序》 按，藏書故址其在麻姑山，則有宋建御書樓、李參伯讀書林、何氏山房、恒山精舍；在麻源，則有程雲樓藏書閣、張栢厓三谷書院；在從姑，則有前峰書屋。今人代已遠，秦燔、漢壁，了不可問矣。近育英堂典籍，多在奉常所儲，郡守鄔公亦蒐訪購求，秘帳殆將盡出姑。就見聞傳習，略紀大都，庶俾山靈生色云。

《四庫提要・史部三二・地理類存目五》 《丹霞洞天志》十七卷，兩江總督採進本。國朝蕭韻撰。韻，字明彝，南城人，康熙中舉人，明萬曆中建昌府知府。鄔齊雲嘗屬郡人左宗郢爲《麻姑山志》，久而板燬。康熙中，湖東道羅森復令韻增補成之。首系以圖，次列考、表、志、記諸目，而於題咏、詞賦爲尤詳。

覺羅石麟等《山西通志序》 欽惟我皇上體精一之心，傳紹唐、虞之治，統玉音宸翰，如日中天。率土臣民，大同大順。爰命儒臣，修直省通志，俾一統志館臣

採擇。諄諭，制撫務歸詳明，用以釐職方，廣史乘，甚盛典也。維山西密邇畿輔，沐化最親。凡諸掌故，臣石麟誼應博稽精核，詳著於篇，以對揚天子之庥命。夫平陽、蒲坂，聖都也。其山川、關隘，則有太行、恒、霍、雁門、五臺勾注偏頭，飛狐倒馬；汾、澮、沁、漳、滹沱、桑乾之高深而磐固。其田壤、賦税、土貢、物産則有代田、露田、秸總、粟米、青白韋紅之鹽莢，權奇倜儻之駿騎。其學校風俗則上庠下庠之制，丕焕克勤克儉之思彌深。其科目，其官制，則有闢門考績之成法。其典禮，其兵防，則有揆文奮武之良規。其於人也前古尚矣，厥後，理學有王通，經術有劉向，史筆有董狐，相業有司馬光輩，將略有廉頗輩，文章首司馬遷，藝術首郭璞。若夫壯繆之忠，恭君之孝，首陽綿竹之苦節，凡紀乘所書，竹素所垂，以至留碩望於寓賢，標芳徽於女史。或可躋汾陽秩祀之班，或可應畢昴星躔之數。上下數千年，可謂盛哉！今聲教日隆，輝前軼後。舊《志》所載，誠有待删潤者。臣石麟智識短淺，蒙聖恩巡撫茲地，又兼理提督軍務，襄斯大典，敢不恪共將事，乃偕布政使臣洞、暨按察司臣筠、提督學政臣曙蓀，敦延耆儁，蒐訂經籍。昕夕編纂，以仰副詳之旨。會臣洞與臣筠後先遷秩去，臣復飭署布政司臣而遜、署按察司臣永椿，分理之計。閲三載，獲成成編。凡爲類得四十，益前《志》數倍有奇。以史釋經，以例約史。舉典，期可徵諸事；徵事，期可措諸用。不敢存心，不敢挾成見，不敢踵疑以爲信，不敢失實以采名，不敢以辭夸致繁蕪，不敢以辭略致疎漏，不敢以附會爲援證、以重複爲參互，不敢以瞻徇成阿私、以吹求成屈抑。持簡操筆，祗敘厥實。全省典物，燦然列焉。臣幸生明備之盛時，得班制作之末議。藉此以擴充見聞，爲服政居官之助，并使藩臬郡縣諸臣、暨三晉人士考鏡是書，尊所聞以獻之廷，庶幾名臣彦士其則不遠贊勳華之景運，步賡拜之後塵。即於是乎在，豈與夫《山經》、《水注》焜燿耳目？僅足供口吟手披已哉！開雕工竣，恭疏進呈。臣例得掛名簡端，謹序。雍正十二年甲寅三月朔旦，巡撫山西都察院右副都御史，臣覺羅石麟謹序。

劉於義《陝西通志後序》 皇上御極之六年，纂修《一統志》，總裁官請勅直省督撫增修志書，各將本省名宦、鄉賢、孝子、節婦一應事實詳細查核，尅期一年，保送到館。皇上睿思弘遠，恐時日太促，草率從事，特命寬其期限，務期考據詳明，摭採精當，無闕無濫，以成完善之書。聖天子至公至當，循名覈實之心，何詳慎也。秦於域中，爲形勝之地。沃野千里，名山大川，土宜物産，甲於他省。又自周以來，名卿碩輔，賢人君子，比肩接跡，指不勝屈。當此重熙累洽，化行俗美之時，其砥節礪行，確有徵據足以感人心而維風化，所當發潛德之幽光者，應更不可勝數。若使淹没無聞，或冒濫失實，誰職其咎？司其事者可不慎歟！臣於雍正七年，奉命到蘭，所過西鳳、邠乾諸屬，凡遇山川、人物、兵屯、馬驛諸政，靡不究心，思欲有所發明。或可爲修志一助。秦中幅幀遼濶，足蹟所至，十未歷一。又車塵馬足，見聞不廣，終亦無所禆補。雍正十年，恭膺簡命，署理督纂兼經紀西師，移駐酒泉，不獲親與較讐之事，惟有仰體聖天子詳慎之意。叮嚀告誡，使司其事者務出於公當而已。十三年春，志書告成，臣詳加披閲。爲星野，爲建置，爲疆域，爲山川，爲城池，爲公署，爲關梁，爲封爵，爲職官，爲貢賦，爲學校，爲祠祀，爲選舉，爲兵防，爲驛傳，爲屯運，爲水利，爲鹽法，爲茶馬，爲物産，爲風俗，爲祥異，爲帝系，爲名宦，爲人物，爲陵墓，爲古蹟，爲經籍，爲紀事，爲德音，爲藝文，爲拾遺，爲卷有百，爲類三十有二。按其凡例，考其紀載，雖未敢信爲完善之書，而所謂詳且慎者，或庶乎其有合也。夫山川、土田、貢賦、物産以及兵屯、驛、鹽、茶馬諸政，俱有定制，獨至聖明之世，百物繁昌，諸政興舉，無不超軼前代，而况德政之所涵濡，教化之所興起，唯願官茲土者，人人勉爲循吏；生茲土者，人人勉爲善良。父子勉爲孝慈，夫婦勉爲節義，生聚日益繁，土田日益闢，才俊日益升，風俗日益厚。淳樸渾穆，比户可封。庶幾仰副聖天子陶成樂育之心，而成一道同風之盛也。是則臣之所厚望也夫！旹，雍正十三年二月初一日，賜進士出身、光禄大夫、吏部尚書署理陝西總督印務并辦理軍需事件，臣劉於義謹序。

蔣炳《歸德府志序》 宋地歸德軍，肇得名於後唐，至金源乃稱府。其領一州八邑，則自明嘉靖年間始也，歸德府之有志也，明李嵩創之。國朝宋國榮增修之，洎今又將百年。知府陳君重加增輯，聘名士與商榷，發凡起例，准諸史裁，煌然成完書。夫志本操紀載之枋，非具三長不足以網羅遺軼，甄定幽潛，彰筆斷之謹嚴，配史宬之巨麗。舊志頗具典型，今博採成模藻潤之。前輩稱康對山志武功迥殊凡格，茲殆庶焉。其尤識大體者，特筆志水利，較舊志列河渠於古迹爲獨得其要。夫蒸民所資生，在畎澮蓄泄。歸德屬邑，瀕河者多受泛溢之害。堤防疏浚，使不爲害，則其利已溥。標干河十二道，縷晰支流，如指諸掌。黄河近經府城三十里外，迤邐北達於徐。明霍韜請開引河，紓徐、沛二州之患，勢必盡壑歸德瀕河之邑，用揭爲炯戒。其他利弊，備著於篇。前撫碩公、鄂公具有擘畫，粵西陳公繪圖具疏入告特詳。炳承乏其後，條列善後事宜。制曰：可。動帑興修，胥慶安瀾。昨淮、徐冲溢，天子宵旰焦思，注念河務，無所不至。炳與辦南省物料，仰體皇仁，不敢絲毫累民，克期購集，官爲輓運。賴聖主福佑，川祇效順，績奏平成。此志之所未及者，

至前輩治河規略，并近年來興修水利條件，俱載志中，其用心可謂勤矣。爰書之以爲序。時乾隆十九年歲在甲戌春三月穀旦，撫豫使者陽湖蔣炳撰。

孫灝《歸德府志序》 予奉命督學中州，頃校士歸德。訪閼伯墟，求蠡臺故迹，神遊千古。其地自白馬賓王以後，弗父、考父禮讓風遺至今。文雅臺邊，儒林藝苑，磊落相望。又其水輕勁而清，南湖環城之隅，明流見底。晨鳧夕雁，泛濫其上。黛甲素鱗，潛躍其下。川原靈秀，毓鐘一時。賢士大夫咸能討論今古，所爲文澡雪性靈，風氣逎上，甲於大河南北，宜世稱中州文獻者，於斯爲最。太守陳聖岩先生嘗出其所纂郡志問序。予謂莫難於志地理，亦莫要於志地理。蓋州縣更名，沿革代異，分合靡常。如郡爲《禹貢》豫州域，其後襄邑屬碭，蒙、虞屬梁，谷陽、犬丘屬沛，東漢時轄於兖州部矣，南北朝則分統徐州、南豫州矣，是不得專言豫州也。郡舊爲微子封邑，隋改宋州。然考諸經傳，今之鹿邑即晉鳴鹿，今之夏邑即陳株林，虞城以虞國名，考城以戴國著，又不得概指爲宋州也。志家承訛襲舛，往往不加詳考，臆説附會，何以信今而傳後。斯志體例，仿班氏《漢書》及鄭漁仲《通志略》，首繪圖經；次列表四：一方輿沿革，一古封建，一職官，一選舉；爲略一十有三：曰地理，曰建置，曰水利，曰賦税，曰名宦，曰鄉賢，曰列女，曰祀典，曰藝文，曰武備，曰古迹，曰灾祥，而終以識小，大綱具存，節目細密。博採經史子集，旁搜金石文字，一一捃摭而著其所自出。删繁就簡，訂誤存疑，其用心可謂勤矣。在昔朱子守南康，甫到官即問郡志，論者稱其識，爲政體要。先生仕豫三十余年，屢膺聖主超擢循良，治狀所至，輒著賢聲，初宰安陽，繼守彰德，皆亟修志乘以垂世。今復優遊治譜，成一郡完書。誰謂一行作吏，便廢此事哉？是誠不畏其難而能知其要者。後之君子過睢陽故城尋軼事，庶不至有宋不足徵之感已。乾隆甲戌閏四月既望，提督河南學政通政使司通政使錢塘孫灝撰。

鄭澐《杭州府志序》 成周邦國之志，漢輶軒所上隨計之書，遐哉，不可覩已！方今群籍，綜薈石室，藏儲郡邑。志乘專書，權輿自宋，若新安、吴郡、赤城、會稽諸志，莫不辨章古訓，揚権方來，而《臨安志》獨裒然稱鉅製，豈徒以贍涉遐博，綴緝條整哉？臨安，故宋行都。凡夫儀度、令章、秩署、營衛，因沿遷移，以及溝渠、坊巷、土俗、謡諺之傳，部居連次，包洪併纖，俱堪與史書疏證，非如羅願、范成大、陳耆卿、施宿諸人僅志一郷一邑之掌故已也。然其時偏安一隅，規制狹隘。載述者縱奮筆鋪張，未遘其盛。令杭州爲會垣涖治，控淮引閩。山海寧謐，廬井輯和。民生其間，沐浴淳化。煦燠熙春，軒虆忭詠。【略】宋時，杭州舊《志》，爲諸志之冠，而屆今杭州，遭遇昌期之盛，又豈宋人所能希及哉？前郡守邵君闇谷創議脩府志，麤具册編，未遑蕆事。余承乏，守兹土，亟圖纂成。會里人金子惺蓀，獨任經費。余迺鉤稽故牘，設局編摹。與賢士大夫往復商榷，簿書之暇，躬自審研，庶幾匡誤拾遺，約舉端末。大致徵引前言，蘄於傳信。條繫書名，用《龍龕手鏡》例也。群説參互，論歸一是。證明以案，用《五經同異》例也。分門列目，斟時酌宜，則宋時臨安舊《志》例也。杭州夙著，才藪稱先，則古嫻習舊聞，惇行砥學。仰承壽宇，卓躒千古之閎休，從事簡策與有榮幸焉，是爲序。時乾隆四十九年歲次甲辰長至月，杭州府知府，儀徵鄭澐謹序。

邵晉涵等《杭州府志・藝文志序》 自《七略》遞變而爲四部，時爲之也。杭州前哲撰著，始見於阮孝緒《七録》、《隋志》取之。自唐以後，定從四部。杭人著述，見宋、明史志者，蓋彬彬矣。乾隆三十七年，詔徵遺書，浙江大吏所採進部帙之多，爲四方最。《欽定四庫全書》擇其精者編審校覈，著録文淵閣，其次則存目，並爲《提要》，以别其醇疵。猗歟，集古今之大成者乎？兹從《四庫全書》體例編定部分，即一邦之文獻，可想見其盛矣。

謝庭薰《婁縣志敘》 鹿城東北三里許，秦漢會稽郡之婁縣治也。其域在《禹貢》揚州東南，邊裔包今松、太以外。世言婁縣得名於婁江，而婁江一水出太倉，過崑山，即姑蘇亦波及，而有婁門之名焉。三國時吴改縣而爲婁侯國。晉、宋南齊又爲婁縣。梁省入信義縣，尋分置崑山縣。延及陳、隋以後，唐分崑山置縣華亭，五季、宋、元、明因之。我朝定鼎，仍割華亭西南爲婁，同附雲間郡郭，其建邑則依然古婁舊名也。其劃邑，則北去古婁治百三十里。境内所復古婁故土尚未及十之一耳。又況始復於順治丙申，迨雍正丙午，而金山增縣，幾去其半耶。然自昔平原一村陸氏多英首争傑出，嗣是賢哲代興，近歲如文恭、文敏更輝映於峯泖之間。則人不爲地所限，地以人而大光也。壬寅仲冬，薰之來此，漱谷陽之芳潤，咀秀野之清華。當夫情往興來，上下千載，每欲叩其掌故，以求曩哲典型，追布均田均役諸善政。而我二三父老，不過稍述其所傳聞者。念考據之無書，竊歎邑志之待修久矣。論文獻，婁非不足也；論蒐羅，婁非獨難也。興修宜無所待，而何以百餘年來遲之又久，若有待焉者？蓋志中各門皆先以治法垂鏡，而顯闡幽微，忠孝、節義尤爲闔邑德化關鍵。秉筆者務得其人無徇私、無阿好，乃能信今傳後，聞風而莫不興起。甲辰夏，薰詳准修輯，得上洋陸大理公總纂、徐孝廉莪沚諸君子兢兢從事。大要禀遵聖謨而鎔鑄經義，史體舉綱張目，循名責實，凡研磨五十月而後竣。昔先父眷公

嘗丁寧教薰曰：趙季仁身到處眼到處均不放過。朱紫陽莅官所至輒搜其志乘。薰敢希踪紫陽乎哉！薰身到婁眼到婁，惟恐放過，而頻年耐心是役也。謹以託重名流，折衷賢達，詳呈各大憲鑒定，自安愚魯，亦何曾稍贊一辭！然而陳諸左右，即我圖史；醒乎心目，即我箴銘，一切興廢舉墜，濟溺起衰，凡問途□，已經總自檢，我教養之所不及。至於身臨地方，豈曰整頓顧既切已體認，亦竊願衆觀摩，而人心日趨於正，風俗日歸於厚。仰見斯文之化成，我國家淑氣磅礴，而鬱積用覃洽於億萬年歟！乾隆五十三年歲次戊申仲夏，江蘇松江府婁縣知縣貴陽謝庭薰撰。

莊籙《常郡八邑藝文志跋》　《常郡藝文志》十卷，錢塘盧抱經學士主講龍城書院時所纂定。吾族兄新渠先生以聚珍板印行之。中經兵火，聚珍本僅存一二。吾俊甫叔祖重爲鳌訂付梓，較聚珍板增多二卷。閲今三十餘年，其書存者幾不多覯。中有漆園九老會一詩，乃吾十一世祖書雲公首倡。香山九老、洛陽耆英皆異姓，而漆園則連枝一氣，其間同懷兄弟三人，參與斯會，天倫樂事，超邁古今，尤爲吾宗生色。籙思鄉邦文獻之湮没，而先德之失墜也。爰檢遺梓，重爲印行，以廣流傳。癸亥年立夏後三日，莊籙。

吴騫《海寧經籍志備考序》　海昌自東晉六朝以來，名賢著述，夥頤。舊志頗多，漏略舛譌，而先後失次，亦復有之。爰爲增補訂正，重加編次。其間撰人名跡稍晦者并著其字，亦從舊志例也。予于海昌先賢典籍，蒐訪垂數十年，露鈔雪購，頗費苦心。是編藏之家塾，庶幾以備文獻之徵云爾。吴騫槎客氏書於拜經樓。

周廣業《海寧經籍志備考序》　辛亥夏五，歸自故鄣友人。吴君兔牀枉過，以《海寧經籍志備考》見示。梅霖方盛，雨窗竟讀，嘆其力勤而益博也。竊惟先賢著述，就州志所刊可汗牛馬，固陋所見十不得三四，即家集亦散佚居多。曩著《寧志餘聞》，蒐討十數年，凡巨册短編經目者，非甚村鄙，靡不補録。或見名不見書，則徵之諸家書目及名人文集、譜傳，以侍訪求。令以參校是編，互有詳略，隨爲附注，抑有請者。志例多藝文，另卷新志，嫌其繁蕪而去之，似也。然立言不朽，古人所重，亦有不容概泯没者，嘗擬輟拾往喆詩文遺句，如顧道士《夷夏論》、《述志詩》，朱隱士《性法自然論》，許雎陽《四六》之類，《彙考》一編，庶使神龍片甲湧現，全身而鹿鹿未遑。君淵雅能文，尊著文專主經籍，但略倣朱氏《經義考》之例。每書條其存佚未見而附疏名字、爵里於稍晦者，兼序行事，蔚爲海邦文獻，不亦偉觀也乎？如以爲然，不佞當泚筆以從。端陽後十有二日，姻愚弟耕厓周廣業拜書。

洪亮吉《更生齋文甲集》卷第三《全秦藝文録序》　《全秦藝文録》者，吾友階州邢君澍官浙江長興縣時所著也。長興于東南爲最繁，君涖事數年，刑清政簡，乃以其暇裒輯《宋會要》及《金石劄記》等書。又以關中自唐宋以來，叠經兵燹，昔賢述作，淪佚者衆，復以二年之力，精心搜采爲《全秦藝文録》一書，始自三代，迄于有明，共若干卷。脱稿後，即郵以示余。余讀之，歎其搜羅之廣博，類例之嚴整，大致仿歷史《藝文志》等書，而參以近人朱檢討彝尊《經籍考》之例，分别門類，條舉遺佚。而後知君不特能于其官，即著一書，而其取材之博，用心之審，又如此也。夫全秦爲天下之首，從古載籍無不權輿于斯，《易》則《文王上下篇》，《詩》則《周南》、《召南》，《書》則《泰誓》、《秦誓》。又且言《禮》則河間獻王，言《春秋》則劉向、劉歆父子，皆號專門之學是也。史則司馬遷、班固，皆三輔人。子則《道德經》二篇，老子入關時爲關令尹喜所著。其所入關，昔人或以爲大散，或以爲函谷，類皆不出秦地。班固作《漢書·藝文志》，凡詩賦一百六家，而以高祖歌、詩二篇，武帝所自造賦二篇弁其首。是則經、史、子、集無不權輿于秦。舉全秦藝文而天下之藝文已採其原，舉全秦藝文而天下之藝文又居其半。君之此書所以爲不可少也。抑余又有進者：關中地勢極高，水之停注者少。自秦漢以後，無不引河、渭、涇、洛數大水以溉田。三輔之鄭白渠、廣通渠、龍首渠，甯夏之漢延渠、唐來渠、大河渠皆是。他若漢中興安則引褒水、漢水，蘭州則引阿干水、灘水，甘州則引弱水、羌谷水，凉州則引谷水、土彌干川水，涇州則引涇水、汭水，安西則引南藉端水，肅州則引呼蠶水等，以是溝渠之在甘肅陜西境者，不下數百。然百餘年來故道湮廢，水泉擁遏，反足爲田畝之害者，蓋十居其九焉。地勢瘠而民氣愁，職是故耳。以君之學識，官事之暇倘復能仿班氏志溝洫之例，于關中渠瀆所在，勒爲一書，名《全秦溝洫録》。他日州縣長吏有能舉其職及實心爲民者，案圖籍而疏濬之，則有益于鄉里者，又豈在元虞集《京東水利》、明王恕《漕河通志》書等下乎？余又拭目俟之矣。

費淳《太倉州志序》　嘉慶癸亥仲夏，太倉州蔣牧勵宣以刊州志既成，郵寄示余而乞弁言。余卒讀之，門分十八，敘次秩如。簡而不遺，詳而有要。因革體例，咸得史氏法。蓋志之修，肇始前牧于君鰲圖，成於權州事汪君廷昉，而總理纂修則爲王蘭泉司寇，覆校則爲孫淵如觀察。司冦、觀察，皆淹博有識，而汪君兩權州事。其間康茂園河帥曾牧是州，復於水利一册，多所增删。茂園先生身任河防有年，於水道之廢興，修塞之利弊，洞悉獨精。宜其書之衆美具臻毫髮無憾，非僅出前明張受先所撰《州志》上巳也。太倉，瀕海爲州。余於嘉慶二年、七年先後驗收開濬劉河，兩至其地。見其山川清淑，民居稠密，與蘇、松相近，而風較樸醇。崇明雖孤懸

海外，而西南實當長江、震澤之委，水淡可資灌溉，稻麥、木棉之利，甚鉅。官斯土者，誠得是編置諸左右，而培其厚，革其澆，時水土之宜，而盡力焉。行見化理烝烝，未必不視通邑大都轉爲易治，而且物産滋饒，尤非可概以斥鹵律之者也。則茲編者詎非守是邦之圭臬歟？由此推之一省，推之天下，倘得各具成書，以爲前事之師，其效不益大歟？治固有不涉簿書、錢穀而操乎其原似迂而實不可緩者，正此謂也！爰書數言以爲司土者告。太子少保、兵部尚書兼都察院右都御史、總督江南、江西等處地方統轄南河事務加一級兼署江蘇巡撫，錢塘費淳譔。

康基田《太倉州志序》 州郡有志，仿於古志，其山川、封域、土田、賦役以及建置之因革，政事之修廢，孝友、節義、科名之表，著志之常也。志其土之所宜與其事之所急，考證其得失，使不忘有事，此志之實用，而必以時修者。太倉瀕海立治，海水鹹鹵。屬内之水，不異江湖，灌溉宜禾，西承具區陽澄、巴城諸湖，與吴淞、黄浦分流入海。北接大江，南州半壁之水洄沿洑，激蕩滌於數百里之内。故其水雖近海，而實清味淡，可灌田。崇明孤懸海中，環城皆江湖清水。諸沙之在南者，北受長江，西受震澤，至永寧諸沙而北，始有鹹潮。天之所以嘉惠東南者在是，官吏之所與民宜者，治莫急於是，州設於前明弘治間，至我朝改建直隸州。雍正四年，分析繁劇，體制有加。州志自前明張受先草創後，迄今一百五十餘年，未經纂修。徐州太守滄來鰲君，前任州牧實始倡舉，延少司寇王述庵及宫庶汪静厓，相繼纂輯，嗣研薌汪君受代，繼成其事。而余以辛酉秋，承乏茲土，適值劉河水道梗塞，農田、商販交病。目擊艱難，爰上其事，兩大府洞悉民隱，據情入告，得旨俞允觀察味莊、李公慎重督理而余與汪研薌及鎮崇、嘉、寶、崑新諸大尹于役河上，從事畚插，兩閲月而功成。士民歡聲盈路，惟兩大府宣揚聖化，因地之利而與民宜也。時新《志》已成，併附入俾後之人毋忘所事，而予濫竽河干二十五年於茲矣。因以夙所見聞，獨取水利一節增删一二，爲芻蕘之獻。至續纂州乘，體贍事覈，補前人所未備，徵信將來諸君子。勒有成書，余不敢參末議也。嘉慶壬戌立夏後五日，知太倉州事、前江蘇巡撫、江南河道總督，康基田撰。

張祥雲《重修廬州府志敘》 嘉慶七年，内廷續修《會典》，檄取天下府州縣志，以備採録故事方志。閲六十年一修，余自己未奉命出守廬州。下車之日，查閲郡志，類多殘缺，蓋未修者已一百有六年矣。即倡議修舉，時以簿書期會紛冗奔馳，稍暇則勸民耕桑，濬陂塘，復勘治七門堰、黄絲灘諸水利，未遑他務。比歲以來，年豐民和，獄訟稀少，乃修葺學宫，增置祭器、樂縣，闢書院。時與諸生講論，勵其文行，士風蒸蒸日上矣。於是，率同僚屬議修郡邑志。各紳士均踴躍從事，適與令甲符合，遂設局舉行。維時陽湖孫觀察星衍及元和蔣孝廉棠、全椒王明經祖怡皆好古博雅，因爲延請，到局纂輯，竝選郡中髦士共搜羅。訂正之書既成，復就正於桐城姚姬傳先生，竝詢諸合肥左明府輔、無爲州顧刺史浩、舒城熊明府載陞、廬江魏明府紹源、巢縣魏明府象彩，僉以爲善。剞劂甫畢，適余奉檄委署安徽。道篆郡人士，咸來問敘於余。爰爲之敘曰：方志之體，分得班氏《地里》，司馬氏《郡國志》之一隅，而其格式備具於常璩《華陽國志》。其卓然可傳者大要，觀其記古事有根據，隸今事無枝葉。不僭史氏褒貶之責，不取流俗不雅馴之談，則得撰述之體矣。今世所存方志，莫善於宋人所修《吴郡志》、《建康志》、《長安志》諸書，余皆得見之。廬屬古志，据王象之《輿地紀勝》引有帥李大東撰《合肥志》，《文獻通考》載有淳熙十五年郡守鄭典裔及合肥主簿唐錡撰《合肥志》，教授宋宜之撰《無爲志》，太守柴瑾爲之序。《明一統志》又引元《廬州志》，今皆不可得見。近志，爲康熙三十五年，郡守張純修所纂。其時，未見唐、宋人地志諸書。空疏無故寔，因求故家得明《隆慶志》，楊儀部循吉所撰，頗爲精核，崇禎《志》多仍舊本。茲用三志參訂，各取其長，加以博搜載籍，其志沿革，則取之各史地里、郡國、州郡地形、職方諸書；志山川、古迹，則取之魏酈道元、唐李吉甫、宋樂史、祝穆、歐陽忞、王象之諸人水道、地記諸書；志人物、名宦，則取之《廿四史》列傳，旁搜子書、雜史；志大事，則取之編年、正史；志佚事，則取之傳記、百家；其田賦、兵防、水利各類，皆援据古書，折衷今制，以爲一代文獻。廟寺、冢墓、金石，搜羅遺佚碑碣，遍覽説部，增於舊《志》幾十之五。人物志之出於近世者，則得於都人士輿論稽諸公牘。庶幾質核而不誣。合以圖表，共爲五十四卷。俾百餘年來典章、文物、吏治、民風，釐然畢具，非敢自詡博雅，亦庶免不醇不備之憾云爾。嘉慶八年春正月，賜進士出身、誥授朝議大夫，署理安徽寧池、太廣等處兵備道兼管蕪湖關税務、廬州府知府、前刑部陝西司郎中總辦秋審處、加四級紀録十三次，温陵張祥雲撰。

張祥雲等《重修廬州府志・文籍志序》 廬郡，金石甚少。據《揮麈録》稱，郭振以「崔公德政碑」築城，他石刻之不存，皆于是時殘毁矣。然搜羅遺佚，僅有十一之存。其目，存于故籍，宜併録之。今引周應合《建康志》之例，以廬郡金石及府縣名人撰述合爲《文籍志》一卷。《建康志》又以表論諸文附後。今既別爲《雜文志》，不復援以入此編焉。

張世浣《重修揚州府志序》 今上御極之十有三年，世浣奉命移守揚州。莅任

伊始，聞都人士嘖嘖然，謀所以修郡乘者。蓋七十餘年之掌故，至此而一新也。時則鹺使阿公主持風雅，既然引爲已任，延通儒，選勝地，於十有四年二月啟局編纂。世沇幸斯役之遂舉，雖未克壹思慮、搜見聞、佐秉筆諸賢之百一，念公以直指使者，尚垂意邦國之文獻，況在守土之吏，敢不敬率寮寀，上圖籍以資采輯！今年四月書成，世沇已被議去官，貧累未遂歸計，因得受而讀焉，而嘆地志之未易言也。夫志之爲言記也，記其地，記其事，記其人而并記其文，其大凡也。顧地之所在，如山川、疆域，史乘具載，雖沿革不同，記載無異。惟夫事之載在正史者，傳聞異辭，百家傳記益多舛錯，人則私家譜牒及見於他説者，品評未爲可據。文則積案盈箱累牘，不能悉蒐。竊以爲其事可存則存之，其人可存則存之，其文可存則存之，蘄足以備考鑒而已。惟揚郡號富庶地，當衝要，粵稽荆吴肇封以迄乎有明之季，當天下無事之時，功臣名將靖國奠民者不乏，及運丁陽九，則仗節赴義自縉紳韋布以及巾幗尤震燿乎千古。至若宦遊之賢，挺生之喆，或以功名顯，或以學業著，留遺愛於甘棠，表疾風之勁草。立言期不朽，薰德可善良。間氣所鍾，磊落相望。又自西京以降，文教聿興，廣川發其蒙泉，昭明蔚爲後勁。闡道論德之文，釋經考史之學，興利除弊之奏議，模都範京之篇章，煇煌乎《四庫》，彪炳乎《七略》作者如林指，難勝僂司。編纂者非具史家三長，則求賅備既患冗長，求簡貴又患漏略，故曰難也。夫稽合同異貴乎學之博，折衷去取貴乎識之精。能博且精，然後考覈也詳，而酌裁也當。且志也，而具紀傳之體，又在乎文章兼勝焉。今讀是編，事皆徵信而非存譌，人皆考實而非虛美，文皆有用而非浮華。前志之誤者正之，缺者補之。又增數十年之近事，披圖按籍，可以識政治之要，覽風俗之宜。披昔賢之緒文，仰前修之芳躅，吏治民風從此蒸蒸日上，豈不懿哉！然則公之是舉，豈獨都人士之慶，抑亦官斯土者所欣然，樂觀厥成也已！嘉慶十五年夏四月，前揚州府知府湘潭張世浣撰。

姚鼐《新修江寧府志序》 江寧自宋、元、明皆有府志，國朝康熙六年，知府陳開虞嘗一修之，閱今百七十餘年矣。新安吕公來守江寧之三年，乃重修府志，以嘉慶辛未三月開局，八月成書，又三月而鐫之版，其成之速如是，是可欣已。吾嘗以爲天下之事，無不可爲。苟有志，盡力爲之，未有不成者。然而世事頹壞不舉，舊業廢而新功亡者舉目皆是，率謂事之巨而難爲，爲之而必不可就。於是，因循推讓而太息於無可如何，而烏知其事之實固未必然耶？方公之來也，欲成此書，群吏以謂舊守賢才多矣，而不爲此者固念江寧志之不易爲也。公亦以鉅郡事故紛乘，未暇遽及，而心嘗念之不忘。一朝決然造端，籌畫開局，立法簡而用意密。建功不奪於群言，用財無取於屬縣。興廢補缺，裒成五十六卷。非特使百七十年之事補掇可觀，而自宋、元、明舊《志》訛謬，亦多疏證其是非焉。雖其成書過速，容有疎漏未及盡備，冗文未及盡芟者。而大綱固已善，用意固已深矣。是不可謂智足以謀始，而勇足以決成者耶？以此推之，天下事之利病，有待於興革者，大抵亦若此矣。公之仕也凡數任，皆在江南之域。其豈弟之實見之政事者，固已著於閭巷人皆知之而無待於余言，若兹志之修足以勉夫世之畏事不爲，而諉之於難爲者，余故樂述之，以爲天下告云。嘉慶十六年十一月，桐城姚鼐序。

吕燕昭《新修江寧府志序》 郡之有志於以周知，一郡建制、沿革之故，典章、文物之遺，與夫一切户籍、賦役、紛賾之務，上裨國典，下開吏治，固守土者所有事也。然苟非隨時增修，則其間事跡必有傳聞失實漸致湮没無考者矣。江寧自古爲帝都，政跡繁多於他郡爲最。撰志乘者，尤宜詳備。矧國家累洽重熙，賢才名德興起繁夥，百餘年來，聖祖仁皇帝、高宗純皇帝屢幸是土，異恩曠典具頌民間，而郡志自康熙七年前守陳公開虞修纂之後，閱今百餘年，紀載蔑聞，鉅典缺如也。且陳公修志，時因仍宋景定、元金陵等志之謬，苟相附會，不足傳信來兹，頗爲大雅之所譏陋。余於嘉慶十三年，來守兹土，心即以此爲務，而悤悤數年，猥以年齒就衰，決爲乞休之計。私心竊慮，余去而此書不成，無由遂宿志也。爰捐廉俸，於今年三月開局於府署之側，竝賴一時賢人名士，廣搜博訪，分類纂修，缺者補之，訛者正之，謬亂者削之，凡七閱月而成書五十六卷。雖未敢云華實兼賅即臻美備，而觀是書者，考覽山川，稽求故實以及名公鉅卿之偉行，方土物産之精英，鑒古證今，粗可憑信，差足備大邦之文獻矣。余自惟三載於兹，毫無建樹。竊幸是書克成，或可稍裨政治於萬一而補余之過也夫。若夫缺略未修之年太久，有無可尋訪之事，不能盡詳，或異日別有可稽，糾正訛謬，是又賴於後之君子矣。嘉慶十六年八月朔日，中憲大夫、江寧府知府，吕燕昭撰。

姚鼐等《新修江寧府志・藝文志序》 自史家志藝文，爲邑乘者多沿其例。江寧名賢著述非乏，而自南宋景定以來，爲府縣志者，多闕不書，使遺文泯没，賢哲湮晦，是大可惜已。今鈔撮省志，采問故家，參諸舊史，得四部書目若干，著録以補其闕。昔班固志《藝文》，或於書下稍注其人之梗槩。兹志，於其有可考者，仿其例，亦略書焉。凡志中已立傳者，不復注。而其書爲此方著作及文之有關切要者，別爲中下二卷，作《藝文志》。

潘鎔《蕭縣志・藝文序》 歷代著作之家擁積爲城，庋藏充棟，此史氏所以有藝文經籍之志也。夫邑志與史書體有大小，故例有異同。史但存卷帙之名，志則兼採詞章之美。蕭本文獻國，儒林、文苑不少傳人，惜年湮代遠，篇章散佚，感慨係之。且好學深思之士閉户著書，大都鍵之敝篋，閟之家塾。其謀諸剞劂氏，使共睹爲快者，恒十無二三。果必泥史氏之律，删其辭，存其目，是數百年吉光之羽，文豹之斑，皆飽諸蠹腹而後止也。惡乎！忍之。况游覽之作、紀述之文，爲是邦生色者，如駱丞、東坡、南豐、后山諸公，又不可弁冕文章之首哉！

魏元煜《松江府志序》 松江瀕海爲郡，控引婁淞，襟帶湖浦。其山川逋遒而清妍，其人物軒豁而俊偉，與夫種植之盛，財賦之繁，雄視江表諸州，爲東南一大都會。我國家深仁厚澤，不冒海隅，風動時雍，蒸蒸日上。官斯土者，既已徵文考獻，彰厥美于前，尤賴舉廢脩墜，踵其盛於後。然則，郡之有志，所係亦綦重且要矣。自唐置華亭縣，爲經界所肇始。元升爲府，屬嘉興路，至元中，乃有松江府之名，而吴、禾二邑，壤地角犄牙錯，羼互其間。可知沃衍蕃滋，區陬式廓，是以方志之作，初曰「雲間」，繼曰「嘉禾」。至明正德中，始正其名曰《松江府志》。國朝康熙二年，郡守郭君曾事蒐討，勒爲一書，越今又一百五十餘年。中間郡守魯君有續《志》稿，而《志考》卷中，僅著其目，所謂序文、凡例者，皆不著于録，似乎目雖存而書已佚。至今日，而脩輯之役又可緩乎哉？今太守宋君涖官之五年，政通人和，公餘，延攬鴻儒，拾遺補闕，勒成八十四卷。凡其所增益與其所依據，悉遵昭代典章，暨歷年頒行令甲，以及諸名家著述，粲乎咸備，信而有徵。至于志人物，則不强判標題，而統名爲「傳」。志列女則不雷同膚泛，而區分五門。志書籍、碑刻，則初不襍入藝文，而别爲簿録。凡此皆審慎精嚴，獨具手眼，足以匡文體，翊史裁，裨實用，垂久遠。誠政府之碩記，抑亦藝苑之偉觀已！曩余觀察吴中，督四郡漕務，斯邑密邇爲余所舊遊。太守雅篤寅恭郵編相質，余謭陋無能爲役，固額手慶快而樂觀厥成也！於是乎書。嘉慶戊寅秋九月，浙江按察使，昌黎魏元煜謹譔并書。

覺羅麟祥《松江府志序》 嘉慶戊寅，余秉臬吴中，仁圃郡守以《松江府志》相質，余循覽再四，竊歎是書成之不易也。大綜郡國之書以備采擇，亦守土者之常職耳。顧江左諸大郡，地當衝要，賦税、桉牘，旁午不暇，遑問志乘，故或數十年不一脩者有矣。松江自郭守廷弼輯郡志，嗣後魯君超續脩《志》藁，未克梓行，閲今一百五十餘年。其間廳縣之分析，制度之損益，政治、人文之蔚起，各縣志及百家紀載，非不足徵，然繁複舛錯，政復不少。甚矣，薈萃成書而别擇之爲難也。郭君舊《志》詩評畫品，删其贅詞。孝義割股，併於獨行。精心考覈，遠出繼儒之上。第官師科目，無表田賦，不志户口。陸機、陸雲、顧埜王諸人，既載名臣，又複見文苑、藝術，顧愿不書姓。褚輝丁公著董乂諸人，僅見藝文科目而不立傳。不僅如淵如孫觀察所譏赤烏碑雄州之譌，及删《雲間志》丈、尺、里數與守令在官之年分舛漏已也。是書略仿史例，有提綱，有子目，有考證。列傳則有分敘，有合敘，有類敘，以年代分先後。而孝義、隱逸之類，亦以次附焉。補前《志》所遺。忠節數十人，其所徵引自正史外，凡《通志》以及文集、説部有闗松郡掌故者，又不下百十餘種。而於疆域、山川、建置、田賦、學校、武備，莫不稽古證今，規畫時勢。有圖，有説，具可施之實用。可云善已。蓋太守治郡，素以興利除弊爲事。公餘目覽無疲，翹材集益，必折衷以歸于至當。藁經三易，已付剞劂，又從而訂証之，顧歉然猶以爲未善。而余觀是書，舉要，舉詳，首尾完備。事無夸飾，實足以信。今而行世，雖一二魯儒，斷斷于執一之見，以爲成非一手，不免牴牾，要非篤論。今吴郡方有脩志之役，是書出，誠可爲先路之導矣。謹序。署江蘇布政使司、按察使司覺羅麟祥譔并書。

宋如林《松江府志序》 志非史也，修輯較易。而史即出志也，志載宜詳。士大夫力持清議，上下古今，每寓褒貶於敘述之中，以示勸懲，故於人物獨加意焉。至山川、土田、兵、農、金石之屬往往略而不詳。夫不詳，不可謂之志也。松郡，枕海帶江，東南一大都會。沿革損益，政績人文，即歲集一編。書不勝書矣。郭《志》修自康熙癸卯，距今一百五十六年。其間典章、文物，欲一一訪求補載，罔有遺失，難矣哉。長沙周君希甫，先此攝篆，因都人士之請，方議設局重修。余喜周君之先，得我心也。黽勉從事，因延陽湖孫觀察淵如、山陰朱郡守意園總其成。又明年甲戌，今倉場侍郎寶齋莫公來主雲間講院，後先考証，重加釐正，而一時群賢萃集，采訪搜羅，綜核尋究，殫心竭力，各盡所長，時閲六載，稿凡三易，而是書以成。是書也，列十四門，分八十四卷，積一百八十萬一千四百五十九字。説者以卷帙浩繁，殊失事增文，减之例。不知山川名勝圖經，易沿其誤也；民賦兵防，隨時以制其宜也；遺徽盛事，尚慮其久淹也；詩古文詞，尚虞其不富也；金石文字，足以資考訂也。人物代有興者，善善從長，有美必録。士大夫知人論世，日久自有定評。今兹捃摭，不厭其詳。一以待太史輶軒之采，亦以助後來修志者之編脊焉。孟秋之月，將以俸滿入都，會剞劂告竣，因掇其大略，弁於簡端。至各門標目，詳於凡例，兹不復贅云。嘉慶二十三年戊寅七月，知松江府事宋如林譔。

孫星衍等《松江府志・藝文志序》 自班史《藝文》、《隋書・經籍》，目録之

學，歷代加詳。我朝《四庫全書》部分經、史、子、集，彙爲《提要》，布諸海内。松人士撰述之可見者，凡三百五十餘家。謹取而詳次之。其有散見他書及郡縣志所載者，亦詳加增訂，而以金石附焉。述《藝文志》。

阮元《廣東通志序》　元洊兩廣，閲《廣西通志》，乃嘉慶初，謝中丞啟昆所修。喜其載録詳明，體例雅飭。及閲《廣東通志》則猶是。雍正八年，郝中丞玉麟所修。書僅六十四卷，《四庫書提要》稱，其一年竣事，體例牴牾，未悉訂正。且迄今九十餘年，未經續纂，若再遲則文獻愈替，是不可不亟修纂矣。爰奏請開局纂修，大略以《廣西通志》體例爲本，而有所增損。凡總纂、分纂、採訪、校録，莫不肩任得人，富於學而肯勤其力，三年有成。奏進御覽，志三百三十四卷，爲典一：曰訓典；爲表四：曰郡縣、沿革，曰職官，曰選舉，曰封建；爲略十：曰輿地，曰山川，曰關隘，曰海防，曰建置，曰經政，曰前事，曰藝文，曰金石，曰古蹟；爲録二：曰宦績，曰謫宦；爲列傳八：曰人物，曰列女，曰耆壽，曰方技，曰宦者，曰流寓，曰釋、老，曰嶺蠻，曰雜録，一共二十六門。古人不曰「志」，而曰「圖經」，故圖最重。宋王中行等《廣州圖經》不可見矣。今則一縣一州爲一圖，沿海洋汛又爲長圖，按册讀之，粲然畢著矣。《廣東通志》舊有康熙十二年劉中丞秉權所修之三十卷，明萬曆二十九年郭棐所纂之七十二卷，嘉靖三十六年黄佐所撰之七十卷，嘉靖十四年戴璟所撰之初稿四十卷，各書多就殘佚，惟黄《志》爲泰泉弟子所分撰者，體裁淵雅，廑有存本。今求得之，備加採録。元家藏秘籍，如宋王象之《輿地紀勝》等書，亦多採録。是以，今《志》閲書，頗博考古，較舊加詳。而沿革、選舉、人物、前事、藝文、金石各門，亦皆詳覈。至於國初收粤及平削尚藩諸鉅事，則已載在國史，此志不得記之，與《廣西志》同例也。書成刊校，爰敘其後。道光二年閏三月丙子朔，太子少保、兵部尚書、都察院右都御史、兩廣總督，揚州阮元。

胡鳳丹《金華文萃書目提要序》　吾郡，以金華山得名。山周數百里，崱屴蟠鬱，雄秀之氣上與婺女争輝。其最勝處《道書》稱「第三十六洞天」者是也。夫地靈所炳，人傑斯興。吾郡，人文薈萃，曩有「小鄒魯」之目。歷考自來著作家，其目録載在郡邑志者，不下千餘種，而書缺有間，我朝《四庫書目存目》所采録者，自唐逮今，凡一百六十五種。爰仍書目之例，釐爲經、史、子、集八卷，鈔付梓人。烏虖！區區一郡，而撰述者，乃如是其富，可不謂極盛歟？雖然，此特其目耳。我浙，自咸豐間，疊遭兵燹。先哲遺書，散佚略盡。兹從敝簏中覓得數十種，以次開雕，爲《金華文萃》所託，始至其目僅存而其書未見者，則冀海内藏書家相與，公諸同好，俾得次第鈔刻，以成完書。顧卷帙浩繁，非要以十年之久，未克蕆事。吾願之能償與否？尚在可必不可必之間。然苟聽其沈晦湮塞而不彰，夫豈山川所以鍾毓人文之意哉？且往哲有靈，又安知冥漠之中不相與呵護扶持以有成也？余日望之矣！同治八年秋九月，同郡後學胡鳳丹月樵甫謹序。

吴雲《焦山志序》　焦山舊《志》見於明正德中，河東史魯序。《京口三山志》云：索得民間舊本《金山》曰「形勝志」，《焦山》曰「志」，鄙略蕪襍，皆出僧人自編。天啟間，釋智先輯《焦山志》，草創未就。至我朝釋行載與江都謝家樹、山陰潘甯共補綴之，釋詳印據其本重加增删，名曰「志略」。乾隆壬子，盧雅雨都轉見曾撰《志》十二卷，於是焦山始有專志。道光中，王柳村徵君豫顧湘舟文學沅□爲修輯，亦各成書。癸丑變起，京口各叢林悉被賊燬，山中所藏周漢彝器及名賢墨蹟爲寺僧月輝先期運出，書版未及運，遂遭兵劫。見《月輝守山記》。癸亥甲子間，故友趙吟蕉炳麟，親家許緣仲道身先後爲常鎮觀察時，榷關設於山中，洋人之司税務者亦寓焉。吟蕉性愛山水，就寺中臨江舊有之思退閣添建數楹，增置窗牖，使全江勝景納於几席間。公暇，輒引盃自賞，念余閒居滬上，所好相似，寓書招游以修志事見屬。余以内河兵阻，遲遲不赴，比至山，吟蕉卸任，緣仲接篆兼理江北糧臺，支應孔亟，未能常駐山中，而洋務交涉事件正緐。緣仲舉以授余，余不能辭。案頭簿書填委，與志稿錯襍叢積。幸山中無塵事之擾，晨起理公牘，午以後從事編纂。家攘之廣文熙載寓泰州，拏舟來訪，款留聯榻，相與網羅遺佚，增輯舊聞。踰季，書未成，攘之別去。余亦因病回蘇，攜稿自隨。適家，清卿太史大澂乞假在里下榻，余齋晨夕商訂，深資匡助。又得徐小豁有珂、柳質卿商賢兩孝廉襄余卒業，釐爲二十六卷，具詳凡例。焦山以金石著名，故志中考録加詳。若夫略古以崇今，徇情以取悦，摭捃濫闕，蕪穢山靈，余雖無似不敢沿此陋習焉。同治庚午冬日，歸安吴雲書於金石壽世之居。

李泰交《重修肇慶府志序》　郡之有志，所以觀風考俗，鑒古證今，彰治道而昭來許者也。毛萇《詩傳》曰，升高能賦。山川能説，可以爲大夫，豈徒矜博雅之才潤色鴻業云爾哉？肇慶，古端州地。自宋重和元年升爲府，帶山控江，綰轂兩粤，實東南扼要之區。國朝版章式，廓道一，風同重，以制度日新，守土者又亟宜紀録也。第博觀往籍，弇陋與繁蕪交譏。昔郡守吴君繩年撰《志》二十八卷，歷年既久，踵事宜增。邇者，觀察夏森圃先生創於前，許青士先生繼於後，其書犁然可觀，而尚需鋟梓，獨秋山太守毅然以志乘爲己任，設局延儒，重加删潤，復與謝堂金太守

再三商榷，參訂無疑，然後付諸剞劂氏。余於道光十一年，采風茲郡，時則開雕未竣，故不獲先覩是編。十三年秋，校試穗垣，秋山郵寄郡志，受而讀之，其書二十二卷，輿圖二十七，凡例十有六。地輿廣輪之數，參諸晷度，遵御製也。職官、選舉之門，旁行斜上，倣史例也。圍基培築之處，詳明丈尺，崇水利也。廨署以表之，貢賦以充之，學校以風之，録宦績者，思其政；紀人物者，廣其材；書節烈者，闡其德；嚴武備者，慎其守；收金石者，補其遺。與夫事記、雜記，悉瞭然若指諸掌。是書也，簡而能賅，詳而有法。其裨益治術，足以信今傳後者，奚止如大夫之九能也哉？予嘉其擇言之精，蕆事之速也，爰抽毫而爲之序。道光十三年秋八月，督學者，黔陽李泰交撰。

夏修恕《重修肇慶府志序》 肇慶，當百粵之衝，扼山海之險，延袤數千里。舊有志，宋李宗諤、張宋卿二家始修之。明正統間，四明王罃始爲鏤版，厥後，屢有删潤，版凡五易。我朝乾隆二十四年，郡守吴君繩年，釐爲二十八卷，迄今七十年矣。國家重熙累洽，俗厚民淳。嘉績懿行，可風可紀者，數十年間，泯焉弗彰，是守土者責也。道光癸未，予權篆肇、羅，謀所以修之，乃禮吴中江君藩、豫章胡君森、王君崇熙、王君佶、武林朱君人鳳，共事纂輯。時《通志》初成，各邑乘亦多重新者，爰集群志，以備采擇，事未竟，予以代去。越二年乙酉，許青士觀察繼至，繙閲前稿，尚多未備，亟欲編次成書。又四年己丑，乃商諸太守珠君秋山，延香山黄明經培芳、新興陳孝廉在謙、陽春鄧茂材元光，設局郡城，相與重訂。金謝堂太守繼主之，八閲月而書成。會青士觀察移節高凉，明年春，仍屬黄、鄧二君覆勘，以予始事，請衡鑒焉。予惟志以紀實，而體例貴嚴。意在簡而能該，詳而不濫。近《志》或失之蕪雜，或未免脱略。求如《關中八志》繁簡得宜者，未數數覯也。茲志，體裁嚴整，序次有法。首輿地志，書以志地爲宗也。有輿地而後建置興，故建置次之。建置以時變通，昔之所有不容没也，故古蹟次之。至於治其地有政，主其地有官，次經政，次職官。人才，地之所出也，次選舉。職官有善政，人才有善行，次宦績、人物。藝文爲人物緒餘，次人物，後金石，又藝文一端。次藝文，後地歷，久而事變不常，故以事紀、雜記終焉。是役也，以七十年抱殘守缺之書，一旦舉而新之，事經八載，人更數姓，而予實始終其事，予亦何能已於辭？爰序其顛末，以誌簡端。若夫披卷而觀，覽川原之肥瘠，則思所以經畫之；覩户口之盈虚，則思所以保乂之；視民俗之澆淳，則思所以教誨之。是所望於後之官斯土者。道光十年庚寅夏五，賜同進士出身、廣東督糧道署肇羅道陞任湖南按察使、前翰林院檢討，新建夏修恕撰。

珠爾杭阿《重修肇慶府志序》 通志，志一省；府志，志一郡；縣志，志一邑。邑載其詳，府總其要，省括其全。有大小相維之義焉。端州，自宋重和元年升爲肇慶府，厥後，代有更易。國朝定鼎，統轄十有三屬，建兩廣總督府於郡城中，豈非以襟五嶺，帶三江，綰兩粤咽喉，爲東南扼要之地哉？夫衝繁，則防禦宜密；遼濶，則稽察難周。守土者酌古準今，坐一室而周知四境之利弊，非志莫與屬矣。舊《志》吴君繩年訂於乾隆二十四年，距今七十餘載。道光壬午，夏森圃廉訪以觀察兼郡篆與王新齋觀察、前守屠君，詳加採輯而事未竣。歲丁亥，予奉簡命，來守此邦。下車後，觀察青士許公，即以志事屬予。因同爲商榷，籌及經費，設局於郡城之文昌宫。未幾，予有護貢之役，迨庚寅夏間回任，而是書適已告成。予受而覽之，首《輿地》，終《紀事》，列爲二十二卷，堂堂乎鉅製也。第多歷年所其間，户口之增益，風俗之移易，橋梁、祠廟之遷建，人文、物産之奮興，卷帙繁多，校讎匪易，倘疎於審定，即不免「魯魚」「亥豕」之譏。是時，觀察許公已移節高凉，予復與幕中諸友及高要令葉君府縣兩學不厭精詳，悉心參校。既竣，繕寫成帙，質之諸大憲，皆承許可，方擬開雕。適又奉檄護理高廉道篆兼權高州府事，因不果。自辛卯冬仲旋端，正值考試，嗣以連州徵兵防堵，羽書絡繹，歷碌鮮暇。邇者，猺疆底定，政事餘閒，重檢是編，時逾兩載。凡夫建置、職官、選舉、節孝，有應增入者，又復一一補輯，以臻完善，用特付之剞劂，昭示來茲，俾後之官斯士者考獻徵文，得以廣聞見，資統率，端政本未，始非風俗人心之一助。至踵事增修使斯志歷久而益備，是又予之厚望也夫。道光十三年歲在癸巳　月穀旦，知肇慶府事，長白珠爾杭阿謹序。

王思沂《重修安徽通志序》 安慶，舊府治也。康熙中，設巡撫駐節於此，遂爲安徽省。復設藩臬兩司如各直省之例，又分南北爲兩道，其疆域跨有江淮，上承楚，下臨吴，南帶浙，北連豫，水陸之襟喉，山河之形勝也。至同治中，又增置安廬道，割南道之安慶，北道之廬州，滁和四府，州隸之建置甫定。歲戊辰，予適奉恩命，承乏是職。維時前方伯署巡撫新建吴公甫有重修《安徽通志》之議。經始於予莅任之明年，十閲寒暑，至光緒四年，全書告成。予方由臬司署藩司，例得弁言簡端。夫通志之作，非徒紀山川、人物備他日作史者取裁之資而已，實欲使官斯土者，無事考其盛衰得失，思所以補救之方；有事覽其治亂險易，求所以備禦之策，政治龜鑑於是乎在。況上溯陶文毅公創修之初，距今已五十餘年，中值髮逆俶擾，安徽當其衝，苗逆又繼之，被害最久，且遍文獻之徵，百不一存。是通志之修，不可

緩，而在安徽今日尤不可緩。今得在局諸君朝夕編纂，始終不懈，又得大中丞裕公與諸當事督率講求以觀厥成。不可謂非官斯士者之幸與後來者之幸也！其間體例，視舊《志》，因多創少，惟於兵事加詳。其《忠義》、《節烈》二門，得諸採訪者較原書多至數倍，則風俗之美與國家教澤涵濡之深且久，更可見其一端。至於人材奮興，雲蒸虎變，鬱爲隆棟，紀於太常，一時之盛，幾莫與京。此蓋天人叶應，鍾毓效靈，天下後世皆豔稱之，無俟予之揚榷者已。謹序。光緒四年正月，署布政使司、按察使，吴興王思沂譔。

胡玉坦《重修安徽通志序》 從來作史，必採方志，而譔志必先人才。不採方志，則史失之荒；故孟堅《地里志》、吉甫《郡縣志》風土所關，不厭詳盡也。不先人才，則志失之陋。故後漢、三國志、五代列國志，紀傳所編，獨得要領也。方言下及芻蕘辟典，競推賢俊，可見一志之成，無不以人才爲汲汲者。第才之生，亦極難矣。造物生才，原不擇地，然才之生與不生，或間生或並生，或散布而生，或合併而生，胥視地脉之興衰，以驗人才之消長。地靈者人傑，此理灼然有可據者。今觀夫皖省《通志》而嘆人才之盛，蓋自與江南分志後，至此大發其光者也。皖省襟帶江淮，扶輿清淑之氣，鬱久必發靈秀，所鍾人才蔚起，不遇其時，斯隱而不見耳。自洪逆騷擾，士之戮力行間者。湘始之，淮繼之，首尾十餘年間翦除，大憝削平小醜，宇宙安危繫焉。迄今邊塞尚賴其用，重洋亦懾其威。其傑出者，調鼎鼐，秉節旄，股肱心。膂内而首，輔外而制。撫提鎮，乃文乃武，爾公爾侯。下至窮鄉僻壤，捐軀殉節，榮邀旌卹者，幾於書不勝書。嗚呼，盛矣！【略】玉坦承乏是邦，多歷年所目覩。夫師師濟濟，不朽盛業，備載國史。可法可傳，皆由我國家「棫樸」、「菁莪」，教養涵濡。二百餘年之久，熙熙乎陰陽協應，上下感孚。以故天不愛道，地不愛寶，人亦不靳其才。今續修告成，竊幸躬逢盛事，不禁鼚軒鼓舞，而振筆書之。若夫溯源流，分例類，辨風俗，明政治，標沿革，以知利弊，參損益，以定時宜，諸序述之詳矣。兹不復贅云。光緒三年長至月，署安徽按察使司分巡鳳潁六泗兵備道，胡玉坦謹譔。

沈葆楨等《重修安徽通志·藝文志序》 列代諸史，皆載《藝文》，而書籍流傳歷久，率多散佚。故我朝《欽定四庫全書總目》搜輯特詳。安徽，自漢、唐以來，世多撰述。至宋朱子出，而聖經賢傳，闡發精微。凡所著書，皆足爲斯道羽翼。嗣是，承學之士，亦莫不究心鉛槧。矻矻窮年，而蒙稽古之榮，得進呈御覽者，其立言，尤堪不朽矣。兹編悉遵《四庫》之例，類別部分，標其目而次第之。雖旨趣各有淺深，而博采旁搜，庶不没作者之用意焉。老莊及陳希夷，非今蒙亳人。《越絶書》爲會稽袁康作，非臨淮人，舊《志》收之，今概不著録。述《藝文志》。

劉壽曾《温州經籍志序》 目録之學，蓋出于古史官簿籍之掌。《七略》、《七録》、《崇文》、《文淵》皆述祕閣册府之藏也。古者，行人采書以上于太史，郡國之書疑□有簿籍可按，特其事逸而莫考耳。劉居巢謂周宋孝王《關東風俗傳》有《墳籍志》，爲地志甄録藝文之始。近世都會郡縣之志，多沿其例。學非專門，事同枝贅，率蕪陋乏體。要好古之士或就一郡一邑，考其先哲撰著，雖目録家之支流歟！然自史失其官，學術之寄，惟黌序師儒得以講習。因地甄録，用以辨章原流，是正文字，固大有資于風俗政教而無戾于古者也。兩浙人文之盛，甲于東南，温州負山而濱海，承學之士，秀偉同于浙西。而質有其文，信守師法，則爲浙以東諸郡之冠。明人姜氏凖曾著《東嘉書目》，自序謂取舊志之渾列者析爲四部，或傳其故敘，或録其制行，或稽其撰輯。顛末品，騭臧否，以所言覈之，似取法馬貴與《經籍考》。惜其書不傳，無由知其得失。求温州一郡之藝文者每以爲惜焉。瑞安孫仲容同年，博聞强識，通知古今。承吾師琴西先生過庭之訓，于其鄉文獻尤所研究。以郡縣舊志之于經籍，疏漏踳駁，無裨考證，而姜氏之書又不傳也，乃討論排比，成書三十七卷，得書目一千三百餘家。其部居分合出入，一遵《欽定四庫書目》，編纂義例，則多本馬氏。馬氏所未備者，則宗國朝朱氏《經義考》。僑寓人士之書、作僞之書、□□之書則納于辨誤。游宦名賢之圖經、譜録，則别爲外編。限斷至嚴，考證至博。其附著之詞，于學派升降、文人風尚、異同之微尤詳哉。其言之可謂一郡文獻之幟志矣。壽曾則謂温州學派莫盛於宋，慶曆間儒志經行開之，元豐九先生繼之。紹興以後，艮齋、止齋、水心諸公緒益昌大天下，尊爲永嘉之學。其宗旨在躬行實踐，由明體以達于用。文章風節皆卓然有□。□見淵源於伊川、考亭而立乎？金華、永康之上者也。元以後之學稍微矣！然芬澤濡染，猶能矢音不衰。吾師嘗編《永嘉學案》以見派别之正，又曰欲捄今漢學、宋學之弊者，其永嘉乎？以仲容之賢而好學，而誦法其鄉先生之言，見於撰著者又如此之矜慎，則它日大展儒效，廣永嘉之學于天下，以達於風俗政教者，其必有在也。目録之學云乎哉！光緒三年春三月，儀徵劉壽曾序。

龔寶琦《金山縣志》卷一五《藝文志序》 我邑先正著述甚夥，其列入《四庫全書》者凡若干部，舊志祇載詩文、碑記，而不存書目，體例未備。兹就其有可考者，自唐迄今，分門别類録而存之。存其書即以存其人耳。

萬青藜等《纂修順天府志奏章》 臣萬青藜臣周家楣跪奏爲設局纂修《順天府志》仰祈聖鑒，事竊查同治十年十二月，直隸總督臣李鴻章恭摺具奏，於保定省城設立志局，重修《畿輔通志》，奉旨允准在案。現在，通志將次告成，必得《順天府志》纂有專書，方能採輯以弁志首。查《順天府志》，自前明萬曆癸巳年，府尹謝杰等修輯後，迄今並未積修。文獻無徵，曷以信今傳後？臣等屢思重輯，以順天素無款項，經費難籌，未敢率行開局。玆與督臣商定，量佽公費，臣等擬擇賃公所作爲《順天府志》局，分類纂修，期於酌古準今，鮮致遺濫。延請實學官紳，分司纂輯。由臣等悉心校閲，覈定體裁。嚴立限程，尅期蕆事，庶首善之地。興除沿革，綱舉目張。信而有徵，足資考證。而《畿輔通志》亦得早日告竣。仰副我皇上體國經野，稽古右文之治。所有采訪編輯章程及需用經費，臣等隨時酌覈，籌商辦理。謹會同大學士直隸總督臣李鴻章恭摺奏聞，伏乞皇太后、皇上聖鑒，謹奏。光緒五年四月二十四日具奏，本日奉旨，知道了，欽此。

李鴻章《順天府志序》 光緒十一年，《順天府志》成，府尹沈君書來問序。我朝因明制，順天爲京師，而直隸專置總督，則兩漢司隸校尉部三輔、河南，唐京畿採訪使，領京兆之遺制也。鴻章其敢辭，謹按周小史掌邦國之志，鄭司農謂，爲《周志》，外史掌四方之志。鄭注謂，若晉之乘，魯之春秋。王朝之志，先於列國，舊矣。前代志順天者，僅有謝杰、沈應文之書，草創荒略。皇朝宅京，垂三百年。文軌大同，天下郡縣皆有志，而京府尚闕，非所以昭首善也。今湖北巡撫彭侍郎爲尹時，與兼尹德化萬尚書始議創修。侍郎遷去，今通政使周君莅任，與尚書及鴻章奏明開局，凡八年而書成。一代之舊式，四方之和會，可得而述也。勃碣之間，古爲都會。至遼、金而後，正帝王之名，至元、明而後，成一統之志。元有天下之日淺，明則京師已爲近邊，故論都者以爲，有堂皇而無室奥洪。惟我大清之受命也，積功累仁，緜歷奕世。迺光宅乎中夏，遷岐、豳，作豐、鎬，開國之遠，同符於成周。內外蒙古，世爲臣僕。兩藏通，新疆平。曩代都護、校尉，所治一齊，以灋，如郡縣吏。幅員之長，過於建元、開元。昔之論形勢者，以河洛爲天下之中。今則當以京師爲天下之中。北度大漠，南絶大海，東起龍興之舊都，下臨遼瀋而撫屬國，西開玉門、陽關，直達於天山，遠數萬里，近數千里，四維雄張，以環擁京師。京師當南北之中，而近於東。《易繫辭》：「帝出乎震。」太史公《封禪書》：「東方，神明之舍。」而中國之山川，皆自西而東，猶朝宗而拱極也。往者，多疑四海之説，今則，環地數大洲，漢、唐、元所未到者，輶軒之使冠帶之倫，出自闕廷，如履門閾，而環列大小十數國，或自達，或坿屬，皆能通名於上都，以爲中國天子之居仙宸，帝所以必得，至爲榮異，所謂聲教訖於四海也，所謂天覆地載，莫不尊親也，偉矣哉！三代以來未有開闢廣遠如斯之盛者也。若夫考其封域，則《禹貢》冀州之都而在昔，軒轅氏之所宅也。文謨武烈，神聖繼承。制度典則，燦然大備，則《周官》王制之精意也。著臺省之故事，采閭里之風俗，則《立政》之篇，《二南》之詩，固非衛宏舊儀，趙岐決録，所得而擬也。紫宫朱堂，鈞臺靈囿，神明之觀事實乎上林，名正乎甘泉，則《三輔黄圖》、《洛陽宫殿簿》諸書，無所侈其靡麗也。至於問山川之形勝，究土地之所宜，松亭之關，軍都之塞，昔之邊防，久爲內地，而水利、營田、轉漕、海運，磊落數大事昭明乎簡册，則近代二顧之書，所爲紀險要而極利病者，由今觀之，皆陳迹也。昔之志京府者，獨推有宋乾咸二志。南渡偏隅，周權具臣。豈若今日際殷、武之中興，大堯典之四宅，卿尹登揚，以佐揆文奮武之治。侍郎方帥鄂，爲時重臣，通政之爲尹也。百廢具舉，比迹於趙、張。今沈君又以特召入尹，而兼總理衙門大臣，於近今爲要任。聲施之耀，正未有期。鴻章久忝畿輔，頃監修通志畢，復喜見斯志之成，因爲述其緣起，至其體例之善，文采之美，則九能三長。授簡綴辭，極天下之選，以成一代之書，信今傳後，無疑也。光緒十一年七月，合肥李鴻章。

沈秉成《順天府志序》 光緒十一年春，秉成以特召入尹順天，適府志垂成，所未成者，坊巷數門，因踵成之，而爲之序曰：順天之爲帝京，始遼。然夏禹冀州之都，即今順天也。周小史掌邦國之志，鄭司農謂爲《周志》是京府之志之權輿。《燕京志》、《析津志》佚矣。明洪武，《北平圖經》，其書亦佚，僅見之《永樂大典》卷八千四百二十「平」字韵，《文淵閣書目》「暑」字號《北平圖志》或即一書。又載舊《志》二册，又「往」字號載《順天府新志》一册，書皆不傳。傳者，萬曆間謝杰、沈應文《志》六卷，非略，即舛，殊難考徵。我朝宅京二百數十年來，志尚闕如。前尹彭芍亭剏修志之議，尋以巡撫湖北去。今通政使周小棠爲尹，踵厥議，或者難之，通政則毅然商之直隸總督李蕭毅伯韙之且爲籌費，繇是，以修志聞，報，可。遂於光緒五年十月二十八日開局，草創凡例者。【略】以繆君領其事，百傅君佐之。分門凡十，統名以志，用《華陽國志》、《臨安志》例也。子目，六十有九，爲卷百有三十，爲頁幾及六千，凡三百五十萬言有奇。【略】通政爲尹，時，百廢具舉，志其一也。近年，與肅毅伯濬薊運諸河十有四，築隄一千數百里，合土二百數十萬方，籌費至三十萬兩有奇，美哉，績乎！秉成方惴惴焉，於水利、漕運、教養、兵防，數大端懼難爲繼。今得數百年未有之志藉，鏡得失其厚幸而加勉者，當何如也？內閣學士兼

禮部侍郎銜署順天府府尹沈秉成謹譔。

汪坤厚《婁縣續志》卷一〇《藝文志序》 婁地襟江帶泖，秀靈萃焉。其發攄詞翰者彬彬乎，大雅宏達於茲爲群矣。前志所載已足列承明之府，登著作之庭。此次博採網羅，雖兵燹之餘，尚多散佚。而區其義類，綺合星稠，爰附邑乘，以留他日之考證云。

張寶琳《永嘉縣志序》 志者，國史之支流餘裔也。古者，一代之史必薈萃群籍乃克成書。而其剌剟翦割，排纂編摩，必皆出於一人之手。自唐太宗始命儒臣脩《五代史》既，復命房喬等集十有八家之史成典午一代之書，題曰「御撰」。自是，史書多出衆手，非一家之作矣。史既有之志，亦宜然。我朝雍正中，世宗憲皇帝命各直省纂脩通志，而督撫大吏，復檄所屬府廳州縣各脩方志，皆官爲設局，延文學之士分任其事，蓋地志之難成，幾無讓於國史矣。光緒三年，寶琳奉檄知永嘉事，縣爲温州倚郭，而東甌王之故都也。南接閩、粵，北連台、栝，東瀕大海。近且爲通商口岸，監司郡守幕府庶僚，林立棊布，樓船輪舶交於海上，使車來往，絡繹旁午。幹材重任，寒汗暑栗，亦奚暇懷鉛握槧治文墨之事，舉一邑之墜典哉？然而，邑志自乾隆三十年，前令崔君錫、施君廷燦刊刻成書，道光三十年，湯君成烈復爲新《志》，舊板漫漶，新稿未完，失。今不脩，後將壞亂不可收拾。乃謀於郡教授戴君咸弼，欣然以爲己任。延中山掌教王君棻主其事，而以邑人士等佐之。踰年書成，而屬余序。余惟地志之書必以文獻爲重。而文獻所繫，莫大乎人物、藝文、金石之屬。前《志》人物未詳，藝文尤略。湯《志》列傳、書録稍加詳矣，而詩文尚未成編。至於金石，則皆闕如也。乃者戴君既有《東甌金石志》之作，而瑞安孫琴西太僕復有《甌海軼聞》，備載一郡之人物，《永嘉郡集》廣輯外内之詩文。其少君仲容主政，詒讓有《温州經籍志》，詳著古今之書目。此三書者，皆於府縣舊志之外，網羅放失，博極群書。誠此邦之傑作，文獻之淵海也。今者，纂脩斯志，採《軼聞》、《經籍志》以補人物、書目之未備，採《金石志》並明以來碑碣之善者，以彌縫前《志》之缺，採《永嘉》一縣詩文爲外内編，以補藝文之未備，而文獻之徵，庶云足矣。若乃沿革、水利、貢賦、學校、古蹟、庶政諸門，亦皆詳稽往牒，博訪通才。正舊經之缺訛，備一縣之掌故，亦何異唐脩、晉史追取學士，銓次舊聞，裁成義類，爲一代不刊之典也哉？寶琳簿書之暇，繙閲一周。竊喜義例之精密，蒐羅之宏富，編校之詳審，足爲名邦增重。而又得掛名簡端，用爲欣幸，因不惜鉅貲付之手民，而敘其端委如此。後之覽者，矜其博涉之勤，而亮其蓋闕之慎，倘能糾其疏謬，補其闕遺，以漸臻於美備無憾之觀，則斯志之作亦足爲他日參稽援據之一助云爾。光緒七年歲在辛巳四月既望，餘干張寶琳謹序。

戴咸弼《永嘉縣志序》 光緒壬午首夏，永嘉新《志》成，咸弼忝預編纂考校之役，迺述其緣起而敘之曰：嗟乎，《永志》失修，百二十年於茲矣。道、咸閒，前令湯君成烈緝志稾若干卷，體裁淵雅，討論精詳，力矯乾隆《志》疏略舛漏之弊，蓋善本也。惜未成書而罷。既而，洊經寇亂，相率因循，失今不修，後將誰屬？歲己卯，餘干張侯寶琳莅任之三年，政理之暇，訪故牒，鏡前徽，知志版闕如，喟然曰：「志顧可緩乎哉？」時，吾鄉徐君梅客幕中，實從慂之，遂鋭意重修，雖資未集，勿顧也。于是，授簡中山院長黄巖王君棻猥及鄙人分任筆札。除館郡庠集諸生之秀而文者，稽古諏今，網羅放失。會孫太僕橋梓自金陵歸，出所譔述，甚富。又盡弆家藏秘笈有關永嘉掌故者，移庋局中，以資博覽，不下萬餘卷，文獻足徵，誠不易逢之嘉會也，謂非《永志》之幸歟？王君之始至也，發凡起例，先示準繩。其輿地、沿革及人物、經籍兩門，爲是書大關目，皆手自屬稾。他卷，則惟於院課之餘，流覽一過，間有未經寓目者，蓋君駐局之日，少瀕行屬，咸弼與同人終成之。淘汰未凈，瓦礫在後，良用恧焉。所幸太僕哲嗣孝廉君，詒讓博雅淹通，近在咫尺。每有疑義，輒移書咨詢，獲益滋多，然亦不遑逐卷商訂。則雖欲折衷至當，詳審精密，豈易言哉，豈易言哉？伏念咸弼學殖荒落，精力衰耗，於史傳向未究心。謬隨諸君子後，肩此鉅任。兩載以來，竭蹶從事，昕夕不少休洎，殺青甫竟，覆加檢勘，則疵類百出，有與全書體例未能顛若畫一者，或宜削彼存此，或宜移後寘前，或去取尟當，或繁簡失宜，疏忽之咎，無從追改。然使假以時日，不亟壽諸梓人，竢全稾編成之後，反復周詳，彌此缺憾，當不致重爲王、孫二君累也。質之二君，以爲何如耶？所差堪自信者，不信耳信目見聞既塙不惑浮言，尤不敢曲徇人情，輒作佳傳。至於剞資告匱，卒能多方匄集，成此巨編，較近時新纂鄞鎮二縣志，費不及十之二三，事半功倍，則又爲之一快。凡爲圖十七，爲志十四，爲卷三十八，爲帙十六，文成一百十餘萬言。既訖事，持此復於張侯用志吾愧是役也，非侯不能遍觀厥成，侯之孳孳圖治，其用心亦略可覩矣。豈獨《永志》之厚幸乎哉？嘉善戴咸弼書於東甌郡庠。

張寶琳等《永嘉縣志·藝文序》 邑志之作，蓋所以徵文獻。而徵獻之道，必在徵文，此不易之理也。舊《志·經籍》一門，頗仿《文獻通考》之例，略採序、跋附焉。道光末，湯令成烈爲《藝文録》六卷，所採尤詳。近瑞安孫孝廉詒讓纂《温州經籍志》三十六卷，所採又加詳焉。今因孫君之書，刺取縣人之作，稍加删潤，釐爲六

卷，目曰《藝文》者，從漢、唐、宋、明諸史例也。至若詩賦、奏議、傳記、雜文，皆足爲徵獻之助，舊《志》僅存三卷，頗多闕遺。今就孫太僕《永嘉集》中所載録之，以存其槩。夫以永嘉一隅之地，而所著之書如此其多，文字流傳亦尚不少，則其學術之盛，人才之多，即此可見。士生其間者，有不奮然自厲，篤學力行，以其心得發爲文章，垂之竹素，以追配於前修也哉！

杜貴墀《湖北詩徵傳略序》 吾友孝感丁君星海，青箱竹素，寶先世之藏書。緑水芙蓉，作諸侯之上客。鼓鐘倦饗，鉛槧時操。於是遥結古懽多聞軼事，合干狐之美選，上駟之良祧，屈子之騷經，溯從漢魏，績襄陽之耆舊，近逮明清，咸擷秀而擢華，遂連篇而累牘，編《湖北詩徵傳略》訖若干卷。江夏王溥，刊東陽聯句之吟。進士莫君，哀漢上題襟之什。區區緝綴萬不足，方兹勤勞，宜廣流傳，爰爲敘述。原夫吴興絶唱，僅三代之篇章。宛陵群英，特一方之文獻。若地則幅員遼濶，時則祀載綿延，先民有作，所謂楚風補者，已不無遺憾之留矣。夫識不足以兼一代者，不足以選一代，識不足以兼諸家者，不足以選諸家。人不數篇，篇或數句，欲使玩味者，甫嘗□而饜易牙之烹。賞音者不終曲而飫伶倫之奏，自古爲難，斯言豈妄？矧復斷代爲編，因人繫傳，效計有功之紀事而去其俳諧。彷元好問之中州而防其曲筆，至兼取古今評騭，則又《詩林廣記》體製在總集詩話之間，難有數端，請畢吾説。自來方志陋習，强借名人。杜甫系出襄陽，而或訛京兆。歐陽應舉隨州而實本廬陵，確有明徵，無煩博考。然或名標郡望，宅徙鄉閭。孫可之自稱關東，地包函谷。牟獻之著籍湖郡集署陵陽，常侍非渤海之高，翰林匪隴西之李，此里居之難辨也。楊花草色，偏同李益之名；寒食東風，別有韓翃之句。又如馬鬼濮上作者無本而非即閬仙巴陵，岳陽題以周賀而仍爲清塞宋玉。宋玉點畫微争鮑照，鮑昭音均誤叶而東南孔雀，西北高樓。但著時人不知誰氏者更類先生之烏有。非但郭公之闕文，此姓字之難稽也。帽落孟嘉，司馬登高於姑孰亭懷，叔子太守陟峴於吴興首陽。不盡屬夷齊洞庭，豈兩歸皮陸白雲，明月賦何處？之東山細雨斜風，非此間之西塞。此詩之係以地者考據難核也。廣平佚梅花之賦補自李綱摩詰無書事之詩，擬從蘇軾凡本集之闌入戒一字之濫，登否則庾信收楊炯之文，江淹冒陶潛之作，錢珝詩附錢起而以祖易孫，陸機詩贈陸雲而變兄爲弟。任情顛倒，騰笑簡編。此詩之係於人者，淆似難分也。璇宫答少昊之母，河梁增蘇武之妻，但耆新奇，率多僞託。又若中央四角，誰序蘇蕙之圓。圖三墨八儒，僅見宋庠之舊本。江潮海日，或謂賓王。雀乳雞鳴，原非樂府。此詩之存於古者真贋難審也。書綜異代，體近編年，彼採武平者乃收入《唐詩》。鼓吹編山谷者云録自《文苑英華》。步兵作中散之碑，鑑湖歌柳枝之曲。躋僖不順，自鄶無譏。若夫旌題容州，稾名吾汶。無韓亡秦帝之奮，有黍苗麥秀之悲。則箕子本殷之仁人，陶令實晉之徵士。乃心當塗者不宜厠諸典午，未仕蒙古者仍須還彼金源。此詩之係以代者斷制難定也。將論世以知人必考信於載籍。然杜牧之紀薛愿事異《唐書》，班固之傳方朔詞殊《史記》。野録多誤，小説無稽。鄭都官主持風騷，史無列傳；韓昌黎追逐李杜，序有微詞。此敘傳之難於徵實也。蛾眉詎同貌而俱動於魄，芳草甯共氣而皆悦於魂。顧乃論甘忌辛，好丹非素。主宗派之説，專祖庭堅；挾門户之私，盛推安石。修怨則抑居中品，感知則謂集大成。此議論之難於持平也。別雨淮風不無蠧蝕，陶陰典與原待雌黄。然「鳴葭」不作「鳴笳」，《晉書》宜考「弱枝」讀爲「弱杖」，顔訓所嗤「日頭何與老僧」而改「白」爲「日」。「天笑曾由玉女」而以「添」代「天」，堪誚蹲鴟，甯論雌霓，此校勘之難於精審也。夫惟大雅，卓爾不群，爾其收撮漂零，網羅放佚。開袠而百城坐擁，分章而十手疲供。鉅構宏規，彙極元之集；斷珪碎璧，入摘句之圖。良苦殊工，薰蕕異器。月三讓以成魄，退然豐腹笥之儲。派滙萬以同歸，遂爾翕尾間之會。審其詳略，則河汾耆諸老之詩稀存，專集谷音，聚逸民之作録及無名，劑其寬嚴，則沈約、范雲不見遺於六代，佺期、之問亦許列於三唐。至於公安、竟陵，承太倉歷下之餘，矯優孟衣冠之習，弊流纖巧，意主清新。夫盧駱江河尚不廢於天寶，楊劉風采詎遭禁於祥符。星海懸照膽之明，屏吹毛之刻，冀存廬山之真面，籍救滄海之横流。豈第以崇尚典型爲敬恭桑梓已哉？他如韋縠才調不綴拾遺，蕭統選樓未登水部。蓋恐蹈筆削之僭，亦謹避標榜之嫌。具有前規非由創設而徐陵之附已作，邱吉之書父名，炫才悖教，則無取焉。亦可謂博觀慎擇，不苟於作者矣。貴墀把觀過日，興歎望洋，方自懷巴曲之慙。曷從匡楚紀之謬，鍾毓盛梗楠杞梓，未喪斯文照耀。及衡嶽湖湘，願分餘勇。光緒九年季夏，巴陵杜貴墀謹序。

沈用增《湖北詩徵傳略序》 詩以理性情，無古今，無畛域也。然三百篇後，自漢魏六朝迄唐宋，論者已有升降焉。孔子删詩，十五國并列，後世選其鄉人之詩者，黄梨洲有，姚江梁崇一有，廣東王慎人有，《莆田清籟》煌煌鉅帙，如日月之麗天。夫梨洲、崇一諸君之懷鉛握槧，矻矻不休者謂何？蓋憫夫鄉里薦紳先生，山林憔悴之士，終身抱膝撚髭，欲傳其詩而未必傳，即傳未必久，久亦未必能盡。因據其耳目之所近，都邑之所遺，無論爲漢魏，爲六朝唐宋，但温柔敦厚不失聖人删詩

之旨者，彙入選録以傳於世。迹雖涉於詩人標榜之習，實則純乎仁人君子之心。如五季即有創是舉者，則方雄飛輩已稱慰九京，尚何慕張文蔚身後及第之一請哉？吾楚夙稱詩人淵藪，洎鍾、譚起竟陵，矯何李之弊，一變而爲幽深。海内談詩家遂指詩歸爲口實，楚風不競三百年矣。余友丁星海中翰少即與程維周廣文稱詩江漢。庚午辛未之際，爲廣文論定其詩付之梓。或有勸中翰并梓已詩者，中翰瞿然曰：「吾詩果可傳乎哉？吾詩可傳則湖北宜傳之詩不少矣。」溯自《權輿》騷雅，作者代興，由漢魏六朝唐宋元明以逮國朝，名作如林，殆不可以什百千萬計。而數典忘祖，傳誦寥寥。固楚人爲名之不善，亦楚人自謀之不臧也。中翰乃於大湖以北各郡縣之詩家，不憚僻壤偏陬，苦搜冥索，丹黄甲乙，竭五寒暑而書始成。且甄覈慎詳，不遺不濫。其於詩人出處，大略與公安、竟陵説詩得失之故皆連類并及，隱持春秋之義，以寓其知人論世之慨焉。吁！中翰於此可謂極桑梓之闡揚，操風雅之枋柄而無愧者矣！昔閔景賢輯刊有明韋布之詩曰：「布衣權夫布衣何權？能以一卷詩與造化争千秋之名，則無權而權實甚。」吾是以讀姚江、廣東等集而歎梨洲諸君之善用權也。使天下留心詩教者聞風興起，各徵其邑人之詩，輯爲成書，以待輶軒使者之採，則寰宇無不發之幽潛，風騷有同聲之求應，豈尚復畛域之云分而有古，今不相及之感耶？能得斯旨者，始可與讀中翰之詩徵。同里沈用增。

博潤《松江府續志序》 松江爲東南望郡，九峰三泖，自昔豔稱。晉唐以來，賢才輩出。洪惟我朝，恭逢翠華臨幸，輝映山川，絃歌詩誦之聲，郁郁渢渢，溢乎遐邇。承平日久，滋生積聚，土腴物阜，田疇綺錯。以一廳七縣之大，廣袤不過數百里，財賦之雄駸駸乎甲於他省。與吴郡埒聖人御宇宏，損上益下之仁，一再減其常額。逮粤氛埽蕩，普減賦則，民困悉除。余承恩命，出守是邦，大懼不任以隳教養之基，夙夜競競，不自暇逸。按其地負江枕海，西連太湖，沿海二百餘里，地勢窪下，土脈鬆泛，水利塘工視他郡尤亟。蒞任以來，興舉廢墜，取前人之成憲以爲法。竊幸年穀順成，民俗輯睦，固始吴大中丞以郡志相屬。夫兵燹之後，百事待理，況志乘之事上備朝章，下徵民隱，莫非有司之責，曷敢目爲後圖。考松江在唐時爲華亭縣，元升爲府，至元中始有松江府之名。方志之作，初曰《雲間》，繼曰《嘉禾》，明正德中始名《松江府志》。而壤地析置，屢有變更。自康熙二年郡守郭君蒐討成書，越百五十餘年至嘉慶戊寅宋君治郡之五年，復拾遺補闕，重修《府志》八十四卷。郭《志》罕見，賴宋君依據郭書而裒益之，粲乎大備。迄今又六十餘年，典章文物踵事日增，非及時輯録，則文獻就湮，又何以布在方策、昭示來兹乎！爰籌畫經費，招延文學之士搜求故實，咨訪耆老，成《續志》四十卷。經姚衡堂農部、張椒巖侍御、仇竹坪庶常躬任纂修於前，志佚者補之，略者詳之，訛者訂之。輿地、沿革、田賦、學校今昔異制者，靡不援據精核。邦人士之忠義、節孝、幽隱而待彰者，采訪必周，敘述必以實。而考訂前志之失，附識於各目後，不敢臆改。諸君子之用心可謂勤且慎矣。自光緒庚辰迄癸未，凡三閲寒暑，屬草稾始成，郵寄陸雲孫太史覆覈審定。猥蒙許可，擬付梓人，隨刊隨校。自維謭陋，迫於簿書，期會之煩絶尠暇晷，兹得藉手以告成，皆諸君子之功，余何有焉！惟讀是書而生是鄉者，有援古證今之助，官斯土者有化民成俗之心，於政教運會之所關不無小補云。光緒九年夏六月，知松江府事長白博潤謹序。

裕禄《湖南通志序》 同治中，海内軍事大定，各直省大吏，懼方志之放失，飭府廳州縣各輯其志上之，設局會垣，裒續前籍，先事以聞，既以補前志之缺略，且以著咸、同來，東南數省戡定事實，師武臣力，蔚啟中興，昭示來許，甚盛事也。湖南初併湖北爲湖廣行省，雍正七年，詔天下重修通志，仍合兩湖爲一書。嗣後專志，肇於乾隆，重修，汔於嘉慶，蓋逮兹又六十餘年矣。續修竣事，今中丞卞公頌臣，郵書徵言。禄竊以爲此六十餘年中，號爲多事者，莫湘與皖若也。方粤事起，湖南最當寇衝。湘軍首建，賢哲並興。秉旄鉞，建牙纛者，至指不勝屈。是時，湘軍常雄天下。又數年，賊益南擾皖、吴而鳳、潁間寇蠭起，淮軍肇興，人才彬彬復盛，東西角逐，用平亂略。於是天下言武功者，淮與湘埒。今其豐功偉烈，載在志乘，彪炳寰區。皖《志》之成，忝與其事，既獲讀而序之矣。今兹湘《志》復得附名其間，於以考覽山川，景企人豪，蓋誠有厚幸焉。若夫湘之賢士大夫，砥礪名行，敦厚風俗，用以踵鄉先哲之遺烈，棟家榦國，無負頌臣中丞編纂之盛心，則禄區區之意，所重有望於湘人士也夫！光緒十一年六月，頭品頂戴、署理湖廣總督，裕禄謹譔。

張煦《山西通志序》 昔在神禹，畫分九州，冀爲帝都，八方同軌。《禹貢》名書，大一統之居，爲自來言輿地之所本。逮至翦桐錫封，猶啟夏政。受塊反國，遂宏霸圖。《晉乘》有作，先列國之史，又後世志州郡之緣起也。雖復秦火，所熠寶書，並盡不獲與壁經同傳於世，而至今言方志者，猶曰「方乘」。下及里册、家牒，亦沿爲稱。典籍之司，淵源有自，聖作明述，所及遠矣。然自郡縣而後，記載闕如。其以地理名家者，若裴氏秀之圖《禹貢》、郭氏璞之注《山經》，或宣祕六體，或搜奇八荒，而鄉邑之近，轉缺撰述。其他陳晉故記并域者，見於隋《經籍》、唐、宋《藝文》諸志，亦甚寥寥。沿及金、元，幾於無徵。其可詳，乃自前明始。《四庫書目》列《成

化山西志》十六卷，爲成化甲午，學道胡謐所輯。閱九十年，至嘉靖癸亥，副使周斯盛，續修之。又五十九年，爲萬曆辛亥，按察使李維楨再修之。始並名「通志」。《成化志》外，間絶無傳本，周、李二書，亦並佚。獨周《志》列目見巡撫萬恭所撰序，凡二十篇：曰圖考，曰建置，曰沿革，曰星野，曰山川，曰風俗，曰物産，曰田賦，曰户口，曰祠祀，曰封建，曰職官，曰學校，曰古蹟，曰帝王，曰名宦，曰人物，曰選舉，曰藝文，曰雜志。其《序》略云，志之事二十，以言其化裁者三：蓋風俗、學校與職官焉。夫作而行之之謂風，沿而習之之謂俗，敦而本之存乎學校，神而明之存乎職官。有司主奉宣治令，故職官舉則學校興；學校興，則風俗美。孔子曰：「安上治民，莫善於禮；移風易俗，莫善於樂。」言治令之本也。從政者必移其本而易其末焉，可也。繼自是，書之志，曰孰也？官師之良也，而正學也，而使民興行也。由是，而田賦登也，户口增也，人文觀也，賢才奮也，兵食牣也。孰也？官師之良也。外志記之，而内書録之也。是則，志之大者已敘述其義。以是書爲熙世之法典，而非空文之垂焉爾。蓋百有餘年，書凡三修，而可見者，止此大概。詳今略古，多浮議，而少考證。雖遞有增益，而體例相沿，率以胡《志》爲本。就一代言，固不得不推爲大輅椎輪矣。我朝統壹寰宇，百度維新。辨方正位，尤重輿圖。康熙十一年，大學士曲沃衛周祚奏令天下郡縣分輯志書，詔允其請。於是，提學僉事劉梅因明《志》重加編纂，於舊目外，增疆域、城池、水利、公署、驛站、寺觀、陵墓、鹽法、祥異諸篇，又區人物爲儒林、文苑、孝義、寓賢、仙釋、列女，凡爲類三十有二。自甲寅訖壬戌，歷九年，五易稿乃就，其採輯勤矣；視前人之沿習傳訛，因陋就簡，夐乎遠矣。而其書仍不傳其佚文，僅時時見於儲《志》，儲《志》則雍正七年巡撫石麟奉命重修之書，而宜興儲氏大文實司其事者也。儲故研究地理，其學長於論史。於山川、形勢，多能得其要領，故其書在當時頗稱名筆。書凡四十類，增於舊者八篇，而於舊《志》每類，各增十之一二，或十之六七。《自序》謂：「文雖不簡，事則加詳。祛浮覈實，訂譌補缺，差爲美備。」八篇者：關隘、武事、爵封、氏族、辨證、遺事、經籍、藝術也。其《關隘》云：「晉山河東，而則固關倒馬，與居庸、紫荆接壤，爲神京右翼。北有甯武、雁門、偏關，控制邊塞内，則天門爲會城鎖鑰。西則金鎖，乃入秦間道，南有天井、陰地、鐵嶺、壺口，屏蔽齊、豫。而所謂玉璧、蒙阬、千里徑雀、鼠谷、勾注、飛狐、風埠諸處，皆出入必經之隘。即如鎮堡斥堠，羅布聯絡，均非虚設。隨地分志，則邊屯、戰守情形，歷歷在目，是亦司險之一助也。其武事云，晉古稱用武國，十六國割據，迄遼、金、元，南北分争，代有兵革。明世廟時，俺答憑陵，或歲一至，或歲數至，被禍尤酷。隆慶後，休養數十年，至懷宗末造，闖賊又起，本朝乃有姜逆之亂。爲守禦，爲剿撫，亦守土者所宜鑑也。其爵封氏族云，晉自上古臺駘、實沈以來，唐虞三代，頒瑞析圭。漢、唐功臣食封，公主湯沐，十六國春秋，更不可殫述。迄有明，晉藩與國終始，是亦稽古之一助。又著姓最多，甲於齊、楚。其後，支分派别，各氏其氏。溯厥初祖，不過數大姓。故仿後魏《官氏志》、唐宰相世系之義，志氏族，使土著者知重門第，而遷徙四方，亦慨然有水木之思焉。其辨證及遺事云，郡、縣代更，而名代易有，今仍古名，而地已非者，如晉陽、汾陽之離合，梗陽城、梗陽鄉之分屬二邑，帝冢、靈臺之有無，太平縣、永安郡之不一其處，大夏在汾、澮之間，翼爲古夏墟，而叔虞所封非今太原，必辨之而證始明，必證之而辨始實。而一器、一物、一言、一行，足徵掌故者，别爲「遺制、遺聞」，合成「遺事」一類，以資採考。其經籍云：「山西舟楫不通，書賈尟至，少收藏家。然天地大文，《虞書》、《夏書》、《汲冢周書》皆晉書也。元立經籍所於平陽，明養德書院，時雕遺書。今備列其目，令學者集古廣益焉。」其藝術云：「方伎，舊附仙釋，然晉之方伎，較他國特爲奇古。如董父、劉累之豢龍，師曠、師涓之曉音律，卜招父、桑田巫之占筮，蓋聶、衛綰之繫劍戲車，郭璞之數學，内史叔服姑布子卿之相術，扁鵲之爲醫，利物濟時，類皆侔造化而通神靈，非尋常方伎比，故别志《藝術》一編。他若圖考、廟祀，别定其例。風俗、物産，各著爲篇。併儒林於人物，而特存文苑。判使臣於名宦，而歸入寓賢。」並見所撰《例言》蓋自諸篇外，多仍舊文。有增益，而無竄易。《辨証》一篇，專爲補正地理而作，特爲精核。惟書成於雍正十二年，時蔚州、廣昌改屬直隸，吉、霍二州亦有易置，皆不及追改也。其後，乾隆丙戌，再修《一統志》，府、州、縣志，率皆續纂。巡撫雅德，乃節採原書，爲《通志輯要》十卷。體例壹遵《一統志》。嘉慶壬申，巡撫衡齡復取原書，鐵其建置、沿革之不合者，增補分注，以備西巡進呈。議重修，未果也。至光緒己卯，巡撫曾國荃，以大祲之後，恐文獻無徵，始有重修通志之請，詔允焉。於是，捐款開局，延聘名儒，分類編輯。在事諸人，率多晉産，熟於鄉邦文獻。又，時海宇廓清，十七行省多有此舉。晉省最後，故所定體例，萃諸家之長，而折衷一是。大旨謂州書、郡記，古祇詳地理，今必及人物；古祇辨風土，今必兼政治。是體本「圖經」，而例同「志傳」也。然究不可以僭史，乃分六門，以括其要：曰圖以辨方，曰譜以序世，曰考以稽古，曰略以紀今，曰記以述事，曰録以存人，皆用史法，而不襲史名。其變「傳」爲「録」，義甚嚴謹。蓋「傳」乃釋「經」之名，司馬遷惟有《本紀》，故作《列傳》，明身非史官，不能爲人立傳。志非史

也，奚以傳爲。至地理、沿革，視舊《志》加詳。朔方七廳，曩無記載。間有撰述，率多譌謬相因。今則考訂，特精矣。又《地志》多侈陳禨祥，兼以十二次分野，牽合比附，其實與地志無涉。茲惟詳列經緯晷度，實而有徵。《金石記》雖不載原文，而采輯最備，考証尤精，與地理、星度皆精詣所萃也。壬辰，奉命移撫斯地，曾見其體例，考証之精，而日望其書之成也。臣煦於丙戌歲任布政使，而全書適以告成。幸得列名簡端，遂序其緣起，如是談晉故者，其以此爲淵藪矣。頭品頂戴兵部侍郎兼都察院右都御史巡撫山西兼管提督鹽政印務節制太原城守尉臣張煦謹序。

謝啟昆《廣西通志·恭進廣西通志表》 爲纂修《廣西通志》成稿，恭繕正本，敬呈御覽事。臣誠惶誠恐，稽首頓首上言：伏以堯天蕩蕩，萬邦著其協和；禹甸畇畇，五服歸其聲教。惟聖皇御極，浹恩膏于航海梯山；斯寰宇爲家，勤胞與於採風問俗。披周禮職方之掌，要荒共戴車書；法貞觀王會之圖，邊遠無遺記載。爰考提封於嶺右，實爲屏蔽於中州。南交始宅自陶唐，甌駱乃開從百越。三江環繞，天文當翼軫之區；五嶺縈紆，地域屬荆揚之野。東西錯壤，連高肇而控滇黔；南北分疆，倚衡湘而臨交趾。郡名桂、象，漢秦早入版圖；州建羈縻，唐宋漸恢境土。刺史總管之更設，無非爲控扼邊陲；經略宣慰之專司，要只欲輯寧異俗。況值重熙累洽，涵養已越夫百年，愈知蹈德咏仁，聲靈直通乎萬里。至若陡河有七十二灣之險，疏浚爲難，邕管居三十六峒之蠻，懷柔是亟。辰山癸水，標勝概於方隅；銀瓮鐵船，夸珍奇於物産，可無志乘以備參稽？初奉敕以興修，乃閱時而莫繼。六十年文殘獻佚，幾徵信之無從，十二郡地廣事繁，更搜羅之不易。臣識同蠡測，學愧蟲雕。因有職於撫綏，遂留心於纂輯。綱提領挈，紀傳粗仿夫龍門，縷析條分，略例并參夫夾漈。表區橫直，惟期朗若列眉；圖繪丹黃，尤冀瞭如指掌。揭尊王之義，首冠綵綸；研《括地》之編，次詳沿革。蠲租弭盜，具徵德意之敷宣；并舊分新，足驗幅員之廣狹。別建置於經政，鎖鑰特重金湯；增金石於藝文，碑銘兼窮蒼籀。以及關梁廨宇，地有遷移；賦役營田，制多通變。官職則別書宦績，人物則備考鄉評。惟存是非之公，以定闡揚之準。有猷有爲有守，均克佐夫允厘；立德立功立言，并足傳於不朽。旁稽仙釋，偕列女以垂徽；末及土司，率諸蠻而嚮化。循名核實，總求無黨而無偏；比事屬詞，敢謂有倫而有要。顧墟拘之見解，只摭拾夫舊聞；仰天縱之聰明，必折衷於睿鑒。欽惟皇帝陛下敷言建極，典學傳心。迪敬德以錫福庶民，觀人文以化成天下。是行是訓，尊親覃戴斗之鄉；來享來王，格被訖無雷之國。仁風翔洽，扇蠻烟瘴雨以俱消；郅治昌明，合椎髻文衣而就範。一道德而同風俗，本無間於幽遐；分州域而物土疆，豈無資於掌故。綜見聞於丹徼，垂法戒於青編。雖採備輶軒，未足入西山之秘；而光分册府，尚希塵乙夜之觀。臣無任瞻天仰聖激切屏營之至。謹會同協辦大學士兩廣總督臣吉慶、廣西學政臣錢楷具題恭進以聞。

馬丕瑤《嘉慶廣西通志跋》 國朝《廣西通志》創自郝公浴，修於李公紱、金公鉷。至嘉慶六年，謝蘊山中丞啟昆乃參酌宋周應合《景定建康志》及潛説友《臨安志》集而成之。爲訓典一、表四、略九、録二、傳六，體例最善，不冒史裁，遂爲二百餘年來官書創體。厥后阮文達重修《廣東通志》，亦取法焉，誠善本也。自嘉慶至今，年代已久，殘缺滋多。余忝撫是邦，奏開書局，因請曹謹堂太史、趙藹臣觀察重加校勘，攝拾補苴，是書仍燦然大備。校成，爲志其緣起於此。光緒十有七年長至後二日，撫粵使者安陽馬丕瑤謹跋。

金武祥《江陰藝文志序》 班固《藝文志》本於劉歆《七略》，其臚載群書，衹列目録。後世史志，皆用其例，意甚善也。近世郡縣志藝文一類，徒事采輯詩文，蕪雜猥璅，轉失其義。江陰新舊志乃衹有詞翰而併無載籍，識者尤病之。咸豐庚申之變，邑中耆舊著述多燬於兵燹，或昔存今佚，或彼有此無，或副墨偶留，或殘本間出。曩在都門，與中表繆筱珊太史約共蒐集，廣爲流傳。武祥先後購求，凡得五十餘部，重爲校刊彙編，江陰叢書者二十餘部，顧零璣斷錦，博訪綦難。竊以爲非先編書目不足以補邑志之缺，而得其綱領。爰益事搜輯，自宋迄今，得九百三十三部，凡五百二家。歐陽子序唐《藝文志》謂有其名而無其書者，什蓋五六。今者所編，殆亦有類於此。謹擬凡例，數則依次彙編。而鄉先輩之文采風流，因是可以想見。後之學者，聞風興起，蔚然爲著作之林，是又余之所私望也。夫時光緒七年辛卯二月，邑人金武祥謹序。

陳弘謀《前天津府志序》 國家休養百年，生齒殷繁。郡縣之增置者，所在多有。天津拱輔神京，水陸交會。又東鄰大海，饒魚鹽之利。四方商賈，往往占籍而居。其地之煩且劇，較他處爲尤甚。雍正間，由衛而州，遞升爲府，分河間所屬縣隸之。一切規模、制度，俱曩時所未備，則郡之宜有志以傳也亟矣。按古方國之志，掌於外史，將以紀形勝，辨土俗，詳其興廢得失，爲求治者之龜鑑焉。故其體甯質毋華，甯密毋疏，甯簡核而毋汎濫，後世如郡國、地理、十道、一統等志，既以備方輿之大觀，而一郡一邑，又必各自爲志，視古蓋加詳矣。顧其間沿革非一，疑信相參。作者以博雅相高，或致附會失真，紛雜寡要，徒摭取風雲月露之詞爲方隅潤

色，甚無謂也。津郡建置未久，舊《志》荒陋，文獻渺徵。操筆者，比於無源之醴，無根之芝，簡略宜所不免。然第就見聞可及之事，稽之往籍，考之輿論，覈實徵信，挈要提綱，即求治之龜鑑於是乎在，又何必以徵引未富，文藻闕如爲病哉？夫事，非稱名之難，而責實之難；非剏始之難，而紹承恢大之難。有疆域、城池、海防、營制，則設險不可無備矣；有田賦、户口，則生聚不可無方矣。有學校，則益思所以振興而推廣之；有選舉、人物，則益思所以鼓舞而培養之；有河渠、鹽法，則益思所以修舉而整飭之。事圖其本務，而業規其久遠，由是以漸觀厥成，臻於美備，使後之續爲此志者。無復有簡略之歎，豈非三輔之大風，休明之盛烈與？兹當剞劂告成，輒書所見弁其簡端，用與僚屬共勉，且以告後之來蒞斯土者。乾隆四年歲次己未七月朔日，直隸分巡天津、河閒等處地方兼理河務布政使司參政、紀録一次，桂林陳弘謀序。

程鳳文《前天津府志序》 司馬太史作《史記》，多證以遊迹所經，故其文典而核。後儒身不出户庭，山經海志，僅求之區區行墨閒，其不足信，今而傳後，勢使然耳。若官其地矣，宰於縣曰知，守於府亦曰知。知者，於是府、是縣數大政，無不知之謂也。然問刑名則知，問錢穀則知，至是邦之風土人情，仍以考成所不及而置之，作爲志乘，不免以文勝譏矣。余之蒞郡也，實繼興素李公後。公來，當設郡之初，甫下車即策經費，爲郡志。尋以擢去。余謂，是後來者責，願卒成之。會以水旱疊告，上廑帝心，蠲賑之詔屢下。守臣躬涉諸州、縣、邑，比户而撫綏之，風土人情，可謂耳濡目染矣。然而傳聞多異詞，俗説不足證，考訂偶疎，不免傅會。舊《志》之誤，往往坐此。此「巨家」所以爲「巨無霸」，「吕彭城」所以爲「吕布、彭越」也。用是，請諸憲府，敬延名宿而設局焉。内史吴東璧總其成，徵士汪西顥分其任，憲司僚屬咸相考核，余不敏，時以一知半解參之，踰年而志成。爰合諸牧令而謂之曰：地官土訓掌道地圖，以詔地事；誦訓掌道方志，以詔觀事。巡守則夾王車，薛平仲謂二官，皆以訓爲名，蓋開陳啟迪之謂。王昭禹又以王之聞見言，則圖志之所係大也。世宗憲皇帝命重修各省通志，登之史館，以備《一統志》之採擇，蓋即周官遺意耳。郡志殷繁，不克遍及。然輶軒所至，未嘗不與風謡、歌頌竝登乙覽，則輯之不可以不慎，而開陳啟迪之方官是土者，又不可不以淬厲先之。凡設民以官治，上下交資，志係於民者十之七，係於官者十之三，但官因民設，而責則在上，不在下。讀天章者，當體列聖恤下之心；讀地輿者，當盡力民守土之職。其他耳目所及，隨事刻厲，大概如此。余與諸君子共勉之，可矣。惟是海濱僻壤，艱於購書，并舊《志》善本亦不可得。編纂所及，未克精詳。昔茅鹿門論史、漢謂，太史公創爲傳紀，其事難，班孟堅因之，按《史記》故本而避其所短。又得《東觀漢書》、《西京雜記》諸書爲之羽翼，故其事易。身非子長而徵其固陋以補之，不能無待於後之爲孟堅者。乾隆四年歲次己未皐月穀旦，知天津府事，新安程鳳文謹序。

袁大化《新疆圖志序》 《尚書》備四代之治術而《禹貢》一篇獨詳言山川、土壤、物産、田賦諸端，爲志書之始。太史公以下用其體例，爲八志、十書，爲分類之始。分類愈夥，考覈愈精。及宋鄭樵作《通志》又合上下古今爲專書，非奢陳盛美，蓋非是不足以資考鏡也。至國朝徐健菴、韓慕廬諸老爲《大清一統志》，嗣是而省府州縣莫不各有其志。琅琅炳炳，抒山川之噴欝，發土壤之精神，表物産之楛良，陳田賦之豐嗇，固非誇新門富，良以考獻徵文，必純必備，君子欲有造於斯民，其所以勸善懲惡，課勤教忠者必如是而後即安，不如是則措施未盡也。然新疆一省，獨以僻居西域，棄爲甌脱，志乘闕如，識者憾焉。夫以風沙戈壁，隔絶腹地至數千里而遥。冰嶺雪峯，道途阻絶。飱氈飲湩，風俗詭奇。雖自古稱兵力之强，開拓之廣，如漢武帝、元世祖者，猶以其叛服靡常，羈縻一時，終歸棄置。惟我朝列聖相承，秉堯、舜之仁明，恢禹、湯之征伐，然亦畏威懷德。二百餘年至光緒初葉始得。而郡縣之言語不通，文字各别，宗教、嗜好之攸殊，考土人之故實，初無所謂文獻，遑論足徵？則不能遽議及於省志，固亦理勢使然，不能尤前賢之未經計及也。惟是天地之光華，積久則奮發；文章之精采，萃薈則昌明。惟新疆僻處西陲，元朔以來，聲氣已通中國。舟車既至，著述斯興。凡一千八百年間，史家所紀載，遊旅所發明，見群書者，無慮數千萬言。但經旁搜遠紹，擇精語詳，固可裒然成帙。惟未至其時則不章，不遇其人則弗集。書生退掃閒軒，成爲一家言，猶非偶然。所能幸致，矧欲濡墨放筆，舉數萬里、數千年之事一一筆之於書，以爲後人法戒，夫豈無自而興哉？歲己酉，爲今上龍飛伊，始振靡起弊，咸與維新。於是，民政部臣有詔諭，各省纂修省志之請，得旨俞允。星輝雲燦，雷動風行。一時著作之才，莫不吐氣伸眉，揚風扢雅，出而大鳴其盛，以鼓吹乎休明，□歌乎盛治。惟新疆遠在沙漠，通才碩學，至者甚稀。省志之成，已難期必。且各省均舊有通志，纂修之舉，事出於因。而新疆圖志，則明義開宗，胚胎元始。必欲戛戛獨造，能爲經世之書，甚非□昧所敢深望。而不謂設局三年，竟能蕆事，且共爲志二十九種，計書一百一十六卷，約二百餘萬言。雖未能義藴精深，規模宏遠，然附於作者之數，以參稽乎得失之林，

亦足爲邊才之宏助，夫豈始願所及料哉？蓋是役也，先後編纂者，新疆藩司新城王樹枏，實基其始。候選道文水王學曾，實集其成。而一時協纂分纂，亦頗有博雅淹通之士。用能不費時日，以成炳蔚之觀。大化司鑒定之役，得以參酌其間，斯亦生平快事焉。嗟夫新疆自漢、唐以來，前賢所經畫者，多可奉爲圭臬。即開省而後如左文襄、陶勤肅諸先輩，以教以養，方略所存，亦卓然師表也。而均於志書是載則斯志之所關繫，豈尋常政策之比乎？乃自國家多事以來，當軸者匪先民是程。每欲取諸友邦之政法參伍而互用之。其用意未嘗不厚，而或身未嘗出都門。識不足語通變；舉千奇百出不可畫一之民俗而一以成法繩之之無甫識，遽責闔通，榛狉初開，即期明備削足而使適屨，吾恐屨未適而足且先病。人之稱是政也，其謂之何？今是志之成，雖以刱始之難，紀載不無掛漏，睹聞或有未周。然使來官斯土者，齋置一編，竟日瀏覽，則於新省之風土人情，事理物曲，不難得其梗概以明乎緩急之序，而審乎輕重之宜，於以出身加民，藏器效用，圓鑿方柄，北轍南轅之弊，由此其免矣。是故《禹貢》者，史家作志之權與而是志則又新民享治之權與也。若夫取材考据，專務高華；寫景山川，徒供嘯詠，抑末矣。即非大化所重於斯志之意也。是爲序。宣統三年歲次辛亥嘉平月上澣，撫新使者，渦陽袁大化謹序。

王樹枏等《新疆圖志・藝文志序》 遼、金、元三史無《藝文志》，餘皆有之，然但存其目焉耳。近世郡邑志乘往往搜羅風雲月露之詞，愈繁富而愈可厭，烏乎，是豈古人志藝文之意哉？夫地志例載方域、山川、物産，無所謂藝文也。志藝文，自《太平寰宇記》始。謂夫與斯地斯民相維繫，而推廣及之，浮詞縟語，奚取焉？竊嘗讀《四庫書目提要》稱，馬文煒《安邱縣志》僅列古人著述，最爲清省。其末附詩文二十餘篇，則不如仿范成大《吴郡志》散在各條之下。旨哉，言乎！兹謹師其意，録成書不録散文，以免冗濫之譏。至於敘本末，審純駁，欲閲者展卷而即明，於馬氏《文獻通考》之例或亦有合也哉。

傳　記

《北齊書・文苑傳・祖鴻勳》 其外如廣平宋孝王、信都劉善經輩三數人，論其才性，入館諸賢亦十三四不逮之也。待詔文林，亦是一時盛事。

又《宋世軌傳》 ［宋］世良從子孝王，學涉，亦好緝綴文藻。形貌短陋而好臧否人物，時論甚疾之。爲段孝言開府參軍，又薦爲北平王文學。求入文林館不遂，因非毁朝士，撰《別録》二十卷，會平齊，改爲《關東風俗傳》，更廣見聞，勒成三十卷以上之。言多妄謬，篇第冗雜，無著述體。

《剡南高氏宗譜》卷三《内紀行傳》 ［高文虎］字炳如，號雪廬，行八十五。【略】生於紹興甲寅六月廿三日，卒於嘉定甲戌五月初一日。配太學生升上舍紹興丙寅科貢士周世修字德遠公長女，合葬剡北金波玉岑山明心寺左，事見邑志並傳。生二子，似孫，攸孫，一女適司農卿趙士逵。【略】［高似孫］字續古，號疏寮，行三，由太學率履齋登淳熙甲辰進士第，與嫡叔文善同榜。仕會稽薄，上殿奏事建博，召試官職校書郎，曆官中奉大夫，提舉建康府崇禧觀，通議大夫。生於紹興戊寅二月初三日，卒於紹定辛卯十月十五日。娶侍郎趙磻公之女，封恭人，合葬剡北金波山父墳側，事見邑志並傳。生二子，普、曆。

趙宏恩等《江南通志・人物志・文苑・鎮江府》 俞希魯，字用中，德璘子，丹徒人。辟從仕郎，歷官松江路同知。學業淹貫，金華宋濂推爲先輩。有《竹素懸鈎》二十卷，《聽雨軒集》二十卷。子圭，長於古文，洪武末，爲郡庠教授。

嵇曾筠等《浙江通志・名宦・金華府・元》 俞希魯，《史概》：「字用中，先，平陽人，後徙鎮江。以茂才除慶元路教授，善於啓迪，衆曰：『俞公如洪鐘，叩無不響。』任滿，擢歸安縣丞。築海鹽塘，費省而民不勞。陞江山令，改永康，所至，葺廟學，聘名儒，講説平民徭賦。民有私人妻而殺其夫者，一訊立決，以無援。久不遷，卒，年九十。」

《明史・黄潤玉傳》 黄潤玉，字孟清，鄞人。五歲侍母疾，夜不就寢。十歲，道見遺金不拾。永樂初，徙南方富民實北京，潤玉請代父行，官少之，對曰：「父去，日益老；兒去，日益長。」官異其言，許之。十八年，舉順天鄉試，授建昌府學訓導，父喪，除，改官南昌。宣德中，用薦擢交阯道御史，出按湖廣，斥兩司以下不職者至百有二十人。正統初，詔推舉提學官，以楊士奇薦，擢廣西僉事，提督學正。時，寇起，軍興有都指揮妄掠子女萬餘口，潤玉劾而歸之，副使李立入民，死罪至數百人，亦爲辨釋。南丹衛處萬山中，戍卒冒瘴多死，爲奏，徙夷曠地。母憂，歸，起，官湖廣。論罷巡撫李實親故二人，實憤，奏潤玉不諳刑律，坐，謫含山知縣，以年老歸。歸二十年，年八十有九，卒。學者稱「南山先生」。

沈佳《明儒言行録續編》卷一 黄潤玉，字孟清，浙江鄞縣人。舉鄉薦，仕至湖廣按察司使。生五歲，侍母病，夜不就寢，家人異其知孝。塾師，坐立屹然，不與

群兒狎。書，過目成誦，塾師奇之。十歲，行道上，見遺金，不拾。永樂初，詔徙江南富民實北京，父艮當行，公時年十三，輒涕泣，詣求代，官少之，對曰：「父去，日益老；兒去，日益長。少長不庸，愈於老乎？」卒行，抵北京，受廛都城外十里所，沙漠寒沍，無人居，與同役築室，成比閭。傾資給徭賦，墾圃種蔬，以爲生人不堪其勞，而泰然安之。稍隙，輒肆力於學，以心爲嚴師，以聖賢爲矩矱，擇，然後言；揆，然後動。間爲文辭，不作組麗嶄刻之語，而理致淵永。都城有富翁，獨一女，與居，招與同賈，辭。或問：「何也？」曰：「瓜田不納履耳。」於是，里中子多從之學。與鄉薦，授學訓導，用薦，拜監察御史，出按湖廣，斥藩臬郡縣之不職者數十人，威望赫然。以楊文貞薦，爲廣西提學僉事，屏浮薄，奬賢俊，士風丕變。改湖廣按察使，時，巡撫都御史李實、張甚、藩臬皆折節下之，公無加禮，而連黜貪墨屬，二人皆實鄉戚也。實大恚，劾之，謫和州含山縣，惠利有恩已，請老去。鄧潛谷《皇明書》。

《大清一統志》卷二一八《杭州府人物・明》 夏時正，字季爵，仁和人。正統進士，景泰中，以刑部郎中録囚福建，多所平反，累擢南京大理卿。成化七年，巡視江西災傷，除無名税十餘萬，汰諸司冗役數萬，增築南昌瀕江堤及豐城諸縣陂岸。乞歸，貧甚，僦居民舍，布政使張瓚爲築西湖書院居之。時正雅好學，閑居久，多所著述。於稽古禮文事尤詳。

嵇曾筠等《浙江通志》卷一五八《人物・名臣・明》 夏時正，王鏊《夏時正墓誌》：「字季爵，世家慈谿，至其父，始遷仁和。正統乙丑進士，授刑部主事，進郎中，慮囚福建，平反殊死獄六十餘人。時上杭民飢，盜且起，時正不及以聞，亟發倉賑給。歷陞南京大理寺卿。成化七年，被命巡視江西，黜官屬貪濁者二百餘人，放免無名税十餘萬，增築南昌瀕江隄及豐城諸縣陂岸，復疏時弊二十事，以聞，當道有不悦者，遂三上章，乞歸。」《分省人物考》：「歸仁和，僦居民舍，布政使張瓚爲西湖書院於孤山處之家，食三十年，卒，年八十八。」

《明史・謝鐸傳》 謝鐸，字鳴治，浙江太平人。天順末進士，改庶吉士，授編修，預修《英宗實録》。性介，特力學慕古，講求經世務。成化九年，校勘《通鑑綱目》，上言：「《綱目》一書，帝王龜鑑，陛下命重加考定，必將進講經筵，爲致治資也。今天下有太平之形，無太平之實，因仍積習廢實，狥名曰『振剛紀』而小人無畏，忌曰『勵風俗』而縉紳棄廉恥，飭官司，而汙暴益甚。恤軍民而罷敝，益極減省有制，而興作每疲於奔命，蠲免有詔而徵歛每困於追呼。考察非不舉，而倖門日開；簡練非不行，而私撓日衆；賞竭府庫之財，而有功者不勸；罰窮讞覆之案，而有罪者不懲。以至修省祈禱之命，屢頒水旱，災傷之來不絶。禁垣被振，城門示災，不思竦動，旋轉以大答，天人之望，是則誠可憂也。願陛下以古證今，兢兢業業，然後可長治久安，而載籍不爲無用矣。」帝不能從。時，塞上有警，條上備邊事，宜請養兵積粟，收復東勝河套故疆。又言：「今之邊將，無異晚唐。將帥敗則士卒受其殃，捷則權豪蒙其賞，且尅侵軍餉，辦納月錢，三軍方怨憤填膺，孰肯爲國效命者？」語皆切時弊。秩滿，進侍講直經筵，遭兩喪服，除以親不逮養，遂不起。弘治初，言者交薦，以原官召，修《憲宗實録》。三年，擢南京國子祭酒。上言六事，曰「擇師儒，慎科貢；正祀典，廣載籍；復會饌，均撥歷。」【略】明年，謝病去，家居將十年，薦者益衆。會國子缺祭酒，部議起之，帝素重鐸，擢禮部右侍郎，管祭酒事，屢辭，不許。時，章懋爲南祭酒，兩人皆人師，諸生交相慶。居五年，引疾歸。鐸經術湛深，爲文章有體要。兩爲國子師，嚴課程，杜請謁。增號「舍修堂室」。擴廟門，置公廨三十餘，居其屬。諸生貧者周恤之，死者請官定制爲之殮。家居，好周恤族黨，自奉則布衣蔬食。正德五年，卒，贈禮部尚書，謚「文肅」。

嵇曾筠等《浙江通志》卷一百六十八《人物・循吏二・湖州府》 楊子器，《獻徵録》：字名父，慈谿人。成化進士，除知崑山縣，召補吏部主事，轉員外郎中，陳邊務數十事，尚書馬文升、劉大夏皆重嘆許，遷湖廣右參議，分守辰常道。會郴、桂賊起，請改道自效，冒暑提兵討平之。轉福建提學副使，遷河南右參政。時，方以郴、桂積勞成疾，而東賊渡河，天寒甚，有勸緩行者，子器乘輿而往。即至嵩縣居守，賊方走湖廣，子器曰：「賊避土兵，必復向汝州、洛陽，藩籬備不可缺。」乃自嵩馳赴之，賊至，子器輟食登城，晝夜調度，城守益堅，賊遂引去。尋進右布政使，轉左，卒。《寧波府志》：子器初令崑山盡毁淫祠，撤其材以修學校及倉廩、公館、樓櫓，又以餘材給太倉、鎮海二衛，修舉頽廢，於馬鞍山麓創野鶴軒，集諸生講學，以憂去。崑人即奉以祠之，補常熟令。直塘錢外郎以資豪里中，悦隣人趙重陽之妻，令其夫商於外，遂與私。又遣人詐爲盜，以殺之，而以盜聞，子器察其詐，逮治殺之。時，亢旱，是夕大雨，一邑懽呼，陞考功主事。倡五經，會或謂曹局清嚴，不宜泛交遊，謝曰：「吾不欲以仕廢學。」會營孝廟山陵，聞中有水石，抗疏言之，爲誣者所搆，下獄。臺省交章論救，得免。晉驗封員外郎，以不附逆瑾，出爲湖廣參議。

《明史・劉訒傳附胡纘宗》 胡纘宗，陝西秦安人。正德三年進士。由檢討出爲嘉定判官。歷山東巡撫，改河南。

又《佞倖列傳・陶仲文傳》 都御史胡纘宗下獄，株連數十人。二十九年春，

京師災異頻見，帝以咨仲文，對言，慮有冤獄，得雨方解。俄，法司上纘宗等爰書，帝悉從輕典，果得雨，乃以平獄功封仲文。

又《楊慎傳》 楊慎，字用修，新都人，少師廷和子也。年二十四，舉正德六年殿試第一，授翰林修撰。丁繼母憂，服闋起故官。十二年八月，武宗微行，始出居庸關，慎抗疏切諫。尋移疾歸。世宗嗣位，起充經筵講官。常講《舜典》，言：「聖人設贖刑，乃施於小過，俾民自新。若元惡大奸，無可贖之理。」時大璫張鋭、于經論死，或言進金銀獲宥，故及之。嘉靖三年，帝納桂萼、張璁言，召爲翰林學士。慎偕同列三十六人上言：「臣等與萼輩學術不同，議論亦異。臣等所執者，程頤、朱熹之説也。萼等所執者，冷褒、段猶之餘也。今陛下既超擢萼輩，不以臣等言爲是，臣等不能與同列，願賜罷斥。」帝怒，切責，停俸有差。踰月，又偕學士豐熙等疏諫。不得命，偕廷臣伏左順門力諫。帝震怒，命執首事八人下詔獄。於是慎及檢討王元正等撼門大哭，聲徹殿庭。帝益怒，悉下詔獄，廷杖之。閲十日，有言前此朝罷，群臣已散，慎、元正及給事中劉濟、安磐、張漢卿、張原，御史王時柯實糾衆伏哭。乃再杖七人於廷。慎、元正、濟並謫戍，餘削籍。慎得雲南永昌衛。先是，廷和當國，盡斥錦衣冒濫官。及是伺諸途，將害慎。慎知而謹備之。至臨清始散去。扶病馳萬里，憊甚。抵戍所，幾不起。五年聞廷和疾，馳至家。廷和喜，疾愈。還永昌，聞尋甸安銓、武定鳳朝文作亂，率僮奴及步卒百餘，馳赴木密所與守臣擊敗賊。八年聞廷和訃，奔告巡撫歐陽重請於朝，獲歸葬，葬訖復還。自是，或歸蜀，或居雲南會城，或留戍所，大吏咸善視之。及年七十，還蜀，巡撫遣四指揮逮之還。嘉靖三十八年七月卒，年七十有二。慎幼警敏，十一歲能詩。十二擬作《古戰場文》、《過秦論》，長老驚異。入京，賦《黄葉詩》，李東陽見而嗟賞，令受業門下。在翰林時，武宗問欽天監及翰林：「星有注張，又作汪張，是何星也？」衆不能對。慎曰：「柳星也。」歷舉《周禮》、《史記》、《漢書》以復。預修《武宗實録》，事必直書。總裁蔣冕、費宏盡付稾草，俾削定。嘗奉使過鎮江，謁楊一清，閲所藏書。叩以疑義，一清皆成誦。慎驚異，益肆力古學。既投荒多暇，書無所不覽。嘗語人曰：「資性不足恃。日新德業，當自學問中來。」故好學窮理，老而彌篤。世宗以議禮故，惡其父子特甚，每問慎作何狀。閣臣以老病對，乃稍解。慎聞之，益縱酒自放。明世記誦之博，著作之富，推慎爲第一。詩文外，雜著至一百餘種，並行於世。隆慶初，贈光禄少卿。天啓中，追謚文憲。

《永嘉縣誌・姜准傳》（《岐海瑣談》附録四） 姜准字平仲，博綜群籍，閉户著書，尤悉甌中掌故。萬曆間聘修郡誌不赴，時論高之。所著書二十七種，擬陳眉公秘笈，時稱艮峰先生，劉方伯康祉銘其墓。同時有梅應期，字昌侯，爲磐石衛勛職，讓爵與弟，著書六十餘種。郡守聞其名，迎之不得，托以《朝道》一章欲面受教益，屬其弟迫之登舟，遂就舟中草數千言以答，鼓楫而歸，終莫睹其面。

《明史・樊維城傳》 維城，舉萬曆四十七年進士。除海鹽知縣，遷禮部主事。天啓七年坐事謫上林苑典簿。莊烈帝即位，魏忠賢未誅，抗疏言：「高皇帝定律，人臣非有大功，朦朧奏請封爵者，所司及封受之人俱斬。今魏良卿、良棟、鵬翼，白丁乳臭兒，並叨封爵，皆當按律誅。忠賢所積財，半盜内帑，籍還太府，可裕九邊數歲之餉。」因請褒恤楊漣、萬璟等一十四人，召還賀逢聖、文震孟、孫必顯等三十二人，亟正張體乾、許顯純、楊寰等罪。其月，又言：「崔呈秀雖死，宜剖棺戮屍。『五虎』、『五彪』之徒，乃或賜馳驛，或僅令還鄉，何以服人心，昭國典？」末斥吏科陳爾翼請緝東林遺孽之非，乞釋御史方震孺罪。帝並採納之。崇禎元年遷户部主事，進員外郎。歷泉州知府，福建副使。八年以大計罷歸。十六年，黄州城南門哭五日夜。衆知禍必至，傾城走，婦女多不及行。三月二十四日，張獻忠破黄岡，知縣孫自一、縣丞吴文燮死之。賊欲屈維城，抗聲大罵，刃洞胸而死。賊遂驅婦女隳城，稍緩，輒斷其腕，血淋漓土石間。三日而城平，復殺之以實塹焉。

嵇曾筠等《浙江通志》卷一五五《金華府十・名宦》 毛鳳韶，《浦江縣志》：麻城人，正德辛巳進士。嘉靖二年，除浦江知縣，爲政以恤民，厚風俗，興人才爲務，一時因革損益，曲盡規模。邑有「貧苦出頭活，豪强削脚忙。主文無利趁，里長省錢當」之謡。纂修《浦江志略》文獻足徵。

凌迪知《萬姓統譜》卷三三《毛》 毛鳳韶，字瑞成，麻城人，正德辛巳進士，授浦江知縣。有善政，擢監察御史。上《弭災八事疏》，詳具《皇明疏議輯略》有「大者如復舊制，以革鎮守，此尤關於天下利害之最切者」。巡按陝西、雲南，守令以下，皆望風解印綬去，班列殆空。尋謫嘉定州判官，歷陞推官同知，終雲南僉事。博學有文名，有《聚峯文集》藏於家。

朱彝尊《明詩綜》卷四二《陸釴》 釴，字舉之，鄞人。正德辛巳，賜進士第二，授編修，出爲湖廣按察僉事，轉江西督糧參議，山東提學副使。有《少石子集》。

胡文學《甬上耆舊詩》卷一一《副使陸公釴》 公，字舉之，甫能言，母楊太淑人命以字，百試不爽。稍長，神智鋭發，讀書數行下。中進士，廷試一甲，授翰林編修。益盡覽中秘書，意馳騁古今，館中宿老，俱下之。少勵名節，自許古人，不肯躡

躪從俗。時，議禮諸臣驟貴，俱傾心於公，欲引爲重，公漠然，卒不應，其人以爲少己，深銜之，會大禮告成，議禮者已當軸，遂出公爲湖廣按察僉事，治江防，其官新設，凡簿書文牒，盡屬草創，公定制，俱足爲後法。外臺諸君相顧曰：「陸君自史館來，其治才，即老吏莫及也。」稍遷江西參議，治糧儲，其于轉輸，能酌諸郡贏縮，驗物産之登耗，與時損益之，人以爲便。再遷山東督學副使，敦尚風俗，易郡中所奉神祠，崇祀先賢。諸生有文而行篤者，引之若肺腑，士習爲變。山東舊無《通志》，公慨然曰：「聖賢，百世之師也；泰山，五嶽之宗也；六經，斯文之祖也。此一方文獻而天下古今之事備焉。志奚可廢也？」遂彙古採今，補遺正陋。窮日夜，力不懈。踰年書成，而公病矣，遂上書乞骸骨，不報，卒於官。公性温厚，口未嘗言人短，而正氣不撓，卒與時忤。位終於外臺，天下惜之。

王世貞《弇山堂別集》卷六〇《通政使》 樊深，直隸河間衛人，由進士二十七年任，三十九年閒住。

儲大文《山西通志》卷一二二《人物·澤州府·明》 郜相，字立之，澤州人，正德丁卯舉人。嘉靖間，朝邑知縣。廉謹自持，政平訟理，役均盜息。特建忠臣高翔、劉烈女祠，號知大體。

邵晉涵等《[乾隆]杭州府志·沈朝宣傳》 沈朝宣，字三吾，仁和人。以貢入京師，故事，貢生四月望廷試，聽翰林甲，乙即歸，不得與直隸秋比。朝宣負奇氣，投書吏、禮二部，又詣登聞院鳴鼓。御史上其事，遂捷於京闈。貢生得附京省試，自朝宣始。是年，嘉靖辛卯也。數上春官，不第，教諭涿州。其教人，先德行，次經術，次治事，循循有條，善談論。援古今得失，使聽者忘倦。臺使交薦，遷江陵令。性友愛，以兄老無子請告歸。闢荒圃，築精舍，與兄觴飲流連，至老彌篤。暇日談邑事，網羅舊典，採輯新聞，成私《志》若干卷。今所傳鈔本殘缺，非其舊矣。

《大清一統志》卷七九《徽州府·名宦》 胡宗憲，字汝貞，績溪人。嘉靖進士，歷知益都、餘姚二縣，擢御史巡按，宣大三十三年，按浙江，【略】累以平賊功，加右都御史、太子太保。

《明史·胡宗憲傳》 胡宗憲，字汝貞，績溪人。嘉靖十七年進士，歷知益都、餘姚二縣，擢御史巡按，宣大，詔徙大同左衛。

張廷玉等《明史·文苑列傳·徐獻忠》 徐獻忠，字伯臣，嘉靖中，舉於鄉，官奉化知縣。著書數百卷，卒，年七十七。王世貞私謚曰「貞憲」。

朱彝尊《明詩綜》卷五三《徐獻忠》 獻忠，字伯臣，松江華亭人。嘉靖乙酉舉人，知奉化縣。及卒，友人私謚曰「貞憲先生」。有《長谷集》。

黄虞稷《千頃堂書目》卷七《地理類上》 史朝富《永州府志》十七卷，嘉靖間修。

《欽定續文獻通考》卷一七〇《經籍考·史部·地理上》 史朝富、陳良珍《永州府志》十七卷。朝富，晉江人，嘉靖進士，官永州府知府。良珍，南海人，官永州府推官。

尹繼善、陶成等《江西通志》卷七一《人物·瑞州府·明》 熊子臣，字應州，新昌人，嘉靖進士，以工部郎出知處州。性敏達，能斷疑獄，人以不冤捐修學宮。集諸生肄業，資給膏火，輯郡志，稱善本，擢雲南副使《浙江名宦志》。

嵇曾筠等《浙江通志》卷一五七《名宦·處州府·明》 熊子臣，《續處州府志》：江西新昌人，萬曆間，知處州府。修郡乘，建譙樓，創軍器庫，政績最著，陞雲南副使。

黄宗羲《明儒學案·侍讀張陽和先生元忭》 張元忭字子蓋，別號陽和，越之山陰人。父天復，行太僕卿。幼讀朱子《格致補傳》，曰：「無乃倒言之乎？當云心之全體大用無不明，而後物之表裏精粗無不到也。」嘉靖戊午，舉於鄉。隆慶戊辰，太僕就逮於滇，先生侍之以往。太僕釋歸，先生入京頌冤。事解，又歸慰太僕於家。一歲之中，往來凡三萬餘里，年踰三十而髮白種種，其至性如此。辛未，登進士第一人，授翰林修撰。尋丁外艱。萬曆己卯，教習内書堂。先生謂「寺人在天子左右，其賢不肖爲國治亂所係」，因取《中鑒録》諄諄誨之。江陵病，舉朝奔走醮事，先生以門生未嘗往也。壬午皇嗣誕生，齎詔至楚，丁内艱。丁亥陞左春坊左諭德，兼翰林侍讀。明年三月卒官，年五十一。先生之學，從龍溪得其緒論，故篤信陽明四有教法。龍溪談本體而諱言工夫，識得本體，便是工夫。先生不信，而謂「本體本無可説，凡可説者皆工夫也」。嘗闢龍溪欲渾儒釋而一之，以「良知」二字爲範圍三教之宗旨，何其悖也。故曰「吾以不可學龍溪之可」。先生可謂善學者也。第主意只在善有善幾，惡有惡幾，於此而慎察之，以爲良知善必真好，惡必真惡，格不正以歸於正爲格物，則其認良知都向發上。陽明獨不曰良知是未發之中乎？察識善幾，惡幾是照也，非良知之本體也。朱子《答呂子約》曰：「向來講論思索，直以心爲已發，而所論致知格物，以察識端倪爲初下手處，以故缺卻平日涵養一段工夫。」此即先生之言良知也。朱子易簣，改《誠意章句》曰：「實其心之所發。」此即先生之言格物也。先生談文成之學，而究竟不出於朱子，恐於本體終有所未明也。

《欽定大清一統志》卷二二七《紹興府・名宦》 孫鑛，字文融，鑨弟。萬曆初，會試第一，有文名，爲考功文選郎，澄清銓法，名籍甚，累遷兵部侍郎，總督薊、遼軍務，經略朝鮮。時，關白破，朝鮮請封貢，尚書石星主之，鑛力排星議，疏言，倭情多詐，宜嚴爲之備。星不聽，俄倭起兵，封貢議絶，星下獄，鑛亦罷。後官南京兵部尚書。

黄虞稷《千頃堂書目》卷七《地理類中》 張元忭、孫鑛《紹興府志》五十卷，萬曆丙戌修，郡人。

《欽定大清一統志》卷一三六《青州府・人物》 馬文煒，字仲韜，安邱人。嘉靖中進士，除確山知縣，折獄如神，入爲御史，巡鹽兩淮。上便宜六事，報可。積羨金十餘萬，俱抵正額，商困乃甦。歷守德安，表二千石，尤異煒名居首。擢副使，治兵荆南，帝謂，江陵相張居正治，第監奴横行。文煒縛置於獄，中貴愧謝乃已。後巡撫江西，以《十事要約》屬吏，執法頗嚴。中蜚語，有旨改南京，遂歸家居。十八年，卒。

《欽定續文獻通考》卷一七〇《經籍考・史部・地理上》 《萬曆廣東通志》七十二卷。郭棐、王學曾、袁昌祚同撰。棐，南海人，嘉靖進士，官至布政使加光禄寺卿。學曾，里貫未詳，官光禄寺丞。昌祚，東莞人，隆慶進士，官布政司參議。

趙宏恩等《江南通志》卷一一五《職官志・名宦・太倉州》 韓浚，字邃之，淄川人。萬曆間，知嘉定。催科，舊以十日爲期，浚易之以月，苟輸，將如約，則終歲不至縣庭。有鄉民入市，横被毆劫，不識其主名，浚訊知形狀，曰：「此必某某。」捕之，不刑而服（《嘉定縣志》）。

嵇曾筠等《浙江通志》卷二五三《經籍志・史部・兩浙志乘》 《温州府志》十八卷，萬曆乙巳，右布政前知府事丹陽湯日昭總修，黄岡陳大奎、呉縣余承薗、郡人王光蕴、王繼明纂修。

《欽定續文獻通考》卷一七〇《經籍考・史部・地理類》 王光蕴《[萬曆]温州府志》十八卷。光蕴，字季宣，温州人，官寧國府同知。

葉封《嵩陽石刻集記》卷下《明・登嵩詩》 邢臺傅梅撰。傅梅撰《登嵩八首》之一也。公字元鼎，邢臺人。萬曆中，爲登封令，著《嵩書》十三篇，嵩之形勝古蹟、碑碣表章居多。其所題刻，亦多，大約皆其幕客柏鄉王正民筆也。公有功於嵩録，此識之。

葉昌熾《藏書紀事詩》卷三 宣綾包角藏經箋，不抵當時裝訂錢。憶否曠亭朱榻畔，牙籤風過一鏗然。祁承㸁爾光，子忠敏彪佳。

《明詩綜・小傳》：「祁承㸁字爾光，紹興山陰人，萬曆甲辰進士，歷江西右參政。有《澹生堂集》。」【略】全祖望《曠亭記》：「忠敏尊人少參夷度先生，治曠園於梅里。有澹生堂，其藏書之庫也。有曠亭，則游息之所也。有東書堂，其讀書之所也。夷度先生精於汲古，其所鈔書，世人多未見，校勘精核，紙墨潔静。忠敏亦喜聚書，嘗以朱紅小榻數十張，頓放縹碧諸函。牙籤如玉，風過有聲鏗然，其所聚則不若夷度先生之精。忠敏殉難，江南塵起，幾二十年。曠園之盛，自此衰歇。今且陵夷殆盡，書卷無一存者，并池榭皆爲灌莽，其可感也。」馬瑗《聞過齋集跋》：「澹生堂儲經籍銘識款印，將爲子孫世珍，百年之閒，散落人手。近人有詩云：宣綾包角藏經箋，不抵當時裝訂錢。」《静志居詩話》：「參政藏書，將亂，其家悉載至雲門山寺。惟遺元明來傳奇，多至八百餘部，而葉兒樂府不與焉。予猶及見之。其手録群書目八册，今存古林曹氏。寺中所儲，已盡流轉於姚江禦兒鄉矣。」其藏書印，曰：「山陰祁氏藏書之章」、曰「子孫永珍」、曰「曠翁手識」，曠翁，夷度先生自號也。又有藏書銘一印，其文曰：「澹生堂中儲經籍，主人手校無朝夕。讀之欣然忘飲食，典衣市書恆不給。後人但念阿翁癖，子孫益之守弗失。」夷度先生又撰《澹生堂藏書約》以示子孫，分子目四，曰《讀書訓》，曰《聚書訓》，曰《購書訓》，曰《鑒書訓》，刻入《知不足齋叢書》。其約簡明，足爲藏書者法。今録其略曰：「今與爾輩約，及吾之身，則月益之，及爾輩之身，則歲益之。子孫能讀者，則以一人盡居之，不能讀者，則以衆人遞守之。入架者不復出；蠹嚙者必速補；子孫取讀者，就堂檢閲，閲竟即入架，不得入私室；親友借觀者，有副本則以應，無副本則以辭；正本不得出密園外。書目視所益多寡，大較近以五年，遠以十年一編次。勿分析，勿覆瓿，勿歸商賈手，如此而已。」

《續文獻通考》卷一七一《經籍考・史部・地理類》 傅梅《嵩書》二十二卷。梅，字元鼎，邢臺人。萬曆間舉人，官刑部主事，力争挺擊一案。鄭氏之黨中以察典罷官。後起爲台州知府。明亡，抗節死。臣等謹案，梅於乾隆四十一年賜謚「忠節」。

《明史・曹學佺傳》 曹學佺，字能始，侯官人。弱冠舉萬曆二十三年進士，授户部主事。中察典，調南京添注大理左寺正。居宂散七年，肆力於學。累遷南京户部郎中，四川右參政、按察使。蜀府燬於火，估修資七十萬金，學佺以《宗藩條例》却之。又中察典，議調。天啓二年起廣西右參議。初，梃擊獄興，劉廷元輩主

瘋顛。學佺著《野史紀略》，直書事本末。至六年秋，學佺遷陝西副使，未行，而廷元附魏忠賢大幸，乃劾學佺私撰野史，淆亂國章，遂削籍，燬所鏤板。巡按御史王政新，以嘗薦學佺，亦勒閒住。廣西大吏揣學佺必得重禍，羈留以待。已，知忠賢無意殺之，乃得釋還。崇禎初，起廣西副使，力辭不就。家居二十年，著書所居石倉園中，爲《石倉十二代詩選》，盛行於世。嘗謂「二氏有藏，吾儒何獨無」，欲修儒藏與鼎立。采擷四庫書，因類分輯，十有餘年，功未及竣，兩京繼覆。唐王立於閩中，起授太常卿。尋遷禮部右侍郎兼侍講學士，進尚書，加太子太保。及事敗，走入山中，投繯而死，年七十有四。詩文甚富，總名《石倉集》。萬曆中，閩中文風頗盛，自學佺倡之，晚年更以殉節著云。

錢謙益《列朝詩集小傳・丁集下》 董秀才斯張，斯張，字遐周，歸安人。故宗伯份之孫也。少負儁才，爲同里吴允兆所許，長與吴門王亦房賡唱。善病，藥盌不去口，喀喀嘔血，猶伏床枕書。年未四十而卒。撰《廣博物志》四十卷。

張鈞衡《吹景集跋》 《吹景集》十四卷，明董斯張撰。斯張原名嗣暲，字然明，號遐周，又號借庵，又名廣暲，烏程人。廩貢生。清羸善病，自號瘦居士。於生計最拙，獨耽於書，手録不下百帙。泛覽百家，旁通二氏。生平契厚皆海内名士，商榷著述，結社聯吟，力扶詩教。

《四庫提要・史部一六・傳記類存目二》 《羅江東外紀》三卷，兩淮鹽政採進本。國朝閔元衢撰。元衢字康侯，烏程人，自號歐餘生。自以終身不第，有似羅隱，故作此書。蓋一時寓意之作也。

趙宏恩等《江南通志》卷一六三《人物志・儒林・常州府・明》 秦鏞，字大音，無錫人。崇禎丁丑進士，令清江，多惠政。父爾載，師事高攀龍。鏞承家訓，精理學，著有《易序圖説》、《通書解》、《皇極内篇》、《小衍參同闔集》。

嵇曾筠等《浙江通志》卷一七八《人物・文苑・杭州府》 談遷，《静志居詩話》：字仲木，一字觀若，海寧人。留心史學，考證累朝典籍，博稽諸家。撰述，中年燬於火，乃復沈思强記，覆閲群書，訊故老，墨枯筆秃，晚歲成編云。

《清朝文獻通考》卷二二三《經籍考・集》 黄之儁【略】，字石牧，號唐堂，華亭人。康熙辛丑進士，官至右春坊右中允。臣等謹按：之儁，才華富贍，記誦亦淹博。其持論之正，則排陸、王而尊程、朱，然好爲游戲之文又往往不能割愛，譬之陸機，大有才多之患。其號「唐堂」者，嘗游浯溪，愛唐亭之勝，取以名堂，而因自號焉。

郝玉麟等《福建通志》卷二七《職官志・總部・國朝》 黄之儁，華亭人，雍正二年，以左春坊左中允任。

《八旗通志》卷三四〇《表・八旗大臣題名・各省巡撫》 趙宏恩，漢軍鑲紅旗人。雍正七年四月，任湖北巡撫，九月調湖南巡撫，十一年九月，任兩江總督。

《大清一統志》卷四九《江蘇省・名宦》 尹繼善，滿洲鑲黄旗人。雍正六年，以内閣侍讀學士協辦南河事務，明年，授江蘇巡撫，八年，署兩江總督，十一年，遷雲、貴、廣西總督，乾隆五年，再任兩江總督，十三年，參贊四川軍營，去二十一年，復任。二十九年，晉大學士，仍管兩江總督及河務事。繼善，公正端厚，前後歷任二十年，愛民養士，整飭吏治，不尚嚴厲，而吏民畏懷。不動聲色，而大小悉就。三十年，召還入閣，尋卒于位，祀賢良祠，謚「文端」。

陸心源《歸安縣志人物傳》 鄭元慶，字芷畦，歸安學生。自幼通史傳，覃思著述，期有用於世。毛奇齡、朱彝尊、胡渭諸名人，並折行輩與之交。家貧，寄跡幕府。歸而著述益富，《廿一史約編》，其最少之作，後深悔之。經學諸種，大都散佚。其《湖録》，即郡志也。補訂缺失，參之書史，復挾其筆硯，徧遊七屬，訪其故家譜系與老成之士，駁難辨正，以膏火舟楫之費耗其産，不顧也。藁凡六易，生平精力，殫於是書。歷遇三太守，屢爲開鋟，輒以事阻，乃歎曰：「豈吾郡文獻，終當湮没耶？」於是更名《湖録》。乾隆初，知府胡承謀修府志，率本於此。嘗代傅澤洪作《行水金鑑》，集古今之大成，自《禹貢》及諸經之注傳，列史之河渠溝洫，山經地志，稗官小説，無不採摭而條貫之。歷代疏瀹之方，名臣儒者之奏議論説，囊括悉備。凡宣力河隄者，至今奉爲圭臬，而罕知其出於元慶也。其著書處曰魚計亭，慕鄭子真之爲人，自號小谷口。亭前蒔花壘石，插架圖書，友朋過從徵文考獻，與人應答，終日忘疲。身後凋零，遺書散失。乾隆三年，詔開三禮館，臨川侍郎李紱歎曰：「如鄭芷畦之博物通經，庶幾可應兹選。惜乎已死！」其友全祖望爲志，以表其墓。

嵇曾筠等《浙江通志》卷一二一《職官・國朝職官姓氏・文職・總督部院》 嵇曾筠，字松友，無錫人。康熙丙戌進士，雍正十三年，以太子太保、大學士兼吏部尚書管巡撫事。

《大清一統志》卷一二五《山東省・名宦》 嵇曾筠，無錫人。雍正五年，以河南副總河兼管東省河工。七年，總督河道，除曹、單徭河陋規，核定運河夫役、工食需用，土方以取土近遠，估定工價，人皆便之。

《清朝文獻通考》卷二二三《經籍考・史部・地理類》 《杞紀》二十二卷，張

貞撰。貞，字起元，號杞園，安邱人。康熙壬子拔貢，官翰林院孔目。

趙宏恩、尹繼善、黄之雋等《江南通志》卷一〇八《職官志・文職・揚州府》

張萬壽，浮山人，拔貢，康熙二十四年任。

《皇朝文獻通考》卷二二三《經籍考・史部・地理類》　《揚州府志》四十卷，張萬壽撰。萬壽，字鶴秋，浮山人，官至揚州府知府。

又卷二二四《經籍考・史部・地理類》　《麻姑山丹霞洞天志》十七卷，羅森撰。森，字約齋，大興人。順治丁亥進士，官至陝西督糧道。

《清史列傳・大臣畫一傳檔正編十五・尹會一》　尹會一，直隸博野人。雍正二年進士，分部學習。三年，授考工司主事，洊遷員外郎。四年，充廣西鄉試副考官。五年，授湖廣襄陽府知府，九年，調江南揚州府。十一年，遷兩淮鹽運使。乾隆元年二月，詔署兩淮鹽政。十月，加僉都御史銜。尋授兩淮鹽政。二年，以淮、揚運河定於冬月挑濬，鹽船不能轉運。諭令預運貯存，以濟民食，恐商人辦理竭蹶。著將請單呈綱兩次應納錢糧，緩至加斤時，一體完納。會一陳奏：「鹽務三條：一、本年丁巳綱淮南正運鹽七十萬引，預運如之；丙辰綱應運殘鹽四十萬引，數多期迫，竈户乘機擡價，各場産鹽不敷，商艘趲運不及，查運河東岸邵伯鎮迤南，向有陸閘，係淺水由芒稻河歸江之路，上接邵伯諸湖，下通泰壩鹽河，擬於挑河時在陸閘南北，各築攔河壩一，中留運河五六里，蓄水濟運，鹽船直抵揚州灣頭，自灣頭陸運至三汊河，所留運河五六里，三月復挑濬無誤；一、預運鹽堆貯儀所鹽垣，夏多滷耗，請六月以前，每引加鹽二十五斤，七月以前加二十斤，八月十五日以前加十五斤，十五日以後加十斤。商本庶免虧折；一、鹽課例於九月奏銷，十一月考覈，但丙辰綱鹽課，特旨以新頒引鹽展限至乾隆二年二月奏銷，丁巳綱新引現今領運至九月，爲期甚近，請寬至三年二月奏銷，四月考覈。」下部議行。三月，入覲，詔署廣東巡撫；會一以母老疏辭，調署河南巡撫。五月，奏言：「豫省闕雨歉收，應緩徵以紓民力；又平糶必需現價，窮民尚費經營，備領則急補目前。請不拘存七糶三之例，視地方緩急，斟酌多寡，以資接濟。」從之。十月，條奏：「農務：一、天時宜乘也，力田貴早，豫民有時宜播種，尚未舉耜，時宜耘耔，始行播種，既失天時，遂違物性，臣擬分析種植先後，刊諭老農督率勸勉，仍遵聖諭，州縣官不拘時日，輕騎減從，親往查勘，如有工本不敷，許借倉穀，秋後補還；一、人力宜盡也，南方地狹人稠，一夫所耕，不過二十畝，力聚工專，故所穫厚，北方地闊，一夫所耕，自七八十畝至百餘畝不等，力散工薄，故所穫少，臣今勸諭田主多招佃户，量力授田，以三十畝爲率，則地少力多，可望豐收，分多種之田，以給無田之人，則游民亦少；一、樹藝宜廣也，豫省多鹹鹻沙地，去其三尺，而鹹少則潤澤，臣今責成鄉耆保長勸諭，就隙地視所宜之木種植，則地無曠土；一、女工宜勤也，查江南蘇、松繁庶，而貧民俯仰有資者，女子七八歲以上，即能紡絮，十二三歲即能織布，一日經營，供一人之用度有餘，今棉花産自豫省，而商賈販於江南，豫省民家有機杼者，百不得一，擬有力之家多造機杼，貸於織户，量取賃值，或動支無礙公項，製造給領，俟一年後繳還原項，並廣勸婦女互相倣傚。」得旨：「酌量行之，不可存欲速之心，不可有終怠之念。若民不樂從，不可徒繩以法也。」是月，實授河南巡撫。三年，上以河南、山東歲稔，敕會一等籌補倉穀。十二月，疏言：「本年河南豐收，以直隸、江南災歉，商販較多，價值日昂。臣飭各州縣，如本地價昂，平糶不敷買補，即赴鄰邑穀賤處採買；儻鄰邑價亦相倣，即將不敷銀報明，在各屬盈餘銀内通融撥給。再豫民食用，以麥爲上，高粱、蕎麥、菽豆次之。臣飭地方官，遇穀貴即查明雜糧若干可抵穀一石，參酌糴貯，來春先儘雜糧糶借，以濟民食，秋後仍照時價買穀還倉。至新舊民欠穀石，河北三府被水無穀之民，須糶雜糧糴穀還倉，出入多虧折遲延。請照穀價折收雜糧，來春一體糶借，秋後易穀，庶民易輸將而倉儲不至虚虧。」上嘉之。時安徽按察使張坦麟條奏農忙停訟，如商賈爲奸牙串騙侵吞，適值農忙，恐日久比追無術。請酌改定例，以恤遠人。敕各督撫酌議，會一議應如所奏，並請以訟事而妨農，宜停准理，若因農事成訟，時當農忙，尤宜准理速結。奏入，報聞。又奏報勸諭鄉農栽植榆柳棗梨一百九十餘萬株，敕各督撫勉爲之。四年五月，黄、沁水漲，沿河武陟、原武、鄭州、封丘、陽武、儀封、蘭陽、考城、虞城、夏邑災，會一奏請酌借倉糧，資助籽種，趕種秋禾。七月，奏：「預籌民食事宜：一、請免關税以通商也，祥符等屬被水，民食仰給鄰省，江南則由淮河之正陽關達陳州府之周家口，山東則由運河之臨清關達彰、衛二府之楚旺、道口等處，懇敕免收税，俾商争趨，以資接濟；一、及時興工以代賑也，各屬城垣、倉庫、監獄、河渠、隄岸、營房，傾圮淤墊，宜動帑興修，俾貧民力作餬口；一、酌量買運以備賑也，州縣儲穀，如不敷賑糶，請於本省就近可通舟楫處，不論常平穀撥用，並動帑採買米穀雜糧，以濟民食；一、多種菁菜以助食也，查蔓菁，春食苗，夏食心，秋食莖，冬食根。昔諸葛亮行兵所止，乃令軍士種植，取其易長而可食，現飭被水州縣，酌購菜子，給貧民廣種，以備採食。」部議從之。七月，奏：「辦災賑事宜：一、成災地方，漕項錢糧豆米照地丁例，按分數蠲免；一、應納漕項，緩至次年麥收後徵解；一、未被水州縣，應辦漕糧，截

留本省以備賑糶，額徵八旗飼馬黑豆七萬石，水淹無收，祈敕産豆省分採運。」詔從之。十一月，御史宫焕文奏劾會一蒞豫至本年，報盜至百六十餘案，本年秋審招册所擬情實可矜，改駁至三十餘起，疲玩不振，貽誤地方。諭曰：「尹會一自任豫撫以來，屬員怠忽，不知畏懼。其讞獄弭盜，多未妥協。今年豫省各屬被水災重，所辦賑務之事亦未盡善，實少幹濟才能，不勝巡撫之任。但其爲人忠厚謹慎，非有心誤公者可比。著解任來京，候朕另用。」尋授左副都御史。五年，會一母年七十餘，疏請終養。上以會一孝其母而母亦賢，賜詩曰：「聆母多方訓，於家無間言。休風誠所勵，百行此爲尊。名壽輝比里，孝慈萃一門。猶聞行縣日，每問幾平反。」九年，丁母憂。十一年三月，服闋，授工部侍郎。十月，提督江蘇學政。十二年，上敕各省學政於考試文藝後，就御纂四經中，酌量舊説別異處，摘取數條發問，答不失指者，生童即予補廩入泮。會一奏言：「一等生員概補經解，似凡列優等者，盡能記誦，傳説未爲覈實。請於册報生童另期發問經義，答不失指者，即以『經解』二字印記卷面，衡其文藝，酌予補廩入泮；其不在册報者，不必概補經解。」下部議行。十三年四月，轉吏部侍郎，仍留學政任。閏七月，卒，諭賜祭。十五年，江蘇巡撫雅爾哈善奏准入祀名宦祠。

《欽定八旗通志》卷一六六《人物志・大臣傳・滿洲正紅旗・覺羅石麟》 覺羅石麟，滿洲正紅旗人。康熙五十年，授工部筆帖式。雍正二年，在奏事處行走。三年，擢員外郎。四年二月，授江寧布政使。【略】五年六月，遷山西巡撫。【略】乾隆【略】五年閏六月，丁父憂回旗。十月，授内閣學士。六年七月，以山西巡撫任内失察布政使薩哈亮貪黷褫職。九月，特授鑲藍旗漢軍副都統。先是，山西平陽府知府章廷珪有婪贓事，石麟曾經保薦，至是事發，議降五級調用。十二年，卒。

覺羅石麟等《山西通志》卷八〇《職官・國朝總督都御史》 劉於義，江南武進人，壬辰進士。雍正元年，以翰林院侍講學士任。四年六月，陞順天府府尹。

沈青崖等《陝西通志》卷二三《職官・本朝文職・總督陝西部院》 劉於義，江南武進人。雍正十年，以吏部尚書署理。

又 史貽直，江南溧陽人。雍正九年，以兵部尚書署理。十二年，以户部尚書總理。

《清史列傳・大臣畫一傳檔正編十三・劉於義》 劉於義，江南武進人。康熙五十一年進士，改庶吉士，散館授編修。雍正元年四月，充日講起居注官，入直南書房。五月，遷左中允。七月，遷侍講。尋提督山西學政。三年，遷右庶子。奏請每年以銀四萬兩，於太原、平陽、潞安、大同買米貯倉，春糶秋補，擇賢能州縣或府佐貳董其事，以功過議敍處分。得旨：「所奏常平倉貯事宜，甚爲有益，著交山西巡撫伊都立酌量舉行。」四年二月，遷侍講學士。六月，授順天府府尹。五月，授詹事，仍兼府尹事。六月，擢倉場侍郎。七年，命查西寧軍需。八年六月，遷吏部左侍郎。尋偕刑部右侍郎牧可登查賑山東。九月，命審山東按察使唐綏祖揭參濟南府知府金允彝一案。九年正月，授直隸河道總督。嗣鞫允彝袒鄒平縣革職知縣袁舜裔虧空、抑勒交代等款，屬實，論如律。於義赴總督任。七月，條奏：「天津截漕留糧事宜：一、漕米進倉津貼諸費，截留俱可不用，其額設落崖進倉脚價，令旗丁備給；一、旗丁雇剥每百里給飯米一石、耗米一石，今截留省剥費，每米百石應給地方官耗米一石，庶支放不致虧缺；一、漕船例有隨糧席片，於截留處並交應用。」下部議行。八月，奏言：「青龍灣等處工程，革職侍郎何國宗議建雞心十四座，未免阻隔水勢，請即停止其展壩面四十丈，使暢無礙運道，並保河西隄工。」從之。九月，擢刑部尚書，仍理河務。尋署直隸總督。十二月，奏參巴里坤軍營回京之内大臣阿濟圖、侍讀學士查克丹等擾驛遞，上嘉勉。十年，署陝西總督。十一年正月，疏稱甘、凉、肅承辦軍需，總匯糧草，價增數倍，兵餉不敷養贍。請酌借籽種、牛具給兵，於瓜州等處開墾，分兩次扣還。秋收留來年籽種，餘糧鎮標中軍經管，以濟兵食。從之。四月，授吏部尚書，仍署總督事。八月，奏肅鎮標兵除防汛外，現覺單弱，請撥駐凉州之河南緑旗兵五百移駐。十一月奏軍營屯種撥馬應用省買牛費。十二月，奏：「回民移瓜州者，不諳農事，請募耕夫二百，照屯田例，給口糧工價，委員督率教導。俟一年熟練，自種。」又奏：「赤金、靖逆之北洴帶湖一帶，築墩臺十八，塔兒灣築堡一，東西各築墩臺一，以資保障。又安家窩鋪渠口之上，另開渠一，以資屯種。又安西廳衛及効力各官，並書役等，聽其自備工本開墾。」均如所請行。十三年二月，疏劾總理屯田左都御史孔毓璞侵糧盜帑、盤剥肆横等款，鞫實，治毓璞罪如律。尋奏：「前定甘、凉、肅各屬贖罪捐監米，照時價爲額。今該地歲豐價減，應增米數以符銀數。至他處赴捐，有運費，照本地酌減。」六月，奏：「寧夏鎮標原設中、左、右、前、後五營，雍正五年裁後營兵，歸新設大通鎮。今請仍設，以成營制。改大壩堡都司爲寧夏城守營，大壩堡增千總。」俱下部議，從之。七月，命大學士查郎阿管理陝西總督，給於義欽差大臣關防，留肅州，俟軍需竣回京。九月，奏言：「金塔寺肅州北面藩籬，請改遊擊爲副將，並所屬威魯堡，俱於現駐金塔

寺新募兵内撥增。又增轄屯田通判、州判、縣丞、主簿等官，道員督查。」俱從之。先是，於義奏甘、凉等處設馬廠，以千、把總爲牧長，外委爲牧副，頒太僕寺條例，定考成。至是，十一月，請以馬孳多寡爲弁兵陞降賞罰，詳列章程入奏，下部議行。乾隆元年二月，奏言甘肅巡撫許容辦賑不善，奉旨嚴飭解任，命於義署理。疏請於哈密城北圈築倉厫，令司糧文員專啓閉，設墩臺四，撥兵看守；又於新城東門外，築關廂爲商賈市區：從之。時捐贖例已停，於義奏發遣革職知州許啓盛、董仲請贖罪，諭曰：「所奏俱非常赦所不原者，准其贖罪。朕前因官爵有關名器，仕途不宜濫冒，是以停止捐納。至贖罪一條，原係古人『金作贖刑』之義，況斟酌情有可原者方准，其事尚屬可行。嗣後贖罪例，照舊辦理。」七月，查郎阿入覲，於義署陝西總督。十二月，奏稱瓜州令户民五十家守壩閘，巡渠道，並可兼種地，請免納糧草及他差徭，從之。二年二月，内召，回吏部任。時兵部侍郎孫國璽因審屯政侍郎蔣洞侵挪一案，劾於義瞻徇，並有誣參糧道杜濱曖昧事，命刑部侍郎馬爾泰、倉場侍郎崔紀往查。尋問擬洞斬監候，於義瞻徇有跡，所參濱舅占甥妻諸款，係據屬誣稟，失察，均下部議處，援赦免。三年四月，查郎阿奏參承辦軍需道沈青崖、黄文煒、張體義等私運侵帑，詞連於義，侍郎馬爾泰復奉旨往同督撫嚴審，於義著解任赴質。尋鞫實，擬青崖等斬監候，於義徇縱，杖流；浮開麥稞價銀三萬三千零，留蘭州著追。五年十一月，特命署直隸布政使，七年二月，實授。三月，授福建巡撫。時閩鹽課額外多加派，於義同督臣那蘇圖請分别裁減，允之。八月，漳州奸民陳作謀不軌，聚衆圍城，於義擒之。議敘，加一級。十二月，臺灣奸民王永興等樹旗散劄爲匪，旋就獲。奏入，報聞。八年二月，調山西巡撫。十月，補户部尚書，九年正月，調吏部，協辦大學士事。五月，御史柴潮生請修直隸水利，上以於義諳習情形，令同總督高斌辦理。七月，以原銜充經筵講官。十二月，奏陳：「水利事宜：一、錢糧令清河、天津二道核轉；一、事關通省，陸續報銷，以清案牘；一、工程三萬兩以上，委專員分辦，各自報銷，以下委員同地方官辦，由地方官報銷；一、河渠隄埝橋閘，有關要工，應專員典守者，於通省員弁内奏移；一、築隄開河，間占熟地，旗地就近撥補，民地給價除糧；一、工料價用市平給發。」又奏：「勘初次應舉各工：一、濬宛平、良鄉、涿州境内牤牛正、支各河；一、開新城、雄縣境内白溝河支流，趙北口淀内各支河；一、開東淀，河道徑直，以暢尾閭；一、另疏子牙河口閘，築隄分清渾；一、疏舊減河入鳳河，消瀝水；一、掘塌河，淀淤塞，利宣洩；一、引唐河由舊渠歸保定河；一、以渠閘引河、淀沃田；一、濬正定縣各泉爲渠，成自然之利；一、修復營田舊渠閘；一、給百姓營田工本。」均下部議，從之。十年二月，署直隸總督。三月，加太子太保。十月，奏：「初次工程告竣，善後事宜：一、各州縣新工，官入交代，民均力役；一、唐河兩岸設涵洞；一、新建河閘駐汛員；一、閘座設額夫；一、保定通判改爲水利通判，專管唐、完、滿城、清苑、安州五屬河道；一、定興縣丞改駐新城，司河防；一、新設垡船衩夫，分隸東西兩淀；一、子牙河隄分隸廳汛；一、子牙長隄，建營房防護；一、河隄栽柳，州縣佐雜及河工效力等官捐種，議敘。」十二月，奏：「勘二次應舉各工：一、還鄉河裁灣取直，建滚壩；一、薊運西隄並袖針舊河，分别修築；一、張青口下接挑支河；一、新安縣之新河，開挑寬深；一、廣利渠展爲河，接連府；一、望都以下，沿白草溝河至清苑、安肅，開道溝；一、廣利、依城二河，挑減河分洩；一、疏定興、安肅泉水，廣灌溉。」又奏：「永定河身兜灣十處，均宜裁直；以順其勢。灣處截築攔水壩，河沙淤者挑深，隄缺薄者加培。」均議行。十一年三月，奏：「勘三次應舉各工：一、塌河淀漲水，由七里海引歸薊運河；一、津邑東北賈家口舊河挑洩積水；一、靜海迤東蘆北口接開支河；一、南運河捷地汛改挑引河。」又奏：「續勘三次應舉各工，在慶雲縣者濬馬頰河引瀝水歸海，開城北湖於王家窪渠，通西南高慕台窪，均引入老黄河，疏四鄉洩水溝渠，去積澇。在鹽山縣者，濬宣惠河，洩合縣之水，通縣東之明泊窪入宣惠河，引歸老黄河。」均議行。又奏：「慶雲、鹽山二縣，請於水利節省項下，酌給銀多砌磚井，仍令民開土井，資灌溉。再撥用商捐貯銀，委員赴張家口買牛，給貧民耕種，並度土性買栽棗、杏、榆、柳三萬株，以備食用。」從之。尋疏請減慶雲縣額賦，諭曰：「直隸慶雲縣土瘠民貧，連年荒歉，朕心深爲軫念。多方籌畫，蠲賑並施，以甦民困。惟是元氣難以驟復，必須大沛恩膏，俾小民永沾實惠。著將該縣每年額征地丁銀蠲免十分之三，永爲例。」七月，署直隸河道總督。十二年四月，直隸水利工程竣，議敘加二級。尋回京。七月，諭曰：「協辦大學士、吏部尚書劉於義年近七旬，現兼理户部，輪班奏事，連日往返，未免過勞。所有户部事務，著不必兼管。」十三年二月，卒。諭曰：「劉於義才品優長，簡任銓衡，協贊機務，宣力中外，勤慎素著。忽聞溘逝，朕心深爲軫惻！應得卹典，著察例具奏。」五月，賜祭葬如例，謚文恪。

《八旗通志》卷三三九《八旗大臣題名・各省總督》 郝玉麟，漢軍鑲白旗人，雍正七年三月，任廣東總督。十年二月，調福建總督。十二年十月，改爲浙閩總督。乾隆元年二月，以浙閩總督專管福建總督。三年九月，仍兼轄浙江。四年七

月，陞吏部尚書。

田文鏡《河南通志》卷三七　陳錫輅，浙江嵊縣人，貢生，雍正十一年任。

《清史列傳・文苑傳三・吴騫》　吴騫，字槎客，浙江海寧人。諸生。生負異稟，過目成誦。篤嗜典籍，遇善本傾囊購之，校勘精審，所得不下五萬卷，築拜經樓藏之。錢大昕爲之序，謂所藏百氏皆具，獨言經者統於尊也。尤喜搜羅宋元刻本，如陶淵明、謝元暉諸集，皆取而重梓之，學者珍爲祕寶。嘗得宋本咸淳《臨安志》，刻一印曰「《臨安志》百卷人家」。其風致如此。兼好金石，以所藏商鳥、篆戈、吴季子劍等，作《拜經樓十銅器詩》。少與陳鱣講訓詁之學，所爲詩文，詞旨渾厚，氣韻蕭遠。晚益深造，不屑爲流俗之作。性慈善，嘗買一婢，詢之，良家女也，撫爲己女，嫁之。一時咸頌其厚德。著有《國山碑考》一卷、《桃溪客語》五卷、《小桐溪吴氏家乘》八卷、《蘇祠從祀議》一卷、《拜經樓詩話》四卷、《論印絶句》二卷，又有《愚谷文存》、《拜經樓詩集》。嘉慶十八年，卒，年八十一。

《清史列傳・儒林傳下一・盧文弨》　盧文弨，字弨弓，浙江餘姚人。父存心，乾隆初舉博學鴻詞科。文弨，乾隆十七年一甲三名進士，授翰林院編修，上書房行走。歷官左春坊左中允、翰林院侍讀學士。三十年，充廣東鄉試正考官。三十一年，充湖南學政，以條陳學政事宜不當，部議降三級用。三十三年，乞養歸。文弨孝謹篤厚，潛心漢學，與戴震、段玉裁友善。好校書，所校《逸周書》、《孟子音義》、《荀子》、《吕氏春秋》、《賈誼新書》、《韓詩外傳》、《春秋繁露》、《方言》、《白虎通》、《獨斷》、《經典釋文》諸善本，鏤板惠學者。又苦鏤板難多，則合經史子集三十八種，而名之曰《群書拾補》。所自著有《抱經堂集》三十四卷、《儀禮注疏詳校》十七卷、《鍾山劄記》四卷、《龍城劄記》三卷、《廣雅釋天以下注》二卷，皆能使學者諟正積非，蓄疑涣釋。其言曰：「唐人之爲義疏也，本單行，不與經注合。單行經注，唐以後尚多善本，自宋後附疏於經注，而所附之經注，非必孔、賈諸人所據之本也，則兩相齟齬矣。南宋後又附《經典釋文》於注疏間，而陸氏所據之經注，又非孔、賈諸人所據也，則齟齬更多矣。淺人必比而同之，則彼此互改，多失其真。幸有改之不盡，以滋其齟齬，啓人考覈者，故注《釋文》，合刻似便，而非古法也。」其特識多類此。文弨嘗歷主江浙各書院講席，以經術導士。六十年，卒，年七十九。

又《邵晉涵》　邵晉涵，字二雲，浙江餘姚人。乾隆三十六年進士，歸班銓選，會開四庫館，特詔徵晉涵及歷城周永年、休寧戴震等，入館編纂，改翰林院庶吉士，授編修。四十五年，充廣西鄉試正考官。五十六年，大考，遷左中允，洊擢侍講學士，充文淵閣直閣事，日講起居注官。晉涵左目眚，清羸。善讀書，四部七録，靡不研究。嘗謂《爾雅》者六藝之津梁，而邢疏淺陋不稱，乃爲《正義》二十卷，以郭璞爲宗，而兼采舍人樊、劉、李、孫諸家，郭有未詳者，擇他書附之。自是承學之士，多舍邢而從邵。尤長於史，以生長浙東，習聞劉宗周、黄宗羲諸緒，論説明季事，往往出於正史之外。在書館時，見《永樂大典》采薛居正《舊五代史》，乃薈萃編次，得十之八九；復采《册府元龜》、《太平御覽》諸書，以補其缺；並參考《通鑑長編》諸史及宋人説部碑碣，辨證條繫，悉符原書一百五十卷之舊。書成，呈御覽，館臣請仿劉昫《舊唐書》之例，列於二十三史，刊布學宫，詔從之。由是薛史與歐陽史並傳矣。嘗謂《宋史》自南渡後多謬，慶元之間褒貶失實，不如東都有王偁《事略》。欲先輯《南都事略》，使條貫粗具，詞簡事增；又欲爲趙宋一代之志，俱未卒業。其後鎮洋畢沅爲《續宋元通鑑》，囑晉涵删補考定，故其緒餘稍見於審正《續通鑑》中。晉涵性狷介，不爲要人屈。嘗與會稽章學誠論修《宋史》宗旨，晉涵曰：「宋人門户之習，《語録》庸陋之風，誠可鄙也。然其立身制行，出於倫常日用，何可廢耶？士大夫博學工文，雄出當世，而於辭受取與、出處進退之間，不能無簞豆萬鍾之擇。本心既失，其他又何議乎？此著《宋史》之宗旨也。」學誠聞而聳然。他著有《孟子述義》、《穀梁正義》、《韓詩内傳考》，並足正趙岐、范寧及王應麟之失，而補其所遺。又有《皇朝大臣謚跡録》、《方輿金石編目》、《輶軒日記》、《南江詩文稿》。嘉慶元年，卒，年五十四。

《清史列傳・文苑傳四・邢澍》　邢澍，字雨民，甘肅階州人。乾隆五十五年進士，官至江西南安府知府。博學洽聞，藏書萬卷。宰浙江長興時，與陽湖孫星衍撰《寰宇訪碑録》，復據唐宋以前金石刻，並宋元刊本，《隸釋》、《隸續》等書，著《金石文字辨異》十二卷。尤精各史表志之學，嘗以關中迭經兵燹，昔賢著作，淪佚者衆，精心搜采，爲《關右經籍考》十一卷，洪亮吉謂其取材博而用心審，爲世不可少之書。又著有《兩漢希姓録》、《守雅堂詩文集》。

又《大臣傳次編六・謝啓昆》　謝啓昆，江西南康人。乾隆二十六年進士，改庶吉士。三十一年，散館，授編修。三十五年，充河南鄉試正考官。三十六年，京察一等，充會試同考官。三十七年，授江蘇鎮江府知府，旋調揚州府知府。四十三年，東臺縣民徐述夔詩詞悖逆，事發，以啓昆查辦遲延，論軍臺効力贖罪。尋復原官，經兩江總督薩載奏留江南；四十四年，丁父憂，復奏留委用。四十五年，命署安徽寧國府知府，俟服闋再行實授。四十六年，丁母憂，回籍。四十八年，服闋，以

病仍留本籍。五十五年，病痊，赴京引見，命仍發江南，以知府用。旋特擢江南河庫道。五十九年，遷浙江按察使。六十年，授山西布政使。是年冬，諭曰：「浙江爲財賦之地，聞謝啓昆在山西任内，辦事尚屬認真，且曾任浙江臬司，署理藩篆，著調補浙江布政使，以資駕輕就熟。」嘉慶四年，奏請陛見，回任護巡撫篆，旋擢廣西巡撫。奏言：「廣西邊境土司四十六處，星羅碁布，爲通省藩籬。各土司本無俸廉，專恃祖傳田産，辦公養贍。自宋、元至今，支庶派分，恆産漸少。且累世承襲以來，衣食租税，不知節儉。又自乾隆五十三年，辦理安南兵差，出夫供役，亦有賠累之處。生計日絀，輒向客民借貸。奸民乘機盤剥，將田産準折，以致養贍無資。前撫臣成林奏請招徠土司境内客民開墾閒田，撫臣台布又奏請官設典當，以濟土司緩急，均屬勢所難行。曾奉諭旨嚴切訓飭，仰見聖明洞燭遐荒，無微不至。臣現在遵奉恩訓，曉諭各土司，嗣後務宜倍加節儉，並嚴飭客民如有重利剥削、準折田土之事，即照例遞籍治罪，將産給還土司；其通情典當，尚無重利者，姑免深究。計其有餘利者，減價取贖；利不敷本，或無力贖回，應酌定年限，俟所收田租已有一本一利，即將田産撤歸原主。總以五年爲期，毋許再占。復督率各道府革除一切陋規，俾資休養生息，自可復原；客民既無重利可圖，斷不懷挾重貲赴瘴癘之鄉，自取罪戾。則盤踞占耕之弊，不禁自絶。至客民入苗地買賣借貸，例應究治。惟廣西土司與民地犬牙相錯，土官土民皆馴謹愚陋，與滇、黔苗、倮之獷悍者迥不相同，順其性而撫之，儘可相安無事；且物産稀少，藉客民販運，有無相通，因地制宜，無庸禁止。」從之。五年四月，奏：「興安縣有陡河一道，發源陽海山，築隄分水，東流爲湘江，西流爲灕江，係楚、粤、滇、黔五省所經之道。秦、漢開鑿以來，間歲不修，即多淺阻。臣抵任時，路經該處，見有陽海隄一道，坍數十丈，水勢漫潰。隄内民田淹漫數萬餘畝，隄外河流因之淺涸。臣倣浙江海塘竹簍囊石之法，鑲築石隄，民田俱經涸出，可以播種，其河流亦一律深通。向來銅船過陡河，必行一月。今浙江銅船一百五號，三日内全行出陡，此其明驗。至《廣西通志》自雍正十一年纂成後，已七十年。臣公餘搜羅散佚，續編成書，進呈欽定。」報聞。又奏曰：「臣恭奉上諭：『百姓不可剥削，倉庫不可虧損，在督撫悉心講求，無欺無隱。』臣查各省倉庫，積弊有年，其州縣之敢於明目張膽，虚報虧空；監交之員又敢於兩邊説合，寫券書押者，皆由貪黷僨事之督撫釀成於前，庸闇姑息者又縱容於後。迨至水落石出，則藉口設法彌補，以圖掩飾。豈知天地生財止有此數，所設之法仍不過取之於民。是以各省倉庫大局約有三變：始則大吏之貪婪者，利州縣之餽貽；僨事者資州縣之攤賠，州縣匿其私橐，而以公帑應之，一經離任，則虧空纍纍，大吏既餌其資助，不得不抑勒後任接收，此虧空之緣起也；繼則大吏之庸闇者，任其欺朦；姑息者又懼興大獄，甚至以敢接虧空者爲能員，以稟揭虧空者爲多事，以致州縣視若已貲，取攜如寄，並有藉口虧空過多，挾制上司陞遷美缺者，此虧空之濫觴也。近年督撫之不職者，相繼敗露，諸大吏共相濯磨，各州縣亦争先彌補。但彌補之法，寬則人心生玩，而胥吏夤緣爲奸；急則衆志張皇，而百姓先受其累。此立法之難，況各省多寡貧富不同，難易情形迥别，一法立即一弊生，惟在因地制宜，似難率定章程，反多窒礙。臣愚陋之見，請敕下各督撫，先徹底查明實數，除本員現在者，如律論治外，其積虧無著之項，詳記檔册，使猾吏無可影射，多分年限，使後任量力補苴。不必輾轉誅求，亦不必程功旦夕，仍責成督撫裁革陋規，以清其源；倡行節儉，以絶其流；講求愛民之術，以培元氣；獎擢清廉之員，以勵官常。似此日計不足，月計有餘，不數年間休養生息，不特倉庫充盈，而吏治民生亦蒸蒸日上矣。廣西地瘠民貧，倉庫向無虧缺。自孫士毅辦理安南事務，一切軍需供億，所費不貲。且米穀、銀餉、軍裝、器械，在關外毁棄者，不可勝數。均因不能開銷，令各州縣分賠，遂致通省各有虧短。臣思此項本非州縣侵蝕，且本人均已去任，接收者方在實力補苴，乃一經參劾追賠，難保無勸捐派累之事。惟躬率司、道、府、州省衣節食，革去一切陋規。昔日應酬之費，作爲州縣從容彌補之資，少者限以一年，多者二年，至多以三年爲斷。仍實心訪察，進廉去貪，俾無絲毫累及百姓。計三年之内，庫項必能補足。惟是數十人補之而不足，一二人敗之而有餘。是又全在督撫知人善任，大法小廉，不愛逢迎，不存姑息，庶不至復有續虧之患矣。」又言：「彌補虧空，總期倉庫豐盈，初不爲一身免累之計，庶不至事事皆無實際。臣前歷官山西、浙江藩司，慎密設法，將山西積虧八十餘萬，全行補完；浙江則彌補十分之五，皆未經咨部，亦未咨追原籍。蓋因當日之員大半死亡、遣戍，其子孫貧乏者居多，一經咨部查追，紛紛滋擾，徒飽胥吏之橐，仍不過以家産盡絶，咨覆完結。求其如數追繳，十無二三，而現任之員反得置身事外，實與帑項無益。茲查廣西通省庫項未完者，共三十九州縣，覈其虧數與廉羡之多寡，分限三年，按月交庫，作爲額貯實數。於州縣交代時，察其補數不足者，即以虧空參劾。」先後奏入，均嘉納焉。先是，上諭嗣後遇應行買補倉穀年分，務須飭令所屬於豐稔鄰縣，按照時價，公平採買，不許在本地派買。啓昆以廣西地方跬步皆山，轉運之費不減於市穀之價，各州縣於鄰邑採買，既無糧食市廛，又不能向肩負力役之鄉民零星收買，恐不肖者因辦

理掣肘，或互相朋比，代爲勒派，致有防弊之名，而無杜弊之實。請仍於本地買補。上允其請。八月，奏言：「准部咨州縣未滿三年，不准奏調，所以杜奔競、絶營求，立法實爲盡善。但粤西煙瘴缺甚多，水土最惡，官員不無視爲畏途，與調繁之得美缺者迥殊。是以向例煙瘴缺出，止應揀選能耐煙瘴水土之員調補，毋庸拘定年限。今若一律定以實缺三年，則粤西州縣六十二缺，煙瘴居其十，於内地州縣中擇其歷俸三年並無違礙處分，而又年壯才明能耐煙瘴者，竟不可得。若請旨揀發，則初至之員，不習水土居多；若以年老之人遷就調用，使之觸冒瘴癘，而年壯力强者，反因格於定例得遂其規避之計，似未平允。且恐年老者血氣既衰，不能彈壓整頓，於邊疆吏治更有妨礙。如以煙瘴員缺俸滿即陞，似有捷徑可圖，則定例本有煙瘴人員俸滿後，僅循分供職者，將應陞之處注銷；濫行保送者，該上司降二級調用，處分甚嚴。是既調之後，仍應覈其政治實績，並非一經調邊，即可陞擢。請仍照舊例，不必計俸，惟擇才優，庶有裨益。」下部議行。六年，以廣西弁兵調楚剿賊，奮勇立功，下部議敍，加一級。旋以上林縣知縣竇謙採買倉穀不善，奏請革訊，竇謙畏罪溺死，未經防解，命交部議處，並令明白回奏。尋諭曰：「謝啓昆覆奏，自稱『求治太急，馭下太嚴』等語。謝啓昆在巡撫任内，朕亦聞其辦事過急，每有失當之處。此案辦理疏忽，傳旨申飭。」七年四月，疏言：「廣西寶桂錢局向由本省銅廠解局供鑄，嗣因本省産銅稀少，赴滇採運，俱係高銅，乾隆二十一年改爲高低對半。迨三十八年後，改爲高四低六。經前撫臣熊學鵬籌議，將少買高銅一分改買低銅一分，計節省正價及脚費銀八百餘兩，添買低銅，通融配鑄。維時本省有金雞等廠，高銅尚可通融辦理。嗣於五十七年，各廠全行封閉，專賴滇銅，而己酉年買運回局，成色過低，咨明滇省委員會煉，其釵銅一百二十三斤，僅得净銅七十六斤。覈與二十七、二十八等年改撥低銅案内奏明每正耗銅一百二十三斤，煉净八十四斤十三兩零之數，又短銅八斤十三兩零，咨滇撥補。五十八年，准滇省咨現在高銅豐旺，或此後全買好銅，以免成色不足，往返之咨查太煩。旋因五十九年後暫停鼓鑄，嘉慶元年適有小錢鼓鑄，致未辦理。戊午年赴滇採運，仍循舊例鑄出錢文，色黯質脆，民間難以行使，屢經監局官督飭鑪匠錐煉，而火工折耗，賠累甚重。應請自七年爲始，一律採運高銅，於鼓鑄大有裨益。再查廣西嘉慶三年以前，設鑪十二座，買運高低銅二十五萬餘斤，内高銅十萬餘斤。自三年減鑪五座，共需銅十萬一千八百餘斤，若全買高銅，與從前未減鑪座以前買運高銅數目所增無幾，滇省撥運可無虞拮据。如慮各省紛紛陳請，江蘇、湖北二省久經改爲全買高銅，並非廣西創始，惟歷年採買高低銅正價及脚費，除鎔出黑鉛變價外，需銀一萬三千六百四兩零，今改買高銅，需正價及脚費銀一萬四千六百四十一兩零。計不敷銀一千三十七兩零，未便因餘息可支，遂啓加價之漸。查此項爲數無多，臣與兩司鹽道養廉優厚，應請每年於撫司道養廉内攤扣撥補，毋庸作正開銷。」奏入，下部議行。七年六月，卒於任。遺疏聞，諭曰：「謝啓昆在巡撫任中，資格尚好。其前任藩司時，辦事認真，於倉庫錢糧，尤能清釐整頓。迨擢任巡撫，操守亦廉潔，兹聞溘逝，殊堪軫惜！該省潯、梧兩關盈餘銀兩，向來留充公用。自謝啓昆到任後，陸續節省一萬兩存貯藩庫，著加恩於此項内提銀三千兩，賞給謝啓昆家屬，以資回籍治喪之費。其任内降革處分，悉予開復。所有應得卹典，著該部察例具奏。」尋賜祭葬如例。子學崇，嘉慶七年進士，現任翰林院編修；學炯，現任刑部員外郎。孫振音，從二品廕生。

又《大臣傳次編一・王昶》 王昶，江蘇青浦人。乾隆十九年進士。二十二年，上南巡，召試一等，欽賜内閣中書。二十三年，補内閣中書。二十四年八月，充順天鄉試同考官。十一月，在軍機司員上行走。二十五年八月，充順天鄉試同考官。二十六年三月，充會試同考官。二十七年八月，充順天鄉試同考官。二十八年三月，充會試同考官。二十九年三月，擢刑部山東司主事，辦理秋審事。三十一年，遷浙江司員外郎，署郎中。三十二年五月，陞江西司郎中。三十三年四月，京察一等記名，以道府用。七月，以漏洩查辦兩淮鹽引一案，奉旨革職。九月，雲貴總督阿桂請帶往雲南軍營効力。三十六年十月，諭曰：「據温福奏：『革職郎中王昶在滇省軍營，自備資斧効力，現已滿三年。今派令隨赴四川辦事，懇量予加恩』等語。王昶著賞給主事，所有應得分例，准其支食。」十一月，補吏部考功司主事。三十七年十二月，副將軍阿桂奏：「前經帶往辦事之主事王昶，由雲南軍營効力，復帶赴四川軍營，一切奏摺、文移，皆其承辦，頗爲出力。」得旨：「王昶著加恩以吏部員外郎用。」三十八年，補稽勳司員外郎。三十九年，以軍營奮勉，經大學士阿桂保奏，以本部郎中陞用。四十年，補文選司郎中。四十一年五月，諭曰：「吏部郎中王昶在軍機，出力年久，頗著勤勞。著加恩陞鴻臚寺卿，並賞戴花翎，仍在軍機處司員上行走。」七月，授通政司副使。四十二年，遷大理寺卿。四十四年，擢都察院左副都御史。四十五年三月，授江西按察使。八月，丁母憂，回籍。四十八年二月，服闋，補直隸按察使。三月，調陝西按察使。十月，奏稱：「向例重犯脱逃，州縣先於本境查拏。初參限滿不獲，始造具事由清册，分咨鄰省通緝。查命案初參，以半年爲限，閲時既久，頑獷之徒，早已乘間遠颺。請嗣後遇有凶犯脱逃，一面在

本地嚴拏，一面飛咨鄰省通緝。」得旨，依議速行。十二月，奏：「陝省幅員遼闊，東南與楚、蜀接壤，最易藏奸。現飭各屬將舊有保甲逐一清理，漢中、興安一帶流寓民人，取具相識保結，方准棲止；其無人認識，蹤跡可疑者，遞回原籍。至往來過客，於歇店給發印簿，登記彙查。儻詢出命盜重犯，曾在該店歇宿，照例治罪。再凶器必宜禁絶，除鳥槍業已陸續收繳，其餘順刀、褲刀，不惟不容佩帶，並不許製造。仍飭各屬嚴密稽查，毋任胥役藉端滋擾。」得旨：「實力爲之！」五十年，署陝西布政使。五十七年七月，遷雲南布政使。九月，諭曰：「據永保奏，臬司王昶已陞任雲南藩司，應行交代赴任等語。前因伊陽縣逸犯秦國棟及大名案首犯段文經、徐克展等，查拏未獲，令王昶在商州搜捕。今兩案正犯尚未弋獲，正應令王昶在彼悉心督緝。乃永保以該司陞任雲南，遽派潼商道德明前往商州更換王昶。何拘泥不曉事體如此？所有陝西臬司印務，著顧長紱兼署外，王昶應仍在商州、潼關一帶嚴緝要犯，俟拏獲後，再令交代起程。」十月，又諭曰：「王昶前在商州一帶緝拏要犯，今秦國棟業經拏獲，王昶著仍遵前旨，即來京陛見後，再赴雲南藩司新任。」五十三年，調江西布政使。五十四年二月，授刑部右侍郎。五十五年三月，江蘇高郵州知州吴焕袒庇書役、私雕印信、冒徵錢糧一案，經該州巡檢陳倚道查獲，疊稟本省各上司，遲延不辦。至是，揭報户部，上命偕兵部尚書慶桂馳驛前往，會同兩江總督書麟審訊。嗣以書麟奏到摺内，並不細覈詳稟批發日月，嚴究徇縱情節，將巡撫閔鶚元奏參，代爲掩飾，將書麟交部嚴議。諭曰：「此案關係吏胥假票重徵，官吏通同隱蔽，王昶籍隸江南，未免心存瞻顧，且恐不能堅定，漫無主見，必致附和書麟，所奏代人受過，著將案内犯證一切卷宗，迅速解赴熱河行在審辦。」七月，命赴湖南鞫湘鄉縣糧書需索案。九月，赴湖北鞫應城縣倉書浮收案，十月，鞫江陵縣書吏偷減土方案。十一月，鞫永明縣賄買武童案。十二月，鞫長沙縣勒買常平倉穀案，各得實以聞。五十七年八月，充順天鄉試副考官。五十八年三月，奏給假回籍省墓，上允之。十二月，回京。諭曰：「侍郎王昶假滿召見，看其年力就衰，伊亦自以精神日減，難以供職。王昶著以原品休致，俟來歲春融，即行回籍，以示體恤。」嘉慶十一年六月，卒。

又《文苑傳三・姚鼐》　姚鼐，字姬傳，安徽桐城人。乾隆二十八年進士，改翰林院庶吉士，散館授兵部主事，轉禮部。三十三年，充山東鄉試副考官。三十五年，充湖南鄉試副考官。三十六年，充會試同考官。累遷至刑部郎中、記名御史。四庫館開，以大臣薦，爲纂修，年餘乞病歸。鼐少家貧，體羸多病而嗜學。時侍郎方苞以古文鳴當世，上接震川，同邑劉大櫆繼之。鼐世父範與大櫆友善，範嘗問鼐志，曰：「義理、考證、文章，闕一不可。」範乃以經學授鼐，而命鼐受古文法於大櫆。然鼐本所聞於家庭師友間者，益以自得，不盡用大櫆法也。所爲文高簡深古，尤近司馬遷、韓愈。其論文，根極於性命，而探原於經訓。至其淺深之際，有古人所未嘗言，鼐獨抉其微而發其蘊。論者以爲辭邁於方氏，而理深於劉氏焉。鼐爲學博集漢儒之長，而折衷於宋。嘗與人書云：「秦漢以來，諸儒説經者，合與離，固非一途。程朱出，多得古人精深之旨，而其生平修己立德，又實足踐行其言，爲後世之所嚮慕，故元明皆以其學取士。自利禄之途開，爲其學者，以爲進趨富貴而已。其言有失奉而不敢稍違其得，亦不知所以爲得，斯固數百年來之陋習。今世學者，乃思一切矯之，專宗漢學，以攻駁程朱爲能，倡於一二專己好名之人，而相率而效者，遂大爲學術之害。夫漢人之爲言，非無有善於宋而當從者也，博聞强識以助宋君子所遺可也，以將跨越宋君子則不可也。」又《送錢坫序》略云：「孔子没而大道微，漢儒承秦滅學後，始立專門，各矜師授；久之通儒漸出，貫穿群經，擇其長説，其敝也雜以讖緯，亂以怪僻猥碎，魏晉之間空虚之談興，以清言爲高，以章句爲塵垢。自是南北乖分，學術異尚，五百餘年。唐一天下，兼採衆長，定爲義疏，而所取或是或非，未有折衷。宋之時，真儒乃得聖人之旨，群經略有定説。元明守之，著爲功令。明末至今，學者頗厭功令所載爲習聞，又惡陋儒不考古而蔽於近，於是專求古人名物制度，訓詁書數，以博爲量，以闚隙攻難爲功。甚者欲盡舍程朱而宗漢，枝之獵而去其根，細之蒐而遺其鉅，夫豈非蔽與？」又曰：「説經古今自有真是非，勿徇時人之好尚。如近年海内諸賢所持漢學，與明以來講章諸君何以大相過哉？夫漢儒之學，非不佳也，而今之爲漢學乃不佳，偏徇而不論理之是非，瑣碎而不識事之大小，嘵嘵聒聒，道聽塗説，正使人厭惡耳。且讀書者，欲有益於身心也。程子以記史書爲玩物喪志，若今之爲漢學者，以搜殘舉碎、人所少見者爲功，其爲玩物不彌甚耶？」同時袁枚、紀昀頗詆宋儒，鼐嘗直斥其非。翁方綱向鼐乞言，鼐曰：「諸君皆欲讀人間未見書，鼐則願讀人間所常見書耳。」生平虚懷善取，在揚州與吴定居最久，有所作以示定，定所不可，輒竄易至數四，必得當乃已。所編《古文辭類纂》，言文之體類十有三，而所以爲文者八：神理氣味，文之精也；格律聲色，文之粗也。學者於古人必始遇其粗，中遇其精，終則御其精而遺其粗。論者謂自明以來言古文者，莫詳於鼐，鼐與方苞、劉大櫆皆籍桐城，世稱之爲桐城派。詩從明七子入，而以融會唐宋之體爲宗旨。嘗倣王士禎《五七言古體詩選》爲《今體詩選》，

人皆謂爲精當云。鼒色怡而氣清，接人極和藹，無貴賤皆樂與盡懽，而義所不可，則確乎不易其所守。世言品學兼備，推鼒無異詞。自告歸後，主講江南、紫陽、鍾山各書院者四十餘年，諄諄以誨迪後進爲事。嘉慶十五年，重赴鹿鳴宴，恩加四品銜。二十年，卒，年八十五。所著有《九經説》十九卷、《三傳補注》三卷、《老子章義》一卷、《莊子章義》十卷、《惜抱軒文集》十六卷、《文後集》十二卷、《詩集》十卷、《書録》四卷、《法帖題跋》一卷、《筆記》十卷。

又《儒林傳下二・洪亮吉》 洪亮吉，字君直，江蘇陽湖人。六歲而孤，母蔣賢明，督課嚴，風雪夜受經至雞鳴。亮吉純孝，既壯，爲嬰兒戲娱母。家貧，橐筆出遊，節所入養母。及歸，聞母凶耗，慟絶墜水，得救免。三年徹酒肉，不入中門。少工文辭，與同邑黄景仁詩歌唱和，時稱洪黄。後從安徽學政朱筠遊，同幕戴震、邵晉涵、王念孫、汪中等皆通古義，乃立志窮經。家居，與孫星衍相鞏摩，學益宏博，時又稱孫洪。乾隆五十五年，一甲二名進士，授翰林院編修。五十七年，充順天鄉試同考官，即拜貴州學政之命。亮吉以古學教士，黔省僻遠無書籍，爲購經、史、《通典》、《文選》等，散置各府書院。奏：「《禮記》宜用鄭氏注，今功令試士從元陳澔注，舛漏不足闡發經義。」未奉部議施行。嘉慶二年，命在上書房行走。三年正月，大考，命擬《征邪教疏》。時川、陝餘匪未靖，亮吉指陳規畫，慷慨數千言。是月，因弟靄吉卒，引古人期功去官之義，病免，家居。又明年，高宗純皇帝上賓，亮吉以供奉内廷奔京哭臨。仁宗親政，詔求直言極諫之士。亮吉念身自微賤，受知兩朝，居侍從之列，欲終不言則非人臣匪躬之義，言之又慮其不可以徑達也。自聞詔後，不知寢食者累月。一日奮曰：「吾終不可以立仗馬辜聖天子恩。」乃反覆極陳時政累數千言。略謂故福郡王所過繁費，州縣供億，致虚帑藏。故相和珅擅權時，達官清選或執贄門下，或屈膝求擢。羅列中外官罔上負國者四十餘人。手書爲三函，乞成親王、大學士朱珪、兵部尚書劉權之代奏。上見「視朝稍晏，小人熒惑」等語，以爲論及宫禁，震怒，革職對簿，詔：「亮吉讀書人，體弱，毋許用刑。」亮吉感慟伏地。問何爲上書，從容應曰：「庶人傳語，況翰林乎？」王大臣等當亮吉大不敬律，斬立决。奉旨免死，發往伊犂，交將軍保寧嚴加管束。明年二月，亮吉至伊犂。四月，京師旱，上禱雨心切，命清理庶獄。故事：戍伊犂者滿三年，則伊犂將軍入奏，未及期不得上請。自四月二十四日皇上親禱社稷壇之後，經旬尚未得雨。閏四月初三日，奉上諭：「從來聽言爲致治之本，拒諫乃失德之尤。朕從不敢自作聰明，飾非文過，兼聽並觀，惟求一是而已。去年編修洪亮吉既有欲言之事，不自陳奏，轉向成親王及朱珪、劉權之私宅呈送，原屬違例妄爲，經成親王等先後呈進原書，朕詳加披閲，實無違礙之句，仍有愛君之誠。惟『視朝稍晏，小人熒惑』等句，未免過激，令王大臣等訊問，擬以重辟，施恩改發伊犂。然此後言事者日見其少，即有言亦論官吏之常事，而與君德民隱休戚相關之實絶無言者。豈非因洪亮吉獲咎，鉗口不敢言，以致朕不聞過，下情復壅，爲害甚鉅！洪亮吉所論，實足啓沃朕心，故銘諸座右，時常觀覽。若實悖逆，亦不能壞法沽名。況皆屬子虚，何須置辨？而勤政遠佞，更足警省朕躬。今特明白宣諭王大臣，並洪亮吉原書，使内外諸臣知朕非拒諫飾非之主，實可與言之君。諸臣倖遇可與言之君而不與言，大失致君之道，負朕求治之苦心矣。仍各殫心竭思，隨時密奏。」軍機大臣即傳諭伊犂將軍保寧，將洪亮吉釋放回籍。是日午刻，皇上硃筆親書諭旨，交軍機頒發中外。午後同雲密布，即得甘霖。御製《得雨敬述詩紀事》，《御製詩》注有「納言克己，乃爲民請命之大端。本日親書諭旨，將去年違例上書發往新疆之編修洪亮吉立予釋回，宣諭中外，並將其原書裝潢成卷，常置座右，以作良規。正在頒發，是夜子時，甘霖大沛，連宵達晝。旋據報近郊入土三寸有餘，保定一帶亦皆深透。天鑒中誠，捷於呼吸，可感益可畏也。自闢新疆以來，漢員賜環之速，未有如亮吉者。」亮吉遂歸，署其室曰「更生」，表不殺恩。十四年，卒，年六十四。亮吉伉爽有志節，自稱性褊急不能容物，好古人偏奇之行，每惡胡廣中庸，不悦孔光、張禹之爲人。生平好學，不以所遇榮枯釋卷帙，嘗舉荀子語爲人戒有暇日。故其學於經、史、注、疏、《説文》、地理，靡不參稽鈎貫，窮日著書，老而不倦。少好《春秋左氏傳》，覺杜注望文生義，不遵古訓者十居五六，於是冥心搜録，以他經證此經，以别傳校此傳，寒暑不輟者十年。遵《漢藝文志》例，分經爲四卷，傳爲十六卷。訓詁則以賈、許、鄭、服爲主，以三家固專門，許則親問業於賈者也。掇及《通俗》文者，服子慎之所注與李虔所續者截然而兩，徐堅《初學記》等所引可證也。地理則以班固、應劭、京相璠、司馬彪等爲主，補晉以前與地圖經可信者，亦酌取焉。又舊經多古字古音，半亡於杜氏，而俗字之無從鈎校者又半出此書。因一一依本經與二傳，暨漢、唐《石經》，陸氏《釋文》與先儒之説信而可徵者，逐件校正，疑者闕之，成《春秋左傳詁》二十卷。其他所著有《公羊穀梁古義》二卷、《六書轉注録》八卷、《漢魏音》四卷、《比雅》十二卷、《弟子職箋釋》一卷、《傳經表》二卷、《通經表》二卷、《四史發伏》十二卷、《三國疆域志》二卷、《東晉疆域志》四卷、《十六國疆域志》十六卷、《西夏國志》十六卷、《乾隆府廳州縣圖志》五十卷、《曉讀書齋雜

録》八卷、《卷施閣詩文》甲乙集三十二卷、《更生齋詩文甲乙集》十六卷、《詞》二卷，又有《外家紀聞》二卷、《伊犁日記》二卷、《天山客話》二卷、《北江詩話》六卷。子飴孫、符孫、齡孫。

又《儒林傳下二・孫星衍》 孫星衍，字淵如，江蘇陽湖人。少與同里楊芳燦、洪亮吉、黄景仁文學齊名。袁枚品其詩曰：「天下奇才！」與訂忘年交。星衍雅不欲以詩名，深究經史、文字、音訓，旁及諸子百家，皆心通其義。既，從錢大昕遊，精研漢學。元和江聲注《尚書》，以「堯稽古」爲同天，「皋陶稽古」爲順考古道，前後歧説。星衍著論云：「鄭注稽古同天，言堯同於天也，鄭意蓋以堯稱帝爲同天。《書正義》誤引其文云：稽，同也；古，天也。天爲古之説雖見《周書》，未必唐時即有此義。」又嘗於江寧瓦官寺閣見元應《一切經》並慧苑《華嚴經音義》，引倉頡爲多，乃刺取其文，兼摭他書，爲《倉頡篇》三卷。謂元應、慧苑書，世多不傳，然足與陸德明《經典釋文》並垂於世，囑友人刊行。乾隆五十二年一甲二名進士，授翰林院編修，充三通館校理。五十四年，散館，改刑部主事。故事，一甲進士改部，或奏請留館；永編修改官，可得員外郎。前此吴文焕有成案，大學士和珅示意欲使往見，星衍不肯。自是編修改主事，遂爲成例。官刑部，爲法寬恕。大學士阿桂、尚書胡季堂悉器重之，有疑獄輒令依古義平議，全活甚衆。退直之暇，仍理舊業，高麗使臣朴齊家入貢，特謁星衍，爲書「問字堂」匾賦詩以贈。五十七年，遷員外郎，洊陞郎中。六十年，授山東兖沂曹濟道。嘉慶元年七月，曹南水漫灘，潰決單縣地。星衍與按察使康基田鳩工集夫，五日夜從上游築隄遏禦之，不果決。基田謂此役省國家數百萬帑金。尋權按察使，凡七閲月，平反數十百條，活死罪誣服者十餘獄。濰縣有武人犯法，賄和珅門囑託大吏。星衍訪捕鞫之，械和門來者於衢。及回本任，值江南豐工及山東曹工同時漫溢，星衍以無工處所得疏防咎，特旨予留任曹工，分治引河三道。星衍治中段工畢，較濟東道、登萊道上下段，省三十餘萬兩。先是，河工分賠之員，或得羨餘，謂之扣費。星衍不取，悉以給引河工費。時曹工尚未合，河督、巡撫亟奏合龍，移星衍任。尋又奏稱合而復開，開則分賠兩次壩工銀九萬兩，當半屬後任，而司事者並以歸星衍。星衍亦任之，曰：「吾既兼河務，不能不爲人受過也。」四年六月，丁母憂歸。儀徵阮元撫浙，聘主詁經精舍，星衍課諸生以經史疑義，及小學、天部、地理、算法、詞章，不十年，舍中士皆以撰述名家。服闋入都，奉旨仍發山東，十年，補督糧道。十二年，權布政使。值侍郎廣興在省供張煩擾，星衍不肯妄支。後廣以賄敗，豫、東兩省多以支庫獲罪，星衍不與焉。湯陵舊在山西滎河，星衍據漢崔駰、晉伏滔及《皇覽》説，皆云濟陰有湯陵，任曹南時，常申上府，請釐祀典。至是，陵始修整，給地畝奉香火。又考《太平寰宇記》，知先賢閔子墓在范縣，今所傳在歷城者誤，爲修築之，申禁樵采。又以伏生傳書二十七篇，使二帝、三王之訓典不墜於地，欲奏請建立伏博士，乃具稿移學政，囑鄒平令訪其嫡裔，資使讀書。越七年竟得入告，奉旨准以伏生六十五代孫敬祖世襲五經博士。十六年，引疾歸。星衍博極群書，勤於著述。又好聚書，聞人家藏有善本，借鈔無虚日。金石文字，靡不考其原委。常病《古文尚書》爲東晉梅賾所亂，官刑部時，即集《古文尚書馬鄭王注》十卷、《逸文》二卷。歸田後，又爲《尚書今古文注疏》三十九卷。其序例云：「《尚書》古注散佚，今刺取書傳，升爲注者，五家三科之説：一、司馬遷從孔氏安國問故，是古文説；一、《書大傳》伏生所傳，歐陽高、大夏侯勝、小夏侯建是今文説；一、馬氏融、鄭氏康成雖有異同，多本衛氏弘、賈氏達，是孔壁古文説；皆疏明出典，其先秦諸子所引古書説，及緯書《白虎通》等漢魏諸儒今文説，許氏《説文》所載孔壁古文注中存其異文異字，其説則附疏中，其書意在網羅放失舊聞，故録漢魏人佚説爲多。又兼采近代王鳴盛、江都段玉裁諸人書説，惟不取趙宋以來諸人注，以其時文籍散亡，較今代無異聞，又無師傳，恐滋臆説也。」凡積二十二年而後成。論者以爲勝王鳴盛書。其他撰輯，有《周易集解》十卷、《夏小正傳校正》三卷、《明堂考》三卷、《考注春秋别典》十五卷、《爾雅廣雅古訓韻編》五卷、《魏三體石經殘字考》一卷、《孔子集語》十七卷、《晏子春秋音義》二卷、《史記天官書考證》十卷、《建立伏博士始末》二卷、《寰宇訪碑録》十二卷、《金石萃編》二十卷、《京畿金石考》二卷、《續古文苑》二十卷、《詩文集》二十五卷。又有《九經正俗字考》、《十三經佚注》、《集馬昭孫叔然難王申鄭之書》、《山海經音義》、《鄭康成年譜》。其所校刊，若《岱南閣叢書》、《平津館叢書》，均據善本，有資學藝。二十三年，卒，年六十六。星衍性誠正，無僞言僞行，立身行事，皆以儒術，尤喜獎借後進。所至之地，士争歸附。其所撰輯，能集衆人之才智，準以己之識力，再三審擇而後成編。其卒也，海内學者，皆悼慕之。

又《儒林傳下二・江藩》 江藩，字子屏，江蘇甘泉人。監生。受業吴縣余蕭客及元和江聲，得惠棟之傳。博綜群經，尤深漢詁，旁及九流二氏之書，無不綜覽。所爲古文詞，豪邁雄俊，作《河賦》以匹景純元虚《江海》二賦。性不喜唐宋文，每被酒輒自言文無八家氣，人目爲狂，不顧也。爲人權奇倜儻，能走馬奪槊，豪飲。徧遊齊、晉、燕、趙、閩、粤、江、浙，韓城王杰極重之。曾恭撰純廟《詩集注》，由杰進

呈，恩賞《御製詩》五集。後諭召對圓明園，值林爽文陷臺灣，報至，遂輟，人惜其遇。幼蓄書萬餘卷，以好客貧其家，歲饑，盡以易米。作《書窠圖志感》。年五十，以《易》筮之，得坎之節，乃思守所傳之經，終老於家，因自號節甫。初，惠棟作《周易述》，未竟而卒，闕自鼎至未濟十五卦，序卦、雜卦二傳，藩乃著《周易述補》五卷，羽翼惠氏。歙凌廷堪謂棟猶不免用王弼之説，藩悉無之，方之惠書，有過之無不及也。又著《漢學師承記》八卷，於兩漢儒林家法之承授，國朝經學之源流，釐然可考。又取諸家撰述專精漢學者，倣唐陸德明《經典釋文》傳注姓氏之例，著《國朝經師經義目録》一卷，凡言不關乎經義小學，意不純乎漢儒詁訓者，悉不著録。論者以爲二百年來談漢學不可少之書。又録孫奇逢以下諸人，分南學、北學附記，著《宋學淵源記》三卷。少嘗爲《爾雅正字》，道光元年年六十一，復重加删訂，爲《爾雅小箋》三卷。他著有《隸經文》四卷、《炳燭室雜文》一卷、《江湖載酒詞》二卷。卒窮困以終。初，藩著《漢學師承記》，仁和龔自珍諍之，大旨謂讀書者實事求是而已，若以漢與宋爲對峙，恐成門户之見。其後壽陽祁寯藻囑光澤何秋濤爲續記，秋濤曰：「是編當依阮元《疇人傳》之例，改爲《學人傳》，若特立一漢學之名，宋學家群起而攻之矣！」方東樹《漢學商兑》所由作也。然藩所著《宋學淵源記》多以禪學爲宋學，亦爲世所譏云。

徐世昌等《清儒學案・王先生棻》 王棻字子莊，別字耔軒，黄巖人。同治丁卯舉人，再上春官，遂不復赴，一意著述。其論學不立門户，以爲古今學術大別有四：曰性理，曰經濟，曰訓詁，曰詞章。而其歸有三：性理者志於立德者也，經濟者志於立功者也，訓詁、詞章者志於立言者也。四者皆有用，但當辨其真僞，不當互相是非。其説經，以經證經，不偏於漢、宋；爲文章，不事雕琢，而持論明通，援證詳塙。於鄉邦文獻，尤所究心，晚年成《台學統》一百卷，裒録鄉先哲，自晉以來迄於近代，凡三百三十餘人，分爲六派，而歸重於氣節、躬行。歷主九峯精舍及清獻、文達諸書院講席，弟子承其沾溉，俱有所成立。光緒二十四年，學使徐侍郎致祥以學行聞於朝，賞加内閣中書銜。越二年卒，年七十有二。他著有《曲禮異義》四卷，《經説偶存》四卷，《六書古訓》六十四卷，《史記補正》三卷，《漢書補正》三卷，《重訂歷代帝王年表》十五卷，《明年表》一卷，《大統平議》四卷，《明大禮駁議》二卷，《中外和戰議》十六卷，《杜清獻年譜》一卷，《台獻疑年録》一卷，《希倪子》四卷，《折韓》一卷，《辨章》一卷，《柔橋文集》四十六卷，案：今鉛印本《柔橋文鈔》僅十六卷。《詩集》八卷。

又《繆先生荃孫》 繆荃孫字炎之，一字筱珊，晚號藝風，江陰人。未冠，肄業麗正書院，從丁儉卿先生受經學小學。後侍父入川，寄籍華陽，應試獲舉，改歸原籍。於時文襄公視蜀學，宏獎後進，執贄稱弟子。光緒丙子成進士，改翰林院庶吉士，散館授編修，充國史館纂修、總纂，輯《儒林》、《文苑》、《循吏》、《孝友》、《隱逸》五傳，以續阮文達之所未竟。以《儒林》去取與當事者齟齬，會丁繼母憂，歸。主講南菁書院，與黄元同先生分任經學詞章。又歷主山東濼源、湖北經心、江寧鍾山、常州龍城諸書院講席。及鍾山書院改爲高等學堂，充監督。久之，疆吏奏舉績學碩儒，詔加四品卿銜，專辦江南圖書館事。宣統元年，學部奏充京師圖書館監督。辛亥，避居上海。清史館開，兩度應聘至京，商搉凡例，且以五傳原稿引爲己任，而以《循吏》一傳屬之他手。又任撰康熙朝列傳，脱稿僅十之六七，己未卒，年七十六。先生恪守乾、嘉諸老學派，治經以漢學爲歸，所藏清代經説，王葵園先生續刻《經解》，多所取資。而乙部致力最深，拾遺訂誤，悉循竹汀、西莊之軌，筆記當代掌故，積至數十册。文襄重修《順天府志》時，招之相助。及出任晉撫，則繼爲總纂，七年書成，時推鉅製。重修《湖北通志》，續修《江陰縣志》，亦先生所總持也。性嗜金石，所聚搨本萬數千通，而四川、畿輔、江南久居之地，訪搨略徧。又勤於目録，版刻祕笈、孤本，博識精校，矻矻窮年。所著有《孔北海》、《韓致堯》、《魏文靖》、《李忠毅年譜》各一卷，《江蘇金石志》二十四卷，《待訪目》二卷，《藝風堂金石目》十八卷，《讀書記》四卷，《藏書記》八卷，《續藏書記》八卷，《文集》八卷，《續集》八卷，《辛壬稾》三卷，《癸甲稾》三卷，《乙丁稾》五卷。所輯有《續碑傳集》八十六卷，《遼文存》六卷，《常州詞録》三十一卷。未刊稿有《五代史方鎮表》十卷，《碑傳集補遺》十四卷，《金石分地録》二十四卷，《再續藏書記》不分卷。所編刻者有《雲自在龕叢書》、《對雨樓叢書》、《藕香零拾》、《煙畫東堂小品》諸書，其爲朋好所編刻者尤夥。

又《孫先生詒讓》 孫詒讓字仲容，晚號籀廎，瑞安人。父衣言，字琴西，道光庚戌進士，由編修入直上書房，歷官江寧布政使，召爲太僕卿，文章氣節重於時。論學謂：「綜漢、宋之長，而通其區畛，莫如永嘉之學。」曾補輯《永嘉學案》爲梨洲、謝山拾遺。著有《遜學齋集》，詩、文各若干卷行世。先生爲琴西次子，同治丁卯舉人，官刑部主事。淡於榮利，家居著述。光緒中，以經濟特科徵，不赴。禮部奏徵爲禮學館總纂，亦不赴。三十四年卒，年六十有一。先生少承家學，與父執諸耆碩游。初讀《漢學師承記》及《皇清經解》，漸窺通儒治經史小學家法，謂「古子群經，

有三代文字之通假，有秦、漢篆隸之變遷，有魏、晉正草之混淆，有六朝、唐人俗書之流失，有宋、元、明校讎之羼改，匡違捃佚，必有誼據」。先成《札迻》十二卷，又著《周禮正義》八十六卷。以爲有清經術昌明，於諸經均有新疏，《周禮》以周公致太平之書，而秦、漢以來，諸儒不能融會貫通。蓋通經皆實事實字，天地、山川之大，城郭、宫室、衣服、制度之精，酒漿、醯醢之細，鄭注簡奥，賈疏疏略，讀者難於深究；而通之於治，尤多謬盭，劉歆、蘇綽之於新、周，王安石之於宋，膠柱鍥舟，一潰不振，遂爲此經詬病。先生乃於《爾雅》、《説文》正其訓詁，以《禮經》大、小《戴記》證其制度，研撢廿載，稿草屢易，遂博采漢、唐以來迄乾、嘉諸經儒舊説，參互繹證，以發鄭注之淵奥，裨賈疏之遺闕。其於古制疏通證明，較之舊疏，實爲淹貫，而注有牾違，輒爲匡糾，凡所發正數十百事。復捃《周禮》合於遠西政治者，類區科列，論説徵引，推勘富强所由，如合符契，成《周禮政要》四卷。又以富强而適今代，《周禮》之外，無過《墨子》，謂《墨子》强本節用，兼愛非攻，足以振世救敝，不止五十二篇以下爲兵家之要言也。於是盡引諸本，參綜考讀，覃思正訓，發疑解牾，又旁通鄒、梅，證合算理，成《墨子閒詁》十九卷。其於小學，本許書，上考金文，益上而考栔文，成《栔文舉例》一卷，《名原》七卷，《大篆沿革考》一卷，《古籀餘論》三卷，《古籀拾遺》三卷，《政和禮器文字考》一卷，以解《説文》，字必歸墟。考據有《周書斠補》三卷，《大戴記斠補》三卷，《尚書駢枝》一卷，《周禮三家佚注》一卷，《六歷甄微》一卷，《九旗古誼述》一卷，《籀廎述林》十卷，以條理鏄逸。其爲目録學，有《四部别録》一卷，《温州經籍志》三十六卷，《百晉精廬塼録》一卷，《温州古甓記》一卷。爲地理學，有《温州建置沿革表》一卷。

徐世昌等《清儒學案・王先生樹枏》　王樹枏字晉卿，重三先生子。少時肄業蓮池書院，爲陶樓先生所激賞。光緒丙戌進士，由知縣起家，累官至新疆布政使。年八十有六卒。平生著述甚富，有《周易釋貞》一卷，《費氏古易訂文》十二卷，《尚書商誼》三卷，《焦易説詩》四卷，《爾雅説詩》二十二卷，《學記箋證》四卷，《左氏春秋經傳義疏》一百五十卷，《爾雅訂經》二十五卷，《爾雅郭注佚存補訂》二十卷，《廣雅補疏》四卷，《説文建首字義》五卷，《新疆圖志》一百十六卷，《新城縣志》若干卷，《冀縣志》二十卷，《天元草》五卷，《十月之交日食天元草》二卷，《莊子大同注》二十二卷，《離騷注》一卷，《陶盧文集》二十卷，《内集》三卷，《外篇》一卷，《駢文》一卷，《文莫室詩集》八卷，《陶廬詩續集》十二卷。

紀事

謝鐸《赤城新志凡例》　一、舊《志》，宋嘉定癸未以前，篔窗陳公所著者，今具存之，不復更易。其或稍有不同而未備者，則别爲補遺、考異，以附新《志》之末。舊《志》起漢至宋寧宗嘉定十六年癸未止。大約一千五百三十年，凡四十卷。

一、舊《志》風土門止載土産、土貢，至於土俗則但列守令諭戒之文，而其他不及焉。今取歷代士風民俗之異同者，略志之，庶一郡之俗，尚皆可考而見也。

一、舊《志》所載土地、山川，皆亘古不易者，今不復書，止存其舊。其或州邑之分割，水利之修復，稍有不同者，則續書之，以備顛末廢興之考。

一、新《志》始宋嘉定甲申以續舊《志》，因略放其例類，按據以書，不敢强爲附益，以枉其是非之實。新《志》起宋寧宗嘉定十七年甲申至我朝弘治九年丙辰，凡二百六十三年，爲二十卷。

一、人物不分隱顯，惟行業、文章可取者則書之。其見存者，但書履歷，不敢輒加褒貶，以爲終身未定之論。

一、科目，後世所貴，雖或其人漫無可稱，亦皆載其姓名以備參考。

一、官守未去任，與見在仕途者，但書履歷，不敢别加贊美，以防諛佞。其已往者，有善則詳書之，否則亦微示其意，以存隱惡不非其大夫之義。

一、司馬遷《史記》有表，歐陽修《五代史》有譜，皆所以總括其要，以便考閲，寓鑒戒耳。今故略仿其例，約取自漢以來，州邑之沿革者，以爲之譜。又取官守人物之有關州邑者，以爲之表，皆年經而地與人爲之緯。此則合二《志》而爲之，而不敢以新舊異也。

一、文章，舊《志》雖間取一二，而其詳則具於《赤城集》。今取其自嘉定來，凡碑板、紀傳之有關吾台者悉載之，以爲《後集》而於《志》不復及焉。

一、寺觀仙釋，宋以前舊《志》載之詳矣。以事屬異端，非吾志所急用，是不復續書，非故略而鈌之也。

楊子器等《常熟縣志重修凡例》　一、舊《志》名「琴川」，琴川，蓋縣之别名，非人所通曉，今改爲常熟。

一、凡舊《志》每類有小序以言其意，今皆無之。以《志》務紀事實，而文詞可

略耳。

一、盧知州鎮《重修琴川志》凡十五卷，張修譔洪《琴川新志》凡八卷，而其敘類與其次第皆同。今以類總爲四卷：一曰地理，則自建置、沿革以至災祥，凡屬於地者，皆入焉；二曰宫室，則自縣治、學校以至寺觀，凡所蓋藏者，皆入焉；三曰官治者，自縣令而下以及政事之類；四曰人物者，自先賢而下以及仙、釋之類，綱舉目張，有條不紊，卷約而事備矣。

一、地理、宫室中，若橋梁、陵墓、公廨之類，舊者不遺，新者添入。至官治中惠政、荒政、差役之類，前人行之善者，已各注於其姓名之下，及或有紀文可考，玆所條書，首述國朝之所已行，次舉官府之所方行，而下及今日之所當行。罪涉僭踰，覽者取舍。

一、人物中，鄉宦見在者，皆有政行、文學可書，恐事未定，不敢修入，姑列其姓名、官級以俟後之君子詳書。

一、前《志》敘文、敘詩，總列於後。今附入於各類下，以便觀覽。舊者悉存，而新者簡録。

一、凡舊文有句差、字差者，參考改正。其難考正者，姑存其舊，以俟真本校焉。

何宇度《益部談資》卷上 《全蜀藝文志》，楊用修所編也。網羅金石、鼎彝、秦漢之文幾盡，可謂博矣。然惜太繁。刻在藩司，已不存。《太平清話》云：《四川總志》，惟《藝文》一卷，乃用修所選，立例最古。似殊不然，豈俱未見二書乎？

伍紹棠《蜀中名勝記跋》 《蜀中名勝記》三十卷，明曹學佺撰。學佺字能始，侯官人。萬曆乙未進士，官至陝西副使。天啓中除名爲民。崇禎初復官，不赴。唐王起閩中，進尚書太子太保，殉節死。事蹟具《明史》本傳。能始嘗官蜀中，著有《蜀中廣記》一百八卷，凡分十二門。後福清林茂之乃摘其《廣記》中名勝一門，改名《蜀中名勝志》。《四庫提要》已深詆之。惟是《蜀中廣記》，近已刊傳。而此書所載皆勝蹟名區，多足供詞人采摭。故雖未得爲全豹，而藝林傳誦，亦不能廢焉。其中博引繁徵，極爲該備。然亦時小有舛誤者，【略】均屬千慮之一失。要其詳贍典雅，固足與《益部談資》、《全蜀藝文志》等書並傳也。能始在明季與謝在杭、徐興公輩齊名，才藻甚富，而且致命遂志，大節凜然。

郭棐等《廣東通志凡例》 一、省有「通志」，猶古列國有史也。其義例倣《一統志》，特加詳焉。或大書，或分注，煩簡之别也。遇國朝惟空一字，如古金石刻例焉。

一、藩省志以先十郡，有全圖，有分野，有形勝，有氣候，有事紀，有公署，有學校，有禮儀，有賦役，有兵防。視十郡，特爲總焉。

一、郡縣首嶺南則廣州、韶州、南雄，次嶺東則惠州、□州，次嶺西則肇慶、高州，次海北則廉州、雷州，次□南則瓊州，其羅定則新附焉。

一、志首圖經，以詔地事，古之制也。載在《周官》，故圖與地於前揭指要，於後以便經略。自藩省而郡縣，其率也。

一、分野以察災祥，嶺服在牛女之分，雖氣有微旺精則相屬，故天道遠，人道邇，然而不可廢也。

一、事紀者，紀時事也。治亂者時，災祥者歲，得失者人。事有則書，疑則闕。

一、沿革，如交趾部在漢初，治羸陵，元封中，改治蒼梧，南海諸郡屬焉。吴始以交州治，番禺、步騭七燮□分交、廣二州。吕岱始爲廣州刺史，以前皆書交趾部。至如廣有廉州，燕亦有廉州，廣有東莞，齊亦有東莞，廣有萬州，蜀亦有萬州，此不可不辨也。

一、山川，表其鎮望、古蹟、奇勝，名流所題品者，餘不悉録。

一、輿地，首城池，次公署，次學校，次坊都，次舖驛，次橋渡，次水利，臚列焉，覽要在司牧。

一、户口、田賦，省有司總，府有府總，州縣隸焉。自洪、永、嘉、隆、萬曆，皆書其詳，以辨登耗。

一、兵防，粵綰山海，故兵制特詳。自署職以迄關隘，或沿舊，或增設，或徙移，緩急惟其時，皆備書之，杆城之衣袽也。

一、秩官，首臺臣以及監、司、府、州、縣，尊王制也。其兩臺所經略，具見事紀，以表駿績焉。

一、選舉，自漢薦辟諸科，歷唐、宋以來舊志所載者，因之訛者正之，缺者補之。我朝重制科，至詳至備，恩選，皆登録焉；歲貢，惟録其稍著者。

一、封廕，繫選舉後，琶邑所報，不無脱漏。耳目所及者登之，餘不能紀。

一、武科，惟録赴京中式者，同封廕附選舉末，以武材崛起而勳業卓絶者並録之。

一、名宦，在楊皇休，急民命，功烈表著者，傳之事約，則附，雖卑秩不遺，惟其賢。

一、流寓，自漢、唐以來，既多名賢，不得以徙謫替也。舊秪沿其文彩名位，盡濫收入，而惡極罪大乃寓，賢羞與伍者。今別爲罪放，載《外志》。

一、人物，表先法後，而理學尤重。其忠烈、孝友、隱逸、文苑，各自爲科，在貴不徇，雖微必録，而準於三十年者俟論之定也。其不限年例，惟表表數人而已。

一、邑志人物，不能悉登之郡志，郡志人物，不能悉登之通志者，等殺然也。故郡邑人物，通志所録不盡狗云。

一、人物以戴、黄二氏《通志》爲主，唐、宋人物，不妄增一人，懼年遠失實也。國朝縉紳，其陟崇階，居要秩，而二《志》不收，子、史無考者，必當時無所建明亦不輕入一人。若夫芳標偉行，晦千側微，即前志未録，間拔一二，斯固古人闡幽之意。

一、忠烈，稽其節義昭著，抗賊而死，特加贈廕者録之。武職，陣亡及士人攘寇保境不幸罹害者不録。

一、文苑，惟以才名甄録，及著作徵之故不求備，不拘年例。

一、列女，視令甲所表章，或孀婺憤烈，及孝義在人，雖不登於令甲，亦備書之，以厲女操。

一、文藝，蔚爲國華，文獻藉焉。表山川，增形勝，係民事則録，餘則略。

一、仙釋，視其顯著。寺觀，視其賜額，收之《外志》，名蹟題咏選附之。

一、外夷，惟内附者書之，如番舶、黎峒、獞獠、狪狑，種類殊而貽患一也。近則濠鏡，久借吕宋，突至夷情叵測，不可不備，故特詳《外志》。

一、雜録，凡《周禮》所謂地慝、方慝與稗官、小説及耳目所睹記關於粵者載之，見縣宇之大，無不有也。

韓浚《萬曆嘉定縣志凡例》　一、縣志，始創於元至元間邑人秦輔之。國朝洪熙中，邑人曾魯重修，成化中，陳侯淵聘郡人都太僕穆，更爲《圖記》二卷。嘉靖初，邑人龔尚書弘增修，凡五卷。三十五年，楊侯旦，聘邑人浦助教南金增修，凡十二卷。至今又五十年，而韓侯浚復請重修。評隲詮次，集衆論而折衷焉。

一、本縣僻處海濱，土瘠賦重，奸弊叢生。自嘉靖十五年清丈以後而田額稍定。萬曆十六年，兵憲李公淶刊《行經賦册》而稅糧始清。頻年以來，雖江海時有坍漲，歲會時有移派，然額數初不大異，則一以三十二年爲準。錢糧，係新編、暫編者，亦必稽而詳焉。

一、田賦、徭役、兵防，皆利病攸關，故敘述加詳，而不爲小引。

一、水利之大，莫過於吴淞江、劉家河，故源流雖不在境内者，亦得備述。其餘諸塘浦，率先其大而後其小，詳於幹而略子枝，俾經理者庶幾知所擇焉。

一、官師之賢者，例應作傳。而舊《志》多不詳其猶可尋之故實者，今俱更爲撰次，間止敘一二語者，姑存之於表。若近歲所列，則非論定，不敢濫及。

一、縣創自宋季，故選舉、人物二考，皆斷自嘉定以後，前此者不載。其有不爲立傳，而立身植節在人耳目者，則綴之於表。

一、人物，凡紀嘉言善行，可法可傳，然出仕者多揚其政績，以斯人能效力於國家，則父母之邦有榮焉。

一、孝稱百行之首。節義、立身之防，最不宜於假借。故非奉旌表及心事較然者，不爲列傳，示不敢濫收也。

一、兵防，以戎鎮爲重。而先之土兵者。上兵城守於邑，有主賓之分。獨詳于倭者，倭之爲患最大。我兵勝敗不一，則唯在境内者，書之。賊首嘗處劉吾地者，亦必紀其所始。

一、吴淞爲江南重鎮，雖在境内，非爲一邑而設，故城池、廨宇，皆不附嘗建之内，置鎮以來其有建勳名于世而不列傳者，以非邑之官也。至于死事之臣，以身殉吴淞，故繫于其地，節婦出世官之裔者，亦從其官。

一、寺、觀、菴、院，唯前代遺蹟及請額者，始得收録。民間私刱者，不載。

一、藝文，凡有關政體及建置者，悉爲收録。若一家之言，可以觀君子之志，可以觀小人之俗者，亦存之，以徵其概。

一、舊《志》所誤，而今有可考者，悉爲删定。其無考者，則仍之，闕疑也。

一、論傳，間綴小説。韓邃之曰：昔舜號大智，聖人也。然吾夫子稱其好問好察，豈非以道固在邇事，固在易歟？土壤細流，總歸山河。狂夫一得，聖人擇焉。余亦存其邇且易者，以俟後之君子。

馮夢龍《太霞新奏》卷一〇《商調上》　遐周絶世聰明，其所著《廣博物志》、《静嘯齋集》，俱爲文人珍誦，惜詞不多作。

韓昌箕《吴興藝文補紀事》　嘗考史之繁重，而難悉者莫大於諸志。而諸志之中，才有難兼。博於星歷者，未必通於方輿。博於氏族、職官者，未必通於禮樂、刑法、錢賦、萟文諸體。故志爲史之一體，而萟文又爲志之一目。自後世司府、州、縣各志，其輿圖，沿革、秩官、選舉，以及田賦、武備、人物、祥異之類，而通名曰志。於是志若具史之全體，而志之傳始重。自非良史，才不能勝其任。而有才者又不欲勝其任，此吾友遐周氏所以托于萟文一補以自見也。遐周嘗謂予：「昔騶衍作

遷怪之談，列中國名山、大川、廣谷、禽獸、水土所殖，物類所珍，因而推之。及海外人所不睹，謂中國於天下八十一分之一耳。當時王公大人奇其言而尊事之。今吾郡於中國亦若八十一分之一，安所從事於域外之觀以附不朽乎？」予應之曰：「莊子有言：去國數日，見其所知而喜。去國旬月，見所嘗見於國中者而喜，豈非以類之聚者，聲氣所感，固有不能自外者耶？詩云：維桑與梓，必恭敬只。士苟有能，則古昔，稱先王。即不越鄉閭而兼三才，羅千古，亦既秩秩然燦燦然矣！且吾郡鍾英毓秀，代不乏人。即掛瓢而趨，與襜幃戾止者，咸極人倫之雋。徵文考獻，幾於寓内，無兩安所見八十一分之一者之足以陋吾識、隘吾觀乎？抑聞之，虞雍公鄉里前輩，文獻無傳，後生之責。予擘斯旨，未嘗不惘然自失。子倘有意，亦何必效談天之衍以自炫也。」遐周乃喟然曰：「子命我矣！但其困二豎者十餘年，時見藥鑪醫案之傍，丹鉛不輟，莫窺其志之所屬。及一旦應召玉樓，始從廢簏中簡得其所爲文若詩者曰：《静嘯齋集》，其所爲裨論紀述者曰《吹景集》，其有係于湖之山川、風俗、人物、政事者曰《吴興備志》，曰《吴興藝文補》，而又於其中别方外之乘爲《白法志》。《静嘯》、《吹景》二集已爲點定行世，《白法》及《備志》則其嗣，君猶未忍輕出手澤。而《蓺文》一書，顧屬未竟之緒，予乃不揣蕪陋，與閔康侯、家聖開共卒業焉。書成，而吾師繡谷陳公適來守郡。先是，予遊秣陵，受知于少司空何蓖莪師。於時陳師方爲司空曹郎，亦謬於較士中模索得予；遂相與爲文字，知而蓖莪師《皇明文徵》之選，予曾與讐對之役。師因以搜討之業相屬，始敢以是書進。不虞吾師之拊掌擊節也。呼而語之曰：撰述之家，其流各别。《史通》所謂偏記、小録、逸事、瑣言、家史、别傳，兹不具論。他若周稱之《陳留耆舊》，周裴之《汝南先賢》，陳壽之《益郡耆舊》，虞預之《會稽典録》，謂之郡書。若盛洪之《荆州記》，常璩《華陽國志》，《辛氏三秦》、《羅舍湘中》，謂之地理。若漢有《三輔黄圖》，隋有《東都記》。於南則宋《南徐州記》、《晉宫闕名》，於北則《洛陽伽藍記》、《鄴都故事》，謂之都邑簿。彼皆各紀其本國之風物，以俟後之好古者有所稽討。故雖偏而不廢，裨而有徵。今吾于是集讀施延《歷議》、姚信昕《天論》諸篇，而博於星歷；讀沈懷遠《南越志》、裴清進《金沙泉表》諸篇，而博於方輿；讀唐宋以來碑傳墓銘諸篇，而博於氏族；讀沈懷文《省録尚書議》及後代授贈制誥諸篇，而博於職官；讀吴商《禋祀六宗議》、陳高祖《南郊告天文》及沈不害《上陳高祖置學書》、姚察《定雅樂奏》諸篇，而博於禮樂；讀陳文帝《春夏停刑詔》、沈洙《測囚議》、徐堅《請決獄覆奏疏》諸篇，而博于刑法；讀始興王濬《武康開漕疏》、沈慶之《鑄錢議》、顧憲之《西陵增税議》、陳文帝《減賦詔》、陳宣帝《墾田蠲税詔》諸篇，而博于錢賦；讀沈約《上宋書表》、《評詩序》、陸厥《與沈約問聲韻書》、王績《與陳叔達借隋紀書》、釋清晝《詩式序》諸篇，而博于蓺文。是從來諸志中所難兼者，讀是集悉能兼之，寧僅作吴興一郡觀已耶？子其亟圖之。予拜命而出，授之剞劂氏。凡二十有二月而工竣，予乃端策以告吾師曰：小子不敏，竊嘗聞班固易司馬遷八書爲十志，而江淹以爲修史之難無出于志者。鄭樵亦云：志者，憲章之所係，必老於典故然後能爲。今郡國志，其名沿於固，而其義例實備諸史志，可嘗試漫爲哉！志又可廢閣不講哉！師頷之曰：唯唯！則又端策以告吾師曰：師之所以留意於是集，乃師之所以爲政者耳！今有司苦簿書期會，刑名錢穀，日不暇給，或視志爲迂濶，事不復省記，或有增益改作，令胥史簡舊牘，録以塞白而已。且今之爲政者，簿書期會、刑名錢穀，寄聽胥史之口第，能簡舊牘不甚乖盭，如前所云，是亦爲政矣。孰有好謀能聽，以徵文考獻爲當官急務，孜孜討論如吾師者乎？吾師之爲政，清静寧一，一切務與民休息。而懸魚瘞鹿之操，祈自信不求人知。三年中，吏畏民懷，恩覃化洽，復得以退食之餘，披圖閲史。夫亦曰：鑒古之遺如指諸掌，布在方策，貽諸後人，其志之謂乎！志，吾未之逮也，而姑以藝文存焉。此吾師命梓之旨。故曰：師所以留意是集，即師之所以爲政者耳。於是師乃莞爾笑曰：子且歸而識之，爰命墨卿，述其緣起如此。旹崇禎六年癸酉冬日，西吴韓昌箕仲弓甫識。

趙宏恩等《江南通志凡例》　一、志與史相表裏，兹志倣史例列十志：一輿地，二河渠，三食貨，四學校，五武備，六職官，七選舉，八人物，九藝文，十雜志。每志中依門分類，以便省覽。而十志之前，各撮其大指，爲《小序》云。

一、江南舊《志》，上諭御製詩文並列《藝文》，撰次非體。今編年系月，恭紀首卷，其詳見本事，中者紀恩遇，重興建也。

一、天文分野，舊説糾紛，率多異同。今約叙數言於圖説之首，而地之形勝亦及焉。

一、沿革，一遵《皇輿表》，近年升府，州分縣，亦詳系之。故山川、疆域、城池之屬，較舊加備。山川則先府後縣，以方向道里次第之。疆域，則四隅八至，以山水市鎮標識之。

一、宫室、官署、祠廟、寺觀等類，麗於地者，皆入《輿地志》中，惟文廟、學宫、書院、試院，盛治攸關，則别爲《學校志》。

一、古蹟，非僅供博覽，實爲論世考地之資。古都邑外如廢郡、縣，舊治所在，

即名存實亡者，皆係焉。至先民里居、别墅、遺跡、流風餘韻，亦並有裨于搜訪，故詳著之。

一、江南，古稱澤國。河淮、大江，由之入海。運河自南而北，蜿蜒其中。各次第之，較舊《志》加詳。

一、東南水利，蘇、松、常、鎮四府，脈絡流通，而太湖爲之吐納，故合叙之，他府、州則分紀之。

一、江南，財賦重地，國家治平之久，休養生息，户口日增。給復蠲租，超邁前代。爰于田賦、户口、徭役、蠲賑，紀載惟詳。而漕運、鹽法、錢法諸大政，與夫税課之佐邦計、物産之爲民利者，概附入焉。

一、舊《志》兵制，祇列官名。古今守禦之要，概未之及。今遠稽史册，近據《會典》及全省見行規制，犁然粲列。若江防、海防，則各按南北險要，備序次之，而驛傳、船政附焉。

一、舊《志》職官，載自督撫以下，至郡守而止。今州守、縣令，皆登焉。無論賢否，概存姓名。其名宦，則古今之著有治績而崇祀之，以風勵後人者也，即列《職官志》中。

一、選舉，祇列姓名、邑里。其有稱者，已入《人物志》。

一、舊《志》前代鄉舉，多闕略。今本《南國賢書》及各郡、縣志臚列綦詳。

一、《舊志·凡例》謂，宦績、武功、忠節、儒林，應分標名目。其説良是。今于《人物志》中分十二類，「名賢」居首，具人少矣，故以世次。至於名臣碩德，部别區分而編，長一藝亦悉論著之不遺。

一、人物，本之舊《志》各郡、縣志及印册。其志乘所未載，印册所未詳者，姑闕之，以俟增補。

一、郡邑名號，歷代不同，不得概以今之地名繫古人也。若實係本省而失載，或迥非本省而誤入，或各郡各邑彼此錯互者，今皆詳考前史，以正之。

一、列女，爲《人物志》之一，舊例統載節婦。今倣劉向《列女傳》例，分爲五類。

一、《藝文志》例起班固《漢書》，備載書名、卷帙及著作姓氏。歷代史書及《三通》藝文、經籍考略，率循此體。後來志書，博采詩文，既非體例，亦不精詳。今遵史例，分經、史、子、集四體彙之。若有關地方利弊及考訂古今興廢者，則附入各門。至題咏之作，概闕而不録。

一、九志外，有無所附麗可資考證者，則爲《雜類志》括之。名言軼行，爲紀聞。地方經歷大事，爲摭史紀事。五行變異，爲禨祥。各門紀載之傳聞互異者，爲辨訛。

《清朝文獻通考》卷二二三《經籍考·史部·地理類》 《浙江通志》二百八十卷，文華殿大學士兼吏部尚書兼管浙江總督嵇曾筠等監修。臣等謹按，明提學副使薛應旂，嘗于嘉靖中輯《浙江通志》七十二卷，國朝康熙二十一年，總督趙士麟、巡撫王安國，復因薛《志》增修爲卷五十，分門三十有七。雍正七年督臣嵇曾筠、李衛、郝玉麟、程元章，撫臣王國棟、提督李燦等遵旨相繼重修，增爲五十四門，十三年書成。

張貞《杞紀略例》 天道隱而難測，天象遠而難究。然《禮》保章氏以星土辨九州之地，所封封域，皆有分星以觀妖祥。其所由來，非一日矣。杞國在齊、青境内，星爲玄枵、虚危之分野也。其邑牟婁，在今諸城，已涉魯疆，又屬降婁，則奎婁爲魯、徐分野矣。至其宿度，魏太史令陳卓謂，齊國入虚六度，北海入虚九度，東萊入危九度。魯分徐州屬齊者，東海入奎一度，琅邪入奎六度，高密入婁一度，城陽入婁九度，膠東入胃一度，《安丘志》又謂，安丘當危宿三度。於杞雖未明言，然東去高密九十里，西去安丘三十五里，南去城陽七十里，北去北海五十里，東南去膠東百里，西南去琅邪百里。考之每度二千九百三十二里，則杞之宿度，亦思過半矣。

封略舊蹟，定自商、周，疆界劃然不可移易。著書之家，恪守陳言，頓忘搜討，議論鑿鑿，去之益遠。故雖該練如道元，猶以淳于爲斟灌；博洽如用修，猶謂斟尋在登州。諸如此類，不可勝原。然後知欲爲考證，非身歷其地，鮮不影響也。然群書傳世，匪朝伊夕，盡加删削，恐没作者苦心。分别前後，是非自見矣。

按：《路史》高密夷安城，淳于本《春秋》州國，有大小「州山」。今杞東至高密百里内無一培塿，惟界上有峽山、岞山，疑即大小「州山」，古今異名耳。濰水自南而北，經行城東。汶水自西而東，繞出城後，至杞東北始交會入海。

此書原以紀地，非紀統也。自太康即位，居於斟尋，故繫年即從此始。三代以來，親賢並建，用樹蕃屏。凡屬分封，即君其國。秦、漢而後，雖白茅青社，爵土昭然。或食其采，或取其名，不必身涖其地也。故膺其封者，爲雍丘，爲淳于則不可辨析矣。

考訂舊聞，莫善於年表，然得其一種已足傳信。而必衆家兼收者，以歷年久

遠，譌謬相承，遂至情事牴牾，歲時舛錯，欲折中以爲定論，其在後之君子。

嘗讀《漢書·古今人表》以九等爲序。杞國君臣，唯少康列之上。下列之中上者，伯靡、汝艾，以及杞梁殖妻也。列之中中者，主癸、武羅、柏因、熊髡、龎圉也。列之中下者，帝相、中康、后緡也。斟灌氏、斟尋氏則列之下上矣。帝太康、杞題公、簡公、愍公、哀公，則列之下中。杞隱公、釐公與夫羿昪、韓浞，則列之下下矣。昔人謂其位置失宜，横加詆諆，曾不遺力。自負學識可掩前哲，寧肎録録拾人牙後。吾思，孟堅具一代史才，著書欲傳千古，既加評隲，必有定見。何至一無所攄？漫爲差等，供後人雌黄邪？故次第記之，以俟博聞。

按：唐乾元二年，安丘更名輔唐，梁開平間，復爲安丘。後唐同光中，又名輔唐。後晉天福七年，省輔唐爲膠西。宋開寶四年，復爲安丘，至今仍之。是淳于省入膠西，即省入安丘矣。杞城東南三十里，而近有蓋公山，實其棲隱地，冢、祠具在，則蓋公之爲杞人，又奚疑乎？

按：《漢書》注「營陵」，即「緣陵」也。緣陵，舊爲杞邑，淮夷病杞，杞遷都於此者四十三年，則地皆杞地，人皆杞人也。故前修之籍營陵者，悉録入之。

杞國文獻，凋落之餘，所僅存者《夏小正》一書耳。今觀其辭古奥，非漢魏人可及。《爾雅》、《月令》，皆經也。注者多引之。魏孝武釋奠國學，詔盧景宣講《大戴禮》、《夏小正》、《左傳》。夏數得天，得四時之正也。《豳風·七月》之詩皆以夏正爲斷，《孔叢子》子思曰，夏數得天，堯舜之所同也。《春秋元命包》、《樂稽耀嘉》、《月令正義》以及《史記》皆謂夏數得天之正。考亭朱子集《儀禮》，尊信《小正》而用之，是可知其所重矣。世儒猶疑後世所傳，非夏時本文，過矣。此書，原以文獻無徵，故裒輯史乘，取其隻行單辭，以存典要，然以昔言證古事，猶恐謏聞目學，流於矯誣。若再參以臆見，杜撰謷說，穿鑿傅會，何足信世傳後邪？衛正叔有言，他人著書，惟恐不出於人，予惟恐不出於人。余雖不敏，竊有同心矣。

杞，小國也。以其爲聖王之後，故列國聘問、燕享、會盟、征伐之事，必藉以爲重。供億之隆，殺視其品職之崇卑。杞地偏小，田賦無多，欲從公爵而不足，因貶而從矦，從伯，欲從矦、伯而不足，又貶而從子。委曲圖存，甘就下秩。其爲貶也？自貶之也？論者不察，以爲杞用夷禮，故從而貶之。不知其所用何禮也？即其貶也，豈周天王貶之與？將列國之諸矦貶之與？抑亦解經之諸儒貶之與？經傳皆無明文，後世何繇考索？迺以或然之臆說，欲定千古之予奪可乎？余已久疑其紕繆，前修幸正其踳駮，急登數條，用存公是。

一經五傳，既備書之。自漢及宋通經學古，代多名賢。其或研窮精微，辨析同異者，可不旁搜使無剩義？然非有其句，必有其解，又何須録其前始，録其後故？以所見爲次第，未嘗著意爲錯綜。世變風移，杞之疆界未易區別，然杞伯爵也。以七十里之制考之，相去一舍，猶在域中。今杞東南三十里，爲鄭公鄉，即漢司農康成故里。《水經》所稱，礪阜是也。史謂，公高密人，乃從漢後之地理論之耳。公實産於淳于，原非借才異國。

一事而爲群籍所收，重複録之，則贅矣。然必載其書目者，以一時撿閲之勞，不可忘也。

《太平御覽》稱趙宋之鴻章，《日下舊聞》亦本朝之巨製。吾著斯編，雖竊取其義，然芟繁標異，聚類分群，不惟别裁僞體，寔有寄託深心。原欲踵事增華，非蘄踐迹入室。敢告具眼，鑒其苦衷。

衆腋集以成裘，群芳釀而爲蜜。自非宏覽，曷稱大觀。故是書由周、秦以逮兩漢，沿唐、宋而溯六朝，既勤加采摭。即元、明以迄今兹，亦不敢略。然學問無窮，耳目有限。念彼舊家同志，必多廣見洽聞。儻以單辭惠我，永佩「邪許」之助矣！

杞爲杞之遺胤，淳于即淳于之苗裔，此所謂以國爲氏者也。雖有分處，寔無別族，故凡二姓悉在甄收。

蕭韻《麻姑山丹霞洞天志凡例》 一、是志以麻姑爲主，紀載頗詳。他如麻源三谷及丹霞從姑之勝，所知所聞，亦必盡書。其有出見聞外者，姑存而不論，斯亦主賓詳略之義也。

一、志者，識也。序記、詩詞各以次第識之，宗工鉅筆請以冠首，其他斷壁碎金，登覽題詠，亦皆詮訂附録，總使名山生色耳。

一、舊《誌》統紀未一，篇帙舛訛，兹經衆考審校，類各有誌，誌各有考，間或失諸汗漫，溺于神怪，亦志神僊之事，非可以耳目拘也。

一、山誌，嘉靖間已有詩文兩册，第靈山勝地，遊覽甚夥，加以使軺往來，名公製作尤多，稿多遺失，今姑録其存者，彙爲數卷。其有先賢遺章，散在篋笥者，願同志者公之，俾後人得以繼續。

一、宇内洞天福地無兼聚一山者，惟豫章匡廬與麻姑丹霞並擅其美。其奇峰異水，與夫聖跡神蹤類，限于睹記者，姑俟後之君子。

一、爲考者四，謂考校謚子、史、百家也。爲表者二，謂標表其名號方隅也。爲志者四，謂志識其煩頤久近，勿俾遺忘也。爲紀者五，謂紀記其制作、精神，俾有

統宗也。故每卷必以小序撮其大旨云。

尹會一《揚州府志凡例》 一、古揚州之地甚廣，漢稱揚州者，指刺史州牧所治而言，或治歷陽、或壽春、或曲阿、或合肥、或建業。由兩漢魏晉迄宋齊梁陳遷徙無定，至隋唐始治廣陵。則隋以前所云揚州者，皆非今之揚州。而今日揚州境在當日或屬徐州，或屬南兗州，或屬東廣州，或屬吴州，與揚州皆無涉也。舊志未經詳覈，凡隋以前人物事跡之稱揚州者，俱誤闌入。今確據歷代史書《地理志》改訂删除，一以《呈輿表》爲準。即各屬建置沿革舊志傳譌，悉爲更正。

一、揚州歷代統隸分合多寡各有不同，迨明洪武二十七年領三州七縣，國朝因之。至康熙十一年，海門縣圮併入通州。雍正三年分通州爲直隸州，而以泰興、如皋二縣分屬。十年又析江都置甘泉縣，疆域既分，管轄亦異，一切山川、城郭、土地、民人，删除分晰均非昔制。故今日纂輯郡志，雖係相因，實爲創始，非敢襲取舊帙遂可竣事。

一、揚州地濱江淮，凡河渠、水利關係最鉅。高郵、興化、寶應、泰州及甘泉之邵伯鎮素號澤國，尤爲切膚，數十年來幸逢淮黄底奠，久慶安瀾。我皇上深仁厚澤，軫恤民生，一切治堰開河綢繆未雨，靡不上廑宸衷，以求實效，千載一時之嘉會也。兹志於山川之外，另編《河渠》、《水利》二卷，恭紀平成。其今昔名賢訏謨碩畫有關於是者，仍附載於各條之下，以備採擇。

一、賦役除照部頒全書欵項外，凡丁田實數及現在徵收錢糧解支數目，俱照各屬開送册籍彙入，至已經裁扣各欵，不係現行則例者，一概省文不録。驛站、漕運皆倣此。

一、秩官姓名凡舊志所載漢晉以上揚州都督刺史之類，既經删除，而徐州南兗州諸官實在所轄，是以考據正史。凡有姓名可稽者，概增補之。唐宋後自守令丞倅外，如轉運發運等使，巡撫都察院海防道等官，因駐節於此，仍各備録，亦依舊志條例也。我朝秩官自康熙二十二年以前悉照舊志録入，此後皆按年增補。惟同知、通判及丞簿各職以河員委署者，多實授者，少去來久暫之間。或有遺漏無從查覈覽者，諒之。

一、選舉悉依舊志，分列《辟薦》、《鄉科》、《甲科》、《貢生》四項，各志未入者，按年增補，未敢私立條欵，以變舊章。

一、名宦所載守令各官政績，凡施行於揚州郡邑者，皆備書之。至遷除後別有事功，則不復載。開府、監司諸公只登其政之及於揚州者，其直書姓名而不加稱謂，照史體，亦依舊志體也。

一、人物關係定論，務必名實相符方可信。今傳後且古人敦誠崇實恥近虚名，後世狀誌碑銘不免多諛辭矣。是編於歷代前賢惟照史册採録，次及諸書紀載，次及郡邑舊志，參互考證，未敢憑虚臆斷。至國朝人物采之傳誌，合之輿論，固不敢湮没懿徽，亦不敢溢辭粉飾，誰毁誰譽，諒公道自在人心耳。

一、所録德行、政事、節義文章，皆在論定之後，若現在鉅公耆儒，其勳猷著述方興未艾，未敢遽入。

一、舊志所載孝行，刲股割肝十居五六。近奉綸言，凡毁生滅性之孝，概不旌表。然其至性激發，志苦行愚，亦不可概没。今採舊志所録者附其名於孝友之後，而不復立傳。

一、閨閣貞操，據郡邑各志所載甚多。近具呈請入者復卷牘盈案，然事跡雷同，未便人人立傳。唯歷朝已經旌表者，與視死如歸、以身殉節者，又如苦志砥行，艱難百折，完名全節者，乃爲詮次其概，餘則僅書某氏某人妻妾守節若干年，彙列於帙，則芳名亦同不朽矣。且守節年月既合旌表定例，則其品行已定，即生存亦並録之。至於舊志未載今未呈請，則見聞不能徧及，雖潛德或有未彰，實非有心遺脱，君子諒之。

一、揚郡爲古今名勝，凡名賢貴客詩文著述流播藝林，幾可充棟，今録其一二附見於各欵之下。凡歷代誥勅奏章以及記序詩詞等類，無所附麗而與地方公事相關者，另入《藝文志》。他如往來贈答之作，雖膾炙在人，乃限於卷帙，不能縷登。

一、揚州府志修於康熙甲辰年者，簡略未詳，至山陰金公再輯該詳博雅，允稱善本。至乙丑年，續修不過稍爲增益耳。若各屬之志歲月近遠不同，按儀徵新志，歷今將二十年，興化、寶應兩志已歷五十餘年，江都、高郵、泰州皆成於數年之内，或考覈精詳，或筆墨蕪雜，惟虚□採擇，不狥私心，不執成見，是者因之，非者去之，合乎公道而止。若云繼美前賢，則吾豈敢！

覺羅石麟等《山西通志凡例》 一、志者，記也，《禹貢》志之始，而首冀州，則《晉志》不尤重哉？考自《周禮》職方，小史掌邦國志，太史掌四方志，秦火而後，拾遺爲「輿地圖」。唐爲《括地志》，宋爲《寰宇記》，元明爲《一統志》。志各不同，同與史相表裏，而體例則殊。舉典，必可徵諸事；徵事，必可措諸用；直書不斷，而法戒自昭。此志記之體例也。

一、舊《志》始於明成化甲午，督學僉事胡謐創修。越九十年，嘉靖癸亥，督學

副使周斯盛重修。越五十九年，萬曆辛亥，按察使李維楨重修。至國朝康熙壬戌，學使劉梅重修，凡五易稿，越九年而告竣。分類三十有二，今增其八爲四十類，而於每類中又各增十之二三、十之六七不等。文雖不簡，而事則較舊加詳。祛浮覈實，訂譌補缺。部次州居，差爲美備。

一、纂輯全資文獻，《晉志》文獻俱不足徵。自程機《上黨記》、王松年《三晉記》外，其見於《四庫書目》者，止傳《太原事蹟雜記》、《壺關録》以暨永寧公、狄梁公諸記傳。其見於《崇文總目》者，止傳《龍門王屋羊角山記》、《鹽池録》、《晉陽見聞要録》以暨温公、豐公諸事狀。遐搜博覽，總與各府州縣志書，草檢叅互，裁酌以折其衷。信者徵之，疑者闕之。毋敢濫，毋敢苟，必求至是。【略】

一、三晉，古稱用武地。十六國割據，迄遼、金、元，南北紛争，代有兵革。明世廟時，俺答、憑陵，或歲一至，或歲數至，被禍尤酷。隆慶後，休養數十年。至懷宗末造，闖賊又起。入本朝，乃有姜逆之亂。爲守禦，爲勦撫，亦守土者所宜取鑑也。舊《志》無武事一類，今補之。

一、凡志於人物外，必另列《儒林》。而晉則西河、河汾、涑水、晉城迄河津學士、霍州學正諸君子外，寥寥相望，且其人類多功德可書。不僅當以立言見，今歸併人物以省重出，而其餘别爲《文苑》一編附後。

一、名宦者，宦於晉而有功於國，有惠於民，而名之也。死，封疆者，節尤重焉。一人而歷數郡，則從其所重，而歸於一，以省兩見。他若行兵、奉使、從幸諸臣，雖在晉地有事蹟可書，終無守土之責，概入《寓賢》，非抑之，存其實也。

一、舊《志》不志封爵，然晉自上古臺駘實沈以來，唐虞三代，班瑞析圭。漢、唐功臣食邑，公主湯沐。十六國春秋，更不可殫述。迄有明晉藩，與國終始。河山帶礪，是亦稽古之一助也。若倣《龍門》爲世表，簡帙太煩，且疑於史矣。故僅著始封，以概其後。

一、三晉郡縣制代更，而名代易。有今仍古名，而地已非古者，如晉陽、汾陽之離合，梗陽城、梗陽鄉之分屬，二邑帝冢靈臺之有無，太平縣之不一其處，大夏在汾、澮之間，翼爲古夏墟，而叔虞所封，非今太原，魏永安郡非漢，晉以來故地，必辨之而證始明，必證之而辨始實。故志辨證而一器、一物、一言、一行，足徵掌故者，别爲遺制、遺聞，合成遺事一類，以資採考。舊《志》俱無。

一、舊《志·方技》附《仙釋》後。然晉之方技，較他國特爲奇古，如古董父、劉累之豢龍，師曠、師涓之曉音律，卜招父、桑田巫之占筮，蓋聶衛綰之擊劍戲車，郭璞之數學，内史叔服、姑布、子卿、李淳風之相術，扁鵲之爲醫，利物濟時，類皆侔造化而通神靈，非尋常方技者比。故另志《藝術》一編。而物産，舊附《風俗》後，今簡帙稍煩，故亦另編不附。

一、山川之大者，往往綿亘數州邑。此居其陽，彼居其陰；此受其利，彼受其害。向背起訖，分合紆直，各如其地。書之務令形勢，燎若指掌，不敢詳於一處，而他處則略，以致全局脈絡不明。其有名人題咏，間摘附覽，志勝概也。

一、祠廟中奉勅准入《祀典》者，如祠之有節孝，有忠烈；廟之有關忠義及先農社稷，風雲雷雨等壇，通省畫一，則於附省首邑，詳載儀制，而旁注。他邑準此，以概之省文也。其餘古帝王將相、神仙高士，用仍其舊。甚有名目，不經而窮鄉僻壤藉是祈祝者，雖祭非其鬼，而苟不在淫昏之例，亦存而不論。蓋有其舉之，莫或廢也。

一、山西舟檝不通，書賈絶跡，自古少收藏家。然天地大文，《虞書》、《夏書》、《汲冢周書》，皆晉書也。元立經籍所於平陽，明養德書院，時雕遺書。今備列其目，令學者集古廣益焉。故立《經籍》類，舊《志》無。

一、晉著姓最多，甲於齊、秦、楚。其後支分派别，各氏其氏，而溯厥初祖，不過數大姓。故倣後魏《官氏志》，唐宰相世系之義，志氏族，使土著者知重門第，不自菲薄，而遷徙四方，亦慨然有水木之思焉。舊《志》無，今補。【略】

一、凡志藝文者，往往連篇累牘，彙爲巨觀，以争一省文苑之勝。然《易》曰：「修辭立其誠。」不誠，其言無物矣。兹編恭列聖祖仁皇帝巡幸頒賜宸翰，暨我皇上御筆於簡端，綸綍聿昭，允爲天下萬世法。餘惟發明理學，維繫國是。民瘼者是録。他若模山範水之作，間登一二，亦必視其人之賢否，以爲去取，要與晉地有關涉，否則雖有名篇，概從割愛。

一、志乃紀事、紀言之書。其言可法，其事可傳。録之示勸，而鑒戒不録，以存《春秋》善善長，惡惡短之遺意。

《清朝文獻通考》卷二二三《經籍考·史部·地理類》《山西通志》二百三十卷，巡撫山西都察院右副都御史覺羅石麟等監修。臣等謹按，明成化中，督學僉事胡謐嘗撰爲《通志》，至嘉靖中，副使周斯盛，萬曆中按察使李維禎，嘗兩修之。國朝康熙二十一年，提督學政劉梅又踵事，排纂分類三十有二。雍正七年，遵旨重修，十二年書成。

《清朝文獻通考》卷二二三《經籍考·史部·地理類》《陝西通志》一百卷，

署理陝西總督、吏部尚書劉於義等監修。臣等謹按，舊《志》五十卷，爲康熙初年巡撫賈漢復所編，雍正七年，遵旨重修，董其事者督臣查郎阿、劉於義，撫臣史貽直、瑪爾泰、碩色，學臣王蘭生等，取原書增爲百卷，十二年書成。

又 《山東通志》三十六卷，巡撫山東都察院右副都御史岳濬等監修。臣等謹按，舊《志》始於明嘉靖中，巡按御史方遠宜、副使陸釴等爲卷四十，爲目五十有二，附目十。國朝康熙十二年，巡撫張鳳儀、藩司施天裔再輯，擴前《志》十之三四。雍正七年，濬與法敏等又遵旨重修，十三年書成。

郝玉麟等《福建通志凡例》 一、列國之有志乘，實與史書相爲表裏。山川、風物，貴在精詳，制度文章，燦然明備。近奉詔旨纂修典，綦重也。閩海天末，動煩宸算。絲綸遠被，山海騰歡。茲集首列詔諭，弁冕群編。聖謨洋洋，垂爲世則。

一、九州應象，星紀攸分。閩爲牛女之墟，占候準之。謹臚前史，證以諸家。辨方正位，而體國經野之事可舉矣。

一、國有與立，建置所必詳也。舊《志》僅載名號，而分析沿革未清。今仿《史記·年表》例，釐爲三格。以朝代總部，郡縣綴列其下。開卷按表，觸目瞭然。

一、閩地負山憑谿，襟帶江海，議守之國也。詳訂山川，安流奠峙，次則疆域井井，而以形勝附焉。

一、因山爲城，濬川爲池。王公設險，大易之訓也。閩省城池，增高浚深，詳厥規制。金城岌岌，天塹湯湯，美哉，國乎！正封洫治橋梁，王政所汲汲也，連類而並書之。

一、化行俗美，土物心臧，此風物所由志也。舊《志》風俗，僅紀歲時，貽譏弇陋。茲集博援往籍，益以前聞，美刺昭然，言非臆造。【略】

一、王者，治定制禮，功成作樂，而典禮昭焉。舊《志》未紀禮樂，非制也。茲考《大清會典》，釐爲《大典》一帙，樂章亦依部頒新本，禮明樂備，天地爲昭矣。

一、國之大事，在祀與戎。閩多淫祀，茲集根据正史，群神群祀，俎豆靡忒，民聽不惑，美報昭矣。至以郡縣駐防營弁，滿漢鈐轄旗丁，詳審增編分隸，戎籍靡惟藉以干城，實可聯爲臂指。

一、歷代建侯樹屏，閩多封土。間有乘時捌國，息兵寧人者，亦所必録。考已事而鏡興衰，備一方之典故焉可矣。本朝定鼎，以還爵班五等者例入。

一、化民成俗，端必由學。國朝敬教勸學，泮林芹藻，振古文明。邇年軫念南土侏儷正音之學，漸成同文之化，宜與書院、社學均綴宫牆之次。

一、在官言官，在府言府。官府之地，公署立焉。捌置更易，凡以爲民也，歷叙規制，勿曰傳舍而已。

一、有公署而後職官乃得詳。歷代以來，官制不一，名氏班如也。稱是職而能其官，則名宦其最著矣。然非功德在民，「甘棠勿翦」者不敢濫入。

一、有學校而後選舉乃得詳。歷代以來，設科不一，題名可按也。膺是選而堪其舉，則人物其最著矣。然非立三不朽爲邦國光者不敢濫入。

一、鄉行可稱，文名久著者，亦人物之流亞也。庸德義聲，騰溢里閈，暨詞章彪炳，著作滿家者，彙爲二帙。孝義、文苑，春華與秋實兼收矣。

一、職官之外，爰有寓賢。四方君子之至止於閩者多矣。橘亦逾淮，粤亦遷鎛，滋閩山川重也。舊《志》率以閩人棲止他郡如朱考亭、李忠定之類及編管羈置謫宦者流，概曰流寓，别見他部。茲悉從删。

一、人物之餘，别爲隱逸。潛德高風，鴻冥豹隱。班、范前史，所必録也。表而出之，以式巖棲。

一、閩省節烈最著，前代已不勝書。國朝風化隆盛，歷年題旌，節孝纍纍。今與貞烈同垂「彤管」，其或窮陬矢節，未膺恩旌者，亦表出之，以發幽潛。又諸郡貞節二部外，間得名媛數人，標於幀首。

一、葱林心學，苦縣遺文，於正學亦不爲無助。漢代以來，師其教多矣。矧閩山水奥宅，仙釋棲靈。竒躅靈蹤，所在多有擇其正者，以廣多聞。至若方技之微藝成而下，亦可以見道也。别區一彙，著於篇。

一、代往不留，人來無已。不有古蹟，孰與傳後？況名公卿遺澤之留，賢大夫妥魄之藏，與夫高臺大榭，梵宇琳宫，興廢無時，懷古者三致意焉。茲與石刻依類互見，徵文獻者猶有取之。【略】

正史而外，雜紀尚矣。故老之所傳聞，稗乘之所紀載，遺言軼事，可供多識云爾。若夫名賢著述之富，經術政事之篇，遺文具在，熊熊炳炳，可法可傳。下至詩賦有韻之文，博採廣蒐，以資諷誦，故以藝文終焉。

《清朝文獻通考》卷二二三《經籍考·史部·地理類》 《福建通志》七十八卷，兵部尚書、浙閩總督郝玉麟等監修。臣等謹按，《福建輿地》諸書，惟明黄仲昭《八閩通志》爲最善。自我朝開國以來，建置沿革，與昔多異。雍正七年，命各省纂輯通志，督臣郝玉麟、撫臣盧焯、學臣周學健等遵旨增修舊《志》，凡六十四卷，尋以增設臺灣、福寧二府，永春、龍巖二州，續十四卷，乾隆二年書成。

鄭澐《杭州府志凡例》 一、杭州山澤之區，仰邀宸顧，翠華六幸，億兆臚歡。卷首敬録宸章，恭紀巡幸。和澤榮光，照濡簡策，爲杭人慶所遭也。

一、州郡之志，古稱「圖經」，圖與經相輔而行也。今自府城及所屬州、縣，次第繪圖，竝及於名山大川，各繫以説。舊圖可資考證者，間從附見。

一、地理以目驗爲準。鄭康成地理之學所由，遠勝漢儒也。今誌一郡之事，徵引前聞，參以覩記，庶不爲異説所淆。建置既定，則疆域、形勢、城池、鄉里、市鎮、橋梁，俱可瞭如指掌。

一、著以定位，昉於周制。凡志俱載公署會城，爲統轄之地，所載較詳。學校以興民教，而祠祀之合祭典者，竝以次分列。

一、杭州山水之勝，久而益著。咸淳《臨安志》，遞載峯嶺、巖洞、溪澗、泉池，今仍其體例，證舊聞則存古蹟，標新目則有名勝。寺觀、冢墓，皆古蹟之分著者，以類相及，猶酈亭《水經注》，牽連而書也。

一、賦税，户口，爲資治之本。聖朝薄賦輕徭，積貯卹政，法美意良。兵制、錢法、鹽法，俱釐定章程，分門臚次，用慎省成。

一、瀛壖江岸，首重隄防；瀦湖築陂，以資灌溉。恭遇省方盛典，臨涖海塘，指示周詳。爲東南億萬户永被寧瀾之計，而溪湖之有裨民生者，皆以時修濬輯海塘、水利兩門，誌膏澤之遠被也。

一、物産，因其土宜。天道有盈歉，則祥異互見。守淳樸以劑其平，在乎人事之修。故風俗與物産、祥異相次。

一、《漢書·藝文志》備述作之源流。後分四部，條理整齊，兹録前人撰著，從《四庫全書》條例，釐整部分吉金、貞石之文，爲考證所取資，竝著其目。至詩文之有資掌故者，散見各門。

一、職官題名，專誌一府之事。馬《志》兼及統轄之官，蓋其時省志未修，存備稽考也。今覈其體例，應歸省志。自知府以下，始列於表。

一、宋人舊志，有宦蹟録，祗載其居官，德政不備顛末，非列傳體也。或以名宦爲列傳之首，則於體制乖矣。今分輯專門統轄之官杭人親被其澤者，仍書於册。

一、選舉題名，各以時代爲序。五代錢氏諸系載在封爵門，歷代封蔭，即分敘於後。

一、人物傳，悉据正史。及前賢文集，四方志乘，以期徵信，自明以前，多補舊《志》之闕。其新增者，悉符輿論。列女，以旌册爲據；賢媛、閨秀，附見簡末。

一、雜記，以補各門所未備辭，必雅馴，無取支蔓。後載前《志》原委，用見相繼纂修之本末。

一、修志創議，自前守邵君闇谷，稿本略具，未及授梓。後來當事嘗請嘉定錢明經獻之校正，復請丹徒王太守夢樓爲之釐定。及付梓時，又不盡從王、錢兩君校釐之本，而兩君手藁，今亦無存者。兹續事編纂，惟以邵本爲據，詳加考覈，增其所未備焉。

儀徵鄭澐楓人氏識。

謝庭薰《婁縣志新志發凡十則》 一、志家門目，爲例不同。即松江郡縣各志，亦多有□異。今稍仿史體，述爲志十二，表二，傳六，凡三十卷。而諸圖則分系各門，亦古人左圖右史之義也。

一、康熙中，聖祖仁皇帝再幸松江，駐蹕俱在婁地，而名山勝蹟及臣工之家先後賁錫宸章者，亦例宜特書，謹作巡典、宸翰二志，恭冠卷端，以對敭寵焉。

一、志源於史，法貴謹嚴。近代撰圖經者，意主矜夸，漸至汜濫失寔。今則務從簡括，期於文約事該，要在刊削繁芿，易資省覽。

一、婁爲華亭分邑，又同倚郡郛，版籍易於淆混。故一切紀載皆覈其繫於婁地者書之，以明斷限。至科第人物尤多錯互，今用土斷之法，一以婁産爲據，不致貽誚撦撏。

一、婁爲澤國，水利所關至鉅。然必脉絡分晰，而後疏治之法始可講求。今依《水經注》體，標大水爲綱，而以小水附之。俾源委曲折次第可尋，非云變例，亦使來者得藉以考究利害云爾。

一、人物依史家列傳之例，不分門目。惟藝術、流寓列女、方外四類。未可合編，仍爲分傳，亦史法也。

一、陸康，史稱吴人，又謂康使從子遜與子績將家還吴，居於長谷，則陸氏之在雲間實有明證，特其子孫非必概居華亭。故顧清《府志》以前不盡載諸陸，《陳志》始爲備列，而《郭志》因之。近日《蘇州志》則謂不得因華亭鶴唳一言盡移，作松江人物。然當時華亭即吴郡鄉聚，隨地皆可卜宅，世遠年湮，亦無以辨其必在郡下，故仍從舊志録之。至陸贄生於嘉興，陸扆自先世即移家陝州，不可傅會收入。今俱削去云。

一、地志舊例多載前人題咏碑志，原所以備考稽。而末俗遂借爲標榜之資，日出卮言，紛紜無謂。今第取名流著作足爲輿地增重，及有關興廢利弊者存之，餘

則並從删汰。

一、松江，吴地舊志以爲上直斗牛，而分野之説向多牽合。恭讀御製詩篇，深斥其妄，今恪遵聖訓，不立此門。

一、凡地志多因襲增修，而婁獨創始，故用力較艱。華亭既未有新志，明代舊本尤極蕪陋。今所據者，惟顧、陳、郭三《府志》。而自康熙改元以來，又及百年，久未續輯，文獻無徵莫斯爲甚。今雖博訪故老，旁稽野乘，而放佚尚多，蒐羅未備。不過觕具崖略，以爲大輅椎輪，考訂補綴有望於後之君子。

王昶《太倉州志考證凡例》　一、《州志》，張受先所修，不無疎略。而自崇禎十五年距今，凡一百五十餘年，中間如沈起元、王宬諸君，續修未竟，故事漸湮，誠不可不亟爲編緝。州尊鰲君，好古嗜學，報政之餘，用以自任，實爲盛舉。乾隆六十年，延程侍御維岳，又選文士十六人開局分修。其《人物》一門，搜采難，而載筆非易，則君自任之。未幾，程君以事辭去。嘉慶元年四月，予來主婁東書院，君屬予成之。嗣分修，各以書來，頗有條貫。二年五月，君復以《人物志》稿見示，固已綱舉目張。但一州典故，與府相等，所宜精益求精。唐貞觀年間，敕孔穎達等經師大儒分撰《五經正義》，既經删定，復令馬嘉運等十人參議，又令與蘇德融等六人覆加詳審。不憚再三，總期精確。予前此屢任館書，且充《大清一統志》總修，略悉志書規則，因逐一詳加釐訂，仿徐碩《嘉禾志考證》之例，而不復別標名目。

一、張《志》分封域、營建、官師、學校、風土、選舉、水利、賦役、海運、兵防、海事、名宦、人物、藝文、瑣綴，共十五門。其後，鎮洋、嘉定、寶山、崇明各《志》門類多寡，及立名義各有不同。今酌其宜分、宜併者，冠以恩旨，附前代蠲賑，末載舊序，共十八門。似無不兼綜賅備，且合史裁。

一、張《志》封域，所列沿革、星野、里至、形勝、山、岡、墩，其類七。今存五門，以「岡、墩」附於「山」下，若《鎮洋縣志》以風俗物産亦入封域，似爲未善，並改之。

一、營建，所列城池、壇壝及祀典、各廟、公署、坊巷、里鋪、市鎮、橋梁、卹養，附以牌坊、堡寨、關閘、村鋪，《鎮洋縣志》因有普濟、育嬰等堂，故添「卹養」一類，今從之。

一、職官，所列官制、胥徒、職名，爲類三。其元人名，已恭照《欽定國語》改譯。

一、名宦，當如《江南通志》移編於《職官志》後，以符體式。舊《州志》在《海事志》後，非是。今列臺司、州牧、縣尹、倅貳、學官、武職，爲類六。

一、學校，列廟學、祭器、樂舞、學田、師儒、書籍、鄉飲，又應添書院規制一類。其社學、義塾附於書院條後，爲類八。舊《州志》復載教職姓氏爲題名，又有胥役一條，應删，並附師儒後。

一、選舉，舊《州志》向列「風土」門後，未免舛誤。今移於《學校志》後，應列制科：前代科目、貢生、舉人、進士、薦辟、例選、恩蔭、武舉，爲類八，皆按科續纂。

一、風土，應列風俗、節序、占侯、方言、物産，爲類五。將《江南通志》、《蘇州府志》及本州名人著録之書補其罅漏，訂其異同。

一、州治沿海，且係三江下流。蓄洩疏導，地方要務。今水利内列水道、開濬、治水議、開河規制，爲類四。其海潮、海塘閘座等項，依類編入。至築岸一條，即附開河規制中。

一、賦役，列户口、人丁、鄉都、田賦、課税、鹽法、積貯、蠲賑，爲類八。其徭役、屯田等項酌類附識。

一、兵防，列營制、城堡、營汛、紀兵、防海議，爲類五。一律添纂其舊《志》所載《海事》一門，即删附于此所有樁柵等項，應類附者，亦依類附載。

一、漕政，列衛制、衛職、海運考，爲類三。海運乃元季遺規，詹事邵遠平《元史類編》取冠簡端，良有深意，删爲考據，附識于卷。

一、人物，凡大事業、大學問、大氣節，入于列傳。《嘉定志》之「賢達」，《寶山志》之「仕蹟」，《崇明志》之「忠節」，此中皆擇其大者以「列傳」志之。其以一節見者，編爲治行、孝義、文學、武功、隱逸、藝術、列女、釋道、流寓，爲類十。舊《州志》止於明季《鎮洋志》已將國朝名賢添載。而自乾隆九年縣志告成以後，至今又五十餘年，所有已故人物，陸續採訪徵實纂緝。

一、古蹟，列公所、寺廟、第宅、園林、祠墓、名蹟，爲類六。舊《州志》將寺觀以下五門列之《瑣綴志》，於義未允，悉改正之。

一、各史經籍、藝文志，類皆載「某書若干卷，某人撰」，《江南通志》例亦如此。其晁公武《讀書志》、陳振孫《書録解題》、馬端臨《經籍考》、錢曾《讀書敏求記》、朱彝尊《經異考》諸書，則摘取著書大意，即《四庫全書提要》亦復如此，未有採摘一二詩文爲「藝文」者。舊《州志》所撰非是，今別撰《藝文》一門，但古來著録家，每分經、史、子、集而各邑舊志皆載其書目，不綴解題。今歲久，書多散亡，未易循名區別。如《鎮洋志》將吴震元《水經廣注》列於「經訓」，較之《崇文總目》以《樹萱》録入

之「種植」，及《通志略》以《錢本草》入之「泉幣」，尤爲乖謬。玆故僅存《藝文總目》，以書從人，以人從代，不復分類，仍張《志》及《嘉定崇明志》例也。其中雖間有搜採所未及，而遺漏似屬無多，且即其書已佚，亦可知大概作書之旨。至園林、寺觀、忠孝、節烈等事，歌詠亦所不廢，則分附各類之下。

一、雜綴，改祥異、紀事、紀聞、稗説，爲類四。祥異尤關人事之得失，故首列之。

一、受先《志》頗多草率，故宋孔傳有辯誣之作。如鄭明德不知爲何人，黄暉不詳殉難，蔭生又顧同寅等以爲黜生，而《鎮洋志》於吴繼善入文學，而不入忠節。今詳考各書，逐一改正。

一、郡邑志書，本爲異日作史張本，故官名、地名，一切當從史例。太倉，在元時則屬平江路，係崑山、嘉定兩州之地。元制，江浙初立都督府，尋改安撫司，又改爲總管府，謂之「行中書省」，平章政事所屬。而府、州、縣有肅政廉訪司，有左右録事司，州、縣有達魯花赤。明制，成化八年始設總漕。其江南總督，設於嘉靖三十三年，四十一年罷之。巡撫則於景泰四年始設，大抵皆加都御史以行，故謂之「臺」。洪武年間，罷中書行省，平章政事等官，乃改爲布政司。有左右參政、左右參議，又按察司有副使，有僉事，分道巡察。而督糧爲布政司所統，提學爲按察所統，與今制以京銜出使者不同。分守分巡，亦各有專司焉。至府稱知府，有同知、通判，又有推官。州稱知州，有同知、判官、吏目。縣稱知縣，有縣丞、主簿、典史。此官名之不可紊者，當考其時，按其地，據實以稱之。今各志内總漕、總督，或稱總制、制府、制軍、制憲，巡撫，或稱撫軍、撫憲、中丞。布政司爲藩臺，按察司爲臬臺，或稱「兩臺」，或仍明制，合都司稱「三司」。道，爲觀察廉訪、巡按御史稱，直指使者，或稱臺司，或稱臺上。而學道稱督學，或稱學使者，雜出不倫。府稱太守，州稱州大夫，稱州守，又稱州太守。承書札文移之俗，習書之於志，使有識者噴飯。羅列變换，似誇博洽。適形鄙陋。至武職總兵、副將、參將、游擊、都司、守備稱謂歷然，乃或稱總戎，或稱將軍，甚至「把總」稱「把戎」，尤謬也。又如大學士，爲相國，爲首揆，又稱六官之長，爲大冢宰、大司農之類。又太監稱中使太監，而督廣東采珠者稱「采使」，尤屬不經。又如狀元、會元、解元、會魁、鄉魁、經魁諸稱，及舉人曰「登賢書」，鄙陋可笑，皆史例所無。總之，敘明時官職，當依《明史》，敘國朝官，當依《會典》。今一併以史例正之。至生員或稱庠生，或稱入泮，或稱游於庠廩生，或稱食餼，或稱餼生，或稱博士弟子，今悉改稱「諸生」。因廩增附久，而莫辨也。其監生，或稱太學生，或稱國學生，或稱人成均，或稱就北雍試，今悉改稱「監生」。貢生，或稱明經，或稱貢於太學，並稱副榜爲副乘，今悉改稱「貢生」。別以恩拔，副歲由援捐例者，則稱「例貢生」。由修某書議敘某職，皆分別直書，以昭畫一。再書廩生，即不書諸生，以廩生無不由諸生中出。書進士，即不書舉人生員，以進士無不從舉人生員中來也。又如「游庠」二字，不審出在何書。又以選拔貢生爲「拔萃」科，亦不知所本。今皆改。若初任曰選起，復曰補改，缺曰調發試用，而督撫提補者，亦曰補。由進士曰授京官，出外曰授捐助者，皆曰入貲。由小而大者曰陞、曰擢。主考官，同考官。曰充修書館職，亦曰「充」，歸於一例，以免紛糾轇轕。

一、張《志》於元、明間人物，志鄉鎮，蓋是時人，雖太倉，而籍貫有書崑山、蘇州者，如此分别志之，以見不苟。故《寶山縣志》因之。今《鎮洋志》將張《志》内及以後人物盡修入鎮洋，並不留爲日後州志地步，甚屬非是。而其凡例，乃有「前代名人，歷年久違，居址無考；又州縣壤錯，遷徙靡常，難以判别。俟州志修時，在州入州，在縣入縣」之語。王君成謂，縣志成於乾隆九年，已難判别。今又踰三十年，更何從考核？此次修輯州志，將雍正三年未分縣以前人物，凡張氏《州志》所載及《鎮洋志》所載悉歸太倉。其設縣後，居址、籍貫隸縣境者，分歸縣志，此論極爲平允。第太倉故老傳言，鎮洋初析縣時，知州、知縣取其時學册，以册列在第一名者留太倉，第二名者入鎮洋，其後亦然。夫學册之先後，乃入學年分之先後與某次入學名次之先後耳。則其於諸生居址固未嘗區别也。是當時之分屬已於居址無涉，不足憑信。而分縣後，仍以同城州縣通考與嘉定、寶山各城各考者規條迥異。竊謂王君所云居址、籍貫隸縣境者，分歸縣志，亦難核實。惟有就或入學，或援例所書籍貫，分别登載。其節孝，由何縣請旌，即入是縣。而未旌者，照送來事，略書之。若夫布衣隱逸、釋道，亦同此例。至《寶山志》所載居址，自屬可信。第以鎮洋例之不便一書兩例，故亦以未分寶山之前，一切人物俱歸嘉定。其嘉定舊《志》所失載，寶山採之者，今亦録入，至分縣以後，俱隸寶山，庶爲畫一。

一、賢、奸，皆宜直書其名，直舉其事。張《志》於《王臨亭傳》則云「齕於顯者」，《李汝節傳》則云「失鄉貴人意」，《朱邦臣傳》則云「李御史某」，如此甚多。而《鎮洋志》於吴時來亦書「吴興某郎，倚勢張甚」，不敢直斥其名。蓋士氣委靡，攖嬰淟涊，大非古人直筆之遺。今凡有可考者，悉標出之，以示將來所謂發潛德之幽光，誅姦諛於已死。

一、受先撰《明代人物小傳》，時無國史，故多取之家傳行述，擇不精而語不

詳。若鎮洋、嘉定各志，修於《明史》已成之後，乃仍採取行述年譜，更不足憑。兹明朝一代人物見於《明史》者，悉用史文及王氏鴻緒《明史稿》此書曾經進呈。如爲《明史》所未載，則博求之詩文各集及説部書中，詳考採録。及國朝人物，兼採《八旗通志》各省《通志》及《蘇州府志》。蓋志書俱經進呈送館，自皆公允。

一、志人物，必考實在，蓋意存矜慎，期取信於後世。如治行，則紀其所興何利，所除何弊，平反者何案；教化，則紀其識拔成就者何人；忠節，則紀其參劾何人，條奏何事，得罪何因；如文學，則紀其窮何經，通何史，詩文宗法何人，著作見有何集，某集有若干卷帙，方足信今傳後。而各志籠統約舉，已不免於浮夸。若夫富而好禮，爲善於鄉，尤需徵實。若《鎮洋志》既别設《耆碩》，又設《雜傳》兩門。《崇明志》又設《懿行》一門，所謂賑災施粥，修橋造寺，葺文廟捐學，辦普濟堂、育嬰堂，任某大役，興某大工，皆無實在銀米田數。是時，必因其子孫，或幸其富厚，本掛名於勸捐董事之間，而遂希好善樂施之譽，冒濫尤不可訓。但前《志》已書善善欲長，而爲時已久，無從辨其真僞。是以姑附於行義之内，無徵不信。《蘇州志序》謂：「手筆既俗，兼多難信者」是也。其雜傳中無類可歸者，改入《雜綴志》，附記於此，以俟後日績修君子云。

一、前各志内有不切膚詞，陳陳相因者，如生平事親孝，稱子職。手足友愛，處友朋族黨間敦厚樸實。又如性孝友，謹言笑，慎然諾，積學砥行，宗黨推之。又如性朗豁達，學務研究，日課有程，屢試南北，數奇不遇，又如所作深醇雅健，文壇樹幟，書法尤工。詩古，特其餘事。赴省試，思欲振前緒，啓後昆，終以數奇蹉跎。例此數十句，移步换形，人人可用。按之，乃羌無故實。今亦稍加删節。

一、史例，傳皆書名。《史記》於汲黯、司馬相如間載其字，餘無字者居多。兩漢以後，史皆有字，而從不别載其號。故舊傳中所載别號，悉削去之。雜綴内最多，不能盡改，仍之。又如嚴嵩稱「分宜」，張居正稱「江陵」，尤爲乖謬，亦一概書名。又史例，其人非在三公之位者，不稱「公」，辨於顧氏《日知録》者甚詳。今狀述志銘之陋，人人可以稱「公」，舊《志》沿而不改，今悉爲删削。又近人任意簡略，如《鎮洋志》、《嘉定志》地名、人字輒省一字，亦必寫全之。

一、父子祖孫皆應立傳，而在一代中者，合傳。分在兩代者，分傳。或門類各别，亦如之李延壽南、北《史》例，如此今因焉。

一、州内名人殁後，有葬在境外者，應照張《志》周廣之例，於傳内書其葬地。倘他縣志書不載，後人亦可考而知。

一、勝朝殉節，諸臣録内有本州人曾經賜謚者，一體查添。

一、引用各書，除從前查辦違礙書籍，奉旨全行燬禁者，照方略館奏單及武英殿所刊《禁書目》一切屏除，其抽燬之書，非應全撤之本，仍可引用。又各省書目，雖稱應禁，而由督撫所擬，未經内廷奏准者，亦不入此例。

一、太倉，自張氏修志後，老成凋謝，舊家所藏書籍，十不一存，無從借閲。即將家中塾南書庫存書及借諸朋友家者，亦屬無多。弇陋之譏，無以自解。至地近海濱，潮汐舄鹵，官司册籍，吏胥率以霉爛爲辭。如屢次蒙恩蠲免，所蠲銀米各數及遇偏災所賑貸銀米數目，多謂無從稽考。交查之後，甚至經年不報一紙。其餘賦役、創置、修葺、旌表，各數目年月，更無可據，故考古既難，知今不易，掛漏亦多未免。

嘉慶三年六月望，青浦王昶識。

張世浣《重修揚州府志凡例》 一、揚州夙號名區，聖祖仁皇帝、高宗純皇帝翠華時巡，疊經臨幸，黄童白叟，忭舞康衢，故特增輯《巡幸》以冠簡首。

一、揚州歷代統隸，分合多寡，各有不同，今纂輯各門，總以現在疆域爲準，如天長、六合、泰興、如皋之類，今既不隸揚州，概不復入。

一、舊《志》考訂沿革，如隋以前所稱揚州，皆非廣陵。雍正志實勝前遠甚，然尚有沿襲失考者，兹皆詳細釐定。

一、舊《志》采録正雜各史，雖注明出某書及覆校原文，則臆改甚多。兹所修輯，但有删節而無妄添，惟官階太冗者，稍用約文，仍注明原書卷目，以備覆考。至各家文集，其稱謂與志例不符，不得不改從畫一。亦有史無專傳散見他傳者，亦畫一書之，仍注明事見某集某傳。其有各書互見，事迹小異及舛誤須考正者，皆照《三國補注》之例，雙行分載各條下。又舊《志》所有而其人其事皆無考者，俱從其舊。

一、秩官自當全載，但統轄之員惟取其駐劄揚州者載入，餘不録。丞、簿而下，舊多缺略，今皆據各州縣志補載。至武秩舊志失載，命無從考，故亦不録。

一、宦蹟皆載其政績之施於此土者，然紀載有詳略，履任有久暫，故有德望素著而行事偶軼、編纂又斷不容遺漏，不得不僅次官階時代，以存其人。

一、志書與史例不同，史則賢否並書，志專録其善者，其或德未純備而事可節取者，亦採擇書之。

一、揚州地濱江淮，高、興、寶、泰諸邑尤稱澤國，凡節宣疏導一一皆仰廟謨，

兹故詳載諭旨，並前後臣工謀畫，使境内人民皆知惠利所由普被焉。

一、揚州當南北之衝，秦漢以後事蹟較多，故特輯《事略》一志。

一、宦蹟人物，皆以已往爲斷，如現在者，勳名學業概未可量，當俟異日論定，至《人物》各門，其編纂體例悉依舊志。

一、《列女》一門無從去取，舊《志》所載節婦較略，兹據各《志》中全數録出，擇其有奇行者詳載始末，餘則僅敘厓略，以省繁冗。至時代先後多無稽考，仍依各州縣分載。

一、舊《志》采録《藝文》，凡寓賢名宦無不登載。然人文所萃，邑賢著述實已不勝收輯，無庸廣徵域外矣，至鏤刻尤非著作可比，今概不録。

姚鼐等《新修江寧府志凡例》 一、志内分二十一門：曰天章，曰輿圖，曰疆域，曰分野，曰沿革，曰古今事表，曰山川，曰古蹟，曰風俗，曰建置，曰祠廟，曰賦役，曰學校，曰武備，曰驛遞，曰秩官，曰名宦，曰科貢，曰人物，曰金石，曰藝文，一門而又有數類者，則分别紀之；文多者，分二三卷；文少者，合兩三類爲一卷。

一、志内有《藝文》一類，恭惟列聖巡方屢及江寧，荷蒙御藻題識，鐫刻珉碑。山川增其光華，民庶欣其盛事。不可僅列之《藝文》也。近《西安》、《揚州志》皆特標《天章》一門，登之卷首。今用其例。

一、舊《志》有圖紀二卷。上卷最多舛謬，下卷但畫山水。夫古之郡縣疆域，後世本不能盡考，但據舊史略知其東西髣髴而已，勢不能爲之圖，況全不考史，而妄爲之圖乎？惟見今疆域，必須考證分明，畫方計里，使覽者可會數百里之形勢。若城内官署、廟宇爲屋幾間之類，此後人所不必知圖之，何爲？至於江寧山水之勝甲於海内，假令有王維、吴道子之筆，繪尋丈之紙，不知能盡其勝否也？況限於數寸，而使俗工雕刻爲之乎？凡志書有作「八景、十景圖」者，大抵虚僞可嗤，徒煩紙墨。若在金陵，尤屬無取。今將舊圖二卷全删，更計方里而作圖。凡爲圖八，雖限於數寸之紙，不能盡備其纖細，然其東西向背，遠近界域，差可推尋其事，爲歸諸有用矣。

一、沿革，當據正史。正史所未詳，參考他書。言必有據，若俗説杜撰，不敢姑循。

一、《山水》一門，内分二類。山類，則岡阜附焉。水類，則湖堰、水利、橋道附焉。

一、舊《志》無物産門，謂：江寧所産與列郡同是以不載。此説非是，江寧固有專産之物不同他處者，即如杼軸之興，國家特設織造於此，若不歸之物産，則奚屬乎？

一、《古蹟》一門，内分十餘類。爲古城、古宫、古宅、苑囿、亭觀、橋梁、墳墓、道院、僧寺，以次列焉。

一、二氏寺觀繁多，不可勝載也。其前朝建置有名者入古蹟，其見在祀典所及及翠華巡幸所至者，載之祀廟，其餘不備録。

一、《秩官》門，分兩類。前載歷代於此設官及今制官員之數，後以官於此者人名，爲年表。舊《志》表内每人下有注文。今定列史有傳者，但注「某史有傳」四字，其無傳者，乃稍載其履歷。

一、節婦、孝女，統歸《列女》門。内節婦已蒙旌者，具載。其未旌而孫金相《節婦録》所已收者，或有見聞真確，其家力未能舉，亦未入孫《録》者，亦可附入。此等人既繁多，不能盡立傳，皆大字書名，雙行略注其事蹟於名下。

一、《名賢列傳》已見史傳者，略存數語，云「某史有傳」，不須詳録。未見史者，乃稍詳載。

一、六朝帝王鄉相，雖皆居此，然所職者廣大，非一郡所當載。此名宦内但載揚州刺史、建康尹、秣陵令之類。

一、《藝文》一門，内又分兩門：一是江寧人所撰著之書，當存其目，以經、史、子、集分之，是爲上卷；一是人爲江寧地而撰者，首即載歷代志書之名下注存逸，是爲下卷。至江寧爲古人題咏、紀述詩文，何啻百卷，非志所能盡收，且如太白二水三山之句，夢得金陵五詠之篇，童叟熟誦，豈待此志而後聞哉？今必其辭有關考核利病之事者，附之下卷。或附山水等下，其無關者，雖名賢傑句，皆不必録。此是地志，非選詩文也。

一、景定《志》有《事表》，其文繁碎。今以《史記年表》爲法，語必簡括，識其大者而已。

一、自晉南渡，北來諸賢，皆此地之流寓也。若盡載，則不可勝載。今盡不録，惟琅邪一郡僑寓於此，其遷來諸賢，宜歸此土矣。而王氏乃最盛之族，然所居多在吴、越，不得遽歸於此郡。惟顔氏則生居歸老不出此土，魯公家廟碑可據也。故收之獨詳。

孫星衍等《松江府志凡例》 一、卷首恭紀巡幸，所以尊盛典也。恭紀宸翰，所以榮恩遇也。至有關地方吏治民生，歷奉詔諭，均編年系月，恭載於本門之中，

以見原委。

一、志與史相表裏者也。茲志仿史例，爲志十、疆域、山川、建置、田賦、學校、武備、名蹟、藝文、祥異、拾遺；爲表二：職官、選舉；爲傳二：名宦、人物。各志中依門分載，或以類附志。表、傳之前則撮其大指，以爲小序。

一、志中所載因革興建各事，宜均經根依《大清會典》則例、《大清一統志》六部則例、《賦役全書》、《鹽法志》等書，並檢查移核在府廳縣學及武職各衙門存貯册檔，互相考證，悉符現行體制。

一、志中引用事實均載原書名於本條之下。蓋昭代右文，書籍繁富，每多前《志》所未載者著之，所以免杜撰之疑也。再郡中宋、元碑石所載事蹟，均資考證。

一、志書本條有未詳盡者，有疑似者，有譌舛者，均作「案語」系於本條之後。蓋前人之説未便從删，又不可以仍疑襲誤，因以案語訂證之，以俟後之博雅君子採擇焉。【略】

一、郡志人物，代有名賢。至國朝偉人碩士，應時興起，或在高位，或隱居鄉里，各有表見，筆不勝書。如分隸各門品題，恐有未當。茲遵《大清一統志》例，合爲《古今人傳》，英賢具在，無美不收，非好變前《志》之體也。【略】

一、地志舊例，多録題咏、碑記，彙爲一集，標曰「藝文」，頗爲塵冗。今取名流著作，附見各門本條之下，以備考稽。而《藝文》一志，謹遵《四庫全書目録》之例，祗載書名。金石亦祗載碑目。

一、《松江郡志》，自康熙二年後，久未修輯，及今幾百五十年矣。各縣志，亦七八十年，或三四十年未修。此次增輯，似因實創。考獻徵文，頗難完備。用力日久，遺漏恐多。考訂補綴，是所望於後之君子。

吴雲《焦山志・例言》　一、凡列聖宸翰御賜物件，顧《志》列入卷一，茲恭紀卷首一編以冠全書。

一、顧《志》山水將郡縣各志所載一一編入，前後重復，轉致眉目渾淆。茲特薈萃各書，别爲撰録，以袪重複之弊。

一、周鼎《瘞鶴銘》爲焦山金石偉蹟，諸家考辨綦詳，前志均多缺略。茲復廣爲蒐討，重加校正，仍依盧《志》，各自爲卷。漢定陶鼎及銅鼓諸器應歸吉金類中，另彙一卷。其詩文依次附載，不入藝文，俾閲者優於稽考。

一、顧《志》流寓一卷，所引多與焦山無涉。茲删存數人，别列《高隱》一門，次於《方外》之前。

一、山中碑刻有舊《志》所遺者，均爲補入。閒有漫漶不可識及移置他所並新增各碑碣，一一注明，俾訪古者有所取證。

一、顧《志》附釋了璞石公《山志》一卷，今此書爲焦山專志，不應旁及，故删之。

一、藝文一門作者皆已往論定之人，現在者仿沈文愨《國朝别裁》例，概不列入，惟詩文已勒石者録之。

一、山中曾設榷關，駐泊水師，並洋人借寓司税及戍兵禦寇各事，將來郡縣志自詳，故不紀。

江藩等《肇慶府志凡例》　一、舊《志》刊于乾隆二十四年，吴太守繩年主修，南海何進士夢瑤總纂，閲六十餘年，板片無存。他《志》更不得見，茲即據吴《志》爲底本，補闕訂譌，並增所未備。凡所采輯，悉注出處。

一、志乘，古謂之圖經，左圖右史，故以地圖列於卷首，並畫格開方，注明里數。

一、地志以地爲主，此志共十二篇。凡屬輿地者，悉編於前，麗於輿地者，以次編於後。

一、吴《志》向不編訓典類，誠以掛一漏萬，轉非所以昭敬慎。茲惟曠恩大典，謹書於事紀有關粤地者，分載于各門。

一、州、縣序次先後，吴《志》與阮《通志》互異。今敬依《大清一統志》爲斷。

一、卷内凡遇三擡、雙擡字樣，俱頂格平寫。單擡字樣，俱闕一格，照《唐六典》式也。

一、肇屬圍基，最關緊要，著之水利，特詳。

一、亭臺、寺觀、文閣、冢墓，皆隸古蹟。其中有不盡古者，以類相從也。惟泉石則改入山川之末。

一、《經政門》、《通志》有銓選、學額二條。今銓選并入職官，學額照吴《志》仍歸學校，取便檢閲，且省繁碎。

一、賦税鹽法，今昔不同。茲據近年司册爲準，仍條列舊《志》，以備衆稽。

【略】

一、藝文，分經、史、子、集四部，所采書目，悉依《欽定四庫全書總目》編次。其他詩文有關地志者，甄附各門，亦不濫登。

一、吴《志》不收金石書目，茲並增八，蓋金石足資考證，往往取訂史册之誤。

明代黄《通志》已開此門，阮《通志》、高要《新志》亦立專條。今細審詳載，期補所未逮。宋志金石之文附目録，今仿其例，次藝文後。

一、事紀，條分件繫，載至近時爲止。既遠徵於古，即不得反略於今，庶俾後來有所稽考也。

一、志書輒編八景考，「八景」，昉於宋人《瀟湘八景圖詩》，本爲畫家而設。郡邑志效彼鋪張，強湊名目，殊無關體要。兹各屬志有八景者於古蹟後，姑存其目。

一、自道光十年冬季起，至十三年春季止，所有職官、選舉、耆壽、節孝有應增入者，因正本久已繕定，另載續編，附列各門之末。

沈葆楨等《重修安徽通志凡例》 一、安徽自分省後，志乘未有專書。道光初年創修，悉本《江南通志》而增補其所未備。凡爲類十：曰輿地，曰河渠，曰食貨，曰學校，曰武備，曰職官，曰選舉，曰人物，曰藝文，曰襍類。綱舉目張，粲然爲一邦掌故。兹閲數十寒暑，又當東南用兵之後，雖采輯不易爲力，而徵文考獻，務期賅洽靡遺。其間，有增損舊文，改易引證，考訂訛誤，補綴遺忘，悉援據諸史志乘之類。或分注以明所本，或加按以存所疑。均附見各卷中，俾便觀覽。

【略】

一、安徽地界吴、楚，自春秋以來，代有廢置。大江以北，尤紛紜不可辨識。考之歷朝地志及《元和郡縣志》、《元豐九域志》、《輿地廣記》、《方輿勝覽》、《明統志》諸書，而悉遵《大清一統志》、《皇輿表》以爲準。舊《志》沿革諸表，已朗若列眉。兹援班、范《兩漢書》之例，改横爲縱，而於府州縣之升建改隸，仍舊加詳焉。

一、《周禮》職方氏掌天下之圖籍，土訓掌道地圖，以詔地事。地之有圖，所以紀山川之形勝，辨疆域之參錯，非徒供目玩已也。安徽轄郡八，直隸州五。舊《志》於江淮河渠外，凡名山重鎮，亦略繪一二，以誌鉅觀，兹悉仍之。

一、《禹貢》以山川定疆域，舊《志》所紀，悉據《一統志》編入山川，則先府後縣，疆域則四至八到，條理井然。其城池、公署、關津、古蹟、壇廟、寺觀、陵墓之屬，凡麗於地者，均以類從，兹悉仍之。

一、史志，例載河渠。安徽面江負淮，包絡巨浸，用以溉田疇，利漕運，胥於是乎賴，故舊《志》於水利必兼及治蹟，而湖陂隄堰，修舉具詳，且加「按語」以析其源委，俾守土者興利除弊，審所從焉。兹悉仍之。

一、八政，莫先食貨。江南財賦甲天下，而安徽據其上游，田野沃饒，園林山澤之利，所在皆有。故舊《志》首敘田賦，而户口、物産、傜役儲積、蠲賑、鹽法、關榷次之。我朝列聖相承，湛恩汪濊，凡平賦薄征，輕傜免役，給賑蠲租，諸善政皆敬謹纂録，紀載詳備。兹悉仍之。

一、舊《志》專立《學校》一門，所以尊師重道，崇教化之原也。其間，歷代封爵、祀典、禮器、樂章及先賢、先儒位次，亦既考訂增詳，而自道光以後，又增祀賢儒凡十餘人。東西兩廡，不無今昔之異，兹謹遵欽定賢儒位次編入。其試院、書院、義學，仍舊附列。

一、揆文，兼資奮武。安徽軍衛整齊，有專轄之營，有分防之汛。其江防、郵傳、驛遞之屬，舊《志》已類載之，惟自東南底定以來，增設皖南鎮及長江水師兩軍，爲前此所未有。而用兵十有餘載，地當衝要，則安省兵事，尤宜詳明，兹謹遵欽定方略及歷年奏案，參以州、縣各志，編次成書，未敢增減一字。至前代兵事，舊《志》偶有遺漏，亦采輯補入。

一、職官沿革，歷代不同。我朝定制，多因明舊。舊《志》於郡守以上，別爲統部分轄，而於州、縣則自明以前均未載列，不無遺憾。兹據歷朝書史及州、縣各志，搜輯凡數千人，改立「横表」，備載於統部分轄之下。其本朝文職之佐貳，武職之營衛，守備以下等官，舊《志》闕如，礙難稽考。兹惟補録營守若干人，餘仍從略。至於政績卓然，載在名宦。舊有一人數傳者，有本省人列入者，今皆摘出，或并爲一傳，或改入《人物》各門，以符義例。惟自安省用兵以來，凡外省帶兵大員及本省需次諸官，雖例得列傳，而概不備表。

一、選舉，以薦辟爲近，古科目次之，例仕又次之。舊《志》於科目則未載，唐、宋、元之武進士，前明之貢生暨國朝之恩歲優貢，於例仕則未載武職，今皆采輯補入，改立「横表」，各以類從。其近年之由軍功出身者，比於例進之類，備載仕籍。惟取士本有定額，而副拔優之人數，記載閒有不符，尚待稽考，以臻完善。至鄉試之北榜與商籍、寄籍之確有可據者，彙載如舊。

一、《人物》列傳，舊《志》首重名賢。由是而宦績、忠節、儒林、文苑、武功、孝友、義行、隱逸、方技、流寓、仙釋，凡十二類，前代則考之書史本傳，稗乘，別紀，諸子百家，近則《一統志》、《江南志》各府、州、縣志與夫名人著述及公牘印册可稽者，始行采擇，兹悉如舊編列。惟安徽用兵十年，凡殉節捐軀，已載入《忠義表》者，幾十萬人。兹特擇尤收入，餘不重見。至舊《志》流寓，互登本省之人，今皆移入本籍，其無事實可紀者，從删。又仙釋一流，語近神怪，曾經諭旨訓示周詳，故直隸省志編入《襍類》門中，兹援例移置。

一、列女之節孝已旌者載之，未旌者别録，以存之。其貞烈、節烈則無論已、未旌，表均備載之。此舊《志》例也。惟近來遇變殉節之已載《節烈表》者，凡數萬人，礙難備列。茲摘其夫亡守節，而又殉難者收入，餘不重見。至孝婦、孝女，舊《志》僅附節孝、貞孝之後，似非「百行先孝」之義，今别爲一編，以重倫紀。若夫賢淑才媛之卓有可傳者，亦增益若干人，用符舊例。

一、藝文謹遵《欽定四庫全書》之例，分經、史、子、集四部。每部備載書名、卷帙及著述姓氏。其例，則始於班固《漢書》，而歷代書史及《三通・藝文》籍考略之所同也。舊《志》體崇簡要，於詩文、論著，全篇概不收入。惟有關於地方政治及古今事蹟，則附見各門類中。茲所編纂，牽循舊規，而近世撰述諸書，必其刊刻已行，言之有物者，始行登載。至碑碣亦隨事采録，不另立金石一門。

【略】

一、安徽各府州縣，歷代沿革不同，皆據正史之地志，先後編列，國朝，則謹遵《一統志》所載次第。近增渦陽一縣，亦本司册載入潁州府亳州之後。

龔寶琦《金山縣志重修凡例》 一、志與史相表裏，立言貴有體要，太簡則略，太繁則支。舊《志》分類三十，姚汭續修稿仍因之。錢熙泰重訂稿爲表四，爲志八，爲傳十二。茲倣其例，稍加增損，分合乎其間。總期繁簡得宜，無乖史例表志傳，首各綴以小引，以明涯略。

一、卷首仍依舊《志》統列各圖，所有圖説，詳列各門下，茲不復贅。

一、星野之説，牽合紛歧，古人已言其妄。府志第言松江古吴地，揚州之域，上屬南斗金，爲一隅地，未能確指爲幾度。姑闕之以俟知者。

一、舊《志》以衛城爲縣治，各鄉鎮相去道里均以衛城爲主。今既移治朱涇，則以朱涇爲主，而衛城附焉。

一、疆域茲既作表，各鎮市不便另立一門，所隸何圖概附於其下。

一、舊《志》科目衛學暨華，婁學居多。茲考其居址爲定，注明某鎮某村人。非本籍而實居本境者，亦收之，否則删之。不可考者，則仍其舊。封贈，衹録實職，録廕第。收例廕至虚銜，封贈殉難恩廕暨例貢，例監吏員恩賚。諸項遺佚恐多，茲概不録。

一、舊《志》海中金山載在縣境，錢稿亦然。按《華亭志》在華境。查朱軾疏云：金山壅積圓沙，直衝崇闕。則山屬華亭無疑。且金山廠汛、金山墩汛，皆華境。若縣名金山，衹襲衛名而名之耳。其餘諸山俱在金山東，皆非縣境，更屬無疑。茲故於秦、查、柘三山之外，概不列入。

一、各處河道較舊志所載變遷不一，即較錢稿亦已通塞懸殊，建置亦然。茲就現在者爲準，注明某處某河或通或塞，某祠某廟或廢或興，庶閲者一目瞭然。

一、橋梁間有同名，注明所跨各河，庶不致混。第宅園林不注存廢，衹存其目，附於古蹟之下，聊寓思古之情。

一、衛城境地半屬華亭，故疆域衹載金界。惟城内户口悉歸金山管轄一切，衛學書院等盡金山主政，故紀載特詳。

一、《田賦》自同治四年特恩減免後，與舊額懸殊。茲謹遵賦役，全書詳細列入鹽政，則悉遵《鹽法志》云。

一、舊志《藝文》雜載詩文，茲倣府志例衹載書目，金石碑記亦然。其有關掌故者，收入各門下，以資考證。

一、舊志《兵防》，金山營所管塘汛概行列入。茲僅録其在縣境者，至兵制兵數悉遵營移册籍。

一、人物必久而論定。顧清《松江府志》立傳，止成化丁卯，距修志二十六年。陳繼儒《松江府志》立傳，止嘉靖丙寅，距修志六十五年。邑中人物寥寥，舊《志》已寬其例。茲載至同治年止，惟修築裁改事宜、職官選舉題名、暨貞節婦女，悉以本年爲止。

一、舊《志》列女衹載貞孝節烈，錢稿此類獨缺。茲自乾隆十六年以後俱從朱涇《志》、張堰《志》、干巷《志》採入，餘由各處採訪所得，遺佚想所不免。末附賢淑才女，倣府志例。

一、邑境被擾最久，死節極夥，概爲立傳恐不勝煩。茲取死節彰彰者立傳，或作合傳，餘倣《昭忠録》例，第存其名，附於兵燹項下。

汪坤厚《婁縣續志凡例十則》 一、《續志》之作，踵乾隆五十二年《謝志》而作也，其纂輯皆近今百年事，其體例悉依前《志》。經前《志》編入者不贅，間有所遺，量爲補纂。

一、前志卷首恭紀《巡典》，恭録《宸章》，所以誌榮幸也。其在乾隆五十年前翠華時臨，宸翰蕃錫，前志或有所遺，謹爲補載，若夫百年之中鸞輿簡出，而寵章稠疊，光耀閭閻，用併恭録，冠諸簡端。

一、前《志》紀載《沿革》，至今並無改裁。《食貨》亦仍舊時，未有增損，故并不載。

一、《水道》幹河猶是舊日，惟潮汐往來頂衝積淤支港，因滋獘病，故特縷析通塞，重爲績圖，俾講求水利者資考鏡焉。

一、《民賦》於兵燹後，仰蒙恩旨遞減，科則萬年樂，利民何能忘！故記載加詳焉。

一、前《志》有《軍政》，而兵事無多。道、咸年間，島夷會匪迭起。同治初，粵匪再陷城邑。其間用兵戰守之略，與民間殉難之多，不可遺也，用特另編一卷。

一、封贈，前《志》列《選舉》表下，今則援例繁多，卷帙有限，爰將實在出仕者載之，餘略焉。

一、傳。《列女》體例悉仍其舊，其被兵殉難者，列兵事中，以示區別。

一、前人題詠碑碣，不能全録，應入《藝文志》者，前《志》依《四庫全書目録》之例，祇載書名。今仍其例於各門本條之下，附見其箸作。

曾國藩等《江西通志序例》 《周官》，外史掌四方之志，以書使於四方，則書其令。鄭注：四方之志，謂若《魯春秋》諸書。書其令，謂書王命以授使者，蓋法準史家，書秉王命，自古然也。潛説友撰《臨安志》，首載詔令。近世方志因之，統紀皇言，徧摹宸翰，然哀輯至富，義例猶疏。洪惟聖朝，經緯八紘，監觀萬寓。文册所垂，分部宣布。是宜恭録，特頒詔諭。函蓋群言，道在尊嚴。篇成訓典，以明祇承所自，不敢越界。而書自班固《地志》始，記郡縣本末。劉昭《補志》，録其改異，兼及《春秋》三史地名。前有今無，以見并省。前無今有，以準所置，此地理沿革所宜詳也。江西於古，以木名都。春秋、豫章別在江北。漢初置郡，則屬江南。吳曾考之於前，胡虔證之於後。舊《志》兩存，今當釐定。矧漢、魏以降，郡縣屢更，同異紛出。經界未正，邦域何稽？爰博考史志，旁證群籍，表以正之，疑者闕焉不爲臆改。

職官之表，創於《漢書》表，列三十四官，格止一十四級，詳述吏制，合以官聯，有條不紊。謝《志・職官》不列府州，以下例尤簡易。年經事緯，班分類合。始漢代迄今，茲列爲職官表流覽考次，按籍具存，亦掌贊書數，從政之遺意也。選舉專志，以備一方掌故。樂史《江南登科記》、張朝瑞《南國賢書》之例也。漢制：孝廉、茂才力田，賢良本古者鄉黨州閭之法。隋氏以後，始有文學、詞章，創爲進士科目，歷千載而不變。茲詳考律令，徧訪題名，旁行斜上，同條共貫，仕籍附注，事實別書，不以傳體溷於年表，如遼、金二史，有虛占行幅之譏。

列爵分土，建侯樹屏，始漢終明，二千餘年。其間異姓同姓，或嗣或除，治亂興衰，隱相維繫。范成大《吳郡志》以封爵次於牧守；王鏊《姑蘇志》附《吳世家》，兼詳氏族，不敢遺也。謝《志・封建》，爲表綦詳。茲仍其舊，間有蓄疑，別附考證。

班氏之述地理也，標郡列縣，識其户口，與其地分風俗，末及分野。此不易之法也。星士之説，肇自「保章」，歷代史志，相沿未改。後世推步，密於前人。新法既行，利瑪竇、艾儒略諸家書，盡易舊説。至馬吉士、高理文出言天地者，窮極無外，分野星辰，久置不道。茲從舊例，仍附於篇。所謂有其舉之，莫敢廢焉。

圖譜之學，古爲專家。圖以證説，説以輔圖，本無偏廢。鄧顯鶴《寶慶府志》論述圖法，甚得裴秀、朱思本之遺。近惟鄒伯奇《南海縣志》圖，造尺識方，立限定點，以目準望，以口計步，實天下之奇作，而仿效殊難。江西自同治三年奉旨勘繪輿圖，開方計里，補遺正誤，業有成書。謝《志》諸圖，尚沿舊習。標識名勝，無當史裁。茲從删削，別爲省圖一、府圖十三、直隸州圖一，附諸疆域。

山澤川浸，職方所掌，志山川水利之權輿也。鄭樵言「九州可移，山川不易」，實爲通識。然方志以疆域爲限，而山川麗之。謝《志》稱，匡廬武功，横亘數縣。章貢、彭蠡、綿歷諸郡，故當先列疆域，次説山川，別於輿地，略者山經。昔稱柏翳《水經》或著桑欽。古爲專書，茲從分紀川源，既達水利，可興隄塯、陂渠，民命攸寄，因并志之。

建置之事，城池以衛民，廨宇以治事，學校以立教，壇廟以禮神，津梁以平政，書院、社學以育才。軍興以來，郡縣境内，賊蹤所過，殘毀無遺。次第修復，未能蕆事。創始繼脩之年月，舊址遺制之因革，纖悉記之，啓後承前意，在是矣。

經政之略，則《通典》、《會要》之遺也。明以來，方志於兵、農諸務，視爲吏胥。簿籍每據，見行案牘。裁併成篇，未嘗加意。陸隴其撰《靈壽縣志》務爲簡略，而田賦特詳。誠知其重也。江西賦役，二百年來，舊章屢易。前則清汰浮糧，後則折改漕運。議增議減，千頭萬緒，更僕難終。他若鹽法之督銷，票引關部之變通，解額、籌餉、有釐捐之設，通商別洋稅之名；兵制，如南昌城守累經移撥，湖口水師，新設重鎮，一隅之舉，已極紛羅。酌古斟今，宜窮顛末。凡事關政典，因革損益，不遺瑣屑。條列諸科，庶後之有志。經國者考訂得失，無以空言陳利病焉。

施宿《會稽志》有討賊平亂之篇，《姑蘇志》亦用其例。陳士元《灤州志》首列《世編》，則統書境内舊事及災祥、征伐，自爲經傳，體例失倫，立意未爲非也。謝《志》武事，全仍白《志》原文。康熙庚申以後，宜有補輯。且自粵賊倡亂竊發，則江西當其衝。敗而反奔，又假以爲逋逃之藪。始咸豐癸丑，迄同治丙寅，十四年中，客軍、民兵，相持數百戰，卒殲醜類，克集大勳，奏報文移，胥足考信。爰述用兵始

末，別爲《後編》。五行之志，前史不遺。吉凶先見，動微知著。天象所垂，人事斯應。兹類述之，爲前事略。非同符瑞靈徵，習爲誇誕也。

藝文有志，始自班固。四部之名，創於荀勖。唐代定經、史、子、集之目，執簡馭繁，爲著録家成法。兹考定群籍，録爲一編。謹遵《四庫總目》，分部辨類，不相雜廁。舊載文詩，有關掌故，既收本志，分注各條。其有餘篇，綴録高文，無可附麗，異時或從和州、永清《志》例，推廣編輯，別爲文徵。發潛闡幽，敬俟來哲。

故城舊縣，荒臺廢宇，上下今古，多資考索。塚墓，記防護之事；寺觀，存金石之文。例可並存，無能偏重。地有名蹟，遊覽斯經，合而志之，猶虞衡「紀勝」之書，名園「伽藍」之記也。

梁元帝有《丹陽尹傳》，賀氏有《會稽太守贊》，方志書，名宦例也。服官兹土，澤被生民。遺愛所存，政績可紀。循名責實，片善無遺。嘉言懿行，間得附書。境外殊勳，義難兼述。此定法也。舊《志》上自統轄，下迄丞尉。治行昭著，悉與甄録。兹仍其法，訂譌補闕，爲《宦績録》，以别於列傳。

録宦績有四難：政有興廢，治有賞罰，恩怨殊受，毁譽異情，一難也；世士寡識，成敗論才，罣誤偶遭，訾議以起，二難也；紀載闕失，事遠易湮，姓氏僅存，歲月莫考，三難也；咨取行實，率經删潤，諛墓之文，將爲定論，四難也。具此四難，衷於一是，奚敢固於自信？有益致其慎而已。

《史記》列傳七十，標目九篇；《漢書》則外戚、佞幸以上，標目僅七篇。四皓不稱隱逸，鄒枚不列文苑。爲例既寬，於法至簡。蔚宗以後，門類日繁。歐陽修撰《五代史》，至盡人加之品目，當時已議其過。白《志》以舊《志》人物别擇低昂。才有兼長，義無偏舉。因次時地，先後書爲列傳。謝《志》仍之，兹從其例。次以方術、列女、寓賢，而終以《仙釋志》。仙釋者，《元史》立釋、老傳例也。

【略】

方志屬史家，近代修志，僅存表傳。兩體餘則門類淩雜，惟意所造。嘉慶中，南康謝啓昆修《廣西通志》，始講求義法。爲典以準紀，爲略以準書，爲録以準世家。紀載美備，體例雅贍。厥後修《廣東通志》即本是書，志家遂多模效之者，前喆遺榘，爲世宗尚。恭敬桑梓，宜可傳信。謹依其例，而斟酌損益之，更定舊《志》次序，以合史法。

江西之有通志，創於明嘉靖間。參政林庭棉、國朝康熙中巡撫安世鼎修之，繼修者白潢，後爲謝閔。成書之歲，在雍正壬子，迄今百五十餘年。中遭寇難，列郡屬邑，屢經兵燹，遺文多闕。故籍既湮，徵文考獻，十無三四。纂輯編録，十年於兹。掇拾叢殘，事勤功半。考定義例，幸有成書。凡爲典一，爲表四，爲略七，爲録一，爲列傳五。分卷標目，具如左方。

博潤《松江府續志凡例》　一、郡志自嘉慶壬申歲重修，其時延攬名儒拾遺補缺，成書八十四卷，炳炳麟麟，足資掌故，迄今六七十年。中經兵燹，凡故家士族平時所存卷帙，概付劫灰，徵文考獻，視昔爲難。幸七邑新《志》次第告成，藉資參訂其他，或偏采乎耆民，或偶存乎吏牘，闕疑徵信，掇拾成書。不敢居修志之名，競競焉量爲續纂而已。

一、《續志》，續前《志》而作也。則凡已見於前《志》者，固不當複見。然時有今昔，即事有廢興，掌故所係，不容漏略。又如前《志》援據偶疏，寫刊舛譌，竝宜舉正，故仿范成大《吴郡志》例，别爲考證。若夫舊聞軼事，前哲所遺，典籍可稽無嫌拾唾，則亦别爲補遺，各以類附。

一、補遺，所以補前《志》所未及，則疆域、山川猶是也，宜無可續而補者矣。乃證諸各志，亦有未備，而且鎮市以時聚坊表有增建衢巷，或新闢橋梁津渡有改作，是不特有續且有補也。然必以時爲斷，考其原始，則詳者可知，略者無徵，與其强爲剖析，孰若統編以存闕疑之義。志地之例，不囿以時，《吴地記後集》、《吴郡圖經續紀》可覆案也。至於經政之屬，若水利、海塘等類，本以年紀，則仍爲補遺，以清眉目。

一、今昔事勢各殊，有非考證所能盡者。若道里，則自同治四年測量，而里率愈密，鄉保則前表失之太簡，而端緒轉淆，水道尤變遷異形，截然不合。如必歸諸考證，則割裂太繁，無以清閱者之目。故特變通其例，重爲編次，務合今時形勢以質來者。

一、疆域爲全書之綱，若經緯度足以察天時，道里形勝之類足以覘地利，風俗足以驗人事。凡此之屬，今雖續纂不憚加詳，庶治斯土者展卷瞭然。

一、水道爲一郡所利賴，郡既澤國，支水紛繁，若夫經流各道，例所宜詳，而去委來源，尤當審察。庶閱者易明其脈絡，即治者易知其利弊也。故於西水、東潮頗加意焉。

一、前《志》例曰「水利」、「鄉保」等圖，并略用開方法。然前《志》之圖竝未開方，且證之於書不能吻合。今據同治四年新測輿圖重加校閲，惟輿圖所載河道猶爲簡略，兹復按方補繪，爲全境水道圖一幅，弁於卷端。俾圖書互證，如視諸掌。

一、松郡自明迄今，田賦偏重，道、咸以來，屢邀蠲免。同治初年，復奉恩旨永遠減徵，厚澤深仁亘古罕有。大憲軫念民艱於糧，田科則縷晰條分，俾無畸輕畸重，今遵賦役，全書一一詳載。

一、道光六年試行海運，近時奉爲權輿，著有成效，一切章程爲向來所未有，附於漕運之後，不復另立子目。

一、郡境素饒鹽利，自浙綱廢弛，二十年來章程屢易。近雖規模已具，而較之曩日尚有逕庭，兹所續編不敢從略。

一、兵制自咸豐以後大半凋殘，同治年間改設營制，整飭戎行，水陸汛防有增有裁，有移有併，悉按營册詳載新章，仍注明舊制以備稽考。

一、兵燹以來，官紳兵民婦女之殉難者大節炳炳，兹皆詳敘於兵事之中，以符前例。

一、人物舊志自漢以來纂列共十二卷，兹從嘉、道年起，但就其功業文章赫赫在人耳目者表著於篇。

一、《續志》自光緒庚辰四月開辦，至癸未六月諸同人潛心討論，黽勉不遑，凡寒暑三易，屬草始成，遺漏錯訛尚知不免，惟望後之君子考正焉。

卞寶第等《光緒湖南通志敘例》 史以記事，兼以記言，惟志亦然。我朝二百餘年以來，列聖重熙典謨丕煥，恭録簡首。弁冕斯編，凡八卷。

初一曰《地理志》。古之地志，載方域、山川、風俗、物産而已，《元和郡縣志》頗涉古蹟，《太平寰宇記》兼及人物、藝文，體例稍變焉。然「志乘」紀載，當以地理爲本。今志地理爲子目，十有一，其一爲輿圖，用畫方計里之法，繪通省總圖一、府廳州縣圖各一，凡爲圖九十；次則沿革，歷代州郡建置分合，先爲表以明之，復考諸史傳以證之，察風土之要害也；次曰分野，曰晷度。凡有分土，皆有分星，然經星盡乎天度，而中國不盡地球。古人以九州仰配列宿，於理未可曉。兹以流傳既久，姑仍舊説，而增晷度一門，以測日景之永短與北極出地之高下也；次曰疆域。古九州荆、揚之地，自戰國末，皆入於楚。江之上下，粤之東西皆屬焉。漢以長沙爲國，分置四郡，而桂陽所領，及於廣東。零陵所領，及於廣西，幅員甚遠。元時，置湖廣行中書省，則合兩湖而兼轄廣西之境。今以湖南布政使所轄爲斷，而洞庭衡嶽皆在域中，固天下名區也；次曰水道，曰山川。郡、縣有時而更，山川終古不易。故《禹貢》以山川定疆界，而鄭樵《通志》謂，地理當以水爲主，桑《經》酈《注》以水爲經，即以水所歷之山谷城邑爲緯。水之源流明則山之脈絡益明。故於山川之前增置水道一門。以湘、沅、資、澧爲經，而湖南全境如指諸掌矣；次曰關隘。楚南襟湘帶湖，控制苗craft，關隘在所必争。故特詳之；次曰古蹟，曰陵墓。茶鄉之墟，蒼梧之野，古帝弓劍之所藏也。

國家有大典禮，遣官祭告。他如名賢、祠墓，有司防護，欲使不傷樵採云爾。故謹記之；又次曰風俗。仿《荆楚歲時記》、《岳陽風土記》之例，略綴於篇，附著苗俗，使守土者覽焉。凡此皆麗於「地」者，總爲《地理志》，凡四十卷。

次二曰《建置志》。其子目四：曰城池，設險以庇民也；曰公署，涖政之所在也；次曰津梁，徒杠輿梁，惠民之政也；次曰隄堰，重水利也。水爲利藪，害亦伏焉。若與水争地，則遏於此者，將壑於彼。凡此，皆建置之大端，凡七卷。

次三曰《賦役志》。其子目三：曰户口，曰田賦，曰蠲卹。漢唐以降，更有卒踐過之殊役，有顧助義之别。今日煩，而民日擾。國朝順治十四年，欽頒《賦役全書》略準唐之兩税，除明季無藝之征。康熙五十二年，詔：滋生人丁，永不加賦。雍正初年，部覆各省丁錢，按田攤收。於是民不罷，勞吏無擾累。官府興作，顧工給直。乾隆三十七年，並停編審，民尤便矣。當我朝全盛時，恩詔普免天下錢漕十次。偶遇偏災，即行蠲豁。近世軍興，度支匱絀，而田税不加毫末，故田賦一仍舊《志》，蠲卹逐年記之，志殊恩也。總爲《賦役志》，凡七卷。

次四曰《食貨志》。其子目六：一曰積貯，備荒之要也；二曰推税，即關市之征也。近歲，軍餉浩繁，司計者效漢、唐告緡率貸遺意，以佐軍需，號曰「釐金」。仿劉晏用士人之法，遴官紳以司徽斂。湖南居江淮上游，賴此餉軍，克平大亂，亦時事得失之林也；三曰鹽法。湖南地不産鹽，仰給淮引。粤匪踞江寧時，借行川粤鹽，以濟民食。寇平後，酌改票法，規復淮綱，而軍餉取給焉；四曰錢法，五曰礦廠，六曰物産，皆依舊《志》記述，於衣食資生之具，加詳焉。總爲《食貨》凡七卷。

次五曰《學校志》。其子目三：首曰學宫，化民成俗莫先於儒術；次曰學額，近因寇擾，各屬輸餉，佐軍立功殺賊。特詔加學額中，額有差，亦異數也；次曰書院。唐元和中，李寬建石鼓書院，宋初賜額，此書院得名之始。五季時，蔣維東隱居衡嶽，受業者號爲「山長」，宋胡安定公、朱文公、張宣公講學於嶽麓城南，弟子著録以千計，則書院之極盛也。試院、考棚，士人進身之地，亦附著焉。作《學校志》，凡九卷。

次六曰《典禮志》。其子目三：首曰禮儀、約舉、慶賀、開讀、宣講、迎春、耕藉、釋榮、鄉飲、賓興諸禮，爲官民所通行者，悉著於編。【略】作《典禮志》，凡七卷。

次七曰《武備志》。有文事者，必有武備，故兵制不可不詳焉。【略】總爲《武備志》，凡十二卷。

次八曰《封建志》，漢初吴芮封長沙王。賈誼稱爲功小而最完勢疏而最忠。自漢迄明，分藩南楚者多矣。大抵食其租税而不涖民事，亦有未建國邑，僅錫空名者。惟五季馬氏六主割據五十六年，其勢差異耳。今録始封及嗣爾名謚，爲表以著之，一覽瞭然。作《封建表》，凡二卷。

次九曰《名宦志》。郡、縣之世，監、司、牧、令有功德於民者，没而民有餘思焉。考《靈壽志》，名宦即於職官中臚列，串蹟而已。然「甘棠、陰雨」爲民勸賢，前事之不忘後事之師也。故特志《名宦》於《職官》之前，凡十八卷。

次十曰《職官志》。文職，自督撫以降；武職，自提鎮以降，依品位具列焉。唐人《廳壁記》，凡職官姓名，占籍任年，雖丞、尉必謹書之，以備掌故耳，凡二十三卷。

次十一曰《選舉志》。撮記科目，制度而列其名次焉。首曰制科，次曰進士，曰舉人，曰五貢，悉依舊《志》而續增之。【略】科目之後，次之以世爵、世職、薦舉、軍功各門者，以近歲軍興，湘人勦匪立功内躋卿貳，外膺方面者頗不乏人。就其可考者，以文職歸之薦舉門，以武職歸之軍功門，雖不盡出科目之途，實有當於聖朝立賢無方之意。故彙入《選舉志》中，凡二十七卷。

次十二曰《人物志》。楚南文獻，見於《隋書·經籍志》者有吴張勝《桂陽先賢畫贊》，晉張方《楚國先賢傳贊》，劉彧《長沙耆舊傳》，見於《水經注》者有《武陵先賢傳》，見於《遂初堂書目》者有《岳陽名賢傳》，其體例，皆不可考。維楚有材，國寶繫焉。若宋時濂溪周子，得往聖不傳之學於遺經，此其尤卓然者。他如鉅儒碩輔，節士名人，歷代以來，往往有之。舊《志》紀人物，以朝代爲經，府、州爲緯。今編次悉仍其舊。按地增纂，而於忠義之士，所録尤多，則以近年效命疆埸者衆也。於中，志耆壽者，徵人瑞也。志流寓者，屈子、賈生、司馬子長諸賢所至之處，足爲山川生色也。志技術者，小道可觀也。於後，志列女者，江漢化行。於地，爲楚《二南》諸詩，多賢女所作。聖朝明章婦順，凡貞淑不貳操者，雖篳門窮巷，莫不搜闡幽光，式爲坊表焉。總爲《人物志》，凡七十八卷。

次十三曰《方外志》。仙釋、寺觀多踞山林溪壑之勝。其遠者或數千百年，亦足徵地靈也。二氏之流，游方之外，政教所不及，故不繫之《人物志》，然其精修戒行，亦於勸善導俗有助焉，先哲考文獻者所不廢也。別爲《方外志》，凡五卷。

次十四曰《祥異志》。舊《志》有此門目，各屬州、縣志，稱引亦不少。考《靈壽志》亦列災祥，蓋以感應之理，不可誣也。故具書之，凡二卷。

次十五曰《藝文志》，歷代以來，湖湘人士所述作者分經、史、子、集四類，具載於編，並條其篇目，撮其旨要，以爲考證之資。禹碑出於南嶽岣嶁峰，文字奇古，是爲古來金石之鼻祖。舊《志》所輯金石二十卷，兹略補所遺，並將稱引過繁者稍加裁節，以見志乘當舉其重者，不僅作金薤琳琅觀也。總爲《藝文》，凡四十五卷。

卷末曰《雜志》其子目有四：小説家流，出於稗官。上之參考經、史，網羅軼文，足以資法戒；次之標舉遺獻，蒐採異事，足以廣見聞。兹攟摭百家之言，參以故老所述。凡無類可歸者，悉掇於篇，曰紀聞者，即《兩漢博聞》、《吴中紀聞》之例也；曰述異者，即干寶《搜神》、任昉《述異》之例也；曰摭談者，即賈氏《談録》、孫公《談圃》之例也；曰辨訛者，即颜氏《匡謬》、《通鑑·辯誤》之例也。譬之餘分閏位，宜殿全編。故以《雜志》十九卷終焉。

曾國荃等《山西通志序例》 志，非史也。而自宋以來，地域之外，兼採事文，並詳人物。其體已與史近。論者頗以有乖古法爲疑，然一方典要，不外土地、人民、政事。郡國之書，託始東漢，本有「圖經」、「傳記」二家，特古分今合，古簡括，今詳贍耳。必執圖經爲極，則謂不宜規仿史例，蓋未達古今之變而觀其會通。然徑襲紀、表、志、傳之名，與正史無別，則又僭而不倫矣。今酌定義法，取便叙述。部次州居，各以類從，分爲六門：曰圖，曰譜，曰考，曰略，曰記，曰録。

史不必圖，志則非圖不明。兹圖悉計里界方，一、總絜全省以貫通古今，曰《疆域圖》。先本朝，次歷代。古地名以墨，今地名以朱。唐賈耽遺法也。更廣其意凡時制、古蹟，皆別爲圖附焉。一、分繪州、縣，以專詳今地，曰《府州廳縣圖》。各冠以統治之府、州而屬縣相從。凡鋪注標識，略備一邑之要。村莊可詳者，亦著焉。斯二者以審因革，以辨形勢。披圖考索，燎如指掌。有裨實事，不侈虛觀。

譜，即史之表也。鄭樵《通志》取合於圖爲《圖譜略》，蓋用南齊王儉《七志》例也。兹仿之，次爲譜六：曰《沿革譜》。都邑之名，徵實於經，郡縣之制，核定於史，皆以朝代爲綱。曰《星度譜》。經緯之距，測以極樞；遠近之實，量以鳥里，皆以城邑爲準。二譜與圖相輔，俾人因圖檢譜，以譜證圖。辨方協紀，無或忒矣。由是，創闢可溯，年世可紀也。次以《三代世譜》封建制也，次以秦漢以來《別譜》類乎封建者也。次以《職官》、《貢舉》二譜，則郡縣法度，官斯土，生斯地者也。

圖譜具矣，而其説未詳也，別爲考四。宋以前，地理之書散佚殆盡。就其存者論之，叙郡縣原始者，莫先於《元和志》。用其例爲《府、州、廳、縣考》而城池、鄉鎮、

道路界至，亦皆備著。言西北地形者，莫詳於《水經注》，仿其體爲《山川考》，而山之脈絡，水之源委，莫不條分。次以《關梁考》，則山川之阨要也。次以《古蹟考》，則州、縣之名勝也。四者，專道地事，意主稽古。在全書中，辨證爲多，次爲一類。

一代定制，大經大法備焉。見於志者，特其略耳。故即以「略」名篇，亦鄭氏《通志》例也。惟意主徵今，皆先本朝，而前代之制從附，凡爲略七：曰田賦，曰水利，曰鹽法，均國計民生所繫也；曰秩祀，以述典禮；曰學制，以崇文教；曰營制，以修武備；終以公署，則政令所從出也。

記晉事者，後趙程瓅之《上黨國記》、北魏王遵業之《三晉記》、唐温大雅之今上《王業記》、宋畢仲衍之祀《汾陰記》，今皆不傳。詳其名義，大約談故實者，必博徵見聞；述時政者，必昭著始末。爰本斯意，爲記六，竊附於司典之後。曰巡幸，記偶舉之盛典也；曰荒政，記非常之仁施也，敬冠諸篇，爲地方志榮，爲生民志幸；曰大事記，以存前代之掌故；曰經籍記，曰金石記，以徵舊邦之文獻；曰風土記，則地志之通例也。經籍無解題，而金石多考證者，前人著述，十不存一。古刻文字，幸未盡湮。而舊無專書，尠知護惜。破例爲之等，諸識小地，道風俗、歲時、物産，古各別爲記，今概以風土者。晉地本無殊産，節序亦海内所同。故詳略互見，期於徵實。

録，以存人也。準於史，當爲「傳」。然「傳」者，釋經之名。史家用之，蓋與「本紀」相輔。志既非史，而交復雜採古今，爲例不純。冒其名並違其實，不可也。漢趙岐撰《三輔決録》，自序謂「其人既亡，行乃可述」。晉虞預著《會稽典録》，《史通》以爲與《益部耆舊》、《汝南先賢》同爲郡書。兹之所輯，竊比二家，蓋義宏數典，而論定蓋棺也。凡録十二：曰名宦，曰鄉賢，曰忠烈，曰孝友，曰義行。五者，皆典祀所及，有光簡册者也；曰仕實，曰儒行，曰文學，曰隱逸，曰藝術。五者，皆汲世有稱，克自樹立者也；次及方外，藉廣異聞。以舊《志》所有，過而存之也；終以列女，所録最夥。旌節之典，不遺生存。年例既符，姓氏復具，不能以意去取也；其編次，一依朝代，略區以今之府、州，而斷自漢始。不及三代者，名卿家世已具於譜，郡縣以前，本無繫籍之別。其行事見經傳，又人所習知，故徑從略。不及流寓者，名賢僑居，散見山川、古蹟諸篇，前人例無別傳。寓賢之稱，亦復不典。附諸隱逸，於義或合。而舊《志》所述，類多宦遊。至以晉人羼入，斯又雜採州、縣志，而失之者，以其非鉅旨所關，亦未暇一一裁別也。

凡六門，爲類三十有七。頭緒繁多者，則區爲子目；事體相近者，則列爲附目。其詳具見各類小序。全書自五十卷後，皆隨纂隨刻，惟《人物》一門，多録舊《志》，餘無所蹈襲。間有採用，亦必注明，冀存原書敘述之法。分列綱目，以綱爲斷，文悉頂格。以目爲案，文悉低格。徵引故書，例同於目。凡引古籍官書及名家著述，皆亞一字書之。引舊《志》府、州、縣志及近人文集，皆亞二字書之。有所辨證，則加「謹案」字，亞三字書之，以清眉目。至於舊《志》人物之後，録《藝文》四十五卷，又繼以《雜志》三卷。此亦志家之常，今不及者。府、州、縣志，專志一隅，不得不廣張名目，旁搜隱僻，藉爲夸飾，取充卷數。若一省之大。連十餘郡，統數千年。開闢於世，最先文物，自昔爲盛，史傳且删削過半矣，而反採脞編瑣説，以爲博。專集已搜羅略備矣，而更掇詩文、雜著，以示多。其曼衍不已甚乎？故決然舍之，雖通例亦不敢苟同也。

謝啓昆《廣西通志敘例》 志乘本於圖經。古之圖經，世無傳本。然考《隋志》所載：冀、齊、幽三州圖經各一卷。蓋以圖爲主，略載山川封域而已。（胡孝轅撰《海鹽圖經》，以方志之體，冒圖經之名，失其義矣。舊志於輿圖外，别出圖經一門，書既無圖，即不可目爲圖經，且與沿革、疆域、山川各門重復。）惟晉摯虞依《禹貢》《周官》作《畿服經》，其州郡及縣，分野、封略、事業、國邑、山陵、水泉、鄉亭、城郭、道里、土田、民物、風俗、先賢、舊好，靡不具悉，凡一百七十卷，實後世方志之祖，借散佚已久，《隋志》即不著録。爲地理書者，只知拘守圖經，官其不能通貫以復仲洽舊規矣。唐《元和志》、宋《九域志》，亦僅具地理。樂氏《寰宇記》乃增人物、古跡、詩文，雖略傷繁冗，而例實開來。宋人作郡縣志，其體遂備於昔矣。

宋周應合《景定建康志》，分圖、表、志、傳四篇，體例最善。明陸君弼《江都志》，易圖爲紀，意在附合史裁。然其所爲紀者，特郡縣因革，尊以鴻名，其失也僭。惟潛説友《臨安志》載詔令於首，差與紀應。然冠以前朝，非尊王之義。

洪惟我朝聖聖相承，絲綸式焕，垂爲典謨，恩旨疊頒，澤流溥海，粤西邊遠，時厘宸衷。今恭編歷奉詔諭爲訓典，敬弁全書。蓋皇極敷言，道行百代，當備《尚書》十體之一，非史遷十二《紀》所可同矣。

地理之學，經史鈐鍵。志乘爲地理專書，其要尤在郡縣沿革。蓋秦漢迄今，分並增省，名實同異，最爲紛糾。戴震嘗謂地志沿革不明，則山川人物，無一不誤，洵知言也。鄭樵譏班氏地理不主山川而主郡國，謂九州有時而移，山川千古不易。不知《禹貢》九州大界，可以山川定之，郡縣壤地分割，山川在其境者，大率卑小無名，本不足以定經界之正。況山則今古易號，川更移徙無常，以云不易，夫豈其

然？且班氏自謂推表山川，縣邑之下，頗詳山水，考古者取以互證，自勝鑿空，必謂山川可恃，郡國不可恃者，鄭氏之過論也。今作表以著相承之緒，而博採史志及專家之書於後，明表中稱引所據。

《周官》：冢宰總六卿之屬，以治其政；御史掌其在位名數先後之次。《漢書・百官公卿表》首詳官制，次譜官名，蓋古法如此。後漢至隋百官有志，而官僚之名次無聞，此熊方、萬斯同所以有補表之作也。志乘之具職官，以備掌故，義與史同。或乃記録姓名，有類檔册，既不雅馴，更嫌繁累，是經緯之法不明於世也。今一以班氏爲宗，庶幾《周官》遺制，至《新唐書》譜宰相世系，《寰宇記》載州郡大姓，撰志乘者又當廣歐、樂之例，作族姓表。第統部採集匪易，成帙難期。惟廣西土司，肇自宋明，襲職守土，數百年不墜其緒。今考其承襲之人，著之如譜，以附職官之末。

登科有記，昉自唐崔氏顯慶之書。其後姚康、李奕及宋洪丞相適相繼編述，陳振孫謂洪氏記制舉詞科，自建隆至紹興，凡二萬三千餘人，是爲科記者以洪氏爲最備。蓋正史選舉不録人名，而私家之書作亦猶魏晉。百官名之著於《隋志》者，皆以補史氏之缺也。後世諸書皆亡，明於太學只建進士題名碑，而舉人與制舉諸科名數，惟賴有方志所載而已。今亦仿《漢百官表》例略，載選舉制度於前，而譜其名次。

科者，品類之稱，鄭康成以《論語》德行、言語、政事、文學爲四科是也。取士分科自漢始，如賢良方正、孝廉、明經，則科之名目，世所稱科目是也。隋以來惟進士一科，行之最久，明代增舉人一科，鄉會試皆有定年，於是稱舉人、進士者，每系以六甲干支，後人又從省文，直以干支名科，相習既久，只知科是干支，而科之真義泯矣。今選舉表惟書年以別之。

凡奉特詔舉士者曰制科，《唐書・選舉志》天子自詔曰制舉者是也。大臣薦士於朝曰薦舉，兩漢公府辟署之遺意是也。舊志統稱薦辟，今特爲厘正，所以尊詔旨也。明以前亦用此例。

史公十表，封建特詳。史家相沿，遂爲定制。蓋圭爵河山之錫，土地人民所寄，治亂系焉。且其始末封除事跡，皆資考鏡。范成大《吴郡志》封爵一門，與職官同用，此其例之可援者。

職方所掌，即地志之經，九州方向，則疆域也。山澤川浸，則山川水利也。州各有利，則財賦也。男女生數，則户口也。鳥獸谷種，則風俗物産也。昔人每各爲一書，若朱育《會稽土地記》、《元康户口簿記》、《隋諸郡土俗物産》、《元和會計簿》之類是也。今並載輿地略中。惟財賦入之經政，山川關隘别爲專門者，職方外有山師、川師，而掌九州之圖者，又有司險之官，此其例也。至粤西夷苗雜處，設險守邊，尤官吏所宜加意矣。

《周官》：司徒掌土地之圖，職方掌天下之圖。九州廣輪，山川林麓，筆於書者，得其名數，著於圖者，識其形象。收萬里於尺幅，運天下若指掌。圖之爲用，視書尤切。顧文字易傳，繪事難效。書存圖亡者十之九，而圖學相傳之法，亦於是遂廢。晉裴秀嘗著論曰：圖體有六，一曰分率，所以辨廣輪之度；二曰准望，所以正彼此之體；三曰道里，所以定所由之數；四曰高下，五曰方邪，六曰迂直，三者因地制宜，所以校平險之異，其圖制可謂精矣。然所作《禹貢圖》，世亦無傳之者，豈非理趣微奥，知之者難歟？近世胡渭、顧棟高諸君，始得其遺旨，見諸著述，而志乘之圖，往往因仍弇陋，疆域則截然正方，一幅盡滿；山川則摹其形態，八景争工。此固流俗所嗜尚，而有識所嗤鄙者矣。舊志輿圖，甚能破除俗例，惜未開方計里，以復古制耳。

《周官》：保章氏以星土辨九州之地，所封封域，皆有分星，以觀妖祥，此言天文分野之始。然鄭氏謂其書已亡，是堪輿家言，久非古數，而天文占驗，律有禁條。廣西於天文爲軫翼分野，惟梧州之蒼梧、藤、容、岑溪四縣爲牛女。舊志繪牛女翼軫之圖，又繪周天列宿全圖，又備載四宿考及分野諸家之説，求諸實用，似爲無取。昔劉知幾嘗論正史不當以天文作志，乃一隅小乘，每喜侈陳，如潘梅崖之硤川，段時齊之志楚苗，雖村鎮蠻夷，必詳分野，是亦可以已矣。今節録正史天文於輿地略中，仿《漢書地理志》例也。

城郭廨署，建自立縣之初。學校壇廟，則興教事神之首務。規模制度，以及創始、繼修、年月、人名，皆關典要。漢世《三輔黄圖》、《宫閣簿》、《地域方尺圖》諸書，即地志建置所始。舊《志》學校門具載樂器名義、律吕、宫譜凡三卷，無論鍾、鏞、琴、瑟，制數音均，六藝所垂，昭如星日。即歌儀舞節，亦會典舊章，率土通行，非粤西獨舉之典禮。以此爲志，亦太廓矣。康海《武功志》學校入於建置，蓋記匠作經營。學校特建置中大事，於義甚當。舊志謂失輕重，過矣。

劉秩本《周官》作《政典》，於是《通典》、《會要》之書相繼撰述。蓋經世鴻章，政治樞要，史志之所取裁，昔人嘆爲至難者此也。地志向有賦役一門，大抵率意備體。至有司見行事例，爲一方經政者，紀載缺如。不知學貴通今，政惟求舊，凡案

牘所陳，典吏所掌，皆官禮之遺，王政之要。使徒從事於模山範水，附會乎故宅名園，掇拾詩詞，鄙夷吏事，此則文人結習，非儒者通裁矣。

《周官》：外史掌四方之志，注謂若晉《乘》、楚《梼杌》之類，此專門紀事之權輿。《隋志》舊事篇所載《秦漢以來舊事》、《沔南故事》二書，皆其義也。後世輿地之記，雖名爲志，然於一方古今大事，反缺略不載，蓋猶囿於圖經之舊，不能充例以盡義。宋施宿《會稽志》有討賊、平亂二篇，元張用鼎《金陵新志》創通紀一門，以具歷代因革，古今大要。其於郡邑舊事，若網在綱，其體最善，撰志乘者所當沿其例而擴之，勒爲記事專篇，以上繼外史之職者矣。今記自秦漢以訖於明，爲前事略。

《劉略》、《班志》藝文，著録之祖。宋孝王《關中風俗》，具載藝文。又地志著録之祖，明人撰志乘者，不知藝文體裁，猥以詩文充之，卷帙繁蕪，殊乖雅正。范成大《吳郡志》，以詩文分注各條之下，其例最善，今遵用之。藝文專載粵西人作述，以正著録之體。至遊宦粵西者，據所見聞，專爲紀載，別爲下編。

金石之書，歐、曾、洪、趙，久著專家。鄭樵列之《通志》，其體益尊。考田概《京兆金石録》，劉涇《成都刻石總目》，一方紀載之始也。宋朱長文《吳郡續記》，元徐碩《嘉禾志》，皆具碑碣一門，則金石入地志之始也。粵西金石，銅鼓最古，而無款識可考。其見於諸家書者，開元《景星寺碑》、大歷《平蠻頌》、貞元《冰泉銘》其著也。今録自晉已下，訖於元代，凡四百八十三種。

聖賢冢墓，京師寺塔，華山精舍，洛陽名園，著録於史部地里者，即後世名跡，作志之濫觴。陸隴其《靈壽志》不載寺觀，謂辟佛老，不知古今地志，例記伽藍，其古殿荒臺，未嘗不與宋宅揚亭，供詠懷於詞客也。惟故城廢署，考沿革者疏證之資，爲用甚宏，特弁勝跡之首，從所重也。

循吏之列於史，名宦之載於志，其義一也。然史傳必原始要終，著爲定論；地志則政績偏端，無妨節録。顔延之，名賢也，其出守始安，不聞善治；侯莫、陳穎，貳臣也，其總管桂州，大崇恩信。紀政之書，是當舍顔而取穎矣，王岩叟記韓忠獻事，曰《魏公別録》，蓋私録所以異於史傳也。今本其義，輯爲宦績録。

嶺南瘴癘之區，明以前貶謫於此者至多。其人或觸怒權奸，或見傾群小，如袁怒已、劉蕡、黃庭堅、秦觀、吳時來、劉臺之屬，清風亮節，流被邊隅，至今引以爲重。舊志與廣東志皆有遷謫傳者此也。今録附宦績後。惟舊志所載，唐有周利貞、姚叡、宋之問、竇群，宋有吳敏、趙良嗣、程松、丁大全諸人，皆奸佞凶邪，法所必殛，此猶登之簡策，殊失猥濫。又李白未至夜郎，安得假道藤州？如此之類，並從删削。

記載嶺表人物，晉范瑗有《交州先賢傳》，著於《隋志》，其體例不可考。按《華陽國志》所載士女，人以年次，傳不分名，此地志之正軌。近世志家，每仿史傳，區分品類，標爲循良、儒林、文苑諸目，核之名實之間，亦豈盡能相副。又舊志有鄉賢一類，考鄉賢與名宦，皆一方俎豆之專稱，例當定自朝廷，非志乘所敢私許。故今統鄉賢於列傳，而易名宦爲宦績，著其實也。

唐宋羈縻州，即土司之權輿，《明史・土司傳》所載特詳。今取其事入前事略，而擇土官之賢者爲傳。

舊志列女，首稱某氏，次敘夫名，婦不系夫，名稱未順。且傳中目之曰氏，有類案牘之詞。今略仿《後漢書・列女傳》例，題曰某人妻，某。傳中稱名，無名稱姓，此則酌古今之宜，不至如《史通・稱謂篇》所斥爲訛謬者矣。至於義共柏舟，事無殊別者，則仿《唐書・孝友傳》總敘之例，載於各傳之後，庶其名亦附以不朽也。

舊志附流寓於遷客，入仙釋於方技。遷客如漢桓華、三國許靖、劉巴、顧譚之屬，皆在交趾，無與廣西。方技如葛洪未至西粵，賓公誤作宋人，皆所不録。作志自以詳備爲宗，而又不敢以冗濫遺譏也。

廣西諸蠻，見於《唐書》，宋以下紀載益備。然其族類之源流，種落之盛衰，皆無可考。今於前事略中悉載其事。考《漢書・西域傳》，諸國有與漢通而無事跡者，只具其土俗種類，兹亦仿其例爲諸蠻傳。至安南自宋立國，久非中土，宋、元、明三史列《外國傳》。舊志作《安南傳》於諸蠻後，殊失限斷。今以安南事之隸廣西者入前事略，餘皆不載，蓋即舊志不載滇、黔、楚南、粵東之事例也。

宋高似孫《剡録》先賢各傳，每事必注其所據之書，潛氏《臨安志》徵引尤富，開地志引書之例。廣西爲桂林、象郡舊地，秦漢以來事跡至多，必採録群書，乃臻詳贍。其專爲此邦作者，如《桂林風土》、《北户録》、《桂海虞衡》、《嶠南瑣記》、《桂勝》、《桂故》、《粵西三載》諸書，更掌故之最切者。今摭拾成編，期無疏舛，且詳注書名於所引條下，則考古徵信之義如此。至《文載》及各舊志、府縣志，類多冗鄙，今皆删潤過半，而仍注原書之名，著所本也。

書之有序，始於子夏之序《詩》，蓋敘所以作之旨也。兹志分門析類之故，謹具如右，不更爲小序，以省冗贅。其有當考證者，各附本條之下，《武功志》作序一篇以括全書，得其義矣。

《廣西通志》，國朝創自郝浴，次李紱，次金鉷，距今已七十年，文獻間缺。竊以

方志爲國史所取材，前者屢奉部檄，徵取志書，久無以上供史館，實爲守土者之愧。用敢遠稽舊聞，近考檔册，勒成一書，凡爲典一，曰訓典；爲表四，曰郡縣沿革，曰職官，曰選舉，曰封建；爲略九，曰輿地，曰山川，曰關隘，曰建置，曰經政，曰前事，曰藝文，曰金石，曰勝跡；爲録二，曰宦績，曰謫宦；爲列傳六，曰人物，（泗城府無人）曰土司，曰列女，曰流寓，曰仙釋，曰諸蠻；爲篇二十有二，爲卷二百七十有九，【略】合卷首一卷，共二百八十卷。

姚鴻杰《豐縣志重續例言》 一、志乘之首，恭紀聖恩，非惟明休養所自統一尊也。惟國家軫念元元有加無已，若逐事備録，不惟簡帙繁重，而咸豐甲寅以前官府案牘無存查封，正復不易，謹依舊志所紀，尊崇之義已備，兹不復增。

一、營建分類後有增設，即可依類附入。惟自咸豐以來四鄉創立圩寨，合境大局一變，無類可從，故於總目下附添圩寨一條，而詳其時地。

一、婦女、節孝果年例與功令相符，無論已旌未旌，均得編入，若烈婦烈女事證明確，即不論年例。

一、舊志藝文類下有紀事附目，夫紀事必有關係，綴之藝文之末，似嫌輕易，因提出別爲一類，而取其於歷朝之治亂成敗襍入災祥者，檢集序列，直接本朝庶體例，不嫌紛襍，閱者易於醒目。

一、舊志之末列襍綴一類，其附目又有叢紀。夫作志而言襍，命名似欠諦當，且與叢紀之義無甚分別，因删之，而以災祥叢紀附之紀事之下，庶文以義從，仍不失前志十二類舊觀。

一、自粤逆、皖逆倡亂草澤中，以武功崛起者各邑不乏，雖其人尚存，而身已退老。功績卓著人物，中間登一二，亦善善從長，軍賞貴速之義。

一、舊板銷燬已久，所得數本，魯魚亥豕，層見疊出，文義亦間有欠明者，不揣謭陋，略爲更易，復再三校對，不敢草率從事。然疏誤仍恐不免，毫髮無憾是所望於博雅君子。

陳弘謀等《〔乾隆〕天津府志凡例》 一、志本外史，則考訂當以歷朝史書爲根柢。會典，則又昭代史志所自出。考憲典者，以之二者爲主。而後參以《水經》及宋、元舊《志》、《三通》等書。其《一統志》、《畿輔通志》與州、縣、衛志，則又是書粉本也。但郡屬所存，皆康熙年間新本，體要未備。聞《河間府志》有萬曆本，求之不可得。區區摭拾，不免掛一漏萬。識者諒之。

一、志首天章，尊天子也。紀恩諸條，特就其最切於天津者志之。若夫恩綸焕發，德意廣宣。大寓之内，同遊高厚。不敢以海隅小郡，獨私之也。

一、陵谷代遷，地輿易混。天津之爲析津，青縣之爲清國，滄州之爲三代渤海，南皮之爲成安，鹽山之爲竇融封圖，慶雲之爲鬲津，舊《志》鑿鑿言之，不免牽附。特據各史正之，若以爲好辯夫何敢？

一、志山川者，特以誇名勝，事遨遊而已。郡之山，皆培塿。若川，則自夏后時疏河以來，歷朝北條治水之功俱萃於此。自當悉其源流，疏濬之助，故載之獨詳。

一、古蹟半詳。九河、碣石，不但爲《禹貢》、《漢書》辨也。我朝北河水利，遠逾前古。而郡又爲禹河歸壑地，辨舊蹟，所以大新猷也。至玉佛、鐵獅，第歸雜志，不敢混採。

【略】

一、兵志，昉於《周禮》大司馬序官，而唐、宋以下，遂詳載之，蓋衛民之盛典也。前轍有鑒，故遠溯漢、唐，然亦第就古制之見於郡地者言之，而不敢濫。

一、河渠，必合源流及治法載之，庶幾一河而見四百餘水之脈，非誇多也，其見山川者不贅。

一、漕運、營田，附河渠者。北河功程，强半爲此，非牽合也。

一、名宦，爲千古激揚所係，採之，不可不嚴；論之，又不可過刻。謹就志乘所載實蹟種種者，以次登之。其得之傳聞者，不録。至現任當時善政，雖多，不敢類載，志書例也。

一、《周禮》設官分職，有是地即有是官，不分其賢否也。然舊《志》於忠愍與鄢懋卿竝列，未免《史記》「韓、老」之譏，特删之。其署任者不贅。

【略】

一、祥異，見於各州、縣志及《河間府志》竝他書實有可據者，按地紀載，餘得之傳聞者，概不多贅。

一、人物各門，爲類十四。仍以前代先後次之。本之正史，旁採群籍，以及諸郡縣地志。紀載，則寧詳毋略；去取，則寧嚴毋濫。若封鉅雋渤海諸人荒遠難稽，概從删汰。舊《志》有以他邑人誤入者，悉據正史釐正，不復混列。

一、列女、貞烈、節孝，總以時代詮序，不復另爲區別，從范《史》例也。國朝列女則以旌表者備載於前，其餘舊《志》所存及公舉册所載，附書於後。女流，鄒、魯、津郡，實稱無忝云。

一、藝文，擇其有關政教風化者始録，他若遊覽、憑弔之作，間附一二。詩文，先分各體，作者時代，仍以遠近別之。

一、歷代取士之途不同，漢、魏以前，不外鄉舉里選及州郡薦辟。自隋設科目，始立進士之名。唐、宋及今，相因不改。舉人、貢生之名，昉於有明。今薦辟之外，分進士、舉人、貢生三類。按其科，分及州、縣載之。國朝文武竝重，武科、鄉會二試亦備列焉。至官階、政蹟有可考者，附書其下。第貢生及武科、鄉會二試，康熙十三年以後缺漏實多，無從臆補。拾遺訂誤，實有望於後賢。

一、舊《志》有《雜識》一門，蓋因其事有關地方，而於諸卷無可歸附，故另立一門，今循原例。

蔡啓盛等《光緒天津府志重修凡例》 方志源於史書，以綱統目，條理始明。今用紀、表、考、傳爲綱，分門内類，次爲目。首紀皇言，次紀恩澤，固仿《畿輔通志》遠秉《春秋》尊王之義，抑仰見國家政治損益上取進止，足爲全書綱領。凡爲紀者七。

志有御繁以簡，非表不明，如沿革、封建、職官科目是也。津郡職官，歷代多殊，科目，近時尤盛。或分或併，於各家志例略事變通，凡爲表者十一。

方志以輿地爲重，輿地尤以圖説爲重。當修志定議，專使留意測量者。於屬地周行履勘，舉村莊、河道，一一考究其實。爲府總圖一，州縣分圖七，列入疆域，不另爲卷。至於星野、祥異，一隅之地，未便妄爲援引。僅列晷度於疆域之前，餘如輿地所載，悉以類次，凡爲考者八。

經政爲治理大端，分門紀述，乃志書通例。今略仿《畿輔通志》，各以類從，凡爲考者十。

藝文、金石宜各爲篇。特津郡藝文無多，金石尤落落可數。今總於《藝文》，別以《著述》、《金石》二目。著述，只載書名。金石，斷自元代，亦通例也。凡爲考者二。名宦入祠，國典綦重，非敢妄爲。擬定《兩廣通志》，代以宦績，即偏長一節，當之無媿。《畿輔通志》因之，兹仿其例，凡爲考者二。

傳立多門，昔人譏爲繁碎。《畿輔通志》以列傳、雜傳、列女概之，然一郡之志，僅備國史，要删未便，僭爲定論。加以時代先後，州、縣諸志，類多不詳。祇就原門酌爲合併，以便觀覽。生存之人不録。節孝及年則異，此例，首人物，次列女，次殉難士女。凡爲傳者十四。

徵引書籍，必注所出，所以懲杜撰也。今自舊籍而外，近年所采，厥有數類：曰《舊通志》、《新通志》，皆《畿輔通志》也。曰前《志》，乾隆四年所修府志也。曰《州志》、《縣志》，總諸州志新舊志名之也。《滄州新志》未刻，稱《州志稿》。曰檔案、檔册，院司以下公牘所出也。曰請旌册，津郡紳士，立采訪忠孝節義局、彙報院司入奏所具姓氏、事實也。曰采訪册，諸州、縣官屬紳士，先後舉報入志事宜也。曰測繪册，專使履勘輿地所具圖説也。全書所徵，一一注明，庶便覆審。其他例，由義起文，因事變則，各隨加按語，分注下方。府志剏於乾隆四年，其時，升州爲府。甫經草創，規制未備。今更百有餘年矣，海防議起，督府移駐。於此治理，尤爲繁重。陳沈子惇太守涖任，倡議增修，適閩藩季士周布政方任長蘆運使，慨允協籌經費。陳之大學士前總督李伯上下詢謀僉同，設局興事，蓋光緒廿有一年之夏。徽事具文，爰即是年爲斷，以示限制。凡越三年告成，都爲五十四卷。

右《例言》八條，去秋徐主政一手纂成，旋即歸去。書將剞劂，俞孝廉言未可。李少雲太守因屬不才覆觀一通，始見諸多脱誤。時已手民畢集，經費又僅有存，不能重纂，遂議去其太甚者，屬不才與同人隨改隨刻。榮伯衡太守受代亦無異議。迄今將竣，於初稿所分紀、表、考、傳四綱，未有改變。其紀七卷，内惟卷二多所增補；表則僅存沿革、封建二卷，職官、選舉科目改題俱改爲考，共計二十九卷。因宦績二卷由「考」改「傳」，故傳共十六卷，合之仍五十四卷。此中全改者，爲職官、選舉、宦績、人物四門，餘如輿地、經政，間有改，及半者不得不改之，故具詳各卷案語，不僅此數卷，凡案語不作「按」字者，皆鄙説。兹不勝贅述。大率初稿係束閣前《志》，惟新《通志》是刈是穫，而未計其體製。應異，尤未審其舛誤。本多有必不可沿襲者，鄙意則謂，他志各自行世，惟前《志》板毁，難得是非，大謬空言，無寧過而存之。即其失亦當據他書以正，而不可遽棄也。區區此心，不能自已。而校刊期止半載，竭其緜薄，夜以繼日，僅克成之。無望暇整，自知止能銷融大錯，差勝新《通志》一籌而已。初稿所引群籍，只據新《通志》，未檢原書，沿誤自必不免。故改纂所及，輒聲之亦知本書尚存即戒轉引，而弗能救者，非但迫促不及，且書亦不具，故惟有據實，不敢欺詐焉耳。已亥夏杪，蔡啓盛識。

陳任暘《焦山續志例言》 一、體例悉遵原《志》。凡原《志》所已備者，悉不再登第。原《志》詳於山而略於水，兹於水加詳，而山則就原《志》所未書者補之。

一、《建置》原《志》採摭已詳，然散而未聚，徵實爲難。兹就現存者分別寺庵，各書所有，以便徵實。其前有而今無者，原《志》已備，從略。

一、《瘞鶴銘》自精搨本出，實能發前人所未發，故列於碑刻之首。碑刻則就

新增者采入，至周鼎漢爐諸器，原《志》已備，不再列。

一、《藝文》之有關考證者，如必俟其人論定，恐久且散失。戍兵禦寇，原《志》可不書，而兹則築臺屯兵，將爲經制，故皆采列。此與原志體例有不符者也。

周伯義《北固山志例言》 一、志仿《圖經》，先圖後經。兹以原志舊圖列前，存當日形勢，復繪今日新圖刊後，以證今昔不同。

一、三山首北固，次金、焦，御製《圖書集成》例也。惟焦山修志在前，自當統歸一例，將來可合可分，其難同者，始少更易。瑣細者遵《四庫全書目録》例，即附注本條下。

一、舊志卷首恭録宸翰，後分形勝、建置、古跡、碑刻、人物、雜識、藝文七門，各有子目。今遵之，祇於雜識前增《紀要》一門。

一、本山就目前情形，確如《嘉定府志》三峯之説，故增城内一峯，事實較多，凡府志詳者從略。

一、寶晉書院在山麓，已有專志，除必詳者，亦從略。

一、舊志乃象山僧了璞創始，祇本張萊《三山志》增益，本山得名最先，成志獨後，故卷頁較少，未忍過删。

一、已往者祇憑考證，故博引始見有徵。現在者不然，一一目覩，據實以書，免山壁有土無石之誤。

一、各門先列現存者，或不存而曾經目覩者，餘列後。

一、紀要多從各門中抽出，如史中之有世紀，得此全書眉目皆清。事多從簡，注以詳之。分年録入續修者，當諒苦心，祈勿謂爲多事。

一、義僻處江濱，見聞頗隘，星漏舛誤必多。且是非有真得一據以爲如此，再得一據又覺不然，即在已尚有改經多次者，願有道嚴正之。惟旁證附見之條多一記載，庶裨後人多一實證，亦懇續修者勿謂蕪雜輕删。周伯義識。

陳任暘《金山志例言》 一、凡列聖宸翰賜物，當髮逆踞擾，山僧恭奉輾轉遷避倖保者無幾。至文宗閣賜書，先殘於道光年間英人兵燹，後盡燬於髮逆。兹仍照盧《志》曾《志》謹敬詳登者，所以誌鉅典之煇煌，而以實存之數恭紀於案語焉。

一、周遂啓祺鼎，蘇文忠公玉帶爲山中偉物，前《志》均未詳，即山中碑刻均有關考證，亦未博采。因添《碑刻》一門。周鼎固重在銘字，即玉帶亦荷御題補刻愈增寶貴。故以周鼎、玉帶繪圖加考增入此門中，以補前志所未備。

一、志中有應「三擡」、「雙擡」字樣，謹遵《皇清文穎》及諸家刻集體例，概作「平擡」，以歸簡易。《北固山志》亦同一列。

一、《形勝》以沙漲山連南岸，與前志既殊，建置自規，復以來亦增減有異，采盧《志》曾《志》而全列者，所以存舊觀。其不符者，附按語以證之。若周君親歷以級數步數計山之高下遠近，爲現在之形勝建置記實各則，亦附列於各門之後。

一、《方外》一門，曾《志》標爲禪宗，附於卷尾。然細按其宗派，即所敘亦未盡燈續。而此次劫後，以能保守宸翰賜物與興復舊觀爲重，至禪宗如何，山寺當自有法系在。因照《焦山志》改爲《方外》，移於碑刻後，而將保守宸翰賜物與興復舊觀，詳敘爲各僧事實。

一、原《志》板口較大，今改與《焦山志》一律。《北固山志》亦如之，以便三志合印。至圖幅則行宫文宗閣已燬，無可追橅山之形勢。亦今昔已殊，因以原《志》舊圖列前，另繪新圖附後。

一、《文藝》，爲周君搜采不遺餘力。暘之訂正僅於與山無涉者偶加删節，餘悉仍之，以存周君之苦心。

一、周君脩纂未竟，即捐助館舍，經其及門諸君足成之，暘特略加訂正耳。此志皆周君及其門下諸君幾費經營，始克告成者也。宜興陳任暘訂。

王樹枬等《新疆圖志凡例》 一、是書圖、志並重，不敢偏重於志而略於圖。非欲固爲繁縟，因幅員廣漠，延袤四百五十餘萬方里，使無圖以總攬大綱，則讀者有前得後忘之弊。是用不厭求詳，以豁閲者之目。

一、是書出於創作，最忌傳訛，且土著種類繁多，如纏頭、甘、回、蒙古、哈薩克、布魯特、安集、延赫赫之屬，風尚本已奇譎，若更據傳聞異詞者，隨便攔入，則枚乘筆談，無異《濟諧》誌怪，故甄風考俗，無不證諸前史。一二近今所得者，亦必目有所見，然後列入，不敢以耳食者當之。

一、各圖所詳，專以與各志有切要關繫者爲重，如《山脈圖》則注重山脈，《水道圖》則注重水道，其他附列圖中者，雖隨其方位並列之而點綴，故從其略，非敢希圖省筆，欲閲者一覽通曉，不致失於淆混也。

一、各圖有所專屬，眉目始可清朗。故於每圖之下，則必載明屬某某志，而即以是圖訂於是志，以後俾閲者瞭如指掌。至於禮俗則刁羊誦經及一切服飾、器用、物候，則草木蟲魚及各項均當列於圖品者，因事涉繪畫，姑從略之。

一、各志體例不同，有用古書體例者，有不用古書體例者，各隨其事實標識之所宜，以定其宗旨，不敢專摹古雅，轉成深晦。亦不敢失之蕪穢，不耐研尋，閲者

鑒諸。

一、各志記載攸關，凡得之前書者，必詳舉原書，附考於下。雖採取之各府廳州縣鄉土志及各項公牘者，亦必標題清晰，非僅求不掠人美，蓋必如是，而來歷分明。近，足以徵信當時；遠，足備後來考證也。

一、是書分類較繁，則分纂諸家甚衆，而服官於此者復居多數。有初稿甫定，即行奉檄他出者，有甫成半稿，經後賢接續者，有一志數門分員編纂者，雖經諸總纂所酌易，亦各隨其識略删潤之，誠不至琅玕珷玞，妍媸羼雜，而金玉俱爲珍品，尚黄、尚白，則光采攸殊，閱者諒之。

一、是書始事於己酉春三月，而卒事於辛亥冬十二月。門類淆雜，卷帙繁多。而纂修、删改、讐校、排印、裝訂、刊誤，事體至爲煩重，而時期又復短促，以致在局各員，雖昕夕將勤，仍恐不無疏略，且排印較諸刊版，則失之「飣餖」、「魯魚」、「亥豕」尤易滋訛，閱者諒之。

專科目録部

經學目録分部

綜述

朱睦㮮《授經圖義例序》 余觀《崇文總目》有《授經圖》，不著作者名氏。叙《易》、《詩》、《書》、《禮》、《春秋》三家之學，求其書，亡矣。及閲章俊卿《考索・圖》，《六經》皆備，間有訛舛，余因考之。蓋自東漢而下，諸儒授受，尠有的派，云其經義，或私淑，或自治，或受之國學，俱繫之「爲某受」、「爲某傳」，可乎？余于是稽之本傳，參之諸説，以嘗請業及家學者，各爲之圖，以一二傳而止者，亦録之，以備咨考。舊圖俱無傳，圖後或録經論數條，而諸儒行履弗具，使覽者不知其爲何如人也。余既爲圖，復捃摭其要而作傳。無關經學，無裨世教者，皆略焉。傳成以諸儒著述及歷代經解附之，釐爲四卷，藏之家塾，以俟同好，庶斯道之不墜也。萬曆元年孟秋望日。

朱勤美《授經圖義例跋》 《授經圖》二十卷，乃家君所著，藏之笥中久矣。癸酉秋，美于講習之暇，請付諸梓，因叙其大略云。粤考《易》自田何而下，其説大義略同，至京房爲異書，自孔安國傳者，爲古文之學，伏生傳者，爲今文之學。《詩》則有毛、韓、齊、魯四家。《春秋》有左氏、公、穀《三傳》。《三禮》得二戴、劉歆纂次，始大明于世。其相傳之詳，咸具圖傳中。蓋自秦燼之餘，《六經》殘滅。漢興諸儒，頗傳不絶之緒。于是，專門之學甚盛。至東京，則授受鮮有次第，而經學亦稍稍衰矣。故是編所載，多詳于前漢。舊圖頗有訛異闕略，家君俱爲正之、補之，研精殫思，亦有年矣。其所録經解，雖或未盡其書，而古今善言經者思過半矣。萬曆二年孟春十日，子勤美跋。

黄虞稷《授經圖義例序》 《六經》大義，至宋儒昌明之，而始無遺憾，學者守爲章程，宜也。不知絶續之際，漢儒爲難。當曰秦書既焚，往聖遺言澌滅，殆盡幸而去古未遠，間得之屋壁所藏，女子所獻，老生所口述，然而僅矣。迄學者代興，遐搜博考，或一人集衆是，或數人成一經，要其授受，各有師承，非若後人以意見爲予奪也。劉歆遺書博士謂：「考宣時，廣立經文，義雖相反，不嫌並誤。與其過而廢之，寧過而立之旨哉？」斯言夾漈鄭氏乃云：「秦焚書而書存，諸儒窮經而經絶」，于是，有指斥漢儒，跡其同異紛紜，爲詆訶所自起。豈知前型未墜盡，信非也。概疑之，亦非也。《六經》之義，如江湖日月，無所不該。解之者，惟其不背于經，斯已爾，而又何同焉？夾漈之言過矣。授經諸圖，見于章氏《考索》。明西亭宗正，復加釐定，并採諸儒言行，列爲小傳。由是師友淵源，燦如指掌。自漢以後，晨星相望。專家雖不逮漢儒，而亦多有纘承，惜其未暇補入。然傳、注、義疏、序解、辨問條犁然，各具于圖之左方。覽者因目以求其書，則得矣。是集未經鏤版，黄徵君俞邰向藏寫本，龔主事蘅圃、高舍人澹人刻之。白下世之師心黨同，薄前賢爲不足法，庶幾知所返也。然則漢儒洵有功于《六經》，而爲功于漢儒者，三子又將與西亭並傳也。夫秀水朱彝尊，粤自經籍之傳，聖言弘廣，後世未易窺測，言之者人殊其義。于是《易》有施、孟、梁丘、京氏之學，費直晚出，其説盛行于今。《書》則歐陽、大小夏侯，爲今文，孔安國爲古文。《詩》則有齊、魯、韓、毛四家之異。《三禮》則二戴之大小記，高堂生之《儀禮》、劉歆之《周官》。《春秋》則公羊之嚴氏、顔氏，《穀梁》之瑕丘、江公，《左氏》之賈護、劉歆，各以其家法教授。緣及東京，相仍未改。班、范二書之《儒林傳》與散見于諸列傳者，可考也。宋《崇文總目》有圖三卷，緣存而書亡。明萬曆初中，尉西亭，本其旨，因章俊卿《山堂考索》圖更爲細訂。每經之首著《凡例》數則，其次爲授經之圖，又其次爲諸儒之行履。有關經術者，節爲傳，末則附其所著，而下及于魏、晉以來傳注之目，俾後人按籍以求，瞭若掌録，誠有功經學之書也。惜其所載傳注，時有缺誤，而類例亦未盡善。如古本之《易經》上下十傳，各自有書。王弼本始以《彖》、《象》、《文言》繫各爻辭之下。《書》則伏生口授之二十九篇，先興于齊、魯之間，古文後出于孔壁，先儒多疑之者。西亭舊本，先後不無參錯。予與龔子蘅圃重爲釐正，《易》則以復古爲先，《書》則以今文爲首，其他經傳之缺軼者，復取歷代史《藝文志》及《通志》、《通考》所載，咸爲補入，而近代傳注可存者，亦間録焉。視西亭所輯，庶幾少備矣乎。然是編也，于漢儒略具矣。而有宋諸儒之著述，如藍田、上洛、洛陽、延平，則程門之嫡嗣也。金華、新安，則伊洛之孫曾也。逮婺源朱子出，而《五經》之學益明。雙湖、雲峯之于《易》，慶元輔氏之于《詩》，九峯蔡氏之于《書》，勉齋、信齋之于《禮》，清江張氏之于《春秋》，與夫元、明

以後諸儒闡明羽翼，亦等于漢儒之家法，而義理過之。其源流派别未有序，而圖之者，苟得續是編以傳，其爲裨益經學，不更大乎！世多留意正學之士，予且有厚望矣。温陵黄虞稷。

《四庫提要・史部四一・目録類一・授經圖義例》 臣等謹案，《授經圖義例》二十卷，明朱睦㮮撰。睦㮮有《易學識疑》，已著録。是編所述，經學源流也。案《崇文總目》有《授經圖》三卷，叙《易》、《詩》、《書》、《禮》、《春秋》、《三傳》之學，其書不傳。宋章俊卿《山堂考索》，嘗溯其宗派，各爲之圖，亦未能完備，且頗有舛訛。睦㮮乃因章氏舊圖而增定之。首叙授經世系，次諸儒列傳，次諸儒著述、歷代經解名目、卷數，每經四卷，五經共爲二十卷。睦㮮《自序》稱「釐爲四卷」，疑傳寫有脱文也。舊無刊板，惟黄虞稷家有寫本。康熙中，虞稷乃同錢塘龔翔麟校而刻之。虞稷序稱「西亭舊本案西亭即睦㮮之别號。先後不無參錯，予與龔子蘅圃重爲釐正。《易》則以復古爲先，《書》則以今文爲首，其他經傳之闕佚者，復取歷代史《藝文志》及《通志》、《通考》所載咸爲補入。而近代傳注可傳者，亦間録焉。視西亭所輯，庶幾少備」云云。又睦㮮《義例》稱周、漢而下，至金、元作者，凡一千一百三十二人，國朝三十九人。經解，凡一千七百九十八部，二萬一千七十一卷。虞稷等附注其下，稱新增入古今作者二百五十五人，經解凡七百四十一部，六千二百一十八卷。則虞稷等大有所竄改，非復睦㮮之舊矣。今以所竄改者觀之，《易》稱以復古爲先，而所列子夏《易傳》，實王弼本，非《古易》也。《書》稱以今文爲首，而所列朱子《書古經》，實孔安國本，非今文也。以是例推，殆未能盡允，且睦㮮之作是書大旨，病漢學之失傳，因溯其專門授受，欲儒者飲水思源。故所述列傳，止於兩漢。其子勤美《跋》案「美」字原本誤作「羹」，今改正。亦稱「秦燼之餘，六經殘滅。漢興諸儒，頗傳不絶之緒。於是，專門之學甚盛。至東京，則授受鮮有次第，而經學亦稍稍衰矣。故是編所列，多詳於前漢」云云。其著書之意，粲然明白。虞稷等乃雜採諸家以補之，與睦㮮所見，正復相反。然朱彝尊《經義考》未出以前，能條晰諸經之源流者，此書實爲之嚆矢，正不以有所點竄併其原書而廢之矣。乾隆四十六年十一月恭校上。

翁方綱《復初齋文集》卷一七《跋震川經序録序》 明西亭朱氏《經序録》，實秀水朱竹垞氏《經義考》所本也。歸震川《序》稱其載諸書之《序》，有益於經學，是固然已。吾嘗憾竹垞之《考》於諸書之《序》多失載其歲月，使學者無以見其師承沿溯之迹。夫豈西亭之《序録》早已删去其歲月歟？昔嘗蓄願補竹垞《經義考》内諸書歲月，苦所見不廣，迄今未就。則豈竹垞當日亦欲補歲月而未就耶？抑姑聽胥鈔而莫之整理耶？有明一代，學者不知講考證之學，惟歸氏文頗醇，與經學尚相近，就其序經義者，則更醇矣。然此文頗有憾於唐史之論啖、趙諸人，又自剖經義，舉王柏以下諸人。夫楚望黄氏、東山趙氏，悉舉之猶可也。舉王魯齋可乎？疑《唐史》之論啖、趙可乎？昔韓文公文有起衰之力，而其詩謂「《春秋》三傳束高閣，獨抱遺經究終始」，請問《三傳》既束高閣，經之終始從何得之？欲考經義者，能不歎息恨韓子此言乎？恨韓子此言，則歸氏此序吾有所不能默矣。是以不得已而書此。

陳廷敬《經義考序》 朱竹垞先生歸隱小長蘆，以緝學著書自娱。遠屏聲迹，獨千里寓書於余，曰：「彝尊所輯《經義考》三百卷，今已就，《九經》之外，旁及緯候。唐、宋以來碑版傳説，搜采頗多。公其惠踐前諾，畀以《序言》。」廷敬發書，喟然曰：「久矣夫！經義之存佚有可指而言者也。凡經之存佚，不於其書，於其人、於其時，有佚而若存者，有存而若佚者。秦燒書坑儒，經佚矣。漢興，於殘煙斷燼之餘，掇拾其什一二，其時專門名家，引經制事，雖守殘抱闕，彬彬乎有近古之風焉。其後以經選士，設科射策，乃有通義之目，經義之存，莫盛於此。夫其初所謂經者，《易》、《書》、《詩》、《禮》、《春秋》而已。是以石渠之論，稱制臨决者，曰「《五經》同異」；孝章修甘露故事，亦曰「論《五經》於白虎觀」。唐正觀中，乃分列《九經》，而唐之經義不勝於漢，若是乎佚者若存，而存者若佚也。夫經以致用，致用之實，莫大乎教人取士之法則。由唐、宋以來，其間得失之故，有可得而略言者。唐初沿隋舊，置六科，其後科目雖繁，大要以明經、進士爲重。明經試經義，進士試策，詩、賦、雜文，亦帖經，故尤以是科爲重。後雖稍浮濫，終唐之世，卒未有以易之也。宋初制，先策、次論、次賦及詩、次帖經墨義，後所重者，詩、賦、論三題。熙寧、元祐之間，詩、賦、經義罷復錯互，而王安石、呂惠卿創始之經義，迄於今流毒無窮焉。詩、賦雖詞章之學，而精其業非通經學古者則不克以爲，今之經義，名雖正而實則乖，蓋王氏之經學行而經亡滋甚矣。安石曰：「本欲變學究爲秀才，不謂變秀才爲學究也。」嗚呼！豈知併學究而失之乎？今古經具在，而學術如此，經之其存其佚，皆不可得而知矣。兹先生所著《經義考》，至於三百卷之多，雖其或存或佚者，悉載簡編。余以爲經先生之考定，存者固森然其畢具，而佚者亦絶其穿鑿附會之端，則經義之存，又莫有盛於此時者矣。微竹垞博學深思，其孰克爲之。聖天子典學右文，石渠、白虎集議方殷，諸儒必將以竹垞爲大師而正經學，以淑人才，有厚望焉。余序竹垞《經義》之書而及唐、宋以來所以教人取士之法，意固在此而不在

彼也。康熙己卯日南至午涯陳廷敬書。

毛奇齡《經義考序》 《經義考》者，諸儒説經之書目也。古經六：《易》、《書》、《詩》、《禮》、《樂》、《春秋》，見于《經解》。其時夫子傳《易》，子夏序《詩》，虞卿論《春秋》，各有經説行乎其間。即至燔書以後，尚有《古五子》十八篇、《周官傳》四篇列《漢志》中，嗣此諸儒之説經者遂紛紛焉。自宋人倡爲論，曰：「秦人焚經而經存，漢人窮經而經亡。」而後之僞爲《文中子》者，直伸其語，曰：「九師興而《易》道微，《三傳》作而《春秋》散。」于是譚經之徒各掃先儒之説，而經學不可問矣。漢儒信經，凡所立説，惟恐其説之稍違于經。而宋人不然，有疑《文言》非《十翼》文者，有疑《顧命》非周公所制禮者，有疑《春秋》非夫子作者，有疑《春秋傳》非左邱氏書者，有疑《孝經》爲六代後增改，非七十子所舊傳者。而至于《士禮》則廢之，《周官經》則明斥之，《王制》、《月令》、《明堂位》諸篇則直祛之詘之。然且有誤讀《隋書經籍志》，而謂《尚書》爲僞書，誤讀劉歆《讓博士書》，而謂今所傳《國風》爲僞《詩》者，是無經也。朱子竹垞爲此懼，從前人所增《七經》、《九經》、《十經》、《十三經》外，更廣一《大戴禮》，曰此皆經也。于是窮搜討之力，出家所藏書八萬餘卷，輯其説之可據者，署其經名而分繫其下，有存佚而無是非，使窮經之士一覽而知所考焉，洋洋乎大觀哉！嘗按《周禮春官》以外史掌三皇五帝之書而志其書名，此列代史志所自昉也。乃漢武藏書，名之曰策，而成帝求書天下，命總其群籍而合爲縱略，其在經義則所云《六藝略》者是也。至後漢以四部立名，而以經部爲甲部。歷魏、晉、六朝，或稱《新簿》，或稱《舊簿》，而要之皆部記之名，此趙宋三館所以直稱爲書目而無有他也。然而在官輯者，如劉歆奏《經略》，班固著經部，王儉撰《經典志》，唐鄭覃等之修《經書四庫》；而自爲輯者，則如謝康樂之編經目，阮孝緒之分經典録，各有機軸。竹垞曾官内庭，爲天子典祕書，會其時方用兵，滇、黔再鬭，固未暇檢校而籤衺之也。其後下徵書之詔，凡天下經義之在學官外者，皆得盡入祕府，而説經之書于斯爲盛，然而未經甲乙也。今竹垞于歸田之餘，乃始據疇昔所見聞，合古今部記而著爲斯編，曰《經義考》，此真所謂古文舊書，外内相應者。乃其所部分，則《御注》、《敕撰》一卷，尊王也。《十四經》爲經義者共二百五十八卷，廣經學也。《逸經》三卷，惟恐經之稍有遺，而一字一句必收之也。《毖緯》五卷，緯雖毖，説經者也，夫緯尚不廢，而何況于經？《擬經》十三卷，此則不惟自爲義并自爲經者，然而見似可瞿也，其與經合邪？則象人而用之也，否則罔也。又有《承師》五卷，則録其經義之各有自者，而《廣譽》附焉。《宣講》、《立學》合一卷，《刊石》五卷，《書壁》、《鏤板》、《著録》各一卷，《通説》四卷，此皆與經學有繫者，然而非博極群籍，不能有此。《家學》一卷，《自叙》一卷，共三百卷。書成示予，予受而歎，曰：「嗟乎！少研經學，老未能就，不及見諸書，而年已七十九矣。孟子曰：『觀于海者難爲水，游于聖人之門者難爲言。』荀子有云：『不登高山，不知天之高；不聞聖人之言，將不知學問之大。』今經學大著，聖人之言畢見于斯世，而生其後者復得從此而有所考鑒。」則既寶其書爲盛朝慶，而又喜天下後世之知有經，并知有義也。因卒讀而爲之《序》。康熙四十年蕭山毛奇齡初晴氏。

盧見曾《經義考序》 明制以經義取士，《五經》頒列學宮，《易》宗《本義》及程《傳》，《書》主蔡氏，《詩》主朱子《傳》，《春秋》本胡氏康侯，而《禮記》則宗陳澔《集説》。我朝因之，然聖祖仁皇帝著《周易折中》，《詩》、《書》、《春秋彙纂》皆博采記傳及漢、晉、唐、明諸書，而不專於一説，誠以經學非一家之言所能盡也。舉業家約略擬題，游衍活套，往往用徑寸之帙以媒進而梯榮，問以《十三經》之名目，懵焉莫識。間有博雅之士窺尋注疏，至魏、晉不逮兩漢，王《易》顯而荀、虞隱，孔《傳》出而馬、鄭微，杜《注》興而賈、服廢，自老儒且不能舉其姓氏，又況能晰其源流，考其得失乎哉？吁！可歎也！秀水朱竹垞先生，經學大儒，著《經義考》三百卷，刊行於世者甫及其半，自《春秋》以下闕焉未覩。乾隆癸酉，余以轉運再至淮南，始得其未刻之本於先生之孫稻孫，乃與同志授之梓而爲之《序》曰：「《六經》至孔子而論定，孔子殁，西河七十子之徒轉相授受，延及兩漢，具有家法。逮有宋理學勃興，諸儒各以己意説經，義理勝而家法轉亡矣。故二經《十翼》之分合，朱子謂《鄭風》爲淫奔，蔡氏謂商、周不改月時，胡氏康侯謂聖人以天自處。好古之士不能無疑，顧所見古書絶少，無徵不信，往往恨焉。今觀《經義考》所載，雖其闕佚者過半，猶必爲之稽其爵里，條其同異，其存者在學士大夫之家，如得購而讀之，詎不爲厚幸歟？竊嘗謂通經當以近古者爲信，譬如秦人談幽、冀事，比吴、越間宜稍稍得真。必先從記傳始，記傳之所不及，則衷諸兩漢，兩漢之所未備，則取諸義疏，義疏之所不可通，然後廣以宋、元、明之説。勿信今而疑古，致有兔園册子，師心自用之誚，以仰副聖天子尊經勸學之至意，是則余區區刊是書之志也夫。」甲戌長至德州盧見曾撰。

又《經義考奏狀》 兩淮鹽運使臣盧見曾謹奏：爲恭進事，欽惟我皇上，道貫天人，學綜今古。契心傳於東魯泮林，焕俎豆之光；敷文教於中天石室，啓圖書之秘。微言大義，經睿解而逾明；細目宏綱，惟聖裁之悉當。猶念草澤有窮經之彦，著述多自得之言，其人既顯擢以清班，其書亦取登於册府。示天下以去華崇實之

學，根柢惟在六經；導多士於明體達用之途，淵源必衷先聖。臣因竊見聖祖仁皇帝時，翰林院檢討臣朱彝尊所纂《經義考》三百卷，博徵傳世之書，誌其存佚；提衡衆家之論，判厥醇疵。幸際昌期，首冠以聖明之鉅製；備陳列代，不遺夫師友之緒言。挈領提綱，開卷瞭如指掌；升堂入奥，披函燦若列眉。實裨益於稽古之儒，宜刊布於右文之世。但其已經授梓，雖有《易》、《書》、《詩》、《禮》四經，而未能訖工，尚有《春秋》、緯候各類。臣訪存稿於其後嗣，乃損餘俸以成完書。見淺見深，咸網羅而不失；識大識小，悉櫽括以靡遺。惟舊臣纂輯之勤，即古人精神之寄。況今者續一代文獻之書，補群儒經籍之志，論説有資於考鏡，見聞可藉爲參稽，較陳振孫之《解題》，更加繁富，比晁公武之《書志》，尤覺精詳。昔當聖祖巡幸浙江，已曾進呈於行幄，今遇皇上載臨闕里，似可取備於書林。臣謹將先後所刻《經義考》全書，裝潢二部，每部六函，計四十八本，恭呈御覽。彝訓常明，萬禩衍傳經之緒，疇圖若揭，千秋揚載道之文。臣不勝戰慄悚惶之至，謹奏。乾隆二十一年二月十五日奏。欽奉硃批，書留覽。

愛新覺羅・弘曆《上諭》 乾隆四十二年四月二十日承准、大學士舒、大學士于，字寄浙江巡撫三。乾隆四十二年四月初六日奉上諭：「朕閱四庫全書館所進鈔本朱彝尊《經義考》，于歷代説經諸書廣搜博考，存佚可徵，實有裨于經學。朕因親製詩篇，題識卷首。此書現已刊行于世，聞書板尚在浙江，著將御製詩録寄三寶，就便詢問藏板之家，如願將朕此詩添冠卷端，聽其刊刻，亦使士林咸知朕闡崇經學之意，將此傳諭知之。欽此。」遵旨寄信前來。

三寶《紀文》 臣三寶謹按：秀水翰林院檢討臣朱彝尊勵志研經，學問淹雅，所著《經義考》一書，尤爲詳覈。今值右文曠典，祕閣宏開，適由四庫全書館鈔録進呈御覽。仰蒙聖主睿藻親題，臣於乾隆四十二年四月二十日接奉廷寄，命訪藏板之家，令其刊刻卷首，昭示來兹。臣隨查是書刊板，係由朱彝尊後裔歸於杭城捐職大理寺寺丞臣汪汝瑮家。汝瑮於甲午歲恭進遺書，曾蒙聖恩賞給《佩文韻府》一部，並邀御題《曲洧舊聞》、《書苑菁華》二種，先行發還，敬謹藏貯。今藏板《經義考》，又叨睿製遥頒，冠諸篇首，不惟學古之士遵繩尺於後來，並使傳述之家慰勤勞於在昔，垂諸藝林，實爲千載一時之盛。臣三寶恭紀。

周中孚《鄭堂讀書記》卷三二《經義考》 《經義考》三百卷，曝書亭刊本。國朝朱彝尊撰。彝尊，字竹垞，秀水人。康熙己未召試授檢討。《四庫全書》著録。竹垞以談經者局守一家之言，致先儒遺編失傳者什九，因仿馬氏《經籍考》之例而推廣之，於撰人書名卷數下，各注存、佚、闕、未見，而輯史傳地理志及各書序跋並諸家之説以隸之，間或附以案語。分爲三十門，凡《御注》、《敕撰》一卷。經義十五門，共二百五十八卷，《逸經》三卷，《毖緯》五卷，《擬經》十三卷，《承師》五卷，《宣講》、《立學》合一卷，《刊石》五卷，《書壁》、《鏤版》、《著録》各一卷，《通説》四卷，《家學》一卷，《自敍》一卷，總共三百卷。又欲爲《補遺》二卷，草藁初定，即以次付梓。其《宣講》、《立學》、《家學》、《自敍》四門，以及《補遺》屬草未具，故是編無《補遺》，並闕原第三卷。其書大都取材於馬氏書，及以朱西亭《授經圖》、《經序録》，國朝孫退谷《五經翼》、《四書》，而增補以各書之説，元元本本，殫見洽聞，實二千年來經部之總匯也。但竹垞之爲是書，未能竭一生之精力爲之，故編次尚未極當，小學僅載《爾雅》一類，而不及徧考小學全部。元、明以下，或僅據書目甄録，並序、跋亦多未載，且所闕佚各書，至今日或存，全賴後人爲之續補，庶臻美備。近翁覃溪方綱有《經義考補正》，謝蘇潭啓鼎有《小學考》，初名《廣經義考》。錢既勤東垣有《補經義考》，皆未之見也。惟謝氏書已刊行録。是本前有陳午涯、毛西河兩序，《目録》二卷。原刻甫及其半，自春秋以下闕焉。盧雅雨爲之刻全，於乾隆二十一年表進，故載表文於卷首，又爲之序及跋，未有竹垞之孫稼翁序。

盧見曾《識語》（朱彝尊《經義考》卷前） 《經義考》全書告成，余既爲之序，又編《總目》二卷。此書初撰原名《經義存亡考》，嘗以二十餘卷質吾鄉漁洋先生，於《居易録》載其大凡。後先生以《菉竹》、《聚樂》、《淡生》、《一齋》諸目所藏，及同人所見世有其本者，列「未見」一門，又有雜見於諸書，或一卷，或數條，列「闕書」一門，於是分存、佚、闕、未見四門，删舊名之存亡字，而名之曰《經義考》。已刻一百六十七卷，其《宣講》、《立學》、《家學》、《自序》三卷本闕，今補刻一百三十卷，卷帙浩繁，校對不易。從事諸君子各題名於每卷之後，而博徵載籍以正字畫之訛者，錢塘陳授衣草、儀徵江賓谷昱也。刻既成而覆校之者，元和惠定宇棟、華亭沈學子大成也。其商略考訂，兼綜其事，則祁門馬嶰谷曰琯、半查曰璐云。乾隆乙亥七月望後三日德州盧見曾載識。

全祖望《石經考異序》 吾友杭君堇浦葺《石經考異》一卷，蓋惜昭德晁氏之書之佚，而爲亭林顧氏拾遺者也。自六朝以迄今，古文之日剥日落，不必水火盜賊，蓋有坐消於風塵俗吏之手，如馮熙、常伯夫之徒。而一二好古儒者旁皇委曲，求之片文只字間，豈不重可悲夫！其中尚有與堇浦討論者。竊嘗考《熹平石經》始於蔡邕諸公，而邯鄲淳修之。《正始石經》亦出於淳，而嵇康等祖之。魚豢《魏儒宗

傳序》曰：「黄初元年之後，新主乃始掃除太學灰炭，補舊石碑之缺壞」。時淳方以博士給事中，是補正《熹平》隸字舊刻者，淳也。衛恒《四體書勢》謂，魏初傳古文者皆出於淳。正始所立，轉失淳法。則淳於補正《熹平》隸字之外，别用壁中書寫一本，爲正始之祖。《晉書·趙至傳》曰，詣洛陽游太學，遇嵇康寫石經。嵇紹亦曰，先君在太學，寫石經古文。是即正始間事。然則亦鄲石經之上接熹平者，是《隋志》以一字爲魏刻之誤所自也。其下開正始者，是《范書》以三字爲漢刻之誤所自也。楊衒之、江式所言，大抵皆因此而誤。況黄初所補非僅舊碑之缺壞，尚有增多於《熹平》之外者。《隋書》、《五代史·志》：一字石經《周易》一卷、《尚書》六卷、《魯詩》六卷、《儀禮》九卷、《春秋》一卷、《公羊傳》九卷、《論語》一卷，又引：梁有一字《鄭氏尚書》八卷、《毛詩》六卷。以較熹平《五經》之目不合，其增多者更出誰人之手？然則邯鄲氏石經之功亦誃矣。若魏明帝刊《典論》，事在太和四年，《隋志》亦稱爲一字石經。《典論》又屬黄初之後，正始之前。而酈元謂六碑附於正始四十八枚之次，不又舛歟？至《南齊書·魏傳》：佛狸於「城西三里刻石寫五經，及其國記。」則不必以《魏本紀》不載爲疑。是時崔浩方領秘書，與高允等共撰國記。陳留江强以進所輯經史文字授中書博士，而著作令史閔湛諂浩，請取浩所注《易》、《論語》、《書》、《詩》頒之國中，以《易》先儒箋故，并敕浩注《禮》傳。又勸浩以國記及《五經》并勒之石。浩遂自鄴取石虎文石屋基六十枚，充用樹碑平城之郊壇東，用工三百萬。其後國記既毁，而石經亦不卒業。斯《本紀》所以不載，而僅見之浩及高允兩傳。然觀浩奉詔書《急就章》，而改寫「漢彊」爲「代彊」，以媚其主。則石經之爲所改亂者，亦必不可數計。謂其能存古文而傳墜學，未必然矣。堇浦之書所以發摘前人之訛者，核矣！如愚所言，或亦附而存之，以備考索之餘，則未必非負暄之一得也。雍正十三年四月既望，甬句東全祖望序。

厲鶚《石經考異序》　《六經》自遘秦火，或藏屋壁，或寘山崖，大義微言，幾乎中絶。漢興，摭拾散佚，絶而復續，脱漏舛訛，往往而有。向、歆父子校之於前，伏無忌、劉騊駼、馬融、班固諸人校之於後。乃博士試甲乙科，争第高下，至有行賂定蘭臺漆書經字以合私文者。於是熹平四年，詔諸儒正五經文字，議郎蔡邕書丹刻石，立於太學門外。此石經之所以自昉也。厥後魏正始、唐開成、孟蜀廣政、宋至和、嘉祐、紹興，俱仿前規，以示模式。歐陽子《集古録》所收金石文字最廣，獨遺唐石經不載。趙德甫《金石録》、洪景伯《隸釋》所載漢石經，僅殘缺遺字。晁子止取唐蜀石本與後唐長興版本參校，著《石經考異》，其書不傳。本朝崑山亭林顧氏著《石經考》一編，自漢以後異同始末，該而存之，可謂補前人之遺者也。吾友杭君堇浦補顧氏之遺而加詳，中參之以辨論。如《五經》、《六經》、《七經》之核其實，「一字」、「三字」之定其歸，二十五碑、四十八碑之析其數，「堂東」「堂西」之殊其列，自洛入鄴、自汴入燕之分其地，駁鴻都門學非太學，魏石經非邯鄲淳書，直發千古之蒙滯，皎然如揭白日，涣然如釋春冰。蓋綴緝既力，用思復精，足以剖芒釐，審同異。不獨爲顧氏之諍友，兼可上溯晁氏，大裨來學者已。書成，堇浦屬序於余，竟讀而嘆曰：甚哉，著書之難也！范曄、楊衒之、魏收、魏徵諸家，皆誤以漢石經爲三字；堇浦援據諸書，而知一字之爲漢，三字之爲魏。請爲堇浦立一佐證，可乎？《公羊·昭二十五年》：「齊侯唁公於野井」，「既哭，以人爲菑。」何休注云：「菑，周埒垣也。【略】今太學辟雍作『側』字。」《儒林傳》：「休精研六經，世儒無及者。【略】大尉陳蕃辟之，與參政事。蕃敗，【略】乃作《春秋公羊解詁》，覃思不窺門十有七年。」按：蕃誅於寧帝建寧元年，又七年爲熹平四年，始立石經。爾時休詁公羊未卒業，則辟雍所作「側」字，其爲石經隸字無疑。趙氏《金石録》亦云世所傳經書，與漢石經不同者數百言。此蔡邕石經一字之佐證也。《左氏·隱元年傳》：「仲子手文爲魯夫人。」孔穎達《正義》云：「唐叔亦有文在手，曰虞。」隸書起於秦末，手文必非隸書。石經古文「魯」作「㳅」，「虞」作「㶩」手文容或似之。按：《晉書·衛恒傳》言，魏正始中立古、篆、隸三字石經。《唐書·藝文志》有三字石經《左傳》古、篆書十二卷。《正義》所引，是古文一體。此《正始石經》三字之佐證也。鶚不敏，不足與于校讎之役，聊以斯言復堇浦，或者希左袒於斯編云爾。

甘鵬雲《石經考文提要書後》　彭文勤公《石經考文提要》十三卷，蓋專爲校定《乾隆石經》而作。《乾隆石經》，現在國子監。張文襄《書目答問》云：「文字多依古本，極精，與通行本多異。」然以《考文提要》校之，有稱改從宋本，而石刻仍從坊本者，語不相應，莫喻其故。後閲《英和恩福堂筆記》，述此書本末甚詳，乃知《乾隆石經》，曾經和珅剗改，以故與《提要》多有異同。又知和珅曾奏請銷燬彭書，未經高廟允許，以故此書得幸而存。小人之所爲，無往不徇其私也，可慨矣。蓋諭刻《石經》，在乾隆五十六年，初派總裁二人，吏部尚書金簡司剞劂，文勤司考正。文勤以《石經》爲一代鉅典，奏請增派總裁官，乃益以和珅、王文端、劉文清、董文恭四人，然高廟意猶責成文勤一人也。是年五月，高廟幸避暑山莊，將啟鑾，諭文勤曰：「汝不隨扈，可竭長夏力，將天禄琳琅所藏宋槧各經本，與監本坊本，校勘異同。於《石經》内，改從宋本。」文勤於是有《考文提要》之作，進呈後，高廟親揮宸翰

於卷首，命刊行。逮《石經》蕆事，惟文勤一人加宮保銜，餘均未議敘。和珅惎之，乃集翰林能文者數人，成《提要舉正》一書，大意以鄉僻士子，難責以概從宋本爲辭。高廟亦允所請，和珅必欲將《提要》銷燬。高廟顧而笑曰：「此書暫不刊行，留爲將來經生聚訟之端，亦無不可」。和珅乃取《提要舉正》繕寫三本，一存懋勤殿，一存翰林院，一存國子監，而《提要》竟不刊行，並照坊本剜改《石經》多處。歲丁巳，乾清宮災，藏書付劫灰，宋本面目猶賴《提要》以存。至己未後，文勤奏奉仁廟面諭准刊。於是阮芸臺相國乃屬許周生部郎刊於浙中。自和珅得罪以後，《提要舉正》一書亦竟不傳。且經和珅剜改之處，至嘉慶八年復奉敕改定，以故《石經》搨本流傳不無異同。其與《提要》合者，爲嘉慶八年以後搨本，與《提要》不合者，則嘉慶八年以前搨本也。

李慈銘《越縵堂讀書記·綜合參考·讀書偶識》 《讀書偶識》三冊，爲新化鄒漢勛字叔績所箸，尚是寫本未刻者，其每葉紙心題「斅執齋箸述」五字，所記皆經典考據之學，多引近儒戴東原江子屏諸家説，主于名物訓詁，亦多作説文字，其人名字皆所稀見，當是績學著書而世未知者也。其于禮經名物，考訂頗詳，而尤深于小學。所詮《説文》字義及辨正新坿字數條，皆精確。言《書·益稷》篇「丹朱」爲「驩朱」之借字，據《山海經》「驩朱」即「驩兜」，非堯之胤子朱，義尤新切。至以敖爲驩兜之子，謂驩兜爲惡謚，敖亦惡謚。據呂氏春秋莒敖公高誘注，敖謚也。周王發生時號武王，死後因號加謚爲寧武，此兩字謚。古人兩言謚三言謚皆單稱，故寧考、寧王、寧人皆謂武王。又謂《周書》謚法無寧字，而秦有寧公，蓋傳寫周書者佚之。則皆望文武斷，爲漢學之蔽矣。同治癸亥十月十六日。

閲鄒叔績《讀書偶識》。其論廟室服制等頗詳覈，能斷制，餘多失之繁瑣，且武斷不根。予于乙丑之冬，曾正其論《尚書》謬誤者數條。然如言棄稷此當作皋陶謨之丹朱，爲驩朱之借字，敖爲驩朱之子。據《莊子》堯伐叢胥敖，謂虞賓在作，既非殄世，亦何至於朋淫，列有七證。言梓材即伯禽之命，據《尚書大傳》作杍材，而載伯禽周公橋梓之説。謂王曰對，當是王曰材，材蓋伯禽之名，杍者，子也。《尚書》百篇，無摘篇中二字爲篇名者。二事雖似立異無堅據，而具有至理。梓材以《左傳》祝佗所言及《康誥》首冠以「維三月」至「大誥治」四十八字文義推之，蓋書序以殷餘民封康叔下脱落伯禽二字，故後人遂不得其解，而梓材者實周公誥伯禽兼誡成王之書也。至伯禽之爲字，則證以《左傳》楚靈王之稱曰禽父，而不與王孫牟連類稱王孫禽，尤爲明顯。父者且字也，伯者五十伯仲之稱也，皆配字不配名者也。同治辛未八月二十八日。

陳澧《陳澧集·東塾讀書記·自述》 余年六十有二，大病幾死。自念死後書我墓石者，虛譽而失其真，則恧矣。生平無事可述，惟讀書數十年，著書百餘卷耳。病愈乃自述之。或者壽命猶未艾乎？他時當有續述也。述曰：

陳澧，字蘭甫，先世江南上元人。祖考捐職布政使司理問，遷廣東番禺。考候補知縣。生二子：長諱清，次則澧也。年十歲，知縣君卒。年十五，伯兄卒。十七，督學翁文端公考取縣學生，明年録科第一。同時諸名士皆出其下。文端公命入粵秀書院肄業，山長陳先生厚甫賞譽之。與桂星垣、楊浦香爲友，復問詩學於張南山先生，問經學於侯君模先生。年廿二，舉優行貢生，廿三中舉人。六應會試不中，大挑二等，選授河源縣學訓導。兩月，告病歸。揀選知縣到班，不願出仕，請京官職銜，得國子監學録。爲學海堂學長數十年，至老爲菊坡精舍山長，英偉之士多出其門焉。少好爲詩，及長棄去，泛濫群籍。中年讀朱子書，讀諸經注疏子史，日有課程。尤好讀《孟子》，以爲《孟子》所謂性善者，人性皆有善，荀、楊輩皆未知也。讀鄭氏諸經注，以爲鄭學有宗主，復有不同，中正無弊，勝於許氏《異義》、何氏《墨守》之學。魏晉以後，天下大亂，而聖人之道不絶，惟鄭氏禮學是賴。讀《後漢書》，以爲學漢儒之學，尤當學漢儒之行。讀朱子書，以爲國朝考據之學源出朱子，不可反詆朱子。又以爲國朝考據之學盛矣，猶有未備者，宜補苴之。著《聲律通考》十卷，謂古有十二宮，且有轉調，今俗樂惟存七調。然古律尺度具在，可考歷代樂聲高下。晉十二笛，可倣而製。唐《鹿鳴》、《關雎》十二詩譜，可按而歌，而古樂不墜於地。又著《切韻考》六卷、外篇三卷，謂孫叔然、陸法言之學存於《廣韻》，宜明其法。而不惑於沙門之説。又著《漢書地理志水道圖説》七卷，謂地理之學，當自水道始，知漢志水道，則可考漢郡縣，以及於歷代郡縣。又著《漢儒通義》七卷，謂漢儒善言義理，無異於宋儒。宋儒輕蔑漢儒者，非也。近儒尊漢儒而不講義理，亦非也。其餘有《説文聲表》十七卷、《水經注提綱》四十卷、《三統術説》三卷、《弧三角説》一卷、《琴律説》一卷、《文集》若干卷。生平不欲爲文章，然有爲先人而作者，及爲親友碑傳事蹟不可没者，故過而存之。晚年所著書曰《東塾讀書記》，今未成。性疏直平易，頗厭俗事。惟好與學者談論不倦。值賊亂、夷亂，家計不給，晏如也。生四子：宗誼、宗侃、宗詢、宗穎。宗誼早卒，宗侃生子慶龢爲其後。同治十年二月述。

廷相謹按：光緒七年，兩廣總督張公、廣東巡撫裕公以南海朱子襄先生及先

生名奏，請量加褒異。其年七月初三日奉上諭：朱次琦、陳澧均著加恩賞給五品卿銜。八年正月二十二日，先生卒，年七十有三。所著《東塾讀書記》得十二卷又三卷，已刻成。其餘未成稿本十卷，遺命名曰《東塾雜俎》，又《文集》若干卷，均俟門人及兒子編録云。門人廖廷相謹誌。

李慈銘《越縵堂讀書記·綜合參考·東塾讀書記》 夜閲《東塾讀書記》，分《孝經》、《論語》、《孟子》、《易》、《書》、《詩》、《周禮》、《儀禮》、《春秋》、小學、諸子、《三國志》、朱子書各爲一卷。經無《禮記》，史止《三國》，蓋未成之書。其學折衷漢宋，實事求是，而獨不取《荀子》，蓋未知蘭陵之學者也。又其意實不滿宋學，而故爲門面之語，亦可不必。朱子書後又有論西漢數頁，編次頗無序。光緒辛巳十月二十六日。

閲《東塾讀書記》中《春秋》諸子兩卷。其言皆極平實，惟謂《左傳》多後人增入語，取姚姬傳吴起輩坿益之説；謂《荀子》所謂學者止欲求勝前人，其《非十二子》中尤專攻子思孟子，蓋其失甚矣；又謂荀子詆子游氏之言甚於子張子夏氏，或以子思孟子之學出於子游，則誣説游辭，不足與辨也。又閲小學一卷，雖簡而不枝。《論三國》一卷，《西漢》一卷，皆寥略，其標題止曰《三國》，曰西漢，殊非是。十一月初一日。

蔣光煦《東湖叢記》卷二《續經義考》 仁和沈椒園廉訪廷芳撰《續經義考》，未成書也。稿本散佚，曾見其副其楊氏梧《禮記説義纂訂》二十四卷，所録□□序、徐健菴司寇乾學序及龔芝麓尚書鼎孳傳略，侍御有案語云「前考云楊氏《禮記説義》，而未著其名字及書之卷數」，下云「未見」，後載汪琬序一篇，蓋從《堯峰集》中纂録者。予獲是書于閩中，讀之而歎其精當明備，四十九篇之條理秩然。中惟《中庸》、《大學》二篇以朱子有章句故不復釋，亦以見其有識因，爲録二序一傳以存梗概。不録汪序者，前考中已見也。又鄧氏庭曾《禮記訂補》二十二卷，有自序。案：云朱氏《考》中作廷曾書二十四卷，下注「未見」，今得其書，故復載此。此書列錯簡疑文于目，而以《大戴記》第于十九、二十兩卷，二十一、二十二兩卷，則疑經也。又黄氏宗羲《朱子壺説》一篇，下有案語云「黄氏此書係答劉伯宗言」。《投壺經》言「壺頸修七寸，腹修五寸，口徑二寸半，容斗五升」。鄭注「腹容斗五升三分，益一則爲二斗，積三百二十四寸，以腹修五寸約之，所得求其圜，得周二尺七寸有奇，是爲腹經九寸有餘也。」按鄭氏此説，皆整數，二斗之積也，四分去一，則與經文斗五升合矣。故朱子欲去二斗，虚加之數是也。其實斗五升之積，爲二百四十三寸，以腹修五寸約之，五取一焉，得四十八寸六分，即圜積也。圜積求徑三歸四，因開方之，是爲腹徑八寸四釐有奇。圜積求周十二，因開方之，是爲圜周二尺四寸一分四釐有奇。若鄭氏三分益一以爲二斗，方積六十四寸八分，既有虚加之數，則當用圓田法，即以六十四寸八分者開方之，徑得八寸四釐奇三，因于徑周得二尺四寸一四，亦如前法。朱子以積求徑之法，謂廣六十四寸八分。此六十四寸者，自爲正方。又取其其八分者，割裂而加於正之外，則四面加二釐五毫之數，徑爲八寸五釐。此則朱子不明算法而不自知其誤也。

翁方綱《經義考補正序》 丙申春，與丁小疋晨夕過從，相質諸經説，見所校竹垞先生《經義考》積數十條，因録存於篋。後十二年秋，在南昌使院重校是書，欲彙成一帙而未暇也。又後三年，方綱按試曹沂諸郡門人王實齋來相助，重加校勘，因録所補正，凡一千八十八條，爲一十二卷。竊念先生是書綜覈賅貫，爲經訓淵藪。其於楊止庵《周易》一編，正其訛舛，曰非敢形前賢之短，慮誤後學也。然則今兹區區附綴之意，或亦先生所樂予乎！小疋名杰，浙江歸安進士。實齋名聘珍，江西南城拔貢生。乾隆五十有七年歲次壬子夏六月，文淵閣直閣事內閣學士兼禮部侍郎加一級，大興翁方綱識于濟南使院。

弟一卷《易》，弟二卷《易》，弟三卷《書》，弟四卷《詩》，弟五卷《周禮》、《儀禮》，弟六卷《禮記》，弟七卷《春秋》，弟八卷《春秋》，弟九卷《論語》、《孝經》、《孟子》，弟十卷《爾雅》、《群經》、《四書》、《逸經》、《毖緯》，弟十一卷《擬經》、《承師》，弟十二卷《刊石》、《書壁》、《鏤板》、《著録》、《通説》。

《爾雅》類下，宜備列訓詁、六書諸目，今以顔氏《匡謬正俗》、張氏《五經文字》等入是書矣。而小學未能自爲一類，宜與《宣講》、《立學》同補，擬以愚得續録成帙，附識於此。六月十日小石帆亭書。

李慈銘《越縵堂讀書記·朱氏經義考補正》 《朱氏經義考補正》，清翁方綱撰。閲翁方綱《朱氏經義考補正》。竹垞之書，捃摭繁富，誠不能無舛漏，補正之事，必不可少。惟覃溪實不知學，僅一二訂其卷數錯誤之字，篇帙寥寥，而時闌入其詆訾近儒、皮傅宋儒之謬論。蓋覃溪初亦依傍漢儒，思以考據自見，既而碩學輩出，其陋日形；又爲戴東原所譏，遂老羞成怒，逞肊妄訾。於是罵朱竹垞，罵紀曉嵐，罵阮芸臺，及陳恭甫致書直争其失，而覃溪底蘊全露，而覃溪亦老不可復爲矣。是書自言本與丁小雅共爲之，其中小有補益，當出小雅之手也。同治癸酉五月二十九日。

江藩《國朝經師經義目録》卷末江鈞《跋》　家大人既爲《漢學師承記》之後，復以傳中所載諸家撰述，有不盡關經傳者，有雖關經術而不醇者，乃取其專論經術，而一本漢學之書，倣唐陸元朗《經典釋文》傳注姓氏之例，作《經師經義目録》一卷，附於《記》後。俾治實學者，得所取資，尋其宗旨，庶不致混莠於苗，以碔爲玉也。著録之意，大凡有四。一、言不關乎經義小學，意不純乎漢儒古訓者，不著録。一、書已行於世而未及見者，不著録。一、其書雖存其名而實未成者，不著録。一、其人尚存，著述僅附見於前人傳後者，不著録。凡在此例，不欲濫登，固非以意爲棄取也。次列既，鈞承命繕録。因不揣檮昧，著其義例於末。嘉慶辛未良月既望，男鈞謹識。

全祖望《讀易序録》　納蘭成氏所聚《經解》，《易》爲最多，其外尚有唐李鼎祚、郭京、邢璹，宋安定胡先生、歐陽兖文忠公、東坡先生、沙隨先生、誠齋慈湖二楊先生、林栗、曾稑、王莘叟、李過、戴師愈、李椿、張行成、崔山先生、深寧先生、東發先生、陳友文、方實、孫魯齋先生，元黄鎮成、李公凱、李恕、熊良弼、鄧錡、保八，皆流傳著名于世。今以《永樂大典》合之，亦多有爲引用所未及者，蓋當日文淵閣無此書也。然其中未見之本，則幾相半：若河南史文徽《證易口訣義》六卷，司馬温文正公《易傳》三卷，陳中肅《了齋易説》一卷，李莊簡公光《讀易老人解説》十卷，丹陽都聖與絜《易變體義》十六卷，長陽先生郭雍《傳家易》十一卷、《卦辭旨要》六卷，華亭田興齋疇《學易蹊徑》二十卷，山齋先生易祓《周易總義》二十卷，金華鄭亨仲剛中《讀易窺餘》十五卷，都昌馮厚齋椅《易輯注》、《輯傳》、《外傳》共五十卷，節齋先生蔡淵《周易經傳訓解》三卷、《卦爻辭旨》□卷，吴陳寧極深清《全齋讀易編》三卷，長樂趙虚舟以夫《易通》十卷，建安張中溪清子《大易附録集注》十一卷，眉山李謙齋杞《易詳解》二十卷，大名齊伯恆履謙《易本説》六卷，寧德陳石堂普《易解》兩卷，莆田陳宏《易童子問》一卷，天水趙静之善譽《易説》二卷，郭東山昺《易解》一卷，朱祖義《易句解》十卷，黄岩陳澤雲應潤《爻變易藴》四卷，及蘭溪徐子才《周易直説》，泰和魯傳道貫《易學變通》，吉水解求我蒙《易經精藴大義》，陳訥《河圖易象本義》，胡震《易衍義》，則雖見于史志、書録，而絶不可得矣。至楊瀛《易尚四通》，趙與逌《易遺説》，張應珍、趙珪《易解》，蘇起翁《讀易記》，姑汾遁叟《□□指龜》，貢清之《易撮要》，吴説之《易疑問》，陳至《易辨疑》，無名氏《易象龜鑑》、《易纂》，則并其名亦爲史志、書録之所希見。楊瀛以下，朱竹垞《經義考》皆無之。因亟鈔一編，而别識其目于此，使予得以數年無事，遍鈔諸經，遺秉滯穗，莫非經苑之腴，昔儒有知，其尚克相予也。

又《讀易别録上序》　嗚呼！諸經之中，未有如《易》之爲後世所録者。舊史之志藝文，蓋自傳、義、章句而外，或歸之蓍龜家，或五行家，或天文家，或兵家，或釋家，或神仙家以見，其名雖繫于《易》，而實則非也。彼其爲傳、義、章句者，諸家之徒居十九焉。今取其所自出之宗暨其流演之派，釐然别而行之，而彼傳、義、章句之無當于經，蓋不攻而自見矣。是舊史衛經之深心也。予嘗綜其概而言之，大半爲圖緯之末流，蓋自《乾坤鑿度》諸書既出，其意欲貫通三才，以依託于知來藏往、廣大悉備之學，遂妄以推測代前知之鑒，而卜筮者竊而用之，始有八宫、六神、納甲、納音、卦氣、卦候、飛伏諸例，其外則爲太乙九宫家，遁甲三元家，六壬家，所謂三式之書也。三式之書，早見于春秋之世，伶州鳩已言之矣。而或謂圖緯始于兩漢之末，亦考之未審也。三式皆主乾象，於其中又衍爲星野、風角二家，又推之節氣之變爲律曆家。律曆之分爲日者，漢有鐘律叢辰之書，是日者亦本于律。合星野、風角、時日以言兵事，則爲兵家。又以仰觀者俯察，爲形法家。其在人也，爲禄命家，爲醫家，爲相家。若占夢家，則本《周官》所以屬之太卜者，又無論也。更有異者，以陰陽消長之度，爲其行持進退之節，爲丹灶家。丹灶之于卜筮，毫不相及也。已而其先事逆中，亦託之《易》。然自唐以前，援《易》以入于占驗之門者居多；自唐以後，則《易》半爲《道藏》所有，是亦一大變局也。夫必欲以支離之小道，捋撦聖人之經，是亦文、周所不能禁，而究之則于《易》何有哉？雖然諸家之託于《易》，原其初不過借《易》以自文其説，而非謂吾之説可以明《易》也。其以入之傳、義、章句之中者，説經者之罪也。近日有作《經義考》者，不審舊史之例，概取而列之于《易》，則所以亂經者莫甚于此。愚故列圖緯于篇首，而以諸書附之，略疏證其門户之異同，以見其必不可以言經也。若夫舊史所載，間亦有分晰未盡者，并爲改而正之，庶乎使正閏之不淆云。

又《讀易别録中序》　或有問于予曰：《易》之晦也，圖緯于漢，黄、老于六朝，其説相背而馳。然儒者以爲皆無當于《易》，信乎？予曰：是也。但圖緯之學，皆以老、莊爲體，老、莊之學，皆以圖緯爲用。此自經師言《易》以來，但知其門户之分，而不知其門户之合。今夫漢、唐之言五行者，莫不依托于黄帝，而言虚無者亦莫不依托于黄帝，蓋清净無爲之説，原非竟忘世者也。其本心固欲以方寸運量天下之變，而又不能有洗心退藏之量，故其託爲齊生死輕去就者，矯也，而實則常欲出而一試。故老子一傳而爲文子，當世所稱。計然者，種、蠡師之以霸越，其言爲

王遯之祖。而陰陽消長之説，既不勝其支離而難通，則必附之于玄妙之窟，以明其言之有據，而使天下之人神其術而不疑。故《陰符》之言入于道家。試觀漢、唐以來，嚴君平、葛稚川之徒，皆以老、莊治圖緯者也；管公明、李淳風之徒，皆以圖緯治老、莊者也。至于康節而尤備，其言老子得《易》之體，蓋自實踐中知之，而所用以推元會者，即六日七分之法，是真集大成者也。然則王、韓承漢儒之後，操忘象忘言之妙，吐棄一切，是所謂得其半者也，不足爲絀圖之學也。雖然圖緯之流演，其書之傳于今者，部帙尚數百，而王、韓之派則寥寥焉。吾求之于舊史，道、釋二家之中，不過一二種而已。然即此一二種，而王、韓之無當于經，亦可見矣。且王、韓之學行，而論《易》者轉思京、焦，乃陳、邵之學行，而論《易》者轉思王、韓。今觀吾别録中所載，則知其爲百步五十步之相笑也。圖緯候氣直日之法流爲神仙，老、莊玄牝谷神之旨亦流爲神仙，是丹竈之學亦兼二家之體用而成，是皆先儒從來未見之旨也。

又《讀易别録下序》 昔者聖人作《易》以通神明之德，以類萬物之情，于是以蓍龜前民用。然古之重龜也甚于蓍，《尚書洪範篇》「七稽疑，建立卜筮，乃命卜筮：曰雨，曰霽，曰蒙，曰驛，曰克，曰貞，曰悔，凡七。卜五，占用二。衍忒，立時人作卜筮。三人占，則從二人之言」，是雖並舉于卜筮言之，而五卜，皆龜之用。故其下文有「龜從筮從」，而無筮從龜逆者。《周禮》掌龜之官凡五：有太卜，有卜師，有龜人，有華氏，有占人。而又有占夢一官，亦爲太卜之屬。掌蓍之官祇一筮人，以辨九筮之名，雖與太卜同掌三《易》之書，然凡國之大事，必先筮而後卜，又必使占人眡筮。若《春秋傳》雖先卜而後筮，而仍以卜爲重，故云筮短，蓋其禮之不同如此。孔子作《易》，始以幽贊神明闡蓍之德，而即大衍之策極其圓神之用。蓍之顯于古也，蓋自孔子始也。自漢而降猶然重龜：《漢書・文帝本紀》「群臣迎王于代，王命之卜，兆得大横」，是大事之卜也。《東方朔傳》「諸數家射覆，朔乃别蓍布卦而對」，是小事筮也。《漢官儀》「太史令之屬三人龜卜，二人易筮」，則卜之官多于筮也。《後漢書・梁后紀》「太史卜兆得壽房，又筮得《坤》之比」，則卜筮猶並用也。《唐六典》太卜令卜筮之法：一曰龜，二曰兆，三曰易，四曰式，則固以卜先筮也。蓋自一行以大衍爲曆，昌明其數，伊、洛諸公出，而法遂大備。蓍之顯于今也，蓋自一行始也。蓍學既盛，龜學遂失不傳。近儒作《經義考》者，其于《易》部祇録蓍書而去龜書，予謂《記》有曰：「易抱龜南面。」鄭康成曰：「易，官名，即太卜。」然則太卜直以《易》命其官，奈之何其去之也。然吾又考四史志中，所載龜書之多于蓍書者十九，而大都皆漢、唐人之作，則皆溺于壬遁之説者，故不敢登之經部，而别録之，是舊史所見之精也。爰取以附之别録之後。

周中孚《鄭堂讀書記》卷三二《讀易别録》 《讀易别録》三卷，知不足齋叢書本。國朝全祖望撰。祖望仕履見《五經總義類》。是編每卷之首俱有自題。謂諸經之中，未有如《易》之爲後世所録者。舊史之志藝文，蓋自傳義章句而外，或歸之蓍龜家，或五行家，或天文家，或兵家，或道家，或釋家，或神仙家，以見其名色繫於《易》，而實無當於經。嘗綜其概而言之，大半屬圖緯之末流，故列圖緯於編首，而以諸書附之略，疏證其門户之異同，以見其必不可以言經也。以上上卷自題。今觀其書，上卷所録，凡圖緯三十四種，通説陰陽、災異及占驗體例四十四種，漢、唐諸人卜筮林占之書，仿繇詞爲之者，而凡卜筮之書附焉。共一百九種，漢、唐諸人以三式占驗之書四十五種，律緯厤家九種，天文家二種，兵家二種，堪輿家六種，禄命家七種，醫家二種，相家三種，占夢家一種，射覆家六種，丹竈家三十四種。中卷所録，凡易老通定十種。下卷所録，凡龜書四十七種，蓍書二十七種。舊史所載，間亦有分晰未盡者，并爲改而正之，使其正閏之不淆。明乎此，而諸家之託於《易》，及借《易》以自文其説者，不足以亂經作也。

吴騫《經籍跋文序》 予與簡莊孝廉，少日皆酷嗜書籍，購置不遺餘力。凡經史子集，得善本輒互相傳觀，或手自校勘相質，蓋數十年如一日云。予性懶質鈍，爲學多雜而不專，投老無成。簡莊精敏果鋭，强于記誦，而能專意于經學，又克廣攬窮蒐。今觀所撰《諸經跋文》，鉤深索隱，凡古本之爲後之妄人竄亂芟併者，莫不審考其原來次第，而字之更改淆混者，一一較正，令人復得見本來面目，不其偉而傳。曰博學之，審問之，慎思之，明辨之。又曰友直，友亮，友多聞。簡莊生平善于音注，在中吴尤與錢辛楣宫詹、周猗唐明經、黄蕘圃主事，往復研究，故閲善本，而悉品論其是非，靡不精核有如此也。癸酉十月二十日吴騫志。時年八十有一。

管庭芬《經籍跋文跋》 吾鄉陳簡莊徵君，生平專心訓詁之學，閉户勘經，著述不倦。中年需次公車，嘗與錢竹汀宫詹、翁覃谿閣學、段懋堂大令抽甲庫之祕，質疑問難以爲樂。如《綴文》所載《校勘宋刻〈周易本義〉跋》之類，考證異同，有竹垞《經義考》所未及者。晚客吴門，聞黄蕘圃主政百宋一廛，《九經》《三傳》各藏異本，于是欣然定交，互攜宋鈔元刻往復易校，校畢並繫跋語以疏其異同，兼誌刊版之歲月、刪籍之款式、收藏之印記，莫不精審確鑿，俾經生家如見原書，不至爲俗刻所誤，其功與考定石經無以異。暮年歸隱紫微講舍，手自鈔撮成書，已見《綴文》

者不録，凡十有九篇，署曰《經籍跋文》。吴兔床明經讀而善之，其詳已見題辭。未幾，徵君下世。手校、手著盡爲苕估所得。《跋文》一書并無副本，學者惜之。戊子春季、庭芬於西吴書舫適見是册，爲徵君手稿，不覺狂喜，急以善價購歸。學師錢深廬夫子亦讀而稱善，手録一通，藏諸學舍。今夏，命芬校定數字，將屬同門蔣君光煦刻入《别下齋叢書》。竊幸是書既佚而復存。後儒之專訓詁者，得見古經面目，不更勝讀《九經三傳沿革例》乎！于是誌其緣起如此。道光十有七年歲在丁酉清和月，後學管庭芬芷湘氏謹跋于浮江寓館之太古軒。

翁方綱《復初齋文集》卷一《經解目録序一》　徐氏所刻《通志堂經解》，近有以不全本别爲目録以眩人者，故不得不就其原刻次第，略舉卷帙原委，録爲目，備檢查而已。或曰此書未有總序，盍序之。予應之曰，是無庸也。當徐氏未入梓時，仿宋槧楷書，悉用此板樣寫成，而後來卻未果刻。予前後見數種矣。且以諸經如《易》之李鼎祚集解，《書》之伏生大傳，《詩》之吕氏記、嚴氏緝説，《春秋》杜諤會議、程公説分紀，皆學人所時時取資者，此内尚皆未有也。宜廣勸有力者博取精校而彙刻之，豈得以此數十種該備經學耶？目則宜録之，序則無庸也。

又《經解目録序二》　李生常洽，葉生志詵，既皆録前數語於《經解目録》前，進而請曰，經解久無人作總序，先生曷不略筆其概。予曰，難言哉。昔聖人諸經，固不計後人爲作傳釋也，後人作傳釋，又豈好爲此煩言哉？誠慮經之不明也。乃至有注經而經反因以晦者，故讀者有舍經從傳之説，焉有以經訓經之説焉。夫謂以經訓經，則所立不偏矣，信無弊矣。然而經有各見之時地，有各見之指歸，若必以彼經所云即此經也，將執一而不能權兩，安在其立於無偏乎？不平心虚衷以研審之，而但經語之定執，其與舍經從傳者厥弊均也。是故通經之難，有旁推借證以爲通者，有墨守不變以爲通者，有融合隅反以爲通者，有闕慎以爲通者，有其語必博綜前説者，有其義不得不申己説者，知通經之難，則知讀經解之難耳。

又《經解目録序三》　二子又進而語曰，盍悉陳其利弊。曰利固難言，弊則有之。夫以後人讀後人之訓釋，其推演滋益，日出不窮。吾烏從而詳究之，惟傳説之最在前者，則人所宜敬之，慎之。伏羲畫《卦》，文王命《繫》，難以語後人也。惟吾夫子筆諸《十翼》，此萬古傳注之祖始也。乃有宋歐陽修者，疑《十翼》非聖人作，其誣謗《繫辭傳》至數千百言，而無一言近於理，此則獲罪於聖人，即獲罪於天，學者顧未詳觀其卷耳，未有觀此而不爲之髮指者矣。歐陽世所稱有道而文者也，吾爲此語，得不議其過乎？然愚又竊有説焉。聖人作《春秋》，賴《三傳》以考之。韓昌黎欲推許盧仝，乃有《三傳》束高閣之語。《三傳》既束閣，則更從何處究其終始？恐韓公亦當自笑也。盧玉川之書，吾嘗於江陽杜氏所輯卷中見之，亦有一二可取。其厭《三傳》，偶束高閣，卻又時復取而讀之，未可知也。惟一事不得不説者，《書》、《詩》之序，即古經之傳也，更無在此前者。而宋儒必力攻《書》、《詩》序，若蔡傳於《康誥》、《多士》、《多方》諸篇，竟是立意與序爲對敵而攻擊之，此則復安用傳注爲乎！

伍崇曜《通志堂經解目録跋》　右《通志堂經解目録》一卷，國朝翁方綱訂。案：先生仕履已詳。是書原稿，桐川顧脩已編入《彙刻書目》，稱納喇性德容若校刊，何焯義門評論附。先生稱沈椒園嘗鋟版，即此。然容若鄉試出徐健菴之門，遂受業焉。《經解》其所刻，而健菴延顧伊人湄校定者。伊人以詞學名家，校經不無舛誤，故義門力詆之。經術懸於天壤，偶有差忒，原許他人之糾正，然亦何至若傖父面目也。乃先生亦稱義門特隨手校閲，有所未盡。曾與丁小雅商榷，故並紀其言於卷末。謂至庚戌始取原書審核焉，蓋乾隆五十五年，先生年五十八矣。《復初齋文集》有《經解目録序一》、《經解目録序二》、《經解目録序三》，共三篇，第二篇、第三篇均言不作總序之故。第一篇稱，徐氏所刻《通志堂經解》，近有以不全本别爲目録以眩人者，故不得不就其原刻次第，略舉卷帙原委，録爲目，以備檢查而已。殆作於庚戌以前歟？又稱，徐氏未入梓時，仿宋槧楷書，悉用此版樣寫成，而後來卻未果刻，予前後見數種矣。且以諸經如《易》李鼎祚集解，《書》伏生大傳，《詩》吕氏記、嚴氏緝説，《春秋》杜諤會議、程公説分紀，此内尚皆未有，宜廣勸有力者，博取精校而彙刻之。其議論博大，安得有力者搜求徐氏寫成本，及先生所言各種，並舊刻漫漶者而同刻之，與阮文達《皇清經解》並稱我朝兩大書也。又容若所著，實名《通志堂集》。提要稱《經解》書成於容若。没後，版藏徐氏。世稱《徐氏九經解》，並通志堂移之徐氏，實相傳之誤云。並録於此。咸豐癸丑中秋前二日，南海伍崇曜謹跋。

李慈銘《越縵堂讀書記・目録類・皇清經解提要》　《皇清經解提要》，清沈豫撰。閲沈補堂《皇清經解淵源録》一卷，《皇清經解提要》兩卷，俱草創未成，尚多漏略。其所發明，亦僅據《四庫提要》爲藍本，於江艮庭《尚書集注音疏》、程易疇《通藝録》，皆致不滿之辭。而引《論語》曰，君子多乎哉不多也，亦未諦當。多能之多指藝事，與多學而識之多不同，聖功之要在由博反約，則多學正君子致力之始。江氏之《書》，程氏之《禮》，誠亦未免繁碎，然自是專門名家，不可輕議。補堂譏江

氏爲博士買驢，論程氏《宗法小記》、《喪服足徵記》等以記名集，爲僭經不宜，皆有語病。至誤以沈果堂《周官録田考》爲齊次風所作，幾于不辨眉睫矣。同治癸亥十月初八日。

閱沈補堂《皇清經解淵源録》、《皇清經解提要》兩書，爲是正譌誤二十餘條。此二書舛漏殊不勝僂指，即所見者，略用朱筆改抹之，實不足存也。其《經解淵源録》外编，僅列書十二種，皆全據《四庫書簡明目録》中鈔出，並無及《淵源》者，蓋係補堂偶然札記，而其門人編集時妄收之，且妄加以《淵源録外編》之名，尤足發一大噱。十月十六日。

陶治元《皇清經解縮版編目序》　《皇清經解》一書，阮文達公刻，以繼《十三經注疏》之邇者。其有《廣雅疏證》、《説文解字注》爲通經訓之書，以及天文、麻算、音韻、金石諸學能參證經義者。精搜博采，悉有根源。所謂探滄海而得珠，排泥沙而出璞，誠不謬也。當付梓時，得書百九十種，列成千四百卷，浩如煙海。不遑按經分部，遂就著書家之先後編次。其間部居凌襍，檢閱綦難。近有敬修堂之《編目》，蔡君啟盛之《檢目》刊而行世，研經者家置一編，藉爲鍼度。然陶氏依《十三經》字句遞編，蔡氏則仿《典林》分類而成書。二家之編目，於學海堂原本可謂部居精密，矩矱秩然已。今本齋有「縮本皇清經解」之印，其書之次序一遵阮定卷衹縮成。百又九十復延聘宿學依《十三經》字句次第標其卷葉，編成《縮本目録》。分《易》、《書》、《詩》、《春秋》、《左氏》、《公》、《穀》、《周禮》、《儀禮》、《大戴禮禮記》、《論語》、《孝經》、《爾雅》、《孟子》各爲一卷，獨《爾雅》卷中有《廣雅疏證》坿。另彙《群籍分部目》一卷，計得卷十又六，閱一寒暑而後成。又慮一字之譌，千里毫釐相謬，更爲詳加讐校，免貽三豕之譏。爰付石印，顔曰《皇清經解縮版編目》，冀士林知是編出，治經者得以依目檢經、依經證訓，不啻若網之在綱矣。是爲序。光緒辛卯夏六月，鴻寶齋主人書。

傳記

《明史·諸王傳一·朱睦㮮》　鎮國中尉睦㮮，字灌甫，鎮平王諸孫。父奉國將軍安河以孝行聞於朝，璽書旌賚。既没，周王及宗室數百人請建祠，詔賜祠額曰「崇孝」。睦㮮幼端穎，郡人李夢陽奇之。及長，被服儒素，覃精經學，從河、洛間宿儒游。年二十通《五經》，尤邃於《易》、《春秋》。謂本朝經學一稟宋儒，古人經解殘闕放失，乃訪求海内通儒，繕寫藏弆，若李鼎祚《易解》、張洽《春秋傳》，皆叙而傳之。吕柟嘗與論《易》，歎服而去。益訪購古書圖籍，得江都葛氏、章丘李氏書萬卷，丹鉛歷然，論者以方漢之劉向。築室東坡，延招學者，通懷好士，而内行修潔。事親晨昏不離側，喪三年居外舍。有弟五人，親爲教督，盡推遺産與之。萬曆五年舉文行卓異，爲周藩宗正，領宗學。約宗生以三、六、九日午前講《易》、《詩》、《書》，午後講《春秋》、《禮記》，雖盛寒暑不輟。所撰有《五經稽疑》六卷，《授經圖傳》四卷，《韻譜》五卷，又作《明帝世表》、《周國世系表》、《建文遜國褒忠録》、《河南通志》、《開封郡志》諸書。巡撫御史褚鈇議稍減郡王以下歲禄，均給貧宗，帝遣給事中萬象春就周王議。新會王睦㰂號於衆曰：「裁禄之謀起於睦㮮。」聚宗室千餘人擊之，裂其衣冠，上書抗詔。帝怒，廢睦㰂爲庶人。睦㮮屢疏引疾乞休，詔勉起之。又三年卒，年七十。宗人頌功德者五百人，詔賜輔國將軍，禮葬之，異數也。學者稱爲西亭先生。

《續文獻通考·經籍考·易類·明》　明朱睦㮮，字灌甫，周藩鎮平恭靖王四世孫。至性孝友，自幼端潁，李夢陽一見即奇之。徧謁名儒，受經學，悉通大義，訂正秦、漢以來諸家經解，凡所發明，多得之世儒箋注之外。于書無不窺，尤精于《易》、《春秋》。即第建萬卷堂，訪購圖籍，讐校精細，萬曆間，舉文行卓異，爲周藩宗正。十餘年，復領宗學，孜孜講説，雖寒暑不輟。卒，年七十。著有《五經考疑》、《授經圖》、《陂上集》、《遜國褒忠録》、《中州人物志》等書。

《清史列傳·文苑傳二·朱彝尊》　朱彝尊，字錫鬯，浙江秀水人。明大學士國祚曾孫。康熙十八年，詔舉博學鴻儒科，以布衣試入選者，富平李因篤、吴江潘耒、無錫嚴繩孫及彝尊四人，皆除翰林院檢討，與所擢五十人同纂修《明史》。二十年，充日講起居注官。是年秋，充江南鄉試副考官。二十二年，入直南書房。命紫禁城騎馬，賜居禁垣東，數與内庭宴，被文綺時果之賚。二十三年元日，南書房宴歸，聖祖仁皇帝以肴果賜其家人，彝尊皆恭紀以詩。是時彝尊方輯《瀛洲道古録》，私以《小胥録》四方經進書，爲學士牛鈕所劾，降一級。二十九年，補原官。尋乞假歸。仁皇帝南巡江浙，彝尊屢迎駕於無錫，召見行殿，進所著《經義考》，温諭褒獎，賜御書「研經博物」匾額。彝尊自少時以詩古文辭見知於江左之耆儒遺老，又博通書籍，顧炎武、閻若璩皆極稱之。年逾五十，以布衣入翰林，數被恩遇。主江南試時，作《告江神文》、《貢院誓神文》以自勵。所撰《經義考》共三百卷，倣鄱陽馬氏

《經籍考》而推廣之，自周迄本朝，各疏其大略，分存、佚、闕、未見四門，於十四經外，附以逸經、毖緯、擬經家學，承師宣講，立學刊石，書壁鏤版，著録，而以通説終焉。乾隆四十二年高宗純皇帝親製詩篇題識卷首，命浙江巡撫三寶刊行，世以爲榮。彝尊之在史館也，凡七上總裁書，論定凡例，訪遺書，請寬其期，毋如《元史》之迫於時日，多所乖謬。辨從亡致身録之不足信；謂方孝孺之友宋中珩、王孟緼、鄭叔度、林公輔諸人咸不及於難，則文皇當日無并其弟子友朋爲一族戮之之事，其所謂九族者本宗一族也；謂東林多君子而不皆君子，異乎東林者亦不皆小人。作史者不可先存門户之見，而以同異分邪正、賢不肖。世皆以爲有識。彝尊又嘗慨明詩自萬曆後作者，散而無統，作《明詩綜》百卷，於公安、竟陵之前，銓次稍詳；若啓禎死事諸臣，復社文章之士，亦力爲表揚之。其自序云：「或因詩而存其人，或因人而存其詩，間綴以詩話，述其本事，期不失作者之旨。」彝尊詩不名一格，少時規橅王孟，未盡所長；中年以後，學問愈博，風骨愈壯，長篇險韻，出奇無窮。益都趙執信論國朝之詩，以彝尊及王士禎爲大家，謂王之才高而學足以副之；朱之學博而才足以運之。彝尊又好爲詞，其體近姜白石、張玉田，而加恢宏焉。所著《詞綜》三十四卷，《日下舊聞》四十二卷，《曝書亭集》八十卷。《歐陽子五代史注》、《瀛洲道古録》，則其所草創未成者。四十八年，卒，年八十一。子昆田。

又《文苑傳二・杭世駿》 杭世駿，字大宗，浙江仁和人。家貧力學，假書於人，窮晝夜讀之，父母禁止，輒篝鐙帳中，默誦。與同里名人輩結讀書社，五日一相聚，互爲主客問難，以多聞見者勝。世駿尤强記，同輩推服。雍正二年舉人。乾隆元年，召試博學鴻詞，授翰林院編修，校勘武英殿《十三經》、《二十四史》，纂修《三禮義疏》。世駿性伉爽，能面責人過，同官皆嚴憚之。有先達以經説相質，一覽便稱某事見某書，某説見某集，拾唾何爲？學子有欲受教者，問其所業，以一經對，則以經詰之；復以一史對，又以史詰之，皆窮。乃曰：「某於西晉末十六國事，差能詳耳。」復問：「汝知是時有慕容垂乎？垂長若干尺？得年幾何？」其人慚沮去。值亢旱，高宗思得直言及通達治體者，特設陽城馬周科，試翰林等官，世駿預焉。日未中，條上四事數千言，語過戇直，末又言滿洲人官督撫者過多，上怒，抵其卷於地者再，復取視之。時世駿試畢，方趨同官寓邸，忽傳言罪且不測，同官恐，促世駿急歸。世駿笑曰：「即罪當伏法，有都市在，必不污君一片地也。何恐？」尋放還。其論直省藩庫，宜有餘款存留，以備不虞，亦篤論。然已削稾，語多不傳。罷歸後，杜門奉母，益併力肆志，發揮才藻。與同里厲鶚、周京、符曾、陳撰、趙昱、趙信、汪沆、吴潁芳、丁敬等，皆爲密友近賓，言懷敍懽，各有搆屬。平日通《禮》學，有請復漢儒盧植從祀議。又議師當制服，可以立師道，厲澆季；朋友不當制服，防不肖者貢媚權勢，賢者結怨流俗。時論甚以爲洽。尤深於詩，嘗曰：「吾遇杜韓，當北面；若蘇，則兄事之。」刻《嶺南集》。詩風格遒上，最爲當時所稱。後高宗巡幸塞外，天雨新霽，馬上吟「迎風葦露清於染，過雨山痕澹入詩」二句，顧謂從臣曰：「此杭世駿詩也，惜其没福耳！」嘗作《方鏡詩》二十四首，一時輦下傳誦，和者幾及千家。晚主講揚州、粤東書院，以實學課士子。嘗有商人獲罪鹺使，非世駿莫能解，夜半走世駿所乞救，并置重金案上，世駿擲出之。後迎駕西湖，賜復原官。三十八年，卒，年七十六。所著《續禮記集説》一百卷，《石經考異》二卷，《史記考證》、《三國志補注》、《補晉書傳贊》、《北齊書疏證》、《續方言》、《經史質疑》、《續經籍考》、《兩浙經籍志》、《詞科掌録》、《詞科餘話》、《兩漢書蒙拾》、《文選課虚》、《道古堂集》、《鴻詞所業》、《榕城詩話》、《亢宗録》。晚年欲補《金史》，特構補史亭，成書百餘卷。有御史祝德麟疑世駿不得意，或有誹訕，訐奏之，上以書並無違礙，聽其流傳。

又《文苑傳二・沈廷芳》 沈廷芳，字畹叔，浙江仁和人。幼入塾，讀《楊忠愍傳》，慕其爲人。父宰廣東文昌，坐遣戍寧夏，母留居嘉善，每歲往來省覲，忘行路之勞。南河總督高斌留參幕事，斌喜宋儒書，廷芳習聞之，因有志勵學。乾隆元年，由監生召試博學鴻詞，授翰林院庶吉士，散館授編修。旋遷山東道監察御史，疏請免米豆税，户部議行。故尚書彭維新起爲侍郎，劾罷之。俄坐言事不當，免。高宗命仍舊職，補江南道，巡視濟寧漕務。七年，奏崇文門内智化寺，明英宗爲逆閹王振營造，李賢撰碑，稱振豐功大節，諛閹亂道，觀者髮指。乞敕有司毀像仆碑，並將英宗諭祭碑移瘞他所。得旨如所請行。旋授山東登萊青道。萊州老儒高鳳起等晦名樂道，因加禮焉。暇則屏騶從，巡視田畝，問民疾苦，人識所乘白馬，見其來，曰：「我使君也。」遷河南按察使，以母老乞退，再補山東按察使，遂以老致仕歸，歸時數千人送至崮山驛，廷芳慰之，日暮各流涕散去。廷芳少從方苞游，窮極載籍，所爲文皆準繩墨。其詩學出於查慎行，而出入漢魏、三唐，有法度。由翰林而諫垣而外任，一官一集，變而愈工。兖州有南池，南杜甫所常遊也。廷芳在泲上日，建少陵祠，立碑爲文記之。厲鶚嘗稱其碑詞甚工。年七十一，卒。著有《理學淵源》十卷，《十三經注疏正字》八十卷，《續經義考》四十卷，《鑒古録》十六卷、《古

文指授》四卷、《隱拙齋詩集》三十卷、《文集》二十卷、《盥蒙雜著》四卷。

又《儒林傳下一・全祖望》 全祖望，字紹衣，浙江鄞縣人。十六歲能爲古文，討論經史，證明掌故。雍正七年，以諸生充選，貢至京師。上侍郎方苞書，論喪禮或問，苞大異之。旋舉順天鄉試，户部侍郎李紱見其文，曰：「此黄震、王應麟以後一人也。」乾隆元年，薦舉博學鴻詞科。是春會試，先成進士，改翰林院庶吉士，不再與鴻博試。二年，散館，以知縣用。遂歸不復出。方詞科諸人未集，紱以問祖望，祖望爲記四十餘人，各列所長，乃彙爲《詞科摭言》一書，先以康熙十八年百八十六徵士，接以今科采諸人所著入之。已成大半，會將歸，未卒業，僅得前後姓名及舉主試録三卷。性伉直，既歸，貧且病，饔飧不給，人有所餽，弗受。主講蕺山、端谿書院，爲士林仰重。二十年，卒於家，年五十有一。

祖望爲學，淵博無涯涘，於書靡不貫串。在翰林，與李紱共借《永樂大典》讀之，每日各盡二十卷。時開《明史》館，復爲書六通移之，先論藝文，次論表，次論忠義、隱逸兩列傳，皆以其言爲韙。生平服膺黄宗羲，宗羲於明季諸人，刻意表章，祖望踵之，詳盡而覈實，可當續史。家居後，修宗羲《宋儒學案》，又七校《水經注》，三箋《困學紀聞》，皆足見其汲古之深。又答弟子董秉純、張炳、蔣學鏞、盧鎬等所問經史疑義，録爲《經史問答》十卷。儀徵阮元嘗謂經學、史才、詞科三者，得一足傳，而祖望兼之，其《經史問答》實足以繼古賢，啓後學，與顧炎武《日知録》相埒。晚手定文稾，删其十七，爲《鮚埼亭文集》五十卷。又著有《讀易别録》、《孔子弟子姓名表》、《漢書地理志稽疑》、《公車徵士小録》、《續甬上耆舊詩》、《天一閣碑目》。

又《大臣傳次編一・彭元瑞》 彭元瑞，江西南昌人。父廷誥，康熙癸巳恩科副榜貢生，星子縣教諭。本生父廷訓，康熙丙戌科進士，由編修擢贊善，入直南書房。元瑞以乾隆十八年舉於鄉。二十二年，中式進士，改庶吉士。二十三年，丁母憂。二十六年，服闋。二十八年，散館，授編修，充武英殿提調。三十二年，入直懋勤殿，命寫經爲孝聖憲皇后祝釐。三十三年四月，廷試翰林、詹事等官，特旨免考。尋奉諭曰：「中允曹文埴，編修彭元瑞、沈初、董誥學問俱優，因内廷有承辦事件，考試翰詹，降旨停免，未得與諸臣一體陞轉，著加恩各加一級。」九月，充日講起居注官。十二月，遷侍講。三十五年，恭遇上六旬萬壽，進《萬福集成讚》十章，用唐懷仁所輯《聖教序》、晉王羲之書，排次成文。上嘉之，命以内府所藏宋搨本摹勒，頒賜内外臣工。三十六年五月，擢詹事府少詹事。六月，入直南書房，旋充江南鄉試正考官。九月，奉命提督江蘇學政。初，松江府屬有金山衛學，起自明代，爲勳屯軍户而設，學額十二名；而隸籍生童，散處各縣，冒混煩多，難於稽覈。疏請裁汰，將原額十二名散歸松江所屬各學，遵照通例不分民衛進取。下部議行。三十八年十月，遷内閣學士，兼禮部侍郎。三十九年，受代回京，署工部右侍郎，兼管錢法堂事。四十年三月，充《三通》館副總裁。四月，充殿試讀卷官。旋丁本生母憂。四十一年，服闋，署工部左侍郎。四十二年，充浙江鄉試正考官，尋奉視學浙江之命。四十三年十月，頒賜《聖製全韻詩》，元瑞排集梁周興嗣《千字文》恭跋，御書獎諭曰：「向爲《全韻》，不過欲補黄綾本篇葉，卿所知也。然頗謂無能重搆者，今見排《千字文》之跋，所爲急則智生，咄咄偪人，以中多頌言，故不復書。今賜古研、御墨，並貂裘，以旌異想逸材。」四十四年二月，授户部左侍郎。四十五年，上南巡，賜詩曰：「江南兩名士，汝今爲貳卿。是因敦實行，非特取虚聲。司此盛文處，要當明道衡。學修民自化，匪所重詞英。」命隨至江南，閲召試卷。三月，調江蘇學政。八月，恭遇上七旬萬壽，御刻「古稀天子之寶」，獻《古稀頌》，蒙恩賞賚。其明年，《聖製古稀説》勒石，命以頌附於後。是歲，各省學政受代，奉旨仍留江蘇學政任。四十七年四月，調吏部右侍郎。四十八年五月，調兵部右侍郎。十月，回京，充國史館、《四庫全書》館副總裁。四十九年正月，調吏部右侍郎。十一月，充經筵講官。五十年正月，詔開千叟宴，元瑞年五十五，亦叨宴賞如一品例，撰進千叟宴樂章，命工歌之。尋奉敕撰擬寧壽宫、皇極殿鐙聯，稱旨，聖製詩曰：「凡事曾聞豫立銓，嘉稱元瑞製鐙聯。東西次序南而北，左右分明後與前。神以通靈氣以運，六爲之儷四爲駢。雙撑寶柱輝皇極，虔祝天恩待大年。」越十年，重荷御題詩云：「八柱鐙聯元瑞彭，豫教琢句十年成。東西南北方隅列，左右後前次第呈。詰武敷文勤實政，撫遐惠近戒虚名。恐難符願竟如願，頌以爲規燭照明。」元瑞以是年正月丙辰詔舉千叟宴，越月丁亥，辟雍告成，釋奠講學。越月辛亥，親耕耤田。一時而三大禮行焉，進《三大禮賦》。五十一年正月，擢禮部尚書。舊無以新銜請封之例，兹奉特旨，予一品封典。八月，充順天鄉試正考官。五十二年正月，調兵部尚書，充武英殿、《三通》館總裁。四月，充殿試讀卷官。五十三年二月，賜紫禁城騎馬。五十四年二月，京察届期，奉上諭：「尚書彭元瑞夙夜宣勤，著交部議敍。」尋議加一級。三月，調吏部尚書，管理國子監。四月，充殿試讀卷官。五月，教習庶吉士。十二月，賜第於宣武門内。五十五年四月，充殿試讀卷官。五月，教習庶吉士。八月，恭遇上八旬萬壽，敬集聖製詩爲《萬壽衢歌》三百首，偕工部侍郎臣鄒弈孝填注

宫譜奏進，得旨優奬，詔於聖節日自圓明園入宫，樂工歌以導駕。又以是年歲陽在庚，進《八庚全韻詩》册，上親加裁定，賜題曰：「群臣所進萬壽詩詞，自當以彭元瑞此册爲巨擘。愛其用意巧而不纖，文正而胥實，因自首聯讀至末。惜其尾聯平仄不諧，蓋長律格調所最重也。翌日，召見元瑞言及之，實亦驚惶無措。予當下恍然有悟，庚韻一百八十有九字，讀至尾聯，自當不諧首句。因即口占，將尾聯上句之庚移爲首句，用韻去一聯，將末句諧平仄，即爲全璧。此實西清佳話，不可不紀。因命董誥書册。」後元瑞跽誦感服，重繕一册，恭附跋語云：「自古人臣以文章受知者，若楊徽之之選十聯，柳公權之賡一韻，即已詫爲殊榮，傳諸詩話。從未有臣下之詩仰邀天章筆削者！不材之木，霑滴露而向榮；在礦之金，入紅罏而成器。臣以檮昧仰邀誨育，有言偶獲一知半解，皆由牖迪之恩，三生多幸，君以作師，執經請業，正未有艾。所爲服膺者真服，而心悦者真悦也。謹重繕一通，附識末簡，以彰詩教，以寫感銘。」又敬集聖製文爲《聖德頌》，均蒙寵錫。十一月，加太子少保。十二月，奉上諭：「吏部尚書彭元瑞供職内廷，勤勞夙夜，學問優長。本日朕至寧壽宫，見其所製鐙聯，莊雅典切，現在詞臣無出其右者。協辦大學士員缺，久未簡用有人。彭元瑞著加恩協辦大學士，尚其益勵操修，勉勤職業，以副朕造就成全至意。」五十六年四月，以從子良畀爲其子頂冒吏員職名，事覺，未將容隱之處據實檢舉，經御史初彭齡劾奏，部議奪職，奉旨：「彭元瑞辜負朕恩，徇情容隱，本應按例懲辦。念其學問素優，堪任編纂書籍之事，姑免其全行斥退。著革去太子少保、協辦大學士、吏部尚書，仍加恩降授侍郎，南書房行走，予以自新而觀後效。」尋補禮部侍郎。十月，遷工部尚書，仍賜紫禁城騎馬。十二月，以太學石刻《十三經》暨《石鼓文》，命充副總裁。五十七年十月，授翰林院掌院學士，充經筵日講起居注官。五十八年五月，教習庶吉士。五十九年九月，石經告成，恭編《考文提要》十三卷，得旨褒奬，晉太子少保，賜賚有加。旋充文淵閣領閣事。上以廓爾喀歸降武功告蕆，計自初定金川，至是而十，御刻「十全老人之寶」，聖製記。元瑞推廣聖意，恭集聖製詩爲《十全詩》十章，恭跋進呈。兹恭輯聖製詩文，凡係武功者，爲聖製詩文《十全集》，表進之。六十年五月，教習庶吉士。八月，充順天鄉試正考官。敬排御極六十年紓蠲賑貸御製詩章，纂爲《孚惠全書》六十四册，具表進呈，蒙恩優賚。嘉慶元年，授受禮成，太上皇帝御皇極殿，舉千叟宴，元瑞恭預耆筵，敬集聖製詩爲《衍聖製千叟宴詩》八章，並進千叟宴樂章。四月，充殿試讀卷官。五月，教習庶吉士。十一月，充武會試總裁。二年，命管理詹事府。四年正月，高宗純皇帝龍馭上賓，奉旨總理喪儀。四月，命充《高宗純皇帝實録》副總裁，專司編纂。九月，高宗純皇帝奉安禮成，奉上諭：「工部尚書彭元瑞敬擬祝文，措詞得當，著晉太子太保。」嗣因長子翼蒙官江南鹽巡道，緣事被劾，自以不能教訓，疏請議處，上宥之。五年四月，充實録館正總裁。初，元瑞與翰林院掌院學士那彦成保舉編修繆晉堪勝道府，上以繆晉爲平陽府知府。至是，以贓削職遣戍，元瑞等濫舉匪人，部議鐫二級，得旨削加二級，免其降調。六年二月，京察届期，奉上諭：「尚書彭元瑞恭辦《高宗純皇帝實録》，盡心編纂，著交部議敘。」尋議加一級。三月，充會試總裁。七年四月，充殿試讀卷官。五月，教習庶吉士。七月，管理御書處，充會典館總裁。十二月，奉上諭：「翰林院掌院學士例應滿員在前，現在彭元瑞以尚書兼充，英和係屬侍郎，其班次在彭元瑞之後。嗣後衙門一切應奏事件，彭元瑞著列銜在英和之前。遇有引見人員，專著英和帶領。彭元瑞年逾七十，兼有腿疾，著不必帶領。」會川楚邪匪蕩平，論功，上以元瑞雖未入直樞廷，亦能留心軍務，每有敷陳，命交部議敘。尋議軍功加一級。旋以實録館奏請議敘，聲明總裁、總纂不敢仰邀敘録，奉旨：「尚書彭元瑞專勘稾本，尤爲出力。此次即著交部議敘。」元瑞以旬日之間，疊被恩命，具疏懇辭，得旨俞允。八年正月，以疾請解職，温諭慰留，至六月始得請開缺，仍留充實録館總裁，食尚書俸。九月，疾益劇。半載以來，仰蒙眷念，命軍機大臣遣章京往視者三，命侍衛同太醫往視者二。至是，復命軍機大臣遣章京汪彦博往詢所服藥餌，及病增減狀，猶口授子翼蒙等繕摺奏謝。逾時卒。遺疏不陳官閥，不言子孫，惟依戀恩德，籲請皇上治益求治，安益求安，訓大臣以實心，飭外吏以勤事，官多缺壅，惟堅持資格以正士趨，詢事考言，惟嚴辨公私以厚風俗。疏入，上震悼。諭曰：「尚書彭元瑞由詞臣洊歷正卿，學問素優。供奉内廷，幾四十年。行走勤慎，仰蒙皇考高宗純皇帝特達之知，疊膺寵眷。凡進呈文字，每邀奬賞。彭元瑞遭逢恩遇，感激倍常。迨朕親政後，即派令恭纂皇考實録。開館以來，各總裁中惟彭元瑞專司稾本，一切章程俱係伊一手經理。現已將乾隆三十三年之書次第辦竣，甚爲妥速。上年冬月，因二十年書成，降旨將伊議敘。彭元瑞具摺懇辭，曾允所請，俟實録全分告成，再予優敘。數年籌辦軍務，每有敷陳，多可採納，眷倚方深。乃本年春間伊染患腿疾，賞假調理，遣醫診治。嗣因伊久病未愈，准予開缺，仍留充實録館總裁，並給予尚書正俸銀米。節次存問，俾安心調養，以冀速痊。兹聞溘逝，殊爲軫惜！彭元瑞著加恩以工部尚書加贈協辦大學士，並賜經被一襲，著乾清門侍衛、總管内務府大臣孟住帶侍衛十員，前往賜奠。並賞廣儲司庫銀一千

兩，料理喪事。所有任内降革處分，均予開復。其應賠銀兩，亦著概予寬免。應得卹典，該衙門察例具奏。禮臣議上，賜祭葬如例，予謚文勤。

元瑞少負雋才，多讀書，工詞翰。通籍後，以文字受知兩朝，入直南書房，垂四十年。内廷排架，如《祕殿珠林》、《石渠寶笈》、續編《西清寶鑑》、《甯壽鑑古》、《天禄琳瑯》諸書，皆與編纂。所爲文章，自敷陳典禮，歌頌功德，恭和宸章，申謝恩命，及奉敕跋題内府珍藏卷軸。蓋奏御書千有餘篇，手輯爲《經進稾》四十五卷，屢荷褒嘉，駢蕃錫賚。計賜御用紅絨結頂冠四、御用十二章蟒服一、全玉如意一、黑狐端罩一、黑狐長褂一，其尋常蟒服、鑲玉如意，暨文綺、豐貂、筆墨、牋研之類，不可勝書。其恩遇優渥，罕有倫比。飾終之典，亦綦隆焉。十一年，以疆臣請命入祀鄉賢祠。

又《儒林傳下一・翁方綱》　翁方綱，字正三，順天大興人。乾隆十七年進士，改翰林院庶吉士，散館授編修。二十四年，充江西鄉試副考官。二十七年，充湖北鄉試副考官。二十九年，督學廣東，凡三任。四十四年，充江南鄉試副考官。四十六年，擢國子監司業，尋遷洗馬。四十八年，充順天鄉試副考官。四十九年，遷詹事府少詹事。五十一年，督學江西。五十五年，擢内閣學士。五十六年，督學山東。嘉慶元年，賜千叟宴及御製詩珍物。四年，左遷鴻臚寺卿。十二年，重預鹿鳴宴，賜三品銜。十九年，重預恩榮宴，賜二品銜。二十三年，卒，年八十六。方綱弱冠入翰林，散館日，上至方綱跪所，取卷閲之，諭曰：「牙拉賽音。」漢語，甚好也。既而屢司文柄，英才碩彦，識拔無遺。與同里朱珪、獻縣紀昀，俱以宏奬風流爲己任。寶應劉台拱、海州淩廷堪、曲阜孔廣森、南城王聘珍、欽州馮敏昌、東鄉吴嵩梁等，皆從之遊。生平精研經術，嘗謂：「考訂之學，以衷於義理爲主。其嗜博、嗜瑣，嗜異，矜己者，非也。」又曰：「考訂之學，蓋出於不得已，事有歧出而後考訂之，説有互難而後考訂之，義有隱僻而後考訂之。《論語》曰多聞、曰闕疑、曰慎言，三者備而考訂之，道盡於是矣。」時秀水錢載斥休寧戴震爲破碎大道，以此相詆。方綱與歙縣程晉芳言，謂：「詁訓名物，豈可目爲破碎？考訂詁訓，然後能講義理也。錢，戴之争，究以戴説爲正。然戴謂聖人之道必由典制名物得之，此卻不盡然。」其論最爲持平。方綱讀群經，有《書》、《禮》、《論語》、《孟子》附記。官鴻臚卿時，青浦王昶見其方考《禹貢》、《顧命》兩篇，諸儒同異，相與辨論，齗齗竟日。晚居馬蘭峪，猶温肄《三禮》、《三傳》，其精勤如此。嘗與歸安丁杰及王聘珍校正朱彝尊《經義考》凡千八十八條，爲《經義考補正》十二卷。又著《禮經目次》、《春秋分年係傳表》、《十三經注疏姓氏》、《通志堂經解目録》各一卷。於金石之學尤精審，嘗取熹平石經一十二段殘字，勒於南昌學宫。所著《兩漢金石記》二十二卷，王昶謂其剖析毫芒，參以《説文正義》，幾欲駕洪文惠而上之。他著有《粤東金石略》十二卷、《蘇米齋蘭亭考》八卷、《小石帆亭著録》六卷、《米海岳元遺山年譜》二卷、《蘇詩補注》八卷、《石洲詩話》八卷。所爲詩多至六千餘篇，自諸經注疏以及史傳之考訂，金石文字之爬梳，皆貫徹洋溢於其中。蓋以學爲詩者，有《復初齋詩集》七十卷、《文集》三十五卷。

又《儒林傳下二・王聘珍》　王聘珍，字貞吾，江西南城人。自幼以力學聞。乾隆五十四年，學使翁方綱拔貢成均，常客浙西與歙淩廷堪論學，廷堪深許之。又爲謝啓昆、阮元參訂古籍。爲人厚重誠篤，廉介自守。治經確守後鄭之學。著《大戴禮記解詁》十三卷、《目録》一卷。其言曰：「大戴與小戴同受業於后蒼，各取孔壁古文記，非小戴删大戴，馬融足小戴也。《禮》察保傅語，及秦亡，乃孔襄等所合藏，是賈誼有取於古記，非古記采及《新書》也。三朝記曾子，乃劉氏分屬九流，非大戴所哀集也。」又曰：「近代校讐，不知家法，王肅本點竄此經，私定《孔子家語》，反據肅本改易經文；又或據唐宋類書，如《藝文類聚》、《太平御覽》之流，增删字句，或云據《永樂大典》改某字作某。凡兹數端，率以今義繩古義，以今音證古音，以今文易古文，遂使孔壁古奥之經變而文從字順，經義由兹而亡。故其發凡大旨，禮典器數，墨守鄭義，解詁文字，一依《爾雅》、《説文》，及兩漢經師訓詁，有不知而闕，無杜撰之言，如五義義字據《周禮》注讀若儀，五鑿五字釋若忤《青史子》引《漢書》君子養之，讀若中心養養之養，皆能根據經史，發蒙解惑。」凡積二十餘年而後成。阮元謂其書義精語潔，多所發明，爲孔廣森諸家所未及。江都焦循稱其不爲增删，一仍其舊，列爲《三十二讀書贊》之一。又著《九經學引申詁訓》，考定漢制，具有家法。又有《經義考補》。

又《儒林傳下一・錢東垣》　東垣，字既勤。嘉慶三年舉人，官浙江松陽縣知縣。以艱歸，服闋，補上虞縣。東垣與弟繹、侗，皆潛研經史、金石，時稱「三鳳」。嘗與繹、侗及同縣秦鑒，勘訂鄭《志》。又與繹、侗、鑒及桐鄉金錫鬯輯釋《崇文總目》，世稱精本。東垣爲學，沉博而知要，以世傳《孟子》注疏繆舛特甚，乃輯劉熙、綦毋邃、陸善經諸儒古注，及顧炎武、閻若璩同時師友之論，附以己見，並正其音讀，考其異同，爲《孟子解誼》十四卷。他著有《小爾雅校證》二卷、《補經義考》四十卷、《列代建元表》、《勤有堂文集》。

又《儒林傳下二・陳鱣》　陳鱣，字仲魚，浙江海寧人。父璘，字昆玉，諸生。嘗著《許氏説文正義》，未成而殁。鱣博學好古，彊於記誦，尤專心訓詁之學。時同州人吴騫《拜經樓》多藏書，鱣亦喜聚書，得善本，互相鈔藏。以故海昌藏書家，推吴氏、陳氏。嘉慶元年，舉孝廉方正。督學阮元稱浙中經學，鱣爲最深，手摹漢隸「孝廉」二字，以顔其居；復爲書「士鄉」堂額以贈。三年，中式舉人。在公車時，與嘉定錢大昕、大興翁方綱、金壇段玉裁質疑問難；後客吴門，與黄丕烈定交，取所藏異本，往復異校。鱣學宗許鄭，嘗繼其父志，取《説文》九千言聲爲經，偏旁爲緯，竭數十年之心力，成《説文正義》一書。又以鄭康成注《孝經》，見於范《書》本傳，鄭《志》目録無之；《中經簿》但稱鄭氏解而不書其名，或曰是其孫小同所作。然鄭《六藝論》序《孝經》、序《春秋》，皆云玄又爲之注。鄭注《春秋》未成，後與服子慎，遂爲服氏《注》。故從來列鄭《注》無及《春秋》者，竊以其注《孝經》亦未寫定，小同追録成之，故不敢載入目録，《中經簿》所題，蓋要其終；范《書》所紀，則原其始也。因綴拾遺文，爲《孝經鄭注》一卷。又以《六藝論》未見輯本，廣爲蒐討，成一卷。又著《鄭康成年譜》一卷，又著《論語古訓》十卷，凡漢人之注及皇疏無不采取。玉裁見所著諸書，歎其精覈。晚築講舍於紫薇山麓，寢處其中，一意撰述。有《石經説》六卷、《聲類拾存》一卷、《埤蒼拾存》一卷、《經籍跋文》一卷、《續唐書》七十卷、《恆言廣證》六卷、《綴文》六卷、《對策》六卷、《詩人考》三卷、《詩集》十卷。二十二年，卒，年六十五。

又《儒林傳下二・江藩》　江藩，字子屏，江蘇甘泉人。監生。受業吴縣余蕭客及元和江聲，得惠棟之傳。博綜群經，尤深漢詁，旁及九流二氏之書，無不綜覽。所爲古文詞，豪邁雄俊，作《河賦》以匹景純元虚《江海》二《賦》。性不喜唐宋文，每被酒輒自言文無八家氣，人目爲狂，不顧也。爲人權奇倜儻，能走馬奪槊，豪飲。偏遊齊、晉、燕、趙、閩、粤、江、浙，韓城王杰極重之。曾恭撰純廟《詩集注》，由杰進呈，恩賞《御製詩》五集。後諭召對圓明園，值林爽文陷臺灣，報至，遂輟，人惜其遇。幼蓄書萬餘卷，以好客貧其家，歲饑，盡以易米。作《書窠圖志感》。年五十，以《易》筮之，得坎之節，乃思守所傳之經，終老於家，因自號節甫。初，惠棟作《周易述》，未竟而卒，闕自鼎至未濟十五卦，序卦、雜卦二傳，藩乃著《周易述補》五卷，羽翼惠氏。歙凌廷堪謂棟猶不免用王弼之説，藩悉無之，方之惠書，有過之無不及也。又著《漢學師承記》八卷，於兩漢儒林家法之承授，國朝經學之源流，釐然可考。又取諸家撰述專精漢學者，倣唐陸德明《經典釋文》傳注姓氏之例，著《國朝經師經義目録》一卷，凡言不關乎經義小學，意不純乎漢儒詁訓者，悉不著録。論者以爲二百年來談漢學不可少之書。又録孫奇逢以下諸人，分南學、北學附記，著《宋學淵源記》三卷。少嘗爲《爾雅正字》，道光元年年六十一，復重加删訂，爲《爾雅小箋》三卷。他著有《隸經文》四卷、《炳燭室雜文》一卷、《江湖載酒詞》二卷。卒窮困以終。初，藩著《漢學師承記》，仁和龔自珍諍之，大旨謂讀書者實事求是而已，若以漢與宋爲對峙，恐成門户之見。其後壽陽祁寯藻囑光澤何秋濤爲續記，秋濤曰：「是編當依阮元《疇人傳》之例，改爲學人傳，若特立一漢學之名，宋學家群起而攻之矣！」方東樹《漢學商兑》所由作也。然藩所著《宋學淵源記》多以禪學爲宋學，亦爲世所譏云。

宗稷辰《沈補堂傳》（繆荃孫《續碑傳集》卷七八）　越中在先漢兩晉時，雅多傳經巨儒，自趙宋以後，章句行而治古經者日少。國初，河右毛氏作，與一時博學相競。然毛氏以辨勝其學，實不及朱、閻、顧、惠之精。嘉慶初年，儀徵阮文達與江左明經之士纂詁訓於西湖之上，郡士知漢學者三數人預校訂，風尚爲變，考學説經之書寖出，顧如茹氏《易》、范氏《詩》、邵氏《爾雅》，此外無聞焉。文達輯我朝經解，越人得預者寥寥矣。迄三十年來，科舉文率虚衍，士鮮窮經。惟樊氏疏《孟子》，未成。高氏家有經學，門人祕之，其書未見於世。章氏、杜氏雖淹貫，志在文史，不專於經。王氏、錢氏稍志於此，又早没。余在都得一陶在一者，見其所集《論語鄭注》以爲難，引之見文達。文達將導之門徑，而在一遽喪於旅。自此怫鬱於中，望其人不可得。蓋久之而南歸，始得見沈補堂君也。補堂名豫，字小甹，居蕭山、山陰之間。爲蕭山文學，夙有孝行，好學，苦家貧，書册不備，多借資於邑藏書家。治《春秋》最深，獨取服氏。於是蒐輯《服注》一書，曾數以質稷辰。稷辰有子熊也，好讀《左氏》，能辨杜林之非，得君著，頗喜習之。余在餘姚講學，得邵氏所爲規杜持平者，與君問難。惜余北行，不得留君於家，熊也又夭折，無人以經義請益者。君所友尺莊杜氏，亦逝世，君滋不懌。迄元年，余再歸，而君已没，不復相見。君曾客齊、魯、燕、趙，見經師輒與質問。晚遊吴門主何悔庵。悔庵好博，力致古經籍甚富，獲汲古閣經板，已殘缺，與君謀校補之。君以病不復入吴，遂不果，亦恨事也。君善四六文，曾爲先太恭人志墓。他散文多可取，余盡讀。思訂正之。君長於余九歲，七十一考，終年不爲短。其學行已成就，足爲一郡學範，惜乎！吾越治經之寡，而天喪斯人也。是余所爲大傷心者矣。君有子和，尚幼。君之從子端，略述君生平，請余爲傳，乃先敘大意以爲之傳云。癸丑三月，同郡學弟宗稷辰譔。

《清史列傳·儒林傳下二·陳澧》 陳澧，字蘭甫，廣東番禺人。道光十二年舉人，河源縣訓導。澧九歲能爲詩文，及長，與同邑楊榮緒、南海桂文耀爲友。復問詩於張維屏，問經學於侯康。凡天文、地理、樂律、算術、古文、駢文、填詞、篆隸、真行書，無不研究。中年讀諸經注疏，子史，及朱子書，日有課程，遂輟作詩。初著《聲律通考》十卷，謂：「《周禮》六律六同，皆文之以五聲，《禮記》五聲六律十二管，還相爲宫。今之俗樂，有七聲，而無十二律；有七調而無十二宫；有工尺字譜，而不知宫、商、角、徵、羽；懼古樂之遂絶，乃考古今聲律爲一書，自《周禮》三大祭之樂，爲千古疑義。今考唐時三大祭各用四調，而《周禮》乃可通，以此知古樂十二宫本有轉調；又據《隋書》及《舊五代史》而知梁武帝萬寶常皆有八十四調，宋姜夔謂八十四調出於蘇祇婆琵琶，近時淩廷堪《燕樂考原》遂沿其誤。至唐宋俗樂，淩氏已披尋門徑，然二十八調之四韻，實爲宫、商、角、羽，其四韻之第一聲皆名爲黄鍾。淩氏於此未明，其説亦多不合。且宋人以工尺配律吕，今人以工尺代宫商。此今人失宋人之法，律吕由是而亡。淩氏乃以今人之法駁宋人，尤不可不辨。若夫古今樂聲高下，則有《隋志》所載歷代律尺，皆以晉前尺爲比，而晉前尺則有王厚之《鐘鼎款識》傳刻尚存，今依尺以製管，隋以前樂律皆可考見。《宋史》載王朴律準尺，亦以晉前尺爲比，又可以晉前尺求王朴樂，求唐、宋、遼、金、元、明樂，高下異同，史籍具在，可排比句稽而盡得之。至於晉泰始之笛，可仿而造；唐開元之譜，可按而歌；古器古音，千載未泯。」又《切韻考》六卷、《外篇》三卷，謂：「孫叔然、陸法言之學存於《廣韻》，宜明其法而不惑於沙門之説。」又《漢志水道圖説》七卷，謂「地理之學，當自水道始。知漢水道，則可考漢郡縣。」湘鄉曾國藩見《聲律》、《水道》二書，服其精博。南海鄒伯奇亦謂所考切韻，超越前人。

其於漢學、宋學，能會其通。謂：「漢儒言義理，無異於宋儒；宋儒輕蔑漢儒者，非也。近儒尊漢儒，而不講義理，亦非也。」著《漢儒通義》七卷。晚年尋求大義及經學源流正變得失所在而論贊之，外及九流諸子、兩漢以後學術，爲《東塾讀書記》。謂《孝經》爲道之根源，六藝之總會；謂《論語》爲五經之錧鎋；謂《中庸》肫肫其仁，此語最善形容，可據以增成朱《注》愛之理、心之德之説，愛是肫懇，心德亦是肫懇。《論語》言仁者五十八章，以愛與心德解之，而稍覺未密合者，以肫懇之意增成之，則無不合。謂《孟子》所謂性善者，人人之性皆有善，荀、楊輩所未知，程朱謂論性不論氣不備，然孟子言性非不兼氣，質性中有仁、義、禮、智者，乃所謂善，本無不圓備之病。其論治經之法，謂説《詩》者解釋辨駁，然不可無紬繹詞意之功。謂讀《禮》者既明禮文，尤明禮意，而禮意則鄭《注》最精，謂鄭氏諸經注有宗主，復有不同。中正無弊，勝於許氏異義、何氏墨守之學。時惠棟、張惠言、孔廣森、劉逢禄之書，盛行於世。澧謂《虞氏易注》多不可通，所言卦象，尤多纖巧。惠棟《易》學有存古之功，然當分别觀之。又謂《漢書儒林傳》云費直以《彖象系辭》十篇文言，解説上下經，此千古治《易》之準的；謂《公羊》以叔術爲賢者，此《公羊》之謬，不宜墨守；謂何劭公注有穿鑿之病，謂孔廣森《通義序》云《春秋》重義不重事，以宋伯姬爲證，然若《公羊》不詳記此事，則伯姬死於火耳，何以見其賢？又謂《三傳》各有得失，知《三傳》之病，而後可以治《春秋》；知杜、何、范《注》，孔、徐、楊《疏》之病，而後可以治《三傳》；《三傳》注疏之病，動關聖人之褒貶，宜棄其所滯，擇善而從。其論漢以後諸儒，謂魏晉以後，天下大亂，聖人之道不絶，惟鄭學是賴。謂國朝考據之學，源出朱子，不可反詆朱子。嘗曰：「吾之書但論學術，非無意於天下事也。以爲政治由於人才，人才由於學術。吾之意專明學術，幸而傳於天下，此其效在數十年後。故於《論語》之四科，《學記》之小成大成，《孟子》之取狂狷，惡鄉原，言之尤詳，則意之所在也。」

其教人不自立説，嘗取顧炎武論學之語而申之，謂博學於文，當先習一藝；《韓詩外傳》曰好一則博，多好則雜也，非博也，讀經、史、子、集四部書，皆學也，而當以經爲主，尤當以行己有恥爲主。爲學海堂學長數十年，至老主講菊坡精舍，與諸生講論文藝，勉以篤行立品，成就甚衆。邵陽魏源著《海國圖志》初成，中有可議者，澧論辨之。後源至粤，見而大悦，遂與定交，並改其書。寶應劉寶楠著《論語正義》，未成而卒，命子恭冕成之，並言當就正於澧。恭冕後寄書至粤道意。光緒七年，粤督張樹聲、巡撫裕寬以南海朱次琦與澧皆耆年碩德，奏請褒異，奉旨朱次琦、陳澧均著加恩賞給五品卿銜。八年，卒，年七十三。卒後，門人請於大吏，祀其主菊坡精舍。所著《讀書記》已成十五卷，又稿本十卷，遺命名曰《東塾雜俎》。他著有《説文聲表》十七卷、《水經注提綱》四十卷、《水經注西南諸水考》三卷、《三統術詳説》三卷、《弧三角平視法》一卷、《琴律譜》一卷、《申范》一卷、《摹印述》一卷、《東塾集》六卷。

《清史稿·循吏傳·孫葆田》 孫葆田，字佩南，山東榮成人。同治十三年進士，授刑部主事，改知縣，銓授安徽宿松。勤政愛民，日坐堂皇，妻紡績，室中蕭然如寒士。調合肥，大學士李鴻章弟子之傔人横於鄉，以逼債毆人死。葆田檢驗屍傷，觀者數萬人，恐縣令爲豪强迫脅驗不實。葆田命仵作曰：「敢欺罔者論如律。」

得致命狀，人皆歡噪，謂包龍圖復出，讞遂定。有御史劾葆田誤入人死罪，詔巡撫陳彝按之，卒直原讞。葆田遂自免歸，名聞天下。逾數年，安徽將清丈民田，巡撫福潤疏調葆田主其事，辭不赴。貽書當事，言清丈病民，陳：「清賦之要，熟地報荒者，當寬其既往，限年墾復。平歲報災者，當警其將來，分年帶徵。弊自可除，無事紛擾。」時以爲名言。葆田故從武昌張裕釗受古文法，治經，實事求是，不薄宋儒。歷主山東、河南書院，學者奉爲大師。巡撫張曜疏陳其學行，賜五品卿銜。中外大臣迭薦之，詔徵，不出。宣統元年，卒，年七十。

紀事

李錫齡《授經圖總目》　《易》四卷，《書》四卷，《詩》四卷，《春秋》四卷，《禮》四卷。朱西亭宗正，諱睦㮮，字灌甫。西亭，其號也，周定王六世孫。萬曆初，舉爲周藩宗正，領宗學事，事迹附見《明史·周王橚傳》。著《五經稽疑》六卷，《經序録》五卷，《春秋諸傳辨疑》四卷，《謚苑》二卷，《韻譜》五卷，《鎮平世系記》一卷，及《明帝世表》、《周國世系表》、《建文遜國褒忠録》、《河南通志》、《開封郡志》、《陂上集》諸書。少從睢陽許先遊，三月而盡其學。年二十，通《五經》，起萬卷堂讀書其中。嘗謂本朝經學一稟宋儒，古人經解殘闕放失。乃訪求海内通儒，繕寫藏弆，晚年遂著是編，名之曰《授經圖》。每經四卷，凡二十卷。按《授經圖》之名，創始於宋人程俱，至後李燾有《五經傳授圖》一卷，亡名氏有《授經圖》三卷，俱見《宋史》，惜其書不傳。宗正是編，因章氏《山堂考索》中舊圖重加釐正，師友淵源燦如星掌。大旨慮漢學之失傳，故所述列傳至漢而止。國朝錢塘龔御史翔麟蘅圃病其未廣，因取家藏寫本，俾晉江黄徵君虞稷、俞郃爲之增益。《易》先復古，《書》首今文，前後次序悉經改易。凡增入古今作者二百五十五人，經解七百四十一部，六千二百一十八卷，刊之白下，較原書雖爲詳備，而實非宗正著述之本意矣。今所傳者，皆龔黄點竄之本，宗正舊帙，渺不可得。聞當日藏書甚富，倣唐人四部法，用牙籤識别，凡一萬二千五百六十卷，輯爲《聚樂堂藝文志》四册。汴亡之後，盡漂蕩於洪流中。此書板片，想亦隨之而没，良可慨也。兹帙刊於萬曆癸酉，雕鏤甚精，楮墨渝暗，定爲原刻無疑。龔蘅圃謂向無刊板，不知何據？且卷末勤美跋，龔刻以「美」爲「羹」，不免歧誤，更不及原書爲善也。勤美，字伯榮，宗正子，繼爲周藩宗正，著《王國典禮》八卷，以文學世其家。道光己亥二月花朝日，三原李錫齡識於惜陰軒。

朱彝尊《曝書亭集》卷三三《寄禮部韓尚書書》　行宫側獲侍履絇，先生把袂殷懃，索彝尊著作，彝尊自知檮昧，見棄清時，老而阨窮，兼又喪子，無以遣日。見近日譚經者，局守一家之言，先儒遺編，失傳者十九。因倣鄱陽馬氏《經籍考》而推廣之。自周迄今，各疏其大略。微言雖絶，大義間存，編成《經義考》三百卷，分存、佚、闕，未見四門。於十四經外，附以逸經、毖緯、擬經、家學、承師、宣講、立學、刊石、書壁、鏤板、著録，而以通説終焉。《易》、《書》二經，已經刊就。餘以乏力中輟。近又輯《明詩綜》百卷，亦就其半。此外歐陽子《五代史注》、瀛洲《道古録》，雖草創而未成也。所撰詩古文，義取辭足以達，未嘗有模范於胸中，而後下筆，聊以自娱而已。是以海内月旦，凡名家大家，要不得與其列，乃先生當代宗匠，忽焉賞及之，此昔人所云「得一人知己，可以無憾者也。」緣已刻未刻藁未免太多，慮不足以傳遠，尚須削繁剔繆，存其十五，然後繕録上呈記室，當以秋冬爲期。泰山孤生之竹，嶧陽半死之桐，一遇賞音，妄思千古，惟先生是賴矣。儻賜以大序，感德不朽。無錫朱襄贊皇，曩在都下，見其集唐三十律，歎爲工絶。今歲入霍山，纂《易章》一編見示，其立説皆本漢以前書，不墮陳圖南、邵堯夫窠臼。聞先生近注《易贊》，皇適入都，謹令其叩講席，歸沐之暇，試進而討論。其言頗娓娓可聽也不宣。

錢東垣《補經義考凡例》　一、是書原爲補竹垞之作，則部分體例，似宜俱仍其舊，然有不得不略爲變通者，時代既有後先，著述究出兩手也。

一、先儒爵里字謚有可考者，並依竹垞之例，引故籍載明之，史志亦有此法也。若其行事居官，一切立德、立言、立功無關於經義者，自有正史及志乘、文集、碑石記載，俱不贅録，以省繁文。惟如譚允厚論皮日休、全祖望論王應麟之類，事關明雪先儒宿寃，文雖繁仍備録之。

一、進士登第，唐宋以後諸史皆載某年，《金史》亦有書干支者。朱氏《明詩綜》全稱干支。今引用故書，自不能盡一改正。姑仍其舊。舉人同。

一、别號非古也，然後世稱謂所及，似不宜槩廢。私謚古人亦有之，後代雖不無腴濫，然究可以知其人之大略，今偶或載之。

一、蓋棺論定，不志見存。史傳之例，所以慎冒濫也。竹垞於同時師友，如孫退翁、顧甯人、閻百詩、陸翼王、徐原一、黄俞郃、李天生之類，並載其書與其論説，蓋或曾經刊刻，或傳鈔已有定本，故可徵信也，今並仍其例。

一、竹垞每於書後載明卷數，曰存、曰闕、曰佚、曰未見，今悉仍之，惟存字下

今注明某氏刊本、鈔本、宋刊本、元刊本、影宋鈔本，仿《傳是樓書目》及《浙江採輯書總目》之例也。如曾見數本，不妨並注，仿《遂初堂書目》之例也。其有本爲秘書，人所罕覯，亦或注有某人印記，今藏某人處，仿《鐵網珊瑚》之例也。

一、書之有序文跋語，猶人之冠冕也，非此不可以見書之梗概，及刊刻歲月遠近。今仍竹垞之例，無論古今人序跋，悉行收録，其凡例則擇其文簡且明，可效法於後世者，亦或登載。若著述大旨，自作案語及之。

一、各經零星著述，竹垞但注存、佚字，議論意旨，莫可窺見，今略述大概，如歸有光《三江圖叙説》，則言其據郭璞説，以岷江、浙江、吴淞江爲三江。

一、馬氏《經籍考》全采晁公武、趙希弁、陳振孫之説，竹垞仿之，故晁、趙、陳三家及楊士奇、張萱、王圻、黄虞稷、程敏政、陸元輔之説，亦全行采入。今仍其例，凡《四庫全書提要》、《浙江採輯遺書總目》、《讀書敏求記》之類，悉爲録載，以示洽聞。

一、竹垞學問淵醇，無書不覽，《經義考》綜覈博精，經訓源流藉此彰著，實爲自古書目家所未有，然千慮之失，賢者亦或不免，流覽所及，是正及之。考竹垞於楊止庵《周易》一編，正其訛誤曰：「非敢形前賢之短，慮誤後學也。」今東垣之區區縷言，亦即此意。

一、群經次第，自劉氏《七略》，班氏《漢志》以《易》冠諸經之首，唐以後書目無不遵之。蓋以肇自伏羲，書爲最古也。然《禮記經解》以《詩》居首，王儉《七志》以《孝經》居先，旨趣亦有不同，是次第之不可不講也。今補入次第一門。

一、群經俱有字數，自字數不明，而《易》可脱去《無咎》、《悔亡》書，《舜典》可增加二十八字矣，今補字數一門，以杜蘭臺之改。

一、宣講、立學二門，竹垞有目無書，今檢載籍補之。

一、五鳳之樓非一木所能造，五侯之鯖，非一味所能成，古人著書所以必先儲書也。寒士無力購置，而一瓻之假，不能無所藉於春明坊。尚望當世藏書家，出其插架，以慰渴肌。異日倘書成，仍倣《通志堂經解》例，於序文言明假某氏某人書若干種，庶無掠美云。

陶治元《皇清經解縮版編目例言》 一、是書縮版悉遵學海堂原刻，以著書人先後爲序，成書百九十卷。兹所編目録以《十三經》爲序，一經一卷。《春秋》一卷，另列于《三傳》前。《大戴禮記》一卷，列《禮記》前。天算各書以及單辭隻義、不見于《十三經》者，分類另編一卷，名曰「群籍分部目」，合之《十三經》，計十有六卷。

一、是編依經爲序，于各經逐句標明卷、頁數，或有一句之義散見于數處者，一一摘出，統注于此句下，名曰「群籍彙目」。其有推闡一經要旨，如《日知録》中詳三《易》，《潛研堂集》中論《尚書》，其卷頁數注于《彙目》之末，名曰「裨録」。原書中全部逐句有訓詁者，如仲氏《易尚書集注音疏》，叙明書名、篇名、卷數于《彙目》前。又有發明經訓，提一字樹一義，反覆詳論者，如《周易述微》言「周官禄田考」，叙明書名、卷數于《彙目》後，又有全部講解，祇明經中一篇一節之義者，如《禹貢錐指》今列《禹貢》後《聲律小記》，今列《周禮·春官·大司樂》後，以便查檢。

一、標出卷、頁數在各句下，其一、二、三、四等字係卷數，壹、貳、叁、肆等字係頁數。

一、《彙目》後各書内或有經文成句，如《易通釋》初箋、原箋竝標卷、頁數于《彙目》句中，其原書中仍列入。

一、《尚書》逸文逸句，與今讀本句同者，標卷、頁數于《彙目》句中，餘歸裨録。

一、各經釋文、校勘記，擇其足以闡發經義者，標卷、頁數于《彙目》句中。其僅明字音、反切，且見于他書重出者，不贅及。

尤瑩《式古堂目録凡例》 一、是書體例略仿敬脩堂，取其便於繙閱故也。其中惟《爾雅》改次《孟子》後，小學别自爲卷，與敬脩堂微有不同。而又《詩》、《左》兩經卷帙繁浩，分爲上下，故是書較敬脩堂增多三卷，共一十九卷。

一、每經各句下標明卷、頁數目。前一行係南菁書院原本，後一行係石印縮本，不再標縮字。其前後行交接之處，於縮本上加「○」以别之。

一、是書《彙目》中例不及注，其中注文有關經義而國朝諸儒爲之詳釋者，則由注溯經以經文標目，如《爾雅·釋親》之「兄鍾」，題以「兄公」是也。又有注文不專釋一經者，則歸之末卷，如《詩·地理徵》弟七卷，隸之地理類是也。餘以類推。

一、《尚書》一經，國朝諸儒多不爲僞古文訓釋，間有及之，亦不過指明出處，顯其盜竊之迹而已。今僞書《大禹謨》以下，二十六篇類列於《秦誓》之後，庶真僞易於辨别。故《尚書》篇次不與今本同。

一、《尚書大傳》、《春秋繁露》二書，其大目雖坿録《尚書》、《公羊》之後，其中細目有與經文合者，如《辯章》「百姓不予專討」之類亦爲散坿《堯典》及《宣十一年》傳文下，庶使閱者易於尋檢。

一、是書初輯本爲窗下繙閱計，近以滬友之請倉卒排比，次弟遺漏之譏恐有不免，而原版卷、頁數目又以附之石印《彙目》中，概行節去愈覺貽笑方家，待合刻

時再補正之。

小學目録分部

綜　述

姚鼐《小學考序》　六藝者，小學之事，然不可盡之於小學也。夫九數之精至於推步天運，冥測乎不得目睹之處，遥定乎前後千百載不接之時，而不迷於冥茫，不差於毫末，此術家之至學，小子所必不能也。夫六書之微，其訓詁，足以辨別傳説之是非。其形音，上探古聖初制文字之始，下貫後世遷移轉變之得失。此博聞君子好學深思者之所用心，小子所不能逮也。至於禮樂，則固聖賢述作之所慎言，尤不得以小學言矣。然而謂之小學者，制作講明者，君子之事，既成而授之，使見聞之端於幼少者，則小子所能受也。今夫行萬里窮山海者，紀其終身之所，履艱危勞苦之所，僅獲以告於居不出於室中者，可以一日而盡得也。夫小學者，固亦若是而已。秀水朱錫鬯檢討嘗作《經義考》，載説經之書既備而不及小學。今南康謝藴山方伯以爲小學實經義之一端，爲論經始肇之事，且禮樂則言之大廣，射御則今士所不習，九數則誠術家專門之所爲。惟書文固人人當解學者，須臾不能去，非專門之事也。前世好古之儒，固多究心於斯。至於今日其書既衆，或因舊聞而增深，或由創得而遇古，雖其間粹駁淺深爲者，或不必盡同。然而彼皆欲自爲其艱危勞苦，而授小子以逸獲之道，其人其志固皆不可泯也。因輯漢以來言文字訓詁形音之書，至於今日英才博學所譔舉載於編，凡五十卷，名之曰《小學考》，以補朱氏之所未備。其言筆執八法者，乃棄不録，以其無關於經學也。《考》成，以其書示鼐，鼐誠嘉方伯有不過衆善采輯之美意，又以爲能盡大人君子之心，乃能授其教於小子。方伯之用心如此，異日助成國家禮樂之修，其亦有望也與。嘉慶三年八月桐城姚鼐序。

翁方綱《小學考序》　《小學考》者，補秀水朱氏《經義考》而作也。朱氏之《考》，既類次《爾雅》二卷，而形聲訓故之屬闕焉。是後學之責也。顧南原自言，《隸辨》一書，爲解經而作，意固善矣。往者學人狃於帖括之習，沿塾師音義，不識古字古訓爲何物。邇年士大夫則又往往侈談復古，博稽篆籀古隸，審辨《説文》、《爾雅》，闡形聲，訂同異，而於童年肄習經書實義，或轉不之省。某嘗謂：近日考古嗜博者，每求之六合之外，而遺於耳目之前。嘉興王惺齋有言：今人爲文，棄韓、歐諸家所用之字，而好辨許祭酒重文、張次立附字，此學者之大患也。昔宋鄱陽洪氏《續急就類滂喜》，自以爲博識矣。其究也，徒啟好奇之弊，於復古乎何有？然平心論之，學者鑒彼《兔園册子》，局束見聞，則又不得不引伸類長，旁極而摹据之。夫學問之實，惟在識力正定而已。苟其識力之弗正也，務博之失與苟簡之弊均也。如其氣足以内養，力足以自充，則與其陋也，寧博，與其臆斷也，無寧證古矣。曩在館下，每以此事諗吾。謝子今三十餘年，而謝子從政之餘，果克裒輯成書，是其養氣有餘，而識力正定之明驗也。讀是編者，幸勿忘其爲解經而作也，其庶幾乎！嘉慶四年歲在己未夏四月朔，北平翁方綱。

謝啟昆《小學考序》　古者，書必同文，政先正名。小學爲經藝王政之本，故自幼習書，計至於成人，授經三年，而通一藝。三十而《五經》立。《爾雅》出周孔之徒，以正名物。三倉《急就》迭興，而汝南許君集其大成。孫叔然受業北海鄭君門人，始作翻切。學者務極其能，於是音訓之書備焉。蓋小學本附群經，漢之《七略》、《藝文》，梁、隋之《七録》、《經籍》皆然。秀水朱氏譔《經義考》有功經學甚鉅，但止詳《爾雅》，餘並闕如。吾師翁學士覃谿先生作補正，又欲廣小學一門，時爲予言之。余惟國家稽古右文，廣收載籍，彙爲《四庫全書》。群經之後，次以小學，敕譔諸書即謹載焉，郁乎盛矣。乾隆乙卯，啟昆官浙江按察使，得觀文瀾閣中祕之書，經始采輯爲《小學考》。後復由山西布政使移任浙江，從政之暇，更理前業，成書五十卷，卷首恭録敕譔，次訓詁，則續《經義考》、《爾雅》類而推廣於方言通俗文之屬也；次文字，則史篇《説文》之屬也；次聲韻，則聲類韻集之屬也；次音義，則訓讀經史百氏之書。訓詁文字聲韻者，體也。音義者，用也。體用具而後小學全焉。《大戴禮記》：「魯君欲學小辨以觀于政。」孔子曰：「《爾雅》以觀千古，足以辨言。」是小學通於爲政，經術致用之儒必有取爾矣。助爲輯録者，桐城胡徵君虔及海寧陳鱣。鱣，余所舉士也。時嘉慶戊午季夏。越五年壬戌，重加釐定，乃付板削焉。

錢大昕《小學考序》　《六經》皆載于文字者也，非聲音則經之文不正，非訓詁則經之義不明。《爾雅》一編，肇始于周公，故《詩》贊仲山甫之德，則曰「詁訓是

式」；宣尼告魯哀公，亦云「《爾雅》以觀于古」。厥後，七十子之徒，叔孫通、梁文諸人遞有增益，如「張仲孝友」、「瑟兮僩兮」、「謔浪笑傲」之類是也。後儒執此數言，疑爲漢人綴集，各出新意以説經，而經之旨去之彌遠矣。自倉頡創作文字，而黄帝因之以正名百物，古之名，今之字也。古文籀篆體製雖變，而形聲事意之分，師傳具在，求古文者，求諸《説文》足矣。後人求勝于許氏，拾鐘鼎之墜文，既真贋參半，逞鄉壁之小慧，又誕妄難憑，此名爲尊古，而實戾于古者也。聲音固在文字之先，而即文字求聲音，則當以文字爲定。字之義取于孳，形聲相加，故六書唯諧聲爲多。後人不達古音，往往舍聲而求義；穿鑿傅會，即二徐尚不能免，至介甫益甚矣。古人之意不傳，而文則古今不異，因文字而得古音，因古音而得古訓，此一貫三之道，亦推一合十之道也。《漢志》以小學入《六藝略》，後之志《藝文》者莫不因之。秀水朱氏《經義考》博稽傳注，作述源流，最爲賅洽，而小學獨闕，好古者有遺憾焉。方伯南康謝公藴山枕葄經史，博綜群言，早歲紬書東觀，得窺金匱石室之藏，既而典大郡，陟監司，公務之餘，鉛槧未嘗去手。每念通經必研小學，而古今流别，議論紛如，乃遵秀水之例，續爲《小學考》。頃歲領藩兩浙，人和年豐，海壖綏靖，文瀾閣頒賜中秘書，職在典守，時得寓目，乃出舊稿，參以新得，分訓詁、文字、聲韻、音義爲四門，爲卷凡五十。既成，貽書見示，讀之兩閲月而畢。彬彬乎！綦乎！采摭極其博，而評論協于公，洵足贊聖世同文之治者乎！夫書契之作，其用至于百官治，萬民察。聖人論爲政，必先正名，其效歸于禮樂興，刑罰中。張敞、杜林以識字而爲漢名臣，賈文元、司馬温公以辨音而爲宋良相，然則公之于斯學，固有獨見其大者。因文以載道，審音以知政，孰謂文學與經濟爲兩事哉！

又《附錢詹事書》 大製《小學考》，搜羅博奧，而評論又公，且當較之竹垞書，精博實有過之。蓋竹垞當日異書猶多，伏而未出。研精小學者，亦至今日而極盛。閣下以碩學通儒，爲斯文領袖，是以擇之精，而語之詳允，爲藝林必不可少之業也。前承委序言，俾賤名得附大著作以傳，不任榮幸。祇以學殖荒落，兼值病後，率爾操觚，殊未能贊揚旨趣之萬一。伏希大方削正，庶免佛頭著糞之誚，兹併原書奉繳。其中偶有鈔寫魚豕之譌，隨筆輒爲校改，間有管穴所及，附籤一二以備采擇耳。大昕向有所疑，兹願聞於典謁者。近儒論韻學，皆謂今韻二百六部併爲一百七部，始於平水劉淵。今按劉淵壬子新刊《禮部韻略》不見於《欽定四庫書目》，唯邵長蘅《古今韻略》卷首敘所見韻書曾載之。然大昕五十年來偏訪南北藏書家，俱無有著録者，獨吳門黄孝廉家有平水新刊《韻略》，係元大德刊本。前載河間許古序，乃知爲平水王文郁所譔，序末題正大六年己丑，則金哀宗年號也，於宋爲紹定二年。其時，金猶未亡，至淳祐壬子，則金亡已久矣。己丑在壬子前廿有四年，淵所著者，殆即文郁之本，或失其序，而讀者誤以爲淵所作耳。黄公紹《韻會》敘列並舉江南毛晃、江北劉淵兩家，而每部增字於毛則云「毛氏韻增」，於劉則云「平水韻增」。然則淵乃刊平水韻之人，而後人乃以平水屬之劉淵，毋乃誤耶？且使淵而果宋人也，在稍通古今者，豈有慕於元海之名而效之者？唯鐫字之工，未嘗學問，乃無足怪耳。大昕蓄疑有年，究以未見劉書，不敢决其然否。淹洽之彦多在幕府，試一爲咨訪，順風之呼，或可得此書下落以訂向來沿習之誤，豈非大快事哉？唯閣下留意焉。邵長蘅諸人皆謂：「上聲拯韻爲陰時夫併。」今據王文郁書，則拯等之併不特非時夫，亦非淵也。此段於韻學頗有關係，春間晤陳君仲魚，時曾將拙跋文《郁韻略》一首就正，已蒙采入，唯未得劉本一爲印證，終有遺憾。然文郁實在劉淵之前，則併韻不始於淵較然明白。惜乎亭林、竹垞、西河諸君未見文郁書，遂集矢於劉，所希閣下爲雪此冤耳。大昕頓首。

蔣湘南《重刊小學考序》 謝蔚青先生重刊其先祖中丞公《小學考》，而屬湘南以校讎之役，且令爲後序，湘南固辭不敢任。蓋以小學一門，唐以後幾成絶學，宋元明三代儒者之説經，非望文生義即嚮壁盧造，未有能知漢經師之家法者。小學不明其弊至此。中丞公奮起於千載之下，獨能甄綜數百家言，都爲一集，俾讀之者辨其得失，稍稍問津識塗，以上溯孔門雅言之義，此天之未喪斯文也。湘南末學膚受，何足以知之，又何敢序之？既而，念蔚青先生之刊此書，承家學惠士林，其中曲折之故，皆湘南所耳聞目證者，不可不揭之以示天下，因校畢而書之。曰小學者，古人以童子之學而名，而其義實成人所不能盡者也。童子之小學以文爲主，故孔子教弟子曰：「行有餘力，則以學文。」成人之小學，以《爾雅》爲主，故孔子告哀公曰：「《爾雅》以觀於古，足以辨言。」雅者，正也。正其聲音以通訓詁。凡文字皆先有聲，而後有義也。聲音之流變，隨地而異，故五方之音不同；又隨時而異，故古今之音不同。惟天子建都之地，王氣所鍾，其音可以正九州萬國之音。周公作方言，取其音之近乎正者，而名之曰《爾雅》。外史象胥，本之以達邦國四夷，而孔子删定《六經》，亦用之以教門弟子，則謂之雅言《論語》。子所雅言，《詩》、《書》執《禮》是也。《詩》，備十五國之土音，《書》載二帝三王之事，必有千百年之異音。《禮》則王朝大典也。其時《書》無板行，惟憑口授。使概操魯國方言以爲訓，則門弟子來自各國，或有失其音因以失其義者，故必用王國之正音以言之。此《爾雅》

一書所以有七十子之附益也。儒者忘雅之訓正，而解爲常言，豈知此節乃記孔門之小學哉！《漢書藝文志》列《爾雅》於《孝經》類中，而不與《史籀》、《倉頡》、《凡將》《急就》等，同稱小學。蓋「小學」之名起於童子之識字，而六書之旨，以諧聲爲樞紐，非童子所能盡知。故《爾雅》者，小學之藪澤；小學者，《六經》之階梯也。漢人傳經，各守師法，往往異字異音，然十四博士之今文，皆主雅，故後漢古文道興，經術益盛。久之，章句疏而臆説起，遂有賄蘭臺桼書，以合其私文者。於是蔡中郎寫《石經》，許祭酒作《説文》，以正之。《石經》後廢，而《説文》之學歷千餘年，皆在若明若昧之間。至我朝乾隆中，魁儒輩出，然後小學章徹，若戴東原、錢竹汀、王槐祖、段茂堂諸老先生，莫不由《説文》以辨形聲，由《爾雅》以通訓詁。《六經》之義如日中天，天下後世始知通經之必由於小學，於此時而無一書焉。條古今之流別，集正變之大成，何以章聖朝儒術之，盛契先聖雅言之心哉？是故中丞公之作《小學考》，其功不可以億量計也。中丞公以生平精力，著成此書，而未及付梓。觀察公繼之，雖付梓而未及廣行，板旋被燬。蔚青先生宦遊秦中，時時以此書爲念，訪求有年，始於長安市上宛轉購得之，補正其闕，重復開雕。蓋人閱三代，時歷五十餘年，中間已廢而復成，卒得流行廣布，此固中丞公、觀察公之靈陰相其間，即先聖先儒之靈亦不肯聽其湮没者也。此又蔚青先生之功也。先生以循政報最蒸蒸大起，所以發揮家學者，不僅在此一書，而此書之刻正繼志述事之一大端。湘南躬與斯役，故喜而爲之發明云。固始蔣湘南。

周中孚《鄭堂讀書記》卷三二《小學考》 《小學考》五十卷。嘉慶丙子樹經堂刊本。國朝謝啓昆撰。啓昆仕履見別史類。蘇潭以朱竹垞《經義考》既類次《爾雅》二卷，而形聲訓詁之屬闕焉，乃遵竹垞之例，續爲是考，冠以敕撰二卷，次以訓詁六卷，文字二十卷，聲韻十六卷，音義六卷。前有錢竹汀序，既極推許，又附以答書，稱其搜羅博奥，而評論又公，且當較之竹垞書，精博實有過之。蓋竹垞當日，異書尤多，伏而未出。研精小學者亦至今日而極盛。閣下以碩學通儒，爲斯文領袖，是以擇之精而語之詳，允爲藝林必不可少之業也。余謂竹汀所言，誠爲定評，所微憾者，蓋棺論定，不志見存。史傳之例則然，非所施於私家著録也，故竹垞於同時師友，如孫退谷、顧亭林、徐健菴、毛西河、李天生、閻潛正、陸翼王、黄俞邰諸家，並載其書，與其論説。蘇潭既本竹垞舊例著書，而於此忽生變例，概不載及見存，而僅於各書案語内詳載靡遺，如邵二雲《爾雅正義》，後載阮芸臺師《經籍纂詁》並其凡例，及錢竹汀、王伯申、臧在東三序。胡廣《漢官解詁》後載王伯申《周秦人名解詁》並其自序。《爾雅》暨舍人李巡、孫炎、郭璞各家注後，俱載翁覃溪《經義考補正》，引丁小山説。凡若此者，遽數之不能終也。而於本書之應作案語以疏通證明之者，反不置一辭，大有類於喧客奪主者矣。總由其不遵成例，以至於此。後學者所當引以爲戒也。又案畢秋帆既著《釋名疏證》，後復加整理。江召庭聲以篆書付刊，是謂定本。今止著録初本，而忘郤篆書定本不載，祇以原序稱江君，欲以篆書付刻。余以此二十七篇内俗字較多，故依前隸寫云云，遂誤認當日不再有篆書定本，故不重載，何其疏也？據嘉慶戊午自序，稱助爲輯録者，桐城胡虔、海寧陳鱣，然則二子亦不得辭其咎矣。前又有翁覃溪、姚姬傳二序，姬傳稱《經義考》載説經之書既備，而不及小學，蓋未知《爾雅》即小學之書而云然，否則行文偶誤耳。

姚慰祖《鄭學書目序》 學至今日，平分漢、宋，宋學準朱子爲權衡，漢學奉鄭君爲圭臬，是兩師儒者各集數百載，孔門傳授，大成天人，無學不貫，斯箸述，無事不周，夫人而聞之矣。所不齊者，朱子屬筆，隻字具存，而鄭君全業曠代，幾經時議興瘖，不幸十霣七八。然其遺文散誼，終勝他家，宋元已降，好學者尚悉心裒輯不遑。訖今，《詩》、《禮》箋注，閎爲道藝淵藪，固百代鑽研勿罄。凡他説有可徵者，雖等零璣瓻璧，罔非充溢博文之資，學者要乞靈莫外焉。由今考之，姑無論其高深，奚極即平生訓釋典祕數十家之籍，已費鉤稽指日。鄭子尹先生墨守家學淵原者也，其闡證《禮注》諸編，徧已傳播，別撰《鄭學録》四卷，備摭鄭君事蹟，散列四部中者，依《後漢》本傳，類附作注，隨加考訂，即據以編次年譜，并網羅生平衆箸及傳業弟子若干，彙覈詳辨爲書目，《弟子目》殿焉。亦既栞本行世，不揣固陋，近蒐聚古今目録群書，次弟叢刻，獲讀先生是録，纂論博通。先擂取《書目》一卷付梓，其《弟子目》擬待嗣出。竊欲便沈潛漢學之士，衆瞭無上儒宗述作之富。如此，即不啻造鄭學之津梁焉已。校梓工竣，書此弁耑。光緒七年，歲在辛巳夏五月，歸安姚慰祖序。

翁同書《巢經巢經説序》 往時歙縣程侍郎受成廟特達之知，負海内重望，天下能文章之士，鱗萃其門。侍郎嘗典試嶺南，所得士如番禺儀克中、陳澧，長樂温訓，皆有時名，先後與余定交京師。儀君工詩，精考據，惜早世，不竟其所學。陳君天才雄駿，於書靡不窺，近乃服膺許、鄭。温君治古文辭，力摹韓柳，於近人不亞惲子居。此三人者，皆侍郎高第弟子，然皆弗能爲侍郎之文；其能爲侍郎之文者，遵義鄭子尹一人而已。子尹故侍郎視學黔中時所矜賞者也，其爲人坦白簡易，粹然儒者。生平研精三《禮》，習聞古宮室冠服之制，通聲均訓故之學。爲文章古澀奥

衍，大率如先秦以上諸子、汲冢墜簡、兩漢碑版文字及馬第伯封禪記之屬。腐儒小生讀之，或至口鉗舌撟，實則真氣流貫，非貌爲魁紀公家言者。及讀其《母教録》，即又悱惻沉摯，似震川《先妣事略》、《項脊軒記》諸篇。羊質善變，幾無以測吾子尹也。古近體詩簡穆深淳，時見才氣，亦有風致，其在詩派，於蘇黄爲近。要之才從學出，情以性鎔，蓋於侍郎之文爲具體矣。黔中惟子尹與莫孝廉友芝、張副貢琚、黎訓導兆勛、傅孝廉衵數人，爲能肆力於古，而子尹所造尤深，足稱經師祭酒、詞壇老宿。今年刻其詩九卷、《經説》一卷，求序於余。余嘗親奉程侍郎之教，數得追陪末坐，上下其議論。今觀子尹之詩文，知淵源所自，波瀾莫二，故爲序其學之所自出，以諗世之讀子尹文者。咸豐二年八月望日常熟翁同書。

黎庶昌《巢經巢經説序》 遵義鄭先生子尹徵君爲西南儒宗，垂數十年，生平著述甚富，致極精嚴，未嘗如俗儒苟操鉛槧也。道光中，郡太守聘撰《遵義府志》，成書四十八卷，同時刻者，有《㮊繭譜》一卷、《母教録》一卷。迨咸豐中，治許鄭學益精，三《禮》六書，洞悉淵微，乃家刻《巢經巢經説》一卷、《説文逸字》二卷、《巢經巢詩鈔》九卷。唐威恪公樹義爲刻《播雅》二十四卷。同治三年先生没後，遺著尤多，威恪公子今中丞炯續刻《儀禮私箋》八卷、《鄭學録》四卷於蜀中，獨山莫君祥芝刻《輪輿私箋》二卷於金陵。至光緒四年，四川川東道歸安姚君覲元編《咫進齋叢書》，爲刻《説文新附考》六卷。粤東廣雅書局，南皮張尚書之洞所設者也，又採刻《汗簡箋正》八卷、《親屬記》二卷於《廣雅叢書》中。由是先生著述，約略已具，然其精者尚有《考工晃氏圖説》一卷、《巢經巢文鈔》五卷、《詩集續鈔》□卷無傳本。資州刺史貴築高君培谷惜焉，復任剞劂，而先生之書始克告全，自余雖有一二遺編，皆非其至矣。奇書之在世，譬猶金珠美玉蘊蓄於山淵，必有精光上屬霄漢，歷久而不可磨滅。今先生遺書播行海内，聞者向風，士大夫轉相迻刻，其犂然有當於人心，不待智者而知已，然卒成此一簣之功，使無放失者，高君也。光緒十九年十二月遵義黎庶昌。

傳記

《清史列傳・大臣傳次編六・謝啓昆》 謝啓昆，江西南康人。乾隆二十六年進士，改庶吉士。三十一年，散館，授編修。三十五年，充河南鄉試正考官。三十六年，京察一等，充會試同考官。三十七年，授江蘇鎮江府知府，旋調揚州府知府。四十三年，東臺縣民徐述夔詩詞悖逆，事發，以啓昆查辦遲延，論軍臺効力贖罪。尋復原官，經兩江總督薩載奏留江南；四十四年，丁父憂，復奏留委用。四十五年，命署安徽寧國府知府，俟服闋再行實授。四十六年，丁母憂，回籍。四十八年，服闋，以病仍留本籍。五十五年，病痊，赴京引見，命仍發江南，以知府用。旋特擢江南河庫道。五十九年，遷浙江按察使。六十年，授山西布政使。是年冬，諭曰：「浙江爲財賦之地，聞謝啓昆在山西任内，辦事尚屬認真，且曾任浙江臬司，署理藩篆，著調補浙江布政使，以資駕輕就熟。」嘉慶四年，奏請陛見，回任護巡撫篆，旋擢廣西巡撫。奏言：「廣西邊境土司四十六處，星羅碁布，爲通省藩籬。各土司本無俸廉，專恃祖傳田産，辦公養贍。自宋、元至今，支庶派分，恆産漸少。且累世承襲以來，衣食租税，不知節儉。又自乾隆五十三年，辦理安南兵差，出夫供役，亦有賠累之處。生計日絀，輒向客民借貸。奸民乘機盤剥，將田産準折，以致養贍無資。前撫臣成林奏請招徠土司境内客民開墾閑田，撫臣台布又奏請官設典當，以濟土司緩急，均屬勢所難行。曾奉諭旨嚴切訓飭，仰見聖明洞燭遐荒，無微不至。臣現在遵奉恩訓，曉諭各土司，嗣後務且倍加節儉，并嚴飭客民如有重利剥削、準折田土之事，即照例遞籍治罪，將産給還土司；其通情典當，尚無重利者，姑免深究。計其有餘利者，減價取贖；利不敷本，或無力贖回，應酌定年限，俟所收田租已有一本一利，即將田産撤歸原主。總以五年爲期，毋許再占。復督率各道府革除一切陋規，俾資休養生息，自可復原；客民既無重利可圖，斷不懷挾重貲赴瘴癘之鄉，自取罪戾。則盤踞占耕之弊，不禁自絶。至客民入苗地買賣借貸，例應究治。惟廣西土司與民地犬牙相錯，土官土民皆馴謹愚陋，與滇、黔苗、倮之獷悍者迥不相同，順其性而撫之，儘可相安無事；且物産稀少，藉客民販運，有無相通，因地制宜，無庸禁止。」從之。五年四月，奏：「興安縣有陡河一道，發源陽海山，築隄分水，東流爲湘江，西流爲灕江，係楚、粤、滇、黔五省所經之道。秦、漢開鑿以來，間歲不修，即多淺阻。臣抵任時，路經該處，見有陽海隄一道，坍數十丈，水勢漫潰。隄内民田淹漫數萬餘畝，隄外河流因之淺涸。臣倣浙江海塘竹簍囊石之法，鑲築石隄，民田俱經涸出，可以播種，其河流亦一律深通。向來銅船過陡河，必行一月。今浙江銅船一百五號，三日内全行出陡，此其明驗。至《廣西通志》自雍正十一年纂成後，已七十年。臣公餘搜羅散佚，續編成書，進呈欽定。」報聞。又奏曰：「臣恭奉上諭：『百姓不可剥削，倉庫不可虧損，在督撫悉心講求，無欺無隱。』

臣查各省倉庫，積弊有年，其州縣之敢於明目張膽，虛報虧空；監交之員又敢於兩邊説合，寫券書押者，皆由貪黷僨事之督撫釀成於前，庸闇姑息者又縱容於後。迨至水落石出，則藉口設法彌補，以圖掩飾。豈知天地生財止有此數，所設之法仍不過取之於民。是以各省倉庫大局約有三變：始則大吏之貪婪者，利州縣之餽貽；僨事者資州縣之攤賠，州縣匿其私橐，而以公帑應之，一經離任，則虧空纍纍，大吏既餌其資助，不得不抑勒後任接收，此虧空之緣起也；繼則大吏之庸闇者，任其欺朦；姑息者又懼興大獄，甚至以敢接虧空者爲能員，以稟揭虧空者爲多事，以致州縣視若己貲，取攜如寄，并有藉口虧空過多，挾制上司陞遷美缺者，此虧空之濫觴也。近年督撫之不職者，相繼敗露，諸大吏共相濯磨，各州縣亦争先彌補。但彌補之法，寬則人心生玩，而胥吏夤緣爲奸；急則衆志張皇，而百姓先受其累。此立法之難，況各省多寡貧富不同，難易情形迥别，一法立即一弊生，惟在因地制宜，似難率定章程，反多窒礙。臣愚陋之見，請敕下各督撫，先徹底查明實數，除本員現在者，如律論治外，其積虧無著之項，詳記檔册，使猾吏無可影射，多分年限，使後任量力補苴。不必輾轉誅求，亦不必程功旦夕，仍責成督撫裁革陋規，以清其源；倡行節儉，以絶其流；講求愛民之術，以培元氣；獎擢清廉之員，以勵官常。似此日計不足，月計有餘，不數年間休養生息，不特倉庫充盈，而吏治民生亦蒸蒸日上矣。廣西地瘠民貧，倉庫向無虧缺。自孫士毅辦理安南事務，一切軍需供億，所費不貲。且米穀、銀餉、軍裝、器械，在關外毀棄者，不可勝數。均因不能開銷，令各州縣分賠，遂致通省各有虧短。臣思此項本非州縣侵蝕，且本人均已去任，接收者方在實力補苴，乃一經參劾追賠，難保無勸捐派累之事。惟躬率司、道、府、州省衣節食，革去一切陋規。昔日應酬之費，作爲州縣從容彌補之資，少者限以一年，多者二年，至多以三年爲斷。仍實心訪察，進廉去貪，俾無絲毫累及百姓。計三年之内，庫項必能補足。惟是數十人補之而不足，一二人敗之而有餘。是又全在督撫知人善任，大法小廉，不愛逢迎，不存姑息，庶不至復有續虧之患矣。」又言：「彌補虧空，總期倉庫豐盈，初不爲一身免累之計，庶不至事事皆無實際。臣前歷官山西、浙江藩司，慎密設法，將山西積虧八十餘萬，全行補完；浙江則彌補十分之五，皆未經咨部，亦未咨追原籍。蓋因當日之員大半死亡、遣戍，其子孫貧乏者居多，一經咨部查追，紛紛滋擾，徒飽胥吏之橐，仍不過以家産盡絶，咨覆完結。求其如數追繳，十無二三，而現任之員反得置身事外，實與帑項無益。茲查廣西通省庫項未完者，共三十九州縣，覈其虧數與廉羨之多寡，分限三年，按月交庫，作爲額貯實數。於州縣交代時，察其補數不足者，即以虧空參劾。」先後奏入，均嘉納焉。先是，上諭嗣後遇應行買補倉穀年分，務須飭令所屬於豐稔鄰縣，按照時價，公平採買，不許在本地派買。啓昆以廣西地方跬步皆山，轉運之費不減於市穀之價，各州縣於鄰邑採買，既無糧食市廛，又不能向肩負力役之鄉民零星收買，恐不肖者因辦理掣肘，或互相朋比，代爲勒派，致有防弊之名，而無杜弊之實。請仍於本地買補。上允其請。八月，奏言：「准部咨州縣未滿三年，不准奏調，所以杜奔競、絶營求，立法實爲盡善。但粤西煙瘴缺甚多，水土最惡，官員不無視爲畏途，與調繁之得美缺者迥殊。是以向例煙瘴缺出，止應揀選能耐煙瘴水土之員調補，毋庸拘定年限。今若一律定以實缺三年，則粤西州縣六十二缺，煙瘴居其十，於内地州縣中擇其歷俸三年並無違礙處分，而又年壯才明能耐煙瘴者，竟不可得。若請旨揀發，則初至之員，不習水土居多；若以年老之人遷就調用，使之觸冒瘴癘，而年壯力强者，反因格於定例得遂其規避之計，似未平允。且恐年老者血氣既衰，不能彈壓整頓，於邊疆吏治更有妨礙。如以煙瘴員缺俸滿即陞，似有捷徑可圖，則定例本有煙瘴人員俸滿後，僅循分供職者，將應陞之處注銷；濫行保送者，該上司降二級調用，處分甚嚴。是既調之後，仍應覈其政治實績，並非一經調邊，即可陞擢。請仍照舊例，不必計俸，惟擇才優，庶有裨益。」下部議行。六年，以廣西弁兵調楚剿賊，奮勇立功，下部議敘，加一級。旋以上林縣知縣竇謙採買倉穀不善，奏請革訊，竇謙畏罪溺死，未經防解，命交部議處，並令明白回奏。尋諭曰：「謝啓昆覆奏，自稱『求治太急，馭下太嚴』等語。謝啓昆在巡撫任内，朕亦聞其辦事過急，每有失當之處。此案辦理疏忽，傳旨申飭。」七年四月，疏言：「廣西寶桂錢局向由本省銅廠解局供鑄，嗣因本省産銅稀少，赴滇採運，俱係高銅，乾隆二十一年改爲高低對半。迨三十八年後，改爲高四低六。經前撫臣熊學鵬籌議，將少買高銅一分改買低銅一分，計節省正價及腳費銀八百餘兩，添置低銅，通融配鑄。維時本省有金雞等廠，高銅尚可通融辦理。嗣於五十七年，各廠全行封閉，專賴滇銅，而已酉年買運回局，成色過低，咨明滇省委員會煉，其釵銅一百二十三斤，僅得净銅七十六斤。覈與二十七、二十八等年改撥低銅案内奏明每正耗銅一百二十三斤，煉净八十四斤十三兩零之數，又短銅八斤十三兩零，咨滇撥補。五十八年，准滇省咨現在高銅豐旺，或此後全買好銅，以免成色不足，往返之咨查太煩。旋因五十九年後暫停鼓鑄，嘉慶元年適有小錢鼓鑄，致未辦理。戊午年赴滇採運，仍循舊例鑄出錢文，色黯質脆，民間難以行使，屢經監局官督飭鑪匠錐煉，而火工折耗，賠累甚重。應請自七年爲

始，一律採運高銅，於鼓鑄大有裨益。再查廣西嘉慶三年以前，設鑪十二座，買運高低銅二十五萬餘斤，内高銅十萬餘斤。自三年減鑪五座，共需銅十萬一千八百餘斤，若全買高銅，與從前未減鑪座以前買運高銅數目所增無幾，滇省撥運可無虞拮据。如慮各省紛紛陳請，江蘇、湖北二省久經改爲全買高銅，並非廣西創始，惟歷年採買高低銅正價及脚費，除鎔出黑鉛變價外，需銀一萬三千六百四兩零，今改買高銅，需正價及脚費銀一萬四千六百四十一兩零。計不敷銀一千三十七兩零，未便因餘息可支，遂啓加價之漸。查此項爲數無多，臣與兩司鹽道養廉優厚，應請每年於撫司道養廉内攤扣撥補，毋庸作正開銷。」奏入，下部議行。七年六月，卒於任。遺疏聞，諭曰：「謝啓昆在巡撫任中，資格尚好。其前任藩司時，辦事認真，於倉庫錢糧，尤能清釐整頓。迨擢任巡撫，操守亦廉潔。兹聞溘逝，殊堪軫惜！該省潯、梧兩關盈餘銀兩，向來留充公用。自謝啓昆到任後，陸續節省一萬兩存貯藩庫，著加恩於此項内提銀三千兩，賞給謝啓昆家屬，以資回籍治喪之費。其任内降革處分，悉予開復。所有應得卹典，著該部察例具奏。」尋賜祭葬如例。子學崇，嘉慶七年進士，現任翰林院編修；學炯，現任刑部員外郎。孫振音，從二品廕生。

《清史列傳》卷六九《儒林傳下二・鄭珍傳》　鄭珍，字子尹，貴州遵義人。道光十七年舉人，以大挑二等，選荔波訓導。咸豐五年，叛苗犯荔波，知縣蔣嘉穀病，珍率兵拒戰，卒完其城。苗退，告歸。同治二年，大學士祁寯藻薦於朝，特旨以知縣分發江蘇補用，卒不出。三年，卒，年五十九。珍初受知於歙縣程恩澤，語之曰：「爲學不先識字，何以讀三代、秦、漢之書？」乃益進求諸聲音文字之原，與古宫室冠服之制。方是時，海内之士，崇尚考據。珍師承其説，實事求是，不立異，不苟同，洞知諸儒者之得失。復從莫與儔游，益得與聞鉅儒宗旨。於經最深《三禮》，墨守司農，不敢苟有出入。《儀禮》十七篇皆有發明，半未脱稿，所成《儀禮私箋》，僅有《士昏》、《公食大夫》、《喪服》、《士喪》四篇，凡八卷，而《喪服》一篇，反覆尋繹，用力尤深。又以《周禮考工記》輪輿鄭《注》精微，自賈《疏》以來不得正解，説者日益支蔓，成《輪輿私箋》三卷。尤長於《説文》之學，所著《説文逸字》二卷《附録》一卷、《説文新附考》六卷，皆見稱於時。他著有《鳧氏圖説》、《深衣考》、《汗簡箋正》、《説隸》等書，又有《巢經室詩鈔》、《文鈔》、《明鹿忠節公無欲齋詩注》，而所撰《遵義府志》，古今文獻，蒐羅精密，好古之士比之《華陽國志》。珍嘗謂遵義，漢牂柯也，自郡人尹珍道真從許慎應奉受經書圖緯，教授南域後，無有以經術發聞者。於是以道真自命，而取以爲名，故學成而裒然爲西南巨儒焉。

史學目録分部

綜　述

歐陽修《集古録目序》　物常聚於所好而常得於有力之彊，有力而不好，好之而無力，雖近且易，有不能致之。象、犀、虎、豹，蠻夷山海殺人之獸，然其齒、角、皮革，可聚而有也。玉出崑崙流沙萬里之外，經十餘譯乃至乎中國。珠出南海，常生深淵，採者腰絙而入水，形色非人，往往不出，則下飽蛟魚。金礦于山，鑿深而穴遠，篝火餱糧而後進，其崖崩窨塞，則遂葬于其中者，率常數十百人，其遠且難而又多死禍常如此。然而金玉珠璣，世常兼聚而有也。凡物好之而有力，則無不至也。湯盤、孔鼎、岐陽之鼓，岱山、鄒嶧、會稽之刻石，與夫漢魏已來，聖君賢士桓碑、彝器、銘、詩、序、記，下至古文、籀篆、分隸、諸家之字書，皆三代以來之寶，怪奇偉麗，工妙可喜之物。其去人不遠，其取之無禍。然而風霜兵火，湮没磨滅，散棄於山崖墟莽之間，未嘗收拾者，由世之好者少也。幸而有好之者，又其力或不足，故僅得其一二，而不能使其聚也。夫力莫如好，好莫如一。予性顓而嗜古，凡世人之所貪者，皆無欲於其間，故得一其所好於斯。好之已篤，則力雖未足，猶能致之。故上自周穆王以來，下更秦、漢、隋、唐、五代，外至四海九州，名山大澤，窮崖絶谷，荒林破塚，神仙鬼物，詭怪所傳，莫不皆有。以爲《集古録》，以謂轉寫失真，故因其石本，軸而藏之。於卷帙次第，而無時世之先後，蓋其取多而未已，故隨其所得而録之。又以謂聚多而終必散，乃撮其大要，别爲《録目》，因并載夫可與史傳正其闕謬者，以傳後學，庶益於多聞。或譏予曰：物多則其勢難聚，聚久而無不散，何必區區於是哉？予對曰：足吾所好，玩而老焉，可也。象、犀、金玉之聚，其能果不散乎？予固未能以此而易彼也。

又《集古録目序題記》　昔在洛陽，與余游者皆一時豪雋之士也，而陳郡謝希深善評文章，河南尹師魯辨論精博。余每有所作，二人者必申紙疾讀，便得余深意，以示他人，亦或時有所稱，皆非余所自得者也。宛陵梅聖俞，善人君子也，與余

共處窮約，每見余小有可喜事，歡然若在諸己。自三君之亡，余亦老且病矣。此叙之作，既無謝、尹之知音，而《集録》成書，恨聖俞之不見也。悲夫！嘉祐八年歲在癸卯，七月二十四日書。

又《集古録跋尾》卷一《古敦銘・毛伯敦龔伯彝伯庶父敦》　右《毛伯古敦銘》。嘉祐中，原父以翰林侍讀學士出爲永興軍路安撫使，其治在長安。原父博學好古，多藏古奇器物，能讀古文銘識，考知其人事蹟。而長安，秦漢故都，時時發掘所得，原父悉購而藏之。以予方集録古文，故每有所得，必摹其銘文以見遺。此敦，原父得其蓋於扶風而有此銘。原父爲予考按其事云：《史記》武王克商，尚父牽牲，毛叔鄭奉明水。則此銘謂鄭者，毛叔鄭也。銘稱伯者爵也，史稱叔者字也。敦乃武王時器也。蓋余《集録》最後得此銘，當作《録目序》時，但有《伯冏銘》「吉日癸巳」字最遠，故叙言自周穆王以來叙已刻石，始得斯銘，乃武王時器也。其後二銘，一得盩厔，曰龔伯尊彝，其一亦得扶風，曰「伯庶父作舟姜尊敦」，皆不知爲何人也。三器銘文皆完可識，具列如左。

高似孫《史略序》　太史公以來，載籍之作，大義粲然著矣。至於老蝕半瓦，著力汗青，何止間見層出。而善序事，善裁論，比良班、馬者，固有犖犖可稱。然書多失傳，世固少接，被諸簽目，往往莫詳，況有窺津涯，涉閫奥者乎？乃爲網羅散軼，稽輯見聞，採菁獵奇，或標一二，仍依劉向《七録》法，各匯其書，而品其指意。後有才者，思欲商榷千古，鈐括百家，大筆修辭，緝熙盛典，殫極功緒，與史并驅，其必有准於斯。寶慶元年十月十日修，十一月七日畢。似孫序。

楊守敬《史略跋》　高似孫《史略》六卷，宋刊原本今存博物館。此書世久失傳，此當爲海外孤本。首有兼葭堂印、木氏永保印。按木世肅，大坂人，以藏書名者也。原本亦多誤字，今就其顯然者改之，其稍涉疑似者，仍存其舊。按史家流别已詳於劉知幾《史通》，高氏此書未能出其範圍，況餖飣雜抄，詳略失當。其最謬者，如《後漢書》，既採《宋書》范蔚宗本傳，又採《南史》及蔚宗《獄中與諸甥書》，大同小異，一事三出，不恤其繁。又如既據《新唐書》録劉陟《劉書》十三卷，爲齊正史。又據《隋志》録劉陟《齊紀》十三卷，爲齊别史。既出范質《晉朝陷蕃記》四卷，又出范質《陷蕃記》四卷，而不知皆爲一書。其他書名之誤，人名之誤，與卷數之誤，不可勝紀。據其自序，成書於二十七日，宜其罅漏如斯之多也。似孫以博奥名，其《子略》、《緯略》兩書，頗爲精覈。此書則遠不逮之，久而湮滅，良有由然。唯似孫聞見終博，所載史家體例，亦略見於此篇，又時有逸聞。如所採《東觀漢記》，爲今四庫輯本所不載，此則可節取焉耳。光緒甲申春正月宜都楊守敬記。

李慈銘《越縵堂讀書記》卷三《史略》　閲高續古似孫《史略》，共六卷，亦黎氏所刻，據日本宋刊翻雕，極精緻。其自序言成書不及一月，故粗略殊甚，亦多復舛。惟舉江南（謂南唐）古本《史記》一條云：《刺客傳》「劍堅故不可拔」，江南本作「劍豎」，劍豎安得不可拔？豎爲有旨。案此説甚是。古人佩劍皆在掖下脅旁，故有上士、中士、下士之長短異制，上、中、下士以身之長短言也。秦王身長則劍長，豎於掖下，故不可卒拔。左右告王負劍，謂舉劍負於背上，則易拔（近儒亦有此説）。作豎字則情狀宛然，亦可考見古人佩劍之制矣。又載《東觀記》中《鄧禹傳》序、《吴漢傳》序兩首，文甚完美，可補入四庫輯本，又可證《東觀記》以論爲序也（《史通》云：班固曰贊，荀悅曰論，《東觀》曰序，謝承曰詮，陳壽曰評，王隱曰議，何法盛曰述）。光緒丙戌七月初四日。

顧祖禹《古今方輿書目》　《周禮》職方氏掌方輿之官，此輿地學之所肇始也。洎後典籍既繁，著述遂富，隋、唐而後，汗牛充棟矣。歷覽史乘所載，作者如林，核今傳者，什不及一，何哉？良以劬學之士，沈酣經典，詞章之徒，趨慕浮華，方輿之業，闊略難詳，漠然忽然，而其學漸替矣。明、清之際，官書益繁，方志之業，大都成於庸妄俗吏之手，猥雜蕪瑣，其可傳者，蓋百不得一二焉。宛溪顧祖禹氏，病方輿之不修，忽稽古之無從，殫精疲神，成《讀史方輿紀要》一書，方之前修樂史《寰宇》之記，王君《紀勝》之業，博要詳贍，差堪比擬矣。顧氏成書之外，别撰《方輿書目》一帙，分爲若干部，合爲若干卷，博採廣徵，上自《禹貢》，下訖明季，凡記載所及，耳目所傳，纖微無遺。其言曰：「善本不必傳，傳者不必善，其有近世流通編目闕如者，非所經見，不敢妄廢，其可傳，不庸濫也。」味乎斯言，知顧氏成目之意，有闡古薄今，雖所録未必具存，藉以窺測宏業，掇拾放失，考鏡在斯，折衷攸賴，兹目爲不可廢矣。其書分類十五：曰經、曰史、曰方域、曰都邑、曰山川、曰紀事、曰黑道、曰名勝、曰宫苑、曰風俗、曰人物、曰方物、曰述異、曰逸書、曰殊域，各以類從，尤足爲藏家簿録之津逮，世之留心輿地學者，幸勿視爲已亡之舊典而忽之焉。斯目爲故人丁初我先生傳録之本，予蓋以賤值得之吴市者。乙卯新正月九日宿雨初霽，晴窗無事，於篋中得此一帙，涉覽一過，略識數語於後。己卯正月十一日記。

章學誠《章氏遺書》卷一三《與邵二雲書》　逢之寄來《逸史》，甚得所用。至云摭逸之多，有百餘紙不止者，難以附入《史考》，但須載其考證，此説亦有理。然

弟意以爲蒐羅逸史，爲功亦自不小。其書既成，當與余仲林《經解鉤沈》可以對峙，理宜别爲一書，另刻以附《史考》之後。《史考》以敵朱氏《經考》，《逸史》以敵余氏《鉤沈》，亦一時天生瑜亮，洵稱藝林之盛事也。但朱、余二人，各自爲書，故朱氏《經考》本以著録爲本，附登緯候逸文；余氏《鉤沈》本以搜逸爲功，而於首卷别爲五百餘家著録。蓋著録與蒐逸二事，本屬同功異用，故兩家推究所極，不伴而合如此。今兩書皆出弇山先生一人之手，則又可自爲呼吸照應，較彼二家更便利矣。夫史籍遺篇逸句，不講著録部次，則無所附麗，更不比余氏《經解》，猶有本經白文，可以作間架也。今爲酌定凡例。自唐以前諸品逸史，除蒐采尚可成卷帙者，倣叢書例，另作敍跋較刻，以附《史籍考》後。其零章碎句，不能成卷帙者，仍入《史籍考》内，以作考證。至書之另刻，不過以其卷頁累墜，不便附於各條之下，其爲體裁，仍是搜逸，以證著録與零章碎句之附於各條下者，未始有殊。故文雖另刻，必於本條著録之下，注明另刻字様，以便稽檢。鴻編鉅製，取多用宏，創例僅得大凡。及其從事編摩時，遇盤根錯節，必須因時準酌，例以義起，窮變通久，難以一端而盡，凡事不厭往復熟商。今兹所應，不識高明以爲何如？至宋元以來，史部著述浩繁，自諸家目録之外，名人文應有序文題跋，雜書説部有評論敍述，均須摘抉搜羅。其文集之敍跋，不無仰資館閣，説部則當搜其外間所無者。此事不知張供事能勝任否？吾兄幸熟計之，若得此二事具，則於采擇之功，庶幾十得其八九矣。又文集内有傳誌狀述，敍人著述，有關於史部者，皆不可忽。四月廿二日。

王象之《輿地紀勝序》 世之言地理者尚矣，郡縣有志，九域有志，寰宇有志，輿地有記。或圖兩界之山河，或紀歷代之疆域，其書不爲不多。然不過辨古今、析同異，考山川之形勢，稽南北之離合，資游談而誇辨，博則有之矣。至若收拾山川之精華，以借助于筆端，取之無禁，用之不竭，使騷人才士於一寓目之，頃而山川俱若効奇於左右，則未見其書，此紀勝之編所以不得不作也。吾少侍先君宦遊四方，江淮荆閩，靡國不到。獨恨未能執簡操牘，以紀其勝。及仲兄行甫西至錦城，而叔兄中甫北趨武興，南渡渝瀘，歸來道梁益事，皆衮衮可聽。然求《西州圖記》於篋中，藏未能一二，雖口以傳授而猶恐異時無所據依也。余因暇日，搜括天下地理之書，及諸郡圖經，參訂會萃，每郡自爲一編，以郡之因革見之編首，而諸邑次之，郡之風俗又次之，其他如山川之英華，人物之奇傑，吏治之循良，方言之異聞，故老之傳記，與夫詩章、文翰之關於風土者，皆附見焉。東南十六路則倣范蔚宗《郡國志》條例，以在所爲首。而西北諸郡，亦次第編集，第書品浩繁，非一家所有，隨假隨閲，故編次之序未能盡歸律度，然而一郡名物亦庶幾開卷而盡得，則回視諸書，似未爲贅也。或者又曰：「昔太史公方行天下，上會稽，探禹穴，歷覽山川奇傑之氣，以爲著書立言之助，先儒至欲效子長之遊，而後始學其爲文，今子乃合天下之書，不出户牖而欲名山大川若躬履焉，於子長之遊，未免有戾乎？」余因自笑曰：「昔子長因遊而得作書之趣，余乃因書而得山川之趣，其迹雖不同，然未可盡以迹拘也，當從識者而問之。」嘉定辛巳孟夏，東陽王象之序。

顧千里《校刻輿地碑記目序録》 《輿地碑記目》四卷，取宋王象之《輿地紀勝》十二門之一曰「碑記」者而爲之，嘉定錢少詹云：「不知何人鈔出，想是明時金石家者也。」予案象之所言碑，記各爲一事，碑指石刻，記指志書，而鈔出則意重在碑，特未析去其記耳。明刻不多見，予嘗得孫淵翁、趙晉齋兩家寫本，又據殘闕《紀勝》原書，就所存之卷，逐一讎校，乃始補其脱者共若干行，正其誤者幾不勝枚數，於是粗有條理，可用省讀矣。上元車明經秋舲從予傳其副，復屬其同邑友陳君仲虎覆勘再三，以付棗氏。二君皆處寒素而能篤嗜古蹟，遊歷所到，必有椎拓，若值同癖，不吝分餉，秋舲復流布此書，爲海内搜奇訪異者作導，誠可謂大雅不群，與人爲善者也，亟從臾其成而爲之序。且今者《紀勝》闕卷卅有一，好事者每惜其末由補全，孰知求之此書，則卅一卷之碑記一門，唯荆湖南路之潭州，成都府路之彭州、綿州、漢州、邛州、黎州、利西路之天水軍，俄空其七耳，以外尚多無恙者，實原書之墜簡也，豈徒有裨於金石家哉？予輒兼取兩書，參互考訂，别定二百卷之目，著厥存否，撰録一通，並列於左，冀諗知者，蓋云以二君之爲亦有樂於此也。道光己丑歲重九日，元和顧千里書於楓江僦舍，時年六十有四。

右《碑記》中亦闕者七，疑明人編此書時已未見其全也。然錢曾《讀書敏求記》著録王象之《輿地紀勝》二百卷，鏤刻精雅，楮墨如新，乃宋本中之佳者，似仍係完帙，不審尚在世間否耳？今所據但寫本，闕卷之外，復多闕葉，如楚州、濠州、興元府及永康軍之下半碑記，均籍此書而僅存，愈徵其有益者非尠矣。其第一百三十五興化軍，錢少詹未見，而云闕卅二卷，寫本有之，故今不在所數焉。千里又書。

錢大昕《跋輿地碑記目》 王象之《輿地碑記目》四卷，乾隆戊子借鈔於南濠朱文游氏。鈔畢粗讀一過，中多訛字，由轉寫失真所致，惜無宋槧本校正，僅以意更定百十處而已。

傳記

《宋史・歐陽修傳》歐陽修字永叔，廬陵人。四歲而孤，母鄭，守節自誓，親誨之學，家貧，至以荻畫地學書。幼敏悟過人，讀書輒成誦。及冠，嶷然有聲。宋興且百年，而文章體裁，猶仍五季餘習。鎪刻駢偶，淟涊弗振，士因陋守舊，論卑氣弱。蘇舜元舜欽、柳開、穆修輩，咸有意作而張之，而力不足。修游隨，得唐韓愈遺稿於廢書簏中，讀而心慕焉。苦志探賾，至忘寢食，必欲并轡絶馳而追與之並。舉進士，試南宫第一，擢甲科，調西京推官。始從尹洙游，爲古文，議論當世事，迭相師友，與梅堯臣游，爲歌詩相倡和，遂以文章名冠天下。入朝，爲館閣校勘。范仲淹以言事貶，在廷多論救，司諫高若訥獨以爲當黜。修貽書責之，謂其不復知人間有羞恥事。若訥上其書，坐貶夷陵令，稍徙乾德令、武成節度判官。仲淹使陝西，辟掌書記。修笑而辭曰：「昔者之舉，豈以爲己利哉？同其退不同其進可也。」久之，復校勘，進集賢校理。慶曆三年，知諫院。【略】修論事切直，人視之如仇，帝獨獎其敢言，面賜五品服。顧侍臣曰：「如歐陽修者，何處得來？」同修起居注，遂知制誥。故事，必試而后命，帝知修，詔特除之。【略】方是時，杜衍等相繼以黨議罷去，修慨然上疏曰：「杜衍、韓琦、范仲淹、富弼，天下皆知其有可用之賢，而不聞其有可罷之罪。自古小人讒害忠賢，其説不遠。欲廣陷良善，不過指爲朋黨，欲動摇大臣，必須誣以顓權，其故何也？去一善人，而衆善人尚在，則未爲小人之利；欲盡去之，則善人少過，難爲一一求瑕，唯指以爲黨，則可一時盡逐。至如自古大臣，已被主知而蒙信任，則難以他事動摇，唯有顓權是上之所惡，必須此説，方可傾之。正士在朝，群邪所忌，謀臣不用，敵國之福也。今此四人一旦罷去，而使群邪相賀於内，四夷相賀於外，臣爲朝廷惜之。」於是邪黨益忌修，因其孤甥張氏獄傅致以罪，左遷知制誥、知滁州。居二年，徙揚州、潁州。復學士，留守南京，以母憂去。服除，召判流内銓，時在外十一年矣。帝見其髪白，問勞甚至。小人畏修復用，有詐爲修奏，乞澄汰内侍爲姦利者。其群皆怨怒，譖之，出知同州，帝納吴充言而止。遷翰林學士，俾修《唐書》。奉使契丹，其主命貴臣四人押宴，曰：「此非常制，以卿名重故爾。」知嘉祐二年貢舉。時士子尚爲險怪奇澀之文，號「太學體」，修痛排抑之，凡如是者輒黜。畢事，向之囂薄者伺修出，聚譟於馬首，街邏不能制；然場屋之習，從是遂變。加龍圖閣學士、知開封府，承包拯威嚴之後，簡易循理，不求赫赫名，京師亦治。旬月，改群牧使。《唐書》成，拜禮部侍郎兼翰林侍讀學士。修在翰林八年，知無不言。河決商胡，北京留守賈昌朝欲開横壠故道，回河使東流。有李仲昌者，欲導入六塔河，議者莫知所從。修以爲：「河水重濁，理無不淤，下流既淤，上流必決。以近事驗之，決河非不能力塞，故道非不能力復，但勢不能久耳。横壠功大難成，雖成將復決。六塔狹小，而以全河注之，濱、棣、德、博必被其害。不若因水所趨，增隄峻防，疏其下流，縱使入海，此數十年之利也。」宰相陳執中主昌朝，文彦博主仲昌，竟爲河北患。【略】修平生與人盡言無所隱。及執政，士大夫有所干請，輒面諭可否，雖臺諫官論事，亦必以是非詰之，以是怨誹益衆。帝將追崇濮王，命有司議，皆謂當稱皇伯，改封大國。修引《喪服記》，以爲：「『爲人後者，爲其父母報。』降三年爲期，而不没父母之名，以見服可降而名不可没也。若本生之親，改稱皇伯，歷考前世，皆無典據。進封大國，則又禮無加爵之道。故中書之議，不與衆同。」太后出手書，許帝稱親，尊王爲皇，三夫人爲后。帝不敢當。於是御史吕誨等詆修主此議，争論不已，皆被逐。惟蔣之奇之説合修意，修薦爲御史，衆目爲姦邪。之奇患之，則思所以自解。修婦弟薛宗孺有憾於修，造帷薄不根之謗摧辱之，展轉達於中丞彭思永，思永以告之奇，之奇即上章劾修。神宗初即位，欲深譴修。訪古宫臣孫思恭，思恭爲辨釋，修杜門請推治。帝使詰思永、之奇，問所從來，辭窮，皆坐黜。修亦力求退，罷爲觀文殿學士、刑部尚書、知亳州。明年，遷兵部尚書、知青州，改宣徽南院使、判太原府。辭不拜，徙蔡州。修以風節自持，既數被汙衊，年六十，即連乞謝事，帝輒優詔弗許。及守青州，又以請止散青苗錢，爲安石所詆，故求歸愈切。熙寧四年，以太子少師致仕。五年，卒，贈太子太師，謚曰文忠。修始在滁州，號醉翁，晚更號六一居士。天資剛勁，見義勇爲，雖機穽在前，觸發之不顧。放逐流離，至于再三，志氣自若也。方貶夷陵時，無以自遣，因取舊案反覆觀之，見其枉直乖錯不可勝數，於是仰天歎曰：「以荒遠小邑，且如此，天下固可知。」自爾，遇事不敢忽也。學者求見，所與言，未嘗及文章，惟談吏事，謂文章止於潤身，政事可以及物。凡歷數郡，不見治迹，不求聲譽，寬簡而不擾，故所至民便之。或問：「爲政寬簡，而事不弛廢，何也？」曰：「以縱爲寬，以略爲簡，則政事弛廢，而民受其弊。吾所謂寬者，不爲苛急；簡者，不爲繁碎耳。」修幼失父，母嘗謂曰：「汝父爲吏，常夜燭治官書，屢廢而歎。吾問之，則曰：『死獄也，我求其生，不得爾。』吾曰：『生可求乎？』曰：『求其生而不得，則死者與我皆無恨。』夫常

求其生，猶失之死，而世常求其死也。』其平居教他子弟，常用此語，吾耳熟焉。」修聞而服之終身。爲文天才自然，豐約中度。其言簡而明，信而通，引物連類，折之於至理，以服人心。超然獨騖，衆莫能及，故天下翕然師尊之。獎引後進，如恐不及，賞識之下，率爲聞人。曾鞏、王安石、蘇洵、洵子軾轍，布衣屏處，未爲人知，修即游其聲譽，謂必顯於世。篤於朋友，生則振掖之，死則調護其家。好古嗜學，凡周、漢以降金石遺文、斷編殘簡，一切掇拾，研稽異同，立説於左，的的可表證，謂之《集古録》。奉詔修《唐書》紀、志、表，自撰《五代史記》，法嚴詞約，多取《春秋》遺旨。蘇軾敘其文曰：「論大道似韓愈，論事似陸贄，記事似司馬遷，詩賦似李白。」識者以爲知言。

吴師道《敬鄉録》卷一二　王象之，字肖父。慶元丙辰進士，博學多識，著《輿地紀勝》。

《清史列傳·文苑傳三·章學誠》　章學誠，字實齋，浙江會稽人。乾隆四十三年進士，官國子監典籍。性耽墳籍，不甘爲章句之學。從山陰劉文蔚、童鈺遊，習聞蕺山、南雷之説，言明季黨禍緣起、奄寺亂政，及唐魯二王本末，往往出於正史之外。秀水鄭虎文稱其有良史才。自遊朱筠之門，筠藏書甚富，因得徧覽群書，日與名流討論講貫。嘗與休寧戴震、江都汪中同客寧紹台道馮廷丞署，廷丞甚敬禮之。震論修志，謂悉心於地理沿革，則志事以竟；侈言文獻，非所急務。陽湖洪亮吉嘗撰輯《乾隆府廳州縣志》，其分部乃以布政司分隸廳州縣，學誠均著論相諍。所修和州、亳州、永清縣諸志，論者謂是非斟酌，非兼才學識之長者，不能作云。所自著有《文史通義》八卷、《校讐通義》三卷。其中倡言立論，多前人所未發。大抵推原官禮，而有得於向歆父子之傳，故於古今學術之原，輒能條别而得其宗旨。自謂卑論仲任，俯視子玄，未免過詡，然亦夾漈之伯仲也。又著有《實齋文集》。

紀事

章學誠《校讎通義·論修〈史籍考〉要略》　校讎著録，自古爲難。二十一家之書，志典籍者，僅有漢、隋、唐、宋四家，餘則闕如。《明史》止録有明一代著述，不録前代留遺，非故爲闕略也，蓋無專門著録名家勒爲成書以作憑藉也。史志篇幅有限，故止記部目，且亦不免錯訛；私家記載，間有考訂，僅就耳目所見，不能悉覽無遺。朱竹垞氏《經義》一考，爲功甚鉅。既辨經籍存亡，且採群書叙録，間爲案斷，以折其衷，後人溯經藝者，所攸賴矣。第類例間有未盡，則創始之難，而所收止於經部，則史籍浩繁，一人之力不能兼盡，勢固不能無待於後人也。今擬修《史籍考》，一倣朱氏成法，少加變通，蔚爲鉅部，以存經緯相宣之意。

一曰：古逸宜存。史之部次後於經，而史之原起實先於經，《周官》外史掌三皇五帝之書，蒼頡嘗爲黄帝之史，則經名未立而先有史矣。後世著録，惟以《史》、《漢》爲首，則《尚書》、《春秋》尊爲經訓故也。今作《史考》，宜具源委，凡六經、《左》、《國》、周秦諸子所引古史逸文，如《左傳》所稱《軍志》、《周志》，《大戴》所稱《丹書》、《青史》之類，略倣《玉海藝文》之意，首標古逸一門，以討其原。

二曰：家法宜辨。較讎之學，與著録相爲表裏。較讎類例不清，著録終無源委。舊例以二十一家之言，同列正史，其實類例不清。馬遷乃通史也，梁武《通史》、鄭樵《通志》之類屬之；班固斷代專門之書也，華、謝、范、沈諸家屬之；陳《志》分國之書也，《十六國春秋》、《九國志》之類屬之；《南北史》斷取數代之書也，歐、薛《五代》諸史屬之；《晉書》、《唐書》，集衆官修之書也，宋、遼、金、元諸史屬之。家法分明，庶幾條理可貫，而究史學者，可以溯源流矣。他若編年、故事、職官、儀注之類，折衷歷代藝文史部子目，以次區分可也。

三曰：翦裁宜法。史部之書，倍於經部。卷帙多寡，約略計之，僅與朱氏《經考》相去不遠。蓋一書之中，但取精要數語，足以該括全書足矣。篇目有可考者，自宜備載。其序論題跋，文辭浮汎與意義複沓者，概從删節。但記作序作跋年月銜名，以備參考而已。按語亦取簡而易明，無庸多事敷衍，庶幾文無虚飾，書歸有用。

四曰：逸篇宜採。古逸之史，已詳首條。若兩漢以下至於隋代，史氏家學，尚未以爲泯。亡逸之史，載在傳志，崖略尚有可考。其遺篇逸句，散見群書，稱引亦可寶貴。自隋以前，古書存者無多，耳目易於周遍，可倣王伯厚氏採輯鄭氏《書》、《易》、《三家詩訓》之例，備録本書之下，亦朱竹垞氏采録緯候逸文之成法也。此於史學所補實非淺鮮。

五曰：嫌名宜辨。《史記》之名，起於後世，當時止稱《司馬遷書》；《漢書》因東京而横加《前漢》，固俗稱也。五代之書，薛氏稱《五代史》，歐陽則稱《新五代史記》。至於《漢記》之有《東觀》，異乎劉、賈之所叙録；曹氏自有《魏書》，異於陳子之分子目。古人之書，或一書歧名，或異書同名者多矣，皆於標題之下，注明同異

名目，以便稽檢。仍取諸書名目，倣《佩文韻府》之例，依韻先編檔簿，以俟檢覈，庶幾編次之時，乃無遺漏複疊之患。

六曰：經部宜通。古無經史之別，六藝皆掌之史官，不特《尚書》與《春秋》也。今六藝以聖訓而尊，初非以其體用不入史也。而經部之所以浩繁，則因訓詁、解義、音訓而多。若六藝本書，即是諸史根源，豈可離哉？今如易部之《乾坤鑿度》，書部之《逸周諸解》，春秋之《外傳後語》，韓氏傳《詩》，戴氏記《禮》，俱與古昔史記相爲出入，雖云已入朱氏《經考》，不能不於《史考》溯其淵源，乃使人曉然於殊途同歸之義。然彼詳此略，彼全此偏，主賓輕重，又自有權衡也。

七曰：子部宜擇。諸子之書，多與史部相爲表裏。如《周官》典法，多見於《管子》、《吕覽》；列國瑣事，多見於《晏子》、《韓非》。若使鈎章鈲句，附會史裁，固非作書體要。但如《官圖》、《月令》、《地圓》諸篇之鴻文鉅典，《儲説》、《諫篇》之排列記載，實於史部例有專門，自宜擇取要删，入於篇次，乃使求史事者無遺憾矣。

八曰：集部宜裁。漢魏六朝史學，必取專門文人之集，不過銘、箴、頌、誄、詩、賦、書、表、文檄諸作而已。唐人文集，間有紀事，蓋史學至唐而盡失也。及宋元以來，文人之集，傳記漸多，史學文才，混而爲一。於是古人專門之業，不可問矣。然人之聰明智力，必有所近，耳聞目見，備急應求，則有傳記誌狀之撰，書事紀述之文，其所取用，反較古人文集徵實爲多。此乃史裁本體，因無專門家學，失陷文集之中，亦可惜也。是宜取其連篇累卷入史例者，分别登書。此亦朱氏取《洪範五行傳》於曾、王文集之故事也。

九曰：方志宜選。既作史考，凡關史學之書，自宜鉅細無遺，備登於録矣。乃有不得不去取者，府州縣志是也。其書計數盈千，又兼新舊雜糅，不下三十餘種，而淺俗不典，迂謬可怪，油俚不根，猥劣可憎者，殆過半焉。若胥吏簿書，經生策括，猶足稱爲彼善於此者矣。是以言及方志，搢紳先生，每難言之。又其書散在天下，非一時人力所能彙聚，是宜僅就見聞所及，有可取者，稍爲叙述；無可取者，僅著名目；不及見者，亦無庸過爲搜尋，後人亦得以量其所不及也。

十曰：譜牒宜略。方志在官之書，猶多庸劣；家譜私門之記，其弊較之方志，殆又甚焉。古者譜牒掌於官，而後世人自爲書，不復領於郎令史故也。其徵求之難，甚於方志，是亦不可得而强索者矣。惟於統譜類譜，彙合爲編，而專家之譜，但取一時理法名家，世宦巨族，力之所能及者，以次列之，仍著所以不能遍及之故，以待後人之别擇可耳。

十一曰：考異宜精。史籍成編，取精用弘，其功包經子集，而其用同《經義考》矣。然比類既多，不能無所牴牾，參差同異，勢不能免。隨時編次之際，取其分歧互見之説，賅而存之，俟成書之後，别爲《考異》一編，庶幾無罅漏矣。

十二曰：板刻宜詳。朱氏《經義考》後有刊板一條，不過記載刊本源委，而惜其未盡善者，未載刊本之異同也。金石刻畫，自歐、趙、洪、薛以來，詳哉其言之矣。板刻之書，流傳既廣，訛失亦多，其所據何本，較訂何人，出於誰氏，刻於何年，款識何若，有誰題跋，孰爲序引，板存何處，有無缺訛，一書曾經幾刻，諸刻有何異同，惜未嘗有人倣前人《金石録》例而爲之專書者也。如其有之，則按録求書，不迷所向，嘉惠後學，豈不遠勝《金石録》乎？如有餘力所及，則當補朱氏《經考》之遺，《史考》亦可以例倣也。

十三曰：制書宜尊。《列聖實訓》、《五朝寶録》、《巡幸盛典》、《蕩平方略》，一切尊藏史宬者，不分類例，但照年月先後，恭編卷首。

十四曰：禁例宜明。凡違礙書籍，或銷毁全書，或摘抽摘毁。其摘抽而尚聽存留本書者，仍分别著録。如全書銷毁者，著其違礙應禁之故，不分類例，另編卷末，以昭功令。

十五曰：採摭宜詳。現有之書，鈔録叙目凡例；亡逸之書，搜剔群書紀載；以及聞見所及，理宜先作長編，序跋評論之類，鈔録不厭其詳。長編既定，及至纂輯之時，删繁就簡，考訂易於爲力。仍照朱氏《經考》之例，分别存、軼、闕與未見四門，以見徵信。

附：《史籍考》類目

紀傳部：正史，國史，史稿。編年部：通史，斷代，紀注，圖表。史學部：考訂，義例，評論，蒙求。稗史部：雜史，霸史。星曆部：天文，曆律，五行，時令。譜牒部：專家，總類，年譜，别譜。地理部：總載，分載，方志，水道，外裔。故事部：訓典，章奏，典要，吏書，户書，禮書，兵書，刑書，工書，官曹。目録部：總目，經史，詩文，圖書，金石，叢書，釋道。傳記部：記事，雜事，類考，法鑒，言行，人物，别傳，内行，姓名，譜録。小説部：瑣語，異聞。凡十一部，五十五類。

又《章氏遺書・補遺・史考釋例》 著録之書，肇自劉氏《七略》，班氏因之而述《藝文》，自是荀《簿》、阮《録》、隋《籍》、唐《藝》，公私迭有撰記，不可更僕數矣！其因著録而爲考訂，則劉向《别録》以下未有繼者。宋晁氏公武、陳氏振孫始有專書，而馬氏《文獻通考》遂因之以著《經籍》，學者便之。然皆據所存書加詳悉耳，至

於專門考求，無論書之存亡，但有見於古今著録，或群書所稱引，苟有名目著見，無不收録考次，博綜貫串，勒爲一家，則古人所無，實創始於朱氏彝尊《經義存亡考》也。《經義考》之原名也，乃朱氏著書本旨。今《史考》一依《經考》起義，蓋亦創始之書也。凡創始者功倍而效不能全，朱氏《經考》後人往往究其未至，其前車也；況《史考》又倍難於經，雖黽勉加功，而牴牾疏漏，良亦不敢自保。然明知創始之難，不敢避難而務爲之，則以經經必須史緯，著述之林，實爲不可不補之缺典也。讀者諒其難而有以益其所未盡，幸矣！

考訂與著録事雖相貫，而用力不同。著録貴明類例，求於書之面目者也；考訂貴詳端委，求於書之精要者也。就劉氏父子之業而論，世人但知其《經籍》、《藝文》所祖而已，不知劉歆部次《七略》爲漢、隋諸志所祖，而世有其傳耳；至劉向所爲「條其篇目，撮其旨意，録而奏上」之言，劉歆部《七略》時所稱爲《別録》者，乃考訂群書之鼻祖，而後世鮮有述焉者也。觀於經禮諸記，孔《疏》所引《鄭氏目録》，與劉向不同，則同一治經而各爲目録，即各有家法，非考訂不爲功也。觀於唐人《十三代史目》，而宗諫略止三卷，殷仲茂詳至十卷，則同一考史而各爲著録，即各成學業也。是知考訂與著録之功，似同而異，學者混於一例而不能析也。鄭樵《通志》雖疏，其論《校讎》之例甚精，然猶不能分別兩家之同異，故其論書有「名亡實不亡」，曰：「《三禮目録》雖亡可取諸《三禮》，《十三代史目》雖亡可取諸《十三代史》。」噫！孔《疏》明著劉、鄭禮目不同，《唐志》明著宗、殷卷次不合，正著録諸家各有考訂之明證，而樵乃但欲取諸本書，便可謂目録耶？是故明乎向、歆術業之異同，而後知考訂與著録之難易；知考訂之難於著録，而後知朱氏創爲存亡兼考，是益爲其難；知經部之兼考存亡已爲其難，則知史籍之存亡大倍於《經考》之難矣！

古無史學，其以史見長者，大抵深於《春秋》者也。陸賈、史遷諸書，劉、班部於《春秋》家學，得其本矣。古人書簡而例約，雖治史者之法《春秋》，猶未若後世治經學者之説《春秋》繁而不可勝也。故《春秋》之義行，而名史皆能自得於不言之表焉。馬、班、陳氏不作而史學衰，於是史書有專部；而所部之書轉有不盡出於史學者矣。蓋學術歧而人事亦異於古，固江河之勢也。史離經而子集又自爲部次，於是史於群籍畫分三隅之一焉，此其言乎統合爲著録也。若專門考訂爲一家書，則史部所通，不可拘於三隅之一也；史不拘三隅之一，固爲類例之所通，然由其類例深思相通之故，亦可隱識古人未至史部之初意焉。

蓋史有《律憲志》，而卦氣通於律憲，則《易》之支流通於史矣。史有《藝文志》，而詩書篇序爲校讎目録所宗，則《詩》、《書》支流通於史矣。《禹貢》天文、《洪範》五行、《雅》《頌》入樂，姑勿具論。史有《職官志》而《周官》可通；有《禮儀志》而《禮》、《樂》二經可通。後儒攻《春秋》於講義者不通於史，若《春秋》地理國名之考，長暦災變之推，世族卿聯之譜，則天文、地理、五行、譜牒何非史部之所通乎？故六經流別，爲史部所不得不收者也。

自夫子有知我罪我之言，明《春秋》之所作，而戰國諸子遂以《春秋》爲著書獨斷之總名，不必盡拘於編年紀月，而命名亦曰《春秋》，此載籍之一大變也。然年月縱不可拘，而獨斷必憑事實，於是亦自摭其所見、所聞、所傳聞者筆之於書，若史遷所敍，鐸椒、虞卿、吕不韋之所撰述，雖曰諸子家言，實亦史之流別矣。又如隋唐而後，子部列有類家，而會要典故之書，其例實通於史；法家子部之有律令史部，兵家子部之有武備史部，説家即小説家，亦隸於子部。之有聞見史部，譜録古人所無，《遂初堂書目》所創，亦隸於子部。之有名數史部，是子庫之通於史者什之九也。

文集仿於東京，至魏晉而漸廣，至今則浩如煙海矣！然自唐以前，子史著述專家，故立言入子與記事入史之文不入於集，辭章詩賦所以擅集之稱也。自唐以後，子不專家而文集有議論，史不專家而文集有傳記，亦著述之一大變也。彼雖自命曰文，而君子以爲是即集中之史矣。指傳記言。況内制外制，王言通於典謨；表狀章疏，蓋臣亦希訓誥，是別集之通乎史矣。至於總集，尤爲同苔異岑。人知漢晉《樂志》分別郊廟房中，而不知《樂府》之集實備諸志之全；人知金石著録創於歐、趙諸目，而不知梁、元《碑集》已爲宋賢開創，是則集部之書又與史家互出入也。

蓋史庫畫三之一，而三家多與史相通，混而合之則不清，拘而守之則已隘；是則抉擇去取，不無搔首苦心，《史考》之牽連，不如《經考》之截然劃界也。自隋唐諸志，分別史爲四庫之乙，其大綱矣。史部條目，如正史、編年、職官、儀注之屬，少者不過十二三門隋唐，多者不過十七八門，焦氏《經籍志》、黄氏《千頃堂》。蓋爲四分之一，大略不過如此，非爲簡也。今既擴充類例，上援甲而下合丙丁，則區區專門舊目，勢不足以窮其變也。是則創條發例，今分十二綱，析五十七目。不無損益折衷。畢宫保原稿分一百十二子目，以其太繁，今爲併省。《史考》之裁制，不如《經考》之依經爲部，不勞分合也。

制書弁首，冠履之義也。朱氏《經考》蓋分御制、敕撰，今用其例。史宬金匱之藏，外廷無由得窺，史部不同經籍者也。一以欽定《四庫》書入史部者爲主；不見於《四庫》著録，不敢登也。入《四庫》之著録而不隸於史部者，亦不敢登，義取於專

部也。不敢妄分類例，謹照書成年月，先後恭編，猶史之本紀，所以致謹嚴之意。仍注《四庫》部次於下，所從受也。

古史必先編年，而今以紀傳首編年者，編年自馬、班而下，《隋志》即以紀傳爲正史，而編年則稱爲古史矣。其實馬、班皆法《春秋》，命其本紀謂之《春秋考紀》，而著録家未之察也。《唐志》知編年之書後世亦未嘗絶，故改《隋志》古史之稱而直題爲編年類，事理固得其實，然未盡也。《隋志》題古史，猶示編年之體之本爲正也。《唐志》以紀傳爲正史，而直以編年爲編年，乃是别出編年爲非正史矣。是以宋人論史，乃惜孫盛、鑿齒之倫不爲正史，幾於名實爲倒置也。夫劉氏二體以班荀爲不祧之祖，紀傳、編年，古人未有軒輊焉。自唐以後，皆沿《唐志》之稱，於義實爲未安，故《史考》以紀傳、編年分部，示平等也。不以正史與編年對待，則平等矣。

或問紀傳、編年同列，是矣，何紀傳之中又立正史子目耶？答曰：此功令也。自史氏專官失傳而家自爲學，後漢、六朝，一代必有數家之史是也。同一朝代，同一紀傳，而家學殊焉。此史學之初變也。然諸家林立，皆稱正史，其傳久與否，存乎人之精力所至，抑或有數存焉。自唐立史科，而取前史定著爲十三家，則史頒學校而爲功令所範圍，益爲十四而不能，損爲十二而不可矣。故家自爲學之風息，而一代之興，必集衆以修前代之史，則史學之再變也。自是之後，紀傳之史皆稱功令。宋人之《十七史》，明人之《二十一史》，草野不敢議增減也。故《史考》於紀傳家史，自唐以前，雖一代數家，皆歸正史；自唐以後，雖間有紀傳之書，亦歸别史子目而隸雜史焉。雖蕭常、郝經之《後漢書》，義例未嘗不正，而必以陳壽爲正史，不敢更列蕭郝者，其道然也。

正史一門，畢宫保原稿但稱紀傳，而紀傳中又分通史、《史記》是也，又附入梁武《通史》，鄭樵《通志》，今應改入别史。斷代、班范以下是也。集史、南北史是也。國别，《三國志》是也。不免繁碎。今以學校頒分二十四史爲主，題爲正史，應將原稿改正。而馮商、褚少孫、班叔皮諸家之續《史記》者，附《史記》後；華嶠、謝承、袁山松諸家之《後漢書》，與范氏《後漢書》依先後時代編次；何法盛、謝靈運、臧榮緒諸家之《晉書》，與唐太宗御撰《晉書》依先後時代編次。六朝諸史皆仿此。蓋書傳有幸有不幸，其初皆正史故也，魏吴諸書之於陳《志》亦然。若唐宋以後，正史自有一定，無出入矣。

國史從無流傳之書，而史志著録與諸書所稱引者，歷有可考，要以後漢班固與陳宗、尹敏諸人修《世祖紀》與《新市平林諸傳載紀》爲最顯著。自後依代編纂，與編年部之實録、記注，可以參互，皆本朝臣子修現行事例也。

史稿向不著録，今從諸書記載采取而成，乃屬創始之事，若無憑籍，尚恐不免遺漏，蓋前人於此皆不經意故也。但古人作史，專門名家，史成不問稿也。自東觀集衆修書而後，同局之中，人才優劣敏鈍，判若天淵；一書之中，利病雜見，若不考求草稿所出，則功罪誰分？竊謂集衆修書，必當記其分曹授簡，且詳識其草創潤色，别爲一編，附於本書之後，則史官知所激勸，今之搜輯史稿，正欲使觀者感興也。但宋、元以來，文史浩繁，耳目恐有未周，姑立此門，以爲權輿。如有好學專搜此事，自爲一書，亦佳事也。

編年之中，原分實録、記注二門，今以日曆、時政、聖政等記均合於實録，而以記注標部。蓋此等皆是史成備削稿資，例不頒行於外，於義得相合爲部次也。若專記一事，則當入傳記部之記事門；若特加纂録，如《貞觀政要》之類。則入雜史。

編年之書出於《春秋》，本正史也。乃馬、班之學盛，而史志著録皆不以編年爲正史。然如荀悦、袁宏以後，魏晉即有《春秋》，六朝往往繼出，自應入於編年。但其書不盡傳，如《隋志》所標古史、雜史，其中多編年書，不知盡屬編年否也？今以義例可推者，入於編年斷代之下；其著録不甚分别而義例不可强推者，概入於雜史云。

圖表專家，年曆經緯，便於稽考世代之用，故亦附編年爲部。其年號之書，無類可歸，雖非圖表，亦以義例而類附焉。

古人史學，口授心傳，而無成書；其有成書，即其所著之史是也。馬遷父子再世，班固兄妹三修，當顯肅之際，人文蔚然盛矣；而班固既卒，《漢書》未成，豈舉朝之士不能贊襄漢業，而必使其女弟曹昭就東觀而成之，抑何故哉？正以專門家學，書不盡言，言不盡意，必須口耳傳授，非筆墨所能罄，馬遷所謂藏名山而傳之必於其人者也。自史學亡而始有史學之名。蓋史之家法失傳，而後人攻取前人之史以爲學，異乎古人以學著爲史也。史學之書，附於本史之後，其合諸史或一二家之史以爲學者，别爲史學之部焉耳。

史學專部，分爲考訂、刊誤之類。義例、《史通》之類。評論、《管見》之類。蒙求鑑略之類。四門，自應各爲次第。若專攻一書之史學，已附入本書後者，不復分類，但照時代後先，編入本門部次，足矣。

雜史一門，原分外紀、《軒轅本紀》之類。别裁、《路史》、《繹史》之類。史纂、自爲門類，如《十七史纂》、《宋史新編》、《宏簡録》之類。史鈔、隨文删節，如《史記節要》之類。政治、如《貞觀政要》之類。本末、紀事本末、《北盟會編》、《宏簡録》之類。國别、《國語》、《國策》、

《十六國春秋》之類。共爲七門。今恐釽析太過，轉滋紛擾，合併雜史一門，較爲包括；而原分名目，仍標其説於部目之下，則覽者不致訝其不倫。

割據與霸國之書，初分二門，今合爲一，亦謂如《越絶書》、《吴越春秋》，下至南唐諸家皆是也。惟《華陽國志》、《隋志》入於霸史，後人多仍其目，或入地理。按此書上起魚鳧蠶叢，中包漢中、公孫述、二劉、蜀漢，下及李氏父子，非爲一國紀載，又非地志圖經，入於霸國固非，而入於地理尤非，斯乃雜史支流限於方隅者耳，如《建康實録》、《滇載記》、《炎徼紀聞》，皆是選也。此例前人未開，緣種類無多，均强附霸史或地記耳。今創斯條，將後有類此者，可准例焉。故名雜史方記。暗分子目，與地理志方隅之記，名同而實異也。

星曆四門：天文記天象，非關推步；曆律記曆制，非關算術；五行記災祥，非關占候；時令記授時政令，非爲景物，此則《史考》當收之義，不然則混於術數諸家矣。但嫌介疑似，亦有在術數與史例之間者，姑量取之，寧稍寬，無缺漏也。此等著録，部目多在子家；而史家志篇目，實不能闕，可以識互通之義矣。

譜牒有專家，總類之不同，專則一家之書，總則彙萃之書，而家傳、家訓、内訓、家範、家禮皆附入專譜門中，以其行於家者然也。但自宋以來有鄉約之書，名似爲一鄉設，其實皆推家範、家禮之意，欲一切鄉黨爲之效法，非專爲所居之鄉設也。施縱可徧天下，語實出於一家，既不可上附國典，又不可下入方志，故附之也。

譜學古人所重，世家鉅族，國家所與爲休戚者也。封建罷而門第流品之法又不行，故後世之譜學輕；如謂後世不須譜學，則幾於汨彝倫矣。律令：人户以籍爲定，良賤不相婚姻。何嘗無流品哉？廕襲任子雖不通行，而科第崛起之中，亦有名門鉅族，簪纓世胄，爲國家所休戚者皆運數也。但禮不下於庶人，原不能盡取齊民户籍入《史考》也。且其書不掌於官，僅能耳目聞見，載籍論次之所及，而於源委實有所考者，則編次之。耳目未周，不能偏及也。

地理門類極廣，畢宫保原稿爲二十二門，分：荒遠、總載、沿革、形勢、水道、都邑、方隅、方言、宫苑、古蹟、書院、道場、陵墓、寺觀、山川、名勝、圖經、行程、雜記、邊徼、外裔、風物二十有二，不免繁碎。今暗分子目，統於五條之下，一曰總載，二曰分載，三曰方志，四曰水道，五曰外裔。其暗分子目，以類相從，觀者可自得也。

方志自前明以來，猥濫已甚，與齊民家譜，同一不可攬擷。今亦取其著録有徵，及載籍論次所及，則編次之；其餘不勝録也。

水道之書與地志等，但記自然沿革者方入地理。其治河、導江、漕渠、水利等類施人力者，概入於故事部工書條下。

外國自有專書，如《高麗圖經》、《安南志》之專部，《職貢圖》、《北荒君長録》之總載，則入地理外裔之部；如《奉使琉球録》及《星槎勝覽》，凡册使自記行事者，雖間及外國見聞，而其意究以記行爲重，則皆入傳記部中記事條下。

故事原分一十六門，今併合爲十門。出君上者爲訓典，臣下者爲章奏，統該一切制度者爲典要。專門制度之書，則分吏、户、禮、兵、刑、工六科，其例最爲明顯，而其嫌介疑似之跡，無門不與傳記相混。其詳辨見傳記。惟確守現行者爲故事，規於事前與誌於事後爲傳記，則判然矣。官曹次於六書之後，亦故事之書也，名似與吏書相近，而其實亦易辨。吏書所部，乃銓敍官人，申明職守之書；官曹乃即其官守而備盡一官之掌故也。古者官守其法，法具於書，天下本無私門，故無著録之事也。官私分而著述盛，於是設官校録而部次之，今之著録皆從此起也。官曹之書，則猶有守官述職之意，故以是殿六曹之後焉。

目録一門，不過簿録名目之書，原無深義，而充類以求，則亦浩汗難罄。合而爲七略四部，分而爲經史百家，副而爲釋道二藏，其易言耶？且如詩文之目，則有摯虞之《文章志》；鍾嶸之《詩品》，亦目録也。而《詩話》、《文心》，凡涉論文之事，皆如《詩》、《書》小序之例，與《詩》、《書》相爲發明，則亦當收矣。圖書之目，則《書評》、《畫鑒》得以入之；金石之目，則《博古》、《琳瑯》諸籍得以入之。故曰學問貴知類，知類而又能充之，無往而不得其義也。

傳記門目，自來最易繁雜，其志創於《隋志》雜傳，而《隋志》部次，已甚混淆。蓋非專門正史，與編年紀傳顯然有别者，凡有記載，皆可混稱傳記。著録苟無精鑒，則一切無類可歸者，皆恃傳記爲龍蛇沮也。畢宫保原稿本分傳記子目一十有七，斟酌增減，定著十門，亦不得已也。

小説始於《漢志》，今存什一，而委巷叢脞之書，大雅所不屑道。《續文獻通考》載元人《水滸演義》，未爲無意，而通人鄙之，以此諸家著録多不收稗乘也。今亦取其前人所著録而差近雅馴者，分爲瑣語、異聞兩目，以示不廢芻蕘之意。

朱氏《經考》體例，先分四柱，今仍用之。首著書名，名下注其人名，次行列其著録卷數，三行判其「存」「佚」及「闕」與「未見」也。惟著録卷數，間有不注所出，今則必標出處，視朱爲稍密矣。如漢、隋、唐志並有，則以最先之書著録；其兩三史志並有而篇卷不同者，則著其可徵之數，而以他録同異注其下；或史志及官私著録所無而旁見他書記載者，必著其説於下曰：「見某書，不著録。」又有見於他書所

稱述而并無其篇卷者，則必著「無篇目」字，此朱氏未有之例也。所以明其信而有徵也。或全書之中，摘取數篇，別有當署之名目，如歐、蘇等集內之外制及奏疏，又如歐集內之《歸田録》，韓集內之《順宗實録》。則必著現在某書。如但於文集傳誌類中敘其人生平著有某書，而他著録所無，則必著云「見某篇所引」。惟近代人，其書現存而未著録者，始用朱氏不載出處之例。朱氏引書皆現存者。惟阮孝緒《七録》已佚，而僅見於《隋·經籍志》注文稱「梁有某某書，卷若干」者，朱氏皆直書《七録》，一似《七録》至今存者，引古之例，似有未合。然據法應著「《隋志》注引《七録》文云云」，方合於例。而其文繁累無取，且此事本亦人所共知，朱氏不爲欺人，是以今仍其例。

存佚必實見而著「存」，知其必不復存而著「佚」，然亦有未經目見而見者稱述其書，確鑿可信，則亦判「存」。又有其書久不著録，而言者有徵，則判「未見」。如《後漢》謝承之書，宋後不復録，而傅山謂其家有藏本，曾據以考《曹全碑》，雖琴川毛氏疑之，然未可全以爲非，則亦判爲「未見」，所以志矜慎也。又如古書已亡，或叢書刻其畸篇殘帙，本非完物，則核其著録而判「闕」；亦有其書情理必當尚存，而實無的據，則亦判爲「未見」。他皆仿此。

此書爲鎮洋贈宫保畢公所創稿，遺編敗麓，斷亂無緒。予既爲朱氏補《經考》，因思廣朱之義，久有斯志。聞宫保既已爲之，故輟筆以俟觀厥成焉。及宫保下世，遺緒未竟，實爲藝林缺典。因就其家訪得殘餘，重訂凡例，半藉原文，增加潤飾，爲成其志，不敢掩前人創始之勤也。

子學目録分部

綜　述

高似孫《子略序》　六經後，士以才藝自聲於戰國秦漢間，往往騁辭立言，成一家法。觀其跌宕古今之變，發揮事物之機，智力足以盡其神，思致足以殫其用。其指心運志，固不能盡宗於經，而經緯表裏，亦有不能盡忘乎經者。使之純乎道，昌乎世，豈不可馳騁規畫，鎗錚事功，而與《典》、《謨》、《風》、《雅》並傳乎？所逢如此，所施又如此，終亦六六與群言如一，百氏同流，可不嗟且惜哉。嗚呼！仲尼皇皇，孟子切切，猶不克如皋夔，如伊吕周召，况他乎？至若荀況、揚雄氏，王通、韓愈氏，是學孔孟者也，又不可與諸子同日語。或知此意，則一言可以明道藝。究訏謨，可以立身養性。致廣大，盡高明，可以著書立言，丹青金石，垂訓乎後世。顧所擇如何耳，審哉審哉。乃系以諸子之學，必有因其學而決其傳，存其流而辨其術者，斯可以通名家，究指歸矣，作《子略》。

《四庫提要·史部四一·目録類一》　《子略》四卷，《目録》一卷，宋高似孫撰。似孫有《剡録》，已著録。是書卷首冠以目録，始《漢志》所載，次《隋志》所載，次《唐志》所載，次庾仲容《子鈔》，馬總《意林》所載，次鄭樵《通志·藝文略》所載。皆削其門類而存其書名，略注撰人卷數於下。其一書而有諸家注者，則惟列本書，而注家細字附録焉。其有題識者，凡《陰符經》、《握奇經》、《八陣圖》、《鬻子》、《六韜》、《孔叢子》、《曾子》、《魯仲連子》、《晏子》、《老子》、《莊子》、《列子》、《文子》、《戰國策》、《管子》、《尹文子》、《韓非子》、《墨子》、《鄧析子》、《亢桑子》、《鶡冠子》、《孫子》、《吴子》、《范子》、《鬼谷子》、《吕氏春秋》、《素書》、《淮南子》、《賈誼新書》、《鹽鐵論》、《論衡》、《太玄經》、《新序》、《説苑》、《抱朴子》、《文中子》、《元子》、《皮子隱書》凡三十八家，其中《説苑》、《新序》合一篇，而《八陣圖》附於《握奇經》，實共三十六篇。惟《陰符經》、《握奇經》録其原書於前，餘皆不録，似乎後人删節之本，未必完書也。馬端臨《通考》多引之，亦頗有所考證發明。然似孫能知《亢倉子》之僞，而於《陰符經》、《握奇經》、《三略》、《諸葛亮將苑》、《十六策》之類，乃皆以爲真，别鑒别亦未爲甚確。其盛稱《鬼谷子》，尤爲好奇。以其會稡諸家，且所見之本猶近古，終非焦竑《經籍志》之流，輾轉販鬻，徒搆虚詞者比。故録而存之，備考證焉。

殷仲春《醫藏書目序》　大始亨毒，惟人最靈。斡旋造化，維持乾坤。有大人，禀聖賢之資，固修齡之質，此松栢歲寒，大椿廣漠，故仁及凡庶，術起混元。自後元氣剖分，人肖天地，不能循承上世。七情六慾，磨蕩冲和，五運六氣，舛錯度候，質非金石，能不銷鎔？《周禮》分科歲校而民稀夭札，然以此法重民生，亦以此法賤醫術，何也？自玄黄開闢，火麗木而水流金，法圍天象，龍鳥紀官，龜啚呈奥，而《易》道生焉，陰陽肇焉。自《易》著《丘》、《索》、《連山》，而《素問》、《靈樞》繼出，炳諸日月，判析陰陽，原始生育，測度升降，推原募俞，廣之可以燮理。寰區藏修，

可以憑陵霄漢。繼《易》而可以範圍民生者，非《素》、《樞》而何？民析、民奥，堯舜醫民之寒暑。曰雨、曰暘，禹湯調世之虚盈也。醫道之大，必能甄陶世運，培養生靈。周官立法，不聞所頒所習之書。著爲甲令，又不使申明，按蹻診切之工巧。以爲品陟遂使，奇晐汨没，剖滌秘潜而鴻造書亡，小道名著猶存，史遷一傳足可典章。人誕靈大塊，莫切于有生，生莫懼于疾病，病莫甚于死亡，死亡莫甚于醫藥，藥莫甚于醫人，醫人莫甚于方術，術莫甚于潛究，究莫甚于診視，視莫甚于超絶，絶莫甚于師承，師承莫甚于正派，正派莫甚于多學，學莫甚于仁人。惟仁人者，始可以語此。惟仁人廉而愛人，一人之罪，若己推之，而一人之病，亦若己受之耳。推此一念，可以爲醫。仁人之心，豈肯同許世子之輕耻其術哉！矧如來以法藏印證現在、過去、未來，其諸龍藏内典，真實出世，超凡聖果，此無上法。而道家以清净無爲、胎息吐納、火候飛騰，延年久視，亦收摭成藏以匹琅函。而醫書正爲現在珠林略不珍重，一罹風露，全賴刀圭，膚腠不言，腸胃隨納，一乖施治，萬劫難回，此豈可以輕爲，輕托，輕治，輕視哉？而仁人者，有現在身，而不求現在法，不求現在書，安能施現在功德乎？此欲求現在仁人，而拯生靈于無窮也。

平生嗜醫家書，恨不多見。僕在寧國，日暇無事，而江西朱純宇先生處久識寧國諸醫家并仕宦家。以饒道尊命，挾一刺借觀，然後知醫書之浩汗也。今列爲十數函，標爲函目，使仁人求其書而廣濟於群生也。饒道尊爲浙省提學，酷愛醫家之籍，所收甚富，寧國日出所藏，考訂校正，雖不訖其卷帙，聊記名目焉。東皋子殷仲春自識。

殷仲春等《醫藏目録序》 按《醫藏録》者，取諸如來法藏，權立其名，以濟度群生也。世人珍重嚴敬者，莫如内典；廣被獲濟者，亦莫過内典。昔庾信竊佛語以藻麗其文，罪生孽現。予借如來藏名，以救困厄，即如汲黯矯詔，發粟以濟饑民，漢武英主而不罪，又如周室不朝桓、文，不得不令諸侯也。況佛藏有藥師之經，勸禮懺誦即得清涼解厄，醫藏寔爲世寶，罪過或宥。

或問：「自《周官》立法，醫列天官之次，醫師掌醫之政令。其條理循循，何子以非其原始？」予曰：「《周禮》云：『其邦之有疾者，使醫分治，歲終稽其事。』竊謂若歲氣疫癘，病變不常，若使昏蒙下士，十失其四者，歲終行罰，則去生遠矣。罰亦難逭，又混以食醫、瘍醫、獸醫，以上下其術，何嘗有羲黄俞咨之問荅乎？《春秋》以癰疽侍人瘠環爲耻，故殷深源狄，梁公精此而焚書羞秘，況其他乎？醫摯履齊王見烹，秦越争技之見，刺囿于利也。淳于之見，赴華士元之屈戮，一遇明主而著，一遣奸雄而枳絶。所謂天之君子，人之小人，天之小人，人之君子，若聖世重民，明哲見機，豈有此乎！」仲春又記。

殷觀國《重刻醫藏目小跋》 我先大父東皋公於博古譔述之餘，復留心醫道，然苦家無方書秘本，時與親知假玩未慊也。後游寧郡，於朱、饒二先生家始得縱觀古今奇編異笈，作而曰「醫之道廣矣，大矣」。雖然余不忍獨窺堂奥也，爰分所聞爲二十函，每函冠以小論，闡其要義，顔曰《醫藏目》，蓋取象教三乘五宗之旨，而實仰體釋迦、老子慈心，廣無上正覺，用惠後學於靡窮也。友生陳孟常、陳眉公諸先生讀而善之，請付剞劂，式垂不朽。先君子復以大父所輯《痧子心法》綴之後，時與《栖老堂集》並行海内。頃緣兵燹，廬舍蕩然，板竟隨燬，小子國心寔痛之，亟欲續謀繡梓而力未優也。遷延十餘祀，今幸竣局。小子國伏誦是書，潛繹旨趣，書雖簡約而凡大小内外兼舉無遺，而又一一爲之發陳精理，親切示人，俾前之作者藉是而有統宗，後之業者因兹而識要領，誠岐黄之正法眼而神聖工巧之一指禪也。敬與同好君子共轉兹藏之法輪於罔竟云。時順治十有三年歲次丙申蒲月至日，孫男觀國識於栖老堂中。

施彦恪《徵刻歷算全書啓》 粤稽帝王御世，道在承天，賢聖修身，學通知命，五行婧運，定甲子之斡旋；二氣冥孚，驗黄鐘之根本，奠鼇立極，想始行推步之年；規矩準繩，在既竭心思之後。幼教方名書數，迺遊藝復次於依仁，日觀弦朔晦明，信易理莫昭於懸象，故經緯天人之學，道重儒先。元會運世之文，理資河洛。然而道以人存，書缺存間，五百年當差一日。至開元始破其疑。廿四日多下一籌，匪隸首疇徵其信，況葭灰卦筴，例逾紛而驗罕符奇耦生成，理自明而言則晦。悠悠千古，代有通人，落落吾徒，寧無達者。乃刳心捷獲，既視以迂遠而弗爲，或有志參稽，又阻於畏難而中輟。律且嚴夫私習，算遂乏於專門。郭邢臺術妙割圓，遺編飽蠹。鄭端清心覃古法，譏口群咻。西域官生，莫或自言根數，靈臺漏刻，徒知各靳私傳，占測分科，不相通曉，矧伊新術，能無齟齬。利氏來賓，西書群詫。在天道幽遠，固屢析而逾精，論師授源流，亦本同而末異，不有高識，誰辯根宗。若夫蒐討網羅，綜群言而求至當，製器尚象，因成法而得精思，大有人焉。生斯世矣，吾宣梅勿菴先生，江東世胄，宛水名家。幼是鄭玄，却紛華而弗事；長同干寶，搜經史以爲糧；璇璣玉衡，讀《尚書》而遂通其製；方程句股，考《周官》而輒洞其微。北海榻穿，參盡天官之祕；中山穎禿，鈔殘宛委之書。求友探奇，燕、越無難遠涉，舊儀新器，異同不厭詳徵，集其大成，衷諸獨見。謂馬沙亦黑七政經緯之度分，於泰西已

爲藍本，而《授時歷》草圓容方直之巧算，較三角豈有懸殊，度里求差，亦守敬、一行之遺法，歸邪舉正，實唐、虞、三代之成模。術皆踵事而增，難忘創始。道在順天求合，何別中西！釋從前聚訟之紛，去諸家畛域之見，闇解還期共曉，立言總出虛公，歷術七十有餘家，由疎漸密，各具短長，一一能言其改憲之故。圓周三百有六十，以平御渾，互相準測，了了能知其弧度之真。開萬古之心胸，羅星辰於几案，匪惟交食陵犯，不勞出户以前知，乃至山海高深，悉可運籌而坐致。準今酌古，前賢如在一堂。俯察仰觀，天上從今不夜。假令見諸施用，懸知天驗爲多，無俟大衍之候清臺。即其副在名山，共信千秋可俟，奚啻劉焯之傳皇極者矣。然而編摩既就，流布無期。草本益增，殺青有待。白雲怡悦，空懷持贈之心；寶劍深藏，誰辯斗牛之氣。且行年七十，斲輪深懼無傳，而著論鮮明，發篋原堪衆賞，惟昔璣先蔡子，首鋟籌算於白門。亦有冰叔徵君，亟冠弁言於《通考》。《疑問》三卷，見燕山節度之新刊。《方程》一編，得泉郡孝廉而廣布。然而分來片玉，定想昆岡，折得一枝，益思鄧圃。曆法書五十八種，算數法二十二書，卷輒萬言，帙惟八十，欲成全璧，必取資於衆擎。所望高賢，竭表揚之雅好。或任鋟小卷，欣賞可以孤行；或分任大編，輻輳斯呈衆妙；償書給值，光溢牙籤。展卷披圖，心通渾象。數十載精勤所獲，庶人人皆可與能。千百年史志存疑，亦一旦泮然冰釋，苟循途而序進，由淺能深，更即事以徵文，無微不顯，知九數不離日用，司徒之教非迂。信大圓無改東西，馮相之占可據。謍二道之盈朒，圭景知天，悟萬國之環居。丸球測地，名刊遠布，見吾道之不孤。奥義宣昭，明儒術之有用。稱名小而取類大，用力少而見功多，減賓饌之一臠，奇文駐世；損倉庾之餘粒，絶學流通，公祕笈於良朋，竊深引領；成藝林之嘉話，敬告同聲。康熙己卯嘉平上浣，同里雙溪施彦恪拜首譔。

梅文鼎《勿菴歷算書目自序》 家世學《易》，亦頗旁及於諸家雜占及三式諸術，以爲皆太卜筮人遺意，而《易》之餘也。然百氏言休咎，往往依托象緯，以尊其旨，故惟詳徵之推步實理，其疑始斷。余之從事曆學也餘四十年。性好苦思，時有所通於積疑之後，著撰遂復多種，將欲悉出其書，就正當世，而未之能也。稍爲臚列書名，各繫數語，發揮撰述本旨，庶以質諸同好，共明兹事云爾。康熙四十有一年歲在元黓敦牂，勿菴老人梅文鼎識於坐吉山中，時年七十。

周中孚《鄭堂讀書記》卷四四《勿庵曆算書目》 《勿庵曆算書目》一卷，（《知不足齋叢書》本。）清梅文鼎撰。《四庫全書》著録，「目」作「記」。勿庵著有曆學書六十二種，算學書二十六種，無論已刊未刊，各疏其撰述本旨以成編。于中法、西法及西法之有舊有新者，一一具明。而其生平著書之源流，亦各標其指要所在，以見其非率爾操觚，勉强從事者矣。後杭堇浦《道古堂文集》、阮雲臺師《疇人傳》皆有《勿庵傳》，即本是書以成章云。前有康熙壬午自序，及施彦恪《徵刻曆算全書啟》，末有毛際可所撰《梅先生傳》，傳後有梅跋。至魏念庭纂刻《曆算全書》凡二十九種，其孫瑴成以念庭所刻未善，又別爲編次，更名《梅氏叢書輯要》，凡二十四種，皆與是書所記多有互異。惜兩家所未及刊諸書，自《大統曆志》八卷（見《四庫》著録。）外，無一存者。竟無從詳考其互異之處矣。

傳記

毛際可《梅先生傳》 曩者歲在戊辰，余與梅定九先生晤於西湖，遂傾蓋定交，日載酒賦詩，余爲題其飲酒讀書圖而別。今己卯冬，先生自閩中北歸，停楫湖墅，復枉道訪余西湖邸舍。忽忽十餘年，兩人鬚鬢盡白，幾不能辯識矣。問無恙外，盡出所著曆學算學書相示，且屬爲傳曰：「鼎覃精於此四十年矣，自謂足以闚古人之精思，衷曆家之定論。而足跡經南北，求其人以繼此學，尚未得也。庶幾藉先生大文以傳，俾當世學者知有此事，而相與求之乎！」余唯古人生不立傳，然後此恐相見無期，已如隔世，而先生之學，不可不使人知之，遂不辭而爲之傳。先生姓梅氏，名文鼎，字定九，別號勿菴，江南宣城人也。宣城梅氏，自宋以來多聞人。先生之父曰鐖田處士，改革後，棄諸生服，嘗以六十四卦、爻與《春秋》二百四十年行事相比附。著書一編，謂之《周易麟解》，經史而外，多所該洽，務求實用，尤精象數。先生兒時，侍父及塾師羅王賓，仰觀星氣，輒了然於次舍運旋大意。年二十七，師事前代逸民竹冠道士倪觀湖，受麻孟璿所藏臺官交食法，即爲訂補注釋，成《曆學駢枝》四卷，竹冠歎服，以爲智過於師云。鐖田故多藏書，益以己所購致，凡數萬卷。中年喪妻，更不復娶，枕藉簡帙，以自愉快。而特好曆算，凡推步諸書，人不能句讀者，先生讀之輒解。遇所疑處，輒廢寢食思之，必通貫乃已。蓋其性然，似有夙慧也。凡測算之圖與器，一見即得要領。如古者六合三辰四遊之儀，以意約爲小製，稱具體焉。西洋簡平渾蓋比例規尺諸儀器，書不盡言，以意推廣爲之，皆中規矩。又自製月道儀，揆日測高諸器，皆自出新意。嘗登觀象臺，流覽新製六儀及元郭守敬簡儀、明初渾球，指數其中利病，皆如素習。而孳孳蒐討，至老不倦。

殘編散帙，必手抄之，一字異同，亦不敢忽。尤虚懷善下，聞有能是者，輒喜，雖在遠道，不憚褰裳相從。若舊臺官疇人子弟及西域官生，皆折節造訪。人有問者，亦詳告之無隱。故所得藏本益多，而聞見益博。至京師日，纂修《明史》諸公以曆志屬詳定。蓋謂晉、隋兩《天文志》實出淳風，《唐書·曆志》、五代《司天考》皆出劉羲叟，從來此事必屬專家也。先生曰：「説者知尊郭太史《授時》，而隨聲詆《大統》，不知《大統》即《授時》也。但《曆經》既成之後，閏應、轉應、交應三數，俱有改定。又太陽盈縮、太陰遲疾及晝夜永短，皆有立成之表而黄赤二道相求弧矢割圓諸法及平差立差定差立法之源，元史竝皆缺載，不可不補，補之則今其時矣」。乃出《曆草》及《日月五星通軌》詳爲詮次，以發明王恂、郭守敬不傳之祕。《授時》、《大統》始爲完書，史局服其精核。於是輦下諸公，皆欲見先生，或遣子弟從學，而書説亦稍稍流傳禁中，臺官甚畏忌之。然先生素性恬退，不欲自炫其長以與人競。會天子欲講明方圓圍徑、劉徽古率與西法之得失，有應召往者，而先生襆被出都久矣。又二年，裕親王以禮延致府中，稱梅先生不名，月餘，亦辭歸。先生嘗病中西兩家之曆聚訟紛紜，與其弟文鼏、文鼐，盡發廿一史所載曆法七十餘家及西學諸書，參訂考究，各求其立法根本與改憲源流，務得其久而不得不改之端，與夫不久亦不能改之故。及中西名異實同，即因爲創，有雖屢改而終難盡改之理，一一爲之撰定，爲《古今曆法通考》，以補馬氏《文獻通考》之缺，及邢氏《律曆考》之所未備。稾存篋笥，歲時增改，而論撰益富。凡著曆學書五十餘種，算學書二十餘種，其言曰：「曆以敬授人時，何論中西？吾取其合天者，從之而已。天不變，道亦不變。故自羲和至今數千年，不過共治一事，以終古聖人未竟之緒。雖新法種種，能出《堯典》範圍乎？若其測算之法，踵事而增，如西人八線三角及五星緯度，適足以佐古法所不及。至分宫置閏，尚宜酌定。又其書非出一手，不無矛盾，瑕瑜亦不掩也。且《周髀算經》言北極之下，朝耕暮穫，以春分至秋分爲晝，秋分至春分爲夜。《大戴禮》曾子告單居離，謂地非正方，漢人言月食格於地影。此皆西説權輿，見於古書者矣。彼驟聞西術而駭，與尊西太過，而蔑視古法，皆坐不讀書耳。」又曰：「吾爲此學，與年俱進，皆歷最艱苦之途，而後得簡易。有從吾遊者，坐進此道，而吾一生勤苦，皆爲若用矣。吾惟求此理大顯，使古人絶學不致無傳，則死且無憾，不必身擅其名也。」安溪李大中丞見其書，歎曰：「梅先生曆學，趙緣督、陳壤、周述學、魏文魁、諸人，皆不逮也，爲刻其《曆學疑問》於大名，其弟安卿刻《方程論》於泉州，前此蔡璣先刻《籌算》於白門，然於未刻書，未什一也。蓋自元郭守敬以後，一人而已。」先生他著撰詩文，皆質直，自言其意。處事惟敬，兹不具論，論其學之大者如此。嘻！可以傳矣。子以燕登癸酉賢書，能世其學。

鶴舫氏曰：「《堯典》首重授時，而數爲六藝之一，固儒者要務也。而世之學者，竟置高閣，何也？梅先生致力四十年，而始有成書，後之善讀先生書者，不過歲月，而已得其梗概矣。則能梓行全書，以公諸海内，其津梁後學之功，可勝道哉！余翹首俟之。」

按：是傳作於康熙己卯冬，時先生久已名騰都下，親王隆禮延接。所著曆算諸書，流傳禁中，不可謂闃然一無所遇者也。顧鶴舫毛氏，猶以未獲親承顧問，發抒畢生之所獨得，深致惋惜。越乙酉閏夏，召見於德水舟次者三，從容奏對，賜坐移時，至尊親灑宸翰，錫賚駢蕃。臨辭，又賜「績學參微」四大字顔其堂，嗚呼！本朝開國以來，以韋布受特達之知，未有如先生者也。先是，壬午冬，今相國清溪李公巡撫順天時，曾以《曆學疑問》三卷，上呈御覽，蒙奬許備至，故引見出，復謂清溪曰：「此學今鮮知者，當世僅見也。其人亦佳士，惜乎老矣。」殷勤眷注之隆如此，此皆鶴舫傳未及述者也。謹臚識於簡末，俾後世知聖明之道數淵通，不遺微細。元輔之進賢得士，克副主知，而先生之閉户獨精，不求聞達，受知於吾君吾相，胥於是乎足徵焉。丁亥二月既望姪雪坪庚拜跋。

閔爾昌《碑傳集補》卷四三《華蘅芳傳》 ［華蘅芳］弟世芳，字若溪，拔貢生，得乃兄家學，著有《恆河沙館算草》。宣統元年、十年，學部奏曰：自樸學就衰，士方致力帖括，多以爲詬病。華蘅芳、世芳及徐壽等，獨能於舉世不爲之日，昌明絶學，餉遺後賢，厥功甚大，懇將三人事實宣付國史館列傳，奉旨依議。

紀事

丁丙《善本書室藏書志》卷一四《子略》 《子略》四卷，《目録》一卷。明鈔本，何夢華藏書。高氏似孫續古。似孫又號疏寮，餘姚人，湻熙十一年進士。歷官校書郎，出倅徽州，遷守處州，著有《剡録》、《史略》、《疏寮集》。此《子略》，首目録，次《漢志》，次《隋志》，次《唐志》，次庚仲容《子鈔》、馬總《意林》，次鄭樵《通志·藝文略》，皆削其門類，存其書名，略注撰人、卷數於下。前有自序，有「何元錫印」、「夢華館藏書印」兩朱記。

《子略》四卷，《目録》一卷。明翻宋本。高似孫續古。前有自序。書雖明翻，亦不多覯。有吕雄、高氏季迪、何喬聯記堂書諸印。

汪璐《藏書題識·勿庵曆算書目》 《勿菴曆算書目》一卷。清梅文鼎撰。字定九，宣城人。朱文藻曰，此書抄本按目中所載，書凡八十種，計曆法書五十八種，算法書二十二種，曆算之學備于此矣。著書之富，亦蔑以加矣。

宗教目録分部

綜　述

費長房《上開皇三寶録表》 臣房言：臣聞有功於國，史録其勳；有政於民，碑傳其德。況如來大聖，化洽無窮，而不垂美百王，流芳千載者也。臣竊尋覽，自漢魏來，代有翻譯，而録目星散，經多失源，世罕綴修，時致間絶。緣此佛以正法付囑國王，是知教興寄在帝主。伏惟陛下應運秉圖，受如來記，紹輪王業，統閻浮提。愍世間昏，開慧日照。廣緝經像，大啓伽藍，開解脱之門，導天人之路。建善舟檝，濟拔蒼生，斯實曠古一代盛歟！豈臣庸微，輒敢妄述，但昔毀廢，臣在染衣。今日興隆，還參法侣，時事所接，頗預見聞。因綴歷世佛法緣起，始自姬周莊王甲午，佛誕西域。後漢明皇永平丁卯，經度東歲，迄今開皇太歲丁巳，歷一千二百七十四載。其間靈瑞帝主名僧代別顯彰，名《開皇三寶録》，凡十五卷。庶法無隱，冀經有弘。不在下情，惶悚戰懼，輕冒奉表，上録以聞。伏願天慈，垂神降省。謹言。

又《歷代三寶紀》卷一二《衆經録目》 《衆經録目》七卷。右一部七卷。開皇十四年，大興善寺沙門釋法經等二十大德奉勑撰。楊化寺沙門明穆區域條分，指蹤綋絡。日嚴寺沙門彦琮，覼縷緝維，考校同異。故表略云「總計衆經」。合有二千五十七部，五千三百一十二卷。凡爲七軸，《別録》六卷，《總録》一卷。但法經等既未盡見三國經本校驗同異，今唯且據十餘家録删簡，可否？總摽綱紀位爲九録，區分品類有四十二，分九初六録三十六分。略示經、律、三藏、大小之殊，粗顯傳譯，是非、真僞之別。後之三録，集傳、記注，前三分者，並是西域聖賢所撰，以非三藏正經，故爲別録。後之三分，並是此方名德所修，雖不類西域所製，莫非毗贊正經，發明宗教，光輝前緒，開進後學，故兼載焉。

又《歷代三寶紀》卷一五《衆經別録》 《衆經別録》二卷。未詳作者。似宋時述。

《大乘經録》第一卷上，總四百三十八部，九百一十四卷。右三百七十部七百七十九卷。《三乘通教録》二，右五十一部九十七卷。《三乘中大乘録》三，右一十七部三十八卷。

《小乘經録》第四卷下，總六百五十一部，一千六百八十二卷。右四百三十六部六百一十卷。第五篇本闕。《大小乘不判録》六，右一百七十四部一百八十四卷。

《疑經録》七，右一十七部二十卷。

《律録》八，右一十二部一百九十五卷。

《數録》九，右六部一百二十一卷。

《論録》十，右六部一百五十二卷。都兩卷十篇，一千八十九部，二千五百九十六卷。

又《歷代三寶紀》卷一五《譯經録》 靈裕法師《譯經録》一卷。

釋通宣《大唐内典録·序》 原夫正法稱寶，誠有其由。良是出俗之津途，入真之軌轍。所以歷劫英聖，仰之如父母；遂古沿今，隆之如日月。豈不以喪我倒之筌蹄，證無生之寶位者也？自仙苑告成，金河静濟，敷字群品，汲引塵蒙，隨機候而設謀猷，逐性欲而陳聲教，網羅一化，統括大千。受其道者難訾，傳其宗者易曉。故尊者迦葉，集四篋於崛山；大智文殊，結八藏於圍表。遂能流被來際，終七萬之脩齡；餘波東漸，距六百之嘉運。詳夫爰始梵文，負之億計香象。今譯從於方言，大約五千餘卷，遷貿更襲，澆薄互陳。卷部單重疑僞凡聖，致使集録奔競三十餘家，舉統各有憲章，徵覈不無繁雜。今總會群作，以類區分，合成一部，開爲十卷，依例條顯，無相奪倫。文雖重張，義絶煩亂。若夫大聖彝訓，其流曰「經」。述經叙聖，其流曰「論」。莫非徙滯之方略，會正之格言。珍重，則超生可期；疑謗，則劾尤斯及。故試銓廣餘，隨更陳序之云爾。

又《續大唐内典録讃序》 夫以大聖者體辯而長幽寂，普霑動植同熟氣而登焉。幽蔽而不光，能異變而不養，不謂親相，歸於在相有道，或藏嵯峨住於巖。演登般若雙林，虛空有六十萬億百千説。涅槃會菩薩，樂衆生者，于時廣大，盡城於

在此國。著於秦漢，我臨之會初存，使賢僧白象駈連立域於帝京中，道場念心乃翻聖跡，石舍安然，降曾多述。仍廣度群萌，難以盡筭。至於華香而設集大衆之流，二十七譯雜增《阿舍》等經，凡爲二十八譯，良是前王後帝譯出，民之輩各變於斯。新別前翻不譯，相似不同者，多或有是非交横，不失得部袠深大卷。多言廣忉轉者，微薄成不登於崇誦，力勞不盡，有新不終。實此之行實，則鼓手腹心在也。意净云：何齊身結誓，敬登一經，見得之教筆紙，净院語將初首，以其大歌足沉吟。衆會住院名僧，盡宣律師。執杖尋癢，修行遊憶，法師之意性，若物不下茂，愛識多解，學集古今，多能多才，集句説演經等，煩須讀廣億言，一紙一顧，顔容似花，不飲雨端愛德，三衣无著净染。棄時俗如棄涕，不絶爲懷。輕綿帛如客塵，未能留惜。而所妙哉，兩臂不偷卷聖，圖筆不停操律，建跡於揔持寺之院，東西修房寔所留意，盡像序讚，一體不隱，集遠無餘，定秀每人，前後相繼，於賢難方，卓異絶群，是法師之曠度耳者也。

又《大唐内典録》卷一〇《漢時佛經目録》　《漢時佛經目録》一卷。右檢，似是迦葉摩騰所譯《四十二章經》等，因即撰録。

又《漢録》　魏時沙門朱士行《漢録》一卷。右依檢，元是顥川沙門於洛陽講《道行經》，因著其録。

又《衆經録》　西晉沙門竺法護《衆經録》一卷。右依檢，是晉武帝長安青門外大寺沙門也。翻經極廣，因出其録。

又《綜理衆經目録》　前秦沙門釋道安《綜理衆經目録》一卷。右依檢，東晉孝武太元中，前秦沙門也。自前諸録但列經名，品位、大小、區別人代，蓋無所紀，後生追尋莫測由緒，安乃總集名目，表其時世，銓品新舊，定其制作。衆經有據，自此而明。在後群録，資而增廣，是知命世嘉運、睿哲早興，可不鏡諸其文見。僧祐録。

又《二秦録》　後秦沙門釋僧叡《二秦録》一卷。右依檢，後秦姚興弘始年，長安沙門也。即前道安之弟子。神用通朗，思力標舉，參譯什門，多有撰緝。

又《衆經録》四部　東晉沙門竺道祖《衆經録》四部。《魏世經録目》一卷，《吴世經録目》一卷，《晉世雜録目》一卷，《河西經録目》一卷。右四録，依檢，東晉廬山東林寺遠公弟子釋道流創撰，未就而卒，同學道祖爲成之。

又《衆經別録》　《衆經別録》二卷。未詳作者，言似宋時。上卷三録：《大乘經録》第一、《三乘通教録》第二、《三乘中大乘録》第三。下卷七録：《小乘經録》第四，篇目缺，本録第五，《大小乘不判録》第六，《疑經録》第七，《律録》第八，《數録》第九，《論録》第十。右都合一千八十九部，二千五百九十三卷。

又《宋齊録》　前齊沙門釋道慧《宋齊録》。

又釋弘充《録》　釋弘充《録》。南齊揚都人。

又《華林佛殿録》　《華林佛殿録》四卷。梁天監年勅沙門僧紹撰。

又《菩提流支録》　後魏沙門菩提流支《録》。

釋僧祐《出三藏記集・序》　夫真諦玄凝，法性虚寂，而開物導俗，非言莫津。是以不二默訓，會於義空之門；一音震辯，應乎群有之境。自我師能仁之出世也，鹿苑唱其初言，金河究其後説；契經以誘小學，方典以勸大心。妙輪區別，十二惟部，法聚總要，八萬其門。至善逝晦跡，而應真結藏，始則《四含》集經，中則五部分戒，大寶斯在，含識資焉。然道由人弘，法待緣顯。有道無人，雖文存而莫悟；有法無緣，雖並世而弗聞。聞法資乎時來，悟道藉於機至；機至然後理感，時來然後化通矣。昔周代覺興，而靈津致隔；漢世像教，而妙典方流。法待緣顯，信有徵矣。至漢末安高，宣譯轉明；魏初康會，注述漸暢。道由人弘，於兹驗矣。自晉氏中興，三藏彌廣，外域勝賓，稠疊以總至；中原慧士，暐曄而秀生。提、什舉其宏綱，安、遠震其奥領，渭濱務逍遥之集，廬岳結般若之臺。像法得人，於斯爲盛。原夫經出西域，運流東方，提挈萬里，翻轉胡漢。國音各殊，故文有同異；前後重來，故題有新舊。而後之學者，鮮克研覈，遂乃書寫繼踵，而不知經出之歲，誦説比肩，而莫測傳法之人。授受之道，亦已闕矣。夫一時聖集，猶五事證經，況千載交譯，寧可昧其人世哉！昔安法師以鴻才淵鑒，爰撰經録，訂正聞見，炳然區分。自兹已來，妙典間出，皆是大乘寶海，時競講習。而年代人名，莫有銓貫，歲月逾邁，本源將没，後生疑惑，奚所取明？祐以庸淺，豫憑法門，翹仰玄風，誓弘大化。每至昏曉諷持，秋夏講説，未嘗不心馳菴園，影躍靈鷲。於是牽課羸恙，沿波討源，綴其所聞，名曰《出三藏記集》。一撰緣記，二銓名録，三總經序，四述列傳。緣記撰則原始之本克昭，名録銓則年代之目不墜，經序總則勝集之時足徵，列傳述則伊人之風可見。並鑽析内經，研鏡外籍，參以前識，驗以舊聞。若人代有據，則表爲司南；聲傳未詳，則文歸蓋闕。秉牘凝翰，志存信史，三復九思，事取實録。有證者既標，則無源者自顯。庶行潦無雜於醇乳，燕石不亂於荆玉。但井識管窺，多慚博練，如有未備，請寄明哲。

又《出三藏記集》卷二　法寶所被遠矣。夫神理本寂，感而後通，緣應中夏，

始自漢代。昔劉向校書，已見佛經。故知成帝之前，法典久至矣。逮孝明感夢，張騫遠使，西於月支寫經《四十二章》，韜藏蘭臺，帝王所印。於是妙像麗於城闉，金刹曜乎京洛，慧教發揮，震照區寓矣。竊尋兩漢之季，世構亂離，西京蕩覆，墳典皆散，東都播遷，載籍多亡。子政所覩，其文雖没，而顯宗所寫，厥篇猶存。東流初法，於斯有徵。祐檢閱三藏，訪覈遺源，古經現在，莫先於《四十二章》；傳譯所始，靡踰于張騫之使。洎章、和以降，經出蓋闕。良由梵文雖至，緣運或殊，有譯乃傳，無譯則隱，苟非其人，道不虛行也。邇及桓、靈，經來稍廣。安清、朔佛之儔，支讖、嚴調之屬，翻譯轉梵，萬里一契，離文合義，炳焕相接矣。

法輪届心，莫或條叙。爰自安公，始述名録，銓品譯才，標列歲月。妙典可徵，實賴伊人。敢以末學，嚮附前規，率其管見，接爲新録。兼廣訪别目，括正異同，追討支、竺，時獲異經。《安録》所記，則爲未盡，今悉更苞舉，以備録體。發源有漢，迄于大梁，運歷六代，歲漸五百，梵文證經四百有十九部，華戎傳譯八十有五人，魚貫名第，略爲備矣。或同是一經，而先後異出，新舊舛駁，卷數參差，皆别立章條，使無疑亂。至於律藏初啓，則詳書本源，審覈人代，列于上録。若經存譯亡，則編于下卷。將使傳法之緣有孚，聞道之心無惑。敬貽來世，庶在不墜焉。

又卷三《新集安公古異經録第一》 古異經者，蓋先出之遺文也。尋《安録》自《道地要語》迄《四姓長者》，合九十有二經，標爲古異。雖經文散逸，多有闕亡，觀其存篇，古今可辨。或無别名題，取經語以爲目，或撮略《四含》，摘一事而立卷，名號質實，信古典矣。安公覩其古異，編之於末，祐推其歲遠，列之于首。雖則失源，而舊譯見矣。

又卷四《新集續撰失譯雜經録第一》 祐總集衆經，遍閲群録，新撰失譯，猶多卷部，聲實紛糅，尤難銓品。或一本數名；或一名數本；或妄加游字，以辭繁致殊；或撮半立題，以文省成異。至於書誤益惑，亂甚棼絲，故知必也正名，於斯爲急矣。是以讎校歷年，因而後定。其兩卷以上，凡二十六部，雖闕譯人，悉是全典。其一卷已還，五百餘部，率抄衆經，全典蓋寡。觀其所抄，多出《四含》、《六度》、《道地》、《大集》、《出曜》、《賢愚》及《譬喻》、《生經》，並割品截偈，撮略取義，强製名號，仍成卷軸。至有題目淺拙，名與實乖，雖欲啓學，實蕪正典，其爲愆謬，良足深誡。今悉標出本經，注之目下，抄略既分，全部自顯，使沿波討源，還得本譯矣。尋此録失源，多有大經，詳其來也，豈天墜而地涌哉？將是漢、魏時來，歲久録亡；抑亦秦、涼宣梵，成文届止；或晉、宋近出，忽而未詳。譯人之闕，殆由斯歟。尋大法運流，世移六代，撰注群録，獨見安公，以此無源，未足怪也。夫十二部經，應病成藥，而傳法淪味，實可悵歎！祐所以杼軸於尋訪，崎嶇於纂録也。但陋學謏聞，多所未周，明哲大士，惠縫其闕，言貴拱璧，況法施哉！

又卷五《新集抄經録第一》 抄經者，蓋撮舉義要也。昔安世高抄出《修行》爲《大道地經》，良以廣譯爲難，故省文略説。及支謙出經，亦有《孛抄》。此並約寫胡本，非割斷成經也。而後人弗思，肆意抄撮，或棊散衆品，或苽剖正文。既使聖言離本，復令學者逐末。竟陵文宣王慧見明深，亦不能免。若相競不已，則歲代彌繁，蕪黷法寶，不其惜歟。名部一成，難用刊削。其安公時抄，悉附本録，新集所獲，撰目如左。庶誡來葉，無効尤焉。

又《新集安公疑經録第二》 外國僧法，學皆跪而口受。同師所受，若十、二十轉，以授後學。若有一字異者，共相推校，得便擯之，僧法無縱也。經至晉土，其年未遠，而喜事者以沙糅金，斌斌如也，而無括正，何以别真僞乎！農者禾草俱存，后稷爲之歎息；金匱玉石同緘，卞和爲之懷耻。安敢預學次，見涇渭雜流，龍蛇並進，豈不耻之！今列意謂非佛經者如左，以示將來學士，共知鄙倍焉。

又《新集疑經僞撰雜録第三》 《長阿含經》云：「佛將涅槃，爲比丘説四大教法。若聞法律，當於諸經推其虛實，與法相違則非佛説。」又《大涅槃經》云：「我滅度後，諸比丘輩抄造經典，令法淡薄。」種智所照，驗於今矣。自像運澆季，浮競者多，或憑真以構僞，或飾虛以亂實，昔安法師摘出僞經二十六部，又指慧達道人以爲深戒。古既有之，今亦宜然矣。祐校閲群經，廣集同異，約以經律，頗見所疑。夫真經體趣融然深遠，假託之文辭意淺雜，玉石朱紫，無所逃形也。今區别所疑，注之於録，并近世妄撰，亦標于末。並依倚雜經而自製名題，進不聞遠適外域，退不見承譯西賓，「我聞」興於户牖，印可出於胸懷，誑誤後學，良足寒心。既躬所見聞，寧敢默已。嗚呼來葉，慎而察焉！

釋慧皎《高僧傳序録序》 原夫至道沖漠，假蹄筌而後彰；玄致幽凝，藉師保以成用。是由聖迹迭興，賢能異託。辯忠烈孝慈，以定君敬之道；明《詩》、《書》、《禮》、《樂》，以成風俗之訓。或忘功遺事，尚彼虛沖；或體任榮枯，重茲達命。而皆教但域中，功存近益。斯蓋漸染之方，未奥盡其神性。至若能仁之爲訓也，考業果幽微，則循復三世；言至理高妙，則貫絶百靈。若夫啟《十地》以辯慧宗，顯《三諦》以詮智府。窮神盡性之旨，管一樞極之致。餘教方之，猶群流之歸巨壑，衆星之共北辰，悠哉邈矣。信難得以言尚。至迺教滿三千，形遍六道。皆所以接引幽

昏，爲大利益。而以净穢異聞，昇墜殊見。故秋方先音形之本，東國後見聞之益。雲龍表於夜明，風虎彰乎宵夢。鴻風既扇，大化斯融。自爾西域名僧往往而至，或傳度經法，或教授禪道，或以異迹化人，或以神力救物。自漢之梁，紀曆彌遠。世涉六代，年將五百。此土桑門，含章秀起，群英間出，迭有其人。衆家記録，敘載各異。沙門法濟，偏敘高逸一迹。沙門法安，但列志節一行。沙門僧寶，止命遊方一科。沙門法進，迺通撰傳論。而辭事闕略，並皆互有繁簡，出没成異。考之行事，未見其歸。宋臨川康王義慶《宣驗記》及《幽明録》、太原王琰《冥祥記》、彭城劉俊《益部寺記》、沙門曇宗《京師寺記》、太原王延秀《感應傳》、朱君台《徵應傳》、陶淵明《搜神録》，並傍出諸僧，敘其風素，而皆是附見，亟多疎闕。齊竟陵文宣王《三寶記》傳，或稱佛史，或號僧録。既三寶共敘，辭旨相關，混濫難求，更爲蕪昧。瑯琊王巾所撰《僧史》，意似該綜，而文體未足。沙門僧祐撰《三藏記》，止有三十餘僧，所無甚衆。中書郎郄景興《東山僧傳》、治中張孝秀《廬山僧傳》、中書陸明霞《沙門傳》，各競舉一方，不通今古；務存一善，不及餘行。逮乎即時，亦繼有作者。然或褒贊之下，過相揄揚；或敘事之中，空列辭費。求之實理，無的可稱。或復嫌以繁廣，删減其事，而抗迹之奇，多所遺削，謂出家之士，處國賓王，不應勵然自遠，高蹈獨絶。尋辭榮棄愛，本以異俗爲賢。若此而不論，竟何所紀？嘗以暇日，遇覽群作。輒搜撿雜録數十餘家，及晉、宋、齊、梁春秋書史，秦、趙、燕、涼荒朝僞曆，地理雜篇，孤文片記。并博諮古老，廣訪先達，校其有無，取其同異。始于漢明帝永平十年，終于梁天監十八年，凡四百五十三載，二百五十七人，又傍出附見者二百餘人。開其德業，大爲十例：一曰譯經，二曰義解，三曰神異，四曰習禪，五曰明律，六曰遺身，七曰誦經，八曰興福，九曰經師，十曰唱導。然法流東土，蓋由傳譯之動。或踰越沙險，或泛漾洪波。皆忘形殉道，委命弘法。震旦開明，一焉是賴。兹德可崇，故列之篇首；至若慧解開神，則道兼萬億；通感適化，則彊暴以綏；靖念安禪，則功德森茂；弘贊毘尼，則禁行清潔；忘形遺體，則矜吝革心；歌誦法言，則幽顯含慶；樹興福善，則遺像可傳。凡此八科，並以軌迹不同，化洽殊異。而皆德効四依，功在三業，故爲群經之所稱美，衆聖之所褒述。及夫討覈源流，商搉取捨，皆列諸贊論，備之後文。而論所著辭，微異恒體，始標大意，類猶前序。末辯時人，事同後議。若間施前後，如謂煩雜。故總布一科之末，通稱爲論。其轉讀宣唱，雖源出非遠，然而應機悟俗，實有偏功。故齊、宋雜記，咸條列秀者。今之所取，必其製用超絶，及有一分通感，迺編之傳末。如或異者，非所存焉。凡十科所敘，皆散在衆記。今止删聚一處，故述而無作。俾夫披覽於一本之内，可兼諸要。其有繁辭虚贊，或德不及稱者，一皆省略。故述六代賢異，止爲十三卷，并序録合十四軸，號曰《高僧傳》。自前代所撰，多曰名僧。然名者，本實之賓也。若實行潛光，則高而不名；寡德適時，則名而不高。名而不高，本非所紀；高而不名，則備今録。故省名音，代以高字。其間草創，或有遺逸。今此一十四卷，備贊論者，意以爲定。如未隱括，覽者詳焉。

釋曼穎《高僧傳序録跋》 弟子孤子曼穎頓首和南。一日蒙示所撰《高僧傳》，並使其掎摭。力尋始竟，但見偉才。紙弊墨渝，迄未能罷。若迺至法既被，名德已興。年幾五百，時經六代。自摩騰、法蘭發軫西域，安侯、支讖荷錫東都。雖跡標出没，行實深淺。咸作舟梁，大爲利益。固宜緇素傳美，鉛槧定辭，照示後昆，揄揚往秀。而道安、羅什間表秦書，佛澄、道進雜聞趙删。晉史見捨，恨局當時；宋典所存，頗因其會。兼且攙出君台之記，糅在元亮之説。感應或所商搉，幽明不無梗概。泛顯傍文，未足光闡。間有諸傳，又非隱括。景興偶採居山之人，僧寶偏綴遊方之士，法濟唯張高逸之例，法安止命志節之科。康泓專紀單開，王秀但稱高座，僧瑜卓爾獨載，玄暢超然孤録。唯釋法進所造，王巾有著，意存該綜，可擅一家。然進名博而未廣，巾體立而不就。梁來作者，亦有病諸。僧祐成蘭，既同法濟之責；孝秀染毫，復獲景興之誚。其唱公纂集，最實近之，求其鄙意，更恨煩冗。法師此製，始所謂不刊之鴻筆也。綿亘古今，包括内外。屬辭比事，不文不質，謂繁難省，云約豈加？以高爲名，既使弗逮者恥；開例成廣，足使有善者勸。向之二三諸子前後撰述，豈得絜長量短，同年共日而語之哉！信門徒竟無一言可豫，市肆空設千金之賞。方入篋龍函，上登麟閣，出内瓊笈，卷舒王笥。弟子雖實不敏，少嘗好學，頃日厄餘，觸途多昧。且獲披來帙，斯文在斯，鑽仰弗暇，討論何所。誠非子通見元則之論，良愧處道知休奕之書。徒深謝安慕竺曠風流，殷浩憚支遁才俊耳。不見旬日，窮情已勞。扶力此白，以伐訴盡。弟子孤子王曼穎頓首和南。

君白：一日以所撰《高僧傳》相簡，意存箴艾，而來告累紙，更加拂拭。顧惟道藉人弘，理由教顯。而弘道釋教，莫尚高僧。故漸染以來，昭明遺法，殊功異行，列代而興。敦厲後生，理宜綜緝。貧道少乏懷書抱筴自課之勤，長慕鉛墨塗青揚善之美。故於聽覽餘閑，厝心傳録。每見一分可稱，輒有懷三省。但歷尋衆記，繁約不同，或編列參差，或行事出没，已詳別序，兼具來告。所以不量寸管，輒樹十科。商搉條流，意言略舉。而筆路蒼茫，辭語陋拙。本以自備疎遺，豈宜濫入高聽？檀

越既學兼孔釋，解貫玄儒，抽入綴藻，内外淹劭，披覽餘暇，脱助詳閲。故忘鄙俚，用簡龍門。然事高辭野，久懷多愧，來告吹嘘，更增㥏㦌。今以所著贊論十科，重以相簡。如有紕謬，請備斟酌。釋君白。

此傳是會稽嘉祥寺慧皎法師所撰。法師學通内外，善講經律。著《涅槃疏》十卷、《梵網戒》等義疏，並爲世軌。又著此《高僧傳》十三卷。梁末承聖二年太歲癸酉避侯景難，來至湓城，少時講説。甲戌年二月捨化，時年五十有八。江州僧正慧恭經始，葬廬山禪閣寺墓。龍光寺僧果同避難在山，遇見時事，聊記之云爾。

釋法經《上文帝書進呈衆經目録》 大興善寺翻經衆沙門法經等敬白皇帝大檀越：去五月十日太常卿牛弘奉敕須撰衆經目録，經等謹即修撰，總計衆經合有二千二百五十七部，五千三百一十卷。凡有七卷，别録六卷，總録一卷。繕寫始竟，謹用進呈。經等又敬白：仰惟無上法寶，道洽無窮。像運中途，緣被兹土。昔方朔睹昆明下灰，令問西域取決。劉向校書天閣，録載已見佛經。方知前漢之世，正法久至。非爲後漢，始流此地矣。但自道淡情華，真僞玄隔，人鮮宗敬，雖有若亡。又致明帝夢感，金容親應者，當是聖道憑藉皇王，大啓弘奉之端耳。於是發使西域，專求佛經。緣此摩騰、法蘭創出《四十二章》，世高、支讖廣譯諸餘經部。是後通道之士，相尋而至。爰暨魏晉京洛之日，雖有支謙、康會，驟宣於金陵，竺護、蘭炬，飛譯於雍洛，然而信敬尚簡，奉行固微。比逮東晉、二秦之時，經律粗備。但法假人弘，賢明日廣。於是道安法師創條諸經目録，詮品譯材，的明時代，求遺索缺，備成録體。自爾達今，二百年間，制經録者十有數家。或以數求，或用名取，或憑時代，或寄譯人。各紀一隅，務存所見。獨有揚州律師僧祐撰《三藏記録》，頗近可觀。然猶小大雷同，三藏雜糅。鈔集參正，傳記亂經，考始括終，莫能該備。自外諸録，胡可勝言！僧衆既未獲盡見三國經本，校驗異同，今惟且據諸家目録，删簡可否，總摽綱紀，位爲九録，區别品類，有四十二分，九初六録三十六分，略示經律三藏大小之殊，粗顯傳譯是非真僞之别。後之三録，集傳記注。前三分者，并是西域聖賢所撰，以非三藏正經，故爲别録。後之三分，并是此方諸德所修，雖不類西域所制，莫非毗贊正經。發明宗教，光輝前緒，開進後學，故兼載焉。又法經等更復竊思，諸家經録，多是前代賢哲修撰。敬度前賢，靡不皆號一時稽古，而所修撰不至詳審者，非彼諸賢才不足而學不周，直是所遇之日，天下分崩，九牧無主，名州大郡，各號帝畿，疆場艱闕，并爲戰國。經出所在，悉不相知，學者遥聞，終身莫睹。故彼前哲，雖有才能，苦不逢時，亦無所申述也。當今經等識學，誠不及古，而宿緣多幸，運屬休辰，四海爲家，六合清泰，殊方異俗，宛在目前。正朔所頒，書軌無外。又皇帝大檀越，雖復親綜萬機，而耽道終日，興復三寶，爲法輪王，永開四趣之門，大啓天人之路，在域群生，莫不蒙賴，而況經等，夫復何論！所限識慧無長，猥參嘉運，不能盡獲三國經本及遺文逸法，造次修撰，多有暗昧，進思退省，慚慨良深。敬白。

《隋仁壽年内典録序》 《衆經目録》卷第一并《序》，隋仁壽年翻經沙門及學士等撰。佛法東行，年代已遠。梵經西至，流布漸多。舊來正典並由翻出，近遭亂世，頗失原起。前寫後譯，質文不同。一經數本，增減亦異。致使凡人得容妄造。大小交雜，是非共混，流濫不歸，因循未定。將恐陵遲聖説，動壞信心，義闕紹隆，理乖付囑。

皇帝深崇三寶，洞明五乘，降勑所司，請興善寺大德與翻經沙門及學士等披檢法藏，詳定經録，隨類區辯，揔爲五分：《單本》第一，《重翻》第二，《别生》第三，《賢聖集傳》第四，《疑僞》第五。《别生》、《疑僞》不須抄寫，已外三分，入藏見録。至如《法寶集》之流，《浄住子》之類，還同略抄例入《别生》。自餘《高僧傳》等，詞參文史，體非淳正，事雖可尋，義無在録。又勘古目，猶有闕本。昔海内未平，諸處遺落。今天下既壹，請皆訪取。所願仁壽長延，法門具足，群生有幸，方益無窮。合成五卷，顯之於左。

釋明佺《武周刊定衆經目録序》 竊以真諦、俗諦，藉文字而方顯；正法、像法，由護持而獲存。所以得萬劫流通，四生利益。我大周天册金輪聖神皇帝陛下道著恒劫，位隣上忍，乘本願而下生，演大悲而廣濟，金輪騰轉，化偃四洲，寶象飛行，聲覃八表，莫不齊之以五戒十善，運之以三乘六度。帝王能事，畢踐無遺；菩薩法門，周行莫怠。紹隆之意，與金石而等堅；弘誓之心，共虚空而比大。聖情以教爲悟本，法是佛師，出苦海之津梁，導述塗之眼目，務欲令疑僞不雜，住持可久。迺下明制，普令詳擇，存其正經，去其僞本。謹按：梁朝釋僧皎、釋僧祐、釋寶唱，隋朝僧法經等所撰《一切經目録》，隋朝翻經學士費長房所撰《開皇三寶録》，唐朝僧道宣所撰《内典録》等，已編入正目。大小乘經律論并賢聖集傳，合二千一百四十六部六千二百三十五卷。其後唐朝至聖朝，新譯經論，及有雖是前代舊翻而未經入目，并雖已入目而錯注疑僞，審共詳定，事須改正者，前後三件，大小乘經律論合一千四百七十部二千四百六卷，悉依明旨，咸編正目。今新入正目及舊入正目

大小乘經律論并賢聖集傳，都合三千六百一十六部八千六百四十一卷。其間有名闕本，有本失譯，見行入藏。及翻譯單重，三藏不同，兩乘各異，竝備出條件，撰爲目録，合一十四卷，號之曰《大周刊定衆經目録》。其僞經既不是正經，僞目豈同於正目？編之卷次，竊將未允。然恐須明示遠近，故别爲一軸傳寫焉。大小乘經律論及賢聖集傳，合三千六百一十六部八千六百四十一卷。其見定入藏，流行部卷不在此數。

釋智昇《開元釋教録總序》 夫目録之興也，蓋所以别真僞，明是非，記人代之古今，摽卷部之多少，摭拾遺漏，删夷駢贅，欲使正教綸理金言有緒，提綱舉要，歷然可觀也。但以法門幽邃，化網恢弘，前後翻傳，年移代謝，屢經散滅，卷軸參差，復有異人時增僞妄，致令混雜難究蹤由。是以先德儒賢製斯條録，今其存者殆六七家。然猶未極根源，尚多疎闕。昇以庸淺，久事披尋，參練異同，指陳臧否，成兹部袠，庶免乖違，幸諸哲人俯共詳覽。稽首善逝牟尼尊，無上丈夫調御士。亦禮三乘净妙法，并及八輩應真僧。我撰經録護法城，三寶垂慈幸冥祐。惟願法燈長夜照，迷徒因此得慧明。正法退久住世間，依學速登無上地。自後漢孝明皇帝永平十年歲次丁卯，至大唐神武皇帝開元十八年庚午之歲，凡六百六十四載。中間傳譯緇素，揔一百七十六人，所出大小二乘三藏聖教，及聖賢集傳并及失，譯揔二千二百七十八部，都合七千四十六卷。其見行闕本，並該前數。新録合二十卷，開爲揔别。揔録括聚群經，别録分其乘藏。二録各成十卷，就别更有七門，今先叙科條餘次編載。

莫伯驥《五十萬卷樓群書跋文・子二・開元釋教録》 《開元釋教録》二十卷，明寫本。唐釋智昇撰。智昇於開元中居長安西崇福寺，著此以三藏經論編爲目録，不分門目，但以譯人時代爲先後。起漢明帝永平十年，迄開元十八年。中間傳經緇素，總二百七十六人；所出大小二乘三藏聖教及聖賢集傳並及失譯，總二千二百七十八部，合七千四十六卷。分爲二録。佛氏舊文，兹爲大備。所列諸傳，尤資考證。前人謂朱彝尊作《經義考》，體例與此同符，或源出於是編。則其書固不特爲佛教史所取資，亦目録家之針度矣。宋周敦義《翻釋名義集序》謂：閲大藏，嘗有意效《崇文總目》，撮取諸經要義，以爲《内典總目》，蓋佛法入中國，經論日以加多，自晉道安法師至唐智昇作爲目録、圖經，蓋十餘家。今大藏諸經猶以昇法師《開元釋教録》爲準。後人但增《宗鑑録》、《法苑珠林》于下，藏之外如四卷《金光明經摩訶衍論》及《此土證道歌》，尚多有不入藏者。吾國家常命宰軸爲譯經潤文，使所以流通佛法至矣。特未有一人繼昇之後翻譯久遠，流傳散亡，真贋相乘，可重歎也，蓋前人久以此書爲有益於考覈矣。卷一有云：目録之興所以别真僞，明是非，記人代之古今，標卷部之多少，摭拾遺漏，删夷駢贅，欲使正教綸理金言有緒，提綱舉要，歷然可觀。蓋當時佛録存者六七家，然猶未極根源，尚多疎略。昇既久事披尋，因參練異同，指陳臧否，撰爲二十卷，分爲《總録》、《别録》。《總録》總括群經。從漢至唐，所有翻述，具帝王年代並譯人本事，所出教等，以人代先後爲倫，不依三藏之次，兼叙目録，新舊同異。《别録》别分乘藏曲分爲七。一有譯有本，二有譯無本，三支派别行，四删略繁重，五拾遺補闕，六疑惑再詳，七僞邪亂本。就七門中，二乘區别，三藏殊科，具悉委由，兼明部屬，其後則有入藏録焉。蓋《總録》多依前人，《别録》則創例頗多，爲此書之眉目。書中於辨别僞經尤留意。以爲僞經者，邪見所造以亂真經者也。今恐真僞相參，是非一概，今爲件别庶，涇渭殊流，無貽後患，蓋有辨别前人所録僞經，並有智昇搜羅考定之本。其辨《要行捨身經》云：此經題三藏法師玄奘譯，經云「王舍城靈鷲山」者，靈鷲，山名。古譯經及奘法師皆曰「鷲峰」。今言「靈鷲」，一僞彰也。經云「靈鷲山尸陀林側」。按諸傳記，其鷲峰山在摩伽陀國山城之内，宫城東北十四五里。豈有都城之内而安棄屍之處？事既不然，二僞彰也。經又云「佛説過去燃燈佛時初願捨身」者。燃燈如來是釋迦牟尼佛第二，無數劫滿，授記之師，豈有得記當成方能死捨事與？理乖，三僞彰也。經又云「若有人殺害有情遍索訶界四重五逆謗方等經，及盜常住現前僧物如是等罪，合墮地獄若能捨身，罪必消滅」者。謗經造逆，合墮阿鼻，死捨得除，便無重報，愚夫造惡，用此除愆，智者審思勿被欺誑，永淪惡趣，無解脱期。事與理乖，四僞彰也。伯驥按：《一切經音義》「尸陀林」，此言寒林，其林幽邃而寒，因以名也。在王舍城側，死人多送其中。《翻譯名義集》「尸陀林多死屍，人入畏寒也。又名恐畏林，亦名晝暗林」。《蘇詩》王注引《通明七賢女經》云「七賢女者，並是諸大國王之女。遇賞花之節，百千衆人各奔趨所游之處以爲取樂。七賢女中有一女曰：『諸姊妹，我與汝等不可一同衆人遊賞塵寰，取其世樂也。』却同諸姊遊尸陀林。諸姊曰：『彼處盡是死尸汙穢，有何好事？』女曰：『諸姊但去，甚有好事。』既到林下，遂指死尸謂諸姊曰：『尸在這裏，人向什麽處去？』諸姊諦觀，於是悟道」。王注並述《西域記》及《三水小牘》，此略之。智昇又有《開元釋教録略出》四卷，爲《總録》卷十一至十三有譯有本録之簡明目録，蓋删去考訂之語，祇録書名、卷數、譯撰人名及帙數紙數，用《千字文》字數，比入藏録則較詳。後世刻藏者，均依以爲程，不敢異也。

釋圓照《貞元新定釋教目録序》　謹按，《舊録》云：「夫目録之興也，蓋所以別真僞、明是非，記人代之古今，標卷部之多少，摭拾遺漏，删夷駢贅，欲使正教合理，金疑『經』字言有緒，提綱舉要，歷然可觀也。」但以法門幽邃，化綱恢弘，前後翻傳，年移代謝，屢經散滅，卷軸參差。復有異人，時增僞妄，致令混雜，難究踪由。是以先德儒賢，制斯條録，今其存者，殆六七家。然猶未極根源，尚多疏闕。升以庸淺，久事披尋，參練異同，指陳臧否，成兹部帙，庶免乖違。幸諸哲人，俯共詳覽。今觀先覺所撰，冠絶群英，伏從庚午以來，增七十祀，三藏繼踵，於今四朝。聖上欽明，翻譯相次。一百餘部，《經》、《律》特明，累降鴻私，許令修述。圓照等才智短淺，思不延文。祇奉皇恩，俯仰恭命。今所詳者，約以類分，隨三藏文相次附入。自惟以素繼組，以礫次金，疑則闕之，以俟來哲也。

楊守敬《日本訪書志》卷一五《貞元新定釋教目録》　《貞元新定釋教目録》三十卷，日本享保刊本。唐西京西明寺沙門圓照奉敕撰。其書體例，一同釋昇《開元釋教録》，而下止於貞元十六年，凡加一百三十九部，三百四十二卷，亦多有訂定《開元録》者。此書宋、元，明南、北《藏》，皆不載。此本爲日本享保十六年書坊所刊，卷後多署「丙午歲」或署「丁未歲高麗國大藏都監奉敕雕造」。前有高野山釋妙端序，稱此本得之《高麗藏》，粤山釋迦文院又以其國秘書本及《開元録》、《梁高僧傳》等書校之，題於書榍，而圈記其下。余按此本訛謬滿紙，尚多未校者，或妙端校後又爲刻梓所誤，未暇重校與？余初以爲校書圈記始自阮文達之刊十行本《十三經》，今此本刊於享保十六年，當我中國雍正九年，而已有圈記，豈暗合與？抑別有前規與？記之以俟博雅。

莫伯驥《五十萬卷樓群書跋文・子二・貞元新定釋教目録》　《貞元新定釋教目録》三十卷，從日本享保刊本寫録。唐西京西明寺沙門圓照奉敕撰。其書仿唐釋智昇《開元釋教録》而作，而下止於貞元十六年。凡加一百三十九部三百四十二卷，亦多有訂定《開元録》者。斯本從日本享保十六年書坊本抄出，卷後多署「丙午歲」或署「丁未歲」，高麗國大藏都監奉敕雕造。前有高野山釋妙端序，稱此本得之《高麗藏》。粤山釋迦文院又以其國祕書本，及《開元録》、《梁高僧傳》等書校之，題於書榍，而圈記其下。原序爲圓照撰。序云：「夫目録之興也，蓋所以別真僞，明是非，記人代之古今，標卷部之多少，摭拾遺漏，删夷駢贅，欲使正教合理，金言有緒，提綱舉要，歷然可觀也。但以法門幽邃，化綱恢弘，前後翻傳，年移代謝，屢經散滅，卷軸參差，復有異人，時增僞妄，致令混雜，難究蹤由，是以先德儒賢製斯條録，今其存者殆六七家，然猶未極根源，尚多疎闕。昇以庸淺，久事披尋，參練異同，指陳臧否，成兹部袠，庶免乖違，幸諸哲人俯共詳覽。」今觀先覺所撰，冠絶群英，伏從庚午以來增七十祀，三藏繼踵，於今四朝聖上欽明翻譯，相次一百餘部，經律特明，累降鴻私，許令修述，圓照等才智短淺，思不延文，祇奉皇恩，俛仰若命。今所詳者，約以類分，隨三藏文相次附入，自惟以素繼組，以礫次金，疑則闕之，以俟來哲也。伯驥按：《新唐書・藝文志》述智昇後有毋煚等奉敕撰《開元内外經録》十卷，收道釋書二千五百餘部、九千五百餘卷。《舊唐書・經籍志》曾引毋煚自序，蓋此書亦據智昇《録》爲基本也。今此書既不傳，且書中道釋同編，其性質又與大藏諸録別異也。迨德宗貞元十一年，圓照以智昇修書經六十五年之久，中間三藏翻經，藏内並無收管，恐年代浸遠，人疑僞經，故録成三卷，謂之《大唐貞元續開元釋教録》，至貞元十五年奉敕改《開元録》爲《貞元新定釋教目録》，其分類悉依開元，惟增《特旨承恩録》於總集群經之前，別析《聖賢集傳録》於《乘藏差殊録》之後，略存智昇原文。添入開元十八年後新譯入藏諸經，分析卷第爲三十耳。

羅振玉《大雲書庫藏書題識》卷三《貞元新定釋教目録》　《貞元新定釋教目録》三十卷。日本享保覆刻《高麗藏》本。此書中土久佚。宋、元、明三藏均無有。撰此書之圓照，《宋高僧傳》卷十五《明律篇》有傳。謂圓照，姓張氏，京兆藍田人。十歲依西明寺景雲律師，累朝充内供奉，撿校鴻臚少卿。其箸書甚多，中有《貞元續開元釋教録》三卷。今此本三十卷，不曰《續開元録》而曰《貞元新定釋教目録》，計三十卷。殆合《開元録》及所續增而成。此書《圓照傳》所未詳也。每卷首行署題下書「説」字，蓋《高麗藏》所編字號也。前有享保十四年僧南谷、妙瑞二序。諸卷末有「丙午歲」、「高麗國大藏都監奉勅雕造」欵。宜都楊君星吾曩遊日本時得之。去冬過鄂，欲從楊君假鈔，以卷帙多且大，慨然持贈。百朋之錫，忻慰何似。異日當勸有力者重彫。俾不負楊君見惠之雅意也。

釋净伏《至元法寶勘同總録序》　夫佛法由漢唐以迄于今，揭日月於齊明，致乾坤於泰定。弘濟群迷出生衆，有不可得而云喻。大元天子，佛身現世間，佛心治天下。萬幾暇餘，討論教典，與帝師語，詔諸講主，以西蕃大教目録對勘東土經藏，部帙之有無，卷軸之多寡，然文詞少異而義理攸同。大矣哉，會萬物爲已者，其唯聖人乎！於是宣授江淮都總統，永福大師見之。歎曰：「雖前古興崇諦信，未有盛於此者，可謂是法徧在一切處，一切處無不是法，一切處無不具足。」遂乃開大藏金經，損者完之，無者書之，修大寶塔而放光，造諸梵刹而增新，塑諸佛像而現瑞，復

諸田土而贍衆，放生禽魚而翔泳，撫治僧尼而安居，行諸方便，靡有不至，如春在物，不言其功，不言其德，助揚國化，用報皇恩，歷塵劫而不泯，廓太虚而常存。敬入梓以便披閱，庶廣流傳，非惟利己利他，抑亦爲龜爲鑑。至元二十六年三月　日，杭州靈隱禪寺住持沙門净伏謹序。

釋克己《至元法寶勘同總録序》　蓋聞佛世尊之垂世立教也。拯溺三界，彌綸萬有，巍乎超彌盧之峻，極高而無上。浩焉齊大浸之稽天，深不可測。譬栴檀雜遝，衆苑同芳，摩尼奪目，萬寶競集，奚啻貧人之伏藏，誠出世如意之大寶也。爰自漢唐，歷代帝王公卿翻譯，接武全璧未完，惟我世祖薛禪皇帝智極萬善，道冠百王，皎慧日以鏡空，扇慈風而被物，特旨宣諭臣佐大集帝師總統名行師德，命三藏義學沙門慶吉祥以蕃漢本，參對楷定大藏聖教，名之曰《至元法寶勘同總録》。華梵對辨，名題各標，陳諸代譯經之先後，分大小乘教之品目，言簡意密，文約義豐。舊梓方册未類梵典，今前松江府僧録廣福大師管主八欽念天朝盛事，因循未彰，睿澤鴻恩，報稱何及？謹刊入大藏，節續隨函，于以對揚明命，昭示萬世。噫！覺皇世尊大寂定中二千二百五十餘年，而道愈尊，法愈熾，光明盛，大洞徹，昭著雖上古帝王孰不崇尚而莫可企及者。我世祖皇帝即古佛示現之應身也。若夫飯僧建刹造像範金，天下讀誦藏經資戒廣大施會，豈筆舌所可勝紀？雖然，聖主之所以睿意尊事佛法者，何謂也？蓋諸子百家九十六種外，道言教無有等於大覺之至理，故以斯道覺斯民，總令大地衆生了如幻三。昧遠離貪，著悉知具，有如來廣大智慧，增上戒定，慧學同證。《阿耨菩提經》云：若以三千大千世界，七寶持用布施，不如聞此經名及一句義。況聖教之名義粲然耶！離文字相者，廼能證知回福，聚昌皇圖，垂億萬世而無疆。是謂法王大寶是頂髻珠，是大摩尼，是真利樂，是世希有不思議之願海也。克已才慳窺管，學愧濫竽，等持尺以量空，類蹄涔而浴日，聊述短序，略讚聖功者焉。時大德十年歲次丙午冬至日，江西吉州路前官講報恩寺講經論釋克己序。

朱棣《御製藏經讚》　朕惟如來爲一大事出現，演《三藏》十二部之玄言，所以指教垂義者尚矣。自其言流于中土，翻譯其義，以化導群類，非上根圓智之士，鮮能以通之，而得其要者或寡矣。天治心修身，所以成道心也者，虚靈明妙，焕然洞徹，該貫萬理而無所遺也。是故啓多聞必由於藏海，原萬法本歸於一心，以是修證超乎圓妙，常住不動，無有所蔽，此誠末世之津梁，迷途之明炬也。朕撫臨大統，仰承鴻基，念皇考皇妣生育之恩，垂緒之德，劬勞莫報，乃遣使往西土，取藏經之文，刊梓印施，以資爲薦揚之典，下界一切生靈，均霑無窮之福，如是功德有不可名言。若夫世之由迷惑真，交纏故業，茫然而莫之所歸者，不究竟於斯，亦莫能得其體，而返其真也。推是心以濟拔流轉，引援沈淪者，亦如來慈悲之願也。用是爲讚，以揭于卷首，且以翼流通於無窮焉。

讚曰：如來演義諦，法音遍克周。世界恒河沙，一一皆具足。化導於群類，咸得成正觀。有漏諸微塵，悉超於覺海。歷阿僧祇劫，廣開方便門。迷妄執空華，一切了明徹。有一弗徹者，誓不成佛陀。我今念衆生，是故廣演説。深心奉塵刹，俱願澄菩提。上報二重恩，下濟諸途苦。昔登無上覺，欲漏盡消除。成就勝妙心，以拯諸末劫。廣此密因義，布施於竺乾。頻伽大梵音，至妙不思議。如十方擊鼓，無礙於音聲。有耳皆獲聞，聞者即成覺。堅固無動轉，永不墮輪迴。世尊爲證明，作如是讚歎。功德不可説，永被於生靈。永樂八年三月初九日。

又《御製藏經跋尾》　如來法藏，至妙難測，至高無等，至廣莫極，淵而無際，深不可量。大包天地，細入無間。功德無量無邊，不可思議。誠超三域之平路，濟衆庶之夷途。以此弘善，用報、重恩，普濟，一切，悉拔曠劫。若衆生發菩提心，受持讀誦，演説思惟，則道無不洽，德無不施，福無不充。了悟三乘之宗，總解真如之旨，即成正覺，永紹佛陀。永樂九年閏十二月　日。

朱翊鈞《御製續入藏經序》　續入《藏經》四十一函，超《華嚴懸談會玄》起，至《第一希有大功德經》，計四百一十卷。此我聖母慈聖宣文明肅皇太后所命刻也。朕惟釋教東流，經典遞譯，函卷繁富極矣。我聖母躬體聖善，坐撫昇平，密契心乘，力修聖果。因復假筏迷津，施航覺海，續增兹典，聿廣義宗，德意甚盛。載惟經世出世，厥用夐殊，然其立教，以明心見性爲宗，以慈悲喜捨爲用，以嗔愛婬殺爲戒，以戒定禪寂爲門，大都使人破塵妄之迷，以印妙圓之體，愓罪報之由，以修慈善之根，悟未來之因，以減現在之業，此其覺人濟物，勝殘去殺之切。於吾聖治，不爲無助。故經謂，莊嚴施捨，周於沙界，不若一經一偈流布之功。然則，聖母慈命，真可謂續慧焰於昏衢，普慈雲於陰界。延佑宗社，種福人天，不可思儀者矣。若乃梁、魏、隋、唐之主，傾國貲以崇像飾，瘠齊民以奉緇流，殊戾釋氏本旨，朕所不取，亦非我聖母流布是經之意。是爲序。大明萬曆十二年十一月二十日。

釋廣莫《大明釋教彙目義門序》　觀夫索訶衆生，沉溺有海，培三毒根，長養識趣，浩刦弱喪，而不知歸。識薪業，火燒菩提芽，乘此熾然，無明徒生徒死。嗟嗟，此皆迷自靈心。無我著我，咸其自取。墮者其誰耶？故我迦文薄伽梵現大悲身，起而救之。以無説爲説，非權示權。大指謂旋乎真也，則解；逐乎妄也，則解。

進而真妄融泯，而始得其環中以應無窮。槩似黄葉止啼，空拳誘物，使諸衆生出生死海，登涅槃岸，雖令空諸有，勿使寔諸無爲。道之樞此，如來垂教之本致也。是故四十九年之間，詮真詮俗，説性説心，抑之揚之，開之廢之，一音虚唱，偏適群宜。洋洋焉，脱凡蜕而靈其神者，過恒沙也。大矣哉！我佛之於衆生也。天之高明，不足以擬其仁；地之慱厚，不足以方其德；蕩蕩乎，竭余心而不可以讚之已矣。我友蘊空禪師，披閲藏乘三週，其文非徒誦，其文實得其心。于無説無聞之際，余嘗與語，恍然悟耆。然解非庖丁之謂與嗟。余抱終身之惑而不可解，乃今直浚而不翅也。師於禪暇所輯三藏閎義，題曰《大明釋教彙目義門》，計四十一卷。其所詮表，蓋取前人之所長，而補前人之所闕。訂正重、單，區分詮次，故曰《彙目》。一遵天台五時，而綸貫群經，則雅契佛心，時味無濫，有本可據矣。又能隨經摭義，附于本名之下，以諸論疏各歸其源，故曰《義門》。然此義門有所自來，非臆説也，蓋遠祖竺乾優波提舍之意。優波提舍，此翻義門，良以傍徑，劏義令人探其名，而遂是其大猷故耳。又于藏外耳之所聞，目之所覯，有俾益于性靈輔佐於佛乘者，採之成一家言。此其利濟末刦，出傅大士轉輪之上，功垂不朽且慱矣。於戲！不慧之于藏海也。如鷃鼠之軀，竊飲滿腹，未及一勺，而師具阿修羅王之身，據大海中，僅及其膝，飲之將無竭乎。余敢以螢光兢耀于日星之下，足見其不知量也甚矣。寧不媿死，雖然二利門中不無主客之義。敬題蕪穢，弁諸首簡。時萬曆癸丑二月既望西吳沙門釋廣莫和南譔。

周從龍《大明釋教彙目義門序》

佛入中國歷千百餘稔。玄風大暢，宗教繁興，駸駸與吾儒鼒足，蓋不翅通識之云。互標遞顯即古來身，擁帝王之尊，亦常有洗心崇禮、爲之振作者，若漢明、梁武與唐之憲宗，其最著者矣。自是而浚，洎我太祖高皇帝手盪胡氛，聿開丕業，神鼎初定，治具方新，而獨汲汲于寢戈歸馬之餘，詔鐫藏經于都下。至成祖文皇帝，再勑鏤板，益加精備。而今上復續入《藏經》四十一函。是三聖人者，皆神武英斷，超軼前代，而皆于萬幾餘暇，棲神内典如此，假非悟徹洞衷，其能信樂若斯其至乎？第當時參校非人，往往奉爲故事。遂使目録函卷，重單部分，不無顛錯。不倫之恨，捧覽茫然，識者用慨。邇年來，大冢宰當湖陸公、大司成秀水馮公，同密藏開公翻刻方册，每謂經目次序合依天台，判教正之。惜乎彙籍蔑聞，竟成虚語。不佞龍里居多暇，亦殫心有年。每當牴牾，輙用隨筆次其綱領，雖幾至成帙，而卒以冥頑寡識，未遑釐正爲可歎也。蘊空禪師獨罄三十年精力，檢閲研究，至眼暈腕勞，不爲少輟，遂以南北二《藏》教典，節次其題目，表章其品文，一倣天台判教科儀，都爲四十五卷，題曰《大明釋教彙目義門》，條析章分，該詳簡覈，直使開卷披誦之下，皆可去繁以得要，望徑而知歸。盲人復其見性鈍質，現其靈根，謂非震旦功臣而指南沙界者哉？不佞偶得卒業是稿，君爲神解，如以我心借師手筆，如師手筆藉靈我心，理無不符，見無不合。誠生平一大奇快事也！大抵天地間有大結撰，必待一大異人屬而成之。不然，何自漢迄今如道林等輩代不乏人，曾未聞有議及此者，乃至馮、陸諸公之空言無補與不佞。龍之功僅半途者，一旦爲師獨成而捷奏也。異哉假！令三朝詔刻，得一人如師者與！備參校之，列其卷目，寧患有毫髮遺恨哉！三復是編，宜亟付剞劂，以公來學不佞。回首出橐中，稍佐募之什一，工未半而内侄石梁學憲見而許之，遂携入閩中，獨竣其事。亦足以見緣法之非偶然也。是爲序。萬曆戊午清和八日汝陽周從龍撰。

周和南《佛法義門標目跋》

憶先廷評公之生也，沉心内典，疏釋經義，業有《金剛》等刻行世矣。自丁未衡遲以來，日討全藏而彙編之，志有逮而未竟也。適蘊空法師靈覺内融慧炬外朗，搜貝葉之秘文，摘貫花之妙偈，井井乎碁列，玄藏半滿，區分若衆流之赴海，如傳火之剖光也者。先子乃與莫逆，于心相視而言曰：南北藏經，彼此不符。抑且宗旨混淆，單、重間襍，將使覽者徒深望洋之思，有不躊躇于頭緒，而乖迕于歸致者，幾希矣。今按《華嚴》、《阿舍》五時彙編經目，即于題下提挈綱宗，撰《彙目義門》四十一卷。目既彙矣，而所集某經某論，南藏屬某字函，北藏屬某字函，若不顯標明注，則披文者孰詮次以知歸耶？故刻《彙門目録》四卷。然頃代轉讀，多陷廣文。而傳譯單、重部分攝屬，恐學者猶未能偏觀而盡識也。復嗣刻《彙門標目》四卷，俾南北藏六千餘卷，暨論疏語録輔佐于佛乘者，不勞窮討。恍指掌中。夫以全藏之義，彙卷四十有一，又以義門之旨，釐卷目以四，不可謂不精且約矣。以類相從，釋然易辨。我觀蘊公之《彙目》四卷，若表藏、通、别、圓四教意也。《標目》四卷，若表頓漸秘，密不定意也。《義門》四十一卷，若表四十一位，法身大士意也。如來説法，四十九年，今合卷目四十有九，即事援引，妙典可徵；即見敷揚，聯輝惟遠已。通教典者，義天之星象，燦然固識。落川之月未蹈玄關者，法匠之金，桴歷在徐。探入海之津，檢義歸門，尋門了義，匪因蘊公一人之手眼，開億萬世人無窮之手眼哉！是刻也，先子肇其端，而工費浩繁，不憚數千里跋涉，竟剞劂之役者，實藉中表學憲石梁岳公力也。使先子之志克終，蘊公之教丕振，濟群迷于彼岸，臻福果于此生。石梁公于諸佛祖更結一大因緣矣。特悼先子始其事，而不獲睹其成。余小子羹墻之痛不勝，開卷倍增耳。旹萬曆己未歲五月

望日，佛弟子葆光周天軸和南跋。

釋道開《藏逸經書小記》　凡《北藏》未收者，無論其言義得失，悉採録其名目如左，以俟明哲揀辨而出入之。

錢謙益《絳雲樓題跋・藏逸經書標目後記》　密藏開法師搜訪教乘，手録標目一册，留平湖陸季高家。余得之吴江周安石氏。此册爲藏師甲乙掌簿，草次標識，然實有益于禪講兩家。吾嘗謂圭峯大師講清涼疏鈔于東都，「泰恭小師至于斷臂慶法。今之講疏鈔者，尋行點句，動云一標二釋三結，未知古人講演。果如是否？」師謂：「經疏鈔不應並講」。又謂：「單講會玄爲大愚。」以此正告講席。斯可謂天鼓發聲矣。其抗辨宗門，有云，救少林絹帕之譌，則披根評唱。懲白蓮郵册之禍，則斬蔓蘭風，斯二者春病症粗，其攻伐顯。若以正法眼藏剔邪別僞，由熒絶法舟而抉摘笑岩。在法門，則金剛之眼也；在儒門，則春秋之筆也。蓋昔者紫柏、海印二太師，謂五燈之傳不正，則慧命不續，而獅絃則遂絶于楚石。藏書謂入室弟子，接鵝王之油，而擇牧女之乳，點胸刻骨，非師而誰？奉二師之正印，全提真吼。勘辨諸方，推倒回頭。趯翻不託者，非師而誰？法運陵遲，魔外恣横。法門中師子蟲，不在絹帕，不在部册，而熾然于登堂付法。僭王竊號之徒，金剛王寶劍沈薶斷落，如電光一線。偶爍昏塗，其誰信而從之？豈惟不信？殆必有血牙炬口，鋒起而妨難者矣。師之誓願，不惜頭目腦髓，回向法界衆生。假令阿僧祇劫恆河沙數無量無邊衆生，各化無量無邊口舌，咀嚼于師，各由無量無邊筆墨，描畫于師，各殫無量無邊智辨，推剥于師。師以一言半句爲弄引，與無量無邊衆生作緣。于其，婆心熱血，庶有少分相應也。然則師于佛法中，古人所謂程嬰、公孫杵臼、田光、貫高之用心，固無憾于斯人之徒，而余爲奮筆舉歇，留眼目于末後，亦何憚矣哉！師以萬曆己丑，駐錫虞山東塔。余方童稚，從祖父存虚府君，攜往禮足，標目中所謂錢文學順化也。距今七十年矣，師得龍樹尊者不死之法，長髯褐衣，時時游行人間。偶睹此册，必將曰：「此吾向日摩頂撫慰八歲小兒也，今老大掉弄筆舌如此，能無粲然而顧笑乎？」《有學集》卷五十。

釋智旭《閱藏知津敘》　心外無法，祖師所以示即法之心；法外無心，大士所以闡即心之法。並傳佛命，覺彼迷情，斷未有欲弘佛語，而可不深究佛心；亦未有既悟佛心，而仍不能妙達佛語者也。今之文字阿師，拍盲禪侶，竟何如哉？嗚呼！吾不忍言之矣。昔世尊示入涅槃，初祖大迦葉即白衆云，如來舍利，非我等事，今者宜先結集三藏，勿令佛法速滅，嗟嗟！倘三藏果不足傳佛心，則初祖何以結集爲急務耶？竊謂禪宗之有三藏，猶奕秋之有棋子也。三藏之須禪宗，猶棋子之須活眼也。均一棋子也，善奕者則著，著皆活；不善奕者則著，著皆死。均此三藏也。知佛心者，則言言皆了義；不知佛意者，則字字皆瘡疣。若爲懲隨語生見，遂欲全棄佛語，又何異因咽廢飯哉？夫三藏之不可棄，猶飲食之不可廢也，明矣。不調飲食，則病患必生。不閱三藏，則智眼必昧。顧歷朝所刻藏乘或隨年次編入，或約重單分類，大小混雜，先後失準，致使欲展閱者茫然不知緩急可否。故諸刹所供大藏，不過緘置高閣而已，縱有閱者，亦罕能達其旨歸，辨其權實，佛祖慧命，真不啻九鼎一絲之懼。而諸方師匠，方且或競人我，如兄弟之鬩墻；或趨名利，如蒼蠅之逐臭；或妄争是非，如癡犬之吠井；或恣享福供，如燕雀之處堂。將何以報佛恩哉？唯宋有王古居士創作《法寶標目》，明有蘊空沙門，嗣作《彙目義門》，並可稱良工苦心。然《標目》僅順宋藏次第，略指端倪，固未盡美；《義門》創依五時教味，粗陳梗概，亦未盡善。旭以年三十時，發心閱藏。次年，晤壁如鎬兄於博山，諄諄以義類詮次爲囑。於是每展藏時，隨閱隨録。凡歷龍居、九華、霞漳、温陵、幽棲、石城、長水、靈峰八地，歷年二十禩，始獲成稿。終不敢剖破虚空，但藉此稍辨方位，俾未閱者，知先後所宜。已閱者，達權實所攝。義持者，可即約以識廣；文持者，可會廣以歸約。若權若實，不出一心，若廣若約，咸通一相，故名之爲《閱藏知津》云。甲午重陽後一日北天目沙門釋智旭撰。

夏之鼎《閱藏知津緣起》　古德云，般若如大火聚，四面不可入。又云，般若如清涼池，四面皆可入。般若其有二乎哉？何一不可入，一可入也？余鈍根，學佛有年。不獨大火聚不能揑身，即清涼池亦無能插足。惟是嘗聞華嚴、普賢《行願品》，有剥皮爲紙，刺血爲墨，書寫經卷，積如須彌。故每於方册經卷，少刻流通。非敢云作檀度法施，蓋欲藉此稍種般若種子耳。昔者靈峰大師開講報恩三藏，余因得親法席，後欲輙申供養，師囑云，吾有《閱藏知津》一書，共四十八卷，計一千餘紙。居士能爲我梓行，則勝如以四事給我矣。師化去忽十年，塵務紛紛，未得酬此願。去夏癸卯，勉力抽資，并勸一二同志，共襄其事。遂鳩工藏舍倡刻，至今夏甲辰，得以告成。所願刻施微因，用薦先父思山府君、先母魏氏孺人，脱苦惱於三途，證蓮華於九品。更冀閱是書者，一展卷時，如扁舟漁父，忽然悞入桃源，則如來法海，雖寬廣無涯，一彈指間，可以即登彼岸矣。其他律教之異同，禪凈之差别，具述大師序中。兹不更贅。余因述發心刻施之緣，聊識數言以記。歲月如此。溧水佛弟子夏之鼎和南述。

愛新覺羅・玄燁《御製番藏經序》 朕聞：羲父既衍，遠開經籍之源；禹範旋披，弘啓文章之籥，溯淳風於太古，恢景運於中天。大義微言，較日星而並燦；靈篇寶籙，偕嶽瀆以爭奇。即至祐國庇民，有祝史受釐之册；和風甘雨，有陰陽占候之家。總皆以崇有爲歸，遂各著闡幽之論。若夫十方四諦之門，三明六通之業，夢金人於漢帝，白馬馱來，序聖教於唐宗。青蓮湧出，琅函東度，登黄珉碧玉之壇；金疊南翻，建獅子龍王之會。竺蘭授記，宗風振四十二章；玄奘載歸，勝果揚六百餘部。用度閻浮之域，長留震旦之區。原其流衍弘綱意在挽回末俗，依然忠孝言言祛妄存真，亦曰仁慈念念勝殘去殺。心燈夜炳則照徹昏衢，意蘂晨飄則凉生火宅。雖殊途而一致實，異派而同原，兼以諷誦仙輪，仰祝靈長之祚。敷宣教鐸，俯垂濟渡之航，固所瞻依，寧無裨補？是知乾綱在握，無俟藉響於法螺，而當泰宇方隆，並可徵休於香象矣。朕探素古今，研窮謨典。皇風帝緒之策，時掣牙籤，名山祕笈之藏，更披玉軸。雞籌報曉，資啓沃於經帷；鳳炬分宵，備詢謀於册府。憲章所係，討蒐文獻之遺；儒術攸崇，紹明理性之學。際兹車書一統，庶幾軌物咸遵。至於意樹心蓮，未展貝多之葉；鶴林鹿苑，偶臨般若之臺。究玉鏡之圓光，覽金繩之妙諦。伏惟太皇太后，遐齡永錦，齋心舍衛之城。皇太后，純嘏殷流，報禮祇洹之役。曩者林衡授矩，無非桂棟梅梁，于焉竹素成編，盡是彫談奥。辯供億靡勞於蔀屋，不涉民財；經營悉出於芝宫，非關内帑。念真乘之慧業宜宣，而梵唄之潮音未廣，乃稽歷古傳燈之録，更輯千山印鉢之篇。番藏舊文爰加鐫刻，緑縹裝就，八解高超；黄錦開時，七花遠邁。誠以導瓊暉於紫幄，分璇彩於黄圖。助啓芳詮，廣崇大藏。頌雨宫之景福，延萬姓之鴻庥。式辨簡端，用資褒讚云爾。康熙二十三年八月二十三日。

介山等《覆請序疏》 禮部尚書臣介山等謹題，爲釋藏名經奉命鐫梓，恭請御製序文，宣示永久事。禮科抄出和碩裕親王福全等題，前事内開，竊惟迦維誕瑞，象法肇開八正五乘，毘邪摩詰授受遠矣。自漢帝夢感金仙遣使天竺，釋典諸書之流傳於中土者，幾二千年。其間雖歷唐宗隆盛之朝，亦多闡明褒讚，非徒廣揚佛教，正欲藉以慈育萬有也。恭遇我皇上聰明睿知，秉自性生，峻德神功侔於覆載，治化翔洽 威烈弘敷，日月照臨之下，罔不沾濡渥澤。奉朔貢琛，而聖度淵冲，日加兢業，宵衣旰食，勤政愛民，復以萬幾餘間研精六經，綜覽群史。闢圖疇未發之淵微，鑑治運相循之理數。以至星官地志、諸子百家、稗乘緯書、仙經貝葉，莫不丙夜詳探究其旨奥，故能學洞陰陽，博極今古。時而宸襟遊豫，睿藻琳瑯，落筆千言，炳彪雲漢。所謂道備典謨，義兼風雅，煌煌乎統千聖而集成，苞三才而建極已。乃若寶墨瑶箋，龍翔鳳翥，運羲畫之奇，陋漢章之體，又餘事也。邇者特沛鴻慈，重刊《番藏名經》，用廣利益。蓋以上凝太皇太后、皇太后萬壽無疆之禎，下錫四海臣民億萬載之祉。但四流六度，妙理難詮，非得天語發揮，下土塵迷何由共開覺路。昔唐太宗勅名僧，翻譯經文六百餘部，特製序文。明太祖親撰《佛母像讚》，永樂中校刻《大藏真經》。皆當開國盛時，表章梵典。況我皇上仁敬孝慈，迥非唐明三君所能比擬萬一。宸翰所頒，便可燭照諸天，康濟率土。伏祈皇上俯念佛果特賜御製序文，辨諸經首，開示顓蒙，昭垂萬祀，庶慧日賴奎章而並焕慈雲同聖澤以長流矣。爲此具本謹題請旨。等因康熙二十二年八月十六日題，本月十八日奉旨：禮部詳察典例，確議具奏，欽此。欽遵於本月十九日到部該臣等議，得和碩裕親王福全等疏稱：釋典流傳中土幾二千年，歷唐宋隆盛之朝，闡明褒讚，非徒廣揚佛教，正欲藉以慈育萬有。恭遇皇上聰明睿知，秉自性生，峻德神功侔於覆載，萬幾餘間，研精六經，綜覽群史，以至諸子百家、仙經貝葉，莫不丙夜詳探究其旨奥。邇者特沛洪慈，重刊番藏名經，用廣利益。上凝太皇太后、皇太后萬壽無疆之禎，下錫四海臣民億萬載之祉。昔唐太宗勅名僧，翻譯經文六百餘部，特製序文。明太祖親撰《佛母像讚》，永樂中校刻《大藏真經》，皆當開國盛時，表章梵典。我皇上仁敬孝慈，迥非唐明三君所能比擬萬一。伏祈皇上俯念佛果特賜御製序文，辨諸經首，開示顓蒙，昭垂萬禩。等因臣等。竊惟：釋典諸書，充物祕藏，雖教有顯密之分，宗有性相之異，要其指歸，在於利濟萬品化導群生。歷代帝王，往往爲之流通宣布。或命翻譯，或命鐫梓，其教賴以弗替。至於闡揚道風恢弘勝果，尤在親製文辭冠之，簡册方足，令神人欽仰遠邇瞻依。考唐太宗貞觀二十二年，沙門玄奘等，將梵經六百五十七部譯畢，帝親製《三藏聖教序》，石刻至今猶存。明太祖《御製文集》内有《佛母讚》，又有《心經序》，及蓮華菩薩華藏世界諸讚。明成祖校刻《大藏真經》，有《藏經讚》及《正宗大覺妙經》、《四部經》、《華嚴經》、《真實名經》諸序，辨諸梵册，俱載藏函。又考唐憲宗，有《心地觀經序》。宋太宗有《御製妙覺集》五卷，真宗有《釋典御集》一部，並藏諸琳宫，傳示不朽。恭惟我皇上，功同覆載，道貫天人，極深研幾理，無隱而不燭；知來藏往籍，無奥而不探。聖學淵微，天章鴻麗，誠非前代帝王所能比擬萬一。兹者體天地好生之心，擴聖人止孝之量。上爲兩宫禔福，下爲萬姓降祥，特命刊刻《釋藏名經》，流通海内。顧釋典難諳，梵書乍布，必得天語褒揚，方可炳著日月允宜俯從。王等所請御製序文，冠諸經首，俾瑯函寶笈沾被，龍光昭示天壤，永永無極。誠昌朝之盛事，聖代之曠典也。臣等未敢擅便，謹

題請旨。

禮部尚書臣介山，尚書臣沙澄，左侍郎臣額成格經筵講官左侍郎兼翰林院學士臣楊正中，右侍郎加二級臣沙海，經筵講官右侍郎兼翰林院學士臣陳廷敬，祠祭清吏司郎中臣何棅，員外郎加二級臣常在，員外郎臣桑格，員外郎加一級臣蔡音達，員外郎臣郭世隆，員外郎臣蕭永藻，主事臣王敬臣，主事加一級臣費暘古，主事臣徐人鳳。康熙二十二年九月初一日具題，本月初四日奉旨依議。

福全等《請序疏》 和碩裕親王臣福全等謹題：爲《釋藏名經》奉命鐫梓，恭請御製序文，宣示永久事。竊惟迦維誕瑞，象法肇開八正五乘，毘邪摩詰授受遠矣。自漢帝夢感金仙，遣使天竺，釋典諸書之流傳於口土者，幾二千年。其間雖歷唐宋隆盛之朝，亦多闡明褒讚，非徒廣揚佛教，正欲藉以慈育萬有也。恭遇我皇上聰明睿知，秉自性生，峻德神功，侔於覆載，治化翔洽，威烈弘敷，日月照臨之下，罔不沾濡渥澤。奉朔貢琛而聖度淵沖，日加兢業，宵衣旰食，勤政愛民，復以萬幾餘間，研精六經，綜覽群史。闢圖疇未發之淵微，鑑治運相循之理數。以至星官地志、諸子百家、稗乘緯書、仙經貝葉，莫不丙夜詳探究其旨奥。故能學洞陰陽，博極今古。時而宸襟遊豫，睿藻琳瑯，落筆千言，炳彪雲漢。所謂道備典謨，義兼風雅，煌煌乎統千聖而集成，苞三才而建極已。乃若寶墨瑶箋，龍翔鳳翥，運羲畫之奇，陋漢章之體，又餘事也。邇者特沛鴻慈，重刊《番藏名經》，用廣利益。蓋以上凝太皇太后、皇太后萬壽無疆之禎，下錫四海臣民億萬載之祉。但四流六度妙理難詮，非得天語發揮，下土塵迷何由共開覺路。昔唐太宗勅名僧，翻譯經文六百餘部，特製序文。明太祖親撰《佛母像讚》，永樂中校刻《大藏真經》，皆當開國盛時，表章梵典。況我皇上仁敬孝慈，迥非唐明三君所能比擬萬一。宸翰所頒，便可燭照諸天康濟率土。伏祈皇上俯念佛果，特賜御製序文，辨諸經首，開示顓蒙，昭垂萬禩。庶慧日賴奎章而並焕，慈雲同聖澤以長流矣。爲此具本謹題請旨。和碩裕親王臣福全，内閣侍讀學士食二品俸加四級臣烏喇代，宗人府右司掌印理事官加一級臣覺羅舜拜。

和琳《衛藏通志·經典志序》 謹案：佛經之富，百倍於儒經。然除《大藏經》而外，大抵皆後世僧人撰述。彈駁數家，悦合於教。自唐玄奘法師取入中國，而鳩摩羅什輩所譯漢文率多訛舛。我朝開立經館，音義一歸於正。今考布達拉存貯《四譯藏經》一百八部編纂。

袁昶《刻衛藏通志後敘》 大鈞坱圠，萬物芸生，準之《大易》六位、三才之中。動物，惟人爲最靈矣。有形有氣，有知有義。無先覺以覺衆，覺則其群，涣而無所統束，恐禍亂之相尋蘖牙也。昊穹亭毒，上帝好生，作之君以宰赤縣神器，政於是出；作之師，以三物四術整齊之，教於是生。中古之世，君、師、政、教合於一；孔、孟纂述六經以後，君、師、政、教分而爲二。漢之文、景、光武，唐之文皇、宋仁宗、元世祖，一統之君，而德不能兼教化。董仲舒、鄭君、王通、韓愈、朱子，一經之師，而位不得佐政，令治有統系，道有宗主，扶輿滂礴，二千年離而復合，始集景運於我朝聖祖仁皇帝。於是君、師、政、教出於一矣。是有實焉，有權焉，惡可以無説？粵稽聖祖高宗，經筵日御，發攄天筆，纂述《易》、《尚書》、《三禮》、《四詩》、《春秋内傳》諸家箋解，平其得失，攽立學官。御纂《性理精義》、淵鑑齋《朱子全書》，排比四庫，整齊百家，以示學林塗軌。操之以治律厤，制禁令，齊六職，決百事，宰制成器，陶冶庶彙。非以盡其實耶。兼崇黄教綏服，北徼西域、蒙、準、回部，用借根方，立天元術。擢任司天臺官利瑪竇、南懷仁、湯若望等撢究疇人、天算、太常鍾律之度數，測量地輿，尋究河源。作《皇輿表》，有圖有考，以宅土物宜，敬授民時。農務、物産、貿遷有無，北設市場於尼布楚、恰克圖。南立市舶司於交廣蠻募蠻耗之間。貴貨易土，通商惠工，以美利利天下。非以通其權耶！

皇哉唐哉皇哉！古今聖治郅隆，莫備於康熙，如日月之經天，嶽瀆之緯地矣。實者，經也，常道也。二百六十年中，在位通人，處逸大儒，亦既推闡盡致。家握隨珠，而人懷荆璧矣。權者，緯也，通道也。囊揩九邊，鞭笞四海。聲教訖於殊域。徵之《禮》曰：「五方之民，言語不通，嗜慾不同。修其教，不易其俗。齊其政，不易其宜。鼓之以雷霆，潤之以風雨。」於是列聖宰制天下之機權出焉，大制不剸割，善戒無轍迹。内而諸夏，經制彤彤，亦既景鑠㬎融矣。外而蒙、準、回、康、烏斯、藏各部，崇黄教，以綏輯鎮撫之。於此見至仁之覆育，於此見大慈之杌被焉。粵稽太宗文皇帝，始膺寶命，達賴剌麻實始率喀爾喀四十八部崇上尊號，肇基王迹，爰拓北陲。景陵勅撫遠大將軍十四貝子及將軍延信等創定西藏，復布達拉坐牀之地，以國語、蒙文、蠟丁、唐古忒四體文繙譯《心經》。泰陵奬頗羅鼐歸順，錫之郡王爵，仍設駐藏大臣鎮之。御選《祖燈語録》，校刻《北藏》，修《多羅》十二部。裕陵始革藏王爵，凡衛藏事，一裁之駐藏大臣，與達賴、班禪參決之。以清文繙譯《全藏》，俾廣流布。製金奔巴缾，以定呼弼勒罕之真僞。在《易》風行地上，觀聖人以神道設教。豈佔畢小儒所能窺測萬一乎？藉謂必如儒者所云，人其人，火其廬，焚其書，而後可適，所以激邊釁，而示以聖道之不廣，何所見之偵乎？且彼西域之衆，

太蒙之人，必有政以齊其吏民，必有教以化其頑梗。太西各邦，政教互權。昔合而今分，此亦天地自然之符，人事推激之分，數然也。前史稱絶之，未知其利通之，未見其害。籌邊事者，惡可以不刳心焉？然則，繇此以推，聲教所暨，流通無礙。風雨露雷，莫非神化。滋液滲漉，何生不育？不廢摩哈默之天方教，可以收回、哈薩克、布魯特以西諸部，兼行爾撒之摩西十誡。《佛説》四十二章，雖列小乘經，乃最初義經云：身三口四意。三，是有十惡行，能戒止，十惡即名十善行。嗣又檃括其教爲三歸五戒。摩西本之而小變，其科旨乃西域婆羅門之枝流也。《涅槃經》如來性品阿噁伊郁等十四音，亦英、法文二十六字母之祖。欽定《同文韻統》詳之。是亦譯官舌人之所當知者也。唐碑所謂，景教者，苟仿釋典，使高才潤色之，以彼教治彼族，可以維妻西牛賀諸大洲，借權寓實。我列祖列宗不已微示機括矣乎？今三衛之墜，銜接巴裏、二塘者，匕鬯晏然。而雅魯藏布江下游，則割入英、緬。三藏之南邊絨轄江孜，定日帕克里與英圭黎接壤。新定市埔於亞東哲孟雄全歸彼英語稱西金，現隸孟加臘、印督。廓爾喀、布魯克巴則尚羈縻兩屬，亦黄教地也，布魯克巴，一名布坦，紅教，喇嘛地，服役、翰貢於布達拉商上。作木朗洛敏湯，則已并合無存。揆之，因其教不易其俗之義。類族辨物，分別部居之方。略微特回、黄兩教可用，即景教各源流亦何嘗不可與之？導其竅，會發其枝離。施其銜轡，以使之同歸文字，聲音、威儀、教化之域哉！傳曰：顨以行權，其在斯乎，其在斯乎？爰先校刻此《衛藏通志》二十卷，以爲之椎輪，以俟大輅焉爾。光緒二十有一年，龍集乙未冬十月吉日，賜進士出身分巡徽甯池太廣兵備道雲騎尉前記名御史户部郎中會典館纂修官臣袁昶恭敘。

葛洪《抱朴子内篇》卷一九《遐覽》 或曰：「鄙人面墻，拘繫儒教，獨知有五經三史百氏之言，及浮華之詩賦，無益之短文，盡思守此，既有年矣。既生值多難之運，亂靡有定，干戈戚揚，藝文不貴，徒消工夫，苦意極思，攻微索隱，竟不能禄在其中，免此墮畝；又有損於精思，無益於年命，二毛告暮，素志衰頹，正欲反迷，以尋生道，倉卒罔極，無所趨向，若涉大川，不知攸濟。先生既窮觀墳典，又兼綜奇祕，不審道書，凡有幾卷，願告篇目。」

抱朴子曰：「余亦與子同斯疾者也。昔者幸遇明師鄭君，但恨弟子不慧，不足以鑽至堅極彌高耳。於時雖充門人之灑掃，既才識短淺，又年尚少壯，意思不專，俗情未盡，不能大有所得，以爲巨恨耳。鄭君時年出八十，先髮鬢班白，數年間又黑，顏色豐悦，能引强弩射百步，步行日數百里，飲酒二斗不醉。每上山，體力輕便，登危越險，年少追之，多所不及。飲食與凡人不異，不見其絶穀。余問先隨之弟子黄章，言鄭君嘗從豫章還，於掘溝浦中，連值大風。又聞前多劫賊，同侶攀留鄭君，以須後伴，人人皆以糧少，鄭君推米以餉諸人，已不復食，五十日亦不飢。又不見其所施爲，不知以何事也。火下細書，過少年人。性解音律，善鼓琴，閑坐，侍坐數人，口答諮問，言不輟響，而耳並料聽，左右操絃者，教遺長短，無毫釐差過也。余晚充鄭君門人，請見方書，告余曰：要道不過尺素，上足以度世，不用多也。然博涉之後，遠勝於不見矣。既悟人意，又可得淺近之術，以防初學未成者諸患也。乃先以道家訓教戒書不要者近百卷，稍稍示余。余亦多所先見，先見者頗以其中疑事諮問之。鄭君言：君有甄事之才，可教也。然君所知者，雖多未精，又意在於外學，不能專一，未中以經深涉遠耳，今自當以佳書相示也。又許漸得短書縑素所寫者，積年之中，合集所見，當出二百許卷，終不可得也。他弟子皆親僕使之役，採薪耕田，唯余尫羸，不堪他勞，然無以自効，常親掃除，拂拭牀几，磨墨執燭，及與鄭君繕寫故書而已。見待余同於先進者，語余曰，雜道書卷卷有佳事，但當校其精粗，而擇所施行，不事盡諳誦，以妨日月而勞意思耳。若金丹一成，則此輩一切不用也。亦或當有所教授，宜得本末，先從淺始，以勸進學者，無所希准階由也。鄭君亦不肯先令人寫其書，皆當決其意，雖久借之，然莫有敢盜寫一字者也。鄭君本大儒士也，晚而好道，由以禮記尚書教授不絶。其體望高亮，風格方整，接見之者皆肅然。每有諮問，常待其温顔，不敢輕鋭也。書在余處者，久之一月，足以大有所寫，以不敢竊寫者，政以鄭君聰憋，邂逅知之，失其意則更以小喪大也。然於求受之初，復所不敢，爲斟酌時有所請耳。是以徒知飲河，而不得滿腹。然弟子五十餘人，唯余見受金丹之經及《三皇内文枕中五行記》，其餘人乃有不得一觀此書之首題者矣。他書雖不具得，皆疏其名，今將爲子説之，後生好書者，可以廣索也。」

陸修静《靈寶經目序》 元嘉十四年某月日，三洞弟子陸修静敬示諸道流。相與同法，弘修文業，讚揚妙化，興世隆福。每欣一切，遭遇慈澤，離彼惡道，入此善場，逍遥長樂，何慶如之！但至賾宛奥，妙義微遠，靈匠未遇，群滯莫披。翹翹渴仰者，豈予小子乎！既太虚眇邈，玄師難希，宜求之於心，即理而斷也。敢竭闇淺，先言所懷。夫《靈寶》之文，始於龍漢。龍漢之前，莫之追記。延康長劫，混沌無期，道之隱淪，寶經不彰。赤明革運，靈文興焉。諸天宗奉，各有科典。一劫之周，又復改運。遂積五劫，迨于開皇已後，上皇元年，元始下教，大法流行，衆聖演暢，修集雜要，以備十部三十六帙，引導後學，救度天人。上皇之後，六天運行，衆聖幽昇，經還大羅。自茲以來，廻絶元法。

張君房《雲笈七籤序》 祀汾陰之歲，臣隸職霜臺，作句稽之吏。越明年秋，以鞫獄無狀，謫掾于寧海。冬十月，會聖祖天尊降延恩殿，而真宗皇帝親奉靈儀，躬承寶訓。啓綿鴻於帝系，濬清發於仙源，誕告萬邦，凝休百世，於是天子鋭意於至教矣。在先時，盡以祕閣道書、太清寶蘊，出降於餘杭郡，俾知郡故樞密直學士戚綸、漕運使今翰林學士陳堯佐，選道士沖素大師朱益謙、馮德之等，專其修較，俾成藏而進之。然其綱條漶漫，部分參差，與《瓊綱玉緯》之目，舛謬不同。歲月坐遷，科條未究。適綸等上言，以臣承乏，委屬其績。時故相司徒王欽若總統其事，亦誤以臣爲可使之。又明年冬，就除臣著作佐郎，俾專其事。臣于時盡得所降到道書，并續取到蘇州舊《道藏》經本千餘卷，越州、台州舊《道藏》經本亦各千餘卷，及朝廷續降到福建等州道書《明使摩尼經》等，與諸道士依三洞綱條、四部録略，品詳科格，商較異同，以銓次之，僅能成藏，都盧四千五百六十五卷，起《千字文》「天」字爲函目，終於「宫」字號，得四百六十六字，且題曰《大宋天宫寶藏》。距天禧三年春，寫録成七藏以進之。臣涉道日淺，丁時幸深，詎期塵土之蹤，坐忝神仙之職。蛙跳缺甃，積迷枉蟹之區；蚋泊浮滓，但局醯鷄之覆。雖年棲暮景，而寶重分陰。於是精究三乘，詳觀四輔，採摭機要，屬類於文。探晨燈虹映之微，綜玉珮金璫之説。泥丸赤子，九宫爰系於一方；神宗嬰兒，百道皆根於兩半。至如三奔三景之妙，九變十化之精，各探其門，互稱要妙，刻舟求劍，體貌何殊？待兔守株，旨意寧遠？因兹探討，遂就編聯，掇雲笈七部之英，略寶蘊諸子之奥，總爲百二十卷，事僅萬條。習之可以階雲漢之遊，覽之可以極天人之際。考覈類例，盡著指歸，上以酬真宗皇帝委遇之恩，次以備皇帝陛下乙夜之覽，下以裨文館校讎之職，外此而往，少暢玄風耳。臣君房謹序。

周中孚《鄭堂讀書記》卷六九《雲笈七籤》 《雲笈七籤》一百二十二卷，清真館刊本。宋張君房撰。君房，安陸人，景德中進士及第。官尚書度支員外郎，充集賢校理。《四庫全書》著録，《讀書志》、仙類《通考》神仙家。《宋志》俱作一百二十卷，《書録解題》作一百二十四卷，其自序作總爲一百二十卷，知陳氏誤衍「四」字。今本爲明張萱所刊，或又分析出二卷也。晁氏稱君房祥符中謫官寧海，時聖祖降朝廷，盡以祕閣道書付杭州，俾戚綸、陳堯佐校正。綸等同王欽若薦張君房專其事。君房論次，得四千五百六十五卷。於是掇其蘊奥總餘，條成是書。仁宗時上之。今觀其書，蓋以天寶君説《洞真》爲上乘，靈寶君説《洞元》爲中乘，神寶君説《洞神》爲下乘。又太元、太平、太清三部爲輔經，又正一法文，徧陳三乘，別爲一部，故名七籤也。中分道德、道教及經教相承三洞經教。天、地、日、月、星辰諸部，凡二十八卷。稟生、修攝、齋戒、存思、訣法、服氣、金丹、内丹、方藥、符圖、庚申、尸解諸術，凡七十八卷。《諸真要略》、《仙籍旨訣》七部。名數以及讚頌、詩詞、傳記之屬，凡二十六卷。大都從《道藏》中采録原文，而間有所刪節。惟君房絶無論説於其間爾。然能考覈類例，盡著指歸，足以暢元風而宣義藴。以視釋氏，其猶《法苑珠林》歟！

《道藏尊經歷代綱目》 域中四大道，大爲先極判三才，非道不立。夫道者，範圍天地，統理人倫，生成萬物，恢張萬化，天理之自然者也。《易》曰「立天之道曰陰與陽，立地之道曰柔與剛，立人之道曰仁與義。」蓋人者，氣禀陰陽之和，體具剛柔之性，心根仁義之端。一身之中，三才道備，所以與天地並立也。惜乎！混沌鑿而純和散，澆漓扇而巧僞滋，不仁不義，不孝不悌，禮義廉恥之風喪，乖争凌犯之俗成，妬賢嫉能，傷生害物，滅天理而窮人欲，人欲既熾，罪業生焉。罪業既深，凶荒、疫癘、水火、刀兵，劫運至矣。薄俗相仍，莫脱輪迴之苦。天尊哀憫，大開方便之門。下民失道，受苦无邊，乃演道爲經，談玄立教。故天書雲篆，則元始天尊開其先；寶笈瓊章，則道君老君繼其後。遂説《三洞真經》，《洞真》演大乘上法九聖之道，《洞玄》演中乘中法九真之道，《洞神》演小乘初法九仙之道。三部共一百九十三萬四千三百八十卷，祕在玉京玄都。洞天海嶽未盡降世。《三洞真經》又分四輔：洞真則太玄輔之，洞玄則太平輔之，洞神則太清、正一輔之。凡七科，號三洞四輔。自伏羲、神農之後，至殷湯、武丁以前，歷聖相傳，經文流布者，一萬五千餘卷。其諸真文所受修行得道之經行於世者，計二萬九百八十卷。上三皇、中三皇、下三皇，九皇所受，謂之《玄經》。天皇、地皇、人皇所受曰《内文》。五方、五帝所受曰《真文》。受經修行，功行圓備證品，凡七。果位道門戒品，一千五百二十七戒。隨法所受，檢制修行道門科品三十六卷，科令檢制所受及傳道品格，道門律品四十卷。制御鬼神，條録罪福，至如章奏、符圖、論儀、傳記、諸醮方術，諸疏法律經義，凡十四部，計一千六百二十七卷，皆隨經入藏。儒書、醫書、陰陽、卜筮、諸子百家，皆與焉。宋簡寂先生《陸修静經目》藏經一萬八千一百卷，宋明帝太始七年，考功郎中校勘僅存六千三百有餘卷。後周法師王延《珠囊經目》藏經八千三十卷。唐尹文操《王緯經目》藏經七千三百卷。唐明皇《御製瓊綱經目》藏經五千七百卷。唐文宗太和二年，太清宫使奏陳止見五千三百定數。黄巢之亂，靈文祕軸，焚蕩之餘，散无統紀。幸有神隱子，收合餘燼，拾遺補闕，復爲《三洞經》。再經五季亂離，篇章雜揉。會逢炎宋，紹、隆聖明，相繼奂求，瓊軸大搆，銀題申命，校儲條章，森列

録《道藏》卷目之首，冠《寶文統録》之名，大闡玄風，式弘道化。丙申屬難，經藏俱廢。元啓運有《披雲子》，宋真人收索到《藏經》七千八百餘秩，鋟梓於平陽府永樂鎮，東祖庭藏之。此《道藏》經歷朝興廢之大者也。敬刻之石，俾百世之後尋經目者有考證焉。至元十二年歲次乙亥九月望日立石。

錢大昕《潛研堂文集》卷二九《跋道藏闕經目録》 昔惠松厓徵君嘗爲予言：「《道藏》多儒書古本。」予心識之。晚歲歸田，于金陵借閲朝天宫本，于吴門借閲玄妙觀本，粗能記其名目，未得鈔而入諸笥也。袁生又愷與予同好，而聚書益勤，頃歲購得不全藏本六百餘卷，又于玄妙觀借鈔約二百卷，皆吾儒所當讀之書，而《科儀》、《符籙》不預焉，可謂搴其精華而遺其糟粕者矣。宋《藏經目録》失傳，此册乃元人所記，合之今所傳者，可以得宋《藏》之梗概。

《四庫提要·子部五六·道家類·道藏目録詳注》 道藏目録詳注四卷，明道士白雲霽撰。雲霽，字明之，號在虚子，上元人。是書成於天啟丙寅。以《道藏》之文，分門編次。大綱分三洞、四輔、十二類。三洞者，一、洞真部，元始天尊所流演，是爲大乘上法。二、洞元部，太上老君所流演，是爲中乘中法。三、洞神部，亦出太上老君，是爲小乘初法。四輔者，其一、太元部，洞真之輔也。二、太平部，洞元之輔也。三、太清部，洞神之輔也。四、正一部，三洞三輔所會歸也。所分七部，與《雲笈七籤》一一相合。蓋歷代道家之舊目。其七部子目，則各分本文、神符、玉訣、靈圖、譜録、戒律、威儀、方法、衆術、記傳、讚頌、表奏十二類。其書則以千字文爲次，以一字當一函，函各具其卷數。自「天」字至「群」字爲舊《藏》之目，自「英」字至「將」字爲明人新續之目。每條各有解題，如《崇文總目》、《郡齋讀書志》之例。所列諸書，多捃拾以足卷帙。如劉牧《易數鉤隱圖遺論九事》，張理《易象圖説内外篇》，雷思齊《易外别傳》案此本俞琬之書，雲霽誤以爲思齊。《易筮通變》、《易圖通變》，舊皆入《易》類。《穆天子傳》，舊入起居注類。《山海經》舊入地理類。揚雄《太玄經》，邵子《皇極經世》，鮑雲龍《天原發微》，舊皆入儒家類。《墨子》舊入墨家類。《素問》、《靈樞經》、《八十一難》，孫思邈《千金方》，葛洪《肘後備急方》、《急救仙方》、《仙傳外科祕方》，寇宗奭《本草衍義》，舊皆入醫家類。《公孫龍子》、《尹文子》，舊入名家類。《韓非子》，舊入法家類。《孫子》，舊入兵家類。《鬼谷子》，舊入縱横家類。《鬻子》、《鶡冠子》《淮南子》、《子華子》、《劉子》，馬總《意林》，舊皆入雜家類。《録異記》、《江淮異人録》，舊皆入小説家類。《黄帝宅經》、《龍首經》、《金匱玉衡經》、《玄女經》、《通占大象曆》、《星經》《靈棋經》舊皆入術數家類。陶宏景《華陽隱居集》，邵子《擊壤集》，吴筠《宗元集》，舊皆入别集類。雖配隸或有未安，門目或有改易，然總無以爲道家言者。今一概收載，殊爲牽强。蓋二氏之書，往往假借附會，以自尊其教，不足深詰。雲霽所注，不能甚詳，而亦頗具崖略。考道家之源委，兹編亦其總匯也。「群」字號之末，附以《道藏闕經目録》二卷，則亦多所散佚，不盡完備矣。考《漢志》所録道家三十七部，神仙家十部，本截然兩途。黄冠者流，惡清静之不足聳聽，於是以丹方符籙炫燿其神怪。名爲道家，實皆神仙家也。黄老之學，漢代竝稱。然言道德者稱老子，言靈異者稱黄帝。名爲述説老子，實皆依託黄帝也。其恍惚誕妄，爲儒者所不道，其書亦皆不足録。顧其書名，則歷代史志皆著於録。故今亦存其總目，見彼教之梗概焉。

顧广圻《思適齋書跋》 《道藏目録》四卷。校鈔本。《道藏經目録》四卷在英字號，蓋正統刊刻時所編，故列於末。其後萬曆丁未張國祥編以下杜至纓廿四字號，謂之《大明續道藏》，目録亦附焉。余所見全《藏》凡三：吾鄉之圓妙觀，杭州之火德廟，江寧之朝天宫，皆正統本。而朝天宫則借其所欲鈔欲校者尤多，此目録亦自彼鈔得者也。又白雲霽有注本，較便尋覽。江都秦澹生太史曾刊行，余取以相勘注本，頗有譌脱。如洞玄部少惟、鞠兩字號之類，恐出傳鈔所致。白雲霽身在冶城，其見目録即此，不當有異也。然無容輒相補足，莫如别刊之而並行，庶讀者各有所考。爰以寄太史，且書其後如此。元和思適居士顧廣圻。

道光丁亥閏月，同吴有堂遊城隍廟，至陶五柳家，見架上有鈔本。此目首列二序，似較秦刻爲善，因取之復檢舊所校，並屬有堂重勘焉。思適居士書。

鄭永祥等《白雲觀重修道藏記》 竊以《道藏》真經爲入道之門墻，修仙之瀘則。其間三教九流、天文地理，無不全備。俾出世者有助於身心，住世者有助於家國。是非特修道者賴乎此，即治世者亦未嘗弗資乎此矣。稽古《道藏》，始於九皇之時。上三皇龍漢元年，玄中法師以上，《清聖教》十二部開示天人。中三皇赤明元年，有古先生降《靈寶真經》十二部，開化兆民。下三皇開皇元年，金闕帝君出《洞明經》十二部，開度萬品，至漢而大興焉。唐天寶間，纂輯成藏，統曰「三洞」。一、《洞真經》十二部，上煉、上妙、黄林、妙林、上真、上清、太一、開元、道教、道衆、仙人、妙真。計文二十三萬三百八十卷。二、《洞玄經》十二部，元陽、靈和、無量、煉生、内音、洞玄、大刼、按魔、元辰、消魔、上門、上道。計文八十萬四千卷。三、《洞神經》十二部，太清、内祕、徹視、洞淵、集靈、真一、小刼、黄庭、中精、無量、集宫、集仙。計文八十萬四千卷。統計一百八十三萬八千三百八十卷，是爲一藏，天下頒行。迨遭胡火之後，所存無

多。宋元兩朝，均修之。明正統、萬曆又復相繼纂修。目爲三洞四輔十二類，共五百十有二函，五千四百八十五卷。賚賜一《藏》，安奉白雲叢林，翰林許彬作碑以記其事。蓋此《藏》之存於觀中者，非一日矣。閲《藏》者，不一其人。主事者，弗介乎意。遂至三洞真經，頗多殘缺。以前明之數核之，於唐所存者，已不足十分之一矣。今而任其殘缺也，不更凋零乎？衲雖久有重修之願，無如力不從心。幸本觀大檀越廷弼王公，護法叢林，博施濟衆，非特無德色而且紛心方外，爲我輩諄誡諄諄，以無負前人爲訓。其不吝資財也固不易，其存心之真切爲更難。乙巳歲，偶言《道藏》殘缺，重整維艱。公欣然助資，願爲修補。於是借諸山之經，繕本補入，數月之間竟成完璧。既便焚修之看誦，亦光闡教之莊嚴。此德此功，爲何如也！伏思修補《道藏》，千載難逢，苟不細心，仍歸舊轍。自兹以往，無論檀越諸山及十方羽士，有發願檢藏者，只准在觀看閲，不得向外帶攜。庶可使補完之經永無缺少，正教之道法傳留於世，萬古常存也。是爲記。大清道光二十五年歲次乙巳秋月鄭永祥、孟至才仝識。

傳記

釋慧皎《高僧傳》卷一《攝摩騰》　攝摩騰，本中天竺人，善風儀解、大小乘，經常遊化爲任。昔經往天竺附庸小國，講《金光明經》，會敵國侵境，騰惟曰：經云能説此法爲地神所護，使所居安樂，今鋒鏑方始，曾是爲益乎！乃誓以忘身躬往和勸，遂二國交歡，由是顯譽。逮漢永平中，明皇帝夜夢金人飛空而至，乃大集群臣以占所夢。通人傅毅奉答：臣聞西域有神，其名曰「佛」，陛下所夢將必是。平帝以爲然，即遣郎中蔡愔、博士弟子秦景等使往天竺，尋訪佛法。愔等於彼遇見摩騰，乃要還漢地。騰誓志弘通，不憚疲苦，冒涉流沙，至乎雒邑。明帝甚加賞接，於城西門外立精舍以處之。漢地有沙門之始也。但大法初傳，未有歸信，故藴其深解無所宣述。後少時，卒於雒陽。有記云。騰譯《四十二章經》一卷，初緘在蘭臺石室第十四間中騰所住處，今雒陽城西雍門外白馬寺是也。相傳云外國國王嘗毁破諸寺，唯招提寺未及毁壞，夜有一白馬繞塔悲鳴，即以啓王，王即停壞諸寺，因改招提以爲白馬，故諸寺立名多取則焉。

竺法蘭亦中天竺人，自言誦經論數万章，爲天竺學者之師。時蔡愔既至彼國，蘭與摩騰共契遊化，遂相隨而來。會彼學徒留礙，蘭乃間行而至。既達雒陽，與騰同止。少時便善漢言，愔於西域獲經即爲翻譯。所謂《十地斷》、《結佛本生》、《法海藏》、《佛本行》、《四十二章》等五部。移都寇亂，四部失本不傳，江左唯《四十二章經》今見在，可二千餘言。漢地見存諸經，唯此爲始也。愔又於西域得畫釋迦倚像，是優田王栴檀像師第四作。既至雒陽，明帝即令畫工圖寫，置清涼臺中及顯節陵上。舊像今不復存焉。又昔漢武穿昆明池底，得黑灰，問東方朔，朔云：不知，可問西域胡人。後法蘭既至，衆人追以問之，蘭云：世界終盡劫火洞燒，此灰是也。朔言有徵，信者甚衆。蘭後卒於雒陽，春秋六十餘矣。

又《晉洛陽朱士行》　朱士行，潁川人，志業方直，勸沮不能移其操。少懷遠悟，脱落塵俗，出家已後，專務經典。昔漢靈之時，竺佛朔譯出《道行經》，即《小品》之舊本也，文句簡略，意義未周。士行嘗於洛陽講《道行經》，覺文章隱質，諸未盡善，每歎曰：「此經大乘之要，而譯理不盡，誓志捐身，遠求大本。」遂以魏甘露五年，發迹雍州，西渡流沙。既至于闐，果得梵書正本，凡九十章。遣弟子不如檀，此言法饒，送經梵本還歸洛陽。未發之頃，于闐諸小乘學衆，遂以白王云：「漢地沙門欲以婆羅門書，惑亂正典。王爲地主，若不禁之，將斷大法，聾盲漢地，王之咎也。」王即不聽齎經。士行深懷痛心，乃求燒經爲證，王即許焉。於是積薪殿前，以火焚之。士行臨火誓曰：「若大法應流漢地，經當不然，如其無護，命也如何。」言已，投經火中，火即爲滅，不損一字，皮牒如本。大衆駭服，咸稱其神感，遂得送至陳留倉垣水南寺。士行遂終於于闐，春秋八十。依西方法闍維之，薪盡火滅，屍猶能全，衆咸驚異，乃呪曰：「若真得道，法當毁敗。」應聲碎散，因歛骨起塔焉。後弟子法益，從彼國來，親傳此事，故孫綽《正像論》云：「士行散形於于闐。」此之謂也。

又《晉長安竺曇摩羅刹（竺法護）》　竺曇摩羅刹，此云法護，其先月支人，本姓支氏，世居燉煌郡。年八歲出家，事外國沙門竺高座爲師，誦經日萬言，過目則能。天性純懿，操行精苦，篤志好學，萬里尋師。是以博覽六經，遊心七籍。雖世務毁譽，未嘗介抱。是時晉武之世，寺廟圖像，雖崇京邑，而《方等》深經，藴在葱外。護乃慨然發憤，志弘大道。遂隨師至西域，遊歷諸國，外國異言三十六種，書亦如之，護皆遍學，貫綜詁訓，音義字體，無不備識。遂大齎梵經，還歸中夏。自燉煌至長安，沿路傳譯，寫爲晉文。所獲《賢劫》、《正法華》、《光讚》等一百六十五部。孜孜所務，唯以弘通爲業。終身寫譯，勞不告勸。經法所以廣流中華者，護之力也。護以晉武之末，隱居深山，山有清澗，恒取澡漱。後有採薪者，穢其水側，俄頃

而燥。護乃徘徊歎曰：「人之無德，遂使清泉輟流，水若永竭，真無以自給，正當移去耳。」言訖而泉涌滿澗，其幽誠所感如此。故支遁爲之像讚云：「護公澄寂，道德淵美，微吟窮谷，枯泉漱水。邈矣護公，天挺弘懿，濯足流沙，領拔玄致。」後立寺於長安青門外，精勤行道。於是德化遐布，聲蓋四遠，僧徒數千，咸所宗事。及晉惠西奔，關中擾亂，百姓流移，護與門徒避地東下，至澠池，遘疾而卒，春秋七十有八。後孫綽製《道賢論》，以天竺七僧，方竹林七賢，以護匹山巨源。論云：「護公德居物宗，巨源位登論道。二公風德高遠，足爲流輩矣。」其見美後代如此。

又《晉長安五級寺釋道安》 釋道安，姓衛氏，常山扶柳人也。家世英儒，早失覆蔭，爲外兄孔氏所養。年七歲讀書，再覽能誦，鄉隣嗟異。至年十二出家。神智聰敏，而形貌甚陋，不爲師之所重。驅役田舍，至于三年，執勤就勞，曾無怨色，篤性精進，齋戒無闕。數歲之後，方啓師求經，師與《辯意經》一卷，可五千言。安齎經入田，因息就覽，暮歸，以經還師，更求餘者，師曰：「昨經未讀，今復求耶。」答曰：「即已闇誦。」師雖異之，而未信也。復與《成具光明經》一卷，減一萬言，齎之如初，暮復還師。師執經覆之，不差一字，師大驚嗟而異之。後爲受具戒，恣其遊學。至鄴入中寺，遇佛圖澄，澄見而嗟歎，與語終日。衆見形貌不稱，咸共輕怪，澄曰：「此人遠識，非爾儔也。」因事澄爲師。澄講，安每覆述，衆未之愜，咸言：「須待後次，當難殺崑崙子。」即安後更覆講，疑難鋒起，安挫鋭解紛，行有餘力，時人語曰：「漆道人，驚四隣。」于時學者多守聞見，安乃歎曰：「宗匠雖邈，玄旨可尋，應窮究幽遠，探微奧，令無生之理宣揚季末，使流遁之徒歸向有本。」於是遊方問道，備訪經律。後避難潛于濩澤。太陽竺法濟、并州支曇講《陰持入經》，安後從之受業。頃之，與同學竺法汰俱憩飛龍山，沙門僧先、道護已在彼山，相見欣然，乃共披文屬思，妙出神情。安後於太行恒山創立寺塔，改服從化者中分河北。時武邑太守盧歆，聞安清秀，使沙門敏見苦要之。安辭不獲免，乃受請開講，名實既符，道俗欣慕。至年四十五，復還冀部，住受都寺，徒衆數百，常宣法化。時石虎死，彭城王石遵墓襲嗣立，遣中使竺昌蒲請安入華林園，廣修房舍。安以石氏之末，國運將危，乃西適牽口山。迄冉閔之亂，人情蕭素，安乃謂其衆曰：「今天災旱蝗，寇賊縱橫，聚則不立，散則不可。」遂復率衆入王屋、女休山。頃之，復渡河依陸渾，山木食修學。俄而慕容俊逼陸渾，遂南投襄陽，行至新野，謂徒衆曰：「今遭凶年，不依國主，則法事難立，又教化之體，宜令廣布。」咸曰：「隨法師教。」乃令法汰詣楊州，曰：「彼多君子，好尚風流。」法和入蜀，山水可以修閑。安與弟子慧遠等四百餘人渡河，夜行值雷雨，乘電光而進。前行得人家，見門裏有二馬棉，棉間懸一馬篼，可容一斛，安便呼林百升。主人驚出，果姓林，名百升，謂是神人，厚相接待。既而弟子問何以知其姓字，安曰：「兩木爲林，篼容百升也。」既達襄陽，復宣佛法。初經出已久，而舊譯時謬，致使深藏隱没未通，每至講説，唯叙大意轉讀而已。安窮覽經典，鉤深致遠，其所注《般若道行》、《密迹》、《安般》諸經，並尋文比句，爲起盡之義，乃析疑甄解，凡二十二卷。序致淵富，妙盡深旨，條貫既叙，文理會通，經義克明，自安始也。自漢魏迄晉，經來稍多，而傳經之人，名字弗説，後人追尋，莫測年代。安乃總集名目，表其時人，詮品新舊，撰爲《經録》，衆經有據，實由其功。四方學士，競往師之。時征西將軍桓朗子鎮江陵，要安暫往，朱序西鎮，復請還襄陽，深相結納。序每歎曰：「安法師道學之津梁，澄治之鑪肆矣。」安以白馬寺狹，乃更立寺，名曰檀溪，即清河張殷宅也。大富長者，並加贊助，建塔五層，起房四百。涼州刺史楊弘忠送銅萬斤，擬爲承露盤，安曰：「露盤已訖汰公營造，欲迴此銅鑄像，事可然乎。」忠欣而敬諾。於是衆共抽捨，助成佛像，光相丈六，神好明著，每夕放光，徹照堂殿。像後又自行至萬山，舉邑皆往瞻禮，遷以還寺。安既大願果成，謂言：「夕死可矣。」【略】安常注諸經，恐不合理，乃誓曰：「若所説不堪遠理，願見瑞相。」乃夢見胡道人，頭白眉毛長，語安云：「君所注經，殊合道理。我不得入泥洹，住在西域，當相助弘通，可時時設食。」後《十誦律》至，遠公乃知和上所夢賓頭盧也。於是立座飯之，處處成則。安既德爲物宗，學兼三藏，所制《僧尼軌範》、《佛法憲章》，條爲三例：一曰行香定座上講經上講之法；二曰常日六時行道飲食唱時法；三曰布薩差使悔過等法。天下寺舍，遂則而從之。【略】安既篤好經典，志在宣法，所請外國沙門僧伽提婆、曇摩難提及僧伽跋澄等，譯出衆經百餘萬言。常與沙門法和詮定音字，詳覈文旨，新出衆經，於是獲正。孫綽爲《名德沙門論》，自云：「釋道安博物多才，通經名理。」又爲之贊曰：「物有廣贍，人固多宰，淵淵釋安，專能兼倍，飛聲汧隴，馳名淮海。形雖草化，猶若常在。」有別記云：河北別有竺道安，與釋道安齊名，謂習鑿齒致書於竺道安。道安本隨師姓竺，後改爲釋。世見其二姓，因謂爲兩人，謬矣。

又《晉廬山釋慧遠》 釋慧遠，本姓賈氏，雁門婁煩人也。弱而好書，珪璋秀發，年十三隨舅令狐氏遊學許洛。故少爲諸生，博綜六經，尤善莊老。性度弘博，風覽朗拔，雖宿儒英達，莫不服其深致。年二十一，欲渡江東，就范宣子共契嘉遁。值石虎已死，中原寇亂，南路阻塞，志不獲從。時沙門釋道安立寺於太行恒山，弘

贊像法，聲甚著聞，遠遂往歸之。一面盡敬，以爲真吾師也。後聞安講《波若經》，豁然而悟，乃歎曰：「儒道九流，皆糠粃耳。」便與弟慧持，投簪落彩，委命受業。既入乎道，厲然不群，常欲總攝綱維，以大法爲己任。精思諷持，以夜續晝，貧旅無資，緼纊常闕，而昆弟恪恭，始終不懈。有沙門曇翼，每給以燈燭之費，安公聞而喜曰：「道士誠知人矣。」遠藉解於前因，發勝心於曠劫，故能神明英越，機鑒遐深。安公常歎曰：「使道流東國，其在遠乎」。年二十四，便就講説。嘗有客聽講，難實相義，往復移時，彌增疑昧。遠乃引《莊子》義爲連類，於是惑者曉然，是後安公特聽慧遠不廢俗書。【略】初經流江東，多有未備，禪法無聞，律藏殘闕。遠慨其道缺，乃令弟子法净、法領等，遠尋衆經。踰越沙雪，曠歲方反，皆獲梵本，得以傳譯。昔安法師在關，請曇摩難提出《阿毘曇心》，其人未善晉言，頗多疑滯。後有罽賓沙門僧伽提婆，博識衆典，以晉太元十六年，來至潯陽。遠請重譯《阿毘曇心》及《三法度論》，於是二學乃興，并製序標宗，貽於學者。孜孜爲道，務在弘法，每逢西域一賓，輒懇惻諮訪。聞羅什入關，即遣書通好曰：「釋慧遠頓首。去歲得姚左軍書，具承德問。仁者曩絶殊域，越自外境，于時音譯未交，聞風而悦，但江湖難冥，以形乖爲歎耳。頃知承否通之會，懷寶來遊，至止有問，則一日九馳，徒情欣雅味，而無由造盡，寓目望途，固已增其勞佇。每欣大法宣流，三方同遇，雖運鐘其末，而趣均在昔。誠未能扣津妙門，感徹遺靈。至於虚衿遺契，亦無日不懷。夫旃檀移植，則異物同熏；摩尼吐曜，則衆珍自積。是惟教合之道，猶虚往實歸，況宗一無像，而應不以情者乎。是故負荷大法者，必以無報爲心。會友以仁者，使功不自己。若令法輪不停軫於八正之路，三寶不輟音於將盡之期，則滿願不專美於絶代，龍樹豈獨善於前蹤。今往比量衣裁，願登高座爲著之，并天漉之器，此既法物，聊以示懷。」什答書曰：「鳩摩羅耆婆和南。既未言面，又文辭殊隔，導心之路不通，得意之緣圮絶。傳驛來況，粗承風德，比復如何，必備聞一途，可以蔽百。經言，末後東方當有護法菩薩，勖哉仁者，善弘其事。夫財有五備，福、戒、博聞、辯才、深智，兼之者道隆，未具者疑滯，仁者備之矣，所以寄心通好，因譯傳意，豈其能盡，粗酬來意耳。損所致比量衣裁，欲令登法座時著，當如來意，但人不稱物以爲愧耳。今往常所用鍮石雙口澡灌，可備法物之數也，并遺偈一章曰：『既已捨染樂，心得善攝不。若得不馳散，深入實相不。畢竟空相中，其心無所樂。若悦禪智慧，是法性無照。虚誑等無實，亦非停心處。仁者所得法，幸願示其要。』」遠重與羅什書曰：「日有涼氣，比復何如，去月法識道人至，聞君欲還本國，情以悵然。先聞君方當大出諸經，故來欲便相諮求，若此傳不虚，衆恨可言。今輒略問數十條事，冀有餘暇一二爲釋，此雖非經中之大難，欲取決於君耳。并報偈一章曰：『本端竟何從，起滅有無際。一微涉動境，成此頽山勢。惑想更相乘，觸理自生滯。因緣雖無主，開途非一世。時無悟宗匠，誰將握玄契。來問尚悠悠，相與期暮歲。』」後有弗若多羅來適關中，誦出《十誦》梵本，羅什譯爲晉文，三分始二，而多羅棄世，遠常慨其未備。及聞曇摩流支入秦，復善誦此部，乃遣弟子曇邕致書祈請，令於關中更出餘分，故《十誦》一部具足無闕，晉地獲本，相傳至今。葱外妙典，關中勝説，所以來兹土者，遠之力也。外國衆僧，咸稱漢地有大乘道士，每至燒香禮拜，輒東向稽首，獻心廬岳。其神理之迹，故未可測也。先是中土未有泥洹常住之説，但言壽命長遠而已。遠乃歎曰：「佛是至極，至極則無變，無變之理，豈有窮耶。」因著《法性論》曰：「至極以不變爲性，得性以體極爲宗。」羅什見論而歎曰：「邊國人未有經，便闇與理合，豈不妙哉。」【略】自遠卜居廬阜三十餘年，影不出山，迹不入俗。每送客遊履，常以虎溪爲界焉。以晉義熙十二年八月初動散，至六日困篤，大德耆年，皆稽顙請飲豉酒，不許，又請飲米汁，不許，又請以蜜和水爲漿。乃命律師，令披卷尋文，得飲與不，卷未半而終，春秋八十三矣。門徒號慟，若喪考妣，道俗奔赴，轂繼肩隨。遠以凡夫之情難割，乃制七日展哀，遺命使露骸松下，既而弟子收葬。潯陽太守阮保，於山西嶺鑿壙開隧，謝靈運爲造碑文，銘其遺德，南陽宗炳又立碑寺門。初遠善屬文章，辭氣清雅，席上談吐，精義簡要。加以容儀端整，風彩灑落，故圖像于寺，遐邇式瞻。所著論序銘贊詩書集爲十卷，五十餘篇，見重於世。

又《晉長安釋僧叡》 釋僧叡，魏郡長樂人也。少樂出家，至年十八，始獲從志，依投僧賢法師爲弟子，謙虚内敏，學與時競。至年二十二，博通經論，嘗聽僧朗法師講《放光經》，屢有機難。朗與賢有濠上之契，謂賢曰：「叡比格難，吾累思不能通，可謂賢賢弟子也。」至二十四遊歷名邦，處處講説，知音之士，負袠成群。常歎曰：「經法雖少，足識因果，禪法未傳，厝心無地。」什後至關，因請出《禪法要》三卷。始是鳩摩羅陀所製，末是馬鳴所説，中間是外國諸聖共造，亦稱《菩薩禪》。叡既獲之，日夜修習，遂精鍊五門，善入六净，僞司徒公姚嵩深相禮貴。姚興問嵩：「叡公何如？」嵩答：「實鄴衛之松栢。」興勅見之，公卿皆集，欲觀其才器，叡風韻罡流，含吐彬蔚，興大賞悦，即勅給俸卹吏力人輿。興後謂嵩曰：「乃四海標領，何獨鄴衛之松栢。」於是美聲遐布，遠近歸德。什所翻經，叡並參正。昔竺法護出《正法華經》，《受決品》云：「天見人，人見天。」什譯經至此，乃言：「此語與西域義同，

但在言過質。」叡曰：「將非人天交接，兩得相見。」什喜曰：「實然。」其領悟標出，皆此類也。後出《成實論》，令叡講之。什謂叡曰：「此諍論中，有七變處文破《毘曇》，而在言小隱，若能不問而解，可謂英才。」至叡啓發幽微，果不諮什，而契然懸會。什歎曰：「吾傳譯經論，得與子相值，真無所恨矣。」著《大智論》、《十二門論》、《中論》等諸序，并著《大小品》、《法華》、《維摩》、《思益》、《自在王禪經》等序，皆傳於世。初叡善攝威儀，弘贊經法，常迴此諸業，願生安養，每行住坐卧，不敢正背西方。後自知命盡，忽集僧告别，乃謂衆曰：「平生誓願，願生西方，如叡所見，或當得往，未知定免，狐疑成不。但身口意業，或相違犯，願施以大慈，爲永劫法朋也。」於是入房洗浴，燒香禮拜，還床向西方合掌而卒。是日同寺咸見五色香烟，從叡房出，春秋六十七矣。

又《晉吴臺寺釋道祖》 釋道祖，吴國人也，少出家，爲臺寺支法濟弟子。幼有才思，精勤務學。後與同志僧遷、道流等，共入廬山七年，並山中受戒，各隨所習，日有所新。遠公每謂祖等易悟，盡如此輩，不復憂後生矣。遷、流等並年二十八而卒，遠歎曰：「此子並才義英茂，清悟日新，懷此長往，一何痛哉。」道流撰諸經目未就，祖爲成之，今行於世。祖後還京師瓦官寺講説，恒玄每往觀聽，乃謂人曰：「道祖後發，愈於遠公，但儒博不逮耳。」及玄輔正，欲使沙門敬王，祖乃辭還吴之臺寺。有頃，玄篡位，勑郡送祖出京，祖稱疾不行，於是絶迹人事，講道終日，以晉元熙元年卒，春秋七十二矣。

又《齊京師莊嚴寺釋道慧》 釋道慧，姓王，餘姚人，寓居建鄴。十一出家，爲僧遠弟子。止靈曜寺。至年十四，讀廬山《慧遠集》，迺慨然歎息，恨有生之晚，遂與友人智順泝流千里，觀遠遺迹，於是憩廬山西寺。涉歷三年，更還京邑。時王或辯三相義，大聚學僧。慧時年十七，便發問數番，言語玄微，詮牒有次，衆咸奇之。後受業於猛、斌二法師。猛嘗講《成實》，張融搆難重疊，猛稱疾不堪多領，乃命慧令答之。融以慧年少，頗協輕心，慧乘機挫鋭，言必詣理，酬酢往還，綽有餘裕。善大乘，明數論，講説相續，學徒甚盛。區别義類，始爲章段焉。褚澄、謝超宗名重當時，並見推禮。慧以母年老，欲存資奉，迺移憩莊嚴寺，母憐其志，復出家爲道，捨宅爲福。建遠精舍。慧以齊建元三年卒，春秋三十有一。臨終呼取麈尾授友人智順，順慟曰：「如此之人，年不至四十，惜矣。」因以麈尾内棺中而斂焉。葬於鍾山之陽。陳郡謝超宗爲造碑文。

又《齊京師相宫寺釋弘充》 釋弘充，涼州人。少有志力，通《莊》、《老》，解經律。大明末過江，初止多寶寺。善能問難，先達多爲所屈。後自開法筵，鋒鏑互起。充既思入玄微，口辯天逸，通疑釋滯，無所間然，每講《法華》、《十地》，聽者盈堂，宋太宰江夏文獻王義恭雅重之。明帝踐祚，起湘宫寺，請充爲綱領，於是移居焉。于時湘宫又有法鮮比丘，亦聰哲有思力，與充齊名。充以齊永明中卒，春秋七十有二。注《文殊問菩提經》及注《首楞嚴經》。

又《齊京師建初寺釋僧祐》 釋僧祐，本姓俞氏，其先彭城下邳人，父世居于建業。祐年數歲，入建初寺禮拜。因踴躍樂道，不肯還家。父母憐其志，且許入道，師事僧範道人。年十四，家人密爲訪婚，祐知而避至定林，投法達法師。達亦戒德精嚴，爲法門梁棟，祐師奉竭誠。及年滿具戒，執操堅明。初受業於沙門法穎，穎既一時名匠，爲律學所宗。祐迺竭思鑽求，無懈昏曉。遂大精律部，有勵先哲。齊竟陵文宣王每請講律，聽衆常七八百人。永明中，勑入吴，試簡五衆，并宣講《十誦》，更申受戒之法。凡獲信施，悉以治定林、建初及修繕諸寺，並建無遮大集捨身齋等，及造立經藏，搜校卷軸。使夫寺廟開廣，法言無墜，咸其力也。祐爲性巧思，能目准心計，及匠人依標，尺寸無爽。故光宅、攝山大像，剡縣石佛等，並請祐經始，准畫儀則。今上深相禮遇，凡僧事碩疑，皆勑就審決。年衰脚疾，勑聽乘輿入内殿，爲六宫受戒，其見重如此。開善智藏、法音慧廓，皆崇其德素，請事師禮。梁臨川王宏、南平王偉、儀同陳郡袁昂、永康定公主、貴嬪丁氏，並崇其戒範，盡師資之敬。凡白黑門徒，一萬一千餘人。以天監十七年五月二十六日卒於建初寺，春秋七十有四。因窆于開善路相，定林之舊墓也。弟子正度立碑頌德，東莞劉勰製文。初祐集經藏既成，使人抄撰要事，爲《三藏記》、《法苑記》、《世界記》、《釋迦譜》及《弘明集》等，皆行於世。

釋道宣《續高僧傳》卷八《釋法上》 釋法上，姓劉氏，朝歌人也。五歲入學，七日通章，六歲隨叔寺中觀戲，情無鼓儛。但禮佛讚經而聲氣爽拔，衆人奔遶，傾渴觀聽。年登八歲，略覽經誥，博盡其理。九歲得《涅槃經》，披而誦之，即生猒世。至于十二，投禪師道藥而出家焉。因遊相土，尋還汲鄉。又往東都栖皇務道，神氣高爽，照曉詞論，所在推之，咸謂聖沙彌也。後潛林慮上胡山寺，誦維摩《法華》。則浹二旬，兩部俱度，因誦求解，還入洛陽。博洞清玄，名聞伊洛。年暨學歲，創講《法華》，酬抗疑難，無不歎伏。善機問好，徵覈決通，非據昌言勝負而形色非美。故時人諺曰：「黑沙彌若來，高座逢災也。」後值時儉，衣食俱乏，專意涅槃，無心飢凍。故一粗之米，加之以菜；一衣爲服，兼之以草。練形將盡，而精神日進，乃投

光師而受具焉。性戒夙成，不勞師導，勤勤諦理，無失寸陰。忽聞父病，尋往覲之，既至即殂，一宿同止。明旦，赴洛度母及姉，將入鄴都，時屬大荒，投寄無惜，聽法心猛委而南旋。夏聽少林，秋還漳岸，母子相見，不覺潸然。既慧業有聞，衆皆陳請，乃講《十地》、《地持》、《楞佑》、《涅槃》等部，輪次相續，並著文疏。又偏洞筭數，明了機調，綱紀法化，難繼其塵。故時人語曰：「京師極望道場法上斯言允矣。」年階四十，遊化懷、衛，爲魏大將軍高澄奏入，在鄴微言，一鼓衆侶雲屯。但上戒山峻峙，慧海澄深，德可軌人，威能肅物。故魏、齊二代，歷爲統師；昭玄一曹，純掌僧録。令史員置五十許人，所部僧尼二百餘萬，而上綱領，將四十年，道俗歡愉，朝庭胥悦。所以四萬餘寺咸禀其風，崇護之基罕有繼彩。既道光遐燭，乃下詔爲戒師，文宣帝布髪於地，令上踐焉。天保二年，又下詔曰：仰惟慈明，緝寧四海，欲報之德，正覺是馮。諸鷙鳥傷生之類，宜放于山林，即以此地爲太皇太后經始實塔，廢鷹師曹爲報德寺。斯即碎蕩邪霧，載清佛海，當時昌盛，自古推焉。上揔擔荷，並得緝諧内外闡揚，皂白咸允。非斯柱石，孰此棟梁哉！且而景行既宣，逸響遐被，致有高句麗國大丞相王高德，乃深懷正法，崇重大乘，欲播此釋風被于海曲。然莫測法教始末緣由，西徂東壤，年三十帝代，故具録事條，遣僧向鄴，啓所未聞事。叙略云：釋迦文佛入涅槃來至今幾年，又於天竺幾年方到漢地，初到何帝，年號是何，又齊陳佛法誰先傳告，從爾至今歷幾年帝，遠請具注，并問《十地》、《智論》等人法所傳。上荅略云：佛以姬周昭王二十四年甲寅歲生，十九出家，三十成道，當穆王二十四年癸未之歲。穆王聞西方有化人出，便即西入而竟不選，以此爲驗，四十九年在世，滅度已來至今齊代武平十年丙申，凡經一千四百六十五年。後漢明帝永平十年經法初來，魏晉相傳，至今流布。上廣荅緣緒，文極指訂，今略舉梗概以示所傳。末勑住相州定國寺，而容德顯著，感供繁多。所得施利，造一山寺，本名合水，即鄴之西山，今所謂修定寺是也。山之極頂造彌勒堂，衆事莊嚴，備殫華麗，四事供養百五十僧。及齊破法，湮不及山寺。上私隱俗服，習業如常，願若終後，覲覩慈尊，如有殘年，願見隆法，更一頂禮慈氏如來，而業行精專，幽明感遂。屬隋運，將動佛日，潛離深果，宿心喜遍心府，形羸微篤，設轝坐之，袈裟覆頭，弟子扛舉往昇山寺，合掌三禮，右遶三周，便還山舍，誦《維摩勝鬘卷》訖而卒於合水。故房春秋八十有六，即周大象二年七月十八日也。上形量過人，岩然衆表，百千衆中孤超頭現。衣服率素納補爲宗，五條衹支由來以布，法衣瓶鉢以外，更無餘財。生不履乘，步以畢命。門人成匠，任情所學。不私己業，遍用訓人。言常含笑，罪不加杖。自上未任已前，儀服通混，一知綱統，制樣別行，使夫道俗兩異，上有功焉。制寺立凈，亦始於此。故釋門東敝，能扇清風，莫與先矣。初，天保之中國置十統，有司聞奏，事須甄異。文宣乃手注狀云：上法師可爲大統，餘爲通統。故帝之特遇，事之如佛。凡所吐言，無不承用。又遵重戒禁，願常宣説，盡報行之。每至布薩，晨旦致厚，供設禮請。僧及年高，聲變恐煩於衆，歲暮之夕猶遵此法。其奉信也如此。撰《增一數法》四十卷，並略諸經論，所有名教，始從一法十百千萬，有若數林實，傳持之要術也。又著《佛性論》二卷、《大乘義章》六卷，文理沖洽詳略有聞。又撰《衆經録》一卷，包舉品類耳，並行於世。有弟子法存者，本是李老監齊，天保屏除，歸于釋種。明解時事，分略有據。上乃擢爲合水寺都維那當。有齊之盛，每年三駕皆往山寺，有所覲禮。六軍既至，供出僧厨存，隨事指撝，前後給濟，三官並足。後終於隋初，靈裕法師資學有承，具之本傳。

釋贊寧《宋高僧傳・唐京兆西明寺道宣》 釋道宣姓錢氏，丹徒人也，一云長城人。其先出自廣陵太守讓之後，洎太史令樂之撰《天文集占》一百卷。考諱申府君，陳吏部尚書，皆高矩令猷，周仁全行，盛德百代，君子萬年。母娠而夢月貫其懷，復夢梵僧語曰：「汝所姙者即梁朝僧祐律師，祐則南齊剡溪隱嶽寺僧護也。宜從出家，崇樹釋教」云。凡十二月在胎，四月八日降誕。九歲能賦。十五厭俗，誦習諸經，依智頵律師受業。洎十六落髪，所謂除結，非欲染衣，便隸日嚴道場。弱冠，極力護持，專精克念，感舍利現于寶函。隋大業年中，從智首律師受具。武德中依首習律，纔聽一徧，方議修禪。頵師呵曰：「夫適遐自邇，因微知章，修捨有時，功願須滿，未宜即去律也。」抑令聽二十徧，已乃坐山林，行定慧，晦迹於終南倣掌之谷。所居乏水，神人指之，穿地尺餘，其泉迸涌，時號爲白泉寺。猛獸馴伏，每有所依，名花芬芳，奇草蔓延。隋末徙崇義精舍，載遷豐德寺。嘗因獨坐，護法神告曰：「彼清官村，故凈業寺，地當寶勢，道可習成。」聞斯卜焉，焚功德香，行般舟定。時有群龍禮謁，若男若女，化爲人形。沙彌散心，顧盼邪視。龍赫然發怒，將搏攫之，尋追悔，吐毒井中，具陳而去。宣乃令封閉，人或潛開，往往煙上，審其神變。或送異花一奩，形似棗花，大如榆莢，香氣馝馞，數載宛然。又供奇果，季孟梨柰，然其味甘，其色潔，非人間所遇也。門徒嘗欲舉陰事，先是潛通，以定觀根隨病與藥。皆此類者。【略】及西明寺初就，詔宣充上座。三藏奘師至止，詔與翻譯。又送真身往扶風無憂王寺。遇勑令僧拜等，上啓朝宰，護法又如此者。撰《法門文記》、《廣弘明集》、《續高僧傳》、《三寶録》、《羯磨戒疏》、《行事鈔》、《義鈔》等二百二

十餘卷。三衣皆紵，一食唯菽。行則杖策，坐不倚牀，蚤蝨從遊，居然除受，土木自得，固己亡身。嘗築一壇，俄有長眉僧談道，知者其實賓頭盧也。復三果梵僧禮壇讚曰：「自佛滅後，像法住世，興發毗尼，唯師一人也。」乾封二年春，冥感天人來談律相，言鈔文輕重，儀中舛悞，皆譯之過，非師之咎，請師改正。故今所行著述，多是重修本是也。又有天人云：「曾撰《祇洹圖經》，計人間紙帛一百許卷。」宣苦告口占，一一抄記，上下二卷。又口傳偈頌，號《付囑儀》十卷是也。貞觀中，曾隱沁部雲室山，人睹天童給侍左右。於西明寺夜行道，足跌前階，有物扶持，履空無害。熟顧視之，乃少年也。宣遽問：「何人中夜在此？」少年曰：「某非常人，即《毗沙門天王》之子那吒也，護法之故，擁護和尚，時之久矣。」宣曰：「貧道修行，無事煩太子。太子威神自在，西域有可作佛事者，願爲致之！」太子曰：「某有佛牙寶掌雖久，頭目猶捨，敢不奉獻。」俄授于宣，宣保録供養焉。復次，庭除有一天來禮謁，謂宣曰：「律師當生覩史天宫」，持物一苞，云是棘林香。爾後十旬，安坐而化，則乾封二年十月三日也，春秋七十二，僧臘五十二。累門人窆于壇谷石室，其後樹塔三所。高宗下詔，令崇飾圖寫宣之真相。匠韓伯通塑繢之，蓋追仰道風也。

又《唐京兆西崇福寺智昇》 釋智昇，未詳何許人也。義理懸通，二乘俱學，然於毗尼，尤善其宗。此外文性愈高，博達今古，每慊聶道真、道安，至于明佺、宣律師各著《大藏目録》，記其翻傳年代人物者，謂之《晉録》、《魏》《漢》等《録》，乃於開元十八年歲次庚午，撰《開元釋教録》二十卷，最爲精要。何耶？諸師於同本異出、舊目新名，多惑其文，真僞相亂。或一經爲兩本，或支品作别翻，一一裁量，少無過者。如其舊録江泌《女子誦出經》，黜而不留，可謂藻鑑。杜塞妖僞之源，有兹獨斷。後之圓照《貞元録》也，文體意宗，相岠不知幾百數里哉。麟德中道宣出《内典録》十卷，靖邁出《圖紀》四卷，昇各續一卷。經法之譜，無出昇之右矣。

又《唐簡州福聚寺靖邁》 釋靖邁，梓潼人也。少孺矜持，長高志操，特於經論研覈造微。氣性沉厚，不妄交結，遊必擇方，抵于京輔。貞觀中，屬玄奘西迴，勑奉爲太穆太后於京造廣福寺，就彼翻譯。所須吏力，悉與玄齡商量，務令優給。遂召證義大德諳練大小乘經論爲時所尊尚者，得一十一人，邁預其精選，即居慈恩寺也。同普光寺棲玄、廣福寺明濬、會昌寺辯機、終南山豐德寺道宣同執筆綴文，翻譯《本事經》七卷。邁後與神昉筆受於玉華宫及慈恩寺翻經院，皆推適變，故得經心矣。後著《譯經圖紀》四卷，銓序《古今經目》、《譯人名位》、《單譯》、《重翻》、《疑僞》等科，一皆條理，見編于《藏》。開元中，智昇又續其題目焉。

又《唐京師西明寺圓照》 釋圓照，姓張氏，京兆藍田人也。年方十歲，篤願依西明寺景雲律師。雲亦一方匠手，四部歸心。照當應法，乃受近圓，謹愿執持，如懷寶器。尋究經論，訪問師承，《維摩》、《法華》、《因明》、《唯識》、《涅槃》、《中觀》、《華嚴》新經，或深入堂皇，或略從染指。仍旁求於儒墨，兼擅美於《風騷》。《律藏》珍珠，專探日用。後則霜壇秉法，鴈序度人。洎乎開元年中，勑選名德僧參其譯務，照始預焉。至代宗大曆十三年，承詔兩街臨壇大德一十四人齊至安國寺，定奪新舊兩《疏》是非。蓋以二宗俱盛，兩壯必争，被擒翻利於漁人，互擊定傷於師足。既頻言競，多達帝聰，有勑令將二本《律疏》定行一家者。時照等序奏云：「按《四分律》部主，梵云曇無德，秦言法藏。自姚秦洪始五年壬寅歲罽賓三藏佛陀耶舍，秦言覺明，諷出梵文，沙門竺佛念聽而筆受，成四十五卷。至十一年歲次戊申，支法領又從西國將梵本來，於長安中寺重讎校，殆十四年辛亥譯畢，沙門慧辯等筆受，成六十二卷。後有魏朝道覆律師於法聰講下纂成《疏》六卷，北齊慧光律師造《疏》二本，次道雲律師修《疏》九卷，次道暉撰《疏》七卷，隋朝法願裁《疏》十卷。自唐平一天下也，四方昌阜，三寶增明，有智首律師述《疏》二十一卷，次慧滿律師造《疏》二十卷，事各一時流通絶矣。當武德元年戊寅歲，有相州日光寺法礪律師製《疏》，至九年丙戌歲成十卷，宗依《成實論》，今稱《舊疏》是也。洎高宗天皇大帝咸亨元年歲在庚午，有西太原寺懷素律師撰《開四分律宗記》十卷，宗依《根本一切有部》、《大毗婆沙》、《俱舍》等論，稱《新章疏》是也。至我皇帝受佛付囑，欽尚釋門，信重大乘，遵承密教。見兩《疏》傳授，各擅顓門，學者如林，執見殊異，數興諍論。聖慈愍念，務息其源，使水乳無乖，一味和合。時遣内給事李憲誠宣勑，勾當京城諸寺觀功德使鎮軍大將軍劉崇訓宣勑云：『《四分律》《舊疏》、《新疏》宜令臨壇大德如净等於安國寺律院僉定一本流行。』兩街臨壇大德一十四人俱集安國寺，遣中官趙鳳詮勑尚食局索一千二百六十人齋食并果實解齋粥一事，已上應副。即於安國寺供僧慧徹、如净等十四人，併一供送充九十日齋食，用茶二十五弗，藤紙筆墨，充大德如净等僉定律疏用。兼問諸大德各得好在否？又勑安國寺三綱：『僉定律疏院，一切僧俗輒不得入，違者録名奏來云。』其時天長寺曇邃、净住寺崇叡、西明寺道邃、興泚、本寺寶意、神朗、智釗、趙儕、崇福寺超證、薦福寺如净、青龍寺惟幹、章信寺希照、保壽寺慧徹、圓照共奉表謝。答詔云：『師等道著依經，功超自覺，承雪宫之旨奥，爲火宅之涼飈。《四分律儀》，三乘扃鍵，須歸總會，永息多門。一國三公，誰執其咎。初機眩曜，迷復孔多，爰命有司俾供資費，所煩筆削，竚見裁成。

所謝知悉。』其日品官楊崇一宣勑薦福、温國兩寺三綱與净土院檢校僧等『嚴飾道場，命僧行道，用五十四人，起今月一日，轉經禮佛，六時行道；至來年二月一日散。其設齋食料一事已上，令所司祇供，宜各精誠，問師等好在。』及解道場，中官李憲誠宣勑語温國寺轉念道場《四分律》臨壇大德等：『釋門三學，以心印相傳；無上菩提，以戒法爲根本。道場畢日，即宜赴大安國寺楷定《律疏》，十道流行。』至二月八日，勑檢校道場大德曇邃、飛錫等，道場定取十日散，設齋外，各賜絹帛。其十四人律師，並令赴安國寺修《疏》，程才品用，各得其宜。衆推如净、慧徹同筆削潤色，圓照筆受正字，寶意纂文僉定，超儕筆受。其崇叡已下九人證義，共議篇題云：『勑僉定《四分律疏》卷第一，京城臨壇大德某等奉詔定』，以此爲題也。」照爲首唱，諸公和之。其間厥義非長，若農夫之去草；其義合理，猶海客之采珠。可謂名解毗尼，不看他面。俄屬德宗即位，改元建中，其年五月《疏》草畢。六月望，勑圓照依國子學大曆新定字樣抄寫進本。至十二月十二日送祠部進《新僉定疏》十卷。仍乞新舊兩《疏》許以並行，從學者所好。勑宜依照，務其搜集，專彼研尋。著《大唐安國寺利涉法師傳》十卷、《集景雲先天開元天寶誥制》三卷、《肅宗代宗制旨碑表集》共二卷、《不空三藏碑表集》七卷、《隋傳法高僧信行禪師碑表集》三卷、《兩寺上座乘如集》三卷、《僉定律疏一行制表集》三卷、《般若三藏續古今翻譯圖紀》二卷、《大乘理趣六波羅蜜多經音義》二卷、《三教法王存没年代本記》三卷（上卷明佛、中道、下儒也）《翻經大德翰林待詔光宅寺利言集》二卷，再修《釋迦佛法王本記》一卷、《佛現八相身利益人天成正覺記》一卷、《判方等道場欲受近圓沙彌懺悔滅罪辨瑞相記》一卷、《五部律翻譯年代傳授人記》一卷、《莊嚴寺佛牙寶塔記》三卷、《無憂王寺佛骨塔記》三卷、《傳法三學大德碑記集》十五卷、《建中興元貞元制旨釋門表奏記》二卷、《御題章信寺詩太子百寮奉和集》三卷、《貞元續開元釋教録》三卷。照自序云：「伏以開元十八年歲在庚午，沙門智昇修撰《釋教録》，洎乎甲戌，經六十五年，中間三藏翻經，藏内並無收管，恐年代浸遠，人疑僞經。又先聖大曆七年許編入，制文猶在。」時帝勑宜依。至今江表多集此集中經而施用焉。照於律道，頗有功多。肅代二朝，尤爲傑立，累朝應奉，賜紫、充臨壇兩街十望大德、内供奉檢校、鴻臚少卿，食封一百户。後終于别院。春秋八十二，法臘五十八云。

《舊唐書·王彦威傳》 王彦威，太原人。世儒家，少孤貧，苦學，尤通《三禮》。無由自達，元和中遊京師，求爲太常散吏。卿知其書生，補充檢討官。彦威於禮閣掇拾自隋已來朝廷沿革、吉凶五禮，以類區分，成三十卷獻之，號曰《元和新禮》，由是知名，特授太常博士。憲宗晏駕，未定謚。淮南節度使李夷簡以憲宗功高列聖，宜特稱祖，穆宗下禮官議。彦威奏曰：「據《禮經》，三代之制，始封之君，謂之太祖。太祖之外，又祖有功而宗有德，故夏后氏祖顓頊而宗禹，殷人祖契而宗湯，周人郊祀后稷，祖文王而宗武王。自東漢魏晉，漸違經意，沿革不一，子孫以推美爲先，自始祖已下並有建祖之制。蓋非典訓，不可法也。國朝祖宗制度，本於《周禮》，以景皇帝爲太祖，又祖神堯而宗太宗。自高宗已降，但稱宗。謂之尊名，可爲成法。不然，則太宗造有區夏，理致昇平；玄宗掃清内難，翊戴聖父；肅宗龍飛靈武，收復兩都，此皆應天順人，撥亂返正，至於廟號，亦但稱宗。謹按經義，祖者始也，宗者尊也，故《傳》曰『始封必爲祖』，《書》曰『德高可宗，故號高宗』。今宜本三代之定制，去魏、晉之亂法，守貞觀、開元之憲章，而擬議大名，垂以爲訓。大行廟號，宜稱宗。」制從之。故事，祔廟之禮，先告於太極殿，然後奉神主赴太廟。祔禮畢，不再造于太極殿。時憲宗祔廟禮畢，執政詳舊典，令有司再告祔享禮畢于太極殿。彦威執議以爲不可，執政怒。會宗正寺進祝版，誤以憲宗爲睿宗。執政銜其强，奏祝版參差，博士之罪，彦威坐削一階，奪兩季俸。彦威殊不低迴，每議禮事，守正不阿附，君子稱之。累轉司封員外郎中。弘文館舊不置學士，文宗特置一員以待彦威。尋使魏博宣慰，特賜金紫。五年，遷諫議大夫。朝廷自誅李師道，收復淄青十二州，未定户籍，乃命彦威充十二州勘定兩税使。朝法振舉，人不以爲煩。以本官兼史館修撰。彦威通悉典故，宿儒碩學皆讓之。【略】開成元年，召拜户部侍郎，尋判度支。彦威儒學雖優，亦勤吏事，然貨泉之柄，素非所長，性既剛訐，自恃有餘。嘗紫宸廷奏曰：「臣自計司按見管錢穀文簿，皆量入以爲出，使經費必足，無所刻削。且百口之家，猶有歲蓄，而軍用錢物，一切通用，悉隨色額占定，終歲支給，無毫釐之差。倘臣一旦愚迷，欲自欺竊，亦不可得也。」名曰《度支占額圖》。既而又進《供軍圖》，曰：「起至德、乾元之際，迄於永貞、元和之初，天下有觀察者十，節度二十有九，防禦者四，經略者三。掎角之師，犬牙相制，大都通邑，無不有兵，都計中外兵額至八十餘萬。長慶户口凡三百三十五萬，而兵額約九十九萬，通計三户資一兵。今計天下租賦，一歲所入，總不過三千五百餘萬，而上供之數三之一焉。三分之中，二給衣賜。自留州留使兵士衣賜之外，其餘四十萬衆，仰給度支。伏以時逢理安，運屬神聖，然而兵不可弭，食哉惟時。憂勤之端，兵食是切。臣謬司邦計，虔奉睿圖，輒纂事功，庶裨聖覽。」又纂集國初已來至貞元帝代功臣，如《左氏傳》體敍事，號曰《唐典》，進之。彦威既掌利權，心希大用。時内官

仇士良、魚弘志禁中用事。先是左右神策軍多以所賜衣物於度支中估，判使多曲從，厚給其價。開成初，有詔禁止，然趨利者猶希意從其請託。至是，彦威大結私恩，凡内官請託，無不如意，物議鄙其躁妄。復脩王播舊事，貢奉羨餘，殆無虚日。會邊軍上訴衣賜不時，兼之朽故。宰臣惡其所爲，令攝度支人吏付臺推訊。彦威略不介懷，入司視事。及人吏受罰，左授衛尉卿，停務，方還私第。三年七月，檢校禮部尚書，代殷侑爲許州刺史，充忠武軍節度、陳許溵觀察等使。會昌中，入爲兵部侍郎，歷方鎮，檢校兵部尚書。卒，贈僕射，謚曰靖。

《宋史・趙安仁傳》 趙安仁字樂道，河南洛陽人。曾祖武唐，虢州刺史。父孚字大信。周顯德初，舉進士，調補開封尉。乾德中，爲浦江令，持父喪，服闋，攝永寧令。會親征太原，部送本邑糧饋，民懷其惠，列狀以聞，即真授其任，擢宗正丞。開寶中，初置衣庫，令孚主之。俄坐事連逮抵罪，語見《趙普傳》。【略】安仁生而穎悟，幼時執筆能大字，十三通經傳大旨，早以文藝稱。趙普、沈倫、李昉、石熙載咸推奬之。雍熙二年，登進士第，補梓州榷鹽院判官，以親老弗果往。會國子監刻《五經正義》板本，以安仁善楷隸，遂奏留書之。歷大理評事、光禄寺丞，召試翰林，以著作佐郎直集賢院，賜緋。時王侯、内戚家多以銘誄爲託。太宗製九絃琴、五絃阮，時多獻賦頌，上嘉文物之盛，悉閱覽，訂其工拙。時稱安仁、李宗諤、楊億辭雅贍，召詣中書奬諭。翌日，改遷太常丞。【略】安仁質直純慤，無所矯飾，寬恕謙退，與物無競，雖家人僕使，未嘗見其喜愠。女弟適董氏，早寡，取歸給養。其甥董靈運尚幼，躬自訓導，爲畢婚娶。幼少與宋元興同學，元興門地貴盛，待安仁甚厚。元興蚤卒，家緒寖替，安仁屢以金帛濟之。善訓諸子，各授一經。尤嗜讀書，所得禄賜，多以購書。雖至顯寵，簡儉若平素。時閱典籍，手自讎校。三館舊闕虞世南《北堂書鈔》，惟安仁家有本，真宗命内侍取之，嘉其好古，手詔褒美。尤知典故，凡近世典章人物之盛，悉能記之。喜誨誘後進，成其聲名，當世推重之。有集五十卷。

又《楊億傳》 楊億字大年，建州浦城人。祖文逸，南唐玉山令。億將生，文逸夢一道士，自稱懷玉山人來謁。未幾，億生，有毛被體，長尺餘，經月乃落。能言，母以小經口授，隨即成誦。七歲，能屬文，對客談論，有老成風。雍熙初，年十一，太宗聞其名，詔江南轉運使張去華就試詞藝，送闕下。連三日得對，試詩賦五篇，下筆立成。太宗深加賞異，命内侍都知王仁睿送至中書，又賦詩一章，宰相驚其俊異，削章爲賀。翌日，下制曰：「汝方髫齓，不由師訓，精爽神助，文字生知。越景絶塵，一日千里，予有望於汝也。」即授祕書省正字，特賜袍笏。俄丁外艱，服除，會從祖徽之知許州，億往依焉。務學，晝夜不息，徽之間與語，歎曰：「興吾門者在汝矣。」【略】景德初，以家貧，乞典郡江左，詔令知通進、銀臺司兼門下封駁事。時以吏部銓主事前宜黄簿王太冲爲大理評事，億以丞吏之賤，不宜任清秩，即封詔還。未幾，太冲補外。俄判史館，會修《册府元龜》，億與王欽若同總其事。其序次體制，皆億所定，群僚分撰篇序，詔經億竄定方用之。三年，召爲翰林學士，又同修國史，凡變例多出億手。大中祥符初，加兵部員外郎、户部郎中。五年，以疾在告，遣中使致太醫視之，億拜章謝，上作詩批紙尾，有「副予前席待名賢」之句。以久疾，求解近職，優詔不許，但權免朝直。億剛介寡合，在書局，唯與李維、路振、刁衎、陳越、劉筠輩厚善。當時文士，咸賴其題品，或被貶議者，退多怨誹。王欽若驟貴，億素薄其人，欽若銜之，屢抉其失；陳彭年方以文史售進，忌億名出其右，相與毁訾。上素重億，皆不惑其説。億有别墅在陽翟，億母往視之，因得疾，請歸省，不待報而行。上親緘藥劑，加金帛以賜。億素體羸，至是，以病聞，請解官。有嗾憲官劾億不俟命而去，授太常少卿，分司西京，許就所居養療。嘗作《君可思賦》，以抒忠憤。《册府元龜》成，進秩祕書監。七年，病愈，起知汝州。會加上玉皇聖號，表求陪預，即代還，以爲參詳儀制副使，知禮儀院，判祕閣、太常寺。天禧二年冬，拜工部侍郎。明年，權同知貢舉，坐考較差謬，降授祕書監。丁内艱，屬行郊禮，以億典司禮樂，未卒哭，起復工部侍郎，令視事。四年，復爲翰林學士，受詔注釋御集，又兼史館修撰，判館事，權景靈宫副使。十二月，卒，年四十七。録其子紘爲太常寺奉禮郎。億天性穎悟，自幼及終，不離翰墨。文格雄健，才思敏捷，略不凝滯，對客談笑，揮翰不輟。精密有規裁，善細字起草，一幅數千言，不加點竄，當時學者，翕然宗之。而博覽强記，尤長典章制度，時多取正。喜誨誘後進，以成名者甚衆。人有片辭可紀，必爲諷誦。手集當世之述作，爲《筆苑時文録》數十篇。重交游，性耿介，尚名節。多周給親友，故廪禄亦隨而盡。留心釋典禪觀之學，所著《括蒼武夷潁陰韓城退居汝陽蓬山冠鼇》等集、《内外制》、《刀筆》，共一百九十四卷。

釋文瑩《湘山野録》卷上 譯經鴻臚少卿、光梵大師惟净，江南李王從謙子也。通敏有先識，解五竺國梵語。慶曆中，朝廷百度例務減省，净知言者必廢譯經，不若預奏乞罷之：「臣聞在國之初，大建譯園，逐年聖節，西域進經，合今新舊何啻萬軸，盈函溢屋，佛語多矣。又況鴻臚之設，虚費禄廪，恩錫用給，率養尸素，欲乞罷廢。」仁宗曰：「三聖崇奉，朕烏敢罷。且又賝貢所籍名件，皆異域文字，非

鴻臚安辨？」因不允。未幾，孔中丞道輔果乞廢罷，上因出浄疏示之方已。景祐中，景靈宫鋸傭解木，木既分，中有蟲鏤文數十字，如梵書旁行户郎反。之狀，因進呈。仁宗遣都知羅崇勳、譯經潤文使夏英公竦詣傳法院，特詔開堂導譯，每聖節譯經，則謂之「開堂」。冀得祥異之語以懺國。獨浄焚天香導譯踰刻，方曰：「五竺無此字，不通辨譯。」左璫恚曰：「請大師且領聖意，若稍成文，譯館恩例不淺。」而英公亦以此意諷之。浄曰：「某等幸若蠹文稍可箋辨，誠教門之殊光，恐異日彰謬妄之迹，雖萬死何補。」二官竟不能屈，遂寫奏稱非字。皇祐三年入滅，碑其塔者此二節特不書，惜哉！

《宋史・吕夷簡傳》 吕夷簡字坦夫，先世萊州人。祖龜祥知壽州，子孫遂爲壽州人。夷簡進士及第，補絳州軍事推官，稍遷大理寺丞。祥符中，試材識兼茂明於體用科，或言六科所以求闕政，今封禪告成，何闕政之求，罷之。通判通州，徙濠州，再遷太常博士。【略】自仁宗初立，太后臨朝十餘年，天下晏然，夷簡之力爲多。其後元昊反，四方久不用兵，師出數敗；契丹乘之，遣使求關南地。頗賴夷簡計畫，選一時名臣報使契丹、經略西夏，二邊以寧。然建募萬勝軍，雜市井小人，浮脆不任戰鬥。用宗室補環衛官，驟增奉賜，又加遺契丹歲繒金二十萬，當時不深計之，其後費大而不可止。郭后廢，孔道輔等伏閤進諫，而夷簡謂伏閤非太平事，且逐道輔。其後范仲淹屢言事，獻《百官圖》論遷除之敝，夷簡指爲狂肆，斥于外。時論以此少之。夷簡當國柄最久，雖數爲言者所詆，帝眷倚不衰。然所斥士，旋復收用，亦不終廢。其於天下事，屈伸舒卷，動有操術。後配食仁宗廟，爲世名相。始，王旦奇夷簡，謂王曾曰：「君其善交之。」卒與曾並相。後曾家請御篆墓碑，帝因慘然思夷簡，書「懷忠之碑」四字以賜之。有集二十卷。

又《宋綬傳》 宋綬字公垂，趙州平棘人。父皋，尚書度支員外郎、直集賢院。綬幼聰警，額有奇骨，爲外祖楊徽之所器愛。徽之無子，家藏書悉與綬。綬母亦知書，每躬自訓教，以故博通經史百家，文章爲一時所尚。初，徽之卒，遺奏補太常寺太祝。年十五，召試中書，真宗愛其文，遷大理評事，聽於祕閣讀書。大中祥符元年，復試學士院，爲集賢校理，與父皋同職。後賜同進士出身，遷大理寺丞。及祀汾陰，召赴行在，與錢易、陳越、劉筠集所過地志、風物、故實，每舍止即以奏。將祠亳州太清宫，以簽書亳州判官事，入爲左正言、同判太常禮院。久之，判三司憑由司。建言：「比歲下赦令釋逋負，後期未報者六十八州。請於諸路選官考覈，期半月以聞。」於是脱械繫三千二百人，蠲積負數百萬。擢知制誥、判吏部流内銓兼史館修撰，玉清昭應宫判官。累遷户部郎中、權直學士院，同修《真宗實録》，進左司郎中，遂爲翰林學士兼侍讀學士、勾當三班院。始詔讀唐史，固求解三班以顓進講。同修國史，遷中書舍人。昭應宫災，罷二學士。踰年，復翰林學士。史成，遷尚書工部侍郎兼侍讀學士。【略】時宰相吕夷簡、王曾論議數不同。綬多是夷簡，而參知政事蔡齊間有所異，政事繇此依違不決，於是四人者皆罷。綬以尚書左丞、資政殿學士留侍講筵，權判尚書都省。歲餘，加資政殿大學士，以禮部尚書知河南府。元昊反，劉平、石元孫敗没，帝以手詔賜大臣居外者，詢攻守之策。綬畫十事以獻。復召知樞密院事，遷兵部尚書、參知政事。時綬母尚在，綬既得疾，不視事，猶起居自力，區處後事。尋卒，贈司徒兼侍中，謚宣獻。綬性孝謹清介，言動有常。爲兒童時，手不執錢。家藏書萬餘卷，親自校讎，博通經史百家，其筆札尤精妙。朝廷大議論，多綬所財定。楊億稱其文沈壯淳麗，曰：「吾殆不及也。」及卒，帝多取所書字藏禁中。初，郊祀，綬攝太僕卿。帝問儀物典故，占對辨洽，因上所撰《鹵簿圖》十卷。

彭際清《居士傳》卷二二《王敏仲傳》 王敏仲，名古，東都人，文正公旦之曾孫也。初，杭州昭慶寺法師省常，與諸士大夫結浄行社，文正爲之首，及有疾，乃屬楊大年曰：「吾深厭勞生，願來世爲僧，宴坐林間，觀心爲樂。我死，爲我請大德施戒，發須，著三衣，火葬，勿以金寶置棺内。」既卒，大年曰：「公，三公也，斂贈公衮，豈可加於僧體？」但以三衣置柩中而已。自敏仲之先，七世持不殺戒，好放生命。至敏仲，忽自疑。一日問小法華禪師曰：「以古所見，不殺不放，一切付之無心，可乎？」師厲聲曰：「公大錯，豈作空解耶？面前露柱，亦自無心著。幾個露柱，能救得世間一個苦惱衆生否？」敏仲瞿然，遂發心放生命一百萬。游江西，與晦堂、楊岐諸老師究宗門中事。既而作《直指浄土決疑集》，宏西方之教。閑居數珠不去手，行住坐卧，修行浄觀，無有間歇。著《浄土寶珠集序》云：「衆生心浄則佛土浄，法性無生而無不生。有佛世尊，今現説法，在極樂國，號阿彌陀。緣勝劫長，悲深願大，無邊際光明攝受，不思議浄妙莊嚴。珠網麗空，瑶林矗立。池含八德，花發四光，韵天樂於六時，散祴花於億刹。諸佛共贊，十方來歸。彌陀心内衆生新新攝化，衆生心中浄土念念往生。質托寶蓮，不離當處。神施多刹，豈出自心。如鏡含萬象而無有去來，似月印千江而本非升降。被圓頓機則皆一生補處，明方便門則有九品階差。念本性之無量光，本來無念；生唯心之安養國，真實無生。解脱苦輪，十念亦超於寶地；會歸實際，二乘終證於菩提。如大舟載石而遂免沉淪，若順

風揚帆而終無留難。悟之則非遠非近，迷之則即近而遥。嗟夫，學寡障多，穎深觀淺。斥爲權小，闃若存亡，則以馬鳴、龍樹爲未然，天臺智覺爲不達。不信當受菩提記，不肯頓生如來家。籠鳥鼎魚，翻然游戲，隙駒風燭，妄計久長。虚受一報身，枉投諸苦趣。豈知，大雄贊勸，金口叮嚀。侣聖賢於刹那，具相好於俄頃。樂受則永抛五濁，悲增則回救三途。於此不知，是爲可憫。自魏晉大經初出，則有遠、顯賢繼修。事列簡篇，驗彰耳目。福唐釋戒珠，采十二家傳記，得七十五人。搜補闕遺，芟夷繁長，該羅别録，增廣新聞，其得一百九人。隱顯畢收，緇素并列。會江河淮濟於一海，融瓶盤釵釧無二金。標爲險道之津梁，永作后來之龜鑒。居常以大藏浩衍，學者不能遍觀，乃隨經次第，釋其因緣，詮其旨要，爲《法寶標目》十卷。」

【略】徽宗朝，官户部侍郎，與中丞趙挺之同理逋賦，多所蠲釋。挺之劾敏仲傾天下財以爲已惠，諫官江民表辨其誣。既而入元祐黨人籍，尋化去。有僧神游净土，見敏仲與葛繁在焉。繁，澄江人，官至朝散大夫，公第私居，必營净室，設佛像，一日，方禮誦時，舍利從空而下，后無疾面西端坐而逝。

《晉書・葛洪傳》　葛洪字稚川，丹楊句容人也。祖系，吴大鴻臚。父悌，吴平後入晉，爲邵陵太守。洪少好學，家貧，躬自伐薪以貿紙筆，夜輒寫書誦習，遂以儒學知名。性寡欲，無所有翫，不知棊局幾道，摴蒱齒名。爲人木訥，不好榮利，閉門却掃，未嘗交游。於餘杭山見何幼道、郭文舉，目擊而已，各無所言。時或尋書問義，不遠數千里崎嶇冒涉，期於必得，遂究覽典籍，尤好神仙導養之法。從祖玄，吴時學道得仙，號曰葛仙公，以其鍊丹祕術授弟子鄭隱。洪就隱學，悉得其法焉。後師事南海太守上黨鮑玄。玄亦内學，逆占將來，見洪深重之，以女妻洪。洪傳玄業，兼綜練醫術，凡所著撰，皆精覈是非，而才章富贍。太安中，石冰作亂，吴興太守顧祕爲義軍都督，與周玘等起兵討之，祕檄洪爲將兵都尉，攻冰别率，破之，遷伏波將軍。冰平，洪不論功賞，徑至洛陽，欲搜求異書以廣其學。洪見天下已亂，欲避地南土，乃參廣州刺史嵇含軍事。及含遇害，遂停南土多年，征鎮檄命一無所就。後還鄉里，禮辟皆不赴。元帝爲丞相，辟爲掾。以平賊功，賜爵關内侯。咸和初，司徒導召補州主簿，轉司徒掾，遷諮議參軍。干寶深相親友，薦洪才堪國史，選爲散騎常侍，領大著作，洪固辭不就。以年老，欲鍊丹以祈遐壽，聞交阯出丹，求爲句扇令。帝以洪資高，不許。洪曰：「非欲爲榮，以有丹耳。」帝從之。洪遂將子姪俱行。至廣州，刺史鄧嶽留不聽去，洪乃止羅浮山煉丹。嶽表補東官太守，又辭不就。嶽乃以洪兄子望爲記室參軍。在山積年，優游閑養，著述不輟。其自序曰：「洪體乏進趣之才，偶好無爲之業。假令奮翅則能陵厲玄霄，騁足則能追風躡景，猶欲戢勁翮於鷦鷯之群，藏逸迹於跛驢之伍，豈況大塊禀我以尋常之短羽，造化假我以至駑之蹇足？自卜者審，不能者止，又豈敢力蒼蠅而慕沖天之舉，策跛鱉而追飛兔之軌；飾嫫母之篤陋，求媒陽之美談；推沙礫之賤質，索千金於和肆哉！夫僬僥之步而企及夸父之蹤，近才所以躓礙也；要離之羸而强赴扛鼎之勢，秦人所以斷筋也。是以望絶於榮華之途，而志安乎窮圮之域；藜藿有八珍之甘，蓬蓽有藻棁之樂也。故權貴之家，雖咫尺弗從也；知道之士，雖艱遠必造也。考覽奇書，既不少矣，率多隱語，難可卒解，自非至精不能尋究，自非篤勤不能悉見也。道士弘博洽聞者寡，而意斷妄説者衆。至於時有好事者，欲有所修爲，倉卒不知所從，而意之所疑又無足諮。今爲此書，粗舉長生之理。其至妙者不得宣之於翰墨，蓋粗言較略以示一隅，冀悱憤之徒省之可以思過半矣。豈謂闇塞必能窮微暢遠乎，聊論其所先覺者耳。世儒徒知服膺周孔，莫信神仙之書，不但大而笑之，又將謗毁真正。故予所著子言黄白之事，名曰《内篇》，其餘駁難通釋，名曰《外篇》，大凡内外一百一十六篇。雖不足藏諸名山，且欲緘之金匱，以示識者。」自號抱朴子，因以名書。其餘所著碑誄詩賦百卷，移檄章表三十卷，神仙、良吏、隱逸、集異等傳各十卷，又抄《五經》、《史》、《漢》、百家之言、方技雜事三百一十卷，《金匱藥方》一百卷，《肘後要急方》四卷。洪博聞深洽，江左絶倫。著述篇章富於班馬，又精辯玄賾，析理入微。後忽與嶽疏云：「當遠行尋師，剋期便發。」嶽得疏，狼狽往别。而洪坐至日中，兀然若睡而卒，嶽至，遂不及見。時年八十一。視其顔色如生，體亦柔軟，舉尸入棺，甚輕，如空衣，世以爲尸解得仙云。

史臣曰：景純篤志綈緗，洽聞强記，在異書而畢綜，瞻往滯而咸釋；情源秀逸，思業高奇；襲文雅於西朝，振辭鋒於南夏，爲中興才學之宗矣。夫語怪徵神，伎成則賤，前修貽訓，鄙乎兹道。景純之探策定數，考往知來，邁京管於前圖，軼梓竈於遐篆。而宦微於世，禮薄於時，區區然寄《客傲》以申懷，斯亦伎成之累也。若乃大塊流形，玄天賦命，吉凶修短，定乎自然。雖稽象或通，而厭勝難恃，禀之有在，必也無差，自可居常待終，頽心委運，何至銜刀被髪，遑遑於幽穢之間哉！晚抗忠言，無救王敦之逆；初慚智免，竟斃「山宗」之謀。仲尼所謂攻乎異端，斯害也已，悲夫！稚川束髮從師，老而忘倦。紬奇册府，總百代之遺編；紀化仙都，窮九丹之祕術。謝浮榮而捐雜藝，賤尺寶而貴分陰，游德棲真，超然事外。全生之道，其最優乎！贊曰：景純通秀，夙振宏材。沈研鳥册，洞曉龜枚。匪寧國釁，坐致身

災。稚川優洽，貧而樂道。載範斯文，永傳洪藻。

趙道一《歷世真仙體道通鑑》卷二四《陸修静》　廬山陸先生，吴興懿族陸氏之子，諱修静。道降元氣，生而異俗，其色怡怡，其德熙熙。明以啓著，虚以貫幽。少宗儒氏，墳索讖緯，靡不總該。以爲先天輔化混一精氣與真宰爲徒者，載在金編玉字，遂收迹寰中，冥搜潛衡。熊湘暨九嶷、羅浮，西至巫峽、峨嵋，如雲映松風，麗乎山而映乎水。功成叩玄，感神授神靈訣，適然自得，通交於仙真之間矣。宋元嘉末，因市藥京邑，文帝素欽其道風，作停霞寶車，使左僕射徐湛宣旨留之，先生固辭弗顧，拂衣而去。后帝有太初之難，人咸異之。先生時遡江南，尤嗜匡阜之勝概。孝武帝大明五年，爰搆精廬於白雲峰下。太始三年，明帝復加詔命，使刺史王景文敦勸，不得已而就焉。及登車日，乃有熊虎猿鳥，悲鳴滿路，出山而止。先生既至闕，帝設崇虚館、通仙臺以待之。於是順風問道，妖沃帝心。朝野識真之士，若水奔壑，如風應虎，其誰能御之。先生撥霧開日，汰沙引金，指方以倒之。中人已上，皆自盈其分，司徒袁粲之流是也。既立崇虚館，殳氏所寶經訣并歸於彼。由是翕然一變頹俗，朝野宗師焉。明年，帝不豫，詔請先生修涂炭之齋。是夕，壇宇間卿雲紛鬱，翌日疾瘳。桂陽王用兵，暴白骨遍野，先生具棺櫬收而瘗之。其陰德密運，蓋多此類。先生屢求還山，帝不許。迨蒼梧王元徽五年春正月，忽謂門人曰：吾迫於恩命，違其宿尚，今將還舊山，爾可飭裝整駕。弟子皆訝之。至三月二日，忽偃然解化，其膚體暉映，異香芬馥。後三日，廬山諸徒共見先生，霓旌靄然，還止舊隱，斯須不知所在，相與驚而異之。遺命盛以布囊，投所在崖谷。門人不忍，遂奉還廬山。時春秋七十二。所謂煉形幽壤，騰景太微者矣。有詔謚曰簡寂先生，始以故居爲簡寂觀，宗有道也。先是，洞真之部真僞混淆，先生刊而正之，涇渭乃判。故齋戒儀範，爲將來典式。凡撰記論議，百有余篇，并行於世。門徒得道者，孫游岳、李果之最著稱首。后孔德彰與果之書，論先生云：先生道冠中都，化流東國。帝王禀其規，人靈宗其法。微言既絶，大法將謝。法師禀神定之資，居入室之品，學悟之美，門徒所歸。宜其整葺遺踪，提綱振紀，光先師之余化，纂妙道之遺風，可以導引末俗，開曉後途者矣。初，先生之赴詔也，嘗曳布囊。及逝而歸，忽有布囊挂於岩樹。今所居西澗，一峰名布囊岩，有醮石，高六七尺，方廣丈余。其向乾亥，亦名禮斗。石門外有煉丹井，有連理樹，其干合抱，其根蟠罣。又有石磬，其聲清越。又有藥苗苦竹，亘於山谷，皆遺迹也。唐天后太極元年，敕醮於觀，有黑龍群鶴之異。降詔褒崇，仍付史館。宋徽宗宣和元年七月一日，封丹元真人。其詞曰：朕惟前古高蹈之士，名迹不泯而稱號未稱者，議所以追顯之。簡寂先生陸修静，精真内得，是正遺經垂範，一時脱然超世。廬阜故隱有祠，至今考實定名，禮以真人之號。非特用褒往躅，亦俾后之聞風者，知道之所在而加勉焉。

陸心源《儀顧堂題跋》卷九《雲笈七籤跋》　《雲笈七籤》百二十卷，宋張君房撰。明張萱刊本。案：君房字尹才，方壯始從學，逮遊場屋，甚有時名。登第時，年已四十餘。以校道書得館職，後知隨、郢、信陽三郡。年六十三，分司歸安陸。年六十九，致仕。嘗撰《乘異記》三編，《科名定分録》七卷，《儆戒會蕞》五十事，《麗情集》十二卷，又《朝説》、《野語》各三篇。洎退居，又撰《胜説》二十卷。年七十六，仍著詩賦、雜文。其子百藥嘗纂爲《慶曆集》三十卷，見王得臣《麈史》。

《四庫提要・子部五六・道家類》　《雲笈七籤》一百二十二卷，宋張君房撰。君房，岳州安陸人。景德中進士及第，官尚書度支員外郎，充集賢校理。祥符中自御史臺謫官寧海。適真宗崇尚道教，盡以祕閣道書付杭州，俾戚綸陳堯臣校正。綸等同王欽若薦君房主其事。君房乃編次得四千五百六十五卷，進之。復撮其精要，總萬餘條，以成是書。其稱《雲笈七籤》者，蓋道家之言，以天寶君説洞真爲上乘，靈寶君説洞元爲中乘，神寶君説洞神爲下乘。又太元、太平、太清三部爲輔經。又正一法文遍陳三乘，别爲一部，統稱「三洞」真文，總爲七部，故君房取以爲名也。其詮敘之例，自一卷至二十八卷總論經教宗旨及仙真位籍之事。二十九卷至八十六卷則以道家服食鍊氣、内丹外丹、方藥符圖、守庚申、尸解諸術，分類縷載。八十七至一百二十二卷，則前人文字及詩歌傳記之屬，凡有涉於道家者，悉編入焉。大都摘録原文，不加論説。其引用集仙録靈驗記等，亦多有所刪削。然類例既明，指歸略備，綱條科格，無不兼該。道藏菁華，亦大略具於是矣。《文獻通考》作一百二十卷。此本爲明中書舍人張萱所刊，中多二卷，蓋《通考》脱誤也。

紀　事

費長房《歷代三寶紀》卷一五《齊世衆經目録》　《齊世衆經目録》。武平年，沙門統法上撰。《雜藏録》一，二百九十一部，八百七十四卷。《修多羅録》二，一百七十九部，三百三十卷。《毗尼録》三，一十九部，二百五十六卷。《阿毗曇録》四，

五十部，四百二十一卷。《别録》五，三十七部，七十四卷。《衆經抄録》六，一百二十七部，一百三十七卷。《集録》七，三十三部，一百四十七卷。《人作録》八，五十一部，一百六卷。都八件，經、律、論、真、僞，七百八十七部，千三百三十四卷。

釋道宣《大唐内典録》卷一〇《齊代衆經目録》　《齊代衆經目録》。武平年，汝門法上撰。雜藏録、修多羅録、毘尼録、阿毘曇録、别録、衆經抄録、集録、人撰作録，右八件，經、律、論、真、僞，凡七百八十七部，二千三百三十四卷。

又《大隋衆經目録》　《大隋衆經目録》七卷。開皇十四年，勅翻經所沙門法經等二十大德撰。依檢，其録位爲九條，區别品類，爲四十二分。初六分，略示經、律、三藏、大小之殊，粗顯傳譯是非、真僞之目。後之三録，竝是集傳、記注，此名道俗所修，雖非西域所製，莫非光讚正經，發明宗教，開進後學。

釋惟白《大藏經綱目指要録五利五報述》　崇寧二年癸未春，得上旨游天台。中秋後三日，至婺州金華山智者禪寺，閱《大藏經》。仲冬一日丁丑，援筆撮其要義，次年甲申仲春三日丁未畢之，計二十餘萬字，因而述曰。且寡聞比丘不足以爲人師表者，古今聖賢共所深誡之格言也。故集斯《大藏經律論傳記綱目指要》，以資多聞者，舉揚應其機器耳。況如來聖教若大海浩渺無涯，待舉一因一緣，何由便見也。今於四百八十函，則函函標其部號，五千餘卷，則卷卷分其品目。便啓函開卷即見其緣起耳。然所集者其利有五：一、宗師提唱者，得隨宜開覺故。何謂也？向上玄樞應乎大器，俯狥情性在乎順機，故弘宗闡教，以方就圓，須假博聞，待乎來問。故集斯録，益真接化貴言，有稽古道，取信於人也。二、法師講演者，資闡明訓徒故。何謂也？傳教者宜談妙義，聽習者專諮實理。一部微言必有所證，或引經律論文，或考疏鈔傳記，略無所據義理難信。故集斯録，緩急證其駕説，使有端緒也。三、樂於注撰者，助檢閲引文故。何謂也？作歌頌者，讚揚妙道；述疏鈔者，發揮聖言。臨文引據，一事一緣貴出典章，製不妄啓。故集斯録，以待伸紙操毫而無凝思也。四、有緣看藏者，易曉品義故。何謂也？出家佛子，若曾聽經論，或參問知識，則一覽聖教，其義了然。既未然者，不了法味，則空益疲勞。故集斯録，俾見大旨然後披文，乃深入法藏也。五、無因披教者，知藏乘要義故。何謂也？在家菩薩居仕宦者，致君澤民，職務駢冗。處黎庶者，家業縈繁，公私逼迫，以故無因披閲藏教。設若有暇，何處取經？故集斯録，使人人知其法義，家家有大藏因緣，資乎種智而脱死生也。

然以斯五利，而報恩亦有五也：一、國王恩者，威德普覆，令安然行道故。何謂也？恭念今上皇帝佛會菩薩，現爲明君，慈育四生，崇隆三寶，詔談祖道，序行續燈，希世遭逢，曠古未有如是。聖恩云何可報，經云：欲報君恩，當弘佛法。故集斯録，使佛法惠命無窮，則叡算國祚亦無窮也。二、外護恩者，墻壍住持，得如意唱道故。何謂也？竊思二十餘年，三居禪刹，承御寶親批，蒙朝廷降旨，皆出貴公特達敷奏，或安全保佑，或以道吹嘘，至如宰相天下具瞻，微賜顧接，終身榮幸，豈況偷揚讚道也。其諸朝貴銘在定心，斯須不忘，深念報德，經云：「大臣者國之重鎮，當鑿心祝願。」故集斯録，使佛法流通助澤民天下。三、父母恩者，頓割深愛，捨出家求道故。何謂也？緬惟生育又付明師，授之以經書，教之以仁義，復令從釋訪道，循方心契，玄源身長出離，其如此也。何可報焉！經云：「若不傳法度衆生，畢竟無能報恩者。」故集斯録，使佛法僧播以答劬勞，斯乎佛記也。四、師長恩者，攝授教約，得參微契本故。何謂也？每想慈訓、得度受業和尚也，指心見性明眼宗師也。交眉道伴，則一瞬一揚知心，益友則一言一句警悟死生，資成解脱，若斯厚德如何可報！經云：「欲報師恩，當説法度人。」故集斯録，使佛法種智不斷，以答法乳也。五、檀越恩者，隨乞供資，助成聖道故。何謂也？且原游方十七載，住持二十年，三處焚修，四事供給，資身資道，唯信唯檀。上自越國大主大尉張公，及内外朝賢，遠近善友，皆同心向道共成佛事，如斯益我何可報之！經云：「了悟心性，通明佛法，報信施恩也。」故集斯録，使佛法增盛同成佛果耳。然五報者，則報無所報，無報可報也。其五利者，則利無所利，無利可利也。具正法眼者，同爲證焉。

王古《大藏聖教法寶標目總目》　《大藏聖教法寶標目》文前大科分爲四段：初總標年代括人法之紀綱；二别約歲時分記録之殊異；三略明乘藏顯古録之梯航；四廣列名題彰今目之倫序。初總標年代括人法之紀綱：自後漢孝明皇帝永平十年戊辰，至大元聖世大德十年丙午，凡一千二百四十一年。中間譯經，朝代歷二十二代，傳譯之人一百九十四人，所出經律論三藏一千四百四十部，該五千五百八十六卷。經藏：大乘經八百九十七部二千九百八十卷，小乘經二百九十一部七百一十卷。律藏：大乘律二十八部五十六卷，小乘律六十九部五百單四卷。論藏：大乘論一百一十七部六百二十八卷，小乘論三十八部七百單八卷。二别約歲時分記録之殊異：自後漢明帝永平十年戊辰，至唐玄宗開元十八年庚午，凡一十九代，六百六十三年，而中間傳譯緇素，總一百七十六人，所出大小乘三藏教文，凡九百六十八部，四千五百單七卷。上《開元録》所紀。自唐開元十八年庚午，至德宗貞元五年己巳凡六十年，中間傳譯三藏八人，大乘經論及念誦法一百二十七部，二

百四十二卷。上録《貞元》所紀。自唐貞元五年己巳，至宋太宗興國七年壬午，凡一百九十三年，中間並無譯人。其年壬午始建譯場，至真宗大中祥符四年辛亥，凡二十九年，中間傳譯三藏六人，所出三藏教文二百單一部，三百八十四卷。已上《祥符録》所記。自宋仁宗景祐四年丁丑，至今大元聖世至元二十二年乙酉，凡二百五十四年，中間傳譯三藏四人，所出三藏教文二十部，一百一十五卷。其餘前録未編入者經律論等五十五部一百四十一卷，通前七十五部二百五十六卷。依《拾道》編入。三略明乘藏顯古録之梯航：《開元録》所紀經律論，一千一十六部，四千五百三十七卷。大乘經五百六十三部，二千一百七十三卷。三百三軼。律二十六部，五十四卷，五軼。論九十七部，五百一十八卷。十五軼。小乘經二百四十部，六百一十八卷，四十八軼。律五十四部，四百四十六卷。四十五軼。論三十六部，六百九十八卷。七十二軼。《貞元録》所紀經論，一百二十七部，二百四十二卷。大乘經一百二十五部二百四十卷，二十三軼。論二部二卷。《祥符録》所紀經律論二百部三百八十四卷。大乘經一百四十部二百九十卷，三十軼。律一部一卷，論一十一部一十九卷。三軼。小乘經四十四部六十九卷，七軼。律五部五卷。一軼。《景祐録》所紀經律論十九部一百五十卷。大乘經九部一百八卷，一十一軼。律一部一卷。大乘論二部二十八卷。三軼。小乘經六部一十一卷，一軼。律一部一卷。《弘法入藏録》及《拾遺編》入經律論七十五部二百五十六卷。大乘經五十七部二百二十一卷。七軼。論六部六十一卷。大乘經一部十二卷，一軼。律九部五十二卷，五軼。論一部一十卷。一軼。弘法入藏聖賢傳記不在其數。四廣列名題彰今目之倫序如文。

釋蘊空《大明釋教彙目義門釋例》　佛經目録，後漢已有之。而標顯時代科品名題，東晉道安始也。以前後翻傳，年移代謝，復有異人，時增僞妄，緣敘莫知致傳失譯，此條録之所由興也。摩騰、竺法蘭，西家最初譯經。而東土取經沙門，曹魏朱士行始。劉家、北魏、蕭、梁之間，譯人出經代有目録，依例條顯，以開示後學。至李唐貞觀，玄奘歷西竺諸國還，傳譯衆經，斯時爲盛。宣律師撰《内興録》，所出譯人本事，區分入藏轉讀等，有作者之風。然敘云：以七十之年，獨運神府，撿括漏落，終陷前科，部類相從，或多失誤。開元中，義净三藏亦自西土歸，出諸雜經律。金剛智不空，譯密教儀軌等經。智昇法師校新舊目録，舉統各有憲章，黴覈不無繁雜。撰《開元釋教録》，總括群經，别分乘藏，以千文字編定函號，計卷袠紙數，敘述諸家撰録經論單重僞妄等。條例可觀，最爲詳悉。自此後，疑僞經不復入藏定目。而《貞元録》亦仍彼例，後梁晉無聞傳譯者。趙宋乾德四年，敕益州雕《大藏經》板，遣沙門求法西土。太平興國始興譯事建傳法院，而人才之盛，不逮於晉唐。撰目録者，仍《開元》立例，續入經論附後。元氏世祖師事沙門，揄揚佛化已廢譯經院，今只一二本至元譯者。其撰經目，以西蕃聖教對勘東土部袠，略明乘藏，與宋《祥符録》同屬我大明。太祖高皇帝定鼎留都，即設僧録司管領教門事，鐫刻《藏經》，撰録者倣宋元函號，直列名題，略無傳譯科分，奉爲故事而已。成祖皇帝，繼大業於北平，復命僧編《神宗語録》，重刻藏本置内道場，頒金湯之詔。迨今聖天子，凡《大藏》未收論疏，皆收梓藏中，印施於海内。皇朝崇典弘法，允重前代，而《北藏》刻本，應是亦無通識爲之主者。僅於十卷成函，部袠整足，仍《南藏》舊録，編次多誤。如《普賢行願讚》，入小乘律藏中。《文殊問菩薩署經》，間入華嚴部之類，故道開等。《刻藏凡例》云：宋元南北四《藏》，函卷各先後更置不同，大率以卷湊函，絶不顧其義類相從與否。按天台五時判教，深得如來説法時次，是刻經目從之。律各從其部，論依所疏經爲次。其自立義者，附疏經論後。單譯、重譯，宋元續入等，今類併之，詎意創始清涼，開公抗迹。南遷雙徑，主之者多不得人。方册藏板，分刻數處，而參校凡例廢矣。寂曉宿生慶幸，豫憑法門，閲南北《藏經》及疏論千有餘卷。性鈍苦忘，輒筆記大意，至積藁盈袠。後此比詳，南北函卷先後更置，部類不分相從與否，率意倣古條録銓次。而《開元録》别分乘藏，似與如來説法時次莫能相通。故統撿群録，重搜藏典，逆崛山結集始緣。此方判教儀式不揣已愚，以所録本集成八部，隨科分重、單經傳，有四十一分，既依義銓次經目，仍於題下出經文大意，并論疏旨趣，亦撮略成文，附入經部之後，計四十一卷，題名曰《大明釋教彙目義門》。復出《彙門目録》四卷，標顯本部某經某論，南藏某字函，北藏某字函，未入藏者圈出。曰「撰録」，續入本提頓綱宗。品目斯備，俾夫尋覽之者，知本末之有歸焉。

釋智旭《閲藏知津凡例》　一、義門但分五時，不分三藏。謂三藏小教，但屬《阿含》一時也。然《天台》備明五時，各論通別。別則但約一類機緣，通則《華嚴》乃至《涅槃》，無不遍該一代。又從古判法，多分菩薩、聲聞兩藏。就兩藏中，各具經、律、論三。若據智度論説，則凡後代撰述合佛法者，總可論藏所收。若據出曜經説，則於經律論外，復有第四雜藏。今謂兩土著作，不論釋經宗經，果是專闡大乘，則應攝入大論；專闡小道，則應攝入小論；其或理兼大小，事涉世間，二論既不可收，故應別立雜藏。

一、若據五時次第，則《華嚴》之後，應敘《阿含》。然以小教加於方等般若之

前，甚爲不可。故必大小各自爲類，庶顯權實輕重不同。

一、據密部之中，亦有以《華嚴》爲名者，亦有以《般若》爲名者，亦有以《法華》爲名者，但既涉壇儀印呪，並屬秘密一宗，只此密宗，並是方等大教，並通四十九年所説故也。

一、《法華》、《涅槃》，雖同醍醐一味，而一重顯實，一重談常，故仍分二也。

一、大乘律本在諸經論中，不同小乘條然各别。今爲今學菩薩戒者，易於尋究。故順歷代藏經舊例，仍列數種，而出没取捨，略與舊目不同。

一、大乘論藏，自有釋經宗經，及轉釋諸論之不同，今故分爲三别。三中又各先敘西土，後敘此土，所以尊天竺也。

一、此土釋大乘經，雖有巧拙淺深不同，然既附經文，不可攝入雜藏，故並入論藏中。若義門各附經論之後，又似經論太無分别矣。

一、此土述作，唯肇公及侑嶽、天台二師。醇乎其醇，真不愧馬鳴龍樹無著天親，故特收入大乘宗論。其餘諸師或未免大醇小疵，僅可入雜藏中。

一、西土撰述，但以義兼大小。或復事涉抄撮，故名爲雜。此方撰述，則以諸家不同，體式亦異，故名爲雜。

一、此土浄土宗，如《妙宗鈔》、《十疑論》等；台宗，如《玄義文句》、《三止觀》等；賢首，如《華嚴疏鈔》等，並已收入大乘論藏，故所列咸皆無幾。俟法海觀瀾中，乃當備列各宗要書。

一、義目於《華嚴》、《法華》等經，便取賢首温陵等意旨釋之。未免依他作解，障自悟門。今但列其品題，并品中事理大概，使人自知綱要，唯至疏鈔玄文，方略出其釋經之法，使知各家製立軌則不同。

一、義目每於重單譯中，先取單本總列於前，後以重本别列於後。相去懸隔，查考稍難。又每以先譯爲主，不分譯之巧拙，致令閲者不知去取。今選取譯之巧者一本爲主，其餘重譯，即列於後，俾不能偏閲者，但閲其一，即可得旨。若能偏閲者，連閲多譯，便知巧拙之得失也。

一、凡重譯本，於總目中，即低一字書之，使人易曉。至後録中，則與主本或全同，或稍異，仍備明之，使人知其或應並閲，或可不閲也。

一、諸經或已流通，則人多素曉。或雖未流通，而卷帙不多，則人易翻閲，故所録皆略。唯《大般若》，實爲佛祖迅航，而久不流通。卷盈六百，故所録稍詳。又《寶積大集》及諸密部并《阿含》等，凡卷帙多而人罕閲者，亦詳録之，庶令人染一指而知全鼎之味云爾。

和琳《衛藏通志提要》 一、《史鑑類函》及雜書所載漢、唐以來故事，有關於衛藏浮圖者，博採以備參考。

一、舊《藏志》，戊申年得自成都鈔本。所載程途、風土、山川頗詳，隨筆採擇，另擇分門以紀。

一、《衛藏圖識》所載疆域、形勝、道里、寺院、風俗、物産頗詳，亦宜採擇登記。

一、布達拉、札什倫布及各大寺源流，俱按番册譯出，其新建廟宇，查明登記。

一、達賴喇嘛、班禪額爾德尼及各瑚圖、克圖、呼必爾罕世紀源流，宜作爲一門紀載。

一、自五十三年，廓藩起釁舊案。

一、自五十六年，廓藩不靖，軍興源委及投誠檔案。

一、自五十六年，大將軍福康安、欽差和琳、大學士孫士毅，一切奏章及善後事宜。

一、自五十六年欽奉上諭。

一、大將軍福康安、欽差和琳勘定邊界、設立鄂博原奏。

一、藏中原襲公爵、台吉等源流。

一、噶布倫以下，酌定品級俸餉，各營官陞調章程。

一、唐碑、康熙年間碑、乾隆御製十全記碑，札什城、磨盤山兩處關帝廟碑、大招紀功碑、後藏碑、勸人恤出痘碑、禁止天地葬舊習告示。

一、旌忠祠，查明殉於行陣者，按名敘入。

一、設立學舍、教習、廓藩、漢文、唐古忒、滿文。

一、操演番、漢各兵章程。

一、廓爾喀王謝恩表章、貢物。

一、達賴喇嘛、班禪額爾德尼等謝恩奏章。

一、附近邊界各部落沿革。

一、自打箭爐至藏各部落名目。

一、山川、地名、人名、官名，詳查番語真切譯出。

一、緑營弁兵，分設碉卡，地方數目。

一、各塘營汛兵馬數目。

一、各糧臺文員職掌。

一、駐藏司員筆帖式糧員所辦事宜。

一、寶藏局鼓鑄銀錢事宜。

一、各部落交通、貿易人等官給路票。

一、各臺番衆應付烏拉章程。

一、唐古忒頭目等所司事宜。

一、各部落與藏中交通貨物名目。

一、前後藏山川及沿途各臺所過山川名目、形勢。

一、奉旨設立奔巴瓶簽掣呼必爾罕。

一、北路蒙古台吉等許遣人赴藏熬茶。

一、達賴喇嘛、班禪額爾德尼歲遣堪布朝貢。

一、行取川省應辦歲需賞號等物。

一、定例由川省解運餉銀、紙劄等物。

一、唐古忒風俗及男女工作農務，各部落人流寓喇嘛佛事、節候儀注、欽差衙門、文武衙門用度章程，作爲《雜綴》一門。

一、欽差衙門一切公務，分别具奏及應行咨報理藩院户部條款。

一、滇省番僧、青海、蒙古及川省土司等許遣人赴藏熬茶、學經俱給路票。

一、達木蒙古官兵數目。

一、由藏通西北兩路程途設立防卡。

白雲霽《道藏目録詳注凡例》 一、洞真部，則無上法王元始天尊所出，號《洞真經》而爲大乘上法，乃九聖之道。其部分爲十二類：一曰本文，即《三元八會》之書，長行緣起之説，爲經教之本之例；二曰神符，即龍章鳳篆之文，靈跡符書之字之例；三曰玉訣，如河上公注釋《道德》解金書之例；四曰靈圖，如含景五帝之象，圖局三一之形之例；五曰譜録，如生神章所述三君之本行，所陳五帝之示形之例；六曰戒律，如防止六情十惡之例；七曰威儀，如齋法典式，請經軌儀之例；八曰方法，如存三守一，制魂拘魂，策役鬼神，祈禱雨暘，濟幽度顯之例；九曰衆術，如變丹煉石，化形隱景，陰陽術數，藥餌導養之例；十曰記傳，如道君本業，皇人往行之例；十一曰讚頌，如九天舊章之例；十二曰表奏，如六齋啓頭，三會請謁之例。凡係元始天尊流演者，各繫於其類。其輔，則有太玄部。

一、洞玄部，則三界醫王太上道君所出，號《洞玄經》而爲中乘中法，乃九真之道。其部亦有十二類，與前洞真所部並同。凡係太上道君流演者，各繫於其類。其輔，則有太平部。

一、洞神部，則十方道師太上老君所出，號《洞神經》而爲小乘初法，乃九仙之道。其部亦有十二類，與前洞真所部並同。凡係太上老君流演者，各繫於其類。其輔，則有太清部。此外又有正一部。正一者，則通貫已上洞輔之部，歸會於此。凡七部，故曰「三洞四輔」。

集部目録分部

綜述

吴兢《樂府古題要解上并序》 樂府之興，肇於漢魏。歷代文士篇詠寔繁，或不覩於本章，便斷題取義，贈夫利涉，則述公無度河；慶彼載誕，乃引烏生八九子；賦雉斑者，但美繡頸錦臆；謌天馬者，唯敘驕馳亂蹋。類皆若兹，不可勝載。遞相祖習，一作襲。積用爲常，欲令後生何以取正？余頃因涉閱傳記用諸家文集，每有所得，輒疏記之，歲月積深以成卷軸。向編次之目爲《古題要解》云爾。

毛晉《樂府古題要解跋》 漢武帝時乃立樂府，以李延年爲協律都尉，舉司馬相如等數十人造爲詩賦，略論律吕，以合八音之調。蓋樂府之所肇也。自漢迄唐，作者蓯起雲合，從未有彙成一編者。惟唐史臣吴兢纂采漢魏以來古樂府詞，分爲十卷。惜乎不傳，傳者僅《古題要解》二卷，于傳記及諸文集中采其命名緣起，令後人知所祖習。又有《樂府解題》，不著撰人名氏，與吴兢所撰差異。今人混爲一書，謬矣。但太原郭氏諸敘中輒引《樂府解題》，不及《古題要解》，不知何故？余家藏是書，凡三本：一得之虞山楊氏，一得之錫山顧氏。二氏素稱藏書家，不意施朱傳墨，較訂數遍，其間脱簡訛字尚多。于几上凝塵，既得元版頗善。但「會吟行」俱誤作「吴吟行」。按：「會」謂「會稽」，謝靈運詩咸其「聆會吟」，故云。其致與「吴趨行」，同也。如《採薇操》，亦曰「晨遊高舉琴曲注」中，引吴兢云云。兹集中不載，豈逸文尚多耶！海隅毛晉識。

吴兢，汴州人，少勵志貫知經史。方直寡諧，比魏元忠薦其才，堪論譔詔直史

館修國史，私撰《唐書》、《唐春秋》，敘事簡核，人以董狐目之。其捃摭樂府故實，與正史互有異同，真堪與國史補，並垂不朽云。晉又識。

趙詒琛《鐵華館藏集部善本書目跋》 吴中蔣香生先生，名鳳藻。刊有《鐵華館叢書》，極精，又刊《心矩齋叢書》，未畢而卒。卒後，藏書爲常州某氏所得。其目録稿本，聞在某書賈處，無從傳録。今年春，百雙樓主人鄒君百耐，出示《鐵華館書目》一册，其集部皆善本，而經、史、子三部，則通行本，且寥寥也，疑非全帙。余即假歸，手録集部，並爲訂正，略加按語，寄與吾友瑞安陳君繩夫付梓。陳君承鄉先哲孫氏父子之遺緒，篤好校勘、版本、目録之學，一旦獲覩此目，喜可知也。庚午二月，崑山趙詒琛識。

徐乃昌《鐵華館藏集部善本書目序》 目録之學，胚胎西漢。劉氏父子受命校書，撰成《七略》，向撰《七略别録》二十卷，歆撰《七略》七卷，見《隋書・經籍志》。一曰集略，二曰六藝略，三曰諸子略，四曰詩賦略，五曰兵書略，六曰術數略，七曰方技略。見《隋書・經籍志序》。而班固作《漢書・藝文志》即因之。然分其派别爲六藝、九流。迨荀勖撰《晉中經新簿》創立四部，《晉中經》十四卷，荀勖撰。見《隋書・經籍志》。分甲、乙、丙、丁四部。甲紀六藝等，乙紀子家等，丙紀史記等，丁紀詩賦等。見《隋書・經籍志序》。而長孫無忌作《隋書・經籍志》即因之。《隋書》紀、傳前結銜均爲魏徵。十志前結銜均爲長孫無忌。其實十志爲李延壽撰。據《北史》載，延壽《進南北史表》云：「貞觀十年，《隋書》十志敕召延壽撰録。」又云：「其志始未，是臣所修，《經籍》，爲十志之一，自係延壽手筆。兹姑從《隋書・經籍志》前結銜。然訂其次第爲經、史、子、集，以故王儉作《七志》，今書《七志》七十卷，王儉撰，見《隋書・經籍志》。元徽元年，秘書丞王儉既造目録，又别撰《七志》，一曰經典志，二曰諸子志，三曰文翰志，四曰軍旅志，五曰陰陽志，六曰術藝志，七曰圖譜志。見《隋書・經籍志序》。蓋王儉撰元徽《四部書目録》，更撰《七志》，皆賴爲秘書丞得窺秘籍也。宋元徽《四部書目録》四卷，王儉撰，亦見《隋書・經籍志》。許善心撰《七林》，《七林》，《隋書・經籍志》未載。《隋書・許善心傳》：開皇十七年，除秘書丞。時秘藏圖籍尚多淆亂。善心效阮孝緒《七録》更製《七林》。《七林》效《七録》，《七録》效《七略》，具有淵源。孝緒撰《七録》説見下。則咸取材中秘，祖述《七略》者也。《舊唐書・經籍志》、《新唐書・藝文志》、《宋史・藝文志》則又取材中秘，憲章《隋志》者也。《舊唐書・經籍志》、《新唐書・藝文志》、《宋史・藝文志》皆載前代之書，無須秘閣舊籍，説見各志前序。《明史・藝文志》僅收本朝之書，無須秘閣舊臧，説亦見志前序。内雖分經、史、子、集四部，仍效《隋志》等書，然無關中秘，故不采《明志》而坿説於此。若考秘家書目，核諸史籍，要必自南北朝始。阮孝緒篤好墳典，博采宋、齊以來王公之家，凡有書記，參校官簿，更爲《七録》。説見《隋書・經籍志序》。《序》又言：《七録》，一曰經典録，二曰傳記録，三曰子兵録，四曰文集録，五曰技術録，六曰佛録，七曰道録。任昉聚書萬卷，中多異本，卒後，梁武帝使學士賀縱共沈約勘其書目，官無者，就家取焉。見《梁書・任昉傳》。夫阮氏《七録》書行當時，無論已《梁書》阮孝緒列《處士傳》。孝緒屢徵不起，無緣得覩中秘，故《七録》即參官簿，亦屬私家，書行當時，自可不論。彼，宋、齊王公家有書記，梁任氏昉家有書目，是固就私藏典籍，親爲纂輯者，顧迺名實銷沈，光華歇絶，豈不深可慨乎？有清敕撰書目，首推《四庫全書提要》，至於私家書目，三百年來，曷勝縷數？大抵侈收羅之富，版本之精與見聞之廣，有力者每矜獨得，壽梨棗以餉士林。其間，宏才碩彦，老師宿儒，坐擁縑緗，區設簿録，亦復層起疊出。然或無力付梓，境過情遷，書既轉移，目并散失，煙雲幻滅，不更重可惜歟？間嘗覽諸家之栞書目也，往往雜見各叢書中，如黄丕烈《士禮居叢書》載《汲古閣珍藏秘本書目》、《季滄葦藏書目》，顧修《讀畫齋叢書》載明《文淵閣書目》、《文瑞樓書目》。其他如伍崇曜《粤雅堂叢書》、潘祖陰《滂喜齋叢書》、沈宗畸《晨風閣叢書》、羅振玉《王簡齋叢書》等，皆載有書目，不可勝紀也。而自著自栞，若李嘉績《潞園叢書》、莫友芝六種等，亦載有書目，不可枚舉也。惟長沙葉氏郎園觀古堂，探尋寶笈，頗有著栞，當其初所著書内曾載書目一種，《宋秘書省續編到四庫闕書目考證》，所刻書目，原爲考證，故收所著書内。所栞書内亦載書目一種。戊戌歲以《結一廬書目》坿《結一廬宋元書本書目》同付手民所刻書目，原非自著，故收所栞書内。繼栞觀古堂一二集，增入六種，壬寅歲，以明《南雍經籍志》、《萬卷堂書目》、《絳雲樓書目補遺》、《静惕堂宋元人集書目》、《徵刻唐宋人秘本書目考證》、《竹崦庵傳鈔書目》歸第一集，以舊栞《結一廬書目》坿《結一廬宋元本書目》改歸第二集。歲在己未，遂再加入七種，《古今書刻》、《百川書志》、《孝慈堂書目》、《佳趣堂書目》、《别刻結一廬書目》、《求古居宋本書目》、《潛采堂宋元書目》。統合向刻書目八種，共十五種，重編爲《觀古堂書目叢刻》。聚衆賢之精粹，啟藝苑之津梁，洋洋乎大觀哉！今瑞安陳君繩夫，博雅嗜古，闡潛發幽，蒐集書目，彙授剞劂。其志趣不亞於郎園，其心力尤果於郎園。郎園則陸續改編，繩夫則預積成數，壽畫周密，此其一。郎園則上通宋、明，繩夫則專取清代，範圍確定，此其二。且繩夫網羅稿本，率非郎園所及窺，搜逸采遺，此其三。蓋齊驅方駕，逐景軼塵，實郎園後起之勁也。世有治目録學者，讀繩夫書，達繩夫指，則開來繼往，發揚國故，庶此舉爲不虛爾。庚午八月，南陵徐乃昌。

鍾繼先《録鬼簿序》 賢愚壽、夭、死、生、禍、福之理，固兼乎氣數而言，聖賢未嘗不論也。蓋陰陽之屈伸，即人鬼之生死。人而知夫生死之道，順受其正，又豈有巖墻桎梏之厄哉。雖然，人之生斯世也，但知以已死者爲鬼，而未知未死者亦鬼

也。酒罌飣囊，或醉或夢，塊然泥土者，則其人雖生，與已死之鬼何異？此曹固未暇論也。其或稍知義理，口發善言，而於學問之道，甘爲自棄，臨終之後，漠然無聞，則又不若塊然之鬼之愈也！余嘗見未死之鬼，弔已死之鬼，未之思也，特一間耳。獨不知天地闔闢，亘古迄今，自有不死之鬼在。何則？聖賢之君臣，忠孝之士子，小善大功，著在方册者，日月炳煌，山川流峙，及乎千萬刼無窮已，是則雖鬼而不鬼者也。今因暇日，緬懷古人，門第卑微，職位不振，高才博藝，俱有可録，歲月縻久，湮没無聞，遂傳其本末，弔以樂章，使水寒乎冰，青勝於藍，則有幸矣。名之曰《録鬼簿》。嗟乎！余亦鬼也，使已死未死之鬼，得以傳遠，余有何幸焉！若夫高尚之士，性理之學，余有得罪於聖門者。吾黨且噉蛤蜊，别與知味者道。至順元年，龍集庚午，廿有二日，古汴鍾繼先自序。

朱凱《録鬼簿序》　文以紀傳，曲以弔古，使往者復生，來者力學，《鬼簿》之作，非無用之事也。大梁鍾君繼先，號醜齋，迺善之鄧祭酒、克明曹尚書高弟也。累試於有司，命不克遇，從吏則有司不能辟，亦不屑就，故其胸中耿耿者，借此爲喻，實爲己而發之。樂府小麯，大篇長詩，傳之於人，每不遺藁，故未能就編焉。如《馮驩焚券》、《僞遊雲夢》、《斬陳餘》、《蟠桃會》等詞，皆在他處按行，故近者不知，人皆易之。君之德業輝光，文行温潤，後輩奚能及焉。噫，後之視今，亦猶今之視昔。日居月諸，可不勉旃！至順元年九月吉日朱凱士凱序。

邵元長《録鬼簿序》　余僻居慈谿山縣，每歎孤陋，側聽繼先鍾先生大名久矣，莫遂識荆。丁丑孟秋，邂逅於東皐精舍，忽忽東之鄮城，中秋復回溪上，示余以新編《録鬼簿》，皆當今顯宦名公詞章行於世者，恐後湮没姓名，故編次成集，紀其出處才能於其前，度以音律樂章於其後，千萬載之下，知其爲何如人，直欲俾其爲不死之鬼也。先生之用心，誠可嘉尚。於其行，遂歌《湘妃曲》以别：「高山流水少人知，幾擬黄金鑄子期，繼先賢，既解其中意。恨相逢，何太遲！示佳編，古恠新奇。想達士，無他事，録名公，半是鬼。歎人生，不死何歸？」慈谿邵元長序。

賈仲明《書録鬼簿後》　余因雨囱逸興，觀其前代故元夷門高士醜齋繼先鍾君所編《録鬼簿》，載其前輩玉奈書會燕、趙才人，四方名公士夫編撰當代時行傳奇、樂章、隱語比詞源諸公卿士大夫，自金之解元董先生，并元初漢卿關已齋叟已下，前後凡百五十一人，編集於簿。前有董解元等，皆省院臺部翰苑路府要路公卿大夫者四十四人，未紀挽詞爲弔。又編集傳奇名公，自關先生等五十六人，惟紀其所編傳奇，亦未弔之。與鍾君相知者，自宫大用已下一十八人，皆作其傳，各各以《淩波僊》曲弔挽。已後才人與先生不相識者，王思順等三十三人，止列其姓名，書其學問，俱無詞弔之。余雖才淺名輕，不捨先生盛文高韻，美乎前輩諸賢大夫名公士出處文學列於簿，凡宫大用等已弔之，餘者皆無文焉。余今暮年衰耄，首先公卿大夫四十四人，未敢相挽，自關先生至高安道八十二人，各各勉强次前曲以綴之。嗚呼，未敢於前輩中馳騁，未免拾其遺而補其缺。以此言之，正所謂附驥續貂云也，愧哉！永樂二十年壬寅中秋，淄川八十雲水翁賈仲明書於怡和養素軒。

吴門生《録鬼簿後識》　余自幼性好抄録書字，雖不端楷，然見一奇書異典，務必求而録之，雖大寒暑中，亦不憚勞。此本昔見於核菴王老先生處，即就假録焉，藏之書篋，以見前輩之風流雅趣耳。近一友人借去，至於取索，則再四不肯相復。余謂斯行實非君子之所爲，其得罪於聖賢，玷累於德行多矣，第不欲顯其姓字耳。今偶得鄉人太常陳生藏本，又重録之。假書君子，當以《顔氏家訓》爲戒，毋學斯人之行也歟。洪武戊寅歲端陽越三日吴門生識。

夢覺子《録鬼簿後識》　余雅欲觀元人傳奇詞曲，偶得是帙，中多載其名目，不計妍醜，聊爲録之。間有不成語處，幾欲輟筆，爲所録且半，遂卒業焉。牛溲馬浡，醫者不棄，亦竊附此義云。萬曆甲申陽月甲子夢覺子漫識。

王國維《録鬼簿校注跋》　宣統改元冬十二月小除夕，以明季精鈔本對勘一過。國維。

鈔本亦有夢覺子跋，與此本同出一源。二本各有佳處。鈔本上卷有脱落，然此本下卷已改易體例。字之異同，亦以鈔本爲長。校勘既竟，並以《太和正音譜》、《元曲選》覆校一過，居然善本矣。除夕又記。

宣統二年八月，復影鈔得江陰繆氏藏國初尤貞起手鈔本，知此本即從尤鈔出，而易其行款，殊非佳刻。若尤鈔與明季鈔本，則各有佳處，不能相掩也。冬十一月，病眼無聊，記此。

劉世珩《刻録鬼簿跋》　《録鬼簿》二卷，元鍾嗣成撰。嗣成字繼先，一字醜齋，蓋杭州人；其稱古汴者，元時士夫，多好著舊望，猶曰「巴西鄧文原」、「蜀郡虞集」云耳。朱士凱云：「繼先爲鄧善之高弟。」按《元史》，善之其先緜州人，宋末徙錢唐，至元二十七年辟爲杭州儒學正，至大間授江浙儒學提舉。繼先學於善之，當在其爲儒學時也。繼先敍其所交游，幾盡爲杭人，如金志甫、范子安、沈和甫、鮑吉甫、陳存甫、范冰壺、施君美、黄德潤、沈拱之、吴中立、周仲彬皆是。宫大用、鄭德輝、曾瑞卿、趙君卿、喬孟符，悉流寓杭州者也。又其紀范冰壺、施君美里巷甚悉。

睢景臣傳云：「大德七年，公自維揚來杭州，余與之識。」其爲杭州人無疑矣。此書成於至順庚午，凡金、元雜劇名人，仕履考訂纂詳，可爲談曲本之助。近時通行者，止曹楝亭叢書本，而舛訛特甚。嗣得尤貞起鈔本，紙墨似國初人，方知原書兩排，用漢碑例横讀。曹本作一排，又以原本先上後下，則全數不合。後又得明人鈔本，方知明人已誤，楝亭仍之。兩本同出萬曆甲申，一仍原式，一變原式，其優劣如此。今取尤本重刊，以存本書真相，慎弗再據曹本訂此本也。宣統紀元龍集己酉秋七月貴池劉世珩識於天津行館。

《四庫提要·集部五三·詞曲類存目》 《詞品》一卷，編修程晉芳家藏本。舊本題「元涵虚子撰」，不詳名氏。評論有元一代北曲，人各擬以品目，略如敖陶孫之《詩評》。臧懋循《元人百種曲》嘗列之卷首。此本載曹溶《學海類編》中，殆即從《百種曲》中鈔出，借其名以備數者也。

高濂《遵生八牋》卷一五《燕閑清賞牋中·琴譜取正》 琴師之善者，傳琴、傳譜，而書譜之法在琴師，亦有訛者。一畫之失，指法即左。以訛傳訛，久不可正，琴調遂失真矣。故琴非譜不傳，譜非真反失其傳也。近世以寧藩《神奇秘譜》爲最，然須得初刻大本。臞仙命工校訂點畫，不訛是爲善譜，可寶。若翻刻本，不足觀矣。又立《風宣琴譜》，亦可，外此，何止數十家，刻譜無不訛者。余自燕中得故家《琴譜》，抄録精細，調法俱善，【略】臞仙所刻《太古遺音》一書，最爲精到，奈坊中僅存翻本，使人恨不多見。臞仙留心音律，無不窮奇索隱，若詞曲之《太和正音譜》，按律正腔，知音孰能過之？宜乎，琴譜之精，莫之與並也！

徐渭《南詞敍録總論》 北雜劇有《點鬼簿》，院本有《樂府雜録》，曲選有《太平樂府》，記載詳矣。惟南戲無人選集，亦無表其名目者。予嘗惜之。客閩多病，咄咄無可與語，遂録諸戲文名，附以鄙見，豈曰成書，聊以消永日，忘歊蒸而已。嘉靖己未夏六月，望天池道人志。

南戲始於宋光宗朝，永嘉人所作《趙貞女》、《王魁》二種，實首之，故劉後村有「死後是非誰管得，滿村聽唱《蔡中郎》」之句。或云宣和間已濫觴，其盛行則自南渡，號曰「永嘉雜劇」，又曰「鶻伶聲嗽」。其曲則宋人詞，而益以里巷歌謡，不叶宫調，故士夫罕有留意者。元初，北方雜劇流入南徼，一時靡然向風。宋辭遂絶，而南戲亦衰。順帝朝，忽又親南而踈北。作者蝟興，語多鄙下，不若北之有名人題詠也。永嘉高經歷明，避亂四明之櫟社，惜伯喈之被謗，乃作《琵琶記》雪之。用清麗之詞，一洗作者之陋。於是村坊小伎，進與古法部相參，卓乎不可及已。相傳則誠坐卧一小樓，三年而後成。其足按拍處，板皆爲穿。嘗夜坐自歌，二燭忽合而爲一，交輝久之乃解。好事者以其妙感鬼神，爲剏「瑞光樓」旌之。我高皇帝即位，聞其名，使使徵之，則誠佯狂不出。高皇不復强，亡何，卒。時有以《琵琶記》進呈者，高皇笑曰：「《五經》、《四書》，布帛菽粟也。家家皆有高明《琵琶記》，如山珍海錯，貴富家不可無。」既而曰：「惜哉，以宫錦而製鞵也」。由是日令優人進演。尋患其不可入絃索，命教坊奉鑾史忠計之色長，劉杲者遂撰腔以獻。南曲北調，可於箏琶被之，然終柔緩散戾，不若北之鏗鏘入耳也。

今《南九宫》不知出於何人，意亦國初教坊人所爲，最爲無稽可笑。夫古之樂府，皆叶宫調。唐之律詩、絶句，悉可絃詠。如《渭城朝雨》演爲三疊是也。至唐末，患其間有虚聲難尋，遂實之以字，號「長短句」。如李太白《憶秦娥》、《清平樂》，白樂天《長相思》，已開其端矣。五代轉繁。考之《尊前》、《花間》諸集可見。逮宋，則又引而伸之，至一腔數十百字，而古意頗微。徽宗朝，周、柳諸子以此貫彼，號曰「側犯」、「二犯」、「三犯」、「四犯」，轉輾波蕩，非復唐人之舊。晚宋而時文叫吼，盡入宫調，益爲可厭。永嘉雜劇興，則又即村坊小麯而爲之。本無宫調，亦罕節奏，徒取其畸農市女順口可歌而已，諺所謂「隨心令」者，即其技歟？間有一二叶音律，終不可以例其餘，烏有所謂九宫？必欲窮其宫調，則當自唐、宋詞中別出十二律二十一調，方合古意。是九宫者亦烏足以盡之？多見其無知妄作也。

今之北曲，蓋遼、金北鄙殺伐之音，壯偉很戾。武夫馬上之歌，流入中原，遂爲民間之日用。宋詞既不可被絃管，南人亦遂尚此，上下風靡，淺俗可嗤。然其間九宫二十一調，猶唐、宋之遺也。特其止於三聲，而四聲亡滅耳。至南曲，又出北曲下一等。彼以宫調限之，吾不知其何取也？

或以則誠也，不尋宫數調之句爲不知律，非也。此正見高公之識。夫南曲本市里之談，即如今吴下《山歌》，北方《山坡羊》何處求取宫調？必欲宫調，則當取宋之《絶妙詞選》，逐一按出宫、商，乃是高見。彼既不能，盍亦姑安於淺近？大家胡説可也，奚必「南九宫」爲？

南曲固無宫調，然曲之次第，須用聲相隣以爲一套。其間亦自有類輩，不可亂也。如《黄鶯兒》則繼之以《簇御林》，《畫眉序》則繼之以《滴溜子》之類，自有一定之序。作者觀於舊曲而遵之可也。

南之不如北，有宫調固也。然南有高處，四聲是也。北雖合律而止於三聲，非復中原先代之正。周德清區區詳訂，不過爲胡人傳譜，乃曰中原音韻，夏蟲井蛙之

見耳。

胡部，自來高於漢音。在唐，《龜兹樂譜》已出開元梨園之上，今日北曲，宜其高於南曲。

有人酷信北曲，至以伎女南歌爲犯禁，愚哉是子！北曲豈誠唐、宋名家之遺？不過出於邊鄙裔夷之僞造耳。夷狄之音可唱中國，村坊之音獨不可唱？原其意，欲强與知音之列，而不探其本，故大言以欺人也。

中原自金、元二虜猾亂之後，胡曲盛行，今惟《琴譜》僅存。古曲，餘若琵琶、箏、笛、阮咸響觲之屬。其曲但有《迎仙客》、《朝天子》之類，無一器能存其舊者。至於喇叭、嗩吶之流，并其器，皆金、元遺物矣。樂之不講，至是哉！

今崑山以笛、管、笙、琵按節而唱南曲者，字雖不應，頗相諧和，殊爲可聽，亦吴俗敏妙之事。或者非之，以爲妄作。請問《點絳唇》、《新水令》是何聖人著作？

今唱家稱「弋陽腔」，則出於江西，兩京、湖南、閩、廣用之。稱「餘姚腔」者，出於會稽，常、潤、池、太、楊、徐用之。稱「海鹽腔」者，嘉、湖、温、台用之。惟「崑山腔」止行於吴中，流麗悠遠，出乎三腔之上。聽之，最足蕩人，妓女尤妙。此如宋之「嘌唱」，即舊聲而加以泛豔者也。今宿倡曰嘌，宜用此字。隋、唐正雅樂，詔取吴人充弟子習之，則知吴之善謳，其來久矣。

詞調兩半篇乃合一闋，今南曲「健便」多用前半篇，故曰「一隻」，猶物之雙者止其一半，不全舉也。如《梁州序》四字起，乃上篇也。第三隻，七字起，是後半篇。雖曰「四隻」，實爲兩闋。如《八聲甘州》亦然。故「頭隻」四字，「次隻」七字起也。南九宫全不解此意，兩隻不同處，便下「通篇」二字，或妄加一「么」字，可鄙。么字，非「么」字也。大抵古人作事不苟，唱前篇了，恐人不知聯牽唱去，故加一空字別之，「么」乃空字之省文，如今點書「巨」，乃非字之省，又乃更書一字之省。《漢書》「元二」之「民本元元」也。後世不知，□作「元二」之民，亦是此類。

南易製，罕妙曲；北難製，乃有佳者。何也？宋時名家未肯留心，入元又尚北，如馬貫、王白、虞宋諸公，皆北詞手。國朝雖尚南，而學者方陋，是以南不逮北，然南戲要是國初得體。

南曲固是末技，然作者未易臻其妙。《琵琶》尚矣，其次則《玩江樓》、《江流兒》、《鶯燕争春》、《荆釵》、《拜月》數種稍有可觀。其餘，皆俚俗語也。然有一高處，句句是本色語。無今人時文氣□□□□□。

以時文爲南曲，元末、國初未有也。其弊起於《香囊記》。《香囊》乃宜興老生員邵文明作，習《詩經》，專學杜詩，遂以二書語句勾入曲中。賓白亦是文語。又好用故事作對子，最爲害事。夫曲，本取於感發人心歌之，使奴童婦女皆喻乃爲得體。經子之談，以之爲詩，且不可，況此等耶？直以才情欠少，未免輳補成篇。吾意與其文而晦，曷若俗而鄙之易曉也？

《香囊》如教坊雷大使舞，終非本色，然有一二套可取者，以其人博記，又得錢西清、杭道卿諸子幫貼，未至瀾倒。至於傚顰《香囊》，而作者一味孜孜汲汲，無一句非前揚語，無一處無故事，無復毛髮宋、元之舊。三吴俗子以爲文雅，翕然以教其奴婢，遂至盛行。南戲之厄，莫甚於今。

填詞如作唐詩，文既不可俗，又不可自有一種妙處，要在人領解妙悟，未可言傳。名士中有作者爲予誦之，予曰：「齊、梁長短句詩，非曲子，何也？其詞麗而晦。」

或言《琵琶記》高處在慶壽、成婚、彈琴、賞月諸大套，此猶有規模可尋。惟食糠、嘗藥、築墳、寫真諸作，從人心流出嚴滄浪言。水中之月，空中之影，最不可到。如《十八答》句句是常言俗語，扭作曲子，點鐵成金，信是妙手。

本朝北曲，推周憲王、谷子敬、劉東生，近有王檢討、康狀元，餘如史癡翁、陳大聲輩，皆可觀，惟南曲絶少名家。枝山先生頗留意於此，其《新機錦》亦冠絶一時，流麗處不如則誠，而森整過之，殆勁敵也。

最喜用事當家，最忌用事重沓，及不著題。枝山《燕曲》云：「蘇小道伊不管流年，把春色銜將去了，卻飛入昭陽姓趙。」兩事相聯，殊不覺其重複。此豈尋常所及？末「趙」字，非靈丹在握，未易鎔液。子竊愛而效之，《宫詞》云「羅浮少箇人兒，趙恨不及也。」

晚唐、五代填詞最高，宋人不及，何也？詞須淺近。晚唐詩文最淺，鄰于詞調，故臻上品。宋人開口便學杜詩，格高氣粗，出語便自生硬，終是不合格。其間若淮海、耆卿、叔原輩，一二語入唐者，有之通篇則無有。元人學唐詩亦淺近婉媚，去詞不甚遠，故曲子絶妙四朝。元《祝英臺》之在《琵琶》者，唐人語也。使杜子撰一句曲，不可用，況用其語乎？

散套中佳者尤少，如《燕翃南飛》此一套，相傳爲鐵布政作。《爲人莫作》、《弓弓鳳鞋》之類，俗而可厭。惟《窺青眼》、《簫聲喚》、《起群芳》、《綻錦》四五套可觀，然大歇占尾，用事重沓亦太滯。

凡唱，最忌鄉音。吴人不辨「清、親、侵」三韻，松江「支、朱、知」，金陵「街、該」、

「生、僧」，揚州「百、卜」，常州「卓、作」「中、宗」，皆先正之而後唱可也。

曲有本平韻者，亦可作入韻，《高陽臺》、《黃鶯兒》、《畫眉序》、《蝦蟇序》之類是也。有本入韻不可作平者，《四邊静》是也。其他平韻不可作入者甚多。

今曲用宋詞者，《尼犯序》、《滿庭芳》、《滿江紅》、《鷓鴣天》、《謁金門》、《風入松》、《卜算子》、《一翦梅》、《賀新郎》、《高陽臺》、《憶秦娥》，餘皆與古人異矣。

凡曲引子，皆自有腔。今世失其傳授，往往作一腔直唱，非也。若《畫錦堂》與《好事近》，引子同，何以爲清濁高下？然不復可考，惜哉！

聽北曲，使人神氣鷹揚，毛髮灑淅，足以作人勇往之志信，胡人之善於鼓怒也。所謂「其聲噍殺以立怨」是已。南曲則紆徐綿眇，流麗婉轉，使人飄飄然喪其所守，而不自覺。信南方之柔媚也。所謂「亡國之音哀以思」是已。夫二音鄙俚之極，尚足感人如此，不知正音之感何如也！

吕天成《曲品自序》 余舞象時即嗜曲，弱冠好填詞，每入市見傳奇，必挾之歸，笥漸滿，初欲建一「曲藏」，上自前輩才人之結撰，下至腐儒教習之攢簇，悉搜共貯，作山海大觀。既而謂多不勝收，彼攢簇者收之，汚吾篋，稍稍散失矣。壬寅歲，曾著《曲品》，然惟於各傳奇下著評語，意不盡，亦多未得當，尋棄之。十餘年來，頗爲此道所誤，深悔之，謝絶詞曲，技不復癢。今年春，與吾友方諸生劇談詞學，窮工極變。余興復不淺，遂趣生撰《曲律》，既成，功令條教，臚列具備，真可謂起八代之衰，厥功偉矣。余謂曰：「曷不擧今普傳奇而甲乙焉？」生曰：「褒之則吾愛吾寶，貶之則府怨。且時俗好憎難齊，吾懼以不當之故而累全律，故今《曲律》中略擧一二而已。」余曰：「傳奇侈盛，作者争衡，從無操柄而進退之者。矧今詞學大明，妍媸畢照，黃鐘瓦缶，不容並陳，白雪巴人，奈何混進？子慎名器，余且作糊塗試官，冬烘頭腦，於曲場張曲榜，以快余意！何如？」生笑曰：「此段科場，讓子作主司也！」歸檢舊稿猶在，遂更定之，倣鍾嶸《詩品》、庾肩吾《書品》、謝赫《畫品》例，各著論評，析爲上下二卷，上卷品作舊傳奇者及作新傳奇者，下卷品各傳奇。其未考姓字者，且以傳奇附；其不入格者，擯不録。世有知我，按品取閲，亦已富矣。如有罪我，甘受金谷之罰。雖然，古本多湮，時作紛出，管窺蠡測，何能周知？所望同調者出家藏、示茂製以啓余，是亦詞社之幸也。萬曆庚戌嘉平望日東海鬱藍生書於山陰樛木園之烟鬟閣。

又 自昔伶人傳習，樂府遞興。爨段初翻，院本繼出；金、元創名雜劇，國初演作傳奇。雜劇北音，傳奇南調。雜劇折惟四，唱止一人；傳奇折數多，唱必匀派。雜劇但摭一事顛末，其境促；傳奇備述一人始終，其味長。無雜劇則孰開傳奇之門？非傳奇則未暢雜劇之趣也。傳奇既盛，雜劇寖衰，北里之管絃播而不遠，南方之鼓吹簇而彌喧。國初名流，曲識甚高，作手獨異，造曲腔之名目，不下數百；定曲板之長短，不淆二三。乍見寧不駭疑，習久自當遵服。所謂「規矩設矣，方員因之」。數其人，有大家、名家之别；按其帙，有極老、半舊之分。賞其絶技，則描畫世情，或悲或笑；存其古風，則湊拍常語，易曉易聞。有意駕虛，不必與實事合；有意近俗，不必作綺麗觀。不尋宫數調，而自解其弢；不就拍選聲，而自鳴其籟。質樸而不以爲俚，膚淺而不以爲疏。商彝、周鼎，古色照人；玄酒、太羹，真味沁齒。先輩鉅公，多能諷詠；吳下俳優，尤喜搬串。予雖不遵古而卑今，然須溯源而得委，倣之《詩品》，略加詮次，作《舊傳奇品》。古帙雖多，作者泯没，略擧三四，以槩其餘。

又 傳奇定品，頗費籌量，不無褒貶。蓋總出一人之手，時有工拙；統觀一帙之中，間有長短。故律以一法，則吐棄者多；收以歧途，則闌入者雜。其難其慎，此道亦然。我舅祖孫司馬公謂予曰：「凡南劇，第一要事佳，第二要關目好，第三要搬出來好，第四要按宫調、協音律，第五要使人易曉，第六要詞采，第七要善敷衍，淡處做得濃，閑處做得熱鬧，第八要各角色派得匀妥，第九要脱套，第十要合世情、關風化。持此十要以衡傳奇，靡不當矣。」但今作者輩起，能無集乎大成，十得六者，便爲璣璧；十得四五者，亦稱翹楚；十得二三者，即非碔砆。具隻眼者，試共評之。括其門數，大約有六：一曰忠孝，一曰節義，一曰風情，一曰豪俠，一曰功名，一曰仙佛。元劇門類甚多，南戲止此矣。

高奕《新傳奇品序》 傳奇至於今，亦盛矣。作者以不羈之才，寫當場之景，惟欲新人耳目，不拘文理，不知格局，不按宫商，不循聲韻，但能便於搬演，發人歌泣，啓人豔慕，近情動俗，描寫活現，逞奇争巧，即可演行，不一而足。其於前賢關風化勸懲之旨，悖焉相左；欲求合於今，亦已寥寥矣。余欲一一品定，以紀一時之盛，奈聞見未廣爲憾耳。遇檢笥中所藏傳奇數百種，自明迄今，考其姓氏，細加評定，識以一二語，足以想見其人矣。此亦善與人同之意，非有心去取也。至其文理、宫調、格式、聲韻、風化、勸懲之義，惟於本傳奇咏之可也，亦不敢贅。此但取現在所見聞者記之云爾。山陰高奕晉昔氏書。

王國維《新傳奇品跋》 此書誤字纍纍，文又拙劣，然無名氏《傳奇彙考》、江都黃文暘《曲目》，多取材於此。蓋著録戲曲之書，除元鍾醜齋《録鬼簿》、明寧獻王

《太和正音譜》外，以此爲最古矣。內《曲品》三卷，鬱藍生撰；其《新傳奇品》五頁，則高奕所續成，此本誤編在中卷之下，下卷之上；卷末之《新傳奇品》，當入《曲品》下卷。鬱藍生與陳玉陽、葉桐柏同輩，乃明萬曆間人；奕已入國朝，《新傳奇品》序中自云「高奕爾音甫」，《傳奇彙考》則云「奕字太初」，則「爾音」其別字也。光緒戊申冬月，假此本手録一過，並爲校補數處，海甯王國維書。

陳玉祥《新傳奇品識語》 鬱藍生《曲品》三卷，搜羅頗富，評隲亦尚詳細，知其於此道境有心得，非苟爲雌黃褒貶者。惟詞意淺俚，未能精緻透達，且譌字晦句，層出迭見，或係鈔胥者之誤。海寧王君先爲補校數處，予亦假鈔一過，又爲之改正數十字；尚有未能臆揣者，再待考正。至高奕所續之《新傳奇品》五頁，則移附於三卷之後。第奕既爲小敘矣，而其所著之傳奇十四種，又自加評讚，則又何說？亦須考正，以釋其疑。宣統紀元己酉仲夏，吴下陳玉祥三儂識，時館京邸天禄西堂。

劉世珩《新傳奇品識語》 《曲品》二卷，前題「東海鬱藍生譔，琅琊方諸生閲」。《傳奇品》二卷，署「高奕晉音銓次」，揭陽曾蟄庵參議習經昔見於廠肆，手録藏之，不知其爲誰氏本也。余按：沈伯明自晉《南詞新譜》載《古今入譜詞曲傳劇總目》，有呂棘津《神鏡記》。下注：「名天成，字勤之，別號鬱藍生，姚江人，著《烟鬟閣傳奇》十種。」與所序尾題「烟鬟閣」正合。方諸生乃王伯良驥德之別稱。呂序作於明萬曆庚戌，與伯良爲同時人。高奕又字爾音，則已入本朝矣。近海甯王靜庵學部國維譔《曲録》，余告以前從曾蟄庵處鈔得此本，因假去校補數處，定爲三卷，以《傳奇品》爲中卷，而以誤列下卷之上高晉音之《新傳奇品》爲下卷。鬱藍生自序，明言倣鍾嶸《詩品》、庾肩吾《書品》、謝赫《畫品》例，各著論評，析爲上、下二卷，上卷品作舊傳奇及作新傳奇者，下卷品各傳奇，其未考姓氏者且以傳奇附，其不入格者擯不録。上、下卷又各係小序，以神、妙、能且上、中、下諸品次之。今仍作二卷，還其舊觀，並以正靜庵之失。高晉音所編《古人傳奇總目》、《新傳奇品》，別爲《傳奇品》二卷，以《古人傳奇總目》爲上卷，《新傳奇品》爲下卷，亦庶與序言「但取現在所見聞者記之」之語合焉。晉音《傳奇品》，取之明人及國初作者，蓋檢笥中所藏傳奇數百種，考其姓氏，細加評定，識以一二語，非有心去取也。故於吴梅村僅取《秣陵春》一種，而《通天台》、《臨春閣》二種未載。余爲補之。至吴石渠之五種，舊知爲《緑牡丹》、《療妬羮》、《畫中人》、《情郵記》、《西園記》，今晉音《新傳奇品》有石渠之《花筵賺》、《鴛鴦棒》、《倩畫圖》、《勘皮靴》、《夢花酣》，覈其名義，《花筵賺》疑即《緑牡丹》之一作；以下諸名，兩兩相比，義無不合。或以此爲范文若譔，與靜庵《曲録》直指晉音隸入石渠爲誤，似未知古人一書兩名及兩人共識一書，疑以傳疑，因兩著姓氏之例，故余一仍其舊，而稍參鄙說於此。靜庵謂爲晉音續成此品，其説亦非也。晉音復以自著傳奇十四種攙入，且加評語，余友元和陳三儂疑之。余謂：此是國初人習氣，如王丹麓《今世説》列入己事，言之津津，有似他人稱賞之語，了不爲怪，其於晉音何尤？二書俱無刻本，文詞謇澀，略有譌脱，因稍加諟正，刊之以附余《彙刻傳奇》後，使海內達者知靜庵《曲録》亦有所自更，冀鬱藍生之姓氏漸箸於士大夫之口，故樂爲擁彗遲其遐躅也。宣統二年太歲在庚戌孟夏月朔，貴池劉世珩識於京邸一印一硯廬。

祁彪佳《遠山堂曲品序》 予素有顧悞之僻，見呂鬱藍《曲品》而會心焉。其品所及者，未滿二百種；予所見新舊諸本，蓋倍是而且過之。欲嚌評於其末，懼續貂也，乃更爲之，分爲六品；不及品者，則以雜調黜焉。品成作而嘆曰：詞至今日而極盛，至今日而亦極衰。學究、屠沽，盡傳子墨；黄鍾、瓦缶雜陳，而莫知其是非。予操三寸不律，爲詞場蓋狐，予則予，奪則奪，一人而瑕瑜不相掩，一帙而雅俗不相貸，誰其能幻我以黎丘哉。然《陽春》賙寡，巴人之和者衆，必且不自安其位，齊起而爲楚咻，予舌危，予筆且爲南山之移矣。不知夫予之品也，慎名器，未嘗不愛人材。韻失矣，進而求其調；調譌矣，進而求其詞；詞陋矣，又進而求其事。或調有合於韻律，或詞有當於本色，或事有關於風教，苟片善之可稱，亦無微而不録。故呂以嚴，予以寬；呂以隘，予以廣；呂後詞華而先音律，予則賞音律而兼收詞華。要亦以執牛耳者代不數人，慮詞幟之孤標，不得不獎詡同好耳。世有知者，吾言不與易也。如或罪我，吾亦任之。

黄文暘《重訂曲海總目序》 乾隆辛丑春，奉旨修改古今詞曲，予受鹽使者聘，得與改修之列，兼總校蘇州織造進呈詞曲，因得盡閲古今雜劇傳奇。閲一年，事竣，追憶其盛，擬將古今作者，各撮其關目大概，勒成《曲海》一書，先定總目一卷，以紀其人之姓名，然寓感慨於歌場者，多自隱其名，而妄肆褒譏於聲律者，又多僞託名流以欺世，且其時代先後，尤難考核，即此總目之成，亦非易事矣。

管庭芬《重訂曲海總目識語》 雜劇傳奇之名，古無所聞。自宋有鬱弄之目，亦罕見其詞。至元人以填南北曲詞者，不乏其材，且加賓、白，而傳奇、雜劇始大行於世。我朝乾隆中葉，奉勅修《大成九宮譜》及《曲譜》諸書，一時文學之士，莫不抒華叶律，以歌舞昇平，而蒐輯古今撰著院本，直可汗牛充棟，不僅寥寥如宋之爨弄矣。此卷始見於李斗《揚州畫舫録》，惜龐雜無次。咸豐改元春杪，從西吴書估處購

得斯册，題曰「重訂」，稍爲可讀。今巨寇滔天，所至殘破，民間噢咻，夜哭之聲，徧於閭巷，慨想昔日檀板金樽，搯譜按拍，不異如《鈞天》一夢矣！爲校録一過，聊以誌慨。時同治二年，歲在癸亥，六月上浣，芷翁管庭芬識於蟄庵館舍，時年六十有七。

楊守敬《古詩輯存序》 《隋書・經籍志》所載集部，自荀況至王胄，凡四百三十七部，通計亡書合八百八十六部。新、舊兩《唐志》有六百餘部，當是並亡佚録之。至《崇文總目》則自漢至隋，僅十五家。自後，舊存者日多，殘缺新增者番。是輯，本元、明以來所稱舊集，惟阮籍、嵇康、陶潛、鮑照、江淹五家。《陸士龍集》號稱完帙，以《文館詞林》照之，亦非原書。蓋自有別集以來，十不存一矣。以故，明代梅鼎祚有《文紀》之輯，實本於張采。馮惟訥有《詩紀》之輯。《文紀》收羅未備，國朝嚴可均重訂補之。《詩紀》見聞殊博，大端已具，張之象、張溥等皆因馮書變其體例，其實無所增損。然其所録，多不注出典，亦間有舛誤，故來馮舒之匡謬。今細核之《詩紀》，固有濫收，匡謬亦得失參半。以余流覽所及，故書雅記爲馮氏遺漏者亦復不少。今嚴氏之書，既已刊布，而馮氏《詩紀》實未足以配之，且其板早毁，承學之士晞焉。余十年前有志斯事，發策校輯，已有成書。以卷帙既繁，力不能刊，存之篋中。會今南皮宫保有存古學堂之設，乃屬黄岡周君篤材覆校之，編第一仍《詩紀》之舊的，爲後人擬作者黜之，舛誤者正之，逸篇祕句，皆著所出。贊、頌、辭、銘，已見嚴書者不録。卷帙雖稍縮於《文紀》，而《三百篇》以下詩人之興、觀、群、怨已大備其中，不可謂非國粹鉅典也。雅材好博之君子，或亦有取於斯。光緒乙巳八月，宜都楊守敬記。

王國維《曲録・自序》 余作《詞録》竟，因思古人所作戲曲，何慮萬本，而傳世者寥寥。正史《藝文志》及《四庫全書提要》，於「戲曲」一門，既未著録海内藏書家，亦罕有搜羅者。其傳世總集，除臧懋循之《元曲選》、毛晉之《六十種曲》外，若古名家雜劇等，今日皆絶不可睹。余亦僅寄之伶人之手，且頗遭改竄，以就其唇吻。今崑曲且廢，則此區區之寄於伶人之手者，恐亦不可問矣。明李中麓作《張小山小令序》，謂「明初諸王之國，必以雜劇千七百本資遣之。」今元曲目之載於《元曲選》首卷及程明善《嘯余譜》者，僅五百余本，則其散失不自今日始矣。繼此作曲目者，有焦循之《曲考》、黄文旸之《曲目》、無名氏之《傳奇匯考》等。《焦氏叢書》中未刻《曲考》、《曲目》，則儀徵李斗載之《揚州畫舫録傳奇匯考》僅有舊鈔殘本。惟黄氏之書稍爲完具，其所見之《曲通雜劇傳奇匯考》，共一千零十三種，復益以《曲考》所有而黄氏未見者六十八種，余乃參考諸書并各種曲譜及藏書家目録，共得二千二百二十本，視黄氏之目增逾一倍。又就曲家姓名，可考者考之，可補者補之，粗爲排比，成書二卷。黄氏所見之書，今日存者恐不及十之三、四，何況百種外之元曲曲譜中之原本，豈可問哉？豈可問哉？則茲録之作，又烏可以已也。光緒戊申八月。

又 戲曲之興，由來遠矣。宣和之末，始見萌芽，乾淳以還，漸多纂述。泗水《潛夫》紀武林之雜劇，南村《野叟》録金人之院本，醜齋《點鬼》，丹邱《正音》，著録斯開，搜羅尤盛。上自洪武諸王就國之裝，見李開先《張小山小令跋》。下訖天崇私家插架之軸，則有若章邱之李、《列朝詩集・李開先小傳》。臨川之湯、姚士粦《見只編》卷中。黄州之劉、《静志居詩話》卷十五臧懋循條下。山陰之淡生、同上，卷十六祁承㸁條下。海虞之述古，錢曾《也是圖書目》。富者千余，次亦百數。然中麓諸家，未傳目録也。是一編僅窺崖略，存什一於千百，或有録而無書。暨乎國朝，亦有撰著，然傳奇匯考之作，僅見殘鈔，廣陵進御之書，惟存總目，放失之厄，斯爲甚矣。鄙薄之原，抑有由焉。粤自貿絲抱布，開叙事之端，織素裁衣，肇代言之體。追原戲曲之作，實亦古詩之流，所以窮品性之纖微，極遭遇之變化，激盪物態，抉發人心，舒軫哀樂之余，摹寫聲容之末，婉轉附物，惆悵切情，雖《雅》、《頌》之博徒，亦《滑稽》之魁舛。惟語取易解，不以鄙俗爲嫌；事貴翻空，不以謬悠爲諱。庸人樂於染指，壯夫薄而不爲，遂使陋巷言懷，人人青紫；香閨寄怨，字字桑間。抗志極於利禄，美談止於蘭芍，意匠同於千手，性格歧於一人，豈托體之不尊，抑作者之自棄也。然而明昌一編，盡金源之文獻；吴興百種，抗皇元之風雅；百年之風會成焉。三朝之人文係焉，況乎第其卷帙，軼兩宋之詩，余論其體裁，開有明之制義。考古者征其事，論世者觀其心，游藝者玩其辭，知音者辨其律，此則石渠存目不廢雍熙，洙泗刪詩猶存鄭衛者矣。國維雅好聲詩，粗諳流別，痛往籍之日喪，懼來者之無征，是用博稽故簡，撰爲總目，存佚未見，未敢頌言時代姓名。粗具條理，爲書六卷，爲目三千有奇，非徒爲考鏡之資，亦欲作搜討之助，補三朝之志所不敢言，成一家之書請俟異日。宣統改元夏。

傳記

葉昌熾《藏書紀事詩》卷六《蔣鳳藻香生》 吴兒織嗇好治生，不狂乃竟得狂名。我來長嘯書鈔閣，下有蜩螗聚沸羹。同邑蔣香生太守鳳藻，家世貨殖，納貲爲

郎，嗣以知府分發福建，補福寧府。爲陳伯潛學士所論奏，開缺，送部引見，遂不出。君雖起自素封，未嘗學問，而雅好觚翰，嗜書成癖。在閩納交周季貺司馬，盡傳其目録之學。又與仁和魏稼孫錫曾談金石甚契，頗得其緒余。閩垣未經兵燹，前明徐興公、謝在杭，及近時帶經堂陳氏遺書，流落人間者，君留心搜訪，多歸插架。季貺絓誤遣戍，君資以三千金，季貺盡以所藏精本歸之，遂蔚成大國。舊鈔本《北堂書鈔》，孫淵如、嚴鐵橋兩先生所手校，君築書鈔閣貯之。以余粗涉校勘，屬刊鐵花館仿宋本六種及《心矩齋叢書》。一字異同，郵筒商榷，至於再三，不可謂非精於鑒别者矣。吾吳自咸、同以來，壇坫闃如，一二達官之好古者皆在朝。居鄉士大夫無能提倡，而猗頓之徒，奉錢神爲職志，三君八顧，謚爲至愚，百宋千元，駭若河漢。君少通悦，不矜細節，尤爲里中兒所賤簡。聞君收藏書籍，嘩然相告，引爲破家殷鑒。及君歿，而市駿者懸巨金以求發篋，則又動色嗟呀。嗟乎！自蕘圃、香嚴，距今不過百年，何以風流歇寂，月旦舛淆，望影吠聲，君自居於原伯魯，亦書林之一厄也。余幼長里閈，寄食東陵。習聞治生之説，雖好書而不能不斷斷論價，精鈔秘槧，交臂失之。每一回思，如象罔之珠，不可再得。八識田中，留一苞稂種子，蓋鏟除三十年而未能盡也，嗟何及矣！

《明史·諸王傳二·朱權》 寧獻王權，太祖第十七子。洪武二十四年封。踰二年，就藩大寧。大寧在喜峯口外，古會州地，東連遼左，西接宣府，爲巨鎮。帶甲八萬，革車六千，所屬朵顔三衛騎兵皆驍勇善戰。權數會諸王出塞，以善謀稱。燕王初起兵，與諸將議曰：「曩余巡塞上，見大寧諸軍慓悍。吾得大寧，斷遼東，取邊騎助戰，大事濟矣。」建文元年，朝議恐權與燕合，使人召權，權不至，坐削三護衛。其年九月，江陰侯吴高攻永平，燕王往救。高退，燕王遂自劉家口間道趨大寧，詭言窮蹙來求救。權邀燕王單騎入城，執手大慟，具言不得已起兵故，求代草表謝罪。居數日，欵洽不爲備。北平鋭卒伏城外，吏士稍稍入城，陰結三衛部長及諸戍卒。燕王辭去，權祖之郊，伏兵起，擁權行。三衛彍騎及諸戍卒，一呼畢集。守將朱鑑不能禦，戰歿。王府妃妾世子皆隨入松亭關，歸北平，大寧城爲空。權入燕軍，時時爲燕王草檄。燕王謂權，事成，當中分天下。比即位，王乞改南土。請蘇州，曰：「畿内也。」請錢塘，曰：「皇考以予五弟，竟不果。建文無道，以王其弟，亦不克享。建寧、重慶、荆州、東昌皆善地，惟弟擇焉。」永樂元年二月改封南昌，帝親製詩送之，詔即布政司爲邸，瓴甋規制無所更。已而人告權巫蠱誹謗事，密探無驗，得已。自是日韜晦，搆精廬一區，鼓琴讀書其間，終成祖世得無患。仁宗時，法禁稍解，乃上書言南昌非其封國。帝答書曰：「南昌，叔父受之皇考已二十餘年，非封國而何？」宣德三年請乞近郭灌城鄉土田。明年又論宗室不應定品級。帝怒，頗有所詰責。權上書謝過。時年已老，有司多齮齕以示威重。權日與文學士相往還，託志翀舉，自號臞仙。嘗奉敕輯《通鑑博論》二卷，又作《家訓》六篇，《寧國儀範》七十四章，《漢唐祕史》二卷，《史斷》一卷，《文譜》八卷，《詩譜》一卷，其他注纂數十種。正統十三年薨。

《明史·文苑傳四·徐渭》 徐渭，字文長，山陰人。十餘歲倣揚雄《解嘲》作《釋毁》，長師同里季本。爲諸生，有盛名。總督胡宗憲招致幕府，與歙余寅、鄞沈明臣同筦書記。宗憲得白鹿，將獻諸朝，令渭草表，并他客草寄所善學士，擇其尤上之。學士以渭表進，世宗大悦，益寵異宗憲，宗憲以是益重渭。宗憲嘗宴將吏於爛柯山，酒酣樂作，明臣作《鐃歌》十章，中有云「狹巷短兵相接處，殺人如草不聞聲」。宗憲起，捋其須曰：「何物沈生，雄快乃爾！」即命刻於石，寵禮與渭埒。督府勢嚴重，將吏莫敢仰視。渭角巾布衣，長揖縱談。幕中有急需，夜深開戟門以待。渭或醉不至，宗憲顧善之。寅、明臣亦頗負崖岸，以侃直見禮。渭知兵，好奇計，宗憲擒徐海，誘王直，皆預其謀。藉宗憲勢，頗横。及宗憲下獄，渭懼禍，遂發狂，引巨錐剚耳，深數寸，又以椎碎腎囊，皆不死。已，又擊殺繼妻，論死繫獄，里人張元忭力救得免。乃游金陵，抵宣、遼，縱觀諸邊阨塞，善李成梁諸子。入京師，主元忭。元忭導以禮法，渭不能從，久之怒而去。後元忭卒，白衣往弔，撫棺慟哭，不告姓名去。渭天才超軼，詩文絶出倫輩。善草書，工寫花艸竹石。嘗自言：「吾書第一，詩次之，文次之，畫又次之。」當嘉靖時，王、李倡七子社，謝榛以布衣被擯。渭憤其以軒冕壓韋布，誓不入二人黨。後二十年，公安袁宏道游越中，得渭殘帙以示祭酒陶望齡，相與激賞，刻其集行世。

嵇曾筠等《浙江通志》卷一八〇《人物·文苑·紹興府·明》 徐渭，陶望齡《徐渭傳》：「字文長，山陰人。九歲能屬文，年十餘，倣揚雄《解嘲》作《釋毁》。爲諸生，胡宗憲督浙江，招管書記。時，方獲白鹿海上，用渭表以獻，上大嘉悦其文，宗憲以是益重之。時，督府勢嚴重文，武將吏庭見，無敢仰者，而渭敝巾澣衣，直入無忌，宗憲常優容之，渭亦矯節自好，無所顧請。及宗憲逮，渭慮禍及，遂發狂疾，坐繫獄，中以言者力獲免。及老，貧甚，鬻文自給。人操金請詩文、書繪者，值其稍裕，即百方不得遇，窘時乃肯爲之。渭嘗言：『吾書第一，詩二，文三，畫四。』識者許之。所著《文長集》、《闕篇》、《櫻桃館集》各若干卷，注《莊子内篇》、《參同契》、

《黄帝素問》、郭璞《葬書》、《四書解》、《首楞嚴經解》各數篇。」

《明史・祁彪佳傳》 祁彪佳，字弘吉，浙江山陰人。祖父世清白吏。彪佳生而英特，丰姿絶人。弱冠，第天啓二年進士，授興化府推官。始至，吏民易其年少。及治事，剖決精明，皆大畏服。外艱歸。崇禎四年起御史。疏陳賞罰之要，言：「黔功因一級疑，稽三年之敍，且恩及督撫總帥帷幄大臣，而陷敵衝鋒之士不預，何以勵行間。山東之變，六城連陷，未嘗議及一官，欺蒙之習不可不破。」帝即命議行。又言：「九列之長，詰責時聞，四朝遺老或蒙重譴。諸臣怵嚴威，競迎合以保名位。臣所慮於大臣者列也。方伯或一二考，臺員或十餘載，竟不得遷除，監司守令多貶秩停俸。臣子精神才具無餘地，展布曷由。急功赴名之心不勝其掩罪匿瑕。臣所慮於小臣者此也。國家聞鼙鼓思將帥，苟得其人，推轂築壇，禮亦宜之。若必依序循資，冒濫之竇雖可清，奬拔之術或未盡，臣所慮於武臣者此也。撫按則使中官監視會同，隙開水火，其患顯；潛通交結，其患深。臣所慮於内臣者此也。」忤旨譙責。尋上《合籌天下全局疏》，以策關、寧，制登海爲二大要。分析中州、秦、晉之流賊，江右、楚、粤之山賊，浙、閩、東粤之海賊，滇、黔、楚、蜀之土賊爲四大勢。極控制駕馭之宜，而歸其要於戢行伍以節餉，實衛所以銷兵。復陳民間十四大苦：曰里甲，曰虚糧，曰行户，曰搜贓，曰欽提，曰隔提，曰訐訟，曰窩訪，曰私税，曰私鑄，曰解運，曰馬户，曰鹽丁，曰難民。帝善其言，下之所司。出按蘇、松諸府，廉積猾四人杖殺之。宜興民發首輔周延儒祖墓，又焚翰林陳于鼎、于泰廬，亦發其祖墓。彪佳捕治如法，而於延儒無所徇，延儒憾之。回道考覈，降俸，尋以侍養歸。家居九年，母服終，召掌河南道事。十六年佐大計，問遺莫敢及門。刷卷南畿，乞休，不允，便道還家。北都變聞，謁福王於南京。王監國，或請登極。彪佳請發喪，服滿議其儀，從之。高傑兵擾揚州，民奔避江南，奸民乘機剽敚，命彪佳往宣諭，斬倡亂者數人，一方遂安。遷大理寺丞，旋擢右僉都御史，巡撫江南。蘇州諸生檄討其鄉官從賊者，奸民和之。少詹事項煜及大理寺正錢位坤、通政司參議宋學顯、禮部員外郎湯有慶之家皆被焚劫。常熟又焚給事中時敏家，燬其三代四棺。彪佳請議從逆諸臣罪，而治焚掠之徒以加等，從之。詔設廠衛緝事官。彪佳上言：「洪武初，官民有犯，或收繫錦衣衛，高皇帝見非法凌虐，焚其刑具，送囚刑部。是祖制原無詔獄也。後乃以羅織爲事，雖曰朝廷爪牙，實爲權奸鷹狗。舉朝盡知其枉，而法司無敢雪。慘酷等來、周，平反無徐、杜。此詔獄之弊也。洪武十五年改儀鑾司爲錦衣衛，耑掌直駕侍衛等事，未嘗令緝事也。永樂間設立東廠，始開告密門。兇人投爲廝役，赤手鉅萬。飛誣及於善良，招承出於私拷，怨憤滿乎京畿。欲絶苞苴，而苞苴彌盛；欲清奸宄，而奸宄益多。此緝事之弊也。古者刑不上大夫。逆瑾用事，始去衣受杖。本無可殺之罪，乃蒙必死之刑。朝廷受愎諫之名，天下反歸忠直之譽。此廷杖之弊也。」疏奏，乃命五城御史體訪，而緝事官不設。督輔部將劉肇基、陳可立、張應夢、于永綬駐京口，浙江入衛都司黄之奎亦部水陸兵三四千戍其地。之奎御軍嚴。四將兵恣横，刃傷民，浙兵縛而投之江，遂有隙。已而守備李大開統浙兵斫鎮兵馬，鎮兵與相擊，射殺大開。亂兵大焚掠，死者四百人。彪佳至，永綬等遁去。彪佳劾治四將罪，賙卹被難家，民大悦。高傑駐瓜洲，跋扈甚，彪佳剋期往會。至期，風大作，傑意彪佳必無來。彪佳攜數卒衝風渡，傑大駭異，盡撤兵衛，會彪佳於大觀樓。彪佳披肝膈，勉以忠義，共奬王室。傑感歎曰：「傑閲人多矣，如公，傑甘爲死！公一日在吴，傑一日遵公約矣。」共飲而别。群小疾彪佳，競詆諆，以沮登極、立潞王爲言，彪佳竟移疾去。明年五月，南都失守。六月，杭州繼失，彪佳即絶位。至閏月四日，紿家人先寢，端坐池中而死，年四十有四。唐王贈少保、兵部尚書，謚忠敏。

嵇曾筠等《浙江通志・人物・文苑・嘉興府》 朱彝尊，《嘉興府志》：「字錫鬯，號竹垞，秀水人，太傅國祚之曾孫。少聰慧絶人，書過眼覆誦，不遺一字。肆力於《易》、《書》、《詩》、《周官》、《禮》、《春秋左氏傳》。客遊南北，必橐載《十三經》、《二十一史》以自隨。歲己未，以博學鴻詞徵試殿廷，取高等，授檢討，充『起居注』日講官。辛酉，主考江南，既而歸里。後數年，駕幸河上，至浙江，賜御書四字曰『研經博物』。生平著書等身，有《經義考》三百卷、《曝書亭集》八十卷、《日下舊聞》四十二卷、《明詩綜》一百卷行世。卒，年八十一。子昆田，字西畯，國子監生，賢而有文。」

《清史列傳・文苑傳三・黄文暘》 黄文暘，字時若，江蘇甘泉人。貢生。工詩古文辭，通聲律之學。乾隆時，兩淮鹽運使設詞曲局，延爲總裁。中歲奔走齊魯、吴越間。嘗館闕里衍聖公家。車服禮器，得縱觀覽。又從阮元於杭州，元甚重之。返里後，運使曾燠招入題襟館中，與時流相倡和，詩清越高潔，稱其爲人。性愛古錢，得上古至今數百品，一一摹之而繫以說，爲《古泉考》六卷。又好葫蘆，門庭墻溷皆有之，大小纍纍如貫珠。壁上畫水墨葫蘆無數，著《葫蘆譜》。又著有《通史發凡》三十卷、《隱怪叢書》十二卷、《曲海》、《埽垢山房詩鈔》十二卷。

《清史列傳・文苑傳四・姚燮》 姚燮，字復莊，浙江鎮海人。道光十四年舉

人。燮資稟絶人，五歲能賦《鐙花詩》。讀書恆十行下，自經傳子史至叢書小説，旁逮《道藏》、《釋典》，靡不覽觀。詩筆力雄健，自遘海夷之亂，出入干戈，備嘗艱苦，著《繭拇録》一書，縷述事故，信而有徵。所爲詩乃愈蒼涼抑塞，逼近少陵。駢體文亦沉博絶麗，與彭兆蓀相近。尤工倚聲，其《疏影樓詞》，讀之者以爲厲鶚復生。著有《復莊文権》八卷、《復莊詩問》三十四卷、《詞》五卷、《玉樞經籥》等編。

孫雄《周愨慎公全集提要》 謹按：是書清周馥撰。馥，字玉山，安徽至德縣人。咸豐末，以諸生入佐曾文正國藩幕，繼隨李文忠鴻章，平定江蘇，移官直隸，在監司三十餘年。凡北洋治河防、海外交諸大政，皆其贊畫。晚領兼圻其任山東巡撫、兩江、兩廣總督，年已七十矣。忠藎之忱，老而彌篤。愛國憂時之語，時時形諸文字。光緒末，致仕林下十餘年。歿後，清廷贈謚「愨慎」。其子裒集遺稿刊行，計十種。

紀事

《録鬼簿續編》 鍾繼先，名嗣成，古汴人，號醜齋。以明經累試於有司，數與心違，因杜門養浩然之志。著《録鬼簿》，實爲己而發之。其德業輝光，文行温潤，人莫能及。善音律，德隱語。有文集若干卷藏于家。所編小令、套數極多，膾炙人口。惜其傳奇皆在他處按行，故近者不知，人皆易之。後之君子，讀其《鬼簿》，則知其爲人也。

支豐宜《曲目新編案語》 謹案：傳奇雜劇莫盛於國朝，故以元、明人次之，合成一表。如有未備，再列補遺於後，彙成大觀。

特種目録部

舉要目録分部

綜述

耿文光《日課書目叙》 藏書八萬卷，從何處讀起？古人讀書，最重目。欲遍群書，先編目録，目録成，而學問未有不進者。余自幼嗜書，以書爲師。先收者多陋，繼乃精好。昔苦無書，今有書而不能讀，同一太息。因手輯是編，名曰《日課書目》，以此引導童子，俾早知書，無傷老大。誠讀書之門徑，下學之階梯也。今學者急於功名，專攻舉業，以讀書爲不急之務，與古人有不合之心。究之文卒無成，而書亦束之高閣，比比然也，寔爲兩失。凡事必有本原，何況讀書。不觀詩話，不知試帖；不識古文，不知時文；不考經史，不知古文順流而下，其勢易時俗，多逆流而上，是以難也。今準之以目，凡經學之源流、正變，史家之得失、短長，諸子之精言奥語，文法之支分派别，悉於是取焉。以之澡身畜德，益智怡神，有餘藴焉。而操筆爲文，其不合於法度者，亦幾希矣。吾子孫有志讀書，其慎守此。光緒五年三月三日。

又《目録學叙》 目録學者，鄭氏有《三禮目録》一卷，此目録之名所由昉也。學讀書也。古人讀書，最重目。王氏鳴盛曰：目録之學，學中第一緊要事，必從此問途，方能得其門而入。然此事非苦學精究，質之良師，未易明也。自宋之晁公武，下迄明之焦弱侯一輩人，皆學識未高，未足剖斷古書之真僞是非，辨其本之佳惡，校其僞謬也。欲治群書，先編目録。有對書校勘之目，如劉向《七略》是已；有依目編次之目，如馬氏《通考·經籍志》是已；有採書之目，如所謂《訪碑録》者、《崇文總目》是已；有檢書之目，如所謂《典將簿》者、《文淵閣書目》是已；有考書之目，朱氏之《經義考》、畢氏之《史籍考》是已；有讀書之目，晁公武《讀書志》、陳直齋《書録解題》是已。至於私家藏書，各編一目，或詳或略，舉不勝舉，最著者如《遂初堂》、《天一閣》、《絳雲樓》、《傳是樓》等目，誇多鬭靡，實無益處。恭讀《欽定四庫全書總目》，學術之流别證明，門户之偏私悉化，實講學談藝之津梁，非自昔著録所能及。近有《拜經樓藏書題跋記》求之數年，始得寓目。辨誤析疑，兼及行欵、印記、鈔書歲月，實勝《讀書敏求記》，張金吾《藏書記》亦可看。目録成，而學問未有不進者，余自幼嗜書，以書爲師。《學海堂經解》爲讀經之師，《史通》、《十七史商榷》、《廿二史考異》爲讀史之師，《文心雕龍》爲文師，諸家詩話爲詩師，其餘按目求之；如醫學、算學、兵農、名法，皆有門徑可尋，明白易曉。漢學重師承，亦曰家法，又曰師法。《前漢書》多言師法，《後漢書》多言家法。不改師法則能修家法。東京經術，守家法益嚴。先收者多陋，有妄撰之陋，如李贄之《藏書》、屠隆之《鴻苞》；有妄編之陋，如《淵明集》編入《群輔録》，《河東集》編入《龍城録》；有妄注之陋，如五臣注《文選》、高陽生注《脈訣》；有妄刻之陋，如《東垣十書》、《眉公秘笈》；有妄選妄評之陋，如林選《古文》、鍾評《左傳》，姑舉一二，以例其餘。既乃精好，昔宋宣獻公得畢文簡、楊文莊家書而學益博。余得吾邑楊氏、王氏書，而書始盛然。較之汲古閣之儲藏，朱竹垞之聞見，可愧多矣。昔苦無書，今有書而不能讀，晁公武曰，世之書多矣，非一人之力所能聚。設令篤好而能聚，亦老將至而耄，且及豈暇讀哉。同一太息，爰發所藏，定爲日課，隨手抄録，積久漸多，以此引導童子，俾早知書，無傷老大。誠讀書之門徑，下學之階梯也。近世非無人才，半爲俗學所誤。俗學之誤，又始於俗刻陋本，或因坊賈射利，或出庸手所爲。楊升菴曰，今士子自一經之外，罕所通貫，不究本原，徒事末節。五經、諸子則割取其碎語而誦之，謂之蠡測。歷代諸史則鈔其碎事而綴之，謂之策套。其割取鈔節之人，已不通經涉史，而章句血脈皆失其真有，以漢人爲唐人，唐事爲宋事者。有以一人析爲二人，二事合爲一事者。予曾見考官程文引制氏論樂，而以「制氏」爲「致仕」，又《士子墨卷》引《漢書·律歷志》「先其算命」作「先算其命」。近日書坊刊布其書，士子珍爲秘寶。噫，士習至此，卑陋極矣。凡城市書堆之所積，村塾几案之所陳，不知其人，視其友；不知其學，視其書。皆是也。實足以汨没性靈，塗泥耳目。毒之所中，百方莫治。先入爲主，從後喻之，則扞格不勝；衆以爲是，一人非之，則更難見信；道高一尺，魔高一丈，則錮蔽逾深。董逌曰：「僞言先入，則信言不能奪也。」前人已言之矣，吁可畏也。而皓首窮年，朝討夕究者，皆不出此。其專門之授受，不可得而考也。文章不本於經術，盧學士《鍾山書院記》曰，時文者，所以驗其所學，非以是爲學也，學問悉失其師傳，古者，師弟授受，析疑問難，反復再三，務盡其義。若所傳《鄭志》是也。今則先生高坐，朗誦講章，弟子執簡思睡，求其相長難矣，幸獲一第，沾沾自喜，似乎聖人之學，不過如是。深求其故，知爲俗本所誤，而聰明顯異之士，陷溺於中，不可勝數。其能自振拔，超乎流俗者，固不乏人。迨乎晚節，悔焉已遲。歷觀古人著作，或師弟授受，或家學源淵，晚年之進境，實本於幼時之積累。少壯之精華，或勝於老成之剥落則甚哉。時之不可失也。漢以八體試學童，十七以上諷籒書九千字

以上，乃得爲吏。此條有考證，詳《藏書記》。今者禮、樂、射、御，久已廢墜；天文、算法，知者亦鮮；六藝之文，已除其五；而諧聲、假借，都不究心。字且不識，安問《詩》、《書》？余熟思至此，深知自愧。遂發憤購書，遍求古人讀書之法，著爲《目録》，以示學童。凡經書之源流、正變，史家之得失、短長，諸子之精言奥語，文法之支分派别，悉於是覽焉。以之匡謬正俗，發蒙祛妄，有餘裕也。若其囊括古今，經緯終始，去偏黨之私，成條貫之學，此固力有所未能，而勉焉以求進者也。

龍啓瑞《經籍舉要序》 右所舉各書，皆於諸生有益，所宜置之案頭，以備觀覽。其爲目多而不繁，簡而不漏，由此擴而充之，可進於博通淹雅之域，即守此勿失，亦不至爲鄉曲固陋之士。謹查《聖諭廣訓》，地方官朔望宣讀，列在學官諸生，平日自宜潛心講肄，又如欽定諸經、《御批綱鑑》，御纂《性理精義》等書，《列聖御製集》、今上《御製集》，覺世牖民，允爲藝林矩範，但業經頒發者，各學俱有藏書。諸生志切精研無難敬謹借讀，其未經頒發者，外間書坊，亦無其本，非諸生所能購置，今故不敢以著於録。又如《欽定大清會典》、《大清一統志》、《皇朝三通》等書。尤講求經濟，通知世事者之所必及，但以卷帙浩繁，坊間難於購覓。諸生異日讀書中祕，自態窺美富之全，茲亦不復及焉。要之道德文章，本同原而共貫，諸生但爲弋取科名計，則揣摩之書，歸於簡練，原不必博觀群籍，乃爲得之。然而事貴求其本原，學必將以實意，時文試帖律賦，其根柢豈能離經籍之中？果能胸有積軸，用之舉業，斷無不利。惟空言高古，横肆粗才，不能平心静氣以就範圍，或自矜博洽，流入險怪晦澀而不自知者，亦難望其入彀，乃不善讀書之過，非書之足以誤人也。且既身列膠庠，則平日之所事者何事，於此等有益之書尚不能讀，則其人之悠忽怠惰可知，欲望他日有益於國家難矣。今以三年大比計之。諸生於此等年分，自不能不以十分精力，專注舉業，無暇更及群書，若遇閑年，正當於此時講求根本之學。根本既立，則舉業乃其枝葉，自有暢茂條達之象，届期再講求規模格式，較之沾沾用功於時文者，自必事半而功倍矣。或謂此等書籍，寒士力難購買，而堆書滿案，亦慮有妨正業，則請倣讀經之例，各就其性之所近者習之。有志聖賢者，宜先讀宋儒義理之書。留心經世者，宜博觀諸史已然之迹，推之詩、古文、詞，能執一藝者，即爲過人之技。文字、音韻，能精一業者，俱爲有用之書。凡茲舉其大綱，乃爲導以先路，果能剛讀經而柔讀史，即爲今而居而古與稽。願學者貴盡其全功，未能者且俟之他日，如此銖積寸累，自見富有日新，而又何騖廣而荒、好博而雜之患乎？夫文運與世運相維，而欲文教之興，未有不從讀書始者。本院自維寡薄，未嘗學問，自忝竊科名以後，恆悚惕不安於心，今復恭膺簡命，視學此邦，實與同人講求讀書之日，因舉夙昔所聞，有志而未逮者，與諸生共講明而切究之。諸生異日有能因博學以進乎篤行，本文章而發爲經濟者，則移風易俗，胥有賴焉。使者之榮莫大乎是矣。若夫鴻博之君子，則是編誠無足道。有寓目者，諒無誚諸。道光二十七年十一月日，提督湖北學政、升用侍講、翰林院修撰、臨桂龍啓瑞識。

袁昶《經籍舉要跋》 臨桂龍翰臣先生，學有師法，宅心和厚，治《春秋》，兼參董生、何、范；治韻學，通貫顧、江、戴、段、孔、姚文僖諸家；讀《通鑑》分類，節鈔爲文，義法則取桐城方氏、姚氏，紆餘奥折，曲暢旁通，閎實而兼有峻潔之意，官江西有惠政。後入國史《循吏傳》。此册乃先生督鄂州學政，日與劉茮雲助教傳瑩所定，以教諸生，同時，邵位西比部懿辰詆爲簡略。比部有《斠補四庫書目》。竊謂學人手此册要目，苟能盡通之，則能如東坡所云，八面受敵，縣處視月之廣，往往不若牖中窺日之精，惡得以比部一時偏宕之言爲口實邪？且比部晚年作檢書圖記，何嘗不亟亟求提要鉤玄，以約爲歸乎？此本久燬，予游海王村偶得之，歎其用意平實，教人易行，持之有故，言之成理，俾上質約指而逾明，不致馳騖無涯之智，中村孱守而可跂，亦不至暄暄姝姝。墨守一先生之言，往復董勸，良工心苦，推知先生居官不苟，力求所以稱學政之職，抑可以風世矣。先生之冡子松岑計部假以重琱。予乞刷印百本，以遺邑子，而發藥之，如先生之學思嫥静，踐履肫篤，不負大科。松岑詩筆，足世其家，皆可資以擴吾州人士聞見，示之爲學軌笵，切近身心，鞭辟入裏，而使之奮然興起焉。光緒辛巳長夏，十九夜，雨止驟涼，翦燭斠一過，有應增訂酌改處，注於行隙，漸西後學袁昶跋尾。

葉德輝《郋園讀書志》卷四 《書目答問》不分卷，原刻初印本。《書目答問》分經、史、子、集四目，外加以叢書目、《别録》、《國朝著述姓名略》，凡七類，南皮張孝達制軍督學四川舉以訓士者也。其書有初刻本，有後刻本，有修改本，蓋屢經校補，始克通行。此猶初刻本，故前有提督四川學院關防印。取後刻校勘，有此本有後刻無者凡二十八種，經十，史十三，子三，集三。有此本小注有後刻無者凡五種，經二，史二，子一。有此本無後刻有者凡百十三種，經三十七，史三十五，子十六，集二十五。有此本小注無後刻有者凡九十種，經四十五，史四十一，子一，集三。有此本列小注後刻列正目者凡十八種，經七，史五，子五，集一。有此本列正目後刻列小注者凡四種，經三，史一。有此本與後刻部類不同者凡十九種，經六，史十三。有此本列附録後刻列正目者凡四種，經。有此本列正目後刻列附録者凡十一種，經。余别爲校目，附

此本後，以便省覽。大抵此本於著述刊刻人名多有傳聞之失，後經改修仍有未盡。其自撰序云：「京師藏書，不在行笥，訂補俟諸異日。」此亦聊爲解嘲之辭。同年友楊叔翹鋭爲吾言，此目出于繆太夫子小山先生荃孫之手，實非南皮己書。其分類與《四庫》不同，似略仿孫星衍《孫祠書目》之例，其分正目、附録亦本《孫目》内編、外編之意，而變易其名稱。經主東漢，史部省去「歲時」，多以説部子書入之雜史；子部立「古子」一類，以括周秦間子書，又以雜家書典實者入儒家，儒家分經濟、理學、考訂三屬；集部於汪洋大海中存歷朝名大家有傳本者，其北宋之西崑，南宋之江湖，但有精華，無不采擇。至于明初之臺閣，晚季之公安、竟陵，則概在屏棄之列，又前後七子之聲調，去短取長，皆有別白，閲者據此目購書求學，不至誤入歧途也。夫恬裕、海源，南北對峙；天禄、天一，朝野同風。寒畯之所望洋，書林之所裹足。寶山空入，人壽幾何？惟此雅便巾箱，別裁書帕，遠至朱明之嘉、萬，近則斷代于同、光。閲肆不驚，探懷可得。固不必如《簡明目録》，煩邵位西之手批；《述古》、《敏求》，學朱竹垞之賄得。其有功於士林大矣，詎獨川士也哉！光緒十九年癸巳三月既望葉德輝。

此目吾屢經手校，隨校隨爲友人或門下取去。家有後刻蜀印本，曾校過付從子嶠甫收藏。案頭所留僅光緒間上海蜚英館石印後刻蜀本耳。既手録一本，付兒輩檢存，行笥長隨則光緒乙巳客居湖北花園山所校者。今年夏間，雷民蘇優貢愷於舊書店中覓得此本，仍是初印，上鈐「提督四川關防」，知吾時恨失此初印本，因以爲贈。初刻多有出入異同，往日曾有校記，幸底稿尚在，冒暑手録一通，附于此本之後，後刻增出小注則以墨筆過之。長日如年，揮汗如雨，藉此消遣，勝于一局棋枰也。惟前校尚有一二未盡處，如史部鄭珍《鄭學録》，初刻入譜録，後刻改入傳記，校記誤以爲初刻所無。史部政書類古制之屬宋蘇洵《謚法》、子部小説家唐趙璘《因話録》，皆初刻所無後刻有者，校記漏未舉列。往日固心粗，今過録又未覆校，聊記于此以補漏遺。兒輩能知讀書，方將上溯《漢志》、《隋書》，下通四部兩藏，以博考百家之流別，識六藝之指歸，區區横通之目，固可重不可重也。宣統己酉伏末。

又一部 此目南皮宫保刻成後屢經修改增删，凡初次頒發本所列書名，此本間或删去，又有初本未載而此本補入者。最後又抽换多版，如書名有誤、卷數未詳者，均約略改刻，擠添字行中。此當是二次改本，上海蜚英館據以石印，故與初印後印各本復有異同，其實仍未盡也。余藏此目二十餘年，補闕訂訛，時有點竄塗改。以原刻大本不便巾箱攜帶，移録此本，聊備遺忘。歷年所得之書，以及目覩之本，并以硃筆記録之。暇日取家藏四部書補注刻者姓名年月，叢書本則檢其序跋年月添寫于旁，其無序跋可證者，以總序年月爲斷。原書例不載宋元刻、舊鈔，惟取明以來國朝諸儒校刻善本，斷自光緒乙亥以前，以此目成於光緒初元也。原稿爲江陰繆小山太夫子手定，分類與《四庫》不同，其分古子、古史兩類尤爲提綱絜要，截斷衆流。他如《四庫》雜家之書，此目多宋人儒家，列爲考訂之屬，較之舊目專以空談語録屬之儒家者，實有復古救時之功。隋、唐諸志，固不知語録爲何物，即晁、陳諸目，亦未嘗重視道統如今日之甚者也。光緒乙巳秋九月記于武昌花園山寓舍。

又一部 南皮張文襄督學四川時，命諸生善書者寫刻此目，前後屢經删補改刻，故世間傳本不同。其底本係出自江陰繆小山先生荃孫，固文襄門下也。雖仍四部之舊，與《四庫》分類出入多有異同，大致本之孫星衍《祠堂書目》，參以《隋志》、《崇文總目》，不倍于古，不戾于今，大體最爲詳慎。惟各書刊刻年月，時有傳訛，卷數間多缺略。千慮一失，偶然有之。余藏此行笥凡三十年，閲肆借人，不離左右。每于舊書攤頭得一舊本古書，則以朱筆記于上下方，或從友人插架見有精刻善本，亦隨録存。先後所録原刻、大小石印本多爲友人傳寫，往往并原本失去。此册爲四弟默庵所藏，暇時取案頭校過石印中本迻録一通，以付從子嶠甫收覽。得文襄此書，凡經數次改刻，余亦數次校勘。今人漫言讀書，即讀書目亦非易事。得此可以粗知目録版本之門徑，使繆先生見之，或當引余爲諍友也。宣統三年辛亥春王正月下浣七日葉德輝記。

此目有初刻本、再刻本，再刻之後，又有剜改本，此本是也。再刻校初刻，正目删去二十餘種，增入百餘種，小注删去三數種，增入六十餘種，余別有校記附初刻後。

又一部 自來藏書家目侈録宋本，次則元刻、舊鈔，明刻又次之，至于近刻，則屏而不録。此洪北江所謂「藏書者之藏書」也。陽湖《孫氏祠堂書目》間注時刻，略而不詳。然其目分十二類，通《漢略》、《隋志》之郵，變《崇文》、《文淵》之例，體近著述，讀者不僅以書目重之。道光中有倪氏《江上雲林閣書目》，中依《四庫》分類，多收時刻，間有一二宋、元、明鈔，洪北江爲作《藏書記》亟稱譽焉。同治中揭陽丁禹生中丞日昌開府江南，兵燹之餘，舊家藏書，悉爲捆載。歸田後刻《持静齋書目》，亦遵《四庫》，分別宋、元、明刻舊鈔，兼載近刻。此洪北江所謂「讀書者之藏書」也。自兹以後，如聊城楊致堂河帥以增《海源閣書目》，常熟瞿子雍明經鏞《鐵

琴銅劍樓書目》，歸安陸誠齋觀察心源《皕宋樓書目》，閩縣陳徵芝大令蘭鄰《帶經堂書目》，皆以宋、元舊刻舊鈔、孤本秘笈相矜尚，體例與倪、丁二目不同，見者欽其寶，莫名其妙，可謂只可自怡悦，不堪持贈君者已。南皮此目專爲士人購書指南，多列乾、嘉以來諸公校刻精本，不列宋、元舊鈔，間及明刻之易得者。其實，近人精刻單行之書，非寒畯所易購取，又非坊市所易搜求。所載叢書，凡經赭寇擾亂各省，版片大半散亡，按目求書，非一朝一夕之故。且各書下多注「通行本」三字，其爲當日通行耶？抑爲今日通行耶？藏拙之語，不免英雄欺人。即此可知時刻亦不能盡見盡知，何況購置。余持此目幾三十年，獲有一書，即以朱筆補注。暇日因發家藏四部書，考其刊刻人名年月，增記于傍，非獨拾其遺闕，且以糾其訛誤。新年養疴息静，閉户樓居，手録一通付從子啓崟，再録此册付從子啓藩，而以原本付大兒啓倬收存。讀書種子一日不絶，則余藏書一日不散。于此以卜家澤之短長，覽者幸勿哂其癡也。宣統三年辛亥二月朔，郎園葉德輝記并書。

又一部 此目余爲從子定侯校者。時維仲夏，土潤溽暑，大雨時行，百物發霉，而研硃尤爲澀事，盡八晝夜之力校完。年逾六旬之人，燈下以硃筆作此蠅頭小楷書，老眼尚不昏花，頗自豪也。文襄此目出自江陰繆筱珊學丞荃孫，在四川學使幕中代撰，風行海内已四五十年。然其中最爲闕典者，一各書下注載「原刻本」或「通行本」，乃共同之辭，其書究爲何時何人所刊行，不可知也；一注中偶載元號，又不記年月歲名，如明之嘉靖、萬曆，皆享國四十餘年，我朝康熙、乾隆皆享國六十餘年，其中歲月有初中晚之殊，刻本有先後之别，今略而不具，使閲者摸索不得其詳，亦一蔽也。凡國朝人著作及詩文集，有及身自刻者，有友人代刻者，有子孫彙刻者，故有單行本、叢書本之不同，目中多未分辨。至集部全不載刻本，或不知其卷之多少，亦似草草成書，隨手濫寫者，是可怪也。宋、元舊槧舊鈔及名人手校精本，固藏書家所珍貴，非購書者所易求。至於朱明成、弘以前之書，誠不易見。若成、弘以後，嘉靖、萬曆刻本甚多，而以嘉靖仿宋本爲尤善。在光緒初元、中葉，北京廠肆、南方各省會舊書店，尚時時可以覓得。余所藏且有重複者，今雖汰而售之，可見當時傳本不少。使目中一一注明，俾求書者易于物色，何至此二三十年爲東西列國圖書館搜取净盡？此尤可惜者也。同、光以前，談版本之學者京師惟仁和邵位西先生懿辰、盩厔路小洲太史慎莊、縣人袁漱六太守芳瑛三君。邵先生官部郎，日游廠甸，書之刻本，一一批注《四庫全書簡明目録》簡端及行間。先生殉粤匪之難，盡亡其遺書，惟此目嘉興錢氏有傳鈔副本。學丞首先鈔得之，故入詞館後，以賞鑒版本之學獨擅時名。蓋當時固以爲枕中鴻寶，今則邵之嫡孫伯絅太史章刻之，即《標注四庫全書簡明目録》是也。同治中興，湘鄉曾文正國藩督師江南，削平金陵粤寇。獨山莫子偲先生友芝客文正戎幕。其時江浙故家鉅族與上海鄰近者，大都避亂來滬瀆，其藏書家亦多散失流行於滬市中。文正在京師與邵先生爲講學之友，又爲袁太守兒女姻親，固亦通知版本者。文正門人揭陽丁禹生中丞日昌巡撫江蘇，並酷好舊版書籍。莫先生爲二公眼目，所見舊刻、時刻尤多，故隨手批注《四庫全書簡明目録》者，較邵批不同。以南北刻本詳略互殊，見聞亦異也。莫批爲蘇州書估侯駝子借鈔，流傳至京師，遂爲廠甸秘笈。坊估妄自增補，借閲者又展轉加批，以致襲謬沿訛，失其真面。日本書估田中慶于宣統初得其本，以活字版印行，頗獲大利。今滬上、京師已三次覆印矣。學丞兼邵、莫二家聞見之長，由于開創者爲其難，踵事者爲其易也。余爲學丞門下門生，回蘇寓吴門，與子偲先生從子楚生太守棠往來甚密，又識伯絅太史，故于三家先德撰述始末聞之最詳。禹生中丞次公子叔雅茂才惠康，亦三十年前舊好，行笥中攜有宋、元舊版十數部，均有莫氏題記印章。中丞《持静齋書目》所載宋、元、明刻本固多，而時刻亦并入載，可知當日子偲先生所見舊刻新刻衆本兼收，中丞書目，故沆瀣一氣也。滄桑亂後，文物蕭條。回首前塵，宛如昨日。諸先生故事，不啻親見之而親聞之。異日有好事者偶録之筆記中，亦書林一重公案云。歲在丙寅夏至節後七日。

李慈銘《越縵堂讀書記・綜合參考・目録題跋》 《書目答問》，清張之洞撰。蕚庭來，以張香濤《書目答問》相商。引書余未嘗過目，乃已有翻刻者。今日閲之，所取既博，條例復明，實爲切要之書。惟意在自炫，稍病貪多，非教中人之法。又經學諸門，所注太略。甲部爲讀書先務，既欲以誘人，宜最其菁華，條注書名之下，使人知涂轍所先，不可不讀。至其例以低一格者爲次，然如惠松崖氏之《周易述》及《易漢學》，江鱷濤氏之《尚書人注音疏》，乃古訓專門；桂未谷氏之《說文義證》，爲古義薈澤，皆學問之淵海，考據之輨鍵，稍知學者，宜首從事，而皆列之低格。於集部出入尤多不塙也。光緒己卯二月二十四日

傳記

《清史列傳・儒林傳下二・龍啓瑞》 龍啓瑞，字翰臣，廣西臨桂人。父光

甸，字見田。嘉慶二十四年舉人，歷官黔陽、武陵知縣，乍浦、台州同知。所至斷滯獄，修文教，摘姦發伏，以廉幹稱。著有《宰黔防乍録》及《詩文集》。道光二十九年，卒，年五十八。啓瑞，道光二十一年一甲一名進士，授翰林院修撰。二十三年，充順天鄉試同考官。二十四年，充廣東鄉試副考官。二十七年，大考翰詹，二等七名，以侍講陞用。七月，提督湖北學政。湖北人士知禮尚文，啓瑞專以根柢之學振之。著《經籍舉要》一書以示學者，又以學政之職有三要：一曰防弊，二曰厲實學，三曰正人心風俗，故所作文檄，告誡周詳。既，復舉舊日所聞及近所施行者，爲《視學須知》一卷。三十年，丁父憂，回籍。咸豐元年六月，廣西巡撫鄒鳴鶴奏辦團練，以啓瑞總其事。二年七月，省城圍解，以守城敍功，得旨以侍講學士陞用，並賞戴花翎。五年，回京。六年四月，擢通政司副使。十一月，提督江西學政。七年三月，授江西布政使。時髮逆踞東南，江西僅省會暨一府未没於賊，庫藏久虚。啓瑞焦勞籌度，餉糈賴以不竭。會歲旱蝗，齋心祈禱，力求驅捕之法，蝗患頓除。嘗勸民積穀備荒，復以暇修普濟、育嬰諸善政，惠心澤民，都邑感慕。八年九月，卒於官。同治十一年，奉旨入祀江西名宦祠。啓瑞少與其鄉吕璜、朱琦、王錫振爲古文，步趨桐城。已，從上元梅曾亮遊，文日益進。後交漢陽劉傳瑩，切劘經義，尤講求音韻之學，貫穿於顧、江、苗、段、王、孔、張、劉諸家之書，而著《古韻通説》二十部。其論古韻寬嚴得失曰：「論古韻者，自顧氏以前失之疏，自段氏以後過於密，江氏酌中亦未爲盡善。顧氏規模粗備，其考據精確，有不可磨滅者。段氏分之、脂、支三部，發前人所未發，餘所分者，求之古經，率多可據。雖分配入聲未極精審，不免千慮之失，然而分合周備，條理井然，可謂文而不煩、博而知要者矣。後之陽湖張氏、高郵王氏、曲阜孔氏、歙江氏諸子之學，博足以綜其蕃變，精足以定其指歸，皆由段氏精而求之，以極於無可復加之地。至張氏之分爲二十一部，與高郵王氏略同，其依據《説文》，折衷經韻，使人觀形可以得聲之誤，復審音可以定形之譌，而於通轉流變之間，尤能言之盡意。同時武進劉氏復有《詩聲衍》之作。觀其序論及標目部分，蓋亦竊取張氏之意而爲之者也。其論入聲，同部異韻及異部同用，較諸家尤爲明備，覺段氏之精於《説文》猶未見及。張氏有言，凡言古韻者分之不嫌密，合之不嫌廣，惟分之也密，故其合之也脈絡分明，不至因一字而疑各韻可通，亦不至因各韻而疑一字之不可通。故今之集古韻也，意主於嚴，而其爲通説也，則較之顧氏而尚覺其寬。其分也有所以可分之由，其合也有所以得合之故，皆爲剖而明之，不敢拘前人成説，不敢執一己私見，亦曰參之古書以求其是，質之人心而得其安而已。」論本音曰：「許書實兼音、形、義三者爲訓，諧聲一門，幾居全書之八。然比而論之，無不與經訓符合，未有母聲在此而子聲在彼者，間有出入，即可據爲古音通轉之證。中有讀若、讀同之例，雖偶用方言俗字，未必盡出古音，然要取諸同部，其轉入他部者，亦必有説。每文下所載古文，或體亦然。今於經韻後載《説文》諧聲諸字，以見音隨字寓之原，而於偏旁讀若小異者，皆爲梳髳而證明之。其有古今音變難爲强説者，仍從蓋闕。」論通韻曰：「二十部大旨貴於密而不貴於疏，然證之於古，或齟齬而不合，則不得不爲之説，以通其變。然其所通者，必有其所以可通之故，而非若唐人之通韻，僅取便於時俗而已。」論轉音曰：「轉音即雙音之異名，天地間自有不可磨滅者。古經中用韻及字書偏旁有不合者，苟求之於是，無不可通。必謂古一字祇有一音，非確論也。此條所以濟本音通韻之窮，而讀古書及《説文》者，愈釋然而無疑矣。」論通説曰：「學者從事於二十部之古韻，則於其紛紜轇轕者，有若涇渭之難淆，燕越之各判矣。然於此而與之道古，或不免拘執而難通，又將諱其所不合以爲安，則又與於誣古欺人之甚，故爲之説，有十以通之，大都本通韻之文爲之根柢。通韻祇通其數字，通説則舉其一字。蓋全書皆嚴其所以分之界，而於此終著其所以合之由，是古韻之學之大成也，故以名其全書焉。」啓瑞又以《爾雅》一書，學者多苦其難讀，因采邵、郝、盧、阮諸説，於發疑正讀之交講明，至是間復參以己見，著《爾雅經注集證》三卷。他著有《小學高注補正》、《是君是臣録》、《班書識小録》、《通鑑識小録》、《諸子精言》、《莊子字詁》及《經德堂詩文集》十二卷。

繆荃孫《續碑傳集》卷七五《俞樾》 清誥授奉直大夫誥封資政大夫重宴鹿鳴翰林院編修俞先生行狀：曾祖□□。祖廷鑣，乾隆甲寅恩科，欽賜副貢生。妣夏氏、戴氏。考鴻漸，嘉慶丙子科舉人。妣蔡氏、嵇氏、姚氏。本貫浙江湖州府德清縣人，年八十有六。先生諱樾，字蔭甫，號曲園。舊居德清東門之南埭。姚太夫人生子二，先生居次。先生生三日，太夫人得病甚危，積二十餘日始愈。四歲遷居仁和之臨平鎮。先生幼有夙慧，太夫人口授《四子書》，過目不忘。九歲戲爲書，自注其下。著述等身，篤老不倦，實兆於此。年十六，補縣學生，道光丁酉科副榜貢生，甲辰恩科舉人。庚戌，舉禮部試覆試一等第一名，殿試二甲，賜進士出身，改翰林院庶吉士。覆試詩，題爲「澹煙疏雨落花天」，首句云「花落春仍在」，爲曾文正公所賞，謂詠落花而無衰颯意，與小宋落花詩意相類，言於同閱卷諸公置第一，此先生受知文正公之始。後遂以「春在堂」名其全書，志知遇也。咸豐壬子，散館授編修，

以博物閎覽，稱於輦下名輩。乙卯四月，考差上以「舜在牀琴」命題，時海宇多故，宵旰憂勤，先生借題發揮，以見古聖人不戁不竦、遇變如常，并旁引「文王之羑里鳴琴」、「孔子之匡邑被圍」，絃歌不輟，以明先後聖之同揆。八月簡放河南學政，奏請以公孫僑從祀文廟及聖兄孟皮配享崇德祠，並邀俞允甫。再歲，以人言罷歸，僑居蘇州。先生既反初服，乃壹意治經，以高郵王氏爲宗。其大要在正句讀、審字義、通古文叚借，由經以及諸子皆循此法，冀不背王氏之旨。其《群經平議》則繼王氏《經義述聞》而作。《諸子平議》則竊埒《讀書雜志》之後。《古書疑義舉例》，則小變《經傳釋詞》之例而推衍之。先生之私淑王氏，謹守家法，不苟如此。逮其後《俞樓雜志》、《曲園雜纂》、《茶香室經説》諸書出，其析疑振滯，皆與前書相仿，或有精義較勝於昔，學與年進，先生不自諱也。先生居吴，猶及見宋大令翔鳳，得聞武進莊氏之學，故一切毖緯家言，先生亦偶涉之要，見先生精力過絶於人遠甚。先生業以著書自娱，遂不復出。曾文正之督兩江，李文忠之撫吴下，咸愛重之。先生以巾服從游，往來如處士。文正有「閎才不薦，徒竊高位」之語，論者謂文正懲徐侍郎之奏，不敢繼進於先生，本志所在，固未喻也。先生歷主講蘇州紫陽、上海求志、德清清溪、歸安龍湖等書院，而主杭州詁經精舍至三十一年，爲歷來所未有。其課諸生，一稟阮文達公成法。王侍郎昶、孫觀察星衍兩先生之緒至，先生復起而振之兩浙，知名之士承聞訓迪蔚爲通材者，不可勝數。門人爲築俞樓於孤山之麓，以與薛廬相配，游湖上者，皆能指其所在，相與樂道其地不絶。先生自少至老，讀書著述皆有常程，每竟一歲，皆有寫定之書刊布於世。晚年足跡不出江浙，聲名溢於海內，遠及日本。文士有來執業門下其不及者，則從海舶寄書，質證賦詩相祝。而如蒙古賢王、京邸宗藩，或遠來求書，或以楹帖寄贈以致傾慕。先生居林下四十餘年，於光緒癸卯正科溯舉道光甲辰鄉試計，周一甲子，浙中大吏以重宴鹿鳴請得旨復編修原官，有「早入翰林，殫心著述，啟迪後進，人望允孚」之諭。先是先生省母於其兄福甯官舍，晤閩浙制府英香巖相國。爲道、咸豐間，以河南巡撫入覲，文宗猶詢及姓名，有「人頗聰明，寫作俱佳」之諭。先生聞之，不覺失聲，至今上復有此旨。稽古之榮一時無兩往者，曾文正謂先生拚命著書，食報之隆乃償於後，可謂極儒生之殊遇矣。先生訓詁主漢學，義理主宋學，教弟子以通經致用，蔚然爲東南大師。晚歲憂傷時局，常語人曰：「形而上者謂之道，形而下者謂之器。以中學爲體者，道也；以西學爲用者，器也。」病中猶以毋域見聞、毋忘國本垂爲家訓。束脩所入，別以賣文字自給，有餘則振贍親族，拯卹災患，樂以爲常。授孫陛雲讀不名他師，陛雲以戊戌弟三人及第，親見其典試蜀中舉特科，乞假侍左右，賦詩相樂。其祖孫翰林庶幾，亦猶高郵王氏文肅之於文簡。先生雖得年稍遜懷祖名山之業，固實繼之世俗耳食，多以曲園比之，隨園雷同相和，所謂貌同心異，有道於通人之前，宜不值一吷也。先生以光緒丙午十二月二十三日卒於蘇州寓廬，臨終賦《自喜留別詩》，以殘啟代訃，夷然委化，至無所苦。朝野人士聞之，相與咨歎，謂頓失儒宗，後生小子於何宗仰！今江蘇巡撫陳公臚舉先生學術及所著書入奏。天語寵被，詔入《國史儒林傳》，以旌其學。耆儒著書之富，受知之厚，信無如先生者。即其仕不中蹶度，至卿相而止耳。以彼易，此殊有不侔！先生可以慰矣。先生著書，凡五百餘卷，其有功經義諸子，則有《群經平議》五十卷、《諸子平議》五十卷、《弟一樓叢書》三十卷、《曲園》、《俞園雜纂》共一百卷、《茶香室經説》十六卷、《古書疑義舉例》七卷，餘具先生自著《全書録要》中。先生於兵燹後，總辦浙江書局，建議江、浙、揚、鄂四省，分刻二十四史於浙局，精刻子書二十四種，海內稱爲善本。又議鈔補浙江文瀾閣舊藏《四庫全書》，今閣重建，而書亦犅具沾溉，儒林嘉惠尤非淺尠。古來小説《燕丹子》傳奇體也，《西京雜記》小説體也，至《太平廣記》以博采爲宗旨，合兩體爲一帙，後人遂不能分。先生《右台筆記》以晉人之清談寫宋人之名理，勸善懲惡，使人觀感於不自知前之者。《閱微草堂》五種，後之者《寄龕》四種，皆有功世道之文，非私逞才華者所可比也。荃孫於光緒丁丑初見先生於曲園，奉手受教，先生因與先君子丁酉同譜誨之尤切，後每過蘇，必侍談數次。先生成書必先遺之荃孫，有所撰述亦必郵呈訓誨。去年九月，猶侍談三時之久，窺見先生精神强固，言語貫串，私心自喜，以爲可繼伏生之長壽，爲後進之導師。別後又兩奉手書，而孰意竟不及再見耶？嗚呼，悲已！謹略舉先生爲學大概及聞見所及如右，以備當世爲志傳者之采擇。若其持論之精，先生全書具存第而擷之，是在史氏鄙之所述，庶亦以埒麗焉。

《清史列傳·已纂未進大臣傳三·張之洞》 張之洞，直隸南皮人。同治二年一甲三名進士，授職編修。五年，大考二等。六年，充浙江鄉試副考官。旋命提督湖北學政。十一年，以襄辦大婚典禮，賞加侍讀銜。十二年，充四川鄉試副考官，旋授學政。四川地處西陬，寇氛甫靖，士未知學。之洞會商前總督吴棠奏設尊經書院，擇郡邑之秀者肄業其中，聘名儒督課之，一切章程手自訂定。著《輶軒語》、《書目答問》示蜀士以讀書之法。光緒二年，奏陳川省試場積弊，因上整頓八策，請敕部核議。十二月，充文淵閣校理。【略】〔光緒五年〕五月，以四川東鄉重案

定擬未協，因以請旨核議入奏，並極陳川省賦斂太重，民力困竭，且以此案起於苛斂誣叛，力請誅署東鄉知縣孫定揚。七月，以星變地震，奏請修省以弭災變，而陳其要曰：納直言，肅臣職，厚民生，謹河防。八月，擢詹事府左春坊左中允。九月，晉司經局洗馬。十二月，崇厚與俄擅訂新約，諭飭廷臣集議。之洞奏言崇厚與俄所訂新約十八條，其中最謬妄者爲陸路通商，由嘉峪關、西安、漢中直達漢口，因陳不可許者十事。且謂必改此議，不能無事；不改此議，不可爲國。遂陳改易四要道：曰計決，曰氣盛，曰理長，曰謀定。又奏馭俄之策，宜先備後講。備之法三：曰練兵，曰籌餉，曰用人。講之法三：曰責以義，折以約，怵以勢。是月，以《國史館畫一臣工列傳》保加四品銜。六年二月，授翰林院侍講，五月，轉侍讀。又奏上經權二策：其守正之策，曰請正崇厚之罪，必誅無赦，以存國體；通變之策，曰欲釋崇厚，必加南北洋以嚴譴，責令戴罪修防。訓誡樞臣，飭使實心捍患，赦此罰彼，以示不測。六月，陞授左春坊左庶子。七月，充日講起居注官。先是，朝廷已降嚴旨，將崇厚革職治罪，而以侍郎曾紀澤爲出使俄國大臣。之洞因奏：「改約各節，其關係極要之條，宜令曾紀澤堅持定見，期於必行。商務中如陝、楚通商，穿行三省，流弊太多。設萬不能改，宜於兩難之中黼圖挽救。松花江行船，參考公法，證之咸豐八年義約，所指亦專係夾於二國之間一段江流而言。以上二條，擬請發交曾紀澤。」七月，又奏：「議約迫促，謹擬上補救之策，以免始終貽誤：一、責使臣以羈縻；一、條約應駁改處，宜全數達知彼國；一、辯駁宜先重後輕；一、先詰俄人無故遽發兵船，商令撤回；一、責他國使臣以調停；一、最要數事，宜百計挽回，以顧國體；一、約如不改，惟有誅崇厚以存國權。」【略】十六年閏二月，以創辦織布，兩廣總督李瀚章奏陳廣東礙難設局，請移至鄂。之洞因奏擬將粵省所借山西善後局銀二十萬兩移鄂充用，並陳擇地建造廠局。十一月，奏陳：「廣東練鐵機器改運至鄂，經臣擇於漢陽大別山下定立廠基，督員興建，一面修築大冶運道開採鐵鑛，一面籌辦運煤采煤各事宜。」十七年，以籌解甘肅新餉敘勞，賞頭品頂戴。十九年，兼署湖北巡撫。二十一年，命署兩江總督。二十四年，變通科舉，擬上隨場去取之法，請將從前三場先後之序互易，第一場試中國史事、國朝政治論五道；二場試時務策五道，專問五洲各國之政、專門之藝；三場試《四書》義二篇、《五經》義一篇。首場按中額十倍録取，二場三倍頭場，取者始准試次場，每場發榜一次。三場完畢，如額取中，歲科考生童，以此例推之，先試經古，專以史論、時務策命題。正場《四書》、《五經》義各一篇。是年刊布所著《勸學篇》，以示天下學者。二十六年二月，兼署湖北提督。五月，團匪變起，各國兵艦駛至大沽，力索礮臺，遂開戰釁。之洞與兩江總督劉坤一電飭蘇松太道余聯沅與各國駐滬領事議東南保護約款九條。七月，聯軍入京師，兩宮西幸，李鴻章奉命爲全權大臣，之洞亦被會商辦理之命。八月，駐蹕太原。之洞電商李鴻章以款局須速開議，遲恐生變，並陳目前四要義。十一月，之洞電奏各國使臣所交條款，其第五款專爲製造之材料一句，關係匪輕。查伍使、楊使來電，皆云俄美外部所告，祇言暫禁此條，當可商改。又奏條款第七、第八、第九條大沽撤礮臺，使館駐護兵，津沽設兵卡，其勢不能不允，宜請敕下全權大臣，於此節務商善法，暫緩回鑾。二十七年八月，會同兩江總督劉坤一以整頓中法，仿行西法，條列以請。十月，賞加太子少保銜。二十八年六月，以湖北遵旨設立學堂入奏，並臚陳辦法十五條，首師範，次小學，次文普通中學，次武普通中學，次文高等，次武高等，次方言，次農學，次工學，次勤成學堂，次仕學院，次經費，次省外中小學，次蒙學，次設學務處，以資董理。籌辦要旨八條：一、以小學爲至要；二、日課專加讀經温經時刻；三、教科書宜慎；四、學堂規制必宜合法；五、文武相資；六、教員不遷就；七、求實效；八、防流弊。六月，命充督辦商務大臣。九月，命署兩江總督。二十九年正月，奏中學、小學堂教員咸取材師範，現於江南創建三江師範學堂，前三年教小學堂之師範生，約分三級，一年速成，二年速成，三年本科，以便陸續派赴各州縣，承充學堂教員，四年添置高等師範。本科精研教育學理，以教中學堂之師範生，備各屬中學教員之選。並設兩江學務處，以便督催興辦。四月，入京陛見，賜紫禁城、西苑門内騎馬。閏二月，命充經濟特科閲卷大臣。尋經管理學務大臣榮慶、張百熙奏請派之洞會同商辦京師大學堂事宜，將一切章程詳加釐定，奉旨允准。十一月，會奏上所訂定章程，略云：「臣之洞伏查上年大學堂奏定章程宗旨辦法，實已深得要領。惟草創之際，規程課目不得不稍從簡略，以徐待考求增補。至各省初辦學堂，管理學務既難得深通教育之法之人，而學生率皆取諸原業科舉之士，未經小學陶鎔而來，不自知學生本分，故言論行爲不免有軼於範圍之外者。此次欽奉諭旨，命臣等將一切章程會同釐定，期於推行無弊，自應詳細推求，倍加審慎。數月以來，臣等互相討論，虛懷商榷，並博考外國各項學堂課程門目，參酌變通，擇其宜者用之，不相宜者缺之，科目名稱之不可解者改之，其有過涉繁重者減之。每日講功課，少或四五點鐘，多亦不過六點鐘。所授之學，排日輪講，少或四五門，多亦不過六門。皆計日量時以定之，絶不苦人以所難，中人之資，但能循序以求，斷無兼顧不及之慮。至於立學宗

旨，無論何等學堂，均以忠孝爲本，以中國經史之學爲基，俾學生心術一歸於純正，而後以西學瀹其智識，練其藝能，務期他日成材，各適實用，以仰副國家造就通材、慎防流弊之意。計擬成初等小學堂、高等小學堂、中學堂暨高等學堂《章程》各一册，《大學堂章程附通儒院章程》一册。原訂《蒙學章程》所列爲外國初等小學，茲參酌蒙養院之意，增補其缺，略訂爲《蒙養院家庭教育法》一册。辦學首重師範，原訂《章程》僅就京城試辦，尚屬簡略。茲另擬初級師範學堂、優級師範學堂，并任用教習各章程，此外如京師仕學館係暫設章程，亦暫仍其舊。譯學館前經奏明開辦，茲將章程課目一併擬呈。進士館與仕學館意相近，課程與各學堂不同，茲亦酌定章程課目，别爲一册。國民生計，莫要於農工商實業，原章顧未之及，茲另擬初等農工商實業學堂章程，附實業補習普通學堂及藝學堂各章程，高等中等農工商實業各學堂暨實業教員講習所章程、實業學堂通則，又以中國禮教政俗本與各國不同，而少年初學之士，胸無定識，龐雜浮囂，在所不免。此時學堂辦法，規範不容不肅，稽查不容不嚴。茲特訂立條規，申明禁令，編爲各學堂管理通則，並將此時開辦各項學堂設教之宗旨、立法之要義，總括發明，訂爲學務綱要。至學生畢業考試、陞級入學考試，亦經詳定專章，其奬勵録用之法，比照奏准鼓勵，出洋游學生於奬給出身之外，復請分别録用章程，亦經詳加斟酌，擬有專章，伏候聖明裁定，將來應即分别照章奏明辦理。」又奏：「科舉阻礙學堂，擬請鄉會試每科遞減中額三分之一，減盡停止。歲科試請於鄉試兩科年限内，分兩歲考、兩科考四次分減，每次減學額四分之一，減盡停止。」三十年，兼署湖北巡撫。三十二年正月，京察，諭以「謀慮精詳，力任艱鉅」，交部議敍。三十三年五月，奉旨以湖廣總督協辦大學士。六月，被授大學士，仍留總督任。十六日，充補體仁閣大學士。七月，授軍機大臣。八月，懿旨賞西苑門内乘坐二人肩輿。旋命管理學部事務。先是，之洞任湖廣總督時，以各學堂短衣皮鞾仿傚西式，奏請定湖北學堂冠服，並請敕下軍機處、學部，將所擬冠服章程詳加核議。至是，奏請通行，頒爲定制。十一月，懿旨賞穿帶膝貂褂。十二月，命充經筵講官。三十四年，江蘇巡撫陳啓泰奏粤漢鐵路宜定統一辦法，請遴派廉明大臣督辦路務。六月，命兼充督辦粤漢鐵路大臣。旋以路事入奏，奉諭：「粤漢鐵路重要，特派張之洞爲督辦大臣。近據奏稱，該路事權紛歧，議論淆雜，諸多窒礙。該路交通大有關係，詎可長此延緩？嗣後該路籌款用人興利除弊各事宜，悉責成張之洞通籌全局。任勞任怨，嚴定期限，各就三省情形分别妥訂章程，因時制宜，主持定斷。郵傳部暨湖北、湖南、廣東各督撫均須實力協助，不得掣肘。所有各該省原派之總協理，均聽節制。在事官紳商董，儻有營私舞弊，煽惑把持，以致妨害路政各情事，即著據實參辦。」尋命之洞兼充督辦鄂境川漢鐵路大臣。十一月，上御極禮成，恭上皇太后徽號，賞之洞太子太保銜、紫韁。宣統元年二月，充實録館總裁官，命總司核定進呈講義。閏二月，舉行察典，諭以張之洞等同心襄贊，共矢慎勤，交部議敍。四月，奉旨免其帶領引見。六月，因病請假，七月，續請，諭旨再賞假二十日，安心調理。八月，以病勢日增，奏請開去差缺，奉諭再行賞假，毋庸拘定日期，並賞人蔘二兩，毋庸開去差缺。二十一日，卒。遺疏入，諭曰：「大學士張之洞，公忠體國，廉正無私。荷先朝特達之知，由翰林洊陞内閣學士，簡放山西巡撫，總督兩廣、湖廣，權理兩江。凡所設施，皆提倡新政，利國便民。庚子之變，顧全大局，保障東南，厥功甚偉。旋以總督晉陟綸扉，入參機要。管理學部事務，宗旨純正，懋著勤勞。朕御極後，深資倚畀，晉太子太保。服官四十餘年，擘畫精詳，時艱匡濟，經猷之遠大，久爲中外所共見。近因患病，屢經賞假調理，並賞賜人蔘。方冀克享遐齡，長資輔弼。茲聞溘逝，軫惜殊深！著賞給陀羅經被，派郡王銜貝勒載濤帶領侍衛十員，即日前往奠醊，并賜祭一壇，加恩予謚文襄，晉贈太保。照大學士例賜卹，入祀賢良祠。賞銀三千兩治喪，由廣儲司給發。任内一切處分，悉予開復。應得卹典，該衙門察例具奏。靈柩回籍時，著沿途地方官妥爲照料。伊子禮部郎中張權，著以四品京堂候補；郵傳部學習員外郎張仁侃，著以郎中補用；伊孫選拔生張厚璟，著賞給主事分部補用。用示篤念藎臣至意。」十一月，四川總督趙爾巽據在籍紳士編修伍肇齡等呈請代奏，請將之洞前在四川學政任内事蹟宣付國史館編入列傳，詔允之。

紀事

耿文光《目録學凡例》 是編先録書名、卷數，次撰人名氏，次編輯序第，次板本，次序跋，次舉要，次諸家論説，末附案語。

一、目録之學，首重卷數，《戰國策》劉向序曰：「臣所校《戰國策》除複重，得三十三篇。古之篇，余之卷也。」可知，自古校書，篇卷爲重。是編，於卷數有無兩本互異者，悉爲著明，庶不至百衲《史記》問卷不知。

一、作者姓氏，仿《宋詩紀事》之例，各列小傳，其未詳者，歷考史傳、地志、説

部文集，庶無闕佚。論世知人，寔爲讀書要著。

一、編輯次第，可以見古書之式，並可知作者之意。是編自首至尾依次注明，見目如見書。此條是已。

一、甲校與乙校不同，古本與今本大異，必先指明某刻，然後知所説者爲何本。某刻本、某鈔本、某藏本，向例旁注於書名之下，今以書成而後鏤板，故次於編輯之後，專記刻書年月並刻者姓名。某本出於某刻，某本爲第幾刻，古本每葉幾行，每行幾字，板口有何欵識，書内有何印記，某本足據，某本不足據，悉爲著明。刻者名氏，有本書不載而見於他書者，亦爲拈出。

一、朱氏《經義考》全録序跋；《天一閣書目》節録序跋，是編酌於二者之中，或全録，或節録，或摘録數語，皆有關於著書、刻書。其浮詞謏語，概從刪汰。

一、班馬二史，周秦諸子，有引經之文，可以證經，漢碑中所引經文多與古本相合。碑板文字，有姓名、里居、官階、事蹟可以證史。校勘家有考出之異文、異字，子、集部有僅存之古音、古義，皆目録中最要之事，以及詩話、文評、書品、帖考之類，皆讀書者所當究，又如名集之傳誌，可以知人；引用之書目，可以見書。悉舉其要，以爲考古之資。而遺聞軼事間亦附焉。採其精華，棄其糟粕，使書從目，使目從部，類聚以觀，別有見解，此所謂學也。而不同於鈔胥。

一、論説有關於本書者，隨見隨録，不分時代，必著出典，首冠以「某氏曰」，末著書名。

一、案語在末者加名，在注中衹加「案」字。其有元案、元注者，以「元」字別之。案語考其同異，辨其差誤。或闕所疑，或述所知，不必各書俱備。凡案最宜切實，如《崇文總目》錢氏「案語」，如《經義考》朱氏「案語」，皆可爲法。汲古閣每書有跋，考究未精，《敏求記》誇耀板本，何關要義？

一、經、史非參互考證，不能驟讀。是編於古書之不易讀者，仿《通鑑長編》之例，反覆鈔輯，甯蔓毋簡，務使諸説畢聚一書，詳明而後已。用功之法，正宜如是。迨至一書既明，可刪者正多。若先務刪繁，是謂苟簡，大非入門之法。學者日抱俗本專心誦讀於分篇斷章之意，句梳字櫛之理，全未之識所以明，明在前對觀，莫見終身。讀書不免門外，甚至功愈勤，而效愈寡；書愈多，而學愈薄。言之痛心，急宜回首。

一、奇書祕册，搜訪不易。凡屬善本，紀之必詳。若習見之本，不妨從略。至於坊刻惡本，庸手著作，明山人之陋習，閩書林之僞造，雖有是書，概從刪削。書少則固陋無聞，書多則僞妄百出。讎校雖精，難免疏漏。近代之作，依託顯然。坊梓古刻，安能盡信？取緯書以説經，採小説以入史。大儒猶然，愈滋人惑。故精校之本，宜多方購求。考證之功，尤不容少懈。

一、書不校不可讀，校之不精亦不可讀。力求精校之本，閲其校法，最益神智。能自精心校勘，則讀一書不止一書。是編於精校之本，流連反覆，不忍釋手。雖多書數紙，終不厭煩。

一、是編爲讀書而作，非藏書之目。別有《仁静堂書目》專記藏書。又著《紫玉函書目》詳加考訂。而略於此者，爲藏書記。

一、書無限斷，讀無窮期。是編擬分甲至癸十集，次第而舉，否則不能成書。

一、是編於著作之體，編校之法，藏書之地，嗜書之人，以及古簡尺寸之度，刊刻流傳之次，靡不詳載，以便省覽。

一、目録之書，統貫四部。其中門類甚多，宜分數十類學之，如學《易》即輯「易學書目」，學《詩》即輯「詩學書目」，以及天文、地理、金石、醫算之屬，皆可分門別派，類聚以觀，條分縷析而源流自見；互相鈎稽而考證出焉。惟在披書編目，依目讀書與鈔輯類典者大異，是編策套、類書一字不採。若目録成而束書不觀，亦無益也。

一、是編隨手抄録，屢有增益，不免前後失次，自壞其例。藏之家塾，非敢問世。若卷滿十萬，稿易八九。寬以歲月，定以名手，庶幾可觀，斯猶有待。

此甲集也，原本二十卷。因無力發刊，去其十一而爲九卷。開雕於光緒二十年二月十五日，至七月二十五日工畢，所刪之卷重新整比，爲乙集，續刻嗣出。

《吴晴舫學使告示六條》（《經籍舉要・附録》） 示全屬應試生童知悉：夫通經將以致用，學古所以多聞，經術明斯儒業醇，學術正則人才蔚。膠庠造士，舍是無由。兩浙山水清淑，靈氣所鍾，聲明文物，甲於東南。宿學耆儒，後先相望。使者奉天子命，視學是邦，深以款啓寡聞，不克稱職爲懼。第聞近日以來，習尚少變，綴學之士，墨守八股，罕求根柢。即文采蔚然，亦由類書轉販，而非討自源頭，積習相沿，浸至舉其文而不曉其義，踵其譌而莫辨其非，蹲鴟日及，貽笑通儒。士林之愧，亦使者之羞也。願以爲學之方，與爾多士覼縷言之。

一、經學不可不明也。士子束髮就傅，先誦四書，次及五經，中材以下，靡不由之，至《周禮》、《儀禮》、《爾雅》，則每苦其難讀，《公羊》、《穀梁》、《孝經》，則或視爲可緩。豈知《十三經》須在學宮，無一不當誦習，外如《左氏國語》、《大戴禮記》、《尚

書大傳》、《逸周書》等，雖不列於《十三經》之中，實足以補《十三經》之闕，凡此皆當熟讀者也。經書既備，然後研及注疏。《毛詩》《三禮》，最爲淹博，當先觀之，次則《三傳》亦可采擇。《論語》雖以《朱子集注》爲宗，而《何晏集解》亦當參存。《詩》則毛鄭之外，兼考齊、魯、韓三家。若《易》則《李鼎祚集解》，參以《惠氏周易述》。《書》則王氏《後案》。孫氏《今古文注疏》，《爾雅》則邵氏《正義》，皆漢學也。他如太原閻氏，婺源江氏，戴氏，四明全氏，萬氏，長洲惠氏，嘉定錢氏，高郵王氏諸家説經之書，根柢湛深，精而且博，好古之士尤宜考覈。

一、小學不可不講也。孔子曰，必也正名。許氏曰，文字者，經藝之本。未有形聲訓詁之不明，而能窮經者也。漢時字書，存於今者，僅史游《急就篇》，許氏《説文解字》二書。而許書尤爲識字之津梁。注之者，金壇段氏爲詳備，有志研經者必先鑽仰於斯。外如《經典釋文》、《方言釋名》、《廣雅》、《玉篇》、《廣韻》、《集韻》，皆小學之階梯，韻學之淵海。如欲研求古音，則顧氏《音學五書》、江氏《古韻標準》、段氏《六書音均表》，可參究焉。

一、史學不可不廣也。二十四史浩如煙海，寒士或力難置辦。而《史記》、兩《漢書》要爲必讀之書，不特文詞古茂，兼之儒先師説間出，其中實足以羽翼經傳，不僅爲史家準繩。而班書尤無俗字，古人假借通用之字，可藉以考見崖略，更足爲小學之助。外如涑水《通鑑》，紫陽《綱目》，於歷代政治得失，瞭如指掌，皆當循覽以廣學識，其餘各史，視才力有餘及之可也。

一、文學不可不富也。《昭明文選》爲詞章之潭奥，固當家置一編，童而習之。有唐一代文體大備，而姚氏《唐文粹》實擷其菁華，當選取一二百篇讀之，以繼《蕭選》之後。若論事之文，則陸宣公《奏議》、蘇長公《策論》，縱横馳驟，反覆詳盡，讀之尤足擴充識力，增長筆力。賦，則古騷、排律四體，各視其題之所宜。應試之作，律賦居多，當以唐人爲法，每段中隔對，祇用一聯，多亦不過二聯，過此便太重滯，段首承接處，尤不可用隔對，宜細究之。

一、詩學，不可不細也。詩，以道性情。古近各體，學焉，而視其性之所近。原不盡責，以人人皆能，惟五言試帖，功令以之取士，自歲科小試，以及殿廷大考，靡不以此爲程課。風會所尚，講求益精，大約押韻宜穩，選字宜慎，結體宜莊雅，不宜纖佻。措詞宜工切，不宜粗泛。對偶貴精，不可虚實不稱。聲律須協，不可平仄誤拗。俗云，一三五不論之説，斷不可從。至韻中之字，有平仄兩收者，有同屬平聲而兩韻義異者，均當細辨，不可誤用以致出韻失黏。每聯承接處，尤當細細檢點，不可順調。

一、字學不可不習也。欲工楷，先正字體。童子初學握管，即當嚴正點畫，勿以村學俗體諸字，俾之入目，逮其長，自然涉筆無誤。其有少時失於講究者，即當隨時留意矯正，近刻有《辨正通俗文字》及《正字略》兩書，雖淺近，頗便省覽，置之案頭，日夕繙閲，久亦漸可更正。至臨摹古帖，藏棱露鋒，各從所好，亦不盡拘一格。大抵應試楷法，以匀净腴潤爲貴，斷不可任意塗鴉，以致添改字多，拉雜汙目，令閲者生厭。每日讀書之暇，書寫小楷三四百字，日久無間，其效最速，勿以小道而忽之。

以上六條皆切於學問，非務爲迂闊，願多士等勿狃於故常，勿安於弇陋，勿畏難而中止，勿陽奉而心違。師友用是爲切磋，父兄援是爲詔勉，以此而取科名，其取之也尤捷，以此而作制藝，其作之也必工。孔子曰，十室之邑，必有忠信。《語》曰，一人善射，百夫決拾。士果有志向往，當必有聞風興起者，抑又聞之。孟子曰，學問之道無他，求其放心而已矣。爾多士等誠能以使者之言爲然，則安分讀書，不暇外務，匪僻之心，自然默化，是即寡尤寡悔之資，亦士風蒸蒸日上之機也。多士勉之，使者實有厚望焉，特示。

張之洞《書目答問略例》 此編爲告語生童而設，非是著述，海内通人見者，幸補正之。諸生好學者來問應讀何書，書以何本爲善。偏舉既嫌絓漏，志趣學業亦各不同，因録此以告初學。讀書不知要領，勞而無功；知某書宜讀而不得精校精注本，事倍功半。此編所録，其原書爲修《四庫書》時所未有者十之三四。《四庫》雖有其書，而校本、注本晚出者十之七八。今爲分别條流，慎擇約舉，視其性之所近，各就其部求之。又於其中詳分子目，以便類求。一類之中，復以義例相近者使相比附。再敍時代，令其門徑秩然，緩急易見。凡所著録，並是要典雅記，各適其用。皆前輩通人考求論定者。總期令初學者易買易讀，不致迷罔眩惑而已。弇陋者當思擴其見聞，汎濫者當知學有流别。凡無用者、空疏者、偏僻者、殽雜者不録，古書爲今書所包括者不録，注釋淺陋者、妄人删改者、編刻譌謬者不録，古人書已無傳本、今人書尚未刊行者不録，舊槧舊鈔偶一有之、無從購求者不録。若今人著述有關經史要義，確知已成書者，間附録其書名，以備物色，且冀好事爲刊行之。經部舉學有家法實事求是者，史部舉義例雅飭考證詳核者，子部舉近古及有實用者，集部舉最著者。每一類之後，低一格者爲次録。多傳本者舉善本，未見精本者舉通行本，未見近刻者舉今日見存明本。子史小種多在通行諸叢書内，若别無精本及尤要而希見者，始偶一舉之。有他善本，即不

言通行本。凡云又某本者，有異同。近人撰述，成而未刊、刊而未見者尚多，要其最著者約略在是。至舊籍習聞者，此録未及，其書可緩。京師藏書，未在行篋，蜀中無從借書，訂補俟諸他日。兹乃隨手記録，欲使初學便於繙檢，非若藏書家編次目録，故不盡用前人書目體例。學海堂本即《皇清經解》。津逮本即《津逮祕書》。問經堂本即《問經堂叢書》。皆取便省，他叢書仿此。官書据提要偁臣工編輯者，止注敕編，以别於御撰。《漢書藝文志》有互見例，今於兩類相關者，間亦互見，注其下。凡不書時代者，皆國朝人。此爲求書計，故生存人著述亦有録者，用經世文編例，録其書，闕其名。所舉二千餘部，疑於浩繁，然分類以求，亦尚易盡，較之汎濫無歸者則爲少矣。諸生當知其約，勿駭其多。

光緒元年九月日，提督四川學政、侍讀銜翰林院編修張之洞記。

叢書目録分部

綜　述

愛新覺羅・弘曆《上諭》　乾隆三十八年五月初一日，奉上諭：朕幾餘懋學，典册時披。念當文治修明之會，而古今載籍未能蒐羅大備，其何以裨藝林而光策府？爰命四方大吏，加意採訪，彙上於朝。又以翰林院署舊藏明代《永樂大典》，其中墜簡逸篇，往往而在，並敕開局編校，芟蕪取腴，每多世不經見之本。而外省奏進書目，名山秘笈，亦頗裒括無遺。合之大内所儲，朝紳所獻，計不下萬餘種。自昔圖書之富，於斯爲盛。特詔詞臣，詳爲勘覈，釐其應刊、應抄、應存者，係以提要，輯成總目，依經史子集部分類聚，命爲《四庫全書》，簡皇子、大臣爲總裁以董之。間取各書繙閱，有可發揮者，親爲評詠，題識簡端，以次付之剞劂，使遠近流傳，嘉惠來學。其應抄各種，則於雲集京師士子中，擇其能書者，給札分抄，共成善本，以廣蘭臺、石渠之藏。第《全書》卷帙浩如烟海，將來庋弆宫廷，不啻連楹充棟，檢玩爲難。惟摛藻堂向爲宫中陳設書籍之所，牙籤插架，原按四庫編排。朕每憩此觀書，取攜最便。著於《全書》中，擷其菁華，繕爲《薈要》。其篇式一如《全書》之例。蓋彼極其博，此取其精，不相妨而適相助。庶縹緗羅列，得以隨時流覽，更取資好古敏求之益。著武英殿總裁王際華專司其事。書成，即以此冠於《薈要》首部，以代弁言。欽此。

于敏中《四庫全書薈要總目弁言》　臣等謹案，《薈要》萃全書之精，自乾隆癸巳，特詔編録，閱七載告成。命於乾清宫北摛藻堂排貯，鈐「摛藻堂」印識之，以别於御園「味腴書室」所藏者也。經部列架六，史部列架十，陳於左；子部列架六，集部列架十，陳於右。函以木櫝，其二三種同函者，中用格别之，凡萬一千二百六十六册，四百六十四部，每書前皆有《提要》，括書中大指，而《考證》附册尾焉。首列《總目》一函，次經部，百七十三種，釐三百八十四函；史部七十種，六百四十函；子部八十二種，三百八十四函；集部百三十九種，五百九十二函，總二千函。錦贉環羅，左宜右有，信足苞萟林之奥要，光祕府之珍儲也。謹録聖諭詩篇於簡端而分系各書門自於後。乾隆三十八年五月初一日，奉諭旨：「朕幾餘懋學典册，時披念當文治修明之會，而古今載籍，未能蒐羅大備。其何以裨藝林而光策府？爰命四方大吏，加意採訪，彙上於朝。又以翰林院署舊藏明代《永樂大典》，其中墜簡逸篇，往往而在，並勅開局編校，芟蕪取腴，每多世不經見之本。而外省奏進書目，名山秘笈，亦頗裒括無遺。合之大内所儲，朝紳所獻，計不下萬餘種。自昔圖書之富，於斯爲盛。特詔詞臣詳爲勘覈，釐其應刊、應鈔、應存者，系以提要，輯成總目，依經、史、子、集部分類聚，命爲《四庫全書》，簡皇子大臣爲總裁以董之，間取各書繙閱，有可發揮者，親爲評詠，題識簡端，以次付之剞劂，使遠邇流傳，嘉惠來學。其應鈔各種則於雲集京師士子中擇其能書者，給札分鈔，共成善本，以廣蘭臺、石渠之藏。第全書卷帙浩如淵海，將來庋弆宫庭，不啻連楹充棟，檢玩爲難。惟摛藻堂向爲宫中陳設書籍之所，牙籤插架，原按四庫編排。朕每憩此，觀書取攜最便。著於《全書》中擷其菁華，繕爲《薈要》，其篇式一如《全書》之例，蓋彼極其博，此取其精，不相妨而適相助，庶縹緗羅列，得以隨時流覽，更足資好古敏求之益。著總裁于敏中、王際華專司其事。書成，即以此旨冠於《薈要》首部，以代弁言。」

《四庫提要》卷首《聖諭》　乾隆三十七年正月初四日，奉上諭：朕稽古右文，聿資治理，幾餘典學，日有孜孜。因思策府縹緗，載籍極博。其鉅者，羽翼經訓，垂範方來，固足稱千秋法鑒。即在識小之徒，專門撰述，細及名物、象數，兼綜條貫，各自成家，亦莫不有所發明，可爲游藝養心之一助。是以，御極之初，即詔中外搜訪遺書，並令儒臣校勘《十三經》、《二十一史》，徧布黌宫，嘉惠後學。復開館纂修《綱目》三編、《通鑑輯覽》及《三通》諸書。凡藝林承學之士，所當户誦家絃者，既已

薈萃略備。第念讀書固在得其要領，而多識前言往行以畜其德，惟蒐羅益廣，則研討愈精。如康熙年間所修《圖書集成》全部兼收竝録，極方策之大觀。引用諸編，率屬因類取裁，勢不能悉載全文，使閲者沿流溯源，一一徵其來處。今内府藏書，插架不爲不富。然古今來，著作之手無慮數千百家，或逸在名山，未登柱史，正宜及時採集，彙送京師，以彰千古同文之盛。其令直省督撫，會同學政等通飭所屬，加意購訪。除坊肆所售舉業時文及民間無用之族譜、尺牘、屏幛、壽言等類，又其人本無實學，不過嫁名馳騖，編刻酬倡詩文，瑣屑無當者，均無庸採取外，其歷代流傳舊書，内有闡明性學治法，關繫世道人心者，自當首先購覓。至若發揮傳注，考覈典章，旁暨九流百家之言，有裨實用者，亦應備爲甄擇。又如歷代名人洎本朝士林宿望，向有詩文專集，及近時沈潛經史，原本風雅，如顧棟高、陳祖范、任啓運、沈德潛輩，亦各著成編，竝非勦説卮言可比。均應槩行查明。在坊肆者或量爲給價；家藏者或官爲裝印；其有未經鐫刊，祇係鈔本存留者，不妨繕録副本，仍將原書給還，竝嚴飭所屬一切善爲經理，毋使吏胥藉端滋擾。但各省蒐輯之書，卷帙必多，若不加之鑑別，悉令呈送，煩複皆所不免。著該督撫等先將各書敘列目録，注係某朝某人所著，書中要旨何在，簡明開載，具摺奏聞。候彙齊後，令廷臣檢覈，有堪備閲者，再開單行知取進。庶幾副在石渠，用儲乙覽。從此《四庫》、《七略》，益昭美備，稱朕意焉。欽此。

乾隆三十八年二月初六日，奉旨：昨據軍機大臣議覆朱筠條奏，内將《永樂大典》擇取繕寫，各自爲書一節，議請分派各館修書，翰林等官前往檢查，恐責成不專，徒致歲月久稽，汗青無日。蓋此書移貯年深，既多殘闕，又原編體例係分韻類次，先已割裂全文，首尾難期貫串。特因當時採摭甚博，其中或有古書善本，世不恒見。今就各門彙訂，可以湊合成部者，亦足廣名山石室之藏。著即派軍機大臣爲總裁官，仍於翰林等官内選定員數，責令及時專司查校，將原書詳細檢閲，竝將《圖書集成》互爲校覈，擇其未經採録，而實在流傳已少，尚可裒綴成編者，先行摘開目録，奏聞，候朕裁定。其應如何酌定規條，即著派出之大臣詳悉議奏。至朱筠所奏，每書必校其得失，撮舉大旨，敘於本書卷首之處，若欲悉仿劉向校書序録成規，未免過於繁冗。但向閲内府所貯康熙年間舊藏書籍，多有摘敘簡明略節，附夾本書之内者，於檢查洵爲有益。應俟移取各省購書全到時，即令承辦各員，將書中要指檃括總敘厓略，粘開卷副頁右方，用便觀覽。餘依議。欽此。

乾隆三十八年二月十一日，奉上諭：昨據軍機大臣議覆朱筠條奏，校核《永樂大典》一摺，已降旨派軍機大臣爲總裁，揀選翰林等官，詳定規條，酌量辦理。兹檢閲原書卷首序文，其言採掇蒐羅，頗稱浩博，謂足津逮四庫。及覈之書中，别部區函，編韻分字，意在貪多務得，不出類書窠臼，是以踳駁乖離，於體例未能允協。即如所用韻次，不依唐宋舊部，惟以《洪武正韻》爲斷，已覺淩雜不倫。況經訓爲群籍根源，乃因各韻轇轕，於《易》先列「蒙」卦，於《詩》先列《大東》，於《周禮》先列《冬官》。且採用各字，不論《易》、《書》、《詩》、《禮》、《春秋》之序，前後錯互，甚至載入六書、篆、隸、真、草字樣，摭拾米芾、趙孟頫字格，描頭畫角，支離無謂。至儒書之外，闌入釋典、道經，於古柱下史專掌藏書守先待後之義，尤爲鑿枘，不合朕意。從來四庫書目，以經、史、子、集爲綱領，裒輯分儲，實古今不易之法。是書既遺編淵海，若準此以採擷所登，用廣石渠金匱之藏，較爲有益。著再添派王際華、裘曰修爲總裁官，即令同遴簡分校各員，悉心酌定條例，將《永樂大典》詳悉校核。除本係現在通行，及雖屬古書而詞意無關典要者，亦不必再行採録外，其有實在流傳已少，其書足資啓牖後學、廣益多聞者，即將書名摘出，撮取著書大旨，敘列目録進呈，俟朕裁定，彙付剞劂。其中有書無可採，而其名未可盡没者，祇須注出簡明略節，以佐流傳考訂之用，不必將全部付梓。副朕裨補闕遺，嘉惠士林至意。再是書卷帙如此繁重，而明代藏役僅閲六年，今諸臣從事釐輯，更係棄多取少，自當刻期告竣，不得任意稽延，徒誚汗青無日。仍將應定條例，即行詳議，繕摺具奏。欽此。

乾隆三十八年二月二十一日，大學士劉統勳等議奏校辦《永樂大典》條例一摺，奉旨：是依議。將來辦理成編時，著名《四庫全書》。欽此。

乾隆三十八年二月二十八日，奉旨：現在查辦《四庫全書》之翰林等官，著照武英殿修書處之例，給與飯食，即交福隆安派員經理。欽此。

乾隆三十八年五月十七日，奉上諭：前經降旨，博採遺編，彙爲《四庫全書》，用昭石渠美備，竝以嘉惠藝林。旋據浙江、江南督撫及兩淮鹽政等奏到購求呈送之書，已不下四五千種。竝有稱藏書家願將所有舊書呈獻者，固屬踴躍奉公，尚未能深喻朕意。方今文治光昭，典籍大備，恐名山石室，儲蓄尚多。用是廣爲蒐羅，俾無遺佚，冀以闡微補闕。所有進到各遺書，竝交總裁等，同《永樂大典》内現有各種，詳加核勘，分别刊鈔，擇其中罕見之書，有益於世道人心者，壽之梨棗，以廣流傳。餘則選派謄録，彙繕成編，陳之册府。其中有俚淺譌謬者，止存書名，彙爲總目，以彰右文之盛。此採擇《四庫全書》本指也。今外省進到之書，大小長短，參差不一，既無當於編列縹緗，而業已或刻或鈔，其原書又何必復留内府？且伊等將珍

藏善本應詔彙交，深可嘉尚。若因此收存不發，轉使耽書明理之人，不得保其世守，於理未爲公允，朕豈肎爲之！所有各家進到之書，俟校辦完竣日，仍行給還原獻之家。但現在各省所進書籍，已屬不少，嗣後自必陸續加多。其如何分别標記，俾還本人，不致混淆遺失之處，著該總裁等妥議具奏，仍將此通諭知之。欽此。

乾隆三十九年五月十四日，奉上諭：國家當文治休明之會，所有古今載籍，宜及時蒐羅大備，以光册府，而裨藝林。因降旨命各督撫加意採訪，彙上於朝。旋據各省陸續奏進，而江浙兩省藏書家呈獻種數尤多，廷臣中亦有紛紛奏進者。因命詞臣分别校勘，應刊應録，以廣流傳。其進書百種以上者，竝命擇其中精醇之本進呈乙覽，朕幾餘親爲評詠，題識簡端。復命將進到各書，於篇首用翰林院印，竝加鈐記，載明年月姓名於書面頁，俟將來辦竣後，仍給還各本家，自行收藏。其已經題詠諸本，竝令書館先行録副，將原書發還，俾收藏之人，益增榮幸。今閱進到各家書目，其最多者如浙江之鮑士恭、范懋柱、汪啓淑，兩淮之馬裕四家，爲數至五六七百種，皆其累世弆藏，子孫克守其業，甚可嘉尚。因思内府所有《古今圖書集成》，爲書城鉅觀，人間罕覯，此等世守陳編之家，宜俾專藏勿失，以裨留貽。鮑士恭、范懋柱、汪啓淑、馬裕四家，著賞《古今圖書集成》各一部，以爲好古之勸。又如進呈一百種以上之江蘇周厚堉、蔣曾瑩，浙江吴玉墀、孫仰曾、汪汝瑮，以及朝紳中黄登賢、紀昀、勵守謙、汪如藻等，亦俱藏書舊家，竝著每人賞給内府初印之《佩文韻府》各一部，俾亦珍爲世寶，以示嘉獎。以上應賞之書，其外省各家，著該督撫鹽政派員，赴武英殿領回分給。其在京各員，即令其親赴武英殿祗領。仍將此通諭知之。欽此。

乾隆三十九年七月二十五日，奉諭旨：四庫全書處進呈《總目》，於經、史、子、集内分晰「應刻」、「應鈔」及「應存」書目三項，各條下俱經撰有提要，將一書原委，撮舉大凡，并詳著書人世次爵里，可以一覽了然。較之《崇文總目》，蒐羅既廣，體例加詳，自應如此辦理。第此次各省搜訪書籍有多至百種以上，至六七百種者，如浙江范懋柱等家，其裒集收藏，深可嘉尚。前已降旨分别頒賞《古今圖書集成》及初印《佩文韻府》，并擇其書尤雅者，製詩親題卷端，俾其子孫世守，以爲稽古藏書者勸。今進到之書，於纂輯後，仍須發還本家，而所撰《總目》，若不載明係何人所藏，則閲者不能知其書所自來，亦無以彰各家珍弆資益之善。著通查各省進到之書，共一人而收藏百種以上者，可稱爲藏書之家，即應將其姓名附載於各書提要末。其在百種以下者，亦應將由某省督撫某人採訪所得，附載於後。其官版刊刻及各處陳設庫貯者，俱載内府所藏，使其眉目分明，更爲詳細。至現辦《四庫全書總目提要》，多至萬餘種，卷帙甚繁，將來鈔刻成書，繙閲已頗爲不易。自應於提要之外，另刊《簡明書目》一編，祇載某書若干卷，注某朝某人撰，則篇目不繁而檢查較易。俾學者由《書目》而尋《提要》，由《提要》而得全書，嘉與海内之士考鏡源流，用昭我朝文治之盛。著四庫全書處總裁等遵照，悉心妥辦，竝著通諭知之。欽此。

乾隆四十年十一月十七日，奉上諭：據四庫全書館總裁將所輯《永樂大典》散片各書進呈，朕詳加披閲。内宋劉跂《學易集》十二卷，擬請刊刻。其中有青詞一體，乃道流祈禱之章，非斯文正軌。前因題《胡宿集》，見其有道院青詞、教坊致語之類，命删去刊行，而鈔本仍存其舊。今劉跂所作，則因已身服藥交年瑣事，用青詞致告，尤爲不經。雖鈔本不妨姑存，刊刻必不可也。蓋青詞跡涉異端，不特周、程、張、朱諸儒所必不肎爲，即韓、柳、歐、蘇諸大家亦正集所未見。若韓愈之《送窮文》、柳宗元之《乞巧文》，此乃擬託神靈，游戲翰墨，不過借以喻言，竝非實有其事，偶一爲之，固屬無害。又如時文爲舉業所習，自前明以來，通人擅長者甚多，然亦只可聽其另集專行，不竝登文集，況青詞之尤乖典則者乎？再所進書内，有擬請鈔録之王質《雪山集》，内如《論和戰守疏》及《上宋孝宗書》諸篇，詞旨剴切，頗當事理，竟宜付之剞劂，但其中亦有青詞一種，竝當一律從删。所有此二書，著交該總裁等重加釐訂，分别削存，用昭評騭之允。至現在纂輯《四庫全書》，部帙計盈數萬，所採詩文既多，自不能必其通體完善，或大端可取，原不妨棄瑕録瑜。如宋《穆脩集》，有《曹操帳記》，語多稱頌，謬於是非大義，在所必删，而全集或録存，亦不必因此以廢彼。惟當於提要内闡明其故，使去取之義曉然。諸凡相類者，均可照此辦理。該總裁等務須詳慎決擇，使群言悉歸雅正，副朕鑑古斥邪之意。欽此。

乾隆四十一年六月初一日，奉上諭：昨四庫館進呈裒集《永樂大典》散篇，内有《麟臺故事》一編，爲宋待制程俱撰，具詳當時館閣之制。所載典掌三館祕閣書籍，以執政領閣事；又有直祕閣、祕閣校理等官，頗稱賅備。方今搜羅遺籍，彙爲《四庫全書》，每輯録奏進，朕親披閲釐正。特於文華殿後建文淵閣弆之，以充策府，而昭文治，淵海縹緗，蔚然稱盛。第文淵閣國朝雖爲大學士兼銜，而非職掌，在昔竝無其地。兹既崇構鼎新，琅函環列，不可不設官兼掌，以副其實。自宜酌衷宋制，設文淵閣領閣事，總其成。其次爲直閣事，同司典掌。又其次爲校理，分司注册、點驗。所有閣中書籍，按時檢曝。雖責之内府官屬，而一切職掌，則領閣事以下各任之，於内閣、翰詹衙門内兼用。其每銜應設幾員，及以何官兼充，著大學士

會同吏部翰林院定議，列名具奏，候朕簡定。令各分職繫銜，將來即爲定額，用垂久遠。至於四庫所集，多人間未見之書，朕勤加採訪，非徒廣金匱石室之藏，將以嘉惠藝林，啓牖後學，公天下之好也。惟是鐫刻流傳僅什之一，而鈔録儲藏者，外間仍無由窺覩。豈朕右文本意乎？翰林原許讀中祕書，即大臣官員中有嗜古勤學者，竝許告之所司，赴閣觀覽。第不得攜取出外，致有損失。其如何酌定章程，竝著具奏以聞。欽此。

乾隆四十一年七月二十六日，奉上諭：關帝在當時力扶炎漢，志節凜然，乃史書所謚，竝非嘉名。陳壽於蜀漢有嫌，所撰《三國志》，多存私見，遂不爲之論定，豈得謂公。從前世祖章皇帝曾降諭旨，封爲「忠義神武大帝」，以褒揚盛烈。朕復於乾隆三十二年降旨，加「靈佑」二字，用示尊崇。夫以神之義烈忠誠，海内咸知敬祀，而正史猶存舊謚，隱寓譏評，非所以傳信萬世也。今當鈔録《四庫全書》，不可相沿陋習，所有志内關帝之謚，應改爲「忠義」。第本傳相沿已久，民間所行必廣，難於更易，著交武英殿將此旨刊載傳末，用垂久遠。其官板及内府陳設書籍，竝著改刊，此旨一體增入。欽此。

乾隆四十一年九月三十日，奉上諭：昨四庫全書薈要處呈進鈔録各種書籍，朕於幾餘披閱，見粘簽考訂之處頗爲詳細。所有各簽，向曾令其附録於每卷之末，即官板諸書亦可附刊卷尾。惟民間藏板及坊肆鐫行之本，難以概行刊入。其原書譌舛，業經訂正者，外間仍無由得知，尚未足以公好天下也。前經降旨，令將《四庫全書總目》及各書提要編刊頒行，所有諸書校訂各簽，竝著該總裁等另爲編次，與《總目提要》一體付聚珍板排刊流傳。既不虚諸臣校勘之勤，而海内承學者得以由此研尋。凡所藏書，皆成善本，亦以示嘉惠士林至意。欽此。

乾隆四十一年十一月十七日，奉上諭：前因彙輯《四庫全書》，諭各省督撫遍爲採訪。嗣據陸續送到各種遺書，令總裁等悉心校勘，分别「應刊」、「應鈔」及「存目」三項，以廣流傳。第其中有明季諸人書集，詞意抵觸本朝者，自當在銷燬之例。節經各督撫呈進，竝飭館臣詳晰檢閲，朕復於進到時親加披覽，覺有不可不爲區别甄核者。如錢廉益在明已居大位，又復身事本朝，而金堡、屈大均則又遁蹟緇流，均以不能死節，靦顔苟活，乃託名勝國，妄肆狂狺，其人實不足齒，其書豈可復存！自應逐細查明，概行燬棄，以勵臣節而正人心。若劉宗周、黄道周，立朝守正，風節凜然，其奏議慷慨極言，忠藎溢於簡牘，卒之以身殉國，不愧一代完人。又如熊廷弼受任疆埸，材優幹濟，所上封事，語多剴切，乃爲朝議所撓，致使身陷大辟。嘗閲其疏，内有「灑一腔之血於朝廷，付七尺之軀於邊塞」二語，親爲批識云：「至此爲之動心欲淚，而彼之君若不聞，明欲不亡，得乎？」可見朕大公至正之心矣。又如王允成《南臺奏稾》，彈劾權姦，指陳利弊，亦爲無慚骨鯁。又如葉向高爲當時正人，頗負重望，及再入内閣，值逆閹弄權，調停委曲，雖不能免責賢之備，然視其《綸扉奏草》，請補閣臣疏至七十上，幾於痛哭流涕，一概付之不答，其朝綱叢脞，可不問而知也。以上諸人所言，若當時能採而用之，敗亡未必若彼其速。是其書爲明季喪亂所關，足資考鏡。惟當改易違碍字句，無庸銷燬。又彼時直臣如楊漣、左光斗、李應昇、周宗建、繆昌期、趙南星、倪元璐等，所有書籍，竝當以此類推。即有一二語傷觸本朝，本屬各爲其主，亦止須酌改一二語，實不忍竝從焚棄，致令湮没不彰。至黄道周另有《博物典彙》一書，不過當時經生家策料之類，然其中紀本朝事蹟一篇，於李成梁後設謀甚害，具載本末，尤足徵我朝祖宗行事正大光明，實大有造於明人，而彼轉逞狡謀陰計，以怨報德。伏讀《實録》，我太祖高皇帝以七大恨告天，師直爲壯，神戈所指，肇造鴻基，實自古創業者所莫及。雖彼之臣子，亦不能變亂黑白，曲爲隱諱，存其言，并可補當年紀載所未備。因命館臣酌加節改，附載《開國方略》後，以昭徵信。近復閲江蘇所進應燬書籍，内有朱東觀編輯《崇禎年間諸臣奏疏》一卷，其中多指言明季秕政，漸至瓦解而不可救，亦足取爲殷鑒。雖諸疏中多有乖觸字句，彼皆忠於所事，實不足罪，惟當酌改數字，存其原書，使天下後世曉然於明之所以亡，與本朝之所以興。俾我子孫永念祖宗締造之艱難，益思兢兢業業，以祈天而永命。其所裨益，豈不更大？又何必亟燬其書乎！又若彙選各家詩文，内有錢謙益、屈大均所作，自當削去，其餘原可留存，不必因一二匪人致累及衆。或明人所刻類書，其邊塞、兵防等門，所有觸礙字樣，固不可存，然祇須削去數卷，或削去數篇，或改定字句，亦不必因一二卷帙，遂廢全部。他如南宋人書之斥金，明初人書之斥元，其悖於義理者，自當從改，其書均不必燬。使無礙之書，原聽其照舊流行，而應禁之書，自不致仍前藏匿，方爲盡善。著《四庫全書》總裁等妥協查辦，粘簽呈覽，候朕定奪。竝將此通諭中外知之。欽此。

乾隆四十二年八月十九日，奉旨：前經降旨，各省藏書家所呈書籍，於辦畢後即行發還，至督撫等自購呈進之本，俱經奏請留供石渠之藏。其在京大臣官員等所進之書，亦俱請備儲中祕。昨歲大學士等議定文淵閣藏書章程云：俟全書告竣後，各藏其副於翰林院署，立架分貯等語。朕命纂輯四庫全書，原以嘉惠天下萬世，公諸同好，今外省藏書家進到之書，既經陸續給還，所有在京大臣等呈進書籍，

亦應一體付還本家，俾其世守。若爲翰林院藏副計，則各處所進書函，長短闊狹不等，分籤插架，不能整齊，莫若俟《四庫全書》鈔録四分完竣，令照式再鈔一分，貯之翰苑，既可備耽書之人入署就閱，而傳布詞林，亦爲玉堂增一佳話，其各督撫購進諸書，將來仍可彙交武英殿，另行陳設收藏。將此諭令四庫館總裁等遵照辦理。欽此。

乾隆四十二年十月初七日，奉上諭：四庫全書館進呈李廌《濟南集》，其詠鳳凰臺一首，有「漢徹方秦政，何乃誤至斯」之語，於理不順。因檢查《北史・文苑傳敘》，亦有「頡頏漢徹，跨躡曹丕」之句。《韻府》因而録入，均屬未協。秦始皇焚書坑儒，其酷虐不可枚舉，號爲無道，秦後之人深惡痛絶，因而顯斥其名，尚無不可。若曹丕躬爲簒逆，稱名亦宜。至漢武帝在漢室尚爲振作有爲之主，且興賢用能，獨持綱紀，雖黷武、惑溺神仙，乃其小疵，豈得直書其名，與秦政、曹丕竝論乎？且自古無道之君，至桀、紂而止，故有指爲獨夫受者。若漢之桓、靈，昏庸狂暴，遂至滅亡，亦未聞稱名指斥，何於武帝轉從貶抑乎？又如南北朝彼此互相詆毀，南朝臣子稱北朝主之名，北朝臣子稱南朝主之名。宋之於金、元，金、元之於宋亦然。此皆局於其地之私心，雖非天下之公，尚無傷於正理。若李延壽乃唐臣，李廌乃宋臣，其於中國正統之漢武帝，伊祖未嘗不曾爲其臣，豈應率逞筆端，罔顧名義，輕妄若此！且朕御製詩文内，如周、程、張、朱，皆稱爲「子」，而不斥其名。又如韓昌黎、蘇東坡諸人，或有用入詩文者，亦止稱其號而不名。朕於異代之臣尚不欲直呼其名，乃千古以下之臣，轉將千古以上之君稱名不諱，有是理乎？朕命諸臣辦理《四庫全書》，親加披覽，見有不協於理者，如關帝舊謚之類，即降旨隨時釐正。惟準以大中至正之道，爲萬世嚴褒貶，即以此衡是非，此等背理稱名之謬，豈可不爲改正，以昭示方來？著交武英殿將《北史・文苑傳敘》改爲「漢武」，《韻府》内删去此條，酌爲改刊。所有陳設之書，悉行改補，其《李廌集》亦一體更正。竝諭四庫全書館臣等，於校刊書籍内遇有似此者，俱加簽擬改，聲明進呈，毋稍忽略。將此通諭知之。欽此。

乾隆四十二年十一月十四日，奉上諭：前日披覽四庫全書館所進《宗澤集》，内將「夷」字改寫「彝」字，「狄」字改寫「敵」字。昨閲《楊繼盛集》内，改寫亦然。而此兩集中，又有不改者，殊不可解。夷、狄二字，屢見於經書，若有心改避，轉爲非理。如《論語》「夷狄之有君」、《孟子》「東夷」、「西夷」，又豈能改易，亦何必改易？且宗澤所指係金人，楊繼盛所指係諳達，更何所用其避諱耶？因命取原本閲之，則已改者皆係原本妄易，而不改者，原本皆空格加圈。二書刻於康熙年間，其謬誤本無庸追究。今辦理《四庫全書》，應鈔之本，理應斟酌妥善，在謄録草野無知，照本鈔謄，不足深責，而空格則係分校所填，既知填從原文，何不將其原改者悉爲更正？分校、覆校俱係職官，豈宜失檢若此！至總裁等身爲大臣，於此等字面尤應留心細勘，何竟未能逐一校正！其咎更無所辭，非他書總核記過者可比。所有此二書之分校、覆校及總裁官，俱即著交部分别議處。除此二書改正外，他書有似此者竝著一體查明改正，竝諭該館臣嗣後務悉心詳校，毋再輕率干咎。欽此。

乾隆四十三年五月二十六日，奉上諭：朕博蒐載籍，特命諸臣纂輯《四庫全書》，弆藏三閣，又擇其尤精者爲《薈要》，分貯大内及御園，用昭美備，所以多選謄録，寬予限期，以期校成善本，嘉惠藝林。昨辦書期届五年，將校對、謄録諸人，優予議敘，用示勸揚。惟是進呈各書，朕信手抽閲，即有譌舛。其未經指出者，尚不知凡幾？既有校對專員，復有總校總裁，重重覆勘，一書經數人手眼，不爲不詳，何以漫不經意，必待朕之遍覽乎？若朕不加檢閲，將聽其譌誤乎？朕因《四庫全書》應繕寫者統計十六萬八千册，卷帙浩繁，既成大事不妨略其小節，自開館以來無不曲予加恩，多方鼓舞，所以體恤之者倍至。若此任意疎忽，屢訓不改，長此安窮？是徒以四庫書館開倖進之階，爲終南捷徑，又豈可不防微杜漸耶？前定總裁、總校、分校等按次記過，三月查核，交部議處，原不過薄示懲儆，使知愧勵，乃各總裁僅請每部抽看十之一二，以圖卸責。身爲大臣，即不宜如此存心，乃既經抽看，而仍聽其魯魚亥豕，累牘連篇，其又何辭以自解飾耶？嗣後務宜痛加猛省，悉心校勘。其於去取、謄録、分校之際，更不宜左袒，屢乞恩准，以無負朕稽古右文之意，毋再因循干咎。將此再行嚴飭在館諸臣知之。欽此。

乾隆四十四年二月二十六日，奉上諭：四庫全書館節次彙進各省送到違碍應燬書籍，朕親加抽閲。内如徐必達《南州草》所載姦商、姦璫結賄欺君諸疏，俱持論不撓，極爲抗直。又如蕭近高《疏草》内載其劾大璫潘相等以礦税擾民，宋一韓《掖垣封事》亦有劾東厰及税監李鳳、梁永等蠹國病民諸疏，俱屬詳明剴切。又侯震暘《天垣疏略》，以客氏再入禁中，抗章極論，并及於沈潅之交通内臣，亦能侃侃不阿。雖其間若徐爾一之九八分疏，極口詆斥孫承宗，而於温體仁、霍維華等則曲加贊譽，是非倒置，以圖熒聽。此外亦不過摭拾陳言，固無足取。其餘讜論危言、切中彼時弊病者，實俱無慚骨鯁。前因明季諸臣，如劉宗周、黄道周等，立身行己，秉正不回，其抗疏直諫，皆意切於匡濟時艱，忠藎之忱溢於簡牘。已降旨將其違礙

字句酌量改易，無庸銷燬。因復思明自神宗以後，朝多粃政，諸臣目擊國勢之阽危，往往苦口極言，無所隱諱，雖其君置若罔聞，不能稍收補救之效，而遺篇俱在，凡一時廢弛瞀亂之迹，痛切敷陳，足資考鏡。朕以爲不若擇其較有關係者，別加編録，名爲《明季奏疏》，勒成一書，使天下萬世曉然於明之所以亡，亦可垂示方來，永爲殷鑒。況諸臣彈劾權姦，指摘利病，至不憚再三入告，實皆出自愛君體國之誠，而其姓名章疏不盡見於《明史》。朕方欲闡幽顯微，又何忍令其湮没弗彰？況諸臣在勝國言事，於我國家間有干犯之語，彼自爲其主，不宜深責。非若身入本朝、肆爲詆悖者可比。原不妨就其應存諸疏，將觸背字面，量爲改易選録，餘仍分別撤燬，於辦理違礙書籍，似屬竝行不悖。著交該總裁遴選一、二人，詳悉校閲，編輯繕録，以次呈覽，候朕鑒定。竝將此通諭中外知之。欽此。

乾隆四十五年九月十七日，奉上諭：國初設官分職，不殊《周官》法制。及定鼎中原，參稽前代，不繁不簡，最爲詳備。其間因革損益，名異實同。稽古唐、虞，建官惟百。内有百揆、四岳，外有州牧、侯伯，奮庸熙載亮采惠疇，周則監于二代，立三公三孤。秦漢以後爲丞相，爲中書門下平章知政事。明洪武因胡惟庸之故，改丞相爲大學士，其實官名雖異，職守無殊。惟在人主太阿不移，簡用得人，則雖名丞相，不過承命奉行，即改稱大學士，而所任非人，竊弄威福，嚴嵩之流，非仍名大學士者乎？蓋有是君，方有是臣。惟后克艱厥后，庶臣克艱厥臣。昔人言天下之安危係乎宰相，其言實似是而非也。至六官即今之六部，《周禮》典制綦詳，要亦本于唐虞，司徒秩宗諸職。外而督撫，自秦漢以來，所稱守牧節度行省，即唐虞十二牧之遺。歷朝改革，建置紛如，難以縷數。我國家文武内外官職品級，載在《大清會典》，本自秩然。至於援古證今，今之某官即前某代某官，又或古有今無，或古無今有，允宜勒定成書，昭垂永久，俾覽者一目了然。現在編列《四庫全書》，遺文畢集，著即派總纂總校之紀昀、陸錫熊、陸費墀、孫士毅等，悉心校覈。將本朝文武内外官職階級，與歷代沿襲異同之處，詳稽正史，博參群籍，分晰序説，簡明精審，毋冗毋遺。其議政大臣領侍衛内大臣，八旗都統護軍統領健鋭火器營，内務府并駐防將軍及新疆增置各官，亦一體詳晰考證，分門別類，纂成《歷代職官表》一書，由總裁覆核，陸續進呈，候朕閲定，書成後，即以此旨冠於卷首，不必請序。列入《四庫全書》，刊布頒行，以昭中外一統，古今美備之盛。因首論丞相一官，餘可類推。覽是編者其各顧名思義，凛然於天工人代，兢兢業業，夙夜靖共，以庶幾克艱無曠之義。欽哉待諭。欽此！

乾隆四十六年二月十三日，奉上諭：據《四庫全書》總裁奏進所辦《總目提要》内，請於經史子集各部冠以聖義聖謨等六門，恭載列聖欽定諸書及朕御製御批各種。所擬殊屬棼繁，從前開館之初，曾經降旨，以《四庫全書》内惟集部應以本朝御製詩文集冠首，至經史子三部仍照例編次，不必全以本朝官書爲首。今若於每部内又特標聖義諸名目，雖爲尊崇起見，未免又多增義例。朕意如列聖御纂諸經，列於各本經諸家之前。《御批通鑑綱目》等書，列於各家編年諸書之前。《五朝聖訓》、《硃批諭旨方略》等書，列於詔令諸門之前。《御注道德經》，列於各家所注《道德經》之前。其他以類仿照編次，俾尊崇之義與編纂之體竝行不悖。至閲其總目，特載朕前後修書諭旨，及御題四庫諸書詩文爲卷首，所辦未爲盡協。《四庫全書》體大物博，將來書成之日，篇帙浩繁，舉何爲序。所有歷次所降諭旨，刊之總目首卷，以當序，事屬可行。且官撰諸書，亦有以諭旨代弁言者，自不得不如此辦理。至朕題四庫諸書詩文，若亦另編卷首，將來排列轉在列朝欽定諸書之前，心尤未安。雖纂校諸臣尊君之意，然竟似《四庫全書》之輯，端爲朕詩文而設者然，朕不爲也。著將所進詩文六卷撤出，仍分列入朕御製詩文集内，俾各爲卷首。則編排在列朝欽定諸書之後，而四庫書内朕所題各書詩文，列在本集卷首，庶眉目清而開帙了然。將此諭令館臣遵照辦理。欽此！

乾隆四十六年二月十五日，奉上諭：昨據《四庫全書》總裁奏請《總目》請於經史子集各部冠以聖義聖謨等六門，業經降旨，令將列朝御纂御批御製各書分列各家著撰之前，不必特標名目，竝令將卷首所録御題四庫諸書詩文撤出，分列御製詩文各集之前，所以示大公也。朕一再思維，《四庫全書》之輯，廣搜博採，彙萃群書，用以昭垂久遠，公之天下萬世。如經部易類，以子夏《易傳》冠首，實爲説易家最古之書，允宜弁冕羲經。若以欽定諸書列於各代之前，雖爲纂修諸臣尊崇本朝起見，而於編排體例，究屬未協。況經史子集各部内尚有前代帝王論著，以本朝欽定各書冠之，亦未有合。在編輯諸臣，自不敢輕議及此。朕則筆削權衡，務求精當，使綱舉目張，體裁醇飭，足爲萬世法制。即後之好爲論辨者，亦無從置議，方爲盡善。所有《四庫全書》經史子集各部，俱照各按撰述人代先後，依次編纂。至我朝欽定各書，仍各按門目分冠本朝著録諸家之上。則體例精嚴，而名義亦秩然不紊，稱朕折衷詳慎之至意。將此諭令館臣遵照辦理。欽此！

乾隆四十六年十月十六日，内閣奉上諭：四庫全書館進呈書内，有宋葉隆禮奉勅所撰《契丹國志》，其説採摘《通鑑》等編及諸説部書，按年臚載，鈔撮成文，中

間體例混淆，書法譌舛，不一而足。如書既名《契丹國志》，自應以遼爲主，乃卷首年譜，既標太祖太宗等帝，而事實内或稱遼帝，稱國主，豈非自亂其例？又，是書既奉南宋孝宗勅撰，而評斷引宋臣胡安國語，稱爲胡文定公，實失君臣之體。甚至大書遼帝紀元於上，而以宋祖建隆等年號分注於下，尤爲紕謬。夫梁、唐、晉、漢、周，僭亂之主，享國日淺，且或稱臣、稱兒、稱孫於遼，分注紀元尚可，若北宋則中原一統，豈得以春秋分國之例，概分注於北遼之下？又引胡安國論斷，以劫迫其父開門納晉軍之楊承勳，謂變而不失其正。時承勳同父被晉圍，慮禍及身，乃劫其父致被晉戮，而已受晉爵賞。夫大義滅親，父可施之子，子不可施之父。父既背叛，子惟一死以荅君親。豈有滅倫背義，尚得謂之變而不失其正？此乃胡安國華夷之見，芥蔕於心，右逆子而亂天經，誠所謂胡説也。其他乖謬種種，難以枚舉。朕詳加披覽，經指駁者數十條。館臣乃請撤出此部書。朕以《春秋》天子之事，是非萬世之公，昨曾著《正統辨》，論斷甚明。今《契丹國志》既有成書，紀載當存其舊。惟體例書法譌謬，於綱目大義有乖者，不可不加釐正。著總纂紀昀等詳加校勘，依例改纂。其志中之事蹟，如祭用白馬灰牛，氈中枯骨變形視事，及戴野豬頭披皮之類，雖跡涉荒誕，然與詩書所載簡狄吞卵，姜源履武，復何以異？蓋神道設教，古今胥然，義正如此。又何必信遠而疑近乎？其餘遼帝過舉，如母后擅權諸事，足爲後世鑒戒者，仍據志實書，一字不可易。該總裁等覆閲進呈，候朕親定，録入《四庫全書》。竝將此旨書於簡端，以昭綱常名教大公至正之義。特諭。欽此！

乾隆四十六年十月二十七日，内閣奉上諭：《歷代名臣奏疏》，向有流傳選刻之本。《四庫全書》内亦經館臣編次進呈。其中危言讜論，關係前代得失者，固可援爲法戒。因思勝國去今尤近，三百年中藎臣傑士，風節偉著者，實不乏人。跡其規陳治亂，抗疏批鱗，當亦不亞漢唐宋元諸臣。而奏疏未有專本，使當年繩愆糾繆，忠君愛國之忱，後世無由想見，誠闕典也。即或其人品誼未醇，而其言一事，陳一弊，切中利病，有裨時政者，亦不可以人廢言。至神宗以後諸臣奏疏，内有因遼瀋用兵，涉及本朝之處。彼時主闇政昏，太阿倒置，閹人竊柄，權倖滿朝，以致舉錯失當，賞罰不明。其君綴旒于上，竟置國事若罔聞，遂至流寇四起，兵潰餉絶。種種粃政，指不勝數。若楊漣、左光斗、熊廷弼諸人，或折衝疆場，或正色立朝，俱能慷慨建議，剴切敷陳。設明之君果能採而用之，猶不致敗亡若是之極。其事距今百十餘年，殷鑒不遠，尤當引爲炯戒。則諸人奏疏，不可不亟爲輯録也。除《明史》本傳外，所有鈔入《四庫全書》諸人文集，均當廣爲蒐採，裒集成編。即有違礙字句，祗須略爲節潤，仍將全文録入不可删改。此事關係明季之所以亡與我朝之所以興，敬怠之分，天人之際，不可不深思遠慮，觸目警心。著派諸皇子同總師傅蔡新等爲總裁，其皇孫、皇曾孫之師傅翰林等即著爲纂修校録。陸續進呈，候朕親裁。書成後，即交武英殿刊刻，仍鈔入《四庫全書》，將此旨冠于簡端。所有前派紀昀等選出神宗以後各奏疏，即著歸入此書，按其朝代，一體編纂。特諭。欽此！

乾隆四十六年十一月初六日，内閣奉上諭：昨閲四庫館進呈書，有朱存孝編輯《迴文類聚補遺》一種。内載「美人八詠詩」，詞意媟狎，有乖雅正。夫詩以温柔敦厚爲教，孔子不删鄭衛，所以示刺示戒也。故三百篇之旨，一言蔽以無邪。即美人香草以喻君子，亦當原本風雅，歸諸麗則。所謂託興遥深，語在此而意在彼也。自《玉臺新咏》以後，唐人韓偓輩，務作綺麗之詞，號爲香奩體。漸入浮靡。尤而效之者，詩格更爲卑下。今「美人八咏」内所列麗華髮等詩，毫無寄託，輒取俗傳鄙褻之語，曲爲描寫。無論詩固不工，即其編造題目，不知何所證據。朕輯《四庫全書》，當採詩文之有關世道人心者。若此等詩句，豈可以體近香奩，概行採録。所有美人八詠詩，著即行撤出。至此外各種詩集内有似此者，亦著該總裁督同總校分校等詳細檢查，一併撤出。以示朕釐正詩體，崇尚雅醇之至意。欽此！

乾隆五十五年六月初一日，奉上諭：《四庫全書》薈萃古今載籍，富有美備。不特内府珍藏，藉資乙覽。亦欲以流傳廣播，沾溉藝林。前因卷頁浩繁，中多舛錯，特令總纂等復加詳細讐校，俾無魯魚亥豕之譌。兹已釐訂蕆工，悉臻完善。所有江浙兩省文宗文匯文瀾三閣，應貯全書，現在陸續頒發藏庋。該處爲人文淵藪，嗜奇好學之士，自必群思博覽，藉廣見聞。從前曾經降旨，准其赴閣檢視鈔録，俾資蒐討。但地方有司，恐士子繙閲污損，或至過有珍祕，以阻争先快覩之忱。則所頒三分全書，亦僅束之高閣，轉非朕搜輯群書，津逮譽髦之意。即武英殿聚珍板諸書，排印無多，恐士子等亦未能全行購覓。該督撫等諄飭所屬，俟貯閣全書排架齊集後，諭令該省士子有願讀中祕書者，許其呈明，到閣鈔閲。但不得任其私自攜歸，以致稍有遺失。至文淵閣等禁地森嚴，士子等固不便進内鈔閲。但翰林院現有存貯底本，如有情殷誦習者，亦許其就近鈔録，掌院不得勒阻留難。如此廣爲傳播，俾茹古者得睹生平未見之書，互爲鈔録，傳之日久。使石渠天禄之藏，無不家絃户誦，益昭右文稽古，加惠士子盛事，不亦善乎。欽此！

永瑢等《進書表》 多羅質郡王臣永瑢等奉敕編纂《四庫全書》告成，謹奉表上進者。伏以天璣甄度，書林占五緯之祥；帝鏡懸光，藝苑定千秋之論。立綱維

於鼇極，函列雲珠；媲删述於龍蹲，契昭虹玉。理符心矩，絜三古以垂謨；道叶神樞，匯九流而證聖。治資鑒古，德洽敷文。臣等誠懽誠忭，稽首頓首、上言。竊惟神霄九野，太清耀東壁之星；懸圃三成，上帝擴西崑之府。文章有象，翠嬀遂吐其天苞；繪畫成形，白阜肇圖其地絡。書傳蒼頡，初徵雨粟之祥；籙授黄神，始貯靈蘭之典。洞庭祕簡，稽大禹所深藏；柱下叢編，付老聃以世守。秦操金策，聖籍雖焚；漢理珠囊，遺經故在。儒生密寶，維孔鮒之承家；謁者旁求，見陳農之奉使。蝌文以後，篇章自是滋多；麟閣所儲，條目於焉漸備。杖吹藜火，夜讎《别録》之編；衣染鑪香，坐校《中經》之簿。王仲寶區其流别，定新志之九條；阮孝緒撮其叢殘，括舊傳之五部。勘書妙畫，世摹展氏之圖；捲幔飛仙，史載隋宫之蹟。唐武德訖乎天寶，鈿軸彌增；宋景祐繼以淳熙，牙籤再録。南征俘王，元遷三館之幮；北極營都，明運十艘之櫝。莫不前徵邃古，丹壺溯合雒之蹤。岦發空林，青簡玨頻斯之篆。西州片札，辨點漆於將磨；南雍殘文，檢穿絲於已斷。竹編未朽，名認師春。瓠本猶攜，稾存班固。爬羅纖碎，或得諸玉枕石函；掇拾畸零，均給以螺丸麻紙。精鏐廣購，一篇增十四之酬；華贉重緗，三品别兩廂之等。凡以窮搜放失，獵文林辨囿之煿互鏡瑕瑜，立聖域賢關之訓。結德輿而輨轄，軌順經涂；儫學海以沿波，源通道筏。然而掇餘易匱，四千卷既匄殘膏；騖廣彌蕪，百兩篇更珍贋鼎。丹青失實，或貽誚於王充；朱紫相淆，孰齊蹤於鄭默。甚乃别風淮雨，惜奇字而偏留；或如許緑紂紅，踵駮文而莫悟。蘭臺庋貯，多如賄改漆經；棗板摹傳，遂至誤尊閣本。故《祕書總目》，鄭夾漈復議校讎；而《文苑英華》，彭叔夏重加辨證。從未有重熙累洽，雯華懸紫極之庭；稽古崇儒，册府闢丹宸之館。彌綸宙合，識大識小之無遺；榮鏡登閎，傳信傳疑之有準。金模特建，寶思周融，如今日者也。欽惟皇帝陛下瑞席蘿圖，神凝松棟。播威稜於十曲，響震靈夔；洽文德於四溟，兆開神鷟。帝嬀歌詠，已題九萬瓊牋；臣向編摩，更緝三千寶牘。博收竹素，仍沿天禄之名；珍比琳瑯，永付長恩之守。乃猶尋端竟委，溯支絡於詞源；緯地經天，探精微於義海。昭陽韶歲，特紬翰府之藏；永樂遺編，俯檢文樓之帙。例取諸吴興《韻海》，割裂雖多；體宏於孟蜀《書林》，蒐羅終富。榛楛宜翦，命刊削其讕言；瀝液堪珍，敕比排其墜簡。焦桐漆斷，重膠百衲之琴；古壘銅斑，合鑄九金之鼎。復以羽陵蠹牘，或有存留；宛委藏餘，不無佚漏。十行丹詔，徧徵汲古之家；《七録》緗囊，廣啓獻書之路。逸經斷策，出目大航；雜卦殘篇，發從老屋。錦帆掠舵，孟家東洛之船；玉軑飛軨，吴氏西齋之軸。鱗排玉字，多王桀之所未聞；筍束金繩，率張華之所莫識。光明繭紙，朱題芸帙之名；蟠屈鸞章，紫認槐廳之印。紅棃隔院，曹司對設於東西；青鏤濡香，品第詳分其甲乙。天潢演派，光連太史之河；卿月澄暉，彩接文昌之宿。總司序録，叨楊億之華資；分預校讎，列任宏之清秩。銀袍應召，驤雲路以彈冠；粉署徵才，記仙郎而題柱。懷鉛握槧，學官願效其一長；切綫割圜，博士亦研其九術。遂乃别開書局，特分署於龍墀；增置鈔胥，競抽毫於虎僕。圖與史竝陳左右，粉本鉤摹；隸與蝌兼備古今，絲痕蹣扁。曹連什伍，各隸屬於寫官；工辨窳良，均稽研於計簿。提綱挈領，董成者職總監修；補闕拾遺，覆勘者官兼詳定。庀器預儲於將作，棐几筠簾；傳餐偏給於大官，珉糜珠餡。温鑪圍炭，紋凝鵁鶄之青；朗甃涵冰，色暎玻璃之白。花甎入直，地同兜率天宫；蓮炬分行，人到鄉嬛福地。瓊箱牒送，全搜縢囊帷蓋之餘；芝殿籤排，其刊木扇金華之謬。程材效技，各一一而使吹；累牘連篇，遂多多而益辦。香霏辟惡，擁書何止百城；瀋漬隃糜，削稾寧惟兩屋。譬入衆香之國，目眩瞀於花光；宛遊群玉之峯，神愕眙於寶氣。豈但鴻都多士，駴聞見所未曾；實令虎觀諸儒，辨妍媸而莫決。所賴恭承睿鑒，提玉尺以量材；仰稟天裁，握銀華而鑒物。初披卷軸，其掇零璣；即荷絲綸，務蘄完璧。吴澄《易》翼，辨顛倒乎陰陽；楊簡《詩》音，斥混淆乎周漢。稗官勦説，删馬角之荒唐；譯史傳聞，摘象胥之譌異。醮章祈福，發凡於劉跂之詞；　語録參禪，示例於齊熙之記。固已南車指路，陟道岸而衢亨；北斗旋杓，揆文星而度正。洎乎群書大集，品雜金沙；聖訓彌彰，鑒澄珠礫。詁經忌鑿，黜錯簡於龜文；論史從公，溯編年於麟筆。立言乖體，四明之録必删；贋古誣真，五柳之名宜辨。《七籤》、《三藏》，汰除釋老之編；《五蠹》、《九姦》，排斥申韓之術。毒深孔雀，無容校寫其青詞；巧謝琁璣，未許增添其錦字。小山豔曲，削香奩脂盝之篇；金谷新詞，刊酒肆歌樓之句。凡皆詞臣之奏進，誤點丹黄；一經聖主之品題，立分黑白。至於銅籤報夜，紫殿勤披；玉案開緘，丹毫親詠。五家《易》説，岐塗附闢其《傳燈》；四代《書》箋，餘緒兼詳乎《括地》。前車後鑒，陳風雅於經筵，斜上旁行，寓《春秋》於《世本》。盧陵處士，特申僭上之防；安定門人，大著尊王之義。王元杰名同讞獄，爲雲谷之重儓；洪咨夔跡類探囊，竊玉川之餘瀋。四箴誤注，寧知顔巷之心；二佛同稱，轉隘尼山之量。《六經》作繪，全收諸楊甲圖中；《七緯》成編，知出自莊周書後。五音分配，篆文互備其形聲；二史交參，奇字各通其假借。古香馣馤，細辨班《書》；碎腋穿連，重刊薛《史》。清流肇釁，示鑒戒於東林；正統明尊，存綱常於西蜀。派沿涑水，袁、朱之新例兼存；俗記扶餘，班、范之譌傳竝

訂。黨碑再勒，嗟揖盜而開門；權燄彌張，嗤教星而替月。西湖遊蹟，殊憐野老之藏名；北使賓筵，深陋詞臣之校射。宋鈔僅賸，蒐舊志於臨安；金刻稀聞，寶遺聞於貞觀。或攻或守，徒存十鑑之兵謀；相勝相生，未信五行之德運。建炎政草，媿彼中興；至正刑章，斥其左袒。李尊洛學，辨道命於天原；酈注桑書，剖源流於地理。史腴詳摘，有逾漢雋之精；經笥懸探，更勝曹倉之富。至於孔庭舊語，首定儒宗；蔡帳祕文，嚴排異説。范祖禹之《帝學》，具有淵源；曾公亮之《武經》，姑存崖略。横戈危堞，節取陳規；握策靈臺，參徵蘇頌。算窮杪忽，《九章》研鮑澣之藏；術雜縱横，十卷稽趙蕤之撰。楚中隱士，互權韓柳之評；婺郡名賢，不廢吕、唐之學。臚登識記，衍《洪範》而原非；妄議井田，託《周官》而更誤。《錢塘遺事》，深譏首鼠於宋、元；《曲洧舊聞》，微憾操戈於洛蜀。絀聽有取，旁通方朔之言；指佞無難，慎聽韓非之説。陳思《書苑》，列筆陣而成圖；馬總《意林》，搴詞條而擢秀。黄伯思之博洽，石墨精研；孫逢吉之淹通，雲龍遥溯。多知舊事，病歌舞之銷金；一洗清波，笑詞章之諛墓。《太平御覽》，徒粉飾乎嘉名；《困學紀聞》，偶抨彈其迂論。晚唐《小史》，入廚寧取乎卮言；南宋《枝談》，按鞫深嫌其曲筆。十七卷騷人舊製，更證以草木之名；二百年吏部清吟，特賞其煙霞之氣。兼推韓、杜，續來鳳觜之膠；竝採郊、祁，擬以棠華之句。文恭著作，先歐、尹而孤行；忠肅風裁，抗蘇、程而角立。勤王留守，呼北渡者凡三；殉節侍郎，壯南朝者惟一。學如和叔，原不限以宗朱；詩到儀卿，乃轉嫌其入墨。讀書祕閣，明詹初論古之非；從宦金淵，賞仇遠耽吟之癖。楊維楨取其辨統，而頌莽則當誅；劉宗周閔其完忠，而吠堯爲可恕。凡茲獨斷，咸稟睿裁；懿此同情，實孚公義。苞千齡而建極，道出於天；綜百氏以歸型，言衷諸聖。權衡筆削，事通乎春賞秋刑；絜度方圓，法本乎乾規坤矩。是以儀璘懸耀，揆景皃趨；鏞棧先鳴，聆音鼉集。鯨鐘方警，啓蓬館以晨登；鶴籥嚴關，焚蘭膏以夜繼。披文計數，寧止於萬七千篇；按月程功，務得夫四十五日。裁縫無迹，先成綴白之裘；傳寫相爭，齊炙汗青之竹。架羅黄卷，積盈有似於添籌；几擁烏皮，刊謬時防其掃葉。畢昇活板，漸看字是排成；曾鞏官書，已見序稱校上。加以《乾》行至健，七旬之念典彌勤；《離》照無遺，一字之褒譏恒審。梁驧練士，庚郵遞初寫之函；雲輅巡方，乙夜展重修之卷。至二至再，戒玉楮之遲雕；數萬數千，摘金根之屢誤。坤原爲釜，兼搜刊板之譌；芋或作羊，細檢鈔書之謬。毫釐不漏，戢旁添待補之戈；塗黈必嚴，羅上辨續加之網。削除不盡，時飭以安下雌黄；輪郭空存，常指其竟同曳白。明周纖芥，共欽睿照無遺；報乏微涓，彌覺媿心生奮。若夫考勤校惰，督課雖詳；荷寵邀榮，恩慈實渥。風雲得路，先登或列於九官；雨露均滋，中考亦賜以一級。柏臺聯句，聽鳳律之新聲；芸署題名，踵麟臺之故事。墨勻蟬翅，祖帖雙鉤；帙簇龍紋，天書五色。猩毛擢穎，膩魚子之華牋；龍尾雕紋，融麝煤之芳氣。銀罌翠管，細縈百和之香；錦段香羅，交映五明之扇。繡囊委佩，鋌貯朱提；珍毳豐茸，帕裁白氎。雕盤列飣，果分西域之甘；華俎嘗新，瓜勝東陵之種。自天宣賜，多非夢寐所期；無地酬恩，惟以文章爲報。周陔始末，擬勒長編；别採英華，先爲縮本。曩長庚之紀歲，慶叶嵩呼；屬太乙之占祥，象符奎聚。八年敬繕，挹古今四庫之精；兩部分儲，合大小二山之數。惟全書之浩博，實括群言；合衆手以經營，倏逾數載。香薰蘭櫝，方粗就而未終；閣聳雲楣，已先成以有待。文河疏瀹，初如江别爲三；筆海朝宗，繼乃瀆增以四。望洋無際，慮創始之爲難；登岸有期，幸觀成之可冀。較刪繁之别帙，又閲兩年；勒彙總之鴻裁，已盈一部。插籤分帙，次按乎甲乙丙丁；列架臚函，色别其赤青白黑。經崇世教，貴實徵而賤虛談；史繫人心，削誣詞而存公論。選諸子百家之粹，博收而不悖聖賢；懲十人九集之非，嚴汰而寧拘門户。上沿虞夏，咸挹海以求珠；下採元明，各披沙而見寶。六千篋璋分圭合，延閣儲珍；二百卷部次州居，《崇文》列目。釋名訓義，因李肇之《解題》；考異參同，近歐陽之《集古》。事稽其實，循文防誤於樹萱；詞取其詳，求益非同於買菜。人無全美，比量其尺短寸長；語或微疵，辨白其玉瑕珠纇。一經採録，真同鯉上龍門；附載姓名，亦使蠅隨驥尾。元元本本，總歸聖主之持衡；是是非非，盡掃迂儒之膠柱。至其盈箱積案，或汗漫而難尋；復以提要鉤元，期簡明而易覽。譬諸典謨紀事，别行小序之一篇；類乎金石成書，先列諸碑之十卷。分綱列目，見義例之有條；按籍披圖，信源流之大備。水四瀛而山五嶽，侔此壯觀；前千古而後萬年，無斯巨帙。蓋非常之制作，天如留待於今；而希有之遭逢，人乃躬當其盛。叨司校録，實忝光榮。臣等功謝囊螢，識同闚豹。鑽研文字，未能脈望之通仙；延緩歲時，僅類鞠通之食墨。仰蒙訓示，得聞六藝之源；曲荷寬容，許假十年之限。百夫決拾，望學的而知歸；一簣成山，營書嚴而幸就。欣陳寶笈，對軒鏡之澄光；恭進瑶階，同義圖之永寶。從此依模范狀，若疊矩而重規；因之循軌知途，益輕車而熟路。先難後易，一隅可得而反三；謀始圖終，百里勉行乎半九。精心刊誤，八行細檢朱絲；協力鳩工，萬指齊磨烏玉。連綿告蕆，竚看四奏天閶；迅速先期，不待六更歲籥。人文成化，帝機運經緯之功；皇極敷言，王路示會歸之準。觚棱雲構，嵬峩乎銀牓璇題；方策星羅，珍貴乎

金膏水碧。曰淵、曰源、曰津、曰溯，長流萬古之江河；紀世、紀運、紀會、紀元，恒耀九霄之日月。竝《五經》以垂訓，道通乎丹書緑字之先；合六幕以同文，治超於元律蒼牙之上。臣等無任瞻天仰聖，踴躍歡忭之至。謹奉表恭進以聞。

劉權之《紀文達公遺集序》 乾隆三十七年，朱筠河學士奏聞高宗純皇帝勅輯《永樂大典》，並蒐羅遺書，特命吾師總纂《四庫全書總目》，俱經一手裁定，故所存者惟此獨全。

陳鶴《紀文達公遺集序》 我師河間紀文達公，以學問文章著聲公卿間四十餘年，國家大著作非公莫屬。其在翰林校理《四庫全書》七萬餘卷。《提要》一書，詳述古今學術源流，文章體裁異同分合之故，皆經公論次，方著於録。嘗語人：自校理祕書，縱觀古今著述，知作者固已大備，後之人竭其心思才力，要不出古人之範圍；其自謂過之者，皆不知量之甚者也。故生平未嘗著書；間爲人作序、記、碑、表之屬，亦隨即棄擲，未嘗存稾竊。

阮元《紀文達公遺集序》 高宗純皇帝命輯《四庫全書》，公總其成。凡六經傳注之得失，諸史記載之異同，子集之支分派别，罔不抉奥提綱，溯源徹委。所撰定《總目提要》多至萬餘種，考古必衷諸是，持論務得其平。光稽古之聖治傳於無窮，凖諸獻王之寫定《周官》、《尚書》、《禮》、《禮記》、《孟子》、《老子》，厥功尤茂焉。

又《浙江刻四庫書提要恭跋》（《揅經室二集》） 欽惟我皇上稽古右文，恩教稠疊，乾隆四十七年，《四庫全書》告成，特命如内廷四閣所藏，繕寫全册，建三閣於江、浙兩省，諭士子願讀中祕書者就閣傳寫，所以嘉惠藝林，恩至渥，教至周也。《四庫》卷袟繁多，嗜古者未及徧覽，而《提要》一書，實備載時地姓名及作書大旨，承學之士，鈔録尤勤，毫楮叢集，求者不給。乾隆五十九年，浙江署布政使司臣謝啓昆、署按察使司臣秦瀛、都轉鹽運使司臣阿林保等請於巡撫兼署鹽政臣吉慶，恭發文瀾閣藏本校刊，以惠士人，貢生沈青、鮑士恭等咸願輸資鳩工集事，以廣流傳。六十年，工竣。學政臣阮元，本奉命直文淵閣事，又籍隸揚州，揚州大觀堂所建閣曰「文匯」，在鎮江金山者曰「文宗」，每見江、淮人士瞻閲二閣，感恩被教，忻幸難名。兹復奉命視學兩浙，得仰瞻文瀾閣於杭州之西湖，而是書適刊成，士林傳播，家有一編，由此得以津逮全書，廣所未見，文治涵濡，歡騰海宇，豈有既歟。臣是以敬述東南學人歡忭感激之忱識於簡末，以仰頌皇上教化之恩於萬一云爾。

周中孚《鄭堂讀書記》卷三二 《欽定四庫全書總目》二百卷，湖州沈氏刊本。乾隆三十八年奉敕撰。欽惟我高宗純皇帝《欽定四庫全書》，於每書之前，特命館臣各撰《提要》一篇，撮取著書大旨。復命各書提要合編爲《總目》，俱照全書之例，以經、史、子、集分爲四部。每部之首各冠以《總序》，撮述其源流正變，以挈綱領。凡分經部十類，史部十五類，子部十四類，集部五類。每類之首亦各冠以《小序》，詳述其分併改隸，以析條目。每類之中，先以文淵閣著録者列前，而以附存其目者列後。或流别繁碎者又分析子目，使條理分明。如其意有未盡，例有未該，則或於子目之末，或於本條之下，又坿注案語以明通變之由。所列諸書各以時代爲次，其歷代帝王著作，從《隋書·經籍》例，冠各代之首。至於列朝聖製，特命各從門目，並於國朝著述之前。每書名之下，各注某家藏本，以不没所自。其坊刻之書不可專題一家者，則注曰「通行本」。各書編次先後，槩以登第之年、生卒之歲爲之排比，或據所往來倡和之人爲次。無可考者則附本代之末。釋道、閨閣、宦寺以及外國之作，亦各從時代，不復區分。至於箋釋舊文，則仍從所注之書，而不論作注之人。若裒輯舊文而自爲著述，與因原書而考辨者事理不同，則仍隨時代編入。每書先列作者之爵里，以論世知人，次考本書之得失，權衆説之異同，以及文字增删，篇帙分合，皆詳爲訂辨，巨細不遺。而人品學術之醇疵，國紀朝章之法戒，亦未嘗不各昭彰癉用。著勸懲其上者，悉登著録，罔至遺珠。其次者亦長短兼臚，瑕瑜不掩。其有言非立訓、義或違經，則坿載其名，兼匡厥謬。若夫尋常著述，未越群流，雖咎譽之咸無，究流傳之已久，凖諸家著録之例，亦併存其目，以備考核。統計著録一百二卷，存目八十七卷，著録存目併者十一卷，總二百卷，冠以聖諭一卷，進表職名一卷，凡例一卷，門目一卷。竊謂自漢以後，簿録之書，無論官撰私著，凡卷第之繁富，門類之允當，考證之精審，議論之公平，莫有過於是編矣。昔馬端臨自敘其《經籍考》，以爲俾覽之者如入群玉之府，而閲木天之藏，不特有其書者稍加研究，即可以洞究旨趣。雖無其書者，味兹題品，亦可以蠡窺端倪，蓋殫見洽聞之一也。竊於兹編亦云：凡經部著録六百八十四種，九千六百六十二卷，存目一千七十二種，一萬一百五十九卷；史部著録五百六十三種，二萬一千九百五十三卷，存目一千五百七十二種，一萬六千二百九十三卷；子部著録九百二十四種，一萬七千八百九十三卷，存目二千十四種，四萬一千三百八十八卷；集部著録一千二百七十七種，二萬九千二百五十四卷，存目二千一百二十五種，二萬四千四百一卷。統計著録三千四百四十八種，七萬八千七百六十二卷，存目六千七百八十三種，九萬二千二百四十一卷。計共一萬二百三十一種，十七萬一千三卷。内三百九十一種無卷數。

又《欽定四庫全書附存目録》十卷。通行小本。國朝胡虔編。虔，字雒君，桐城人，嘉慶元年薦舉孝廉方正。後有乾隆癸丑自跋。謂《欽定四庫全書提要》，凡二百卷。正目已有知不足齋刻本，謂《簡明目録》。乃録其存目，釐爲十卷。今以沈刊提要本核之，門類次序，悉仍其舊。間有增減，書名異同，或鈔録之誤，惟所載書目，或提要有而此本無者，計有九種。或此本有而提要無者，計有三十二種。曾見存目舊鈔本，係照館中初編之稾録出，與是本無異。知雒君即據初稾本編定付刊，故與沈提要刊本不同。今取各本有無，附録如左，以便檢閱。

《清朝文獻通考・經籍考》　《欽定四庫全書總目》二百卷，《簡明目録》二十卷。乾隆四十七年奉勅編。臣等謹按：前代著録之書，若《七略》、《七録》見於史志者，部分次第，多爲後人所駁正。蓋其時立法未善，蒐羅未廣，又聽臣下意爲進退，鑒別不精，故無以定是非之準。而匯古今之大全。我皇上典學稽古，嘉惠藝林。乾隆三十七年，詔求遺書。四方大吏，悉心採録。江南、浙江好古之士，各以其藏書來獻。旋因安徽學政朱筠言《永樂大典》中多人間未見之本，命開四庫全書館於翰林院，遴選儒臣，詳審編覈。又設局於武英殿，專司繕録之事。凡經、史、子、集，條分得失，其善本則著録。其外間所稀觀者，則以聚珍板廣厥流傳，其餘則附見存目。每校一書，進呈乙覽。仰蒙御製詩章敷言，建極式型，奕禩衮鉞。同昭館臣得奉以編摩，次第甄録，四十六年編定全書三萬六千册，從古圖書之備，未有盛於此者。復綜各書提要，合爲《總目》。又專輯著録各書，括其簡要爲《簡明目録》。大聖人親示折衷，垂定論於億載，固非《崇文總目》諸書所能希踪萬一矣。

俞樾《春在堂尺牘》卷三　大著《正紀》二卷，議論持平，考訂該洽，如摘盧刻《大傳》之訛；論北宋以前《史記集解》與《索隱》、《正義》無合刻本；辨楊誠齋不以黨禁罷官。皆塙鑿有據。僕史學荒疏，末由贊一詞。重違來意，聊識數語于上方，不足以裨補高深也。惟鄙意竊有所未安者，《提要》雖紀文達手筆，而實是欽定之書。觀其進《簡明目録》表有曰：「元元本本，總歸聖主之權衡。是是非非，盡掃迂儒之膠柱。」則固有以間執後人之口矣。非如楊氏《丹鉛録》，私家著述，陳氏耀文不妨有《正楊》之作也。世道多艱，人言可畏，吾輩生平又不爲俗人所喜，得無有持其後者乎！此鄙人「彭祖觀井蔡公過航」之私見，未識高明以爲何如？

阮福《四庫未收書提要序》　家大人在浙時曾購得《四庫》未收古書，進呈内府。每進一書，必仿《四庫提要》之式，奏進提要一篇。凡所考論，皆從采訪之處，先查此書原委，繼而又屬鮑廷博、何元錫諸君子參互審訂。家大人親加改定、纂寫，而後奏之。十數年久，進書一百數十部。此《提要》散藏于揚州及大兄京邸。福因偕弟祜孔厚校刻《揅經室集》，請録刊《提要》于集内。家大人諭此篇半不出於己筆，即一篇之中創改，亦復居半文，不必存而書應存，可別而題之曰《外集》。道光二年，阮福謹記。

李兆洛《養一齋文集》卷四《惜抱軒書録跋》　右《書録》四卷，姬傳先生分纂《四庫書總目》時所屬稿也。校頒刊之本時有差異，蓋進呈乙覽時，總裁官稍潤色之，今與他篇體裁畫一焉。先生刊文集時不以此入録，當以各書所編訂業見采於《總目》故。而讀先生文者，即篇章殘闕猶思摭拾，況首尾完具如斯録乎。先生懋學淳詣，養之以盅粹，所論著者，較然於正僞是非毫釐之辨，徐條其得失，所自衷之於道，使膠固融釋。其或載記舛午，則旁綜他籍，備列殊文，鈎甄疑似，使讀者循覽而自得之。蓋即此數卷，而先生文章精嚴之旨略具，誠不可以無傳也。石甫明府補刊以附全集，以校録屬之兆洛，謹私識其所知者。道光十二年七月武進李兆洛識。

毛嶽生《惜抱軒書録序》（姚鼐《惜抱軒書録》）　學術之衰久矣，自學者不務知類通達，而惟考辨於古書傳記以矯宋儒之失，職業益以不修，而材識亦日蒙錮。夫宋儒患學者不知德性之尊，放達矜肆，訖以頹亡，其賢者又多溺於文辭章句，於是深求性道誠敬之理，以治其弱而救其弊，其意亦未嘗廢學也。竊其説者，多疏陋迂執，譎詐嵬瑣之輩，託以自尊，陰以濟其忮刻而文其不學之鄙，學術於以大壞。百餘年來，鉅材碩學盡發其矯誣妄作之病，由是古昔書傳微文奥旨以及數度名物，雖極隱伏，堙塞幾絶，多錯綜異同，條其義類，他考覈亦率精確可觀。蓋自元明至今，未有若斯盛焉。然其流失，至於穿鑿膠合，破碎繳繞，豪髮膚末之事，往往辨論至數千百言。曩之善者，其於德業通變、政理得失都不增損，何況攻訐參商，言行激詭，遷隨視一時之喜怒毀譽以爲趨向哉。由是言之，不可以考古之失追咎漢世諸儒，而可以襲宋儒之説而悖者並以責昔之君子也。雖然，君子之學有本焉、有末焉，未有本盛而末不修者矣，亦未有末之修而轉摧其本者矣。誠通曉乎理道，博聞强識，凡所論著，達其是非利病正僞之自，文或奥頤舛錯，闕疑詳説，而俱有明通之識、體用之意，庶幾求免於不知而作者，此或孔子一貫之道歟。《易》曰：「君子以多識前言往行以畜其德。」蓋古人養之於小學之時，以成其瑰偉瓌異之材，其道固如斯也。桐城姚先生惜抱，篤行懋學，軌以程、朱，爲海内大賢。文章議論浩博堅整，而畢出深醇。先生嘗云：「學問之事，有義理、考證、詞章三者，世必有豪傑之

士兼收其美。」若先生者，可謂具得其要領者也。然先生性尤謙約，平生誨人輒以争名爲戒。原先生之意，争名習勝，則始尚許、鄭而薄程、朱，後且有舍許、鄭而更求其勝者。智足以伸其辨，學足以充其識，雖非荒言曲説，盡棄傳注，而新奇怪僻之義興，使人益惶惑失守，至爲心術之害，此不可不慎者也。當乾隆間，考證之學尤盛，凡自天文、輿地、書數、訓詁之學皆備，先生邃識綜貫，諸儒多服，而終不與附和駁難，惟從容以道自守而已。時紀文達爲《四庫全書》館總纂官，先生與分纂。文達天資高，記誦博，尤不喜宋儒。始，大興朱學士筠以翰林院貯有《永樂大典》，內多古書，皆世闕佚，表請官校理，且言所以搜輯者。及是遺書畢出，纂修者益事繁雜，詆訕宋元來諸儒，講述極庳隘謬盭可盡廢，先生頗與辨白，世雖異同，亦終無以屈先生。文達特時損益其所上序論，令與他篇體製類焉。先生以既見采用，置弗編次，然其書實無害爲私家著録也。嗚呼，先生深造於道德文學，浩博深醇，其可師表後世者，固不獨此也。而觀所序論，即非經史制度大者，言深而不隱，理當而不苛，去煩重，著體要，粹然有劉子政、曾子固之風，豈非示天下後世以醇儒之學，所遇無鉅細而發見無不然乎。先生之從孫金壇令石甫，器識閎傑，文尤雄駿奇變，在所明肅，慈惠不苛。然則先生所示爲醇儒之學者，石甫必益恢大其傳緒焉矣。《書録》凡四卷，文八十八首，往與武進李申耆先生校正誤脱，石甫今爲刻附先生集後。嶽生嘗學於先生，石甫又不棄顓固。《詩》不云乎，「自古在昔，先民有作」，矧親承言議哉，輒僭述所聞著於篇。道光十二年十一月六日戊寅，寶山弟子毛嶽生謹譔。

李慈銘《越縵堂讀書記·史部·目録類》 《四庫全書總目提要》，清紀昀撰。閲《四庫總目》子部。總目雖紀文達陸耳山總其成，然經部屬之戴東原，史部屬之邵南江，子部屬之周書倉，皆各集所長。書倉於子，蓋集畢生之力，吾鄉章實齋爲作傳，言之最悉。故是部綜録獨富，雖間有去取失宜，及部敘未當者，要不能以一疵掩也。耳山後入館而先殁，雖及見四部之成，而《目録》頒行時，已不及待。故今言《四庫》者，盡歸功文達。然文達名博覽，而於經史之學實疏，集部尤非當家。經史幸得戴邵之助，經則力尊漢學，識詣既真，別裁自易；史則耳山本精于考訂，南江尤爲專門，故所失亦尠。子則文達涉略既徧，又取資貸園，彌爲詳密。集部頗漏略乖錯，多滋異議。同治丙寅四月二十八日。

《四庫》子部提要，多出歷城周書倉永年之手。書倉專精丙部，而紀河間之學，亦長於諸子，故精密在史部集部之上。即以類書一門言之，鉤貫淹通，於極繁重之書，皆指瑕尋閑，得其條理，誠自古目録家所未有。然亦有失之眉睫者，如李瀚《蒙求集注》於顔叔秉燭句云事出毛公《詩傳》。案《小雅》《巷伯》哆兮侈兮下毛《傳》載顔叔子獨處於室，使鄰婦執燭達旦事，其文甚詳，是注本不誤。而《提要》乃云今《詩傳》實無此文。《藝文類聚》引莊子梁君射白鴈事，案此與《新序》《雜事篇》二所載大略相同。《太平御覽》三百九十《人事部》引此亦作《莊子》。《困學紀聞》卷十載《莊子》逸篇三十九條，此事亦據《類聚御覽》諸書輯入，是本不誤。而《提要》乃據彭叔夏《文苑英華辨證》云《莊子》無其語，謂所摘中其失。以是知考據之難也。光緒乙亥二月初一日。

《四庫提要》言陳其年駢文《毛貞女墜樓詩序》有云：空空貫下天之狀，此自用李斯對秦始皇鑿之空空如下天狀，而注乃引《劍俠傳》妙手空空兒，極爲可笑。案《繹史》卷一百四十九引蔡質《漢儀》云：李斯治驪山陵，上書云臣所將隸徒七十二萬人治驪山者已深已極，鑿之不入，燒之不爇，扣之空空，如下天狀，非鑿之空空也。光緒乙亥七月十六日。

《四庫書目》，許謙《讀書叢説提要》云：蔡沈釋《堯典》本《張子》天左旋、處其中者順之少遲則反右之説，不知左旋者東西旋，右旋者南北旋，截然殊致，非以遲而成右也。日東出西没，隨大氣而左，以成晝夜，非日之自行。其自行則冬至後由南斂北，夏至後由北發南，以成寒暑。月之隨大氣而左及其自行亦如之。案自來言天者，皆曰天左旋，日月右旋，《晉書·天文志》乃有蟻行磨上之喻，謂磨左旋蟻右行，磨疾蟻遲，不得不西。然其分左右旋，無異説也。横渠創爲天與日月皆左旋之説，而朱子取之，蔡《傳》遂用其説，後儒駁之是也。此以右旋爲南北旋，及以日東出西没爲隨大氣而左，皆出於西人之説，似非可以正元以前人之書。光緒戊寅三月二十九日。

蕭穆《敬孚類稿》卷五《跋四庫全書總目韻編》 《欽定四庫全書總目》二百卷，於二千年來經、史、諸子百家，分門別類，辨析疏通源流得失，如指諸掌，實爲藝林寶笈。第卷帙浩繁，初學檢閲恒不得其端緒。自《簡明目録》出，觀者稱便。而《埘存》諸目闕如。吾鄉胡徵士雒涒嘗取《埘存目録》，案經、史、子、集，次第鈔録，同江都凌仲子詳加校勘，釐爲十卷，刻於金陵，以配《簡明目録》。窮鄉晚進，雖不難於家有一編，而初學所見不廣，欲考驗一書及著書人名氏，又非徧檢兩書全帙不能立睹。甲戌夏，客遊吴門，適與范月槎觀察同寓，觀察爲武昌名宿，富有藏書，朝夕相質，慕其言談丰采，久不能別。一日，出其所編《欽定四庫全書總目韻編》見

示，每以一書目首一字爲主，不拘經史子集，案韻編排，書目之下，仍著撰人名氏，及在某卷某類；凡卒覩一書，先以此編案韻求之，覽其所注，而全書《總目提要》所在，了如指掌，足與蕭山汪龍莊之《史姓韻編》、武進李申耆之《歷代地理志韻編》相爲鼎足。凡家藏《四庫全書總目》者，不可不家置一編也。茲書擬付手民，因敬書數語，以志忻幸。光緒元年秋九月。

顧修《彙刻書目初編自敘》　古讀書者極重目録之學。自漢劉向《别録》、劉歆《七略》，剖析條流各有其部。後世簿録皆宗之。孟堅作史，始創藝文，雖標舉書名，而詮疏或寡。蓋又史例宜然也。自是詳略兩體，代有成書，夾漈有所偏，譏於其聞，豈其然乎？宋元以來，又好聚諸家之書，都爲一軼。其亦中經四庫之具體而微者。然簿録家往往僅舉全書，而不暇臚列。子目中，既各自成卷。即有闕佚，何從而知之。此猶觀水者但知江河之大，而衆流之八江與河以成其大者，固不知凡幾也。源委枝别何可無人焉，以指數之。然其例古有之矣。鄭氏《三禮目録》、唐人《十三代史目》此物此志也。修讀書之暇，竊有是末近，與鮑丈以文互相商榷。復得同志之多助，而《書目彙刻》以成，其曰「初編」者，蓋不欲以是自域云。嘉慶己未仲秋上浣，桐川顧修菉厓氏撰。

李慈銘《越縵堂讀書記・目録類》　《四庫未收書提要》，清阮元撰。阮文達《四庫未收書提要》，共百七十五種，實多不急之書。書目無次序，多非文達所自作，故編之《外集》也。然頗有異聞，足資考索。光緒戊寅十二月初三日。

閲節子所刻《揅經室經進書録》，即阮文達《揅經室外集》之《四庫未收書提要》也。爲之按四部排比目録，以便檢閲，間訂正其誤。然阮氏惟嚴氏《明理論》一書，誤據《宋史》題嚴器之名，而不知即成無已《傷寒明理論》，《四庫》已收之，此一條爲最疏，餘皆無關大指。而節子載歸安陸心源一跋極詆之，且爲改題書名，皆非也。光緒癸未八月初六日。

《四庫全書簡明目録・附録・聖諭》　乾隆三十九年七月二十五日，大學士于敏中等奉諭旨：「《四庫全書處總目》於經、史、子、集內，分晰應刻、應鈔及應存書名三項。各條下俱經撰有提要，將一書原委撮舉大凡，並詳著書人世次爵里，可以一覽了然。較之《崇文總目》，蒐羅既廣，體例加詳，自應如此辦理。第此次各省搜訪書籍，有多至百種以上，至六七百種者。如浙江范懋柱等家，其裒集收藏，深可嘉尚，前已降旨，分别頒賞《古今圖書集成》及初印《佩文韻府》，並擇其書尤雅者，製詩親題卷端，俾其子孫世守，以爲稽古藏書者勸。今進到之書，於纂輯後，仍須發還本家，而所撰總目，若不載明係何人所藏，則閲者不能知其書所自來，亦無以彰各家珍弆資益之善。著通查各省進到之書，其一人而收藏百種以上者，可稱爲藏書之家，即應將其姓名，附載於各書提要末；其在百種以下者，亦應將由某省督撫某人採訪所得，附載於後。其官板刊刻，及各處陳設庫貯者，俱載内府所藏，使其眉目分明，更爲詳細。至現辦《四庫全書總目提要》，多至萬餘種，卷帙甚繁，將來鈔刻成書，繙閲已頗爲不易，自應於提要之外，别刊《簡明書目》一編，祇載某書若干卷，注某朝某人撰，則篇目不繁，而檢查較易。俾學者由《書目》而尋《提要》，由《提要》而得全書，以嘉與海内之士，考訂源流，用昭我朝文治之盛。著四庫全書處總裁等遵照，悉心妥辦，並著通諭知之，欽此。」

繆荃孫《四庫全書簡明目録標注序》　同治甲戌，南皮師相督四川學，諸生好古者，來問應讀何書，書以何者爲善。謀所以嘉惠蜀士，並以普及天下學人，於是有《書目答問》之編。荃孫時館吳勤惠公督署，隨同助理，談次偶及位西先生是書，師相推爲淹雅閎通，如數家珍。當時惜未傳録，否則出諸篋中，按圖索驥，數日事耳，不似如今考及兩月，尚未愜心貴當也。光緒丙子赴計車，見諸黄再同同年所，大喜捧歸，覓人録副，小小訛脱，見即訂正，並就所見書目，添注眉頭，藏諸篋中，以作枕祕。光緒戊申八月，胡幼嘉觀察持鈔書十鉅册見示，則位西先生之孫伯絅同學思刊行其書，索余弁言，余應之曰：是書也，荃孫寢饋其中，四十年矣。是書之命意，在分别本之存佚，與刻之善否，《四庫》所儲，有不應收而收者；有應收而不收者；有所收之本，不及未收之本者；有所收據《大典》，而原書尚有舊刻舊鈔者；有無宋元舊刻，止有明刻爲祖本者。明與本朝，先後幾刻，有足有不足，有佳與不佳，而《四庫》未收之本，後出之書，以類相從，夾注于後。近來外間頗有鈔本流傳，而舛訛亦益甚。伯絅詳校發刊，有一定本，豈不甚快。使學者家置一編，隨時就所見加注於上，前人爲之甚難，後人據之甚便。不即與南皮師相嘉惠學人之願，同一轍乎？當先生在都時，若曾滌生，梅伯言，朱脩伯，葉潤臣，往還最密。《橋西雜記》所云，位西居京師，購書甚富，案頭置《簡明目録》一部，所見宋元舊刻本、鈔本，手記于各書之下，以備校勘之資，即指此書而言。朱脩伯校語甚多，想見京秩甚閑，同志搜討之樂，令人神往。幼嘉此册，鈔自董君綬金。書眉又撮録周季貺、黄仲弢、王苐卿、孫仲容諸人加考，均與荃孫同志。今再同、季貺、苐卿，墓有宿草；仲弢、仲容，近亦淹忽。荃孫獨行踽踽，質疑無門，幸得綬金、幼嘉，相與商榷。即伯絅同學相距較遠，意氣精神，均稱同調，于滄海横流，

斯文闃寂之候，深幸吾道之不孤。此書通行後，何啻得千百導師于家塾，而保全舊學，不致湮没于塵埃，流失於外域，舊學絶續之交，豈非絶大關繫之事哉。光緒戊申江陰繆荃孫序。

邵章《四庫全書簡明目錄标注後序》 謹按先王父刑部公平生讀書，務求大義，而記覽精博。巨細不遺。一時交遊，又多方聞贍學之士，隨所見載籍，必疏導源流，詳考其義例之得失，板本之優劣，就《四庫簡明目録》中寫之，久之徧滿上下方，幾無隙紙。先王父歿後，家藏群籍，蕩然一空，先是瑞安項几山傅霖先生假鈔是書未還。同治己巳，先君子晉公宧遊江南，適孫丈仲容侍養琴西太僕鹽驛道署，與先君爲石交。孫與項，姻也，爲言是書具存無恙。先君聞之大喜，介孫丈索歸，寫定副本，流傳都下。癸卯冬，章以廷試南旋，薄遊吴下，胡右階觀察持《書目》十鉅册見示，云録自董授經唐比部所，蓋即流傳副本之一也，眉端加注甚夥。如孫丈仲容、黄丈仲弢紹箕、周君季貺星詒、王丈茀卿頌蔚輩，皆同光朝藏書名宿。章即借歸詳校，復就正於繆筱珊，沈子封前輩，其體例一仍原書之舊，而仿東萊標注《三蘇文集》，汪齋標注《崇古文訣》之例，定名爲《四庫簡明目録標注》，又仿陳氏《解題》、《隨齋批注》之例，附録諸家詮釋於各題之下，其不知名者曰某氏，都二十卷，付諸手民。經營彌載，始克告成。竊維先王父年方弱冠，即館瞿氏良玉世瑛清吟閣，爲校刻《帝王經世圖譜》、《東萊左氏博議》，計偕入都。復館韓氏小亭泰華玉雨堂，而與結一廬朱氏脩伯學勤交尤摯。是皆吾鄉藏書家也，逮官樞曹，日與海内學士大夫遊，其中藏書多者，如盩厔路氏小洲慎莊，漢陽葉氏潤臣名澧，湘潭袁氏漱六芳瑛，貴筑黄氏子壽彭年，恒以治事之暇，各齎所得，互相訂正。晚年罷職家居，則與海寧蔣生沐光煦、寅昉光焴兩先生，嘉興錢警石泰吉先生，郵簡商榷。月凡數匝，維時杭中收藏舊姓，瞿氏而外，尚有汪氏振綺堂、許氏鑑止水齋諸家，故左右采獲，所得益閎。章不幸少孤，先世之訓，未能備稔。通籍走四方，得諸故老傳聞，及劫餘遺墨，僅獲考其厓略，而性嗜簡編，清俸所餘，輒易書册，冀復半巖廬庋藏之舊，尤欲網羅咸豐後嗣出諸書，爲標注續録。而天性鈍拙，卒卒未遑也。嘗讀先王父辛酉致蔣寅昉札云，《書目》几山允於歲前寄還，此書得不湮没，頗以自慰。烏虖，孰知未幾而生平著述，隨之以燼，是書猶賴故人未還而存。又得孫丈仲容疏理録副，今始獲據以斠刊，成一完善書目，用慰先王父於地下，固吾宗之大幸，抑亦樸學將興之萌眹也乎？宣統三年辛亥孟冬，孫男章謹識於瀋陽學署。

傳　記

朱珪《知足齋文集》卷五《經筵講官太子少保協辦大學士禮部尚書管國子監事謚文達紀公墓誌銘》 嘉慶乙丑二月，協揆獻縣紀公薨於位。其冬，公子汝傳、孫樹馨以狀略來請銘。珪隤然老矣，同年同官，失我老友，吾何以表公哉！顧誼無可辭，案狀。公紀姓，諱昀，字曉嵐，一字春帆，晚號石雲。行四，世爲河間著姓。祖考諱天申，行德於鄉里，歲饑出粟數千石，活人無算。考姚安太守諱容舒，嘗督責公曰：「汝何知？吾父罄家資輸粟活一方，故食報於汝，汝以爲能文名解元耶？」先是郡爲九河入海故道，天雨則汪洋成巨浸，水中夜夜有光怪。公王父夢見光入樓中，已而公生光遂隱，人以爲公實此靈物化身也。少而奇穎，目數行下，夜則暗室閃閃有光，照見一切物，了然可辨。比知識漸開，光亦斂矣。故公自憙，言之不諱。應學使試，輒冠軍，年二十四。乾隆丁卯科遂發解。初，闈中擬珪首卷，得公卷同書經，二場表儷語冠場，乃定公第一，珪第六。主試阿文勤公、劉文正公。榜發，皆以得人賀，二公復命，遂以兩人姓名上聞，故公與珪皆早受特達之知所由來也。明年珪捷，而公遲至甲戌，乃與先兄竹君同榜，廷試二甲第二人，賜進士出身，改庶吉士。丁丑，散館一等，授編修，旋辦院事。己卯，充山西鄉試正考官。庚辰，充會試同考官。辛巳，京察一等，以道府記名。壬午，充順天鄉試同考官，命視學福建。癸未，陞侍讀。明年，丁父憂，服闋，補侍讀，充日講起居注官，晉左庶子。戊子，授貴州都勻知府，旋以四品留任，擢侍讀學士。緣事罣誤，發烏魯木齊效力。時遣戍單丁，五年積至六千人，爲都統具奏稾，得旨咸釋爲民。辛卯召還，授編修。三十八年，擢侍讀，時開《四庫全書》館，命爲總纂官，搜羅逸書，與内廷翰林一體宴賚，同事者陸君錫熊，提調則陸君費墀，而公實總其成。丙申，擢侍讀學士，充文淵閣直閣事，日講起居注官。丁酉，京察一等。己亥，擢詹事，旋晉内閣學士，總理中書科。壬寅，授兵部右侍郎，仍兼直閣事，改任不開缺，異數也。公綰書局，筆削考核，一手删定，爲《全書總目》，裒然巨觀，弆之七閣，真本朝大手筆也。癸卯，轉左侍郎。甲辰，充會試副考官，知武會試貢舉。乙巳，晉左都御史。丙午，轉禮部尚書，充經筵講官。丁未，管鴻臚寺印鑰。戊申，賜紫禁城騎馬，充武會試正考官，後爲總憲者五，大宗伯者三。壬子，以畿輔水災，奏請截留官糧萬石，設十廠賑飢，得

旨。六月開廠，後增五廠，自季夏至明年四月，全活無算。嘉慶元年丙辰，充會試正考官，授兵部尚書。己未，充武會試正考官。癸亥六月，以八旬開秩，上遣官賚多珍，教習壬戌科庶吉士。奏婦女猝遭强暴，捆縛受污，不屈見戕者，例無旌表。臣謂此其志捍刃捐生，與抗節被殺者無異。如忠臣烈士，誓不從賊，而絷縛把持，雖使跪拜，可謂之屈膝賊廷哉？請敕交大學士九卿科道公議，與未被污者略示區别，量予旌表。經大學士保寧等議奏，如兇手在兩人以上，顯係孱弱難支，與强姦被殺者，一體予旌。飭交各督撫勘明情形，請旨定奪，報可。乙丑正月，奉旨調禮部尚書，協辦大學士，加太子少保，管國子監事。初，珪與公同舉於鄉，先後同官翰林。公之典閩學也，珪先爲福建糧道，兼攝福州府，爲公府試，及遷閩臬。明冬，與公同丁外艱。辛卯，珪任晉藩，公環召過晉署，宿留數日。及官京師，先後衡文，公有文人相矜意，與珪不肯相下。及辛酉，珪病卧牀，公來視疾，見予所爲文歎服，以爲向不知公，昀過矣。比甲子，忽語珪曰：「昀自辛酉十月三日，夢中覯公，覺而驚悟，此後心悦誠服。雖燕居他處，不肯道公一不字矣。」予大奇曰：「何前疑而後然耶？」其後往來日親。公之協揆，珪所遺缺也。二十六日，同拜恩命。二月四日，連騎入内閣，同上翰林院中堂任。十日而公病，十三日昃，予過門視疾，見公於牀，執手曰：「昀無他病，苦痰涌耳。」明日酉刻，公薨。協揆纔十八日耳。十五日早，遺摺聞，奉旨：紀昀學問淹通，辦理《四庫全書》，始終其事，十有餘年，甚爲出力，由翰林洊歷正卿，服官五十餘載。本年正月，甫經擢襄綸閣，晉錫宫銜，遽聞溘逝，深爲軫惜，加恩賞陀羅經被，派散秩大臣德通，帶同侍衛十員，前往賜奠，竝賞庫銀五百兩，經理喪事，任内處分，悉予開復，應得卹典，查例具奏，賜祭葬，予謚文達。公生於雍正甲辰六月十五日午時，終於嘉慶乙丑二月十四日酉時，壽八十有二。配馬氏，封一品夫人。子四，某某某某。孫十一，曾孫一。

《清史列傳・大臣傳次編三・紀昀》 紀昀，直隸獻縣人。乾隆十二年第一名舉人。十九年，成進士，改庶吉士。二十二年，散館，授編修。洊擢詹事府左春坊左庶子，充日講起居注官。昀官編修，於二十六年京察一等，以道府記名。三十三年二月，補貴州都匀府知府。上以昀學問優，外任不能盡所長，命加四品銜，留庶子任。四月，擢翰林院侍讀學士。六月，前兩淮鹽運使盧見曾獲罪，有旨籍其家。昀與盧爲姻，漏言於見曾孫蔭恩，革職逮問，戍烏魯木齊。三十五年，釋還。三十六年，上幸熱河，十月，昀迎鑾密雲，御試《土爾扈特全部歸順詩》，立成五言三十六韻以進，得旨優獎，復授編修。三十八年二月，命儒臣校覈明代《永樂大典》，詔求天下遺書，開《四庫全書》館，選翰林院官專司纂輯。大學士劉統勳以昀名薦充纂修官，後又奏《全書》浩博，應斟酌綜覈，以免掛漏參差，舉昀及提調官郎中陸錫態爲總辦，搜輯《大典》中逸篇墜簡，及海内秘笈萬餘部，釐其應刊、應鈔、應存者，依經史子集，部分類聚，撮其大凡，列成總目，爲《提要》二百卷，上之。諭曰：「《四庫全書》處將大典内檢出各書，陸續進呈，朕詳加披閲，間予題評。見其考訂分排，具有條理，而撰述提要，粲然可觀，則成於紀昀、陸錫熊之手。昀學問本優，校書亦極勤勉，甚屬可嘉！著加恩授爲翰林院侍讀，以示獎勵。」十一月，補侍讀。三十九年七月，上以《總目提要》卷帙繁，命紀昀輯《簡明書目》一編。上求遺書，凡中外所獻，擇其珍本，製詩弁於首。昀進書部凡百，御題所進孫覺《春秋經解》，有「邵張珍弆今歸紀，汲古深心有足多」之句。十月，以子汝佶逋負罣議降調，詔改降三級留任。故事，降留官遇陞缺不予開列。四十年，吏部請除翰林院侍讀學士，無昀名。上以昀於《四庫全書》盡心裒輯，命一體列名。四十一年正月，擢侍讀學士，充文淵閣直閣事。九月，復充日講起居注官。四十二年，館臣校書錯誤應議，昀以特旨免。四十四年三月，擢詹事府詹事。四月，擢内閣學士，兼禮部侍郎。四十六年，《提要》成，進御，上嘉其詳覈，命優敘。四十七年，擢兵部右侍郎，四十八年，轉左侍郎。四十九年，上南巡，行在發《御製濟水考》寄昀，命據各説經家及輿地家詳考之。五十年正月，擢都察院左都御史。四月，員外郎海昇毆斃妻吴雅氏，詭言自縊死。事覺，命昀鞫其獄，覆檢不實，部臣議鐫職，詔改革職留任。五十二年，遷禮部尚書，充經筵講官。五十四年，賜紫禁城騎馬。五十六年，再調左都御史。五十七年，畿輔歲歉，饑民多就食京師。昀奏言：「直隸河間等府，二麥歉收，命截漕五十萬石備賑，而領賑百姓，有極貧、次貧之不同。次貧之户，可以支持待賑，不肯輕去其鄉；至極貧之户，一聞米貴，不能不就食他方。近京之處，多先赴京城傭工餬口，恐聚集日多，未必能人人得所，又業已扶老挈幼，拮据得至勢難即返就糧。是此項流户以極貧之故離其鄉井，轉不能同沐皇仁，似爲可憫！定例，每年自十月初一日起，至次年三月二十日止，五城原設粥廠十處，每日領官米十石，由坊官煮放，外來流户，原可同霑。但自夏至冬，爲期尚遠，恐貧民迫不及待，且人數較多，米數亦未必能敷。伏思偏災不過四府，賑米有餘，請於原額五十萬石内，酌撥京城數千石，自六月中旬爲始，每廠煮米三石，至十月初一日後，則於原額十石之外，加煮米二石，仍均以三月二十日爲止。其米先於京倉支用，將來於截漕數内撥還。庶貧民就食者，得以在京存留，不致間關遠去，明春易於還鄉，不誤耕作。即各處聞有

此信，來者較多，伊等本係應賑之人，此間多一人領粥，則本地少一人領米。計人數米數，仍屬相當，亦不慮本處給散之不足。如此一轉移間，所需賑米仍在截漕原額之内，而貧民在鄉在外，皆得均霑，於賑務更爲周到。」疏聞，下廷臣議，從之。八月，復遷禮部尚書，仍署左都御史。十二月，奏：「考試《春秋》，向用胡安國《傳》，而胡《傳》一書中，多有經無傳，出題之處不過數十。即如本年鄉試，竟有一題而五省同出者，其三四省相同，不一而足。士子不讀全經，不知本事，但記數十破題，便敷入試之用。且胡安國當宋南渡時，不附和議，作是書以諷高宗而斥秦檜，其人品剛正而借經立説，與孔子之意不相比附。恭讀聖祖仁皇帝《欽定春秋傳説彙纂》，駁胡傳者數十百條。皇上《御製文》，亦多駁其説，而科場所用，以重複相同之題，習偏謬失當之論，殊覺無謂。請嗣後《春秋》題，俱以《左傳》本事爲文，參用《公羊》、《穀梁》之説。在三傳親承聖教，既較三千年後儒學家之論爲得其真，而士子不讀《左傳》不能成文，亦足以勸經學而裨文風。」疏入，得旨允行。六十年，與千叟宴。嘉慶元年六月，調兵部尚書。十一月，復調左都御史。二年，遷禮部尚書。四年，充《高宗純皇帝實録》館副總裁。七年，昀年八十生日，命署上駟院卿，賞賚珍弊至昀家賜之。六月，署兵部尚書。七月，上孝淑皇后奉安事宜，陳奏失詞，部臣議鐫職，詔改革職留任。又以咨送議處司員祇宋其沅一人，爲御史鄭敏行所劾，部臣如前議，詔改降三級留任。其後孝淑皇后奉安禮成，命再予量減有差。十月，奏：「定例，凡婦女强姦不從，因而被殺者，皆准旌表。其猝遭强暴，綑縛受污，不屈見戕者，則例無旌表。伏思此等婦女，舍生取義，其志本同，徒以或孱弱而遭獷悍，或孤身而遇多人，此其勢之不敵，非其節之不固，卒能捍刃捐生，與抗節被殺者無異。譬如忠臣烈士，誓不從賊，而紮縛把持，强使跪拜，可謂屈膝賊庭者乎？請敕交大學士、九卿、科道公議，與未被污者略示區别，量予旌表。」尋議如兇手在兩人以上者，顯係孱弱難支，與强姦被殺者一體予旌，令各督撫勘明奏請上裁，報可。是月，昀有疾，命軍機章京富縣率醫官王詔恩視之。十年正月，以禮部尚書、協辦大學士，加太子太保，管國子監事。二月，卒。諭曰：「紀昀學問淹通，辦理《四庫全書》始終其事，十有餘年，甚爲出力。由翰林洊歷正卿，服官五十餘載。甫經擢襄綸閣，遽聞溘逝，深爲軫惜！著加恩賞陀羅經被，著散秩大臣德通帶領侍衛十員，前往祭奠；並賞廣儲司庫銀五百兩，經理喪事。其任内降革處分，悉予開復。應得卹典，該衙門察例具奏。」尋議賜祭葬如例，予謚文達。昀官庶吉士時，應制圓明園及扈蹕熱河行圍，皆與賡和天章。洎纂輯《四庫全書》，賞賚同内廷翰林。又以侍讀特召入重華宫賦詩與宴，後乃歲以爲常。其兼文淵閣直閣事，自侍讀學士至尚書，皆如故。所纂輯如《熱河志》、《歷代職官表》、《河源紀略》、《八旗通志》，暨方略、會典、《三通》諸館，咸總其事。子汝佶，江西九江府通判。嘉慶十二年，《高宗純皇帝實録》告成，敘昀功，恩賞汝佶同知，後補江南江寧府同知。汝似，分發廣東縣丞。孫樹馨，一品廕生，官刑部雲南司郎中，現任宜昌府知府。

又《儒林傳上二・邵懿辰》　邵懿辰，字位西，浙江仁和人。道光十一年舉人，考取内閣中書，洊陞刑部員外郎，入直軍機處。性戆直，大學士琦善以枉殺熟番案入獄，懿辰擬十九事將詰問，或忌之，撤懿辰名，使不得與爲問官。大學士賽尚阿視師廣西，懿辰復手疏七不可，上執政諍之，由是齟焉，不得安其位。咸豐四年，坐濟寧防河無效，罷歸。歸後，家居養親，覃思經籍，論學宗朱子，經學宗李光地，文宗方苞，不喜漢學家言。與上元梅曾亮、臨桂朱琦遊處，尤與湘鄉曾國藩爲石交。十年，髮逆陷杭州，懿辰奉母先去，得無恙。母歿，既葬，賊再至，懿辰與巡撫王有齡固守城中，朝夕策戰備，暇則偕同里伊樂堯窮經不懈。十一年，城陷，罵賊死，年五十二。所著書，多散佚，有《禮經通論》、《位西遺稿》一卷。其《忱行録》一卷，論家國天下之道，尤有慨乎言之。

紀事

梁國治等《欽定國子監志》卷四〇《生徒志・甄用・各途貢監生》　奉旨繕寫《四庫全書薈要》。總裁大學士于敏中等奏，准，另選謄録二百名，繪圖四名，仍照現在謄録寫書之例，自備資斧，期滿議敘。又九卿等會議，准御史胡翹元條奏，停止提調纂修，保舉謄録之例。

阿桂等《八旬萬壽盛典》卷一四《聖德・文德》　先是，乾隆三十八年，命館臣蒐輯《永樂大典》散篇成帙，並校勘各省所進遺書，彙爲《四庫全書》共三萬六千册，繕寫四分，分貯大内之「文淵閣」、圓明園之「文源閣」、避暑山莊之「文津閣」、盛京之「文溯閣」。復命擇精粹者輯爲《四庫全書薈要》一萬二千卷，繕成二分，一貯大内「摛藻堂」，一貯圓明園「味腴書室」。乾隆四十四年、四十五年，《薈要》二分告成。四十六年至四十九年，《四庫全書》四分次第告成。

《欽定四庫全書》卷首《凡例》二十則　一、是書卷帙浩博，爲亘古所無。然每

進一編，必經親覽；宏綱巨目，悉稟天裁。定千載之是非，決百家之疑似。權衡獨運，袞鉞斯昭。睿鑒高深，迥非諸臣管蠡之所及。隨時訓示，曠若發蒙，八載以來，不能一一殫記。謹録歷次恭奉聖諭爲一卷，載諸簡端，俾其知我皇上稽古右文，功媲刪述。懸諸日月，昭示方來，與歷代官修之本泛稱御定者迥不相同。

一、是書以經史子集提綱列目，經部分十類，史部分十五類，子部分十四類，集部分五類。或流別繁碎者又各析子目，使條理分明。所録諸書，各以時代爲次。其歷代帝王著作，從《隋書·經籍志》例，冠各代之首。至於列朝聖製，皇上御撰，揆以古例，當弁冕全書。而我皇上道秉大公，義求至當，以《四庫》所録包括古今，義在衡鑒千秋，非徒取尊崇昭代。特命各從門目，弁於國朝著述之前。此尤聖裁獨斷，義愜理精，非館臣所能仰贊一詞者矣。

一、前代藏書，率無簡擇，蕭蘭竝擷，珉玉雜陳，殊未協別裁之義。今詔求古籍，特創新規，一一辨厥妍媸，嚴爲去取。其上者悉登編録，罔致遺珠。其次者亦長短兼臚，見瑕瑜之不掩。其有言非立訓，義或違經，則附載其名，兼匡厥謬。至於尋常著述，未越群流，雖咎譽之咸無，要流傳之已久，準諸家著録之例，亦併存其目，以備考核。等差有辨，旌別兼施，自有典籍以來，無如斯之博且精矣。

一、自《隋志》以下，門目大同小異，互有出入，亦各具得失，今擇善而從。如「詔令奏議」，《文獻通考》入集部，今以其事關國政，「詔令」從《唐志》例入史部，「奏議」從《漢志》例亦入史部，《東都事略》之屬不可入正史而亦不可入雜史者，從《宋史》例立「別史」一門。《香譜》、《鷹譜》之屬，舊志無所附麗，强入農家，今從尤袤《遂初堂書目》例立「譜録」一門。名家、墨家、縱横家，歷代著録各不過一二種，難以成帙，今從黄虞稷《千頃堂書目》例，併入「雜家」爲一門。又別集之有詩無文者，《文獻通考》別立「詩集」一門，然則有文無詩者何不別立「文集」一門？多事區分，徒滋繁碎，今仍從諸史之例，併爲「別集」一門。又兼詁群經者，《唐志》題曰「經解」，則不見其爲「群經」。朱彝尊《經義考》題曰「群經」，又不見其爲「經解」。徐乾學通志堂所刻改名曰「總經解」，何焯又譏其杜撰。今取《隋志》之文，名之曰「五經總義」。凡斯之類，皆務求典據，非事更張。

一、焦竑《國史·經籍志》多分子目，頗以餖飣爲嫌。今酌乎其中，惟經部之小學類，史部之地理、傳記、政書三類，子部之術數、藝術、譜録、雜家四類，集部之詞曲類，流派至爲繁夥，端緒易至茫如。謹約分小學爲三子目，地理爲九子目，傳記爲五子目，政書爲六子目，術數爲七子目，藝術譜録各爲四子目，雜家爲五子目，詞曲爲四子目，使條理秩然。又經部之禮類，史部之詔令奏議類、目録類，子部之天文算法類、小説家類，亦各約分子目，以便檢尋，其餘瑣節，槩爲刪併。

一、古來諸家著録，往往循名失實，配隸乖宜。不但《崇文總目》以樹萱録入之種植爲鄭樵所譏。今竝考校原書，詳爲釐定。如筆陣圖之屬，舊入小學類，今惟以論六書者入小學，其論八法者不過筆札之工，則改隸藝術。羯鼓録之屬，舊入樂類，今惟以論律呂者入樂。其論管絃工尺者，不過世俗之音，亦改隸藝術。《左傳》類對賦之屬，舊入春秋類，今以其但取儷辭，無關經義，改隸類書。《孝經集靈》舊入孝經類，《穆天子傳》舊入起居注類，《山海經》、《十洲記》舊入地理類，《漢武帝内傳》、《飛燕外傳》舊入傳記類，今以其或涉荒誕，或涉鄙猥，均改隸小説。他如揚雄《太玄經》舊入儒家類，今改隸術數。俞琰《易外別傳》舊入易類，今改隸道家。又如《倪石陵書》名似子書而實文集，陳埴《木鍾集》名似文集而實語録。凡斯之流，不可殫述，竝一一考核，務使不失其真。

一、諸書刊寫之本不一，謹擇其善本録之。增刪之本亦不一，謹擇其足本録之。每書名之下，欽遵諭旨，各注某家藏本，以不没所自。其坊刻之書不可專題一家者，則注曰通行本。至其編次先後，《漢書·藝文志》以高帝、文帝所撰雜置諸臣之中，殊爲非體。《隋書·經籍志》以帝王各冠其本代，於義爲允。今從其例。其餘槩以登第之年生卒之歲爲之排比，或據所往來倡和之人爲次，無可考者，則附本代之末。釋道閨閣亦各從時代，不復區分。宦侍之作，雖不宜厠士大夫間，然《漢志》小學家嘗收趙高之《爰歷》、史游之《急就》。今從其例，亦間存一二。外國之作，前史罕載。然既歸王化，即屬外臣，不必分疆絶界，故木增、鄭麟趾、徐敬德之屬，亦隨時代編入焉。

一、諸書次序雖從其時代，至於箋釋舊文，則仍從所注之書，而不論作注之人。如儒家類明曹端《太極圖述解》，以注周子之書，則列於《張子全書》前。國朝李光地注解《正蒙》以注張子之書，則列於《二程遺書》前是也。他如《史記疑問》附《史記》後，《班馬異同》附《漢書》後之類，亦同此例，以便參考。至於汪晫所輯之《曾子》、《子思子》則仍列於宋。吕柟所輯之《周子鈔釋》諸書，則仍列於明。蓋雖裒輯舊文，而實自爲著述，與因原書而考辨者事理固不同也。

一、劉向校理祕文，每書具奏。曾鞏刊定官本，亦各製序文。然鞏好借題抒議，往往冗長，而本書之始末源流轉從疎略。王堯臣《崇文總目》、晁公武《郡齋讀書志》、陳振孫《書録解題》，稍具崖略，亦未詳明。馬端臨《經籍考》薈萃群言，較爲

賅博，而兼收竝列，未能貫串折衷。今於所列諸書，各撰爲提要，分之則散弁諸編，合之則共爲總目。每書先列作者之爵里以論世知人，次考本書之得失，權衆説之異同，以及文字增删，篇帙分合，皆詳爲訂辨，巨細不遺。而人品學術之醇疵，國紀朝章之法戒，亦未嘗不各昭彰癉，用著勸懲。其體例悉承聖斷，亦古來之所未有也。

一、四部之首各冠以總序，撮述其源流正變，以挈綱領。四十三類之首亦各冠以小序，詳述其分併改隸，以析條目。如其義有未盡，例有未該，則或於子目之末，或於本條之下，附注案語，以明通變之由。

一、歷代敕撰官書如《周易正義》之類，承詔纂修，不出一手，一一詳其爵里則末大於本，轉病繁冗，故但記其成書年月，任事姓名，而不縷陳其爵里。又如漢之賈、董，唐之李、杜、韓、柳，宋之歐、蘇、曾、王，以及韓、范、司馬諸名臣，周、程、張、朱諸道學，其書竝家弦户誦，雖村塾童豎，皆能知其爲人，其爵里亦不復贅。至一人而著數書，分見於各部中者，其爵里惟見於第一部，後但云某人有某書，已著録，以省重複。如二書在一卷之中，或數頁之内，易於省記者，則第二部但著其名。如明戴原禮已見所校補朱震亨《金匱鉤元》條下，其《推求師意》二卷僅隔五條之類。

一、劉勰有言：「意翻空而易奇，詞徵實而難巧。」儒者説經論史，其理亦然。故説經主於明義理，然不得其文字之訓詁，則義理何自而推？論史主於示褒貶，然不得其事迹之本末，則褒貶何據而定？如成風爲魯僖公之母，明載《左傳》，而趙鵬飛《春秋經筌》謂不知爲莊公之妾、爲僖公之妾，是不知其人之名分，可定其禮之得失乎？劉子翼入唐爲著作郎宏文館直學士，明載《唐書·劉禕之傳》，而朱子《通鑑綱目》書貞觀元年徵隋祕書劉子翼不至，尹起莘發明稱特書隋官以美之，與陶潛稱晉一例。是未知其人之始終，可定其品之賢否乎？今所録者率以考證精核，辨論明確爲主，庶幾可謝彼虚談，敦兹實學。

一、文章流别，歷代增新。古來有是一家，即應立是一類。作者有是一體，即應備是一格。斯協於全書之名，故釋道外教，詞曲末技，咸登簡牘，不廢蒐羅。然二氏之書，必擇其可資考證者，其經懺章咒，竝凜遵諭旨，一字不收。宋人朱表青詞，亦槩從删削。其倚聲填調之作，如石孝友之《金谷遺音》、張可久之《小山小令》，臣等初以相傳舊本，姑爲録存，竝蒙皇上指示，命從屏斥。仰見大聖人敦崇風教，釐正典籍之至意。是以編輯雖富而謹持繩墨，去取不敢不嚴。

一、聖賢之學主於明體以達用，凡不可見諸實事者，皆屬卮言。儒生著書，務爲高論。陰陽太極，累牘連篇，斯已不切人事矣。至於論九河則欲修禹跡，考六典則欲復周官，封建井田，動稱二代，而不揆時勢之不可行，至黄諫之流，欲使天下筆札皆改篆體，顧炎武之流，欲使天下言語皆作古音，迂謬抑更甚焉。又如明之曲士，人喜言兵，《二麓正議》欲掘坑藏錐以刺敵，《武備新書》欲雕木爲虎以臨陣，陳禹謨至欲使九邊將士人人皆讀《左傳》。凡斯之類，竝闢其異説，黜彼空言，庶讀者知致遠經方，務求爲有用之學。

一、漢唐儒者，謹守師説而已。自南宋至明，凡説經講學論文，皆各立門户。大抵數名人爲之主，而依草附木者囂然助之。朋黨一分，千秋吴越，漸流漸遠，并其本師之宗旨亦失其傳，而齮隙相尋，操戈不已，名爲争是非，而實則争勝負也。人心世道之害，莫甚於斯。伏讀御題米弁《曲洧舊聞》，致遺憾於洛黨。又御題顧憲成《涇皋藏槀》，示炯戒於東林，誠洞鑒情僞之至論也。我國家文教昌明，崇真黜僞，翔陽赫燿，陰翳潛消，已盡滌前朝之敝俗。然防微杜漸，不能不慮遠思深，故甄别遺編，皆一本至公。剷除畛畦，以預消芽蘖之萌。至詩社之標榜聲名，地志之矜誇人物，浮辭塗飾，不盡可憑，亦併詳爲考訂，務核其真。庶幾公道大彰，俾尚論者知所勸戒。

一、文章德行，在孔門既已分科，兩擅厥長，代不一二。今所録者如龔詡、楊繼盛之文集，周宗建、黄道周之經解，則論人而不論其書。耿南仲之説《易》，吴開之評《詩》，則論書而不論其人。凡兹之類，略示變通，一則表章之公，一則節取之義也。至於姚廣孝之《逃虚子集》，嚴嵩之《鈐山堂詩》，雖詞華之美足以方軌文壇，而廣孝則助逆興兵，嵩則怙權蠹國，繩以名義，匪止微瑕。凡兹之流，竝著其見斥之由，附存其目，用見聖朝彰善癉惡，悉準千秋之公論焉。

一、儒者著書，往往各明一義，或相反而適相成，或相攻而實相救，所謂言豈一端，各有當也。考古者無所别裁，則多岐而太雜，有所專主，又膠執而過偏，左右佩劍，均未協中，今所採録，惟離經畔道顛倒是非者，掊擊必嚴，懷詐狹私熒惑視聽者，屏斥必力。至於闡明學術，各擷所長，品騭文章，不名一格，兼收竝蓄，如渤澥之納衆流，庶不乖於全書之目。

一、《七略》所著古書，即多依託，班固《漢書·藝文志》注可覆按也。遷流洎於明季，譌妄彌增，魚目混珠，猝難究詰。今一一詳核，竝斥而存目，兼辨證其非。其有本屬僞書，流傳已久，或掇拾殘剩，真贗相參，歷代詞人已引爲故實，未可槩爲捐棄，則姑録存而辨别之。大抵灼爲原帙者，則題曰某代某人撰。灼爲贗造者，則

題曰舊本題某代某人撰。其踵誤傳譌如吕本中《春秋傳》舊本稱吕祖謙之類，其例亦同。至於其書雖歷代著録而實一無可取，如《燕丹子》、陶潛《聖賢群輔録》之類，經聖鑒洞燭其妄者，則亦斥而存目，不使濫登。

一、九流自《七略》以來，即已著録，然方技家遞相增益，篇帙日繁，往往僞妄荒唐，不可究詰。抑或卑瑣微末，不足編摩。今但就《四庫》所儲，擇其稍古而近理者，各存數種，以見彼法之梗概。其所未備，不復搜求，蓋聖朝編録遺文，以闡聖學明王道者爲主，不以百氏雜學爲重也。

一、是書主於考訂異同，別白得失，故辨駁之文爲多。然大抵於衆説互殊者，權其去取，幽光未耀者加以表章。至於馬、班之史，李、杜之詩，韓、柳、歐、蘇之文章，濂、洛、關、閩之道學，定論久孚，無庸更贅一語者，則但論其刊刻傳寫之異同，編次增删之始末，著是本之善否而已。蓋不可不辨者，不敢因襲舊文。無可復議者，亦不敢横生别解。凡以求歸至當，以昭去取之至公。

紀昀《紀文達公遺集》卷八　余嚮纂《四庫全書》，作經部詩類小序曰：「攻漢學者，意不盡在於經義，務勝漢儒而已；伸漢學者，意亦不盡在於經義，憤宋儒之詆漢儒而已。」出爾反爾，勢於何極。安得如君者數十輩與校定《四庫》之籍也。余於癸巳受詔校祕書，殫十年之力，始勒爲《總目》二百卷，進呈乙覽。以聖人之志，藉經以存；儒者之學，研經爲本。故經部尤纖毫不敢苟。凡《易》之象數、義理，《書》之今文、古文，《春秋》之主傳、廢傳，《禮》之王、鄭異同，皆别白而定一尊，以諸雜説爲之輔。惟《詩》則託始小序，附以辨説，以著争端所自起，終以范蘅洲之《詩瀋》、姜白巖之《詩序補義》、顧古湫之《虞東學詩》，非徒以時代先後次序應爾也。

余校録《四庫全書》，子部凡分十四家。儒家第一，兵家第二，法家第三，所謂禮樂兵刑國之大柄也。農家、醫家，舊史多退之於末簡，余獨以農家居四，而其五爲醫家。農者民命之所關，醫雖一技，亦民命之所關，故升諸他藝術上也。

洪亮吉《北江詩話》卷一　嘉慶十年正月，紀尚書昀奉命以原官協辦大學士，乃未半月遽卒，年八十一矣。乾隆中，四庫館開，其《編目提要》皆公一手所成，最爲贍博。生平尤喜爲説部書，多至六七種，故余哭公詩云：「最憐干寶《搜神記》，亦附劉歆《輯略》編。」先是，又誤傳翁閣學方綱卒，余亦有輓詩云：「最喜客談《金石例》，略嫌公少性情詩。」蓋金石學爲公專門，詩則時時欲入考證也。後乃知誤傳，而詩已播于人口。或公聞之亦不以爲怪耳。

嚴杰《四庫未收書提要·附識》　右《提要》五卷，計書一百七十五種，其中《元祕史》十五卷，因詞語俚鄙，未經進御。又趙元鎮《建炎筆録》三卷，《辨誣筆録》一卷，已見《趙氏忠正德文集》，即《欽定四庫全書總目》所云《筆録》七篇是也，亦未進呈。又《皇元征緬録》一卷，《招捕總録》一卷，乃《元文類》中所載，《征緬》、《招捕》二篇，並采訪者未覈其實而誤録之也。錢塘嚴杰附識。

楊守敬《增訂叢書舉要·增訂凡例》

一、此書爲楊惺吾先生原編。原僅二十卷，甲寅經鼎增補爲六十卷。活字印行。近年參閱各書目及耳目印及，覺漏略尚多。重加增訂，以求賅備。

一、此録以叢書爲限。其非叢書、叢刻、彙編，或一人著述多種，可入自著叢書者。凡單行精本，鴻篇鉅帙，均不闌入。惟《十三經》、《廿四史》等書，單行善本及宋、元、明舊刊，間附於後。

一、此書乃備檢查而設。卷帙繁重，携帶爲艱。此次重訂，編中每種書目畢，即接第二種書目。蟬聯而下。細目多者，改用雙行。以省篇幅。故目雖增多，卷帙如故，以便舟車。

一、前編中著有「最要」、「次要」等字品題其書。此編一律删除，以免月旦古人之誚。

一、叢書本難類分，第此爲檢查書目之用。卷帙浩繁，繙閲不易。故略爲區分，便於尋檢，非得已也。

一、明末遺老，如顧亭林、黄太沖、王船山諸先生，未仁本朝，其所著書目，應列入明代。庶昭允協。

一、此編改明以前所刊爲「前代叢書」部，國朝所刊爲「近代叢書」部。各部又以類相從。裨一望瞭然，有如指掌。

一、原編總目計收入叢書九百一種。此書增入經部六十二種，史部七十六種，子部九十一種，集部二百九十八種，前代五種，近代二十七種，自著九十四種，彙刊二稿，釋家一種，道家十種，共增入七百四種。都爲一千六百五種。較諸前編，增入將及其半矣。

一、各省書局所刊之書，雖非彙刻，列其目以備採購。稍變其例，附於書後。

一、録中書朝代於人名之上，惟本朝人不書。間有斷代爲書者，亦同此例。

一、釋家部仍託李證剛校勘，並增補南京刻經新刻各佛經目録。

一、排檢手民校定付印，又多譌誤。除舛誤太甚之葉重復校印，其餘一二字之誤，仍附「校誤記」於後。凡用此書者，祈按「校誤記」，用朱筆逐卷改正，庶彌此憾。

禁燬目録分部

綜　述

英廉《銷燬書目原奏》　大學士四庫館正總裁管翰林院事臣英廉謹奏，爲奏聞事。乾隆四十五年四月十三日，欽奉諭旨，四庫館書籍，有應行鈔謄者；有僅存名目，不必繕寫全書者。其僅存名目之書，亦應將底本發還各省藏書之家。著傳諭英廉，即將此項書籍查明發還，仍將如何查辦情形，遇便覆奏。欽此。欽遵。當經臣英廉覆奏，臣與總纂紀昀等公同商酌。以各書内有詞義違礙者，業經陸續查出，分次奏繳銷燬，但卷帙浩繁，恐其中或尚有應燬字句，應再行通加覆檢，然後發回，庶無疎漏，等因，於四十五年五月具摺奏明。奉旨，知道了，欽此。隨派纂修翰林戴衢亨、蔡廷衡、潘廷筠、王春煦、吴裕德、吴省蘭、汪如洋、程昌期、吴舒帷、吴錫麒、孫希旦、陸伯焜、陳萬青等十三員，將各省解送之明代以後各書，逐一覆加檢閲，詳細磨勘，務將誕妄字句删燬净盡，不致稍有遺漏。兹據各該纂修等已全行閲竣，共看出應行銷燬書一百四十四部，應酌量抽燬書一百八十一部。臣同該總纂紀昀等，逐加覆核，理合開具略節清單，同原書三百二十五部，二千一百二十三本，一併繳進，請旨分别銷燬。至現在奉旨，將明代奏疏，廣爲蒐採裒集成編。此項書籍内，間有載入奏疏之本，或有可備採録之處，臣等亦於書内詳加查檢，視其無有違礙者，逐篇抽出，彙交尚書房，以便選録編纂。仍將所抽頁數，於每本上粘簽聲明，俟尚書房選畢交出時，再將各書原片，另行繳進銷燬。其餘查無干礙之存目，及重本各書，共計九千四百十六部，應遵旨發還各家。俟命下後，臣即交翰林院行文各該督撫等，令其遇便委員赴館領回，轉行發還。其應燬各書，恐外間尚有流傳之本，仍開單行知，令各督撫一體查繳銷燬，爲此謹奏。乾隆四十七年二月二十一日，奉旨將抽出應燬篇頁存覽，其應發回原省各書，著發出再行查看。欽此。

又　大學士四庫館正總裁管翰林院事臣英廉謹奏。前經臣遵旨，將各省遺書内查出之應行抽燬各片，同原書一併進呈。奉旨將抽出應燬篇頁存覽。其應發回原省各書，著發出再行查看。欽此。臣遵，即交原辦之纂修官戴衢亨、蔡廷衡、王春煦、吴省蘭、吴裕德、吴舒帷、吴錫麒、孫希旦、陸伯焜、陳萬青等，將此項應行抽燬各書原本，通行覆加詳核，現據逐一查檢完竣。僉稱此内應燬各條，俱已查明抽出。前經繳進銷燬，其餘詳細檢核，實在並無違礙字句等語。臣與總纂官紀昀、陸錫熊、孫士毅等公，同覆核無異，理合奏明，請遵照原奉諭旨，行知各省，令其遇便陸續領回。再查應行全燬各書，亦係從各省所進遺書中檢出，恐外間未奉明禁，尚有留存，臣現在開繕清單，行知各該督撫，令其遵照嚴查，解京銷燬，毋使少有遺留。其應行抽燬之本，亦將應抽各條，詳悉開明知照，令其將應燬篇頁，嚴行查抽封固，一體解燬。如有原板者將板内一併查明鏟燬，合併聲明，於乾隆四十七年三月二十五日，謹奏。本日奉旨，知道了。欽此。

《禁書總目原奏》　乾隆五十三年五月初四日奉上諭，據陳用敷奏，查繳應禁各書。請予展限一摺，稱抵任後，各屬先後繳到《通紀編年》等書三十種，計一百七本，可見歷年呈繳，尚未净盡。請再予限一年，俾得率屬廣爲諮訪。等語。此等應禁各書，節經降旨，令各督撫廣爲查繳，並寬予限期，俾得逐細訪查，不使稍有遺留。今據陳用敷奏，伊到任後，各屬呈繳各書，已有三十餘種。安徽尚非大省，應禁之書，歷年猶未能搜繳净盡。江蘇、江西、浙江省分較大，素稱人文之藪，民間書籍繁多，何以近來總未據該督等續行查繳？豈該三省于應禁之書業已搜查净盡？抑係該督撫于此等事件，視爲無關緊要，竟不飭屬認真查辦耶？著傳諭書麟、閔鶚元、何裕成、琅□等，各嚴飭所屬，悉心查察。如應禁各書，該省尚有存留之本，即行解京銷燬。務宜實心查辦，俾搜查净盡。毋得久而生懈，視爲具文。仍著將現在因何不行查繳之處，據實覆奏。將此各傳諭知之。陳摺並著各抄寄閲看。欽此。

又　兵部侍郎兼都察院右副都御史巡撫浙江等處地方提督軍務加四級覺羅琅謹奏。爲遵旨據實覆奏事。竊臣承准大學士公阿、大學士伯和字寄。乾隆五十三年五月初四日，奉上諭應禁各書。恐尚有存留之本，著傳諭嚴飭所屬，悉心查繳，解京銷燬。仍將現在因何不行查繳之處，據實覆奏。欽此。等因。臣查浙省查繳應禁各書，自乾隆三十九年奉旨查辦以後，于四十三年十二月，欽奉上諭，予限二年呈繳扣。至四十五年十二月，二年限滿，經前撫臣陳輝祖于四十六年五月奏請展限一年，統計先後共奏繳過二十四次，計書五百三十八種，共一萬三千八百六十二部。四十九年七月，前撫臣福崧于第二十四次具奏之後，浙省即未經奏繳。

臣于五十一年十月到任後，年終彙奏，繳換《通鑑綱目》時，飭查書局中，並無存留應繳禁書。經臣飭行各屬，同《通鑑綱目》一體搜查。未據各屬呈繳，是以未經奏及。伏思違礙各書，實爲風俗人心之害，不容稍有遺存。浙省從前雖已查辦十年，繳過五百三十八種，但浙江爲人文淵藪，民間書籍繁多，實難保再無存留。乃近年以來，並無查繳。或係各屬因限期已滿，奉行不力。而藏書之家，亦因查禁稍解，匿不呈出。均未可定。兹奉諭旨飭查，惟有欽遵設法認真辦理。臣現已通行各屬，剴切出示。曉諭並督同司道府實力查辦，酌委妥員于各處書坊，不動聲色，分頭購覓。仍移會學臣朱珪督飭教職，一體廣爲搜查。斷不敢視爲具文，日久生懈。亦不敢稍涉矜張，致滋擾累。一俟查有禁書，即隨時奏明，解京銷燬。務期查繳净盡，以仰副我皇上維持風教之至意。臣謹先行恭摺覆奏，伏乞皇上睿鑒。于五月十三日具奏，六月二十三日奉到。硃批：知道了。

又 浙江等處承宣布政使司爲再行剴切曉諭，實力蒐查，以期净盡，事切照查辦違礙書籍。現奉諭旨：江浙素稱人文淵藪，民間書籍繁多，著傳諭各省，嚴飭所屬，悉心查察。如有應禁各書存留，即行解京銷燬，俾得搜查净盡，無違，欽此等。因業經通行，欽遵在案。查浙省地廣人稠，藏書紳士繁富，其中或有遠宦幕遊，筐笥無人查檢，或有僻壤窮鄉，見聞未能周悉。一切干礙不經之書，恐尚有留存之本。合將前奉四庫館頒發各省進到遺書內，查出干礙全燬抽燬各書，并軍機處頒行各省查辦違礙書目，及浙省歷次奏解前册未載各書名目，再行彙刻，印刷成本，發交各府州縣。各省儒學教職委員，傳齊紳士、地保、坊舖書賈人等，廣爲散給，遍布通行。使遐陬僻壤，咸得周知。凡有存留書目開載各書，即日呈出。該州縣學委員即日備文解交省局，以憑委員解京銷燬。各該紳衿士庶，務各詳細檢查舊篋行笥，斷編、零帙，盡數呈繳，不使稍有遺匿，致干罪譴。其各凜遵毋違。

《查繳違礙書目原奏》 兵部侍郎兼都察院右副都御史巡撫河南等處地方兼提督銜節制全省軍務並駐防滿營官兵兼理河道加二級紀録四次鄭爲欽奉上諭事。乾隆四十三年十一月初四日，內閣鈔出。奉上諭，前經降旨督撫，查繳違礙書籍，並令明白宣示。如有收藏明末國初悖謬之書，急宜及早交出，與收藏之人並無干礙。又因王錫侯逆詞一案，並令各督撫一體嚴查。雖節經各督撫陸續收繳呈進。譬之常人，設遇詬其祖宗之字，亦將泚而不視，而況國家乎？而況食毛踐土之臣民乎？但查辦業經數載，仍復有續獲之書。此非近日之認真，皆由前此之忽略。且如徐述夔所著逆詞，狂悖顯然，其刊板已久。該督撫並未能預行查出，即可爲奉行不實之據。蓋因查書向未定期，各督撫視爲末務，每隔數月，奏繳數種塞責。如此漫不經意，何時可以竣事？而挾仇告訐，騷擾欺嚇，將百弊叢生。其藏書之人，亦不免意存觀望。呈繳逾期，皆各督撫經理不善之故。著通諭各督撫，以接奉此旨之日爲始，予限二年，實力查繳。並再明白宣諭，凡收藏違礙悖逆之書，俱各及早呈繳，仍免治罪。至二年限滿，即毋庸再查。如限滿後，仍有隱匿存留違礙悖逆之書，一經發覺，必將收藏者從重治罪，不能復邀寬典。且惟於承辦之督撫是問，恐亦不能當其重戾也。將此通諭中外知之。欽此。

又 臣等謹旨將各省送到違礙各書詳細檢閱。因此項書籍部帙稍多，擬將其中之必應銷燬者先行查出辦理。兹查得《明通紀》等六十二種，均係必應燬之書。謹將應燬緣由開具略節清單。同原書三百九十二本作爲一次進呈伏候。欽定其中悖礙各處，除外省已經檢出外，其餘干犯字面尚多，不勝指摘。臣等俱於略節內聲敘，不另加簽。至此次應燬書內重複之本頗多。每種有至數十部者，通計共四千三百八十九本，又未釘十四部，又三十二卷，謹將重本各書細數。另開清單一併繳進銷燬。至此次經臣等查明，奏應燬之本，如外省又有陸續送到相同者，擬於解至時即查明，將原封進呈，請燬毋庸再行核辦合併聲明。謹奏。

又 臣等遵旨將各省送到違礙各書分別檢閱，因部帙稍多，擬將其中必應銷燬者先行查出辦理，業將《明通紀》等書六十二種核明開單進呈，銷燬在案。兹臣等陸續詳閱查得《三朝要典》等六十八鍾，均係必應銷燬之書，謹將各書應燬緣由開具略節清單，同原書四百零二本作爲一次進呈，恭候欽定。其中悖礙各處除外省已經簽出外，其餘干犯字面尚多不勝指摘，臣等俱於略節內聲敘不另加簽。至比次送到應燬各書，內有上次業經奏明請燬及此次重複之本，共查出有一千二百五十四封又一百四十五本，謹查照原奏，分別另開清單，即將原封一併繳進請燬，毋庸再行核辦。再外省送到奉旨應燬之屈大均、金堡各書，查出共有十八封亦一併開單繳進，合并聲明，謹奏。

又 臣等遵旨將前經奏明應燬違礙各書重本及逆犯王錫侯《字貫》等書逐一檢查，共七千一百零六部，裝成二百六十三箱，另繕清單繳進銷燬。又於各省續行解到及存館遺書內復查得十七種，均係必應銷燬之本，謹分繕略節清單同原書呈覽，請旨銷燬。臣等仍即行知各該督撫等一體遵照續繳。謹奏。

又 臣等遵旨將各省解到違礙書籍逐一檢閱，查有《南州草》等五十八種俱係必應銷燬之書，謹開具略節清單，同原本三百八十四本進呈，請旨銷燬。其已經奏

燬重本各書逐一檢裝成二百十七箱，另開清單繳進銷燬。謹奏。

又　臣等遵旨將各省送到違礙各書分別檢閲，因部帙稍多，擬將其中必應銷燬者先行查出辦理，業將《明通紀》等一百三十種核明開單分，次進呈銷燬。又各省所送遺書内有違礙之處，亦經臣等奏明，一併詳查撤出，銷燬在案。兹臣等陸續詳閲，查有外省送到之《撫齊牘草》等二十四種俱係應燬之本。又據各該纂修等於遺書内查出之《存笥小草》等四十六種，亦均係必應銷燬之書。謹將各書應燬緣由開具略節，分繕清單，同原書四百六十二本彙作一次進呈，恭候欽定。其中原有闕卷者，臣等仍行令各督撫查明，如尚有所闕卷數留存即一併查出送銷。至悖礙各處，除外省送到者該省已經簽出，不另加簽外，其由遺書内查出者，因外省未經簽出，是以仍行逐一簽明再查。此次送到應燬各書内，查有上次業經奏明請燬重複之本，共一千四百四十八對又四百二十八本。謹查原照，另開清單，即將原封繳進銷燬，毋庸再行核辦，合併聲明。謹奏。

又　臣等遵旨閲看各省送到違礙各書，業將應燬之本陸續開單同原書進呈，請燬在案。兹據各省續行送到應燬重本甚多，謹逐一查明，裝成六十八箱，另開清單繳進銷燬，再查現在送到各書内有從前未經奏燬之《明紀略》、《鼎彝》等書二十一種，亦均係必應銷燬之本，謹開具略節清單，同原書一百九十九本一併進呈，請旨銷燬。謹奏。

又　乾隆四十一年十二月十三日奉上諭：據海成奏，將各屬續獲應燬書籍分晰開單進呈，並稱自展限倍價購買以來，據各屬蒐買以及民間繳呈應燬禁書，前後共有八千餘部之多，雖屢經家諭户曉，乃尚不能一時净盡。再請「展限」、「購求」等語所辦甚好，看來查辦遺書一事，惟海成最爲認真，故前後購獲應燬禁書較江浙兩省尤多。江浙爲文物所聚，藏書之家、售書之肆皆倍于他省，不應購獲各書轉不及江西。且海成此次具摺，尚恐屢買未能遽盡，仍請展限，竭力購求。而江浙兩省自呈繳數次，後即未見陸續呈繳，又未將如何購求及作何展限。設法妥辦，務期净盡之處據實奏聞，皆因該督撫視爲無關緊要，徒以具文塞責，並不實力查辦，則藏匿應禁之書何由盡出？高晉三寶辦經數年，楊魁亦已到任半載，何以輕率若此？俱著傳旨，嚴行申飭，並令該督撫再行嚴飭所屬，加意收查，務使應燬之書盡行繳出，勿敢稍有隱匿。如此番查辦之後，民間尚有違禁潛藏者，將來別經發覺，除將本人治罪外，仍惟該督撫是問，恐不能當其罪也。將此由四百里傳諭知之，海成摺並著少寄閲看。欽此。

又　乾隆四十三年閏六月十九日奉上諭：屢經降旨，各省督撫查繳違礙書籍送京銷燬，各該省陸續查出應燬之書，雖紛紛呈繳，但恐此等違礙書籍外間尚有存留，而僻壤窮鄉未必能家喻户曉。此時續行繳出，仍可遵前旨不加究治，若匿不呈出，後經發覺，即難以輕逭，不可不將此意明白諭示，令其悉行查繳，剔釐净盡，以正人心而厚風俗。著再傳諭各省督撫，務須實力查辦，不可稍有疎漏，並須通飭所屬，派委妥人細訪詳查，毋使不肖吏胥藉端需索滋擾。將此遇各省督撫奏事之便傳諭知之。欽此。

又　兵部侍郎兼都察院右副都御史巡撫安徽等處地方總理糧儲提督軍務農御前行走兵部尚書署理江南江西總督部堂世襲騎都尉薩兵部侍郎兼都察院右副都御史巡撫江蘇等處地方總理糧儲提督軍務閔，爲刊刻《違礙書目》會飭分發查繳事，照得違礙書籍，欽奉諭旨嚴切，如此番查辦之後，别經發覺，本人治罪，官即叅處。江省爲文物之邦，藏書售書者甚多，隱匿違礙之書者正復不少。現將江蘇書局辦過違礙各書及各省咨查違礙各書彙開目録刊發，各府州廳分發各州縣教官巡典查照曉諭士民，逐一檢點，如有後開違礙各書在蘇、松、常、鎮、太五府州屬者，呈送蘇州書局查辦。其在江、淮、揚、徐、海、通六府州屬者，呈送江寧書局查辦；其在安徽寧、池、太、廬、鳳、潁、滁、和、六、泗、廣等府州屬者，呈送安徽書局查辦，務期净盡而後已，並出具印結呈送。至現刊書目外，如另有違礙之書，亦即一體呈繳，慎勿視爲具文致貽後悔。江寧布政使刊發。

姚覲元《清代禁燬書目跋》　覲元曩在東川，曾刊銷燬、抽燬《書目》一册。蓋先大夫舊臧，乾隆四十七年三月二十五日，四庫館奏進本也。嗣同縣吴刺史文昇、會稽章大令壽康、江陰繆編修荃孫，各以臧本郵眎。吴本題曰《禁書總目》。章本同。簡端恭載乾隆五十三年五月初四日上諭，暨浙江撫臣查辦覆奏，藩臣收書告示。其書目約分四類。首曰四庫館奏准，即前所已刊者是也；次軍機處奏准，蓋通行案；次錢謙益等著作，暨專案查辦各書，並山西等省查出石刻詩文。蓋節次奉准案，而以浙江省奏繳之目終焉。章本闕浙省奏繳一類，殆非完書。吴本四類具備，而卷尾斷爛，其都數亦無從縣揣。約略計之，除館本外，尚千有餘種，此大較也。繆本前後無記載，以浙本校之，蓋即軍機處通行一類，特全燬、抽燬。前後互倒，爲小異耳。竊意查繳違礙書籍。當日原係通行天下，不應浙江一省獨有成書，因於身所宦游之地，加意訪求。四川湖北，絶無知者。廣東則聞之耆老，拱北樓舊有此書臧版，而燬於庚申海氛之變。然徧覓印本，亦不可得。維時舍弟凱元，方承

乏大官，因走書京師，屬其搜訪。已而凱元果以一編至。其體式略如今行臺省例。册首録乾隆四十三年十一月初四日上諭一道，而以應繳違礙書籍各種名目，暨續奉應禁書目，序列於後。署曰：「河南布政使榮柱敬刊。」較之館本、浙本，互有詳略，因備録而并刊之。其館本已刊者，不重出。浙本卷尾斷爛，亦從闕如，以待校補稱名各從其舊。後有復得，將續刊也。方今聖人在上，稽古右文，百無忌諱。各行省書局宏開，博採旁搜，典籍大備。士生寛大之朝，或亦罔識禁忌，因就其所得，詳著於篇，於以見國家功令。所以維持風教者在是，而爲目録之學者於藝文掌故，亦有所考焉。光緒八年歲在壬午七月乙酉朔，廣東等處承宣布政使司布政使姚觀元謹記。浙本末葉後半，凡殘闕應下三字，又尾七行書目五種，於甲申三月，在蘇州覓得全編。校補訖，覲再記。

傳記

李放《皇清書史》卷一一　姚觀元字裕萬，一字彦侍，文田孫。道光二十三年北闈舉人，官廣東布政使。工小篆，善鐵筆，著有再續三十五舉。尤嗜金石。宦蜀時，嘗得晉楊陽石闕因名。其居曰晉石堪。（《木葉厱法書記》）

陶湘《昭代名人尺牘續集二・姚觀元》　姚觀元，字彦侍，浙江歸安人，大僖公孫。道光癸卯舉人。官至廣東布政使。有《大叠山房詩集》《兩浙輶軒續録》。觀元能承家學不愧祖德，所刻《咫進齋叢書》，世多稱之。

紀事

《四庫館查辦違礙書籍條欵》　查各省解送違礙書籍，除字句狂謬、詞語刺譏必應銷燬及明季國初人詩文集内有觸悖者，其全書即不應存留外，其餘有應行分別辦理之處，謹擬立條款，開列於後：

一、自萬曆以前各書，内偶有涉及遼東及女直、女真諸衛字様者，外省一體送燬。但此等原係地名，並非指斥之語。現在《滿洲源流考》内亦擬考核載入，似當分別辦理。如查明實止係紀載地名者，應簽出，毋庸擬銷。若語有違礙者，仍行銷燬。

一、明代各書，内有載及西北邊外部落者，外省不明地理，往往概入應燬之處。但此等部落，俱《明史》韃靼、瓦剌、朶顔等傳所載，實無干礙，似應查明簽出，毋庸擬銷。若有語涉偏謬者，仍行銷燬。

一、明末弘光年號業經載入《通鑑輯覽》，其《三藩紀事本末》一書載有三王年號，亦已奉旨存留。如各書内有但及三藩年號字様，而別無違礙字句者，應查明簽出，毋庸銷燬。

一、錢謙益、吕留良、金堡、屈大均等，除所自著之書俱應燬除外，若各書内有載入其議論選及其詩詞者，原係他人所採録，與伊等自著之書不同，應遵照原奉諭旨，將書内所引各條簽明抽燬，於原板内剷除，仍各存其原書，以示平允。其但有錢謙益序文而書中並無違礙者，應照此辦理。

一、吴偉業《梅村集》曾奉有御題，其《綏寇紀略》等書亦並無違礙字句，現在外省一體擬燬，蓋縁與錢謙益並稱「江左三家」，曾有合選詩集，是以牽連，並及此類應核定聲毋明庸燬銷。其《江左三家詩》、《嶺南三家詩》内如吴偉業、梁佩蘭等詩選，亦並抽出存留。

一、凡類事及紀載之書，原係門各爲目，人各爲傳，不相連屬，即有違礙，不過中間一門一傳，其餘多不相涉，不必因此槩燬全書。應將其違礙之某門某傳查明抽銷，毋庸全燬。

一、各違礙文集内所有奏疏，現在遵旨將其中剴切可取者另行摘存，其全部仍應請燬外，至如專選奏議，如《經濟文編》之類，專載對策，如《明狀元策》之類，所載多自明初爲始，似亦當分別辦理。應將其中有違礙字句各編查明抽燬，其餘仍應酌存，以示區別。

一、凡宋人之於遼、金、元，明人之於元，其書内紀載事蹟有用敵國之詞、語句乖戾者，俱應酌量改正。如有議論偏謬尤甚者，仍行簽出擬銷。

一、現在各省送到書箱，應照分韻册逐箱按次查點。其已經辦燬者，標明書本，仍存原箱。其未辦者，取出造册分。未辦中如有一様數部者，取出一部，其餘亦仍存原箱，作爲重本。每查過一箱，即將此箱封好另放，不必再行檢閲，以免複混之病。

鄧實《清代禁燬書目補遺跋》　丁未秋，李君曉暾過滬造余，行篋攜有歸安姚氏所彙刻禁書目三種，假余重刊。余于是年春，方蒐得江寧官本《違礙書籍目録》

殘藁一册，持以較姚氏所刻三種：其前半册即與姚氏所得河南官本違礙書目，大略相同，惟後半册則爲江寧本省奏繳書目及各行省咨禁書目，爲姚本所無。而卷首所載諭旨告示條欵，亦有姚本所未載者，因改名曰《奏繳咨禁書目》，爲合刊之。其前半册與河南官本同不重出，但惜此本其末已殘闕。江西咨禁書目共七十五種，今僅存目十五種，其後或尚有他省所咨禁者，未可知也。異日倘得全本，當續刊之。姚氏謂查繳違礙書籍，當日原係通行天下，不應浙江一省獨有成書。因續蒐，得河南一本。余今又得江寧一本，則其他各行省之本或尚有留存者，苟盡得而考核之證，其異同校其詳略不更備乎！然就今所刊其目，已不下三千種，可謂烈矣！而當時官吏妄揣意旨，額外蒐誅小民，懼禍私自焚棄，其所燬當不止此數。貴池吴次尾孫銘道跋《留都見聞録》後有云：今年當事慮書獄滋蔓，密令體勘而聞風心慄者，取其家有之書稍涉疑似，無論兔園册子，悉舉而畀之爨爐，自是當時實事。蓋自秦政以後，實以此次焚禁爲書籍最大厄。嗚呼！卷册何辜，乃亦屢遭虐焰！不燬于火，即燬于兵，一姓之更革一次，而書籍之銷燬亦一次。西漢蘭台、石渠三萬三千九十卷，盡于王莽之末；東漢東觀仁壽萬三千二百六十九卷，盡于董卓移都；晉祕書中外三閣二萬九千九百四十五卷，盡于惠懷之亂；東晉祕閣三千一十四卷，孝武時三萬六千卷，宋總明觀齋六萬四千五百八十二卷，學士館萬八千一十卷，盡于末年兵火；梁文德殿華林園二萬三千一百六卷，江陵七萬餘卷，盡于元帝自焚；二秦四千卷，北齊仁壽文林三萬餘卷，後周虎門麟趾萬五千卷，隋修文觀文十萬三千二百七十八卷，盡于砥柱舟覆；唐集賢院四庫八萬九千卷，盡于安禄山；十二庫七萬餘卷，盡于黄巢；宋三館祕閣三萬六千二百八十卷，盡于祥符之火；崇文院三萬六百六十九卷，别藏于龍圖閣太清樓，盡于靖康之變；中興四萬四千四百八十六卷，盡于紹定之災。蓋秦火之後，大厄凡十有一，書籍總目。而以本朝乾隆時焚禁之一厄，爲最後而最烈。何也？蓋昔之燬乃官府之所藏，而山巖屋壁尚有存者。今之燬并燬及民間，而比户誅求，其所留遺者亦僅矣。觀于四庫之開，雖數四下詔徵求，而遺書多不出，則其時海内書籍之散亡可知也。今考是編，其有目而無書者尚千餘種，不可悲乎！近者庚子之變、聯軍入闕，上自宫府所藏，下及私家所守，已散棄如糞土。而日本獨知收拾綑載以去，新學之士方謂是陳年故紙，不適于用者，棄之可無惜，然則今日之書籍不禁而禁，不焚而焚，更後數十年，其海内之無書尤可決也。余于是目不禁重有慨焉。丁未冬至日鄧實識。

版本目録分部

綜述

毛開《遂初堂書目序》 夫結繩既代，圖籍肇興，綱領有作，典章爰著。周官所掌三皇五帝之書，楚史能通《八索》、《九丘》之故。韓子東聘，始見舊經；李叟西遊，僅窺藏室。志昆丘之放者，固已謬悠；探禹穴之奇者，曾何彷彿？遐哉邈矣！有足徵乎？更秦焚滅之餘，遭漢搜揚之盛，輶軒徧於天下，竹簡出於壁中。世王之所討論，群儒之所綴輯，前稱《七略》，末有《中經》。劉蒼終莫得之，黄香所未見者，罕歸私室，悉入内朝。然自雒邑初遷，多從亡逸；建安重擾，半雜煨塵。近則散落閭閻，遠或流布海寓。繇是，博雅君子，薦紳先生，踵尚風流，迭相傳寫。壯武牛車，兼兩鄴侯，籤帙累萬。雌黄審其未正，殺青存夫不刊，而家藏之積，殆與中祕侔矣。且夫商盤、周鼎，世以爲古，而無適時之用；鼂采夜光，人以爲寶，而非畜德之資。識天道之精微，揆人事之終始，窮物理之變化者，其唯書乎？故六藝立言之訓，九流經世之要，傳注之學，辭賦之宗，技巧之方，姓名之考，《齊諧》之志，丘里之談，雖云殊途，皆有可用。誠應世之先務，資身之大本歟。晉陵尤延之，始自青衿，迨夫白首，嗜好既篤，網羅斯備。日增月益，晝誦夕思。重之不以借人，新若未嘗觸手。耳目所及，有虞監之親鈔；子孫不忘，多杜侯之手校。表層樓而儷富，託名山而共久，不已盛乎！若其剖析條流，整齊綱紀，則有《目録》一卷。甲、乙、丙、丁之別，可以類知；一、十、百、千之凡，從於數舉。僕雅竊通書之好，每資餘燭之光，猥辱話言，屬爲序引。研精覃思，固不逮於揚雄。單見淺聞，復有慚乎袁豹。勉需翰墨，祇塵簡牘而已。太末毛開平仲序。

楊萬里《誠齋集》卷七九《益齋藏書目序》 予於朝蹟最末至，故雖與天下之英俊並游，然閲三數月，識其面未徧也。既未徧識其面，未能徧交其人。一日，除書下遷大宗正丞尤公延之爲秘書丞，吾友張欽夫悦是除也，曰：「真秘書矣。」予自是知延之之賢，始願交焉，然亦未始解欽夫之云之意也。既與延之往還且久，既同

爲尚書郎，論文討古，則見延之於書，靡不觀，觀書靡不記。至於字畫之蕞殘，日月之穿漏歷歷，舉之無竭，聽之無疲也。余於是始解欽夫之云之意。然於延之有未解者焉。蓋延之每退則閉户謝客，日計手抄若干古書，其子弟亦抄書，不惟延之手抄而已也；其諸女亦抄書，不惟子弟抄書而已也。且延之之於書，腹之矣，奚所事於手之乎？此予之所未解者也。雖然，又有未解者焉，今年，予出守毗陵，蓋延之之州里也，延之持淮南使者之節而歸。一日，入郛訪予，予與之秉燭夜語，問其閑居何爲，則曰：「吾所抄書，今若干卷，將彙而目之。飢讀之以當肉，寒讀之以當裘，孤寂而讀之以當朋友，幽憂而讀之當金石、琴瑟也。」余於是疑焉，蓋若延之者，記之强，不必抄之；富學之就，不必讀之。劬彼其渟之，爲道德流之，爲文章溥之，爲事業深矣！而猶脱腕於傳寫，焦唇於誦教，此余之所疑而愈不可解者也。蓋彼其不可解也，秖其爲不可及歟！延之屬予序其書目，余既序之，且將借其書而傳焉。然使予盡傳延之之書，傳猶不傳也。蓋世有得易牙烹餁之方者，欣然以易牙自爲也，且得其方不若治其餁，治其餁不若嚌其滋，治其餁而不嚌其滋，餁猶不餁也，而況得其方而未嘗治其餁者耶？予老矣，每觀一書，口誌而心忘。意未究，而目告病矣。使盡傳延之之書，其曰「餁之」云乎？未可知也。餁之矣，其曰「嚌之」云乎？未可知也，則亦得易牙之方而已。予以是媿延之，亦以是服延之。年月日，楊萬里序。

魏了翁《遂初堂書目跋》 予生晚，不及拜遂初先生；聞儲書之盛，又恨不能如劉道原假館于春明者。寶慶初元冬，得罪南遷，過錫山，訪前廣德使君，則書厄于火者累月矣，爲之徬徨不忍去。因維國朝以來，藏書之盛鮮有久而弗厄者。孫長孺自唐僖宗時爲榜書樓二字，國朝之藏書者莫先焉，三百年間，再燬于火。江元叔合江南吴越之藏，凡數萬卷，爲臧僕竊去，市人裂之以藉物。其入于安陸張氏者傳之，未幾，一篋之富僅供一炊。王文康、李文正、廬山錙壯輿、南陽井氏，皆以藏書名，未久而失之。朱宣獻兼有畢文簡、楊文莊二家之書，不減中祕，而元符中蕩爲煙埃。晁文元累世所藏，自中原無事時已有火厄，至政和甲午之災，尺素不存。斯理也，殆不可曉。聖賢不過託之憲言以垂世示後，所以共天命而植人彝也，兼收並蓄，博覽精索，以淑其身以待後之人。此何辜于天而厄之已極也。若孫、宋、晁氏，則子孫不能守，如江、張、王、李諸家，是固可恨。使子孫知守矣，而火攻其外。矧如尤氏，子孫克世厥家滋莫可曉，雖然是穮是蔉，雖有饑饉，必有豐年，吾知穮蔉耳。豐、凶非我知也，尤氏子孫其尚思，所以勿替先志云。臨邛魏了翁跋。

陸友仁《遂初堂書目跋》 李太史燾云：延之于書，靡不觀，觀之靡不記。每公退，則閉户謝客，日計手抄若干古書，其子弟及諸女亦抄書。一日謂予曰：吾所抄書，今若干卷將彙而目之。饑讀之以當肉，寒讀之以當裘，孤寂讀之以當友朋，幽憂讀之以當金石琴瑟也。

熙名臣，藏書至多，法書尤富，常燼于火，今其存無幾矣。吴郡陸友仁書。

《四庫提要・史部四一・目録類一》 臣等謹案，《遂初堂書目》一卷，宋尤袤撰。袤，字延之，無錫人。紹興十八年進士，官至禮部尚書，謚文簡。事迹具《宋史》本傳。陳振孫《書録解題》稱其遂初堂藏書爲近世冠。楊萬里《誠齋集》有爲袤作《益齋書目序》，其名與此不同，然《通考》引萬里序，列《遂初堂書目》條下，知即一書。今此本無此序，而有毛開一序，魏了翁、陸友仁二跋。其書分經爲九門，曰經總類，《周易》類，《尚書》類，《詩》類，《禮》類，《樂》類，《春秋》類，《論語》、《孝經》、《孟子》類，小學類；分史爲十八門，曰正史類，編年類，雜史類，故事類，雜傳類，僞史類，國史類，本朝雜史類，本朝故事類，本朝雜傳類，實録類，職官類，儀注類，刑法類，姓氏類，史學類，目録類，地理類；分子爲十二門，曰儒家類，雜家類，道家類，釋家類，農家類，兵書類，術家類，小説類，雜藝類，譜録類，類書類，醫書類；分集爲五門，曰别集類，章奏類，總集類，文史類，樂典類。其例，略與史志同，惟一書而兼載數本，以資互考，則與史志小異耳。諸書皆無「解題」，檢馬氏《經籍考》，無一條引及袤説，知原本如是。惟不載卷數及撰人，則疑傳寫者所删削，非其原書耳。其子部别立「譜録」一門，以收「香譜」、「石譜」、「蟹録」之屬。無類可附者，爲例最善。間有分類未安者，如《元經》本史，而入儒家。《錦帶》本類書，而入農家。《琵琶録》本雜藝，而入樂之類。亦有一書偶然複見者，如《大曆浙東聯句》，一入别集，一入總集之類。又有姓名譌異者，如《玉潤集》，本朱臯作，而稱朱喬之類。然宋人目録，存於今者，《崇文總目》已無完書。惟此與晁公武《志》爲最古，固考證家之所必稽矣。乾隆四十六年十月，恭校上。

葉德輝《静惕堂書目序》 王文簡《池北偶談》云：「曹秋岳侍郎好收宋、元人文集，嘗見其《静惕堂書目》，所載宋自柳開以下凡一百八十家，元自耶律楚材以下凡一百十五家，可謂富矣。」今按，此本，宋自徐鉉《騎省集》以下凡一百九十六家，元自元好問《遺山集》以下凡一百三十九家，較文簡所見共多四十家，蓋後編最足之本。乾隆時修《四庫全書》，此目所載十九箸録。斯固兩朝文人精爽之所憑依，

故得長留於天地間也。余喜治目録之學，以此目世無傳本，亟付手民刊之，海内藏書家當有聞風興起者矣。壬寅夏五望後三日，葉德輝序。

葉德輝《重刊徵刻唐宋祕本書目序》 黄俞邰虞稷、周雪客在浚同編《徵刻唐宋祕本書目》，其流傳古籍之盛心，至今令人欽企無已。按，俞邰爲前明黄明立先生居中之仲子，本福建晉江人。居中官南京監丞時，構千頃樓，藏書約六萬卷。錢謙益爲撰《藏書記》，載《初學集》中。虞稷僑寓金陵，遂籍上元貢生，舉康熙己未詞科。丁憂，未與試。後以徐立齋相國元文薦修《一統志》，食七品俸，有《千頃堂書目》行世。雪客爲周櫟園先生亮工之子，河南祥符人。家世以刻書爲業，亮工通籍後，益好收藏。閩謝在杭先生肇淛，萬曆中，抄書祕閣，中多希本散出，盡歸亮工。此目所列，大都兩家舊藏。當時，納蘭成德刻《通志堂經解》，幾舉經部全刻之。其後，武英殿《聚珍板叢書》、《知不足齋叢書》又陸續刊行其史、子各種。按目求之，所未刻者，僅雜史小帙及宋、元人集部數種已耳。然雜史一二種，藏書家多有抄本，集部亦多明人校刻。雖未刊行，而兩人之心亦可慰矣。余嘗以爲，異書祕籍，爲人家藏，無由與世人共見。苟得見其書目，俾人人知此書之在人間，抑或有好事者搜求重刊之一日，故目録之學不獨擴增聞見，亦且闡揚幽潛，如此目所傳即其明證也。余以暇日校録重刊即所見各書，有刻本者，别爲《考證》一卷，附箸於後，將以貽之有同好者。雖然前人藏書而不能刻，後人刻書而不能校，如通志堂、知不足齋，皆不免爲後人訾議，是亦美猶有憾之事也。安得顧千里、黄蕘翁一輩人更生於今日也耶。光緒三十有四年戊申歲終元月上澣之五日，葉德輝序。

張芳漫《徵刻唐宋祕本書論略·論藏書宜刻》 百物之所需，其未有也。搰搰然用力以求其有，有矣，不必備。備矣，不必貴。貴矣，不必美。貧傖之家，有與備已耳。通門巨室，則必期於貴且美矣。是故《四子》、《五經》、《通鑑綱目》專一經者不必備五經，守明初《四子》、《五經大全》者，不必備司馬公、朱子之《綱目》正本，迨有且備矣。而唐、宋以來，名儒之經神史奥，幸而存什一於千百，竟未能發其緘縢，咀其精藴者，非求之不力也，求之既力，而藏書家曾未肯舉其貴且美者以相授，則藏者誠有罪矣。假令存者什一，授者亦什一，以是爲私相授受之物，則辟如通門巨室，籠其貴美以自爲玩好，又可謂無罪乎？是故唐以後有刻本九經之行，此藝苑之功臣也。猶之紫柏老人有書本《大藏》之刻，則祇園之功臣也。今黄、周二子，臚列所藏唐、宋祕本，告天下共勸盛事，公其貴且美者於世，以厭服海内好奇嗜異之心，可謂有功矣。是僕之所歡喜讚頌也。

又《論讀藏書宜崇經史》 □□□□□有《朱子遺書》行世。《遺書》則《大全》之所自出。明初諸儒，應詔編《大全》，書非一家之手，擇焉不精。後世學者皆知讀《大全》，無有能析其真似，燭其源流，僕所謂不必貴且美者也。世間貴美之物，無有外於目前備有者。自有明「講章」與「鑑纂」盛行，初爲汲引見童之具，而漸且錮天下聰明，豪雋之心，特以是爲梯榮射利有藉焉耳。榮利既博，斯捨之矣。彼豈知常人日日衣縷食穀？而竟不知其煥與甘者，爲生民立命，爲天地立心也，則亦耕傭織婢之輩而已矣。是故，唐與宋之名儒讀書學道，幸而存其什一于千百，帷燈匣劍，至今不亡，皆其命未嘗夭，心未嘗死也。此如衣縷食穀，真得甘煥之力者也。然則，二子之以是告海内刻其藏書，詎好奇嗜異云爾哉。是亦□□之所樂聞也。

又《論刻藏書宜先經史後子集》 子集祕本，兩君家藏，集爲多。僕亦間嘗其一臠。然如宋王梅《邊炎午》、《唐玉潛珏》二集，僕四十年前訊之建平吴鷺公濤，云「有傳本，今亦未見」。僕嘗謂天地間之所以不朽者，《五經》爲天地間有數文章，《廿一史》爲天地間有數人物。無人物，則光嶽何以孳生？無文章則倫物何以昭著？惟是經、史賴有儒者通流，遂可綱維古今子、集以潤色。經、史特文章中一種。馬元會《意林》所載諸子不見全本，文集雖英華烜赫，究亦陳陳相因。所南一函，較之「聖予」二傳，輕重斷可知矣。兩君祕集，惟唐沈下賢、宋柳仲塗、金趙閑閑先列數種，而其餘經、史逸册有裨名教、切故實者，冀公之當世略存，微尚稍抑輕華。至支志廣述鬼神物感，兼明氣化，皆足扶輪經教，匪爲樹幟怪奇。又經、史既略見有明《授經圖》、《群雄事略》，而性甫《鐵網》、《永樂琴書》藝事，可以觀道風雅，實播前徽。讀兩君藏目至此，洋洋觀止，有喟然興起於汲古得修綆之言者乎。僕引領竢之矣。

又《論藏書宜同心較刻》 有明之中葉，功令嚴明，士習純一。坊肆雕本，多出禮部頒行。惟王府宦邸，時翻刻舊本。古書王府本不傳人間，高參政叔嗣刻行宋鄭伯謙《太平經國書》，馬太守金刻行齊褚澄《石經》，自非大官較刻，坊賈率不敢妄有刊布，無所謂時人之集與時文之選也。迨晚季，時集、時文陋劣已極，而先儒經、史一燈，誰復有剔其微明而爲之振起者？是不能無望於吾黨有心，相與邪許作力而張大之，蓋平時睠念前人之著述而不可必得，一聞跫音於空谷，遂嘘嘉種爲寒香。千秋以上之心與力，則千秋以下之心與力是也。而宦邸猶存好名之見，坊賈猶挾謀利之私。惟吾黨有心，則以前人爲空谷而尋聲喚應，以遺燼爲寒香而當春

發起，一時好古之心與力，則自我作古之心與力是也。遠壑有聲，尚可響荅。孤根不變，尚發香光。矧同時應求，豈無赴龍之雲，叶律之吕乎？然則徵刻二子之藏書，僕知其必有合矣。仁壘山人張芳漫稾。

趙孟升《刻本自序》（錢曾《讀書敏求記》卷首） 牧翁錢氏曰：「聚書不同，有讀書者之聚書，有聚書者之聚書。」而坡翁蘇氏曰：「諸子百家之書，近歲轉相摹刻，多而易致。」然夷考其時以聚書之富流傳紀乘者，約略可屈指數，如宋宣獻、畢文簡、王原叔、錢穆父、王仲至家，暨荆南田氏、歷陽沈氏、譙郡祁氏而已。而顛錯叢龐，亦往往有之。惟吴中曾文彦和、賀鑄方回二家，書皆手自讐校，丹黄儼然。然則書雖易致，而聚書者之雅難得。而持本讀新，討源流而列黑白者之尤爲難之難，自古然矣。我國家文明之治與宋埒，而聚書家之多，則不啻百乎過之。其發爲高文典册，黼黻昇平者，可不論。遵王錢先生，牧翁之老孫子也。以布衣聚書，自人世諸閟記暨霞宫丹甲、汲冢覆釜諸等靡不備，雅無愧宣獻、文簡諸鉅公。既已耿諸胸，見諸詩歌古文，又恐其聚久必散，等於煙雲之過眼，復爲榷古商今，書之於册，使人異家舛者，豁然霧解，所謂《讀書敏求記》是也。蓋其精當，實有以勝彦和、方回二家，而不徒爲聚書者之聚書如此。予惜其尚未克流布通邑大都，爰付開雕氏以傳焉。爲疏蘇氏、錢氏語於簡端，以見聚書於書易致之時尚難，而讀書者之聚書爲尤難，而以著我國家之盛於無窮也。雍正四年四月，吴興趙孟升書。

王豫《趙氏刻本序》（同上） 虞山錢遵王積書逾萬卷，其間宋元槧本爲多。因取今世俗本之脱謬顛倒者手校之，凡是且非，如以匙勘鑰。復毛舉其目，各爲論次，著於録，得四卷，署曰《敏求記》。而吾友用亨。趙君爲刊鏤之以行。於戲，道成於學而藏於書，故索道於斯世者，必究塗焉。若遵王所爲，甄其華而已，於學何補。雖然，顔之推嘗言之，校正書籍亦何容易，揚雄、劉向方稱此職爾。然則覽是書者，毋輕議其離本飭末也。長城王豫立甫書。

曹一士《趙氏刻本跋》（同上） 乙巳季冬，吴興趙子用亨過予，出錢遵王先生《讀書敏求記》見眎。其所載胥宋元刻善本，世所罕覯。能考其從來，而評騭其是非，洵博雅嗜古君子也。今逢衣徒率枵中捷口，束書不觀，宜是編尚未刊布。趙子將板行之，可以知其志矣。趙子爲文敏之葉，年少有才辭，美茂暢洽，播於時流，庶幾克復其始，予竊有厚望焉。爲題數語歸之。上海曹一士。

濮梁《印本序》（同上） 聚書非難，聚書而能討源流、析同異，斯難矣。自北寗以來，收藏家指不勝屈，而惟推曾彦和、賀方回兩家最盛。蓋其書非徒插架懸籤而已，每册每卷必手自讐校，丹鉛宛然，至今人豔稱之。錢君遵王，牧齋先生之孫也。以布衣聚書，自經、史、子、集以及稗官野乘、人世諸祕記靡不備，而考核極精，辨論極當。積時既久，遂成《敏求記》一編，大有益於聚書者之家。是又彦和、方回之所未爲者也，可不謂難乎？今國家文治極盛，大江南北莫不家有藏書。惜此編未克流傳，爰付諸梨棗，以公同志。吁，我輩平時手一書，每苦於根據之不知，全缺之莫辨。今得是書爲指南之車，不翅暗室一燈焉。是錢君獨爲其難，我輩得享其逸也。竊不勝欣幸，願與同志者共諒其苦心而枕祕之。時雍正六年小春月，濮川濮梁書於延古堂。

沈尚傑《修改本讀書敏求記自序》 益人神智者，惟書而已。顧書之代積而多也，奚翅數百萬種。好之者未必能聚，聚之者未必能讀，人世一大恨也。嘗覽晁氏《郡齋讀書志》，喜其搜羅之富，亦欲屏絶塵事，窮探二酉。無如斯志未遂，終有望洋之嘆。邇來復閲錢子遵王《讀書敏求記》與宋人之書後先輝映，誠好古者之梯航也。惜其流布未廣，覽者闕如，因舉吴興趙氏之本重加校讐，付諸剞劂，俾天下讀書之人依此訪求，家有善本，庶復見曹氏之書倉、李氏之百城云爾。時乾隆十年歲次乙丑仲冬既望，東里沈尚傑書於雙桂草堂。

胡重《沈氏重修本讀書敏求記跋》 重嘗閲虞山錢氏遵王《述古堂藏書目》，所載凡三千餘種。而此《讀書敏求記》僅六百種，蓋義門何氏所稱專記宋板元鈔及書之次第完闕古今不同者也。此書未刻之先，得見者罕。義門謂朱竹垞檢討典試江南日，以黄金、翠裘賂遵王侍書小史，胠篋得之，半宵寫成云云。可見錢氏祕之枕中，不輕示人矣。雍正丙午，吴興趙孟升用亨氏始授諸梓。乾隆乙丑，嘉興明經東里沈公重校以行。重初識之無，先刑部公舉是書以授，與晁氏《讀書志》、陳氏《書録解題》並置案頭。今明經文孫葭士，因齋中板片歲久漫漶，乃取善本讐勘，訛者刊之，闕者補之，剞劂之工，浹旬乃竣。葭士三世聚書數萬卷，家學淵源，晨夕一編，丹黄不輟。重以文字相契，服其用心之勤且慎，爰綴數語於簡末，竊附古人賞文析義之意云。乾隆乙卯夏六月，錢塘胡重識於長水寓舍。

胡重《校沈氏重修本讀書敏求記跋》 沈大葭士重校《讀書敏求記》，予嘗跋其後矣。今歲夏五，予於沈四柳坪案頭偶得是編，讀之屢疑有脱譌處。適汪大柳汀出示先世裘抒樓寫本，因約柳坪對勘一過，三日始畢。凡改正二百餘字，補入二百十餘字。雖未可稱完善，而閲之已覺爽心悦目焉。考之《述古堂藏書目》中，總計經、史、子、集二千四百四十餘種，又釋、道二藏三百五十餘種。而此《記》僅撮其

精華，不滿六百種。然亦有入《記》而不入《目》者七十餘種。蓋《目》編於康熙己酉，也是翁年四十有一。此《記》成於甲子、乙丑以後，也是翁年將六十。大抵晚歲續得之書必更多也。吾家自高王父中憲公至先刑部公，四世聚書數萬卷。年來散失殆盡，惟余行笈所攜皆手自校讐，丹鉛無恙。柳坪插架之書，不啻南面百城，猶復搜奇好古，與予同抱脈望之癖，此正也是翁所謂「墨汁因緣」。故書之以志一時筆硯精良之樂。嘉慶丙辰重五日，曲寮居士胡重。

阮福《重刻本讀書敏求記自序》　錢遵王《讀書敏求記》，何義門學士云：「凡六百有一種，皆記宋板元鈔及書之次第完闕古今不同。書成，扃之枕函，祕不示人。自竹垞檢討典試江南，私以黄金、青鼠裘予其侍史，啓篋得是編，命藩署廊吏鈔録，世間遂有傳本。」雍正四年，吴興趙氏孟升始用刊布，然其板世不多見。今所通行者，乃乾隆十年，嘉興沈明經尚傑重刻本也。福嘗謂遵王此書，述著作之源流，究繕刻之同異，留心蒐討，不遺餘力，於目録書中洵爲佳著。若非竹垞翁録出，則或至今湮没，豈不可惜歟？柯崇樸《絶妙好詞序》中辨竹垞非詭得，謂義門之言近誣。此亦無庸辨也。竹垞檢討輯《瀛洲道古録》，以書手自隨被議，此即詭得亦非異事，足徵檢討好古敏求之至意，轉歎遵王之太祕爲不廣也。道光乙酉夏，武林嚴厚民師因編《皇清經解》，重游嶺南。篋中攜有初印本，並言曾用遵王手定原稿次第，以硃筆一一補正於上方。其稿今藏黄蕘圃主政家，脱漏約三十餘種。如岳珂《九經三傳沿革例》、丁度《集韻》等書，皆趙本之所未載。訛謬之處，悉行改正，疑廊吏鈔時倉卒所遺舛也。夫雍正本已不可多見，何論遵王原稿。爰亟爲校録，重付梓人。至原序仍録存於後。義門學士二跋、柯崇樸《絶妙好詞序》一則，亦概附卷末，以資考證云。儀徵阮福序。

吴壽暘《拜經樓藏書題跋記》卷三《讀書敏求記》　右刻本四卷，先君子校閲，記後云：「此書未刻之前，最爲難得。錢塘吴尺鳧先生嘗言，竹垞檢討典試江南，與遵王會飲，私屬錢氏侍史竊出一鈔，償以美裘一襲，白金十兩。蓋前輩之好古如此，亦可起敬也。此刻視鈔本間多舛譌，惜未得一校，姑俟異日求之。壬辰四月，某記。」嗣從朱朗齋文學借汪氏振綺堂校録瓶花齋藏本對勘，朗齋書後云：「此爲友人朱秀才映漘手校本，乃振綺堂主人即所稱東軒主人。從家甌亭上舍借瓶花齋藏本屬映漘校勘者。據諸君跋語，其丹黄已不下四五過。然予細閲之，此本之譌舛脱略固多，而振綺本亦未爲盡善。故二本之互異者各書之簡端，俾映漘更加覆校，庶幾二本各歸精當耳。」

又傳録諸跋於卷首：

尺鳧先生跋云：「絳雲未燼之先，藏書至三千九百餘部，而錢遵王此記□□有一種，皆紀宋板元鈔及書之次第完缺、古今不同，手披目覽，類而載之，牧翁畢生之菁華萃於斯矣。書既成，扃置枕中，出入每自攜，靈蹤微露。竹垞謀之甚力，終不可見。竹垞既應召後二年，典試江左，遵王會於白下。竹垞故令客置酒高讌，約遵王與偕，私以黄金翠裘予侍書小史啓鑰，預置楷書生數十於密室，半宵寫成而仍返之。當時所録，并《絶妙好詞》在焉。詞既刻，函致遵王，漸知竹垞詭得，且恐其流傳於外也，竹垞乃設誓以謝之。竹垞既重違故人之命，而又懼此書之將滅没也，暮年始一授族子寒中。余聞之久矣，然知其嚴秘勿肯與。近者校讐諸書，寒中閔予之勞，竟許以贈。余以白金一斤爲壽，再拜受之，亦設誓辭焉。嗟乎！書乃天地大公之物也，然有可傳，有必不可傳，正如修丹者既成，人皆可餌，而烹煉之方，非堅精凝潔者弗能守。然猶可傳者丹之法，而必不可傳者丹之道。大道在人，非其人莫與，則斯志也已。書之卷末，示我後人。康熙五十六年三月十八日，錢唐吴焯。」

□□先生跋云：「此書向惟曝書亭藏有抄本，珍秘不出，先君子以重價購得之。稼翁晚年，力不能守，元鈔、宋刻，雨散云飛，而此書遂流落人間。吾友趙君用亨爲刻之吴興，卷端冠序一首，借先友傅編修玉笥之名，傅不知也。偶於書肆中見之大怒，且以『舊史官』三字爲犯時忌，徧告當事，欲毁其版。幾允所請，賴先子解紛得寢，然用亨亦因此愧憤，不復刷印示人矣。信乎古今典籍傳與不傳蓋有一定之數，不可强也。乾隆丁巳小除日，錢唐吴城記於瓶花齋。」

又跋云：「絳雲一炬，秘本不可復見。遵王著《敏求記》一書，後人賴之以考證天水，鐫板行世，有功典籍匪淺。當時不乏文人，必借玉笥太史之名以弁其首，較之題碑祝嘏不猶愈乎？玉笥翁何亟亟於求毁耶？斯亦可謂不愛古名者矣。小谷跋，時甲申臘月既望燈下。」右繡谷亭本跋語三則。

朗齋先生記此後云：「此書東軒主人藏本二，一爲吴石倉先生鈔本，二册；一即此本，趙谷林先生藏鈔本，四册，從丁龍泓先生手鈔繡谷亭初校本借鈔者也。其後繡谷先生覆校三次，改抹之處，此本未經是正。乾隆丁亥八月一日，主人從甌亭先生借得繡谷亭本，屬文藻重校，嚮所疑誤者改正凡百餘字，此本洵完善矣。文藻後進末學，何幸得窺先正□修之秘，而私淑老成嗜學之勤，撫卷沈思，愧喜交集。仁和後學朱文藻記。」

先君子書此數跋後云：「右跋凡四則，從武林汪氏振綺堂所藏小山堂舊鈔本傳録。予嘗病刊本多誤，間以硃筆評校，終未能釋然。乾隆甲午，從書局中見此本，因亟假歸覆勘，更有數跋，附録於後，凡緑筆者皆是也。旃蒙協洽六月一日，兔床某識。」

尺鳧先生跋云：「遵王撰成此書，秘之笈中，知交罕得見者。竹垞檢討校士江南日，襲方伯偏召諸名士大會秦淮河，遵王與焉。是夕私以黄金、青鼠裘予其侍史，啓篋得是編，命藩署廊吏鈔録，並得《絶妙好詞》。既而《詞》先刻，遵王疑之。竹垞爲之設誓而謝之，不輕授人也。晚年稍稍傳出，江南舊家間有之。予從馬寒中得授此本，惜其字多繆誤，蓋當時半宵寫成，未經校對。其間書雖不多，宋版元鈔，要皆奇秘，真書林之寶也。吾友敬身丁君獲此本於石門吕氏，此又從竹垞已亡後，其家竊録而出，錯誤更多。偶以余所藏本校其大概，尚未盡也。嗟乎！牧翁以十萬金錢購置奇書，而遵王耳聞目見，盡平生之致力，僅載此六百餘種，所謂選其精華，觀者不當以尋常書録視之也。雍正甲辰冬至月廿又六日燈下，焯。」

谷林先生跋云：「是本向吾友丁敬身借抄，有繡谷手校記語，誤繆處十正八九。聞石門袁舒雯家藏善本，俟再取校之。甲辰除夕，小山堂録考畢。谷林。」

又第一册後記語二則云：「雍正甲辰至月，蟫花居士取禦兒吕氏明農艸堂善本手校，是月小盡燈下記。」「丙午秋闈後，以趙用亨新刊本再校。」朗齋先生書此後云：「右二則見繡谷亭本第一册後。乾隆丁亥八月二日，文藻校録。」第二册後記語三條云：「十二月十日校畢，并吕氏本參勘，付城南丁敬身。焯記。」「明年乙巳再校一過，小年朝石門舟中記。」又「明年丙午，吴興趙用亨已將此書梓行。惜其譌字過多，與之校正，又對一徧。此本又改正數字。重陽後二日。」朗齋先生書此後云：「右三則見繡谷亭本第二册卷終，八月三日校畢録於此，以見先正校勘之勤如是也。文藻記。」

《四庫提要・史部四三・目録類存目》 《讀書敏求記》四卷，江蘇巡撫採進本。國朝錢曾撰。曾字遵王，自號也是翁，常熟人。家富圖籍，多蓄舊笈。此書皆載其最佳之本，手所題識，彷彿歐陽修《集古録》之意。凡分經、史、子、集四目。經之支有六，曰禮樂，曰字學，曰韻書，曰數書，曰小學。史之支有十，曰時令，曰器用，曰食經，曰種藝，曰豢養，曰傳記，曰譜牒，曰科第，曰地理輿圖，曰別志。子之支有二十，曰雜家，曰農家，曰兵家，曰天文，曰五行，曰六壬，曰奇門，曰曆法，曰卜筮，曰星命，曰相法，曰宅經，曰葬書，曰醫家，曰鍼灸，曰本草方書，曰傷寒，曰攝生，曰藝術，曰類家。集之支有四，曰詩集，曰總集，曰詩文評，曰詞。其分別門目，多不甚可解。如五經併爲一，而字學、韻書、小學乃歧而爲三；紀傳、編年、雜史之類併爲一，而器用、食經之類乃多立子目；儒家、道家、縱横家併爲一，而墨家、雜家、農家、兵家以下乃又縷析諸名，皆離合未當。又如書法、數書本藝術而入經，種藝、豢養本農家而入史，皆配隸無緒。至於朱子《家禮》入禮樂，而司馬氏《書儀》、韓氏《家祭禮》則入史。吾衍《續古篆韻》入字書，而夏竦《古文四聲韻》則入韻書。以至《北夢瑣言》本小説，而入史，《元經》本編年，《碧雞漫志》本詞品，而皆入子。編列失次者，尤不一而足。其中解題，大略多論繕寫刊刻之工拙，於考證不甚留意。如《韻略易通》至謬之本，而以爲心目了然。《東坡石鼓文全本》，實楊慎僞託，而以爲篆籀特全。《臞仙史略》載元順帝爲瀛國公子，誣妄無據，而以爲修《元史》者見不及此。《了證歌》稱杜光庭，《太素脈法》稱空峒仙翁，本皆僞託，而以爲實然。《玄珠密語》最爲妄誕，而以爲申《素問》六氣之隱奧。李商隱《留贈畏之》詩後二首，本爲誤失原題，而强生曲解。《聲畫集》本孫紹遠撰，而以爲無名氏。《歲寒堂詩話》本張戒撰，而以爲趙戒。魏校《六書精藴》最穿鑿，而謂徐官《音釋》，六書之學極佳。《四聲等子》與劉鑑《切韻指南》異同不一，而以爲即一書。《古三墳書》及《東家雜記》之琴歌，僞託顯然，而依違不斷。蕭常《續後漢書》正《三國志》之誤，而大以爲非。王弼注《老子》，世有刻本，而以爲不傳。龐安常《聖散子方》，宋人已力辨蘇軾之誤信，而復稱道其説。屈原賦、宋玉賦，《漢・藝文志》有明文，而斥錢杲之謂《離騷》爲賦之非。歐陽詹贈妓詩真蹟至邵伯温時猶在，而以爲寄懷隱士之作。皆不爲確論。然其述授受之源流，究繕刻之同異，見聞既博，辨別尤精。但以版本而論，亦可謂之賞鑒家矣。

張金吾《愛日精廬藏書志自序》 目録之存於今者，自晁、陳兩家外，惟《讀書敏求記》略述源流，故儲藏家每豔稱之。然卮言、小説、術數、方伎居其大半。下至食經、臥法、鶻譜、鴿論，以及象戲之局、少林之棍、種樹之書，與夫《雷神紀事》之荒誕，《孟姜女集》之無稽，兼收博采，並登簿録。雖小道可觀，恐難語乎擇焉而精矣。若傳注之羽翼經訓，史籍之紀載朝章，及有關學術政治之大者，則寥寥數種，半屬習見，心竊惑之。

方東樹《漢學商兑》卷中自注 聞竹垞初得《敏求記》，以爲奇貨。以予觀之，其中敘釋殊爲淺陋，其於晁、陳、馬、竹村，殆不可同年而語。

蔣光煦《金石録補續跋跋》 予嘗偏假《敏求記》之諸善本，薈萃録之，增補缺

漏，較刊行者多十之四五，亦無此條，知也是翁所記猶不止此。

黄丕烈《季滄葦書目跋》　余喜蓄書，於目録尤所留意。晁、陳兩家之外，近惟《讀書敏求記》，敘述原委，最爲詳悉。然第講論著書之姓氏與夫得書之顛末，若爲抄爲刻，未必盡載，故偶遇述古舊藏，取記中所載者證之，一時無從得其面目，余竊病之。向得《汲古閣祕本書目》，以爲得未曾有，業已付梓。今春，閑居無聊，檢敝簏中，有《季滄葦藏書目》一册。其詳載宋、元板刻，以至抄本，幾於無所漏略。余閱《述古堂書目序》，有云「舉家藏宋刻之重複者，折閱售之泰興季氏」，是季氏書半出錢氏，而古書面目，較諸錢氏所記更詳。於今滄葦之書，已散失殆盡，而每從他處得之，證諸此目，若合符節，方信藏書不可無目，且書目不可不詳載何代之刻、何時之抄，俾後人有所徵信也。但其目係抄本，魯魚亥豕，亦所間有。因借嘉定瞿木夫、海鹽黄椒升兩家本，互相校勘，著其異同，并舉余所藏、余所見者，略著其歸宿之地于各條下。手録付梓，以廣流傳，好古者或有同嗜焉。時嘉慶十年，歲在乙丑，孟夏月，蕘翁黄丕烈識。

劉喜海《傳是樓宋元板書目跋》　嘉慶戊寅，醉司命日得徐氏《傳是樓書目》四册於都門琉璃廠萬卷堂，書林爲涿郡孫氏問字堂所藏，云是畢秋颿先生貽本。分類頗襍亂，别集自明嘉靖始以下皆佚，疑非完本。道光丙戌，借得北平謝氏珊嶠所藏查氏隱書樓鈔本，過録對勘，所載所佚與畢本同，惟查本以焦弱侯《國史經籍志》體例分隸之，無者亦標其目而空一行，亦疑其必非原本也。是年冬日，道出武林，訪汪小米同年于振綺堂，寫得《傳是樓宋元板書目》一册。逾年返都門，又于葉氏東卿平安館藏舊鈔本借歸細校。其分類以千字文分格，與宋板書目同，蓋用明《文淵閣書目》例也。所載多至大半，且别集自漢唐迄國初無一闕佚，其爲徐氏當日原本無疑。急付鈔胥録出，裝成六册，藏之笥中，以爲定本。而以舊藏畢氏、查氏兩本别箸録焉，備參考爾。因思善本書之難購，即一近時人書目，尚積十載之久始得見其真面目，況古書秘本哉！庚寅七夕後七日曝書，偶檢藏書有傳是樓印六種楍于簡端并敘，余得此書目之顛末于右。東武劉喜海。

《國朝宫史續編》卷七九《書籍五·鑒藏一·昭仁殿天禄琳瑯前編》　臣等謹案：往代延閣廣内之書，徒侈縹緗閎富，徒未有如我高宗純皇帝鑒古精深，多文求舊，一時瑯嬛充牣，咸應昌會而備甄藏者。溯自乾隆甲子歲，敕檢内府書善本，進呈覽定，列架庋置昭仁殿，御題「天禄琳瑯」爲額。越乙未，重加整比，删除贗刻，特命著爲《天禄琳瑯書目前編》，詳其年代刊印、流傳藏弆、鑒賞採擇之由，書成凡十卷，繕録陳設，後入《欽定四庫全書》者是也。臣等按次詳稽，備登宫史。總計原貯宋版書七十一部，金版書一部，影宋鈔書二十部，元版書八十五部，明版書二百五十二部。其中最善本如《前漢書》、《資治通鑑》、《九家注杜詩》三種，皆特邀宸賞，曩曾命寫聖容於卷端，謹首録御題識語、詩章，虔誌當日天顔有喜之慕。其諸書中，以槧本尤佳，曾荷褒題鈐璽者，一體恭載。餘仿史家經籍志例，以經、史、子、集爲綱，以宋、金、元、明刊版朝代爲序，臚舉書目卷數，以見前編舊帙，部分具存。更賴七閣函儲，長留天地，足以徵萬古藏書未有之珍祕，自我大清乾隆朝始焉。至聖製重華宫茶宴用天禄琳瑯聯句詩，謹分載前卷宫殿門。

又卷八〇《書籍六·鑒藏二·昭仁殿天禄琳瑯續編》　臣等謹案：嘉慶二年丁巳十月，勅尚書臣彭元瑞等仿《前編》體例，重輯《天禄琳瑯續編》。維時徧理珠囊，詳驗楮墨，旁稽互證，各有源流，而其規模析而彌精，恢而愈富。凡前人評跋，名家印記，俱確有可徵，絶無翻雕駁文，爲坊肆書賈及好事家僞托者。蓋以《前編》之目，仰稟高宗純皇帝辨訂精醇，儒臣得所依據。而自《欽定四庫全書》以來，淵海儲藏，尤足以廣聞見參詳之助。是以《前編》書目十卷，《後編》則二十卷；《前編》書四百二十二部，《後編》則六百五十九部，萬有二千二百五十八册，視《四庫全書》逾三之一。《前編》宋元明版外，僅金刻一種。《後編》則宋、遼、金、元、明五朝梓本俱全。合前後二編觀之，不啻與緑字丹文，輝映萬古。臣等謹依例恭録聖製題篇，並分臚卷帙，以備幾餘澄鑑，以昭我皇上崇文念典之同揆云爾。

《欽定天禄琳琅書目提要》　臣等謹案：《欽定天禄琳琅書目》十卷，乾隆四十年内直諸臣奉敕編校。卷首冠以丁卯歲《御製題昭仁殿詩》及乙未重華宫茶宴用「天禄琳琅」聯句詩。自乾隆甲子年裒集内府儲藏群籍中善本，列架庋藏於昭仁殿，賜名「天禄琳琅」，迄今三十餘年，珍儲愈廣，因重加整比，輯爲總目。其次序，則宋、金、元、明版各從其代，仍以經、史、子、集分類。其明影宋鈔之精者，亦皆選入。或一書而兩刻皆工，一刻而兩印皆妙者，則並登之。每種詳其鋟刻年月及收藏家題跋印記。其經御製題識者，則録於鑒藏之首，以昭藝林榮遇。蓋自來藏書譜録，未有美富精詳若斯之盛者也。乾隆五十二年二月恭校。

《四庫提要·史部四一·目録類一》　《欽定天禄琳琅書目》十卷，乾隆四十年奉敕撰。初乾隆九年，命内直諸臣檢閲祕府藏書，擇其善本，進呈御覽於昭仁殿。列架庋置，賜名曰「天禄琳琅」，迄今三十餘年，祕笈珍函，蒐羅益富。又以詔求遺籍，充四庫之藏，宛委叢編、嫏嬛墜簡，咸出應昌期。因掇其菁華，重加整比，

併命編爲目録，以垂示方來。冠以丁卯《御題昭仁殿詩》及乙未重華宮茶宴用「天禄琳琅」聯句詩。其書亦以經、史、子、集爲類，而每類之中，宋、金、元、明刊版及影寫宋本各以時代爲次。或一書而兩刻皆工緻，則兩本並存，猶尤袤《遂初堂書目》例也。一版而兩印皆精好，亦兩本並存，猶漢祕書有副例也。案：事見《漢書・敘傳》。每書各有解題，詳其鋟梓年月及收藏家題識印記，並一一考其時代爵里，著授受之源流。案張彦遠《歷代名畫記》有論十六篇，其十一記鑒識收藏閲玩，十二記自古跋尾押署，十三記自古公私印記。自後賞鑒諸家遞相祖述，至《鐵網珊瑚》所載書畫始於是事特詳。然藏書著録，則未有辨訂及此者，即錢曾於《也是園書目》之外別出《讀書敏求記》，述所藏舊刻舊鈔亦粗具梗概，不能如是之條析也。至於每書之首，多有御製詩文、題識，並恭録於舊跋之前，奎藻光華，增輝簡册。旁稽舊典，自古帝王惟唐太宗有賦《尚書》一篇，詠司馬彪《續漢志》一篇，宋徽宗有題南唐舊本《金樓子》一篇而已，未有乙覽之博、宸章之富、鑒別之詳明、品題之精確如是者。臣等繕録之下，益頌聖學高深超軼乎三古也。

何元錫《竹汀先生日記鈔跋》 嘉定錢竹汀先生，主講吳郡之紫陽書院，四方賢士大夫及諸弟子過從者，殆無虚日。所見古本書籍、金石文字，皆隨手記録，窮源究委，反復考證。於行款格式，纖悉備載，蓋古人日記之意也。自乾隆戊申迄嘉慶甲子，凡十六年。元錫昔日過吳謁先生於講塾，得見稿本。今先生往矣，單詞片語悉可寶貴。今年秋七月，晤先生從子繹于長興縣齋，談及遺書，遂假録清本以歸，編成三卷，付之梓版。末卷策問，爲書院課題，皆文集所未載也。嘉慶十年乙丑九月，弟子錢唐何元錫謹跋。

吳騫《經籍跋文序》 予與簡莊孝廉，少日皆酷嗜書籍，購置不遺餘力，凡經、史、子、集，得善本輒互相傳觀，或手自校勘相質，蓋數十年如一日云。子性懶質鈍，爲學多雜而不專，投老無成。簡莊精敏果鋭，强于記誦而能專意于經學，又克廣攬窮蒐。今觀所撰《諸經跋文》，鈎深索隱，凡古本之爲後之妄人竄亂芟併者，莫不審考其原來次第；而字之更改淆混者，一一較正，令人復得見本來面目，不其偉而。《傳》曰：「博學之，審問之，慎思之，明辨之。」又曰：「友直，友亮，友多聞。」簡莊生平善于音注，在中吳尤與錢辛楣宫詹、周猗唐明經、黄蕘圃主事往復研究，故閲善本而悉品論其是非，靡不精核，有如此也。癸酉十月二十日吳騫志時年八十有一。

黄丕烈《士禮居藏書題跋記後序》 余生平喜購書，於片紙只字皆爲之收藏，非好奇也，蓋惜字耳。往謂古人慧命全在文字，如遇不全本而棄之，從此無完日矣，故余於殘缺者尤加意焉，戲自號曰「抱守老人」。不謂數年來完璧之書大半散去，即斷珪亦時有割愛贈人者。宋、元舊本，非得本子相同，無從補全，且工費浩繁，近年力絀，何能辦此。幸有大力者負之而趨，不惜多金鈔補，此亦書之幸，未爲余之不幸也。如此種小品，因有元鈔本可補，故收之。向但知所缺在一至四卷，卻未知八卷中缺三翻，昔之藏是書者，似亦知其缺，故留空格三葉在卷尾，以待後人鈔補。今余適補之如其葉數，據元鈔計羨一行，而余寫此適於第九葉落一行，省後續填，故十一葉格子盡而文亦完，亦事之巧者。元鈔本字體行草，非按文理求之，幾不可辨，故余自寫之。久未握管，腕力不能端楷，但取文理之無訛，不計字體之多拙也。廿有七日晨起至午畢工，因記。六十老人。

潘祖蔭《士禮居藏書題跋記跋》 吾鄉黄蕘圃解元好藏書，尤好宋、元本，與先祖文恭公相善。嘉慶時曾刻《四元唱和詩》，字仿宋刻，甚工致，與其所刻影宋《國語》、《國策》書數種盛行於時，所謂《黄氏叢書》者也。其子同叔茂才壽鳳，善篆刻，其篆專師錢十蘭，與先世父小浮先生最相得。猶記道光甲辰、己酉，蔭歸里時，無日不見於鳳池園座上，園中楹聯扁額皆其所篆，先世父「夢印」三十六方，亦所刻也。（先世父有《夢録》卅卷，今已失。每得夢必繪圖，必刻印，圖亦皆名下士爲之，今亦失矣。）未幾下世，蕘圃先生所藏書，晚年盡以歸之汪閬源觀察，汪之冢婦，蔭姑母也，其所藏，蔭猶及見之，前年曾爲刻其《宋元本書目》。未幾，汪氏亦漸散失，道光辛亥、壬子間，往往爲楊致堂河督所得，至庚申而盡出矣。今吳平齋丈、陸存齋觀察亦頗得之。咸豐庚申三月，蔭所藏書存申衙前汪氏義莊，書四十箱既失；八月中，澄懷園之所藏亦盡，於是蔭之書蕩然矣。而結習未忘，又復時時收之。得先生藏書不及十種，因思先生一生精力盡在於是，乃從楊致堂河督之子協卿太史録得先生手跋百餘條，又從平齋、存齋録寄跋若乾條，柳門侍讀、筱珊太史、茀卿太史助我搜輯若乾條，聚而刻之。古書面目，賴此以存，蕘圃之書，雖散猶不散也。且以見吾鄉承平時士大夫耽書好古，其風尚類如是也，可慨也夫。光緒壬午十二月，吳縣潘祖蔭識。先生之印，曰士禮居，曰讀未見書齋，曰百宋一廛，曰陶陶室，曰老蕘，曰復翁，合附記之。

黄丕烈《百宋一廛賦注序》（顧千里《思適齋集》卷一） 《百宋一廛賦》。予以嘉慶壬戌遷居縣橋，構專室貯所有宋槧本書，名之曰「百宋一廛」，請居士撰此賦。既成，輒爲之下注，多陳宋槧之源流，遂略鴻文之詁訓，博雅君子幸無譏焉。

顧廣圻《藝芸書舍宋元本書目序》 汪君閬原藏書甚富，取宋本元本別編其目，各成一册，以予於此向嘗究心，出以相示，且屬爲序。大宋元本之可貴，前人所論綦詳。收藏之家，罔不知寶。而近世稱鑒別精審，網羅廣博者，唯遵王、斧季數子而已。今汪君宿具神解，凡於有板以來，官私刊刻，支流派別，心開目瞭，遇則能名，而又嗜好所至，專壹在兹。仰取俯拾，兼收並蓄，揮斥多金，曾靡厭倦。以故郡中傳流有名秘笈，搜求略徧。遠地聞風，挾册趨門，朝夕相繼。如是累稔，遂獲目中所列宋若干種，元若干種。既精且博，希有大觀。海内好古敏求之士，未能或之先也。汪君之於宋元本，可謂知之深，而愛之篤矣。間嘗思之，天水、蒙古兩朝，自秘閣興文，以暨家塾、坊塲、儒學書院雕鋟印造，四部咸備，往往可考。固無書無地無人不皆宋元本，其距今日遠者，甫八百餘年。近者且不足五百年，而天壤間乃已萬不存一。雖常熟之錢、毛，泰興之季，崑山之徐，尚著於録者，亦十存二三。然則物無不敝，時無不遷，後乎今日之年何窮，而其爲宋元本者，竟將同三代竹簡、六朝油素，名可得而聞，形不可得而見，豈非必然之數哉。然則爲宋元本計，當奈何，曰：舉斷不可少之書，覆而墨之，勿失其真，是縮今日爲宋元也。是緩千百年爲今日也。幸其間更生同志焉，而所謂宋元本者，或得以相尋而無窮，計無過於此者矣。乃若汪君之於宋元本，其知之也深，其愛之也篤。其欲爲之計者，當必有度越尋常之見，故詳述斯語，用爲序而稔諸。壬午閏月朔書，時將復之揚州，爲洪賓華殿撰校刊《説文繫傳》之前一日也。

許賡颺《楹書隅録・序》 右經史子集四部，部各一卷，凡百七十有一種，聊城楊端勤公所藏，哲嗣紹和勰卿前輩手輯者也。夫劒佩之遺，以手澤而永；弓冶之守，以家學而專。矧夫煙墨所萃，清棻遠姚，實稽古之初，桄紹聞之一得乎！賡颺竊案：《漢書・藝文》，本之《七略》，班固自注，舊説居多。《隋志》所謂剖析條流，各有其序者，略見於是。蓋述古期信，數典貴詳，孤行之秀，擷其根棋，歧出之流，别其同異。即後世目録所自出，解題所由昉也。惟箸作代興，蹊徑遞闢，其各爲詮釋，有裨考證者，若《崇文總目》、《郡齋讀書志》、《書録解題》是也。其但列書名，無足徵信者，夾漈之志《藝文》，盡芟序説；弱侯之纂《經籍》，不論存亡。推舉其類，若《遂初堂書目》、《文淵閣書目》是也。我朝甄綜菁華，參酌義例，欽定書目，若《天禄琳琅》、《四庫全書總目》，揭如日月，粲若星辰。其下秀水朱氏、崑山徐氏、常熟錢氏、毛氏，莫不存亡起廢，憭惑條紛。校定者，存其真面；傳鈔者，孳其法乳。遞相綴緝，各箸於録。嘉、道以來，吾吴黄氏士禮居聚蓄宋本最爲精博，條舉件繫，詳於顧澗薲《百宋一廛賦》。是録所登，半出自黄舉足取證。然循麗則之規，寓解嘲之義，第引其端，未暢厥旨。而欲奪席延令，陵駕遵王、蕘翁，亦自謂有志未逮也。勰卿前輩嘗承公命，以所得各種，考核同異，檢校得失。於每書之下詳載各跋，間附已意，末乃係以行式及各家印記。蓋謂三代竹簡、六朝油素，見諸載籍，靡不可稽。而宋、元迄今，不越千歲，往往麻沙之本，重於新硎尺簡，所遺珎若完璧，誤書迭出，贋鼎雜陳，豈好尚之不同、顯晦之有數哉？箸録不存，故顛倒於市賈之手，沈埋於鐍篋之中。而或則代薪而炊，或則望洋而歎也。賡颺讀未十年，識僅一孔，惟念里門舊籍散若風煙，而雞次渡江息壤在彼。他日續中吴之舊聞，纂靈寶之祕典，互相印證，以廣流傳，又豈僅一家之箸述已哉！昔嬴秦燔書，淹中之禮獨存，魯恭治宅，壁間之經斯顯。山左文獻薈萃，呵護良多，藏之名山，傳之其人，益幸是書之得所矣。同治癸酉冬十月，吴縣許賡颺改名玉瑑序於安定門内寓齋。

楊紹和《楹書隅録自序》 先端勤公平生無他嗜，一專於書，所收數十萬卷，庋海原閣藏之。屬伯言梅先生爲之記，别闢書室曰「宋存」，藏天水朝舊籍，而以元本、校本、鈔本附焉。癸亥甲子間，紹和里居，撰《海原閣書目》成，復取宋、元各本，記其行式印章評跋，管窺所及，間附數語。乙丑入翰林，簪筆鮮暇，此事遂輟。頃檢舊稿之已成者，得若干種，釐爲五卷，命曰《楹書隅録》。寫校既竣，撫書遠想，哀慕曷極。同治己巳仲夏，聊城楊紹和彦合甫識。

楊保彝《楹書隅録跋》 右《楹書隅録》，正編五卷，續編四卷，最宋本八十五，金、元本三十九，明本十三。校本百有七，鈔本二十四，爲部二百六十有八。先大夫手編先大父端勤公藏書也，先大夫晚年所得之書弗與焉。稿成於同治初，於時寇亂未定，其儲諸山中别墅者，太半未及輯次。及官翰林，始補録之，故有正、續二編之分。光緒改元，吴縣潘文勤公有《士禮居題跋》之刻，借稿鈔胥，原跋或有誤收未及改正，而先大夫見背。既爲友人借録，不無亥豕。而書儲里中，原稿待校，未經編入者復十餘種。迨癸未秋，保彝報罷南旋齎、歸原稿與箸録各本，敬爲編輯，詳加校補，始成定本。其間各家題識，字體手迹，互有同異，謹依原本，不敢妄改，存其真也。憶昔先大夫之在朝也，珥筆餘暇，輒約二三同志作海王村遊，每得善本，則折柬相邀，竝几賞玩，考訂商搉，流連晨夕，致足樂也。若夫晚近士大夫同好相高，或成隙末甚，且秦越殊轍，而懷璧致戾，騰其口説以相謗詛，豈世風之升降邪？蓋自古往往然矣。惟是保彝無似不克，仰承先志，遺書莫讀，手澤常新，奉書遐想，泣慕曷極！嗚呼，藐是孤兒艱難困躓，老守遺編，白頭以相終始，若弗知身敝

而名墮也者，非人子之誼然哉！爰濡淚吮毫，敬志於後。工始癸巳小陽，洎本年冬十月既望而書成。爲字十四萬四千二百四十有二，言同校者爲宛平劉君家立、家蔭、昆季，同邑外弟傅君昉安、玉田、吉生、曾佑，例得備書。光緒二十年太歲在閼逢敦牂涂月上澣男保彝恭跋。

丁丙《善本書室藏書志後記》 先君子喜藏書，南北往還，暑搜雪購，得數萬卷，半皆乾嘉諸老篋中祕藏也。迨庚辛粵匪之劫，盡付劫灰，無一帙存者。至今思之，有餘痛焉。惠陵登極，東南盪平，故家舊籍幸免於兵火者，十不得一。其或冷攤僻市偶見數册，尤爲可貴。因偕伯氏，重爲搜羅。天水蒙古之遺槧，名臣鉅儒之手録，有明一代遺刻尤繁，擇其可珍者，約有四端，特築善本書室儲藏之。一曰舊刻：宋元遺刊，日遠日尠，幸傳至今，固宜球圖視之。二曰精本：宋氏一朝，自萬曆後剞劂固屬草草，然追溯嘉靖以前刻書多翻宋槧，正統、成化刻印尤精，足本孤本所在皆是。今搜集自洪武迄嘉靖，萃其遺帙，擇其最佳者，甄別而取之。萬曆以後間附數部，要皆雕刻既工、世鮮傳本者始行入録。三曰舊鈔：前明姑蘇叢書堂吴氏、四明天一閣范氏，二家之書半係鈔本，至國朝小山堂趙氏、知不足齋鮑氏、振綺堂汪氏，多影鈔宋元精本，筆墨精妙，遠過明鈔。寒家儲藏，將及萬卷，擇其尤異，始箸於編。四曰舊校：校勘之學，至乾嘉而極精，出仁和盧抱經、吴縣黄蕘圃、陽湖孫淵如之手者，尤讎校精審。他如馮巳蒼、錢保赤、段茂堂、阮文達諸家手校之書，朱墨爛然，爲藝林至寶。補脱文，正誤字，有功後學不淺。薈萃珍藏，如與諸君子面相質問也。余自丁酉秋日養疴之暇，始分别部居，謹依《四庫》次第，每書列其文字異同之大致，名人收藏之源流，日積月累，札記遂多。兒子立中一一手録，裒然成四十卷，名曰《善本書室藏書志》，以繼也是翁《敏求記》、張金吾《愛日精廬》、陸存齋皕宋樓(二)[三]藏書志之後。後之子孫，念先世之勤劬，購置艱辛不易，必能倍加珍護，日有增益，或不僅録中所有而止。今此書校録既竣，爲書數語以示兒輩，並以告修甫、道甫二姪也。戊戌如月丁丙自識。

丁立中《八千卷樓自記》 光緒十有四年，拓基於正修堂之西北隅地，凡二畝有奇，築嘉惠堂五楹。堂之上爲八千卷樓，堂之後室五楹，額曰「其書滿家上爲後」。八千卷樓後闢一室於西，曰「善本書室」，樓曰「小八千卷樓」，樓三楹，中藏宋元刊本約二百種有奇，擇明刊之精者、舊鈔之佳者及著述稿本、校讐祕册，合計二千餘種，附儲左右，若《四庫》著録之書則藏諸八千卷樓，分排次第，悉遵《欽定簡明目録》，綜三千五百部，內待補者一百餘部，復以《欽定圖書集成》、《欽定全唐文》附其後，遵定制也。凡《四庫》之附存者，已得一千五百餘種，分藏於樓之兩廂。至後八千卷樓所藏之書，皆《四庫》所未收採者也。以甲、乙、丙、丁標其目，共得八千種有奇。如制藝、釋藏、道書，下及傳奇小説，悉附藏之。計前後二樓書廚，凡一百六十分類藏儲，以後歷年所得之書，皆因類而編入矣。於是松生老人濡筆記之，而詔兄子立誠、兒子立中兄弟曰：此吾祖、吾父之志，吾兄未竟之事，吾勉成之。小子識之！并命兄子立本書諸壁以示後之子子孫孫永保之。

右《藏書志》四十卷，先君所手著者也。光緒丁酉且月，先君偶示微疾，養静松夢寮，躬自纂輯，命立中繕録排纂。己亥之春，書始脱稿，郵寄鄂中付梓。卷帙既繁，遂綿歲月，辛丑長夏殺青。斯竟雜文六首，均海內鴻達奉手詒贈，先君并自記一篇，親録諸册尾者，手澤所存，墨彩未沫，因附刊於後。佳本薈萃，卷逾二萬。先君甄擇棄取極嚴，尚有遺珠爲志中所未録。及近日中所續得者，不忍竟聽湮晦，擬撰續志數卷，以告海內同好。人事牽率，尚俟異日。七月既望男丁立中謹識。

繆荃孫《善本書室藏書志序》 目録之學，肇自西京。更生撰《别録》於前，子駿成《七略》於後，條流派别，兼具解題。班氏《藝文》，因斯而就。私家編輯，始於梁處士阮孝緒。隋《經籍志》，據訂存亡。今所傳者，則以南宋晁、陳兩家爲書林之矩矱焉。《遂初》兼載重本，《敏求》獨嗜宋刻，踵事增華，例益加密。至於考撰人之仕履，釋作書之宗旨，顯徵正史，僻采稗官，揚其所長，糾其不逮，《四庫提要》實集古今之大成。若夫辨版刻之朝代，訂鈔校之精粗，則黄氏蕘圃蹊徑獨闢，惜所見古書録，未能手訂成書，而掇拾叢殘，猶覺空前絶後，非他書目可比。錢塘丁丈松生，博極群書，於學無所不通，與賢兄竹舟先生有雙丁之目。庚辛之亂，於兵火中扶持文瀾閣書，俾出於險，久已名聞海內。迨亂定，請帑修閣書，有缺者爲之鈔寫補足，數十年未已。而已之收藏亦日益富，造八千卷樓庋藏之。又爲考其事實，臚其得失，載其行款，陳其同異，成《藏書志》四十卷，實能上窺《提要》，下兼《士禮居》之長。賞鑒考訂，兩家合而爲一，可謂書目中驚人祕笈矣。慨自粵逆跳梁，東南淪陷，縹緗之厄，幾等秦灰。近海內稱藏書家曰「海源閣」楊氏，曰「鐵琴銅劍樓」瞿氏，曰「皕宋樓」陸氏，與「八千卷樓」，爲南北四大家。三家各有《書目》行世，而此志獨晚出，其所長則有二焉：一在收明人之著述也。晁、陳收至南宋，時代最近，今距明末二百五十餘年，距明初則五百年，閲世愈遠，傳本愈難，一刻再刻，業難考訂，何敢輕棄，非變例也；一在拾鄉先輩之叢殘也。愛日精廬間收國朝人未刻之書，今仿其例，尤留意於鄉人，雖一卷半帙，亦必詳悉備載，如有賢子孫欲求先集，

可望流播，以免散遺，宅心仁厚於此可見。荃孫幼嗜縑素，寢饋於中三十年，雖無力不能多購，然舊家所藏，廠肆所出，得寓目者亦復甚夥。歲在丙子，與脩甫中翰訂交於京師。時作一瓻之借，戊戌游浙，丈已老病，請見未能，深憾來游之晚。今脩甫昆仲命襄校讎，兼志原委。掛名簡末，誠不勝附驥之幸。光緒庚子四月江陰繆荃孫序於鍾山講舍。

李宗蓮《皕宋樓藏書志序》 余少識潛園先生於鄉校。時，先生方以博聞綴學，雄諸生中。每試學，使者爲之特設一榜，先生歉然不自足，志欲盡讀天下書。偶見異書，傾囊必購。後膺特簡，備兵南韶，余私揣南韶劇任，又值羽書旁午，當無讀書之暇矣。未幾，丁封公艱歸，裝有書百匱，人皆迂而笑之，余以爲先生夙好固在此，而歉然不自足，猶昔日也。迺復近鈔遠訪，維日孳孳。林居六年，有何假南面之樂？詔書再起，權總閩鹺，被搆罷歸。誓墓不出，而求書之志益勤。殆蘇長公所謂薄富貴而厚于書者耶。十餘年來，凡得書十五萬卷，而坊刻不與焉。其宋、元刊及名人手鈔、手校者，儲之皕宋樓中。若守先閣，則皆明以後刊及尋常鈔帙。按《四庫書目》編序，而以近人著述之善者附益之。念自來藏書未能垂遠，今春奏記大府，以守先閣所儲歸之于公，而以皕宋寶藏舊刻精鈔爲世所罕見者，輯其源委，仿貴與馬氏、竹垞朱氏、月霄張氏例，成《藏書志》一百二十卷。余方放浪湖山，無以消日力。先生則出巨藁三尺許，屬爲參定同異，乃繙緝疏録，從事黄墨者三閲月，又七閲月而梓成。于是，作而歎曰：美哉，備矣！自古言藏書者，嫏嬛石室、蓬萊道山，皆荒渺無足徵信。若吾鄉富于典籍者，梁沈約，聚書二萬卷，見于本傳。宋、元之際，月河莫氏，齊齋倪氏，寓公若資中三李，陵陽牟氏，皆不下數萬卷。周草窗，三世積累，有書四萬卷。《齊東野語》稱石林葉氏有十萬卷，然考少蘊《避暑録話》亦祇謂家舊藏書三萬餘卷而已。惟直齋陳氏《書録解題》之作，可考見者五萬一千餘卷。明代白華樓茅氏，其卷數不可考，然九學十部之編，以「制藝」爲一部，則其取盈于緗帙者，亦僅矣。近乾、嘉間，石塚嚴氏芒荍堂，南潯劉氏瞑琴山館，皆以藏書名，與杭州振綺堂汪氏、蘇州滂熹園黄氏埒，爲阮文達、錢竹汀兩公所稱。余嘗見二家書目，著録寥寥，豈足與先生比長絜短哉？天下藏書家，爲人人推服無異辭者，莫如四明天一閣，然視先生所藏，其不如也有五：天一書目，卷祇五萬，皕宋則兩倍之，一也；天一宋刊不過十數種，元刊僅百餘種，皕宋後三四百年，宋刊至二百餘種，元刊四百餘種，二也；天一所藏「丹經道籙」、「陰陽卜筮」不經之書，著録甚多，皕宋則非聖之書不敢濫儲，三也；范氏封扃甚嚴，非子孫齊至，不開鎖，皕宋則守先別儲，讀者不禁私諸子孫，何如公諸士林，四也；范氏所藏，本之豐學士萬卷樓，承平時舉而有之猶易，若皕宋則掇拾于兵火幸存，搜羅于蟫斷皃朽，精粗既別，難易懸殊，五也。然則，是志之成雖古人元徵《四部秘書》、《七志》，殆無復過之。歸震川先生云：書之所聚，當有如金寶之氣，卿雲輪囷，覆護其上。余與先生衡宇相望，長空糺縵之瑞，庶幾旦暮遇之。光緒壬午除夕，烏程李宗蓮少青甫謹序。

江標《海源閣藏書目跋》 吾郡黄蕘圃先生所臧書，晚年盡以歸之汪閬源觀察，未幾，平陽書庫扃鑰亦疏，在道光辛亥、壬子間，往往爲聊城楊端勤公所得。至庚申而盡出矣。標癸未秋游山左，汪郎亭先生出示楊氏《海源閣書目》並勰卿太史所撰《楹書隅録》，甲申冬，復隨先生觀書於閣中。端勤文孫鳳阿舍人發示祕笈，舉凡《蓺芸書目》之所收，《楹書隅録》之所記，千牌萬緼，悉得寓目。大約吾吴舊籍十居八九，蕘翁之所臧則又八九中居其七焉。嗟乎！吴中臧書，庚申之後，幾無全帙。百宋廛中之物，更稀如星鳳。豈知琅嬛福地，別在陶南。江夏籛媵自存天壤。標先代所臧圖籍，既經兵火，靡有孑遺。今海源閣中元本《漢書》猶爲我家舊物，有「蘭陵蕭江收臧」印記可證。眷念先型，愴懷何極！今歲客居南越，適輯《蕘翁年譜》成，獨念書録不傳，蕘言未刊，前年潘鄭盦尚書輯刻《士禮居題跋》六卷，蕘翁卅年精力所聚，略見於此，標復亟亟寫刻此目，欲使世知百宋種子尚未斷絶。人亡人得，聚散何常？昔之連車而北者，安知不索載而南乎？録竟志此，以爲息壤。光緒十三年歲在丁亥中春月，元和江標識於藥洲精舍。

傳記

《宋史・尤袤傳》 尤袤字延之，常州無錫人。少頴異，蔣偕、施坰呼爲奇童。入太學，以詞賦冠多士，尋冠南宫。紹興十八年，擢進士第。嘗爲泰興令，問民疾苦，皆曰：「邵伯鎮置頓，爲金使經行也，使率不受而空厲民。漕司輸藁秸，致一束數十金。二弊久莫之去。」乃力請臺閫奏免之。縣舊有外城，屢殘於寇，頹毀甚，袤即脩築。已而金渝盟，陷揚州，獨泰興以有城得全。後因事至舊治，吏民羅拜曰：「此吾父母也。」爲立生祠。注江陰學官，需次七年，爲讀書計。從臣以靖退薦，召除將作監簿。大宗正闕丞，人争求之，陳俊卿曰：「當予不求者。」遂除袤。虞允文

以史事過三館，問誰可爲祕書丞者，僉以袤對，亟授之。張栻曰：「真祕書也。」兼國史院編脩官、實録院檢討官，遷著作郎兼太子侍讀。先是，張説自閤門入西府，士論鼎沸，從臣因執奏而去者數十人，袤率三館上書諫，且不往見。後説留身密奏，於是梁克家罷相，袤與祕書少監陳騤各與郡。袤得台州，州五縣，有丁無産者輸二年丁税，凡萬有三千家。前守趙汝愚修郡城工纔什三，屬袤成之。袤按行前築，殊鹵莽，亟命更築，加高厚，數月而畢。明年大水，更築之，墉正直水衝，城賴以不没。會有毀袤者，上疑之，使人密察，民誦其善政不絶口，乃録其《東湖》四詩歸奏。上讀而歎賞，遂以文字受知。除淮東提舉常平，改江東。江東旱，單車行部，覈一路常平米，通融有無，以之振貸。朱熹知南康，講荒政，下五等户租五斗以下悉蠲之，袤推行於諸郡，民無流殍。進直祕閣，遷江西漕兼知隆興府。屢請祠，進直敷文閣，改江東提刑。梁克家薦袤及鄭僑以言事去國，久於外，當召，上可之。召對，言：「水旱之備惟常平、義倉，願預飭有司隨市價禁科抑，則人自樂輸，必易集事。」除吏部郎官、太子侍講，累遷樞密檢正兼左諭德。輪對，又申言民貧兵怨者甚切。夏旱，詔求闕失，袤上封事，大略言：「天地之氣，宣通則和，壅遏則乖；人心舒暢則悦，抑鬱則憤。催科峻急而農民怨；關征苛察而商旅怨；差注留滯，而士大夫有失職之怨；廩給朘削，而士卒有不足之怨；奏讞不時報，而久繫囚者怨；幽枉不獲伸，而負累者怨；强暴殺人，多特貸命，使已死者怨；有司買納，不即酬價，負販者怨。人心抑鬱所以感傷天和者，豈特一事而已。方今救荒之策，莫急於勸分，輸納既多，朝廷吝於推賞。乞詔有司檢舉行之。」

高宗崩前一日，除太常少卿。自南渡來，恤禮散失，事出倉卒，上下罔措，每有討論，悉付之袤，斟酌損益，便於今而不戾於古。當定廟號，袤與禮官定號「高宗」，洪邁獨請號「世祖」。袤率禮官顔師魯、鄭僑奏曰：「宗廟之制，祖有功，宗有德。藝祖規創大業，爲宋太祖，太宗混一區夏，爲宋太宗，自真宗至欽宗，聖聖相傳，廟制一定，萬世不易。在禮，子爲父屈，示有尊也。太上親爲徽宗子，子爲祖而父爲宗，失昭穆之序。議者不過以漢光武爲比，光武以長沙王後，布衣崛起，不與哀、平相繼，其稱無嫌。太上中興，雖同光武，然實繼徽宗正統，以子繼父，非光武比。將來祔廟在徽宗下而稱祖，恐在天之靈有所不安。」詔群臣集議，袤復上議如初，邁論遂屈。詔從禮官議。衆論紛然。會禮部、太常寺亦同主「高宗」，謂本朝創業中興，皆在商丘，取「商高宗」，實爲有證。始詔從初議。建議事堂，令皇太子參決庶務。袤時兼侍讀，乃獻書，以爲：「儲副之位，止於侍膳問安，不交外事；撫軍監國，自漢至今，多出權宜。乞便懇辭以彰殿下之令德。」臺臣乞定喪制，袤奏：「釋老之教，矯誣褻瀆，非所以嚴宫禁、崇几筵，宜一切禁止。」靈駕將發引，忽定配享之議，洪邁請用吕頤浩、韓世忠、趙鼎、張俊。袤言：「祖宗典故，既祔然後議配享，今忽定於靈駕發引一日前，不集衆論，懼無以厭伏勳臣子孫之心。宜反覆熟議，以俟論定。」奏入，詔未預議官詳議以聞，繼寢之，卒用四人者。時楊萬里亦謂張浚當配食，争之不從，補外。進袤權禮部侍郎兼同脩國史侍講，又兼直學士院。力辭，上聽免直院。淳熙十四年，將有事于明堂，詔議升配，袤主紹興孫近、陳公輔之説，謂：「方在几筵，不可配帝，且歷舉郊歲在喪服中者凡四，惟元祐明堂用吕大防請，升配神考，時去大祥止百餘日，且祖宗悉用以日易月之制，故升侑無嫌。今陛下行三年之喪，高宗雖已祔廟，百官猶未吉服，詎可近違紹興而遠法元祐升侑之禮？請俟喪畢議之。」詔可。孝宗嘗論人才，袤奏曰：「近召趙汝愚，中外皆喜，如王藺亦望收召。」上曰：「然。」一日論事久，上曰：「如卿才識，近世罕有。」次日語宰執曰：「尤袤甚好，前此無一人言之，何也？」兼權中書舍人，復詔兼直學士院，力辭，且薦陸游自代，上不許。時内禪議已定，猶未諭大臣也。是日諭袤曰：「旦夕制册甚多，非卿孰能爲者，故處卿以文字之職。」袤乃拜命，内禪一時制册，人服其雅正。光宗即位，甫兩旬，開講筵，袤奏：「願謹初戒始，孜孜興念。」越數日，講筵又奏：「天下萬事失之於初，則後不可救。《書》曰：『慎厥終，惟其始。』」又歷舉唐太宗不私秦府舊人爲戒。又五日講筵，復論官制，謂：「武臣諸司使八階爲常調，横行十三階爲要官，遥郡五階爲美方職，正任六階爲貴品，祖宗待邊境立功者。近年舊法頓壞，使被堅執鋭者積功累勞，僅得一階；權要貴近之臣，優游而歷華要，舉行舊法。」姜特立以爲議己，言者固以爲周必大黨，遂與祠。紹熙元年，起知婺州，改太平州，除焕章閣待制，召除給事中。既就職，即昌言曰：「老矣，無所補報。凡貴近營求内除小礙法制者，雖特旨令書請，有去而已，必不奉詔。」甫數日，中貴四人希賞，欲自正使轉横行，袤繳奏者三，竟格不下。兼侍講，入對，言：「願上謹天戒，下畏物情，内正一心，外正五事，澄神寡欲，保毓太和，虚己任賢，酬酢庶務。不在於勞精神，耗思慮，屑屑事爲之末也。」陳源除在京宫觀，耶律适嘿除承宣使，陸安轉遥郡，王成特補官，謝淵、李孝友賞轉官，吴元充、夏永壽遷秩，皆論駁之，上並聽納。韓侂冑以武功大夫、和州防禦使用應辦賞直轉横行，袤繳奏，謂：「正使有止法，可回授不可直轉。侂冑勳賢之後，不宜首壞國法，開攀援之門。」奏入，手詔令書行，袤復奏：「侂冑四年間已轉二十七年合轉之官，今又欲超授四階，復轉二十

年之官，是朝廷官爵專徇侂胄之求，非所以爲摩厲之具也。」命遂格。上以疾，一再不省重華宮，袤上封事曰：「壽皇事高宗歷二十八年如一日，陛下所親見，今不待倦勤以宗社付陛下，當思所以不負其託，望勿憚一日之勤，以解都人之惑。」後數日，駕即過重華宮。侍御史林大中以論事左遷，袤率左史樓鑰論奏，疏入，不報，皆對駮不書黄。耶律适嘿復以手詔除承宣使，一再繳奏，輒奉内批，特與書行。袤言：「天下者祖宗之天下，爵禄者祖宗之爵禄，壽皇以祖宗之天下傳陛下，安可私用祖宗爵禄而加於公議不允之人哉？」疏入，上震怒，裂去後奏，付前二奏出。袤以後奏不報，使吏收閣，命遂不行。中宫謁家廟，官吏推賞者百七十有二人，袤力言其濫，乞痛裁節，上從之。嘗因登對，專論廢法用例之弊，至是復申言之。除禮部尚書。駕當詣重華宮，復以疾不出，率同列奏言：「壽皇有免到宫之命，願力請而往，庶幾可以慰釋群疑，增光孝治。」後三日，駕隨出，中外歡呼。兼侍讀，上封事曰：「近年以來，給舍、臺諫論事，往往不行，如黄裳、鄭汝諧事遷延一月，如陳源者奉祠，人情固已驚愕，至姜特立召，尤爲駭聞。向特立得志之時，昌言臺諫皆其門人，竊弄威福，一旦斥去，莫不誦陛下英斷。今遽召之，自古去小人甚難，譬除蔓草，猶且復生，況加封植乎？若以源、特立有勞，優以外任，或加錫賚，無所不可。彼其閑廢已久，含憤蓄怨，待此而發，儻復呼之，必將潛引黨類，力排異己，朝廷無由安静。」時上已屬疾，國事多舛，袤積憂成疾，請告，不報。疾篤乞致仕，又不報，遂卒，年七十。遺奏大略勸上以孝事兩宫，以勤康庶政，察邪佞，護善類。又口占遺書别政府。明年，轉正奉大夫致仕。贈金紫光禄大夫。袤少從喻樗、汪應辰游。樗學於楊時，時，程頤高弟也。方乾道、淳熙間，程氏學稍振，忌之者目爲道學，將攻之。袤在掖垣，首言：「夫道學者，堯、舜所以帝，禹、湯、武所以王，周公、孔、孟所以設教。近立此名，詆訾士君子，故臨財不苟得所謂廉介，安貧守分所謂恬退，擇言顧行所謂踐履，行己有恥所謂名節，皆目之爲道學。此名一立，賢人君子欲自見於世，一舉足且入其中，俱無得免，此豈盛世所宜有？願徇名必責其實，聽言必觀其行，人才庶不壞於疑似。」孝宗曰：「道學豈不美之名，正恐假託爲姦，使真僞相亂爾。待付出戒敕之。」袤死數年，侂胄擅國，於是禁錮道學，賢士大夫皆受其禍，識者以袤爲知言。嘗取孫綽《遂初賦》以自號，光宗書扁賜之。有《遂初小藁》六十卷、《内外制》三十卷。嘉定五年，謚文簡。子棐、槩。孫焴，禮部尚書。

《清史列傳・貳臣傳甲・曹溶》 曹溶，浙江嘉興人。明崇禎十年進士，官御史，巡視西城。嘗劾大學士張四知溺職，不報。本朝順治元年五月，投誠，仍原官。疏陳六事：「一、請定官制，使事有責成，不相推諉，又上下情宜浹洽，庶人思效用；一、請定屯田、鹽法、錢法規制，俾俸餉有所給取；一、請禁兵丁牧馬，踐食田禾；一、請有司巡緝土賊，擒爲首者誅之，餘皆勸諭向善，則不煩兵力而賊寇自靖；一、請發帑金，於近畿麥熟處平糴，以裕倉儲，備賑恤；一、京師採煤西山，近因盜賊梗路，兩月不至，請設兵循徼，使無劫掠之虞。」得旨：「所陳六事，深切事務，下所司即行。」六月，授順天學政，疏言：「舊例選拔貢生，彙八府諸生通考。今畿輔當兵燹之後，諸生或艱於遠涉，宜徧歷各府，舉行歲考，補給廩額。即於廩生中拔其尤者，府學貢二人，州縣學貢一人。順天府學首善，士多請貢六人，並令官給路費，詣廷試分别選用。至各省士子，有遊學京師者，宜令附順天府學考試，其入學補廩充貢，俱於正額外，另議名數。」又言：「褒揚節義，有關風教，當闖賊煽惑時，誓師殉義者不少，宜敕學臣詳訪請旌。其隱逸之士有深通古今，明於治術，熟諳韜略，周知地利者，許特疏薦舉，以備徵用。」又請以遼東十五學改附永平府，分設教官，如各州縣學例。尋疏薦明進士王崇簡等五人，請旌殉節明大學士范景文、尚書倪元璐等二十八人，孝子徐基等七人，義士王良翰等五人，及節婦十餘人，皆下部議行。二年冬，試竣，回御史任。三年二月，充會試監試官，奏請嚴防懷挾傳遞、移號换卷諸積弊，寬免字畫粗率、格式參差之貼例，謄録務期端楷，對讀宜令詳審。得旨，所奏會場事宜簡明切當，下禮部即行。三月，遷太僕寺少卿。先是，恩詔録七品以上京官子弟各一人，由附生充監生，由廩生、增生充貢生。溶任學政時所舉充貢監，在曾於明季襲世職及中武舉者。至是，事覺，坐失察，降二級調用。尋復以選拔貢生逾額，革職回籍。十年，詔三品以上大臣各舉所知，大學士范文程等因以上親政，前部議降革原奏次第奏覽，於是溶與降調給事中林起龍、劉鴻儒並荷恩諭曰：「三人降革，皆非品行玷缺者比，令來京録用，各復原官。」十一年，授太常寺少卿。尋遷左通政。十二年正月，疏言：「通政之官，職在納言。請嗣後凡遇挾私違例章疏，即予駁還，仍行劾奏。至遠近災荒，民生吏治，宜許通政司諸臣就章疏所列，隨事建言，無忝敷奏之任。」又言：「開創時隨處駐兵，乃一時權宜。今當歸併於盜賊出没、險阻不測之地，則兵不患少，其間散無事之兵，遇缺勿補，遇調即遣，則餉不虚糜；且當裁併提鎮，改增副將，以專統轄而重責成。」又言諸司職掌，未有成書，請以近年奉旨遵行者，參以前朝《會典》，編爲簡明則例，以勵官守。」並下部議行。三月，擢左副都御史。疏請時御便殿，召大臣入對，以辨其才識品行，並賜筆札，令面舉所知，可杜瞻徇欺蒙之弊。又言：「明代中葉以後，議論盛而

實事衰，至今積習未改。欲使群臣鼓任事之心，言官作敢言之氣，在斷自宸衷，遇諸臣章疏切中利弊者，即敕力行。有辨言亂政，挾私撓法者，即摘發示戒，無概下部議，以致稽延。」上並皆嘉納之。擢户部右侍郎。九月，詔吏部、都察院會奏侍郎、寺卿等官，才優經濟者改外用，溶預焉。遂授廣東布政使。十三年，遇京察，户部以溶曾任侍郎，已改布政使，牒吏部同都察院核議溶舉動輕浮，應以浮躁例降一級，仍外用，因降山西陽和道。康熙三年，山西巡撫白如梅遺溶慶賀萬壽聖節至京，溶援朝覲官得條陳利病例，疏言：「大同屯地，舊例每頃徵銀不及一兩。至兵丁墾沿邊荒地，向不徵銀，名曰『贍軍地』。後因軍餉不敷，每頃每月扣餉銀二錢，兵已貧乏。近因兵額裁減，所遺之地分撥現在之兵，有每兵三四頃坐扣月餉者，爲累滋甚。請嗣後限每兵二頃，如屯田徵銀之數，按月扣餉，地少則力可任耕，租輕則兵仍足食。」又請沿邊設墩軍，墩每五人，每人與近墩荒地一頃，免其徵輸，使擊柝巡邏，兼供修葺邊牆之役。下所司議行。尋以裁缺歸里。十七年，詔舉博學鴻儒，大學士李霨、杜立德、馮溥合疏薦溶，以丁憂未赴。十九年，學士徐元文薦溶佐修《明史》，部議俟服滿，牒送史館。二十四年，卒。

又《文苑傳二・黄虞稷》 黄虞稷，字俞邰，原福建晉江籍。父居中，明季爲南京國子監監丞，甲申聞變，不食死。虞稷遂家上元，爲上元人。諸生。七歲能詩，號神童。康熙十八年，舉博學鴻儒，遭母喪不與試。既，左都御史徐元文薦修《明史》，召入史館，食七品俸，分纂列傳及《藝文志》。二十三年，充《一統志》纂修官。二十八年，總裁徐元文假歸，特詔攜志稾於家編輯，元文奏言虞稷學問淵博，健文筆，乞隨相助，許之。至包山書局，刻苦搜討，逾年力疾竣事。竟以勞卒，年六十有三。虞稷篤内行，持己矜廉而勇於義。王士禎、毛奇齡、吴雯咸稱其詩。家世藏書，凡八萬卷，與江左諸名士約爲經史會，以資流覽。及來京師，輦下士大夫輒就之借閱，無虚日。著《千頃堂書目》三十二卷，自題曰閩人者，不忘本也。所録有明一代之書，最爲詳備，其史部分十八門，《簿録》一門，用尤袤《遂初堂書目》之例，以收《錢譜》、《蟹録》之屬，又有《楮園雜志》、《我貴軒》、《朝爽閣》、《蟫窠》諸集。

于敏中等《天禄琳琅書目》卷一《監本纂圖重言重意互注點校毛詩》 本朝御史季振宜，藏書仿毛晉汲古閣例，有「宋本」橢圓印以誌善本。尚書徐乾學，傳是樓收藏書籍甚富。此書兩家印記俱備，蓋歷經鑒藏家珍祕也。振宜，字詵兮，號滄葦，揚州泰興人。順治丁亥進士，授蘭溪令，歷刑、户兩曹，擢御史。乾學，字原一，號健庵，蘇州崑山人。康熙庚戌進士第三，授編修，官至刑部尚書。所著有《憺園文集》。

《清史列傳・大臣畫一傳檔正編七・徐乾學》 徐乾學，江南崑山人。康熙九年一甲三名進士，授編修。十一年，充順天鄉試副考官。以給事中楊雍建劾奏副榜遺取漢軍卷，與正考官修撰蔡啓僔並降一級調用。十四年，援例捐復原級，仍任編修。尋遷左春坊左贊善，充日講起居注官。二十一年，充《明史》總裁官。二十二年，遷翰林院侍講。二十三年，遷侍講學士。時乾學之弟元文以左都御史降調候補，其子樹聲與乾學子樹屏並中順天鄉試。聖祖仁皇帝以是科取中南皿卷皆江南、浙江，而湖廣、江西、福建無一人，下九卿、詹事、科道磨勘，舉出文理悖謬者一名，文體不正者樹屏等三名，字句疵累者樹聲等八名，請與正副考官諭德秦松齡、編修王沛恩，同考官主事張雄、中書王錞等，並褫革嚴究情弊。得旨：「此次取中各卷，顯有情弊，姑從寬免究。其文理悖謬、文體不正四名，及徐元文之子，並革去舉人，餘照例議處。」是年十二月，乾學遷詹事。二十四年正月，召試翰詹諸臣於保和殿，乾學列上等第一，諭獎乾學暨侍讀韓菼、編修孫岳頒、侍講歸允肅、編修喬萊等五人學問優長，文章古雅，優加賞賚。乾學旋奉命直南書房，擢内閣學士，充《大清會典》、《一統志》副總裁，教習庶吉士。時海賊初平，户部郎中色楞額往福建稽察鼓鑄，疏請禁用明代舊錢，户部尚書科爾坤、余國柱等議如所請。上以詢内閣諸臣，乾學言：「自古皆新舊兼行，以從民便。若設例禁，恐滋煩擾。」因考自漢至明故事，爲議以獻。諭曰：「舊錢流布，不止福建一省，他省亦皆有也。若驟爲禁止，恐不肖之徒，借端生事，貽害平民。色楞額所奏不准行。」會有詔購采遺書，乾學以宋、元經解十種，李燾《續資治通鑑長編》及唐《開元禮》，或繕寫，或仍古本，綜其體要，條列奏進。得旨：「所奏進藏書善本，足資考訂，俱留覽。」二十五年，諭吏部曰：「學士徐乾學、張英學問淹通，宜留辦文章之事，嗣後勿開列巡撫。」尋授禮部侍郎，充經筵講官。二十六年九月，擢左都御史。二十七年二月，充會試正考官，即於是月遷刑部尚書。【略】二十八年十一月，乾學疏言：「臣年六十，精神衰耗，祇以受恩深重，依戀徘徊。憲臣許三禮前因議先賢先儒坐位，其言不合經典，臣與九卿奏對之時，斥言其非。本以公事相爭，不謂觸其私怒，揑造事款，逞忿劾臣。幸聖主洞燭幽隱，臣欣荷再生。但臣方寸靡寧，不能復事鉛槧，且恐因循居此，更有無端彈射。乞恩終始矜全，俾得保其衰病之身，歸省先臣邱隴，庶身心閑暇。願比古人書局自隨之義，屏跡編摩，少報萬一。」得旨：「卿學問淹博，總裁各

館書史，著有勤勞。覽奏，請歸省墓，情辭懇切，准假回籍，書籍著隨帶編輯。」明年二月，陛辭，賜御書「光燄萬丈」匾額。五月，兩江總督傅拉塔劾乾學於三月內回籍，即於四月內欲沽名譽，囑託蘇州府貢監等具呈巡撫洪之傑，建造生祠於虎丘山上。平日縱其子樹敏、樹屏與元文之子樹聲、樹本交結洪之傑，借勢招摇，競利害民，乞敕部嚴擬。語詳《元文傳》。聖祖命元文休致，劾款免究。三十年，山東巡撫佛倫鞫濰縣知縣朱敦厚加收火耗事，劾乾學曾致書前任巡撫錢珏徇庇敦厚，部議乾學與珏均革職。先是，乾學未罷歸時，嘉定知縣聞在上爲縣民告發私派事，革任究擬，閱二年不結。至是，按察使高承爵窮詰聞在上追憶未告發時因徐樹敏聲言私派有干功令，曾以贓銀二千兩餽之，至告發追還。論樹敏嚇詐取財，應絞。江寧巡撫鄭端因疏劾休致左都御史王鴻緒曾受聞在上餽銀五百兩，爲之設計私派，亦於告發後追還，應與不約束子弟之徐乾學並敕部嚴議。部議乾學已革職，免議；王鴻緒應令總督審供定議。尋奉詔，嚴戒內外各官私怨交尋，牽連報復。於是釋鴻緒弗問，乾學子樹敏亦贖罪。三十三年七月，諭大學士於翰林官員內奏舉長於文章、學問超卓者，大學士王熙、張玉書等薦乾學與王鴻緒、高士奇。得旨：「徐乾學等著來京修書。徐乾學之弟徐秉義學問亦優，並著來京。」乾學未聞命，於四月疾卒，年六十有四。所著有《澹園集》、《讀禮通考》諸書。遺疏進其所纂《一統志》，下所司察收。

又《文苑傳二·毛晉》 [晉]季子扆，字斧季，陸貽典壻也。最知名，尤耽校讐，有「海虞毛扆手校」，及「西河汲古後人」、「叔鄭後裔」朱記者皆是也。兼精小學，何焯輩並推重之。

又《大臣畫一傳檔正編十八·于敏中》 于敏中，江蘇金壇人。乾隆二年一甲一名進士，授修撰。八年，充日講起居注官。九年二月，遷左中允。七月，充山西鄉試正考官。十二月，提督山東學政。十一年，遷侍講。十二年九月，典山東武鄉試。十一月，調浙江學政。十四年八月，轉侍讀。十一月，奏言：「浙省生員游幕在外，欠三考者七十餘人。請定限咨催回籍補考。」諭曰：「朕前降旨，生員欠考至三次以外者，皆行黜革。但念該省士子逾限尚係初次，且有七十餘人之多，伊等向來讀書入泮，亦非容易，若盡行除名，情有可憫。著加恩免其黜革，勒限催回原籍補考一次；若仍借端規避不赴考者，即行黜革。」十五年，入直上書房。十六年三月，遷侍講學士。九月，充武會試副考官。十七年九月，轉侍讀學士。十一月，遷少詹事。十八年二月，遷詹事。七月，授内閣學士。九月，提督山東學政。十九

年，擢兵部右侍郎，二十年二月，轉左。七月，充經筵講官。二十一年，丁本生父憂，奏請歸宗持服。二十二年六月，起署刑部左侍郎。十一月，奏：「村莊道路設汛分防，或以阻遠偷安，或以偏隅生玩。請令防兵晝則瞭望稽查，夜則支更巡邏，往來絡繹，擊柝相聞，俾征途倚以無虞，姦宄望而斂跡。並責成汛弁按季輪巡，統轄之副、參、遊、都等員分年巡查。」下部議行。二十三年五月，以嗣父于枋在籍病故，奏請回籍治喪。二十四年正月，御史朱嵇劾敏中兩次親喪，朦混爲一，恝然赴任。諭曰：「于敏中守制回籍，陳請歸宗，原爲伊本身生母起見。若非歸宗，則於例不得受封，此亦人子至情。至回籍後，復丁母憂，伊聞命暫署刑部侍郎時，未經具摺奏明，此一節原未免啓人訾議。但于敏中才力尚可造就，刑部侍郎缺出，一時未得其人，是以降旨起用。凡遇宴會，不令預列，此正與從前用蔣炳、莊有恭爲巡撫同一不得已之苦心，而該御史輒以侍郎、巡撫意爲區別，豈外任封疆不妨從權，而內任部務竟不必需人辦理耶？」閏六月，授刑部左侍郎，調户部右侍郎。二十五年，命在軍機處行走，充方略館副總裁。二十六年二月，充會試副考官。十一月，轉左侍郎，仍兼錢法堂事，充經筵講官。二十七年，命紫禁城内騎馬。三十年，擢户部尚書。七月，充國史館副總裁。九月，諭曰：「于敏中之子于齊賢屢應鄉試，未能中式。因念于敏中侍直内廷有年，僅有一子，年已及壯，著加恩照伊尚書品級，賞給廕生。」三十三年，加太子太保。三十六年，協辦大學士。三十八年閏三月，充《四庫全書》正總裁。八月，晉文華殿大學士，兼户部尚書。九月，充國史館、《三通》館正總裁。十一月，命在上書房爲總師傅，兼翰林院掌院學士。三十九年七月，內監高雲從漏洩硃批記載，事覺，詞連敏中曾問訊觀亮記載及伊買地受騙具控曾懇敏中轉託蔣賜棨辦理等事。上親詰敏中，敏中奏高雲從面求轉託，實無允從，並以未能據實劾奏引罪。諭曰：「內廷諸臣內監等差使，交涉事所必有，若一言及私情，即當據實奏聞。朕方嘉其持正，重治若輩之罪，又豈肯以語涉宦寺轉咎奏參者耶？于敏中侍朕左右有年，豈尚不知朕之辦事，而思爲此隱忍耶？再高雲從供有于敏中曾問及觀亮記載若何之語，于敏中以大學士在軍機處行走，日蒙召對，朕何所不言，何至轉向內監探問消息耶？自川省用兵以來，于敏中書旨查辦，終始是其經手。大功告竣在即，朕正欲加恩優敘，如大學士張廷玉之例，給以世職；乃事屬垂成，而于敏中適有此事，實伊福澤有限，不能受朕深恩。于敏中寧不知痛自愧悔耶？因有此事相抵，于敏中著從寬免其治罪，仍交部嚴加議處。」尋部議革職，詔從寬留任。四十一年正月，金川平。諭曰：「大學士于敏中自辦理軍務

以來，承旨書諭，夙夜殫心，且能鉅細無遺，較衆尤爲勞勩。其前次過失，尚可原恕，著賞給一等輕車都尉，以示格外恩眷，著世襲罔替。」七月，充文淵閣領閣事。四十三年三月，充會試正考官。奏言同考官評閱硃卷，向用藍筆，近科改用紫筆，紫與朱色近，設改易點乙數字，亦難辨别。內廉書吏繕寫文移檔案，並用紫筆，尤覺非宜，請仍舊例用藍筆。」上從之。四十四年十二月，故。諭曰：「于敏中才練學優，久直内廷，小心謹慎。自簡畀綸扉，辦理平定金川軍務，承旨書諭，懋著勤勞，因加恩列入功臣，特予世職，以彰優眷。恪恭匪懈，倚任方殷。前因其喘疾較甚，諭令乞假加意調攝，即派太醫院堂官前往診視，並賜人蔘，俾資培益，用冀速痊，復屢遣大臣存問。昨聞病勢沉劇，倍增廑念，兹聞溘逝，深爲悼惜！著加恩入祀賢良祠。應得卹典，該部察例具奏。」尋賜祭葬如例，謚文襄。四十五年六月，敏中孫德裕訐堂叔時和挾制家産、擁貲回籍等事，上命大學士英廉嚴訊查辦；並以時和先行回籍，或隱占敏中原籍貲産事，詔江蘇巡撫吳壇查辦。嗣吳壇奏時和吞占家産屬實，請將時和發往伊犂充當苦差，其所侵銀物，酌給德裕三萬餘兩，餘留充金壇開河費，允之。復以蘇松糧道章攀桂曾爲敏中覓匠修蓋花園，吳壇奏議革攀桂職，發軍臺効力。諭曰：「于敏中受朕深恩，乃聽本省地方官逢迎，爲之雇匠蓋房。若在生前，必當重治其罪。今既完名而殁，姑不深究，以示朕終始保全之意。至章攀桂逢迎鄉宦，罔顧官箴，即發往軍臺，亦所應得，但尚未出貲幫助，亦姑不深究。章攀桂著革職，免其發往軍臺。」四十七年，詔以敏中孫德裕承襲一等輕車都尉，並加恩以主事用。五十一年，諭曰：「朕因幾暇詠物，有嘉靖年間器皿。念及彼時嚴嵩專權煬蔽，以致國是日非，朝多稗政；復取閱嚴嵩原傳，見其勢燄熏灼，賄賂公行，甚至生殺予奪，皆可潛竊威柄，顛倒是非，實爲前明奸佞之尤。本朝家法相承，紀綱整肅，太阿從不下移，本無大臣擅權之事。即原任大學士于敏中因任用日久，恩眷稍優，外間無識之徒，未免心存依附，而于敏中亦遂暗爲招引，潛受苞苴。然其時不過因軍機大臣中無老成更事之人，而福隆安又年輕未能歷練，以致于敏中聲勢略張。究之于敏中亦止於侍直樞廷，承旨書諭，不特非前朝嚴嵩可比，並不能如康熙年間明珠、徐乾學、高士奇等；即寵眷聲勢，亦尚不及鄂爾泰、張廷玉，安能於朕前竊弄威福，淆亂是非耶？朕因于敏中在内廷供職，尚屬勤慎，且宣力年久，是以於其身故仍加恩飾終，並准入賢良祠，以全終始。迨四十六年，甘肅捐監折收之事敗露，王亶望等侵欺貪黷，罪不容誅。因憶及此事，前經舒赫德奏請停止，而于敏中於朕前力言甘肅捐監應開，部中既免撥解之煩，而閭閻又得糶販之利，實爲一舉兩得。朕以其言尚屬有理，是以准行。詎知勒爾謹竟如木偶，爲王亶望所愚，遂通同一氣，肥橐殃民，竟至釀成大案。設非于敏中爲之主持，勒爾謹豈敢遽行奏請？即王亶望亦豈敢肆行無忌若此？是于敏中擁有厚貲，亦必係王亶望等賄求酬謝，種種弊混，難逃朕之洞鑒。此案發覺時，設于敏中尚在，朕必嚴加懲治，雖不至如王亶望等之立置重典，亦不僅予以褫革而已也。因其時于敏中先已身故，不加深究，曲示矜全。但于敏中如此營私無弊，朕不爲已甚，不肯將其子孫治罪，已屬格外恩施；若賢良祠爲國家風勵有位，昭示來兹，盛典攸關，豈可以不慎廉隅之人，濫行列入？朕久有此心，兹因覽《嚴嵩傳》，觸動鑑戒，恐無知之人將以嘉靖爲比，朕不受也。于敏中著撤出賢良祠，以昭儆戒。」六十年五月，諭曰：「昨國史館進呈《于敏中列傳》，朕詳加披閱。于敏中以大學士在軍機處、上書房行走有年，乃私向内監高雲從探問記載，又於甘肅監糧一事，伊爲之從中主持，慫恿開捐，以致釀成捏災冒賑鉅案。因此案發覺時，于敏中先已身故，不加追究。但于敏中簡任綸扉，不自檢束，既向宦寺交接，復與外省官吏夤緣舞弊。即此二節，實屬辜恩，非大臣所應有。使其身尚存，必當從重治罪。今雖已身故，若仍令其濫邀世職，又將何以示懲？于敏中之孫于德裕現官直隸知府，已屬格外恩施，所有承襲輕車都尉世職，著即撤革，以爲大臣營私玷職者戒！」

又《文苑傳三・黄丕烈》 黄丕烈，字蕘圃，江蘇吳縣人。乾隆五十三年舉人，官主事。丕烈博學贍聞，寢食於古。好蓄書，尤好宋槧本書，嘗構專室，藏所得宋本，名之曰百宋一廛，自稱佞宋主人。顧廣圻爲之賦，謂其「馳香嚴與芳茮，思計日而取儁，範屋室於衞荆，姑掩皕而一憖」。香嚴者，同郡周錫瓚書屋名，芳茮者，歸安嚴元照堂名，皆藏有宋槧本。其後丕烈復收得宋本數十種，自喜以爲符掩皕之頌，皕，二百也。尤精校勘之學，所校《周禮》鄭氏注、《夏小正》、《國語》、《國策》，皆有功來學。好刻古籍，每刻一書，行款點畫，一仍舊本，即有譌踳，不敢擅改，别爲《札記》，綴於卷末。錢大昕、段玉裁甚稱之，謂可以矯近世輕改古書之弊。嘗著《汪本隸釋刊誤》一卷，謂洪文惠密於考史而疏於證經，婁彦發長於體勢而短於音訓，大昕以爲知言。他所著有《盲史精華》、《百宋一廛賦注》、《百宋一廛書録》、《蕘言》等書。

《續碑傳集》卷八一《丁丙》 丁君諱丙，字嘉魚，别字松生，晚年自稱松存，浙江錢塘人。其先世居山陰福嚴村，有諱瑞南者。當順治初，土寇蠭起，瑞南妻周挈二子行，遇寇，揮二子去，自投水死，世稱丁烈婦，事見曾文正公所撰墓表。嗣後，

遂遷居杭州，蓋距君七世矣。曾祖諱軾，祖諱國典，皆以君父官封中議大夫。父諱英，字洛耆，候選同知加道銜。道光二十九年，浙西大水，爲粥以食餓者。巡撫吴文節公書「任卹可風」四字，表其門生二子。長諱申，字竹舟，次即君也。初入塾，即爲塾師奇賞，曰「此子後必有成」。年二十三，入杭州府學。其時粤賊已據金陵，江浙大聳，洛耆公避居新城，俄而病，母姚恭人同日病，皆店也。君刲臂肉羹以進姚恭人，愈，而洛耆公竟不起。逾二年，姚恭人又病，再刲臂，則無效矣。君連丁大故，哀感行路，嘉興張子祥爲繪風木龕圖。十年春，粤寇犯杭，君與兄竹舟君糾合城中錫箔之工得千餘人助戰守，城陷，猶與巷戰。杭城舊有上下之分，上城焚掠甚酷，而下城稍安帖，箔工之力也。君避亂轉徙松江、青浦、南匯、上海諸處。時蘇之難民雲集於松滬，君集同志出貲財施糜粥及藥餌，亂民中有童子七八百人，皆分別安頓，使無失所。松之陷也，竹舟君先以眷屬行，君以施粥事後之，與賊遇，賊三發火槍皆不中，騁而追之，馬忽蹶，君得以免，蓋有神祐焉。明年，仍回杭州，創崇義祠，纂《崇義録》以表章死事之烈。又以賊之攻城，每取攢厝之柩爲築壘填濠之用，與舅氏陸君設三學局，凡學中貧士死而未葬者，購地爲之葬。然其時蘇省淪陷，杭勢益孤，寇日深而食且盡。君獻議刮醬坊之麪以濟民食，卒以食盡，不能守。君渡江至蕭山時，渡者如蟻，舟子索錢，不滿其欲者投之江，皆大號，君代給之，乃畢渡。出城時與竹舟君相失，至陶堰見其題壁字，始知其在留下，乃往從之，即於留下設肆鬻米，訪求親串之。自城出者，留下市中賣物，率以字紙包裹，取視，皆四庫書也，驚曰：「文瀾閣書得無零落在此乎？」隨地檢拾，得數十大册。君之蒐輯文瀾遺書，實始此矣。於其間偕竹舟君至福嚴村，拜埽祖墓。因自紹興至定海而上海而如皋，倉皇奔走，猶託書賈周姓者間道至杭州購求書籍，其裝訂成本者十之一，餘則束以巨緪，每束高二尺許，共得八百束，皆載之至滬。又自滬至普陀，禮觀世音，聚千僧誦佛，號以明處士崔青蚓所畫，應真十五尊施惠濟寺，冀銷劫運，存者亡者皆得安樂。同治三年，杭城復，君自滬歸杭。浙撫左文襄公素知君賢，即召入見，語之曰：「君輿論甚美，必有材智，地方應爲之事，具爲我籌之。」自是而君所設施，皆在杭矣。最君一生之事大端有二：曰存文獻，曰籌教養。君既於灰燼中掇拾得文瀾遺書，乃奉歸庋之尊經閣，請陸君匊珊繪《書庫抱殘圖》紀之。其時文瀾閣毁於兵未復也。光緒六年，巡撫譚公建復文瀾閣，爰有鈔補閣書之議。君悉出其家藏書，集人迻寫，又於天一閣、抱經樓、振綺堂、壽松堂諸藏書家，按籍徵求，歷七年之久，得三千三百九十六種，求而未得者僅九十餘種。譚公疏陳其事，言丁申、丁丙兄弟於兵戈擾攘之際，尚能搜求遺書，購覓底本，俾後進得窺内府遺編，其識迴越尋常，所費亦難以數計，可謂篤行敦本之士。於是天語褒揚，士林歎誦，兩丁君之名赫然聞於天下。君又以尊經閣亦不可無書，乃於家藏中重出之本得如千種，又乞諸朋舊購之市肆，得如千種，藏庋閣中焉。君先世本富藏書，君祖掌六公，有八千卷樓，至君又益以二樓，曰「後八千卷」，曰「小八千卷」。然辛較君所藏，固不止三八千也。君以天語有嘉惠士林之奬，因總名藏書之所曰「嘉惠堂」，乃擇士林所罕見者刻以傳播。取其有涉杭郡掌故者，都爲一編，曰《武林掌故叢編》，凡一百餘種。君又以武林爲南宋故都，城中坊巷之名由來久遠，居其地者口不能言，因創爲《杭城坊巷志》數十卷，編纂觕定，曰：「吾精力日衰，恐不足了此」。屬其友孫峻字康侯者踵成之，至今年春寫定，可刻君易簣。前又語康侯曰：「吾生前必不見其成矣，子姑徐之，取吾嘉惠堂書宋元以後詩文諸集，再一繙閲，以三年爲期，當益精美。」嗚呼！君一生用心不苟，即此可見矣。城内外古蹟如蘇祠、白祠、錢武肅祠、岳忠武祠、千忠肅祠、林處士祠、宋校尉施全祠、楊侯再興祠、徐巨翁忠節祠、王項二公揚清祠、宋行人朱弁墓、胡公則龍井祠墓、陳忠肅墓、張楊園先生墓、陸清獻公墓、郭孝童墓、孫花翁墓，或言於官，或出己貲，一律修葺。又如修交蘆庵，而以高邁庵、奚鐵生、戴文節諸先生名蹟置其中，建玉照堂，並爲補種梅花。得元大德年編鐘而建元音亭，得宋咸平年貝葉經文歸之雲林寺，得錢忠懿王金塗塔歸之靈隱、昭慶諸寺。一時韻事，杭人尤豔之。自君之亡，而故書雅訓無所咨訪，名山勝地日就淪落，所謂存文獻者，此也。杭爲東南大都會，人文甲天下，大亂之後，學校荒蕪，君與同人創設丁祭局，集諸生供灑埽，治祭器，考訂禮器、樂器，創修府、仁、錢三學志。又建道統石室，以宋理宗《御製道統贊》碑石排列室中，缺文王一贊，集他石字補之，無則以偏旁配合而成字。乃至光緒十八年，於尊經閣後圃土中掘得一石，則文王贊也，浙中盛傳，皆歎爲文治光昌之兆。君自左文襄以善後事見屬，即設立振撫局、難民局、掩埋局、施材局、醫藥局、牛痘局、錢江義渡局、救生局，凡各局無慮數十處，皆以君總之。杭故有普濟堂，始於阮文達公成之者，蔣撫軍攸銛、高撫軍杞、李觀察坦與里人高宗元丁熹，至是復建，官則蔣果敏公、高都轉卿培、李司馬，國賢而紳士則君也。先後六十年，四姓符合，人皆異焉。同善堂者，光緒間左文襄所創，其時，普濟堂未復，故創設此堂。嗣是普濟、同善與育嬰三堂並建，皆君主之，而善舉益備，推廣其意，隨宜施設。以杭多火災而置卹災所，以杭多游惰之民而置遷善所，以庚申之亂死難者衆而築義烈遺阡，以亂後民間子弟無力

延師而設正蒙義塾，以吏胥於命案多需索而置報驗所，以民間緩急無所資而置借錢局，以民間節婦不能概至清節堂而倡爲穗遺集，以補所不及。以育嬰堂所顧乳媪有限而廣爲寄養，以濟其窮。又於城内外設粥廠七所，使貧民冬日無枵腹之虞。設丐廠，使行乞之流不致溝壑之患。何其用意之周歟！浙西所重尤在水利，城中開新横河、築新壩，城外濬北河、南湖，修仁和至海甯上河隄壩，修奉口陡門，君皆與焉。西湖常年設濬湖局，余每宿湖樓，平旦必聞其鳴鑼集衆也。義倉之事主之尤久，世俗以私意窺測，疑倉穀不無虧耗。及己丑之秋，浙西霖雨爲災，中丞崧公委君散振平糶，盡發其粟。越九年戊戌春，米價翔貴，發粟平糶，糶至三萬餘石，而倉穀未及其半，浮言爲之頓息。所在橋梁如慶春、寶善、龍光、拱宸，所在祠宇如李敏達、阮文達、左文襄、蔣果敏，經君之手，無不完固。杭自收復以來，士風振起，民力寬紓，皆君力也。袁君爽秋紀其大者，凡二十八事，所謂籌教養者，此也。君淡於榮利，在同治間，左文襄特薦於朝，有鉅細咸宜之目，得旨以知縣發往江蘇，後又敘功加同知銜，江蘇諸大吏，皆敦勸出山，而君不顧也。然以受恩深不敢膜視時艱。遇直隸、山東、山西、河南各行省偏災，浙省設局籌振，君必力任之。戊戌歲元旦日食，君以天子且有減膳之詔，況在民庶。乃屏葷血不御，諸子以有妨頤養力勸不從。居恒與寒素無異，惟以圖籍自娱。所著有《讀禮私記》、《禮經集解》、《松夢寮詩初集》，皆毁於兵火。餘若《九思居經説》、《説文部目詳考》、《説文篆韻譜集注》、《二十四史刻本同異考》、《樂善録》、《于忠肅公祠墓録》、《善本書室藏書志》、《武林金石志》、《皋亭山志》、《宜堂小記》、《松夢寮集》、《北郭詩帳》、《西溪詩集》，皆藏於家。其已刊行者，《西泠四家印存》一卷，《師讓盦漢銅印存》一卷，《北隅贅録》、《續録》各二卷，《續東河櫂歌》一卷，《三塘漁唱》三卷，《庚辛泣杭録》十六卷，又《菊邊吟》一卷，則去年病中作也。吴退盦先生爲武林老輩，有《國朝杭郡詩輯》，其孫仲雲制府又有《續輯》，君廣其未備而爲《三輯》，推之前代而爲《歷朝杭郡詩輯》。又因《吴志》上先生武林文獻殘本重加增補爲内、外二編，杭人之文爲内編，文之爲杭地，杭人作者爲外編，皆行於時。君天性篤厚，與兄竹舟君白首無間，其卒也，凄然不勝人琴之感。先是，洛耆公擬建宗祠，未果，君與竹舟君成之。舊譜毁，重輯之。杭紹先隴積圮者，修之。亂後，親族中未葬之棺以數十計，悉爲葬之。宗祠之右設家塾，課子弟群從，昆弟皆視如同産。前巡撫譚公稱君爲敦本篤行之士，洵不虚矣。六十五歲時，得痰眩之疾，時劇時差逾二年，又患脾泄。光緒二十五年三月丙辰卒於家，年六十有八。凡三娶：曰沈、曰凌、曰陸。側室三：曰王、曰孫、曰王。子三人：長立中，光緒十七年舉人；次立方，次立亢，殤。女四人：延適仁和陸氏，恒適仁和顧氏，苓適錢塘陳氏，祺未嫁。字仁和陸氏孫一人，天佑孫女一。余既爲君立家傳，乃論其後曰：杭城克復以來三十餘年，湖山歌舞，粗復其舊，固由諸大吏振興於上，賢有司經畫於下，而拮据擷掇，心口交瘁，矗没從事，使公私交受其益者，則君一人也。君有官不赴，伏處鄉里，而惠澤被乎四方，聲名動乎朝野，求之古人，未可多得。微論劉勝寒蟬不堪比擬，即王烈陽城輩徒以德化其鄉者，亦不能尸居龍見若斯也。君臨終有詩云：「分應獨善心兼善，家守清貧書不貧。」夫子自道，得其實矣。

繆荃孫《二品頂戴記名簡放道員前廣東兵備道陸公神道碑銘》 公諱心源，字剛父，號存齋，晚號潛園老人，姓陸氏。浙江歸安人。曾祖景熙，祖映奎，父銘新，三代皆以公貴，封榮禄大夫，妣皆一品夫人。公資稟奇穎，讀書目數行下。年十三通《九經》，尤精鄭、許之學。受知于萬文敏公青藜、吴閣學式芬、張文貞公錫庚。先輩如徐莊愍公有壬、朱司馬緒曾，皆引爲忘年交。與同郡姚宗諶、戴望、施補華、俞剛、王宗義、淩霞，以古學相切劘，時有「七子」之目。性喜管、商書，于國朝諸儒，尤服膺亭林之學。中咸豐己未舉人，尊例以知府分發廣東。奉直督劉公長佑奏，辦直東豫交界勦匪事宜告竣，以才識精明，志行清直，奏留直隸。整頓吏治，薦擢道員。乙丑，簡廣東南韶兵備道，行抵英德，即聞長寧土匪擾六里鄉，翁源知縣張興烈被戕，嶺南姑息成政，戕官之案疊出。每辦匪鄉必有耆老數輩，攜婦女哀乞承認繳匪，官民相爲粉飾。公視事，檄游擊湛恩榮率兵勦洗，罪人斯得，地方敉平。自是十餘年，粤中無戕官案。會霆軍叛勇突湖南入粤，勢洶洶，急檄湛游擊回援樂昌，益以壯士千、礮船二十，水陸并捷，賊遁江西。而洪逆餘黨踞粤閩之交，思復蹂江楚，南韶當其沖，始由龍南撲始興，即檄副將朱國雄扼縣城。再由連平犯翁源，檄參將任玉田扼鷄仔嶺，賊不得逞，南韶卒無恙。韶關商賈，貨物盈艑，一物漏税，全船充公。公革除弊政，凡漏税者，祗准補繳，不准充公。積蠹一消，商民感悦。六年，調高廉道，旋奉旨開缺，送部引見。繼丁外艱，星奔回籍。壬申，閩督李公鶴年以佐治需人，奏調赴閩，總辦税釐通商善後諸局，并海防事宜，署糧鹽道。與署督不合，即乞養歸，仍以鹽務加耗參奏削職。時公歸里，已二載矣。公循陔之暇，娱意林泉，就城東蓮花莊北闢小園，水木明瑟，極清曠之致，署曰潛園。酷嗜異書，大江南北，兵燹之後，故家藏書出以求售，所得宋元版書，于斯爲盛。光緒戊子，進書國子監，舊刻舊鈔一百五十種，計二千四百餘册，附以所刻叢書三百餘卷，

奉旨褒獎。公在家，獨建昇山橋，修復安定、愛山兩書院，仁濟、善堂、義學，無不具舉。張勤果公曜撫山左，以才堪濟世，學識閎深奏。李文忠公鴻章督直隸，以氣局遠大，見義勇爲奏，得旨開復原官，交軍機處記名簡放。癸巳，引見召對一次，歸抵天津，即嬰末疾。次年十一月九日卒于里第，年六十有一。夫人莫氏。子四：樹藩，舉人，江蘇候補道；樹屏，舉人；樹聲，湖北候補知府；樹彰幼。以□年□月，葬公于□□鄉。所著《儀顧堂文集》二十卷，《儀顧堂題跋》十六卷、《續跋》十六卷，皆古書源流、金石考證之學。藏宋刊書至一百餘種，元刊至四百餘種，儲之皕宋樓，作《皕宋樓藏書志》一百二十卷、《續志》四卷。所得金石碑版九千餘通，多青浦王尚書未著録者，作《金石粹編續》二百卷。鑒藏書畫，作《穰梨館過眼録》四十卷、《續録》十六卷。生平篤嗜唐文，于蟫斷炱朽，掇拾録存，與金石之文新出土者，成《唐文拾遺》八十卷、《唐文續拾》十六卷。樊榭山人《宋詩紀事》，于兩宋詩人搜羅備至，復輯得三千餘人，得詩八千首，作《宋詩紀事補遺》一百卷，其厲書《小傳》，有仕履不詳、時代未著者，别爲《小傳補正》四卷。其他善本卷帙繁重，不及徧刻者，作《群書校補》一百卷。搜故鄉風雅，補志乘闕遺，作《吴興詩存》四十卷、《吴興金石記》十六卷、《歸安縣志》四十八卷。病《宋史》蕪簡，考黨禁始末，作《宋史翼》四十卷、《元祐黨人傳》十卷。嘉定錢氏《疑年録》之作，大抵詳于儒林、文苑及書畫之士。公既校正錢瀞薌《疑年録》四卷，復益以名臣、大儒、氣節、文章之士，作《三續疑年録》十卷。儲藏三代秦漢鐘鼎彝器百餘種，晉唐古鏡六十餘種，輯古今言金石者，以補李學博富孫之缺，得三百餘人，作《金石學録補》四卷。合著《潛園總集》，共九百四十餘卷。嗟夫，士大夫達而在上，則出其經濟，爲國家拯災救患，措斯世于隆平；即不然，亦以培植鄉里之後進，刊播古人之著述，有益于前賢，有造于未學。出處雖殊，事功則一。若公者，可謂兼之矣。公没後，公子樹藩以碑文爲請，荃孫諾之而未有以應也。今補作此碑，以踐前言。銘曰：公初筮世，才氣無雙；聲名炳爍，闓江粵江。五聲七政，四達八窗，未盡石畫，難泯衆哤。自修有方，止謗乏術；不占豹變，遂甘蠖屈。昌谷嘔心，武鄉抱膝；乍起東山，已迫西日。我在京師，因友通郵；我歸江南，遺子從游。不矜山海，而納壤流；知己之感，衷于千秋。仰止亭林，古今一致；顧則空談，公則實事。詎料長才，止供小試；著作永存，儒林職志。銘墓一諾，瞬已十年，荒山寂寂，宿草芊芊。大名如在，豐碑再鐫；文以傳公，翻藉公傳。

龐鴻文《常昭合志》 孫從沾，字慶曾，號石芝，諸生，善醫，用藥出人意表。婦孺呼爲「孫怪」。僑居郡城，大吏皆器重之。有書癖，家雖貧，而所藏逾萬卷。自撰《藏書紀要》，分爲八則，言之甚詳且備，蓋真知篤好者。其讀書室曰「工善堂」，所藏書有其名字朱記，别有一印鈐於尾，曰「得者寶之」。著有《活人精論》及《石芝遺話》。

《清史列傳・文苑傳四・韓應陛》 韓應陛，字對虞，江蘇婁縣人。道光二十四年舉人，官内閣中書。少好讀周秦諸子，爲文古質簡奥，非時俗所尚。既，從同里姚椿游，得桐城古文義法，尤究心當世務，譯算學及重學、氣學、光學、聲學等書。每自校録，復爲之推極其致，故發於文益奇，往往出西人所論外。粵匪陷蘇州，倉皇走避，卒於道。遺稿多散失，其友張文虎輯編，爲《讀有用書齋雜著》二卷。

紀事

李燾《跋遂初堂書目》 李太史燾云：「延之于書，靡不觀。觀之，靡不記。每公退，則閉户謝客，日計手抄若干古書。其子弟及諸女，亦抄書。一日，謂予曰：『吾所抄書，今若干卷，將彙而目之。饑讀之以當肉，寒讀之以當裘，孤寂讀之以當友朋，幽憂讀之以當金石、琴瑟也。』」

吴焯《校本讀書敏求記題記一》 絳雲未燼之先，藏書至三千九百餘部。而錢遵王此《記》凡六百有一種，皆紀宋版元鈔及書之次第完闕古今不同，手披目覽，類而載之。牧翁畢生之菁華萃於斯矣。書既成，扃置枕中，出入每以自攜。靈蹤微露，竹垞謀之甚力，終不可見。竹垞既應召，後二年，典試江左，遵王會於白下。竹垞故令客置酒高讌，約遵王與偕。私以黄金、翠裘予侍書小史，啓鐍，預置楷書生數十於密室，半宵寫成而仍返之。當時所録，并《絶妙好詞》在焉。詞既刻，函致遵王，漸知竹垞詭得，且恐其流傳於外也。竹垞乃設誓以謝之。竹垞既重違故人之命，而又懼此書之將滅没也，莫年始一授族子寒中。予聞之久矣，然知其嚴祕勿肯與。近者校讐諸書，寒中閔予之勞，竟許以贈。予以白金一斤爲壽，再拜受之，亦設誓辭焉。嗟乎，書乃天地大公之物也。然有可傳，有必不可傳。正如修丹者既成，人皆可餌，而烹鍊之方，非堅精凝結者弗能守。然猶可傳者丹之法，而必不可傳者丹之道。大道在人，非其人莫與，則斯志也已。書之卷末，示我後人。康熙五十六年三月十八日，錢塘吴焯。

吴城《讀書敏求記題記》 此書向惟曝書亭藏有鈔本，珍祕不出。先君子以重價購得之。稼翁晚年，力不能守，元鈔宋刻，雨散雲飛，而此書遂流落人間。吾友趙君用亨爲刻之吴興。卷端冠序一首，借先友傅編修玉笥之名，傅不知也。偶於書肆中見之，大怒。且以「舊史官」三字爲犯時忌，徧告當事，欲燬其板。幾允所請，賴先子解紛得寢。然用亨亦因此愧憤，不復刷印示人矣。信乎古今典籍傳與不傳，蓋有一定之數，不可强也。乾隆丁巳小除夕，錢塘吴城記於瓶花齋。

吴玉墀《讀書敏求記題記》 絳雲一炬，祕本不可復見。遵王著《敏求記》一書，後人賴之以考證。天水鐫板行世，爲功典籍非淺。當時不乏文人，必借玉笥太史之名以弁其首，較之題碑祝嘏，不猶愈乎？玉笥翁何亟亟於求毁耶，斯亦可謂不愛沽名者矣。小谷跋，時甲申臘月既望燈下。

趙昱《校本讀書敏求記題記》 是本向吾友丁敬身借鈔，有繡谷手校記語，誤謬處十正八九。聞石門袁舒雯家藏善本，俟再取校之。甲辰除夕，小山堂録畢，谷林。

朱文藻《校本讀書敏求記題記》 此書東軒主人藏本有二，一是吴石倉先生鈔本二册，一即此本。趙谷林先生藏鈔本四册，從丁龍泓先生手鈔繡谷亭初校本借鈔者也。其後繡谷先生覆校三次，改抹之處，此本未經是正。乾隆丁亥八月一日，主人從甌亭先生借得繡谷亭本，屬文藻重校。嚮所疑誤者，改正凡百餘字，此本洵完善矣。文藻後進末學，何幸得窺先正□修之祕，而私淑老成嗜學之勤。撫卷沉思，愧喜交集。仁和後學朱文藻記。

吴騫《校本讀書敏求記題記一》 此書未刻之前，最爲難得。錢塘吴尺鳧先生嘗言，竹垞檢討典試江南，與遵王會飲，私屬錢氏侍史竊出一鈔，償以美裘一襲、白金十兩。蓋前輩之好古如此，亦可起敬也。此刻視鈔本間多舛譌，惜未得一校，姑俟異日求之。壬辰騫記。

又《讀書敏求記題記二》 此爲友人朱秀才映漘手校本，乃振綺堂主人從家甌亭上舍借瓶花齋藏本屬映漘校勘者。據諸君跋語，其丹黄已不下四五過。然予細閲之，此本之譌舛脱略固多，而振綺本亦未爲盡善。故二本之互異者，各書之簡端，俾映漘更加覆校，庶幾二本各歸精審耳。乙未六月七日，久旱得雨，今秋可以飽喫飯而校奇書矣。書以志喜，騫識。

又《讀書敏求記題記三》 右跋凡四則，從武林汪氏振綺堂所藏小山堂舊鈔本傳録。予嘗病刊本多誤，間以硃筆評校，終未能釋然。乾隆甲午，從書局中見此本，因亟假歸覆勘。更有數跋附録於後，凡緑筆者皆是也。旃蒙協洽六月一日，兔床騫識。

又《讀書敏求記題記四》 此爲吾友朗齋朱君重校本。予恒苦刊本多誤，今得此藉以補益不少。據諸前輩跋語，則此本丹黄已不下三四過，然予細閲之，其中脱略亥豕間猶不免，以此歎校書之難。於是凡遇刻本與鈔本之互異者，各筆諸簡端，以資參考。庶幾取其所長，而舍其所短，使二本同歸於精當云爾。朗齋留心籍氏，好古敏求，他日或更爲折衷以匡不逮，是所望也。乾隆乙未重陽，兔床吴騫識於雙聲館。

又《讀書敏求記題記五》 癸巳秋八月，見書局有此鈔本，旁注「中」字，知尚有上下二本，惜不可復見。細閲此本，蓋即《讀書敏求記》之初稿。故各書參錯，未曾歸類。然《敏求記》止六百餘種，而此一本已有二百八十三種，計全書不下八百餘種。因假歸横河舟中，按《記》所無者，挑燈録出，凡十餘條，他日當續録於《敏求記》之後，庶幾一遇其全耳。小桐溪吴騫記。

陳鱣《校本讀書敏求記題記一》 庚子二月，從拜經樓本校閲一過，復從知不足齋補録王立甫序一篇。鱣識。

又《讀書敏求記題記二》 辛丑十年，客作武原，遇吴興書賈，以舊鈔本相示。因再用紫筆校之。河莊陳鱣。

又《讀書敏求記題記三》 嘉慶七年歲在壬戌，客吴，從黄蕘圃借原本重校一過，并補録數條。鱣記。

黄丕烈《校本讀書敏求記題記》 予於辛亥秋，得同郡王秋濤家所藏舊鈔《讀書敏求記》，與刻本校對異同，增補脱落。除鈔本錯謬不録外，有歧異處必列於旁，以示傳疑之意，未敢云精確無訛也。今秋爲鈔胥竊去，售諸郡城竹香書肆，予初未覺也。及見其書而始知之。遂以錢贖歸，卷末跋語已爲剞去，心甚怏怏。閲二日，偶過吴趨書肆，中見插架有此本，板已糊塗，不及予書之善。而書中間有録寫他書相爲證明之語，亟收之，而臨前本校對之處於此本，予心頗愜焉。噫，一書耳，而前本之失而復得者，既有珠還之喜，而此本之美而且善者，又有合璧之奇，豈非藝林一快事乎！壬子八月望前三日，古吴黄丕烈題。

嚴元照《校本讀書敏求記題記一》 此書亦《郡齋讀書志》、《書録解題》之亞，惜刻本多譌脱。予家藏沈會侯祖彬手鈔本最善，因爲宋茗香助教校一過。嘉慶九年三月初九日，畫扇齋主人嚴元照書。

又《讀書敏求記題記二》　三月初旬，予校此書，未及寄還，而助教於四月初五日歿於西湖昭慶寺。予來唁小茗，以此書還之，痛助教之不及見也，相對慘然。四月廿九日燈下，元照識於宋氏祠堂之讀我書塾。

勞權《讀書敏求記校本題記一》　此老友錢唐嚴厚民先生傳校本，阮氏刊之，謂是遵王後定之本，故於趙氏本有增删。予藏沈會侯手鈔本，雖較趙本止多一種，而足以正兩本之誤。用校一過，以所删者録於上方，以便檢閲。今阮氏已補鐫於後矣。唯刊成未經修版，故多誤字耳。嚴君下交於予者七年，時從奉手，謬承稱許，於去秋謝世，年八十有一。耆舊凋零，實堪愴罔。甲辰五月，勞權記。

又《讀書敏求記題記二》　遵王藏書，今爲藝林珍重。觀其《述古堂書目》及予所過眼者，不乏佳書，乃不登此《記》，而僞本惡書充盈卷帙，致不可解。蓋此君學術頗淺，疏於鑒别，書中論説僅剽竊於蒙叟、孱守兩家，其於兩家學問亦復未能深詣，視同時儕輩中，尚不迨敕先、斧季也。又記。

又《讀書敏求記題記三》　《分甘餘話・四》云：「錢先生藏書甲江左。絳雲樓一炬之後，以所餘宋槧本盡付其族孫。曾字遵王，《有學集》中《跋述古堂宋板書》，即其人也。先生逝後，曾盡鬻之泰興季氏，於是藏書無復存者。聞今歸崑山徐氏矣。」己未除夕，秋井草堂録。

管庭芬《校本讀書敏求記題記一》　道光壬辰，從吴醒園丈借得此書，係經免牀、簡莊諸先輩手勘，不覺狂喜。爲之校臨一過，凡愚見所及，則更以藍筆别之。海昌管庭芬記。

又《讀書敏求記題記二》　戊戌春暮，予重輯此書。凡諸家校語，及群籍中有與《敏求記》互相發明者，並彙存之。蔣生沐茂才以述古堂藏書前後序見視，即附注於後。惜述古原有解題之目不可復覩，讀此爲之憮然。時梅雨初霽，芷湘子復記於硤川寓館之北啓山莊。

汪士驤《校本讀書敏求記題記一》　頃得舊本，有「許生再試爲郎」朱文印一、「開基一變至道」白文印一、「許道基印」白文印一、「勛宗」朱文印一、「壽補齋鑒存」朱文印一。後加一跋云：「閑剩太多，意義每複。時有獨得，輒爲淺識所掩。苟爲無本，難言博雅也。字訛乙雜出，此刊校之疏。戊辰秋孟九日，行潞河道中雨輟，手此遣悶，因書。」并鈐「奈何許」三字朱文印一。道光乙巳春三月十一日，鐵樵假友人本借觀，漫爲記之。

又《讀書敏求記題記二》　道光己酉十一月初四日，海昌管芷湘假手鈔本，予因録所未有者於上。管本有誤者，予以緑筆校完之。

葉廷琯《校本讀書敏求記題記》　錢遵王《讀書敏求記》四卷，初爲雍正四年趙孟升刻，後有曹一士跋。繼爲乾隆十年沈尚傑取趙本翻刻，即今通行本也。聞我郡黄氏士禮居藏有遵王原鈔本，頗精。近見袁綬階、貝簡香各依鈔本影校於刻本，始知刻本脱誤甚多，且少著録書二十餘種。亦有刻本有而鈔本無，及所收部類互異者。疑趙氏所刊，乃初稿而非定本。至其中脱文譌字，或由傳寫粗疏。沈刻序文雖云「重加讐校」，實承訛襲謬，漫然翻板而已。《四庫提要》深譏遵王編次無法，品騭多訛，故僅列之《存目》中。然又謂其述授受之源流，究繕刻之同異，見聞既博，辨别尤精。但以板本而論，亦可謂之賞鑑家，則仍未嘗不節取之。百餘年來，嗜古籍者稱道此書不置，良有由矣。黄氏藏書已散，鈔本不知歸於誰氏。袁校本昔在我友程孟華孝廉嶺梅蟫隱庵。貝校本爲予所得。曾與孟華約，他日當謀同校刻之，則舊刻本可廢，亦藝林快事也。今孟華久歸道山，書室且經回禄，藏編亦不可問，因取所校各目附録於此，庶使後來未覩校本者有所考見云。

周中孚《藏本讀書敏求記題記》　《讀書敏求記》，國朝錢曾撰。《四庫全書》存目。遵王雅好聚書，又恐其聚久必散，復擇最佳之本六百種，各綴題識，彙爲是編。其書以四部分門，每門又分附各類。經之後附六類，史之後附十類，子之後附二十類，集之後附四類。其所分附各類多不可解。且以各書配隸，亦絶無端緒。其中解題大抵詳於空言，而略於實際。間有考證，亦頗乖舛。然自晁、陳書目以來，此條不調久矣。甚至如明《文淵閣書目》，並其撰人、卷數而遺之。如遵王之分綴解題，評騭是非，較之晁、陳兩家已擴而大之矣，又可求全責備乎哉？是書向止傳寫之本，至雍正四年，湖州趙用亨孟升始付之梓，並爲之序。又有長興王立甫豫、上海曹諤廷一士跋。

丁丙《藏本讀書敏求記題記》　卷端吴玉墀記曰：「是鈔爲知不足齋藏本。癸巳夏，鮑兄舉以贈予。昔竹垞太史乞鈔於也是翁小胥，與以金不應，脱所衣青狐裘益之。先子乞鈔《咸淳臨安志》於花山馬氏，予錢二萬，經半年乃得半部。復予錢二萬，始允借鈔。前輩愛書如此。今藏書家如市兒説合矣，世風不古，即此可證。丙申春仲，小谷跋。」有「小谷」、「玉墀」兩印。閲《錢氏家變録》，歸元恭《與遵王書》云：「牧翁之於足下，非特骨肉之親，所謂翼而長之者也。有事則覆庇之，平日則提挈之。不意足下負心反噬，迫索多金，逼柳氏以縊。足下亦何顔偷生視息於人世哉！」一時公約不能掩惡，述古堂雖美富，曷足貴乎？書經鮑、吴兩家存之，

故在此不在彼也。

傅以禮《藏本讀書敏求記題記》 丙寅春日，從魏稼孫鹽尹借得黄蕘圃此書校本，蓋據遵王手稿訂譌補漏，間及諸書歸宿處，朱墨燦然。亟出此本，命侍史過録，并增濮梁一序。序稱付諸梨棗，以公同志，似濮氏另有刊本。然考近日通行《敏求記》，沈本是編外惟阮氏小嫏環仙館、潘氏海山仙館本。若雍正間趙槧已不數覯，更何論濮刻，豈其授梓未果耶，抑傳本久佚耶？當博訪之儲藏家。沈氏此書有兩本，一爲乾隆乙丑初槧，一爲乾隆乙卯重修，即此本也。

宗源瀚《藏本讀書敏求記題記一》 《讀書敏求記》，先是吴兔床以紅筆評校。乾隆甲辰，在浙江書局，見武林汪氏振綺堂所藏小山堂舊鈔本，及朱映漘文藻復校吴甌亭瓶花齋所藏繡谷亭本，乃用緑筆録諸跋並其校語，兔床所謂凡緑筆皆是也。而陳簡莊鱣又於嘉慶庚子從拜經樓本校閲，補録知不足齋本王立甫一序。辛丑，從吴興書賈舊鈔本用紫筆再校。壬戌，從黄蕘圃借足本用紅筆三校，並補録三條。迨道光丙辰，管芷湘庭芬得是書，盡録其校跋。其芷湘自校並引錢竹汀諸説用藍筆別之，又用墨筆引證陳、晁諸書及張氏《藏書志》，並從蕘圃本中補録趙刊所遺者於書眉，大抵皆管芷湘筆。筆色間舛，當是過録之誤。錢警石《曝書記》中謂芷湘近校《讀書敏求記》，較邗上本爲勝，指此也。此本據海寧徐歗秋跋，是于翁從管本過録。而中有芷湘印記，豈原書亦芷湘物耶？兔床、簡莊皆有紅筆，原文下綴名者可辨，不綴名者不可辨。予先於光緒己卯，得此書於湖州書客。至戊子夏，姚彦侍方伯示以語石山房鈔管校不全本，卷尾有「管庭芬訂」字一行。其校卷與書名則注於書目之下，校遵王原説則注於原文之下，論辨考證諸説則注於每篇之尾。雖未一律，已有條理。然書眉仍有校語，是尚未竣事也。此中紅筆不辨吴、陳者，彼本頗分著。然間有此本爲紅字而彼入管案者，予據以分吴説、陳説與管校，用紅筆注明其增出案語，命兒子舜年用黄筆録之。原有「案」字者，皆作「管案」，無「案」字者，姑缺之。彼本又校阮刊並補録阮刊敘，又多胡菊圃重乾隆乙卯一敘。有此敘方知沈東里刊板歲久漫漶，其孫葭士又校讐補刻也。每卷尾多胡菊圃手跋字數行。此本所有校跋，彼本亦間失之。錢氏原目僅有子目而無書名，寫刻又間有異同。偶尋一書，急切不得。予既補録胡、阮二敘，又別增一目録，臚寫書名，不復分子目，惟列四部。凡附見於經史諸書，《四庫總目》固皆入甲乙部也。光緒戊子，上元宗源瀚識。

又《讀書敏求記題記二》 癸巳春，在杭遇蔣君廷黻，別下齋後人也。談及此書，始知姚氏所藏不全本，原書爲蔣君之物。曾於吴門寫録，以貽陳文簡後人之宦蘇者。語石山房乃陳氏書齋名，不知寫本如何轉入姚氏也。蔣君世代藏書，亦僅録得管校不全本。見此全帙，欣賞無已。蔣又言徐歗秋鴻熙爲其戚黨，詩收入《杭郡詩輯》云。甲午三月三日補識。

蔣廷黻《管氏彙鈔殘本讀書敏求記題記》 此書爲亡友朱君梅坪所贈，缺卷二之首數葉及第四卷，久庋敝篋。今年會稽章碩卿丈過吴門，枉顧見而賞之，録副書寄，是書可謂得所歸矣。甲申孟冬，寫畢誌此。海昌蔣廷黻。

莫友芝《題詞本讀書敏求記題記》 此錢遵王《讀書敏求記》未編類初稿也。其滅改字意悉與元鈔同，蓋是遵王手蹟。中載諸經本，有十許條溢出阮刻《敏求記》之外，亟可寶愛。同治乙丑五月既望，郘亭借校題。

丁日昌《題詞本讀書敏求記題記》 同治九年三月初十日，禹生讀。《東都事略》，現歸於予。《毛詩要義》，此云係鈔本，予所得宜稼堂宋刻本，巍然爲海内之冠，惜當時牧齋、滄葦、子晉諸藏書家不及見也。是書頗有波瀾，忽在題中，忽在題外，可喜也。雨生又識於清節堂。

徐衡《附録徐君聖秋來書》 承徵刻先世《傳是樓宋元書目》，甚感甚善。此樓於康熙中即不戒於火，嗣是烽燧頻仍，播遷漂喪，僅餘舊本二十餘種及書目兩大册。例與范氏略同，亦不另編舊槧精鈔。此録則先侍御鈔自劉燕庭先生者共六册，此其宋元目也。其全目較家傳本不啻倍之然，仍非當日定本也。試以竹垞翁一家之言徵之，如《太平寰宇記》、《元豐九域志》、《湻熙三山志》、《播芳文粹大全》、二百卷本。《北窗炙輠》，皆所稱傳是樓精校宋本也，而此録悉未載，即全目亦無之。燕庭先生謂爲定本，徒以其詳整而未深考也。次灊六丈執事徐衡頓首。

吴壽暘《拜經樓藏書題跋記》卷三《汲古閣刊書細目珍藏秘本書目》 《汲古閣刊書細目》，子晉先生所記。每部皆記頁數，每類又記總頁數。先君子有補遺一紙夾書中，計王肅注《家語》、王逸注《楚詞》、《群芳清玩》、《五音韻譜》、《牧雲和尚七會餘録》、《宗本投機頌病遊二刃》、《病遊初艸》、《病遊後艸》等。簡莊徵君又書《群芳清玩》種數及頁數細目一紙。先君子記其後云：「右吾友簡莊所記，予未曾見此書。庚戌暮春，過松陵，楊慧樓進士案頭適有此書，恍焉如對故人。時與簡莊別三年矣。」《汲古閣珍藏秘本書目》，斧季先生所記。每部皆記價值，蓋以書歸潘稼堂先生，此其細目也。凡與時本不同者，略記數條，足資證據。末有從孫琛題語。

王先謙《欽定天禄琳琅書目後編後跋》 賜進士出身前翰林院編修國子監祭酒加三級臣王先謙謹撰。自古書用紙代竹帛，美惡雜出。隋世平陳，存太建時書爲古本，別召工書者於祕書内補録爲正，副二本藏宫中，餘實祕書内外之府。厥後，寫副又有上、中、下三品之分。此在當時鈔本中，已寓鑒賞別擇之意。唐末始鏤版，逮宋而盛。太平興國間，三館六庫書籍正、副本八萬卷，見於《青箱雜記》。史稱「帝幸國子監，閲庫書，問經版幾何？」邢昺對以「國初不及四千，今十餘萬，版本大備」。以此知館庫所藏，亦皆版本。自是目録家網羅考訂，紛然雜出。沿及元明，刊摹愈廣，將欲博覽遺書，尤以精究版本爲重矣。洪惟巨清，肇造區夏。列聖右文，遠邁古昔。天府群籍，富有日新。乾隆四十年乙未，命取内府藏書，重加整比，敕編《天禄琳琅書目》十卷。越嘉慶二年丁巳，以祕笈琅函，按采彌夥，復命輯《後編》二十卷。書都一千六十三部，自宋迄明，五朝舊籍咸備。旁羅遠紹，既大極無外；而於刊印流傳之時地，鑒賞採擇之源流，並收藏家生平事略，圖記真僞，研討弗遺，尤細破無内。於版本嚴擇廣收，而明代影宋鈔本，並從甄録。仰見聖學博大，囊括萬有。足以津逮儒生，準繩百代，夫豈隋、宋所能及哉！前編已入《四庫提要》，不及後編，以世無刊本，罕獲覯者。光緒七年，於京師購得舊鈔，攜歸長沙。從弟先泰見而驚喜，願授之梓，以公天下。並假湘潭周氏鈔本，與湘潭胡元常、王啓原、善化劉鉅及從弟先豫，精心讐校。刻既成，謹綴言簡末，以見聖代文治之隆，及儒者逢辰之幸，爲前古所未有云。光緒十年甲申閏五月。

彭元瑞《天禄琳琅續編識語》 乾隆甲子，命内廷翰林檢閲内府藏書，擇其善本進呈覽定，列架庋置於昭仁殿，以符古者中祕書之制，御題「天禄琳琅」爲額。越乙未，重加整比，敕編《天禄琳琅書目》，詳其年代刊印、流傳藏弆、鑒賞採擇之由，成書繕録陳設，後入《欽定四庫全書》者是也。溯初編時五十餘年，《書目》成亦二十餘年矣。逮今嘉慶丁巳十月，迺有《天禄琳琅書目後編》之輯，越七月，編成。臣等謹合前、後二編校之，其書中體例紀載一依前帙，互見別出，各有源流而其規橅有拓而愈大、析而彌精者，如《前編書目》十卷，《後編》則二十卷。《前編》書四百部，《後編》則六百六十三部，萬有二千二百五十八册，視《四庫全書》踰三之一。《前編》宋、元、明外，僅金刻一種；《後編》則宋、遼、金、元、明五朝俱全。凡皆宛委琅函，鄉嬛寶簡，前人評跋，名家印記，確有可證，絶無翻雕贋刻、爲坊肆書賈及好事家所僞託者。蓋由我皇上欽纂《四庫全書》以來，海内奇書咸應昌會。御題諸書之詩，凡百數十首，鑒別精詳，考證明確。臣等獲有所依據，以爲去取之準。《欽定四庫全書總目》浩如淵海，亦足旁引曲稽。中外互相參校，故能羅刎精醇，臻茲美備。又皆出舊藏祕籍，初未嘗有漢代陳農購書之使，今《前編》之作篇目具備，七閣珍儲長留天地，得《後編》而益足徵我朝右文之盛，藏書之富，聖學之高深，不特下視夫鄴架、曹倉，抑且遠逾於麗正、嘉則。維體昭仁之政治，以焕壽世之文章，斯更成爲堯天之大也哉！臣等曷勝欽抃！臣彭元瑞恭識。

《天禄琳琅書目凡例》 一、「天禄琳琅」，彙自乾隆甲子年，册府重裝標函列架，閲今三十餘載。慶惟皇上久道化成，文治覃洽。《欽定四庫全書》珍儲三閣，美富備臻，而古槧之藏於内殿者，視舊益加廣焉。爰以舊藏續入諸種編輯書目，以合於古者祕書中外之義。

一、書首冠以丁卯《御題昭仁殿詩》并乙未重華宫茶宴廷臣及内廷翰林等用「天禄琳琅」聯句詩，天文焕朗，縹帙生光，亦以識弆藏之由，與茲觀成之盛事焉。

一、宋、元、明版書各從其代，每代各以經、史、子、集爲次。金槧僅止一種，正如吉光片羽，增重書林。至明影宋鈔，雖非剞氏之舊，然工整精確，亦猶昔人論法書以唐臨晉帖爲貴，均從選入。

一、同一書而兩槧均工，同一刻而兩印各妙者，俱從並收，以重在鑒藏，不嫌博採也。

一、卷中於每書首舉篇目，次詳考證，次訂鑒藏，次臚闕補。至考證，於鋟刻加詳，與向來志書目者少異，則是編體例宜然爾。

一、諸書中有經御製題識者，尤爲藝林至寶，珍逾琬琰，敬登鑒藏之首。至舊人題跋，亦爲附録。其印記，則倣《清河書畫舫》之例，皆用真書摹入，以資考據。

一、書名悉依本書首行，及版心標目、籤題舊未畫一者，今悉更正。套籤於舊藏者添識「乙未重訂」，續入者則識「乾隆乙未重裝」，用志裒集次第。

一、諸書每册前後皆鈐用御璽二：曰「乾隆御覽之寶」，曰「天禄琳琅」。其宋、金版及影宋鈔，皆函以錦，元版以藍色綈，明版以褐色綈，用示差等。

乾隆四十年歲次乙未新正上澣，臣于敏中、臣王際華、臣梁國治、臣王杰、臣彭元瑞、臣董誥、臣曹文埴、臣沈初、臣金士松、臣陳孝泳奉敕編校。

葉德輝《書林清話》卷一《古今藏書家紀板本》 乾隆四十年，大學士于敏中奉敕編《天禄琳琅書目》十卷，分列宋板、元板、明板、影宋等類，於刊刻時地、收藏姓名、印記，一一爲之考證。嘉慶二年，以前編未盡及書成以後所得，敕彭元瑞等爲《後編》二十卷，光緒甲申，長沙王先謙合刻前、後編。是爲官書言板本之始。

又《郎園讀書志》卷四　《士禮居藏書題跋記》六卷，光緒十年潘氏滂喜齋刻本。潘文勤公刻有《滂喜齋》、《功順堂》兩叢書，外有宋王象之《輿地記碑目》、沈濤《説文古本考》及此書，皆單行本也。己丑夏過都門，公以《説文古本考》見贈，旋于廠肆買得此書。惟《輿地記碑目》未及詢訪，後于友人寓齋見之，版片較此闊大，不能入叢書也。他日當購之，以存潘刻之全豹。甲午秋郎園識。

此書爲初印樣本，乃洋紅所刷，讀者幸加愛惜，勿霑水，勿污墨。霑水泛色，污墨滅字，二者皆大忌也。敬告同志勿渝此約。甲午秋九月郎園再識。

丙申三月客金陵，寓章縵仙庶常家，雨窗無事，因以《楹書隅録》正續校録一過。望後復有蘇杭之遊，遂未輟業。六月初旬入都，積雨不能出門，復理故業，四月功畢。向之據《海源閣書目》影響懸擬者，至此若撥雲霧而見青天矣。六月十六日麗廔主人又識。

士禮居藏書有入常熟瞿氏鐵琴銅劍樓者，案頭有瞿氏書目，竭一晝夜之力校録于書之上方，時已立秋三日矣。越日又以陸氏《儀顧堂集》及《儀顧堂題跋》與此書互證者逐一録入。夫而後蕘圃舊藏之書，一覽而得其源委，或亦藏書家之談助也與。丙申七月初二日德輝漫誌。

國朝吳中藏書之富甲於天下，絳雲、汲古其最著也。乾、嘉以後，首黄氏士禮居，大抵其書多錢、毛二家之藏，而他姓名本亦間出焉。同時張氏金吾、陳氏鱣、顧氏千里、錢氏大昕、孫氏星衍皆以藏書名，借瓻還瓻，流風餘韻，傳爲一時佳話。迄今諸家之目具存，其蹤蹟固可考已。士禮居藏書後半歸同縣汪氏士鍾藝芸書舍，汪書散後又歸聊城楊氏以增海源閣，海源後人能守楹書，尚未十分散佚。其餘宋、元殘本，零星舊鈔，今又多歸陸存齋觀察處。陸著有《皕宋樓藏書志》，某家所藏皆有小注。甲午九月，養痾齋中，因以各家書目、跋文、日記之屬摘録於此書上方，俾知授受源流，若有鬼神呵護，而宋、元種子實未絶于人間。綫裝瑣瑣，不足云校書，亦不足言讀書也。然古書之聚散存亡亦可得其大略矣。光緒二十年秋九月長沙葉德輝跋於元尚齋。

昔在癸巳、甲午之間手校此書，倏忽十年矣。當時所見海内藏書目四大家者，止陸氏《皕宋樓藏書志》、楊氏海源閣《楹書隅録》二種，頃之得瞿氏《鐵琴銅劍樓藏書志》，最後得仁和丁氏《善本書室藏書志》，前後取以校録于此書上方。惟《楹書隅録續編》及丁《志》尚有黄藏手跋書多種，而此竟未收刻。當文勤刻此時，方官工尚，楊紹和亦官翰林，丁則故家，有往來，不知何以遺録。豈當時諸藏主付鈔胥爲之，自未暇往親檢耶？蕘翁題跋，于書目別開一派。既非直齋之《解題》，亦非《敏求》之骨董。文筆稍多蕪累，而溺古佞宋之趣，時流溢于行間。吾友江建霞太史標于此刻外續搜得數十篇，刻于長沙學署，版歸吳中。余亦再搜得二十餘篇，方擬補刻，因丁《志》尚未補採，又揭陽丁氏持静齋藏書亦有蕘翁跋者數册，將并刻之，故不急急也。癸卯十月廿四日德輝識。

此《士禮居題跋記》一卷，元和江建霞學使所搜輯續刻者也。版心行格一依前式，余爲主校勘，刊成以紅本見贈，因合前記裝訂成册。時光緒乙未冬十月，德輝識。

又　《百宋一廛賦注》一卷，嘉慶乙丑士禮居刻本。明豐坊爲華夏作《真賞齋賦》，敘録所藏書畫、書籍、金玉古玩之屬，此本前人《大招》、《七發》之意而實之，亦文賦中之變體也。乾、嘉時吳門黄蕘圃主事丕烈喜藏宋本書，因榜其居曰「百宋一廛」，而屬顧澗薲茂才廣圻爲之賦，蓋又本《真賞齋賦》略變其例，而專載宋本書爲事者也。黄氏自爲之注，手書刻入《士禮居叢書》。此爲長洲吳枚菴茂才翊鳳舊藏，書前後鈐吳印二。吳亦好書有癖者。蘇城懸橋巷百宋一廛故居，今爲吳縣潘氏松鱗義莊，即潘文恭世恩建以贍族人之所。是書潘文勤祖蔭曾繙刻，模仿不差累黍，幾可亂真，余亦有之，列爲副册，此則當比于鎮庫書矣。丙辰冬小雪前一日郎園記。

沈宗畸《滂喜齋宋元本書目・後記》　吳縣潘氏宋元本書目未曾編定。此光緒乙未，文勤身後，其眷屬南歸，廠肆爲檢點書籍時所鈔，貴陽陳松山給諫田録入日記中者。宣統元年四月，上虞羅叔言參事從給諫迻録以詒畸，亟取付剞劂。書目中所列諸書，聞尚完好，所冀永久保存，勿如皕宋所藏之歸海外則幸甚。番禺沈宗畸。

陸心源《皕宋樓藏書志例言》　一、是編仿張氏金吾《愛日精廬藏書志》例，載舊槧舊鈔之流傳罕見者，惟張氏以元爲斷，此則斷自明初。以兵燹之後，縢囊帷蓋，亡佚更多，不得不略寬其例。其習見之書，概不登載。

一、我朝文治休明，典籍大備。伏讀《欽定四庫全書總目》，考核源流，折衷至當，何敢復贊一詞。其或書出較後，未經採入《四庫》，而爲阮氏所續進，張氏所收録者，均采其説，著之于編。有爲阮氏、張氏所未見者，仿晁、陳兩家例略，附解題以識流別。

一、書目之載序跋，自馬氏《經籍考》始。是編仿載諸書序跋，凡世有刊本暨

作者有專集通行，如北宋之二范、歐陽、曾、王、三蘇，南宋之朱子、放翁、益公，元之《剡源》、《清容》、《九靈》之類，其序跋已載集中，及經部之見于《通志堂經解》，唐文之見于《全唐文》並書已刊入《十萬卷樓叢書》者，均不更録。餘則備載全文，俾一書原委，燦然俱陳。

一、所載序跋，斷自元人，止明初。人之罕見者，間録一二。至先輩時賢手迹題識、校讐，歲月皆古，書源流所係，悉爲登録。其收藏姓氏、印記，間録一二，不能備載。

一、先輩時賢手跋，以「某氏手跋曰」五字冠之，愚間有考識，則加「案」字别之。

一、宋元刊本，備載行款、缺筆，以便考核。

一、所載序跋，或鈔帙，轉輾傳寫，頗多舛譌；或槧本，字跡蠹落，間有缺失。凡無别本可據者，悉仍其舊。雖顯然「亥、豕」，不敢以一知半解妄下雌黄。

一、標題一依原書舊式，所增時代及撰著等字，以陰文别之。

一、一書而兩本俱勝者，仿《遂初堂書目》例，並存之。

韓應陛《松江韓氏宋元明本書目》卷首 宋槧本凡四十二種，元槧本凡十一種，元、明舊鈔本凡三百六十種，明本及校刻本凡一百十五種。此原目所載總數。

書院目録分部

綜述

柳貫《共山書院藏書目録序》 汲郡張公自始仕，好蓄書。洎通顯矣，益縮取俸錢，轉市四方，積三十年，得凡經史子集若干卷。既以藏之其居共城蘇門百泉之上，而類次其目録如右。延祐三年，公參議中書省之明年，貫來京師，實客授其家，間乃得其所謂目録者而觀之。蓋其所儲，自五三載籍外，群聖百家之言咸在，亦既嚅嚌其腴澤，而掇其大者用之天下國家，其緒余則以敷遺後人，若公之心可謂無累於書者矣。然經以載道，史以載事，上下數千年，宇宙之運，古今之會，相尋於無窮者至總總也。帝王之盛，道在人心，固莫非全書。而秦之煨燼，秦自煨燼之；漢之表章，漢自表章之，書無毫髮損益也。自時厥後，執讖緯以談經而經始離，黨私門以議史而史始誣，傳注紀述之家，蓋蜂起蝟興，十百古人不啻，雖以向、歆父子之《録》、《略》，班固、荀勖之甲乙，元嘉之有部，崇文之有目，僅止於一時中秘之藏而已。況夫世變不齊，文字日滋，吾而持數寸之楮，欲以殫窮其名類，吁亦狹矣。今公所聚之書，浩穰若是，則譜而稽之，固其勢有不得不然者，而豈剩之云乎。抑聖賢之精神心術寓諸書，其言道理性命至矣，而制度儀章於今尚幸可考，莫詳於《禮》、《樂》。夫既載之之詳，而又原於人心爲易入，則伯夷、後夔之教，是宜旁薄洋溢，千萬世而一日也。然五禮六禮之殊倫，五音七音之易位，遂有取其進退俯仰高下清濁之數，一切紛更貿亂之用，綿蕝以易三朝之儀，因同室而紊都宫之制，上齒之俗，微於鄉飲之不修，成人之道，息於冠禮之不講。至論鐘律，則銖黍既差，均節何有？五量三統，已因之無所適；主雖奉常，所肄亦且弊弊。於龜茲之部，梨園之彼，而鄭衛不足淫矣。嗚呼！亦安知五帝三王不相沿襲之説，其流遂至於此耶！此有志之士跂踵禮樂之興，而庶幾乎人心可正，世教可隆，堯舜禹湯文武周公之治可得而致也。今上而鋪猷敘倫之君，下而明理宣化之臣，大廷之議，顧必有及於稽古禮文之事者。聖賢遠矣，精神心術所寓，條在書，綱在録，可槩舉而將之也，非公之望奚望哉！貫之淺學，何足以知之，輒因序術而竊有獻於公焉。

陳基《西湖書院重整書目序》 杭西湖書院，宋季太學故址也。宋渡江時，典章文物悉襲汴京之舊，既已裒輯經史百氏，爲庫聚之於學，又設官掌之，今書庫版帙是也。德祐内附學廢，今爲肅政廉訪司治所。至正二十八年，故翰林學士承旨東平徐公，持浙西行部使者節，即治所西偏爲書院，祀先聖宣師及唐白居易、宋蘇軾、林逋三賢。後爲講堂，設東西序，爲齋以處師弟子員。又後爲尊經閣，閣之北爲書庫，收拾宋學舊籍，設司書者掌之。宋御書石經，孔門七十二子畫像石刻咸在焉。書院有義田，歲入其租以供二丁祭享及書刻之用。事達中書，扁以今額，且署山長司存，與他學官埒。於是西湖之有書院，書院之有書庫，實昉自徐公，此其大較也。由至元迄今，嗣持部使者節於此者，春秋朔望，踵徐公故事行之，未之或改也。獨書庫屋圮版缺，或有所未備。杭之有志者，間以私力補葺之，而事不克繼。至正十七年九月間，尊經閣壞圮，書庫亦傾。今江浙行中書平章政事兼同知行樞密院事吴陵張公，曾力而新之。顧書版散失埋没，所得瓦礫中者，往往刓毁蠹朽。至正二十一年，公復鳌補之，俾左右司員外郎陳基錢用董其役，庀工於是年十月一

日。所重刻經史子集欠缺以版計者七千八百九十有三，以字計者三百四十三萬六千三百五十有二。所繕補各書，損毀漫滅，以版計者一千六百七十有一，以字計者二十萬一千一百六十有二。用粟以石計者一千三百有奇，木以株計者九百三十，書手刊工以人計者九十有二。對讀校正則餘姚州判官宇文桂、山長沈裕、廣德路學正馬盛、紹興路蘭亭書院山長淩雲翰、布衣張庸、齋長宋良、陳景賢也。明年七月二十三日工竣，飭司書秋德桂、杭府史周羽以次類編，藏之經閣書庫，秩如也。先是庫屋泊，書架皆朽壞，至有取而爲薪者。今悉修完，工既畢，俾爲《書目》，且序其首，並刻石庫中。夫經史所載，皆歷古聖賢建中立極修己治人之道，後之爲天下國家者，必於是取法焉。《傳》曰：文武之道，布在方策，不可誣也。下至百家諸子之書，必有裨世教者，然後與聖經賢傳並存不朽。秦漢而降，迄唐至於五季，上下千數百年，治道有得失，享國有久促，君子皆以爲書籍之存亡，豈欺也哉？宋三百年來，大儒彬彬輩出，務因先王舊章推而明之，其道大著。中更靖康之變，凡百王詩書禮樂相沿以爲軌則者，隨宋播越，流落東南。國初收拾散佚，僅存十一於千百，斯文之緒，不絕如綫，西湖書院版庫乃其一也。承平日久，士大夫家誦而人習之，非一日矣。海内兵興，四方驛騷，天下簡册，所在或存或亡，蓋未可考也。杭以崎嶇百戰之餘，而宋學舊版，賴公以不亡。基等不敏，亦辱與執事者手訂而目校之惟謹，可謂幸矣。嗟夫！徐公整輯於北南寧謐之時，今公繕完於兵戈搶攘之際，天之未喪斯文也，或尚在兹乎！序而傳之，以告來者，不敢讓也。

吴昌綬《西湖書院重整書目跋》　《西湖書院書目》石本見存杭州府學，凡經部五十一，史部三十六，子部十一，集部二十四，都一百二十二種。大率南宋胄監所刊，入元遞有增補。陳基《夷白集・西湖書院書目序》云：「杭西湖書院，宋太學故址也。德祐内附，學廢，爲肅政廉訪司治所。至元二十八年，故翰林學士承旨東平徐公持浙西行部使者節，即治所西偏爲書院，後爲尊經閣，閣之北爲書庫。實始收拾宋學舊版，設司書掌之。宋御書石經、孔門七十二子畫像石刻咸在焉。」據此，則其先已有書目，故此碑云重整也。四部群書略備，惜未詳刻書時代與篇卷、版數。今雖間有傳本，已無從一一取證。獨元刊《國朝文類》，以西湖書院著稱，成於至正二年，在此碑後十八年，未入目中。自來簿録家專紀版刻者絶少，近百年來號稱講求版本，亦祇辨某書某刻、後先優劣已耳，於刊梓源流，蓋未盡晰。昌綬既刻《南雍經籍考》，念此目爲吾鄉掌故，足以上溯臨安監刻之舊，因並刊之。以元《文類》所降指揮附後。甲寅六月仁和吴昌綬。

吕顓《百泉書院志舊序》　嘉靖癸巳春，侍御寅齋葉公按輝，參議朱公、僉事郗公從，顓以衛輝知府得侍行云。葉公既程庶務，乃視百泉書院，進諸生講説既，又謁衛源祠，訪安樂窩，登孫登嘯臺，蓋慨然有慕於古昔幽曠之風已。下臨泉上酌水飲焉，前坐水亭，召知府語曰：「美哉斯境，有志乎？」對曰：「有。」退而進《邑志》，公曰：「否。夫書院，學校之翼，風乎化理者也。焉可亡表章，況百泉乎？是守令之責也。」知府唯唯，出語知縣馬書林、學官石砥命亟爲之。剳成，顓語書林曰：「令視守習斯，其實録乎。」乃稍爲删次以復，公可而傳布焉，朱公、郗公實賛之也。嘉靖癸巳秋日，定原吕顓書。

舒化《重修百泉書院志序》　《百泉書院志》，志書院也。書院剏在百泉之左，簡名賢祀於斯，群弟子學於斯，摭古之史籍藏於斯。舊有志，弗備，令是縣者寔惟聶子良杞，新而增之。令，蓋象山先生鄉人也，義利之辨稔聞而力行之新之，非無謂也。予適有太僕命，遭時爲歲除駐而遊焉，乃請序於予，予問之曰：「凡爲書院者，謂爲讀書之所也。讀是書者，廣聞見歟？茂文藝歟？梯科弟歟？」令訥訥不欲語。謂匪聞見，匪此弗充；謂匪文藝，匪此弗華；謂匪科第，匪此弗獲；謂盡是三者，則又卑矣。此令不欲語也。予慰之曰：信，非也。所以養吾心也，何也？蓋人性者，天之命也，性無爲也，心有覺也，有覺不妄，則無爲合虚同乎天也，人理盡矣。古先聖賢心與天一動静，云爲種種。是道以其心理發而爲言，記而載之是爲典籍。故千萬世之下，不見聖人之心，即典籍而心具睹矣。是心也，聖人與途人一也，古人與今人一也。先天地而無始，後天地而無終。即天地有代謝，此心之理無代謝也。以聖賢之遺書，尋討吾心之生理，同出一源。觸處自合如，以水合水，以火合火，無不相契，久之則涣然、怡然，不知爲聖賢之書、爲吾心之理與化俱忘矣，至是則一腔中渾是一團道理，千變萬化皆從此出，可以位天，可以經世，可以軌物，可以繼往，可以開來。知則爲德性之知，非聞見也；文則爲道德之文，非技藝也；達則爲民物之達，非身家也。此學之所以爲學也，書院斯可志矣。何今則不然也？未諳句讀者，遽望之以成名；方在童蒙者，即强之使操管；未遍誦乎經書，先博記乎時義。積心動念，惟竊取乎功名。父教師嚴，盡期攘夫富貴，不知心性爲何物，墳典爲何因。縱皓首窮窻，不識所學何事，及其得一命也，率舉其平生所期滿其囊橐而後已。學也如斯，真可泣也。天之所以生我者，何如？朝廷之所以作養我者，何如？士之生於天地間者，何如？而可以是應之哉！竊謂欲得天下平，須是人心正；欲得人心正，須是學術端。邵之爲邵，許之爲許，皆此意也。令固有教養責

者，願相與擴充之，無失若地里之勝，泉瀑之神，諸賢之實，自有志在，予何言？萬曆戊寅春王正月之吉賜進士第嘉議大夫河南按察司按察使新淦太僕寺卿臨川舒化書。

岳和聲《仁文書院志》卷八《書籍》　文武之政，布在方策。版籍非細故也。未流之文濫觴極矣。骨之不存，皮將焉附。存四先生易簡録，以志其始。

田琯《新脩白鹿洞志序》　白鹿洞之名尚矣，肇於唐，爲二李藏脩游息所。似有待者，南唐侈爲國學，聚生徒，無慮數百人，然所業者詩賦詞章，爲俗學而已。宋興，即斯地爲書院，勅額賜書，而真儒周朱二先生相繼知南康軍事，先後闡明正學，文公又脩其廢墜，請於朝，增設殿廡，以奉先聖、先賢，如郡邑學校制，置田贍士，設舘延賓，集諸儒討論聖賢實學，四方士翕然宗之，肆道學盛傳於江右，迄於令爲烈，而書院亦相沿不廢，則地固以人重哉！余自束髮爲諸生，時稽載籍，見學士大夫侈談白鹿洞名勝，心竊忻又慕焉，思一鄉往而末由也，邇承乏南康爲斯地主，至則憫朱學爲宗禪者，所非因上官命聘南昌高士聯師儒相與講瞯之語，具別集中，無論學術即文公槩，諸節所爲養士田，亦籍入於官而鬻之民。蓋故相嫉私會書院者，非議朝政，故厲禁之而波及於斯，則奉行者之過也，幸天不遺斯文。上採省臣議，下守臣再造之舊物，稍稍光復，而缺略尚多，蓋時絀舉嬴勢則然耳，琯也生同文公鄉，而宦趾其後，不忍緩視其頹廢也，既次第脩葺宮牆矣，又徼顔家山神靈之惠，購田七百畝，附益之，聽輿論爲請於當道，許附洞入誌，邊舊鍥剥蝕不可讀，亦一更新之會也，乃命星子周司訓及二三文學纂脩之，而不佞亦時爲删繁正謬，蓋惟繕寫舊文而增其所未備，非有所專僭於其間也，刻成爲之紀歲月，以告來者，若夫崇正學以端士習，勵實踐以祛虚談，辯義利以淑人心。以無忘周朱之教，而爲兹洞光。則端有望於同志諸士，而亦不佞佞脩洞繕誌意也。觀美云乎哉。萬曆二十年歲壬辰孟冬之吉知南康府事閩延平田琯撰。

徐即登《共學書院記》　中丞許敬庵先生，來撫閩邦，適登視學于兹，蓋有感于士風民俗之敝，而謂：「夫明道覺人，學使職也。觀風正俗，中丞事也。」下車之初，愀然顧謂不佞曰：「閩海昔稱鄒魯，今非其故矣。學使者得無意乎？」予應之曰：「唯唯。夫學術明，而後人心正；人心正，而後風俗淳。今欲挽回風俗，其必由學乎！」先生欣然有當于心也。于是聯屬鄉士大夫及其子弟，或就學舘講焉，或就公署講焉，而未有定所也。廼先生養邃氣沖以無物之衷，談格物之學，一時聞者大有感悟，雲蒸霧滃，遠邇嚮風，可無以居之乎！予因請于先生曰：「工必居肆，而後可成事；士必共學，而後可致道。故學舍者，士人居業之肆也，盍圖焉？」先生于是下檄有司，度地理之宜，創之廼得。故懷安學宮于街之西，其遺址固在也，其門堂殿廡可葺而新也。有司于是庀工力，量材用，定取舍，上其議于先生，先生報曰：「可。」乃命日鳩工聚材興役，舊者仍之，敝者更之，缺者增之。易聖像以木主，從今制也；改明倫堂爲時習，別公庠也；前後設官房三房，備時臨也；東西列號舍百間，便肄習也。是役也，官不費帑藏，民不勞工力，捐鍰金，裒榷課，不踰兩時，而功告竣。先生命之曰「共學」，公之也。予于是簡書生之有志者，使居之，旬日從先生臨而講焉。諸生進而問道，翼如也；退而脩業，翕如也。相切劘薰浸于意言象數之外，怡如也。士蓋得其所哉！然而群居凡百人，人有資用；月凡兩大會，會有費。雖先生以時支給不乏絶，將以遺去後計久遠，未可也。予復以是請先生曰：「其恒業哉！」乃檄有司，諸凡告歸侵田者，毋遺逋，毋易價，第藉其額于官，歲收其入，以給書院。于是得閩之開化里寺田若干畝，得候官之三十都官田若千畝，得閩清之十一都寺田若干畝，又得福寧之小雲峰寺田若干畝，其詳具在有司板籍中。其經費另有科條在兹，不具載。夫孕靈毓秀紹休往哲者，士之常也；聲應氣求輻輳一方者，上之寄也。登不佞，職在督學，日夜惟造士作人是務急。廼幸先生提倡于上謀，必咨議必允期于大明。此學以易移風俗，予得藉口稱塞職業，斯亦奇哉！豈惟爲諸生幸，寔自爲幸。一日先生遷大廷尉去，諸生思之不能諼也，廼請書院記于予，予因述其所繇，俾觀者庶有省焉。

翁正春《重建共學書院記》　吾閩於海内裔藩也，然而得齒上國，且夙有鄒魯之稱，則何以故毋亦道學有以維之歟？而中立、仲素、愿中、少潁、直卿、景元、季通、明仲輩，或引其源，或暢其委，至朱元晦，則彬彬盛矣。諸賢各有講肄之所，與其高足弟子互相證嚮，所在棊置，而紫陽考亭至今巋然，若魯靈光與閩壤並垂不朽。固以人重地，非以地重人也。入我明而如綫之緒，自德清許中丞力衍之，而豐城徐獻和督學相與喁于倡和，蓋千載一時也。顧安所得地乎，覓得懷安廢庠易爲書院，扁之曰「共學」，門曰「適道」，堂曰「時習」。居然尼鐸也，而號舍森羅，以待諸生之絃誦者。去今二十年餘，而規稍湮，屋稍圮，基稍侵於豪右，號舍稍以私相貿易幾失舊貫，真足令人短氣。歲丁在巳長水岳先生奉璽書視閩學政，而先生則今日道學之儀的也，睠然于共學之舊，幾去其籍，拊膺歎息者久之。孰是廣厦而漶漫若此？孰是坫席而朘削若此？孰是雅化而市交若此？果伊誰咎哉？廼檄下守令一一更置，名仍其舊，從先瓶也；制取其新，從今裁也。舊制師廟外列，而時習堂

中敞，每聚講輒遷主於堂。先生蹙然曰：「主不可以數數遷也，虚其堂以課秋，而就外廟加餙焉。」顏其堂曰「觀生」，儼然夫子之威靈而四配祔也。廻廊夾峙，而諸生之登降有所趨蹌有區矣。前有棹楔曰「麟鳳」，山海尊聖任統之意，一觸目而昭揭之矣。中築「求我軒」于時習堂之前，即堂後葺道南翼統祠以俎豆。夫有功閩學者，復斥買民地若干丈，增建號舍一百二十楹有奇，召八郡名士肄業其中，而公餼之。東西各有總衢，衢各有分垣，毋相越也。移沈、饒二公生祠異隅，更其名曰「崇德」、曰「報功」，而增祀名碩之振響于兹者，毋相瀆也。其爲規則，以雲龍風虎明照類，求觀光利賓爲館號，號立一長，長率其群。推境外内廣文一員爲主鐸。而年舉春、秋二大會，月舉三課，二講。約束森如。其爲人則藩、臬、郡、縣、廣文、縉紳、孝廉、諸生無所不延接也。其爲禮，則先謁聖，次列揖。先歌《詩》，次説《書》，及讀語録。即下僚不行屬禮，私事不得闌入，無所不申飭也。其爲費則小會，薦茗大會，酌醴餚無兼味，酒不數行，雅淡真率，要以發明宗旨，力黜浮靡，無所不樽節也。是役也，創者什九，因者什一，蓋不名諸生一錢，而煩官帑錙銖，大氐割督學之餉，裁贖鍰之入，費踰千金，而膳士之資復留置田者四百金，斯先生之爲烈也。雖然居肆成事，其説昉于卜氏，而正業居學，移郊移遂戴記，蓋有本而言之，亦綦詳矣。不腆閩服三山都會，而書院闕如，何以示觀？故程功則德清、豐城，其始基者也。今日其中興者也，功固非有軒輊，而遡學術，則德清格物，豐城止修，而先生直從彝倫上而本之身心性命，尤令人曉然易從，其兼統而條貫之者乎！夫以輓近風頹，異學日熾，有能訾毁紫陽者，世共高之，而一種野狐，外道名爲儒派，寔竄禪宗。故以宋之鵝湖，近代之江門、姚江，世猶以禪詆之閩學。自蔡文莊清、周方伯瑛以後，非不家闢堂奥，人置爐錘，乃遞明遞滅，若存若亡，以倡之者非，而失其所以居之者也。先生萬卷貯腹，九河懸口，念念崇正，言言闢邪。如云費隱，則歸重于夫婦知能；云中和，則歸重于喜怒哀樂；云忠恕，則歸重於子臣弟友；云克復，則歸重於視聽言動。蓋以舍此，則鞭辟無地，證驗無所。等叢林之闃，寂類梵唄之空虚，聞者莫不耳聆而神悚。至于紫陽訓詁有未融者，稍爲訂正而參考之。蓋語類所載，紫陽初與二陸投分契好，服膺主静之旨，及師愿中令，看喜怒哀樂未發時，氣象始豁然解悟，遂以告子目二陸。然而每有慕述，輒云俟後之君子，乃先生宗紫陽嫡派，故不操入室之戈，而爲紫陽忠臣，故不妨他山之石甚矣。先生之似紫陽也。試以德清、豐城與先生竝較，彼亦中立、愿中諸公之流亞矣。考亭以紫陽重，則共學之院不以先生重而誰重？又不以先生功而誰功也？《詩》不云乎，「惟其有之，是以似之。」又曰：「高山仰止，景行行止。」而今而後，閩士景行先生，而以共學之院爲高山，即先生在閩與去閩仰止，固自有在者。院經始於萬曆戊午歲三月之望後，而以己未孟夏之朔日落成。余忝與先生同籍，在儀曹且有共事之雅，迨余歸閩，不意先生復來督閩學也。自惟黯昧於斯道寔茫然，先生不我遐棄，數四提示，恍若揭暗室而光明之方喜，長受教益，兹且以遷秩行矣。故於書院之記而重有感焉。

岳和聲《共學書院志》卷上《典籍》 曹彬、沈義倫，韐韎酎注之良也，且不能釋圖書，以事戎索。而況元凱有左氏癖，其具文武材者也，又況有進此者乎。士不證繇今古，縱呼吸風雲，終胸臆耳。至于味道入心，守先待後，日月經而江河行，有貴千簡册者矣。善乎！白沙之言曰：「以我觀書，則開卷而有益；以書博我，則釋卷而茫然。」志《典籍》第九。

孫慎行《虞山書院志序》 虞山耿侯庭懷爲令，數年政化行矣。教事具藏，嘗脩建虞山書院，與諸縉紳先生，若群弟子遊書院。初祠吴公、言游，以虞山其里也。已乃增設堂廡，由孔子上遡伏羲，下迄我明淂聖賢若干人，各肖像室中，而孔門自顔、魯外，特宗言游，他不與焉，以虞山專祀，故書院春秋有祀，祀有詩歌，朝夕有業，業有考校，射有圃，講有堂，聞其風聲，即古人絃誦書禮之遺，宛然見之，可謂斌斌大盛。今春，庭懷過延陵，因持院規諸篇視余。余乃喟然嘆曰：世方悠悠，委學不譚，今庭懷何卓然也？且世之不譚學也，亦非無故曩，亦有一二學宿高樹前茅而言是行，非其身不免爲世詬病，至令人視道學一途，若取名取官捷徑。然而矯枉之士，寧閉户巖，居以爲恬脩，而終不敢伉顔色于人之耳目，蓋有激然也。今庭懷鋭意道術，大爲科條，其誠狹恬脩而不忍出耶，抑亦有所自信而不虞乎？人之詬且病耶。夫自信者，必其流思之，豈弟精慮之純一，持規之嚴潔，見義之闓明，有脩在言前神乎教外者，而後詬病無從生。又必其獨慊吾心之真，是默符千古之聖神，而後不知者之詬病勿爲玷也。不然其猶不若恬脩者之完也。夫有所自信，而不忍求爲完。吾故甚爲庭懷健，雖然彼恬脩者，豈其無善世之心，要以蕴積有本施出，有次治已，而徐可及，物内韜，而久乃愈章也。今夫登高而望，人指者多，離火彌遠，爲映彌大。必欲善世無窮，寧唯是一時之建設與百具之張皇而已哉！庭懷行矣惓惓，前事而永思不亡，何其懇也！庭懷能終自信，所爲澄心而證無愧。聖賢者，常如虞山，時澡身而游；儼趨宫牆者，常如虞山，時吾乃更爲庭懷躍一不然而持悠悠之議者，滋藉口耳。夫使虞山之人士永有望依，而四遠之聞虞山者永有所以，則效則。庶幾兹舉之不爲譚學詬病乎！庭懷其志之若夫大道可偕，而狷狹難安攙清

澗，而辭朝宗者非情也。吾又願與庭懷交志之至，欲來者之繼與虞人士之風厲，則庭懷與諸先生言具矣，余不復云。賜進士及第右春坊右中允兼翰林院編脩編纂起居管理誥敕毘陵孫慎行撰。

張以誠《虞山書院志序》 天下之普汜無私者，道也。專臺有方者，學也。道則匹夫匹婦無不該，而學則君子事也。君子學，又以教天下之不學，故曰「學者，覺也」。不獨自覺，還以覺人也。言夫子之言曰「君子學道則愛人，小人學道則易使」。夫小人之于學。豈亦孜孜矻矻，莊坐雅讀而學之與？不過聞所聞焉，見所見焉，而善念勃然興，非心瞿然化矣。彼君子之學，其興起於先王，景行于前哲，亦何以異此。然則學不在誦讀，而在此勃然。瞿然者也。此勃然、瞿然者，又必有觸而動。故君子欲移天下之心志，必先正天下之見聞；欲正天下之見聞，必先導之以禮樂。如入廟思哀，過闕思敬，哀與敬非吾心，與何待入廟過闕而後動也。夫安有宫墻萬仞，入其門，升其堂，見宗廟百官之森列，而不斂容易志者？見學士先生之盤辟有禮，誦説先聖，闡發道義，而不悚然承聽者？入而斂容，出而戲渝，聞教而竦聽，私居而無所不爲。嗟乎，是亦非夫矣！君子不忍以此概天下也。故學必有講，講必有會，會必有堂，所以爲節禮樂、端見聞、移心志之具也。虞山故有書院，因先賢言子舊祠云。祠起于有宋，院建于有元，盛于國朝。世廟時而毁于江陵，相之當國院毁，而祠以先賢，故得不毁。今河間耿侯來令常熟，慨然以表章先賢，興起後學爲己任，考故址而鼎新之，名曰「虞山書院」。所建有講堂，有經房，有精舍。經房以奉先聖，精舍以尚友，諸子各繪其象而鐫之，各有贊辭，有所北面，有所比肩，以示所學之。有在規制，備宗統，明矣。則與諸縉紳先生青衿之士，約爲文會，爲講會，曾有期。及期即四方同志之士皆至，推有道術者主盟隨問，剖折有所發明，挾之筆記，皆可印證聖學。而其進退揖讓，彬彬焉，雍雍焉，有禮節樂和之意，足使人聞且見之，而勃然興、瞿然化者矣。諸友慮其久而或湮，爲誌誌之。自形勝、秇文、建置之屬，凡若干卷，犂然大備，屬不佞以誠序之，又申之曰言夫子之在聖門，顔、魯之亞也，曩《宗像》誌中已見大意，子謂何如。不佞伏思之：先賢所謂文學之選也，然文爲何物？學爲何事？必有見道者存，且當時及門諸子仕于列國，不過富强取效，誰能以禮樂淑人如先賢者？禮樂本于中和，中和本于性命，不能有之，誰能似之？夫有虞帝之盛也，周南王之隆也，然問其治，不過曰「舞干羽于兩階」。不過曰「男女異路，頒白不提。」挈士讓爲大夫，大夫讓爲卿，而有苗來格，虞芮質成化之四訖，若彼武城絃歌，何多讓焉？故一禮樂也，爲之堂上，而達之天下者，有虞與《周南》也。化于境，内阻于境外者，武城也。千載之下，其使人聞風而興起，一也。夫子喟然于春風沂水之魯，點莞爾于割雞牛刀之言，子不言之意，千載誰知？夫君子之教，不能及于當世，則以待後之聞風者，不能遍于天下，則姑就吾身之所及者。虞山之有會，有院，有志者，亦此意也。後之人，聞耿公之風而興起焉，安測其教之所至哉！不佞不及講席之末，不敢溪言，聊敘耿公立教之意，以自附于執鞭云。雲間張以誠頓首拜譔。

廖文英《重修白鹿洞書院志序》 古今氣運之興，有作之于上者，斯可成之于下；有開之于先者，斯可振之于今。代有繇然矣。白鹿爲名教樂地，曩有欲毁天下書院者，鄒吉水力諍之，得復，非以李賓客隱居故名也。有宋濂溪先生從道州來，守南康軍。二程夫子後先師事之，傳至紫陽而家焉。蓋孔孟薪傳，實賴于此，是爲天下第一書院云。往昔李忠毅公初司理官，人文蔚起。迨英承乏李署，偶見枯桂重花。既而李卉圃先生前守南康，後爲臬憲使時，與部院蔡公買田修葺，禮延約生熊，掌科講學洞頭，兹其書規固犂然也。今上御極，以英有驅闖功，繇楚衡司馬，遷守是邦。行釋菜禮畢，詢知佃人租重多逃，星子令廉舉其狀上請。荷蒙巡撫部院董慨然批允，清除舊逋，蠲免新增。向以租穀價貴，每石徵銀陸錢。今自康熙七年後，租穀價平，每石照依舊額徵銀貳錢。于是佃民漸歸故土，荒蕪益墾，堙没益登。學者負笈來遊校舍，益增垣牆，益葺一時戴帡幪而頌闓澤聲應氣求者曷能忘所自也。英曰：洞租爲樂育資爾，府官主洞，何當受一百八兩之公費乎！嗣今以後則捐之沉。曩者九百有奇之租，兹蒙減至三百九十五兩矣。爰定爲新規，盡爲洞學之用。都人士咸沐部院董公之恩，又奚啻春風鼓盪，時雨滋靈也哉！爰就冰玉堂中、愛蓮池上，集郡邑諸孝廉，會江楚之名彦，課文選義，惟康郡文藝尤以静美見稱，此非作養之明驗歟？嚮議毁像易爲木主，仰瞻神恫，不忍毁也，爲金彩之頃。又順天學院蔣公一疏已奉俞旨，謂非枉天之靈乎？廼知文運關乎國運，固有作之于上，始可成之于下。有開之于先，斯可振之于今也。舊《志》李忠毅公重訂，迄今五十餘年，多所闕遺。爰補綴舊文，增葺邇事，授剞劂而登于新。雖修舉之緒未云大備，而經營匠意于育材養賢之藉，亦略可鏡矣。是爲序。旹皇清康熙癸丑嘉平月穀旦，連陽廖文英撰。

《四庫提要・史部三三・地理類存目六》 《白鹿書院志》十六卷，安徽巡撫採進本。國朝廖文英撰。文英，有《正字通》，已著録。初，唐李渤與其兄涉讀書廬山，蓄一白鹿甚馴，因名「白鹿洞」。宋初，置書院於五老峯下。朱子守南康軍，援

嶽麓書院例，疏請賜額，遂爲四大書院之一。康熙中，文英爲南康知府，因即舊《志》修輯，以成是書。意求繁富，頗失翦裁。

郭文華《嵩陽書院志序》 太室之陽，有書院焉。或曰：書院無志，不必志也。而余不謂然。嵩陽書院，宋藏經處，兩程子置散投閑，與群弟子講學地也。其地，忽興忽廢，忽盛忽衰。自唐宋元明以迄今，玆政不知歷幾年。所而今修復之，而今取而志之。蓋「可興不可廢，可盛不可衰之意也」云爾，而況前聖之微言大義，學者之尊聞行知，千百年之人心風俗，皆於是乎係之，而何可不志？夫書院僅周數畝許耳，其所傳殘碑斷碣存者不獲什一，而其事實又不若邦國四方之條目繁多可紀也。然而書院志書院事也，非他也。志形勝，則鍾奇儲秀，書院之形勝也。志沿革，則薪盡火傳，書院之沿革也。志祀典，則春秋再舉而俎豆常馨，書院之祀典也。志學田，則禮耕義種，講學以耨，仁以聚而樂以安，書院之學田也。志藏書，則今人與居，古人與稽，辨志離經，書院之藏書也。故曰書院志書院事也，非他也。不有玆志，則人且以二室、箕、潁，徒資遊人往來遊覽地也。人且以莊老、浮屠諸名勝，與玆地存没相等論也。而且崇尚淫祀，祭非其鬼，謂可邀福也。而且沃土阡陌怙侈淫佚，而古之學者，而今之學者，即無所資爲時祀，贍養莫之顧也。而且馳騁百家，人異學，户異習，風雲月露，競艶誇靡，而吾道宗旨終古如長夜也。嗚呼！不有玆志，其何以述往古詔來玆乎！余年友耿逸庵倡明道學，力行嗜古，爲士宗範，時與邑侯牖如張公集諸子講學課藝，歷寒暑不輟，作人之化猗歟？盛哉！而懼其典籍弗傳也，旁搜博採，彙輯成書。千聖之微言大義可得而明，學者之尊聞行知可得而正，千百年之人心風俗可得而維持。其爲功不既大哉！余因爲之贅日，補缺修廢，用表曩哲之蹤，崇正距邪，永照千秋之鑑。是爲序。康熙壬戌孟冬之吉年，弟郭文華題於主一草堂。

竇克勤《嵩陽書院志序》 嵩陽書院爲宋四大書院之一，數百年來，傾頽荒廢，遺址泯滅，無有人修復之者。復之，自逸庵先生始；志之，亦自逸庵先生始。或曰：「國有史，家有乘，所以紀善惡，寓美刺，昭勸戒也。」例也，書院曷爲乎志？志書院，志學統也，學盡人而然矣。曷爲乎志？盡人而然，不盡人而明也。今夫道在天下，上蟠下際，學在人心，貫古通今。自天子以至於庶人，皆有格物致知，誠意正心，修身、齊家、治國、平天下之責者也。是以無貴賤，無小大，而皆從事於學，此盡人而然者也。但古之學者，實以博學、審問、慎思、明辨、篤行之功，以求盡乎君臣、父子、夫婦、昆弟、朋友之倫。蚤夜孜孜，自幼至老，服習馴致，故能内而明明德，外而新民，以庶幾乎參贊位，育之極功後之學者，但爲誦讀口耳之學而已。其於聖人教人之意，失矣。此所謂不盡人而明也。然則學不可返乎，返其泛濫辭章之習，而體之於身心，返其馳騖爲人之意，而專之乎性命。學者皆有是心，但無先覺以牖其知能之良，是以貿貿焉，莫知所適從。即其既嘗從事於學，或亦有殷殷向道之意，然觀感未深，德業寡助，終不免見異而遷焉。此皆承先啓後者之不能恝然於懷也。故學欲盡人，而明不可不亟謀講習之地，使其專心志，而責成功。書院者，所以教天下之英才，而驅之於仁義道德之地也。人人於斯學，則人人爲仁義之士，道德之儒矣。相觀而起，相講論而明，相切磋砥礪而進，相優游漸漬，日新月異而樂。由是光輝篤實，睟面盎背，而大由是手舞足蹈，無非天理之流行而化，由是，處則係乎道統，出則關乎世運，無非爲天地立心，爲民物立命，爲往聖繼絶學，爲萬世開太平，而聖而神，斯其學之所繫爲何如哉！學之所繫者重，則書院不得輕。書院之所需者亟，則志書院不容緩，故曰：「志書院，志學統也。」他日書院中誠有肩學統其人者，吾知其人可志其學，可志其人與學，爲書院所重賴，而與耿先生相與以有成者，且均爲後人之所志，不然書院志矣而無人焉。以與書院爲不朽，抑又何以自立焉！是學者之責也夫，是學者之責也夫。康熙二十三年甲子春日柘城竇克勤序。

耿介《嵩陽書院志・藏書小序》 易有學、聚、問、辨，禮有知、類、通、達。聖賢之道，散見典籍。缺而不備，則愽綜無由。應漸次購求，以資考究。志藏書。

焦欽寵《嵩陽書院志序》 嵩之有書也，自傅元鼎始。其別之而志之也，自葉慕廬之《嵩山志》、家丘園世父之《嵩高志》始，書院附焉，從未有耑書，有之自耿逸庵太史始也。按：書院在太室南，五代周時建，蓋與嶽麓、睢陽、白鹿，天下所稱四大書院者也。宋至道初，藏《九經》于其中，是年河南守臣上言，甘露降于講堂，云綦盛矣，尋廢。洎明嘉靖間，知縣侯泰修復之，又廢，迄今則又興矣。門庭孔峻，堂廡翼然。祭菜鼓篋有節也，講習絃誦有所也，饔飧膏火有資也。由今溯昔，夫豈無營建鼎革者乎？夫豈無雍雍濟濟，旅進旅退者乎？夫豈無著書立説，承先啓後者乎？蓋滄桑頓易，衣冠杖履，已杳然不可問矣。而礎屑瓦礫，徒委諸零露蔓草間，可勝道哉！可勝道哉！嗟乎！夫興衰亦何常之有？莫爲之前，雖美弗彰；莫爲之後，雖盛弗傳。顧志也者，烏庸緩歟！況今聖天子崇儒重道，文教誕敷，刊刻經書講義，頒行天下，誠千載一時也。逸庵以簪珥名臣，暫返初服，究心性命道德之藴，日與邑侯張公牖如宣明教化，敦礪風俗，率一時譽髦之士讀書講學於玆，而以

濂洛關閩之道相切劘焉。求之于心，反之于身，見之于行事，爲世醇儒學者宗之。爰是壇坫日高，從遊日衆。儻文獻弗存，則後之視今，不猶今之視昔耶？逸庵毅然即所知所聞者蒐訂揚搉，彙編成帙，何其簡而周、文而覈、嚴而有體哉！於乎道在天壤，終古常新；往哲流風，於今未泯，其濂洛關閩之功臣也。夫後之讀是志者而曉然於人心之所由，正學術之所由，醇其有關于名教也重矣！大矣！不然，徒曰山川之秀，人物之美，以供文人詞客之遊覽、題咏，恐非逸庵作志意也。康熙二十一年歲在壬戌菊月吉旦，樗林焦欽寵謹撰。

丁思孔《嶽麓志序》 余秉節南楚，經年之後，倡諸同志修葺嶽麓書院。規模既具，條教漸陳，始循故事，疏請院額、經籍於朝。因《通志》載朱、張講學之事未詳議，令查覆。於是備考新舊志書、《宋史》及諸家文集所紀述，再疏申請。蒙我皇上俞，允特命中翰恭齋御書賜額，暨經史、講義、諸書，懸貯其中。宸翰爛若雲霞，講義明如星日，真足以昭垂萬世。而長沙趙郡丞所修《嶽麓誌》，適於是時告成，凡疆域，沿革、理學源流，以及幽靈秘蹟，雖微必録，比舊加詳。蓋嶽麓之有誌，自有明正德時學使陳君鳳梧始，崇正時吴生道行踵修之。兵火洊經，已爲煨燼。四十年來，無有計及此者。趙郡丞因慨然，掇拾殘編，搜羅放佚，增華趾美，彙爲成書，良亦勤矣。或者謂衡山爲五嶽之一，嶽麓又爲衡山七十二峯之一，以天下之大觀之宜，若培塿然。況近奉詔令，郡國志乘輿圖，雖山陬僻壤，罔有或遺，金匱石室之藏，豈復需此作者之用心，不亦過乎？余曰：不然。《通誌》合一省之郡邑，故多而不及備；府誌列十二州縣之名物，亦略而不獲詳。即衡嶽一誌，以節取七十二峯之勝，概則汎而不能專。且嶽麓之重繫於書院，皆諸儒明道繼統之地，非直登臨游覽之資也。試俯仰以觀古今之際，自屈子、賈生忠憤無聊，發爲騷賦，後之流連憑弔，世不乏人，然猶託之詠歌藻麗，以寄孤臣遷客之思。至宋而朱公創建書院，振起儒風，則有濂溪先生出於道州，首明聖賢性命之學。繼往開來，自是道統相傳，龜山文定、南軒晦菴諸先生皆於此地講學、設教，造就生徒學者之盛。至比瀟湘於洙泗，豈一郡邑、一山水所可擬議而衡量者哉！其規條整飭，訓誡詳明，至今讀之，歷歷可爲士子法。凡諸生之登斯堂者，按此《志》以尋，則先儒之流風餘韻，若或相遇於江山絃誦之間，即遐方髦士心雖嚮往，未能身至於斯，得此册以觀，恍然周旋揖讓於兹堂之内，而得先儒精神志氣之所在，亦足以陶淑性情，深求旨趣，豈僅如少文所謂「撫琴動操，衆山皆響，以博臥游之樂」而已耶！則此志之不可少，而作者之意固有在也。至若山川草樹，所以供游衍而資多識，固學者所不廢其他，奇蹤幻説，雖無關於儒術，然故籍有之，存而不芟，亦以見兹峯之大云。余慮觀斯志者，有疑於或者之説，而泯纂輯之勤，故撮其大指，而序之如此。旹康熙二十六年歲次丁卯四月中澣穀旦，賜進士出身巡撫偏沅等處地方提督軍務兼理糧餉都察院右副都御史丁思孔題。

丁善慶《嶽麓續志》卷終《書籍》 《詩》、《書》，義之府也。上好義，則民莫敢不服。又何好訟之足慮哉？讀李中丞《藏書記》，意慮深遠矣。條款亦極周備。咸豐壬子秋，遭兵燹，蕩然無存。同志復捐置書籍若干種，視前此藏書，殆十之四五耳。兹恐有遺失也。爰標明目録、姓名，以捐置先後爲次，附于舊記條款後，以垂永久。更望續有捐置，日臻美備，即以補鐫于後。俾司其事者照條款謹藏之。多士之肄業于兹者，《詩》、《書》之麤義利之分，循誦傳習，以之進德。庶幾嚮義者多，民風亦無患其不古若乎。

徐國相《嶽麓志序》 古昔聖王設爲五品之教，振民於飽暖之餘，三代循是以建學。而鐘鼓管絃以爲之器，典謨雅頌以爲之文，揖讓酬酢以爲之容，詠歌講誦以爲之業。其所以禁防而開發之者，爲事甚詳，而爲物甚備也。迨夫黨庠術序之漸衰，後世自國學、郡縣學以外，無有推而廣之者。唐宋以來，始有書院之設，然亦廢興無時，或不能如夏、殷、成周之盛矣。今遇聖天子崇儒重道，文教聿興，海内喁喁向風，凡扶桑日出之國，咸願遣子入侍，觀聽圜橋。是誠以治統而兼道統，由虞唐三代以後，未有如今日之至隆極盛者也。猗歟，休哉！余以謭材，恭膺簡命，節制全楚，於撫輯兵農，興除利弊之餘，恒願化民成俗，宣揚聖意，故凡學宫之未及修葺，條教之未及詳明者，鼓舞倡導之不遺餘力，唯日孜孜虞其未逮。幸而帝德光被瀟湘、江漢之間，咸敦詩書禮樂之訓。而長沙趙郡丞所輯《嶽麓書院誌》，適於是乎告成，請序於余。余按嶽麓爲扶輿磅礴之氣，綿亘數百里，上應朱鳥，下據南離，靈奇秘怪窟穴其間。書院之創，則始於宋郡守朱洞，至南軒晦庵諸先生設臯，比横經於此，生徒日數千人，遂與嵩陽、白鹿並傳。我皇上頒賜御書匾額、經解、講義于其内，大道昭揭，如日月之經天，江河之行地，諸生匡坐鼓篋，朝絃而夕誦之，於以闡洙泗之微言，發濂洛之奥義，甚盛典也！乃趙丞復能捃拾殘編，蒐羅放失，踵修前志，粹美增華，彙爲一書。其亦可以上佐蘭臺、石室之藏，下補輿圖傳記之缺，厥功茂矣。士之披覽是書者，應不徒考其山川靈異，與夫名物器數，而欣欣然講肄誦習，率循朱、張二夫子之教訓，以仰承聖朝菁莪棫樸之化，其亦庶乎無負余平日之鼓舞、倡導，而相得爲益彰也。余因舉其説，以識諸簡端，而更爲多士勉之。旹康

熙二十六年歲次丁卯二月穀旦，總督湖廣等處地方文武事務兼理糧餉兵部尚書兼都察院右副都御史徐國相題。

趙寧《舊志書籍紀》 按宋真宗咸平四年，州守李九則請頒《九經御書》，藏嶽麓書院。祥符八年，山長周式請增給中秘書，旋遭兵燹。朱晦菴復乞賜《九經御書》。踰三百年，國朝同知楊茂元置《五經四書》《性理諸大全》。嘉靖七年，知府孫存復請賜書置山長。今皆廢佚無聞矣。

李來章《連山書院志序》 連山士子之荒於學，其勢使然也。自天順間，省程山復置連山，改隸廣州府，移縣治於象山。之前始有城垣，即今小水坪也。是時，猺獞交攻，日尋于戈，固不暇於講藝。後稍寧，帖士多狃於故習，弗克振援貧者。俟子四五歲，引以入塾，至十四五，則易業，率以爲常。其間，師所課授，多老吏、獄牘，若謂但能記憶十餘通，可以免服賈力田矣，或去而習爲道士，術乘夜跳鬼科醮之言，鄙俚污口，然土人信之甚篤。有疾率用此輩，不服醫藥。雖至鄙吝者於此，則弗惜也。富者，誦腐爛之試牘，期應童子試。若倖而入於庠，如位極品，侈然自足，不復科試也。日夜矻矻，招訟居間，冀收漁翁之利。平日持吏長短，慫慂奸猾，以左右袒分，勝負持之，以行恐喝之術，意殊自得也。蓋其俗之陋如此。予涖任以來，常彙集而屢試之文，雖不衷於法，其才品俊秀亦多可觀。竊謂蕩滌其舊汙，鼓舞其新機，日漸月摩，轉移變化。此邑令長之所首宜有事也，寧可諉之風氣，而弗汲汲以圖之歟？爰爲闢講舍，立學規，旅進邑之子弟，而告之曰：學以立身爲根本，窮經爲灌溉，文章爲菁華，舍是而岐出，雖學猶弗學也。自孔孟没，吾道之傳不絕如綫，明道伊川崛起，河南遥接其統於千載之上，考亭朱子讀兩程遺書，而心好之，以爲此孔孟之正脉也。殫一生之精力，爲之補綴，闡發，而後其道大明。自後世視以爲科舉之具，不求之於心，不返之於躬，浮詞相炫，大義沉晦，名爲家誦程朱之書，及叩其本，旨多茫然莫解也，又安望其紹明孔孟，肩吾道而建大業哉？今因其俗以神道教之，特設程朱三子之像於書院之正庭，所以示標準也。予質本庸腐，荏苒老矣，然居近伊洛，爲兩程之鄉，後進耳濡目染，熟聞諸大君子之緒言。今承乏於此，忝有令長之責，竊不自揆，本程朱之旨，僭譔《連山書院學規》六卷，期與二三子共相砥礪，以從事於學，使俗成鄒魯，彬彬擅文雅之觀；人追游楊，翩翩盡醇良之彦。此予之所重有望於連山之士子者。若第戒其荒，而洗其陋，稍變前日之所爲，雖不佞，如予亦不忍以自畫也，況豪傑之士乎哉！是爲序。

許兆麟《白鹿書院志序》 書院以白鹿名者何？重創始也。唐李賓客渤隱居於此，養白鹿以自娱，因以名。洞由唐以迄於明，其間興廢不一，而惟於宋爲最盛。新安朱紫陽學宗孔孟，道述唐虞，所以致知而力行者，無不得聖賢之薪傳矣。淳熙六年，知南康軍，慨然以宣明教化、敦勵風俗爲己任。爰訪白鹿故址，即有榜文、牒狀、劄子，以及奏請勅額之舉，遂次第修葺，復其舊，擴其新，置田聚書，以爲執經請業之所。一時名人，如陸象山、劉静春輩皆講學於斯，則於守先待後之學，大有裨益，詎謂文教之振興，不以其人哉！惟我皇上接執中精一之，傳備神聖文武之德，於萬幾餘暇，博極群書，惟謂宋之朱子注明經史，得中正之理。丁卯歲，欽賜「學達性天」匾額。壬辰歲，又奉諭旨，將朱子升配十哲，隨以《朱子全書》頒行天下，使學者有所適從，則所以表章先賢者。如此其至然，不有斯志，何以信今而傳後哉！按《白鹿洞志》特創始於弘治七年郭瑨之手，前此蓋缺焉，而未之備也。厥後歷有修補，大約擇焉不精，語焉不詳。康熙十二年，廖文英重修，後丁酉春，版復燬於火。星邑毛令職守斯土，身任其事，廣搜遺編，細加訂輯，於舊《志》七則外，又增三則，惟將朱子所撰榜文、牒狀、劄子，以及教規、策問諸條，不列於藝文之内，而特起興復例，所以示尊崇也。蓋細繹其言，勤勤懇懇，直以道統爲己憂。學者一日三復，退可修己，進可治民，其有關於世道人心不淺。在業斯洞者，觀程有要，楷模有資，日用有需，無不可以陶冶而成之。即未至其地者，讀是編瞭然在目，夫亦可以勃然興矣！戊戌之秋《志》成，請序於余，余久慕廬山鹿洞之勝，丁酉歲，奉簡命承宣是邦，雖未遑至，心切嚮往之，披閱是編，而仰止之懷益深。但後之官斯土者，綿綿延延，其不致廢墜不舉，又爲余之所厚望也。然則書院之作重創始，又重守終也，不揣愚昧，因附數言於簡端云。旹康熙五十七年閏八月望日，燕山許兆麟書於豫章之紫薇堂。

蔣曰廣《白鹿書院志序》 循環之運，能與天地參而無終極者，其焉道也。鉅而其所關，亦必不輕。莊子曰：「朝菌不知晦朔，蟪蛄不知春秋，此小年也。」日月之所以明，江河之所以流，有時風雨，晦蝕壅決，雖極盛衰變化，而卒不熄。聖人之道，不其然乎！廬山白鹿洞，唐賓客李渤隱居之所，至宋，朱子始闢爲書院。其間，如顏魯公、周濂溪、河南二程、象山姚江，後先相映。於戲，何其盛哉！當是，皇教明，仁義著，而人知學問，士君子經明而行修，愚夫愚婦，目見耳聞，薫蒸於其中不自知其所以然，而日與之化。故象山先生一登講席，發明喻義利之旨，聽者悚然，至山農、野老，聞之泣下，其所關於人心世道爲何如也。按考亭奏事延和殿時，諄諄於異端，佛老宫院滿天下，而先王禮義之宫，反不及其萬一，以此爲請。余謂：

佛老廟宇，夫人得而興廢之，於人心何關？於世道何補？爝火鬼燐，烘動煽惑，遇有知者不崇，朝而滅耳。白鹿洞之有書院，千餘年矣，屢廢屢興，而廢愈久，則其興往往益甚，豈非聖道之不熄，而學者薪傳有自歟？今天子崇儒重道，爲萬世開太平，而於紫陽尤隆祀典，御書碑額，光耀書院。凡來守此邦者，必廷見而獎勵之，如星子大令毛君，皆蒙俞旨，誠恐非其人，則書院廢；書院廢，則聖教衰而道熄。嗚呼！其用心何其至歟？士君子當聖道昌明之際，有在上者爲之君，爲之師，而百爾君子奉令承教，又爲之增修學舍，治資糧，備器用，延名儒，主持倡率，廣招來學，森布規條，俾四方有志之士，懷仁慕義，樂育而裁成之。百年以來，日新月盛，不知視淳熙時之書院，又何如也？初，考亭知南康軍，值歲不雨，講求荒政，多所全活。及提舉浙東，立社倉法，民頓以安，至今遵焉。又嘗讀其兩朝奏疏，修齊治平如指諸掌。向使當時能竟其用，豈不偉哉！故古今以來，有真儒，必有實學，苟無實學，則無關於人心世道。如是，而謂能盡聖人之道，參天地而無終極，未之有也。今從事書院者，濟濟矣，其能如林用中、蔡仲默、黄直卿十五人之從考亭，各得其學，以廣其教於天下，垂之萬世，則景星鳳凰争先快覩者，不獨在唐之白鹿先生矣。予承乏南昌，未獲往，觀書院之盛，然而廬峰五老聖域，賢關悠悠我思，常隨紅鶴飛去。詩曰：「高山仰止，景行行止。雖不能至，心嚮往之。」其予之謂夫。時五十七年戊戌歲冬月，江西等處承宣布政使司督糧道參議加五級京江蔣曰廣序。

毛德琦《白鹿書院志》卷九《書籍》 學於古訓，乃有獲，書籍皆古訓也。鹿洞初繼以考亭之請，有增於前。近奉欽頒經史，及諸常事購置，稱大備矣，謹列名目，核志書籍。

《四庫提要・史部三三・地理類存目六》 《白鹿書院志》十九卷，安徽巡撫採進本。國朝毛德琦撰。德琦有《廬山志》，已著録。康熙甲午，德琦爲星子縣知縣，因取廖文英原志重加訂正。分類凡十：曰形勝，曰興復，曰沿革，曰先獻，曰主洞，曰學規，曰書籍，曰藝文，曰祀典，曰田賦。形勝等七門，皆因舊志。興復、主洞、書籍三門，則德琦所增也。

查弼納《鍾山書院志序》 治天下，以得人才，正風俗爲先務。風俗之淳漓，根乎人才之盛衰。人才盛，則風俗淳矣。風俗之所以能淳，由其中有人才輩出，倡導觀摩。故士有文焉，而稠人每相趨於文；士有行焉，而稠人每相率于行民之表也，豈不信哉！大江左右，素推才藪，荷國朝栽植有年，惟重士而士氣乃振，惟造士而士習乃端。自古人才之盛，行先於文，若有文無行，其心陷溺，踰閑盪檢，閭里效尤而淪胥，則淳者日漓，烏足以稱士哉！我皇上嗣統以來，一以堯舜之道治天下，躬脩仁孝，宵旰憂勤，視天下猶一家，視萬物猶一體，聲教所及，莫不尊親。加以設科廣額，詔舉孝廉方正，頒行萬言，諭聖天子先德行而後文章，已握移風易俗之要矣。臣奉聖訓，持節兩江，兢兢然，惟恐隕越。伏思書院以教養俊髦，蒙恩賜「敦崇實學」匾額。臣跪讀後，三復宣揚，掌教之師爲之細繹講論。懸之目者，警於心，必念念篤於彝倫，而不忍乖也；必時時察于過失，而不憚改也；必字字揆於經史，而不徒以占畢度日也；處爲良士，出爲良臣，當以不虛所生者，不虛所學；即以不負吾學者，不負吾君。此臣以勉士，而竊以之自勉也。抑諸士於披卷操觚之暇，以所學傳語於宗族鄉黨，俾咸知九重之策勵，家喻户曉，將風俗盡淳，人才之仰承治化有以也哉！喜南豐諸生湯椿年纂輯成志，又有長洲諸生金增編校、請梓，因序諸簡端，以存書院之本末，資學校之羽翼，俾東南之士長仰天章，而戴涵育之有自云。雍正三年乙巳夏五月穀旦，總督江南江西等處地方軍務兼理糧餉操江兵部尚書兼都察院右都御史世襲三等阿達哈哈番臣查弼納謹序。

刁承祖《東林志序》 從來理學在天地間，其所以紹往聖，啓來兹者，必有數偉人維持於其中，以闡發而倡明之，而其傳始真。是以，後先媲美，源遠流長。肅烝嘗，而光俎豆，甚盛典也。自東吴篤生大儒顧涇陽、高景逸兩先生，遠紹道南一脉，講學東林，一時從遊之盛，視鵝湖、鹿洞有加焉。其後，教澤之所涵濡，發爲氣節，蔚爲事功，徵爲人品，咸於東林有自起焉。然則東林之道，脉實弘其間，文獻所係，不綦重哉！先祖蒙吉公潜心理學，著書立説，常得忠憲高公遺書讀之，喟然嘆曰：「此聖賢正泒也。」置主奉之，服膺弗怠。瞻仰之餘，因得神交。於彙旃高先生書札往來者十有餘載。是以，三吴學者，群相引重。於康熙九年與祀東林，得從高、顧諸先生配食龜山先生，歷有年矣。承祖童年授業，即熟識東林之有正學，爲先祖所欽崇。每於庭幃侍訓時，心切景仰，奈路途脩阻，隔越河山，從有志而未逮，時厪於懷恭。惟我皇上御極之三年，歲乙巳，承乏金陵上邑，因公赴蘇道，過錫城，肅謁祠宇，瞻先人在天之靈，慕異地相推之雅，流連久之。慨然念東林舊《志》簡略殘缺，宜增輯，爲正學光。數年來，楚南湘北鞅掌無暇心，竊懸懸無從與力。辛亥冬十一月，承祖復奉簡命，觀察三吴，得再瞻祠下，重沐前輝。而書院諸生，叢集會語，釐訂遺規，增入列傳多篇，朗如星日。不數月成書，凡廿有二卷。一展閲間，頓覺啓迪如新，典型未遠。道南之脉，始原於龜山先生，復振於高、顧兩先生者，益昭然若揭，况《列傳》内，躬修炳如，大節挺然。臚列愈詳，薪傳愈著。豈非正學爲浩

氣之原，篤信爲真傳之本哉？今承祖又恭承寵命陞任豫藩，行將捧遺編而惕惕誦新《志》而惓惓佩服不忘，奉爲龜鑑。後之君子，縱時地遥遥，無從得門庭以趨闕奧，其庶於斯編賴文獻之存。是爲序。雍正十年歲次壬子嘉平之月，賜進士出身通奉大夫、江蘇按察司、今陞河南布政使，義豊後學刁承祖步武氏薰沐拜題於姑蘇官署。

許獻《東林書院志序》 東林書院片壤耳，而海内重之者，過於嵩陽、嶽麓。無他，自宋、元迄今，先儒之道脈於是乎在，故重也。重則宜志，志則何以使道脈不替？徵文考獻，學者可以興焉爾也。今夫天下名山之有志也，必令人展卷流覽，輒欲不遠千里而命駕焉。按其紀載可躡屐，而徧得其勝，循途歷級，而直造乎其巔也，則志之善者也。道南之脈之起於龜山也，譬則南條諸山之起脈於青城第一峯也。喻玉泉以來，蜿蜒鬱積，而發爲顧、高兩先生，則衡嶽之鎮也。其一時應和從游之盛，則廬阜諸峯之勝也。徵文考獻，從卷帙得塗徑，從塗徑得登躋，不虚高山仰止之思也。苟但得其髣髴，如三神山之縹緲，海外不可得而即，則志亦不足觀矣。東林，舊有嚴氏《志》，意主簡嚴，觀者遂有精詳不足之憾。祁陽醇菴刁公係忠憲先生私淑第一人，蒙吉先生文孫，淵源正學，驗之政績。辛亥冬，奉命觀察吴中，甫下車，即惓惓東林志乘。壬子二月，季方過錫，猥以見屬。末學淺陋，於諸賢曾未足以窺見山足，而何有於其層巒叠巘之高且大者乎？然生長於斯，少頗愛讀儒先書，得藉是編纂，以增發嚮往，竊亦與有幸焉。用是搜採群書，參互考訂。朝夕相助，則高氏和鳴、季元之力也。凡六閲月，編成二十有二卷。其間知不無紕漏，受嗤君子。而徵文考獻，期於海内志學之士一展卷，而從此可興，則斯編亦未必無小補云。雍正癸丑孟夏，錫山後學鄉三許獻。

施璜《還古書院志緣起》 海陽以還古書院爲講席，歷百五十餘載，其山川、人物、祀典、會規、講義、藝文詳記之而始有所徵。所以重道統也。璜先祖誠齋先生惓惓於此，嘗欲輯前賢少游吴先生《紀略》、星溪汪先生《會籍》匯爲一志，而增修其所未備，用見還古大業闡揚經傳，來四方之賢俊，萃衣冠於一堂，俾子朱子之遺緒，久而彌著。方與同人蒐尋書未成，而即世小子璜何敢輕言！上承先志第念先祖一生精神所聚，而後裔弗克繼紹，大懼遺文散佚，罪戾滋甚。於是不自揣量，妄思續完者三十有五年，而出授章句，苦無餘閑。客歲璜由北旋方子文樸值於武林，因同舟十數晨夕，謂是舉無容遷延，力贊從事。凡八有閲月，始能脱藁，總計十有八卷。凡院中所當志者，靡不織悉畢具，歷歷如指諸掌。乃不自知其不肖，撫卷而嘆曰：此璜先祖之志也，與哉！蓋振古以來，道之昌明必賴講學，講學以開來繼往，必藉敬業樂群之所。還古有志，則前有所留，後有所據，以維正學於勿替，所關豈不甚鉅？伏思當今聖天子重道崇儒，宏昭理學，自宸翰天章，以暨舉貢課試、學校選造，莫不一以朱子之學爲的。况生朱子之鄉，讀朱子之書，講朱子之學，以傳朱子之澤者，顧不詳其源流，後之人雖欲殫見洽聞，而圖史漫無所考，安能繼繼承承，使微言大義炳如日星乎！璜先祖綱維數十年，苦衷惟此，是亟故以璜之譾陋不肖，不敢不仰體先志以爲志，世之君子欲知還古規模與其文物之盛，觀此可見大概。惟願希踪前哲，修明講貫，庶民彝天理不至泯於風微。人往之餘，璜先祖編志之心亦得共垂，無既區區之意能無厚望也歟！乾隆六年仲春月朔旦，後學施璜敬識于還古書院之千城祠書堂。

方允淳《還古書院志小識》 天高地下，萬物散殊，而道著於其間，若不得大聖大賢仁人，君子首出於上，脩明講貫，提撕警覺，則法斁綱淪泯泯然，將人類入於禽獸，而不自知。此天下學校、名山、書院，三不朽之業，所不容不汲汲講也。淳觀《江南通志》，紀乾隆元年六月聖諭：「書院之制，所以導進人才，廣學校所不及。」居講席者固宜老，成宿望而從遊之士亦必立品勤學，争自濯磨，庶人才成就，足備朝廷任使。欽惟聖諭諄諄，是書院所由來，與所以爲教、爲學之條目，品節靡不詳，且悉已。淳思宇内凡屬講道之區，皆當奉爲軌則，况我海陽還古書院歷今百五十餘載，亦詳紀《通志》，其所設施，雖不能如省會之盛，然每歲春秋，集白嶽黄海之人文，歌詩、習禮、釋菜、講學於其中，若非國家文教誕敷，深仁厚澤，我皇上德隆恩洽，重道崇儒，以養以教，何以能此？居還古之堂者，可不仰體菁莪棫樸之化，奉爲章程，切劘講論，將六經四子之書字字句句，反求於心，實踐躬行以副所期望乎！淳先君耐菴公，嘗隨會宗誠齋施先生講道有年，今先生文孫希履上承乃祖遺緒，與同志諸君子續完《院志》，淳亦得與於校訂之役，參互考證，付之剞劂，用敢述我皇上紀綱人極聖訓，昭告天下書院，務求實際，直與古先帝王建學立師、昌明大道之至意同出一源。還古同人各宜奮勵，加意進脩，不可不思成偉器，以聖賢相期待。且見還古壇壝聲播遠邇，不賴前人後先踵接竭力維持，亦安能久而不替以至於今，則是志也，烏可已哉！淳不敏問學，疎慵餬口四方者廿餘載，去秋復登講席，迄今未及朞月，而喜見院志告成，因不自知其譾陋，而叙之如此。乾隆六年辛酉季夏月望日，後學方允淳敬識于京江客寓之培桂軒。

洪亮吉《洋川毓文書院新修志序》 毓文書院經始于乾隆五十九年，至嘉慶

元年而落成。又六年而始設諸生肄業之額，凡牀几、庖湢、薪蒸、膏燭之費，無不畢具焉。所以招徽、寧、池、太、廣四府一州之士力學其中，意至善也。書院在萬山之中，所苦無書主人。又積貲，至吴門購書數千卷，置講堂左右。自是而諸生之嗜學者可以寢饋其中，不至爲里儒俗學所錮蔽矣。事竣，屬爲之志。凡八卷，仿鍾山書院、紫陽書院等例也。餘竝詳書院碑記，不復述。嘉慶九年歲在甲子初夏陽湖洪亮吉叙。

又《毓文書院志》卷八《書籍》 語録盛，而經學衰。明中葉後，復盛行講章，而聖人之旨益晦。欲捄其弊，非研心于《六經》訓詁之書，不能挽也。是則經學宜亟講矣。外此則廿二史，可以博覽古今。周秦諸子、唐宋總集、類集可以搜採異同，增廣聞見。亦儒家不可少之書也。今據書院所有者，録于左，亦以經史子集分部。他日復能購唐宋以前異書，以補其缺，則尤所望于後來者矣。録《書籍》第八。

董桂敷《增訂漢口紫陽書院志略序》 事之難成也，久矣。書院者，天下之公舉也。朱子，天下後世之所師法也。吾新安，又朱子之鄉也，以新安之人合其心力建書院，奉朱子宜若易然。然而議初起，而沮撓者有之；事方集，而搖撼者有之；功已成，而饕食者有之。昔人作事之難如此，吾於《漢口紫陽書院志略》一編而有感焉。志略者，昔之鄉先生志，其所以建書院之情，而因備及創建，以後之事以告後之君子者也。蓋昔鄉先生之旅處於斯也，其心未嘗一日忘新安之教，故於鄉里聚會之餘，共敦孝友睦婣任卹之誼，思有所託，以行之永久。乃議創建書院，將待其成，與父兄子弟朋友日相講習於其中。本朱子之德行，以爲儀述。其所以教人者，以爲鄉之後進式。若今志中所列道統、學規諸條目，皆昔人所以創建書院之本情也。既創之矣，則將周其墻垣，高其閈閎，程物材，定法則，嚴約禁，昭文章，足財用，而後可以稱其情之所欲而無歉。今夫水之赴壑也，或遏其流，則激而怒鳥之冲霄也，或縶其翼，則仰而號人之趨善也。亦然苟或阻之，則其剛正之氣，愈不容以自抑。以書院之創，而有類於此，勢不得不率籲衆感旁呼將伯，多方弭釁維持而調護之。若志中所列，建置、崇祀、禋産、藝文、雜志，而兼及於書牘、禁示、呈詞，皆當年創建以後之實事也。夫事過則情遷，人心類然，而昔之人必志之而傳之，何也？意豈自爲表襮哉！亦謂我書院初基，經緯未定，群言遞起，竭力以潰説成中。更因循産契潛佚，又賴我友君子起而争之用，能條理，始終整齊嚴密，既大以公式奠孔，固繼自今以往，尚其永監于茲，罔有或怠，故志之以告夫後來之君子也。猶念是志之作，距始建之初，已四五十年，乃得紀其大略。紀略之後，距今又六七十年矣，而省視其目，秩然有條。周覽其篇，或存或缺，豈作志之人未及待其成，而奄逝耶？抑遲遲以需同志之緝，而後遂逡巡耶，何中間數十年，竟無爲之收殘補闕者，而直至今日也，甚矣！一書之成，亦如此，其難也！幸今重修書院諸君，檢閲舊藁，爲之重録。余來漢上，遂以增訂之任相屬。噫！余之譾陋，何足以任昔人之所難？但以斯志曾竭昔人之心，及今而尚未有成，則後此見聞，日以益遠，補葺之難更甚。今日是志不其終泯矣乎！余故承諸君之委，循其節目，補其遺文，缺其散佚者編成，將付剞劂，爲序。昔人所以作是編之意，俾後之人共見。當時創始之難，相與樂其成，而無俾其壞也。時嘉慶十有一年歲次丙寅夏五月，婺源後學董桂敷序。

又《增訂漢口紫陽書院志略跋》 《志略》八卷，修緝既成。余自漢歸里五閲月，而首事諸君，裒然以板本見寄矣。諸君之任事，誠勤敏矣哉。板本行，而前人創建之功，與今日重修之勞俱載以永久。第斯志，爲前賢卒業，以板本爲告成，爲後賢觀型。於板本爲肇始，編之數十年而成之以數月，其中損益去取，或猶有待於精汰者。如《藝文》卷中，不皆名手所作，以舊本僅存不遽，概從芟抹也。有待於增補者，如《建置》、《禋産》、《雜志》各卷，則視書院之興修，隨時而可附益者也。其他或仍或削，惟冀後來君子具鴻裁卓識者，鑒草創之勤，加之以潤，色是書庶其完備矣。夫校閲終篇，爰復書數語於後。嘉慶丙寅仲冬月，董桂敷跋。

王賡言《增修鵝湖書田志序》 《鵝湖書田志》始修於前鉛山尹鄭君之僑，附刻《鵝湖講學會編》，中所載田地、山塘、坐落、都鄙、土名、四至以及佃户姓名，租穀多寡之數，至詳且備。惟大源坑山場畝數與明碑間有未符者，則鄭君當日未及躬親履勘，或僅據主藏吏相承册籍而紀之者也。余既判復大源坑山界通牒，大府清釐田租垂爲永利。顧惟六十年來，坍荒者有減，續置者有增，佃人主名遷易亘異，委籍於吏，不足以慎典守，且書院爲名賢講學之區，宜有專志以紀其盛。爰屬其事於山長吴君蘭雪中翰，因鄭《志》舊本，發凡起例，纂修增輯，匯爲一編。書成而序之曰：夫書田之設，所以養士也。今之士猶古之士，今之學其猶古之學乎？獵取科名，溺情利禄，其志於學問道德者，百不得一二焉。然則養士者，其果徒爲士之科名利禄計乎？朱、吕、二陸，始會於鵝湖，反覆辨難議論數十折。及象山至白鹿書堂講喻義喻利之旨，朱子以爲切中學者隱微深痼之病。象山曰：科舉取士久矣！今世以此相尚，便汩没於此，而不自拔。而朱子玉山講義亦云：聖賢教人爲學，非是綴緝言語，造作文辭，但爲科名爵禄之計。二先生之言若合符節審是，而士之所趨向宜可知已。科舉之文末也，然由是而窺乎聖賢之旨，則末也，而有其本

存焉，反而求之，皆爲己之學也。朝廷以是取士，士非是無以進身。始進之，途不宜妄自菲薄，誠能涵泳乎！四子之精研，尋乎六籍之藴，綜乎格、致、誠正、修、齊、治、平之要，而極乎學問思辨篤行之功，其言之也有物，其出之也成章。庶幾陸子所謂進於場屋，必皆道其平日之學，胸中之藴，而不詭於聖人者乎！朱子之學篤實，其末流墜爲訓詁；陸子之學高明，其餘弊遁爲元寂。門户遞争，歷數百年。我聖祖頒賜御書，揭「窮理居敬」四字於堂楣，大哉王言！足以救兩家之偏而泯其迹。今四先生之祠具在，學者奉其遺書，以朝夕雒誦其中，思其所以異，得其所以同，身體力行，無負四先生之明訓夫。而後書院之興，有以教書田之設，不徒養也。若迺玩愒荒惰，鹵莽滅裂，利其廩食，樂其馳騖，爲之師者不以教，爲之弟者不以學，是竊士也，朝廷亦何取乎斯士而養之也哉！故書之簡端，以爲多士勗焉。書院始建於淳祐庚戌，洊歷四朝，廢興不一，皆前人所加意而爲之者。今兹之議復田租山界、籌理經費，則山長吴君及署縣事徐、王二君襄力爲多。其文具載於志中，後有考者可循覽而得之也。嘉慶十八年仲春月諸城王賡言序。

吴嵩梁《增修鵝湖書田志序》 乾隆九年，前鉛山令東里鄭公集鵝湖先賢之文，彙刻《講學會編》末附《書田志》一卷，有功於名教甚偉。今廣信太守簣山王公以實心實政培養士林，既爲書院清釐積弊，擴復舊章，又懼夫久而或失所考也。於是取鄭公前《志》增修加詳，屬余創稿，而公自定之。余既承命，又迫于諸生之請，義不可辭，遂録紀事之文通詳之，牘田租經費之額，附以雜詩，彙爲五卷，付諸校刊。或有諷余者曰：書院之設以講學也，今子未聞於先賢論道之旨，有所發明以訓迪多士，顧汲汲於此，不已末乎？余曰：唯唯否否，三代之制，學校與井田並行，故庠序之教，以明人倫，而仁政之修，先正經界。所由賢才衆多，風俗淳茂也。其後井田廢，而學校亦衰，於是佛老之徒徧天下。而士自科舉而外，毅然以吾道自任教授名山者鮮矣。逮宋朱文公出，而後聖人之學大昌，所至名勝之區，皆闢精舍，集生徒以修明其業。今鵝湖書院即公與陸文安公、文達公，及吕成公講學處也。國朝聖聖相承，文治翔洽，康熙五十七年聖祖仁皇帝御書「窮理居敬」匾額，頒示講堂。聖學之要，括於片言，萬世學者咸知宗仰。而四賢論道之旨，始異終同，其文已具載《會編》，何容復贊一詞？惟是造士之法，教養兼資。鵝湖自宋迄明，代有興廢，而本朝規制益崇。當其盛時，凡豫章及浙閩之士，負笈遠來，皆足以給其費。既而經理不善，欺隱遂多。齋舍僅存，膏火難繼，其患在假手胥吏，而士大夫無稽察之權，此鄭公前《志》所由作也。乾隆三十四年，前令梁公廷雯實力區畫其田，以三則定租，示期完納，皆在公堂，佃户既免守候之難，縣書亦無侵漁之弊。惜乎其未補修入志。雖有丈册，不能共知，繼有壞其法者，弊復滋生。此今日增修之舉，所以不容稍緩也。或又難余曰：如子言，則斯舉誠爲善政。然山長所司者，教也，非養也。養士之責，有守令在，子之爲是，其跡近於好名，且將樹德於諸生，而先賈怨於群小，事多掣肘，謗亦隨之，是不可以已乎？余曰：義之所在，何必引嫌。然余所執者，校讐之役，非敢以衛道自任也。即有芻蕘之言，其采而措諸實政者，賢守令也，非山長所能與也。且其言亦考諸前令之成，規參以士林之清議，非一人之私見、私聞也。言出於公，不任受德，何有於怨？其怨且謗者，私也。畏浮言而不執大義者，亦非公也。狥私而廢公，假公以濟私，皆獲罪於名教，非余所敢出也。文貴乎有徵法求其可久，吾亦竭吾所知，以上副賢執事愛士之厚，下酬諸生請業之勤而已。其言有今昔並行者，有宜變通而行之者，有今未及行而可行於異日者。全編具在，核實而增修之，是所望於後之君子。書既成，用録問答之語，以達余意，若夫事之綱領已見。今大司空芝軒潘公所撰《碑記》，其條目畢詳志中，故不復書。嘉慶十八年仲春月東鄉吴嵩梁序。

吴晁《鵝湖書田志跋》 《增脩書田志》五卷，叔父蘭雪先生與廣信太守王簣山夫子所手定也。舊《志》作於東里鄭公，公宰鉛山，以勸學爲己任。書院故有田地、山場，歲得租息若干。四賢供祀之費，諸生膏火之資，咸取給焉。公懼夫久而或湮用，是考其疆界，覈其租額，都爲一志，附載於《講學會編》之末。法至善也。公去已七十餘年，守者或不敬其事，一壞於僧徒之越占，再壞於胥吏之侵漁，而正費遂駸駸乎其不支矣！嘉慶辛未，叔父來主講席於兹，督課之餘，進諸生詳諮利弊，爲之慨然，因與簣山夫子力爲清釐。搜閲前志，證以明碑於是山，復舊界，租無浮收，經費有常，報銷俱實，積年之弊一旦廓清。《書田續志》所由作也，當首議清釐之日，咸以爲難，或且出蜚語以沮先生。先生持以定力，不避勞怨，及底於成而論者翕然，咸歸美焉。假令先生稍自推諉，或爲浮議所摇，又無廉明大吏力爲主持，如簣山夫子者，則雖有造士之心，而其權不屬於事，迄無濟已！夫天下事未嘗爲之而畏其難，與夫爲之而或沮於孤立，怵於毀譽之口，不克自竟其業者，蓋十常八九也。今先生發爲昌言，而賢太守措諸實政，有功於名教甚偉。晁侍杖履日久，凡所經畫藁皆數易，蓋慎之又慎，必求其詳，而先生猶自以爲未慊也。後之莅斯上者，能守其成，而增所未備，教養相兼，人才日盛，則此書不爲具文也已。嘉慶十八年十月朔日東鄉吴晁謹跋。

林柏桐《學海堂志・藏書序》 博觀前載，心知其意，則强立不返矣。顧名山所藏覯止匪易。前人白鹿洞書，許人借讀。近則崑山顧氏，介休書堂，公之同人，芳臭氣澤，興起良多，虚往實歸，引翼勿替。其視深藏篋笥，終飽蟫蠹者，爲何如也。雖然，物無常聚，而不私一人。苟非置籍勾稽，或有負而走者，則亦雲煙之過眼耳。藏書各種有儀。徵公所授者有大吏所頒者，有同人所貽者，有學長所購者。藏弆有籍，出入有規，以待堂中之士善讀而有得焉，洵快事也。志藏書。

吴榮光《鼇峰書院紀略序》 鼇峰書院有志而久不修，所載書籍經費多非其舊。即如内府本《淳化閣帖》，被人易作陝本，而書籍尤多損失，院産契據半隱没於書吏之手，以致經費不敷。十三年，糧道勸捐銀一萬一千兩，只收十分之二，是以諸生誦讀膏伙之資爲若輩利藪，日月益深，良可懼也。因仿湖南嶽麓、城南兩書院章程，令局員來錫蕃、章煒編校一册，以垂永久，兼及鳳池書院。南海吴榮光識。

來錫蕃《鼇峰書院紀略序》 鼇峰書院始於康熙四十七年，巡撫張伯行於九仙山麓購薩氏屋建置，嗣巡撫陳瑸、潘思榘、趙國麟、陳宏謀、定長、李殿圖，總督楊廷璋、玉德先後增葺。康熙五十年御書匾額曰「三山養秀」。乾隆三年御書匾額曰「瀾清學海」。所有院舍書籍房産租息師生修伙題名備列於册。

梁廷枏《粤秀書院志》卷六《藏籍》 謹案：天下藏書之地，皆有典守者以專其責。此院舊藏書籍兩出，於先後頒發。購求所以備生徒之繙撿，資見聞，而增問學，故分幮而類置焉。立法洵爲美備，始猶守以書識，其後定設監院，則責歸專屬，歷考故牘失而賠補者有之矣。今百餘年來，閲數十手，質疑之册既廢，諸生但以揣摩八比相尚，入室觀覽久已成爲往事。則守者亦具文視之，高閣束之，院吏屢經更易，不復知夫始設時敬慎鄭重之意。而院長恒聘自嶺北，長年旅寄，往往挈其眷屬，至則處之書樓之下，典守者且不可人，况諸生哉！於是扃諸一樓，聽屋漏蟻蛀，而不復手自檢閲。而謂東粤潮濕之地，能保以數十年而勿變耶？丁未春，初入院，見有成帙數百，别置樓下長几上，次第頗爲就理。竊喜藏守之善，非他處可及。迨覈舊存書目，而後知積叠零亂。散諸樓上之别幮者，率皆從前分號貯藏之籍，而歷屆交接，悉按原目開報，但聲明其潮濕壞爛之由而已，爲之悚然者久之。亦遂查照報出兹志藏籍，聊識存羊之義，爲之分門别類，具取原目。按著録例析載於篇。庶後之君子念聚難而散易，慨然思所以籌補之則。斯目之載匪蛇足矣。

乾隆元年三月初十日，禮部覆准，各省會城設有書院，亦一省人材聚集之地，宜多貯書籍於造就之道。有裨令各督撫動用存公銀兩，購買《十三經》、《二十一史》，發教官接管收貯，令士子熟習講貫，其動用銀兩報部查核。

附録原案：

禮部題稱：該臣等議得協辦大學士事務，臣部尚書三奏稱，府州縣學各有尊經閣，原以廣貯書籍，爲士子肄業之需。而最有益於身心日用學問事功之大者，莫如《十三經》、《二十一史》。伏乞皇上各省頒發經史各一部，於省會府學之中，並令督撫動支存公銀兩刊刻印刷頒發，各府州縣學其板仍存省會。府學如有自備工料刷印者，不得勒索掣肘。教官遇有陞遷事故，造册交後任經管。洵於文教，大有裨益等語。查士人讀書，必以博通經史，方爲明體達用之學。如《十三經》、《二十一史》，外省固有坊刻流傳，而單寒之士無力購買，以致見聞不廣。今尚書三奏稱，請將《十三經》、《二十一史》，每省頒發一部貯尊經閣，并翻刻成板，令士子刷印等語。臣等切思府州縣學設立尊經閣，原以藏貯書籍，而各省會城俱奉旨設有書院，亦一省人材聚集之所，則於書院并有尊經閣之處，多貯書籍，誠於國家造就人才之道大有裨益。但各省遠近不一，頒發頗繁，令各督撫翻刻成板，所費不貲，而士子之能刷印者亦自無多。臣等酌議《十三經》、《二十一史》，外省原有坊刻與其動用存公銀兩刊刻板片，莫若令各督撫於省會書院，并有尊經閣之府州縣，動用存公銀兩，各就近將《十三經》、《二十一史》諸書購買頒發，交與各該教官接收。令士子熟習講貫，則博通經史者自多。其動用銀兩報部查核可也。奉旨依議。欽此。

存貯書籍，自乾隆七年始議詳。令副掌教封貯鎖鑰，自行餘帶生童取看，設簿登記，閲畢還鎖。遇有陞遷，即出具交代册結報查。仍按季，將現用器物及一切書籍取具收管，印結繳存。

謹案：是時，和平縣教諭李瓚先以四年充副掌教，至是已閲四年。查明從前遺失各種經書，共若干種。禀奉藩使，批令廣糧通判甘大成買補分賠。爰有是議。

乾隆七年五月副掌教教諭李瓚先具禀撫部，請院内書籍交代查明，缺少二十七種，緊要經史亦被失去。職掌宜專請定，自後作何典守章程，以免推諉散失之弊。書籍缺失，由後至者查開經失之人，令其賠補。

謹案：乾隆七年五月，藩使查開書目列單呈院，後不復聞。有由官查點之事書籍失缺，惟經手者賠補宜矣。至於事經久遠，完帙者寥寥無幾。餘雖汗牛充棟，皆散不成部，既無歷屆存缺簿册可稽，而書吏又當屢换之後，何從追指所失之人？不得已，按原目册注明緣由，爲之三嘆而已。

書識管理，所藏書籍支發膏火，亦責令經手料理，正副院長不與其事。

謹案：乾隆七年三月，謝德輔充書識，文内聲有其語。當時書吏責成，綦重如此。

乾隆八年，撫部行取生息項下銀百兩，補買書籍。乾隆九年大學士九卿覆准欽定《易》、《書》、《詩》、《春秋》、《傳説彙纂》、《性理精義》、《通鑑綱目》，每學各添給二部，禮部覆准。御纂《三禮》頒發，令書院院長講解其《三通》等書，令專司書院之道員於公用置辦。

附録原案：

禮部題稱，又據稱課士書籍，如聖祖仁皇帝欽定《易》、《書》、《詩》、《春秋》諸經，及《性理精義》，前已頒發學宫書院。嗣後《三禮》、諸史告成，陸續頒發。其《三通》諸書請飭令督撫用公帑置辦等語。伏查乾隆九年九月内經大學士九卿等覆准，内閣學士秦蕙田奏。聖祖仁皇帝欽定《易》、《書》、《詩》、《春秋》、《傳説彙纂》及《性理精義》、《通鑑綱目》等書，每學宫各添給二部。其御纂《三禮》諸書，俟告成後，亦准陸續頒發在案，各書院長自可恭請講解。至《三通》等書，應如少詹事所奏，其有前項書籍未備者，飭督撫行令布政使及專司書院之道員，於公用内酌量置辦，以資諸生誦讀可也。奉旨依議。欽此。

謹案：此覆奏少詹事沈德潛條，奏其書院議廢八股一條，分載《師席門》。

乾隆十六年三月初一日内閣奉上諭，經史學之根柢也，會城書院聚黌庠之秀，而砥礪之尤，宜示之正學。朕時巡所至，有若江寧之鍾山書院，蘇州之紫陽書院，杭州之敷文書院，各賜武英殿新刊《十三經》、《二十一史》一部，資髦士稽古之學。欽此。

乾隆三十七年蒙恩賞給御定《淳化閣帖》一部，内府舊本重加考訂，上石者撫臣發司轉交監院尊藏。

謹案：純廟輯内府前人墨跡刻爲《三希堂》、《墨妙軒》二帖，廣示藝林，復以宋代《淳化閣帖》美富，尤出大觀。太清樓諸刻上，而翻刻既多，遂失真意。命取内府所藏畢士宏賜本，鈎摹上石，又以王著排類標題，並有舛錯。勅于敏中等考正而折衷之。復採諸家釋文旁注於簡，冠以御筆。蓋乾隆三十七年事也。是年藏石淳化軒内，御製《軒記》，諸臣多蒙頒賜者，書院亦蒙賜頒一部，所以嘉惠士林，洵爲至優極渥。當時由駐京塘官恭帶回粵，尊藏樓上。東粵湖濕之地，不過時逾周甲，而神物不知化自何時，止書院歷存分號，存貯書目林字號。内僅存《淳化閣帖》十本，名目亦未注所從來。然以欽州馮院長《小羅浮草堂文集》載書院事宜陳劄考之，有「御書樓爲儲藏御賜書籍石墨處」語。石墨即指此帖，則當時尚存。可知今編院志謹稽故牘，而後敬悉其繇。竊恨生晚未得瞻仰。墨寶編摩之下不禁爲之悚惕矣。

李承熙《錦江書院紀略》 蜀自漢文翁守益州始興學，自是人文之盛，比於齊魯，班氏《循吏傳》言之特詳。今錦江書院，即石室遺址，歷年既久，代有興復。考古無書院之名，翁開「温故」、「時習」二堂，詔左右生後之書院，殆仿於此。《通志》謂書院之設，自翁始，可也。咸豐元年辛亥，余奉委監院嗣。於乙卯歲，復領斯職。自乙至戊四載，於茲暇時，讀書院舊植碑記，稽其創建踵興之烈，輒流連慨慕，想見其爲人。因考諸《華陽國志》及《全蜀藝文》、《四川通志》諸書，凡歷代題詠，石室講堂賦、頌、箴、贊，彙而梓之，俾後之好古者知所考，復古者知所鑑。暨遍覽載籍，知周公禮殿，即今成都府學宫翁所經營，當與石室並垂不朽。其繼翁而起者，有高公眹，蔣公堂。宋常山公《文翁祠記》謂：古學之復，莫如高，今學之盛莫如蔣，以二公配食，並揭其庭，曰「三公堂」。又李公中玉《石室十贊》亦標舉蔣公復興文教云。今文翁俎豆依然，高公附祀猶昔，而蔣公則久闕，明禋都人士至不能舉其姓字。嘻！古之人留心教養，亦祇盡司牧之常。而何以自漢迄今，僅得三人而又遺其一焉？其何以妥先賢而風後傑哉？若以蔣公被謫之故，撤而去之，則是永康元祐黨錮之流，應乏馨香於百世，而安成宜興輩當血食於天下矣，不亦傎乎！茲仍復常山公所祀，以無忘舊德，洪惟我朝，誕敷文德，歷來官斯土者，於育才之地，無不悉心規畫，廣齋舍，以容多士；增膏火，以勵恒心；備典籍，以資博學；釐章程，以貽法守。謹一一搜採明確，著爲一編刊注，以告來者，俾知所率循本年。余奉銓龍安府，學訓導行，將之官，而此五年中，補偏救弊，拾墜彌闕，亦頗費苦心。前制府黄公捐貲置産，添設穀課，余實始終其役，故得燦陳於編。至若書院舊有産業，及一切出納，都人士以余任典守者久，曾以畝之東南，賦之多寡，就詢於余，余無以應也。非惟余無以應，即父老亦無以應也。倘能詳究始末，平章經費，增修舍宇，廣益課額，以厚元氣，而復古初，是則執政者之所有事，且暮或且快覩焉。茲編雖粗具梗概，以其有不得聞，致不及載者，爰名之曰「紀略」云。時咸豐八年歲次戊午陽月之吉，監院李承熙識。

胡林翼《長沙府益陽縣箴言書院志・志經始第一》 林翼讀先宫詹《弟子箴言書》，謹追述先宫詹之志，作箴言書院於邑治之南。今兩江總督曾君滌生、太常

寺卿左君季高既賜之序銘，垂之貞石。林翼乃復推本先宫詹教學之指歸，所以佑啟我後人與林翼之所以祇承先人遺訓而懼弗克嗣者，具著於篇。既用自咎責，亦庶以迪夫來者。先宫詹生林翼也晚，林翼甫襁褓，先宫詹以優貢生就京兆試，族戚之祖者咸集，先宫詹抱林翼謁於先祠，而告於先大父贈光禄律臣公曰：是兒狀貌類穎慧者，他日幸賴先人遺澤，或能自立，然豫教之道某其無敢廢。及林翼稍長，先宫詹命之學，蚤夜督責，無少暇。蓋先宫詹之學，由宋五子上推孔孟之旨，尤嚴於公私義利之際，始於切近以致遠大。嘗謂爲學自蒙養始，故其教人必以《朱子小學》、《近思録》諸書爲先，及林翼受書，則一以是爲教然。林翼方稚昧，弗克率，後先宫詹以歲辛丑棄養。林翼年及壯矣，經歷世故險阻，退旁稽於聖籍，乃知嚮時矯焉，以求異於一世之不足，據而爲學之道，必斷然一本於誠。雖躬豪傑之資，任天下之重，未有違此而不敗者。因是追省先宫詹之言，確乎其不可易。後之君子誠深念乎此，則知先宫詹之所以學與所以教，固修己治人之要，苟有志於斯道，其勿慎其所之哉？嗚呼！先宫詹仕於嘉道之際，實當海内富庶，國家隆平之日。然其時士之學亦少變矣。先宫詹獨以有宋諸儒之學力，踐諸其躬，蓋所謂卓然不惑者。今自四方盗賊起，疆事日益壞，而俗日益衰，天下擾攘兵革之間，而學士殆於廢業。然人不知學，則亂之生將無日以已，將欲弭天下之亂，終必自正學術，培人材始。林翼思從事於此，以紹先宫詹之志業。而從戎十載，寇亂訖不得平，重以疾病侵加，惴惴不自保，大懼先澤之墜湮，則異時私恨將遂無窮。然使學於斯者，刻意勵行，不與時之汚隆轉移。而得失一主，於己成德達材以儲當世之用，是固先宫詹夙昔之所深期。雖林翼之德薄，不足逮此區區之心，未嘗以一日已也。

曾國藩《箴言書院記》 國藩以道光戊戌通籍於朝，湘人官京師者，多同時輩流，其射策先朝，耆年宿望，凋散略盡。而少詹事益陽胡云閣先生，獨爲老師祭酒，鄉之人就而考德稽疑，如幽得燭，衆以無隕。而哲嗣潤芝亦以編修，趾美名父，迴翔館閣，今兵部侍郎湖北巡撫，海内稱爲宫保胡公者是也。少詹君晚而撰《弟子箴言》十四卷，國藩實嘗受而讀之，自灑掃應對以暨天地經綸、百家學術，靡不畢具。甄録古人嘉言，衷以己意，詞淺而旨深；要使學者自幼而端所習，隨其材之大小，董勸漸摩，徐底於成而已。竊嘗究觀夫天之生斯人也，上智者不常，下愚者亦不常，擾擾萬衆，大率皆中材耳。中材者，導之東而東，導之西而西；習於善而善，習於惡而惡。其始瞳焉無所知識，未幾而騁嗜慾，逐衆好，漸長漸貫，而成自然。由一二人以達於通都，漸流漸廣，而成風俗。風之爲物，控之若無有，鰌之若易靡，及其既成，發大木，拔大屋，一動而萬里應，窮天人之力而莫之能御。先王鑒於此，欲民生早慎所習，於是設爲學校以教之。琴瑟鼓鐘以習其耳，俎豆登降以習其目，詩書諷誦以習其口，射御投壺以習其筋力，書升以作其能，而郊遂以作其耻。故其高材則道足濟天下，而智周萬匯，其次亦不失爲圭璧自飭之士，賈生有言：「習與正人居之，不能毋正，猶生長於齊，不能不齊言也。」其不然歟？侍郎自開府湖北以來，即以移風易俗爲己任。自部曲之長、郡縣之吏暨百執事，片善微長不敢自暴，而褒許隨之，曰：「爾之發見者微，而善端宏大，不可量也。」或有過差，方圖蓋覆，譴亦及之，曰：「此猶小眚，過是，誅罰重矣。」與其新不苛其舊，表其獨不遺其同，上下兢兢。日有課，月有舉。當時推湖北人才極盛，侍郎則曰：「吾先入箴言中育才之法如此，吾詎能繼述，直什一耳。」咸豐十年，侍郎治鄂六載矣，功成而化洽。又以一湖之隔，吾教成於北，而反遺吾父母之邦，其謂我何！於是建箴言書院，將萃益陽之士而大淑之。置良田以廩生徒，儲典籍以饋孤陋。寬其涂轍而嚴其教條，崇實而黜華，賤通而尚介。循是不廢，豈惟一邑之幸，即漢之十三家法、宋之洛閩，淵源於是乎在。後有名世者出，觀於胡氏父子仍世育才肫肫之意，與余小子慎其所習之説，可以興矣。

鍾世楨《重修信江書院志序》 信州之有書院，自郡守張公始也。郡人以公故爲書院顔曰「曲江繫去思也」。由是而鍾靈，而紫陽，而信江，以迄于今。書院之有志，自郡守王公始也。公以郡人故，爲書院志，仿於郡邑詔來茲也。由是，有《規制》，有《田産》，有《藝文》，以迄於今。然則王公之《志》不幾于創乎！夫鹿洞之規，玉山之講義，鵝湖異同義利之説，斯志之簡而大者，其他繁冗猥瑣，何志焉？雖然懷玉之田，僧攘之；鵝湖之業，豪猾據之；元明之世，屢復屢淹矣。懷玉、鵝湖，朱子之蹟也，而所失若是，則其他書院可知矣。田畝之失若是，則其他散佚者可知矣。然則書院而不可復於今也，則王公之志可不作也。書院既復于今，而竊幸踵而增之，恢而太之也，則今日之志又可已乎？世楨守郡八年矣，賴天子威命，静謐境内，得以其暇重建書院，而舊制盪然無可稽者。繼得《書院志》，詳其源流，恚其區畫，竊嘆前人之用意遠也。書院既成，爲《志》若干卷，所建有增，則所志有加，大要視郡邑《志》，而詳略各有當也。夫書院之名于天下者，大率有三：其尤著者，爲大儒講學之所遊寓；其次則省會名勝人文薈萃之區；其次則郡邑鄉賢往時讀書之地。至若信江者，以循吏之馨香，發後來之文學。而二百年間，得二三前守有舉不廢，以迄於今。世楨敢不任之，而謹志之乎哉？是志也，先以條教，後以文藝，是

胡文定敦寔學之意也，謹爲諸生志之，田舍有圖，出入有式，可稽瑯琊之稻，而杜廟壖之侵，以養以教衆費周給矣！謹爲僚屬執事志之。若夫東郡之管絃，巴蜀之子弟，清歌登降，襟冕人倫，世楨竊有志而未逮也。謹志諸簡端以俟後之守信者。同治六年，歲在丁卯仲秋月，布政使銜簡用道知江西廣信府事都梁鍾世楨序於信州官廨。

劉繹《重修白鷺洲書院志序》 洲建書院，向未有志。至明萬曆時，移建仁壽山，何郡守始創爲之。後四十餘年，院復徙於城北安福，王公時槐重作志，有「徙非所志」之論。及黄梅汪公可受守吉，復江文忠故宇，乃以志屬永新甘公雨，纂刻成帙，歲久板廢。本朝康熙間，羅太守京重修，當日舊志已失，僅就所見聞者紀之，語焉而弗詳。至乾隆十五年，永新尹明經光鼎出其家藏鈔本，呈之太守。於是汪《志》雖佚，而甘雨之纂稿幸存。其時，沈公作朋，王公銘琮，相繼守吉，委教授符乘龍合參二《志》，編輯成書，此世所傳《鷺洲書院志》也。厥後，孔山長又刻《鷺洲集》，意在於《洲志》外，搜闕補遺。自謂或採之舊文，或得諸近侶，或出自鄙懷，是亦符志之續而已。顧其《集》距《志》之修不過數年，盧太守《府志》繼出，相距亦不過十餘年，所增續者，已不少，則今距二書後，又百餘年，其應增入《志》者何限？惜繼修無此議，紀載亦鮮其人迴憶。寄跡鷺渚以來，同學累以洲志相屬，因循未果。中遭變亂，悵陵谷之遷，書缺有間，深恐洲與志俱荒。而當事綏輯，綢繆昕夕不暇，前猶爲多士籌所養，今從衆議移建書院，俾資絃誦，將紀其事之顛末，其敢以「徙非所志」之説自諉乎？余適有省志之役，因將舊志合之，孔氏《集》粗陳義例，倩胡君籽培桂一詳爲編次。稿既定，彭君伯桂兄弟捐貲授梓，余喜，請君之相與有成也，爲書數語識之。同治十年歲次辛未孟秋月永豐劉繹。

周作哲《白鷺洲書院原序》 丁卯仲夏，余膺簡命，出宰星子，而白鹿洞書院實隸焉。公事之暇，抵其地，見古先賢哲之遺訓，大夫師長之條規，炳炳烺烺，誠使人興景慕之思矣。而又兼攝院務，鼓舞人材，宰亦與有其責。歲庚午，調任茲邑，洞之肄業生徒，流連依依，不忍言別。蓋斯文一脉，自有不能已於懷者。然而離一白鹿洞，遇一白鷺洲，我生何幸，而數與名書院相比隣也。按：南宋時，江公萬里來守吉州，見洲隆起，爲風氣所萃，乃於洲中搆一精舍，延山長授業，實繁有徒，誠盛事也。厥後，頻厄於水，遷徙不常，而洲遂爲曠土。洎有明萬曆，太守汪公復書院於故址，更築臺堤，以防水患。相沿至今，百有餘歲矣。且夫白鷺與白鹿大致略同也。白鹿叨理宗之御額，白鷺亦然；白鹿居廬山之下，白鷺居廬陵之中；白鹿五峰環列，白鷺二水中分；白鹿爲朱子講學之地，白鷺爲二程過化之區。其邀寵錫與夫名賢勝跡，彷彿相同，是猶白之謂白歟！先是汪公刻有《鷺志》一帙，歲久板廢。永新明經尹君光鼎，因先人購有鈔本，同鄉之紳士具呈郡憲，願各輸金重鋟，以餘資充膏火費。郡憲允其所請，委教授符山長編次，命訓導汪縣丞江明經尹，同司監督。書成，次第井然，比鈔本更加詳焉。舊例，書院每月三課，余參勷一次，見多士争自濯磨惴惴焉，懼辜賢大夫雅望。是以三四年間，不獨遊泮水而登賢書者，科不乏人。而士品文風，且駸駸日上，安在白鷺不可媲美白鹿哉？旹乾隆十九年甲戌仲春之吉，賜進士出身知吉安府廬陵縣事庚午壬申江西鄉試同考試官光州周作哲撰。

劉典《甯鄉雲山書院志序》 雲山書院之建，已逾十年矣。其間形勝之概，興作之勞，考課之規，租賦之額，與夫官師勸學之勤，吾鄉人士好義之勇，皆不可以無述。過此而不紀，久而浸失其真，後之君子將無所考信焉。爰屬周雲先院長爲之分類纂輯，勒成一編。余於同治庚午，自秦告養歸里，雲先亦因其尊人抱恙，請假省侍。逾二年，主講斯席。未幾，而遘其母夫人之戚。今年小祥後，營宅兆既竣，事乃克成書寄余是正。余維雲先當憂戚之時，處淡寂之境，道味自爲親切。空山風雪，午夜一燈，亦得發其尚友千秋之志。雖不欲以文自見，而考訂成規，以垂久遠，俾後之覽者，加意人才，有基勿壞，踵事增華，則斯編洵足以備名山之掌故也。已是爲序。同治十三年歲次甲戌仲冬月，劉典撰。

李嘉瑞《鳳巘書院志序》 孔子曰：吾十有五而志於學。又曰：志於道，故士各有志。讀書此志，誌事亦此志也。我國家涵濡化育重道，旁求士之遭際聖朝。各行其志者，莫不本文章爲經濟，如鳳鳴千仞之岡，振其采而和其聲，濟濟熙匕懿歟，盛矣。甯州左接兩楚，下通三江，環山襟河，叢嵐叠巘，山川磅礴之氣，與夫靈秀之萃。則以鳳山爲最山之麓，建有鳳巘書院，爲士子講學之所，規模制度與鵝湖、鹿洞相輝映。予同治己巳，捧檄來甯，日與諸君子相晤對者兩載。見夫士習謹嚴，循匕然以操修爲事，心竊慕之。繼以公竣旋省，猶念匕在甯士也。光緒乙亥來權州，事復得與都人士相周旋，校課之暇，適諸君子謀立院志，明定學規條約，冀垂久遠，而問序於余。余雖不敏，亦常有志於學，而願志於道。顧以科名偃蹇，志願莫酬。迨後投筆從戎，一行作吏，所遇四方賢人、君子未始不以文章品行相砥礪。今鳳巘書院之有《志》，實諸君子之有《志》也。於戲，莫爲之前，雖美弗彰；莫爲之後，雖盛弗傳。吾願經理斯院者，毋易創而難守，毋有初而鮮終，紹芳烈於前賢，作

楷模於後進。將見宏舒鳳翼，濟乃鳳毛，人文鳳起，正未有艾也。若曰：樂得英才而教育之，則吾豈敢。光緒紀元乙亥冬十一月吉旦，誥授中憲大夫賞戴花翎四品銜知義甯州事加十級隨帶加三級紀録十次壽昌李嘉瑞識於官廳。

白鍾英《岳陽慎修兩書院合志序》 岳郡岳陽書院之設，由來舊矣。慎修書院則創自光緒十三年。前任文君爲增課經古而設，所以廣文教，植人材，意至美也。余於光緒十六年來典是郡，見夫岳陽書院歷年太久，頽焉就圮。而慎修書院係購民房，尚未修成齋舍。因允諸紳所請，易爲府學衙署，遂先於岳陽捐廉。爲倡賴郡人士争輸樂助，搆造而重新之。合計前後屋宇五層，左右齋房百有餘間，即將慎修生童移居後院，顔其額曰「慎修堂」。兩院合而爲一。捐田者亦復不少，更加足膏火，並將所餘修款廣購書籍，俾諸生相與磨礪其閒。異日人文蔚起，萃爲國楨可預卜也。惟是規模雖稱大備，而先後手訂章程，及好義諸紳所捐田房、銀錢、租息一切契券簿據，若不及時清釐，分别付剞，恐年遠散失，無憑查考，易滋流弊。爰囑監院巴陵、學曹教喻廣祺撿齊卷宗一二，扼要彙纂院志，以期徵實而垂久遠。夫有因而不知所以變革者，拘也；有始而不思所以圖終者，怠也。是皆守土者不得辭其責也。後之君子倘能諒余之心，更擴充而相保於勿替焉。是則余之厚望也夫。光緒丙申仲春，知岳州府事長白鍾英序。

吴大澂《重修岳陽書院記》 天地間所可貴者，士也；而士之所可貴者，志志乎！道德則爲聖，爲賢，爲百世師志乎！功名則爲名臣，爲循吏，爲萬民所託命。范文正公爲秀才時，以天下爲己任。余讀《岳陽樓記》，至「先天下之憂而憂，後天下之樂而樂」，未嘗不慨然興慕焉。以爲公之志，即伊尹之志，伊尹樂堯舜之道，莘野一耕夫耳，畎畝之中，即以天下之重爲己任，卒使其君爲堯舜之君，親見其民爲堯舜之民，何其有志而竟成其志也！如此，今之爲士者，志伊尹之志，憂希文之所憂，願爲天下不可少之人，即爲天下不可少之士，余不能相天下士，而獨惓惓於湘士大夫之賢者、仁者，知山川鍾毓之靈，越數十百年，而崛然興起者，固不敢謂古今人不相及也。岳州舊有岳陽書院，規模湫隘，年久失修，内外墻垣往往被雨衝塌。郡守鍾英謀諸紳士，集資修葺，并拓院後曠地，添修齋舍百餘椽，於文昌閣左重建奎光閣，與金鶚山諸峰對峙，形勢高曠，屋宇宏敞，甍棟堅朴，堂廡聿新。招致生童住院，肄業者六十人，優加膏火，並以餘舍爲慎修堂，遷慎修書院生童居之，可容四十人，所給錢米亦如之。合兩院之人才爲一郡之講舍，縻白金萬餘兩，皆太守捐廉爲之，倡諸紳士樂助成之。夫太守者，漢二千石之職也，察舉孝廉，培植寒畯，以教以養化如時雨，太守之責也。今夏恒暘，屢禱不應，軍士歸農者，動以千百計，慮禾苗之將槁，恐萑苻之不靖，太守之憂也。今既甘霖叠沛，士民樂業，弦歌之聲不輟，學道愛人之風其復見於今日乎！以太守愛士之誠，推之以恤萬民之疾苦，行見政平訟理，使民無歎息愁怨之聲。謂非古之良二千石乎！太守以書院落成，請紀其事，書之石，爰以范文正少時之立志，爲諸生勖士之有志於天下者，當亦聞風而興起云。是爲記。光緒二十一年乙未秋七月，湖南巡撫吴大澂撰并書。

白鍾英《重修岳陽書院記》 余少讀希文《樓記》，竊謂岳陽形勝，必有英特之士，應官之善，培而益出者。庚寅秋，奉命來守。甫下車，見康熙朝許守玠所建岳陽書院頽朽，且狹隘不足容多士，即欲籌資拓修之，惟恐志未孚，難猝集祇。先加膏火，嚴院規，聘名師，勤考課。凡四載，士因踴躍，住齋肄業者遞增，從知邦人士已鑒，余誠足資指臂。甲午秋，始申余之初意商之，果皆聞風樂助，不數月，集貲約萬七八千緡，庀材鳩工，經歲落成。得屋七十餘間，院後别建五十餘間，移前文守鐍所建慎修書院詁經生童居之，額曰「慎修堂」，俾相觀摩講堂。後爲藏書樓，藏《圖書集成》一部，經、史、子、集三百餘部，以資博覽。堂前爲亭，曰「觀鶚」，左側高阜爲閣，曰「奎光」。非直用術家言，以培風，諸生息游，亦得舒眺之助。院中經費，余親裁出入，遞積田八十八石二斗八升，花田四塊，房屋四棟，銀五千一百五十七兩，有奇錢三千八百三十七串，八百七十歲入租息。並新籌四縣税契、茶捐，約二千四百餘緡。量入爲出，歲仍餘三百緡，以備不虞。外有新置團山洲田四百畝，俟三年墾熟後，歲租五百石，更可廣其額而擴充之。兹余調長沙，若不移責，郡紳綜理善自維持，恐久漸敝。郡舊有救生局，董者皆正紳，於余是役咸目擊，因出手定章程，俾兼董之，諒必識余苦心，遵守勿替，自惠梓邦也。異日多士砥礪道德、功名文章，各造其極以名世。則余少讀希文《樓記》，私心所竊謂者，庶幾驗之。予日望之，是爲記。知岳州府事。長白鍾英撰。

王世珍《重新崇古冠山書院碑文》 郡庠生七十五歲老人王世珍撰，歲貢生鄉飲正賓葛灦書。昔漢文翁設教成都而學校星布於天下，然猶未有書院之名也。自南唐時白鹿洞擴學館，宋太宗詔賜九經。唐元和間，衡州民李寬建石鼓書院。宋初賜額，真宋時應天府民曹誠造舍百餘間。賜額應天書院，又賜嶽麓書院額於此。宋初四書院，載在《文獻通考》者，理宗朝建置尤伙，其以山水爲名者，蘇州之鶴山書院，紹興之嵇山書院，衢州之柯山書院，道州之濂溪書院，指不勝屈矣。迨元世祖設山長，又設學直以掌錢穀，凡生徒之肄業者，守令薦舉之，臺憲考核之，人

才輩出焉。厥後踵事增華，若龜山書院之在常州，齊山書院之在池州，尼山書院之在曲阜，又較著者也。而太原惟冠山書院顯於當時。志載左丞吕公奏請賜額，又賜書萬卷，其稱盛也。固宜明嘉靖間，天下書院悉廢，冠山獨未遭撤毁。然自汪公藻督州重修後，迄今二百餘載，風雨催殘，舊址盪然無存。州人士屢思振興，有志未逮也。嘉慶丙寅奉直大夫孫公裕起而新之，及丁卯秋落成。適值吾州獲雋者十五人，謂非兹山之靈，有以啓之歟？珍垂老矣，不獲與諸同志歌咏於斯。然竊爲後賢深望者，敦實學勵實行，毋蹈純尚虚聲之誚，用是略考書院本末，俾承學者知我國家文教覃敷講學之地。視前代有加而冠山書院在吾州爲最古。孫公興復之意既堪媲美于前人，而名賢之蔚起，亦企如鹿洞、鶴山、龜山之盛。乃仰副聖天子作人之雅化，其他規制之堅樸，經營之勤勞，則有梅韵白君文，兹不贅録云。董致遠、王應元、馮懷仁、李必狀、王世哲、單文光、閆芹、胡永盛、王壽三、董旨、王壽元、葛勤陽、史寬、李直、胡云望、孟榮、孟廷玫、王永清、張轅、劉大運、張象南、馬鏘鸞、義和祥、霍繼光。大清嘉慶二十一年歲次丙子蒲月穀旦立。

葛士達《冠山書院藏書記》 儒者之伏處也，閉户窮年，足迹不逾鄉里。有時啓口論古今天下事，得失成敗、眉列脉分，燭照數計。上自天官曆算，禮樂制度，下至山川險要，戰守方略，旁及蟲魚草木之狀，訓詁字畫之原，風角占驗之術，莫不搜羅通貫，若數家珍。是豈生而知之哉？亦惟多讀有用之書，博求而詳辨之耳。故其出也，度之古以權之今，任重鉅而不撓，處危疑而不惑，卓然以勛業名一世，其不偶而在下也。以其所學，因材教育，從之游者各得其一枝一節，亦得以輔明主而致公侯將相。即使身不得行其志，教又不得其人而與之，而發爲文章詩歌，如川之行，如山之峙，如日月之炳焕，沉厚鬱結，千百世下讀之，猶足以廉頑立懦，自成法誡之書。積之厚者其流長，藴之深者其光遠，而其所以積之藴之之道，則非讀書不爲功。三晉人物如文中子之學貫天人，司馬温公之開濟宇宙，尚已。其他士之瓌瑋宏博者，亦復代有其人。平定尤爲晉中勝區，文獻之所薈萃也。乃自予之來牧是州，今且五年，求其人而輒不可得。月閲書院課卷，雖有聰穎之姿，而議論文采，類皆空疏無本，每爲廢卷而嘆。蓋自咸同以來，海内多故，益以災祲頻仍，物力衰薄，風氣龐雜，正學之傳日以蕪落，取士之途日以推廣，士之爲學以干進者，一若得此已足，無復博涉深造。州又僻處山中，典籍零落，耆舊凋謝，既無所資以啓發誘掖，而士族半多寒素，更無力以遠購遐搜，相率日安於孤陋而不自振，此其病固非一朝夕之所致，亦非徒一州邑爲然也。予爲之躊躇者數年矣。壬辰春，力籌得三百餘緡，飭吏至省，就晉中所有之書，擇其有裨於學術體用而不謬於聖人者，購得經史子集及《算學籌海》諸書九十餘種，計九百八十餘册，附以中外沿海水陸輿圖十餘幅，庋置州城冠山書院，爲多士肄習之資。令學中之謹厚者司其出入，并爲議列條款，以期經久無墜。予之爲州士謀者心亦良苦矣，而於予心終謙然也。夫通天地人斯爲真儒，故一物不知儒者耻焉。此區區數十種書僅滄海之一勺也，讀之謂足以盡天地萬物之變，究古今治忽之原乎？大學言平治之道，其功由於格物以致知，蓋天下之事與物其殊萬端，其理則一。然非窮極其理則知一蔽一，終無由豁然一貫，而異端曲説遂群起而蠱且惑之。嘗見近世之譚經濟者往往推重海國之數學，幾以爲得千古未有之奇，不知數起於理，窮於理，以達於數，謂之道工於數而昧於理，則謂之伎。道足以治天下萬世，伎不足以濟一邦一時。其説散見於各家，其端則原於《易》。《易》之一函三九，二因六八，數之體也；五十中藏，大衍虚一，數之用也。變而爲六十四，析之爲三百八十四，終之以萬有一千五百二十，天時人事地理莫不備具。聖人通理數以衍道，因陰陽五行消長勝負之機，以推造化終始，性命源流。而有天算之學是爲内學，自非聖神天縱，不能窺其突奥。千數百年而一有其人，非常人所能與也。其次則天效地，制器象物而爲規矩。矩方以劃井分田，而方田堆垛諸法由是始。削矩爲規圓，以測二陸三道之交，七政盈縮合食之度。而渾天周髀曆算諸法及弧弦八綫之説所自昉，是皆爲外學，爲中外言算學者之祖。然天體渾圓而七政行度，登没繩鈎，斜正進退不齊，圜以測之，其中乘積如加減層累極多，易於差失。西學幾何等書，於是易以三角法，以期逕捷。是即以一反三之義，已即勾股之旨。精而化之，凡量高測深立表望遠以暨和較輕重多寡，莫不以三角爲便。此海國之所以因陳出新，而中土之所訝爲神巧而争趨若後者也。要其大概，仍不離乎古法。國初梅氏諸書早已見及於此而微露其端，特人不悟耳。予考歷代數學難於入門，而易於貫串。入門尤以曆算爲更難，曆算通而百法可任意變化，三代以上人皆童而習之。彼絳縣老人紀年甲子軍中謡誦，亦識火中。他若墨子之刻鳶，翔飛不下，偃師之飾偶曲終邪睇，習見而并未以爲奇也。故殷之興也，奇肱氏以飛車來王，湯毁之不以示民，及其還也，更作車以遣之。周公之於越裳氏亦然。古之聖人無所不通，無所不能，治民以道，不屑以伎，亦未嘗不盡其所能。略呈其巧，以折異邦，嘗試之心，所以威服荒裔，民俗阜康，成久安長治之化。然惟確知其理，故能不惑不撓。今之所爲士者，四子書五經而外目無所見，耳無所聞，偶遇一二新異之端，其謹願者則概屏爲妄而絶之，其喜事者則争擷其皮毛以期駭

世震俗，爲進取之具。夫當此全球擾攘之秋，挾術以互相爭勝，爭地殺人，且無已時，徒以爲妄而絶之，而空空無一制勝之術，固不可也。若不究其源不知其理，僅如東家之效掩心，爲唐突之計，亦奚有裨於萬一哉？雖然此持其一端耳，特其淺焉者耳。予亦因時俗之所趨，偶一涉筆及之耳。他若經世之具，濟變之方，是非利害，其機兆於幾微，其端萌於方寸，而其造福流毒及乎四海，迄於百世，使不辨之於平時而猝任其責，倒行逆施之，其所負不更深且鉅哉？而謂讀此數十種書，遂可自號爲儒耶，而力有未能也。或冀後來者之附益之也。且學有序以漸進也。有志者即所藏而習之通之，得其端以競其委，欲罷不能，亦各自能遠訪而旁搜也。子之爲此，特一燈之先導云爾。多士其勉之哉！

史家榮《陝甘味經書院志序》 志之例，出於史，而不專於史，蓋雜《山經》、《水注》、《考工記》、《宫殿簿》之義。古人作事必有志，而後法可因傳可久，官司尤甚。書院非官司，然稟請咨提、領發報銷，有文簿焉。典守者，嘗於文奸滑得而把持之，膏火脩脯，將歸侵蝕。訓誡條告誦讀行習有法式焉。繼至者，味其法佻達，因而玩弄之規制、教法，將盡銷亡。而造養人材之地，安知不爲汩没人材之區也？味經書院，自今河督前學院許仙屏先生崛起創建，即延余宗夢軒先生爲師，詳定規模，有益陝省者甚鉅。夫其益之鉅，正其法之善，用心之勤也。書院是而法與心非，創始者能不戚於心？與焕唐先生知之，起而收集散佚，都爲一册，名曰《味經書院志》，藏之篋笥。余承乏味經，得讀一終，因悉創造之艱難，教法之詳備，繼至者之損益因革，均可沿流溯源，則志書院正志，創始諸公之心也。創始之心常存，書院之益。吾陝者不永永無極哉！余因請付手民，永存書院，先生許之。嗚乎！後之覽斯志者，因先生之文，以上求經營締造及因革損益者之心，必有不忍令良法湮没者，慨然惻然，而思變通扶持，以盡其宜。是則焕唐先生及余之心也。夫焕唐爲許公所取士，故其言詳且切焉。是則讀者自見之，故不贅。旹光緒甲午嘉平月，太華史家榮序於味經書院之監院署。

吕永輝《明道書院志序》 書院之設，所以育人才也。吾汴城南二里繁臺側，宋玉津園舊址也。明天順五年，提學副使劉公昌創建大梁書院於其内，後改名麗澤書院。天啟二年，巡撫馮公嘉會、巡按邱公兆麟重修。崇禎十五年，没於水。我朝康熙十二年，巡撫佟公鳳彩移建城内。二十六年，巡撫閻公興邦，改書院爲名撫祠於繁臺西驛。監道張君思明，改建二程書院於繁臺東，並祀二程子暨及門弟子輩六十人，旋没於水。乾隆七年，開封知府朱君繡復修。道光二年，布政使程公含章，巡撫程公祖洛續修，並祀中州之私淑弟子輩，於兩廡調洛陽先賢後裔，來茲守祠，以奉祀事，甚盛舉也。道光二十二年，又圮於水。水平，祠宇雖修，而書院遂廢，良可慨矣！光緒二十年夏，宛平邵公督學中州，留心正學，集議於二程子祠前，奏請增建明道書院，召輝等董其役。於是集千金，倡未兩月而竣事。中建講易堂，三楹，崇正學也；東爲春風堂，三楹，尊師席也；西爲立雪軒，三楹，居提調也。内分論學齋五楹，辨志齋五楹，勵潛修也；外爲性道齋三楹，明立體也；經濟齋三楹，求達用也。西院，擬修道統祠，溯淵源也。東偏闢園一所，以存玉津古蹟，並建吟風弄月之亭，以爲諸生遊息地也。落成，札調兩河諸生肄業其中。爲之捐束修，籌經費。延明師，以教之；厚膏火，以養之。九月，諏吉釋菜，諸生彬彬，真千載一時之會。嗚呼，懿哉！凡以後進修不懈，成國家有用之才，皆邵公教養之賜也。復恐久而或廢也，俾輝紀於篇，以垂永遠。故輝不辭蕪陋而考顛末以記其事，尤望賢大夫，暨兩河先達諸君子留心正學者，聞風而輔翼之，則幸甚。光緒二十年甲午十月，永城吕永輝拜序於立雪軒。

《安徽于湖中江書院尊經閣記》 立乎成周先漢之世，建澤宫，立學官，設文學掌故及博士弟子員。其時，君相造士之法，别嫌疑，明是非，折群言之淆，立關市之平，諸不在三物六藝四術之科，孔門七十子之微言大誼，凡涉歧旁邪經，曲學阿世，紛紜雜出者，宜絶其術，勿使并進。經之所以薰陶萬士，涵養德性，磨礲器業，别黑白而定一尊也。然經者所以立天地之心，正群倫之命，揣物輕重若權度，灼知吉凶若蓍龜，抉衆理之精義以入神，操萬事之要領以應務，猶之布帛菽粟，百姓日用衣食而不可須臾離也。至於史籍三通輿地形勢，與夫九流詩賦兵家陰符數術方伎，盡古今之變，通庶事之賾，苟可觀採，聖人勿絶。若能修六藝之術，而復博取衆流之言，捨短取長，乃足以通萬古之略。譬猶日月經天而不掩衆星之耿耿，故輝麗融鑠以成其明；嶽瀆作鎮而兼包衆山之嵯峨，百川之蕩蕩潏潏，故涵浤演迤以益其大。經之所以旁推交通，博涉多優，探賾隱，盡情僞，致廣大而逾尊也。于湖舊有中江講院，列州之長材秀氏，校藝於斯。辟趙德爲經師，推朱雲爲先輩，由來久矣。夫人莫不有良知良能秉彝之恒性，著作幹濟之材，然憤悱而無以發其志趣，邁往而無以堅其祈嚮，蓄求道之忱矣，而無傳道授業之師以正其趍而解其惑，則如漆室巨幽，瞽者無相，冥行索途而不可見。苟得良師矣，而六籍不儲，韋編不富，未嘗分門别類，示之涂軌，使人人自陶冶於學，學焉而各得其性之所近，則咫見寡聞，後世議之爲溝瞀陋儒矣。然則莫爲之導，雖十步有芳草，里社有忠信，卒無追達其材

而成其業，此守土有司所大懼也。甲午之冬，乃出官私泉布，屬主簿俞君立誠相地於講院之東偏，剗括榛蕪，夷治瓦礫，建高閣其上，靡大泉二千餘緡，而落成於乙未之秋。登高明而資遊息，可以望遠山，瞰大江，風朝雨夕，霞蒸雲蔚，林皋翳然，寸碧千里，可以怡遠目，益人襟期。閣之上，仿儀徵阮公焦山書藏、靈隱寺書藏例，上爲書庫，募捐官私刻集以實之。會總督南皮張公批牒准行，先頒金陵、蘇州局刻書以爲之倡。於是俾教諭王君呈祥司其扃鐍，院中諸生得以序孯鑒節鈔，維持其性靈，該洽其聞見。用天一閣例，但不准携本出院門一步，以防散佚。而山長汪先生董其成焉。閣之下，仿前皖撫朱公石君建西湖三祠例，牓曰先覺、正氣、遺愛，三爲之龕，以皖南先正爲限斷，有專主，有總主，山長率諸生則朔望謁，地方官以春秋祀，或亦有助於風教歟！慨夫小雅道缺，世變亟矣。君相仄席，求材尤殷。如其華文少實，在門廧則麾之，果能成器致用，在彝翟且進之，教當備術，略乃多方。苟以頒立學官之十四經，撢思天人之故，而以史籍九流疇人算術兵家技巧，孯窮古今之變，以古學潤今治，以道術康世屯，科分目張，禮失求野，磨礲浸潤，暉光日新。毋作輟，毋寒曝；毋助長，毋求速化；媷治一業未精，毋遷徙他業；媷攻一藝未竟，毋涉獵他藝；毋剿耳聞而尚孤詣；毋溺於同能而晞獨勝，毋暖暖姝姝奉一先生之言以自蔚。傳曰：「尊其所聞，則日進於高明；行其所知，則馹至於光大。」人才之興也有日矣，非守斯土者之所日夜禱祀求之者哉？爰不辭譾陋而爲之記。

顧璜《大梁書院藏書序》 書院之名，肇於唐開元六年。其始以乾元殿爲之基，後乃於光順門外，東都明福門外次第建置，既名「麗正」，復名「集賢」，設學士各官，編校典籍清祕，若今之詞館，非士人肄業地也。逮元和間，衡州人李寬於州之石鼓山，創書院。南唐昇元中，白鹿洞建學館，置田給諸生。宋真宗時，應天府民曹誠廣舍百五十楹，聚書千餘卷，以延學者，皆上聞於朝，敕賜名額。於是四方嚮應，推建益廣，而四大書院之稱尤著。明之末造，再遭禁毁。我朝崇右儒術，雖海澨山陬之遥，學校外並建書院，其列在省會者，雍正、乾隆年間，屢賜帑金租息，贍給經費，《會典》所載，凡二十有一，大梁其一也。僕於往歲乞養在籍，與邑人公薦扆臣關先生於中丞景韓劉公，聘主大梁講席。扆臣先生解組歸，甫逾月而卒。同人軫其後嗣之貧，欲僕膺主講，而以一歲脩羊佽之。僕思臯比之責，誠不敢任而麥舟之誼，又何能辭？既受事，思與吾黨諸子講求樸實之學，而先以書籍擴充其眼界。眎院中舊存，寥寥數種，蝨穿蛛罥，心竊閔焉。與中丞諸公謀醵資增置，共得千餘金。時吴仲飴觀察守開封，浼人赴天津書局購運。僕亦在此襄其事。客歲暮，津書始運齊。今春，乃編次目録，酌訂規程，刊印散給。夫書院藏書一事，立法最難。太密，則閲者憚煩，必束之高閣；太疏，則散漫無紀，卒歸於烏有。是在疏密得中，與諸生協力維持，庶不至爲因噎廢食者所竊笑。抑吾宣尼之教人，博文歸於約。禮書者，古人糟粕耳。皋、夔、稷、契，未聞所讀何書，而功在天壤。揚子雲不識忠字，王荆公誤用《周禮》，即胸羅萬卷，何益？故善讀者務求其中精意所在而體味之，内期裨於身心，外期裨於民物，及其融貫有得，汗牛充棟之賾，皆不妨棄若筌蹄，若徒恃爲發攄文采，博取科名，則充其願欲，不過如唐之集賢學士而止。而於修身及家平、均天下之道，概不能有得於彼焉。僕之所望於吾黨諸子者，正不在此也。

謝元洪《興化文正書院藏書序》 元洪忝宰是邑，甫下車，博訪先王遺俗，馴謹敦樸，風教固殊焉。莅治朞年，公餘多暇，輒樂與都人士縱談文藝，至日移晷，尠倦容。已又念海疆苦騷擾久矣。非提倡學術，無人才；非作育人才，無幹濟士。生今日，攘臂奮袂，激情風烈，汲汲以轉旋大局爲己任，而故書雅記，瞠目未睹。凡朝章沿革，郡國利病，與夫時政得失，冥行索埴，茫無頭緒，可如何！可如何！予於是議有藏書之舉。雖然，學術至今駁甚矣。昔嘗怪漢宋兩家門户之見，鑿枘不相入，今國家中外互市，異言蠭午，則又别其目曰中學，曰西學，維新守舊，齗齗如也。竊謂學無判中西，擇取有用而已。烏喙有毒起沉痼，螣蛇有毒療拘攣，西學有毒藥儒緩。吾獨太息於今之阿附西學者，適中西學毒也。去其毒，集其益，析邪正，斠純雜，決自先辨義利始。然懼其尠見寡聞也，使之瀏覽載籍，上下千百年，猶懼其泥古未通今也，使之旁涉時務書，兼采西學，以補所不足。元洪自慚譾陋，於學術曾未窺萬一，而提倡之責，竊願與諸君子起而任之。爰爲鳩貲千串，益以成太史解囊相助，並自捐廉俸，計共購書若干種，藏弆於文正書院。是役也，文正掌教徐孝廉振鏞、昭陽掌教徐孝廉振熙、成太史占春、任刺史綬雲、鄭刺史恩源、魏廣文晉卿、趙廣文懷琦、陳博士光傑實董其事。購既竣，以書目編諸册，請弁其稿。予維四庫駢羅，學海富矣。倉卒取給，不免譏罣漏，且未遑盡擇善者，第發軔伊始，方興未艾，士子苦心劬學，正不待偏集珍錯而後大嚼爲快也。異時學術昌，人才奮，安知無儒林文苑可與諸先儒頡頏者乎？讀書識理，識隨量長，一二倜儻非常，且將出幹濟以爲我國家用，則元洪尤不能無奢望者已。

陳洙《上海格致書院藏書樓書目序》 自漢劉歆總群書爲《七略》，班固據之成《藝文志》，至宋謝靈運作四部目録，王儉、王亮、謝朏代有纂述，顧其書或不傳。

唐秘書郎掌四部圖籍，以甲、乙、丙、丁爲之部目，藏書分部，蓋源於此，實著録家百世不祧之祖歟？厥後《崇文總目》、《書録解題》、《郡齋讀書志》相繼踵作，類皆排列部次，條理井然，而莫備於國朝《欽定四庫提要》一書。當時河間紀文達公及上海陸耳山副憲實司總纂，用能考證詳明，通達原委，集千古學術之大成甚矣。藏書之貴有目録，而纂輯之賴有其人也。上海向有格致書院，近由西士傅君蘭雅商諸各董，添設藏書樓，延潘君慎文主持之，縣、城、鎮之力亦有所不能。然則居今日而欲裨益學術，光我文治，抗衡歐美，度非地方公建之藏書樓不爲功矣。上海處東大陸交衝，文明程度，高出内地。各都邑比年學堂、學會相踵林立，獨藏書樓之建，自海上書藏旋作旋輟外，惟兹樓幸觀厥成。雖由中西紳宦捐助書册，足資擴充，然非傅君等組織經營，成效曷能如此之速！吾知登斯樓者，既佩諸君之熱誠毅力以惠我士林，而尤不能不爲内國士夫愧且望也。書目之纂，雖於前哲不知何如，要之不離乎四部分列者則一。歐美大藏書樓卷軸多者恒數十萬計，或至百餘萬。兹樓創建日淺，繼今以往，收藏之富，既非無有終窮，且使各省士夫聞風愧奮，躍然以興，援安慶藏書樓，古越藏書樓之例，徧設於各省、府、廳、州、縣、城、鎮，十年之後，吾見排纂目録，傳世行遠，效法於斯者，亦當萬計，置書凡若干卷，遠近登覽，實繁有人。甬上徐君楚亭搜羅典守，厥功尤鉅。今年冬，排纂書目將浸諸版，介余弟濳問序於余，余於古今學術升降之故，未能闚見萬一。顧念數十年來，江浙三閣既毁於洪楊之亂，賴浙中紳宦，搜輯補綴於灰燼殘缺之餘，文瀾之書，僅存十五。迄於庚子聯軍之役，天府圖籍悉載而西。於是我文瀾閣文瀾閣書今仍在杭州，謂於庚子之役被聯軍悉載而西，誤也。二萬餘册之專藏，夷爲羅馬藏書樓東方陳列品之一。外交内政之風潮，縱横起伏，洄漩而激盪，以侵淫蔓延於學界而不能遏抑，遂使中國藏書蒙一巨厄。觀乎盛衰聚散之故，關係國勢時局也如此，毋亦運會使之然歟？夫内府圖籍雖至今尚存，然非入承明讀中祕者不能觀。私家藏書，或不數傳而星散。若江浙三閣之設，令吾政府具有東西列强之國富，使徧設於各省、府、廳、州，所以裨益學術，光我文治，抗衡歐美，將在乎是。則是刻也，其猶大輅之椎輪，江河之濫觴也夫！光緒丙午十月江浦陳洙序於上海江南製造總局之繙譯館。

廖廷相《廣雅書院藏書目録序》 凡分七類，四部之首冠以御制敕撰諸書，其一人所撰而兼涉各部者，别出爲雜著，合衆所撰而成一部者，别出爲叢書。

馬徵慶《仙源書院藏書目録初編序》 中興以來，各省設立書局業，舉夫叢編要帙，陸續刊佈，此嘉惠之盛舉而藝林之大慶也。徵慶沐浴先世遺澤，轉徙流離，家藏圖籍，得之危地而存者，尚十五六。時復購求補苴，約可五萬卷。每念先徵君昔年得之之艱，或其書稀有，見比河清，或酬值不給，重若山負，往往以稱貸，濡時爲有力奪去，至於寢食爲廢，言之黯然。今局書誠易購而寒士難於辦資，亦猶過屠門啗畫餅耳。每冀有兼仁智、具大願力之君子，廣羅圖籍，充積大厦，以饗寒畯，俾各寢饋其中，以肥其身，施及天下。結思成幻，往往夢寐覯之。同治甲戌，繆膺秉鐸之選，自維譾陋，不足有裨於學術風教。嚮來結習，不覺逢人傾吐，雖自知失言，所不惜也。逾年，邑侯鄒君戾止，聞之憚其難，既而曰，以言導孰若以身倡。遂傾其行篋之藏，送置書院。徵慶亦取插架之有副儲，略備門目，得六十餘種應之。於是邑人士以典籍饋者，踵相接也。以此見鄒君之以實感人，而邑人好善慕義之衆多。由是引伸觸類，繼長增高，所謂鄴架曹倉者，將復見於今日矣。因與在院之士，參酌誼例，編立書目，竊取前賢及先徵君著録遺意，謬加注語，非敢以是爲嚮導，亦冀與邑賢相商榷，爲一人舉觶之始耳。若夫進德修業，相觀而善，博學詳説，以反於約，由四部、七略而討源六籍，鷄必食蹠，馬空其群，積中發外，左右逢源，豈徒日游文章之林府，誇麗藻之彬彬而已乎？聖人之靈，將必陰騭而默相之。雖以彈丸之邑，化同鄒魯，可也。豈不懿歟！

傳記

《元史·柳貫傳》 貫字道傳，器局凝定，端嚴若神。嘗受性理之學於蘭溪金履祥，必見諸躬行，自幼至老，好學不倦。凡六經、百氏、兵刑、律曆、數術、方技、異教外書，靡所不通。作文沉鬱春容，涵肆演迤，人多傳誦之。始用察舉爲江山縣儒學教諭，仕至翰林待制。與溍及臨川虞集、豫章揭傒斯齊名，人號爲儒林四傑。所著書，有《文集》四十卷、《字系》二卷、《近思録廣輯》三卷、《金石竹帛遺文》十卷。年七十三卒。

《明史·文苑傳一·陳基》 陳基，字敬初，臨海人。少與兄聚受業於義烏黄溍，從溍游京師，授經筵檢討。嘗爲人草諫章，力陳順帝並后之失，順帝欲罪之，引避歸里。已，奉母入吴，參太尉張士誠軍事。士誠稱王，基獨諫止，欲殺之，不果。吴平，召修《元史》，賜金而還。洪武三年冬卒。初，士誠與太祖相持，基在其幕府，書檄多指斥，及吴亡，吴臣多見誅，基獨免。世所傳《夷白集》，其指斥之文猶備

列云。

《明清進士題名録》 隆慶二年戊辰科羅萬花榜：聶良杞，金溪人，進士，提學僉事。

李應昇《白鹿書院志》卷六《先獻》 周偉，星子縣學訓導，萬曆壬辰重修《書院志》，偉實主其事。

陳伯嘉《重修汝南縣志》卷五《職官·明·知縣》 欒和聲，浙江嘉興人，進士，萬曆二十二年任，有傳，有《去思碑》，升禮部主事。

徐景熹《福州府志》卷二九《職官二·提學舉事》 岳和聲，嘉興人，副使，天啓間任。

《汝陽縣志》卷七《宦績》 岳和聲，字爾律，進士，浙江嘉興人。【略】發書院，創社學，旌孝弟。【略】趙太宰賢碑其事豎天中山麓。

《明史·孫慎行傳》 孫慎行，字聞斯，武進人。幼習聞外祖唐順之緒論，即嗜學。萬曆二十三年舉進士第三人，授編修，累官左庶子。數請假里居，鍵户息交，覃精理學。當事請見，率不納。有以政事詢者，不答。四十一年五月由少詹事擢禮部右侍郎，署部事。當是時，郊廟大享諸禮，帝二十餘年不躬親，東宮輟講至八年，皇長孫九齡未就外傅，瑞王二十三未婚，楚宗人久錮未釋，代王廢長立幼，久不更正，臣僚章奏一切留中，福府莊田取盈四萬頃，慎行並切諫。已，念東宮開講，皇孫出閣，係宗社安危，疏至七八上。代王廢長子鼎渭，立愛子鼎莎，李廷機爲侍郎時主之，其後，群臣争者百餘疏，帝皆不省。慎行屢疏争，乃獲更置。楚宗人擊殺巡撫趙可懷，爲首六人論死，復錮英嫶等二十三人於高墻，禁蘊鈁等二十三人於遠地。慎行力白其非叛，諸人由此獲釋。皇太子儲位雖定，福王尚留京師，須莊田四萬頃乃行，宵小多窺伺。廷臣請之國者愈衆，帝愈遲之。慎行疏十餘上，不見省。最後，貴妃復請帝留王慶太后七旬壽節，群議益籍籍。慎行乃合文武諸臣伏闕力請，大學士葉向高亦争之强。帝不得已，許明年季春之國，群情始安。韓敬科場之議，慎行擬黜敬。而家居時素講學東林，敬黨尤忌之。會吏部缺侍郎，廷議改右侍郎李鋕於左，而以慎行爲右，命俱未下。御史過廷訓因言鋕未履任，何復推慎行，給事中亓詩教和之。慎行遂四疏乞歸，出城候命，帝乃許之。已而京察，御史韓浚等以趣福王之國，謂慎行邀功，列之拾遺疏中。帝察其無罪，獲免。熹宗立，召拜禮部尚書。初，光宗大漸，鴻臚寺丞李可灼以紅鉛丸藥進，俄帝崩，廷臣交章劾之。大學士方從哲擬旨令引疾歸，賚以金幣。天啓二年四月，慎行還朝，上疏曰：【略】時朝野方惡從哲，慎行論雖過刻，然争韙其言。顧近習多爲從哲地，帝乃報曰：「舊輔素忠慎，可灼進藥本先帝意。卿言雖忠愛，事屬傳聞。」并進封移宫事，當日九卿、臺諫官親見者，當據實會奏，用釋群疑。」於是從哲疏辨。刑部尚書黄克纘右從哲，亦曲爲辨。慎行復疏折之，曰：「由前則過信可灼，有輕進藥之罪，由後則曲庇可灼，有不討賊之罪，兩者均無辭乎弑也。」從哲謂移宫有揭。但諸臣之請在初二，從哲之請在初五。爾時章疏入乾清不入慈慶者已三日，國政幾於中斷，非他輔臣訪知，與群臣力請，其害可勝言哉！伏讀聖諭『輔臣義在體國，爲朕分憂。今似此景象，何不代朕傳諭一言，屏息紛擾，君臣大義安在？』又云『朕凌虐不堪，晝夜涕泣六七日』。夫從哲爲顧命元臣，使少肯義形於色，何至令至尊憂危如此！惟阿婦寺之意多，戴聖明之意少，故敢於凌皇祖，悖皇考，而欺陛下也。」末復力言克纘之謬。章並下廷議。既而議上，惟可灼下吏戍邊，從哲置不問。山東巡撫奏，五月中，日中月星並見。慎行以爲大異，疏請修省，語極危切。秦王誼漶由旁枝進封，其四子法不當封郡王，厚賄近倖，遂得温旨。慎行堅不奉詔，三疏力争，不得。七月謝病去。其冬，廷推閣臣，以慎行爲首，吏部侍郎盛以弘次之。魏忠賢抑不用，用顧秉謙、朱國禎、朱延禧、魏廣微，朝論大駭。葉向高連疏請用兩人，竟不得命。已，忠賢大熾，議修《三朝要典》，「紅丸」之案以慎行爲罪魁。其黨張訥遂上疏力詆，有詔削奪。未幾，劉志選復兩疏追劾，詔撫按提問，遣戍寧夏。未行，莊烈帝嗣位，以赦免。崇禎元年命以故官協理詹事府，力辭不就。慎行操行峻潔，爲一時搢紳冠。朝士數推轂入閣，吏部尚書王永光力排之，迄不獲用。八年廷推閣臣，屢不稱旨。最後以慎行及劉宗周、林釬名上，帝即召之。慎行已得疾，甫入都，卒。贈太子太保，謚文介。

又《張鼐傳》 張鼐，字用和，歷城人。成化十一年進士。授襄陵知縣，入爲御史。憲宗末年數笞言官，鼐力諫。又嘗劾妖僧繼曉、方士鄧常恩等。帝心惡之。出按江西。盜賊多强宗佃僕，鼐與巡撫閔珪交奏其事。尹直等搆之，乃貶珪而坐鼐尹旻黨，謫郴州判官。弘治初，擢河南僉事，進參議，以協治黄陵岡遷副使。十五年進按察使。鼐官河南久，屢遭河患，督治有方，民爲立祠。是年秋擢右僉都御史巡撫遼東。時軍政久弛，又許餘丁納貲助驛遞，給冠帶，復其身，邊人競援例避役。鼐言不可，因條上定馬制、核屯糧、清隱占、稽客户、減軍伴數事，悉允行。尋劾分守中官劉恭貪虐罪，築邊墻自山海關迄開原靉陽堡凡千餘里。遼撫自徐貫後，歷張岫、張玉、陳瑤、韓重四人，多得罪去，至鼐稱能。武宗立，移撫宣府。正德

改元，召還，尋進右副都御史署院事。有知縣犯贓當褫職，卒殺人當抵死。劉瑾納重賄，欲寬之，鼒執不可，出爲南京右都御史。焦芳子黄中欲强市其居，畀通政魏訥，鼒不從，芳父子亦怨之。會瑾遣給事中王翊等覈遼東軍餉，還奏芻粟多浥爛，遂以爲守臣罪，逮鼒及繼任巡撫馬中錫、鄧章，前參政冒政，參議方矩，郎中王蓋、劉繹，下詔獄，令其家人輸米遼東。鼒坐輸二千石，以力不辦，繫遼東。久之，總兵官毛倫等具奏諸人苦狀，請得折價，瑾勉從之。閱三年事始竟，皆斥爲民。瑾誅，復官。鼒前卒，世宗初予卹。

又《李應昇傳》 李應昇，字仲達，江陰人。萬曆四十四年進士。授南康推官。出無辜十九人於死，置大猾數人重辟。士民服其公廉，爲之謡曰：「前林後李，清和無比。」林謂晉江林學曾，卒官南京户部侍郎，以清慎著稱者也。九江、南康間有柯、陳二大族，相傳陳友諒苗裔，負固强梗，嘗拒捕，有司議兵之。應昇單騎往諭，皆叩頭聽命，出所匿罪人，一方以定。天啓二年徵授御史，謁假歸。明年秋還朝。明天子闇弱，庶政怠弛。應昇上疏曰：「方今遼土淪没，黔、蜀用兵，紅夷之焰未息，西部之賞日增；逃兵肆掠於畿輔，窮民待盡於催科。逗遛習慣，大將畏敵而不敢前；法紀陵夷，驕兵鼓譟而弗能問。在在增官，日日會議；覆疏衍爲故套，嚴旨等若空言。陛下不先振竦精神，發皇志氣，群臣孰肯任怨以破情面之世界者？祖宗有早午晚三朝，猶時御便殿咨訪時政。願俯納臣言，奮然力行，天下事尚可爲也。」報聞。頃之，復陳時政，略曰：「今天下敝壞極矣，在君臣奮興而力圖之。陛下振紀綱，則片紙若霆；大臣捐私曲，則千里運掌；臺諫任糾彈，則百司飲冰。今動議增官，爲人營窟，紛紜遷徙，名實乖張。自登、萊增巡撫，而侵冒百餘萬；增拓練監軍，而侵冒又十餘萬。邊關内地，將領如蟻，剥軍侵饟，又不知幾十萬。增置總督，何補塞垣；增置京堂，何裨政事。樞貳添注矣，孰慷慨以行邊；司空添注矣，孰拮据以儲備；大將添注矣，祇工媒孽而縱逋逃；禮、兵司屬添注二三十人矣，誰儲邊才而精典禮。濫開邊俸，捷徑燃灰，則吏治日壞；白衣攘臂，邪人入幕，則奸弁充斥。臣請斷自聖心，一切報罷。」又言：「今事下部曹，十九寢閣，宜重申國典，明正將領之罪。錦衣旂尉，半歸權要，宜遣官巡視，如京營之制。衛官襲職，比試不嚴，宜申明舊章，無使倖進將校蠶食。逃軍不招，私募乞兒，半分其饟，宜力爲創懲。窮民敲扑，號哭滿庭，奸吏侵漁，福堂安坐，宜嚴其法制。」時不能用。俄劾南京都御史王永光庇部郎范得志，顛倒公論，永光尋自引去。四年正月疏陳外番、内盜及小人三患，譏切近習，魏忠賢惡之。已，復疏陳民隱，言有十害宜急除，五反宜急去，帝爲戒飭所司。京師一日地三震，疏請保護聖躬，速停内操。忠賢領東廠，好用立枷，有重三百斤者，不數日即死，先後死者六七十人。應昇極言宜罷，忠賢大恨。應昇知忠賢必禍國，密草疏列其十六罪。將上，爲兄所知，攘其疏毁之，怏怏而止。楊漣劾忠賢，得嚴旨。應昇憤，即抗疏繼之。中言：「從來奄人之禍，其始莫不有小忠小信以固結主心。根株既深，毒手乃肆。今陛下明知其罪，曲賜包容。彼緩則圖自全之計，急則作走險之謀。蕭墻之間，能無隱禍？故忠賢一日不去，則陛下一日不安。臣爲陛下計，莫如聽忠賢引退，以全其命；爲忠賢計，亦莫若早自引決，以乞帷蓋之恩。不然惡稔貫盈，他日欲保首領，不可得矣。」又曰：「君側不清，安用彼相。一時寵利有盡，千秋青史難欺。不欲爲劉健、謝遷者，并不能爲東陽。倘畫策投歡，不幾與焦芳同傳耶？」時魏廣微方深結忠賢，爲之謀主，知應昇議己，大恨。萬燝之死也，應昇極言廷杖不可再，士氣不可折，譏切忠賢輩甚至。已，代高攀龍草疏劾崔呈秀。呈秀窘，昏夜款門，長跪乞哀。應昇正色固拒，含怒而去。十月朔，帝廟享頒曆，廣微後至，爲魏大中等所糾。廣微恚，辨疏詆言者。應昇復抗疏論之，且曰：「廣微父允貞爲言官，得罪輔臣以去，聲施至今。廣微奈何比言官路馬，斥爲此輩？夫不與此輩爲伍者，必别與一輩爲緣。乞陛下戒諭廣微，退讀父書，保其家聲，毋倚三窟，與言官爲難，他日庶可見乃父地下。」廣微益怒，謀之忠賢，將鐫秩。首輔韓爌力救，乃奪禄一年。其月，趙南星等悉被逐，朝事大變。明年三月，工部主事曹欽程劾應昇護法東林，遂削籍。忠賢恨未已。六年三月假李實劾周起元疏，入應昇名。遂逮下詔獄，酷掠，坐贓三千。尋於閏六月二日斃之，年甫三十四。崇禎初，贈太僕卿，録一子。福王時，追謚忠毅。

《清史列傳・儒林傳上一・耿介》 耿介，字介石。初名沖璧，讀《北山移文》至「耿介拔俗」之句，遂更今名。河南登封人。順治九年進士，改翰林院庶吉士。在館中與睢州湯斌共處一室，以澹泊寧静相砥礪。授内祕書院檢討，出爲福建按察司副使。巡視海道，歷福、興、泉、漳、延、建六府，所過禁迎送餽遺。造船命下，介入山採木監造，未嘗告勞。大兵復閩安，檄築城海上。介晝督工役，夜備海盜，四十餘日成，表裏石城三百六十丈，復修營房二百餘間，屹爲重鎮。康熙元年，轉江西湖東道，缺裁，改直隸大名道。所至除積弊，革冗費，戒貪墨，恩威大著。明方嚴旗逃之令，株連動三四十人。介惻然曰：「功令固嚴，曲全由我，獨不可行仁於法中乎？」在任期年，清三百餘案，不牽一人，民咸感之。丁母憂歸，服除，不出。詣蘇門，受業孫奇逢，執弟子禮，甚堅。篤志躬行，以昌明絶學爲己任。體明道「内

主於敬而行之以恕」語，以敬恕名其堂。興復嵩陽書院，定講課，汲引不倦，來學者衆。二十五年，斌疏薦介賦質剛方，踐履篤實，家居澹泊，潛心經傳，學有淵源。召爲侍講學士，旋陞詹事府少詹事，特命輔導皇太子。上嘗命書字，介書「孔門言仁言孝。蓋仁孝一理，仁者孝之本體，孝者仁之發用。不言仁無以見孝之廣大，不言孝無以見仁之切實」四十三字以進，上悦，書「存誠」二大字賜之。會斌被劾，介引疾乞休。詹事尹泰劾介詐疾，並劾斌不當薦介。部議革職，奉旨：「耿介免革職，依原道員品級休致。」在朝凡五十三日，遂歸。歸後，仍主嵩陽，講學不輟。介之學，大旨以朱子爲宗。嘗與斌書，以爲「道本中庸，作不得一些聰明，執不得一些意見，逞不得一些精采」。斌然其言。所著《孝經易知》，斌開府吴中，頒行所屬。他著有《中州道學編》、《理學要旨》、《敬恕堂存稿》。二十七年，卒於家。時中州講學者，有上蔡張沐，新安陳愹。沐見《循史傳》。陳愹，字元熙。康熙三年進士。官馬邑知縣，邊陲殘破，愹招集流亡，賑貧卹孤，民困漸蘇。旋以告歸。少專意宋儒之學，檢身制行，以邑先達孟化鯉、吕維祺爲法。病學者悖謬朱《注》，潛心體認，著《四書認注説》。歸後，主嵩陽，以所注《性理》諸書講授，問業者滿户外。後以疾卒於家。介著《中州道學編》，凡五十七人，始二程子，終於愹。

又《儒林傳上一·竇克勤》 竇克勤，字敏修，河南柘城人。父大任，諸生，爲學以不欺爲本，喜成就後學。克勤少讀《大學章句序》，躍然曰：「道在是矣！」自是益研究先儒書，作《槃水歌》以自警。聞登封耿介講學嵩陽，從遊者六年。鄉舉後至京師，謁睢州湯斌，日夕講業。斌言：「師道不正，由校官不職。」勸克勤就教職，選泌陽教諭。泌陽地小而荒，人鮮知學。克勤立五社長，月朔，稽善過而勸懲之。每月五日，集童子習禮儀。稍長，教之性理。人皆力學興行。公餘讀書，饘粥不繼，晏如也。康熙二十七年，成進士，改翰林院庶吉士。丁母憂歸，服闋，散館授檢討。會順天學政李光地遭母喪，有請假九月之疏。克勤忿，陳書給事中彭鵬，劾之。及鵬謫河工，勒限出京。克勤賦「海外孤鴻來」一章，祖於道。三十九年，充會試同考官，有貴顯干以私，克勤力拒之。聖祖命翰林作楷書，克勤書「治法堯舜，是爲至治；學宗孔孟，是爲正學。有天德便可語王道，其要祇在慎獨」數語以進。再試，《皇太后萬壽無疆賦》稱旨，賜御書，加俸金。所居狹隘，僮僕皆辭去，使諸子應門，暇則繞坐授經。蠡縣李塨曰：「克勤位望俱重，而最謹飭，可法也。」尋以父老乞歸。先是，克勤於柘城東郊立朱陽書院，倡導正學；及歸，遠近來學，講舍不能容。中州自夏峯、嵩陽外，朱陽學者稱盛矣。大吏重其行，克勤爲陳鄉邦疾苦，多賴以更除。四十七年，卒，年五十六。士友悲慟，門弟子心喪三年，邑之餓夫頑人，亦匍匐赴哭而去。其感人如此。克勤學術淵源考亭，於金谿、姚江辨析必求至當，不爲附和之詞。著《理學宗傳》十五卷，始宋周子，終明薛瑄，凡十五人。《自序》云：「尚有邵康節、蔡元定書，俟學者既通《六經》而後可及。」又著有《孝經闡義》、《四書闡義》、《泌陽學條規》、《事親庸言》、《尋樂堂家規》、《文集》等。子容邃，能承其家學。容邃，字聞子。康熙四十四年舉人，官兵部主事，改授四川新寧縣知縣。縣處西徼，百務凋敝。始至，誓於神曰：「令有不明，惟神啓之；令有不公，惟神殛之！」一時利興弊絶，稱極治。創宕渠書院，立學規以教其子弟，人皆興起。洊陞山西忻州知州，以疾告歸。歸後主朱陽講席四十年。其學以誠敬爲宗，以日用倫常爲實際。澄心危坐，衣冠肅然，接引後進，亹亹不倦。乾隆十九年，卒，年七十三。著有《孝經管窺》、《三思編》、《敬義堂集》。

又《儒林傳上一·李來章》 李來章，本名灼然，以字行，河南襄城人。康熙十四年舉人。明謚恭靖敏之後。敏嘗於縣西南紫雲山創立書院，講學其中，至曾孫繼業，復興之，立爲學程規，一遵敏教，世推理學。來章，繼業曾孫，生有神識。嘗觀石工集庭中斷石，輾轉弗合，語之曰：「去宿土，當自合。是即吾學人心道心之謂。」聞者異之。及長，以光復先緒爲己任。就學孫奇逢，會李容來襄招魂葬父，來章與襄其事，復就容學。後遊魏象樞門，聞象樞言欲除妄念，莫如立志，作《書紳語略》。時奇逢講學百泉，來章與耿介、冉覲祖講學嵩陽。兩河相望，一時稱盛。已，主南陽書院，作《南陽學規》以教學者。尋以母老謝歸，重葺紫雲書院，讀書其中，學者多自遠至。母病目，來章夙興舐之，目復明。四十二年，選廣東連山縣知縣。連山民僅七村，丁二千餘，皆瑶户，大排五，小排十七，數盈萬，又重岡複嶺，田裁十之一。時甫經瑶亂，猶弗靖。來章慨然曰：「瑶雖異類，亦有人性，當推誠待之。」乃仿明王守仁遺意，日延耆老問疾苦，招流亡，勸之開墾，薄其賦。復深入瑶穴，親與設誓，焚妖書，平物價，禁搶掠，解仇忿，殷勤誥戒；復爲之設約，延師訓其弟子，又創連山書院，進瑶民之秀者親教之。行之三年，誦讀聲徹巖谷。督撫交奬之曰：「忠信篤敬，蠻貊信可行矣。」四十八年，行取，授兵部主事，監北新倉，革運官饋遺。尋引疾歸，侍郎田從典、李先復交章以實學可大用薦，得旨徵召，辭不出。六十年，卒，年六十八。來章幼讀二程遺書，沉潛反覆，積三十餘年，嘗作《嵩陽書院記》曰：「道者非他，即《易》之所謂《太極》，《書》之所謂中，《大學》之所謂至善，其實皆一，天也。故董子言道之大原出於天。然自有生以後，去天漸遠，其能全面

無失者，必出於聰明睿智之聖；而大賢以下，率必由學問思辨以致其精，篤行固執以致其一，戒慎恐懼以貫其終始，則踐履既久，性命流行，行止動静，無非天理，斯所謂下學而上達也。」故其爲學以合天爲歸，克己爲要，慎獨爲先。嘗以質之耿介，介然之。因著《衾影録》、《達天録》。其教人以《小學》、《近思録》，曰：「天地間一大缺陷事，無如廢卻《小學》，使一團天真，盡爲功利誇詐之俗所奪，後雖欲收其放心，亦扞格而不入。」又曰：「《近思録》一書，爲周孔真命脈，學者不從此入手，皆斷港絶潢，欲求至道難矣。」及官連山，讀白沙全集，謂其直捷痛快，然下學之功，略焉不講。時縣人衛立組著白沙《要語補》，來章序之，以爲當再取陽明《傳習録》，採其要語爲之補正。晚歲尤篤實，答李容書云：「學求自信，若有一毫求人説好之念，便如優伶登場，塗飾粉黛，徒求觀者喝采，心術豈復可問？此實人鬼關頭，學者須先辨取。不然，雖讀破萬卷，於爲學無涉也。」他著有《洛學編》、紫雲、連山兩《書院志》、《連陽八排風土記》、《嶺海拾遺》、《京華見聞録》、《隨筆》等書。古文摹仿歐曾，不失典型，有《禮山園集》八卷。

又《儒林傳上一·施璜》 施璜，字虹玉，安徽休寧人。少應郡試，入紫陽書院聽講，瞿然曰：「學者當如是矣！」遂棄舉業，發憤躬行。已而會講推璜，璜先一日齋宿，務設誠以感人，教學者九容養外，九思養内，以造於誠。先後主講，垂四十餘年。康熙三十二年，聖祖賜「學達性天」額於紫陽書院，璜因輯《書院志》十卷。初，璜好學不敢自是，聞四方名賢，徒步千里。嘗過梁谿，訪高世泰，將歸，與世泰約期某年月日當赴講。及期，世泰設榻以待，或曰：「千里之期，能必信乎？」世泰曰：「施生，篤行君子也。」言未終，璜果至。又嘗應聘金陵，與孝感熊賜履論學，尤相契。賜履稱其《易説》、《西銘問答》、《太極圖注翼》，有功經傳。及賜履再用，璜遺之書曰：「國家歲漕東南粟輸京師，累費巨萬；如使畿甸及齊晉之地，相水利以興稻田，則數百萬之粟，可取之如反掌也。」賜履善其言。其學以復性爲宗旨，主敬爲工夫，自爲日記，立存心、行事、讀書、接人、吐論五目，注其旁曰：「無録，怠也；録善掩不善，欺也。怠則恥，欺則甚恥。」每日從朝至暮，以所行所得注於下，題曰《思誠録》。如是者亦四十餘年。又以文成之道不熄，朱子之道不著，講論之餘，悉力排擊。論者謂其崇尚正學，與汪佑同功。他著有《誠齋問答》、《性理發明》、《易書詩四書釋注》、《五經臆説訂》、《學庸或問》、《辨學彙言》、《四禮要規》、《新安塾講録》、《紫陽通志續録》，其《五子近思録發明》、《小學發明》二書，尤爲海内傳誦。

又《儒林傳下二·洪亮吉》 洪亮吉，字君直，江蘇陽湖人。六歲而孤，母蔣賢明，督課嚴，風雪夜受經至雞鳴。亮吉純孝，既壯，爲嬰兒戲娱母。家貧，橐筆出遊，節所入養母。及歸，聞母凶耗，慟絶墜水，得救免。三年徹酒肉，不入中門。少工文辭，與同邑黄景仁詩歌唱和，時稱「洪黄」。後從安徽學政朱筠遊，同幕戴震、邵晉涵、王念孫、汪中等皆通古義，乃立志窮經。家居，與孫星衍相切摩，學益宏博，時又稱「孫洪」。【略】亮吉伉爽有志節，自稱性褊急不能容物，好古人偏奇之行，每惡胡廣中庸，不悦孔光、張禹之爲人。生平好學，不以所遇榮枯釋卷帙，嘗舉荀子語爲人戒有暇日。故其學於經、史、注、疏、《説文》、地理，靡不參稽鉤貫，窮日著書，老而不倦。少好《春秋左氏傳》，覺杜注望文生義，不遵古訓者十居五六，於是冥心搜録，以他經證此經，以別傳校此傳，寒暑不輟者十年。遵《漢藝文志》例，分經爲四卷，傳爲十六卷。訓詁則以賈、許、鄭、服爲主，以三家固專門，許則親問業於賈者也。擬及《通俗》文者，服子慎之所注與李虔所續者截然而兩，徐堅《初學記》等所引可證也。地理則以班固、應劭、京相璠、司馬彪等爲主，補晉以前輿地圖經可信者，亦酌取焉。又舊經多古字古音，半亡於杜氏，而俗字之無從鉤校者又半出此書。因一一依本經與二傳，暨漢、唐《石經》，陸氏《釋文》與先儒之説信而可徵者，遂件校正，疑者闕之，成《春秋左傳詁》二十卷。其他所著有《公羊穀梁古義》二卷、《六書轉注録》八卷、《漢魏音》四卷、《比雅》十二卷、《弟子職箋釋》一卷、《傳經表》二卷、《通經表》二卷、《四史發伏》十二卷、《三國疆域志》二卷、《東晉疆域志》四卷、《十六國疆域志》十六卷、《西夏國志》十六卷、《乾隆府廳州縣圖志》五十卷、《曉讀書齋雜録》八卷、《卷施閣詩文》甲乙集三十二卷、《更生齋詩文甲乙集》十六卷、《詞》二卷，又有《外家紀聞》二卷、《伊犂日記》二卷、《天山客話》二卷、《北江詩話》六卷。子飴孫、符孫、齮孫。

又《文苑傳三·吴嵩梁》 吴嵩梁，字蘭雪，江西東鄉人。嘉慶五年舉人，由内閣中書官貴州黔西州知州。詩才與黄景仁埒。弱冠入都，王昶、翁方綱、法式善盛相推重，自是偏交海内名士，未有或先之者。袁枚自負其盛，亦心折其詩。江西自明以來，稱詩者衆，而無卓然傑出號大家者。自蔣士銓後二十餘年，嵩梁繼之，體沿六朝而規格則似唐之温、李，其清婉處又與長慶爲近，而下匹吴偉業。日本賈人賣其詩扇首得四金，高麗使臣得其所著詩，稱爲「詩佛」，因築一龕供之，傍種梅花萬樹。其見重如此。道光十四年，卒，年六十九。著有《香蘇山館詩鈔》。

又《儒林傳上二・董桂敷》　董桂敷，字宗邵，亦婺源人。嘉慶十年進士，改翰林院庶吉士，散館授編修，以疾歸。桂敷少孤，事繼母以孝聞。稍長，博綜經史及儒先語録，爲學恪宗程朱，躬行實踐，顔其室曰「自知」。大學士湯金釗嘗曰：「桂敷自勵勵人，真無負性分職分也。」歸後，主講豫章書院，教學者讀書窮理，貴在反躬。士林以「文範」「道範」顔其講堂。永豐劉繹出其門，以學行稱。年五十八，卒。著有《十三經管見》、《書序蔡傳後説》、《周官辨非解》、《夏小正箋注》、《諸史蠡測》、《諸子異同得失參斷》、《儒先語録匯參》、《見聞贅語》、《自知室文集》。初，紱所著書，惟參《讀禮志疑》刊行，得上《四庫》館，餘惟邑人董昌璵録有副本。自桂敷尊其學，謂得朱子真傳，以其書公之同好，乃稍稍行於世云。

游光繹《鼇峰書院志》卷五《掌教》　游光繹，字彤卣，一字磵田。霞浦人，乾隆己酉進士。由編修改御史，以言事不當鐫秩，歸。

《清史列傳・儒林傳下二・林柏桐》　林柏桐，字桐君，廣東番禺人。嘉慶六年舉人。生平好爲考據之學，宗主漢儒，而踐履則服膺朱子，無門户之見。事親孝，道光六年，試禮部歸，父已卒，悲慟不欲生。居喪悉遵古禮，蔬食不入内者三年。自是不復上公車，一意奉母，與兩弟友愛。教授生徒百餘人，咸敦内行，勉實學，嘗言：「内行者默而成之，不言而信者也。行之著於外，非其人之意，鶴鳴九皋，聲聞于天，不自知也。」又曰：「篤行君子，無所慕於外，而有所得於己，非學則不能，故稱人必曰學行也。」粵督阮元、鄧廷楨皆敬禮之，元延爲學海堂學長，廷楨聘課其二子，然柏桐以道自重，絶不預外事。二十四年，選授德慶州學正，閲三年，卒於官，年七十。柏桐於諸經無不通，尤深於《毛詩》，謂傳箋不同者，大抵毛義爲長。孔疏多以王肅語爲毛意，又往往混鄭於毛。爲《毛詩》學者，當分别觀之，庶幾不失家法。因考《鄭箋》異義，爲《毛詩通考》三十卷。又著《毛詩傳例》二卷，又綴其碎義瑣辭，著《毛詩識小》三十卷，皆極精覈。他著有《易象釋例》十二卷、《易象雅訓》十二卷、《三禮注疏考異》二十卷、《冠昏喪祭儀考》十二卷、《左傳風俗》二十卷、《古音勸學》三十卷、《史學蠡測》三十卷、《供冀小言》二卷、《古諺箋》十一卷、《兩粵水經注》四卷、《粵風》四卷、《修本堂稿》四卷、《詩文集》二十四卷。

又《儒林傳上二・丁善慶》　丁善慶，字伊輔，湖南清泉人，宛平籍。道光二年進士，改翰林院庶吉士，散館授編修。八年，充貴州鄉試正考官。十一年，充廣東鄉試正考官。十六年，督學廣西，洊擢侍講學士。宣宗嘗問翰林中孰爲篤學，大學士曹振鏞以善慶對，上器之。以母老乞養歸。善慶幼孤，早歲事母，執爨必躬，淅米必潔。及歸，益加謹。母或不適，憂皇如不終日；意有不懌，則長跪引咎，既解乃起。畢生孺慕，自順親外，不知天地更有何事也。母殁，主講嶽麓書院。粵匪寇長沙，矢死堅守，寓書其弟曰：「城陷，收吾骨桂樹旁井中矣！」賊退，趣治戰船以濟水師，立共武社，使諸生肄習火器。以城守功，賞加三品卿銜。主嶽麓二十餘年，念俗方抏敝，奢麗亡等，不端士習，無以率齊民，因示以洛閩正軌，爲修身立命之要。湘鄉曾國潘言「善慶庶幾以身教者」。其學詳於治經，尤嗜《易》、《春秋》，著有《左氏兵論》。同治八年，卒，年八十。

又《儒林傳下二・曾釗》　曾釗，字敏修，廣東南海人。道光五年，拔貢生。官合浦縣教諭，調欽州學正。釗篤學好古，讀一書必校勘譌字脱文，遇祕本或雇人影寫，或懷餅就鈔，積七八年，得數萬卷。自是擘求經義，文字則考之《説文》、《玉篇》，訓詁則稽之《方言》、《爾雅》，雖奥晦難通，而因文得義，因義得音，類能以經解經，確有依據。入都時，見武進劉逢禄，逢禄曰：「篤學若冕士，吾道東矣！」冕士，釗號也。儀徵阮元督粵，震澤任兆麟見釗所校《字林》，以告元，元驚異，延請課子。後開學海堂，以古學造士，特命釗爲學長，獎勸後進。嘗因元説日月爲易爲合朔之辨在朔易，更發明孟喜卦氣，引《繫辭》「懸象莫大乎日月，死魄會於壬癸，日上月下，象未濟爲晦」。時元以爲足發古義，宜再暢言之，以明孟氏之學。因著《周易虞氏義箋》七卷。他著有《周禮注疏小箋》四卷，謂惟王建國，國謂諸侯國，賈馬説是，引《左傳師服》曰：天子建國注立諸侯，《祭法》天下有王分地建國，注建國封諸侯爲證。又引《詩周頌序》賚大封於廟也。《樂記》武王未及下車而封黄帝之後於薊，封帝堯之後於祝，封帝舜之後於陳，以駁賈《疏》王國未立、先建諸侯之説，謂辨方正位，鄭司農云正君臣之位，其説不可破。鄭君引《召誥》謂定宗廟失之周營洛，原以均諸侯貢道，非有遷都之意。故周未東遷以前，宗廟皆在豐鎬。《詩振鷺》潛及黍離序可證。《漢書・韋玄成傳》禮廟在大門内，不敢遠其親也。《五行志》董仲舒災異對曰：高廟不當居遼東，譏原廟也。苟洛立宗廟，是原廟不始於漢矣。如斯之類，皆特精審。又《詩説》二卷，長洲陳奂《詩疏》中，往往采其説。又《詩毛鄭異同辨》一卷、《毛詩經文定本小序》一卷、《考異》一卷、《音讀》一卷、《虞書命羲和章解》一卷、《論語述解》一卷、《讀書雜志》五卷、《面城樓集》十卷。其輯古書，有《楊議郎著書》一卷、《異物志》一卷、《交州記》二卷、《始興記》一卷。歙程恩澤典試粵東，耳釗名，欲取作榜首。適釗持服未預試，榜發後，恩澤邀釗飲於蒲澗，作詩云：「我求明珠向南海，離朱喫詬驚愚頑。昆侖第一未即得，羊鬚首捋緣希慳。」謂釗

也。釗好講經濟之學，二十一年，洋人焚掠海疆，以祁𡎴還督兩粤，番禺舉人陸殿邦獻議填大石、獵德、瀝滘河道，以阻火船。𡎴舉以問釗，釗言《易》稱設險者，不恃天塹，不藉地利，在人相時設之而已。入省河道三，獵德、瀝滘皆淺，由大石至大黄滘水深數丈，三四月夷船從此入，當先事防之，以固省城。城固，然後由内達外。𡎴甚韙之，委釗相度堵塞形勢，釗以大石爲第一要區，糾南海、番禺二縣團勇三萬六千晝夜演練，防務遂密。二十三年，𡎴謀修復虎門礮臺，釗進礮臺形勢議十條，已而廉洋賊起，𡎴以釗習知廉州情形，委釗與軍事，海賊投首。咸豐四年，卒於家。

又《文苑傳四・梁廷枏》 梁廷枏，字章冉，廣東順德人。副貢生。官澄海縣訓導。其先人好聚圖籍。廷枏髫齡而孤，性穎悟。成童時，即盡讀父書，下筆有奇氣。稍長，益肆力於學，爲總督阮元所器重。嘗讀書訶林，見兩鐵塔題銜，覈與吴任臣《十國春秋》多不合，乃據正史、《通鑑》、輿地諸書，旁及説部、金石，著《南漢書》十八卷、《考異》十八卷、《文字》四卷，網羅散佚，鈎稽同異。論者謂足與馬令、陸游《南唐書》並傳。道光中葉，海氛不靖，大吏聘修《海防彙覽》。廷枏乃采集海外舊聞，並得美利堅國人新編《合省志略》，著《粤道貢國説》六卷、《耶穌教難入中國説》一卷、《蘭崙偶説》四卷、《合衆國説》四卷。蘭崙者，英吉利倫敦也。其《合衆國説自序》云：「予觀於美利堅之合衆爲國，行之久而不變，然後知古者可畏非民之未爲虚語也。彼自立國以來，凡一國之賞罰禁令，咸於民定其議而後擇人以守之，未有統領先有國法。法也者，民心之公也。統領限年而易，殆如中國之命吏，雖有善者終未嘗以人變法，既不能據而不退，又不能舉以自代。其舉其退，一公之民。持鄉舉里選之意，擇無可争奪、無可擁戴之人，置之不能作威、不能久據之地，而群聽命焉。蓋取所謂視聽自民之茫無可據者，至是乃彰明較著而行之，實事求是而證之。爲統領者，既知黨非我樹，私非我濟，則亦惟有力守其法，於瞬息四年中，殫精竭神，求足以生去後之思，而無使覆當前之餗斯已耳，又安有貪侈凶暴，以必不可固之位、必不可再之時，而徒貽其民以口實哉？」是論出，人頗韙之。林則徐自兩湖移節來粤，耳其名，下車拜訪，詢以籌防、守戰事宜，廷枏爲規畫形勢，繪《海防圖》以進。後祁𡎴、徐廣縉並聘入幕中，襄辦團練。咸豐元年，以薦，賞内閣中書，加侍讀銜。十一年，卒，年六十六。他著有《南越五主傳》三卷、《夷氛記聞》五卷、《論語古解》十卷、《書餘》一卷、《東坡事類》二十二卷、《金石稱例》四卷《續》一卷、《碑文摘奇》一卷、《蘭亭考》二卷、《藤花亭書畫跋》四卷、《鏡譜》八卷、《藤花亭文集》十四卷《詩集》四卷、《東行日記》一卷、《澄海訓士録》四卷。兼通音律，嘉應李黼平亟稱之。總督鄧廷楨與論南北曲，歎以爲粤人所未有。又有《曲話》五卷、《江南春詞補傳》一卷。

又《儒林傳上二・劉繹》 劉繹，字瞻巖，江西永豐人。道光十五年一甲一名進士，授翰林院修撰，入直南書房。十七年，提督山東學政。事竣，温旨詢問家世，命侍父母居直廬。尋以親老，乞歸里。性至孝，主講鷺洲書院，去家百餘里，每月必一歸省以爲常。咸豐元年，廷臣交薦，詔入京。時父已殁，召對，仍以母老陳情歸。六年，粤匪陷郡邑城，奉母避山中。八年，命加三品京堂銜，督辦江西團練。繹出入兵間，不辭勞瘁，多所保全。旋丁母憂，乞終制。同治初，詔嘉其學優品正，復召入京，時年已七十，以老疾辭。光緒四年，卒，年八十二。繹官京師，與户部尚書祁寯藻相契。時有以開礦奏者，繹爲言明季礦害，寯藻具疏上，事遂寢。嘗言：「爲國必先培元氣，其要在得人才、固民心。上無言利之臣，則賢才進；下無貪黷之吏，則閭閻安。元氣之復，必由於此。」督學山東，刻《勸課條規》。著《崇正黜邪論》一卷，以鼓舞善類。主講鷺洲及青原書院四十餘年，與生徒講學，不涉偏激，不落虚空，一以省察躬行爲本，成就甚衆。生平文不苟作，必求合立言之旨。自序稱：「進未嘗一日詭遇，退未嘗一日暇逸。」蓋非虚云。著有《存吾春齋文鈔》十二卷、《詩鈔》十三卷。

又《儒林傳下二・陳澧》 陳澧，字蘭甫，廣東番禺人。道光十二年舉人，河源縣訓導。澧九歲能爲詩文，及長，與同邑楊榮緒、南海桂文燿爲友。復問詩於張維屏，問經學於侯康。凡天文、地理、樂律、算術、古文、駢文、填詞、篆隸、真行書，無不研究。中年讀諸經注疏、子史，及朱子書，日有課程，遂輟作詩。初著《聲律通考》十卷，謂：「《周禮》六律六同，皆文之以五聲，《禮記》五聲六律十二管，還相爲宫。今之俗樂，有七聲，而無十二律；有七調，而無十二宫；有工尺字譜，而不知宫、商、角、徵、羽。懼古樂之遂絶，乃考古今聲律爲一書，自《周禮》三大祭之樂，爲千古疑義。今考唐時三大祭各用四調，而《周禮》乃可通，以此知古樂十二宫本有轉調；又據《隋書》及《舊五代史》而知梁武帝萬寶常皆有八十四調，宋姜夔謂八十四調出於蘇祇婆琵琶，近時淩廷堪《燕樂考原》遂沿其誤。至唐宋俗樂，淩氏已披尋門徑，然二十八調之四韻，實爲宫、商、角、羽，其四韻之第一聲皆名爲黄鍾。淩氏於此未明，其説亦多不合。且宋人以工尺配律吕，今人以工尺代宫商。此今人失宋人之法，律吕由是而亡。淩氏乃以今人之法駁宋人，尤不可不辨。若夫古今

樂聲高下，則有《隋志》所載歷代律尺，皆以晉前尺爲比，而晉前尺則有王厚之《鐘鼎款識》傳刻尚存，今依尺以製管，隋以前樂律皆可考見。《宋史》載王朴律準尺，亦以晉前尺爲比，又可以晉前尺求王朴樂，求唐、宋、遼、金、元、明樂，高下異同，史籍具在，可排比句稽而盡得之。至於晉泰始之笛，可仿而造；唐開元之譜，可按而歌；古器古音，千載未泯。」又《切韻考》六卷、《外篇》三卷，謂：「孫叔然、陸法言之學存於《廣韻》，宜明其法而不惑於沙門之説。」又《漢志水道圖説》七卷，謂「地理之學，當自水道始。知漢水道，則可考漢郡縣」。湘鄉曾國藩見《聲律》、《水道》二書，服其精博。南海鄒伯奇亦謂所考切韻，超越前人。其於漢學、宋學，能會其通。謂：「漢儒言義理，無異於宋儒；宋儒輕蔑漢儒者，非也。近儒尊漢儒，而不講義理，亦非也。」著《漢儒通義》七卷。晚年尋求大義及經學源流正變得失所在而論贊之，外及九流諸子、兩漢以後學術，爲《東塾讀書記》。謂《孝經》爲道之根源，六藝之總會；謂《論語》爲五經之錧鎋；謂《中庸》肫肫其仁，此語最善形容，可據以增成朱《注》愛之理、心之德之説，愛是肫懇，心德亦是肫懇；《論語》言仁者五十八章，以愛與心德解之，而稍覺未密合者，以肫懇之意增成之，則無不合；謂《孟子》所謂性善者，人人之性皆有善，荀、楊輩所未知，程朱謂論性不論氣不備，然孟子言性非不兼氣，質性中有仁、義、禮、智者，乃所謂善，本無不圓備之病。其論治經之法，謂説《詩》者解釋辨駁，然不可無紬繹詞意之功。謂讀《禮》者既明《禮》文，尤明《禮》意，而《禮》意則鄭《注》最精，謂鄭氏諸經注有宗主，復有不同。中正無弊，勝於許氏異義、何氏墨守之學。時惠棟、張惠言、孔廣森、劉逢禄之書，盛行於世。澧謂《虞氏易注》多不可通，所言卦象，尤多纖巧。惠棟《易》學有存古之功，然當分別觀之。又謂《漢書儒林傳》云費直以《彖象系辭》十篇文言，解説上下經，此千古治《易》之準的；謂《公羊》以叔術爲賢者，此《公羊》之謬，不宜墨守；謂何劭公注有穿鑿之病，謂孔廣森《通義》序云《春秋》重義不重事，以宋伯姬爲證，然若《公羊》不詳記此事，則伯姬死於火耳，何以見其賢？又謂《三傳》各有得失，知《三傳》之病，而後可以治《春秋》；知杜、何、范《注》，孔、徐、楊《疏》之病，而後可以治《三傳》；《三傳》注疏之病，動關聖人之褒貶，宜棄其所滯，擇善而從。其論漢以後諸儒，謂魏晉以後，天下大亂，聖人之道不絶，惟鄭學是賴。謂國朝考據之學，源出朱子，不可反詆朱子。嘗曰：「吾之書但論學術，非無意於天下事也。以爲政治由於人才，人才由於學術。吾之意專明學術，幸而傳於天下，此其效在數十年後。故於《論語》之四科，《學記》之小成大成，《孟子》之取狂狷、惡鄉原，言之尤詳，則意之所在也。」其教人不自立説，嘗取顧炎武論學之語而申之，謂博學於文，當先習一藝；《韓詩外傳》曰好一則博，多好則雜也，非博也，讀經、史、子、集四部書，皆學也，而當以經爲主，尤當以行己有恥爲主。爲學海堂學長數十年，至老主講菊坡精舍，與諸生講論文藝，勉以篤行立品，成就甚衆。邵陽魏源著《海國圖志》初成，中有可議者，澧論辨之。後源至粵，見而大悦，遂與定交，並改其書。寶應劉寶楠著《論語正義》，未成而卒，命子恭冕成之，並言當就正於澧。恭冕後寄書至粵道意。光緒七年，粵督張樹聲、巡撫裕寬以南海朱次琦與澧皆耆年碩德，奏請褒異，奉旨朱次琦、陳澧均著加恩黨給五品卿銜。八年，卒，年七十三。卒後，門人請於大吏，祀其主菊坡精舍。所著《讀書記》已成十五卷，又稿本十卷，遺命名曰《東塾雜俎》。他著有《説文聲表》十七卷、《水經注提綱》四十卷、《水經注西南諸水考》三卷、《三統術詳説》三卷、《弧三角平視法》一卷、《琴律譜》一卷、《申范》一卷、《摹印述》一卷、《東塾集》六卷。

又《大臣傳續編七・胡林翼》 胡林翼，湖南益陽人。道光十六年進士，改翰林院庶吉士。十八年，散館，授編修。十九年，大考二等。二十年三月，充會試同考官。八月，充江南鄉試副考官，以失察正考官文慶攜帶舉人熊少牧入闈閲卷，降一級調用。二十一年，丁父憂，服滿，改捐中書，並捐陞知府。二十六年，分發貴州。二十八年，署安順府知府。三十年，文宗顯皇帝御極，詔大臣舉司道以下可大任者，雲貴總督吴文鎔、貴州巡撫喬用遷皆以林翼應。八月，調署鎮遠府知府，以剿辦苗匪出力，賞戴花翎。九月，湖南逆匪李沅發竄貴州界，林翼赴黎平防堵有功，命俟補缺後以道員用。旋署思南府知府。

又《大臣畫一傳檔後編十一・劉典》 劉典，湖南寧鄉人。咸豐六年，由增生奉湖南巡撫駱秉章檄辦寧鄉團務。七月，縣境齋匪倡亂，秉章飭典會縣查辦。典以禍福曉其鄉人，捕匪百數十人，送官訊辦，縣境安輯。秉章上其功，命以訓導用。十年四月，候補四品京堂左宗棠奉命襄辦署兩江總督曾國藩軍務，進剿粵匪，新立楚軍，典總司營務。九月，進軍江西、安徽之交，屢敗劇賊黄文金、李世賢，截剿南贛竄賊，復德興。論功，擢知縣，加同知銜。十一年三月，李世賢糾衆二十餘萬，圍陷樂平。宗棠令典與道員工開化等分道搏戰，大破之。世賢敗遁，遂復樂平。是役轉戰月餘，六獲大捷，斬馘近二萬，解散賊黨無算。江西東路肅清。國藩奏典善審地勢，身先士卒，擢直隸州知州，賞戴花翎。宗棠奉命督辦浙江軍務，授浙江巡撫，【略】〔光緒〕六年五月，宗棠奏：「據甘肅紳士稟稱，典權陝撫時，甘民逃難，絡

繹於陜，委劉倬雲等設局發賑，或擇地安插，貸以牛籽；或編列成營，給以薪糧。數萬哀鴻，免填溝壑。其德澤淪浹隴人之心。嗣幫辦陜甘軍務，治軍之暇，首培學校，士之向學者，多方獎勵，俾其有成。兵車供自民間，故多擾累。典裁撤書吏，宿弊一清。上年山陜災旱，飢民入隴，甘肅東路收成亦歉，典豫爲籌維，捐廉爲倡。省東州縣，遵其條約。居者無離散之虞，來者有安全之樂。他如依水造車，傍山修道，廣招輯，賑孤寒，懇荒蕪，除殘暴，開紡織之館，嚴罌粟之禁。開渠修井，以備旱澇；築城建堡，以資保衛。皆就各處防軍分任其勞，難民還定，坐享其成。卒後，甘人無論老少男女，欷歔泣下。請於甘省建立專祠，用永思慕，懇恩俯准，以存遺愛而愜輿情。」從之。嗣浙江巡撫譚鍾麟、陜西巡撫馮譽驥各請於該省建立專祠，均奉旨允行。

又《文苑傳三・吴蘭修》 吴蘭修，字石華，亦嘉應州人。嘉慶十三年舉人，官信宜訓導。生平枕經葄史，構書巢於粤秀書院，藏書數萬卷，自榜其門，曰「經學博士」。又以桑梓之邦，數典宜覈，乃撰《南漢紀》五卷，别爲《地理志》以補諸家之遺舛；爲《金石志》以搜當時之軼聞，皆詳而有體，覈而不華。兼擅算學，撰有《方程考》，未載《通御》、《附辨》二門，有功九數。他著有《端溪研史》三卷，《荔村吟草》、《桐華閣詞》。

史致昌《彝山書院志・山長題名》 史致昌，號叔平，順天宛平縣人，戊子舉子，覺羅宮學教習。庚子、辛丑、壬寅、癸卯年主講。

紀事

趙宏恩等《江南通志・學校志・書院・松江府》 西湖書院在府治西南，元元貞元年知府張之翰建，大德間，里人邵天驥重建，元統二年，知府申秉禮重修，遷姚氏義塾，其中以便來學，一時，生徒甚盛。至正中廢，後爲西湖道院，今不存。

丁申《武林藏書録・西湖書院》 西湖書院，元改宋太學爲之。内有書庫，藏庋書版。泰定元年九月，山長陳袤《重整書目記》曰：「文者，貫道之器，爰自竹簡，更爲梓刻。文始極盛，而道益彰。西湖精舍，因故宋國監爲之，凡經、史、子、集，無慮二十餘萬，皆在焉。其成也，豈易易哉？近歲，鼎新棟宇，工役悤遽，東遷西移，書版散失，甚則置諸雨淋日炙中，駸駸漫滅。一日，憲幕長張公昕、同寅趙公植、柴公茂，因奠謁次，顧而惜之。謂興滯補弊，吾黨事也。迺度地於尊經閣後，創屋五楹，爲庋藏之所，俾權山長黄裳、教導胡師安、司書王通、督飭生作頭顧文貴等，始自至治癸亥夏，迄於泰定甲子春，以書目編類揆議補其闕。噫，昔人勤於經始，張公長貳善於繼述，此志良可嘉也。是用紀其實績，並見存書目，勒諸堅珉，以傳不朽。非獨爲來者勸，抑亦斯文之幸也歟？」《重整書目碑》：經凡五十一種，《易古注》、《易注疏》、《易程氏傳》、《書古注》、《書注疏》、《詩古注》、《詩注疏》、《穀梁古注》、《穀梁注疏》、《埤雅》、《論語古注》、《論語注疏》、《論語講義》、《儀禮古注》、《儀禮經傳》、《春秋左傳注》、《春秋左傳疏》、《公羊古注》、《公羊注疏》、《孝經注疏》、《孝經古注》、《古文孝經注》、《語孟集注》、《孟子古注》、《孟子注疏》、《文公四書》、《大學衍義》、《國語注》、補音。《春秋高氏傳》、《禮記古注》、《禮記注疏》、《周禮古注》、《周禮注疏》、《儀禮注疏》、《儀禮集説》、陸氏《禮象葬祭會要》、《政和五禮》、《文公家禮》、《經典釋文》、《群經音辨》、《爾雅古注》、《爾雅注疏》、《説文解字》、《玉篇》、《廣韻》、《禮部韻略》、毛氏《增韻》、《博古圖》、孔氏《增韻雅》、《文公小學》、《書史》。凡三十六種，大字《史記》、中字《史記》、《史記正義》、《東漢書》、《西漢書》、《三國志》、《南齊書》、《北齊書》、《宋書》、《陳書》、《梁書》、《周書》、《後魏書》、《元輔表》、《刑統注疏》、《刑統申明》、《刑律文》、《成憲綱要》、《新唐書》、《五代史》、並纂誤。荀氏《前漢記》、袁氏《後漢記》、《通鑑外紀》、《通歷》、《資治通鑑》、《武侯傳》、《通鑑綱目》、《仁皇訓典》、《唐書直筆》、《子由古史》、《唐六典》、《救荒活民書》、《臨安志》、《崇文總目》、《四庫闕書》、《唐書音訓》。子凡十一：《顔子》、《曾子》、《荀子》、《列子》、《揚子》、《文中子》、《太玄温公注》、《太玄集注》、《武經七書》、《百將傳》、《新序》。集凡二十四：《通典》、《兩漢蒙求》、《韻類題選》、《回文類聚》、《聲律關鍵》、《西湖紀逸》、《農桑輯要》、《韓昌黎文集》、《蘇東坡集》、《唐詩鼓吹》、《張南軒文集》、《曹文貞公集》、《武功集》、《金陀粹編》、《擊壤詩集》、《林和靖詩》、《吕忠穆公集》、《王魏公集》、《伐檀集》、《王校理集》、《張西巖集》、《晦庵大全集》、《宋文鑑》、《六臣文選注》。又至正二十二年八月，臨海陳基《書目序》曰：「杭西湖書院，宋季太學故址也。宋渡江時，典章文物，悉襲汴京之舊。既已，裒輯經、史、百氏，爲庫，聚之於學，又設官掌之，今書庫版帙是也。德祐，内附學廢，今爲肅政廉訪司治所。至正二十八年，故翰林學士承旨東平徐公，持浙西行部使者節，即治所西偏爲書院，祀先聖宣師及唐白居易、宋蘇軾、林逋三賢，後爲講堂，設東西序，爲齋，以處師弟子員。又，後爲尊經閣，閣之北爲書庫，收拾宋學舊籍，設司書者掌

之。宋《御書石經》、孔門七十二子畫像石刻，咸在焉。書院有義田，歲入其租，以供二丁祭享及書刻之用，事達中書，匾以今額，且署山長司存，與他學官埒。於是西湖之有書院，書院之有書庫，實昉自徐公。此其大較也。由至元迄今，嗣持部使者節於此者，春秋朔望，踵徐公故事行之，未之或改也。獨書庫屋圮版缺，或有所未備。杭之有志者，間以私力補葺之而事不克繼。至正十七年九月間，尊經閣壞圮，書庫亦傾。今江浙行中書平章政事兼同知行樞密院事吴陵張公曾力而新之，顧書版散失埋没，所得瓦礫中者，往往刓毀蠹朽。至正二十一年，公復鳌補之，俾左右司員外郎陳基、錢用董其役，庀工於是年十月一日，所重刻經、史、子、集欠缺以版計者，七千八百九十有三；以字計者，三百四十三萬六千三百五十有二；所繕補各書，損毁漫滅，以版計者，一千六百七十有一；以字計者，二十萬一千一百六十有二；用粟以石計者，一千三百有奇；木以株計者，九百三十。書手、刊工，以人計者，九十有二。對讀校正，則餘姚州判官宇文桂、山長沈裕、廣德路學正馬盛、紹興路蘭亭書院山長凌雲翰，布衣張庸，齋長宋良、陳景賢也。明年七月二十三日工竣，飭司書秋德桂、杭府史周羽，以次類編，藏之經閣書庫，秩如也。先是，庫屋泊，書架皆朽壞，至有取而爲薪者，今悉修完，工既畢，俾爲書目，且序其首，並刻石庫中。夫經、史所載，皆歷古聖賢建中立極，修己治人之道。後之爲天下、國家者，必於是取法焉。《傳》曰『文武之道，布在方策，不可誣也』。下至百家、諸子之書，必有裨世教者，然後與聖經、賢傳並存不朽。秦、漢而降，迄唐至於五季，上下千數百年，治道有得失，享國有久促，君子皆以爲書籍之存亡，豈欺也哉？宋三百年來，大儒彬彬輩出，務因先王舊章推而明之，其道大著。中更靖康之變，凡百王詩、書、禮、樂相沿以爲軌則者，隨宋播越，流落東南。國初，收拾散佚，僅存十一於千百，斯文之緒，不絶如綫。西湖書院版庫，乃其一也。承平日久，士大夫家誦而人習之，非一日矣。海内兵興，四方驛騷，天下簡册所在，或存或亡，蓋未可考也。杭以崎嶇百戰之餘，而宋學舊版賴公以不亡。基等不敏，亦辱與執事者手訂而目校之，惟謹，可謂幸矣。嗟夫，徐公整輯於北南寧謐之時，今公繕完於兵戈搶攘之際，天之未喪斯文也，或尚在兹乎？序而傳之，以告來者，不敢讓也。」按元黄文獻溍《西湖書院義田記》：「西湖書院，實宋之太學，規制尤甚舊。所刻經、史、群書，有專官以掌之，號書庫官。宋亡學廢，而版庫具在。至元二十八年承旨徐文貞公治杭，以其建置之詳，達於中書，俾書院額立山長，書庫之所掌悉隸焉。郡人朱慶宗捐宜興州田二百七十五畝，歸於書院，別儲以待書庫之用。」此《整書記》、《書目序》所未及也。元時，杭州刻本承宋之遺，爲諸路冠，故宋、遼、金三史奉旨刻於杭州路。蘇天爵《元文類》：「至正二年奉旨發西湖刊行，足徵刻工之精矣。」觀目中所列，皆有傳本，間有一二如《西湖紀逸》、《張西巖集》，近世罕覩，當時所刻，想無題識。如睦親棚北等字，載書家亦莫能道之者。考《元史》，至元十五年三月，遣使至杭州取在官書籍版刻至京師，目中所載凡一百二十二種，或爲當時所遺。又相傳宋刊書版，入元皆輦而之北，惟存臨安一志，更不足信。惟《田裕齋書目》載，馬端臨《文獻通考》初刻於泰定元年，實版西湖書院，至正五年，江浙儒學提舉余謙重爲訂正補刊，是書與碑刻於同時未及列入。惜至正二十一年之書目不傳，無從考證耳。

黄溍《西湖書院義田記》 西湖書院實宋之太學。舊所刻經史群書，有專官以掌之，號書庫官。至元二十八年，承旨徐文貞公治杭，以其建置之詳達於中書，俾書院額立山長，書庫之所掌悉隸焉。

聶良杞《百泉書院志》卷七《書籍》 按舊志書籍稍全，近多殘缺，所存十之一二。今購求之，置之藏書閣焉。

邵鋭依《白鹿洞禁約》（《白鹿洞志》卷一二） 一、本洞儲書，專以教迪士類。近年，江西科場必取洞書應用，及至領回，缺者不敢言缺，失者不敢言失。洞書殘落，大半由此。今後，江西科場書籍布政司自備，該府毋得輒取白鹿洞書籍送用，以致遺失。

一、院中書籍，考舊志所載，殘缺遺亡者十已五六。近經兵亂，全無册籍查據。今後，仰府設立一樣册籍四本，明開書籍、什器，解赴本道鈐印印過，一留本道存照，一留本府存照，一發本府學存照，一發付書院庫子收管。本洞教授每月朔查取門庫損失有無執結。歲終，仍申本道查考。

周偉《白鹿洞書院志》卷七《文志・書》 白鹿成，未有藏書，欲于兩漕求江西諸郡文字，已有劄子懇之前，此亦求之陸倉矣。度諸公必見許，然見已有數册，恐致重復，若已呈二丈，托并報陸倉三司，合力爲之，已有者，不别致，則易爲力也，書辦乞以公牒發來，當典收附，或刻之金石，以示久遠，計二公必樂爲之也，旦夕遣人至金陵，亦當偏于本路諸使者也。

耿介《嵩陽書院志凡例》 一、書院舊無《志》，余倣《白鹿義例》稍輯成帙，特始基耳，潤色光大，俟諸後人。若識見固陋，文辭荒鄙，所不避也。

一、書院創于宋，爲兩程子過化之地，豈無金石遺文可資采輯？而代遠年湮，

斷碑殘碣與荒煙蔓草俱盡。嗚呼！後之視今，亦由今之視昔，謹擇其詩文有裨正學，存什之一，俾來者得以考焉。

一、是《志》以書院爲主，雖二室山水甲于寰宇，然有傅邢臺《嵩書》，張長洲《縣志》，葉慕廬、焦丘園《嵩高志》，紀載頗詳，兹不槩列，亦主賓詳略之體也。

一、中嶽名勝之區，代有靈蹟。其間宫觀、寺宇、壇壝、陵墓不可殫述，惟崇福宫、先賢遊寓、鄢公墓，名教攸存，故《志》之，他無關書院者，弗載。

歐陽厚均《嶽麓書院捐書詳議條款》　一、據稱購求宜廣也。嶽麓勝迹自應廣求書籍，以備名山之藏。現經呈懇，奏請頒發殿板諸書，尚有從前頒發查已遺失無存者，應請補購備貯。此外如坊肆本及官紳士民家藏已刻未刻各本，應請通行札飭各屬，勸募捐置，仰蒙各憲現議，陸續捐購。其現任湖南地方文武各憲及通省各屬士民，如有家藏書籍情願捐入書院，或自願量力捐資以備購買書籍之用者，應請悉聽其便。官捐者，官爲購買，隨時飭交監院收貯；民捐者，民爲購買，亦隨時呈請監院收貯。均令即行登入册檔，一面申報院司道衙門存案。至各府廳州縣新舊志書及别項書籍板片，向係官爲經理者，應請飭屬概行征收以備貯藏等語。[查]從前頒諸書遺失無存，據該生等呈請補購，應請札飭該監院查明書目，即於道庫貯存額增膏火項下動銀購買，發交監院收貯。其有願捐者，聽從其便，毋庸通飭勸捐。至府州縣志書及别項書籍板片，不必征取貯院，以省煩擾。

一、據稱收發宜清也。各項書籍藏貯既多，一收一發，登記宜清，應請責成監院設立册檔，按年登載。新收者，或係頒發，或係征取，俱於各書名下，注明幾卷、幾本，幾套，係某年月日收到字樣。内捐置及購買者，除照前注明外，並添注何員何人捐購字樣。每書於殼面上，俱鈐用監院鈐記，並於逐部逐頁加鈐「嶽麓書院藏書」圖記一顆，庶免偷换等弊。至院長及住齋諸生取閲書籍，應由監院發交造册存查，隨時登號記數，閲後繳還銷號。内有未繳者，向來於散館時查收銷號，應請嗣後按季收查。三月内即行催繳，俟繳還前書，再行取閲别册。至散館時仍不繳出，監院即核明原書價值，申報上司。如係院長，於修金内扣存；係肄業生，於膏火銀内扣存，倘扣存不敷，行文各學籍，追足銀價以爲買補書籍之用。如監院不隨時稟出，即著落賠補等語。查書籍藏貯既多，自應設立册檔詳明登記，應如該生等所請，每收於殼面鈐用監院鈐記，現今捐購各書，每書每本首頁尾頁，俱鈐蓋「嶽麓書院官書」戳記。惟諸生取閲，從前於散館時查收，固不可行，即現在所議三月催繳，亦爲日大久，易致散失。應請飭各生取閲書籍，呈明監院，照號查發，每十日查收一次，如要取看，再請查發。查書院每月考課三次，監院例須到院，便於收發，不得假手書吏，以免散佚。如有短少，責成監院賠補。

一、據稱交代宜嚴也。各學書籍俱有交代，書院設立監院教官一員，經管書籍，歷系列入交代，近年來不知何以全歸烏有。應請嗣後更换監院新舊交代之時，添設監交二員。省城内現有三學，共教職六員，除新監院之同學者不派外，其餘兩學各派一員監交，一體具結申報。倘有遺失書籍不即行稟報者，至下屆交代時查出，即責令與監院各半分賠，並量予薄罰示儆。如另委别學及候補人員監院，亦請於省城内分學派現任教職二員監交。至交代册結，向來申報鹽憲，轉申撫憲衙門，應請嗣後多造數份，報申學憲藩臬糧各憲及長沙府憲各衙門存案，以備稽查等語。[查]各學書籍俱有交代，書院事同一律，應如該生等所請，新舊交代之時，添派監交一員，眼同查點交收，取造册結，具文申報管理書院各衙門，以備稽查。至下屆交代之時，書籍如有缺少，責令監交之員與監院各半分賠。其餘各衙門不必添增文報，以省案牘。

一、據稱藏貯宜謹也。藏貯書籍，須防霉變起於潮濕，尤莫甚於房屋之滲漏。現在御書樓一座，重修完固，樓上樓下俱可藏書，若不逐年苫蓋修理，恐難經久。應請增歲修一項，每歲所需不過數金，以爲添補瓦片、修整格扇之用。如椽桷墻壁損壞，應大加修飾，監院隨時察看情形，申請勘估辦理。至貯書用櫃用架，各隨其便，必須堅實幹料，做法不得苟簡，庶免蟲蛀損壞等弊。約計櫃一只需銀在二兩上下，架一只需銀不上一兩，爲數尚屬無多，應請添制備一項。俟購求書籍已有成數，再定櫃架數目之多寡。惟查前二項銀兩，書院内每年俱有此款項名目，近年來竟係有名無實。應請嗣後御書樓及書院内堂、廡、學舍新增舊有一切歲修制備銀兩，每年在於啓館後一月之内，或遴委廉員會同監院領銀結報辦理；或由在院肄業生内選擇首事一二名承辦，其銀兩隨同膏火發交該生具領辦理；或在門堂齋夫内由院長、監院選擇一名承辦，其銀兩隨同該役工食發交具領辦理。庶不致假手胥吏，銀無扣克，工歸實用等語。[查]貯書之處，收藏宜謹。每年苫蓋修補，需用不過數金。如應大加修理，監院察看情形申請勘詁辦理，均應如該生等所請。至貯書需用櫃架，俟核定數目，再於道庫貯存額增膏火項上動銀製造。至書院工程從未經手胥吏，即如上年修理崇聖祠、六君子堂各處，估計工料銀六百四十八兩有零，經監院具文請頒於上年十二月全數發給，至今半年之久曾否竣工？催卷成帙，查無只字具報，無從稽核，應請嗣後如有工程動用，專責監院經理，銀數無多者，全

行發給；若數在百兩一上，估册到日詳奉憲臺批准後，先行發給一半，其餘俟工程完竣，委員覆驗之後，再行找發，以節浮冒。

一、據稱看守宜嚴也。御書樓一座在書院中最後一層。地本僻静。圍墻尚爲周密，應請設看守人役一名，令其在館居住，謹司鎖鑰，隨時看視，不許閑遊人等入内窺伺，並不許肄業諸生借住樓下。每年霉雨月分，禀請監院跟同曬晾書籍。其工食銀米照門堂齋夫之例，每月給銀六錢、米三斗以資養贍等語。［查］樓中貯藏書籍，自應請役看守，應如該生等所請，添設看役一名，照門堂齋夫之例，每月給銀六錢、米三斗以資養贍。貯書之處，嚴密封鎖，鑰令監院收掌，不許閑雜人等入内窺伺，並不許肄業諸生借住樓下；每年霉雨月分，禀請監院曬晾書籍，均應如所請辦理。

李堯棟《嶽麓書院藏書記》 士，民之表也；經，士之業也。民風醇，本於士習端；士習端，本於經術明。經明則行修。一人行修，移於一家；一家行修，移於一鄉一國。訓世正俗，其必由通經之士乎！自余來撫楚南，楚南故騷雅地，人材無患不古。若顧近日之民，頗好訟，甚者赴愬於京。案之初，非有困弊之莫爲昭蘇也；非有奇冤重比之未獲洗遂也；又非有惸獨老幼之欲有復於上，而其長弗達也。夫民愚何知清訟之源？固填撫使者之職。抑亦鄉鄰族黨間，薫其德，而善良者無人歟？則夫勸學、修禮、崇化、厲賢良汲汲矣。楚南嶽麓書院之建，自北宋始。咸平初，州守李允則請於朝，乞以書藏。祥符間，山長周式引見便殿，賜中秘書，使歸教授，矧其爲朱、張兩大賢講學之地哉！我朝康熙二十三年，巡撫鐵嶺丁公請頒經史十六種，特建樓以藏之，蓋修北宋故事也。歷年多皆朽蠹、散軼而不可復稽。余懼後生之士因陋就寡，但爲決科利禄計，無以講道而勸斯民也。亟謀之同官，發公帑錢五百緡，購書若干卷，經、史、子、集犓具。諸生讀書，各造其所，毋挾以歸。歲一曝，月一整，則責之監院事者，俾永其傳。或曰：「古今載籍極博，曾是區區者而足爲學者之山淵乎？」余曰：「然。」然書不貴能藏，貴能讀。苟即此而通之，其視兔園册子何如也！且諸生日與聖賢對，經術明而士習端，士習端而民風醇，讀書之益孰大於是。詎比藏書家，必與劉《略》、班《藝》、虞《志》、荀《録》争勝也哉！抑又安知夫後之人不踵而行之更廣爲購儲，使日臻於美，備哉！則即以此區區者爲物始也。可爰書以爲記。嘉慶廿有五年庚辰夏五撫湘使者山陰李堯棟撰。

《朱陽書院志凡例》 一、書院有志，重道脈也。《白鹿洞規》，紹明往緒；《嵩陽院志》，開示來學，皆不事繁言而大義已昭者也。兹倣二志體例，務期簡括，一芟冗蕪。

一、書院有志，紀載書院之事，非取遠摭旁搜，誇耀名勝。凡山川人物與書院脈絡聯貫者，採入。若無關書院，及傳聞失實者，槩不敢收。

一、書院自今肇舉，不得不緣今起例。如沿革罕能援古，形勝多録見在，勢自應爾，非漏往蹟。

一、志道依仁，並需遊藝。胸無恬適之趣，視文字爲外襲，去道遠矣。静悟名理，動觸天機，倘一詠一歌，性體呈露，文辭寧非載道之器耶！詩記類總入文翰，有關理道者，存之，非尚雕鏤不根之習。

一、書院創興，實賴諸公倡明之力，作新捐建，悉載無遺，不敢没崇正之苦心。

一、余編是《志》，雖稍知取裁，但荒僻無聞，管窺致誚。若文其謭陋，燦成大觀，不能不重有望於後之君子。

高廷珍等《東林書院志凡例》 一、凡祠宇講堂，新舊規模，興廢年月，俱叙入《建置》，至當年佐工、佐餫、佐産，嚴《志》別載《義輪》。今附《建置》内，而增以《佐修》，若後人修葺之功不繼，則前賢建置之澤亦湮，載此以俟續登，方可歸然百世。

一、凡《會語》，的係東林定本，止録顧、高兩先生，侃侃衛道，諄諄淑人，一段真精神，尤令人百世可興也。如端文《虞山商語》、忠憲《就正録》等書，不係東林，不敢闌入。至諸賢亦各有東林講語，則俟他日，當彙爲「東林諸賢會語」以傳之。

一、凡諸賢列傳，每詳立朝大節，而生平進德修業之處，則略焉，蓋史傳體裁也。今欲考其進道之階梯，學力之究竟，非有德有言之君子，不能知，亦道不到。故既載列傳，而墓文、行狀之卓然可傳者，謹倣《伊洛淵源》例并録焉。庶嚮往者從可窺尋，爲學工夫亦有誌狀詳核不更，覓傳者傳亦無以復加也。若欲稍更前後變爲傳體，掠美市名，則愚不敢問，或不及采入全文，則以管窺纂補。

一、凡傳文稱名，從史例也。有「稱」字稱先生者，緣非史傳，各照作者原文，未便改，從一例。

一、凡高子《會語》、《文翰》、《軼事》，未見遺書者，悉據未刻稿及親筆日記編入。

一、凡嚴氏所輯《院規》、《文翰》等篇，意主從簡，删削過多。今悉考原本正之。

一、凡當道申詳、移檄等文，及士人呈請之辭，並關興替，載入公移，而惟事涉

祠祭者，別以類從，編入《祀典》。

一、凡《文翰》，惟關係東林而作者，分體入編。如欲于諸賢集中擇其有關世教精粹可誦者，登入一二。既恐掛一漏萬，復恐美不勝收，故不多載，以混體例。

一、凡舊《志》序、跋弁之首簡，累頁太多，去之，恐没前人撰次之心，故如劉本孺先生《志稿》罕傳，高彙旃先生《續志》亦詮次未竟。二書序、跋，謹與嚴《志》原序並入《文翰》，以志不忘。

一、凡所標諸賢姓氏，例宜從一。祇因置主人祠，時向有或字、或號之異，故各照祠内「某先生」神位標稱。

一、凡諸賢傳文，誌狀之内所載著述從删，以另列《著述》一卷也。倘有藏弆名山，寡陋失于登載者，希不吝示知，以便補刻。

一、凡諸賢無全集傳世而所著詩文之類間有，如吉光片羽，不可磨滅者，例既不便入《文翰》，則採入《軼事》，以廣其傳。後學從此一班可以窺豹。

雍正十年三月上浣，梁溪後學許獻鄉三氏、高廷珍和鳴氏、高陛季元氏仝識于東林之再得艸廬。

施璜《還古書院志例言》　一、志還古開基、剏院、祠宇、規模、建置、沿革，悉本《碑記》與郡邑志乘。其山塘、田地、租息、錢糧，則以書院現在每年所徵輸者登籍。餘不盡詳。

一、志山川、古蹟，以其形勝勢與還古聯貫。講習餘閑，登臨遊覽，可以恢拓胸襟，感發志意。若不相關，在所不取。

一、志每年釋菜、講學、禮節、儀文，俱遵前輩論定舊則，不經考究，不敢妄入。

一、先聖先賢諸傳，俱照前哲定本，或出郡邑志，其無舊傳者，則考於其人之行狀、誌銘，必得事實，爲之補入，不敢以無徵妄爲增減。

一、有功還古諸先生傳，俱綜大概，見其平日功著書院。至若一生嘉言善行，表彰自有家乘，玆不殫述。

一、德鄰干城諸前哲傳，總稱先生，以還古爲講道壇席，用表尊崇之意。

一、會紀與門簿不同，以會友明道，非藉以通聲氣。舊例學正而道高者，有紀經明而行修者，有紀其餘，則闔計赴會若干人，今於總書之後，書臨會某某者，以遠客光賁，必能爲吾道增色也。又書同會某某者，以其登堂能發明聖賢經傳，或與會事相關，平日能心乎還古者也。外不能細詳，觀者諒之。

一、會紀自丙戌至壬辰，俱伊溪楊先生所抄録。壬辰以後，二十年闕紀，因楊先生殁，稽考無從。然會紀雖缺，而釋菜、講學，則衆所共見共聞，未嘗有間。

一、講義乃闡明聖賢精藴，貴發前人所未發，又宜無偏無陂，純粹中正，而不背子朱子之意者爲佳，不敢阿私，妄有所取。

一、志所載，皆璜祖遺意，璜祖殁後之事，不能殫悉，惟祀典與修葺、會講三者載至今日，蓋以璜祖殁後三十餘年，闔邑諸君子撐持不替，亦先聖、先賢與璜祖遺澤之深使然，非他事可比，故不忍不志。

一、還古兩遭厄運，典籍無存。少游吴先生因作紀略，星溪汪先生重訂會籍，璜祖又因二書而詳加記載，輯爲院志，總以書院之所關者甚大，皆欲以往事示後耳。

一、輯志雖肇於璜祖，嗣後，敏齋汪先生三省，光埜汪先生曦，伊溪楊先生湄、約廬吴先生維佐、魯齋李先生菁、伊人金先生維嘉、曉巖任先生允文、梧岡葉先生衡、息園趙先生贊俱有意續完。而伊溪楊先生立心尤切，然皆以事故因循，四五十年未遂所願。璜小子自九齡追隨祖父於講席，長承諸先生提命於玆，已四十餘載。今年近六十，疾病纏綿，故不敢以固陋自棄務。與同志諸先生討論、參校，補緝成編，其自建院至今，由來日久，事或不能盡詳，併其文之淺近鄙俚，心知不免，惟冀大人君子矜其愚而憫其意，庶或鑒原於萬一云。

洪亮吉《洋川毓文書院碑記》　洋川毓文書院者，旌德縣洋川鎮人譚君子文所剏建也。君以勤苦起家，有貿易在廬州府之雙河，距家五六百里，君徒步負行囊，數日輒往返，以爲常。五十後，家稍起，即割其貲之半，剏書院於鎮之洋山，費白金二萬有奇。縣固多富人，十倍數十倍於君者，不下二十家，倍君及與君等者，不可數計。始皆笑君所爲，及書院既成，走數百里，延師儒之有名者主其事，而折束招江以南四府一州之士肄業其中。購横舍百間，各有床几，各置户牖庖湢，負笈至者若家焉。規畫井井，與江南北都會之地所創建者無異。君又節嗇衣食，時市珍異，以餽師及生徒之勤學者。簡省日用，購經史子籍各書，以貽多士之能讀者。於是，始之笑君者，亦均遣子弟受業焉。君自幼時，已棄學爲賈，然性酷嗜書，一日輒兩至院中，聽諸生讀書聲以爲樂。院中自講堂及横舍外，又就岡阜之高下曲折，建爲亭館廊廡。有塔焉，以備遠眺；有樓閣焉，以備文讌、游息。蓋勝於君所居室遠甚！余自戊午歲，以弟喪乞假歸，君即請於大府，欲乞爲課士師。然未久，余即入都，又以罪戍伊犂，不果至也。及自伊犂歸之二年，君又遣冢孫來，以前約請。余感君之意，又以地居萬山之中，可借以避譏謗，遠塵雜也，館於是者二年。君暇

日請曰：「書院之成，不可無記，記又非先生不可。」余諾之。君名廷柱，年已七十一，次孫正治已補博士弟子，亦勤學有聲，蓋君能爲人所不能，爲又使數府士子藉此以知實學，勤踐履，則君之有益於其鄉者，又豈僅賑饑卹患，葺橋梁，施醫藥，一時之事可比哉？行且食其報矣。嘉慶八年歲在癸亥三月望日，陽湖洪亮吉記。

游光繹《鼇峰書院志》卷七《藏書》 天門蕩蕩，玉書來下。張公儒者，便便文雅。選士以修，擇要而求。掌之有胥，藏之有樓。爰賡爰續，分門著録。將聖將賢，兹焉可讀。志藏書第七。

藏書章程：

一、貯書雖分門類，亦宜酌量。應珍藏者，貯之，列爲上卷。即有書雖不全而板甚可貴，以及難於購補之書，亦應一律珍藏，列爲上卷。其餘常行坊本，應與重復諸書另貯，列爲下卷。

一、書有缺卷、缺頁，應分别購補、抄補。假如一部中所缺卷數過多，如《册府元龜》、《晉書通志堂》，各種自須另爲購補。其所缺僅止數頁，應即時抄補，以臻完善。至有只需粘補，用白芨隨時粘修。

一、凡書之不成體裁，以及殘缺並蟲蛀不能修理者，應另貯以存書院之舊目内，概不開載。仍另開一册用印存查。

一、書院各書原以備士子觀覽，但恐任憑取閲，或憑書吏經手借觀，仍易遺失。抽换此番查修之後，應請於貯。收時，每橱封鎖。如有肄業生等取閲，必須告知。監院開橱領書，隨時登記檔册，限以時日繳還。倘前借之書未還，不准再借。其夏月應行曬晾之時，分日曬晾歸貯。呈報糧道衙門稽查，並給予飯食。

一、各上司借書用印札。差役至書院向監院取閲，札存書院爲據。發還時，仍將原札繳銷，以杜假冒侵蝕之弊。如逾三個月未經發還，及有陞遷等事，監院官稟請發還歸欵。如監院不行稟請發還，著落賠補。

右五條，嘉慶六年詳定。

一、諸生借書，凡有大部書籍，僅許先領一二卷，閲畢即繳，再换下卷。只准在院中披閲、抄録，不得私帶回家。如有帶回者，查出即將原書取回，不許再借。如有遺失，飭該生賠償。

一、每年將散館時，該書吏將諸生所借之書，一概收回。監院官詳細查點，倘有遺失，著落該胥賠補。

右二條，嘉慶十年增。

汪志伊《鼇峰書院志》卷一〇《藏書》 鼇峰書院藏書共八百九十六部，二萬三千六百二十五卷。嘉慶辛酉冬日既重加修整，遂彙刊目録一册，以便檢閲焉。雖非秘閣之藏，差擬曹倉之次，庶愜諸生汲古之深，衷仰副聖朝右文之雅，化不獨防其散佚已也。撫閩使者皖江汪志伊識。

游光繹《鼇峰書院志》卷一六《雜述》 潘敏惠公以清恪公所購書未備，又頒發若干部，久而司事者稍懈，主書吏輒目爲蟫蠹，盜而鬻之。汪稼門中丞稔其弊，命候補。令就其存者，部居州次，刻爲書目。斯奕世之良規也。藏書樓書近六十橱，間有不必藏者，而宜藏者，或缺。汪稼門中丞議欲遣官至江浙購買，旋以病歸，不果。甲子歲僅購得數十種，若院中經費有餘，似當再謀增益也。

林柏桐《學海堂志》·《藏書規條》 一、堂中藏書册二本，其一流交，其一存堂，如續有所藏，隨時著録。

一、藏書凡若干箱，常日封鎖，其鑰匙隨課流交，管課學長隨時省視。

一、藏書每本首尾兩頁，俱蓋用「學海堂藏書圖記」。

一、設借書册九本，其一存堂，八學長各分貯一本。

一、學長如借讀藏書，先在分貯之借書册，自注某時借讀某書，凡若干本，約以某時交回，分送現管課兩學長，各照鈔人分貯册内，仍於存堂之借書册照式注明，然後借出。遇公集之日，當衆説知。後來交回，亦由現管課者，核明書無缺少污損，方可收入於各册注銷。倘屆期未交，現管課者須問明何故，即詳記於存堂之册，俾得周知。

一、借書如有遺失，係借者自行購補，如有點污損失，自行洗刷，修好方可交回。每逢公集，核實妥藏，庶可經久。

續：夷寇亂後，藏書蕩然無存。同治五年，郭中丞入都，留贈百金。學長固讓，不獲，命乃購《通志堂經解》藏於山房，與好學之士共讀之。異時增貯群書。此爲嚆矢矣。

史致昌《彝山書院重定章程》 一、開印後，監院稟請本府，發給各州縣示諭，祥符童生取同考五人互結，外州縣童生，各帶本處科歲考原保廪生結爲憑，方准在書院肄業，旗童行文至城守尉衙門，通知童生願入書院肄業者，咨送甄别。

一、甄别前，監院稟請本府。將府考十六屬點名册發下，核對姓名履歷，考前出示，限以三日報名。派齋長專司稽查假冒。其互結童生姓名，均須本人親到自寫，不得一人代書。核對姓名履歷無舛錯者造册，倘録取後有指出某人係冒名者，

將互結之人一併扣除。齋長失察，罰一月薪水。

一、未過本州縣考者，不准在書院肄業。

一、書院甄別取定肄業諸童名數，由監院造具清册。每月官齋各課挨順等第名次，抄寫某課續報注明月日，添寫於後，逢官課前一日，監院即將此册呈送輸課衙門查看。

一、甄別復試分兩場取定，正副隨課出示，擇吉送學。肄業諸童於送學後三日内，具名柬赴院長監院處拜謁，責成齋長指名傳唤，如傳唤仍不謁見者，扣除。

一、膏火。每年定正課四十名，每名一兩，副課六十名，每名四錢。住齋儘外州縣諸生，至多三十名，每名給薪水銀肆錢。

一、每月初二日府課，十六日縣課，初九日、二十四日齋課。四課中，三課一文一詩，一課出賦論，古今體詩題目，每年請學院課一次。

一、官齋課不到者，扣膏火。每月膏火按四停均分，一次不到，扣四停之一，兩次不到者，扣一半，一連三次不到者，正課降副課，副課降隨課。所扣膏火，留作寫經獎勵。

一、甄別送學月課卷，並備飯、添置器具，由本府捐發，每月監院具領。

一、書院每年裱糊一次，及天棚鋪墊，歲修房間，由祥符縣捐發，届時監院通知。

一、科歲考，當年在書院肄業者，進學一名，本府捐送院長謝儀四兩。

一、官齋課錯平仄一字，錯押一韻，錯擡頭一處，俱罰銀一錢。不避御名、廟諱暨錯，漏寫題目，詩全出韻者，正副課罰每月膏火一半。

一、官齋課上取總以二十名，不得過少，以便核對，後二十名升降。

一、正副課初二、十六日。官課，初九日、二十四日。齋課相連。考後二十名者，正課降副課，副課降隨課，其額以副隨課連考前列者，按次拔補。

一、官齋課，不准以襲衣小帽登堂接卷，違者逐出。

一、正副課抄襲雷同者，降隨課。

一、官齋課出榜之次日，派書吏散卷諸童。試卷前二十名，存留備刻，餘皆發給本人，不准代領。

一、膏火發出，交監院分給。仍責令齋長確查，應扣膏火之人，不得使其冒領。

一、續報，須有正課、童生連名五人互結，先期到監院處報名，造入點名册内，不准臨時報名。

一、齋長每年停課時，監院擇明白誠實二人接替，禀明本府，牌示。如有懈惰及辦事錯誤者，隨時改派。

一、本府每月所捐飯食、卷價等項，亦酌以定數，並開於後，逢官齋課之日院長處送席。監場委員飯食六百文，監院飯食六百文，諸童每名飯食五十文，交卷時付。課卷每本拾文，人數多少，隨榜造報。諸童茶水壹千文，書吏飯食二百文，各役飯食壹千八百文，本府月課，本署禮房幫同散卷、點名，給飯食錢二百文。以上責成監院實用實銷，毋許冒濫。

一、書院中書籍、板片、器具，責成監院造册。器具損壞者，年終呈報，隨時添補。

一、住齋諸童，無論外縣及本縣，均須正課三人，連名互結，並齋長之結存，監院處注册備查，遇該童有犯規之處，除不准住齋外，仍責懲原互結，以昭慎重。

一、住齋先儘外縣，次外鄉，次正課，次副課，次隨課，次續報，不准亂次。

一、住齋肄業不准飲酒，歌唱，喧嘩。違者，准齋長禀明監院，立即逐出。齋長回護，一經查出，罰該齋長一月薪水。

一、住齋肄業自應詳定課程，清晨温經，限千字。飯後臨帖抄經，限五百字，午後讀時文，夜間讀古文、詩賦，均須各將題目、頁數，注於日程，每十日彙送院長處查核，以便挑背或默寫。

一、住齋不准留外人在齋房歇宿，違者逐出。平日親友探望，須向把門説知，不得直入。

一、住齋者如夜間有事不歸，須在齋長處告假。若連日有事不歸，須寫明原故清單，送監院處存查，誤課仍扣膏火。

一、某童住某齋房，於某日移進，監院、齋長各注一册，并應用牀席棹椅逐細登記。該童移出，令其繳還，遇有遺失，應著賠補。

一、住院諸童每逢朔望，該童各具衣冠，齋長率領到院長正業堂，禀賀朔望。

一、遇查齋未曾告假，一連兩次不在書院者，不准住齋。

一、每年祭奎星，定於送學之日，本府率諸童拜至聖先師後致祭。

梁廷枏《粤秀書院志・凡例》 一、直省書院志，其來已古。周詔《石鼓書院志》撰自前明嘉靖，《志》中已引用舊本，則前此已有著録。至《白鹿洞志》，雖主教育，而因地命名，意兼名勝，且追尊始創，專述先賢。至王蘭臺司寇《天下書院志》，

則又統同載筆，勢不能縷析條分，體例並與此異。

一、此《志》自圖説至表傳，析分十類，每類中又各分子類。於詳悉臚載之中，見別户分門之意。

一、志例，每門先有小序，接以正文。文所不盡者，用夾注；注所不盡者，各加按語。庶使大小詳備，始末分明。

一、志文紀載規條、文獻、按語，止申明作書本意而已。其中間有語涉私家，如引及先世著述，或叙録主席時事蹟者，於正文仍作公言，而按語自不能不各存其稱謂，此私著與官書異例也。

一、附録之例，多屬舊時案牘，以入正文，則冗芟除則一事之首尾不見。故凡有附録，必低正文一格，俾免牽混。因而按語不得不再低一格。

一、丁未捧檄八院，是冬即已成書。以院長主席年分頗難考證，非廣諮博採，則疑誤滋多，遲之五年始行付梓，尚不無缺疑之嘆。

胡林翼《箴言書院志》卷上《規制》　院中書籍、金石文字悉登於册，監院掌之，派司書分理之。其書庫爲樓以遠濕，爲厨以防鼠。歲以六月曬之，歲有淫雨，則俟晴日必加曬之。院中領讀者，開單呈監院，監院飭司書檢交登記於册，載明某月某日某人領某書某帖若干卷，由監院驗標，限日繳還，毋許塗抹、毀損，毋許借出書院頭門。歲四季，監院按册清查。有遺失不全者，查明領書帖之人，責令購賠全部，并酌罰司書者。凡院外之人，願讀某書者，自具薪水蔬油來院，呈明監院，限以日月而借之，仍不許出院門。其標記賠償之法悉如前。【略】司書一人，掌收登書帖，以時曬之，缺者補之，殘者完之。守其目録，副記其假借，以貳監院整齊之風。日之毋玩，毋私借人。司書兼充書吏，凡齋課監院飭令、備試卷、造册唱名及發案、寫榜，皆此人。

鍾世楨《重修信江書院志例言》　一、舊《志》三卷，紀載頗詳。然事屬草創，第分卷而未分類，眉目次第未能較然明晰。兹分類爲十卷，亦如之。每類析舊《志》於前，新《志》比類以次相從。其有舊《志》所未及者，新《志》第自爲類，卷中不注「以上舊《志》」等字。

一、書院建置源流已詳舊《志》，自簣山先生後，距今重建幾六十年。中間振興人材，修葺齋舍，若銘禹民諸公培成士子爲名宦，爲鄉賢蒸蒸蔚起，至今未艾。自軍務倥偬，雖賢守未暇此及矣。兹擇其著效者，祀銘公祠内，並補入《源流志》中，俾後來者知所考鏡云。

一、書院故址如制重建，合新增齋舍共爲全圖。其舊《志》一切並在新圖中，故舊圖不復繪。

一、舊《志》刊載契買、捐助等田號畝，與現據《上饒縣架書抄呈獻册》及《佃户租單内號畝》均不相符。遷延日久，勢難驟核，並採入志以備清查。又續買捐助等田在舊《志》後者，據舊紳移交各田，均無號畝。現議每歲收租，無論有無，不同號畝均以佃户租單爲據，其前後租單概刊入志，以昭永守。

一、新置等田號畝，除照契刊入志内，外繪圖一本，存書院帳房，永遠存據。

一、舊建規制眉目大略，見舊《志》記文及繪圖内，兹另爲「齋舍」一卷。若者重建，若者新增，自堂房、廊户、亭臺、庭院、左右間架、規制畢具，不特以備觀覽，亦以資後之舉廢者。

一、甄別月課及支用各欵章程，因時設制，新舊不同，兹刊定新章以垂永久。其舊章仍存志内，俾觀者知變通有自云。

一、舊志《藝文》編次錯雜，兹分別文體，序其先後。以記、序、賦爲卷上，古近體詩爲卷下。此外倘得前人名作，如《府縣志》所載《黄榦一杯亭詩》當續加收入，以補舊《志》所不逮。

一、舊志《藝文》諸不在書院中者，合新增諸作都爲《外編》一卷。編内簣山先生舊作尤夥，前守遺韻，未忍芟没，識者諒諸。

一、舊志《藝文》卷内有簣山先生《請開封禁山禀稿》，未上而先生已解任矣！予客歲禀請弛禁，幸蒙憲奏請旨俞允，以事關大局同入《外編》。俾觀者知先後，同心遥遥相待，而先生遠識尤爲不可及云。

劉繹《白鷺洲書院志重修義例》　一、《舊志》首列洲圖，以爲溯流窮源，倣郡邑志，先列疆域之例。今仍之，首叙洲之形勢，次書院規模，並前後改遷之制。

一、《舊志》建置沿革分目，今於建置中遞及沿革。此洲向爲禪林，至宋時江文忠始建書院，而禪院並存，至元始廢。凡位置亭臺閣樓等處，隨時增改。後經屢毁屢移，皆有建置，有沿革合編，則叙次更覺詳明。

一、禮在瞽宗，所以釋奠於先聖先師，古之設學有由來也。書院初建，上祀至聖，次及六君子，尚存禮意。其後繼以江公祠，次及四公賢侯，又次景賢祀典備焉。自舊制屢更，而至聖無正殿。雖古心有祠，景賢有祠，而六君子卒祠於墻外。《舊志》於此門不敬，謹紀載矣。接理學忠節名臣列傳，殊失體裁。今特崇祀典，尊先聖，以次及諸賢。凡六君子、江公、四公、賢侯悉照前序，列而舊建。三坊名題鄉先

哲者，俱歸景賢祠，並依次編載。

一、《舊志》以汪志教職一門，改爲斆學。今改爲設教，仍録原志所載。啟帖館規、館例各類繼此續增，無從查考，亦存其崖略而已。至會講生從猶近時，院課生童未能盡録。

一、書籍已毁，今仍存其名，以待來者。

一、義儲自宋江公置田贍學，以迄明初，均無考據。惟嘉靖至國朝康熙間，屢經興復可考者，十之四三。今照《舊志》，列載以見盛衰之由。至康熙以後，清理各項。及同治時，曾太守省三新增經費，創捐店房田業，一一詳載，以備稽核而垂久遠。

一、紀述爲《舊志》所詳，今仍藝文之名，以詩文並登。悉據原本重編，並採孔公興《淅鷺洲集》增補，又本盧太守《府志》所採續入。按《孔集》，謂前志僅録汪、羅二公。時人之詩，前後數百年作者不傳，集中重加搜輯以備遺忘，云云。今續編於《舊志》之後，仍注《孔集》亦不欲没其勞也。至仁壽山紀載之類，《孔氏文鈔》謂與洲有別。各記未便類輯此，但以其集名「鷺洲」云爾。若志爲書院而作，凡建置、沿革最關緊要。安得以移建而分書院與洲爲二，故並載之。再查孔氏主鷺洲講六年，閲歷頗習，故彙輯最詳。並附自作不少，其關涉書院者，亦附存以示後。現纂修《府志》，續有采録或名家專集。凡關涉書院之作，俟更增補。

一、《公移》應列《藝文》外，並列朝創建姓氏及協修者爲一門，而附以歷朝修志之人，示不忘也。

一、《舊志》分爲十五卷，各分門類，近於敷衍。今酌定次序，事增而例約，無須以門類分卷帙，但以文字之多少爲率。

一、《舊志》分門，各有小序。今於凡例備詳，其旨，亦不再加贅語。

一、校誤最難。《舊志》亥豕相沿，字句間有僻澁，姑仍其舊，閲者諒之。

《四庫提要・史部三三・地理類存目六》 《白鷺洲書院志》二卷（浙江汪啓淑家藏本），明甘雨撰。雨有《古今韻分注撮要》，已著録。初，宋淳祐辛丑，江萬里知吉州，建書院於白鷺洲。洲在二水之中，故借李白詩「二水中分白鷺洲」句以名之，非金陵之白鷺洲也。時宋理宗方重道學，爲賜額立山長，嗣後遂相承爲古跡。萬曆辛卯，黄梅汪可受爲吉安府知府，又重修之。雨因撰是志，分《沿革》、《建置》、《教職》、《祀典》、《儲贍》、《名宦》、《人物》、《公移》、《賢勞》、《義助》、《紀述》、《書籍》、《生祠記》十三門。生祠記者，即可受生祠也，至別立爲一門，此其作志之意不在書院矣。

周瑞松《寧鄉雲山書院志》卷一《書院藏書章程》 一、書院置備書籍，責成號房收管。另置書目簿一本，記明函數若干，本數若干。隨時登載，每本書面及首葉，蓋用「雲山書院官書圖記」，遇有續置書籍、法帖，均製夾板，以便收藏。

一、書籍每年四、六兩月曝曬二次，遇有霉壞損失，責令賠補。

一、士子領閲書籍，開單交號房登記，遇各生赴試，及冬夏散館時收取，逐一查驗，銷簿，倘有遺失，估價著賠。

一、書籍宜隨時整理收藏，不得任意凌亂堆放。

一、書籍只許在院肄業生童領閲，不得借出院外，致有損失。

朱點易《鳳巘書院志凡例》 一、書院有志，猶國有史，史以嚴褒貶，明國體也；志以覘品學，維士風也。今遵依《通志》程式，撮爲五綱十七目，披閲較爲簡明。

一、書院之舉，昉自同治乙丑秋月，八鄉士著紳董倡建，禀請憲諭辦理。所有前後案帙、底稿，次第載入。

一、《藝文》中，序記詩古各體，諸名公與鄉先生，研京鍊都，揚葩吐秀一本，歸美書院之意，概以類登。而書院爲藏書之所，多爲購買以擴聞見，詳載其目列入《藝文》。

一、書院原由鄧芝軒、竇鎔齋兩州尊捐廉首倡，繼由李輯五州尊捐廉，惠課薦之上座崇祀。而入鄉之義士捐資、永遠崇祀者，其姓名、職銜，鄉都一併備登。

一、書院經費，總爲培植人材起見，統以樂輸爲綱，而以修費、存費、主費爲目，但主費一項，則捐費之田產、契約本此焉，所有捐數、姓名，逐一注明，以便稽查。

一、立德先立行。創設學規，並鈔刻陳中丞學約，端士習也。圖始貴圖終，創設章程、儀節、祭文，垂久遠也。今綱定，條例逐件彙入，俾知率循。

一、丈額遞册，係康熙年間所定，爲釐正版圖善本，於吾州籍貫大有裨益，兹綱立田賦，以防混亂。

一、先後經理修造帳目，置辦什物，附刻尾卷，以資考核。

白鍾英《岳陽慎脩書院志・新定藏書章程》 照得岳陽、慎修兩院，集資購書，並函致各紳，勸捐藏之書。樓櫃中原以供院生閲看，惟是卷帙日多，久虞散失。兹特明定章程六則，懸諸書樓。務各遵循以垂久遠爲要。

一、書分經、史、子、集四門。經、史在樓之左。子、集在樓之右。各歸一櫃。該齋長隨時檢查，不得混淆。

一、院中所藏各書，應立書目印簿三本。一存本府，一存監院，一存兩齋長。遇有購置書籍，到院隨時分别登記。本府每年查點一次，監院每節點查一次，齋長每月點查一次。院中齋長二人住居樓下，隨時經理，於登記書目簿外，另行刊備借書簿一本。蓋用監院鈐記。凡院生領書以及山長借看，均須令其親筆登簿。倘齋長失察遺漏以致監院屆節查無下落者，惟該齋長是問。

一、生童領書出具領條，須載明若干日看完字樣，向齋長領取。無論何書，至多以十本爲度，隨即點明每本若干頁，每一日約看十頁，扣日立定屆限，無論曾否看完，定令如數繳還，以便他人領看。院生領書到手後，各宜小心護惜，勿令污穢。如有火燒潮霉以及油污墨損，即於該生童膏火項下，估數扣賠。扣賠不足，勒令解囊賠償。倘有抗交賠款，及遵賠而任意拖延，希圖解館了事者，許齋長隨時稟明，本府及監院勒限追賠，其未取入正課及已取正課而未住齋者，不在領書之例。

一、齋長管書事繁責重，必須加給辛資，乃可專以責成。茲定每年自三月起至冬月止，每人每月准支米一石，以資鼓勵。所有公書務須小心經管，按照所定章程慎重辦理。遇有院生領書，督同隨時登記，不可疏漏。倘書失散無著，該齋長未能指出某生領去未繳憑據，仍惟該齋長是問。

一、生童讀書明理，斷無癖愛公書偷藏私笈情事。惟查向來有因故回家，繼遣人搬取行李，忘及完璧，以致公書隨箱遠去者，亦屬不成事體。嗣後遇有領書之生告假，至十日以外，應由齋長先令將書繳出。倘有一時未繳致將書籍帶回者，由齋長稟明監院派人追取。其一切派人川資歸該生出給。

一、齋長責成既專，平日小心經理，自不待言。惟是卷帙日多久，恐蟲耗。茲定每年六月，齋長經手，傳集齋夫徧曬一次。曬後，隨即檢齊封鎖。屆曬書日，住院生童不准當場紛紛取閱，致令頭緒繁亂，齋長不易收檢。

葛士達《冠山書院藏書規條》 司書者擇學長一人辦理，住書院。每年提出生童膏火各半分作爲薪水。另由本州每月給炭水雜費錢二千文。

院中所藏書籍分别經義、子史、治事、詞章四種，并卷帙數目及書架物件立册二本，逐頁鈐印，以一本存署，一本存院。另設木長牌二面，一列書目，一寫章程，懸掛講堂。

司書人另立一册，凡借出之書籍卷數、姓名、住址，逐一記明，按期取還。

司書人將各部書名題寫書額，寫明卷數，以便檢查。

書最忌煤煙燻灼，司書人另住一屋，不可住藏書之屋，亦不可離藏書之屋過遠。

司書人如有事不在院内，須托定一人代司收發，以免遺誤。

司書人倘辦理不善，隨時更换。如其妥實，接續充當。

讀書必須師友講解問難，始能通貫。漢儒崇尚師説，往往不遠千里，負笈大賢之門，數年不倦。故其所學咸能推而施之於事。而兩漢人材亦獨絶於古。今院中屋宇尚寬，而院長汾生太史又復博古通今，循循善誘。諸生欲讀書者如能各結友伴，每日赴院就讀，遇有訓詁句讀，卒難通解及疑義異同，即可隨時諮問院長，逐日筆記，互相考證，較之古人千里從游，勞勉懸殊，而獲益良非淺鮮。其每日茶水炭火之需，由本州捐給。

是項書籍專爲州學士子而設，學外人不得借閱，以示限制。

借書士子如與司書人不認識，須尋取在城紳士討保，寫保條付院收存，俾有稽考。

有借書讀者限一月送還，如過期不交，即遣人去取。以後不許伊再借。以防延閣。

借書大種以十卷爲限，小種以一部爲限。看完再换，不得任意携取。亦不得零星亂借。如有失落損壞，務使包賠，以示謹慎。司書人倘有徇庇，責令分賠。

借書讀書者誰取誰交，不得互相轉借，致使失落推委，以專責成。

衙署借閲最易遺失，司書人不敢詰問。日久必至殘缺，盡棄前功。是項書籍除士子外州學各署均不准借閲。

住書院人借書亦記清姓名，不得互相轉借，零星亂取，以示整飭。

購書甚非易事，借書者披閲時務各珍惜，不得於書上加圈點批詞及手痕狼籍，以示鄭重而垂永久。

年中所借之書限於十二月十五前一並交還。司書人同經理人整點一次，俟來年正月十五後再行發借，以便稽核。

書面有破損及裝綫斷爛，司書人隨時修補，所用錢文准其開銷。

士子平日應讀應看書籍，所缺尚多。本州因費無可籌，且晉省亦猝無由購，茲先力措購藏各種，以爲前導，尚望後來者陸續增益。或地方紳富慨助有用之書，漸臻美備，俾闔屬士子規摩研究。儲經濟之學，化固囿之習，淑世淑身，承先啓後，蔚

爲三晉人文，則一州之幸，亦予所厚望也。

吕永輝《明道書院志》卷六《章程》 學院邵諭照得。本院奏請於省城增建明道書院，所以講明實學，陶育人材。肄業舉貢生員，業經本院咨訪閤省品學優長之士調取來院。在諸生立志聖賢，講求有素，自無庸重申告誡。惟念事屬剏始，一切規矩俱宜嚴肅整齊。本院既已延訂名師爲諸生表率，更優給膏火，俾諸生安心讀書。諸生在院者，當顧名思義，敬以持身，勤以自課。讀書則精益求精，行事則慎愈加慎，將來學有本源，蔚爲事業，方不負本院爲國家一番作育之意。至提調紳士，尤當督率齋長，時加稽查，並一應閑雜人等，均不得任意出入，作踐喧嘩，擾亂學規。除學程、學規並書院章程另行頒給外，理合曉諭。爲此仰在院肄業舉貢生員人等知悉，其各一體遵照毋違，須至告示者。

計章程十條：

一、在書院以經書爲根柢，以史鑑爲作用，尤須熟玩二程夫子《遺書》、《朱子全書》，小學及所頒《近思録》、《續近思録》、《廣近思録》、吕司寇《弟子職》、《先正學規》、《呻吟語》、《楊園文集》、《三魚堂文集》、《桴亭思辨録》、《正誼堂集》，皆當留覽。國朝《中州名賢集》，爲此邦先達著作，去世未遠，居地甚近尤諸生所當取法者。

一、讀書期於有用，非空談心性遂足謬。託學道之名經史、先儒語録，外如兵、農典禮，水利河渠，凡一切吏治，《天下郡國利病書》，皆當留心。所尤要者，《大學衍義》、《大學衍義補》。《皇朝經世文編》，胡文忠、曾文正《全集》，不可不讀。

一、讀書貴有課程計過，亦有心史肄業，諸生廩照所頒《張清恪公讀書日程》按日登記，此書已另刻板存於院中，每年春秋出棚時按人頒給，每月一册。至吕子《省心紀》、陳確庵《聖學入門》，宜各於案頭置一册，以便省覽。

一、學問最忌間斷，忌夾襍。所謂「間斷者，百年爲之而不足，一日墮落而有餘」。又曰「一朝失足，萬事瓦裂」。古人所謂「在戰戰兢兢中過日子」者，良有以也。至夾襍之病，時而孔孟，時而釋老，時而王道，時而雜霸，以此百年，亦尠完粹。須是時時省察，勿墮此弊。

一、學問先忌分别門户，諸生各有師承，學術不必悉合。其取法程朱，固是堂堂正道，即間有遵陸王之説者，亦不得謂之異端。要在心術能正，取古人之長，略古人之短，各求其是，皆屬學問。不得紛紛辨論，至操同室之戈，反被他人譏議。

一、勸善規過，朋友之誼，況諸生一堂講學，道義相交，尤非尋常可比。切磋、琢磨，固是進德之事，倘有遲失，俱各忠告善道，虚心聽受。齋長爲一院表率，尤當束身自矢，規勸兼施，方不負此委任。

一、文以載道，言之無文，行之不遠，不可將程子「作文害道」一語誤會及古今文字置之高閣，絶不理會。況科舉以文取士，書院之設並非要諸生絶意仕進，方爲學道之人。須深味「行有餘力則以學文」之言與程朱論科舉諸説。酌立課程，以期文行並進。其大梁、信陵、辨香三書院，官課、齋課，悉聽諸生往應。

一、每月課程，按季交提調紳轉呈學院稽核，間有著述，亦得録呈學院。夏冬回省時，隨意出詩文賦題，或經解策論，考課不必預定，校閱批遷不分甲乙。或一年中僅以課册空填塞責，毫無著述，考課所作文無精意者，由學院核明，次年不得住院。

一、書院院長現已聘定湖南湘潭黄恕軒先生，先生志行高潔，學問淵深，爲本院所心折。諸生幸模範當前得所依歸，自當敬信，率由虚衷，求益勉爲有體有用之學，方不負培植之意。

一、肄業諸生，不準談論時事，訕謗官長，所作文字不得妄議時政。至於心切憂時，講求經濟實學，自是吾儒職分内事。所當砥柱中流，挽回世運，爲宇宙長留元氣，爲蒼生長延福命，爲中國讀書人大吐一口氣，大程子興起斯文，范希文擔當天下，竊於諸生有厚望焉。

吕永輝《明道書院志》卷六《續定章程三十條》 一、書院奏明由學政主持，院長聽學政訪請經明行修之儒，每年九月關定。

一、凡肄業舉貢生員，均由學政採訪學行，酌量調取，寗缺毋濫，功課頒給册子，歸學政按季考核。

一、書院歸開封府兼管所有，奏明每歲由大梁書院節省飯項銀下撥，給經費銀六百兩，即由開封府按季向糧道署支領，通省州縣除例不派捐之十六。缺餘按缺分優劣分爲三等，每年攤解經費，共一千二百兩，均按季解交開封府，以備支用。年底未解到，由開封府札催。

一、書院請紳士提調經理一切，應以吕紳肁青、許紳汝濟、鄭紳立蕃三人輪值。由事出省不果應，由三處紳士商議移交，或應添請襄理之人，亦由三處紳士公議訂定，專以稽查諸生德業並書院中事，兼按月向首府支領膏火等項，每年致送車馬費六十兩。

一、院長每年脩敬三百兩，膳金一百兩，聘敬十兩。三節每次節敬十兩。

一、肄業孝廉，以肄名爲正額，内設齋長一人，由學院訪查品學端粹而年長者充，月給薪水五兩。肄業生每人月給膏火肆兩，均二月始，十一月止。

一、肄業生貢以拾陸爲正額，内設齋長一人，亦由學院訪派。

一、有布衣品學俱優者，亦准調院肄業，照生員例發給膏火。

一、有實心慕道甘願來院讀書之士，由齋長查訪人品端方，稟知提調，率領拜謁師長受業，以十名爲定額。恪守學規，聽齋長管束，一切床凳、薪水、飲食均係自備，院中僅借房居住。不守規矩者，即由齋長辭出。

一、出仕之人員回籍，亦由學院周訪，有願來書院讀書者，屬提調紳商請，不願勿强住院，照孝廉膏火按月致送，不受者聽。

一、調取人多，已盈正額，開名注册，作爲有缺備補。

一、院中經費時有盈絀，每歲如有盈餘，由首府核明稟知學院，或存儲，或購書籍，隨時酌辦。

一、齋長舉貢生員薪水膏火，均以到院之日爲始，按月支付。或回籍考試，三百里内，半月不扣膏火。三百里外，二十日不扣膏火。五百里外，一月不扣膏火，逾時照扣。

一、尋常無故告假，均即扣膏火。偶遇有事出入，必須告知齋長記簿，按月歸提調稽查。

一、二程祠，向例三年准請歲修一次，由藩司委員勘估，或千金、五百金不等。今既添建書院，以後修理之時仍由奉祀生稟明，由提調估修，計每一次不過五百金。

一、奉祀生每年撥給薪水銀三十兩，作四時祭祀之資、雇人灑埽等役之費。

一、院中書籍歸兩齋長公同管理，立簿登明，肄業生取讀，另簿注記，一次不過兩本，隨時向齋長更換，不得攜出轉借他人。

一、住院諸生不得招集朋友入院閑談，不得任意出入、長夜不歸，如有犯者，齋長告知提調規戒，不改者稟明學院辭出。

一、士以倫常爲重，況諸生應調入院講求正學，尤非尋常肄業詩文者可比，倘有犯不孝不弟不忠不信之行，或淫蕩賭博唆訟及吸食洋煙諸弊，齋長查出會同提調稟明學院辭出。

一、諸生立志向學，原不必縈情膴仕。然深造有得亦當爲籌致用之方，學院考核得實，擬于任滿時照考核教官例，酌保二三名以教職選用，藉收講學之益並廣甄陶之用。

一、書院院長脩膳，應由首府照關書之數，分四季致送，節敬按節致送聘敬隨關書。

一、書院襄理提調，齋長薪水，並諸生膏火等欵，應由襄理官于每月底出具印領，並諸生住院人數及各項支欵，開列清册，向首府親投。投印領後，限三日内由府如數備交襄理官，於初五日親領分給。

一、發欵俱係汴平，並無絲毫剋扣。

一、書院添雇院夫一名，更夫兼看園一名，每月每名給工食銀一兩五錢，計二名每年需銀三十六兩，按月由襄理官隨同各項支領，其十二月、正月兩月均係於十一月預領。

一、書院肄業各生功課，每年約需課程二百本，按春秋二季于學院出棚時印交，由提調官領出分給。

一、書院桌櫈等件，俱歸齋長立簿存查，諸生告假須將房中器具點交齋長清楚。

一、書院齋房每間容住二人，不得一人獨佔，亦不得私留閑人居住。

一、凡由書院肄業諸生，出仕者通知續捐以備擴充、添修及後來之用。

一、大學士、尚書，每任損銀壹千兩。總憲、侍郎，每任捐銀五百兩。卿寺、御史、給事中，每任捐銀貳百兩。翰林、郎中、員外、主事，每任捐銀壹百兩。

一、督撫每任捐銀壹仟兩，學政每任捐銀五百兩，藩司捐銀八百兩，臬道每任捐銀四百兩，知府直隸州每任捐銀叁百兩，知州、知縣每任捐銀貳百兩。教職每任捐銀四十兩以上。各欵到任，限六箇月内送院，如遲，由提調專差走取此示。

又《續定章程八條》 學院朱爲飭知事：本院《續定明道書院章程》八條，合行飭知爲此札，仰明道書院提調遵照，毋違此札。

《續定章程八條》：

一、監院楊孝廉現已力辭，此項似可節省。

一、先調肄業諸生，以二十名爲正額，月給膏火銀四兩。

一、後調二十名作爲備額，月給膏火銀二兩，嗣後如補入正額，不得追補膏火，以免參差。

一、該諸生每月領銀後，即行告假，月底歸來，復領膏火，未免取巧。以後凡諸生考試告假者，不扣膏火。凡因事本日出院，即扣膏火，俟到院之日再行照補。

住院一日作一日，以節濫支。

一、諸生在院不準向提調借支膏火，亦不許追補，以省濫支。

一、凡調取諸生，應由本學備文申送，準於二月内到院。或有事故不克前來，照例回文聲明。如二月不到，亦不回文，以後自行持文到院者，作爲借院用功，不給膏火。

一、書院請領各文，由齋長辦，以資學習公牘。

一、凡丁憂，學生例應在家守禮，不准來院肄業。

學院朱札爲札飭立案事照得本院：前因明道書院經費不敷，二十四年捐銀四百兩以助諸生膏火。二十五年添請監院一位，計薪水銀二百兩，共短銀六百兩。適於是年蒙藩庫撥給銀四百兩，其二百兩仍由本院捐助，本年復捐銀二百兩，均由提調具領在案。現在主講一席，已聘請鄉先生呂老夫子向章，不送川資。又監院楊孝廉業已力辭，此兩項均可節省。惟各州縣解欵逐年減少，綜計膏火之資不敷尚鉅，不得不藉資津貼。所有本院捐助銀二百兩，應自二十五年爲始作爲成例，此後每年分春秋二季由提調來院具領以充經費，而垂久遠。爲此合行札飭，該提調遵照立案可也。此札光緒二十六年九月三十日。

王呈祥《安徽于湖中江書院藏書目・募捐書籍並藏書規條》 一、各處官紳諸公捐送書籍到院，即於書目注明送書人姓名，仿仙源書院例也。一俟書目積成卷帙，隨時刊佈，以示不忘諸公績文勸學之至意。

一、各省大憲批准巡道稟并札行頒發各書局所刻經籍，由巡道出具領紙，派員弁往領歸，分庫庋藏。收書簿上即登明書共幾部，係奉某省大憲頒發，以志名公鉅德嘉惠士林之意。

一、遠近官紳頒發捐送書籍，隨到隨登簿。官則注明某省大憲頒發，或某省某官捐送。紳則注明某地某甫先生捐送。暫不分四部目次，衹論送到先後，以便隨時刊佈志謝。一俟積滿四部十得六七，縹緗盈庫，油素分門，然後再按六略、七録分類重編，以示諸生分門肄習。

一、尊經閣門平時出入鎖鑰，歸一人管理。每逢課期，或鈔古賦，鈔隱僻典故，習見者不鈔，上千字者，午後貼出。或查出處注於題下。書若積多則一人不能兼顧，須添一人分任其勞，派定正辦、副辦，事有專責，若有遺失，惟正副辦是問。

一、每年曬書，歸正副辦酌請精細人陸續收曬，務須親自檢點，年底邀各首事齊赴書院公同查驗。

一、尊經閣樓下置有桌椅，欲觀書或鈔書者，衹准在此閲鈔，限至遲十日必繳還。一概不許携帶出院，違者議罰。無論官署世家，皆不得徇情面。

一、諸生借閲，掌書者先將書頁當面數清，如有脱頁，即於書頭上蓋戳記。收還亦須當面過數，倘有缺損，須借書補鈔。恐有嬾於照鈔，將書撕下，或有忌人知之者，會課時尤宜防。若妄加圈點批評，亦須面斥，以後不准借書。

一、借書但准平時，若課期前，即未逾十日限期，亦須送繳，以備出題時查考出處。出題日但准來查，自帶筆墨來鈔，不准借出。緣書止一部，查者衆多也。

一、《史》、《漢》、《三國》及各種類書，衹准偶爾繙查，不准借出。四《史》局價甚廉金陵書局《史記》錢叁串貳百，兩《漢》錢陸串，《三國》錢壹串捌百，須各置一部，或數人分買傳觀亦可。若類書一查即了，不必借出。且恐常有人來查，至於孤本、鈔本，尤不准借。

一、院中書籍，公舉四人總理。另舉在院肄業生，或在院教讀者一人，專管借書，每年酌加薪水。如有遺失，總理查出，專管賠認。

一、院中書籍皆須蓋用學印，以昭信守。如有古刻珍祕之本，閲者不得以近刻之本换出，如有更鶩，罰從奪牛。

一、每月，專管須開書厨晾風一二次。每年六、七月，專管者覓精細人曬書一次，曬後邀各總理清查一次。

顧璜《大梁書院藏書目・藏書閲書規則》 各項書籍，均存院長院内西偏精舍。用司書吏一人，經管用；司閽役一名，典守鎖鑰。

書院置一閲書簿，交司書吏收執。凡肄業生欲閲書者，必邀同齋長一人告司書吏檢取，於簿内記明某月某日取某書幾卷幾本、某生閲、齋長某人，各於名下書押。

每次收書，每人只許一種，不得過五卷。至遲十日交還，不得逾期。交還後再取。

肄業生欲閲書，如不邀同齋長於簿内分書名押，司書吏勿擅給。

取出各書交還後，司書吏即於閲書簿内注明某日交還。並查明原書有無損壞，無則歸架，有則詢明呈監院官核辦。

每月給司書吏銀叁兩，司閽役銀壹兩，俾資照管，如書籍損失，必分别責賠。

肄業生取閲各書，均當加意護惜，如有損失，勢須購補，否則累及齋長。

每届一季，司書吏將閲書簿呈監院官閲，年終送院長閲。

所存各書，每至伏日，酌量抖晾一次。由司書吏呈明監院官遴派數人，細心經

理，勿使淩亂。

書籍年久函線損敝，司書吏呈明監院官，酌易重裝。

每届一年，監院官將所存各書抽查一次，損失則著賠。

以上所訂規則，如有未周及日久應變通處，儘可增損更訂，惟以行之久遠，絶去弊端爲斷。

北齊顔之推有云：典籍須愛護，亦士大夫百行之一。濟陽江禄讀書未竟，雖有急速，必待卷束整齊，然後得起。唐陸龜蒙借人編簡，壞者緝之，故借者不厭。肄業諸生，宜共體斯意，以效法古人，庶乎院中書籍可以常存。而便人無非便己，儻或視爲官家之物，狼藉几案，朱墨塗乙，甚且分散部帙，剽竊畫圖，則未入官時，居心行事，已不堪問，實非鄙人之所敢知也。

又《購書略例》　書籍期於有用，上之研窮性理，講求經濟，次之博通考據，練習詞章，四者，其大較也。近刻種類日繁，備購匪易，先擇其最有用者購之。若此間書肆及津局暫時闕如，祇得異日續購。

所購各書，大半官局新印，紙質堅韌，可以經久。其遠年舊刊，老則紙多朽敗，擇購數種，聊補新印之闕。

各書偶有重出，或爲單行本，或爲叢刻本，或購自他處，艱於更易，故并存之。

醫卜星相及一切技藝之書，均未購置。間有一二種列入叢刻本，則未能剔除。

藏書家侈插架之富者，每種或多至十餘部，必一一注明某處刊本，藉資考證。兹則限於欵項，無庸誇多鬬靡，故某處刊本大概從略。

此舉聊爲一簣之覆，殊慙簡陋，若有才力閎肆者起，增高繼長，蔚爲大觀，庶幾饜衆人之望。

捐欵原啟及原購各書價值清單，皆彙存一總簿，存書院内，可隨時檢查。

王檢心《興化文正書院藏書目・藏書凡例》　一、立齋長以專責成。所藏書籍，整齊卷頁，謹守管鑰，統歸經理，無事不得擅離，有事回家，須禀明山長，擇人庖代。每逢夏季六月，在書院檢出曝曬，必親自監管，以防遺失。每年議給薪水若干，飯食若干，由縣按月支付。

一、所藏諸書，須編目繕寫懸牌書院門首，通曉闔邑多士。

一、藏書之處，務須潔静。肄業諸生，不得擅入翻閲。

一、儲書非易，本不宜携書出院，因念寒士以館爲家，不克入院肄業。倘深藏不出，事近向隅，破格從權，故有出院之議。但觀書不能作輟，須俟肄業諸生閲竣後方准出院。

一、每月肄業諸生所閲之書，須由齋長榜示書院門首，使借書者一覽便知，免致相左。

一、在院肄業諸生欲觀書者，須親筆書條爲憑，至齋長處登簿取給。

一、借書出院，須有保結呈縣，由縣付條至齋長處取書，還書時，憑齋長給條至縣銷結。

一、卷數繁簡不一，簡單准取全册，繁者每取十本，挨次取閲，閲畢即還。無論在院不在院，極遲以半月爲限。逾限者下次不准再取。

一、藏書期垂久遠，觀書諸生，須知珍惜，倘有墨污，擅加丹黄，以及卷頁缺少破損摺縐，由齋長點檢後，照原書計價賠罰。如有保狀，保人亦一例議罰。

一、書籍每逢四季，須由齋長禀請山長照簿檢查。至年終，無論閲竣與否，限臘月二十日一律歸還。次日憑縣至院檢查，如有缺少墨污等弊，由齋長認賠。

一、嚴課程以覘心得，昔范文正掌府學，課諸生讀書寢食皆有時刻，每日問諸生所讀何書，必詳加討論。此次鳩欵儲書，原爲提倡學術起見。凡我多士須知讀書有門徑，有次第，不加提命，事勞功半，自是厥後，繼文正遺軌而廣播春風者，其在我賢山長乎！

《崇義書院傳書》卷一《書目》　以上所辦各書，借看者務須珍重。如有污壞遺失，公議照書原價即速賠補銀錢，不許推延。執事者亦不得狥情袒護。其有借書條規，俟後之君子因時制宜，斟酌妥議。

傅維森《端溪書院志》卷七《書籍・舊藏》　欽頒書籍：《高要續志稿》。《周易正義》、《尚書正義》、《毛詩正義》、《周禮注疏》、《儀禮注疏》、《禮記正義》、《左傳正義》、《公羊注疏》、《穀梁注疏》、《論語注疏》、《孝經注疏》、《爾雅注疏》、《孟子注疏》，共一百六十册，又《周易注疏》、《尚書毛詩正義》、《周禮儀禮注疏》、《禮記左傳正義》、《公羊穀梁論語孝經爾雅孟子注疏》共一百六十册，《御製詩集》十六册，《科場條例》二十册，藏第一櫃。又《周易》、《尚書》、《詩經》、《禮記》、《周禮》、《儀禮》、《左傳》、《公羊》、《穀梁》、《爾雅》、《孝經》、《論語》、《孟子》注疏，共一百一十八册，藏第三櫃。《廣東通志》一百二十册，《皇清經解》三百册，藏第四櫃。日久多缺失。道光間肇慶府知府楊希銓肇羅道許乃濟購補舊存，又添置《子史精華》三十二册，《佩文韻府》一百六十册，《淵鑒類函》一百八十八册，藏第二櫃。添置《欽定周易折中》十二册，《書經傳説》十二册，《詩經傳説》十六册，《禮記義疏》四十册，《周禮義

疏》二十六册,《儀禮義疏》三十册,《春秋傳説》十八册,《欽定四書文》十五册,《康熙字典》十二册,《四書匯參》二十二册,藏第三櫃,貯掞天閣上,專派書役一人管理,並諭高要紳士四人兼轄之。生童肄業者借觀,用簿登記,稽其出納,隨時清理以防遺失。黄登瀛《端溪書院志略》。咸豐四年,遭亂。諸書並櫃蕩然無存。新修書院志版六卷,亦遭火燬。《高要續志稿》。光緒三年,署肇慶府知府張丙炎捐俸,倡置六大櫥,經史粗具。設掌書生一名掌之,撥正課額一名以爲贍。十二年總督張之洞、院長梁鼎芬踵捐數十種,設書庫三十七具,廣爲勸捐。十五年,廣東學政樊恭煦捐百金,增購多種,添設九具。是年冬,院長朱一新將去院,又捐十餘種。肇慶協副將楊安典又捐四百金添購。二十四年添設三十五具,共八十一具,移置櫥内。各籍釐分四部,俾易檢核。如有借閲繳還時,務歸册次,不得淩亂。兹第其卷册,竝列規條,如左後之君子幸珍惜之。有繼捐者尤願望焉。

徐擬《上海格致書院藏書樓書目・藏書規》 一、藏書宜先分類列册,編定甲乙様,以便檢取。

一、架上書籍,凡有人檢閲後,宜隨即整齊,毋得散亂。

一、各種書名暨卷數若干,都標明牙籤,俾觀者一目了然。

一、無論何書,凡人要檢閲,毋得令其自取。

一、所藏諸書,只憑人縱觀,概不許出借。

一、無論中外新舊譯本,凡涉邪辭小説,無益於人及有干禁例者,概不濫入。

一、藏書每年夏季伏時,宜曝曬一次,以防蠹蛀。

一、初次藏書,議隨時續添,現尚未大備,閲者諒之。

一、藏書之外,所有圖畫及格致儀器藥水等,須隨時照管。

一、書樓每晚九點半鐘熄燈之後,將樓門鎖親閉,不許携燈入樓。

又《觀書約》 一、樓上藏書名目,俱一一標明粉牌,懸掛樓下,凡遵約登樓觀書者,請先定某書某卷,以便檢交。其未列名牌上者,概不應命,閲者諒之。

一、樓下桌几備有筆硯册簿,凡欲登樓觀書者,請先將姓名住址及書目登册,一面由司事照填聯單,憑單觀書,無單不准。

一、欲觀何書,須由管書人檢交,毋得率自取携。

一、各種書籍或有須節鈔者,須自備紙筆,用鉛筆最宜,總不得沾污書本,以昭慎重。

一、凡書閲畢,即將該書核對聯單,交還互换,持單下樓,將該單交存號房出院。

一、凡觀書時,不宜喧擾,不准吸煙。

一、無論何書,不許私自携出,有干禁例。

一、凡各報章,擇有益於學界者,無論日報、月報、教報,概照觀書例,在樓下閲看,樓上不備。

一、每日午後二句鐘起至五句鐘,晚刻七句鐘起至九句半鐘止,禮拜日停閲。

一、每年正月二十外開樓,十二月二十内閉樓,停夏一月,均預期登報周知。

馬徵慶《仙源書院藏書目録初編・初議公集書籍章程》 一、各省多設書局,所刻書籍,大率皆精要必備之書。而邑人在各省遊宦者,既多士人,遊學四方者,亦復不少。宜各就所便,集資商購書籍,寄置書院,院中不收代買書籍錢文,以免多勞往返。

一、書局刻書,各有斷限,此外精要未刻之書,未易更僕數。兵燹之餘,舊刻日愈寥落,如能購求寄送,尤當因罕見珍。

一、書籍到院,即於書目注明送書姓名。一俟書目積成卷帙,隨時刊佈,以示不忘培文重學之至意。

一、院中書籍,公舉四人總理。另舉在院肄業或在院教讀者一人,專管借書。每年酌幫薪水。如有遺失,總理查出,專管賠認。

一、書院書籍,皆須蓋用學印,以昭信守。如有古刻珍祕之本,閲者不得以近刻本换出,如有更鬻,罰從奪牛。

一、書籍漸充,急須講求讀書之法,務令積書之後,與未積書之先,氣象大不相同。要於文章經濟上見出,於精神福澤上見出,於風俗人心上見出,才是藏書真實作用。非徒欲汗牛充棟,萬軸琳琅,爲夸多鬪靡計也。

一、恒心恒産,未可兼營;鋭意攻苦之士,寒素爲多。如能厚置膏火之資,先令住院就讀,無虞枵腹,然後校以經課,果能實有心得,不妨厚給獎勵,俾足代耕,則始終成就之意,不能不仰賴於大有識力之君子矣。

一、書院義學,舊有膏火之資,如將書局精要,有裨人心風化,實學實用之書,多備以充常課獎賞,亦一舉而兼三善者也。

一、每月專管須開各書厨晾開一二次,每年七月,專管僱人曬書一次,曬後邀各總理當面清查一次。

一、書籍只許來院借觀,不准借出院外。官署世家,亦不得徇情。

寺觀目録分部

綜　述

《四庫提要・史部三三・地理類存目六》　《金陵梵刹志》五十三卷，編修汪如藻家藏本。明葛寅亮撰。寅亮有《四書湖南講》，已著録。是書志金陵梵刹，依僧録分攝，以靈谷、天界、報恩三大寺統次。大寺五，中寺三十有二，小寺百有二十，其餘廢寺，別爲一編。卷首冠以《御製》、《欽録》二集。《御製》者，太祖之詩文；《欽録》者，沿革之案牘也。末附以《南藏目録》及諸經、租額、公費、僧規、公産諸條例，其餘皆略如志乘之體，編次頗傷蕪雜。

又　《净慈寺志》十卷，浙江巡撫採進本。明釋大壑撰。大壑，字元津，杭州净慈寺僧。案，净慈寺在杭州城西南屏山，舊無志，大壑始創修之。其書分形勝、建置、法嗣、檀護、著述、僧制、靈異七門。自序稱「斷碣磨厓，冥搜必録」，蓋二十載而始成。其用力亦勤矣。

張師繹《天台山幽溪別志序》　東南開士無盡大師纂《天台方外志》，虞司勲氏序之，既紙高雒市，望震鷄林。海内顒然稱爲「山史」，不敢以「志」蓋也。自後行縢説法，卓錫明心。破倚草附木之詖淫，詮瓶水雲天之絶學。所刻《楞嚴玄義》，圓通諸疏，《小彌陀圓中鈔》、《法華珠影》，《融心論性》諸篇，所較注《維摩》、《無我》疏，永嘉諸集。及《成道》、《二瀑》諸記事之文，與《幽溪草山居十皮》諸有韻之語，月可成帙，歲有成書。玄珠獨照，鄴架猶貧，富矣，侈矣，難舉述矣。一日賈其餘勇，沉默而志幽溪，幽溪者，師晏坐經行處也。甲子初秋，予訪師溪上。一蠡之水，無不旋紺走碧，淙泓作佛響；一拳之石，無不含煙欱霧，晶瑩放佛光；一草一木，一鳥一獸，一蠉飛蠕，動無不點頭會意含佛性。師於其間，仰觀俯察，格物致知。於諸佛爲嫡派，於叢林爲金湯，於聖賢爲直諒之友，於波旬爲権鋒陷陣之元戎，而後發諸著述，焕乎文章。修短穠纖，各他其職；謝華啟秀，各得其情；變化錯綜，各極其韻；莊嚴微妙，各治其官。此《志》既成，流傳中外。於秋苑爲偏方小記，於闤城爲繡譜金鍼，於天台爲佛隴支分，於高明爲開山老祖。偉矣，大矣，難名狀矣！師之定爲十六品也，經之形勢，緯之室居。血脉貫串之人文，絶不離繪玄虚。土苴世法，一似俯順。有爲之業，微逗其引躍之機。俟人之沿流而討源，采華而擷實者，此故非拋擲其有用之才，收無窮景趣於筆花墨霧間，與鈎章棘句之儒，争千秋之業，備故實俟勾稽而已也。【略】故仍稱志，志幽溪，本所自始也。以志餘，故稱「別」焉；猶未離乎天台也，故稱《天台幽溪別志》焉。詳具，師《自序》中。天啟甲子嘉平，蘭陵友人張師繹克雋撰。

釋無盡《天台山幽溪別志序》　夫充塞于覆載之間者，道。然有經常焉，權變焉。君不觀之天乎？以日、月、星、辰言之，則其道常；以風、雨、雷、霆言之，則其道變。故紀常者，宜質諸「周髀氏」；紀變者，宜質諸「雷霆氏」，則不失其詳。又不觀之地乎？以山、川、岳、瀆言之，則其道常；以花卉、草木言之，則其道變。故紀常者，宜質諸「山海氏」；紀變者，宜質諸「花史氏」，則不失其詳。又不觀之人乎？以綱常言之，則其道常；以人事文章言之，則其道變。故紀常者，宜質諸「仲尼氏」；紀變者，宜質諸「董狐氏」，則不失其詳。余嘗觀之織矣，求五色眩目，必花樣百出，縱横組織，而錦繡爛敷。然而，經常不妨乎緯變，緯變不失乎經常。以是而求乎道，則雖歷萬古而不移。經四時而不易，更百王而不變者矣。吾佛之大道亦然。仰而有義，天可觀焉；俯而有法，地可察焉；中而有大真，人參之焉。言經常則本乎一道，言權變則施之三乘。始則爲實以施權，終則會權而歸實。是以，得三才形聲之正者，亦惟佛而已矣。余業已撰《天台方外志》，紀一山之常變矣。先此辛丑，或亦贏備。自爾之後，或陵谷之變遷，宫室之興廢，人事之推移，文章之新出。以余耄耋之年，而濟勝之具不能勝，不借矣；蒐羅之具不能勝，秋泉池矣；墨兵之具不能勝，不律矣。續修之職繫，余駑鈍，則烏乎當？第幽溪，居東南之一偏。以當時觀之，形勝則居然乎混沌，宫室則居然乎草昧，人事則居然乎顓蒙，文章則居然乎魯朴。乃今則鑿之、新之、開之、文之，似宜別有一志，猶家之譜乘。然責在厥躬，不遑我恤，故復有是述焉。《志》之爲品者，十有六，而形勝居其三：若形勝、若泉石、若古蹟，皆其事也；宫室居其四：若開山、若沿革、若重興、若規置，皆其事也；人事居其六：若宗乘、若人物、若金湯、若檀度、若福田、若墳墓，皆其事也；文章居其三：若著述、若贈遺、若學餘，皆其事也。至於章章之内，莫不具事實而備藝文，此又人事、文章之血脉而無所不周，以之備檢，聊復爾爾。質諸大方，以爲奚如？若夫盡天文之常變，括地理之權衡，羅人事之膚實，覈文章之文質，則又各有司存，而是志所不得專也。時皇明天啟四年，歲星在閼逢困敦極壯月，天王

在壽星天駟房哉生魄，天台山幽溪老僧無盡傳燈著于楞嚴壇之東方不瞬堂。

釋受教《增補幽溪別志序》　天有陰陽之異，地有國界之殊，山有陵谷之遷，海有滄桑之變；歲有寒暑，日有朝昏，樹有榮枯，花有開謝。物既有新而有舊，事豈無昔而無今？何況一山，乃至一寺？祖大師之始著《方外志》也，歷年多矣。如來之接歸清泰家也，爲日久矣。採花春苑，朝朝而採，採不盡之名花；掃葉秋林，時時而掃，掃不完之落葉。按圖索馬，馬或去而或來，空群而復蒲廐載。酒問奇，奇或無而或有。電掣而復雲興，寺寺而增，固不勝其增也。祖大師且增諸本寺《別志》，添古錦之花，章章而補，亦不勝其補也。不慧先補，以手澤新增，籍武庫之寶。見道忘山者，皆爲眼中之金屑。悟山惟色者，靡匪心内之真玄。線索在手，而法法谿吾。雖見諸根動，要以一機抽動，寂非他，而塵塵三昧。息機歸寂，然諸幻成無。性即文字爲解脱，盡在當人。指空有爲，寂場還之覺者，然非勝緣曷奏美績？茲者，雲間岑雪，朱公司馬台郡，仙吏主仙都，指顧長煙霞之氣，法龍游法苑。笑談開日月之心，仁如天，和如春，山山覩欣欣之草木。明如月，清如水，在在垂焕焕之文章。聞斯志也，慨然歎然，而壽諸嘉木。閲斯文也，詳矣，允矣，而命之筆花。祖大師未了之緣，逢緣便了。耆闍崛真，應之法如法而應緣，因了因咸成正因之佛性。法身應身，圓蒲報身之如來。大千經收之一塵，亦纖塵而不立。一微塵轉乎大法，雖萬法而非多。志之有別，拈空藏之，鄰虛別之，新增出妙，有之佛性。公諸同好，託之後賢，述增補。崇禎歲在甲申春王正月，法孫受教和南撰。

朱輅《幽溪別志序》　天之幽，爲雲嵐；地之幽，爲丘壑；人之幽，爲緇羽。徃徃相遇，莫逆相待，以闡發其光華。非各諸至極，各證無上，義則不傳。所以傳者，天地有必洩之秘，鬼神有必剖之英，而總托文字，爲千秋之鑑。慨夫進取帖括之文，擔誤人一生。不靈則咿唔，老死於牖下；靈則馬牛，忙勩於案牘風塵。雖老不死，終無閑日。則世之討幽味者，幾人世之幽奇，堪賞埋没於駒隙。光陰蜉蝣，俄頃者凡幾，有畸人焉。骨帶煙霞，性耽丘壑。薙髮爲僧，面壁台山深處而且掃浄應世，文蹊而且證入心性微妙。默坐幽溪，看水流無聲，雲起無迹，劃然心開目明，能了生死，説法、度衆、著作開來者，爲無盡大師。無盡，幽人也。終年不語，山花自開；落筆萬言，白雲來去。纂《方外志》，久爲台山功臣。若《楞嚴玄義》、《圓通》、《維摩》、《無我》、《法華珠影》諸刻，數十餘種，至今藏名山。傳其人，不啻遺教經之供奉，茲又有《幽溪別志》，若天文、若地理、若人事、若文章，考覈精詳，朗如揭日。混沌之不得不文明也，昧谷之不得不曉曙也，故宗風之不得不教門也，山川面目一朝洗出矣。造物，蓋以幽人闡幽境乎？余題幽溪有云：「經年幾遇一樵牧，日月不到冷松楸。」又云：「詩幽偈幽鐫石上，百年苔蝕無人唱。」形容幽致頗盡恨，未逢師羅入志中也。師歸寂，法孫文心者敬承衣鉢，精進辦道，了師未竟之緒。較讎剞劂，余亦得與參閲。自後塵污，熱鬧人冠，蓋煩頓人一展卷，何人不作天台遊，何時不向幽溪過也？台丞爲幽署，余來佐理爲幽吏，因讀《幽溪別志》而作幽序焉。旹甲申春三月，雲間朱輅題於台署之欵仙齋。

《四庫提要·史部三二·地理類存目五》　《幽溪別志》十六卷，浙江巡撫採進本。明釋無盡撰。幽溪在天台山，無盡常居其地，因撰是志。凡十六門，每門附以《藝文》，而同時人所作爲多。《獪園》稱其所至講習如雲，蓋明末標榜之風，浸淫乎方以外矣。

又　《上天竺山志》十五卷，兩淮馬裕家藏本。明釋廣賓撰。天竺爲東南巨刹，舊有李金庭志。廣賓以其附會舛訛，甚至僞撰明太祖《竺隱説》一篇以炫俗，乃删補而成此書。曰《普門示現品》，曰《尊宿住持品》，曰《器界莊嚴品》，曰《帝王檀越品》，曰《宰官外護品》，曰《規範隆污品》，曰《詩文紀述品》，凡七門。其《風範隆污》一品，於寺僧污行，備書不隱，較他志獨存直筆。據《總目》尚有卷首一卷，此本已佚不存。

姚締虞《峩眉山志序》　西蜀之有峩眉，坤輿一巨鎮也。北控三川，南界百蠻，井鬼之所照臨，神僊之所窟宅，雖祀典不在五嶽之列，而功實過之。《禹貢》紀載而後，嘗璩、任豫、張華、酈道元輩，表章精奥，不一其人，宜矣。余奉命撫蜀，職在奠安。嘗懼一物失，所貽山靈羞。甫下車，值有採辦楠木之役。單騎邛郲，探尋運道，因得一登。初地而軍務旁午，信宿言旋。其中谿谷之幽異，風雲之變幻，恍惚一寓目耳。然以險遠崎嶇，繕疏陳請，蒙恩罷採，民獲休息。雖皇仁覃敷，不可謂非茲山之靈默相而呵護之也。余性耽山水，而拘牽官署，每憑欄送目，覺三百里外，雪光雲影，遥遥襲人襟袖。欲尋古人紀載，以當卧遊。而兵燹之餘，燬失殆盡。一日川南憲副曹君持《峩眉山志》相示，則憲副啓其事。而余首閲《圖説》，出近代胡菊潭相國手，《脩志凡例》斷自蔣虎臣太史。嗟乎，茲山之在西南，詎止比肩於嵩、岱、衡、廬、武夷、雁宕之勝。【略】余無俟筍輿，邛杖而坐，收茲山之奇秀焉，又爲之一快矣。抑峩眉有屏翰之功於蜀，而禋祀遜五嶽，説者以爲名山之隱逸也者。旹康熙戊辰歲仲春之吉，賜進士第、通議大夫、巡撫四川等處地方提督軍務、都察院右僉都御史，楚黄姚締虞撰。

蔣超等《峩眉山志·典籍序》　晉人著書，願藏之名山，豈非以丹崖石室，氛

焰不及，可恃以永久乎？然峩眉典籍，亡闕不傳者甚多。或世遠而言湮，或星移而物換，亦僅存其名目而已。志之，以云感也。

《四庫提要・史部三二・地理類存目三》 《峩眉山志》十八卷，浙江汪啟淑家藏本。國朝曹熙衡撰。熙衡，字素徵，錦州人，順治中，官至貴州按察使。是編因蔣超舊志，成於疾病之餘，未能條理明析，故即其本而重訂之。然據卷首《修山志説》，實戎州宋隸樟所定，熙衡時分巡建昌道，董其事耳。末一卷爲《志餘》，仍題超名，而中論「普賢住世」一條有「宜太史蔣公之辨論」語，則亦非超之本文矣。

傳記

《梁書・文學傳下・劉勰》 劉勰字彦和，東莞莒人。祖靈真，宋司空秀之弟也。父尚，越騎校尉。勰早孤，篤志好學，家貧不婚娶，依沙門僧祐，與之居處，積十餘年，遂博通經論，因區別部類，録而序之。今定林寺經藏，勰所定也。天監初，起家奉朝請，中軍臨川王宏引兼記室，遷車騎倉曹參軍。出爲太末令，政有清績。除仁威南康王記室，兼東宫通事舍人。時七廟饗薦已用蔬果，而二郊農社猶有犧牲，勰乃表言二郊宜與七廟同改，詔付尚書議，依勰所陳。遷步兵校尉，兼舍人如故。昭明太子好文學，深愛接之。初，勰撰《文心雕龍》五十篇，論古今文體，引而次之。【略】既成，未爲時流所稱。勰自重其文，欲取定於沈約。約時貴盛，無由自達，乃負其書，候約出，干之於車前，狀若貨鬻者。約便命取讀，大重之，謂爲深得文理，常陳諸几案。然勰爲文長於佛理，京師寺塔及名僧碑誌，必請勰製文。有敕與慧震沙門於定林寺撰經證，功畢，遂啓求出家，先燔鬢髮以自誓，敕許之，乃於寺變服，改名慧地，未朞而卒，文集行於世。

尹繼善等《江西通志》卷五八《名宦・統轄・明》 葛寅亮，錢塘人。萬曆進士，壬子，兵備九江，鋭意興除。先是，湖口税璫李道，勢燄猖獗，當道莫敢問。寅亮至，即榜張其弊。【略】癸丑饑，出三府公費數百金，并貸闞使者千金，遣官告糴湖襄，以平價糶，民賴以活。創建陽明書院，置膳田，選諸生，肄業其中。置社學十二所，以教貧民子弟之不能延師者。開南熏東，作二門，置月城，湖中築堤建橋，設西城閘蓄水，以制火患。【略】移疾去，行李一肩而已。

朱彝尊《明詩綜》卷九二 大壑，字玄津，杭州净慈寺僧，有《吴詠》。

《四庫提要・史部三三・地理類存目五》 《天台山方外志》三十卷，浙江汪啟淑家藏本。明釋無盡撰。案錢希言《獪園釋異篇》曰：「有門法師名傳燈，一號無盡，太末人也。出家天台之高明寺，少精鍊戒行，學識高出道流。嘗撰《天台山志》，甚有禪藻」云云。則無盡者，乃其號也。天台山自孫綽作賦以來，登臨題詠，翰墨流傳，已多見於地志。此書成於萬曆癸卯，出自釋家之手，述梵蹟者爲多。與專志山川者，體例稍殊。故別題曰「方外志」焉。

趙宏恩等《江南通志》卷一六八《人物志・文苑・鎮江府》 蔣超，字虎臣，金壇人。順治丁亥進士一甲第二，授編修。辛卯，主浙江試，陞修撰，督北畿學政，事竣，疏陳十事，如禁長吏笞辱諸生，酌復進取舊額，多見施行。超性廉静，博學强記。手録書數百卷，所著有《綏安集》。

儲大文《山西通志》卷八一《職官・汾州府・知府》卷八十一 曹熙衡，奉天錦州人。廕生，康熙十二年任。

《清朝文獻通考》卷二二四《經籍考・史部・地理類》卷二百二十四 《峩眉山志》十八卷，蔣超撰。超，字虎臣，金壇人。順治丁亥進士，官翰林院編修。

又 《峩眉山志》十八卷，曹熙衡撰。熙衡，字素徵，錦州人。順治中，官至貴州按察使。

紀事

葛寅亮《金陵梵剎志》卷四十九 《南藏目録》。每經壹藏，共陸百叁拾陸函，共陸千叁百三拾壹卷，共壹拾壹萬伍百貳拾陸張，内全葉，壹拾萬柒千柒百捌拾貳張；尾半葉，貳千柒百肆拾肆張。板共伍萬柒千壹百陸拾塊。

又《附請經條例》 南京禮部祠祭清吏司爲議定藏經規則，合應勒石以垂示久遠。事奉本部批據。本司呈前事奉批，如議行奉此。案，查萬曆三十三年四月間，該本司呈爲申明造經定規事，據湖廣、四川等處請經僧本宗、樂聞、古宗等節次稟稱，經鋪冒濫掯勒緣由。據此看得，報恩寺藏經板一副，原係聖祖頒賜，令廣印行。先年該本司主事郭責令經鋪酌議各項物料，裁定規則，來時給與書册對查，去時給與劄批，防護條款甚詳。適來本寺將書册廢閣，各經鋪俱不照行。查本宗經壹藏，多索價至肆拾餘兩，紙絹仍濫惡不堪。樂聞經壹藏，違限至兩月。古宗經壹

藏，將紙抵充絹用，種種姦頑，弊無紀極。該寺見得有板頭銀兩，亦竟坐視不爲稟理。遠僧獨非人情，造經獨非交易，乃物價半值猶虧。明欺無告。易虐盤費，經年累竭，致使流落難歸，漠不關情，心亦何忍？除將經鋪徐程鮒、徐自强等各重責追價，給僧管經、僧正浹自高亦各責治外，復拘集經鋪，吊取紙絹，逐項估算，編定上中下叁等，等各叁號。備細開明物價，仍限造經日期。來時領給號票，去時繳票領給劄批。逐月經鋪、經匠具結查驗，又照每印經壹藏，有板頭銀壹拾貳兩，藏內缺續藏肆拾壹函，合扣銀捌兩。刻補經板，刻匠恐有潦草、偷工，亦給與號票繳查等。因呈堂奉批，悉照議行，以垂永久。奉此。又于萬曆三十四年八月內，本司呈：爲撥給禪堂以勵行僧事，議將板頭銀給禪堂贍僧目，今除刻經捌，兩經完日，通給堂內。管經僧用堂內堂外各一人。堂主管理官住，查考呈堂奉批。僧非禪則不成僧，寺無禪堂則不成寺。聖祖贍養本意，原爲此輩。俗僧反懷忌嫉，殊可恨也。如議撥給有敢生事擾害者，查出重究，奉此。今奉，前因合將酌定九號經價，併條約行該寺。刻簿立碑，永爲定規，遵守施行。計開編定九號經價及條約于後。

每經壹藏，板共伍萬柒千壹百陸拾塊。經共陸百叁拾陸函，共陸千叁百叁拾壹卷，共壹拾壹萬伍百貳拾陸張，全葉壹拾萬柒千柒百捌拾貳張，尾半葉貳千柒百肆拾肆張。外有續藏肆拾壹函，今刻過拾肆函，餘尚未完工。上等壹號經用連四紙大包殼併上下掩面，俱用段，成造數目。

一、印經用連四紙，共約貳萬捌千張，每壹張足裁經肆張，內有尾葉不全。多出紙，用印佛頭併皆掩面殼背底及御貼經簽。每百張叁錢伍分，用小樣連四土名上號大連三極，綿白堅厚如帶，灰竹薄黑不用此價。共銀玖拾捌兩。

一、大包殼上下掩面，用段，每函約陸尺陸寸。經樣長壹尺，加上下折頭捌分，每用段壹尺零捌分，裁掩面四條，每函約掩面貳拾條，共該段伍尺肆寸。又大包殼壹個，用段壹尺貳寸，牽湊裁。共段肆百壹拾玖丈柒尺陸寸。每尺叁分伍厘，闊壹尺伍寸，頗堪衣著。如澆薄，不用此價。染用金黃閃紅及紅閃金黃二色。共銀壹百肆拾陸兩玖錢壹分陸厘。

一、復裏併簽用月白重表絹，每函約壹尺伍寸，共絹玖拾伍丈肆尺。每尺銀陸厘，注下等壹號內。共銀伍兩柒錢貳分肆厘。

一、托復裏併托簽用月白公單紙，約肆百伍拾張，每百張壹錢陸分，共銀柒錢貳分。

一、背殼用小高紙九層，每函約壹百壹拾張，共約紙柒萬張。每百張壹分叁厘，共銀玖兩壹錢。

一、玖分闊絹帶，每函壹條貳轉，約叁尺稍零，共帶貳百丈，每丈貳分，共銀肆兩。

一、柏簽陸百肆拾根，共銀叁錢貳分。

一、作料烟煤伍簍，銀壹兩。麪伍百斤，銀叁兩。礬叁拾斤，銀壹錢貳分。共銀肆兩壹錢貳分。

釋廣賓《上天竺山誌·凡例》　一、慈悲浄聖，靈異顯赫。奔走海宇，曷可無誌？寺僧炤本與荆棘銅駝之感，傾衣鉢屬余，余雖不文，適修《天目祖山誌》《西湖僧寶聚》《諸祖禪藻拾遺》《潛陽梵刹考》諸書成，鼓舞餘勇，遂力任其事。

一、東瀛輯上竺舊《誌》，蕪穢、杜撰，如題中所云，冒元人於宋首。其他猶可。至高皇帝《竺隱説》，亦僞造一篇。本以開面靈山，番滋罪案，粃糠沙石，槩在汰删。

一、古者，列國各有史，史不實録，則觀者胡稽。是以，董狐良史。趙盾必書，誌即史之餘。將以是非得失，垂爲勸誡，敢俛曲阿狗，濫施華衮？風範隆汙，寸心千古。知我罪我，所弗敢辭。

一、靈奇悲仰，贊頌詩文，充棟汗牛，筆不勝書，梓不勝壽。兹獨力既艱，輿情未愜，何妨好事續刻補遺？是集所收，精微潔浄，有目幸鑒。

一、聞之吹竽，而過邯鄲之市，則師曠凛色，盛容而出臨淄之塗，則陽文沮顔，何者？邯鄲耳肆，臨淄目林。雖姝色和聲，無當衆視群聽也。今輯誌於名山，人争聽覽焉。其敢忽諸？蒐摭散軼，稽訂魯魚，枯心嘔血，聚腋綴裘。託始於鷲山，再輯於鄭庵，再輯於寶石山房。則孝廉邵以規氏煮字宏多。更請政於嚴氏文學孝廉，諸君子修討，凡五易寒暑，而是書始燦然可觀。

一、語云：「趾欲固，視故步。」往蹟未詳，文獻奚考？聞有藏書，饑渴徃借。篝燈簡讀，有關某某，隨筆録抄。太史公自序曰：「余所謂述故事，整齊其世傳，非敢云作也。」

阮元《杭州靈隱書藏記》（《揅經室三集》卷二）　《周官》諸府掌官契以治藏，《史記》老子爲周守藏室之史。藏書曰「藏」，古矣。古人韵緩，不煩改字，收藏之與藏室無二音也。漢以後曰「觀」、曰「閣」、曰「庫」，而不名「藏」。隋唐釋典大備，乃有開元釋藏之目。釋道之名「藏」，蓋亦摭儒家之古名也。明侯官曹學佺謂釋道有「藏」，儒何獨無？欲聚書鼎立，其意甚善，而數典未詳。嘉慶十四年，杭州刻朱文正公、翁覃溪先生、法時帆先生諸集將成，覃溪先生寓書於紫陽院長石琢堂狀元曰：《復初齋集》刻成，爲我置一部於靈隱。仲春十九日，元與顧星橋、陳桂堂兩院

長暨琢堂狀元、郭頻伽、何夢華上舍、劉春橋、顧簡塘、趙晉齋文學同過靈隱，食蔬笋，語及藏《復初齋集》事，諸君子復申其議曰：史遷之書，藏之名山，副在京師，白少傅分藏其集於東林諸寺，孫洙得《古文苑》於佛龕，皆因寬閑遠僻之地，可傳久也。今《復初齋》一集尚未成箱篋，盍使凡願以其所著、所刊、所寫、所藏之書藏靈隱者，皆裒之，其爲藏也，大矣！元曰，諾。乃於大悲佛閣後造木厨，以唐人鷲嶺鬱岧嶤詩字編爲號。選雲林寺玉峯、偶然二僧簿録管鑰之，别訂條例，使可永守。復刻一銅章，徧印其書，而大書其閣匾曰「靈隱書藏」，蓋緣始於《復初》諸集，而成諸君子立藏之議也。遂記之。

又《附書藏條例》 一、送書入藏者，寺僧轉給一收到字票。

一、書不分部，惟以次第分號，收滿「鷲」字號厨，再收「嶺」字號厨。

一、印鈐書面暨書首葉，每本皆然。

一、每書或寫書腦，或掛綿紙籤，以便查檢。

一、守藏僧二人，由鹽運司月給香鐙銀六兩。其送書來者，或給以錢，則積之以爲修書增厨之用，不給勿索。

一、書既入藏，不許復出，縱有繙閲之人，但在閣中，毋出閣門。寺僧有鬻借霉亂者，外人有携竊塗損者，皆究之。

一、印内及簿内部字之上，分經、史、子、集填注之，疑者闕之。

一、唐人詩内複「對」「天」二字，將來編爲「後對」「後天」二字。

一、守藏僧如出缺，由方丈秉公舉明静謹細、知文字之僧充補之。

又《焦山書藏記》 嘉慶十四年，元在杭州立書藏於靈隱寺，且爲之記。蓋謂漢以後藏書之地曰「觀」曰「閣」，而不名「藏」。「藏」者，本於《周禮》宰夫所治，《史記》老子所守，至於開元釋藏，乃釋家取儒家所未用之字以示異也。又因史遷之書，藏之名山，白少傅藏集於東林諸寺，孫洙得《古文苑》於佛龕，閑僻之地，能傳久遠，故仿之也。繼欲再置焦山書藏，未克成。十八年春，元轉漕於楊子江口，焦山詩僧借菴巨超、翠屏洲詩人王君柳村豫來瓜洲舟次，論詩之暇，及藏書事。遂議於焦山亦立書藏，以《瘞鶴銘》相此胎禽等七十四字編號，屬借庵簿録管鑰之。復刻銅章書樓匾，訂條例，一如靈隱。觀察丁公百川淮爲治此藏事而蔵之。此藏立，則凡願以其所著、所刊、所寫、所藏之書藏此藏者，皆裒之。且即以元昔所捐置焦山之宋元鎮江二志爲相字第一二號，以誌緣起。千百年後，當與靈隱并存矣。

又《附書藏條例》 一、送書入藏者，寺僧轉給一收到字票。

一、書不分部，惟以次第分號，收滿「相」字號厨，再收「此」字號厨。

一、印鈐書面暨書首葉，每本皆然。

一、每書或寫書腦，或掛綿紙籤，以便查檢。

一、守藏僧二人，照靈隱書藏例，由鹽運司月給香燈銀十兩。其送書來者，或給以錢，則積之以爲修書增厨之用，不給勿索。

一、書既入藏，不許復出。縱有繙閲之人，照天一閣之例，但在樓中，毋出樓門。烟燈毋許近樓。寺僧有鬻借霉亂者，外人有携竊塗損者，皆究之。

一、印内及簿内部字之上，分經史子集填注之，疑者闕之。

一、守藏僧如出缺，由方丈秉公舉明静謹細、知文字之僧充補之。

一、編號以「相此胎禽華表留唯髣髴事亦微厥土惟寧後蕩洪流前固重爽塏勢掙亭爰集真侶作銘」三十五字爲三十五厨，如滿，則再加「歲得於化朱方天其未遂吾翔也迺裹以元黄之幣藏乎山下仙家石旌篆不朽詞曰徵君丹楊外尉江陰宰」四十二字爲四十二厨。

丁丙《焦山藏書記》 乾隆四十七年，《四庫全書》告成，以江浙爲人文淵藪，詔再寫三分，分儲揚州大觀堂之文匯閣、鎮江金山寺之文宗閣、杭州聖因寺之文瀾閣，俾稽古之士，得窺中祕，涵濡聖澤，抑何幸也！嘉慶十四年阮文達撫浙時，推廣教思無窮之意，立書藏於靈隱寺。十八年，督漕江上，又立焦山書藏，丁觀察百川爲治其事。文達並有記，刊於《揅經室文集》。咸豐三年，粤寇肆擾，江南文匯、文宗兩閣之書，悉罹兵火。又八年，辛酉，杭州再陷，文瀾閣書摧毁六七，而靈隱書藏亦隨龍象俱灰，焦山之藏，接峙金山，當亦不可復問矣。同治三年，浙省收復，先兄首以難中所搜《四庫》書呈當軸，暫儲杭州府學，後浙撫譚公修復文瀾閣，移藏其中。先兄益以《欽定全唐文》尊藏之，更集舊本或鈔或補，六七年來，已得三千三百餘部，照《簡明目録》，所闕僅百餘種耳。今年，粤東梁星海太史來杭，言客歲游焦山，見書藏未毁，瑶函祕笈，如在桃花源不遭秦火。山僧尚守成規，簿録管鑰，雖歷七八十年，流傳弗替，可謂難矣。藏中尚空四厨，太史徧告同儕，將募書以實之，增助山中故事。太史亦有心人哉。因檢嘉惠堂所藏、所刊、所寫諸書，又從朋好分乞家集凡四百五十一部，計二千六百卷，綜一千册，繕目弆置其中，敬乞山靈如前呵護。儻得餘暇，再繼阮約復興靈隱舊藏，今日之舉，實爲嚆矢。若夫文匯、文宗，傑閣千尋，琳琅萬軸，重修盛典，嘉惠藝林，則有在節鉞重臣，輶軒使者，固非草野所敢望也。光緒辛卯秋日錢塘丁丙。

《中華大典》辦公室

主　　任：于永湛

副 主 任：伍　傑　姜學中

工作人員：

編　　審：趙含坤　崔望雲

秘　　書：宋　陽

封面裝幀設計：章耀達

《中華大典·文獻目録典》出版工作委員會

主　任：何林夏

委　員：（按姓氏音序排列）

黄珊虎　姜革文　雷回興（項目主持）　劉隆進

魯朝陽　羅凱之　馬豔超　丘立軍　沈　明

湯文輝　唐曉娥　王曉静　肖愛景　徐良妍

楊春陽　曾　玲　張　佳　周　静

圖書在版編目（CIP）數據

中華大典．文獻目録典．文獻學分典．目録總部／《中華大典》工作委員會，《中華大典》編纂委員會編纂．—桂林：廣西師範大學出版社，2015.5
ISBN 978-7-5495-6387-6

Ⅰ．①中… Ⅱ．①中…②中… Ⅲ．①百科全書—中國②古籍—目録學—中國 Ⅳ．①Z227②G257

中國版本圖書館 CIP 數據核字（2015）第 034256 號

中華大典·文獻目録典·文獻學分典·目録總部

編纂：《中華大典》工作委員會
《中華大典》編纂委員會
出版：廣西師範大學出版社
（廣西桂林市中華路 22 號　郵政編碼　541001）
發行：廣西師範大學出版社
（廣西桂林市中華路 22 號　郵政編碼　541001）
排版：南京展望文化發展有限公司
印刷：桂林廣大印務有限責任公司
（桂林市臨桂新區西城大道中段廣西師範大學出版社集團有限公司創意産業園　郵政編碼　541100）
開本：787×1 092 毫米　1/16
印張：35　　字數：1 100 000
2015 年 5 月第 1 版　2015 年 5 月第 1 次印刷
書號：ISBN 978-7-5495-6387-6
定價：500.00 圓

U0696773